D0966536

РУССКО-АНГЛИЙСКИЙ СЛОВАРЬ

RUSSIAN-ENGLISH DICTIONARY

RUSSIAN-ENGLISH DICTIONARY

50 000 entries approx.

Compiled by

Professor O. S. AKHMANOVA,
Z. S. VIGODSKAYA, T. P. GORBUNOVA,
N. F. ROTHSTEIN, Professor A. I. SMIRNITSKY,
Professor A. M. TAUBE

Under the general direction of
Professor A. I. SMIRNITSKY

Eleventh Stereotype Edition
under the editorship of Professor O. S. AKHMANOVA

With a supplement
containing a brief account of English grammar
and pronunciation and notes on Russian grammar
by Prof. A. I. Smirnitsky

E. P. DUTTON | NEW YORK

РУССКО-АНГЛИЙСКИЙ СЛОВАРЬ

около 50000 слов

Составили:
проф. О. С. АХМАНОВА, З. С. ВЫГОДСКАЯ,
Т. П. ГОРБУНОВА, Н. Ф. РОТШТЕЙН,
проф. А. И. СМИРНИЦКИЙ,
проф. А. М. ТАУБЕ

Под общим руководством
проф. А. И. СМИРНИЦКОГО

Издание одиннадцатое, стереотипное
под ред. проф. О. С. АХМАНОВОЙ

С приложением
кратких сведений по английской грамматике и орфоэпии,
составленных проф. А. И. Смирницким

E. P. DUTTON | NEW YORK

First published in the U.S.A. in 1981 by E.P. Dutton, Inc., 2 Park Avenue, New York, N.Y. 10016.

Library of Congress Catalog Card Number: 58-9590

ISBN: 0-525-19520-3

Published simultaneously in Canada by Clarke, Irwin & Company Limited, Toronto and Vancouver

10 9 8 7 6 5 4 3 2

ОГЛАВЛЕНИЕ

РУССКИЙ АЛФАВИТ
Russian alphabet

Буквы печатные	Название буквы	Буквы рукописные	Буквы печатные	Название буквы	Буквы рукописные
А а	а	*А а*	Р р	эр	*Р р*
Б б	бэ	*Б б*	С с	эс	*С с*
В в	вэ	*В в*	Т т	тэ	*Т т*
Г г	гэ	*Г г*	У у	у	*У у*
Д д	дэ	*Д д д*	Ф ф	эф	*Ф ф*
Е е, Ё ё	е, ё	*Е е, Ё ё*	Х х	ха	*Х х*
Ж ж	жэ	*Ж ж*	Ц ц	цэ	*Ц ц*
З з	зэ	*З з з*	Ч ч	чэ	*Ч ч*
И и	и	*И и*	Ш ш	ша	*Ш ш*
Й й	й	*Й й*	Щ щ	ща	*Щ щ*
К к	ка	*К к*	ъ	твёрдый знак	*ъ*
Л л	эль	*Л л*	ы	ы	*ы*
М м	эм	*М м*	ь	мягкий знак	*ь*
Н н	эн	*Н н*	Э э	э	*Э э*
О о	о	*О о*	Ю ю	ю	*Ю ю*
П п	пэ	*П п*	Я я	я	*Я я*

ПРЕДИСЛОВИЕ

Настоящее издание является первым, которое после 3-го издания и многих стереотипных переизданий снова набирается. Поэтому авторы имели возможность пересмотреть весь словарь.

Авторы и редакция не нашли нужным вносить какие-либо изменения в принятую лексикографическую систему словаря, так как она себя вполне оправдала. Единственная область, в отношении которой были сделаны критические замечания принципиального характера, это система подачи фразеологических единиц. В отдельных случаях удалось внести исправления, однако полный пересмотр этой части словаря при подготовке данного издания к набору осуществить не удалось.

Основные усилия были направлены на дополнение и исправление состава словаря, его словника: со времени выхода в свет 3-го издания появилось много новых слов и выражений, изменилась частотность и стилистические свойства слов, существовавших прежде. Авторами и редакцией было получено большое число частных замечаний и исправлений, которые были тщательно изучены и с благодарностью приняты. Авторы и редакция пользуются случаем выразить благодарность всем лицам, замечания которых способствовали улучшению словаря. Они считают своим приятным долгом особенно отметить помощь, оказанную при подготовке настоящего издания Д-ром Е. И. Ламперт, К. Г. Ламперт (Оксфордский университет), Д-ром А. Б. Мэрфи (Университет Свонзи), Д-ром Лоис Спенсер (Лондонский университет), А. Дэвисом (Массачусетский университет) и К. Кацнером (Нью-Йорк).

1965 г. *О. Ахманова*

ПРЕДИСЛОВИЕ К ТРЕТЬЕМУ ИЗДАНИЮ

Настоящее издание Русско-английского словаря выходит в свет через три с лишним года после смерти проф. А. И. Смирницкого, который создал положенную в основу этого словаря лексикографическую систему, повседневно руководил работой авторского коллектива и сам написал большое число наиболее сложных статей. Поэтому в предисловии к этому изданию представляется необходимым подвести итог той большой творческой работе, которая была вложена в словарь А. И. Смирницким, и затем указать, в каком направлении шла дальнейшая работа над словарем после его смерти.

Продолжая традиции советской лексикографии (Д.Н. Ушаков, Л.В. Щерба, В.В. Виноградов), А.И. Смирницкий углублял и развивал научные принципы построения словаря,— в частности русско-английского словаря. Успехи, достигнутые им в этой области, в большой степени определялись тем, что непосредственной работе А. И. Смирницкого над русско-английским словарем предшествовали многие годы научной работы в области сопоставления систем русского и английского языков. Эта работа нашла отражение в его известных учебниках русского языка для англичан и в его многочисленных лекционных и практических курсах.

Так же, как и его предшественники, А. И. Смирницкий смотрел на составление словаря как на серьезный научный труд. Он считал, что составление двуязычного словаря требует систематического сопоставительного исследования обоих языков, так как только таким путем можно, с одной стороны, определить и выделить те моменты, которые сближают обе сопоставляемые системы, а с другой,— и в этом основная задача — определить и научно охарактеризовать то, что их различает и, поэтому, представляет особые трудности при переводе.

Значение систематического сопоставительного исследования двух языков для лексикографии можно показать на следующих примерах. Как известно, различие между языками отнюдь не ограничивается отдельными словами, их индивидуальной спецификой. В лексике каждого языка могут быть выделены определенные классы, или группы, или типы слов, представляющие собой лексические категории, не только более мелкие, но и гораздо менее изученные и определенные, чем части речи.

К таким лексическим категориям относятся, например, отглагольные существительные, приставочные глаголы, отыменные прилагательные и т. д., которые дают нередко очень сложную картину при сопоставлении их в разных языках; поэтому разработке способов их единообразного лексикографического оформления должно обязательно предшествовать их сопоставительное изучение по существу. Такое же изучение должно предшествовать лексикографической обработке в двуязычном словаре, например, разных типов местоимений, союзов и предлогов в их соотношении с наречиями и т. д. (Более конкретно о выполненной А. И. Смирницким работе можно судить по его предисловию к первому изданию настоящего словаря (стр. 9—11), по написанной им и подвергшейся лишь незначительным изменениям (о которых см. ниже) статье «Структура словаря» (стр. 12—16) и по его приложениям к словарю (стр. 731—766).

Для каждой из выделенных лексических категорий А. И. Смирницким была разработана единая система лексикографического оформления, причем всегда предусматривалось не только то общее, что присуще всем словам данной категории, но и возможность индивидуальных особенностей и отклонений, отличающих то или другое слово или слова от остальных слов данной категории. Таким образом, общая система, общее правило оформления, предлагаемые для той или другой лексической категории слов, не только не приводили к затушевыванию индивидуальных особенностей отдельных слов, но, напротив, давали тот общий фон, на котором особенности выступают наиболее рельефно.

Следуя традиции русской лексикографии в области семантического анализа слова, А. И. Смирницкий уделял большое внимание разграничению полисемии и омонимии свободных и фразеологически связанных значений, а также значений и употреблений слова. Он разработал четкую систему разграничения полисемии и омонимии в области приставочных глаголов и не только подверг глубокому анализу семантическое строение предлогов и союзов русского языка, но и реализовал результаты этого исследования в написанных им статьях словаря. Совершенно оригинальной является также предложенная им трактовка в словаре грамматической омонимии, реализованная, в частности, в лексикографическом оформлении таких пар, как краткое прилагательное и наречие и др.

Много нового внес А. И. Смирницкий также в область собственно лексикографии. Так, им была введена оригинальная система обозначения произношения английских слов (как известно, прежде вообще не делалось попыток обозначения произношения английских слов в русско-английском словаре). Далее им была предложена детально разработанная система обозначения особенностей сочетания переводимых слов; при этом А. И. Смирницкий исходил из того положения, что для правильного перевода необходимо не только найти соответствующие слова, но и знать способы их связи, их соединения друг с другом.

Детальная грамматическая характеристика слов в словаре должна, по мысли А. И. Смирницкого, выступать в роли необходимой подготовки, или «предварительной обработки» слова, облегчающей реальное использование его в речи. А. И. Смирницкий неукоснительно стремился возможно более последовательно указывать в словаре, какие способы соединения слов применяются в русском языке для обозначения тех или иных отношений и какими способами те же отношения обозначаются в английском языке при употреблении слов, являющихся переводом данных русских слов.

Добиваясь подлинно научной, основанной на принципах марксистского языкознания трактовки разнообразных вопросов, А. И. Смирницкий всячески стремился расширить общелингвистический кругозор пользующегося словарем. Он решительно восставал против деляческого подхода к лексикографии: словарь ни в коем случае не должен, по его мнению, снижаться до уровня наименее подготовленного читателя, а должен наоборот поднимать его до своего уровня. Научная лексикография, основанная на положениях марксистской науки о языке,— это один из основных каналов распространения лингвистической культуры, т. к. словарь — это самое массовое **лингвистическое пособие**.

* * *

При подготовке настоящего издания словаря внимание авторского коллектива было прежде всего направлено, с одной стороны, на то, чтобы по возможности отразить изменения, происходящие в словарном составе русского и английского языков, а с другой — детальнее разработать и уточнить семантические разветвления слов словарного состава, уже прежде включенных в словарь,— в частности, тех, которые вошли в новые выражения и фразеологические единицы.

Особое внимание при этом было обращено на пополнение фразеологии словаря новыми выражениями, имеющими актуальное общественно-политическое значение. В частности, в третье издание словаря была включена часть материала, предложенного авторам старшим преподавателем Ярославского педагогического института А. И. Розенманом, в течение ряда лет собиравшим актуальную русскую фразеологию с английскими переводами из текущей периодической и художественной литературы.

Следует заметить, что в этом издании, как и в предыдущих, в словарь включались только те слова и выражения, которые могут быть отнесены к общенародному языку (жаргонные слова и выражения включались в словарь в минимальном количестве и только в том случае, если они уже проникли в литературу и общенародное употребление и выходят, таким образом, за пределы собственно жаргонов). Такие слова обязательно сопровождаются специальными пометами, поясняющими их специфический характер, их особую стилистическую окраску, которой они выделяются на фоне общенародного языка.

Лексикографическая система, разработанная А. И. Смирницким и проверенная в двух предыдущих изданиях настоящего словаря, не подверглась в настоящем издании никаким изменениям по существу. Это не значит, конечно, что при подготовке данного издания авторы не уделяли внимания лексикографической стороне. Напротив, в процессе работы не только выявилась необходимость более последовательного проведения принятых общих принципов и конкретных приемов, но и возникла необходимость дополнительного выяснения и уточнения некоторых вопросов. К моментам, потребовавшим более последовательной трактовки в соответствии с требованиями данной лексикографической системы, относятся: унифицирование лексикографического оформления некоторых категорий слов, таких, как например, порядковые числительные, отдельные типы сложных слов и т. п.; уточнение соотносительной грамматической характеристики русских и английских слов и выражений; устранение, насколько возможно, еще встречающихся в словаре случаев, когда в качестве переводов-синонимов даются слова и выражения, являющиеся *переводами* не данного заголовочного слова, а других, синонимичных ему слов (см. Предисловие к 1-му изданию, пункт 12); более последовательное, чем в предыдущих изданиях, выделение в виде отдельных заголовочных слов-омонимов разных глаголов, связанных частично омонимией видовых форм и т. п.

К вопросам, потребовавшим дополнительного выяснения и уточнения, относятся:

1. вопрос о фразеологии. Согласно принятой в словаре системе, фразеология в гнезде размещается не в алфавитном, а в систематическом порядке, т. е. лексикографически четко разграничиваются: а) иллюстративная фразеология: б) словосочетания, в которых данное слово переводится особо, т. е. не так, как вне этих сочетаний (без превращения, однако, этого сочетания в сложное наименование или фразеологическую единицу) и в) фразеологические единицы, относимые за ромб (◇). Однако вопрос о фразеологии не ограничивается определением правил расположения словосочетаний в пределах данной словарной статьи,

а требует также единообразного выбора заголовочного слова. Для наиболее распространенных типов словосочетания этот вопрос решается так: в случае словосочетания прилагательное + существительное и глагол + дополнение перевод, как правило, дается под прилагательным и глаголом. Перевод дается также под вторым словом, т. е. под определяемым существительным или существительным, выступающим в функции прямого дополнения, лишь в тех случаях, когда это необходимо для более детальной семантической разработки этих существительных;

2. вопрос о некоторых типах производных слов. В качестве примера можно указать отглагольные существительные на **-ание, -ение** (ср. пункт 5 «Структуры словаря»). (Касаясь этого типа производных слов, нельзя не заметить, что в русском языке они могут соотноситься не только с основными глаголами, но и с глаголами на **-ся**).

Много внимания было уделено при подготовке настоящего издания вопросу о полной лексической омонимии, вопросу о стилистической дифференциации слов, о свободных и фразеологически связанных значениях слова и др. Однако общее направление работы во всех этих сложнейших областях лексикологии и лексикографии не может быть с достаточной полнотой охарактеризовано в словарном предисловии. Для этого необходимо обратиться к специальным работам. (См., в частности, О. С. Ахманова, «Очерки по общей и русской лексикологии», Учпедгиз. М., 1957).

Как указано в предисловии к 1-му изданию настоящего словаря (пункт 12), переводы должны как можно точнее соответствовать переводимым словам. Поэтому, теоретически рассуждая, к каждому отдельному значению переводимого слова должен был бы даваться только один перевод. Однако во многих случаях подыскать один вполне эквивалентный перевод бывает настолько трудно, что приходится давать несколько слов-синонимов. Все же такие синонимы приводятся только в том случае, если они выступают именно как переводы данного заголовочного слова, а не как представители соответствующих синонимических рядов. Отступления от этого принципа могут оправдываться только трудностью четкого разграничения этих двух категорий, т. е. синонимических переводов заголовочного слова и синонимов к тому или другому из слов-переводов, не являющихся эквивалентами заголовочного слова.

Подготовляя словарь к третьему изданию, авторы и редакция отнеслись с должным вниманием ко всем замечаниям, имевшимся в рецензиях на словарь. Большинство этих замечаний касалось переводов отдельных терминов и фразеологических единиц. Все правильные замечания были с благодарностью приняты во внимание, и соответствующие исправления и уточнения были внесены в новое издание.

Авторы считают своим долгом выразить благодарность магистру наук Оксфордского университета М. К. К. Уилеру, проработавшему предыдущее издание словаря и приславшему ценные замечания, которые помогли улучшить переводы.

1958 г. *О. Ахманова*

ПРЕДИСЛОВИЕ К ПЕРВОМУ ИЗДАНИЮ

1. Настоящий Русско-английский словарь в основном является двуязычным переводным словарем обычного типа, но вместе с тем он отличается от других аналогичных словарей некоторыми особенностями, которые могут как учитываться, так и не учитываться при пользовании им,— в зависимости от той цели, какую ставит перед собой обращающийся к словарю, и от того, насколько он знает русский язык, с одной стороны, и английский — с другой. Таким образом, тот, кто желает лишь найти в словаре английские эквиваленты тех или других русских слов и выражений, может пользоваться данным словарем, как и всяким другим подобным, ознакомившись лишь с соответствующими указаниями и не принимая во внимание различных дополнительных данных, сопровождающих как русские слова и выражения, так и их английские переводы.

2. К числу особенностей данного словаря относится прежде всего то, что в нем в большей мере, чем это обычно делается в подобных словарях, уделено внимание фонетическому и грамматическому аспектам слова.

3. Произношение русских слов большей частью достаточно ясно из их орфографии, если указано место ударения. В связи с этим в наших словарях последнего времени общепринятые написания русских слов обычно снабжаются знаком ударения, если слово имеет более одного слога, хотя в русском правописании знак ударения употребляется лишь в особых редких случаях. Данный словарь следует этой, уже достаточно установившейся, традиции: место ударения в русских словах в нем отмечается подобным же образом.

В тех немногих случаях, когда орфография русского слова, даже если место ударения известно, не дает правильного представления о произношении, последнее обозначается особо, в квадратных скобках [ ], причем, в целях сокращения места, обозначается произношение лишь той части слова, в которой имеется отклонение от общих правил чтения; например: [-во́-] после слова **сего́дня** показывает, что оно произносится **сево́дня**.

4. Английская орфография, как известно, менее ясно отражает произношение, чем русская, однако, знание места ударения очень существенно помогает правильному чтению английских слов. Поэтому и английские слова, подобно русским, даются в словаре со знаками ударения, хотя в английской орфографии эти знаки и не применяются, так же как они обычно не применяются и в русской. При этом нужно заметить, что в английских словах отмечаются и *второстепенные* ударения, например: **órganìze, cóncentràte.** Это придает написаниям английских слов несколько необычный вид, но поскольку знаки ударения применяются в словарях в русских словах (а также и в немецких), постольку написание английских слов со знаками ударения является по существу лишь новым применением уже достаточно распространенного принципа.

Хотя английская орфография и очень непоследовательна, тем не менее известные правила чтения букв и буквенных сочетаний в английских словах могут быть установлены. Всякий, хоть немного знающий английский язык, прочтет слово **brake** как брэйк, даже если это слово ему неизвестно. Поэтому, если место ударения определено, нет надобности давать особо обозначение произношения (фонетическую транскрипцию) каждого английского слова: можно обозначать произношение только в тех случаях, где чтение не соответствует общим правилам. Таких случаев обычно для английского языка окажется несравнимо большее число, чем для русского.

Вместе с этим, «правила» чтения английских написаний недостаточно четко отграничиваются от «исключений». Поэтому необходимо особо тщательное и точное, хотя бы и более или менее условное, определение этих правил. Такое определение дается в соответствующем приложении к словарю (см. стр. 731); и в тех случаях, когда чтение следует данным правилам, произношение особо не обозначается. В тех же случаях, когда имеется какое-либо отступление от правил, произношение изображается посредством фонетической транскрипции, как это принято в англо-русских словарях, но нередко в сокращенном виде, т. е. путем транскрибирования только той части слова, в чтении которой имеется несовпадение с правилами. Особо трактуются лишь некоторые наиболее употребительные слова, список которых приводится в приложении: к этим словам транскрипция вообще не применяется, даже если их чтение расходится с принятыми правилами, так как каждому, кто будет пользоваться этим словарем, произношение этих слов должно быть известно или, по меньшей мере, должно стать известным.

Таким образом, в словаре дается возможность определить произношение каждого английского слова, встречающегося в нем,— либо непосредственно по приведенной транскрипции, либо с помощью правил чтения, данных в приложении, либо тем и другим путем в их соединении друг с другом. Полная транскрипция всех английских слов, приводимых в русско-английском (не англо-русском!) словаре, технически невозможна, так как она слишком увеличила бы объем такого словаря. Поэтому русско-английские словари обычно даются вообще без всякого обозначения произношения английских слов, и, найдя в таком словаре английский перевод русского слова, приходится для выяснения его произношения обращаться к англо-русскому словарю. Конечно, система правил чтения и частичной транскрипции, принятая в настоящем словаре, является значительно более сложной, чем система сплошного обозначения произношения посредством фонетической транскрипции, но все же представляется более целесообразным дать хотя бы такую сложную систему, чем не давать вообще никаких сведений относительно произношения английских переводов русских слов. При этом нужно заметить также, что ознакомление с правилами чтения, приведенными в словаре, полезно само по себе: эти правила могут быть применены в большом числе случаев при чтении английского текста без словаря, так как очень многие незнакомые английские слова, понятные из контекста или вследствие их «интернационального» характера, могут быть верно прочтены с помощью этих правил; далее, зная эти правила, можно в большинстве случаев фиксировать для себя произношение английских слов, не записывая их транскрипцию, а только отмечая в них ударения. Кроме того, нужно заметить также, что многие из этих правил практически знакомы каждому, более или менее знающему английский язык, почему при пользовании словарем большею частью не будет надобности усваивать заново все приводимые в нем правила чтения или постоянно обращаться за справкой к их списку.

5. В словаре трактуются преимущественно слова, а не отдельные их формы. Поэтому каждая форма грамматически изменяемого слова, если она не выделяется особо как именно данная его форма, является, так сказать, представителем всего слова в целом, всей совокупности грамматических его форм. Так, например, форма именит. падежа единств. числа **ло́шадь** представляет собой все это слово в целом, со всеми его грамматическими формами: **ло́шадь, ло́шади, ло́шадью, лошаде́й** и т. д.; равным образом и английское **horse** (лошадь) обычно выступает как представитель всей совокупности грамматических форм этого слова: **horse, horse's, horses, horses'**. Обычно, переводимое русское слово и английское слово, являющееся его переводом, даются, по возможности, в формах, соответствующих друг другу настолько, насколько вообще между формами русского и английского языков могут быть установлены некоторые общие соответствия. Более частные, специальные соотношения между русскими и английскими формами, разумеется, не могут быть отражены в словаре: они могут быть определены только на основе знания грамматики. Таким образом, хотя в словаре и учитываются, по возможности, соответствия между русскими и английскими грамматическими формами, причем при переводе известных фразеологических сочетаний принимаются во внимание и отдельные частные соответствия,— тем не менее не следует всегда пользоваться только тем грамматическим оформлением слова, какое дано ему в словаре, но нужно применять и свои знания грамматики и в известных случаях вносить в предлагаемый перевод некоторые грамматические изменения. Это касается, в частности, переводов целых фраз или словосочетаний, где данный в переводе порядок слов или употребленное в нем время глагола нередко может оказаться непригодным для определенного контекста.

6. Особо нужно заметить, что в словаре совершенный и несовершенный виды русских глаголов в очень многих случаях рассматриваются как *формы одного и того же слова-глагола*, а *не* как разные глаголы, почему формы разных видов в очень большом числе случаев и переводятся вместе — независимо от того, различаются ли эти виды в английском переводе или нет.

Если формы разных русских глагольных видов могут или даже, в определенных случаях, должны быть переведены различными английскими глаголами, то это отмечается особо. При этом обычно бывает такое соотношение между различными видами русского глагола и различными английскими словами-переводами: в известных случаях формы обоих видов переводятся одними и теми же словами, тогда как в других случаях формы несовершенного вида имеют свои особые переводы, не относящиеся к формам совершенного вида; последние же не имеют таких переводов, которые никогда не относились бы к несовершенному виду. При таком соотношении перевод форм совершенного вида не представляет затруднений; при переводе же несовершенного вида следует сделать выбор между теми английскими глаголами, которыми переводятся оба вида, и теми, которые применимы для перевода только несовершенного вида (они даются после пометы *несов. тж.*, т. е. «*несовершенный* вид переводится *также* следующими словами»). Ср. «Структура словаря», п. 6.

7. Обычно глаголы, имеющие формы как совершенного, так и несовершенного вида, приводятся под формой инфинитива *несовершенного* вида, но после этой формы дается и форма инфинитива совершенного вида. Только те глаголы, которые очень редко употребляются в несовершенном виде, и, разумеется, те, у которых вообще нет этого вида, даются лишь в форме совершенного вида. Такие глаголы помечаются сокращением *сов.*, тогда как глаголы, данные в форме несовершенного вида, а также и приводимые в формах обоих видов, особо не отмечаются (в последнем случае самый порядок форм показывает, какая из них является формой несовершенного и какая совершенного вида; ср. выше).

8. Русские глагольные формы, обозначающие неопределенно направленное движение, т. е. движение в различных направлениях, туда и сюда (например, **бе́гать, лета́ть**), и обозначающие то же движение, как происходящее в оп-

ределенном направлении (**бежа́ть, лете́ть**), рассматриваются в словаре как формы одного и того же слова-глагола (**бе́гать — бежа́ть, лета́ть — лете́ть**) и приводятся вместе — под инфинитивом, имеющим первый оттенок значения (т. е., например, под **бе́гать, лета́ть**).

Однако инфинитивы, обозначающие определенно направленное движение (отмечаемые пометой *опред.*), помещаются в словаре и отдельно, со ссылкой при них на соответствующие инфинитивы со значением неопределенно направленного движения; а если они имеют специальные значения и особые переводы, то такие переводы, ради практического удобства, даются тут же.

9. Английские глаголы (так же, как и русские) обычно приводятся в форме инфинитива, но без частицы to, так как эта частица отнюдь не является постоянной принадлежностью инфинитива (ср. he may go «он может идти»). Равным образом, поэтому, и в грамматическом справочнике, прилагаемом к словарю (ср. п. 10), английские инфинитивы большею частью даются без to. Но, разумеется, в тех словосочетаниях, в которых необходимо употребление инфинитива с to, эта частица не опускается (например: он хочет пойти — he wants to go). Особенно важно обратить внимание на то, что условное обозначение (+*inf.*) показывает, что предшествующее английское слово (или словосочетание) требует инфинитива без to; если же данное слово (или словосочетание) требует употребления инфинитива с to, то это указывается условным обозначением (+to *inf.*); например: must (+ *inf.*); ought (+ to *inf.*).

10. Так как очень многие английские слова имеют по нескольку различных грамматических форм, между тем как в словаре они обычно даются лишь в одной их форме (ср. п. 5), то необходимым приложением к словарю является справочник по образованию форм изменяемых английских слов. Во многих словарях такой справочник сводится к «списку неправильных глаголов», в котором приводятся основные их формы.

К данному словарю прилагается более полный справочник такого рода: в нем даются и общие правила образования форм различных слов (существительных, прилагательных, глаголов) с соответствующими примерами и список слов, имеющих какие-либо особенности в своих грамматических изменениях, причем в этот список включаются не только неправильные глаголы в их основных формах, но и существительные, имеющие необычные формы множественного числа, и прилагательные и наречия, образующие степени сравнения не по общим правилам. Кроме того, разумеется, в справочнике приводятся и формы местоимений, хотя некоторые местоимения и в самом словаре даются во всех своих формах. Формы множественного числа существительных, заимствованные из других языков (греческого, латинского и пр.), в справочнике не приводятся, но указываются в самом словаре. Все слова, формы которых даются в списке слов с особым грамматическим изменением, отмечены в словаре звездочкой (*).

11. Для правильного перевода текста важно не только найти соответствующие слова, но и должным образом связать их между собой. Поэтому в словаре много внимания уделено тому, как данные слова следует сочетать с другими. Конечно, в основном правила построения словосочетаний относятся к грамматике, но некоторые явления этой области одновременно относятся и к словарю, так как они известным образом характеризуют отдельные слова и нередко бывают связаны с различными их значениями.

Поэтому в словаре регулярно отмечаются различные особенности отдельных слов, относящиеся к тому, каким способом эти слова сочетаются с другими. Так, при русских предлогах указываются падежи, с которыми они употребляются, при глаголах указываются падежи и предлоги и т. п. При этом особое внимание уделялось тому, чтобы между такими сведениями относительно русских и английских слов устанавливалось строгое соответствие, т. е. чтобы было совершенно ясно, какие средства связи в одном языке соответствуют данным средствам связи в другом.

12. Относительно самих переводов слов нужно заметить следующее. В словаре даются по возможности точные переводы, соответствующие переводимым словам не только по общему значению, но и по стилистическому характеру и по эмоциональному тону. Поэтому, например, при глаголе **ви́деть** дается перевод see, тогда как такое слово как behold, имеющее иную эмоционально-стилистическую окраску, в качестве перевода русского слова **ви́деть** не приводится. В связи с этим нередко дается только один перевод — для одного значения русского слова,— а если приводится несколько переводов-синонимов, то число их все же большею частью бывает очень ограничено. Если желательно найти другие, близкие по значению слова, то следует отыскать какие-либо синонимы данного *русского* слова и посмотреть, какие английские слова даны там. Так, например, если желательно узнать, какие английские слова близки по значению к английскому see и тем самым более или менее приближаются по значению и к русскому **ви́деть**, следует посмотреть такие русские слова, как **зреть, лицезре́ть.**

Различные значения русских слов и различные случаи их употребления по возможности четко отграничиваются друг от друга и определяются краткими пометами в скобках. В особо сложных случаях даются примеры, иллюстрирующие значение или употребление данного слова.

13. Много внимания уделено таким распространенным в литературном языке фразеологическим сочетаниям, в которых данное слово переводится особо, не так, как в других случаях. Но стилистически сильно окрашенной идиоматике, поговоркам, пословицам и т. п. в словаре отведено очень ограниченное место.

14. Как можно видеть из всего сказанного, данный словарь во многом следует тем принципам, на которых построен Русско-французский словарь под редакцией Л. В. Щербы, но наряду с этим в нем есть и дополнения к этой системе и некоторые другие отличительные особенности, важнейшие из которых были отмечены выше.

Введение в словарь различных дополнительных сведений (фонетических и грамматических) значительно осложнило работу по его составлению, вследствие чего в нем, несомненно, не удалось избежать ряда погрешностей относительно принятой системы. Авторы и редакция будут очень благодарны за все замечания и предложения.

В заключение необходимо отметить ту огромную, тщательно и вдумчиво проведенную работу над данным словарем, которую выполнили редакторы Издательства З. С. Выгодская и Н. П. Григорьева. Авторы и редакция пользуются случаем выразить им свою искреннюю благодарность за все, сделанное ими на различных этапах подготовки словаря к выходу в свет.

С тем же чувством благодарности авторы и редакция словаря отмечают плодотворное участие в работе над ним А. В. Литвиновой, любезно согласившейся прочесть его в гранках и предложившей множество удачных новых переводов.

1948 г.

А. Смирницкий

СТРУКТУРА СЛОВАРЯ

1. Русские слова, перевод которых дается в словаре, напечатаны *жирным* шрифтом и расположены в строго *алфавитном* порядке. При многих словах даются и переводятся также те или иные словосочетания. Последние приводятся под соответствующими словами не в алфавитном, а в *систематическом* порядке (см. п. 16).

При этом то слово, которое напечатано жирным шрифтом в начале данной словарной статьи, заменяется в словосочетаниях *тильдой* (~), если оно употреблено в *неизмененной* форме; исключение составляют короткие слова, например, предлоги, которые повторяются в словосочетаниях, поскольку в этом случае употребление тильды не дало бы существенной экономии места (ср. п. 2).

2. Русские слова, имеющие в начале общую часть, нередко объединяются в одно гнездо, в котором общая часть данных слов приводится только один раз — в первом слове гнезда, где она отделяется *параллельками* (‖); в прочих же словах того же гнезда она заменяется *тильдой* (~); например:

у́ли‖ца и **~чный** = **у́лица и у́личный.**

Заменяемая тильдой общая часть слов данного гнезда может равняться и всему первому слову этого гнезда; например:

писа́тель и **~ница** = **писа́тель и писа́тельница.**

Каждое новое слово, приводимое внутри гнезда сокращенно, с тильдой, дается жирным шрифтом, и алфавитный порядок соблюдается и в отношении таких слов.

Тильдой заменяется также неизменная часть начального слова данной словарной статьи (совпадающая со всем этим словом или отделенная в нем параллельками), когда в словосочетаниях это слово приводится в *измененной* форме; например:

~а́я (в статье на слово **больш‖о́й**) = больша́я. (Ср. п. 1).

3. Русские омонимы даются раздельно и отмечаются *римскими* цифрами; например:

уж I *м.* (*вмея*)...
уж II *частица*...

4. Помимо целых слов, в словаре даются и переводятся на соответствующем месте по алфавиту некоторые приставки и составные части сложных слов.

Поэтому, в случае ненахождения в словаре какого-либо русского слова с приставкой (в особенности это относится к глаголам с наиболее употребительными приставками) или сложного слова, следует посмотреть, не приведена ли в нем данная приставка или часть сложного слова отдельно, и, если такая приставка или часть сложного слова имеется, использовать приведенные при ней указания, сочетая их с переводом остальной части данного приставочного или сложного слова. Так, например, не найдя в словаре глагола **додиктова́ть,** следует отыскать приставку **до-,** выбрать из указанных при ней способов ее передачи тот, который подходит к данному случаю, и применить его в сочетании с переводом глагола **диктова́ть.**

5. В словаре не приводятся:

а) существительные, образованные посредством суффикса **-ание** (например, **броса́ние**) от глаголов на **-ать** (ср. **броса́ть**) и посредством суффикса **-ение** (например, **пиле́ние**) от глаголов на **-ить** (ср. **пили́ть**), если в английском языке им соответствуют только отглагольные существительные на -ing (например, throwing, sawing — от глаголов throw «бросать», saw «пилить»),— за исключением наиболее употребительных. При этом, если кроме отглагольного существительного на -ing, отглагольное существительное на **-ание**, **-ение** переводится еще и другими словами, то эти слова, естественно, приводятся в словаре с указанием на возможность перевода данных *русских* слов существительными на -ing, образованными от соответствующих глаголов. (О пояснении различий значения в этих случаях см. п. 14);

б) существительные, образованные от прилагательных присоединением суффикса **-ость** к неизмененной основе (например, **зеленова́тость** от **зеленова́тый**), если в английском этим существительным соответствуют только образованные с суффиксом -ness (например, greenishness от greenish «зеленоватый»),— за исключением наиболее употребительных;

в) наречия, правильно образованные от прилагательных посредством суффиксов **-о** (например, **сме́ло**), **-е** (**кра́йне**), **-и** (**практи́чески**), если в английском им соответствуют только наречия на -ly (например, boldly, extremely, practically); также наречия с суффиксом **-и** или **-ому**, **-ему** и приставкой **по-** (**по-ли́сьи, по-осо́бенному**), кроме наиболее употребительных;

г) так называемые превосходные степени на **-ейший**, в том числе и с приставкой **наи-** (**наиполе́знейший**),— за исключением самых употребительных,— если они переводятся правильно образованными превосходными степенями;

д) правильно образованные сравнительные степени на **-ее**, **-ей**, если в английском соответствующие формы также образованы правильно;

е) сравнительные степени (в том числе и неправильные) с приставкой **по-** (**посмеле́е, поре́зче**), за исключением самых употребительных.

Для перевода слов и форм указанных категорий следует отыскать в словаре соответствующие глаголы (в случае «а»), прилагательные (в случаях «б» — «г»), или прилагательные и наречия (в случаях «д» — «е») и от данных при них английских слов-переводов образовать по общим правилам искомые слова или формы. Слова же с приставкой **по-** (в случаях «в» и «е») следует заменить подходящими синонимическими выражениями — и затем переводить уже эти последние; так, например, **по-ли́сьи** можно заменить через выражение **как лиса́** и перевести соответственно like a fox; **посмеле́е** — через **немно́го смеле́е** a little bolder.

6. Русские глаголы, имеющие несовершенный и совершенный виды, приводятся под формой *несовершенного* вида, после которой дается форма совершенного вида — обычным (не жирным) шрифтом; например:

объясня́ть, объясни́ть.

Английский перевод в таких случаях, если при нем не указывается вид соответствующего русского глагола, относится к формам обоих видов. Если же перед переводом имеется помета *тк. несов.* или *тк. сов.*, то он относится, соответственно, либо *только к несовершенному*, либо *только к совершенному виду*. Пометой *несов. тж.* (т. е. *несовершенный* вид переводится *также*) вводится такой перевод, который относится только к формам *несовершенного* вида и притом именно в тех случаях, когда этими формами обозначается действие, *не* достигающее результата. Если же в переводимой фразе глагол, хотя он и употреблен в форме несовершенного вида, все же обозначает *достижение* результата действия, то следует выбрать подходящий *общий* перевод, относящийся к *обоим* видам данного глагола. Например, если фраза «он всегда добивался успеха» значит «ему всегда *удавалось* добиться успеха», то нужно выбрать такой перевод глагола **добива́ться** — добиться, который относится к обоим его видам; но в том случае, когда такая фраза означает примерно то же, что «он *стремился* добиться успеха (но *без*результатно!)», то нужно выбрать соответствующий перевод, данный после пометы *несов. тж.*

7. Русские глагольные формы, обозначающие определенно направленное движение,— такие, как **бежа́ть, вести́** — даются с пометой *опред.* под формами, обозначающими соответствующее неопределенно направленное движение, как **бе́гать, носи́ть;** например:

носи́ть, *опред.* нести́, *сов.* понести́.

При этом, если перевод относится и к тем, и к другим формам, то это особо не отмечается; если же он относится *только* к одной из этих категорий, то это указывается, соответственно, пометами *тк. неопред.* и *тк. опред.* (ср. также Предисловие к первому изданию, п. 8).

8. Слова (или их части), являющиеся факультативными, необязательными в данном выражении, даются в *круглых скобках* ( ) *прямым* шрифтом — в отличие от пояснений и специальных помет (ср. п. 11); например:

all (the) day = all the day *или* all day;
gýps(um) = gýpsum *или* gyps.

Если и русское выражение, и его английский перевод содержат слово или слова в скобках, то содержание скобок в английском переводе соответствует тому, что заключено в скобки в данном русском выражении; например:

от трёх до пяти́ (часо́в) from three to five (o'clóck): здесь английское o'clóck соответствует русскому слову в скобках (часо́в).
См. также п. 21.

9. Английские слова, данные *курсивом* и вместе с тем входящие в состав самого перевода (т. е. *не* грамматические определения и т. п.), могут заменяться другими — соответственно контексту.

Так, например, если определенный артикль *the* дан в переводе курсивом, то это значит, что он, в зависимости от контекста, может быть заменен неопределенным артиклем (a, an), местоимением и т. п. В частности, местоименные формы *one* и *one's*, если они даны *курсивом*, обычно должны заменяться соответствующими формами того существительного или тем местоимением, которого требует контекст.

В тех случаях, однако, когда замена какого-либо слова другим точно определяется самим *составом предложения*, данное слово особо *не* выделяется. Так, местоименные формы one's, oneself, its, itself (при глаголах в инфинитиве) даются обычным шрифтом, если их замена соответствующими другими местоимениями строго определяется *подлежащим* предложения; ср. грамматическое приложение, примеч. к табл. 7, стр. 744.

10. Разные переводы одного и того же русского слова разделяются *запятой*, если передаваемые ими оттенки значения не поддаются разъяснению. В этих случаях особое внимание следует обращать на *словосочетания* (см. ниже, п. 16). Но как правило, т. е. тогда, когда такое разъяснение возможно, оно дается курсивом в скобках перед каждым английским переводом, выделяя тот оттенок значения *русского* слова, которому соответствует данный английский перевод. В отдельных случаях несущественные различия между синонимами отмечаются точкой с запятой. Иногда точка с запятой ставится из технических соображений, например, в таком случае, как **груби́ян** rude fellow; churl, boor, точка с запятой отделяет перевод словосочетанием от перевода словом

11. Различные значения одного и того же русского слова выделяются жирными *арабскими* цифрами с точкой (**1.**, **2.** и т. д.), после которых так или иначе указывается, какое значение имеется в виду в каждом отдельном случае (как было сказано в предыдущем параграфе). Подобными же пояснениями дифференцируются и различные случаи употребления слова в том же самом значении, если эти случаи различаются в английском переводе. И наоборот, разные значения русского слова, если различия между ними не отражаются в переводе, могут не разделяться (т. е. не выделяться цифрами или объединяться под одной цифрой). Если при этом важно обратить внимание на *объединение разных значений*, то в скобках *курсивом* дается помета (*в разн. знач.*). Различные значения и употребления русского слова дифференцируются либо краткими их пояснениями (*курсивом* в скобках), либо указанием на область применения слова (*медицина, техника, военное* дело и т. п.) или на стиль речи (*разговорный, поэтический*), либо определенными *грамматическими* данными (*как существительное, во множественном числе, в совершенном виде, с творительным падежом, с предлогом на* + *предложный падеж, без дополнения*); ср. список сокращений, стр. 23.

12. Специальные пометы (стилистические и грамматические определения и т. п.), данные *до* перевода, относятся к *русскому* слову или выражению. При этом перевод дается по возможности такой, который по своему характеру (по стилю, по грамматической форме и т. п.) соответствует предшествующим пометам, и в случае такого соответствия он особыми пометами не сопровождается. Если же такого соответствия нет, то *после* перевода дается необходимая помета, указывающая на ту или иную особенность английского слова или выражения; например, если английское прилагательное, в отличие от русского, может быть употреблено только предикативно, оно сопровождается пометой *predic.* Ср. также:

черни́ла *мн.* ink *sg.*: здесь помета *sg.* (т. е. *singular, единственное* число) обращает внимание на то, что английское ink имеет форму единственного числа, тогда как переводимое русское слово — форму множественного.

Следует, однако, заметить, что совершенно очевидные особенности английских выражений специально не отмечаются; так, например, перевод русского прилагательного английским предложным оборотом (of+существительное и т. п.) не сопровождается какой-либо особой пометой.

13. Если английское слово является членом омонимической группы, то оно сопровождается указанием на то, какой из омонимов имеется в виду в данном случае; например:

веснá spring (*season*).

14. Если различные переводы русского отглагольного существительного даны без дифференцирующих пояснений (ср. п. 11), но со *ссылкой* на соответствующий глагол, то это значит, что различия в значении и употреблении данных английских слов-переводов существительного определяются различиями между теми английскими глаголами, которыми переводится указанный русский глагол; поэтому пояснения к его переводам относятся и к переводам данного отглагольного существительного; например:

шипéние híssing; spítting; sízzling; fízzing; spúttering; (*ср.* шипéть) = **шипéние** (*о змее, гусе*) híssing; (*о кошке*) spítting; (*о масле на сковороде*) sizzling; (*о напитках*) fízzing; (*о сырых дровах*) spúttering, так как приведенные в скобках пояснения даны при глаголах hiss, spit, sizzle, fizz и spútter, которыми переводится глагол **шипéть.**

15. Перевод прилагательных в тех их значениях, которые они имеют при субстантивизации, дается после пометы *как сущ.* (т. е. *как существительное*) при соответствующих прилагательных, если они не стали совершенно самостоятельными существительными. Например, перевод прилагательного **больнóй**, данный после пометы *как сущ.*, относится к тем случаям употребления этого слова, когда оно означает «больной человек» и т. п.

Если же субстантивированное прилагательное стало полностью самостоятельным существительным, как, например, **больнóй** в значении «пациент» или **мастерскáя** (в значении предприятия, помещения), то оно дается как отдельное слово-существительное с пометой *скл. как прил.* (т. е. *склоняемое как прилагательное*).

16. Перевод отдельных слов или особых выражений иногда сопровождается примерами таких словосочетаний, в которых данные слова или выражения переводятся именно так, как они переведены отдельно. Такие иллюстративные словосочетания отделяются от предшествующего перевода *двоеточием* (:). Значительно чаще, однако, даются не иллюстративные словосочетания, а такие, в которых те или иные слова переводятся особо, не так, как вне этих словосочетаний. Такие словосочетания отделяются от предшествующего перевода *точкой с запятой* (;), а если они следуют за переводом иллюстративных словосочетаний, то *точкой с запятой и тире* (;—).

17. Если данное русское слово, вообще или в каком-либо из его значений, переводится на английский язык только в составе определенного словосочетания, то после этого слова или после соответствующей арабской цифры (ср. п. 11) ставится *двоеточие* (:), а далее следует то словосочетание, которое переводится на английский язык.

18. В известных случаях русские слова, данные в словаре, сопровождаются не переводом, а пометой, указывающей на их отношение к другим словам. При этом:

а) помета *уменьш. от* (т. е. *уменьшительное от* такого-то слова) означает, что слово, за которым она следует, может переводиться так же, как то слово, которое дано после пометы, но только с прилагательными little или small; например:

игóлочка *уменьш. от* иглá = little needle или small needle *и пр.*, так как слово **иглá** имеет перевод **needle** *и пр.*

При этом нужно заметить, что little придает выражению более эмоциональный характер, чем small. Если же передача оттенка уменьшительности вообще несущественна, то прибавлять эти прилагательные не следует;

б) помета *прил. к* (т. е. *прилагательное к* такому-то существительному) означает, что данное прилагательное переводится так же, как существительное, следующее за пометой, причем соответствующее английское существительное может быть либо превращено в прилагательное и употреблено атрибутивно без какого-либо изменения, либо взято в форме притяжательного падежа (с окончанием -'s), или в сочетании с предлогом of; например:

лéтний *прил. к* лéто=súmmer (*attr.*), súmmer's, *of the* súmmer, так как слово **лéто** переводится словом summer;

при этом следует заметить, что притяжательный падеж или сочетание с предлогом of обычно может применяться тогда, когда русское прилагательное может быть заменено родительным падежом;

в) помета *страд. к* (т. е. в значении *страдательного залога к* такому-то глаголу) означает, что данный глагол с окончанием **-ся** или **-сь** переводится так же, как глагол без **-ся (-сь),** указанный после этой пометы, но формами страдательного залога; например:

писáться *страд. к* писáть = be wrítten *и т. д.*; так как **писáть** переводится через write *и т. д.*, а страд. залог (*passive*) от write есть be wrítten;

г) помета *как сов. к* (т. е. *как совершенный вид к* такому-то глаголу) означает, что предшествующий ей глагол в известных случаях имеет значение совершенного вида того глагола, который указан после этой пометы, и переводится так же, как этот последний; например:

закричáть *сов.* **1.** (*начать кричать*) begin* to cry *и т. д.*; **2.** *как сов. к* кричáть; следовательно, во 2-м своем значении глагол **закричáть** должен переводиться просто как cry и т. д., т. е. так же, как глагол **кричáть.**

19. Произношение обозначается только в тех случаях, когда данное слово читается не по общим правилам. Обозначение произношения приводится в *квадратных* скобках [ ] *после* того слова, к которому оно относится, или, если это слово входит в состав словосочетания, после всего словосочетания, причем слова, произношение которых не обозначается, заменяются в квадратных скобках *отточием* (...); например:

live beˈyónd one's means [liv...].

Во многих случаях обозначается произношение только *части* слова (той, в чтении которой имеется отклонение от общих правил). Прочие части слова в таких случаях заменяются в квадратных скобках *дефисом* (черточкой: -); например:

сегóдня [-вó-];
knówledge [ˈnɔ-].

Обозначение произношения русских слов не требует особых разъяснений; оно дается лишь в очень редких случаях, так как большей частью указание места ударения достаточно для правильного чтения русского слова.

Обозначение произношения английских слов подробно объяснено в приложении «О чтении (произношении) английских слов», стр. 731.

20. Важнейшие грамматические сведения о слове даются в виде:

а) грамматических определений слова (*сущ*ествительное, *предик*ативное слово-полуглагол, *нареч*ие, существительное *ж*енского рода и т. п.) или его формы (*мн*ожественное число, *ж*енский род прилагательного, *сов*ершенный вид);

б) указаний относительно способов сочетания данного слова с другими словами (сведения об управлении слова); см. п. 21.

Те слова, форма которых и принадлежность к той или иной части речи достаточно ясны, грамматическими определениями обычно не сопровождаются (ср. пп. 6, 7, 12).

21. Сведения об управлении слова (о характерных для него способах его сочетания с другими словами) приводятся в *круглых* скобках *после* данного слова (и после обозначения его произношения, ср. п. 19) или *после* соответствующей арабской цифры, если данное управление слова связано с определенным его значением (ср. п. 11).

После русского слова приводится в круглых скобках тот *предлог*, а иногда союз, которого требует данное слово, или указывается та *форма*, которую имеет управляемое (зависящее) слово, в частности — требуемый падеж существительного или местоимения; например:

зави́сеть (от);
руководи́ть (*тв.*) = **руководи́ть**, сочетается с *творительным* падежом;
для *предл.* (*рд.*) = **для** *предлог*, требующий *родительного* падежа.

При предлоге, данном в скобках, падеж указывается лишь в тех случаях, когда этот предлог вообще может употребляться с разными падежами; например:

смотре́ть, посмотре́ть (на *вн.*): здесь сокращение *вн.* показывает, что предлог **на** (который вообще может употребляться и с предложным падежом) в данном случае требует *винительного* падежа.

После английского слова указываются в круглых скобках те способы его сочетания с другими словами, которые соответствуют показателям управления, приведенным при русском слове; например:

зави́сеть (от) depénd (on): русскому предлогу **от** при данном глаголе соответствует английский on.

При этом сокращение (*d.*), т. е. *direct object* (прямое дополнение), обозначает употребление существительного в общем падеже или местоимения в объектном (me, а не I; him, а не he и т. п.; см. грамматическое приложение, стр. 743) без предлога; сокращение же (*i.*), т. е. *indirect object* (косвенное дополнение), обозначает употребление тех же форм (общего или объектного падежа) без предлога в положении *перед* прямым дополнением; например, в предложении give him the letter (дайте ему письмо) слово him является косвенным дополнением (*i.*), так как оно стоит (без предлога) перед прямым дополнением (*d.*) — the letter. Нужно заметить, однако, что при прямом дополнении it косвенное дополнение ставится после прямого; так, во фразе give it him (дайте его ему) косвенным дополнением (*i.*) является him,— так же, как в предыдущем примере. Косвенное дополнение (*i.*) может заменяться предложным сочетанием «to + существительное или местоимение», которое, как и всякое *предложное* дополнение, обычно ставится *после* прямого; так, give him the letter может быть заменено через give the letter to him (дайте письмо ему).

Если имеется более одного показателя управления, то такие показатели при английском слове даются в том *порядке*, в каком приведены *соответствующие* им показатели при переводимом русском слове. Этот порядок может не совпадать с тем, который применяется в связной английской речи, а именно, как было отмечено выше:

i.+*d.*+ *предложн. доп.* (за исключением случая с *d.*=it).

Поэтому при переводе следует руководствоваться указанными общими правилами порядка слов, а не тем порядком, в котором даны показатели управления, так как их порядок служит *только* для определения *соответствия* между ними и показателями при русском слове; например:

заменя́ть, замени́ть (*вн. тв.*) súbstitùte (for *d.*), repláce (*d.* by); здесь порядок показателей (*d.* by) при replace и (for *d.*) при substitute указывает на то, что *винительный* падеж при данном русском глаголе передается через прямое дополнение (*d.*) при глаголе replace, но через дополнение с предлогом for при глаголе substitute, а *творительный* падеж — через дополнение с предлогом by в первом случае и через прямое дополнение (*d.*) — во втором. Порядок «replace + *d.* (прям. доп.) + by (предложн. доп.)» является нормальным, но порядок «substitute + for (предложн. доп.) + *d.* (прям. доп.)» *невозможен*; он должен быть *заменен* в связной речи тем порядком, который удовлетворяет *общим правилам*: substitute+ *d.* (прям. доп.) + for (предложн. доп.).

22. Если слово, управление которого указывается (ср. п. 21), входит в состав словосочетания, то скобки с указанием управления помещаются *после всего словосочетания* — также и в том случае, когда в связной речи управляемое слово ставится внутри словосочетания; например:

send back (*d.*) = send + *d.* (прямое дополнение) + back.

В тех случаях, однако, когда в данное словосочетание входят *два глагола*, соответствующие указания даются *после того глагола*, к которому они относятся; например:

втя́гивать,.. **2.** (*вн.* в *вн.*; *вовлекать*)... indúce (*d.*) to pàrtícipàte (in).

23. При всех русских именах существительных, а также при субстантивированных именах прилагательных дается указание на род курсивными буквами с точкой: *м.*— мужской род; *ж.*— женский род; *с.*— средний род.

24. Условные знаки:

‖ (параллельки) отделяют в первом слове гнезда начальную часть слова, заменяемую в последующих словах того же гнезда тильдой (см. п. 2).

~ (тильда) заменяет первое слово гнезда, а также общую часть русских слов, объединенных в одно гнездо. В первом слове гнезда эта общая часть отделяется параллельками (‖); если же первое слово гнезда не разделено параллельками, то это значит, что общая часть слов данного гнезда совпадает с его первым словом (см. п. 2).

* (звездочка) показывает, что английское слово, после которого она стоит, изменяется не по общему правилу. Формы таких слов приведены в грамматическом приложении в особом списке (стр. 752 и сл.). Однако глаголы be, have, do, shall, can *и др.*, формы которых приведены в особой таблице (№ 10, стр. 746), приводятся без звездочки.

◇ (ромб) означает, что словосочетания, следующие за ним, представляют собой фразеологические единицы: «слитные словосочетания», особые составные термины, идиоматические выражения и т. п. Так, например, если словосочетание **бе́лый гриб** помещено за ромбом, то это значит, что имеется в виду особый род грибов, а не просто гриб белого цвета.

/ (косая черта) означает «или» и показывает, что любое из слов, между которыми поставлен этот знак, может быть употреблено в данном сочетании; например:

big / great toe=big toe *или* great toe (два возможных перевода словосочетания «большой палец ноги»). rèvolútionary-minded / rèvolútionary-dispósed man*, wríter = rèvolútionary-mínded man* *или* rèvolútionary-dispósed man*, rèvolútionary-mínded wríter *или* rèvolútionary-dispósed wríter.

┆ (вертикальная пунктирная черта) разделяет в английских словах их составные части — там, где такое разделение помогает правильному их чтению (см. приложение «О чтении (произношении) английских слов», стр. 731). Кроме того, этой чертой отделяется та часть сложного слова, к которой относится звездочка (*), т. е. которая приводится в списке слов, изменяющихся не по общим правилам; например:

cóach┆man*: -man в этом слове изменяется так же, как отдельное слово man, приведенное в списке.

= (знак равенства) между двумя русскими словами означает, что первое из них переводится так же, как второе.

≅ (знак приблизительного равенства) предупреждает, что следующий за ним перевод лишь приблизительно соответствует русскому выражению, стоящему перед этим знаком.

+ (плюс) значит «в сочетании с»; например + *inf.* (т. е. *infinitive*) значит «в сочетании с инфинитивом».

( ) (круглые скобки) заключают в себе пояснения относительно з н а ч е н и я или у п о т р е б л е н и я (даются *курсивом*, см. п. 11), сведения об у п р а в л е н и и слова (см. п. 21), а также слова́ или части слов ф а к у л ь т а т и в н ы е, являющиеся необязательными в данном выражении (даются обычным, прямым шрифтом, см. п. 8).

[ ] (квадратные скобки) заключают в себе обозначение п р о и з н о ш е н и я (см. п. 19, а также приложение «О чтении (произношении) английских слов», стр. 731)

Относительно особых случаев употребления з н а к о в п р е п и н а н и я см. пп. 10, 16, 17; относительно отточия (...) при обозначении произношения см. п. 19 и приложение «О чтении (произношении) английских слов», стр. 731.

Относительно употребления ц и ф р см. пп. 3 и 11.

Отдельным приложением даны:

Список географических названий.

О чтении (произношении) английских слов, проф. А. И. Смирницкий.

Краткие сведения по английской грамматике, проф. А. И. Смирницкий.

The Russian Sound-System and the Russian Alphabet by A. I. Smirnitsky, prof.

Notes on Russian Grammar by A. I. Smirnitsky, prof.

Лексикографические источники

Толковый словарь русского языка, тт. I—IV, под ред. проф. Д. Н. Ушакова, Гос. из-во иностранных и национальных словарей. Москва, 1935—1940.

Словарь русского языка, тт. I—IV, Академия наук СССР — Институт русского языка, Гос. из-во иностранных и национальных словарей. Москва, 1957—1961.

Словарь русского языка, составил С. И. Ожегов, Гос. из-во иностранных и национальных словарей. Москва, 1964.

Русско-французский словарь, под ред. акад. Л. В. Щербы, Гос. из-во иностранных и национальных словарей. Москва, 1956.

А. Александров, Русско-английский словарь. Москва, 1927.

Англо-русский словарь, составил В. К. Мюллер, Гос. из-во иностранных и национальных словарей. Москва, 1963.

Англо-русский политехнический словарь, под общей ред. А. Е. Чернухина, Физматгиз. Москва, 1962.

Англо-русский сельскохозяйственный словарь, составили Б. Н. Усовский и Н. В. Геминова, Государственное издательство технико-теоретической литературы. Москва, 1956.

James A. H. Murray, Henry Bradley, W. A. Craigie, C. T. Onions. The Oxford English Dictionary, vols. I—XII with Supplement and Bibliography. Oxford, 1933.

The Shorter Oxford English Dictionary, vols. I—II, 3d ed. Oxford, 1962.

Webster's New International Dictionary of the English Language, 2nd ed. Springfield Mass., 1957.

Henry Cecil Wyld. The Universal Dictionary of the English Language. London, 1956.

The Concise Oxford Dictionary of Current English, Revised by H. W. Fowler. Oxford, 1954.

Chambers's Twentieth Century Dictionary. Edited by William Geddie, M. A., B. Sc. London, 1954.

Daniel Jones. An English Pronouncing Dictionary, 11th ed. London, 1957.

The American College Dictionary. Edited by C. L. Barnhart. New York, 1959.

Collins New English Dictionary. Edited by Alexander H. Irvine. London, 1958.

A. S. Hornby, E. V. Gatenby, H. Wakefield. The Advanced Learner's Dictionary of Current English. London, 1957.

Webster's New World Dictionary of the American Language. New York, 1962.

PREFACE

The present edition is the first to be re-set after several re-printings of the third. It has, therefore, given the authors an opportunity to re-consider the whole book.

The authors and the editors have not found it in any way essential to change the underlying lexicographic system, as it had proved useful and convenient. The only complaint that has ever been made in this connection was the arrangement of phraseological units. Where possible this has been made more consistent. A general overhaul of their presentation has not, however, been possible within the time-limits, alotted for the work.

The main efforts were directed at a careful revision of the inventory of the vocables: since the 3d edition many new words and expressions have emerged, the frequency and stylistic characteristics of the already existing ones have altered. Needless to say, all the addenda and corrigenda that have been suggested by readers have been very carefully considered and are most gratefully acknowledged. Special thanks are due to Dr. E. Lampert and Mrs. K. Lampert (Oxford University), Dr. A. B. Murphy (The University of Swansea), Dr. Lois Spencer (The University of London), Mr. A. Davis and Mr. K. Katzner.

1965

O. Akhmanova

PREFACE TO THE THIRD EDITION

This edition of the Russian-English dictionary appears more than three years after the death of Professor Smirnitsky, who evolved the original plan and method of the dictionary, directed the work of the authors and himself wrote the greater part of the more complex articles. It therefore seems appropriate to include in this preface an appreciation of his valuable contribution to this dictionary as well as a brief summary of what has been done since his death.

Following the principles of the USSR School of lexicographers (D. N. Ushakov, L. V. Shcherba, V. V. Vinogradov), Professor Smirnitsky gave much time and attention to the elaboration of scientific methods in lexicography, particularly bilingual Russian-English lexicography; his success in this field was largely due to the fact that, prior to actual work on the dictionary, he spent many years scientifically comparing the systems of the two languages. (For an idea of the scope of this branch of Professor Smirnitsky's activities the reader is referred to his textbooks of Russian for English-speaking people, and other manuals).

Systematic and detailed comparative study of two languages enables the lexicographer to decide what parts of their vocabularies diverge and thus require special attention in translation. It also shows that the divergencies are not confined to separate words, their individual and specific lexical characteristics. In the vocabularies of all languages there exist certain types or classes of words, certain lexical *categories* (for instance verbal nouns, verbs with aspective prefixes, abstract nouns formed from adjectival stems, various types of pronouns, prepositions, conjunctions and the like). For each of such lexical categories Smirnitsky elaborated a uniform and consistent lexicographic method, which was so devised as to provide not only for uniformity and consistency, but also, if need be, to provide a convenient way of bringing out the specific and individual in each representative of the category in question. Thus, as Smirnitsky has shown in his preface to the first edition, general lexicographic patterns form a background against which the individual characteristics may be brought out in sharper relief.

In keeping with the general principles of Soviet lexicography Professor Smirnitsky also attached great importance to the distinction between polysemy and homonymy, between the "syntactical" or "free" meanings of words and their "phraseological" or "bound" meanings, the variety of meanings as opposed to variety of uses, etc. He elaborated a precise and consistent system for the delimitation of polysemy and homonymy in verbs with aspective prefixes; his profound scientific investigation into the semantic structure of Russian prepositions and conjunctions is embodied in the respective articles of the dictionary. Mention should also be made of his independent approach to grammatical homonymy, displayed, among other instances, in the lexicographical treatment of such pairs as the "short" form of the adjective and the adverb in **-o**.

Smirnitsky made many useful innovations in the field of lexicography proper. He devised an original pronunciation system for *English* words (no attempt to indicate the pronunciation of English words in a Russian-English dictionary had previously been made).

He also elaborated a consistent method of indicating the

right treatment of words as used in speech, his first principle being that to ensure correct translation of a word a dictionary should not only supply its correct lexical equivalent but should also make clear its grammatical and idiomatic usage. In this way the words are, as it were, "prefabricated" for right treatment in actual speech.

When Professor Smirnitsky insisted on *scientific* methods in lexicography, based on Marxist linguistics, one of his major aims was to broaden the user's linguistic outlook. He was an irreconcilable opponent of the purely pragmatic approach; it was his firm conviction that far from lowering its standards to the level of the less educated reader, a dictionary should raise him to the level of scientific lexicography, which is one of the main channels of linguistic culture.

* * *

In preparing this edition of the dictionary the authors' main attention has been focussed on keeping track as far as possible of recent changes in the vocabularies of the two languages, and on working out in greater detail the meanings of the words already included in the dictionary, especially the new expressions and idioms connected with them. Particular importance has been attached to the inclusion of expressions pertaining to social and political life; in this respect the authors wish to acknowledge the use that has been made of part of the materials submitted to them by a senior lecturer of the Yaroslavl Pedagogical Institute, A. I. Rosenman.

The dictionary's lexicographical system, which was elaborated by Professor Smirnitsky, and which has stood the test of two editions, has not been altered in the present edition. This does not mean, of course, that questions of method were completely disregarded. In the process of work the authors found wide scope for improvement in applying the original principles more consistently.

The treatment of different verbs with homonymous aspect-forms has also been more consistent than in previous editions.

Among other improvements may be mentioned a more consistent and uniform treatment of certain types of words (such as ordinal numbers, various kinds of compounds, etc.); more consistent and detailed indication of the grammatical characteristics of words and expressions; more judicious discrimination between synonymous translations and words having a general bearing on the subject but not usable as translation-equivalents of the word in question (cf. Preface to the first edition § 12).

In some cases the principles and methods themselves had to be clarified. Phraseology in a wide sense was a case in point. According to the original method, the arrangement of phrases within the articles is not alphabetical, but *systematic, i. e.* phrases are arranged accordingly as they fall into the following three groups: a) illustrative phrases, *i. e.* phrases introduced to illustrate the use of the words given as general translation-equivalents; b) phrases in which the word in question requires a specific translation and cannot be rendered by the word or words given as its "general" or "free" equivalents; and c) idiomatic expressions, which come after a "rhombus" (◇).

That does not, however, exhaust the problem of phraseology. There remains the task of choosing the vocable, the right article for each expression.

The commoner types of phrases of the adjective + noun and verb + object types are now normally listed under the appropriate adjectives and verbs respectively; they are also entered under the nouns if this is essential for a more complete translation of the latter. But in a very large number of cases the choice of the vocable remains more or less arbitrary.

Certain modifications had also to be introduced in the treatment of compounds (*i. e.* verbal nouns in **-ание, -ение**), as well as in some other cases.

Very much time and attention was given to problems of complete lexical homonymy, stylistic differentiation, "free" and "phraseologically-bound" meanings, etc. (For a treatment of more general problems of this kind see, inter alia, O. S. Akhmanova, "Ocherky po obshchey i russkoy leksikologii", Moscow, 1957).

In the Preface to the first edition (§ 12) it is claimed that the translations should correspond to the original words as closely as possible. Hence, in theory **only one** equivalent should be offered for each meaning of the vocable. In practice, however, this is very often not feasible. Hence an unavoidable accumulation of synonyms, for which it has not always been possible to find adequate qualifications and illustrations that would show the reader how far they are co-extensive with the original word, or to provide the abundance of contexts required to ensure correct choice and usage in all cases.

In preparing the third edition the authors and the editors have given due attention to all the additions and corrections suggested by readers and reviewers, most of which concerned the translation of certain terms and phrases. Many of these were gratefully accepted.

The authors would like to express their especial thanks to Mr. M. C. C. Wheeler M. A., of Oxford University, who while working through the previous edition of the dictionary sent us valuable material that has helped us to improve our translations.

1958 *O. Akhmanova*

PREFACE TO THE FIRST EDITION

§ 1. This Russian-English dictionary is basically a bilingual dictionary of the usual type. It differs, however, from other dictionaries of its kind on account of certain peculiarities that may or may not be taken into consideration, according to the aim of the person referring to the dictionary, and his knowledge of either the Russian language, on the one hand, or English, on the other. The reader who wishes to find in the dictionary only the English equivalent of this or that Russian word may treat this dictionary as he would treat any other similar dictionary, paying attention only to the directions that are of use to him and ignoring the various additional information that accompanies both Russian words and expressions and their English translations.

§ 2. Chief among the peculiar features of the present work is the fact that more attention than usual has been paid to the phonetic and grammatical aspects of words.

§ 3. For the most part, provided the stress is indicated, the pronunciation of Russian words is sufficiently clear from their spelling*. Thus, in the majority of modern Soviet dictionaries the standard Russian spelling, where the word has more than two syllables, is supplemented with a stress accent, although such accents are employed in Russian orthography only in very rare cases. In similarly indicating the stress of Russian words the present work follows a tradition that is already sufficiently well established.

In the few cases where the spelling of the Russian word, even when the stress is indicated, fails to give a correct impression of the pronunciation, special indications as to pronunciation are provided in square brackets; in order to save space, however, only the pronunciation of the part of the word that does not conform to the general rule is indicated. For example, [-вó-] after the word **сегóдня** shows that it is pronounced севóдня (sevódnya).

§ 4. As we know, English orthography reflects pronunciation less clearly than Russian; nevertheless, knowledge of the correct stress of an English word is of material assistance to the correct reading of it. English words, therefore, like the Russian, are given with accents, although such signs are not normally employed in either English or Russian orthography. Moreover, it should be noted that some English words in the dictionary are also marked with *secondary* accents (weak stress): *e. g.* **órganìze, cóncentràte.** This gives the spelling of such words a rather unusual appearance, but since stress accents are used in various dictionaries for Russian words (and for German words, too), the writing of English words with stress accents is, in fact, merely a fresh application of a sufficiently widely adopted principle.

Although English orthography is extremely inconsistent, certain rules for the pronunciation of letters and combinations of letters in English words can be established. A person with even the smallest knowledge of English can read the word "brake" correctly, even if he does not know the word. There is no need, therefore, to indicate specially (by means of phonetic transcription) the pronunciation of every English word. Pronunciation need be indicated only in cases where the reading does not correspond to the general rules. The number of such cases, however, is usually found to be incomparably larger in English than in Russian.

Nevertheless, the "rules" of English pronunciation are not sufficiently clearly delimited from the "exceptions". It has been considered essential to make the definition of these rules, even if more or less arbitrary, as clear and exact as possible. Such a definition is given in the corresponding appendix to the dictionary (see p. 731); in cases where pronunciation follows the stated rules no special indication is supplied. In those cases, however, where there is any deviation from the rules, the pronunciation is shown by means of phonetic transcription in the accepted manner of English-Russian dictionaries, but quite frequently in abbreviated form, that is by transcribing only the part of the word where the rules of pronunciation do not apply. Special treatment is reserved only for certain of the most commonly used words, a list of which is supplied in the appendix. With these words no further transcription is given even if their pronunciation differs from the accepted rule, on the assumption that they will be known to most people who use the dictionary or can be looked up in the appendix.

In this way the reader has the opportunity of determining the pronunciation of every English word he finds in the dictionary by direct reference to the transcription, by applying the rules of pronunciation, or by a combination of both methods. The full transcription of all the English words in a Russian-English (not an English-Russian!) dictionary is technically impossible without making the dictionary too large. Russian-English dictionaries are usually compiled without any indication as to the pronunciation of English words; when one has found the translation of the Russian word in such a dictionary, one is then obliged to refer to an English-Russian dictionary to discover how to pronounce it. Naturally the system of giving rules of pronunciation and partial transcription employed in this work is distinctly more complicated than that of giving the full phonetic transcription of every word, yet it would appear to be more expedient to use even such a complicated system than not to supply any information at all concerning the pronunciation of the English renderings of Russian words. It should also be noted that an acquaintance with the rules of pronunciation included in the dictionary is useful in itself. These rules may be applied in a great number of cases when reading an English text without the aid of a dictionary, since very many unfamiliar English words which are nevertheless understandable from the context or by virtue of their "international" character, can with the help of these rules be read correctly; furthermore, knowing these rules, one may in the majority of cases memorize the pronunciation of English words by merely marking the accent without noting the transcrip-

* See appendix on Russian pronunciation, p. 755.

tion. In addition, it should also be observed that many of these rules are in practice familiar to anyone with some knowledge of English; for this reason it will not generally be necessary to relearn all the rules of pronunciation that are given, or to be constantly referring to them for information.

§ 5. For the most part the dictionary deals with words, and not their different forms. Every form of an inflected word is therefore, so to speak, a representative of the word as a whole, in all its grammatical forms or inflections. Thus, for example, the nominative singular form of the word **ло́шадь** (horse) represents the word as a whole, with all its grammatical forms: **ло́шадь, ло́шади, ло́шадью, лошаде́й** and so on. Similarly, the English **horse** usually stands as representative of all its grammatical forms (inflections): **horse, horse's, horses, horses'**. As far as the differences of form between the Russian and English languages allow, the translated Russian word and the English word that translates it are usually given in the forms that correspond to each other. The more specific correlations between Russian and English forms naturally cannot be reflected in the dictionary and can be successfully handled only by those with a sound knowledge of grammar Consequently, although, as far as possible, the correlations between Russian and English grammatical forms are taken into account (particularly as far as idiomatic expressions are concerned), no translator should rely exclusively on the grammatical information given with a particular word but should make such changes in it as his own knowledge of grammar and syntax suggests to him. This applies particularly to renderings of complete phrases or word-combinations, in which the word-order or the tense may not infrequently turn out to be unsuitable for the given context.

§ 6. It is particularly necessary to point out that the perfective and imperfective aspects of Russian verbs are in very many cases regarded as *forms of one and the same verb*, and *not* as different verbs; for this reason, in a great number of cases the various aspects of the same verb are translated in the same article irrespective of whether these aspects have different translations in English or not.

If the forms of various Russian verb aspects may be translated, or if, as in certain cases, they must be translated, by different English verbs, this is specially indicated. Moreover, the relationship between the different aspects of the Russian verb and the different English words used to translate them is usually as follows. In certain cases both aspect forms are translated by the same words, while in a number of other cases the imperfective aspect forms have their own special renderings that do not apply to the perfective aspect; the latter, however, have no renderings which could never be used to translate the imperfective aspect. In such correlations the rendering of the form of the perfective aspect presents no difficulty; in translating the imperfective aspect, however, one must make a choice between those English verbs that render both aspects and those that can be used for rendering only the imperfective aspect (these are given after the indication *несов. тж.*, i. e. imperfective aspect translatable also by the following words. Cf. Struktura Slovarya § 6).

§ 7. Usually the verbs that have both perfective and imperfective aspects are given in the form of the infinitive of the *imperfective* aspect, but after this form the infinitive of the perfective aspect is also given. Only those verbs that are very rarely used in the imperfective aspect, and those, of course, that do not possess such an aspect, are given in the perfective aspect alone. Such verbs are marked by the abbreviation *сов.* (i. e., perfective aspect), while verbs given in the form of the imperfective aspect, as well as those given in both aspects, are not specially differentiated, since in the latter case the aspects can easily be distinguished by the order in which they appear. (Cf. above).

§ 8. The Russian verb forms indicating indefinitely directed motion, i. e. motion in various directions (e. g. **бе́гать, лета́ть**), and those that indicate the same motion in a definite direction (**бежа́ть, лете́ть**) are regarded in the dictionary as forms of the same verbs (**бе́гать — бежа́ть, лета́ть — лете́ть**), and are given together, under the infinitive supplying the first shade of meaning (i. e. under **бе́гать** and **лета́ть**).

Infinitives indicating definitely directed motion (noted with the abbreviation *опред.*) are, however, also given in the dictionary separately and with a reference to the corresponding infinitives indicating the same motion in an indefinite direction; if they have special meanings and require specific renderings, such renderings are for the sake of convenience given together with the infinitives in question.

§ 9. English verbs, like the Russian, are usually given in their infinitive form, but without the particle "to", since the particle is by no means a permanent accessory of the infinitive (cf. he may go он может идти). For the same reason the infinitive is given without "to" in the summary of English grammar appended to the dictionary (see § 10). But, of course, in those cases in which the use of the infinitive with the particle "to" is obligatory, the particle is not omitted (for example: he wants to go он хочет пойти). It should be particularly noted that the indication (+*inf.*) shows that the preceding English word or phrase requires the use of the infinitive without "to"; if, however, the word or phrase in question requires the use of the infinitive with "to", this is marked (+to *inf.*). For example: must (+*inf.*); ought (+to *inf.*).

§ 10. Since very many English words possess several grammatical forms, although they are usually given in the dictionary in only one form (cf. § 5), it has been considered essential to supply the dictionary with a summary of instructions regarding the formation of inflected English words. In many dictionaries such summaries are confined to a "list of irregular verbs" giving the basic forms of such verbs.

This dictionary is supplemented with a fuller summary of that kind. The present summary gives both the general rules concerning the inflection of various words (nouns, adjectives, verbs) with corresponding examples, and also a list of words that have any peculiarities in their grammatical inflections, including not only irregular verbs in their basic forms, but also nouns with unusual plural forms, as well as adjectives and adverbs forming degrees of comparison at variance with the general rules. The forms of pronouns are, of course, also given in the summary, although certain pronouns appear in the dictionary itself in all their forms. The plural forms of nouns borrowed from other languages (Greek, Latin, etc.) are not shown in the reference section, but are indicated in the dictionary itself. All words in the list having unusual grammatical inflections are marked in the dictionary with an asterisk (*).

§ 11. In order to translate a text correctly, besides finding the necessary words, one must also be able to combine them in a suitable manner. Much attention has, therefore, been paid to the way words are combined. Basically, of course, the rules governing constructions belong to grammar, but certain phenomena of this kind are at the same time lexicological in character, since in a way they characterize individual words and are not infrequently connected with polysemy.

The various peculiarities of individual words relating to the way these words are combined with others are therefore regularly noted in the dictionary. The cases used with Russian prepositions are indicated, as are the cases and prepositions required by Russian verbs, and so on. The compilers of the dictionary have taken special care to maintain strict correspondence between the grammatical information given for Russian words and that given for English words, in order to make it quite clear what syntactical devices in the one language correspond to the syntactical devices of the other.

§ 12. As regards the actual renderings of words, attention must be drawn to the following. The dictionary offers renderings that are as far as possible exact and correspond to the words they translate not only in general meaning, but also stylistically and in their emotional connotation (affectively). Thus, for example, under the word **ви́деть** we find the translation "see", whereas a word like "behold" which has a different stylistic and emotional connotation, is not given as a translation of the Russian word **ви́деть.** Consequently it is not uncommon to find a single rendering for each meaning of the Russian word, and even where additional synonymous translations are added, their number is usually very limited. Other words close in meaning to the suggested English rendering may be found by referring to the synonyms of the Russian word in question. For example, if one wishes to know what English words are semantically connected with the English "see", and consequently approximate in meaning to the Russian **ви́деть**, one should look up such Russian words as **зреть** and **лицезре́ть.**

The different meanings of Russian words and their different usage have as far as possible been clearly differentiated and are defined by brief notations in brackets. Examples illustrating the meaning or usage of the word in question have been supplied in particularly complex instances.

§ 13. Much attention has been paid to the idiomatic expressions commonly found in the literary language, where a particular word is translated in a special way, differing from the normal rendering. But stylistically highly coloured idioms, sayings, and proverbs, have been given only a restricted place in the dictionary.

§ 14. From what has been said it will be appreciated that the present work follows to a considerable extent the principles governing the structure of the Russian-French dictionary edited by L. V. Shcherba; at the same time it contains additions to that system and certain other distinguishing features, the most important of which have been mentioned above.

The introduction into the dictionary of various additional information (phonetic and grammatical) has to a large degree complicated the work of the compilers; consequently, it has undoubtedly been impossible to avoid a number of departures from the accepted system. The compilers and editors of the dictionary will be deeply grateful for any comments and suggestions they may receive.

In conclusion, I must draw attention to the immense amount of painstaking and thoughtful work that has been devoted to this dictionary on the part of the Publishing House editors Z. S. Vigodskaya and N. P. Grigorieva. The compilers and editors take this opportunity of expressing their sincere gratitude for everything they have done at various stages in preparing the dictionary for publication.

With the same feeling of gratitude the compilers and editors of the dictionary wish to acknowledge the fruitful participation of I. W. Litvinova, who kindly consented to read the proofs and suggested a large number of very suitable renderings.

1948

A. Smirnitsky

THE USE OF THE DICTIONARY

It has not been considered necessary to translate into English the exhaustive account of the structure of the dictionary given on pages 12—16, which is mainly of interest to the Russian-speaking student. Since the dictionary itself, however, has been designed to cater for English people as well as Russians, a few remarks in English about the arrangement of the dictionary may be found useful.

With the possible exception of the accents indicating English stress (cf. Preface to the first edition § 3) all instructions concerning English pronunciation will naturally be ignored by the person whose native language is English. It is hoped, however, that the summary of the rules of Russian pronunciation (p.p. 755—757) included in the present edition will in combination with the indications of Russian stress provide him with a satisfactory guide to the pronunciation of the Russian words in the dictionary.

A summary of Russian grammar has also been given in English to supplement the information on the use of cases and prepositions already supplied in the body of the dictionary. The Russian abbreviations used to denote the cases required by Russian verbs, and the gender of Russian nouns, as well as other general abbreviations (e. g. *ист.*—historical, *разг.*— colloquial), will be found fully translated into English in the table on page 23—24.

The dictionary does not include derivatives, if they follow a clear and productive pattern. Thus, as a rule, verbal nouns formed with **-ание** (e. g. броса́ние) and with **-ение** (e. g. дробле́ние) are not given in the dictionary if they can be rendered properly by the -ing forms of the corresponding English verbs. When other translations are needed (cf. образова́ние), this is shown in full Similarly the comparative and superlative forms of adjectives, and also regular adverbial forms, are not given, with the exception of commonly met forms (e. g. полу́чше), or those which offer some specific difficulty of translation For information on the handling of adverbial forms in **-и**, **-ому** and **-ему** (e. g. по-ли́сьи, по-осо́бенному) reference should be made to the articles **по-** I, II, III.

Unlike most Russian and many Russian-English dictionaries, the present work gives the perfective and imperfective aspects of Russian verbs together in the same article, and also in alphabetical order. Thus the English student confronted with a perfective form such as загну́ть will have no difficulty in tracing the imperfective загиба́ть. Since the meaning of the verb is usually given under the *imperfective* aspect (if the meaning is given with the perfective aspect, the verb is marked *сов.*, i. e. perfective), he will easily be able to tell which aspect of the verb he is dealing with (cf. покупа́ть, купи́ть).

Further references concerning the translation of the imperfective aspect (e. g. *несов. тж.*) may by ignored by the reader with a sound knowledge of English since he will usually be able to select the best rendering from among the renderings offered, by considering the context.

Mention should also be made of the treatment of the basic Russian verbs of motion (нести́, бежа́ть, *etc.*). These are given not only in perfective and imperfective form, but also with the corresponding forms that express directed motion, shown by the Russian abbreviation *опред.* For example, носи́ть, *опред.* нести́, *сов.* понести́.

Each of these verb forms is dealt with separately in articles treating extensively of their meaning and usage.

The present edition strives to give as wide a selection of renderings as possible without sacrificing the principle of accuracy, the sign ≅ that brands the approximate translation being used only in cases of extreme necessity. The rendering that is considered nearest to the basic meaning of the Russian word is given first; where synonymous renderings are offered they are divided by commas.

As the English user of the dictionary will readily appreciate, a semi-colon division indicates a distinct shade of difference in the meaning or usage of the rendering that follows it. For the benefit of the Russian reader these differences, wherever it has been possible to do so briefly, have been defined in Russian, and these definitions appear italicized in round brackets, before the English word or phrase in question. For example: **подходи́ть** (*быть к лицу*) **suit, become.** Though of no direct use to the English reader as such, these definitions (in some cases synonyms of the Russian) may well prove useful to him when referring to the dictionary for information on the nature of a Russian word he wishes to use in translating English into Russian; alternatively they may be regarded as signposts to other parts of the dictionary where further, more approximate renderings of the Russian word in question may be found.

English words that are placed in brackets but **not** italicized may be omitted from a rendering without appreciably changing the sense, *e. g.* all day (long). A stroke (/) between two words shows them to be of equal value for expressing the sense of the Russian. Apart from the references explained above, other reference marks employed in the body of the dictionary, such as the italicizing of articles, may be taken as addressed purely to the reader whose native language is Russian.

R. C. Daglish

СПИСОК УСЛОВНЫХ СОКРАЩЕНИЙ

LIST OF ABBREVIATIONS

Русские — Russian

ав.— авиация — aeronautics
авт.— автомобильное дело — motor transport
ак.— акустика — acoustics
амер.— американизм; американский — American
анат.— анатомия — anatomy
англ.— английский — English
антроп.— антропология — anthropology
арх.— архитектура — architecture
археол. — археология — archaeology
астр.— астрономия — astronomy
бакт.— бактериология — bacteriology
без доп.— без дополнения — without object
безл.— безличная форма — impersonal form
библ.— библейское выражение — biblical
биол.— биология — biology
биохим.— биохимия — biochemistry
бот.— ботаника — botany
бран.— бранное слово — abusive
бух.— бухгалтерия — book-keeping
б. ч. — большей частью — in most cases
вводн. сл.— вводное слово — parenthesis
вет.— ветеринария — veterinary
вн.— винительный падеж — accusative (case)
воен.— военное дело — military
возвр.— возвратный залог — reflexive voice
вопрос.— вопросительный — interrogative
г.— город — town, city
геогр.— география — geography
геод.— геодезия — geodesy
геол.— геология — geology
геом.— геометрия — geometry
гл.— глагол — verb
гл. обр.— главным образом — mainly
горн.— горное дело — mining
грам.— грамматика; грамматический термин — grammar, grammatical term
груб.— грубое выражение — vulgar
дип.— дипломатия — diplomacy
дт.— дательный падеж — dative (case)
ед.— единственное число — singular
ж.— женский род — feminine
ж.-д.— железнодорожное дело — railway
жив.— живопись — painting
зоол.— зоология — zoology
идиом.— идиоматическое выражение — idiomatic
им.— именительный падеж — nominative (case)
ирон.— ироническое выражение — ironic
иск.— искусство — art
ист.— исторический — historical
ист. лит.— история литературы — history of literature
ист. театр.— история театрального искусства — history of theatrical art
канц.— канцелярское выражение — office term
карт.— карточная игра — card game
кин.— кинематография — cinema
косв. пад.— косвенный падеж — oblique case
кул.— кулинария — cooking
л.— лицо — person
-л.— либо — either
ласк.— ласкательная форма — affectionate form
лес.— лесное дело — forestry
лингв.— лингвистика — linguistics
лит.— литература — literature
личн.— личный — personal
м.— мужской род — masculine
мат.— математика — mathematics
мед.— медицина — medicine
межд.— междометие — interjection
мест.— местоимение — pronoun
метал.— металлургия — metallurgy
метеор.— метеорология — meteorology
мин.— минералогия — mineralogy
миф.— мифология — mythology
мн.— множественное число — plural
мор.— морское дело — nautical
муз.— музыка — music
напр.— например — for example
нареч.— наречие — adverb
научн.— употребляется только как научный термин — strictly scientific
неизм.— неизменяемое — invariable
неодобр.— неодобрительно — disapproving
неол.— неологизм — neologism
неопред.— неопределенно направленное движение — indirect motion
нескл.— несклоняемое — indeclinable
несов.— несовершенный вид — imperfective aspect
об.— обыкновенно — usually
общ.— общий — general
о-в(а) — остров(а) — island, islands
оз.— озеро — lake
ок.— около — approximately, near
опред.— определенно направленное движение — definitely directed motion
опт.— оптика — optics
особ.— особенно — especially
относит.— относительный — relative
отриц.— отрицательный — negative
офиц.— официальный — official
охот.— охота — hunting
палеонт.— палеонтология — palaeontology
перен.— переносное значение — figurative
пов.— повелительное наклонение — imperative
п-ов — полуостров — peninsula

погов.— поговорка — saying, adage
полигр.— полиграфия — printing
полит.— политика — politics
посл.— пословица — proverb
поэт.— поэтическое выражение — poetic
пр.— предложный падеж — prepositional case
превосх.— превосходная степень — superlative degree
предик.— предикативное употребление — predicative use
предл.— предлог — preposition
презр.— презрительно — contemptuous
преим.— преимущественно — largely
пренебр.— пренебрежительно — disdainful
прибл.— приблизительное значение — approximate meaning
прил.— имя прилагательное — adjective
притяж.— притяжательное местоимение — possessive pronoun
прич.— причастие — participle
прям.— в прямом смысле — in the direct sense
психол.— психология — psychology
р.— река — river
рад.— радиотехника — radio
разг.— разговорное слово, выражение — colloquial
разн. знач.— разные значения — various senses
рд.— родительный падеж — genitive (case)
рел.— религия — religion
рыб.— рыболовство — fishing
с.— средний род — neuter
скл.— склоняется — declinable
см.— смотри — see
собир.— собирательно — collectively
сов.— совершенный вид — perfective aspect
сокр.— сокращение; сокращенно — abbreviation, abbreviated
спорт.— физкультура и спорт — sport
ср.— сравни — compare
сравн. ст.— сравнительная степень — comparative degree
стр.— строительное дело — building
страд.— страдательный залог — passive
сущ.— имя существительное — noun
с.-х.— сельское хозяйство — agriculture
тв.— творительный падеж — instrumental (case)
театр.— театральное выражение — theatrical
текст.— текстильное дело — textile industry
тех.— техника — technical
тж.— также — also
тк.— только — only
топ.— топография — topography
торг.— торговый термин — commerce
уменьш.— уменьшительная форма — diminutive form
уст.— устаревшее слово, выражение — obsolete
фарм.— фармакология — pharmacology
физ.— физика — physics
физиол.— физиология — physiology
филос.— философия — philosophy
фин.— финансы — finance
фольк.— фольклор — folk-lore
фон.— фонетика — phonetics
фот.— фотография — photography
фр.— французский — French
хим.— химия — chemistry
хир.— хирургия — surgery
церк.— церковное выражение — ecclesiastical
числит.— имя числительное — numeral
шахм.— шахматы — chess
школ.— школьное выражение — school slang
шутл.— шутливо — jocular
эк.— экономика — economics
эл.— электротехника — electrical engineering
этн.— этнография — ethnography
юр.— юридическое выражение — law

Английские — English

adj.— adjective — имя прилагательное
adv.— adverb — наречие
attr.— attributive — атрибутивное употребление (в качестве прилагательного)
compar.— comparative degree — сравнительная степень
conj.— conjunction — союз
d.— direct object — прямое дополнение
f.— feminine — женский род
ger.— gerund — герундий
i.— indirect object — косвенное дополнение
imper.— imperative — повелительное наклонение
impers.— impersonal — безличное, -ный
indef.— indefinite — неопределенный
indic.— indicative — изъявительное наклонение
inf.— infinitive — инфинитив («неопределенное наклонение»)
m.— masculine — мужской род
n.— neuter — средний род
obj.— objective case — косвенный падеж
pass.— passive — страдательный залог
perf.— perfect — перфект
pl.— plural — множественное число
poss.— possessive case — притяжательный падеж; possessive pronoun — притяжательное местоимение
predic.— predicative — предикативное употребление
prep.— preposition — предлог
pres.— present — настоящее время
pron.— pronoun — местоимение
sg.— singular — единственное число
subst.— substantive — существительное
superl.— superlative degree — превосходная степень
v.— verb — глагол

А

а I *союз* **1.** (*тогда как*) while; (*без противоположения*) and; (*но*) but: роди́тели ушли́, а де́ти оста́лись до́ма the párents went out while the chíldren remáined at home; вот перо́, а вот бума́га here is a pen, and here is a sheet of páper; — не..., а... not..., but...: не он, а его́ помо́щник not he, but his assístant; — а не... (and) not: э́то его́ кни́га, а не ва́ша it is his book (and) not yours; э́то его́ друг, а э́то его́ сестра́ this is his friend and that is his síster [...frend...]; **2.** (*после предложений с уступительными союзами*) yet *или не переводится*: хотя́ она́ и утвержда́ет э́то, а он сомнева́ется she affírms it, yet he doubts it [...dauts...]; хотя́ ему́ и о́чень ве́село, а на́до уходи́ть àlthóugh he is enjóying him¦sélf very much, he must go [ɔːl'ðou...]; **3.** (*однако, тем не менее*) and: по́езд ухо́дит че́рез полчаса́, а ты ещё не гото́в the train leaves in half an hour, and you are not réady yet [...hɑːf...auə... 'redɪ...]; **4.** (*если*) if: а не понима́ешь, так и не говори́ if you don't ùnderstánd, don't talk; ◇ а и́менно náme¦ly; viz (*сокр. от* videlicet [vɪ'diːlɪset] *читается* náme¦ly); а (не) то (or) else; óther¦wìse: спеши́, а (не) то опозда́ешь húrry, (or) else you will be late; húrry, óther¦wìse you will be late; а так как now as, but as: а так как он не пришёл... now / but as he did not come...

а II *частица* (*в начале предложения*) *об. не переводится*; (*в начале нового вопроса*) and: отку́да вы э́то зна́ете? А мне това́рищ сказа́л! how do you know [...nou]? A cómrade told me; а вам како́е де́ло? what búsiness is it of yours? [...'bɪzn-...]; э́то Ивано́в. А кто э́то? this is Ivanóv. And who is that?; ◇ а ну́ тебя́, надое́л! oh, bóther you, I'm sick of you!

а III *частица* (*при переспросе*) what?; eh? [eɪ].

а IV *межд.* **1.** (*удивление, боль, ужас*) ah; oh [ou]; **2.** (*решимость с оттенком досады*) oh well; а, всё равно́, будь, что бу́дет oh well, it's all the same; oh well, come what may.

а- (*приставка в иностр. словах, придающая отрицательное значение*) а-; non-: асимметри́ческий àsymmét-ric(al); амора́льный amóral, nòn-mór-al.

абажу́р *м.* lámpshàde, shade.

абба́т *м.* ábbot; (*французский*) abbé ['æbeɪ]. **~ство** *с.* ábbey.

аббревиату́ра *ж.* abbrèviátion.

аберра́ция *ж.* àberrátion.

абза́ц *м.* **1.** (*отступ в начале строки*) indèntátion, indéntion; де́лать ~ indént; с ~а indénted, нача́ть с ~а indént a line; begin* a new line / páragràph; **2.** (*часть текста*) páragràph.

абисси́н||ец *м.*, **~ка** *ж.*, **~ский** Àbyssínian.

абитурие́нт *м.* schóol-leaver.

абля́ут *м. лингв.* áblaut ['æblaut].

аболицион||и́зм *м.* àbolítionism. **~и́ст** *м.* àbolítionist.

абонеме́нт *м.* (на *вн.*) subscríption (to, for); (*многоразовый билет в театр*) séason tícket [-z°n...] (*тж. на футбол и т. п.*); ◇ сверх ~а éxtra. **~ный** subscríption (*attr.*).

абоне́нт *м.*, **~ка** *ж.* subscríber; (*телефона*) télephòne subscríber. **~ный** *прил. к* абоне́нт.

абони́ровать *несов. и сов.* (*вн.*) subscríbe (for); (*о месте в театре и т. п. тж.*) en¦gáge (*d.*), buy* / get* a séason tícket [baɪ...-z°n...] (for). **~ся** *несов. и сов.* **1.** (на *вн.*) subscríbe (for); (*на место в театре и т. п. тж.*) en¦gáge (*d.*), buy* / get* a séason tícket [baɪ... -z°n...] (for); **2.** *страд. к* абони́ровать.

аборда́ж *м. мор.* bóarding; брать на ~ (*вн.*) board (*d.*). **~ный** *прил. к* аборда́ж; ~ный крюк grápnel.

абориге́н *м.* àboríginal (*pl.* àborígìnès [-niːz]).

або́рт *м.* abórtion; (*выкидыш*) miscárriage [-rɪʤ]; сде́лать себе́ ~ have an abórtion. **~и́вный** abórtive.

абрази́в *м.* abrádant, abrásive. **~ный** abrádant, abrásive; ~ный материа́л=абрази́в.

абра́зия *ж. геол.* abrásion.

абракада́бра *ж.* àbracadábra [-'dæ-].

абрико́с *м.* **1.** (*плод*) ápricòt ['eɪ-]; **2.** (*дерево*) ápricòt(-tree) ['eɪ-]. **~ный** *прил. к* абрико́с. **~овый** ápricòt ['eɪ-] (*attr.*); (*приготовленный из абрикосов*) made of ápricòts.

а́брис *м.* cóntour [-tuə], óutlìne.

абсе́нт [-сэ́-] *м.* (*ликёр*) ábsinth.

абсентеи́зм [-сэнтэ-] *м.* àbsentée¦ism.

абсолю́т *м. филос.* the ábsolùte.

абсолют||и́зм *м.* ábsolùtism. **~и́ст** *м.* ábsolùtist. **~и́стский** ábsolùtist.

абсолю́тн||о *нареч.* ábsolùte¦ly; (*совершенно тж.*) pérfectly, útterly; э́то ~ невозмо́жно it is ábsolùte¦ly impóssible; it is a sheer impòssibílity *идиом.* **~ый** ábsolùte; (*совершенный, полный тж.*) pérfect, útter; ~ый нуль *физ.* ábsolùte zérò; ~ый слух pérfect ear; ~ый чемпио́н áll-róund chámpion; sùpréme chámpion; ~ая мона́рхия ábsolùte mónarchy [...-kɪ]; ~ое большинство́ ábsolùte majórity; ~ое повинове́ние implícit obédience; ~ое неве́жество pérfect / sheer/ útter ígnorance.

абсорби́ровать *несов. и сов.* (*вн.*) *хим., физ.* absórb (*d.*).

абсо́рбция *ж. хим., физ.* absórption.

абстраги́ровать *несов. и сов.* (*вн.*) àbstráct (*d.*). **~ся** *несов. и сов.* **1.** (от) dísen¦gáge òne¦sélf (from), deflèct one's atténtion (from); **2.** *страд. к* абстраги́ровать.

абстра́ктный ábstràct.

абстра́кция *ж.* àbstráction.

абсу́рд *м.* absúrdity; довести́ до ~а (*вн.*) cárry to an absúrdity (*d.*). **~ность** *ж.* absúrdity; (*нелепость*) inéptitùde. **~ный** absúrd; (*нелепый*) inépt, prepósterous.

абсце́сс *м. мед.* ábscess.

абсци́сса *ж. мат.* ábsciss, àbscíssa (*pl.* -sas, -sae).

абули́я *ж. мед.* abúlia.

абха́з *м.*, **~ка** *ж.*, **~ский** Abkházian; ~ский язы́к Abkházian, the Abkházian lánguage.

аванга́рд *м. воен.* advánce-guàrd, advánced guard, van; (*перен.*) ván¦guàrd, van; ◇ в ~е in the ván¦guàrd. **~ный** ván¦guàrd (*attr.*); ~ная роль léading role; ~ный бой advánce(d)-guàrd áction.

аванпо́рт *м.* óuter hárbour.

аванпо́ст *м.* óutpòst [-poust].

ава́нс *м.* advánce; (*в счёт платежа*) páyment on accóunt; ✧ де́лать ~ы (*дт.*) make* advánces / óver¦tures (to).

аванси́ровать *несов. и сов.* (*вн.*) advánce móney [...'mʌ-] (to); ~ предприя́тие *и т. п.* advánce móney to an énterprise, *etc.*

ава́нсовый *прил. к* ава́нс.

ава́нсом *нареч.* in advánce; плати́ть ~ advánce, pay* on accóunt; получи́ть ~ recéive on accóunt [-'si:v...].

авансце́на *ж.* proscénium (*pl.* -ia).

аванта́жн||ый *уст.* fine; быть ~ым look very fine, look one's best, show* to advántage [ʃou...].

авантю́р||а *ж.* advénture, vénture; (*неблаговидное дело*) shády énterprise; вое́нная ~ mílitary advénture; пуска́ться в ~ы ≅ plunge into a life of advéntures, seek* advéntures. ~**и́зм** *м.* advénturism. ~**и́ст** *м.* advénturer. ~**исти́ческий** advénturist. ~**и́стка** *ж.* advénturess. ~**и́стский** = авантюристи́ческий. ~**ный** advénturous, vénture¦some; rísky, házardous; ~ный рома́н advénture stóry.

ава́рец *м.* Àvár [ɑ:'vɑ:].

авари́йн||ость *ж.* áccident rate, bréak-down rate ['breɪk-...], áccident risk; борьба́ с ~остью cómbating of áccidents, lówering the áccident rate ['lou-...]. ~**ый** 1. (*для ликвидации аварии*) repáir (*attr.*); wrécking *амер.*; ~ый ремо́нт emérgency repáirs *pl.*; 2. (*запасный, на случай аварии*) emérgency (*attr.*); ✧ ~ая поса́дка crash lánding.

авари́йщик *м.* 1. (*несущий аварийную службу*) wórker in bréakdown sérvice [... 'breɪk-...]; 2. *разг.* (*нерадивый работник*) áccident-pròne wórker.

ава́р||ия *ж.* 1. (*крушение*) wreck; *ав.* crash; (*несчастный случай*) áccident; mís¦hàp (*тж. перен.*); (*повреждение*) dámage; (*о порче машины*) bréak-down ['breɪk-]; ~ су́дна shíp¦wrèck; морска́я ~ áccident at sea; потерпе́ть ~ию meet* with an áccident, meet* with a mís¦hàp; (*о самолёте тж.*) crash; (*потерпеть крушение*) be wrecked; (*быть повреждённым*) be dámaged; 2. *юр.* (*убытки, причинённые аварией судна*) áverage.

ава́р||ка *ж. к* ава́рец. ~**ский** Avárian; ~ский язы́к Àvár [ɑ:-], the Avárian lánguage.

а́вгиев: ~ы коню́шни *см.* коню́шня.

авгу́р *м. ист.* (*тж. перен.*) áugur, divíner, sóothsayer.

а́вгуст *м.* Áugust; в ~е э́того го́да in Áugust; в ~е про́шлого го́да last Áugust; в ~е бу́дущего го́да next Áugust. ~**овский** *прил. к* а́вгуст; ~овский день Áugust day, day in Áugust.

авиа- (*в сложн.*) air(-).

авиа||ба́за *ж.* áir-bàse [-s]. ~**бо́мба** *ж.* áircràft bomb. ~**констру́ктор** *м.* áircràft desígner [...-'zaɪnə]. ~**ли́ния** *ж.* áir-lìne, áir-route [-ru:t], áirway. ~**мая́к** *м.* air béacon.

авиа||модели́зм *м.* áircràft módelling [...'mɔ-...]. ~**модели́ст** *м.* áircràft módel constrúctor [...'mɔ-...]. ~**моде́ль** *ж.* áircràft módel [...'mɔ-].

авиа||но́сец *м.* áircràft cárrier. ~**отря́д** *м.* squádron ['skwɔ-]. ~**по́чта** *ж.* air mail. ~**разве́дка** *ж.* air recónnaissance [...-nɪs-]. ~**строе́ние** *с.* áircràft búilding [...'bɪ-]. ~**съёмка** *ж.* áerial súrvey ['ɛə-...], áerial máp-ping.

авиа́тор *м.* áir¦man*, áviàtor, pílot; же́нщина-~ áir¦wòman* [-wu-], wóman* pílot ['wu-...].

авиа||торпе́да *ж.* áerial tòrpédò ['ɛə-...]. ~**тра́нспорт** *м.* air tránspòrt. ~**тра́сса** *ж.* áir-route [-ru:t].

авиацио́нн||ый àviátion (*attr.*), áircràft (*attr.*); ~ая промы́шленность áircràft índustry; ~ заво́д áircràft fáctory / works; ~ мото́р, дви́гатель áircràft éngine [...'endʒ-]; ~ склад áircràft dépot [...'depou]; ~ая шко́ла flýing school.

авиа́ция *ж.* àviátion; *собир. тж.* áircràft; (*военная*) air force; гражда́нская ~ cívil àviátion; тра́нспортная ~ tránspòrt áircràft; сельскохозя́йственная ~ àgricúltural àviátion; бомбардиро́вочная ~ bómbing áircràft; bombárdment àviátion *амер.*; войскова́я ~ ármy-cò-òperátion áircràft; истреби́тельная ~ fíghting áircràft; pursúit àviátion [-'sju:t...] *амер.*; разве́дывательная ~ recónnaissance áircràft [-nɪs-...]; recónnaissance àviátion *амер.*; штурмова́я ~ lów-flýing attáck áircràft ['lou-...]; attáck àviátion *амер.*

авиача́сть *ж.* áir-ùnit.

авие́тка *ж.* báby plane, àviétte.

ави́зо *с. нескл.* 1. *фин.* létter of advíce; 2. *мор.* avísò [-zou], advíce boat.

авитамино́з *м. мед.* avìtaminósis [əvaɪ-].

аво́сь *вводн. сл. разг.* perháps, may be; ✧ на ~ on the óff-chánce.

аво́ська *ж. разг.* stríng-bàg.

авра́л *м. мор.* clear lówer decks èvolútion [...'louə...]; all hands' job (*тж. перен.*).

авра́льный emérgency (*attr.*).

Авро́ра *ж. миф.* Auróra.

авро́ра *ж. поэт.* auróra, dawn.

австрал||и́ец *м.*, ~**и́йка** *ж.*, ~**и́йский** Austrálian.

австр||и́ец *м.*, ~**и́йка** *ж.*, ~**и́йский** Áustrian.

автарки́я *ж. эк.* áutarchy [-kɪ].

автоба́за *ж.* mótor dépot [...'depou].

автобиографи́ч||еский áutobìográphic(al). ~**ность** *ж.* áutobìográphical cháracter [...'kæ-].

автобиогра́фия *ж.* autobìógraphy.

автоблокиро́вка *ж. ж.-д.* automátic block sýstem.

авто́бус *м.* bus, ómnibus, mótor bus; áutobus *амер.* ~**ный** *прил. к* авто́бус.

автогара́ж *м.* gárage, mótor-gàrage.

автоге́нн||ый *тех.* autógenous; ~ая сва́рка autógenous wélding; ~ая ре́зка autógenous cútting.

автого́нки *мн.* mótor ráces.

авто́граф *м.* áutogràph.

автодрези́на *ж. ж.-д.* mótor-tròlley; (*для осмотра линии*) mòtor-lìne-inspéction-tròlley.

автожи́р *м. ав.* áutò¦gýrò.

автозаво́д *м.* mótor / áutomobìle works [...-bi:l...], mótor / áutomobìle plant [...-ɑ:nt].

автозапра́вщик *м.* ré¦fúelling lórry.

автока́р *м.* (mótor-)trólley.

автокла́в *м. тех.* áutò¦clàve.

автоколо́нна *ж.* mótor tránspòrt cólumn.

автократи́ческий autocrátic.

автокра́тия *ж.* autócracy.

автола́вка *ж. разг.* móbìle shop ['mou-...].

автомагистра́ль *ж.* mótor road / híghway.

автома́т *м.* 1. automátic machíne [...-'ʃi:n]; (*действующий при опускании монеты*) (pénny-in-the-)slót-machíne [-'ʃi:n]; (*перен.*; *о человеке*) autómaton; биле́тный ~ automátic tícket machíne; 2. *воен.* súb-machíne gun [-'ʃi:n...]; machíne cárbìne *амер.*; tómmy gun *разг.*

автоматиза́ция *ж.* automátion.

автоматизи́рованный *прич. и прил.* autómatìzed.

автоматизи́ровать *несов. и сов.* (*вн.*) autómatìze (*d.*).

автомати́зм *м.* autómatism.

автома́тика *ж.* 1. (*отрасль науки и техники*) automátion; 2. (*механизмы*) áutomàted méchanisms [...-k-] *pl.*

автомати́ческ||ий 1. automátic, sélf-ácting; ~ая телефо́нная ста́нция automátic télephòne exchánge [...-eɪndʒ]; 2. (*машинальный*) mechánical [-'k-], automátic; ✧ ~ая ру́чка fóuntain-pèn.

автома́тн||ый *прил. к* автома́т 2; ~ая о́чередь burst of súb-machíne gun fire [...-'ʃi:n...].

автома́тчик *м. воен.* súb-machíne gúnner [-'ʃi:n...].

автомаши́на *ж.* mótor véhicle [...'vi:ɪkl]; (*грузовик*) (mòtor-)lórry; truck *амер.*

автомобилестрое́ние *с.* mótor-càr constrúction.

автомоби||ли́зм *м.* mótor¦ing. ~**и́ст** *м.*, ~**и́стка** *ж.* mótor¦ist.

автомоби́л||ь *м.* (mótor-)càr; áutocàr, áutomobìle [-bi:l] (*амер.*; *в Англии редко*); авари́йный ~ bréakdown lórry ['breɪk-...], sérvice truck; tróuble car [trʌbl...] *разг.*; грузово́й ~

(mòtor-)lórry; truck *амер.*; закрытый ~ salóon car, límousine [-mu:zi:n]; легковой ~ (pássenger) car [-ndʒə...]; санитарный ~ ámbulance (car); ехать на ~е mótor, go* by (mótor-)càr; управлять ~ем drive* a (mótor-)càr.

автомобильн||ый mótor(-càr) (*attr.*); ~ завод mótor / áutomobìle works [...-bi:l...], mótor / áutomobìle plant [...-ɑ:nt]; ~ спорт mótor|ing; ~ транспорт mótor tránspòrt; ~ая промышленность mótor-càr índustry; ~ая шина áutomobìle tire (*тж.* tyre); ~ гудок (mótor-)hòrn.

автоном||ия *ж.* autónomy; sélf-góvernment [-'gʌ-]. ~**ный** autónomous; ~ная республика autónomous repúblic [...-'pʌ-]; ~ная область autónomous région.

автопилот *м.* automátic / róbot pílot.

автоплуг *м. с.-х.* mótor plough.

автопогрузчик *м.* fórk-lift truck.

автопоилка *ж. с.-х.* automátic drínking bowl.

автопокрышка *ж.* tíre-còver [-kʌ-].

автопортрет *м.* sélf-pórtrait [-rɪt].

автопробег *м.* mótor run.

автор *м.* áuthor; (*о женщине*) áuthoress; (*литературного произведения тж.*) wríter; (*музыкального произведения*) compóser; (*перен.*) begétter [-'ge-]; ~ предложения, резолюции móver ['mu:-].

авторемонтный (mótor-)càr repáir sérvice (*attr.*).

автореферат *м.* synópsis of thésis (*prepared by candidate*).

авторизованный *прич. и прил.* áuthorìzed.

авторизовать *несов. и сов.* (*вн.*) áuthorìze (*d.*).

авторитарный authòritárian.

авторитет *м.* authórity; пользоваться ~ом (у) have authórity (óver, with), cárry authórity (with), have prèstíge [...-'ti:ʒ] (with); завоевать ~ gain / win* authórity / prèstíge; это снискало ему огромный ~ this earned / won him imménse prèstíge [...ə:nd...]; непререкаемый ~ ìndisрútable / ìn|contéstable authórity. ~**ный** authóritàtive; (*знающий*) cómpetent.

авторота *ж. воен.* mechánical / mótor tránspòrt cómpany [-'kæ-... 'kʌm-].

автор||ский *прил. к* автор; ~ гонорар áuthor's emóluments *pl.*; (*с тиража*) róyalties *pl.*; ~ское право cópyrìght; ~ские права заявлены all rights resérved [...-'z-]; нарушение ~ского права píracy ['paɪə-]. ~**ство** *с.* áuthorship.

авторучка *ж.* fóuntain pen.

автосани *мн.* mótor-sleigh *sg.*

автострада *ж.* mótor híghway; sùperhíghway *амер.*

автосцепка *ж. ж.-д.* automátic cóupling [...'kʌ-].

автотипия *ж. полигр.* áutotỳpe.

автотракторный mótor and tráctor (*attr.*).

автотранспорт *м.* mótor tránspòrt.

автохтоны *мн.* (*ед.* автохтон *м.*) autóchthons.

автоцистерна *ж.* tánk-lòrry, tánk-trùck.

ага *межд. разг.* àhá [ɑ:'hɑ:].

агава *ж. бот.* agáve [-vɪ].

агат *м. мин.* ágate. ~**овый** ágate (*attr.*).

агглютин||ативный *лингв.* agglútinative. ~**ация** *ж. биол., лингв.* agglùtinátion. ~**ирующий** = агглютинативный.

агент *м.* **1.** ágent; (*комиссионер*) fáctor; **2.** *физ., хим.* agent.

агентство *с.* ágency ['eɪ-]; телеграфное ~ news / télegràph ágency [nju:z...]; торговое ~ ágency.

агентур||а *ж.* **1.** (*разведывательная служба*) sécret sérvice; заниматься ~ой be an ágent; **2.** *собир.* ágents *pl.*; вражеская ~ énemy / hóstìle ágents *pl.* ~**ный** sécret-sérvice (*attr.*); ~ные сведения intélligence *sg.*

агит||атор *м.* pròpagándist, ágitàtor; (*агитирующий за кандидата*) cánvasser. ~**аторский** *прил. к* агитатор. ~**ационный** àgitátional; pròpagánda (*attr.*). ~**ация** *ж.* àgitátion, pròpagánda; предвыборная ~ация eléction càmpáign [...-'peɪn].

агитбригада *ж.* team of ágitàtors / cánvassers (*ср.* агитатор); pròpagánda team; (*на выборах тж.*) elèctionéering brigáde.

агитировать, сагитировать **1.** *тк. несов.* (за, против) campáign [-'peɪn] (for, agáinst), ágitàte (for, agáinst), keep* up an àgitátion (for, agáinst), cárry on pròpagánda (for, agáinst); **2.** (*вн.*) *разг.* (*воздействовать на кого-л.*) persuáde [-'sweɪd] (*d.*); *сов. тж* gain / win* óver (*d.*).

агитка *ж. разг.* píece of pròpagánda; (*агитационная пьеса*) pròpagánda play, àgitátional play; (*книга*) pròpagánda book, àgitátional book.

агитколлектив *м.* team of ágitàtors.

агитмассовый máss-àgitátion (*attr.*), máss-pròpagánda (*attr.*).

агитпроп *м.* àgitátion and pròpagánda depártment.

агитпункт *м.* pròpagánda státion, àgitátion centre; (*в предвыборной кампании*) cánvassing / càmpáigning centre [...-'peɪnɪŋ...].

агломер||ат *м. геол.* agglómerate; (*перен.*) agglòmerátion. ~**ация** *ж.* agglòmerátion.

агнец *м.* lamb.

агностик *м.* àgnóstic.

агностицизм *м. филос.* agnósticism.

агони(зи)ровать be in ágony; be at one's last gasp.

агон||ия *ж.* ágony; предсмертная ~ ágony / throes of death [...deθ]; быть в ~ии be in ágony.

аграр||ий *м.* (*землевладелец*) lánded propríetor, lándowner[-ou-]; (*член партии аграриев*) agrárian. ~**ный** agrárian; ~ная реформа agrárian / land refórm; ~ный кризис agrárian crísis.

агрегат *м.* **1.** ággregate, àggregátion; **2.** *тех.* únit, assémbly.

агреман *м. дип.* agrément (*фр.*) [ɑ:greɪ'mɑ:ŋ].

агрессивн||ый aggréssive; (*воинственный*) bellígerent; ~ые планы aggréssive desígns [...-'zaɪnz].

агресс||ия *ж.* aggréssion. ~**ор** *м.* aggréssor.

агрикультур||а *ж. уст.* ágricùlture. ~**ный** *уст.* àgricúltural; ágricùlture (*attr.*).

агробиологическ||ий ágrobìológical; ~ая наука ágrobìólogy, àgricúltural bìólogy, ágrobìológical scíence.

агробиология *ж.* àgricúltural bìólogy, ágrobìólogy.

агрометеорология *ж.* àgricúltural mèteorólogy.

агроминимум *м.* mínimum of àgricúltural knówledge [...'nɔ-].

агроном *м.* àgricúlturist, agrónomist. ~**ический** àgricúltural, àgronómical; ~ический пункт àgricúltural / àgronómical státion. ~**ия** *ж.* agricùlture, agrónomy.

агро||помощь *ж.* àgricúltural aid. ~**пропаганда** *ж.* àgricúltural impróve|ment pròpagánda [...-'pru:v-...]. ~**пункт** *м.* àgricúltural / àgronómical státion.

агротехн||ик *м.* àgricúltural tèchnícian, àgrotèchnícian. ~**ика** *ж.* àgrotéchnics. ~**ический** àgrotéchnical.

агрохимический *прил. к* агрохимия.

агрохимия *ж.* àgricúltural chémistry [...'ke-].

ад *м.* hell; *лит.* Hádès [-i:z], the Únderwòrld.

адажио *с. нескл., нареч. муз.* adágio.

адамсит *м. хим.* ádamsìte [-zaɪt].

адаптация *ж.* àdaptátion.

адаптер [-тэр] *м.* adápter.

адаптировать *несов. и сов.* (*вн.*) adápt (*d.*).

адвербиальный *лингв.* advérbial.

адвокат *м.* ádvocàte (*тж. перен.*); (*выступающий в суде*) bárrister; (*поверенный*) solícitor; láwyer; лишать звания ~а (*вн.*) disbár (*d.*); стать ~ом be called to the bar.

адвокатур||а *ж.* **1.** (*профессия*) légal proféssion; the bar; заниматься ~ой attend the bar, be a práctising bárrister [...-sɪŋ...]; **2.** *собир.* the bar.

адекватный [-дэ-] ádequate.

аденоиды [-дэ-] *мн. мед.* ádenoids.

аденома [-дэ-] *ж. мед.* àdenóma (*pl.* -mata [-mətə], -mas [-məz]).

адепт [-э́-] *м.* adhérent; (*последователь*) fóllower.

аджа́р||ец *м.*, **~ка** *ж.*, **~ский** Adjár.

администрати́вно-управле́нческий: ~ аппара́т admínistrative and mánage¦ment pèrsonnél.

администрати́вн||ый admínistrative; в ~ом поря́дке by admínistrative órder.

администр||а́тор *м.* admínistràtor; *театр.* búsiness mánager ['bɪzn-...]. **~а́ция** *ж.* admìnistrátion; (*гостиницы, театра*) mánage¦ment. **~и́рование** *с.* admìnistrátion; го́лое ~и́рование admìnistrátion by mere injúnction. **~и́ровать** admínister.

адмира́л *м.* ádmiral; ~ фло́та Ádmiral of the Fleet.

адмиралте́йство *с.* The Ádmiralty.

адмира́льск||ий *прил.* к адмира́л; ~ чин, ~ое зва́ние ádmiralty, flag appóintment / rank; ~ кора́бль flágship, ádmiral.

адопта́ция *ж.* adóption.

адренали́н *м.* adrénalin.

а́дрес *м.* (*в разн. знач.*) addréss; доста́вить письмо́ по ~у delíver *a* létter at the right addréss [-'lɪ-...]; доста́вить письмо́ по ~у X delíver *a* létter to the addréss of X; ◇ по чьему́-л. ~у, в чей-л. ~ abóut smb., concérning smb.; по его́ ~у abóut him; угро́зы по ~у кого́-л. threats dirécted agáinst smb. [θrets...]; не по ~у to the wrong quárter / pérson / place; ва́ше замеча́ние сде́лано не по ~у your remárk does not applý. **~а́нт** *м.* sénder, addrésser. **~а́т** *м.* àddrèssée; в слу́чае ненахожде́ния ~а́та if úndelívered [...-'lɪ-]; за ненахожде́нием ~а́та (*помета на письмах*) ≅ not known [...noun]. **~ный** addréss (*attr.*); ~ный стол addréss bùréau [...-'rou]; ~ная кни́га diréctory.

адресова́ть *несов. и сов.* (*вн. дт.*, *куда-л.*) addréss (*d.* to), diréct (*d.* to). **~ся** *несов. и сов.* **1.** (к; в *вн.*) addréss òne¦sélf (to); **2.** *страд.* к адресова́ть.

а́дск||и *нареч. разг.* inférnally, féarfully. **~ий** héllish; (*перен. тж.*) inférnal, féarful; ~ая ску́ка inférnal bore; ◇ ~ая маши́на inférnal machíne [...-'ʃi:n].

адсорби́ровать (*вн.*) *физ.*, *хим.* àdsórb (*d.*).

адсо́рбция *ж. физ.*, *хим.* àdsórption.

адъю́нкт *м.* **1.** (póst-)gráduate at a military cóllege ['poust-...]; **2.** *уст.* júnior scìentífic assístant. **~у́ра** *ж.* (póst-)gráduate work at a military cóllege ['poust-...].

адъюта́нт *м.* áide-de-cámp ['eɪd-də'kɑːŋ] (*pl.* áides-de-cámp); aide *амер.*; ста́рший ~ ádjutant.

адюльте́р *м. уст.* marítal únfáithfulness.

а́жио *с. нескл. торг.* ágiò.

ажиота́ж *м.* stóck-jòbbing, ágiotage ['ædʒətɪdʒ], rush; (*перен.*) stir, hùllabalóo.

ажита́ц||ия *ж. разг.* àgitátion; быть в ~ии be ágitàted / excíted, be in a flúrry.

ажу́р I *м.* (*ажурная работа*) ópen-wòrk.

ажу́р II *нареч. бух.* up to date.

ажу́рн||ый ópen-wòrk(ed); (*перен.*: *тонко исполненный*) délicate; ~ая рабо́та ópen-wòrk; (*об архитектурном орнаменте*) trácery [-eɪs-]; ~ая стро́чка hémstìtch.

аз *м.* **1.** ahz (*Slavic name of the letter A*); **2.** *мн. разг.* ABC ['eɪ'biː'siː] *sg.*; élements, rúdiments; начина́ть с ~о́в begin* at the beginning; ◇ он ни ~а́ не зна́ет *разг.* he does not know a thing [...nou...].

аза́лия *ж. бот.* azálea [-ljə].

аза́рт *м.* (*запальчивость*) heat; (*возбуждение*) excíte¦ment; (*увлечение*) árdour, pássion; ◇ в ~е in one's excíte¦ment; войти́ в ~ become* excíted, grow* héated [-ou...], let* òne¦sélf go. **~ничать** *разг.* grow* héated [grou...], get* excíted. **~но** *нареч.* récklessly; (*запальчиво*) héatedly, excíted¦ly; игра́ть ~но play récklessly; ~но спо́рить árgue héatedly / excíted¦ly. **~ный** réckless; (*запальчивый*) excítable, hót-témpered; (*склонный к риску*) vénture¦some; ~ная игра́ game of chance / házard [...'hæ-]; gámbling game *разг.*

а́збука *ж.* **1.** (*алфавит*) álphabet; ABC ['eɪ'biː'siː] *разг.*; (*рд.*; *перен.*) the ABC (of); слогова́я ~ sýllabary; **2.** (*букварь*) ABC-book ['eɪ'biː'siː-]; ◇ ~ Мо́рзе Morse álphabet / códe.

а́збучн||ый: ~ая и́стина trúism.

азербайджа́н||ец *м.*, **~ка** *ж.* Àzèrbaijánian [ɑːzəːbaɪ'dʒɑːnɪən]. **~ский** Àzèrbaijján [ɑːzəːbaɪ'dʒɑːn]; ~ский язы́к Àzèrbaijáni [ɑːzəːbaɪ'dʒɑːnɪ].

азиа́тский Ásian ['eɪʃən]; Àsiátic [eɪʃɪ'ætɪk] *уст.*

а́зимут *м.* ázimuth.

азо́т *м. хим.* nítrogen ['naɪ-]; за́кись ~а nítrous óxìde; о́кись ~а nítric óxìde ['naɪ-...].

азотистоки́слый *хим.* nítrìte ['naɪ-]; ~ на́трий sódium nítrìte; ~ ка́лий potássium nítrìte.

азо́тистый *хим.* nítrous.

азотнова́т||истый *хим.* hỳpo¦nítrous. **~ый** *хим.* hỳpo¦nítric [-'naɪ-].

азотноки́слый *хим.* nítràte ['naɪ-]; ~ на́трий sódium nítràte; ~ ка́лий potássium nítràte.

азо́тн||ый *хим.* nítric ['naɪ-]; ~ая кислота́ nítric ácid.

азы́ *мн. см.* аз 2.

а́ист *м.* stork.

ай *межд.* **1.** (*выражает боль, испуг*) oh! [ou]; **2.** (*выражает упрёк*) tùt-tút!; ◇ ай да молоде́ц! there's a fine féllow for you!, there's a good man / lad for you!

айва́ *ж. тк. ед.* (*дерево и плод*) quince.

айда́ *межд. разг.* come on!

а́йсберг *м.* íce¦bèrg.

академи́зм *м.* acádemism.

акаде́м||ик *м.* acàdemícian. **~и́ческий** àcadémic. **~и́чность** *ж.* **1.** àcadémic appróach; **2.** (*оторванность от жизни*) ábstràct / àbstrúse appróach [...-s...].

акаде́мия *ж.* acádemy; Акаде́мия нау́к Acádemy of Scíences; Акаде́мия худо́жеств Acádemy of Arts; Вое́нная ~ Mílitary Cóllege; Вое́нно-возду́шная ~ Air Force Cóllege; Вое́нно-медици́нская ~ Ármy Médical Cóllege; Вое́нно-морска́я ~ Nával Cóllege; Акаде́мия сельскохозя́йственных нау́к Acádemy of Àgricúltural Scíences.

ака́нт *м. бот.*, *арх.* acánthus (*pl.* -es, -thì).

ака́ция *ж.* acácia.

акваланг *м.* áqualùng.

аквалангист *м.* únderwàter (áqualùng) swímmer [-wɔː-...].

аквамари́н *м. мин.* àquamaríne [-iːn].

аквамари́новый àquamaríne [-iːn].

акварели́ст *м.*, **~ка** *ж.* wáter-còlour páinter ['wɔːtəkʌ-...], páinter in wáter-còlours.

акваре́ль *ж.* wáter-còlour ['wɔːtəkʌ-]; *собир.* wáter-còlours *pl.* **~ный:** ~ный портре́т pórtrait in wáter-còlours [-rɪt... 'wɔːtəkʌ-]; ~ная кра́ска wáter-còlour.

аква́риум *м.* aquárium (*pl.* -iums, -ia); (*резервуар тж.*) tank.

аквати́нта *ж. полигр.* áquatint.

акведу́к *м.* áquedùct.

акклиматиза́ция *ж.* acclìmatìzátion [-aɪmətaɪ-].

акклиматизи́ровать *несов. и сов.* (*вн.*) acclímatìze [-aɪm-] (*d.*). **~ся** *несов. и сов.* **1.** acclímatìze òne¦sélf [-aɪm-...]; **2.** *страд.* к акклиматизи́ровать.

аккомода́ция *ж.* accòmmodátion (adjústment); ~ гла́за accòmmodátion of the eye [...aɪ].

аккомпан||еме́нт *м.* (к) accómpaniment [ə'kʌ-] (to); петь под ~ (*рд.*) sing* to the accómpaniment (of). **~иа́тор** *м.* accómpanist [ə'kʌ-]. **~и́ровать** (*дт.* на *пр.*) accómpany [ə'kʌ-] (*d.* on).

акко́рд *м.* chord [k-]; заключи́тельный ~ finále [-ɑːlɪ].

аккордео́н *м.* accórdion.

акко́рдн||ый: ~ая пла́та páyment by the piece [...piːs]; ~ая рабо́та píece-wòrk ['piːs-].

аккредити́в *м. фин.* létter of crédit.

аккредитова́ть *несов. и сов.* (*вн.*) *дип.*, *фин.* accrédit (*d.*).

аккумул||и́ровать *несов. и сов.* (*вн.*) accúmulàte (*d.*). **~я́тор** *м.* accúmulàtor. **~я́торный:** ~я́торная батаре́я stórage báttery. **~я́ция** *ж.* accùmulátion.

аккура́тн||ость *ж.* **1.** (*точность*) áccuracy; (*о времени прихода и т. п.*)

pùnctuálity; 2. (*тщательность*) cáre¦fulness; 3. (*опрятность*) néatness, tídiness ['taɪ-]; 4. (*исполнительность*) scrúpulous¦ness, cònsciéntious¦ness [kɔnʃɪ-]. **~ый** 1. (*точный*) régul ar; (*приходящий вовремя*) púnctual; ~ый человéк órderly pérson; 2. (*тщательный*) cáre¦ful; 3. (*опрятный*) neat, tídy; 4. (*исполнительный*) cònsciéntious [kɔnʃɪ-], páinstàking [-nz-].

акр *м.* acre.

акробáт *м.* ácrobàt. **~ика** *ж.* àcrobátics. **~и́ческий** àcrobátic. **~ка** *ж.* к акробáт.

акрóполь *м. ист.* acrópolis.

акрости́х *м. лит.* acróstic.

акселерáтор *м.* àccéleràtor.

аксельбáнты *мн.* (*ед.* аксельбáнт *м.*) aiguillèttes [-gwɪ-], áglèts ['æg-], áiglèts ['æg-].

аксессуáр *м.* 1. àccéssory; 2. *театр.* própertу.

аксиóма *ж.* áxiom; э́то ~ (*самоочевидно*) that is sélf-évident / àxiomátic.

аксиомáтика *ж.* áxioms *pl.*, àxiomátic básis.

акт *м.* 1. (*действие, поступок*) act; 2. *театр.* act; 3. *юр.* deed; обвини́тельный ~ (bill of) indíctment [...-'daɪt-]; 4. (*документ*) státe¦ment: состáвить ~ draw* up a státe¦ment (of the case) [...-s]; (*о неисправности чего-л.*) draw* up a repórt; 5. *уст.* (*в учебном заведении*) spéech-day; comménce¦ment *амер.*

актёр *м.* áctor; (*исполнитель тж.*) pláyer; коми́ческий ~ cómic áctor, comédian; траги́ческий ~ trágic áctor, tragédian; ~ на выходны́х ролях, ~ на мáленьких ролях ùtílity, ùtílity-man*. **~ский** *прил.* к актёр.

акти́в I *м. собир.* the most áctive mémbers *pl.*; парти́йный ~ the most áctive mémbers of *the* Párty organizátion [...-naɪ-] *pl.*

акти́в II *м. фин.* ássèts *pl.*; ~ и пасси́в ássèts and lìabílities; записáть в ~ (*вн.*) énter on the crédit side (of *an* accóunt) (*d.*); в ~е (*прям. и перен.*) on the crédit side.

активизáция *ж.* máking more áctive, stírring up.

активизи́ровать *несов. и сов.* (*вн.*) make* more áctive (*d.*), stir up (*d.*), stir to àctívity (*d.*); ~ мáссы stir the másses to gréater àctívity [...'greɪtə...]; ~ рабóту líven / brisk up the work. **~ся** *несов. и сов.* líven up.

активи́рованный *прич. и прил. хим.* áctivàted; ~ ýголь áctivàted cárbon.

активи́ровать (*вн.*) *хим.* áctivàte (*d.*).

активи́ст *м.* áctive wórker (in públic and sócial affáirs) [...'pʌb-...], áctivist.

акти́вн||о *нареч.* áctive¦ly; ~ учáствовать (в *пр.*) take* an áctive part (in). **~ость** *ж.* àctívity; полити́ческая ~ость масс polítical àctívity of the másses. **~ый** áctive; ~ая оборóна *воен.* áctive / aggréssive defénce; ~ый балáнс fávour¦able bálance; ◇ ~ое избирáтельное прáво súffrage, the vote.

акти́ний *м. хим.* actínium.

акти́ния *ж. зоол.* actínia (*pl.* -ae, -as), sea anémone [...-nɪ].

акти́ровать *несов. и сов.* (*вн.*) cértifỳ présence (ábsence) [...'prez-...] (of).

áктов||ый 1.: ~ая бумáга stamped páper; 2.: ~ зал assémbly hall; auditórium; (*в школе*) school hall.

актри́са *ж.* áctress; коми́ческая ~ cómic áctress, comèdiénne [kəmedɪ'en]; траги́ческая ~ trágic áctress, tragèdiénne [trəʤiːdɪ'en]; ~ на выходны́х ролях, ~ на мáленьких ролях ùtílity, ùtílity áctress.

актуáльн||ость *ж.* 1. àctuálity; 2. (*насущность*) úrgency; (*злободневность*) tòpicálity. **~ый** 1. (*существующий в действительности*) áctual; ~ые услóвия présent-day condítions ['prez-...]; 2. (*насущный*) úrgent; (*своевременный*) tíme¦ly; ~ая проблéма préssing / úrgent próblem [...'prɔ-], próblem of to¦dáy.

акýла *ж.* shark; (*некрупная*) dóg-fish.

акýст||ика *ж.* acóustics [ə'kuːs-]. **~и́ческий** acóustic [ə'kuːs-].

акушёр *м.* àccouchéur [ækuː'ʃəː], òbstetrícian.

акушéр||ка *ж.* míd¦wife*. **~ский** òbstétric(al); ~ские кýрсы òbstétrics / mídwifery clásses [...-wɪf°rɪ...]. **~ство** *с.* mídwifery [-wɪf°rɪ], òbstétrics.

акцéнт *м.* áccent; говори́ть с ~ом speak* with an áccent; ◇ сдéлать ~ (на *пр.*) àccéntuàte (*d.*), stress (*d.*), ùnderlíne (*d.*). **~и́ровать** *несов. и сов.* (*вн.*) àccént (*d.*), àccéntuàte (*d.*). **~ный** *прил.* к акцéнт; àccéntual. **~олóгия** *ж.* àccèntólogy. **~уáция** *ж.* àccèntuátion.

акцéпт *м. фин.* accéptance.

акцептовáть *несов. и сов.* (*вн.*) *фин.* accépt (*d.*).

акци́з *м.* èxcíse, èxcíse-dúty; взимáть ~ èxcíse; сбóрщик ~а èxcíse¦man*; подлежáщий обложéнию ~ом èxcísable [-z-]. **~ный** *прил.* к акци́з; ~ный сбор èxcíse.

акционéр *м.* sháre¦hòlder, stóckhòlder. **~ный** jóint-stòck (*attr.*); ~ный капитáл joint stock, share cápital; ~ное óбщество jóint-stòck cómpany [...'kʌ-].

áкц||ия I *ж. эк.* share; ~ на предъяви́теля órdinary share; имéнная ~ pérsonal share, inscríbed stock; привилегирóванная ~ preférred share; ~ии поднимáются shares go up; ~ии пáдают shares go down, shares give way; спекуляция ~иями stóck-jòbbing.

áкция II *ж.* (*действие*) áction.

акы́н *м.* akýn (*Kazakh or Kirghiz folk poet and singer*).

албáн||ец *м.*, **~ка** *ж.*, **~ский** Àlbánian; ~ский язы́к Àlbánian, the Àlbánian lánguage.

áлгебра *ж.* álgebra. **~и́ческий** àlgebrá¦ic(al).

алебáрда *ж.* hálberd.

алебáстр *м.* álabàster. **~овый** *прил.* к алебáстр.

александри́йский Àlexándrìne; (*относящийся к городу Александрии*) Àlexándrian; ◇ ~ стих Àlexándrìne (verse); ~ лист sénna.

алéть 1. (*становиться алым*) rédden; (*о лице*) flush; (*о закате*) glow [-ou]; 2. (*виднеться*) show* red [ʃou...]. **~ся** = алéть 2.

алжи́р||ец *м.*, **~ка** *ж.*, **~ский** Àlgérian.

áлиби *с. нескл. юр.* álibì; установи́ть чьё-л. ~ estáblish smb.'s álibì.

ализари́н *м. хим.* alízarin. **~овый** *прил.* к ализари́н.

али́менты *мн.* álimony *sg.*; (*детям*) allówance due to chíldren from fáther on sèparátion / divórce / desértion [...'fɑː-...-'zəː-].

алкалóид *м. хим.* álkaloid ['ælk-].

алкáть (*рд.*) *уст.* crave (for), húnger (for).

алкоголи́зм *м.* dìpsománia, álcohòlism.

алкогóлик *м.* dìpsomániàc; (*пьяница*) drúnkard.

алкогóль *м.* 1. *хим.* álcohòl; 2. (*спиртные напитки*) spírit(s) (*pl.*). **~ный** àlcohólic, spírituous; ~ный напи́ток strong drink; spírits *pl.*

аллáх *м.* Állah.

аллегори́ческий àllegóric(al).

аллегóрия *ж.* állegory.

аллéгро *с. нескл., нареч. муз.* allégrò [ə'leɪ-].

аллéя *ж.* ávenue; (*дорожка в парке*) path*, lane; (*просека*) vísta.

аллигáтор *м. зоол.* álligàtor.

аллилýйщик *м. разг.* tóady.

аллилýйя *межд.* àllelúia! [-'luːjə].

аллитерáция *ж. лит.* allìterátion.

аллó *межд.* húllò!; hélló! *амер.*

аллопáт *м.* állopàth, allópathist. **~и́ческий** àllopáthic. **~ия** *ж.* allópathy.

аллювиáльный *геол.* allúvial.

аллю́вий *м. геол.* allúvion, allúvium.

аллю́р *м.* pace, gait; бéшеным ~ом at bréaknèck speed [...'breɪk-...].

алмáз *м.* 1. díamond; 2. (*для резки стекла*) glázier's díamond. **~ный** *прил.* к алмáз 1.

алóэ *с. нескл.* 1. *бот.* álòe; 2. *мед.* álòes *pl.*

алтáйский Àltái [æl'teɪ] (*attr.*), Àltáic [æl'teɪɪk], Àltáian [æl'teɪən].

алтáрь *м.* 1. áltar ['ɔː-]; 2. (*главная часть церкви*) sánctuary; ◇ возложи́ть, принести́ что-л. на ~ чегó-л. sácrifice smth. to smth.

алфави́т *м.* álphabet; по ~у in àlphabétical órder, àlphabétically.

~ный àlphabétical; ~ный указáтель àlphabétical índèx.

алхи́м||ик *м.* álchemist [-k-]. **~ия** *ж.* álchemy [-k-].

áлчн||ость *ж.* (к) avídity (of, for), gréediness (of, for); (*к деньгам*) cupídity. **~ый** gráspìng; (к, до) ávid (of, for), gréedy (of, for).

áлчущий **1.** *прич. см.* алкáть; **2.** *прил.* (*рд.*) húngry (for), cráving (for, áfter).

áлый red, scárlet, vermílion.

алычá *ж. тк. ед.* (*дерево и плод*) àlychá [-ɑː] (*kind of damson*).

альбатрóс *м. зоол.* álbatròss.

альбин||и́зм *м. биол.* álbinism. **~óс** *м.* álbínò [-'biː-] (*pl.* -òs [-ouz]).

альбóм *м.* álbum; ~ для рисýнков skétch-book; ~ для мáрок stamp álbum.

альбуми́н *м. биохим.* álbumen. **~ный** *биохим.* àlbúminous.

альвеóл||а *ж. анат.* álveolus (*pl.* -lì). **~ярный** *анат., лингв.* álveolar.

альдеги́д *м. хим.* áldehỳde ['æl-].

алькóв *м.* álcòve.

альманáх *м.* **1.** (*литературный сборник*) ànthólogy, líterary miscéllany; **2.** *уст.* álmanàc ['ɔːl-].

альпагá, альпакá *с. нескл. зоол., текст.* àlpáca [-'pæ-].

альпáри *с. нескл., нареч.* at par.

альпи́йск||ий Álpìne; ~ие лугá Álpìne grásslands/méadows [...'med-].

альпин||и́зм *м.* mountain¦éering. **~и́ст** *м.*, **~и́стка** *ж.* mountain¦éer, móuntain-clìmber [-klaɪmə]; (*в Альпах*) Álpinist. **~и́стский**: ~и́стский лáгерь mountain¦éering camp.

альт *м. муз.* **1.** (*инструмент*) vióla; **2.** (*голос*) áltò ['æl-].

альтерáц||ия *ж. муз.* chánges in the válue of notes ['ʧeɪ-...] *pl.*; знáки ~ии àccidéntals.

альтернати́в||а *ж.* àltérnative. **~ный** àltérnative.

альтернáция *ж. лингв.* àltèrnátion.

альтимéтр *м. ав.* àltímeter [æl-].

альти́ст *м.* vióla pláyer.

альтóвый *прил. к* альт.

альтру||и́зм *м.* áltruism ['æl-], ùnsélfishness. **~и́ст** *м.* áltruist ['æl-]. **~исти́ческий** àltruístic[æl-],ùnsélfish.

áльф||а *ж.*, álpha; ◇ ~ и омéга Álpha and Ómega; от ~ы до омéги from A to Z.

áльфа-лучи́ *мн. физ.* álpha rays.

áльфа-части́ца *ж. физ.* álpha párticles.

алюми́ниевый *прил. к* алюми́ний.

алюми́ний *м.* àlumínium; alúminum *амер.*

аляповáт||ый coarse, rough [rʌf], tínkerly; ~ая карти́на daub.

амазóнка *ж.* **1.** *миф.* Ámazon; **2.** (*всадница*) hórse¦wòman* [-wu-]; **3.** (*платье*) ríding-hábit.

амальгáм||а *ж. хим.* amálgam; (*перен.*) amàlgamátion. **~и́ровать** *несов. и сов.* (*вн.*) amálgamàte (*d.*).

амбáр *м.* barn, gránary; (*для хранения товаров*) wáre¦house* [-s], stóre¦house* [-s]; склáдывать в ~ (*вн.*) store in gránary (*d.*).

амби́ц||ия *ж.* (*самолюбие*) sélf-lóve [-'lʌv], pride; (*спесь*) árrogance; человéк с ~ией árrogant man*; ◇ вломи́ться, удáриться в ~ию take* offénce / úmbrage.

áмбра *ж.* **1.** ámbergris; **2.** (*аромат*) frágrance ['freɪ-], pérfùme.

амбразýра *ж.* embrásure [-'breɪ-]; *воен. тж.* gún-pòrt.

амбрóзия *ж. тк. ед.* àmbrósia [-z-].

амбулатóр||ия *ж.* dispénsary; óut-pàtients' clínic / depártment. **~ный** *прил. к* амбулатóрия; ~ный больнóй óut-pàtient; ~ный приём súrgery recéption hours [...auəz] *pl.*

амвóн *м. церк.* ámbò.

амёба *ж. зоол.* amóeba [ə'miː-] (*pl.* -as, -ae).

америкáн||ец *м.* Américan; *разг.* Yánkee [-kɪ], Yank *амер.* **~и́зм** *м. лингв.* (*слово, словосочетание или оборот речи*) Américanism. **~ка** *ж.* Américan (wóman*) [...'wu-]. **~ский** Américan; ◇ ~ский замóк Yale lock.

амети́ст *м.* ámethyst. **~овый** àmethýstìne; (*сделанный из аметиста, с аметистом*) ámethyst (*attr.*).

аминокислотá *ж. хим.* amínò ácid [ə'miː-...].

ами́нь *межд.* àmén! [ɑː-].

аммиá||к *м. хим.* ammónia, ammónium hýdràte [...'haɪ-]. **~чный** *хим.* ammóniàc.

аммонáл *м.* ámmonal.

аммóний *м. хим.* ammónium; хлóристый ~ ammónium chlóride, ammónium salt.

амнисти́ровать *несов. и сов.* (*вн.*) ámnèsty (*d.*).

амни́ст||ия *ж.* ámnèsty; free párdon; объяви́ть ~ию annóunce / grant an ámnèsty [...-ɑːnt...]; óбщая ~ géneral ámnèsty / párdon.

аморáльн||ость *ж.* amòrálity; (*безнравственность*) ìmmorálity. **~ый** nòn-móral [-ɔr-], amóral [-ɔr-]; (*безнравственный*) immóral.

амортиз||áтор *м. тех.* shóck-absòrber. **~ациóнный** **1.** *эк., юр.* amòrtizátion (*attr.*); ~ациóнный капитáл sínking-fùnd; **2.** *тех.* shóck-absòrber (*attr.*). **~áция** *ж.* **1.** *фин., юр.* amòrtizátion; **2.** (*изнашивание имущества*) wear and tear [wɛə...tɛə], deprèciátion; **3.** *тех.* spríng¦ing. **~и́ровать** *несов. и сов.* (*вн.*) amórtìze (*d.*).

амóрфный amórphous.

ампéр *м. физ.* ámpère ['æmpɛə]. **~мéтр** *м. физ.* ámpèremèter [-pɛə-], ámmèter. **~-чáс** *м. физ.* ámpère hour ['æmpɛə auə].

ампи́р *м. иск.* Émpìre style. **~ный** *иск.* Émpìre-stýle (*attr.*).

амплитýда *ж.* ámplitùde.

амплификáция *ж. лит.* àmplificátion.

амплуá *с. нескл. театр.* line of búsiness [...'bɪzn-], line; (*тж. перен.: роль*) role; (*круг занятий*) òccupátion; актёр на рáзные ~ vérsatìle áctor; ~ пéрвого любóвника, резонёра *the* role / part of the jeune prémier, of the móralìzer [...ʒəːnprə'mjeə...]; какóе ~ э́того актёра? what kind of parts does that áctor play?

áмпула *ж.* ámpùle.

ампут||áция *ж.* àmputátion. **~и́ровать** *несов. и сов.* (*вн.*) ámputàte (*d.*).

амулéт *м.* ámulet, charm.

амуни́ция *ж. тк. ед. собир. уст.* accóutrements [ə'kuːtə-] *pl.*

амýр *м.* **1.** *миф.* Cúpid; **2.** *мн. уст. разг.* love affáirs [lʌv...]. **~ный** *разг.* love [lʌv] (*attr.*).

амфи́бия *ж.* àmphíbian.

амфибрáхий *м. лит.* ámphibràch [-k].

амфитеáтр *м.* ámphitheatre [-θɪə-]; *театр.* círcle, ámphitheatre; pàrtérre [-'tɛə] *амер.*

áмфора *ж.* ámphora.

анабиóз *м. биол.* ànabìósis.

анаболи́зм *м.* anábolism.

анагрáмма *ж. лит.* ánagràm.

анакреонти́ческий *лит.* anàcreóntic.

анáлиз *м.* análysis (*pl.* -sès [-siːz]); ~ крóви blood exàminátion / test [blʌd...]; сдéлать ~ крóви на малярию ánalỳse the blood for malária; не поддаю́щийся ~у ún¦ánalỳsable [-z-]. **~áтор** *м.* ánalỳser. **~и́ровать, проанализи́ровать** (*вн.*) ánalỳse (*d.*).

анали́т||ик *м.* ánalyst. **~ика** *ж. разг.* (*аналитическая геометрия*) ànalýtic geómetry. **~и́ческий** ànalýtic(al).

анáлог *м.* ánalògue.

аналоги́ч||еский ànalógic(al). **~ный** análogous; быть ~ным (*дт.*) be análogous (to), have análogy (to, with).

анálóг||ия *ж.* análogy; по ~ии (с *тв.*) by análogy (with), áfter the análogy (of); проводи́ть ~ию (с *тв.*) draw* an análogy (to, with).

аналóй *м. церк.* léctern.

анáльный *анат.* ánal.

анáмнез [-нэз] *м. мед.* anámnesis.

ананáс *м.* **1.** (*плод*) pínеàpple; **2.** (*растение*) anánas [ə'nɑː-]. **~ный** píne-àpple (*attr.*); ~ная теплица pínery ['paɪ-].

анáпест *м. лит.* ánapaest.

анарх||и́зм *м.* ánarchism [-k-]. **~и́ст** *м.*, **~и́стка** *ж.* ánarchist [-k-]. **~и́стский** *прил. к* анархи́ст. **~и́ческий** ànárchic(al) [-k-].

анáрхия *ж.* ánarchy [-kɪ]; ~ произвóдства ánarchy in prodúction.

анáрхо-синдикал||и́зм *м.* anárcho-sýndicalism [-kə-]. **~и́ст** *м.* anárcho-sýndicalist [-kə-].

анатóм *м.* anátomist. **~и́рование** *с.* anátomy, dissèction. **~и́ровать** *несов. и сов.* (*вн.*) anátomìze (*d.*), disséct (*d.*). **~и́ческий** ànatómical.

анатóмия *ж.* anátomy; ~ человéка húman anátomy; **~ живóт-**

ных ánimal anátomy; ~ растéний plant anátomy [-ɑnt...].

ана́фем||а *ж. церк.* anáthema; предáть ~е (*вн.*) anáthematize (*d.*); read* / pronóunce an anáthema (agáinst). **~ский** *разг.* héllish, dìabólical.

ана́фора *ж. лит.* anáphora.

анахорéт *м. уст.* ánchorìte ['æŋk-], ánchorèt ['æŋk-].

анахрон||и́зм *м.* anáchronism. **~и́ческий, ~и́чный** anàchronístic.

ангаж||емéнт *м. уст.* en¦gáge¦ment. **~и́ровать** *несов. и сов.* (*вн.*) *уст.* en¦gáge (*d.*).

анга́р *м. ав.* hángàr, shed.

а́нге||л *м.* ángel ['eɪndʒ°l]; ◇ день ~ла náme-day; поздравля́ть когó-л. с днём ~ла con¦grátulàte smb. on *his* náme-day. **~ло́чек** *м.* chérub ['ʧe-]. **~льский** àngélic [æn'ʤ-].

ангидри́д *м. хим.* ànhýdrìde [-'haɪ-].

анги́на *ж. мед.* quínsy [-zɪ], tònsillítis.

англи́йск||ий Énglish ['ɪ-]; ~ язы́к Énglish, the Énglish lánguage; ◇ ~ая соль Épsom salts *pl.*; ~ая болéзнь ríckets; ~ая була́вка sáfe¦ty-pin.

англика́нск||ий Ánglican; ~ая цéрковь Ánglican Church, Church of Éngland [...'ɪ-].

англи́ст *м.* Ánglist, spécialist in Énglish philólogy ['spe-... 'ɪ-...], Énglish philólogist. **~ика** *ж.* Énglish philólogy ['ɪ-...].

англици́зм *м. лингв.* Ánglicism.

англича́н||ин *м.* Énglish¦man* ['ɪ-]; *мн. собир.* the Énglish [...'ɪ-]; (*о населéнии Великобритáнии тж.*) the Brítish. **~ка** *ж.* Énglish¦wòman* ['ɪ- -wu-].

а́нгло-америка́нский Ánglò-Américan.

англома́н *м.* Ánglò¦mániàc. **~ия** *ж.* Ánglò¦mánia.

англоса́кс *м.* Ánglò-Sáxon.

англосаксо́нский Ánglò-Sáxon.

англо||фи́л *м.* Ánglò¦phìle. **~фо́б** *м.* Ánglò¦phòbe.

ангóрск||ий Àngóra (*attr.*); ~ая кóшка Àngóra / Pérsian cat [...-ʃən..]; ~ая козá Àngóra goat.

анда́нте [-тэ] *с. нескл., нареч. муз.* àndánte [-tɪ].

аневри́зма *ж. мед.* áneurism, áneurysm.

анекдóт *м.* (*смешнóй расскáз*) joke, fúnny stóry; (*смешнóе происшéствие*) fúnny thing. **~и́ческий** fàntástic. **~и́чный**=анекдоти́ческий; э́то ~и́чно it sounds / seems fàntástic.

анеми́ч||еский, ~ный anáemic.

анеми́я *ж. мед.* anáemia.

анемó||граф *м.* anémogràph. **~метр** *м.* ànemómeter, wínd-gauge ['wɪnd-geɪʤ].

анемóн *м. бот.* anémone [-nɪ].

анерóид *м.* áneroid.

анестези́р||овать [-нэстэ-] *несов. и сов.* (*вн.*) *мед.* ànáesthetìze (*d.*). **~ующий** [-нэстэ-] **1.** *прич. см.* анестези́ровать; **2.** *прил.* ànaesthétic; ~ующее срéдство ànaesthétic.

анестези́я [-нэстэ-] *ж.* ànaesthésia [-z-].

анили́н *м. хим.* ániline. **~овый** *прил. к* анили́н; ~овая кра́ска ániline dye.

анимали́ст *м.* (*живописец*) ánimal páinter; (*скульптор*) ánimal scúlptor.

аним||и́зм *м.* ánimism. **~исти́ческий** ànimístic.

ани́с *м. тк. ед.* **1.** ánise [-ɪs]; **2.** (*сорт я́блок*) ánise apples *pl.* **~овка** *ж.* **1.**=ани́с 2; **2.** (*вóдка*) ànisétte [-'zet]. **~овый** ánise [-ɪs] (*attr.*); (*относя́щийся к семени*) ániseed (*attr.*).

а́нкер *м. тех.* **1.** (*желéзная скрéпа*) ánchor ['æŋkə]; **2.** (*в часáх*) crutch. **~ный** *прил. к* а́нкер; ~ный болт ánchor bolt ['æŋkə...], rág-bòlt; ~ный кол ánchoring pícket ['æŋkə-...], ánchor post [...poust]; ~ные часы́ léver watch *sg.*

анкéт||а *ж.* form, quèstionnáire [ke-]; запóлнить ~у fill in *a* form / quèstionnáire, compléte *a* form. **~ный** *прил. к* анкéта; ~ные да́нные biográphical partículars.

анна́лы *мн.* ánnals, récòrds ['re-].

аннекси́ровать [анэ-] *несов. и сов.* (*вн.*) annéx (*d.*).

аннéксия *ж.* [анэ́-] ànnèxátion.

аннот||áция *ж.* ànnotátion. **~и́ровать** *несов. и сов.* (*вн.*) ánnotàte (*d.*).

аннули́рование *с.* annúlment; (*о дóлге, постановлéнии*) càncèllátion; (*отмéна*) àbrogátion, àbolítion; (*о мандáте и т. п.*) nùllificátion.

аннули́ровать *несов. и сов.* (*вн.*) annúl (*d.*); (*о дóлге, постановлéнии*) cáncel (*d.*); (*отменить*) ábrogàte (*d.*), rescínd [-'sɪ-] (*d.*), repéal (*d.*), revóke (*d.*), abólish (*d.*); (*о мандáте и т. п.*) núllifỳ (*d.*); ~ договóр annúl *a* tréaty; scrap *a* tréaty *разг.*; ~ долг write* off *a* debt [...det].

анóд *м. эл.* ánòde. **~ный** *эл.* anódic; ánòde (*attr.*).

аномá||лия *ж.* anómaly. **~льный** anómalous; (*непрáвильный*) irrégular.

анони́м *м.* **1.** (*áвтор*) anónymous áuthor; **2.** (*сочинéние*) anónymous work; (*письмó*) anónymous létter. **~ка** *ж. разг.* anónymous létter. **~ный** anónymous.

анóнс *м.* (*объявлéние*) annóunce¦-ment, nótice ['nou-]; (*афи́ша*) bill, póster ['pou-]. **~и́ровать** *несов. и сов.* (*вн.*) annóunce (*d.*).

анормáльный àbnórmal.

анóфелес *м. зоол.* anóphelès [-li:z].

ансáмбль *м.* ensémble [ɑn'sɑmbl]; (*певцóв, танцóров и т. п. тж.*) cómpany ['kʌ-]; ~ пéсни и пля́ски Song and Dance Cómpany.

антагон||и́зм *м.* àntágonism. **~и́ст** *м.* àntágonist. **~исти́ческий** àntàgonístic; ~исти́ческие клáссы àntàgonístic / oppósing clásses.

Антáнта *ж. ист.* the Entènte [ɑn'tɑnt]; Мáлая ~ the Little Entènte.

Антáрктика *ж.* the Àntárctic, the àntárctic régions *pl.*

антаркти́ческий àntárctic.

антéнна [-тэ́-] *ж.* **1.** *рад.* áerial ['ɛə-], àntènna (*pl.* -ae); рáмочная ~ loop áerial; **2.** *зоол.* àntènna (*pl.* -ae).

анти- (*в слóжн.*) anti-.

антибиóтики *мн.* àntibìótics.

антиви́рус *м.* àntivírus.

антивоéнный ánti-wàr.

антигигиени́ческий únhỳgíen¦ic [-haɪ'ʤi:-], insánitary.

антигосудáрственн||ый ánti-Státe; ~ая дéятельность ánti-Státe àctívities *pl.*

антидемократи́ческий ánti-dèmocrátic.

антиимпериалисти́ческий ánti-impérialist.

антиистор||и́зм *м.* únhistóricalness. **~и́ческий** únhistórical.

антиквáр *м.* àntiquárian, ántiquary. **~иáт** *м.* trade in àntíques [...-'ti:ks]. **~ный** àntiquárian; ~ный магази́н cùriósity shop.

антиколониали́зм *м.* ánti-colónialism.

антиколониáльный ánti-colónial.

антикоммуни́зм *м.* ánti-Cómmunism.

антикоммунисти́ческий ánti-Cómmunist.

антилóпа *ж.* ántelòpe.

антимаркси́стский ánti-Márxist.

антимилитар||и́зм *м.* ánti-mílitarism. **~и́ст** *м.* ánti-mílitarist. **~исти́ческий** ánti-mílitarist.

антимóн||ия *ж.*: ~ии разводи́ть *разг.* talk a lot of nónsense.

антинарóдный ánti-nátional [-'næ-], ánti-pópular.

антинаýчный ánti-scìentífic.

антинационáльный ánti-nátional [-'næ-].

антинóмия *ж. филос.* àntínomy.

антиобщéственный ánti-sócial.

антипарти́йный ánti-Párty (*attr.*).

антипассáт *м. метеор.* ánti-tràde (wind) [...wɪ-].

антипати́чный àntipathétic.

антипáт||ия *ж.* (к) àntípathy (to), avérsion (for, to), dislíke (for, to); питáть ~ию feel* an avérsion (for); почýвствовать ~ию take* a dislíke (to, for).

антипири́н *м. фарм.* àntipýrine [-'paɪə-].

антипóд *м.* ántipòde (*pl.* -dès [-di:z]).

антирабóч||ий ánti-wórking-clàss, ánti-lábour; ~ее законодáтельство ánti-wórking-clàss / ánti-lábour lègislátion.

антирелигиóзный ánti-relígious.

антисанитáрный insánitary.

антисеми́т *м.* ánti-Sémìte. **~и́зм** *м.* ánti-Sémitism. **~ский** ánti-Semític.

антисéпт||ика [-сэ́-] *ж. мед.* **1.** *собир.* (*обеззараживающие средства*) àntiséptics *pl*; **2.** (*обеззараживание ран*) àntisépsis. **~и́ческий** [-сэ-] *мед.* àntiséptic.

антисовéтский ánti-Sóvièt.

антисоциáльный ánti-sócial.

антитé||за [-тэ́-] *ж. филос., лит.* àntíthesis (*pl.* -sès [-si:z]). **~зис** [-тэ́-] *м. филос.* àntíthesis (*pl.* -sès [-si:z]). **~ти́ческий** [-тэ-] àntithétic.

антитéло *с. биохим.* ántibòdy [-bɔ-].

антитокс||и́н *м. биохим.* ántitóxin. **~и́ческий** *мед.* ántitóxic.

антифаши́ст *м.*, **~ский** ánti-fáscist [-'fæʃ-].

антифри́з *м. ав.* ántifréeze súbstance.

антихри́ст *м. рел.* ántichrìst [-aɪst].

антихудóжественный inàrtístic.

антициклóн *м. метеор.* ánticýclòne [-'saɪ-].

анти́чн||ость *ж.* àntíquity. **~ый** àntíque [-i:k]; ~ый мир àntíquity; ~ый стиль the àntíque.

антологи́ческий ànthológical.

антолóгия *ж.* ànthólogy.

антóним *м. лингв.* ántonym. **~и́чный** *лингв.* antónymous.

антóнов: ~ огóнь *уст.* gángrène.

антóновка *ж. тк. ед.* (*сорт яблок*) antónovka apples *pl.* (*kind of tart winter apples*).

антрáкт *м.* **1.** ínterval; **2.** *муз.* entr'acte ['ɔntrækt], ínterlùde.

антрацéн *м. хим.* ántracène.

антраци́т *м.* ánthracìte. **~ный, ~овый** ànthracític, ànthracítous; ~овая печь ánthracìte stove.

антрашá *с. нескл.* entrechát [ɑ:ŋtrə'ʃɑ:]; выдéлывать ~ *разг.* cut* cápers.

антрекóт *м. кул.* entrecôte (*фр.*) [ɑ:ntrə'kout], steak [steɪk].

антрепренёр *м.* mánager, èntrepreneur [ɔntrəprə'nə:].

антрепри́з||а *ж.* prívate theátrical énterprìse ['praɪ- θɪ'æ-...], theátrical concérn; держáть ~у run* a théatre [...'θɪə-].

антресóли *мн.* mézzanìne [-ni:n] *sg.*; (*верхний полуэтаж*) áttic stórey *sg.*

антропóид *м.* ánthropoid.

антропó||лог *м.* ànthropólogist. **~логи́ческий** ànthròpo|lógical. **~лóгия** *ж.* ànthropólogy.

антропо||метри́ческий ànthròpo|métric. **~мéтрия** *ж.* ànthropómetry.

антропо||морфи́зм *м.* ànthròpo|mórphism. **~морфи́ческий** ànthròpo|mórphic. **~мóрфный** ànthròpo|mórphous.

антропо||фáг *м.* ànthropóphagus (*pl.* -gi), cánnibal. **~фáгия** *ж.* ànthropóphagy.

антурáж *м. уст.* envíron|ment, entouráge [ɔŋtu'rɑ:ʒ]; (*среда*) mìlieu [mi:'ljə:]; surróundings *pl.*; (*окружающие*) assóciates *pl.*, connéctions *pl.*

анфáс *нареч.* full face; сня́ться ~ have a fúll-fáce phóto|gràph táken, be táken full face.

анфилáда *ж.* suite (of rooms) [swi:t...].

анчáр *м. бот.* úpas-tree, ántiar.

анчóус *м.* ànchóvy.

аншлáг *м.* the "sold out" nótice [...'nou-]; пьéса идёт с ~ом the house* is sold out for every perfórmance [...haus...].

áншпуг *м. мор.* hándspìke.

анютин: ~ы глáзки *мн.* pánsies [-zɪz].

аóрист *м. лингв.* áorist.

аóрта *ж. анат.* àórta.

апартáмент *м. об. мн.* apártment; (*квартира*) apártments *pl.*

апати́т *м. мин.* ápatìte. **~овый** *прил. к* апати́т.

апати́чн||ость *ж.* ápathy. **~ый** àpathétic.

апáтия *ж.* ápathy.

апáш *м.* apáche [ə'pɑ:ʃ]; ◇ рубáшка ~ "apáche" shirt (*shirt with turn-down collar*).

апелл||и́ровать *несов. и сов.* (к) appéal (to). **~я́нт** *м.* appéllant. **~яциóнный** appéllate; ~яциóнный суд Court of Appéal [kɔ:t...]. **~я́ция** *ж.* appéal; подавáть ~я́цию на решéние судá appéal against the court's decísion [...kɔ:ts...]; отклони́ть ~я́цию dismíss *an* appéal.

апельси́н *м.* **1.** (*плод*) órange; **2.** (*дерево*) órange-tree. **~ный, ~овый** **1.** *прил. к* апельси́н; цветы́ ~ового дéрева órange-blóssom *sg.*; ~овая плантáция órangery; **2.** (*о цвете*) órange(-còlour) [-kʌ-] (*attr.*).

аплод||и́ровать (*дт.*) appláud (*d.*), cheer (*d.*); бýрно ~ accláim; appláud / cheer to the écho [...'ekou]. **~исмéнты** *мн.* appláuse *sg.*, clápping *sg.*; cheers; грóмкие, продолжи́тельные ~исмéнты loud and prolónged appláuse *sg.*; бýрные ~исмéнты storm of appláuse *sg.*; loud cheers *разг.*

аплóмб *м.* assúrance [ə'ʃuə-], sélf-cónfidence, àplómb [æp'lɔ:ŋ]; держáться, говори́ть с ~ом be sélf-cónfident, be (very) sure of òne|sélf [...ʃuə...], be sélf-assúred [...-ə'ʃuəd]; у негó не хватáет ~а he wants cónfidence, he is not sufficiently sélf-cónfident.

апог||éй *м. астр.* ápogee; (*перен.*) clímax, cùlminátion, ácme [-ɪ]; ~ слáвы height / súmmit of glóry [haɪt...]; егó талáнт дости́г своегó ~éя his tálent is at its zénith [...'tæ-...], he is at his zénith.

апокáлип||сис *м.* Apócalypse; the Rèvelátion. **~си́ческий, ~ти́ческий** apòcalýptic(al).

апóкриф *м.* apócrypha *pl.* **~и́ческий, ~и́чный** apócryphal.

аполити́чн||ость *ж.* indífference to pólitics. **~ый** indífferent to pólitics.

апологéт *м.* apólogist.

аполóгия *ж.* apólogy (*vindication*).

апоплекси́ческий *мед.* apopléctic; ~ удáр àpopléctic stroke / fit, séizure ['si:ʒə].

апоплéксия *ж. мед.* ápoplèxy.

апóрт *м. тк. ед.* (*сорт яблок*) Opórto apples *pl.*

апостериóр||и [-тэ-] *нареч. филос.* á pòstèriórì. **~ный** *филос.* á pòstèriórì (*attr.*).

апóстол *м. рел.* **1.** apóstle (*тж. перен.*); **2.** (*книга*) Books of the Apóstles *pl.*, Acts of the Apóstles *pl.*

апóстольский *рел.* àpostólic.

апострóф *м.* apóstrophe [-fɪ].

апофеóз *м.* apòtheósis.

аппарáт *м.* **1.** àpparátus; фотографи́ческий ~ cámera; светосигнáльный ~ *воен.* sígnal lamp; **2.** (*дыхательный, зрительный и т. п.*) órgans *pl.*; **3.** (*штат*) staff; ◇ госудáрственный ~ State machínery [...-'ʃi:-], machínery of the State; наýчный ~ àpparátus críticus (*scientific publications, literature cited, references*). **~ная** *ж. скл. как прил.* àpparátus room.

аппаратýра *ж. тк. ед. собир.* àpparátus.

аппарáтчик *м.* óperàtor of mechánical devíces [...-'kæ-...]; man* in charge of àpparátus.

аппéндикс *м.* **1.** *анат.* appéndix (*pl.* -ixes, -icès [-ɪsi:z]); **2.** *тех.* neck.

аппендици́т *м. мед.* appéndicìtis.

апперцеп||ти́вный, ~циóнный *психол.* àppercéptive.

апперцéпция *ж. психол.* àppercéption.

аппети́т *м.* áppetite; (к чемý-л.) rélish (for smth.); дразни́ть чей-л. ~ make* smb's mouth wáter [...'wɔ:-]; ◇ ~ прихóдит во врéмя еды́ the áppetìte comes with éating; прия́тного ~а! bon appétit! (*фр.*) [bɔŋ ape'tɪ], I hope you enjóy your bréakfast, dínner, *etc.* [...'brek-...]. **~ный** áppetìzing, témpting.

аппликатýра *ж. муз.* fíngering.

апплика́ция *ж.* **1.** (*способ отделки*) appliqué (*фр.*) work [æ'pli:keɪ...]; **2.** (*отделка*) appliqué.

аппрет||и́ровать *несов. и сов.* (*вн.*) *тех.* dress (*d.*). **~ýра** *ж. тех.* dréssing. **~ýрщик** *м.* drésser.

апрéл||ь *м.* Ápril ['eɪ-]; в ~е э́того гóда in Ápril; в ~е прóшлого гóда last Ápril; в ~е бýдущего гóда next Ápril; ◇ пéрвое апрéля («*обманный день*») All Fools' Day, Ápril Fool's Day.

апрéльский *прил. к* апрéль; ~ день Ápril day ['eɪ-...], day in Ápril.

априóр||и *нареч. филос.* á prìórì. **~ный** *филос.* á prìórì (*attr.*).

апроб||áция *ж.* àpprobátion, appróval [-u:v-]. **~и́ровать** *несов. и сов.* (*вн.*) ápprobàte (*d.*), appróve [-u:v] (of).

апси́да *ж. арх., астр.* apse.

аптé||ка *ж.* chémist's (shop) ['ke-...]; drúg-store *амер.* **~карский** phàrmacéutical; ~карский магазин chémist's shop, drúg-stòre. ~**карь** *м. уст.* chémist ['k-]; drúggist. ~**чка** *ж.* (*ящик с лекарствами*) médicine chest; (*первой помощи*) fírst-aid óutfit.

ар *м.* (*100 м²*) are [ɑ:] (*100 sq. m.*).

ара́б *м.* Árab ['æ-], Arábian.

арабе́ска *ж.* àrabésque.

араби́ст *м.* Árabist, spécialist in Árabic philólogy ['spe-...], Árabic philólogist.

ара́б||ка *ж. к* ара́б. ~**ский** Arábian, Árabic; ~ский язы́к Árabic; the Árabic lánguage; ◇ ~ская ци́фра Árabic númeral / fígure.

арави́йский Arábian, of Arábia.

аракче́евщина *ж. ист.* Arakchéyev règime [...reɪ'ʒi:m].

аранжи́р||овать *несов. и сов.* (*вн.*) *муз.* arránge [-eɪndʒ] (*d.*). ~**о́вка** *ж. муз.* (для) arránge|ment [-eɪndʒ-] (for).

ара́п *м.* **1.** *уст.* bláckamoor; **2.** *разг.* knave; ◇ на ~а by blúffing.

ара́пник *м.* húnting-whip, húnting-cròp.

араука́рия *ж. бот.* àraucária.

ара́хис *м.* (*растение и плод*) gróund-nùt, péanùt. ~**овый** péanùt (*attr.*).

арба́ *ж.* áraba (*kind of bullock cart*).

арбале́т *м.* árbalèst.

арби́тр *м.* árbiter, árbitràtor.

арбитра́ж *м.* àrbitrátion; переда́ть вопро́с на ~ submít *the* quéstion to àrbitrátion [...-stʃ-...]. ~**ный** *прил. к* арбитра́ж; ~ный суд court of àrbitrátion [kɔ:t...], àrbitrátion tribúnal.

арбу́з *м.* wáter-mélon ['wɔ:tə'me-].

аргенти́н||ец *м.*, ~**ка** *ж.* Àrgentínean [-ɪən]. ~**ский** Árgentìne.

арго́ *с. нескл. лингв.* slang; воровско́е ~ thieves' cant / Látin [θi:-...].

арго́н *м. хим.* árgòn.

аргона́вт *м. миф.* Árgonaut.

арготи́||зм *м. лингв.* slang / cant expréssion. ~**ческий** *лингв.* slang (*attr.*).

аргуме́нт *м.* árgument; ве́ский ~ télling / wéighty / fórcible árgument. ~**а́ция** *ж.* àrgumèntátion, réasoning [-z°n-].

аргументи́рова||ть *несов. и сов.* (*вн.*) árgue (*d.*); э́то ну́жно отде́льно ~ it must be árgued séparate|ly; хорошо́ ~нная речь wéll-réasoned speech [-z-...].

А́ргус *м. миф.* Árgus; бди́тельный как ~ Árgus-éyed [-'aɪd].

ареа́л *м. зоол., бот., лингв.* área.

аре́н||а *ж.* aréna; цирково́я ~ círcus ring; ~ де́ятельности field / sphere of áction [fi:ld...]; междунаро́дная ~ ìnternátional scene [-'næ-...]; мирова́я ~ world aréna / scene; на мирово́й ~е in the world aréna; вы́йти на ~у междунаро́дной жи́зни énter the ìnternátional scene.

аре́нд||а *ж.* **1.** (*наём*) lease [-s]; взять в ~у (*вн.*) lease [-s] (*d.*), take* on lease (*d.*); rent (*d.*); сдать в ~у (*вн.*) lease (*d.*), grant on lease [-ɑ:nt...] (*d.*); rent (*d.*); **2.** (*плата*) rent; взять сли́шком высо́кую ~у (за *вн.*) óver|rént (*d.*). ~**а́тор** *м.* léase|hòlder [-s-], lèssée, ténant ['te-]. ~**ный** *прил. к* аре́нда; ~ный догово́р lease [-s]; (*о квартире и т. п.*) ténancy agréement; ~ная пла́та rent, réntal; освобождённый от ~ной пла́ты rént-frée; ~ное пра́во ténant right ['te-...].

арендо́ванный *прич. и прил.* leased [-st], rénted.

арендова́ть *несов. и сов.* (*вн.*) lease [-s] (*d.*), have on lease (*d.*), hold* on lease (*d.*), rent (*d.*).

арео́метр *м. физ.* àreómeter.

ареопа́г *м. ист.* Àreópagus.

аре́ст *м.* **1.** arrést; взять под ~ (*вн.*) arrést (*d.*), put* únder arrést (*d.*), take* into cústody (*d.*); находи́ться под ~ом be únder arrést; **2.** (*об имуществе и т. п.*) attáchment, sèquestrátion [si:-], séizure ['si:ʒə]; снять ~ (с *рд.*) reléase [-s] (*d.*); наложи́ть ~ (на *вн.*) attách (*d.*), sèquéstràte [si:-] (*d.*), seize [si:z] (*d.*).

ареста́нт *м. уст.* prísoner [-ɪz-]. ~**ский** *прил. к* ареста́нт; ~ская ро́та *уст.* cónvict lábour gang.

аресто́ванный 1. *прич. см.* аресто́вывать; **2.** *м. как сущ.* prísoner [-ɪz-].

арестова́ть *сов. см.* аресто́вывать.

аресто́вывать, арестова́ть (*вн.*) arrést (*d.*).

ари́||ец *м.*, ~**йка** *ж.*, ~**йский** Áryan ['ɛə-].

арио́зо *с. нескл. муз.* àriósò [ɑ:rɪ'ouzou].

аристокра́т *м.* áristocràt. ~**и́зм** *м.* àristócratism. ~**и́ческий** àristocrátic; *ирон.* grand. ~**ия** *ж.* àristócracy; (*высшее дворянство*) nobílity; фина́нсовая ~ия plùtócracy. ~**ка** *ж. к* аристокра́т.

аритм||и́чный únrhýthmical; *мед.* arrhýthmic. ~**и́я** *ж. мед.* arrhýthmia.

арифме́т||ика *ж.* aríthmetic. ~**и́ческий** àrithmétical; ~и́ческая зада́ча sum.

арифмо́||граф *м.* aríthmogràph. ~**метр** *м.* àrithmómeter.

а́рия *ж. муз.* ária ['ɑ:-], air.

а́рка *ж.* arch.

арка́да *ж. арх.* àrcáde.

арка́н *м.* lássò [*тж.* læ'su:]; лови́ть ~ом (*вн.*) lássò (*d.*).

А́рктика *ж.* the Árctic; the árctic régions *pl.*

аркти́ческий árctic.

арлеки́н *м.* hárlequin. ~**а́да** *ж.* hàrlequinàde.

арма́да *ж.* àrmáda [-'mɑ:-]; ◇ непобеди́мая ~ the Invíncible Àrmáda.

армату́р||а *ж. тк. ед. собир. тех.* steel fráme|wòrk; (*приборы*) fíttings *pl.* ~**щик** *м.* constrúction|al ènginéer [...endʒ-], steel eréctor; spíder|man* *разг.*

арме́йский *прил. к* а́рмия.

арми́ров||анный *прич. и прил. тех.* rè|infórced; ~ бето́н rè|infórced cóncrète. ~**ать** (*вн.*) *тех.* rè|infórce (*d.*).

а́рмия *ж.* **1.** ármy; fórces *pl.*; Сове́тская А́рмия the Sóvièt Ármy; Кра́сная А́рмия *ист.* the Red Ármy; де́йствующая ~ Ármy in the Field [...fi:-]; Field Fórces *pl. амер.*; регуля́рная ~ régular / stánding ármy; **2.** (*множество*) ármy, host; многомиллио́нная ~ (*рд.*) míllions-stròng ármy (of).

армя́к *м. уст.* àrmiák [-jɑ:k] (*peasant's cloth coat*).

армяни́н *м.* Àrménian.

армя́н||ка *ж.*, ~**ский** Àrménian; ~ский язы́к Àrménian, the Àrménian lánguage.

арнау́тка *ж. тк. ед. с.-х.* arnàútka [-nɑ:'u:t-] (*kind of wheat*).

арома́т *м.* aróma, frágrance ['freɪ-], pérfùme; (*перен.: своеобразие, отпечаток*) aróma, ímprèss; придава́ть ~ чему́-л. lend* a pérfùme to smth.; то́нкий ~ délicate aróma; ~ ку́шаний ódour / smell of food. ~**и́ческий**, ~**и́чный** àromátic, scénted. ~**ный** àromátic, frágrant; (*о вине и т. п.*) flávour|ed; (*о воздухе*) bálmy ['bɑ:-].

а́рочный arched, váulted; ~ мост arched bridge.

арпе́джио *с. нескл. муз.* àrpéggiò [-dʒɪou].

арсена́л *м.* ársenal; (*склад оружия*) ármoury; (*перен.: большое количество чего-л., запас*) a store (of); stores (of) *pl.*

арт- (*в сложн.*) *воен.* àrtíllery (*attr.*); órdnance (*attr.*): артого́нь àrtíllery fire; артскла́д órdnance dépot [...'depou].

арта́читься, заарта́читься **1.** (*о лошади*) jib, be réstive; **2.** *разг.* (*упрямиться*) be óbstinate / píg-héaded [...'hed-]; по́лно тебе́ ~ we have had enóugh of your óbstinacy [...ɪ'nʌf...].

артезиа́нский: ~ коло́дец àrtésian well [-zɪən...].

арте́ль *ж.* àrtél (*association for common work*); сельскохозя́йственная ~ àgricúltural àrtél, kòlkhóz, colléctive farm; промысло́вая ~ small prodúcers' àrtél. ~**ный** *прил. к* арте́ль. ~**щик** *м.* mémber of *an* àrtél.

артериа́льный *анат.* àrtérial.

артериосклеро́з *м. мед.* àrtèriosclerósis.

арте́рия *ж. анат.* (*тж. перен.*) ártery; со́нная ~ carótid (ártery); во́дная ~ wáter|way ['wɔ:-].

арти́кль *м. лингв.* árticle.

арти́кул *м.* árticle.

артикул||и́ровать *лингв.* àrtículàte. ~**а́ция** *ж. лингв.* àrticulátion.

артиллери́йск||ий *прил. к* артилле́рия; ~ склад órdnance dépot [...'depou]; ~ая подгото́вка àrtíllery prèparátion, prepáratory bòmbárdment;

~ое ору́дие piece of órdnance [pi:s...], gun; ~ие ору́дия órdnance *sg*.

артиллери́ст *м.* àrtillery¦man*, gúnner.

артилле́рия *ж.* àrtíllery; ~ ко́нной тя́ги hórse-drawn àrtíllery; ~ механи́ческой тя́ги méchanized àrtíllery [-kə-...]; самохо́дная ~ sélf-propélled àrtíllery; тра́кторная ~ tráctor-drawn àrtíllery; берегова́я ~ coast àrtíllery; го́рная ~ móuntain àrtíllery; полева́я ~ field àrtíllery [fi:-...]; дальнобо́йная ~ lóng-ràngе àrtíllery / órdnance [-reɪ-...]; зени́тная ~ ánti-áircràft àrtíllery; лёгкая ~ light àrtíllery; тяжёлая ~ héavy àrtíllery ['hevɪ...]; противота́нковая ~ ánti-tànk àrtíllery; среднекали́берная ~ médium àrtíllery.

арти́ст *м.* ártist; (*актёр*) áctor; ~ дра́мы áctor; ~ бале́та bállet-dáncer ['bæleɪ-]; ~ кино́ film / screen áctor; заслу́женный ~ Hónoured ártist ['ɔnəd...]; наро́дный ~ СССР Péople's ártist of the USSR [pi:-...]; о́перный ~ ópera síng¦er.

артисти́ческая *ж.* *скл. как прил.* (*фойе*) gréen-room; (*уборная*) dréssing-room; (*при концертном зале*) ártists' room.

артисти́ческий àrtístic.

арти́стка *ж.* àrtíste [-'ti:-]; (*актриса*) áctress; ~ дра́мы áctress *и т. д.* (*ср.* арти́ст).

артишо́к *м.* *бот.* ártichòke.

артри́т *м.* *мед.* àrthrítis.

а́рф||а *ж.* harp. **~и́ст** *м.*, **~и́стка** *ж.* hárpist, hárp-player.

архаизи́ровать *несов. и сов.* (*вн.*) árchàize [-k-] (*d.*).

архаи́зм *м.* árchà¦ism [-k-].

арха́ика *ж.* àrchá¦ic cháracter [-'k- 'kæ-]; (*старина*) àntíquity.

архаи́ч||еский, ~ный àrchá¦ic [-'k-].

арха́нгел *м.* árchàngel [-keɪnʤ-].

архео́||лог *м.* àrchaeólogist [ɑ:kɪ-]. **~логи́ческий** àrchaeológical [ɑ:kɪ-]. **~ло́гия** *ж.* àrchaeólogy [ɑ:kɪ-].

архи- (*в сложн.*) arch-: архилгу́н árch¦líar.

архи́в *м.* árchìves ['ɑ:k-] *pl.*; госуда́рственный ~ State Árchìves *pl.*; (*в Англии*) Récord Óffice ['re-...]; ◇ сдать в ~ (*вн.*) *разг.* shelve (*d.*), give* up as a bad job (*d.*). **~а́риус** *м.* árchivist ['ɑ:kɪ-]. **~ный** *прил. к* архи́в.

архиепи́скоп *м.* *церк.* árch¦bíshop.

архиере́й *м.* *церк.* bíshop.

архимандри́т *м.* àrchimándrìte [-k-].

архипела́г *м.* *геогр.* àrchipélagò [ɑ:k-].

архитекто́н||ика *ж.* àrchitèctónics [ɑ:kɪ-]. **~и́ческий** àrchitèctónic(al) [ɑ:kɪ-].

архите́кт||ор *м.* árchitèct ['ɑ:k-]. **~у́ра** *ж.* árchitècture ['ɑ:kɪ-]. **~у́рный** àrchitéctural [ɑ:kɪ-].

арши́н *м.* *уст.* àrshín (= *28 inches*); ◇ как бу́дто ~ проглоти́л *разг.* ≅ as stiff as a póker; ме́рить други́х; всех, всё на свой ~ ≅ méasure others corn by one's own búshel ['me-... oun 'buʃ°l].

-арши́нный (*в сложн. словах, не приведённых особо*) -àrshín; of... àrshíns; *напр.* трёхарши́нный thrée-àrshín; of three àrshíns.

ары́к *м.* àrýk, ìrrigátion ditch.

арьерга́рд *м.* *воен.* réar-guàrd. **~ный** *прил. к* арьерга́рд.

ас *м.* ace (*airman*).

асбе́ст *м.* àsbéstòs [æz'b-]. **~овый** àsbéstòs [æz'b-] (*attr.*), àsbéstìne [æz'b-].

асе́пт||ика [-сэ́-] *ж.* *мед.* àsépsis. **~и́ческий** [-сэ-] *мед.* àséptic.

асимметри́ч||еский, ~ный àsymmétric(al).

асимметри́я *ж.* àsýmmetry.

аскари́да *ж.* *зоол.*, *мед.* áscarid; áscaris (*pl.* àscárìdès [-i:z]).

аске́т *м.* ascétic. **~и́зм** *м.* ascéticism. **~и́ческий** ascétic.

аскорби́нов||ый: ~ая кислота́ *хим.* ascórbic ácid.

аспе́кт *м.* áspèct.

а́спид I *м.* *зоол.* asp; (*перен.*) víper.

а́спид II *м.* *мин.* slate. **~ный** *прил. к* а́спид II; ~ная доска́ slate.

аспира́нт *м.*, **~ка** *ж.* (póst-)gráduate (stúdent) ['pou-...]. **~у́ра** *ж.* **1.** (póst-)gráduate stúdentship ['pou...], gráduate work, reséarch stúdentship [-'sə:ʧ...]; (póst-)gráduate course [...kɔ:s]; оста́вить кого́-л. в ~у́ре grant / óffer smb. a reséarch, *или* a (póst-)gráduate, stúdentship / work; **2.** *собир.* *разг.* (póst-)gráduate stúdents *pl.*, reséarch stúdents *pl.*

аспири́н *м.* *фарм.* áspirin; приня́ть две табле́тки ~а take* two áspirins, *или* two áspirin táblets [...'tæ-].

ассамбле́я *ж.* assémbly; Генера́льная Ассамбле́я Организа́ции Объединённых На́ций the Géneral Assémbly of the Ùníted Nátions Órganizátion [...-naɪ-].

ассениз||а́тор *м.* níght¦man*. **~аци-о́нный** níght-wòrk (*attr.*), night-; ~аци́онный обо́з sánitary brigáde. **~а́ция** *ж.* níght-wòrk.

ассигна́ция *ж.* *уст.* (*денежный знак*) cúrrency bill.

ассигнова́н||ие *с.* **1.** àssignátion, appròpriátion, àllocátion, assígnment [ə'saɪn-]; **2.** (*сумма*) grant [-ɑ:nt]; ~ия на культу́рные ну́жды àllocátions for cúltural sérvices; ~ия на вое́нные ну́жды mílitary appròpriátions.

ассигнова́ть *несов. и сов.* (*вн.* на *вн.*) assígn [ə'saɪn] (*d.* to, for); (*вн.* *дт.*) állocàte (*d.* to), appróprìàte (*d.* to); (*вн.* на *вн.*) *разг.* (*намечать израсходовать*) éar-màrk (*d.* for).

ассигно́вка *ж.* = ассигнова́ние 1.

ассимили́ровать *несов. и сов.* (*вн.*) assímilàte (*d.*). **~ся** *несов. и сов.* (*дт.*, с *тв.*) assímilàte (to, with).

ассимиляти́вный assímilàtive.

ассимиля́ц||ия *ж.* assimilátion; спосо́бный к ~ии assímilàtive.

ассири́||ец *м.*, **~йка** *ж.*, **~йский** Assýrian.

ассисте́нт *м.*, **~ка** *ж.* **1.** assístant; ~ на экза́менах assístant exáminer; **2.** (*преподаватель высшего учебного заведения*) lécturer.

ассисти́ровать (*дт.*) assíst (*d.*).

ассона́нс *м.* ássonance.

ассортиме́нт *м.* (*подбор*) assórtment; (*комплект*) set; (большо́й) ~ това́ров (big) varíety / range of goods [...reɪ-... gudz].

ассоциати́вный assóciàtive.

ассоциа́ц||ия *ж.* (*в разн. знач.*) assòciátion; по ~ии by assòciátion of ìdéas [...aɪ'dɪəz].

ассоции́ровать *несов. и сов.* (*вн.* с *тв.*) assóciàte (*d.* with). **~ся** *несов. и сов.* (с *тв.*) assóciàte (with).

астен||и́ческий [-тэ-] *мед.* àsthénic. **~и́я** [-тэ-] *ж.* *мед.* àsthénia.

астеро́ид [-тэ-] *м.* *астр.* ásteroid.

астигмат||и́зм *м.* *мед.* àstígmatism. **~и́ческий** *мед.* àstigmátic.

а́стм||а *ж.* *мед.* ásthma ['æsmə]; бронхиа́льная ~ brónchial ásthma [-ŋk-...]; серде́чная ~ cárdiàc ásthma. **~а́тик** *м.*, **~ати́ческий** *мед.* àsthmátic [æs'mæ-].

а́стра *ж.* áster.

астра́льный ástral.

астробота́ника *ж.* àstrobótany.

астро́||лог *м.* astróloger. **~ло́гия** *ж.* astrólogy.

астроля́бия *ж.* ástrolàbe.

астрона́вт *м.* ástronaut. **~ика** *ж.* àstronáutics.

астроно́м *м.* astrónomer. **~и́ческий** àstronómic(al). **~ия** *ж.* astrónomy.

астрофи́зика *ж.* ástrò¦phýsics [-zɪ-].

асфа́льт *м.* ásphàlt [-fælt]. **~и́ровать** *несов. и сов.* (*сов. тж.* заасфальти́ровать) (*вн.*) ásphàlt [-fælt] (*d.*), lay* with ásphàlt (*d.*). **~овый** *прил. к* асфа́льт.

асфи́ксия *ж.* *мед.* àsphýxia.

атав||и́зм *м.* *биол.* átavism. **~исти́ческий** àtavístic.

ата́к||а *ж.* attáck; (*пехотная*) assáult; возду́шная ~ air attáck; кавалери́йская ~ cávalry charge; пойти́, бро́ситься в ~у advánce / rush to the attáck; (*о конном строе чаще*) charge; фронта́льная ~ fróntal attáck ['frʌ-...]; штыкова́я ~ báyonet attáck / charge, assáult with the báyonet.

атакова́ть *несов. и сов.* (*вн.*) attáck (*d.*); (*о кавалерии*) charge (*d.*); (*о пехоте*) assáult (*d.*); ~ во фланг, с фла́нга take* in flank (*d.*); ~ с ты́ла take* in the rear (*d.*).

атаку́ющий 1. *прич. см.* атакова́ть; **2.** *м.* *как сущ.* attácker.

атама́н *м.* **1.** *ист.* átaman (*Cossack chieftain*); **2.** (*предводитель разбойничьей шайки*) chíeftain ['ʧi:ftən], (róbber) chief [...ʧi:f].

ате||и́зм *м.* átheism ['eɪθɪɪ-]. **~и́ст** *м.* átheist ['eɪθɪɪ-]. **~исти́ческий** àtheístic [eɪθɪ'ɪ-].

ателье́ [-тэ-] *с. нескл.* 1. (*художника, фотографа и т. п.*) stúdiò; 2. (*швейная мастерская*) dréssmàking and táiloring estáblishment; ◇ ~ мод fáshion átelier / house* [...'ætəlɪeɪ haus].

атероскле́ро́з *м. мед.* àtherosclerósis.

атланти́ческий Atlántic; Атланти́ческий пакт the Atlántic pact.

а́тлас *м.* átlas ['æ-].

атла́с *м.* sátin. **~истый** sátiny. **~ный** *прил. к* атла́с.

атле́т *м.* áthlète; *разг.* (*сильный человек*) Hérculès [-li:z]. **~ика** *ж.* àthlétics *pl.*; лёгкая ~ика track and field àthlétics [...fi:ld...] *pl.*; тяжёлая ~ика héavy àthlétics ['he-...] *pl.* **~и́ческий** àthlétic.

атмосфе́р||а *ж.* (*в разн. знач.*) átmosphère. **~и́ческий, ~ный** àtmosphéric; ~ные оса́дки àtmosphéric precìpitátion *sg.*; (*дождь*) ráinfàll *sg.*

ато́лл *м.* atóll.

а́том *м.* átom ['æ-]. **~и́зм** *м.*, **~и́стика** *ж.* átomism. **~исти́ческий** àtomístic.

а́томник *м. разг.* atómic scíentist.

а́томность *ж.* àtomícity.

а́томн||ый atómic; ~ вес atómic weight; ~ая бо́мба átom bomb ['æ-...], Á-bòmb ['eɪ-]; ~ая война́ atómic wárfàre; ~ взрыв atómic explósion; ~ая эне́ргия atómic énergy; ~ое ору́жие atómic wéapon [...'wep-]; ~ котёл, реа́ктор atómic pile, rèáctor; ~ая фи́зика atómic phýsics [...-zɪ-]; ~ая электроста́нция atómic eléctric pówer státion.

-а́томный (*в сложн. словах, не приведённых особо*) -átom [-'æ-] (*attr.*).

атомохо́д *м.* núclear íce-breaker [...-breɪ-].

а́томщик *м. разг. презр.* átom-mònger ['æ- -mʌ-], átom-bòmb mániàc ['æ-...].

атон||и́ческий *мед.* àtónic. **~и́я** *ж. мед.* átony.

атрибу́т *м. филос., грам.* áttribùte. **~и́вный** *грам.* attríbutive.

атропи́н *м. фарм.* átropìne [-pi:n].

атроф||и́рованный átrophied. **~и́роваться** *несов. и сов.* átrophy. **~и́я** *ж.* átrophy.

атташе́ *м. нескл.* attaché (*фр.*) [ə'tæʃeɪ].

аттест||а́т *м.* 1. (*свидетельство*) certíficate; ~ зре́лости schóol-leaving certíficate; 2. (*служебный*) tèstimónial; (*рекомендация*) rècommèndátion. **~ацио́нный:** ~ацио́нное свиде́тельство tèstimónial; ~ацио́нная коми́ссия cértifỳing commíssion.

~а́ция *ж.* 1. cèrtificátion; 2. (*рекомендация*) rècommèndátion.

аттестова́ть *несов. и сов.* (*вн.*) rècomménd (*d.*).

атти́ческ||ий Áttic; ◇ ~ая соль Áttic salt.

аттракцио́н *ж.* attráction; (*в парке*) síde-show [-ʃou]; гла́вный ~ (*в цирке и т. п.*) star turn.

ату́ *межд. охот.* tálly-hó!, hallóo!; ~ его́! tálly-hó!, sick him!

ау́ *межд.* hallóo!, hi!

аудие́нц||ия *ж.* áudience; дать ~ию (*дт.*) give* / grant an áudience [...-ɑ:nt...] (to); получи́ть ~ию (у) have an áudience (with).

аудито́рия *ж.* 1. (*помещение*) lécture-hàll, lécture-room; 2. *собир.* (*слушатели*) áudience.

ау́кать, ау́кнуть hallóo. **~ся, ау́кнуться** hallóo to each other; ◇ как ау́кнется, так и откли́кнется *посл.* ≅ the échò respónds to the call [...-k-...].

ау́кнуть(ся) *сов. см.* ау́кать (-ся).

аукцио́н *м.* áuction; продава́ть с ~а (*вн*). sell* by áuction (*d.*). **~и́ст** *м.* àuctioneer. **~ный** áuction (*attr.*); ~ный зал áuction / sale room.

ау́л *м.* aúl [ɑ:'u:l] (*village in the Caucasus and Central Asia*).

а́ут *м. спорт.* out.

аутенти́ч||еский, ~ный [-тэ-] authéntic.

аутодафе́ [-фэ́] *с. нескл. ист.* auto-da-fé (*португальск.*) ['ɔ:toudɑ:'feɪ].

афа́зия *ж. мед.* àphásia.

афга́н||ец *м.*, **~ка** *ж.*, **~ский** Áfghàn ['æfgæn]; ~ский язы́к Áfghàn, the Áfghàn lánguage.

афе́р||а *ж. разг.* shády trànsáction [...-z-]; зло́стная ~ fraud, swindle; пусти́ться в ~ы engáge in a swindle. **~и́ст** *м.*, **~и́стка** *ж. разг.* swíndler, crook.

афи́н||ский, ~янин *м.*, **~янка** *ж.* Athénian.

афи́ш||а *ж.* bill, plácàrd ['plæ-], póster ['pou-]; театра́льная ~ pláybìll. **~и́ровать** *несов. и сов.* (*вн.*) paráde (*d.*); make* a show [ʃou] (of).

афор||и́зм *м.* áphorism. **~исти́ческий** àphorístic.

африка́н||ец *м.*, **~ка** *ж.*, **~ский** Áfrican.

а́фт||а *ж.*, **~ы** *мн. мед.* áphtha (*pl.* -ae); thrush.

аффе́кт *м.* fit of pássion; *психол., мед.* témporary insánity.

аффект||а́ция *ж.* àffèctátion. **~и́вный** híghly emótional. **~и́рованный** affécted, preténtious; ~и́рованные мане́ры affécted mánners.

а́ффикс *м. лингв.* áffix.

ах *межд.* ah!, oh! [ou].

а́х||ать, а́хнуть *разг.* (*от удивления*) excláim, gasp; (*с сожалением*) sigh; он так и ~нул he símply ópened his mouth; ~нуть от удивле́ния gasp with surpríse; ◇ он и ~нуть не успе́л ≅ befóre he knew where he was, befóre he could say knife.

ахилле́сов *прил.:* ~а пята́ heel of Achíllès [...ə'kɪli:z]; ~о сухожи́лие *анат.* téndon of Achíllès.

ахин||е́я *ж. разг.* rot, nónsense, rúbbish; нести́ ~е́ю talk through one's hat.

а́хнуть *сов.* 1. *см.* а́хать; 2. (*вн.*) *разг.* (*ударить*) bang (*d.*).

а́ховый *разг.* hópelessly bad, rótten.

ахромат||и́зм *м. физ.* achrómatism [-'rou-]. **~и́ческий** àchromátic.

ахтерште́вень *м. мор.* stérnpòst [-poust].

ахти́ *межд. разг.*=ах; ◇ не ~ как (*не особенно*) not partícularly; (*плоховато*) not partícularly well; не ~ како́й not very wónderful [...'wʌ-].

ацетиле́н *м. хим.* acétylène. **~овый** *прил. к* ацетиле́н.

ацето́н *м. хим.* ácetòne.

ацидофили́н *м.* àcidophilín (*sour fermented milk*).

ашу́г *м.* ashúg [-u:g] (*Caucasian folk poet and singer*).

аэра́||рий *м.* aerárium. **~ция** *ж.* aerátion [eɪə-].

аэро́бный *биол.* aeróbic [ɛə-].

аэровокза́л *м.* áirpòrt búilding [...'bɪl-].

аэро||дина́мика *ж.* áeròdynámics ['ɛəroudaɪ-]. **~дро́м** *м.* áirfìeld [-fi:-], áerodròme ['ɛərə-]; áirdròme *амер.* **~клу́б** *м.* flýing club. **~ла́к** *м.* dope.

аэроли́т *м. астр.* áerolìte ['ɛə-], áerolith ['ɛə-].

аэроло́гия *ж.* aerólogy [ɛə-].

аэро́||метр *м.* aerómeter [ɛə-]. **~меха́ника** *ж.* áeromechánics ['ɛəromɪ'k-]. **~навига́ция** *ж.* áeronàvigátion ['ɛərə-], air nàvigátion.

аэрона́вт *м.* áeronaut ['ɛərə-]. **~ика** *ж.* aeronáutics [ɛərə-].

аэропла́н *м.* áeroplàne ['ɛərə-], áircràft; áirplàne *амер.*

аэро||по́рт *м.* áirpòrt. **~са́ни** *мн.* áerò-sleigh ['ɛə-] *sg.* **~се́в** *м.* áerial sówing ['ɛə-'sou-].

аэроста́т *м.* ballóon; ~ загражде́ния bárràge ballóon [-ɑ:ʒ...]. **~ика** *ж.* áerostàtics ['ɛəro-].

аэрофото||аппара́т *м.* áerial cámera ['ɛə-...]. **~гра́фия** *ж.* aerophotógraphy [ɛə-]. **~сни́мок** *м.* áerial phótogràph ['ɛə-...]. **~съёмка** *ж.* áerial / air photógraphy ['ɛə-...].

Б

б *частица см.* бы.

ба *межд. разг.* (*удивление*) oh [ou]; (*при появлении кого-л., чего-л.*) húlló!

бáба I *ж.* **1.** *уст.* (péasant) wóman* ['pez- 'wu-]; **2.** *пренебр.* wóman*; (*перен.*; *о мужчине*) mílksòp, mólly-còddle, old wóman*; **3.** *обл.* (*жена*) wife*, old wóman*; ◇ бóй-~ *разг.* ènergétic wóman*, résolùte wóman*; кáменная ~ stone ímage; снéжная ~ snow man* [snou...].

бáба II *ж. тех.* (*копровая*) ram (of a píle-drìver).

бáба III *ж. кул.* bábà ['bɑːbɑː] (*tall cylindrical cake*); рóмовая ~ rum bábà / cake.

бáба-ягá *ж.* Bábà-Yágà ['bɑːbɑː-'jɑːgɑː] (*a witch in Russian folk tales*).

баббúт *м. тех.* bábbit. **~овый** *прил. к* баббúт.

бабёнка *ж. пренебр., шутл.* little wóman* [...'wu-], wench.

бáб||ий *разг.* wóman's ['wu-]; wómen's ['wɪ-]; ◇ **~ьи** скáзки old wives' tales; **~ье** лéто ≅ Índian súmmer (*strictly, summery days in early autumn*).

бáбка I *ж. разг.* **1.** old wóman* [...'wu-], crone; **2.** (*бабушка*) grándmòther [-mʌ-]; ◇ повивáльная ~ míd|wìfe*.

бáбк||а II *ж.* **1.** (*надкопытный сустав*) pástèrn; **2.** *тех.* mándrel; **3.** (*игральная кость*) knúckle|bòne; игрáть в ~и play knúckle|bònes.

бáбкин *прил. к* бáбка I.

бáбник *м. разг.* ládies' man*, philánderer, gallánt.

бáбочка *ж.* bútterflỳ; ночнáя ~ moth (*nocturnal*).

бабýся *ж. ласк.* gránny.

бáбушка *ж.* grándmòther [-mʌ-]; grándmammà [-mɑː], grándmà [-mɑː], gránny *ласк.*

бáбушкин *прил. к* бáбушка.

бабьё *с. собир. разг. пренебр.* the wómen [...'wɪ-].

бавáр||ец *м.*, **~ка** *ж.*, **~ский** Bavárian.

багáж *м.* lúggage; bággage (*гл. обр. амер.*); ручнóй ~ hand / pérsonal / small lúggage; сдавáть (вéщи) в ~ régister one's lúggage, have one's lúggage régistered; отпрáвить что-л. **~óм** send* smth. as héavy lúggage [...'he-...]; ◇ ýмственный ~ store of knówledge [...'nɔ-], èrudítion, méntal óutfit. **~ник** *м.* lúggage / bággage cárrier; (*у автомобиля*) lúggage / bággage compártment; boot. **~ный** *прил. к* багáж; **~ный** вагóн lúggage van; bággage car *амер.*

багéт *м.* bàguétte [-'get], fíllet. **~ный, ~овый** *прил. к* багéт.

багóр *м.* hook; (*морской*) bóat--hook; (*рыболовный*) gaff.

бáгр||енье *с.* gáffing. **~ить** (*вн.*) hook (*d.*), gaff (*d.*), spear (*d.*).

багровéть, побагровéть grow* / turn red / crímson / purple [-ou... -z-...], rédden; (*о лице тж.*) flush; ~ от гнéва flush with ánger, turn purple with rage.

багрóвый crímson [-z-]; (*с фиолетовым оттенком*) purple.

багрянéть show* crímson [ʃou -z-].

багрян||ец *м.* crímson [-z-]; purple. **~ый** *поэт.* crímson [-z-]; (*с фиолетовым оттенком*) purple.

багýльник *м. бот.* lédum; marsh tea.

бадминтóн *м.* bádminton.

бадья́ *ж.* tub; рудоподъёмная ~ tub.

бáз||а *ж.* (*в разн. знач.*) base [-s]; (*гл. обр. отвлеч.*) básis (*pl.* -sès [-iːz]); воéнная ~ mílitary base; сырьевáя ~ source of raw matérials [sɔːs...], ráw-matérial base; кормовáя ~ fórage resérve [...-'zəːv]; энергетúческая ~ (eléctric) pówer base; материáльная ~ matérial resóurces [...-'sɔːs-] *pl.*; экономúческая ~ èconómic básis [iːk-...]; подводúть ~у под(о) что-л. give* good grounds for smth., substántiàte smth.; подводúть наýчную ~у под(о) что-л. addúce / fúrnish scìentífic proof in suppórt of smth.

базáльт *м.* básàlt. **~овый** basáltic.

базáр *м.* márket; (*на Востоке*; *тж. благотворительный и т. п.*) bazáar [-ɑː]; (*перен.*) *разг.* béar-gàrden ['bɛə-], row [rou]; весéнний кнúжный ~ spring book sale / fair; устрóить ~ (*перен.*) make* / crèáte an úp|roar; ◇ птúчий ~ séashòre cólony of birds. **~ный** *прил. к* базáр.

базéдов [-зэ́-]: ~а болéзнь (èxophthálmic) goitre.

базилúка *ж. арх.* basílica [-'zɪ-].

базúровать (*вн.* на *пр.*) base [beɪs] (*d.* on, up|ón), found (*d.* on, up|ón), ground (*d.* on, up|ón). **~ся** **1.** (на *пр.*) rest (on, up|ón); (*о теории и т. п.*) be based / fóunded / gróunded [...beɪst...] (on, up|ón); **2.** (на *вн.*) *воен.* be based (on, up|ón).

бáзис *м.* básis (*pl.* -sès [-siːz]), base [-s]; ~ и надстрóйка básis and súperstrùcture. **~ный** *прил. к* бáзис; явлéние ~ного порядка phenómenon relàting to the básis.

бай *м. ист.* bai [baɪ] (*rich landowner in Central Asia*).

бай-бáй býe-býe(s).

байбáк *м.* **1.** *зоол.* steppe mármot; **2.** *разг.* (*лентяй*) lázy|bònes; (*неповоротливый человек*) slúggard.

байдáр||ка *ж.* káyàk, canóe [-'nuː]. **~очный** káyàk (*attr.*), canóe [-'nuː] (*attr.*); **~очная** грéбля (káyàk-)páddling, (canóe-)páddling.

бáйк||а *ж.* flànnelétte. **~овый** *прил. к* бáйка; **~овое** одеяло cótton / flànnelétte blánket.

байрон||úзм *м. лит.* Býron|ism. **~úческий** *лит.* Byrónic [baɪ-].

бак I *м.* **1.** tank (*vessel*); (*для кипячения белья*) clóthes-boiler ['klou-]; **2.** *мор.* (*посуда*) méss-dìsh; **3.** *мор.* (*группа матросов, получающих пищу совместно*) (séa|men's) mess.

бак II *м. мор.* (*передняя часть верхней палубы корабля*) fórecastle ['fouksᵊl], fóre|dèck.

бакалáвр *м.* báchelor (*holder of a degree*); стéпень ~а báchelor's degrée; bàccaláureate [-rɪɪt].

бакалéй||ный grócery [-ou-] (*attr.*); **~ная** лáвка grócery. **~щик** *м.* grócer.

бакалéя *ж. собир.* grócery [-ou-]; gróceries [-ou-] *pl.*

бáкан *м.* = бáкен.

бакáут *м.* lígnum vítae [...'vaɪtiː], guaiácum [gwaɪ-]. **~овый** *прил. к* бакáут; **~овое** дéрево = **бакáут.**

бáкен *м.* buoy [bɔɪ].

бакенбáрды *мн.* (*ед.* бакенбáрда *ж.*) whískers, síde|whìskers.

бáкенщик *м.* buoy kéeper [bɔɪ...].

бáки *мн. разг.* = бакенбáрды.

баккарá *с. нескл.* bàccarà(t) [-rɑː].

баклáга *ж.* flask, càntéen.

баклажáн *м.* égg-plànt [-ɑːnt]; áubergine ['oubədʒiːn].

баклáжка *ж.* = баклáга.

баклáн *м. зоол.* córmorant.

баклýши *мн.*: бить ~ *разг.* ≅ twíddle one's thumbs; frítter a|wáy, *или* waste, one's time [...weɪ-...].

бактер||иáльный, ~úйный bàctérial; **~иáльные** удобрéния bàctérial fértilizers.

бактериó||лог *м.* bàctèriólogist. **~логúческий** bàctèriológical; germ (*attr.*); **~логúческая** войнá germ / bàctèriológical wárfàre. **~лóгия** *ж.* bàctèriólogy. **~фáг** *м.* bàctèriophàge.

бактерицúдный *бакт., мед.* bàctèricídal [-tɪə-].

бактéрия *ж.* bàctérium (*pl.* -ia).

бал *м.* ball; (*более скромный*) dance, dáncing párty; **~-маскарáд** màsqueráde [-kə-]; костюмирóванный ~ fáncy-drèss ball.

балабóлка *м. и ж. разг.* chátterbòx.

балагáн *м.* **1.** (*деревянная постройка*) booth [-ð]; (*для представления*) shów-booth ['ʃoubuːð]; **2.** (*зрелище*) show [ʃou]; (*перен.*) farce, tòmfóolery, prepósterous piece of bùffóonery [...piːs...].

балага́н||ить *разг.* play the bùffóon. **~ный** fárcical; ~ный шут bùffóon. **~щик** *м.* shów¦man* ['ʃou-].

балагу́р *м. разг.* jóker, jéster.

балагу́р||ить *разг.* joke, jest. **~ство** *с. разг.* bùffóonery, fóolery.

балала́йка *ж.* bàlaláika [-aɪkə] (*stringed musical instrument*).

баламу́тить, взбаламу́тить (*вн.*) *разг.* trouble [trʌ-] (*d.*), ágitàte (*d.*).

бала́нда *ж. разг.* wish-wàsh.

бала́нс I *м. эк.* bálance; подводи́ть ~ bálance *the* accóunts; подвести́ ~ strike* *a* bálance.

бала́нс II *м. собир. лес.* púlpwood [-wud], páper wood [...wud].

балансёр *м.* rópe-wàlker.

баланси́р *м.* **1.** *тех.* (*рычаг*) beam; **2.** (*в часах*) bálance-wheel.

баланси́ровать, сбаланси́ровать **1.** *тк. несов.* (*сохранять равновесие*) bálance, keep* one's bálance, bálance òne¦sélf; **2.** (*вн.*) *бух.* bálance (*d.*).

бала́нсовый I *прил. к* бала́нс I; ~ отчёт bálance-sheet.

бала́нсов||ый II *прил. к* бала́нс II; ~ая древеси́на púlpwood [-wud].

балахо́н *м.* loose óver¦àll [-s...].

балбе́с *м. разг.* bóoby. **~ничать** *разг.* idle / frítter a¦wáy, *или* waste, one's time [...weɪst...].

балда́ **1.** *ж. горн.* (*молот*) héavy hámmer ['he-...]; **2.** *м. и ж. разг.* blóckhead [-hed], dúnderhead [-hed].

балдахи́н *м.* cánopy.

балери́на *ж.* bállet-dàncer [-leɪdɑ:-], bàlleri̇́na [-'ri:-]; bállet-gìrl [-leɪgə:l] (*об. пренебр.*).

бале́т *м.* bállet [-leɪ].

балетме́йстер *м.* bállet-màster[-leɪ-], chòreógrapher [k-].

бале́тный bállet [-leɪ] (*attr.*); ballétic *неол.*

балетома́н *м.* bállet lóver [-leɪ'lʌ-]; bállet fan *разг.*

бали́стика *ж.* = балли́стика.

ба́лка I *ж.* (*брус*) beam, gírder ['g-]; а́нкерная ~ tíe-beam; двутавро́вая ~ Í-beam ['aɪ-]; попере́чная ~ tránsvèrse [-nz-], cróss-beam; решётчатая ~ láttice beam / gírder.

ба́лка II *ж.* (*овраг*) gorge, ravíne [-i:n], gúlly.

балка́нский Bálkan.

балко́н *м.* bálcony.

балл *м.* **1.** númber; ве́тер в 6 *и т.п.* ~ов wind force 6, *etc.* [wɪ-...]; **2.** (*школьная отметка*) mark; **3.** *спорт.* point.

балла́да *ж.* **1.** bállad; **2.** *муз.* bàlláde [-ɑ:d]; ✧ францу́зская ~ bàlláde [-ɑ:d].

балла́ст *м.* bállast; (*перен.*) lúmber, wórthless stuff. **~иро́вка** *ж. ж.-д.* bállasting. **~ный** *прил. к* балла́ст.

балли́ст||ика *ж.* ballístics. **~и́ческий** ballístic.

балло́н *м.* **1.** ballóon (*vessel*); tank; ~ с кислоро́дом óxygen cýlinder; га́зовый ~ gás-bàg; **2.** (*автомобиля*) tyre; у него́ ло́пнул ~ he burst a tyre.

баллоти́ровать (*вн.*) vote (for), bállot (for). **~ся** **1.** (в *вн.*) be a cándidàte (for), stand* (for); run* (for) *разг.*; **2.** *страд.* (*быть поставленным на голосование*) be put to the vote.

баллотиро́вка *ж.* **1.** vote, bállot, poll; (*в англ. парламенте*) divísion; **2.** (*действие*) vóting, bálloting, pólling.

бало́ванный *прич. и прил.* pámpered, spoilt (*by indulgence*).

балова́ть (*вн.*) **1.** spoil* (*d.*); (*ласкать*) pet (*d.*); (*потворствовать*) indúlge (*d.*), húmour (*d.*); (*изнеживать*) pámper (*d.*); **2.** (*доставлять удовольствие*) give* a treat (*i.*). **~ся** *разг.* **1.** (*шалить*) play pranks, frólic; не балу́йся don't be náughty / mís¦chievous; **2.** (*тв.*; *позволять себе что-л.*) indúlge (in), treat òne¦sélf (to).

ба́лов||ень *м.* **1.** pet; быть о́бщим ~нем be the géneral fávour¦ite; **2.** = баловни́к; ✧ ~ судьбы́ mínion of fórtune [...-ʧən].

баловни́||к *м.*, **~ца** *ж.* **1.** mís¦chievous / náughty child*; *шутл.* rogue [roug], scamp; **2.** *разг.* (*любимец*) pet.

баловство́ *с.* **1.** pétting, spóiling, óver-indúlgence; **2.** (*шалость, озорство*) mís¦chievous¦ness, náughtiness.

балти́ец *м.* sáilor of the Báltic Fleet.

балти́йский Báltic; ~ флот the Báltic Fleet.

балы́к *м.* balýk (*cured fillet of sturgeon, etc.*).

бальза́м *м.* bálsam ['bɔ:l-]; (*перен. гл. обр.*) balm [bɑ:m].

бальзами́р||ование *с.* embálming [-ɑ:m-]. **~овать,** набальзами́ровать (*вн.*) embálm [-ɑ:m] (*d.*).

бальзами́ческий bàlsámic [bɔ:l-].

бальнео́||лог *м.* bàlneólogist. **~логи́ческий** bàlneológical. **~ло́гия** *ж.* bàlneólogy.

ба́льн||ый *прил. к* бал; ~ое пла́тье báll-drèss.

балюстра́да *ж. арх.* bàlustráde; (*лестницы*) bánisters *pl.*

баля́сина *ж. стр.* báluster.

баля́сы *мн.*: точи́ть ~ *разг.* talk / chátter nónsense.

бамбу́к *м.* bàmbóo. **~овый** *прил. к* бамбу́к.

бана́льн||ость *ж.* **1.** *тк. ед.* bànálity, tríte¦ness; **2.** (*избитая мысль и т. п.*) cómmonplàce, plátitùde. **~ый** cómmonplàce, háckneyed [-nɪd], trite; *реже* banál [-ɑ:l].

бана́н *м.* (*дерево и плод*) banána [-'nɑ:-]. **~овый** *прил. к* бана́н.

ба́нда *ж.* band, gang.

банда́ж *м.* **1.** (abdóminal) belt; гры́жевый ~ truss; **2.** *тех.* tire. **~и́ст** *м.* bándage-màker.

бандеро́ль *ж.* **1.** (*обёртка*) (póstal) wrápper ['pou-...]; **2.** (*почтовое отправление*) prínted mátter; посла́ть ~ю (*вн.*) send* as prínted mátter (*d.*), send* by bóok-pòst [...-poust] (*d.*) (*в отличие от* párcel-pòst *посылкой*).

ба́нджо *с. нескл.* bánjò.

банди́т *м.* thug [θʌg], cút-throat (*тж. перен.*); (*разбойник*) bándit, brígand ['brɪ-]. **~и́зм** *м.* gáng¦sterism, thúggery ['θʌg-]. **~ский** múrderous, brútal; gáng¦ster (*attr.*); ~ская ша́йка gang of thugs / cút-throats; róbber band / gang; ~ское нападе́ние gáng¦ster / cút-throat attáck.

банду́р||а *ж. муз.* bàndóre. **~и́ст** *м.* bàndóre pláyer.

банк *м.* **1.** bank; Госуда́рственный ~ СССР the State Bank of the USSR; акционе́рный ~ jóint-stòck bank; класть де́ньги в ~ depósit móney at *a* bank [-z- 'mʌ-...]; быть клие́нтом ~а be a clíent of *a* bank, bank (with); **2.** *карт.*: держа́ть ~ be bánker, keep* the bank; сорва́ть ~ break* the bank [breɪk...]; мета́ть ~ keep* the bank; **3.** (*карточная игра*) fárò.

ба́нк||а I *ж.* **1.** jar, pot; (*жестянка*) tin; ~ для варе́нья jam jar, jám-pòt; апте́чная ~ gállipòt; **2.** *мед.* cúpping-glàss; поста́вить ~и (*дт.*) applý cúpping-glàsses (to).

ба́нка II *ж. мор.* (*отмель*) (sánd)-bànk, shoal.

ба́нка III *ж.* (*скамья для гребца*) thwart.

банке́т *м.* bánquet, dínner.

банки́р *м.* bánker. **~ский** (*относящийся к банкиру*) bánker's; (*относящийся к банку*) bánking (*attr.*); ~ский дом bánking-hóuse* [-s]; ~ская конто́ра bank.

банкно́т *м.*, **~а** *ж.* bánk-nòte.

ба́нк||овский, ~овый *прил. к* банк 1; ~овое де́ло bánking; ~овская счётная кни́жка páss-book; bánk-book; ~овый аккредити́в círcular note; ~овый капита́л bánk(ing) cápital; ✧ ~овый биле́т bánk-nòte.

банкомёт *м.* bánker (*in card games*).

банкро́т *м.* bánkrùpt; объявля́ть ~ом (*вн.*) decláre bánkrùpt (*d.*).

банкро́т||иться, обанкро́титься becóme* bánkrùpt / insólvent; *сов. тж.* go* / be / get* broke *разг.*; (*перен. тж.*) go to smash; collápse, be played out. **~ство** *с.* bánkrùptcy (*тж. перен.*); insólvency.

ба́нник *м. воен.* cléaning rod.

ба́нный *прил. к* ба́ня.

бант *м.* bow [bou]; завя́зывать ~ом (*вн.*) tie in a bow (*d.*).

ба́нщ||ик *м.*, **~ица** *ж.* báth-house atténdant [-s...].

ба́н||я *ж.* Rússian baths [-ʃən-ðz] *pl.*; (*здание*) báth-house* [-s]; (*перен.*; *о духоте*) hót¦house* [-s]; по́сле ~и áfter one's bath; у вас здесь ~ it's like a hót¦house* here, it's stífling here; водяна́я ~ *хим.* wáter bath* ['wɔ:-...]; ◇ зада́ть ему́, ей *и т. д.* ~ю give* it him, her, *etc.*, hot; крова́вая ~ cárnage, mássacre.

баоба́б *м. бот.* báobàb; плоды́ ~а mónkey-bread ['mʌŋkɪbred] *sg.*

бапти́ст *м.* Báptist.

бар I *м.* (*ресторан*) bar; refréshment room.

бар II *м. метеор.* bar.

бар III *м. мор.* (*отмель*) bar.

бараба́н *м.* **1.** drum; бить в ~ drum, beat* the drum; **2.** *тех.* drum; (*в часах и т. п.*) bárrel.

бараба́нить drum, beat* the drum; (*перен.*) drum; (*о дожде*) pátter; (*пальцами*) tattóo, beat* the dévil's tattóo; (*быстро говорить*) gabble; ~ на роя́ле *разг.* bang / thump on the piáno [...'pjæ-].

бараба́нн||ый *прил. к* бараба́н; ~ бой beat of the drum; ◇ ~ая перепо́нка éar-drùm; tу́mpanum (*pl.* -nums,-na), tympánic mémbrane *научн.*

бараба́нщик *м.* drúmmer.

бара́к *м.* bárrack; *воен.* hut.

бара́н *м.* ram; (*кастрированный*) wéther; (*как название породы*) sheep*; ста́до ~ов flock of sheep; (*перен.*) ≅ mob. ~ий **1.** (*относящийся к барану*) sheep's; **2.** (*о мехе*) shéepskin (*attr.*); ~ья ша́пка shéepskìn cap; ~ий полушу́бок hálf-léngth shéepskìn coat ['hɑ:f-...]; **3.** (*о мясе*) mútton (*attr.*); ~ья котле́та mútton chop; ◇ согну́ть кого́-л. в ~ий рог ≅ make* smb. knuckle únder / down.

бара́нина *ж.* mútton; молода́я ~ lamb.

бара́нка *ж.* **1.** baránka (*ring-shaped roll*); **2.** *разг.* (*руль автомобиля*) stéering-wheel.

барахли́ть *разг.* be out of órder; мото́р барахли́т smth. is wrong with the éngine ['enʤ-].

барахло́ *с. тк. ед. собир. разг.* **1.** (*пожитки*) goods and cháttels [gudz...] *pl.*, (*старые вещи*) old clothes [...klou-] *pl.*; **2.** (*хлам*) trash; odds and ends *pl.*

бара́хтаться flóunder; (*валяться*) roll, wállow.

бара́чн||ый *прил. к* бара́к; ~ая постро́йка hútment; ~ого ти́па líght-constrùction (*attr.*).

бара́шек I *м.* **1.** lamb; **2.** (*мех*) lámbskìn.

бара́шек II *м. тех.* thúmb-screw.

бара́шки I *мн. см.* бара́шек I 1.

бара́шки II *мн. см.* бара́шек II.

бара́шк||и III *мн.* **1.** (*облака*) fléecy clouds; не́бо, покры́тое ~ами máckerel sky; **2.** (*на воде*) white hórses, whíte-càps.

бара́шковый lámbskìn (*attr.*).

барбари́с *м. тк. ед.* **1.** *собир.* bárberries *pl.*; **2.** (*об отдельной ягоде*) bárber(r)y; **3.** (*куст*) bárber(r)y.

барбо́с *м.* móngrel wátch-dòg ['mʌ-...].

барви́нок *м. бот.* périwìnkle.

бард *м. поэт.* bard.

бард||а́ *ж.* grains *pl.* (*distillery refuse*); отка́рмливаемый ~о́й distíllery-fèd.

барелье́ф *м.* bás-relìef ['bɑ:rɪli:f].

ба́ржа *ж.* barge.

ба́риев||ый *хим.* báric; ~ая ка́ша *мед.* bárium meal.

ба́рий *м. хим.* bárium.

ба́рин *м. уст.* bárin ['bɑ:-] (*in pre-revolutionary Russia a man belonging to the upper strata of society*); géntle|man*, (*помещик*) lándowner [-ou-], lord of the mánor [...'mæ-]; (*хозяин*) máster; (*в обращении*) your hónour [...'ɔnə], sir; (*перен.*) *презр.* lord; grand géntle|man*; ◇ жить ~ом live like a lord [lɪv...]; сиде́ть ~ом look on, take* no part in the work, sit* alóof.

бари́т *м. мин.* barу́tès [-i:z]; héavy spar ['he-...].

барито́н *м.* báritòne, bárytòne.

ба́рич *м. уст.* (*сын барина*) bárin's son ['bɑ:- sʌn] *и т. д.* (*ср.* ба́рин); (*молодой барин*) young bárin [jʌŋ...] *и т. д.*; (*перен.*) *презр.* óver-daìnty géntle|man*, fine géntle|man*.

барк *м. мор.* bark.

ба́рка *ж.* wóoden barge ['wu-...].

баркаро́ла *ж. муз.* bárcaròle.

барка́с *м.* (*в военно-морском флоте*) launch; (*в парусном флоте*) long boat.

баро́граф *м. метеор.* recórding barómeter; *ав.* bárogràph.

барока́мера *ж. ав.* áltitùde chámber ['æ-'ʧeɪ-], préssure chámber.

баро́кко *с. нескл.* baróque; в сти́ле ~ in baróque.

баро́метр *м.* barómeter. ~и́ческий bàrométric(al).

баро́н *м.* báron ['bæ-]. ~е́сса *ж.* bároness. ~ский barónial; ~ское поме́стье bárony.

бароско́п *м. метеор.* bároscòpe.

ба́рочник *м.* bàrgée.

баррика́да *ж.* bàrricáde.

баррикади́ровать, забаррикади́ровать (*вн.*) bàrricáde (*d.*).

баррика́дный bàrricáde (*attr.*): ~ бой bàrricáde fíghting.

барс I *м. зоол.* ounce, snow léopard [snou 'lep-].

барс II *м. ав.* pórpoising [-pəs-].

ба́рск||ий lórdly, grand; ~ дом mánor-house* ['mæ- -s]; ~ие мане́ры háughty mánners; hígh-and-míghty mánners; ◇ жить на ~ую но́гу live in grand style [lɪv...]; дом был поста́влен на ~ую но́гу the house* was run in grand style [...-s...].

ба́рственный *прил. к* ба́рство 2.

ба́рство *с.* **1.** *собир.* nobílity; **2.** (*о привычках*) grándness; (*об обращении тж.*) lórdliness, háughtiness; hígh-and-míghty mánners *pl.* ~вать lead* an idle life.

барсу́к *м. зоол.* bádger.

барха́н *м.* bàrkhán [-'kɑ:n], sánd-hìll.

ба́рхат *м.* vélvet; бума́жный ~ vèlvetéen. ~истый vélvety. ~ка *ж.* vélvet ríbbon. ~ный *прил. к* ба́рхат; (*перен.*) vélvety; ◇ ~ный сезо́н the "vélvet" séason [...-z-] (*the warm autumn months — September and October in the South of the USSR*).

ба́рхатцы *мн. бот.* (French) márigòld *sg.*

бархо́тка *ж. разг.* = ба́рхатка.

барч||о́нок *м.*, ~у́к *м. уст.* (*сын барина*) bárin's son ['bɑ:- sʌn] *и т. д.* (*ср.* ба́рин); (*сын хозяина*) young máster [jʌŋ...]; *презр.* young swell, lórdling.

ба́рщин||а *ж. тк. ед. ист.* corvée (*фр.*) ['kɔ:veɪ]. ~ный *ист.* corvée (*фр.*) ['kɔ:veɪ] (*attr.*).

ба́рыня *ж. уст.* bárin's wife* ['bɑ:-...]; (*дама*) lády; (*помещица*) lándowner's wife* [-ou-...], lády of the mánor [...'mæ-]; (*хозяйка*) místress; (*в обращении*) mádam ['mæ-]; (*перен.*) *презр.* (grand) lády, fine lády.

бары́ш *м.* prófit, gain; получи́ть (сто́лько-то) чи́стого ~а́ clear (so much), net (so much). ~ник *м.* **1.** pròfitéer; **2.** (*торговец лошадьми*) hòrse|dealer, hórse|jòbber.

бары́шни||чать pròfitéer, job; (че́м-либо) spéculàte (in smth.). ~чество *с.* **1.** pròfitéering; **2.** (*торговля лошадьми*) hórse|dealing.

ба́рышня *ж. уст.* (*дочь барина*) bárin's dáughter ['bɑ:-...] *и т. д.* (*ср.* ба́рин); (*девушка*) girl [g-], young lády [jʌŋ...]; (*в обращении*) miss.

барье́р *м.* (*прям. и перен.*) bárrier; (*перен. тж.*) bar; (*на скачках*) hurdle; взять ~ clear a hurdle; устрани́ть ~ы (*перен.*) elíminàte / remóve bárriers [...'mu:v...].

бас *м.* **1.** bass [beɪs]; **2.** (*певец*) bass síng|er. ~и́стый bass [beɪs], deep (sóunding).

баси́ть speak* in a deep voice.

баск *м.* Basque.

ба́ска *ж.* basque.

баскетбо́л *м. спорт.* básket-bàll. ~и́ст *м.*, ~и́стка *ж.* básket-bàll-pláyer.

баскетбо́льный *прил. к* баскетбо́л.

ба́скский Basque; ~ язы́к Basque, the Basque lánguage.

ба́сма *ж.* básma (*a brown hair dye*).

басма́ч *м.* basmátch (*member of a counter-revolutionary robber band in Central Asia during the Civil War*).

баснопи́сец *м.* fábulist, fábler.

басносло́вн||ый **1.** (*легендарный*) légendary; **2.** (*неимоверный*) fábulous, in|crédible; по ~ой цене́ at a fábulous price.

ба́сня *ж.* fable; (*перен. тж.*) cóck-and-búll stóry [-'bul...].

басови́тый *разг.* = баси́стый.

басо́вый bass [beɪs].

басо́н *м.* braid, gallóon, lace.

бассе́йн *м.* 1. pond, òrnaméntal wáter [...'wɔ:-]; ~ для пла́вания swímming-bàth*, swímming-pool; (*откры́тый*) ópen-air swímming-bàth* / swímming-pool; 2.: ~ реки́ ríver básin ['rɪ- 'beɪs-]; 3.: каменноуго́льный ~ coal básin, cóal-field [-fi:ld].

ба́ста *межд. разг.* stop, that'll do, that's enóugh [...ɪ'nʌf].

бастио́н *м. воен. уст.* bástion; (*перен.*) búlwark ['bu-...].

бастова́ть strike*, go* on strike, come* / walk out; (*принимать участие в забастовке*) be on strike, be out.

басту́ющ||ий 1. *прич. см.* бастова́ть; ~ие рабо́чие men on strike, stríkers; 2. *м. как сущ.* stríker.

батали́ст *м. жив.* báttle-painter.

бата́лия *ж. уст.* battle.

бата́льн||ый *прил. к* бата́лия; ~ая карти́на báttle-pìece [-pi:s], báttle-painting.

батальо́н *м.* battálion [-'tæ-]; стрелко́вый ~ ínfantry battálion; ~ свя́зи sígnal battálion; сапёрный ~ field èngineér battálion [fi:ld enʤ-...]. ~**ный** *прил. к* батальо́н; ~ный команди́р battálion commánder [-'tæ- -ɑ:n-].

батаре́ец *м. воен. разг.* gúnner.

батаре́йка *ж. эл.* (eléctric) báttery.

батаре́я *ж.* (*в разн. знач.*) báttery; ~ парово́го отопле́ния rádiàtor; ~ сухи́х элеме́нтов dry báttery.

ба́тенька *м. разг.* (*в обращении*) old féllow, old man, old chap.

бати́ст *м.* cámbric ['keɪm-], lawn. ~**овый** *прил. к* бати́ст.

батисфе́ра *ж.* báthysphère.

бато́н *м.* (*хлеб*) long loaf*.

батра́||к *м.* farm lábour|er, fárm-hand; hired man* *амер.* ~**цкий** farm lábour|er's, fárm-hànd's.

батра́чество *с.* 1. *собир.* (farm) lábour|ers *pl. и т. д.* (*ср.* батра́к), àgricúltural pròletáriat [...prou-]; 2. (*занятие*) wórking as, *или* bé|ing, a farm lábour|er.

батра́ч||ить work as a (farm) lábour|er. ~**ка** *ж.* fárm-hànd, farm girl [...g-].

баттерфля́й *м. спорт.* bútterflỳ stroke.

ба́тюшк||а *м.* 1. *уст.* (*отец*) fáther ['fɑ:-]; 2. *уст.* (*в обращении*) my dear féllow; 3. *разг.* (*священник*) párson; fáther (*тк. в обращении*); ✧ ~и (мой)! good grácious!

бау́л *м.* pòrtmánteau [-tou].

бахва́л *м. разг.* brággart, bóaster. ~**иться** (*тв.*) *разг.* brag (of).

бахва́льство *с. разг.* brágging, bóasting.

бахром||а́ *ж. тк. ед.* fringe; украша́ть ~о́й (*вн.*) fringe (*d.*).

бахро́мчатый fringed.

бахча́ *ж.* mélonfield ['melənfi:ld].

бахчево́дство *с.* mélon-growing ['meləngrou-], mélon-cùltivátion ['me-].

бахчев||о́й mélon ['me-] (*attr.*); ~ы́е культу́ры mélons.

бац bang!; он его́ ~ по голове́ *разг.* he gave him a crack on the head [...hed].

баци́лла *ж.* bacíllus (*pl.* -li).

бациллоноси́тель *м.* bacílli-cárrier.

ба́шен||ка *ж.* túrret. ~**ный** *прил. к* ба́шня; ~ные часы́ tówer clock *sg.*

башка́ *ж. тк. ед. шутл., разг.* noddle, pate.

башки́р *м.*, ~**ка** *ж.*, ~**ский** Báshkir; ~ский язы́к Báshkir, the Báshkir lánguage.

башкови́тый *разг.* sharp, cléver ['kle-]; quick in the úptàke.

башлы́к *м.* bàshlýk, hood [hud].

башма́к *м.* 1. shoe [ʃu:]; (*выше щиколотки*) boot; деревя́нный ~ clog; 2. *тех.* shoe; ✧ быть под ~о́м у кого́-л. be únder smb.'s thumb; (*у жены тж.*) be hénpècked.

башма́чн||ик *м. уст.* shóe-máker ['ʃu:-]. ~**ый** *прил. к* башма́к.

ба́шня *ж.* tówer; оруди́йная ~ túrret.

башта́н *м.* mélonfield ['melənfi:-].

ба́ю-ба́юшки-баю́ húshabỳ, lúllabỳ.

баю́кать (*вн.*) lull to sleep (*d.*); (*пением тж.*) sing* to sleep (*d.*); (*укачивая тж.*) rock to sleep (*d.*).

баяде́р(к)а [-дэ́-] *ж.* bayadère (*фр.*) [bɑ:jə'dɛə].

бая́н *м.* 1. (*муз. инструмент*) accórdion; 2. *ист.* (*певец*) (áncient Slav) bard ['eɪ-...]. ~**и́ст** *м.* accórdionist.

бде́ние *с.* vígil; ночно́е ~ night watch.

бди́тельн||ость *ж.* vígilance, wátchfulness; повыша́ть ~ in|créase / héighten / redóuble one's vígilance [-i:s 'haɪ- -'dʌ-...]; осла́бить ~ reláx one's vígilance, be off one's guard; проявля́ть ~ éxercise / displáy vígilance. ~**ый** vígilant, wátchful.

бег *м.* run, rúnning; *спорт.* race; ~ на коро́ткие диста́нции sprint; на ~у́ while rúnning; ~ на ме́сте rúnning on the spot; (*перен.: отсутствие движения вперёд*) márking time.

бега́ *мн.* (*состязание*) the ráces (*of harnessed horses*); ✧ быть в ~х *разг.* be on the run; *уст.* (*скрываться*) be in híding, be óutlawed.

бе́га||ть, *опред.* бежа́ть, *сов.* побежа́ть 1. (*в разн. знач.*) run*; *неопред.* (*туда-сюда*) run* abóut; ~ взапуски *разг.* chase each other [-s...]; бежа́ть бего́м húrry; fly* *разг.*; бежа́ть со всех ног, бежа́ть сломя́ го́лову run* at bréaknèck pace [...'breɪk-...], run* for one's, *или* dear, life; run* as fast as one's legs will cárry one, run* at top speed, tear* along [tɛə...]; ~ ры́сью trot; ~ за кем-л. (*прям. и перен.*) run* áfter smb., chase smb.; 2. *тк. неопред.* (*о глазах*) be shífty; глаза́ его́ так и ~ют he has réstless eyes [...aɪz]; (*о хитром взгляде*) he has shífty eyes, his eyes are shífty; 3. *тк. несов. см.* бежа́ть II 3; 4. *тк. опред. и сов. см.* бежа́ть I.

бегемо́т *м.* hìppopótamus (*pl.* -ses, -mi).

бегле́ц *м.* fúgitive, rún|a|way; (*из заключения*) príson-breaker [-ɪz- -eɪkə].

бе́гл||о *нареч.* 1. (*легко*) flúently; ~ чита́ть read* flúently; ~ игра́ть (на роя́ле *и т. п.*) play (the piánò, *etc.*) with facílity [...'pjæ-...]; 2. (*поверхностно*) sùperfícially, cúrsorily; ~ просмотре́ть кни́гу glance óver /through *a* book; ~ ознако́миться с материа́лом glance óver the matérial, take* a look at the matérial. ~**ость** *ж.* (*о чтении, речи и т. п.*) flúency; (*пальцев*) dextérity, velócity; (*ср. тж.* бе́глый).

бе́гл||ый 1. (*лёгкий, свободный*) flúent; 2. (*поверхностный*) sùperfícial; (*о чтении, осмотре тж.*) cúrsory; ~ обзо́р brief súrvey [bri:f...]; ~ое ознакомле́ние (с *тв.*) cúrsory acquáintance (with); 3. *фон.* (*о звуке*) únstáble; 4. *тж. как сущ.* (*убежавший*) fúgitive, rún|a|way; ✧ ~ взгляд (pássing) glance; броса́ть ~ взгляд (на *вн.*) glance (at), cast* / dart / shoot* a glance (at), fling* one's eyes [...aɪz] (at, óver); ~ое замеча́ние brief / pássing remárk; ~ ого́нь gún-fire; vólley fire *амер.*

бегля́нка *ж.* fúgitive.

бегов||о́й race (*attr.*), rácing; ~ ипподро́м ráce|course [-kɔ:s]; ~а́я ло́шадь ráce|hòrse, rácer; ~а́я доро́жка (*на ипподроме*) ráce|course; (*гаревая*) cínder-tràck, rúnning-tràck; ~ы́е дро́жки rácing súlky *sg.*; ~ы́е коньки́ rácing skates.

бего́м *нареч.* rúnning; *воен.* at the double [...dʌbl], double-quick ['dʌbl-]; бежа́ть ~ húrry, fly*.

бего́ния *ж. бот.* begónia.

беготн||я́ *ж. разг.* rúnning abóut; весь день в ~е́ on the run all day.

бе́гство *с.* flight; (*из заключения*) escápe; *воен.* rout; пани́ческое ~ stàmpéde, pánic flight; обраща́ть в ~ (*вн.*) put* to flight (*d.*); обраща́ться в ~ take* to flight; спаса́ться ~м escápe, run* a|wáy; (*от властей*) abscónd.

бегу́н *м.* (*тж. тех.*) rúnner; (*ме́льничные*) ~ы́ rúnners.

бегунки́ *мн.* 1. *уст.* (*беговые дрожки или санки*) súlky *sg.*; 2. *см.* бегуно́к.

бегуно́к *м. тех.* rúnner.

бед||а́ *ж.* misfórtune [-ʧən], trouble [trʌ-]; быть ~е! look out for trouble!, there's trouble ahéad [...ə'hed]; (про́сто) ~! it's a bad job!; ~ (не) в том, что the trouble is (not) that; в чём ~? where's the harm?; в то́м-то и ~ that's just the trouble; в ~е́ in trouble; попа́сть в ~у́ get* into trouble; come* to grief [...-i:f] *идиом.*; ~ мне с ним *разг.* ≅ he is giving me a great deal of trouble [...greɪt...]; ◇ на ~у́ ùnfórtunate¦ly [-ʧən-]; как на ~у́ as ill luck would have it; накли́кать ~у́ court disáster [kɔ:t -'zɑ:-]; что за ~? what does it mátter?; не ~ it does¦n't mátter; пришла́ ~ — отворя́й воро́та *посл.* misfórtunes never come síngly; ≅ it never rains but it pours [...pɔ:z]; семь бед — оди́н отве́т *посл.* ≅ as well be hang¦ed for a sheep as for a lamb; in for a pénny, in for a pound; ~, коль пироги́ начнёт печи́ сапо́жник ≅ let the cób-bler stick to his last.

бедла́м *м.* (*беспорядок*) bédlam ['be-].

бедне́ть, обедне́ть become* / grow* poor [...grou...].

бе́дн||ость *ж.* **1.** (*скудость*) póorness, póverty; ~ по́чвы póorness / póverty of the soil; ~ воображе́ния póverty of *one's* imàginátion; **2.** (*нужда*) póverty, índigence, pénury; жить в ~ости live in póverty [lɪv...]. **~ота́** *ж. собир.* the poor *pl.*; дереве́нская ~ота́ the poor péasants [...'pez-] *pl.*; the víllage poor; городска́я ~ота́ the úrban poor. **~ый** (*в разн. знач.*) poor; (*по замыслу, содержанию и т.п. тж.*) jejúne, meagre.

бедн||я́га *м. разг.* poor féllow /boy / thing; (*о взрослом мужчине тж.*) poor dévil. **~я́жка** *разг.* **1.** *м.* = бедня́га; **2.** *ж.* poor thing; (*о девушке или девочке тж.*) poor girl [...g-]; (*с взрослой женщине тж.*) poor wóman* [...'wu-].

бедня́||к *м.* **1.** poor man*; **2.** (*о крестьянине*) poor péasant [...'pez-]. **~цкий** *прил. к* бедня́к 2; ~цко-середня́цкий poor and middle péasant [...'pez-] (*attr.*).

бедо́вый *разг.* (*о ребёнке*) mís¦chievous; (*шустрый*) sharp; ~ челове́к dáre-dèvil.

бедоку́рить, набедоку́рить do a lot of mís¦chief.

бе́дренн||ый *анат.* fémoral; ~ая кость thígh-bòne, fémur.

бедро́ *с.* **1.** (*от таза до колена*) thigh; (*наружная сторона таза и верхней части ноги у человека*) hip; **2.** (*часть туши*) leg, round.

бе́дственн||ый calámitous, disástrous [-'zɑ:-]; ~ое положе́ние gríevous / disástrous sìtuátion ['gri:-...], distréss; он в ~ом положе́нии he is in great distréss [...greɪt...].

бе́дствие *с.* calámity, disáster [-'zɑ:-]; стихи́йное ~ nátural calámity.

бе́дствовать live in póverty [lɪv...].

бедуи́н *м.* bèdouín [bedu'i:n].

беж *прил. неизм.* beige [-ʒ], fáwn (-còlour¦ed) [-kʌ-].

бежа́ть I, побежа́ть **1.** (*в разн. знач.*) *см.* бе́гать 1; (*спешить*) húrry; (*течь*) run*; (*о времени*) fly*; **2.** (*при кипении*) boil óver.

бежа́ть II *несов. и сов.* **1.** (*спасаться*) escápe; ~ из тюрьмы́ break* out of príson [-eɪk...-ɪz-], escápe from príson; **2.** (*обращаться в бегство*) take* to flight; *тк. несов.* (*отступать*) flee*; **3.** (*от или, уст., рд. без предл.*; *удаляться, избегать*) avóid (*d.*), shun (*d.*); flee* (from) *поэт.*

бе́жевый *разг.* = беж.

бе́жен||ец *м.*, **~ка** *ж.* rèfugée.

без, безо *предл.* (*рд.*) without; (*за вычетом*) mínus; не ~ интере́са not without ínterest, of some ínterest; ~ исключе́ния without excéption; ~ сомне́ния without / be¦yónd doubt [...daut]; ~ глу́постей! no nónsense now!; ~ одно́й мину́ты, двух, трёх (мину́т) час, два, три *и т. д.* one mínute [...-ɪt], two, three (mínutes) to one, two three, *etc.*; ~ че́тверти час, два *и т. д.* a quárter to one, two, *etc.*; год ~ трёх дней three days short of a year; ~ вас (*в ваше отсутствие*) in your ábsence; ◇ и ~ того́ пло́хо it is bad enóugh as it is, *или* ány¦way [ɪ'nʌf...].

безавари́йн||ый without (an) áccident, having had no áccident; áccident-frée; ~ая рабо́та механи́змов rúnning / wórk(ing) of méchanisms without a bréak-down [...'mek-... 'breɪk-].

безала́берн||о *нареч.* in a disórderly mánner, cáre¦lessly; жить ~ live an irrégular life [lɪv...]. **~ость** *ж.* disórder. **~ый** disórderly; (*беспорядочный*) cáre¦less, négligent.

безалкого́льный nòn-àlcohólic; ~ напи́ток nòn-àlcohólic / témperance drink; soft drink *разг.*

безапелляцио́нный perémptory, càtegórical; (*о приговоре и т. п.*) allówing of no appéal.

беза́томн||ый átom-frée ['æ-]; ~ая зо́на átom-frée zone.

безбе́дн||о *нареч.* cómfortably ['kʌ-]; жить ~ live (fáirly) cómfortably [lɪv...], be fáirly wéll-to-dó. **~ый** cómfortable ['kʌ-], fairly wéll-to-dó.

безбиле́тный tícketless; ~ пассажи́р stów¦a¦way ['stou-]; (*в поезде тж.*) bílker *разг.*

безбо́ж||ие *с.* átheism ['eɪθɪɪzm], gód¦lessness. **~ник** *м.* átheist ['eɪθɪɪst]. **~ный** gód¦less; (*перен.*) scándalous, sháme¦less; ~ная клевета́ ínfamous / vile slánder [...-ɑ:n-]; ~ный враль sháme¦less / ùnmítigàted líar; ~ные це́ны outrágeous príces.

безболе́зненный páinless; (*перен. тж.*) smooth [-ð].

безборо́дый béardless.

безбоя́зненный féarless, intrépid; ùnflínching.

безбра́ч||ие *с.* **1.** célibacy; сторо́нник ~ия cèlibatárian, ádvocate of célibacy; **2.** *биол.* ágamy. **~ный** **1.** célibate; **2.** *биол.* ágamous.

безбре́жный bóundless; imménse.

безбро́вый éye¦browless ['aɪ-].

безве́рие *с.* únbelíef [-'li:f].

безве́стн||ость [-сн-] *ж.* obscúrity; жить в ~ости live in obscúrity [lɪv...]. **~ый** [-сн-] obscúre; (*неизвестный*) ún¦knówn [-oun].

безве́тр||енный wíndless ['wɪ-]. **~ие** *с.* calm [kɑ:m].

безви́нный ínnocent, guíltless.

безвку́с||ие *с.*, **~ица** *ж.* lack / want of taste [...teɪ-], bad taste; что за ~ица!, кака́я ~ица! what bad taste! **~ный** **1.** táste¦less ['teɪ-]; (*об одежде, манерах*) vúlgar; **2.** (*невкусный, пресный*) insípid.

безвла́стие *с.* ánarchy [-kɪ].

безво́дн||ый **1.** wáterless ['wɔ:-]; (*сухой*) árid; ~ая пусты́ня árid désert [...'dez-]; **2.** *хим.* ànhýdrous.

безво́дье *с.* lack of wáter [...'wɔ:-]; (*сухость*) àrídity.

безвозвра́тн||о *нареч.*: ушло́ ~ has gone never to retúrn [...gɔn...]. **~ый** irretríevable [-ri:v-], irrévocable; ~ая ссу́да free grant [...-ɑ:nt].

безвозду́шн||ый áirless; ~ое простра́нство *физ.* vácuum (*pl.* -ms, -cua).

безвозме́здн||о *нареч.* (*даром*) grátis, free of charge; (*без компенсации*) without indémnity / còmpènsátion; переда́ть что-л. ~ в со́бственность кому́-л. trànsfér smth. without còmpènsátion to smb., hand óver smth. without còmpènsátion to smb. **~ый** gratúitous; (*о труде*) únpáid; ~ая услу́га deed of gift [...g-].

безво́лие *с.* weak will.

безволо́сый háirless.

безво́льный wéak-wílled, spíne¦less, báckbòne¦less.

безвре́дн||ый hármless, innócuous; ~ое лека́рство innócuous médicine.

безвре́менн||о *нареч.*: он ~ сконча́лся he died, *или* passed a¦wáy, prèmatúre¦ly; ~ сконча́вшийся prèmatúre¦ly decéased [...-'si:st]. **~ый** ùntíme¦ly, prèmatúre.

безвре́менье *с. уст.* **1.** (*тяжёлое время*) hard times *pl.*; **2.** (*эпоха общественного застоя*) périod of sócial stàgnátion.

безвы́ездн||о *нареч.* without quítting *the place*, without a break [...-eɪk]. **~ый** ún¦interrúpted.

безвы́ходно I *прил. кратк. см.* безвы́ходный.

безвы́ходно II *нареч.* (*не покидая дома*) without gó¦ing out.

безвы́ходн||ый (*безнадёжный*) hópe¦less, désperate; ~ое положе́ние hópe¦less / désperate sìtuátion.

безгла́зый éye¦less ['aɪ-]; (*не имеющий одного глаза*) óne-éyed [-'aɪd], single-éyed [-'aɪd].

безгла́сный (*молчаливый*) mute, siléent; (*не смеющий высказаться*) dumb.

безголо́вый héadless ['hed-]; (*перен.*: *глупый*) *разг.* bráinless; (*рассеянный*) scátter-bráined, háre-bráined.

безголо́сый vóice¦less; э́тот певе́ц ~ this síng¦er has no voice at all; (*о потеря́вшем го́лос*) this síng¦er has lost his voice.

безгра́мотн||о *нареч.* (*с оши́бками*) ún¦grammát¦ically, with gross òrthográphic / spélling mistákes [...grous...]; он ~ пи́шет (*об орфогра́фии*) his spélling is bad; (*о языке́*) he writes ún¦grammátically, he makes bad grammátical blúnders. **~ость** *ж.* illíteracy; (*невежественность*) ígnorance; полити́ческая ~ость polítical illíteracy / ígnorance. **~ый 1.** (*содержа́щий оши́бки*) ún¦grammátical, full of gross òrthográphic / spélling mistákes [...grous...]; (*перен.*) búngling, in¦cómpetent; **2.** (*негра́мотный*) illíterate.

безграни́чно I *прил. кратк. см.* безграни́чный.

безграни́чн||о II *нареч.* ínfinite¦ly. **~ый** ínfinite, bóundless.

безгре́шный sín¦less.

безда́рно I *прил. кратк. см.* безда́рный.

безда́рн||о II *нареч.* without any show of tálent [..ʃou... 'tæ-]. **~ость** *ж.* **1.** (*отсу́тствие тала́нта*) want / lack of tálent [...'tæ-]; (*посре́дственность*) mèdiócrity; **2.** (*челове́к, лишённый тала́нта*) wrétched / wórthless wríter, páinter, *etc.*; (*тупи́ца*) dúllard. **~ый** dull, úntálented [-'tæ-], ún¦gífted [-'gɪ-]; (*о худо́жественном произведе́нии*) vápid, feeble; **~ая** попы́тка inépt / fátuous / búngling éffort.

бе́здарь *ж. разг.* = безда́рность 2.

безде́йствие *с.* ináction, ìnàctívity; (*пасси́вность*) inértia, inértness.

безде́йств||овать be ináctive, do nothing; (*о маши́не, прибо́ре и т. п.*) be idle, be ináctive; (*из-за неиспра́вности*) not work; маши́на ~ует the machíne is idle [...'ʃiːn...], the machíne is not in áction; the machíne is not wórking / rúnning. **~ующий 1.** *прич. см.* безде́йствовать; **2.** *прил.* ináctive, inóperative.

безде́л||ица *ж.*, **~ка** *ж.* trifle, bàgatélle.

безделу́шка *ж.* trínket; (*для украше́ния ко́мнаты*) kníck-knàck.

безде́ль||е *с.* ídle¦ness. **~ник** *м. разг.* **1.** ídler, lóafer; (*лентя́й*) lázy¦bònes; **2.** *бран.* good-for-nòthing, né'er-do-wèll ['nɛə-]. **~ничать** idle, loaf.

безде́нежн||ый 1. (*о челове́ке*) ìmpecúnious; **2.**: **~ые** расчёты *бух.* cléaring òperátions.

безде́нежье *с.* shórtage / lack of móney [...'mʌ-], ìmpecùniósity.

безде́тн||ость *ж.* chíld¦lessness. **~ый** chíld¦less.

бездефици́тный entáiling no déficit, sélf-suppórting.

безде́ятельн||ость *ж.* ìnàctívity, inértia. **~ый** ináctive.

бе́здна *ж.* **1.** abýss, chasm [k-]; **2.** (*рд.*) *разг.* (*мно́жество*) a huge númber (of), a heap (of); ~ дел a thóusand and one things to see to [...'θauz-...]; ~ неприя́тностей a world of trouble [...trʌbl]; ◇ ~ прему́дрости *шутл.* store of wísdom [...-z-], infinitùde of wísdom.

бездо́ждье *с.* ábsence of ráinfàll, dry wéather [...'we-], drought [draut].

бездоказа́тельн||ый únsubstántiàted, únfóunded; **~ое** обвине́ние únfóunded àccùsátion [...-'zeɪ-].

бездо́мный hóme¦less; (*особ. о живо́тном*) stray.

бездо́нн||ый bóttomless; (*перен.*) ùnfáthomable [-ð-], fáthomless [-ð-]; **~ая** про́пасть fáthomless pit; ◇ **~ая** бо́чка sóaker; (*прорва*) drain on resóurces [...-'sɔːs-].

бездоро́жье *с.* **1.** (*недоста́ток прое́зжих доро́г*) lack of (good) roads; **2.** (*распу́тица*) bad roads *pl.*, ímpàssabílity of roads.

бездохо́дный *эк.* ùnprófitable, prófitless.

безду́мн||ость *ж.* thóughtlessness, insóuciance [ɪn'suːsɪəns]. **~ый** thóughtless, insóuciant [ɪn'suːsɪənt].

безду́ш||ие *с.* cállous¦ness, héartlessness ['hɑːt-]. **~ный 1.** (*бессерде́чный*) cállous, héartless ['hɑːt-]; **2.** (*лишённый живо́й иде́и*) sóul¦less ['sou-]; (*без живо́го отноше́ния тж.*) cóld-héarted [-'hɑːt-].

безды́мный smóke¦less.

бездыха́нный lífe¦less.

безжа́лостный pítiless, mérciless; (*жесто́кий*) rúthless ['ruː-].

безжи́зненн||ость *ж.* lífe¦lessness, féeble¦ness, ìnsipídity; (*ср.* безжи́зненный). **~ый** (*в разн. знач.*) lífe¦less, feeble; (*о сти́ле*) insípid; (*о глаза́х*) láckluѕtre; **~ый** ландша́фт dull lándscàpe.

беззабо́тн||о *нареч.* líght-héartedly [-'hɑːt-], cáre¦lessly. **~ость** *ж.* líght-héartedness [-'hɑːt-], cáre¦lessness; (*о жи́зни*) serénity, trànquíllity. **~ый** líght-héarted [-'hɑːt-], cáre¦less; (*о жи́зни*) cáre-frée, úntróubled [-'trʌ-]; **~ая** жизнь úntróubled life; (*ср.* безмяте́жный, беспе́чный).

беззаве́тн||о *нареч.* sélflessly, whóle-héartedly ['houl'hɑːt-]; ~ пре́данный útterly devóted, devóted heart and soul [...hɑːt...]. **~ый** sélfless, whóle-héarted ['houl'hɑːt-]; **~ая** пре́данность útter / sélfless devótion.

беззако́н||ие *с.* **1.** (*отсу́тствие зако́нности*) láwlessness; **2.** (*беззако́нный посту́пок*) láwless áction. **~ничать** *разг.* trànsgréss / infrínge / break* the law [...breɪk...]. **~ный** láwless.

беззасте́нчив||ость *ж.* sháme¦lessness, ímpudence. **~ый** sháme¦less, ímpudent; (*о челове́ке тж.*) ùnblúshing; **~ый** лгун brázen-fàced / ùnblúshing líar; **~ая** ложь brázen / ímpudent lie.

беззащи́тн||ость *ж.* defénce¦lessness. **~ый** defénce¦less, únprotécted.

беззвёздный stárless.

беззву́чный sóundless; (*ти́хий*) sílent; (*бесшу́мный*) nóise¦less; ~ смех nóise¦less láughter [...'lɑːf-].

безземе́ль||е *с.* lack of (árable) land. **~ный** lándless; **~ный** крестья́нин lándless péasant [...'pez-]; Иоа́нн Безземе́льный *ист.* John Láckland [dʒɔn...].

беззло́б||ие *с.* kínd¦liness, good náture [...'neɪ-], àmiabílity. **~ный** kínd¦ly, ámiable; (*о челове́ке тж.*) góod-nátured [-'neɪ-]; **~ная** насме́шка bánter, ráillery.

беззу́б||ый tóothless; *зоол.* è¦déntàte; (*перен.*: *бесси́льный*) ímpotent; **~ая** кри́тика feeble / insípid críticism.

безлепестко́вый *бот.* àpétalous.

безле́сн||ый wóodless ['wu-], tréeless; **~ая** равни́на tréeless plain.

безле́сье *с.* lack of fórests [...'fɔ-].

безли́кий fáce¦less.

безли́ст||венный, **~ный** léafless.

безли́ч||ие *с.*, **~ность** *ж.* lack of pèrsonálity, lack of ìndividuálity. **~ный 1.** (*о лю́дях*) without a distínctive pèrsonálity, without ìndividuálity; **2.** *грам.* impérsonal.

безлоша́дный hórse¦less.

безлу́нный móonless.

безлю́дный ún¦inhábited; (*малонаселённый*) spárse¦ly / thínly pópulàted; (*малопосеща́емый*) lóne¦ly, sólitary, únfrequénted.

безлю́дье *с.* **1.** (*отсу́тствие люде́й*) ábsence of húman bé¦ings, *или* of people [...piː-]; како́е здесь ~! how lóne¦ly this place is!; **2.** (*недоста́ток ну́жных люде́й*) lack / defíciency / want of the right people.

безма́ла *нареч. уст.* = без ма́ла, без ма́лого *см.* ма́лый I 2.

безме́н *м.* stéel¦yàrd; (*пружи́нный*) spríng-bàlance.

безме́рно *нареч.* ínfinite¦ly, be¦yónd all méasure [...'meʒə].

безме́рный bóundless, ínfinite.

безмо́зглый *разг.* bráinless.

безмо́лв||ие *с.* sílence ['saɪ-]; (*внеза́пная тишина́*) hush. **~ный** spéechless, sílent, mute.

безмо́лвствовать [-лст-] be / keep* sílent.

безмото́рный *ав.* éngine¦less ['endʒ-]; ~ самолёт glíder; ~ полёт glide, vólplàne.

безмяте́жн||о *нареч.* seréne¦ly, quíetly; спать ~ sleep* péace¦fully. **~ость** *ж.* serénity, trànquíllity. **~ый** seréne, tránquil; **~ый** сон úntróubled sleep [-'trʌb-...].

безнадёжн||ость *ж.* hópe¦lessness; (*отча́яние*) despáir. **~ый** hópe¦less; **~ый** больно́й hópe¦less case [...-s], dýing man*; больно́й безнадёжен the pátient's condítion is hópe¦less; до́ктор призна́л его́ **~ым** *разг.* the dóctor has given him up.

безнадзо́рн||ость *ж.* negléct; де́тская ~ child negléct. **~ый** ún¦cáred-fòr, neglécted.

безнака́занн||о *нареч.* with impúnity; им всё прохо́дит ~ they do whàt¦éver they like with pérfect impúnity. **~ость** *ж.* impúnity. **~ый** únpúnished [-'pʌ-]; оста́ться **~ым** go* únpúnished.

безнали́чн||ый: ~ расчёт *бух.* cléaring; по **~ому** расчёту by wrítten órder.

безнача́лие *с.* ánarchy [-kɪ].

безно́гий 1. lég¦less; (*не имеющий одной ноги*) óne-légged; **2.** *зоол.* ápòd ['æ-].

безно́сый nóse¦less; (*без носика*) spóutless; ~ ча́йник spóutless téa-pòt.

безнра́вственн||ость *ж.* **1.** ìmmorálity; **2.** (*распущенность*) díssolùte¦ness. **~ый 1.** immóral [-'mɔ-]; **2.** (*распущенный*) díssolùte.

безо *предл. см.* без.

безоби́дн||о *нареч.* ìnofféensive¦ly; ~ пошути́ть make* a hármless / ínnocent joke. **~ый** ìnofféensive; (*безвредный*) hármless.

безо́блачн||ость *ж.* clóudlessness; (*перен.*) serénity. **~ый** clóudless; (*перен*). ún¦clóuded, seréne; **~ое** сча́стье ún¦clóuded háppiness.

безобра́з||ие *с.* **1.** *тк. ед.* úgliness ['ʌ-]; (*уродство*) defórmity; **2.** (*беспорядок, бесчинство*) óutràge; disgráce¦ful things *pl.*; там творя́тся **~ия** disgráce¦ful / shócking things are gó¦ing on there; с таки́ми **~иями** на́до поко́нчить these disgráce¦ful / scándalous práctices must be put an end, *или* a stop, to; these disgráce¦ful / scándalous práctices must be stopped; ◇ что за ~! it's disgráce¦ful / scándalous!; э́то про́сто ~ it's simply a disgráce / scándal.

безобра́зить (*вн.*; *искажать*) disfígure (*d.*), mar the appéarance (of).

безобра́зни||к *м.* *разг.* hóoligan; (*озорник*) scamp. **~ца** *ж.* *разг.* virágo; (*о ребёнке*) bad girl [...g-].

безобра́зничать *разг.* beháve, *или* go* on, *или* cárry on, outrágeous¦ly / disgráce¦fully, beháve like a hóoligan.

безо́бразный lácking in ímagery, féature¦less (*of style*).

безобра́зный 1. (*о внешности*) úgly ['ʌ-]; (*отвратительный*) hídeous ['hɪ-]; (*уродливый*) defórmed; **2.** (*возмутительный*) disgráce¦ful, scándalous, outrágeous, shócking.

безогово́рочн||о *нареч.* ún¦resérvedly [-'zəːv-], without resérve [...-'zəːv], ún¦condítionally; ~ повинова́ться obéy implícitly. **~ый** ún¦resérved [-'zəːvd], ún¦quálified, ún¦condítional; **~ая** капитуля́ция ún¦condítional surrénder.

безопа́сно I 1. *прил. кратк. см.* безопа́сный; **2.** *предик. безл.* it is safe.

безопа́сно II *нареч.* sáfe¦ly.

безопа́сн||ость *ж.* sáfe¦ty; (*общественная*) secúrity; в **~ости** in sáfe¦ty, out of dánger [...'deɪn-], out of harm's way; госуда́рственная ~ State secúrity; о́рганы **~ости** secúrity sérvices; систе́ма коллекти́вной **~ости** colléctive secúrity sýstem, sýstem of colléctive secúrity; охра́на госуда́рственной **~ости** defénce / sáfe¦guàrding of State secúrity; те́хника **~ости** indústrial sáfe¦ty méasures / províisions [...'meʒ-...] *pl.*, sáfe¦ty arránge¦ments [...-eɪn-] *pl.*; Сове́т Безопа́сности Secúrity Cóuncil. **~ый 1.** safe; **~ое** ме́сто safe place; на **~ом** расстоя́нии at a safe dístance; **2.** *тех.* sáfe¦ty (*attr.*); (*для неумелого обращения*) fóolproof; **~ая** бри́тва sáfe¦ty rázor.

безору́жный ún¦ármed; (*перен.*: *беззащитный*) defénce¦less.

безоснова́тельный gróundless.

безостано́вочный úncéasing [-'siːs-], céase¦less ['siːs-]; (*о поезде и т. п.*) nón-stóp.

безотве́тн||ость *ж.* méekness, míld¦ness. **~ый** meek, mild; (*безгласный*) dumb.

безотве́тственн||о *нареч.* ìrrespónsibly; поступа́ть ~ act ìrrespónsibly; play fast and loose [...-s] *идиом.* **~ость** *ж.* írrespònsibílity. **~ый** ìrrespónsible.

безотгово́рочн||о, ~ый = беспрекосло́вно, беспрекосло́вный.

безотка́зн||о *нареч.* smóothly [-ð-], without a hitch. **~ый** fáultless, ùnfáiling; (*надёжный*) relíable.

безотлага́тельн||о *нареч.* without deláy. **~ый** préssing, úrgent.

безотлу́чн||о *нареч.* without àbsénting òne¦sélf for an ínstant, without gó¦ing a¦wáy for an ínstant; он ~ находи́лся при больно́м he never left the pátient's bédsìde. **~ый** ever présent [...-ez-]; (*непрерывный*) ún¦ìnterrúpted, contínuous.

безотноси́тельн||о *нареч.* irrélative; ~ к чему́-л. ìrrespéctive of smth. **~ый** irrélative, ìrrespéctive.

безотра́дн||ость *ж.* chéerlessness. **~ый** chéerless, dísmal [-z-], dréary; **~ый** пейза́ж dréary lándscàpe; **~ые** перспекти́вы black óutlook *sg.*, glóomy próspèct(s).

безотчётн||ость *ж.* **1.** (*отсутствие контроля*) ábsence of contról [...-oul]; **2.** (*бессознательность*) ún¦accòuntabílity. **~ый 1.** (*бесконтрольный*) ún¦contrólled [-ould]; **2.** (*бессознательный*) ún¦accóuntable; (*инстинктивный*) instínctive, ùn¦cónscious [-ʃəs].

безоши́бочн||ость *ж.* fáultlessness; (*правильность*) corréctness; (*точность*) exáctitùde. **~ый** ún¦érring, fáultless; (*правильный*) corréct; (*точный*) exáct.

безрабо́т||ица *ж.* ún¦emplóyment. **~ные** *мн. скл. как прил.* the ún¦emplóyed. **~ный** *прил.*, *тж. как сущ.* ún¦emplóyed; jób¦less *амер.*; быть **~ным** be ún¦emplóyed, be out of work; по́лностью **~ный** tótal¦ly ún¦emplóyed; части́чно **~ный** pártially ún¦emplóyed.

безра́достный jóyless.

безразде́льн||о *нареч.* **1.** úndivídedl¦ly, compléte¦ly; ~ госпо́дствовать éxercìse compléte sway, *или* úndivíded rule; have compléte domínion; **2.** (*беззаветно*) whóle-héartedly ['houl'hɑːt-]. **~ый 1.** (*не разделённый*) úndivíded; **2.** (*беззаветный*) whóle-héarted ['houl'hɑːt-].

безразли́чие *с.* indífference; (*бесстрастие*) nónchalance [-ʃ-].

безразли́чно I 1. *прил. кратк. см.* безразли́чный; **2.** *предик. безл.* it does not mátter, that is all the same; ~ кто, куда́ *и т. п.* no mátter who, where, *etc.*; мне ~ it is all the same to me, it makes no dífference to me.

безразли́чн||о II *нареч.* with indífference; относи́ться (соверше́нно) ~ (к) be (pérfectly) indífferent (to). **~ый** indífferent; (*бесстрастный*) nónchalant [-ʃ-].

безрассу́дно I *прил. кратк. см.* безрассу́дный.

безрассу́дно II *нареч.* rásh¦ly, récklessly.

безрассу́д||ный rash, réckless; (*неблагоразумный*) imprúdent; (*смелый до глупости*) fóolhàrdy; э́то **~но** that is fóolhàrdy, that is mere fóolhàrdiness; that is imprúdent. **~ство** *с.* ráshness, récklessness; imprúdence; fóolhàrdiness; (*ср.* безрассу́дный); бы́ло бы **~ством** (предположи́ть *и т. п.*) it would be fólly (to suppóse, *etc.*).

безрезульта́тн||о *нареч.* without resúlt [...-'zʌ-], in vain, to no púrpose [...-s]. **~ость** *ж.* fùtílity; (*неуспех*) únsuccéss, fáilure. **~ый** fútìle, ìneffέctual; (*безуспешный*) únsuccéssful; (*тщетный*) vain.

безре́льсовый ráil¦less.

безрессо́рный spríng¦less, únsprúng.

безро́г||ий hórnless; **~ое** живо́тное póllard; ~ вол póll-bùllock [-bu-]; **~ая** коро́ва hórnless cow, póll-cow.

безро́дный without kith or kin.

безро́потн||о *нареч.* without a múrmur. **~ость** *ж.* rèsignátion [-z-], méekness. **~ый** únmúrmuring, ún¦compláining; (*покорный*) resígned [-'zaɪnd], submíssive, meek.

безру́дный *горн.* bárren.

безрука́вка *ж.* (*куртка, кофта*) sléeve¦less jácket, sléeve¦less blouse.

безру́кий ármless; (*не имеющий одной руки*) óne-ármed; (*перен.*) áwkward, clúmsy [-zɪ].

безры́бье *с.*: на ~ и рак ры́ба *посл.* ≅ among the blind the óne-éyed is king [...-'aɪd...].

безубы́точный without loss.

безуда́рный *лингв.* ún¦accénted, únstréssed.

безу́держн||о *нареч.* without restráint, ún¦restráinedly; (*бурно*) impétuous¦ly. **~ый** ún¦restráined; (*несдерживаемый*) únchécked; (*бурный*) impétuous.

безу́держу = без у́держу *см.* у́держ.

безукори́зненн||ость *ж.* írreproachabílity. **~ый** ìrrepróachable, ùn¦impéachable, ún¦excéptionable; *ирон.* immáculate; ~ое поведе́ние ùn¦impéachable cónduct.

безу́мец *м.* mád¦man*.

безу́м||ие *с.* **1.** (*безрассудство*) fólly; люби́ть до ~ия love to distráction [lʌv...]; **2.** *уст.* (*сумасшествие*) mádness, insánity; вы меня́ доведёте до ~ия you will drive me crázy. **~но** *нареч.* mád¦ly; (*крайне*) térribly, dréadfully ['dred-]; он ~но лю́бит сы́на he loves his son mád¦ly [..lʌvz... sʌn...]; я ~но уста́л I am térribly tired. **~ный 1.** (*безрассудный*) réckless; ~ный посту́пок mad / sénse¦less act, an act of fólly / mádness; **2.** *разг.* (*ужасный*) térrible, dréadful ['dred-]; **3.** *уст.* (*сумасшедший*) mad, insáne; ~ные глаза́ wild-looking eyes [...aɪz], wild eyes; ◇ ~ный день distrácting day; ~ные це́ны extrávagant / exórbitant príces.

безу́молку = без у́молку *см.* у́молк.

безмо́лчный *поэт.* úncéasing [-'siːs-], néver-céasing [-'siːs-].

безу́мство *с.* mádness. **~вать** beháve like a mád¦man*; (*неистовствовать*) rave, be in a fúry.

безупре́чн||ость *ж.* írreproachabílity, bláme¦lessness. **~ый** ìrrepróachable, bláme¦less; (*о репутации тж.*) únstáined, stáinless; ~ая рабо́та, слу́жба ìrrepróachable / ún¦excéption¦able / fáultless work, sérvice.

безусло́вн||о 1. *нареч.* (*несомненно*) ùndóubtedly [-'daut-]; (*абсолютно*) ábsolùte¦ly; **2.** *вводн. сл.* (*конечно*) there is no doubt that [...daut...], of course [...kɔːs], ùndóubtedly; (*ответ*) cértainly, assúredly [ə'ʃuə-]; ~ он зна́ет об э́том there is no doubt that he knows abóut it [...nouz...], he cértainly knows abóut it. **~ый 1.** (*абсолютный*) ábsolùte; ~ое доказа́тельство ábsolùte proof, pósitive proof [-z-...]; **2.** (*несомненный*) ùndóubted [-'daut-], indispútable; (*безоговорочный*) ún¦condítional; (*совершенный*) compléte; ◇ ~ый рефле́кс ún¦condítioned réflèx.

безуспе́шно I 1. *прил. кратк. см.* безуспе́шный; **2.** *предик. безл.* of no effect, without succéss.

безуспе́шн||о II *нареч.* únsuccéssfully, without succéss. **~ый** únsuccéssful, ún¦aváiling, ìneffèctive.

безу́стали = без у́стали *см.* у́сталь.

безуста́нный ìndefátigable, ùnwéarying; (*непрестанный*) ún¦remítting.

безу́сый without a moustáche [...məs'tɑːʃ], moustáche¦less [məs'tɑːʃ-]; *разг. пренебр.* cállow, green; ~ ма́льчишка béardless boy; (*перен.*) gréenhòrn.

безуте́шный ìn¦consólable.

безу́хий éarless; (*не имеющий одного уха*) óne-éared.

безуча́ст||ие *с.* indífference, ápathy. **~но** *нареч.* with indífference, àpathétically. **~ность** *ж.* = безуча́стие. **~ный** (*о взгляде, виде и т. п.*) àpathétic; (*к чему-л.*) indífferent (to).

безъязы́кий dumb.

безыде́йн||ость *ж.* ábsence / lack / want of prínciples and ìdéals [...aɪ'dɪə-], ùnprínciplеd cháracter and lack of ìdéals [...'kæ-...]. **~ый** devóid of prínciples and ìdéals [...aɪ'dɪə-], lácking both prínciples and ìdéals [...bouθ...], having no prínciples or ìdéals, lácking móral fibre [...'mɔ-...].

безызве́стн||ость [-сн-] *ж.* obscúrity. **~ый** [-сн-] obscúre.

безым||ённый, ~я́нный náme¦less; (*анонимный*) anónymous; ◇ ~я́нный па́лец fourth fínger [fɔːθ...]; (*на левой руке тж.*) ríng-fìnger.

безынициати́вный without inítiative, pássive, inért.

безыску́сственный únsophísticàted, ún¦afféctеd, símple.

безысхо́дный éndless; (*непоправимый*) irréparable; (*безутешный*) ìn¦consólable.

бейдеви́нд *м. мор.* by the wind [...wɪ-]; идти́ (в) ~ sail by the wind; в круто́й ~ clóse-háuled [-s-].

бейсбо́л *м. спорт.* báse-bàll [-s-].

бека́р *м. муз.* nátural; до ~, ре ~ *и т. д.* C nátural, D nátural, *etc.* [siː..., diː...].

бека́с *м. зоол.* snipe; охо́та на ~ов sníping. **~и́нник** *м. охот.* small shot. **~и́ный** *прил. к* бека́с.

бeко́н *м.* bácon.

белен||а́ *ж. бот.* hénbàne; ◇ что ты, ~ы́ объе́лся? *разг.* ≅ are you off your head? [...hed], are you crázy?

беле́ние *с. текст.* bléaching.

белёный *текст.* bleached.

белесова́тый, белёсый whítish ['waɪ-], óff-whíte.

беле́||ть, побеле́ть 1. (*становиться белым*) become* white, whíten; **2.** *тк. несов.* (*виднеться*) show* white [ʃou...]; подсне́жники ~ют в траве́ the snów¦dròps show white in the grass [...'snou-...], the white snów¦dròps show in the grass. **~ться** = беле́ть 2.

бе́ли *мн. мед.* leucorrhóea [ljuːkə'riːə] *sg.*; the whites.

белиберда́ *ж. тк. ед. разг.* bálderdàsh, rúbbish, nónsense; кака́я ~! what rúbbish!

белизна́ *ж.* white¦ness.

бели́ла *мн.* **1.** (*краска*) whíting *sg.*; свинцо́вые ~ white lead [...led] *sg.*; cérùse ['sɪəruːs] *sg.*; ци́нковые ~ zink white *sg.*; **2.** (*косметические*) cérùse.

бели́ль||ня *ж.* bléaching works, bléachery. **~щик** *м.* bléacher.

бели́ть I, побели́ть (*вн.*) whíten (*d.*); (*помещение и т. п.*) white¦wàsh (*d.*).

бели́ть II, отбели́ть *текст.* bleach (*d.*).

бели́ться, набели́ться whíten one's face (with cérùse) [...'sɪəruːs].

бе́личий *прил. к* бе́лка; ~ мех squírrel (*fur*).

бе́лка *ж.* (*животное и мех*) squírrel.

белк||ови́на *ж. хим.* àlbúmèn. **~о́вый** *биол., хим.* àlbúminous; ~о́вое вещество́ àlbúmèn; ~о́вое перерожде́ние àlbúminous diséase [...-'ziːz].

беллadóнна *ж. тк. ед.* bèlladónna; (*растение тж.*) déadly níghtshàde ['ded-...].

беллетри́ст *м.* fíction wríter; (*романист*) nóvelist. **~ика** *ж.* fíction. **~и́ческий** *прил. к* беллетри́стика.

белобиле́тник *м. разг.* hólder of "white tícket" (*person exempted from military service*).

белобры́сый *разг.* tów-haired ['tou-].

белова́тый whítish ['waɪ-].

белови́к *м.* fair cópy [...'kɔ-], fínal draft.

белов||о́й clean, fair; **~а́я** ру́копись = белови́к.

беловоло́сый whíte-haired.

белогварде́ец *м.* white guard.

белогварде́йский *прил. к* белогварде́ец.

белоголо́вый whíte-headed [-he-].

бело́к *м.* **1.** (*глаза*) white (of the eye) [...aɪ]; (*яйца́*) white (of an egg), égg-whìte; **2.** *биол., хим.* àlbúmèn; **3.** *хим.* prótèin [-tiːn].

белокали́льный *тех.* ìn¦candéscent.

белокро́вие *с. мед.* leukáemia.

белоку́р||ый blond, fair, fáir-haired; ~ая же́нщина blonde (wóman*) [...'wu-].

белоли́цый whíte-fàced.

белору́с *м.*, **~ка** *ж.*, **~ский** Byèlorússian [-ʃən]; ~ский язы́к Byèlorússian, the Byèlorússian lánguage.

белору́чка *м. и ж. разг.* sóftie; (*о мужчине тж.*) fine géntle¦man*; (*о женщине тж.*) fine lády.

белоры́бица *ж.* white sálmon [...'sæm-].

белосне́жный snówy ['snoui], snów-white ['snou-].

белоте́лый whíte-skìnned, fáir-skínned.

белошве́й||ка *ж.* séamstress ['sem-], néedle¦wòman* [-wu-]. **~ный** línen ['lɪ-]; ~ная мастерска́я línen wórkshòp; ~ная рабо́та plain néedle¦wòrk.

белоэмигра́нт *м.* white emigré (*фр.*) [...'emɪgreɪ...] (*counter-revolutionary emigré of early days of Soviet power*).

белу́г||а *ж.* belúga, white stúrgeon; ✧ реве́ть ~ой *разг.* ≅ howl frénziedly.

белу́ха *ж. зоол.* belúga, white whale.

бе́л||ый 1. *прил.* (*в разн. знач.*) white; ~ хлеб white bread [...bred]; ~ое вино́ white wine; **2.** *мн. как сущ. шахм.* White *sg.*; ✧ ~ гриб (édible) bolétus (*kind of mushroom*); ~ое мя́со white meat; ~ у́голь white coal; ~ая берёза white / sílver birch; ~ медве́дь Pólar bear [...bɛə]; ~ая горя́чка delírium trémens (*сокр.* D. T.); ~ая кость ≅ blue blood [...blʌd]; ~ые стихи́ blank verse *sg.*; на ~ом све́те in the wide world; средь ~а дня in broad dáylight [...-ɔːd...]; ~ые пя́тна на ка́рте blank spáces on *the* map; э́то ши́то ~ыми ни́тками *разг.* that is very thin, that is éasily seen through [...-z-...]; чёрным по ~ому in black and white; Бе́лый дом the White House [...-s]; ~ биле́т "white tícket" (*certificate, giving exemption from military service*).

бельг||и́ец *м.*, **~и́йка** *ж.*, **~и́йский** Bélgian.

бель||ё *с. тк. ед. собир.* línen ['lɪ-]; (*для или из стирки*) wáshing; ни́жнее ~ únderclòthes [-klou-] *pl.*, únderclòthing [-klou-], únderwear [-wɛə]; посте́льное ~ béd-clòthes [-klou-] *pl.*; столо́вое ~ táble-lìnen [-lɪ-]. **~ево́й** *прил. к* бельё; ~ево́й магази́н línen-dràpery shop ['lɪ-drei-...]; ~евы́е тка́ни matérials / fábrics for hóuse|hòld línen and únderwear [...'haus'lɪn-...-wɛə].

бельме́с *м.*: ни ~а *разг.* not a thing.

бельмо́ *с.* wáll-eye [-aɪ]; ✧ как ~ на глазу́ *разг.* ≅ an éye|sòre [...'aɪ-].

бельэта́ж *м.* **1.** first floor [...flɔː]; **2.** *театр.* dress circle.

беля́к *м.* (*заяц*) white hare.

бемо́ль *м. муз.* flat; до ~, ре ~ *и т. д.* C flat, D flat, *etc.* [siː..., diː...].

бенга́л||ец *м.*, **~ка** *ж.* Bèngáli [-ɔːlɪ], Bèngalése; *мн. собир.* the Bèngalése.

бенга́льский Bèngál [-ɔːl], Bèngalése; ~ язы́к Bèngáli [-ɔːlɪ]; ~ тигр Bèngál tíger [...-gə]; ✧ ~ ого́нь Bèngál light.

бенефи́||с *м. театр.* bénefit perfórmance. **~циа́нт** *м. театр.* bènefíciary.

бензи́н *м.* bènzíne [-'ziːn]; (*для автомобиля*) pétrol ['pe-]; gásolìne [-iːn], gas *амер.* **~овый** *прил. к* бензи́н.

бензино||ме́р *м.* pétrol gauge ['pe-geɪdʒ]. **~прово́д** *м.* pétrol pipe ['pe-...]. **~храни́лище** *с.* pétrol tank ['pe-...].

бензоба́к *м.* pétrol tank ['pe-...]; gásolìne tank [-iːn...] *амер.*

бензозапра́вочн||ый: ~ая коло́нка = бензоколо́нка.

бензоколо́нка *ж.* pétrol pump ['pe-...].

бензо́л *м. хим.* bènzéne, bénzòl.

бензохрани́лище *с.* pétrol dépòt ['pe- 'depou].

бенуа́р *м. театр.* the bóxes *pl.*

бергамо́т *м.* (*сорт груши*) bérgamòt (*kind of pear*).

берда́нка *ж.* (*винтовка*) Bérdan rifle.

бёрдо *с. текст.* reed (*in loom*).

бе́рег *м.* (*канала, реки, озера*) bank; (*моря, озера*) shore; (*береговая линия*) (séa)cóast; (*пляж*) beach; ~ мо́ря séashòre; на ~у́ реки́, о́зера (*о доме и т. п.*) on the ríverside [...'rɪ-], on the láke|sìde; скали́стый морско́й ~ cliffs *pl.*; затопля́емый прили́вом ~ fóre|shòre; пое́хать на ~ мо́ря go* to the séasíde; наскочи́ть на ~, вы́броситься на ~ run* agróund; ground; сойти́ на ~ go* ashóre; дости́чь ~а reach land; к ~у shóre|-ward, lándward, towards the shore; на ~у́ ashóre, on shore.

берегов||о́й wátersìde ['wɔː-] (*attr.*); (*при море*) coast (*attr.*); cóastal; (*при реке*) ríversìde ['rɪ-] (*attr.*); (*при озере*) láke|sìde (*attr.*); ~ ве́тер óff-shòre wind [...wɪ-], lánd-wìnd [-wɪ-], lánd-breeze; ~ жи́тель (*у реки*) ríversìde résident [...-z-]; (*у моря*) máritime dwéller; ~а́я ли́ния coast / shore line; ~о́е судохо́дство cóasting.

береди́ть, разбереди́ть (*вн.*) *разг.* írritàte (*d.*); ~ ста́рые ра́ны ré-óреn old wounds / sores [...wuː-...].

бережли́в||ость *ж.* thrift, èconomy [iː-]. **~ый** thrífty, èconómical [iː-].

бе́режн||о *нареч.* with care; (*осторожно*) cáutious|ly. **~ость** *ж.* care; (*осторожность*) cáution; (*заботливость*) solícitùde. **~ый** cáre|ful; (*осторожный*) cáutious; ~ое отноше́ние (к) care (of); (*к человеку*) regárd (for), consìderátion (for).

берёза *ж.* birch.

берёзник *м.*, **березня́к** *м. тк. ед.* birch wood [...wud].

берёзовик *м.* (*гриб*) brown múshroom.

берёзов||ый *прил. к* берёза; ~ сок birch sap / wine; ~ая ро́ща birch grove; ✧ ~ая ка́ша *разг.* the birch, Bírching Lane.

бере́йтор *м.* ríding-màster.

бере́мен||еть be prégnant. **~ная** prégnant; ~ная же́нщина expéctant móther [...'mʌ-]; она́ ~на she is prégnant, she is gó|ing to have a báby, she is expécting a báby. **~ность** *ж.* prégnancy; она́ на тре́тьем ме́сяце ~ности she is in her third month (of prégnancy) [...mʌ-...]; she is three months gone [...gɔn] *разг.*

берёст||а *ж. тк. ед.* birch bark. **~овый, берестяно́й** *прил. к* берёста.

бере́т *м.* béret ['bereɪ].

бере́||чь, сбере́чь **1.** (*вн.*; *хранить*) take* care (of); (*щадить*) spare (*d.*); ~ своё здоро́вье take* care of one's health [...he-]; ~ свои́ си́лы spare one's strength; ~ своё вре́мя make* the most of one's time; ~ та́йну keep* *a* sécret; ~ про себя́ keep* to òne|sélf; ~ сокро́вища свое́й национа́льной культу́ры chérish / tréasure one's nátional cúlture ['tʃe- 'treʒə... 'næ-...], chérish the tréasures of one's nátional cúlture; **2.** (*вн. от*; *предохранять*) protéct (*d.* agáinst). **~чься 1.** (*быть осторожным*) be cáre|ful; **2.** (*рд.*; *остерегаться*) be|-wáre (of) (*не спрягается; употр. обычно в повелительном накл.*); be on one's guard (agáinst); be cáre|ful, *или* take care, not to (+*inf.*); **~ги́(те)сь!** mind!, cáre|ful!, look out!; ~ги́(те)сь соба́ки! be|wáre of the dog!; **3.** *страд. к* бере́чь.

бери́лл *м. мин.* béryl ['be-].

бери́ллий *м. хим.* berýllium, glucínium.

берклеа́нство *с.* Bèrkeléianism [bɑː-'kliːənɪzm].

бе́ркут *м. зоол.* gólden eagle.

берли́нск||ий Bèrlín (*attr.*); ✧ ~ая лазу́рь Prússian blue [-ʃən...].

берло́га *ж.* den, lair.

бертоле́тов: ~а соль potássium chlórate.

берцо́в||ый *анат.* tíbial; больша́я ~ая кость shín-bòne; tíbia (*pl.* -iae) *научн.*; ма́лая ~ая кость fíbula (*pl.* -ae, -as).

бес *м.* démon; ✧ рассыпа́ться ме́лким ~ом пе́ред кем-л. *разг.* ≅ fawn up|ón smb., flátter smb. únctuous|ly.

бесе́д||а *ж.* **1.** (*разговор*) cònversátion, talk; дру́жеская ~ fríendly chat ['fren-...]; задуше́вная ~ héart-to-héart talk ['hɑːt-...]; **2.** (*лекция с обменом мнений*) debáte, discússion; (*по радио*) talk; провести́ ~у give* a talk, hold* / lead* a discússion; **3.** (*интервью*) interview [-vjuː].

бесе́дка *ж.* súmmer-house* [-s], pavílion; (*украшенная растениями*) árbour, pérgola.

бесе́довать (с *тв.*) talk (to, with).

бесёнок *м.* imp.

беси́ть, взбеси́ть (*вн.*) enráge (*d.*), infúriàte (*d.*), mádden (*d.*), drive* wild (*d.*); **~ся**, взбеси́ться (*о животном*) go* mad, become* rábid; (*перен.: о человеке*) rage, be frántic / fúrious; *сов. тж.* get* / fly* into a rage, get* fúrious.

бескла́ссов||ый clássless; ~ое о́бщество clássless society.

бескозы́рка *ж.* péakless cap; матро́сская ~ sáilor's hat.

бесконе́чн||о *нареч.* ínfinite|ly; (*безгранично*) extréme|ly; (*без конца*) éndlessly, without end; ~ ма́лый *мат.* ìnfinitésimal; ~ ма́лая величина́ *мат.* ìnfinitésimal (quántity). **~ость** *ж.* éndlessness; infínity (*тж. мат.*); (*о времени*) etérnity; ✧ до ~ости for ever and ever; ad infinítum. **~ый** éndless, ínfinite; (*слишком длинный*) intérminable; (*вечный*) etérnal; (*не прекращающийся*) èver¦lásting, perpétual; ~ый ряд *мат.* ínfinite sériès [...-i:z]; ~ая дробь *мат.* recúrring décimal; ~ое мировóе прострáнство ínfinite space, the ínfinite; ~ый винт *тех.* éndless screw, worm; ~ые жáлобы perpétual / éndless / ùncéasing / intérminable compláints [...sɪŋ...].

бесконтрóльн||о *нареч.* ún¦contrólledly [-oul-], without any contról [...-oul]. **~ость** *ж.* ábsence of contról [...-oul], ún¦contrólledness [-oul-]. **~ый** ún¦contrólled [-ould], únchécked.

бескóрмица *ж. с.-х.* dearth of fódder [dɔ:θ...].

бескорóвный having no cow; cáttle¦less.

бескоры́ст||ие *с.*, **~ность** [-сн-] *ж.* disínterestedness; (*альтруизм*) únsélfishness. **~ный** [-сн-] disínterested; (*альтруистичный*) únsélfish; ~ная пóмощь disínterested aid / assístance.

бескóстный bóne¦less.

бескрáйн||ий, ~ый bóundless.

бескри́зисный crísis-free; without crísès [...-si:z].

бескрóвный 1. blóodless ['blʌd-]; (*бледный*) pale, pállid; (*малокровный*) anáemic; **2.** (*без кровопролития*) blóodless.

бескры́лый wíng¦less; ápterous *научн.*; (*перен.*) ún¦inspíred, bárren.

бескульту́рье *с.* lack / want of cúlture.

бесновáтый ráging, ráving, frénzied.

бесновáться rage, rave (like one posséssed) [...-'zest].

бесóвский dévilish.

беспáлубный *мор.* úndécked.

беспáлый fínger¦less; (*не имеющий пальцев ноги*) tóe¦less.

беспáмят||ность *ж.* forgétfulness [-'g-], bad / poor mémory. **~ный** forgétful [-'g-]. **~ство** *с.* ùn¦cónscious¦ness [-nʃəs-]; (*исступление*) frénzy; лежáть в ~стве lie* ùn¦cónscious [...-nʃəs]; быть в ~стве (от) (*вне себя*) be beside òne¦sélf (with); впасть в ~ство lose* cónscious¦ness [lu:z -nʃəs-].

беспардóнный *разг.* ímpudent.

беспартийн||ый 1. *прил.* nón-Párty (*attr.*); ~ большеви́к nón-Párty Bólshevik; **2.** *как сущ. м.* nón-Párty man*; *ж.* nón-Párty wóman* [...'wu-]; *мн.* nón-Párty people [...pi:-].

беспáспортный having no pássport.

беспатéнтный ún¦lícensed [-'laɪ-].

бесперебóйн||о *нареч.* without ìnterrúption; (*регулярно*) régularly. **~ость** *ж.* còntinúity. **~ый** ún¦interrúpted; (*регулярный*) régular; ~ое снабжéние ún¦interrúpted / cónstant / régular / sỳstemátic supplý.

беспересáдочн||ый through; ~ое сообщéние through connéction.

бесперспекти́вн||ость *ж.* lack / ábsence of any próspèct; (*безнадёжность*) hópe¦lessness. **~ый** having no próspècts, with no próspèct; (*безнадёжный*) hópe¦less; (*мрачный*) glóomy, dark.

беспéчн||о *нареч.* cáre¦lessly, líght-héartedly [-'hɑ:t-], with compléte ún¦concérn. **~ость** *ж.* cáre¦lessness, ún¦concérn. **~ый** háppy-gò-lúcky, cáre¦less, líght-héarted [-'hɑ:t-], dévil-may-cáre; (*о жизни и т. п.*) úntróubled [-'trʌ-], cáre-free.

беспи́сьменный 1. having no wrítten lánguage, ígnorant of létters; **2.** (*о языке*) ún¦wrítten, óral.

бесплáнов||ость *ж.* ábsence of plan, ábsence of plánning, plán¦lessness. **~ый** plán¦less.

бесплáтн||о *нареч.* free of charge, grátis. **~ый** free (of charge); (*о квартире и т. п.*) rént-free; ~ый билéт free / còmpliméntary tícket, free pass.

бесплацкáртный 1. (*о вагоне*) without resérved seats [...-'z-...], with ún¦resérved seats ónly [...-'z-...]; **2.** (*о пассажире*) having no, *или* without a, resérved seat.

бесплóдие *с.* bárrenness, stèrílity.

бесплóдно I *прил. кратк. см.* бесплóдный.

бесплóдно II *нареч.* (*безуспешно*) in vain, váinly, ún¦aváiling¦ly.

бесплóдность *ж.* futílity, frúitlessness ['fru:t-].

бесплóдн||ый bárren, stérìle; (*перен.*) frúitless ['fru:t-], vain, ún¦aváiling; ~ая пóчва, земля́ bárren soil; ~ые попы́тки abórtive attémpts; ~ая диску́ссия stérile / fútile discússion.

бесплóтный ìn¦còrpóreal [-rɪəl].

бесповорóтный irrévocable.

бесподлежáщн||ый *грам.*: ~ое предложéние súbjectless séntence.

бесподóбно I **1.** *прил. кратк. см.* бесподóбный; **2.** *предик. безл.* it is éxcellent; ~! éxcellent!, spléndid!, cápital!

бесподóбн||о II *нареч. разг.* (*превосходно*) éxcellently, spléndidly. **~ый** *разг.* (*превосходный*) mátchless, péerless; (*несравненный*) in¦cómparable.

беспозвонóчн||ые *мн. скл. как прил. зоол.* invértebrate. **~ый** *зоол.* invértebrate; ~ое живóтное invértebrate, invértebrate ánimal.

беспокó||ить (*вн.*) **1.** (*волновать*) wórry ['wʌ-] (*d.*), disquíet (*d.*); pertúrb (*d.*); make* ánxious/ún¦éasy[...-zɪ] (*d.*); **2.** (*мешать*) distúrb (*d.*); (*утруждать*) trouble [trʌ-] (*d.*); (*причинять неудобство*) ìn¦convénience (*d.*), cause ìn¦convénience (to), put* to ìn¦convénience (*d.*); bóther (*d.*) *разг.* **~иться 1.** (*о пр.; волноваться*) wórry ['wʌ-] (abóut), be ánxious / ún¦éasy [...-zɪ] (abóut); он ~ится, что они́ не приду́т he is afráid they will not come; **2.** (*утруждать себя*) trouble [trʌ-]; bóther *разг.*; не ~йтесь don't trouble / bóther.

беспокóйно I *прил. кратк. см.* беспокóйный.

беспокóйн||о II *нареч.* ún¦éasily [-zɪ-]. **~ый 1.** (*тревожный*) ún¦éasy [-zɪ], réstive; ~ый взгляд troubled look [trʌ-...]; ~ое мóре chóppy / ágitàted sea; **2.** (*причиняющий беспокойство*) distúrbing; (*подвижный*) réstless; ~ый ребёнок fídgety / réstless child*; fídget.

беспокóйств||о *с.* **1.** (*озабоченность*) ànxíety [-ŋ'z-], concérn, ún¦éasiness [-zɪ-]; (*волнение*) nérvous¦ness, àgitátion; **2.** (*нарушение покоя*) trouble [trʌ-]; прости́те за ~ (I am) sórry to trouble you, (I am) sórry for the trouble I am giving you; причиня́ть ~ (*дт.*) trouble (*d.*), give* trouble (*i.*); (*причинять неудобство*) cause ìn¦convénience (to), put* to ìn¦convénience (*d.*); (*волновать*) cause ànxíety / concérn (to); никакóго ~а! no trouble at all!

бесполéзно I **1.** *прил. кратк. см.* бесполéзный; **2.** *предик. безл.* it is úse¦less [...-s-], it is no good, it is of no use [...-s]; ~ разговáривать it is úse¦less to talk, it is of no use to talk; it is no use tálking, it is no good tálking *разг.*

бесполéзн||о II *нареч.* úse¦lessly [-s-]. **~ость** *ж.* úse¦lessness [-s-]. **~ый** úse¦less [-s-], ún¦aváiling; ~ое начинáние vain ùndertáking; ~ые уси́лия ún¦aváiling / vain éfforts; все егó уси́лия бы́ли ~ы all his éfforts were to no púrpose [...-s], all his lábour was in vain, all his éfforts were wásted [...'weɪ-]; ~ая трáта врéмени, дéнег *и т. п.* waste of time, móney, *etc.* [...'mʌ-].

беспóл||ый séxless; agámic, ágamous *научн.*; ~ое размножéние *биол.* aséxual rè¦pròdúction.

беспóмощн||ость *ж.* **1.** hélplessness; **2.** (*бессилие*) féeble¦ness. **~ый 1.** hélpless; (*покинутый*) forlórn; **2.** (*бессильный, бездарный*) feeble, ímpotent, èfféte.

беспорóдный móngrel ['mʌŋg-].

беспорóчный (*безукоризненный*) bláme¦less, fáultless; (*незапятнанный*) únblémished, spót¦less, immáculate.

беспоря́дки *мн.* (*волнения*) distúrbance(s).

беспоря́д||ок *м.* disórder; (*расстройство*) confúsion; приводи́ть в ~ (*вн.*) put* into disórder (*d.*), disaránge [-eɪndʒ] (*d.*); (*о комнате, столе, волосах тж.*) make* ùntídy (*d.*); *воен.* throw* into confúsion [-ou...] (*d.*); в ~ке in disórder, ùntídy; (*в спешке, суматохе*) hélter-skélter; отступáть в ~ке retréat in confúsion / disórder; в большóм ~ке (*о комнате, квартире*) úpsìde-dówn; in a mess *разг.*; ◇

худо́жественный ~ àrtístic confúsion.

беспоря́дочн||о *нареч.* in confúsion, in disórder; híggledy-píggledy *разг.* **~ость** *ж.* **1.** disórderliness; ùntídiness [-'taɪ-], slóvenliness ['slʌ-]; irrègulárity; (*ср.* беспоря́дочный); **2.** (*о поведении*) ìmpropríety. **~ый** **1.** disórderly, confúsed; (*неряшливый*) ùntídy, slóvenly ['slʌ-]; (*нерегулярный*) irrégular; **2.** (*о поведении*) impróper [-'prɔ-].

беспоса́дочный: ~ перелёт *ав.* nón-stóp flight.

беспо́чвенн||ость *ж.* gróundlessness. **~ый** gróundless, únfóunded, únsubstántiàted.

беспо́шлинн||о *нареч.* free of dúty, dúty-frée. **~ый** dúty-frée; **~ая** торго́вля free trade.

беспоща́дн||ость *ж.* mércilessness, rúthlessness ['ruː-]; с **~остью** without mércy. **~ый** mérciless, rúthless ['ruː-], reléntless, ùnmérciful; (*ср.* безжа́лостный).

беспра́в||ие *с.* **1.** (*беззаконие*) láwlessness, ìllegálity; **2.** (*отсутствие прав*) lack of rights, ábsence of cívil rights. **~ный** without any rights; (*о человеке тж.*) deprived of cívil rights; **~ное** положе́ние condítion / posítion without any rights [...-'zɪ-...]; ímpotence agáinst árbitrary rule.

беспреде́льный ínfinite, bóundless.

беспредме́тн||ость *ж.* (*бессодержательность*) póintlessness; (*бесцельность*) áimlessness. **~ый** (*бессодержательный*) póintless; (*бесцельный*) áimless, púrpose¦less [-s-].

беспрекосло́вн||о *нареч.* implícitly, ùn¦quéstioning¦ly [-stʃə-], without demúr. **~ый** ábsolùte, implícit, ùn¦quéstioning [-stʃə-].

беспрепя́тственн||о *нареч.* without dífficulty, without híndrance, without obstrúction, fréely; ~ прони́кнуть в дом make* one's way into *the* house* ùn¦impéded / ùnhíndered, *или* without híndrance [...haus...]. **~ый** free.

беспреры́вн||о *нареч.* contínuous¦ly, ún¦ìnterrúptedly, without a break [...-eɪk]; on end; ~ в тече́ние ча́са for an hour without a break [...auə...], for an hour without pause, a whole hour [...houl...]; ~ в тече́ние трёх дней, неде́ль, ме́сяцев for three days, weeks, months on end [...mʌ-...], for three days, weeks, months rúnning. **~ый** contínuous, ún¦ìnterrúpted; **~ый** дождь incéssant rain(s) (*pl.*).

беспреста́нн||о *нареч.* contínually, incéssantly; ~ повторя́ть одно́ и то же repéat the same thing óver and óver agáin. **~ый** contínual, incéssant.

беспрецеде́нтный ùnprécedented, ùnparalleled.

беспри́быльн||ость *ж.* ún¦remúneràtive¦ness, ùnprófitable¦ness. **~ый** ún¦remúneràtive, ùnprófitable, prófitless.

бесприда́нница *ж.* dówerless / pórtionless girl [...g-].

беспризо́рн||ик *м.* hóme¦less child*, waif; *мн. тж.* waifs and strays. **~ость** *ж.* **1.** (*заброшенность*) neglect; **2.** (*детей*) child hóme¦lessness. **~ый** **1.** *прил.* (*бездомный*) hóme¦less; (*заброшенный*) neglécted; **2.** *м. как сущ.* = беспризо́рник.

бесприме́рный ùn¦exámpled [-ɑːm-], ùnparalleled.

беспри́месный ún¦allóyed, pure.

беспринци́пн||ость *ж.* ùnscrúpulous¦ness. **~ый** ùnprínciрled, ùnscrúpulous; **~ый** челове́к ùnprínciрled man*, man* of no scruples, man* without príncipless.

беспристра́ст||ие *с.* ímpàrtiálity. **~но** *нареч.* impártially, without bías. **~ный** impártial, únbías(s)ed.

беспритяза́тельный ùn¦exácting, ùn¦assúming, éasily pleased [-z-...].

беспричи́нн||о *нареч.* without cause, without mótive, without réason [...-z-]. **~ый** cáuse¦less, gróundless, mótiv¦-less.

бесприю́тный hóme¦less, shélterless.

беспробу́дн||о *нареч.* without wáking; (*тяжело*) héavily ['he-]. **~ый** **1.** (*о сне*) deep, héavy ['he-]; спать **~ым** сном be in a deep / héavy sleep; (*о мёртвом*) sleep* the etérnal sleep; **2.** (*о пьянстве*) ùnbrídled, ún¦restráined.

беспро́волочный wíre¦less; ~ телегра́ф wíre¦less telégraphy, wíre¦less.

беспро́игрышн||ый safe, sure [ʃuə]; **~ое** де́ло sure búsiness [... 'bɪzn-]; **~ая** лотере́я áll-prìze lóttery; ~ вы́пуск за́йма rè¦páyable loan.

беспросве́т||ный útterly dark; black; (*перен.*) (*мрачный*) chéerless, glóomy; (*безнадёжный*) hópe¦less; **~ая** тьма dense / thick dárkness; **~ая** нужда́ hópe¦less pénury.

беспросы́пный **1.** (*о сне*) deep; **2.** (*о пьянстве*) céase¦less [-s-].

беспро́сыпу = без про́сыпу *см.* про́сып.

беспроце́нтный béaring no ínterest ['bɛə-...].

беспу́тица *ж.* = бездоро́жье.

беспу́тничать *разг.* lead* a díssolùte life.

беспу́т||ный díssipàted, díssolùte; (*развратный*) licéntious [laɪ-]. **~ство** *с.* dissipátion; (*разврат*) debáuchery, líbertinage. **~ствовать** = беспу́тничать.

бессвя́зн||ость *ж.* ìn¦còhérence [-kou'hɪə-]. **~ый** ìn¦còhérent [-kou-]; (*ср.* непосле́довательный).

бессеме́йный without a fámily.

бессеменодо́льный *бот.* àcòtylédonous [-'liː-].

бессемеров||а́ние *с. тех.* Béssemer prócèss. **~ский** *тех.* Béssemer; **~ское** произво́дство ста́ли Béssemer prócèss of steel prodúction / mànufácture.

бессемя́нный *бот.* séedless.

бессерде́ч||ие *с.*, **~ность** *ж.* héartlessness ['hɑːt-], hárd-héartedness [-'hɑːt-], cállous¦ness. **~ный** héartless ['hɑːt-], hárd-héarted [-'hɑːt-], cállous, ùnféeling.

бесси́лие *с.* wéakness, féeble¦ness; (*о больном*) debílity; (*перен.*) ímpotence; больно́й жа́ловался на по́лное ~ the pátient compláined of a tótal loss of strength; полово́е ~ *мед.* ímpotence.

бесси́льный weak, feeble; (*перен.*) pówerless; (*беспомощный*) hélpless; (*о злобе и т. п.*) ímpotent.

бессисте́мн||ость *ж.* únsỳstemátic / únmethódical cháracter [...'kæ-]; want / lack of sýstem / méthod. **~ый** únsỳstemátic, únmethódical.

бессла́в||ие *с.* ínfamy, ígnominy. **~ный** ìgnomínious, in¦glórious.

бессле́дн||о *нареч.* without léaving a trace. **~ый** tráce¦less, without a trace.

бессслове́сный **1.** dumb; **2.** (*неразговорчивый*) sílent; (*перен.: безропотный*) meek, húmble, lówly ['lou-].

бессме́нн||о *нареч.* at a stretch, contínuous¦ly; on end; ~ прослужи́ть де́сять лет в одно́м учрежде́нии work in one place for ten years rúnning, work in one place for ten years at a stretch, work contínuous¦ly in one place for ten years. **~ый** pérmanent; (*постоянный*) contínuous.

бессме́ртие *с.* ìmmòrtálity.

бессме́ртник *м. бот.* ìmmòrtélle.

бессме́ртный immórtal; (*о славе и т. п.*) ùndýing, ùnfáding; ~ по́двиг immórtal feat.

бессмы́сленно I **1.** *прил. кратк. см.* бессмы́сленный; **2.** *предик. безл.* there is no sense / point: ~ идти́ туда́ there is no sense / point in gó¦ing there.

бессмы́сленн||о II *нареч.* **1.** (*бесполезно, неразумно*) sénse¦lessly; **2.** (*глупо*) fóolishly; ~ улыбну́ться smile ináne¦ly. **~ость** *ж.* sénse¦lessness; fóolishness; inánity, vácancy ['veɪ-]; (*ср.* бессмы́сленный). **~ый** **1.** (*бесполезный, неразумный*) sénse¦less; (*о злобе и т. п.*) insénsate; **~ый** посту́пок sénse¦less áction; **2.** (*лишённый смысла*) méaning¦less, ùnméaning; **~ый** взгляд vácant / vácuous stare; **3.** (*глупый*) fóolish, ináne, sílly; э́то **~о** (*глупо*) it is sílly, it is fóolish.

бессмы́слица *ж.* nónsense; (*бессмысленный поступок*) absúrdity.

бессне́жный snówless [-ou-].

бессо́вестно [-сн-] I **1.** *прил. кратк. см.* бессо́вестный; **2.** *предик. безл.* it is ùnscrúpulous.

бессо́вестн||о [-сн-] II *нареч.* ùnscrúpulous¦ly, without scrúple. **~ость** [-сн-] *ж.* **1.** ùnscrúpulous¦ness; (*нечестность*) dishónesty [dɪs'ɔ-]; **2.** (*бесстыдство*) sháme¦lessness; (*наглость*) ímpudence. **~ый** [-сн-] **1.**

ùnscrúpulous; (*нечестный*) dishónest [dɪs'ɔ-]; 2. (*бесстыдный*) sháme¦less; (*наглый*) ímpudent, báre¦fàced, brázen(-fàced).

бессодержа́тельн||ость *ж.* émptiness; ìnsipídity, vàpídity, dúllness. **~ый** émpty; (*неинтересный*) insípid, vápid, dull; ~ая болтовня́ émpty talk; gas *разг.*; он совершённо ~ый челове́к he has ábsolùte¦ly nothing in him.

бессозна́тельн||о *нареч.* ún¦cónscious¦ly [-nʃəs-], instínctive¦ly. **~ость** *ж.* ún¦cónscious¦ness [-nʃəs-]. **~ый** 1. ún¦cónscious [-nʃəs]; быть в ~ом состоя́нии be ún¦cónscious; 2. (*непреднамеренный*) ún¦inténtional.

бессо́нн||ица *ж.* insómnia, sléeplessness. **~ый** sléepless.

бессою́зн||ый *грам.* àsyndétic; ~ая связь àsýndeton.

бесспо́рно I 1. *прил. кратк. см.* бесспо́рный; 2. *предик. безл.* there is no doubt [...daut].

бесспо́рн||о II 1. *нареч.* ìndispútably, ùn¦quéstion¦ably [-stʃən-], ùndóubtedly [-'daut-]; 2. *вводн. сл.* to be sure [...ʃuə], assúredly [ə'ʃuər-], be¦yónd quéstion [...-stʃən]. **~ый** ìndispútable, ùn¦quéstion¦able [-stʃən-], ùndeníable; (*очевидный*) sélf-évident.

бессре́бреник *м.* disínterested pérson; он ~ móney is nothing to him ['mʌ-...].

бессро́чн||ый térmless; (*постоянный*) pérmanent; ~ о́тпуск indéfinite leave; ~ па́спорт pérmanent pásspòrt; ~ая ссу́да pérmanent loan; ~ая ссы́лка éxìle for life, lífe¦lòng éxìle.

бесстра́ст||ие *с.* ìmpàssívity. **~ный** impássive, pássion¦less.

бесстра́ш||ие *с.* féarlessness, ìntrepídity. **~ный** féarless, intrépid.

бессты́д||ник *м.* sháme¦less man* / féllow; (*о мальчике*) sháme¦less boy. **~ница** *ж.* sháme¦less wóman* [...'wu-], sháme¦less créature, bold hússy; (*о девочке*) sháme¦less girl [...g-]. **~ный** sháme¦less; (*наглый*) báre¦fàced, brázen(-fàced). **~ство** *с.* sháme¦lessness; (*наглость*) ímpudence; у него́ хвати́ло ~ства (+*инф.*) he had the ímpudence, *или* the front [...frʌ-] (+to *inf.*); he had the cheek (+to *inf.*) *разг.*

бессты́жий *разг.* sháme¦less, ímpudent.

бессчётный [-щё-] innúmerable, cóuntless.

бессюже́тный plót¦less, without a plot / stóry / theme.

беста́ктн||ость *ж.* 1. táctlessness; 2. (*бестактный поступок*) táctless blúnder, piece of táctlessness [pi:s...]. **~ый** táctless; (*неуместный тж.*) clúmsy [-zɪ], impróper [-'prɔ-]; ~ый посту́пок táctless blúnder.

беста́лан||ный 1. feeble, wrétched, úntálented; (*заурядный*) médiòcre; ~ поэ́т feeble / wrétched / úntálented póet; pòetáster; 2. *фольк.* (*несчастный*) lúckless, íll-stárred; ~ая голо́вушка poor dévil.

бестеле́сный ìmmatérial, ìn¦còrpóreal [-ɪəl].

бе́стия *ж.* knave, rogue [roug]; ◇ то́нкая ~ sly cústomer, ártful dódger, deep one; продувна́я ~ knówing féllow ['nou-...], a knówing card, a deep one.

бестолко́в||ость *ж.* 1. (*непонятливость*) múddle-headedness [-hed-], dull ùnderstánding, stupídity; 2. (*несвязность*) ìn¦còhérence [-kou'hɪə-], confúsion. **~щина** *ж. разг.* confúsion, muddle. **~ый** 1. (*непонятливый*) múddle-headed [-hed-], stúpid; ~ый челове́к blóckhead [-hed], dúnderhead [-hed]; 2. (*несвязный*) confúsed, ìn¦còhérent [-kou-]; (*непонятный*) ún¦intélligible.

бе́столочь *ж. разг.* 1. = бестолко́вщина; 2. (*бестолковый человек*) múddle-head [-hed]; *собир.* a lot of blóckheads [...-hedz].

бестре́петный *поэт.* intrépid, dáuntless.

бесфо́рменный fórmless, shápe¦less.

бесхара́ктерн||ость *ж.* wéakness of will, spíne¦lessness, féeble¦ness. **~ый** wéak-wìlled, spíne¦less, feeble; он ~ый челове́к he has no will of his own [...oun], he has no báckbòne.

бесхво́стый táil¦less; ecáudate *научн.*

бесхи́тростный [-сн-] ártless, únsophísticàted; (*простодушный*) símple, ingénuous [ɪn'dʒe-].

бесхо́зн||ый ún¦ówned [-'ou-], ównerless ['ou-]; ~ая земля́ no man's land; ~ое иму́щество próperty in abéyance.

бесхозя́йный *уст.* = бесхо́зный.

бесхозя́йственн||ость *ж.* thríftlessness, bad mánage¦ment, mísmánage¦ment; (*нерадение*) négligence. **~ый** thríftless; ~ый челове́к bad* mánager; ~ое веде́ние дел mísmánage¦ment; ~ое отноше́ние к обору́дованию *и т. п.* cáre¦less and wáste¦ful way of hándling equípment, *etc.* [...'weɪst-...].

бесхребе́тный spíne¦less; (*перен.*) *разг.* without báckbòne, weak, váccillàting; (*беспринципный*) ùnprínicipled.

бесцве́тн||ость *ж.* cólour¦lessness ['kʌ-]; (*перен. тж.*) ìnsipídity, flátness, táme¦ness. **~ый** cólour¦less ['kʌ-]; (*перен. тж.*) insípid, flat, tame; (*скучный, однообразный*) drab; (*о лице, внешности*) wan [wɔn]; ~ая речь tame / cólour¦less speech.

бесце́льн||ость *ж.* áimlessness; (*бесполезность*) ídle¦ness; ~ спо́ра ídle¦ness of *the* árgument. **~ый** áimless; (*бесполезный*) idle, póintless; э́то ~о it would serve no púrpose [...-s], it would be póintless / fútile.

бесце́нн||ость *ж.* 1. (*большая ценность*) príce¦lessness; 2. *уст.* (*малоценность*) válue¦lessness. **~ый** 1. (*очень дорогой*) príce¦less, inváluable; (*любимый*) belóved [-'lʌ-]; 2. *уст.* (*малоценный*) válue¦less, wórthless.

бесце́нок *м.*: за ~ for next to nothing, for a (mere) trifle; for a song *идиом. разг.*

бесцеремо́нн||ость *ж.* úncèremóniousness; (*развязность*) famìliárity; (*наглость*) ímpudence. **~ый** úncèremónious, óff-hánd(ed); (*невежливый*) ùnmánnerly; (*наглый*) ímpudent; ~ое обраще́ние с кем-л. hígh-hánded tréatment of smb.; ~ое обраще́ние с фа́ктами árbitrary tréatment of facts; э́то ~о that is too free and éasy [...'i:zɪ], that is úncèremónious, that is táking líberties; (*развязно*) that is too famíliar.

бесчелове́чн||ость *ж.* ìn¦humánity, brùtálity. **~ый** in¦húman, brútal.

бесче́ст||ить, обесче́стить (*вн.*) disgráce (*d.*), bring* dishónour [...dɪs'ɔ-] (on), be a disgráce (to); (*женщину тж.*) dishónour (*d.*). **~ность** [-сн-] *ж.* dishónour¦able¦ness [dɪs'ɔ-]. **~ный** [-сн-] dishónour¦able [dɪs'ɔ-].

бесче́стье *с.* disgráce, dishónour [dɪs'ɔ-].

бесчи́н||ный *уст.* outrágeous, scándalous. **~ство** *с.* excéss, óutràge. **~ствовать** commít excésses / óutràges.

бесчи́сленн||ость *ж.* innùmerabílity, númberlessness. **~ый** cóuntless, innúmerable, númberless; ~ое коли́чество раз times out of númber, óver and óver agáin; ~ое мно́жество ínfinite númber; cóuntless númbers *pl.*

бесчу́вственн||ость [-у́с-] *ж.* 1. insènsibílity; 2. (*жестокость*) cállous¦ness, hárd-héartedness [-'hɑ:t-]. **~ый** [-у́с-] 1. inséensible; находи́ться в ~ом состоя́нии be ùn¦cónscious [...-nʃəs]; 2. (*жестокий*) ùnféeling, cállous, hárd-héarted [-'hɑ:t-], héartless ['hɑ:t-].

бесчу́вств||ие [-у́с-] *с.* 1. loss of cónscious¦ness [...-nʃəs-]; до ~ия till one lóses cónscious¦ness [...'lu:z-...]; в ~ии ùn¦cónscious [-nʃəs]; пья́ный до ~ия dead drunk [ded...]; 2. (*жестокость*) cállous¦ness, hárd-héartedness [-'hɑ:t-], héartlessness ['hɑ:t-].

бесшаба́шн||ость *ж. разг.* récklessness. **~ый** *разг.* réckless, dáre-dèvil; ~ый челове́к dáre-dèvil.

бесшу́мный nóise¦less.

бе́та *ж.* béta.

бе́та-лучи́ *мн. физ.* béta rays.

бе́та-части́ца *ж. физ.* béta párticle.

бето́н *м.* cóncrète [-nk-]; укла́дывать ~ pour cóncrète [pɔ:...]. **~и́ровать,** забетони́ровать (*вн.*) cóncrète [-nk-] (*d.*). **~ный** cóncrète [-nk-].

бетономеша́лка *ж. тех.* cóncrète míxer [-nk-...].

бето́нщик *м.* a wórker in cóncrète [...-nk-].

беф-стро́ганов *м. нескл. кул.* boeuf Stróganòff [bəːf...].

беч||ева́ *ж.* tów(ing)-lìne ['tou-], tów(ing)-ròpe ['tou-]; тяну́ть ~ево́й (*вн.*) tow [tou] (*d.*). **~ёвка** *ж.* string, twine; (*для зашивания пакетов*) páck-thread [-θred]. **~ево́й 1.** *прил. к* бечева́; ~ева́я тя́га tówing ['tou-]; **2.** *ж. как сущ. уст.* tów-pàth* ['tou-].

бешаме́ль *ж. кул.* béshamel sauce.

бе́шен||ство *с.* **1.** (*болезнь*) hýdro-phóbia; (*тк. о животных*) rábiès [-iːz]; **2.** (*неистовство*) fúry, rage; довести́ до ~ства (*вн.*) enráge (*d.*), make* fúrious (*d.*), drive* wild (*d.*), drive* to a frénzy (*d.*); доведённый до ~ства enráged; в ~стве in a frénzy. **~ый 1.** rábid, mad; ~ая соба́ка mad dog; rábid dog *научн.*; **2.** (*неистовый*) fúrious; ~ый хара́ктер víolent / ùngóvernable cháracter [...'gʌ- 'k-]; ~ая не́нависть rábid hate; ~ые уси́лия frántic / frénzied éfforts; ◇ ~ая ско́рость fúrious / bréaknèck speed [...'breɪk-...]; ~ая си́ла stupéndous strength; ~ые де́ньги éasy móney ['iːzɪ 'mʌ-] *sg.*; (*большие*) fàntástic sum *sg.*; ~ая цена́ *разг.* exórbitant / extrávagant price; ~ая го́нка вооруже́ний frénzied arms drive / race.

бешме́т *м.* béshmet (*quilted jacket*).

библе́йский bíblical, scríptural.

библио́граф *м.* bìbliógrapher. **~и́ческий** bìbliográphic(al); ◇ ~и́ческая ре́дкость rare book.

библиогра́фия *ж.* bìbliógraphy.

библиома́н *м.* bìbliomániàc.

библиоте́к||а *ж.* líbrary ['laɪ-]; (*с выдачей книг на дом*) lénding líbrary; (*без выдачи на дом*) réference líbrary; ~-чита́льня réading-room, réading-hàll. **~арь** *м.* lìbrárian [laɪ-].

библиотекове́дение *с.* líbrary scíence ['laɪ-...].

библиоте́чка *ж. разг.* set / colléction of books on a given súbject; ~ садово́да set / colléction of gárdening books.

библиоте́чный *прил. к* библиоте́ка.

библиофи́л *м.* bíbliophìl(e).

библиофи́льский bìbliophílic.

би́блия *ж.* the Bíble; (*экземпляр библии*) bíble.

бива́||к *м.* bívouàc [-vuæk]; стоя́ть ~ком, стоя́ть на ~ках bívouàc. **~чный** bívouàcking [-vuæk-]; bívouàc [-vuæk] (*attr.*).

би́вень *м.* tusk.

бивуа́к *м. уст.* = бива́к; ◇ жить (как) на ~ах camp out, rough it [rʌf...].

бигуди́ *мн.* cúrling pins.

бидо́н *м.* can; ~ для молока́ mílk-càn; (*большой — для перевозки молока и т. п.*) mílk-chùrn.

бие́ние *с.* (*сердца, пульса*) béating; (*сильное*) thróbbing; (*пульсация*) pùlsátion; ◇ ~ жи́зни the pulse / pùlsátion of life.

биза́нь *ж. мор.* dríver; (*у барка, шлюпки*) mízzen, mízzensail; ~-ма́чта mízzen-màst.

би́знес *м. разг.* búsiness ['bɪzn-]; большо́й ~ big búsiness.

бизнесме́н *м.* búsiness man* ['bɪzn-].

бизо́н *м. зоол.* bíson.

бикарбона́т *м. хим.* bìcárbonate.

биквадра́т *м. мат.* bìquádrate. **~ный** *мат.* bìquàdrátic.

бикфо́рдов: ~ шнур *тех.* sáfety fuse, Bíckford fuse.

билабиа́льный *лингв.* bìlábial.

биле́т *м.* **1.** tícket; железнодоро́жный, трамва́йный ~ ráilway, tram tícket; ~ в оди́н коне́ц single tícket; ~ туда́ и обра́тно retúrn tícket; входно́й ~ tícket of admíttance, éntrance tícket / card; пригласи́тельный ~ ìnvitátion card; экзаменацио́нный ~ quéstion card [-stʃ-...]; все ~ы про́даны all seats are sold; (*как объявление*) all seats sold; **2.** (*как удостоверение*) card; парти́йный ~ Párty card; профсою́зный ~ tráde-ùnion card; ◇ креди́тный ~ bánk-nòte.

билетёр *м.*, ~ша *ж. разг.* tícket colléctor, tícket contróller [...-rou-].

биле́тн||ый *прил. к* биле́т; ~ая ка́сса bóoking-òffice; (*театральная и т. п.*) bóx-òffice.

биллио́н *м.* (1.000.000.000) mílliard; bíllion *амер.*

билль *м.* bill.

би́ло *с. тех.* béater.

билья́рд *м.* bílliards; па́ртия на ~е game of bílliards. **~ный** *прил. к* билья́рд.

биметалли́||зм *м. эк.* bìmétallism. **~ческий** *эк.* bìmetállic; ~ческая де́нежная систе́ма bìmetállic mónetary sýstem [...'mʌ-...].

бино́кль *м.* bìnócular(s) [baɪ-] (*pl.*), pair of glásses; полево́й ~ fíeld-glàss(es) ['fiː-] (*pl.*); театра́льный ~ ópera-glàss(es) (*pl.*).

бинокуля́рн||ый bìnócular [baɪ-]; ~ое зре́ние bìnócular vísion.

бино́м *м. мат.* bìnómial; ~ Ньюто́на Bìnómial théorèm [...'θɪə-].

бинт *м.* bándage. **~ова́ть,** забинтова́ть (*вн.*) bándage (*d.*).

биогене́||зис [-нэ́-] *м.* bìogénesis. **~ти́ческий** bìogenétic(al).

био́||граф *м.* bìógrapher. **~графи́ческий** bìográphic(al). **~гра́фия** *ж.* bìógraphy.

биокиберне́тика *ж.* bìocỳbernétics.

био́||лог *м.* bìólogist. **~логи́ческий** bìológical. **~ло́гия** *ж.* bìólogy; ~ло́гия кле́тки cell bìólogy.

биомеха́ника *ж.* bìomechánics ['-k-].

биопси́я *ж. мед.* bìópsy.

биоси́нтез *м.* biosýnthesis.

биоста́нция *ж.* (биологи́ческая ста́нция) bìológical státion.

биото́ки *мн.* bìológical cúrrents.

био||фи́зик *м.* bìophýsicist [-z-]. **~фи́зика** *ж.* bìophýsics [-z-]. **~физи́ческий** bìophýsical [-z-].

био||хи́мик *м.* bìochémist [-'k-]. **~хими́ческий** bìochémical [-'k-]. **~хи́мия** *ж.* bìochémistry [-'k-].

биоци́кл *м.* bìocýcle.

бипла́н *м.* bíplàne.

биполя́рн||ость *ж. физ.* bìpolárity. **~ый** bìpólar.

би́ржа *ж.* **1.** exchánge [-'tʃeɪ-]; ~ труда́ lábour exchánge; това́рная ~ commódity exchánge; чёрная ~ illégal cúrrency-exchánge [...-'tʃeɪ-]; **2.** *уст.*: изво́зчичья ~ cáb-stànd.

биржев||и́к *м.* mérchant on Change [...tʃeɪ-], stóck-jòbber. **~о́й** *прил. к* би́ржа 1; ~о́й ма́клер stóck-bròker; ~а́я сде́лка trànsáction on the exchánge [-'zæ-...-'tʃeɪ-]; ~а́я игра́ stóck-jòbbing.

би́рка *ж.* tálly (*notched stick*).

бирма́н||ец *м.*, ~ка *ж.* Bùrmése, Búrman; *мн. собир.* the Bùrmése. **~ский** Bùrmése, Búrman; ~ский язы́к Bùrmése, the Bùrmése lánguage.

бирюз||а́ *ж.* túrquoise [-kwɑːz, -kɔɪz]. **~о́вый** *прил. к* бирюза́.

бирю́к *м.* moróse / crábbed féllow [mə'rous...]; смотре́ть ~о́м look moróse / súllen / súrly.

бирю́льки *мн.* (*ед.* бирю́лька *ж.*) spíllikins; игра́ в ~ spíllikins *pl.*, game of spíllikins; игра́ть в ~ play spíllikins; (*перен.*) waste one's time on trifles [weɪst...], trifle awáy one's time.

бис *межд.* encóre [ɔŋ-]; исполня́ть на ~ = биси́ровать.

би́сер *м. тк. ед. собир.* (glass) beads *pl.*; ◇ мета́ть ~ пе́ред сви́ньями cast* pearls befóre swine [...pəː...]. **~ина** *ж.*, **~инка** *ж.* bead. **~ный** *прил. к* би́сер; (*перен.*: *очень мелкий*): ~ный по́черк mìnúte hánd-wrìting [maɪ-...].

биси́рова||ть *несов. и сов.* (*вн.*; *повторять*) repéat (*d.*); (*без доп.*; *исполнять один раз сверх программы — об игре*) play an encóre [...ɔŋ-]; (*то же — о пении*) sing* an encóre; скрипа́ч ~л четы́ре ра́за the víolinist played four encóres [...fɔː...].

бискви́т *м.* **1.** (*печенье*) spónge-cáke [-ʌndʒ-]; **2.** (*неглазированный фарфор*) bíscuit [-kɪt] (*unglazed porcelain*). **~ный** sponge [-ʌndʒ] (*attr.*); ~ный руле́т Swiss roll.

биссектри́са *ж. мат.* bìséctor.

бисульфа́т *м. хим.* bìsúlphate.

бита́ *ж. спорт.* bat.

би́тва *ж.* battle; (под *тв.*, при, у) battle (of).

битки́ *мн.* (*ед.* бито́к *м.*) *кул.* roundríssòles [...'riː-], méatbàlls.

битко́м *нареч.*: ~ наби́тый packed, chóck-fùll, crám-fùll, full to òverflówing [...-'flou-]; там наро́ду ~ наби́то the place is crammed, it is crám-fùll of people there [...piː-...].

битýм *м.* bitúmèn. **~инóзный** bitúminous.

бúт||ый 1. *прич. см.* бить I 1, 2, 3, 4; **2.** *прил.*: ~ая птúца (dressed) póultry ['pou-]; ~ые слúвки whipped cream *sg.*; ✧ ~ час a whole hour [...houl auə], a good hour.

бить I, побúть **1.** (*вн.*; *в разн. знач.*, *тж. перен.*) beat* (*d.*); ~ кнутóм whip (*d.*); ~ врагá егó же орýжием baffle / foil / confúte *an* oppónent with his own wéapon [...oun 'we-]; make* *an* oppónent's wéapon recóil agáinst him; **2.** *тк. несов.* (по *дт.*; *ударять*) hit* (*d.*); (*перен.*: *бороться*) fight* (*d.*, agáinst), strúggle (agáinst, with); ~ по лицý (*о ветвях и т. п.*) strike* in the face; ~ по недостáткам struggle with deféсts, wage war on deféсts; ~ в цель hit* the mark; **3.** *тк. несов.* (*вн.*; *убивать*) kill (*d.*); *охот. тж.* shoot* (*d.*); (*о скоте тж.*) sláughter (*d.*); ~ рыбу острогóй spear fish (with a gig) [...g-]; ~ гарпунóм harpóon (*d.*); ~ на летý shoot* on the wing (*d.*); **4.** *тк. несов.* (*вн.*; *о посуде и т.п.*) break* [-eɪk] (*d.*); **5.** *тк. несов.* (*о воде и т. п.*) gush out; (*о роднике*) gush out, well up; ~ струёй spurt, spirt; ~ ключóм gush out, well up; (*перен.*) be in full swing; жизнь, энéргия в нём бьёт ключóм he is òver¦flówing, *или* búbbling / brímming óver, with vìtálity, énergy [...-ouɪŋ... vaɪ-...]; **6.** *тк. несов.* (*о ружье и т. п.*) shoot*; (*на расстояние*) have a range [...reɪ-]; ✧ ~ в глазá strike* the eye [...aɪ]; ~ в ладóши clap one's hands; ~ в однý тóчку hámmer smth. home; ~ кáрту cóver *a* card ['kʌ-...]; бьющий чéрез край exúberant; ~ мáсло churn bútter; ~ на эффéкт strive* áfter effect; ~ навернякá be sure of one's aim [...ʃuə...]; ~ по кармáну когó-л. cost* *one* a prétty pénny [...'prɪ-...]; ~ по рукáм strike* a bárgain; ~ по чьемý-л. самолю́бию mórtifỳ smb., wound smb.'s pride / vánity / sélf-estéem [wuː-...]; егó бьёт лихорáдка he is shívering with féver [...'ʃɪ-...]; ~ зáдом (*о лошади*) kick; ~ хвостóм lash / swish *the* tail.

бить II, пробúть (*давать сигнал*) sound; (*о часах*) strike*; ~ в набáт, ~ тревóгу give* / sound the alárm, sound / ring* the tócsin; (*перен.*) raise an alárm; ~ отбóй (*тж. перен.*) beat* a retréat.

бúться 1. (с *тв.*) fight* (with); **2.** (о *вн.*) knock (agáinst), hit* (agáinst), strike* (*d.*); bátter (*d.*); **3.** (*о сердце, пульсе*) beat*; сéрдце сúльно бьётся *the* heart is thróbbing / thúmping / béating [...hɑːt...]; **4.** (над) struggle (with); он бьётся над э́той задáчей he is strúggling with this próblem [...'prɔ-], he is rácking his brains over this próblem; как он ни бúлся how¦éver much he tried; **5.** *страд.* к бить I 4; ✧ ~ головóй óб стену ≅ be up agáinst a blank wall; ~ как рыба об лёд≅ struggle désperate¦ly to make both ends meet [...bouθ...]; ~ об заклáд bet, wáger.

битю́г *м.* bitiúg (*a Russian breed of cart-horse*).

бифуркáция *ж.* bìfùrcátion [baɪ-].

бифштéкс [-тэ-] *м. кул.* (béef)steak [-eɪk].

бúцепс *м. анат.* bícèps.

бич *м.* whip, lash; (*перен.*) scourge [-əːdʒ]; ~ óбщества sócial scourge / évil [...'iːv-].

бичевá *ж.* = бечевá.

бичев||áние *с.* flàgellátion, càstigátion. **~áть** (*вн.*) flágellàte (*d.*), scourge [-əːdʒ] (*d.*), lash (*d.*); (*перен. тж.*) cástigàte (*d.*); ~áть порóки cástigàte / stígmatìze vice.

бичёвка *ж.* = бечёвка.

бишь *частица разг.* now; как ~ егó зовýт? what is his name, now?; то ~ that is to say.

блáг||о I *с.* blessing, boon; (*счастье*) good; желáю вам всех благ I wish you every háppiness; ~а жúзни the good things of life, créature cómforts [...'kʌ-]; произвóдство материáльных благ prodúction of matérial wealth [...we-]; земны́е ~а éarthly bléssings ['əː-...]; óбщее ~ cómmon / géneral weal; cómmon good; на ~, для ~а (*рд.*) for the wélfàre (of); для ~а человéчества for the wélfàre, *или* the good, of mànkínd; ✧ всех благ! *разг.* (*до свидания*) all the best!, so long!; ни за какúе ~а (в мúре) not for the world; счесть за ~ consíder / deem it right [-'sɪ-...].

блáго II *союз разг.* since; sée¦ing / consídering that; пóльзуйтесь слýчаем, ~ вы здесь use the òpportúnity since you are here.

благовéрн||ая *ж. скл. как прил. шутл.* bétter half [...hɑːf]; (*о жене другого*) good lády. **~ый** *м. скл. как прил. шутл.* lord and máster.

блáговест *м. тк. ед.* (ríng¦ing of) the church bells. **~ить 1.** ring* for church; **2.** (о *пр.*) *разг.* (*разносить новости*) públish ['pʌ-] (*d.*), spread* [-ed] (*d.*), noise abróad [...ɔːd] (*d.*).

благовéщение *с. церк.* Lády Day, Annùnciátion.

благовúдн||ый séemly; ✧ ~ предлóг pláusible excúse / prétèxt [-z--s...], spécious excúse / prétèxt; под ~ым предлóгом on *a* pláusible excúse / prétèxt.

благовол||éние *с.* góod¦wíll, kínd¦ness; пóльзоваться чьим-л. ~éнием be in smb.'s good gráces / books, stand* high in smb.'s fávour, be in high fávour with smb. **~úть 1.** (к) regárd with fávour (*d.*), have a kind féeling (for); **2.** *тк. пов.* (+*инф.*) have the kínd¦ness (+to *inf.*), kínd¦ly (*imper.*): ~úте отвéтить have the kínd¦ness to ánswer [...'ɑːnsə], kínd¦ly ánswer.

благовóн||ие *с.* **1.** *уст.* frágrance ['freɪ-], aróma, pérfùme; напóлнить ~ием (*вн.*) perfúme (*d.*); **2.** *мн.* íncènse *sg.* **~ный** frágrant, perfúmed, àromátic.

благовоспúтанн||о *нареч.* políte¦ly, cóurteous¦ly ['kəːt-]; он ведёт себя́ ~ he has good* mánners. **~ость** *ж.* good bréeding. **~ый** wéll-bréd, wéll--bróught-úp.

благоглýпости *мн.* hígh-sounding nónsense *sg.*

благогов||éйный rèveréntial. **~éние** *с.* (пéред) (*смешанное со страхом*) awe (of); (*с покорностью*) réverence (for, befóre); (*с любовью*) vènerátion (for).

благоговéть (пéред) revére (*d.*), hold* in réverence (*d.*), regárd with réverence (*d.*), véneràte (*d.*).

благодар||úть, поблагодарúть (*вн.*) thank (*d.*); ~ю́ вас thank you.

благодáр||ность *ж.* **1.** grátitùde; **2.** (*выражение благодарности*) thanks *pl.*; не стóит ~ности don't méntion it, not at all; рассыпáться в ~ностях thank effúsive¦ly, pour out one's thanks [pɔː...]. **~ный** gráte¦ful, thánkful; ✧ ~ный труд grátifỳing lábour; wórth-whíle lábour *разг.*; я вам óчень ~ен thank you very much (indéed), I am very much oblíged to you; much oblíged *разг.*

благодáрственн||ый *уст.* of thanks; thánks¦gíving; ~ое письмó létter of thanks; ~ молéбен thánks¦gíving (sérvice).

благодаря́ *предл.* (*дт.*) thanks to; (*вследствие*) ówing to ['ou-...]; ~ томý, что thanks to the fact that.

благод||áтный bènefícial; (*изобильный*) abúndant; ~ край rich land. **~áть** *ж. разг.* páradìse [-s]; тут ~áть it's a páradìse here, it's héavenly here [...'he...].

благодéнств||ие *с. уст.* pròspérity. **~овать** prósper, flóurish ['flʌ-]; be in clóver *разг.*

благодéтель *м.* bénefàctor. **~ница** *ж.* bénefàctress. **~ный** bènefícial, benéficent. **~ствовать** (*дт.*) be a bénefàctor (to).

благодея́ние *с.* (*доброе дело*) good deed; (*одолжение*) boon.

благодýшествовать péace¦fully enjóy òne¦sélf.

благодýш||ие *с.* complácency [-'pleɪ-]; (*спокойствие*) plàcídity; (*доброта, мягкость*) míld¦ness of témper, good húmour; самодовóльное ~ smug complácency; впадáть в ~ be lulled into complácency. **~ный** complácent; (*спокойный*) plácid; (*добродушный*) good-húmour¦ed, kínd¦ly; ~ное настроéние benígn / complácent mood [-'naɪn...], good húmour.

благожелáтель||но *нареч.* with kínd¦ness; (*благосклонно*) fávour¦ably; относи́ться ~ (к) be kínd¦ly / fávour¦ably dispósed (towards). **~ость** ж. kínd¦ness, benévolence, góod¦wíll. **~ый** kínd(¦ly); wéll-dispósed, benévolent, kínd¦ly dispósed; ~ый приём kind / fríendly wélcome / recéption [...'frend-...]; ~ое отноше́ние (к) góod¦wíll (to, towards); ~ая реце́нзия fávour¦able review [...-'vjuː].

благозву́ч||ие *с.*, **~ность** *ж.* hármony; (*в сочетании слов*) éuphony. **~ный** hàrmónious; (*о голосе*) melódious; (*о сочетании слов*) euphónious, euphónic.

благ||о́й I good; ~а́я мысль háppy thought; ~о́е наме́рение good inténtion.

благ||о́й II: крича́ть, ора́ть ~и́м ма́том *разг.* shout, yell at the top of one's voice; yell blue múrder.

благоле́пие *с. уст.* spléndour, grándeur.

благонадёжн||ость *ж.* **1.** trústwòrthiness [-ðɪ-]; **2.** *уст.* lóyalty. **~ый** **1.** trústwòrthy [-ðɪ]; **2.** *уст.* lóyal.

благонаме́ренн||ость *ж. уст.* lóyalty. **~ый** *уст.* lóyal; lóyalist (*attr.*).

благонра́в||ие *с. уст.* good cónduct, good beháviour. **~ный** *уст.* wéll-beháved.

благообра́з||ие *с.* cómeliness['kʌml-]. **~ный** cómely ['kʌmlɪ], hándsome [-ns-], fíne-lóoking; ~ный вид fine appéarance.

благополу́ч||ие *с.* pròspérity, wéll-bé¦ing; материа́льное ~ matérial wélfàre. **~но** *нареч.* all right, well; (*счастливо*) háppily: все (обстои́т) ~но évery¦thing is all right, all is well; все ко́нчилось ~но évery¦thing énded well / háppily; — они́ при́были ~но they arríved sáfe¦ly. **~ный** háppy, sàtisfáctory; (*о прибытии кого-л., чего-л.*) safe; пожела́ть кому́-л. ~ного пути́ wish smb. a good jóurney [...'dʒɜː-], wish smb. bon voyage [...bɔːŋwɑː'jɑːʒ].

благоприобре́тенный acquíred.

благопристо́йн||ость *ж. уст.* décency ['diː-], decórum, séemliness. **~ый** *уст.* décent, décorous, séemly.

благоприя́тн||ый **1.** fávour¦able, propítious, auspícious; ~ ве́тер, ~ая пого́да fávour¦able / propítious wind, wéather [...wɪ- 'we-]; ~ моме́нт òpportúnity; ~ые усло́вия fávour¦able / auspícious conditions; **2.** (*одобрительный, хороший*) fávour¦able; ~ отве́т fávour¦able replý; ~ые ве́сти good* news [...-z] *sg.*

благоприя́тств||овать (*дт.*) fávour (*d.*), be fávour¦able (to); обстано́вка ему́ ~овала the sìtuátion fávour¦ed him, the sìtuátion was fávour¦able to him; обстоя́тельства ~уют círcumstances are fávour¦able.

благоприя́тствуем||ый: наибо́лее ~ая держа́ва most fávour¦ed nátion.

благоразу́м||ие *с.* sense, wísdom [-z-]; (*осторожность*) prúdence. **~ный** réasonable [-z-], sénsible; (*рассудительный*) judícious, wise; (*осторожный*) prúdent; э́то ~но that is sénsible; that is prúdent.

благоро́д||ный noble; ~ посту́пок noble áction / deed; ✧ ~ газ rare gas; ~ные мета́ллы the noble / précious métals [...'pre- 'me-]; ~ное негодова́ние ríghteous ìndignátion. **~ство** *с.* nobílity, nóble¦ness.

благоскло́нн||о *нареч.* with fávour, fávour¦ably; слу́шать ~ (*вн.*) hear* fávour¦ably (*d.*), lísten fávour¦ably ['lis°n...] (to), in¦clíne one's ear (to). **~ость** *ж.* benévolence, fávour, góod¦wíll; проявля́ть к кому́-л. ~ость regárd smb. with fávour, fávour smb.; заслужи́ть чью-л. ~ость win* smb.'s fávour, earn smb.'s góod¦wíll [ɜːn...]; по́льзоваться чьей-л. ~остью be in smb.'s good gráces / books, stand* high in smb.'s fávour, be in high fávour with smb. **~ый** fávour¦able.

благослов||е́ние *с.* bléssing(s) (*pl.*), bènedíction; ✧ с его́, её *и т. д.* ~е́ния *шутл.* with his, her, *etc.*, bléssing. **~е́нный** *поэт.* blessed. **~и́ть** *сов. см.* благословля́ть.

благословля́ть, благослови́ть (*вн.*) **1.** bless (*d.*); **2.** *разг.* (*давать согласие*) give* one's bléssing (to); ✧ ~ судьбу́ thank one's stars.

благосостоя́ние *с.* wélfàre, wéll-bé¦ing, pròspérity; подня́ть, повы́сить ~ impróve the wéll-bé¦ing [-uːv...].

благотвори́тель *м.* philánthropist; *разг.* chárity-mónger [-'mʌ-]. **~ность** *ж.* chárity, philánthropy. **~ный** cháritable, phìlanthrópic; ~ный спекта́кль chárity perfórmance; с ~ной це́лью for a cháritable púrpose / óbject [...-s...].

благотво́рно I *прил. кратк. см.* благотво́рный.

благотво́рн||о II *нареч.* bènefícially; де́йствовать ~ have a whóle¦some effect [...'houl...]. **~ость** *ж.* whóle¦some¦ness ['houl-], sàlutáriness; (*о климате и т. п.*) salúbrity. **~ый** bènefícial, sálutary, whóle¦some ['houl-].

благоустро́енный cómfortable ['kʌ-], well órganìzed; ~ го́род wéll-búilt modern town (with all aménities) [-'bɪlt 'mɔ-...ə'miː-]; ~ дом wéll-búilt house* (with all aménities) [...haus...].

благоустро́йство *с.* òrganìzátion of públic sérvices and aménities [-naɪ-... 'pʌb-...ə'miː-].

благоуха́н||ие *с.* frágrance ['freɪ-], pérfùme, sweet smell. **~ный** frágrant, perfúmed, àromátic, swéet-sméllíng.

благоуха́||ть be frágrant, smell sweet. **~ющий** = благоуха́нный.

благочести́вый píous, devóut.

благоче́стие *с.* píety.

блаже́н||ный **1.** (*счастливый*) blíssful, bè¦atífic; ~ное состоя́ние (state of) bliss; в ~ном состоя́нии in a state of bliss; **2.** (*юродивый*) símple; (*глупый*) sílly; ✧ ~ной па́мяти of blessed mémory. **~ство** *с.* bliss, bè¦átitùde, felícity; ✧ на верху́ ~ства in pérfect bliss, in the séventh héaven [...'se- 'he-].

блаже́нствовать be in bliss, be in a state of felícity, be blissfully háppy.

блаж||и́ть *разг.* be wáyward, be caprícious. **~но́й** *разг.* wáyward, caprícious, fréakish.

блажь *ж. разг.* crótchet, whim, whímsy [-zɪ]; на него́ нашла́ ~ he has been seized / táken by a súdden whim [...siːzd...].

бланк *м.* form; заполня́ть ~ fill in, *или* compléte, *a* form. **~овый:** ~овая на́дпись endórse¦ment.

бланширова́ть (*вн.*) *тех.* blanch [-ɑː-] (*d.*).

блат *м.* **1.** (*воровской язык*) thieves' cant [θiː-...], thieves' Látin; **2.** *разг.* (*знакомство, связи*) protéction, pull [pul]; a friend at court [...fre-...kɔːt]; по ~у by báckstáir(s) ínfluence; у него́ есть ~ (в *пр.*) he has a pull (in), he has a friend at court. **~но́й** *разг.* thieves' [θiː-].

блев||а́ть *груб.* vómit, puke. **~о́та** *ж. груб.* vómit.

бледне́ть, побледне́ть **1.** turn / grow* pale [...-ou...]; ~ от стра́ха blanch with térror [-ɑːntʃ...]; **2.** (**пе́ред**) pale (befóre), pale (by the side of).

бле́дно-голубо́й pale / light blue.

бледноли́цый **1.** *прил.* pale; **2.** *м. как сущ.* pále-fàce.

бле́дн||ость *ж.* pállor, pále¦ness; (*перен.*) insipídity, cólour¦lessness ['kʌ-]. **~ый** pale, pállid; (*от утомления*) wan [wɔn]; (*перен.*) insípid, cólour¦less ['kʌ-]; ~ый как полотно́ white as a sheet, pale as a ghost [...gou-]; ~ая не́мочь *мед.* chlorósis, gréensìckness.

блёк||лый fáded; ~лая ме́дная руда́ *мин.* tètrahédrìte. **~нуть, поблёкнуть** fade; (*о растениях тж.*) wíther; (*тускнеть*) grow* dim [-ou...].

бленноре́я *ж. мед.* blènnorrhóea [-'riːə].

блеск *м.* **1.** (*прям. и перен.*) lustre, brílliance, brílliancy; (*перен.: пышность*) màgníficence, górgeous¦ness; ~ со́лнца brílliance / bríghtness of the sun; ~ ста́ли glítter of steel; придава́ть ~ (*дт.; перен.*) add lustre (to), shed* lustre (on); ~ остроу́мия brílliancy of wit, spárkling wit; ~ сла́вы lustre of fame; ~ наря́да màgníficence of dress; показно́й ~ tínsel (*show*); во всём ~е in all one's glóry; **2.** *мин.*: желе́зный ~ háematìte; свинцо́вый ~ galéna.

блесна́ *ж. рыб.* spóon-bait.

блесну́||ть *сов.* (*прям. и перен.*) flash; (*тв.; тк. перен.*) make* a brílliant displáy (of): ~ла мо́лния lightning flashed; у меня́ ~ла мысль an idéa flashed acróss my mind [...aɪ'dɪə...]; ~ красноре́чием make* a brílliant displáy of éloquence; — у меня́ ~ла наде́жда I was inspíred with hope, I saw a ray of hope; он лю́бит ~ свои́м умо́м he likes to make a show of his wit [...ʃou...].

блест||е́ть (*прям. и перен.*) shine*; (*о металле и т. п.*) glitter; (*искриться*) sparkle; глаза́ ~я́т гне́вом eyes sparkle with ánger [aɪz...]; он не бле́щет умо́м his intélligence does not strike you, he is no génius; он ниче́м не бле́щет he does not shine in ány¦thing; он бле́щет остроу́мием he is full of wit, his wit sparkles, he sparkles with wit.

блёстк||и *мн.* (*ед.* блёстка *ж.*) **1.** sparkles, spárklets; (*перен.*: *остроумия и т. п.*) fláshes; **2.** (*украшение*) spangles; усе́янный ~ами spangled.

блестя́щ||е *нареч.* brílliantly; не ~ not too good, só-sò; дела́ иду́т ~ things are gó¦ing fine. **~ий 1.** *прич.* (*тж. как прил.*) *см.* блесте́ть; **2.** *прил.* (*прям. и перен.*) brílliant; ~ая побе́да sígnal / brílliant / spléndid / màgníficent víctory.

блеф *м.* bluff (*deception*).

бле́яние *с.* bléat(ing).

бле́ять bleat.

ближа́йш||ий (*превосх. ст. прил.*) néarest; (*непосредственно следующий*) next; (*непосредственный*) immédiate; ~ друг néarest, *или* most íntimate, friend [...fre-]; ~ая зада́ча immédiate task; ~ по́вод immédiate cause; ~ ро́дственник néarest relátion, néxt-of-kin; ~ сосе́д néxt-door néighbour [-dɔː...]; в ~ем бу́дущем in the near fúture; в ~ие дни within the next few days; ~ее уча́стие pérsonal pàrticipátion; при ~ем рассмотре́нии on clóser exàminátion [...-sə...].

бли́же I *сравн. ст. прил. см.* бли́зкий.

бли́же II (*сравн. ст. от нареч.* бли́зко) néarer; (*о людях*) clóser [-sə], more íntimate; он с ним ~ знако́м he knows him bétter [...nouz...], he is more íntimate with him.

бли́жний I *прил.* near; (*тк. о месте*) néighbour¦ing.

бли́жний II *м. скл. как прил.* néighbour (*fellow man*).

близ *предл.* (*рд.*) near, close to [-s...]; ~ бе́рега near the coast.

бли́зиться draw* near, appróach.

бли́зк||ий 1. (*недалёкий*) near; (*об опасности, беде и т. п.*) ímminent; на ~ом расстоя́нии at a short dístance, a short way off; (*стрелять, фотографировать*) at short range [...reɪ-]; **2.** (к; *сходный*) like; símilar (to); (*о переводе*) close [-s] (to); (*о копии и т. п.*) fáithful; ~ по ду́ху челове́к con¦génial soul [...soul], kíndred spírit; **3.** (*об отношениях*) íntimate, close, near; ~ ро́дственник near relátion; быть ~им с кем-л. be íntimate with smb.; быть ~им кому́-либо be dear to smb.; быть ~им се́рдцу be near *smb's* heart [...hɑːt]; быть в ~их отноше́ниях с кем-л. be on terms of íntimacy, *или* be íntimate, with smb.; ~ к полити́ческим круга́м clóse¦ly connécted with polítical circles [-slɪ...]; **4.** *мн. как сущ.* (*родственники*) *one's* people / relátions [...piː-...]; near ones; (*друзья*) friends [fre-].

бли́зко I **1.** *прил. кратк. см.* бли́зкий; **2.** *предик. безл.* it is not far; до го́рода ~ it is not far to the town; ему́ ~ ходи́ть, е́здить *и т. п.* he has not far to go, *etc.*

бли́зко II *нареч.* near, close [-s]; (*перен. тж.*) néarly; жить ~ live near [lɪv...], live close by, live hárd by; ~ каса́ться (*рд.*) concérn néarly (*d.*); совсе́м ~ round the córner, (near / close) at hand; ~ познако́миться (с *тв.*) become* clóse¦ly acquáinted [...-slɪ...] (with); ~ сойти́сь (с *тв.*) become* very íntimate (with); ~ от (кого́-л., чего́-л.) near (smb., smth.), close to (smb., smth.); принима́ть ~ к се́рдцу (*вн.*) take* to heart [...hɑːt] (*d.*).

близлежа́щий [блись-] néighbour¦ing, néar-bý.

Близнецы́ *мн. астр.* Gémini.

близнец||ы́ *мн.* (*ед.* близне́ц *м.*) twins; бра́тья, сёстры ~ twin bróthers, sísters [...'brʌ-...]; тро́е, че́тверо ~о́в tríplets, quádruplets ['trɪ-...].

близору́к||ий shórt-síghted, néar-síghted; myópic *мед.*; ✧ ~ая поли́тика shórt-síghted pólicy. **~ость** *ж.* short / near sight; myópia *мед.*; (*перен.*) shórt-síghtedness, lack of fóre¦sight.

бли́зост||ь *ж.* **1.** (*о расстоянии*; *тж. перен.*) néarness, clóse¦ness [-s-], pròxímity; (*тж. родства*) propínquity; ~ к исто́чникам сырья́ pròxímity to the sóurces of raw matérials [...'sɔːsɪz...]; в непосре́дственной ~и (к) in immédiate pròxímity (to); **2.** (*об отношениях*) íntimacy.

блик *м.* speck / patch of light; (*в живописи*) high light; со́лнечный ~ patch of sún¦light.

блин *м.* pán¦càke; ✧ пе́рвый ~ ко́мом you must spoil before you spin; печь как ~ы́ do / make* smth. very quíckly and / or in quántities.

блинд||а́ж *м. воен.* shélter, dúg-out. **~и́ровать** *несов. и сов.* (*вн.*) *воен.* blind (*d.*).

бли́нчатый pán¦càke (*attr.*); ~ пиро́г pán¦càke pie; ✧ ~ лёд pán¦càke ice.

бли́нчик *м.* (small) pán¦càke; frítter.

блиста́тельн||ый brílliant, resplén-dent, spléndid; ~ успе́х brílliant succéss; ~ая побе́да glórious / spléndid víctory.

блиста́ть 1. (*выделяться красотой, нарядами и т. п.*) shine*, be conspícuous; ~ красото́й и мо́лодостью be rádiant with youth and béauty [...juːθ...'bjuː-]; **2.** *уст.* = блесте́ть; ✧ ~ отсу́тствием be conspícuous by one's ábsence.

блок I *м. полит.* bloc; ~ коммуни́стов и беспарти́йных the bloc of Cómmunists and nón-Párty people [...piː-]; вое́нный ~ war bloc.

блок II *м. тех.* púlley ['pu-], (púlley-)blòck.

блока́д||а *ж. тк. ед.* blòckáde; объявля́ть ~у decláre a blòckáde; снима́ть ~у raise the blòckáde; прорыва́ть ~у run* the blòckáde; континента́льная ~ *ист.* the Còntinéntal sýstem.

блок-аппара́т *м. ж.-д.* sígnal-bòx.

блокга́уз *м. воен.* blóck¦house* [-s].

блоки́ровать *несов. и сов.* (*вн.*) *воен.* blòckáde (*d.*). **~ся** *несов. и сов.* **1.** (с *тв.*) *полит.* form a bloc (with), form an allíance (with); **2.** *страд. к* блоки́ровать.

блокиро́вка *ж. ж.-д.* block sýstem.

блокиро́вочн||ый block (*attr.*); ~ая систе́ма *ж.-д.* block sýstem.

блокно́т *м.* nóte-book; (*с почтовой бумагой*) wríting-pàd.

блок||по́ст *м. ж.-д.* blóck¦house* [-s], block státion. **~-уча́сток** *м.* block séction.

блонди́н *м.* man* with blond / fair hair, fair / fáir-háired man*; он ~ he is fair. **~ка** *ж.* blonde; она́ ~ка she is fair, she is a blonde.

блоха́ *ж.* flea.

блоши́ный *прил. к* блоха́; ~ уку́с fléa-bìte.

блуд *м. уст.* léchery, fòrnicátion.

блуди́ть I *разг.* fórnicàte.

блуди́ть II *разг.* = плута́ть.

блуд||ли́вость *ж. уст.* lascívious¦ness. **~ли́вый** *уст.* lascívious. **~ни́ца** *ж. уст.* fórnicàtress, fórnicàtrix [-keɪ-].

блу́дный: ~ сын pródigal son [...sʌn].

блужда́||ние *с.* róaming, wándering; ~ по у́лицам strólling about the streets. **~ть** roam, wánder; (*скитаться тж.*) rove; (*бродить по лесу и т.п.*) ramble; (*о глазах*) rove; (*о мыслях*) wánder; ~ть по све́ту rove / roam about the world. **~ющий** *прич. и прил.* wándering, róaming *и т. д.* (*см.* блужда́ть); ~ющий взгляд wándering / róving look; ~ющие звёзды *уст.* cómets ['kɔ-]; ✧ ~ющая по́чка flóating kídney; ~ющий нерв vágus (nerve), pneumogástric (nerve); ~ющий огонёк wíll-o'-the-wìsp; ígnis fátùus *научн.*

блу́з||а *ж.*, **~ка** *ж.* blouse.

блю́дечко *с.* sáucer; (*для варенья*) jam plate.

блю́д||о *с.* 1. (*посуда*) dish; 2. (*кушанье*) dish; (*часть обеда, ужина и т. п.*) course [kɔ:s]; его́ люби́мое ~ his fávour|ite dish; обе́д из трёх блюд thrée-course dínner [-kɔ:s...], dínner of three cóurses.

блюдоли́з *м. разг.* tóady, líckspittle.

блю́дце *с.* sáucer.

блю́минг *м. тех.* blóoming (mill).

блюсти́, соблюсти́ (*вн.*) guard (*d.*); ~ зако́ны obsérve the laws [-'zə:v...], abíde by the laws; ~ интере́сы watch óver the ínterests; ~ поря́док keep* órder. **~тель** *м.* obsérver [-'zə:-]; ✧ ~тель поря́дка *ирон.* ≅ limb of the law.

бля́ха *ж.* plate (*with inscription*); (*с обозначением номера*) númber; (*носильщика и т. п.*) badge.

боа́ *нескл.* 1. *м. зоол.* bóa ['bouə]; 2. *с. уст.* (*шарф*) bóa.

боб *м.* bean; ✧ оста́ться на ~а́х *разг.* get* nothing for one's trouble [...trʌ-].

бобёр *м.* béaver (*fur of beaver*).

боби́на *ж. тех.* bóbbin.

бобко́в||ый bay (*attr.*); ~ое ма́сло báy-oil.

бобо́вый 1. *прил. к* боб; ~ стручо́к béan-pòd; 2. *мн. как сущ. бот.* legúminous plants [...-ɑ:n-]; pulse *sg.*

бобр *м.* béaver (*animal*).

бо́брик *м. текст.* cástor.

бо́бриком *нареч.*: во́лосы ~ short brúshed-ùp hair *sg.*, French crop *sg.*

бобро́в||ый *прил. к* бобёр *и* бобр; ~ мех béaver (*fur*); ~ая плоти́на béaver dam; ~ая струя́ *мед.* cástor.

бобы́л||ь *м.* 1. *уст.* (*одинокий, безземельный крестьянин*) poor lándless péasant [...'pez-]; 2. *разг.* (*бессемейный человек*) lóne|ly / sólitary man*; (*холостяк*) (old) báchelor; жить ~ём live a lóne|ly life* [lɪv...].

бобы́шка *ж. тех.* boss.

бог *м.* God; (*языческий, тж. идол, кумир*) god; ✧ ~ его́ зна́ет! góod|ness knows! [...nouz], God knows!; сла́ва ~у! *разг.* thank God!, thank góod|ness!; не дай ~ God forbíd; ра́ди ~а for góod|ness' sake, for God's sake; ей-~у! réally! ['rɪə-], réally and trúly!; как ~ на́ душу поло́жит ány|how, híggledy-píggledy; ~ с ним, с ней *и т. д.* let it pass, forgét abóut him, her, *etc.* [...-'get...]; не ~ весть что ≅ nothing to write home abóut.

богаде́льня *ж. уст.* álms|house* ['ɑ:mzhaus].

богате́ть, разбогате́ть grow* rich [-ou...].

бога́тств||о *с.* 1. ríches *pl.*, wealth [we-]; есте́ственные ~а nátural resóurces [...-'sɔ:-]; духо́вные ~а spíritual wealth *sg.*; ~ кра́сок wealth of cólour [...'kʌ-]; 2. (*великолепие*) ríchness, resplendence, górgeous|ness.

бога́т||ый 1. *прил.* (*в разн. знач.*) rich; (*о человеке, государстве и т. п. тж.*) wéalthy ['we-]; ~ чем-л. rich in smth.; ~ая земля́, жа́тва, расти́тельность rich soil, hárvest, vègetátion; ~ое убра́нство rich / spléndid / górgeous òrnamèntátion; ~ урожа́й búmper crop / hárvest; ~ о́пыт abúndant / great / wide expérience [...greɪt...]; 2. *как сущ. м.* rich man*; *мн. собир.* the rich; ✧ чем ~ы, тем и ра́ды you are wélcome to all we have.

богаты́рск||ий Hèrcúle|an, àthlétic; ~ го́лос stèntórian voice; ~ рост gíant státure; ~ое здоро́вье íron cònstitútion ['aɪən...], robúst health [...he-]; ~ сон sound sleep; ~ое сложе́ние pówerful physíque [...-'zi:k], Hèrcúle|an / àthlétic build [...bɪ-]; (ру́сский) ~ э́пос *ист. лит.* (Rússian) heró|ic épòs [-ʃən...'e-].

богаты́рь *м.* 1. (*эпический*) (épic) héro; 2. (*силач*) Hérculès [-i:z], áthlète.

бога́ч *м.* rich man*; *мн. собир.* the rich, the wéalthy [...'we-].

бога́че (*сравн. ст. от прил.* бога́тый) rícher.

богдыха́н *м. ист.* Chinése Émperor ['ʧaɪ...].

боге́м||а *ж.* Bòhémia [bou-]; литерату́рная ~ líterary Bòhémia; представи́тель ~ы Bòhémian [bou-].

боги́ня *ж.* góddess.

богобо́рец *м.* theómachist [-k-].

богобоя́зненный Gód-fearing.

богоиска́тельство "Gód-seeking" (*seeking after truth in religion*).

богома́з *м. разг.* ícon-dauber.

богомо́лец *м.* (*паломник*) pílgrim.

богомо́лье *с.* pílgrimage.

богомо́льный devóut.

богоотсту́пн||ик *м. церк.* apóstate. **~ичество** *с. церк.* apóstasy.

богоро́дица *ж. рел.* the Vírgin, Our Lády.

богосло́в *м.* theológian, divíne. **~ие** *с.* theólogy, divínity. **~ский** theológical.

богослуже́ние *с.* divíne sérvice, públic wórship ['pʌ...].

боготвори́ть (*вн.*) ídol|ize (*d.*), wórship (*d.*).

богоху́ль||ный blásphemous. **~ство** *с.* blásphemy. **~ствовать** blàsphéme.

богоявле́ние *с. церк.* Epíphany, Twélfth-day.

бода́ть (*вн.*) butt (*d.*). **~ся** 1. butt; 2. (*бодать друг друга*) butt each other.

бодли́в||ый that butts, apt to butt; э́та коро́ва ~а this cow butts, this cow is apt to butt.

бодр||и́ть (*вн.*) stímulàte (*d.*), invígoràte (*d.*); во́здух ~и́т the air is brácing. **~и́ться** try to keep up one's spírits.

бо́др||о *нареч.* chéerfully; (*с живостью*) brískly; он ещё ~ вы́глядит (*о старике*) he is still hale. **~ость** *ж.* chéerfulness; (*мужество*) cóurage ['kʌ-]; ~ость ду́ха spírits *pl.*, cóurage; придава́ть ~ости кому́-л. inspírit smb., héarten smb. ['hɑ:-...], put* heart into smb. [...hɑ:t...].

бо́дрствовать (*не спать*) be a|wáke; (*намеренно не спать*) keep* a|wáke, keep* vígil.

бо́др||ый chéerful; (*живой*) brisk; ~ ду́хом of good* cheer; он всегда́ бодр he is álways bright and chéerful [...'ɔ:lwəz...]; в ~ом настрое́нии in good* spírits, chéerful; ~ стари́к hale old man*; стари́к о́чень бодр the old man* is hale and héarty [...'hɑ:-]. **~я́щий** 1. *прич. см.* бодри́ть; 2. *прил.* brácing.

бодя́га *ж. зоол.* fresh wáter sponge [...'wɔ:- spʌnʤ].

боеви́к *м. уст.* (*фильм*) hit; ~ сезо́на the hit of the séason [...-z°n].

боев||о́й 1. battle (*attr.*), fíghting; ~ самолёт battle plane, fíghting machíne [...-'ʃi:n]; ~ кора́бль fíghting / cómbatant ship; ~ патро́н live cártridge, báll-càrtridge; ~ поря́док battle fòrmátion; ~о́е положе́ние (*об орудии*) fíring órder; ~а́я заслу́га sérvice in battle; ~а́я мощь fíghting strength; в ~ гото́вности in fíghting trim, réady for áction ['re-...], on a war fóoting [...'fut-]; (*о корабле*) cleared for áction; в ~ы́х усло́виях in field condítions [...fi:ld...]; ~а́я пружи́на (*в оружии*) máinspring; 2. (*воинственный*) béllicòse [-s]; (*воинствующий*) mílitant; ~ дух fíghting spírit; 3. (*очень важный, неотложный*) úrgent: ~а́я зада́ча úrgent task; ✧ ~ па́рень *разг.* gó-ahead féllow [-hed...]; detérmined féllow.

боеголо́вк||а *ж.* wár-head [-hed]; а́томные ~и atómic wár-heads.

боезапа́с *м. мор.* àmmunítion.

боеприпа́сы *мн. воен.* àmmunítion *sg.*

боеспосо́бн||ость *ж.* fíghting effíciency / abílity / capácity. **~ый** effícient; ~ые войска́ effícient troops.

бое́ц *м.* 1. (*воин*) fíghting-man*, fíghter, wárrior; (*рядовой*) man*; бойцы́ N-ского полка́ the men of the N régiment; 2. *уст.* (*участник состязания*) fíghter; кула́чный ~ púgilist, fíghter; пету́х-~ gáme-còck.

божба́ *ж.* swéaring [-ɛə-].

бо́же *межд.* (*выражение удивления*) good God, good Lord, góod|ness; (*досады и т. п.*) oh, Lord [ou...]; (*ужаса и т. п.*) (my) God; (*восхищения*) Lord; ~ мой! my God!, good grácious!, góod|ness me!

боже́ственный divíne.

божество́ *с.* déity ['di:ɪ-]; (*кумир*) ídol.

бо́ж||ий God's; ~ья коро́вка *зоол.* lády-bird; (*перен.*) meek / lámb|like créature; ✧ я́сно как ~ день it is as clear as day / nóonday; ка́ждый ~ день every day of the week.

божиться, побожиться swear* [-ɛə].

божок *м.* **1.** (*небольшой идол*) (small) ídol / ímage; **2.** (*любимец*) idol; tin god *разг.*

бо||й I *м.* **1.** (*сражение*) battle, fight, áction, cómbat; (*борьба*) struggle; дать ~ give* battle; ближний ~ ín-fìghting; close cómbat [-s...]; воздушный ~ air fight; решительный ~ decísive battle; наступательный ~ offénsive battle / áction; оборонительный ~ defénsive battle / áction; ~и fíghting *sg.*; ~и местного значения lócal fíghting, lócal en¦gáge¦ments; ожесточённые ~и fúrious / víolent fíghting; тяжёлые ~и héavy fíghting ['hevɪ...]; крупные ~и májor en¦gáge¦ments; в ~ю in áction, in battle; **2.** *разг.* (*побои*): бить кого-л. смертным ~ем thrash smb. within an inch of *his* life; ✧ взять с ~ю take* by force; взять без ~я take* without stríking a blow [...-ou]; ~ быков búllfight ['bu-]; петушиный ~ cóck-fìght(ing); кулачный ~ fístìcuffs *pl.*

бой II *м. тк. ед.* (*разбивание, тж. битая посуда и т. п.*) bréakage ['breɪ-].

бо||й III *м. тк. ед.*: ~ часов stríking of *a* clock; часы с ~ем stríking clock *sg.*; эти часы с ~ем this clock strikes the hours [...auəz]; барабанный ~ beat of (the) drum, drúmbeat.

бойк||ий **1.** smart; (*разбитной*) sharp; (*дерзкий*) pert, fórward; (*находчивый*) réady ['re-]; ~ ум réady wit; ~ое перо réady pen; ~ язык glib tongue [...tʌŋ]; ~ая речь glib speech; glib words *pl.*; **2.** (*людный*) búsy ['bɪzɪ], ánimàted; ~ая улица búsy street, thóroughfàre ['θʌrə-]; ~ая торговля brisk trade. **~о** *нареч.* smártly; ~о говорить speak* glíb¦ly; ~о говорить по-французски, по-английски *и т. п.* speak* French, Énglish, *etc.*, flúently [...'ɪŋg-...]; ~о отвечать на вопросы ánswer quéstions smártly ['ɑːnsə -stʃ-...]. **~ость** *ж.* smártness; (*языка*) glíbness, flúency; (*пера*) facílity, réadiness ['re-]; (*характера*) alértness, bríškness, pértness.

бойкот *м.* bóycott; объявить кому-л. ~ set* up a bóycott agáinst smb. **~ировать** *несов. и сов.* (*вн.*) bóycott (*d.*).

бойница *ж.* lóop-hòle.

бойня *ж.* **1.** sláughter-house* [-s]; shambles *sg. и pl.*; ábattòir [-twɑː]; **2.** (*побоище*) cárnage, mássacre, sláughter, bútchery ['bu-].

бойскаут *м.* (boy) scout.

бок *м.* (*в разн. знач.*) side; по ~ам on each side; ✧ ~ о ~ side by side, shoulder to shóulder ['ʃou-...], cheek by jowl; по ~у *разг.* asíde; по ~у весь этот вздор! leave off this nónsense!; под ~ом hard by, quite near; с ~у на ~ from side to side; взять кого-л. за ~а put* the screw on smb.; схватиться за ~а (от смеха) split* one's sides (with láughter) [...'lɑːf-].

бокал *м.* glass, góblet ['gɔ-]; ✧ поднимать ~ (за *вн.*) raise one's glass (to).

боков||ой *прил. к* бок; láteral *научн.*; ~ая качка *мор.* rólling; ✧ ~ая линия (*о родстве*) colláteral line; branch [-ɑːn-]; (отправляться, идти) на ~ую *разг.* go* to bed, turn in.

боком *нареч.* síde¦ways; протиснуться ~ в дверь edge òne¦sélf through the dóor(way) [...'dɔː-]; ✧ выйти ~ *разг.* turn out a próper mess [...'prɔ-...]; turn out wrong.

бокс I *м. спорт.* bóxing; (*как специальность тж.*) púgilism.

бокс II *м.* (*стрижка*) short háir-cùt, créw-cùt.

бокс III *м. мед.* ìsolátion cúbicle [aɪ-...].

боксёр *м.* bóxer, púgilist. **~ский** *прил. к* боксёр.

боксировать *спорт.* box.

боксит *м. мин.* báuxìte.

болван *м.* **1.** *разг.* (*дурак*) blóckhead [-hed], dúnderhead [-hed], dolt; **2.** *карт.* dúmmy.

болванка *ж. тех.* pig; железо в ~х píg-ìron [-aɪən].

болгар||ин *м.*, **~ка** *ж.*, **~ский** Bùlgárian; ~ский язык Bùlgárian, the Bùlgárian lánguage.

болев||ой páinful; ~ое ощущение (sènsátion of) pain.

более *нареч.* (*тж. для образования сравн. степени*) more (*об. тк. с двух- и многосложн. прил. и нареч.*): ~ полезный more úse¦ful [...-s-]; ✧ (всё) ~ и ~ more and more; шум всё ~ и ~ усиливался the noise grew lóuder and lóuder; ~ всего most of all; ~ или менее more or less; тем ~ all the more; тем ~, что espécially as [-'pe-...], the more so, as; ~ того and what is more; ~ чем more than; не ~ и не менее, как néither more nor less than ['naɪ-...], no less than; (*ср.* больше).

болезненн||о *нареч.* páinfully; (*перен.*) bád¦ly*, òver¦sénsitive¦ly. **~ость** *ж.* **1.** (*слабость здоровья*) síckliness; (*перен.*: *отклонение от нормы*) mórbidness; ~ость воображения mórbidness / mòrbídity of *the* imàginátion; **2.** (*ощущение боли*) páinfulness. **~ый** **1.** (*слабый здоровьем*) áiling, síckly; (*нездоровый*) únhéalthy [-'he-]; (*перен.*: *ненормальный*) mórbid; ~ые явления únhéalthy sýmptoms, sýmptoms of diséase [...-'ziːz]; ~ый вид síckly look; у него ~ый вид he looks ill / séedy; ~ый румянец únhéalthy flush; ~ое любопытство mórbid cùriósity; **2.** (*причиняющий боль*) páinful.

болезнетворный pàthogénic.

болезнь *ж.* íllness; (*определённая*) diséase [-'ziːz]; (*нездоровье*) áilment, málady; заразная ~ inféctious / contágious diséase; хроническая ~ chrónic diséase; тяжёлая ~ sérious / páinful íllness; ✧ морская ~ séasìckness; ~ роста grówing-pains [-ou-] *pl.*

болельщик *м. спорт. разг.* fan (*enthusiast*).

болен *прил. кратк. см.* больной I.

бол||еть I (*тв.*; *быть больным*) be ill (with); be down (with) *разг.*; (*часто, постоянно и т. п. быть больным*) be áiling; он ~еет воспалением лёгких he is ill with pneumónia [...n-], he is down with pneumónia; он ~еет с детства he has been áiling since chíld¦hood [...-hud]; он всегда ~еет he is álways áiling [...'ɔːlwəz...]; ✧ ~ душой, сердцем (о *пр.*) grieve [-iːv] (abóut, for, óver); (*о чём-л. тж.*) grieve (at); (*беспокоиться*) be ánxious / wórried [...'wʌ-] (abóut).

бол||еть II (*о теле, части тела, органе и т. п.*) ache [eɪk], hurt*; (*чувствовать боль где-л.*) have a pain; (*о жгучей боли*) smart; что у вас ~ит? where have you a pain?; у него ~ит нога his foot* hurts [..fut...], he has a pain in his foot*; у него ~ит голова his head aches [...hed...], he has a héadache [...'hedeɪk]; у него ~ит горло he has a sore throat; у него ~ят глаза his eyes ache [...aɪz...]; глаза ~ят от дыма the smoke makes *one's* eyes smart; ✧ душа, сердце ~ит у него (о *пр.*) his heart bleeds [...hɑːt...] (for, óver, abóut), he grieves [...-iːvz] (óver, at).

болеутоляющ||ий sóothing, sédative; ànalgétic [-'dʒiː-], ánodỳne *мед.*; ~ее средство sóothing / sédative drug; ànalgétic, ánodỳne *мед.*

болид *м. астр.* fíre-bàll; *реже* bólìde ['bou-].

болонка *ж.* Bòlognése [boulo-'njiːz] (*toy dog*).

болот||истый bóggy, márshy, swámpy; ~истая местность márshland, fen; ~истая почва swámpy soil. **~ный** marsh (*attr.*); ~ный газ marsh gas; méthàne *научн.*; ~ная вода stágnant wáter [...'wɔː-].

болото *с.* bog, moráss, swamp, marsh; (*перен.*) mire, slough; торфяное ~ péat-bòg.

болт *м. тех.* bolt; нарезной ~ scréw-bòlt; скреплять ~ами (*вн.*) bolt (*d.*).

болтанка *ж. ав. разг.* rough air [rʌf...], búmpy air.

болтать I, сболтать **1.** (*вн.*; *перемешивать*) stir (*d.*); **2.** *тк. несов.* (*тв.*; *качать*) dangle (*d.*); ~ ногами dangle one's legs.

болта||ть II *разг.* (*говорить — быстро, несерьёзно*) chátter, jábber; (*бестолково, невнятно*) babble; twaddle; ~ вздор talk rúbbish; drível ['drɪ-]; ~ глупости talk nónsense; ~ по-английски, по-французски *и т. п.*

talk Énglish, French, *etc.*, flúently / fréely [...'ɪŋg-...]; что он там ~ет? what is he drívelling / tálking abóut?; ~ языкóм wag one's tongue [wæg... tʌŋ]; clack, blab.

болтáться *разг.* **1.** (*висеть*) dangle; (*об одежде и т. п.*) hang* lóose|ly [...-s-]; ~ в седлé jolt in the saddle; **2.** (*слоняться*) hang* abóut, lounge (abóut), loaf (abóut).

болтли́в||ость *ж.* garrúlity, tálkative|ness; ìndiscrétion [-re-]; (*ср.* болтли́вый). **~ый** (*говорливый*) gárrulous, tálkative; (*не умеющий хранить тайну*) ìndiscréet; blábbing *разг.*

болтовня́ *ж. разг.* chátter; jábber; (*пустословие*) twaddle; (*выдумка, сплетня*) títtle-tàttle; (*с прил.*: пустáя, скýчная *и т. п.* idle, dull, *etc.*) talk; э́то тóлько ~ it's nothing but talk, that's all talk.

болтýн I *м. разг.* **1.** (*пустослов*) tálker, chátterer, gás-bàg, wíndbàg ['wɪ-]; (*гл. обр. о ребёнке*) chátterbòx; **2.** (*сплетник*) góssip, táttler.

болтýн II *м. разг.* (*яйцо*) áddle-ègg.

болтýнья I *ж.* к болтýн I.

болтýнья II *ж.* (*яичница*) scrambled eggs *pl.*

болтýшка I, II *ж.* = болтýнья I, II.

болтýшка III *ж.* (*пойло*) mash.

боль *ж.* pain; (*внезапная резкая*) pang; (*колотьё*) stab; ~ в бокý stitch; головнáя ~ héadàche ['hedeɪk]; зубнáя ~ tóothàche [-eɪk]; душéвная ~ méntal súffering; испы́тывать ~ feel* / have a pain; причиня́ть ~ (*дт.*) hurt* (*d.*); ✧ с ~ю в душé with a héavy heart [...'hevi hɑːt].

больнáя *ж. скл. как прил.* (*пациентка*) pátient; (*ср.* больнóй II; *ср. тж.* больнóй I 2).

больни́||ца *ж.* hóspital; ложи́ться в ~цу go* to hóspital; лежáть в ~це be in hóspital; выпи́сывать из ~цы (*вн.*) dis|chárge from hóspital (*d.*). **~чный** *прил.* к больни́ца; ~чный лист síck-leave certíficate, médical certíficate of únfitness for work, sіck-líst.

бóльно I *предик. безл.* it is páinful; емý ~ it hurts him, he is in pain; дéлать ~ (*дт.*) hurt* (*d.*); глазáм ~ *the* eyes ache [...aɪz eɪk]; *the* eyes hurt *разг.*; ~! it hurts!; емý ~ слы́шать таки́е словá he is pained to hear such words, it hurts / grieves him to hear such words [...-iːvz...]; емý ~, что... it grieves him that..., he is sórry that...; емý ~ за неё he is grieved for her, *или* for her sake.

бóльно II *нареч.* bád|ly; (*сильно*) hard; ~ уколóться prick òne|sélf bád|ly; ~ ушиби́ться hurt* òne|sélf bád|ly, be bád|ly hurt; ~ удáрить (*вн.*) hit* hard (*d.*), give* a páinful / násty blow [...-ou] (*i.*); ~ оби́деть (*вн.*) hurt* / offénd déeply (*d.*).

бóльно III *нареч. разг.* (*очень*) extréme|ly, jólly, térribly; (*слишком*) a bit too; он ~ хитёр he is a bit too cúnning.

больн||óй I **1.** *прил.* (*о человеке, животном*) sick; (*об органе*) diséased [-'ziː-]; (*о повреждённой части тела; тж. перен.*) sore; (*перен.*) mórbid; ~ мáльчик sick boy; ~óе сéрдце diséased heart [...hɑːt]; bad heart *разг.*; ~ глаз sore eye [...aɪ]; ~ зуб, пáлец bad tooth*, fínger; психи́чески ~ méntally diséased / deránged [...-'reɪ-]; он (тяжелó) бóлен he is (sérious|ly) ill; ~óе воображéние mórbid imàginátion; **2.** *как сущ. м.* sick man*, ínvalid [-iːd]; *ж.* sick wóman* [...'wu-], ínvalid; ✧ ~ вопрóс sore súbject; (*животрепещущий*) búrning quéstion [...-stʃ-]; ~óе мéсто (*прям. и перен.*) ténder / sore place / spot; вали́ть с ~ головы́ на здорóвую ≅ lay* one's own fault at smb. else's door [...oun...dɔː], blame smb. else for one's own fault.

больнóй II *м. скл. как прил.* (*пациент*) pátient; амбулатóрный ~ óut-pàtient; стационáрный ~ ín-pàtient, hóspital pátient; туберкулёзный ~ tùbércular pátient; (*лёгочный*) consúmptive (pátient); хрони́ческий ~ chrónic ínvalid [...-iːd]; ✧ тяжёлый ~ sérious case [...-s]; он тяжёлый ~ he is sérious|ly ill, his case is sérious.

большáк *м.* (*дорога*) high road.

бóльше I *прил.* (*сравн. ст. от* большóй) bígger, lárger; (*гл. обр. об отвлеч. понятиях*) gréater ['greɪ-].

бóльше II *нареч.* **1.** (*сравн. ст. от* мнóго) more; как мóжно ~ (*с сущ. в ед. ч.*) as much as póssible; (*с сущ. во мн. ч.*) as many as póssible; мнóго ~ (*с сущ. в ед. ч.*) much more; (*с сущ. во мн. ч.*) many more; немнóго ~ a little more; чем ~ ..., тем ~ ... the more... the more...; **2.**: ~ не no more; not... any more / lónger: он там ~ не живёт he lives there no more, *или* no lónger [...lɪvz...], he does not live there any more;— ~ он тудá не пойдёт he will not go there any more, *или* again, he will go there no more; ✧ емý э́то ~ нрáвится he likes this bétter; ~ тогó and what is more; ~ не бýду! I won't do it agáin! [...wount...]; чтоб э́того ~ не бы́ло don't let it háppen agáin; чтóбы не сказáть ~ to say the least (of it).

большев||и́зм *м.* Bólshevism. **~и́к** *м.* Bólshevik. **~и́стский** Bólshevist, Bólshevik; ~и́стское руковóдство Bólshevist léadership; ~и́стская закáлка Bólshevist hárdiness.

большеголóвый lárge-héaded [-'he-]; màcrocéphalous *научн.*

бóльш||ий gréater [-eɪtə]; ~ая часть (*рд.*) the gréater / most part (of); (*с сущ. во мн. ч. тж.*) most (of); ✧ ~ей чáстью, по ~ей чáсти for the most part, móst|ly; сáмое ~ее (*не более*) at most, at the út|mòst.

большинств||ó *с.* majórity; (*о людях тж.*) most people [...piː-]; ~ голосóв majórity of votes, a majórity vote; простóе ~ голосóв simple majórity; абсолю́тное ~ ábsolùte majórity; значи́тельное ~ large majórity; огрóмное ~ vast majórity; ~ в две трéти twó-thìrds' majórity; ~óм голосóв by a majórity vote; подавля́ющее ~ òver|whélming majórity; незначи́тельное ~ nárrow / bare / scant / slight majórity; в ~é слýчаев in most cáses [...-s-], in the majórity of cáses; ~ егó друзéй most of his friends [...fre-], the majórity of his friends.

больш||óй **1.** big; (*о неодушевл. предметах тж.*) large; ~ мáльчик big boy; ~ зал big / large hall; ~ промежýток wide ínterval; ~óе знакóмство númerous acquáintance; ~óе числó great / large númber [...eɪt...]; ~ Лóндон, ~áя Москвá *и т. п.* Gréater Lóndon, Gréater Móscow, *etc.* ['greɪ- 'lʌ-...]; **2.** (*значительный; выдающийся*) great; ~áя рáзница great dífference; **3.** (*важный*) impórtant; **4.** *разг.* (*взрослый*) grówn-úp [-oun-]; ✧ ~ пáлец (прáвой, лéвой) руки́ (right, left) thumb; ~ пáлец (прáвой, лéвой) ноги́ (right, left) big toe; Большóй теáтр Bolshói Théatre [...'θɪə-]; ~áя бýква cápital létter; ~áя дорóга high road, híghway.

большýщий *разг.* treméndous.

боля́чка *ж.* sore; (*перен.*) deféct, weak spot.

бóмб||а *ж.* bomb; ✧ влетéть ~ой burst* in.

бомбарди́р *м.* bòmbardíer [-'dɪə]; *ав.* bómb-aimer, air bómb|er.

бомбардировáние *с. ав.* bómb|ing, áerial bòmbárdment ['ɛə-...].

бомбардир||овáть (*вн.*; *прям. и перен.*) bòmbárd (*d.*); (*с самолёта*) bomb (*d.*). **~óвка** *ж.* bòmbárdment. **~óвочный** bómb|ing. **~óвщик** *м.* bómb|er.

бомбёжка *ж. разг.* bómb|ing.

бомби́ть (*вн.*) *разг.* bomb (*d.*).

бомбо||держáтель *м.* bómb-càrrier. **~мёт** *м.* bómb-thrower [-ouə]. **~метáние** *с.* bómb|ing; ~метáние с пики́рования díve-bòmb|ing.

бомбосбрáсыватель *м. воен. ав.* bómb-reléase slip / gear [-'liːs...g-].

бомбоубéжище *с.* áir-raid shélter, bómb-proof shélter, bomb shélter.

бом-брам-стéньга *ж. мор.* róyal mast.

бóна *ж. фин.* **1.** cheque [tʃek], órder; **2.** *мн.* (*бумажные деньги*) páper-mòney [-mʌ-] *sg.*

бонбоньéрка *ж.* bonbonnière (*фр.*) [bɔ̃bɔ'njɛə].

бондáр||ный cóoper's; ~ прóмысел cóoperage. **~ня** *ж.* cóoperage.

бóндáрь *м.* cóoper.

бóнза *м.* bonze.

бóнна *ж.* *уст.* núrsery-governess [-'gʌ-].

бор I *м.* (*лес*) pine fórest [...'fɔ-]; ✧ с ~у да с сóсенки, с ~у по сóсенке ≅ chósen háp¦házard [...-'hæz-], chósen at rándom.

бор II *м.* *хим.* bóròn.

бор III *м.* (*зубоврачебный*) steel drill.

бóргес *м.* *полигр.* bourgeóis [bɜː-'dʒɔɪs] (*print*).

бордó 1. *с.* *нескл.* (*вино*) cláret [-æ-]; 2. *прил.* *неизм.* (*цвет*) wíne-còlour¦ed [-kʌ-], cláret(-còlour¦ed) [-æ- -kʌ-].

бордю́р *м.* bórder.

борéц *м.* 1. (за *вн.*) chámpion (of), fíghter (for); борцы́ за мир fíghters for peace, peace suppórters, chámpions of peace; 2. *спорт.* wréstler.

боржóм *м.* Bòrzhóm wáter [-rʒ-'wɔː-].

борзáя *ж.* *скл.* *как прил.* *охот.* gréyhound; (*о русской породе*) bórzoi, Rússian wólfhound [-ʃən 'wulf-].

борзопи́сец *м.* *ирон.* pén-púsher [-'pu-].

бóрзый: ~ конь swift steed, fléet-fóoted steed [-'fu-...].

бормаши́на *ж.* (déntist's) drill.

бормотáние *с.* mútter(ing), mumble, múmbling.

бормотáть, пробормотáть (*вн.* *или* *без доп.*) (*говорить про себя*) mútter (*d.*); (*невнятно говорить*) mumble (*d.*).

бóрн||ый *хим.* borácic, bóric; ~ вазели́н borácic / bóric váselìne [...-zɪliːn]; ~ая кислотá bóric / borácic ácid.

бóров I *м.* hog.

бóров II *м.* (*часть дымохода*) hòrizóntal flue.

борови́к *м.* (édible) bolétus (*kind of mushroom*).

бородá *ж.* 1. beard; 2. (*у птиц*) wattle; ✧ смея́ться в бóроду laugh in one's sleeve [lɑːf...].

бородáв||ка *ж.* wart. ~**чатый** wárty.

бородáтый béarded.

бородáч *м.* 1. *разг.* béarded man*; (*старик*) gréybeard; 2. *бот.* beard grass; 3. *зоол.* béarded vúlture.

борóдка I *ж.* (*борода*) small beard, tuft.

борóдка II *ж.* (*ключа*) (kéy-)bit ['kiː-].

борозда́ *ж.* fúrrow; *анат.* físsure.

борозд||и́ть, избороздúть(*вн.*) fúrrow (*d.*); морщи́ны избороздúли егó лицó his face is fúrrowed with wrinkles; корабли́ ~я́т моря́ ships are plóughing the seas.

борóздка *ж.* fúrrow; (*желобок*) groove.

борон||á *ж.* hárrow; цепнáя ~ cháin-hárrow. ~**и́ть,** = боронковáть.

~**овáние** *с.* hárrowing. ~**овáть** (*вн.*) hárrow (*d.*).

борóться 1. (с *тв.*, прóтив; за *вн.*) fight* (*d.* *или* with, agáinst; for), struggle (with, agáinst; for); (*состязаться, оспаривать*) contènd (with, agáinst; for); strive* (with, agáinst; for); (с *тв.*, прóтив) cómbat (*d.*); battle (with, agáinst); ~ за мир fight* for peace; 2. *спорт.* wrestle; ✧ ~ с самúм собóй wrestle with òne¦sélf.

борт *м.* 1. (*судна*) side; прáвый ~ stárboard side ['stɑːbəd...]; лéвый ~ port side; вдоль ~а alóng¦side; ~ ó ~ alóng¦side (of each other); вы́бросить зá ~ (*вн.*) heave* óver¦board (*d.*); throw* óver¦board [θrou...] (*d.*) (*тж.* *перен.*); быть вы́брошенным зá ~ (*перен.*) go* by the board, be thrown by the board [...θroun...]; взять нá ~ (*вн.*) take* on board (*d.*); к ~у alóng¦side; на ~ý on board; на ~ý корабля́ on board (the) ship; на ~ý самолёта on board the plane; за ~ом óver¦board; человéк за ~ом man* óver¦board; 2. (*одежды*) cóat-breast [-est]; (*лацкан*) lapél; 3. (*бильярда*) cúshion ['ku-].

бортмехáник *м.* *ав.* air mechánic [...-'kæ-].

бортов||óй *прил.* к борт; ~áя кáчка *мор.* rólling.

бортпроводни́||к *м.* stéward. ~**ца** *ж.* stéwardess.

бортради́ст *м.* wíre¦less / rádiò óperàtor.

борщ *м.* borshch (*beetroot and cabbage soup*).

борьбá *ж.* 1. struggle, fight; ~ с кем-л. fight / struggle agáinst smb.; ~ с пожáрами fíre-fìghting; (*профилактические мероприятия*) fíre-prevéntion; ~ с вредúтелями сéльского хозя́йства pest contról [...-oul], cómbating àgricúltural pests; ~ за мир, демокрáтию и социали́зм fight for peace, demócracy and sócialism; клáссовая ~ class struggle; ~ за кáчество drive / fight for high quálity; ~ за экономию èconomy càmpáign / drive [iː- -'pem...]; ~ за овладéние тéхникой fight / struggle to máster tèchníque [...-iːk]; ~ за существовáние struggle for exístence; ~ не на живóт, а на смéрть a life and death struggle [...deθ...]; ~ противоположностей *филос.* struggle/ cónflict of ópposites [...-z-]; 2. *спорт.* wréstling; францу́зская ~ *уст.* Gréco-Róman wréstling; вóльная ~ frée-stýle wréstling.

босикóм *нареч.* báre¦foot [-fut].

босó||й (*о человеке*) báre¦fóoted [-'fu-]; (*о ногах*) bare; на босу́ нóгу on bare feet, on *one's* bare feet, without stóckings; он надéл башмаки́ на босу́ нóгу he put on his shoes on his bare feet. ~**нóгий** báre¦-fóoted [-'fu-].

босонóжка I *ж.* (*о танцовщице*) báre-légged dáncer.

босонóжка II *ж.* *см.* босонóжки.

босонóжки *мн.* (*ед.* босонóжка *ж.*) (*обувь*) héel-stràp sándals.

босс *м.* boss, máster.

бося́к *м.* vágabond.

бося́цкий *прил.* к бося́к.

бот I *м.* *уст.* boat.

бот II *м.* *см.* бóты.

ботанизи́ровать (*вн.*) bótanìze (*d.*).

ботáн||ик *м.* bótanist. ~**ика** *ж.* bótany. ~**и́ческий** botánical; ~и́ческий сад botánical gárdens *pl.*

ботвá *ж.* *тк.* *ед.* tops *pl.*; (*свёклы*) beet tops *pl.*

ботви́нья *ж.* botvínnia [-iːnjə] (*cold fish-and-vegetable soup*).

ботвоудаля́ющ||ий: ~ая маши́на plánt-tòp remóving machíne [-ɑːnt- -'muːv- -'ʃiːn].

бóтик I *м.* (*судно*) jólly boat, yawl.

бóтик II *м.* *см.* бóтики.

бóтики *мн* (*ед.* бóтик *м.*) high óver¦shòes [...-ʃuːz]; (*резиновые*) high galóshes.

боти́нки *мн.* (*ед.* боти́нок *м.*) boots; high shoes [...ʃuːz] *амер.*; (*женские, на тёплой подкладке*) bóotees.

ботфóрты *мн.* (*ед.* ботфóрт *м.*) jack boots, Wéllingtons, Wéllington boots.

бóты *мн.* (*ед.* бот *м.*) high óver¦-shòes [...-ʃuːz]; (*резиновые*) high galóshes.

бóцман *м.* *мор.* bóatswain ['bousn]; (*на большом корабле*) bóatswain's mate.

бочáр *м.* cóoper. ~**ный** *прил.* к бочáр; ~ное ремеслó cóoperage.

бóчк||а *ж.* 1. bárrel, cask; (*тк.* *для вина*) tun; винó из ~и wine from the wood [...wud]; 2. *ав.* roll; ✧ дéньги на ~у cash down!; порохова́я ~ (*перен.*) pówder keg; пить как ~ ≅ drink* like a fish.

бочкóм *нареч.* síde¦ways, síde¦wìse; пробирáться ~ sidle.

бочóк *м.* (*часть туши*) flank.

бóчонок *м.* keg, small bárrel / cask.

боязли́в||ость *ж.* timídity, tímorous¦ness. ~**ый** tímid, tímorous.

бóязно *предик.* *разг.*: мне, емý *и т. д.* ~ I am, he is, *etc.*, fríghtened; мне, емý *и т. д.* ~ оставáться одномý I am, he is, *etc.*, fríghtened to remáin alóne.

боя́зн||ь *ж.* dread [-ed], fear; испы́тывать ~ чегó-л., пéред чем-л. have a dread of smth.; из ~и for fear of / that / lest; out of fear; из ~и, что он заболéет for fear of his fálling ill, for fear that / lest he might fall ill.

боя́р||ин *м.* *ист.* boyár(d). ~**ский** *ист.* boyár(d) (*attr.*), boyár(d)'s. ~**ство** *с.* *собир.* *ист.* the boyár(d)s *pl.* ~**ыня** *ж.* *ист.* boyárynia (*boyar(d)'s wife*).

боя́рышник *м.* *бот.* 1. (*дерево*) háwthòrn; 2. (*ягода*) haw.

боя́рышня *ж. ист.* boyáryshnia (*boyar(d)'s unmarried daughter*).

боя́ться (*рд.*) be afráid (of); (*сильно*) dread [-ed] (*d.*); (*опасаться*) fear (*d.*); он бои́тся зарáзы he is afráid of inféction; вам нéчего ~ you have nothing to be afráid of, you need not be afráid; ~ за когó-л. fear for smb.; бою́сь, что он (не) придёт I am afráid, *или* I fear, (that) he will (not) come; бою́сь, как бы он не пришёл I fear (that) he may come; не ~ трýдностей not be afráid of dífficulties, not be dáunted / intímidàted by dífficulties; ✧ бою́сь сказáть I cánnòt say for sure [...ʃuə]; не бóйся, не бóйтесь *разг.* don't wórry [...'wʌ-].

бра *с. нескл.* wall lamp, brácket.

брав||áда *ж.* bravádò [-'vɑː-]. **~úровать** (*тв.*; *рисоваться, щеголять*) flaunt (*d.*), paráde (*d.*), show* off [ʃou...] (*d.*); (*опасностью и т. п.*) defý (*d.*), set* at defíance / naught (*d.*), snap one's fíngers (at).

брáв||о *межд.* brávò [-ɑː-]. **~ýрный** *муз.* bravúra [-'vuː-].

брáвый gállant; (*лихой*) dáshing.

брáга *ж.* hóme-bréwed beer.

брáжничать caróuse, rével ['re-], drink*.

бразды́: ~ правлéния the reins of góvernment [...'gʌ-].

брази́лец *м.* Brazílian.

брази́ль||ский, ~я́нка *ж.* Brazílian.

брак I *м.* márriage [-rɪdʒ]; (*как институт*) mátrimony, wéd|lòck; ~ по любви́ lóve-màtch ['lʌv-]; по расчёту márriage of convénience; нерáвный ~ mísallíance; mésalliance (*фр.*) [me'zælɪɑːŋs]; вступи́ть в ~ (с кем-л.) márry (smb.); состоя́ть в ~е be márried; рождённый в ~е born in wéd|lòck; рождённый вне ~а born out of wéd|lòck; свидéтельство о ~е certíficate of márriage; márriage lines *pl.*

брак II *м.* (*испорченная продукция*) spóilage, waste [weɪ-]; (*бракованное изделие*) wáster ['weɪ-]; rejécts *pl.*; (*дефект продукции*) deféct.

бракёр *м.* = бракóвщик.

бракерáж *м.* sórting.

бракóв||анный deféctive, spoilt; (*о лошади*) cast. **~áть**, забраковáть (*вн.*) rejéct / condémn as deféctive (*d.*); (*отвергать*) rejéct (*d.*). **~ка** *ж.* rejéction of spóilage, *или* deféctive árticles, sórting out of árticles. **~щик** *м.*, **~щица** *ж.* sórter (of manufáctured árticles), inspéctor, exáminer.

бракодéл *м. разг.* bad wórk|man*, bódger.

браконьéр *м.* póacher. **~ство** *с.* póaching; занимáться ~ством poach.

бракоразвóдный divórce (*attr.*); ~ процéсс divórce suit / case [...sjuːt -s].

бракосочетáние *с.* márriage [-rɪdʒ]; (*церемония*) wédding; núptials *pl.* *офиц.*

браманúзм *м.* bráhmanism.

брами́н *м.* Bráhmin.

брам-рéй *м. мор.* tòpgállant yard.

брáмсель *м. мор.* tòpgállant sail.

брам-стéньга *ж. мор.* tòpgállant (mast).

брандвáхта *ж. мор.* guárd-shìp.

брáндер *м. мор.* fíre-shìp.

брандмайóр *м. уст.* head of the fíre-brigàdes (of *a* town) [hed...].

брандмáуер *м. стр.* fíre-proof wall.

брандмéйстер *м. уст.* chief of *a* fíre-brigàde [tʃiːf...].

брандспóйт *м.* **1.** (*насос*) fíre-èngine [-endʒ-], fíre-pùmp; **2.** (*наконечник*) nozzle.

брани́ть (*вн.*) scold (*d.*); (*выговаривать кому-л.*) repróve [-uːv] (*d.*), rebúke (*d.*); (*ругать*) abúse (*d.*); rail (agáinst), invéigh (agáinst); call names (*i.*) *разг.* **~ся 1.** (с *тв.*; *ссориться*) quárrel (with); (*бранить друг друга*) abúse one another, abúse each other; **2.** (*ругаться*) swear* [swɛə].

брáнн||ый I (*ругательный*) abúsive; ~ое слóво oath*; swéar-wòrd ['swɛə-] *разг.*; ~ое выражéние èxplétive.

брáнный II *поэт., уст.* (*воинский*) mártial.

бранчли́вый *разг.* quárrel|some.

брань I *ж.* (*ругательство*) swéaring ['swɛə-], bad lánguage; abúse [-s]; ✧ ~ на воротý не ви́снет *погов.* ≅ abúse does|n't stick.

бран||ь II *ж. поэт., уст.*: пóле ~и field of battle [fiː-...].

брас *м. мор.* brace.

браслéт *м.*, **~ка** *ж.* bráce|let, bangle.

брасовáть *мор.* brace, haul in the bráces.

брасс *м. спорт.* breast stroke [-est...].

брат *м.* **1.** bróther ['brʌ-]; двою́родный ~ (first) cóusin [...'kʌzᵊn]; троюрóдный, четвероюрóдный ~ sécond, third cóusin ['se-...]; свóдный ~ stép-bròther [-brʌ-]; **2.** (*в обращении*) old man* / chap; my boy; ✧ наш ~ *разг.* we; ваш ~ *разг.* you, your kind; на ~а *разг.* a head [...hed], per head; ~ милосéрдия male nurse.

братáние *с.* fràternizátion [-naɪ-].

братáться, побратáться (с *тв.*) frátemize (with).

брáт||ец *м.* **1.** bróther ['brʌ-]; **2.** (*в обращении*) old man* / chap; my boy. **~и́шка** *м. разг.* **1.** (*о ребёнке*) little bróther [...'brʌ-]; **2.** = брат 2.

брáтия *ж. собир.* fratérnity; пи́шущая ~ wríting fratérnity.

братóк *м. разг.* = брат 2.

брато||убийственный frátricìdal; ~убийственная войнá frátricìdal war. **~убийство** *с.* frátricìde. **~убийца** *м.* frátricìde.

брáтски *нареч.* fratérnally, as / like a bróther [...'brʌ-], like bróthers; ~ пожáть рýку комý-л. press smb.'s hand afféctionate|ly.

брáт||ский bròtherly ['brʌ-], fratérnal; ~ская любóвь bróíherly love [...lʌv]; в ~ском еди́нении in fratérnal únion; ✧ ~ская респýблика síster repúblic [...-'pʌb-]; ~ские коммунисти́ческие пáртии fratérnal Cómmunist Párties; ~ нарóд fratérnal / brótherly people [...piː-]; ~ские стрáны síster nátions. **~ство** *с.* **1.** brótherhood ['brʌðəhud], fratérnity; **2.** (*община*) fratérnity.

брать, взять **1.** (*вн.*; *в разн. знач.*) take* (*d.*); (*об ответственности, расходах и т. п.*) shóulder ['ʃou-] (*d.*); ~ взаймы́ bórrow (*d.*); ~ билéты в теáтр take* / book tíckets for the théatre [...'θɪə-], book seats at the théatre; ~ под арéст arrést (*d.*), put* únder arrést (*d.*); ~ в плен take* prísoner [...-z-] (*d.*); ~ поручéние ùndertáke* *a* commísion; ~ когó-л. на попечéние take* charge of smb.; э́то берёт у негó мнóго врéмени it takes him a lot of time; **2.** (*вн.*; *нанимать*) hire (*d.*), take* (*d.*); **3.** (*тв.*; *достигать умом, способностями и т. п.*) succéed by dint (of), succéed by the aid (of); он берёт умóм he succéeds by dint of his wits; ✧ ~ барьéр clear *a* hurdle; ~ начáло (в *пр.*) oríginàte (in, from); ~ на учёт (*вн.*) régister (*d.*); ~ верх (над) take* / gain the úpper hand (óver), preváil (óver); ~ слóво (*для выступления*) take* the floor [...flɔː]; ~ слóво с когó-л. make* smb. prómise [...-mɪs]; ~ примéр с когó-л. fóllow smb.'s exámple [...-ɑːm-]; ~ себя́ в рýки pull òne|sélf togéther [pul... -'ge-], contról òne|sélf [-oul...]; ~ в свои́ рýки (*вн.*) take* in hand (*d.*), take* into one's own hands [...oun...] (*d.*); ~ ли́шнее charge too much; ~ на себя́ смéлость (+*инф.*) take* the líberty (of *ger.*); make* bold (+to *inf.*); ~ когó-л. пóд руку take* smb.'s arm, slip one's arm through smb.'s; ~ зá сердце touch déeply [tʌtʃ...]; нож, косá *и т. п.* не берёт the knife*, the scythe, *etc.*, does|n't / cánnòt / wouldn't cut [...saɪð...]; ~ своё (*сказываться*) tell*; have *its* effect; стáрость берёт своё old age tells; страх егó не берёт he feels no fear; егó берёт отчáяние he is seized / òver|cóme with despáir [...siːzd...]; взять напрáво, налéво turn to the right, left; ~ когó-л. в свидéтели call smb. to wítness; ~ на порýки (*вн.*) bail (*d.*), go* bail (for); ~ нóту (*голосом*) sing* *a* note; (*на музык. инструменте*) play *a* note; ~ в скóбки (*вн.*) brácket (*d.*); ~ курс (на *вн.*) head [hed] (for), make* (for); (*перен.*) séttle (on), detérmine (on).

брáться, взя́ться **1.** (за *вн. или* + *инф.*; *брать на себя*) ùndertáke* (*d. или* + to *inf.*); он взя́лся за э́ту рабóту he ùndertóok to do the work; **2.** (за *вн.*; *приступать, начинать*) begin* (+ to *inf. или ger.*), start (*ger.*), take* up (*d.*); ~ за чтéние begin* to read; begin* / start réading; он и не бра́лся за кни́гу he never stárted on the book; ~ за перо́, за кисть (*перен.*) take* up the pen, the brush; взя́ться за рабо́ту set* abóut the work, applý òne|sélf to the work; взя́ться за разреше́ние пробле́мы tackle *a* próblem [...'prɔ-]; **3.** (за *вн.*; *руками*) touch [tʌtʃ] (*d.*); (*хвататься*) seize [si:z] (*d.*); ~ за́ руки join hands; ✧ ~ за ум *разг.* come* to one's sénses, become* / grow* réasonable [...-ou 'ri:z-]; ~ за кого́-л. *разг.* take* smb. in hand; отку́да э́то берётся? where does all this come from?, what is the source of all this? [...sɔ:s...]; отку́да ни возьми́сь *разг.* súddenly there appéars / appéared; отку́да что берётся? who would ever have expécted it?, who would have thought it?

бра́унинг *м.* Brówning (*automatic pistol*).

брахицефа́л *м. антроп.* bráchycèphal [-kɪ-] (*pl.* -lì, -lès [-li:z]).

брахма́н *м.* = брами́н.

брахмани́зм *м.* = брамани́зм.

бра́чн||ый márriage [-rɪdʒ] (*attr.*), cónjugal; ~ контра́кт márriage-cóntràct; ~ сою́з cónjugal únion; ~ое свиде́тельство certíficate of márriage; márriage lines *pl.*; ~ое сожи́тельство còhàbitátion [kou-]; ~ наря́д *зоол.* bréeding-drèss; ~ое опере́ние *зоол.* núptial plúmage.

бра́шпиль *м. мор.* wíndlàss ['wɪ-].

бреве́нчатый tímbered; ~ дом lóg|house* [-s].

бревно́ *с.* log; (*перен.*) log of wood [...wud].

бред *м.* delírium; (*перен.*) gíbberish ['gɪ-]; ~ сумасше́дшего rávings of a mád|man* *pl.*; быть в ~у́ be delírious; начался́ ~ delírium has set in.

бре́день *м.* drág-nèt.

бре́д||ить be delírious, rave; (*тв.*; *перен.*) be mad (on); (чем-л. *тж.*) rave (abóut smth., of smth.); (кем-л. *тж.*) be infátuàted (with smb.); он ~ит теа́тром he raves abóut / of the théatre [...'θɪətə]. **~ни** *мн.* chiméra [kɪ'mɪə-] *sg.*, rávings; (*вздор*) nónsense *sg.* **~ово́й** delírious; (*перен.*) wild.

бре́зг||ать, побре́згать (*тв.*) **1.** be squéamish (abóut); он ~ает пить из чужо́го стака́на he is squéamish abóut drínking out of smb. élse's glass, it disgústs him to drink out of smb. élse's glass; **2.** (*гнушаться — об. с отриц.*) disdáin (*d.*), shrink* (from); он не ~ает никаки́ми сре́дствами he does not scruple / disdáin to use any means; he is not squéamish / fàstídious abóut any means he úses. **~ли́во** *нареч.* with disgúst / distáste[...-'teɪ-]. **~ли́вость** *ж.* fàstídious|ness, squéamishness; (*отвращение*) disgúst. **~ли́вый** (*о человеке*) fàstídious, squéamish, fínical; ~ли́вое чу́вство féeling of disgúst.

брезе́нт *м.* tàr|páulin. **~овый** *прил.* к брезе́нт; ~овое пальто́ tàr|páulin (coat).

бре́зжить, ~ся [-е́жьжи-] (*рассветать*) dawn; (*мерцать, тускло светить*) glímmer; у́тро чуть бре́зжится day is just beginning to break [...-eɪk], it is just beginning to dawn.

брейд-вы́мпел *м. мор.* broad pénnant [-ɔ:d...].

брело́к *м.* péndant, trínket; (*на цепочке часов*) seal.

бре́мсберг *м. горн.* in|clíned plane.

бре́м||я *с.* **1.** búrden, load; (*тяжесть*) weight; ~ забо́т load of cares; тяжёлое ~ héavy búrden ['he-...]; возложи́ть тяжёлое ~ на кого́-л. lay* / put* / place a héavy búrden on smb.; ~ лет the weight of years; **2.:** разреши́ться от ~ени *уст.* be delívered of a child.

бре́нн||ость *ж. уст.* périshable náture [...'neɪ-]; fráilty; (*ср.* бре́нный). **~ый** *уст.* (*тленный*) périshable; (*преходящий*) fléeting; (*непрочный*) frail; ✧ ~ые оста́нки mórtal remáins.

бренча́ть *разг.* **1.** (*тв.*) jingle (*d.*); (*монетами*) chink (*d.*); **2.** (на *пр.*: *неискусно играть на чём-л.*) strum (*d.*); ~ на роя́ле strum the piánò, *или* on the piánò [...'pjæ-...].

брести́ make* one's way; (*с трудом*) toil / drag òne|sélf alóng; (*задумчиво*) stroll / go* pénsive|ly alóng.

брете́ль *ж.*, **~ка** *ж.* shóulder-stràp ['ʃou-] (*of underclothing*).

бретёр *м. уст.* rábid dúellist.

брех||а́ть, брехну́ть *разг.* **1.** (*лаять*) yelp, bark; **2.** (*лгать*) lie, tell* lies. **~ну́ть** *сов. см.* бреха́ть. **~ня́** *ж. разг.* lies *pl.* **~у́н** *м. разг.* líar.

брешь *ж.* breach, gap; (*перен.*) flaw; пробива́ть ~ (в чём-л.) breach (smth.), make* a breach (in smth.).

бре́ющ||ий **1.** *прич. см.* брить; **2.** *прил.*: ~ полёт lów-lèvel flight ['loule-...], flight at zéro áltitùde [...'æl-], hédge-hòpping; ата́ка на ~ем полёте low flýing attáck [lou...].

бриг *м. мор.* brig.

брига́д||а *ж.* **1.** brigáde, team; ~ рабо́чих brigáde / team of wórkers; ~ коммунисти́ческого труда́ Cómmunist lábour team; **2.** *воен.* brigáde; *мор.* sùbdivísion; та́нковая ~ tank / ármoured brigáde; **3.** *ж.-д.* crew; пое́здная ~ train crew. **~и́р** *м.* **1.** (*старший рабочий в бригаде*) brigáde-léader, téam-léader; **2.** *воен. ист.* brìgadíer [-'dɪə]. **~ный** *прил.* к брига́да; ~ный генера́л *ист.* brìgadíer-général [-'dɪə-].

бридж *м.* (*карточная игра*) bridge (*game*).

бри́джи *мн.* bréeches ['brɪ-].

бриз *м. мор.* breeze; берегово́й ~ land breeze.

briза́нтн||ый *воен.* high explósive; brìsánt [bri:'zɑ:ŋ]; ~ая грана́та time (-fúsed) shell; ~ое взры́вчатое вещество́ high explósive.

брике́т *м.* briquétte. **~и́рование** *с.* briquétting; ~и́рование у́гля briquétting of cóal-dùst; ~и́рование руд briquétting of ores.

бриллиа́нт *м.*, **брилья́нт** *м.* díamond, brílliant. **~овый** *прил.* к бриллиа́нт.

бристо́льский: ~ карто́н Brístol board.

брита́н||ец *м.* **1.** *ист.* Bríton ['brɪ-]; **2.** (*англичанин*) Énglish|man* ['ɪŋg-], Bríton; Brítisher *амер.* **~ский** Brítish.

бри́тв||а *ж.* rázor; безопа́сная ~ sáfe|ty rázor. **~енный** sháving; ~енный прибо́р sháving-sèt; ~енные принадле́жности sháving things.

бри́тый (cléan-)sháven.

бри||ть, побри́ть (*вн.*) shave* (*d.*). **~тьё** *с.* shave, sháving; ~тьё и стри́жка shave and háircùt. **~ться,** побри́ться (*самому*) shave*; (*у парикмахера*) shave*, have a shave.

бри́чка *ж.* brítzka [-ɪts-]; (*повозка*) trap.

бро́вка *ж. спорт.* edge, bórder.

бров||ь *ж.* éye|brow ['aɪ-]; brow (*только в некоторых выражениях*); ~и дугой árched éye|brows; нави́сшие ~и óver|háng|ing / beetle / béetling brows; с нави́сшими ~ями béetle-bròwed; подня́ть ~и raise one's éye|brows; хму́рить ~и frown, knit* one's brows; ✧ он и ~ью не повёл he did not turn a hair; не в~,а в глаз *погов.* ≅ wéll-áimed; попада́ть не в ~, а в глаз hit* the (right) nail on the head [...hed], hit* the mark.

брод *м.* ford; ✧ не зна́я, не спро́сясь ~у, не су́йся в во́ду *посл.* ≅ look befóre you leap.

броди́ло *с.* férmènt.

броди́льный fèrménting, fèrméntative; ~ проце́сс fèrméntative prócèss; ~ чан fèrménting vat; ~ферме́нт fèrménting-ágent.

броди́ть I wánder, roam, rove; (*только пешком*) ramble; ~ по у́лицам wánder abóut the streets; (*прогуливаясь*) stroll abóut the streets; ~ по у́лицам в по́исках рабо́ты wánder abóut the streets in search of work [...sɑ:tʃ...]; ✧ улы́бка броди́ла по его́ лицу́ a smile hóvered óver his face [...'hɔ-...].

броди́ть II (*о вине, пиве*) fèrmént.

бродя́га *м.* tramp, vágrant; hóbò *амер.*

бродя́жнич||ать be on the tramp. **~ество** *с.* vágabòndage, vágrancy ['veɪ-].

бродя́ч||ий vágrant, itínerant; (*непоседливый*) rést|less; ~ музыка́нт stróllíng mùsícian [...-'zɪ-], vágrant mùsícian; ~ие племена́ nómad tribes ['nɔ-...]; ~ая соба́ка stray dog; ✧ ~ сюже́т mígrant súbject / theme; ~ о́браз жи́зни nómad / mígratory life [...'maɪ-...].

броже́ние *с. хим.* fèrmèntátion;

(*перен.*: *действие*) fèrmèntátion; (*состояние*) férmènt; (*недовольство*) dìscontént; вызывать ~ (в *пр.*) *хим.* fermént (*d.*); (*перен.*) give* rise to fèrmèntátion (in).

бром *м. хим.* brómìne ['broumi:n]; (*лекарство*) brómìde ['brou-].

бромáт *м. хим.* brómàte ['brou-].

бромистоводорóдный *хим.* hỳdro¦brómic.

брóмист||ый *хим.* brómìde ['brou-]; ~ нáтрий, кáлий *и т. п.* sódium, potássium, *etc.*, brómìde; ~ое серебрó sílver brómìde.

бронеавтомобиль *м.* ármour¦ed car.

бронебáшня *ж.* ármour¦ed túrret.

бронебóй||ный ármour-píercing [-'pɪə-]; ~ снаряд ármour-píercing shell. ~**щик** *м.* ánti-tánk rífle¦man*.

броневи́к *м.* ármour¦ed car.

бронев||óй ármour¦ed, íron¦clàd ['aɪən-]; ~ автомобиль = бронеавтомобиль; ~áя пáлуба *мор.* ármour¦ed deck; protéctive deck *амер.*; ~áя плитá ármour plate; ~ пóяс *мор.* ármour belt.

бронемаши́на *ж.* ármour¦ed car.

броненóсец *м.* **1.** *мор. уст.* báttle¦shìp, íron¦clàd ['aɪən-]; **2.** *зоол.* àrmadíllò.

броненóсный ármour¦ed, íron¦clàd ['aɪən-].

бронепóезд *м.* ármour¦ed train.

бронеси́лы *мн.* ármour¦ed fórces.

бронетáнковый ármour¦ed.

бронетранспортёр *м.* ármour¦ed cárrier.

брóнза *ж.* **1.** bronze; **2.** *собир.* (*художественные изделия из бронзы*) brónzes *pl.*

бронзир||óванный *прич. и прил.* bronzed. ~**овáть** *несов. и сов.* (*вн.*) bronze (*d.*). ~**óвка** *ж.* brónzing.

брóнзов||ый **1.** *прил.* к брóнза; **2.** (*о цвете*) bronzed, tanned; ✧ ~ век the Bronze Age; ~ая болéзнь Áddison's diséase [...dɪ'zi:z].

брониро́ванный *прич. см.* бронировáть; ✧ ~ кулáк mailed fist.

брони́ровать, заброни́ровать (*вн.*; *закреплять за кем-л.*) resérve [-'zə:v] (*d.*); ~ мéсто resérve *a* seat / place; ~ креди́ты assúre crédits [ə'ʃuə...].

бронировáть *несов. и сов.* (*вн.*; *покрывать броней*) ármour (*d.*).

брóнхи *мн.* (*ед.* бронх *м.*) *анат.* brónchial tubes [-ŋk-...]; brónchi [-ŋkaɪ] *научн.* ~**áльный** brónchial [-ŋk-].

бронхи́т *мед.* brònchítis [-ŋk-].

брóн||я *ж.* (*на материалы и т. п.*) resérved quóta [-'zə:vd...]; (*на место в поезде и т. п.*) rèservátion [-z-]; ráilway wárrant; получи́ть билéт по ~е get* a resérved tícket; ~ на кóмнату, квартиру wárrant secúring retántion of *a* room, flat.

броня́ *ж.* (*защитная обшивка*) ármour; пáлубная ~ *мор.* deck ármour.

брос||áть, брóсить (*вн.*) **1.** (*кидать*) throw* [-ou] (*d.*); (*швырять*) hurl (*d.*), chuck (*d.*), fling* (*d.*); (*небрежно*) throw* abóut (*d.*); (*перен.*) cast* (*d.*), dart (*d.*), fling* (*d.*), hurl (*d.*); ~ кáмни throw* / hurl / fling* stones; ~ взгляд (на *вн.*) cast* a glance (at); (*о быстром взгляде*) dart / shoot* a glance (at); fling* one's eyes [...aɪz] (at, óver); ~ я́корь cast* / drop ánchor [...'æŋkə]; ~ обвинéние hurl an àccùsátion [...-'zeɪ-]; ~ рéплику fling* a remárk; брóсить в тюрьму́ fling* / throw* / cast* into príson / gaol [...'prɪz°n ʤeɪl] (*d.*); **2.** (*срочно направлять*): ~ войскá (*куда-л.*) send* troops (*to a place*); ~ войскá на неприя́теля fling* one's troops on the énemy; **3.** (*оставлять*) abándon (*d.*), forsáke* (*d.*), relínquish (*d.*); ~ орýжие lay* down (one's) arms; ~ семью́ desért one's fámily [-'zə:t...]; **4.** (*вн.*, + *инф.*; *переставать*) give* up (*d.*, + *ger.*), leave* off (*d.*, + *ger.*); ~ кури́ть give* up, *или* leave* off, smóking; ~ мýзыку give* up músic [...-z-]; брóсить учёбу drop, *или* give* up, one's stúdies [...'stʌ-]; chuck one's stúdies *разг.*; **5.** *безл.*: егó ~áет то в жар, то в хóлод he keeps on gó¦ing hot and cold; ✧ ~ тень (на *вн.*) cast* / throw* a shádow [...'ʃæ-] (on); (*перен.*: *опорочивать*) cast* aspérsions (on); брось! stop it!, don't!; ~ дéньги throw* a¦wáy móney [...'mʌ-]; ~ кáмнем в когó-л. cast* a stone at smb. ~**áться**, брóситься **1.** (к; в *вн.*, на *вн.*) throw* òne¦sélf [-ou...] (on, up¦ón); (*устремляться*) rush (to); ~áться комý-л. в объя́тия throw* òne¦sélf, *или* fall*, into smb.'s arms; ~áться на шéю комý-л. fall*, *или* throw* òne¦sélf, on smb.'s neck, throw* one's arms round smb.'s neck; ~áться в вóду plunge into the wáter [...'wɔ:-]; ~áться вплавь jump into the wáter and start swímming; ~áться на пóмощь rush to help; ~áться на пóмощь комý-л. rush to the help / aid of smb.; ~áться бежáть take* to one's heels; ~áться на колéни fall* on one's knees; ~áться в атáку advánce / rush to the attáck; (*о конном строе*) charge; собáка брóсилась на негó the dog rushed at, *или* fell up¦ón, him; ~áться на едý *разг.* fall* on, *или* pounce up¦ón, *the* food; **2.** *тк. несов.* (*тв.*; *бросать друг в друга*) throw* at each other; **3.** *тк. несов.* (*тв.*; *пренебрегать*) disdáin (*d.*); ✧ ~áться в глазá be stríking; егó блéдность ~áлась в глазá his pállor was stríking; ~áться комý-л. в глазá strike* smb.; (*быть особенно заметным*) stare smb. in the face, arrést smb.'s atténtion; (*быть очевидным*) be évident to smb.; кровь брóсилась емý в лицó the blood rushed to his face [...-ʌd...].

брóсить *сов. см.* бросáть. ~**ся** *сов. см.* бросáться 1.

брóский *разг.* gárish, loud, gáudy.

брóском *нареч.* with a throw [...-ou], with a rush.

брóсовый wórthless; ~ экспорт *эк.* dúmping.

брос́ок *м.* **1.** throw [-ou]; **2.** (*быстрое передвижение*) rush; **3.** *спорт.* sprint; сдéлать ~ put* on a spurt.

брóшенный **1.** *прич. см.* бросáть; **2.** *прил.* (*покинутый*) abándoned, desérted [-'zə:-].

брóшка *ж.*, **брошь** *ж.* brooch [-outʃ].

брошю́ра *ж.* bóoklet, pámphlet.

брошюр||овáльный *полигр.* stítching. ~**óванный** *прич. см.* брошюровáть.

брошюр||овáть, сброшюровáть (*вн.*) *полигр.* stitch (*d.*). ~**óвка** *ж. полигр.* stítching. ~**óвочный**: ~óвочный цех bóok-stítching shop. ~**óвщик** *м.*, ~**óвщица** *ж.* stítcher.

брудершáфт [-дэ-] *м.*: вы́пить (на) ~ pledge fratérnity.

брус *м.* **1.** squared beam, squared tímber; **2.** *мн.*: параллéльные ~ья *спорт.* párallèl bars.

брускóв||ый bar (*attr.*); ~ое желéзо bár-íron [-'aɪən].

брусни́||ка *ж. тк. ед.* **1.** *собир.* red bílberries *pl.*, cówberries *pl.*; **2.** (*об отдельной ягоде*) red bílberry, cówberry, móuntain cránberry; **3.** (*куст*) red bílberry. ~**чный** *прил.* к брусни́ка.

брусóк *м.* bar; точи́льный ~ whétstòne; ~ мы́ла bar of soap.

брýствер *м. воен.* párapet; (*у насыпного окопа*) bréastwòrk ['bre-].

брýтто *в знач. неизм. прил. торг.* gross [-ous]; вес ~ gross weight.

бруцеллёз *м. мед.* brùcellósis.

брыжéйка *ж. анат.* mésentèry [-terɪ].

бры́з||гать, бры́знуть **1.** (*тв.* на *вн.*; *о жидкостях*) splash (*d.* on); (*о грязи*) spátter (*d.* on); (*вн. тв.*; *окроплять*) sprinkle (*d.* with); ~ водóй (на *вн.*) splash wáter [...'wɔ:-] (on); ~ слюнóй spútter, splútter; ~нул дождь it begán to spit with rain; **2.** *тк. сов.* (*забить струёй*) spurt out; кровь ~нула из рáны blood spúrted from, *или* gushed out of, the wound [-ʌd...wu:nd]; ✧ ~нули и́скры sparks flew. ~**гаться** **1.** (*тв.*) splash (with); ~гаться духáми *разг.* spray òne¦sélf with scent; **2.** (*брызгать друг в друга*) splash each other.

бры́зги *мн.* (*жидкости*) spray *sg.*; (*расплавленного металла*) sparks; ~ гря́зи, крóви spláshes of mud, blood [...-ʌd]; ~ дождя́ fine drops of rain.

бры́знуть *сов. см.* бры́згать.

брык||áть, брыкнýть (*вн.*) kick (*d.*). ~**áться**, брыкнýться (*прям. и перен.*) kick. ~**нýть(ся)** *сов. см.* брыкáть(ся).

бры́нза *ж.* brýnza (*sheep's milk cheese*).

брысь *межд.* shoo (*to a cat*).

брюз||гá *м. и ж.* grúmbler. ~**гли́вый** grúmbling, péevish, quérulous; grúmpy *разг.* ~**жáние** [-южжя́-] *с.* grúmbling. ~**жáть** [-южжя́-] grumble, be péevish.

брю́ква *ж.* swede.

брю́ки *мн.* tróusers; pants *амер.*; (*для верховой езды*) bréeches ['brɪ-]; (*короткие и широкие*) plús-fóurs [-'fɔːz]; kníckerbòckers *амер.*

брюнéт *м.* dárk(-haired) man*. ~**ка** *ж.* brunétte, dárk(-haired) wóman* [...'wu-].

брюссéльск||ий Brússels; ✧ ~ая капу́ста Brússels sprouts *pl.*

брю́хо *с.* **1.** bélly; **2.** *разг.* (*у человека*) bélly; (*большой живот*) paunch, còrporátion; наполня́ть ~ fill one's bélly.

брюхоно́гие *мн. скл. как прил. зоол.* gásteropòds.

брюши́н||а *ж. анат.* pèritonéum [-ɪ:əm]; воспалéние ~ы pèritonítis. ~**ный** *анат.* pèritonéal [-ɪəl].

брюш||кó *с.* **1.** *зоол.* bélly, ábdomèn; **2.** *разг.* little còrporátion; slight paunch. ~**нóй** àbdóminal; ~нóй тиф týphoid / èntéric féver ['taɪ-...]; týphoid; ~ная пóлость àbdóminal cávity.

бря́к||ать, бря́кнуть *разг.* **1.** (*вн.*; *бросать*) bang / dash down (*d.*); drop, *или* let* fall, with a bang / crash (*d.*); (*швырять*) fling* (*d.*), hurl (*d.*); **2.** (*тв.*; *ударять, звякать*) clátter (*d.*); **3.** (*неосторожно сказать*) blurt out (*d.*). ~**аться**, бря́кнуться fall* down héavily [...'he-]. ~**нуть(ся)** *сов. см.* бря́кать(ся).

бряцáние *с.* clang; (*менее звучное*) clank; ~ шпор the clank of spurs; ~ орýжием sábre-ràttling.

бряцáть clang; clank; (*ср.* бряцáние); ~ по стрýнам thrum the strings; ~ орýжием rattle the sabre.

бу́бен *м.* tàmbourine [-'riːn].

бубенц||ы́ *мн.* (*ед.* бубенéц *м.*) bells; колпáк с ~áми cap and bells, fool's cap.

бубéнчик *м.* bell, cýmbal.

бу́блик *м.* bóublik ['buː-] (*thick ring-shaped roll*).

бубни́ть *разг.* growl, grumble; (*бормотать*) mútter.

бубнóвый *карт.* of díamonds; ~ туз the ace of díamonds.

бу́бны I *мн. см.* бу́бен.

бу́б||ны II *мн.* (*ед.* бу́бна *ж.*) *карт.* díamonds; ходи́ть с ~ён lead* díamonds.

бубóн *м. мед.* búbò. ~**ный** *мед.* bùbónic; ~ная чумá bùbónic plague [...pleɪg].

бу́гель *м.* **1.** *тех.* stírrup; **2.** *эл.* bów-collèctor ['bou-].

бугóр *м.* híllock, knoll, mound. ~**óк** *м.* **1.** knob, protúberance; **2.** *анат.* próminence, protúberance; **3.** *мед.* túbercle; туберкулёзные ~ки́ tùbércular túmours. ~**чáтка** *ж. мед. уст.* tubèrculósis. ~**чатый** **1.** (*покрытый буграми*) knóbby; **2.** *анат., мед.* tubérculous; **3.** *бот.* túberous.

бугри́стый ún¦éven, hílly.

будд||и́зм *м.* Búddhism ['bu-]. ~**и́ст** *м.* Búddhist ['bu-].

бу́дет I *3 л. ед. буд. вр. см.* быть; ✧ ~ емý за э́то he'll catch it!

бу́дет II *предик. безл. разг.* (*достаточно*) that'll do, that's enóugh! [...ɪ'nʌf]; ~ тебé плáкать stop crý¦ing, don't cry any more; ~ с вас э́того? will that do?

буди́льник *м.* alárm clock.

буди́ровать *уст.* sulk.

буди́ть, разбуди́ть (*вн.*) wake* (*d.*), a¦wáke(n) (*d.*); (*перен.*) a¦wáken (*d.*), aróuse (*d.*); (*возбуждать*) stir up (*d.*); егó бу́дят в семь часóв he is waked / a¦wáked / a¦wákened / called at séven o'clóck [...'se-...]; they wake / a¦wáke(n) / call him at séven; разбуди́те меня́ рáно call me éarly [...'ɜː-]; ~ воспоминáния evóke mémories.

бу́дка *ж.* box, cábin; (*ларёк*) stall; карау́льная ~ séntry-bòx; собáчья ~ kénnel; суфлёрская ~ prómpt-bòx; железнодорóжная ~ pláte¦layer's cábin; телефóнная ~ télephòne box, públic cáll-bòx ['pʌb-...]; télephòne booth [...-ð] *амер.*

бу́дн||и *мн.* wéek-day(s); (*перен.*) prose *sg.*, prosá¦ic side [-'zeɪ-...] *sg.*; (*беспросветная жизнь*) húmdrùm life / exístence *sg.*; сегóдня у нас ~ to¦dáy is a wéek-day; по ~ям on wéek-days; трудовы́е ~ évery¦dáy wórking life *sg.* ~**ий** évery¦dáy; ~ий день wéek-day.

бу́дничн||ость *ж.* dúllness. ~**ый** évery¦dáy; (*перен.*) húmdrùm, dull, prosá¦ic [-'zeɪ-]; ~ый день wéek-day; ~ое плáтье évery¦dáy dress; ~ая жизнь húmdrùm life.

будорáжить, взбудорáжить (*вн.*) *разг.* ágitàte (*d.*); (*беспокоить*) distúrb (*d.*); (*возбуждать*) excíte (*d.*).

бу́дочник *м. уст.* políce¦man* on dúty [-iːs-...].

бу́дто **1.** *союз* (*словно, как если бы*) as if, as though [...ðou]; у вас такóй вид, ~ вы не пóняли you look as if, *или* as though, you did not ùnderstánd; **2.** *союз* (*что — с неуверенностью*) *вместе с глаголом передаётся через* it seems that, appárent¦ly, *тж. глаголом* proféss: говоря́т, ~ он уéхал it seems that he has gone a¦wáy [...gɔn...], he has gone a¦wáy it seems, *или* appárent¦ly; он расскáзывает, ~ он получи́л пéрвую прéмию he proféss to have recéived the first prize [...-'siː-...]; **3.** *частица* (*разве?*) réally? ['rɪə-]; уж ~ вы так непогреши́мы? are you réally so infállible?; ✧ ~ бы (*якобы*) allégedly [ə'le-], osténsibly; (*предположительно*) suppósed¦ly.

бу́ду *1 л. ед. буд. вр. см.* быть.

будуáр *м. уст.* bóudoir ['buːdwɑː].

бу́дущ||ее *с. скл. как прил.* the fúture; в ~ем in the fúture; (*впредь*) in fúture, for the fúture; спокóйно смотрéть в ~ face the fúture, *или* look ahéad, cálmly / tránquilly / cónfidently [...ə'hed 'kɑːm-...]; ~ покáжет time, *или* the fúture, will show [...ʃou]. ~**ий** fúture; to be, to come (*после сущ.*); (*следующий*) next; в ~ем годý next year; на ~ей недéле next week; в ~ий раз next time; ~ее поколéние the next gènerátion; ~ие поколéния fúture gènerátions, gènerátions to come; ~ий учи́тель téacher to be; ~ее врéмя *грам.* the fúture (tense). ~**ность** *ж.* fúture.

будь, ~те *пов. см.* быть.

буёк *м. мор.* dám-buoy [-bɔɪ].

бу́ер *м.* íce-boat.

буерáк *м.* gúlly.

буженúна *ж.* boiled pork.

бузá I *ж.* (*напиток*) bóza, bóuza ['buː-] (*millet beverage*).

буз||á II *ж. тк. ед. разг.* row; подня́ть ~ý make*, *или* kick up, a row.

бузинá *ж. тк. ед.* élder; (*заросль бузины*) élder grove, élder thícket.

буз||и́ть *разг.* make*, *или* kick up, a row. ~**отёр** *м. разг.* rówdy.

буй *м. мор.* buoy [bɔɪ].

бу́йвол *м.* búffalò. ~**овый** *прил. к* бу́йвол; ~овая кóжа buff.

бу́йный víolent, túrbulent, wild; (*тк. о страстях*) ùn¦góvernable [-'gʌ-]; (*о веселье*) ùp¦róarious; (*пышный*) lùxúriant, profúse; ~ сумасшéдший víolent / ráving lúnatic.

бу́йство *с.* disórderly cónduct; víolence. ~**вать** get* / be víolent.

бук *м. бот.* beech.

бу́к||а *м. и ж. разг.* bógey¦man* [-gɪ-], búgbear [-bɛə]; (*перен.*) súrly / ùnsóciable man* / féllow; súrly / ùnsóciable wóman* [...'wu-]; ✧ смотрéть ~ой ≅ look súrly / moróse / crústy [...-s...].

букáшка *ж.* (small) ínsèct.

бу́кв||а *ж.* létter; прописнáя ~ cápital létter; строчнáя ~ small létter; начáльная ~ inítial / first létter; ✧ мёртвая ~ dead létter [ded...]; ~ закóна the létter of the law; соблюдáть ~у закóна cárry out the létter of the law; ~ в ~у létter for létter, to the létter.

буквали́зм *м.* óver-líteral réndering.

буквáльн||о *нареч.* líterally; (*дословно*) word for word. ~**ый** líteral; (*дословный*) word for word; в ~ом смы́сле слóва líterally; ~ое значéние líteral méaning / sense; вот егó ~ый отвéт this is his ánswer word for word [...'ɑːnsə...].

буквáрь *м.* ABC book ['eɪ'biː'siː...]; prímer.

бу́квенный in létters.

буквоéд *м. ирон.* pédant ['pe-]; drý¦as¦dùst *разг.* ~**ство** *с. ирон.* pédantry.

букéт *м.* **1.** (*цветов*) bunch of flówers; bóuquet ['buːkeɪ], nóse¦gay; **2.** (*аромат — о вине и т. п.*) bóuquet.

букини́ст *м.* sécond-hànd bóoksèller ['se-...]. **~и́ческий:** ~и́ческий магази́н sécond-hànd bóokshòp / bóoksèller's ['se-...]; ~и́ческие кни́ги rare books.

бу́кли *мн.* (*ед.* бу́кля *ж.*) *уст.* curls.

бу́ков||ый *прил. к* бук; (*сделанный из бука*) béechen; ~ оре́шек béechmàst, béechnùt; ~ое ма́сло béechnùt oil.

буко́л||ика *ж. лит.* bùcólics *pl.* **~и́ческий** *лит.* bùcólic, pástoral.

букс *м. бот.* box.

бу́кса *ж. ж.-д.* áxle-bòx.

букси́р *м.* **1.** (*судно*) tug, túgboat, tów-boat ['tou-]; **2.** (*канат*) tów(ing)-line ['tou-]; tów(ing)-ròpe ['tou-]; (*перен.*) tówage ['tou-]; ба́ржа́ идёт на ~е the barge is bé|ing towed [...toud]; тяну́ть на ~е (*вн.*) tow [tou] (*d.*); (*перен. тж.*) have in tow (*d.*); взять на ~ (*вн.*; *прям. и перен.*) take* in tow (*d.*). **~ный** tów(ing) ['tou-]; ~ный парохо́д steam tug.

букси́ровать (*вн.*) tow [tou] (*d.*), tug (*d.*); have in tow (*d.*).

буксиро́вка *ж.* tówage ['tou-], tówing ['tou-].

буксов||а́ние *с.* skídding. **~а́ть** skid.

булава́ *ж.* mace.

була́в||ка *ж.* pin; ~ для га́лстука tíe-pin, scárf-pìn; ◊ англи́йская ~ sáfe|ty pin; де́ньги на ~ки pín-mòney [-mʌ-] *sg.* **~очный** *прил. к* була́вка; ~очный уко́л pín-prìck.

була́ный dun, light bay, créam-còlour|ed [-kʌ-].

була́т *м. ист.* (*сталь для клинков*) dámask steel ['dæ-...]; (*перен.: меч*) sword [sɔːd]. **~ный** *прил. к* була́т.

бу́линь *м. мор.* bówlìne ['bou-].

бу́лка *ж.* roll; сдо́бная ~ bun.

бу́лла *ж.* bull [bul] (*edict*).

бу́лочка *ж. уменьш. от* бу́лка.

бу́лочн||ая *ж. скл. как прил.* báker's; ~-конди́терская báker's and conféctioner's. **~ик** *м.* báker. **~ый:** ~ые изде́лия ≅ rolls and buns.

булты́х *межд. разг.* plop; он ~ в во́ду! he fell plop into the wáter [...'wɔː-]. **~а́ть** (*вн.*) shake* (*d.*). **~а́ться, бултыхну́ться** *разг.* (*падать в воду*) fall* plop into the wáter [...'wɔː-]; (*бросаться в воду*) plunge / plop into the wáter. **~ну́ться** *сов. см.* бултыха́ться.

булы́жн||ик *м.* cóbble(-stòne). **~ый** *прил. к* булы́жник; ~ая мостова́я cobbles *pl.*, cóbble-stòne páve|ment / road.

бульва́р *м.* ávenue, bóulevard ['buːlvɑː]. **~ный** *прил. к* бульва́р; ◊ ~ный рома́н ≅ cheap nóvel [...'nɔ-]; pénny dréadful [...'dre-] *разг.*; ~ная газе́та rag (*newspaper*); ~ная пре́сса gútter press.

бульдо́г *м.* búlldòg ['bu-].

бульдо́зер *м.* búlldòzer ['bu-]. **~и́ст** *м.* búlldòzer óperàtor ['bu-...].

бу́льк||анье *с.* gurgle. **~ать** gurgle.

бульо́н *м.* broth; кре́пкий (говя́жий) ~ béef-tea; кури́ный ~ chícken-bròth.

бум *м. разг.* sènsátion, rácket; (*на бирже*) boom; промы́шленный ~ indústrial boom.

бума́г||а I *ж.* **1.** *тк. ед.* (*в разн. знач.*) páper; ~ в кле́тку squared páper; газе́тная ~ néws-prìnt [-z-]; заверну́ть в газе́тную ~у (*вн.*) wrap up in *a* néwspàper (*d.*); почто́вая ~ létter-pàper, nóte-pàper; цветна́я ~ cólour|-ed páper ['kʌ-...]; изложи́ть на ~е (*вн.*) commít to páper (*d.*); **2.** *мн.* (*ценные*) secúrities; **3.** (*документ*) páper, dócument; ◊ оста́ться на ~е remáin on páper.

бума́г||а II *ж.* (*хлопчатая*) cótton; шерсть с ~ой wool and cótton [wul...]; ~ для што́пки dárning cótton.

бумагодержа́тель I *м.* (*владелец ценных бумаг*) hólder of secúrities, bóndhòlder.

бумагодержа́тель II *м. канц.* páper-clìp.

бумагомара́тель *м. разг.* scríbbler.

бумагопряд||е́ние *с.* cótton-spìnning. **~и́льный:** ~и́льная маши́на cótton-spìnning machíne [...-'ʃiːn]; ~и́льная фа́брика cótton mill. **~и́льня** *ж.* cótton mill.

бума́жка *ж.* **1.** piece of páper [piːs...]; bit of páper (*тж. пренебр.*); ~ от конфе́т sweet wrápper; **2.** *разг.* (*бумажные деньги*) note; пятирублёвая ~ fíve-rouble note [-ruː-...]; **3.** *разг., пренебр.* (*канцелярская*) páper.

бума́жник I *м.* (*работающий в бумажной промышленности*) páper-màker.

бума́жник II *м.* (*для денег*) wállet ['wɔ-], pócket-book.

бума́жн||ый I *прил. к* бума́га I 1; ~ая фа́брика páper-mìll; ~ые де́ньги páper móney [...'mʌ-] *sg.*; ◊ ~ая волоки́та red tape; ~ое руково́дство páper / nóminal léader|ship / guídance [...'gaɪ-].

бума́жн||ый II *прил. к* бума́га II; ~ая мате́рия cótton; ~ая ткань cótton fábric; ~ая пря́жа cótton yarn.

бумажо́нка *ж.* (*прям. и перен.*) bit of páper.

бумазе́я *ж.* fústian.

бумера́нг *м.* bóomeràng.

бунд *м. ист.* Bund [bu-]. **~овец** *м. ист.* Búndist ['bu-].

бу́нкер *м.* búnker.

бункерова́ть *несов. и сов.* (*вн.*) búnker (*d.*). **~ся** coal.

бункеро́вка *ж.* cóaling.

бунт I *м.* ríot; (*гл. обр. военный*) mútiny.

бунт II *м.* (*кипа и т. п.*) bale, pácket, bundle.

бунта́р||ский mútinous, rebéllious, sedítious. **~ство** *с.* rebéllious|ness; (*подстрекательство к бунту*) sedítion.

бунта́рь *м.* rébel ['re-], insúrgent; mùtinéer; ríoter; (*ср.* бунт).

бунтов||а́ть, взбунтова́ть, взбунтова́ться **1.** *при сов.* взбунтова́ться rebél, revólt (*тж. перен.*); rise* in rebéllion, rise* in revólt; (*о войсках; тж. перен.*) mútiny; **2.** *при сов.* взбунтова́ть (*вн.*) incíte to rebéllion, *или* to revólt (*d.*). **~а́ться,** взбунтова́ться *разг.* = бунтова́ть 1. **~ско́й** mútinous, rebéllious. **~щи́к** *м.* rébel ['re-], insúrgent; mùtinéer, ríoter; (*ср.* бунт).

бур I *м. тех.* áuger [-g-].

бур II *м.* (*народность*) Bóer [buə].

бура́ *ж. хим.* bóràx.

бура́в *м. тех.* pérforàtor, gímlet ['gɪ-]; (*большой*) áuger [-g-]. **~ить** (*вн.*) *тех.* bore (*d.*), drill (*d.*), pérforàte (*d.*). **~чик** *м. тех.* gímlet ['gɪ-].

бура́к *м.* (*свёкла*) béetroot.

бура́н *м.* (víolent) snów-stòrm [..'snou-].

бурбо́н *м. уст.* (*грубый человек*) churl.

бургоми́стр *м.* búrgomàster.

бурда́ *ж. тк. ед. разг.* wísh-wàsh; slops *pl.*

бурдю́||к *м.* wíne|skìn. **~чный** kept in a wíne|skìn.

буреве́стник [-сн-] *м.* stórm(y) pétrel [...'pe-].

бурело́м *м. собир.* wínd-fàll|en wood ['wɪ- wud].

буре́ние *с. горн.* bóring, drílling; ~ сква́жины (*нефтяной*) sínking / drílling of *a* well; уда́рное ~ pèrcússion drílling; о́пытное ~ test bóring.

буре́ть, побуре́ть grow* brown [grou...].

буржуа́ *м. нескл.* bóurgeois ['buəʒwɑː].

буржуази́я *ж.* bourgeoisíe [buəʒwɑː'ziː]; кру́пная ~ úpper / big bourgeoisíe; ме́лкая ~ pétty bourgeoisíe; сре́дняя ~ middle bourgeoisíe; монополисти́ческая ~ monópoly bourgeoisíe; monópoly cápitalists *pl.*

буржуа́зно-демократи́ческ||ий bóurgeois-dèmocrátic ['buəʒwɑː-]; ~ая револю́ция bóurgeois-dèmocrátic rèvolútion.

буржуа́зный bóurgeois ['buəʒwɑː].

буржу́й *м. разг.* bóurgeois ['buəʒwɑː].

бури́льн||ый bóring. **~щик** *м.* bórer, dríller.

букриме́ [-мэ́] *с. нескл.* bouts rimés (*фр.*) ['buːriː'meɪ].

бури́ть (*вн.*) bore (*d.*); (*о колодце*) sink* (*d.*), drill (*d.*).

бу́рка *ж.* felt cloak.

бу́рки I *мн. см.* бу́рка.

бу́рки II *мн.* felt boots.

бу́ркнуть *сов.* (*вн.*) *разг.* growl out (*d.*), bark out (*d.*).

бурла́||к *м.* barge háuler. **~цкий** *прил. к* бурла́к. **~чить** haul / tow bárges [...tou...].
бурли́вый séething, túrbulent.
бурли́ть seethe.
бу́рн||ый 1. stórmy; (*о море тж.*) rough [rʌf], héavy ['he-]; **2.** (*стремительный*) impétuous; (*быстрый*) rápid; ~ поры́в ве́тра víolent gust of wind [...wɪ-]; ~ рост промы́шленности rápid growth of índustry [...-ouθ...]; **3.** (*неистовый*) stórmy, víolent; (*о страсти*) wild; ~ разгово́р stórmy ínterview [...-vjuː]; ~ые аплодисме́нты storm of appláuse *sg.*; loud cheers.
буров||о́й bóring; ~а́я вы́шка dérrick; ~а́я маши́на bóring machíne [...-'ʃiːn]; ~а́я сква́жина bore, bóre-hòle, bóring, well.
бу́рс||а *ж. ист.* séminary. **~а́к** *м. ист.* séminarist.
бу́рский *прил. к* бур II.
буру́н *м. мор.* bréaker [-eɪkə]; (*под носом корабля*) bów-wàve; *мн. тж.* surf *sg.*
бурча́ние *с. разг.* **1.** múttering; (*бормотание*) múmbling; (*ворчание*) grúmbling; **2.** (*в животе*) rúmbling; cóllywòbbles *pl.*
бурча́ть, пробурча́ть *разг.* **1.** mútter; (*бормотать*) mumble; (*ворчать*) grumble; ~ себе́ по́д нос mútter únder / belów one's breath [...-'lou... -eθ]; **2.** *тк. несов.* (*в животе*) rumble (*in intestines*); (*в котле и т. п.*) bubble.
бу́р||ый brown; ~ медве́дь brown bear [...bɛə]; ~ая лиси́ца red fox; ◇ ~ у́голь brown coal.
бурья́н *м. собир.* (tall) weeds *pl.*
бу́ря *ж.* storm; (*очень сильная; гл. обр. поэт.*) témpest; (*на море*) gale; сне́жная ~ snów-stòrm ['snou-]; магни́тная ~ *физ.* màgnétic storm; ~ пронесла́сь, минова́ла (*перен.*) the storm has blown óver [...bloun...]; ◇ ~ восто́ргов storm of cheers; ~ в стака́не воды́ storm in a téa-cùp; «~ и на́тиск» *ист. лит.* "storm and stress"; «Sturm und Drang» *нем.*
буря́т *м.*, **~ка** *ж.*, **~ский** Buryát [bu'rjɑːt].
бу́син||а *ж.*, **~ка** *ж.* bead.
буссо́ль *ж. геод.* sùrvéying cómpass [...'kʌ-]; *воен.* diréctor; áiming circle *амер.*
бу́сы *мн.* beads.
бут *м. тк. ед. тех.* áshlar, rubble, quárry-stòne.
бута́н *м. хим.* bútàne.
бутафо́р *м. театр.* próperty-man*. **~ия** *ж. тк. ед. театр.* própertíes *pl.*; props *pl. разг.*; (*в витрине и т.п.*) dúmmies *pl.* (*in shop window*); (*перен.*) wíndow-drèssing, mere show [...ʃou]; э́то всё одна́ ~ия it is nothing but wíndow-drèssing, it's all show. **~ский** *прил. к* бутафо́рия.
бутербро́д *м.* (*хлеб с маслом*) slice of bread and bútter [...-ed...]; (*с закуской*) sándwich ['sænwɪdʒ]; ~ с ветчино́й ham sándwich.
бути́л *м. хим.* bútyl. **~е́н** *м. хим.* bútylène.
бутири́н *м. хим.* bútyrine.
бути́ть, забути́ть (*вн.*) fill with rubble (*d.*), make* an áshlar foundátion (for).
буто́н *м.* bud.
бутонье́рка *ж.* hólder (for a bútton-hòle flówer); (*цветок в петлице*) búttonhòle.
бу́тсы *мн. спорт.* fóotbàll boots ['fut-...].
буту́з *м. разг.* kíddy; chúbby little féllow.
буты́л||ка *ж.* bottle. **~очка** *ж.* small bottle; (*пузырёк*) víal, phíal. **~очный** *прил. к* буты́лка; ~очного цве́та bóttle-green.
буты́ль *ж.* large bottle; (*оплетённая*) cár¦boy, démijòhn [-dʒɔn].
бу́фер *м. ж.-д.* (*тж. перен.*) búffer. **~ный** *прил. к* бу́фер; ~ное госуда́рство búffer State.
буфе́т *м.* **1.** (*шкаф*) síde¦board; **2.** (*закусочная*) refréshment room, búffet ['bufeɪ]; (*в учреждении, учебном заведении*) cantéen; (*стойка*) (refréshment / snack) bar. **~ная** *ж. скл. как прил.* pántry. **~ный** *прил. к* буфе́т. **~чик** *м.* bár¦man*; bár¦tènder *амер.* **~чица** *ж.* bár¦maid.
буфф *прил. нескл. театр.* búffò ['buː-].
буффо́н *м.* bùffóon. **~а́да** *ж.* bùffóonery.
буха́нка *ж.* loaf*.
буха́р||ец *м.*, **~ка** *ж.*, **~ский** Bokháran [-'kɑː-].
бу́хать, бу́хнуть *разг.* **1.** (*тв.; ударять*) thump (*d.*); **2.** (*без доп.; об орудиях*) thúnder; **3.** (*вн.; неуместно говорить*) blurt out (*d.*). **~ся,** бу́хнуться *разг.* (*падать*) fall* héavily [...'he-]; (*кидаться*) throw* òne¦sélf [-ou...].
бухга́лт||ер *м.* bóok-keeper, accóuntant; гла́вный ~ accóuntant géneral. **~е́рия** *ж.* **1.** bóok-keeping; **2.** (*отдел*) accóunts depártment; (*в небольших учреждениях*) cóunting-house* [-s].
бухга́лтерск||ий bóok-keeping (*attr.*), accóunt (*attr.*); ~ая задо́лженность órdinary debts [...dets] *pl.*; ~ая кни́га accóunt book.
бу́хнуть I *сов. см.* бу́хать.
бу́хнуть II, разбу́хнуть swell*.
бу́хнуться *сов. см.* бу́хаться.
бу́хта I *ж.* (*залив*) bay (*in coast*).
бу́хта II *ж.* (*троса*) coil (*of rope*).
бу́хточка *ж.* cove, creek, ínlet ['ɪn-].
бу́хты-бара́хты *разг.:* с ~ (*необдуманно*) óff-hánd; (*внезапно*) súddenly; (*ни с того, ни с сего*) without rhyme or réason [...-z°n].
бу́цы *мн.* = бу́тсы.
бу́ч||а *ж. тк. ед. разг.* row; подня́ть ~у make*, *или* kick up, a row.
бу́ч||ение *с. тех.* lýing. **~ить,** вы́бучить (*вн.*) *тех.* wash in lye (*d.*).
бушева́ть 1. rage; **2.** *разг.* (*сердиться*) rage, storm; (*буйствовать*) crèáte / make* an úp¦roar.
бу́шель *м.* búshel ['bu-].
бушла́т *м.* péa-jàcket.
бушпри́т *м. мор.* bówsprìt ['bou-].
буя́н *м.* rówdy, rúffian; (*забияка*) bráwler. **~ить,** набуя́нить make* a row, *или* an úp¦roar; brawl.
бы, б *частица* (*употребляется для образования сослагательного наклонения*): она́ писа́ла бы ему́ ча́сто, е́сли бы не была́ так занята́ she would write to him óften if she were not so búsy [...'ɔːf(t)°n... 'bɪzɪ]; он бы хоте́л, что́бы вы пришли́ ко мне he would like you to come and see me; кто бы э́то мог быть? who could that be?; — кто бы ни, что бы ни, когда́ бы ни *и т. п.* whò¦éver, whàt¦éver, whèn¦éver, *etc.* (+ *indic.*): кто бы ни пришёл whò¦éver comes; что бы из э́того ни вы́шло whàt¦éver comes of it; что бы ни случи́лось whàt¦éver háppens; когда́ бы он ни пришёл whèn¦éver he comes; ◇ без како́го бы то ни́ было труда́ without any trouble whàt¦éver / whàt¦so¦éver [...trʌ-...]; как бы то ни́ было, он сде́лал больши́е успе́хи hòw¦éver that may be, *или* be that as it may, he has made good* prógrèss; вам бы самому́ э́тим заня́ться you'd bétter see to it your¦sélf; мне бы ча́ю I'd like a cup of tea.
быва́ло *вводн. сл. переводится выражением* used [juːst] + to *inf. или выражением* would + *inf.*: он ~ ча́сто е́здил в дере́вню he óften used to go to the cóuntry [...'ɔːf(t)°n...'kʌ-], he would óften go to the cóuntry; ◇ как ни в чём не ~ as though nothing were the mátter [...ðou...]; он хо́дит себе́, как ни в чём не ~ he goes abóut quite ún¦concérned.
быва́лый *разг.* **1.** wórldly-wìse; **2.** (*опытный*) expérienced; ~ солда́т véteran.
быв||а́ть 1. (*быть, находиться*) be; (*быть иногда*) be sóme¦tìmes: ве́чером он всегда́ ~а́ет до́ма he is álways at home in the évenings [...'ɔːlwəz... 'iːvn-]; он ~а́ет о́чень груб he is very rude sóme¦tìmes; **2.** (*у кого-л.; посещать*) go* to see (smb.), vísit [-z-] (smb.); ~ где-л. go* to a place; он у них ре́дко ~а́ет he séldom vísits them, he séldom goes to see them; он ча́сто ~а́ет в теа́тре he óften goes to the théatre [...'ɔːf(t)°n...'θɪə-]; **3.** (*случаться*) háppen, occúr; таки́х веще́й со мной никогда́ не ~а́ло such things never háppened to me befóre; ~а́ет, что it háppens that; как э́то ча́сто ~а́ет в таки́х дела́х as so óften is the case in such mátters [...keɪs...], as it óften háppens in such mátters; **4.** (*происходить*) be held, take* place; заседа́ния ~а́ют раз в ме́сяц méet-

ings are held, *или* take place, once a month [...wʌns...mʌ-]; ✧ снéга как не ~áло not a trace of the snow remáined [...snou...]; егó как не ~áло he vánished without a trace.

бы́вш||ий 1. *прич. см.* быть; ~ однó врéмя министром, завéдующим *и т. п.* óne-tìme mínister, mánager, *etc.*; **2.** *прил.* fórmer, late; quóndam; (*о ком-л., утратившем официальное положение тж.*); ex-; ~ завéдующий fórmer mánager, èx-mánager; ~ президéнт èx-président [-z-]; егó ~ая квартира his fórmer lódgings *pl.*; гóрод Ульяновск, ~ Симбирск Uliánovsk, fórmerly Simbírsk; ✧ ~ие люди cì-devánts [-'vã-]; háve-beens *разг.*

бык I *м.* bull [bul]; (*кастрированный*) ox*; рабóчий ~ draught ox* [-ɑːft...]; бой ~óв búllfight ['bul-]; ✧ здорóв как ~ ≅ as strong as a horse.

бык II *м.* (*моста*) pier [pɪə] (*of bridge*).

былúна *ж. лит.* bylína [bɪ'liːnə] (*Russian epic*).

былúнка *ж.* blade of grass.

былúнный épic; ~ эпос Rússian épos [-ʃən 'e-].

бы́ло I *3 л. ед. прош. вр. см.* быть.

бы́ло II *частица разг.* néarly; (*вот-вот*) on the point of (+*ger.*); он ~ стал засыпáть he had néarly fáll¦en asléep, he was on the point of fálling asléep, he was just gó¦ing to fall asléep; он ~ вóвсе не хотéл приезжáть he was on the point of not cóming at all; чуть ~ не (very) néarly; on the point of; он чуть ~ не забыл he very néarly forgót; егó чуть ~ не убило he was néarly killed; он чуть ~ не ушёл he was just abóut to leave, he was on the point of gó¦ing.

был||óе *с. скл. как прил.* the past. **~óй** fórmer, past, bý¦gòne [-gɔn]; в ~ые временá in bý¦gòne days, in days of old.

быль *ж.* **1.** fact; **2.** (*рассказ*) true stóry.

бы́льё *с.*: ~м поросло long forgótten, búried in oblívion ['be-...].

быстринá *ж.* rápid(s) (*pl.*).

бы́стро *нареч.* fast, quickly, rápidly, with speed; он ~ соображáет he is quick-wítted; he is as sharp as a needle *идиом.*

быстро||глáзый shárp-éyed [-'aɪd], quick-éyed [-'aɪd]. **~крылый** swift-winged. **~нóгий** swift-fóoted [-'fu-], nímble(-fóoted) [-'fu-]. **~растýщий** quick-growing [-grou-]. **~рéжущий** (*о стали*) high-spéed (*attr.*).

быстрот||á *ж.* quickness, rapídity; (*скорость*) speed; ~ соображéния quíckness of ùnderstánding; с ~óй мóлнии at líghtning speed; с такóй ~óй at such speed, so rápidly, at so swift a pace.

быстро||тéчный fléeting, tránsient [-zɪ-]. **~хóдный** high-spéed, fast.

бы́стр||ый quick (*тж. проворный*); rápid; (*тк. о движении*) fast; (*немедленный*) prompt; ~ на что-л. *разг.* cléver at smth. ['kle-...]; ~ое течéние rápid / swift cúrrent; ~ая рысь fast trot; ~ое решéние prompt / spéedy decísion; ~ая смéна впечатлéний rápid succéssion of impréssions.

быт *м. тк. ед.* (*уклад жизни*) mode of life; (*повседневная жизнь*) life, dáily round; нóвый ~ new life, new mode of life; new condítions of life *pl.*; сцéны из воéнного ~а scenes from mílitary life; домáшний ~ fámily life; в ~ý in príivate life [...'praɪ-...].

бытиé *с.* bé¦ing, exístence; (*реальность*) éntity, reálity [rɪ'æ-]; ~ определяет сознáние (sócial) bé¦ing detérmines (one's) cónscious¦ness [...-nʃəs-]; ✧ книга Бытия *библ.* Génesis.

бы́тность *ж.*: в ~ when; (*во время чьего-л. пребывания*) dúring smb.'s stay; в ~ мою студéнтом in my stúdent days; в ~ егó там dúring his stay / sójourn there [...-dʒəːn...].

бытовáть exíst, occúr; be cúrrent.

бытов||óй *прил. к* быт; (*о машинах и т. п.*) doméstic; ~ые услóвия condítions of life; ~ уклáд mórals and mánners ['mɔ-...] *pl.*; ~óе явлéние évery¦dáy occúrrence; ~ые нýжды évery¦dáy necéssities (of life); ~óе обслýживание évery¦dáy repáirs and other sérvices *pl.*; ~áя дрáма dráma of évery¦dáy life ['drɑː-...]; ~áя пьéса play of mánners; ~ ромáн nóvel of évery¦dáy life ['nɔ-...]; ~áя живопись genre páinting [ʒɑːŋr...]; ~ жанр genre art.

бытописáтель *м.* pòrtráyer of mórals and mánners [...'mɔ-...].

быть (*в разн. знач.*; *тж. как связка*) be: он был здесь he was here; он был рабóчим he was a wórker; — у негó, у них *и т. д.* есть he has, they have, *etc.*; у негó вчерá бы́ло мнóго рабóты he had a great deal of work to do yésterday [...greɪt...-dɪ]; был сильный вéтер there was a strong wind [...wɪ-]; ~ вы́нужденным (+*инф.*) be oblíged (+ to *inf.*), have (+ to *inf.*): он вы́нужден был пойти he was oblíged to go, he had to go; — ~ знакóмым (с кем-л.) know* [nou] (smb.), be acquáinted (with smb.); (с чем-л.) have a knówledge [...'nɔ-] (of smth.); ~ в пальтó wear* *a* coat [wɛə...], have *a* coat on; ~ в отсýтствии be ábsent / a¦wáy; ~ при чём-л. (*присутствовать*) be présent at / dúring smth. [...'prez-...]; ~ ни при чём have nothing to do (with): он тут ни при чём he has nothing to do with it; — будь он прóклят damn / curse him; не будь егó, её *и т. д.* but for him, her, *etc.*, had it not been for him, her, *etc.*; ~ обязанным комý-л. be indébted to smb. [...-'detɪd...], be oblíged to smb.; ~ свидéтелем чегó-л. wítness smth., be a wítness of smth.; ✧ ~ в состоянии (+ *инф.*) be able (+ to *inf.*): он не был в состоянии пойти he was not able, *или* he was ún¦áble, to go; — ~ впóру (*дт.*) fit (*d.*); (*перен.*) be fit (for); ~ начекý be on the alért; как ~? what shall we do?, what is to be done?; мóжет ~ perháps, máybè; ~ чемý-л. smth. is sure to háppen [...ʃuə...]; ~ бýре there'll be a storm, there's sure to be a storm; ~ бедé there'll be trouble [...trʌ-]; былá не былá! here goes!; ~ по-твóему let it be as you wish; будь, что бýдет come what may; будь то though it were [ðou...]; бýдьте добры (+ *пов.*) please (+ *imper.*); (+ *инф.*) would you be so kind (+ as to *inf.*); бýдьте добры, позвонúте, *или* позвонить, емý зáвтра please ring him up to¦mórrow, would you be so kind as to ring him up to¦mórrow?; так и ~ all right, very well, right you are, so be it.

бытьё *с. тк. ед.* life.

быч||áчий, бы́чий *прил. к* бык I; ~ язык ox tongue [...tʌŋ]; ~áчье мясо beef; ~áчья жёлчь óx-gàll; ~áчья порóда ox spécies [...ʃiːz].

бычóк I *м.* búll-càlf* ['bulkɑːf].

бычóк II *м.* (*рыба*) búllhead ['bulhed], míller's thumb.

бьеф *м.*: вéрхний ~ head race [hed...], head wáter [...'wɔː-]; нижний ~ táil-wàter [-wɔː-].

бювáр *м.* blótting-pàd.

бювéт *м.* púmp-room.

бюджéт *м.* búdget; предусмáтривать что-л. в ~е búdget for smth.; прoéкт ~а búdget éstimates *pl.*; дохóдная часть ~а révenue; расхóдная часть ~а expénditure; исполнéние ~а в... годý fináncial resúlts for the year... [...-'zʌ-...] *pl.*; ✧ выйти из ~а óver¦spénd* one's búdget. **~ный** búdgetary; ~ная статья ítem in the búdget; ~ный год físcal / búdget year.

бюллетéн||ь *м.* **1.** búlletin ['bu-]; ~ о состоянии здорóвья médical búlletin; **2.** (*избирательный*) bállot-pàper; **3.** (*отчёт съезда и т. п.*) repórt; **4.** *разг.* (*больничный лист*) sick-leave certíficate, médical certíficate of únfítness for work; он на ~е he is on síck-leave.

бю́ргер *м.* búrgher.

бюрéтка *ж. хим.* burétte, drópping glass.

бюрó *с. нескл.* **1.** (*учреждение*) buréau [-'rou]; (*контора*) óffice; спрáвочное ~ in¦quíry óffice; ~ поврежд'éний (*телефона*) télephòne repáirs sérvice; ~ нахóдок lost próperty óffice; похорóнное ~ úndertàker's óffice; **2.**: организациóнное ~ òrganìzátion buréau [-naɪ-...]; **3.** (*мебель*) buréau, secretáire [sekrə'tɛə], wríting-dèsk.

бюрокрáт *м.* búreaucràt [-ro-], réd-tápist; (*педант*) pédant ['pe-]. **~изм** *м.* bùreaucratism [-'rɔ-], red tape. **~ический** bùreaucrátic [-ro-]. **~ия** *ж.* bùréaucracy [-'rɔ-].

бюст *м.* bust. **~гáльтер** *м.* brassière (*фр.*) ['brɑːsɪɛə], bra [brɑː] *разг.*

бязь *ж. текст.* coarse cálicò.

В

в, во *предл.* **1.** (*пр.*— *где?*; *вн.*— *куда?*) in; (*пр.*; *при обозначении небольших населённых пунктов, учреждений, заведений и т. п.*) at; (*вн.*; *внутрь*; *тж. перен.*) into; (*вн.*; *при обозначении стран, населённых пунктов, учреждений и т. п.*) to; (*вн.*; *при названии места назначения*) for: в я́щике in *the* box; в саду́ in *the* gárden; в Москве́ in Móscow; в Евро́пе in Éurope; в а́рмии in the ármy; положи́ть в я́щик put* in *the* box; в Клину́ at Klin; в теа́тре at the théatre [...'θɪə-]; в шко́ле at school; вложи́ть в я́щик put* into *the* box; войти́ в сад go* into *the* gárden; вступа́ть в разгово́р énter into *a* cònversátion; е́хать в Евро́пу, в Москву́ go* to Éurope, to Móscow; идти́ в теа́тр go* to the théatre; ходи́ть в шко́лу go* to school; обраща́ться в мили́цию applу́ to the milítia [...-ʃə]; уезжа́ть в Евро́пу, в Москву́ leave* for Éurope, for Móscow; — входи́ть в зал énter *the* hall; приезжа́ть в Москву́, в Клин arríve in Móscow, at Klin; вступа́ть в исполне́ние обя́занностей énter up|ón *one's* dúties; вступа́ть в па́ртию join *the* párty; **2.** (*пр., вн.*; *при обозначении одежды, оболочки, формы и т. п.*) in: оде́тый в чёрное dressed in black; завёрнутый в бума́гу wrapped in páper; в э́той фо́рме in this form; в пе́рвом лице́ *грам.* in the first pérson; в хоро́шем настрое́нии in good húmour; **3.** (*пр.*; *при обозначении качества, характера, состава и т. п.*) in; ко́мната в беспоря́дке the room is in disórder; вся тетра́дь в кля́ксах the éxercìse-book has blots all óver it; у него́ всё лицо́ в весну́шках his face is cóvered with freckles [...'kʌ-...]; в ду́хе вре́мени in the spírit of the times; в пяти́ де́йствиях in five acts; **4.** (*пр.*; *при обозначении расстояния* от) at a distance of... (from) *или не переводится*: в трёх киломе́трах от Москвы́ (at a dístance of) three kílomètres from Móscow; **5.** (*пр.*; *при обозначении года, месяца*) in; (*вн.*; *при названиях дней*) on; *но при словах* э́тот this, тот that, про́шлый last, бу́дущий next *не переводится*; (*вн.*; *при обозначении часа, момента*) at: в 1944 году́ in 1944; в январе́ in Jánuary; в четве́рг on Thúrsday [...'θɜːzdɪ]; в три часа́ at three o'clóck; в э́том году́ this year; в тот день that day; в про́шлую суббо́ту last Sáturday [...-dɪ]; — в тре́тьем часу́ *и т. п.* betwéen two and three, *etc.*; **6.** (*вн.*; *в течение*) in, within: он сде́лает э́то в три дня he will do it in three days, *или* within three days; **7.** (*вн.*; *при обозначении единицы времени*) *не переводится*: два́жды в год twice a year; три ра́за в день three times a day; **8.** (*вн.*; *при обозначении размера, цены и т. п.*) *не переводится*: длино́й в пять ме́тров five metres long; места́ в три рубля́ thrée-rouble seats [-ruː-...], seats at three roubles [...ruː-]; **9.** (*вн.*; *со словом* раз — *при сравнении, причём сравн. степень передаётся через* as *с положит. степенью*) *не переводится*: в три ра́за то́лще three times as thick; в три ра́за бо́льше (*о количестве*) three times as much, as many (*ср.* мно́го); (*о размере*) three times the size; — в два ра́за ме́ньше half [hɑːf]; (*о размере*) half the size; в полтора́ ра́за бо́льше half as much, *или* as many, as big, agáin; **10.** (*вн.*; *при выражении изменения*) into, to (*в зависимости от глагола*): превраща́ть(ся) во что-л. turn into smth.; (*перен.*) turn to smth.; change into / to smth. [tʃeɪ-...]; преврати́ть в разва́лины (*вн.*) redúce to rúins / rubble (*d.*); разрыва́ть в куски́ (*вн.*) tear* to píeces / bits [tɛə...'piː-...] (*d.*); **11.** (*вн. мн.*=*им.*; *при обозначении должности, профессии и т. п.*) *об. не переводится*: быть и́збранным в секретари́ be elécted sécretary; он был посвящён в ры́цари he was knighted; ◇ в слу́чае е́сли if; in case [...-s]; в слу́чае (*рд.*) in case (of); в том числе́ in|clúding: в том числе́ и он in|clúding him; — он весь в отца́ he is the (very) ímage of his fáther [...'fɑː-]; he is a chip of the old block *разг.*; в конце́ концо́в *см.* коне́ц; игра́ть во что-л. *см.* игра́ть; *тж. и др. особые случаи, не приведённые здесь, см. под теми словами, с которыми предл.* в *образует тесные сочетания.*

ва-ба́нк *нареч.*: игра́ть, идти́, ста́вить ~ stake évery|thing; (*перен.*) stake one's all.

ва́б||ик *м. охот.* lure, decóy. **~ить** (*вн.*) *охот.* lure (*d.*), decóy (*d.*).

вавило́нск||ий Bàbylónian; ◇ ~ое столпотворе́ние bábel; ~ая ба́шня the tówer of Bábel.

ва́га *ж.* **1.** (*весы*) wéighing-machíne [-'ʃiːn]; **2.** (*в экипаже*) splínter-bàr; (*подвижная*) swíngle|tree; **3.** (*рычаг*) léver.

ваго́н *м.* (*ж.-д. пассажирский*) cárriage [-rɪdʒ], coach; (*трамвайный, тж. амер. ж.-д. пассажирский и товарный*) car; мя́гкий ~ sóft-séated / ùp|hólstered cárriage [...-'hou-...]; жёсткий ~ hárd-séated / ún|ùp|hólstered cárriage [...-'hou-...]; спа́льный ~ sléeping-càr; sléeper *разг.*; междунаро́дный ~ *уст.* Ìnternátional Sléeping Car [-'næ-...]; ~ для куря́щих smóking-cárriage [-rɪdʒ], smóker; ~ для некуря́щих nón-smóker; бага́жный ~ lúggage van; bággage car *амер.*; това́рный ~ goods van [gudz...]; (*открытый*) goods truck; freight car *амер.*; почто́вый ~ mail van; mail car *амер.*; ~-цисте́рна tánk-càr; ~-рестора́н díning-càr, réstaurant-càr [-rɔːŋ-]; ~-платфо́рма flat wágon; flát-càr, plátfòrm-càr *амер.*; трамва́йный ~ trám-càr; stréet-càr, trólley *амер.*; де́тский ~ chíldren's cárriage (on train).

вагоне́тка *ж.* trólley, truck.

ваго́нный *прил. к* ваго́н.

-ваго́нный (*в сложн. словах, не приведённых особо*) of... cars, -càrriage [-rɪdʒ] (*attr.*), -van (*attr.*); *напр.* десятиваго́нный of ten cars; tén-càrriage [-rɪdʒ] (*attr.*).

вагоновожа́тый *м. скл. как прил.* trám-drìver.

вагоноопроки́дыватель *м.* ráilway truck típper; car dúmper *амер.*

вагоноремо́нтный: ~ заво́д ráilway-cárriage repáir works [-rɪdʒ...].

вагоностро́ительный: ~ заво́д cárriage-búilding works [-rɪdʒ'bɪ-...]; cár-búilding plant [-'bɪl- -ɑːnt] *амер.*

вагра́нка *ж. тех.* cúpola, cúpola-fúrnace.

важне́йш||ий **1.** *превосх. ст. см.* ва́жный 1; **2.** (*главный*) májor, páramount; ~ая пробле́ма májor próblem [...'prɔ-].

ва́жничанье *с.* airs and gráces *pl.*

ва́жничать **1.** put* on airs, give* òne|sélf airs; mount the high horse *идиом.*; **2.** (чем-л.) *разг.* plume / pride òne|sélf (on smth.), pique òne|sélf [piːk...] (on, up|ón smth.).

ва́жно I **1.** *прил. кратк. см.* ва́жный; **2.** *предик. безл.* it / that is impórtant; (+ *инф.*) it is impórtant (+ to *inf.*): о́чень ~ знать, в кото́ром часу́ он ушёл it is very impórtant to know at what hour / time he left [...nou...auə...].

ва́жно II *нареч.* with an air of impórtance, with a cònsequéntial air; (*горделиво*) grándly.

ва́жн||ость *ж.* **1.** impórtance; (*значение*) signíficance; большо́й ~ости of great móment / impórtance [...-eɪt...]; **2.** (*важный вид*) impórtance, pòmpósity; напуска́ть на себя́ ~ put* on airs, try to look impórtant; ◇ не велика́ ~ *разг.* it does not mátter in the least, it is of no cónsequence, it doesn't mátter all that much; э́ка ~ *разг.* what does it mátter? ~ый 1. impórtant; (*значительный*) signíficant; 2. (*горделивый*) grand, pómpous; ✧ ~ая ши́шка *разг.* bígwig, big pot; big shot *амер.*

ва́за *ж.* (*высокая*) vase [vɑːz]; (*в форме чаши*) bowl [boul]; ~ для цвето́в flówer bowl, flówer vase; ~ для фру́ктов fruit bowl [fruːt...].

вазели́н *м.* váselìne [-zɪliːn]. **~овый** *прил. к* вазели́н; ~овое ма́сло *мед.* líquid páraffin.

вазо́н *м.* flówer-pòt.

вака́н||сия *ж.* vácancy ['veɪ-]. **~тный** vácant.

вака́ции *мн.* (*ед.* вака́ция *ж.*) *уст.* vacátion *sg.*

ва́кс||а *ж.* (shoe) pólish [ʃuː...], bláckíng. **~ить**, нава́ксить (*вн.*) pólish (*d.*), black (*d.*).

ва́куум *м.* *физ.*, *тех.* vácùum ['veɪ-] (*pl.* -cua, -ums). **~-насо́с** *м.* vácùum pump.

Вакх *м.* *миф.* Bácchus [-k-].

вакх||ана́лия *ж.* 1. *чаще мн.* *ист.* bàcchanália [-k-]; 2. (*оргия*) órgy, bácchanal [-k-]; (*перен.*) confúsion. **~а́нка** *ж.* Bacchánte [-'kæntɪ], máenàd. **~и́ческий** bácchanal [-k-].

вакци́н||а *ж.* *мед.* váccìne [-siːn]. **~а́ция** *ж.* *мед.* vàccinátion.

вал I *м.* 1. (*волна*) bíllow, róller; огнево́й ~ *воен.* (créeping) bárràge [...-rɑːʒ], bárràge fire; 2. (*насыпь*) bank; *воен.* rámpàrt; *геол.* swell; ✧ девя́тый ~ the tenth wave, híghest wave.

вал II *м.* *тех.* shaft; приводно́й ~ dríving shaft.

валаа́мов: ~а осли́ца Bálaam's ass.

вала́ндаться *разг.* 1. hang* abóut, lóiter, dawdle; 2. (с *тв.*) mess abóut (with).

вале́жник *м.* *тк. ед.* *собир.* wíndfàll|en twigs and bránches ['wɪ-... 'brɑː-] *pl.*

валёк *м.* 1. (*бельевой*) báttle|dòre; 2. (*весла*) loom; 3. (*экипажа*) swíngle|tree; 4. *полигр.* róller.

ва́ленки *мн.* (*ед.* ва́ленок *м.*) válenki ['vɑː-] (*kind of felt boots*).

вале́нтность *ж.* *хим.* válency ['veɪ-].

-вале́нтный (*в сложн. словах, не приведённых особо*) -valent; *напр.* трёхвале́нтный trívàlent ['traɪveɪ-].

ва́леный = ва́ляный.

валериа́н||а *ж.*, **~овый** valérian; ~овые ка́пли tíncture of valérian *sg.*

вале́т *м.* *карт.* knave, Jack.

ва́лик *м.* 1. *тех.* róller, cýlinder; (*фонографический*) cýlinder; (*пишущей машины*) pláten [-æ-]; ходово́й ~ féed-spìndle, féed-shàft; 2. (*диванный*) bólster ['bou-].

вал||и́ть I, повали́ть 1. (*вн.*) bring* down (*d.*), throw* down [-ou...] (*d.*), òver|thrów* [-ou] (*d.*); 2. (*без доп.*) (*о снеге*) fall* héavily [...'he-], fall* in thick flakes; 3.: дым ~и́т из трубы́ clouds of smoke are póuring out of the chímney [...'pɔː-...]; 4. (*без доп.*) *разг.* (*двигаться массой*) flock, throng; вало́м ~ flock, throng; come* in flocks; наро́д ~и́т то́лпами the people come in flocks / crowds [...piː-...].

вали́ть II, свали́ть (*вн.*) 1. bring* down (*d.*); (*о деревьях*) fell (*d.*); (*свергать*) òver|thrów* [-ou] (*d.*); 2.: ~ вину́ на кого́-л. lay* / put* the blame on smb.; 3. (*беспорядочно, в кучу*) heap up (*d.*), pile up (*d.*); ✧ ~ всё в одну́ ку́чу *разг.* lump évery|thing togéther [...-'ge-].

вали́ться, повали́ться fall*; ✧ у него́ всё из рук ва́лится (*от неловкости*) his fíngers are all thumbs; he is very áwkward / clúmsy [...-zɪ]; (*от бессилия, нежелания что-л. сделать*) he has not the heart to do ány|thing [...hɑːt...]; ~ с ног *разг.* be fálling off one's feet.

ва́лк||ий únstéady [-te-]; (*о корабле*) crank, sháky; ✧ ни ша́тко ни ~о *погов.* ≅ míddling, só-sò.

ва́лкость *ж.* (*о судне*) cránkness.

валов||о́й *эк.* gross [-ous]; ~ дохо́д gross révenue; ~а́я проду́кция gross óutpùt [...-put]; ~ сбор зерна́ gross yield of grain [...jiːld...].

вало́м: ~ вали́ть *см.* вали́ть I 4.

валориза́ция *ж.* *эк.* vàlorizátion.

валто́рна *ж.* *муз.* French horn.

валу́н *м.* bóulder ['bou-].

ва́льдшнеп *м.* *зоол.* wóodcòck ['wu-].

вальпу́ргиев: ~а ночь *лит.* Wàlpúrgis night [-'puəg-...].

вальс *м.* waltz [-s]. **~и́ровать** waltz [-s].

вальц||ева́ть (*вн.*) *тех.* roll (*d.*). **~о́вка** *ж.* *тех.* rólling. **~о́вщик** *м.* róller. **~о́вый** *тех.* rólling; ~о́вая ме́льница rólling-mìll.

валю́т||а *ж.* 1. cúrrency; иностра́нная ~ fóreign cúrrency ['fɔrɪn...]; золота́я ~ gold cúrrency; 2. (*стоимость векселей, ценных бумаг*) válue. **~ный** cúrrency (*attr.*); ~ный курс rate of exchánge [...-eɪndʒ], exchánge; ~ная опера́ция cúrrency trànsáction [...-z-]; ~ный дефици́т fóreign exchánge déficit ['fɔrɪn...].

валя́ль||ный: ~ное произво́дство félting, fúlling ['fu-]; ~ная маши́на félting machíne [...-'ʃiːn]. **~ня** *ж.* fúlling-mìll ['fu-]. **~щик** *м.* félter, fúller ['fu-].

валя́ние *с.* (*сукна*) mílling (*cloth, etc., by fulling*).

ва́лян||ый felt; ~ые сапоги́ felt boots.

валя́ть I (*вн.*) *разг.* drag alóng (*d.*); ~ по́ полу drag along the floor [...flɔː] (*d.*).

валя́ть II, сваля́ть (*вн.*; *о валенках и т. п.*) felt (*d.*), full [ful] (*d.*); ~ шля́пы make* felt hats; ✧ ~ дурака́ play the fool; валя́й(те)! *разг.* go on!, go ahéad [...ə'hed].

валя́ться 1. *разг.* (*о вещах*) lie* abóut, be scáttered abóut; (*об одной вещи*) lie*; 2. *разг.* (*о человеке*) lie*; (*бездельничать*) loll, loaf; 3. (*кататься*) roll; ~ в грязи́ wállow in the mud / mire; ✧ ~ в нога́х у кого́-л. pròstráte òne|sélf befóre smb., fall* down at smb.'s feet.

вам *дт.* *см.* вы.

ва́ми *тв.* *см.* вы.

вампи́р *м.* (*в разн. знач.*) vámpìre.

вана́дий *м.* *хим.* vanádium.

ванда́л *м.* *ист.* Vándal; (*перен.*) vándal. **~и́зм** *м.* vándalism.

ванили́н *м.* vaníllin(e). **~овый** *прил. к* ванили́н.

вани́ль *ж.* vanílla. **~ный** *прил. к* вани́ль; ~ный порошо́к vanílla pówder.

ва́нн||а *ж.* (*в разн. знач.*) bath*; со́лнечная ~ sún-bàth*; возду́шная ~ áir-bàth*; приня́ть ~у have / take* a bath; зака́лочная ~ *тех.* quénching bath*. **~ая** *ж.* *скл. как прил.* báth-room. **~очка** *ж.* *уменьш. от* ва́нна; де́тская ~очка báby's bath*; глазна́я ~очка éye-bàth* ['aɪ-].

ва́нты *мн.* (*ед.* ва́нта *ж.*) *мор.* shrouds.

ва́нька-вста́нька *м.* (*игрушка*) vánka-vstánka (*doll with weight attached to base causing it always to recover its standing position*).

вапориза́||тор *м.* *тех.* vápòrìzer ['veɪ-]. **~ция** *ж.* *тех.* vàpòrìzátion [veɪpəraɪ-].

вар *м.* (*смола*) pitch; (*сапожный*) cóbbler's wax [...wæks].

ва́рвар *м.* bàrbárian. **~и́зм** *м.* *лингв.* bárbarism. **~ский** bàrbárian; (*перен.*) bárbarous. **~ство** *с.* bárbarism; (*жестокость*) bàrbárity; (*по отношению к культурным ценностям*) vándalism.

ва́рево *с.* *тк. ед.* *разг.* soup [suːp], broth.

ва́режка *ж.* mítten.

варене́ц *м.* varenéts (*fermented boiled milk*).

варе́ние *с.* = ва́рка.

варе́ник *м.* varénik (*curd or fruit dumpling*).

варён||ый boiled; ~ая говя́дина boiled beef.

варе́нье *с.* jam.

вариа́нт *м.* vérsion; (*текста тж.*) réading, váriant.

вариацио́нн||ый vàriátion (*attr.*); ~ое исчисле́ние *мат.* cálculus of vàriátions.

вариа́ция *ж.* vàriátion; те́ма с ~ми *муз.* theme and vàriátions.

вари́ть, свари́ть (*вн.*) 1. (*отваривать*) boil (*d.*); (*стряпать, готовить*) cook (*d.*), make* (*d.*): ~ о́вощи boil végetables; ~ ка́шу, суп cook / make* pórridge, soup [...suːp]; ~ обе́д cook / make* *the* dínner; — ~ глинтве́йн mull wine; ~ кóфе make* cóffee [...-fı]; ~ пи́во brew beer; ~ варéнье make* jam; **2.** (*о желудке*) digést (*d.*); **3.** (*о стали, стекле*) found (*d.*). **~ся,** свари́ться **1.** be bóiling; **2.** *страд. к* вари́ть; ✧ ~ся в сóбственном сокý *разг.* stew in one's own juice [...oun ʤuːs].

вáрка *ж.* cóoking; ~ варéнья jám-màking.

вáрница *ж. уст.* (*солеварня*) sált-wòrks.

варьетé [-тэ́] *с. нескл.* varíety show [...ʃou]; теáтр-~ varíety théatre [...'θıə-].

варьи́ровать (*вн.*) váry (*d.*), módifỳ (*d.*).

варя́‖г *м.,* **~жский** Varángian.

вас *рд., вн., пр. см.* вы.

василёк *м.* córnflower.

васили́ск *м. зоол., миф.* básilisk [-zı-].

василькóвый *прил. к* василёк; (*о цвете*) córnflower blue.

вассáл *м. ист.* vással (*тж. перен.*), líege|man* ['liː-].

вассáльн‖ый *прил. к* вассáл; ~ая зави́симость vássalage.

вáт‖а *ж.* (*для подкладки*) wádding; (*медицинская*) cótton wool [...wul]; пальтó на ~е wádded coat.

ватáга *ж.* crowd, throng.

ватерли́ния *ж. мор.* wáter-lìne ['wɔː-]; грузовáя ~ load wáter-lìne, lóadline.

ватерпáс *м.* wáter lével ['wɔː- 'le-].

ватерполи́ст *м.* wáter-póló pláyer ['wɔː-...].

ватерпóло *с. нескл.* wáter póló ['wɔː-...].

вати́н *м.* fléecy stóckinèt, sheet wádding.

вáтка *ж.* little piece, *или* small wad, of cótton wool [...piːs... wul].

вáтман *м.* (*бумага*) Whátmàn (páper). **~ский:** ~ская бумáга Whátmàn páper.

вáтник *м. разг.* quílted jácket.

вáтн‖ый **1.** *прил. к* вáта; **2.** (*на вате*) wádded, quílted; ~ое пальтó wádded coat; ~ое одеялo quilt.

ватрýшка *ж.* curd tart, chéese-càke.

ватт *м. эл.* watt. **~мéтр** *м.* wáttmèter. **~-час** *м. эл.* wátt-hour [-auə].

вáф‖ельница *ж.* wáfer-íron(s) [-'aıən(z)](*pl.*). **~ельный** wáfer (*attr.*). **~ля** *ж.* wáfer.

вахлáк *м. разг.* lout.

вáхмистр *м. уст.* cávalry sérgeant májor [...'sɑː-...].

вáхт‖а *ж. мор.* watch; стоя́ть на ~е keep* watch, be on watch; ✧ ~ ми́ра Peace shift (*shift or job done in the name of world peace*). **~енный** *мор.* **1.** *прил.* watch (*attr.*); ~енный команди́р ófficer of the watch; ófficer of the deck *амер.*; ~енный журнáл lóg(-book); **2.** *м. как сущ.* méssenger (of the watch) [-nʤə...].

вáхтер *м.* jánitor, pórter.

ваш **1.** *мест.* (*при сущ.*) your; (*без сущ.*) yours: э́то ~а кни́га this is your book; э́та кни́га ~а this book is yours; моя́ кни́га здесь, а ~а там my book is here and yours is there; э́то ~ друг? is he a friend of yours? [...frend...]; по ~ему мнéнию in your opínion; **2.** *мн. в знач. сущ.* your péople [...piː-]; ✧ ~его мне не нýжно I do not want ány|thing of yours; я рабóтаю бóльше ~его I work more than you; э́то ~е дéло that is your own búsiness [...oun 'bızn-].

вáшгерд *м. горн.* búddle; (*для промывки золота*) gold wásher.

вая́‖ние *с.* scúlpture. **~тель** *м.* scúlptor.

вая́ть, изваять (*вн.*) scúlpture (*d.*); (*из камня, дерева, кости*) chísel ['ʧız°l] (*d.*), carve (*d.*); (*из глины*) módel ['mɔ-] (*d.*);(*из бронзы*) cast*(*d.*).

вбегáть, вбежáть come* rúnning; (*стремительно*) come* rúshing; (в *вн.*) run* (into), come* rúshing (into).

вбежáть *сов. см.* вбегáть.

вбивáть, вбить (*вн.*) drive* in (*d.*), hámmer in (*d.*); вбить клин (*прям. и перен.*) drive* a wedge; (*перен. тж.*) thrust* a wedge; ✧ ~ комý-л. в гóлову *разг.* hámmer into smb.'s head [...hed] (*d.*); вбить себé в гóлову get* / take* into one's head (*d.*).

вбирáть, вобрáть (*вн.*) absórb (*d.*); (*жидкость тж.*) drink* in (*d.*), suck in (*d.*); (*воздух*) inhále (*d.*). **~ся,** вобрáться **1.** soak (in, up); **2.** *страд. к* вбирáть.

вбить *сов. см.* вбивáть.

вблизи́ *нареч.* close by [-s...], near by; ~ от not far from; дом нахóдится гдé-то ~ the house* is sóme|whère near here [...haus...]; ~ от гóрода not far from the town, near the town; рассмáтривать ~ exámine clóse|ly [...-s-].

вбок *нареч. разг.* síde|ways.

вброд *нареч.*: переходи́ть ~ (*вн.*) wade (*d.*), ford (*d.*).

ввáливать, ввали́ть (*вн.* в *вн.*) throw* [-ou] (*d.* in, into). **~ся,** ввали́ться **1.** (*стать впалым*) becóme* hóllow / súnken; **2.** (в *вн.*) *разг.* (*падать*) túmble (in, into); **3.** (в *вн.*) *разг.* (*входить*) burst* (in, into).

ввали́вш‖ийся *прич. и прил.* súnken; *прил. тж.* hóllow; ~иеся глазá súnken / hóllow eyes [...aız].

ввали́ть(ся) *сов. см.* ввáливать(ся).

введéние *с.* ìntrodúction; (*предисловие тж.*) préface.

ввезти́ *сов. см.* ввози́ть.

ввек *нареч. разг.* néver; ~ э́того не забýду I shall néver forgét it [...-'g-...], I shall not forgét it as long as I live [...lıv].

ввергáть, ввéргнуть (*вн.* в *вн.*) fling* (*d.* into); (*перен.*) plunge (*d.* into); ~ в отчая́ние redúce to despáir (*d.*); ввéргнуть в войнý plunge ínto war (*d.*).

ввéргнуть *сов. см.* ввергáть.

ввéрить(ся) *сов. см.* вверя́ть(ся).

ввернýть *сов. см.* ввёртывать.

ввёртывать, ввернýть (*вн.*) **1.** screw in / into (*d.*); ~ лáмпочку screw in *an* eléctric bulb; **2.** *разг.* (*слово, замечание*) put* in (*d.*).

вверх *нареч.* up, úpwards [-dz]; ~ по рекé, течéнию úp-stréam, up the ríver [...'rı-]; ~ по лéстнице úp-stáirs; подня́ть ~ (*вн.*) lift up (*d.*); поднимáться ~ go* up, mount; поднимáться ~ по (*дт.*) go* (up), mount (*d.*); смотрéть ~ look úp(wards); ✧ ~ дном úpsìde-dówn, tópsytúrvy; ~ ногáми head óver heels [hed...]; рýки ~! hands up!

вверхý *нареч.* abóve, óver|héad [-'hed]; ~ страни́цы at the top of the page.

вверя́ть, ввéрить (*дт. вн.*) (en-)trúst (*d.* with); ввéрить тáйну комý-л. trust smb. with *a* sécret, confíde *a* sécret to smb. **~ся,** ввéриться **1.** (*дт.*) trust (in); **2.** *страд. к* вверя́ть.

ввести́ *сов. см.* вводи́ть.

ввидý *предл.* (*рд.*) in view [...vjuː] (of); ~ тогó, что as; in view of the fact that; *юр.* whère|ás; ~ тогó, что он здесь as he is here, in view of the fact that he is here.

ввинти́ть *сов. см.* вви́нчивать.

вви́нчивать, ввинти́ть (*вн.* в *вн.*) screw (*d.* into).

ввод *м.* **1.** *тех.* léad-ín; ~ кáбеля léad-ín of *a* cable; ~ в эксплуатáцию, ~ в дéйствие (*рд.*) pútting into òperátion (*d.*), commíssioning (of); **2.:** ~ в бой en|gáge|ment / commítment to áction.

вводи́ть, ввести́ (*вн.*; *в разн. знач.*) ìntrodúce (*d.*); ~ войскá в гóрод bring* troops into *a* town; ~ сýдно в гáвань bring* *a* ship to hárbour; ~ в док *мор.* dock (*d.*); ~ мóду ìntrodúce *a* fáshion; ~ в мóду bring* into fáshion (*d.*); ~ в употреблéние ìntrodúce into práctice (*d.*); ✧ ~ когó-л. в расхóды put* smb. to expénse; ~ когó-л. в заблуждéние lead* smb. astráy, lead* smb. into érror, misléad* smb.; ~ проти́вника в заблуждéние misléad* / decéive / mýstifỳ the énemy [...-'siːv...]; ~ в бой en|gáge / commít to áction; ~ когó-л. в курс чегó-л. acquáint smb. with the facts of smth.; ~ закóн в дéйствие ímplement *a* law, put* *a* law in force, cárry *a* law into efféct; ~ когó-л. во владéние put* smb. in posséssion [...-'ze-]; ~ в дéйствие, эксплуатáцию commíssion (*d.*), put* into commíssion / òperátion (*d.*).

вводн‖ый ìntrodúctory; ~ое слóво *грам.* paréntheis (*pl.* -sès [-siːz]); pàrenthétic word; ~ое предложéние *грам.* paréntheis; pàrenthétic cláuse.

ввоз *м. тк. ед.* **1.** ímpòrt, ìmpòrtátion; **2.** (*совокупность ввозимых товаров*) ímpòrt(s) (*pl.*). **~и́ть,** ввезти́ (*вн.*) impórt (*d.*). **~ный** *эк.* impórted; ~ная по́шлина ímpòrt dúty; ~ные континге́нты quóta of ímpòrts.

вво́лю *нареч. разг.* to one's heart's contént [...hɑːts...]; (*в изобилии*) in plénty; нае́сться, напи́ться ~ eat*, drink* one's fill.

вво́сьмер||о *нареч.* eight times; ~ бо́льше eight times as much; ~ ме́ньше òne-éighth. **~о́м** *нареч.* eight (togéther) [...-'ge-]; мы, они́ *и т. д.* ~о́м eight of us, of them, *etc.*, (togéther).

ввысь *нареч.* up, úpwards [-dz].

ввяза́ть(ся) *сов. см.* ввя́зывать(ся).

ввя́зывать, ввяза́ть (*вн.*) knit* in (*d.*); (*перен.*: *впутывать*) *разг.* mix up (*d.*), invólve (*d.*). **~ся,** ввяза́ться **1.** *разг.* meddle; ~ся в неприя́тную исто́рию get* mixed up, *или* invólved, in an ùnpléasant búsiness [...-lez-'bɪzn-]; ~ся в бой become* en|gáged; **2.** *страд. к* ввя́зывать.

вгиба́ть, вогну́ть (*вн.*) curve / bend* ínwards [...-dz] (*d.*). **~ся,** вогну́ться curve / bend* ínwards [...-dz].

вглубь *нареч.* (*далеко вниз*) deep down; (*далеко внутрь*) deep into, deep into the depths / heart [...hɑːt]; проника́ть ~ pénetràte deep into.

вгляде́ться *сов. см.* вгля́дываться.

вгля́дываться, вгляде́ться (в *вн.*) look inténtly / nárrowly / clóse|ly [...-s-] (at), peer (at, into), obsérve nárrowly / clóse|ly [-'zəːv...] (*d.*); ~ в темноту́ peer into the dárkness.

вгоня́ть, вогна́ть (*вн.*) *разг.* drive* in (*d.*); (*вн.* в *вн.*) drive* (*d.* into); (*перен.*: *приводить в какое-л. состояние*) drive* (*d.* into, to); ~ гвоздь в сте́ну drive* *a* nail into *a* wall; ✧ ~ кого́-л. в кра́ску make* smb. blush; ~ кого́-л. в пот make* smb. go / turn hot and cold; ~ в гроб drive* / send* to the grave (*d.*), be the death [...deθ] (of).

вдава́ться, вда́ться (в *вн.*) jut out (into); ~ кли́ном wedge ìt|sélf in; мыс вдаётся в мо́ре the héadland juts out into the sea [...'hed-...]; мо́ре вдаётся глубоко́ в су́шу the sea cuts / runs deep ín|land; ✧ ~ в кра́йности run* to extrémes; ~ в подро́бности go* into détail(s) [...'diː-]; ~ в то́нкости súbtilìze ['sʌtɪ-], split* hairs.

вдави́ть(ся) *сов. см.* вда́вливать(ся).

вда́вливать, вдави́ть (*вн.*) press in (*d.*). **~ся,** вдави́ться **1.** press in; **2.** *страд. к* вда́вливать.

вда́лбливать, вдолби́ть (что-л. кому́-л.) *разг.* ram (smth. into smb.), drum (smth. into smb.), din (smth. into smb.).

вдалеке́, вдали́ *нареч.* in the dístance, far off; ~ от чего́-л. far from smth., a long way from smth.; ~ от кого́-л. a|wáy from smb., far from smb.; держа́ться ~ keep* a|wáy; (*перен.*) keep* one's dístance, hold* alóof; **исчеза́ть вдали́** vánish into space.

вдаль *нареч.* far; гляде́ть ~ look into the dístance.

вда́ться *сов. см.* вдава́ться.

вдвига́ть, вдви́нуть (*вн.* в *вн.*) move [muːv] (*d.* in, into), push [puʃ] (*d.* in, into). **~ся,** вдви́нуться **1.** go* in; **2.** *страд. к* вдвига́ть.

вдви́нуть(ся) *сов. см.* вдвига́ть(ся).

вдво́е *нареч.* double [dʌ-], twice; ~ бо́льше (*с сущ. в ед. ч.*) twice as much; (*с сущ. во мн. ч.*) twice as many; ~ ме́ньше half [hɑːf]; ~ лу́чше twice as good; ~ доро́же double the price; ~ ста́рше double the age; сложи́ть ~ (*вн.*) fold in two (*d.*); увели́чить ~ (*вн.*) double (*d.*).

вдвоём *нареч.* two (togéther) [...-'ge-]; они́, мы *и т. д.* ~ the two of them, of us, *etc.*, (togéther); дава́йте поговори́м ~ let the two of us, *или* let us two, have a talk.

вдвойне́ *нареч.* double [dʌ-], dóubly ['dʌ-]; (*перен.*: *особенно*) partícularly, espécially [-'pe-]; взять верёвку ~ take* a double thíckness of rope; заплати́ть ~ pay* double; он ~ рад he is partícularly / espécially glad.

вдева́ть, вдеть (*вн.* в *вн.*) pass (*d.* through); ~ ни́тку в иго́лку thread *a* needle [θred...]; ~ но́гу в стре́мя set* / put* one's foot* in the stírrup [...fut... 'stɪ-].

вде́вятер||о *нареч.* nine times; ~ бо́льше (*с сущ. в ед. ч.*) nine times as much; (*с сущ. во мн. ч.*) nine times as many; ~ ме́ньше òne-nínth [-'naɪnθ]. **~о́м** *нареч.* nine (togéther) [...-'ge-]; они́, мы *и т. д.* ~о́м nine of them, of us, *etc.* (togéther).

вде́лать *сов. см.* вде́лывать.

вде́лывать, вде́лать (*вн.* в *вн.*) fit (*d.* in, into), fix (*d.* in, into); (*о драгоценном камне*) set* (*d.* in, into).

вдёр||гивать, вдёрнуть (*вн.* в *вн.*) pass (*d.* through); ~ ни́тку в иго́лку thread *a* needle [θred...]. **~нуть** *сов. см.* вдёргивать.

вде́сятер||о *нареч.* ten times; ~ бо́льше (*с сущ. в ед. ч.*) ten times as much; (*с сущ. во мн. ч.*) ten times as many; ~ ме́ньше òne-ténth. **~о́м** *нареч.* ten (togéther) [...-'ge-]; они́, мы *и т. д.* ~о́м ten of them, of us, *etc.* (togéther).

вдеть *сов. см.* вдева́ть.

вдоба́вок *нареч. разг.* in addítion, to boot; (*сверх всего*) on top of évery|thing, as well.

вдова́ *ж.* wídow ['wɪ-]; ✧ соло́менная ~ *разг.* grass wídow.

вдов||е́ть be wídowed; (*о женщине тж.*) be a wídow [...'wɪ-]; (*о мужчине тж.*) be a wídower. **~е́ц** *м.* wídower; ✧ соло́менный ~е́ц *разг.* grass wídower.

вдо́в||ий *прил. к* вдова́; ~ья часть насле́дства *юр.* dówer, jóinture.

вдо́воль *нареч.* **1.** (*в изобилии*) in plénty, in abúndance; **2.** (*до полного удовлетворения*) to one's heart's contént [...hɑːts...]; ~ нае́сться, напи́ться eat*, drink* one's fill.

вдовство́ *с.* (*о женщине*) wídowhood ['wɪdouhud]; (*о мужчине*) wídowerhood [-hud].

вдо́вствовать (*о женщине*) be a wídow [...'wɪ-]; (*о мужчине*) be a wídower.

вдо́вый wídowed.

вдого́нку *нареч. разг.* áfter, in pursúit of [...-'sjuːt...]; пусти́ться за кем-л. ~ rush / dash áfter smb., *или* in pursúit of smb.; посла́ть письмо́ ~ send* on *a* létter; кри́кнуть кому́-л. ~ call áfter smb.

вдолби́ть *сов. см.* вда́лбливать.

вдоль 1. *предл.* (*рд.*) alóng: ~ бе́рега, ~ побере́жья (*о морском*) alóng the coast; (*о речном*) alóng the bank; **2.** *нареч.* léngth|ways, léngth|wìse; ✧ ~ и поперёк (*во всех направлениях*) far and wide; (*во всех подробностях*) thóroughly ['θʌrə-], mìnúte|ly [maɪ-]; знать что-л. ~ и поперёк know* smth. thóroughly / mìnúte|ly [nou...], know* smth. ínside out.

вдо́сталь *нареч. разг.* to one's heart's contént [...hɑːts...].

вдох *м.* ìnhalátion, breath [breθ]; сде́лать глубо́кий ~ take* / draw* a deep breath.

вдохнов||е́ние *с.* ìnspirátion. **~е́нно** *нареч.* inspíred|ly, with ìnspirátion. **~е́нный** inspíred. **~и́тель** *м.* inspírer. **~и́ть(ся)** *сов. см.* вдохновля́ть (-ся).

вдохновля́ть, вдохнови́ть (*вн.*) inspíre (*d.*). **~ся,** вдохнови́ться **1.** be / feel* inspíred; вдохнови́ться чем-л. be inspíred by smth., deríve ìnspirátion from smth.; **2.** *страд. к* вдохновля́ть.

вдохну́ть *сов. см.* вдыха́ть.

вдре́безги *нареч.* into smìthereéns [...-ð-]; разбива́ть ~ (*вн.*) smash (into / to smìthereéns) (*d.*); shátter (*d.*) (*гл. обр. перен.*); ✧ ~ пья́ный *разг.* dead drunk [ded...].

вдруг *нареч.* **1.** (*внезапно*) súddenly, all of a súdden; **2.** (*что если*) suppóse, what if; а ~ он не придёт? suppóse, *или* what if, he does|n't come?; ✧ все ~ *разг.* (*все вместе*) all togéther [...-'ge-], all at once [...wʌns].

вдры́зг *нареч. разг.*: ~ пья́ный dead drunk [ded...].

вдува́ние *с.* **1.** ìnsufflátion; **2.** *мед.* (àrtifícial) pneumothórax [...njuː-].

вдува́ть, вду́нуть, вдуть (*вн.* в *вн.*) blow* [blou] (*d.* into).

вду́маться *сов. см.* вду́мываться.

вду́мчив||ость *ж.* thóughtfulness. **~ый** thóughtful.

вду́мываться, вду́маться (в *вн.*; *обдумывать*) consíder [-'sɪ-] (*d.*), think* óver (*d.*); (*размышлять*) pónder (óver).

вду́нуть *сов. см.* вдува́ть.

вдуть *сов. см.* вдува́ть.

вдыха́||ние *с.* inhalátion. **~тельный** respíratory [-'paɪə-].

вдыха́ть, вдохну́ть **1.** (*вн.*) inhále (*d.*), breathe in (*d.*); ~ све́жий во́здух inhále, *или* breathe in, the fresh air; **2.** *тк. сов.* (что-л. в кого́-л.) breathe (smth. into smb.); (*внушать*) instíl (smth. into smb.); (*вдохновлять*) inspíre (smb. with smth.); вдохну́ть в кого́-л. му́жество inspíre smb. with cóurage [...'kʌ-]; (*внушить мужество*) instíl cóurage into smb.; вдохну́ть жизнь в кого́-л. breathe new life into smb.

вегетариа́н||ец *м.*, **~ский** vègetárian; ~ский стол vègetárian díet. **~ство** *с.* vègetárianism.

вегетати́вн||ый *биол.* végetàtive; ✧ ~ая не́рвная систе́ма végetàtive nérvous sýstem.

вегетацио́нный *бот.* végetal; ~ пери́од végetàtive séason [...-z°n].

вегета́ция *ж. бот.* vègetátion.

ве́дать 1. (*вн.*) *уст.* (*знать*) know* [nou] (*d.*); **2.** (*тв.*; *заведовать*) mánage (*d.*), handle (*d.*), be in charge (of).

ве́дени||е *с.* authórity; быть, находи́ться в ~и (*рд.*) be únder the authórity (of); *юр.* be únder the jùrisdíction (of); э́то в его́ ~и this is within his próvince.

веде́ние *с.* condúcting; ~ бухга́лтерских книг bóok-keeping; ~ заседа́ния presíding óver *a* méeting [-'zaɪ-...]; ~ де́ла trànsáction / mánage|ment of *an* affáir [-'z-...]; ~ суде́бного де́ла cónduct of *a* case / suit, *или* of judícial procéedings [...-s sju:t...]; ~ хозя́йства (*домашнего*) hóuse|keeping [-s-]; ~ огня́ *воен.* fíring; (*ср. тж. глагол* вести́).

ведёрный 1. *прил. к* ведро́ 1; **2.** (*вместимостью в одно ведро*) hólding one páilful.

ве́дом||о: с (без) моего́ ~а with (without) my knówledge [...'nɔ-]; (*о согласии*) with (without) my consént / leave.

ве́домость *ж.* **1.** list, régister; **2.** *мн.* (*как название газеты*) récòrd ['re-] *sg.*, gazétte *sg.*

ве́дом||ственный dèpàrtméntal [di:-]; (*перен.*) nárrow, bùreaucrátic [-ro-]. **~ство** *с.* depártment.

ведо́м||ый 1. *прич. и прил.* dríven ['drɪ-]; **2.** *м. как сущ. ав.* suppórting áircràft; (*о пилоте*) sécond ['se-]; вы́лететь с двумя́ ~ыми take* off with two suppórting áircràft, *или* with two pártners.

ве́дренный *разг.* fine; ~ день fine súnny day.

ведро́ *с.* **1.** búcket, pail; по́лное ~ (чего́-л.) a páilful (of); **2.** (*мера жидкостей*) twénty-óne pints [...paɪ-] *pl.*

вёдро *с. разг.* fine wéather [...'we-].

веду́щ||ий 1. *прич. см.* вести́; **2.** *прил.* chief [-i:f], léading; ~ие о́трасли промы́шленности key índustries [ki:...]; ~ее нача́ло fùndaméntal príncìple; ~ее звено́ léading squad; **3.** *прил. тех.*: ~ее колесо́ dríving-wheel; **4.** *м. как сущ. ав.* léading plane, léader.

ведь *союз* **1.** (*дело в том, что*) *может быть передано выражениями* you see, you know [...nou]; *при других союзах обычно не переводится*: он лежи́т, ~ он на про́шлой неде́ле заболе́л he is in bed, he fell ill last week, you know; ~ он знато́к he is an éxpert, you see, *или* you know; но ~ э́то всем изве́стно but évery|òne knows it; (а) ~ он вам говори́л but he told you; да ~ э́то он! why, it's he!; why, it's him! *разг.*; **2.** (*не правда ли?*) *передаётся вопросами* is it not?, will you not? *и т. п.*; *при отрицании* is it?, will you? *и т.п.*: ~ э́то пра́вда? it is the truth, is it not? (is|n't it? *разг.*) [...tru:θ...]; ~ э́то непра́вда? it is not true, is it?; ~ он пойдёт he will go, will he not? (won't he? *разг.*) [...wount...]; ~ он не ребёнок he is not a child*, is he?

ве́дьма *ж. фольк.* witch; (*перен.*; *о злой женщине*) virágò, víxen, térmagant; (*о безобразной женщине*) hag; ста́рая ~ old hag.

ве́ер *м.* **1.** fan; обма́хиваться ~ом fan òne|sélf; **2.** *воен.* sheaf of fire; lines of fire *pl.*

веерообра́зный fán-shàped; ~ свод *арх.* fan trácery [...'treɪ-].

ве́жливо I 1. *прил. кратк. см.* ве́жливый; **2.** *предик. безл.* it is políte / cóurteous / cívil [...'kə:-...].

ве́жлив||о II *нареч.* políte|ly, cóurteous|ly ['kə:-]. **~ость** *ж.* políte|ness, courtesy ['kə:-], cìvílity. **~ый** políte, cóurteous ['kə:-].

везде́ *нареч.* évery|whère; ~, где уго́дно ány|whère; ✧ ~ и всю́ду high and low [...lou].

вездесу́щий ómnipréSent [-ez-], ùbíquitous.

вездехо́д *м.* cróss-country véhicle [-'kʌ- 'vi:ɪkl]. **~ный** cróss-country [-'kʌ-].

везти́ I, повезти́ (*вн.*; *в разн. знач.*) *см.* вози́ть.

вез||ти́ II, повезти́ *безл.*: ему́, им *и т. д.* ~ёт (*вообще*) he is, they are, *etc.*, lúcky; (*в данное время*) he is, they are, *etc.*, in luck; ему́, им *и т. д.* не ~ёт he has, they have, *etc.*, no luck.

век *м.* **1.** (*столетие*) céntury; **2.** (*эпоха*) age; **3.** *тк. ед. разг.* (*жизнь*) lífe|time; на моём ~у́ in my day / lífe|time; он мно́го повида́л на своём ~у́ he has seen much in his day / lífe|tìme; дожива́ть свой ~ be líving the rest of one's days [...'lɪv-...], spend* the rest of one's life; отжи́ть свой ~ (*о людях*) have had one's day; (*об обычаях, вещах*) go* out of fáshion / use [...-s]; на наш ~ хва́тит it will last our time; **4.** *как нареч. разг.* (*очень долго*) for áges: мы с тобо́й ~ не вида́лись, не встреча́лись we have not seen, met each other for áges; **5.** *как нареч. разг.* (*постоянно*) álways ['ɔ:lwəz]; ✧ бро́нзовый ~ the Bronze Age; желе́зный ~ the Íron Age [...'aɪən...]; ка́менный ~ the Stone Age; сре́дние ~а́ the Middle Áges; в ко́и-то ~и *разг.* once in a blue moon [wʌns...]; во ~и ~о́в for all time; на ~и ве́чные for ever; ~ живи́ — ~ учи́сь *посл.* live and learn [lɪv...lə:n].

ве́ко *с.* éye|lid ['aɪ-].

векова́ть live [lɪv], exíst.

векове́чный èver|lásting, etérnal.

веков||о́й sécular (*lasting for ages*); (*очень давний*) áge-lòng, áncient ['eɪn-]; áge-òld, cénturies-òld; ~ дуб vénerable / sécular oak; ~ы́е ча́яния áge-òld àspirátions.

векселе||да́тель *м.* dráwer (of *a* bill). **~держа́тель** *м.* drawée. **~получа́тель** *м.* indòrsée.

ве́ксел||ь *м.* (*простой*) note of hand, prómissory note; (*переводный*) bill (of exchánge) [...-eɪndʒ], draft; учи́тывать ~ discóunt *a* bill; уплати́ть по ~ю pay* / meet* *a* bill; опротестова́ть ~ protést *a* bill.

ве́ксельный *прил. к* ве́ксель; ~ креди́т páper-crédit; ~ курс rate of exchánge [...-eɪndʒ].

ве́ктор *м. мат.* véctor. **~ный** *мат.* vectórial.

веле́нев||ый: ~ая бума́га véllum (páper).

веле́ни||е *с. поэт.* commánd [-ɑ:nd]; ~ до́лга call of dúty; сле́довать ~ю до́лга obéy the call of dúty.

велере́чивый *уст.* pómpous, bòmbástic.

вел||е́ть *несов. и сов.* (*дт.*+ *инф.*) órder (*d.*+ to *inf.*), tell* (*d.*+ to *inf.*): он ~е́л ему́ сде́лать э́то he órdered / told him to do this; де́лайте, как вам ве́лено do as you are told; ✧ ему́ не ~я́т кури́ть he is not allówed to smoke; со́весть мне не ~и́т my cónscience does not permít / allów me [...-ʃəns..].

вели́к I *прил. кратк. см.* вели́кий.

вели́к II *предик.* too big: сапоги́ ему́ ~и́ the boots are too big for him; ✧ от ма́ла до ~а young and old [jʌŋ...].

велика́н *м.* giant.

вели́к||ий great [greɪt]; (*при собственных именах*) the Great; Вели́кая Октя́брьская социалисти́ческая револю́ция The Great Octóber Sócialist Rèvolútion; ~ие держа́вы the Great Pówers; Пётр Вели́кий Péter the Great; ✧ ~ие ми́ра сего́ the míghty / exálted of the earth [...ə:θ].

великова́тый *разг.* ráther too big / large ['rɑ:-...]; bíggish.

великовóзрастный óver|grówn [-oun].

великодержа́вный gréat-pówer [-eɪt-] (*attr.*); ~ шовини́зм maníacal gréat-pówer cháuvinism [...'ʃou-].

великоду́ш||ие *с.* gènerósity, màgnanímity. **~ничать**, свеликоду́шничать play at bé|ing génerous.

великоду́шно I **1.** *прил. кратк. см.* великоду́шный; **2.** *предик. безл.* it is génerous.

великоду́шн||о II *нареч.* màgnánimous|ly, génerous|ly. **~ый** màgnánimous, génerous.

великоле́пие *с.* spléndour, màgnífiсence.

великоле́пно I **1.** *прил. кратк. см.* великоле́пный; **2.** *предик. безл.* it is spléndid; ~! spléndid!, fírst-ráte!

великоле́пн||о II *нареч.* spléndidly; он э́то ~ зна́ет he knows it pérfectly well [...nouz...]. **~ый 1.** spléndid, màgníficent; (*пышный*) górgeous; **2.** *разг.* (*отличный*) éxcellent, spléndid, fine.

великору́с *м.*, **~ский** *ист.* Great Rússian [-eɪt -ʃən].

великосве́тск||ий *уст.* society (*attr.*), fáshionable; ~ая жизнь high life.

велича́в||ость *ж.* státe|liness, májesty. **~ый** státe|ly, majéstic.

велича́йш||ий the gréatest [...'greɪ-], sùpréme; де́ло ~ей ва́жности mátter of the gréatest, *или* of sùpréme / páramount, impórtance.

велича́ть (*вн.*) **1.** *уст.* (*называть*) call (*d.*), name(*d.*); **2.** (*чествовать*)hónour with rites and songs ['ɔnə...] (*d.*).

вели́чественн||ость *ж.* májusty, grándeur, sublímity. **~ый** majéstic, grand, sublíme.

вели́чество *с.* májesty.

вели́ч||ие *с.* grándeur, gréatness [-eɪt-], sublímity; испо́лненный ~ия majéstic; ~ ду́ха gréatness of spírit; ма́ния ~ия mégalò|mánia.

величина́ *ж.* **1.** size; **2.** *мат.* quántity, mágnitùde; (*значение*) válue; постоя́нная ~ cónstant; неизве́стная ~ ún|knówn quántity [-'noun...]; бесконе́чно ма́лая ~ ìnfinitésimal (quántity); **3.** (*о значительном человеке*) great fígure [-eɪt...]; литерату́рная ~ éminent wríter / áuthor; ✧ ничто́жная ~ négligible quántity.

велого́нка *ж.* cycle race.

велодро́м *м.* cycle track.

велопробе́г *м.* cýcle-ràce.

велосипе́д *м.* bícycle ['baɪ-]; cycle, bike *разг.*; (*трёхколёсный*) trícycle ['traɪ-]; е́хать на ~е cycle, bícycle. **~и́ст** *м.*, **~и́стка** *ж.* cýclist ['saɪ-]. **~ный** *прил. к* велосипе́д; ~ный спорт cycle rácing; ~ная езда́ cýcling.

вельбо́т *м. мор.* whále-boat.

вельве́т *м. текст.* vèlvetéen. **~овый** *прил. к* вельве́т.

вельмо́ж||а *м. уст.* noble, mágnàte; *ирон.* great man* [-eɪt...], impórtant pérsonage. **~ный** *уст.* noble; *ирон.* grand.

велю́р *м.* velóurs [-'lur]. **~овый** *прил. к* велю́р.

веля́рный *лингв.* vélar.

ве́на *ж. анат.* vein; воспале́ние вен phlebítis; расшире́ние вен váricòse veins [-kous...] *pl.*

венге́рец *м. уст. см.* венгр.

венге́рка I *ж.* Hùngárian (wóman*) [...'wu-].

венге́рка II *ж.* (*танец*) Hùngárian dance.

венге́рский Hùngárian; ~ язы́к Hùngárian, the Hùngárian lánguage.

венгр *м.* Hùngárian.

венде́тта [-дэ́-] *ж.* vèndétta.

Вене́ра *ж. астр., миф.* Vénus.

вене́рик *м. мед. разг.* venéreal patient [-rɪəl...].

вене́рин: ~ волосо́к *бот.* máidenhair.

венер||и́ческий *мед.* venéreal [-rɪəl]; ~и́ческая боле́знь venéreal diséase [...-'zi:z]. **~о́лог** *м.* venèreólogist. **~оло́гия** *ж. мед.* venèreólogy.

ве́нец *м.* Viènnése.

вене́ц *м.* **1.** (*корона*) crown (*тж. перен.*); **2.** *поэт.* (*венок*) wreath*; **3.** *метеор.* coróna; **4.** (*в срубе*) row of logs [rou...]; ✧ вести́ под ~ (*вн.*) lead* to the áltar (*d.*); коне́ц — де́лу ~ *погов.* ≅ all's well that ends well.

венециа́н||ец *м.*, **~ка** *ж.*, **~ский** Venétian; ✧ ~ское окно́ Venétian wíndow.

вене́чный *анат.* corónal; ~ шов corónal súture.

ве́нзель *м.* mónogràm.

ве́ник *м.* bésom [-z-].

ве́нка *ж.* Viènnése.

вено́зный *анат.* vénous.

вено́к *м.* gárland; wreath* (*тж. надгробный*).

ве́нский Viènnése; ✧ ~ стул bént-wood chair [-wud...].

вентили́ровать, провентили́ровать (*вн.*) véntilàte (*d.*).

ве́нтиль *м. тех.* valve.

вентиля́тор *м.* véntilàtor; (*с вращающимися крыльями*) fan.

вентиляцио́нн||ый *прил. к* вентиля́ция; *тж.* vent (*attr.*); ~ая устано́вка vèntilátion installátion.

вентиля́ция *ж.* vèntilátion.

венцено́сец *м.* mónarch ['mɔnək], sóvereign [-vrɪn], crowned head [...hed].

венча́льный wédding (*attr.*); ~ наря́д wédding-drèss.

венча́ние I *с.* (religious) wédding / márriage céremony [...-rɪdʒ...].

венча́ние II *с.* (*на царство*) còronátion.

венча́ть I *несов. и сов.* (*вн.*) **1.** (*на царство*) crown (*d.*); ~ лавро́вым венко́м crown with láurels [...'lɔ-] (*d.*); **2.** (*находиться наверху*) crown (*d.*).

венча́ть II, повенча́ть (*вн.*; *женить*) márry (*d.*) (*in church*).

венча́ться I *несов. и сов.* **1.** (*на царство*) be crowned; **2.** *страд. к* венча́ть I.

венча́ться II, повенча́ться **1.** be márried (*in church*); *сов. тж.* get* márried (*in church*); **2.** *страд. к* венча́ть II.

ве́нчик *м.* **1.** háló, nímbus (*pl.* -bì, -buses [-bəsɪz]); **2.** *бот.* corólla.

венчико||ви́дный, **~обра́зный** còrolláceous [-'leɪʃəs], coróllifòrm.

вепрь *м.* wild boar.

ве́р||а *ж.* **1.** faith, belíef [-i:f]; христиа́нская ~ Chrístian faith; **2.** (*уверенность*) trust, faith; твёрдая ~ (в *вн.*) firm belíef (in); ~ в самого́ себя́ faith in òne|sélf, (sélf)cónfidence; слепа́я ~ blind / implícit faith; приня́ть на ~у (*вн.*) take* on trust (*d.*); ✧ служи́ть кому́-л. ~ой и пра́вдой serve smb. fáithfully / lóyally, *или* with fidélity.

вера́нда *ж.* verándah.

ве́рба *ж.* pússy-wíllow ['pu-]; (*ветка*) pússy-wíllow branch [...-ɑ:ntʃ].

верба́льн||ый vérbal; ~ая но́та *дип.* vérbal note.

вербе́на *ж. бот.* vèrbéna.

верблю́||д *м.* cámel ['kæ-]; одного́рбый ~ óne-húmped / Arábian cámel; двуго́рбый ~ twó-húmped / Báctrian cámel. **~жий** *прил. к* верблю́д; ~жья шерсть cámel's hair ['kæ-...]; ~жье сукно́ cámel's-hair cloth.

ве́рбн||ый pússy-wíllow ['pu-] (*attr.*); ~ое воскресе́нье *церк.* Palm Súnday [-ɑ:m -dɪ].

верб||ова́ть, завербова́ть (*вн.*) recrúit [-u:t] (*d.*); (*перен.*) win* óver to one's side (*d.*). **~о́вка** recrúiting [-u:t-], recrúitment [-u:t-]; ~о́вка рабо́чих recrúitment of lábour / wórkers. **~о́вщик** *м.* recrúiter [-u:tə], recrúiting ágent [-u:t-...].

ве́рбов||ый (*состоящий из верб*) pússy-wíllow ['pu-] (*attr.*); (*сделанный из вербы*) ósier [-ʒə]; ~ая ро́ща pússy-wíllow grove / plàntátion.

верди́кт *м. юр.* vérdict.

верёв||ка *ж.* (*толстая*) rope; (*менее толстая*) cord; (*тонкая*) string; ~ для белья́ clóthes-line ['klou-]; свя́зывать ~кой (*вн.*) rope (*d.*), cord (*d.*), tie up (*d.*) (*with a rope, cord, etc.*); пове́сить бельё на ~ку hang* (up) clothes on the line [...klou-...]; ✧ ~ки вить из кого́-л. turn / twist smb. round one's little fínger. **~очка** *ж. уменьш. от* верёвка. **~очный** *прил. к* верёвка; ~очная ле́стница rópe-làdder; ~очная су́мка string bag.

верени́ца *ж.* file, row [rou], line; ~ автомоби́лей, экипа́жей *и т. п.* string / train of cars, cárriages, *etc.* [...-rɪdʒ-]; ~ мы́слей succéssion of idéas [...aɪ'dɪəz], train of thóught(s).

ве́реск *м. бот.* héather ['he-]; ме́стность, поро́сшая ~ом heath. **~овые** *мн. скл. как прил. бот.* èricáceae.

веретено́ *с.* spíndle; ~ я́коря ánchor shaft ['æŋkə...]. **~обра́зный** spíndle-shàped.

верещáть chirp; (*визгливо*) squeal.

верзи́ла *м. и ж. разг.* (*о мужчине*) lánky féllow; (*о женщине*) lánky wóman* [...'wu-].

вери́ги *мн.* (*ед.* вери́га *ж.*) chains (*worn by ascetics as an act of penance*).

вери́тельн||ый: ~ые гра́моты *дип.* credéntials.

ве́рить, пове́рить **1.** (*дт. и без доп.*) belíeve [-i:v] (*d.*); (*доверять*) trust (*d.*): я э́тому, ему́ *и т. д.* не ве́рю I do not (don't *разг.*) belíeve it, him, *etc.*; я ему́ не ве́рю I do not trust him; хоти́те ве́рьте, хоти́те нет *разг.* belíeve it or not; — сле́по ~ кому́-л. put* ábsolùte trust in smb., have implícit faith in smb.; swear* by smb. [swɛə...] *разг.*; **2.** (в *вн.*) belíeve (in). **~ся** *безл.*: мне не ве́рится, ве́рится с трудо́м I can scárce|ly / hárdly belíeve [...'skɛəs-... -i:v], I find it hard to belíeve.

вермише́ль *ж. тк. ед.* vèrmicélli.

ве́рмут *м.* vérmouth [-məθ].

верне́е 1. *сравн. ст. см. прил.* ве́рный *и нареч.* ве́рно; **2.** *вводн. сл.* (*точнее*) or ráther [...'rɑ:-].

верниса́ж *м. иск.* várnishing-day; (*день открытия*) ópen|ing day.

ве́рно I **1.** *прил. кратк. см.* ве́рный; **2.** *предик. безл.* it is true; соверше́нно ~ quite right, quite so, quite true; ~! that's right!

ве́рно II **1.** *нареч.* (*правильно*) right, corréctly; ~ говори́ть be right; ~ скопи́ровать cópy exáctly / fáithfully ['kɔ-...]; ~ петь sing* true; **2.** *нареч.* (*преданно*) fáithfully, lóyally; **3.** *вводн. сл.* (*вероятно*) I suppóse, próbably, most líke|ly: он, ~, не придёт he is próbably not cóming; he is not coming, I suppóse; most líke|ly he will not come; он, ~, уже́ ушёл he must have gone [...gɔn].

верноподда́ннический *уст.* lóyal.

верноподда́нный *м. скл. как прил. уст.* lóyal súbject.

ве́рност||ь *ж.* **1.** (*преданность*) fáithfulness, lóyalty, fidélity; ~ при́нципам adhérence / allégiance to prínciples [-'hɪə-...]; **2.** (*правильность*) corréctness; (*истинность*) truth [-u:θ]; для бо́льшей ~и as an addítional precáution; to make assúrance double / dóubly sure [...ə'ʃuə- dʌ-'dʌ- ʃuə].

верну́ть *сов.* (*вн.*) **1.** (*отдать обратно*) retúrn (*d.*), give* back (*d.*); (*не по праву взятое*) make* rèstitútion (of); ~ зре́ние кому́-л. restóre smb.'s sight; **2.** (*получить обратно*) recóver [-'kʌ-] (*d.*), get* back (*d.*); (*чьё-л. расположение и т. п.*) win* back (*d.*); ~ свои́ изде́ржки recóver one's óutlay; ~ здоро́вье recóver one's health [...he-]; **3.** (*заставить кого-л. вернуться*) make* retúrn (*d.*), bring* back (*d.*). **~ся** *сов.* retúrn; ~ся наза́д come* back; ~ся домо́й come* home; я хочу́, что́бы он верну́лся I want him back agáin, I want him to come back; ~ся к вопро́су retúrn / revért to *the* quéstion [...-stʃ-]; ~ся к вла́сти retúrn to pówer.

ве́рн||ый 1. (*правильный*) corréct, (the) right; (*истинный*) true; у вас ~ые часы́? is your watch (clock *стенные*) right?; **2.** (*дт.*; *преданный*) fáithful (to), lóyal (to), true (to); ~ своему́ сло́ву as good as one's word; быть ~ым себе́ be true to òne|sélf; ~ свои́м убежде́ниям true to one's convíctions / príncìples; ~ сою́зник staunch állỳ; **3.** (*надёжный*) relíable, sure [ʃuə]; ~ исто́чник relíable source [...sɔ:s]; ~ за́работок assúred éarnings [ə'ʃuəd 'ə:n-] *pl.*; ~ инсти́нкт ún|érring ínstinct; ~ое сре́дство infállible / ùnfáiling rémedy; **4.** (*несомненный*) cértain; ~ая смерть cértain death [...deθ]; ~ при́знак sure sign [...saɪn]; ◇ с по́длинным ~о cértified true cópy [...'kɔ-]; что ~о, то ~о there's no gainsáying / dený|ing that, no doubt abóut that [...daut...].

ве́рование *с.* belíef [-'li:f]; *мн. тж.* relígion *sg.*, relígious belíefs [...-'li:fs]; creed *sg.*

ве́ровать (в *вн.*) belíeve [-i:v] (in).

вероиспове́дан||ие *с.* (*чьё-л.*) relígion; (*разновидность религии*) denòminátion; свобо́да ~ия relígious líberty.

вероло́м||ный perfídious, tréacherous ['tre-]. **~ство** *с.* pérfidy, tréachery ['tre-].

верона́л *м. фарм.* véronal.

веро́ника *ж. бот.* verónica.

вероотсту́пни||к *м. уст.* ápostàte. **~чество** *с. уст.* apóstasy.

веротерпи́м||ость *ж.* tòlerátion, tólerance. **~ый** tólerant.

вероуче́ние *с.* dógma (*pl.* -as, -ata).

вероя́т||ие *с.* líke|lihood [-hud], pròbabílity. **~но 1.** *прил. кратк. см.* вероя́тный; **2.** *вводн. сл.* próbably, very líke|ly; *переводится тж. личн. формами* must + *inf.*; он, ~но, здесь he must be here; вы, ~но, зна́ли его́ you must have known him [...noun...]. **~ность** *ж.* pròbabílity; ~ность попа́дания *воен.* pròbabílity of hítting; тео́рия ~ности théory of pròbabílity / chánces ['θɪə-...]; *мат.* cálculus of pròbabílity; ◇ по всей ~ности in all pròbabílity, most próbably / líke|ly, in all líke|lihood [...-hud]. **~ный** próbable, líke|ly.

верса́льский Versáilles [vɛə'saɪlz] (*attr.*); Верса́льский догово́р tréaty of Versáilles, Versáilles tréaty.

версифика́ция *ж. уст.* vèrsificátion.

ве́рсия *ж.* vérsion.

верст||а́ *ж. уст.* verst (*3500 feet*); ◇ его́ за ~у́ ви́дно you can see him a mile off.

верста́к *м.* jóiner's bench.

верст||а́льщик *м. полигр.* impóser, máker-úp. **~а́тка** *ж. полигр.* compósing-stick. **~а́ть,** сверста́ть (*вн.*) *полигр.* impóse (*d.*), make* up (*d.*).

вёрстка *ж. полигр.* **1.** ìmposítion [-'zɪ-]; **2.** (*свёрстанный набор*) form.

-вёрстный (*в сложн. словах, не приведённых особо*) -vèrst (*attr.*); of... versts: пятивёрстный fíve-vèrst, of five versts.

верстово́й: ~ столб ≅ míle|stòne.

ве́ртел *м.* spit (*for roasting*).

верте́п *м.* den (*of thieves, etc.*).

верте́ть (*вн.*) turn (round and round) (*d.*); ~ в рука́х (*быстро*) twirl; (*рассеянно, лениво и т. п.*) twist abóut (*d.*), twiddle (*d.*); ~ кем-л. *разг.* turn / twist smb. round one's (little) fínger. **~ся 1.** (*вращаться*) turn (round), revólve (round); (*быстро*) spin*; ~ся вокру́г чего́-л. centre aróund smth.; **2.** (*ёрзать*) fídget; **3.** *разг.* (*изворачиваться*) dodge, prevárìcàte; **4.** *разг.* (*находиться около кого-л., чего-л.*) hang* abóut / aróund, hóver abóut ['hɔ-...]; **5.** *разг.* (*о разговоре и т. п.*) run* (on); разгово́р ве́ртится о́коло одного́ предме́та the cònversátion runs / turns on the same súbject; ◇ ~ся в голове́ run* in one's head [...hed]; ~ся на ко́нчике языка́ be on the tip of one's tongue [...tʌŋ]; ~ся под нога́ми be in the way; ~ся пе́ред глаза́ми péster smb. with one's présence [...-z-]; не верти́сь пе́ред глаза́ми! stop péstering me!

вертика́ль *ж.* vértical line; (*на шахматной доске*) file; (*в кроссворде*) down. **~ность** *ж.* vèrticálity, pérpendìculárity. **~ный** vértical.

вертихво́стка *ж. разг.* hússy, minx.

вёрткий *разг.* nímble, spry.

вертлю́г *м.* **1.** *анат.* head of the fémur [hed...]; **2.** *тех.* swível [-ɪv-]; **3.** *воен.* pívot brácket ['pɪ-...], pívot yoke.

вертля́в||ость *ж. разг.* fídgetiness. **~ый** *разг.* **1.** (*подвижной*) fídgety, òver|vivácious; **2.** (*легкомысленный*) frívolous.

вертолёт *м. ав.* hélicòpter.

вертопра́х *м. разг.* gíddy head / pate ['gɪ- hed...], émpty-head, [-hed], féather|brain ['fe-].

верту́шка *ж.* **1.** (*дверь*) revólving-door [-dɔ:]; **2.** (*рыболовная*) trólling-reel; **3.** (*этажерка, витрина*) revólving stand; **4.** *тех.* rotátor; **5.** *разг.* (*о женщине*) flirt, còquétte [kou'ket].

ве́рующий 1. *прич. см.* ве́ровать; **2.** *мн. как сущ.* belíevers [-'li:v-]; (*правоверные*) the fáithful.

верфь *ж.* shíp|yàrd; yard *сокр.*; dóck|yàrd (*гл. обр. воен.*).

верх *м.* **1.** (*верхняя часть*) top, head [hed]; (*верхний этаж*) úpper stórey; (*экипажа*) bónnet, hood [hud]; ~ горы́ top of the móuntain; **2.** (*высшая ступень, вершина*) height [haɪt], súmmit; ~ блаже́нства height of bliss; **3.** (*наружная сторона пальто и т. п.*) cóver ['kʌ-], óutsíde, top; (*лицевая сторона материи*) right side; ◇ одержа́ть, взять ~ (над) gain the úpper hand (óver), preváil (óver); его́ мнéние взя́ло ~ his opínion preváiled.

верх||и́ *мн.* 1. (*общества*) the úpper ten thóusand [...-z-], úpper stráta; 2. (*какой-л. организации*) léadership *sg.*; 3. *муз.* high notes; ◇ нахвата́ться ~óв get* a súrface / sùperfícial knówledge [...'nɔ-]; get* a smáttering (of); скользи́ть по ~áм touch lightly on the súrface [tʌtʃ...].

вéрхн||ий úpper; ~ я́щик top drawer [...drɔː]; ~ее течéние Вóлги the Úpper Vólga; ~ее плáтье óutdoor / street clothes [-dɔː... klou-] *pl.*; ~ реги́стр *муз.* híghest régister; ~яя палáта (*парламента*) Úpper Chámber [...'tʃeɪ-]; (*в англ. парламенте*) House of Lords [-s...].

верховéнство *с. уст.* commánd [-ɑːnd], léadership.

верхóвн||ый sùpréme; Верхóвный Главнокомáндующий Sùpréme Commánder-in-Chíef [...-ɑːn- -'tʃiːf]; ~ое комáндование high commánd [...-ɑːnd]; ~ая власть sùpréme / sóvereign pówer [...-vrɪn...], sóvereignty [-vrɪntɪ]; Верхóвный Совéт СССР Sùpréme Sóvièt of the USSR; Верхóвный Суд СССР Sùpréme Court of the USSR [...kɔːt...].

верховóд *м. разг.* ríng¦leader. **~ить** *разг.* lord it, rule the roast, boss the show [...ʃou].

верхов||óй I 1. *прил.*: ~áя ездá ríding; ~áя лóшадь sáddle-hòrse; 2. *м. как сущ.* ríder; (*посыльный*) dispátch ríder.

верховóй II (*расположенный в верхнем течении*) úp-ríver [-'rɪ-].

верхóвье *с.* úpper réaches *pl.*; ríverhead ['rɪvəhed]; ~ Вóлги úpper réaches of the Vólga, the Úpper Vólga.

верхогля́д *м. разг.* sùperfícial / shállow pérson; smátterer. **~ство** *с. разг.* sùperficiálity.

верхолáз *м.* steel eréctor; spíder¦-man* *разг.*; (*производящий ремонт шпилей*) stéeple¦jàck.

вéрхом I *нареч.* (*по верхней части*): идти́, éхать *и т. п.* ~ take* the úpper path* / road.

вéрхом II *нареч. разг.*: насы́пать *и т. п.* ~ (*вн.*) fill to òver¦flówing [...-'flou-] (*d.*), heap (*d.*).

верхóм *нареч.* astríde; (*на лошади*) on hórse¦bàck; éздить ~ ride* (on hórse¦bàck); сидéть ~ straddle.

верху́шка *ж.* 1. (*верхняя часть*) top; ápèx (*pl.* -xes, ápicès ['eɪpɪsiːz]); (*горы́ тж.*) súmmit; ~ лёгкого *анат.* ápèx of *a* lung; 2. *разг.* (*организации*) léadership; léaders *pl.*; прáвящая ~ rúling clique [...kliːk].

вéрша *ж. рыб.* físhing-básket, creel.

верши́на *ж.* 1. top; (*горы́ тж.*) súmmit, crest, peak; (*перен.*) ácme [-ɪ], height [haɪt], súmmit; ~ слáвы súmmit of glóry / fame; 2. *мат.* (*треугольника*) ápèx (*pl.* -xes, ápicès ['eɪpɪsiːz]); (*угла*) vértèx.

верши́тель *м.*: ~ сýдеб rúler of (the) déstinies.

верши́ть (*тв.*) mánage (*d.*), contról [-oul] (*d.*), diréct (*d.*); ~ сýдьбами rule / sway the déstinies; ~ делáми *разг.* mánage / contról / diréct affáirs; ~ всéми делáми be in contról of évery¦thing; boss the show [...ʃou] *идиом. разг.*

вершóк *м. уст.* vershók ($1^3/_4$ *inches*); (*перен.*) inch.

вес I *м.* weight; (*перен.*) weight, ínfluence, authórity; áтомный ~ atómic weight; молекуля́рный ~ molécular weight; удéльный ~ specífic weight / grávity; (*перен.*) posítion [-'zɪ-]; десяти́чный ~ décimal sýstem of weights; аптéкарский ~ apóthecaries' weight; на ~, ~ом by weight, wéighing; ~ом в два килогрáмма wéighing two kílogràmmes [...-græmz]; изли́шек ~а óver¦weight; прибáвить, убáвить в ~е put* on, lose* weight [...luːz...]; имéть большóй ~ (*перен.*; *о человеке*) be híghly ìnfluéntial; (*о мнении и т. п.*) cárry weight; ~ перá *спорт.* féather-weight ['fe-]; ◇ на ~ зóлота worth its weight in gold.

вес II *м.*: на ~ý háng¦ing, suspénded, bálanced; держáть на ~ý hold* suspénded; держáться на ~ý be bálanced.

веселéть, повеселéть cheer up.

весели́ть (*вн.*) cheer (*d.*), gládden (*d.*); (*забавлять*) amúse (*d.*), dìvért (*d.*). **~ся** enjóy òne¦sélf, make* mérry, have a good / jólly time.

весёлка *ж.* dóugh-spàddle ['dou-].

вéсело I 1. *прил. кратк. см.* весёлый; 2. *предик. безл.*: мне ~ I'm enjóying mỳ¦sélf; I'm having a good time; мне ~ смотрéть на э́тих детéй it makes me glad to look at these chíldren; тебé ~, а мне грýстно you are gay while I am sad.

вéсело II *нареч.* mérrily, gáily; ~ провести́ врéмя have a good / jólly time.

весёл||ость *ж.* gáiety; (*об. о характере*) jòviálity, líve¦liness, hilárity. **~ый** mérry, gay, líve¦ly; jólly *разг.*; (*бодрый, жизнерадостный*) chéerful; (*о человеке тж.*) jóvial, chéery; ~ая жизнь jóyous / gay life; ~ый пáрень chéerful / jóvial féllow; ~ая дéвочка jólly little girl [...g-]; ~ое лицó mérry / líve¦ly face; ~ая комéдия líve¦ly / amúsing / gay cómedy; ~ое настроéние mérry mood; high spírits *pl.*: у негó ~ое настроéние he is in a mérry mood, he is in high spírits.

весéль||е *с.* mérriment, mirth, hilárity, gáiety; (*развлечения*) mérry-màking; шýмное ~ révelry; révels ['re-] *pl.* **~чáк** *м. разг.* jóvial / chéery / mérry féllow.

веселя́щий: ~ газ *хим.* láughing-gás ['lɑːf-].

весéнн||ий *прил. к* веснá; ~ее врéмя spríng-tìme; ~ сев spring sówing [...'sou-].

вéсить weigh.

вéск||ий wéighty; ~ое слóво wéighty útterance; ~ факт impréssive / moméntous fact; ~ дóвод télling / fórcible árgument.

веслó *с.* oar; (*парное*) scull; (*гребок*) paddle.

веснá *ж.* spring (*season*), spríng-tìme; spríng-tìde *поэт.*; рáнняя ~ éarly spring ['ɜː-...].

весновспáшка *ж.с.-х.* spring plóughing.

весн||óй, ~óю *нареч.* in spring.

весну́ш||ки *мн.* (*ед.* весну́шка *ж.*) freckles. **~чатый** *разг.* freckled.

весов||óй 1. *прил. к* вес *и* весы́; 2. (*продаваемый на вес*) sold by weight, sold loose [...s]. **~щи́к** *м.* wéigher.

весóм||ость *ж. физ.* pònderabílity. **~ый** *физ.* pónderable.

вест *м. мор.* 1. (*направление*) west; 2. (*ветер*) west (wind) [...wɪ-].

вестáлка *ж.* véstal, véstal vírgin.

вести́, повести́ 1. (*в разн. знач.*) *см.* води́ть 1; 2. (*вн.*; *руководить*) condúct (*d.*), diréct (*d.*); ~ кружóк condúct / run* *a* círcle; ~ собрáние presíde óver *a* méeting [-'z-...]; ~ (чьё-л.) хозя́йство keep* house (for smb.) [...-s...], mánage (smb.'s) hóuse¦hòld [...-s-]; 3. *тк. несов.* (к; *куда-л.*; *о дороге, тропе и т. п.*) lead* (to); (*о двери*) ópen (on), lead* (to); кудá ведёт э́та дорóга? where does this road lead to?; ◇ ~ бой fight* an áction / báttle, be en¦gáged in báttle; ~ огóнь (по *дт.*) fire (on); (*снарядами тж.*) shell (*d.*); ~ борьбу́ (с *тв.*) cómbat (*d.*), struggle (agáinst, with), cárry on a struggle (agáinst, with); ~ наýчную рабóту do scìentífic work, be en¦gáged in scìentífic work; ~ войнý wage war, fight* a war; ~ пропагáнду cárry on pròpagánda; ~ перепи́ску (с *тв.*) còrrespónd (with), be in còrrespóndence (with); ~ кампáнию cárry on a càmpáign [...-eɪn]; ~ разговóр have / hold* a cònversátion; talk; ~ переговóры (с *тв.*) negótiàte (with), cárry on negòtiátions (with); ~ расскáз tell* *a* stóry; ~ прáвильный óбраз жи́зни lead* a régular life, live régularly [lɪv...]; ~ процécc (с *тв.*) cárry on a láwsùit [...-sjuːt] (agáinst), be at law (with); ~ счёт, ~ кни́ги keep* accóunt(s); ~ себя́ condúct òne¦sélf, beháve; ~ себя́ дýрно (*гл. обр. о ребёнке*) mìsbeháve; ~ себя́ хорошó (*гл. обр. о ребёнке*) beháve (òne¦sélf); ~ своё начáло от чегó-л. take* rise in smth., have órigin from / in smth., orígináte from / in smth.; ~ своё начáло от когó-л. orígináte with / from smb.

вестибю́ль *м.* éntrance-hàll, lóbby.

вести́сь 1. *разг.*: ведётся обы́чай it is the cústom; э́тот обы́чай ведётся издрéвле this cústom has come down, *или* dates, from áncient times [...'eɪnʃ°nt...]; летосчислéние ведётся time is réckoned; **2.** *страд. к* вести́ 2.

вéстник *м.* hérald ['he-].

вестовóй I *м. скл. как прил.* órder¦ly.

вестовóй II *прил. уст.* sígnal (*attr.*).

вéсточк||а *ж. уменьш. от* весть I; пришли́те мне ~у drop me a line, *или* a few lines; дáйте о себé ~у let me hear from you.

вест||ь I *ж.* news [-z], piece of news [piːs...]; ~ об э́том разнеслáсь (по *дт.*) news / word of this has spread [...-ed] (through¦óut); ✧ пропáсть бéз ~и be míssing.

вéсть II *разг.*: бог ~ góod¦ness knows [...nouz]; не ~ что góod¦ness / héaven knows what [...'he-...].

вес||ы́ *мн.* bálance *sg.*; scales; (*для больших тяжестей*) wéighing-machíne [-'ʃiːn] *sg.*; пружи́нные ~ spríng-bálance *sg.*; тóчные ~ precísion bálance *sg.*; десяти́чные ~ décimal bálance *sg.*; проби́рные ~ assáy bálance *sg.*; мостовы́е ~ wéigh-brìdge *sg.*; ✧ брóсить на чáшу ~óв (*вн.*) throw* into the scale [-ou...] (*d.*).

весь, вся, всё, все *мест.* **1.** all, the whole of [...houl...]; ~ день all day long, the whole of the day; вся Москвá all Móscow, the whole of Móscow; по всемý гóроду all óver the town; ~ гря́зный dírty all óver; ~ мóкрый wet through; ~ в снегý cóvered with snow ['kʌ-... snou]; **2.** *с. как сущ.* évery¦thing; all (*гл. обр. во фразеол. единицах и в более торжественном тоне*: всё хорошó, что хорошó кончáется all's well that ends well; он сказáл ей всё he told her all); **3.** *мн. как сущ.* everybody, évery¦òne; **4.** *предик. разг.* no more left; табáк ~ there is no more tobáccò, no more tobáccò is left; у меня́ табáк ~ I have no more tobáccò left; I have run out of tobáccò *идиом.*; ✧ ~ в отцá the (very) ímage of his fáther [...'fɑː-]; во всю мочь with (all one's) might and main; во ~ гóлос at the top of one's voice; от всегó сéрдца with all one's heart [...hɑːt], with one's whole heart; при всём том (*кроме того*) mòre¦óver; (*несмотря на то*) for all that; всегó хорóшего góod-¦býe!; всё и вся évery¦thing without excéption, the whole lot, all the lot; без всегó without ány¦thing; всё мóжет случи́ться ány¦thing can háppen.

весьмá *нареч.* híghly, gréatly ['greɪ-]; ~ удовлетвори́тельно híghly sàtisfáctory.

ветви́ст||ый bránchy ['brɑː-]; ~ая пшени́ца branched wheat [brɑː-...].

ветви́ться branch out [brɑː-...], rámifỳ.

ветвь *ж.* branch [brɑː-], bough; (*перен.*) branch.

вéт||ер *м.* wind [wɪ-]; (*лёгкий*) breeze; встрéчный ~ head / cóntrary wind [hed...]; штормовóй ~ gale, storm wind; попýтный ~ fair wind, táil-¦wìnd [-wɪ-]; боковóй ~ láteral wind, cróss-wìnd [-wɪ-]; крéпкий ~ *мор.* high wind, half a gale [hɑːf...]; óчень крéпкий ~ *мор.* fresh gale; свéжий ~ fresh wind; *мор.* fresh breeze; си́льный ~ strong wind; слáбый ~ gentle breeze; ти́хий ~ *мор.* líght-air; ~ с бéрега óff-shòre wind; ~ поднялся́, стих the wind has rísen, has fáll¦en [...'rɪz°n...]; прóтив ~ра agáinst the wind; in the wind's eye [...aɪ] *идиом.*, in the teeth of the wind *идиом.*; по ~ру befóre / down the wind; за ~ром *мор.* a-lée; под ~ром *мор.* to léeward [...'ljuːəd]; (*защищённый от ветра чем-л.*) únder the lee of; ✧ бросáть словá на ~ talk / speak* at rándom, *или* ídly; держáть нос по ~ру trim one's sails to the wind; подби́тый ~ром *разг.* (*легкомысленный*) émpty-¦héaded [-'hed-], frívolous; (*без подкладки, холодный*) light, flímsy [-zɪ]; у негó ~ в головé he is a gíddy-¦pàte / féather-brain [...'gɪ- 'fe-]; ищи́ ~ра в пóле *разг.* ≅ go on a wíld-¦góose chase [...-s tʃeɪs]; кто сéет ~, пожнёт бýрю sow* the wind and reap the whírlwind [sou...-wɪnd]; знать, кудá ~ дýет see*, *или* find* out, which way the wind blows [...blouz].

ветерáн *м.* véteran; old stáger *разг.*

ветеринáр *м.* véterinary (súrgeon); vet *сокр. разг.* **~ия** *ж.* véterinary scíence / médicine. **~ный** véterinary; ~ный пункт véterinary státion; ~ная лечéбница véterinary súrgery/ clínic.

ветерóк *м.* (light) breeze.

вéтка *ж.* (*в разн. знач.*) branch [brɑː-]; (*тк. о растениях — мелкая*) twig; железнодорóжная ~ bránch-¦lìne ['brɑː-].

ветлá *ж. бот.* white wíllow, Hún-ting¦don wíllow.

вéто *с. нескл.* vétò; наложи́ть ~ (на *вн.*) vétò (*d.*), put* a vétò (up¦ón); прáво ~ the right of vétò.

вéточка *ж.* twig, sprig, shoot.

вéтошь *ж. тк. ед.* rags *pl.*, old clothes [...-ouðz] *pl.*

ветр *м. поэт.* = вéтер.

вéтреник *м. разг.* frívolous / flíghty créature.

вéтреница I *ж. к* вéтреник.

вéтреница II *ж. бот.* anémone [-nɪ].

вéтрено I *предик. безл.* it is wíndy.

вéтрен||о II *нареч.* (*легкомысленно*) frívolous¦ly. **~ость** *ж.* (*легкомыслие*) frivólity; (*непостоянство*) flíghtiness. **~ый** **1.** wíndy; **2.** (*легкомысленный*) frívolous, gíddy ['gɪ-], émpty-héaded [-'hed-]; (*необдуманный, беспечный*) thóughtless; (*непостоянный*) flíghty.

ветри́ло *с. поэт.* sail.

ветров||óй: ~óе стеклó wínd-glàss ['wɪ-].

ветрогóн *м.* = вéтреник.

ветродви́гатель *м.* wind túrbine [wɪ-...].

ветро||мéр *м. физ.* ànemómeter. **~-указáтель** *м. ав.* wínd-sòck ['wɪ-], wind cone [wɪ-...]. **~улови́тель** *м. ав.* scoop.

ветря́к *м.* **1.** *тех.* wind túrbine [wɪ-...]; **2.** *разг.* (*ветряная мельница*) wíndmìll ['wɪ-].

ветря́нка *ж. разг.* chícken-pòx.

ветрян||óй wind [wɪ-] (*attr.*); ~áя мéльница wíndmill ['wɪ-].

вéтрян||ый: ~ая óспа chícken-pòx.

вéтх||ий decrépit; (*о здании*) rám-shàckle, túmble¦down, dilápidàted; ~ое плáтье thréadbàre clothes ['θred- klou-] *pl.*; ✧ Вéтхий завéт the Old Téstament.

ветхозавéтный Old Téstament (*attr.*); (*перен.*) ántiquàted.

вéтхост||ь *ж.* decrépitùde; dilàpidátion; (*ср.* вéтхий); приходи́ть в ~ fall* into decáy; разрушáться от ~и crumble a¦wáy with age.

ветчинá *ж.* ham.

ветшáть, обветшáть fall* into decáy; (*о здании тж.*) become* dilápidàted.

вéх||а *ж.* stake; lándmàrk (*тж. перен.*); пограни́чная ~ bóundary-màrk; *мор.* spár-buoy [-bɔɪ]; стáвить ~и set* up lándmàrks; ✧ смени́ть ~и éxecùte a polítical vólte-fáce [...'vɔlt'fɑːs].

вéче *с. ист.* vétche (*popular assembly in ancient Russia*). **~вóй** *прил. к* вéче.

вéчер *м.* **1.** évening ['iːvn-]; под ~, к ~у towards évening; по ~áм in the évenings, every évening; **2.** (*собрание*) párty, soirée (*фр.*) ['swɑːreɪ]; литератýрный ~ líterary évening, líterary soirée; шкóльный ~ school párty; студéнческий ~ stúdent's párty; танцевáльный ~ dance, dáncing-¦pàrty; музыкáльный ~ músical évening[-z-...]; ~ пáмяти memórial méeting; ~ пáмяти Пýшкина Púshkin memórial méeting ['pu-...].

вечер||éть *безл.*: ~éет the day draws to a close [...-s], night is fálling; ~éло night was fálling.

вечери́нка *ж.* évening-pàrty ['iːvn-].

вечеркóм *нареч. разг.* in the évening [...'iːvn-].

вечéрн||ий **1.** *прил. к* вéчер 1; ~яя зарá évening-glów ['iːvnɪŋ'glou], sún-sèt; ~яя газéта évening páper ['iːv...]; ~не кýрсы évening / night clásses; **2.** *прил. к* вéчер 2; ~ее плáтье évening dress.

вечéрник *м. разг.* évening stúdent ['iːv-...], stúdent atténding évening clásses.

вечéрня *ж. церк.* véspers *pl.*

вéчером *нареч.* in the évening [...'iːvn-]; пóздно ~ late in the évening; сегóдня ~ this évening, to¦níght; вчерá ~ last évening / night, yésterday évening [-dɪ...]; в воскресéнье ~ Súnday évening [-dɪ...], Súnday night.

вéчеря *ж. рел.*: тáйная ~ the Last Súpper.

вéчно *нареч.* **1.** álways ['ɔːlwəz], etérnally, for ever; **2.** *разг.* (*постоянно*) perpétually, èver¦lásting¦ly.

вечнозелён||ый éver¦green; ~ые растéния éver¦greens.

вéчность *ж.* etérnity; ◇ кáнуть в ~ fall* / sink* into oblívion; казáться ~ю seem an etérnity / age; я егó не вúдел цéлую ~ *разг.* I have¦n't seen him for áges, it is áges since I saw him.

вéчн||ый etérnal, èver¦lásting; (*непрерывный*) perpétual; ~ое движéние perpétual mótion; в ~ое пóльзование for use in pèrpetúity [...-s...], in perpétual ténure; на ~ые временá *разг.* for ever; ~ая кáторга pénal sérvitùde for life; ◇ ~ое перó fóuntain-pèn.

вéшалка *ж.* **1.** peg, rack, stand; (*в передней*) háll-stànd; **2.** (*на платье*) háng¦er, tab; **3.** *разг.* (*помещение для хранения верхней одежды*) clóak-room.

вéшать I, повéсить (*вн.*) **1.** hang* (up) (*d.*); ~ что-л. на верёвку, стéну *и т. д.* hang* smth. on / up¦ón the line, the wall, *etc.*; **2.** (*казнить*) hang (*d.*); егó за э́то повéсят he will hang for it, he will be hanged for it; he will swing for it *разг.*; ◇ ~ гóлову hang* one's head [...hed], become* / be dejécted / despóndent.

вéшать II, свéшать (*вн.*) weigh (*d.*); (*отпускать покупателю*) weigh out (*d.*).

вéшаться, повéситься **1.** (*совершать самоубийство*) hang òne¦sélf; **2.** *страд. к* вéшать I 1; ◇ ~ комý-л. на шéю *разг.* run* áfter smb.

вéшн||ий *поэт.* spring (*attr.*), vérnal; ~ие вóды spring / vérnal floods [...flʌ-].

вещáние *с.* *рад.* bróadcàsting ['brɔːd-].

вещáть **1.** (*вн.*) *уст.* (*прорицать*) próphesỳ (*d.*); **2.** *разг.* (*говорить авторитетно*) l[illegible] down the law.

вещев||óй: ~ мешóк knápsàck, kít-bàg; ~óе довóльствие *воен.* clóthing [-ou-]; ~ склад wáre¦house* [-s].

вещéственн||ый matérial; ~ое доказáтельство matérial évidence.

веществó *с.* mátter, súbstance; белкóвое ~ àlbúmèn; боевóе отравля́ющее ~ wár-gàs; взрывчáтое ~ explósive.

вéщий *поэт.* prophétic.

вещúца *ж.* líttle thing; (*безделушка*) kníck-knàck.

вéщн||ый: ~ое прáво *юр.* law of estáte.

вещ||ь *ж.* **1.** thing; вот э́то ~! *разг.* that's sóme¦thing like!; **2.** *мн.* (*имущество*) things, belóng¦ings; (*платье*) clothes [-ou-]; тёплые ~и warm things / clothes; со всéми ~áми with one's lúggage; with bag and bággage *идиом. разг.*; домáшние ~и hóuse¦-hòld things [-s-...]; **3.** (*о пьесе, книге и т. п.*) work; э́то хорóшая ~ this is a good* work, play, book, piece of wríting [...piːs...]; я вúдел лýчшие ~и э́того драматýрга, худóжника I have seen the best works, plays, píctures of this pláywrìght, ártist; ◇ ~ ~и рознь *разг.* not évery¦thing is alíke, things díffer; ~ в себé *филос.* thing in ìt¦sélf.

вéялка *ж.* *с.-х.* wínnowing-machíne [-'ʃiːn], wínnowing fan.

вéяние I *с.* *с.-х.* wínnowing.

вéян||ие II *с.* **1.** (*ветра*) bréathing, blówing ['blou-]; **2.** (*направление*) trend, téndency; нóвые ~ия new trends / ìdéas [...aɪ'dɪəz]; ~ врéмени spírit of the times.

вéять I (*вн.*) *с.-х.* wínnow (*d.*), fan (*d.*).

вéять II **1.** (*о ветре*) blow* [-ou]; **2.** (*реять, развеваться — о знамёнах и т. п.*) wave, flútter, fly*; ◇ вéет веснóй it smells of spring, spring is in the air.

вжать *сов. см.* вжимáть.

вживáться, вжúться (в *вн.*) get* used [...juːst] (to), accústom òne¦sélf (to).

вжимáть, вжать (*вн.*) press / drive* in (*d.*).

вжúться *сов. см.* вживáться.

взад *нареч. разг.*: ~ и вперёд up and down, to and fro, back and forth, báckwards and fórwards [-dz...-dz]; ходúть ~ и вперёд по кóмнате walk up and down the room, pace the room to and fro, *или* back and forth; ◇ ни ~ ни вперёд néither báckwards nor fórwards ['naɪ-...].

взаúмн||о *нареч.* mútually, recíprocally; ~ простые чúсла *мат.* recíprocals. **~ость** *ж.* mùtuálity, rèciprócity; отвечáть комý-л. ~остью recíprocàte smb.'s féelings / love / afféction [...lʌv...]; добúться чьей-л. ~ости gain / win* smb.'s love; любúть когó-либо без ~ости love smb. without requítal. **~ый** mútual, recíprocal; ~ая завúсимость ìnterdepéndence; ~ая пóмощь mútual aid / help; ~ое уважéние mútual respéct; ~ое довéрие mútual cónfidence; ~ая вы́года mútual bénefit / advántage; ~ый глагóл *грам.* recíprocal verb; ~ый залóг *грам.* recíprocal voice.

взаимовы́годн||ый mútually bènefícial; ~ые свя́зи mútually bènefícial relátions.

взаимодéйств||ие *с.* **1.** ìnteráction, recíprocal áction; rèciprócity; **2.** *воен.* cò-òperátion; тéсное ~ close cò-òperátion [-s...]. **~овать** **1.** interáct, act recíprocally; **2.** *воен.* cò-óperàte.

взаимозавúсимость *ж.* ìnterdepéndency.

взаимозаменя́ем||ость *ж.* ínterchànge¦abílity [-ʧeɪ-]. **~ый** ìnterchánge¦able [-'ʧeɪ-].

взаимоисключáющие mútually exclúsive / in¦compátible.

взаимо||обусловленность *ж.* *филос.* ìnterconditionálity. **~отношéние** *с.* **1.** ìnterrelátion, mútual relátion; **2.** *мн.* (*людей, стран и т. п.*) relátions. **~пóмощь** *ж.* mútual aid; кáсса ~пóмощи mútual insúrance / bénefit fund [...-'ʃuə-...], mútual aid fund; договóр о ~пóмощи mútual assístance pact / tréaty. **~понимáние** *с.* mútual ùnderstánding. **~свя́зь** *ж.* **1.** ínter-commùnicátion; **2.** *филос.* còrrelátion, ìnterdepéndence.

взаймы́ *нареч.*: взять, получúть ~ (*вн.*) bórrow (*d.*); дать ~ (*дт. вн.*) lend* (*i. d.*).

взамéн *предл.* (*рд.*) instéad of [-ed...]; (*в обмен*) in retúrn for, in exchánge for [...-'ʧeɪ-...].

взапертú *нареч.* **1.** locked up, únder lock and key [...kiː]; сидéть ~ be locked up; **2.** *разг.* (*в уединении*) in seclúsion; жить ~ live in seclúsion [lɪv...].

взапрáвду *нареч. разг.* in áctual truth [...truːθ].

взáпуски *нареч. разг.*: бéгать ~ chase each other [-s...].

взасóс *нареч. разг.*: целовáть(ся) ~ kiss long and hard.

взбáдривать, взбодрúть (*вн.*) *разг.* buck up (*d.*), embólden (*d.*), rè¦assúre [-'ʃuə] (*d.*).

взбаламý||тить *сов. см.* баламýтить. **~ченный** *прич. и прил.* ágitàted; ~ченное мóре túrbulent sea.

взбáлмошный *разг.* únbálanced, extrávagant; (*с причудами*) whímsical [-z-], crótchety.

взбáлтывание *с.* sháking.

взбáлтывать, взболтáть (*вн.*) shake* up (*d.*); пéред употреблéнием ~ (*этикетка*) shake the bottle.

взбегáть, взбежáть run* up; ~ нá гору run* up *a* hill; ~ по лéстнице run* úpstáirs.

взбежáть *сов. см.* взбегáть.

взбеленúться *сов. разг.* get* into a white heat; get* mad *амер.*

взбесúть(ся) *сов. см.* бесúть(ся).

взбешённый fúrious, infúriàted.

взбивáть, взбить (*вн.*) **1.** (*о подушках и т. п.*) shake* up (*d.*); (*о волосах*) fluff up (*d.*); **2.** (*пенить*) beat* up (*d.*), whip (*d.*), whisk (*d.*).

взбирáться, взобрáться (на *вн.*) climb [klaɪm] (*d.*), climb up (*d.*), clámber (*d.*), clámber up (*d.*); ~ нá гору climb up *a* hill, climb to the top of *a* hill.

взбúт||ый: ~ые слúвки whipped cream *sg.*; ~ые (в густýю пéну) белкú (stíffly) fróthed, *или* béaten up, whites of eggs.

взбить *сов. см.* взбивáть.

взбодрúть *сов. см.* взбáдривать.

взболтáть *сов. см.* взбáлтывать.

взбрести́ *сов.*: ~ в го́лову, ~ на ум *разг.* come* into *one's* head [...hed].

взброс *м. геол.* úpthrúst, úpcàst.

взбры́згивать, взбры́знуть (*вн.*) sprinkle (*d.*).

взбры́знуть *сов. см.* взбры́згивать.

взбудора́женный *прич. и прил. разг.* ágitàted, distúrbed, wórked-úp, wróught-úp.

взбудора́ж||ивать, взбудора́жить (*вн.*) *разг.* ágitàte (*d.*), distúrb (*d.*), work up (*d.*). **~ить** *сов. см.* будора́жить *и* взбудора́живать.

взбунтова́ть *сов. см.* бунтова́ть 2. **~ся** *сов. см.* бунтова́ть 1 *и* бунтова́ться.

взбуха́ть, взбу́хнуть swell*, swell* out.

взбу́хнуть *сов. см.* взбуха́ть.

взбу́чк||а *ж. разг.* híding, thráshing; (*вы́говор*) dréssing-dówn; (*ребёнку, близкому человеку*) scólding; дать кому́-л. хоро́шую ~у give* smb. a dréssing-dówn, blow* smb. up [blou...], give* smb. what for; give* smb. a good scólding.

вза́ливать, взвали́ть (*вн.* на *вн.*) hoist (*d.* on, to); ~ на́ спину heave* up and lay* óver *the* back (*d.*); ~ на пле́чи shoulder ['ʃou-] (*d.*); ~ всю вину́ на кого́-л. lay* / put* all the blame on smb.; ~ всю рабо́ту на кого́-л. load smb. with all the work.

взвали́ть *сов. см.* вза́ливать.

взве́сить(ся) *сов. см.* взве́шивать(ся).

взвести́ *сов. см.* взводи́ть.

взве́шенн||ый 1. *прич. см.* взве́шивать; **2.** *прил. хим.* suspénded; ~ое состоя́ние suspénsion.

взве́шивать, взве́сить (*вн.*; *прям. и перен.*) weigh (*d.*); ~ все (до́воды) за и про́тив weigh the pros and cons. **~ся,** взве́ситься **1.** weigh òne|sélf; **2.** *страд.* к взве́шивать.

взвива́ть, взвить (*вн.*) raise (*d.*). **~ся,** взви́ться (*о птице*) fly* up, soar; (*о лошади*) rear; (*о занавесе, флагах*) go* up, be raised.

взви́д||еть *сов.*: он све́та не ~ел *разг.* évery|thing went dark befóre him.

взви́згивать, взви́згнуть scream, screech; (*о собаке*) yelp.

взви́згнуть *сов. см.* взви́згивать.

взвинти́ть *сов. см.* взви́нчивать.

взви́нченный 1. *прич. см.* взви́нчивать; **2.** *прил.* híghly-strúng, strúng-úp, excíted, wróught-úp.

взви́нчивание *с.*: ~ цен price inflátion, inflátion of príces.

взви́нчивать, взвинти́ть (*вн.*) excíte (*d.*), work up (*d.*); ~ себя́ work òne|sélf up, excíte òne|sélf; ◇ ~ це́ны infláte príces.

взви́ть(ся) *сов. см.* взвива́ть(ся).

взвод I *м. воен.* platóon; (*в англ. артиллерии, инженерных войсках и войсках связи*) séction; (*в англ. кавалерии и танковых войсках*) troop.

взвод II *м.* (*в оружии*) (cócking) recéss; notch; боево́й ~ full bent, sear notch [sɪə...]; на боево́м ~е cocked; куро́к на боево́м ~е the cock is at full bent, the gun is cocked; предохрани́тельный ~ sáfe|ty recéss / notch; на предохрани́тельном ~е at sáfe|ty; ◇ быть на ~е *разг.* be in one's cups, have a drop in one's eye [...aɪ].

взводи́ть, взвести́ **1.** (*вн.*; *о курке, ударнике*) cock (*d.*); **2.** (*вн.* на *вн.*) impúte (*d.* to), saddle (*d.* up|ón); ~ обвине́ние на кого́-л. impúte the fault to smb., lay* to the charge of smb.; lay* the fault at smb.'s door [...dɔː] *идиом.*

взводны́й 1. *прил.* к взвод I; **2.** *м. как сущ.* platóon commánder [...-ɑːn-].

взволно́ванн||о *нареч.* with emótion, with àgitátion; говори́ть ~ speak* in an ágitàted tone, *или* in ágitàted tones, speak* with emótion (in one's voice), speak* with deep féeling. **~ый** ágitàted; (*обеспокоенный*) ùn|éasy [-zɪ], ánxious; (*о море*) ruffled; ~ый вид troubled / pertúrbed look [trʌb-...].

взволнова́ть *сов. см.* волнова́ть. **~ся** *сов. см.* волнова́ться 1, 2.

взвыть *сов.* howl, set* up a howl.

взгляд *м.* **1.** look; (*пристальный*) gaze, stare; fixed / intént look; (*быстрый*) glance; (*настойчивый и враждебный*) glare; ~ укра́дкой cóvert glance ['kʌ-...]; бро́сить ~ (на *вн.*) glance (at), cast* a glance / look (at); (*быстрый*) dart / shoot* a glance (at), fling* one's eyes [...aɪz] (at, óver); напра́вить ~ (на *вн.*) diréct one's eyes (to), turn one's eyes (on); перевести́ ~ (на *вн.*) shift one's gaze (to); turn one's eyes (to); прикова́ть ~ (к) fix one's eyes (on); ~ы всех бы́ли прико́ваны к э́тому необыча́йному зре́лищу évery|òne was stáring at this extraórdinary sight [...ɪks'trɔːdnrɪ...]; **2.** (*точка зрения*) view [vjuː]; (*мнение*) opínion; на мой ~ to my mind, in my opínion; ◇ на пе́рвый ~ on the face of it; ему́ на пе́рвый ~ лет 30 to look at him he might be thírty; с пе́рвого ~а at first sight.

взгля́||дывать, взгляну́ть (на *вн.*) look (at), give* a glance / look (*i.*), cast* a glance, *или* one's eyes [...aɪz] (at, on). **~ну́ть** *сов. см.* взгля́дывать.

взго́рье *с.* hill.

взгре́||ть *сов.* (*вн.*) *разг.* (*побить*) thrash (*d.*); (*выругать*) give* it hot (*i.*); его́ ~ли за э́то they gave it him hot.

взгроможда́ть, взгромозди́ть (*вн.*) *разг.* pile up (*d.*). **~ся,** взгромозди́ться *разг.* **1.** clámber up; **2.** *страд.* к взгроможда́ть.

взгромозди́ть(ся) *сов. см.* взгроможда́ть(ся).

взгрустну́||ться [-сн-] *сов. безл.* (*дт.*): ему́, им *и т. д.* ~лось he feels, they feel, *etc.*, depréssed / mélancholy [...-k-].

взва́ивание *с.*: ~ рядо́в *воен.* fórming fours [...fɔːz].

взва́ивать, вздво́ить: ~ ряды́ *воен.* form fours [...fɔːz].

вздво́ить *сов. см.* взва́ивать.

вздёр||гивать, вздёрнуть (*вн.*) **1.** (*поднимать*) hitch up (*d.*), jerk up (*d.*); **2.** *разг.* (*вешать кого-л.*) hang (*d.*), string* up (*d.*). **~нутый:** ~нутый нос snúb-nòse, túrned-ùp nose; с ~нутым но́сом snúb-nòsed. **~нуть** *сов. см.* вздёргивать.

вздор *м.* nónsense, rúbbish; (*неправда*) stuff and nónsense; вся́кий ~ all sorts of nónsense *pl.*; моло́ть, городи́ть, нести́ ~ *разг.* talk nónsense.

вздо́р||ить, повздо́рить *разг.* squabble; *сов. тж.* (с *тв.* из-за) have a quárrel (with smb. óver); (*спорить*) have an árgument (with smb. abóut). **~ный** *разг.* **1.** (*нелепый*) absúrd, fóolish; **2.** (*о человеке*) quárrel|some, càntánkerous; (*глупый*) fóolish.

вздорожа́||ние *с.* rise in *the* price. **~ть** *сов. см.* дорожа́ть.

вздох *м.* deep breath [...breθ]; (*как выражение чувства*) sigh; ◇ испусти́ть после́дний ~ breathe one's last.

вздохну́ть *сов.* **1.** *см.* вздыха́ть 1; **2.** *разг.* (*отдохнуть*) take* breath [...breθ]; ◇ ~ свобо́дно (*успокоиться*) breathe agáin, breathe fréely, take* a long breath.

вздра́гивание *с.* **1.** (*от неожиданности*) start, stárting; (*от боли*) flínching, wíncing; **2.** (*дрожь*) quíver ['kwɪ-], quívering.

вздра́гивать, вздро́гнуть **1.** (*от неожиданности*) start; (*от боли*) flinch, wince; **2.** *тк. несов.* (*дрожать*) quíver ['kwɪ-].

вздремну́ть *сов. разг.* take* a nap.

вздро́гнуть *сов. см.* вздра́гивать 1.

вздува́ть, вздуть (*вн.*; *о ценах*) run* up (*d.*), infláte (*d.*). **~ся,** взду́ться **1.** swell*; **2.** *страд.* к вздува́ть.

взду́ма||ть *сов.* (+ *инф.*) take* it into one's head [...hed] (+ to *inf.*); что вы ~ли уходи́ть? what makes you go?; ◇ не ~й(те) (+ *инф.*) don't take it into your head (+ to *inf.*), mind you don't (+ *inf.*), don't you dare (+ *inf.*). **~ться** *сов. безл.* (*дт.*): ему́, ей *и т. д.* ~лось he, she, *etc.*, took it into his, her, *etc.*, head [...hed]; ◇ как ~ется at one's own sweet will [...oun...].

взду́тие *с.* **1.** *мед.* swélling; ~ живота́ flátulence; hoove *вет.*; **2.**: ~ цен inflátion of príces.

взду́т||ый búlbous, infláted, blóated; с ~ым живото́м pót-bèllied.

вздуть I *сов. см.* вздува́ть.

вздуть II *сов.* (*вн.*) *разг.* (*отколотить*) lick (*d.*), thrash (*d.*), give* a híding / drúbbing (to).

вздýться *сов. см.* вздувáться.

вздыбить(ся) *сов. см.* вздыбливать(ся).

вздыбливать, вздыбить (*вн.*) rear (*d.*), raise* on its legs (*d.*). **~ся,** вздыбиться rear, ramp.

вздымáть (*вн.*) raise (*d.*). **~ся** rise*, heave*.

вздыхáть, вздохнýть **1.** breathe; (*как выражение чувства*) sigh; *сов. тж.* heave* a sigh; глубокó вздохнýть give* a deep sigh; **2.** *тк. несов.* (о, по *пр.*; *тосковать*) sigh (for), pine (áfter, for), yearn [jəːn] (for); **3.** *тк. несов.* (по *пр.*) *разг.* (*быть влюблённым*) be sweet on (*d.*).

взимáние *с.* lévy ['le-], colléction.

взимáть (*вн.*) lévy ['le-] (*d.*), colléct (*d.*); (*особ. о налогах*) raise (*d.*); ~ дань lévy a tríbùte.

взирáть (на *вн.*) *уст.* look (at), gaze (at).

взлáмывать, взломáть (*вн.*) break* up [-eɪk...] (*d.*); (*о двери, шкафе и т. п.*) break* ópen (*d.*), force (*d.*), burst* (*d.*); *воен.* break* through (*d.*); ~ замóк break* / force *a* lock.

взлезáть, взлезть (на *вн.*) *разг.* climb up [klaɪm...] (*d.*).

взлезть *сов. см.* взлезáть.

взлелéять *сов.* (*вн.*) chérish (*d.*), fóster (*d.*).

взлёт *м.* flight; úpward flight; *ав.* táke-óff; ~ с воды wáter táke-óff ['wɔː-...]; ◇ ~ фантáзии flight of fáncy.

взлетáть, взлетéть fly* up; (*о птице тж.*) take* wing, flush; (*о самолёте*) take* off; ◇ взлетéть на вóздух (*взорваться*) blow* up [blou...].

взлетéть *сов. см.* взлетáть.

взлётн||ый *прил. к* взлёт; **~ая** полосá *ав.* táke-óff strip; **~ая** дорóжка rúnway.

взлом *м.* bréaking in / ópen [-eɪk-...] (*ср.* взлáмывать); крáжа со ~ом búrglary. **~áть** *сов. см.* взлáмывать. **~щик** *м.* hóuse|breaker [-sbreɪ-], búrglar.

взлохмá||тить *сов. см.* взлохмáчивать. **~ченный** *прич. и прил.* tousled [-z-], ruffled; *прил. тж.* dishévelled; (*о человеке тк.*) dishévelled. **~чивать,** взлохмáтить (*вн.*) tousle [-zl] (*d.*), ruffle (*d.*).

взмах *м.* (*крыльев*) stroke, flap; (*руки*) wave, móve|ment ['muːv-]; (*косы*) sweep; (*пловца, весла*) stroke; одни́м ~ом at one stroke. **~ивать,** взмахнýть (*тв.*; *крыльями*) flap (*d.*); (*рукой, платком и т. п.*) wave (*d.*). **~нýть** *сов. см.* взмáхивать.

взмёт *м. с.-х.* first plóughing.

взметнýть *сов.*: ~ кры́льями flap its wings; ~ рукáми fling* up one's hands. **~ся** *сов.* shoot* up.

взмóкнуть *сов. разг.* get* wet / soaked.

взмоли́ться *сов.* (о *пр.*) beg (for), implóre (for); ~ о пощáде beg / ask for mércy, cry quárter, ask for quárter.

взмóрье *с.* **1.** (*море у берега*) cóastal wáters [...'wɔː-] *pl.*; **2.** (*побережье*) (sea) coast, (séa-)shòre; (*пляж*) beach; (*как место отдыха*) séasíde; дáча на ~ séasíde cóttage.

взмости́ться *сов.* (на *вн.*) *разг.* perch (on); (*вскарабкаться*) clámber (on|to).

взмывáть, взмыть rócket, soar up / úpwards [...-dz].

взмы́ленный (*о лошади*) fóamy, láthery [-ð-].

взмыть *сов. см.* взмывáть.

взнос *м.* páyment; (*членский и т.п.*) fee, due; очереднóй ~ (*при уплате по частям*) instálment [-ɔːl-]; вступи́тельный ~ éntrance fee; профсоюзный ~ tráde-ùnion dues *pl.*; члéнский ~ mémbership dues *pl.*

взнуздáть *сов. см.* взнýздывать.

взнýздывать, взнуздáть (*вн.*) bridle (*d.*).

взобрáться *сов. см.* взбирáться.

взойти́ *сов. см.* всходи́ть *и* восходи́ть 1.

взор *м.* look; (*пристальный*) gaze; потýпить ~ drop one's eyes [...aɪz], cast* down one's eyes; устреми́ть ~ (на *вн.*) fix one's eyes (on), gaze (at, on); обрати́ть на себя́ все ~ы attráct all eyes; впери́ть ~ (в *вн.*) stare (at), fix one's gaze (on).

взорвáть *сов. см.* взрывáть I. **~ся** *сов. см.* взрывáться I.

взрасти́ть *сов. см.* взрáщивать.

взрáщивать, взрасти́ть (*вн.*) **1.** (*о растении*) grow* [grou] (*d.*), cúltivàte (*d.*); **2.** (*воспитывать*) bring* up (*d.*), núrture (*d.*).

взревéть *сов.* roar; útter a roar.

взрéзать *сов. см.* взрезáть.

взрезáть, взрéзать (*вн.*) cut* up (*d.*).

взрослéть, повзрослéть *разг.* appróach / reach mánhood, wómanhood [...-hud 'wumənhud], become* ádùlt [...'æ-]; matúre.

взрóсл||ый 1. *прил.* ádùlt ['æ-]; ~ человéк grown man* [-oun...], grówn-ùp [-oun-]; ~ сын, **~ая** дочь grówn-ùp son, dáughter [...sʌn...]; **2.** *м. как сущ.* ádùlt; grówn-ùp *разг.*

взрыв *м.* explósion; (*перен.*) óutbùrst, burst; произвести́ ~, вы́звать ~ set* off an explósion; произвести́ взрыв áтомной, водорóдной бóмбы explóde *an* átom, *a* hýdrogen bomb [...'æ- 'haɪ-...]; ~ аплодисмéнтов burst of appláuse; ~ смéха óutbùrst / peal of láughter [...'lɑːf-]; ~ гнéва óutbreak / burst of ánger [-breɪk...].

взрывáтель *м. воен.* détonàting fuse.

взрывáть I, взорвáть (*вн.*) **1.** (*разрушать взрывом*) blow* up [blou...] (*d.*); (*динамитом*) dýnamìte ['daɪ-] (*d.*); (*скалу и т. п.*) blast (*d.*); ~ заря́д set* off a charge; **2.** *тк. сов.* (*возмутить кого-л.*) exásperàte (*d.*), make* smb.'s blood boil [...blʌd...]; егó взорвáло he boiled with rage, he explóded.

взрывáть II, взрыть (*вн.*) plough up (*d.*).

взрывáться I, взорвáться **1.** burst*; blow* up [blou...]; (*о заряде*) explóde, burst*; (*о газе и т. п.*) explóde; котёл взорвáлся the bóiler burst; корáбль взорвáлся the ship blew up; **2.** *страд. к* взрывáть I.

взрывáться II *страд. к* взрывáть II.

взрывн||óй (*в разн. знач.*) explósive; **~áя** волнá blast; **~ы́е** рабóты blásting *sg.*, blásting òperátions; **~ы́е** соглáсные *лингв.* (ex)plósive / stop cónsonants.

взрывчáтка *ж. разг.* dèmolítion explósive(s) (*pl.*), blásting chárge(s) (*pl.*).

взры́вчат||ый explósive; **~ое** веществó explósive.

взрыть *сов. см.* взрывáть II.

взрыхлéние *с.* lóosen|ing [-s-].

взрых||ли́ть *сов. см.* взрыхля́ть. **~ля́ть,** взрыхли́ть (*вн.*) lóosen [-s-] (*d.*).

взъедáться, взъéсться (на *вн.*) *разг.* pitch (into), fall* (on).

взъезжáть, взъéхать mount (*d.*), drive* up (*d.*), ascénd (*d.*); ~ нá гору ascénd *a* hill / móuntain, ride* up *a* hill / móuntain.

взъерепéниться *сов. разг.* fly* out, bristle up, get* on one's hind legs.

взъерóш||енный 1. *прич. см.* взъерóшивать; **2.** *прил.* dishévelled. **~ивать,** взъерóшить (*вн.*) tousle [-zl] (*d.*), ruffle (*d.*), rumple (*d.*). **~иваться,** взъерóшиться ruffle / rumple one's hair; (*стать взъерошенным*) become* dishévelled. **~ить** *сов.* **1.** *см.* взъерóшивать; **2.** *как сов. к* ерóшить. **~ить(ся)** *сов. см.* взъерóшивать(ся).

взъéсться *сов. см.* взъедáться.

взъéхать *сов. см.* взъезжáть.

взывáть, воззвáть (к комý-л. о чём-л.) appéal (to smb. for smth.); ~ о пóмощи call for help; ~ о справедли́вости demánd jústice [-ɑːnd...].

взыгрáть (*о море и т. п.*) begin* to seethe.

взыскáн||ие *с.* **1.** (*наказание*) pénalty, púnishment ['pʌ-]; наложи́ть ~ (на *вн.*) inflíct / impóse *a* pénalty (on), inflíct *a* púnishment (on, up|ón); подвéргнуться **~ию** in|cúr *a* pénalty; **2.** *юр.* recóvery [-'kʌ-], exáction; подáть к **~ию** на когó-л. procéed agáinst smb. (for the recóvery of smth.).

взыскáтельн||ость *ж.* (*требовательность*) exácting|ness; (*строгость*) sevérity, stríctness. **~ый** (*требовательный*) exácting; (*строгий*) sevére, strict; быть **~ым** к себé set* òne|sélf high stándards.

взыскáть *сов. см.* взыскивать.

взыскивать, взыскáть **1.** (*вн.* с *рд.*) exáct (*d.* from, of); (*получать*) recóver [-'kʌ-] (*d.* from); ~ долг recóver a debt [...det]; 2. (с *рд.* за *вн.*) make* (*d.*) ánswer [...'ɑːnsə] (for); ✧ не взыщи́(те)! *разг.* I am afráid I, we can do no more!, do not judge / cénsure me, us too sevére¦ly!, be lénient!

взя́тие *с.* táking; ~ кре́пости cápture / séizure of *a* fórtress [...'siːʒə...]; ~ кого́-л. в плен táking smb. prísoner [...-z-], cápture of smb.

взя́тк||а *ж.* 1. (*подкуп*) bribe; graft *амер.*; pálm-oil ['pɑː-] *разг.*; (*за молчание*) húsh-mòney [-mʌ-]; дать кому́-либо ~у bribe smb.; grease smb.'s palm [...pɑːm] *разг.*; брать ~и take* / accépt bribes; 2. *карт.* trick; ✧ с него́ ~и гла́дки you can't expéct ány¦thing from him [...kɑːnt...].

взя́точни||к *м.* bríbe-tàker; gráfter *амер.* ~**чество** *с.* bríbery [-aɪ-].

взять *сов. см.* бра́ть; ✧ возьми́ да и сде́лай э́то сам just do it your¦sélf, can't you [...kɑːnt...]. ~**ся** *сов. см.* бра́ться.

виаду́к *м.* víadùct.

вибра́||тор *м. физ.* vìbrátor [vaɪ-]. ~**ция** *ж.* vìbrátion [vaɪ-].

вибрио́н *м. бакт.* víbriò.

вибри́р||овать vìbráte [vaɪ-]. ~**ующий** vìbráting [vaɪ-]; ~ующий го́лос quívering / vìbráting / trémulous voice.

вивисе́кция *ж.* vìviséction.

виг *м. ист.* whig.

вигва́м *м.* wígwàm.

виго́нь *ж.* 1. *зоол.* vicúgna [-uːnjə], vicúña [-'kuːnjə]; 2. *текст.* vicúgna / vicúña wool [...wul].

вид I *м.* 1. (*в разн. знач.*) air, appéarance, look, áspect; (*подобие*) sémblance; ко́мната име́ет опря́тный ~ the room looks tídy; дом име́л таи́нственный ~ there was an air of mýstery about the house* [...-s]; его́ ~ был неприя́тен he had a dìsagréeable appéarance [...-'grɪə-...], there was a dìsagréeable air abóut him; у него́ незави́симый ~ he has an ìndepéndent air, he looks ìndepéndent; он прида́л э́тому ~ шу́тки he gave it the sémblance of a joke; у него́ плохо́й ~ he does¦n't look well; име́ть ~ кого́-л., чего́-л. look like smb., smth., have the appéarance of smb., smth.; have the air of smb., smth. (*тк. о человеке*); принима́ть ~ assúme, *или* put* on, *или* affèct, an air; принима́ть серьёзный, торже́ственный *и т. п.* ~ assúme a grave, a sólemn, *etc.*, air; ему́ на ~ лет 50 he looks abóut fífty; по ~у by appéarance; by looks (*тк. о человеке*); с ~у in appéarance, in looks; 2. (*форма*) form, shape; 3. (*состояние*) condítion; в хоро́шем ~е in good* condítion / fettle; in a good* state; 4. (*пейзаж, перспектива и т. п.*) view [vjuː]; ~ на́ море view of the sea; ~ спе́реди front view [frʌnt...]; ~ сбо́ку side view; о́бщий ~ géneral view; откры́тка с ~ом pícture póstcàrd [...'pou-]; 5. *мн.* (*предположения*) views, próspècts; (*намерения*) inténtion *sg.*; ~ы на урожа́й próspècts for the hárvest; ~ы на бу́дущее próspècts of, *или* views for, the fúture; 6. (*поле зрения*) sight; скры́ться и́з ~у pass out of sight, dìsappéar; потеря́ть и́з ~у (*вн.*) lose* sight [luːz...] (of); на ~у́ у кого́-л. in sight of smb.; быть на ~у́ be in the públic eye [...'pʌ- aɪ]; при ~е (*рд.*) at (the) sight (of); ✧ ~ на жи́тельство rèsidéntial / résidence pérmit [-z- -z-...]; (*удостоверение личности*) ìdéntity card [aɪ-...]; в ~ах чего́-л. with a view to smth., with the aim of smth.; име́ть в ~у́ (*вн.*) (*подразумевать*) mean* (*d.*); (*не забывать*) bear* in mind [bɛə...] (*d.*); (*иметь намерение*) inténd (*d.*), mean* (+ to *inf.*); име́йте в ~у́, что mind, *или* don't forgét, that [...-'get...]; для ~а *разг.* for form's sake, for the sake of appéarances; име́ть ~ы (на *вн.*) réckon (on); вида́вший ~ы wórldly-wìse; челове́к, вида́вший ~ы old hand; ни под каки́м ~ом on no accóunt, by no means; под ~ом (*рд.*) únder / in the guise (of), únder the preténce (of); де́лать ~ (что) preténd (+ to *inf.*), affèct (+ to *inf.*), feign [feɪn] (that); поста́вить на ~ кому́-л. что-л. repróve smb. for smth. [-ruːv...]; упусти́ть и́з ~у, из ~а (*вн.*) lose* sight (of), not bear* in mind (*d.*), forgét* (*d.*), not take* into accóunt / consìderátion (*d.*); не пода́ть ~у make* no sign [...saɪn], remáin ìmpertúrbable / impássive.

вид II *м.* 1. (*род, сорт*) kind, sort; 2. *биол.* spécies [-ʃiːz] *sg. и pl.*

вид III *м. грам., лингв.* áspect; соверше́нный, несоверше́нный ~ pérfective, impérfective áspect.

ви́данн||ый: ~ое ли э́то де́ло?, где э́то ви́дано? have you ever heard of such a thing? [...hɑːd...], have you ever seen ány¦thing like it?; ≅ who ever heard of such a thing?

вида́ть *разг.* 1. (*вн.*) see* (*d.*); я не вида́л его́ со вчера́шнего дня I have¦n't seen him since yésterday [...-dɪ]; 2.: вида́л(и)? what do you think of that, now?; ✧ ничего́ не ~ one can see nothing; его́ не ~ he is not to be seen.

вида́ться, повида́ться *разг.* (с *тв.*) see* (*d.*); (*без доп.*) see* each other.

ви́дение *с.* vísion, sight.

виде́ние *с.* àppaｒítion, vísion, phántom.

ви́деть, увидеть (*вн.*; *в разн. знач.*) see* (*d.*); ви́дите вы там что́-нибудь? can you see ány¦thing there?; ~ ме́льком catch* a glimpse (of); ~ сон dream*, have a dream; ~ во сне (что-л., что) dream* (of, that); (я) рад вас ~ (I am) glad to see you; как то́лько я его́ уви́дел as soon as I saw him, the móment I set eyes on him [...aɪz...]; ~ кого́-л. наскво́зь see* through smb.; э́то на́до ~! it's worth sée¦ing!; ви́дишь ли, ви́дите ли *вводн. сл.* (don't) you see. ~**ся**, уви́деться 1. see* each other; мы ре́дко ви́димся (друг с дру́гом) we séldom see each other, we don't see much of each other; 2. *тк. несов.* (*представляться*): ему́ ви́дится he sees.

ви́димо *вводн. сл.* appárent¦ly, séeming¦ly; *переводится тж. личными формами гл.* seem + *inf.*; он, ~, был за́нят appárent¦ly he was en¦gáged; он, ~, бо́лен he seems to be ill.

ви́димо-неви́димо *нареч.* (*рд.*) *разг.* múltitùdes (of), huge númbers (of).

ви́дим||ость *ж.* 1. (*различаемость*) vìsibílity [-z-]; по́ле ~ости field of vísion [fiː-...]; быть в по́ле ~ости (*рд.*) be in / within the field of vísion (of), be in / within sight (of); 2. *разг.* (*что-л. кажущееся*) óutward show [...ʃou]; sémblance. ~**ый** 1. *прич. см.* ви́деть; 2. *прил.* (*доступный зрению*) vísible [-z-]; 3. *прил.* (*очевидный*) óbvious, appárent; без ~ой причи́ны without appárent cause; 4. *прил. разг.* (*кажущийся*) séeming, appárent.

видне́||ться: ~ется, ~лся *и т. д.* can, could be seen: вдали́ ~лся лес a fórest could be seen in the dístance [...'fɔ-...].

ви́дно 1. *вводн. сл.* (*по-видимому*) évidently, óbvious¦ly, àppárent¦ly; (*вероятно*) próbably; как ~ àppárent¦ly, évidently; 2. *предик. безл.* one can see;(*перен.*) it is óbvious/évident/clear; несмотря́ на су́мерки бы́ло ещё хорошо́ ~ àlthóugh it was twílight one could see quite well [ɔːl'ðou... 'twaɪ-...]; по́езда еще не ~ the train is not yet in sight; конца́ ещё не ~ the end is nó¦whère in sight, the end is not yet in sight; всем бы́ло ~, что... it was óbvious /clear to évery¦òne that...; как ~ (из) as is óbvious / évident / clear (from); как ~ из ска́занного as the státe¦ment índicàtes; по всему́ ~, что... évery¦thing points to the fact that...; ✧ оно́ и ~ that's óbvious, it is seen at a glance.

ви́дн||ый 1. vísible [-z-]; (*заметный*) conspícuous; опубликова́ть на ~ом ме́сте (*вн.*) dìspláy próminently (*d.*); splash (*d.*) *разг.*; вам ~ее you know best [...nou...]; 2. (*выдающийся*) éminent, distínguished, nótable, próminent; 3. *разг.* (*статный*) pórtly, hándsome [-ns-], fine; ~ мужчи́на fine fígure of a man.

видов||о́й I *прил. к* вид II 2; ~о́е разли́чие dífference of form, specífic dífference.

видово́й II *прил. к* вид I 4; ~ фильм lándscàpe film, trável-film ['træ-]; ~ объекти́в *фот.* lándscàpe lens [...-nz].

видов||о́й III *прил. к* вид III; ~ые разли́чия глаго́ла àspéctual distínctions in the verb.

видоизмен||е́ние *с.* **1.** *(действие)* mòdificátion, àlterátion; **2.** *(разновидность)* mòdificátion, váriant. **~и́ть (-ся)** *сов. см.* видоизменя́ть(ся). **~я́емость** *ж.* chànge¦ability [tʃeɪ-], vàriabílity, mùtabílity.

видоизменя́ть, видоизмени́ть *(вн.)* módifỳ *(d.)*, álter *(d.)*, ré¦fáshion *(d.)*. **~ся,** видоизмени́ться **1.** álter; ùndergó* a mòdificátion; **2.** *страд. к* видоизменя́ть.

видоиска́тель *м.* viéw-fìnder ['vjuː-].

видообразова́ние *с. биол.* fòrmátion of spéciès [...-ʃiːz].

ви́за *ж.* vísa ['viːzə].

визави́ **1.** *нареч.* ópposite [-z-], fácing (each other); они́ сиде́ли ~ they sat ópposite, they sat fácing each other; **2.** *м. и ж. нескл.* vis-à-vis *(фр.)* ['viːzɑːviː], the pérson fácing *one*.

визант||и́ец *м.*, **~и́йский** *ист.* Byzántìne; ~и́йский стиль Byzántìne style.

визг *м.* squeal, screech; ~ пилы́ whíning of *a* saw; ~ соба́ки yelp of *a* dog.

визгли́в||о *нареч.* shrílly. **~ость** *ж.* shrillness. **~ый** shrill.

ви́згнуть *сов.* give* a squeal, give* a yelp.

визжа́ть [-ижьжя́-] squeal, screech; *(о ребёнке)* squall; *(о пиле и т. п.)* whine; *(о собаке)* yelp; пронзи́тельно ~ screech, útter shrill screams.

вязи́га *ж. тк. ед.* vizíga [vɪ'ziːgə] *(dried spinal chord of cartilaginous fish)*.

визи́р *м.* **1.** *(для прицела)* sight; síghting devíce; (аэро)навигацио́нный ~ drift sight; **2.** *фот.* viéw-fìnder ['vjuː-].

визи́рова||ть I *несов. и сов.* *(сов. тж.* завизи́ровать) *(вн.)* visé *(фр.)* ['viːzeɪ] *(d.)*, vísa ['viːzə] *(d.)*; па́спорт ~н the pásspòrt has been viséd *(или* visé'd) / vísa'd.

визи́ровать II *несов. и сов.* *(вн.; при наводке)* sight (at).

визи́рь *м.* vizíer [-'zɪə]; ◇ Вели́кий ~ Grand Vizíer.

визи́т *м.* vísit [-z-]; *(короткий)* call; сде́лать ~ кому́-л., прийти́ с ~ом к кому́-л. pay* smb. a vísit / call; отда́ть ~ кому́-л. retúrn smb.'s vísit; ~ ве́жливости cóurtesy vísit / call ['kəː-...]; отве́тный ~ retúrn vísit / call; ~ вое́нных корабле́й nával vísit; прибы́ть с (двухнеде́льным) ~ом come* on, *или* arríve for, a (fórtnìght's) vísit.

визитёр *м. уст.* vísitor [-z-], cáller; *(ср.* визи́т).

визи́т||ка *ж. уст.* mórning coat. **~ный** vísiting [-z-]; ~ная ка́рточка vísiting-càrd [-z-].

визуа́льн||ый *астр.* vísual ['vɪz-]; ~ые наблюде́ния vísual òbservátion [...-zə-] *sg*.

ви́ка *ж. бот.* vetch.

ви́кинг *м. ист.* víking.

вико́нт *м.* víscount ['vaɪkaunt].

виктори́на *ж.* quiz *(game)*.

викто́рия *ж.* **1.** *(сорт садовой земляники)* pine stráwberries *pl.*; **2.:** ~-ре́гия *бот.* victória régia.

ви́лка *ж.* **1.** fork; **2.** *тех.:* электри́ческая, ште́псельная ~ eléctric plug; **3.** *воен.* *(при пристрелке)* brácket.

вилкообра́зный forked.

ви́лла *ж.* vílla.

ви́ллис *м.* *(автомашина)* jeep, lánd-ròver.

вило́к *м. разг.* *(капусты)* head of cábbage [hed...].

вилообра́зный forked, bífùrcàte ['baɪ-].

ви́л||ы *мн.* pítchfòrk *sg.*; ◇ э́то ещё ~ами по воде́ пи́сано *погов.* ≅ it is none so sure [...nʌn...ʃuə], it is still quite in the air.

вильну́ть *сов. см.* виля́ть 1.

виля́ние *с.* wágging ['wæ-]; *(перен.)* prevàricátion, shúffling, equìvocátion; *(увёртки)* súbterfùges *pl.*

виля́ть, вильну́ть **1.** *(тв.; хвостом)* wag [wæg] *(d.)*; **2.** *тк. несов.* *(лукавить)* hedge, shuffle, equívocàte.

вин||а́ *ж.* fault, guilt; по ~е́ кого́-л. through smb.'s fault; э́то не по его́ ~е́ it is through no fault of his, he is not to blame for it; поста́вить кому́-л. в ~у́ *(вн.)* repróach smb. (with), accúse smb. (of), blame smb. (for); искупи́ть ~у́ redéem one's fault; свали́ть ~у́ на кого́-л. lay* / put* the blame on smb., lay* the guilt at the door of smb. [...dɔː...]; признава́ть свою́ ~у́ admít / acknówledge one's guilt [...ək'nɔ-...]; *юр.* plead guílty; отрица́ть свою́ ~у́ denу́ one's guilt; *юр.* plead not guílty; взять на себя́ ~у́ take* the blame up¦ón òne¦-sélf, shóulder the blame ['ʃou-...]; ва́ша ~ you are to blame, it is (it's *разг.*) your fault.

винегре́т *м.* Rússian sálad [-ʃən 'sæ-]; *(перен.)* médley ['me-], mísh-màsh.

вини́тельный: ~ паде́ж *грам.* accúsative (case) [-z- -s].

вини́ть *(вн.)* blame *(d.)*. **~ся,** повини́ться (в *пр.*) *разг.* conféss *(d.*, to *ger.)*.

ве́нкель *м. тех.* set square.

виннока́менн||ый: ~ая кислота́ tàrtáric ácid.

ви́нн||ый *прил. к* вино́; *(о запахе, вкусе и т. п.)* wíny, vínous; ~ спирт *хим.* spírit(s) of wine *(pl.)*; ~ое броже́ние vínous fèrmèntátion; ◇ ~ ка́мень cream of tártar; *(на зубах)* tártar, scale; ~ая я́года fig.

вино́ *с.* **1.** wine; **2.** *разг.* *(спиртное)* líquor [-kə]; spírits *pl.*; хле́бное ~ vódka.

винова́т||ый *(в разн. знач.)* guílty; ~ взгляд guílty look; *(извиняющийся)* apòlogétic look; с ~ым ви́дом guíltily; быть ~ым в чём-л. be guílty of smth.; быть ~ым пе́ред ке́м-либо be guílty towards smb.; он круго́м винова́т *разг.* he alóne is to blame, it is all / entíre¦ly his fault; я, он винова́т it is my, his fault; I am, he is to blame; он в э́том винова́т he is to blame for this; он не винова́т it is not his fault, he is not to blame; чем он винова́т? what has he done wrong?, what is his fault?, how is he to blame?; ◇ винова́т! sórry!, I'm sórry!; excúse me *(тж. вводн. сл.)*; без вины́ ~ guílty though guíltless [...ðou...].

вино́вн||ик *м.* cúlprit; ~ преступле́ния pérpetràtor / commítter of *a* crime; ◇ ~ торжества́ héro of the fèstívities. **~ость** *ж.* guilt, cùlpabílity. **~ый** (в *пр.*) guílty (of); суд призна́л его́ ~ым the court brought in, *или* passed, a vérdict of guílty [...kɔːt...]; обвиня́емый призна́л, не призна́л себя́ ~ым defé ndant pléaded guílty, not guílty.

виногра́д *м. тк. ед.* **1.** *собир.* *(плоды)* grapes *pl.*; муска́тный ~ mùscatél grapes; сбор ~а grápe-gàther¦ing; *(время сбора)* víntage; **2.** *(растение)* vine; разведе́ние ~а vítìcùlture, víne-growing [-grou-]; ◇ зе́лен ~! sour grapes!, the grapes are sour. **~арство** *с.* vítìcùlture, víne-growing [-grou-]. **~арь** *м.* vìtìcùlturist, víne-grower [-grouə]. **~ина** *ж.* *разг.* grape. **~ник** *м.* vineyard ['vɪnjəd]. **~ный** *прил. к* виногра́д; ~ная лоза́ vine; ~ное су́сло must; ~ный сезо́н *(время сбора)* víntage; *(на курорте)* grape séason [...-z-]; ~ное вино́ wine.

виноде́л *м.* wíne-màker. **~ие** *с.* wíne-màking.

виноде́льческий wíne-màking *(attr.)*.

виноку́р *м.* distíller. **~е́ние** *с.* dìstillátion. **~енный** distílling; ~енный заво́д distíllery.

виноторго́в||ец *м.* wíne-mèrchant, víntner. **~ля** *ж.* wine trade; *(магазин)* wíne-shòp; wíne-stòre *амер.*

виноче́рпий *м.* wíne-scooper, wíne-waiter.

винт I *м.* **1.** screw; устано́вочный ~ adjústing / set screw [ə'dʒʌ-...]; упо́рный ~ stop screw; подъёмный ~ jack screw; **2.** *(лопастный)* screw; screw propéller; возду́шный ~ áirscrew, propéller; гребно́й ~ screw propéller.

винт II *м. тк. ед.* *(карт. игра)* vint *(card game)*.

ви́нтик *м. уменьш. от* винт I 1; ◇ у него́ ~а не хвата́ет *разг.* he has a screw loose [...-s].

винти́ть *(вн.)* *разг.* screw up *(d.)*.

винтова́льн||ый: ~ая доска́ *тех.* screw plate.

винто́вка *ж.* rifle.

винтов||óй 1. screw (*attr.*); 2. (*винтообразный*) spíral; ~áя передáча *тех.* hélical gear [...gɪə]; ~áя нарéзка (screw) thread [...-ed]; ~áя пружи́на spíral spring; (*в часовом механизме*) háirspring; ~áя ли́ния spíral; ~áя лéстница wínding / spíral stáircàse [...-s]; 3.: ~ пароxóд screw stéamer.

винтóвочный *прил. к* винтóвка.

винтóм *нареч.* spíral|ly.

винтообрáзный spíral; hélical.

винторéзн||ый *тех.* scréw-cùtting; ~ станóк, ~ая маши́на scréw-cùtting lathe / machíne [...leɪð -'ʃiːn], scréw-cùtter.

виньéтка *ж.* vignétte [-'njet].

вióла *ж.* víol.

виолончели́ст *м.*, ~**ка** *ж.* vìoloncéllist [-'tʃe-], céllist ['tʃe-].

виолончéль *ж.* vìoloncéllò [-'tʃe-], céllò ['tʃe-].

вирáж I *м.* (*поворот*) turn, curve.

вирáж II *м. фот.* inténsifier.

вирáж-фиксáж *м. фот.* tóne-fíxing bath.

виpи́ровать *несов. и сов.* (*вн.*) *фот.* inténsifỳ (*d.*).

виртуáльн||ый vírtual; ~ая скóрость vírtual velócity.

виртуóз *м.* vìrtuósò [-z-]. ~**ность** *ж.* vìrtuósity. ~**ный** másterly.

вирулéнтн||ость *ж. мед.*, *бакт.* vírulence. ~**ый** *мед.*, *бакт.* vírulent.

ви́рус *м. мед.* vírus. ~**ный** *мед.* víròse ['vaɪrous], vírous; ~ный грипп vírous ìnfluénza.

ви́рши *мн.* 1. *лит.* (syllábic) vérses; 2. *разг.* (*плохие стихи*) dóggerel *sg.*

вис *м. спорт.* hang.

ви́сел||ица *ж.* gállows, gíbbet. ~**ьник** *м.* 1. (*повешенный*) hanged man*; 2. *разг.* (*достойный виселицы*) gállows-bìrd.

висéть 1. hang*; (*быть подвешенным*) be suspénded; 2. (над; *нависать*) hang* óver (*d.*), óver|háng* (*d.*); ✧ ~ в вóздухе be in the air; ~ на волоскé hang* by a thread [...θred].

ви́ски *с. нескл.* whísky.

вискóз||а *ж.* 1. *тех.* víscòse [-s]; 2. (*искусственный шёлк*) ráyon. ~**ный** víscòse [-s] (*attr.*); ráyon (*attr.*).

вислоýхий lóp-eared.

ви́смут *м. хим.* bísmuth [-z-].

ви́снуть 1. (на *пр.*) hang* (on); (*перен.*: *льнуть к кому-л.*) *разг.* cling* (to); 2. (*свисать*) droop; ✧ ~ у когó-л. на шéе *разг.* hang* on smb.'s neck.

висóк *м.* temple (*part of head*).

високóсный: ~ год léap-year.

висóчн||ый *анат.* témporal; ~ая кость témporal (bone).

вист *м.* (*карточная игра*) whist.

виcю́лька *ж. разг.* péndant.

вися́ч||ий háng|ing, péndent; ~ замóк pád|lòck; ~ мост suspénsion bridge; ~ая лáмпа háng|ing / suspénsion lamp.

витал||и́зм *м. биол.* vítalism ['vaɪ-]; идеалисти́ческая теóрия ~и́зма ìdealístic théory of vítalism [aɪdɪə-'θɪə-...]. ~**и́ст** *м.* vítalist ['vaɪ-]. ~**исти́ческий** vìtalístic ['vaɪ-].

витами́н *м. биол.* vítamin. ~**ный** *прил. к* витами́н; vìtamínic [vaɪ-]. ~**óзный** rich in vítamin cóntènt, rich in vítamins.

витáть soar; (*о мыслях*) wánder; ✧ ~ в облакáх *разг.* be up in the clouds, go* wóolgàther|ing [...'wul-].

витиевáто I *прил. кратк. см.* витиевáтый.

витиевáт||о II *нареч.* in a flórid / flówery style; сли́шком ~ in too flórid / flówery a style. ~**ость** *ж.* florídity, flóweriness, òrnáte|ness. ~**ый** flórid, flówery, òrnáte.

вити́я *м. уст.* órator.

вит||óй twisted; ~áя колóнна twísted cólumn; ~áя лéстница wínding / spíral stáircàse [...-s].

витóк *м.* coil; (*один оборот тж.*) turn.

витрáж *м.* stáined-glàss pánel [...'pæ-].

витри́на *ж.* 1. (*магазина*) (shop) wíndow; 2. (*ящик под стеклом*) shów-càse ['ʃoukeɪs], gláss-càse [-s].

вить, свить (*вн.*) 1. twist (*d.*); 2. (*плести*) weave* (*d.*); ~ венóк weave* a gárland; ✧ ~ гнездó build* a nest [bɪld...]; ~ верёвки из когó-л. *разг.* ≅ twist smb. round one's little fínger. ~**ся** 1. (*о волосах*) curl; (*лежать волнами*) wave; 2. (вокрýг, по; *о растениях*) twine (abóut, round); 3. (*о птице, пчеле и т. п.*) hóver ['hɔ-]; 4. (*о пыли и т. п.*) éddy, whirl; 5. (*о реке, дороге*) meánder [mɪ'æn-]; 6. (*о змее*) twist, writhe [raɪð]; 7. *страд. к* вить.

ви́тязь *м. поэт.* chámpion, hérò.

вихля́ть *разг.* reel. ~**ся** *разг.* be loose [...-s], dangle.

вих||óр *м. разг.* tuft; (*на лбу*) fóre|lòck; вóлосы у негó торчáт ~рáми he has shággy hair, he has brístling hair; отодрáть когó-л. за ~ры́ pull smb.'s hair [pul...]. ~**рáстый** *разг.* shággy; (*о человеке*) móp-headed [-hed-], shóck-headed.

вихрев||óй *физ.* vórtical; ~óе движéние vórtical móve|ment [...'muː-].

ви́хрем *нареч.* like the wind [...wɪ-].

вихр||ь *м.* whírlwìnd [-wɪnd]; (*перен. тж.*) vórtèx (*pl.* -xes, -tìcès [-siːz]); снéжный ~ snówstòrm ['snou-], blízzard; в ~е собы́тий in the vórtèx of evénts.

вице- (*в сложн.*) vice-.

вице||-адмирáл *м.* více-ádmiral. ~**-кóнсул** *м.* více-cónsul. ~**-корóль** *м.* více|roy. ~**-президéнт** *м.* více-président [-z-].

ви́шенник *м.* chérry órchard; (*заросли*) chérry grove.

вишнёв||ка *ж.* chérry liquéur / brándy [...lɪ'kjuə...]. ~**ый** 1. *прил. к* ви́шня; ~ый цвет (*цветы*) chérry blóssom; ~ый сад chérry órchard; ~ая нали́вка = вишнёвка; ~ое варéнье chérry jam; 2. (*о цвете*) chérry; chérry-còlour|ed [-kʌ-] (*attr.*).

ви́шня *ж.* 1. *тк. ед. собир.* chérries *pl.*; 2. (*об отдельной ягоде*) (sour) chérry; 3. (*дерево*) chérry(-tree).

вишь (*сокр.* ви́дишь) *разг.*: ~, он какóй! so that is what he is like!; ~, что вы́думал! what next will he take into his head? [...hed]; ~, как разодéлся! has|n't he got hìm|sélf up?

вкáлывать, вколóть (*вн.* в *вн.*) stick* (*d.* in, into).

вкáпывать, вкопáть (*вн.*) dig* in / into (*d.*), plant [-ɑː-] (*d.*).

вкати́ть(ся) *сов. см.* вкáтывать(ся).

вкáтывать, вкати́ть (*вн.*) roll in (*d.*); (*на колёсах*) wheel in (*d.*); (*вн.* в *вн.*; на *вн. и т. п.*) roll (*d.* into; up, on, *etc.*); wheel (*d.* into; up, on, *etc.*). ~**ся**, вкати́ться 1. roll in; (*перен.*: *вбегать*) *разг.* run* in; 2. *страд. к* вкáтывать.

вклад *м.* (*в банк и т. п.*) depósit [-z-]; (*для оборота*) invéstment; (*перен.*) còntribútion; бессрóчный ~ cúrrent accóunt; срóчный ~ depósit accóunt; вы́нуть ~ with|dráw* a depósit; сдéлать ~ depósit móney, *etc.* [...'mʌ-]; сдéлать цéнный ~ в наýку make* a váluable còntribútion to scíence.

вклáд||ка *ж. полигр.* sùppleméntary sheet. ~**нóй** 1. *прил. к* вклад; 2. *полигр.* sùppleméntary; ~нóй лист = вклáдыш.

вклáдчик *м.* depósitor [-z-]; мéлкий ~ small depósitor.

вклáдывать, вложи́ть (*вн.*) 1. put* in (*d.*); (*вн.* в *вн.*) insért (*d.* in, into); ~ в нóжны sheathe (*d.*); ~ в конвéрт en|clóse in *an* énvelòpe (*d.*); ~ мнóго сил, энéргии put* much éffort, énergy (in), expénd much éffort, énergy (on), devóte / applý much éffort, énergy (to); 2. *эк.* (*о деньгах*) invést (*d.*); ✧ вложи́ть комý-л. в устá put* into smb.'s mouth (*d.*); ~ сóбственный смысл в чьи-л. словá read* one's own thoughts into smb.'s words [...oun...]; ~ всю дýшу во что-л. put* one's whole soul into smth. [...houl soul...].

вклáдыш *м.* (*в книге*) ínsèt.

вклéивать, вклéить (*вн.*) paste in [peɪst...] (*d.*).

вклéить *сов. см.* вклéивать.

вклéйка *ж.* 1. (*действие*) pásting-in ['peɪst-]; 2. (*что-л. вклеенное*) ínsèt.

вкли́н||ивать, вклини́ть (*вн.*) wedge in (*d.*); (*перен.*) *разг.* put* in (*d.*). ~**иваться**, вклини́ться (в *вн.*) wedge òne|sélf (in); (мéжду) be wedged in (betwéen); ~и́ться в оборóну проти́вника drive* a wedge into the énemy's defénces. ~**и́ть(ся)** *сов. см.* вкли́нивать(ся).

включáть, включи́ть 1. (*вн.* в *вн.*) in|clúde (*d.* in); (*в списки и т. п.*)

inscríbe (*d.* in, on), insért (*d.* in); 2. (*вн.*; *охватывать*) in¦clúde (*d.*), embráce (*d.*); 3. (*вн.*) *тех.* (*о механизме*) en¦gáge (*d.*); (*о токе*) switch on (*d.*); (*пускать в ход*) start (*d.*); ~ ток, рáдио switch on the cúrrent, the rádiò; ~ газ turn on the gas; ~ сцеплéние throw* in the clutch.

включ||áться, включи́ться 1. (в *вн.*) join (in), take* part (in); ~и́ться в борьбу́ за мир join in the fight for peace; 2. *страд.* к включáть. ~áя *в знач. предл.* in¦clúding; in¦clúded (*после сущ.*); ~áя всех, ~áя всё all told.

включ||éние *с.* 1. in¦clúsion; (*в списки и т. п.*) insértion; со ~éнием (*рд.*) in¦clúding (*d.*); with the in¦clúsion (of); 2. *тех.* (*механизма и т. п.*) en¦gáging; (*тока*) swítching on; (*газа*) túrning on. ~**и́тельно** *нареч.* in¦clúsive; с 15-го по 25-е ~и́тельно from the 15th to the 25th in¦clúsive.

включи́ть(ся) *сов. см.* включáть(ся).

вколáчивание *с.* dríving in, hámmering in.

вколáчивать, вколоти́ть (*вн.*) drive* in (*d.*), hámmer in (*d.*).

вколоти́ть *сов. см.* вколáчивать.

вколо́ть *сов. см.* вкáлывать.

вконéц *нареч. разг.* compléte¦ly, ábsolùte¦ly.

вко́панный *прич. см.* вкáпывать; ✧ как ~ róoted to the ground / spot; (*от ужаса и т. п.*) pétrified, trànsfíxed; он останови́лся как ~ he stopped dead [...ded].

вкопáть *сов. см.* вкáпывать.

вкорени́ть(ся) *сов. см.* вкореня́ть (-ся).

вкореня́ть, вкорени́ть (*вн.*) root in (*d.*), in¦cùlcàte (*d.*). ~**ся**, вкорени́ться 1. take* root, become* róoted; 2. *страд.* к вкореня́ть.

вкось *нареч.* oblíque¦ly [-'li:-].

ВКП(б) (Всесою́зная Коммунисти́ческая пáртия [большевико́в]) *ист.* C.P.S.U.(B.) (Cómmunist Párty of the Sóvièt Union [Bólsheviks]).

вкрáдчиво I *прил. кратк. см.* вкрáдчивый.

вкрáдчив||о II *нареч.* insínuàting¦ly, in¦grátiàting¦ly. ~**ость** *ж.* (*о голосе*) in¦grátiàting / insínuative tones *pl.*; (*о манере*) in¦grátiàting / insínuative / insínuàting mánner. ~**ый** insínuàting, in¦grátiàting.

вкрá||дываться, вкрáсться steal* in / into, creep* in / into, slip in / into; ~лась опечáтка a mísprint has stólen in, *или* has slipped in; ✧ вкрáсться в довéрие к кому́-л. insínuàte / worm òne¦sélf into smb.'s cónfidence.

вкрáпить *сов. см.* вкрáпливать.

вкраплéние *с. геол.* dissèminátion, ìmprègnátion.

вкрáпливать, вкрáпить (*вн.*) sprinkle (with); (*перен.*) ìnterspérse (with).

вкрáсться *сов. см.* вкрáдываться.

вкрáтце *нареч.* bríefly [-i:f-], in brief [...-i:f], in short.

вкривь *нареч. разг.* wrong; (*искажённо, превратно тж.*) pervérse¦ly; ✧ ~ и вкось at rándom, without discérnment.

вкруту́ю *нареч.*: яйцо́ ~ hárd-bóiled egg; свари́ть яйцо́ ~ boil *an* egg hard.

вку́пе *нареч.* (с *тв.*) *уст.* togéther [-'ge-] (with); ✧ ~ и влю́бе in (pérfect) únison / cóncòrd.

вкус *м.* 1. (*в разн. знач.*) taste [teɪst]; про́бовать на ~ (*вн.*) taste (*d.*); быть го́рьким, слáдким *и т. п.* на ~ taste bítter, sweet, *etc.*, have a bítter, sweet, *etc.*, taste; человéк со ~ом a man* of taste; э́то дéло ~а that is a mátter of taste; у негó плохо́й ~ he shows bad* taste [...ʃouz-...]; одевáться со ~ом dress táste¦-fully [...'teɪ-]; приобрести́ ~ к чему́-л. acquíre / devélop a taste for smth. [...-'ve-...]; э́то (не) по моему́ ~у that is (not) to my taste; прийти́сь по ~у кому́-л. be to smb.'s taste, suit smb.'s taste [sju:t...]; 2. (*стиль, манера*) mánner, style; ✧ войти́ во ~ чегó-л. begin* to enjóy / rélish smth.; на ~ и цвет товáрищей нет *посл.* ≅ tastes díffer; one man's meat is another man's póison [...-zᵊn] *идиом.*; у вся́кого свой ~ every man* to his taste.

вкуси́ть *сов. см.* вкушáть.

вку́сно I *прил. кратк. см.* вку́сный.

вку́сн||о II *нареч.*: ~ пригото́вить обéд cook / prepáre an áppetìzing / tásty / nice dínner [...'teɪ-...]; ~ есть eat* well. ~**ый** (very) good*, delícious; nice *разг.*; tásty ['teɪ-], pálatable, sávoury ['seɪvə-] (*об. не о сладком*); пиро́г (о́чень) ~ый the pie is / tastes delícious [...teɪ-...], the pie is very good* / nice; ~ое блю́до tásty / sávoury / pálatable dish; nice dish *разг.*; ~ая пи́ща áppetìzing / delícious / nice food.

вкусов||о́й 1. gústatory; ~óе ощущéние gústatory sense; 2. (*придающий вкус*) flávour¦ing; ~ы́е веществá flávour¦ing súbstances.

вкусовщи́на *ж. разг.* lack of òbjéctive crìtéria [...kraɪ-], júdging / gó¦-ing by one's pérsonal prèdiléctions [...pri:-].

вкушáть, вкуси́ть (*рд.*, *вн.*) pàrtáke* (of); (*перен. тж.*) taste [teɪ-] (*d.*, of); ✧ ~ плоды́ чегó-л. enjóy the fruits of smth. [...fru:ts...].

влáга *ж.* móisture [-stʃə].

влагáлище *с. анат.*, *бот.* vagína (*pl.* -ae, -as).

владé||лец *м.*, ~**лица** *ж.* ówner ['ou-], propríetor, hólder. ~**ние** *с.* 1. (*обладание*) ównership ['ou-], propríetorship, posséssion [-'ze-]; вступи́ть во ~ние чем-л. take* / assúme posséssion of smth.; находи́ться в чьём-л. ~нии be in the posséssion of smb.; 2. (*собственность*) próperty; (*земельное*) domáin, estáte; 3. *мн.* posséssions. ~**тельный** sóvereign ['sɔvrɪn].

владé||ть (*тв.*) 1. (*иметь*) own [oun] (*d.*), have (*d.*), posséss [-'zes] (*d.*); (*перен.*) posséss (*d.*), be máster (of); ~ чьим-л. внимáнием posséss / hold* smb.'s atténtion; ~ аудито́рией hold* one's áudience; ~ своéй тéмой be máster of one's súbject; ~ сердцáми, умáми *и т. п.* reign óver *the* hearts, minds, *etc.* [reɪn... hɑ:ts...]; 2. (*уметь, мочь пользоваться*) be able to use (*d.*); (*оружием*) wield [wi:-] (*d.*); он не ~ет (сно́ва ~ет) ногáми he has lost (has recóvered) the use of his legs [...-'kʌ-... ju:s...]; ~ инострáнным языко́м speak* / know* a fóreign lánguage [...nou ...'fɔrɪn...]; ✧ ~ перо́м wield a skílful pen; ~ собо́й contról / góvern òne¦sélf [-oul 'gʌ-...], be sélf-contrólled [...-ould]; не ~ собо́й have no contról óver òne¦sélf.

влады́ка *м.* lord, rúler, sóvereign ['sɔvrɪn].

влады́чество *с.* domínion [-ɪnjən], émpìre, sway. ~**вать** (над) rule (óver), sway (*d.*), éxercìse domínion / sóvereignty [...'sɔvrɪntɪ] (óver).

влады́чица *ж.* sóvereign ['sɔvrɪn], místress.

влажнéть become* húmid.

влáжн||ость *ж.* humídity, móisture [-stʃə]; (*сырость*) dámpness. ~**ый** húmid, moist; damp; (*мокрый*) wet; ~ый кли́мат damp clímate [...'klaɪ-]; ~ый во́здух moist / húmid air; ~ый вéтер wet wind [...wɪ-].

влáмываться, вломи́ться (в *вн.*) break* [-eɪk] (into); (*перен.*) burst* (into); ~ в дом break* into *a* house* [...-s]; ~ в ко́мнату burst* into *the* room; ✧ вломи́ться в амби́цию take* offénce / úmbrage, get* híghly offénded.

влáствовать (над) rule (óver), sway (*d.*), wield pówer [wi:ld...] (óver).

властели́н *м.* lord, rúler, máster, sóvereign ['sɔvrɪn].

властитель *м.* = властели́н; ~ дум rúler of men's minds. ~**ница** *ж.* místress, sóvereign ['sɔvrɪn].

влáст||ность *ж.* impérious¦ness. ~**ный** impérious, commánding [-ɑ:n-], authóritàtive; (*деспотический*) másterful; ~ный взгляд impérious look; ~ный человéк másterful man*; ~ный тон perémptory tone, high tone; ✧ он в э́том не ~ен he has not the pówer to do it, it does not lie, *или* it is not, in his pówer to do it.

власто||люби́вый pówer-lòving [-lʌ-], àmbítious; (*стремящийся к власти*) aspíring to pówer. ~**лю́бие** *с.* love of pówer [lʌv...], àmbítion; cráving / àspirátion for pówer.

власт||ь *ж.* (*в разн. знач.*) pówer, authórity; (*владычество*) rule; государственная ~ State pówer, State authórity; Совéтская ~, ~ Совéтов

Sóviet pówer, Sóviet Góvernment [...'gʌ-]; исполни́тельная ~ exécutive pówer, exécutive; законода́тельная ~ législàtive pówer; верхо́вная ~ sùpréme / sóvereign pówer [...'sɔvrɪn...], sóvereignty [-rɪntɪ]; ме́стная ~, ~ на места́х lócal authórities *pl.*; быть, находи́ться, стоя́ть у ~и hold* pówer, be in pówer; прийти́ к ~и, дости́гнуть ~и come* into / to pówer; захвати́ть ~ seize pówer [si:z...]; взять ~ assúme pówer; держа́ться у ~и remáin in pówer; прихо́д к ~и ádvent / àccéssion to pówer; под ~ью кого́-л. únder the domínion of smb. [...-ɪnjən...]; подчиня́ться ~и кого́-л. be súbject to smb.; име́ть ~ над кем-л. have pówer óver smb.; со́бственной ~ью on one's own authórity [...oun...]; превыше́ние ~и excéeding *one's* commíssion; ✧ во ~и кого́-л. at the mércy of smb.; под ~ью чего́-л. ruled / swayed by smth.; во ~и предрассу́дков rídden by préjudices; ~ над сами́м собо́ю contról óver òne|sélf [-oul...]; ва́ша ~ *разг.* please your|sélf; it is up to you; не в мое́й, твое́й *и т. д.* ~и be|yónd my, your, *etc.*, contról / pówer; out of my, your, *etc.*, pówer; ~и предержа́щие *уст.*, *ирон.* the pówers that be.

власяни́ца *ж.* *уст.* háir-shírt.

влачи́ть (*вн.*) *уст.* drag (*d.*); ✧ ~ жа́лкое существова́ние drag out a míserable exístence [...-z-...].

вле́во *нареч.* to the left.

влеза́ть, влезть **1.** get* in, climb in [klaɪm...]; (в *вн.*) get* (into), climb (into); ~ в окно́ climb in, *или* get* in, through the wíndow; **2.** (на *вн.*) climb (*d.*); ~ на де́рево climb (up) *a* tree; **3.** (в *вн.*) *разг.* (*умеща́ться*) go* in; ✧ ~ в долги́ get* into debt [...det].

влезть *сов. см.* влеза́ть.

влепи́ть *сов. см.* влепля́ть.

влепля́ть, влепи́ть (*вн.*) *разг.*: влепи́ть пу́лю (в) send* a búllet [...'bu-] (through); влепи́ть кому́-л. пощёчину give* smb. a slap / smack on the face, give* smb. a box on the ear.

влет||а́ть, влете́ть **1.** fly* in; (в *вн.*) fly* (into); (*перен.*: *вбега́ть*) *разг.* dash (into); ~ в окно́ fly* in through the wíndow; **2.** *безл.* *разг.*: ему́ ~е́ло he got it hot; бою́сь, ~и́т мне (от) I'm afráid I'll catch it (from); ✧ влете́ть в исто́рию *разг.* get* into a mess, land in a mess.

влете́ть *сов. см.* влета́ть.

влече́н||ие *с.* (к) bent (for), ìn|clinátion (for); (*тяготе́ние*) attráction (to); сле́довать своему́ ~ию fóllow one's bent / ìn|clinátion; име́ть ~ к чему́-л., к кому́-л. be / feel* drawn to smth., to smb.

влечь (*вн.*) **1.** (*тащи́ть, тяну́ть*) draw* (*d.*); **2.** (*привлека́ть*) attráct (*d.*); ✧ ~ за собо́й invólve (*d.*), entáil (*d.*).

влива́ние *с.* *мед.* infúsion; де́лать внутриве́нное ~ admínister ìntravénous|ly, admínister by the ìntravénous route [...ru:t].

влива́ть, влить (*вн.*) pour in [pɔ:...] (*d.*); (*вн.* в *вн.*) pour (*d.* into); (*перен.*) bring* in (*d.*); ~ по ка́пле instíl(l), *или* put* in, by drops (*d.*), put* in drop by drop (*d.*); ~ му́жество, реши́мость *и т. п.* give* / instíl(l) cóurage, rèsolútion, *etc.* [...'kʌ- -z-]. **~ся,** вли́ться **1.** (в *вн.*) flow [flou] (into); (*перен.*: *в какую-л. организацию и т. п.*) join the ranks (of); **2.** *страд.* к влива́ть.

влипа́ть, вли́пнуть: вли́пнуть в исто́рию *разг.* get* into a prétty mess [...'prɪ-...].

вли́пнуть *сов. см.* влипа́ть.

влит||о́й: (пла́тье *и т. п.*) как ~о́е сиди́т the dress fits like a glove [...glʌv].

вли́ть(ся) *сов. см.* влива́ть(ся).

влия́||ние *с.* **1.** ínfluence; (*об обще́ственных явле́ниях*) ímpàct; находи́ться под ~нием (*рд.*) be únder the ínfluence / ascéndancy (of); поддава́ться чьему́-л. ~нию come* / fall* únder smb.'s ínfluence, submít to the ínfluence of smb.; ока́зывать ~ (на *вн.*) ínfluence (*d.*), exért ínfluence (up|ón, óver, on), have ínfluence (on); подчиня́ть своему́ ~нию (*вн.*) subjéct to one's ínfluence (*d.*); сфе́ра ~ния sphere of ínfluence; **2.** (*авторите́т, власть*) authórity, ascéndancy; по́льзоваться ~нием have great ínfluence [...-ent...], be ìnfluéntial. **~тельный** ìnfluéntial.

влия́ть, повлия́ть (на *вн.*) ínfluence (*d.*), have an ínfluence (on, up|ón); (*де́йствовать*) affect (*d.*).

ВЛКСМ (Всесою́зный Ле́нинский Коммунисти́ческий Сою́з Молодёжи) L.Y.C.L.S.U. (Léninist Young Cómmunist League of the Sóviet Únion [...jʌŋ...]).

влож||е́ние *с.* **1.** en|clósure [-'klou-]; письмо́ с ~е́нием létter with en|clósure; **2.** *эк.* invéstment; капита́льные ~е́ния cápital invéstments. **~и́ть** *сов. см.* вкла́дывать.

вломи́ться *сов. см.* вла́мываться.

вло́паться *сов. разг.* **1.** (*без доп.*; *попа́сть впроса́к*) put* one's foot in it [...fut...]; **2.** (в *вн.*) plump (into), flop (into).

влюби́ть(ся) *сов. см.* влюбля́ть (-ся).

влюблённ||о *нареч.* lóving|ly ['lʌ-], ámorous|ly; ~ смотре́ть на кого́-л. eye smb. ámorous|ly [aɪ...], look with eyes full of love at smb. [...lʌv...]. **~ость** *ж.* ámorous|ness, love [lʌv]. **~ый 1.** *прил.* (в *вн.*; *о челове́ке*) in love [...lʌv] (with), enámour|ed (of); ~ый мужчи́на man* in love; быть ~ым be in love (with); ~ая па́ра lóving couple ['lʌ- kʌpl], pair of lóvers / swéet|hearts [...'lʌ- -ha:ts]; **2.** *прил.* (*о взгля́де и т. п.*) ámorous, ténder; **3.** *м.* *как сущ.* lóver.

влюбля́ть, влюби́ть (*вн.* в *вн*). make* (*d.*) fall in love [...lʌv] (with). **~ся,** влюби́ться (в *вн.*) fall* in love [...lʌv] (with), lose* one's heart [lu:z... ha:t] (to).

влю́бчив||ость *ж.* ámorous|ness. **~ый** ámorous of ámorous dìsposítion [...-'zɪ-].

вма́з||ать *сов. см.* вма́зывать. **~ка** *ж.* púttying, ceménting; fíxing; (*ср.* вма́зывать). **~ывать,** вма́зать (*вн.*) (*о стекле́*) pútty in (*d.*); (*о кирпи́че*) cemént / mórtar in (*d.*); (*укрепля́ть*) fix in (*d.*).

вмени́ть *сов. см.* вменя́ть.

вменя́ем||ость *ж.* *юр.* respònsibílity. **~ый** respónsible; of sound mind; sane; во ~ом состоя́нии respónsible; of sound mind.

вменя́ть, вмени́ть (*вн. дт.*) impúte (*d.* to), lay* to the charge (*d.* of); ~ что-л. в вину́ кому́-л. charge smb. with smth.; ~ что-л. в заслу́гу кому́-либо regárd smth. as a mérit on smb.'s part; ~ что-л. в обя́занность кому́-л. impóse up|ón smb. the dúty of doing smth., make* it smb.'s dúty to do smth.

вме́ру = в ме́ру *см.* ме́ра.

вмеси́ть (*вн.*) knead / mix in (*d.*), add by knéading / míxing in (*d.*).

вме́сте *нареч.* togéther [-'ge-]; ~ с togéther with; (*о те́сной свя́зи*) coupled with [kʌ-...]; ✧ ~ с тем at the same time; всё ~ взя́тое évery|thing táken togéther.

вмести́лище *с.* recéptacle.

вмести́мость *ж.* capácity; (*о су́дне*) tónnage ['tʌn-].

вмести́тельн||ость *ж.* capácious|ness; (*помеще́ния*) róominess, spácious|ness. **~ый** capácious; (*о помеще́нии*) róomy, spácious.

вмести́ть(ся) *сов. см.* вмеща́ть(ся).

вме́сто *предл.* (*рд.*) instéad of [-ed...], in place of; ~ моего́ бра́та instéad of my bróther [...'brʌ-], in my bróther's place; ~ того́ что́бы (+*инф.*) instéad of (+ *ger.*).

вмета́ть *сов. см.* вмётывать.

вмётывать, вмета́ть (*вн.*) tack in (*d.*).

вмеш||а́тельство *с.* ìnterférence [-'fɪə-]; (*тж. полити́ческое*) ìntervéntion; (*тк. нежела́тельное*) méddling; хирурги́ческое ~ súrgical ìntervéntion. **~а́ть(ся)** *сов. см.* вме́шивать(ся).

вме́шивать, вмеша́ть (*вн.* в *вн.*) mix in (*d.*); (*перен.*: *впу́тывать*) mix up (*d.* in), ímplicàte (*d.* in). **~ся,** вмеша́ться (в *вн.*) ìnterfére (in); ìntervéne (in); (*в разгово́р*) cut* in; (*о нежела́тельном вмеша́тельстве*) meddle (with); (*для пресече́ния нежела́тельных после́дствий*) step in; ~ся в чужи́е дела́ meddle with / in other people's búsiness [...pi:- 'bɪzn-]; не вме́шивайтесь в чужи́е дела́ mind your own búsiness [...oun...]; ~ся в разгово́р ìntervéne in the cònversátion, break* into the cònversátion [-eɪk...]; суд вмеша́лся the court ìntervéned [...kɔːt...], the law stepped in; ~ся во вну́тренние дела́ други́х стран interfére in the doméstic affáirs of other cóuntries [...'kʌ-].

вмеща́||ть, вмести́ть (*вн.*) **1.** (*заключать в себе*) contáin (*d.*); **2.** (*иметь ёмкость*) hold* (*d.*),contáin (*d.*); (*о жилом помещении, транспорте и т. п.*) accómmodàte (*d.*); (*о зрительном зале и т. п.*) seat (*d.*). **~ться**, вмести́ться go* in; *тж. переводится выражением* there is room for; в кувши́н ~ется три ли́тра three litres go in the jug [...liː-...], the jug holds three litres; в шкаф ~ется пятьдеся́т книг there is room for fífty books in the bóokcàse [...-s].

вмиг *нареч.* in an ínstant, in a móment, in a flash; in a twínkling, in no time *разг.*

вмя́тина *ж.* dent.

внаём, внаймы́ *нареч.*: брать ~ (*вн.*) hire (*d.*); (*о квартире и т. п.*) rent (*d.*); отдава́ть ~ (*вн.*) hire out (*d.*); (*о квартире и т. п.*) let* (*d.*), rent (*d.*); ◇ сдаётся ~ to let; э́та да́ча сдаётся ~ this cóuntry-house* is to let [...'kʌ- -s...].

внаки́дку *нареч. разг.*: наде́ть пальто́ ~ throw* one's coat óver one's shóulders [θrou... 'ʃou-].

внакла́де *нареч. разг.*: оста́ться ~ be the lóser [...'luːzə], lose* [luːz]; не оста́ться ~ от чего́-л. be none the worse for smth. [...nʌn...].

внакла́дку *нареч.*: пить чай ~ *разг.* ≅ take* súgar in one's tea [...'ʃu-...].

внача́ле *нареч.* at first, in the begínning.

вне *предл.* (*рд.*) óutsíde; ~ го́рода óutsíde the town; ~ о́череди out of (one's) turn, without wáiting for one's turn; ~ ко́нкурса hors concours [hɔːkɔŋ'kuːə]; ~ пла́на óver and above the plan; ~ вся́ких пра́вил without regárd for any rules; ~ подозре́ния above suspícion; ~ опа́сности out of dánger [...'deɪndʒə], safe; ~ сомне́ния be¦yónd / without doubt [...daut]; ◇ объявля́ть ~ зако́на (*вн.*) óutlaw (*d.*), proscríbe (*d.*); челове́к ~ зако́на óutlaw; ~ себя́ besíde òne¦sélf; ~ себя́ от ра́дости besíde òne¦sélf with joy, òver¦jóyed, trànspórted with joy; ~ себя́ от гне́ва besíde òne¦sélf with rage, bóiling óver with rage; ~ вре́мени и простра́нства regárdless of time and space; ún¦réal [-'rɪəl].

внебра́чн||ый **1.** (*о ребёнке*) nátural; **2.**: ~ая связь liáison [liː'eɪzɔːŋ].

внево́йсков||о́й: ~ая подгото́вка tèrritórial mílitary tráining (*training pursued independently of the regular army*).

вневре́менный tíme¦less.

внедре́ние *с.* **1.** ìn¦cùlcátion, ìnstillátion; ~ передовы́х ме́тодов труда́ ìntrodúction of advánced méthods of work; ~ но́вой те́хники ìntrodúction of new tèchníques [...-'niːks]; **2.** *геол.* ìntrúsion.

внедри́ть(ся) *сов. см.* внедря́ть(ся).

внедря́ть, внедри́ть (*вн. в вн.*) ín¦cùlcàte (*d.* up¦ón); (*прививать*) instíl(l) (*d.* into). **~ся**, внедри́ться **1.** strike* / take* root; **2.** *страд. к* внедря́ть.

внеевропе́йск||ий nón-Europé¦an; ~ие стра́ны nón-Europé¦an cóuntries [...'kʌ-].

внеза́пно I *прил. кратк. см.* внеза́пный.

внеза́пн||о II *нареч.* súddenly, all of a súdden; ~ замолча́ть stop short. **~ость** *ж.* súdden¦ness; *воен.* surpríse. **~ый** súdden; *воен.* surpríse (*attr.*).

внекла́ссн||ый in óut-of-schóol hours [...auəz]; home (*attr.*); ~ое чте́ние réading in óut-of-schóol hours, home réading.

внекла́ссовый nón-clàss.

внема́точн||ый: ~ая бере́менность *мед.* éxtra-úterìne prégnancy.

внеочередн||о́й **1.** (*сверх очереди*) extraórdinary [ɪks'trɔːdnrɪ], spécial ['spe-]; ~а́я се́ссия spécial séssion; **2.** (*вне очереди*) out of turn, out of órder; ~ вопро́с quéstion put out of órder [-stʃ-...].

внепарла́ментский éxtrapàrliaméntary [-lə'm-].

внепарти́йный nón-Párty; óutsíde the Párty.

внепла́новый not províded for by the plan (*predic.*); (*добавочный*) extraórdinary [ɪks'trɔːdnrɪ]; ~ рост проду́кции ín¦crease of óutpùt óver and above, *или* be¦yónd, the provísions of the plan [-iːs... -put...].

внесе́ние *с.* **1.** (*внутрь чего-л.*) bríng¦ing in, cárrying in; **2.** (*денег*) páyment; (*в сберкассу и т. п.*) depósit [-z-], páying in; **3.** (*включение*) énterìng, éntry; ~ в спи́сок éntry into the list, in¦clúsion in the list; ~ в протоко́л éntering / éntry in the mínutes [...'mɪnɪts]; **4.** (*о предложении*) móving ['muːv-]; (*о законопроекте*) ìntrodúction; ~ на рассмотре́ние (кого́-л.) submítting to (smb.'s inspéction); **5.** *с.-х.*: ~ удобре́ний applý¦ing fértilìzers.

внеслуже́бн||ый óut-of-òffice; ~ые часы́ óut-of-òffice hours [...auəz].

внесме́тный extraórdinary [ɪks'trɔːdnrɪ].

внести́ *сов. см.* вноси́ть.

внесуде́бный *юр.* èxtrajudícial.

внешко́льн||ый éxtra-scholástic, nòn-scholástic; ~ое образова́ние éxtra-scholástic / nòn-scholástic / óut-of-schóol èducátion; ~ая рабо́та с детьми́ óut-of-schóol work amongst chíldren.

вне́шне *нареч.* óutwardly, in óutward appéarance.

внешнеполити́ческ||ий fóreign pólicy ['fɔrɪn...] (*attr.*), of fóreign pólicy; ~ие вопро́сы quéstions of fóreign pólicy [-stʃ-...].

внешнеторго́вый fóreign trade ['fɔrɪn...] (*attr.*).

вне́шн||ий **1.** óutward, èxtérnal, óuter; ~ вид óutward appéarance; ~ у́гол èxtérnal angle; ~яя часть óutsíde; ~ее схо́дство óutward / sùperfícial / fórmal resémblance [...-z-]; ~яя среда́ *биол.* envíron¦ment; ~ рейд óuter hárbour; **2.** (*поверхностный*) sùperfícial; súrface (*attr.*); ~ лоск súrface pólish, gloss; ~ осмо́тр sùperfícial exàminátion; **3.** (*иностранный*) fóreign ['fɔrɪn]; ~яя поли́тика fóreign pólicy; ~ ры́нок fóreign márket; ~яя торго́вля fóreign trade; ~ие сноше́ния fóreign relátions; ◇ ~ мир óutsíde / óuter world.

вне́шност||ь *ж.* appéarance; èxtérior (*тж. наружная сторона*); суди́ть по ~и judge by appéarances.

внешта́тный not on the staff; sùpernúmerary; ~ сотру́дник mémber of párt-tíme staff.

вниз *нареч.* down, dównwards [-dz]; гляде́ть ~ look dówn(wards); спуска́ться ~ go* down, descénd; ~ по ле́стнице dównstáirs; ~ голово́ю head first / fóre¦mòst [hed...]; ~ по тече́нию down stream; плыть ~ по тече́нию go* / float down stream, go* with the stream / cúrrent; ~ по Во́лге down the Vólga.

внизу́ **1.** *нареч.* belów [-'lou]; ùndernéath; (*в нижнем этаже*) dównstáirs; **2.** *предл.* (*рд.*) at the foot [...fut...] (of), at the bóttom (of).

вника́||ть, вни́кнуть (в *вн.*) try to grasp / ùnderstánd (*d.*), go* deep (into); необходи́мо вни́кнуть в э́то де́ло the mátter must be thóroughly invéstigàted / exámined / scrútinìzed [...'θʌrəlɪ...], the mátter must be gone into [...gɔn...]; не ~я в су́щность де́ла without in¦quíring / gó¦ing into the heart of the mátter [...hɑːt...], without gó¦ing to the root of the mátter.

вни́кнуть *сов. см.* вника́ть.

внима́н||ие *с.* **1.** atténtion; nótice ['nou-], note; обраща́ть, обрати́ть ~ (на) pay* atténtion (to), take* nótice (of); (*замечать*) nótice (*d.*); take* heed (of), give* / pay* heed (to) (*особ. в отриц.*: take* no heed *и т. п.*); обраща́ть чьё-л. ~ на что-л. call / draw* / diréct smb.'s atténtion to smth.; сосредото́чивать ~ на чём-л. cóncèntràte / fix / fócus one's atténtion on smth.; привлека́ть чьё-л. ~ attráct / arrést / draw* smb.'s atténtion; прико́вывать чьё-л. ~ en¦gróss / rívet / arrést / compél smb.'s atténtion [-grous 'rɪ-...]; оставля́ть без ~ия (*вн.*) set* asíde (*d.*), dìsregárd (*d.*); досто́йный ~ия worth nótice, wórthy of note [-ðɪ...], desérving atténtion / consìderátion [-'zəː-...]; он весь ~ he is all ears / atténtion; не обращáйте ~ия do not (don't *разг.*) take any nótice; never mind *разг.*; быть в цéнтре ~ия (*рд.*) be the fócus of atténtion (of), be úpper¦mòst in the mind(s) (of), be of sùpréme / páramount / pre-éminent concérn (to); уделя́ть большóе ~ (*дт.*) give* much atténtion (*i.*); в газéтах мнóго ~ия уделя́ется (*дт.*) much próminence is given by the néwspàpers (to); **2.** (к; *предупредительное отношение*) kínd¦ness (to), consìderátion (for); оказáть комý-л. ~ do smb. a cóurtesy [...'kəːtɪsɪ], show* smb. atténtion [ʃou...]; пóльзоваться ~ием be the óbject of atténtion / consìderátion; ✧ ~! atténtion!; (*берегись*) look out!; принимáть во ~ (*вн.*) take* into accóunt / consìderátion (*d.*); принимáя во ~ (*вн.*, что) consídering (*d.*, that), táking into accóunt / consìderátion (*d.*, that), in view [...vjuː] (of); приня́в всё во ~ all things consídered.

внимáтельно I *прил. кратк. см.* внимáтельный.

внимáтельн||о II *нареч.* **1.** atténtive¦ly; (*тщательно*) cáre¦fully; (*сосредоточенно*) inténtly; прочти́те э́то ~ read it through cáre¦fully; ~ следи́ть за чем-л. watch smth. clóse¦ly [...-s-]; **2.:** ~ относи́ться к комý-л. show* consìderátion for smb. [ʃou...], be consíderate towards smb. **~ость** *ж.* **1.** atténtive¦ness; **2.** (к; *любезность*) cóurtesy ['kəːtɪsɪ] (towards), consìderátion (for), thóughtfulness (for), kínd¦ness (to). **~ый 1.** atténtive; (*тщательный*) cáre¦ful; (*сосредоточенный*) intént; **2.** (к; *по отношению* к) consíderate (towards), thóughtful (for), oblíging (towards), kind (to).

внимáть, внять (*дт.*) *поэт.*, *уст.* lísten ['lɪsᵊn] (to), hark (to); *сов. тж.* heed (*d.*); он внял моéй прóсьбе he héeded my requést.

вничью́ *нареч.*: окóнчиться ~ be drawn, end in a draw; сыгрáть ~ draw*.

вновь *нареч.* **1.** (*опять*) anéw, agáin, once agáin [wʌns...]; (*ещё раз*) once more; **2.** (*недавно*) néwly, récent¦ly; ~ прибы́вший (*прил.*) néwly arríved; (*сущ.*) new cómer [...'kʌ-], new arríval; ~ назнáченный néwly-appóinted.

вноси́ть, внести́ (*вн.*) **1.** bring* in (*d.*), cárry in (*d.*); **2.** (*о деньгах*) pay* in (*d.*); **3.** (*причинять, вызывать*) bring* in / abóut (*d.*), ìntrodúce (*d.*); внести́ оживлéние, весéлье bríghten up; ~ беспоря́док cause, *или* bring* abóut, disórder; **4.** (*включать, вписывать*) ìntrodúce (*d.*), énter (*d.*); ~ изменéния (в *вн.*) make* àlterátions / chánges [...'ʧeɪ-] (in); ~ попрáвки (в *вн.*) insért / ìntrodúce améndments (into); ~ в спи́сок énter in the list (*d.*); ~ в протокóл énter in the mínutes [...'mɪnɪts] (*d.*); **5.** (*представлять, предлагать собранию*) move [muːv] (*d.*), bring* in (*d.*), bring* / put* fórward (*d.*); ~ предложéние make* a suggéstion [...-'ʤesʧən], put* fórward a propósal [...-zəl]; (*в парламенте и т. п.*) ìntrodúce / table a mótion; ~ предложéние на рассмотрéние (*рд.*) submít a propósal (to), place a propósal (befóre); ~ цéнное предложéние make* a váluable suggéstion; ~ предложéние (о том, чтóбы) move (that); ~ законопроéкт ìntrodúce a bill; **6.** *с.-х.*: ~ удобрéния applý fértilizers.

внук *м.* **1.** grándsòn [-sʌn], gránd¦chìld*; **2.** *мн.* (*потомки*) (our) chíldren, (our) chíldren's chíldren, (our) descéndants.

вну́тренне *нареч.* ínwardly.

вну́тренн||ий 1. ínsíde, intérior, ínner, intérnal; (*перен.*) ínward, ínner; (*присущий*) inhérent, intrínsic; ~яя дверь ínner door [...dɔː]; ~ие болéзни intérnal diséases [...-'ziːz-]; для ~его употреблéния (*о лекарстве*) for intérnal use [...-s]; ~ мир ínward / ínner life; ~ие причи́ны intrínsic cáuses; ~ смысл inhérent / intrínsic méaning; ~ие закóны разви́тия inhérent laws of devélopment; ~ распоря́док routíne [ruː'tiːn]; прáвила ~его распоря́дка (в учреждéнии, на фáбрике *и т. п.*) óffice, fáctory, *etc.*, règulátions; ~ие раздóры intérnal díscòrd *sg.*; **2.** (*в пределах одного государства*) home, ín¦land; ~яя поли́тика home / intérnal pólicy; ~яя торгóвля home / ín¦land trade; ~ ры́нок home márket; ~ие вóды ín¦land wáters [...'wɔː-]; ~ие делá home affáirs; э́то ~ее дéло страны́ it is a mátter of doméstic concérn, it is a doméstic affáir; ~ие и внéшние враги́ intérnal and extérnal énemies; ✧ ~ие ресýрсы intérnal resóurces [...-ɔːs-].

вну́тренно=вну́тренне.

вну́тренности *мн. анат.* intérnal órgans; ínside *sg. разг.*; (*кишки*) éntrails, intéstines; víscera *анат.*

вну́тренность *ж.* intérior.

внутри́ 1. *нареч.* ínside; **2.** *предл.* (*рд.*) ínside, within; находя́щийся ~ страны́ ín¦land; ~ госудáрства within the State.

внутриáтомн||ый ìntra-atómic; ~ая энéргия ìntra-atómic énergy.

внутривéнный ìntravénous.

внутривидовóй intraspecífic.

внутризавóдск||ий, ~óй (ínside) fáctory (*attr.*); ~ трáнспорт (ínside) fáctory tránspòrt.

внутрипарти́йн||ый ínner-Párty; ~ая демокрáтия ínner-Párty demócracy; ~ая диску́ссия ínner-Párty discússion, discússion within the Párty.

внутриполити́ческ||ий of home pólicy; ~ие вопрóсы quéstions of home pólicy [-sʧ-...]; ~ое положéние intérnal polítical sìtuátion.

внутрисою́зный ínner-únion.

внутрия́дерный íntranúclear.

внутрь 1. *нареч.* in, ínside; он вошёл ~ he went in; приня́ть лекáрство ~ take* a médicine; **2.** *предл.* (*рд.*) in(to), ínside; ~ страны́ ín¦land.

внучáт||а *мн.* grándchìldren. **~ный, ~ый:** ~ный, ~ый племя́нник gránd-nèphew [-vjuː].

вну́чек *м. уменьш. от* внук 1.

вну́чка *ж.* gránd-daughter, gránd¦-chìld*.

внучóнок *м.*=вну́чек.

внушáемость *ж.* suggèstibílity [-ʤe-].

внуш||áть, внуши́ть (*вн. дт.*) **1.** suggést [-'ʤe-] (*d. i.*), inspíre (with *d.*); fill (with *d.*); ~ уважéние commánd respéct [-ɑːnd...]; ~ мысль suggést a thought; ~ опасéния (комý-л.) fill* (smb.) with mis¦gívings / àpprehénsion; **2.** (*убеждать*) bring* home (*d.* to); (*наставлять*) instíl(l)(*d.* into), impréss (*d.* on). **~éние** *с.* **1.** suggéstion [-'ʤesʧ-]; (*гипноз*) hypnósis; лечи́ть ~éнием (*вн.*) treat by suggéstion / hýpnotism (*d.*); **2.** (*выговор*) repróof, réprimànd [-mɑː-]; сдéлать комý-л. ~éние réprimànd smb. **~и́тельный** impósing; (*производящий впечатление*) impréssive.

внуши́ть *сов. см.* внушáть.

вня́тно I *прил. кратк. см.* вня́тный.

вня́тн||о II *нареч.* dístinctly. **~ость** *ж.* dístinctness. **~ый** distínct.

внять *сов. см.* внимáть.

во=в; ✧ во цвéте лет in the prime of life, in one's prime; во всеуслы́шание públicly ['pʌ-], in évery¦òne's héaring; во всеоружии (*рд.*) fúlly armed ['fu-...] (with), fúlly posséssed [...-'zest] (of), in full posséssion [...-'ze-] (of); во что бы то ни стáло at any price, at all costs; во главé (*рд.*) at the head [...hed] (of); во и́мя (*рд.*) in the name (of).

вóбла *ж.* vóbla, Cáspian roach.

вобрáть(ся) *сов. см.* вбирáть(ся).

вовéк, вовéки *нареч. уст.* never.

вовлекáть, вовлéчь (*вн.* в *вн.*) **1.** draw* (*d.* in, into); **2.** (*впутывать*) invólve (*d.* in); (*склонять к участию в чём-л. плохом*) invéigle [-'viːgl] (*d.* into). **~ся,** вовлéчься (в *вн.*) be drawn (into).

вовлечéние *с.* dráwing in.

вовлéчь(ся) *сов. см.* вовлекáть(ся).

вовнé *нареч.* óutsíde.

вовну́трь *разг.*= внутрь.

вóвремя *нареч.* in time; (*кстати*) ópportùne¦ly; ~ скáзанное слóво a word in séason [...-zᵊn]; не ~ inópportùne¦ly, out of time, at the wrong time.

вóвсе *нареч. разг.* (*без отриц.*) quite; (*с отриц.*) not... at all; я ~ э́того не сказáл I did not say that at all, I never said that [...sed...]; ~ нет not at all, not in the least.

вовсю́ *нареч. разг.* to the út|mòst extént, with might and main; бежа́ть ~ run* at top speed, run* as fast as one's legs will cárry one.

во-вторы́х *вводн. сл.* in the sécond place [. .'se-...]; (*при перечислении тж.*) sécondly.

вогна́ть *сов. см.* вгоня́ть.

во́гнут||ость *ж.* còn|cávity. **~ый** cón|cáve.

вогну́ть(ся) *сов. см.* вгиба́ть(ся).

вод||а́ *ж.* (*в разн. знач.*) wáter ['wɔ:-]; дождева́я ~ ráin-wàter [-wɔ:-]; морска́я ~ séa-wàter [-wɔ:-]; пре́сная ~ fresh / sweet wáter; минера́льная ~ míneral wáter; тяжёлая ~ *хим.* héavy wáter ['he-...]; е́хать ~о́ю trável by wáter ['træ-...]; ◇ выводи́ть на чи́стую во́ду (*вн.*) expóse (*d.*), únmásk (*d.*), show* up [ʃou...] (*d.*); как с гу́ся ~ ≅ like wáter off a duck's back; ~о́й не разольёшь *разг.* ≅ thick as thieves [...θi:vz]; толо́чь во́ду в сту́пе ≅ beat* the air, mill the wind [...wɪnd]; как в во́ду опу́щенный dejécted, dówncàst; (похо́жи) как две ка́пли ~ы́ ≅ as like as two peas; и концы́ в во́ду *разг.* ≅ and none will be the wíser [...nʌn...]; мно́го ~ы́ утекло́ much wáter has flowed únder the bridge(s) [...floud...]; он ~ы́ не замути́т ≅ he looks as if bútter would not melt in his mouth; чи́стой ~ы́ (*о драгоценном камне*) of the first wáter; молчи́т, сло́вно ~ы́ в рот набра́л *разг.* he does not say a word, he is silent as the grave.

водвор||е́ние *с.* séttle|ment; estáblishment; (*ср.* водворя́ть). **~и́ть(ся)** *сов. см.* водворя́ть(ся).

водворя́ть, водвори́ть (*вн.*) **1.** instáll (*d.*); (*поселять*) settle (*d.*); ~ что-л. на ме́сто put* smth. back in its place; **2.** (*устанавливать*) estáblish (*d.*). **~ся**, водвори́ться **1.** (*поселяться*) settle; **2.** *страд. к* водворя́ть.

водеви́ль *м.* váudeville ['vou-], cómic sketch (with songs).

води́тель *м.* (*транспорта*) dríver; ~ авто́буса bús-drìver; ~ такси́ táxi-drìver. **~ский** dríver's; ~ские права́ dríving lícence [...'laɪ-].

води́тельство *с.* léadership; под ~м па́ртии únder the léadership of the Párty.

води́ть, *опред.* вести́, *сов.* повести́ **1.** (*вн.*) lead* (*d.*); condúct (*d.*) *книжн.*; ~ по́езд drive* *a* train; ~ кора́бль návigàte / steer *a* ship; ~ самолёт pilot *a* plane; **2.** (*тв.* по *дт.*) pass (*d.* óver); **3.** *см.* вести́; ◇ ~ глаза́ми let* one's eyes rove [...aɪz...]; ~ дру́жбу с кем-л. be friends with smb. [...fre-...]; ~ за́ нос (*вн.*) make* a fool (of), fool (*d.*); ~ знако́мство (с *тв.*) keep* up an acquáintance (with).

води́ться 1. (с *тв.*) *разг.* assóciàte (with), consórt (with); (*о детях*) play (with); я с тобо́й не вожу́сь I'm not pláying with you; **2.** (*без доп.*; *иметься, встречаться где-л.*) be found, be: в реке́ во́дится ры́ба there is fish in the ríver [...'rɪ-], fish is found in the ríver; ◇ как во́дится as úsual [...-ʒuəl]; так у нас во́дится it is our cústom, it is the cústom here; э́то за ним во́дится such things occúr / háppen to him.

во́дк||а *ж.* vódka; ца́рская ~ *хим.* áqua-règia; ◇ дать на ~у (*дт.*) *уст.* give* a tip (*i.*).

во́дник *м.* wáter-tránspòrt wórker ['wɔ:-...]; сою́з ~ов wáter-tránspòrt wórkers' únion.

во́дн||ый 1. *прил. к* вода́; ~ое простра́нство expánse of wáter [...'wɔ:-]; ~ тра́нспорт wáter tránspòrt; ~ые пути́ wáter-ways ['wɔ:-]; ~ спорт aquátics *pl.*, aquátic sports *pl.*; ~ая ста́нция aquátic sports státion; ~ое по́ло wáter póló; **2.** *хим.* áqueous; ~ раство́р áqueous solútion.

водобоя́знь *ж. мед.* hýdro|phóbia; (*у животных*) rábiès [-bɪi:z].

водовмести́лище *с.* réservoir ['rezəvwɑ:].

водово́з *м.* wáter-càrrier ['wɔ:-]. **~ный:** ~ная бо́чка wáter-càrrier's bárrel ['wɔ:-...].

водоворо́т *м.* whírlpool; (*небольшой*) éddy; (*перен.*) vórtèx (*pl.* -xes, -ticès [-tɪsi:z]), whirl, máelstròm ['meɪlstroum].

водоём *м.* réservoir ['rezəvwɑ:].

водоизмери́тельный wáter-gauge ['wɔ:təgeɪdʒ] (*attr.*).

водоизмеще́ние *с. мор.* displáce|ment; су́дно ~м 5000 тонн ship of 5000 tons displáce|ment [...tʌnz...].

водока́чка *ж.* púmp-house* [-s].

водола́з *м.* **1.** díver; **2.** (*собака*) Newfóundland. **~ный** díving; ~ный ко́локол díving-bèll; ~ный костю́м díving-drèss; ~ный шлем díver's hélmet.

Водоле́й *м.* (*созвездие*) Aquárius, Wáter-càrrier ['wɔ:-].

водолече́||бница *ж.* hýdro|páthic (estáblishment). **~ние** *с.* hýdrópathy [haɪ-], wáter-cùre ['wɔ:-].

водоме́р *м. тех.* wáter-mèter ['wɔ:-]. **~ный** *тех.*: ~ный кран gáuge-còck ['geɪ-]; ~ное стекло́ gáuge-glàss ['geɪ-]; ~ная тру́бка gáuge-tùbe ['geɪ-].

водонапо́рн||ый: ~ая ба́шня wáter-tower ['wɔ:-].

водонепроница́ем||ость *ж.* wáter-tìghtness ['wɔ:-], impèrmeabílity to wáter [-mɪə-... 'wɔ:-]. **~ый** wáter-tìght ['wɔ:-]; (*непромокаемый*) wáterproof ['wɔ:-]; ~ая перебо́рка *мор.* wátertìght búlkhead [...-hed]; ~ый грунт impérmeable súbsoil [-mɪə-...].

водоно́с *м.* wáter-càrrier ['wɔ:-]. **~ный** *геол.* wáter-béaring ['wɔ:tə-'bɛə-].

водоотво́д *м.* óver|flow(-pipe) [-ou-]. **~ный** dráinage (*attr.*), óver|flow [-ou] (*attr.*).

водоотливно́й dis|chárge (*attr.*).

водоотта́лкивающий wáter-repèllent ['wɔ:-].

водопа́д *м.* wáterfàll ['wɔ:-]; falls *pl.*, cátaràct; (*небольшой*) càscáde.

водопла́вающ||ий: ~ие пти́цы wáterfowl ['wɔ:-] *sg.*

водоподъёмн||ый: ~ая маши́на wáter-raising éngine ['wɔ:- 'endʒ-].

водопо́й *м.* **1.** wátering ['wɔ:-]; **2.** (*место*) wátering-plàce ['wɔ:-]; (*для скота тж.*) pond; (*для лошадей тж.*) hórse-pònd.

водопрово́д *м.* wáter-pìpe ['wɔ:-], wáter-lìne ['wɔ:-], wáter-pìping ['wɔ:-]; (*магистраль*) wáter-main; (*водоснабжение*) wáter-supplỳ ['wɔ:-]; городско́й ~ úrban wáter-supplỳ; дом с ~ом house* with rúnning wáter [-s... 'wɔ:-]. **~ный:** ~ная сеть wáter-supplỳ ['wɔ:-]; ~ная ста́нция wáterwòrks ['wɔ:-]; ~ная труба́ wáter-pìpe ['wɔ:-]; ~ная магистра́ль wáter-main ['wɔ:-]. **~чик** *м.* plúmb|er.

водопроница́емый pérmeable to wáter [-mɪə- ...'wɔ:-] (*predic.*).

водоразбо́рный: ~ кран hýdrant.

водоразде́л *м. геогр.* wátershèd ['wɔ:-].

водораспредели́тель *м.* wáter-distríbutor ['wɔ:-].

водоре́з *м. мор.* cútwàter [-wɔ:-].

водоро́д *м. хим.* hýdrogen ['haɪ-]. **~ный** *хим.* hỳdrógenous [haɪ-]; hýdrogen ['haɪ-] (*attr.*); ~ная бо́мба hýdrogen bomb, H-bomb ['eɪtʃ-].

во́доросль *ж.* wáter-plànt ['wɔ:- -ɑ:-]; морска́я ~ séaweed; álga (*pl.* -ae) *научн.*

водосли́в *м. тех.* spíll|way. **~ный:** ~ная плоти́на óver|flow weir [...wɪə].

водоснабже́ние *с.* wáter-supplỳ ['wɔ:-]; ~ и канализа́ция wáter-supplỳ and séwerage.

водо||спу́ск *м. тех.* flóodgàte ['flʌd-]. **~сто́к** *м.* drain; (*на улице*) gútter. **~сто́чный** *прил. к* водосто́к; ~сто́чный жёлоб gútter; ~сто́чная труба́ dráin(-pìpe); ~ сто́чная кана́ва drain, gúlly, gútter.

водотру́бный: ~ котёл *тех.* wáter-tùbe bóiler ['wɔ:-...].

водоупо́рный *тех.* wáterproof ['wɔ:-].

водохрани́лище *с.* réservoir ['rezəvwɑ:], stórage lake.

водочерпа́||лка *ж. тех.* wáter-èngine ['wɔ:tərendʒ-]. **~тельный** *тех.* wáter-lìfting ['wɔ:-].

во́дочный *прил. к* во́дка; ~ заво́д vódka distíllery.

водру||жа́ть, водрузи́ть (*вн.*) eréct (*d.*); (*о флаге, знамени*) hoist (*d.*). **~зи́ть** *сов. см.* водружа́ть.

во́д||ы *мн.* **1.** (*водные пространства и пр.*) wáters ['wɔ:-]; территориа́льные ~ tèrritórial wáters; **2.** (*мине-*

ральные) (míneral) wáters, mèdícinal wáters; (*курорт*) wátering-plàce ['wɔː-] *sg*., spa [-ɑː] *sg*.; лечи́ться на ~ах drink* the wáters.

водяни́стый (*прям. и перен.*) wátery ['wɔː-]; (*слишком разбавленный водою; тж. перен.*) wáshy; wíshy-wàshy *разг*.; ~ виногра́д wátery grapes *pl*.; ~ стиль wátery / insípid style.

водя́нка *ж. мед.* drópsy.

водян||о́й 1. *прил. к* вода́; (*о растениях, животных, птицах*) wáter ['wɔː-] (*attr.*); (*о растениях и животных тж.*) aquátic; ~а́я ме́льница wáter-mìll ['wɔː-]; ~а́я турби́на wáter-tùrbine ['wɔː-]; **2.** *м. как сущ. фольк.* wáter-sprìte ['wɔː-]; ◇ ~ знак wáter-màrk ['wɔː-]; ~о́е отопле́ние hót-wàter héating [-wɔː-...]; ~ газ wáter-gás ['wɔː-].

воева́ть (с *тв.*) **1.** be at war (with), fight* (*d*., agáinst, with), wage war (agáinst), make* war (up¦ón); **2.** *разг.* (*ссориться*) quárrel (with), war (with).

воево́да *м. ист.* vóivòde (*commander of an army, governor of a province in ancient Russia*).

воеди́но *нареч.* togéther [-'ge-]; собра́ть ~ (*вн.*) colléct / bring* togéther (*d*.).

военача́льник *м.* mílitary léader.

военизи||а́ция *ж.* mìlitarìzátion [-raɪ-]. **~и́рованный** *прич. и прил.* mílitarìzed; *прил. тж.* pàra-mílitary [pæ-]. **~и́ровать** *несов. и сов.* (*вн.*) mílitarìze (*d*.).

военко́м *м.* (вое́нный комисса́р) mílitary còmmissár.

военкома́т *м.* (вое́нный комиссариа́т) mílitary règistrátion and enlístment óffice.

вое́нно||-возду́шный: ~-возду́шные си́лы Air Fórce(s). **~-морско́й** nával; ~-морско́й флот Návy.

военнообя́занный *м. скл. как прил.* resérvist [-'zɔː-].

военнопле́нный *м. скл. как прил.* prísoner of war [-z-...].

вое́нно-полев||о́й: ~ суд (drúm-head) court mártial [-hed kɔːt...]; быть пре́данным ~о́му суду́ be cóurt-mártialled [...'kɔːt-].

вое́нно-полити́ческий Ármy polítical.

вое́нно-революцио́нный: ~ комите́т rèvolútionary mílitary commíttee [...-tɪ].

военнослу́жащий *м. скл. как прил.* sérvice¦man*, sóldier [-ʤə].

вое́нно-уче́бн||ый mílitary tráining (*attr.*); ~ое заведе́ние mílitary school; sérvice school *амер.*

вое́нно-экономи́ческий (*о сырье, ресурсах*) stratégic [-'tiː-], of stratégic signíficance /válue; ~ потенциа́л war èconomy poténtial [...iː-...], stratégic poténtial.

вое́нн||ый I *прил. к* война́; (*тж. гл. обр. о сухопутной армии*) mílitary; ~ая нау́ка scíence of war, mílitary scíence; ~ое иску́сство art of war; ~ коммуни́зм *ист.* war cómmunism; ~ое вре́мя wár-tìme; ~ые де́йствия mílitary òperátions; hòstílities; ~ комиссариа́т *см.* военкома́т; ~ое министе́рство War Óffice (*в Англии*); War Depártment (*в США*); ~ мини́стр War Mínister; Sécretary of State for War (*в Англии*); Sécretary of War (*в США*); ~ кора́бль wárshìp, mán-of-wár (*pl.* mén-); ~ая акаде́мия Mílitary Cóllege; ~ая промы́шленность war índustry; ~ая слу́жба mílitary sérvice; ~ атташе́ mílitary attaché (*фр.*) [...ə'tæʃeɪ]; ~ая доро́га mílitary road; ~ о́круг mílitary dístrict; Commánd [-ɑːnd] (*в Англии*); ~ суд court mártial [kɔːt...]; ~ое положе́ние mártial law; ~ое обуче́ние mílitary tráining; ~ заво́д munítion fáctory; ~ престу́пник war críminal; ~ая аванто́ра mílitary advénture.

вое́нный II *м. скл. как прил.* sóldier [-ʤə], sérvice¦man*; он ~ he is a sóldier / sérvice¦man*, he is in the ármy.

военру́к *м.* (вое́нный руководи́тель) mílitary instrúctor.

вое́нщина *ж. тк. ед. собир. пренебр.* sóldiery [-ʤə-]; mílitarists *pl*., mílitary clíque [...-iːk].

вожа́к *м.* **1.** (*руководитель*) léader; **2.** (*проводник*) guide, léader; ~ у слепо́го blind man's guide; ~ медве́дя béar-leader ['bɛə-]; **3.** (*о животном в стаде*) léader (*in herd*).

вожа́тый *м. скл. как прил.* **1.** (*пионеротряда*) Young Pìonéer léader [jʌŋ...]; **2.** *разг.* (*трамвая*) trám-drìver; **3.** (*проводник*) guide.

вожделе́н||ие *с.* (*страстное желание*) lóng¦ing; (*плотское*) lust, desíre [-'z-], con¦cúpiscence. **~ный** *поэт.* desíred [-'z-], lónged-fòr.

вожде́ние *с.* (*о поездах, автомашинах*) dríving; (*о кораблях*) nàvigátion, stéering; (*о самолётах*) flýing, pílot¦ing.

вождь *м.* **1.** léader; **2.** (*предводитель войска*) cáptain; (*предводитель племени*) chief [ʧiːf].

во́жжи [-жьжи] *мн.* (*ед.* вожжа́ *ж.*) (*прям. и перен.*) reins; ríbbons *разг.*; отпусти́ть ~ give* a horse the rein / reins; (*перен.*) slácken the reins.

воз *м.* **1.** cart; ~ с се́ном háy-càrt; ~ с дрова́ми cart lóaded with wood [...wud]; **2.** (*рд.*; *как мера*) cárt-load (of), cártful (of); (*перен.*: *множество*) *разг.* a heap (of), heaps (of); купи́ть ~ дров buy* a cártload of wood; ◇ что с ~а упа́ло, то пропа́ло *посл.* ≅ it is no use crýing óver spilt milk [...juːs...].

возбран||я́ть (*дт. вн.*) *уст.* prohíbit (*d.* from *ger.*). **~я́ться** *чаще безл.* be prohíbited; э́то не ~я́ется this is not prohíbited / forbídden.

возбуди́||мость *ж.* excìtabílity [-saɪ-]. **~мый** excítable. **~тель** *м.* **1.** (*в разн. знач.*) stímulus (*pl.* -lì); ~тель боле́зни páthogène, pàthogénic órganism; **2.** *тех.* excíter.

возбуди́ть(ся) *сов. см.* возбужда́ть (-ся).

возбужд||а́ть, возбуди́ть **1.** (*вн.*; *в разн. знач.*) excíte (*d.*); (*вызывать*) rouse (*d.*), aróuse (*d.*), stir (*d.*); ~ аппети́т provóke / stímulàte / shárpen / whet the áppetìte; ~ жа́жду (у) make* thírsty (*d.*); ~ чьё-л. удивле́ние surpríse / astónish smb.; ~ любопы́тство excíte / stir / provóke cùriósity; ~ негодова́ние rouse / excíte ìndignátion; ~ наде́жды на что-л. raise hopes of smth.; ~ подозре́ния aróuse suspícion; ~ в ком-л. страсть inspíre smb. with pássion; ~ себя́ чем-л. stímulàte one¦sélf with smth.; **2.** (*вн.* про́тив; *восстанавливать*) stir up (*d.* agáinst), ínstigàte (*d.* agáinst), incíte (*d.* agáinst); **3.** (*вн.*; *предлагать на обсуждение*) raise (*d.*); ~ вопро́с raise *a* quéstion [...-sʧ-]; ~ де́ло, проце́сс про́тив кого́-л. take* / ínstitùte procéedings agáinst smb.; bring* an áction agáinst smb.; ~ иск про́тив кого́-л. bring* a suit agáinst smb. [...sjuːt...]; ~ хода́тайство о чём-либо presént / submít *a* petítion, *или* àpplicátion, for smth. [-'ze-...], petítion for smth. **~а́ться,** возбуди́ться **1.** become* excíted; **2.** *страд. к* возбужда́ть. **~а́ющий 1.** *прич. см.* возбужда́ть; **2.** *прил.* stímulant; ~а́ющее сре́дство *мед.* stímulant.

возбужде́н||ие *с.* **1.** (*действие*) èxcitátion; ~ де́ятельности се́рдца stìmulátion of the áction of the heart [...hɑːt]; **2.** (*приподнятое настроение*) excíte¦ment; (*волнение*) àgitátion; быть в (си́льном) ~ии, испы́тывать ~ be (extréme¦ly / gréatly) excíted [...'greɪt-...].

возбуждённый *прич. и прил.* excíted; ~ вид excíted face / look.

возведе́ние *с.* **1.** (*здания*) eréction; **2.** *мат.*: ~ во втору́ю, тре́тью *и т. д.* сте́пень ráising to the sécond, third, *etc.*, pówer [...'se-...].

возвели́чивать, возвели́чить (*вн.*) glórifỳ ['glɔː-] (*d.*), exált (*d.*).

возвели́чить *сов. см.* возвели́чивать.

возвести́ *сов. см.* возводи́ть.

возвести́ть *сов. см.* возвеща́ть.

возвеща́ть, возвести́ть (*вн.*) annóunce (*d.*), procláim (*d.*), hérald ['he-] (*d.*); ~ нача́ло но́вой э́ры úsher in, *или* hérald / annóunce, a new éra.

возводи́ть, возвести́ **1.** (*вн.*; *строить*) eréct (*d.*), raise (*d.*); **2.** (*вн.* в *вн.*; *в сан*) élevàte (*d.* to), raise (*d.* to); ~ на престо́л enthróne (*d.*); **3.** *мат.*: ~ во втору́ю, тре́тью *и т. д.* сте́пень raise to the sécond, third, *etc.*, pówer [...'se-...]; **4.** (*вн.*) *уст.* (*поднимать глаза, руки*) raise (*d.*), lift up (*d.*); **5.** (*вн.* к; *устанавливать происхождение*) deríve (*d.* from), trace (*d.* to); ◇ ~

что-л. в при́нцип make* smth. a prínciple, make* a prínciple of smth.; ~ клевету́ на кого́-л. cast* aspérsions on smb.; ~ обвине́ние на кого́-л. в чём-л. accúse smb. of smth., charge smb. with smth.

возвра́т *м.* retúrn; (*о деньгах*) rè¦páyment; (*об имуществе*) rèstitútion; (*о расходах*) rè¦imbúrse¦ment; ~ боле́зни relápse. **~и́ть(ся)** *сов. см.* возвраща́ть(ся). **~ный** 1. *мед.* recúrrent; ~ный тиф relápsing féver; 2. *грам.* refléxive; ~ный глаго́л refléxive verb; ~ное местоиме́ние refléxive pró¦noun; 3. *эк.*: ~ная по́шлина dráwbàck (*duty*).

возвращ||а́ть, возврати́ть (*вн.*) retúrn (*d.*), give* back (*d.*), restóre (*d.*); (*о письме, посылке и т. п.*) send* back (*d.*); (*о деньгах*) rè¦páy* (*d.*), pay* back (*d.*); (*о расходах*) rè¦imbúrse (*d.*), rè¦fúnd (*d.*). **~а́ться,** возврати́ться 1. retúrn; (*куда-л.*) go* back; (*откуда-л.*) come* / be back; (к; *к чему-л. прежнему*) revért (to); (*мысленно; в разговоре*) recúr (to); ~а́ться домо́й go* home, retúrn home; ~а́ться к ста́рым привы́чкам revért / retúrn to one's old hábits; ~а́ться к те́ме revért / recúr / retúrn to the súbject; 2. (*возобновляться, восстанавливаться*) be restóred, retúrn, come* back; 3. *страд. к* возвраща́ть. **~е́ние** *с.* retúrn; (*неоднократное*) recúrrence; ~е́ние домо́й, на ро́дину hóme-còming, retúrn home.

возвы́сить *сов. см.* возвыша́ть. ~ся *сов. см.* возвыша́ться 1.

возвыш||а́ть, возвы́сить (*вн.*) 1. raise (*d.*); 2. (*облагораживать*) élevàte (*d.*), ennóble (*d.*); ◇ ~ го́лос raise one's voice. **~а́ться,** возвы́ситься 1. rise*; 2. *тк. несов.* (над; *высоко подниматься над чем-л.*) rise* / tówer (above), dóminàte (*d.*); (*перен.*) sùrpáss (*d.*), tówer (above); 3. *страд. к* возвыша́ть. **~е́ние** *с.* 1. (*действие*) rise; 2. (*место*) éminence; (*в зале*) dáis ['deɪɪs]; (*холм и т. п.*) rísing ground; стоя́ть на ~е́нии stand* on *an* éminence, *или* on rísing ground; (*о помосте*) stand* on *a* dáis; 3. *воен.* èlevátion.

возвы́шенн||ость *ж.* 1. (*гора*) height [haɪt]; Валда́йская ~ Váldai Hills ['vɑːldaɪ...] *pl.*; 2. *тк. ед.* (*мыслей, чувств*) lóftiness. **~ый** high, élevàted; lófty *книжн.*; (*перен.*) lófty, exálted, élevàted.

возгла́вить *сов. см.* возглавля́ть 1.

возглавля́ть, возгла́вить (*вн.*) 1. (*становиться во главе*) place òne¦sélf at the head [...hed] (of); возгла́вить движе́ние за мир be in the fóre¦frònt of the Peace móve¦ment [...-frʌnt... 'muːv-]; 2. *тк. несов.* (*быть во главе*) head (*d.*), be at the head (of); делега́цию возглавля́ет тако́й-то the dèlegátion is led / héaded by só-and-sò [...'hed-...]; ~ предприя́тие be at the head of *the* énterprise. **~ся** (*тв.*) be únder the diréction (of); (*об экспедиции и т. п.*) be héaded [...'hed-] (by); (*о войсках*) be led (by).

во́зглас *м.* èxclamátion, cry; ~ы с мест cries from the áudience. **~и́ть** *сов. см.* возглаша́ть.

возглаша́ть, возгласи́ть (*вн.*) procláim (*d.*).

возго́н||ка *ж. хим.* sùblimátion. **~я́ть** (*вн.*) *хим.* súblimàte (*d.*).

возгора́ем||ость *ж.* inflàmmabílity. **~ый** inflámmable.

возгор||а́ться, возгоре́ться 1. (*разгораться*) flare up; из и́скры ~и́тся пла́мя the spark will kindle a flame; 2. (*тв.*) be seized / inflámed [...siːzd...] (with); be smítten (with) *разг.*; ~ любо́вью be smítten with love [...lʌv].

возгорди́ться *сов.* (*тв.*) become* proud (of); (*стать кичливым*) (begin* to) plume òne¦sélf (on), get* concéited [...-'siː-] (abóut); get* a swelled head [...hed] (óver) *разг.*

возгоре́ться *сов. см.* возгора́ться.

воздава́ть, возда́ть (*вн., тв.*) rénder (*d.*); ~ по́чести (*дт.*) rénder hómage (to); ~ кому́-л. по заслу́гам requíte smb. accórding to his desérts [...-'zəː-]; ~ добро́м за зло rénder good for évil.

возда́ть *сов. см.* воздава́ть.

воздая**́ние** *с. уст.* requítal, récompènse; (*возмездие*) rètribútion.

воздвига́ть, воздви́гнуть (*вн.*) eréct (*d.*); ~ па́мятник raise / eréct *a* mónument. **~ся,** воздви́гнуться 1. aríse*; 2. *страд. к* воздвига́ть.

воздви́гнуть(ся) *сов. см.* воздвига́ть(ся).

воздви́жение *с.* (*церк. праздник*) Hóly Cross day.

воздева́ть, возде́ть (*вн.*) *поэт., уст.* ùp¦líft (*d.*).

возде́йств||ие *с.* (на *вн.*) ínfluence (up¦ón, on, óver); мора́льное ~ ascéndancy / ínfluence (óver); физи́ческое ~ còércion, force; ока́зывать ~ (на *вн.*) ínfluence (*d.*), have an ínfluence (up¦ón). **~овать** *несов. и сов.* (на *вн.*) ínfluence (*d.*), exért ínfluence (up¦ón), bring* ínfluence to bear [...bɛə] (up¦ón); ~овать си́лой use force.

возде́лать *сов. см.* возде́лывать.

возде́лывать, возде́лать (*вн.*) till (*d.*); ~ зе́млю till / cúltivàte the land; ~ свёклу grow* béetroot [-ou...].

воздержа́в||шийся 1. *прич. см.* возде́рживаться; 2. *м. как сущ.*: ~шихся не́ было there were no àbsténtions, no one abstáined from vóting; при пяти́ ~шихся with five àbsténtions.

воздержа́ние *с.* 1. (от) àbsténtion (from); 2. (*умеренность*) àbstémious¦ness, témperance; 3. (*половое*) cóntinence.

возде́рж||анность *ж.* ábstinence; (*умеренность*) àbstémious¦ness, témperance. **~анный** ábstinent; (*умеренный*) àbstémious, témperate; (*тк. в еде*) frúgal. **~а́ться** *сов. см.* возде́рживаться.

возде́рж||иваться, воздержа́ться (от) abstáin (from), refráin (from); (*отказываться*) declíne (+ to *inf.*), fòrbéar* [-'bɛə] (from, + *ger.*); ~ от голосова́ния abstáin from vóting; ~ от еды́ abstáin from food / éating; он не мог ~а́ться от замеча́ния he could not refráin from máking a remárk; he could not fòrbéar from máking, *или* fòrbéar máking, a remárk; he could not help máking a remárk *разг.*

возде́ть *сов. см.* воздева́ть.

во́здух *м.* air; подыша́ть све́жим ~ом take* / get* / catch* / have a breath of fresh air [...breθ...]; ◇ на (откры́том) ~е in the ópen (air), out of doors [...dɔːz]; вы́йти на ~ go* out of doors, go* into the fresh air; быва́ть на ~е go* out of doors; носи́ться в ~е be in the air; необходи́м как ~ nécessary as the breath of *one's* nóstrils, *или* of life.

воздуходу́в||ка *ж. тех.* blást-èngine [-endʒ-], blówer [-ouə]. **~ный** *тех.* blast (*attr.*).

воздухоме́р *м. физ.* aerómeter [ɛə'rɔ-].

воздухонагнета́тельный: ~ насо́с *тех.* blást-machíne [-'ʃiːn].

воздухопла́ва||ние *с.* aeronáutics [ɛərə-], aerostátics [ɛəro-], aerostátion [ɛəro-]. **~тель** *м.* áeronaut ['ɛərə-]. **~тельный** aeronáutic [ɛərə-], aerostátic [ɛəro-]; *воен.* ballóon (*attr.*).

возду́шн||ость *ж.* (*лёгкость*) áiriness, líghtness. **~ый** 1. air (*attr.*), áerial ['ɛə-]; ~ое сообще́ние air sérvice, áerial commùnicátion; прямо́е ~ое сообще́ние diréct air sérvice; ~ая желе́зная доро́га élevàted ráilway / ráilroad; ~ая ли́ния áir-lìne; ~ая по́чта air mail; ~ый шар ballóon; ~ый винт áirscrew, propéller; ~ая я́ма *ав.* áir-pòcket; ~ый флот air fleet; air force; ~ое простра́нство (*страны*) air space; ~ый пара́д air displáy; ~ая ата́ка air attáck; ~ая война́ air / áerial wárfàre, war in air; ~ый кана́л air duct / cónduit [...-dɪt]; ~ый насо́с áir-pùmp; ~ая прово́дка *эл.* óver¦head wires [-'hed...] *pl.*; 2. (*лёгкий*) áiry, light; ◇ ~ый пиро́г merìngue [-'ræŋ]; посла́ть ~ый поцелу́й кому́-л. kiss one's hand to smb.; посыла́ть ~ые поцелу́и blow* kísses [-ou...]; ~ые за́мки castles in the air.

воззва́ние *с.* appéal; (*провозглашение*) pròclamátion; Стокго́льмское ~ the Stóckhòlm Appéal [...-houm...]; ~ о запреще́нии ато́много ору́жия the Appéal to ban atómic wéapons [...'we-].

воззва́ть *сов. см.* взыва́ть.

воззре́ние *с.* 1. view [vjuː]; 2. *мн.* views, ìdéas [aɪ'dɪəz], opínions; áttitùde *sg.*

воззри́ться *сов.* (на *вн.*) *разг.* stare (at).

вози́ть, *опред.* везти́, *сов.* повезти́ (*вн.*) **1.** convéy (*d.*), cárry (*d.*), take* (*d.*); (*в телеге*) cart (*d.*); (*кого-л. в экипаже и т. п.*) drive* (*d.*); (*привозить*) bring* (*d.*); **2.** (*тянуть — о лошади и т. п.*) draw* (*d.*).

вози́ться 1. (*без доп.*; *шуметь — о детях*) romp; **2.** (*копошиться*): в углу́ кто́-то во́зится smb. is búsy, *или* búsying him¦sélf, óver there in the córner [...'bɪzɪ...]; **3.** (с *тв.*) *разг.* (*заниматься*) spend* much time (óver); mess abóut (with) *пренебр.*; (*о причиняющем хлопоты, затруднения*) have trouble [...trʌ-] (with), bóther (with), have bóther (with); что ты там так до́лго во́зишься? what are you bóther¦ing / méssing abóut with so long?; он опя́ть во́зится со свое́й маши́ной he is agáin having trouble, *или* póttering, with his car; она́ во́зится на ку́хне she is póttering abóut in the kítchen.

во́зк||а *ж. разг.* cárriage [-rɪdʒ]; ~ на теле́ге cártage, cárting; дров оста́лось на три ~и three cártloads of wood are left [...wud...].

возлага́ть, возложи́ть (*вн.* на *вн.*) lay* (*d.* on), place (*d.* on); (*перен.*) charge (with *d.*), entrúst (with *d.*); ~ вено́к на моги́лу lay* a wreath* on *a* grave; ~ поруче́ние на кого́-л. entrúst smb. with *a* task; ~ наде́жды (на *вн.*) set* / pin one's hopes (on), repóse / place one's hopes (in); ~ отве́тственность на кого́-л. за что-л. make* smb. respónsible for smth.; ~ (всю) вину́ на кого́-л. lay* / put* the (whole) blame on smb. [...houl...], lay* / put* all the blame on smb.; ~ кома́ндование на кого́-л. give* smb. the commánd [...ɑːnd].

во́зле *нареч. и предл.* (*рд.*) by, near, close by [klous...]; ~ него́ by / near him; by his side, besíde him.

возлежа́ть, возле́чь *уст.*, *шутл.* recline.

возле́чь *сов. см.* возлежа́ть.

возлия́ние *с.* libátion.

возложи́ть *сов. см.* возлага́ть.

возлю́бленная *ж. скл. как прил.* swéet¦heart [-hɑːt], belóved [-'lʌvɪd]; *one's* love [...lʌv], lády-lòve [-lʌv] *шутл.*

возлю́бленный I *прил.* belóved [-'lʌvɪd].

возлю́бленный II *м. скл. как прил.* swéet¦heart [-hɑːt], belóved [-'lʌvɪd]; *one's* love [...lʌv] *шутл.*

возме́здие *с.* rètribútion, requítal; (*кара*) púnishment ['pʌ-]; заслу́женное ~ deserved / condígn púnishment [-'zəːvd -'daɪn...]; получи́ть ~ be requíted / púnished [...'pʌ-].

возмести́ть *сов. см.* возмеща́ть.

возмечта́ть *сов.*: ~ о себе́ *разг.* concéive a high opínion of òne¦sélf [-'sɪːv...].

возмещ||а́ть, возмести́ть (что-л. кому́-л.) cómpènsàte (for smth. to smb.), make* up (for smth. to smb.); возмести́ть кому́-л. расхо́ды rè¦fúnd / rè¦imbúrse smb., rè¦imbúrse smb. his expénditure. **~е́ние** *с.* **1.** (*действие*) còmpènsátion; (*тк. о расходах*) rè¦imbúrse¦ment, indèmnificátion; **2.** (*сумма*) còmpènsátion; (*тк. о расходах*) indémnity; (*по суду*) dámages *pl.*

возмо́жно I **1.** *прил. кратк. см.* возмо́жный; **2.** *предик. безл.* it is póssible, it may be, it is not ùn¦líke¦ly; е́сли ~ if póssible; о́чень ~ quite póssible, very líke¦ly; о́чень ~, что it may well be that, it is very líke¦ly that, it is quite póssible that; ско́лько ~ (*с сущ. в ед. ч.*) as much as póssible; (*с сущ. во мн. ч.*) as many as póssible; наско́лько ~ as far as póssible.

возмо́жно II **1.** *нареч.* (*при сравн. ст.*) as... as póssible; ~ скоре́е as soon as póssible; ~ быстре́е as quick as póssible; ~ лу́чше as well as póssible; ~ лу́чший the best póssible; **2.** *как вводн. сл.* póssibly, perháps.

возмо́жн||ость *ж.* **1.** pòssibílity; **2.** (*удобный случай*) òpportúnity, chance; предоставля́ть кому́-л. ~ give* smb. a chance, give* / affórd smb. an òpportúnity; предоста́вить кому́-л. широ́кую ~ províde smb. with ample òpportúnity; когда́ предста́вится ~ when an òpportúnity óffers / occúrs, *или* presénts it¦sélf [...'zents...]; **3.** *мн.* means, resóurces [-'sɔːsɪz]; материа́льные ~ости means; произво́дственные ~ости prodúction potèntiálities; ~ости, зало́женные (в *пр.*) potèntiálities inhérent / látent (in), potèntiálities (of); ◇ по (ме́ре) ~ости as far as póssible; при пе́рвой ~ости as soon as póssible; at one's éarliest convénience [...'əː-...], at the first òpportúnity. **~ый 1.** *прил.* póssible, féasible [-z-]; **2.** *с. как сущ.*: сде́лать всё ~ое do one's út¦mòst, do all in one's pówer, do one's (lével) best [...'le-...].

возмужа́л||ость *ж.* matúrity; (*тк. о мужчине*) virílity. **~ый** grówn-úp [-oun-], matúre; (*тк. о мужчине*) víríle, mán¦ly; вы́глядеть ~ым have a víríle look.

возмужа́ть *сов.* **1.** (*стать взрослым*) grow* up [-ou...]; be grown up [...-oun...]; come* to man's estáte *поэт.*; **2.** (*окрепнуть*) gain in strength, grow* stróng(er).

возмути́тельно I **1.** *прил. кратк. см.* возмути́тельный; **2.** *предик. безл.* it is a scándal, it is scándalous; ~! disgústing!, disgráce¦ful!, shócking!

возмути́тельн||о II *нареч.* scándalous¦ly, outrágeous¦ly. **~ый** scándalous, revólting, outrágeous, disgráce¦ful, shócking.

возмути́ть(ся) *сов. см.* возмуща́ть(-ся).

возмуща́ть, возмути́ть (*вн.*) **1.** (*приводить в негодование*) revólt (*d.*), fill with indignátion (*d.*), rouse the indignátion (of), make* indígnant (*d.*); си́льно ~ кого́-л. make* smb.'s blood boil [...blʌd...], exásperàte smb.; **2.** *уст.* (*побуждать к мятежу*) stir up (*d.*); **3.** *поэт.* (*выводить из состояния покоя*) trouble [trʌ-] (*d.*), distúrb (*d.*), pertúrb (*d.*). **~ся,** возмути́ться **1.** (чем-л., кем-л.) be indígnant (at smth., with smb.), be filled with indignátion (at smth., at smb.), be exásperàted (by smth., by smb.); (*сильно негодовать*) be óutràged; **2.** (про́тив) *уст.* (*восставать*) rebél (agáinst).

возмущ||е́ние *с.* **1.** (*негодование*) indignátion; (*от оскорбления, обиды*) reséntment [-'z-]; **2.** *уст.* (*восстание*) rebéllion, insurréction; **3.** *астр.* pèrtùrbátion. **~ённый 1.** *прич. см.* возмуща́ть; **2.** *прил.* (*тв.*) indígnant (at).

вознагради́ть *сов. см.* вознагражда́ть.

вознагражд||а́ть, вознагради́ть (*вн.* за *вн.*) rewárd (*d.* for), récompènse (*d.* for); (*возмещать*) make* up (to smb. for); cómpènsàte (*d.* for). **~е́ние** *с.* rewárd, récompènse; (*оплата*) remùnerátion; (*гонорар*) fee; (*компенсация*) còmpènsátion; за (небольшо́е) ~е́ние for a (small) considerátion.

вознегодова́ть *сов.* be filled with indignátion; (на что-л., кого́-л.) be indígnant (at smth., with smb.).

возненави́деть *сов.* (*вн.*) concéive a hátred [-ɪːv...] (for), come* to hate (*d.*).

вознесе́ние *с.* (*церк. праздник*) Ascénsion (Day).

вознести́(сь) *сов. см.* возноси́ть(ся).

возник||а́ть, возни́кнуть aríse*, spring* up; come* into exístence / bé¦ing; crop up *разг.*; (*появляться*) appéar; у него́ возни́кла мысль it has occúrred to him; у него́ возни́кло чу́вство he had a féeling; но́вые города́ ~а́ют по всей стране́ new towns are spríng¦ing up, *или* coming into bé¦ing, all óver the cóuntry [...'kʌ-]. **~нове́ние** *с.* órigin, beginning; ~нове́ние но́вых городо́в emérgence/rise of new towns; задо́лго до его́ ~нове́ния (*о городе и т. п.*) long befóre it came into bé¦ing / exístence.

возни́кнуть *сов. см.* возника́ть.

возни́ца *м.* dríver; (*кучер*) cóach¦man*.

возноси́ть, вознести́ (*вн.*) *поэт.* raise (*d.*), lift up (*d.*). **~ся,** вознести́сь **1.** *поэт.* (*подниматься*) rise*; (*возвышаться*) tówer; **2.** *разг.* (*становиться высокомерным*) becóme* concéited [...-'sɪː-], becóme* stúck-úp.

возня́ *ж. разг.* **1.** fuss, bustle; (*шум*) noise, rácket; мыши́ная ~ (*перен.*) pétty intrígues [...-ɪːgz] *pl.*; **2.** (*хлопоты*) bóther, trouble [trʌ-].

возобнов||и́ть(ся) *сов. см.* возобновля́ть(ся). **~ле́ние** *с.* renéw¦al; (*после *перерыва*) resúmption [-'zʌ-], ré¦commence¦ment; (*пьесы*) revíval.

возобновля́ть, возобнови́ть (*вн.*) renéw (*d.*); (*после перерыва*) resúme [-'z-] (*d.*), ré¦commence (*d.*); (*о пьесе*) revíve (*d.*); ~ абонеме́нт, догово́р renéw *a* subscríption, *an* agréement; ~ заня́тия resúme / ré¦comménce léssons; ~ дипломати́ческие отноше́ния resúme diplomátic relátions; ~ перегово́ры ré¦ópen / resúme negòtiátions / talks / discússions [...-gou-...]. **~ся,** возобнови́ться **1.** ré¦-comménce; **2.** *страд.* к возобновля́ть.

возо́к *м.* closed sleigh.

возомни́ть *сов.*: ~ о себе́ become* concéited [...-'si:-], have too high an opínion of òne¦sélf.

возраж||а́ть, возрази́ть **1.** (про́тив) objéct (to), raise an objéction (to, agáinst), take* excéption (to); про́тив э́того не́чего бы́ло возрази́ть nothing could be said agáinst that [...sed...]; не ~а́ю I don't mind, I have no objéction; вы не ~а́ете? you have no objéction?, you don't mind?; ему́ все единоду́шно ~а́ли all with one accórd oppósed him; **2.** (*отвечать*) retúrn, rejóin; (*резко*) retórt. **~е́ние** *с.* objéction; (*резкий ответ*) retórt; без ~е́ний! don't árgue!; ~е́ний нет there is no òpposítion [...-'zɪ-], no one is agáinst.

возрази́ть *сов. см.* возража́ть.

во́зраст *м.* age; одного́ ~а of the same age; преде́льный ~ age límit; шко́льный ~ school age; в ~е... лет of / at the age of...; aged...: в ~е 15 лет at the age of 15, aged 15; ✧ вы́йти из ~а (для чего́-л.) be too old (for smth.), pass the age límit; (*для военной службы и т. п.*) be above age; вы́йти из шко́льного ~а be no lónger of school age.

возраст||а́ние *с.* growth [-ouθ], ín¦crease [-s]; (*особ. о звуках*) augmèntátion. **~а́ть,** возрасти́ grow* [-ou], in¦créase [-s]; (*особ. о звуках*) augmént. **~а́ющий 1.** *прич. см.* возраста́ть; **2.** *прил.*: ~а́ющая ско́рость *физ.* àccèleràted velócity; ~а́ющая прогре́ссия *мат.* in¦créasing progréssion [-s-...].

возрасти́ *сов. см.* возраста́ть.

возрастно́й *прил. к* во́зраст; ~ ценз age quàlificátion.

возроди́ть(ся) *сов. см.* возрожда́ть (-ся).

возрожда́ть, возроди́ть (*вн.*) **1.** (*восстанавливать*) revíve (*d.*); ~ к жи́зни restóre to life (*d.*), resúscitàte (*d.*); **2.** (*внушать энергию*) regéneràte (*d.*), breathe new life (into), revítalize [-'vaɪ-] (*d.*). **~ся,** возроди́ться **1.** revíve; **2.** (*почувствовать прилив энергии и т. п.*) retúrn to life, be restóred to life; **3.** *страд. к* возрожда́ть.

Возрожде́ни||е *с. ист.* Renáissance, Renáscence; эпо́ха ~я Renáissance, Renáscence.

возрожде́ние *с.* revíval, rè¦bírth, renáscence; ~ к жи́зни rè¦bírth; ~ промы́шленности rè¦bírth / revíval of índustry.

во́зчик *м.* cárter, dráy¦man*.

возыме́ть *сов.* (*вн.*) concéive [-i:v] (*d.*), form (*d.*); ~ жела́ние feel* a wish; ~ наме́рение form the inténtion; ✧ ~ де́йствие have / prodúce an efféct; ~ си́лу come* into force.

во́ин *м.* fíghting man*; sóldier [-dʒə]; wárrior *поэт.* **~ский** mílitary; (*подобающий военному*) mártial; ~ская часть mílitary únit; ~ский по́езд mílitary / troop train; ~ский дух mártial spírit; ~ская до́блесть mílitary válour [...'væ-]; ~ские по́чести mílitary hónours [...'ɔ-]; ~ская обя́занность mílitary sérvice; ~ская пови́нность conscríption, compúlsory mílitary sérvice.

во́инственно I *прил. кратк. см.* во́инственный.

во́инственн||о II *нареч.*: вы́глядеть ~ look béllicòse [...-s]; быть ~ на-стро́енным be béllicòse. **~ость** *ж.* bèllicósity, wárlike cháracter [...'k-]. **~ый** mártial; wárlike; béllicòse [-s] (*тж. перен.*); ~ый вид, тон wárlike / béllicòse air, tone.

во́инство *с. тк. ед. собир.* ármy, host [hou-].

во́инствующий mílitant.

вои́стину *нареч.* trúly, in truth [...tru:θ], indéed; vérily *уст.*

во́итель *м. поэт.* wárrior.

вой *м. тк. ед.* howl, hówling; (*о плаче*) wail; ~ ве́тра wail / wáiling of the wind [...wɪ-]; подня́ть ~ set* up a howl / wail.

во́йло||к *м.* thick felt. **~чный** felt (*attr.*).

войн||а́ *ж.* war; (*ведение войны*) wár-fàre; гражда́нская ~ cívil war; партиза́нская ~ pàrtisán / guer(r)ílla wárfàre [-'z- gə-...]; Вели́кая Оте́чественная ~ the Great Pàtriótic war [...-eɪt...]; справедли́вая ~ just war; мирова́я ~ world war; империалисти́ческая ~ impérialist war; морска́я ~ nával wárfàre, sea war; хими́ческая ~ chémical / gas wárfàre ['ke-...]; возду́шная ~, ~ в во́здухе air / áerial wárfàre [...'ɛər-...], war in the air; холо́дная ~ cold war; начала́сь ~ war broke out; объяви́ть ~у́ (*дт.*) decláre war (on); вести́ ~у́ wage war, fight* a war; находи́ться в состоя́нии ~ы́ (с *тв.*) be at war (with); на ~е́ in the war.

войска́ *мн.* troops; fórce(s); сухопу́тные ~ land fórces; ~ прикры́тия cóvering force ['kʌ-...] *sg.*; бронета́нковые ~ ármour¦ed troops / fórces; ~ свя́зи sígnal troops; commùnicátion troops *амер.*; инжене́рные ~ ènginéers [endʒ-]; наёмные ~ mércenary ármy *sg.*, mércenaries.

во́йско *с.* ármy; fórces *pl.* **~во́й** ármy (*attr.*), mílitary.

войти́ *сов. см.* входи́ть.

вока́була *ж.* **1.** *лингв.* vócable; **2.** *мн. уст.* vocábulary *sg.*

вокализа́ция *ж. лингв., муз.* vòcalìzátion [voukəlaɪ-].

вокали́зм *м. лингв.* vócal¦ism.

вокали́зы *мн. муз.* éxercìse in vòcalìzátion [...voukəlaɪ-] *sg.*

вокали́ст *м. муз.* vócalist ['vou-].

вока́льн||ый vócal; ~ая му́зыка vócal músic [...-z-].

вокза́л *м.* (ráilway) státion; речно́й ~ ríver¦side státion ['rɪ-...].

вокза́льный *прил. к* вокза́л.

вокру́г *нареч. и предл.* (*рд.*) round, aróund; осма́триваться ~ look aróund; ~ све́та round the world; путеше́ствие ~ све́та vóyage round the world; ✧ верте́ться, ходи́ть ~ да о́коло *разг.* ≅ beat* abóut the bush [...buʃ]; обвести́ ~ па́льца turn / twist / wind* round one's (little) fínger.

вол *м.* ox*, búllock ['bu-]; ✧ рабо́тать как ~ ≅ work like a slave.

вола́н *м.* **1.** (*оборка*) flounce; **2.** (*для игры*) shúttle¦còck; игра́ в ~ báttle¦-dòre and shúttle¦còck.

во́лглый damp, húmid.

волды́рь *м.* (*пузырь*) blíster; (*шишка*) bump.

волево́й 1. vòlítional [vou-]; ~ и́мпульс vòlítional ímpulse; **2.** (*решительный*) stróng-wìlled, résolùte [-z-], detérmined.

волеизъявле́ние *с.* will; (*желание*) desíre [-'z-].

волейбо́л *м. спорт.* vólley-bàll. **~и́ст** *м.* vólley-bàller, vólley-bàll pláyer.

волейбо́льный *прил. к* волейбо́л.

во́лей-нево́лей *нареч.* wílly-nílly.

волжа́н||ин *м.*, **~ка** *ж.* nátive of the Vólga région.

во́лжский Vólga (*attr.*), of the Vólga.

волк *м.* wolf* [wulf]; ✧ ~ в ове́чьей шку́ре wolf in sheep's clóthing [...-ou-]; морско́й ~ *разг.* old salt, séa-dòg; ~ом смотре́ть scowl, lour; ~ом выть lamént; moan and groan.

волк-маши́на *ж. текст.* wíllow.

волкода́в *м.* wólf-hound ['wu-].

волна́ *ж.* (*в разн. знач.*) wave; (*разбивающаяся у берега*) bréaker [-eɪkə]; больша́я ~ héavy wave ['he-...], bíllow; взрывна́я ~ blast; электромагни́тные во́лны eléctromàgnétic waves; расту́щая ~ недово́льства rísing tide of díscontént.

волне́н||ие *с.* **1.** àgitátion; (*душевное*) emótion; (*нервное состояние*) nérvous¦ness; (*сильная тревога*) alárm; в ~ии ágitàted, excíted; **2.** (*на воде*) chóppiness, róughness ['rʌf-]; на́ море, на о́зере ~ the sea, the lake is tróubled / rough / chóppy [...trʌ- rʌf...]; **3.** *мн.* (*беспорядки*) ríot *sg.*, distúrbance *sg.*

волни́ст||ый wávy; (*о металле*) córrugàted; ~ые во́лосы wávy hair *sg.*

волни́тельный *разг.* = волну́ющий.

волнова́ть, взволнова́ть (*вн.*) **1.** ágitàte (*d.*), trouble [trʌ-] (*d.*); (*возбуждать*) excíte (*d.*); (*умы*) stir (*d.*); (*беспокоить*) distúrb (*d.*), wórry ['wʌ-] (*d.*); (*тревожить*) alárm (*d.*); (*расстраивать*) ùpsét* (*d.*); волну́емый воспомина́ниями ágitàted by mémories; **2.** (*о поверхности чего-л.*) ruffle (*d.*). **~ся,** взволнова́ться **1.** be ágitàted, be in àgitátion; (*быть расстроенным*) be ùpsét; (*беспокоиться*) be distúrbed, be wórried [...'wʌ-], be ùn¦éasy [...-zɪ]; (*тревожиться*) be alármed; (*нервничать*) be nérvous; get* / be excíted; ~ся из-за чего́-л. wórry abóut smth. ['wʌ-...], fret òne¦sélf abóut smth.; **2.** (*о воде*) be chóppy / ágitàted; (*слегка*) ripple; (*о море*) be rough [...rʌf]; (*вздыматься*) rise* in waves, surge, bíllow; **3.** *тк. несов. уст.* (*о народных волнениях*) be in a state of férmènt.

волнов||о́й *физ.* wave (*attr.*); (*идущий волнами*) úndulàtory [-leɪ-]; ~а́я тео́рия wave théory [...'θɪə-]; ~о́е движе́ние úndulàtory / úndulàting móve¦ment [...'muːv-].

волно||ло́м *м.* bréakwàter [-eɪkwɔː-]. **~ме́р** *м. тех.* wáve-mèter.

волнообра́зн||ый úndulàting, úndulàtory [-leɪ-], wávy; ~ая пове́рхность úndulàting / wávy súrface; ~ая обмо́тка *эл.* wave wínding.

волноре́з *м.* bréakwàter [-eɪkwɔː-].

волноулови́тель *м. рад.* wave detéctor.

волну́ющ||ий (*тревожный*) pertúrbing, distúrbing; (*нервирующий*) nérve-ràcking; (*возбуждающий*) excíting, stírring; (*полный очарования*) thrílling; ~ го́лос thrílling voice; ~ие собы́тия stírring evénts; ~ая речь móving speech ['muːv-...]; ~ая пье́са stírring / thrílling play.

воло́в||ий *прил. к* вол; ~ья шку́ра óx-hìde.

во́лок *м.* pórtage (*carrying place between two navigable waters*).

волоки́та I *ж.* (*канцелярская*) red tape; procràstinátion.

волоки́та II *м. уст. разг.* (*ухажиьатель*) ládies' man*, ládykìller; ста́рый ~ old spark.

волоки́тчик *м. разг.* réd-tápist [-'teɪ-], réd-tápe mérchant, procrástinàtor.

волокни́ст||ый fíbrous; ~ лён fíbrous flax; ~ое мя́со stríng¦y meat.

волокно́ *с.* fibre, fílament; иску́сственное ~ àrtifícial fibre.

во́локом *нареч.*: тащи́ть ~ (*вн.*) *разг.* drag (*d.*), tow (*d.*); переправля́ть ~ (*вн.*) pórtage (*d.*).

волонтёр *м.* vòluntéer.

волоо́кий óx-eyed [-aɪd].

Волопа́с *м.* (*созвездие*) Bòótès [-tiːz].

во́лос *м.* hair; ко́нский ~ hórse-hair; све́тлые ~ы fair hair *sg.*; седы́е ~ы grey hair *sg.*; ◇ ~ы стано́вятся ды́бом one's hair stands on end; э́то притя́нуто за́ ~ы it is fár-fétched; красне́ть до корне́й воло́с blush to the roots of one's hair; ни на́ ~ not a grain; рвать на себе́ ~ы tear* one's hair [teə...]. **~а́тик** *м. зоол.* háir-wòrm. **~а́тый** háiry; hírsùte *научн.*; (*косматый*) shággy. **~и́стый** *мин.* fíbrous. **~но́й** *физ.* capíllary; ~ны́е сосу́ды *анат.* capíllaries.

воло́сность *ж. физ.* càpillárity.

волос||о́к *м.* **1.** *уменьш. от* во́лос; **2.** (*в часах*) háir-sprìng; (*в электрической лампочке*) fílament; (*в оптическом приборе*) hair; ◇ быть на ~ от чего́-л. be within a háirbreadth of smth. [...-bre-...]; висе́ть, держа́ться на ~ке́ hang* by a thread [...θred]; не тро́нуть ~ка́ у кого́-л. not touch a hair of smb.'s head [...tʌtʃ... hed].

волостно́й *прил. к* во́лость.

во́лость *ж. ист.* vólost (*small rural district*).

волосяно́й *прил. к* во́лос; ~ покро́в (*головы*) scalp; ~ матра́с hórse-hair máttress.

волоч||е́ние *с.* (*о проволоке*) wíre-drawing. **~и́льный** *тех.* wíre-drawing (*attr.*); ~и́льная маши́на dráwing-machìne [-'ʃiːn]; ~и́льная доска́ *тех.* dráw-plàte. **~и́льщик** *м.* wíre-drawer. **~и́ть** (*вн.*) **1.** drag (*d.*) ~и́ть подо́л draggle one's skirts; ~и́ть но́ги (*при ходьбе*) shuffle one's feet; е́ле но́ги ~и́ть *разг.* be hárdly able to drag one's legs alóng; **2.** *тех.* draw* (*d.*). **~и́ться 1.** drag, trail, be dragged, be trailed; **2.** (за *тв.*) *разг.* (*ухаживать*) dangle (áfter), run* (áfter).

волхвы́ *мн.* Mágì.

волча́нка *ж. мед.* lúpus.

волча́та *мн. см.* волчо́нок.

во́лч||ий *прил. к* волк; lúpìne *научн.*; ~ья шу́ба wólfskìn coat ['wu-...]; ~ья пасть *мед.* cleft pálate; ~ья я́года *бот.* spúrge-laurel [-lɔ-]; ~ья я́ма *воен.* wólf-hòle ['wu-]; ◇ ~ аппети́т *разг.* vorácious áppetite; получи́ть ~ па́спорт *разг.* get* on the black list, be blácklìsted.

волчи́ха *ж.*, **волчи́ца** *ж.* shé-wólf* [-'wu-].

волчко́м *нареч.*: верте́ться ~ spin* round and round, spin* like a top.

волчо́к *м.* (*игрушка*) top.

волчо́нок *м.* wólf-cùb ['wu-].

волше́б||ник *м.* magícian, sórcerer, wízard ['wɪ-]. **~ница** *ж.* enchántress [-ɑːn-], sórceress. **~ный** mágic; (*чарующий*) be¦wítching, enchánting [-ɑːn-]; ~ные зву́ки mágic / be¦wítching sounds; ~ная красота́ enchánting béauty [...'bjuː-]; ◇ ~ное ца́рство Fáiryland, enchánted kíng¦dom [-ɑːn-...]; ~ный фона́рь mágic lántern. **~ство́** *с.* mágic, sórcery; (*очарование*) mágic, enchántment [-ɑːn-]; по ~ству́ by mágic.

волы́н||ка *ж.* **1.** (*музык. инструмент*) bágpìpes *pl.*; **2.** *тк. ед. разг.* (*медлительность, затягивание дела*) dáwdling, deláy, dílatoriness, léngthy búsiness [...'bɪzn-]; тяну́ть ~ку dáwdle; drag out, be dílatory. **~щик** *м.* **1.** (*музыкант*) píper; **2.** *разг.* dáwdler.

вольго́тн||о *нареч. разг.* in fréedom. **~ый** *разг.* free, of fréedom.

волье́р *м.*, ~а *ж.* ópen-air cage.

во́льн||ая *ж. скл. как прил. ист.* létter of enfránchise¦ment; дава́ть кому́-л. ~ую give* smb. his fréedom.

во́льница *ж. тк. ед. собир. ист.* frée¦men *pl.*; (*о войске*) fréebooters *pl.*

во́льничать (с *тв.*) take* líberties (with).

во́льно *нареч.* **1.** (*свободно*) fréely; ~ или нево́льно vóluntarily or not; **2.** *воен., спорт.* at ease; ~! (*команда*) stand éasy! [...'iːzɪ].

вольно́ *предик. разг.*: ~ тебе́ it's of your own chóosing [...oun...], you your¦sélf chose, of your own free will.

вольноду́м||ец *м. уст.* frée-thìnker. **~ный** *уст.* frée-thìnking. **~ство** *с. уст.* frée-thìnking.

вольнолюби́вый *уст.* fréedom-lòving [-lʌ-].

вольномы́слие *с. уст.* frée-thìnking, free thought.

вольно||наёмный civílian. **~определя́ющийся** *м. скл. как прил. ист.* (*в армию*) vòluntéer.

вольноотпу́щенн||ик *м. ист.* (*о рабе*) emáncipàted slave; fréed¦man*; (*о крепостном*) emáncipàted serf. **~ица** *ж. ист.* fréed¦wòman* [-wu-]. **~ый** *ист.* **1.** *прил.* freed, emáncipàted; **2.** *м. как сущ.* = вольноотпу́щенник.

вольно||практику́ющий: ~ врач prívate pràctítioner ['praɪ-...]. **~слу́шатель** *м.* ún¦attáched / extérnal stúdent.

во́льн||ость *ж.* **1.** líberty, fréedom; поэти́ческая ~ pòétic lícence [...'laɪ-]; **2.** (*излишняя непринуждённость*) líberty, famìliárity; ~ в обраще́нии úndúe famìliárity; позволя́ть себе́ ~ости take* líberties; **3.** *ист.* fréedom. **~ый 1.** free; **2.** (*не стеснённый законами и т. п.*) ún¦restrícted; ~ая прода́жа ún¦restrícted sale; по ~ой цене́ at an agréed price; **3.** (*излишне непринуждённый*) free, famíliar, (*нескромный*) ímpudent; ~ое поведе́ние ímpudent beháviour; ◇ ~ый го́род free cíty [...'sɪ-]; ~ая га́вань free port; ~ый перево́д free trànslátion [...-ɑːn-]; ~ые упражне́ния free éxercises / gymnástics, free càlisthénics; на ~ом во́здухе in the ópen (air); ~ая пти́ца *разг.* one's own máster [...oun...].

вольт I *м. физ.* volt.

вольт II *м. спорт.* vólte ['vɔltɪ].

вольт||а́ж *м. физ.* vóltage. **~а́метр** *м. физ.* vòltámeter [vɔ-].

вольтерья́н||ец [-тэ-] *м. ист.* Vòltáirian [vɔ-]. **~ство** [-тэ-] *с. ист.* Vòltáirianism [-vɔ-].

вольтиж||ёр *м. спорт.* equéstrian váulter. **~и́ровать** *спорт.* vault (on hórse|bàck). **~иро́вка** *ж. спорт.* equéstrian váulting.

вольтме́тр *м. физ.* vóltmèter ['vɔ-].

вольфра́м *м.* (*металл*) túngsten [-ŋs-]; (*руда*) wólfram ['wu-]. **~овый** túngsten [-ŋs-] (*attr.*); ~овая ла́мпочка túngsten lamp; ~овая руда́ wólfram ['wu-].

волюнтари́зм *м. филос.* vóluntarism.

волю́та *ж. арх.* volúte.

во́л||я *ж.* **1.** (*в разн. знач.*) will; свобо́дная ~ free will; си́льная ~ strong will; име́ть си́лу ~и сде́лать что-л. have the wíll-power, *или* the strength of will / mind, to do smth.; лю́ди до́брой ~и people of good will [pi:-...]; э́то в ва́шей ~е it is in your pówer; по до́брой ~е vóluntarily, of one's own free will [...oun...], of one's own accórd; по свое́й ~е of one's own free will; не по свое́й ~е agáinst one's will; поми́мо его́ ~и in spite of him|sélf; **2.** (*свобода*) líberty; он на ~е he is at líberty, he is free; отпуска́ть на ~ю (*вн.*) set* at líberty (*d.*), líberàte (*d.*); **3.** (*отмена крепостного права*) Emàncipátion; ✧ ~ ва́ша *разг.* as you please, as you like; дава́ть себе́ ~ю let* òne|sélf go; дава́ть ~ю чему́-л. (*чувствам и т.п.*) give* vent to smth.; не дава́ть ~и своему́ чу́вству keep* / hold* one's féeling(s) in check, curb one's féeling(s); дава́ть ~ю воображе́нию give* rein to one's imàginátion; дава́ть ~ю рука́м *разг.* be réady with one's hands / fists [...'re-...]; ~ею су́деб as fate (has) willed it; на ~ю (*на свежий воздух*) into the fresh air, into the ópen.

вон I **1.** *нареч.* (*прочь*) out; вы́йти ~ go* out; вы́гнать ~ (*вн.*) drive* out (*d.*), turn out (*d.*); **2.** *как межд.*: ~! get / go a|wáy!; ~ отсю́да!, пошёл ~! get out (of here)!, clear out!; ~ его́! out with him!; ✧ из рук ~ пло́хо wrétchedly; из ря́да ~ выходя́щий óutstànding, ùn|úsual [-ʒu-], out of the cómmon (run); э́то у меня́ (совсе́м) из ума́ ~ *разг.* it quite escáped me, I had clean forgótten it.

вон II *частица* (*там*) there, óver there; ~ он идёт there he is; ✧ ~ он како́й! so that's the sort of féllow he is, is he?; ~ оно́ что! *разг.* so that's it!

вонз||а́ть, вонзи́ть (*вн.*) stick* (*d.*); (*о кинжале и т. п.*) thrust* (*d.*); plunge (*d.*). **~а́ться,** вонзи́ться **1.** pierce [pɪəs], go* into; **2.** *страд. к* вонза́ть. **~и́ть(ся)** *сов. см.* вонза́ть (-ся).

вон||ь *ж. разг.* stink, stench. **~ю́чий** *разг.* stinking, fétid, pútrid. **~ю́чка** *ж. зоол.* skunk. **~я́ть** (*тв.*) *разг.* stink* (of); (*без доп. тж.*) have a foul / fétid / pútrid smell.

воображáем||ый imáginary; ~ая ли́ния *мат.* imáginary line.

воображ||а́ть, вообрази́ть (*вн.*) imágine (*d.*), fáncy (*d.*); вообрази́ть себе́ что-л. imágine smth., take* smth. into one's head [...hed], fáncy smth.; ✧ вообрази́те! fáncy!; ~ о себе́ *разг.* think* too much of òne|sélf; think* no small beer of òne|sélf *идиом.*; ~а́ю! *разг.* I can just imágine. **~а́ться,** вообрази́ться **1.** seem; **2.** *страд. к* воображáть. **~е́ние** *с.* imàginátion; спосо́бность ~е́ния imáginative|ness; име́ть (большу́ю) си́лу ~е́ния be (híghly) imáginative, have a great pówer of imàginátion [...greɪt...]; в ~е́нии in imàginátion, in fáncy, in the mind's eye [...aɪ]; живо́е ~е́ние líve|ly imàginátion.

вообраз||и́мый imáginable. **~и́ть(ся)** *сов. см.* воображáть(ся).

вообще́ *нареч.* **1.** (*в общем*) in géneral, génerally (spéaking); (*в целом*) àltogéther [-'ge-], on the whole [...h-], up|ón the whole; **2.** (*всегда*) álways ['ɔ:lwəz]; он ~ тако́й he is álways like that; **3.** (*совсем — при не, если*) at all: он ~ не придёт he won't come at all [...wount...]; ✧ ~ говоря́ (*в общем*) génerally spéaking; (*собственно говоря*) as a mátter of fact.

воодушеви́ть(ся) *сов. см.* воодушевля́ть(ся).

воодушевл||е́ние *с.* **1.** (*действие*) inspíriting, róusing; **2.** (*увлечение*) árdour, enthúsiàsm [-zɪ-], férvour; (*вдохновение*) ìnspirátion. **~ённый 1.** *прич. см.* воодушевля́ть; **2.** *прил.* enthùsiástic [-zɪ-], férvent; (*вдохновенный*) inspíred.

воодушевля́ть, воодушеви́ть (*вн.*) inspíre (*d.*); (*побуждать к деятельности*) inspírit (*d.*); (*увлекать*) inspíre / fill with enthúsiàsm [...-zɪ-] (*d.*). **~ся,** воодушеви́ться be ánimàted, be inspíred, be filled with enthúsiàsm [...-zɪ-].

вооруж||а́ть, вооружи́ть **1.** (*вн. тв.*; *прям. и перен.*) arm (*d.* with); (*перен. тж.*) make* máster (*d.* of), put* in posséssion [...-'ze-] (*d.* of); вооружи́ть кого́-л. зна́ниями arm / equip smb. with knówledge [...'nɔ-]; вооружи́ть кого́-л. необходи́мыми све́дениями instrúct smb., supplý smb. with infòrmátion; ~ённый те́хникой armed with téchnical means / applíances; **2.** (*вн. про́тив*; *восстанавливать*) ínstigàte (*d.* agáinst). **~а́ться,** вооружи́ться **1.** arm; (*перен.*) arm / províde / fúrnish òne|sélf; ~и́ться терпе́нием arm òne|sélf with pátience, be pátient, have pátience; вооружи́ться зна́ниями arm / equip òne|sélf with knówledge/infòrmátion [...'nɔ-...]; **2.** *страд. к* вооружáть. **~е́ние** *с.* **1.** (*действие*) ármament; **2.** (*оружие*) ármament; arms *pl.*; (*военного корабля*) ármament; состоя́ть на ~е́нии (*рд.*) be adópted (by, in); име́ть на ~е́нии (*вн.*) be armed (with); **3.** (*приспособления, принадлежности*) equípment; réquisites [-zɪts] *pl.*; па́русное ~е́ние *мор.* (sáiling) rig. **~ённый 1.** *прич. см.* вооружáть; **2.** *прил.* armed; (*тв. перен.*) posséssed [-'ze-] (of), in posséssion [...-'ze-] (of), armed (with); ~ённые си́лы armed fórces; ~ённое восста́ние armed revólt / rísing / ìnsurréction; rísing in arms; ~ённое столкнове́ние armed cónflict; (*стычка*) pássage of arms; акт ~ённой агре́ссии act of armed aggréssion; ✧ ~ённый до зубо́в armed to the teeth. **~и́ть(ся)** *сов. см.* вооружáть(ся).

во́очию *нареч.* with one's own eyes [...oun aɪz]; ~ убеди́ться в чём-л. see* smth. with one's own eyes, see* smth. for òne|sélf.

во-пе́рвых *вводн. сл.* first of all, in the first place, for one thing; fírst|ly (*тк. при перечислении*).

вопи́ть *разг.* (*кричать*) yell, howl; (*плакать*) wail.

вопию́щ||ий scándalous, crýing; ~ая несправедли́вость crýing injústice; ~ факт scándalous thing / mátter; ~ее безобра́зие crýing shame; ~ее противоре́чие flágrant / gláring còntradíction; ✧ глас ~его в пусты́не the voice in the wílderness.

воплоти́ть(ся) *сов. см.* воплощáть(ся).

воплощ||а́ть, воплоти́ть (*вн.*) ín|càrnàte (*d.*), embódy [-'bɔ-] (*d.*); (*олицетворять*) pèrsónifỳ (*d.*); ~ в себе́ be the ìn|càrnátion (of), be the pèrsònificátion / embódiment (of), pèrsónifỳ (*d.*); ~ в жизнь réalìze ['rɪə-] (*d.*), embódy (*d.*), convért into a fact (*d.*). **~а́ться,** воплоти́ться be ín|càrnàted / embódied [...-'bɔ-]; (*олицетворяться*) be pèrsónified; (*осуществляться*) be réalìzed [...'rɪə-]. **~е́ние** *с.* ìn|càrnátion, embódiment; (*олицетворение*) pèrsònificátion; (*осуществление*) realìzátion [rɪəlaɪ-]; он — ~е́ние ску́пости he is méanness pèrsónified / in|cárnate; он — ~е́ние здоро́вья he is the pícture of health [...helθ]. **~ённый 1.** *прич. см.* воплощáть; **2.** *прил.* in|cárnate; (*олицетворённый*) pèrsónified (*после сущ.*); он — ~ённое благоро́дство he is the soul of hónour [...soul... 'ɔnə].

вопль *м.* (*крик*) yell, howl, scream, (loud) cry; (*плач*) wail.

вопреки́ *предл.* (*дт.*) in spite of; despíte; (*несмотря*) nòt|with|stánding; (*против*) agáinst; (*наперекор*) in defíance of, regárdless of, in the teeth of, cóntrary to; ~ всем пра́вилам regárdless of the rules, in the teeth of every rule; ~ чьему́-л. жела́нию nòt¦with¦stánding / despíte / agáinst smb.'s desíre [...-'zaɪə]; ~ да́нному сло́ву in spite of one's prómise [...ɪs]; ~ чьему́-л. сове́ту agáinst, *или* regárdless of, smb.'s advíce.

вопро́с *м.* (*в разн. знач.*) quéstion [-stʃ-]; (*дело тж.*) mátter; (*предмет спора, обсуждения*) íssue; (*проблема*) próblem ['prɔ-]; зада́ть ~ ask / put* a quéstion; спо́рный ~ moot point, vexed quéstion; ~ не в э́том that is not the quéstion; что за ~! what a quéstion!, of course! [...kɔːs]; ~ состои́т в том, что the quéstion / próblem is; весь ~ в том, что́бы (+*инф.*) the whole point is [...houl...] (+ to *inf.*); оста́ться под ~ом remáin úndecíded; поста́вить под ~ (*вн.*) quéstion (*d.*), call in quéstion (*d.*); э́то ещё ~, согласи́тся ли он it remáins to be seen whéther he will agrée; подня́ть ~ raise *a* quéstion; изучи́ть ~ stúdy *the* quéstion ['stʌ-...], go* into *the* quéstion; ~ вре́мени quéstion of time; ~ че́сти point of hónour [...'ɔnə]; ~ жи́зни и сме́рти a mátter of life and death [...deθ]; э́то совсе́м друго́й ~ that is quite another, *или* a different, mátter / quéstion; ~ы, стоя́щие в поря́дке дня the agénda *sg.*; ítems on the agénda.

вопроси́тельн||ый ìnterrógative; (*о взгляде, тоне и т. п.*) in¦quíring, quéstioning [-stʃ-]; of in¦quíry; ~ знак quéstion-màrk [-stʃ-], note / mark of ìnterrogátion; ~ое предложе́ние *грам.* quéstion [-stʃ-].

вопроси́ть *сов. см.* вопроша́ть.

вопро́сник *м.* quèstionnáire [kestɪə-'nɛə].

вопроша́ть, вопроси́ть (*вн.*) *уст.* in¦quíre (of), quéstion [-stʃ-] (*d.*).

вор *м.* thief* [θiːf]; (*мелкий*) pílferer; карма́нный ~ píckpòcket; магази́нный ~ shóplìfter; держи́те ~а! stop thief*!; ✧ на ~е ша́пка гори́т *погов.* ≅ the cap fits.

во́рвань *ж.* tráin-oil, blúbber-oil.

ворва́ться *сов. см.* врыва́ться II.

вори́шка *м. разг.* pílferer, pétty thief* [...θiːf]; (*малолетний вор*) young thief* [jʌŋ...].

воркова́||нье *с.* cóo¦ing. **~ть** coo; (*перен.*) bill and coo.

воркотня́ *ж. разг.* grúmbling.

вороб||е́й *м.* spárrow; ✧ ста́рого ~ья́ на мяки́не не проведёшь *погов.* an old bird is not caught with chaff; стре́ляный ~ *разг.* old bird, dówny bird, old stáger.

воробьи́н||ый *прил. к* воробе́й; pásserìne *научн.*; ✧ ~ая ночь short súmmer night; (*с зарницами*) thúndery súmmer night; ~ая стая flock of spárrows.

воро́в||анный stólen. **~а́тый** *разг.* thíevish ['θiː-]; fúrtive, stéalthy ['ste-].

ворова́ть (*вн.*) steal* (*d.*); (*о мелкой краже*) pílfer (*d.*); filch (*d.*), pinch (*d.*) *разг.*; ~ что-л. у кого́-л. steal* / filch smth. from smb.

воро́в||ка *ж.* thief* [θiːf]. **~ски́** *нареч.* thíevishly ['θiːv-], in an únderhànd way. **~ско́й** *прил. к* вор; (*свойственный вору*) thíevish ['θiːv-]; ~ско́й жарго́н thieves' cant / Látin [θiː-...]; ~ско́й прито́н den of thieves; ~ски́е приёмы thíevish méthods. **~ство́** *с.* stéaling, thíeving ['θiː-]; (*мелкое*) pílfering; fílching, pínching *разг.*; занима́ться ~ство́м be a thief* [...θiːf]; ✧ литерату́рное ~ство́ plágiarism.

ворожба́ *ж. тк. ед. уст.* fórtune-tèlling [-tʃən-].

ворож||е́я *ж. уст.* fórtune-tèller [-tʃən-]. **~и́ть,** поворожи́ть *уст.* tell* fórtunes [...-tʃənz]; ~и́ть кому́-л. tell* smb.'s fórtune.

во́рон *м.* ráven; ✧ ~ ~у глаз не вы́клюет *посл.* ≅ dog does not eat dog.

воро́на *ж.* crow [-ou]; (*перен.: ротозей*) gawk; ✧ ~ в павли́ньих пе́рьях ≅ daw in péacòck's féathers [...'fe-]; воро́н счита́ть *разг.* gape; бе́лая ~ rára ávis; пу́ганая ~ куста́ бои́тся ≅ a burnt child dreads a fire [...dredz...].

воронён||ый *тех.* blued; ~ая сталь blue(d) steel, búrnished steel.

воро́ний *прил. к* воро́на; córvìne *научн.*

ворони́ть (*вн.*) *тех.* blue (*d.*), búrnish (*d.*).

воро́нка *ж.* **1.** (*для наливания*) fúnnel; **2.** (*яма*) cráter; (*от снаряда*) shéll-hòle; ми́нная ~ míne-cràter.

воронкообра́зный fúnnel-shàped.

во́ронов: цве́та ~а крыла́ ≅ jét-bláck; ráven (*attr.*).

ворон||о́й black: ~а́я ло́шадь black horse; ✧ прокати́ть на ~ы́х (*вн.*) *уст.* (*забаллотировать*) bláckbàll (*d.*).

воронье́ *с. тк. ед. собир.* cárrion-cróws [-ouz] *pl.*

во́рот I *м.* (*одежды*) cóllar; схвати́ть за ~ (*вн.*) seize by the cóllar [siːz...] (*d.*), cóllar (*d.*).

во́рот II *м. тех.* wíndlass ['wɪnd-].

воро́та *мн.* gate *sg.*, gates; (*в футболе*) goal *sg.*; (*в крокете*) hoop *sg.*; шлю́зные ~ lóck-gàte *sg.*; стоя́ть в ~х stand* in the gáte¦way; пройти́ ми́мо воро́т (*о мяче*) miss the goal; ✧ триумфа́льные ~ trìúmphal arch *sg.*; пришла́ беда́, отворя́й ворота́ *погов.* ≅ troubles / misfórtunes never come síngly [trʌ- -tʃənz...], it never rains but it pours [...pɔːz].

вороти́ла *м. разг.* big pot, bígwìg, boss.

вороти́ть I *сов. разг.* = верну́ть 3; сде́ланного не воро́тишь what's done can't be ún¦done [...kɑːnt...].

вороти́ть II *разг.* **1.** (*вн.*): ~ нос (от) turn up one's nose (at); его́ воро́тит от э́того it makes him sick to look at this; **2.** (*распоряжаться*) = воро́чать 2.

вороти́||ться *сов. разг.* retúrn; он уже́ ~лся he is back.

воротни́к *м.* cóllar; стоя́чий ~ high cóllar.

воротничо́к *м.* cóllar; крахма́льный ~ stiff cóllar; мя́гкий ~ soft cóllar.

воро́тн||ый: ~ая ве́на *анат.* pórtal vein.

во́рох *м.* pile; heap (*тж. перен.*); ~ бума́г pile / heap of pápers; ~ новосте́й heaps / lots of news [...-z] *pl.*; ~ ра́зных дел a heap of things to do; heaps / lots of things to do *pl.*

воро́чать *разг.* **1.** (*вн.*) move [muːv] (*d.*), shift (*d.*); (*перевёртывать*) turn (*d.*); **2.** (*тв.*; *распоряжаться*) have contról [...-oul] (of); boss (*d.*), be boss (of); все́м ~ be the boss; boss the show [...ʃou] *разг.*; ✧ ~ глаза́ми roll one's eyes [...aɪz]. **~ся** *разг.* **1.** turn; (*с боку на бок*) toss and turn; (*пошевеливаться*) move [muːv]; **2.** *страд. к* воро́чать 1.

вороши́ть (*вн.*) *разг.* stir (*d.*); ~ се́но turn the hay. **~ся** *разг.* move about [muːv...].

ворс *м. тк. ед.* (*сукна*) nap; (*бархата, ковра*) pile; по ~у with the nap / pile; про́тив ~а against the nap / pile. **~и́льный:** ~и́льная ши́шка *текст.* téasel [-z°l]. **~и́льщик** *м.* téaseler [-z-]. **~и́нка** *ж.* **1.** hair; **2.** *анат.*, *бот.* fibre. **~и́стый 1.** fléecy; **2.** *бот.* lánate.

ворс||и́ть = ворсова́ть. **~ова́льный:** ~ова́льная маши́на fríezing machíne ['friːz- -'ʃiːn]. **~ова́ние** *с. текст.* téaseling [-z-], téasing.

ворсова́ть (*вн.*) *текст.* tease (*d.*).

ворсово́й, во́рсов||ый nap (*attr.*), with nap; ~ая ткань matérial with nap.

ворч||а́ние *с.* **1.** grúmbling; **2.** (*собаки*) grówling. **~а́ть** (на *вн.*) **1.** grumble (at); ~а́ть себе́ по́д нос mútter, growl; **2.** (*о собаке*) growl (at).

ворчли́в||о *нареч.* péevishly, quérulous¦ly. **~ость** *ж.* péevishness, quérulous¦ness. **~ый** grúmbling, péevish, quérulous; (*брюзгливый*) grúmpy *разг.*

ворчу́н *м.*, **ворчу́нья** *ж.* grúmbler.

восвоя́си *нареч. разг.*: отпра́виться ~ go* home, go* back where one came from.

восемнадцати- (*в сложн. словах, не приведённых особо*) of éightéen, *или* éightéen-— *соотв. тому, как даётся перевод второй части слова*; *напр.* восемнадцатидне́вный of éightéen days, éightéen-day (*attr.*) (*ср.* -дне́вный: of... days, -day *attr.*); восемнадцатиме́стный with berths, seats for 18; (*о самолёте, автомашине и т. п.*) éightéen-séater (*attr.*) (*ср.* -ме́стный).

восемнадцатиле́тний 1. (*о сроке*) of éightéen years; éightéen-year (*attr.*); **2.** (*о возрасте*) of éightéen; éightéen-

-year-óld; ~ю́ноша a youth of éightéen [...juːθ...], éightéen-year-óld youth.

восемна́дцат||ый éightéenth; ~ое апре́ля *и т. п.* the éightéenth of Ápril, *etc.* [...'eɪ-]; Ápril, *etc.*, the éightéenth; страни́ца, глава́ ~ая page, chápter éightéen; ~ но́мер númber éightéen; ему́ (пошёл) ~ год he is in his éightéenth year; одна́ ~ая one éightéenth.

восемна́дцать *числит.* éightéen; ~ раз ~ éightéen times éightéen; éightéen éightéens.

во́семь *числит.* eight.

во́семь||десят *числит.* éighty; ~ оди́н *и т. д.* éighty-òne, *etc.*; ~ пе́рвый *и т. д.* éighty-first, *etc.*; лет ~ (*о времени*) abóut éighty years; (*о возрасте*) abóut éighty; лет ~ тому́ наза́д abóut éighty years agó; ему́ лет ~ he is / looks abóut éighty; ему́ о́коло восьми́десяти he is abóut éighty; ему́ под ~ he is néarly éighty; ему́ (перевали́ло) за ~ he is óver éighty, he is in his éighties; челове́к лет восьми́десяти a man* of / abóut éighty; в восьми́десяти киломе́трах (от) éighty kilomètres (from). ~**со́т** *числит.* eight húndred.

во́семью *нареч.* eight times; ~ во́семь eight times eight.

воск *м.* wax [wæ-], bées|wàx [-zwæ-]; натира́ть ~ом (*вн.*) wax (*d.*); ◇ го́рный ~ míneral wax; ozókerit [-ou-] *научн.*

воскли́кнуть *сов. см.* восклица́ть.

восклица́||ние *с.* èxclamátion. ~**тельный** èxclámatory; ~тельный знак èxclamátion mark; note / mark of èxclamátion.

восклица́ть, воскли́кнуть excláim, cry.

воско́вка *ж.* wáx-pàper ['wæ-].

воско́в||ой *прил. к* воск; (*перен.*) wáxen ['wæ-]; ~а́я свеча́ wax candle [wæ-...]; ~о́е лицо́ wáxen compléxion; ◇ ~а́я спе́лость, зре́лость wax stage of ripe|ness; ~о́е де́рево wáx-mỳrtle ['wæ-].

воскре́с||ать, воскре́снуть rise* agáin, rise* from the dead [...ded]; (*перен.*) revíve; ~ в па́мяти come* back, recúr to *one's* mémory. ~**е́ние** *с. рел.* rèsurréction [-zə-]; (*перен.*) revíval.

воскресе́нь||е *с.* (*день*) Súnday [-dɪ]; по ~ям on Súndays, every Súnday.

воскреси́ть *сов. см.* воскреша́ть.

воскре́снуть *сов. см.* воскреса́ть.

воскре́сный *прил. к* воскресе́нье; ~ день Súnday [-dɪ].

воскре||ша́ть, воскреси́ть (*вн.*; *возвращать к жизни*) raise from the dead [...ded] (*d.*); (*перен.*) revíve (*d.*), resúscitàte (*d.*); (*оживлять*) reánimàte (*d.*); (*в памяти*) recáll (*d.*) ~си́ть наде́жду у кого́-л., в ком-л. make* smb. hope|ful agáin, give* smb. new hope; ~ про́шлое в па́мяти cónjure up the past ['kʌn-...]. ~**ше́ние** *с.* rèsurréction [-zə-]; (*перен.*) revíval.

воскури́ть *сов. см.* воскуря́ть.

воскуря́ть, воскури́ть: ~ фимиа́м кому́-л. beláud smb., sing* smb.'s práises, praise smb. to the skies.

воспале́ние *с.* ìnflammátion; ~ лёгких pneumónia [njuː'mounjə], ìnflammátion of the lungs; ~ брюши́ны pèritonítis; ро́жистое ~ èrysípelas; ~ по́чек nèphrítis; ~ кишо́к ènterítis; ~ по́чечных лоха́нок pỳelítis.

воспал||ённый inflámed; (*возбуждённый тж.*) excíted. ~**и́тельный** inflámmatory; ~и́тельный проце́сс inflámmatory prócèss, ìnflammátion. ~**и́ть(ся)** *сов. см.* воспаля́ть(ся). ~**я́ть,** воспали́ть (*вн.*) infláme (*d.*). ~**я́ться,** воспали́ться become* inflámed; (*тв.*; *перен.*) be inflámed (with, by), swell* (with).

воспева́ть, воспе́ть (*вн.*) sing* (*d.*, of), glórifỳ ['glɔː-] (*d.*), célebràte (*d.*).

воспе́ть *сов. см.* воспева́ть.

воспита́ние *с.* **1.** èducátion; (*ребёнка тж.*) úpbrìng|ing; (*подготовка*) tráining; ~ масс èducátion of the másses; физи́ческое ~ phýsical tráining [-zɪ-...]; **2.** (*воспитанность*) bréeding, good bréeding.

воспи́танн||ик *м.*, ~**ица** *ж.* **1.** púpil; *мн. тж.* boys, girls [g-]; alúmnì *амер.*; ~ де́тского до́ма ínmàte of *a* Children's Home; он ~ де́тского до́ма (*бывший*) he was brought up in *a* Children's Home; **2.** (*приёмыш*) ward. ~**ость** *ж.* bréeding, good bréeding. ~**ый 1.** *прич. см.* воспи́тывать; **2.** *прил.* (*вежливый*) wéll-bréd, cóurteous ['kəːtɪəs]; ду́рно ~ый íll-bréd, rude.

воспита́тель *м.* éducàtor; (*педагог*) máster; (*в частном доме*) tútor; его́ воспита́телем был ста́рший брат he was brought up by his élder bróther [...'brʌ-]; он хоро́ший ~ he is a good* éducàtor. ~**ница** *ж.* (*педагог*) téacher, místress; (*в частном доме*) góverness ['gʌ-]. ~**ный** èducátional, éducàtive; ~ная рабо́та èducátional work; ◇ ~ный дом *уст.* fóundling hóspital. ~**ский** *прил. к* воспита́тель.

воспита́ть(ся) *сов. см.* воспи́тывать(ся).

воспи́тывать, воспита́ть **1.** (*вн.*) bring* up (*d.*), rear (*d.*); (*давать образование*) éducàte (*d.*); ~ ребёнка в уваже́нии к труду́ bring* up *a* child* to respéct work, *или* to hold work in respéct; **2.** (кого́-л. из кого́-л.) train (smb. to be smb.), éducàte (smb. to be smb.); **3.** (*вн.*; *прививать, внушать*) fóster (*d.*), cúltivàte (*d.*); ~ в ребёнке любо́вь к ро́дине bring* up *a* child* to love its cóuntry [...lʌv... 'kʌ-]. ~**ся,** воспита́ться be brought up.

воспламен||е́ние *с.* ignítion. ~**и́ть(ся)** *сов. см.* воспламеня́ть(ся). ~**я́емость** *ж.* inflàmmabílity. ~**я́емый** inflámmable, flámmable.

воспламеня́ть, воспламени́ть (*вн.*) set* on fire (*d.*), igníte (*d.*); (*перен.*) fire (*d.*), infláme (*d.*). ~**ся,** воспламени́ться take* / catch* fire; igníte; (*вспыхивать*) blaze up; (*перен.*) take* fire, become* inflámed.

воспо́лнить *сов. см.* восполня́ть.

восполня́ть, воспо́лнить (*вн.*) fill up (*d.*), supplý (*d.*); воспо́лнить пробе́л make* up a defíciency, meet* a lack, fill a want; ~ что-л. чем-л. make* up for smth. with smth.

воспо́льзоваться *сов.* (*тв.*) aváil óne|sélf (of), prófit (by), take* advántage [...'vɑː-] (of); (*присвоить*) appròpriàte (*d.*); ~ слу́чаем (+*инф.*) take* occásion (+to *inf.*); take* / seize the òpportúnity [...siːz...] (+to *inf.*, of *ger.*), aváil óne|sélf of the òpportúnity (+to *inf.*, of *ger.*); ~ свои́м зако́нным пра́вом aváil óne|sélf of one's láwful rights, use / éxercìse one's láwful rights.

воспомина́ние *с.* **1.** rècolléction, mémory, rèminíscence; **2.** *мн. лит.* mémoirs [-mwɑːz], rèminíscences; ◇ оста́лось одно́ ~ *разг.* ≅ not a trace is left.

воспрепя́тствовать *сов.* (кому́-л. в чём-л.) prevént (smb. from *ger.*); (чему́-л.) prevént (smth.), hínder ['hɪ-] (smth.).

воспрет||и́тельный *уст.* prohíbitive. ~**и́ть** *сов. см.* воспреща́ть.

воспре||ща́ть, воспрети́ть (*вн.*) prohíbit (*d.*): ~ кому́-л. де́лать что-л. prohíbit smb. from doing smth.; — вход ~щён no admíttance. ~**ща́ться** be prohíbited; кури́ть ~ща́ется no smóking. ~**ще́ние** *с.* pròhibítion [prouɪ-].

восприе́мни||к *м. церк.* gódfàther [-fɑː-]. ~**ца** *ж. церк.* gódmòther [-mʌ-].

восприи́мчив||ость *ж.* recèptívity; suscèptibílity; (*ср.* восприи́мчивый). ~**ый 1.** (*об уме*) recéptive; ~ый ребёнок intélligent child*; **2.** (*подверженный влияниям*) suscéptible; ~ый к болезня́м suscéptible to diséase [...'z-].

восприннма́емый percéptible, àpprehénsible.

воспринима́ть, восприня́ть (*вн.*) percéive [-'siːv] (*d.*), àpprehénd (*d.*); (*постигать*) grasp (*d.*), take* in (*d.*); (*вн. как*; *понимать*) take* (*d.* as, for), intérpret (*d.* as); непра́вильно ~ что-л. mìsàpprehénd smth., mìsintérpret smth.; э́то реше́ние бы́ло воспри́нято с удовлетворе́нием this decísion was wélcomed.

воспри||ня́ть *сов. см.* воспринима́ть. ~**я́тие** *с.* percéption.

воспроиз||веде́ние *с.* rè|prodúction. ~**вести́(сь)** *сов. см.* воспроизводи́ть(ся). ~**води́тельный** rè|prodúctive.

воспроизводи́ть, воспроизвести́ (*вн.*) **1.** rè|prodúce (*d.*); **2.** (*в памяти*) recáll (*d.*), call to mind (*d.*); **3.** (*по-

вторять) repéat (*d.*); **4.** (*воссоздавать*) rénder (*d.*); **5.** (*перепечатывать*) ré|print (*d.*). **~ся,** воспроизвести́сь **1.** be rè|prodúced; (*возникать вновь*) repéat, recúr; **2.** (*в памяти*) recúr (to *one's* mind), come* back (to *one's* mémory, to smb.); **3.** *страд.* к воспроизводи́ть.

воспроизво́дство *с. эк.* rè|prodúction; расши́ренное ~ rè|prodúction on an enlárged / expánded scale.

воспроти́виться *сов. см.* проти́виться.

воспря́нуть *сов.* cheer up, líven up; ◇ ~ ду́хом take* heart [...hɑːt], héarten up ['hɑː-...]; ~ от сна rise* from one's sleep / slúmbers.

воспыла́ть *сов.* (*тв.*) be inflámed (with), blaze up (with); ~ гне́вом be inflámed / afíre / abláze with ánger; ~ негодова́нием be fired with indignátion; ~ любо́вью (к) become* enámour|ed (of); be smítten with love [...lʌv] (for) *разг.*

восседа́ть sit* (in state, sólemn|ly).

воссе́сть *сов.*: ~ на престо́л *уст.* mount the throne.

воссоедин||е́ние *с.* ré|únion, ré|ùnificátion. **~ённый** *прич. и прил.* ré|ùníted. **~и́ть(ся)** *сов. см.* воссоединя́ть(ся).

воссоединя́ть, воссоедини́ть (*вн.* с *тв.*) ré|ùníte (*d.* with). **~ся,** воссоедини́ться **1.** (с *тв.*) ré|ùníte (with); **2.** *страд.* к воссоединя́ть.

воссозд||ава́ть, воссозда́ть (*вн.*) ré-crèáte (*d.*); (*восстанавливать*) ré|-cónstitùte (*d.*), ré|construct (*d.*), renéw (*d.*); **~а́ть** в па́мяти recáll (*d.*), ré|cónstitùte / renéw in the mind (*d.*), call up (*d.*). **~ава́ться,** воссозда́ться **1.** be ré-crèáted / ré|constrúcted / ré-cónstitùted; **2.** *страд.* к воссоздава́ть. **~а́ние** *с.* ré-crèátion; ré|cònstitútion, ré|constrúction; renéw|al; (*ср.* воссоздава́ть). **~а́ть(ся)** *сов. см.* воссоздава́ть(ся).

восстава́ть, восста́ть (про́тив) **1.** rise* (agáinst, on); (*поднимать восстание тж.*) rise* in rebéllion (agáinst); ~ с ору́жием в рука́х rise* in arms (agáinst); **2.** (*противиться*) be up in arms (agáinst).

восста́вить *сов.* (*вн.*): ~ перпендикуля́р (к) *мат.* raise a pèrpendícular (to).

восстана́вливать, восстанови́ть **1.** (*вн.*; *в разн. знач.*) restóre (*d.*), ré-estáblish (*d.*), rèhabílitàte [riːə-] (*d.*); (*возобновлять*) renéw (*d.*); ~ чьё-л. здоро́вье restóre smb. to health [...he-]; ~ (своё) здоро́вье recóver one's health [-'kʌ-...]; ~ положе́ние *воен.* restóre / retríeve the sìtuátion [...-iːv...]; ~ отноше́ния restóre / ré-estáblish relátions; ~ хозя́йство rèhabílitàte the èconomy [...iː-]; **2.** (кого́-л. в чём-л.) ré|instáte (smb. in smth.); ~ кого́-л. в права́х restóre smb. to his rights, rèhabílitàte smb.; **3.** (*вн.*; *припоминать*) call to mind (*d.*), recáll (*d.*), rècolléct (*d.*); **4.** (кого́-л. про́тив) set* (smb. agáinst); ~ кого́-л. про́тив себя́ turn smb. agáinst òne|-sélf, àntágonìze smb.; **5.** (*вн.*) *хим.* redúce (*d.*). **~ся,** восстанови́ться **1.** rèhabílitàte òne|sélf [riːə-...]; **2.** (*о здоровье*) be restóred; **3.** *страд.* к восстана́вливать.

восста́ние *с.* (ùp)rísing, revólt, ìnsurréction; вооружённое ~ armed revólt / rísing / ìnsurréction; rísing in arms; наро́дное ~ pópular úprìsing.

восстанови́тель *м.* **1.** (*рабочий*) repáirer, man* (emplóyed in) repáiring / restóring smth.; **2.** (*средство для восстановления цвета волос*) hair restórer.

восстанов||и́тельный rèstorátion (*attr.*); ~ пери́од périod of ré|constrúction, périod of réhabilitátion [...'riːəbɪlɪ-]. **~и́ть(ся)** *сов. см.* восстана́вливать(ся). **~ле́ние** *с.* **1.** rèstorátion; renéw|al; (*ср.* восстана́вливать 1); ~ле́ние промы́шленности ré|constrúction / rèstorátion / réhabìlitátion of índustry [...'riːə-...]; ~ле́ние здоро́вья recóvery of one's health [-'kʌ-... helθ]; ~ле́ние в па́мяти rècolléction; **2.** (*кого-л.* в *чём-л.*) ré|instáte|ment (in); ~ле́ние в права́х rèstorátion to one's rights, réhabìlitátion; **3.** *хим.* redúction. **~ля́ть** = восстана́вливать.

восста́ть *сов. см.* восстава́ть.

восто́к *м.* **1.** east; на ~, к ~у (от) to the east (of), éast(wards) [-dz] (of); *мор. тж.* to the éastward (of); на ~е in the east; идти́, е́хать на ~ go* east; **2.** (В.) the East; the Órient (*гл. обр. поэт.*); Бли́жний Восто́к the Near East; Сре́дний Восто́к the Middle East; Да́льний Восто́к the Far East.

востокове́д *м.* òriéntalist. **~ение** *с.* òriéntal stúdies [...'stʌ-] *pl.* **~ный, ~ческий** òriéntal; (*об институте и т. п. тж.*) of òriéntal stúdies [...'stʌ-].

восто́рг *м.* delíght, enthúsiàsm [-zɪ-], ráptùre, écstasy; (*увлечение*) tránspòrts *pl. разг.*; быть в ~е (от) be delíghted (with), be enthùsiástic [...-zɪ-] (óver, abóut), be enráptured (with); быть вне себя́ от ~а (от) be in ráptures / écstasies / tránspòrts (óver); be beside òne|sélf with delíght; приводи́ть в ~ (*вн.*) delíght (*d.*), enrápture (*d.*), entránce (*d.*); приходи́ть в ~ (от) be delíghted (with), be enthùsiástic (óver, abóut); be enráptured (with), be enchánted [...-ɑːn-] (with); go* into ráptures / écstasies (óver) *разг.*; не проявля́ть большо́го ~а по по́воду чего́-л. not be partícularly enthùsiástic abóut smth. **~а́ть** (*вн.*) delíght (*d.*), enrápture (*d.*), rávish (*d.*), entránce (*d.*). **~а́ться** (*тв.*) be delíghted (with), be enthùsiástic [...-zɪ-] (óver, abóut), be enráptured (with); go* into, *или* be in, ráptures / écstasies (óver) *разг.*

восто́рженн||о *нареч.* enthùsiástically [-zɪ-], ráptùrous|ly; говори́ть ~ о ком-л. speak* enthùsiástically abóut smb.; go* into ráptures abóut smb. *разг.* **~ость** *ж.* enthúsiàsm [-zɪ-]; (*экзальтация*) èxàltátion. **~ый** enthùsiástic [-zɪ-], ráptùrous; (*склонный к экзальтации*) óver-férvid, wíld|-ly enthùsiástic; rhàpsódical; ~ый челове́к enthúsiàst [-zɪ-]; ~ая деви́ца rhàpsódical girl [...g-]; ~ая голова́ wíld|ly enthùsiástic pérson, óver|-enthùsiástic / exálted mind [-zɪ-...]; ~ый о́тзыв enthùsiástic revíew [...-'vjuː]; ~ая речь enthùsiástic speech; rhápsody *разг.*; оказа́ть ~ый приём (*дт.*) give* an enthùsiástic wélcome (*i.*), wélcome enthùsiástically [...-zɪ-] (*d.*).

восторжествова́ть *сов.* (над) tríumph (óver).

восто́чник *м. разг.* òriéntalist.

восто́чн||ый east, éastern*; (*о культуре и т. п.*) òriéntal; (*о направлении, ветре тж.*) éasterly; ~ ве́тер east / éasterly wind [...wɪnd]; ~ая грани́ца éastern fróntier [...'frʌn-]; ~ая часть го́рода east end, éast(ern) part of *a* town; в ~ом направле́нии éastwards [-dz]; in an éasterly diréction; ~ая Евро́па Éastern Éurope; ◇ Восто́чная це́рковь the Éastern Church.

востре́бова||ние *с.* cláiming; ◇ до ~ния poste réstànte ['poust'restɑːnt]; géneral delívery *амер.*; посла́ть письмо́ до ~ния send* *a* létter poste réstànte. **~ть** *сов.* (*вн.*) claim (*d.*).

востро́ *нареч.*: держа́ть у́хо ~ *разг.* ≅ be on the alért, be on one's guard; keep* one's wéather eye ópen [...'we- aɪ...] *идиом.*

восхвал||е́ние *с.* práising, laudátion, éulogy. **~и́ть** *сов. см.* восхваля́ть.

восхваля́ть, восхвали́ть (*вн.*) éulogìze (*d.*), beláud (*d.*), extól (*d.*).

восхит||и́тельный delíghtful; (*о красоте*) rávishing; (*прелестный*) éxquisite [-zɪt]; héavenly ['he-] *разг.*; (*о вкусе, запахе*) delícious. **~и́ть(ся)** *сов. см.* восхища́ть(ся).

восхищ||а́ть, восхити́ть (*вн.*) enrápture (*d.*), delíght (*d.*); (*более сильно*) rávish (*d.*). **~а́ться,** восхити́ться (*тв.*) admíre (*d.*), be delíghted (with); (*увлекаться*) be cárried a|wáy (by). **~е́ние** *с.* àdmirátion, delíght; быть в ~е́нии = восхища́ться. **~ённый** *прич. и прил.* enráptured; *прил.* àdmíring; (*восторженный*) ráptùrous; ~ённое внима́ние rapt atténtion.

восхо́д *м.* rísing; ~ со́лнца sún|rìse.

восхо||ди́ть, взойти́ **1.** *поэт.* = всходи́ть 1, 2; **2.** *тк. несов.* (*к источнику*) go* back (to); (*к эпохе и т. п.*): э́то восхо́дит к XV ве́ку it goes back, *или* it can be traced back, to the fífteenth céntury. **~дя́щий** ascénding;

по ~дя́щей ли́нии in the line of ascént; ✧ ~дя́щая звезда́ rísing star. **~жде́ние** *с.* (на *вн.*) ascént (of).

восше́ствие *с.*: ~ на престо́л accéssion to the thróne.

восьма́я 1. *прил. см.* восьмо́й; **2.** *ж. как сущ.* (*дробь*) eighth [-tθ]; *муз.* quáver.

восьмёрка *ж.* **1.** *разг.* (*цифра*) an eight; **2.** (*фигура*) (fígure of) eight; **3.** *карт.* the eight; ~ черве́й, пик *и т. п.* the eight of hearts, spades, *etc.* [...hɑːts...]; **4.** (*лодка*) eight (*boat*).

во́сьмеро *числит.* eight; для всех во́сьмеры́х for all eight; нас ~ there are eight of us.

восьми- (*в сложн. словах, не приведённых особо*) of eight, *или* éight-— *соотв. тому, как даётся перевод второй части слова; напр.* восьмидне́вный of eight days, éight-day (*attr.*) (*ср.* -дне́вный: of... days, -day *attr.*); восьмиме́стный with berths, seats for 8; (*о самолёте, автомашине и т. п.*) éight-séater (*attr.*) (*ср.* -ме́стный).

восьмивесе́льный éight-oared.

восьмигра́нн‖ик *м.* óctahédron [-'he-]. **~ый** óctahédral [-'he-].

восьмидесяти- (*в сложн. словах, не приведённых особо*) of éighty, *или* éighty-— *соотв. тому, как даётся перевод второй части слова; напр.* восьмидесятидне́вный of éighty days, éighty-day (*attr.*) (*ср.* -дне́вный: of... days, -day *attr.*); восьмидесятиме́стный with berths, seats for 80; (*об автобусе и т. п.*) éighty-séater (*attr.*) (*ср.* -ме́стный).

восьмидесятиле́тний 1. (*о сроке*) of éighty years; éighty-year (*attr.*); **2.** (*о возрасте*) of éighty; éighty-year-óld; ~ мужчи́на man* of éighty; éighty-year-óld man*.

восьмидеся́т‖ый éightieth; страни́ца ~ая page éighty; ~ но́мер númber éighty; ему́ (пошёл) ~ год he is in his éightieth year; ~ые го́ды (*столетия*) the éighties; в нача́ле ~ых годо́в in the éarly éighties [...'əː-...]; в конце́ ~ых годо́в in the late éighties; одна́ ~ая óne-éightieth.

восьмикла́ссн‖ик *м.* class VIII boy, eighth class boy; eighth grade púpil *амер.* **~ица** *ж.* class VIII girl [...gəːl], eighth class girl.

восьмикра́тный éightfòld; *реже* óctuple.

восьмиле́т‖ие *с.* **1.** (*годовщина*) eighth ànnivérsary [-tθ...]; **2.** (*срок в 8 лет*) eight years *pl.* **~ний 1.** (*о сроке*) of eight years; éight-year (*attr.*); **2.** (*о возрасте*) of eight (years); éight-year-óld; ~ний ма́льчик boy of eight; éight-year-óld boy.

восьмино́г *м. зоол.* óctopus.

восьмисотле́тие *с.* éight-húndredth ànnivérsary.

восьмисо́т‖ый éight-húndredth; страни́ца ~ая page eight húndred; ~ но́мер númber eight húndred; ~ая годовщи́на éight-húndredth ànnivérsary; ~ год the year eight húndred.

восьми‖сти́шие *с. лит.* óctave, òctét. **~сто́пный** *лит.* éight-foot [-fut] (*attr.*); ~сто́пный ямб ìámbic òctámeter. **~стру́нный** éight-strìnged, óctachòrd [-kɔːd].

восьмиуго́льн‖ик *м. мат.* óctagon. **~ый** òctágonal.

восьмичасово́й 1. (*о продолжительности*) of eight hours [...auəz]; éight-hour [-auə] (*attr.*); ~ рабо́чий день éight-hour wórking-day; **2.**: ~ по́езд the eight o'clóck train; the eight o'clóck *разг.*

восьм‖о́й eighth [-tθ]; ~о́е января́, февраля́ *и т. п.* the eighth of Jánuary, Fébruary, *etc.*; Jánuary, Fébruary, *etc.*, the eighth; страни́ца, глава́ ~а́я page, chápter eight; ~ но́мер númber eight; ему́ (пошёл) ~ год he is in his eighth year; ему́ ~ деся́ток пошёл he is past séventy; уже́ ~ час it is past séven [...'se-]; в ~о́м часу́ past / áfter séven; полови́на ~о́го half past séven [hɑːf...]; три че́тверти ~о́го a quárter to eight; одна́ ~а́я one eighth. **~у́шка** *ж.* **1.** (*вес*) an eighth of a pound; **2.** (*формат*) òctávo (*сокр.* 8-vo).

вот *частица* **1.** (*там*) there; (*здесь*) here; ~ хоро́ший приме́р here is a good* exámple [...'zɑː-]; ~ и я here I am; ~ он бежи́т there he is rúnning; **2.** (*с сущ.*; *в восклицаниях*) there is, *или* there's, a... (*часто с* for you! *в конце*); ~ неве́жда! there's an ignorámus (for you)!; **3.** (*в сочетании с мест. и нареч.*): ~ что this / that is what; ~ где this / that is where; ~ чей this / that is whose; ✧ ~ и всё and that's all; ~ не ду́мал, что... well, I never thought that...; ~ так та́к!, ~ тебе (и) на́! *разг.* well!; well, to be sure! [...ʃuə]; well, I never!; ~ тебе́ и... there's / here's your...; во́т тебе, во́т тебе! take that, and that!; ~ ещё! indéed!; well, I like that!; what next!; во́т как!, во́т что! réally? ['rɪə-]; indéed!; is that so?; that's it, is it?; you don't say (so)!; (*слушайте*) now look here; ~ та́к! (*одобрение*) that's the way, that's right; во́т так... (*при сущ.*) *пренебр.* there is a nice... for you!; (+*личн. форма глаг.*) that's a nice way (of *ger.*): во́т так кни́га! there is a nice book for you!; во́т так сказа́л! that's a nice way of tálking, that's a nice thing to say;— во́т так исто́рия! this is a nice búsiness / mess! [...'bɪzn-...]; this is a fine fix! *разг.*; there's, *или* here's, a prétty kettle of fish! [...'prɪ-...] *идиом.*; ~ э́то да! *разг.* now, that's sóme|thing like it!

вот-во́т 1. *нареч.* (+*буд. вр.*) on the point (of *ger.*), just about (+to *inf.*): он ~ уйдёт he is on the point of gó|ing, he is just abóut to go; **2.** *частица*: ~! that's it!

воти́ровать *несов. и сов.* (*вн.*) vote (*d.*).

вотка́ть *сов.* (*вн.*) interwéave* (*d.*).

воткну́ть *сов. см.* втыка́ть.

во́тум *м. тк. ед.* vote; ~ дове́рия vote of cónfidence; ~ недове́рия vote of nó-cónfidence, vote of cénsure.

во́тчин‖а *ж. ист.* àncéstral lands *pl.*, pátrimony, (pàtrimónial) estáte; смотре́ть на что-л. как на свою́ ~у look up|ón smth. as one's own prívate domáin [...oun 'praɪ-...]. **~ник** *м. ист.* great lándowner [greɪt -ounə]. **~ный** *ист.* pàtrimónial.

вотще́ *нареч. уст., поэт.* in vain.

воцар‖е́ние *с.* accéssion (to the thróne). **~и́ться** *сов. см.* воцаря́ться.

воцар‖я́ться, воцари́ться **1.** ascénd the thróne; **2.** (*наступать*) set* in, be estáblished; ~и́лась тишина́ sílence fell ['saɪ-...].

вошь *ж.* louse* [-s].

вощ‖а́нка *ж.* (*бумага*) wáx-páper ['wæks-]. **~ёный** waxed [wækst]. **~и́на** *ж.* **1.** *собир.* (*пустые соты*) émpty hóneycòmb [...'hʌnɪkoum]; **2.** (*воск*) ún|refíned béeswàx [...zwæ-]. **~и́ть** (*вн.*) wax [wæks] (*d.*), pólish with wax (*d.*).

вою́ющ‖ий 1. *прич. см.* воева́ть; **2.** *прил.* bellígerent; ~ая держа́ва bellígerent pówer; ~ие сто́роны bellígerents.

воя́ка *м. ирон.* wárrior; (*задира*) fíghting-còck, fíre-eater; cock spárrow (*гл. обр. о мальчике*).

впад‖а́ть, впасть **1.** *тк. несов* (в *вн.*; *о реке*) fall* (into), dis|chárge (into); **2.** (в *вн.*; *в какое-л. состояние*) fall* (into), lapse (into), sink* (into); ~ в заду́мчивость fall* into a réverie; ~ в отча́яние give* way, *или* give* òne|sélf up, to despáir; ~ в сомне́ние begin* to have / èntertáin / hárbour doubts [...dauts]; **3.** (*без доп.*; *вваливаться — о щеках, глазах*) sink* in, become* hóllow / súnken; **4.** *тк. несов.* (в *вн.*; *принимать оттенок*) verge on (*d.*), bórder up|ón (*d.*); ✧ впасть в неми́лость fall* into disgráce; ~ в де́тство be in one's sécond chíld|hood [...'se- -hud], be in one's dótage [...'dou-], become* a dótard. **~е́ние** *с.* (*место слияния двух рек*) cónfluence; (*устье*) mouth*.

впа́дина *ж.* hóllow, cávity; (*о местности тж.*) depréssion; глазна́я ~ éye-sòcket ['aɪ-].

впа́ивать, впая́ть (*вн.*) sólder in ['sɔ-...] (*d.*).

впа́йка *ж.* **1.** (*действие*) sóldering (in) ['sɔ-...]; **2.** (*впаянная часть*) sóldered-in part ['sɔ-...].

впа́лый hóllow, súnken.

впасть *сов. см.* впада́ть 2, 3.

впая́ть *сов. см.* впа́ивать.

впервы́е *нареч.* for the first time, first; ~ в жи́зни for the first time in *one's* life.

вперева́лку *нареч.*: ходи́ть ~ waddle.

вперего́нки́ *нареч.*: бе́гать ~ race.

вперёд *нареч.* **1.** fórward; идти́ ~, продвига́ться ~ advánce; идти́ пря́мо ~ go* straight on; **2.** *разг.* (*впредь*) in the fúture, hénce¦fórward, hénce¦forth; **3.** *как межд.* fórward!; ◇ ни взад ни ~ *разг.* néither báckwards nor fórwards ['naɪ- -dz... -dz]; часы́ иду́т) ~ the clock, the watch is fast; плати́ть ~ pay* in advánce, pay* befóre¦hánd; дать не́сколько очко́в ~ give* odds / points.

впереди́ 1. *нареч.* in front [...-ʌnt]; befóre (*тж. перен.*); идти́ ~ go* in advánce; быть ~ be in advánce; (*в како́м-л. де́ле*) take* the lead; у него́ ещё це́лая жизнь ~ his whole life is befóre him, *или* ahéad of him [...houl... ə'hed...]; у меня́ мно́го вре́мени ~ I have plénty of time (befóre me); **2.** *предл.* (*рд.*) in front of; befóre; идти́ ~ всех go* in advánce of all, go* ahéad of all.

впереме́жку *нареч.* àltérnate¦ly; ~ с кра́сными иду́т си́ние по́лосы red and blue stripes run àltérnate¦ly, red stripes áltèrnàte with blue ones.

впереме́шку *нареч.* péll-méll; ~ с чем-л. mixed up with smth.

в襄ри́ть *сов. см.* вперя́ть.

вперя́ть, впери́ть (*вн.* в *вн.*) fix (*d.* on); впери́ть взор, взгляд в кого́-л. fix one's gaze on smb., stare at smb.

впечатл||е́ние *с.* imprèssion; (*возде́йствие, влия́ние*) ínfluence, efféct; произвести́ ~ (на кого́-л.) make* / prodúce an imprèssion (on, up¦ón), impréss (*d.*); have an efféct (on). **~и́тельность** *ж.* imprèssionabílity, sénsitive¦ness. **~и́тельный** imprèssionable, sénsitive. **~я́ть** impréss.

впива́ть (*вн.*) absórb (*d.*), imbíbe (*d.*).

впива́ться, впи́ться (в *вн.*) **1.** (*вонза́ться*) stick* (into), pierce [pɪəs](*d.*); (*о пия́вке*) bite* (into); (*вонза́ть жа́ло*) drive* its sting (into); (*о змее́*) dig* its fangs (into); ~ зуба́ми dig* one's teeth (into); ~ когтя́ми dig* its claws (into); **2.** (*взо́ром, взгля́дом, глаза́ми*) fix one's eyes [...aɪz] (on), fix with one's eyes (*d.*), fásten one's eyes ['fɑːsᵊn...] (up¦ón); glue one's eyes (to) *разг.*

впи́санный 1. *прич. см.* впи́сывать; **2.** *прил. мат.* inscríbed.

вписа́ть(ся) *сов. см.* впи́сывать(ся).

впи́ска *ж. разг.* éntry, insértion.

впи́сывать, вписа́ть (*вн.*) **1.** (*в спи́сок*) énter (*d.*); (*припи́сывать*) insért (*d.*); **2.** *мат.* inscríbe (*d.*); ◇ вписа́ть я́ркую страни́цу (в *вн.*) add a vívid page (to); вписа́ть сла́вную страни́цу в исто́рию add a glórious page to hístory. **~ся,** вписа́ться **1.** (в *вн.*) join (*d.*); **2.** *страд. к* впи́сывать.

впита́ть(ся) *сов. см.* впи́тывать(ся).

впи́тыва||ние *с.* absórption. **~ть,** впита́ть (*вн.*) absórb (*d.*), drink* in (*d.*); (*перен.*) imbíbe (*d.*), take* in (*d.*). **~ться,** впита́ться (в *вн.*) soak (into), be absórbed (by).

впи́ться *сов. см.* впива́ться.

впи́хивать, впихну́ть (*вн.*) *разг.* shove in [ʃʌv...] (*d.*), push in [puʃ...] (*d.*); (*вн.* в *вн.*) shove (*d.* into), push (*d.* into); (*вти́скивать*) stuff (*d.* into), cram (*d.* into).

впихну́ть *сов. см.* впи́хивать.

впла́вить *сов. см.* вплавля́ть.

вплавля́ть, впла́вить (*вн.*) fuse in (*d.*); (*вн.* в *вн.*) fuse (*d.* into).

вплавь *нареч.*: бро́ситься ~ jump into the wáter and start swímming [...'wɔː-...]; перепра́виться че́рез ре́ку ~ swim* acróss the ríver [...'rɪ-].

вплести́ *сов. см.* вплета́ть.

вплета́ть, вплести́ (*вн.* в *вн.*) ìntertwíne (with *d.*), interláce (with *d.*); (*гл. обр. в во́лосы*) plait [plæt] (*d.* into); (*перен.*; *в речь и т. п.*) ìnterspérse (with *d.*).

вплотну́ю *нареч.* close [-s]; (*перен.*) in real éarnest [...rɪəl 'əː-]; ~ оди́н к друго́му close to each other; приня́ться за что-л. ~ begin* to do smth. in real éarnest; подойти́ ~ к чему́-л. come* close to smth.

вплоть *части́ца*: ~ до (right) up to; ~ до са́мого утра́, ве́чера (right) up to the mórning, the évening [...'iːv-]; ~ до мельча́йших подро́бностей down to the small¦est détails [...'diː-].

вплыва́ть, вплыть (*о челове́ке и живо́тном*) swim* in; (*о ло́дке*) float in; (*ср. тж.* пла́вать *и* плыть).

вплыть *сов. см.* вплыва́ть.

вповалку *нареч. разг.* side by side, in a row [...rou].

вполго́лоса *нареч.* in an úndertòne, in a low voice [...lou...]; únder one's breath [...breθ]; петь ~ hum.

вполза́ть, вползти́ (в *вн.*; на *вн.*) crawl (in, into; on, up).

вползти́ *сов. см.* вполза́ть.

вполнака́ла *нареч.* dímly ['dɪ-].

вполне́ *нареч.* quite, fúlly ['fu-]; ~ успоко́енный fúlly rè¦assúred [...'ʃuəd]; э́то его́ ~ успоко́ило it rè¦assúred him entíre¦ly; ~ образо́ванный wéll-éducàted; ~ доста́точно quite enóugh [...ɪ'nʌf]; не ~ not quite; ~ заслужи́ть (*вн.*) be well wórthy [...-ðɪ] (of); (*о похвале́ и т. п. тж.*) fúlly desérve [...-'zəːv] (*d.*); (*о порица́нии и т. п. тж.*) ríchly desérve (*d.*).

вполоборо́та *нареч.* hálf-túrned ['hɑːf-].

вполови́ну *нареч. разг.* half [hɑːf]; ~ бо́льше half as much; ~ ме́ньше half.

вполуоборо́т=вполоборо́та.

впопа́д *нареч. разг.* ápropos ['æprəpou], to the point / púrpose [...-s].

впопыха́х *нареч. разг.* (*наско́ро*) in a húrry, hástily ['heɪ-], húrry-scúrry; (*в спе́шке*) in one's haste / flúrry [...heɪ-...]; де́лать что-л. ~ do smth. hástily / húrry-scúrry; ~ он не заме́тил, что in his haste / flúrry he never nóticed that [...'nou-...].

впо́ру *разг.* **1.** *нареч.* (*как раз по ме́рке*) just right; быть, прийти́сь, оказа́ться ~ (*дт.*) fit (*d.*); **2.** *предик.* (+*инф.*) one might as well (+*inf.*), one can do little more than (+ *inf.*); ~ хоть на четвере́ньках ползти́ one might as well go on all fours [...fɔːz].

впорхну́ть *сов.* flit in; (в *вн.*) flit (into).

впосле́дствии *нареч.* áfterwards [-dz], láter, láter on, súbsequently.

впотьма́х *нареч.* in the dark; броди́ть ~ (*перен.*) be in the dark.

впра́вду *нареч. разг.* réally ['rɪə-], réally and trúly.

впра́ве: быть ~ (+ *инф.*) have *a* right (+ to *inf.*).

впра́в||ить(ся) *сов. см.* вправля́ть(ся). **~ка** *ж. хир.* sétting, redúction.

вправля́ть, впра́вить (*вн.*) *хир.* set* (*d.*), redúce (*d.*). **~ся,** впра́виться **1.** set*; **2.** *страд. к* вправля́ть.

впра́во *нареч.* (от) to the right (of); находи́ться ~ от чего́-л. be on / to the right of smth.

впрах = в прах *см.* прах.

впредь *нареч.* hénce¦fórth, hénce¦fórward, in fúture, for the fúture; (*в бу́дущем*) in the fúture; ~ до pénding, until; ~ до его́ прие́зда pénding / until his arríval, until he comes.

вприда́чу = в прида́чу *см.* прида́ча.

вприку́ску *нареч.*: пить чай ~ drink* ùnswéetened tea while súcking small bits of súgar [...'ʃu-].

вприпры́жку *нареч.* skípping, hópping; бежа́ть ~ skip alóng, run* skípping(¦ly) alóng.

вприся́дку *нареч.*: пляса́ть ~ ≅ dance squátting.

впритирку *нареч. разг.* very tíghtly.

впритык *нареч. разг.* very close [...-s].

впро́голодь *нареч.* hálf-stárving ['hɑːf-]; жить ~ live in want [lɪv...]; есть, пита́ться ~ úndérféed*, be hálf-stárving.

впрок *нареч.* in store; заготовля́ть ~ (*вн.*) lay* in / up (*d.*), store up (*d.*); (*о продуктах*) presérve [-'zəːv] (*d.*); ◇ идти́ ~ (*дт.*) prófit (*d.*), be of prófit / bénefit (to); do smb. good; ему́ всё ~ (идёт) he prófits by ány¦thing and évery¦thing; all is grist that comes to his mill *идиом.*

впроса́к *нареч.*: попа́сть ~ *разг.* (*сде́лать нело́вкость*) put* one's foot in it [...fut...]; (*быть обма́нутым*) be táken in, be trapped.

впросо́нках *нареч. разг.* ≅ (bé¦ing) still half asléep [...hɑːf...], (bé¦ing) ónly half a¦wáke.

впро́чем *сою́з* how¦éver, though [ðou] (*обы́чно в конце́ фра́зы*); (*с отрица́нием*) not that; (*тем не ме́нее*) nèver¦the¦léss; ~ он туда́ не пойдёт he won't go there, though [...wount...]; он не мо́жет пойти́, так как он просту́жен, ~ ему́ и не о́чень хоте́лось he can't go becáuse he has got a cold, not that he wánted to go partícularly [...kɑːnt... bɪ'kɔz...].

впры́гивать, впры́гнуть (в *вн.*; на *вн.*) jump (into; on).

впры́гнуть *сов. см.* впры́гивать.

впрыск *м.* (*горючего*) sólid injéction (*of fuel*).

впры́скив||ание *с.* injéction; подко́жное ~ hỳpodérmic injéction [haɪ-...]. **~ать,** впры́снуть (*вн.*) injéct (*d.*).

впры́снуть *сов. см.* впры́скивать.

впряга́ть, впрячь (*вн.* в *вн.*) hárness (*d.* to), put* (*d.* to). **~ся,** впря́чься **1.** hárness òne¦sélf; **2.** *страд. к* впряга́ть.

впрямь *вводн. сл. разг.* réally ['rɪə-], indéed.

впря́чь(ся) *сов. см.* впряга́ть(ся).

впуск *м.* admíttance, admíssion. **~а́ть,** впусти́ть (*вн.*) let* in (*d.*), admít (*d.*); не ~а́йте его́ keep him out, don't let him in. **~но́й** *тех.* éntrance (*attr.*); (*о клапане, трубе и т.п.*) in¦let (*attr.*), admíssion (*attr.*).

впусти́ть *сов. см.* впуска́ть.

впусту́ю *нареч. разг.* fòr nothing, to no púrpose [...-s].

впу́тать(ся) *сов. см.* впу́тывать(ся).

впу́тывать, впу́тать (*вн.*) twist in (*d.*); (*перен.*) *разг.* invólve (*d.*), ímplicàte (*d.*), entángle (*d.*). **~ся,** впу́таться **1.** (в *вн.*) get* twisted in; (*перен.*) *разг.* be / get* mixed up (in); (*вмешиваться*) meddle (in); **2.** *страд. к* впу́тывать.

впя́теро *нареч.* five times; ~ бо́льше (*с сущ. в ед. ч.*) five times as much; (*с сущ. во мн. ч.*) five times as many; ~ ме́ньше one fifth; увели́чить ~ (*вн.*) múltiplỳ by five (*d.*); quíntuple (*d.*) *научн.*; уме́ньши́ть ~ (*вн.*) take* a fifth (part) (of); ~ бо́льшая су́мма five times the sum, a sum five times as great [...greɪt]; ~ ме́ньшая су́мма a fifth of the sum.

впятеро́м *нареч.* five (togéther) [...-'ge-]; они́ рабо́тали, гуля́ли *и т. п.* ~ the five of them worked, went out, *etc.*, togéther.

в-пя́тых *вводн. сл.* fífthly, in the fifth place.

вра||г *м.* énemy; foe *поэт.*; (*противник чего-л.*) oppónent (of smth.); злéйший ~ worst / bítterest énemy. **~жда́** *ж.* énmity, hòstílity, ànimósity; пита́ть ~жду́ к кому́-л. feel* ànimósity towards / agáinst smb.

вражде́бно I *прил. кратк. см.* вражде́бный.

вражде́бн||о II *нареч.* hóstile¦ly, with énmity, with ànimósity. **~ость** *ж.* hòstílity, ànimósity. **~ый** hóstile, inímical.

враждова́ть (с *тв.*, ме́жду собо́й) quárrel (with, with each other), be at war / lóggerheads [...-hedz] (with, with each other).

вра́ж||еский, ~ий *прил. к* враг; *тж.* hóstìle.

вразби́вку *нареч. разг.* at rándom, at háp¦házard [...-'hæz-].

вразбро́д *нареч. разг.* séparate¦ly; (*недружно*) disùníted¦ly, in disúnity; де́йствовать ~ act without cò-òrdinátion, not act in cóncert.

вразва́лку *нареч. разг.*: ходи́ть ~ waddle.

вразно́с *нареч. разг.*: торгова́ть ~ peddle, hawk.

вразре́з *нареч.*: идти́ ~ с чем-л. (*не соглашаться*) be agáinst smth., oppóse smth.; (*противоречить чему-л.*) be cóntrary to smth., be in cónflict with smth., conflíct with smth.; ~ с ва́шим мне́нием cóntrary to your opínion.

вразря́дку *нареч. полигр.*: набира́ть ~ (*вн.*) space (*d.*).

вразуми́тельный intélligible, perspícuous; (*убедительный*) persuásive [-'sweɪ-].

вразуми́ть *сов. см.* вразумля́ть.

вразумля́ть, вразуми́ть (*вн.*) make* (*d.*) ùnderstánd; (*убеждать*) convínce (*d.*); (*наставлять*) make* (*d.*) lísten to réason [...'lɪs°n...-z°n], bring* to one's sénses (*d.*); его́ ниче́м не вразуми́шь he won't lísten to réason [...wount...], you can't make him lísten to réason [...kɑːnt...].

вра́ки *мн. разг.* (*вздор*) nónsense *sg.*, rúbbish *sg.*; idle talk *sg.*; (*ложь*) fibs, lies; ~! bosh, húmbùg!

вра||ль *м. разг.* fíbber. **~ньё** *с. разг.* lies *pl.*; (*вздор*) nónsense, rot; сплошно́е ~ньё a pack of lies.

врасплóх *нареч.* ún¦a¦wáres, by surpríse; заста́ть, засти́гнуть ~ (*вн.*) take* ún¦a¦wáres (*d.*), surpríse (*d.*), take* by surpríse (*d.*); catch* nápping (*d.*) *разг.*

врассыпну́ю *нареч.* in all diréctions; hélter-skélter; бежа́ть ~ scátter in all diréctions.

враста́ние *с.* grówing in [-ou-...]; (в *вн.*) grówing (into); (*перен.*) róoting (into).

враста́ть, врасти́ grow* in [-ou...]; (в *вн.*) grow* (into); (*перен.*) root it¦sélf (in).

врасти́ *сов. см.* враста́ть.

врастя́жку *нареч. разг.* at full length; лежа́ть ~ lie* at full length, lie* stretched out.

врата́ *мн. уст., поэт.*=воро́та.

врата́рь *м. спорт.* góalkeeper.

врать, совра́ть *разг.* **1.** lie*, tell* lies; (*пустословить*) talk nónsense; **2.** *тк. несов.* (*быть неточным*) be wrong; часы́ врут the clock watch is wrong; *муз.* (*фальшивить*) play a wrong note; (*о пении*) sing* out of tune; ◇ врёшь! ≅ it's a lie!, stuff and nónsense!

врач *м.* physícian [-'zɪ-]; dóctor *разг.*; же́нщина-~ wóman* dóctor ['wu-...]; ~ по всем боле́зням *разг.* géneral pràctítioner; вое́нный ~ médical ófficer; ármy súrgeon *амер.*; ветерина́рный ~ véterinary (súrgeon); зубно́й ~ déntist; позва́ть ~а́ call the dóctor.

враче́бн||ый médical; ~ обхо́д rounds *pl.*; де́лать ~ обхо́д make* / go* one's rounds; ~ осмо́тр médical inspéction / exàminátion; ~ая по́мощь médical assístance; ~ая пра́ктика médical práctice; у него́ 10 лет ~ой пра́ктики he has been práctising (médicine) for ten years [...-sɪŋ...].

врачев||а́ние *с. уст.* dóctoring. **~а́ть** (*вн.*) *уст.* dóctor (*d.*); (*исцелять*) heal (*d.*).

врачи́ха *ж. разг.* wóman* dóctor ['wu-...].

враща́тельн||ый ròtátory [rou'teɪ-], rótary ['rou-]; ~ое движе́ние ròtátory móve¦ment [...'muːv-].

враща́ть (*вн.*) revólve (*d.*), ròtáte [rou-] (*d.*), turn (*d.*); ◇ ~ глаза́ми roll one's eyes [...aɪz]. **~ся 1.** revólve, ròtáte [rou-], turn; ~ся вокру́г свое́й о́си revólve on its áxis; **2.** *страд. к* враща́ть; ◇ ~ся в кругу́, в о́бществе кого́-л. move in smb.'s círcle [muːv...], frequént the society of smb.; mingle / assóciàte / mix / consórt with smb.

враща́ющийся 1. *прич. см.* враща́ться; **2.** *прил.* adjústable; ~ стул adjústable chair.

враще́ние *с.* ròtátion [rou-]; rèvolútion; *тех.* gỳrátion [dʒaɪ-]; ~ колеса́ ròtátion of *a* wheel; ~ земли́ вокру́г со́лнца the earth's rèvolútion round the sun [...əːθs...].

вред *м.* harm, hurt, ínjury; (*ущерб*) dámage; причини́ть ~ (*дт.*) harm (*d.*), do harm (to), ínjure (*d.*); dámage (*d.*); во ~ (*дт.*) hármful (to), dèletérious (to), injúrious (to); служи́ть во ~ (*дт.*) harm (*d.*), dámage (*d.*); де́латься во ~ (*дт.*) be done to the détriment (of); без ~а́ (для) without détriment (to).

вреди́тель *м.* **1.** *с.-х.* pest; *мн. собир.* vérmin *sg.*; **2.** *полит.* wrécker, sàbotéur [-'təː]. **~ский** *прил. к* вреди́тель 2. **~ство** *с.* wrécking, sábotàge [-tɑːʒ]; (*поступок*) act of sábotàge.

вреди́ть, повреди́ть (*дт.*) ínjure (*d.*), harm (*d.*), hurt* (*d.*), be injúrious (to); (*причинять ущерб*) dámage (*d.*); ~ здоро́вью be injúrious to health [...he-]; ~ интере́сам кого́-л. dámage / préjudice the ínterests of smb.; э́то вам не повреди́т it will do you no harm, it won't hurt you [...wount...].

вре́дно I **1.** *прил. кратк. см.* вре́дный; **2.** *предик. безл.* it is bad* / hármful / injúrious; ему́ ~ кури́ть it is bad* for him to smoke, smóking is bad* for him; ~ для здоро́вья it is bad* for the health [...helθ].

вре́дн||о II *нареч.*: ~ влия́ть, де́йствовать на что-л., отража́ться на чём-л. have an injúrious / hármful / bad* efféct on smth., be injúrious to smth., be bad* for smth. **~ость** *ж.* hármfulness; (*вредные условия работы*) ùnhéalthy conditions of work [-'hel-...] *pl.* **~ый** hármful, bad*, injúrious, dèletérious; (*для здоровья тж.*) ùnhéalthy [-'hel-]; ~ый газ nóxious gas; ~ое лека́рство hármful / injúrious médicine; ~ая привы́чка bad* hábit; ~ое произво́дство ùnhéalthy trade; ~ое уче́ние pèrnícious dóctrine.

вредоно́сный hármful.

вре́зать *сов. см.* вреза́ть.

вреза́ть, вре́зать (*вн.*) cut* in (*d.*); (*вставлять*) fit in (*d.*); (*вн. в вн.*) cut* (*d.* into); fit (*d.* into).

вре́заться *сов. см.* вреза́ться.

вреза́ться, вре́заться (в *вн.*) **1.** cut* (into); (*без доп.; друг в друга: при столкновении — о поездах и т.п.*) be télescòped; (*врываться*) force one's way (into); вре́заться в зе́млю (*о самолёте*) crash to the ground; ~ в толпу́ run* into the crowd; **2.** (*запечатлеваться*) be en¦gráved (on); **3.** *тк. сов. разг.* (*влюбиться*) be smítten (with), be óver head and ears in love [...hed... lʌv] (with).

времена́ *мн. см.* вре́мя.

времена́ми *нареч.* at times, (every) now and then, now and agáin, from time to time.

вре́менно *нареч.* témporarily, provísionally; ~ исполня́ющий обя́занности (секретаря́ *и т. п.*) ácting (sécretary, *etc.*).

временно́й *научн.* témporal.

вре́менн||ый témporary; (*о мероприятиях и т. п.*) provísional; (*о должностных лицах*) ácting; ~ая ме́ра stóp-gàp méasure [...'me-]; ✧ Вре́менное прави́тельство Provísional Góvernment [...'gʌ-]; ~ комите́т ínterim committee [...-tɪ].

временщи́к *м. ист.* fávourite.

вре́м||я *с.* **1.** (*в разн. знач.*) time; во вся́кое ~ at any time; мно́го ~ени a long time / while; (*для чего-л.*) much, *или* plénty of, time; на ~ for a time, for a while; до сего́ ~ени híther¦tó; до того́ ~ени till then, up to that time; с того́ ~ени since then; со ~ени since; к тому́ ~ени by that time; ско́лько ~ени? *разг.* what is the time?; в 10 ч. 30 м. по моско́вскому ~ени at 10.30 Móscow time; у меня́ нет ~ени I have no time; име́ть ма́ло ~ени be pressed for time; за отсу́тствием ~ени for lack of time; **2.** (*эпоха*) time; times *pl.*; во все ~ена́ at all times; в на́ше ~ in our time, nów¦a¦days; в э́то, то ~ at that time; за ~ сове́тской вла́сти in Sóviet times; э́то была́ больша́я а́рмия да́же для того́ ~ени (по тому́ ~ени) it was a large ármy éven for those times / days; **3.**: ~ го́да séason [-z°n]; четы́ре ~ени го́да the four séasons [...fɔː...]; ~ жа́твы hárvest(-tìme); **4.**: вече́рнее ~ évening ['iːvn-]; у́треннее ~ mórning, fóre¦noon; ночно́е ~ níght-tìme; послеобе́денное ~ àfternóon; **5.** *грам.* tense; ✧ ~ от ~ени, от ~ени до ~ени, по ~ена́м at times, from time to time, (every) now and then, now and agáin; ~ те́рпит there is no húrry, there's plénty of time; ~ не ждёт time présses, there is no time to be lost; ~ не позволя́ет time forbíds, there is no time; ~ пока́жет time will show [...ʃou]; свобо́дное ~ spare time; в свобо́дное ~ at léisure [...'le-], in one's spare time; всё ~ álways ['ɔːlwəz], all the time; the whole time [...houl...] *разг.*; одно́ ~ at one time; в то ~, как while; (*при противопоставлении*) whère¦ás; в то са́мое ~, как just as; в после́днее ~ láte¦ly, récent¦ly, látterly, of late; for some time past; в настоя́щее ~ at présent [...-ez-], to¦dáy; во ~ (*в течение*) dúring; в своё ~ (*когда-то*) at one time; in its, my, his, *etc.*, time; (*своевременно*) in due course [...kɔːs]; всему́ своё ~ there is a time for évery¦thing, évery¦thing is good in its séason; ра́ньше ~ени prèmatúre¦ly; на пе́рвое ~ for a start; в пе́рвое ~ at first; во ~ о́но of yore; тепе́рь (не) ~ (+*инф.*) now is (not) the time (+to *inf.*); са́мое ~ now is the time; са́мое ~ я́блокам apples are in séason; не ~ я́блокам apples are out of séason; до поры́ до ~ени for the time bé¦ing; с тече́нием ~ени in time, evéntually; с незапа́мятного ~ени, с незапа́мятных ~ён from time ìmmemórial, time out of mind; со ~енем in due course; тем ~енем méanwhíle.

времяисчисле́ние *с.* cálendar.

время́нка *ж. разг.* **1.** (*переносная лестница*) short ládder; **2.** (*железная печка*) small stove.

времяпрепровожде́ние *с.* pástìme ['pɑː-].

времяпровожде́ние *с.* = времяпрепровожде́ние.

вро́вень *нареч.* (с *тв.*) flush (with), lével ['le-] (with); ~ с края́ми up to the brim, brím-full.

вро́де **1.** *предл.* (*рд.*) like, not ún¦like; **2.** *частица* (*как-то, как например*) such as; что́-то ~, не́что ~ *разг.* a kind of, a sort of.

врождённ||ость *ж.* ínnáte¦ness. **~ый** ínnáte, ínbórn, nátive; (*об органических недостатках и т. п.*) còn¦génital; ~ые спосо́бности nátural / ínnáte / inhérent abílities.

вро́зницу=в ро́зницу *см.* ро́зница.

врозь *нареч.* séparate¦ly, apárt.

вруб||а́ть, вруби́ть (*вн.*) cut* in (*d.*); (*вн. в вн.*) cut* (*d.* into). **~а́ться,** вруби́ться **1.** (в *вн.*) cut* one's way (into); ~и́ться в ряды́ проти́вника ≅ break* into the ranks of the énemy [breɪk...]; **2.** *страд.* к вруба́ть. **~и́ть(ся)** *сов. см.* вруба́ть(ся).

врубмаши́на *ж.* = вру́бовая маши́на *см.* вру́бовый.

вру́бов||ый: ~ая маши́на *горн.* cóal-cùtter.

врукопа́шную *нареч.* hand to hand; схвати́ться ~ come* to grips.

врун *м.*, **вру́нья** *ж. разг.* líar.

вруч||а́ть, вручи́ть (*вн. дт.*) hand (óver) (*d.* to), delíver [-'lɪ-] (*d.* to); (*торжественно*) presént [-'ze-] (*d.* to); (*перен.*) entrúst (*d.* to); ~ гварде́йское зна́мя presént the Guards' cólours [...'kʌ-] (to); ~ кому́-л. о́рден invést / presént smb. with an órder; ~ суде́бную пове́стку (*дт.*) serve a subpóena [...-'piːnə] (on.). **~е́ние** *с.* (*рд. дт.*) hánding (*d.* to), delívery (of to), sérving (*d.* to); (*ордена*) invéstiture (with, of), prèsèntátion [-zen-] (with, of). **~и́ть** *сов. см.* вруча́ть.

вручну́ю *нареч.* by hand.

врыва́ть, врыть (*вн.*) dig* in (*d.*); (*вн. в вн.*) dig* (*d.* into).

врыва́ться I, вры́ться **1.** (в *вн.*) dig* òne¦sélf (into); **2.** *страд.* к врыва́ть.

врыва́ться II, ворва́ться (в *вн.*) burst* (into): ~ к кому́-л. в ко́мнату burst* into smb.'s room.

врыть *сов. см.* врыва́ть. **~ся** *сов. см.* врыва́ться I.

вряд *нареч.*: ~ ли *разг.* scárce¦ly [-ɛəs-], hárdly (*в середине предлож.*); I doubt whéther [...daut...], it is dóubtful whéther [...'daut-...] (*в начале предлож.*); (*как ответ*) I doubt it, (it is) not líke¦ly; scárce¦ly, hárdly; ~ ли он уже́ придёт I doubt whéther he will come now, he will scárce¦ly / hárdly come now.

всади́ть *сов. см.* вса́живать.

вса́дни||к *м.* ríder, hórse¦man*. **~ца** *ж.* hórse¦wòman* [-wu-].

вса́живать, всади́ть (*вн.* в *вн.*) **1.** stick* (*d.* into), thrust* (*d.* into); (*глубоко*) plunge (*d.* into); всади́ть нож в спи́ну кому́-л. stab smb. in the back; всади́ть кому́-л. пу́лю в лоб send* a búllet through smb.'s head [...'bu-... hed], blow* out smb.'s brains [blou...]; **2.** *разг.* (*о деньгах, средствах*) lay* out (*d.* in).

вса́сывание *с.* súction; (*поглощение*) absórption.

вса́сыв||ать, всоса́ть (*вн.*) suck in (*d.*); (*впитывать*) soak up / in (*d.*); (*поглощать*) absórb (*d.*); ✧ всоса́ть с молоко́м ма́тери imbíbe with one's móther's milk [...'mʌ-...] (*d.*). **~аться,** всоса́ться **1.** (в *вн.*; *впитываться*) soak (in), be absórbed (into, in); **2.** *страд.* к вса́сывать. **~ающий** **1.** *прич. см.* вса́сывать; **2.** *прил.* súction (*attr.*), súcking; ~ающий кла́пан *тех.* súction-vàlve.

все *мн. см.* весь.

всё I *мест. с. см.* весь.

всё II *нареч.* **1.** (*всегда*) álways ['ɔːlwəz]; (*всё время*) all the time, the whole time [...houl...]; **2.** (*до сих пор*) still; ~ ещё still; **3.** *разг.* (*только*) ónly, all; ~ из-за вас all becáuse of you [...bɪ'kɔz...]; **4.** *тж.* ~ же (*однако*) all the same; (*тем не менее*) nèver¦the¦léss; **5.** (*перед сравн. ст.*) *не переводится*: он игрáет ~ лýчше и лýчше he plays bétter and bétter; ~ дáльше и дáльше fúrther and fúrther [-ð-...]; ~ лéгче и лéгче more and more éasy [...'iːzɪ], éasier and éasier ['iːz-...]; ~ бóлее и бóлее more and more; ~ бóльшая дóля чегó-л. an éver-grówing / éver-in¦créasing share of smth. [-'grou-sɪŋ...]; ◇ а он ~ прихóдит he keeps on cóming (*in spite of everything*).

всевé||дение *с.* òmníscience. **~дущий** òmníscient; ~дущий человéк *ирон.* knów-áll ['nou-].

всеви́дящий áll-sée¦ing.

всевозмóжн||ый all sorts / kinds of, of every sort and kind, every póssible; ~ые срéдства every / all póssible means, every / all means póssible; ~ые товáры, ~ товáр goods of every descríption [gudz...], goods of every sort and kind; лéнты ~ых цветóв ríbbons of every cólour [...'kʌ-].

всевóлновый: ~ приёмник *рад.* áll-wáves recéiver [...-'siː-].

всевы́шний *м. скл. как прил.* the Most High.

всегдá *нареч.* álways ['ɔːlwəz]; как ~ as ever, as álways. **~шний** úsual [-ʒuəl], cústomary; (*о личных качествах*) wónted ['wou-]; ~шняя манéра wónted mánner.

всегó I [-вó] *рд. ед. см.* весь.

всегó II [-вó] *нареч.* **1.** (*итого*) in all; **2.** (*лишь*) ónly; ◇ ~-нáвсего (*в сумме*) in all; (*лишь*) ónly; ~-то ónly, no more than; тóлько и ~ and that is all.

всезнáйка *м. и ж. разг.* knów-áll ['nou-].

всезнáйство *с. разг.* òmníscient airs *pl.*

всезнáющий áll-knówing [-'nou-], òmníscient.

вселéние *с.* (в *вн.*) estáblishment (in), installátion (in); *тж. переводится посредством гл.* instáll, lodge, move in [muːv...]; ~ нóвых жильцóв в квартúру производúлось лéтом the new ténants were lodged / instálled in the flat in súmmer [...'te-...], the new ténants moved into the flat in súmmer.

вселéн||ная *ж. скл. как прил.* úniverse. **~ский** òecuménical [iːkjuː-'me-]; ~ский собóр *ист.* òecuménical cóuncil.

всели́ть(ся) *сов. см.* вселя́ть(ся).

всел||я́ть, всели́ть **1.** (*вн.* в *вн.*; *поселять*) lodge (*d.* in), instáll (*d.* in), estáblish (*d.* in); ~ жильцóв put* ténants in [...'te-...]; ~ к себé жильцá take* in a lódger; их ~и́ли в нóвый дом they have been móved into a new house* [...muːvd...-s]; **2.** (в когó-л. что-л.; *внушать*) inspíre (smb. with smth.), inspíre (into smb. smth.), imbúe (smb. with smth.), instíl(l) (into smb. smth.); ~ в когó-л. надéжду raise hopes in smb.'s breast [...brest]; ~и́ть страх в когó-л. inspíre smb. with fear; scare smb. *разг.* **~я́ться,** всели́ться (в *вн.*) **1.** move [muːv] (into), instáll òne¦sélf (in); **2.** (*входить, внедряться*) take* root (in), become* implánted [...-ɑːn-] (in); **3.** *страд. к* вселя́ть.

всемéрно *нареч.* in every póssible way, in every way póssible; ~ поощря́ть (*вн.*) give* the út¦mòst en¦cóurage¦ment [...-'kʌ-] (*i.*), en¦cóurage in every póssible way [-'kʌ-...] (*d.*).

всемéрн||ый (of) every kind; all and every; ~ое содéйствие every kind of assístance, all póssible / concéivable assístance [...-'siː-...].

всéмеро *нареч.* séven times ['se-...]; sévenfòld ['se-]; ~ мéньше (*рд.*) a séventh [...'se-] (of); ~ бóльше (*с сущ. в ед. ч.*) séven times as much; (*с сущ. во мн. ч.*) séven times as many; увели́чить ~ (*вн.*) múltiplỳ by séven (*d.*).

всемерóм *нареч.* séven (togéther) ['se- -'ge-]; они́ рабóтали, гуля́ли *и т. п.* ~ the séven of them worked, went out, *etc.*, togéther.

всеми́рно-истори́ческ||ий of wórld-wìde / world históric(al) impórtance/ signíficance; ~ая роль históric(al) role of wórld-wìde signíficance ~ая побéда épòch-màking víctory [-ɔk-...], a víctory of wórld-wìde históric(al) signíficance; ~ого значéния of wórld-wìde histór ic(al) signíficance.

всеми́рн||ый world (*attr.*); (*о славе, известности и т. п.*) wórld-wìde, ùnivérsal; ~ конгрéсс world cóngrèss; Всеми́рный Конгрéсс сторóнников ми́ра *the* World Cóngrèss of the Defénders of Peace; Всеми́рный Совéт Ми́ра the World Peace Cóuncil; ~ая истóрия world hístory, hístory of the world; Всеми́рная федерáция демократи́ческой молодёжи the World Fèderátion of Dèmocrátic Youth [...juːθ]; Всеми́рная федерáция профсою́зов the World Fèderátion of Trade Unions (*сокр.* W.F.T.U.).

всемогу́щ||ество *с.* òmnípotence. **~ий** òmnípotent, áll-pówerful; (*о боге*) Almíghty [ɔːl-].

всенарóдн||о *нареч.* públicly ['pʌ-]. **~ый** nátional ['næ-]; ~ая пéрепись géneral cénsus; ~ое торжествó nátion-wìde tríumph; (*празднество*) nátion-wìde cèlebrátion; ~ое дéло the cómmon cause of the nátion.

всéнощная *ж. скл. как прил. церк.* véspers *pl.*

всеóбуч *м.* ùnivérsal / géneral compúlsory èducátion.

всеóбщ||ий ùnivérsal, géneral; ~ее избирáтельное прáво ùnivérsal súffrage; ~ая пéрепись населéния géneral cénsus (of the pòpulátion); ~ая забастóвка géneral strike; ~ее употреблéние cómmon / géneral use [...juːs]; ~ее одобрéние, ~ая рáдость *и т. п.* géneral / ùnivérsal appróval, joy, *etc.* [...ə'pruːv°l...].

всеобъéмлющий ùnivérsal, còmprehénsive, áll-embrácing.

всеору́жи||е *с.*: во ~и (*рд.*) fúlly armed ['fu-...] (with), fúlly posséssed [...-'zest] (of), in full posséssion [...-'ze-] (of); во ~и знáний armed / equípped with (a) thórough knówledge [...'θʌrə 'nɔ-].

всепобеждáющий áll-cónquering, áll-triùmphant.

всепоглощáющий áll-absórbing.

всепожирáющий áll-devóuring.

всепрощáющий áll-forgíving [-'gɪ-].

всердцáх =в сердцáх *см.* сéрдце.

всероссúйский Áll-Rússian [-ʃən].

всерьёз *нареч. разг.* sérious¦ly, in éarnest [...'əːn-]; принимáть ~ (*вн.*) take* sérious¦ly (*d.*); вы э́то ~? are you sérious?, are you in éarnest?, do you mean it?

всеси́лие *с.* òmnípotence.

всеси́льный òmnípotent, áll-pówerful.

всеславя́нский Áll-Sláv.

всесою́зный Áll-Únion; Всесою́зная Коммунисти́ческая пáртия (большевикóв) *ист.* the Cómmunist Párty of the Sóvièt Únion (Bólsheviks), Всесою́зный Лéнинский Коммунисти́ческий Сою́з Молодёжи Léninist Young Cómmunist League of the Sóvièt Únion [...jʌŋ...liːg...]; ~ съезд Áll-Únion Cóngrèss.

всесторóнн||е *нареч.* còmprehénsive¦ly, thóroughly ['θʌrə-], clóse¦ly [-s-], in détail [...'diː-]. **~ий** còmprehénsive, thórough ['θʌrə], close [-s], detáiled ['diː-], áll-róund; ~ее образовáние, развúтие *и т. п.* áll-róund èducátion, devélopment, *etc.* ~ее обсуждéние thórough discússion.

всё-таки *нареч. и союз* for all that, still, nèver¦the¦léss, all the same, how¦éver.

всеуслы́шание *с.*: во ~ públicly ['pʌ-], for all to hear, in évery¦òne's héaring.

всецéло *нареч.* entíre¦ly, whólly ['hou-]; (*исключительно*) exclúsive¦ly.

всея́дн||ый òmnívorous; ~ое живóтное *зоол.* òmnívorous ánimal; òmnívore (*pl.* -ra).

вси́лу=в си́лу *см.* си́ла 5.

вскáкивать, вскочи́ть **1.** (на *вн.* в *вн.*) jump (on; into); **2.** (*быстро вставать*) jump up, leap* up; ~ с постéли jump out of bed; ~ на ноги jump up, jump to one's feet; **3.** *разг.* (*о шишке и т. п.*) swell up), come* up; ◇ э́то вско́чит ему́ в копе́ечку it will cost him a prétty pénny [...'prɪ-...].

вска́пывать, вскопа́ть (*вн.*) dig* up (*d.*).

вскара́бкаться *сов. см.* вскара́бкиваться.

вскара́бкиваться, вскара́бкаться (на *вн.*) *разг.* scramble (up, up¦ón), clámber (up, up¦ón).

вска́рмливание *с.* réaring; иску́сственное ~ àrtifícial féeding.

вска́рмливать, вскорми́ть (*вн.*) rear (*d.*); ~ гру́дью nurse (*d.*).

вскачь *нареч.* at a gállop, full gállop.

вски́дывать, вски́нуть (*вн.*) throw* up [-ou...] (*d.*); ~ на плёчи shóulder ['ʃou-] (*d.*); ~ ружьё shóulder arms; ~ го́лову jerk up, *или* toss, one's head [...hed]; ◇ ~ глаза́ на кого́-л. look up at smb.

вски́нуть *сов. см.* вски́дывать.

вскип||а́ние *с.* bóiling up. **~а́ть,** вскипе́ть boil up; *тк. сов.* (*перен.*) *разг.* fly* into a rage.

вскипе́ть *сов. см.* вскипа́ть.

вскипяти́ть(ся) *сов. см.* кипяти́ть(-ся).

вскла́дчину = в скла́дчину *см.* скла́дчина.

всклоко́ч||енный *прич. и прил. разг.* tousled [-z-]; *прил. тж.* dishévelled. **~ивать,** всклоко́чить (*вн.*) *разг.* tousle [-zl] (*d.*). **~ить** *сов. см.* всклоко́чивать.

всколыхну́ть *сов.* (*вн.*) stir (*d.*); (*качнуть*) rock (*d.*); (*перен.*) stir up (*d.*). **~ся** *сов. разг.* stir; (*закачаться*) rock; (*перен.*) stir, become* ágitàted.

вскользь *нареч.* cásually [-ʒu-]; упомяну́ть что-л. ~ make* cásual méntion of smth. [...-ʒu-...], méntion smth. cásually, *или* in pássing; сказа́ть что-л. ~ make* a cásual remárk.

вскопа́ть *сов. см.* вска́пывать.

вско́ре *нареч.* soon (áfter), shórtly áfter.

вскорми́ть *сов. см.* вска́рмливать.

вскочи́ть *сов. см.* вска́кивать.

вскри́к||ивать, вскри́кнуть útter a scream, útter a shriek [...-i:k]; *несов. тж.* scream / shriek (agáin and agáin); **~нуть** не свои́м го́лосом give* / útter a frénzied scream / shriek. **~нуть** *сов. см.* вскри́кивать.

вскрича́ть *сов.* excláim, cry.

вскружи́ть *сов.*: ~ го́лову кому́-л. turn smb.'s head [...hed].

вскрыва́ть, вскрыть (*вн.*) **1.** (*распечатывать*) ópen (*d.*), únséal (*d.*); ~ конве́рт, письмо́ ópen *an* énvelòpe, *a* létter; **2.** (*обнаруживать*) revéal (*d.*), bring* to light (*d.*), disclóse (*d.*); вскрыть (серьёзные) недоста́тки expóse, *или* lay* bare, (sérious) shórt¦cómings; **3.** (*анатомировать*) dissáct (*d.*); *мед., юр.* make* a póst-mórtèm (exàminátion) [...'pou-...] (of); **4.** (*о нарыве*) lance (*d.*), cut* (*d.*), ópen (*d.*). **~ся,** вскры́ться **1.** (*обнаруживаться*) come* to light, be revéaled, be disclósed; **2.** (*о нарыве и т. п.*) burst*, break* [-eɪk]; **3.:** река́ вскры́лась the ice in the ríver has brόken up [...'rɪ-...]; **4.** *страд. к* вскрыва́ть.

вскры́тие *с.* **1.** (*пакета и т. п.*) ópen¦ing, únséaling; **2.** (*выявление, обнаружение*) rèvelátion, disclósure [-'klou-]; **3.** (*анатомическое*) disséction; *мед., юр.* póst-mórtèm (exàminátion) ['pou-...]; **4.** (*о нарыве*) láncing, cútting; **5.:** ~ реки́ bréak-úp of the ice in *a* ríver ['breɪk-...'rɪ-].

вскры́ть(ся) *сов. см.* вскрыва́ть(ся).

всла́сть *нареч. разг.* to one's heart's contént [...hɑ:ts...].

вслед 1. *нареч.*: посла́ть ~ send* on; ~ за (*тв.*) áfter, fóllowing; идти́ ~ за кем-л. fóllow smb.; **2.** *предл.* (*дт.*): смотре́ть ~ кому́-л. fóllow smb. with one's eyes [...aɪz]; ~ ему́ раздали́сь кри́ки shouts fóllowed him.

всле́дствие *предл.* (*рд.*) ówing to ['ou-...], on accóunt of, in cónsequence of.

вслепу́ю *нареч.* blínd¦ly.

вслух *нареч.* alóud.

вслу́шаться *сов. см.* вслу́шиваться.

вслу́шиваться, вслу́шаться (в *вн.*) lísten atténtive¦ly ['lɪs°n...] (to), lend* an atténtive ear (to); не ~ take* no heed (of), give* no heed (to).

всма́триваться, всмотре́ться (в *вн.*) scrútinìze (*d.*), take* a good look (at); при́стально ~ peer (at), obsérve clóse¦ly [-'zə:v -s-] (*d.*).

всмотре́ться *сов. см.* всма́триваться.

всмя́тку *нареч.*: яйцо́ ~ sóft-boiled / líghtly-bóiled egg; свари́ть яйцо́ ~ boil *an* egg líghtly.

всо́вывать, всу́нуть (*вн.* в *вн.*) put* (*d.* into, in), stick* (*d.* in); shove [ʃʌv] (*d.* into, in) *разг.*; (*незаметно*) slip (*d.* into, in).

всоса́ть(ся) *сов. см.* вса́сывать(ся).

вспа́ивать, вспои́ть (*вн.*) rear (*d.*), bring* up (*d.*).

вспа́рывать, вспоро́ть (*вн.*) *разг.* rip up (*d.*), ópen (*d.*); ~ живо́т кому́-л. disembówel smb.

вспаха́ть *сов. см.* вспа́хивать.

вспа́||хивать, вспаха́ть (*вн.*) plough (*d.*), till (*d.*). **~шка** *ж.* plóughing, tíllage.

вспе́нивать, вспе́нить (*вн.*) make* foam / froth [...frɔ:θ] (*d.*); (*о пиве и т. п. тж.*) froth up (*d.*); ~ мы́ло make* soap láther; ~ коня́ make* *one's* horse láther. **~ся,** вспе́ниться **1.** foam, froth [frɔ:θ]; (*о мыле*) láther; (*о лошади*) láther, become* cóvered with láther [...'kʌ-...]; **2.** *страд. к* вспе́нивать.

вспе́нить(ся) *сов. см.* вспе́нивать(-ся).

всплакну́ть *сов.* (о *пр.*) *разг.* shed* a few tears (óver), have a little cry (óver).

всплеск *м.* splash.

всплёскивать, всплесну́ть splash; ◇ всплесну́ть рука́ми ≅ clasp one's hands; throw* up one's hands [θrou...], lift one's hands; он в у́жасе всплесну́л рука́ми he clasped his hands in dismáy.

всплесну́ть *сов. см.* всплёскивать.

всплыва́ть, всплыть come* to the súrface; (*о подводной лодке*) súrface; (*перен.*: *обнаруживаться*) come* to light, revéal it¦sélf; (*о вопросе и т. п.*) aríse*; crop up.

всплыть *сов. см.* всплыва́ть.

вспои́ть *сов. см.* вспа́ивать.

вспола́скивать, всполосну́ть (*вн.*) *разг.* rinse out (*d.*).

всполосну́ть *сов. см.* вспола́скивать.

всполоши́ть *сов.* (*вн.*) *разг.* ágitàte (*d.*); (*встревожить*) startle (*d.*). **~ся** *сов. разг.* be thrown into a flútter [...-oun...]; (*встревожиться*) be startled, take* alárm.

вспомин||а́ть, вспо́мнить (*вн.*, о *пр.*) remémber (*d.*), rècolléct (*d.*), recáll (*d.*), think* of (*d.*); вспо́мните хороше́нько try and remémber; не могу́ вспо́мнить назва́ния I can't think of the name [...kɑ:nt...]. **~а́ться,** вспо́мниться **1.** *чаще безл.*: ему́, им *и т. д.* ~а́ется he remémbers, they, *etc.*, remémber; he calls, they, *etc.*, call to mind; he recálls, they, *etc.*, recáll; **2.** *страд. к* вспомина́ть.

вспо́мнить(ся) *сов. см.* вспомина́ть(ся).

вспомога́тельный auxíliary; (*дополнительный*) subsídiary; ~ отря́д auxíliary detáchment; ~ глаго́л *грам.* auxíliary (verb).

вспомоществова́ние *с. уст.* relíef [-i:f], aid, assístance.

вспоро́ть *сов. см.* вспа́рывать.

вспорхну́ть *сов.* take* wing.

вспоте́ть *сов. см.* поте́ть I 1.

вспры́гивать, вспры́гнуть (на *вн.*) jump up (on).

вспры́гнуть *сов. см.* вспры́гивать.

вспры́скивание *с.* **1.** sprínkling; **2.** *мед.*=впры́скивание.

вспры́с||кивать, вспры́снуть **1.** (*вн. тв.*) sprinkle (*d.* with); (*смачивать*) damp (*d.* with), móisten [-s°n] (*d.* with); **2.** (*вн. дт.*) *мед.*=впры́скивать; **3.** (*вн.*) *разг.* (*отмечать выпивкой*) have a drink in hónour, *или* in cèlebrátion [...'ɔnə...] (of); вспры́снуть сде́лку wet *a* bárgain. **~нуть** *сов. см.* вспры́скивать.

вспу́гивать, вспугну́ть (*вн.*) scare / fríghten a¦wáy (*d.*).

вспугну́ть *сов. см.* вспу́гивать.

вспуха́ть, вспу́хнуть swell*, become* swóllen [...-ou-].

вспу́хнуть *сов. см.* вспуха́ть.

вспу́чи||вать, вспу́чить (*вн.*) *разг.* swell* up/out; (*о животе*) disténd (*d.*); у него́ живо́т ~ло his bélly / àbdómen is disténded. **~ваться,** вспу́-

читься *разг.* **1.** distе́nd; **2.** *страд. к* вспу́чивать.

вспу́чить(ся) *сов. см.* вспу́чивать (-ся).

вспыли́ть *сов.* fire / flare / blaze up.

вспы́льчив||ость *ж.* quick / hot tе́mper. **~ый** hо́t-tе́mpered, quick-tе́mpered, hа́sty ['heı-]; pе́ppery *разг.*; ~ый хара́ктер hot tе́mper; ~ый челове́к hо́t-tе́mpered pе́rson; spitfire *разг.*

вспы́х||ивать, вспы́хнуть **1.** (*воспламеняться*) blaze up, take* fire; (*о пожаре*) break* out [breık...]; (*о пламени*) blaze up; (*об огнях*) flash (out); (*перен.*) break* out; **2.** (*краснеть*) blush, flush. **~нуть** *сов. см.* вспы́хивать.

вспы́шка *ж.* flash; (*перен.*) о́utbreak [-eık]; (*гл. обр. о страстях*) о́utbùrst; ~ гне́ва fit of а́nger.

вспять *нареч.* back; возврати́ться ~ retúrn.

встава́ние *с.* rising; почти́ть па́мять кого́-л. ~м stand* (up) in hо́nour of smb.'s mе́mory [...'ɔnə...].

встава́ть, встать **1.** (*в разн. знач.*) get* up, rise*; (*подняться с постели тж.*) be up; (*на ноги*) stand* up; ~ на что-л. get* (up) on smth.; ~ из-за стола́ get* up, *или* rise*, from table; встать! stand up!; пора́ ~ it is time to get up; он уже́ встал he is up; он ещё не встава́л he is not up yet; он сего́дня ра́но встал he was up е́arly this mо́rning [...'ə:-...]; он уже́ встаёт (*о больном*) he is beginning to get up; больно́му нельзя́ ~ the pа́tient must remа́in in bed, *или* must keep his bed, *или* must not get up; встать на́ ноги (*перен.*) become* ìndepе́ndent; stand* on one's own feet [...oun...]; встать на путь (*рд.*) choose* / fо́llow the road (of); **2.** (*о небесных светилах*) rise*; **3.** (*в вн.*; *умещаться*) go* (into), fit (into); стол вста́нет в э́тот у́гол the table will go into this cо́rner; **4.** (*подниматься на защиту чего-л.*) rise*, rise* up; встать гру́дью за что-л. defе́nd / chа́mpion smth. with all one's might; stand* up stа́unchly for smth.; **5.** (*возникать*) arі́se*; встал вопро́с the quе́stion arо́se [...-stʃ-...]; ✧ ~ на коле́ни kneel*; ~ на чью-л. сто́рону take* smb.'s side, suppо́rt smb.; ~ на учёт be rе́gistered; ~ кому́-л. поперёк доро́ги bar smb.'s road; be in smb.'s way.

вста́вить *сов. см.* вставля́ть.

вста́вка *ж.* **1.** (*действие*) fі́xing; (*в раму*) frа́ming; (*в оправу*) mо́unting; (*в текст*) insе́rtion; **2.** (*у женского платья*) і́nsèt; (*манишка*) front [-ʌ-].

встав||ля́ть, вста́вить (*вн. в вн.*) put* (*d.* into, in); (*вделывать*) fix (*d.* into, in); (*в текст*) insе́rt (*d.* into), ìntrodúce (*d.* into); ~ карти́ну в ра́му frame *a* pі́cture; ~ ка́мень в опра́ву mount *a* gem; ~ шпо́ны *полигр.* lead [led]; ~ себе́ зу́бы have a set of teeth, *или* a dе́nture, made; ~ слове́чко put* in a word. **~но́й:** ~ны́е ра́мы double wі́ndow-fràmes [dʌbl...]; ~ны́е зу́бы àrtifі́cial / false teeth [...fɔ:ls...]; (*челюсти*) dе́ntures.

вста́вочка *ж.* **1.** *уменьш. от* вста́вка 2; **2.** (*ручка*) pе́n-hòlder.

встарь *нареч.* in о́lden times, fо́rmerly, in the о́lden days, of old.

встать *сов. см.* встава́ть.

встрево́женный *прич. и прил.* alа́rmed.

встрево́жить *сов. см.* трево́жить II. **~ся** *сов. см.* трево́житься II.

встрёпанный *разг.* dishе́velled; ✧ вскочи́л как ~ jumped up wide a|wа́ke; jumped up as brisk as a bee *идиом.*

встрепену́ться *сов.* **1.** rouse òne|sе́lf; (*о птице*) shake* its wings; (*вздрогнуть*) start; **2.** (*о сердце*) begin* to throb.

встрёпк||а *ж. разг.* **1.** (*головомойка*) scо́lding; зада́ть ~у кому́-л. give* smb. a good scо́lding; **2.** (*душевное потрясение*) shock.

встре́тить(ся) *сов. см.* встреча́ть (-ся).

встре́ч||а *ж.* **1.** mе́eting; (*приём*) recе́ption; ра́достная, дру́жественная ~ wе́lcome; при ~е с кем-л. on mе́eting smb.; собрало́сь мно́го наро́ду для ~и э́того това́рища many people were there to meet that cо́mrade [...pi:pl...]; устро́ить раду́шную ~у (*дт.*) give* a hе́arty wе́lcome [...'hɑ:-...] (*i.*); ~ с избира́телями mе́eting with one's constі́tuents; **2.** *спорт.* match; состоя́лись ~и (ме́жду) mа́tches were played (betwе́en); ✧ ~ Но́вого го́да Nе́w-Year's Eve pа́rty.

встреча́ть, встре́тить (*вн.*) **1.** (*в разн. знач.*) meet* (*d.*); (*перен. тж.*) meet* (with); ~ ла́сковое отноше́ние meet* with kі́nd|ness; встре́тить тёплый, холо́дный приём get* a warm, cool wе́lcome; ~ восто́рженный приём be given an enthùsiа́stic recе́ption [...zı-...], receive an enthùsiа́stic wе́lcome [-'si:v...]; ~ отка́з meet* with denі́al; **2.** (*принимать*) recе́ive (*d.*), greet (*d.*); хо́лодно ~ кого́-л. recе́ive smb. cо́ld|ly, give* smb. a cold recе́ption; ~ кого́-л. насме́шками meet* / recе́ive / greet smb. with jeers; ~ госте́й wе́lcome one's guests; ~ с удовлетворе́нием wе́lcome (*d.*); ✧ ~ в штыки́ give* a hо́stìle recе́ption (to); ~ Но́вый год cе́lebràte the New Year. **~ся,** встре́титься **1.** (*с тв.*) meet* (*d.*, with); (*случайно*) come* acrо́ss (*d.*); (*на поединке и т. п.*; *тж. перен.*) en|cо́unter (*d.*); их взо́ры встре́тились their eyes met [...aız...]; ~ся с затрудне́ниями meet* with dі́fficulties, en|cо́unter dі́fficulties; **2.** (*с тв.*; *видеться*) see* (*d.*); ре́дко, ча́сто ~ся с кем-л. see* lі́ttle, much of smb.; **3.** (*бывать попадаться*) be found, be met with э́ти расте́ния встреча́ются на ю́ге these plants are found, *или* are met with, in the south [...plɑ:nts...]; **4.** *страд. к* встреча́ть.

встре́чн||ый 1. *прил.*: ~ ве́тер head / cо́ntrary wind [hed...wı-]; ~ по́езд train coming from the о́pposite dirе́ction [...-zıt...]; ~ план cо́unter-plàn; ~ые перево́зки crо́ss-hа́uls; ~ иск cо́unter-claim; ~ бой en|cо́unter battle; mе́eting en|gа́ge|ment *амер.*; **2.** *м. как сущ.*: пе́рвый ~ *разг.* the first cо́mer [...'kʌ-], the first man one meets; (*ка́ждый*) ~ и попере́чный *разг.* anybody and everybody; every / any Tom, Dick or Hа́rry *идиом.*

встря́ск||а *ж. разг.* **1.** shа́king; (*перен.*: *потрясение*) shock; **2.** (*выговор*) scо́lding, wі́gging; зада́ть ~у кому́-л. give* smb. a good scо́lding.

встря́хивать, встряхну́ть (*вн.*) shake* (*d.*); (*перен.*) shake* up (*d.*). **~ся,** встряхну́ться **1.** shake* òne|sе́lf; **2.** *тк. сов.* (*ободриться, оживиться*) rouse òne|sе́lf, cheer up; (*развлечься*) have a change [...tʃeı-]; **3.** *страд. к* встря́хивать.

встряхну́ть(ся) *сов. см.* встря́хивать(ся).

вступа́ть, вступи́ть (*в вн.*) **1.** е́nter (*d.*); (*о войсках*) march (in, into); **2.** (*поступать*) join (*d.*); ~ в чле́ны (*рд.*) become* a mе́mber (of), join (*d.*); ~ в па́ртию join *the* pа́rty; **3.** (*начинать*) е́nter (into), start (*d.*): ~ в спор с кем-л. е́nter into an а́rgument with smb., start an а́rgument with smb.; ~ в разгово́р с кем-л. е́nter into cònversа́tion with smb.; — ~ в перегово́ры е́nter up|о́n negòtiа́tions; ~ в бой join battle; ✧ ~ в де́йствие come* into òperа́tion; ~ в си́лу come* into force / effе́ct; ~ во владе́ние (*тв.*) take* / assúme possе́ssion [...-'ze-] (of); ~ в брак с кем-л. mа́rry smb.; ~ в до́лжность assúme / take* о́ffice, take* up one's post [...pou-], е́nter up|о́n one's dúties; ~ на престо́л ascе́nd the throne; ~ в сою́з (с *тв.*) allу́ òne|sе́lf (with), е́nter into, *или* form, an allі́ance (with); ~ в свои́ права́ come* into one's own [...oun]; (*перен.*) assе́rt òne|sе́lf; ~ на путь (*рд.*) embа́rk on, *или* take*, the path (of).

вступа́ться, вступи́ться (за *вн.*) stand* up (for); ~ за кого́-л. stand* up for smb., take* smb.'s part; stick* up for smb. *разг.*

вступи́тельн||ый е́ntrance (*attr.*); (*о статье и т. п.*) ìntrodúctory: ~ экза́мен е́ntrance exàminа́tion; ~ взнос е́ntrance fee; ~ая статья́ ìntrodúctory а́rticle; — ~ое сло́во о́pen|ing addrе́ss; ~ая речь о́pen|ing address / speech.

вступи́ть *сов. см.* вступа́ть.

вступи́ться *сов. см.* вступа́ться.

вступле́н||ие *с.* **1.** (в *вн.*) éntry (into); **2.** (в *вн.*; *в организацию и т. п.*) éntry (into), jóining (*d.*); в год его́ ~ия в па́ртию (in) the year of his éntry into the párty, (in) the year when he joined the párty; **3.** (*введение в книге и т. п.*) ìntrodúction; (*в музыке тж.*) prélùde [-ju:d]; (*в речи*) prè¦ámble; ópen¦ing / ìntrodúctory remárks *pl.*; оркестро́вое ~ ìntrodúction; ◇ ~ на престо́л àccéssion to the thróne; ~ в до́лжность assúmption of *an* óffice.

всу́е *нареч. уст.* in vain.

всу́нуть *сов. см.* всо́вывать.

всухомя́тку *нареч. разг.*: пита́ться ~ live on cold food / víctuals [lɪv... 'vɪtl°z].

всуча́ть, всучи́ть (что-л. кому́-л.) *разг.* foist / palm smth. off on smb. [...pɑ:m...], put* off (smth. up¦ón smb.).

всучи́ть *сов. см.* всуча́ть.

всхли́п||нуть *сов. см.* всхли́пывать. **~ывание** *с.* sóbbing; (*звуки*) sobs *pl.*

всхли́пывать, всхли́пнуть sob.

всходи́ть, взойти́ **1.** (на *вн.*) mount (*d.*), ascénd (*d.*, to); ~ на трибу́ну mount the plátfòrm; ~ на го́ру climb *a* móuntain [klaɪm...]; ~ на верши́ну ascénd to the súmmit; **2.** (*о небесных светилах*) rise*; **3.** (*о семенах*) spring*, sprout; **4.** (*о тесте и т. п.*) rise*.

всхо́||ды *мн.* (corn) shoots. **~жесть** *ж. с.-х.* gèrminátion, gérminàting abílity / capácity. **~жий** *с.-х.* gérminàting.

всхрапну́ть *сов. разг.* take* a nap.

всы́пать *сов. см.* всыпа́ть.

всыпа́ть, всы́пать **1.** (*вн.* в *вн.*) pour [pɔ:] (*d.* into); **2.** (кому́-л.) *разг.* (*колотить*) thrash (smb.), give* smb. a thráshing; (*ругать*) give* smb. a good ráting.

всю *ж. вн. см.* весь.

всю́ду *нареч.* évery¦whère.

вся *ж. см.* весь.

всяк *прил. кратк. см.* вся́кий 1.

вся́к||ий 1. *прил.* (*любой*) any; (*каждый*) every; во ~ое вре́мя at any time; ~ раз every time, each time; без ~ой жа́лости mércilessly, rúthlessly ['ru:-], without any píty [...'pɪ-]; без ~ого сомне́ния be¦yónd any doubt [...daut]; **2.** *прил.* (*разный*) all sorts of; **3.** *м. как сущ.* (*любой человек*) ány¦òne; (*каждый человек*) évery¦òne; **4.** *с. как сущ.* ány¦thing; ~ое быва́ет ány¦thing is póssible; ◇ во ~ом слу́чае in any case [...-s], ány¦how, ány¦way, at any rate; на ~ слу́чай to make sure [...ʃuə]; just in case; (*как бы чего не вышло*) to be on the safe side; на ~ слу́чай я его́ спрошу́ I'll ask him just to make sure; возьми́ зо́нтик на ~ слу́чай take an umbrélla to be on the safe side.

вся́||чески *нареч. разг.* in every way póssible, in every póssible way; ~ стара́ться (+*инф.*) try one's best (+to *inf.*), do all one can (+to *inf.*), be at great pains [...-eɪt...] (+to *inf.*). **~ческий** *разг.* all kinds of; ~ческими спо́собами in every way póssible, in every póssible way. **~чина** *ж.*: вся́кая ~чина *разг.* all sorts of things / stuff *pl.*

вта́йне *нареч.* in sécret; sécret¦ly; смея́ться ~ laugh in one's sleeve [lɑ:f...] *идиом.*

вта́лкивать, втолкну́ть (*вн.* в *вн.*) push [puʃ] (*d.* into); shove [ʃʌv] (*d.* into) *разг.*; (*тк. о людях*) hustle (*d.* into).

вта́птывать, втопта́ть (*вн.* в *вн.*) trample down (*d.* in); ◇ ~ в грязь (*вн.*) deféme (*d.*), fling* dirt / mud (at), vílifỳ (*d.*).

вта́скивать, втащи́ть (*вн.* в *вн.*) drag (*d.* in, into); (*вн.* на *вн.*) drag (*d.* up, on).

втача́ть *сов. см.* вта́чивать.

вта́чивать, втача́ть (*вн.* в *вн.*) stitch (*d.* in, into).

втащи́ть *сов. см.* вта́скивать. **~ся** *сов.* (в *вн.*) *разг.* drag òne¦sélf (in, into).

втека́ть, втечь (в *вн.*) flow [-ou] (into), dis¦chárge (into).

втёмную *нареч. разг.* blínd¦ly; at rándom.

втемя́ши||ться *сов.* (*дт.*) *разг.*: ~лось ему́, ей *и т. д.* в го́лову, что он, она́ *и т. д.* he, she, *etc.*, has got / táken it into his, her, *etc.*, head that he, she, *etc.* [...hed...].

втере́ть(ся) *сов. см.* втира́ть(ся).

втечь *сов. см.* втека́ть.

втира́ние *с.* **1.** (*действие*) rúbbing in; **2.** (*лекарство*) èmbrocátion, líniment.

втира́ть, втере́ть (*вн.*) rub (*d.*); (*вн.* в *вн.*) rub (*d.* in, into); ◇ ~ очки́ кому́-л. *разг.* húmbùg smb., throw* dust in smb.'s eyes [-ou... aɪz]. **~ся,** втере́ться **1.** (*прям. и перен.*) insínuàte òne¦sélf; ~ся в толпу́ worm one's way in / among the crowd; втере́ться в компа́нию worm òne¦sélf in smb.'s cómpany [...'kʌm-]; **2.** *страд. к* втира́ть; ◇ ~ся в дове́рие к кому́-л. *разг.* worm òne¦sélf into smb.'s cónfidence, in¦grátiàte òne¦sélf with smb.

вти́скивать, вти́снуть (*вн.* в *вн.*) squeeze (*d.* in, into), cram (*d.* in, into). **~ся,** вти́снуться **1.** (в *вн.*) squeeze (in, into), squeeze òne¦sélf (in, into); **2.** *страд. к* вти́скивать.

вти́снуть(ся) *сов. см.* вти́скивать(-ся).

втихомо́лку *нареч. разг.* on the quíet, on the sly.

втолкну́ть *сов. см.* вта́лкивать.

втолкова́ть *сов. см.* втолко́вывать.

втолко́вывать, втолкова́ть: ~ что-л. кому́-л. make* smb. ùnderstánd smth.; din / ram smth. into smb. *разг.*; *несов. тж.* try to make smb. ùnderstánd smth.

втопта́ть *сов. см.* вта́птывать.

вто́ра *ж. муз.* sécond ['se-]; (*вторая скрипка*) sécond vìolín.

вторга́ться, вто́ргнуться (в *вн.*; *в страну*) invéde (*d.*); (*в чужие владения, права и т. п.*) en¦cróach (up¦ón), break* [-eɪk] (in, into), intrúde (into); (*перен.: вмешиваться*) intrúde (up¦ón), meddle (in), butt (in).

вто́ргнуться *сов. см.* вторга́ться.

вторже́ние *с.* (в *вн.*; *в страну*) invásion (of), in¦cúrsion (into); (*в чужие владения и т. п.*) en¦cróachment (up¦ón), intrúsion (into); (*перен.*) intrúsion (up¦ón).

вто́рить 1. (*дт.*; *прям. и перен.*) échò [-k-] (*d.*); (*об эхо*) repéat (*d.*); **2.** *муз.* take* the sécond part [...'se-...].

втори́чн||о *нареч.* a sécond time [...'se-...], for the sécond time. **~ый 1.** (*второй*) sécond ['se-]; **2.** (*второстепенный*) sécondary; **3.**: ~ая форма́ция *геол.* sécondary fòrmátion; ~ая ткань *бот.* sécondary tíssue; ~ый спирт *хим.* sécondary álcohòl.

вто́рник *м.* Túesday ['tju:zdɪ]; по ~ам on Túesdays, every Túesday.

второго́дник *м.* púpil remáining for the sécond year in the same class [...'sek-...], púpil fáiling to get his remóve [...-'mu:v].

второ́е 1. *с. скл. как прил.* (*второе блюдо*) sécond course ['se- kɔ:s]; что на ~? what is the sécond course?; **2.** *вводн. сл. разг.* (*во-вторых*) sécondly.

втор||о́й 1. sécond ['se-]; ~о́е ма́я, ию́ня *и т. п.* the sécond of May, June, *etc.*, May, June, *etc.*, the sécond; страни́ца, глава́ ~а́я page, chápter two; ~ но́мер númber two; ему́ (пошёл) ~ год he is in his sécond year; уже́ ~ час (it is) past one; во ~о́м часу́ past / áfter one; полови́на ~о́го half past one [hɑ:f...]; три че́тверти ~о́го a quárter to two; одна́ ~а́я (*половина*) a half*; ~ го́лос sécond part; ~а́я скри́пка sécond vìolín; (*перен.*) sécond fíddle; заня́ть ~о́е ме́сто *спорт.* be the rúnner-ùp; **2.** (*последний из двух названных*) the látter; ◇ из ~ы́х рук (*купить*) sécond-hànd ['se-]; (*узнать и т. п.*) at sécond hand.

второкла́ссн||ик *м.* class II boy, sécond class boy ['se-...]. **~ица** *ж.* class II girl [...g-], sécond class girl ['se-...].

второкла́ссный sécond-cláss ['se-]; (*посредственный*) sécond-ráte ['se-].

второку́рсн||ик *м.*, **~ица** *ж.* sécond-year stúdent ['se-...].

второочередно́й less impórtant, not úrgent / outstánding.

второпя́х *нареч.* hástily ['heɪ-], in haste [...heɪ-], húrriedly; (*во время спешки*) in one's húrry.

второ||разря́дный sécond-ráte ['se-]. **~со́ртный** sécond-quálity ['se-], sécond-gráde ['se-]; (*посредственный*) inférior, sécond-ráte ['se-], of inférior quálity.

второстепе́нный sécondary; (*менее существенный; не главный*) mínor; (*побочный*) àccéssory; ~ поэ́т mínor póet; ~ вопро́с mínor quéstion [...-stʃ-], a quéstion of mínor impórtance.

втрави́ть *сов. см.* втра́вливать.

втра́вливать, втрави́ть (*вн.* в *вн.*) draw * (*d.* into), invólve (*d.* in).

в-тре́тьих *вводн. сл.* thirdly, in the third place.

втри́дорога *нареч. разг.*: драть ~ charge an exórbitant price; купи́ть что-л. ~ buy* smth. at an exórbitant price [baɪ...]; pay* through the nose for smth. *идиом.*

втро́е *нареч.* three times; увели́чить ~ (*вн.*) tríple [trɪ-] (*d.*); уме́ньши́ть ~ (*вн.*) take* a third (of); сложи́ть ~ (*вн.*) fold in three (*d.*); ~ ме́ньше (*рд.*) a third (of); ~ бо́льше (*с сущ. в ед. ч.*) three times as much; (*с сущ. во мн. ч.*) three times as many; взять чего́-л. ~ бо́льше take* tríple the quántity / amóunt of smth.

втроём *нареч.* three (togéther) [...-'ge-]; они́ рабо́тали, гуля́ли *и т. п.* ~ the three of them worked, went out, *etc.*, togéther.

втройне́ *нареч.* three times as much.

втуз *м.* (вы́сшее техни́ческое уче́бное заведе́ние) téchnical cóllege / ínstitùte.

вту́лка *ж.* **1.** (*колеса и т. п.*) bush [buʃ], búshing ['bu-]; **2.** (*пробка, затычка*) plug.

вту́не *нареч. уст.* in vain.

втыка́ть, воткну́ть (*вн.* в *вн.*) run* (*d.* in, into), stick* (*d.* in, into); (*с большим усилием*) drive* (*d.* in, into); ~ кол в зе́млю drive* *a* stake into the ground.

втя́гивать, втяну́ть **1.** (*вн.* в, на *вн.*) pull [pul] (*d.* in, into, on, up), draw* (*d.* in, into, on, up); **2.** (*вн.* в *вн.*; *вовлекать*) draw* (*d.* into), indúce (*d.*) to pàrtícipàte (in); (*впутывать*) invólve (*d.* in); **3.** (*вн.*; *вбирать*): ~ во́здух draw* / breathe in the air; ~ жи́дкость suck up, *или* absórb, *a* líquid; ✧ втяну́ть ко́гти draw* in *its* claws. **~ся,** втяну́ться **1.** (в *вн.*; *привыкать*) get* used / accústomed [...juːst...] (to); (*увлекаться*) become* keen (on); **2.** *страд. к* втя́гивать.

втяжно́й *тех.* súction (*attr.*).

втяну́ть(ся) *сов. см.* втя́гивать(ся).

вуале́тка *ж.* (short) veil.

вуа́ль *ж.* **1.** veil; **2.** *фот.* haze.

вуз *м.* (вы́сшее уче́бное заведе́ние) hígher èducátional ìnstitútion; ùnivérsity.

ву́зовец *м. разг.* stúdent.

Вулка́н *м. миф.* Vúlcan.

вулка́н *м.* vòlcánò; де́йствующий ~ áctive vòlcánò; поту́хший ~ extínct vòlcánò.

вулканиз||а́ция *ж. тех.* vùlcanìzátion [-naɪ-]. **~и́ровать** *несов. и сов.* (*вн.*) *тех.* vúlcanìze (*d.*).

вулкани́ческий vòlcánic.

вульгариза́тор *м.* vúlgarìzer. **~ский** *прил. к* вульгариза́тор.

вульгар||иза́ция *ж.* vùlgarizátion [-raɪ-]. **~изи́ровать** *несов. и сов.* (*вн.*) vúlgarize (*d.*). **~и́зм** *м. лингв.* vúlgarism.

вульга́рн||ость *ж.* vùlgárity. **~ый** vúlgar; ~ая латы́нь low / vúlgar Látin [lou...].

вундерки́нд *м.* ínfant pródigy.

вход *м.* éntrance, éntry; ~ воспрещён no admíttance; гла́вный ~ main éntrance.

вход||и́ть, войти́ **1.** (*вступать*) énter; (*из данного места внутрь*) go* in; (*извне в данное место*) come* in; (в *вн.*) énter (*d.*); go* (into); come* (into): он вошёл he éntered; he went in; he came in; войдём(те)! (*туда*) let us go in!; войди́те! (*ответ на стук в дверь*) come in!; ~ в зал énter *the* hall; go* into *the* hall; come* into *the* hall; — вхо́дит Ивано́в (*сценическая ремарка*) énter Ivanóv; ~ в порт (*о судне*) sail / steam into *the* port, énter *the* hárbour; **2.** (в *вн.*; *умещаться*) go* (into); э́то е́ле вхо́дит it will hárdly go in, it is a tight fit; **3.** (в *вн.*; *в состав*) be a mémber (of); (*принимать участие*) take* part (in); **4.** (в *вн.*; *вникать*) énter (into), go* (into) ; ~ в чьи-л. интере́сы énter into smb.'s ínterests; ✧ ~ в соста́в (*рд.*) form / be (a) part (of); ~ в счёт count; ~ в число́ (*рд.*) be réckoned (among, with); ~ в соглаше́ние (с *тв.*) énter up|ón an agréement (with); ~ в конта́кт (с *тв.*) come* into cóntàct (with); ~ в си́лу, ~ в де́йствие come* into force, go* into efféct; ~ в сноше́ния (с *тв.*) énter into relátions (with); ~ в долги́ get* / run* into debt [...det]; ~ в лета́ get* on (in years); ~ в мо́ду come* into fáshion, become* fáshionable; ~ в обихо́д, ~ в быт become* úsual [...-ʒu-], become* the cústom; ~ в привы́чку become* a hábit, grow* into a hábit [grou...]; get* / become* accústomed to smth.; ~ во вкус чего́-л. begin* to enjóy / rélish smth.; ~ в роль (begin* to) feel at home in one's role, énter into one's role; ~ в чьё-л. положе́ние put* òne|sélf in smb.'s place, *или* in smb.'s posítion [...-'zɪ-]; sýmpathize with smb.; ~ в дове́рие к кому́-л. win* smb.'s cónfidence; ~ в погово́рку become* provérbial; войти́ в исто́рию go* down in hístory; ~ в рассмотре́ние чего́-л. exámine smth.; ~ с предложе́нием put* fórward, *или* submít, a propósal [...-z°l]; (*на собрании и т. п.*) bring* in a mótion; э́то не вхо́дит в расчёт that is not táken into acсóunt. **~но́й** éntrance (*attr.*); ~но́й биле́т éntrance tícket / card, tícket of admíttance; ~но́е отве́рстие ín|let; ~на́я пла́та éntrance fee. **~я́щая** *ж. скл. как прил. канц.* ín|còming páper; журна́л ~я́щих и исходя́щих còrrespóndence book. **~я́щий** **1.** *прич. см.* входи́ть; **2.** *прил.* ín|còming.

вхожде́ние *с.* éntry.

вхо́ж||ий *разг.*: быть ~им (к; в *вн.*) be recéived [...-'siː-] (at), be admítted (to).

вхолосту́ю *нареч.*: рабо́тать ~ run* free / idle, make* a dry run.

вцепи́ться *сов. см.* вцепля́ться.

вцепля́ться, вцепи́ться (в *вн.*) seize [siːz] (*d.*), lay* hold (of), grasp (*d.*), cling* (to); вцепи́ться кому́-л. в во́лосы *разг.* seize smb. by the hair.

ВЦСПС *м.* (Всесою́зный Центра́льный Сове́т Профессиона́льных Сою́зов) the Áll-Únion Céntral Cóuncil of Trade Únions.

вчера́ *нареч.* yésterday [-dɪ]; ~ у́тром, днём yésterday mórning, áfternóon; ~ ве́чером last évening / night [...'iːv-...], yésterday évening; ~ но́чью last night. **~шний** **1.** *прил.* yésterday's [-dɪz]; весь ~шний день the whole of yésterday [...houl...]; ~шний конце́рт yésterday's cóncert; **2.** *как сущ. с.*: он про́был здесь ме́ньше ~шнего he stayed here less time to|dáy than yésterday; ✧ иска́ть ~шнего дня *разг.* ≅ run*, *или* go* on, a wíld-goose chase [...-s -s].

вчерне́ *нареч.* in the rough [...rʌf]; речь гото́ва ~ the rough draft of the speech is réady [...'re-].

вче́тверо *нареч.* four times [fɔː...]; увели́чить ~ (*вн.*) quádruple (*d.*), múltiplỳ by four (*d.*); уме́ньши́ть ~ (*вн.*) quárter (*d.*), take* a quárter (of); ~ бо́льше (*с сущ. в ед. ч.*) four times as much; (*с сущ. во мн. ч.*) four times as many; ~ ме́ньше one quárter; сложи́ть ~ (*вн.*) fold in four (*d.*); брать ~ бо́льше take* four times as much.

вчетверо́м *нареч.* four (togéther) [fɔː -'ge-]; они́ рабо́тали, гуля́ли *и т. п.* ~ the four of them worked, went out, *etc.*, togéther.

в-четвёртых *вводн. сл.* fóurthly ['fɔː-], in the fourth place [...fɔːθ...].

вчини́ть *сов. см.* вчиня́ть.

вчиня́ть, вчини́ть: ~ иск *юр. уст.* bring* an áction.

вчисту́ю *нареч. разг. уст.* fínal|ly; вы́йти ~ (*с военной службы*) retíre, get* one's fínal dis|chárge.

вчита́ться *сов. см.* вчи́тываться.

вчи́тываться, вчита́ться (в *вн.*) read* cáre|fully (*d.*); *несов. тж.* try and grasp the méaning (of).

вчу́же *нареч.*: ему́ ~ жаль их *и т. д.*, он ~ жале́ет их *и т. д.* stránger though he is, *или* though he is ónly a stránger, he píties them, *etc.* [-eɪnʤə ðou...'pɪ-...].

вше́стеро *нареч.* six times, síx-fòld; увели́чить ~ (*вн.*) múltiplỳ by six (*d.*); уме́ньши́ть ~ (*вн.*) take* a sixth (of); ~ бо́льше (*с сущ. в ед. ч.*) six times as much; (*с сущ. во мн. ч.*) six times as many; ~ ме́ньше one sixth.

вшестеро́м *нареч.* six (togéther) [...-'ge-]; они́ рабо́тали, гуля́ли *и т. п.* ~ the six of them worked, went out, *etc.*, togéther.

вшива́ть, вшить (*вн.* в *вн.*) sew* [sou] (*d.* in).

вши́веть, обовши́веть become* lóusy [...-zɪ].

вшивно́й séwn-in ['soun-].

вши́в||ость *ж.* lóusiness [-zɪ-]; pedìculósis *научн.* **~ый** lóusy [-zɪ].

вширь *нареч.* in breadth [...bredθ]; разда́ться ~ grow* stout [grou...]; разраста́ться ~ bróaden [-ɔːd-], wíden.

вшить *сов. см.* вшива́ть.

въеда́ться, въе́сться (в *вн.*) eat* (into).

въезд *м.* éntrance, éntry; при ~е в го́род at the éntrance to the cíty [...'sɪ-]; пра́во ~а right of éntry. **~но́й** éntrance (*attr.*); **~на́я** ви́за éntrance vísa [...'viːzə]; **~ны́е** воро́та gates.

въезжа́ть, въе́хать 1. (в *вн.*) énter (*d.*); (*в экипаже*) drive* (into); 2. (на *вн.*) (*подниматься*) go* up (*d.*); (*в экипаже*) drive* up (*d.*); 3. (в *вн.*; *поселяться*) move [muːv] (in, into).

въе́сться *сов. см.* въеда́ться.

въе́хать *сов. см.* въезжа́ть.

въявь *нареч. уст.* (*на самом деле*) in reálity [...rɪ'æ-]; ви́деть ~ see* with one's own eyes [...oun aɪz].

вы, *рд., вн., пр.* вас, *дт.* вам, *тв.* ва́ми, *мест.* you; благодарю́ вас thank you; что с ва́ми? what is the mátter with you?; э́то ва́ми напи́сано? did you write this?; у вас (*в вашей комнате, квартире и т. п.*) in your room, flat, *etc.*

выба́лтывать, вы́болтать (*вн.*) *разг.* let* out (*d.*), blab out (*d.*); вы́болтать секре́т let* / blurt out a sécret; let* the cat out of the bag *идиом.*

выбега́ть, вы́бежать run* out; ~ на у́лицу run* out into the street.

вы́бежать *сов. см.* выбега́ть.

вы́белить *сов.* (*вн.*) whíten (*d.*), bleach (*d.*).

выбива́ть, вы́бить (*вн.*) 1. knock out (*d.*); (*мяч ногой*) kick out (*d.*); ~ из седла́ únséat (*d.*); ~ проти́вника dislódge the énemy; ~ пыль из чего́-л. beat* the dust out of smth.; ~ ковёр beat* a cárpet; 2. (*штамповать*) stamp (*d.*); ~ клеймо́ (на *пр.*) mark (*d.*); ✧ ~ из колей únséttle (*d.*); вы́бить дурь из головы́ *разг.* knock the nónsense out of smb. **~ся,** вы́биться 1. get* out; у неё, у него́ *и т. д.* во́лосы вы́бились из-под шля́пы her, his, *etc.*, hair came out from únder her, his, *etc.*, hat; 2. *страд. к* выбива́ть; ✧ ~ся из сил strain òne¦sélf to the út¦mòst, exháust òne¦sélf; вы́биться из сил be / become* exháusted; вы́биться из колей be (compléte¦ly) únséttled; вы́биться в лю́ди *разг.* make* one's way in the world, get* on in the world; вы́биться на доро́гу find* the right path.

выбира́ть, вы́брать (*вн.*) 1. choose* (*d.*); (*отбирать*) seléct (*d.*), pick out (*d.*); ~ моме́нт (для) choose* the right time (for), time (*d.*); 2. (*голосованием*) eléct (*d.*); 3. *уст.* (*о патенте и т. п.*) take* out (*d.*); 4. *разг.* (*брать до последнего*) take* évery¦thing out; 5. *мор.* (*тянуть*) haul (*d.*), haul in (*d.*), pull [pul] (*d.*).

выбира́ться I, вы́браться 1. get* out; ~ на доро́гу get* on the right road; ~ из затрудне́ний get* out of a dífficulty; 2. *разг.* (*переезжать из квартиры*) move [muːv]; 3. *разг.* (*к кому-л., куда-л.*) mánage to get/ go out.

выбира́ться II *страд. к* выбира́ть.

вы́бить(ся) *сов. см.* выбива́ть(ся).

вы́боина *ж.* dint, dent; (*на дороге*) pót-hòle.

вы́болтать *сов. см.* выба́лтывать.

вы́бор *м.* choice; (*отбор*) seléction; *офиц.* (*тж. право выбора*) óption; (*из двух возможных тж.*) àltérnative; останови́ть свой ~ (на *пр.*) choose* (*d.*), fix (up¦ón); полага́ться на чей-л. ~ leave* smth., *или* it, to smb.'s choice; ваш ~ хоро́ш. плох you have made a good*, a bad* choice, you have chósen well*, ill*; по со́бственному ~у of one's own choice / chóosing [...oun...]; он мо́жет взять любу́ю кни́гу по со́бственному ~у he may take any book of his own choice / chóosing; у него́ нет ~а he has no choice / óption, he has no (other) àltérnative; большо́й ~ това́ров large seléction of goods [...gudz], great choice of goods [greɪt...]; ✧ на ~ at choice.

вы́борк||а *ж.* 1. (*действие*) seléction, excérption; 2. (*выбранное*) éxtràct, excérpt; де́лать ~и make* éxtràcts / excérpts.

вы́борн||ость *ж.* elèctívity. **~ый** 1. *прил.* eléctive; (*относящийся к выборам*) eléctoral, vóting; **~ая** до́лжность eléctive óffice; 2. *м. как сущ.* délegate.

вы́борочн||ый seléctive; **~ая** прове́рка spot check; **~ое** ороше́ние seléctive / sample ìrrigátion.

вы́борщик *м.* eléctor.

вы́бор||ы *мн.* eléction *sg.*, eléctions; ~ в Сове́т eléctions to the Sóvièt; ~ в парла́мент Pàrliaméntary eléctions; всео́бщие ~ géneral eléction; всео́бщие, прямы́е, ра́вные ~ при та́йном голосова́нии ùnivérsal, diréct, and équal eléctions by sécret bállot [...'iːk-...]; дополни́тельные ~ bý-eléction *sg.*; сего́дня вся страна́ уча́ствовала в ~ах the entíre cóuntry went to the polls to¦dáy [...'kʌ-...].

вы́бранить *сов.* (*вн.*) give* a (good) ráting (*i.*).

выбра́сыватель *м.* (*в оружии*) extráctor.

выбра́сывать, вы́бросить (*вн.*) 1. throw* out [-ou...] (*d.*); ~ на бе́рег (*о море, волнах и т. п.*) cast* a¦shóre (*d.*); ~ в окно́ throw* out of the wíndow (*d.*); ~ за́ борт heave* óver¦board (*d.*); throw* óver¦board (*d.*) (*тж. перен.*); 2. (*выпускать, исключать*) rejéct (*d.*), discárd (*d.*); ✧ ~ това́р на ры́нок throw* goods on the márket; ~ зря waste [weɪ-] (*d.*); ~ кого́-л. на у́лицу throw* smb. into the street; вы́бросить из головы́ put* out of one's head [...hed] (*d.*), dismíss (*d.*), get* rid (of). **~ся,** вы́броситься 1. throw* òne¦sélf out [-ou...]; **~ся** с парашю́том bale out; **~ся** на мель run* a¦gróund; 2. *страд. к* выбра́сывать.

вы́брать *сов. см.* выбира́ть.

вы́браться *сов. см.* выбира́ться I.

выбрива́ть, вы́брить (*вн.*) shave*(*d.*)

вы́бритый sháven; гла́дко ~ cléan-sháven.

вы́брить *сов. см.* выбрива́ть.

вы́бросить(ся) *сов. см.* выбра́сывать(ся).

вы́бучить *сов. см.* бу́чить.

выбыва́ть, вы́быть (из) leave* (*d.*), quit (*d.*); адреса́т вы́был the àddressée has left; ~ из стро́я quit the ranks; *воен. тж.* become* a cásualty [...-ʒju-]; ~ из игры́ be out.

вы́бытие *с.*: за ~м из го́рода, из до́ма in view of *one's* depárture from the town, from home [...vjuː...], in view of *one's* change of abóde [...ʧeɪ-...]; за ~м из спи́сков in view of the remóval of *one's* name from the list [...-'muː-...].

вы́быть *сов. см.* выбыва́ть.

выва́ливать, вы́валить (*вн.*) throw* out [-ou...] (*d.*). **~ся,** вы́валиться fall* out; (*тк. о человеке*) tumble out.

вы́валить(ся) *сов. см.* выва́ливать(ся).

вы́валять *сов.* (*вн.*) *разг.*: ~ в грязи́, в снегу́ *и т. п.* drag in / through the mud, the snow, *etc.* [...snou] (*d.*). **~ся** *сов. разг.*: **~ся** в грязи́, в снегу́ *и т. п.* be cóvered with mud, snow, *etc.* [...'kʌ-... snou]; он вываляется в грязи́, в снегу́ he will get all cóvered with mud, snow, *etc.*; (*ср.* валя́ться).

выва́ривать, вы́варить (*вн.*) 1. boil (*d.*); *разг.* (*чрезмерно*) boil to death

[...deθ] (*d.*), boil to rags (*d.*); ~ кóсти boil down bones; 2. (*извлекать*) extráct by bóiling (*d.*); ~ соль obtáin salt by evàporátion.

вы́варить *сов. см.* выва́ривать.

вы́вар||ка *ж.* extráction; (*соли и т.п.*) evàporátion. ~**ки** *мн.* resíduum [-'zɪ-] *sg.* ~**очный:** ~очная соль salt obtáined by evàporátion.

вы́ведать *сов. см.* выве́дывать.

выве́дывать, вы́ведать (*вн.*) find* out (*d.*), worm (*d.*); *несов. тж.* try to find out (*d.*); ~ чьи-л. намéрения find* out smb.'s inténtions; вы́ведать секрéт у когó-л. worm *a* sécret out of smb.

вы́везти *сов. см.* вывози́ть 1, 3, 4; ◇ ~ что-л. на себé, на свои́х плеча́х take* smth. compléte|ly up|ón òne|sélf, assúme full respònsibílity for smth.

вы́вер||ить *сов. см.* выверя́ть. ~**ка** *ж.* adjústment [ə'dʒʌ-]; (*часов*) règulátion.

вы́вернуть(ся) *сов. см.* вывёртывать(ся).

вы́верт *м. разг.* (*причуда*) vagáry, èccèntrícity; человéк с ~ом eccéntric; говори́ть с ~ами talk eccéntrically.

вывёртывать, вы́вернуть (*вн.*) 1. (*вывинчивать*) únscréw (*d.*); 2. *разг.* (*руку, ногу и т. п.*) twist (*d.*), wrench (*d.*); 3. (*наизнанку*) turn (ínside) out (*d.*). ~**ся,** вы́вернуться 1. (*вывинчиваться*) come* únscréwed; 2. *разг.* (*выскальзывать*) slip out; 3. *разг.* (*из затруднительного положения*) wriggle / get* out of *a* dífficulty / fix, find* a way out, mánage to escápe scót-frée.

выверя́ть, вы́верить (*вн.*) adjúst [ə'dʒʌ-] (*d.*); (*о часах*) régulàte (*d.*).

вы́весить I, II *сов. см.* выве́шивать I, II.

вы́вес||ка I *ж.* sign [saɪn], sígnboard ['saɪn-]; (*перен.*) mask; живопи́сец ~ок sígn-painter ['saɪn-]; под ~кой (*рд.*; *перен.*) únder the mask (of).

вы́веска II *ж.* (*о весе*) wéighing.

вы́вести(сь) *сов. см.* выводи́ть(ся).

вы́ветренный *геол.* wéathered ['weð-], eróded.

выве́тривание *с.* 1. áiring; ~ дурнóго зáпаха dríving / létting out the bad smell; 2. *геол.* wéathering ['weð-]; (*разрушение*) decáy.

выве́тривать, вы́ветрить (*вн.*) drive* (out) (*d.*), let* out (*d.*); (*проветривать*) air (*d.*), véntilàte (*d.*); (*перен.*) drive* a|wáy (*d.*); (*из памяти*) efface (*d.*); ~ дурнóй зáпах из кóмнаты drive* / let* the bad smell out of the room. ~**ся,** вы́ветриться 1. be aired a|wáy; vánish; (*перен.*) disappéar; ~ся из пáмяти be effáced from the mémory; 2. *геол.* wéather ['weð-], be wéathered [...'weð-]; 3. *страд. к* выве́тривать.

вы́ветрить(ся) *сов. см.* выве́тривать(ся).

выве́шивать I, вы́весить (*вн.*) hang* out (*d.*); (*об объявлении и т. п.*) post up [pou-...] (*d.*), put* up (*d.*).

выве́шивать II, вы́весить (*вн.*; *определять вес*) weigh (*d.*).

вы́винтить(ся) *сов. см.* выви́нчивать(ся).

выви́нчивать, вы́винтить (*вн.*) únscréw (*d.*); ~ винт lóosen *a* screw [-s-...]. ~**ся,** вы́винтиться 1. come* únscréwed; 2. *страд. к* выви́нчивать.

вы́вих *м.* dislocátion; (*место вывиха*) díslocàted part; (*перен.*) *разг.* kink. ~**нутый** díslocàted. ~**нуть** *сов.* (*вн.*) díslocàte (*d.*), put* out (of joint) (*d.*); ~нуть нóгу díslocàte one's foot* [...fut].

вы́вод *м.* 1. (*удаление*) with|dráwal; 2. (*заключение*) con|clúsion, ínference; dedúction *научн.*; сдéлать ~ draw* a con|clúsion; con|clúde, infér; мóжно сдéлать тóлько оди́н ~ ónly one thing can be inférred / dedúced, one can draw ónly one con|clúsion; прийти́ к ~у come* to, *или* arríve at, *a* con|clúsion; лóжный ~ false con|clúsion [fɔːls...]; непрáвильный ~ wrong con|clúsion; поспéшный ~ hásty con|clúsion ['heɪ-...]; поспеши́ть с ~ом jump to *a* con|clúsion.

выводи́ть, вы́вести (*вн.*) 1. (*откуда-л.*) take* out (*d.*); (*уводить*) lead* out (*d.*); (*помогать кому-л. выйти*) help out (*d.*); (*заставлять кого-л. выйти*) make* (*d.*) go out, turn out (*d.*); (*о войсках*) with|dráw* (*d.*), call a|wáy (*d.*); 2. (*устранять*) move [muːv] (*d.*); (*о пятнах*) remóve [-'muːv] (*d.*), take* out (*d.*); 3. (*уничтожать*) éxtìrpàte (*d.*), destróy (*d.*); (*паразитов*) èxtérminàte (*d.*); 4. (*делать вывод*) con|clúde (*d.*), infér (*d.*); ~ слéдствие draw* *a* con|clúsion; ~ фóрмулу dedúce *a* fórmula; из э́того он вы́вел, что he con|clúded from this that; 5. (*выращивать*) grow* [-ou] (*d.*), raise (*d.*); (*высиживать; о наседке*) hatch (*d.*); ~ лу́чшие порóды скотá raise the best strains of cattle; 6. (*изображать*) depíct (*d.*), pòrtráy (*d.*); ◇ ~ бу́квы trace out each létter páinstàking|ly [...-z-]; ~ из затруднéния, из затрудни́тельного положéния help out of *a* dífficulty (*d.*); ~ из заблуждéния úndecéive [-iːv] (*d.*); ~ когó-л. из себя́ put* smb. besíde hìm|sélf, drive* smb. out of his wits; ~ из равновéсия distúrb the èquilíbrium [...iː-] (of); (*перен.*) dìscompóse (*d.*); ~ когó-л. из терпéния try smb.'s pátience; вы́вести когó-л. из терпéния exásperàte smb.; ~ из стрóя disáble (*d.*), put* out of áction (*d.*); ~ на чи́стую вóду expóse (*d.*), únmásk (*d.*), show* up [ʃou...] (*d.*). ~**ся,** вы́вестись 1. (*исчезать; о животных и т. п.*) becóme* extínct; 2. (*выходить из употребления*) go* out of use [...-s] fall* into disúse [...-s]; 3. (*о птенцах*) hatch; 4. (*о пятнах*) come out; 5. *страд. к* выводи́ть.

выводн||óй 1. *тех.* dis|chárge (*attr.*) vent (*attr.*); ~áя трубá vent pipe 2. *анат.* èxcrétory [-iːt-].

вы́водок *м.* brood; hatch; (*тк. млекопитающих*) lítter.

вы́воз *м.* 1. táking out, remóval [-'muː-]; 2. *эк.* éxpòrt.

вывози́ть, вы́везти (*вн.*) 1. take out (*d.*); (*о мусоре и т. п.*) remóv[e] [-'muːv] (*d.*); ~ детéй зá город send* / take* the children off to the cóuntry [...'kʌ-]; 2. *тк. несов. эк.* (*за границу*) èxpórt (*d.*); 3. (*привозить с собой*) bring* back (*d.*); 4 *разг.* (*выручать*) save (*d.*), réscue (*d.*).

вы́возиться *сов. разг.* (*в пыли, грязи*) cóver òne|sélf (with dust, dirt mud) ['kʌ-...], dírty òne|sélf.

вывози́ться 1. *эк.* be èxpórted 2. *страд. к* вывози́ть.

вы́возка *ж.* táking out; (*на телеге*) cárting out; ~ нечистóт cárting ou[t] the níghtsoil / séw|age.

вывозн||óй *эк.* éxpòrt (*attr.*); ~á[я] пóшлина éxpòrt dúties *pl.*

волáкивать, вы́волочить, вы́волочь (*вн.*) *разг.* drag out (*d.*).

вы́волочить, вы́волочь *сов. см.* выволáкивать.

вывора́чивать *разг.*=вывёртывать ~**ся** *разг.*=вывёртываться.

вы́воротить *сов. см.* вывора́чивать

вы́гадать *сов. см.* выга́дывать.

выга́дывать, вы́гадать (*вн.*; *получать выгоду*) gain (*d.*); (*сберегать*) ècónomìze [iː-] (*d.*), save (*d.*); он н[а] э́том не вы́гадал he gained nothing by it.

вы́гиб *м.* curve, cúrvature. ~**ать** вы́гнуть (*вн.*) bend* (*d.*); ~ать спину (*о животных*) arch *its* back. ~**аться** вы́гнуться 1. bend*; 2. *страд.* к выгиба́ть.

вы́гладить *сов.* (*вн.*) íron ['aɪən] (*d.*), press (*d.*).

вы́глаженный *прич. и прил.* íroned ['aɪənd], pressed.

вы́глядеть I *сов.* (*вн.*) *разг.* (*высмотреть*) find* (*d.*), discóver [-'kʌ-] (*d.*); (*о разведчике и т. п.*) spy ou[t] (*d.*).

вы́гляд||еть II (*иметь вид*) look ~ нóвым, молоды́м *и т. п.* look new, young, *etc.* [...jʌŋ]; ~ хорошó плóхо look well*, bad*; он плóхо ~ит he looks bad* / ill* / únwéll he does not look well.

выгля́дывать, вы́глянуть 1. look out; ~ из окна́ look out of the window; 2. (*показываться*) peep out emérge; ~ из-за чегó-л. peep ou[t] through smth., emérge from behínd smth.

вы́глянуть *сов. см.* выгля́дывать

вы́гнать *сов. см.* выгоня́ть.

вы́гну||тый *прич. и прил.* curved. **~ть(ся)** *сов. см.* выгиба́ть(ся).

выгова́ривать, вы́говорить **1.** (*вн.*; *произносить*) àrtículàte (*d.*), pronóunce (*d.*); (*высказывать*) útter (*d.*); **2.** *тк. несов.* (*дт.*; *делать замечание*) rebúke (*d.*), réprimànd [-ɑːnd] (*d.*), lécture (*d.*); **3.** (*вн.*; *обеспечивать, условливаться*) resérve for / to òne¦sélf [-'zɜːv...] (*d.*), stípulàte (*d.*, for).

вы́говор *м.* **1.** (*произношение*) pronùnciátion; у него́ хоро́ший, плохо́й англи́йский ~ he pronóunces Énglish well*, bád¦ly [...'ɪŋ-...], his Énglish pronùnciátion is good*, bad*; **2.** (*порицание*) repróof; dréssing-down, wígging, tálking-tò *разг.*; (*ребёнку, близкому*) scólding; *офиц., воен.* réprimànd [-ɑːnd]; стро́гий ~ с предупрежде́нием sevére réprimànd and wárning; де́лать ~ (*дт.*) rebúke (*d.*), réprimànd (*d.*). **~ить** *сов. см.* выгова́ривать 1, 3.

вы́говориться *сов. разг.* say* one's say.

вы́год||а *ж.* advántage [-ɑːn-], bénefit; (*прибыль*) gain, prófit; (*интерес*) interest; извле́чь ~у (из) bénefit (by), deríve bénefit (from); э́то даёт мно́го вы́год it has many advántages; it pays *разг.*; к о́бщей ~е for the públic ínterest [...'pʌ-...]; в э́том нет никако́й ~ы nothing is gained by it.

вы́годно I **1.** *прил. кратк. см.* вы́годный; **2.** *предик. безл.* (+ *инф.*) it is àdvantágeous (+ to *inf.*), it is prófitable (+to *inf.*); it pays (+to *inf.*) *разг.*

вы́годн||о II *нареч.* àdvantágeous¦ly. **~ость** *ж.* advántage [-ɑːn-]; advántages *pl.*, àdvantágeous¦ness. **~ый** àdvantágeous; (*прибыльный*) prófitable; (*хорошо оплачиваемый*) remúnerative; ~ое де́ло páying búsiness [...'bɪzn-]; представля́ть в ~ом све́те (*вн.*) show* to the best advántage [ʃou... -ɑːn-] (*d.*), place in a good light (*d.*).

вы́гон *м.* (*общественный*) cómmon pásture.

вы́гонка *ж. тех.* distillátion.

выгоня́ть, вы́гнать (*вн.*) **1.** drive* out (*d.*); ~ из дому turn out of the house* [...-s] (*d.*); ~ кого́-л. с рабо́ты *разг.* give* smb. the sack, sack smb., fire smb.; ~ из шко́лы *разг.* expél from school (*d.*); ~ ста́до в по́ле send* the cattle to grass; **2.** *тех.* (*добывать перегонкой*) distíl (*d.*).

выгора́живать, вы́городить (*вн.*) fence off (*d.*); (*перен.*; кого́-л.) *разг.* screen (smb.), shield [ʃiːld] (smb.).

выгора́ть I, вы́гореть **1.** burn* down, burn* a¦wáy; ~ дотла́ be redúced to áshes; **2.** (*выцветать*) fade (in the sun).

выгора́ть II, вы́гореть *разг.* (*удаваться*) turn out well, be a succéss, succéed; де́ло не вы́горело the affáir did not come off, the affáir miscárried / failed.

вы́горевший *прич. и прил.* fáded.

вы́гореть I, II *сов. см.* выгора́ть I, II.

вы́городить *сов. см.* выгора́живать.

вы́гравировать *сов. см.* гравирова́ть.

выгреба́ть I, вы́грести (*вн.*; *золу и т. п.*) rake out (*d.*); (*яму*) clean out (*d.*), émpty (*d.*); (*нечистоты*) remóve [-'muːv] (*d.*).

выгреба́ть II, вы́грести (*о гребцах*) row [rou]; ~ про́тив ве́тра row / pull agáinst the wind [...pul... wɪ-]; ~ про́тив тече́ния row / pull agáinst the cúrrent.

выгребн||о́й: ~а́я я́ма césspool.

вы́грести I, II *сов. см.* выгреба́ть I, II.

выгружа́ть, вы́грузить (*вн.*) ún¦lóad (*d.*), ún¦láde (*d.*); (*с корабля тж.*) únshíp (*d.*), dísembárk (*d.*); (*из эшелонов*) dè¦tráin (*d.*). **~ся,** вы́грузиться **1.** dísembárk; (*из эшелонов*) dè¦tráin; **2.** *страд. к* выгружа́ть.

вы́грузить(ся) *сов. см.* выгружа́ть (-ся).

вы́грузк||а *ж.* ún¦lóading; (*с корабля*) únshípping, dìsèmbàrkátion; (*из эшелонов*) dè¦tráining. **~чик** *м.* ún¦lóader.

выгрыза́ть, вы́грызть (*вн.*) gnaw out (*d.*).

вы́грызть *сов. см.* выгрыза́ть.

выдав||а́ть, вы́дать **1.** (*вн.*) hand (*d.*), give* (*d.*); (*распределять*) distríbùte (*d.*); ~ дово́льствие íssue supplíes; ~ кому́-л. удостовере́ние, распи́ску *и т. п.* give* smb. a certíficate, recéipt, *etc.* [...-iːt]; ~ паёк serve out *a* rátion [...'ræ-]; ~ ве́ксель draw* a bill; ~ за́работную пла́ту pay* wáges, pay* *a* sálary; **2.** (*вн.*; *преступника*) delíver up [-'lɪ-...] (*d.*), give* up (*d.*); (*иностранному государству*) éxtradìte (*d.*); **3.** (*вн.*; *предавать, обнаруживать*) give* a¦wáy (*d.*), betráy (*d.*); его́ улы́бка вы́дала его́ his smile betráyed him; он вы́дал свое прису́тствие he betráyed his présence [...-z-]; вы́дать себя́ give* òne¦sélf a¦wáy; вы́дать себя́ с голово́й give* òne¦sélf a¦wáy compléte¦ly; **4.** (*вн.* за *вн.*) make* (*d.*) pass (for), set* up (*d.* for); ~ себя́ за кого́-л. give* òne¦sélf out to be smb., preténd to be smb., pose as smb.; ~ что-л. за своё claim smth. as one's own [...oun]; ◇ ~ за́муж кого́-л. за кого́-л. márry smb. to smb., give* smb. in márriage to smb. [...-rɪdʒ...]. **~а́ться,** вы́даться **1.** (*выступать*) protrúde; jut out; **2.** (*тв.*; *выделяться чем-л.*) be conspícious (for), be remárkable (for), be distínguished (by); ~а́ться среди́ други́х stand* out among others; **3.** (*случаться, наступать*) presént it¦sélf [-'ze-...], occúr, háppen to be; когда́ ~а́лся слу́чай when an òpportúnity presénted it¦sélf, *или* occúrred; when there háppened to be an òpportúnity; у меня́, у него́ *и т. д.* вы́далось не́сколько часо́в свобо́дного вре́мени I, he, *etc.*, háppened to have a few hours' léisure [...auəz 'leʒə]; вы́дался хоро́ший денёк it was a fine day; **4.** *страд. к* выдава́ть.

вы́давить *сов. см.* выда́вливать.

выда́вливать, вы́давить (*вн.*) **1.** (*выжимать*) squeeze out (*d.*); (*перен.*) force (*d.*); вы́давить улы́бку, смех force a smile, a laugh [...lɑːf]; вы́давить слезу́ squeeze out a tear; вы́давить из себя́ сло́во constráin / force òne¦sélf to speak; из него́ ни сло́ва не вы́давишь you cánnòt get a word out of him; **2.** (*выламывать*) break* [breɪk] (*d.*); вы́давить (око́нное) стекло́ break* in *a* window.

выда́ивать, вы́доить (*вн.*; *корову и т. п.*) milk dry (*d.*).

выда́лбливать, вы́долбить (*вн.*) **1.** hóllow out (*d.*); **2.** *разг.* (*выучивать*) learn* by heart [lɜːn...hɑːt] (*d.*); (*ср. тж.* долби́ть).

вы́данье *с.*: на ~ *разг. уст.* márriage¦able [-rɪdʒ-] (*перед сущ.*).

вы́дать(ся) *сов. см.* выдава́ть(ся).

вы́дача *ж.* **1.** delívery; (*раздача*) dìstribútion, íssue; (*пайка и т. п.*) sérving out; (*выплата*) páyment; **2.** (*преступника*) èxtradítion.

выдаю́щ||ийся **1.** *прич. см.* выдава́ться; **2.** *прил.* próminent, sálient, protrúding; **3.** *прил.* (*замечательный*) remárkable, nótable, distínguished; (*поразительный*) stríking; (*тк. о человеке*) éminent; ~аяся побе́да sígnal / nótable víctory.

выдвига́ть, вы́двинуть (*вн.*) **1.** pull out [pul...] (*d.*), move out [muːv...] (*d.*); ~ я́щик о́рen *a* drawer [...drɔː]; **2.** (*предлагать, приводить и т. п.*) advánce (*d.*), put* / bring* fórward (*d.*); ~ тео́рию suggést a théory [-'dʒe-...'θɪə-]; ~ доказа́тельство, аргуме́нт addúce *a* proof, *an* árgument; ~ усло́вия lay* down condítions; ~ вопро́с raise *a* quéstion [...-stʃ-]; ~ на пе́рвый план put* in the fóre¦frònt [...-frʌnt] (*d.*); вы́двинуть на пере́дний план push into the fóre¦ground [puʃ...] (*d.*); ~ обвине́ние (про́тив) bring* an àccusátion, *или* prefér a charge [...-'zeɪ-...] (agáinst); **3.** (*предлагать к избранию и т. п.*) nóminàte (*d.*); ~ на до́лжность nóminàte to *an* óffice (*d.*); ~ чью-л. кандидату́ру nóminàte smb. for eléction, put* fórward smb.'s cándidature, propóse smb. as a cándidate; **4.** (*на более ответственную работу*) promóte (*d.*); ~ из свое́й среды́ prodúce from *their* ranks; **5.** *воен.* push fórward / out [puʃ...] (*d.*). **~ся,** вы́двинуться **1.** (*вперёд*) move (fórward) [muːv...]; **2.** *тк. несов.* (*о ящике и т. п.*) slide* in and out, move in and out; 3. (*достигать более высокого положения*) rise*; rise* from the ranks; (*добиться выдвижения*) work one's way up; (*выделяться*) be distínguished; вы́двинуться на пере́дний план come* to the fore, advánce to the fóre¦frònt [..-frʌnt]; 4. *страд. к* выдвига́ть.

выдвиж||е́нец *м.* promóted wórker. **~е́ние** *с.* advánce¦ment; (*по работе*) promótion. **~е́нка** *ж. к* выдвиже́нец.

выдвижно́й sliding; *тех.* tèlescópic.

вы́двинуть *сов. см.* выдвига́ть; **~ся** *сов. см.* выдвига́ться 1, 3.

вы́дворить *сов. см.* выдворя́ть.

выдворя́ть, вы́дворить (*вн.*) turn out (*d.*).

вы́деланный *прич. и прил.* (*о коже, о мехе*) dressed; (*о коже тж.*) cúrried.

вы́делать *сов. см.* выде́лывать 1, 2.

выделе́ние *с.* 1. appórtionment; 2. *хим.* isolátion [aɪsə-]; 3. *чаще мн. физиол.* secrétion (*pl.* -ns, -ta); (*об отработанном веществе*) èxcrétion (*pl.* -ta); (*о гное*) dis¦chárge; гно́йное ~ pus; mátter *разг.*

выдели́тельн||ый *физиол.* secrétory [-riː-]; èxcrétory [-riː-] (*ср.* выделе́ние); ~ые о́рганы órgans of secrétion, secrétory órgans; órgans of èxcrétion, èxcrétory órgans.

вы́делить(ся) *сов. см.* выделя́ть (-ся).

вы́делка *ж.* 1. (*производство*) mànufácture; ~ ко́жи dréssing, cúrrying; 2. (*качество*) make.

выде́лыва||ть, вы́делать (*вн.*) 1. (*вырабатывать*) mànufácture (*d.*), make* (*d.*); 2. (*о коже*) dress (*d.*), cúrry (*d.*); 3. *тк. несов. разг.* be up to: что он там ~ет? what is he up to there?

выделя́ть, вы́делить (*вн.*) 1. (*отбирать*) pick out (*d.*), choose* (*d.*), single out (*d.*); (*предназначать*) allót (*d.*); (*намечать*) éar-màrk (*d.*); 2. *воен.* (*об отряде и т. п.*) detách (*d.*); (*об охране и т. п.*) find* (*d.*), províde (*d.*); 3. (*об имуществе*) appórtion (*d.*); 4. (*отличать*) mark out (*d.*); (*отмечать заслуги и т. п.*) distínguish (*d.*); 5. *полигр.*: ~ курси́вом print in itálics (*d.*), itálicize (*d.*); 6. *физиол.* secréte (*d.*); (*тк. об отработанном веществе*) èxcréte (*d.*); (*о гное*) dis¦chárge (*d.*); 7. (*о жидкости*) exúde (*d.*); 8. *хим.* edúce (*d.*), ísolàte ['aɪsə-] (*d.*). **~ся,** вы́делиться 1. (*тв.*; *отличаться*) be distínguished (by), be nótable (for); stand* out (for); ~ся на фо́не (*рд.*) stand* out agáinst a báckground (of); 2. (*об имущественных отношениях*) recéive one's pórtion and séparàte [-iːv...]; 3. (*о жидкости*) ooze out, exúde; 4. *страд. к* выделя́ть.

выдёргивать, вы́дернуть (*вн.*) pull out [pul...] (*d.*); ~ зуб pull out *a* tooth*.

вы́держанн||ость *ж.* 1. (*характера*) fírmness, stéadfastness ['sted-]; (*стойкость*) stáunchness; (*самообладание*) sélf-contról [-oul], sélf-commánd [-ɑːnd]; 2. (*стройность, последовательность*) consístency. **~ый** 1. (*умеющий владеть собой*) sélf-posséssed [-'zest], sélf-restráined; он о́чень ~ый челове́к he posséssees great sélf-commánd [...-'ze- greɪt -ɑːnd], he has great commánd óver hìm¦sélf [...-ɑːnd...]; 2. (*твёрдый, стойкий*) staunch, stéadfast ['sted-]; 3. (*стройный, последовательный*) consístent; ~ый стиль sustáined / dígnified style; 4. (*о продуктах*): ~ый сыр ripe cheese; ~ый таба́к séasoned / ripe tobáccò [-z°nd...]; ~ое вино́ old / matúred wine; ~ое де́рево séasoned wood [...wud].

вы́держать *сов. см.* выде́рживать.

выде́рживать, вы́держать 1. (*вн.*; *прям. и перен.*) bear* [bɛə] (*d.*), sustáin (*d.*), stand* (*d.*); (*перен. тж.*) endúre (*d.*); вы́держать экза́мен pass an exàminátion; ~ испыта́ние stand* the test; ~ оса́ду stand* the siege [...siːdʒ]; вы́держать пы́тку endúre tórture; он не мог э́того бо́льше вы́держать he could not bear / stand it any lónger; его́ не́рвы не вы́держали his nerve failed him; ~ бу́рю wéather a storm ['we-...]; 2. (*без доп.*: *сдерживаться*) contáin òne¦sélf; он не вы́держал и рассмея́лся he could not contáin hìm¦sélf (any lónger) and burst out láughing [...'lɑːf-], he could not refráin from láughing; он не вы́держал и запла́кал he broke down and cried; 3. (*вн.*; *о товарах*) keep* to matúre (*d.*); (*о дереве*) séason [-z°n] (*d.*); ◇ вы́держать не́сколько изда́ний run* into séveral edítions; ~ под аре́стом (*вн.*) keep* in cústody (*d.*); вы́держать роль keep* up one's role; вы́держать хара́ктер be / stand* firm, be stéadfast [...'sted-]; (*быть верным себе*) be true to òne¦sélf; не вы́держать хара́ктера give* way; не ~ кри́тики be benéath críticism, be no good at all; not hold* wáter [...'wɔː-] *идиом.*

вы́держка I *ж.* 1. (*самообладание*) sélf-contról [-roul], sélf-mástery, sélf-restráint; (*стойкость*) tenácity; (*выносливость*) stáying-power, endúrance; 2. *фот.* expósure [-'pouʒə].

вы́держк||а II *ж.* (*цитата*) éxtràct, éxcèrpt, quòtátion [kwou-]; привести́ ~у (из) quote an éxtràct (from), quote (from); ◇ на ~у at rándom.

вы́дернуть *сов. см.* выдёргивать.

выдира́ть, вы́драть (*вн.*) tear* out [tɛə...] (*d.*).

вы́доить *сов. см.* выда́ивать.

вы́долбить *сов. см.* выда́лбливать.

вы́дох *м.* èxpirátion. **~нуть(ся)** *сов. см.* выдыха́ть(ся).

вы́дохшийся *прич. см.* выдыха́ться.

вы́дра *ж.* (*животное и мех*) ótter.

вы́драть I *сов. см.* выдира́ть.

вы́драть II *сов. см.* драть 4.

вы́дрессировать *сов. см.* дрессирова́ть.

вы́дубить *сов. см.* дуби́ть.

выдув||а́льщик *м.* gláss-blower [-blouə]. **~а́ть,** вы́дуть (*вн.*) 1. blow* out [-ou...] (*d.*); всё тепло́ вы́дуло all the warmth has escáped; 2. *тех.* blow* (*d.*).

вы́дув||ка *ж. тех.* blówing ['blou-]. **~но́й** (*о стекле*) blown [bloun].

вы́дум||анный *прич. и прил.* máde-úp, con¦cócted, fábricàted, invénted; ~анная исто́рия máde-úp stóry, fàbricátion. **~ать** *сов. см.* выду́мывать. **~ка** *ж.* 1. (*изобретение*) devíce, gádget; 2. *разг.* (*изобретательность*) invéntion; 3. (*вымысел*) invéntion, fíction; (*сказка*) fable; fib *разг.*

вы́думщик *м. разг.* invéntor; invéntive soul [...soul]; (*лгун*) líar.

выду́мыв||ать, вы́думать (*вн.*) 1. invént (*d.*); 2. (*сочинять*) make* up (*d.*), con¦cóct (*d.*), fábricàte (*d.*); ◇ не ~ай (*не противоречь*) don't còntradíct, do as you are told; он по́роха не вы́думает *разг.* ≅ he did not invént gúnpowder, he will never set the Thames on fire [...temz...].

вы́дуть *сов. см.* выдува́ть.

вы́дых *м.*, **~а́ние** *с.*=вы́дох. **~а́тельный** expíratory [-aɪə-].

выдыха́ть, вы́дохнуть (*вн.*) breathe out (*d.*). **~ся,** вы́дохнуться 1. (*терять запах*) lose* its smell [luːz...]; (*терять аромат*) lose* its frágrance [...'freɪg-]; (*о вине*) become* flat; (*перен.*) be played out, be used up; (*о сильном чувстве*) spend* ìt¦sélf; (*об атаке и т. п.*) come* to nothing; fizzle out, be a wásh-out, péter out *разг.*; э́тот писа́тель давно́ уже́ вы́дохся that wríter exháusted, *или* used up, his tálent long agó [...'tæ-...]; 2. *страд. к* выдыха́ть.

выеда́ть, вы́есть (*вн.*; *о едких веществах*) corróde (*d.*), eat* a¦wáy (*d.*).

вы́еденн||ый *прич. см.* выеда́ть; ◇ не сто́ит ~ого яйца́ *погов.* ≅ it's not worth a fárthing [...-ðɪŋ]; not worth a wóoden níckel [...'wu-...] *амер.*

вы́езд *м.* 1. depárture; ~ суда́ *юр.* vísit of *a* court [-z-...kɔːt]; 2. (*место, через которое выезжают*) éxit, égrèss; ~ из го́рода town gates *pl.*; 3. (*экипаж с лошадьми*) túrn-out, équipage. **~ить** *сов. см.* выезжа́ть II. **~ка** *ж.* (*лошадей*) bréaking-ìn ['breɪ-]. **~но́й:** ~на́я се́ссия суда́ assízes *pl.*; ~но́й спекта́кль guest perfórmance; ~но́й лаке́й *уст.* fóot¦man* ['fut-].

выезжа́ть I, вы́ехать (из) 1. leave* (*d.*); ~ из го́рода leave* the town; ~ на да́чу, в дере́вню go* to the country [...'kʌ-], go* out of town; ~ из воро́т go* / come* out of the gates; ~ верхо́м ride* out; ~ в экипа́же drive* out; ~ за грани́цу go* abróad [...-ɔːd]; ~ в свет *уст.* go* out; 2. (*переезжать на другую квартиру*) move [muːv] (from); они́ вы́ехали из кварти́ры вчера́ they moved out yésterday [...-dɪ]; ✧ ~ на ком-л. make* use of smb. [...juːs...], explóit smb.; ~ на чём-л. turn smth. to accóunt, prófit by smth., make* cápital of smth.

выезжа́ть II, вы́ездить (*вн.*; *о лошади*) break* (*a* horse) [breɪk...], train (hórses).

вы́емка *ж.* 1. (*действие*) táking out; (*изъятие*) séizure ['siːʒə]; (*писем из почтового ящика*) colléction; 2. *горн.* èxcavátion; 3. (*углубление*) hóllow, groove, cávity; (*в земле тж.*) èxcavátion; *ж.-д.* cútting; (*на колонне и т. п.*) flute.

вы́есть *сов. см.* выеда́ть.

вы́ехать *сов. см.* выезжа́ть I.

вы́жать *сов. см.* выжима́ть.

вы́ждать *сов. см.* выжида́ть.

вы́жечь *сов. см.* выжига́ть.

вы́жженн||ый *прич. и прил.* burnt, scorched; ~ая земля́ scorched earth [...əːθ].

выжива́ть, вы́жить 1. (*оставаться в живых*) survíve; (*после болезни*) live [lɪv]; больно́й не вы́живет the pátient will not live; the pátient will not pull through [...pul...] *разг.*; ~ по́сле чего́-л. survíve smth.; 2. (*вн.*) *разг.* (*выгонять*) drive* out (*d.*), make* *the* place too hot to hold (*d.*); (*отделываться*) get* rid (of); ✧ вы́жить из ума́ *разг.* become* a dótard, be in one's sécond chíld-hood [...'se- -hud].

вы́жига *м. и ж. разг.* cúnning rogue [...roug].

выжига́ние *с.* 1. búrning out; (*на поверхности*) séaring; ~ по де́реву póker-wòrk; 2. *мед.* cauterizátion [-raɪ-], cáutery.

выжига́ть, вы́жечь (*вн.*) 1. burn* out (*d.*); (*истреблять огнём*) burn* down (*d.*); (*о солнце и т. п.*) scorch (*d.*); ~ по де́реву do póker-wòrk; ~ клеймо́ (на *пр.*) brand (*d.*); 2. *мед.* cáuterìze (*d.*).

выжида́||ние *с.* wáiting, témporìzing. ~**тельный** wáiting, témporìzing, expéctant; ~тельная поли́тика témporìzing pólicy; pólicy of wáit-and-see *разг.*; занима́ть ~тельную пози́цию témporìze, bide* one's time, mark time.

выжида́ть, вы́ждать (*вн.*, *рд.*) wait (for); (*без доп. тж.*) bide* one's time; (*пережидать*) wait till smth. is óver; ~ удо́бного слу́чая wait for an òpportúnity.

выжима́ние *с.* 1. préssing, squéezing; (*белья*) wríng|ing; 2. *спорт.* préssing éxercises *pl.*

выжима́ть, вы́жать (*вн.*) 1. squeeze out (*d.*), press out (*d.*); (*о белье и т. п.*) wring* (*d.*); ~ сок из лимо́на squeeze the juice out of *a* lémon [...ʤuːs... 'le-]; ~ со́ки из кого́-л. *разг.* sweat smb. [swet...], drive* smb. hard; 2. *спорт.* press (*d.*).

вы́жимка *ж.* squéezing, préssing; (*белья*) wríng|ing.

вы́жимки *мн.* (*винограда*) husks of grapes, pressed skins; (*фруктов*) marc *sg.*; (*жмыхи*) óil-càke *sg.*; (*льняные*) línseed-càke *sg.*

вы́жить *сов. см.* выжива́ть.

вы́звать(ся) *сов. см.* вызыва́ть(ся).

вы́звезди||ть *безл.*: ~ло the sky is stúdded with stars.

вы́зволить *сов. см.* вызволя́ть.

вызволя́ть, вы́зволить (*вн.*) *разг.* help / get* out (*d.*), réscue (*d.*); (*освобождать*) líberàte (*d.*); ~ кого́-л. из беды́ help / get* smb. out of trouble [...trʌ-].

выздора́влива||ть, вы́здороветь get* bétter, recóver [-'kʌ-], cònvalésce, be cònvaléscent; он ~ет he is cònvaléscent / impróving [...-uːv-], he is getting bétter; он уже́ вы́здоровел he is quite recóvered now, he is well now; он никогда́ не вы́здоровеет he will never get bétter, he will never grow well [...-ou...]; ~ по́сле гри́ппа *и т. п.* get* óver 'flu, *etc.* [...fluː], recóver from 'flu, *etc.* ~**ющий** 1. *прич. см.* выздора́вливать; 2. *м. как сущ.* cònvaléscent.

вы́здоров||еть *сов. см.* выздора́вливать. ~**ле́ние** *с.* recóvery [-'kʌ-].

вы́зов *м.* 1. call; ~ по телефо́ну télephòne call; 2. (*на состязание, дуэль; тж. перен.*) chállenge (to); ~ на соцсоревнова́ние chállenge to sócialist èmulátion; бро́сить ~ (*дт.*) defý (*d.*), bid* defíance (to), set* at defíance (*d.*), chállenge (*d.*); throw* down the gáuntlet [-ou...] *идиом.*; приня́ть ~ accépt *a* chállenge; take* up the gáuntlet *идиом.*; 3. (*требование явиться*) súmmons; (*в суд тж.*) subpóena [-'piːnə].

вы́золо||тить *сов.* (*вн.*) gild* [gɪ-] (*d.*). ~**ченный** *прич. и прил.* gilt [gɪ-].

вызрева́ть, вы́зреть rípen, grow* ripe [-ou...].

вы́зреть *сов. см.* вызрева́ть.

вызу́бривать, вы́зубрить (*вн.*) *разг.* learn* by heart [ləːn...hɑːt] (*d.*).

вы́зубрить *сов. см.* вызу́бривать.

вызыва́ть, вы́звать (*вн.*) 1. call (*d.*), send* (for); ~ из ко́мнаты call out of the room (*d.*); ~ по телефо́ну call up on the phone (*d.*), ring* up (*d.*); ~ врача́ call the dóctor, send* for the dóctor; ~ актёра call *an* áctor befóre the cúrtain; ~ скрипача́, певца́ (на бис) encóre *a* violínist, *a* piánist [ɔŋ'kɔː... 'pjæ-]; ~ а́втора call for the áuthor; ~ к доске́ (*ученика*) call out (*d.*), call to the bláckboard (*d.*); 2. (*на бой, состязание*) chállenge (*d.*); ~ на соцсоревнова́ние chállenge to sócialist èmulátion (*d.*); ~ на дуэ́ль chállenge to a dúel (*d.*), call ou (*d.*); 3. (*приказывать явиться*) súmmon (*d.*); ~ в суд cite (*d.*), súmmon(s) (*d.*), subpóena [-'piːnə] (*d.*); 4. (*возбуждать*) provóke (*d.*), call forth (*d.*), give* rise (to); (*о сильных чувствах*) stir up (*d.*), excíte (*d.*), rouse (*d.*), aróuse (*d.*); ~ аппети́т tempt / provóke / rouse / excíte the áppetite; ~ воспомина́ние у кого́-л. (о *пр.*) remínd smb. (of); ~ гнев, любопы́тство provóke / excíte, *или* stir up, ánger, cùriósity; ~ рво́ту, кровотече́ние, на́сморк *и т. п.* cause vómiting, bléeding, a cold in the head, *etc.* [...hed]; ~ ого́нь проти́вника draw* the énemy's fire; ~ слёзы у кого́-л. draw* tears from smb., move smb. to tears [muːv...]; ~ подозре́ние aróuse suspícion; ~ сомне́ния give* rise to doubt [...daut]; вы́званный необходи́мостью necéssitàted; вы́званный обстано́вкой en|géndered / occásioned by the sìtuátion; ~ зло́бу aróuse the fúry; ~ за́висть aróuse / excíte énvy; ~ возмуще́ние aróuse / excíte / provóke ìndignátion; ~ трево́гу cause alárm; cause, *или* give* rise to, ànxíety [...-ŋ'z-]; не ~ восто́рга evóke / aróuse no enthúsiàsm [...-zɪ-]; ✧ ~ на открове́нность draw* out (*d.*); вы́звать к жи́зни call into bé|ing (*d.*). ~**ся,** вы́зваться 1. (*+инф.*; *предлагать свои услуги*) vòluntéer (+to *inf.*), óffer (+to *inf.*): он вы́звался пойти́ he vòluntéered to go, he óffered to go; — он пе́рвый вы́звался he was the first to vòluntéer; 2. *страд. к* вызыва́ть.

вызыва́ющий 1. *прич. см.* вызыва́ть; 2. *прил.* defíant; (*наглый*) provócative; (*угрожающий*) aggréssive.

вы́играть *сов. см.* выи́грывать.

выи́грывать, вы́играть (*вн.*; *в разн. знач.*) win* (*d.*), gain (*d.*); вы́играть в лотере́е, в ка́рты win* in *a* lóttery, at cards; вы́играть три рубля́ у кого́-л. win* three roubles of smb. [...ruː-...]; вы́играть де́ло *юр.* win* one's case [...keɪs], gain *a* suit [...sjuːt]; вы́играть бой, сраже́ние win* *a* battle; ~ па́ртию win* *a* game; вы́играть у своего́ проти́вника beat* one's oppónent; ~ легко́ (*в состязании*) win* éasily [...-zɪ-]; win* hands down *разг.*; вы́играть на чём-л. prófit / gain by smth.; от э́того он то́лько вы́играет he will ónly gain / bénefit by it; вы́играть вре́мя, день *и т. п.* gain time, a day, *etc.*; стара́ться вы́играть вре́мя play for time, témporìze.

вы́игрыш *м.* 1. (*в лотерее, займе и т. п.*) prize; (*выигранные деньги*) wínnings *pl.*; гла́вный ~ first prize; 2. (*выгода*) gain; небольшо́й ~ slight gain; ✧ быть в ~е be the wínner, be the gáiner. ~**ный** 1. wínning;

lóttery (*attr.*); ~ный ход wínning move [...mu:v]; ~ный заём lóttery-loan; ~ный билéт lóttery tícket; 2. (*выгодный*) àdvantágeous; ~ная пьéса (*музыкальная*) efféctive piece [...pi:s]; ~ная роль strong / efféctive role / part.

вы́искать *сов. см.* выи́скивать.

вы́иск||аться *сов. разг.*: вот у́мник ~ался! there's a cléver chap! [...'kle-...].

выи́скивать, вы́искать (*вн.*) discóver [-'kʌ-] (*d.*), find* out (*d.*), hunt out (*d.*), hunt up (*d.*); *несов. тж.* try to discóver, try to find out, *etc.*; ~ удóбный слу́чай watch for an òpportúnity.

вы́йти *сов. см.* выходи́ть 1, 2, 3, 4, 5, 6, 7.

вы́казать *сов. см.* выка́зывать.

выка́зывать, вы́казать (*вн.*) mánifèst (*d.*); (*проявлять*) displáy (*d.*); ~ му́жество displáy cóurage [...'kʌ-]; ~ рáдость mánifèst / betráy joy.

выка́лывать, вы́колоть (*вн.*) prick out (*d.*); вы́колоть глаза́ комý-л. put* out smb.'s eyes [...aɪz].

выкама́ривать *разг.* play fóolish pranks, be up to all sorts of nónsense.

выка́пывать, вы́копать (*вн.*) 1. (*о яме*) dig* (*d.*); 2. (*откапывать*) dig* up (*d.*), dig* out (*d.*); (*о трупе*) exhúme (*d.*); (*перен.*) *разг.* ún¦éarth [-'ə:θ] (*d.*).

вы́карабкаться *сов. см.* выкара́бкиваться.

выкара́бкиваться, вы́карабкаться *разг.* scramble out; (*перен.*) get* out, éxtricàte òne¦sélf; (*из болезни*) pull through [pul...], get* óver (*d.*).

выка́рмливать, вы́кормить (*вн.*) bring* up (*d.*), rear (*d.*); ~ гру́дью nurse (*d.*).

вы́катать *сов.* (*вн.*; *о белье*) mangle (*d.*).

вы́катить(ся) *сов. см.* выка́тывать(ся).

выка́тывать, вы́катить (*вн.*) roll (*d.*); (*о кресле и т. п.*) wheel out (*d.*); ◇ ~ глаза́ *разг.* ópen one's eyes wide [...aɪz...], stare. ~**ся,** вы́катиться 1. roll; 2. *страд. к* выка́тывать.

вы́качать *сов. см.* выка́чивать.

выка́чивать, вы́качать (*вн.*) pump out (*d.*); (*перен.*) extórt (*d.*), wring* (*d.*); ~ дéньги из когó-л. *разг.* fleece smb.

выка́шивать, вы́косить (*вн.*) mow* [mou] (*d.*).

выка́шливать, вы́кашлять (*вн.*) *разг.* cough up (*d.*), èxpéctoràte (*d.*), hawk up (*d.*). ~**ся,** вы́кашляться hawk.

вы́кашлять(ся) *сов. см.* выка́шливать(ся).

выки́дывать, вы́кинуть 1. (*вн.*) throw* out [θrou...] (*d.*); (*отбрасывать*) discárd (*d.*); (*увольнять*) *разг.* chuck out (*d.*); ~ что-л. в окнó throw* smth. out of the wíndow; 2. (*без доп.*) have a miscárriage [...-rɪʤ], miscárry; (*о животном тж.*) slip; ◇ вы́кинуть флаг hoist *a* flag; вы́кинуть что-л. из головы́ *разг.* put* smth. out of one's head [...hed], dismíss smth., get* rid of smth.; вы́кинуть штýку, нóмер, фóкус do a queer / odd / fúnny thing, play a (fine) trick.

вы́кидыш *м.* 1. (*естественный*) miscárriage [-rɪʤ]; (*искусственный*) abórtion; 2. (*плод*) fóetus ['fi:təs].

вы́кинуть *сов. см.* выки́дывать.

выкипа́ть, вы́кипеть boil a¦wáy.

вы́кипеть *сов. см.* выкипа́ть.

вы́кипятить *сов.* (*вн.*) *разг.* boil (out) (*d.*).

вы́кладк||а *ж.* 1. (*товара и т. п.*) láying-out, spréading-out [-red-]; 2. *мн. мат.* càlculátion *sg.*, còmputátion *sg.*; статисти́ческие ~и statístical càlculátions, statístics; 3. *воен.* (sóldier's) pack [-lʤəz...], (sóldier's) kit; в пóлной ~е in full márching órder.

выкла́дывать, вы́ложить 1. (*вн.*) lay* out (*d.*), spread* out [-ed...] (*d.*); (*перен.*) *разг.* ùnbósom òne¦sélf [-'buz-...] (of), tell* (*d.*); 2. (*вн. тв.*; *обкладывать и т. п.*) lay* (*d.* with), revét (*d.* with); ~ дёрном turf (*d.*); ~ пли́тами flag (*d.*); ~ кирпичóм brick (*d.*); ~ кáмнем face with másonry [...'meɪ-] (*d.*); ~ моза́икой *и т. п.* ín¦láy* with mosáic, *etc.* [...-'zeɪɪk] (*d.*).

вы́клевать *сов. см.* выклёвывать.

выклёвывать, вы́клевать (*вн.*) 1. (*вырывать клювом*) peck out (*d.*); 2. (*склевать всё*) peck up (*d.*).

выклика́ть, вы́кликнуть (*вн.*) call out (*d.*); *несов. тж.* call the names (of); ~ по спи́ску call the roll.

вы́кликнуть *сов. см.* выклика́ть.

выключа́тель *м. эл.* switch.

выключ||а́ть, вы́ключить (*вн.*) 1. (*о газе и т. п.*) turn off (*d.*); (*об электричестве тж.*) switch off (*d.*); (*прекращать пользование газом, телефоном и т. п.*) cut* off (*d.*); ~ ток switch off the cúrrent; ~ мотóр shut* off the éngine [...'enʤ-]; 2. *полигр.*: ~ строкý jústifỳ *a* line. ~**éние** *с.* 1. *тех.* túrning-òff; cútting-òff; shútting-òff; (*ср.* выключа́ть 1); 2. *эл.* cóntact bréaking [...'breɪk-], swítching-òff.

вы́ключить *сов. см.* выключа́ть.

выкля́нчивать, вы́клянчить (что-л. у когó-л.) *разг.* obtáin / get* by incéssant bégging (smth. out of smb.), cadge (smth. of smb.); *несов. тж.* péster (smb. for smth.), plague [pleɪg] (smb. for smth.).

вы́клянчить *сов. см.* выкля́нчивать.

вы́ковать *сов. см.* выкóвывать.

выкóвывать, вы́ковать (*вн.*) forge (*d.*), hámmer (*d.*); (*перен.*) fáshion (*d.*), shape (*d.*), mould [mou-] (*d.*); (*создавать*) crèáte (*d.*).

выковы́ривать, вы́ковырять (*вн.*) pick out (*d.*), pluck out (*d.*); *несов. тж.* try to pick / pluck out (*d.*).

вы́ковырять *сов. см.* выковы́ривать.

выкола́чивать, вы́колотить (*вн.*) 1. knock out (*d.*), beat* out (*d.*); ~ пыль из чегó-л. beat* the dust out of smth.; ~ мéбель, ковры́ *и т. п.* beat* the fúrniture, cárpets, *etc.*; ~ пальтó *и т. п.* beat* *a* coat, *etc.*; ~ трýбку knock out *a* pipe; 2. *разг.* (*получать насильно*) extórt (*d.*), force out (*d.*).

вы́колоситься *сов. см.* колоси́ться.

вы́колотить *сов. см.* выкола́чивать.

вы́колоть *сов. см.* выка́лывать.

вы́копать *сов. см.* выка́пывать.

вы́кормить *сов. см.* выка́рмливать.

вы́корчевать *сов. см.* выкорчёвывать.

выкорчёвывать, вы́корчевать (*вн.*) 1. (*очищать от пней*) stub (*d.*), grub (*d.*); 2. (*о пнях*) stub / grub up (*d.*); (*перен.*) root out (*d.*), éxtìrpàte (*d.*).

вы́косить *сов. см.* выка́шивать.

выкра́дывать, вы́красть (*вн.*) steal* (*d.*).

выкра́ивать, вы́кроить (*вн.*) cut* out (*d.*); (*перен.*) make* (*d.*) do; ~ дéньги на что-л. make* the móney do for smth. [...'mʌ-...], find* the móney for smth.; ~ врéмя make* / find* time.

вы́красить *сов. см.* выкра́шивать.

вы́красть *сов. см.* выкра́дывать.

выкра́шивать, вы́красить (*вн.*) paint (*d.*); (*о материи, волосах*) dye (*d.*); вы́красить что-л. голубóй крáской paint smth. blue; вы́красить что-л. в голубóй цвет paint / dye smth. blue.

вы́крик *м.* cry, shout; (*грубый*) yell.

выкри́кивать, вы́крикнуть (*вн.*) 1. scream out (*d.*); (*грубо*) yell (*d.*); 2. (*вызывать*) call out (*d.*).

вы́крикнуть *сов. см.* выкри́кивать

вы́кристаллизоваться *сов.* crýstallìze.

вы́кроить *сов. см.* выкра́ивать.

вы́кройк||а *ж.* páttern; снять ~у cut* out a páttern.

выкрута́с||ы *мн. разг.* turns and twists; (*в стиле, в музыке*) preténtious florídity and extrávagance [...-vɪ-] *sg.*; (*в почерке*) flóurishes ['flʌ-]; (*перен.*) èxtràvagánza, vagáries, freaks; человéк с ~ами an affécted / preténtious pérson.

вы́крутить(ся) *сов. см.* выкрýчивать(ся).

выкрýчивать, вы́крутить (*вн.*) *разг.* únscréw (*d.*). ~**ся,** вы́крутиться 1. *разг.* come* únscréwed; (*перен.*) éxtricàte / clear òne¦sélf; ~ся из чегó-л. get* out of smth.; ~ся из беды́ get* out of *a* scrape; 2. *страд. к* выкрýчивать.

вы́куп *м.* **1.** (*действие*) redémption, redéeming; (*пленного*) ránsom; **2.** (*плата*) ránsom; тре́бовать ~а за кого́-л. hold* smb. to ránsom.

вы́купать *сов. см.* купа́ть.

выкупа́ть, вы́купить (*вн.*) redéem (*d.*); (*о пленном*) ránsom (*d.*).

вы́купаться *сов. см.* купа́ться.

вы́купить *сов. см.* выкупа́ть.

выкупн||о́й *прил. к* вы́куп; ~ы́е платежи́ redémption móney [...'mʌ-] *sg.*; ~о́е пра́во right of redémption.

выку́ривать I, вы́курить (*вн.*; *о папиросе и т. п.*) smoke (*d.*).

выку́ривать II, вы́курить (*вн.*; *выгонять дымом*) smoke out (*d.*); (*перен.*: *выпроваживать*) *разг.* get* rid (of); вы́курить лиси́цу из норы́ smoke *a* fox from, *или* out of, its hole.

выку́ривать III, вы́курить (*вн.*) *уст.* (*о спирте*) distíl (*d.*).

вы́курить I, II, III *сов. см.* выку́ривать I, II, III.

выла́вливать, вы́ловить (*вн.*) catch* (*d.*); (*извлекать*) get* out (*d.*), fish out (*d.*).

вы́лазк||а *ж.* **1.** *воен.* sálly, sórtie [-tiː]; (*перен.*) attáck, ónslaught; сде́лать ~у sálly, make* a sórtie; **2.** (*прогулка*) ramble, excúrsion; де́лать лы́жную ~у go* on a skíing excúrsion [...'ʃiːŋ...].

вы́лакать *сов.* (*вн.*) lap up (*d.*).

выла́мывать, вы́ломать (*вн.*) break* in / out [breɪk...] (*d.*); ~ дверь break* ópen / down *a* door [...dɔː].

вы́лежать *сов. разг.* (*о больном*) be / remáin in bed; ~ неде́лю, в тече́ние неде́ли be in bed for a week. **~ся** *сов.* **1.** (*в постели*) have a compléte rest in bed; **2.** (*дозреть*) rípen; (*о табаке и т. п.*) matúre.

вылеза́ть, вы́лезть **1.** come* out, climb out [klaɪm...]; (*выкарабкиваться*) scramble out; (*ползком*) crawl out; **2.** *разг.* (*выходить из трамвая и т. п.*) get* out; **3.** (*о волосах*) fall* out, come* out; мех вылеза́ет the fur is wéaring [...'wɛə-]; ◇ из ко́жи вон вы́лезти lay* òne¦sélf out.

вы́лезть *сов. см.* вылеза́ть.

вы́лепить *сов. см.* лепи́ть 1.

вы́лет *м.* (*птицы*) flight; (*самолёта*) táke-óff; боево́й ~ òperátional flight; (*об одном самолёте тж.*) sórtie [-tiː]; че́рез два часа́ по́сле ~а из Москвы́ two hours áfter táking off from Móscow [...auəz...].

вылета́ть, вы́лететь **1.** (*о птице, бабочке и т. п.*) fly* out; (*о самолёте*) take* off; (*перен.*: *стремительно выходить, выезжать*) dash out, dart out; (*о человеке тж.*) rush out; **2.** *разг.* (*быть выгнанным с работы и т. п.*) be fired / sacked, be given the sack; ◇ вы́лететь в трубу́ *разг.* go* bánkrùpt, go* smash, smash; у него́ э́то вы́летело из головы́ he has clean forgótten it.

вы́лететь *сов. см.* вылета́ть.

выле́чивать, вы́лечить (*вн.*) cure (*d.*); ~ кого́-л. от чего́-л. cure smb. of smth. **~ся,** вы́лечиться **1.** (от) be cured (of), recóver [-'kʌ-] (from); **2.** *страд. к* выле́чивать.

вы́лечить(ся) *сов. см.* выле́чивать(ся).

вылива́ть, вы́лить (*вн.*) **1.** (*воду и т. п.*) pour out [pɔː...] (*d.*); (*ведро и т. п.*) émpty (*d.*); **2.** (*отливать из металла, воска*) cast* (*d.*), mould [mou-] (*d.*); (*из металла тж.*) found (*d.*). **~ся,** вы́литься **1.** run* out; pour out [pɔː...] (*тж. перен.*); ~ся че́рез край òver¦flów [-ou]; **2.** (во что-л.; *кончаться чем-л.*) take* the form / shape (of smth.); во что вы́льется всё э́то? how will it all end?, how will it shape?; **3.** *страд. к* вылива́ть.

вы́лизать *сов. см.* вылі́зывать.

выли́зывать, вы́лизать (*вн.*) lick (*d.*); (*начисто*) lick clean (*d.*).

вы́линять *сов.* **1.** (*поблёкнуть*) fade; **2.** (*о животных, птицах*) moult [mou-]; (*тк. о животных*) shed* its hair.

вы́лит||ый **1.** *прич. см.* вылива́ть; **2.** *прил.*: ~ оте́ц, ~ая мать *и т.д.* the very pícture / ímage of one's fáther, móther, *etc.* [...'fɑː- 'mʌ-]; он ~ оте́ц he is the ímage of his fáther; he is a chip of the old block *идиом.*

вы́лить(ся) *сов. см.* вылива́ть(ся).

вы́ловить *сов. см.* выла́вливать.

вы́ложить *сов. см.* выкла́дывать.

вы́ломать *сов. см.* выла́мывать.

вы́лощ||енный **1.** *прич. см.* вы́лощить; **2.** *прил.* glóssy, pólished; (*перен.*) fóppish, dándy¦ish; ~ молодо́й челове́к fop, dándy. **~ить** *сов.* (*вн.*; *прям. и перен.*) *разг.* pólish (*d.*).

вы́лудить *сов. см.* вылу́живать.

вылу́живать, вы́лудить (*вн.*) tin (*d.*).

вы́лупиться *сов. см.* вылупля́ться.

вылупля́ться, вы́лупиться (*о птенцах*) hatch.

вылу́щивать, вы́лущить (*вн.*) husk (*d.*); (*о горохе*) shell (*d.*).

вы́лущить *сов. см.* вылу́щивать.

вы́мазать(ся) *сов. см.* выма́зывать(ся).

выма́зывать, вы́мазать (*вн. тв.*) smear (*d.* with); (*пачкать*) besméar (*d.* with), dírty (*d.* with); ~ дёгтем tar (*d.*); вы́мазать па́льцы в черни́лах make* one's fíngers ínky. **~ся,** вы́мазаться make* òne¦sélf dírty, besméar/dírty òne¦sélf; вы́мазаться в черни́лах get* ínky all óver, get* cóvered with ink [...'kʌ-...].

выма́ливать, вы́молить (*вн.*) beg (for), implóre (+to *inf.*); *сов. тж.* get* / obtáin (by one's entréaties / práyers) (*d.*); он вы́молил себе́ проще́ние he begged succéssfully for párdon; his entréaties for párdon were not in vain.

выма́нивать, вы́манить **1.** (*вн.* из; *заставлять выйти*) entíce (*d.* from), lure (*d.* from, out of); **2.** (что-л. у кого́-л.; *получать лестью, хитростью*) coax (smth. out of smb.), wheedle (smth. out of smb.); (у кого́-л. что-л.) (*обманом*) wheedle (smb. out of smth.); (*о деньгах*) fool / swindle (smb. out of smth.); у него́ вы́манили все де́ньги he was swindled out of all his móney [...'mʌ-]; у него́ вы́манили обеща́ние he was fooled into prómising [...-s-], a prómise was wheedled out of him [...-s...].

вы́манить *сов. см.* выма́нивать.

вы́марать(ся) *сов. см.* выма́рывать(ся).

выма́рывать, вы́марать (*вн.*) *разг.* **1.** (*пачкать*) dírty (*d.*), soil (*d.*), besméar (*d.*); (*ср. тж.* выма́зывать); **2.** (*зачёркивать*) strike* out (*d.*), cross out (*d.*). **~ся,** вы́мараться *разг.* **1.** get* dírty, dírty òne¦sélf; **2.** *страд. к* выма́рывать.

выма́тывать, вы́мотать (*вн.*) *разг.* (*изнурять*) drain (*d.*), exháust (*d.*); ~ все си́лы у кого́-л. drain smb. of all his strength, exháust all smb.'s strength; ◇ ~ всю ду́шу кому́-л. wear* smb. out [wɛə...], tire smb. to death [...deθ]; (*надоедать*) exásperàte smb. **~ся,** вы́мотаться *разг.* be done up, be worn out.

выма́чивать, вы́мочить (*вн.*) **1.** soak (*d.*), steep (*d.*); (*о льне и т. п.*) ret (*d.*); **2.** (*промачивать*) drench (*d.*), soak (*d.*); вы́мочить до ни́тки drench / soak to the skin (*d.*).

выме́нивать, вы́менять (*вн.* на *вн.*) bárter (*d.* for), exchánge [-'tʃeɪ-] (*d.* for); swop (*d.* for) *разг.*

вы́менять *сов. см.* выме́нивать.

вы́мереть *сов. см.* вымира́ть.

вымерза́ть, вы́мерзнуть be destróyed by frost.

вы́мерзнуть *сов. см.* вымерза́ть.

вы́мерить *сов. см.* вымеря́ть.

вы́мерш||ий extínct; ~ие живо́тные extínct ánimals.

вымеря́ть, вы́мерить (*вн.*) méasure ['me-] (*d.*).

вы́месить *сов. см.* выме́шивать.

вы́мести(сь) *сов. см.* вымета́ть(ся).

вы́местить *сов. см.* вымеща́ть.

вы́метать *сов. см.* вымётывать.

вымета́ть, вы́мести (*вн.*; *о комнате, улице и т. п.*) sweep* (*d.*); (*о сора и т. п.*) sweep* up (*d.*). **~ся,** вы́местись **1.** *разг.* clear out; **2.** *страд. к* вымета́ть.

вымётывать, вы́метать (*вн.*) edge (*d.*), búttonhòle (*d.*); ~ пе́тли work / make* búttonhòles.

выме́шивать, вы́месить (*вн.*; *о тесте*) knead (*d.*).

вымеща́ть, вы́местить: ~ зло́бу, доса́ду *и т. п.* на ком-л. vent / wreak one's ánger, vèxátion, *etc.*, on smb.

вымира́ние *с.* dýing out, extínction.

вымира́ть, вы́мереть **1.** die out, become* extínct; **2.** (*пустеть*) become* désolate / émpty / dè¦pópu-làted.

вымога́тель *м.* extórtioner; (*шантажист*) bláckmailer. **~ский** *прил. к* вымога́тель; *тж.* extórtionate. **~ство** *с.* extórtion; (*шантаж*) bláckmail.

вымога́ть (*вн.* у) extórt (*d.* from), wring* (*d.* from, *d.* out of); ~ де́ньги, обеща́ние у кого́-л. extórt móney, a prómise from smb. [...'mʌnɪ...-s...].

вымока́ть, вы́мокнуть **1.** soak, be steeped; (*о льне и т. п.*) be rétted; **2.** (*промокать*) be drenched / soaked, be wet through; вы́мокнуть до ни́тки *разг.* be drenched / soaked to the skin, not have a dry thread on one [...θred...].

вы́мокнуть *сов. см.* вымока́ть.

вымола́чивать, вы́молотить (*вн.*) *с.-х.* thresh (*d.*); ~ пшени́цу thresh (all) the wheat.

вы́молвить *сов.* (*вн.*) say* (*d.*); (*выговорить*) útter (*d.*); не ~ ни сло́ва not útter a word, not ópen one's mouth.

вы́молить *сов. см.* выма́ливать.

вы́молот *м. с.-х.* (*обмолоченное зерно*) threshed corn; (*количество обмолоченного зерна*) tótal yield of threshed corn [...jiːld...].

вы́молотить *сов. см.* вымола́чивать.

вымора́живание *с.* fréezing.

вымора́живать, вы́морозить (*вн.*) **1.** freeze* out (*d.*); **2.** *разг.* (*о помещении и т. п.*) freeze* (*d.*).

вы́морить *сов.* (*вн.*) èxtérminàte (*d.*).

вы́морозить *сов. см.* вымора́живать.

вы́морочн||ый *юр.* es¦chéated; **~ое** иму́щество es¦chéat.

вы́мостить *сов.* (*вн.*) pave (*d.*).

вы́мотать(ся) *сов. см.* выма́тывать(ся).

вы́мочить *сов. см.* выма́чивать.

вы́мпел *м.* **1.** *мор.* péndant, pénnant; **2.** *ав.* (*с донесением*) dropped méssage bag.

вы́мученный **1.** *прич. см.* выму́чивать; **2.** *прил.* forced; (*о стиле*) labórious, lábour¦ed, forced, pónderous; у него́ ~ стиль his style is lábour¦ed; his style smells of the lamp *идиом.*

выму́чивать, вы́мучить *разг.* **1.** (*вн.* у) extórt (*d.* from), force (*d.* out of); **2.** (*вн.*; *из себя*) force (*d.*), squeeze out (*d.*); вы́мучить из себя́ мысль squeeze out an ìdéa [...aɪ'dɪə].

вы́мучить *сов. см.* выму́чивать.

вы́муштровать *сов. см.* муштрова́ть.

вымыва́ть, вы́мыть (*вн.*) **1.** wash (*d.*); **2.** (*делать вымоину*) hóllow out (*d.*); (*размывать*) wash a¦wáy (*d.*). **~ся,** вы́мыться wash, wash òne¦sélf.

вымы́ливать, вы́мылить use up (the soap).

вы́мылить *сов. см.* вымы́ливать.

вы́мысел *м.* (*выдумка*) invéntion, fíction; *поэт.* imàginátion, fáncy; (*ложь*) fálse¦hood ['fɔːlshud], lie, fàbricátion; сплошно́й ~ pure invéntion.

вы́мыслить *сов. см.* вымышля́ть.

вы́мыть(ся) *сов. см.* вымыва́ть(ся) *и* мы́ть(ся).

вы́мышл||енный (*выдуманный*) invénted; (*фиктивный*) imáginary, fictítious; назва́ться **~енным** и́менем take* an assúmed name. **~я́ть,** вы́мыслить (*вн.*) invént (*d.*).

вы́мя *с.* údder.

вына́шивать, вы́носить (*вн.*; *ребёнка*) bear* [bɛə] (*d.*); (*перен.*; *о мысли, проекте*) matúre (*d.*), núrture (*d.*).

вы́нести(сь) *сов. см.* выноси́ть(ся).

вынима́ть, вы́нуть (*вн.*) take* out (*d.*); (*вытаскивать*) pull out [pul...] (*d.*); (*извлекать*) extráct (*d.*); (*деньги из сберкассы и т. п.*) draw* (*d.*); ✧ вынь да поло́жь *разг.* ≅ you, he, *etc.*, must have it there and then. **~ся,** вы́нуться **1.** come* out; **2.** *страд. к* вынима́ть.

вы́нос *м.* (*покойника*) cárrying-out, béaring-out ['bɛə-]; ✧ на ~ *уст.* for consúmption off the prémises [...-sɪz].

вы́носить *сов. см.* вына́шивать.

выноси́ть, вы́нести **1.** (*вн.*) cárry out (*d.*), take* out (*d.*); (*убирать*) take* a¦wáy (*d.*); ~ на у́лицу take* into the street (*d.*); ~ на ры́нок bring* to márket (*d.*); ~ в мо́ре cárry out to sea (*d.*); ~ на бе́рег wash ashóre (*d.*); **2.** (*вн.*; *терпеть*) stand* (*d.*), endúre (*d.*), bear* [bɛə] (*d.*); ~ боль stand* pain; я его́ не выношу́ I can't stand him [...kɑːnt...]; я не выношу́ э́того шу́ма I can't bear this noise; **3.** (*вн.* на *вн.*; *предлагать на обсуждение собрания и т. п.*) submít (*d.* to); **4.** (*вн.*; *принимать, объявлять*): ~ пригово́р (*дт.*) pass séntence (on), séntence (*d.*); ~ резолю́цию pass a rèsolútion [...-zə-]; ~ реше́ние decíde (*d.*); (*судебное*) give* / pronóunce júdge¦ment [...'dʒʌdʒ-]; **5.** (*вн.*; *из текста*): ~ на поля́ (*книги*) make* a márginal note; ~ под строку́ make* a fóotnòte [...'fut-]; ✧ ~ впечатле́ние recéive / get* an impréssion [-'siːv...]; ~ прия́тное, тяжёлое *и т. п.* впечатле́ние be pléasantly, páinfully, *etc.*, impréssed [...'plez-...]; ~ убежде́ние в чём-л. be convínced of smth.; ~ сор из избы́ ≅ foul one's nest; не ~ со́ра из избы́ *погов.* ≅ not wash one's dírty línen in públic [...'lɪnɪn...'pʌ-]. **~ся,** вы́нестись **1.** dart out, fly* out; **2.** *страд. к* выноси́ть.

вы́носка *ж.* **1.** (*действие*) remóval [-'muːv°l], táking-out, cárrying-out; **2.** (*примечание*) note; (*под строкой*) fóotnòte ['fut-]; (*на полях*) márginal note.

выно́слив||ость *ж.* endúrance; (*тж. о растениях*) hárdiness; (*стойкость*) stáying pówer; (*моральная*) fórtitùde. **~ый** of great endúrance [...-eɪt...], hárdy; он о́чень выно́слив he is cápable of great endúrance; he is a great stáyer *разг.*

вы́ношенный **1.** *прич. см.* вына́шивать; **2.** *прил.* matúre; **3.** *прил.* (*старый, истёртый*) wórn-out ['wɔː-], thréadbàre ['θred-].

вы́нудить *сов. см.* вынужда́ть.

вынужда́ть, вы́нудить (*вн.*) force (*d.*), compél (*d.*), oblíge (*d.*), make* (*d.*); ~ согла́сие, призна́ние *и т. п.* compél assént, admíssion, *etc.*; ~ согла́сие у кого́-л. force assént out of smb., force / compél / oblíge smb. to assént, make* smb. assént; wring* consént from, *или* out of, smb.; он вы́нужден пойти́, сде́лать *и т.п.* he is oblíged / forced / compélled to go, to do, *etc.*

вы́нужденн||ый **1.** *прич. см.* вынужда́ть; **2.** *прил.* forced; **~ая** поса́дка *ав.* forced / emérgency lánding.

вы́нуть(ся) *сов. см.* вынима́ть(ся).

вы́нырнуть *сов.* come* to the súrface, emérge; (*перен.*) turn up.

вы́нюхать *сов. см.* вынюхивать.

вынюхивать, вы́нюхать (*вн.*) *разг.* (*разузнавать*) nose out (*d.*), smell* out (*d.*).

выня́нчивать, вы́нянчить (*вн.*) *разг.* bring* up (*d.*), nurse (*d.*).

вы́нянчить *сов. см.* выня́нчивать.

вы́пад *м.* **1.** *спорт.* lunge, thrust; де́лать ~ lunge; **2.** (про́тив; *враждебное выступление*) attáck (on, up¦ón).

выпад||а́ть, вы́пасть **1.** (*падать*) fall* out; (*выскальзывать*) slip out; вы́пасть из рук drop out of one's hands; **2.** (*о волосах и т. п.*) come* out; **3.** (*об осадках*) fall*; мно́го дождя́, сне́га вы́пало there has been a héavy fall of rain, of snow [...'hevɪ ...snou]; в э́том году́ вы́пало мно́го дождя́ the ráinfàll has been héavy this year; **4.** (*случаться*) occúr; **5.** (*доставаться*) fall*; ему́ вы́пал жре́бий the lot fell up¦ón him; ему́ вы́пала честь the hónour fell on / to him [...'ɔnə...], he had the hónour; ему́ вы́пало сча́стье it was his fórtune [...-tʃən]; ~ на до́лю кому́-л. fall* to smb.'s lot. **~е́ние** *с.* fall; (*о волосах, зубах*) fálling out; (*тк. о волосах*) shédding; **~е́ние** прямо́й кишки́ *мед.* prólàpsus of the réctum ['prou-...]; **~е́ние** ма́тки *мед.* prólàpsus of the úterus; **~е́ние** радиоакти́вных оса́дков núclear fáll-óut.

выпа́ивать, вы́поить: ~ молоко́м (*вн.*) feed* on milk (*d.*).

выпа́ливать, вы́палить *разг.* **1.** (*без доп.*) shoot*, fire; вы́палить из ружья́ fire *a* gun; **2.** (*вн.*; *сказать*) blurt out (*d.*).

вы́палить *сов. см.* выпа́ливать.

выпа́лывать, вы́полоть (*вн.*) **1.** (*о грядке и т. п.*) weed (*d.*); **2.** (*о *сорной траве и т.п.)* weed out (*d.*), pull up [pul...] (*d.*).

выпа́ривание *с. хим.* evàporátion.

выпа́ривать, вы́парить (*вн.*) **1.** *хим.* eváporàte (*d.*); **2.** *разг.* (*чистить, дезинфицировать парами*) steam (*d.*).

вы́парить *сов. см.* выпа́ривать.

выпа́рывать, вы́пороть (*вн.*) *разг.* rip out (*d.*).

вы́пас *м.* pásture.

вы́пасть *сов. см.* выпада́ть.

вы́пачкать *сов.* (*вн.*) *разг.* soil (*d.*), dírty (*d.*); (*сделать пятно*) stain (*d.*); ~ кра́ской get* paint (on), stain with paint (*d.*); ~ па́льцы черни́лами make* one's fíngers ínky. **~ся** *сов. разг.* make* òne¦sélf dírty; ~ся ме́лом, гря́зью *и т. п.* get* chalk, mud, *etc.*, on òne¦sélf, make* òne¦sélf all chálky, múddy, *etc.*; ~ся черни́лами make* òne¦sélf ínky all óver.

выпека́ть, вы́печь (*вн.*) bake (*d.*). **~ся,** вы́печься **1.** be done, be réady [...'re-], be baked; **2.** *страд. к* выпека́ть.

вы́переть *сов. см.* выпира́ть.

вы́пестовать *сов.* (*вн.*) fóster (*d.*), núrture (*d.*).

вы́печка *ж.* **1.** (*действие*) báking; **2.** (*количество выпеченного*) batch.

вы́печь(ся) *сов. см.* выпека́ть(ся).

выпива́||ть, вы́пить **1.** (*вн., рд.*) drink* (*d.*); вы́пить за́лпом toss off (*d.*), drink* off (*d.*); ~ всё, ~ до дна drain (*d.*); вы́пить ча́шку ча́я, ко́фе *и т. п.* have / take* a cup of tea, cóffee, *etc.* [...-fɪ]; вы́пить воды́ drink* some wáter [...'wɔː-], have a drink of wáter; он вы́пил (ли́шнее) *разг.* he has had a drop (too much), he's had one too many; **2.** *тк. несов. разг.:* он ~ет (*о спиртных напитках*) he drinks; he likes his drop *идиом.*

вы́пивка *ж. разг.* **1.** (*попойка*) drínking-bout, caróuse; **2.** (*спиртные напитки*) drinks *pl.*

выпи́ливать, вы́пилить (*вн.*) saw* (*d.*), cut* out (*d.*); (*выделывать что-либо*) make* (*d.*); ~ украше́ние, ра́мку *и т. п.* ло́бзиком make* a frétwòrk órnament, a frétwòrk frame, *etc.*

вы́пилить *сов. см.* выпи́ливать.

выпира́ть, вы́переть *разг.* **1.** (*без доп.; выдаваться вперёд*) bulge out, protrúde, stick* out; (*перен.*) be too próminent / óbvious; **2.** (*вн.; выталкивать*) push out [puʃ...] (*d.*); **3.** (*вн.; выгонять*) chuck / turn out (*d.*).

вы́писать(ся) *сов. см.* выпи́сывать(ся).

вы́писк||а *ж.* **1.** (*списывание, выборка*) extráction; cópying; wríting out; (*ср.* выпи́сывать **1**); **2.** (*извлечение из книг, документов*) éxtràct, éxcèrpt; ~ из протоко́ла éxtràct from the mínutes [...'mɪnɪts]; **3.** (*о товарах*) órdering; (*о периодических изданиях*) subscríption; ~ газе́т, журна́лов subscríption to the néwspàpers, màgazínes [...-'ziː-]; **4.** (*из больницы и т. п.*) dis¦chárge; больно́й назна́чен к ~е the pátient is to be dis¦chárged.

выпи́сывать, вы́писать (*вн.*) **1.** (*делать выборку*) extráct (*d.*); (*списывать*) cópy out ['kɔ-...] (*d.*); **2.** (*тщательно*) write* out (*d.*), trace out (*d.*); **3.** (*составлять какой-л. документ*) write* (*d.*); ~ квита́нцию give* a recéipt [...-'siːt]; ~ о́рдер write* an órder, give* a written órder / pérmit; ~ реце́пт write* a prescríption; **4.** (*о книге, товаре*) órder (*d.*); (*о периодических изданиях*) subscríbe (to); **5.** (*вызывать письмом*) send* (for), write* (for); **6.** (*исключать*) strike* off the list (*d.*); ~ из больни́цы dis¦chárge from hóspital (*d.*). **~ся,** вы́писаться **1.:** ~ся и́з дому strike* one's name off the list of ténants [...'te-]; ~ся из больни́цы be dis¦chárged from hóspital; он уже́ вы́писался из больни́цы he is out of hóspital; **2.** *страд. к* выпи́сывать.

вы́пить *сов. см.* выпива́ть **1** *и* пить.

выпи́хивать, вы́пихнуть (*вн.*) *разг.* push out [puʃ...] (*d.*), bundle out (*d.*), shove out [ʃʌv...] (*d.*).

вы́пихнуть *сов. см.* выпи́хивать.

вы́плав||ить *сов. см.* выплавля́ть. **~ка** *ж.* **1.** smélting; **2.** (*выплавленный металл*) smélted métal [...'me-], smelt.

выплавля́ть, вы́плавить (*вн.*) smelt (*d.*).

вы́плакать *сов.* (*вн.*) **1.** sob out (*d.*); ~ го́ре sob out one's grief [...griːf]; **2.** *разг.* (*выпросить*) obtáin by wéeping (*d.*), get* by dint of one's tears (*d.*); ◇ ~ глаза́ cry one's eyes out [...aɪz...]. **~ся** *сов.* have a good cry.

вы́плат||а *ж.* páyment; ~ до́лга páyment/lìquidátion of *a* debt [...det]; ~ в рассро́чку páyment by instálments [...-tɔːl-]. **~ить** *сов. см.* выпла́чивать.

выпла́чивать, вы́платить (*вн.*) pay* (*d.*); (*полностью*) pay* off (*d.*), pay* in full (*d.*); вы́платить долг pay* off, *или* líquidàte, *a* debt [...det], acquít òne¦sélf of *a* debt; ~ в рассро́чку pay* by instálments [...-tɔːl-] (*d.*).

выплёвывать, вы́плюнуть (*вн.*) spit out (*d.*).

выплёскивать, вы́плеснуть (*вн.*) splash out (*d.*). **~ся,** вы́плеснуться **1.** splash out; **2.** *страд. к* выплёскивать.

вы́плеснуть(ся) *сов. см.* выплёскивать(ся).

вы́плести *сов. см.* выплета́ть.

выплета́ть, вы́плести (*вн.; изготовлять плетением*) weave* (*d.*).

выплыва́ть, вы́плыть **1.** swim* out; (*всплывать; тж. перен.*) come* to the súrface, emérge; ~ в откры́тое мо́ре swim* out to sea; она́ вы́плыла из ко́мнаты she sailed out of the room; луна́ вы́плыла из-за туч the moon emérged from, *или* appéared from behínd, the clouds; **2.** *разг.* (*неожиданно появляться — о вопросе и т. п.*) crop up; сно́ва ~ be back agáin in one's old place.

вы́плыть *сов. см.* выплыва́ть.

вы́плюнуть *сов. см.* выплёвывать.

вы́поить *сов. см.* выпа́ивать.

выпола́скивать, вы́полоскать (*вн.*) rinse (*d.*), rinse out (*d.*); вы́полоскать рот rinse one's mouth*; вы́полоскать го́рло gargle.

выполза́ть, вы́ползти creep* out, crawl out; (*перен.: выходить с трудом*) *разг.* drag òne¦sélf out.

вы́ползти *сов. см.* выполза́ть.

выполн||е́ние *с.* ìmplementátion, fulfílment [ful-], cárrying-out; (*осуществление*) accómplishment, reàlìzátion [rɪəlaɪ-]; (*об обязанностях, долге*) dis¦chárge, perfórmance, èxecútion; ~ пла́на fulfílment of *a* plan. **~и́мый** éxecùtable, accómplishable; (*возможный*) féasible [-zɪbl], práctícable; ~и́мое зада́ние féasible task.

вы́полнить *сов. см.* выполня́ть.

выполня́ть, вы́полнить (*вн.*) ímplemènt (*d.*), fulfíl [ful-] (*d.*), cárry out (*d.*), éxecùte (*d.*); (*осуществлять*) accómplish (*d.*), cárry into efféct (*d.*), réalìze ['rɪə-] (*d.*); ~ план fulfíl *the* plan; ~ план досро́чно compléte *the* plan ahéad of schédùle [...ə'hed... 'ʃe-]; ~ свои́ обя́занности dis¦chárge one's dúties, perfórm one's fúnctions; ~ долг do / dis¦chárge one's dúty; всегда́ ~ свои́ обеща́ния live up to one's prómise [lɪv...-s]; ~ чьи-л. жела́ния fulfíl, *или* cárry out, smb.'s wíshes; ~ свои́ обяза́тельства meet* one's en¦gáge¦ments; ~ догово́р obsérve / ímplemènt *a* tréaty [-'zəːv...]; ~ приказа́ние obéy / éxecùte / fulfíl, *или* cárry out, *an* órder; ~ гимнасти́ческие упражне́ния perfórm gymnástic éxercìses.

вы́полоскать *сов. см.* выпола́скивать.

вы́полоть *сов. см.* выпа́лывать.

вы́пороть I *сов. см.* выпа́рывать.

вы́пороть II *сов. см.* поро́ть I.

вы́порхнуть *сов.* flútter / flit out.

вы́потрошить *сов. см.* потроши́ть.

вы́прав||ить(ся) *сов. см.* выправля́ть(ся). **~ка** *ж.* (*осанка*) cárriage [-rɪʤ], béaring ['bɛə-]; вое́нная ~ка mílitary béaring.

выправля́ть, вы́править (*вн.*) **1.** (*выпрямлять*) stráighten (*d.*); **2.** (*исправлять*) corréct (*d.*); **3.** *разг. уст.* (*доставать, получать паспорт, билет и т. п.*) get* (*d.*), obtáin (*d.*). **~ся,** вы́правиться **1.** become* straight, stráighten òne¦sélf; **2.** (*исправляться*) impróve [-ruːv]; **3.** *страд. к* выправля́ть.

выпрастывать, выпростать (*вн.*) *разг.* **1.** (*высвобождать*) get* out (*d.*); выпростать руки get* / work one's hands free; **2.** (*опоражнивать*) émpty (*d.*).

выпрашивать, выпросить (что-л. у кого-л.) get* (smth. out of smb.), get* (smb.) to give one (smth.); *несов. тж.* ask (smb. for smth., smth. of smb.), solícit (smb. for smth., smth. of smb.), try to get (smth. out of smb.), beg (for smth. of smb.).

выпроваживать, выпроводить (*вн.*) *разг.* send* pácking (*d.*), send* abóut one's búsiness [...'bɪzn-] (*d.*).

выпроводить *сов. см.* выпроваживать.

выпросить *сов. см.* выпрашивать.

выпростать *сов. см.* выпрастывать.

выпрыгивать, выпрыгнуть jump out, leap* out; ~ из окна jump out of the window; ~ из-за дерева spring* out from behínd *the* tree.

выпрыгнуть *сов. см.* выпрыгивать.

выпрягать, выпрячь (*вн.*) únhárness (*d.*).

выпрямитель *м. эл.* réctifier.

выпрям||ить(ся) *сов. см.* выпрямлять(ся). **~ление** *с.* **1.** stráightening; **2.** *эл.* rèctificátion.

выпрямлять, выпрямить (*вн.*) **1.** stráighten (*d.*); **2.** *эл.* réctifỳ (the cúrrent). **~ся,** выпрямиться **1.** stráighten it¦sélf, become* straight; (*о человеке*) stand* eréct, draw* òne¦sélf up; **2.** *страд. к* выпрямлять.

выпрячь *сов. см.* выпрягать.

выпукло I *прил. кратк. см.* выпуклый.

выпукло II *нареч.* in relíef [...-'li:f]; (*перен. тж.*) vívidly, gráphically.

выпукло-вогнутый *физ.* cónvéxò-cón¦cáve.

выпукл||ость *ж.* **1.** sálience, protúberance, próminence; (*о буквах*) embóssment; ~ земли búlging of the earth [...ə:θ]; **2.** *тех.* cònvéxity; **3.** (*рельефность*) relíef [-'li:f]; (*перен. тж.*) vívidness. **~ый 1.** sálient, protúberant, próminent; búlging *разг.*; (*отчётливый*) distínct; (*о буквах*) embóssed; ~ые глаза próminent / búlging eyes [...aɪz]; **2.** *тех.* cónvéx; ~ое стекло cónvéx glass; **3.** (*рельефный*) in relíef [...-'li:f]; (*перен. тж.*) gráphic, vívid.

выпуск *м.* **1.** (*действие; о деньгах, акциях и т. п.*) íssue; (*о товарах с завода*) óutpùt [-put]; (*пара и т. п.*) dis¦chárge, emíssion; ~ товаров на рынок putting goods on the márket [...gudz...]; ~ студентов gràduátion; ~ школьников gránting of schóol-léaving certíficates [-ɑ:n-...]; ~ займа íssue of *a* loan; **2.** (*группа учащихся, окончивших одновременно; о студентах*) gráduates *pl.*; (*о школьниках*) schóol-léavers; ~ в этом году будет большой there will be a large númber of gráduates this year; **3.** (*сокращение, пропуск*) cut, omíssion; **4.** (*литерат. произведения*) part, instálment [-tɔ:l-], númber.

выпуск||ать, выпустить (*вн.*) **1.** let* out (*d.*); ~ воду *и т. п.* из чего-л. let* the wáter, *etc.*, out of smth. [...'wɔ:-...], émpty smth. of (the) wáter, *etc.*; ~ дым (папиросы) èx¦hále smoke; ~ воздух let* the air out, exháust the air; ~ из рук let* go (*d.*), lose* / leave* hold [lu:z ..] (of), let* slip out of one's hands (*d.*); ~ торпеду *мор.* fire / launch *a* tòrpédò; ~ пулемётную очередь fire a burst; **2.** (*освобождать*) reléase [-s] (*d.*), set* free (*d.*), set* at líberty (*d.*); **3.** (*о займе и т. п.*) íssue (*d.*); **4.** (*давать продукцию*) turn out (*d.*); (*в продажу*) put* on the márket (*d.*); **5.** (*пропускать часть*) omít (*d.*), cut* out (*d.*); **6.** (*давать квалификацию*) turn out (*d.*); (*из вуза и т. п. тж.*) gráduàte (*d.*); ~ токарей, офицеров *и т. п.* turn out túrners, ófficers, *etc.*; ~ инженеров, врачей *и т. п.* turn out, *или* gráduàte, èngineérs, dóctors, *etc.* [...endʒ-...]; ~ учеников grant schóol-léaving certíficates to púpils [-ɑ:-...]; **7.** (*издавать*) públish ['pʌ-] (*d.*), íssue (*d.*); выпустить специальный номер (*о газете*) íssue / públish a spécial edítion [...'spe-...]; (*о журнале*) íssue / públish a spécial númber; ~ кинокартину (*на экран*) reléase *a* film; **8.** (*делать длиннее, шире*) let* out (*d.*); ◇ ~ когти show* its claws [ʃou...]. **~ник** *м.* (*о студенте*) gráduàting stúdent, stúdent in his fínal year; (*о школьнике*) schóol-léaver. **~ной:** ~ной экзамен fínal; fínals *pl.*; (*школьный тж.*) schóol-léaving exàminátion; ~ной класс ≅ top class; ~ной клапан *тех.* escápe / exháust valve; ~ной кран *тех.* dis¦chárge cock; ~ная труба *тех.* exháust / dis¦chárge pipe; ~ная цена *эк.* márket price.

выпустить *сов. см.* выпускать.

выпутаться *сов. см.* выпутываться.

выпутываться, выпутаться dísentángle / dísen¦gáge / éxtricàte òne¦-sélf; (*из беды*) pull through [pul...].

выпученн||ый: ~ые глаза protrúding eyes [...aɪz]; с ~ыми глазами *разг.* with búlging eyes, góggle-eyed [-aɪd].

выпучивать, выпучить: выпучить глаза *разг.* ópen one's eyes wide [...aɪz...], stare; goggle; что ты выпучил глаза? what are you stáring at?

выпучить *сов. см.* выпучивать.

выпушка *ж.* édging, píping.

выпытать *сов. см.* выпытывать.

выпытывать, выпытать (что-л. у кого-л.) *разг.* elícit (smth. from smb.); (*путём принуждения*) extórt (smth. from smb.), force smb. to tell smth.; *несов. тж.* try to make smb. tell smth., try to get (smth. out of smb.).

выпь *ж. зоол.* bíttèrn.

выпялить *сов.* (*вн.*) *разг.*: ~ глаза stare; goggle.

выпятить(ся) *сов. см.* выпячивать(ся).

выпяченный 1. *прич. см.* выпячивать; **2.** *прил.* protrúding; ~ живот protrúding bélly.

выпячивать, выпятить (*вн.*) stick* out (*d.*), thrust* out (*d.*); (*перен.*) óver-émphasìze (*d.*), óver-stréss (*d.*). **~ся,** выпятиться **1.** bulge out, stick* out, protrúde; **2.** *страд. к* выпячивать.

вырабатывать, выработать (*вн.*) **1.** (*производить*) mànufácture (*d.*), prodúce (*d.*), make* (*d.*); ~ электроэнергию géneràte elèctrícity; **2.** (*составлять, создавать*) work out (*d.*); (*о плане, программе и т. п.*) draw* up (*d.*), eláboràte (*d.*); **3.** (*воспитывать*) form (*d.*); выработать в себе силу воли cúltivàte a strong will; **4.** *разг.* (*зарабатывать*) make* (*d.*), earn [ə:n] (*d.*); **5.** *горн.* work out (*d.*), exháust (*d.*).

выработать *сов. см.* вырабатывать.

выработк||а *ж.* **1.** (*производство*) mànufácture, máking; **2.** (*составление*) elàborátion, wórking-out, dráwing-ùp; **3.** (*продукция*) óutpùt [-put]; **4.** *разг.* (*качество продукции*) make; хорошей ~и of good* make; wéll-máde; **5.** *чаще мн. горн.* èxcavátion, mine wórking.

выравнивание *с.* **1.** smóothing, lévelling; **2.** *воен.* alígnment [ə'laɪn-], èqualìzátion [i:kwəlaɪ-]; *переводится также формой на* -ing *от соответствующих глаголов — см.* выравнивать(ся).

выравнивать, выровнять (*вн.*) **1.** (*делать ровным*) (make*) éven (*d.*); (*делать гладким*) (make*) smooth [...-ð] (*d.*), smooth out / down (*d.*); (*по отвесу*) (make*) lével [...'le-] (*d.*); ~ дорогу lével *a* road; ~ шаг régulàte one's pace; **2.** (*по прямой линии*) alígn [ə'laɪn] (*d.*), range / put* in line [reɪ-...] (*d.*); ~ ряды dress the ranks; **3.** (*уравнивать*) équalìze ['i:-] (*d.*). **~ся,** выровняться **1.** (*в одну линию*) cóver off ['kʌ-...]; (*перен.: избавляться от недостатков*) impróve [-ru:v]; (*становиться более спокойным*) become* more équable; (*в занятиях*) catch* up; **2.** *страд. к* выравнивать.

выраж||ать, выразить (*вн.*) expréss (*d.*); (*передавать*) convéy (*d.*); (*общее мнение и т. п.*) voice (*d.*), give* voice (to); ~ словами put* into words (*d.*); ~ благодарность (*дт.*) expréss one's thanks (to); ~ собою expréss (*d.*); ~ вотум доверия правительству pass a vote of cónfidence in the góvernment [...'gʌ-], give* the góvernment a vote of cónfidence; ~ беспокойство expréss one's ànxíety / concérn [...æŋ'z-...]. **~аться,** выразиться **1.** (*высказываться*) expréss òne¦sélf; 2. (*проявляться*) mánifèst ìt¦sélf, be expréssed / evínced / mánifèsted; расходы выразились в сумме... the expénses amóunted to..., the expénses came to..., the expénses tótalled...; 3. *тк. несов. разг.* (*ругаться*) swear* [swɛə], use bad /strong lánguage; 4. *страд. к* выражáть; ✧ мягко ~áясь *разг.* to put it míld¦ly / móderate¦ly; to say the least of it. ~éние *с.* (*в разн. знач.*) expréssion; ~éние лицá expréssion, look; алгебраическое ~éние àlgebráical expréssion [-reɪı-...]; идиоматическое ~éние ìdiomátic expréssion, ídiom; он не нашёл слов для ~éния своего восторга words could not express his delight, he could find no words to express his delight.

вы́раженный *прич. и прил.* 1. expréssed; 2. (*заметный*) pronóunced, marked; ярко, резко ~ stróng¦ly pronóunced; слабо ~ féebly marked.

вырази́тель *м.*: ~ мнения spókes¦-man*, móuthpiece [-pi:s].

вырази́тельн||ость *ж.* expréssive¦-ness; (*многозначительность*) signíficance. ~ый expréssive; (*многозначительный*) signíficant; ~ое чтение èlocútion.

вы́разить *сов. см.* выражáть. ~ся *сов. см.* выражáться 1, 2.

выраста́ть, вы́расти 1. (*в разн. знач.*) grow* [-ou]; (*о ребёнке*) grow* up; (*из одежды и т. п.*) grow* (out of); (*усиливаться, увеличиваться тж.*) in¦créase [-s]; ~ на 20% in¦créase twénty per cent; 2. (в *вн.*; *становиться кем-л.*) grow* (into), devélop [-'ve-] (into); 3. (*появляться*) aríse*, appéar; здесь вырос новый город a new town has sprung up here; ✧ вы́расти в чьих-л. глазах rise* in smb.'s èstimátion.

вы́расти *сов. см.* выраста́ть.

вы́растить *сов. см.* выра́щивать.

выра́щивать, вы́растить (*вн.*; *о детях*) rear (*d.*), bring* up (*d.*); (*о животных*) rear (*d.*), raise (*d.*), breed* (*d.*); (*о растениях*) grow* [-ou] (*d.*), raise (*d.*), cúltivàte (*d.*); (*о кадрах и т. п.*) train (*d.*), prepáre (*d.*), form (*d.*).

вы́рвать I *сов. см.* вырыва́ть I.

вы́рвать II *сов. см.* рвать II.

вы́рваться *сов. см.* вырыва́ться I.

вы́рез *м.* 1. cut; 2. (*платья*) low neck [lou...]; платье с большим ~ом décolleté dress (*фр.*) [deɪ'kɔlteɪ...], lów-nécked dress ['lou-...].

вы́резать *сов. см.* выреза́ть.

выреза́ть, вы́резать (*вн.*) 1. cut* out (*d.*); *хир. тж.* èxcíse (*d.*); 2. (*гравировать*) en¦gráve (*d.*), carve (*d.*), cut* out (*d.*); 3. (*убивать*) sláughter (*d.*), mássacre (*d.*), bútcher ['bu-] (*d.*).

вы́резк||а *ж.* 1. (*действие*) cútting out; en¦gráving, cárving; (*ср.* выреза́ть); 2. (*газетная*) cútting, clípping; ~и из газет, журналов *и т. п.* préss-cùttings; 3. (*сорт мяса*) fíllet, sírloin; ténderloin *амер.*

вырезно́й carved.

выре́зыв||ание *с.* cútting out; en¦gráving, cárving; *хир.* èxcísion, àblátion; (*ср.* выреза́ть). ~ать=выреза́ть.

вы́рисовать(ся) *сов. см.* вырисо́вывать(ся).

вырисо́выва||ть, вы́рисовать (*вн.*) draw* (in all its détails) [...'di:-] (*d.*), draw* cáre¦fully (*d.*). ~ться, вы́рисоваться 1. (*показываться*) be vísible [...-z-], appéar; (*неясно*) loom; (на *пр.*; *отчётливо, на фоне*) stand* out (agáinst), stand* out in relíef [...-'li:f] (agáinst); на горизонте ~лась горная цепь a móuntain chain was vísible on the horízon, *или* stood out agáinst the horízon [...stud...]; вдали начал ~ться корабль a ship loomed in the dístance; 2. *страд. к* вырисо́вывать.

вы́ровнять(ся) *сов. см.* выра́внивать(ся).

вы́родиться *сов. см.* вырожда́ться.

вы́родок *м.* mónster; degénerate; он ~ в нашей семье he is the black sheep of our fámily.

вырожд||а́ться, вы́родиться 1. degénerate; 2. (в *вн.*) *разг.* degénerate (into). ~а́ющийся *прич. и прил.* degénerating; *прил. тж.* degénerative. ~éние *с.* degènerátion, degéneracy. ~éнческий degénerative.

вы́ронить *сов.* (*вн.*) drop (*d.*), let* fall (*d.*); ~ что-л. из рук drop smth., drop smth. out of one's hands.

выруба́ть, вы́рубить (*вн.*) 1. (*о лесе, деревьях и т. п.*) cut* down (*d.*), hew out (*d.*); (*тк. о деревьях*) fell (*d.*); 2. (*о части чего-л.*) cut* out (*d.*); 3. (*о дыре, окне и т. п.*) make* (*d.*).

вы́рубить *сов. см.* выруба́ть.

вы́рубка *ж.* 1. (*действие*) cútting down; (*тк. о деревьях*) félling; 2. (*вырубленное место*) glade, cleared space; 3. *горн.* cútting out, héwing out.

вы́ругать *сов. см.* руга́ть. ~ся *сов. см.* руга́ться 1.

выру́ливать, вы́рулить *ав.* táxi.

вы́рулить *сов. см.* выру́ливать.

выруча́ть, вы́ручить 1. (кого-л.; *приходить на помощь*) réscue (smb.), come* to smb.'s help / aid / assístance; ~ кого-л. из беды help smb. out of trouble [...trʌ-], hold* out a hélping hand to smb.; help a lame dog óver a stile *идиом.*; ~ из плена delíver / reléase from càptívity [-'lɪ- -'li:s...]; 2. (что-л.; *о деньгах и т.п.*) make* (smth.), gain (smth.); (*получать прибыль*) net (smth.), clear (smth.); вы́ручить затраченное recóver one's expénses [-'kʌ-...].

вы́руч||ить *сов. см.* выруча́ть. ~ка *ж. разг.* 1. gain; (*от торговли*) recéipts [-'si:ts] *pl.*; (*заработок*) éarnings ['ə:n-] *pl.*; дневная ~ка dáily recéipts; (*за данный день*) the day's recéipts; 2. (*помощь*) réscue, assístance, aid; приходить на ~ку (*дт.*) come* to the réscue / assístance / aid (of).

вырыва́ть I, вы́рвать 1. (*вн.*) pull out [pul...] (*d.*), tear* out [tɛə...] (*d.*); (*о растении*) pull up (*d.*); ~ страницу из книги tear* a page out of a book; ~ что-л. у кого-л. из рук snatch smth. out of smb.'s hands, *или* from smb.'s hands; ~ с корнем tear* up by the roots (*d.*), ùp¦róot (*d.*); (*перен. тж.*) erádicàte (*d.*), éxtirpàte (*d.*), root out (*d.*); ~ зуб pull out, *или* extráct, a tooth*; вы́рвать себе зуб (*у врача*) have a tooth* out; 2. (*вн.* у *рд.*) *разг.* (*добиваться*) extórt (*d.* from), wring* (*d.* from), wrest (*d.* from); ~ согласие у кого-л. wring* consént from, *или* out of, smb., wrest consént from smb.; ~ признание у кого-л. wring* a conféssion from, *или* out of, smb.; get* / force smb. to conféss; ~ инициативу (у) wrest the inítiative (from).

вырыва́ть II, вы́рыть (*вн.*) 1. (*о яме и т. п.*) dig* (*d.*); 2. (*извлекать*; *прям. и перен.*) dig* up (*d.*), ún¦éarth [-'ə:θ] (*d.*); (*о трупе*) èx¦húme (*d.*).

вырыва́ться I, вы́рваться (из, от) 1. tear* òne¦sélf a¦wáy [tɛə...] (from); (*высвобождаться*) break* a¦wáy [-eɪk...] (from), escápe (*d.*); *несов. тж.* struggle to break loose [...-s]; (*устремляться наружу*) shoot* up; ~ из чьих-л. объятий tear* òne¦sélf from smb.'s arms; 2. (*о стоне и т.п.*) escápe (*d.*), burst* (from); слово вы́рвалось у него a word escáped his lips, a word escáped him; из его груди вы́рвался стон a groan escáped him; 3. *страд. к* вырыва́ть I.

вырыва́ться II *страд. к* вырыва́ть II.

вы́рыть *сов. см.* вырыва́ть II.

вы́рядить *сов.* (*вн.*) *разг.* dress up (*d.*). ~ся *сов. разг.* dress up, dress òne¦sélf up.

вы́садить(ся) *сов. см.* выса́живать(ся).

вы́садка *ж.* 1. (*на берег*) dè¦bàrkátion, disèmbàrkátion; ~ десанта lánding (of troops); 2. (*растения*) trànsplánting [-'plɑ:-].

выса́живать, вы́садить (*вн.*) 1. set* down (*d.*); (*на берег*) put* ashóre (*d.*), dísembárk (*d.*), land (*d.*); ~ десант land troops, make* a lánding; ~ кого-л. из трамвая make* smb. get out of, *или* get* off, a tram; ~ кого-л. с судна, парохода put* smb. ashóre; 2. (*о растении*) trànsplánt [-ɑ:nt] (*d.*); 3. *разг.* (*выбивать стекло*) smash (*d.*); (*дверь*) break* in / ópen [-eɪk...] (*d.*). ~ся, вы́садиться 1. (из *трамвая, поезда*) alíght (from).

get* (off *или* out of); (*с судна*) land, dísembárk; ~ся из по́езда *воен.* dè¦tráin; ~ся с автомаши́н *воен.* debús, detrúck; ~ся с самолётов *воен.* deplа́ne; 2. *страд.* к выса́живать.

выса́сывать, вы́сосать (*вн.*) suck out (*d.*); вы́сосать всё из чего́-л. suck smth. dry; ◇ вы́сосать все со́ки из кого́-л. exháust smb., wear* smb. out [wɛə...]; ~ из па́льца *разг.* invént (*d.*), fábricàte (*d.*); всё э́то из па́льца вы́сосано the whole thing is nothing but a con¦cóction / fàbricátion [...houl...].

высве́рливать, вы́сверлить (*вн.*) drill (*d.*), bore (*d.*).

вы́сверлить *сов. см.* высве́рливать.

вы́сви||стать, ~стеть *сов. см.* высви́стывать.

высви́стывать, вы́свистать, вы́свистеть (*вн.*) whistle (*d.*).

вы́свободить(ся) *сов. см.* высвобожда́ть(ся).

высвобожда́ть, вы́свободить (*вн.*) 1. free (*d.*); (*выпускать*) let* out (*d.*); (*запутавшееся*) dísen¦gáge (*d.*), dísentángle (*d.*); 2. (*для использования*) reléase[-s](*d.*); ~ сре́дства, материа́льные ресу́рсы *и т. п.* reléase funds, matérial resóurces, *etc.* [...-'sɔːs-]. **~ся,** вы́свободиться 1. free òne¦sélf, dísen¦gáge òne¦sélf; (*выпутываться*) dísentángle òne¦sélf; ~ся из чьих-л. объя́тий reléase òne¦sélf from smb.'s embráce [-s...]; 2. *страд.* к высвобожда́ть.

вы́сев *м. с.-х.* sówing ['sou-]; но́рмы ~а stándard quántity of seed per héctàre [...-tɑː] *sg.*

высева́ть, вы́сеять (*вн.*) sow* [sou] (*d.*).

вы́севки *мн.* 1. síftings; (*отруби*) bran *sg.*; 2. *горн.* dross *sg.*, fines.

высе́ивать = высева́ть.

высека́ть, вы́сечь (*вн.*) 1. carve (*d.*); (*вырубать*) hew (*d.*); 2. (*о скульптуре*) scúlpture (*d.*), cut* (*d.*); ◇ ~ ого́нь strike* fire (from a flint).

выселе́ние *с.* eviction; (*изгнание*) expúlsion.

вы́селить(ся) *сов. см.* выселя́ть(ся).

вы́селки *мн.* (*ед.* вы́селок *м.*) new víllage *sg.*, séttle¦ment *sg.*

выселя́ть, вы́селить (*вн.*) 1. evíct (*d.*); 2. (*переводить из одного местожительства в другое*) move (from) [muːv...] (*d.*). **~ся,** вы́селиться 1. move [muːv]; 2. *страд.* к выселя́ть.

вы́сечка *ж.* cárving; (*вырубка*) héwing.

вы́сечь I *сов. см.* высека́ть.

вы́сечь II *сов. см.* сечь 1.

вы́сеять *сов. см.* высева́ть.

вы́сидеть *сов. см.* выси́живать.

выси́живание *с.* hátching, ìn¦cubátion, bróoding; (*ср.* выси́живать).

выси́живать, вы́сидеть 1. remáin, stay; вы́сидеть три дня до́ма remáin at home for three days; вы́сидеть до конца́ представле́ния, ле́кции *и т. п.* sit* out *a* perfórmance, *a* lécture, *etc.*; 2. (*вн.*; *о птицах*) hatch (*d.*); ín¦cubàte (*d.*) *научн.*; *несов. тж.* (*без доп.*) brood.

вы́ситься (над) rise* (above), tówer (above).

выска́бливание *с.* scráping.

выска́бливать, вы́скоблить (*вн.*) scrape (*d.*); вы́скоблить сло́во erа́se, *или* scrape out, *a* word.

вы́сказать(ся) *сов. см.* выска́зывать(ся).

выска́зывание *с.* 1. expréssion, útterance; 2. (*высказанное суждение*) státe¦ment, díctum (*pl.* -s, -ta); (*мнение*) opínion, view [vjuː].

выска́зывать, вы́сказать (*вн.*) state (*d.*), say* (*d.*), tell* (*d.*); (*выражать*) expréss (*d.*); ~ что-л. в лицо́ кому́-л. tell* smth. to smb.'s face; give* smb. a piece of one's mind [...piːs...] *идиом.*; ~ мне́ние expréss / útter an opínion; ~ своё мне́ние (о *пр.*) give* one's view [...vjuː] (on); ~ предположе́ние suggést [-'dʒe-]; он вы́сказал предположе́ние, что he suggésted that, his théory was that [...'θɪə-...]; он ему́ всё вы́сказал he told him évery¦thing. **~ся,** вы́сказаться 1. speak*; (о *пр.*; *высказывать мнение*) speak* (abóut), expréss one's opínion (abóut), have / say* one's say (abóut); ~ся по вопро́су (о *пр.*) speak* on the quéstion [...-stʃ-] (of); он уже́ вы́сказался he has had / said his say [...sed...]; 2. (за *вн.*, про́тив) decláre (for, agáinst); (*за предложение и т. п. тж.*) suppórt (*d.*); (*против предложения и т. п. тж.*) oppóse (*d.*); 3. *страд.* к выска́зывать.

выска́кивать, вы́скочить 1. (*выпрыгивать*) jump out, leap* out; (*появляться неожиданно*) spring* out, dart out; ~ в коридо́р dart out into the córridòr; ~ из двере́й rush out of the door [...dɔː]; ~ на мель (*о корабле*) run* agróund; ~ отку́да-то (*перен.*) spring* from sóme¦whère; ~ с замеча́нием *разг.* come* out, *или* break* in, with *a* remárk [...breɪk...]; 2. *разг.* (*выпадать*) fall* out; ◇ у него́ э́то вы́скочило из головы́ it quite escáped him, it went clean out of his head [...hed].

выска́льзывать, вы́скользнуть slip (out).

вы́скоблить *сов. см.* выска́бливать.

выскольза́ть = выска́льзывать.

вы́скользнуть *сов. см.* выска́льзывать.

вы́скочить *сов. см.* выска́кивать.

вы́скочка *м. и ж. разг.* úpstàrt, párvenù.

выскреба́ть, вы́скрести (*вн.*) 1. scrape off (*d.*), scrape / scratch out (*d.*); 2. (*выгребать*) rake out (*d.*).

вы́скрести *сов. см.* выскреба́ть.

вы́слать *сов. см.* высыла́ть.

вы́следить *сов. см.* высле́живать.

высле́живать, вы́следить (*вн.*) trace (*d.*), track (*d.*); (*следить — о сыщике*) shа́dow ['ʃæ-] (*d.*); (*о самолёте*) spot (*d.*); *несов. тж.* be on the track (of), watch (*d.*).

вы́слуг||а *ж.*: за ~у лет ≅ for prolónged mèritórious sérvice; вы́плата за ~у лет lóng-sérvice bónus.

выслу́живать, вы́служить 1.: ~ пе́нсию quálifỳ for a pénsion; 2. *тк. сов. разг.*: вы́служить 20, 30 лет have a récòrd of twénty, thírty years' sérvice [...'re-...]. **~ся,** вы́служиться 1. (пе́ред) *разг.* cúrry fávour (with), tóady (to); 2. *страд.* к выслу́живать.

вы́служить(ся) *сов. см.* выслу́живать(ся)

вы́слушать *сов. см.* выслу́шивать.

выслу́шивание *с. мед.* auscultátion.

выслу́шивать, вы́слушать (*вн.*) 1. lísten ['lɪsᵊn] (to), hear* out (*d.*); 2. *мед.* sound (*d.*).

высма́тривать, вы́смотреть (*вн.*) 1. (*приискивать*) look out (for); 2. *тк. несов.* (*тайно наблюдая*) spy out (*d.*).

высме́ивать, вы́смеять (*вн.*) rídicùle (*d.*), make* fun (of); (*издеваться*) deríde (*d.*); scoff (at).

вы́смеять *сов. см.* высме́ивать.

вы́смолить *сов.* (*вн.*) tar (*d.*).

вы́сморкать(ся) *сов. см.* смо́ркать (-ся).

вы́смотреть *сов. см.* высма́тривать 1.

высо́вывать, вы́сунуть (*вн.*) put* out (*d.*), thrust* out (*d.*); ~ язы́к put* out one's tongue [...tʌŋ]; ◇ нельзя́ но́су вы́сунуть (и́з дому) one must stay índóors [...-'dɔːz], one cánnòt vénture to go out. **~ся,** вы́сунуться 1. lean* out; (*показываться*) show* òne¦sélf [ʃou...]; 2. *страд.* к высо́вывать.

высо́к||ий 1. (*в разн. знач.*) high; (*о человеке, животном*) tall; (*о горе́, доме тж.*) lófty; ~ая вода́ high tide, high wáter [...'wɔː-]; ~ая ме́стность (*горная*) híghland dístrict; híghlands *pl.*; ~ая температу́ра high témperature; ~ое давле́ние, напряже́ние high préssure, ténsion; ~ая та́лия short waist; 2. (*возвышенный, значительный*) high, lófty, élevàted; ~ стиль lófty / élevàted style; ~ие це́ли high / lófty / exálted aims; ~ая иде́йность hígh-príncipled cháracter [...'kæ-]; 3. (*о голосе, звуке*) high, hígh-pítched; ~ая но́та high note; ◇ Высо́кие Догова́ривающиеся Сто́роны the High Contrácting Párties; быть ~ого мне́ния (о *пр.*) think* híghly (of), have a high opínion (of); в ~ой сте́пени híghly.

высо́ко́ I 1. *прил. кратк. см.* высо́кий; 2. *предик. безл.* it is high; мне ~ (+*инф.*) it is too high for me (+to *inf.*).

высо́ко́ II *нареч.* high; ~ подня́ть зна́мя (чего́-л.) raise alóft the stándard (of smth.).

высоково́льтн||ый *эл.* high-vòltage (*attr.*); ли́ния ~ой переда́чи high-vòltage line.

высокого́рный Álpìne.

высокодохо́дный highly remúnerative, prófitable.

высокоиде́йн||ый: ~ое худо́жественное произведе́ние high-príncipled work of art.

высокока́чественный hígh-quàlity (*attr.*); of high quálity.

высококвалифици́рованн||ый highly skilled; ~ые специали́сты highly trained spécialists [...'spe-].

высококульту́рный highly cúltured.

высокоме́р||ие *с.* háughtiness, árrogance, sùpercílious|ness. ~**ный** háughty, árrogant, sùpercílious; (*самонадеянный*) òver|wéening; high and míghty *разг.*

высокомолекуля́рный high molécular.

высоконра́вственный of high móral stándards [...'mɔ-...].

высокообразо́ванный híghly éducàted.

высокоодарённый highly gifted [...'gɪ-].

высокоопла́чиваемый highly paid.

высокопа́рно I *прил. кратк. см.* высокопа́рный.

высокопа́рн||о II *нареч.* grandíloquently, bòmbástically, in a high-flown mánner [...-floun...]; говори́ть ~ use hígh-flown / bòmbástic / pómpous lánguage. ~**ость** *ж.* grandíloquence, tùrgídity, pòmpósity. ~**ый** grandíloquent, bòmbástic, túrgid; (*напыщенный*) hígh-flown [-floun]; hígh-falútin(g) *разг.*; ~ый стиль stilted / inflàted style.

высокопоста́вленн||ый high, hígh-rànking, of high stánding; ~ое лицо́ hígh-rànking pérson; V.I.P. ['vi:'aɪ'pi:] (*сокр. от* Very Impórtant Pérson) *разг.*

высокопро́бный hígh-stándard (*attr.*); of a high stándard; stérling (*тж. перен.*).

высокопродукти́вный highly prodúctive; ~ скот highly prodúctive cattle.

высокопроизводи́тельн||ый highly prodúctive; ~ые ме́тоды труда́ highly prodúctive méthods of work; ~ое обору́дование hígh-effíciency equípment.

высокора́звит||ый highly devéloped; ~ая те́хника highly devéloped tèchníques / téchnics [...-'ni:ks...] *pl.*; ~ые стра́ны highly devéloped cóuntries [...'kʌ-].

высокорента́бельн||ый highly remúnerative; ~ое хозя́йство highly remúnerative èconomy [...i:-].

высокосо́ртный hígh-gràde (*attr.*); of sùpérior quálity.

высокотова́рный *эк.* highly márketable, prodúcing a high márketable súrplus.

высокоурожа́йный: ~ сорт пшени́цы high-yíelding varíety of wheat [-'ji:-...].

высокохудо́жественн||ый híghly àrtístic; ~ое литерату́рное произведе́ние highly àrtístic líterary work.

высокочасто́тный *эл.* hígh-fréquency [-'fri:-] (*attr.*).

высокочувстви́тельный highly / extréme|ly sénsitive.

высокоширо́тн||ый of / in the high látitùdes; ~ая экспеди́ция èxpedítion into the high látitùdes.

вы́сосать *сов. см.* выса́сывать.

высот||а́ *ж.* 1. height [haɪt]; (*над земной поверхностью тж.*) áltitùde ['æl-]; (*о звуке и т. п.*) pitch; (*перен.*) lóftiness, èlevátion; ~ над у́ровнем мо́ря height above sea lével [...'le-], áltitùde; на ~е́ в 100 ме́тров at a height, *или* an áltitùde, of one húndred metres; лета́ть на небольшо́й ~е́ fly* at a low áltitùde [...lou...]; ~ разры́ва *воен.* height of burst; 2. (*возвышенность*) éminence, ridge, hill; го́рные высо́ты móuntain heights; 3. *мат.*, *астр.* áltitùde; ◇ быть, оказа́ться на ~е́ чего́-л. be équal to smth. [...'i:kwəl...], rise*, *или* be équal, to the occásion; быть на ~е́ положе́ния rise* to the occásion; не на ~е́ ún|équal to the occásion [-'i:kwəl...], fálling short of the occásion; на до́лжной ~е́ up to the mark.

высо́тка *ж.* híllock.

высо́тный 1. hígh-áltitùde [-'æl-] (*attr.*); 2. (*о здании*) tall, mány-stòreyed [-rɪd]; ~ дом tall house* [...-s].

высотоме́р *м.* 1. *ав.* àltímeter [æl-]; 2. *воен.* héight-fìnder ['haɪt-].

вы́сох||нуть *сов. см.* высыха́ть. ~**ший** *прич. и прил.* dríed-ùp; *прил. тж.* dry; (*тощий, сморщенный*) shrívelled; (*о человеке тж.*) wizened [wɪznd].

высоча́йший 1. *превосх. ст. см.* высо́кий; 2. *ист.* (*царский, императорский*) róyal, impérial.

высо́чество *с.* (*титул принца, великого князя*): ва́ше ~ Your Híghness.

вы́спаться *сов. см.* высыпа́ться II.

выспра́шивать, вы́спросить (у кого́-л. что-л.) *разг.* quéstion [-stʃ-] (smb. abóut / on smth.); pump (smb. abóut smth.) *разг.*; *несов. тж.* try to find out (smth.).

вы́спренний lófty, hígh-flown [-floun]; (*высокопарный*) bòmbástic, grandíloquent; hígh-falútin(g) *разг.*

вы́спросить *сов. см.* выспра́шивать.

вы́ставить *сов. см.* выставля́ть. ~**ся** *сов. см.* выставля́ться 2.

вы́ставк||а *ж.* 1. èxhibítion [eksɪ-], show [ʃou]; ~ карти́н art èxhibítion; сельскохозя́йственная ~ àgricúltural èxhibítion; ~ лошаде́й, соба́к horse, dog show; ~ цвето́в flówer-show [-ʃou]; пойти́ на ~у go* to the èxhibítion; 2. (*в магази́не*) èxposítion [-'zɪ-], displáy, shów-wíndow ['ʃou-], (shop) window.

выставля́ть, вы́ставить (*вн.*) 1. (*вперёд*) advánce (*d.*), push fórward [puʃ...] (*d.*), put* in front [...-ʌnt] (*d.*); (*наружу*) put* out (*d.*); ~ но́гу advánce one's foot* [...fut]; thrust* / stick* out one's foot* *разг.*; ~ что-л. на середи́ну чего́-л. move smth. out into the middle of smth. [mu:v...]; ~ на во́здух, на свет expóse to the air, to the light (*d.*); 2.: ~ чью-л. кандидату́ру propóse, *или* put* fórward, smb.'s cándidature, propóse smb. as a cándidate, nóminàte smb.; ~ свою́ кандидату́ру come* fórward as a cándidate, stand* / run* (for); 3. (*напоказ, на выставку*) exhíbit (*d.*); (*о товарах*) displáy (*d.*), set* out (*d.*), show* [ʃou] (*d.*); (*перен.*) flaunt (*d.*), show* off (*d.*); ~ себя́ show* off; ~ себя́ кем-л. *разг.* pose as, set* up for; ~ напока́з свой зна́ния *и т. п.* paráde one's knówledge, *etc.* [...'nɔlɪdʒ], make* a paráde of one's knówledge, *etc.*; 4. (*вн. тв.*; *представлять*) rèpresént [-'ze-] (*d.* to be, *d.* as), make* smb. out (*d.*); ~ кого́-л. в хоро́шем, плохо́м све́те rèpresént smb. in a fávour|able, únfávour|able light; ~ кого́-л. дурако́м *и т. п.* make* smb. out a fool, *etc.*; ~ кого́-л. в смешно́м ви́де make* a láughing-stòck of smb. [...'lɑ:f-...], expóse smb. to rídicùle; 5. (*о соображениях, доводах и т.п.*) lay* down (*d.*), addúce (*d.*); ~ тре́бования lay* down one's demánds [...-ɑ:n-]; ~ аргуме́нты addúce árguments; 6. *разг.* (*прогонять*) turn out (*d.*), chuck out (*d.*); вы́ставить кого́-л. со слу́жбы fire / sack smb., give* smb. the sack; 7.: ~ о́кна, ра́мы remóve the sécond wíndow-fràmes [-'mu:v...'se-...]. ~**ся**, вы́ставиться 1. *тк. несов.* (*помещать свои работы на выставке*) exhíbit; 2. *разг.* (*намеренно показывать свои достоинства*) show* off [ʃou...]; 3. *страд. к* выставля́ть.

вы́ставочный *прил. к* вы́ставка; ~ павильо́н pavílion [-ljən]; ~ комите́т èxhibítion commíttee [eksɪ- -tɪ].

выста́ивать, вы́стоять 1. stand*; (*уцелеть*) remáin stánding; дом до́лго не вы́стоит the house* will not remáin stánding much lónger [...-s...]; 2. *об. сов.* (про́тив; *устоять*) hold* out (agáinst), with|stánd* (*d.*); (*мужественно*) stand* up (to); они́ вы́стояли под огнём неприя́теля they held out agáinst the fire of the énemy, they stood up to the fire of the énemy [...stud...]. ~**ся**, вы́стояться 1. (*приобретать крепость, вкус от времени*) matúre; 2. (*отдыхать — о лошади*) rest.

вы́стегать *сов. см.* стега́ть I.

выстила́ть, вы́стлать (*вн.*) cóver ['kʌ-] (*d.*); (*с внутренней стороны*) line (*d.*); (*мостить*) pave (*d.*).

вы́стирать *сов. см.* стира́ть II.

вы́стлать *сов. см.* выстила́ть.

вы́стоять(ся) *сов. см.* выста́ивать(ся).

вы́страдать *сов.* (*вн.*) **1.** súffer (*d.*), endúre (*d.*); **2.** (*достигнуть страданиями*) gain / achíeve through much súffering [...-ɪv...] (*d.*).

выстра́ивание *с.*: ~ рядо́в *воен.* fórming two deep.

выстра́ивать, вы́строить (*вн.*; *в ряды*) draw* up (*d.*), márshal (*d.*); *воен.* form (*d.*), paráde (*d.*); (*расставлять*) set* out (*d.*), line up (*d.*). **~ся,** вы́строиться **1.** (*становиться в ряды*) draw* up, form; (*в линию*) line up; вы́строиться вдоль у́лиц line the streets; **2.** *страд.* к выстра́ивать.

вы́стрел *м.* shot; (*звук*) repórt; произвести́ ~ fire a shot; пу́шечный ~ gúnshòt; разда́лся ~ a shot / repórt was heard [...hɜːd]; ◇ на ~ (от) within gúnshòt (of).; взять, сдать без ~а (*вн.*) take*, leave* without fíring a shot (*d.*). **~ить** *сов.* **1.** *см.* стреля́ть 1; **2.** (в *вн.*) have / take* a shot (at), fire (a shot) (at); ~ить из ружья́ let* off *a* gun.

выстрига́ть, вы́стричь (*вн.*) cut* off (*d.*); (*о шерсти*) shear* (*d.*).

вы́стричь *сов. см.* выстрига́ть.

вы́строгать *сов.* (*вн.*) plane (*d.*).

вы́строить I *сов. см.* выстра́ивать.

вы́строить II *сов.* (*вн.*; *о домах и т. п.*) build* [bɪld] (*d.*).

вы́строиться *сов. см.* выстра́иваться.

вы́строчить *сов.* (*вн.*) hémstìtch (*d.*).

вы́студить *сов. см.* выступа́ть.

выстужи́вать, вы́студить (*вн.*) chill (*d.*), cool (*d.*).

вы́стукать *сов. см.* высту́кивать.

высту́кив||ание *с. мед.* pèrcússion, tápping. **~ать,** вы́стукать (*вн.*) **1.** *мед.* tap (*d.*); **2.** *разг.* (*о ритме и т. п.*) tap out (*d.*).

вы́ступ *м.* **1.** protúberance, projéction; (*горы́ тж.*) jut; (*бе́рега тж.*) próminence; ~ фро́нта *воен.* sálient [-ljənt]; **2.** *тех.* lug.

выступа́ть, вы́ступить **1.** come* fórward, advánce; ~ из берего́в òver¦flów *its* banks [-ou...]; **2.** *воен.* set* out; **3.** (*публично*) appéar; (*об актёре, музыканте и т. п.*) perfórm; ~ на сце́не appéar on the stage; act, play; ~ на собра́нии speak* at *a* méeting; addréss *a* méeting (*более официально*); ~ за предложе́ние *и т. п.* sécond *a* propósal, *etc.* ['se...-z°l], speak* in suppórt of *a* propósal, *etc.*, come* out in fávour of *a* propósal, *etc.*; ~ про́тив предложе́ния *и т. п.* oppóse *a* propósal, *etc.*, rise* in òppositíon to *a* propósal, *etc.* [...-'zɪ-...]; ~ про́тив чего́-л. come* out agáinst smth.; ~ с проте́стом (про́тив) protést (agáinst), make* a prótèst (agáinst); (*в печати*) write* in prótèst; ~ с ре́чью speak*, make* a speech; вы́ступить с призы́вом (к) appéal (to); ~ в печа́ти write* (for the press); вы́ступить еди́ным фро́нтом (за, про́тив) come* out in a ùníted front [...frʌnt] (for, agáinst), form a ùníted front (for, agáinst); ~ в ро́ли кого́-л. take* the part of smb.; (*перен.*) appéar in the role of smb., play the role of smb.; ~ в защи́ту кого́-л. take* the part of smb., take* up the cause of smb., stand* up for smb.; ~ в защи́ту чего́-л. ádvocàte smth.; ~ защи́тником (*рд.*) come* fórward in defénce (of); (*без доп.— на суде*) appéar for the defénce; ~ инициа́тором be the inítiàtor; ~ впервы́е make* one's début (*фр.*) [...'deɪbuː]; ~ по ра́дио bróadcàst [-ɔːd-]; (*с речью*) bróadcàst a speech, speak* óver the rádiò; (*с докладом*) give* a wíre¦less / rádiò lécture; (*играть*) play óver the wíre¦less / rádiò; (*петь*) sing* óver the wíre¦less / rádiò; ~ по телеви́дению télevìse; ~ от и́мени кого́-л. speak* in the name of smb., speak* on beháif of smb. [...-'hɑːf...]; **4.** (*проступать*): пот вы́ступил на лбу the sweat stood out on *one's* fórehead [...swet stud...'fɔrɪd]; пле́сень вы́ступила mould (has) formed [mou-...]; сыпь вы́ступила (на чём-л.) a rash broke out (on smth., all óver smth.); слёзы вы́ступили на глаза́х the tears stárted to *one's* eyes [...aɪz]; **5.** *тк. несов.* (*выдаваться*) projéct, jut out, run* out; stick* out *разг.*; (*сверху*) óver¦háng*; **6.** *тк. несов.* (*ходить медленно, чинно*) walk with méasured steps [...'meʒ-...]; (*ходить с важным видом*) strut.

вы́ступить *сов. см.* выступа́ть 1, 2, 3, 4.

выступле́ние *с.* **1.** (*публичное*; *на сцене*) perfórmance; (*заявление*) státe¦ment; (*речь*) speech; (пе́ред; *обращение*) addréss (to); пе́рвое ~ first perfórmance, début (*фр.*) ['deɪbuː]; (*о речи тж.*) máiden speech; ~ в печа́ти árticle; революцио́нное ~ масс rèvolútionary áction of the másses; **2.** (*отправление*) depárture; *переводится тж. формой на* -ing *от соответствующих глаголов — см.* выступа́ть.

вы́сунуть(ся) *сов. см.* высо́вывать(ся).

высу́шивание *с.* drýing.

высу́шивать, вы́сушить (*вн.*) **1.** dry (*d.*); **2.** *разг.* (*истощать*) emáciàte (*d.*), waste [weɪ-] (*d.*); **3.** *разг.* (*делать неотзывчивым, бессердечным*) hárden (*d.*), cáse-hàrden [-s-] (*d.*), make* cállous (*d.*).

вы́сушить *сов. см.* высу́шивать *и* суши́ть. **~ся** *сов. см.* суши́ться.

вы́считать *сов. см.* высчи́тывать.

высчи́тывать, вы́считать (*вн.*) cálculàte (*d.*), fígure out (*d.*).

вы́сш||ий **1.** (*более высокий*) hígher; (*по положению, качеству*) sùpérior; **2.** (*самый высокий*) híghest; ~ее ка́чество híghest quálity; (*о товарах*) sùpérior quálity; **3.** (*главный*; *верховный*) sùpréme; ~ая инста́нция the híghest authórity; *юр.* court of last resórt [kɔːt...-'zɔːt]; ~ие о́рганы управле́ния sùpréme órgans of góvernment [...'gʌv-]; **4.**: ~ее образова́ние hígher / ùnivérsity èducátion; ~ее уче́бное заведе́ние hígher èducátional estáblishment; ùnivérsity; ~ее техни́ческое уче́бное заведе́ние téchnical cóllege, téchnical ínstitùte; ~ая шко́ла ùnivérsity; the Hígher School; ◇ ~ая матема́тика hígher màthemátics; ~ая то́чка ácme ['ækmɪ]; в ~ей сте́пени híghly, extréme¦ly; ~ая ме́ра наказа́ния cápital púnishment [...'pʌ-]; ~ее о́бщество *уст.* fáshionable socíety, high life.

высыла́ть, вы́слать (*вн.*) **1.** (*посылать*) send* (*d.*); **2.** (*административно*) bánish (*d.*), éxìle (*d.*); (*из страны*) depórt (*d.*), expél (*d*)., trànspórt (*d.*); **3.** *воен.* send* out (*d.*), push out [puʃ...] (*d.*).

вы́сылк||а *ж.* **1.** (*посылка*) dispátch, sénding; *в большинстве случаев переводится глаголом* send*; че́рез ме́сяц по́сле ~и паке́та a month áfter the párcel was sent [...mʌnθ...]; **2.** (*административная*) bánishment, éxìle; (*из страны*) dèpòrtátion [diː-], expúlsion, trànspòrtátion.

вы́сыпать *сов. см.* высыпа́ть.

высыпа́ть, вы́сыпать **1.** (*вн.*) émpty (*d.*), pour out [pɔː...] (*d.*); (*нечаянно*) spill* (*d.*); **2.** (*о сыпи*) break* out [-eɪk...]; вы́сыпало на лице́ a rash has brόken out on *one's* face; **3.** *разг.* (*о толпе*) pour out; вы́сыпать на у́лицу pour out into the street, throng the street.

вы́сыпаться *сов. см.* высыпа́ться I.

высыпа́ться I, вы́сыпаться **1.** pour out [pɔː...]; (*выпадать*) spill* out; **2.** *страд.* к высыпа́ть 1.

высыпа́ться II, вы́спаться have a good sleep; он сего́дня не вы́спался he didn't have enóugh sleep last night [...ɪ'nʌf...].

высыха́ть, вы́сохнуть **1.** dry; (*о реке и т. п.*) dry up; **2.** (*увядать*) wíther; (*перен.*; *о человеке*) *разг.* waste a¦wáy [weɪ-...].

высь *ж.* height [haɪt]; (*перен.*) the realms of fáncy [...relmz...] *pl.*; заоблачная ~ the clouds *pl.*

выта́лкивать, вы́толкать, вы́толкнуть (*вн.*) **1.** (*выгонять*) chuck out (*d.*); ~ в ше́ю *разг.* throw* out [θrou...] (*d.*), chuck out (*d.*); **2.** *при сов.* вы́толкнуть (*выбрасывать что-л.*) push (out) [puʃ...] (*d.*).

вытанцо́выва||ться (*об. с отриц.*) *разг.* succéed, come* off; де́ло не

~ется the affáir is not coming off; (*ничего не выйдет*) nothing will come of it.

выта́пливать I, вы́топить (*вн.*; *о печи*) heat (*d.*).

выта́пливать II, вы́топить (*вн.*; *о сале*) melt* (*d.*); (*о масле*) clárifỳ (*d.*).

выта́птывать, вы́топтать (*вн.*) trample down (*d.*).

вы́таращить *сов. см.* тара́щить.

выта́скивать, вы́тащить (*вн.*) 1. take* out (*d.*); (*выволакивать*) drag out (*d.*), pull out [pul...] (*d.*); (*о пуле, занозе и т. п.*) extráct (*d.*); (*из воды*) fish out (*d.*); 2. (*красть*) steal* (*d.*); pinch (*d.*) *разг.*; вы́тащить что-л. у кого́-л. steal* smth. from smb.; 3.: вы́тащить кого́-л. на конце́рт, прогуля́ться *и т. п. разг.* make* smb. go to *a* cóncert, go for a walk, *etc.*, drag smb. out to *a* cóncert, out for a walk, *etc.*; ✧ ~ кого́-л. из беды́ *разг.* help smb. out of trouble [...trʌ-].

выта́чивать, вы́точить (*вн.*; *на токарном станке*) turn (*d.*).

вы́тачка *ж.* tuck.

вы́тащить *сов. см.* выта́скивать.

вы́твердить *сов.* (*вн.*) *разг.* learn* by heart / rote [lə:n...hɑ:t...] (*d.*).

вытвор||я́ть (*вн.*) *разг.* be up (to), do (*d.*); ~ глу́пости fool, do fóolish things, be up to all sorts of nónsense; что он ~я́ет? what is he up to?, what sort of fóolish pranks is he up to?

вытека́||ть, вы́течь 1. flow out [-ou...], escápe, run* out; (*капля за каплей*) drip out; 2. *тк. несов.* (*брать начало — о реке и т. п.*) have its source [...sɔ:s]; 3. *тк. несов.* (*являться следствием*) resúlt [-'zʌ-], fóllow, ensúe; (из) aríse (from); отсю́да ~ет, что (hence) it fóllows that; it fóllows (from this) that; со всéми ~ющими отсю́да после́дствиями with all ensúing cónsequences; ✧ глаз вы́тек the eye came out [...aɪ...].

вы́тереть(ся) *сов. см.* вытира́ть(ся).

вы́терпе||ть *сов.* (*вн.*) ùndergó* (*d.*), bear* [bɛə] (*d.*), súffer (*d.*), endúre (*d.*); он е́ле ~л э́то he could hárdly bear it.

вы́тертый 1. *прич. см.* вытира́ть; 2. *прил.* (*об одежде*) thréadbàre ['θred-].

вы́тесать *сов. см.* вытёсывать.

вытесне́ние *с.* 1. óusting (*замена собою тж.*) supplánting [-ɑ:n-]; (*из какой-л. сферы деятельности тж.*) exclúsion; 2. *физ.* displáce¦ment.

вы́теснить *сов. см.* вытесня́ть.

вытесня́ть, вы́теснить (*вн.*) 1. force out (*d.*), ejéct (*d.*); oust (*d.*); (*из какой-л. сферы деятельности тж.*) exclúde (*d.*); (*заменять собою тж.*) supplánt [-ɑ:nt] (*d.*); *воен.* dislódge (*d.*); 2. *физ.* displáce (*d.*).

вытёсывать, вы́тесать (*вн.*) cut* (out) (*d.*), hew (out) (*d.*); (*делать гладким*) trim (*d.*).

вы́течь *сов. см.* вытека́ть 1.

вытира́ть, вы́тереть (*вн.*) 1. wipe (*d.*); (*досуха*) dry (*d.*), wipe dry (*d.*); ~ посу́ду wipe up the cróckery; ~ но́ги wipe one's feet; ~ лоб wipe one's fórehead [...'fɔrɪd], mop one's brow; ~ пыль dust; 2. *разг.* (*изнашивать*) wear* thréadbàre / out [wɛə 'θred-...] (*d.*). **~ся,** вы́тереться 1. wipe / dry òne¦sélf; 2. *разг.* (*изнашиваться*) become* thréadbàre [...'θred-]; 3. *страд. к* вытира́ть.

вы́тиснить *сов. см.* вытисня́ть.

вытисня́ть, вы́тиснить (*вн.*) stamp (*d.*), imprínt (*d.*), impréss (*d.*).

вы́ткать *сов.* (*вн.*) weave* (*d.*).

вы́толкать *сов. см.* выта́лкивать 1.

вы́толкнуть *сов. см.* выта́лкивать.

вы́топить I, II *сов. см.* выта́пливать I, II.

вы́топтать *сов. см.* выта́птывать.

вы́торговать *сов. см.* выторго́вывать.

выторго́вывать, вы́торговать (*вн.*) *разг.* 1. (*о цене*) bárgain / haggle abóut a redúction, *или* an abáte¦ment (of); (*перен.*) mánage to get (*d.*); *несов. тж.* try to get (*d.*); (*получать уступку*) get* a redúction, *или* an abáte¦ment; вы́торговать пять, де́сять рубле́й get* a redúction of five, ten roubles [...ru:-]; 2. (*зарабатывать торговлей*) make* (*d.*), net (*d.*), clear (*d.*).

вы́точ||енный *прич. и прил.* turned; ✧ сло́вно ~ (*о чертах лица*) chíselled [-z°ld]; (*о формах тела*) pérfectly-fòrmed. **~ить** *сов. см.* выта́чивать.

вы́травить *сов.* 1. *см.* вытравля́ть; 2. *как сов. к* трави́ть IV.

вытравля́ть, вы́травить (*вн.*) 1. (*истреблять*) èxtérminàte (*d.*); 2. (*о надписи и т. п.*) etch (*d.*); (*о пятнах*) remóve [-'mu:v] (*d.*), take* out (*d.*) (*stains*); 3. (*производить потраву*) trample down (*d.*).

вы́требовать *сов.* (*вн.*) 1. súmmon (*d.*), send* (for); ~ кого́-л. в суд повéсткой súmmons smb.; 2. (*получить по требованию*) demánd and obtáin [-ɑ:nd...] (*d.*); get* smth. out of smb. *разг.*

вытрезви́тель *м.* sóber¦ing státion.

вы́трезвить(ся) *сов. см.* вытрезвля́ть(ся).

вытрезвл||е́ние *с.* sóber¦ing. **~я́ть,** вы́трезвить (*вн.*) sóber (*d.*). **~я́ться,** вы́трезвиться 1. become* sóber; 2. *страд. к* вытрезвля́ть.

вытряса́ть, вы́трясти (*вн.*) shake* out (*d.*); ~ ковёр shake* out *a* cárpet.

вы́трясти *сов. см.* вытряса́ть.

вытря́хивать, вы́тряхнуть (*вн.*) shake* out (*d.*); (*ронять*) drop (*d.*).

вы́тряхнуть *сов. см.* вытря́хивать.

вы́турить *сов.* (*вн.*) *разг.* turn / drive* out (*d.*).

выть howl; (*перен. тж.*) wail; ве́тер во́ет the wind wails / howls [...wɪnd...].

вытьё *с. разг.* hówl(ing); (*перен. тж.*) wáil(ing).

вытя́гивать, вы́тянуть 1. (*вн.*) draw* out (*d.*); (*извлекать*) extráct (*d.*); дым вы́тянуло the smoke has escáped; 2. (*вн.*; *растягивать*) stretch (*d.*), pull out [pul...] (*d.*); ~ рези́нку stretch *an* elástic; ~ про́волоку stretch *a* wire; ~ ше́ю stretch out, *или* crane, one's neck; 3. (*вн.*; *о руках, ногах*) stretch (*d.*); 4. (*без доп.*) *разг.* (*выдерживать*) hold* out; он до́лго не вы́тянет he won't stand it long [...wount...]; ✧ ~ жи́лы у кого́-л., ~ всю ду́шу wear* smb. out [wɛə...]. **~ся,** вы́тянуться 1. (*растягиваться*) stretch; рези́нка вы́тянулась the elástic has stretched; 2. (*ложиться*) stretch òne¦sélf; лежа́ть вы́тянувшись lie* stretched; 3. *разг.* (*вырастать*) shoot* up, grow* [-ou]; 4. (*выпрямляться*) stand* eréct; ~ся во фронт stand* at atténtion; 5. *страд. к* вытя́гивать; ✧ лицо́ у него́ вы́тянулось he pulled a long face [...pu-...]; his face fell.

вытяж||ка *ж.* 1. (*действие*) dráwing out; (*газа и т. п.*) escápe; 2. *хим.* éxtràct; (*процесс*) extráction. **~но́й:** ~но́й шкаф hood [hud]; ~но́й пла́стырь dráwing pláster; ~на́я труба́ véntilàting pipe.

вы́тянуть(ся) *сов. см.* вытя́гивать(ся).

вы́удить *сов. см.* выу́живать.

выу́живать, вы́удить (*вн.*) catch* (*d.*); (*тж. перен.: о новостях, секретах и т. п.*) *разг.* fish out (*d.*); ~ у кого́-л. де́ньги get* móney out of smb. [...'mʌnɪ...]; (*обманом*) swindle móney out of smb.; вы́удить у кого́-л. секре́т pump a sécret out of smb.

вы́утюжить *сов. см.* утю́жить.

вы́ученик *м.* (*ученик*) púpil; (*последователь*) discíple, fóllower; он ~ тако́го-то he was trained by só-and-sò, he was só-and-sò's púpil.

выу́чивать, вы́учить 1. (*вн.*) learn* [lə:n] (*d.*); ~ наизу́сть learn* by heart [...hɑ:t] (*d.*); 2. (кого́-л. чему́-л., кого́-л.+*инф.*) teach* (smb. smth., smth. to smb., smb.+to *inf.*); (*ремеслу и т. п.*) train (smb.+to *inf.*, smb. in *ger.*); вы́учить ребёнка чита́ть teach* *a* child* to read; вы́учить ученико́в англи́йскому языку́ teach* one's púpils Énglish [...'ɪŋ-], teach* Énglish to one's púpils. **~ся,** вы́учиться 1. learn* [lə:n]; вы́учиться чита́ть learn* to read; вы́учиться англи́йскому языку́ learn* Énglish [...'ɪŋ-], learn* to speak Énglish; 2. *страд. к* выу́чивать.

вы́уч||ить(ся) *сов. см.* выу́чивать(ся). **~ка** *ж.* (*действие*) téaching, tráining, schóoling; (*школа*) school; боева́я ~ка battle tráining; профессиона́льная ~ка proféssional tráining; э́то тре́бует специа́льной ~ки it requíres spécial tráining

[...'spe-...]; отда́ть кого́-л. на ~ку (*дт.*) appréntice smb. (to); он прошёл хоро́шую ~ку he has been / gone through a good* / sound school [...gɔn...], he has been thóroughly / well schooled [...'θʌrəlɪ...], he has had a good* tráining.

выха́живать, вы́ходить (*вн.*) **1.** nurse (*d.*); *сов. тж.* pull through [pul...] (*d.*); вы́ходить больно́го nurse the pátient / ínvalìd back to health [...-i:d...he-]; **2.** (*выращивать, воспитывать*) rear (*d.*). grow* [-ou] (*d.*); (*тк. о человеке*) bring* up (*d.*).

выхваля́ться brag.

вы́хватить *сов. см.* выхва́тывать.

выхва́тывать, вы́хватить (*вн.*) snatch out (*d.*); ~ что-л. из рук у кого́-л. snatch smth. out of smb.'s hands; ~ цита́ту quote at rándom.

вы́хваченный *прич. см.* выхва́тывать; ◇ вы́хвачен из жи́зни (*о литерат. образе и т. п.*) true to life, the very ímage of life, pòrtráyed to the life.

вы́хлоп *м. тех.* exháust. **~но́й** *тех.* exháust (*attr.*).

вы́хлопотать *сов.* (*вн.*) obtáin / get* (áfter much trouble) [...trʌbl] (*d.*).

вы́ход *м.* **1.** (*в разн. знач.*) gó¦ing out; *во многих случаях переводится глаголом* go* out; при ~е (из) on léaving (*d.*), on gó¦ing out (of), on coming out (of); ~ из го́рода depárture from *a* town; ~ в отста́вку rèsignátion [-zɪg-]; ~ из организа́ции secéssion from, *или* léaving, *an* òrganìzátion [...-naɪ-]; ~ из войны́ with¦dráwal from *a* war; ~ из бо́я *воен.* dísen¦gáge¦ment; ~ на рабо́ту appéarance at work; ждать чьего́-л. ~а wait for smb. to come out; э́то его́ пе́рвый ~ со вре́мени боле́зни it is the first time he has been out since his íllness; сего́дняшний ~ меня́ утоми́л my gó¦ing out to¦dáy tired me; ~ на орби́ту the gó¦ing into órbit; **2.** (*место выхода*) óutlèt; way out; éxit (*гл. обр. в зале*); street door [...dɔ:] (*в доме*); (*перен.*) way out; ~ ша́хты *горн.* mouth*; ~ пласта́ *геол.* óutcròp, expósure [-'pou-]; ~ из положе́ния way out of *a* sìtuátion; друго́го ~а нет (*перен.*) there is no other way out, there is no àltérnative; э́то еди́нственный ~ (*перен.*) it is the ónly thing to be done; **3.** (*об издании и т. п.*) appéarance, pùblicátion [pʌ-]; по́сле ~а кни́ги áfter *the* book had appéared; **4.** *эк.* (*о продукции*) yield [ji:ld], óutpùt [-put]; ~ с гекта́ра yield per héctàre [...-tɑ:]; **5.** *театр.* éntrance; ◇ дать ~ чему́-л. (*какому-л. чувству*) give* vent to smth.; знать все ходы́ и ~ы be pérfectly at home, know* all the ins and outs [nou...].

вы́ходец *м.*: ~ из крестья́нской среды́ péasant by birth ['pez-...]; он ~ **из** Шве́ции he is a Swede by birth, he comes from Swéden, he is of Swédish extráction [...'swi:-...]; ◇ ~ с того́ све́та àpparítion, ghost [gou-].

вы́ходить *сов. см.* выха́живать.

выходи́ть, вы́йти **1.** (*в разн. знач.*) go* out; (*из вагона и т. п.*) alíght, get* out; ~ из до́му go* out (of the house) [...-s], leave* the house; ~ на у́лицу go* into the street; go* out of doors [...dɔ:z] (*особ. погулять*); он вы́шел вчера́ в пе́рвый раз (*о выздоравливающем*) he went out of doors yésterday for the first time [...-dɪ...]; ~ на рабо́ту come* to work; ~ в мо́ре put* to sea, put* out; ~ из берего́в òver¦flów *the* banks* [-ou...]; ~ на грани́цу, на рубе́ж, в райо́н *воен.* reach the fróntier, the line, the área [...'frʌntjə... 'ɛərɪə]; ~ с боя́ми fight* one's way; ~ из бо́я break* off the fight, dísen¦gáge, come* out of áction; ~ на вы́зовы *театр.* take* one's cúrtain call; **2.** (*появляться, быть изданным*) appéar, be out, be públished [...'pʌ-]; (*о приказе и т. п.*) be íssued; ~ в свет appéar, be out, be públished; кни́га вы́йдет на бу́дущей неде́ле the book will be out, *или* will be on sale, next week; **3.** (*израсходоваться; кончаться*) run* out; (*тк. о сроке*) be up; у него́ вы́шли все де́ньги (all) his móney has run out [...'mʌnɪ..], he has run out of (all his) móney, he has spent all his móney; у него́ вы́шла вся бума́га his páper has run out, he has run out of, *или* has used up, all his páper; срок выхо́дит time is rúnning out; срок уже́ вы́шел time is up; **4.** (*получаться в результате*) come*, make*, be; из э́того ничего́ не вы́йдет nothing will come of it, it will come to nothing; вы́шло совсе́м не так it turned out quite dífferent; вы́шло. что it turned out that, it appéared that; отсю́да и вы́шли все неприя́тности this was the órigin / cause of all the ùnpléasantness [...-'plez-]; у него́ вы́шли неприя́тности he had some trouble [...trʌ-]; из него́ вы́йдет хоро́ший инжене́р he will make / be a good* èngìnéer [...enʤ-]; его́ докла́д вы́шел о́чень интере́сным his lécture was, *или* proved, extréme¦ly ínteresting [...pru:vd...]; всё вы́шло хорошо́ évery¦thing has turned out well*, *или* all right; э́то пло́хо вы́шло it has turned out bád¦ly*; зада́ча не вы́шла the sum has not come out; **5.** (из; *получаться*): из э́той мате́рии вы́шло о́чень краси́вое пла́тье that matérial made a very prétty dress [...'prɪ-...]; **6.** (*быть родом, происходить*) be by órigin; он вы́шел из крестья́н, из рабо́чих he is a péasant, a wórker by órigin [...'pez-...]; он вы́шел из наро́да he is (a man*) of the people [...pi:-]; **7.** (из; *выбывать из состава*) leave* (*d.*), drop out (of); ~ из сою́за leave* the únion, drop out of the únion, cease to be a mémber of the únion [-s...]; ~ из войны́ drop out of the war; **8.** *тк. несов.* (на *вн.*; *быть обращённым в какую-л. сторону*) look (on, towards), face (*d.*), front [-ʌ-] (*d.*); (*тк. об окнах*) ópen (on), give* (on); ко́мната выхо́дит о́кнами на у́лицу the room òver¦lóoks the street; ко́мната выхо́дит о́кнами на юг the room looks south; окно́ выхо́дит в сад the window ópens on the gárden; ◇ вы́йти в лю́ди make* one's way (in life); ~ в отста́вку resígn [-'zaɪn], retíre; ~ в тира́ж (*об облигации и т. п.*) be drawn; (*перен.*) have served one's time; take* a back númber *разг.*; ~ за́муж (за *вн.*) márry (*d.*); ~ за преде́лы (*рд.*) óver¦stép the límits (of), excéed the bounds (of); ~ из во́зраста be too old, pass the age límit, be above age; у него́ э́то из головы́ не выходи́ло he could not get it out of his head [...hed]; ~ из мо́ды go* out of fáshion; ~ из употребле́ния, из обихо́да be no lónger in use [...ju:s], fall* into dísúse [...-s], go* out of use; ~ из положе́ния find* a way out; ~ из себя́ lose* one's témper [lu:z...], fly* into a rage; ~ из терпе́ния lose* pátience; ~ нару́жу be revéaled, come* to light; выхо́дит (что) it seems (that), it appéars (that), it fóllows (that); выхо́дит, он был непра́в it seems he was wrong, he seems to have been wrong; само́ собо́й вы́шло it came about quite náturally; он ро́стом не вы́шел *разг.* he is ány¦thing but tall, he is short.

вы́ходк||а *ж.* trick; (*неожиданная, причудливая*) freak, èscapáde; (*шаловливая*) prank; зла́я ~ про́тив кого́-л. a scúrvy trick on smb.; ребя́ческие ~и chíld¦ish tricks.

выходн||о́й: ~а́я дверь street door [...dɔ:]; ~ день rést-day, day of rest, day off; быть ~ы́м *разг.* have one's day off, be free; ~о́е посо́бие dis¦chárge / séverance pay; ~а́я роль sùpernúmerary part; ~ лист *полигр.* títle-pàge; ~ы́е све́дения, да́нные *полигр.* ímprint *sg.*; partículars as to place and date of pùblicátion, *etc.* [...pʌ-].

выхола́щивать, вы́холостить (*вн.*) **1.** càstráte (*d.*), emásculàte (*d.*); (*гл. обр. о лошадях*) geld [ge-] (*d.*); **2.** (*идею, содержание*) make* vápid / insípid (*d.*), emásculàte (*d.*).

вы́холенн||ый wéll-gróomed, well cáred-fòr; cáre¦fully ténded; ~ая борода́ wéll-képt beard; ~ое те́ло sleek, *или* well cáred-fòr, bódy [...'bɔ-].

вы́холо||стить *сов.* **1.** *см.* выхола́щивать; **2.** *как сов. к* холости́ть. **~щенный** *прич. и прил.* càstráted; emásculàted (*тж. перен.*); (*гл. обр.*

о лошадях) gélded ['ge-]; ~щенная лóшадь (*мерин*) gélding ['ge-]; ~щенные мы́сли vain / émpty idéas [...aɪ'dɪəz].

вы́хухоль *м.* **1.** (*животное*) désman; **2.** (*мех*) músquàsh.

вы́царапать *сов. см.* выцара́пывать.

выцара́пывать, вы́царапать **1.** (*вн.*; *выдирать*) scratch out (*d.*); вы́царапать друг дру́гу глаза́ scratch each other's eyes out [...aɪz...]; **2.** (*вн.*; *надпись, изображение*) scratch (*d.*); **3.** (что-л. у кого́-л.) *разг.* (*добывать с трудом*) get* (smth. out of smb.).

вы́цве||сти *сов. см.* выцвета́ть. **~та́ние** *с.* fáding, discòlorátion [-kʌ-].

выцвета́ть, вы́цвести fade.

вычёркивать, вы́черкнуть (*вн.*) cross out (*d.*), strike* out (*d.*); (*о части текста*) cut* out (*d.*), èxpúnge (*d.*); ~ кого́-л. из спи́ска strike* smb., *или* smb.'s name, off the list; ◇ ~ из жи́зни strike* out of one's life (*d.*); ~ из па́мяти raze from one's mémory (*d.*), effáce from one's mind (*d.*).

вы́черкнуть *сов. см.* вычёркивать.

вы́черпать *сов. см.* вычéрпывать.

вычéрпывать, вы́черпать (*вн.*; *источник, водоём*) exháust (*d.*); (*содержимое*) scoop out (*d.*), take* out (*d.*); (*воду из лодки*) bail out (*d.*).

вы́чер||тить *сов. см.* вычéрчивать. **~ченный** *прич. и прил.* drawn, traced; *прил. тж.* fíne|ly delíneàted; ~ченные бро́ви péncilled éye|brows [...'aɪ-].

вычéрчивать, вы́чертить (*вн.*) draw* (*d.*), trace (*d.*).

вы́чес||ать *сов. см.* вычёсывать. **~ки** *мн.* cómbings ['koum-].

вы́честь *сов. см.* вычита́ть.

вычёсывать, вы́чесать (*вн.*) comb out [koum...] (*d.*).

вы́чет *м.* dedúction; за ~ом (*рд.*) less (*d.*), mínus (*d.*), dedúcting (*d.*), allówing (for), with the dedúction (of).

вычислéние *с.* càlculátion.

вычисли́тель *м.* compúter.

вычисли́тельн||ый: электро́нные ~ые маши́ны èlèctrónic compúting machínes [...-'ʃi:nz], èlèctrónic compúters.

вы́числить *сов. см.* вычисля́ть.

вычисля́ть, вы́числить (*вн.*) cálculàte (*d.*), compúte (*d.*).

вы́чистить *сов. см.* вычища́ть.

вычита́||емое *с. скл. как прил. мат.* súbtrahènd. **~ние** *с. мат.* subtráction; произвести́ ~ние subtráct.

вы́читать *сов. см.* вычи́тывать.

вычита́ть, вы́честь (*вн.*) **1.** (*удерживать*) dedúct (*d.*), keep* back (*d.*); ~ три процéнта dedúct three per cent; **2.** *мат.* subtráct (*d.*).

вычи́тывать, вы́читать (*вн.*) **1.** (*узнавать читая*) find* (in *a* book, *etc.*) (*d.*); **2.** (*о рукописи*) read* (*d.*).

вычища́ть, вы́чистить (*вн.*) clean (*d.*); вы́чистить щёткой brush (*d.*).

вы́чурно I *прил. кратк. см.* вы́чурный.

вы́чурн||о II *нареч.* preténtious|ly, àrtifícially; (*необычно*) in a bizárre mánner [...bɪ'zɑ:...]. **~ость** *ж.* fáncifulness, preténtious|ness, mánnerism, àrtificiálity; (*необычность*) bizàrrerie [bi:zɑ:rə'ri:]. **~ый** fánciful, preténtious, mánnered, affécted, àrtifícial; (*необычный*) bizárre [bɪ'zɑ:].

выша́гивать pace, méasure by pácing ['me-...].

вышвы́ривать, вы́швырнуть (*вн.*) *разг.* fling* out (*d.*), hurl out (*d.*); (*перен.*: *выгонять*) chuck out (*d.*).

вы́швырнуть *сов. см.* вышвы́ривать.

вы́ше I *сравн. ст. прил. см.* высо́кий.

вы́ше II **1.** *сравн. ст. нареч. см.* высо́ко́ II; **2.** *нареч. и предл.* (*сверх*) above, óver; be|yónd; ~ нуля́ above zérò; э́то ~ моегó понима́ния it pásses my còmprehénsion, it is be|yónd me; ~ мои́х сил be|yónd my pówer / strength; терпе́ть э́то ~ мои́х сил it is more than I can stand, it is be|yónd endúrance; быть ~ чегó-л. (*перен.*) rise* above smth., be sùpérior to smth.; **3.** *нареч.* (*раньше*) above; смотри́ ~ see above; как ска́зано ~ as státed above.

вышеизло́женный fòre|gó|ing, abóve-státed.

вышена́званный afóre-nàmed, afóre|said [-sed], abóve-námed.

вышеозна́ченный afóre|said [-sed], abóve-méntioned.

вышеприведённый afóre-cìted, cíted above.

вышеска́занный afóre|said [-sed].

вышестоя́щий higher.

вышеука́занный fòre|gó|ing, above, afóre|said [-sed].

вышеупомя́нутый afóre-méntioned, afóre|said [-sed], abóve-méntioned.

вышиба́ть, вы́шибить (*вн.*) *разг.* **1.** knock out (*d.*); (*о двери и т. п.*) break* in [breɪk...] (*d.*); ~ что-л. из рук кого́-л. knock smth. out of smb.'s hands; **2.** (*выгонять*) chuck out (*d.*), kick out (*d.*); ~ кого́-л. со слу́жбы kick smb. out of his job, fire / sack smb.

вы́шибить *сов. см.* вышиба́ть.

вышива́||льщица *ж.* embróideress. **~ние** *с.* embróidery, fáncy-wòrk, fine néedle-wòrk.

вышива́ть, вы́шить (*вн.*) embróider (*d.*); ~ шёлком embróider in silk.

вы́шивка *ж.* embróidery.

вышин||а́ height [haɪt]; ~о́й в 100 мéтров a húndred metres high, *или* in height; в ~е́ on high, alóft.

вы́шитый *прич. и прил.* embróidered.

вы́шить *сов. см.* вышива́ть.

вы́шка *ж.* tówer; сторожева́я ~ wátch-tower; судéйская ~ *спорт.* rèferées' tówer; бурова́я ~ *горн.* dérrick; парашю́тная ~ párachùte tówer [-ʃu:t...]; ~ высоково́льтной переда́чи high-vóltage trànsmíssion tówer.

вы́школить *сов.* (*вн.*) *разг.* school (*d.*), díscipline (*d.*).

вы́шлифовать *сов.* (*вн.*) pólish (*d.*).

вы́шмыгнуть *сов. разг.* slip out.

выштукату́ривать, вы́штукатурить (*вн.*) pláster (*d.*), stúccò (*d.*).

вы́штукатурить *сов. см.* выштукату́ривать.

вы́шутить *сов. см.* вышу́чивать.

вышу́чивать, вы́шутить (*вн.*) make* fun (of), rídicùle (*d.*); (*о человеке тж.*) poke fun (at).

выщела́чивание *с. хим.* lixìviátion, léaching.

выщела́чивать, вы́щелочить (*вн.*) *хим.* lixívіàte (*d.*), leach (*d.*).

вы́щелочить *сов. см.* выщела́чивать.

вы́щипать *сов. см.* выщи́пывать.

выщи́пывать, вы́щипать (*вн.*) pull out [pul...] (*d.*), pluck (*d.*); ~ пéрья у пти́цы pluck *a* fowl.

вы́яв||ить(ся) *сов. см.* выявля́ть (-ся). **~лéние** *с.* expósure [-'pou-].

выявля́ть, вы́явить (*вн.*) **1.** expóse (*d.*), únmásk (*d.*), show* up [ʃou...] (*d.*); **2.** (*обнаруживать, показывать*) revéal (*d.*), bring* to light (*d.*); ~ себя́ revéal òne|sélf; **3.** (*предавать гласности*) bring* out (*d.*), make* known [...noun] (*d.*); вы́явить факт elícit *a* fact. **~ся,** вы́явиться **1.** come* to light, stand* expósed, be revéaled, mánifèst it|sélf; **2.** *страд. к* выявля́ть.

выяснéние *с.* elùcidátion, cléaring up; *переводится тж. формой на* -ing *от соответствующих глаголов* — *см.* выясня́ть(ся).

вы́яснить(ся) *сов. см.* выясня́ть (-ся).

выясня́ть, вы́яснить (*вн.*) elúcidàte (*d.*), clear up (*d.*); (*устанавливать*) àscertáin (*d.*), find* out (*d.*); ~ вопро́с elúcidàte *a* quéstion [...-stʃ-], clear up *a* quéstion. **~ся,** вы́ясниться **1.** turn out; как вы́яснилось as it turned out, *или* proved [...pru:vd]; **2.** *страд. к* выясня́ть.

вьетна́м||ец *м.*, **~ка** *ж.* Vìetnamése [vjet-]; *мн. собир.* the Vìetnamése. **~ский** Vìetnamése [vjet-]; ~ский язы́к Vìetnamése, the Vìetnamése lánguage.

вью́га *ж.* snów-stòrm ['snou-]; (*пурга*) blízzard [-zəd].

вью́жн||ый: ~ вéтер blízzard, snów-stòrm ['snou-]; ~ая ночь a night of blízzards / snów-stòrms.

вьюк *м.* pack; *воен. тж.* páck-load.

вьюн *м.* (*рыба*) loach; (*перен.*) ≅ a bit of quícksìlver.

вьюно́к *м. бот.* (*сорный*) bínd|weed; (*декоративный*) convólvulus.

вью́ч||ить (*вн.* на *вн.*) pack (*d.* on). **~ный** *прил. к* вьюк; **~ное**

живóтное pack ánimal, beast of búrden; ~ное седлó páck-sàddle.

вью́шка *ж.* dámper (*in flue*).

вьющ||ийся 1. *прич. см.* ви́ться; **2.** *прил.*: ~неся вóлосы cúrly hair *sg.*; (*очень мелко*) frizzy hair *sg. разг.*; ~еeся растéние clímber ['klaɪmə].

вя́жущ||ий 1. *прич. см.* вязáть; **2.** *прил.* astríngent [-nʤ-]; ~ее веществó astríngent.

вяз *м.* elm.

вязáль||ный (*для вязания спицами*) knítting; (*для вязания крючком*) cróchet ['krouʃɪ] (*attr.*); ~ная спи́ца knítting needle; ~ крючóк cróchet hook; ~ная маши́на knítting machíne [...-'ʃi:n]. **~щик** *м.* **1.** (*снопов*) tíer, bínder; **2.** (*трикотажа*) knítter.

вязáние *с.* **1.** (*спицами*) knítting; (*крючком*) cróchetìng ['krouʃɪɪŋ]; **2.** (*о снопах*) týing, bínding.

вязáнка *ж.*: ~ дров bundle of wood [...wud]; ~ хвóроста fággot; ~ сéна truss / bundle of hay.

вя́заный (*спицами*) knítted; (*крючком*) cróchetéd ['krouʃɪd].

вязáнье *с.* knítting; cróchet(-wòrk) ['krouʃɪ-].

вязáть, связáть **1.** (*вн.*) bind* (*d.*), tie up (*d.*); ~ снопы́ bind* sheaves; **2.** (*вн.*; *о чулках и т. п.— спицами*) knit* (*d.*); (*крючком*) cróchet ['krouʃɪ] (*d.*); **3.** *тк. несов.* (*без доп.*; *быть вязким*) be astríngent [...-nʤ-]; вя́жет во рту *the* mouth feels constrícted / drawn.

вязáться 1. (*соответствовать*) tálly, accórd, square; э́то плóхо вя́жется (с *тв.*) it does not accórd / square / tálly (with), it is not in accórdance (with), it conflícts (with); **2.** *страд. к* вязáть 1, 2; ◇ дéло не вя́жется *разг.* things are, *или* the búsiness, is, not máking héadway [...'bɪzn-... 'hed-], things are not góing well.

вязи́га *ж.* = визи́га.

вя́зка *ж.* **1.** bínding, týing; **2.** (*о чулках и т. п.—спицами*) knítting; (*крючком*) cróchetìng ['krouʃɪɪŋ].

вя́зк||ий 1. glútinous, víscid, víscous; (*о дне реки, озера и т. п.*) míry, óozy; (*о почве*) bóggy, márshy, swámpy ['swɔ-]; **2.** *тех.* tough [tʌf], tenácious. **~ость** *ж.* **1.** viscídity, viscósity; míriness ['maɪə-], óoziness; bógginess, márshiness, swámpiness ['swɔ-]; (*ср.* вя́зкий); **2.** *тех.* tóughness ['tʌf-], tenácity.

вя́знуть stick*; ~ в грязи́ stick* / sink* in the mud; ~ в зубáх stick* to one's teeth.

вязь *ж. лингв.* lígature.

вя́лен||ие *с.* drýing, drý-cùring; (*о мясе*) jérking. **~ый** dried; ~ая трескá dried cod, stóckfish.

вя́л||ить, провя́лить (*вн.*) dry (*d.*), drý-cùre (*d.*); (*о мясе*) jerk (*d.*); ~енный на сóлнце sún-drìed.

вя́ло I *прил. кратк. см.* вя́лый.

вя́л||о II *нареч.* límply, lístlessly, inértly; ~ рабóтать work without spírit. **~ость** *ж.* **1.** (*о мышцах, коже и т. п.*) flábbiness; ~ость кишéчника slúggishness of the bówels; **2.** (*отсутствие бодрости*) lánguor [-ŋgə], inértia, lístlessness, límpness; ~ость в рабóте sláckness in work. **~ый 1.** (*о коже, теле и т. п.*) flábby, fláccid; ~ый кишéчник slúggish bówels *pl.*; **2.** (*лишённый живости, бодрости*) lánguid, lístless, limp, slack, inért, dull, nérveless; (*о торговле*) slack, stágnant; ~ое настроéние slack / lánguid / dull mood; у негó ~ое настроéние he feels lánguid; ~ая рабóта slack work.

вя́нуть, завя́нуть fade, droop, wíther; ◇ ýши вя́нут (от) *разг.* ≅ it makes one sick to hear (*d.*).

вя́щ||ий *уст.* gréater [-eɪtə]; к егó, её *и т. д.* ~ему удовóльствию *и т. п.* to cap / compléte / crown his, her, *etc.*, joy, *etc.*; для ~ей предосторóжности to make assúrance dóubly / double sure [...ə'ʃuə- 'dʌ-dʌ- ʃuə], as an éxtra precáution; для ~ей убеди́тельности чегó-л. to make smth. more convíncing.

Г

га *м. нескл. сокр. см.* гектáр.

габарди́н *м. текст.* gáberdìne [-di:n].

габари́т *м.* gàbàrít [gɑ:bɑ:'ri:]; size *разг.*

гав: ~, ~! bów-wów!

гавáнский Havána [-'væ-] (*attr.*).

гáвань *ж.* hárbour; háven *поэт.*; входи́ть в ~ énter *a* hárbour.

гавóт *м. муз.* gavótte [gə'vɔt].

гáга *ж. зоол.* éider ['aɪ-].

гагáр||а *ж. зоол.* loon. **~ка** *ж. зоол.* auk.

гагáчий *прил. к* гáга; ~ пух éider-down ['aɪ-].

гад *м. зоол.* réptìle; (*перен.*) *разг.* foul / vile créature, skunk.

гадáлка *ж.* fórtune-tèller [-ʧən-].

гадá||ние *с.* **1.** (*предсказывание*) fórtune-télling [-ʧən-]; (*по руке*) pálmistry ['pɑ:m-], chíromàncy ['kaɪəro-]; (*на картах*) cártomàncy; **2.** (*догадка*) guess(ing), guéss-wòrk. **~тельный** (*предположительный*) pròblemátic, conjéctural, hỳpothétical; (*сомнительный*) dóubtful ['daut-]; э́то ~тельно it is dóubtful, it is all guéss-wòrk, it is mere hỳpóthesis [...haɪ-].

гадáть, погадáть **1.** (*предсказывать*) tell* fórtunes [...-ʧənz], tell* smb.'s fórtune; ~ на кáртах tell* fórtunes, *или* one's fórtune, by cards; **2.** *тк. несов.* (о *пр.*; *предполагать*) guess (at), sùrmíse (*d.*), conjécture (*d.*); ◇ ~ на кофéйной гýще ≅ read* the téa-leaves, make* wild guésses.

гáдина *ж. разг.* lóathsome / foul / vile créature, réptìle, cur.

гáдить, нагáдить *разг.* **1.** (на *вн.*, *пр.*; в *пр.*; *пачкать*) foul (*d.*), make* foul / dírty (*d.*); **2.** (*без доп.*; *вредить*) make* míschief; (*дт.*) play dírty / scúrvy tricks (on).

гáдкий násty; (*о погоде тж.*) foul, bad*; (*о ребёнке*) náughty, bad*; (*о поступке об.*) vile; ~ человéк bad* / wícked man*; ◇ ~ утёнок úgly dúckling ['ʌg-...].

гадли́во I *прил. кратк. см.* гадли́вый.

гадли́в||о II *нареч.* with lóathing / disgúst. **~ость** *ж.* lóathing. **~ый** disgústed; ~ое чýвство lóathing, disgúst; э́то вызывáет ~ое чýвство it excítes *one's* disgústs, it disgústs *one*, it fills *one* with disgúst / lóathing.

гáдость *ж. разг.* **1.** (*дрянь*) muck; abóminable / éxecrable stuff; (*грязь*) filth; **2.** (*о поступке*) vile act, dírty trick; сдéлать ~ do a vile thing; сдéлать ~ комý-л. play a scúrvy / dírty trick on smb.

гадю́ка *ж.* (*змея*) ádder; víper (*тж. перен.*).

гáер *м. уст.* bùffóon. **~ство** *с. уст.* bùffóonery, tòmfóolery.

гáерствовать *уст.* play the fool.

гáечный: ~ ключ *тех.* spánner, wrench.

газ I *м.* **1.** gas; **2.** *мн.* (*в кишечнике*) gas *sg.*, wind [wind] *sg.*; скоплéние ~ов flátulence, wind.

газ II *м.* (*ткань*) gauze, góssamer.

газгóльдер *м.* = газохрани́лище.

газéль *ж. зоол.* gazélle.

газéт||а *ж.* néwspàper; páper *разг.*; (*ежедневная*) dáily páper; dáily *разг.*; вечéрняя ~ évening páper ['i:vn-...]; ◇ стеннáя ~ wall néwspàper; живáя ~ scénic néwspàper ['si:-...]; ходя́чая ~ *разг.* líving / wálking néwspàper ['lɪ-...], néwsmònger [-zmʌ-]. **~ный** *прил. к* газéта; ~ный стиль jòurnalése [ʤə:-]; ~ная замéтка páragràph; ~ный ларёк, киóск néws-stànd [-zst-]; ~ный рабóтник jóurnalist ['ʤə:-]; ~ная бумáга néws-print [-z-]. **~чик** *м.* **1.** (*продавец газет*) néwsman* [-z-]; (*мальчик*) néwsboy [-z-]; **2.** *разг.* (*сотрудник газеты*) jóurnalist ['ʤə:-], préssman*.

гáзик *м. разг.* a GAZ car (*Gorky automobile plant*).

газиро́ванн||ый *прич. и прил.* áeràted ['eɪə-]; ~ая вода́ sóda wáter [...'wɔ:-], áeràted wáter.

гази́ровать (*вн.*) áeràte ['eɪə-] (*d.*).

гази́ровка *ж. разг.* áeràted wáter ['eɪə-'wɔ:-].

газифика́ция *ж.* gàsificátion.

газифици́ровать *несов. и сов.* (*вн.*) 1. (*превращать в газ*) gásifỳ (*d.*); 2. (*проводить газ*) instáll gas (in).

газобалло́н *м.* gas cýlinder / bottle.

газова́ть *разг.* speed up, step on the àccéleràtor / gas.

газовщи́к *м.* gás-fìtter; (*контролёр*) gás-màn*.

га́зов||ый I *прил. к* газ I; ~ заво́д gás-wòrks; ~ рожо́к gás-bùrner; (*стенной*) gás-bràcket; ~ счётчик gás-mèter; ~ая коло́нка géyser ['gi:-]; ~ая плита́ gás-stòve; ~ое освеще́ние gás(lìght); ~ое отопле́ние gás-heating.

га́зовый II *прил. к* газ II.

газогенера́тор *м. тех.* gas géneràtor / prodúcer.

газокали́льн||ый *тех.*: ~ая ла́мпа ìn¦càndéscent gás-làmp; ~ свет, ~ое освеще́ние ìn¦càndéscent gás-light.

газоли́н *м. тех.* gásolène, gásolìne [-i:n].

газоме́р *м. тех.* gás-mèter.

газомёт *м. воен.* gas projéctor.

газомото́р *м. тех.* gás-èngine [-ndʒ-].

газо́н *м.* lawn; по ~ам ходи́ть воспреща́ется ≅ keep* off the grass.

газо||непроница́емый (*о ткани, оболочке и т. п.*) gás-proof; (*о соединении, затворе*) gás-tight. **~но́сный** gàsogénic; ~но́сный пласт gás-bearing / gáseous strátum / seam / bed [-bɛə-'geɪzɪəs...].

газообме́н *м. тк. ед.* ínterchánge of gás¦es [-'tʃeɪ-...].

газообра́зный *физ.* gáseous [-z-], gásifòrm.

газообразова́ние *с. хим.* (*превращение в газ*) gàsificátion; (*добывание, выработка газа*) gás-gènerátion.

газоочисти́тель *м.* gás-wàsher, scrúbber.

газопрово́д *м.* gás-main. **~ный** *прил. к* газопрово́д; ~ная труба́ gás-pìpe.

газопроница́емость *ж.* gás-pènetrabílity.

газоубе́жище *с.* gás-proof shélter.

газохрани́лище *с.* gás-hòlder; (*для распределения газа*) gàsómeter.

гайдро́п *м.* guíde-ròpe, drág-ròpe.

га́йка *ж.* (scréw-)nùt, (fémàle) screw ['fi:-...].

гаймори́т *м. мед.* àntrítis.

га́йморов: ~а по́лость *анат.* ántrum of Híghmòre.

гак I *м. мор.* (*крюк*) hook.

гак II *м.*: с ~ом *разг.* and óver / more.

гала́ *прил. неизм. театр.* gála ['gɑ:-]; ~-представле́ние, спекта́кль-~ gála perfórmance / show [...ʃou].

гала́ктика *ж. астр.* Gálaxy.

галали́т *м. тех.* gálalith.

галантере́йность *ж. уст. разг.* civílities *pl.*, ùrbánity.

галантере́йн||ый 1. *прил. к* галантере́я; ~ магази́н fáncy-goods store [-gudz], háberdàsher's (shop); ~ това́р, ~ые това́ры háberdàshery; 2. *уст. разг.* (*галантный*) cóurtly ['kɔ:-], cívil, oblíging, ùrbáne.

галантере́я *ж. тк. ед.* háberdàshery.

гала́нтн||ость *ж.* gállantry (*towards women*). **~ый** gállant [*тж.* gə'lænt] (*towards women*).

галдёж *м. тк. ед. разг.* húbbùb, din, row; (*ср.* гвалт).

галде́ть *разг.* make* a húbbùb / din.

галени́т *м. мин.* galéna.

галéр||а *ж. ист.* gálley; сосла́ть на ~ы (*вн.*) send* / condémn to the gálleys (*d.*).

галере́я *ж.* (*в разн. знач.*) gállery; карти́нная ~ pícture-gàllery; ми́нная ~ *воен.* (mine) túnnel.

галёрка *ж. тк. ед. разг.* 1. gállery; 2. (*публика*) the gods *pl.*

гале́та *ж.* (ship's) bíscuit [...-kɪt]; hard tack *разг.*

галиматья́ *ж. тк. ед. разг.* bálderdàsh; jumble of nónsense; э́то сплошна́я ~ it is sheer nónsense.

галифе́ [-фэ́] *мн. нескл.* ríding-breeches [-brɪ-].

га́лка *ж.* jáckdaw, daw.

галл *м.* Gaul.

га́ллий *м. хим.* gállium.

галлици́зм *м. лингв.* Gállicism.

галло́н *м.* gállon.

га́лльский Gállic.

галлюцина́ция *ж.* hallùcinátion.

галлюцини́ровать súffer from hallùcinátions.

галоге́н *м. хим.* hálògèn.

гало́ид *м. хим.* háloid.

гало́п *м. тк. ед.* 1. gállop; 2. (*танец*) gálop ['gæ-]. **~и́ровать** gállop. **~ом** *нареч.* at a gállop; скака́ть ~ом gállop.

га́лочий *прил. к* га́лка.

га́лочк||а *ж. разг.* (*пометка*) tick; поме́тить ~ой (*вн.*) tick off (*d.*).

гало́ш||а *ж.* galósh, golósh; *мн. тж.* rúbbers; ◇ сесть в ~у *разг.* get* into a mess / fix.

галс *м. мор.* tack; пра́вый ~ stárboard tack [-əd...]; ле́вый ~ port tack; перемени́ть ~ tack; пра́вым (ле́вым) ~ом on the stárboard (port) tack.

га́лстук *м.* tie, néckties; повяза́ть ~ tie one's tie; попра́вить ~ stráighten one's tie, put* one's tie straight; пионе́рский ~ Young Pìonéer's red tie [jʌŋ...].

галу́н *м.* gallóon; (*золотой*) gold lace; (*серебряный*) sílver lace; обшива́ть ~о́м (*вн.*) lace (*d.*).

галу́шка *ж. кул.* dúmpling.

галчо́нок *м.* young jáckdaw [jʌŋ...], young daw.

гальваниза́ция *ж.* gàlvanìzátion [-naɪ-].

гальван||изи́ровать *несов. и сов.* (*вн.*) gálvanìze (*d.*). **~и́зм** *м.* gálvanism. **~и́ческий** gàlvánic; ~и́ческая батаре́я, ~и́ческий элеме́нт gàlvánic pile.

гальва́но *с. нескл. полигр.* eléctrotỳpe.

гальвано́||метр *м. физ.* gàlvanómeter. **~пла́стика** *ж. тех.* gálvanoplàsty, eléctrotỳpy. **~ско́п** *м. физ.* gálvanoscòpe. **~терапи́я** *ж. мед.* gálvanothèrapéutics. **~те́хника** *ж.* gálvanotéchnics.

га́льк||а *ж. тк. ед.* pebbles *pl.*; shingle; покры́тый ~ой pébbly, shíngly.

гам *м. тк. ед. разг.* din, rácket, úp¦roar, húbbùb; (*ср.* галдёж, гвалт).

гамадри́л *м. зоол.* hàmadrýad (*baboon*).

гама́к *м.* hámmock.

гама́ша *ж.* (warm) gáiter.

гамби́т *м. шахм.* gámbit.

га́мм||а I *ж. муз.* scale; (*перен.*) gámut ['gæ-], range [reɪ-]; игра́ть ~ы play / práctise scales [...-s...]; ~ до мажо́р scale of C májor, C májor scale; це́лая ~ ощуще́ний the whole range / gámut of emótions [...houl...].

га́мма II *ж.* (*греч. буква*) gámma; ~-лучи́ *физ.* gámma-rays; γ-rays.

га́нглий *м. анат.* gánglion.

гангре́н||а *ж. мед.* gángrène, mòrtificátion. **~о́зный** gángrènous; ~о́зный проце́сс mòrtificátion.

га́нгстер *м. презр.* gángster.

гандика́п *м. спорт.* hándicàp.

ганте́ли [-тэ́-] *мн. спорт.* dúmb-bèlls.

гаоля́н *м. бот.* kàoliáng [kɑ:ɔ-].

гара́ж *м.* gárage [*тж.* gə'rɑ:ʒ].

гара́нт *м.* guàrantée, guàrantór. **~и́йный** guàrantée (*attr.*); ~и́йный догово́р guàrantée agréement.

гаранти́ровать *несов. и сов.* 1. (*вн.*) guàrantée (*d.*), vouch (for); 2. (*вн.* от; *предохранять*) guàrantée (*d.* agáinst), secúre (*d.* agáinst).

гара́нт||ия *ж.* guàrantée; (от) guàrantée (agáinst); в э́том ~ на́шего успе́ха this is the pledge / guàrantée / tóken of our succéss; у него́ нет никаки́х ~ий, что he has no guàrantée that; с ~ией guàrantéed; с ~ией на шесть *и т. п.* ме́сяцев with a six, *etc.*, months' guàrantée [...mʌ-...]; догово́р соде́ржит доста́точные ~ии the tréaty contáins ádequate safe¦guàrds.

гардемари́н *м. мор. ист.* nával cadét.

гардеро́б *м.* 1. (*помещение*) clóak-room; 2. (*шкаф*) wárdròbe; 3. *тк. ед.* (*платье*) clothes [-ou-] *pl.*, wárdròbe. **~ная** *ж. скл. как прил.* = гардеро́б 1. **~щик** *м.*, **~щица** *ж.* clóak-room atténdant.

гарди́на *ж.* cúrtain.

гарев||ой: ~ая дорожка cínder track, cínder-pàth*.

гарем *м.* hárèm.

гарк||ать, гаркнуть *разг.* shout; ~нуть на кого-л. bark at smb. **~нуть** *сов. см.* гаркать.

гармонизация *ж. муз.* hàrmonìzátion [-naɪ-].

гармонизировать *несов. и сов.* (*вн.*) *муз.* hármonìze (*d.*).

гармоник||а *ж.* **1.** (*муз. инструмент*) accórdion, còncertína [-'tiːnə]; **2.** (*ряд складок*) pleats *pl.*; сложить ~ой (*вн.*) pleat (*d.*).

гармонировать (с *тв.*) hármonìze (with), be in kéeping (with); go* (with), tone (with) (*гл. обр. о красках*).

гармонист I *м.* (*о композиторе*) hármonist.

гармонист II *м.* (*играющий на гармонике*) accórdion / còncertína pláyer [...-'tiːnə...].

гармонич||еский 1. (*гармоничный*) hàrmónious; **2.** *муз., мат.* hàrmónic. **~ный** hàrmónious.

гармония I *ж.* hármony; (*согласованность тж.*) cóncòrd.

гармония II *ж. разг.*=гармоника 1.

гармонь *ж. разг.*=гармоника 1.

гармошка *ж. разг.*=гармоника 1.

гарнизон *м.* gárrison; ставить ~ом (*вн.*) gárrison (*d.*). **~ный** *прил. к* гарнизон; ~ная служба gárrison dúty.

гарнир *м. кул.* gárnish; (*из овощей*) végetables *pl.*; с ~ом (из чего-л.) gárnished (with smth.).

гарнитур *м.* (*комплект*) set; (*мебели*) suite [swiːt].

гарнитура *ж. полигр.* set.

гарн||ый: ~ое масло lamp oil.

гарпия *ж.* **1.** *миф.* Hárpy; **2.** *зоол.* hárpy eagle.

гарпун *м.* hàrpóon; бить ~ом (*вн.*) hàrpóon (*d.*).

гарпунёр *м.* hàrpóoner.

гарпунить (*вн.*) hàrpóon (*d.*).

гарт *м. полигр.* týpe-mètal [-me-].

гарус *м.* wórsted (yarn) ['wus-...]; вышивка ~ом wórsted-wòrk ['wus-].

гарцевать cáracòle, prance.

гарь *ж.*: пахнет ~ю there is a smell of búrning.

гасить, погасить (*вн.*) **1.** put* out (*d.*), extínguish (*d.*); ~ огонь put* out *или* extínguish, *a* fire; ~ свечу put* out *a* candle, blow* out *a* candle [-ou...]; ~ газ turn off the gas; ~ электричество turn / switch off, *или* put* out, the light; **2.** (*погашать*) cáncel (*d.*); погасить долг líquidàte, *или* pay* off, *a* debt [...det]; ✧ ~ известь slake lime.

гаснуть go* out; (*об огне тж.*) die out; (*переставать светить*) become* dim; (*перен.*) sink*; (*иссякать*) declíne; он гаснет не по дням, а по часам ≅ he is sínking hóurly [...'auə-].

гастри||т *м. мед.* gàstrítis. **~ческий** *мед.* gástric.

гастролёр *м.*, **~ша** *ж.* guest ártist / áctor, ártist / áctor on tour [...tuə]; (*перен.*) *разг.* chánce-còmer [-kʌ-].

гастролировать (*выступать*) perfórm / play on tour [...tuə]; (*быть на гастролях*) tour [tuə], be on tour; (*перен.*) *разг.* call in from time to time.

гастроль *ж.* tour [tuə]; выезжать на гастроли go* on tour; take* the road *амер.* **~ный:** ~ная поездка tour [tuə]; ~ный спектакль guest perfórmance.

гастроном *м.* épicùre; *реже* gástronòme, gàstrónomer. **~ический** gàstronómical; ~ические товары gróceries and provísions ['ɡrou-...]; dèlicatéssen *амер.*; ~ический магазин grócery and provísion shop; (*о крупном тж.*) food store; dèlicatéssen *pl. амер.*

гастрономия *ж.* **1.** (*изощрённый вкус в еде*) épicùrism, gàstrónomy; **2.** (*пищевые продукты*) gróceries and provísions ['ɡrou-...] *pl.*

гать *ж.* (*бревенчатая*) córduroy (road), lóg-pàth*, (*хворостяная*) brúshwood-road [-wud-].

гаубиц||а *ж. воен.* hówitzer [-tsə]. **~чный** *прил. к* гаубица.

гауптвахта *ж. воен.* guárd-room, guárd-house* [-s].

гаш||ение *с.* (*огня и т. п.*) extínguishing; ✧ ~ извести sláking of lime. **~ёный:** ~ёная известь slaked lime.

гашетк||а *ж.* trígger; нажать на ~у pull the trígger [pul...].

гашиш *м.* háshish.

гвалт *м. тк. ед. разг.* úp¦roar, húbbùb, row; (*ср.* галдёж).

гвард||еец *м.* guárds¦man*. **~ейский** *прил. к* гвардия.

гварди||я *м. тк. ед.* Guards *pl.*; старая ~ (*перен.*) old guard; ~и майор Guards májor.

гвоздик *м.* tack; (*для украшения*) stud.

гвоздика I *ж. бот.* pink; *собир.* pinks *pl.*; (*крупная садовая*) càrnátion; *собир.* càrnátions *pl.*; (*турецкая*) swéet-wílliam.

гвоздика II *ж. тк. ед. собир.* (*пряность*) clove.

гвоздильный: ~ завод náilery.

гвоздичн||ый clove (*attr.*); ~ое масло oil of cloves; ~ое дерево clove, clove tree.

гвозд||ь *м.* nail; (*маленький с широкой шляпкой*) tack; (*деревянный*) peg; прибивать ~ями (*вн.*) nail up (*d.*); ✧ ~ сезона the hit of the séason [...-z°n]; и никаких ~ей *разг.* ≅ and that's all there is to it, and that's all.

где *нареч.* where; ~ бы ни whèr¦éver [wɛər-]: ~ бы он ни работал, везде им были довольны whèr¦éver he worked he álways gave sàtisfáction [...'ɔːlwəz...]; ✧ ~ бы то ни было no mátter where; чем ~ бы то ни было than ány¦whère else; ~ можно, а ~ нельзя in one place it is permítted, in another it is not; different pláces have dífferent rules; ~ (уж) ему понять! *разг.* how can he ùnderstánd?, it is not for him to ùnderstánd, that is be¦yónd him.

где||-либо, ~-нибудь, ~-то *нареч.* sóme¦whère; (*в вопросит. предложении*) ány¦whère: не видали вы ~-нибудь моей книги? have you seen my book ány¦whère?

Геба *ж. миф.* Hébè.

гегельян||ец *м.* Hegélian [-'giː-]. **~ство** *с.* Hegélianism [-'giː-].

гегемон *м.* predóminant / hègemónic pówer / force [...hiːg-...]. **~ия** *ж.* hègémony [hiː'g-]; ~ия пролетариата в революционном движении the hègémony of the pròlètáriat in the rèvolútionary móve¦ment [...prou-... 'muːv-].

геджра *ж.* hégira.

гедон||изм *м. филос.* hédon¦ism. **~ист** *м.* hédon¦ist.

геенна *ж. рел.* Gehénna [g-].

гей *межд. разг.* hi!

гейзер *м.* géyser [*тж.* 'giː-].

гейша *ж.* géisha ['g-].

гекатомба *ж.* hécatòmb [-toum].

гекзаметр *м. лит.* hèxámeter.

гексаэдр *м. мат.* héxahédron [-'hed-].

гектар *м.* héctàre [-tɑː].

гектоватт *м. эл.* héctowàtt.

гектограф *м.* héctogràph.

гектографи||ровать (*вн.*) héctogràph (*d.*). **~ческий** hèctográphic.

гекто||литр *м.* héctolìtre [-liː-]. **~метр** *м.* héctomètre.

гелий *м. хим.* hélium.

гелиогравюра *ж. полигр.* hélio¦gravúre.

гелиограф *м. астр., воен.* hélio¦gràph.

гелиотроп *м. бот., мин.* héliotròpe ['heljə-].

гелиоцентри||зм *м. астр.* hèlio¦céntricism. **~ческий** *астр.* hèlio¦céntric.

гельминтология *ж.* hèlminthólogy.

гемма *ж.* gem; (*с выпуклой резьбой*) cámeò; (*с врезанным орнаментом или надписью*) intáglìò [-'tɑːl-].

гемоглобин *м. физиол.* haemoglóbin [-lou-].

геморроидальн||ый *мед.* háemorrhoidal ['he-]; ~ая шишка pile.

геморрой *м. мед.* piles *pl.*, háemorrhoids ['he-] *pl.* **~ный** háemorrhoidal ['he-].

гемофилия *ж. мед.* háemophília.

ген *м. биол.* gene.

генеалогическ||ий gènealógical [-nɪə-]; ~ая таблица gènealógical table, pédigree; ~ое дерево gènealógical tree, fámily-tree.

генеалогия *ж.* gèneálogy [-nɪ'æ-].

гéнезис [-нэ-] *м.* génesis, órigin; (*об идее, философии и т. п.*) orìginátion.

генерáл *м.* géneral; (*перед фамилией*) Géneral; ~ áрмии Géneral of the Ármy.

генерáл-губернáтор *м. ист.* góvernor-géneral ['gʌv-].

генерали́ссимус *м.* gèneralíssimò.

генералитéт *м. собир.* the génerals *pl.*, the géneral ófficers *pl.*

генерáл-лейтенáнт *м.* lieuténant-géneral [lef'te-]; (*перед фамилией*) Lieuténant-Géneral.

генерáл-майóр *м.* májor-géneral; (*перед фамилией*) Májor-Géneral.

генерáл-полкóвник *м.* cólonel-géneral ['kɜːn°l-]; (*перед фамилией*) Cólonel-Géneral.

генерáльн||ый (*в разн. знач.*) géneral; ~ая ли́ния пáртии géneral Párty line, básic Párty line ['beɪ-...]; ~ план (*рд.*) an óver-àll plan (for); ~ кóнсул cónsul géneral; Генерáльная Ассамблéя Организáции Объединённых Нáций the Géneral Assémbly of the Ùnited Nátions Organìzátion [...-naɪ-]; ~ штаб Géneral Staff; ~ое сражéние decísive battle; ~ая репети́ция dress rehéarsal [...-'hɜː-]; ~ые штáты *ист.* Státes-Géneral *sg.*

генерáльский géneral's; ~ чин géneralship.

генерáтор *м. тех.* géneràtor; ~ гáза gas géneràtor / prodúcer; ~ тóка dýnamò ['daɪ-]; ~ переме́нного тóка álternàtor; ~ постоя́нного тóка diréct-cúrrent géneràtor; ~ колебáний óscillàtor; лáмповый ~ tube géneràtor.

генерáторный *прил. к* генерáтор.

генéт||ика [-нэ́-] *ж.* genétics *pl.* ~и́ческий [-нэ-] genétic.

гениáльн||ость *ж.* (*о человеке*) génius; (*о творении и т. п.*) gréatness ['greɪ-]. ~ый (*о человеке*) of génius; (*о творении и т. п.—великий*) great [greɪt]; (*блестящий*) brílliant: ~ый композитор, писáтель *и т. п.* compóser, wríter, *etc.*, of génius; ~ое изобретéние, откры́тие *и т. п.* great invéntion, discóvery, *etc.* [...-'kʌ-]; ~ый план, зáмысел *и т. п.* brílliant plan, prójèct, *etc.* [...'prɔ-]; — ~ый человéк génius, man* of génius; э́то ~ое творéние this is the work of a génius; ~ая идéя *разг.* stroke of génius, brílliant ìdéa [...aɪ'dɪə].

гéний *м.* (*в разн. знач.*) génius (*pl.* géniuses; *миф. pl.* génii); дóбрый ~ good génius; злой ~ évil génius ['iː-...].

гéнри *м. нескл. эл.* hénry ['he-].

генсовéт *м.* (генерáльный совéт конгрéсса тред-юниóнов — в Áнглии) The Géneral Cóuncil of the Trade(s) Únion Cóngrèss.

генштáб *м.* (генерáльный штаб) -с. генерáльный. ~и́ст *м. разг.* Géneral Staff ófficer.

геоботáника *ж.* gèobótany.

геóграф *м.* 1. geógrapher; 2. *школ. разг.* (*преподаватель географии*) geógraphy téacher. ~и́ческий geográphic(al); ~и́ческая кáрта map; ~и́ческое положéние geográphical sìtuátion / locátion; ~и́ческое назвáние pláce-nàme; ~и́ческая средá geográphical envíron|ment.

геогрáфия *ж.* geógraphy.

геодези́ст [-дэ-] *м.* geódesist.

геодези́ческий [-дэ-] gèodésic, gèodétic.

геодéзия [-дэ́-] *ж.* gèódesy.

геóлог *м.* geólogist.

геологи́ческий geológical.

геолóгия *ж.* geólogy.

геологоразвéдка *ж.* geológical súrvey / prospécting.

геологоразвéдочный geológical súrvey (*attr.*), geológical prospécting.

геометри́ческий geométric(al).

геомéтрия *ж.* geómetry.

геополи́тика *ж.* gèopólitics.

георги́н *м.*, ~а *ж.* dáhlia ['deɪl-].

геофи́з||ика *ж.* gèophýsics [-z-]. ~и́ческий gèophýsical [-z-].

геохими́ческий gèochémical [-'ke-].

геохи́мия *ж.* gèochémistry [-'ke-].

геоцентр||и́зм *м.* gèocéntricism. ~и́ческий gèocéntric.

герáльд||ика *ж.* héraldry. ~и́ческий hèráldic [-'ræ-].

герáнь *ж.* geránium.

герб *м.* arms *pl.*, coat of arms; àrmórial béarings [...'beə-] *pl.*; госудáрственный ~ State Émblem, Nátional Émblem ['næ-...].

гербаризи́ровать hérborìze.

гербáрий *м.* hèrbárium.

гербици́ды *мн.* (*ед.* гербици́д *м.*) *хим.* hérbicìdes.

гéрбов||ый hèráldic [-'ræ-]; (*с гербом*) béaring *a* coat of arms ['beə-...]; ~ая печáть offícial stamp; ◇ ~ сбор stámp-dùty; ~ая бумáга stamped páper; ~ая мáрка stamp.

геркулéс I *м.* (*сильный человек*) Hérculès [-iːz].

геркулéс II *м. тк. ед.* (*крупа*) rolled oats *pl.*, pórridge oats *pl.*

геркулéсовский Hèrculéan [-iːən].

германец *м.* 1. *ист.* Téuton; 2. *разг.* (*немец*) Gérman.

германи́зм *м. лингв.* Gérmanism.

германий *м. хим.* gèrmánium.

германи́ст *м.* Gérmanist, spécialist in Gérman philólogy ['spe-...], Gèrmánic philólogist. ~ика *ж.* Gèrmánic philólogy.

германск||ий 1. *ист., этн., лингв.* Gèrmánic; ~ие языки́ Gèrmánic / Teutónic lánguages; 2. (*немецкий*) Gérman.

гермафроди́т *м.* hèrmáphrodìte. ~и́зм *м.* hèrmáphrodìtism [-daɪ-].

гермети́ческ||и *нареч.* hèrmétically; ~ закры́тый hèrmétically sealed. ~ий hèrmétic; ~ая каби́на *ав.* préssurized / sealed cábin.

герои́зм *м.* hérò|ism ['he-]; трудовóй ~ lábour hérò|ism.

герóика *ж.* heró|ic emótions *pl.*, heró|ic spírit; (*стиль*) heró|ic style; ~ коммунисти́ческого строи́тельства heró|ic spírit of Cómmunist constrúction.

герóи́||ня *ж.* hérò|ine ['he-]. ~ческий heró|ic; ~ческая эпóха heró|ic age.

герóй *м.* hérò; ◇ Герóй Совéтского Сою́за Hérò of the Sóvièt Únion; Герóй Социалисти́ческого Трудá Hérò of Sócialist Lábour. ~ский heró|ic; ~ский пóдвиг heró|ic éxploit. ~ство *с.* 1. hérò|ism ['he-]; проявля́ть ~ство displáy hérò|ism; 2. (*геройский поступок*) act of hérò|ism.

герóльд *м. ист.* hérald ['he-].

герунди́в *м. грам.* gerúndive.

гeру́ндий *м. грам.* gérund ['ʤe-].

герц *м. эл.* cycle per sécond [...'se-].

гéрцог *м.* duke. ~и́ня *ж.* dúchess. ~ский dúcal. ~ство *с.* dúke|dom; (*о государстве тж.*) dúchy.

гестáпо *с. нескл.* Gèstápò [-'tɑː-].

гетéра *ж.* hètáera.

гетерогéнн||ость [-тэ-] *ж.* hèterogenéity [-'niːɪ-]. ~ый [-тэ-] hèterogéneous.

гетерономи́||я [-тэ-] *ж. филос.* hèterónomy. ~ный *филос.* hèterónomous.

гéтман *м. ист.* hétman. ~ский *ист.* hétman's, of *the* hétman. ~ство *с. ист.* hétmanàte, hétmanship; в ~ство (*рд.*) dúring the hétmanship (of).

гéтры *мн.* (*ед.* гéтра *ж.*) gáiters; (*только мужские короткие*) spats.

гéтто *с. нескл.* ghéttò.

гиаци́нт *м.* 1. (*цветок*) hýacinth; 2. (*драгоценный камень*) jácinth.

гиббóн *м. зоол.* gíbbon ['g-].

гибелли́н *м. ист.* Ghibellìne.

ги́бел||ь I *ж. тк. ед.* death [deθ]; (*уничтожение*) destrúction; (*корабля, экспедиции и т. п.*) loss; (*тк. корабля*) wreck; (*государства*) fall, dównfàll; (*перен.*) rúin; э́то поведёт к его́ ~и that will rúin him, that will lead to his pèrdítion; ~ всех надéжд the rúin of all *one's* hopes.

ги́бель II *ж.* (*рд.*) *разг.* (*множество*) óceans ['ouʃ°nz] (of) *pl.*; (*о насекомых и т. п.*) swarms *pl.*

ги́бельн||ый disástrous [-'zɑː-], destrúctive; (*пагубный*) rúinous, pèrnícious; (*роковой*) fátal; ~ые послéдствия disástrous / rúinous resúlts [...-'zʌ-]; ~ая поли́тика rúinous / disástrous pólicy; ~ штoрм destrúctive / disástrous storm.

ги́бк||ий fléxible (*тж. перен.*); (*о теле*) lithe [laɪð], líssom; supple (*тж. перен.*); (*уступчивый*) plíable, plíant; (*об уме*) vérsatile. ~ость *ж.* flèxibílity; súpple|ness; plìabílity, pliancy; vèrsatility; (*ср.* гибкий); он проявил большую ~ость в этом деле he displáyed great resóurce¦-fulness in this mátter [...greɪt -'sɔːs-...].

гибл||ый *разг.*: ~ое дело bad job, lost hope; ~ое место gód-forsàken place, wrétched hole.

гибнуть pérish; (*о людях тж.*) lose* one's life*.

гибрид *м.* hýbrid ['haɪ-]. **~изация** *ж.* hỳbridizátion [haɪbrɪdaɪ-]. **~ный** hýbrid ['haɪ-].

гигант *м.* gíant; завод-~ gíant fáctory; совхоз-~ gíant State farm, gíant sóvkhòz. **~ский** gìgánt¦ic; (*перен.*) tìtán¦ic; ~скими шагами with rápid strides; идти вперёд, двигаться ~скими шагами prógress at a great rate [...greɪt...], make* rápid prógrèss; ~ские шаги *спорт.* gíant('s) stride *sg.*

гигиен||а *ж.* hýgìene ['haɪdʒiːn]. **~ический, ~ичный** hỳgíenic [haɪ-'dʒiː-]; (*о мерах и т. п.*) sánitary.

гигро||граф *м.* *метеор.* hýgro¦-gràph. **~метр** *м.* *метеор.* hỳgróme-ter [haɪ-].

гигроскоп *м.* *физ.* hýgro¦scòpe. **~ический** hỳgro¦scópic; ~ическая вата hỳgro¦scópic / absórbent cótton wool [...wul].

гид *м.* guide.

гидальго *м.* *нескл.* hidálgò.

гидра *ж.* *зоол.*, *миф.* hýdra.

гидравл||ика *ж.* hỳdrául¦ics. **~ический** hỳdrául¦ic; ~ический пресс hỳdrául¦ic press; ~ический двигатель hỳdrául¦ic éngine [...'endʒ-].

гидрат *м.* *хим.* hýdràte ['haɪ-].

гидро||авиация *ж.* hỳdro-àviátion. **~аэродром** *м.* sea áerodròme [...'ɛərə-], séadròme.

гидробиология *ж.* hỳdro¦bìólogy.

гидрограф I *м.* (*специалист*) hỳdrógrapher [haɪ-].

гидрограф II *м.* (*прибор*) hýdro¦-gràph.

гидрография *ж.* hỳdrógraphy [haɪ-].

гидродинамика *ж.* *физ.* hýdro¦-dỳnámics [-daɪ-].

гидролиз *м.* *хим.* hỳdrólysis [haɪ-] (*pl.* -ses [-siːz]).

гидро||лог *м.* hỳdrólogist [haɪ-]. **~логический** hỳdro¦lógic(al). **~логия** *ж.* hỳdrólogy [haɪ-].

гидро||метр *м.* hỳdrómeter [haɪ-]. **~метрический** hỳdro¦métric. **~метрия** *ж.* hỳdrómetry [haɪ-].

гидропат *м.* hỳdrópathist [haɪ-]. **~ический** hỳdro¦páthic(al). **~ия** *ж.* hỳdrópathy [haɪ-].

гидро||план *м.* *ав.* hýdro¦plàne. **~самолёт** *м.* hỳdro¦áeroplàne [-'ɛərə-], séaplàne; ◇ лодочный ~самолёт flýing boat; поплавковый ~самолёт flóatplàne.

гидростанция *ж.* hýdro-eléctric pówer státion.

гидроста||тика *ж.* *физ.* hýdro¦státics. **~тический** *физ.* hýdro¦státic.

гидросульфит *м.* *хим.* hỳdro¦súl-phìte.

гидросфера *ж.* hýdro¦sphère.

гидротерапия *ж.* *мед.* hỳdrópathy [haɪ-].

гидротехн||ик *м.* hýdrò¦tèchnícian. **~ика** *ж.* hỳdrául¦ic èngìnéering [..endʒ-]. **~ический** hýdrò¦téchnical.

гидротурбина *ж.* hýdrò-túrbine, wáter-túrbine ['wɔː-], hỳdrául¦ic túr-bine.

гидроузел *м.* hýdrò-eléctric (génerà ting) státion / scheme.

гидроустановка *ж.* hýdrò-eléctric pówer plant [...-ɑːnt].

гидрофон *м.* *мор.* hýdro¦phòne.

гидроцентраль *ж.* hýdrò-eléctric plant [...-ɑːnt].

гидроэлектрическ||ий hýdrò-eléc-tric; ~ая станция hýdrò-eléctric pówer státion.

гиена *ж.* *зоол.* hỳéna.

гиканье *с.* *разг.* whóoping ['huːp-].

гик||ать, гикнуть *разг.* whoop [huːp]. **~нуть** *сов.* *см.* гикать.

гильд||ия *ж.* *ист.* guild [gɪ-]; первой ~ии of the first guild.

гильза *ж.* **1.** (*патронная*) cártridge-càse [-s]; **2.** (*папиросная*) cìgarétte-wràpper; **3.** (*в пиротехнике*) tube, case [-s]; **4.** *тех.* búshing ['bu-], bush sleeve [buʃ...].

гильотин||а *ж.* guìllotíne [-iːn]. **~ировать** *несов.* *и сов.* (*вн.*) guìllo-tíne [-iːn] (*d.*).

гимн *м.* hymn; государственный ~ nátional ánthem ['næ-...].

гимнази||ст *м.* sécondary-schóolboy, hígh-schóolboy. **~стка** *ж.* sécondary-schóolgìrl [-g-], hígh-schóolgìrl [-g-]. **~ческий** **1.** *прил.* *к* гимназия; **2.** *разг.* schóolboy (*attr.*), schóolgìrl [-g-] (*attr.*).

гимназия *ж.* sécondary school, high school; классическая ~ clássic school; женская ~ girls' school [g-...].

гимнаст *м.* gýmnàst.

гимнастёрка *ж.* field shirt [fiː-...].

гимнаст||ика *ж.* *тк.* *ед.* gymnástics *pl.*; (*школьная тж.*) drill. **~ический** gymnástic; ~ический зал gymnásium [-z-] (*pl.* -siums, -sia); gym *разг.*; ~ические упражнения gymnástics, gymnástic éxercìses; (*гл. обр. групповые*) drill *sg.* **~ка** *ж.* gýmnàst.

гинеко||лог *м.* gỳnaecólogist [-nɪ-]. **~логический** gỳnaecológical [-nɪ-]; ~логические болезни wómen's diséases ['wɪmɪnz -'ziː-]. **~логия** *ж.* gỳnaecólogy [-nɪ-].

гинея *ж.* (*монета*) guínea ['gɪnɪ].

гипербол||а *ж.* **1.** *мат.* hỳpér¦bola; **2.** *лит.* hỳpér¦bole [-lɪ]. **~ический** **1.** *мат.* hỳper¦bólic; **2.** *лит.* hỳper¦-bólical. **~ичный** hỳper¦bólical. **~оид** *м.* *мат.* hỳpér¦boloid.

гиперемия *ж.* *мед.* hỳper¦áemia.

гипертония *ж.* *мед.* hýper¦ténsion, high blood préssure [...blʌd...].

гипертрофированный *мед.*, *биол.* hỳper¦tróphic, hỳpér¦trophied.

гипертрофия *ж.* *мед.*, *биол.* hỳ-pér¦trophy.

гипноз *м.* (*состояние*) hypnósis [-'nou-], mésmerism ['mezm-]; (*сила внушения*) hýpnotism, mésmerism; быть под ~ом be in a state of hýp-notism, be in a hypnótic state, be mésmerìzed [...-zm-]; быть под ~ом кого-л. be mágnetìzed / fáscinàted by smb.; лечить ~ом (*вн.*) treat by hýpnotism / mésmerism (*d.*).

гипнотизёр *м.* hýpnotìzer, mésmer-ist [-zm-].

гипнот||изировать, загипнотизировать (*вн.*) hýpnotìze (*d.*), mésmerìze [-zm-] (*d.*). **~изм** *м.* hýpnotism, mésmerism ['mezm-]. **~ический** hyp-nótic, mèsméric [-z'm-]; ~ический сеанс séance of hýpnotism / mésmer-ism ['seɪɑːns...'mezm-].

гипосульфит *м.* *хим.* hỳpo¦súlphìte; *фот.* hýpò.

гипотез||а *ж.* hỳpóthesis [haɪ-] (*pl.* -sès [-iːz]); строить ~ы frame / form hỳpóthesès; hỳpóthesìze [haɪ-]; рабочая ~ wórking hỳpóthesis.

гипотенуза *ж.* *мат.* hỳpótenùse [haɪ-].

гипотетич||еский, ~ный hỳpo¦thét-ic(al).

гипотония *ж.* *мед.* hỳpo¦tónia, low blood préssure [lou blʌd...].

гиппопотам *м.* *зоол.* hìppopótamus (*pl.* -uses, -mì).

гипс *м.* **1.** *тк.* *ед.* *мин.* gýps(um); **2.** *тк.* *ед.* (*употр.* *в скульптуре, хирургии*) pláster (of Páris); наложить ~ на руку put* the arm in pláster, *или* in a pláster cast; в ~е *мед.* in a pláster cast; **3.** (*скульптура*) pláster-càst.

гипсовать, загипсовать (*вн.*; *в разн. знач.*) pláster (*d.*); (*о почве тж.*) gýp-sum (*d.*).

гипсов||ый **1.** *мин.* gýpseous; **2.** (*из гипса*) pláster (*attr.*); ~ слепок pláster-càst; ~ая повязка *мед.* plás-ter-of-Páris bándage.

гипсо||метр *м.* *геод.* hypsómeter. **~метрический** *геод.* hỳpsométric. **~метрия** *ж.* hypsómetry.

гипюр *м.* guipúre.

гиревик *м.* *спорт.* wéight-lifter.

гирлянда *ж.* gárland; украшать ~ми (*вн.*) deck / décoràte with gár-lands (*d.*), gárland (*d.*).

гирокомпас *м.* gýro¦còmpass [-kʌ-].

гироскоп *м.* *тех.* gýro¦scòpe. **~ический** gỳro¦scópic.

гиря *ж.* (*для весов, часов*) weight; (*для гимнастики*) dúmb-bèll; часы с ~ми clock worked by weights *sg.*

гисто||лог *м.* histólogist. **~логия** *ж.* histólogy.

гитар||а *ж.* guitár. **~ист** *м.* guitár¦ist.

гитлеров||ец *м.*, **~ский** Hítlerìte.

гитов *м.* *мор.* brail; брать на ~ы (*вн.*) brail (*d.*).

ги́чка *ж. мор., спорт.* gig [g-].

глав||а́ I **1.** *м. и ж.* (*руководитель*) head [hed]; chief [ʧi:f] (*гл. обр. разг.*); ~ прави́тельства head of the Góvernment [...'gʌ-]; ~ семьи́ head of the fámily; **2.** *ж. поэт.* = голова́ I; **3.** *ж.* (*купол*) cúpola; ◇ быть, стоя́ть во ~е́ (*рд.*) be at the head (of); ста́вить во ~у́ угла́ (*вн.*) ≅ regárd as of páramount impórtance (*d.*).

глава́ II *ж.* (*раздел*) chápter.

глава́рь *м.* léader (*зачинщик*) ríng|-leader.

главе́нство *с.* suprémacy, dòminátion. **~вать** (в *пр.*, над *тв.*) predóminàte (óver), dóminàte (*d.*).

главк *м.* (гла́вное управле́ние) céntral board.

гла́вное **1.** *см.* гла́вный; **2.** *как вводн. сл. разг.* chiefly ['ʧi:-]; (*прежде всего*) above all; the chief / main thing is [...ʧi:f...] (*в начале предложения*).

главнокома́ндование *с.*: Верхо́вное Главнокома́ндование Géneral Héadquárters [...'hed-], High Commánd [...-ɑ:nd].

главнокома́ндующий *м.* Commánder-in-Chief [-ɑ:n- -'ʧi:f]; Верхо́вный Главнокома́ндующий Sùpréme Commánder-in-Chief.

гла́вн||ый **1.** *прил.* main, chief [ʧi:f]; (*основной*) príncipal; (*старший*) head [hed] (*attr.*); ~ го́род (*области и т.п.*) chief town; (*столица*) cápital; ~ая у́лица main street; (*в небольшом городе*) high street; ~ое управле́ние céntral board / admìnistrátion; ~ врач head physícian [...-'zɪ-]; *воен.* chief médical ófficer; ~ инжене́р chief èngineér [...endʒ-], èngineér-in-chíef [endʒ- -'ʧi:f]; ~ бухга́лтер accóuntant géneral, chief accóuntant; ~ая кни́га *бух.* lédger; ~ая кварти́ра *воен.* géneral héadquárters [...'hed-] *pl.*; ~ уда́р *воен.* main blow / attáck / thrust [...-ou...]; ~ые си́лы *воен.* main bódy [...'bɔ-] *sg.*; **2.** *с. как сущ.* the chief / main thing; и са́мое ~ое and above all; ◇ ~ым о́бразом chiefly ['ʧi:-], máinly, príncipally.

-гла́вый (*в сложн. словах, не приведённых особо*) -headed [-'hed-]; *напр.* трёхгла́вый thrée-héaded.

глаго́л *м.* **1.** *грам.* verb; **2.** *уст., поэт.* word.

глаго́л||ица *ж. тк. ед. лингв.* Glàgolític álphabet. **~и́ческий** *лингв.* Glàgolític.

глаго́льный *грам.* vérbal.

гладиа́тор *м. ист.* gládiàtor ['glæ-].

глади́льн||ый íroning ['aɪən-]; ~ая доска́ íroning-board ['aɪən-].

гладио́лус *м.* glàdiólus [glædɪ-] (*pl.* -li).

гла́дить, погла́дить (*вн.*) **1.** (*бельё*) íron ['aɪən] (*d.*), press (*d.*); **2.** (*ласкать*) stroke (*d.*); ◇ ~ по ше́рсти flátter, grátifỳ; ~ про́тив ше́рсти stroke the wrong way; ~ по голо́вке *разг.* ≅ pat on the back.

гла́дк||ий **1.** (*в разн. знач.*) smooth [-ð]; (*о волосах, коже тж.*) sleek; *разг.* (*холеный, сытый*) sleek; ~ая доро́га éven road; **2.** (*о материи: без узора*) plain, únfígured; **3.** (*о речи, стиле и т. п.*) fácìle, flúent.

гла́дко I *прил. кратк. см.* гла́дкий.

гла́дко II *нареч.* (*в разн. знач.*) smóothly [-ð-]; ~ вы́бритый cléan-shàven; он ~ пи́шет he writes smóothly; идти́ ~ procéed / run* smóothly; не всё шло ~ it was not all plain sáiling; всё прошло́ ~ évery|thing went off swímming|ly / smóothly, *или* without a hitch.

гладкостволь́ный = гладкосте́нный.

гладкосте́нный (*об оружии*) smóoth-bòre [-ð-] (*attr.*).

гла́дкость *ж.* (*в разн. знач.*) smóothness [-ð-]; (*воло́с, кожи тж.*) sléekness; ~ сти́ля flúency of style.

гладь *ж.* **1.** (*поверхность воды*) glássy / mírror-lìke súrface; **2.** (*вышивка*) sátin-stìtch; вышива́ть ~ю embróider in sátin-stìtch; ◇ тишь да ~ *разг.* peace and hármony.

гла́женье *с.* íroning ['aɪən-].

глаз *м.* eye [aɪ]; ◇ плохи́е ~а́ weak eyes; weak sight *sg.*; по́ртить себе́ ~а́ spoil* one's eyes, rúin one's éye|sìght [...'aɪ-]; о́стрый ~ keen / sharp eye; ве́рный ~ good / true eye; в ~а́ (*сказать и т. п.*) to *one's* face; броса́ться в ~а́ be stríking, strike* *one's* eye, stare *one* in the face, arrést atténtion; (*дт.*; *быть очевидным*) be évident (to); смея́ться кому́-л. в ~а́ laugh in smb.'s face [lɑ:f...]; смотре́ть в ~а́ кому́-л. look smb. in the face; смотре́ть опа́сности, сме́рти в ~а́ look dánger, death in the face [...'deɪndeθ...]; смотре́ть во все ~а́ *разг.* be all eyes; у него́ ~а́ на лоб ле́зут his eyes stárted out of his head [...hed]; в ~а́х кого́-л. in smb.'s eyes, in smb.'s opínion; для отво́да глаз *разг.* as a blind; за ~а́ *разг.* (*в отсутствие кого-л.*) behínd *smb.'s* back; (*с избытком*) ámple, in plénty; за ~а́ хва́тит there is more than enóugh [...ɪ'nʌf]; закрыва́ть ~а́ на что-л. blink / wink at smth., shut* one's eyes to smth.; идти́ куда́ ~а́ глядя́т fóllow one's nose; я ~а́м не ве́рю I can't belíeve my eyes [...kɑ:nt -i:v...]; на ~ by eye; (*на чей-л. взгляд*) in smb.'s eyes, in smb.'s èstimátion; на ~а́х (у) кого́-л., на чьих-л. ~а́х in sight of smb.; befóre smb.'s eyes (*тж. перен.*); он вы́рос у неё на ~а́х she saw him grow up [...grou...], she was a wítness of his growth [...-ouθ]; he shot up befóre her eyes *идиом.*; не в бровь, а в ~ *погов.* ≅ wéll-áimed; попада́ть не в бровь, а в ~ hit* the (right) nail on the head [...hed], hit* the mark, score a búll's-eye [...'bulzaɪ]; не спуска́ть глаз с кого́-л. (*любоваться*) not take* one's eyes off smb., keep* one's eyes glued on smb.; (*не выпускать из виду*) not lose* sight of smb. [...lu:z...]; тут ну́жен ~ one must keep an eye on this; не смыка́я глаз without clósing one's eyes, without getting a wink of sleep; открыва́ть кому́-л. ~а́ на что-л. ópen smb.'s eyes to smth.; ра́ди прекра́сных глаз *разг.* for love [...lʌv], for the, *или* pour les, beaux yeux [...puəle bo'zjə:]; с глаз доло́й — из се́рдца вон *погов.* out of sight, out of mind; с глаз мои́х доло́й! *разг.* out of my sight!; с ~у на́ ~ tête-à-tête (*фр.*) ['teɪtɑ:'teɪt]; cònfidéntially; (темно́,) хоть ~ вы́коли *разг.* it is pítch-dárk; у стра́ха ~а́ вели́ки ≅ fear hath a húndred eyes.

глаза́стый *разг.* bíg-éyed [-'aɪd], óx-éyed [-'aɪd]; (*с глазами навыкате*) góggle-éyed [-'aɪd], póp-eyed [-aɪd]; (*перен.: зоркий*) shárp-éyed [-'aɪd].

глазе́т *м.* silk brocáde.

глазе́ть, поглазе́ть (на *вн.*) *разг.* stare (at), gape (at).

глазиро́ванн||ый glazed; glacé (*фр.*) [glɑ:'seɪ]; cándied; iced; (*о бумаге тж.*) glóssy; ~ые фру́кты cándied / glacé fruit [...fru:t] *sg.*; (*ср.* глазирова́ть).

глазирова́ть *несов. и сов.* (*вн.*; *о посуде, бумаге*) glaze (*d.*); (*о фруктах*) cándy (*d.*); (*о торте и т. п.*) ice (*d.*).

глазиро́вка *ж.* glázing; cándying; ícing; (*ср.* глазирова́ть).

гла́зки *мн. уменьш.-ласк. от* глаза́ *см.* глаз; ◇ аню́тины ~ pánsies [-zɪz]; де́лать ~ кому́-л. make* eyes at smb. [...aɪz...], cast* / make* sheep's eyes at smb.

глазки́ *мн. см.* глазо́к 2, 3.

глазн||о́й *м. разг.* (*врач*) óculist, éye-dòctor ['aɪ-]. **~и́ца** *ж. анат.* éye-sòcket ['aɪ-]. **~о́й** *прил. к* глаз; ~о́й нерв óptic nerve; ~о́й врач óculist; éye-spècialist ['aɪspe-]; ~а́я боле́знь diséase of the eye [-'zi:z...aɪ]; ~о́е я́блоко *анат.* éye|bàll ['aɪ-]; ~а́я впа́дина éye-sòcket ['aɪ-]; ~а́я лече́бница éye-hòspital ['aɪ-]; ~а́я ва́нночка éye-bàth* ['aɪ-].

глаз||о́к *м.* **1.** (*мн.* гла́зки) *уменьш. от* глаз; **2.** (*мн.* глазки́) *бот., арх., тех.* eye [aɪ]; **3.** (*мн.* глазки́) *разг.* (*окошечко камеры*) péep-hòle; ◇ одни́м ~ко́м *разг.* with half an eye [...hɑ:f...]; на ~ *разг.* by eye.

глазоме́р *м.* èstimátion by sight; хоро́ший ~ corréct / fáultless eye [...aɪ]; плохо́й ~ fáulty eye.

глазу́нья *ж.* (*яичница*) fried eggs *pl.*

глазу́рь *ж.* **1.** (*для фруктов*) sýrup ['sɪ-]; (*для торта и т. п.*) ícing;

торт с ~ю iced cake; 2. (*на посуде*) glaze.

-глáзый (*в сложн. словах, не приведённых особо*) -eyed [-aɪd]; *напр.* быстроглáзый shárp-éyed, quíck-éyed.

глáнда *ж. анат.* tónsil.

глас *м. поэт.* voice; ◇ ~ вопиющего в пустыне the voice (of one crýing) in the wílderness.

глас||и́ть (*вн. и без доп.*; *говорить*) say* (*d.*); (*о документе и т. п.*) run*; (*о законе и т. п.*) read*; докумéнт ~и́т (слéдующее) the páper runs as fóllows; послóвица ~и́т the próverb says / goes, *или* has it [...'prɔ- sez...].

глáсно I *прил. кратк. см.* глáсный II.

глáсн||о II *нареч.* públicly ['pʌ-], ópen¦ly. **~ость** *ж.* pùblícity [pʌ-]; предáть ~ости (*вн.*) give* pùblícity (to), make* públic / known [...'pʌ-noun] (*d.*), públish ['pʌ-] (*d.*).

глáсный I *лингв.* **1.** *прил.* vówel; ~ звук vówel sound, vówel; **2.** *м. как сущ.* vówel.

глáсный II (*открытый, публичный*) públic ['pʌ-], ópen; ~ суд públic / ópen tríal.

глáсный III *м. скл. как прил. ист.* mémber of the cíty dúma [...'sɪ- 'duː-], tówn-councillor.

глáуберов: ~а соль *тк. ед.* Gláuber's salts ['gloubəz...] *pl.*; *хим.* sódium súlphàte.

глаукóма *ж. мед.* glaucóma.

глашáтай *м. ист.* town / públic críer [...'pʌ-...], hérald ['he-]; (*перен.*) hérald, méssenger [-ndʒə].

глéтчер *м.* glácier ['glæsɪə].

гли́н||а *ж.* clay; бéлая ~, фарфóровая ~ káolin, chína / pórcelain clay [...-sl-...]; жи́рная ~ pótter's clay; кирпи́чная ~ brick earth [...ɜːθ]; огнеупóрная ~ fíre-clay; мáзать ~ой (*вн.*) clay (*d.*). **~истый** cláy¦ey; àrgilláceous [-ʃəs] *научн.*; ~истая пóчва (*жирная*) loam; ~истый слáнец shale.

глинобитный clay (*attr.*); pisé-wàlled (*фр.*) ['piːzeɪ-]; ~ дом múd-house* [-s].

глинозём *м. хим.* alúmina [ə'ljuː-].

глинтвéйн *м.* múlled wine.

гли́нян||ый clay (*attr.*); (*о посуде*) éarthenwàre ['ɜːθ-] (*attr.*); ~ая посýда éarthenwàre cróckery; ~ые издéлия póttery *sg.*, éarthenwàre *sg.*

гли́пт||ика *ж. тк. ед. иск.* glýptics *pl.* **~отéка** *ж. иск.* glỳptothéca.

глиссáндо *с. нескл. муз.* glissándò [-ɑːn-].

гли́ссер *м.* (*судно*) glíder, hýdro¦-plàne.

глист *м.* worm; hélminth *научн.*; лéнточный ~ tápe-wòrm; крýглый ~ róund-wòrm, àscárid (*pl.* -dès [-diːz]).

глистогóнн||ый vérmifùge (*attr.*); ~ое срéдство vérmifùge; (*в виде порошка*) wórm-powder.

глицери́н *м.* glỳceríne [-iːn]. **~овый** *прил. к* глицери́н.

глици́ния *ж. бот.* wistária.

глóбус *м.* globe; ~ земнóго шáра terréstrial globe; ~ небéсной сфéры celéstial globe.

глодáть (*вн.*; *прям. и перен.*) gnaw (*d.*).

глóсс||а *ж. лингв., юр.* gloss. **~áрий** *м. лингв., юр.* glóssary.

глотá||ние *с.* swállowing; dè¦glùtítion *научн.* **~тельный** swállowing; ~тельное движéние swállowing móve¦ment [...'muːv-], gulp.

глотáть (*вн.*) swállow (*d.*); (*быстро*) bolt (*d.*); (*жадно, торопясь*) gulp down (*d.*); (*жадно и шумно*) gobble (*d.*); (*перен.*: *читать много и без разбору*) *разг.* devóur (*d.*); (*поглощать*) swállow up (*d.*); ◇ ~ слёзы gulp / choke down one's tears / sobs; ~ словá mumble.

глóт||ка *ж.* **1.** *анат.* gúllet; **2.** *разг.* (*горло*) throat; ◇ во всю ~ку at the top of one's voice; заткнýть ~ку комý-л. shut* smb. up; заткни́ ~ку! shut up!; hold your jaw!; драть ~ку (*орать*) yell, bawl.

глотнýть *сов.* (*вн., рд.*) take* a sip (of).

глот||óк *м.* drink, móuthful; (*маленький*) sip; (*большой*) gulp; он попроси́л ~ воды́ he asked for a drink / móuthful / sip of wáter [...'wɔː-]; он вы́пил тóлько оди́н ~ he ónly had one sip; пить мéдленными ~кáми sip slówly [...-ou-]; одни́м ~кóм at a draught [...drɑːft], at one gulp; сдéлать ~ take* a sip / móuthful.

глóхнуть I, оглóхнуть become* / grow* deaf [...grou def].

глóхнуть II, заглóхнуть **1.** (*о звуке*) die a¦wáy, abáte, subsíde; **2.** (*о саде*) grow* wild [-ou...], turn into a wílderness, run* / go* to seed; (*приходить в запустение*) decáy, grow* lífe¦less.

глýбже *сравн. ст. прил. см.* глубóкий *и нареч. см.* глубокó II.

глубин||á *ж.* **1.** depth; (*перен.*: *чувства, переживания тж.*) inténsity; (*мысли, ума и т. п. тж.*) profúndity; на ~é десяти́ мéтров at a depth of ten metres; пять мéтров в ~ý five metres deep; измеря́ть ~ý (*рд.*) sound (*d.*), sound the depth (of), plumb (*d.*); fáthom [-ð-] (*d.*) (*тж. перен.*); ~ чýвства inténsity / depth of féeling; **2.** (*леса, страны и т. п.*) heart [hɑːt]; (*зала и т. п.*) intérior; ◇ в ~é векóв in áncient days [...'eɪnʃ-...], in remóte áges; в ~é души́ at heart, in one's heart of hearts; до ~ы́ души́ to the bóttom of one's heart; из ~ы́ души́ from one's heart, from the bóttom of one's soul [...soul]; от ~ы́ души́ with all one's heart, with one's whole heart [...houl...].

глуби́нн||ый **1.** deep; (*на глубине реки, озера и т. п.*) déep-wáter [-'wɔː-] (*attr.*); (*на глубине моря*) déep-séa (*attr.*); ~ая бóмба *мор.* dépth-chàrge; **2.** *геол.* abýssal, hýpo¦gène; **3.** (*отдалённый от центра или дорог*) remóte, óut-of-the-wáy.

глубóк||ий (*в разн. знач.*) deep; (*перен. тж.*) profóund; ~ая тарéлка sóup-plàte ['suːp-]; ~ая печáть *полигр.* deep print; ~ая печáль deep sórrow; ~ сон deep sleep; ~ая тишинá profóund / pérfect sílence [...'saɪ-]; ~ое знáние (*рд.*) deep / profóund / thórough knówledge [...'θʌrə 'nɔ-] (of); ~ое невéжество profóund / crass ígnorance; имéть ~ие кóрни be déeply róoted; ~ой óсенью in the late áutumn; былá ~ая зимá it was míd-wínter; занимáться до ~ой нóчи work far / deep into the night, work till late at night; burn* the mídnìght oil *идиом.*; ~ой нóчью at the dead of night [...ded...], in the small hours [...auəz]; ~ стари́к an áged man*, a very old man*; ~ая стáрость extréme old age; прожи́ть до ~ой стáрости live to a great / vénerable age [lɪv... greɪt...], live to be very old; ~ая дрéвность hóary àntíquity.

глубокó I **1.** *прил. кратк. см.* глубóкий; **2.** *предик. безл.* it is deep; здесь ~ it is deep here.

глубокó II *нареч.* deep; (*перен.*) déeply, profóundly; ~ вкорени́вшийся déep-róoted, invéterate; ~ сидéть в водé (*о судне*) be deep in the wáter [...'wɔː-], draw* much wáter.

глубоковóдный déep-wáter [-'wɔː-] (*attr.*); (*о живущих в море*) déep-séa (*attr.*).

глубокомы́сл||енно *нареч.* thóughtfully, with a thóughtful air; *ирон.* with a wise air, lóoking (very) wise. **~енный** profóund; (*серьёзный*) sérious, grave; *ирон.* wise. **~ие** *с.* profúndity, ínsight; (*значительность мыслей*) depth of thought.

глубокоуважáемый (*как обращение*) ≅ dear.

глубь *ж. тк. ед. см.* глубинá; морскáя ~ *поэт.* the deep; в ~ лесóв into the depths / heart of the fórests [...hɑːt...'fɔ-]; в ~ страны́ ín¦land.

глум||и́ться, поглуми́ться (над) mock (*d.*), jeer (at), scoff (at), gibe (at). **~лéние** *с.* (над) móckery (of), jéering (at), scóffing (at), gíbing (at). **~ли́вый** mócking, jéering, scóffing, gíbing; ~ли́вый человéк mócker, scóffer.

глупéть, поглупéть become* / grow* stúpid / fóolish [...grou...].

глупéц *м.* fool, blóckhead [-hed], dolt.

глупи́ть *разг.* make* a fool of òne¦sélf, be fóolish / sílly; не глупи́! don't be fóolish! / sílly!

глу́по I 1. *прил. кратк. см.* глу́пый; 2. *предик. безл.* it is fóolish, it is stúpid, it is sílly.

глу́по II *нареч.* fóolishly, stúpidly.

глупова́тый sílly, dóltish; ~ вид sílly / ináne look; он глупова́т he is ráther stúpid / sílly [...'rɑː-...].

глу́пост||ь *ж.* 1. fóolishness, fólly, stùpídity; 2. (*глупый поступок*) fóolish / stúpid thing; fólly; (*глупое поведение*) fóolishness, nónsense, fólly; вы сде́лали большу́ю ~ you have done a very fóolish thing; бро́сьте э́ти ~и! stop this nónsense / fóolishness!; 3. (*бессмыслица*) nónsense, rúbbish; он таки́х ~ей не чита́ет he never reads such rúbbish; болта́ть ~и talk nónsense; ~и! nónsense!. stuff and nónsense!, rúbbish!

глу́п||ый fóolish, stúpid, sílly; (*о выражении лица, об улыбке*) ináne; ребёнок ещё глуп the child* is young and sílly still [...jʌŋ...]; ◇ он глуп как про́бка *разг.* ≅ he is a blóckhead / dolt / númskùll, *или* an ass [...-hed...]; игра́ть ~ую роль play a fóolish part.

глупы́ш I *м. разг.* sílly (féllow); (*в обращении к ребёнку*) little sílly, sílly little thing.

глупы́ш II *м.* (*птица*) fúlmar ['ful-].

глупы́шка *ж. разг.* little sílly, sílly little thing.

глуха́рь *м.* (*птица*) càpercáilye [-'keɪljɪ], wóod-grouse ['wud- -s].

глухова́тый 1. (*о человеке*) ráther deaf ['rɑː- def], hard of héaring; 2. (*о голосе*) (ráther) múffled.

глух||о́й 1. *прил.* (*прям. и перен.*) deaf [def]; совсе́м ~ stóne-déaf [-'def]; он соверше́нно глух he is stóne-déaf; он глух к его́ про́сьбам he is deaf to his entréaties, he turns a deaf ear to his entréaties; ~а́я ночь dead of night [ded...]; 2. (*о голосе, звуке*) tóne¦less; ~ гул hóllow rumble; ~ согла́сный *лингв.* vóice¦less / breath cónsonant [...breθ...], surd; 3. (*отдалённый*) óut-of-the-wáy, remóte; (*заброшенный*) gód-forsàken; (*безлюдный*) lóne¦ly, sólitary; в ~ прови́нции in the remótest depths of the próvinces, in an óut-of-the-wáy córner of the próvinces; ~ переу́лок bý-street, báckway; 4. (*заросший*) óver¦grówn [-oun], wild; ~ лес dense fórest [...'fɔ-]; 5. (*о сезоне и т. п.*) dead [ded]; 6. (*о двери, окне и т. п.*) blind; ~а́я стена́ blank wall; 7. (*смутный*) suppréssed, obscúre; ~а́я молва́ vague rúmours [veɪg...] *pl.*; ~о́е недово́льство smóuldering díscontént ['smou-...], an úndercùrrent of dissàtisfáction; 8. *как сущ. м.* deaf man*; (*о мальчике*) deaf boy; *ж.* deaf wóman* [...'wu-]; (*о девочке*) deaf girl [...g-]; *мн. собир.* the deaf.

глухома́нь *ж. разг.* wílderness, gód-forsàken place.

глухонем||о́й 1. *прил.* déaf-and-dúmb ['defən-]; 2. *м. как сущ.* deaf mute [def...]; а́збука ~ы́х déaf-and-dúmb álphabet.

глухота́ *ж.* déafness ['def-].

глуши́тель *м. тех.* sílencer ['saɪ-], múffler.

глуши́ть, оглуши́ть (*вн.*) 1. stun (*d.*); ~ ры́бу stun fish (with explósives); 2. *тк. несов.* (*не давать расти*) choke (*d.*); (*перен.*: *подавлять*) stifle (*d.*); 3. *тк. несов.*: ~ мото́р throttle down the éngine [...'endʒ-]; ~ радиопереда́чи jam bróadcàsts [...'brɔːd-].

глушь *ж. тк. ед.* 1. (*о лесе*) báckwoods [-wudz] *pl.*; 2. (*об отдалённом месте*) remóte córner.

глы́ба *ж.* block; ~ земли́ clod; ~ льда block of ice; ка́менная ~ bóulder ['bou-]; ~ у́гля́ lump of coal.

глюко́за *ж. биохим.* glúcòse [-s], déxtròse [-s], grápe-sùgar [-ʃu-].

гляд||е́ть, погляде́ть 1. (на *вн.*) look (at); (*пристально*) peer (at), fásten one's eyes / gaze ['fɑːsᵊn...aɪz...] (up¦ón); ~ широко́ раскры́тыми глаза́ми stare with wíde-òpen eyes (at), stare wíde-éyed [...-'aɪd] (at); 2. *тк. несов.* (из-за, из-под; *виднеться*) show* [ʃou] (from behínd, from únder); 3. *тк. несов.* (на *вн.*; *быть обращённым в какую-л. сторону*) face (*d.*), look (on); (*об окнах*) give* (on); (*об орудиях и т. п.*) point (to); 4. *тк. несов.* (*тв.*) *разг.* (*иметь вид*) look (*d.*), look like (*d.*); 5. (за *тв.*) *разг.* (*присматривать*) look (áfter), see* (to); ~ за ребёнком look áfter *a* child*; ~ за чем-л. see* to smth., atténd to smth.; ◇ не́чего на него́ ~ *разг.* don't take any nótice of him [...'nou-...], there's no need to take any nótice of him; ни на что не гля́дя ùnmínd¦ful of ány¦thing, héedless of évery¦thing; ~ в о́ба be on the qui vive [...kiː'viːv], be on the alért, keep* one's eyes ópen, be on one's guard; ~ сквозь па́льцы (на *вн.*) ≅ shut* one's eyes (to), wink (at), blink (at), turn a blind eye (to); того́ (и) ~и́ *разг.* I'm afráid; (*должно быть*) it looks like, *или* as though [...ðou]; (*с минуты на минуту*) at any móment; того́ и ~и́ пойдёт дождь I'm afráid it is gó¦ing to rain, it looks like rain, it looks as though it were gó¦ing to rain (at any móment).

гляде́ться, погляде́ться (в *вн.*) look at òne¦sélf (in); ~ в зе́ркало look at òne¦sélf in the mírror.

гля́нец *м. тк. ед.* (*на дереве, коже*) pólish; (*на бумаге, металле, материи*) gloss, lustre.

гля́нуть *сов.* (на *вн.*) cast* a look (at), throw* a glance / look [θrou...] (at).

глянцеви́т||ый glóssy, lústrous; ~ая бума́га glóssy páper.

гля́нцевый glóssy.

гм *межд.* h'm, ahém [m'mm, ə'hem].

гнать (*вн.*) 1. drive* (*d.*); (*прогонять*) turn out (*d.*); ~ ста́до drive* a herd; ~ из до́му turn out of the house* [...-s] (*d.*); ~ на у́лицу drive*/turn out of doors [...dɔːz] (*d.*); гони́те его́! turn him out!; 2. *разг.* (*торопить*) urge (*d.*), urge on (*d.*), drive* on (*d.*); ~ ло́шадь ride* *a* horse hard; 3. (*преследовать зверя*) pursúe (*d.*), chase [-s] (*d.*), hunt (*d.*); (*перен.*) pérsecùte (*d.*); 4. (*спирт и т. п.*) distíl (*d.*). **~ся** 1. (за *тв.*) pursúe (*d.*); (*перен.*) seek* (*d.*), seek* (áfter), strive* (for); ~ся за неприя́телем pursúe the énemy; ~ся по пята́м pursúe clóse¦ly [...-s-] (*d.*), be at / up¦ón the heels (of); ~ся за сла́вой seek* fame, be in pursúit of fame [...pə'sjuːt...]; 2. *страд. к* гнать.

гнев *м.* ánger; ire, wrath [rɔːθ] *поэт.*; в припа́дке ~а in a fit of ánger; in one's témper; не по́мнить себя́ в ~е be besíde òne¦sélf with rage.

гне́ваться, разгне́ваться (на *вн.*) *уст.* be ángry (with).

гневи́ть, прогневи́ть (*вн.*) *уст.* ánger (*d.*), make* ángry (*d.*).

гне́вно I *прил. кратк. см.* гне́вный.

гне́вн||о II *нареч.* ángrily; wráthfully ['rɔːθ-] *поэт.* **~ый** ángry, ìráte [aɪ-]; wráthful ['rɔːθ-] *поэт.*

гнедо́й 1. *прил.* bay; 2. *м. как сущ.* (*гнедая лошадь*) bay (horse).

гнезди́ться nest; (*о птице тж.*) make* / build* its nest [...bɪld...]; (*о хищной птице тж.*) build* its áerie [...'ɛərɪ]; (*перен.*: *находиться*) have its seat; (*ютиться*) nestle.

гнездо́ *с.* 1. (*в разн. знач.*) nest; (*хищных птиц тж.*) áerie ['ɛərɪ]; (*насекомых*; *очаг инфекции*) nídus (*pl.* -dì, -duses); 2. *тех.* sócket; 3. *лингв.* fámily. **~ва́ние** *с. зоол.* násting, nìdificátion; пора́ ~ва́ния násting séason [...-zᵊn]. **~во́й:** ~во́й посе́в *с.-х.* clúster sówing [...'sou-].

гнёздышко *с. уменьш. от* гнездо́ 1; тёплое, ую́тное ~ (*перен.*) snug / cósy home [...-zɪ...].

гнейс *м. геол.* gneiss [naɪs].

гне||сти́ (*вн.*) oppréss (*d.*); его́ ~тёт тоска́ he is sick at heart [...hɑːt], he feels depréssed, he is héavy-héarted [...'hevɪ'hɑːt-]; его́ ~тýт тяжёлые мы́сли sombre / héavy thoughts oppréss him [...'hevɪ...]; его́ ~тёт предчу́вствие a féeling of àpprehénsion oppresses him.

гнёт *м. тк. ед.* 1. (*пресс*) press; (*перен.*) weight; 2. (*угнетение*) oppréssion; (*иго*) yoke.

гнету́щ||ий oppréssive; ~ая тоска́ ánguish.

гни́да *ж.* nit.

гни||е́ние *с.* rótting; (*гл. обр. омертвелого вещества*) dè¦còmposítion [-'zɪ-], pùtrefáction; (*перен.*) decáy, corrúption. **~ло́й** 1. rótten; (*гл. обр. об омертвелом веществе*) pútrid, dè¦-

compósed; (*о воде*) foul; (*о зубах*) decáyed; cárious *научн.*; (*перен.*) rótten, corrúpt; 2. (*о погоде*) wet, múggy.

гнилокро́вие *с. уст.* sèpticáemia.

гни́лостн||ость *ж.* pùtrefáctive¦ness, pùtréscence; pùtrídity; (*ср.* гни́лостный). **~ый** (*вызывающий гниение*) pùtrefáctive, pùtrefácient; (*производимый гниением*) pútrid.

гни́л||ость *ж.* 1. pùtrídity; róttenness (*тж. перен.*); 2. (*о погоде*) dámpness, múgginess. **~у́шка** *ж.* piece of rótten wood [piːs...wud]; rótten stump (*тж. о зубе*).

гниль *ж. тк. ед.* 1. rótten stuff, rot; 2. (*плесень*) mould [mould]; в по́гребе завела́сь ~ the céllar has become móuldy[...'mou-].

гнильё *с. собир. см.* гниль 1.

гнить, сгнить (*прям. и перен.*) rot; (*гл. обр. об омертвелом веществе*) pútrefy̆, dè¦compóse; (*о зубах*) decáy; become* cárious *научн.*; (*о воде*) become* stágnant / foul; ~ на корню́ rot on the stalk.

гное́||ние *с.*, **~тече́ние** *с. мед.* sùppurátion.

гнои́ть, сгнои́ть (*вн.*) rot (*d.*), let* rot (*d.*); ~ наво́з fermént manúre; ~ в тюрьме́ leave* to rot in gaol [...ʤeɪl] (*d.*). **~ся** súppuràte; (*о ране*) féster; (*сочиться гноем*) dis¦chárge pus; dis¦chárge mátter *разг.*

гной *м. тк. ед.* pus; mátter *разг.* **~ни́к** *м.* (*язва*) úlcer; (*нарыв*) ábscess; (*перен.*) hótbèd. **~ный** púrulent; ~ная ра́на féstering / súppuràtive wound [...wuːnd]; ~ное воспале́ние súppuràtive ìnflammátion.

гном *м. миф.* (*тж. перен.*) gnome (*dwarf*).

гно́м||а *ж. лит.* gnome (*aphorism*). **~и́ческий** *лит.* gnómic ['nou-].

гно́мон *м.* gnómon.

гносеол||оги́ческий *филос.* gnòsiológical. **~о́гия** *ж. филос.* gnòsiólogy, epistemólogy.

гно́ст||ик *м.* gnóstic. **~ици́зм** *м. филос.* gnósticism.

гну *м. и ж. нескл. зоол.* gnu.

гнус *м. собир.* wing¦ed blóod-sùcking ínsècts (*gnats, horseflies, midges*) [...'blʌd-...].

гнуса́вить speak*/talk through the/one's nose.

гнуса́во I *прил. кратк. см.* гнуса́вый.

гнус||а́во II *нареч.* násal¦ly [-z-], with a násal twang [...-z°l twæŋ], through the nose. **~а́вость** *ж.* nàsálity [neɪ'z-]. **~а́вый, ~ли́вый** násal [-z-], snúffling; ~а́вый го́лос násal voice / twang [...twæŋ].

гну́сн||ость *ж.* 1. ínfamy, víle¦ness; 2. (*о поступке*) ínfamous / foul / vile act; act of ínfamy; сде́лать ~ do an ínfamous / foul / vile thing. **~ый** ínfamous, foul, vile; (*о человеке*) víllainous [-lə-], scóundrelly; ~ая клевета́ malícious / wícked cálumny; a vile piece of slánder [...piːs...-ɑːn-].

гнусь *ж. разг.* foul / dírty work.

гну́т||ый curved; ~ая ме́бель bént-wood fúrniture [-wud...].

гнуть, согну́ть 1. (*вн.*) bend* (*d.*); (*наклонять*) bow (*d.*); 2. *тк. несов.* (к чему́-л. *или без доп.*) *разг.* (*клонить*) drive* (at), aim (at); я ви́жу, куда́ он гнёт I see what he is dríving at; ◇ ~ свою́ ли́нию have it one's own way [...oun...], shape one's own course [...kɔːs]; ~ спи́ну, ше́ю пе́ред кем-л. cringe to smb., kówtów to smb. **~ся,** согну́ться bend*; (*о человеке тж.*) stoop; дере́вья гну́тся от ве́тра trees bend únder the wind [...wɪnd], trees are bowed down by the wind.

гнуша́ться, погнуша́ться 1. (*рд.*; *чуждаться*) shun (*d.*); (*тв.*; *пренебрегать*) disdáin (*d.*); 2. (+ *инф.*; *брезгать*) have an avérsion / repúgnance (to), loathe (*d.*).

гобеле́н *м.* (Góbelin) tápestry ['goub°lɪn...].

гобои́ст *м.* óbòe / háutboy pláyer [...'oub-...], óbòist.

гобо́й *м.* óbòe, háutboy ['oub-].

гова́ривать: он, они́ *и т. д.* гова́ривали ча́сто he, they, *etc.*, often used to say [...'of(t)°n juːst...].

гове́ть *рел.* fast and atténd divíne sérvice befóre conféssion and Commúnion; *разг.* (*воздерживаться от пищи*) fast.

го́вор *м.* 1. *тк. ед.* sound of tálking, sound of vóices; ти́хий ~ low múrmur (of vóices) [lou...]; ~ волн *поэт.* múrmur of the waves; 2. *лингв.* díalèct; 3. (*произношение*) pronùnciátion, áccent. **~и́льня** *ж. разг.* tálking-shòp.

говор||и́ть, сказа́ть, поговори́ть 1. *при сов.* сказа́ть (*вн. дт.*) say* (*d.* to); (*сообщать*) tell* (abóut *d.*); он ~и́т, что he says that [...sez...]; он ~и́т, что заболе́л he says (that) he is ill; он сказа́л «я бо́лен» he said: "I am ill" [...sed...]; ~ пра́вду tell* / speak* the truth [...-uːθ]; ~ непра́вду tell* a lie; tell* lies; ~я́т тебе́! do you hear?; ~ю́ тебе́ ру́сским языко́м I'm télling you in plain Rússian [...-ʃən], I'm télling you in plain words; сказа́ть своё мне́ние (о *пр.*) give* one's opínion (of); ничего́ не сказа́ть (на *вн.*) make* no cómment (on); но, мо́гут (нам) сказа́ть but it may be urged; нам ~я́т we are told; 2. *при сов.* поговори́ть (с *тв.* о *пр.*) speak* (with, to — abóut, of); talk (to, with — abóut, of); ~ о дела́х *разг.* discúss búsiness mátters [...'bɪzn-...], talk óver búsiness mátters; 3. *тк. несов.* (*без доп.*) speak*, talk; (о *пр.*; *перен.*) índicàte (*d.*), point (to); (*свидетельствовать*) betóken (*d.*); (кому́-л.) mean* (to smb.); ребёнок ещё не ~и́т the child* does not speak / talk yet; ~ по-англи́йски speak* Énglish [...'ɪŋg-]; (*разговаривать*) talk Énglish; ~ пе́ред аудито́рией speak* to an áudience; они́ не ~я́т друг с дру́гом с про́шлого го́да they have not been on spéaking terms since last year; ~и́т Москва́ *рад.* this is Móscow cálling; ~ (не) в по́льзу (*рд.*) (not) speak* well (for), (not) do smb. crédit, (not) be to smb.'s crédit; э́тот посту́пок ~и́т о его́ отва́ге that act betókens / procláims his cóurage [...'kʌ-]; всё ~и́т о том, что évery¦thing índicàtes that, évery¦thing points to the fact that; э́то ему́ ма́ло ~и́т it means very líttle* to him; ◇ ~я́т (*ходят слухи*) it is said, they say; ~я́т, что он уе́хал he is said to be a¦wáy, *или* to have left; мне ~и́ли, что I have been told that; ~ де́ло *разг.* talk sense, talk sérious¦ly; вообще́ ~я́ génerally spéaking; ина́че ~я́ in other words; не ~я́ ни сло́ва without (sáying) a word; не ~я́ худо́го сло́ва without any wárning; не ~я́ уже́ о to say nothing of, not to méntion; открове́нно ~я́ fránkly spéaking, to be cándid; по пра́вде ~я́ to tell the truth; со́бственно ~я́ stríctly / próperly spéaking; as a mátter of fact; хорошо́, ду́рно ~ о ком-л. speak* well, ill / bád¦ly of smb.; не́чего и ~ it goes without sáying, (it is) néedless to say; что и ~ *разг.* there is no denýing, it cánnòt be deníed; что ни ~и́! say what you like; э́то ~и́т само́ за себя́ it tells its own tale [...oun...], it speaks for it¦sélf. **~и́ться:** как ~и́тся as the sáying is / goes.

говорли́в||ость *ж.* tálkative¦ness, gàrrúlity, loquácity. **~ый** tálkative, gárrulous, loquácious; *поэт.* (*о волне и т. п.*) múrmuring.

говор||у́н *м.*, **~у́нья** *ж. разг.* tálker; (*о ребёнке, женщине тж.*) chátterbòx.

говя́||дина *ж.* beef. **~жий** *прил.* к говя́дина; ~жье са́ло beef fat; (*почечное*) beef súet [...'sjuɪt].

го́гол||ь *м.* (*птица*) gólden-eye [-aɪ]; ◇ ходи́ть ~ем *разг.* strut.

го́голь-мо́голь *м. тк. ед.* gógol-mógol, béaten-ùp egg and súgar [...'ʃu-].

го́гот *м.*, **~а́нье** *с. тк. ед.* 1. (*крик гусей*) cackle; 2. *разг.* (*громкий смех*) loud láughter [...'lɑːf-]; roars of láughter *pl.*

гогота́ть 1. (*о гусях*) cackle; 2. *разг.* (*громко смеяться*) roar with láughter [...'lɑːf-].

год *м.* year; ему́ пошёл деся́тый ~ he is in his tenth year; ему́ 32 ~а he is thírty-two (years old); ребёнку ~ the child* is one (year old); он зараба́тывает 2000 рубле́й в ~ he earns two thóusand roubles a year, *или* per ánnum [...ænz...

-zənd ruː-...]; в бу́дущем ~у́ next year; в про́шлом ~у́ last year; три ~а тому́ наза́д three years agó; че́рез три ~а in three years' time; (*спустя три года*) three years láter; (*с сегодняшнего дня*) three years hence; де́тские ~ы chíld¦hood [-hud] *sg.*, the days of one's chíld¦hood; в ста́рые ~ы in the ólden days, in bý¦gòne days [...-gɔn...]; они́ не вида́лись ~ы they have not seen each other for years, it is years since they last met; шестидеся́тые, восьмидеся́тые *и т. п.* ~ы the síxties, the éighties, *etc.*; лю́ди шестидеся́тых ~о́в the people of the síxties [...piː-...]; 1917 ~ níne¦téen húndred and séventéen; níne¦téen séventéen *разг.*; астрономи́ческий ~ àstronómic year; гражда́нский ~ légal / cívil year; со́лнечный ~ *астр.* sólar year; теку́щий ~ cúrrent year; уче́бный ~ àcadémic year; (*в школе*) school year; бюдже́тный ~ búdget year; отчётный ~ físcal year; хозя́йственный ~ èconómic year [iːk-...]; урожа́йный ~ good* year for the crops, prodúctive year, búmper crop year; неурожа́йный ~ year of bad* hárvest, year of dearth [...dəːθ]; ◇ кру́глый ~ the whole year round [...h-...], all the year round; Но́вый ~ New Year; (*день*) Néw-Year's Day; встреча́ть Но́вый ~ see* the New Year in, célebràte Néw-Year's Eve; встре́ча Но́вого ~а a Néw-Year's Eve Párty; с Но́вым ~ом! (a) háppy New Year!; из ~а в ~ year in, year out; year áfter year; в мои́ ~ы at my age; в ~а́х élderly; getting on (in years); не по ~а́м (*о развитии и т. п.*) be¦yónd one's years; быть у́мным не по ~а́м be wise be¦yónd one's years; have an old head on young shóulders [...hed...jʌŋ 'ʃou-] *идиом.*; без ~у неде́ля *разг.* ónly a few days.

года́ми *нареч.* (*по целым годам*) for years, for years on end.

го́ден *предик. см.* го́дный.

годи́на *ж.* **1.** time; ~ бе́дствий calámitous time; тяжёлая ~ hard times *pl.*; **2.** *поэт. уст.* year.

год||и́ться (на *вн.*) be fit (for), serve (*d.*), do (for); (*о человеке тж.*) be fítted / súited [...'sjuː-] (for); (кому́-либо; *быть полезным*) be of use [...juːs] (to); (*быть впору*) fit (*d.*); он не ~и́тся в учителя́ he is not súited / fítted for a téacher, he is not fit / súited to be a téacher; э́та бума́га ему́ ~и́тся this páper will serve him, *или* will do for him; э́та бума́га ~и́тся то́лько на обёртку this páper is ónly fit for a wrápper, *или* will ónly do for a wrápper; э́та бума́га (никуда́) не ~и́тся this páper will not do (at all), this páper is no good (at all); э́ти боти́нки ему́ (не) ~я́тся these boots (do not) fit him; ◇ не ~и́тся (+*инф.*) it does not do (+ to *inf.*), one ought not (+ to *inf.*); так поступа́ть не ~и́тся that is not the way to beháve / act.

годи́чн||ый **1.** a year's, twelve months' [...mʌ-]; of a year; (*рассчитанный на год*) for a year; ~ срок a year, a twélve¦mònth [...-mʌ-]; **2.** (*бывающий раз в году*) ánnual, yéarly; ~ые ко́льца *бот.* rings (of *a* tree).

го́дн||ость *ж.* fítness, sùitabílity [sjuːt-]; (*билета и т. п.*) valídity. **~ый** (к, для) fit (for), fit (+ to *inf.*); (*о билете, документе и т. п.*) good (for), válid (for); ~ый к вое́нной слу́жбе fit for mílitary sérvice; ~ый для питья́ drínkable, fit to drink; биле́т го́ден на два дня the tícket is válid / good for two days; ~ый на всё good for évery¦thing; (*о человеке*) able to do évery¦thing; ни к чему́ не ~ый good for nothing; ни к чему́ не ~ый челове́к a góod-for-nòthing, a né'er-do-wèll [...'nɛə-duːwel]; су́дно, ~ое к пла́ванию séa-wòrthy ship [-ðɪ...].

годова́лый yéar-òld; ~ ребёнок a yéar-òld báby / child*; ~ жеребёнок, телёнок *и т. п.* yéarling.

годово́й ánnual, yéarly; ~ отчёт ánnual repórt; ~ дохо́д ánnual ín¦-come; (*государственный*) ánnual révenue.

годовщи́на *ж.* ànnivérsary.

гозна́к *м.* (Госуда́рственное управле́ние по вы́пуску де́нежных зна́ков) Góznak (State Admìnistrátion for the Íssue of Bánk-Nòtes).

гол *м. спорт.* goal; заби́ть ~ score a goal.

голa̋вль *м. зоол.* chub.

голго́фа *ж. библ.* Cálvary.

голена́стые *мн. скл. как прил.* *зоол.* wáders; gràllatóres *научн.*

голена́стый *разг.* lóng-lègged.

голени́ще *с.* top (of *a* boot).

го́лень *ж.* shin, shank.

голе́ц *м.* (*рыба из семейства карповых*) loach.

голла́ндец *м.* Dútch¦man*; *мн. собир.* the Dutch.

голла́ндка I *ж.* Dútch¦wòman* [-wu-].

голла́ндка II *ж. разг.* = голла́ндская печь *см.* голла́ндский.

голла́ндск||ий Dutch; ~ язы́к Dutch, the Dutch lánguage; ~ое иску́сство Dutch art; ◇ ~ая печь tiled stove; ~ое полотно́ Hólland (*linen*); ~ сыр Dutch cheese; ~ая черепи́ца pántìle.

голов||а́ I *ж.* (*в разн. знач.*) head [hed] (*в знач. единицы счёта скота pl.* head); (*перен.: ум*) mind; (*мозг*) brains *pl.*; у меня́ э́того да́же и в ~е́ не́ было it had not éven éntered my head, it was not éven in my mind, it never crossed my mind; мне пришла́ в го́лову мысль a thought has occúrred to me, *или* has struck me, *или* has come into my mind, *или* has crossed my mind; с непокры́той ~о́й báre-héaded [-'hed-]; сто голо́в скота́ a húndred head of cattle; ◇ челове́к с ~о́й a man* with brains, a man* of sense; вот э́то ~! he has a (great) brain [...-eɪt...]; име́ть свою́ го́лову на плеча́х be able to think for òne¦sélf; тупа́я ~ dull / slow brain [...slou...]; dull / slow wits *pl.*; пуста́я ~ émpty pate; сме́лая ~ bold spírit; горя́чая ~ hóthead [-hed]; у́мная ~ cléver brain ['kle-...], wise head; све́тлая ~ lúcid mind, bright íntellèct, bright spírit; ~ са́хару súgar-loaf* ['ʃu-]; го́лову дава́ть на отсече́ние *разг.* stake one's head / life; wáger / lay* one's life; го́лову пове́сить hang* one's head, become* / be dejécted / despóndent; ~о́й руча́ться за кого́-л. ánswer / vouch for smb. as for òne¦sélf ['ɑːnsə...], ánswer for smb. with one's life; быть ~о́й вы́ше кого́-л. be far sùpérior to smb., stand* head and shóulders above smb. [...'ʃou-...]; вали́ть с больно́й ~ы́ на здоро́вую lay* the blame on smb. else, put* smth. on to smb. else, lay* one's own fault at smb. else's door [...oun...dɔː]; вбить в го́лову кому́-л. (*вн.*) *разг.* hámmer into smb.'s head (*d.*); вбить себе́ в го́лову (*вн.*) get* / take* into one's head (*d.*); в ~а́х at the head of the bed; с ~ы́ до ног from head to foot [...fut], from top to toe; вооружённый с ~ы́ до ног armed to the teeth; в пе́рвую го́лову first of all; вы́дать ~о́й кого́-л. betráy smb.; вы́кинуть из ~ы́ (*вн.*) *разг.* put* out of one's head (*d.*), dismíss (*d.*), get* rid (of); забра́ть себе́ в го́лову (*вн.*) take* into one's head (*d.*); лома́ть себе́ го́лову (над) puzzle (óver), rack / cúdgel one's brains (óver); намы́лить кому́-л. го́лову *разг.* give* smb. a good scólding; haul smb. óver the coals *идиом.*; на свою́ го́лову to one's own misfórtune / dìsadvántage [...-tʃən -ɑːn-]; очертя́ го́лову héadlòng ['hed-], ráshly; подня́ть го́лову hold* up one's head; поплати́ться ~о́й lose* one's life* [luːz...]; потеря́ть го́лову lose* one's head / wits; ударя́ть в го́лову rush to the head; (*о вине и т. п.*) go* to, *или* get* into, one's head; окуну́ться, уйти́ с ~о́й во что-л. become* útterly absórbed / en¦gróssed in smth. [...-'grou-...]; у меня́ ~ идёт кру́гом *разг.* my head is in a whirl; у него́ кру́жится ~ he is / feels gíddy [...'gɪ-]; (от; *перен.*) he is dízzy (with); у него́ э́то из ~ы́ вон *разг.* he clean forgót it, it quite escáped him; он схвати́лся за́ голову he clútched at his head, he grasped his head; че́рез го́лову кого́-л. óver smb.'s head.

голова́ II *м.* (*руководитель*) chief [tʃiːf], máster; городско́й ~ *ист.*

mayor [mɛə]; ◇ сам себé ~ one's own máster [...oun...].

головáстик *м. зоол.* tádpòle.

головéшка *ж.* fíre-brànd; (smóulder-ing) brand ['smou-...].

головúзна *ж. тк. ед.* jowl (*head of fish*).

голóв||ка *ж.* 1. *уменьш. от* головá I; 2. *разг.* (*руководящие лица*) léader-ship; heads [hedz] *pl.*; 3. (*винта, гвоздя, булавки*) head [hed]; булáвочная ~ pínhead [-hed]; 4. *мн.* (*передняя часть сапог*) vamp *sg.*; ◇ ~ лýка an ónion [...'ʌ-]; ~ сы́ра a cheese; ~ чеснокá a head of gárlic. **~нóй** 1. head [hed] (*attr.*); (*относящийся к головному мозгу*) èncèphálic; ~нóй мозг brain; cérebrum (*pl.* -bra) *научн.*; ~нóй гóлос *муз.* héad-voice ['hed-]; ~нáя боль héadàche ['hedeɪk]; ~нóй убóр héad-drèss, hat; héad-gear ['hed-gɪə] *шутл.*; 2. (*передний*) léading; ~нóй батальóн léading battálion [...-'tæ-]; ~нóй отря́д vánǀguàrd; ~нóй дозóр advánced point.

головня́ I *ж.* (*обгорелое бревно, полено*) charred log.

головня́ II *ж. тк. ед. с.-х.* (*болезнь хлебных злаков*) smut (*plant disease*); (*на пшенице тж.*) brand.

головокружéние *с.* gíddiness ['gɪ-], dízziness; чýвствовать ~ feel* gíddy [...'gɪ-]; он чýвствует ~ he feels gíddy, his head is swímming [...hed...]; ◇ ~ от успéхов dízziness with succéss.

головокружúтельн||ый gíddy ['gɪ-], dízzy; ~ая высотá gíddy / dízzy height [...haɪt]; ~ая быстротá terrífic speed; ~ успéх dízzy / gíddy succéss.

головолóм||ка *ж. разг.* púzzle, co-núndrum. **~ный** púzzling; ~ная задáча púzzler, héadàche ['hedeɪk].

головомóйк||а *ж. разг.* dréssing down, wígging; задáть комý-л. ~у give* smb. a dréssing down, *или* a wígging.

головонóгие *мн. скл. как прил. зоол.* cèphalópoda.

головорéз *м. разг.* 1. (*разбойник*) cút-throat; (*хулиган*) rúffian; 2. (*шалун*) scápeǀgràce; (*сорвиголова*) dáre-dèvil.

головотя́п *м. разг.* stúpid búngler, múddler. **~ство** *с. разг.* stúpid búng-ling.

голóвушка *ж.* 1. *ласк. от* головá I; 2. *разг.* (*о человеке*); бýйная ~ mád-càp; удалáя ~ bold spírit; ◇ пропáла моя́ ~ I'm lost, I'm done for, it's all up with me now; бéдная моя́ ~ poor me.

-головый=-глáвый.

гóлод *м.* 1. húnger; (*длительный*) stàrvátion; чýвствовать ~ feel* / be húngry; утолúть ~ sátisfỳ / ap-péase one's húnger; умирáть с ~у die of stàrvátion / húnger, starve to death [...deθ]; морúть ~ом (*вн.*) starve (*d.*), starve to death (*d.*); 2. (*народное бедствие*) fámine; 3. (*недостаток*) dearth [dɜ:θ], fámine; кнúжный ~ dearth of books; дéнежный ~ móney fámine ['mʌ-...]. **~á-ние** *с.* stàrvátion; (*воздержание от пищи*) fást(ing).

голод||áть 1. starve, fámish; go* húngry; (*воздерживаться от пищи*) fast, go* without food; 2. (*объявлять голодовку*) go* on húnger-strìke. **~áющий** 1. *прич. см.* голодáть; 2. *прил.* stárving, húngry, fámished; 3. *как сущ. м.* stárving man*; (*объявивший голодовку*) húnger-strìker; *мн.* stárving people [...pi:-]; (*о населении*) stárving pòpulátion *sg.*, fámine--strìcken pòpulátion *sg.*

голóдн||ый 1. *прил.* húngry; быть ~ым be húngry; ~ как собáка *разг.* fámished, stárving, rávenous; húngry as a húnter; 2. (*вызванный голодом*) fámine (*attr.*); ~ бунт revólt of the húngry, stárveǀlings' revólt; ~ тиф týphus ['taɪ-]; fámine féver; ~ая смерть stàrvátion; умерéть ~ой смéртью starve to death [...deθ], die of stàrvátion / húnger; 3. (*неурожайный, скудный*) fámine (*attr.*), stàrvátion (*attr.*); ~ край bárren région; ~ год year of fámine / scár-city [...'skɛə-]; ~ обéд poor / scánty dínner; ~ паёк húnger rátions [...'ræ-] *pl.*; 4. *м. как сущ.* húngry man*.

голодóвк||а *ж.* húnger, stàrvátion; (*в тюрьме*) húnger-strìke; объявля́ть ~у go* on húnger-strìke; объявúвший ~у húnger-strìker.

голодрáнец *м. разг.* béggar.

гололёд *м.* = гололéдица.

гололéдица *ж. тк. ед.* íce-còvered / íce-crùsted ground [-kʌ-...]; на ýлице, тротуáре ~ the streets, páveǀ-ments are cóvered / slíppery with ice [...'kʌ-...]; the streets, páveǀ-ments are like glass *разг.*

голонóгие *мн. скл. как прил. зоол.* núdipèda.

голонóгий *разг.* báre-légged.

гóлос *м.* 1. voice; во весь ~ at the top of one's voice; надорвáть ~ strain one's voice; подня́ть ~ raise one's voice; раздаются ~á в защúту (*рд.*) vóices are heard in defénce [...hɜ:d...] (of); у негó большóй ~ (*о певце*) he has a strong voice; 2. *муз.* part; пéсня для двух ~óв twó--pàrt song; 3. *полит.* vote; прáво ~a súffrage, the vote; решáющий ~ decíding vote, cásting-vóte; большинствóм ~óв by a majórity of votes; подáть, отдáть ~ (за *вн.*) vote (for), give* one's vote (to, for); собрáть стóлько-то ~óв colléct / poll so many votes; ~á за и прóтив the ayes and the noes [...aɪz...]; победúть числóм ~óв (*вн.*) outvóte (*d.*); ~á разделúлись пóровну the votes were équalǀ-ly divíded; ◇ быть в ~е be in voice; в одúн ~ with one voice, ùnán-imousǀly, with one accórd; подня́ть ~ в защúту чегó-л. raise one's voice in defénce of smth.; подня́ть ~ протéста make* / raise a prótèst; говорúть, петь с чужóго ~a repéat slávishly [...'sleɪ-]. **~úстый** lóud-voiced; (*горластый*) vocíferous; ~úстый соловéй fúll-throated / rích-voiced níght-ingàle.

голосúть *разг.* wail, lamént; ~ по ком-л. wail óver smb., lamént smb.

голослóвно I *прил. кратк. см.* голослóвный.

голослóвн||о II *нареч.* without ad-dúcing any proof. **~ость** *ж.* próof-lessness; únsubstántiàted náture [...'neɪ-]. **~ый** únsubstántiàted, próof-less; быть ~ым make* únsubstán-tiàted státeǀments, not fúrnish / ad-dúce any proofs.

голосовáни||е *с.* vóting; (*во время выборов*) poll; открытое ~ vóting by a show of hands [...ʃou...]; тáйное ~ bállot; поставить на ~ (*вн.*) put* to the vote (*d.*); провестú ~ take* a vote; результáты ~я resúlts of the vóting [-'zʌ-...], vote; (*в англ. парламенте*) divísion fígures; кабúна для ~я pólling-booth [-ð].

голосовáть 1. (за *вн.*) vote (for); ~ поднятием рукú vote by a show of hands [...ʃou...]; ~ вставáнием vote by rísing to one's feet; 2. (*вн.*) put* to the vote (*d.*), vote on (*d.*).

голосов||óй vócal; ~áя щель *анат.* glóttis; ~ы́е свя́зки *анат.* vócal chords [...k-].

голубе||грáмма *ж. воен.* pígeon (-càrried) méssage. **~стáнция** *ж.* pígeon loft.

голубé||ть 1. (*казаться голубым*) show* blue [ʃou...]; вдалú ~ли гóры the móuntains showed blue in the dístance, blue móuntains loomed in the dístance; 2. (*становиться голубым*) turn blue.

голубéц *м. кул.* goloubéts [golu:'bets], stuffed cábbage-ròll.

голубизнá *ж.* blue, ázure ['æʒə].

голубúн||ый 1. *прил. к* гóлубь; ~ая пóчта, ~ая связь pígeon-pòst [-poust]; ~ое гнездó pígeon-hòle; 2. (*кроткий*) dóve-like ['dʌv-]; dove [dʌv] (*attr.*).

голýбить (*вн.*) *поэт.* take* ténder care (of); (*ласкать*) fondle (*d.*), ca-réss (*d.*).

голýбк||а *ж.* 1. (fémàle) pígeon ['fi:-...]; dove [dʌv] *поэт.*; 2. *ласк.* (my) dear, (my) dárling. **~й** *мн.* túrtle-dòves [-dʌvz].

голубо||вáтый blúish. **~глáзый** blúe-eyed [-aɪd].

голубóй blue, light / pale blue, ský-blúe; (*о небе, тж. поэт.*) ázure ['æʒə]; ◇ ~ песéц blue fox.

голубóк I *м. уменьш. от* гóлубь.

голубóк II *м. бот.* cólumbìne.

голýб||ушка *ж. разг.* my dear. **~чик** *м. разг.* my dear féllow, my friend [...frend]; (*ирон. обращение к молодому человеку*) my lad.

го́луб||ь *м.* pígeon; dove [dʌv] *поэт.*; ~ ми́ра the dove of peace; почто́вый ~ hóming pígeon, cárrier-pígeon; ~ свя́зи *воен.* cárrier-pígeon, méssenger-pígeon [-nʤə-]. **~я́тник** *м.* **1.** (*любитель голубей*) pígeon-fáncier; **2.** *зоол.* pígeon-hawk. **~я́тня** *ж.* dóve-còt(e) ['dʌv-], pígeon-house* [-s].

го́л||ый 1. (*обнажённый*) náked; (*ничем не покрытый*) bare; (*лишённый растительности*) bald; ~ое те́ло náked bódy [...'bɔ-]; ~ые дере́вья bare / náked trees; ~ая голова́ (*лысая*) bald head [...hed]; (*непокрытая*) bare head; ~ые но́ги bare legs; (*ступни*) bare feet; с ~ыми нога́ми báre-légged; (*о ступнях*) báre¦fóot-ed [-'fut-]; станови́ться ~ыми нога́ми stand* báre¦fóot; спать на ~ом полу́ sleep* on the bare floor [...flɔː], sleep* on the bare boards; **2.** *разг.* (*без примеси*) bare, náked, sheer; (*о спиртных напитках*) neat; ✧ ~ые фа́кты bare / náked facts; ~ая и́стина the náked truth [...-uːθ]; ~ыми рука́ми with bare hands.

голытьба́ *ж. тк. ед. собир. уст.* (*беднота*) the poor *pl.*; (*оборванцы*) the rágged *pl.*

голы́ш *м.* **1.** *разг.* (*о ребёнке*) náked child*, náked boy; (*о кукле*) náked báby doll; **2.** (*камень*) pebble. **~о́м** *нареч. разг.* stark náked.

голь *ж. тк. ед. собир.* (*беднота*) the poor *pl.*; (*нищие*) béggars *pl.*; ~ на вы́думки хитра́ *посл.* ≅ necéssity is the móther of invéntion [...'mʌ-...].

гольф *м. спорт.* golf; игра́ть в ~ play golf, golf.

гомеопа́т *м.* hòmoeópathist [houmɪ'ɔ-]. **~и́ческий** hòmoeopáthic [houmɪo-]. **~и́я** *ж.* hòmoeópathy [houmɪ'ɔ-].

гомери́ческий Homéric; ~ смех Homéric láughter [...'lɑːf-].

гоме́ровский Homéric.

гоминда́н *м. полит.* Kúòmintáng ['kuːou-]. **~ове́ц** *м.* mémber of the Kúòmintáng [...'kuːou-].

гомоге́нный *биол.* hòmogéneous.

го́мон *м. тк. ед.* húbbùb.

гомосексу||али́зм *м.* hómò¦sèxuálity. **~али́ст** *м.* hómò¦séxualist. **~а́льный** hómò¦séxual.

гонг *м.* gong; уда́рить в ~ strike* a gong.

гондо́ла *ж.* **1.** (*лодка*) góndola; **2.** (*аэростата*) (ballóon-)càr, (ballóon-)bàsket; (*дирижабля*) góndola, car, nàcélle [nɑː'sel].

гондолье́р *м.* gòndolíer [-'lɪə].

гоне́ни||е *с.* pèrsecútion; подверга́ться ~ю be pérsecùted; (*за участие в забастовке и т. п.*) be víctimìzed.

гоне́ц *м. уст.* (*курьер*) méssenger [-nʤə]; (*перен.: вестник*) hérald ['he-].

гони́мый 1. *прич. см.* гнать; **2.** *прил.* pérsecùted.

гонио́метр *м. физ.* gòniómeter [gou-].

гони́тель *м.* pérsecùtor, oppréssor.

го́нк||а *ж.* **1.** *тк. ед. разг.* (*спешка*) haste [heɪst], húrry; (*беспорядочная*) húrry-scúrry; ~ вооруже́ний arms / ármaments race / drive; **2.** *тк. ед.* (*сплав по реке*) ráfting; **3.** *мн. спорт.* race *sg.*; автомоби́льные, велосипе́дные ~и mótor, cycle race; гребны́е ~и boat race; па́русные ~и regátta *sg.*; ✧ зада́ть ~у кому́-л. *разг.* give* smb. a good tálking-tò.

гоноко́кк *м. бакт.* gònocóccus (*pl.* gònocócci).

го́нор *м. разг.* árrogance; он с больши́м ~ом he is very árrogant, he is on his high horse.

гонора́р *м.* fee; а́вторский ~ áuthor's emóluments *pl.*; (*с тиража*) róyalties *pl.*

гоноре́я *ж. мед.* gònorrhóea [-'riːə].

го́ночн||ый rácing; ~ автомоби́ль rácing car, rácer; ~ая я́хта rácing yacht [...jɔt], rácer.

гонт *м. тк. ед. собир. стр.* shíngles *pl.* (*for roofing*); кры́тый ~ом shíngle-roofed. **~ово́й** *прил. к* гонт.

гонча́р *м.* pótter. **~ный** pótter's; ~ное произво́дство póttery; ~ное иску́сство cerámics; ~ный круг pótter's wheel; ~ные изде́лия póttery *sg.*, éarthenwàre ['əːθ-] *sg.*

го́нчая *ж. скл. как прил.* hound; (*на лисицу*) fóxhound; (*на зайца*) beagle.

го́нщик *м.* **1.** *спорт.* rácer; автомобили́ст-~ rácing mótorist [...'mou-]; **2.** (*сплавщик*) ráfter.

гоня́ть (*вн.*) **1.** drive* (*d.*); (*прогонять*) drive* a¦wáy (*d.*); ~ с ме́ста на ме́сто drive* from one place to another, *или* from place to place; drive* from píllar to post [...pou-] *идиом.*; ~ ло́шадь на ко́рде lunge *a* horse; **2.** *разг.* (*посылать кого-л.*) make* (*d.*) run érrands, send* on érrands (*d.*); ~ кого́-л. за чем-л. make* smb. run for smth.; ✧ ~ ло́дыря *разг.* idle, loaf. **~ся** (за *тв.*; *преследовать*) chase [-s] (*d.*), pursúe (*d.*); (*на охоте*) hunt (*d.*); (*перен.*) *разг.* pursúe (áfter), hunt / seek* (áfter); ~ся за по́честями seek* áfter hónours [...'ɔnəz].

гопа́к *м.* hopák (*Ukrainian folk dance*).

гор||а́ *ж.* **1.** móuntain; (*невысокая*) hill; (*для катания на санках*) tobóggan-shoot, tobóggan-slide; америка́нские го́ры (*для катания в вагонетках по рельсам*) swítchbàck *sg.*; ката́ться с ~ы́ tobóggan; идти́ в го́ру go* úp¦híll; (*перен.*) rise* / go* up in the world; do well; идти́ под ~у go* dównhíll; **2.** *разг.* (*куча*) pile; heap (*тж. множество*); ✧ наде́яться на кого́-л. как на ка́менную го́ру ≅ put* implícit faith in smb., place implícit cónfidence in smb.; не за ~а́ми not far dístant, at hand; пир ~о́й súmptuous feast; стоя́ть ~о́й (за *вн.*) *разг.* defénd with might and main (*d.*), stand* through thick and thin (by); сули́ть золоты́е го́ры (*дт.*) prómise wónders [-s 'wʌ-] (*i.*), prómise the earth [...əːθ] (*i.*); ~ с плеч (свали́лась) a load has been táken off one's mind.

гора́зд *предик.* (на́ *вн.*) *разг.* clév-er ['kle-] (at), good (at); кто во что ~ each does what he can; он на всё ~ he can do ány¦thing; he's a Jack of all trades *идиом.*

гора́здо *нареч.* much, far; ~ лу́чше much / far bétter, bétter by far.

горб *м.* hump; ✧ свои́м ~о́м *разг.* ≅ by dint of one's own hard toil [...oun...]. **~а́тый** húmpbàcked, húnchbàcked; (*сильно сгорбленный*) bent; ~а́тый нос áquilìne / hooked nose; ~а́тый мост arched bridge; ✧ ~а́того моги́ла испра́вит *погов.* ≅ he will die as he lived [...lɪvd]; ≅ can the léopard change his spots? [...'lepəd ʧeɪ-...]. **~и́нка** *ж.*: нос с ~и́нкой áquilìne nose, Róman nose.

го́рбить, сго́рбить (*вн.*) arch (*d.*), hunch (*d.*); ~ спи́ну hunch one's back. **~ся**, сго́рбиться stoop; *сов. тж.* become* bent.

горбоно́сый hóok-nósed.

горб||у́н *м.*, **~у́нья** *ж.* húmpbàck, húnchbàck.

горбу́ша *ж.* (*рыба*) húmpbàck, húmpbàcked sálmon [...'sæmən].

горбу́шка *ж.* crust (*end of loaf*), heel.

горбы́ль *м. тех.* slab.

горде́ливо I *прил. кратк. см.* горде́ливый.

горде́лив||о II *нареч.* háughtily, próudly. **~ость** *ж.* háughtiness, pride; (*величавость*) májesty. **~ый** háughty, proud; (*величавый*) majéstic.

горде́ц *м.* proud man*.

го́рдиев: ~ у́зел Górdian knot.

горди́ться 1. (*тв.*) be proud (of), take* pride (in); (*кичиться*) pride òne¦sélf (up¦ón); зако́нно ~ чем-л. take* a legítimate pride (in); **2.** (*без. доп.*; *держать себя горделиво*) put* on háughty airs, look háughty; mount / ride* the high horse *идиом.*

го́рдо I *прил. кратк. см.* го́рдый.

го́рд||о II *нареч.* próudly. **~ость** *ж.* pride. **~ый 1.** proud; **2.** (*величавый*) majéstic. **~ы́ня** *ж.* pride, árrogance. **~я́чка** *ж. разг.* proud wóman* [...'wu-].

го́р||е *с.* grief [griːf], sórrow; (*несчастье*) misfórtune [-ʧən]; (*беда*) distréss; обезу́меть от ~я be distráught with grief; к моему́ ~ю, на моё ~ ùnfórtunate¦ly for me [-ʧnɪ-...], to my grief; сде́лать что-л. на своё ~ do smth. to one's misfórtune, do smth. ùnfórtunate¦ly / ùn¦-

lúckily for one; причиня́ть кому́-л. ~ grieve smb. [-i:v...]; ◇ ~ в том, что the trouble is that [...trʌ-...]; ему́ и ~я ма́ло nothing tóuches him [...'tʌ-...], he does¦n't care a hang; с ~я of grief, with grief; он с ~я за́пил he drowns his grief in drink; уби́тый ~ем bróken-héarted [-'hɑ:t-]; ~ мне! woe is me!; ~ мне с тобо́й! *разг.* ≅ what a trouble you are!; слеза́ми ~ю не помо́жешь *посл.* ≅ it's no use crýing óver spilt milk [...ju:s...].

го́ре- (*в сложн. словах*) sórry, apólogy for; ~-поэ́т sórry póet, pòetáster; ~-руководи́тель góod-for-nòthing diréctor, apólogy for a diréctor.

горева́ть (о *пр.*) grieve [gri:v] (for); (*оплакивать*) mourn [mɔ:n] (óver, for).

горе́лка *ж.* búrner; (*у газовой плиты*) gás-stòve búrner.

горе́лки *мн.* (*игра*) catch *sg.*; игра́ть в ~ play catch.

горе́л||ый burnt, scorched; па́хнет ~ым there is a smell of búrning.

горелье́ф *м. иск.* high relíef [...-'li:f], álto-relíevò ['æltourı'li:vou].

горемы́||ка *м. и ж. разг.* poor / ùnfórtunate créature [...-ʧnıt...], poor dévil. **~чный** míserable [-z-], wrétched, háp¦less.

горе́ние *с.* búrning; (*сгорание*) combústion [-sʧən]; (*перен.*) enthúsiàsm [-zı-]; ~ дуги́ *эл.* árc¦ing.

го́ренка *ж. уменьш. от* го́рница.

го́рест||и *мн.* misfórtunes [-ʧənz], sórrows; tríals and trìbulátions; пережи́ть мно́го ~ей have / know* much sórrow (in one's life) [...nou...].

го́рестно I *прил. кратк. см.* го́рестный.

го́рестн||о II *нареч.* sórrowfully, sád¦ly. **~ый** sórrowful, sad; (*достойный жалости*) pítiful; (*выражающий скорбь*) móurnful ['mɔ:-].

гор||е́ть 1. burn*; дом ~и́т the house* is on fire [...-s...]; 2. (*блестеть*) shine*; (*о глазах*) sparkle; ◇ рабо́та ~и́т в его́ рука́х the work melts in his hands; де́ло ~и́т things are gó¦ing swímming¦ly; things are gó¦ing without a hitch; ~ в жару́ be féver¦ish; ~ жела́нием (+ *инф.*) burn* with the desíre [...-'zaıə] (+ to *inf.*), burn* (+ to *inf.*), be éager [...'i:gə] (+ to *inf.*); земля́ ~и́т у него́ под нога́ми the place is getting too hot for him.

го́рец *м.* mountainéer; (*шотландский*) Híghlander.

го́речь *ж.* (*горький вкус*) bítter taste [...teı-]; (*что-л. горькое*) bítter stuff; (*перен.*) bítterness.

го́ржа *ж. воен., тех.* gorge.

горже́тка *ж. разг.* bóa ['bouə], nécklet.

горизо́нт *м.* 1. horízon (*тж. перен.*);ský¦lìne; и́стинный ~ *астр.* true / celéstial / rátional horízon [...'ræ-...]; ви́димый ~ appárent / sénsible / vísible horízon [ə'pæ-... 'vız-...]; 2. (*уровень*) lével ['le-]; ~ воды́ wáter-lèvel ['wɔ:təle-].

горизонта́ль *ж.* hòrizóntal, hòrizóntal line; (*на карте*) cóntour line [-tuə...]; по горизонта́ли (*в кроссворде*) acróss. **~ность** *ж.* hòrizontálity. **~ный** hòrizóntal; ~ная ли́ния hòrizóntal (line).

гори́лла *ж. зоол.* gorílla.

горисполко́м *м.* (городско́й исполни́тельный комите́т) cíty / town exécutive commíttee ['sı-...-tı].

гори́стый móuntain¦ous; (*холмистый*) hílly.

горихво́стка *ж. зоол.* rédstàrt.

горицве́т *м. бот.* lýchnis.

го́рка *ж.* 1. hill; (*холмик*) híllock; 2. (*шкафчик*) cábinet; 3. *ав.* vértical climb [...klaım].

го́ркнуть, прого́ркнуть turn / become* bítter; (*о жирах*) turn / become* ráncid.

горко́м *м.* (городско́й комите́т) cíty / town commíttee ['sı-...-tı].

горла́||н *м. разг.* báwler. **~нить** *разг.* bawl, yell. **~стый** *разг.* nóisy [-zı], vocíferous, báwling.

го́рли||нка *ж.*, **~ца** *ж.* túrtle-dòve [-dʌv].

го́рл||о *с.* throat; дыха́тельное ~ *анат.* wíndpìpe ['wı-]; боле́зни ~а diséases of the throat [-'zi:-...]; в ~е пересо́хло *one's* throat is dry / parched; ◇ схвати́ть за ~ (*вн.*) seize / take* by the throat [si:z...] (*d.*); драть ~ *разг.* bawl, yell; крича́ть во всё ~ *разг.* shout / yell at the top of one's voice; по ~ up to the neck; *разг.* (*много*) more than enóugh [... ı'nʌf], enóugh and to spare; быть сы́тым по ~ be full up; приста́ть с ножо́м к ~у к кому́-л. *разг.* péster smb., wórry the life out of smb. ['wʌ-...]; стать попере́к ~а кому́-л. *разг.* make* smb. sick; слова́ застря́ли в ~е the words stuck in *one's* throat; промочи́ть ~ *разг.* have a drink. **~ови́к** *м. разг.* (*врач*) throat spécialist [...'spe-]. **~ово́й** *прил. к* го́рло; ~ово́й го́лос gúttural voice; ~ова́я чахо́тка tubèrculósis of the throat; làryngéal phthísis [-n'ʤi:əl 'θaı-] *научн.*

го́рлышк||о *с.* 1. *уменьш. от* го́рло; 2. (*бутылки*) neck; (*сосуда*) mouth*; пить из ~а guzzle.

гормо́н *м. физиол.* hórmòne.

горн I *м. тех.* fúrnace, hearth [hɑ:θ]; кузне́чный ~ forge, fórging fúrnace; кри́чный ~ refínery fire [-'faı-...], blóomery.

горн II *м. муз.* bugle.

го́рний *поэт., уст.* celéstial, èmpyréan [-paı'rıən]; (*возвышенный*) lófty, élevàted.

горни́ло *с. поэт.* hearth [hɑ:θ]; (*перен.*) crúcible.

горни́ст *м.* búgler.

го́рница *ж. уст.* room, chámber ['ʧeı-].

го́рничная *ж. скл. как прил.* hóuse¦maid [-s-]; (*камеристка*) lády's maid; (*в гостинице и т. п.*) chámbermaid ['ʧeı-]; (*на пароходе*) stéwardess.

горнозаво́д||ский míning and mètallúrgical; ~ская промы́шленность míning and mètallúrgical índustry. **~чик** *м.* ówner of a mètallúrgical works ['ounə...].

горнолы́жник *м.* móuntain-skìer [-ski:ə,-ʃi:ə].

горнопромы́шленный míning(*attr.*).

горнорабо́чий *м.* míner.

горнору́дный míning.

горноста́евый *прил. к* горноста́й; ~ мех érmine.

горноста́й *м.* 1. (*в зимней шкурке*) érmine; (*в летней*) stoat; 2. (*мех*) érmine.

го́рн||ый 1. *прил. к* гора́ 1; ~ая цепь móuntain chain, chain / range of móuntains [...reı-...]; ~ая боле́знь móuntain síckness; ~ прохо́д móuntain-pàss; ~ое уще́лье móuntain gorge, défile ['di:-]; 2. (*гористый*) móuntain¦ous; ~ая страна́ móuntain¦ous cóuntry[...'kʌ-]; (*местность*) híghlands *pl.*; 3. (*относящийся к разработке недр*) míning; ~ая промы́шленность míning índustry; ~ институ́т Ínstitùte / Cóllege of Mines; ~ое де́ло míning; ~ инжене́р míning ènginéer [...enʤ-]; 4. (*минеральный*) rock (*attr.*); ~ хруста́ль rock crýstal; ~ая поро́да rock; ~ лён *мин.* àsbéstòs [æz-]; ◇ ~ое со́лнце àrtifícial sún¦lìght. **~я́к** *м.* (*рабочий*) míner; (*горный инженер*) míning ènginéer [...enʤ-]; (*студент*) míning stúdent. **~я́цкий** míning, míners'.

го́род *м.* 1. town; cíty ['sı-] (*англ. тк. об очень крупном городе*; *амер. о всяком городе*); столи́чный ~ cápital (cíty); провинциа́льный ~ províncial town; гла́вный ~ chief town [ʧi:f...]; ~ и дере́вня town and cóuntry [...'kʌ-]; вы́ехать за́ ~ go* out of town, go* to the cóuntry; жить за́ ~ом live out of town [lıv...]; пойти́ в ~ go* to town; 2. *спорт.* home; ◇ зелёный ~ gárden súbùrb.

го́род-геро́й *м.* héro-town, hérò-cìty [-sı-].

городи́ть (*вн.*) *разг.*: ~ вздор ≅ talk nónsense; огоро́д ~ ≅ make* a fuss; не́чего бы́ло огоро́д ~ there was no need to make all that fuss.

городи́шко *с.* gód-forsàken little town.

городи́ще *с. археол.* site of áncient town [...'eınʃ°nt...].

городки́ *мн. спорт.* gòrodkí [-'kı] (*kind of skittles*).

городни́чий *м. скл. как прил. ист.* góvernor (of a town) ['gʌ-...].

городово́й *м. скл. как прил. ист.* políce¦man* [-'li:s-].

городо́к *м.* 1. *уменьш. от* го́род 1; 2. small town; вое́нный ~ cantónment [-'tu:n-].

городо́шник *м.* gòrodkí pláyer [-'kɪ...].

го́род-са́д *м.* gárden-cíty [-'sɪ-].

городск||о́й *прил. к* го́род 1; *тж.* úrban; (*муниципальный*) mùnícipal; ~ жи́тель tówn-dwéller, cíty-dwéller ['sɪ-]; tówns|man* (*pl. собир.* tównspèople [-zpi:-], tównsfòlk [-z-]); ~о́е населе́ние úrban pòpulátion; ~ сове́т Town Sóvièt; ~ голова́ *ист.* mayor [mɛə]; ~а́я ду́ма *ист.* mùnícipal dúma [...'du:-], town cóuncil; (*о здании*) town hall; ~о́е управле́ние mùnìcipálity, town cóuncil, úrban cóuncil.

горожа́н||е *мн. собир.* tównspèople [-zpi:pl], tównsfòlk [-z-]. **~ин** *м.* towns|man*, tówn-dwéller, cíty-dwéller ['sɪ-]. **~ка** *ж.* tówn-dwéller, cíty-dwéller ['sɪ-].

горообразова́ние *с. геол.* òrogénèsis.

горoccкóп *м.* hóroscòpe; соста́вить ~ cast* a hóroscòpe.

горо́х *м.* 1. *тк. ед.* (*растение*) pea; стручо́к ~а pea rod; 2. *собир.* peas *pl.*; лущёный ~ split peas; кру́пный ~ márrowfàt; ✧ как об сте́ну ~ *разг.* ≅ (like bé|ing) up agáinst a blank wall; при царе́ Горо́хе ≅ in the year dot. **~овый** *прил. к* горо́х; ~овый цвет péa-green, gráy-green; ~овый кисе́ль pea jélly; ~овый суп péa-sóup [-'su:p]; ~овое пюре́ péase-púdding [-'pu-]; ✧ чу́чело ~овое scáre|crow [-ou]; шут ~овый ≅ clown, bùffóon, tómfóol.

горо́||шек *м.* 1.: души́стый ~ *бот.* sweet pea(s) (*pl.*); зелёный ~ green peas *pl.*; 2. (*крапинки*) spots *pl.*; в ~ (*о материи*) spótted. **~шина** *ж.*, **~шинка** *ж.* pea.

горсове́т *м.* (городско́й сове́т) Town Sóvièt.

го́рсточка *ж.* small hándful.

горсть *ж.* 1. (*руки*) hóllow of the hand; держа́ть ру́ку ~ю make* a cup of one's hand; 2. (*содержимое; прям. и перен.*) hándful.

горта́нный 1. *лингв.* gúttural; 2. *анат.* làryngéal [-n'dʒi:əl].

горта́н||ь *ж. анат.* lárynx; ✧ у него́ язы́к прили́п к ~и he was struck dumb.

горте́нзия *ж. бот.* hỳdrángea [haɪ-'dreɪndʒə].

горчи́ть taste bítter [teɪst...], have a bítter taste; (*о жирах*) have a ráncid taste.

горчи́ца *ж.* mústard.

горчи́чн||ик [-шн-] *м.* mústard pláster; ста́вить ~ (на *вн.*) put* *a* mústard plaster (on), applý *a* mústard pláster (to). **~ица** [-шн-] *ж.* mústard-pòt. **~ый** [-шн-] mústard (*attr.*); ~ое зерно́ mústard seed; ~ый газ mústard gas; ~ое ма́сло mústard-óil.

горще́чн||ик *м.* pótter. **~ый** póttery (*attr.*); ~ый про́мысел póttery; ~ый това́р póttery, éarthenwàre ['ə:θ-]; ~ая гли́на pótter's clay.

горшо́к *м.* (éarthenwàre) pot ['ə:θ-...]; цвето́чный ~ flówer-pòt; ночно́й ~ (chámber)-pòt ['tʃeɪ-].

го́рьк||ая *ж. скл. как прил. тк. ед.*: англи́йская ~ Énglish bítters ['ɪŋ-...] *pl.*; ру́сская ~ Rússian bítters [-ʃən...] *pl.*; ✧ пить ~ую drink* hard.

го́рьк||ий (*прям. и перен.*) bítter; (*об участи и т. п.*) míserable [-z-]; ~ как полы́нь bítter as wórmwood [...-wud]; ~ая до́ля hard / cruel lot; ~ая и́стина bítter / ùnpálatable truth [...-u:θ]; ~ие слёзы bítter tears; ✧ ~ пья́ница hópe|less / confírmed / invéterate drúnkard.

го́рько I 1. *прил. кратк. см.* го́рький; 2. *предик. безл.*: мне ~ слы́шать таки́е слова́ it pains / distrésses me to hear such words, I am pained / distréssed to hear such words; ему́ ста́ло о́чень ~ he was sick at heart [...hɑ:t], he felt very bítter.

го́рько II *нареч.* bítterly; ~ пла́кать cry bítterly, shed* bítter tears.

горькова́тый bítterish, ráther bítter ['rɑ:-...].

горю́ч||ее *с. скл. как прил. тех.* fúel (oil) ['fju-...]. **~есть** *ж.* combùstibílity; (*воспламеняемость*) inflàmmabílity. **~ий** combústible; (*воспламеняющийся*) inflámmable; ~ий материа́л combústibles *pl.*; (*топливо*) fúel ['fju-]; ~ая смесь *тех.* gas míxture; ✧ ~ие слёзы *разг.* scálding tears.

горя́чечн||ый: ~ бред delírium; ~ая руба́шка strait wáistcoat / jácket.

горя́ч||ий 1. hot; (*перен.*) árdent, férvent, férvid; (*пылкий*) pássionate, fíery; (*о приёме, встрече и т. п.*) héarty ['hɑ:tɪ], córdial; ~ исто́чник hot springs *pl.*; ~ая обрабо́тка (*металла*) heat tréatment; о́чень ~ (*о пище*) píping hot; ~ее жела́ние árdent / férvent wish; ~ая любо́вь árdent / pássionate love [...lʌv]; ~ее сочу́вствие warm / héartfélt sýmpathy [...'hɑ:t-...]; ~ о́тклик warm / córdial / héarty respónse; 2. (*вспыльчивый; страстный*) hót-témpered; (*о лошади*) fíery, méttle|some; ~ спор héated árgument, héated / hot discússion; ~ая голова́ hóthead [-hed]; ~ие ре́чи fíery / impássioned / árdent spéeches; 3. (*о времени*) búsy ['bɪzɪ]; ✧ ~ след hot scent, fresh track; по ~им следа́м (*рд.*) hot on the heels (of), close in the tracks [-s...] (of); (*перен.: не теряя времени*) fórth|with, without deláy.

горячи́тельн||ый *уст.*: ~ые напи́тки intóxicàting / strong drinks.

горячи́ть, разгорячи́ть (*вн.*) excíte (*d.*). **~ся**, разгорячи́ться get* excíted; (*раздражаться*) get* ángry, get* into a témper / pássion.

горя́чк||а *ж.* 1. *уст.* féver; бе́лая ~ delírium trémèns (*сокр.* D. T.); роди́льная ~ pùérperal féver; 2. *разг.* (*спешка*) féver|ish haste [...heɪst]; поро́ть ~у húrry-scúrry, do smth. húrry-scúrry; не на́до поро́ть ~у there's no need for such húrry-scúrry. **~ность** *ж.* 1. (*увлечение*) árdour, férvour; (*пылкость*) warmth; 2. (*вспыльчивость*) hástiness ['heɪ-].

горячо́ I 1. *прил. кратк. см.* горя́чий; 2. *предик. безл.*: мне, ему́ *и т. д.* ~ it is too hot for me, him, *etc.*

горячо́ II *нареч.* hót|ly, with heat; wármly, with warmth; ~ люби́ть (*вн.*) love déarly [lʌv...] (*d.*); ~ люби́мый belóved [-'lʌvd]; ~ сочу́вствовать (*дт.*) sýmpathìze déeply (with); ~ спо́рить árgue hót|ly, árgue with heat; ~ поздравля́ть (*вн.*) con|grátulàte héartily [...'hɑ:t-] (*d.*); ~ говори́ть speak* with warmth / férvour; ~ взя́ться за что-л. set* to work on smth. with a will, *или* with árdour / zeal; set* about doing smth. with a will, *или* with árdour / zeal / spírit.

гос- *сокр.* госуда́рственный.

госаппара́т *м.* (госуда́рственный аппара́т) State machínery [...-'ʃi:-], machínery of State.

госба́нк *м.* (**Госуда́рственный банк**) the State Bank.

госбюдже́т *м.* (госуда́рственный бюдже́т) the State búdget.

госпитализ||а́ция *ж.* hòspitàlizátion. **~и́ровать** *несов. и сов.* (*вн.*) hóspitalìze (*d.*).

го́спит||аль *м.* (mílitary) hóspital; полево́й ~ field hóspital [fi:ld...], ámbulance; móbìle hóspital ['mou-...]. **~а́льный** *прил. к* го́спиталь.

госпла́н *м.* (Госуда́рственный пла́новый комите́т СССР) Gòsplán (State Plánning Commíttee of the USSR [...-tɪ...]).

господа́ *мн.* 1. géntle|men; (*мужчины и женщины*) ládies and géntle|men; э́ти ~ (*презрительно*) these géntry; 2. (*при фамилии*) Messrs. ['mesəz]; 3. (*хозяева*) the másters.

го́споди *межд. разг.* good héavens! [...'he-], good grácious!, góodness! ['gud-]; не дай ~! God forbíd!

господи́н *м.* 1. géntle|man*; 2. (*при фамилии*) Mr. ['mɪstə]; (*в официальной речи — о русских, французах и др.*) Monsíeur [mə'sjə:] (*сокр.* M.); (*об итальянцах*) Signòr ['si:njɔ:]; (*о немцах*) Herr [hɛə]; ~ президе́нт Mr. Président [...-zɪ-]; 3. (*хозяин*) the máster; сам себе́ ~ one's own máster [...oun...]; ✧ ~ положе́ния máster of the sìtuátion; ~ своего́ сло́ва man* of one's word.

госпо́дский 1. *прил. к* господи́н 3 *и* господа́ 3; 2. (*помещичий*) manórial; ~ дом mánor-house* ['mæ- -s].

госпо́дство *с.* 1. suprémacy; (*политическое тж.*) rule, sway; ~ (над) dòminátion / domínion / ascéndency (óver); мирово́е ~ world suprémacy; ~ в во́здухе suprémacy in the air; **2.** (*преоблада́ние*) prévalence, predóminance.

госпо́дств||овать 1. (*над*) rule (*d.*, óver), have domínion (óver); sway (*d.*) *поэт.*; **2.** (*без доп.*; *преоблада́ть*) preváil, predóminàte; **3.** (над; *возвыша́ться*) commánd [-ɑːnd] (*d.*), dóminàte (*d.*), rise* (above), tówer (above). **~ующий 1.** (*вла́ствующий*) rúling; ~ующий класс rúling class; **2.** (*преоблада́ющий*) preváiling, prévalent, predóminant.

госпо́дь *м. тк. ед.* God, the Lord; ◇ ~ его́ зна́ет! who knows! [... nouz], góodness knows! ['gud-...]; ~ с тобо́й! God bless you!; (*в восклица́ниях удивле́ния, негодова́ния*) bless you, no!; bless your heart, no! [...hɑːt...], nothing of the sort!; ~ с ним let's forgét him [...-'get...].

госпожа́ *ж.* **1.** lády; *ирон.* dame; **2.** (*при фами́лии*) Mrs. ['mɪsɪz]; (*в официа́льной ре́чи и ча́сто в разгово́ре — о ру́сских, францу́женках и др.*) Mádame (*сокр.* Mme.), Màdemoisélle [mædəm'zel] (*сокр.* Mlle.); (*об италья́нках*) Signóra, Sìgnorína [-njo'riː-]; (*о не́мках*) Frau [-au], Fräulein [-ɔɪlaɪn]; **3.** (*хозя́йка*) místress.

госстра́х *м.* (госуда́рственное страхова́ние) State / Nátional Insúrance [...'næ- -'ʃuə-].

гостево́й guest (*attr.*); ~ биле́т guest / cóurtesy tícket [...'kəːtsɪ...].

гостеприи́м||ный hóspitable. **~ство** *с.* hòspitálity.

гости́ная *ж. скл. как прил.* **1.** dráwing-room; (*бо́лее скро́мная*) sítting-room; (*пара́дная*) recéption-room; **2.** (*компле́кт ме́бели*) dráwing-room suite [...swiːt].

гости́нец *м. разг.* présent [-ez-]; *мн.* (*сла́сти*) sweets.

гости́ниц||а *ж.* hòtél; (*постоя́лый двор*) inn; содержа́тель ~ы hòtél-propríetor, hòtél-keeper; (*постоя́лого двора́*) ínnkeeper.

гости́ный: ~ двор *ист.* Gostíny Dvor; ≅ àrcáde(s) (*pl.*), row(s) of shops [rou(z)...] (*pl.*).

гости́ть (у) stay (with), be on a vísit [...-z-] (to).

гост||ь *м.*, **~ья** *ж.* vísitor [-z-], guest; почётный ~ guest of hónour [...'ɔnə]; идти́ в ~и (к) vísit [-z-] (*d.*), pay* a vísit (*i.*), go* on a vísit (to); быть в ~я́х (у) be on a vísit (to); принима́ть ~е́й recéive vísitors / guests [-'siːv...]; ◇ в ~я́х хорошо́, а до́ма лу́чше *посл.* ≅ there's no place like home; east or west, home is best.

госуда́рственн||ость *ж.* State sýstem, State òrganìzátion [...-naɪ-], státe¦hood [-hud]; социалисти́ческая ~ sócialist státe¦hood. **~ый** *прил.* к госуда́рство; ~ый строй règíme [reɪ'ʒiːm], polítical sýstem; ~ая власть State pówer, State authórity; ~ое пра́во públic law ['pʌ-...]; ~ое устро́йство State òrganìzátion [...-naɪ-], pólity; ~ая грани́ца fróntier ['frʌ-]; ~ый долг nátional debt ['næ- det]; ~ый язы́к offícial lánguage; ~ый переворо́т coup d'état (*фр.*) ['kuːdeɪ'tɑː]; ~ый челове́к, де́ятель státes¦man*; ~ый ум státes¦manship, státe¦cràft; ~ая та́йна State sécret; ~ая слу́жба State / públic sérvice; (*в А́нглии*) Cívil Sérvice; ~ый слу́жащий State èmployée; (*в А́нглии*) Cívil Sérvant; ~ая казна́ fisc; ~ая изме́на high tréason [...-z°n]; ~ой ва́жности of nátional impórtance; ~ый флаг State / nátional flag.

госуда́рств||о *с.* State; Сове́тское ~ Sóvièt State; ~а — уча́стники (*организа́ции, конфере́нции и т. п.*) Mémber States, Mémbers.

госуда́рыня *ж. ист.* sóvereign [-rɪn]; (*в обраще́нии*) Your Májesty, Mádam ['mæ-]; ◇ ми́лостивая ~ (*в обраще́нии*) mádam; (*в письме́*) Mádam; (*ме́нее официа́льно*) Dear Mádam.

госуда́рь *м. ист.* sóvereign [-rɪn]; (*в обраще́нии*) Your Májesty; Sire *уст.*; ◇ ми́лостивый ~ (*в обраще́нии*) sir; (*в письме́*) Sir; (*ме́нее официа́льно*) Dear Sir.

гот *м. ист.* Goth.

го́т||ика *ж.* Góthic. **~и́ческий** Góthic; ~и́ческий стиль Góthic style; ~и́ческий шрифт Góthic (type), bláck-lètter; ~и́ческая архитекту́ра Góthic, Góthic árchitècture [...-kɪ-].

гото́ва́льня *ж.* case of dráwing ínstruments [-s...].

гото́вить, пригото́вить **1.** (*вн.*) prepáre (*d.*), make* réady [...'redɪ] (*d.*); (*вн.* к *дт.*) prepáre (*d.* for); (*обуча́ть тж.*) train (*d.* for); ~ уро́к do one's hóme¦wòrk; ~ кого́-л. к экза́мену coach smb. for *an* exàminátion; ~ в лётчики train (*d.*) to be an áir¦man*; ~ кни́гу к печа́ти prepáre *a* book, *или* make* *a* book réady, for the press; **2.** (*вн. или без доп.*; *стря́пать*) cook (*d.*); (*вн.*) make* (*d.*); **3.** (*вн.*; *припаса́ть*) lay* in (*d.*), províde òne¦sélf (with); **4.** (что-л. кому́-л.; *замышля́ть*) have in store (smth. for smb.), prepáre (smth. for smb.); ~ кому́-л. сюрпри́з have a surpríse in store for smb. **~ся**, пригото́виться **1.** (к; +*инф.*) prepáre (for; + to *inf.*), get*/ make* réady [...'re-] (for; + to *inf.*); ~ся к зачёту по геогра́фии get* / read* up one's geógraphy; **2.** *тк. несов.* (*без доп.*; *надвига́ться*) be ahéad [...ə'hed], be abóut to take place; (*об опа́сности и т. п.*) be ímminent, be thréatening [...'θre-]; **3.** *страд.* к гото́вить.

гото́вка *ж. разг.* cóoking.

гото́вност||ь *ж.* **1.** réadiness ['redɪ-]; (*подгото́вленность*) prepáred¦ness; в боево́й ~и in fíghting trim, réady for áction ['re-...]; (*о корабле́*) cleared for áction; в по́лной ~и pérfectly réady; прове́рить ~ чего́-л. к чему́-л. àscertáin how far smth. is réady for smth.; **2.** (*жела́ние сде́лать что-л.*) wílling¦ness; изъяви́ть по́лную ~ сде́лать что-л. expréss one's pérfect wílling¦ness, *или* expréss one's compléte réadiness, to do smth.

гото́в||ый 1. (к) réady ['redɪ] (for); (*подгото́вленный*) prepáred (for); обе́д гото́в dínner is réady; **2.** (на *вн.*; + *инф.*; *согла́сный*) wílling (+ to *inf.*), réady (for; + to *inf.*), prepáred (for; + to *inf.*); ~ на вся́кие же́ртвы, на вся́кий риск réady / prepáred to make any sácrifice, to take any risk; он гото́в на всё he is wílling / réady / prepáred to do ány¦thing; **3.** (*сде́ланный, зако́нченный*) fínished; (*о пла́тье*) réady-máde ['re-]; ~ые изде́лия fínished árticles; ◇ ~ к услу́гам (*заключи́тельная фо́рмула письма́*) ≅ yours fáithfully; всегда́ гото́в! (*во́зглас пионе́ров*) ever réady!; (жить) на всём ~ом (be províded) with board and lódging, board and lódging found, all found.

го́тский *ист.* Góthic; ~ язы́к Góthic, the Góthic lánguage.

готтенто́т *м.* Hóttentòt.

гофриро́ванн||ый *прич. и прил.* crimped; (*гл. обр. об отде́лке пла́тья*) góffered ['gou-]; ~ воротни́к góffered cóllar; ~ое желе́зо córrugàted íron [...'aɪən].

гофрирова́ть *несов. и сов.* (*вн.*) crimp (*d.*); (*о тка́ни*) góffer ['gou-] (*d.*); (*о желе́зе*) córrugàte (*d.*); (*наноси́ть релье́фный рису́нок*) embóss (*d.*).

гофриро́вка *ж. тк. ед.* góffers ['gou-] *pl.*

граб *м. бот.* hórnbeam.

грабёж *м.* róbbery; (*мародёрство*) píllage, plúnder(ing); занима́ться грабежо́м rob, plúnder.

граби́тель *м.* róbber; (*взло́мщик*) búrglar. **~ский** *прил. к* граби́тель; *тж.* prédatory; (*о це́нах*) extórtionate, exórbitant; ~ские во́йны prédatory wars. **~ство** *с.*=грабёж.

гра́бить, огра́бить **1.** (*вн.*) rob (*d.*); (*о завоёванном го́роде*) sack (*d.*); **2.** *тк. несов.* (*без доп.*; *занима́ться грабежо́м, мародёрствовать*) píllage, plúnder, loot.

гра́бли *мн.* rake *sg.*; ко́нные ~ hórse-ràke *sg.*

грабшти́хель *м. тех.* en¦gráving tool, gráver.

гравёр *м.* en¦gráver; (*офорти́ст*) étcher; ~ по де́реву wóod-cùtter ['wud-], wóod-en¦gráver ['wud-]; ~ по ка́мню lápidary; ~ по ста́ли stéel-cùtter. **~ный** en¦gráver's, en¦gráving; ~ное иску́сство en¦gráving.

гра́в||ий *м.* grávеl ['græ-]; посыпа́ть ~ием (*вн.*) grável (*d.*).

гравирова́льн||ый en¦gráver's; ~ инструме́нт búrin, gráver; ~ая доска́ (*стальная*) steel plate; (*медная*) cópper plate; ~ая игла́ (*для офорта*) étching needle.

гравир||ова́ть, вы́гравировать (*вн.*) en¦gráve (*d.*); (*вытравлять*) etch (*d.*); ~ по де́реву, на ме́ди cut* /en¦gráve on / in / up¦ón wood, cópper [...wud...]. **~о́вка** *ж.* en¦gráving. **~о́вщик** *м.* *разг.*=гравёр.

гравита́ция *ж.* *физ.* gràvitátion.

гравю́ра *ж.* en¦gráving, print; (*офорт*) étching; цветна́я ~ cólour¦ed print ['kʌ-...]; ~ на де́реве wóodcùt ['wud-]; ~ на ме́ди cópper-plàte en¦gráving; ~ на ста́ли stéel-en¦gráving.

град I *м.* hail; (*перен. тж.*) rain, shówer; (*поток вопросов, насмешек и т. п. тж.*) vólley; ~ идёт it is háiling, it hails; ~ пуль hail of búllets [...'bu-]; засы́пать ~ом вопро́сов (*вн.*) délùge / òver¦whélm with quéstions [...sʧ-] (*d.*).

град II *м.* *поэт.*, *уст.*=го́род 1.

града́ция *ж.* gradátion.

градие́нт *м.* *физ.* grádient.

гра́дина *ж.* *разг.* háil-stòne.

гради́р||ня *ж.* *тех.* 1. (*приспособление*) sáltpàn; 2. (*здание*) sált-wòrks; **~ование** *с.* evàporátion of salt.

гради́ровать (*соль*) gráduàte (salt), eváporàte salt.

градоби́тие *с.* dámage done by hail.

градов||о́й hail (*attr.*); ~а́я ту́ча háilcloud.

гра́дом *нареч.* thick and fast; сы́паться ~ rain down; уда́ры сы́пались ~ blows fell thick and fast [blouz...]; с него́ пот ка́тится ~ *разг.* the sweat / pèrspirátion is póuring down his face [...swet... 'pɔ:-...], he is swéating at every pore [...'swe-...]; слёзы (ка́тятся) ~ tears are rólling down *one's* cheeks.

градонача́ль||ник *м.* *ист.* góvernor of *a* town ['gʌ-...]. **~ство** *с.* *ист.* town, bórough ['bʌrə].

градострои́тельство *с.* tówn-búilding [-'bɪld-], cíty-búilding ['sɪtɪ-'bɪl-].

градуи́ровать *несов.* *и сов.* (*вн.*) gráduàte (*d.*).

гра́дус *м.* degrée; у́гол в 60 ~ов angle of síxty degrées, *или* of 60°; сего́дня 5, 10 *и т. п.* ~ов моро́за the thermómeter régisters five, ten, *etc.*, degrées of frost to¦dáy; it is five, ten, *etc.*, degrées below zérò to¦dáy [...-'lou...]; сего́дня 5, 10 *и т. п.* ~ов тепла́ the témperature, *или* it, is five, ten, *etc.*, degrées above zérò to¦dáy; сего́дня 20, 30 *и т. п.* ~ов в тени́ it is twénty, thirty, *etc.*, degrées in the shade to¦dáy; ско́лько ~ов сего́дня? what is the témperature to¦dáy?; подня́ться, упа́сть на сто́лько-то ~ов rise*, fall* so many degrées; ◇ в после́днем ~е (*о больном*) in the last stage; под ~ом *разг.* screwed, típsy. **~ни́к** *м.* *разг.* thermómeter.

гражд||ани́н *м.*, **~а́нка** *ж.* cítizen; ~ Сове́тского Сою́за Sóvièt cítizen; cítizen of the Sóvièt Únion.

гражда́нск||ий cívil; (*подобающий гражданину*) cívic; (*штатский*) civílian; ~ долг cívic dúty; ~ое пра́во cívil law; ~ие права́ cívil / cívic rights; ~ое му́жество cívic cóurage [...'kʌ-]; ~ая война́ cívil war; ~ ко́декс cívil code; ~ брак cívil márriage [...-rɪʤ]; cómmon-law márriage; ~ая панихи́да cívil fúneral rites *pl.*; иск *юр.* cívil suit [...sju:t]; предъяви́ть ~ иск (к) bring* *a* suit, *или* *an* áction (agáinst); ~ исте́ц *юр.* cívil prósecùtor; ~ое пла́тье civílian clothes [...klou-] *pl.*; cívvies *pl.* *разг.*; (*о военных тж.*) múfti, plain clothes *pl.*

гражда́нств||о *с.* cítizenship; права́ ~а cívic rights; получи́ть права́ ~а be gránted cívic rights [...-ɑ:n-...], be admítted to the cítizenship; (*перен.*) be génerally / ùniversally accépted, recéive géneral / ùnivérsal rècognítion [-'si:v...]; приня́ть сове́тское ~ become* a Sóvièt cítizen, be náturalìzed a Sóvièt cítizen, be gránted Sóvièt cítizenship.

грамза́пись *ж.* recórding on grámophòne discs; (*пластинка*) recorded voice, recórded músic [...-zɪk].

грамм *м.* gramme [græm], gram.

грамма́тика *ж.* grámmar.

граммати́ческ||ий grammátical; ~ строй языка́ grammátical strúcture of *a* lánguage; ~ая оши́бка grammátical mistáke / érror; он де́лает мно́го ~их оши́бок his grámmar is bad; he makes plénty of, *или* mány, grammátical mistákes / érrors; ~ие пра́вила grammátical rules; де́лать ~ разбо́р (*рд.*, *по членам предложения*) ánalỳse (*d.*); (*по частям речи*) parse [pɑ:z] (*d.*).

грамм||-а́том *м.* *физ.*, *хим.* gramme átom [græm 'æ-]. **~-моле́кула** *ж.* *физ.*,*хим.* gramme mólecùle [græm...].

-граммо́вый (*в сложн. словах, не приведённых особо*) of... grammes [...græmz]; -gramme [-græm] (*attr.*); *напр.* двухграммо́вый of two grammes; twó-gràmme [-græm] (*attr.*).

граммофо́н *м.* grámophòne. **~ный** grámophòne (*attr.*); ~ная пласти́нка grámophòne récòrd [...'re-].

гра́мот||а *ж.* 1. *тк. ед.* réading and wríting; учи́ться ~е learn* to read and write [lə:n...]; учи́ться ~е и счёту learn* réading, wríting and aríthmetic, learn* the three R's; не знать ~ы be ún¦áble to read and write; полити́ческая ~ rúdiments of polítical knówledge [...'nɔ-] *pl.*; 2. (*офиц. документ*) deed; вери́тельные ~ы *дип.* credéntials; ратификацио́нная ~ *дип.* ínstrument of ràtificátion; охра́нная ~ chárter of immúnity; жа́лованная ~ létters pátent; chárter; почётная ~ diplóma; похва́льная ~ (school) certíficate of good work and cónduct; ◇ фи́лькина ~ *разг.* ≅ úse¦less scrap of páper [-s-...]. **~е́й** *м.* 1. *разг.* (*грамотный человек*) man* who can read and write; 2. (*образованный человек*) schólar ['skɔ-].

гра́мотно I *прил. кратк. см.* гра́мотный.

гра́мотно II *нареч.* corréctly; (*грамматически правильно*) grammátically; (*умело*) cómpetently.

гра́мот||ность *ж.* (*умение читать и писать*) líteracy; (*о написанном*) grammátical corréctness; (*умелость*) cómpetence; (*работы*) skílfulness; полити́ческая ~ polítical líteracy. **~ный** líterate; (*написанный без ошибок*) grammátical; (*умелый*) cómpetent; (*о работе и т. п.*) shówing suffícient èrudítion ['ʃou-...]; э́то вполне́ ~ная рабо́та this work, páper, *etc.*, shows / mánifèsts suffícient èrudítion; рису́нок ~ен the dráwing is cómpetent, *или* not únskílful.

грампласти́нка *ж.* grámophòne récòrd / plate [...'re-...].

гран *м.* grain (*unit of weight*).

грана́т *м.* 1. (*дерево и плод*) póme¦grànate ['pɔmg-]; 2. *мин.* gárnet.

грана́та *ж.* *воен.* hígh-explósive shell; (*ручная, ружейная*) grenáde; противота́нковая ~ ánti-tànk bomb.

грана́тник *м.* *бот.* póme¦gránate tree ['pɔmg-...], póme¦gránate.

грана́тов||ый 1. *бот.* póme¦gránate ['pɔmg-] (*attr.*); ~ое де́рево póme¦gránate; 2. *мин.* gárnet (*attr.*); (*о цвете тж.*) chérry-cólour¦ed [-'kʌ-].

гранатомёт *м.* *воен.* grenáde dis¦chárger cup. **~чик** *м.* bómb¦er, grènadíer.

гранд *м.* (*испанский дворянин*) grándée.

грандио́зн||ость *ж.* míghtiness, gràndiósity, grándeur [-ʤə]; (*огромность*) imménsity, vástness. **~ый** míghty, grándiòse [-s], grand; (*огромный*) imménse, vast; ~ые пла́ны fár-réaching plans.

гране́ние *с.* cútting; ~ алма́зов díamond cútting.

гранён||ый cut; (*о драгоценном камне*) fáceted; ~ое стекло́ cut glass; ~ графи́н cút-glàss decánter; ~ая рю́мка cút-glàss wíne-glàss; ~ стака́н thick glass túmbler.

грани́ль||ный lápidary; ~ная фа́брика lápidary works. **~щик** *м.* lápidary; (*алмазов*) díamond-cútter.

грани́т *м.* gránite. **~ный** (*сделанный из гранита*) gránite (*attr.*); grànític *научн.*

грани́ть (*вн.*) cut* (*d.*); (*драгоценный камень тж.*) fácet ['fæ-] (*d.*).

грани́||ца *ж.* **1.** bóundary, bórder; (*государственная*) fróntier ['frʌ-]; (*крайние пункты*) bounds *pl.*, cónfìnes *pl.*; ~ ве́чного сне́га *геогр.* snów-line ['snou-]; за ~цей, за ~цу abróad [-ɔːd]; из-за ~цы from abróad; **2.** (*предел*) límit; перейти́ все ~цы, вы́йти из грани́ц òver¦stép the límits, pass all bounds; э́то перехо́дит все ~цы that is too much; it's the límit *разг.*; не знать грани́ц know* no bounds [nou...]; не ви́дно грани́ц (*дт.*) there seems to be no límit (to).

грани́ч||ить (с *тв.*) bórder (up¦ón), be còntérminous (with), be contíguous (to); (*перен.*) bórder (on, up¦ón), verge (on); э́то ~ит с сумасше́ствием it bórders / vérges on mádness.

гра́нка *ж. полигр.* **1.** (*корректура*) proof, gálley-proof, slip; **2.** (*набор*) gálley.

гранули́ровать *несов. и сов.* (*вн.*) *тех.* gránulàte (*d.*). ~**ся** *несов. и сов. тех.*, *мед.* gránulàte.

грануляцио́нный *тех.* grànulátion (*attr.*).

грануля́ция *ж. тех.*, *мед.* grànulátion.

гран||ь *ж.* **1.** (*граница*) bórder, verge, brink; быть на ~и безу́мия be on the verge of mádness; провести́ ~ (ме́жду) draw* a distínction (between); на ~и войны́ on the brink of war; **2.** (*плоскость*) side; (*драгоценного камня*) fácet ['fæ-]; **3.** (*линейки, нареза в оружии и т. п.*) edge.

грасси́ровать roll one's «r's» (in the French mánner).

грат *м. тех.* burr.

граф *м.* count; (*в Англии*) earl [əːl].

графа́ *ж.* cólumn ['kɔ-].

гра́фик *м.* graph, diagràm; (*расписание*) time-tàble, schédùle ['ʃe-]; то́чно по ~у in schédùle time, accórding to schédùle.

гра́фик||а *ж. иск.* dráwing; вы́ставка ~и èxhibítion of dráwings [eksɪ...].

графи́н *м.* (*для воды*) wáter-bòttle ['wɔː-], caráfe [-ɑːf]; (*для вина и т. п.*) decánter. ~**чик** *м.* small decánter; (*для уксуса и т. п.*) crúet [-uɪt].

графи́ня *ж.* cóuntess.

графи́т *м.* **1.** *мин.* gráphìte, plùmbágò, black lead [...led]; **2.** (*в карандаше*) lead. ~**овый** gráphìte; (*содержащий графит*) gràphític.

графи́ть (*вн.*) rule (*d.*) (*make lines*).

графи́ческий gráphic.

графлёный ruled.

графоло́гия *ж.* gràphólogy.

графома́н *м. мед.* gràphomániàc. ~**ия** *ж. мед.* gràphománia.

гра́ф||ский *прил. к* граф. ~**ство** *с.* (*административно-территориальная единица в Англии*) cóunty, shire; центра́льные ~ства the Mídlands [...'mɪ-].

грацио́зно I *прил. кратк. см.* грацио́зный.

грацио́зн||о II *нареч.* gráce¦fully. ~**ый** gráce¦ful.

гра́ция *ж.* **1.** grace; **2.** *миф.* Grace.

грач *м.* rook. ~**и́ный** *прил. к* грач. ~**о́нок** *м.* young rook [jʌŋ...].

гребён||ка *ж.* **1.** comb [koum]; стричь под ~ку crop one's hair; **2.** *тех.* (*зубчатая рейка*) rack; ◇ стричь всех под одну́ ~ку (try to) make évery¦òne alíke, impóse a dead lével on évery¦òne [...ded 'levᵊl...], (try to) make évery¦òne fit into the same páttern.

гребе́нчатый *бот.*, *зоол.* péctinàte.

гре́бень *м.* **1.** comb [koum]; (*частый*) tóoth-còmb [-koum]; **2.** (*у птицы*) comb, crest; петуши́ный ~ cock's comb; **3.** (*волны́, горы́*) crest; **4.** *тех.* comb; *текст.* card; (*для льна, пеньки и т. п.*) hackle, hátchel.

гребе́ц *м.* rówer ['rouə], óars¦man*; хоро́ший *и т. п.* ~ good*, *etc.*, oar; он хоро́ший ~ he pulls a good oar [...pu-...].

гребешо́к *м.* **1.**=гребёнка 1, гре́бень 1; **2.** (*у птицы*)=гре́бень 2.

гре́бля *ж.* rówing ['rou-].

гребн||о́й rówing ['rou-] (*attr.*); ~ спорт rówing; ~а́я ло́дка rów(ing)-boat ['rou-]; ~ винт screw propéller, propéller screw; ~ вал propéller shaft; ~о́е колесо́ páddle-wheel.

грёза *ж.* dream, dáy-dream, fáncy; (*видение*) vísion; мир грёз dréam-lànd, the realm of fáncy [...re-...].

грёзи||ть (о *пр. и без доп.*) dream* (of); ~ наяву́ dáy-dream*, be lost in réverie. ~**ться**, пригрёзиться: ему́, ей *и т. д.* (при)грёзилось, что he, she, *etc.*, dreamt that [...dre-...]; ему́, ей *и т. д.* ~тся, что he, she, *etc.*, dreams that.

гре́йфер *м. тех.* grab.

грек *м.* Greek.

гре́лка *ж.* hót-wàter bottle [-wɔː-...].

грем||е́ть thúnder; (*о колоколах*) peal; (*посудой*) clátter; (*о чём-л. металлическом*) clank, jingle; (*перен.*) resóund [-'zau-], ring* out; гром ~и́т it thúnders, it is thúndering; пу́шки ~я́т *the* guns thúnder /roar; вы́стрелы ~я́т shots ring out; ~ чем-л. make* a noise / din with smth.; ~ цепя́ми clank one's chains; ~ ключа́ми jingle one's keys [...kiːz].

грему́ч||ий thúndering, róaring; ~ газ *хим.* fíre-dàmp, détonàting gas ['diː-...]; ~ая змея́ *зоол.* ráttle¦snàke; ~ая ртуть *хим.* fúlminàte of mércury; ~ сту́день *хим.* blásting-gèlatíne [-'tiːn].

гре́на *ж. собир. зоол.* graine; sílk-wòrm eggs *pl.*

гренаде́р *м.* grènadíer [-'dɪə]. ~**ский** *прил. к* гренаде́р; ~ский полк Grènadíer régiment; Grènadíers *pl.*

гренки́ *мн.* (*ед.* грено́к *м.*) *кул.* toast *sg.*, síppet *sg.*

грести́ I (*веслом*) row [rou]; pull [pul] (*с обстоятельственными словами*); (*короткими вёслами*) scull; (*гребком*) paddle.

грести́ II (*вн.*; *сено*) rake (*d.*).

греть **1.** (*без доп.*; *излучать тепло*) give* out warmth: пе́чка пло́хо гре́ет the stove gives out very little warmth; в ма́рте со́лнце уже́ гре́ет in March the sun's rays are àlréady warm [...ɔːl're-...], it is àlréady warm in the sun in March; **2.** (*вн.*) warm (*d.*), heat (*d.*); (*подогревать, согревать*) warm up (*d.*), heat up (*d.*); (*о тёплой одежде, обуви*) keep* warm (*d.*): ~ суп warm up the soup [...suːp]; его́ шу́ба хорошо́ гре́ет his fur coat keeps him warm; ~ ру́ки warm one's hands. ~**ся** **1.** warm òne¦sélf; ~ся на со́лнце bask in the sun, sun òne¦sélf; **2.** *страд. к* греть 2.

грех *м.* **1.** sin; соверши́ть ~ (пе́ред) sin (agáinst); **2.** *предик. разг.*: ~ тра́тить сто́лько бума́ги it is a sin to waste all that páper [...weɪ-...]; не ~ и отдохну́ть there is no harm / sin in táking a rest; ◇ ~ сказа́ть it would be ún¦júst to say; есть тако́й ~ I own it [...oun...]; мой ~ it is my fault; с ~о́м попола́м: он э́то сде́лал с ~о́м попола́м he just mánaged to do it; он с ~о́м попола́м сдал экза́мены he just mánaged to pass the exàminátions; приня́ть на себя́ ~ take* the blame up¦ón òne¦sélf; не́чего ~а́ таи́ть it must be owned / conféssed; (*в обращении*) you must own / conféss; как на ~ as bad luck would have it. ~**о́вный** sínful.

грехово́дн||ик *м.*, ~**ица** *ж. разг.* sínner; (*шалун*) young sínner [jʌŋ...].

грехопаде́ние *с. библ.* the Fall; (*перен.*) fall.

гре́цкий: ~ оре́х wálnut.

гре́ча *ж.*=греч́иха.

греча́нка *ж.* Greek wóman* [...'wu-].

гре́ческий Greek; (*об архитектуре, причёске*) Grécian; ~ язы́к Greek, the Greek lánguage.

гречи́ха *ж.* búckwheat.

гре́чка *ж. разг.*=гречи́ха.

гре́чнев||ый búckwheat (*attr.*); ~ая ка́ша búckwheat pórridge; ~ая крупа́ búckwheat.

греши́ть sin; ~ про́тив чего́-л. sin agáinst smth., trànsgréss / víolàte the laws of smth.; ~ про́тив и́стины sin agáinst the truth [...-uːθ], víolàte the truth; (*о высказывании, формулировке и т. п.*) be a vìolátion of the truth.

гре́шн||ик *м.*, ~**ица** *ж.* sínner.

грешно́ **1.** *прил. кратк. см.* гре́шный; **2.** *предик. безл.* (+ *инф.*) it is a sin (+ to *inf.*).

гре́ш||ный sínful; (*о мыслях и т. п.*) guílty, cúlpable; быть ~ным в чём-л. be guílty of smth; ◇ ~ челове́к *вводн. сл. разг.* sínner that I am; ~ным де́лом *вводн. сл разг.* I am sórry to say; much as I regrét it. ~**о́к** *м. разг.*

fault, pèccadíllò; за ним во́дится э́тот ~о́к that is his besétting sin.

гриб *м.* fúngus (*pl.* fúngì); (*съедобный*) múshroom; (*несъедобный*) tóad-stool. **~ко́вый** fúngoid, fúngous. **~ни́к** *м.* múshroomer, habítual gátherer of múshrooms.

грибни́ца I *ж. бот.* mỳcélium [maɪ-], (múshroom) spawn.

гриб||ни́ца II *ж.* к грибни́к. **~но́й** *прил.* к гриб; ~но́й суп, пиро́г múshroom soup, pie [...suːp...]. **~о́к** *м.* 1. *уменьш. от* гриб; 2. *бакт.* fúngus (*pl.* fúngì); кефи́рные ~ки́ kéfir-grains.

гри́ва *ж.* mane; (*часть шеи с гривой*) crest.

гри́венник *м. разг.* tén-cópèck bit, tén-cópèck piece [...piːs].

григориа́нский Grègórian; ~ календа́рь Grègórian cálendar.

грилья́ж *м.* cándied róasted nuts / álmonds [...'ɑːməndz].

грим *м.* (*гримировка*) (stage) máke-úp; (*краски*) gréase-páint [-s-].

грима́с||а *ж.* grimáce; де́лать ~ы make* / pull fáces [...pul...]; сде́лать ~у grimáce, make* a grimáce, pull a wry face. **~ник** *м.*, **~ница** *ж. разг.* clown, grimácier, grimácer.

грима́сничать make* / pull fáces [...pul...]; (*жеманничать*) look còquéttish [...kou-].

гримёр *м.* máker-úp; *театр. тж.* máke-ùp man*. **~ша** *ж.* máker-úp.

гримир||ова́ть, загримирова́ть (*вн.*) make* up (*d.*); загримирова́ть кого́-л. кем-л. make* smb. up as smb. **~ова́ться**, загримирова́ться (кем-л., под кого́-л.) make* òne¦sélf up (as smb.). **~о́вка** *ж.* máke-ùp.

Гри́нвич *м.*: 15 ч. 30 м. по ~у three thírty (3.30) p. m. Gréenwich mean time [...'grɪnɪdʒ...].

грипп *м.* ìnfluénza, grippe; 'flu *разг.*; он бо́лен ~ом he has ìnfluénza, he has the 'flu. **~о́зный** ìnfluénzal; ~о́зное воспале́ние лёгких ìnfluénzal pneumónia [...njuː-]; ~о́зное заболева́ние case of ìnfluénza [-s...].

гриф I *м. миф.* gríffin, grýphon ['graɪ-].

гриф II *м. зоол.* gríffon(-vùlture).

гриф III *м. муз.* fínger-board, neck.

гриф IV *м.* (*штемпель с изображением подписи*) sígnature stamp.

гри́фель *м.* sláte-péncil. **~ный** slate (*attr.*); ~ная доска́ slate.

грифо́н *м.* 1. *арх.*, *миф.* gríffin, grýphon ['graɪ-]; 2. (*порода собак*) gríffon.

гроб *м.* cóffin; *поэт.* (*могила*) grave; идти́ за ~ом кого́-л. fóllow smb.'s cóffin; ◇ вогна́ть кого́-л. в ~ *разг.* send* smb. to *the* grave, be the death of smb. [...deθ...]; до ~а (*помнить, быть верным и т. п.*) ≅ as long as one lives [...lɪvz], till death. **~ни́ца** *ж.* tomb [tuːm], sépulchre [-p°lkə]. **~ово́й**: ~ово́й го́лос sepúlchral voice [-kr°l...]; ~ово́е молча́ние, ~ова́я тишина́ déath-lìke sílence ['deθ-'saɪ-]; до ~ово́й доски́ till death [...deθ], till one's dýing day. **~овщи́к** *м.* cóffin-máker.

гробокопа́тель *м. ирон.* ≅ drý¦as¦dùst àrchaeólogist [...-kɪ'ɔ-].

грог *м. тк. ед.* grog.

гроза́ *ж.* 1. (thúnder)stòrm; 2. (*о человеке*) térror.

гроздь *ж.* clúster; ~ виногра́да bunch of grapes; расти́ гро́здьями clúster.

гроз||и́ть (*дт. тв.*; + *инф.*) thréaten ['θre-] (*d.* with; + to *inf.*): он ~и́л ему́ револьве́ром he thréatened him with *a* revólvér; он ~и́т уби́ть его́ he thréatens to kill him;— ему́ ~и́т опа́сность dánger thréatens him ['deɪndʒə...], he is in dánger; дом ~и́т паде́нием the house* thréatens to collápse [...haus...]; ◇ ~ па́льцем (*дт.*) shake* one's fínger (at), wag one's fínger [wæg...] (at); ~ кулако́м (*дт.*) shake* one's fist (at). **~и́ться** (+ *инф.*) *разг.* thréaten ['θre-] (+ to *inf.*): он ~и́тся уйти́ he thréatens to leave.

гро́зно I *прил. кратк. см.* гро́зный.

гро́зн||о II *нареч.* thréateningly ['θre-], ménacingly; (*сурово*) stérnly. **~ый** (*внушающий ужас, страх*) térrible, fórmidable, redóubtable [-'daut-]; (*угрожающий*) ménacing, thréatening ['θre-]; (*суровый*) stern; (*свирепый*) ferócious; ~ый взгляд ménacing look; ~ый враг fórmidable énemy; ~ая опа́сность térrible dánger [...'deɪndʒə]; ◇ Ива́н Гро́зный Iván the Térrible [-ɑːn...].

грозов||о́й *прил. к* гроза́ 1; ~а́я ту́ча stórm-cloud, thúndercloud.

гром *м.* (*прям. и перен.*) thúnder; ~ греми́т it thúnders, it is thúndering; ~ аплодисме́нтов thúnder of appláuse; ◇ его́ уби́ло ~ом he has been struck by líghtning; как ~ом поражённый thúnderstrùck; (как) ~ среди́ я́сного не́ба (like) a bolt from the blue; мета́ть ~ы и мо́лнии rage, storm.

грома́д||а *ж.* mass, bulk; ~ горы́, зда́ния the great / enórmous bulk of *a* móuntain, *a* búilding [...greɪt... 'bɪl-]. **~ина** *ж. разг.* huge thing, enórmous thing.

грома́дн||ый huge, enórmous, imménse; (*грандиозный*) colóssal; (*обширный*) vast; ~ая зада́ча colóssal task; ~ое удово́льствие imménse / extréme pléasure [...'ple-]; ~ая ра́зница huge dífference.

громи́ла *м. разг.* 1. (*вор*) búrglar; 2. (*погромщик*) thug, rúffian.

громи́ть, разгроми́ть (*вн.*) 1. raid (*d.*), sack (*d.*); (*о магазинах и т. п.*) loot (*d.*); (*разрушать*) smash up (*d.*); *сов. тж.* deféat (*d.*), anníhilàte [ə'naɪl-] (*d.*); (*перен.*) invéigh (agáinst), fúlminàte (agáinst); 2. (*врага*) rout (*d.*), smash (*d.*); (*с воздуха тж.*) pound (*d.*).

гро́мк||ий 1. loud; (*перен.*: *известный*) fámous, célebràted; ~ое и́мя great / fámous / big name [greɪt...]; ~ая сла́ва great fame; ~ое де́ло célebràted case [...-s]; 2. (*напыщенный*) bòmbástic, hígh-flown [-oun]; ~ие слова́ fine words; hígh-flown talk *sg.*; без ~их слов without a fuss; ~ие ре́чи resóunding spéeches [-'z-...]; под ~им назва́нием únder the hígh-sóunding títle.

гро́мко I *прил. кратк. см.* гро́мкий.

гро́мко II *нареч.* lóud(ly); (*вслух*) alóud; ~ смея́ться laugh loud [lɑːf...], shout with láughter [...'lɑːftə]; ~ пла́кать cry / weep* nóisily [...-zɪ-].

громкоговори́тель *м. рад.* loud spéaker.

громове́ржец *м. миф.*, *поэт.* the Thúnderer.

громов||о́й thúnder (*attr.*); (*перен.*) thúnderous; (*сокрушительный*) crúshing; ~ы́е раска́ты peals of thúnder; rólling of the thúnder *sg.*; ~ го́лос thúnderous / stèntórian voice.

громогла́сно I *прил. кратк. см.* громогла́сный.

громогла́сн||о II *нареч.* (*громко*) lóud(ly); (*открыто*) ópenly, públicly ['pʌ-]. **~ый** (*громкий*) loud; (*открытый*; *о замечании и т. п.*) ópen, públic ['pʌ-].

громозди́ть (*вн.*; *прям. и перен.*) pile up (*d.*), heap up (*d.*); ~ одну́ вещь на другу́ю pile one thing on anóther. **~ся** (на *вн.*) get* up (on).

громо́здкий búlky, cúmber¦some, cúmbrous, ùnwíeldy [-'wiːl-].

громоотво́д *м.* líghtning-condúctor, líghtning-ròd.

громоподо́бный thúnderous, thúndering.

гро́мче *сравн. ст. прил. см.* гро́мкий *и нареч. см.* гро́мко II.

громыха́ние *с.* rumble, rúmbling.

громыха́||ть rumble; (*о телеге и т. п.*) lúmber; теле́га, ~я, прое́хала ми́мо до́ма, по у́лице the cart rumbled / lúmbered past the house*, down the street [...haus...].

гросс *м. торг.* gross [-ous].

гроссбу́х *м. бух.* lédger.

гроссме́йстер *м.* 1. *ист.* Grand Máster; 2. *шахм.* grand (chéss-)máster.

грот I *м.* (*пещера*) gróttò.

грот II *м. мор.* máinsail.

гроте́ск *м.* grotésque; стиль ~ grotésque style. **~ный** grotésque.

грот-ма́чта *ж. мор.* máinmàst.

гро́хнуть *сов.* (*вн.*) *разг.* (*уронить*) drop with a crash / bang (*d.*); (*бросить*) bang down (*d.*). **~ся** *сов. разг.* fall* down with a crash, crash down; ~ся с ле́стницы fall* dównstáirs; (*с шумом*) crash dównstáirs.

гро́хот I *м. тк. ед.* crash, din; (*пушек и т. п.*) thúnder, roar;

(*барабана*) roll; (*мелких падающих вещей, напр., кусков угля*) rattle.

гро́хот II *м.* (*решето*) riddle, screen, sifter.

грохота́нье *с.* crásh(ing); (*грома*) rólling; (*отдалённое*) rumble, rúmbling.

грохота́ть **1.** crash; (*о громе тж.*) roll, peal; (*об отдалённом громе*) rumble; (*о машинах, пушках*) roar; (*о пушках тж.*) thúnder; **2.** *разг* (*громко смеяться*) roar.

грохоти́ть, прогрохоти́ть (*вн.*) *тех.* riddle (*d.*), sift (*d.*); (*более крупные куски*) screen (*d.*).

грош *м.* half a cópèck coin [hɑːf...]; (*перен.*) pénny, fárthing [-ð-]; ✧ быть без ~а́ be pénniless, be without a pénny, not have a pénny to one's name; не име́ть ни на ~ чего́-л. *разг.* not have a grain / spark of smth.; э́тому ~ цена́, э́то ~а́ ме́дного, ло́маного не сто́ит *разг.* it is not worth a brass fárthing, *или* a pénny; ни в ~ не ста́вить (*вн.*) *разг.* not care / give* a pin (for), not care a brass fárthing (for), make* no accóunt (of); купи́ть что-л. за ~и́ buy* smth. for a song, *или* for next to nothing [baɪ...]. **~о́вый** *разг.* **1.** cheap; **2.** (*мелочной*) páltry, pétty.

грубе́ть, огрубе́ть cóarsen.

груби́ть, нагруби́ть (*дт.*) be rude (to), insúlt (*d.*).

грубия́н *м. разг.* rude féllow; churl, boor. **~ить**, нагрубия́нить (*дт.*) *разг.* be rude (to). **~ка** *ж. разг.* rude wóman* [...'wu-]; (*о девочке, девушке*) rude girl [...g-].

гру́бо I *прил. кратк. см.* гру́бый.

гру́бо II *нареч.* **1.** róughly ['rʌf-], cóarse¦ly; (*невежливо*) rúde¦ly; **2.** (*неискусно*) crúde¦ly; ✧ ~ говоря́ róughly spéaking.

грубова́тый ráther / sóme¦whàt rough, *или* coarse, *или* rude ['rɑː-... rʌf...]; (*ср.* гру́бый).

гру́бост||ь *ж.* **1.** róughness ['rʌf-], cóarse¦ness; (*невежливость*) rúde¦ness; наговори́ть кому́-л. ~ей be rude to smb.; кака́я ~! how rude!; **2.** (*неискусность*) crúdity, crúde¦ness.

грубошёрстный (*о сукне и т. п.*) coarse; (*о костюме и т. п.*) of coarse cloth.

гру́б||ый **1.** (*в разн. знач.*) rough [rʌf], coarse; (*невежливый*) rude; (*вульгарный*) gross [-ous]; ~ вкус coarse taste [...teɪ-]; ~ го́лос harsh / rough / gruff voice; ~ая ко́жа coarse / rough skin; ~ая мате́рия coarse matérial; ~ая оши́бка flágrant érror, (gross) blúnder; ~ая пи́ща coarse / rude fare; ~ые ру́ки hórny / hárdened hands; ~ое сло́во rude word; (*неприличное*) coarse word; ~ая лесть gross / fúlsome fláttery [...'ful-...]; ~ое замеча́ние coarse / rude remárk; ~ое наруше́ние прав, зако́на *и т. п.* gross / flágrant vìolátion of rights, the law, *etc.*; ~ое вмеша́тельство gross ìnterférence [...-'fɪə-]; ~ая си́ла brute force; ~ые черты́ лица́ rúgged féatures; (*отталкивающие*) coarse féatures; э́то о́чень ~о с ва́шей стороны́ it is very rude of you; **2.** (*неискусный*) crude; ~ая рабо́та crude wórkmanship; **3.** (*приблизительный*) rough; ~ подсчёт rough éstimate; в ~ых черта́х in broad óutlìne [...brɔːd...].

гру́да *ж.* heap, pile; ~ разва́лин heap of rúins; лежа́ть ~ми be heaped / piled up.

груда́стый *разг.* bíg-bósomed [-'buz-].

груд||и́на *ж. анат.* bréast-bòne ['bre-]; stérnum (*pl.* -na) *научн.* **~и́нка** *ж.* brísket; копчёная ~и́нка bácon.

грудни́ца *ж. мед.* màstítis.

грудн||о́й *прил. к* грудь 1; péctoral *научн.*; ~ го́лос chest voice; ~а́я кле́тка *анат.* thóràx; ~а́я кость= груди́на; ~а́я жа́ба *мед.* àngína péctoris [æn'ʤ-...]; ~ы́е мы́шцы péctoral muscles [...mʌslz]; ~ ребёнок báby, ínfant in arms.

грудобрю́шн||ый *анат.*: ~ая прегра́да díaphràgm [-æm].

груд||ь *ж.* **1.** breast [bre-]; (*грудная клетка*) chest; (*бюст*) bósom ['buz-], bust; сла́бая ~ weak chest; широ́кая ~ broad chest [brɔːd...]; боль в ~и́ pain in the chest; прижа́ть кого́-л. к свое́й ~и́ strain smb. to one's breast; пла́кать на ~и́ у кого́-л. weep* on smb.'s breast; таи́ть что-л. в ~и́ keep* smth. sécret; дать ~ ребёнку give* a báby the breast; корми́ть ~ью (*вн.*) nurse (*d.*); отня́ть от ~и́ (*вн.*) wean (*d.*); **2.** *тк. ед. разг.* (*у рубашки*) front [frʌ-], shírt-frònt [-frʌ-]; руба́шка с крахма́льной ~ью shirt with starched front; boiled shirt *амер.*; ✧ стоя́ть ~ью (за *вн.*) stand* up stáunchly (for), defénd / chámpion with might and main (*d.*).

гружёный lóaded; láden (*гл. обр. мор.*).

груз *м.* **1.** (*кладь*) load; (*железнодорожный*) goods [gudz] *pl.*; (*морской*) freight, cárgò, láding; скоропо́ртящийся ~ périshables *pl.*; движе́ние ~ов goods tráffic, freight tráffic; **2.** *тк. ед.* (*тяжесть*) weight; (*ноша*) búrden; (*перен.: бремя*) búrden, weight.

груздь *м.* mílk-agàric.

грузи́ло *с. рыб.* plúmmet.

грузи́н *м.*, **~ка** *ж.* Geórgian ['ʤɔː-]. **~ский** Geórgian ['ʤɔː-]; ~ский язы́к Geórgian, the Geórgian lánguage.

грузи́ть, погрузи́ть (*вн.* на *вн.*) load (*d.* on); (*людей — на судно*) embárk (*d.*); (*в поезд*) entráin (*d.*); (*на самолёт*) empláne (*d.*); ~ това́р на су́дно ship, load / put* cárgò on board ship, *или* a¦bóard; ~ това́р в ваго́ны load goods on trucks [...gudz...]. **~ся**, погрузи́ться **1.** (*о войсках и т. п.— на судно*) embárk; (*в вагоны*) entráin; (*на грузовики*) embús; entrúck *амер.*; (*на самолёт*) emplàne; ~ся углём coal; **2.** *страд. к* грузи́ть.

гру́зно I *прил. кратк. см.* гру́зный.

гру́зн||о II *нареч.* héavily ['he-]. **~ость** *ж.* héaviness ['he-]; ùnwíeldiness [-'wiːl-]; córpulence; (*ср.* гру́зный). **~ый** (*тяжёлый*) héavy ['he-]; (*большой*) mássive; (*громоздкий*) búlky, cúmber¦some, cúmbrous, ùnwíeldy [-'wiː-]; (*толстый*) stout, córpulent; ~ая фигу́ра héavy / córpulent fígure.

грузови́к *м.* (mótor) lórry; truck *амер.*

грузовладе́лец *м.* ówner of goods ['ou-... gudz].

грузов||о́й cárgò (*attr.*); cárgò-cárrying; ~ парохо́д cárgò stéamer, fréighter; ~о́е движе́ние goods tráffic [gudz...]; *мор.* shípping.

грузооборо́т *м.* goods / freight túrnòver [gudz...]; ~ речно́го, морско́го тра́нспорта ríver-bòrne, séa-bòrne freight túrnòver; ~ железнодоро́жного тра́нспорта rail freight túrnòver.

грузоотправи́тель *м.* consígnor [-'saɪnə], shípper.

грузоподъёмн||ость *ж.* (*вагона и т. п.*) cárrying capácity; (*судна*) fréight-càrrying capácity, tónnage ['tʌ-]; (*подъёмного механизма*) hóisting capácity. **~ый**: ~ый кран crane.

грузополуча́тель *м.* cònsìgnée [-saɪ'niː].

грузопото́к *м.* goods tráffic [gudz...]; мо́щность ~ов на ра́зных торго́вых путя́х the vólume / amóunt of goods tráffic on the várious trade routes [...ruːts].

гру́зчик *м.* lóader; (*портовый*) stévedòre ['stiːvɪdɔː]; lóng¦shòre¦man* *амер.*

грум *м.* groom.

грунт *м.* **1.** (*почва*) soil; (*твёрдое дно*) ground, bóttom; выса́живать в ~ (*вн.*) bed out (*d.*); вы́садка в ~ bédding-out; **2.** *жив.* ground, príming.

грунт||ова́ть (*вн.*) ground (*d.*); *жив.* prime (*d.*). **~о́вка** *ж. жив.* príming, prime cóating. **~ово́й**: ~овы́е во́ды súbsoil wáters [...'wɔː-]; ~ова́я доро́га earth, *или* nátural soil, road [əːθ...]; dirt road *амер.*

групо́рг *м.* gróup-órganìzer ['gruːp-].

гру́ппа *ж.* (*в разн. знач.*) group [gruːp]; (*о людях или предметах, находящихся рядом тж.*) clúster; (*о деревьях, кустах тж.*) clump; ~ островóв, зри́телей clúster of íslands, of spèctátors [...'aɪl-...]; ~ кро́ви *биол.* blood group [-ʌd...].

группир||ова́ть, сгруппирова́ть (*вн.*) group [gruːp] (*d.*); (*классифициро-

вать) clássifỳ (*d.*). **~ова́ться,** сгруппирова́ться **1.** group [gruːp]; **2.** *страд. к* группирова́ть. **~о́вка** *ж.* **1.** (*действие*) gróuping ['gruː-]; (*классификация*) clàssificátion; **2.** (*группа; тж. воен.*) group [gruːp], alígnment [ə'laɪn-]; (*тк. воен.*) force; gróuping *амер.*; за́мкнутая вое́нная ~о́вка restrícted / closed mílitary alígnment.

группов||о́й group [gruːp] (*attr.*); ~а́я фотогра́фия group phóto¦gràph; ~ы́е заня́тия group stúdy [...'stʌ-] *sg.*, group léssons; ~ы́е интере́сы ínterests of a nárrow group / set, clíquish ínterests ['kliːk-...]. **~щи́на** *ж.* clánnishness, clíquishness ['kliːk-].

грусти́ть be sad, be mélancholy [...-k-]; (*о пр.*) long (for), yearn [jəːn] (for); (*о прошедшем*) mourn [mɔːn] (*d.*, for), lamént (*d.*).

гру́стно I **1.** *прил. кратк. см.* гру́стный; **2.** *предик. безл.* it is sad; ему́ ~ he feels sad, he is sad; ему́ ~, что he is sórry that; ему́ ~ (+ *инф.*) it makes him sad (+ to *inf.*), it grieves him [...-iːvz...] (+ to *inf.*); ему́ ~ слы́шать э́то he is sórry, *или* it grieves him, to hear it.

гру́стн||о II *нареч.* sád¦ly, sórrowfully. **~ый** mélancholy [-k-], sad; у него́ ~ое настрое́ние he is in a mélancholy mood, he is in low spírits [...lou...].

грусть *ж.* mélancholy [-k-], sádness.

гру́ш||а *ж.* **1.** (*плод*) pear [pɛə]; **2.** (*дерево*) péar-tree ['pɛə-]. **~еви́дный** péar-shàped ['pɛə-]; pýrifòrm *научн.* **~евый** *прил. к* гру́ша; ~евый сад pear órchard [pɛə...]; ~евое де́рево péar-tree ['pɛə-]; ~евый компо́т stewed pears [...pɛəz] *pl.* **~о́вка** *ж. тк. ед.* (*наливка*) pear liquéur [pɛə -'kjuə].

гры́ж||а *ж. мед.* rúpture; hérnia *научн.*; быть больны́м ~ей be rúptured. **~евый** hérnial; ~евый банда́ж truss.

грызн||я́ *ж. тк. ед.* (*о собаках и т. п.*) fight; (*перен.: ссора*) squabble, bíckering; затея́ть ~ю́ start a fight; start a squabble, start bíckering.

грызть (*вн.*) gnaw (*d.*); (*маленькими кусочками*) nibble (*d.*); (*перен.: изводить*) nag (*d.*, at); ~ оре́хи eat* nuts; ~ се́мечки eat* / nibble súnflower seeds; ~ сухари́ eat*/ nibble rusks; ~ кость (*о животном*) gnaw *a* bone; (*о человеке*) pick *a* bone; ~ но́гти bite* one's nails. **~ся** (*о собаках*) fight*; (*перен.: ссориться*) wrangle, squabble, bícker.

грызу́н *м. зоол.* ródent.

гряда́ *ж.* **1.** (*садовая*) bed (*in garden*); **2.** (*гор*) ridge (*range*); **3.** (*облаков*) bank (*of cloud*).

грядёт *3 л. ед. наст. вр. уст.* is cóming, is appróaching, is dráwing near.

гря́диль *м. с.-х.* plóugh-beam.

гря́дк||а *ж. уменьш. от* гряда́ 1; копа́ть ~и dig* beds. **~овый** *прил. к* гря́дка; ~овая культу́ра cùltivátion in beds.

грядущ||ее *с. скл. как прил. тк. ед.* the fúture. **~ий** appróaching, cóming; ~ие дни the days to come; ~ие поколе́ния succéeding gènerátions, gènerátions to come; ✧ на сон ~ий *разг.* just, *или* the last thing, befóre gó¦ing to bed, at bédtìme; он расска́зывал им ска́зки на сон ~ий he used to tell them fáiry tales at bédtìme [...juːst...].

грязев||о́й mud (*attr.*); ~а́я ва́нна múd-bàth*; ~ вулка́н mud vòlcánò.

грязеле||че́бница *ж.* múd-bàths [-'bɑːðz] *pl.* **~че́ние** *с.* mud cure.

грязеочисти́тель *м. тех.* múd-scràper.

гря́з||и *мн. мед.* mud *sg.*; (*грязевые ванны*) múd-bàths [-'bɑːðz]; принима́ть ~, лечи́ться ~ями take* / ùndergó* a mud cure.

грязни́ть, загрязни́ть (*вн.*) soil (*d.*), dírty (*d.*), make* dírty (*d.*); (*перен.*) súlly (*d.*), tárnish (*d.*). **~ся,** загрязни́ться becóme* dírty / soiled.

гря́зно I **1.** *прил. кратк. см.* гря́зный; **2.** *предик. безл.* it is dírty; на у́лице ~ it is múddy óutsíde, the streets are múddy.

гря́зно II *нареч.* dírtily; (*неопрятно*) ùntídily [-'taɪ-]; он ~ пи́шет (*об ученике*) his wríting, *или* wrítten work, is slóvenly [...'slʌ-].

грязнова́тый ráther dírty ['rɑː-...]; (*об улице*) ráther múddy; ~ цвет лица́ díngy compléxion.

грязну́||ля *м. и ж.*, **~ха** *м. и ж. разг.* dírty créature; (*о мужчине тж.*) dírty féllow; (*о женщине тж.*) slut.

гря́зн||ый dírty; (*отвратительный*) fílthy, sórdid; (*об улице, дороге и т. п.*) múddy, míry; ~ое лицо́, ~ые ру́ки dírty / grímy face, hands; ~ая рабо́та slóvenly / ùntídy work ['slʌ-...]; ~ое бельё (*для стирки*) wáshing; ✧ ~ое де́ло únsávoury / dírty búsiness[-'seɪ-...'bɪzn-]; ~ая война́ dírty war; ~ое ведро́ slóp-pail; gárbage pail *амер.*

грязь *ж. тк. ед.* **1.** dirt; filth (*тж. перен.*); (*моральное разложение*) corrúption; въе́вшаяся ~ grime; **2.** (*слякоть*) mud; жи́дкая ~ slush; бры́зги гря́зи spláshes of mud; непрола́зная ~ impássable / thick mud / mire; забры́згать ~ю (*вн.*) splash with mud (*d.*), bespátter (*d.*); ✧ меси́ть ~ *разг.* wade through mud, walk in the mud; втопта́ть в ~ (*вн.*), смеша́ть с ~ю (*вн.*) defáme (*d.*), bespátter (*d.*), vílifỳ (*d.*); не уда́рить лицо́м в ~ not disgráce òne¦sélf, not be found wánting.

гря́ну||ть *сов.* burst* out, burst* forth; (*перен.: разразиться*) break* out [breɪk...], burst* out, burst* forth; гром ~л there was a clap / crash of thúnder; ~л вы́стрел a shot rang out.

гуа́но *с. нескл. с.-х.* guánò ['gwɑː-].

гуа́шь *ж. тк. ед. жив.* gouáche [gu'ɑːʃ].

губа́ I *ж.* lip; ве́рхняя ~ úpper lip; ни́жняя ~ lówer lip ['louə...]; за́ячья ~ *мед.* háre¦lip; гу́бы ба́нтиком a mouth like a Cúpid's bow [...bou]; сложи́ть гу́бы ба́нтиком purse up one's lips afféctedly; наду́ть гу́бы pout (one's lips); куса́ть гу́бы bite* one's lips; ✧ по ~м пома́зать (*дт.*) *разг.* cajóle (*d.*); у него́ губа́ не ду́ра *погов.* ≅ he knows what's good for him [...nouz...], he knows on which side his bread is búttered [...bred...].

губа́ II *ж. геогр.* ín¦let.

губа́стый *разг.* thíck-lípped.

губерна́тор *м.* góvernor ['gʌ-]. **~ский** góvernor's ['gʌ-], of *a* góvernor [...'gʌ-]; ✧ положе́ние ху́же ~ского (it is) a tight place / córner. **~ство** *с.* góvernorship ['gʌ-].

губе́рн||ия *ж. ист.* próvince. **~ский** *прил. к* губе́рния.

губи́тель *м.*, **~ница** *ж.* úndóer [-'duːə], rúiner, destróyer. **~ность** *ж.* báne¦fulness, pèrnícious¦ness. **~ный** báne¦ful, pèrnícious, rúinous, disástrous [-'zɑː-]; (*разрушительный*) destrúctive; ~ный ого́нь *воен.* wíther¦ing fire; кли́мат оказа́лся для него́ ~ным the clímate proved fátal to him [...'klaɪ- pruːvd...].

губи́ть, погуби́ть (*вн.*) rúin (*d.*); (*о человеке тж.*) be the ún¦dó¦ing (of); (*разрушать*) destróy (*d.*); (*портить*) spoil* (*d.*).

гу́бк||а I *ж.* (*для мытья*) sponge [-ʌ-]; мыть ~ой (*вн.*) sponge (*d.*).

гу́бка II *ж. уменьш. от* губа́ I.

губко́м *м.* (губе́рнский комите́т) *ист.* províncial commíttee [...-tɪ].

губн||о́й **1.** *анат.*, *лингв.* lábial; ~ согла́сный lábial; **2.** (*предназначенный для губ*) lip (*attr.*); ~а́я пома́да líp-stìck.

губоцве́тные *мн. скл. как прил. бот.* làbiátae.

губошлёп *м. разг.* lout, lúbber.

гу́бчат||ый spóngy [-ʌndʒɪ]; ~ая пла́тина *тех.* spóngy plátinum.

гуверн||а́нтка *ж.* góverness ['gʌ-]. **~ёр** *м.* tútor.

гугено́т *м. ист.* Húguenòt.

гугу́: ни ~ *разг.* (*молчать!*) mum's the word, don't let it go any fárther [...-ðə], keep it únder your hat; он сиде́л и ни ~ he sat mum.

гуде́ние *с.* búzz(ing); (*звуки тж.*) drone; (*о гудке*) hóoting; (*об автомобильном гудке*) honk; ~ мото́ра drone of *the* éngine [...'endʒ-].

гуд||е́ть buzz; (*о более низком звуке*) drone; (*о гудке*) hoot; (*об автомобильном гудке*) honk; фабри́чные гудки́ ~я́т *the* (fáctory) whístles are hóoting / shríeking [...'ʃri:-]; ✧ у него́ в уша́х ~и́т there is a búzzing in his ears. **~о́к** *м.* **1.** (*свисток*) hóoter; (*фабричный*) (fáctory) whistle; (*автомобильный*) (mótor-càr) horn; **2.** (*звук*) hóoting; (*более слабый*) toot; (*автомобиля*) honk; трево́жный ~о́к alárm whistle; по ~ку́ at the sound of the whistle, when the whistle blows [...blouz].

гудро́н *м. тех.* tar. **~и́ровать** *несов. и сов.* (*вн.*) *тех.* tar (*d.*).

гуж *м.* tug; ✧ взя́вшись за ~, не говори́, что не дюж *посл.* ≅ you can't back out once you've begún [...kɑ:nt ...wʌns...]; do what you set out to do. **~ево́й** cart (*attr.*); ~ево́й тра́нспорт cártage, cárting. **~о́м** *нареч.* by cártage, by cart tránspòrt; вози́ть ~о́м cart.

гул *м.* rumble, boom, rúmbling; (*голосов*) hum, buzz; (*машин*) din; (*ветра*) róaring.

гу́лкий **1.** (*с сильным резонансом*) hóllow, résonant ['rez-]; **2.** (*громкий*) resóunding [-'zau-]; ~ звук bóoming (sound).

гу́льден *м.* (*монета*) gúlden ['gu:-]; (*голландский*) guílder.

гу́лькин: с ~ нос *разг.* less than nothing.

гуля́ка *м. разг.* réveller; (*бездельник*) ídler.

гуля́нка *ж. разг.* óuting, párty.

гуля́нье *с.* **1.** wálking, táking a walk; **2.** (*празднество*) óutdoor fête [-dɔ: feɪt]; наро́дное ~ públic mérry-màking ['pʌ-...].

гуля́||ть **1.** (*совершать прогулку*) go* for a walk, take* a walk / stroll; (*проводить время на воздухе*) be out of doors [...dɔ:z], be in the fresh air; он ~ет в па́рке he is táking / having a walk in the park; **2.** *разг.* (*быть свободным от работы*) not be wórking; **3.** *разг.* (*веселиться*) make* mérry, have a good time; (*кутить*) caróuse, have, *или* go* on, a spree.

гуля́ш *м. кул.* góulàsh ['gu:-].

гуля́щий *разг.* **1.** idle; **2.** (*о женщине: распутная*) loose [-s].

гуман||и́зм *м.* húmanism. **~и́ст** *м.* húmanist.

гуманита́рн||ый humànitárian; ~ые нау́ки the hùmánities; (*в англ. университетах тж.*) arts.

гума́нно I *прил. кратк. см.* гума́нный.

гума́нн||о II *нареч.* hùmáne|ly, with hùmánity. **~ость** *ж.* hùmánity, hùmáne|ness. **~ый** hùmáne.

гуммиара́бик *м.* gum arábic.

гумно́ *с.* (*ток*) thréshing-floor [-flɔ:].

гу́мус *м. с.-х.* húmus.

гунн *м. ист.* (*тж. перен.*) Hun.

гу́рия *ж. миф.* hóuri ['huə-].

гурма́н *м.* épicùre, góurmand ['guə-]. **~ство** *с.* épicùrism, gourmandíse [guəmən'di:z].

гурт *м.* drove, herd; (*овец*) flock. **~овщи́к** *м.* hérds|man*; (*погонщик*) dróver.

гурто́м *нареч.* **1.** whóle|sàle ['h-]; **2.** *разг.* (*всей компанией*) in a bódy [...'bɔ-].

гурьб||а́ *ж. тк. ед.* crowd, throng; ~ дете́й bévy of chíldren ['be-...]. **~о́й** *нареч.* in a crowd; войти́ ~о́й come* tróoping in.

гуса́к *м.* gánder.

гуса́р *м. воен.* hussár [hu'zɑ:]. **~ский** *прил. к* гуса́р.

гу́сени||ца *ж* **1.** *зоол.* cáterpìllar; **2.** *тех.* (cáterpìllar) track. **~чный** **1.** *прил. к* гу́сеница 1; **2.** *тех.* cáterpìllar (*attr.*), tráck-laying, fúll-tráck ['ful-] (*attr.*); ~чный тра́ктор cáterpìllar tráctor, cráwler tráctor.

гус||ёнок *м.* gósling [-z-]. **~и́ный** goose [-s] (*attr.*); ~и́ная трава́ *бот.* góose-gràss [-s-]; ~и́ное перо́ góose-quìll [-s-]; ✧ ~и́ная ко́жа góose-flèsh [-s-], góose-skìn [-s-]; ~и́ные ла́пки (*морщинки у глаз*) *разг.* crow's feet [-óuz...].

гуси́т *м. ист.* Hússìte.

гу́сл||и *мн. муз.* psáltery ['sɔ:l-] *sg.* **~я́р** *м.* pláyer on the psáltery [...'sɔ:l-], psáltery pláyer.

густе́||ть thícken, get* / become* thick; тума́н ~ет the fog is thíckening, the fog is getting dénser.

гу́сто I *прил. кратк. см.* густо́й.

гу́сто II *нареч.* thíckly, dénse|ly; ~ замеси́ть (*вн.*) work into a stiff míxture (*d.*); ~ замеси́ть те́сто make* a stiff dough [...dou].

густоволо́сый thíck-háired, búshy ['bu-]; (*косматый*) shággy.

густ||о́й **1.** thick; (*плотный*) dense; ~ лес dense / thick fórest [...'fɔ-]; ~а́я толпа́ dense crowd; ~а́я трава́ thick grass; ~о́е населе́ние dense pòpulátion; ~ы́е бро́ви thick / búshy éye|brows [...'bu- 'aɪ-]; ~ы́е во́лосы thick hair *sg.*; ~ы́е облака́ dense / héavy / thick clouds [...'he-...]; ~ дым dense smoke; ~ы́е сли́вки thick cream *sg.*; **2.** (*о голосе, цвете*) rich, deep.

густоли́ственный léafy.

густонаселённый dénse|ly pópulàted, pópulous.

густота́ *ж.* **1.** thíckness, dénsity; **2.** (*голоса, цвета*) ríchness, déepness.

гусы́ня *ж.* goose* [-s].

гус||ь *м.* goose* [-s]; ✧ как с ~я вода́ *погов.* ≅ like wáter off a duck's back [...'wɔ:-...]; хоро́ш ~! a fine / nice féllow!

гусько́м *нареч.* in single / Índian file.

гуся́т||ина *ж.* góose(-flèsh) [-s-]. **~ник** *м.* (*помещение для гусей*) góosery, góose-pèn [-s-].

гутали́н *м.* shoe pólish [ʃu:...], boot cream.

гуттапе́рч||а *ж.* gútta-pércha. **~евый** *прил. к* гуттапе́рча.

гуцу́л *м.*, **~ка** *ж.* Guzúl [gu:'zu:l].

гуцу́льский Guzúl [gu:'zu:l] (*attr.*).

гу́щ||а *ж. тк. ед.* **1.** (*осадок*) sédiment; (*кофейная*) grounds *pl.*; (*пивная*) lees *pl.*; dregs *pl.*; (*в супе*) the thíckness; **2.** (*ле́са*) thícket; (*перен.*) thick; в ~е ле́са in the thick / depths / heart of the fórest [...hɑ:t...'fɔ-]; в са́мую ~у масс in the very midst of the másses.

гу́ще *сравн. ст. прил. см.* густо́й *и нареч. см.* гу́сто II.

гюйс *м. мор.* jack.

гяу́р *м.* giáour ['dʒauə].

Д

да I **1.** *утверждение* (*в ответе*) yes; (*как подтверждение отрицания*) no (=*нет*): бы́ли ли вы там? — Да. Were you there? — Yes (,I was); сего́дня воскресе́нье? — Да. Is it Súnday to|dáy? [...-dɪ...] — Yes; ведь вы не́ были там? — Да, не́ был (=нет, не́ был) You were not there? — No, I was not; **2.** (*вопросительно, как выражение удивления*) is that so?, réally? ['rɪə-], indéed?; fáncy (that); вы зна́ете, он жени́лся? — Да? А я и не знал. You know he has got márried? — Has he?, *или* Réally / Indéed?, I didn't know [...nou].

да II *частица* (*усилительная*) but, oh but [ou...]: да ты гото́в? oh, but you are réady, are|n't you? [...'re-...]; да не мо́жет быть?, да ну? you don't say so!; is that so?; fáncy (that)!; да ну его́! oh, bóther him!; э́то что́-нибудь да зна́чит that means / sígnifìes sóme|thing; (*это неспроста*) there is sóme|thing behínd that; что́-нибудь да оста́лось же now, sóme|thing must súre|ly have been left [...'ʃuə-...], súre|ly sóme|thing was left.

да III *частица* (*модальная: пусть*) *передаётся через сослагательное наклонение или* let + *inf.*, may + *inf.*; да здра́вствует... long live... [...lɪv]; да здра́вствует Сове́тский Сою́з! long live the Sóvièt Únion!; да живёт он мно́гие го́ды! may he live a long life!

да IV *союз разг.* **1.** (*соединительный*) and; (*присоединительный*) and (besídes): он да я he and I; — да ещё and what is more; шёл он оди́н, да ещё в темноте́ he was wálking alóne and, what is more, in the dark, *или* and in the dark too, *или* and, mòre¦óver, in the dark; **2.** (*противительный*) but: он охо́тно сде́лал бы э́то, да у него́ нет вре́мени he would glád¦ly do it, but he has no time.

да́бы *союз уст.* in órder (+ to *inf.*), in órder that (+ *личн. формы глагола* may): ~ преуспе́ть in órder to succéed, in órder that he, *etc.*, may succéed.

дава́й, дава́йте *частица* (*модальная*; + *инф.*) let us (let's *разг.*) (+ *inf.*): ~ чита́ть, писа́ть *и т. п.* let us read, write, *etc.*; — дава́й, я тебе́ помогу́ come (on), I'll help you.

дава́ть, дать 1. (*вн. дт.*) give* (*d.* to, *d.i.*); ~ лека́рство (*дт.*) give* / admínister a médicine (*i.*); ~ взаймы́ (*дт. вн.*) lend* (*i. d.*); ~ бал give* *a* ball; ~ обе́д, у́жин give* *a* dínner, *a* súpper; ~ конце́рт give* *a* cóncert; ~ уро́к give* *a* lésson; ~ телегра́мму (*дт.*) send* *a* télegràm (to); send* *a* wire (to) *разг.*; wire (*d.*) *разг.*; (*по кабелю*) send* *a* cable (to), cable (*d.*); **2.** (*дт.*+*инф.*; *позволять*) let* (*d.*+ *inf.*), allów (*d.*+ to *inf.*); ему́ не да́ли говори́ть they did not (didn't *разг.*) let him speak; ~ поня́ть give* (*i.*) to ùnderstánd; да́йте мне поду́мать let me think; ~ себя́ успоко́ить allów òne¦sélf to be rè¦assúred / quíeted [...-ə'ʃuəd...]; ~ укрепи́ться (*дт.*) allów (*d.*) to gain a firm hold; ◇ ~ подзаты́льник кому́-л. box smb.'s ears, give* smb. a box on the ear(s); ~ кому́-л. сло́во (*на собрании*) give* smb. the floor [...flɔː]; ~ сло́во (*обещать*) give* / pledge one's word; ~ кля́тву make* / take* / swear* an oath* [...sweə...]; ~ обе́т чего́-л. vow smth.; ~ своё согла́сие (на *вн.*) give* one's consént (to); ~ показа́ния téstifỳ, depóse; (*дт.*) give* évidence (to); ~ доро́гу (*дт.*) make* way (for); ~ ме́сто (*дт.*) make* room (for); ~ пра́во (*дт.*) give* *the* right (*i.*); *офиц.* grant / accórd *the* right [grɑːnt...] (*i.*); кто дал вам пра́во (+ *инф.*)? who gave you the right (+ to *inf.*)?; ~ возмо́жность (*дт.*) enáble (*d.*), let* (*d.*); ~ амни́стию grant an ámnesty; ~ звоно́к ring* (the bell); ~ залп fire *a* vólley; ~ отбо́й (*по телефону*) ring* off; ~ сраже́ние (*дт.*) give* battle (*i.*); (*перен. тж.*) méasure swords ['meʒə sɔː-] (with); ~ отпо́р (*дт.*) repúlse (*d.*), rebúff (*d.*); (*в споре*) rejéct the views [...vjuːz]; не ~ поко́я (*дт.*) give* no rest (*i.*), never leave* in peace (*d.*); ~ оса́док leave* *a* sédiment; ~ течь spring* *a* leak; ~ тре́щину crack, split*; ~ припло́д breed*; ~ большо́й припло́д be prolífic; ~ нача́ло чему́-л. give* rise to smth.; ~ во́лю чему́-л. give* vent to smth.; ~ во́лю воображе́нию give* rein to one's imàginátion; не ~ во́ли чему́-л. représs smth., contról smth. [-oul...]; ~ ход кому́-л. *разг.* help smb. on; ~ ход де́лу set* *an* affáir gó¦ing; (*судебному*) prósecùte; не ~ хо́да де́лу shelve *an* affáir; ему́ не даю́т хо́да they won't give him a chance [...wount...]; ~ основа́ние (*дт.* + *инф.*) give* ground (*i.*+to *inf.*); ~ по́вод (*дт.* + *инф.*) give* occásion (*i.*+ to *inf.*); give* cause (for + to *inf.*); ~ ключ к чему́-л. fúrnish the clue to smth.; ~ си́лы (*дт.*) give* strength (*i.*, to), invígoràte (*d.*); ~ переве́с (*дт.*) give* the prepónderance (to), turn the bálance in fávour (of); ~ себе́ труд (+ *инф.*) take* the trouble [...trʌ-] (of *ger.*, + to *inf.*); не ~ в оби́ду (*вн.*) stand* up (for); не ~ себя́ в оби́ду be able to stand up for òne¦sélf; дать себя́ успоко́ить allów òne¦sélf to be placáted; ему́ нельзя́ дать бо́льше 10 лет he does not look more than ten ýears old; ни дать ни взять exáctly the same, as like as two peas. **~ся, да́ться 1.** (*легко усваиваться*) come* éasy [...'iːzɪ]; англи́йский язы́к даётся ему́ легко́ Énglish comes éasy to him ['ɪŋg-...]; не ~ся кому́-л. (*не усваиваться*) not come éasy to smb.; **2.** *страд.* к дава́ть; ◇ ~ся в ру́ки кому́-л. yield to smb. [jiː-...], let* òne¦sélf be caught by smb.; не ~ся кому́-л. (*увёртываться*) eváde smb., dodge smb.

да́веча *нареч. разг.* láte¦ly, récent¦ly.

дави́‖ло *с.* weight (*contrivance*). **~льный:** ~льный пресс wíne¦prèss. **~льня** *ж.* wíne¦prèss. **~льщик** *м.* présser, tréader [-edə].

дави́ть 1. (на *вн.*) weigh (on), lie* héavy [...'he-] (on): снег да́вит на кры́шу the snow weighs, *или* lies héavy, on the roof [...snou...]; **2.** (*вн.*; *раздавливать*) crush (*d.*); **3.** (*вн.*; *мять, выжимать*) press (*d.*), squeeze (*d.*); ~ я́годы press the juice out of bérries [...dʒuːs...]; ~ лимо́н squeeze *a* lémon [...'le-]. **~ся, подави́ться 1.** (*тв.*) choke (with); **2.** *тк. несов.* (*тв.*; *глотать с трудом*) choke down (*d.*); **3.** *страд.* к дави́ть 2, 3; ◇ ~ся от ка́шля choke / súffocàte with cóughing [...'kɔf-]; он да́вится от ка́шля his cough is chóking / súffocàting him [...kɔf...], he is súffocàted by his cough, he has a súffocàting cough; ~ся от сме́ха choke with láughter [...'lɑːf-].

да́вка *ж. тк. ед.* crush.

давле́ние *с.* préssure; высо́кое, ни́зкое ~ high, low préssure [...lou...]; ~ в одну́ атмосфе́ру a préssure of one átmosphère; кровяно́е ~ *мед.* blood préssure [blʌd...]; под ~м чего́-л. únder préssure of smth.; под ~м обстоя́тельств by / through stress of círcumstances; ока́зывать ~ (на *вн.*) put* préssure (up¦ón), bring* préssure to bear [...bɛə] (up¦ón), exért préssure (on); полити́ческое ~ polítical préssure.

давне́нько *нареч. разг.* for quite a (long) while.

да́вн‖ий old, áncient ['eɪ-]; (*уже не существующий*) bý¦gòne [-gɔn]; (*существующий издавна*) lóng-stànding, of long stánding; ~ие собы́тия áncient / bý¦gòne evénts; ~ друг an old friend [...fre-]; ~яя дру́жба a lóng-stànding, *или* an old, fríendship [...'fre-], a fríendship of long stánding; с ~их пор long, for a long time; он живёт здесь с ~их пор he has been líving here for a long time [...'lɪv-...]; he has been líving here for áges *разг.* **~и́шний** *разг.*=да́вний.

давно́ *нареч.* **1.** (*много времени тому назад*) long agó; **2.** (*в течение долгого времени*) for a long time; я ~ его́ не ви́дел I have¦n't seen him for a long time; ~ пора́ (+ *инф.*) it's high time (+ to *inf.*).

давнопроше́дш‖ий remóte; **~ие** времена́ remóte tímes; **~ее (вре́мя)** *грам.* past pérfect (tense); plúpérfect (tense).

да́вност‖ь *ж.* **1.** (*отдалённость*) remóte¦ness; (*древность*) àntíquity: ~ собы́тий remóte¦ness of evénts; ~ э́того обы́чая the àntíquity of this cústom; — э́то де́ло име́ет большу́ю ~ this is a mátter of long stánding; **2.** *юр.* prescríption; десятиле́тняя ~ ten years' prescríption; пра́во ~и prescríptive right.

давны́м-давно́ *нареч.* very long agó; long long agó; áges agó *разг.*

дагеста́н‖ец *м.*, **~ка** *ж.*, **~ский** Dàg(h)èstán [dɑːge'stɑːn].

да́же *частица* éven; он ~ предста́вить себе́ не мог, что э́то так he could¦n't éven imágine that it was so; пришли́ все, ~ де́ти évery¦òne came, éven the chíldren; е́сли ~ éven if; он ~ смути́лся he looked quite confúsed.

дактили́ческий *лит.* dàctýlic; ~ разме́р dàctýlic metre.

дактилоскопи́ческий dàctyloscópic; ~ о́ттиск dàctyloscópic print.

дактилоско́пия *ж.* dàctylóscopy.

да́ктиль *м. лит.* dáctyl.

далай-ла́ма *м.* Dálai-Láma [-laɪ-'lɑː-].

да́лее *нареч.* **1.** fúrther [-ðə]; (*о времени*) láter; не ~ как, не ~ чем no fúrther / fárther than [...'fɑːðə...]; (*о времени*) no láter than; **2.** (*затем*) fúrther, then; ◇ и так ~ and so on, and so forth, etc. [et'setrə].

далёк‖ий 1. (*находящийся на большом расстоянии*; *тж. о времени*) distant, remóte; *реже* far*, fár-a|way; ~ие стра́ны distant lands; ~ое бу́дущее, про́шлое remóte / dístant fúture, past; не в о́чень ~ом бу́дущем in the not too dístant fúture; **2.** (*о путешествии*) long, dístant; ~ путь (*окольный*) a long way round, a róund-about way; **3.** (*чуждый*): они́ ~ие друг дру́гу лю́ди they have little in cómmon; далёк от чего́-л., как не́бо от земли́ as far remóved as héaven from earth [...'mu:- ...'he-... ə:θ]; так далеки́ друг от дру́га, как не́бо от земли́ as far apárt as héaven and earth; ◇ он далёк от подозре́ний he is far from suspécting ány|thing; ~ от и́стины, це́ли *и т. п.* wide of the truth, mark, *etc.* [...-u:θ...]; он не о́чень ~ челове́к he is not very cléver [...'kle-].

далеко́ I **1.** *прил. кратк. см.* далёкий; **2.** *предик. безл.* it is far; it is a long way; туда́ далеко́ (идти́) it is a long way (to go) there, it is far a|wáy; до э́того ещё ~ it is still a long way off; ему́, им *и т. д.* ~ до соверше́нства he is, they are, *etc.*, far from bé|ing pérfect; ему́ ~ до неё he is much inférior to her.

далеко́ II *нареч.* far* off; a long way off; (от) far* (from); a great dístance a|wáy [... greɪt...] (from); ~ позади́ far* behínd; ◇ ~ за (*много больше чем*) far more than; ~ за́ полночь far* / deep into the night, long áfter mídnight; (сли́шком) ~ заходи́ть go* too far; ~ не *разг.* far from bé|ing, a long way from; он ~ не дура́к he is far from bé|ing a fool; he is ány|thing but a fool; ~ ещё не изжи́т still far from bé|ing elíminàted; — он ~ пойдёт he will go far; ~ иду́щие це́ли fár-réaching aims.

даль *ж.* **1.** *тк. ед. разг.*: э́то така́я ~ it is such a long way off; от до́ма до ста́нции така́я ~! it is such a dístance, *или* a long way, from our house* to the stàtion [...haus...]; **2.** *поэт.* (*видимое вдалеке пространство*) dístance.

дальневосто́чный Fár-Éastern.

дальне́йш||ий fúrther [-ðə]; (*последующий*) súbsequent; ~ее разви́тие súbsequent devélopment; в свое́й ~ей рабо́те in one's súbsequent work; ◇ в ~ем láter on; (*впоследствии*) súbsequently; (*в будущем*) in fúture, hénce|fórth, hénce|fórward; (*ниже в тексте*) belów [-ou].

да́льн||ий **1.** (*далёкий, отдалённый*) dístant, remóte; (*о пути и т. п.*) long; ~ райо́н remóte dístrict; ~ путь long / dístant jóurney [...'dʒə:-]; (*морем*) long / dístant vóyage; ~ее расстоя́ние long / great dístance [...greɪt...]; ~его де́йствия lóng-ránge [-'reɪndʒ]; авиа́ция ~его де́йствия lóng-ránge áircràft; по́езд ~его сле́дования lóng-dístance train; **2.** (*о родстве*) distant; ~ ро́дственник distant rélative; ◇ Да́льний Восто́к the Far East; без ~их слов without more / fúrther adó [...-ðə(r) ə'du:]; (*немедленно*) without deláy.

дальнобо́йн||ость *ж.* range [reɪ-]. **~ый** lóng-ránge [-'reɪ-] (*attr.*).

дальнови́дн||ость *ж.* fóre|sìght, préscience. **~ый** fár-síghted, fár-sée|ing, préscient.

дальнозо́рк||ий lóng-síghted, fár--síghted. **~ость** *ж.* long sight; ста́рческая ~ость *мед.* prèsbyópia [-z-].

дальноме́р *м.* ránge-fìnder ['reɪ-]. **~щик** *м.* ránge-tàker ['reɪ-].

да́льность *ж.* distance; (*действия, стрельбы*) range [reɪ-]; ~ расстоя́ния (long) dístance; значи́тельная ~ расстоя́ния consíderable dístance; за ~ю расстоя́ния ówing to, *или* on accóunt of, the dístance ['ouɪŋ...]; ~ полёта (*самолёта, снаряда и т. д.*) range.

дальтони́зм *м. мед.* cólour-blìndness ['kʌ-]; dáltonism.

дальто́ник *м.* cólour-blìnd pérson ['kʌ-...]; dàltónian; он ~ he is cólour-blìnd.

да́льше I *сравн. ст. прил. см.* далёкий.

да́льше II *нареч.* **1.** (*сравн. ст. от* далеко́) fárther [-ðə]; смотре́ть ~ (*прям. и перен.*) look fárther ahéad [...ə'hed]; **2.** (*затем*) fúrther [-ðə], then; что же ~? what next?; а ~ что бы́ло? what| háppened next / then?; что бу́дет ~? what is gó|ing to háppen?; что де́лать ~? what is to be done next?; **3.** (*долее*) any lónger; нельзя́ э́то ~ так оста́вить you cán-nòt leave it like that any lónger; ◇ ~! (*продолжайте!*) go on!; пиши́те, чита́йте *и т. п.* ~ go on wríting, réading, *etc.*; расска́зывайте ~ go on with your stóry / accóunt; ти́ше е́дешь, ~ бу́дешь *посл.* ≅ more haste less speed [...heɪst...].

да́ма *ж.* **1.** lády; ~ се́рдца *шутл.* lády-lòve [-lʌv]; **2.** (*в танцах*) pártner; **3.** *карт.* queen; ~ черве́й, ~ пик *и т. п.* the queen of hearts, spades, *etc.* [...hɑ:ts...].

дама́сск||ий Dámask ['dæ-]; ~ая сталь Dámask steel.

да́мба *ж.* (*водохранилища*) dam; (*предохранение от затопления*) dike, dyke.

да́мк||а *ж.* (*в шашках*) king; проводи́ть в ~и (*вн.*) crown (*d.*); проходи́ть в ~и be crowned.

дамо́клов: ~ меч sword of Dámoclès [sɔ:d...-kli:z].

да́мский *прил. к* да́ма 1; ~ портно́й ládies' táilor.

да́нник *м. ист.* tríbùtary.

да́нн||ые *мн. скл. как прил.* **1.** (*сведения*) dáta, facts; ìnformátion *sg.*; цифровы́е ~ fígures; полу́ченные ~ fíndings; приводи́ть ~ cite dáta; для э́того есть все ~ we have all the dáta to go up|ón; по всем ~ым accórding to all aváilable dáta / ìnformátion; по ~ым отчёта accórding to the dáta presénted in the repórt [...-'ze-....], accórding to the facts of the repórt; по бо́лее по́лным ~ым accórding to fúller ìnformátion [...'fulə...]; **2.** (*задатки*) esséntial quálities; mákings; у него́ есть все ~ стать хоро́шим писа́телем he has all the mákings of a good wríter; **3.** (*основания*) grounds; нет никаки́х ~ых предполага́ть there are no grounds to suppóse.

да́нн||ый **1.** *прич. см.* дава́ть 1; **2.** *прил.* given; (*этот, настоящий*) présent [-ez-]; в ~ моме́нт at the given / présent móment, at présent, at the móment; в ~ом слу́чае in the présent case [...-s]; ~ая величина́ *мат.* dátum (*pl.* -ta).

данти́ст *м.*, **~ка** *ж.* déntist.

дань *ж.* tríbùte, còntribútion; облага́ть ~ю (*вн.*) lay* únder tríbùte / còntribútion (*d.*); (отдава́ть) ~ уваже́ния кому́-л. pay* / do hómage to smb., pay* a tríbùte of respéct to smb.; отда́ть ~ вре́мени appréciàte the time / age, take* cógnizance of the time / age.

дар *м.* **1.** (*подарок*) gift [g-]; (*субсидия, дотация и т. п.*) donátion; *юр.* grant [-ɑ:nt]; принести́ что-л. в ~ make* a gift of smth., presént smth. [-'ze-...]; **2.** (*рд.*; *способность*) gift (of); ~ сло́ва gift of éloquence; gift of the gab *разг.*; ~ ре́чи gift of speech; ◇ ~ы́ данайцев Greek gift *sg.*

дарвин||и́зм *м.* Dárwinism. **~и́ст** *м.* Dàrwínian.

дарён||ый gift [gɪ-] (*attr.*); recéived as a gift [-'si:vd...]; ~ая вещь gift, présent [-ez-]; ◇ ~ому коню́ в зу́бы не смо́трят *посл.* one shouldn't look a gift horse in the mouth.

дари́тель *м.*, **~ница** *ж.* dónòr, gràntór [-ɑ:n-].

дари́ть, подари́ть (*вн. дт.*) give* (*d. i.*); make* a présent [...-ez-] (of *i.*); (*жаловать*) grant [-ɑ:nt] (*d.* to); (*преподносить*) presént [-'z-] (with *d.*); ~ кого́-л. улы́бкой fávour smb. with a smile, bestów a smile on smb. [-ou...].

дармое́д *м.*, **~ка** *ж. разг.* párasìte, spónger ['spʌn-], drone. **~ство** *с. разг.* párasìtism [-saɪ-], spónging ['spʌn-].

дарова́ние *с.* gift [g-], tálent ['tæ-].

дарова́ть *несов. и сов.* (*вн. дт.*) grant [-ɑ:nt] (*d.* to); ~ проще́ние кому́-либо grant smb. one's párdon; ~ кому́-л. свобо́ду, жизнь grant smb. *his* líberty, life.

дарови́т||ость *ж.* giftedness ['gɪ-]. **~ый** gifted ['gɪ-], tálented ['tæ-].

дарово́й *разг.* free (of charge), gratúitous.

даровщи́нк||а: на ~у *разг.* for nothing.

да́ром *нареч.* **1.** (*бесплатно*) for nothing, grátis, free (of charge); рабо́тать ~ work for nothing, *или* without remùnerátion; **2.** (*очень дёшево*) for next to nothing; for a trifle, for a song; **3.** (*бесполезно*) in vain, to no púrpose [...-s]; э́то не прошло́ ~ it was not in vain, it had its efféct; ~ тра́тить что-л. waste smth. [weɪ-...]; весь день ~ пропа́л (у меня́, у него́) the whole day has been wásted [...houl...], I have, he has wásted *a* day; его́ уси́лия не пропа́ли ~ his éfforts were not in vain, *или* were not wásted; ◇ ~ что *разг.* though [ðou], àlthóugh [ɔːl'ðou]; э́то ему́ ~ не пройдёт he'll pay for it; э́то так ~ не пройдёт the mátter will not rest there; э́тот уро́к не прошёл для них ~ the lésson was not lost up¦ón them; э́то ему́ не ~ доста́лось he did not get it without much trouble [...trʌ-], it cost him sóme¦thing; он э́того и ~ не возьмёт he would not have it as a gift [...g-]; ~ хлеб есть ≅ not be worth one's salt.

да́рственн||ый: ~ая за́пись *юр.* séttle¦ment, deed.

да́т||а *ж.* date; поста́вить ~у (на *пр.*) date (*d.*).

да́тельный: ~ паде́ж *грам.* dátive (case) [...-s].

дати́ров||анный *прич.* и *прил.* dáted. ~**ать** *несов.* и *сов.* (*вн.*) date (*d.*).

да́тский Dánish ['deɪ-]; ~ язы́к Dánish, the Dánish lánguage.

датча́н||ин *м.*, ~**ка** *ж.* Dane.

да́ть(ся) *сов.* см. дава́ть(ся).

да́ча I *ж.* **1.** (*представление*) giving; ~ взаймы́ lénding; ~ показа́ний giving évidence, téstifÿing, dèposítion [-'zɪ-]; **2.** (*порция*) pórtion, allówance.

да́ч||а II *ж.* (*загородный дом*) cóttage (in the cóuntry) [...'kʌ-], cóuntry-cóttage ['kʌ-]; (*летняя тж.*) súmmer cóttage; снима́ть ~у rent a súmmer cóttage; жить на ~е live in the cóuntry [lɪv...]; е́хать на ~у go* to the cóuntry.

да́ча III *ж.* (*тж.* лесна́я ~) wóodland ['wud-], wood plot [wud...], wood lot *амер.*

дачевладе́л||ец *м.*, ~**ица** *ж.* ówner of a cóuntry-cóttage ['ou-... 'kʌ-], ówner of a súmmer cóttage; (*ср.* да́ча II).

да́чни||к *м.*, ~**ца** *ж.* súmmer résident (in the cóuntry) [...-z-... 'kʌ-].

да́чный *прил.* к да́ча II; ~ по́езд subúrban / lócal train; ~ сезо́н súmmer séason [...-z-].

два *числит.* two; в ~ ра́за бо́льше (*с сущ. в ед. ч.*) twice as much; (*с сущ. во мн. ч.*) twice as many; double the amóunt / númber [dʌ-...]; в ~ ра́за ме́ньше (*с сущ. в ед. ч.*) half as much [hɑːf...]; (*с сущ. во мн. ч.*) half as many; half the amóunt / númber; ка́ждые ~ дня every other day; ~-три дня a couple of days [...kʌ-...]; ◇ в двух слова́х bríefly [-iːf-], in a word; в двух шага́х a few steps a¦wáy; near by; в ~ счёта *разг.* at one / a stroke, in a trice, in a jíffy; ни ~ ни полтора́ *разг.* ≅ néither fish, nor fowl ['naɪ-...].

двадцати- (*в сложн. словах, не приведённых особо*) of twénty, *или* twénty- — *соотв. тому, как даётся перевод второй части слова; напр.* двадцатидне́вный of twénty days, twénty-day (*attr.*) (*ср.* -дне́вный: of ... days, -day *attr.*); двадцатиме́стный with berths, seats for 20; (*о самолёте и т. п.*) twénty-séater (*attr.*) (*ср.* -ме́стный).

двадцатигра́нник *м.* ícosahédron ['aɪ- -'he-].

двадцатиле́т||ие *с.* **1.** (*годовщина*) twéntieth ànnivérsary; (*день рождения*) twéntieth bírthday; **2.** (*срок в 20 лет*) twénty years *pl.* ~**ний 1.** (*о сроке*) of twénty years; twénty-year (*attr.*); vicénnial *научн.*; ~ний юбиле́й twéntieth ànnivérsary; **2.** (*о возрасте*) of twénty; twénty-year-óld; ~ний ю́ноша a young man* of twénty [...jʌŋ...].

двадцатипятиле́тие *с.* **1.** (*годовщина*) twénty-fífth ànnivérsary; (*день рождения*) twénty-fífth bírthday; **2.** (*срок в 25 лет*) twénty five years *pl.*

двадца́т||ый twéntieth; ~ое ма́я, ию́ня *и т. п.* the twéntieth of May, June, *etc.*; May, June, *etc.*, the twéntieth; страни́ца, глава́ ~ая page, chápter twénty; ~ но́мер númber twénty; ему́ (пошёл) ~ год he is in his twéntieth year; ~ые го́ды (*столетия*) the twénties; в нача́ле ~ых годо́в in the éarly twénties [...'ɜːlɪ...]; в конце́ ~ых годо́в in the late twénties; одна́ ~ая óne-twéntieth.

два́дцат||ь *числит.* twénty; ~ оди́н *и т. д.* twénty-òne, *etc.*; ~ пе́рвый *и т. д.* twénty-fírst, *etc.*; лет ~ (*о времени*) abóut twénty years; (*о возрасте*) abóut twénty; лет ~ тому́ наза́д abóut twénty years agó; ему́ лет ~ he is / looks abóut twénty; ему́ о́коло ~и́ he is abóut twénty; челове́к лет ~и́ a man* of / abóut twénty; в ~и́ киломе́трах (от) twénty kílomètres (from).

два́жды *нареч.* twice; ~ два — четы́ре twice two is four [...fɔː]; он ~ Геро́й Сове́тского Сою́за he has had the title of Héro of the Sóvièt Únion conférred on him twice; ◇ я́сно как ~ два четы́ре ≅ as plain as a píke¦-stàff.

две *ж.* к два.

двенадцати- (*в сложн. словах, не приведённых особо*) of twelve, *или* twelve- — *соотв. тому, как даётся перевод второй части слова; напр.* двенадцатидне́вный of twelve days, twélve-day (*attr.*) (*ср.* -дне́вный: of ... days, -day *attr.*); двенадцатиме́стный with berths, seats for 12; (*о самолёте, автомашине и т. п.*) twélve-séater (*attr.*) (*ср.* -ме́стный).

двенадцатиле́тний 1. (*о сроке*) of twelve years; twélve-year (*attr.*); dùodecénnial *научн.*; **2.** (*о возрасте*) of twelve; twélve-year-óld; ~ ма́льчик a boy of twelve, a twélve-year-óld boy.

двенадцатипе́рстн||ый: ~ая кишка́ *анат.* dùodénum; я́зва ~ой кишки́ dùodénal úlcer.

двенадцатисло́жный dòdecasyllábic [dou-]; ~ стих *лит.* dòdecasýllable [dou-].

двенадцатичасово́й 1. (*о продолжительности*) of twelve hours [...auəz]; twélve-hour [-auə] (*attr.*); **2.:** ~ по́езд the twelve o'clóck train; the twelve o'clóck *разг.*

двена́дцат||ый twelfth; ~ое ма́я, ию́ня *и т. п.* the twelfth of May, June, *etc.*; May, June, *etc.*, the twelfth; страни́ца, глава́ ~ая page, chápter twelve; ~ но́мер númber twelve; ему́ (пошёл) ~ год he is in his twelfth year; уже́ ~ час it is past eléven [...ɪ'le-]; в ~ом часу́ áfter eléven; полови́на ~ого half past eléven [hɑːf...]; три че́тверти ~ого a quárter to twelve; одна́ ~ая óne-twélfth.

двена́дцать *числит.* twelve; ~ раз ~ twelve times twelve; twelve twelves.

дверн||о́й *прил.* к дверь; ~ замо́к dóor-lòck ['dɔː-]; ~ ключ (door) key [dɔː kiː]; ~а́я ра́ма dóor-càse ['dɔː-keɪs], dóor-fràme ['dɔː-]; ~ проём dóorway ['dɔː-]; ~а́я ру́чка dóor-hàndle ['dɔː-]; (*круглая*) dóor-knòb ['dɔː-].

две́рца *ж.* door [dɔː]; ~ экипа́жа, ваго́на cárriage door [-rɪdʒ...].

двер||ь *ж.* door [dɔː]; входна́я ~ éntrance; (*с улицы*) front door [-ʌnt...]; в ~я́х (*в проходе*) in the dóorway [...'dɔː-]; ◇ поли́тика откры́тых ~е́й ópen-door pólicy [-dɔː...]; при закры́тых ~я́х behínd closed doors [...dɔːz]; in prívate [...'praɪ-]; де́ло слу́шалось при закры́тых ~я́х the case was heard / tried behínd closed doors [...-s...hɜːd...], the case was heard / tried in cámera.

две́сти *числит.* two húndred.

дви́гатель *м.* mótor, éngine ['endʒ-]; (*перен.*) mótive pówer / force; ~ вну́треннего сгора́ния intérnal-combústion éngine [-stʃ-...]; нефтяно́й ~ oil éngine. ~**ный** impéllent, mótive; ~ный нерв *анат.* mótor (nerve).

дви́гать, дви́нуть (*вн.*) move [muːv] (*d.*); (*приводить в движение*) set* in mótion (*d.*), set* gó¦ing (*d.*); (*вперёд*) advánce (*d.*), promóte (*d.*); ~ руко́й, ного́й move one's hand, leg; ~ нау́ку advánce / fúrther science [...-ðə...]; ~ де́ло вперёд push things on [puʃ...]; press on, *или* advánce, *an* affáir. ~**ся**, дви́нуться **1.**

move [muːv]; (*вперёд*) advánce; ~ся толпо́й flock, move in a crowd; не ~ся not budge; он не дви́нулся с ме́ста he did not budge; ~ся в путь set* out; 2. *страд.* к дви́гать.

движе́ни||е *с.* 1. mótion, móve¦ment ['muː-]; ~ вперёд fórward móve¦ment; пла́вное ~ smooth mótion [-ð...]; поры́вистые ~я jérky móve¦ments; поступа́тельное ~ fórward mótion, ónward móve¦ment; возвра́тно-поступа́тельное ~ altérnative mótion; непреры́вное ~ contínuous móve¦ment; ~ по кру́гу móve¦ment in a circle; приводи́ть в ~ (*вн.*) set* / put* in mótion (*d.*), set* gó¦ing (*d.*); приходи́ть в ~ begin* to move [...muːv]; (*о механизме*) come* into operátion / play; (*перен.: активизироваться*) be stírring to áction; бы́стрым ~ем руки́ with a swift gésture; он ве́чно в ~и he is álways on the move [...'ɔːlwəz... muːv]; вам ну́жно побо́льше ~я you ought to take more éxercise; без ~я (*неподвижный*) mótion¦less; 2. (*общественное*) móve¦ment; профессиона́льное ~ tráde-únion móve¦ment; рабо́чее ~ wórking-cláss móve¦ment; революцио́нное ~ rèvolútionary móve¦ment; ~ за мир, ~ в защи́ту ми́ра Peace móve¦ment; 3. (*езда, ходьба в разных направлениях*) tráffic; железнодоро́жное ~ ráilway tráffic, train sérvice; пассажи́рское ~ pássenger tráffic [-ndʒə...]; у́личное ~ street tráffic; трамва́йное ~ tram sérvice; ~ приостано́влено the tráffic has been suspénded; подде́рживать регуля́рное ~ (ме́жду) maintáin régular sérvice (betwéen).

дви́жимость *ж. тк. ед. юр.* móvables ['muː-] *pl.*, pérsonal próperty, móvable próperty ['muː-...].

дви́жим||ый 1. *прич.*: ~ чу́вством сострада́ния *и т. п.* prómpted / áctuàted / impélled by a féeling of compássion, *etc.*; 2. *прил.* móvable ['muː-]; ~ое иму́щество móvable / pérsonal próperty.

дви́житель *м. тех.* propélling ágent.

дви́жущи||й 1. *прич. см.* дви́гать; 2. *прил.*: ~е си́лы mótive pówer *sg.*, mótive fórces.

дви́нуть(ся) *сов. см.* дви́гать(ся).

дво́||е *числит.* two; их ~ there are two of them; по́ ~ two by two; ✧ на свои́х (на) ~и́х *разг. шутл.* (*пешком*) on Shanks's mare.

двое||бра́чие *с.* bígamy. **~вла́стие** *с.* dúal pówer. **~ду́шие** *с.* dùplícity, dóuble-déaling ['dʌ-]. **~ду́шный** dóuble-fàced ['dʌ-]. **~жéнец** *м.* bígamist. **~жёнство** *с.* bígamy.

двоето́чие *с. грам.* cólon.

двои́ться *безл.*: у него́, у них *и т. д.* двои́тся в глаза́х he sees, they see, *etc.*, double [...dʌ-].

двóйк||а *ж.* 1. *разг.* (*цифра*) two; 2. (*отметка*) "poor", two; он получи́л ~у по исто́рии he got a "poor" for history, he got two for history; 3. *карт.* two, deuce; ~ черве́й, пик *и т. п.* the two of hearts, spades, *etc.* [...hɑːts...]; 4. (*лодка*) páir-oar boat, pair.

двойни́к *м.* (*кого́-л.*) (smb.'s) double [...dʌ-].

двойн||о́й double [dʌ-]; twó¦fòld; ~о́е значе́ние double méaning; мате́рия ~ ширины́ dóuble-wídth matérial ['dʌ-...]; ~ подборо́док double chin; ~ы́е ра́мы double wíndow-fràme *sg.*; storm windows; ~а́я бухгалте́рия *фин.* bóok-keeping by double éntry; (*перен.*) dóuble-déaling ['dʌ-]; вести́ ~у́ю игру́ play a double game.

дво́йня *ж.* twins *pl.*

двойня́шки *мн. разг.* twins.

дво́йственн||ость *ж.* 1. dùálity; 2. (*двуличность*) dùplícity. **~ый** 1. dúal; ~ое число́ *грам.* dúal númber; 2. (*двуличный*) dóuble-fàced ['dʌ-]; ~ая поли́тика dóuble-fàced pólicy.

двор *м.* 1. court [kɔːt], yard, cóurt¦yárd ['kɔːt-]; кры́тый ~ cóvered court / cóurt¦yárd ['kʌv-...]; проходно́й ~ commúnicàting court / cóurt¦yárd; 2. (*крестьянское хозяйство*) (péasant) hóuse¦hòld ['pez- -s-], fármstead [-sted]; 3. (*царский*) court; при ~é at court; ✧ на ~é (*вне дома*) out of doors [...dɔːz], óutsíde; на ~é моро́з it is fréezing out of doors; весна́, зима́ *и т. п.* на ~é spring, wínter, *etc.*, has come; ни кола́ ни ~а́ *погов.* ≅ néither house* nor home ['naɪðə haus...]; не ко ~у́ ill súited [...'sjuː-]; моне́тный ~ mint (*place*); постоя́лый ~ inn; пти́чий ~ póultry-yàrd ['pou-...]; ско́тный ~ fárm¦yárd; скотопригóнный ~ stóck¦yárd.

дворе́ц *м.* pálace; Дворе́ц труда́ Pálace of Lábour; Дворе́ц Съе́здов Pálace of Cóngrèsses; Дворе́ц пионе́ров Young Pìonéer Pálace [jʌŋ...]; Дворе́ц культу́ры Pálace of Cúlture.

дворе́цкий *м. скл. как прил.* bútler ['bʌ-].

дво́рник *м.* yárd-keeper.

дво́рницкая *ж. скл. как прил.* yárd-keeper's lodge.

дво́рничиха *ж. разг.* (*жена дворника*) yárd-keeper's wife*; (*женщина-дворник*) yárd-keeper.

дво́рня *ж. тк. ед. собир. ист.* doméstics *pl.*, ménials *pl.*

дворня́||га *ж.*, **~жка** *ж. разг.* móngrel ['mʌ-].

дворо́в||ый 1. *прил.* к двор 1; ~ая соба́ка wátch-dòg; ~ые постро́йки óutbùildings [-bɪ-], óut¦houses; 2. *прил. ист.*: ~ые лю́ди mánor serfs ['mæ-...]; 3. *м. как сущ. ист.* ménial; mánor serf.

дворцо́вый *прил.* к дворе́ц; ✧ ~ переворо́т pálace rèvolútion.

дворяни́н *м.* noble, nóble¦man*; (*принадлежащий к среднему, мелкому дворянству*) one belóng¦ing to the géntry, mémber of the géntry: он ~ he is a noble; (*о принадлежащем к среднему, мелкому дворянству*) he belóngs to the géntry.

дворя́н||ка *ж.* géntle¦wòman* [-wu-]. **~ский** *прил.* к дворя́нство; *тж.* nobíliary; ~ско-поме́щичий of the lánded nobílity; ~ские поме́стья manórial estátes; ~ское зва́ние nobíliary rank. **~ство** *с.* 1. nobílity; возводи́ть в ~ство (*вн.*) ennóble (*d.*); 2. *собир.* (*высшее*) nobílity; nobles *pl.*; (*среднее и мелкое*) géntry.

двою́родн||ый: ~ брат, ~ая сестра́ (first) cóusin [...'kʌzᵊn]; ~ дя́дя, ~ая тётка (first) cóusin once remóved [...-'muːvd].

двоя́к||ий double [dʌ-]; ~ого ро́да of two kinds.

двоя́ко *нареч.* in two ways.

двояко||во́гнутый *физ.* còn¦cávò-cón¦càve. **~вы́пуклый** *физ.* cònvéxò-cónvèx.

дву- (*в сложн. словах*)=двух-.

двубо́ртный dóuble-bréasted ['dʌbl-'bre-]; ~ пиджа́к dóuble-bréasted jácket.

двуvале́нтный *хим.* bí¦válent, dí¦válent.

двугла́вый twó-héaded [-'hed-]; ~ орёл *ист.* dóuble-héaded eagle ['dʌbl-'hed-...].

двугла́сный *м. скл. как прил. лингв.* díphthòng.

двуго́рбый twó-húmped; ~ верблю́д Báctrian cámel [...'kæ-].

двугра́нный dìhédral [daɪ'he-]; twó-síded.

двугри́венный *м. скл. как прил. разг.* twénty-cópèck coin.

двудо́льный *бот.* dìcòtylédonous [daɪkɔtɪ'liː-].

двудо́мн||ый *бот.* díclinous, dìóecious [daɪ'iː-]; ~ое расте́ние dìóecious plant [...-ɑːnt].

двужи́льный: я не ~ *разг.* I'm not a cárt-hòrse.

двузна́чный twó-dígit.

двуко́лка *ж.* (twó-whéeled) cart.

двуко́нный twó-hórse (*attr.*); for a pair of hórses; ~ плуг twó-hórse plough.

двукра́тн||ый twó¦fòld, double [dʌ-]; (*повторный*) rè¦íteràted; в ~ом разме́ре double.

двукры́лые *мн. скл. как прил. зоол.* díptera.

двукры́лый *зоол.*, *бот.* dípterous.

двули́кий twó-fáced, bì¦fácial; (*перен.*) dóuble-fàced ['dʌ-]; ✧ ~ Я́нус twó-fáced Jánus.

двули́ч||ие *с.* dóuble-fàced¦ness ['dʌ-], dùplícity. **~ный** dóuble-fàced ['dʌ-].

двуно́г||ий twó-légged; bípèd, bípèd¦al *научн.*; ~ое живо́тное bípèd.

двуо́кись *ж. хим.* dióxìde.

двупо́лый bí¦séxual.

двупо́лье *с.* *с.-х.* twó-fìeld ròtátion of crops [-fi:- rou-...].

двуро́гий twó-hòrned.

двуру́чн||ый twó-hànded; ~ая пила́ twó-hànded saw.

двуру́шн||ик *м.* dóuble-déaler ['dʌ-]. ~ичать be a dóuble-déaler [...'dʌ-], play double [...dʌ-]. ~ический dóuble-déaling ['dʌ-]. ~ичество *с.* dóuble-déaling ['dʌ-].

двусве́тный with two tiers of wíndows [...tɪəz...].

двуска́тн||ый with two slóping súrfaces; ~ая кры́ша gable roof, span roof.

двусло́жн||ый *лингв.* dísyllábic; ~ое сло́во dísyllábic word, disýllable; ~ая стопа́ (*в стихосложении*) disýllable.

двусме́нн||ый twó-shìft (*attr.*); ~ая рабо́та twó-shìft work.

двусмы́сленн||ость *ж.* **1.** àmbigúity [-'gju-]; **2.** (*двусмысленное выражение*) àmbíguous expréssion; (*скабрёзность*) double entendre (*фр.*) [du:bl a:ŋ'ta:ŋdr]. ~ый àmbíguous, equívocal; (*скабрёзный*) indécent, suggéstive [sə'dʒe-]; risqué (*фр.*) [rɪs'keɪ].

двуспа́льн||ый: ~ая крова́ть double bed [dʌ-...].

двуство́лка *ж.* *разг.* dóuble-bárrel ['dʌ-], dóuble-bárrelled gun ['dʌ-...].

двуство́льный dóuble-bárrelled ['dʌ-].

двуство́рчатый **1.** (*о двери*) fólding; **2.** *зоол.* bì|vàlve.

двусти́шие *с.* *лит.* dístich [-k], cóuplet ['kʌ-].

двусто́пный *лит.* of two feet; ~ ямб ìàmbic dímetre.

двусторо́нн||ий **1.** dóuble-síded ['dʌ-]; ~яя мате́рия dóuble-sided matérial; ~ее воспале́ние лёгких double pneumónia [dʌ- nju:-]; **2.** (*обоюдный*) bì|láteral, twó-wáy; ~ее соглаше́ние bì|láteral agréement; ~ обме́н two-wáy exchánge [...-'tʃeɪ-].

двутавро́в||ый: ~ая ба́лка Í-beam ['aɪ-].

двууглеки́слый *хим.* bì|cárbonate.

двуутро́бка *ж.* *зоол.* màrsúpial.

двух- (*в сложн. словах, не приведённых особо*) of two, *или* twó- — *соотв. тому, как даётся перевод второй части слова; напр.* двухдне́вный of two days, twó-day (*attr.*) *ср.* -дне́вный: of... days, -day *attr.*); двухме́стный with berths, seats for 2; *о самолёте, автомашине и т. п.*) twó-séater (*attr.*) (*ср.* -ме́стный).

двухвёрстка *ж.* (*карта*) two versts to one inch map, ½ inch to one verst map.

двухвесе́льн||ый páir-oar; ~ая ло́дка páir-oar boat.

двухвинтово́й twín-screw (*attr.*).

двухгоди́чный of two years; twó-year (*attr.*); bì|énnial *научн.*; ~ курс twó-year course [...kɔ:s].

двухгодова́лый twó-year (*attr.*); twó-year-óld.

двухдне́вный twó-day (*attr.*).

двухколе́йн||ый dóuble-lìne ['dʌ-] (*attr.*), dóuble-tràck ['dʌ-] (*attr.*); ~ая желе́зная доро́га dóuble-tràck ráilway.

двухколёсный twó-whéeled.

двухко́мнатн||ый twó-room (*attr.*); ~ая кварти́ра twó-room flat.

двухлеме́шный: ~ плуг twó-shàre plough.

двухле́тний **1.** (*о сроке*) of two years; twó-year (*attr.*); bì|énnial *научн.*; **2.** (*о возрасте*) of two; twó-year-óld; ~ ребёнок a child* of two; twó-year-óld child*; **3.** *бот.* bì|énnial.

двухма́чтов||ый twó-màsted; ~ое су́дно twó-màster.

двухме́стн||ый twó-séater (*attr.*); ~ автомоби́ль, самолёт *и т. п.* twó-séater; ~ая каю́та twó-bèrthed / dóuble-bérthed cábin [...'dʌ-...], cábin for two; ~ое купе́ double (sléeping) compártment [dʌ-...].

двухме́сячный **1.** (*о сроке*) twó-mònth [-mʌ-] (*attr*); of two months [...mʌ-]; ~ о́тпуск twó-mònth hóliday [...-dɪ]; **2.** (*о возрасте*) twó-mònths-óld [-mʌ-]; ~ ребёнок twó-mònths-óld báby.

двухмото́рный twín-éngined [-ndʒ-], twó-éngined [-ndʒ-].

двухнеде́льный **1.** (*о сроке*) of two weeks; twó-wéek (*attr.*); (*каждые две недели*) fórtnìghtly; ~ о́тпуск a fórtnìght's hóliday [...-dɪ]; ~ журна́л fórtnìghtly (màgazíne / jóurnal / pèriódical) [...-'zi:n 'dʒə:-...]; **2.** (*о возрасте*) twó-weeks-óld.

двухо́сный bì|áxial.

двухпала́тн||ый *полит.* twó-chàmber [-tʃeɪ-] (*attr.*); ~ая систе́ма twó-chàmber sýstem; ~ парла́мент párliament of two hóuses / chámbers [-ləm-... 'tʃeɪm-].

двухпа́лубный *мор.* dóuble-décked ['dʌ-].

двухпарти́йн||ый twó-pàrty (*attr.*).

двухсотле́т||ие *с.* bì|cènténary [-'ti:-]. ~ний bì|cènténnial [-njəl], bì|cènténary [-'ti:-].

двухсо́т||ый twó-húndredth; страни́ца ~ая page two húndred; ~ но́мер númber two húndred; ~ая годовщи́на twó-húndredth ànnivérsary; ~ год the year two húndred.

двухта́ктный **1.** *муз.* in double méasure [...dʌ- 'me-]; **2.** *тех.* twó-cýcle (*attr.*).

двухто́мник *м.* *разг.* twó-vòlume edítion.

двухфа́зный *эл.* twó-phàse (*attr.*).

двухцве́тный twó-cólour|ed [-'kʌ-], of two cólours [...'kʌ-]; twó-cólour [-'kʌ-] (*attr.*); dì|chròmátic [-ou-] *научн.*

двухчасово́й **1.** (*о продолжительности*) of two hours [...auəz]; twó-hour [-auə] (*attr.*); **2.:** ~ по́езд the two o'clóck train; the two o'clóck *разг.*

двухэта́жный twó-stóreyed [-rɪd].

двучле́н *м.*, ~ный *мат.* bì|nómial.

двуязы́ч||ие *с.* *лингв.* bì|língualism. ~ный *лингв.* bì|língual; ~ный слова́рь bì|língual díctionary.

дебаркаде́р [дэб- -дэ́р] *м.* **1.** (*пристань*) lánding; **2.** *уст.* (*ж.-д. платформа*) (ráilway) plátfòrm.

дебати́ровать (*вн.*, о *пр.*) debáte (*d.*), discúss (*d.*).

деба́ты *мн.* debáte *sg.*

дебе́лый *разг.* plump; (*тк. о женщине*) búxom.

де́бет [дэ́-] *м.* *бух.* débit. ~ова́ть [дэ-] *несов.* *и сов.* (*вн.*) *бух.* débit (*d.*).

деби́т [дэ-] *м.* (*воды, газа и т. п.*) débit.

дебито́р [дэ-] *м.* *бух.* débtor ['detə].

деблоки́ровать [дэ-] *несов.* *и сов.* (*вн.*) raise the blòckáde (of); relíeve [-'li:v] (*d.*).

дебо́ш *м.* *разг.* úp|roar, row; пья́ный ~ drúnken brawl. ~и́р *м.* rówdy. ~и́рить kick up a row / shíndy, make* an úp|roar, make* a víolent úp|roar.

де́бр||и *мн.* **1.** thíckets, dense fórest [...'fɔ-] *sg.*; (*перен.*) maze *sg.*, lábyrinth *sg.*; непроходи́мые ~ impénetrable thíckets; jungle *sg.*; запу́таться в ~ях чего́-л. be lost in the lábyrinth of smth.; **2.** (*глухое место*) the wilds; gód-forsàken hole *sg.*

дебю́т *м.* **1.** début (*фр.*) ['deɪbu:]; **2.** *шахм.* (chess) ópen|ing. ~а́нт *м.* débutant (*фр.*) [deɪbju:'ta:ŋ]. ~а́нтка *ж.* débutante (*фр.*) [deɪbju:'ta:nt].

дебюти́ровать *несов.* *и сов.* make* one's début (*фр.*) [...'deɪbu:].

де́ва *ж.* *поэт.* virgin, maid; ◇ ста́рая ~ *разг.* old maid, spínster.

девальва́ция [дэ-] *ж.* *эк.* devàluátion, deprèciátion.

дева́||ть, деть (*вн.*) put* (*d.*), do (with); куда́ он ~л мою́ кни́гу? where did he put my book?; what has he done with my book?; он не зна́ет, куда́ ~ свои́ де́ньги, вре́мя, эне́ргию he does|n't know what to do with his móney, time, énergy [...nou... 'mʌnɪ...]; ~ не́куда (*рд.*) *разг.* there is a plénty (of).

дева́||ться, де́ться get* to; (*исчезать*) dìsappéar; куда́ ~лся мой каранда́ш? where has my péncil got to?, where has my péncil dìsappéared / vánished?; куда́ он де́лся? (*что с ним сталось*) what has become of him?; он не зна́ет, куда́ ~ от комаро́в he does|n't know how to escápe from the mosquítòes [...nou... -'ki:-]; ей не́куда ~ she has nó|whère to go; куда́ он тепе́рь де́нется? where is he to go now?; он не знал, куда́ ~ от ску́ки he didn't know what to do with hìm|sélf for bóre|dom / ennúi [...a:'nwi:].

де́верь *м.* bróther-in-law [-ʌð-] (*pl.* bróthers-) (*husband's brother*).

девиа́ция [дэ-] *ж.* dèviátion [dī-].

деви́з *м.* móttò.

деви́ца *ж.* (*девушка*) girl [-g-]; (*незамужняя женщина*) únmárried wóman* [...'wu-]; (*старая дева*) spínster.

деви́че¦ский= де́ви́чий. **~ство** *с.* gírlhood ['gə:lhud].

де́ви́чий gírlish ['g-]; máidenly *поэт., шутл.*; де́вичий стыд máidenly módesty; деви́чья фами́лия máiden name.

де́вичья *ж. скл. как прил. уст.* maids' room.

де́вка *ж. груб.* **1.** wench, girl [g-]; **2.** (*проститутка*) tart, strúmpet.

дево́н [дэ-] *м. геол.* Dèvónian. **~ский** *геол.* Dèvónian.

де́вочка *ж.* girl [g-]; (*маленькая*) little girl; gírlie ['g-], kíddy *ласк.*

де́вственн¦ица *ж.* vírgin. **~ость** *ж.* vìrgínity.

де́вственн¦ый (*прям. и перен.*) vírgin; ~ая по́чва vírgin soil; ~ лес vírgin fórest [...'fɔ-]; ~ая плева́ *анат.* hýmèn.

де́вушка *ж.* girl [g-]; lass *поэт.*; (*ср.* деви́ца).

девчо́нка *ж. разг.* girl [g-]; *пренебр. тж.* thing, kid.

девяно́ст¦о *числит.* nine¦ty; ~ оди́н *и т. д.* nine¦ty-óne, *etc.*; ~ пе́рвый *и т. д.* nine¦ty-first, *etc.*; лет ~ (*о времени*) abóut nine¦ty years; (*о возрасте*) abóut nine¦ty; лет ~ тому́ наза́д abóut nine¦ty years agó; ему́ лет ~ he is / looks abóut nine¦ty; ему́ о́коло ~а he is abóut nine¦ty; ему́ под ~ he is néarly nine¦ty; ему́ (перевали́ло) за ~ he is óver nine¦ty, he is in his nine¦ties; челове́к лет ~а a man* of / abóut nine¦ty; в ~а киломе́трах (от) nine¦ty kilomètres (from).

девяносто- (*в сложн. словах, не приведённых особо*) of nine¦ty, *или* nine¦ty- — *соотв. тому, как даётся перевод второй части слова; напр.* девяностодне́вный of nine¦ty days, nine¦ty-day (*attr.*) (*ср.* -дне́вный of ... days, -day *attr.*); девяностоме́стный with berths, seats for 90; (*об автобусе и т. п.*) nine¦ty-séater (*attr.*) (*ср.* -ме́стный).

девяностоле́тний **1.** (*о сроке*) of nine¦ty years; nine¦ty-year (*attr.*); **2.** (*о возрасте*) nine¦ty-year-óld; of nine¦ty; ~ стари́к nine¦ty-year-óld man*.

девяно́ст¦ый nine¦tieth; страни́ца ~ая page nine¦ty; ~ но́мер númber nine¦ty; ему́ (пошёл) ~ год he is in his nine¦tieth year; ~ые го́ды (*столетия*) the nine¦ties; в нача́ле ~ых годо́в in the éarly nine¦ties [...'ə:lɪ...]; в конце́ ~ых годо́в in the late nine¦ties.

де́вятер¦о *числит.* nine; для всех ~ы́х for all nine; их ~ there are nine of them.

девяти- (*в сложн. словах, не приведённых особо*) of nine, *или* nine- — *соотв. тому, как даётся перевод второй части слова; напр.* девятидне́вный of nine days, níne-day (*attr.*) (*ср.* -дне́вный: of ... days, -day *attr.*); девятиме́стный with berths, seats for 9; (*о самолёте, автомашине и т. п.*) níne-séater (*attr.*) (*ср.* -ме́стный).

девятикра́тный níne¦fòld; nónù¦ple.

девятиле́т¦ие *с.* **1.** (*годовщина*) ninth ànnivérsary [naɪ-...]; **2.** (*срок в 9 лет*) nine years *pl.* **~ний** **1.** (*о сроке*) of nine years; níne-year (*attr.*); **2.** (*о возрасте*) of nine; níne-year-óld; ~ний ребёнок a child* of nine; a níne-year-óld child*.

девятисо́т¦ый níne-húndredth; страни́ца ~ая page nine húndred; ~ но́мер númber nine húndred; ~ая годовщи́на níne-húndredth ànnivérsary; ~ год the year nine húndred.

девятичасово́й **1.** (*о продолжительности*) of nine hours [...auəz]; níne-hour [-auə] (*attr.*); **2.**: ~ по́езд the nine o'clóck train; the nine o'clóck *разг.*

девя́тка *ж.* **1.** *разг.* (*цифра*) nine; **2.** *карт.* nine; ~ черве́й, пик *и т. п.* the nine of hearts, spades, *etc.* [...hɑ:ts...].

девятнадцати- (*в сложн. словах, не приведённых особо*) of níne¦téen, *или* níne¦téen- — *соотв. тому, как даётся перевод второй части слова; напр.* девятнадцатидне́вный of níne¦téen days, níne¦téen-day (*attr.*) (*ср.* -дне́вный: of ... days, -day *attr.*); девятнадцатиме́стный with berths, seats for 19; (*о самолёте, автомашине и т. п.*) níne¦téen-séater (*attr.*) (*ср.* -ме́стный).

девятнадцатиле́тний **1.** (*о сроке*) of níne¦téen years; níne¦téen-year (*attr.*); **2.** (*о возрасте*) of níne¦téen, níne¦téen-year-óld; ~ ю́ноша a boy / lad / youth of níne¦téen [...ju:θ...].

девятна́дцат¦ый níne¦téenth; ~ое ма́я, ию́ня *и т. п.* the níne¦téenth of May, June, *etc.*; May, June, *etc.*, the níne¦téenth; страни́ца, глава́ ~ая page, chápter níne¦téen; ~ но́мер númber níne¦téen; ему́ (пошёл) ~ год he is in his níne¦téenth year; одна́ ~ая one níne¦téenth.

девятна́дцать *числит.* níne¦téen; ~ раз ~ níne¦téen times níne¦téen; níne¦téen níne¦téens.

девя́т¦ый ninth [naɪ-]; ~ое ма́я, ию́ня *и т. п.* the ninth of May, June, *etc.*; May, June, *etc.*, the ninth; страни́ца, глава́ ~ая page, chápter nine; ~ но́мер númber nine; ему́ (пошёл) ~ год he is in his ninth year; ему́ ~ деся́ток пошёл he is past éighty; уже́ ~ час it is past eight; в ~ом часу́ past / áfter eight; полови́на ~ого half past eight [hɑ:f...]; три че́тверти ~ого a quárter to nine; одна́ ~ая one ninth; ◇ ~ вал the tenth wave.

де́вять *числит.* nine. **~со́т** *числит.* nine húndred.

де́вятью *нареч.* nine times; ~ де́вять nine times nine; nine nines.

дегаза́тор *м.* dé¦contáminàtor.

дегазацио́нн¦ый degássing; ~ая устано́вка degássing únit.

дегаз¦а́ция *ж.* degássing, dé¦contàminátion. **~и́ровать** *несов. и сов.* (*вн.*) degás (*d.*), dé¦contáminàte (*d.*).

дегенер¦а́т *м.* degénerate. **~ати́вный** degénerate. **~а́ция** *ж.* degènerátion. **~и́ровать** *несов. и сов.* degénerate.

дёг¦оть *м.* tar; ма́зать ~тем (*вн.*) tar (*d.*); древе́сный ~ wóod-tàr ['wud-]; каменноуго́льный ~ cóal-tàr; ◇ ло́жка ~тя в бо́чке мёда ≅ a fly in the óintment.

деград¦а́ция [дэ-] *ж.* dègradátion. **~и́ровать** [дэ-] *несов. и сов.* degráde.

дегтя́рн¦ый *прил. к* дёготь; ~ое мы́ло cóal-tàr soap.

дегуста́¦тор [дэ-] *м.* táster ['teɪ-]. **~ция** [дэ-] *ж.* tásting ['teɪ-]; ~ция вина́ wíne-tàsting.

дегусти́ровать [дэ-] *несов. и сов.* (*вн.*) taste [teɪst] (*d.*).

дед *м.* **1.** grándfàther [-fɑ:-]; (*старик*) old man*; **2.** *мн.* (*предки*) fóre¦fàthers [-fɑ:-]; ◇ дед-моро́з Grándfàther Frost; (*рождественский*) Sánta Claus [...-z], Fáther Chrístmas [...-smɪ-]. **~ов** *прил. к* дед 1. **~овский** **1.** *прил. к* дед 1; в ~овские времена́ in the days of our grándfàthers [...-fɑ:-]; **2.** (*старомодный*) ántiquàted.

дедукти́вный [дэ-] dedúctive.

дедукция [дэ-] *ж.* dedúction.

де́душка *м. разг.*=дед 1; *тж.* grándàd, gránd-dàd; grándpa(pà) [-ɑ:].

дееприча́стие *с. грам.* vérbal ádvèrb.

дееспосо́бный **1.** cápable of fúnctioning, able to fúnction; **2.** *юр.* cápable.

дежу́рить **1.** (*быть дежурным*) be on dúty; **2.** (*неотлучно находиться*) watch; ~ у посте́ли больно́го watch by *the* pátient's bédside, be in cónstant attèndance at *the* pátient's bédside.

дежу́рн¦ый **1.** *прил.* on dúty; ~ врач dóctor on dúty; **2.** *м. как сущ.* man* on dúty; (*офицер*) ófficer of the day; (*школьник*) mónitor; ~ по ста́нции assístant státion-màster; он сего́дня ~ по ку́хне *и т. п.* he is on dúty in the kítchen, *etc.*, to¦dáy; ◇ ~ое блю́до stánding dish; plat du jour (*фр.*) [plɑ:dju:'ʒuə]; ~ магази́н shop with exténded búsiness hours [...'bɪzn- auəz].

дежу́рство *с.* **1.** dúty; сего́дня его́ ~ he is on dúty to¦dáy; э́то случи́лось в его́ ~ this háppened while he was on dúty; расписа́ние дежу́рств róta; *воен.* róster ['rou-]; **2.** (*у больного*) wátch(ing); ночно́е ~ níght-wátch, níght-dúty; ночно́е, дневно́е ~ (*медицинской сестры*) night, day núrsing.

дезавуи́ровать [дэ-] *несов. и сов.* (*вн.*) dísavów (*d.*), repúdiàte (*d.*).

дезактива́ция *ж.* dé¦contàminátion.

дезерти́р *м.* desérter [-'z-].

дезерти́р||овать *несов. и сов.* desért [-'z-]. **~ство** *с.* desértion [-'z-].

дезинсе́кция *ж.* fùmigátion.

дезинфекцио́нн||ый *прил. к* дезинфе́кция; ~ая ка́мера dìsinféction chámber [...'ʧeɪ-].

дезинфе́кция *ж.* dìsinféction.

дезинфици́р||овать *несов. и сов.* (*вн.*) dìsinféct (*d.*). **~ующий** **1.** *прич. см.* дезинфици́ровать; **2.** *прил.* dìsinféctant; ~ующее сре́дство dìsinféctant.

дезинформа́ция [дэ-] *ж.* mísìnformátion.

дезинформи́ровать [дэ-] *несов. и сов.* (*вн.*) mísinfórm (*d.*).

дезорганиза́||тор *м.* disórganìzer. **~торский** disórganìzing. **~ция** *ж.* disòrganìzátion [-naɪ-].

дезорганизо́в||анный *прич. и прил.* disórganìzed. **~а́ть** *несов. и сов.* (*вн.*) disórganìze (*d.*).

дезориент||а́ция *ж.* **1.** (*действие*) disòrièntátion; **2.** (*состояние*) bewílderment, confúsion. **~и́ровать** *несов. и сов.* (*вн.*) disóriènt (*d.*), confúse (*d.*); (*перен. тж.*) make* *one* lose, *или* cause *one* to lose, *one's* béarings [...luːz...'bɛər-].

деи́зм [дэ-] *м. филос.* dé¦ism.

деисти́ческий [дэ-] *филос.* dèístic.

де́йственн||ость *ж.* efféctive¦ness; (*о лекарстве и т. п.*) éfficacy; (*активность*) àctívity; (*о мероприятии и т. п.*) efféctualness. **~ый** efféctive; (*о лекарстве и т. п.*) èfficácious; (*активный*) áctive; (*о мероприятии и т. п.*) efféctive, efféctual.

де́йстви||е *с.* **1.** áction, òperátion; (*влияние*) efféct; приводи́ть в ~ (*вн.*) put* in áction (*d.*); set* gó¦ing (*d.*); вводи́ть зако́н в ~ ímplemènt *a* law, put* *a* law in force, cárry *a* law into efféct; под ~ем (чего́-л.) únder the áction (of smth.); не подверга́ться ~ю кисло́т *и т. п.* remáin ùn¦affécted by ácids, *etc.*; вое́нные ~я mílitary òperátions; hòstílities; наси́льственные ~я fórcible acts; ока́зывать ~ (на *вн.*) have an efféct (on, up¦ón); (*без доп.*) take* efféct; ме́сто ~я scene of áction; ~ происхо́дит в Москве́ *и т. п.* the scene is laid in Móscow, *etc.*, the áction takes place in Móscow, *etc.*; **2.** *мн.* (*деятельность*) àctívity *sg.*, àctívities; (*поведение*) cónduct *sg.*; созна́тельные ~я cónscious àctívity [-nʃəs...]; **3.** (*часть драматического произведения*) act; пье́са в трёх ~ях play in three acts; **4.** *мат.* òperátion; четы́ре ~я ари́фме́тики the four rules of àríthmetic [...fɔː...]; ◇ свобо́да ~й a free hand; предоста́вить кому́-л. по́лную свобо́ду ~й give* smb. a free hand, give* smb. carte blanche [...'kɑːt'blɑːnʃ].

действи́тельн||о **1.** *нареч.* réally ['rɪə-]; как бу́дто он мо́жет ~ что́-то сде́лать as if he could réally do sóme¦-thing; **2.** *как вводн. сл.* indéed, réally; ~, э́то оши́бка indéed, *или* to tell the truth, it is a mistáke [... truːθ...]. **~ость** *ж.* **1.** reálity [rɪ'æ-]; совреме́нная ~ость présent-dáy reálity / life ['prez-...]; преврати́ть возмо́жность в ~ость turn pòssibílity into reálity; стать ~остью be trànsláted into life [...-ɑːns-...], become* a reálity; **2.** (*сила действия*) valídity; ~ость докуме́нта valídity of *a* dócument; ◇ в ~ости in reálity, in fact. **~ый** **1.** áctual, real [rɪəl], true; ~ая причи́на the real cause; **2.** (*дающий результат*) efféctive; (*о мероприятии*) efféctual; (*о лекарстве и т. п.*) èfficácious; **3.** (*имеющий силу*) válid; биле́т действи́телен на тро́е су́ток the tícket is válid for three days; аре́ндный догово́р действи́телен на два го́да the lease runs for two years [...liːs...]; призна́ть ~ым *юр.* decláre válid; **4.**: ~ый зало́г *грам.* áctive voice; ◇ ~ый член Акаде́мии нау́к Mémber of the Acádemy of Scíences; ~ая слу́жба *воен.* áctive sérvice.

де́йств||овать, поде́йствовать **1.** *тк. несов.* act; óperàte (*тж. воен.*); (*о механизме*) fúnction; (*работать*) work; (*о машине*) run*; как ~ да́льше? what is to be done next?; они́ ~овали не дру́жно their áction was not cò¦órdinàted, they did not act / work in cóncert; телефо́н не ~ует the télephòne is out of órder, *или* is not wórking; у него́ не ~ует пра́вая рука́ he has lost the use of his right arm [...juːs...]; у него́ желу́док не ~ует he has cònstipátion; ~ не спеша́ take* one's time; **2.** (на *вн.*; *давать результат, влиять*) have an efféct (up¦ón), act (on); ~ на не́рвы кому́-л. get* on smb.'s nerves; ~ успоко́ительно have a sóothing efféct; лека́рство уже́ ~ует the médicine is óperàting, *или* is táking efféct; лека́рство хорошо́ ~ует the médicine is very èfficácious.

де́йствующ||ий **1.** *прич. см.* де́йствовать; **2.** *прил.*: ~ зако́н law in force; ~ая моде́ль (*машины и т. п.*) wórking módel [...'mɔ-]; ~ее лицо́ *театр., лит.* cháracter ['k-]; ~ие ли́ца *театр.* drámatis pèrsónae [... pəː'souniː], cháracters in the play; ◇ ~ая а́рмия Ármy in the Field [...fiː-]; Field Fórces *pl. амер.*

де́ка [дэ́-] *ж. муз.* sóunding board.

декабри́ст *м. ист.* Decémbrist.

дека́бр||ь *м.* Decémber; в ~é э́того го́да in Decémber; в ~é про́шлого го́да last Decémber; в ~é бу́дущего го́да next Decémber.

дека́брьский *прил. к* дека́брь; ~ день Decémber day, day in Decémber.

дека́да *ж.* (*10 дней*) tén-day périod; ~ Узбе́кской, Таджи́кской *и т. п.* литерату́ры и иску́сства Ùzbék, Tàjík, *etc.*, Tén-day Líterature and Art Féstival [uːz- tɑː-...].

декаде́нт *м.*, **~ка** *ж.*, **~ский** décadent. **~ство** *с.* décadence.

дека́дный *прил. к* дека́да.

декали́тр [дэ-] *м.* décalìtre [-liː-].

декалькома́ния [дэ-] *ж.* **1.** tránsfer (*of design*); **2.** (*рисунок*) tránsfer.

декаме́тр [дэ-] *м.* décamètre.

дека́н *м.* dean (*president of a faculty*). **~а́т** *м.* dean's óffice.

декати́ровать *несов. и сов.* (*вн.*) *текст.* sponge [spʌ-] (*woollen cloth with steam*) (*d.*).

дека́эдр [дэ-] *м. мат.* dècahédron [-ed-].

деквалифика́ция [дэ-] *ж.* disquàlificátion.

деквалифици́роваться [дэ-] *несов. и сов.* get dispuálified.

де́кель *м. полигр.* týmpan.

деклама́||тор *м.* recíter. **~торский** recíter's, of recíting; declámatory (*об. ирон.*); ~торское иску́сство the recíter's art, the art of recíting; ~торский приём declámatory devíce. **~цио́нный** of recíting; declámatory (*об. ирон.*); ~цио́нное иску́сство the art of recíting. **~ция** *ж.* rècitátion; dèclamátion (*об. ирон.*).

деклами́ровать, продеклами́ровать (*вн.*) recíte (*d.*); decláim (*d.*) (*об. ирон.*).

декларати́вн||ый declárative; ~ое заявле́ние declárative annóunce¦ment / pronóunce¦ment; заяви́ть в ~ой фо́рме annóunce / procláim in declárative form.

деклара́ция *ж.* dèclarátion.

деклари́ровать *несов. и сов.* (*вн.*) procláim (*d.*), decláre (*d.*), lay* down (*d.*).

деклассиро́ва||нный déclassé (*фр.*) [de'klæseɪ]; ~ элеме́нт déclassé / declássed élement. **~ться** become* declássed.

декольте́ [дэ- -тэ́] *с. нескл.* (*тж. в знач. неизм. прил.*) décolleté (*фр.*) [deɪ'kɔlteɪ]; пла́тье ~ lów-nécked dress ['lou-...], décolleté dress.

декольтиро́ванный [дэ-] lów-nécked ['lou-]; décolleté (*фр.*) [deɪ'kɔlteɪ].

декорати́вн||ый décorative, òrnaméntal; ~ое иску́сство décorative art; ~ое расте́ние òrnaméntal plant [...-ɑːnt].

декора́||тор *м.* scéne-páinter. **~ция** *ж.* scénery ['siː-] (*in theatre*).

декори́ровать *несов. и сов.* (*вн.*) décoràte (*d.*), órnamènt (*d.*).

декóрум [дэ-] *м.* decórum.

декрéт *м.* decrée, édict ['iː-]; ~ о мúре *ист.* the Decrée on Peace; ~ о землé *ист.* the Decrée on Land. **~úровать** *несов. и сов.* (*вн.*) decrée (*d.*). **~ный** *прил. к* декрéт; ✧ ~ный óтпуск matérnity leave.

дéланн||ость *ж.* àrtificiálity, ùnnáturalness; àffèctátion. **~ый** (*искусственный*) àrtifícial; (*притворный*) símulàted, feigned [feɪnd]; afféсted; ~ая улы́бка forced / strained smile.

дéлать, сдéлать (*вн.*) **1.** (*изготовлять, производить, совершать*) make* (*d.*); (*выполнять, поступать*) do (*d.*): ~ шля́пы, бумáгу make* hats, páper; ~ доклáд, сообщéние make* *a* repórt; ~ когó-л. секретарём make* smb. sécretary; ~ когó-л. счастли́вым make* smb. háppy; ~ уси́лие make* an éffort; ~ попы́тку make* an attémpt; attémpt; ~ оши́бку make* *a* mistáke; ~ свою́ рабóту do one's work; ~ ýтреннюю гимнáстику do one's mórning éxercìses; ~ комý-л. одолжéние do smb. a fávour, *или* a good turn; ничегó не ~ do nothing; знать, что ~ know* what to do [nou...]; он хорошó сдéлал (что) he did well (+ to *inf.*); — ~ визи́т (*дт.*) pay* a vísit / call [...-z-...] (*i.*, to); ~ предложéние (*дт.*) make* *an* óffer (*i.*, to); (*о браке*) propóse (to); ~ комплимéнт (*дт.*) make* / pay* *a* cómpliment (*i.*, to); ~ вы́говор (*дт.*) rebúke (*d.*), réprimànd [-mɑː-] (*d.*); ~ вы́вод draw* *a* conclúsion; ~ объявлéние annóunce; (*о продаже товара*) put* up *an* advértisement [...-s-]; ~ стóйку *охот.* set*; ~ запрóс (*в парламенте и т. п.*) intérpèllàte; **2.** (*проходить и т. п. определённое расстояние*) do; (*о судне*) make*: пóезд дéлает 70 *км* в час the train does 70 *km* an hour [...auə]; ✧ ~ нéчего, чтó ~ *как вводн. сл.* it can't be helped [...kɑːnt...]; (*при прош. вр.*) it couldn't be helped; что мне ~? what am I to do?; от нéчего ~ to while awáy the time; ~ вид (что) preténd (+ to *inf.*), afféct (+ to *inf.*), make* a show [...ʃou] (of), feign [feɪn] (that); э́то дéлает емý честь that does him crédit; ~ по-своéму have one's own way [...oun...], do as one pléases / chóoses / feels.

дéлаться, сдéлаться 1. (*становиться*) become*, get*, grow* [-ou]; дéлается хóлодно it is getting cold; дéлается темнó it is getting / grówing dark; емý от э́того не дéлается хýже he is none the worse for it [...nʌn...]; **2.** (*происходить, совершаться*) háppen; там дéлаются стрáнные вéщи strange things háppen there [-eɪ-...]; что с ним сдéлалось? what has háppened to him?, what is the mátter with him?; что там дéлается? what is góing on there?; **3.** *страд. к* дéлать.

делегáт *м.*, **~ка** *ж.* délegate.

делегáтск||ий *прил. к* делегáт; ~ билéт délegate's card; ~ое собрáние délegates' méeting, méeting of délegates.

делегáция *ж.* dèlegátion.

делеги́ров||ание *с.* dèlegátion. **~ать** *несов. и сов.* (*вн.*) délegàte (*d.*).

делёж *м.* sháring, divísion; (*недвижимости*) pàrtítion; (*распределение*) distribútion; ~ имýщества мéжду совладéльцами pàrtítion of próperty betwéen joint ówners [...'ou-]. **~ка** *ж. разг.* sháring, déaling (out).

делéн||ие *с.* **1.** (*в разн. знач.*) divísion; ~ клéток *биол.* céll-divìsion, físsion; **2.** (*на шкале*) point; термóметр подня́лся на 6 ~ий the thermómeter went up six points.

делéц *м.* smart déaler.

деликатéс [-тэ́с] *м.* délicacy; *мн.* délicacies; dèlicatéssen *амер.*

деликáтничать (с *тв.*) *разг.* handle / treat too géntly (*d.*).

деликáтн||ость *ж.* délicacy, tact. **~ый** (*в разн. знач.*) délicate; (*тактичный тж.*) consíderate, táctful; *разг.* (*затруднительный тж.*) tícklish.

дели́м||ое *с. скл. как прил. мат.* dívidènd. **~ость** *ж.* divìsibílity [-z-]. **~ый** divísible [-z-].

дели́тель *м. мат.* divísor [-z-]; óбщий наибóльший ~ the gréatest cómmon méasure [...'greɪ-... 'me-] (*сокр.* G. C. M.).

дели́ть I, раздели́ть (*вн.*), divíde (*d.*; мéжду *тв.* among; мéжду *двумя́*, на *двух* betwéen); ~ на чáсти, грýппы *и т. п.* divíde into parts, groups, *etc.* [...gruː-]; ~ на числó divíde by *a* númber: раздели́ть двáдцать нá пять divíde twénty by five; — ~ пополáм (*вн.*) halve [hɑːv] (*d.*); (*без доп.*) take* half each [...hɑːf...]; go* halves *разг.*; (*тк. в денежных делах*) go* fífty-fífty *разг.*; ~ с кéм-либо share with smb. (*d.*); он дели́л с ним, ни́ми *и т. д.* гóре, рáдость *и т. п.* he shared his, their, *etc.*, grief, joy, *etc.* [...griːf...]; ~ пóровну (*вн.*) divíde into équal parts (*d.*); (*с кем-либо*) divíde, *или* share out, équally (*d.*); share and share alíke (*d.*).

дели́ть II, подели́ть (*вн.* мéжду *тв.*) divíde (*d.* among; мéжду *двумя́* betwéen).

дели́ться I, раздели́ться **1.** (на *вн.*; *в разн. знач.*) divíde (into; *о числах тж.* by); рекá дéлится на два рукавá the ríver divídes into two arms [...'rɪ-...]; пять не дéлится нá три five will not divíde into / by three; шесть дéлится нá два six is divísible by two [...'vɪz-...]; **2.** *страд. к* дели́ть I.

дели́ться II, подели́ться **1.** (чем-л. с кем-л.) share (smth. with smb.); (*сообщать*) tell* (smb. smth.), commúnicàte (smth. to smb.), impárt (smth. to smb.); (*о секрете, переживании и т. п.*) confíde (smth. to smb.); ~ впечатлéниями (с *тв.*) share (one's) impréssions (with); compáre notes (with) *идиом.*; емý нé с кем подели́ться he has no one to confíde in; ~ óпытом (с *тв.*) share one's expériences (with); **2.** *страд. к* дели́ть II.

дели́шки *мн. разг.* affáirs, déalings; тёмные ~ shády affáirs; ✧ как ~? how goes it?

дéл||о *с.* **1.** affáir, búsiness ['bɪzn-]; (*занятие*) pursúit [-'sjuːt]; ли́чное, чáстное ~ prívate affáir ['praɪ-...]; э́то моё, егó *и т. д.* ~ that is my, his, *etc.*, búsiness / affáir; э́то не моё, егó *и т. д.* ~ that is no búsiness / concérn of mine, his, *etc.*; that is none of my, his, *etc.*, búsiness [...nʌn...]; не егó ~ (+ *инф.*) he has no búsiness (+ to *inf.*), it is not, *или* none of, his búsiness (+ to *inf.*); э́то нáше внýтреннее ~ it's our own doméstic concérn [...oun...]; вмéшиваться не в своё ~ ìnterfére in other people's affáirs [...piː-...]; не вмéшивайтесь не в своё ~ mind your own búsiness; приводи́ть свои́ ~á в поря́док put* one's affáirs in órder; говори́ть по ~у speak* on búsiness; без ~а не входи́ть по admíssion excépt on búsiness; приходи́ть по ~у come* on búsiness; у меня́ к немý ~ I have some búsiness with him; он зáнят ~ом he is búsy [...'bɪzɪ]; общéственные ~á públic affáirs ['pʌ-...]; у негó мнóго дел he has many things to do; доводи́ть ~ (до) take* / bring* mátters (to); брáться срáзу за дéсять дел tackle a dózen jobs at once [...'dʌz-...wʌns]; have many írons in the fire [...'aɪənz...] *идиом.*; знать своё ~ know* one's job [nou...] **2.** *тк. ед.* (*цель, интересы и т. п.*) cause; прáвое ~ just cause; благорóдное ~ good / noble cause; вели́кое ~ great cause [greɪt...], feat; ~ ми́ра the cause of peace; для ~а революции for the cause of the rèvolútion; **3.** (*деяние*) deed, act; (*создание*) work; дóброе ~ good deed; здорóвье — велúкое ~ health is a great thing [he...]; вы сдéлали большóе ~ you have achíeved a great feat [...-iːvd...]; э́то ~ егó жи́зни it is his lífe-wòrk; **4.** (*событие, происшествие*) affáir, búsiness; э́то ~ давнó забы́то this affáir has been forgótten long agó; загáдочное ~ strange búsiness [-eɪ-...]; ~ бы́ло в 1960 г. it háppened in 1960; **5.** *обыкн. мн.* (*положение, обстоятельства*) things; ~á поправля́ются things are impróving [...-ruːv-], things are on the mend; попрáвить свои́ ~á impróve the state of one's affáirs [-ruːv...]; как егó ~á? how is he getting on?; ~ повернýлось таки́м óбразом mátters took such a turn; положéние де...

state of affáirs; как обстоит ~ с этим? what about this búsiness?; ~ обстоит так the situátion is this; **6.** (*вопрос, предмет чего-л.*) mátter; ~ привычки, вкуса mátter of hábit, taste [...teɪ-]; совсем другое ~ quite another mátter; that's a horse of a different cólour [...'kʌ-] *идиом.*; в чём ~? what is the mátter?; ~ не в этом that's not the point; ~ нисколько не меняется от того, что the situátion is in no way áltered by the fact that; если бы ~ обстояло иначе if things were dífferent; **7.** *об. тк. ед.* (*специальность*): горное ~ *и т. п. см. под соотв. прилагательными*; **8.** *уст.* (*предприятие*) búsiness: это доходное ~ this búsiness pays well; **9.** *юр.* (*судебное*) case [-s]; вести ~ plead *a* case; возбудить ~ против кого-л. bring* an áction agáinst smb., take* / ínstitùte procéedings agáinst smb.; изложить своё ~ state one's case; по ~у Иванова in connéction with the pròsecútion of Ivànóv [...-vɑ:-]; **10.** *канц.* file, dóssier ['dɔsɪeɪ]; личное ~ pérsonal récòrd(s) (*pl.*), pérsonal file; подшить, приложить к ~у (*вн.*) file (*d.*); ◇ на (самом) ~е as a mátter of fact, in fact, in reálity [...rɪ'æ-]; на самом же ~е... but the fact is...; в самом ~е *как вводн. сл.* réally ['rɪə-], indéed; now that *one* comes to think of it; то ли ~ *разг.* (*гораздо лучше*) how much bétter; what a dífference; то и ~ (*часто*) every now and then; (*беспрестанно*) contínually, incéssantly; первым ~ом in the first ínstance, first of all; между ~ом at odd móments; ~ за (*тв.*) the mátter depénds (on); ~ в том, что the fact / thing is that; в том-то и ~, что the whole point is that [...houl...]; ~ вот в чём the point is this; ~ не (в) it is not a mátter (of); какое ~ (*дт.*)?, что за ~ (*дт.*)? what is it (to)?, what does it mátter (to)?; какое ему ~ (до)! what does he care (for, abóut)!; ему *и т. д.* нет ~а до этого he, *etc.*, does not care; испытать на ~е (*вн.*) test in práctice (*d.*); употребить в ~ (*вн.*) make* use [...ju:s] (of); иметь ~ (с *тв.*) have to do (with), deal* (with), have déalings (with); говорить ~ talk sense, talk sénsibly; такие-то ~а! *разг.* so that's how things are!; that is the way it is!; ~ в шляпе *разг.* it's in the bag; вот это ~! (*правильно*) good!, now you're tálking!; за чем ~ стало? what stops you from doing it, *или* gó|ing on with it?; what is the hitch? *разг.*; не в этом ~! that is not the quéstion / point [...-stʃ-...]; сделать своё ~ have done one's part; это его рук ~ this is his hándiwòrk; когда ~ дойдёт до меня, тебя *и т. д.* when it is my, your, *etc.*, turn; и на словах и на ~е in word and deed; на словах..., на ~е же... in words..., but áctually...; osténsibly..., but in reálity...; у него *и т. д.* (есть) ~ до вас, *или* к вам he, *etc.*, has to speak to you; ему попало за ~ he desérved what he got [...-'zə:vd...].

деловит||ость *ж.* (búsiness-lìke) effíciency ['bɪzn-...]; он отличается ~остью he is very effícient, he is very búsiness-lìke. **~ый** effícient, búsiness-lìke ['bɪzn-].

делов||ой 1. búsiness ['bɪzn-] (*attr.*); ~ человек búsiness man*; ~ые круги búsiness círcles; ~ое сотрудничество búsiness-lìke cò-òperátion ['bɪzn-...]; ~ая поездка búsiness trip; ~ая бумага offícial páper; ~ разговор talk on búsiness mátters; **2.** (*энергичный, точный*) búsiness-lìke; (*дельный*) práctical; ~ подход búsiness-lìke / wórkmanlìke appróach.

делопроиз||водитель *м.* clerk [-ɑ:k]. **~водство** *с.* clérical work; (*переписка*) búsiness còrrespóndence ['bɪzn-...].

дельн||о *нареч.* **1.** effíciently, in búsiness-lìke fáshion [...'bɪzn-...]; **2.** *разг.* (*умно, со смыслом*) sénsibly; говорить ~ talk sense, talk sénsibly; (*ср.* дельный). **~ый 1.** (*энергичный, точный*) effícient, búsiness-lìke ['bɪzn-]; **2.** (*серьёзный*) sénsible; ~ый разговор sérious talk / cònversátion.

дельта [дэ́-] *ж.* délta.

дельфин *м. зоол.* dólphin.

делянка *ж.* allótment; plot / lot (of land).

деляче||ский: ~ подход, ~ское отношение nárrow-mínded áttitùde, ùtilitárian áttitùde. **~ство** *с.* = деляческий подход, деляческое отношение *см.* деляческий.

демагог *м.* démagògue [-ɔg]. **~ический** dèmagógic [-gɪk]. **~ия** *ж.* démagògy [-gɔgɪ].

демаркационн||ый: ~ая линия line of dèmàrcátion [...di:-].

демаркация *ж.* dèmàrcátion [di:-].

демарш [дэ-] *м. дип.* démarche (*фр.*) ['deɪmɑ:ʃ].

демаскировать [дэ-] *несов. и сов.* (*вн.*) *воен.* decámouflàge [-muflɑ:ʒ] (*d.*).

демилитариз||ация [дэ-] *ж.* dé|mìlitarizátion. **~ировать** [дэ-] *несов. и сов.* = демилитаризовать. **~овать** [дэ-] *несов. и сов.* (*вн.*) dé|mílitarìze (*d.*).

демисезонн||ый: ~ое пальто spring / áutumn coat.

демиург [дэ-] *м.* démiùrge ['di:-].

демобилизационный *прил. к* демобилизация.

демобилиз||ация *ж.* dé|mòbilìzátion [-moubɪlaɪ-], reléase [-s]; общая ~ géneral reléase. **~ованный 1.** *прич. см.* демобилизовать; **2.** *м. как сущ.* èx-sérvice|man*; dèmobée *разг.* **~овать** *несов. и сов.* (*вн.*) dè|mòbilìze [-'mou-] (*d.*); demób (*d.*) *разг.* **~оваться** *несов. и сов.* get* / be dè|móbilìzed [...'mou-].

демография [дэ-] *ж.* dèmógraphy [di:-].

демократ *м.* démocràt. **~изация** *ж.* demòcratìzátion [-taɪ-]. **~изировать** *несов. и сов.* (*вн.*) demócratìze (*d.*). **~изм** *м.* demócratism, demócracy. **~ический** dèmocrátic; ~ический централизм dèmocrátic céntralism; ~ические свободы dèmocrátic líberties. **~ичный** dèmocrátic. **~ия** *ж.* demócracy; социалистическая ~ия Sócialist demócracy; страны народной ~ии the People's Demócracies [...pi:-...].

демон *м.* démon. **~ический** dèmónic [di:-], dèmoníacal [di:-].

демонстрант *м.*, **~ка** *ж.* démonstràtor, márcher.

демонстративный demónstrative, òstentátious.

демонстрационный: ~ зал hall.

демонстр||ация *ж.* (*в разн. знач.*) dèmonstrátion; первомайская ~ Máy-day dèmonstrátion; ~ фильма fílm-show [-ʃou], shówing of *a* film ['ʃou-...]. **~ировать** *несов. и сов.* (*вн.*; *в разн. знач.*) démonstràte (*d.*); (*о фильме тж.*) show* [ʃou] (*d.*).

демонтаж [дэ-] *м. тех.* dismántling.

демонтировать [дэ-] (*вн.*) *тех.* dismántle (*d.*).

деморализация [дэ-] *ж.* demòralìzátion [-laɪ-].

деморализовать [дэ-] *несов. и сов.* (*вн.*) demóralìze (*d.*).

демпинг [дэ́-] *м. эк.* dúmping.

денатурат *м.* méthylàted spírit(s) (*pl.*).

денацификация [дэ-] *ж. полит.* denàzificátion [-nɑ:z-].

дендрарий *м.* àrborétum.

дендрит [дэ-] *м. анат., мин.* déndrìte.

дендрология [дэ-] *ж. бот.* dèndrólogy.

денежн||ый móney ['mʌnɪ] (*attr.*), mónetary ['mʌ-], pecúniary: ~ое обращение móney círculátion; ~ перевод móney órder; ~ рынок móney-màrket ['mʌnɪ-]; в ~ом выражении in terms of móney; ~ая единица mónetary únit; ~ая помощь pecúniary aid; ~ые затруднения pecúniary embárrassment *sg.*; — ~ая реформа cúrrency refórm; ~ ящик stróng-bòx; ~ штраф fine; ~ые средства means; ◇ ~ человек *разг.* man* of means, móneyed man* ['mʌnɪd...].

денёк *м. уменьш. от* день.

денница *ж. поэт.* **1.** (*заря*) dawn, dáybreak [-eɪk]; **2.** (*звезда*) mórning-stàr.

денно *нареч.*: ~ и нощно *разг.* day and night.

денонсировать [дэ-] *несов. и сов.* (*вн.*) denóunce (*d.*).

дентúн [дэ-] *м. анат.* déntine [-iːn].

денщúк *м.* bát|man*; stríker *амер.*

день *м.* (*в разн. знач.*) day; (*после полудня*) áfternóon; в 2 часá дня at 2 o'clóck in the áfternóon; рабóчий ~ wórking day; восьмичасовóй *и т. п.* рабóчий ~ éight-hour, *etc.*, (wórking) day [-auə...]; сократúть рабóчий ~ shórten wórking hours [...auəz]; ~ óтдыха, выходнóй ~ rést-day, day of rest; day off; ~ рождéния bírthday; ~ Парúжской Коммýны ànnivérsary of the Páris Cómmùne; Междунарóдный жéнский ~ Ìnternátional Wóman's Day [-'næ-'wu-...]; ~ Побéды Víctory day; цéлый ~ the whole day [...h-...], all the day; на слéдующий, другóй ~ next day; на другóй ~ пóсле the day áfter / fóllowing; on the mórning áfter; на другóй же ~ пóсле the very next day áfter; за ~ (до) a day (befóre); (*накануне*) on the eve (of); с пéрвых же дней from the very first days; (*с начала*) from the very óutsèt; в пéрвые же дни (*рд.*) in the very first days (of); ✧ чéрез ~ every other day; изо дня в ~ day by day, day áfter day, from day to day, every day; ~ ото дня with every (pássing) day; средь бéла дня in broad dáylight [...brɔːd...]; на днях (*о прошлом*) the other day, a day or two agó; (*о будущем*) one of these days, in a day or two; дóбрый ~! (*утром*) good mórning!; (*после полудня*) good áfternóon!; в одúн прекрáсный ~ one fine day; в былы́е дни in days of old; in fórmer / bý|gòne / ólden days [...-gɔn...]; со дня нá ~ from day to day, dáily, every day; (*в ближайшее время*) any day; в порядок дня on the órder of the day; егó днём с огнём не найдёшь he is nó|whère to be seen / found, there's not a trace of him ány|whère; ~ откры́тых дверéй (*в учебном заведении*) ópen day.

дéньг||и *мн.* móney ['mʌ-] *sg.*; funds; бумáжные ~ páper-mòney [-mʌ-] *sg.*; налúчные ~ réady móney ['re-...] *sg.*; cash *sg.*; мéлкие ~ (small) change [...tʃeɪ-] *sg.*; э́то стóит большúх дéнег it costs much, *или* a lot of, móney; колúчество дéнег в обращéнии amóunt of cúrrency in cìrculátion; колúчество дéнег у населéния amóunt of cúrrency in the hands of the pòpulátion; ✧ ни за какúе ~ not for ány|thing; при ~áх in funds, in cash; не при ~áх hard up, out of cash.

день-деньскóй the líve|lòng day [...'lɪv-...]; all day long.

департáмент *м.* depártment.

депéша *ж.* dispátch.

депó *с. нескл.* dépòt ['depou]; пожáрное ~ fire státion; паровóзное ~ róund|house* [-haus].

депозúт *м. фин.* depósit [-z-]; вносúть в ~ = депонúровать.

депозúтор *м. фин.* depósitor [-z-].

деполяризáция *ж. физ.* dé|pòlarìzátion [-pouləraɪ-].

депонéнт [дэ-] *м. фин.* depósitor [-z-].

депонúровать *несов. и сов.* (*вн.* в *вн.*) *фин., юр.* depósit [-z-] (*d.* with).

депрессúвн||ый [дэ-] depréssed, depréssing; ~ое состояние depréssion; ~ перúод *эк.* périod of depréssion.

депрéсс||ия [дэ-] *ж.* (*в разн. знач.*) depréssion; (*экономическая тж.*) slump, declíne; dówntùrn; находúться в состоя́нии ~ии (*о промышленности*) slump; (*о человеке*) be in low spírits [...lou...], be out of spírits, be depréssed.

депутáт *м.* députy; ~ Верхóвного Совéта députy of the Supréme Sóvièt; палáта ~ов Chámber of Députies ['tʃeɪ-...]. **~ский** *прил. к* депутáт.

депутáция *ж.* dèputátion.

дéрби [дэ́-] *с. нескл. спорт.* Dérby ['dɑː-].

дéрвиш [дэ́-] *м.* dérvish.

дёрга||ть, дёрнуть **1.** (*вн.* за *вн.*) pull [pul] (*d.* by), tug (*d.* by); ~ когó-л. за рукáв pull smb.'s sleeve; **2.** *тк. несов.* (*вн.*) *разг.* pull out (*d.*); ~ зуб (*у врача*) have *a* tooth* (pulled) out; **3.** *тк. несов.* (*вн.*) *разг.* (*беспокоить*) wórry ['wʌ-] (*d.*), hárass ['hæ-] (*d.*); pull abóut (*d.*); **4.** *тк. несов. безл. разг.*: егó всегó ~ет his whole bódy twítches [...houl 'bɔ-...]; у меня́ ~ет пáлец my fínger throbs; I have twínges / shóoting--pains in my fínger; ✧ лóшади дёрнули the hórses gave a jerk; и дёрнуло меня пойтú! *разг.* what (on earth) posséssed me to, *или* made me, go there! [...əːθ -'ze-...]. **~ться**, дёрнуться **1.** twitch; **2.** *страд. к* дёргать 1, 2.

дергáч *м.* (*птица*) crake, córncràke, lándrail.

дёргающ||ий **1.** *прич. см.* дёргать 1, 2, 3; **2.** *прил.*: ~ая боль shóoting / thróbbing pain; láncinàting pain *мед.*

деревенéть, одеревенéть *разг.* becóme* stiff / numb; stíffen.

деревéн||ский rúral; víllage (*attr.*); cóuntry ['kʌ-] (*attr.*); ~ пролетариáт rúral pròlètáriat [...prou-]; ~ская беднотá the víllage poor; ~ жúтель cóuntry|man* ['kʌ-] (*pl.* cóuntryfòlk ['kʌ-], cóuntrypeople ['kʌ- -piː-]), víllager. **~щина** *м. и ж. разг.* (cóuntry) búmpkin ['kʌ-...].

дерéвн||я *ж.* (*селение*) víllage; (*в противоположность городу*) cóuntry ['kʌ-], cóuntrysìde ['kʌ-]; жить в ~е live in the cóuntry [lɪv...]; éхать в ~ю go* to the cóuntry; гóрод и ~ town and cóuntry.

дéрево *с.* **1.** (*растение*) tree; хвóйное ~ cónifer ['kou-]; лúственное ~ fóliage tree; **2.** (*материал*) wood [wud]; крáсное ~ mahógany; чёрное ~ ébony; ✧ за дерéвьями лéса не вúдеть one cánnòt see the wood for the trees.

деревообдéлочн||ик *м.* jóiner, wóodwòrker ['wud-]. **~ый** wóodwòrking ['wud-]; ~ая промы́шленность wóodwòrking índustry.

деревообрабáтывающ||ий wóodwòrking ['wud-]; ~ая промы́шленность wóodwòrking índustry.

деревору́бка *ж.* (trée-)félling machíne [...-'ʃiːn].

деревýшка *ж. разг.* hámlet ['hæ-], small víllage.

дéревце *с.*, **деревцó** *с.* sápling ['sæ-].

деревянúстый **1.** *бот.* lígneous; **2.** *разг.* wóody ['wu-].

деревя́нн||ый wóoden ['wu-]; lígneous *научн.*; ✧ ~ое мáсло lámp-oil, inférior ólive oil [...'ɔl-...].

деревя́шка *ж.* **1.** piece of wood [piːs ...wud]; **2.** *разг.* (*деревянная нога*) stump, wóoden leg ['wudᵊn...].

держáва *ж.* **1.** state (*об.* State); (*мн. или с прил.*) pówer; мировáя ~ world pówer; велúкие держáвы the Great Pówers [...-eɪt...]; **2.** *ист.* (*эмблема*) globe, orb.

держáтель *м.* hólder; ~ цéнных бумáг hólder of secúrities; (*акционер*) sháre|hòlder.

держáть (*вн.*; *в разн. знач.*) hold* (*d.*); (*содержать, хранить*) keep* (*d.*); ~ когó-л. зá руку hold* smb. by the hand; ~ в рукé hold* in one's hand (*d.*); ~ в готóвности hold* in réadiness [...'re-] (*d.*); ~ в тáйне keep* a sécret (*d.*); ~ дéньги в сберегáтельной кáссе keep* one's móney in the sávings bank [...'mʌ-...]; ~ лáвку, пчёл, домáшнюю птúцу *и т. п.* keep* a shop, bees, póultry, *etc.* [...'pou-]; держúте вóра! ≅ stop thief [...θiːf]; ✧ ~ когó-л. в рукáх hold*, have smb. (well) in hand, have smb. únder one's thumb; ~ в подчинéнии hold* in subjéction / submíssion (*d.*); keep* down (*d.*) *разг.*; ~ пари bet; lay* a wáger; ~ речь speak*, make* a speech; ~ совéт (с *тв.*) take* cóunsel (with); ~ себя beháve; ~ слóво keep* one's word; be as good as one's word *идиом.*; ~ чью-л. сторону side with smb.; ~ экзáмен go in for *an* exàminátion, take* *an* exàminátion; ~ путь (к; на, в *вн.*) head [hed] (for), make* (for); ~ курс (на *вн.*) head (for); (*перен.*) pursúe a course [...kɔːs] (of); так ~! *мор.* stéady! ['ste-]; ~ язы́к за зубáми hold* one's tóngue [...tʌŋ]; ~ напрáво, налéво keep* to the right, to the left; ~ корректýру read* *the* proofs; ~ в пáмяти have / keep* in one's mémory (*d.*); ~ банк be bánker, keep* the bank.

держáться **1.** (за *вн.*) hold* (on); ~ рукáми за когó-л., что-л. hold smb., smth., hold* on to smb., smth.; **2.** (*рд.*; *придерживаться, приме...*

кать) adhére (to), hold* (by, to); stick* (to) *разг.*; ~ того́ взгля́да, что hold* that, be of the opinion that; ~ пре́жнего мне́ния adhére / hold*/ stick* to one's fórmer opínion; ~ како́го-л. пра́вила make* it one's rule; ~ те́мы keep* to the súbject; stick* to the súbject *разг.*; **3.** *(без доп.; вести себя)* beháve, condúct òne¦sélf; **4.** (на *пр.*) be held up (by), be suppórted (by); пу́говица де́ржится на ни́точке the bútton is háng¦ing by *a* thread [...-ed]; **5.** *(без доп.; не сдаваться)* hold* out, stand* firm; *(о людях тж.)* hold* one's ground; держи́сь! *(не сдавайся)* steady! ['ste-], stand firm!; *(цепляйся крепко)* hold tight!; **6.** *(крепиться)* restráin òne¦sélf, bear* up [bɛə...]; **7.** *(сохраняться)* last: тако́е положе́ние не мо́жет до́лго ~ this state of affáirs cánnòt last long; ◇ ~ бе́рега keep* close to the shore [...klous...]; *мор.* hug the shore; ~ середи́ны доро́ги keep* to the middle of the road; ~ вме́сте keep* / hold* / cling* togéther [...'ɡe-]; ~ в стороне́ stand* asíde / off; *(перен.)* keep* / hold*/ stand* alóof; ~ на нога́х keep* on one's legs; е́ле ~ на нога́х be on one's last legs, be réady to drop [...'re-...]; ~ пря́мо hold* òne¦sélf eréct; ~ зуба́ми за что-л. *разг.* hold* on to smth. with the skin of one's teeth.

дерза́ние *с.* dáring.

дерза́ть, дерзну́ть dare*.

дерзи́ть, надерзи́ть (*дт.*) be ímpudent / impértinent / ínsolent (to); *(об. о детях, подростках)* cheek (*d.*), sauce (*d.*) *разг.*

де́рзк||ий 1. ímpudent, impértinent, ínsolent; *(об. о детях, подростках)* chéeky, sáucy *разг.*; ~ая девчо́нка minx, hússy; **2.** *(смелый)* dáring, bold, audácious.

дерзнове́н||ие *с.* dáring. **~ный** dáring.

дерзну́ть *сов. см.* дерза́ть.

де́рзост||ь *ж.* **1.** ímpudence, impértinence, ínsolence; cheek, sauce *разг.*; *(грубость)* rúde¦ness; говори́ть ~и be ímpudent / impértinent / ínsolent; *(грубить)* be rude; он име́л ~ (+ *инф.*) he had the ímpudence / cheek + to *inf.*); **2.** *(смелость)* dáring, bóldness, audácity.

дерива́т [дэ-] *м.* derívative.

дерива́ция [дэ-] *ж.* **1.** *воен.* drift; **2.** *лингв.* dèrivátion.

дермати́н *м.* leatherétte [leð-].

дермато́||лог [дэ-] *м.* dèrmatólogist. **~ло́гия** [дэ-] *ж.* dèrmatólogy.

дёрн *м. тк. ед.* turf; *(вырезанный пласт)* sod; обкла́дывать клу́мбу ~ом edge *a* flówer-bèd with turf, make* a turf édging round *a* flówer-bèd.

дерно́вый *прил.* к дёрн.

дёрнуть *сов. см.* дёргать 1. **~ся** *сов. см.* дёргаться.

дерю́га *ж.* sáckclòth, sácking.

деса́нт *м.* **1.** lánding; поса́дочный ~ áirbòrne lánding; **2.** *(войска)* lánding párty / force; troops lánded *pl.*; та́нковый ~ tánk-bòrne ínfantry. **~ный** lánding (*attr.*); ~ная ба́ржа lánding barge; ~ный тра́нспорт lánding ship; ~ные суда́ lánding craft *sg.*; ~ная опера́ция lánding òperátion.

дёсенный *анат.* gingival [-n'dʒ-].

десе́рт *м.* dessért [-'zə:t]. **~ный** dessért [-'zə:t] (*attr.*); ~ная ло́жка dessért-spoon [-'zə:t-]; ~ное вино́ sweet wine.

де́скать *вводн. сл. разг. переводится личн. формами глагола* say: он, ~, не знал he says he didn't know [...sez ...nou]; ты, ~, сам винова́т they say it's your own fault[...oun...].

десна́ *ж.* gum *(in mouth)*.

десни́ца *ж. поэт.* (right) hand.

де́спот *м.* déspòt. **~и́зм** *м.* déspotism. **~и́ческий, ~и́чный** dèspótic. **~и́я** *ж.* déspotism.

десть *ж.* quire *(of paper)*.

де́сятеро *числит.* ten; для всех десятеры́х for all ten; их ~ there are ten of them.

десяти- *(в сложн. словах, не приведённых особо)* of ten, *или* tén- — *соотв. тому, как даётся перевод второй части слова; напр.* десятидне́вный of ten days, tén-day (*attr.*) (*ср.* -дне́вный: of... days, -day *attr.*); десятиме́стный with berths, seats for 10; *(о самолёте, автомашине и т. п.)* tén-séater (*attr.*) (*ср.* -ме́стный).

десятибо́рье *с. спорт.* decáthlòn.

десятигра́нн||ик *м. геом.* dècahédron [-ed-]. **~ый** *геом.* dècahédral [-ed-].

десятидне́вка *ж.* ten days *pl.*; périod of ten days.

десятикла́ссн||ик *м.* class X boy, tenth class boy; tenth grade púpil *амер.* **~ица** *ж.* class X girl [...gə:l], tenth class girl.

десятикра́тный ténfòld.

десятиле́т||ие *с.* **1.** *(годовщина)* tenth ànnivérsary; *(день рождения)* tenth bírthday; **2.** *(срок в 10 лет)* décade; ten years *pl.* **~ка** *ж.* *(школа)* (tén-year) sécondary school. **~ний 1.** *(о сроке)* of ten years; tén-year (*attr.*); decénnial *научн.*; ~няя да́вность ten years' prescríption; **2.** *(о возрасте)* of ten; tén-year-óld; ~ний ма́льчик a boy of ten; a tén-year-óld boy.

десяти́на I *ж. уст.* dèssiatína [-'ti:-] *(measure of land=2.7 acres)*.

десяти́на II *ж. тк. ед.* *(налог)* tithe [taið].

десятирублёвка *ж. разг.* tén-rouble note [-ru:-...].

десятисло́жный décasyllábic; ~ стих *лит.* décasýllable.

десятиуго́льн||ик *м. геом.* décagon. **~ый** *геом.* dècágonal.

десятичасово́й 1. *(о продолжительности)* of ten hours [...auəz]; tén-hour [-auə] (*attr.*); **2.:** ~ по́езд the ten o'clóck train; the ten o'clóck *разг.*

десяти́чн||ый décimal; ~ая дробь décimal (fráction); ~ая систе́ма счисле́ния décimal nùmerátion; ~ая систе́ма мер décimal sýstem (of méasures) [...'me-].

деся́тка *ж.* **1.** *разг.* *(цифра)* ten; **2.** *карт.* ten; ~ черве́й, пик *и т. п.* the ten of hearts, spades, *etc.* [...hα:ts...]; **3.** *разг.* *(десятирублёвка)* tén-rouble note [-ru:-...].

деся́тник *м.* fóre¦man*.

деся́т||ок *м.* ten; *мн.* *(множество тж.)* dózens ['dʌ-], scores; ~ки ты́сяч рубле́й, лет tens of thóusands of roubles, years [...-z-...ru:-...]; ~ки листо́вок, пи́сем dózens of léaflets, létters; ~ки чита́телей, рабо́чих scores of réaders, wórkers; ◇ ему́ пошёл четвёртый, пя́тый *и т. д.* ~ he is past thírty, fórty, *etc.*; он неро́бкого ~ка he is no cóward / cráven. **~ый** tenth; ~ое ма́я, ию́ня *и т. п.* the tenth of May, June, *etc.*; May, June, *etc.*, the tenth; страни́ца, глава́ ~ая page, chápter ten; ~ый но́мер númber ten; ему́ (пошёл) ~ый год he is in his tenth year; уже́ ~ый час it is past nine; в ~ом часу́ past / áfter nine; полови́на ~ого half past nine [hα:f ...]; три че́тверти ~ого a quárter to ten; одна́ ~ая one tenth; ◇ расска́зывать из пя́того в ~ое (*вн.*) ≅ tell* in snátches (*d.*).

де́сят||ь *числит.* ten; лет ~ *(о времени)* abóut ten years; *(о возрасте)* abóut ten; лет ~ тому́ наза́д abóut ten years agó; ему́ лет ~ he is / looks abóut ten; ему́ о́коло ~и́ he is abóut ten; ма́льчик лет ~и́ a boy of / abóut ten; в ~и́ киломе́трах (от) ten kílomètres (from).

де́сятью *нареч.* ten times; ~ де́сять ten times ten; ten tens.

детализа́ц||ия *ж.* détailing ['di:-]; прое́кт нужда́ется в ~ии the prójèct wants détailing.

детализи́ровать *несов. и сов.* (*вн.*) détail ['di:-] (*d.*).

дета́л||ь *ж.* *(в разн. знач.)* détail ['di:-]; ~и маши́н machine compónents / parts [-'ʃi:n...]; ◇ вдава́ться в ~и go* into détail(s).

дета́льно I *прил. кратк. см.* дета́льный.

дета́льн||о II *нареч.* in détail [...'di:-], mìnúte¦ly [maɪ-]. **~ый** détailed ['di:-], mìnúte [maɪ-].

детвора́ *ж. собир. разг.* kíddies *pl.*

детдо́м *м.* (де́тский дом) chíldren's home.

детекти́в [дэтэ-] *м.* **1.** *(сыщик)* detéctive; **2.** *(книга)* detéctive stóry / nóvel [...'nɔ-]; whò¦dúnit [-'dʌ-] *идиом. разг.*

детекти́вный [дэтэ-] detéctive; ~ рома́н detéctive stóry / nóvel [...'nɔ-]; whò¦dúnit [-'dʌ-] *идиом. разг.*

детéктор [дэтэ́-] *м. рад.* detéctor, spark índicàtor. ~**ный** [дэтэ́-] *прил. к* детéктор; ~ный приёмник crýstal recéiver [...-'si:-].

детёныш *м.* young one [jʌŋ...]; *мн. собир.* the young; ~ медвéдя, вóлка, тúгра béar-cùb ['bɛə-], wólf-cùb ['wulf-], tíger-cùb [-gə-]; ~ китá, слонá, тюлéня whále-càlf* [-ɑ:f], élephant-càlf* [-ɑ:f], báby élephant, séal-càlf* [-ɑ:f].

детерми́н||úзм [дэтэ-] *м. филос.* detérminism. ~**úст** [дэтэ-] *м.* detérminist.

дéти *мн.* (*ед.* дитя́ *с.*) chíldren; kids *разг.*; (*младенцы*) bábies.

детúна *м. разг.* húsky / héfty / stálwart lad, *или* young féllow [... jʌŋ...].

детúшки *мн. разг.* kíddies, little ones.

дéтище *с.* child*, óffspring; (*перен.*) work, crèátion.

дéтка *ж.* (*в обращении*) my own dárling! [...oun...], my little one!

детонáтор *м. тех.* détonàtor.

детон||áция *ж. тех., хим.* dètònátion [-tou-]. ~**úровать** 1. *тех., хим.* détonàte; 2. *муз.* be out of tune.

детoрóдн||ый génital; ~ые óрганы génitals.

деторождéние *с.* chíld-bearing [-bɛə-].

детоубúй||ство *с.* infánticìde. ~**ца** *м. и ж.* infánticìde.

детплощáдка *ж.* (дéтская площáдка) ópen-air kíndergàrten [...'kɪ-].

детсáд *м.* (дéтский сад) kíndergàrten ['kɪ-], núrsery school.

дéтская *ж. скл. как прил.* núrsery.

дéтск||ий child's, chíldren's; (*свойственный ребёнку*) chíld|ish; (*свойственный грудному ребёнку*) ínfantìle; (*перен.*; *о взрослом*) chíld|ish, púerile; (*невинный*) chíld|like; ~ труд child lábour; ~ие учреждéния chíldren's ìnstitútions; ~ дом chíldren's home; ~ сад kíndergàrten ['kɪ-], núrsery school; ~ая площáдка ópen-air kíndergàrten; ~ вагóн chíldren's cárriage [...-rɪʤ]; ~ая кóмната (*на вокзалах и т. п.*) móther-and-chíld room; ~ие пéсенки núrsery rhymes; ~ фильм chíldren's film; ~ие úгры chíldren's games; ~ие гóды chíld|hood [-hud] *sg.*; ~ая болéзнь chíldren's diséase [...dɪ'z-]; ~ая смéртность ínfantìle mòrtálity; ~ая игрá (*перен.*: *пустяковое дело*) child's play; ~ое мéсто *анат.* placénta, áfterbìrth.

дéтств||о *с.* chíld|hood [-hud]; с ~а from chíld|hood; друг ~а a friend of *one's* chíld|hood [fre-...], pláyfèllow; ◇ впадáть в ~ be in one's sécond chíld|hood [...'se-...], be in one's dótage [...'dou-], becóme* a dótard.

дéть(ся) *сов. см.* девáть(ся).

де-фáкто [дэ-] *нареч.* de fáctò.

дефéкт *м.* deféct, blémish. ~**úвный** deféctive. ~**ный** impérfect, fáulty.

дефектоскопúя *ж.* fault detéction.

дефилé [дэ-] *с. нескл. воен.* dé|fìle.

дефилúровать, продефилúровать [дэ-] (de)fíle.

дефинúция [дэ-] *ж.* dèfinítion.

дефúс *м.* hýphen ['haɪ-].

дефицúт *м.* 1. *эк.* déficit; 2. (*нехватка*) defíciency. ~**ный** 1. (*дающий дефицит*) lósing ['lu:z-]; 2. (*о товарах*) scarce [skɛəs]; crítical *амер.*; ~ные товáры commódities in short supplý; scarce goods [...gudz]; crítical commódities *амер.*

дефля́ция [дэ-] *ж. эк.* dè|flátion.

деформ||áция [дэ-] *ж.* dè|fòrmátion. ~**úровать** [дэ-] *несов. и сов.* (*вн.*) defórm (*d.*). ~**úроваться** [дэ-] 1. *несов. и сов.* change in form / shape [ʧeɪ-...]; becóme* defórmed; 2. *страд. к* деформúровать.

децентрализáция [дэ-] *ж.* dè|cèntralizátion [-laɪ-].

деци||грáмм [дэ-] *м.* décigràm(me). ~**лúтр** [дэ-] *м.* décilìtre [-li:-]. ~**мéтр** [дэ-] *м.* décimètre.

дешевéть, подешевéть fall* in price, chéapen.

дешевúзна *ж.* (*рд.*) chéapness (of); low príces [lou...] (for) *pl.*

дешёв||ка *ж. разг.* 1. (*низкая цена*) low price [lou...]; купúть по ~ке (*вн.*) buy* on the cheap [baɪ...] (*d.*); 2. (*дешёвая распродажа*) cheap sale.

дешéвле I *сравн. ст. прил. см.* дешёвый; ◇ ~ пáреной рéпы *разг.* ≅ dírt-chéap.

дешéвле II *сравн. ст. нареч. см.* дёшево.

дёшево I *прил. кратк. см.* дешёвый.

дёшево II *нареч.* (*прям. и перен.*) cheap, chéaply; ~ отдéлаться get* off cheap; ~ острúть make* cheap jokes; э́то ~ стóит it is worth little; ◇ ~ и сердúто cheap but good, a good bárgain.

дешёв||ый (*прям. и перен.*) cheap; ìnexpénsive; (*о ценах*) low [lou]; ~ая рабóчая сúла cheap lábour pówer; ~ успéх cheap succéss; по ~ой ценé at a low price, at low príces, cheap.

дешифр||úровать [дэ-] *несов. и сов.* (*вн.*) decípher [-'saɪ-] (*d.*). ~**óвка** *ж.* decíphering [-'saɪ-]; decípherment [-'saɪ-].

де-юре [дэюрэ] *нареч.* de júre [... -rɪ].

дея́ние *с.* deed, act.

дéятел||ь *м.*: госудáрственный ~ státes|man*; общéственный ~ públic man* / fígure ['pʌ-...]; политúческий ~ polítical fígure; революциóнный ~ rèvolútionary; ~ наýки scíentist, man* of scíence; ~и культýры cúltural wórkers; заслýженный ~ hónour|ed wórker ['ɔn-...]; заслýженный ~ наýки Hónour|ed Scíentist; заслýженный ~ искýсств Hónour|ed Art Wórker.

дéятельн||ость *ж.* 1. àctívities *pl.*, àctívity, work; революциóнная ~ rèvolútionary àctívities; практúческая ~ práctical àctívities; сознáтельная ~ людéй the cónscious àctívity of men [...-ʃəs...]; общéственная ~ públic / sócial work ['pʌ-...]; 2. (*занятие*) òccupátion; писáтельская ~ the proféssion / vocátion of a wríter, work / òccupátion as a wríter; áuthorship; врачéбная ~ the proféssion of a physícian [...-'zɪ-]. ~**ый** áctive, ènergétic; принимáть ~ое учáстие (в *пр.*) take* an áctive part (in).

джаз *м.* 1. (*музыка*) jazz; 2. (*оркестр*) jazz band.

джем *м.* jam.

джéмпер *м.* júmper; (*мужской тж.*) púll-òver ['pul-].

джентльмéн *м.* géntle|man*. ~**ский** géntle|man (*attr.*); ◇ ~ское соглашéние *дип.* géntle|man's agréement.

джéрси *с. нескл.* jérsey [-zɪ].

джигúт *м.* Djigít [-'gɪt] (*skilful horseman*). ~**óвка** *ж.* fáncy / trick ríding.

джин *м.* gin.

джóуль *м. физ.* joule.

джýнгли *мн.* jungle *sg.*

джут *м.* jute.

дзос *м.* (дéрево-землянóе оборонúтельное сооружéние) *воен.* blóck|house* [-s], búnker, log emplácement, log píll-bòx.

дзот *м.*=дзос.

диабáз *м. геол.* díabàse [-s].

диабéт *м. мед.* dìabétès [-i:z]. ~**ик** *м.* dìabétic [-'bi:-].

диáгноз *м.* dìagnósis (*pl.* -ósès [-i:z]); стáвить ~ (*дт.*) díagnòse (*d.*).

диагнóст *м.* dìagnòstícian. ~**ика** *ж. мед.* dìagnóstics *pl.* ~**úческий** *мед.* dìagnóstic.

диагонáл||ь *ж.* 1. (*линия*) dìágonal; расположúть по ~и (*вн.*) place oblíque|ly [...-'li:-] (*d.*); 2. *текст.* dìágonal.

диагонáльный dìágonal.

диагрáмма *ж.* graph, díagràm.

диадéма [-дэ́-] *ж.* díadèm.

диакритúческий: ~ знак *лингв.* dìacrítical mark / sign [...saɪn], dìacrític.

диалéкт *м. лингв.* díalèct; говоря́щий на ~е díalèct spéaker. ~**áльный** *лингв.* díalèct (*attr.*), dìaléctal. ~**úзм** *м. лингв.* dìaléctìcism.

диалéктик *м.* dìalèctícian.

диалéктика *ж.* dìaléctics; ~ развúтия dìaléctics of devélopment; ~ прирóды dìaléctics of náture [...'neɪ-].

диалектúческий I *филос.* dìaléctical; ~ материалúзм dìaléctical matérialism; ~ мéтод dìaléctical méthod.

диалектúческий II *лингв.* = диалектáльный.

диалéктный *лингв.* díalèct (*attr.*), dìaléctal.

диалекто́лог *м. лингв.* dìalèctólogist.
диалектоло́гия *ж. лингв.* dìalèctólogy.
диало́г *м.* díalògue [-lɔg]; вести́ ~ cárry on *a* díalògue. **~и́ческий** dialógic.
диама́т *м. разг.* (*об учебном курсе*) dialéctical matérialism.
диа́метр *м. мат.* diàmeter; ~ отве́рстия, трубы́ bore. **~а́льно** *нареч.*: ~а́льно противополо́жный dìamétically ópposite [...-z-]. **~а́льный** dìamétrical.
диапазо́н *м. муз.* range [reɪ-], cómpass ['kʌ-]; dìapáson *научн.*; (*перен.*) scope; го́лос большо́го ~а voice of great range / cómpass [...greɪt...].
диапозити́в *м. фот.* (lántern-) slide.
диате́з [-тэ́з] *м. мед.* diáthesis.
диатерми́я [-тэр-] *ж. мед.* diathermy.
диатони́ческ‖ий *муз.* dìatónic; ~ая гамма dìatónic scale.
диафра́гма *ж.* **1.** *анат.* díaphràgm [-æm]; **2.** *опт.* stop; *фот.* áperture.
дива́н I *м.* sófa; (*с подушками и валиками*) óttoman; (*тк. для сидения*) settée.
дива́н II *м.* (*государственный совет в султанской Турции*) diván.
диверге́нция *ж.* divérgence [daɪ-].
диверса́нт *м.* sàbotéur [-'tɜː], wrécker.
диверсио́нный *прил. к* диве́рсия; ~ акт act of sábotàge [...-tɑːʒ].
диве́рсия *ж.* **1.** *воен.* divérsion [daɪ-]; **2.** (*вредительский акт*) sábotàge [-tɑːʒ], sùbvérsive àctivity.
дивертисме́нт *м.* varíety èntertáinment.
диви́де́нд *м. эк.* dívidènd.
дивизио́н *м.* **1.** *воен.*: артиллери́йский ~ battery; àrtillery battálion [...-'tæljən] *амер.*; **2.** *мор.* (*соединение кораблей*) flotílla; squádron *амер.*; (*часть команды*) divísion. **~ный** divísional.
диви́зия *ж. воен.* divísion.
диви́ть (*вн.*) *разг.* surpríse (*d.*).
диви́ться (*дт.*) márvel (at).
ди́вно I *прил. кратк. см.* ди́вный.
ди́вн‖о II *нареч.* márvellous‖ly, wónderfully ['wʌ-]; мы ~ провели́ вре́мя we had a márvellous time. **~ый** márvellous, wónderful ['wʌ-], glórious; *разг.* (*о вкусе, запахе и т. п.*) delightful, delícious; ~ый го́лос márvellous voice; ~ая мело́дия lóve‖ly tune ['lʌ-...].
ди́в‖о *с. тк. ед. разг.* wónder ['wʌ-], márvel; ✧ что за ~! (*странно*) how strange / fúnny [...streɪ-...]; (*нет ничего удивительного*) there's nothing surprísing about that; не ~ no wónder; э́то не ~ it is no wónder, it is not surprísing; ~у дава́ться wónder, márvel; на ~ márvellous‖ly, spléndidly.

дигита́лис *м. бот., фарм.* dìgitális.
дида́кт‖ика *ж.* didáctics. **~и́ческий** didáctic.
дие́з [-иэ́-] *м. муз.* sharp; до ~, ре ~ *и т. д.* C sharp, D sharp, *etc.* [siː... diː...].
дие́т‖а [-иэ́-] *ж.* díet; держа́ть на ~е (*вн.*) díet (*d.*); посади́ть на ~у (*вн.*) *разг.* prescríbe a díet (for); посади́ть на (стро́гую) ~у (*вн.*) put* on a (rígorous) díet (*d.*); соблюда́ть (стро́гую) ~у keep* to a (rígorous) díet. **~е́тика** [-этэ́-] *ж.* dìetétics. **~и́ческий** [-эт-] dìetétic, díetary; ~и́ческий стол ínvalìd díetary / cóokery [-iːd...].
ди́зель *м. тех.* Diesel éngine ['diːz-'endʒ-]. **~ный** díesel ['diːz-]; ~ный тра́ктор díesel tráctor.
дизентери́я *ж. мед.* dýsentery.
дика́рка *ж.* sávage; (*перен.*) shy wóman* [...'wu-]; shy girl [...g-].
дика́рь *м.* sávage; (*перен.*) shy féllow; shy boy.
ди́к‖ий **1.** *прил.* wild; (*нецивилизованный, варварский*) bárbarous, sávage; (*застенчивый*) shy; (*необщительный*) ùnsóciable; (*странный*) strange [-eɪndʒ], queer; (*крайне нелепый*) prepósterous, outrágeous; ~ая ме́стность wílderness; ~ виногра́д wild grapes *pl.*; ~ая сли́ва *и т. п.* wild plum, *etc.*; ~ая я́блоня cráb (-tree); ~ое я́блоко cráb(-àpple); ~ая у́тка wild duck; (*гл. обр. о селезне*) mállard; ~ произво́л sávage déspotism; каки́е ~ие взгля́ды! what fàntástic / outrágeous ìdéas! [...aɪ'dɪəz]; **2.** *м. как сущ.* = дика́рь; ✧ ~ое мя́со proud flesh.
дикобра́з *м. зоол.* pórcupìne.
дико́вин‖(к)а *ж. разг.* wónder ['wʌ-]; ✧ э́то ему́, ей *и т. д.* не в ~(к)у he, she, *etc.*, finds nothing wónderful / remárkable / ún‖úsual about that [...'wʌ-... -'juːʒ-...]. **~ный** strange [-eɪndʒ], wónderful ['wʌ-], remárkable, ún‖úsual [-'juːʒ-], out of the way.
дикорасту́щий wild.
ди́кость *ж.* **1.** wild‖ness, sávagery; shýness, ùnsóciable‖ness; (*ср.* ди́кий); **2.** *разг.* (*вздор*) absúrdity; э́то соверше́нная ~ it is simply prepósterous.
дикта́нт *м.* dictátion.
дикта́т *м.* díctàtes *pl.*; bídding; поли́тика ~а pólicy of dìctátion.
дикта́тор *м.* dictátor. **~ский** dìctatórial.
диктату́ра *ж.* dictátor‖ship; ~ пролетариа́та dictátor‖ship of the pròlètáriat [...prou-].
диктова́ть, продиктова́ть (*вн. дт.*; *в разн. знач.*) dictáte (*d.* to, *d. i.*); ~ свою́ во́лю dictáte one's will.
дикто́вк‖а *ж.* dictátion; писа́ть под чью-л. ~у write* to smb.'s dictátion; под ~у кого́-л. (*перен.*) at smb.'s bídding, by smb.'s órder.

ди́ктор *м.* annóuncer.
диктофо́н *м.* díctaphòne.
ди́кция *ж.* àrticulátion, enùnciátion; хоро́шая ~ clear / good* àrticulátion; плоха́я ~ poor / bad* àrticulátion.
диле́мма *ж.* dilémma; вот в чём ~ *разг.* that is the quéstion / dilémma [...-stʃən...]; пе́ред ним стои́т ~ he is confrónted / faced with *the* dilémma [...-'frʌ-...].
дилента́нт *м.* ámateur [-tɜː], dìlettánte [-tɪ] (*pl.* -tì [-tiː]); dábbler *разг.*; ~ в му́зыке ámateur musícian [...-'zɪ-]; músical dìlettánte [-z-...]. **~ский** àmatéurish [-'tɜː-]. **~ство** *с.* àmatéurishness [-'tɜː-], dilettántism.
дилижа́нс *м.* (stáge-)coach; почто́вый ~ máil-coach.
дилювиа́льный *геол.* dìlúvial [daɪ-]; ~ пери́од dilúvial épòch / périod [...-k...].
дилю́вий *м. геол.* dìlúvium [daɪ-].
ди́на *ж. физ.* dyne.
динами́зм *м.* dýnamism ['daɪ-].
дина́мика *ж.* dỳnámics [daɪ-].
динами́т *м.* dýnamìte ['daɪ-]. **~ный** *прил. к* динами́т. **~чик** *м.* dýnamìter ['daɪ-].
динами́ч‖еский, ~ный dỳnámic [daɪ-].
дина́мо *с. нескл. тех.* dýnamò ['daɪ-]. **~-маши́на** *ж.* dýnamò ['daɪ-].
династи́ческий dynástic.
дина́стия *ж.* dýnasty, house* [-s].
ди́нго *с. нескл. зоол.* díngò.
диноза́вр *м.* dínosaur ['daɪ-].
дио́птр *м. физ.* síght-vàne, síghting hole. **~ика** *ж.* dióptrics.
диоптри́я *ж. опт.* dióptric.
диора́ма *ж.* dìoráma [-ɔ'rɑː-].
дипкурье́р *м.* дипломати́ческий курье́р *см.* дипломати́ческий.
диплоко́кк *м. биол.* dìplocóccus (*pl.* -cócci).
дипло́м *м.* diplóma; (*университетский тж.*) degrée.
диплома́т *м.* díplomàt; diplómatist [-lou-] (*тж. перен.*). **~и́ческий** dìplomátic; ~и́ческие отноше́ния dìplomátic relátions; ~и́ческий ко́рпус dìplomátic corps [...kɔː]; ~и́ческая по́чта dìplomátic mail; ~и́ческий курье́р dìplomátic cóurier / méssenger [...'ku- -ndʒə]; (*в Англии*) Queen's méssenger. **~и́чный** dìplomátic. **~ия** *ж.* diplómacy [-lou-].
дипломи́рованный diplóma‖'d.
дипло́мник *м.* stúdent wórking on gràduátion thésis.
дипло́мн‖ый *прил. к* дипло́м; ~ая рабо́та diplóma / gràduátion thésis, diplóma páper / work; ~ прое́кт gràduátion / diplóma design [...-'zaɪn].
дипло́т *м. мор.* deep sea lead[... led].
директи́в‖а *ж.* instrúctions *pl.*, diréctives *pl.*, diréctions *pl.*; *воен.* instrúction. **~ный** diréctive, diréctory; ~ные указа́ния instrúctions, diréctives, diréctions.

дирéктор *м.* diréctor, mánager; (*школы*) head [hed], príncipal; (*о мужчине тж.*) head máster; (*о женщине тж.*) head místress. **~áт** *м.* diréctorate, board.

директóрия *ж. ист.* Diréctory.

дирéкторский *прил. к* дирéктор; *тж.* mànagérial.

директрúса I *ж. уст.* (*начальница женск. учебного заведения*) head místress [hed...].

директрúса II *ж. геом.* diréctrix (*pl.* dìrèctrícès [-'traɪsi:z]).

дирéкция *ж.* board (of diréctors), mánage¦ment.

дирижаблестроéние *с.* áirshìp-bùilding [-bɪ-].

дирижáбль *м.* dírigible (ballóon), áirshìp.

дирижёр *м.* condúctor; (*духового оркестра*) bánd-màster. **~ский**: **~ская** пáлочка (condúctor's) báton [... 'bæ-].

дирижúровать (*тв.*) condúct (*d.*).

дисгармонúровать (с *тв.*) clash (with), jar (with), be out of tune / kéeping (with).

дисгармонúчный dís¦hàrmónious.

дисгармóния *ж.* dis¦hármony, discórdance.

диск *м.* disk, disc; (*пулемёта*) (cártridge-)drùm; метáтельный ~ díscus (*pl.* -cì); метáние ~а díscus-throwing [-ou-]; ~ номеронабирáтеля (*телефона-автомата*) díal; ~ луны́ the moon's disk.

дúскант *м.* treble [-e-]. **~óвый** treble [-e-]; ~óвый гóлос treble voice.

дисквалификáция *ж.* disquàlificátion.

дисквалифицúровать *несов. и сов.* (*вн.*) disquálifỳ (*d.*). **~ся** *несов. и сов.* get* disquálifìed.

дискобóл *м.* discóbolus (*pl.* -lì).

дискóнт *м. фин.* discóunt.

дисконтúровать *несов. и сов.* (*вн.*) *фин.* discóunt (*d.*).

дискредитáция *ж.* discrédit.

дискредитúровать *несов. и сов.* (*вн.*) discrédit (*d.*).

дискриминáция *ж.* discrìminátion.

дискриминúровать *несов. и сов.* (*вн.*) discríminàte (*d.*).

дискурсúвный *филос.* discúrsive.

дискуссиóнн||ый debátable; ~ вопрóс debátable quéstion / próblem [... -stʃ- 'prɔ-]; статья́ печáтается в ~ом поря́дке the árticle is ópen to discússion.

дискуссúровать *несов. и сов.* = дискутúровать.

дискýсси||я *ж.* discússion, debáte; вопрóс стáвится в поря́дке ~и the quéstion is ópen to discússion [... -stʃ-...].

дискутúровать *несов. и сов.* (*вн.*, о *пр.*) discúss (*d.*), debáte (*d.*).

дислокáция *ж.* **1.** *воен.* (péace-tìme) dìstribútion of troops; **2.** *геол.* displáce¦ment (of stráta), dìslocátion; **3.** *мед.* dìslocátion.

диспансéр [-сэ́р] *м.* dispénsary (*for the prevention and treatment of disease*), health centre [he-...]. **~изáция** [-сэр-] *ж.* dispénsary sýstem (*for the prevention and treatment of disease*).

диспепсúя *ж. мед.* dyspépsia.

диспéрсия *ж. физ.* dispérsion.

диспéтчер *м.* contróller [-oul-] (*of movement of transport, etc.*).

диспéтчерская *ж. скл. как прил.* contróller's óffice [-oul-...]; *ав.* contról tówer [-oul...].

диспозúция *ж. воен.* dìsposítion [-'zɪ-].

диспропóрция *ж.* dísproportion, lack of bálance (betwéen).

дúспут *м.* públic debáte ['pʌ-...]; вестú ~ debáte.

диссертáнт *м.* cándidate.

диссертáци||я *ж.* thésis (*pl.* thésès [-si:z]), dìssertátion; защищáть ~ю maintáin / defénd *a* thésis, stand* for a degrée.

диссидéнт *м. ист.* díssident.

диссимиля́ция *ж.* dìssimilátion.

диссонáнс *м.* díssonance, díscòrd.

диссонúровать *муз.* discórd.

диссоциáция *ж.* dissòciátion.

диссоциúровать *несов. и сов.* (*вн.*) dissóciàte (*d.*).

дистанциóнный *прил. к* дистáнция; ~ взрывáтель *воен.* tíme-fùse.

дистáнц||ия *ж.* **1.** dístance; на большóй, мáлой ~ии at a great, small dístance [...greɪt...]; **2.** *воен.* range [reɪ-]; **3.** *ж.-д.* ráilway divísion.

дистиллирóванн||ый *прич. и прил.* distílled; ~ая водá distílled wáter [...'wɔ:-].

дистиллúровать *несов. и сов.* (*вн.*) distíl (*d.*).

дистилля́ция *ж.* dìstillátion.

дистрофúя *ж. мед.* dystróphia [-ou-].

дисциплúн||а *ж.* **1.** *тк. ед.* díscipline; партúйная ~ párty díscipline; трудовáя ~ lábour díscipline; шкóльная ~ school díscipline; твёрдая ~ strict / firm díscipline; устанáвливать ~у estáblish díscipline; ~ огня́ *воен.* fíre díscipline; **2.** (*отрасль науки*) branch of scíence [-ɑ:ntʃ...].

дисциплинáрн||ый dísciplinary; ~ое взыскáние dísciplinary púnishment [...'pʌ-].

дисциплинúрованн||ость *ж.* díscipline. **~ый** *прич. и прил.* dísciplined.

дисциплинúровать *несов. и сов.* (*вн.*) díscipline (*d.*).

дитя́ *с.* child*; (*о младенце*) báby; ✧ ~ прирóды child* of náture [...'neɪ-].

дифирáмб *м.* díthyràmb; (*перен.*) díthyràmbs *pl.*, éulogy, laudátion; ✧ петь ~ы (*дт.*) sing* the práises (of), beláud (*d.*), extól (to the skies) (*d.*), éulogize (*d.*).

дифосгéн *м. хим.* dìphósgène [daɪ-].

дифтерúйный = дифтерúтный.

дифтерúт *м.* diphthéria. **~ный** diphthéria (*attr.*); dìphtherític.

дифтерúя *ж.* = дифтерúт.

дифтóнг *м. лингв.* díphthòng.

диффамáция *ж.* líbel, dèfamátion.

диффeрéнт *м. мор.* trim dífference; ~ на кормý, на нос trim by the stern, bow.

дифференци||áл *м.* **1.** *мат.* dìfferéntial; **2.** *тех.* dìfferéntial gear [...gɪə]. **~áльный** dìfferéntial; ~áльное исчислéние *мат.* dìfferéntial cálculus; ~áльный тарúф dìfferéntial dúties *pl.*; ~áльная рéнта *эк* dìfferéntial rent.

дифференциáция *ж.* dìfferèntiátion.

дифференцúрование *с. мат.* dìfferèntiátion.

дифференцúровать *несов. и сов* (*вн.*) dìfferéntiàte (*d.*). **~ся** *несов и сов.* dìfferéntiàte.

диффýзия *ж. физ.* diffúsion.

дичáть, одичáть (*о растениях*) run* wild; (*о животных*) become* / grow* wild [...grou...]; (*перен. о людях* become* / grow* ùnsóciable, (be gin* to) shun society.

дичúна *ж. разг.* = дичь 1.

дичúться *разг.* **1.** (*быть робким* be shy; **2.** (*рд.*; *избегать*) shun (*d.*)

дичóк *м. бот.* wílding.

дичь *ж. тк. ед.* **1.** *собир.* (*живот ные и птицы*) game; (*тк. о птицах* gáme¦bìrd, wíld¦fowl; пушнóй звер и ~ fur and féather [...'fe-]; **2.** *разг* (*глушь*) wílderness; **3.** *разг.* (*вздор* nónsense, rúbbish, rot; ✧ порóть ~ *разг.* talk nónsense / rúbbish; tal through one's hat *идиом.*

диэлéктрик *м. физ.* dìeléctric, nòn-condúctor.

длин||á *ж. тк. ед.* length; в ~ léngthwìse, lóng¦wìse; во всю ~ at full length; (*рд.*) the full lengt (of); all alóng (smth.); растянýтьс во всю ~ý méasure one's length ['me ...]; ~óй в 2, 3, 4 *и т. д.* мéтра, фýт *и т. п.*, 2, 3, 4 *и т. д.* мéтра, фýт *и т. п.* в ~ý two, three, four, *etc* metres, feet, *etc.*, long [...fɔ:...]; мé ры ~ы́ méasures of length, línear méas ures; наибóльшая ~ óver¦àll lengt ~ волны́ *рад.* wáve-lèngth.

длинно||вóлновый lóng-wàve (*attr.*) **~волокнúстый** *с.-х.* lóng-stàp (*attr.*). **~волóсый** lóng-haired. ~**нóгий** lóng-lègged. **~нóсый** lón -nòsed.

длиннóт||ы *мн.* prolíxities, tédiou pássages; longuéurs [lɔŋ'gə:z]; р мáн с ~ами nóvel with tédious pá sages ['nɔ-...]; lóng-wìnded / prólix n vel [-wɪn- 'prou-...].

длинношёрст(н)ый lóng-haired.

длúнн||ый long; (*о докладе и т. п* léngthy; ✧ у негó ~ язы́к he has long tongue [...tʌŋ]; гнáться за ~ы рублём be only out for móney [. 'mʌ-].

длительн||ость *ж.* durátion. **~ый** ong, protrácted, prolónged; (*о болезни и т. п.*) língering; в течéние ~о-о врéмени, ~ое врéмя óver a long ériod of time; ~ое хранéние (*овоцей и т. п.*) lóng-tèrm prèservátion ...-zə-]; ~ые стáчки protrácted trikes; ~ое тюрéмное заключéние ong term of imprísonment [...-ız-].

длиться last.

для *предл.* (*рд.*) **1.** (*в разн. знач.*) or: инструмéнт ~ рéзки ínstrument or cútting; он э́то сдéлает ~ неё he vill do it for her; э́та кни́га необходи́ма ~ егó рабóты this book is esséntial for his work; ~ негó необы́чно приходи́ть так пóздно it is ùn¦úsual or him to come so late [...-'ju:ʒ-...]; чень жáрко ~ Москвы́ it is very ot for Móscow; — ~ негó характéрно t is chàracterístic of him [...k-...]; ипи́чно ~ них it is týpical of them; . (*по отношению к*) to: э́то бы́ло жестóким удáром ~ негó it was a ruel blow to him [...kruəl blou...]; то ничтó ~ негó it is nothing to him; епроницáемый ~ воды́ impérvious o wáter [...'wɔ:-]; wáterproof 'wɔ:-]; **3.** (*перед существит., обозначающими действие: с целью*) *об. ередаётся через* to + *inf.*, *заменяющий соотв. существительное*: он риéхал сюдá ~ изучéния языкá e came here to stúdy the lánguage ...'stʌdı...]; **4.** *разг., уст.* (*по случаю*) on the occásion of, for: ~ 1-го Мáя on the occásion of Máy-day, for Мáy-day; ✧ ~ тогó, чтóбы *см.* чтóбы; é ~ чегó (+ *инф.*) *см.* нéчего 2; *тж. и др. особые случаи см. под теми ловами, с которыми предл.* для *образует тесные сочетания.*

дне I *пр. см.* день.

дне II *пр. см.* дно.

дневá||лить *воен.* be on dúty. **~льый** *м. скл. как прил. воен.* man* n dúty.

дневáть: он там днюет и ночýет азг. he spends all his time there, he álways there [...'ɔ:lwəz...], he is here day and night.

днёвка *ж.* day's rest.

дневни́к *м.* (*в разн. знач.*) díary; для записей ежедневных событий) urnal ['dʒɜ:-]; вести́ ~ keep* *a* iary.

дневн||óй day (*attr.*); dáily; ~ зáработок dáily éarnings [...'ɜ:-] *pl.*; -áя смéна day shift; ~ свет dáy-ght; (*искусственный тж.*) fluoréscent lighting; в ~óе врéмя dúring áylight hours [...auəz]; ~ спектáкль matinée (*фр.*) ['mætıneı].

-днéвный (*в сложн. словах, не приведённых особо*) of... days, -day (*attr.*); *апр.* двадцатиднéвный of twénty ays; twénty-day (*attr.*).

дней *рд. мн. см.* день.

днём I *нареч.* in the dáy-tìme, by ay; (*после полудня*) in the áfternóon; сегóдня ~ this áfternóon; зáвтра ~ to¦mórrow áfternóon; вчерá ~ yésterday áfternóon [-dı...].

днём II *тв. см.* день.

дни *мн. см.* день.

дни́ще *с.* bóttom (of ship, bárrel); (*судна тж.*) bilge.

дн||о *с.* bóttom; (*моря тж.*) ground; на ~е at the bóttom; достáть до ~а touch bóttom [tʌʧ...]; идти́ ко ~у go* to the bóttom, sink*; пускáть ко ~у (*вн.*) send* to the bóttom (*d.*), sink* (*d.*); ✧ пить до ~а drain; (*перен.*) drink* to the dregs; вверх ~ом úpsìde-dówn, tópsytúrvy; опроки́нуть вверх ~ом (*вн.*) ùpsét* (*d.*); золотóе ~ *разг.* góld-mìne; ни ~а емý ни покры́шки *разг.* bad luck to him.

дноуглуби́тель *м. тех.* drédger.

дню *дт. см.* день.

дня *рд. см.* день.

до I *с. нескл. муз.* С [si:]; do; до диéз С sharp.

до II *предл.* (*рд.*) **1.** (*при обозначении достигаемого предела, степени, расстояния, промежутка во времени, какого-л. ряда*) to (*тж.* down to, up to; *ср.* вплоть); (*при обозначении конечного пункта движения*) as far as; (*крайнего предела во времени*) till; until (*об. в начале предложения*): до концá to the end; до послéдней кáпли to the last drop; до крáйности to excéss; до извéстной стéпени to a cértain extént / degrée; до стáнции далекó it is far, *или* a long way, to the státion; от гóрода до стáнции from the town to the státion; от трёх (часóв) до пяти́ from three to five (o'clóck); чи́сла от одногó до десяти́ númbers (from) one to ten; от пяти́ до десяти́ дней, мéтров, книг from five to ten days, metres, books; éхать до Москвы́ go* as far as Móscow; добежáть до стáнции run* as far as, *или* to, the státion; ждать до вéчера, до десяти́ (часóв) wait till the évening, till ten (o'clóck) [...'i:vn-...]; — до нáших дней to our time, to this day; **2.** (*меньше*) únder; (*не больше: о возрасте, величине и т. п.*) up to, not óver, not... óver; (*о количестве, сумме тж.*) no more than, not... more than: дéти до шести́ лет chíldren únder six (years); вéсом до трёх килогрáммов (*включительно*) wéighing up to, *или* not óver, three kílogràm(me)s; трáтить до десяти́ рублéй spend* up to, *или* not óver, *или* no more than, ten roubles [...ru:-]; он мóжет трáтить до десяти́ рублéй he can spend up to ten roubles, he cánnòt spend óver, *или* more than, ten roubles; роди́тели, имéющие до пяти́ человéк детéй párents having up to, *или* no more than, five chíldren; **3.** (*приблизительно*) abóut; some *pron.*: у негó до ты́сячи книг he has abóut a thóusand books [...-z-...]; нас бы́ло до 60 человéк we were some síxty in all; **4.** (*раньше*) befóre: до войны́ befóre the war; ✧ до свидáния góod-býe; до сих пор (*о месте*) up to here; (*о времени*) up to now, till now; híther¦tó; до сих пор (ещё, всё ещё; *при наст. вр.*) still: он до сих пор (ещё, всё ещё) пи́шет he is still wríting; — до тех пор till then; до тех пор, покá *см.* покá II 2; до тех пор, как, *или* до тогó, как (*обо всём данном времени*) till, until (*ср. выше* 1); (*о каком-л. моменте раньше чем*) befóre: ждите до тех пор, покá он не придёт wait till he comes; они́ бýдут готóвы до тогó, как он придёт they will be réady befóre he comes [...'re-...]; — до тогó, что (*так долго, что*) till; (*до такой степени, что*) so... that: он кричáл до тогó, что охри́п he shóuted till he grew hoarse, he shóuted hìm¦sélf hoarse; он был до тогó слаб, что не мог дви́гаться he was so weak that he could not move [...mu:v]; — до чегó *разг.* (*как*) how; (*какой*) what: до чегó жáрко! how hot it is!; до чегó э́то интерéсная кни́га! what an ínteresting book this is!; — до чегó жаль! it's such a píty! [...'pı-]; у негó *и т. д.* (есть) дéло до вас, емý *и т. д.* нет дéла до э́того, дéло до *см.* дéло; емý *и т. д.* не до *см.* не; что емý *и т. д.* до, что до *см.* что I; *тж. и др. особые случаи, не приведённые здесь, см. под теми словами, с которыми предл.* до *образует тесные сочетания.*

до- *глагольная приставка; если обозначает доведение действия до конца, то об. передаётся через формы глагола* fínish (+ *ger.*): дочитáть кни́гу fínish réading *the* book; *если подчёркивает доведение действия до предела, обозначенного существит. с предл.* до, *то об. не переводится*: дочитáть до середи́ны read* to the middle; добежáть до стáнции run* to, *или* as far as, the státion; (*ср.* до II 1).

добáвить *сов. см.* добавлять.

добáв||ка *ж. разг.* addítion; (*довесок*) máke¦weight. **~лéние** *с.* addítion; (*к сочинению*) appéndix (*pl.* -icès [-ısi:z]), addéndum (*pl.* -da); (*к документу*) ríder; в ~лéние (к) in addítion (to).

добавля́ть, добáвить (*вн.* к) add (*d.* to).

добáвочный addítional, sùppleméntary, éxtra; (*второстепенный*) àccéssory.

добег||áть, добежáть run* so far; ~ (до) run* (to; as far as; *ср.* до II 1); (*достигать*) reach (*d.*); ми́гом ~ý I'll get there in no time; он не смог добежáть he could not run so far.

добéгаться *сов.* (до) run* (till one *is*): ~ до устáлости run* till one is tired; ✧ (вот) добéгался! now you have, he has, *etc.*, done it!

добежа́ть *сов. см.* добега́ть.

добела́ *нареч.* **1.:** раскалённый ~ (*о металле*) white-hót; **2.** (*до белизны, чисто*) till *smth.* is white, till *smth.* is spót¦lessly clean.

добива́ть, доби́ть (*вн.*) fínish (off) (*d.*), kill (*d.*); deal* the fínal blow [...blou] (*i.*).

добива́ться, доби́ться **1.** (*рд.*) obtáin (*d.*); (*достигать*) achíeve [-i:v] (*d.*); (*обеспечивать*) secúre (*d.*); *несов. тж.* try to get / obtáin / achíeve / secúre (*d.*), strive* (for, + to *inf.*); seek* áfter (*d.*); make* éfforts to attáin (*d.*); насто́йчиво ~ (*рд.*) press (for); доби́ться ми́ра achíeve / secúre peace; доби́ться реши́тельной побе́ды achíeve a decísive víctory; ~ соглаше́ния (с *тв.*) seek* agréement (with); доби́ться дове́рия, подде́ржки, свои́х прав win* *the* cónfidence, suppórt, one's rights; мно́гого мо́жно доби́ться a great deal can be gained [...greɪt...]; доби́ться успе́ха achíeve (a) succéss; ~ бо́лее высо́кой производи́тельности strive* for hígher pròdùctívity; доби́ться высо́кой производи́тельности succéed in in¦créasing the pròdùctívity [...-sɪŋ...], achíeve hígher pròdùctívity; они́ доби́лись зажи́точной и культу́рной жи́зни they secúred for thèm¦sélves a prósperous and cúltured life; ~ невозмо́жного strive* for the impóssible; try to square the círcle *идиом.*; ~ того́, что́бы стать... strive* to becóme...; доби́ться своего́ gain one's end / óbject; **2.** (кого́-л.) *разг.* (*стараться увидеть*) try to see (smb.), try to get at (smb.).

добира́ться, добра́ться get* *to the place*, reach *the place*; (до) get* (to), reach (*d.*); ~ до́ дому get* / reach home; он не добра́лся до го́рода he didn't get as far as the town, he didn't reach the town; ◇ добра́ться до и́стины find* / sift out the truth [...tru:θ]; он доберётся до тебя́! he'll show you what's what! [...ʃou...], he'll give you whát-fòr!

доби́ть *сов. см.* добива́ть.

доби́ться *сов. см.* добива́ться.

до́блестн||ый válorous, váliant ['væljənt], heró¦ic; ~ые войска́ váliant troops; ~ труд váliant lábour.

до́блест||ь *ж.* válour ['væ-], prówess; де́ло ~и mátter of válour.

добра́сывать, добро́сить (*вн.*) throw* so far [-ou...] (*d.*); (*вн.* до) throw* (*d.* as far as); throw* (*d.* to); он не смог добро́сить мяч he could not throw the ball so far.

добра́ться *сов. см.* добира́ться.

добрести́ *сов.* reach *the place* (on foot) [...fut]; limp *to the place*; (до) reach (on foot) (*d.*); ~ до́ дому reach home, get* home on foot, limp home.

добре́ть I, подобре́ть become* kínder.

добре́ть II, раздобре́ть *разг.* become* córpulent, put* on flesh.

добрива́ть, добри́ть (*вн.*) fínish sháving (*d.*).

добри́ть *сов. см.* добрива́ть. **~ся** *сов.* fínish sháving (òne¦sélf).

добр||о́ I *с. тк. ед.* **1.** (*что-л. хорошее, полезное*) good; он жела́ет вам ~а́ he wíshes you well; де́лать ~ кому́-либо be good to smb.; он сде́лал ей мно́го ~а́ he was very good to her; из э́того ~а́ не вы́йдет no good will come of it; **2.** (*имущество*) próperty; *ирон.* trash; тако́го ~а́ мне и да́ром не ну́жно I wouldn't take such trash as a gift [...g-]; ◇ э́то не к ~у́ *разг.* it is a bad sign / ómèn [...saɪn...]; от ~а́ ~а́ не и́щут *посл.* ≅ let well alóne; нет ху́да без ~а́ *посл.* ≅ every cloud has a sílver líning; помина́ть кого́-л. ~о́м *разг.* (*вспоминать*) think* kínd¦ly of smb.; (*отзываться*) speak* well of smb.

добро́ II: ~ пожа́ловать! wélcome!

добро́ III *союз:* ~ бы one could ùnderstánd if; there would be some excúse if [...-s...].

доброво́лец *м.* vòluntéer; пойти́ доброво́льцем vòluntéer.

доброво́льно I *прил. кратк. см.* доброво́льный.

доброво́льн||о II *нареч.* vóluntarily, of one's own accórd [...oun...], of one's own free will. **~ость** *ж.* vóluntariness. **~ый** vóluntary, frée-wíll; ~ое о́бщество vóluntary socíety; на (стро́го) ~ых нача́лах on (stríctly) vóluntary lines, on a (stríctly) vóluntary básis [...'beɪ-].

доброво́льческий vóluntary; vòluntéer (*attr.*).

доброде́тель *ж.* vírtue. **~ный** vírtuous.

доброду́ш||ие *с.* good náture [...'neɪ-]. **~ный** góod-nátured [-'neɪ-].

доброжела́тель *м.*, **~ница** *ж.* wéll-wísher. **~ный** benévolent; (*о человеке тж.*) wéll-wíshing.

доброжела́тельство *с.* benévolence, kínd¦ness, goodwíll ['gud-].

доброка́чественн||ость *ж.* high quálity. **~ый 1.** of high / good* quálity; **2.** *мед.* beníign [-aɪn], nòn-malígnant.

добро́м *нареч. разг.* of one's own free will [...oun...]; он ~ про́сит тебя́ do it befóre he gets ángry.

добронра́вный *уст.* wéll-beháved, órderly.

добропоря́дочный *уст.* respéctable, hónest ['ɔ-].

добросерде́ч||ие *с.*, **~ность** *ж.* kínd-héartedness [-'hɑ:t-]. **~ный** kínd-héarted [-'hɑ:t-].

добро́сить *сов. см.* добра́сывать.

добросо́вестн||ость *ж.* hónesty ['ɔ-], cònsciéntious¦ness [kɔnʃɪ-]. **~ый** hónest ['ɔ-], cònsciéntious [kɔnʃɪ-]; ~ый рабо́тник hónest wórker.

добрососе́дск||ий néighbour¦ly; ~ие отноше́ния néighbour¦ly relátions; góod-néighbour¦liness *sg.*, góod-néighbour relátions.

доброт||а́ *ж.* kínd¦ness, góod¦ness по ~е́ out of kínd¦ness.

добро́тн||ость *ж.* (high) quálity; ~ сукна́ (high) quálity, *или* dùrabílity, of the cloth. **~ый** of high / good* quálity; dúrable; ~ые тка́ни good* / stúrdy fábrics.

до́бр||ый kind, good*; он был так добр, что... he was so kind as to... ~ ма́лый décent féllow; ~ые лю́ди some nice / kind people [...pi:-]; ◇ ~ день! (*утром*) good mórning!; (*после полудня*) good áfternóon!; всего ~ого góod-býe!; в ~ час! good luck! ~ая во́ля good will; по ~ой во́ле vóluntarily, of one's own accórd [...oun...], of one's own free will; лю́ди ~ой во́ли people of good will; прояви́ть ~ую во́лю show* one's good will [ʃou...]; ~ое и́мя good name; ~ая полови́на fúlly / quite half ['fulɪ...hɑ:f], a good half; ~ые пожела́ния good wíshes; быть в ~ом здра́вии be in good health [...he-], be quite well; ~ое ста́рое вре́мя the good old days *pl.*; в ~ое ста́рое вре́мя in the good old days; бу́дьте ~ы́ (+ *пов.*) please (+ *imper.*); (+ *инф.*) would you be so kind as (+ to *inf.*); чего ~ого may... for all I know [...nou]; он чего́ ~ого опозда́ет he may be late for all I know.

добря́к *м. разг.* good soul [...soul].

добуди́ться *сов.* (*рд.*) *разг.* succéed in wáking up, *или* róusing (*d.*), mánage to wake up, *или* rouse (*d.*).

добыва́ние *с.* **1.** getting, procúring; ~ средств к жи́зни getting / éarning / procúring one's líving / líve¦lihood [...'ə:n-... 'lɪv- -hud]; **2.** (*извлечение из земли*) extráction; *горн.* míning.

добыва́||ть, добы́ть (*вн.*) **1.** get (*d.*), obtáin (*d.*), procúre (*d.*); ~ сре́дства к существова́нию get* / earn a líving / líve¦lihood [...ə:n... 'lɪv- -hud]; **2.** (*из земли*) extráct (*d.*); (*о минералах, угле*) mine (*d.*). **~ющий 1.** *прич. см.* добыва́ть; **2.** *прил.* ~ющая промы́шленность extráctive índustry.

добы́ть *сов. см.* добыва́ть.

добы́ч||а *ж.* **1.** (*действие*) extráction; **2.** (*добытое*) óutpùt [-put]; ~ угля́, руды́ coal, ore óutpùt; **3.** (*захваченное*) bóoty, loot; (*захваченное грабежом тж.*) plúnder; (*на войне*) spoils *pl.*, loot; (*хищника; тж. перен.*) prey; (*охотника*) bag; (*рыболова*) catch; стать ~ей (*рд.*) fall a prey (to).

дова́ривать, довари́ть (*вн.*) cook (a little) lónger (*d.*); (*до готовности*) cook to a turn (*d.*); (*кончать варить*) fínish cóoking (*d.*); мя́со на́до ещё довари́ть the meat must be cooked a little lónger, the meat must go on cóoking. **~ся,** довари́ться be done to a turn, be well done; мя́со ещё не довари́лось the meat is not réady yet [...'redɪ...].

доварить(ся) *сов. см.* доваривать (-ся).

довезти *сов. см.* довозить.

доверенн||ость *ж.* wárrant; pówer of attórney [...ə'tə:nɪ] *юр.*; по ~ости (*получать, действовать и т. д.*) by wárrant, by pówer of attórney; выдать кому-л. ~ give* pówer of attórney to smb. **~ый 1.** *прич. см.* доверять 1; **2.** *прил.*: ~ое лицо̀ còn-fidéntial pérson / ágent; **3.** *м. как сущ.* próxy, ágent.

довери||е *с.* faith, cónfidence; питать ~ (к) have faith / cónfidence (in); пользоваться чьим-л. ~ем enjóy smb.'s cónfidence; заслуживающий ~я trústwòrthy [-ðɪ]; злоупотреблять чьим-л. ~ем abúse smb.'s cónfidence; злоупотребление ~ем breach of trust / cónfidence; не заслуживать ~я desérve no crédit [-'zə:v ...]; он не заслуживает ~я he is not to be trústed; втереться в чьё-л. ~ worm òne|sélf into smb.'s cónfidence; поставить вопрос о ~и call for a vote of cónfidence; выразить ~ правительству give* the góvernment a vote of cónfidence [... 'gʌ-...].

доверитель *м.*, **~ница** *ж.* príncipal (*in relation to agent, etc.*). **~ный 1.** *прил. к* доверенность *и* доверие; **2.** *уст.* (*секретный*) cònfidéntial.

доверить *сов. см.* доверять 1. **~ся** *сов. см.* доверяться.

доверху *нареч.* up to the top; (*о посуде*) to the brim; полный ~ full to the brim, brím-fúll.

доверчив||ость *ж.* trústfulness; (*легковерность*) credúlity. **~ый** trústful, trústing, únsuspécting; (*легковерный*) crédulous.

довершать, довершить (*вн.*) compléte (*d.*), crown (*d.*).

довершение *с.* complétion; в ~ победы to compléte the víctory; ◇ в ~ всего to crown / cap all.

довершить *сов. см.* довершать.

доверять, доверить **1.** (*вн. дт.*) entrúst (*d.* to); (*поручать*) commít (*d.* to); ~ свои тайны кому-л. take* smb. into one's cónfidence; **2.** *тк. несов.* (*кому-л.*) trust (smb.), confíde (in smb.); (*чему-л.*) give* crédence (to smth.); не ~ кому-л. distrúst smb.; не ~ чему-л. give* no crédence to smth. **~ся,** довериться **1.** (*дт.*) trust (*d.*); confíde (in); **2.** *страд. к* доверять 1.

довесить *сов. см.* довешивать.

довесок *м.* máke|weight.

довести *сов. см.* доводить. **~сь** *сов. см.* доводиться 1.

довешивать, довесить (*вн.*) make* up the weight (of).

довинтить *сов. см.* довинчивать.

довинчивать, довинтить (*вн.*) screw up (*d.*).

довлеть (над) preváil (óver).

довод *м.* réason [-z°n], árgument; ~ы за и против the pros and cons; приводить ~ы в пользу, против чего-л. advánce / addúce / give* réasons / árguments for, agáinst smth.; неопровержимый ~ irréfutable árgument; разумный ~ sénsible árgument.

доводить, довести (*вн.*) lead* there (*d.*); (*вн.* до) lead* (*d.* as far as, *d.* to); (*провожать*) accómpany [ə'kʌ-] (*d.*); (*перен.*: до *какого-л. состояния или без предлога*); redúce (*d.* to), drive* (*d.* into); ~ кого-л. до изнеможения tire smb. out; ~ что-л. до конца cárry smth. through; (*завершать*) compléte smth., put* a fínish to smth.; ~ до отчаяния drive* to despáir (*d.*); ~ до совершенства bring* to perféction (*d.*); ~ кого-л. до слёз make* smb. cry, drive* smb. to tears; ~ кого-л. до беды lead* smb. to trouble [...trʌbl]; ~ кого-л. до сумасшествия drive* / send* smb. mad; ~ до абсурда cárry to an absúrdity (*d.*); ~ что-л. до сведения кого-л. bring* smth. to smb.'s nótice [...'nou-], infórm smb. of smth.; довожу до вашего сведения I have to, *или* I must, infórm you; I beg to infórm (you); ~ что-л. до чьего-л. сознания bring* smth. home to smb. **~ся,** довестись **1.** *безл.* (+ *инф.*) *разг.* have occásion (+ to *inf.*): ему, им *и т. д.* довелось там быть he, they, *etc.*, had occásion to be there; **2.** *тк. несов.* (*кому-л. кем-л.*) be: он мне доводится дядей, братом *и т. п.* he is my uncle, bróther, *etc.* [...'brʌ-]; **3.** *страд. к* доводить.

довоенный pré-wár; ~ уровень pré-wár lével [...'le-].

довозить, довезти (*вн.*; *доставлять*) take* there (*d.*); (*вн.* до) take* (*d.* to); cárry (*d.* as far as, *d.* to); bring* (*d.* to, *d.* as far as); ~ сюда bring* here (*d.*).

довольно I *предик. безл.* it is enóugh [...ɪ'nʌf]; (*как восклицание*) enóugh; ~! stop it!, that's enóugh!, that will do!; с него этого ~ he has had enóugh of it; ~ шалить! stop bé|ing náughty!, stop your náughtiness!; ~ спорить! stop, *или* leave off, árguing!, that's enóugh árguing; ~ заниматься leave off wórking; ~ валять дурака! stop pláying the fool!

довольно II *нареч.* **1.** (*достаточно*) enóugh [ɪ'nʌf]; он ~ натерпелся от неё he has stood enóugh of her [... stud...]; **2.** (*с прил. и нареч.*) ráther ['rɑ:-], fáirly; prétty ['prɪ-] *разг.*; enóugh (*после прил. или нареч.*): это ~ хорошо it is ráther / prétty good; ~ быстро fáirly rápidly.

довольн||о III *нареч.* (*с удовлетворением, удовольствием*) conténtedly, with a sátisfied / grátified air. **~ый 1.** (*тв.*) (*испытывающий удовлетворение*) sátisfied (with), contént (with); (*испытывающий удовольствие*) pleased (with); ~ый собой sélf-sátisfied, sélf-compláсent; smug *разг.*; **2.**: ~ое лицо pleased face; ~ый вид, ~ое выражение (лица) sátisfied / grátified / conténted look / air / expréssion.

довольствие *с. тк. ед. воен.* allówance(s) (*pl.*); вещевое ~ clóthing [-ouð-]; денежное ~ móney allówance(s) ['mʌ-...].

довольств||о *с.* **1.** conténtment, sàtisfáction; **2.** (*зажиточность*) pròspérity; жить в ~е live in éasy círcumstances [lɪv...'i:zɪ...].

довольствовать (*вн.*) *воен.* supplý (*d.*).

довольствоваться, удовольствоваться **1.** (*тв.*) be contént / sátisfied (with), contént òne|sélf (with); **2.** *тк. несов. воен.* (*получать довольствие*) draw* allówances / supplíes.

довыбирать, довыбрать (*вн.*) eléct sùppleméntarily (*d.*).

довыборы *мн.* bý-elèction *sg.*

довыбрать *сов. см.* довыбирать.

дог *м.* mástiff; датский ~ Great Dane [-eɪt...].

догадаться *сов. см.* догадываться.

догадк||а *ж.* conjécture, súrmìse, guéss-work; это только ~и it is mere guéss-wòrk; ◇ теряться в ~ах be lost in conjéctures.

догадлив||ость *ж.* quick / keen wits *pl.*, quíckness of àpprehénsion; (*проницательность*) shréwdness, pènetrátion, acúmèn. **~ый** quick-wítted, kéen-wítted, quick of àpprehénsion; (*проницательный*) shrewd, pénetràting; ~ый ребёнок bright child*.

догадываться, догадаться (о *пр.*) guess (*d.*); *несов. тж.* (*предполагать*) suspéct (*d.*), sùrmíse (*d.*), conjécture (*d.*).

догладить *сов. см.* доглаживать.

доглаживать, догладить (*вн.*) **1.** íron ['aɪən] (*d.*); ей осталось догладить две рубашки she has two more shirts to íron; **2.** (*кончать гладить*) fínish íroning [...'aɪən-] (*d.*).

доглядеть *сов.* (*вн.* до) *разг.* watch / see* (*d.* to); ~ до конца watch / see* to the end (*d.*).

догма *ж.* dógma (*pl.* -ta), ténèt. **~тизм** *м.* dógmatism. **~тический** dògmátic.

догнать *сов. см.* догонять.

догнивать, догнить rot.

догнить *сов. см.* догнивать.

договарив||ать, договорить (*вн.*; *о речи, фразе и т. п.*) fínish (*d.*); (*без доп.*) fínish spéaking; ◇ он чего-то не ~ает he keeps smth. back; ~ай! (*будь откровенным*) speak out!, out with it! **~аться,** договориться **1.** (до): договориться до абсурда, до нелепости come* to, *или* reach, the point of úttering an absúrdity; договориться до хрипоты talk òne|sélf hoarse; **2.** (о *пр.*) arránge mátters [-eɪndʒ...] (abóut), make* arránge|-

ments [...-eɪndʒ-] (abóut, for), arránge (abóut, for); **3.** *тк. несов.* (о *пр.*; *вести переговоры*) negótiàte (abóut), treat (for); **4.** *тк. сов.* (о *пр.*; *прийти к соглашению*) come* to an agréement / ùnderstánding (abóut); договори́лись? *разг.* agréed?, can we consíder it arránged? [...-'sɪ-...]; ◇ Высо́кие Догова́ривающиеся Сто́роны the High Contrácting Párties.

догово́р *м.* agréement, cóntràct; *полит. тж.* tréaty, pact; ми́рный ~ peace tréaty; ~ о ненападе́нии nón-aggréssion pact; ~ о взаи́мной по́мощи mútual assístance pact; ~ о соцсоревнова́нии sócialist èmulátion agréement; коллекти́вный ~ colléctive agréement; аре́ндный ~ lease [-s]; торго́вый ~ trade / commércial agréement; заключа́ть, подпи́сывать ~ (с *тв.*) con¦clúde, sign *a* tréaty [... saɪn...] (with); по ~у únder *the* tréaty.

договорённость *ж.* ùnderstánding, arránge¦ment [-eɪndʒ-].

договори́ть *сов. см.* догова́ривать.

договори́ться *сов. см.* догова́риваться 1, 2, 4.

догово́рн||ый contráctual; *полит.* tréaty (*attr.*), of *a* pact; (*обусловленный договором*) stípulàted, agréed; на ~ых нача́лах on a contráctual básis, based on a cóntràct [-st...]; ~ое обяза́тельство cóntràct.

догола́ *нареч.* (stark) náked; раздева́ть ~ (*вн.*) strip náked (*d.*); раздева́ться ~ strip.

догоня́ть, догна́ть (*вн.*) catch* up (with); òver¦táke* (*d.*) (*тж. перен.*); (*об уходящем*) come* up (with); (*убегающего*) run* down (*d.*); (*на море*) òver¦hául (*d.*); *несов. тж.* be / run* áfter (*d.*); догна́ть свой полк join one's régiment; ◇ догна́ть и перегна́ть òver¦táke* and sùrpáss (*d.*).

догор||а́ть, догоре́ть burn* down; *тк. несов.* burn* low [...lou]; свеча́ ~е́ла the candle has burnt down.

догоре́ть *сов. см.* догора́ть.

догреба́ть I, догрести́ (*вёслами*) row there [rou...]; (*гребком*) paddle there; (*сюда*) row here; (*гребком*) paddle here, paddle (as far as); ~ до бе́рега row / paddle ashóre; ~ до су́дна row / paddle to *a* ship.

догреба́ть II, догрести́ (*вн.*; *граблями*) fínish ráking (*d.*).

догрести́ I, II *сов. см.* догреба́ть I, II.

догружа́ть, догрузи́ть (*вн.*) fínish lóading (*d.*); (*полностью*) load full (*d.*); (*дополнительно*) load addítionally (*d.*), add to the load (*d.*).

догрузи́ть *сов. см.* догружа́ть.

додава́ть, дода́ть (*вн.*) give*, *или* make* up, the rest (of); за́втра он дода́ст остально́е he will give you, *или* let you have, the rest / remáinder / tomórrow; он дода́ст вам де́сять рубле́й he will give you the remáining ten roubles [...ruː-].

дода́ть *сов. см.* додава́ть.

додека́эдр [-дэ-] *м. геом.* dódecahédron ['dou- -'he-].

доде́лать *сов. см.* доде́лывать.

доде́лывать, доде́лать (*вн.*) fínish (*d.*), compléte (*d.*).

доду́маться *сов. см.* доду́мываться.

доду́мываться, доду́маться (до) light (up¦ón), hit* (up¦ón); доду́маться до мы́сли light / hit* up¦ón *an* idéa [...aɪ'dɪə].

доеда́ть, дое́сть (*вн.*) eat* (*d.*); fínish éating (*d.*), eat* up (*d.*).

доезж||а́ть, дое́хать reach *the place*, arríve *at the place*; (до) reach (*d.*), arríve (at); он не дое́хал до го́рода he did not get as far as the town, he did not reach the town; он не дое́хал до го́рода двух киломе́тров he was within two kílomètres of the town; киломе́тра два не ~а́я до го́рода at abóut two kílomètres' dístance from the town; ~ до ме́ста назначе́ния reach, *или* arríve at, one's dèstinátion; arríve; дое́хали наконе́ц! we, *etc.*, have arríved at last!; он дое́дет туда́ в полчаса́ he'll get there in half an hour [...hɑːf...auə]; как вы дое́хали? did you have a good jóurney? [...'dʒəː-].

дое́ние *с.* mílking.

дое́сть *сов. см.* доеда́ть.

дое́хать *сов. см.* доезжа́ть.

дож *м. ист.* doge.

дожа́ривать, дожа́рить (*вн.*) fry / roast (a little lónger) (*d.*); (*до готовности*) fry / roast to a turn (*d.*); (*кончать жарить*) fínish frýing / róasting (*d.*); (*ср.* жа́рить). **~ся,** дожа́риться **1.** fry / roast to a turn, be well done; (*ср.* жа́риться); **2.** *страд. к* дожа́ривать.

дожа́рить(ся) *сов. см.* дожа́ривать(ся).

дожа́ть *сов. см.* дожина́ть.

дожд||а́ться *сов.* **1.**: он ~а́лся, наконе́ц, письма́ he recéived *a* létter at last [...-'siː-...]; наконе́ц мы ~а́лись его́ прихо́да at last he came; ~ пока́... wait till...; **2.** *разг.* (*дойти до того, что*) end (by *ger.*); он ~а́лся того́, что его́ уво́лили he has énded by bé¦ing sacked; ◇ ждём не ~ёмся *разг.* we are wáiting impátiently; we are on ténterhooks *идиом.*

дождева́льн||ый: ~ая устано́вка *с.-х.* wáter-sprìnkler ['wɔː-].

дождева́ние *с. с.-х.* òver¦héad ìrrigátion [-'hed...].

дождеви́к *м.* **1.** (*гриб*) púff-bàll; **2.** *разг* (*плащ*) ráincoat.

дождев||о́й *прил. к* дождь; plúvial *научн.*; ~а́я вода́ ráin-wàter [-wɔː-]; ~ зо́нт(ик) ùmbrélla; ~ червь éarthwòrm ['əːθ-]; ~о́е пла́тье *мор.* óilskìns *pl.*

дождеме́р *м.* ráin-gauge [-geɪdʒ].

до́ждик *м. уменьш. от* дождь.

дождли́вый ráiny, wet.

дожд||ь *м.* rain; ~ идёт it is ráining, it rains; проливно́й ~ dównpour [-pɔː], póuring / dríving / pélting rain ['pɔː-...]; грозовы́е ~и́ thúnderstòrms; ме́лкий ~, морося́щий ~ drízzling rain, drizzle; времена́ми ~ (*в сводке погоды*) occásional shówers; идёт проливно́й ~ it is póuring, it pours [...pɔːz]; идёт ме́лкий ~ it is drízzling, it drizzles; на ~е́, под ~ём in the rain; на ~ into the rain; ◇ ~ льёт как из ведра́ it is póuring (with rain), it is póuring in búcketfuls, the rain is coming down in tórrents / sheets; it is ráining cats and dogs *идиом. разг.*

дожив||а́ть, дожи́ть **1.** (*оставаться в живых*) live so long [lɪv...]; (до) live (till); е́сли я ~у́ if I live so long; он не ~ёт he won't live so long [... wount...]; он не ~ёт до весны́ he won't live till spring; he won't see the spring; ~ свой век be líving the rest of one's days [...'lɪv-...]; spend* the rest of one's life*; дожи́ть до глубо́кой ста́рости reach a great age [...greɪt...]; дожи́ть до седы́х воло́с grow* old and grey [-ou...]; **2.** (*до пребывать*) stay (till); ~ где-л. до о́сени, декабря́ *и т. п.* stay sóme¦whère till the áutumn, Decémber *etc.*; **3.** (*вн.*) *разг.* stay (the rest of) ~ ле́то, год *и т. п.* где-л. stay the rest of the súmmer, year, *etc.*, sóme¦whère; ◇ до чего́ он до́жил! what has he come to!

дожида́ться (*рд.*) *разг.* wait (for), awáit (*d.*).

дожина́ть, дожа́ть (*вн.*) fínish réaping (*d.*).

дожи́ть *сов. см.* дожива́ть.

до́з||а *ж.* dose [-s]; (*о жидком лекарстве тж.*) draught [drɑːft]; сли́шком больша́я ~ óver¦dòse [-s]; сли́шком ма́лая ~ únderdòse [-s]; дава́ть сли́шком большу́ю, ма́лую ~у (*дт.*) óver¦dòse [-s] (*d.*), únderdòse [-s] (*d.*); смерте́льная ~ fátal dose.

дозва́ться *сов.* (*вн.*) ≅ get* an ánswer [...'ɑːnsə] (from); я не мог никого́ ~ I couldn't get an ánswer, I called and called but got no ánswer.

дозво́ленный **1.** *прич. см.* дозволя́ть; **2.** *прил.* permítted; (*законом*) légal.

дозво́лить *сов. см.* дозволя́ть.

дозволя́ть, дозво́лить (*вн. дт.*) *уст.* permít (*d.* to); (*дт.* + *инф.*) allów (*d.* + to *inf.*), give* leave (*i.* + to *inf.*); áuthorìze (*d.*+to *inf.*).

дозвони́ться *сов. разг.* ring* till one gets an ánswer [...'ɑːnsə]; ~ до кого́-л., к кому́-л. по телефо́ну get smb. on the télephòne; он не мог вам ~ (*у двери*) nó¦body ánswered the door when he rang [...dɔː...]; (*по телефону*) he rang you up but there was no ánswer; не уйду́, пока́ не дозвоню́сь I shan't go till sómebody ánswers [...ʃɑːnt...].

дози́ровать *несов. и сов.* (*вн.*) dose out [-s...] (*d.*).

дозиро́вка *ж.* dósage.

дознава́ться, дозна́ться (о *пр.*) find* out (*d.*); (*удостоверяться*) àscertáin (*d.*); *несов. тж.* (*стараться узнать*) in¦quíre (abóut).

дозна́ние *с. юр.* in¦quíry; (*в случае внезапной смерти*) ín¦quèst; производи́ть ~ ínstitùte / prósecùte *an* in¦quíry; hold* *an* ín¦quèst.

дозна́ться *сов. см.* дознава́ться.

дозо́р *м.* patról [-oul], round; в ~е on patról; головно́й ~ *воен.* advánced point; ночно́й ~ night watch. ~**ный 1.** *прил. к* дозо́р; ~ное су́дно patról véssel [-oul...]; **2.** *м. как сущ.* scout.

дозрева́ние *с.* rípen¦ing.

дозрева́ть, дозре́ть rípen; *сов. тж.* be ripe.

дозре́ть *сов. см.* дозрева́ть.

доигра́ть *сов. см.* дои́грывать. ~**ся** *сов.* (до) *разг.* play (untíl); ◇ вот и доигра́лся ≅ now he's, *или* you've, done it!, he's, *или* you've, caught at last!

дои́грывать, доигра́ть (*вн.*) fínish (*d.*); (*без доп.*) fínish pláying.

доимпериалисти́ческий pré-impéri-alist.

доиска́ться *сов. см.* дои́скиваться.

дои́скиваться, доиска́ться (*рд.*) find* out (*d.*), discóver [-'kʌ-] (*d.*); *несов. тж.* seek* (*d.*), in¦quíre (into), try to find out (*d.*).

доистори́ческий prè¦históric.

дои́ть, подои́ть (*вн.*) milk (*d.*). ~**ся** *.* (*давать молоко*) give* milk; коро́ва хорошо́ до́ится the cow gives plénty of milk, the cow is a good* mílker; **2.** *страд. к* дои́ть.

до́йка *ж.* mílking.

до́йн||ый milch; ~ая коро́ва (*прям. и перен.*) milch cow.

дойти́ *сов. см.* доходи́ть.

док *м.* dock; ста́вить су́дно в ~ dock a ship; стоя́ть в ~е (*о судне*) lie* up.

доказа́тельный demónstrative, con¦-lúsive.

доказа́тельств||о *с.* **1.** proof, évi-dence; (*довод*) árgument; веще́ственное ~ matérial évidence; в ~ (*рд.*) in witness (of); ещё одно́ я́ркое ~ (*рд.*) another stríking dèmonstrátion (of); another éloquent téstimony (to); приводи́ть ~а addúce / fúrnish évidence, give* /show* proofs [...ʃou...]; **2.** *мат.* dèmonstrátion.

доказа́ть *сов. см.* дока́зывать.

доказу́емый démonstrable.

дока́з||ывать, доказа́ть (*вн.*) prove [pruːv] (*d.*); (*наглядно*) démonstràte (*d.*); conténd (that), show* [ʃou] (*d.*); *несов. тж.* árgue (*d.*); нау́чно ~ prove scientífically (*d.*); они́ ~ывали, that they árgued that; э́то ~ывает его́ вину́ this proves his fault; счита́ть ~анным (*вн.*) take* for gránted [...'grɑː-] (*d.*); что и тре́бовалось доказа́ть which was to be proved; *в математике употр. сокр. лат. выражение* Q. E. D.

дока́лывать, доколо́ть (*вн.*; *о дровах и т. п.*) **1.** fínish chópping (*d.*); **2.** (*дополнительно*) chop (some) more (*d.*).

дока́нчивать, доко́нчить (*вн.*) fínish (*d.*).

докапиталисти́ческий pré-cápital-ist.

дока́пывать, докопа́ть (*вн.*) fínish dígging (*d.*). ~**ся,** докопа́ться (до) dig* (to); (*перен.*), *разг.* find* out (*d.*), discóver [-'kʌ-] (*d.*); hunt out (*d.*); *сов. тж.* arríve (at); *несов. тж.* try to find out, *или* discóver (*d.*); докопа́ться до су́ти де́ла get* at the heart of the mátter [...hɑːt...], get* at the roots of things.

дока́рмливать, докорми́ть (*вн.*) fínish féeding (*d.*).

докати́ться *сов. см.* дока́тываться.

дока́тываться, докати́ться (до) roll (to), go* rólling (to); ◇ вот до чего́ он докати́лся! *разг.* that's what he has come to!

дока́шивать, докоси́ть (*вн.*) fínish mówing [...'mou-] (*d.*).

до́кер *м.* dócker.

доки́дывать, доки́нуть (*вн.*) throw* so far [-ou...] (*d.*); (до) throw* (*d.* to, *d.* as far as); он не смог доки́нуть мяч he was ún¦áble to throw the ball so far.

доки́нуть *сов. см.* доки́дывать.

докла́д *м.* **1.** lécture; отчётный ~ repórt; нау́чный ~ (о *пр.*) addréss (on), lécture (on); (*письменный*) páper (on); состои́тся ~ *a* lécture, *или* *an* addréss, will be delívered, *a* páper will be read [...red]; ~ на съе́зде addréss to the Cóngrèss; пре́ния по ~у discússion on *the* repórt; он сде́лает ~ (о *пр.*) he will give a talk (on), he will addréss the méeting (on); **2.** (*сообщение руководителю*) repórt; ◇ без ~а не входи́ть no admíttance without prévious annóunce¦ment. ~**но́й:** ~на́я запи́ска mèmorándum (*pl.* -da), repórt. ~**чик** *м.*, ~**чица** *ж.* spéaker; (*лектор*) lécturer.

докла́дывать I, доложи́ть **1.** (*вн.*, о *пр.*; *делать отчётный доклад*) repórt (on), make* a repórt (on); **2.** (о *пр.*; *о посетителе*) annóunce (*d.*).

докла́дывать II, доложи́ть (*вн.*, *рд.* к; *добавлять*) add (*d.* to).

докла́ссов||ый pré-cláss; ~ое о́бщество pré-cláss socíety.

докле́ивать, докле́ить (*вн.*) fínish glúe¦ing (*d.*); (*мучным клеем*) fínish pásting [...'peɪ-] (*d.*).

докле́ить *сов. см.* докле́ивать.

доковыля́ть *сов. разг.* (туда́, сюда́ *и т. п.*) limp (there, here, *etc.*); (до) limp (to, as far as).

доко́ле *нареч. уст.* (*до каких пор*) how long; (*до тех пор пока*) untíl.

доколо́ть *сов. см.* дока́лывать.

докон||а́ть *сов.* (*вн.*) *разг.* be the end (of); fínish (*d.*); (*прикончить*) deal* the fínal blow [...blou] (to); (*погубить*) rúin (*d.*), destróy (*d.*); э́то его́ ~а́ло that (just) fínished him.

доко́нчить *сов. см.* дока́нчивать.

докопа́ть(ся) *сов. см.* дока́пывать (-ся).

докорми́ть *сов. см.* дока́рмливать.

докоси́ть *сов. см.* дока́шивать.

докра́сить *сов. см.* докра́шивать.

до́красна́ *нареч.* **1.:** раскалённый ~ (*о металле*) réd-hót; **2.** (*до красноты*) till *smth.* is red.

докра́шивать, докра́сить (*вн.*) paint (*d.*); dye (*d.*); (*без доп.*) fínish páinting, dýe¦ing *и т. д.* (*см.* кра́сить).

докрич||а́ться *сов. разг.* **1.** shout till one is heard [...hɜːd]; он е́ле ~а́лся их he thought they would never hear his shóuting; наконе́ц я его́ ~а́лся at last he heard my shouts / shóuting [...hɜːd...]; **2.** (до *чего-л.*): ~ до хрипоты́ shout till one grows hoarse [...gɹouz...], shout òne¦sélf hoarse.

до́ктор *м.* **1.** (*степень*) dóctor (*сокр.* Dr); **2.** (*врач*) dóctor, physícian [-'zɪ-].

доктора́льный: ~ тон didáctic tone, tone of a méntor.

доктора́нт *м.* one wórking for a dóctor's degrée.

до́ктор||ский *прил. к* до́ктор; ~ская диссерта́ция thésis for a Dóctor's degrée, *или* the degrée of Dóctor; ~ская сте́пень dóctor's degrée, dóctorate. ~**ша** *ж. разг.* **1.** dóctor's wife*; **2.** (*женщина-врач*) wóman--dóctor ['wu-].

доктри́на *ж.* dóctrine, téaching, ténèt.

доктринёр *м.* dòctrináire. ~**ский** *прил. к* доктринёр. ~**ство** *с.* dòctri-náirism, dòctrináire áttitùde.

доку́да *нареч. разг.* how far.

докуме́нт *м.* dócument; (*на передачу чего-л.*) deed; *юр.* ínstrument; предъявля́ть ~ы show* one's pápers / dócuments [ʃou...]; оправда́тельный ~ vóucher. ~**а́льный** dòcuméntary; ~а́льный фильм dòcuméntary. ~**а́ция** *ж.* dòcumèntátion; техни́ческая ~а́ция téchnical dócuments *pl.*, téchnical dòcumèntátion.

документи́ровать *несов. и сов.* (*вн.*) dócumènt (*d.*).

докупа́ть I, докупи́ть (*вн.* к) buy* in addítion [baɪ...] (*d.* to); докупи́ть метр мате́рии buy* another metre of matérial; докупи́ть два ме́тра buy* two more metres, buy* two metres in addítion.

докупа́ть II *сов.* (*вн.*) fínish báthing [...'beɪ-] (*d.*); (до) *разг.* bathe [beɪð] (*d.* till one + *личная форма*); ~ до просту́ды bathe till *one* cátches cold. ~**ся** *сов.* **1.** (*кончить купаться*) fínish báthing [...'beɪ-]; **2.** (до *чего-л.*) *разг.* bathe [beɪð] (till one +

личный оборот); ~ся до просту́ды bathe till one cátches cold.

докупи́ть *сов. см.* докупа́ть I.

доку́ривать, докури́ть (*вн.*; *о папиросе, сигаре и т. п.*) fínish (*d.*); (*без доп.*) fínish smóking.

докури́ть *сов. см.* доку́ривать.

докуча́ть (*дт. тв.*) bóther (*d.* with), péster (*d.* with), plague [pleɪg] (*d.* with); (*просьбами тж.*) impórtùne (*d.* with).

доку́чливость *ж.* tíre¦some¦ness; (*назойливость*) ìmpòrtúnity.

доку́ч||ливый, ~ный tíre¦some, annóying; (*назойливый*) impórtunate.

дол *м. поэт.* dale; за гора́ми, за ~а́ми óver the hills and far a¦wáy; по гора́м, по ~а́м up hill and down dale.

долбёжный: ~ стано́к *тех.* mórtising machíne [-sɪŋ -'ʃiːn].

долби́ть (*вн.*) **1.** hóllow (*d.*); (*долотом*) gouge (*d.*), chísel [-ɪz-] (*d.*); (*о птице*) peck (*d.*); **2.** *разг.* (*зубрить*) learn* by heart / rote [...hɑːt ...] (*d.*); ~ уро́к(и) swot up one's hóme¦wòrk *школ.*; **3.** *разг.* (*повторять*) repéat óver and óver agáin (*d.*).

долг *м.* **1.** (*взятое взаймы, одолженное*) debt [det]; плати́ть ~ (*дт.*) pay* *a* debt (*i.*); в ~ on crédit / trust; брать в ~ (*вн.*) bórrow (*d.*); дава́ть в ~ (*вн.*) lend* (*d.*); де́лать ~и́ contráct / in¦cúr debts; не де́лать ~о́в pay* one's way; влеза́ть в ~и́ get* / run* into debt; проща́ть ~ remít *a* debt; (кому́-л.) acquít smb. of *a* debt; **2.** (*обязанность*) dúty; во́инский ~ sóldier's dúty ['soulʤəz...]; по ~у слу́жбы in the perfórmance of one's offícial dúty; ◇ ~ че́сти debt of hónour [...'ɔnə]; быть в ~у́ (у *рд.*) owe [ou] (*i.*), be indébted [...-'detɪd] (to); он у него́ в ~у́ he is in his debt, he is únder an òbligátion to him, he is behólden to him; быть в большо́м ~у́ пе́ред кем-л. stand* héavily in smb.'s debt [...'hev-...]; оста́ться в ~у́ пе́ред кем-л. be indébted to smb.; не оста́ться в ~у́ not leave *smth.* ún¦ánswered [...-'ɑːnsəd]; в ~у́ как в шелку́ óver head and ears in debt [...hed...]; по́ уши в ~а́х up to one's neck in debt; отда́ть ~ приро́де pay* the debt of náture [...'neɪ-]; отда́ть после́дний ~ (*дт.*) pay* the last hónours [...'ɔnəz] (to); пе́рвым ~ом the first thing to do; ~ платежо́м кра́сен *посл.* ≅ one good turn desérves anóther [...-'zəː-...].

до́лг||ий long; ~ путь long way; ~ое вре́мя спустя́ long áfter; на ~ие го́ды, века́ for years, cénturies to come; по́сле ~их лет áfter long years; ~ое изгна́ние long périod of éxile; ~ гла́сный *лингв.* long vówel; ◇ откла́дывать в ~ я́щик (*вн.*) shelve (*d.*), put* off (*d.*).

до́лго *нареч.* (for) a long time; ◇ ~ ли до беды́ áccidents éasily háppen [...'iːz-...].

долгове́чн||ость *ж.* lòngévity [-n'ʤ-]; (*прочность*) dùrabílity. ~ый lóng-líved [-'lɪ-]; (*прочный*) lásting, dúrable.

долгов||о́й *прил. к* долг 1; ~о́е обяза́тельство prómissory note.

долговре́менн||ый of long dùrátion, lásting; *воен.* pérmanent; ~ое укрепле́ние pérmanent work.

долговя́зый *разг.* léggy, lánky.

долгожда́нный lóng-a¦wáited.

долгоигра́ющ||ий: ~ая пласти́нка lóng-playing récòrd [...'re-].

долголе́т||ие *с.* lòngévity [-n'ʤ-]. ~ний of many years, of many year's stánding; ~няя дру́жба lóng-stànding fríendship [...'frend-].

долгоно́сик *м. зоол.* wéevil.

долгопо́лый lóng-skìrted.

долгосро́чный lóng-térm (*attr.*); (*о векселе*) lóng-dàted.

долгота́ *ж.* **1.** (*продолжительность*; *тж. лингв.*) length; **2.** *геогр.* lóngitùde [-nʤ-].

долготерпе́ние *с.* lóng-súffering.

до́лее *нареч.* lónger.

долеза́ть, доле́зть climb so far [klaɪm...]; (до) climb (to, as far as); он не смог доле́зть he could not climb so far; (*вверх*) he could not climb so high.

доле́зть *сов. см.* долеза́ть.

долета́ть, долете́ть fly* so far; (до) fly* (to, as far as); (до; *о брошенном предмете, снаряде и т. п.*; *тж. перен.*) reach (*d.*); не долете́ть (*до цели*) fall* short (of); до нас долете́ли кри́ки the sound of shóuting reached us, *или* our ears; пти́ца не смогла́ долете́ть the bird could not fly so far.

долете́ть *сов. см.* долета́ть.

доле́чивать, долечи́ть (*вн.*) compléte / fínish the cure (of); (*о ране и т. п.*) heal (*d.*). ~ся, долечи́ться compléte one's cure.

долечи́ть(ся) *сов. см.* доле́чивать(ся).

должа́ть, задолжа́ть **1.** (у) bórrow (from); **2.** *тк. сов.* (*без доп.*) be in debt [...det]; run* into debt; (кому́-л. что-л.) owe [ou] (smb. smth.).

до́лжен *предик.* **1.** (*вн. дт.*) owe [ou] (*d.* to, *d. i.*): он ~ ему́ де́сять рубле́й he owes him ten roubles [... ruː-]; **2.** (+ *инф.*; *обязан*) must (+ *inf.*); have (+ to *inf.*): он ~ написа́ть ему́ he must write to him, he has to write to him; **3.** (*предназначен*) be (*в личн. формах*) (+ to *inf.*): э́тот парк ~ был быть украше́нием го́рода this park was to have been an órnament to the town; **4.** *с.* (+ *инф.*) be bound (*в личн. формах*) (+ to *inf.*): э́то и должно́ бы́ло случи́ться this was bound to háppen; **5.** (+ *инф.*) ought (+ to *inf.*), should (+ *inf.*); он ~ быть здесь в 2 часа́ he should be here at two o'clóck, he is due here at two o'clóck; он ~ быть ей благода́рен he ought to be gráte¦ful to her, he owes her grátitùde; э́то должно́ быть сде́лано осторо́жно it needs to be done with care; it must / should be done with care; ◇ должно́ быть (*вероятно*) próbably; (*о прошедш. действии тж.*) must (+ *перфектн. инф. соотв. глагола*): он, должно́ быть, там he is próbably there; вы, должно́ быть, зна́ете you próbably know [...nou]; он, должно́ быть, уе́хал he must have gone [...gɔn]; вы, должно́ быть, слы́шали об э́том you must have heard of it [...hɜːd...]; должно́ быть, он не придёт he is próbably not coming, I suppóse he is¦n't coming.

должни́к *м.* débtor ['detə]; несостоя́тельный ~ insólvent.

должностн||о́й offícial; ~о́е лицо́ offícial, fúnctionary; ~о́е преступле́ние màlféasanse [-z-].

до́лжност||ь *ж.* post [poust]; job *разг.*; занима́ть ~ hold* / fill *a* post, fill *a* posítion [...'zɪ-]; исполня́ть ~ (*рд.*) act / work (as); освобожда́ть кого́-л. от ~и relíeve smb. of his post [-'liːv...], dismíss smb.

до́лжн||ый **1.** *прил.* due, próper [-ɔ-]; слу́шать с ~ым внима́нием listen with due atténtion ['lɪsᵊn...]; на ~ой высоте́ up to the mark; ~ым о́бразом própеrly; заня́ть ~ое ме́сто take* one's / a próper place; **2.** *с. как сущ.* due; воздава́ть ~ое (*дт.*) do jústice (*i.*).

долива́ть, доли́ть **1.** (*рд., вн.*; *о жидкости*) add (*d.*), pour some more [pɔː...] (*d.*); доли́ть воды́ в молоко́ add wáter to the milk [...'wɔː-...]; доли́ть ещё воды́ add some more wáter; **2.** (*вн.*; *доплна*) fill (*d.*); (*до половины*) fill half full [...hɑːf...] (*d.*).

доли́на *ж.* válley; vale, dale *поэт.*

доли́ть *сов. см.* долива́ть.

до́ллар *м.* dóllar. ~овый dóllar (*attr.*).

доложи́ть I, II *сов. см.* докла́дывать I, II.

доло́й *нареч.* down with; a¦wáy with; ~ фаши́зм! down with fáscism! [...ʃɪzm].

доломи́т *м. геол.* dólomìte.

долото́ *с.* chísel [-ɪz-]; (*полукруглое*) gouge; ~ бу́ра bit.

до́лька *ж. разг.* lóbùle; (*чеснока*) clove; апельси́нная ~ órange séction.

дольме́н *м. археол.* dólmèn.

-до́льный (*в сложн. словах, не приведённых особо*) of...lobes, -lòbe (*attr.*); *напр.* двадцатидо́льный of twénty lobes, twénty-lòbe (*attr.*).

до́льше *сравн. ст. прил. см.* до́лгий *и нареч. см.* до́лго.

до́л||я I *ж.* **1.** (*часть*) part, pórtion; (*при дележе*) share; (*количество*) quóta; приходи́ться на ~ю fall* to *the* share; **2.** *анат., бот.* lobe; ◇ в э́том есть ~ истины there is sóme|thing, *или* some truth, in it [...truːθ...]; в этом нет и ~и истины there is not a párticle of truth in it; войти в ~ю с кем-л. go* shares with smb.; книга в четвёртую, восьмую ~ю листа quárto, òctávò; львиная ~ the lion's share; в какую-то ~ю секунды in a fráction of a sécond [...'se-].

дол||я II *ж. тк. ед.* (*судьба*) fate, lot; выпасть кому-л. на ~ю fall* to smb.'s lot.

дом *м.* **1.** house* [-s]; жилой ~ dwélling-house* [-s]; **2.** (*домашний очаг*) home; выгнать из ~у turn out of house and home; **3.** (*хозяйство*) house*, house|hòld [-s-]; она ведёт весь ~ she runs the house; она хлопочет по ~у she is (búsy) doing the house|-wòrk [...'bɪzɪ...]; she is búsy with her chores *разг.*; **4.** (*учреждение*): ~ отдыха hóliday home [-dɪ...]; hóliday-càmp [-dɪ-]; детский ~ chíldren's home; торговый ~ firm; ~ культуры pálace of cúlture; ~ учителя teacher's club; исправительный ~ refórmatory; сумасшедший ~ lúnatic asýlum; mád|house* [-s] *разг.*; ~ для престарелых old people's home [...piː-...]; **5.** (*род, династия*): ~ Романовых, Тюдоров the House of Románovs, Túdors; ◇ вне ~a out of doors [...dɔːz]; на ~ý at home; давать уроки на ~ý give* prívate lessons [...'praɪ-...]; be a private téacher; к ~y hóme(wards) [-dz]; работа на ~ý work to be done at home, outside work; жить своим ~ом keep* one's own house|hòld [...oun -s-]; тосковать по ~у be hóme|sick.

дóма *нареч.* at home; его нет ~ he is not at home, he is out; он ~ he is at home, he is in; быть как ~ feel* at home; будьте как ~ make your|self at home; ◇ у него не все ~ *разг.* he has a screw loose [...-s], he is not all there.

домáлывать, домолóть (*вн.*) fínish grínding (*d.*).

домарксистский pré-Márxist.

домáшн||ий **1.** (*в разн. знач.*) house [-s] (*attr.*), home (*attr.*), doméstic; ~ее хозяйство hóuse|keeping [-s-]; ~яя хозяйка hóuse|wife* [-s-]; ~яя работница (doméstic) sérvant; help; ~яя птица *собир.* póultry ['pou-]; ~ее животное doméstic ánimal; ~ обед home dínner; ~ие расходы house|-hòld expénses [-s-...]; ~ее платье house dress; **2.** (*самодельный*) hóme-máde; (*домотканый*) hóme|spùn; ~ие *мн. как сущ.* my, your, *etc.*, people [...piː-]; все (мои) ~ие all my people, everybody at home *sg.*, the whole family [...houl...] *sg.*; ◇ под ~им арестом únder house arrést, únder domicíliary arrést; по ~им обстоятельствам for doméstic réasons [...-z-].

дóменн||ый *прил. к* дóмна; ~ая печь blást-fùrnace.

дóменщик *м.* blást-fùrnace wórker.

домесить *сов. см.* домéшивать II.

домести *сов. см.* дометáть.

дометáть, домести (*вн.*) fínish swéeping (*d.*).

домешáть *сов. см.* домéшивать I.

домéшивать I, домешáть (*вн.*) fínish míxing (*d.*).

домéшивать II, домесить (*вн.*) fínish knéading (*d.*); (*о глине*) fínish púddling (*d.*).

дóмик *м. уменьш. от* дом; ◇ карточный ~ (*прям. и перен.*) house* of cards [-s...].

доминáнта *ж.* **1.** *муз.* dóminant; **2.** (*доминирующая идея*) dóminant / dóminàting idéa [...aɪ'dɪə].

доминиóн *м.* domínion.

доминировать preváil, predóminàte; (над) commánd [-ɑːnd] (*d.*), dóminàte (*d.*).

доминирующий *прич. и прил.* dóminàting.

доминó *с. нескл.* **1.** (*игра*) dóminòes *pl.*; 2. (*костюм*) dóminò.

домкрáт *м. тех.* jack.

дóмна *ж. тех.* blást-fùrnace.

домовит||ый thrífty; (*о женщине*) hóuse|wìfe|ly [-s-]; ~ая хозяйка good* / thrífty hóuse|wife* [...-s-].

домовладéл||ец *м.* propríetor of *a* house* [...-s]; hóuse|owner ['hausou-]; (*по отношению к квартиронанимателю*) lándlòrd. ~**ица** *ж.* hóuse|-owner ['hausou-]; (*по отношению к квартиронанимателю*) lándlàdy.

домовничать *разг.* keep* house (instéad of sóme|body) [...-s -ted...].

домоводство *с.* doméstic science.

домовóй *м. скл. как прил. фольк.* brównie.

домóв||ый *прил. к* дом 1; ~ая контора hóuse-mànager's óffice [-s-...]; ~ трест hóusing trust; ~ая книга hóuse-règister [-s-].

домогá||тельство *с.* solìcitátion, ìmpòrtúnity. ~**ться** (*рд.*) solícit (*d.*); ~ться чьей-л. любви woo smb.

домóй *нареч.* home; ему порá ~ it's time for him to go home; он уже пришёл ~ he has come home.

домолáчивать, домолотить (*вн.*) fínish thréshing (*d.*).

домолотить *сов. см.* домолáчивать.

домолóть *см.* домáлывать.

домонополистический prè-monòpolístic; ~ капитализм prè-monòpolístic cápitalism.

доморóщенный hóme-bréd; clúmsy [-zɪ]; (*недоделанный*) hálf-báked ['hɑːf-].

домосéд *м.*, ~**ка** *ж.* stáy-at-hòme.

домостро||éние *с.*, ~**ительство** *с.* hóuse-búilding ['haus'bɪl-]. ~**ительный** hóuse-búilding ['haus'bɪl-](*attr.*).

домоткáный hóme|spùn.

домоуправлéние *с.* house mánage|-ment [-s...]; (*контора*) hóuse-mànager's óffice [-s-...].

домохоз||яин *м.* hóuse|owner ['hausou-], hóuse|hòlder [-s-]. ~**яйка** *ж.* hóuse|wìfe* [-s-].

домочáдцы *мн.* hóuse|hòld [-s-] *sg.*

дóмра *ж. муз.* dómra (*popular Russian stringed musical instrument*).

домрабóтница *ж.* (doméstic) sérvant; help.

домчáть *сов.* (*вн.*) *разг.* bring* quíckly, *или* in no time (*d.*). ~**ся** *сов.* reach *a place* (quíckly / spéedily); (*на лошадях*) reach *a place* at a gállop; (до) reach quíckly / spéedily (*d.*); (*на лошадях*) reach at a gállop (*d.*).

домывáть, домыть (*вн.*) fínish wáshing (*d.*).

дóмысел *м.* conjécture; (*выдумка*) fántasy.

домыть *сов. см.* домывáть.

донагá *нареч.* = доголá.

донáшивать, доносить (*вн.*) wear* out [weə...] (*d.*); *несов. тж.* wear* (*d.*); ◇ доносить ребёнка (*о беременной*) ≅ be delívered at the nátural time. ~**ся** **1.** get* / be worn out [...wɔːn...]; **2.** *страд. к* донáшивать.

Донбáсс *м.* (Донéцкий угольный бассейн) Dònbás, Dónèts Básin [-ts 'beɪ-], Dónèts cóal-field(s) [...-fiː-] (*pl.*).

донéльзя *нареч. разг.* (*с прил.*) as... as can be: он устáл, гóлоден ~ he is as tíred, húngry as can be.

донесéние *с.* repórt, méssage; *воен. об.* dispátch.

донести I *сов.* **1.** (*вн.* до) cárry (*d.* to, *d.* as far as), bring* (*d.* to); **2.** (*вн.*; *быть в силах нести*) be able to cárry as far as *the place* (*d.*).

донести II *сов. см.* доносить II.

донестись *сов. см.* доноситься I.

донéцк||ий Dónèts (*attr.*); ~ие шахтёры Dónèts-Básin coal míners [-ts- -'beɪ-...].

донжуáн *м.* Don Júan, philánderer. ~**ство** *с.* philándering.

дóнизу *нареч.* to the bóttom; свéрху ~ from top to bóttom.

донимáть, донять (*вн.*) péster (*d.*), hárass ['hæ-] (*d.*); (*просьбами и т. п.*) wéary to death [...deθ] (*d.*), wéary out of all pátience (*d.*), exásperàte (*d.*).

донкихóт *м.* Quíxote, quíxote. ~**ский** quixótic. ~**ство** *с.* quíxotism, quíxotry.

дóнн||ый ground (*attr.*); ~ая мина *мор.* ground mine; ~ взрыватель *воен.* base fuse [-s...].

дóнор *м.* dónòr (*of blood*). ~**ский** *прил. к* дóнор.

донóс *м.* (на *вн.*) denùnciátion (of), ìnformátion (agáinst).

доносить I *сов. см.* донáшивать.

доносить II, донести **1.** (*дт.* о *пр.*; *делать донесение*) repórt (to on, to *d.*), infórm (*d.* of); **2.** (на *вн. дт.*; *делать донос*) infórm (on / agáinst *d.*), denóunce (*d.* to).

доноситься I, донестись reach *one's* ears, be heard [...hɜːd], come*; звуки доноси́лись из сосе́дней ко́мнаты sounds were heard from the next room.

доноси́ться II *страд.* к доноси́ть II.

доно́счи||к *м.*, ~**ца** *ж.* infórmer; sneak *школ.*

донско́й Don (*attr.*); ~ каза́к Don Cóssàck.

доны́не *нареч. уст.* híther¦tó.

доня́ть *сов. см.* донима́ть.

дооктя́брьский prè-Octóber.

допека́ть, допе́чь (*вн.*) **1.** (*о хлебе и т. п.*) bake till *it* is réady [...'re-] (*d.*), bake to a turn (*d.*); bake just right (*d.*) *разг.*; (*кончать печь*) fínish báking (*d.*); **2.** *разг.* (*донимать*) wear* out [wɛə...] (*d.*), wéary to death [...deθ] (*d.*), make* sick to death (*d.*); (*приставать*) impórtùne (*d.*), plague [pleɪg] (*d.*), wórry ['wʌ-] (*d.*). ~**ся**, допе́чься be baked through, be baked to a turn, be well baked; be baked just right *разг.*

допетро́вский befóre Péter I, prè-Pétrìne [-'piː-]; ~ пери́од périod befóre Péter I, prè-Pétrìne périod.

допе́чь(ся) *сов. см.* допека́ть(ся).

допива́ть, допи́ть (*вн.*) drink* (up) (*d.*); (*о стакане, чашке и т. п.*) fínish (*d.*).

дописа́ть *сов. см.* допи́сывать.

допи́сывать, дописа́ть (*вн.*; *о письме, статье и т. п.*) fínish (*d.*); (*вн.* до) write* (*d.* to); (*без доп.*) fínish wríting; (*см. тж.* писа́ть).

допи́ть *сов. см.* допива́ть.

допла́т||а *ж.* addítional páyment; *ж.-д.* excéss fare; письмо́ с ~ой únder-stámped létter.

доплати́ть *сов. см.* допла́чивать.

допла́чивать, доплати́ть (*вн.*) pay* the remáinder / rest (of); доплати́ть де́сять рубле́й pay* the remáining ten roubles [...ruː-].

доплести́сь *сов. см.* доплета́ться.

доплета́ться, доплести́сь (до) *разг.* drag òne¦sélf (to).

доплыва́ть, доплы́ть (*вплавь*) swim* so far; (*на пароходе, корабле и т. п.*) sail so far; (*о предметах*) float so far; (до) swim* (to, *или* as far as); (*на пароходе, корабле и т. п.*) sail (to, as far as); (*о предметах*) float (to, as far as); он не смог доплы́ть he could not swim so far.

доплы́ть *сов. см.* доплыва́ть.

допо́длинн||о *нареч.* for cértain, for / to a cértainty. ~**ый** authéntic.

доползти́, доползти́ crawl / creep* so far; (до) crawl / creep* (to, as far as).

доползти́ *сов. см.* доползáть.

дополне́ние *с.* **1.** addítion; (*приложение*) súpplement; в ~ in addítion; **2.** *грам.* óbject; прямо́е ~ diréct óbject; ко́свенное ~ indiréct óbject.

дополни́тельн||о *нареч.* in addítion. ~**ый** **1.** sùppleméntary; (*добавочный*) addítional, éxtra; (*вспомогательный*) subsídiary; (*дополняющий*) còmpleméntary; ~ая подпи́ска sùppleméntary subscríption; ~ые цвета́ *физ.* còmpleméntary cólours [...'kʌ-]; ~ый у́гол *геом.* súpplement; **2.** *грам.*: ~ое прида́точное предложе́ние óbject clause.

допо́лнить *сов. см.* дополня́ть.

дополня́ть, допо́лнить (*вн. тв.*) súpplemènt (*d.* with); (*о рассказе и т. п. тж.*) ámplifỳ (*d.* with); он допо́лнил свой расска́з но́выми подро́бностями he súpplemènted his stóry with new détails [...'diː-]; he ádded new détails to his stóry; ✧ ~ друг дру́га súpplemènt each other, be mútually còmpleméntary.

дополуч||а́ть, дополучи́ть (*вн.*) recéive in addítion [-'siːv...] (*d.*); (*остающуюся часть*) recéive the remáinder; он ~и́л 20 рубле́й he recéived 20 roubles in addítion [...ruː-...], he recéived another 20 roubles; he recéived the remáining 20 roubles.

дополучи́ть *сов. см.* дополуча́ть.

допото́пный ántedilúvian.

допра́шивать, допроси́ть (*вн.*) quéstion [-stʃ-] (*d.*), intérrogàte (*d.*), exámine (*d.*).

допризы́вн||ик *м.* youth of prè¦-mílitary age [juːθ...]. ~**ый**: ~ая подгото́вка prè-conscríption tráining.

допро́с *м.* exàminátion, quéstioning [-stʃ-], intèrrogátion; (*обвиняемого об.*) ìnterrógatory; перекрёстный ~ cróss-exàminátion; подверга́ть ~у (*вн.*) exámine (*d.*), quéstion [-stʃ-] (*d.*), intérrogàte (*d.*); подверга́ть перекрёстному ~у (*вн.*) subjéct to cróss-exàminátion (*d.*), cróss-exámine (*d.*).

допроси́ть *сов. см.* допра́шивать.

допроси́ться *сов.* (*рд.* у) get* (*d.* from); (*рд.*+ *инф.*) make* (*d.* + *inf.*); у него́ ничего́ не допро́сишься you / one can't get ány¦thing out of him [...kɑːnt...]; его́ не допро́сишься закры́ть дверь you can't get him to shut the door [...dɔː], you can't make him shut the door.

допры́гивать, допры́гнуть jump so far; (до) jump (to, as far as); он не смо́жет допры́гнуть he cánnòt jump so far; (*вверх*) he cánnòt jump so high.

допры́гнуть *сов. см.* допры́гивать.

до́пуск *м.* **1.** (*впуск*) admíttance; **2.** *тех.* admíttance, tólerance.

допуска́||ть, допусти́ть **1.** (кого́-л. до, к) admít (smb. to); его́ не допусти́ли к экза́менам he was not allówed to take *the* exàminátions; **2.** (*вн.*; *позволять*) permít (*d.*), allów (*d.*); (*терпеть*) tóleràte (*d.*); не ~ bar (from); э́того нельзя́ ~ it cánnòt be allówed / tóleràted; **3.** (*вн.*; *считать возможным*) assúme (*d.*); он не ~ет э́той мы́сли he regárds it as ìn¦concéivable/ ùnthínkable [...-'siːv-...], he thinks it impóssible; допу́стим let us assúme; ✧ допусти́ть оши́бку commít an érror.

допусти́мый **1.** permíssible; **2.** (*возможный*) póssible.

допусти́ть *сов. см.* допуска́ть.

допуще́ние *с.* assúmption.

допыта́ться *сов. см.* допы́тываться

допы́тыва||ться, допыта́ться (*рд.* *разг.* find* out (*d.*), elícit (*d.*); *несов тж.* try to find out (*d.*), try to elíci (*d.*); ~ пра́вды elícit the truth [... -uːθ]; он ~ется, где вы he tries t find out where you are, he tries t elícit your whére¦abóuts.

допьяна́ *нареч. разг.*: напи́ться ~ get* dead drunk [...ded...]; напоит ~ (*вн.*) make* dead drunk (*d.*).

дораба́тывать, дорабо́тать (*вн.*) fínish off (*d.*), compléte (*d.*); (*разрабатывать детально*) eláboràte (*d.*). ~**ся**, дорабо́таться **1.** (до) *разг.* wor (till one *is*): дорабо́таться до изнеможе́ния work till one is útterly exháusted, work till one breaks dow [...breɪks...]; **2.** *страд.* к дораба́тывать.

дорабо́тать(ся) *сов. см.* дораба́тывать(ся).

дорабо́тка *ж.* (*рукописи*) revísior

дораста́ть, дорасти́ **1.** grow* [-ou] **2.** (до, чтобы + *инф.*) *разг.* (*о ворасте*) be old enóugh [...-ʌf] (for, + to *inf.*); не дорасти́ not be old enóugl be too young [...jʌŋ]; он ещё не доро чтобы ходи́ть в кино́ he is too youn to go to the cínema.

дорасти́ *сов. см.* дораста́ть.

дорва́ться *сов.*(до) *разг.* fall* gréed ly (up¦ón).

дореволюцио́нный pré-rèvolútionar

доре́зать *сов.* (*вн.*) **1.** fínish cúttir (*d.*); **2.** (*дополнительно*) cut* son more (*d.*); **3.** (*до конца*) cut* up (*d.* (*убить*) kill (*d.*), fínish (off) (*d.*).

дорефо́рменный prè-refórm (*attr.*).

дорисова́ть *сов. см.* дорисо́выват

дорисо́вывать, дорисова́ть (*вн* draw* (*d.*), fínish (*d.*), compléte (*d* (*без доп.*) fínish dráwing; дорисова́ карти́ну (*перен.*) compléte the pi ture, fill in the détails [...'diː-].

дори́ческий Dóric.

доро́г||а *ж.* **1.** road; (*путь следования*) way; больша́я ~ híghway, hi road; желе́зная ~ ráilway; ráilro *амер.*; желе́зная ~ ме́стного значе́ния lócal line; е́хать по желе́зн ~е go* by rail / train; шоссе́йн ~ main road; просёлочная ~ cóu try road ['kʌ-...], cóuntry-tràck ['kʌ- сверну́ть с ~и leave* *the* road; сто́йте на ~е get out of the wa показа́ть кому́-л. ~у (*куда-л.*) shov smb. the way [ʃou...] (*to a plac* по ~е (в *вн.*, на *вн.*) on the w (to); по ~е домо́й on the way hom дава́ть, уступа́ть кому́-л. ~у le smb. pass; (*перен.*) make* way f smb.; **2.** (*путешествие*) jóurn ['dʒəː-]; да́льняя ~ long jóurne отправля́ться в ~у set* out, st on one's jóurney; на ~у (*перед о* авлением) befóre the jóurney; в у, на ~у for the jóurney; с ~и ter the jóurney; в ~е on the jóurney; пробыл в ~е три дня the jóurney ok him three days; ◇ мне с вáми ~е we go the same way; мне с вáми по ~е we go in dífferent diréctions; ерен.) our paths dìvérge [...daɪ-], part cómpany [...'kʌ-]; пробивáть бé ~у force one's way through; ерен.) make* one's way in life; оложить ~у (дт.) clear the way r); преградить ~у (дт.) bar the ay (to); выйти на ~у get* on well, ake* / find* one's way; перебежáть у комý-л. steal* a march on smb.; atch smth. from únder smb.'s nose, t smb.'s nose out of joint; стать ко-ý-л. поперёк ~и be/ stand* in smb.'s ay; вывести когó-л. на ширóкую у set* smb. on his feet; (рд.) help nb. on to the high road (of); пойти ямóй ~ой take* the high road, on the híghway; пойти по нóвой е advánce alóng the new road; он ойт на хорóшей ~е his fúture is súred / secúred [...ə'ʃuəd...]; идти оéй ~ой go* one's own way ..oun...]; однá ~ остаётся мне, емý т. д. there is ónly one way (out) r me, him, etc.; there is ónly one ing I, he, etc., can do; тудá емý и ~! зг. it serves him right!; скáтертью (a) good ríddance; тóрная ~ the eaten track.

дóрого I *прил. кратк. см.* дорогóй.

дóрого II *нареч.* dear; (*перен.*) early; это ~ стóит it costs dear; ~ платить (за *вн.*) (*перен.*) pay* early (for).

дороговизна *ж.* high cost of líving ..'lɪv-]; high príces *pl.*

дорóгой *нареч.* on the way.

дорогóй 1. *прил.* (*в разн. знач.*) ear; (*дорогостоящий*) expénsive; енный; *тж. перен.*) cóst¦ly; по ценé at a high price; это емý дó-ого it is dear to him; онá емý дорогá e is dear to him; ваш совéт емý óрог he válues / apprécìates your vice (híghly); ~ друг! (my) dear iend! [...fre-]; то, что им дорóже eró what they hold dearest of all; *м. как сущ.* dárling, dear, déarest.

дорогостóящий expénsive.

дорóдн||ость *ж.* pórtliness. **~ый** órtly.

дорож||áть, вздорожáть rise* in ice; жизнь ~áет the cost of líving rísing [...'lɪv-...].

дорóже *сравн. ст. см. прил.* доро-й *и нареч.* дóрого II.

дорожить (*тв.*) 1. (*ценить*) válue); 2. (*беречь*) take* care (of).

дорожиться *разг.* ask too high a ice, óver¦chárge.

дорóжка *ж.* 1. (*тропинка*) path*, alk; 2. (*коврик*) strip of cárpet; (*на стнице*) stáir-càrpet; (*на стол*) rún-er.

дорóжник *м.* róad-bùilder [-bɪ-].

дорóжно-строительный róad-bùilding [-bɪ-] (*attr.*).

дорóжный 1. *прил. к* дорóга 1; 2. (*служащий для путешествия*) trávelling; ~ костюм trávelling dress.

дорубáть, дорубить (*вн.*) 1. (*о деревьях, лесе*) fínish cútting (*d.*); (*о мясе и т. п.*) fínish chópping (*d.*); 2. (*дополнительно*) chop / cut* some more (*d.*).

дорубить *сов. см.* дорубáть.

дорывáть, дорыть (*вн.*) fínish dígging (*d.*).

дорыть *сов. см.* дорывáть.

дос *м.* (долговрéменное оборонительное сооружéние) *воен.* píll-bòx.

ДОСААФ *м.* (Добровóльное óбщество содéйствия áрмии, авиáции и флóту) Vóluntary Socíety for Assísting Ármy, Air Force and Návy.

досáд||а *ж.* vèxátion, annóyance; (*разочарование*) dìsappóintment; какáя ~! hòw véxing / annóying / provóking!, what a núisance! [...'njuːs-]; (*как жаль*) what a píty! [...'pɪ-]; с ~ы in one's vèxátion / annóyance; with vèxátion (*в конце предложения*).

досадить *сов. см.* досаждáть.

досáдливый of annóyance / vèxátion; ~ жест mótion of annóyance / vèxátion.

досáдно 1. *прил. кратк. см.* досáдный; 2. *предик. безл.* it is véxing / annóying; it is a núisance [...'njuːs-] *разг.*; (*жалко*) it is a píty [...'pɪ-]; емý ~ he is vexed / annóyed.

досáдн||ый annóying, vèxátious; (*вызывающий разочарование*) disappóinting; ◇ ~ая опечáтка an ùnfórtunate mísprínt [...-ʧən-...].

досáдовать (на когó-л.) be vexed / annóyed (by smb.); (на что-л.) bemóan (smth.), bewáil (smth.).

досаждáть, досадить (*дт.*) vex (*d.*), annóy (*d.*).

досéле *нареч. уст.* híther¦tó.

досидéть *сов. см.* досиживать.

досиживать, досидéть (до) stay (till); (*не ложиться спать*) sit* up (till); ~ до концá чегó-л. sit* out smth.

доск||á *ж.* 1. board; (*более толстая*) plank; клáссная ~ bláckboard; грифельная ~ slate; шáхматная ~ chéss-board; ~ для объявлéний nótice board ['nou-...]; 2. (*медная, мраморная*) slab; ◇ крáсная ~, ~ почёта board of hónour [...'ɔnə]; вывéшивать на дóску почёта (*вн.*) put* up on the board of hónour (*d.*); чёрная ~ the list of shírkers; до гробовóй ~и till death [...deθ], to one's dýing day; от ~и до ~и from cóver to cóver [...'kʌ-...]; стáвить на однý дóску (*вн.* с *тв.*) put* on the same lével [...'le-] (*d.* with).

досказáть *сов. см.* докáзывать.

доскáзывать, досказáть (*вн.*; *о рассказе, сказке и т. п.*) fínish (*d.*); (*вн.* до) tell (*d.* to); вы чегó-то не досказáли мне you have not told me all, you have kept sóme¦thing back.

доскакáть *сов.* hop so far, reach hópping; (до) hop (to, as far as); (*верхом*) gállop (to, as far as), reach at a gállop (*d.*); он не смог ~ he could not hop so far; он доскáчет тудá в 10 минýт he can gállop there in ten mínutes [...-nɪts], it will take him ten mínutes to gállop there, ten mínutes' gállop will take him there.

досконáльн||о *нареч.* thóroughly ['θʌrəlɪ]. **~ый** thórough ['θʌrə].

дослáть *сов. см.* досылáть.

дослéдов||ание *с. юр.* sùppleméntary exàminátion / in¦quíry; напрáвить дéло на ~ remít a case for fúrther exàminátion / in¦quíry [...keɪs... -ðə...]. **~ать** *несов. и сов.* (*вн.*) compléte the exàminátion (of), compléte the in¦quíry (into).

дослóвн||о *нареч.* word for word, líterally, verbátim [-'beɪ-]. **~ый** word for word, líteral: ~ый перевóд word for word, *или* líteral, trànslátion [...-ɑːn-].

дослýживать, дослужить (до) work (to, till); емý остáлось дослужить пять лет (до пéнсии) he has to work another five years (befóre he gets his pénsion). **~ся,** дослужиться (до *рд.*) rise* (to *the rank of*); дослужиться до пéнсии quálifỳ for a pénsion.

дослужить(ся) *сов. см.* дослýживать(ся).

дослýшать *сов. см.* дослýшивать.

дослýшивать, дослýшать (*вн.*) lísten to the end ['lɪsᵊn...] (to); ~ что-л. до половины lísten to the first half of smth. [...hɑːf...]; ~ что-л. до концá lísten to smth. to the end, sit* out smth.

досмáтривать, досмотрéть (*вн.* до; *о книге, журнале и т. п.*) look through (*d.* to, till); (*о пьесе, фильме и т. п.*) watch (*d.* as far as); ~ до концá (*о книге, журнале и т. п.*) look right through (*d.*); (*о пьесе, фильме и т. п.*) watch / see* to the end (*d.*), sit* out (*d.*).

досмóтр *м.* exàminátion; тамóженный ~ cústoms exàminátion.

досмотрéть *сов. см.* досмáтривать.

досóхнуть *сов. см.* досыхáть.

досоциалистическ||ий pré-sócialist; ~ие формáции pré-sócialist fòrmátions.

доспáть *сов. см.* досыпáть II.

доспевáть, доспéть *разг.* rípen; *сов. тж.* be ripe.

доспéть *сов. см.* доспевáть.

доспéхи *мн.* (*ед.* доспéх *м.*) *ист.* ármour *sg.*

досрóчн||о *нареч.* befóre the appóinted time; (*о выполнении плана и т. п.*) ahéad of time / schédùle [ə'hed...'ʃe-]. **~ый** (*о платеже и т. п.*) àntícipàtory [-peɪ-]; ~ый выпуск продýкции óutpùt of prodúction ahéap of time/schédùle [-put... ə'hed...'ʃe-]; ~ое выполнéние fulfílment ahéad of time / schédùle [ful-...].

доставáть, достáть 1. (до) reach (*d.*); (*касаться*) touch [tʌtʃ] (*d.*); ~ до чегó-л. рукóй touch smth. (with one's hand); 2. (*вн.*; *брать*) take* (*d.*), get* (*d.*); ~ кни́гу с пóлки, из шкáфа take*/get* *the* book from the shelf*, out of the bóok-càse [...-s]; 3. (*вн.*; *добывать*) get* (*d.*); (*получать*) obtáin (*d.*); 4. (*рд.*) *безл.* suffíce (*d.*); емý достáнет сил his strength will suffíce him, he will have sufficient strength. **~ся**, достáться (*дт.*) 1. (*выпадать на долю*) fall* to *one's* lot; э́то досталóсь емý it fell to his lot; емý, им *и т. д.* достáлось (*при выигрыше*) he, they, *etc.*, won [...wʌn]; (*при разделе и т. п.*) he, they, *etc.*, received [...-'si:vd]; (*по наследству*) he, they, *etc.*, inhérited; 2. *безл. разг.* (*о наказании*): емý, им *и т. д.* достáлось he, they, *etc.*, caught / got it; емý, им *и т. д.* достáнется he'll, they'll, *etc.*, catch it; (*о неприятностях, испытаниях*) he, they, *etc.*, will have sóme|thing, *или* a lot, to bear / endúre [...beə...].

достáв||ить *сов. см.* доставля́ть; **~ка** *ж.* delívery; ~ка нá дом delívery to *the* clíent's / cústomer's addréss; с ~кой нá дом home delívery.

доставля́||ть, достáвить 1. (*вн. дт.*) supplý (with *d.*), fúrnish (with *d.*); (*о письмах, газетах и т. п.*) delíver [-'lɪ-] (*d.* to, *d. i.*); молóчная ежеднéвно ~ет мне литр молокá the dáiry supplíes me with a litre of milk every day [...'li:-...], the dáiry sends me up a litre of milk dáily, *или* every day; 2. (*вн.*; *препровождать*) convéy (*d.*); ~ когó-л. домóй get*/take*/convéy smb. home; 3. (*вн. дт.*; *причинять*) cause (*d. i.*), give* (*d. i.*): ~ беспокóйство give*/cause trouble [...trʌ-] (*i.*); 4. (*вн. дт.*; *предоставлять*) give* (*d. i.*); (*о случае и т. п.*) affórd (*d. i.*); ~ удовóльствие give*/affórd pléasure [...'ple-] (*i.*).

достáт||ок *м.* 1. *тк. ед.* жить в ~ке be in éasy / good* círcumstances [...'i:zɪ...], be well*/cómfortably off, be wéll-to-dó; имéть срéдний ~ be fáirly well off; 2. *мн.* (*имущество, доходы*) ín|come *sg.*

достáточно I 1. *прил. кратк. см.* достáточный 1; 2. *предик. безл.* it is enóugh [...ɪ'nʌf]; ~ бы́ло им поссóриться, чтóбы a quárrel suffíced, *или* was enóugh / sufficient, to; вполнé ~ quite enóugh; бóлее чем ~ enóugh and to spare; э́того ~ that will do; ~ сказáть suffíce it to say; у негó, у них *и т. д.* ~ сил, средств he has, they have, *etc.*, enóugh / sufficient strength, means; ~! (that's) enóugh!

достáточн||о II *нареч.* (*перед прил. и после гл.*) sufficiently; (*после прил. и гл.*) enóugh [ɪ'nʌf]; ~ горя́чий suffíciently hot, hot enóugh; он ~ рабóтал he worked enóugh / sufficiently. **~ый** 1. sufficient; (*после сущ. и перед сущ. во мн. ч.*) enóugh; ~ые основáния, срéдства sufficient grounds, means; ~ое доказáтельство sufficient proof, proof enóugh; 2. *разг.* (*живущий в достатке*) wéll-to-dó.

достáть(ся) *сов. см.* доставáть(ся).

достигáть, дости́чь, дости́гнуть (*рд.*) 1. reach (*d.*); продýкция дости́гла наивы́сшего ýровня óutpùt reached its peak [-put...]; ýтром он дости́г верши́ны (горы́) he reached the súmmit in the mórning; ~ бéрега reach land; 2. (*добиваться*) attáin (*d.*), achíeve [-i:v] (*d.*); ~ своéй цéли achíeve / gain / attáin one's óbject / end, secúre one's óbject; ~ успéха achíeve / attáin succéss; успокáиваться на дости́гнутом rest on one's láurels [...'lɔ-].

дости́гнуть *сов. см.* достигáть.

достижéни||е *с.* achíeve|ment [-i:v-], attáinment; (*улучшение*) prógrèss; *мн.* (*достигнутые успехи*) succésses achíeved [...-i:vd]; ~я наýки и тéхники achíeve|ments of science and èngineéring [...endʒ-]; вы́сшее ~ ácme [-ɪ]; hígh-wáter mark [-'wɔ:-...] *идиом.*; ◇ по ~и on réaching; ~ вы́сшей тóчки cùlminátion; *переводится также формой на* -ing *от соответствующих глаголов — см.* достигáть.

достижи́мый réachable, àccéssible; (*перен.*) achíevable [-i:v-], attáinable; (*ср.* достигáть).

дости́чь *сов. см.* достигáть.

достовéрн||о *нареч.* for cértain, for sure [...ʃuə]; ~ знать что-л. know* smth. for cértain / sure [nou...], know* smth. pósitive|ly [...-zɪ-], know* smth. be|yónd all doubt [...daut]. **~ость** *ж.* trústwòrthiness [-ðɪ-]; (*истинность*) truth [-u:θ] (*о документе, рукописи и т. п.*) authentícity. **~ый** trústwòrthy [-ðɪ]; (*о документе, рукописи и т. п.*) authéntic; из ~ых истóчников from relíable sóurces [...'sɔ:s-].

достóинств||о *с.* 1. *тк. ед.* dígnity; э́то ни́же егó ~а it is benéath his dígnity; с ~ом with dígnity; чýвство сóбственного ~а sélf-respéct; próper pride ['prɔ-...]; 2. (*хорошее качество*) quálity, mérit, vírtue; ~а и недостáтки mérits and dè|mérits; 3. (*стоимость, ценность денежного знака*) válue; монéта 10-рублёвого ~а, *или* ~ом в 10 рублéй coin of the válue of 10 roubles [...ru:-]; монéта мáлого ~а coin of small denòminátion; ◇ оцени́ть по ~у (*вн.*) éstimàte at *one's* true worth (*d.*); (*о человеке тж.*) size up (*d.*) *разг.*

достóйно I *прил. кратк. см.* достóйный 1, 2.

достóйно II *нареч.* súitably ['sju:-], befítting|ly, in apprópriate / ádquate / próper mánner [...'prɔ-...].

достóйн||ый 1. (*рд.*) desérvir [-'zɑ:-] (*d.*), wórthy [-ðɪ] (of), wor (*d.*); ~ внимáния desérving atte tion / consìderátion, wórthy of not worth nótice [...'nou-]; ~ похвал práise|wòrthy [-ðɪ]; быть ~ым (*рд*) desérve [-'zɑ:v] (*d.*), mérit (*d.*); wórthy (of); ~ лýчшего применéни worthy of a bétter cause; 2. (*справе ливый*) mérited, desérved; (*соответст вующий*) fítting, ádequate; (*о нак зании тж.*) condígn [-'daɪn]; 3. (*по тенный*) wórthy: ~ человéк wórth man*.

достопáмятный mémorable.

достопочтéнный réverend.

достопримечáтельн||ость *ж.* sigh *pl.*; осмáтривать ~ости (*рд.*) see the sights (of); go* síghtsee|ing; the sights *разг.*; (*города*) do *the* tow *разг.*; знакóмить когó-л. с ~остя гóрода *и т. п.* show* smb. the sigh of *the* town, *etc.* [ʃou...], show* sm aróund *the* town, *etc.* **~ый** nótabl remárkable.

достоя́ние *с. тк. ед.* próperty; н рóдное ~ nátional próperty ['næ-... ~ масс the próperty of the másse

дострáивать, дострóить (*вн.*) finis búilding [...'bɪ-] (*d.*), compléte (*d.*).

дострóить *сов. см.* дострáивать.

дострóйка *ж.* complétion.

дóступ *м.* áccèss; прáво свобóдно ~а free áccèss; имéть ~ (к) ha áccèss (to).

достýпн||ость *ж.* 1. àccèssibilit (*для пользования, посещения*) avai ability; (*для понимания*) simplicit 2. (*о человеке*) approachabílity, àff bílity, àccèssibílity; 3. (*о ценах*) mó erate|ness. **~ый** 1. àccéssible, éa of áccèss ['i:zɪ...]; (*для пользовани посещения*) aváilable; ópen, with the reach; (*для понимания*) simpl éasily ùnderstóod ['i:z- -'stud], póp lar; сдéлать ~ым (*вн. дт.*) mak àccéssible (*d.* to), throw* ópen [-ou... (*d.* to); э́та кни́га достýпна дáже д неподготóвленного читáтеля th book is intélligible éven to the nó -spécialist [...-'spe-]; 2. (*о человеке*) a próachable, áffable, àccéssible; 3. (*ум ренный*) móderate; ~ые цéны réaso able / móderate prices [-z-...]; по ~ ценé at a réasonable price.

достучáться *сов. разг.* (до *кого-л.* к *кому-л.*) knock till one is hea [...hɑ:d]; ~ у двéри knock at *t* door till it is ópen|ed [...dɔ:...]; он мог ~ he was ún|áble to make hìm sélf heard.

досýг *м.* léisure ['le-], spare tim часы́ ~а léisure hours [...auəz]; сво ~ он посвящáет чтéнию he spends his spare time in réading; на ~е léisure, in one's spare time.

досýж||ий *разг.* idle; ~ие тóлк gossip *sg.*, idle talk *sg.*

до́суха *нареч.* dry: вытира́ть ~ *вн.*) wipe dry (*d.*).

досчита́ть *сов. см.* досчи́тывать.

досчи́тывать, досчита́ть (*вн.*) fínish cóunting (*d.*); (до *чего-л.*) count (to).

досыла́ть, досла́ть (*вн.*; *остальное*) send* the remáinder; (*посылать дополнительно*) send* on (*d.*); он досла́л 20 рубле́й he sent on (another) twénty roubles [...ruː-].

досы́пать *сов. см.* досыпа́ть I.

досыпа́ть I, досы́пать **1.** (*рд., вн.*; *дополнительно*) add / pour some more [...pɔː...] (*d.*); **2.** (*вн.*; *дополна*) fill (*d.*).

досыпа́ть II, доспа́ть sleep*.

до́сыта *нареч. разг.* to one's heart's contént [...hɑː-...]; нае́сться ~ be sátisfied, eat* one's fill.

досыха́ть, досо́хнуть dry up.

досье́ *с. нескл.* dóssier ['dɔsɪeɪ].

досю́да *нареч. разг.* up to here, as far as this.

досяга́ем||ость *ж.* reach, attainabílity; *воен.* range [reɪ-]; в преде́лах ~ости within reach; вне преде́лов ~ости out of reach. **~ый** àccéssible, appróachable; (*перен.*) attáinable, achíevable [ə'tʃiː-].

дот *м.* = дос.

дота́ция *ж.* grant [-ɑː-], (State) súbsidy.

дотащи́ть *сов.* (*вн.*) (*доволочить*) drag (*d.*); (*донести*) cárry (*d.*); (*вн.* до) drag (*d.* to, *d.* as far as), cárry (*d.* to, *d.* as far as). **~ся** *сов.* (до) *разг.* drag òne¦sélf (to); ~ся до́ дому drag òne¦sélf home.

дотла́ *нареч.* útterly, compléte¦ly; сгора́ть ~ burn* to áshes; сжечь ~ (*вн.*) redúce to áshes (*d.*).

дото́ле *нареч. уст.* híther¦tó.

дото́шн||ый *разг.* háir-splitting; metículous; быть ~ым delve into every detail [...'diː-]; он ~ челове́к he delves into every détail.

дотра́гиваться, дотро́нуться (до) touch [tʌtʃ] (*d.*).

дотро́нуться *сов. см.* дотра́гиваться.

доту́да *нареч. разг.* up to there, up to that place.

дотя́гивать, дотяну́ть **1.** (*вн.*) draw* so far (*d.*); (*с усилием*) drag so far (*d.*); (*вверх*) haul up so far (*d.*); (*вн.* до) draw* (*d.* up to, *d.* as far as); (*с усилием*) drag (*d.* to, *d.* as far as); (*вверх*) haul (*d.* up to, *d.* as far as); **2.** (до) *разг.* (*доживать*) live [lɪv] (till); он не дотя́нет до утра́ he will not live out the night; he will not last till mórning; **3.** (до) *разг.* (*выдерживать*) hold* out (till); он дотя́нет до конца́ ме́сяца he will be able to hold out till the end of the month [...mʌ-]; ◇ дотяну́ть что-л. до того́, что keep* putting smth. off till. **~ся,** дотяну́ться (до) reach (*d.*).

дотяну́ть(ся) *сов. см.* дотя́гивать (-ся).

доу́чивать, доучи́ть **1.** (что-л.) fínish léarning [...'lɜːn-] (smth.); **2.** (кого́-л.) fínish téaching (smb.). **~ся,** доучи́ться **1.** (*кончать учиться*) fínish stúdying / léarning [...'stʌ- 'lɜːn-]; он доучи́лся до 10 кла́сса he left school áfter the ninth class [...naɪ-...]; он доучи́лся до четвёртого ку́рса he left the ùnivérsity / ínstitùte áfter his third year; **2.** (*совершенствовать знания*) perféct one's knówledge [...'nɔ-]; (*завершать образование*) compléte one's èducátion.

доучи́ть(ся) *сов. см.* доу́чивать(ся).

доха́ *ж.* (Sìbérian) fúr-coat [saɪ-...].

до́хлый **1.** (*о животном*) dead [ded]; **2.** *разг.* (*хилый — о человеке*) síckly, púny.

дохля́тина *ж. тк. ед. разг.* cárrion.

до́хнуть (*о животных*) die, fall *.

дохну́ть *сов.* breathe; ◇ не сметь ~ *разг.* be afráid to breathe.

дохо́д *м.* ín¦come; (*прибыль*) prófit, retúrn; recéipts [-'siːts] *pl.*; чи́стый ~ net prófit; приноси́ть, дава́ть ~ be prófitable, bring* in an ín¦come; годово́й ~ ánnual ín¦come; (*государственный*) ánnual révenue; национа́льный ~ nátional ín¦come ['næ-...]; валово́й ~ gross prófit / recéipts [grous...]; нетрудово́й ~ ún¦éarned ín¦come [-'ɜːnd...].

доходи́ть, дойти́ **1.** (до) reach (on foot) [...fut] (*d.*); не доходя́ (до) (just) before one comes (to), befóre one réaches (*d.*); письмо́ до него́ не дошло́ the létter did not reach him; ~ до кого́-л. (*становиться известным*) reach smb.'s ears; **2.** (до) *разг.* (*производить впечатление*) touch [tʌtʃ] (*d.*), move [muːv] (*d.*); игра́ не дохо́дит до зри́теля the ácting does not touch / move the áudience; **3.** (*без доп.*) *разг.* (*довариваться, допекаться*) be done; (*дозревать*) rípen; **4.** (до; *достигать какого-л. предела*) reach (*d.*), amóunt (to); ~ до колосса́льных разме́ров reach colóssal diménsions; расхо́ды дохо́дят до 5 000 рубле́й the expénses amóunt to, *или* tótal, five thóusand roubles [...-z- ruː-]; ~ до неле́пости fall* / run* into absúrdity; ~ до бе́шенства fly* into a rage; ~ до слёз, дра́ки end in tears, in a fight; ◇ ~ свои́м умо́м think* out for òne¦sélf; ру́ки до э́того не дохо́дят I have, he has, *etc.*, no time for it, *или* to do it; де́ло дошло́ (до) it came (to).

дохо́дн||ость *ж.* prófitable¦ness, remúnerative¦ness [-'mjuː-]; (*количество доходов*) ín¦come. **~ый** prófitable, páying, lúcrative, remúnerative [-'mjuː-]; ~ые статьи́ révenues.

дохо́дчив||ость *ж.* clárity. **~ый** intélligible, easy to ùnderstánd ['iːzɪ...].

доцвести́ *сов. см.* доцвета́ть.

доцвета́ть, доцвести́ cease flówering [-s...]; (*увядать*) fade, wíther.

доце́нт *м.* assístant proféssor.

доче́рн||ий dáughter (*attr.*); (*подобающий дочери*) fílial; ~яя компа́ния *эк.* dáughter / branch cómpany [...brɑː- 'kʌ-]; ~яя кле́тка *биол.* dáughter cell.

дочерти́ть *сов. см.* доче́рчивать.

доче́рчивать, дочерти́ть (*вн.*; *о карте, чертеже и т. п.*) fínish (*d.*), compléte (*d.*); (*без доп.*) fínish dráwing.

до́чиста *нареч.* (*до полной чистоты*) till *smth.* is spéckless, till *smth.* is spécklessly / pérfectly clean; (*перен.*) compléte¦ly; обокра́сть ~ (*вн.*) clean out (*d.*); съесть всё ~ eat* up évery¦thing, scrape one's plate.

дочи́стить *сов.* (*вн.*) **1.** fínish cléaning (*d.*) *и т. д.* (*см.* чи́стить); **2.** (до *чего-л.*) clean (*d.*) *и т. д.* (*см.* чи́стить); ~ до бле́ска pólish / búrnish till *smth.* glítters.

дочита́ть(ся) *сов. см.* дочи́тывать (-ся).

дочи́тывать, дочита́ть **1.** (*вн.* до) read* (*d.* to, *d.* as far as); дочита́ть до середи́ны read* half *the book* [...hɑːf...], read* to the míddle (*d.*); дочита́ть до конца́ read* to the end (*d.*), fínish (*d.*); **2.** (*без доп.*; *кончать читать*) fínish réading. **~ся,** дочита́ться **1.** (*до чего-л.*): ~ся до головно́й бо́ли read* till one's head begins to ache [...hed...eɪk]; ~ся до хрипоты́ read* till one grows hoarse [...grouz...], read* òne¦sélf hoarse; **2.** *страд. к* дочи́тывать.

до́чка *ж. разг.* = дочь.

дочу́рка *ж. разг.* líttle dáughter / girl [...gɜːl]; (*в обращении тж.*) gírlie ['gɜː-].

дочь *ж.* dáughter.

дошива́ть, доши́ть (*вн.*; *о платье и т. п.*) fínish (*d.*); (*без доп.*; *кончать шить*) fínish (séwing) [...'sou-].

доши́ть *сов. см.* дошива́ть.

дошко́льн||ик *м.* child* únder school age; он ~ he is únder school age. **~ица** *ж.* girl únder school age [g-...]; она́ ~ица she is únder school age. **~ый** pré-schóol; ~ое воспита́ние pré-schóol èducátion.

доща́тый (made) of planks / boards.

доще́чка *ж.* (*деревянная*) small plank / board; (*металлическая*) plate; (*на двери*) dóor-plàte ['dɔː-], náme-plàte.

доя́рка *ж.* mílkmaid; зна́тная ~ nóted mílkmaid.

дра́га *ж. тех.* drag; *мор.* dredge.

драгома́н *м.* drágoman (*pl.* -mans, -men).

драгоце́нн||ость *ж.* **1.** jéwel; (*о драгоценном камне тж.*) gem; précious stone ['pre-...]; (*сокровище*) tréasure ['tre-]; э́то ~ this is a tréasure, this is príce¦less; **2.** *мн.* jéwelry *sg.*; фальши́вые ~ости false / paste jéwelry [fɔːls peɪ-...]. **~ый** précious ['pre-]; ~ый ка́мень gem; précious stone, jéwel; (*резной*) intáglìo [-ɑːl-].

драгу́н *м. ист.* dragóon. ~**ский** *ист.* dragóon (*attr.*); ~ский полк dragóon régiment.

драже́ *с. нескл.* líqueur-bónbòns [-kjuə-] *pl.*, sýrup-fìlled bónbòns *pl.*

дразни́ть (*вн.*) **1.** tease (*d.*); **2.** (*возбуждать*) excíte (*d.*).

дра́ить (*вн.*) *мор.* scrub (*d.*).

дра́к||а *ж.* fight; (*общая*) scuffle; доходи́ть до ~и come* to blows [...-ouz].

драко́н *м.* drágon [-æ-].

драко́новск||ий: ~ие зако́ны harsh / Dracónic laws.

дра́ма *ж.* dráma ['drɑː-].

драма||ти́зм *м. театр.* dramátic efféct; dramátic quálities *pl.*; (*перен.*) dramátic náture [...'neɪ-]; ténsity; пье́са, обстано́вка полна́ ~ти́зма the play, the sìtuátion is híghly dramátic; ~ положе́ния the ténse|ness of the sìtuátion. ~**ти́ческий** dramátic; ~ти́ческий кружо́к dramátic círcle. ~**ти́чный** dramátic.

драмату́рг *м.* pláywrìght, drámatist.

драматурги́я *ж.* **1.** (*теория*) dramátic còmposítion [...-'zɪ-]; **2.** *собир.* the dráma [...'drɑː-]; гре́ческая ~ the Greek dráma; ~ Шекспи́ра Shàke|spéarian dráma.

драмкружо́к *м.* (драмати́ческий кружо́к) dramátic círcle.

дра́нка *ж.* (*штукатурная*) lath*; (*кровельная*) shingle.

дра́ный torn; (*ободранный*) rágged [-gɪd].

дрань *ж.* = дра́нка.

драп *м.* thick cloth.

драпирова́ть (*вн.*) drape (*d.*). ~**ся** **1.** drape òne|sélf; **2.** *страд. к* драпирова́ть.

драпиро́в||ка *ж.* drápery ['dreɪ-]; háng|ings *pl.* ~**щик** *м.* ùp|hólsterer [-'hou-].

дра́пов||ый *прил. к* драп; ~ое пальто́ (thick) cloth óver|coat.

драпри́ *с. нескл.* drápery ['dreɪ-]; cúrtains *pl.*, háng|ings *pl.*

дра́тва *ж. тк. ед.* wáx-ènd ['wæ-].

драть, вы́драть *разг.* **1.** *тк. несов.* (*вн.*; *рвать*) tear* [tɛə] (*d.*); **2.** *тк. несов.* (*вн.*; *отрывать*) strip off (*d.*); ~ лы́ко bark líme-trees; **3.** *тк. несов.* (*с рд.*; *назначать высокие цены*) fleece (*d.*); **4.** (*вн.*; *сечь*) flog (*d.*), thrash (*d.*); *сов. тж.* give* a flógging (*i.*); ~ кого́-л. за́ уши, во́лосы pull smb.'s ears, hair [pul...]; **5.** *тк. несов.* (*вызывать боль*) írritàte; э́то дерёт го́рло it írritàtes the throat; ◇ ~ шку́ру flay (*d.*); он дерёт с живо́го и мёртвого he flays the dead and the líving [...ded...'lɪv-]; ~ го́рло bawl; чёрт его́ дери́! damn him!

дра́ться I, подра́ться **1.** (*с тв.*) fight* (*d.*, with); на у́лице деру́тся there is a fight / scuffle in the street; ~ на кула́чках box, spar; он всегда́ дерётся he is álways béating sóme|body [...'ɔːlwəz...], he is álways knócking sóme|body abóut; ~ на дуэ́ли fight* a dúel, dúel; ~ с кем-л. на дуэ́ли fight* a dúel with smb.; **2.** *тк. несов.* (за *вн.*) fight* (for).

дра́ться II, разодра́ться *разг.* (*рваться*) tear* [tɛə].

дра́хма *ж.* **1.** (*греческая монета*) dráchm(a) (*pl.* -mas, -mae); **2.** (*единица веса*) drachm [-æm], dram.

драчли́в||ость *ж. разг.* pùgnácity. ~**ый** pùgnácious.

драчу́н *м.* pùgnácious féllow / boy; он ~ he is gíven to fíghting, he likes fíghting; он большо́й ~ he is álways réady to fight [...'ɔːlwəz 're-...], he is álways réady for a fight; э́то тако́й ~! he is álways spóiling for a fight.

драчу́нья *ж.* pùgnácious girl [...g-]; (*ср.* драчу́н).

дребеде́нь *ж. разг.* trash, rúbbish; сплошна́я ~ ábsolùte trash.

дребезжа́ние *с.* rattle; (*звяканье*) jingle.

дребезжа́ть rattle; (*звякать*) jingle.

древеси́на *ж.* wood [wud].

древе́сница *ж.* (*лягушка*) trée-fròg.

древе́сн||ый *прил. к* де́рево; *тж.* àrbóreal [-rɪəl], àrbóreous *научн.*; ~ у́голь chárcoal; ~ спирт wood álcohòl [wud...]; ~ая ма́сса wóod-pùlp ['wud-]; ~ые насажде́ния plàntátions of trees; ~ пито́мник núrsery fórest [...'fɔ-]; àrborétum (*pl.* -ta) *научн.*; ~ая лягу́шка trée-fròg.

дре́вко *с.* (*флага*) pole, staff; (*копья и т. п.*) shaft; ~ зна́мени, фла́га flágstàff; ~ пи́ки píke|stàff.

древнеангли́йский Old Énglish [...'ɪŋ-]; ~ язы́к the Old Énglish lánguage.

древнегре́ческий áncient Greek ['eɪ-...]; ~ язы́к Greek, the Greek lánguage.

древнеевре́йский Hébrew, Hèbrá|ic [hiː-]; ~ язы́к Hébrew.

древнеру́сский Old Rússian [...ʃən]; ~ язы́к the Old Rússian lánguage.

дре́вн||ие *мн. скл. как прил.* the áncients [...'eɪ-]. ~**ий** **1.** áncient ['eɪ-]; (*античный*) àntíque [-'tiːk]; ~яя исто́рия áncient hístory; ~ие языки́ clássic lánguages; **2.** *разг.* (*очень старый*) very old; ~ий стари́к a very old man*.

дре́вност||ь *ж.* **1.** àntíquity; в ~и in áncient times [...'eɪn-...]; **2.** *мн. археол.* àntíquities.

дре́во *с. поэт.* tree; ~ позна́ния добра́ и зла *библ.* the tree of knówledge [...'nɔ-].

древови́дный tréelìke; àrboréscent *научн.*; ~ па́поротник trée-fèrn.

древонасажде́ни||е *с.* plánting of trees [-ɑːn-...]; пра́здник ~я Árbour Day.

древото́чец *м. зоол.* (wóod-)bòrer ['wud-], wóod-frètter ['wud-]; (*корабельный*) tèrédò.

дредно́ут *м. мор.* dréadnought [-ed-].

дрези́на *ж.* trólley; séction ca[r] *амер.*

дрейф *м. мор.* drift; (*снос ветром*) léeway; ложи́ться в ~ heave* to; лежа́ть в ~е lie* to.

дре́йфить, сдре́йфить *разг.* show the white féather [ʃou... 'fe-]; н[е] дре́йфь! be a man!

дрейф||ова́ть *несов. и сов. мор.* drift. ~**у́ющий** *прич.* (*тж. как прил.*) *см.* дрейфова́ть; нау́чная ~у́ющая ста́нция drífting scientífic / reséarch státion [...-'sɜːtʃ...].

дрек *м. мор.* boat ánchor [...'æŋkə].

дрема́ *ж.*, **дрёма** *ж. поэт. уст.* = дремо́та.

дрема́||ть **1.** doze; slúmber (*чаще поэт.*; *тж. перен.*); (*клевать носом*) nod; **2.** *разг.* (*медлить*) dawdle, dálly; ◇ враг не ~л the énemy was not asléep.

дремо́т||а *ж.* drówsiness [-zɪ-], sómnolence. ~**ный** drówsy [-zɪ], sómnolent; ~ное состоя́ние drówsiness [-zɪ-], sómnolence.

дрему́чий dense, thick.

дрена́ж *м. тех., мед.* dráinage. ~**ный** *прил. к* дрена́ж; ~ная труба́ dráin(-pìpe).

дрени́ровать *несов. и сов.* (*вн.*) *тех. мед.* drain (*d.*).

дрессиро́ванный **1.** *прич. см.* дрессирова́ть; **2.** *прил.* (*о животных*) perfórming.

дрессирова́ть, вы́дрессировать (*вн.*) train (*d.*); (*перен.*) school (*d.*).

дрессиро́в||ка *ж.* tráining. ~**щик** *м.* ~**щица** *ж.* tráiner; ~щик соба́к *и т. п.* dog, *etc.*, tráiner.

дриа́да *ж. миф.* drýad.

дроби́лка *ж. тех.* crúsher.

дроби́льн||ый *тех.* crúshing; ~ая маши́на crúsher.

дроби́нка *ж.* péllet, (grain of) small shot.

дроби́ть, раздроби́ть (*вн.*) crush (*d.*); (*на осколки*) splínter (*d.*); (*перен.*) divíde up (*d.*), split* up (*d.*); (на *вн.*) divíde / split* up (into); ему́ раздроби́ло ру́ку his arm was crushed. ~**ся,** раздроби́ться **1.** break* in [breɪk...], crúmble (into); (*о волнах*) break* (agáinst); (*перен.*) divíde (into), split* (into); **2.** *страд. к* дроби́ть.

дро́бн||ый fráctional; ~ое число́ fráctional númber.

дробови́к *м.* fówling-pìece [-piːs].

дробь *ж.* **1.** *мат.* fráction; десяти́чная ~ décimal (fráction); пра́вильная, непра́вильная ~ próper, impróper fráction ['prɔ- -'prɔ-...]; непреры́вная ~ contínued fráction; проста́я ~ vúlgar fráction; **2.** *собир.* (*охотничья*) (small) shot; ◇ бараба́нная ~ roll of a drum.

дрова́ *мн.* fíre|wood [-wud] *sg.*

дро́вни *мн.* sled *sg.*, drag *sg.*

дровозаготовка *ж.* fíre|wood-cútting [-wud-].

дровоко́л *м.* wóodchòpper ['wud-].
дровосе́к *м.* wóod-cùtter ['wud-].
дровяно́й *прил. к* дрова́; ~ склад wóod-yàrd ['wud-]; ~ сара́й wóod-shèd ['wud-].
дро́ги *мн.* (*похоро́нные*) hearse [hə:s] *sg.*
дро́гнуть I, продро́гнуть (*зя́бнуть*) shíver ['ʃɪ-]; *сов. тж.* be chilled; он продро́г до мо́зга косте́й he is chilled to the márrow / bone.
дро́гну||ть II *сов.* shake*; (*о го́лосе, зву́ке тж.*) quáver; (*о му́скуле*) move [mu:v]; (*перен.*; *о лю́дях*) wáver, fálter, flinch; войска́ ~ли the troops wáver|ed; его́ рука́ не ~ла his hand did not fálter; у него́ рука́ не дро́гнет сде́лать э́то he will not hésitàte / scruple to do it [...-zɪ-...].
дрожа́ние *с.* vìbrátion [vaɪ-].
дрожа́||ть 1. shíver ['ʃɪ-], tremble; (*ме́лкой дро́жью*; *тж. о губа́х*) quíver [-ɪ-]; (*трясти́сь*) shake*; (*о го́лосе, зву́ке*) quáver, tremble, shake*; ~ от хо́лода tremble / shíver with cold [...'ʃɪ-...]; ~ от ра́дости (*о го́лосе*) tremble with joy; ~ от стра́ха tremble / shake* with fear; ~ всем те́лом tremble / shake* all óver; он дрожи́т при одно́й мы́сли об э́том he shúdders at the mere thought of it; 2. (за *вн.*) tremble (for); 3. (над) tremble (óver), grudge (*d.*); он дрожи́т над ка́ждой копе́йкой he grúdges every cópèck he spends. ~**щий** 1. *прич. см.* дрожа́ть; 2. *прил.* (от) trémbling (with); (*от хо́лода тж.*) shívering ['ʃɪ-] (with); 3. (*о зву́ке*) trémulous.
дро́жж||и [-жьжи] *мн.* yeast *sg.*; ста́вить на ~а́х (*вн.*) make* with yeast (*d.*); те́сто на ~а́х yeast dough [...dou], báker's dough; пивны́е ~ bréwer's yeast.
дро́жки *мн.* dróshky *sg.*
дрожь *ж.* trémbling, shívering ['ʃɪ-]; (*ме́лкая*) quívering; (*в го́лосе*) trémor ['tre-]; quáver; не́рвная ~ nérvous trémor; лихора́дочная ~ chill, shíver ['ʃɪ-]; его́ броса́ет в ~ при (одно́й) мы́сли об э́том he shúdders at the (mere) thought of it; (*ср.* дрожа́ть).
дрозд *м.* thrush; чёрный ~ bláckbìrd.
дрок *м. бот.* genísta.
дромаде́р [-дэ́р] *м. зоол.* drómedary ['drʌ-].
дро́ссель *м. тех.* throttle.
дро́тик *м.* dart, jávelin.
дрофа́ *ж.*, **дрохва́** *ж. зоол.* bústard.
друг I *м.* friend [fre-]; бли́зкий ~ íntimate / close friend [...-ous...]; закады́чный ~ bósom-frìend ['buzəm-fre-]; chum *разг.*, pal *разг.*; э́то его́ закады́чный ~ this is his bósom-friend; he is hánd-in-glóve with him [...-'glʌv...] *идиом.*; ~ де́тства friend of *one's* child|hood [...-hud], pláyfèllow; ~ до́ма friend of the fámily; стари́нный ~ very old friend.
друг II: ~ ~а each other, one another; ~ про́тив ~а, ~ на ~а agáinst each other; обосо́бленные ~ от ~а séparate; ~ за ~ом one áfter another; (*гусько́м*) in single / Índian file; ~ про́тив ~а (*напро́тив*) face to face; vis-à-vis (*фр.*) ['vi:zɑ:vi:]; ópposite each other [-zɪt...]; ~ с ~ом with each other.
друг||о́й 1. other; (*ещё оди́н*) another; (*не тако́й, отлича́ющийся*) dífferent; да́йте ~ каранда́ш (*второ́й из двух*) give me the other péncil; (*како́й-нибу́дь*) give me another péncil; и тот и ~ both [bouθ]; ни тот ни ~ néither ['naɪ-]; никто́ ~ nó|body else; none else / other [nʌn...]; кто́-то ~ sóme|body else; лу́чше, чем кто-л. ~ bétter than anybody else; оди́н за ~и́м one áfter another; на ~ день the next day; в ~ день, в ~о́е вре́мя (приходи́ть, поговори́ть *и т. п.*) (come*, discúss sóme|thing, *etc.*) another day, another time; в ~ раз another time; в ~и́х отноше́ниях (*с др. то́чки зре́ния*) in other respécts; ~и́ми слова́ми in other words; с ~ стороны́ on the other hand; в ~о́м ме́сте else|-whére, sóme|whére else; э́то ~о́е де́ло that is another mátter, that is quite dífferent; он мне каза́лся ~и́м he looked dífferent to me; свобо́ден от всех ~и́х заня́тий, кро́ме free from all òccupátion excépt; 2. *с. как сущ.* another thing, sóme|thing else; 3. *мн. как сущ.* others; (*остальны́е*) the rest; он никогда́ не забо́тится о ~и́х he never thinks of others, *или* of other people [...pi:-].
дру́ж||ба *ж.* fríendship ['fre-]; ámity; быть в ~бе с кем-л. be friends with smb. [...fre-...]; те́сная ~ close / íntimate fríendship [-s...]; ✧ не в слу́жбу, а в ~бу *погов.* ≅ for fríendship's sake; ~ ~бой, а слу́жба слу́жбой ≅ don't let fríendship ìnterfére with work / búsiness [...'bɪz-].
дружелю́б||ие *с.* fríendliness ['fre-], àmicabílity. ~**ный** fríendly ['fre-], ámicable.
дру́жеск||ий fríendly ['fre-]; ~ая услу́га fríendly sérvice; good turn *разг.*; ~ визи́т góod|will vísit [...-z-]; быть на ~ой ноге́ (с *тв.*) be on fríendly terms (with).
дру́жественн||ый fríendly ['fre-], ámicable; ~ая держа́ва fríendly nátion / pówer; ~ые кла́ссы fríendly clásses.
дружи́н||а *ж.* 1.: боева́я ~ *ист.* detáchment of armed wórkers; пожа́рная ~ vóluntary fíre-brigàde; боевы́е ~ы fíghting squads; 2. *ист.* (prínce's) bódy-guàrd [...'bɔ-]; (*во́йско*) troops *pl.*
дружи́нник *м.* 1. (*член боево́й дружи́ны*) cómbatant; 2. *ист.* bódy-guàrd ['bɔ-]; (*во́ин*) mán*-at-árms.
дружи́ть (с *тв.*) be friends [...fre-] (with), be on fríendly terms [...'fre-...] (with).
дружи́ще *с. разг.* old chap, old féllow.
дру́жн||о *нареч.* 1. in a fríendly mánner [...'fre-...], in fríendly fáshion, ámicably; жить ~ live in peace and fríendship [lɪv... 'fre-], live in hármony, live in cóncòrd; get* on well *разг.*; hit* it off *идиом. разг.*; ~ бесе́довать have a fríendly talk / cònversátion, talk / convérse ámicably, *или* in fríendly fáshion; 2. (*одновре́менно*) sìmultáneous|ly; (*вме́сте*) togéther [-'ge-]; (*бы́стро*) rápidly, spéedily; они́ все ~ взяли́сь за де́ло they all set to work togéther; раз, два, ~! one, two, three!; *мор.* yo-heave-hó!, yohó!, heave ho!; они́ де́йствовали ~ their áction was con|cérted. ~**ый** 1. fríendly ['fre-], ámicable; быть ~ым (с *тв.*) be friends [...fre-] (with), be on fríendly terms (with); ~ая семья́ ùníted fámily; 2. (*единоду́шный*) unánimous, hàrmónious; ~ый смех burst of láughter [...'lɑ:f-]; ~ые аплодисме́нты burst of appláuse *sg.*; разда́лся ~ый смех there was a burst of láughter, they all burst out láughing [...'lɑ:f-]; раздали́сь ~ые аплодисме́нты there was a burst of appláuse; ~ыми уси́лиями by unánimous éfforts; (*обою́дными*) by mútual éfforts; ✧ ~ая весна́ rápid and stéady spring [...'stedɪ...].
друи́д *м. ист.* Drúid.
дры́гать (*тв.*) *разг.* jerk (*d.*).
дря́бл||ость *ж.* flábbiness. ~**ый** flábby; fláccid.
дря́зги *мн. разг.* squabbles; (*неприя́тности*) pétty troubles [...trʌ-], pétty ùnpléasantnesses [...-'plez-].
дрянн||о́й *разг.* wrétched, rótten; (*никуда́ не го́дный*) góod-for-nòthing, wórthless; ~а́я пого́да rótten / béasti|ly wéather [...'we-]; ~ челове́к rótter, bad lot.
дрянь *ж. разг.* rúbbish, trash; (*о челове́ке*) rótter; (*мерзкая же́нщина*) scóundrelly / bláck|guàrdly wóman* / créature [...'wu-...]; ✧ де́ло ~ it is rótten, things are rótten.
дряхле́ть, одряхле́ть grow* decrépit [-ou...].
дря́хл||ость *ж.* decrépitùde; (*ста́рческая*) senílity. ~**ый** decrépit.
дуали́||зм *м. филос.* dúalism. ~**ст** *м.* dúalist. ~**сти́ческий** *филос.* dùalístic.
дуб *м.* (*де́рево и материа́л*) oak; пробко́вый ~ córk-oak.
дуба́сить, отдуба́сить *разг.* 1. (*вн.*) belábour (*d.*); (*па́лкой*) cúdgel (*d.*); 2. *тк. несов.* (по *дт.*) bang (on); ~ в дверь hámmer at the door [...dɔ:].
дуби́льн||ый: ~ая кора́ tan; ~ая кислота́ tánnic ácid; ~ое вещество́ tánning mátter, tánnin. ~**я** *ж.* tánnery. ~**щик** *м.* tánner.
дуби́на *ж.* 1. cúdgel; (*с тяжёлым концо́м*) blúdgeon; (*с утолщённым концо́м*) club; 2. *разг.* (*о челове́ке*) blóckhead [-hed], dúnder|head [-hed].

дуби́нка *ж.* blúdgeon, cúdgel; (*полице́йская*) trúncheon, club, báton ['bæ-].
дуби́тель *м.* tánning mátter, tánnin.
дуби́ть, вы́дубить (*вн.*) tan (*d.*).
дубле́ние *с.* tánning, tánnage.
дублёр *м.* **1.** *театр.* únderstùdy [-ʌ-]; (*в кинофи́льме*) dúbbing áctor, áctor dúbbing *a* role; **2.** (*о космона́вте*) báck-ùp man*.
дубле́т *м.* dúplicate.
дублика́т *м.* dúplicate.
дубли́ров||ать (*вн.*) **1.** (*в разн. знач.*) dúplicàte (*d.*); ~ роль *театр.* únderstùdy *a* part [-ʌdɪ...]; **2.** *кин.* dub (*d.*); фильм ~ан на ру́сский язы́к the film is dubbed in Rússian [...-ʃən].
дубля́ж *ж.* dúbbing-ín.
дубня́к *м.* óak-wood [-wud], óak-fòrest [-fɔ-].
дубова́тый *разг.* (*грубова́тый*) coarse; (*глупова́тый*) stúpid, wóoden-headed ['wud°nhed-].
дубо́в||ый oak (*attr.*); ~ лист óak-leaf*; ~ая ро́ща óak-gròve; ~ стол oak table.
дубо́к *м.* óaklet, óakling.
дубра́ва *ж.* **1.** (*дубо́вая ро́ща*) óak-gròve; **2.** *поэт.* léafy fórest [...'fɔ-].
дуг||а́ *ж.* **1.** arc; **2.** (*в упря́жи*) sháft-bow [-ou]; ◇ бро́ви ~о́й arched éye¦brows [...'aɪ-]; согну́ть кого́-л. в ~у́ bring* smb. únder; Ку́рская ~ the Kursk Bulge.
дугообра́зный arched, bów-shàped ['bou-].
дуде́ть *разг.* pipe, fife.
ду́дк||а *ж.* pipe; fife (*особ. воен.*); ◇ пляса́ть под чью-л. ~у dance to smb.'s tune / píping.
ду́дки *межд. разг.* not if I know it! [...nou...], not on your life!
ду́жка *ж.* **1.** *уменьш. от* дуга́; **2.** (*в кроке́те*) hoop; **3.** (*у сосу́да*) handle.
ду́ло *с.* muzzle; под ~м револьве́ра at pistol point.
ду́льный *прил. к* ду́ло.
ду́м||а I *ж.* **1.** thought; ду́мать ~у brood; **2.** *лит.* bállad.
ду́ма II *ж. ист.* dúma ['du:-]; госуда́рственная ~ State Dúma; городска́я ~ munícipal dúma, town cóuncil.
ду́ма||ть, поду́мать **1.** (о *пр.*) think* (of, abóut); (над; *размышля́ть*) consíder [-'sɪ-] (*d.*), turn óver in one's mind (*d.*), refléct (up¦ón), think* (óver), pónder (óver); (*без доп.*; *полага́ть*) think*, belíeve [-'li:v]; он никогда́ не ~ет о други́х he never consíders, *или* thinks of, other people [...pi:-], he never takes other people into consìderátion; они́ всё ещё ~ли, что they still belíeved that; **2.** (+*инф.*; *намерева́ться*) think* (of *ger.*); (*бо́лее определённо*) inténd (+to *inf.*); (*в отрица́т. предл. об.*) have the inténtion (of *ger.*); (*наде́яться*) hope (+to *inf.*); plan (+to *inf.*); он ~ет уезжа́ть he thinks of gó¦ing a¦wáy, he inténds to go a¦wáy; они́ не ~ли о прекраще́нии заня́тий they had no inténtion / thought of términàting their stúdies [...'stʌ-]; it never éntered their minds to términàte their stúdies; они́ ~ли воспо́льзоваться (*тв.*) they inténded / hoped to take advántage, *или* to aváil thèm¦sélves [...-'vɑ:n-...] (of); ◇ недо́лго ~я without a móment's thought; мно́го о себе́ ~ be concéited [...-'si:t-]; think* very well, *или* híghly, *или* too much, of òne¦sélf, have a high opínion of òne¦sélf; think* no small beer of òne¦sélf *идиом. разг.*; не ~ю (*едва́ ли*) I scárce¦ly / hárdly think so [...-ɛəs-...]; scárce¦ly, hárdly; I doubt it [...daut...]; я ~ю! (*коне́чно*) I should think so!; и не ~ю (+*инф.*) I do not dream (of *ger.*), it has¦n't (éven) éntered my head [...hed] (+to *inf.*); и ~ не смей (+*инф.*) don't dare (+to *inf.*); (*без доп.*) don't yoù dare!; кто бы мог поду́мать who would have thought it.
ду́маться *безл.*: ду́мается, что one should think, it appéars; ему́, им *и т. д.* ду́мается he thinks, they think, *etc.*; it seems to him, them, *etc.*
ду́мка *ж. разг.* (*поду́шка*) small píllow.
дунове́ние *с.* whiff, puff.
ду́нуть *сов.* blow* [blou].
ду́пель *м. зоол.* double / great snipe [dʌ- -eɪt...] (*в собир. знач. употр. sg.*).
дупли́стый hóllow.
дупло́ *с.* hóllow; ~ де́рева hóllow of *a* tree; ~ в зу́бе hóllow in *a* tooth*.
ду́ра *ж. к* дура́к.
дура́к *м.* **1.** fool; *бран. тж.* ídiot; **2.** (*с отриц.*): он не ~ пое́сть he is a héarty éater [...'hɑ:-...], he is a good tréncher¦man*; ◇ наби́тый ~, ~ ~о́м pérfect / útter fool; оставля́ть в ~а́х кого́-л. make* a fool of smb., fool smb., dupe smb.; остава́ться в ~а́х be made a fool of, be fooled, be duped; ~а́м зако́н не пи́сан *погов.* ≅ fools rush in where ángels fear to tread [...'eɪn-... tred]; нашёл ~а́! not líke¦ly!, no fear!
дурале́й *м. разг.* bóoby, ass, nín-compoop [-n-], nítwìt.
дуралюми́ний *м.* = дюралюми́ний.
дура́цк||ий *разг.* stúpid, ìdiótic; ~ колпа́к fool's cap; ~ое положе́ние ìdiótic sìtuátion.
дура́чество *с. разг.* tòmfóolery, fóoling, buffóonery.
дура́ч||ить, одура́чить (*вн.*) *разг.* fool (*d.*), dupe (*d.*), make* a fool (of). **~иться** *разг.* fool (abóut), play the fool. **~о́к** *м. разг.* **1.** *уменьш. от* дура́к; *тж.* little fool / goose* [...-s]; **2.** (*у́мственно дефекти́вный*) ídiot, ímbecìle, nátural.
дура́шливый *разг.* fóolish; (*шалови́вый*) pláyful, frólic¦some.
ду́рень *м. разг.* símpleton, noodle.
дури́ть *разг.* **1.** (*балова́ться*) frólic; (*де́лать неле́пости*) make* a fo[ol] of òne¦sélf; **2.** (*упря́миться — о ло[ша́ди]*) jib.
дурма́н *м.* **1.** *бот.* stramónium, thórn àpple; **2.** *разг.* nàrcótic, dope; ка[к] в ~е like a man in a trance.
дурма́нить, одурма́нить (*вн.*) stú[-] pefỳ (*d.*); dope (*d.*) *разг.* (*опьяня́ть*) intóxicàte (*d.*).
дурне́ть, подурне́ть lose* one's goo[d] looks [lu:z...], grow* pláiner [grou...]
ду́рно I 1. *прил. кратк. см.* дур[-] но́й; **2.** *предик. безл.*: мне, ему́ *и т. д.* ~ I feel, he feels, *etc.*, bad*; (*в полу[-] обморочном состоя́нии*) I feel, h[e] feels, *etc.*, faint / queer.
ду́рно II *нареч.* bád¦ly*, bad* ill*; ~ обраща́ться (с *тв.*) treat bád¦ly* (*d.*), íll-tréat (*d.*); íll-úse (*d.*); ~ говори́ть (о *пр.*) speak* ill (of); ~ воспи́танный ill-bréd; ~ вести́ себ[я́] beháve bádly*, mísbeháve, not beháv[e] próperly; ~ па́хнуть smell bad* чу́вствовать себя́ ~ feel* bad* faint / queer.
дурн||о́й 1. bad*; ~а́я пого́да bad* wéather [...'we-]; ~ вкус bad* tast[e] [...teɪ-]; ~ за́пах bad* smell; ~ы[е] ве́сти bad* news [...-z] *sg.*; ~ при́зна[к] bad* sign [...saɪn]; ~о́е предзнаме[-] нова́ние évil ómèn ['i:-...]; **2.** (*без[-] нра́вственный, предосуди́тельный*) bad*, évil; ~о́е поведе́ние bad* be[-] háviour, mísbeháviour; ~ челове́[к] wícked man*; ~ посту́пок évil deed ~ые мы́сли évil thoughts; ~а́я сла́ва ill fame, dísrepúte; **3.** (*некраси́вый*) úgly ['ʌ-]; он ду́рен собо́ю he i[s] úgly; ◇ ~ глаз the évil eye [...aɪ]; ~ приме́р зарази́телен a bad exámple i[s] cátching / inféctious [...-'zɑ:m-...].
дурнот||а́ *ж.* (*о́бморочное состоя́ние*) fáintness; (*тошнота́*) náusea [-sɪə] чу́вствовать ~у́ feel* faint; (*о тош[-] ноте́*) feel* sick.
дурну́шка *ж. разг.* plain girl / wóm[-] an* [...gə:l 'wu-]; (*о де́вочке*) plai[n] little thing.
ду́рочка *ж. разг.* **1.** *уменьш. от* ду́ра; *тж.* little fool / goose* [...-s] **2.** (*у́мственно дефекти́вная*) ídiot ímbecìle, nátural.
дуршла́г *м.* cólander ['kʌ-]; (*шу[-] мо́вка*) skímmer.
дурь *ж. разг.* nónsense, fólly; вы[-] кинь ~ из головы́ put that nónsens[e] out of your head [...hed]; на него́ ~ нашла́ he has gone crázy [...gɔn...] he has gone off his head.
ду́ты||й 1. *прич. см.* дуть; **2.** *прил* (*по́лый*) hóllow; **3.** *прил.* (*преувели[-] ченный*) exággeràted; ~е це́ны in[-] fláted príces; fáncy príces *разг.*
дуть, поду́ть blow* [blou]; ве́тер ду́ет the wind blows [...wɪ-...]; здес[ь] ду́ет there is a draught, *или* it i[s] dráfty, here [...drɑ:ft...].
дутьё *с. тех.* blówing [-ou-].
ду́ться, наду́ться *разг.* sulk, be súlky, be in the sulks; (на *вн.*) be

ılky (with), be in the sulks (with); на́ ду́ется на него́ she is súlky with im; she is in a huff with him *идиом.*

дуумвира́т *м. ист.* dùúmvirate.

дух *м.* **1.** *филос.* spírit; **2.** (*мораль-ое состояние*) spírit, cóurage ['kʌ-], eart [hɑːt]; па́дать ~ом lose* cóurge [lɪːz...], lose* heart, be despóndent; па́док ~а low spírits [lou...] *pl.*; espóndency; упа́вший ~ом dispíted, despóndent; собра́ться с ~ом ake* heart, pluck up cóurage / heart / pírit; pluck up one's spírits; подни-а́ть ~ (*рд.*) stíffen the spírit (of), nfúse cóurage [...'kʌ-] (into); при-у́тствие ~а présence of mind [-z-...]; него́ ~у не хвата́ет (+*инф.*) he as|n't the heart / cóurage (+to *inf.*); (*отличительные особенности, ха-актер*) spírit; в ~е маркси́зма-ле-ини́зма in the spírit of Márxism-Léninism; продолжа́йте в том же ~е ontínue in the same spírit, contínue n the same lines; ~ зако́на spírit f the law; ~ вре́мени the spírit of the ge / times; **4.** (*дыхание*) breath breθ]; переводи́ть ~ take* breath; дни́м ~ом at one go, at a stretch; него́ ~ захва́тывает it takes his reath a|wáy; **5.** (*призрак*) spectre, host [goʊ-]; ✧ во весь ~, что есть у at full speed, impétuous|ly; лой ~ évil spírit ['iːv°l...]; быть в е be in good / high spírits; быть не в е be out of spírits, be out of húmour; асположе́ние ~а mood, húmour; нём ни слу́ху ни ~у nothing is eard of him [...hɜːd...]; что́бы ~у воего́ здесь не́ было! *разг.* never set oot here any more! [...fut...]; что́-то в том ~е sóme|thing of this sort; óme|thing like it; не в моём ~е it s not to my taste [...teɪ-].

духа́н *м.* dukhán (*Caucasian tavern*).

духи́ *мн.* pérfùme *sg.*, scent *sg.*

ду́хов: ~ день *церк.* Whit Mónday [...'mʌndɪ].

духове́нство *с. собир.* clérgy, príesthood ['priːsthud]; бе́лое, чёрное ~ the sécular, régular clérgy.

духо́вка *ж.* óven ['ʌv°n].

духовни́к *м. церк.* conféssor.

духо́вн||ый **1.** spíritual; ~ая жизнь spíritual life; **2.** (*церковный*) ecclèsiástical [-iːz-]; ~ая му́зыка sácred músic [...-z-]; ~ое лицо́ ecclèsiástic [-iːz-]; ~ сан hóly órders *pl.*; ✧ ~ое завеща́ние *уст.* (last) will, téstament; ~ое о́ко mind's eye [...aɪ].

духово́й I: ~ инструме́нт wínd-ìnstrument ['wɪ-]; ~ орке́стр brass band.

духов||о́й II: ~а́я печь óven ['ʌv°n].

духота́ *ж.* clóse|ness [-s-], stúffy air; (*жара*) oppréssive heat.

душ *м.* shówer-bàth*; *мед.* douche [duːʃ]; принима́ть ~ take* / have a shówer-bàth*.

душ||а́ *ж.* **1.** soul [soul]; **2.** *уст.*: по пять рубле́й с ~и́ five roubles per head [...rɪː-...hed]; на ду́шу (населе́ния) per head, per cápita; ни живо́й ~и́, ни ~и́ not a (líving) soul [...'lɪv-...]; в семье́ пять душ there are five in the fámily; ✧ ~ моя́! my dear!; ~ в ду́шу in hármony / cóncòrd; у него́ ~ не лежи́т (к) he has a dístáste [...-'teɪ-] (for); у него́ ~ не на ме́сте he is ùn|éasy / ánxious [...-'iːzɪ...]; ~и́ не ча́ять (в *пр.*) dote (up|ón); быть ~о́й (*рд.*) be the (life and) soul (of); ~ о́бщества the life of the párty; в глубине́ ~и́ at heart [...hɑːt], in one's heart of hearts; в ~е́ (*про себя*) at heart, in one's heart (of hearts); (*по природе*) by náture [...'neɪ-], innáte|ly; вкла́дывать ду́шу (в *вн.*) put* one's soul (into); всей ~о́й with all one's heart and soul; до глубины́ ~и́ to the bóttom of one's heart; зале́зть в ду́шу кому́-л. *разг.* ≅ worm òne|sélf into smb.'s cónfidence; игра́ть, говори́ть с ~о́й play, speak* with féeling; рабо́тать с ~о́й put* one's heart into one's work; криви́ть ~о́й act against one's cónscience [...-ʃəns]; не име́ть гроша́ за ~о́й ≅ not have a pénny to one's name; ни ~о́й ни те́лом in no respéct, in no wise, nó|wìse; от (всей) ~и́ from the bóttom of one's heart; with all one's heart; все́ми си́лами ~и́ with every fibre of one's bé|ing, with all one's heart; отвести́ ду́шу ùnbúrden one's heart; ему́, им *и т. д.* э́то по ~е́ (*нравится*) he likes, they like, *etc.*, it; по ~а́м (*искренно*) cándidly; говори́ть по ~а́м с кем-л. have a héart-to-héart talk with smb. [...'hɑːt-...]; ско́лько ~е́ уго́дно to one's heart's contént; есть, пить ско́лько ~е́ уго́дно eat*, drink* one's fill; стоя́ть над ~о́й кого́-л. péster / hárass / plague smb. [...'hæpleɪg...]; у него́ ~ в пя́тки ушла́ ≅ his heart sank into his boots; he has his heart in his mouth; в чём то́лько ~ де́ржится ≅ *he* is so thin and feeble.

душева́я *ж. скл. как прил.* shówer-bàths [-ðz] *pl.*

душевнобольн||о́й **1.** *прил.* insáne; **2.** *м. как сущ.* lúnatic; (*о пациенте*) méntal case [...-s]; больни́ца для ~ы́х lúnatic asýlum.

душе́вн||ый **1.** *прил. к* душа́ 1; ~ое состоя́ние emótional state; ~ое споко́йствие peace of mind; **2.** (*сердечный, искренний*) sincére, héartfèlt ['hɑːt-], córdial; **3.** (*психический*) méntal; ~ая боле́знь méntal diséase / disórder [...-'ziːz...]; ~ое расстро́йство méntal derángel|ment [...-'reɪndʒ-].

душево́й I *прил. к* душ.

душев||о́й II *уст.* per head [...hed] (*после сущ.*): ~о́е потребле́ние consúmption per head.

душегре́йка *ж.* lined / pádded jácket.

душегу́б *м. разг.* múrderer.

душегу́бка *ж.* **1.** (*лодка*) canóe [-'nuː]; **2.** (*фашистский автомобиль для умерщвления людей газом*) móbile gás-chàmber ['mou- -tʃeɪ-], múrder-bùs.

ду́шенька *ж. разг.* my dear, swéet|heart [-hɑːt], dárling.

душеприка́зчик *м. юр. уст.* exécutor (of smb.'s will).

душераздира́ющий héart-rènding ['hɑːt-], hárrowing.

ду́шечка *ж.* = ду́шенька.

души́стый frágrant, swéet-scénted; ✧ ~ горо́шек swéet-pea.

души́ть I, задуши́ть (*вн.*) **1.** (*убивать*) smóther [-ʌ-] (*d.*), stífle (*d.*); (*за горло тж.*) strángle (*d.*), thróttle (*d.*); **2.** (*угнетать*) oppréss (*d.*); (*подавлять*) stífle (*d.*), représs (*d.*), suppréss (*d.*); **3.** *тк. несов.* (*о кашле и т. п.*; *тж. перен.*) choke (*d.*), súffocàte (*d.*); его́ ду́шит ка́шель his cough is chóking / súffocàting him [...kɔf...], he is súffocàted by his cough, he has a súffocàting cough; зло́ба *и т. п.* ду́шит его́ he is chóking / súffocàting with ánger, *etc.*; **4.** *безл.*: его́ ду́шит he cánnòt breathe; ✧ ~ кого́-л. в объя́тиях strain smb. to one's heart [...hɑːt].

души́ть II, надуши́ть (*вн.*; *духами*) scent (*d.*), perfúme (*d.*).

души́ться I *страд. к* души́ть I.

души́ться II, надуши́ться (*духами*) scent òne|sélf, perfúme òne|sélf; (*постоянно*) use scent.

ду́шка *м. и ж. разг.* (*приятный человек*) dear, love [lʌv], duck; (*о мужчине тж.*) nice féllow; (*о женщине тж.*) nice wóman* / girl [...'wug-]; он тако́й ~ he is such a dear / dárling, he is such a duck; она́ така́я ~ she is such a dear / dárling, she is such a duck.

ду́шн||о **1.** *прил. кратк. см.* ду́шный; **2.** *предик. безл.*: в ко́мнате ~ it is stífling / stúffy in the room; в ко́мнатах ~ it is stífling índoors [...-dɔːz]; ему́ ~ he is súffocàting. ~ый close [-s], stúffy; ~ый день súltry day, swéltering|ly hot day.

душ||о́к *м. тк. ед. разг.* músty smell; (*перен.*) sávour, smack; мя́со, ры́ба с ~ко́м slíghtly táinted meat, fish; э́то мя́со, э́та ры́ба с ~ко́м the meat, the fish has gone off, *или* is a bit off [...gɔn...]; дичь с ~ко́м high game.

душо́нка *ж. разг. пренебр.*: дрянна́я, га́дкая ~ mean soul [...soul], base créature [-s...].

дуэ́л||ь *ж.* dúel; вызыва́ть на ~ (*вн.*) chállenge to a dúel (*d.*), call out (*d.*); дра́ться на ~и fight* a dúel, dúel; уби́ть кого́-л. на ~и kill smb. in a dúel.

дуэ́т *м.* duét.

ды́ба *ж. ист.* rack.

ды́бом *нареч.*: у него́ во́лосы вста́ли ~ his hair stood on end [...stud...].

дыбы́: станови́ться на ~ rear, prance; (*перен.*) kick, bristle up.

ды́лда *м. и ж. разг.* great húlking féllow, girl [greɪt...gə:l].

дым *м.* smoke; пуска́ть ~ puff smoke; ◇ нет ~а без огня́ there's no smoke without fire.

дыми́ть, надыми́ть smoke, fill with smoke. **~ся** smoke; (*выделять испарения, туман*) steam.

ды́мк||а *ж.* haze; подёрнутый ~ой házy, místy; ~ тума́на haze.

ды́мный smóky.

дымов||о́й *прил. к* дым; ~а́я заве́са smóke-screen; ~а́я труба́ chímney; (*пароходная, паровозная*) fúnnel, smóke-stàck; ~ снаря́д smoke shell.

дымога́рн||ый: ~ая труба́ *тех.* flue (pipe), fíre-tùbe.

дымо́к *м.* puff of smoke.

дымообразова́ние *с.* smoke gèneration.

дымохо́д *м.* flue.

ды́мчатый smóke-còlour|ed [-kʌ-], smóky.

ды́ня *ж.* mélon ['me-], músk-mélon [-'me-].

дыр||а́ *ж.* **1.** hole; заткну́ть ~у́ (*прям. и перен.*) stop *a* gap / hole; **2.** (*глухое место*) óut-of-the-wáy / gód-forsàken hole.

ды́рка *ж.* = дыра́ 1.

дыроко́л *м.* púncher.

дыря́вить (*вн.*) *разг.* make* holes, *или* a hole (in).

дыря́вый full of holes, hóley.

дыха́ние *с.* bréathing, rèspirátion; затруднённое ~ héavy bréathing ['he-...]; ◇ затаи́в ~ with báted breath [...breθ].

дыха́тельн||ый respíratory; ~ое го́рло *анат.* wíndpìpe ['wɪ-].

дыша́ть (*тв.*) breathe (*d.*), respíre (*d.*); тяжело́ ~ pant; (*запыхаться*) puff, blow* [-ou], puff and blow*; (*задыхаться*) gasp; ~ с при́свистом wheeze; ◇ ~ ме́стью breathe véngeance [...-nʤəns]; е́ле ~ be at one's last gasp.

ды́шло *с.* pole, beam; (*паровозное*) connécting rod.

дья́вол *м.* dévil; (*как выражение досады и т. п.*) damn!, confóund it!; ◇ како́го ~а?, на кой ~? *разг.* why the dévil?, why the hell?

дьяволёнок *м.* imp.

дья́вольск||и *нареч. разг.* dévilishly; (*очень тж.*) áwfully, féarfully, confóundedly; он ~ уста́л he is déad-béat [...'ded-]. **~ий** dévilish; (*страшный, трудный тж.*) áwful, féarful; ~ая рабо́та áwful work; ~ая пого́да béast|ly / dréadful / shócking wéather [...'dre-...'we-].

дьяк *м. уст.* offícial, clerk [-ɑ:k]

дья́кон *м. церк.* déacon.

дьячо́к *м.* réader (*in church*).

дю́жий *разг.* stálwart, héfty; ~ дети́на héfty féllow.

дю́жина *ж.* dózen ['dʌ-]; ◇ чёрто ва ~ báker's dózen.

дю́жинный cómmon, órdinary.

дюйм *м.* inch.

дюймо́вый one inch (*attr.*); (*в дюй толщиной*) one inch thick; (*длиной* one inch long; (*шириной*) one inc broad / wide [...-ɔ:d...].

-дюймо́вый (*в сложн. словах, н приведённых особо*) of... ínches; -ìnc (*attr.*); *напр.* двадцатидюймо́вый c twénty ínches; twénty-ìnch (*attr.*).

дю́на *ж.* dune.

дюра́ль *м.* = дюралюми́ний.

дюралюми́ний *м.* dùralumínium dùrálumin *амер.*

дюше́с *м.* dùchésse pear [djuː'ʃe pɛə].

дя́денька *м. разг.* uncle.

дя́дька *м.* **1.** *пренебр. шутл.* un cle; **2.** *уст.* (*слуга, приставленный мальчику*) únder-tùtor (and atténd ant); (*в учебном заведении*) úsher.

дя́дюшка *м.* uncle; ◇ америка́н ский ~ rich uncle in América.

дя́дя *м.* uncle.

дя́тел *м.* wóodpècker ['wud-].

Е

ева́нгелие *с.* góspel.

евангел||и́ст *м.* **1.** evángelist [-nʤ-]; **2.** (*член общины*) èvàngélic(al) [iːvæn-'ʤ-]. **~и́ческий** èvàngélical [iːvæn-'ʤ-].

ева́нгельский èvàngélic(al) [iːvæn-'ʤ-], góspel (*attr.*).

евге́ника *ж.* eugénics *pl.*

евкали́пт *м.*, **евкали́птовый** = эвкали́пт, эвкали́птовый.

е́внух *м.* éunuch [-k].

евре́й *м.* Jew; *древн. ист.* Hébrew. **~ка** *ж.* Jéwish wóman* [...'wu-]; Jéwess; *древн. ист.* Hébrew wóman*. **~ский** Jéwish; (*древнееврейский*) Hébrew, Hèbrá|ic [hiː-]. **~ство** *с. собир.* the Jews *pl.*, Jéwry.

европе́ец *м.* Europé|an.

европеиза́ция *ж.* Europè|anizátion.

европеизи́ровать *несов. и сов.* (*вн.*) Europé|anìze (*d.*).

европе́йск||ий Europé|an; ~ие наро́ды Europé|an nátions; он по́льзуется ~ой изве́стностью he has a Europé|an rèputátion; ~ая цивилиза́ция Wéstern cìvilizátion [...-laɪ-].

евста́хиев: ~а труба́ *анат.* Eustáchian tube [-eɪk-...].

е́герский *прил. к* е́герь; ~ полк (régiment of) chàsséurs [...ʃæ'sə:z].

е́герь *м.* húnts|man*; *воен.* chàsséur [ʃæ'sə:].

еги́петский Egýptian; ◇ ~ труд *разг.* úp|hill work, tough job [tʌf...]; corvée (*фр.*) [kɔ:'veɪ].

египто́л||ог *м.* Egyptólogist [iː-] **~о́гия** *ж.* Egyptólogy [iː-].

египтя́н||ин *м.*, **~ка** *ж.* Egýptian.

его́ I *рд. и вн. см.* он, оно́.

его́ II *мест. притяж.* his; its, of it; (*ср.* он, оно́).

егоза́ *м. и ж. разг.* fídget.

егози́ть *разг.* **1.** fídget; **2.** (пе́ред) make* up (to), fawn (up|ón).

ед||а́ *ж. тк. ед.* **1.** (*пища*) food; **2.** (*трапеза*) meal; во вре́мя ~ы́ while éating, dúring *a* meal; пе́ред ~о́й befóre food, befóre *a* meal; по́сле ~ы́ áfter food, áfter *a* meal; за ~о́й dúring *a* meal.

едва́ *нареч.* **1.** (*с трудом*) hárdly, ónly just: он ~ по́днял э́то he could hárdly lift it; — он ~ спа́сся he had a nárrow escápe; (от чего́-л.) he ónly just escáped (*d.*,+ *ger.*); он ~ удержа́лся от слёз he restráined his tears with dífficulty; **2.** (*чуть*) hárdly, scárce|ly [-ɛəs-]: он ~ взгляну́л на неё, улыбну́лся ей he hárdly / scárce|ly gave her a look, a smile; **3.** (*лишь только*) just, báre|ly: он тогда́ ~ начина́л говори́ть по-англи́йски he was just begínning to speak Énglish [...'ɪŋg-], he had báre|ly begún to speak Énglish; — ~..., ка scárce|ly... when, no sóoner... than ~ он уе́хал, как he had scárce|l gone a|wáy when [...gɔn...], no sóone had he gone a|wáy than; ◇ ~-~ hárdly: он ~-~ дви́гался he hárdl moved [...muː-], he could hárdly move — ~ не néarly: он ~ не упа́л h néarly fell; — ~ ли hárdly, scárce|ly ~ ли он здесь he can hárdly b here; — ~ ли не álmòst ['ɔː moust]: он счита́ется ~ ли не лу́чши арти́стом he is consídered álmòst th best áctor.

еди́м *1 л. мн. наст. вр. см.* есть I

едине́н||ие *с.* únity; в те́сном ~и (с *тв.*) in close únity [...-s...] (with)

едини́ц||а *ж.* **1.** (*в разн. знач.* únit: де́нежная ~ mónetary úni ['mʌ-...]; ~ измере́ния únit (of méas ure) [...'meʒə]; **2.** (*цифра*) one; *мат* únity; **3.** (*плохая отметка*) ba mark; он получи́л ~у по исто́рии h got a bad mark for hístory; **4.** (*от дельное лицо*) ìndivídual; *мн.* (*немно гие*) few pérsons / people [...piː-] (то́лько) ~ы ónly a few; то́лько ~ ду́мают так ónly a few pérsons people think so, few pérsons / peopl think so.

едини́чн||ый **1.** (*единственный один*) single: ~ слу́чай, факт singl stance, fact; 2. (*отдельный*) sólitary, olàted ['aɪs-]; ~ые слу́чаи, фа́к- isolàted / rare instances, facts; -ые слу́чаи заболева́ния rare / íso- ted cáses of diséase [...'keɪs-... zɪːz]; 3. (*индивидуальный*) ìndivídu-.

единобо́жие *с.* mónothè¦ism.

единобо́рство *с.* single cómbat.

единобра́ч||ие *с.* monógamy. **~ный** monógamous; 2. *бот.* monóecious 'niː-], monécious.

единове́р||ец *м.* 1. (*лицо одной веры кем-л.*) có¦relígionist; 2. (*член сек-ы*) dissénter (from the Orthodòx hurch). **~ие** *с.* (*секта*) dissénting ect, sect dissénting from the Ortho- òx church. **~ческий** *прил. к* едино- е́рец.

единовла́ст||ие *с.* autócracy, ábso- ite rule. **~ный** autocrátic; ~ный равитель ábsolùte rúler.

единовре́менн||о *нареч.* 1. once ónly wʌns...], on one occásion ónly; 2. = дновре́ме́нно. **~ый** 1. (*производи- ый один раз*) gránted / given / paid n one occásion ónly, *или* ónly once -ɑːnt-... wʌns]; ~ое посо́бие extraór- inary grant / allówance [ɪks'trɔː- nrɪ -ɑːnt...]; 2. = одновре́ме́нный.

единогла́с||ие *с.* ùnanímity; при́н- ип ~ия príncìple of ùnanímity. **~но** *нареч.*: при́нято ~но adópted / árried ùnánimous¦ly. **~ный** ùnán- mous.

единоду́ш||ие *с.* ùnanímity. **~но** *нареч.* ùnánimous¦ly; with one voice accórd / consént, by cómmon con- ént, as one man. **~ный** ùnánimous.

единокро́вн||ый cònsànguíneous, gnátic; ~ брат hálf-bròther ['hɑːf- rʌ-]; ~ая сестра́ hálf-sìster ['hɑːf-].

единоли́чн||ик *м.* ìndivídual péas- nt [...'pez-]. **~ый** ìndivídual; (*лич- ный*) pérsonal: ~ое (крестья́нское) хозя́йство ìndivídual péasant farm [...'pez-...].

единомы́слие *с.* ìdéntity / hármo- ny / confórmity of ìdéas / opínions [aɪ-...aɪ'dɪəz...].

единомы́шленник *м.* 1. like-minded pérson, pérson of like mind, pérson hólding the same views [...vjuːz], pér- son having ìdéntical ìdéas / opínions [...aɪ- aɪ'dɪəz...]; он наш ~ he holds the same views as we, he is at one with us, he shares our ìdéas / opínions; 2. (*сообщник*) conféderate, accómplice.

единонача́лие *с.* óne-mán mánage¦- ment.

единообра́з||ие *с.* ùnifórmity. **~ный** úniform.

единопле́ме́нник *м.* (*принадлежа- щий к тому же племени*) féllow tríbes¦man*; (*принадлежащий к той же народности*) féllow-cóuntry¦man * [-'kʌ-].

единоро́г *м.* 1. *миф.* únicòrn; 2. *зоол.* únicòrn-fish.

единоутро́бн||ый úterìne; ~ брат hálf-bròther ['hɑːfbrʌ-]; ~ая сестра́ hálf-sìster ['hɑːf-].

еди́нственн||о *нареч.* ónly; (*исклю- чительно*) sóle¦ly; ~ возмо́жный спо́- соб the ónly póssible way; ~ о чём говоря́т the ónly thing people are tálking abóut [...piː-...]; ~, что он не лю́бит the ónly thing (that) he dislíkes. **~ый** ónly, sole; ~ый ребё- нок, сын *и т. п.* ónly child, son, *etc.* [...sʌn]; ~ая причи́на sole réason [...-z°n]; оди́н ~ый ónly one; ~ый спо́соб сде́лать э́то the ónly way to do this; с ~ой це́лью with the sole púr- pose / aim [...-s...]; ~ая его́ наде́ж- да his one and ónly hope, his sole hope; ~ый в своём ро́де ùníque [-iːk]; the ónly one of its kind; ~ое число́ *грам.* síngular (númber).

еди́нство *с.* únity; ~ тео́рии и пра́ктики únity of théory and prác- tice [...'θɪə-...]; ~ противополо́жно- стей únity of ópposites [...-zɪ-]; ~ па́ртии únity of the párty; мора́льно- -полити́ческое ~ сове́тского наро́да móral and polítical únity of the Sóvièt people ['mɔ-...piː-]; ~ взгля́- дов únity of opínion; ùnanímity / únity of views [...vjuːz]; ~ интере́сов commúnity of ínterests; ~ це́ли ìdén- tity / únity of púrpose [aɪ-...-s]; ~ де́йствий únity of áction; ùnited áction; подорва́ть ~ (*рд.*) disrúpt the únity (of); ~ ме́ста, вре́мени и де́й- ствия (*в классической трагедии*) the únities of place, time and áction *pl.*, the dramátic únities *pl.*

еди́н||ый 1. (*один*) ùníted; (*общий*) cómmon; (*неделимый*) ìndivísible [-ɪz-]; ~ое це́лое a single whole [...houl], an éntity; ~ и недели́мый one and ìndivísible; ~ национа́ль- ный язы́к single nátional lánguage [...'næ-...]; ~ фронт ùníted front [...-ʌ-]; ~ план cómmon plan; ~ая во́ля a single / cómmon will; ~ миро- во́й ры́нок single world márket; 2. = еди́нственный; там не́ было ни ~ой души́ not a soul was there [...soul...]; все до ~ого (челове́ка) to a man; ✧ всё ~о *разг.* it is all one.

еди́те 2 *л. мн. наст. вр. см.* есть I.

е́дк||ий (*в разн. знач.*) cáustic; (*о дыме, парах, запахе*) púngent [-ndʒ-], ácrid; ~ое вещество́ cáustic; ~ натр *хим.* cáustic sóda; ~ое ка́ли *хим.* cáus- tic pótàsh [...'pɔ-]; ~ая иро́ния bít- ing írony [...'aɪə-]; ~ая усме́шка sneer; ~ое замеча́ние cáustic / cút- ting remárk. **~ость** *ж.* caustícity; (*пе- рен.: едкое замечание*) sárcàsm; cáus- tic / cútting remárk; говори́ть ~ости make* cútting remárks.

едо́к *м.* 1.: плохо́й ~ poor éater; 2. (*лицо, член семьи*) mouth*, mouth* to feed, head [hed]; у него́ в семье́ пять ~о́в he has five mouths to feed; на ~а́ per head.

едя́т 3 *л. мн. наст. вр. см.* есть I.

её I *рд. и вн. см.* она́.

её II *мест. притяж.* (*при сущ.*) her; (*без сущ.*) hers; its; of it; (*ср.* она́).

ёж *м.* hédge¦hòg; морско́й ёж séa-ùrchin; èchínus [ek-] (*pl.* -nì) *научн.*; ✧ про́волочный ёж góose¦ber- ry [-s-].

ежеви́ка *ж. тк. ед.* 1. *собир.* bláck- berries *pl.*; 2. (*об отдельной ягоде*) bláckberry; 3. (*кустарник*) bramble, bláckberry bush [...buʃ].

ежего́дник *м.* ánnual; yéar-book.

ежего́дн||о *нареч.* yéarly, every year, ánnually. **~ый** yéarly, ánnual.

ежедне́вн||о *нареч.* dáily, every day. **~ый** dáily; (*будничный*) évery¦dáy; ~ая газе́та dáily (páper); ~ая ли- хора́дка quòtídian féver / águe.

е́жели *уст. разг.* = е́сли.

ежеме́сячник *м.* mónthly (màga- zíne) ['mʌ- -'ziːn].

ежеме́сячн||о *нареч.* mónthly ['mʌ-], every month [...mʌ-]. **~ый** mónth- ly ['mʌ-].

ежеми́нутн||о *нареч.* (at) every mín- ute [...-nɪt], (at) every ínstant; (*не- прерывно*) contínually, incéssantly. **~ый** contínual, incéssant.

еженеде́льник *м.* wéekly, wéekly màgazíne [...-'ziːn].

еженеде́льн||о *нареч.* wéekly, every week. **~ый** wéekly; ~ый журна́л wéekly, wéekly màgazíne [...-'ziːn].

ежено́щно *нареч.* níghtly.

ежесу́точн||о *нареч.* every day. **~ый** évery¦dáy.

ежеча́сн||о *нареч.* hóurly ['auə-], every hour [...auə]. **~ый** hóurly ['auə-].

ёжик *м.* (*стрижка*) créw-cùt.

ёжиться (*от холода*) huddle òne¦- sélf up; (*перен.: стесняться, быть в нерешительности*) hésitàte [-z-], hum and haw.

ежо́в||ый *прил. к* ёж; ✧ держа́ть кого́-л. в ~ых рукави́цах ≅ rule smb. with a rod of íron [...'aɪən]; ride* róughshòd óver smb. [...'rʌf-...].

езд||а́ *ж.* ride, ríding; (*в экипаже, автомобиле*) drive, dríving; в трёх часа́х ~ы́ (от) three hours' jóurney [...auəz 'dʒəː-] (from); ~ в по́езде train trável [...'træ-]; во вре́мя ~ы́ on the way; до́лгая ~ утоми́тельна long jóurneys are tíring / tíre¦some.

е́здить, *опред.* е́хать, *сов.* пое́хать go*; ride*; (*в экипаже, автомобиле тж.*) drive*; (*путешествовать*) tráv- el ['træ-]; (*об. по суше*) jóurney ['dʒəː-]; (*морем тж.*) go* by sea, vóyage; ~ верхо́м ride*; go* on hórse¦bàck; ~ на велосипе́де cycle; ~ на по́езде, ~ по́ездом go* / trável by train; ~ на трамва́е, авто́бусе go* by tram, bus; ~ на такси́ go* by, *или* in a, táxi; вы е́здите верхо́м, на велосипе́де? do / can you ride, cycle?; ~ в командиро́вку make* a búsiness trip [...'bɪzn-...]; ~ за грани́цу go* abróad [...-ɔːd].

éздка *ж.* jóurney ['ʤə:-].

ездов||óй 1. *прил. к* ездá; ~áя собáка dráught-dòg [-ɑ:ft-]; 2. *м. как сущ. воен.* dríver.

ездóк *м.* ríder; (*всадник тж.*) hórse|man*; (*на велосипеде*) cýclist ['saɪ-]; плохóй ~ poor ríder; ◇ он тудá бóльше не ~ he is not gó|ing there agáin; он сюдá бóльше не ~ he is not cóming here agáin.

éзженый [éжьже-] (*о дороге*) ≅ frequénted.

ей *дт. см.* онá.

ей-бóгу *межд. разг.* réally! ['rɪə-], réally and trúly; ~, не знáю I don't know, réally [...nou...]; I swear I don't know [...swɛə...].

ей-éй, éй-же-éй *межд. разг.* = ей-бóгу.

ёкать, ёкнуть *разг.* miss a beat; go* pít-a-pát; у меня́, у негó *и т. д.* сéрдце ёкнуло my, his, *etc.*, heart missed a beat [...hɑ:t...].

ёкнуть *сов. см.* ёкать.

ел *ед. м. прош. вр. см.* есть I.

éле *нареч.* 1. (*с трудом*) hárdly; ónly just; он ~ двúгался he could hárdly move [...mu:v]; он ~ пóднял э́то he could hárdly lift it; он ~ спáсся he had a nárrow escápe; (от *чего-л.*) he ónly just escáped (+*ger.*); он ~ нó-ги унёс he had a close shave [...-s...]; he had a nárrow / háirbreadth escápe [...-bre-...]; 2. (*лишь только*) hárdly, scárce|ly [-ɛəs-], báre|ly; он ~ успéл кóнчить, сказáть *и т. п.*, как hárdly / scárce|ly had he fínished, fínished spéaking, *etc.*, when; he had hárdly / scárce|ly / báre|ly fínished, fínished spéaking, *etc.*, when; no sóoner had he fínished, spóken, *etc.*, than; он ~ успéл потушúть плáмя he ónly just had time to put out the fire; ◇ ~ живóй more dead than alíve [...ded...].

éле-éле *нареч.* hárdly; он плёлся ~ he plódded alóng at a snail's pace.

елéй *м. церк.* (hóly) oil; (*перен.*) balm [bɑ:m]. **~ность** *ж.* únction. **~ный** (*приторный, ханжеский*) únctuous; (*о выражении лица тж.*) fáwning; ~ный гóлос únctuous / óily voice; ~ные словá únctuous / óily / sóapy words.

ёлк||а *ж.* fír(-tree), spruce; новогóдняя ~ Néw-Year's tree; рождéственская ~ Chrístmas-tree [-sm-]; ◇ быть на ~е be at *a* Néw-Year's párty.

елóв||ый fir (*attr.*), spruce (*attr.*); ~ая шúшка fír-còne, sprúce-còne; ~ лес fír-wood [-wud]; ~ые дровá fír-lògs.

ёлоч||ка *ж.* 1. *уменьш. от* ёлка; 2. (*узор*) hérring-bòne. **~ный** *прил. к* ёлка; ~ные украшéния Néw-Year's tree dècorátions; (*ср.* ёлка).

ель *ж.* fír(-tree), sprúce(-fir); (*древесина*) white spruce; (*для изготовления досок*) deal; (*торговое название*) whíte|wood [-wud].

éльник *м.* 1. (*поросль*) fír-gròve, sprúce-gròve; 2. (*ветки*) fir / spruce bránches [...'brɑ:-] *pl.*

ем *1 л. ед. наст. вр. см.* есть I.

ёмк||ий capácious. **~ость** *ж.* capácity; (*выраженная в какой-л. единице*) cúbic cóntènt; мéры ~ости méasures of capácity ['me-...]; ~ость ры́нка *эк.* márket capácity.

емý *дт. см.* он, онó.

енóт *м.* 1. (*животное*) rac(c)óon; coon *амер.*; 2. (*мех*) rac(c)óon (fur). **~овый** *прил. к* енóт.

епáрхия *ж. церк.* díocese [-s]; (*в восточной церкви*) éparchy [-kɪ].

епúскоп *м. церк.* bíshop. **~áльный** *церк.* epìscopálian. **~ский** *церк.* epíscopal. **~ство** *с. церк.* 1. *собир.* epíscopacy; 2. (*сан*) bíshopric, epíscopate.

ералáш *м.* 1. *разг.* médley ['me-], jumble, hótchpòtch; у негó ~ в головé his head is in a muddle [...hed...]; 2. (*игра*) yèralásh [-'lɑ:ʃ] (*card game*).

ерепéниться *разг.* brístle up; kick, get* on one's hind legs.

éресь *ж.* héresy; ◇ нестú, горо-дúть ~ *разг.* talk nónsense / rúbbish / rot.

еретú||к *м.* héretic. **~ческий** herétical.

ёрзать *разг.* fídget; move rést|lessly [mu:v...].

ермóлка *ж.* skúll-càp.

ерóшить (*вн.*) *разг.* rumple (*d.*), ruffle (*d.*). **~ся** *разг.* bristle, stick* up.

ерунд||á *ж. тк. ед. разг.* 1. nónsense, rot, rúbbish; э́то ~! that's nónsense!; ~! stuff and nónsense!, fíddle|sticks!; говорúть ~ý talk nónsense; 2. (*пустяк*) trifle, small / trífling mátter, nóthing; научúться плáвать — сý-щая ~ léarning to swim is child's play ['lə:n-...].

ерундúть *разг.* (*делать глупости*) play the fool; (*болтать вздор*) talk nónsense / rot, drível ['drɪ-]; брось ~! stop tálking rot!

ерундóвый *разг.* 1. (*глупый*) fóolish, nònsénsical; 2. (*пустяковый*) trífling.

ёрш *м.* 1. (*рыба*) ruff; 2. (*щётка*) lámp-chìmney brush; (*проволочный*) wire brush.

ершúться *разг.* fire up, flare up, get* into a témper.

есáул *м. ист.* esaúl, Cóssack cáptain.

éсли *союз* if: ~ он бýдет свобóден, он сдéлает э́то if he is free he will do it; ~ учéсть, что if it is remémbered that; ~ бы он знал, он не пошёл бы if he had known, he would not have gone [...noun...gɔn]; — ~ бы не if it were not for; were it not for: ~ бы не онá, он никогдá э́того не сдéлал бы if it were not for her, *или* were it not for her, he would never have done it; ~ бы не дождь, он пошёл бы гуля́ть if it were not ráining he would go for a walk; — ~ тóлько províded: ~ тóлько он придёт províded he come[s] — ~ не un|léss: ~ не хóчешь, н[е] ходú don't go un|léss you want to; [...] you don't want to go, you needn'[t] — о, ~ (*с сослагат. накл. в самост. предл.*) (oh) if ónly [ou...]: о, ~ б[ы] он пришёл! (oh) if ónly he woul[d] come; — ~ (+*инф.*) if (*с личным[и] формами глагола*): ~ пойтú тудá, [...] if I, you, *etc.*, go there then; — в слу[-] чае, ~ in case [...-s]: в слýчае, [...] онá не придёт in case she does|n['t] come; — ~ и éven if: ~ он и бы[л] там, я егó не вúдел éven if he w[as] there I did not see him; — что ~ what if?, suppóse: что, ~ он узнáет о[б] э́том? what if he finds out abóut it[?] suppóse he should learn abóut i[t] [...lə:n...]; — (а) что, ~ (*с сослагат. накл.*) what abóut (+*ger.*), how abóu[t] (+*ger.*): (а) что, ~ бы вы зашлú [к] немý? what / how abóut your gó|in[g] to see him?, what if you went to se[e] him?; ◇ ~ бы да кабы́ *разг.* ≅ if i[fs] and ans were pots and pans.

ессентукú *мн.* èssèntukí [-tu'k...] (*kind of mineral water*).

ест *3 л. ед. наст. вр. см.* есть I.

естéственн||ик *м.*, **~ица** *ж.* *уст[ар.]* scíentist; (*преподаватель*) scíenc[e] teacher; (*студент*) scíence stúden[t].

естéственно I 1. *прил. кратк. см.* естéственный; 2. *предик. безл.* it [is] nátural.

естéственно II 1. *нареч.* náturally; 2. *как вводн. сл.* náturally, of cours[e] [...kɔ:s]; совершéнно ~ náturall[y] enóugh [...ɪ'nʌf].

естéственн||ый (*в разн. знач.*) nát-ural; ~ым óбразом náturally; ~[ый] ход вещéй nátural course of thing[s] [...kɔ:s...]; ~ые богáтства nátura[l] resóurces [...-'sɔ:-]; ~ отбóр *биол.* nátural seléction; ◇ ~ая истóри[я] (*естествознание*) nátural hístory; ~ы[е] наýки nátural scíences.

естествó *с.* náture ['neɪ-], súb-stance.

естество||вéд *м.* scíentist; (*натура-лист*) náturalist. **~вéдение** *с.* scíenc[e] (*изучение явлений природы*) nátur[e] stúdy ['neɪ- 'stʌ-]. **~знáние** *с.* 1. (*ес-тественные науки*) (nátural) scíenc[e] (*естественная история*) nátura[l] hístory; 2. (*предмет преподавания*) scíence; (*изучение явлений природы*) náture stúdy ['neɪ- 'stʌ-]. **~испытá-тель** *м.* náturalist.

есть I, съесть (*вн.*) 1. eat* (*d.*) 2. *тк. несов.* (*о дыме и т. п.*) make smart (*d.*); дым ест глазá smoke make[s] *one's* eyes smart [...aɪz...]; 3. *тк. несов.* (*разрушать химически*) eat a|wáy (*d.*), corróde (*d.*).

есть II *наст. вр. см.* быть.

есть III *межд.* all right; O.K. ['ou'keɪ] *амер. разг.*; *мор.* áy(e) -áy(e) ['aɪ-]; ~, товáрищ генерáл yes, *или* very good, cómrade Géneral

ефрейтор *м. воен.* lánce-córporal; prívate 1st class ['praɪ-...] *амер.*
ехать *см.* ездить.
ехидна *ж. зоол.* èchídna [e'kɪ-] (*pl.* -nae [-niː]); (*перен.*) víper, snake, vénomous créature.
ехидничать, съехидничать *разг.* speak* malícious|ly, make* malícious / spíte|ful / vénomous remárks, be malícious / spíte|ful.
ехидный malícious, spíte|ful; (*о замечании и т. п.*) vénomous; (*коварный*) insídious.
ехидство *с.* málice, spite, malévolence; (*коварство*) insídious|ness.
ешь *2 л. ед. наст. вр. см.* есть I.
ещё *нареч.* **1.** (*по-прежнему, до сих пор*) still; (*при отрицании*) yet: лúстья ~ зелёные the leaves are still green; он ~ не устáл he is not tired yet; ты прочёл э́ту кнúгу? — Нет ~ have you read this book? — Not yet [...red...]; он ~ успéет на пóезд he still has time to catch the train; — всё ~ still: всё ~ идёт дождь it is still ráining; — покá ~ for the présent [...-ez-], for the time bé|ing; so far: он покá ~ остáнется здесь he'll stay here for the présent; **2.** (*так давно, как*) as far back as, as long agó as; (*только; так недавно, как*) ónly; ~ в 1920 годý as far back, *или* as long ago, as 1920; as éarly as 1920 [...'əː-...]; ~ (тóлько) вчерá ónly yésterday [...-dɪ]; **3.** (*дополнительно, больше*) some more; (*при сравн. ст.*) still: дай мне ~ дéнег give me some more móney [...'mʌ-]; онá стáла ~ красúвее she has become éven more béautiful [...'bjuːt-]; — ~ раз once agáin [wʌns...], once more; ~ бóльше still more; ~ и ~ agáin and agáin; more and more (*перед сущ.*); ~ стóлько же (*в сущ. в ед. ч.*) as much agáin; (*с сущ. во мн. ч.*) as many agáin; ~ одúн another, one more (*перед сущ.*); (*местоим. тж.*) another one; ~ два, три *и т. д.* two, three, *etc.*, more; another two, three, *etc.*; э́то ~ ничегó! that's nothing!; да ~ *разг.* in addition, as well; он неспосóбен, да ~ ленúв he is stúpid and lázy too, he is stúpid and lázy into the bárgain; что ~? what else?; what now?; ◊ ~ бы! I should think so!, of course! [...kɔːs]; вот ~! what next!; indéed!, well, I like that!; чегó хны́чешь? а ~ большóй мáльчик! what are you whíning for? — a big boy too!
ею *тв. см.* онá.

Ж

ж *см.* же I, II.
жаба I *ж. зоол.* toad.
жаба II *ж. мед.* quínsy [-zɪ]; tònsil(l)ítis; груднáя ~ àngína péctoris [æn'ʤ-...].
жаберный bránchiàte [-k-].
жабо *с. нескл.* jábòt ['ʒæbou], ruff.
жабры *мн.* (*ед.* жáбра *ж.*) gills [g-]; bránchia(e) [-k-] *научн.*; ◊ взять когó-л. за ~ *разг.* take* smb. by the small hairs.
жавель *м.* Javél wáter [...'wɔː-].
жаворонок *м.* (skỳ|)làrk; леснóй ~ wood lark [wud...]; хохлáтый ~ crésted lark.
жадничать *разг.* be gréedy.
жадн||о *нареч.* gréedily, ávidly; ~ есть (*вн.*) eat* gréedily (*d.*), gobble (*d.*); guzzle (*d.*) *груб.*; ~ глотáть, пить (*вн.*) gulp (*d.*); ~ слýшать be all ears. **~ость** *ж.* gréed(iness), avídity; (*алчность*) cóvetous|ness ['kʌ-]. **~ый** gréedy, ávid; (*алчный*) cóvetous ['kʌ-]; смотрéть ~ыми глазáми на когó-л. devóur smb. with one's eyes [...aɪz].
жажд||а *ж.* (*прям. и перен.*) thirst; (*непреодолимое стремление*) cráving; томúться ~ой pine / pant for a drink, be parched with thirst; возбуждáть ~у (у) make* thírsty (*d.*); утолять ~у slake / quench one's thirst; ~ знáний thirst for knówledge [...'nɔ-]; ~ приключéний thirst for advénture; ~ крóви blood lust [blʌd...].
жаждать (*рд.*; *прям. и перен.*) thirst (for, áfter); (*испытывать непреодолимое стремление*) crave (for), húnger (for); ~ мúра thirst / yearn for peace [...jəːn...].
жаждущий **1.** *прич. см.* жáждать; **2.** *прил.* (*рд.*) thírsty (for).
жакет *м.*, **~ка** *ж.* jácket.
жалеть, пожалéть **1.** (*вн.*) feel* sórry (for), píty ['pɪ-] (*d.*); **2.** (*о пр.*, что) be sórry (for, that); (*раскаиваться*) regrét (that): он пожалéл, что онá не пришлá he was sórry (that) she did not come; он жалéл, что не сказáл ей об э́том he was sórry, *или* he regrétted, (that) he had not méntioned it to her; — вы пожалéете об э́том you will be sórry for it; **3.** (*вн.*; *беречь, щадить*) spare (*d.*); (*скупиться*) grudge (*d.*); не ~ сил spare no éfforts / pains; не пожалéть сил и средств spare néither strength nor resóurces [...'naɪ-... -'sɔːs-].
жалить, ужáлить (*вн.*) sting* (*d.*); (*о змее*) bite* (*d.*).
жалк||ий **1.** (*возбуждающий сострадание*) pítiful, pítiable; ~ая улы́бка pítiful smile; ~ое зрéлище pítiful / sórry sight; представлять собóй ~ое зрéлище presént a sórry spéctacle [-'zent...]; **2.** (*ничтожный*) poor, wrétched; ~ая одéжда wrétched / shábby clothes [...-ouðz] *pl.*; ~ая лачýга wrétched hóvel [...'hɔ-]; имéть ~ вид be a sórry sight; cut* a poor fígure; ~ие грошú trífling sum *sg.*; (*о вознаграждении и т. п.*) píttance *sg.*; ~ая роль poor / wrétched part; **3.** (*презренный*) míserable [-z-]; ~ трус míserable / ábjèct cóward.
жалко I **1.** *прил. кратк. см.* жáлкий; **2.** *предик. безл.* = жаль.
жалко II *нареч.* pítifully; ~ улыбнýться smile pítifully; ~ вы́глядеть cut* a poor fígure.
жало *с.* sting.
жалоб||а *ж.* compláint; подавáть ~у (*дт.* на *вн.*) make* a compláint (to abóut), lodge a compláint (with abóut); ◊ бюрó жáлоб compláints office. **~ный** sórrowful, móurnful ['mɔː-]; (*о песне*) pláintive, dólorous, dóle|ful; ~ный гóлос sad / pláintive voice; ◊ ~ная кнúга book of compláints. **~щик** *м.*, **~щица** *ж. юр.* prósecùtor, pláintiff.
жалованн||ый *прич. см.* жáловать 1; ◊ ~ая грáмота létters pátent, chárter.
жалованье *с.* sálary.
жаловать, пожáловать **1.** (когó-л. чем-л., комý-л. что-л.) *уст.* grant [-ɑːnt] (smb. smth., smth. to smb.), bestów [-ou] (smth. on smb.); ~ тúтул confér *a* title (on smb.); **2.** *тк. несов.* (*вн.*) *разг.* (*любить*) like (*d.*), fávour (*d.*), be grácious (to); прóсим нас любúть и ~ we beg you to be kind and grácious to us; **3.** (к) *уст.* (*посещать*) vísit [-z-] (*d.*); пожáловать в гóсти (к) come* to see (*d.*); добрó пожáловать! wélcome!
жаловаться, пожáловаться (*дт.* на *вн.*) compláin (to of), make* compláints (to against); ~ на головнýю боль compláin of a héadàche [...'hedeɪk]; на что вы жáлуетесь? what do you compláin of?; what is your gríevance? [...'griː-]; ~ в суд go* to law.
жалост||ливый pítiful, compássionate. **~ный** *разг.* = жáлобный.
жалост||ь *ж.* píty ['pɪ-]; из ~и (к) out of píty (for); какáя ~! what a píty!
жаль *предик. безл.* **1.** (когó-л.) *переводится личн. формами* píty ['pɪ-] (smb.), be sórry (for smb.): емý ~ егó he píties him, he is sórry for him; — емý до слёз ~ её the sight of her brings the tears to his eyes [...aɪz]; **2.** (+*инф.*): мне ~ смотрéть на негó it grieves me to look at him [...-iːvz...]; **3.** (чегó-л.) *переводится глаголом* grudge (smth.): емý ~ кускá хлéба he grúdges a bit of bread [...bred]; — для вас емý ничегó не ~ there is nothing he would not

part with for your sake; **4.** (что, éсли; *прискорбно*) it is a píty (that, if); емý ~, что he is sórry that; как ~! what a píty!; óчень ~ it's a great píty [...greɪt...].

жалюзи́ *с. нескл.* Venétian blind.

жандáрм *м.* géndàrme ['ʒɑː-]. **~éрия** *ж. собир.* gèndármery [ʒɑː-]. **~ский** *прил. к* жандáрм.

жанр *м.* **1.** genre [ʒɑːŋr]; **2.** *жив.* génre-páinting ['ʒɑːŋr-]. **~и́ст** *м. жив.* páinter of genre [...ʒɑːŋr], génre-páinter ['ʒɑːŋr-]. **~овый** *прил. к* жанр; ~овая живопись génre-páinting ['ʒɑːŋr-].

жар *м.* **1.** (*прям. и перен.*) heat; (*перен. тж.*) árdour; говори́ть с ~ом speak* with heat / árdour / ànimátion; с ~ом приня́ться за что-л. set* to work to do smth. with árdour, *или* with a will; **2.** (*лихорадка*) féver; у негó ~ *разг.* he has a high témperature; **3.** (*горячие угли*) émbers *pl.*; выгребáть ~ из пéчи take* the émbers out of *the* stove; ◇ как ~ горéть glítter like gold; бросáть в ~ throw* into a féver [θrou...]; чужи́ми рукáми ~ загребáть ≅ make* a cát's-paw of other people [...piːpl]; задáть комý-либо ~у give* it hot to smb.

жарá *ж.* heat.

жаргóн *м.* járgon, slang; (*определённой социальной группы*) cant; говори́ть на ~е cant; speak* slang; услóвный ~ pátter; воровскóй ~ thieves' cant / Látin [θiːvz...]. **~ный** slángy [-ŋɪ].

жáреное *с.* = жаркóе.

жáреный (*на сковороде*) fried; (*на рашпере*) grilled; (*на огне, в духовке*) róast(ed); (*на огне тж.*) broiled.

жáренье *с.* frýing, grílling *и т. д.* (*см.* жáрить).

жáрить, изжáрить (*вн.*; *на сковороде*) fry (*d.*); (*на огне, в духовке*) roast (*d.*); (*на огне тж.*) broil (*d.*); (*на рашпере*) grill (*d.*); (*с шипением*) frizzle (*d.*); ~ кóфе roast cóffee [...-fɪ]; ◇ сóлнце жáрит the sun burns / scórches. **~ся,** изжáриться **1.** fry, roast, broil *и т. д.* (*см.* жáрить); ~ся на сóлнце *разг.* bask in the sun; **2.** *страд. к* жáрить.

жáрк||ий hot; (*перен. тж.*) árdent; ~ кли́мат hot / tórrid clímate [...'klaɪ-]; ~ пóяс *геогр.* tórrid zone; ~ие стрáны trópical cóuntries [...'kʌ-]; ~ бой hot / hard fight; ~ спор héated / hot discússion; ~ пóлдень súltry noon.

жáрко I **1.** *прил. кратк. см.* жáркий; **2.** *предик. безл.* it is hot; мне, тебé *и т. д.* ~ I am, you are, *etc.*, hot.

жáрко II *нареч.* hót|ly.

жаркóе *с. скл. как прил.* roast (meat); на ~ сегóдня дичь there is game for dínner to|dáy.

жарóвня *ж.* brázier.

жаропонижáющее *с. скл. как прил. мед.* fébrifùge.

жаропонижáющ||ий fébrifùgal; ~ее срéдство fébrifùge.

жар-пти́ца *ж. фольк.* Fíre|bìrd.

жасми́н *м.* jásmin(e), jéssamin(e). **~ный, ~овый** *прил. к* жасми́н.

жáтв||а *ж.* (*прям. и перен.*) réaping; (*хлеб, урожай; тж. перен.*) hárvest; врéмя ~ы hárvest(-tìme); ~ созрéла the hárvest is ripe. **~енный** réaping; ~енная маши́на hárvester, réaping / hárvesting machíne [...-'ʃiːn].

жáтка *ж.* hárvester.

жать I **1.** (*вн.*; *давить*) press (*d.*), squeeze (*d.*); ~ рýку squeeze *smb.'s* hand; **2.** (*об обуви*) pinch, hurt*; (*об одежде*) be (too) tight.

жать II, сжать (*вн.*; *о ржи и т. п.*) reap (*d.*); (*серпом*) cut* (*d.*), crop (*d.*).

жáться 1. (к) press close [...-s] (to), draw* clóser [...-sə] (to); ~ друг к дрýгу stand*, sit* close to one anóther; ~ в ýгол skulk in a córner; ~ в нереши́тельности hésitàte [-z-]; ~ от хóлода huddle up with cold; **2.** *разг.* (*скупиться*) stint, be stíngy.

жбан *м.* can; hooped wóoden jug [...'wud-...].

жвáчк||а *ж.* **1.** (*действие*) chéwing, rùminátion; **2.** (*пережёвываемая пища*) cud, chew; жевáть ~у chew the cud; rúminàte; (*перен.*) repéat with tíre|some monótony.

жвáчн||ые *мн. скл. как прил. зоол.* rúminants. **~ый** *зоол.* rúminant; ~ое живóтное rúminant (ánimal).

жгут *м.* (tight) plait [...plæt].

жгýч||ий búrning; (*о боли и т. п.*) smárting; ~ие слёзы scálding tears; ~ее сóлнце báking sun; ◇ ~ взгляд fíery / glówing glance [...-ou-...]; ~ие вопрóсы vítal quéstions [...-stʃ-], quéstions of vítal impórtance; онá ~ая брюнéтка she has jét-bláck hair (and eyes) [...aɪz].

ждать (*рд., вн.*) wait (for); (*ожидать*) expéct (*d.*), a|wáit (*d.*); сидéть и ~ sit* and wait; cool one's heels *идиом. разг.*; врéмя не ждёт time présses, there's no time to be lost; он застáвил её ~ he made her wait, he has kept her wáiting; не заставля́йте егó ~ don't keep him wáiting; он ждёт от них пóмощи, поддéржки he looks to them for help, suppórt; ◇ он ждёт не дождётся *разг.* he is wáiting impátiently; he is on ténterhooks *идиом.*; кто знáет, что егó ждёт впереди́ who knows what the fúture may hold in store for him [...nouz...].

же I, ж *союз* **1.** (*при противоположении*) and; as for; (*в смысле «но»*) but: он остаётся, онá же уезжáет he will stay here and she will go; he will stay here, as for her, she will go; éсли же вы не хоти́те but if you'd ráther not [...'rɑː-...];—и́ли же or else; **2.** (*в смысле «ведь»*): почемý вы емý не вéрите? Он же дóктор. Why don't you trust him? Áfter all, he's a dóctor.

же II, ж *усилительная частица*: когдá же вы бýдете готóвы? whèn|éver will you be réady? [...'re-]; пойдём же! come alóng!; говори́те же! are|n't you gó|ing to speak?; мы поéдем сегóдня же we start to|dáy without fail; что же мне дéлать? what on earth shall I do? [...əːθ...].

же III *частица* (*означает тождество*): тот же, такóй же the same; так же in the same way; тогдá же at the same time; там же, здесь же in the same place.

жевáние *с.* màsticátion; (*о жвачных*) rùminátion.

жёваный *разг.* (*измятый*) crúmpled.

жевáтельн||ый másticàtory [-keɪ-]; mánducatory *анат.*; ~ табáк chéwing-tobáccò; ~ая рези́нка chéwing-gùm.

жевáть (*вн.*) chew (*d.*), másticàte (*d.*); (*о жвачных тж.*) rúminàte (*d.*); ~ жвáчку chew the cud; rúminàte; (*перен.*) repéat with tíre|some monótony; ~ табáк chew (a quid of) tobáccò.

жезл *м.* rod; (*маршальский*) báton ['bæ-]; (*епископский*) crózier [-ʒə]; (*железнодорожный*) staff; *уст.* (*эмблема власти*) wárder.

желáни||е *с.* (*рд.*) **1.** wish (for), desíre [-'z-] (for); (*сильное*) lóng|ing (for), húnger (for); (*нетерпеливое*) itch (for); по вáшему ~ю at your wish, in accórdance with your desíre; по моемý сóбственному ~ю at my own will / pléasure [...oun ...'ple-]; горéть ~ем (+*инф.*) burn* with the desíre (+to *inf.*), burn* (+to *inf.*), be éager [...'iːgə] (+to *inf.*); возымéть ~ concéive a wish [-'siːv...]; прóтив ~я against *one's* will; удовлетворя́ть ~я когó-л. meet* smb.'s wíshes; при всём ~и with the best will in the world; он бýдет считáться с вáшими ~ями he will consúlt your wíshes; они́ вы́разили ~ рабóтать там they vòluntéered, *или* exprèssed a wish, to work there; **2.** (*вожделение*) lust (for).

желáнный desíred [-'z-], long wished for.

желáтельн||о 1. *прил. кратк. см.* желáтельный; **2.** *предик. безл.* it is desírable / advísable [...-'z- -z-]; ~ бы́ло бы пойти́ it might be as well to go. **~ый** desírable [-'z-]; ~ое наклонéние *грам.* óptative (mood).

желати́н *м.* gèlatín(e) [-iːn]. **~овый** gelátinous.

желá||ть, пожелáть **1.** (*рд.*) wish (*d.*), desíre [-'z-] (*d.*); (*чужого*) cóvet ['kʌ-] (*d.*); ~, чтóбы он, онá *и т. д.* пришёл, пришлá *и т. п.* wish him, her, *etc.*, to come, *etc.*; си́льно ~ чегó-либо long / crave for smth.; ничегó так не ~, как wish / like nothing bétter than; он не óчень ~ет э́того he is not very keen on it; **2.** (*комý-л. чегó-л.*) wish (smb. smth.); ~ добрá комý-л. wish smb. well; он ~ет вам счáстья he wíshes you joy; ~ю вам успéха! I wish you every succéss!; good luck to you! *разг.*; ~ю вам всяких благ *разг.* I wish you every háppiness; онá никомý не ~ет зла she wíshes nóbody ill; ◇ это оставляет ~ лýчшего it leaves much to be desíred; ~ невозмóжного desíre the impóssible; cry for the moon *идиом.*

желáющи||й 1. *прич. см.* желáть; 2. *м. как сущ.* one who wíshes; *мн.* those who wish; ◇ для всех ~х for all cómers [...'kʌ-].

желвáк *м.* túmour.

желé *с. нескл.* jélly.

железá *ж. анат.* gland; поджелýдочная ~ páncreas [-rɪəs]; миндалевидные жéлезы tónsils; жéлезы внýтренней секрéции éndocrìne glands.

желéзистый I *анат.* glándular, glándulous.

желéзистый II *хим.* fèrríferous; *геол.* fèrrúginous; (*о воде*) chalýbeate [kə'lɪbɪɪt]; ~ препарáт íron prèparátion ['aɪən...].

желéзка *ж. разг.* piece of íron [piːs ...'aɪən].

желёзка *ж. анат.* glándùle.

железнодорóжн||ик *м.* ráilway-man*; ráilroad-man*, ráilroader *амер.* ~ый ráilway (*attr.*); ráilroad (*attr.*) *амер.*; ~ый путь (ráilway) track / line; ~ая вéтка branch line [-ɑː-...]; ~ая сеть ráilway sýstem; ~ое движéние ráilway tráffic, train sérvice; ~ое полотнó pérmanent way; ~ый ýзел (ráilway) júnction; ~ый подвижнóй состáв (ráilway) rólling-stòck; ~ое строительство ráilway constrúction.

желéзн||ый *прил. к* желéзо; *хим.* férreous, férrous; ~ая рудá íron-stòne ['aɪən-], íron-òre ['aɪən-]; ~ блеск *мин.* háematìte ['he-]; ~ купорóс cópperas, green vítriol; ~ товáр íron-mòngery ['aɪənmʌŋg-], hárdwàre; ~ лом scráp-ìron [-aɪən]; ◇ ~ая дорóга ráilway; ráilroad *амер.*; сеть ~ых дорóг nétwòrk of ráilway lines; по ~ой дорóге by rail / train; ~ век the Íron Age [...'aɪən...]; ~ая вóля íron will; ~ая дисциплина íron díscipline; ~ зáнавес the íron cúrtain.

железня́к *м. мин.* íronclay ['aɪən-], íron-stòne ['aɪən-]; бýрый ~ bog íron-òre [...'aɪən-], brown háematìte [...'he-]; крáсный ~ háematìte.

желéзо *с.* íron ['aɪən]; ~ в болвáнках píg-ìron [-aɪən]; ◇ куй ~, покá горячó *посл.* strike while the íron is hot.

железобетóн *м.* rèinfórced cóncrète [...-nk-], férro-cóncrète [-nk-]. ~ный *прил. к* железобетóн; ~ные сооружéния rèinfórced cóncrète constrúction [...-nk-...] *sg.*; ~ные издéлия férro-cóncrète ítems [-nk-...]; сбóрные ~ные констрýкции, детáли *и т. п.* pré-fábricàted férro-cóncrète strúctures, parts, *etc.*; завóд ~ных констрýкций férro-cóncrète strúctures and parts prodúction plant [...-ɑːnt].

железодéлательн||ый: ~ завóд íron-wòrks ['aɪən-]; ~ая промы́шленность íron métallùrgy ['aɪən...].

железоплави́льный: ~ завóд íron fóundry ['aɪən...].

железопрокáтный: ~ завóд rólling works, rólling mill.

жёлоб *м.* gútter, trough [trɔf]; *тех.* chute [ʃuːt].

желобóк *м.* groove, flute, ríffle.

желт||éть, пожелтéть 1. (*становиться жёлтым*) turn yéllow; 2. *тк. несов.* (*виднеться*) show* yéllow [ʃou...]. ~изнá *ж.* yéllowness. ~овáтый yéllowish, yéllowy; (*о цвете лица*) sállow.

желтóк *м.* yolk (of egg).

желторóтый (*о птенце*) yéllow-beaked; (*перен.*) ìnexpérienced; ~ юнéц gréenhòrn.

желтофиóль *ж. бот.* wállflower.

желтý||ха *ж. мед.* (yéllow) jáundice, ícterus. ~шный ictéric.

жёлт||ый yéllow; (*в геральдике*) or; ◇ ~ая водá (*болезнь глаз*) glaucóma; ~ая лихорáдка yéllow féver; ~ая прéсса yéllow press; ~ дом *уст.* mád-house* [-s].

желудёвый: ~ кóфе ácòrn cóffee [...-fɪ].

желýд||ок *м.* stómach [-ʌmək]; несварéние ~ка ìndigéstion [-stʃ-]; расстрóйство ~ка ìndigéstion, dìarrhóea [-'rɪə]. ~очек *м. анат.* véntricle. ~очный stómachal ['stʌmək-], stomáchic [-k-]; ~очное заболевáние gástric diséase [...-'ziːz]; ~очный сок *физиол.* gástric juice [...dʒuːs].

жёлудь *м.* ácòrn.

жёлчн||ость *ж.* jáundice, bílious-ness. ~ый (àtra)bílious; (*перен.*) bítter; ~ый кáмень *мед.* gáll-stòne; ~ый пузы́рь *анат.* gáll-blàdder; ~ый человéк àcrìmónious man*; ~ый темперáмент bílious cònstitútion.

жёлч||ь *ж.* bile (*тж. перен.*); gall; изливáть ~ *разг.* give* vent to one's bile; разлитие ~и *мед.* jáundice.

жемáн||иться *разг.* mince. ~ница *ж. разг.* affécted créature. ~ничать *разг.* be affécted. ~ный míncing, fínical, fínicking. ~ство *с.* míncing mánners *pl.*, finicálity; (*манерность*) airs and gráces *pl.*

жéмчуг *м. собир.* pearl(s) [pəːl(z)] (*pl.*); мéлкий ~ séed-pearls [-pəːlz] *pl.*; искáтель ~а péarl-dìver ['pəːl-]; ловéц ~а péarl-físher ['pəːl-]; ловить ~ fish for pearls, pearl; лóвля ~а péarl-físhery ['pəːl-].

жемчýж||ина *ж.* pearl [pəːl]. ~ница *ж.* 1. *зоол.* péarl-oyster ['pəːl-]; 2. *вет.* pearl diséase [pəːl -'ziːz]. ~ный pearl [pəːl] (*attr.*); ~ное ожерéлье pearl nécklace; ~ная рáковина péarl-shèll ['pəːl-]; (*живая*) péarl-oyster ['pəːl-]; ~ные бели́ла (*косметическое средство*) pearl white *sg.*

женá *ж.* wife*.

женáтый márried.

жéнин *one's* wife's.

жени́ть *несов. и сов.* (*вн.*) márry off (*d.*); (*вн.* на *пр.*) márry (*d.* to); wed (*d.* to) *поэт.*

жени́тьба *ж.* márriage [-rɪdʒ].

жени́ться *несов. и сов.* márry; (на ком-л.) márry (smb.), get* márried (to smb.); удáчно ~ make* a good* match.

жени́х *м.* 1. fiancé (*фр.*) [fiː'ɑːŋseɪ], betróthed; 2. (*неженатый мужчина, юноша*) éligible (báchelor).

женолюби́вый: он ~ человéк he is a ládies' man*.

женоненави́стник [-сн-] *м.* wóman-hàter ['wu-], mìsógynist [maɪ-].

женоподóбный efféminate.

жéнск||ий 1. fémàle ['fiː-]; (*свойственный женщине*) wómanlike ['wu-], wómanly ['wu-], féminine; ~ труд fémàle lábour; ~ая шкóла girls' school [g-...]; 2. *грам.* féminine; ~ род féminine génder; ◇ ~ая рифма double / fémàle / féminine rhyme [dʌbl...]; ~ое цáрство pétticoat góvernment / rule [...'gʌ-...]; ~ие болéзни wómen's diséases ['wɪm- -'ziːz-]; по-~и in a féminine way; онá рассуждáет чи́сто по-~и she réasons in a púrely féminine way, *или* like a wóman [...'riːz-... 'wu-].

жéнственн||ость *ж.* fèmininity, wómanhood ['wu- -hud]. ~ый féminine, wómanlike ['wu-], wómanly ['wu-].

жéнщина *ж.* 1. wóman* ['wu-]; ýмная ~ cléver wóman* ['kle-...]; замýжняя ~ márried wóman*; молодáя ~ young wóman* [jʌŋ...]; сварли́вая ~ shrew; ~-врач wóman dóctor; 2. *мн. собир.* wómen ['wɪ-]; (*в семье*) wómanfòlk ['wu-] *sg.*, wómankìnd ['wu-] *sg.*

женьшéнь *м. бот.* gínsèng.

жердь *ж.* perch, pole; худóй как ~ as thin as a lath / rail.

жерéбая: ~ кобы́ла mare in foal.

жереб||ёнок *м.* foal. ~éц *м.* stállion; (*до 4-х лет*) colt. ~иться, ожеребиться foal.

жеребьёвка *ж.* sòrtítion.

жерлó *с.* 1. (*пушки*) múzzle; 2. (*вулкана*) cráter; 3. *тех.* órifice.

жёрнов *м.* míllstòne; вéрхний ~ úpper míllstòne; ни́жний ~ néther míllstòne.

жéртв||а *ж.* 1. (*в разн. знач.*) sácrifice; (*о приношении*) óffering; приноси́ть в ~у (*вн.*) sácrifice (*d.*); приноси́ть ~у (*дт.*) make* a sácrifice (to); большие ~ы great sácrifices [greɪt...]; ценóй больши́х жертв at the cost of héavy sácrifice [...'hevɪ...]; 2. (*о пострадавшем*) víctim; дéлать своéй ~ой (*вн.*) make* a víctim (of); стать ~ой (*рд.*) fall* a prey (to); пасть ~ой (*рд.*) fall* a víctim (to).

жéртвенн||ик *м.* áltar. ~ый sàcrifícial.

жéртвователь *м.* dónòr.

жéртвовать, пожéртвовать **1.** (*дт. вн.*; *даровать*) endów (*d.* with), make* a donátion (to of); **2.** (*тв.* для) give* (up) (*d.* to, *d. i.*), sácrifice (*d.* to), óffer (*d.* to), óffer up (*d.* to); ~ собóй sácrifice òne¦sélf; ~ жи́знью lay* down one's life*.

жертвоприношéние *с.* óffering, sácrifice.

жест *м.* gésture; краси́вый ~ (*перен.*) fine gésture; beau geste [bou 'ʤest].

жестикул||и́ровать gèsticulàte; saw* the air *идиом. разг.* **~я́ция** *ж.* gèsticulátion.

жёстк||ий (*в разн. знач.*) hard; (*негнущийся*) rígid, stiff; (*перен.*; *об условиях и т. п.*) rígid, strict; ~ая водá hard wáter [...'wɔː-]; ~ое мя́со tough meat [tʌf...]; ~ие вóлосы coarse / wíry hair *sg.*; ~ вагóн hárd-séated / ún¦ùp¦hólstered cárriage [...-rɪʤ]; ~ие черты́ лицá harsh féatures; ~ие мéры strict / strong méasures [...'meʒ-]; курс tough pólicy; ~ая поли́тика tough pólicy.

жёстко I **1.** *прил. кратк. см.* жёсткий; **2.** *предик. безл.* it is hard; ✧ мя́гко стéлет, да ~ спать *погов.* ≅ hóney is sweet, but the bee stings ['hʌ-...]; hóney tongue, heart of gall [...tʌŋ hɑːt...].

жёстко II *нареч.* hard.

жесткокры́л||ые *мн. скл. как прил. зоол.* còleóptera. **~ый** *зоол.* còleópterous.

жестóк||ий cruel [kruəl]; (*грубый*) brútal; (*перен.*; *о морозе и т. п.*) sevére; (*о преследовании, сопротивлении*) sávage; ~ие страдáния cruel súffering *sg.*; ~ая боль sevére pain; ~ая необходи́мость cruel necéssity; ~ие бои́ hard fíghting *sg.*; ~ая эксплуатáция brútal èxploitátion.

жестокосéрд||ие *с.* hárd-héartedness [-'hɑː-], crúelty ['kruə-]. **~ный** hárd-héarted [-'hɑː-], cruel [kruəl].

жестóкость *ж.* crúelty ['kruə-]; (*грубая*) brùtálity, sevérity; sávage¦ness; (*ср.* жестóкий); имéть ~ сказáть be cruel enóugh to say [...kruəl ɪ'nʌf...].

жесть *ж.* tin(-pláte).

жестя́ник *м.* tín¦man*, tínsmìth, whíte¦smìth.

жестя́нка *ж.* tin (*box*).

жестян||óй *прил. к* жесть; ~áя посу́да tínwàre.

жестя́нщик *м.* = жестя́ник.

жетóн *м.* **1.** cóunter; **2.** (*брелок*) médal ['me-].

жечь, сжечь **1.** (*вн.*) burn* (down, up) (*d.*); (*об огне тж.*) consúme (*d.*); он сжёг бумáгу he burnt (up) *the* páper; огóнь сжёг бумáгу the fire consúmed *the* páper; **2.** *тк. несов.* burn* (*d.*); (*о крапиве и т. п.*) sting* (*d.*). **~ся** burn*; (*о крапиве*) sting*.

жжéние *с.* búrning.

жжёнка *ж.* hot punch.

жжёный burnt; ~ кóфе róasted cóffee [...-fɪ].

живи́тельн||ый lífe-gìving, vívifỳing; (*о воздухе*) crisp, brácing; (*возбуждающий*) ánimàting; ~ая си́ла lífe-gìving force.

жи́вность *ж. собир. разг.* póultry, small game, fry, *etc.* ['pou-...].

жи́во I *прил. кратк. см.* живóй.

жи́в||о II *нареч.* **1.** vívidly; (*разительно*) stríking¦ly; (*остро*) kéenly; ~ ощущáть что-л. sense / percéive / feel* smth. kéenly [...-'siːv...]; **2.** (*оживлённо*) with ànimátion; **3.** *разг.* (*быстро*) quick(ly), prómptly; ~!, ~éй! make haste! [...heɪ-]; be quick!

живодёр *м. разг.* fláyer; (*перен. тж.*) fléecer. **~ня** *ж. разг.* fláying-house* [-s]. **~ство** *с. разг.* fláying; (*перен.*) fléecing.

жив||óй **1.** (*в разн. знач.*) líving ['lɪv-], live (*attr.*), alíve (*predic.*); покá жив бу́ду as long as I live [...lɪv]; вéчно ~ éver-líving [-'lɪv-]; всё ~óе every líving thing, all flesh, man and beast; жив и здорóв safe and sound; ~ язы́к líving lánguage; ~ы́е цветы́ nátural flówers; ~áя и́згородь hedge row [...rou], quícksèt / green hedge; ~áя прирóда ánimate náture [...'neɪ-]; **2.** (*подвижный*) líve¦ly; ~ ребёнок líve¦ly child*; ~ ум líve¦ly wit / mind; ~óе воображéние líve¦ly imàginátion; **3.** (*активный, деятельный*) líve¦ly, ánimàted; brisk; wíde-a¦wàke; (*оживлённый*) vivácious; проявля́ть ~ интерéс к чему́-л. take* / show* / betráy a keen / líve¦ly ínterest in smth. [...ʃou...]; с ~ы́м интерéсом with a keen / líve¦ly ínterest; принимáть ~óе учáстие в чём-л. take* an áctive part in smth.; ~ óтклик réady respónse ['redɪ...]; ~óе дéло live work; **4.** (*выразительный — о стиле, языке и т. п.*) líve¦ly; ~óе изображéние líve¦ly descríption; ~ы́е крáски vívid / lífe¦like cólours [...'kʌ-]; ~ы́е глазá bright / spárkling eyes [...aɪz]; ✧ остáться в ~ы́х survíve, escápe with one's life; come* through *разг.*; ни жив ни мёртв *разг.* (*от страха и т. п.*) páralỳsed with fear; как ~ to the life, true to life; ни (однóй) ~ души́ not a líving soul [...soul]; задевáть за ~óе (*вн.*) cut* / sting* to the quick (*d.*); на ~у́ю ни́тку *разг.* hástily ['heɪ-], ány¦how; шить на ~у́ю ни́тку baste [beɪst], tack; ~ инвентáрь líve-stòck; ~ уголóк (*в школе и т. п.*) pets' córner; ~áя водá (*в сказках*) wáter of life ['wɔː-...]; не остáвить ~óго мéста (на ком-л.) beat* smb. to pulp.

живопи́сец *м.* páinter; ~ вы́весок sígn-painter ['saɪn-].

живопи́сн||ость *ж.* pìcturésque¦ness. **~ый** **1.** (*относящийся к живописи*) pictórial; **2.** (*красивый*) pìcturésque, scénic ['siː-].

жи́вопись *ж.* **1.** páinting; ~ мáсляными крáсками páinting in oil; акварéльная ~ páinting in wáter-còlours [...'wɔːtəkʌ-]; фрéсковая ~ fréscò; батáльная ~ báttle-painting; **2.** *собир.* (*картины*) píctures *pl.*, páintings *pl.*

живородя́щ||ие *мн. скл. как прил. зоол.* vìvipáridae. **~ий** *зоол.* vivíparous.

живоры́бный: ~ садóк stew, físh-pònd.

жи́вость *ж.* líve¦liness, vivácity, ànimátion; (*оживлённость тж.*) spríghtliness; (*изображения*) verve [vɛəv]; ~ умá quíck-wíttedness.

живóт I *м.* (*часть тела*) stómach [-ʌmək], bélly; àbdómèn *анат.*; у негó болúт ~ he has a stómach-àche [...'stʌməkeɪk]; у негó ~ подтяну́ло he has had to tíghten his belt.

живóт II *м. уст.* life; ✧ не на ~, а на смéрть ≅ to the death [...deθ].

животвóрный lífe-gìving, vívifỳing, resúscitàting.

живóтик *м. разг.* paunch; (*детское*) túmmy; ✧ ~и надорвáть от смéха ≅ split* one's sides with láughter [...'lɑːf-].

животновóд *м.* cáttle-brèeder. **~ство** *с.* (líve-)stòck-ráising, líve-stòck fárming; cáttle-brèeding, cáttle-réaring; продýкты ~ства ánimal próduce *sg.* **~ческий** cáttle-brèeding (*attr.*), stóck-ráising (*attr.*); ~ческий совхóз cáttle-brèeding sòvkhóz, cáttle-brèeding State farm; ~ческие фéрмы líve-stòck farms.

живóтн||ое *с. скл. как прил.* ánimal; (*перен.*) brute; вью́чное ~ pack ánimal, beast of búrden; хи́щное ~ beast of prey; всея́дное ~ òmnívorous ánimal; òmnívore (*pl.* -ra); плотоя́дное ~ cárnivòre (*pl.* -ra); травоя́дное ~ hèrbívorous ánimal; hèrbívore (*pl.*-ra); двунóгое ~ bípèd; четвероногóе ~ fóur-fóoted / fóur-légged ánimal ['fɔː-'fut'fɔː-...]; quádrupèd *научн.*; копы́тное ~ hoofed / úngulàte ánimal; úngulàte; млекопитáющее ~ mámmal; позвонóчное ~ vértebrate; беспозвонóчное ~ invértebrate; сýмчатое ~ màrsúpial. **~ый** **1.** *прил. к* живóтное; ~ое цáрство the ánimal kíng¦dom; ~ый органи́зм ánimal órganism; **2.** (*органический*) òrgánic; **3.** (*грубый, низменный*) béstial, brútal, brute; ~ая я́рость béstial / brútal rage / fúry; ~ый страх ánimal / blind / bódily fear.

животрепéщущ||ий búrning, of vítal impórtance; (*злободневный*) áctual; ~ая нóвость thrílling / stírring / excíting news [...-z]; ~ вопрóс quéstion of vítal impórtance [-sʧ-...].

живу́ч||есть *ж.* vìtálity [vaɪ-], tenácity (of life). **~ий** of great vìtálity [...-eɪt vaɪ-], tenácious (of life); ✧ живу́ч как кóшка *разг.* he has nine lives like a cat.

живу́щ||ий 1. *прич. см.* жить; 2. *с. как сущ.*: всё ~ее every líving thing [...'lɪv-...], all flesh, man and beast.

жи́вчик *м.* 1. *разг.* (*о подвижном человеке*) líve¦ly créature; 2. *биол.* spèrmatozóòn (*pl.* -zóa).

живьём *нареч. разг.* alíve.

жи́дк||ий 1. líquid; (*текучий*) flúid; (*водянистый*) wátery ['wɔː-]; (*о каше, сливках и т. п.*) thin; ~ое молоко́ wátery milk; ~ во́здух *физ.* líquid air; ~ое мы́ло líquid soap; ~ое то́пливо oil fúel [...'fjuəl]; 2. (*редкий*) thin, scánty; ~ие во́лосы thin / scánty / sparse hair *sg.*; ~ая борода́ scánty beard; 3. (*слабый — о чае и т. п.*) weak.

жидкова́тый thínnish, wátery ['wɔː-].

жи́дкост||ь *ж.* líquid; flúid; ме́ры ~ей líquid méasures [...'meʒ-].

жи́жа *ж.* wash; наво́зная ~ dúng-wàsh, dung wáter [...'wɔː-].

жи́жица *ж. уменьш. от* жи́жа.

жизнеде́ятельн||ость *ж.* vítal àctívity. ~ый áctive.

жи́зненн||ость *ж.* vìtálity [vaɪ-], vítal pówer. ~ый vítal; ~ый вопро́с vítal quéstion [...-stʃ-]; a quéstion of vítal impórtance; ~ые интере́сы fùndaméntal / vítal ínterests; ~ый у́ровень stándard of life; ~ые це́нтры страны́ vítal céntres of *the* cóuntry [...'kʌ-]; ~ые си́лы vìtálity [vaɪ-] *sg.*, pówer *sg.*; sap *sg. разг.*; ~ый путь life*; ~ый о́пыт life expérience.

жизнеописа́ние *с.* bìógraphy.

жизнера́достн||ость *ж.* chéerfulness, joy of líving [...'lɪv-], buóyancy ['bɔɪ-]; ánimal spírits *pl. разг.* ~ый chéerful, jóyous, buóyant ['bɔɪ-]; búbbling with life.

жизнеспосо́бн||ость *ж.* vìabílity, vítal capácity. ~ый víable, posséssing vítal capácity [-'ze-...].

жизнеутвержда́ющ||ий lífe-assért-ing, vítal, òptimístic; ~ая си́ла lífe-assérting / vítal force.

жизн||ь *ж.* life*; о́браз ~и way / mode of life / líving [...'lɪv-]; уме́ренный о́браз ~и plain líving; вступа́ть в ~ start out in life; зажи́точная ~ pròspérity; борьба́ за ~ strúggle for life; лиши́ть себя́ ~и take* one's own life [...oun...], commít súicìde; на всю ~ for life; никогда́ в ~и néver in one's life, néver in one's born days; проводи́ть в ~ (*вн.*) put* into práctice (*d.*); (*о реформах, преобразованиях и т. п.*) cárry out (*d.*); зараба́тывать на ~ earn / make* one's líving [əːn...]; сре́дства к ~и means of subsístence, líve¦lihood [-hud]; при ~и dúring / in one's lífe-time; ✧ ~ бьёт ключо́м life is in full swing; в нём ~ бьёт ключо́м he is brímming óver with life; би́ться не на ~, а на сме́рть fight* to the death [...deθ], fight* to the fínish; вопро́с ~и или сме́рти a mátter of life and death; брать всё от ~и enjóy life to the full.

жикле́р *м. тех.* (cárburèttor) jet.

жи́ла *ж.* 1. (*сухожилие*) téndon, sínew ['sɪ-]; 2. (*кровеносный сосуд*) vein; 3. *горн.* vein; ру́дная ~ lode.

жиле́т *м.*, ~ка *ж.* wáistcoat, vest. ~ный *прил. к* жиле́т; ~ный карма́н wáistcoat pócket.

жиле́ц *м.* ténant ['te-]; lódger; ✧ он не ~ на э́том све́те *разг.* he is not (long) for this world.

жи́лист||ый sínewy, stríngy [-ŋɪ]; (*перен.*: *выносливый*) wíry; ~ые ру́ки sínewy / knótty hands.

жили́ца *ж.* (fémàle) ténant ['fiː-'te-]; (fémàle) lódger.

жили́ще *с.* dwélling; (líving) quárters ['lɪ-...] *pl.*, abóde.

жили́щно-бытов||о́й: ~ы́е усло́вия líving condítions ['lɪ-...].

жили́щно-коммуна́льн||ый: ~ое хозя́йство hóusing and commúnal sérvices *pl.*

жили́щн||ый hóusing; ~ое строи́тельство hóusing constrúction, hóusing; ~ые усло́вия hóusing / líving condítions [...'lɪv-...].

жи́л||ка *ж.* (*в разн. знач.*) vein; *бот.* fíbre, nerve; с ~ками (*о листе*) nérvàte; среди́нная ~ (*листа*) (míd-)rìb; расположе́ние ~ок (*в листе*) nèrvátion; ✧ юмористи́ческая ~ húmourous vein.

жилкова́ние *с. бот.* nèrvátion, vènátion [viː-].

жил||о́й dwélling (*attr.*); (*годный для жилья*) hábitable; ~ дом dwélling house* [...-s]; apártment house*; block of flats; (*в котором можно жить*) hábitable house*; ~а́я ко́мната (*обитаемая*) inhábited room; (*в которой можно жить*) hábitable room; ~а́я пло́щадь dwélling space; flóor-spàce ['flɔː-]; ~о́е помеще́ние place fit to live in [...lɪv...], (in)hábitable prémises [...-s-]; ~ы́е кварта́лы rèsidéntial dístricts [rez-...]; (*в противоположность фабричным*) rèsidéntial séction *sg.*

жиль||ё *с.* dwélling; hàbitátion; (*местожительство*) dómicìle; (*в чужом доме*) lódging; в по́исках ~я́ in search of lódging [...səːtʃ...]; неприго́дный для ~я́ únfít for húman hàbitátion.

жим *м. спорт.* press.

жи́молость *ж. бот.* hóney¦sùckle ['hʌ-].

жир *м.* fat; (*топлёное сало*) grease [-s]; живо́тный ~ ánimal fat; говя́жий, бара́ний по́чечный ~ súet ['sjuɪt]; расти́тельный ~ végetable oil; кито́вый ~ blúbber, sperm oil; ры́бий ~ cód-lìver oil [-lɪ-...].

жира́ф *м. зоол.* giráffe [-ɑːf].

жире́ть, разжире́ть grow* fat / plump [-ou...]; (*о скоте*) fátten.

жи́рно I *прил. кратк. см.* жи́рный.

жи́рн||о II *нареч.* fát¦ly, gréasily [-zɪ-]; ~ нама́зать чем-л. spread* smth. thick [-ed...]; ~ есть eat* rich food; ✧ (не сли́шком ли) ~ бу́дет! *разг.* it will be too much!; that's too much! ~ый 1. fat; (*о птице*) plump; (*о кушанье*) rich; 2. (*сальный*) gréasy [-zɪ]; ~ое пятно́ grease spot [-s...]; ✧ ~ая земля́ fat land / soil; ~ый шрифт thick / bold type; bóldfàce *амер.*; ~ый о́ттиск *полигр.* rich ímprint.

жи́ро *с. нескл. фин.* endórse¦ment.

жирови́к *м.* 1. *мед.* fátty túmour, lipóma; 2. *мин.* stéatite ['stɪə-], sóap-stòne.

жиро́вка *ж.* = жироприка́з.

жиров||о́й fátty; ~а́я ткань *мед.* ádipòse tíssue [-s...]; ~ы́е вещества́ ádipòse mátter *sg.*; ~о́е перерожде́ние *мед.* fátty / làrdáceous degènerátion [...-ʃəs...]; ~о́е яйцо́ *зоол.* wínd-ègg ['wɪnd-].

жиронди́ст *м. ист.* Giróndist.

жироприка́з *м. фин.* endórse¦ment, (bánking) órder.

жироско́п *м. физ.* gýroscòpe.

жите́йск||ий évery¦dáy, wórldly; ~ая му́дрость wórldly wísdom [...'wɪz-]; ✧ де́ло ~ое *разг.* ≅ there is nóthing out of the cómmon in it.

жи́тель *м.*, ~ница *ж.* inhábitant, résident [-z-], dwéller; городско́й ~ tówns¦man*; tówn-dwèller; *мн. собир.* tównsfòlk [-z-], tównspèople [-zpiː-]; се́льский ~ cóuntry¦man* ['kʌ-], víllager; *мн. собир.* cóuntry-fòlk ['kʌ-], cóuntrypèople ['kʌ--piː-]; коренно́й ~ nátive índigène; ~ Восто́ка inhábitant of the East; Òriéntal; ~ Кра́йнего Се́вера inhábitant of the far North, hỳperbòréan [haɪ- -'riːən]. ~ство *с.* résidence [-zɪ-]; (*временное*) stay, sójourn [-dʒəːn]; ме́сто ~ства place of résidence; dómicìle; (*адрес*) addréss; перемени́ть ~ство change one's résidence [tʃeɪ-...]; име́ть постоя́нное ~ство где-л. be dómicìled in; ✧ вид на ~ство résidence pérmit.

жи́тница *ж.* gránary.

жи́то *с.* corn (*not ground*); (*пшеница*) spríng-wheat; (*рожь*) spríng-rýe; (*ячмень*) spríng-bárley.

жить live [lɪv]; ~ на свои́ сре́дства suppórt òne¦sélf; ~ на сре́дства кого́-л. live on smb.; ~ скро́мно live in a small way; ~ зажи́точно live in éasy círcumstances [...'iːzɪ...], live a wéll-to-dó life; ~ в нищете́ live in pénury; just keep* bódy and soul togéther [...'bɔ- ...soul -'ge-] *идиом.*; ему́ не́чем ~ he has nóthing to live up¦ón; ~ одино́ко live a sólitary life; ~ иллю́зиями live in a fool's páradìse [...-s], dream* one's life a¦wáy; ~ по́лной жи́знью live a full life*; ~ счастли́вой жи́знью live a háppy life*; ✧ здоро́во живёшь *разг.* without rhyme or réason [...-z°n], for no réason at all; жил-бы́л (once up¦ón a time) there was / lived.

жить||ё *с.* life; (*существование*) exístence; ✧ ~я́ нет *разг.* life is made impóssible; ~я́ мне нет от негó I get no peace with him aróund.

житьё-бытьё *с. разг.* life.

жи́ться *безл.*; емý живётся неплóхо he is quite well off; как вам живётся? how's life?, how is life tréating you?

жмём, жмёт(е), жмёшь *наст. вр. см.* жать I.

жмýрить: ~ глазá = жмýриться. **~ся** screw up one's eyes [...aɪz].

жмýрки *мн.* (*игра*) blínd-man's-búff *sg.*

жму(т) *наст. вр. см.* жать I.

жмыхи́ *мн. с.-х.* óilcàke *sg.*; (*хлопкового семени*) cótton-càke *sg.*

жнéйка *ж. с.-х.* réaper, réaping / hárvesting machíne [...-'ʃiːn].

жнём, жнёт(е) *наст. вр. см.* жать II.

жнец *м.* réaper.

жнёшь *наст. вр. см.* жать II.

жнея́ *ж.* **1.** = жни́ца; **2.** = жáтвенная маши́на *см.* жáтвенный.

жни́во *с.*=жнивьё.

жнивьё *с.* stubble.

жни́ца *ж.* réaper, hárvester.

жну(т) *наст. вр. см.* жать II.

жокéй *м. спорт.* jóckey.

жóлоб *м.* = жёлоб.

жóлудь *м.* = жёлудь.

жонглёр *м.* júggler. **~ство** *с.* júgglery, sléight-of-hànd ['slaɪt-].

жонгли́ровать juggle.

жóрнов *м.* = жёрнов.

жрать, сожрáть (*вн.*) *груб.* gorge (*d.*), guzzle (*d.*).

жрéбий *м.* lot; (*перен. тж.*) fate, déstiny; бросáть ~ throw* / cast* lots [-ou...]; тянýть ~ draw* lots; ~ пал на негó the lot fell up¦ón him; ◇ ~ брóшен the die is thrown / cast.

жрец *м. ист.* priest [-iːst]; ◇ ~ наýки priest of science.

жрéческий príestly [-iːst-].

жри́ца *ж. ист.* príestess [-iːst-].

жýжелица *ж. зоол.* cárabus.

жужжáние *с.* [-жьжя́-] hum (*тж. о прялке*); buzz, drone.

жужжáть [-жьжя́-] hum; buzz, drone; (*ср.* жужжáние).

жуи́р *м. уст.* good féllow, man* who enjóys life.

жук *м.* beetle; навóзный ~ dúng-beetle; мáйский ~ Máy-bùg, cóck-chàfer; ~-носорóг únicòrn beetle.

жýлик *м.* rogue [roug], swíndler; (*в игре*) cheat; (*в карт. игре*) shárper. **~овáтый** *разг.* róguish ['rou-].

жýльничать swindle; (*в игре*) cheat.

жýльниче||ский fráudulent. **~ство** *с.* róguery [-rou-], swindle; sharp práctice.

жýпел *м.* búgaboo, búgbear [-bɛə].

журавли́н||ый *прил. к* журáвль 1; ◇ ~ые нóги spindle shanks, spindle legs.

журáвл||ь *м.* **1.** (*птица*) crane; **2.** (*у колодца*) (well) sweep, shàdóof [ʃæ-]; ◇ не сули́ ~я́ в нéбе, а дай сини́цу в рýки *посл.* ≅ a bird in the hand is worth two in the bush [...buʃ].

жури́ть (*вн.*) *разг.* repróve [-uːv] (*d.*), rebúke (*d.*), scold (*d.*).

журнáл *м.* **1.** (*периодическое издание*) pèriódical, màgazíne [-'ziːn], jóurnal ['ʤəː-]; ежемéсячный ~ mónthly (màgazíne) ['mʌ-...]; двухнедéльный ~ fórtnìghtly; еженедéльный ~ wéekly, wéekly màgazíne; нóмер ~а íssue, númber; **2.** (*книга для записи*) jóurnal, díary, régister; клáссный ~ class régister; заноси́ть в ~ (*вн.*) régister (*d.*); ~ боевы́х дéйствий *воен.* war díary; ~ заседáний mínutes [-nɪts] *pl.*, mínute-book [-ɪt-]; вáхтенный ~ *мор.* lóg(-book).

журнали́ст *м.* jóurnalist ['ʤəː-] **~ика** *ж.* jóurnalism ['ʤəː-]. **~ский** journalístic [ʤəː-].

журнáльный màgazíne [-'ziːn] (*attr.*), jóurnal ['ʤəː-] (*attr.*).

журчáние *с.* purl, babble, múrmur.

журчáть purl, babble, múrmur.

жýткий térrible; (*таинственный*) ùn¦cánny; weird [wɪəd], éerie; (*зловещий*) sínister.

жýтко *предик. безл.*: емý ~ he feels áwe-strùck, he is térrified, he feels créepy.

жуть *ж.* hórror; егó ~ берёт *разг.* he feels áwe-strùck, he is térrified.

жýчить (*вн.*) *разг.* nag (at).

жучóк *м. уменьш. от* жук; древéсный ~ wóod-en¦gràver ['wud-] (*insect*).

жюри́ *с. нескл. собир.* júdges *pl.*; *спорт.* úmpìre; ~ на вы́ставке карти́н háng¦ing commíttee [...-tɪ]; член ~ judge; (*на выставке картин тж.*) mémber of the háng¦ing commíttee; быть в состáве ~ be one of the júdges.

З

за I *предл.* **1.** (*тв.— где?, вн.— куда?; позади*) behínd; (*через*) óver; (*по ту сторону, дальше; тж. перен.*) be¦yónd, the other side of; (*за пределами, вне*) óutside, óutside the gate: за шкáфом, за шкаф behínd *the* wárdròbe; за рекóй, зá реку óver *the* ríver [...'rɪ-], be¦yónd *the* ríver; за ворóтами, за ворóта be¦yónd, *или* the other side of, *the* gate; óutside the gate; за предéлами, за предéлы (*рд.*) be¦yónd (the límits of); — за бóртом, зá борт óver¦board; за углóм, зá угол round the córner; завёртывать зá угол turn *a* córner; **2.** (*тв.— где?, вн.— куда?; около, у*) at: си́дя за пи́сьменным столóм sítting at *the* wríting-tàble; садя́сь за пи́сьменный стол sitting down at *the* wríting-tàble; (*ср.* стол); **3.** (*тв.; во время, занимаясь данным предметом*) at; (*в процессе: при существительных, обозначающих действие*) in *или не переводится, причём существит. передаётся через pres. part.*: за урóком at *the* lésson; за обéдом at dínner; за шáхматами at chess; проводи́ть вéчер за чтéнием, за игрóй spend* *the* évening in réading, in play [...'iːvn-...], spend* the évening réading, pláying; заставáть когó-л. за чтéнием find* smb. réading; **4.** (*тв.; вслед, следуя, преследуя*) áfter: день за днём day áfter day; бежáть, гнáться за кем-л. run* áfter smb.; — слéдовать за кем-л., за чéм-либо fóllow smb., smth.; охóтиться за волкáми, за зáйцами *и т. п.* hunt wolves, hares, *etc.* [...wu-...]; охóтиться за кем-л., за чем-л. (*перен.*) hunt for / áfter smb., for / áfter smth.; дверь затвори́лась за ним the door closed on / behínd him [...dɔː...]; **5.** (*тв.; чтобы достать, принести и т. п.*) for *или инфинитив соотв. глагола* (get*, fetch, buy* [baɪ] *и т. п.*) *без предл.*: посылáть за врачóм send* for *the* dóctor; éздить за билéтами go* to get tíckets; — сходи́ть, съéздить за кем-л., за чем-л. (go* and) fetch / bring* smb., smth.; **6.** (*тв.; по причине*) becáuse of [-'kɔz...]; за недостáтком (*рд.*), за неимéнием (*рд.*) for want (of); за отсýтствием (*рд.*) in the ábsence (of); за мóлодостью лет on the grounds of youth [...juːθ]; за стáростью лет on accóunt of advánced / old age; **7.** (*вн.; ради, в пользу*) for: борóться за свобóду fight* for fréedom; голосовáть за когó-л. vote for smb.; быть за что-л. be for smth.; за мир, за демокрáтию, за социали́зм! for peace, for demócracy, for sócialism!; **8.** (*вн.; при выражении радостной эмоции*) for (smb.'s sake); (*при выражении страха, опасения*) for: рáдоваться за когó-л. be glad for smb.'s sake; он счáстлив за неё he is háppy for her (sake); беспокóиться за когó-л. be ánxious for smb.; **9.** (*вн.; при выражении возмездия, награды, компенсации, платы, цены*) for: накáзанный за что-л. púnished for smth. ['pʌ-...]; награждённый за чтó-либо rewárded for smth. (*ср.* награждáть); благодари́ть когó-л. за что-л. thank smb. for smth.; получáть что-л. за что-л. recéive / take* smth. for smth. [-'siːv...]; плáта за что-л. pay for smth.; за дéсять рублéй for ten roubles [...ruː-]; **10.** (*вн.; вместо*) for; (*столько же как*) enóugh for [ɪ'nʌf...];

з качестве) as: распи́сываться за ко-ó-л. sign for smb. [saın...]; рабо́тать а трои́х work enóugh for three, do he work of three; рабо́тать за гла́в-ого инжене́ра work as chief èngineer ...tʃi:f endʒ-]; — за N... (*подпись*) N er pròcuratiónèm... [...-ʃı'oun-] (*об. экр.* p. proc., p. pro, p. p.): за дирéк-ора А. Ивано́в Diréctor p. proc. .. Ivànóv [...-vɑ:-]; **11.** (*вн.*; *при бозначении истекшего времени*) for; *з течение*) dúring; (*в, в пределах*) in, vithin: за послéдние дéсять лет for he last ten years; за пять дней, кото-ые он провёл там dúring the five ays he spent there; э́то мо́жно сдé-ать за час it may be done in an our, *или* within an hour [...auə...]; **2.** (*вн.*; *раньше на*) *не переводится*: а недéлю до пра́здников a week be-óre the hólidays [...-dız]; за мéсяц до того a month befóre [...mʌ-...]; **13.** *зн.*; *на расстоянии*) at a dístance of *ли не переводится*: за два́дцать кило-éтров от Москвы́ (at a dístance of) wénty kílomètres from Móscow; **14.** *вн.*; *при обозначении части пред-ета, через которую он подвергается ействию*) by: брать, вести́ когó-л. á руку take*, lead* smb. by the and; — дёргать, тяну́ть когó-л. зá олосы pull smb.'s hair [pul...]; ◇ á гóродом, зá гóрод out of town; а рубежóм (*за границей*) abróad -ɔ:d]; быть (зáмужем) за кем-л. *разг.* e márried to smb.; за ним *и т. д.* долг кому́-л.) he, *etc.*, owes (smb.) ...ouz...]: за ним дéсять рублéй he wes *smb.* ten roubles; — за ним *т. д.* óчередь (+*инф.*) *см.* óчередь;— а и прóтив for and agáinst, pro and on; *как сущ. мн.* pros and cons -ouz...]: есть мнóго за и прóтив there re many pros and cons; — ему́, им *т. д.* зá сорок, за пятьдеся́т *и т. д.* лет) he is, they are, *etc.*, óver / past órty, fífty, *etc.*; зá пóлночь past nídnight; отвечáть, ручáться за когó-либо, за что-л., брáться, принимáться а что-л., хватáться, держáться за ко-ó-л., за что-л. *см. соотв. глаголы*; *тж. др. особые случаи, не приведённые десь, см. под теми словами, с кото-ыми предл.* за *образует тесные со-етания.*

за II *частица*: что за *см.* что I 6.

за- I *глагольная приставка, упот-ебляется в разн. знач.*; *в знач. ачала действия обычно переводится ормами глагола* begin* (+to *inf.*): ни́ заспóрили (*начали спорить*) they egán to árgue, *но часто* за- *выражает олько сов. вид и тогда обычно не пе-еводится*: он закричáл (*крикнул*) he hóuted, *или* gave a shout *и т. д.*; *таком случае* закричáть = кричáть hout *и т. д.*

за- II *приставка в географич. назва-иях* Trans- [-z- *перед гласн. или вонк. согласн.*]: закаспи́йский Tráns-cáspian; забайкáльский Tránsbaikál [-zbaı'kɑ:l].

заалéть *сов.* **1.** (*о лице, щеках*) flush crímson [...-z-]; (*о небе*) begin* to glow [...glou]; **2.** *как сов. к* алéть.

зааплоди́ровать *сов.* start clápping, break* out into appláuse [breık...].

заарендовáть *сов. см.* заарендóвывать.

заарендóвывать, заарендовáть (*вн.*) rent (*d.*), lease [-s] (*d.*).

заарканить *сов.* (*вн.*) catch* (*d.*), lássò (*d.*).

заартáчиться *сов. см.* артáчиться.

заасфальти́ровать *сов.* (*вн.*) ásphàlt [-fælt] (*d.*); lay* with ásphàlt (*d.*).

заатланти́ческий tránsatlántic [-z-].

забáва *ж.* **1.** (*развлечение*) amúse-ment; (*потеха*) fun; **2.** (*несерьёзное занятие*) pástime, sport; дéтская ~ child's play.

забавля́ть (*вн.*) amúse (*d.*). **~ся** amúse òne¦sélf; (*веселиться*) make* mérry.

забáвни||к *м. разг.* mérry-màker; fúnny / mérry / jólly féllow / chap. **~ца** *ж. разг.* fúnny / mérry / jólly girl [...g-].

забáвно I **1.** *прил. кратк. см.* забáвный; **2.** *предик. безл.* it is fun; ~! how fúnny!; what fun!; ему́ ~ he finds it fúnny / amúsing, he likes it.

забáвно II *нареч.* amúsing¦ly, in an amúsing way.

забáвный amúsing; (*смешной*) fún-ny; ~ слу́чай fúnny íncident; он ужáсно ~! *разг.* he is áwfully fúnny, he is símply príce¦less.

забаллоти́ровать *сов.* (*вн.*) bláck-bàll (*d.*).

забарабáни||ть *сов.* (*начать бить в барабан*) begin* to drum; (*перен.*) begin* to pátter; дождь ~л по стеклу́, по кры́ше the rain begán to pátter on the wíndow-pàne, on the roof.

забаррикади́ровать *сов. см.* баррикади́ровать.

забастовáть *сов.* strike*, go* on strike; come* out *идиом. разг.*; (*ср. тж.* бастовáть).

забастóв||ка *ж.* strike; полити́ческая ~ polítical strike; экономи́ческая ~ èconómic strike [i:-...]; итальянская ~ sít-down strike; всеóбщая ~ géneral strike; кратковрéменная ~ shórt-térm / líghtning strike; óбщая ~ протéста géneral prótèst strike; ~ солидáрности sỳmpathétic strike; объяви́ть ~ку = забастовáть; подави́ть ~ку suppréss *the* strike. **~очный** *прил. к* забастóвка; ~очный комитéт strike commíttee [...-tı]; ~очный пикéт (strike) píckets *pl.*; ~очная борьбá, ~очное движéние strike móve¦ment [...'mu:-]. **~щик** *м.*, **~щица** *ж.* stríker.

забвéни||е *с.* oblívion; предáть ~ю (*вн.*) búry in oblívion ['be-...] (*d.*); искáть ~я seek* oblívion, seek* to forgét [...-'g-].

забéг *м. спорт.* heat, round.

забéгать *сов.* begin* to bustle; (*о глазах, взгляде*) begin* to shift from side to side, become* shífty.

забегáть, забежáть **1.** (к комý-л.) call (on smb.), drop in (at smb.'s *place*); (*ср. тж.* загля́дывать 2 *и* заходи́ть 1); **2.** (*убегать далеко*) run* (*far away*); reach (*a place*) by rúnning; ◇ ~ вперёд run* a few steps fórward, run* ahéad [...ə'hed]; (*преждевременно делать что-л.*) fòre¦stáll evénts; put* the cart befóre the horse *идиом.*; ~ вперёд в расскáзе get* ahéad of one's stóry.

забéгаться *сов. разг.* be off one's feet.

забежáть *сов. см.* забегáть.

забелéть *сов.* show* / loom white [ʃou...]. **~ся** *сов.* = забелéть.

забели́ть *сов. разг.*: ~ суп молокóм put* milk into *one's* soup [...su:p], add milk to *the* soup.

заберéменеть *сов.* **1.** be / become* prégnant; **2.** *как сов. к* берéменеть.

забеспокóиться *сов.* **1.** (*начать беспокоиться*) begin* to wórry [...'wʌ-], begin* to feel ánxious / ùn¦éasy [...-zı]; **2.** *как сов. к* беспокóиться.

забетони́ровать *сов. см.* бетони́ровать.

забивáть, заби́ть **1.** (*вн.*) drive* in (*d.*); (*молотком*) hámmer in (*d.*); (*о сваях и т. п.*) ram in (*d.*); **2.** (*вн. тв.*; *заполнять*) choke up (*d.* with), fill chóck-fúll (*d.* with); (*закрывать проход и т. п.*) obstrúct (*d.* with), jam (*d.* with); **3.** (*вн. тв.*; *заделывать*) stop up (*d.* with); ~ óкна дóсками board up the wíndows; **4.** (*вн.*) *разг.* (*превосходить*) out¦dó (*d.*); **5.** (*вн.*) *спорт.* drive* in (*d.*); score (*d.*): ~ мяч drive* in *a* ball; ~ гол score *a* goal; ◇ ~ гóлову комý-л. put* wrong / fóolish nótions into smb.'s head [...hed]; (чем-л.) stuff smb.'s head (with smth.).

забивáться, заби́ться **1.** hide*; ~ в у́гол hide* in *a* córner; **2.** (чем-л.; *засоряться*) become* obstrúcted (with smth.); **3.** *страд. к* забивáть.

забинтовáть *сов. см.* забинтóвывать *и* бинтовáть.

забинтóвывать, забинтовáть (*вн.*) bándage (*d.*).

забирáть, забрáть (*вн.*) **1.** (*брать*) take* a¦wáy (*d.*), take* to òne¦sélf (*d.*); colléct (*d.*); (*овладевать*) cápture (*d.*); take* posséssion [...-'ze-] (of); (*арестовывать*) arrést (*d.*); **2.** *разг.* (*о чувствах и т. п.*) come* óver (*d.*); **3.** (*ушивать, убавлять*) take* in (*d.*); ~ шов take* in a seam; ◇ егó забрáло за живóе he was touched to the quick [...tʌ-...]; ~ себé в гóлову take* *it* into one's head [...hed]; get* the ìdéa (of) [...aı-'dıə...]; ~ в ру́ки take* in hand (*d.*); ~ в свои́ ру́ки cóncèntràte in one's hands (*d.*).

забирáться, забрáться **1.** (на *вн.*; *залезать куда-л.*) perch (on, up¦ón), climb [klaɪm] (*d.*, on), get* (on, up¦ón); (*достигать*) reach (*d.*); **2.** (в *вн.*; *проникать*) pénetràte (into), get* (into); **3.** *страд.* к забирáть.

забúтый 1. *прич. см.* забивáть; **2.** *прил.* oppréssed, dówntròdden.

забúть I *сов. см.* забивáть.

забúть II *сов.* (*начать бить*) begin* to beat; забúл фонтáн нéфти an oil gúsher was struck; нефть забúла из сквáжины oil gushed out.

забúться I *сов. см.* забивáться.

забúться II *сов.* (*начать биться*) begin* to beat; у негó забúлось сéрдце his heart begán to beat / thump / throb [...hɑːt...].

забия́ка *м. и ж. разг.* squábbler; (*о мужчине тж.*) búlly ['bu-].

заблаговрéменн||о *нареч.* in advánce, éarly ['əː-], in good time; ahéad of time [ə'hed...] *амер.* **~ый** done in good time, done éarly [...'əː-].

заблагорассýди||ться *сов. безл. переводится личными формами от* like, deem it nécessary; он дéлает, что емý ~тся he does what he likes / chóoses; емý не ~лось ей отвéтить he did not deem it nécessary to ánswer her [...'ɑːnsə...].

заблестé||ть *сов.* **1.** (*стать блестящим*) become* shíny; **2.** *как сов. к* блестéть; её глазá ~ли her eyes shone / spárkled [...aɪz ʃɔn...].

заблéять *сов.* **1.** (*начать блеять*) begin* to bleat; **2.** *как сов. к* блéять.

заблистáть *сов.*= заблестéть.

заблудúться *сов.* lose* one's way [luːz...], get* lost; ✧ ~ в трёх сóснах *разг.* lose* one's way in broad dáylìght [...brɔːd...].

заблýдш||ий stray; (*перен.*) gone astráy [gɔn...] (*после сущ.*), lost; ✧ ~ая овцá stray / lost sheep*.

заблужд||áться err, be mistáken. **~éние** *с.* érror, delúsion; быть в ~éнии be únder a delúsion, be in érror; вводúть в ~éние (*вн.*) lead* into érror (*d.*), delúde (*d.*); (*тж. воен.*) misléad* (*d.*); вы́вести из ~éния (*вн.*) úndecéive [-'siːv] (*d.*).

забодáть *сов.* (*вн.*) gore (*d.*).

забóй *м. горн.* face; (*угольный*) cóal-fàce. **~щик** *м.* (cóal-)hewer, gétter ['ge-].

заболáчивание *с.* bógging up.

заболáчивать, заболóтить (*вн.*) bog up (*d.*). **~ся,** заболóтиться become* bogged up.

заболевá||емость *ж.* mòrbídity; (*относительное количество заболеваний*) sick rate; (*распространённость болезни*) prévalence (*of disease*); ~ скарлатúной умéньшилась the númber of scárlet féver cáses, *или* of cáses of scárlet féver, has dè¦créased [...-sɪz...-st]. **~ние** *с.* diséase [-'ziːz].

заболевáть, заболéть (*тв.*) fall* ill (with), be táken ill (with).

заболéть I *сов. см.* заболевáть.

заболé||ть II *сов.* (*начать болеть; о каком-л. органе*) begin* to ache [...eɪk], ache; у негó ~ло... he has... ache; у негó ~ла головá he has a héadàche [...'hedeɪk]; у негó ~ло гóрло he has a sore throat.

зáболонь *ж.* àlbúrnum, sáp-wood [-wud].

заболóтить(ся) *сов. см.* заболáчивать(ся).

заболóченный mársh-rìdden.

заболтáться *сов.* (с *тв.*) *разг.* forgét* òne¦sélf, *или* the time, in chátting [-'get...] (with); ~ до утрá talk all night long.

забóр *м.* fence.

забóристый *разг.* rácy; (*острый*) púngent [-ndʒ-].

забóрный 1. *прил. к* забóр; **2.** (*неприличный, грубый*) indécent, coarse.

заборонúть *сов.* (*вн.*) *с.-х.* hárrow (*d.*).

забóт||а *ж.* (о *пр.*) **1.** (*беспокойство*) ànxíety [æŋ'z-] (for); **2.** (*хлопоты*) tróuble [trʌ-] (abóut); (*попечение*) care (of, for); ~ о человéке care of péople [...piː-]; care for péople's / públic wélfàre [...'pʌ-...]; ~ы о бýдущем care for the fúture; ~ о дéтях care / concérn for chíldren; быть окружённым ~ой be gíven évery suppórt / en¦cóurage¦ment [...-'kʌ-]; э́то явля́ется нáшей глáвной ~ой it is our spécial concérn [...'spe-...]; ✧ без забóт cáre¦free; емý ~ы мáло *разг.* what does he care?; нé было ~ы! ≅ we are in for it!

забóт||ить (когó-л.) cause ànxíety [...æŋ'z-] (to smb.), wórry ['wʌ-] (smb.); э́то егó óчень ~ит he is very much wórried abóut it; э́то егó мáло ~ит he does not care. **~иться,** позабóтиться (о *пр.*) **1.** (*окружать заботой*) look áfter (*d.*), take* care (of); **2.** (*беспокоиться*) tróuble [trʌ-] (abóut); ~иться о своём здорóвье look áfter one's health [...he-]; онú должны́ позабóтиться о том, чтóбы they must see to it that.

забóтлив||ость *ж.* thóughtfulness, care, solícitùde. **~ый** thóughtful, consíderate, solícitous.

забраковáть *сов. см.* браковáть.

забрáло *с. ист.* vísor [-zə]; ✧ с откры́тым ~м ópen¦ly, fránkly, bóld¦ly.

забранúть *сов.* (*вн.*) *разг.* scold (*d.*), give* a ráting (to).

забрáсывать I, забросáть (*вн. тв.*) **1.** (*бросать много, со всех сторон*) bespátter (*d.* with); pelt (*d.* with); (*перен.*) shówer (up¦ón *d.*); артúстов забросáли цветáми the áctors were smóthered with flówers [...'smʌð-...]; забросáть когó-л. камня́ми (*прям. и перен.*) throw* / hurl / cast* stones at smb. [θrou...], stone smb.; ~ когó-л. гря́зью (*прям. и перен.*) fling* / throw* mud at smb.; drag smb. through the mire; забросáть подáрками (*вн.*) shówer with présents [...-ez-] (*d.*); забросáть когó-л. вопрóсами ply smb. with quéstions [...-stʃ-] fire quéstions at smb.; **2.** (*заполнять*) fill (*d.* with), fill up (*d.* with); (*сверху*) cóver ['kʌ-] (*d.* with); (*ср. тж* закúдывать).

забрáсывать II, забрóсить (*вн.*) **1** (*бросать далеко*) throw* / cast* / hur far a¦wáy [θrou...] (*d.*); ~ мяч throw* *a* ball; судьбá забрóсила er на сéвер fate has brought him to th north; **2.** *тк. сов.* (*затерять*) misláy (*d.*); **3.** (*оставлять без внимания*) negléct (*d.*), abándon (*d.*); (*переставать заниматься чем-л.*) give* up (*d.*) он забрóсил свои заня́тия he ha gíven up his stúdies [...'stʌ-]; **4.** (*дт вн.*) *разг.* supplý (*d.* with); **5.** (*вн. завозить куда-л.*) take* / bring* (*to a place*) (*d.*).

забрáть *сов. см.* забирáть.

забрáться *сов. см.* забирáться.

забрéдить *сов.* become* delírious

забрéзжи||ть [-éжьжи-] *сов.* appéar begin* to gleam; ~л огонёк *a* ligh begán to gleam; чуть ~л свет... a the first gleam of dáylight...; ~л *безл.* it is just begínning to get light

забрестú *сов. разг.* **1.** (*сбившись пути*) stray, wánder; **2.** (*зайти мимоходом*) drop in.

забрúть *сов. уст. разг.*: ~ когó-л. ~ лоб комý-л. recrúit smb. [-uːt...]

забродúть *сов.* fèrmént.

забронúровать *сов. см.* бронúровать.

забрóс *м.*: быть в ~е *разг.* be negléсted.

забросáть *сов. см.* забрáсывать I

забрóсить *сов. см.* забрáсывать II

забрóшенн||ость *ж.* abándonment desértion [-'zəː-]. **~ый 1.** *прич. см* забрáсывать II; **2.** *прил.* dérelict negléсted; (*необитаемый*) desérte [-'zəː-]; ~ый сад negléсted weed-grówn / óver¦grown gárde [...-'groun...]; ~ый дом desérte house* [...-s]; ~ый ребёнок negléсte child*; ~ое мéсто désolate spot.

забры́зганный 1. *прич. см.* забры́згивать; **2.** *прил.* (*грязью*) bedrábbled

забры́згать *сов. см.* забры́згивать

забры́згивать, забры́згать (*вн. тв* splash (*d.* with); bespátter (*d.* with) забры́згать гря́зью splash / bespátte with mud (*d.*).

забубённ||ый: ~ая голóвушка *разг* ùn¦rúly / díssolùte féllow.

забулды́га *м. разг.* dèbauchée.

забутúть *сов. см.* бутúть.

забушевáть *сов.* **1.** (*начать бушевать*) begin* to rage; **2.** *как сов.* бушевáть.

забуя́нить *сов.* **1.** (*начать буянить*) become* ùn¦rúly / ríotous, get* ou of hand; **2.** *как сов. к* буя́нить.

забывáть, забы́ть (*вн.*) **1.** forgét [-'g-] (*d.*); (*пренебрегать*) negléс (*d.*); он совершéнно забы́л (об э́том he forgót all abóut it, it went clea out of his mind; и ду́мать забу́дь! *разг.* put / get it out of your head! [...hed]; ~ оби́ду forgíve* *an* ínjury [-'gɪv...]; forgíve* and forgét*; 2. (*оставлять*) leave* behínd (*d.*); ✧ себя́ не ~ take* care of one's own prófit [...oun...], look áfter one's own ínterest(s); take* care of númber one *разг.*; что он там забы́л? *разг.* what búsiness has he there? [...'bɪzn-...]. **~ся,** забы́ться **1.** (*задремать*) doze, drop off; (*терять сознание*) lose* cónscious¦ness [lu:z -nʃəs-], becóme* ùn¦cónscious [...-nʃəs]; **2.** (*замечтаться*) be lost in réverie; **3.** (*переходить границы дозволенного*) forgét* òne¦sélf; **4.:** он хо́чет забы́ться he seeks oblívion; он де́лает э́то, что́бы забы́ться he does it to forgét his troubles [...trʌ-], he seeks oblívion; **5.** *страд. к* забыва́ть; э́то не ско́ро забу́дется this won't be éasily forgótten [...wount... 'i:z-...].

забы́вчив||ость *ж.* forgétfulness [-'g-], oblívious¦ness; (*рассеянность*) ábsent-mínded¦ness. **~ый** forgétful [-'g-]; (*рассеянный*) ábsent-mínded.

забы́т||ый 1. *прич. см.* забыва́ть; **2.** *прил.* lost; (*заброшенный*) forgótten; ~ые ве́щи lost próperty *sg.*, lost things.

забы́ть *сов. см.* забыва́ть.

забытьё *с.* (*потеря сознания*) ùn¦cónscious¦ness [-nʃəs-], oblívion; (*дремота*) drówsiness [-z-]; впасть в ~ (*потерять сознание*) lose* cónscious¦ness [lu:z -nʃəs-], lapse into oblívion; (*задремать*) fall* into a doze.

забы́ться *сов. см.* забыва́ться.

зав = заве́дующий.

зава́жничать *сов. разг.* put* on airs.

зава́л *м.* **1.** obstrúction; **2.** *мед.* cònstipátion; **3.** *воен.* sláshing.

зава́л||ивать, завали́ть **1.** (*вн. тв.*) heap up (*d.* with); (*заполнять*) fill up (*d.* with); (*загромождать*) block up (*d.* with); (*перен.*: *переполнять*) *разг.* fill crám-fúll (*d.* with); **2.** (*вн.*; *засыпать*) búry ['be-] (*d.*); **3.** (*вн. тв.*; *переобременять*) óver¦lóad (*d.* with); ~ зака́зами óver¦lóad with órders; он ~ен рабо́той he is up to the eyes in work [...aɪz...]; **4.** (*вн.*) *разг.* (*опрокидывать*) tumble (*d.*). **~иваться,** завали́ться **1.** (*падать*) fall*; (*затеряться*) be misláid; кни́га ~и́лась за дива́н the book has fáll¦en / slipped behínd the sófa; **2.** *разг.* (*укладываться*) lie* down; ~иваться спать tumble into bed; **3.** (*опрокидываться*) tumble down; **4.** *страд. к* зава́ливать.

зава́линка *ж.* zaválinka (*small mound of earth along the outer walls of a peasant's house*).

завали́ть(ся) *сов. см.* зава́ливать (-ся).

за́вал||ь *ж. тк. ед. разг.* old rúbbish; (*о товаре*) old mérchandise; flý-blown stock [-oun...] *идиом.* **~я́ться** *сов. разг.* **1.** (*о документе и т. п.*) not be dúly atténded to, be shelved, be òver¦lóoked; **2.** (*остаться непроданным*) be still on hand; find* no márket. **~я́щий** *разг.* wórthless.

зава́р||ивать, завари́ть (*вн.*) **1.** (*чай, кофе*) make* (*d.*), brew (*d.*); **2.** (*обдавать кипятком*) pour bóiling wáter [pɔ:... 'wɔ:-] (óver); scald (*d.*); **3.** *разг.* (*начинать*) start (*d.*); ✧ ~и́ть ка́шу *см.* ка́ша. **~иваться,** завари́ться: чай ~и́лся tea is réady [...'re-]; неприя́тное де́ло ~и́лось there is trouble bréwing [...trʌbl...].

завари́ть(ся) *сов. см.* зава́ривать (-ся).

зава́рк||а *ж.*: ча́ю оста́лось на одну́ ~у there is just enóugh tea left for one pot [...ɪ'nʌf...].

заварно́й steeped in bóiling líquid (*as part of culinary process*).

заварýха *ж. разг.* túrmoil.

заведе́ние *с.* ìnstitútion, estáblishment; уче́бное ~ èducátional ìnstitútion; пра́чечное ~ láundry; пите́йное ~ *уст.* públic house* ['pʌ- -s].

заве́дование *с.* mánage¦ment, sùperinténdence.

заве́довать (*тв.*) mánage (*d.*), be (at) the head [...hed] (of), head (*d.*).

заве́дом||о *нареч.* wítting¦ly, delíberate¦ly; сде́лать что-л., ~ зна́я, что do smth. bé¦ing fúlly a¦wáre of the fact that [...'fu-...]; дава́ть ~ ло́жные показа́ния pérjure òne¦sélf; wítting¦ly / delíberate¦ly give* false évidence [...fɔ:ls...]. **~ый** notórious.

заве́дующий *м. скл. как прил.* mánager; (*начальник*) chief [-i:f], head [hed]; ~ снабже́нием supplíes mánager, mánager of supplíes; ~ канцеля́рией héad-clèrk ['hedklɑ:k]; exécutive *амер.*; ~ магази́ном shop mánager; ~ уче́бной ча́стью diréctor of stúdies [...'stʌ-]; ~ шко́лой héad-màster ['hed-]; príncipal *амер.*; ~ хозя́йством assístant mánager (in charge of the prémises, *etc.*) [...-sɪz].

заве́дывание *с.*= заве́дование.

заве́дывать = заве́довать.

завезти́ *сов. см.* завози́ть I.

завербова́ть *сов. см.* вербова́ть. **~ся** *сов.* (в *вн.*) join (*d.*), enlíst (for); (*без доп.*) sign a cóntràct.

завере́ние *с.* **1.** (*уверение*) pósitive státe¦ment [-z-...], assértion; (*заявление*) pròtèstátion [prou-]; **2.** (*подписи и т. п.*) wítnessing.

завери́тель *м.*, **~ница** *ж.* wítness, téstifier.

заве́рить *сов. см.* заверя́ть.

заверну́ть(ся) *сов. см.* завёртывать (-ся).

заверте́ть *сов.* **1.** (*вн.*; *начать вертеть*) begin* to twirl / whirl (*d.*); **2.** *как сов. к* верте́ть; **3.:** ~ кого́-л. (*перен.*) *разг.* turn smb.'s head [...hed]. **~ся** *сов.* **1.** (*начать вертеться*) begin* to turn, begin* to spin round; **2.** *как сов. к* верте́ться; **3.** *разг.* lose* one's head [lu:z... hed].

завёртывать, заверну́ть **1.** (*вн.*; *в бумагу и т. п.*) wrap up (*d.*); **2.** (*без доп.*; *сворачивать в сторону*) turn; заверну́ть за́ угол turn the córner; **3.** (*без доп.*) *разг.* (*заходить, заезжать куда-л.*) drop in (*at a place*), call (*at a place*); **4.** (*вн.*; *о винте, гайке и т. п.*) screw up (*d.*); ~ кран turn off *the* tap; **5.** (*вн.*; *загибать, приподнимать*: *о подоле, о рукавах*) tuck up (*d.*); (*о рукавах тж.*) roll up (*d.*). **~ся,** заверну́ться **1.** (*закутываться*) cóver / wrap / muffle òne¦sélf up ['kʌ-...]; **2.** (*загибаться*) turn up, fold up; **3.** *страд. к* завёртывать 1, 4, 5.

заверш||а́ть, заверши́ть (*вн.*) compléte (*d.*); (*вн. тв.*) con¦clúde (*d.* with), crown (*d.* with); не был ~ён was not compléted. **~а́ться,** заверши́ться be compléted / con¦clúded, come* to an end; *тк. несов.* (*подходить к концу*) near complétion. **~а́ющий 1.** *прич. см.* заверша́ть; **2.** *прил.* con¦clúding, fínal, clósing. **~е́ние** *с.* complétion; (*конец*) end; ✧ в ~е́ние in con¦clúsion.

заверши́ть(ся) *сов. см.* заверша́ть (-ся).

заверя́ть, заве́рить (*вн.*) **1.** (*уверять*) assúre [ə'ʃuə] (*d.*); **2.** (*удостоверять подпись и т. п.*) wítness (*d.*), cértifỳ (*d.*); ~ ко́пию attést *a* cópy [...'kɔ-].

заве́с||а *ж.* cúrtain; veil, screen (*тж. перен.*); дымова́я ~ smóke-screen; приподня́ть ~у lift the veil.

заве́сить *сов. см.* заве́шивать.

завести́ I, II, III *сов. см.* заводи́ть I, II, III.

завести́сь I, II *сов. см.* заводи́ться I, II.

заве́т *м.* précèpt; behést; ~ы Ле́нина Lénin's légacy; по ~ам Ле́нина in accórdance with Lénin's behésts. **~ный 1.** (*о желании, мечте*) chérished; (*о разговоре*) íntimate; **2.** (*скрываемый, известный немногим*) hídden; **3.** *уст.* (*завещанный*) sácred.

заве́шивать, заве́сить (*вн.*) cúrtain off (*d.*); ~ о́кна cúrtain the wíndows; ~ портре́т cóver / veil *a* pórtrait ['kʌ-... -rɪt].

завеща́ни||е *с.* (last) will; téstament; сде́лать ~ make* one's will; умере́ть без ~я die intéstate.

завеща́тель *м.* tèstátor. **~ница** *ж.* tèstátrix. **~ный** tèstaméntary; ~ное распоряже́ние, усло́вие tèstaméntary dìsposítion [...-'zɪ-].

завеща́ть *несов. и сов.* (*вн. дт.*) bequéath [-ð] (*d.* to); leave* by will / téstament (*d.* to); (*о недвижимом имуществе*) devíse (*d.* to).

завзя́тый *разг.* invéterate; confírmed; ~ охо́тник invéterate húnter; ~ игро́к, кури́льщик invéterate / confírmed gámbler, smóker.

завива́ть, зави́ть (*вн.*; *волнами*) wave (*d.*); (*локонами*) curl (*d.*); (*мелко*) frizzle (*d.*). **~ся,** зави́ться **1.** (*делать завивку*) wave / curl / frizzle one's hair (*ср.* завива́ть); (*у парикмахера*; *волнами*) have one's hair waved; (*ку́дрями*) have one's hair curled; **2.** (*виться*) curl, wave.

зави́вк||а *ж.* **1.** (*действие*; *волнами*) wáving; (*кудрями*) cúrling; де́лать ~у (*волнами*) have one's hair waved; (*кудрями*) have one's hair curled; **2.** (*приче́ска*) (háir-)wàve; ✧ шестиме́сячная ~ pérmanent wave; горя́чая ~ Márcèl wave; холо́дная ~ wáter wave ['wɔː-...]; де́лать холо́дную ~у set* one's hair.

зави́деть *сов.* (*вн.*) *разг.* catch* sight (of).

зави́дно **1.** *прил. кратк. см.* зави́дный; **2.** *предик. безл. переводится личными формами от* be / feel* énvious, énvy: ему́ ~ he is / feels énvious, he énvies; — ему́ ~ смотре́ть на неё he feels énvious when he looks at her.

зави́дный énviable.

зави́довать, позави́довать (*дт.*) énvy (*d.*); ✧ не зави́дую ему́, ей *и т. д.* ≅ I wouldn't be in his, her, *etc.*, place.

завиду́щ||ий: глаза́ ~ие *разг.* cóvetous eyes ['kʌ- aɪz].

завизжа́ть [-ижьжя́-] *сов.* **1.** (*начать визжать*) begin* to squeal, set* up a squeal; **2.** *как сов. к* визжа́ть.

завизи́ровать *сов.* (*вн.*) visé (*фр.*) ['viːzeɪ] (*d.*), vísa ['viːzə] (*d.*).

завиля́ть *сов.* **1.** (*начать вилять*) begin* to wag [...wæg]; (*перен.*) *разг.* begin* to dodge / prevárìcàte; **2.** *как сов. к* виля́ть.

завинти́ть(ся) *сов. см.* зави́нчивать(ся).

зави́нчивать, завинти́ть (*вн.*) screw up (*d.*). **~ся,** завинти́ться **1.** screw up; **2.** *страд. к* зави́нчивать.

завира́ться, совра́ться *разг.* **1.** talk through one's hat; (*говорить чепуху*) talk at rándom; **2.** *тк. сов.* (*стать вруном*) become* an invéterate líar.

зави́с||еть (от) depénd (on); э́то бу́дет ~ от обстоя́тельств it will depénd (on the círcumstances); наско́лько (э́то) от меня́ ~ит as far as it depénds on me; мы сде́лали всё, что от нас ~ело we did all that lay in our pówer; э́то ~ит от него́ it lies with him.

зави́сим||ость *ж.* depéndence; васса́льная ~ *ист.* vássalage; крепостна́я ~ *ист.* sérfdom, bóndage; быть в ~ости от кого́-л. depénd on smb.; ✧ в ~ости (от) depénding (on), súbject (to); (*согласно*) accórding (to). **~ый** (от) depéndent (on); ~ое положе́ние (state of) depéndence; колониа́льные и ~ые стра́ны colónial and depéndent cóuntries [...-kʌ-].

зави́стливо I *прил. кратк. см.* зави́стливый.

зави́стливо II *нареч.* with énvy, énvious|ly; смотре́ть на что-л. ~ look énvious|ly at smth., eye smth. énvious|ly [aɪ...].

зави́ст||ливый énvious. **~ник** *м.*, **~ница** *ж.* énvier, énvious pérson.

за́вист||ь *ж.* énvy; возбужда́ть ~ в ком-л. excíte / rouse énvy in smb.; ✧ ло́паться от ~и *разг.* be búrsting with énvy.

завито́й (*волнами*) waved; (*локонами*) curled; (*мелко*) frizzled, crimped.

завит||о́к *м.* **1.** (*локон*) lock, curl; **2.** (*почерка*) flóurish ['flʌ-]; **3.** (*у растений*) téndril; **4.** *арх.* volúte, scroll. **~у́шка** *ж.* = завито́к 1, 2.

зави́ть(ся) *сов. см.* завива́ть(ся).

завихре́ние *с. тех.* túrbulence.

завко́м *м.* = заводско́й комите́т *см.* заводско́й.

завладева́ть, завладе́ть (*тв.*) take* posséssion [...-'ze-] (of); (*захватывать*) seize [siːz] (*d.*); *воен.* cápture (*d.*); ~ ума́ми rule the minds; ~ внима́нием grip the atténtion.

завладе́ть *сов. см.* завладева́ть.

завлека́тельный entícing.

завлека́ть, завле́чь (*вн.*) entíce (*d.*), lure a|wáy (*d.*); (*соблазнять*) sedúce (*d.*).

завле́чь *сов. см.* завлека́ть.

заво́д I *м.* works; fáctory, mill; plant [-ɑː-]; фа́брики и ~ы mills and fáctories, fáctories and plants; автомоби́льный ~ mótor / áutomobile works [...-biːl...]; mótor / áutomobile plant; виноку́ренный ~ distíllery; вое́нный ~ mùnítion fáctory; га́зовый ~ gás-wòrks; железоде́лательный ~ íron-wòrks ['aɪən-]; кирпи́чный ~ bríck-fìeld [-fiː-]; коже́венный ~ tánnery; ко́нный ~ stúd(-fàrm); лесопи́льный ~ sáw-mìll; машинострои́тельный ~ machíne-bùilding plant [-'ʃiːnbɪl-...]; металлурги́ческий ~ mètallúrgical works; мылова́ренный ~ sóap-wòrks; нефтеперего́нный ~ oil refínery [...-'faɪ-]; пивова́ренный ~ bréwery; порохово́й ~ gúnpowder works, pówder-mìll; самолётострои́тельный ~ áeroplàne fáctory ['ɛə-...]; са́харный ~ súgar refínery ['ʃu-...]; стеко́льный ~ gláss-wòrks, gláss-(mànu)fáctory; фарфо́ровый ~ pórcelain / cerámic works [-slɪn...]; чугуноплави́льный ~ íron-foundry ['aɪən-]; лите́йный ~ fóundry; хими́ческий ~ chémical fáctory ['ke-...], chémical plant.

заво́д II *м.*: *тк. ед.* **1.** (*у часов*) wínding méchanism [...-kə-]; **2.** (*заводка*) wínding up.

заво́д III *м.*: у нас э́того и в ~е нет *разг.* we have never had it here; it has never been the cústom here.

заводи́ла *м. и ж. разг.* ring|leader.

заводи́ть I, завести́ (кого́-л. *куда-либо*; *приводить*) bring* / lead* (smb. *to a place*) (and leave* there); (*уводить*) take* / lead* (smb. *to a place*); ~ кого́-л. в тупи́к (*перен.*) lead* smb. up a blind álley.

заводи́ть II, завести́ (*вн.*) **1.** (*приобретать*) acquíre (*d.*); (*покупать*) buy* [baɪ] (*d.*); ~ привы́чку (+*инф.*) acquíre a hábit (of *ger.*), fall* / get* into the hábit (of *ger.*); **2.** (*вводить, устанавливать*) estáblish (*d.*); ~ поря́док ìntrodúce / estáblish a rule; **3.:** ~ семью́, хозя́йство acquíre a home and fámily; settle down (in life); ~ де́ло *разг.* (*коммерческое*) start a búsiness [...'bɪzn-], set* up in búsiness; ✧ ~ знако́мство (с *тв.*) set* / strike* up an acquáintance (with); ~ разгово́р start a cònversátion; ~ ссо́ру start / raise a quárrel.

заводи́ть III, завести́ (*вн.*; *приводить в движение, пускать в ход*) wind* up (*d.*); ~ граммофо́н put* on *the* grámophòne; ~ буди́льник set* *the* alárum / alárm-clòck; ~ мото́р start *the* éngine [...'enʤ-].

заводи́ться I, завести́сь **1.:** у него́ завели́сь де́ньги he has got móney (to spend) [...'mʌ-...]; в ку́хне завели́сь тарака́ны there are cóckroaches in the kítchen; **2.** (*устанавливаться*) be estáblished, be set up; завели́сь но́вые поря́дки new rules have been estáblished / ìntrodúced.

заводи́ться II, завести́сь (*о механизме, о часах*) be wound up; be set; (*о моторе*) be stárted.

заво́дка *ж. разг.* wínding up; (*о моторе*) stárting.

заводн||о́й clóck-wòrk (*attr.*); mechánical [-'kæ-]; wínd-ùp (*attr.*); ~а́я руко́ятка *авт.* stárting crank.

заводоуправле́ние *с.* fáctory / works mánage|ment.

заво́д||ский, ~ско́й *прил. к* заво́д I; ~ско́й (профсою́зный) комите́т fáctory (tráde-ùnion) commíttee [...-tɪ]; ✧ ~ская ло́шадь stúd-hòrse. **~чик** *м.* fáctory-owner [-ou-], míll-owner [-ou-].

за́водь *ж.* creek, báck-wàter [-wɔː-]; ти́хая ~ (*перен.*) péace|ful báck-wàter.

завоева́||ние *с.* cónquèst; *об. мн.* (*достижения*) achíeve|ments [-iːv-], gains; ~ полити́ческой вла́сти cónquèst of polítical pówer; вели́кие ~ния социали́зма the great achíeve|ments / gains of Sócialism [...greɪt...]. **~тель** *м.* cónqueror [-kərə]. **~тельный** aggréssive.

завоева́ть *сов. см.* завоёвывать.

завоёвывать, завоева́ть (*вн.*) cónquer [-kə] (*d.*); (*перен.*: *добиваться*) win* (*d.*); (*заслуживать*) earn [əːn] (*d.*); *несов. тж.* try to get; завоева́ть пе́рвое ме́сто (в *пр.*) *спорт.* win* / cápture first place (in); завоева́ть чьё-л. дове́рие win* smb.'s cónfidence; завоева́ть положе́ние win* one's way; завоева́ть свобо́ду win* / gain one's fréedom; завоёванный с больши́м трудо́м hárd-wòn [-wʌn].

заво́з *м.* delivery; ~ я́коря *мор.* láying out of an ánchor [...'æŋkə].

завози́ть I, завезти́ (*вн.* к кому́-л., *вн. куда-л.*) leave* (*d.* with smb., *d.* at *a place*); (*о товарах: привозить, доставлять*) supplý (with *d.*); delíver [-'lɪ-] (*d.* to); ~ я́корь *мор.* lay* out an ánchor [...'æŋkə].

завози́ть II *сов.* (*вн.*) *разг.* (*испачкать*) soil (*d.*), bedrággle (*d.*).

завози́ться I *сов.* **1.** (*начать возиться*) begin* to romp abóut; **2.** *как сов. к* вози́ться.

завози́ться II *страд. к* завози́ть.

завола́кивать, заволо́чь (*вн.*) cloud (*d.*); не́бо заволокло́ облака́ми, облака́ заволокли́ не́бо the sky is clóuded. ~**ся,** заволо́чься be / become* clóuded; ~ся слеза́ми be clóuded with tears.

заво́лжский sítuàted *or* líving on the left bank of the Vólga [...'lɪv-...]; ~ жи́тель inhábitant of the left bank of the Vólga.

заволнова́ться *сов.* become* ágitàted, get* roused, begin* to fret.

заволо́чь(ся) *сов. см.* завола́кивать (-ся).

завопи́ть *сов. разг.* **1.** (*начать вопить*) begin* to yell; **2.** *как сов. к* вопи́ть.

завора́живать, заворожи́ть (*вн.*) cast* a spell (óver); (*перен.*) charm (*d.*), bewítch (*d.*).

завора́чивать I = завёртывать.

завора́чивать II, завороти́ть **1.** turn; **2.** (*вн.*; *загибать*) turn up (*d.*); (*о подоле, рукавах*) tuck up (*d.*); (*о рукавах тж.*) roll up (*d.*).

завора́чиваться, завороти́ться *разг.* turn up.

заворкова́ть *сов.* **1.** (*начать ворковать*) begin* to coo; **2.** *как сов. к* воркова́ть.

заворожи́ть *сов. см.* завора́живать.

за́ворот *м. мед.*: ~ кишо́к vólvulus; twísted bówels *pl. разг.*

завороти́ть *сов. см.* завора́чивать II. ~**ся** *сов. см.* завора́чиваться.

заворо́чаться *сов.* (begin* to) turn; (*в постели*) (begin* to) toss (*in bed*).

заворча́ть *сов.* **1.** (*начать ворчать*) begin* to grumble; **2.** *как сов. к* ворча́ть.

завра́ться *сов. см.* завира́ться.

завсегда́тай *м.* habitué (*фр.*) [hə'bɪtjueɪ]; háunter.

за́втра *нареч.* to|mórrow; ~ днём to|mórrow àfternóon; ~ ве́чером to|mórrow night; ~ у́тром to|mórrow mórning; до ~ till to|mórrow; (*при расставании*) see you to|mórrow; на ~ for to|mórrow; ◇ не ны́нче — ~ *разг.* any day now.

за́втрак I *м.* (*натощак*) bréakfast ['brek-]; (*среди дня*) lunch; (*официальный*) lúncheon; на ~ for bréakfast; for lunch.

за́втрак II *м.*: корми́ть кого́-л. ~ами *разг.*≅ feed* smb. with hopes.

за́втракать, поза́втракать (*натощак*) (have) bréakfast [...'brek-]; (*среди дня*) (have) lunch.

за́втрашн||ий *прил. к* за́втра; ~ день to|mórrow; (*перен.*: *будущее*) the fúture; с ~его дня from to|mórrow, beginning with to|mórrow; беспоко́иться о за́втрашнем дне wórry abóut the mórrow ['wʌ-...].

завуали́ровать *сов.* (*вн.*) veil (*d.*), draw* a veil (óver).

завхо́з *м.*= заве́дующий хозя́йством *см.* заве́дующий.

завши́веть *сов.* become* / be lóusy [...-zɪ].

завыв||а́ние *с.* hówling. ~**а́ть** howl.

завы́сить *сов. см.* завыша́ть.

завы́ть **1.** *сов.* (*начать выть*) begin* to howl, raise a howl; **2.** *как сов. к* выть.

завыш||а́ть, завы́сить (*вн.*) óver|státe (*d.*); ~ расхо́ды (*в смете и т. п.*) óver|éstimàte expénditure. ~**е́ние** *с.* óver|státing; ~е́ние зада́ний óver|státing of (the) work quóta; ~е́ние норм óver|státing of (the) norms.

завы́шенн||ый *прич. и прил.* óver|státed; ~ые но́рмы excéssive quótas / rates.

завяза́ть I *сов. см.* завя́зывать.

завяза́ть II, завя́знуть stick*, sink*; завя́знуть в грязи́ stick* in the mud; ◇ завя́знуть в долга́х be óver head and ears in debt [...hed ...det].

завяза́ться *сов. см.* завя́зываться.

завя́зка *ж.* **1.** (*то, чем завязывают*) string, lace; **2.** (*о пьесе, романе*) plot.

завя́знуть *сов. см.* завяза́ть II.

завя́зывать, завяза́ть (*вн.*) **1.** tie up (*d.*); (*узлом*) knot (*d.*); ~ у́зел tie / make* a knot; ~ в у́зел tie in a bundle (*d.*); ~ паке́т tie up *a* párcel; ~ глаза́ кому́-л. blínd|fòld smb.; ~ го́лову платко́м tie *a* kérchief round *one's* head [...hed]; ~ боти́нки do up *one's* shoes [...ʃuːz]; ~ га́лстук tie *one's* (néck-)tie; **2.** (*начинать*) start (*d.*), set* up (*d.*); завяза́ть разгово́р start a cònversátion; ~ знако́мство set* / strike* up an acquáintance; ~ отноше́ния énter into relátions. ~**ся,** завяза́ться **1.** be / get* tied up, be / get* made into a knot; **2.** (*начинаться*) set* in, begin*, start; завяза́лся разгово́р a cònversátion begán; завяза́лась оживлённая перепи́ска (ме́жду) a líve|ly còrrespóndence sprang up (betwéen); **3.** (*о плоде*) set*.

за́вязь *ж. бот.* óvary ['ouv-].

завя́лить *сов.* (*вн.*) dry (*d.*), drý-cùre (*d.*).

завя́нуть *сов. см.* вя́нуть.

загада́ть *сов. см.* зага́дывать.

зага́дить *сов. см.* зага́живать.

зага́дка *ж.* riddle; enígma; (*тайна*) mýstery; говори́ть ~ми talk / speak* in riddles.

зага́дочн||ость *ж.* mystérious|ness. ~**ый** mystérious; ènigmátic ~ое явле́ние ún|explàined phenómenon; mystérious háppening / thing; ~ое исчезнове́ние mystérious dìsappéarance; ◇ ~ая карти́нка puzzle pícture.

зага́д||ывать, загада́ть **1.** (*вн.*) set* (*d.*), óffer (*d.*); ~ зага́дки ask riddles; **2.** (*вн.*; *задумывать*) think* (of); ~а́йте число́ think of a númber; **3.** (*замышлять что-л. сделать*) make* plans; ~ вперёд fòre|stáll evénts, guess at the fúture.

зага́живать, зага́дить (*вн.*) *разг.* dírty (*d.*); (*о помещении*) make* a pígstỳ (of); (*о реке и т. п.*) pollúte (*d.*).

загалде́ть *сов. разг.* **1.** (*начать галдеть*) begin* to talk nóisily [...-zɪ-]; **2.** *как сов. к* галде́ть.

зага́р *м.* súnbùrn, (sún-)tàn.

загаси́ть *сов.* (*вн.*) *разг.* put* out (*d.*).

загво́здка *ж. разг.* dífficulty, impédiment; так вот в чём ~! ≅ there's the rub!, so that's the dífficulty / trouble! [...trʌbl]; but here's the rub / snag!; so that's where the shoe pínches! [...ʃuː...] *идиом.*

заги́б *м.* **1.** bend; **2.** *разг.* (*отклонение*) dèviátion.

загиба́ть, загну́ть (*вн.*) **1.** (*вверх*) turn up (*d.*); (*вниз*) turn down (*d.*); (*сгибать*) bend* (*d.*); ~ па́лец bend* *a* fínger; ~ страни́цу turn down, *или* éarmàrk, *a* page; **2.** *разг.* (*преувеличивать*) exággeràte [-dʒ-] (*d.*); ◇ загну́ть кре́пкое словцо́ *разг.* use strong lánguage; загну́ть це́ну ask / charge an exórbitant price; ну и вопро́с он загну́л! *разг.* now, what a quéstion! [...-stʃən]. ~**ся,** загну́ться **1.** (*вверх*) turn up; (*вниз*) turn down; **2.** *страд. к* загиба́ть.

загипнотизи́ровать *сов. см.* гипнотизи́ровать.

загипсова́ть *сов. см.* гипсова́ть.

загла́в||ие *с.* title, héading ['hed-]; под ~ием héaded ['hed-], únder the title / héading. ~**ный** *прил. к* загла́вие; ~ный лист títle-leaf*, títle-pàge; ◇ ~ная бу́ква cápital létter.

заглади́ть *сов. см.* загла́живать.

загла́живать, заглади́ть (*вн.*) smooth óver / down [-ð...] (*d.*); (*утюгом*) íron down ['aɪən...] (*d.*); (*о складках*) press (*d.*); (*перен.*) make* améndѕ (for), make* up (for); (*искупать*) éxpiàte (*d.*); ~ вину́ redréss *a* wrong.

загла́зно *нареч. разг.* in *smb.'s* ábsence; (*не видя*) without sée|ing.

загла́тывать, заглота́ть (*вн.*) swállow (*d.*).

заглота́ть *сов. см.* загла́тывать.

загло́хнуть *сов. см.* гло́хнуть II.

загло́хший *прич. и прил.* neglécted, óver|grówn [-'groun]; ~ сад óver|grówn / neglécted gárden.

заглуша́ть, заглуши́ть (*вн.*) **1.** (*о звуке*) muffle (*d.*), déaden ['de-] (*d.*);

(*более громкими звуками*) drown (*d.*); (*радиопередачи*) jam (*d.*); **2.** (*смягчать; о боли и т. п.*) alléviàte (*d.*), soothe (*d.*); dull (*d.*); **3.** (*о растениях*) grow* óver [grou...] (*d.*); **4.** (*подавлять*) suppréss (*d.*), stifle (*d.*), smóther ['smʌ-] (*d.*).

заглуши́ть *сов.* **1.** *см.* заглуша́ть; **2.** *как сов. к* глуши́ть 2, 3.

загляде́||нье *с. разг.* lóve¦ly sight ['lʌv-...]; feast for the eyes [...aɪz] *идиом.*; э́то про́сто ~! is¦n't this lóve¦ly? **~ться** *сов. см.* загля́дываться.

загля́дыв||ать, загляну́ть **1.** peep in; (*бросать взгляд*) glance; ~ кому́-л. в лицо́, в глаза́ peer / peep / look in smb.'s face, eyes [...aɪz]; ~ в слова́рь consúlt *a* díctionary; он не ~ал в кни́гу he has¦n't ópen¦ed *a* book; **2.** (*заходить* к кому́-л.) drop in (at smb.'s *place*); call (on smb.); ✧ ~ вперёд àntícipàte. **~аться,** загляде́ться (на *вн.*) stare (at), be lost in còntèmplátion (of); (*любоваться*) admíre (*d.*), be lost in àdmirátion (of), stare in wónderment [...'wʌ-] (at).

загляну́ть *сов. см.* загля́дывать.

загна́иваться, загнои́ться féster.

за́гнанный 1. *прич. см.* загоня́ть; **2.** *прил.* (*обессиленный*) tired out, compléte¦ly exháusted; (*о лошади*) wínded ['wɪn-], óver¦dríven [-'drɪ-], òver¦rídden; (*забитый, запуганный*) màltréated, dówntròdden; ✧ как ~ зверь like a beast at bay.

загна́ть *сов. см.* загоня́ть.

загнива́ние *с.* rótting; *мед.* sùppurátion; (*перен.*) decáy.

загнива́ть, загни́ть (*прям. и перен.*) rot, decáy.

загни́ть *сов. см.* загнива́ть.

загнои́ться *сов. см.* загна́иваться.

загну́ть(ся) *сов. см.* загиба́ть(ся).

загова́ривать, заговори́ть **1.** (с кем-либо) speak* (to smb.), addréss (smb.), accóst (smb.); **2.** (кого́-л.) *разг.* (*утомлять разговором*) talk (smb.'s) head off [...hed...]; **3.** (*вн.*) *разг.* (*заколдовывать*) cast* a spell (óver); (*о боли*) charm a¦wáy (*d.*); ✧ ~ зу́бы (кому́-л.) *разг.* ≅ fool smb. by fine words.

загова́рива||ться, заговори́ться **1.** *разг.* talk nónsense, talk at rándom; **2.** *тк. несов.* (*путаться в речи*) wánder; ✧ говори́, да не ~йся! mind what you say! (*см. тж.* заговори́ться 2).

за́говор *м.* **1.** plot, conspíracy; вступи́ть в ~ join in a conspíracy; устра́ивать ~, быть в ~е conspíre, plot; hatch *a* plot *идиом.*; раскрыва́ть ~ discóver *a* plot [-'kʌ-...]; ùnvéil *a* conspíracy; **2.** (*заклинание*) charm, éxòrcism.

заговор||и́ть *сов.* **1.** *см.* загова́ривать; **2.** (*начать говорить*) begin* to speak; **3.** *как сов. к* говори́ть; ✧ пу́шки ~и́ли the guns begán to speak; **вы ~и́ли бы друго́е! you would sing** another tune! он с ва́ми ещё не так ~и́т he'll show you another side of his tongue [...ʃou... tʌŋ]. **~и́ться** *сов.* **1.** *см.* загова́риваться 1; **2.** (с *тв.*) have a long talk (with); (*увлечься разговором*) forgét* the time in cònversátion [-get...] (with).

загово́рщи||к *м.* conspírator. **~ца** *ж.* conspíratress. **~цкий** mystérious.

загогота́ть *сов.* **1.** (*начать гоготать; о гусях*) begin* to gaggle / cackle; *разг.* (*о людях — громко смеяться*) begin* to laugh ùp¦róarious¦ly / nóisily [...lɑːf... -zɪ-]; **2.** *как сов. к* гогота́ть.

за́годя *нареч. разг.* in good time.

заголи́ть *сов. см.* заголя́ть.

заголо́вок *м.* **1.** = загла́вие; **2.** (*газетный*) héad-lìne ['hed-].

заголоси́ть *сов. разг.* **1.** (*начать голосить*) begin* to wail; **2.** *как сов. к* голоси́ть.

заголя́ть, заголи́ть (*вн.*) *разг.* bare (*d.*).

заго́н *м.* **1.** (*для крупного скота*) en¦clósure [-'klou-]; (*небольшой*) pen; (*для овец*) shéep-fòld; **2.** (*действие*) dríving, fórcing (into, únder); ✧ быть в ~е be kept in the báckground.

заго́нщик *м. охот.* béater.

загоня́ть, загна́ть (*вн.*) **1.** drive* in (*d.*); (в, под *вн.*) drive* (*d.* into, únder); ~ скот в заго́н pen cattle; ~ мяч в воро́та *спорт.* kick / score a goal; **2.** (*утомлять*) tire out (*d.*); exháust (*d.*); (*о лошади*) óver¦dríve* (*d.*); (*о верховой лошади*) òver¦ríde* (*d.*); *сов. тж.* ride* to death [...deθ] (*d.*); **3.** *охот.* bring* to bay (*d.*); **4.** *разг.* (*вбивать*) drive* home / in (*d.*).

загора́живать, загороди́ть (*вн.*) **1.** (*обносить оградой*) en¦clóse (*d.*); shut* in (*d.*); fence in (*d.*); **2.** (*преграждать*) bar (*d.*), block up (*d.*), obstrúct (*d.*); (*умышленно*) bàrricáde (*d.*); ~ кому́-л. доро́гу stand* in smb.'s way, block smb.'s way; ~ кому́-л. свет stand* in smb.'s light. **~ся,** загороди́ться **1.** fence / bar òne¦sélf in; ~ся ши́рмой screen òne¦sélf off; ~ся руко́й от со́лнца screen òne¦sélf from the sun with one's palm [...pɑːm]; **2.** *страд. к* загора́живать.

загора́ть, загоре́ть become* tanned / súnbùrnt / brown; *несов. тж.* bake in the sun, tan.

загор||а́ться, загоре́ться **1.** (*начинать гореть*) catch* fire; (*тв.; перен.; желанием и т. п.*) burn* (with); лес ~е́лся the fórest is on fire [...'fɔr-...]; его́ глаза́ ~е́лись his eyes lit up [...aɪz...]; **2.** (*начинаться*) break* out [breɪk...]; ~е́лся спор *a* discússion broke out; ✧ ему́ ~е́лось сде́лать э́то he was all for doing it there and then, he was éager to do it [... 'iːgə...].

загорди́ться *сов. разг.* become* / grow* proud [...grou...]; turn up, *или* cock, one's nose.

загоре́лый súnbùrnt, tanned; (*сильно*) brown, bronzed.

загоре́ть(ся) *сов. см.* загора́ть(ся).

загороди́ть(ся) *сов. см.* загора́живать(ся).

загоро́дка *ж.* fence, en¦clósure [-'klou-].

за́городн||ый óut-of-tówn (*attr.*), cóuntry ['kʌ-] (*attr.*); ~ дом cóuntry-hóuse* ['kʌ- -s]; ~ая прогу́лка (*пешком*) cóuntry walk; (*экскурсия*) trip in(to) the cóuntry.

загости́ться *сов.* (у кого́-л.) stay too long (at smb.'s *place*), protráct a visit [...-ɪz-] (to smb.'s *place*); (*пробыть в гостях дольше, чем приятно хозяевам*) outstáy *one's* wélcome.

загота́вливать, загото́вить (*вн.*) **1.** (*о хлебе, лесе и т. п.*) lay* in (*d.*), store up (*d.*); stock (*d.*); **2.** (*приготовлять*) prepáre (*d.*).

загото́витель *м.* góvernment pùrvéyor ['gʌ-...], official in charge of pùrvéyances. **~ный** *прил. к* загото́вка 1, 2; ~ный пункт stóring place; ~ный аппара́т official bódy in charge of (State) púrchases [...'bɔ-... -sɪz]; official bódy in charge of pùrvéyances; ~ная цена́ *эк.* fixed price (*paid by the State for State purchases*), procúre¦ment price.

загото́вить *сов. см.* загота́вливать.

загото́вка *ж.* **1.** State púrchases [...-sɪz] *pl.*, pùrvéyance; procúre¦ment; ~ хле́ба State grain púrchase; **2.** (*запасание*) láying-in; ~ кормо́в láying-in of fódder; **3.** (*для обуви*) úpper.

заготовля́ть = загота́вливать.

заграба́стать *сов.* (*вн.*) *разг.* grab (*d.*), seize [siːz] (*d.*).

загради́тельный bárràge [-ɑːʒ] (*attr.*); *мор.* míne-laying; ~ ого́нь *воен.* defénsive fire; ~ отря́д *ист.* ánti-pròfitéer detáchment.

загради́ть *сов. см.* загражда́ть.

загражд||а́ть, загради́ть (*вн.*) block (*d.*), bar (*d.*), obstrúct (*d.*); (*забором*) fence in (*d.*), en¦clóse (*d.*). **~е́ние** *с.* bárràge [-ɑːʒ], obstrúction; инжене́рное ~е́ние *воен.* àrtifícial óbstacle; про́волочное ~е́ние wire óbstacle / entángle¦ment; ми́нное ~е́ние míne-field [-fiː-]; аэроста́т ~е́ния bárràge ballóon.

грани́ца *ж. разг.* fóreign cóuntries ['fɔrɪn 'kʌ-] *pl.*

загра́ничн||ый fóreign ['fɔrɪn]; ~ фильм fóreign film; ~ па́спорт pássport (for trávelling abróad) [...ɔːd].

загреба́ть, загрести́ (*вн.*) rake up (*d.*); (*перен.*) gáther in (*d.*), accúmulàte (*d.*); ~ жар (*в топках*) bank (up) the fire; ✧ ~ бары́ши gáther in prófits; ~ де́ньги rake in móney [...'mʌ-], make* (a lot of) móney.

загребн||о́й 1. *прил.*: ~о́е весло́ stroke oar; **2.** *м. как сущ.* (*гребец*) stroke (oar).

загреме́ть *сов.* **1.** (*начать греметь*) begin* to thúnder; **2.** *как сов. к* греме́ть; **3.** *разг.* (*шумно упасть*) crash down, come* down with a crash.

загрести́ *сов. см.* загреба́ть.

загри́вок *м.* **1.** (*у лошади*) withers *pl.*; **2.** *разг.* (*затылок у человека*) nape, back of the neck.

загримирова́ть(ся) *сов. см.* гримирова́ть(ся).

загро́бн||ый 1. *рел.* be¦yónd the grave; ~ая жизнь, ~ мир the fúture life, the next world, the life / world to come; **2.** (*глухой и низкий*) sepúlchral, funéreal [-ˈnɪərɪəl], glóomy; ~ го́лос sepúlchral voice.

загроможд||а́ть, загромозди́ть (*вн.*) en¦cúmber (*d.*), block up (*d.*), jam (*d.*); (*перен.*: *перегружать подробностями и т. п.*) óver¦lóad (*d.*). **~е́ние** *с.* blócking up; (*перен.*) óver¦lóading.

загромозди́ть *сов. см.* загроможда́ть.

загрохота́ть *сов.* **1.** (*начать грохотать*) begin* to rattle / rumble; (*о громе*) begin* to thúnder; **2.** *как сов. к* грохота́ть.

загрубе́||лый cóarsened, cállous; ~лые ру́ки cállous / cóarsened / tóil-wòrn hands [...-wɔːn...]. **~ние** *с.* cóarsening; *мед.* càllósity.

загрубе́ть *сов.* cóarsen, become* cóarsened.

загру||жа́ть, загрузи́ть (*вн.*) **1.** load (*d.*); **2.** *тех.* feed* (*d.*); **3.:** ~ кого́-л. (рабо́той) give* smb. a fúll-tìme job; он о́чень ~жён (рабо́той) he is up to his neck in work, he is swamped with work; загрузи́ть на по́лную мо́щность (*вн.*) keep* rúnning at full capácity (*d.*).

загрузи́ть *сов. см.* загружа́ть.

загру́зка *ж.* **1.** charge, load; **2.** (*загруженность работой*); job, (amóunt of) work.

загрунтова́ть *сов. см.* загрунто́вывать.

загрунто́вывать, загрунтова́ть (*вн.*) ground (*d.*), prime (*d.*).

загрусти́ть *сов.* become* / grow* sad [...grou...].

загрыза́ть, загры́зть (*вн.*) bite* to death [...deθ] (*d.*); (*разрывать на части*) tear* (to píeces) [teə...ˈpiː-] (*d.*); (*перен.*) wórry to death [ˈwʌ-...] (*d.*); wórry the life out (of); тоска́ его́ загры́зла he is éaten up with mélancholy / mísery [...-nk- -z-], he is a prey to mélancholy, he is héart-sòre [...ˈhɑːt-]; со́весть его́ загры́зла *разг.*≅ he is full of remórse, he is cónscience-stricken [...-ʃəns-].

загры́зть *сов. см.* загрыза́ть.

загрязн||е́ние *с.* (*о помещении и т. п.*) sóiling, making dírty / ùntídy; (*о воде и т. п.*) pollútion; *хим.* contàminátion; ~ во́здуха pollútion of the air. **~и́ть** *сов. см.* загрязня́ть *и* грязни́ть 1. **~и́ться** *сов. см.* загрязня́ться *и* грязни́ться.

загрязня́ть, загрязни́ть (*вн.*) (*прям. и перен.*) soil (*d.*), make* dírty (*d.*); (*о воде и т. п.*) pollúte (*d.*); ~ во́здух, атмосфе́ру pollúte the air, the átmosphère. **~ся,** загрязни́ться **1.** make* òne¦sélf dírty, become* dírty; **2.** *страд. к* загрязня́ть.

загс *м.* (отде́л за́писи а́ктов гражда́нского состоя́ния) régistry óffice; cívil règistrár's óffice *офиц.*

загуби́ть *сов.* (*вн.*) **1.** rúin (*d.*); **2.** *разг.* (*потратить напрасно*) waste [weɪ-] (*d.*).

загуде́ть *сов.* **1.** (*начать гудеть*) begin* to drone / hoot; **2.** *как сов. к* гуде́ть.

загуля́ть *сов. разг.* go* on the spree; (*запить*) start drínking.

загуля́ться *сов. разг.* stay* out wálking, stay* out late.

загусте́ть *сов.* get* thick.

зад *м.* **1.** (*задняя часть чего-л.*) hínd(er) part, back; **2.** (*седалище*) seat, pòstérior; (*у животных*) hind quárters *pl.*; rump; (*у лошади*) croup [-uːp]; бить ~ом (*о лошади*) kick; ◇ поверну́ться к кому́-л. ~ом *разг.* turn one's back on smb.

зада́бривать, задо́брить (*вн.*) cajóle (*d.*); (*уговаривать*) coax (*d.*); placáte (*d.*) *амер.*; *сов. тж.* gain smb.'s fávour.

задава́ть, зада́ть (*вн. дт.*) give* (*d.* to, *d. i.*), set* (*d.* to, *d. i.*); ~ уро́к кому́-л. set* smb. a (home) task; что тебе́ за́дано на за́втра? what are your tasks / jobs for to¦mórrow?, what tasks have you got for to¦mórrow?; ~ зада́чу, рабо́ту кому́-л. set* *a* task to smb., set* smb. *a* task; ~ зага́дку кому́-л. set* smb. a riddle; ~ кому́-л. вопро́с ask smb. a quéstion [...-stʃən], put* a quéstion to smb.; ~ корм, овёс (*дт.*) give* fódder, oats (to); ◇ зада́ть стра́ху (*дт.*) fríghten (*d.*); cow (*d.*); ~ тон set* the tone, set* the fáshion; зада́ть тя́гу take* to one's heels; я тебе́ зада́м! *разг.* I'll give you whát-fór!, I'll pay you!

задава́ться I, зада́ться **1.:** ~ мы́слью, це́лью (+*инф.*) make* up one's mind (+to *inf.*); он зада́лся це́лью изучи́ть англи́йский язы́к he has made up his mind to máster Énglish [...ˈɪŋ-]; **2.** (*случаться*): ну и денёк сего́дня зада́лся! ≅ we have not had a day like this for a long time!; **3.** *страд. к* задава́ть.

задава́ться II *разг.* (*важничать*) give* òne¦sélf airs, assúme airs, put* on airs.

задави́ть *сов.* (*вн.*) crush (*d.*); (*об экипаже*) run* óver (*d.*), knock down (*d.*).

зада́ни||е *с.* (*в разн. знач.*) task, job; пла́новое произво́дственное ~ work quóta; пла́новое ~ (*по промышленности и т. п.*) tárget [-gɪt], plan; вы́полнить ~ fulfíl *a* task [ful-...]; вы́полнить произво́дственное ~ turn out a húndred per cent of one's work quóta; дать ~ set* *a* task; по ~ю кого́-л. on the instrúctions of smb.

зада́ривать, задари́ть (*вн.*) load with présents / gifts [...ˈprez- g-] (*d.*).

задари́ть *сов. см.* зада́ривать.

зада́ром *разг.*= да́ром.

зада́тки *мн.* (*склонности*) ìn¦clinátions; dìsposítion [-ˈzɪ-] *sg.*; дурны́е ~ bad* ínstincts / ìn¦clinátions; хоро́шие ~ good* ínstincts / ìn¦clinátions.

зада́ток *м.* advánce, depósit [-z-]; éarnest (móney) [ˈəː- ˈmʌ-].

зада́ть *сов. см.* задава́ть. **~ся** *сов. см.* задава́ться I.

зада́ч||а *ж.* **1.** próblem [ˈprɔ-]; (*арифметическая*) sum; реши́ть ~у solve *a* próblem; (*арифметическую*) do *a* sum; ~ на сложе́ние, вычита́ние, деле́ние, умноже́ние addítion, subtráction, divísion, mùltiplicátion sum; такти́ческая ~ (*учебная*) táctical scheme; **2.** (*цель*) task, óbject, aim; *воен.* task; míssion *амер.*; основна́я, гла́вная ~ the main, chief task [...tʃiːf...]; очередна́я ~ immédiate task; поста́вить ~у (пе́ред) put* a task (befóre); (по)ста́вить пе́ред собо́й, себе́ ~у (+*инф.*) set* òne¦sélf the task (of *ger.*); ùndertáke* (+to *inf.*); ùndertáke* the task (of *ger.*); це́ли и ~и aims and púrposes [...-sɪz]. **~ник** *м.* (*арифметический*) (book of) próblems in aríthmetic.

задви́гать *сов.* begin* to move / shift [...muːv...].

задвига́ть, задви́нуть **1.** (*вн. в вн.*) push [puʃ] (*d.* into); (*вн. под вн.*) push (*d.* únder); (*вн. за вн.*) push (*d.* behínd); **2.** (*вн.*; *закрывать*) shut* (*d.*); (*засовом и т. п.*) bolt (*d.*), bar (*d.*); ~ я́щик slide *a* drawer [...drɔː], push *a* drawer back.

задви́гаться *сов.* begin* to move [...muːv].

задвига́ться, задви́нуться **1.** shut*, close, slide; **2.** *тк. несов.* (*быть подвижным*) be dráwable, be slídable, be móvable [...ˈmuːv-]; **3.** *страд. к* задвига́ть.

задви́ж||ка *ж.* bolt; (*дверная*) dóor-bòlt [ˈdɔː-]; (*оконная*) wíndow-bòlt; (*печная*) dámper; *тех.* slíde-vàlve. **~но́й** slíding, slídable.

задви́нуть *сов. см.* задвига́ть. **~ся** *сов. см.* задвига́ться 1.

задво́рк||и *мн.* báck¦yàrd *sg.*; (*перен.*) óut-of-the-wáy place *sg.*; ◇ на ~ах *разг.*≅ in the báckground.

задева́ть I, заде́ть (*вн.*) touch [tʌtʃ] (*d.*); (*касаться поверхности*) brush (agáinst); (*зацепляться*) be caught (in); (*ударяться*) knock (agáinst); (*перен.*) *разг.* affect (*d.*); ~ кого́-л. offénd smb., hurt* smb.; ~ чьё-л. самолю́бие offénd / wound smb.'s sélf-estéem [...wuːnd...]; прое́хать *и т. п.* не заде́в clear (*d.*); ◇ ~ кого́-л. за живо́е cut* / sting* smb. to the quick, touch smb. on the raw.

задева́ть II *сов.* (*вн.*; *затерять*) misláy* (*d.*).

заде́л *м.* work done in ànticipátion.

заде́лать *сов. см.* заде́лывать.

заде́латься I, II *сов. см.* заде́лываться I, II.

заде́лка *ж.* doing up, clósing up, stópping; (*ср.* заде́лывать).

заде́лывать, заде́лать (*вн.*) do up (*d.*); (*закрывать*) close up (*d.*); ~ дверь wall up *a* dóorway [...'dɔː-]; ~ течь *мор.* stop a leak.

заде́лываться I, заде́латься be / become* closed up; (*ср.* заде́лывать).

заде́лываться II, заде́латься *разг.* (*стать, сделаться*) make* òne¦sélf, *или* turn (by sélf-séeking, by irrégular promótion, *etc.*); он заде́лался врачо́м he made hìm¦sélf, *или* turned, dóctor.

задёргать I *сов.* (*вн.*; *начать дёргать*) begin* to pull [...pul] (*d.*).

задёргать II *сов.* (*вн.*; *замучить*) wórry ['wʌ-] (*d.*), pull and push [pul... ...puʃ] (*d.*); nag (persístently) (at).

задёргивать, задёрнуть (*вн.*; *о занавеске и т. п.*) draw* (*d.*), pull [pul] (*d.*), shut* (*d.*). **~ся,** задёрнуться **1.** be drawn, be pulled [...pu-], be shut; занаве́ска задёрнулась *the* cúrtain was drawn / pulled; **2.** *страд. к* задёргивать.

задеревене́л||ый numbed, hárdened, stiff; ~ая рука́ stiff / numb hand.

задеревене́||ть *сов. разг.* become* numb / hard / stiff; у меня́ ру́ки ~ли от хо́лода my hands have become stiff / numb with cold.

задержа́ние *с.* **1.** deténtion; (*арест*) arrést; **2.:** ~ мочи́ *мед.* reténtion of the úrine.

задержа́ть(ся) *сов. см.* заде́рживать(ся).

заде́рж||ивать, задержа́ть (*вн.*) **1.** (*не пускать*) detáin (*d.*), deláy (*d.*), keep* (off) (*d.*); его́ ~а́ли he was deláyed; ~а́ть проти́вника fight* a deláying áction; ~ наступле́ние stem the advánce; **2.** (*арестовывать*) arrést (*d.*); **3.** (*приостанавливать, оттягивать*) deláy (*d.*); (*запаздывать*) be behìnd¦hànd (with); **4.** (*замедлять*) retárd (*d.*), deláy (*d.*); (*мешать*) hámper (*d.*); ~ упла́ту keep* / hold* back the páyment, with¦hóld* páyment; ~ дыха́ние hold* one's breath [...-eθ]; ~ разви́тие hámper the devélopment. **~иваться,** задержа́ться **1.** (*где-л.*) stay too long; (на *пр.*) línger (on, óver); **2.** *страд. к* заде́рживать. **~ка** *ж.* deláy; без (изли́шней) ~ки without (úndúe) deláy, on the spot; on the nail *разг.*

задёрнуть(ся) *сов. см.* задёргивать (-ся).

заде́тый *прич. см.* задева́ть I; *мед.* affécted; у него́ заде́ты лёгкие his lungs are affécted.

заде́ть *сов. см.* задева́ть I.

зади́ра *м. и ж. разг.* tease, búlly ['bu-].

задира́ть, задра́ть (*вн.*) *разг.* **1.** lift up (*d.*); (*о платье и т. п.*) pull up [pul...] (*d.*); ~ го́лову throw* back one's head [-ou... hed]; crane one's neck; **2.** (*ноготь и т. п.*) break* [-eɪk] (*d.*), split* (*d.*); **3.** *тк. несов.* (кого́-л.; *дразнить*) pick (on), búlly ['bu-] (*d.*); héctor (*d.*); ◇ ~ нос turn up, *или* cock, one's nose; put* on airs. **~ся,** задра́ться **1.** *разг.* (*о платье и т. п.*) ride* up (*of clothing*); **2.** (*о ногте*) break* [-eɪk], split*; **3.** *страд. к* задира́ть.

зади́ристый *разг.* cócky, pert.

задне||нёбный *лингв.* vélar. **~язы́чный** *лингв.* vélar, back.

за́дн||ий back; hínder*; (*о конечностях*) hind; (*тех., воен. тж.*) rear*; ~ее крыльцо́ back porch / éntrance; ~ие но́ги hind legs; ~ее колесо́ rear wheel; ~ план báckground; на ~ем пла́не in the báckground; отодви́нуть на ~ план (*вн.*) push into the báckground [puʃ...] (*d.*); ~ ход *тех.* báckward móve¦ment [...'muːv-], revérse; дать ~ ход go* into revérse; back (*a* car); ~яя часть back part, hínder part; ~ прохо́д *анат.* ánus; ◇ ~яя мысль ùltérior mótive, sécret púrpose [...-s]; ~им умо́м кре́пок *разг.* slow in the úptàke [slou...]; wise áfter the evént; быть без ~их ног *разг.* be déad-béat [...'ded-], be fálling off one's feet; поме́тить ~им число́м (*вн.*) ántedàte (*d.*); ходи́ть на ~их ла́пках пе́ред кем-л. *разг.* ≅ dance atténdance up¦ón smb.

за́дник *м.* **1.** (*обуви*) cóunter; **2.** *театр.* back drop.

задо́брить *сов. см.* зада́бривать.

задо́к *м.* (*экипажа*) back.

задо́лго *нареч.* long befóre; (*заранее*) long in advánce.

задолжа́ть *сов. см.* должа́ть.

задо́лженность *ж.* debts [dets] *pl.*; (*обязательства*) lìabílities *pl.*; (*по налогам, взносам и т. п.*) arréars *pl.*; погаша́ть ~ pay* / clear off one's debts / lìabílities.

за́дом *нареч.* (к) with one's back (to); (*о движении*) báckward(s) [-dz]; идти́ ~ back, move / go* báckwards [muːv...]; ~ наперёд back to front [...frʌnt].

задо́р *м.* (*пыл*) férvour; ю́ношеский ~ yóuthful énergy / enthúsiàsm / éagerness ['juː-... -zɪ- -gə-].

задо́ринк||а *ж.:* ни сучка́ ни ~и, без сучка́, без ~и ≅ without a hitch.

задо́рный provócative; (*бойкий*) pérky, full of life, full of mirth.

задохну́ться *сов. см.* задыха́ться.

задразни́ть *сов.* (кого́-л.) wórry / hárass / annóy (smb.) by téasing ['wʌ- 'hæ-...].

задра́ивать, задра́ить (*вн.*) *мор.* bátten down (*d.*).

задра́ить *сов. см.* задра́ивать.

задрапирова́ть(ся) *сов. см.* задрапиро́вывать(ся).

задрапиро́вывать, задрапирова́ть (*вн. тв.*) drape (*d.* with); (*занавешивать*) cúrtain off (*d.* with); hide* behínd dráperies / háng¦ings [...'dreɪ-...] (*d.*). **~ся,** задрапирова́ться **1.** (чем-либо, во что-л.) drape òne¦sélf (with smth.); wrap òne¦sélf up (in smth.); **2.** *страд. к* задрапиро́вывать.

задра́ть I *сов.* (*вн.*) kill (*d.*); волк задра́л овцу́ *the* wolf* killed *a* sheep* [...wulf...].

задра́ть II *сов. см.* задира́ть 1, 2. **~ся** *сов. см.* задира́ться.

задребезжа́ть [-ежьжя́-] *сов.* **1.** (*начать дребезжать*) begin* to rattle, begin* to clink, begin* to jar; **2.** *как сов. к* дребезжа́ть.

задрема́ть *сов.* doze off, get* drówsy [...-zɪ], fall* into a light slúmber.

задрожа́ть *сов.* **1.** (*начать дрожать*) begin* to tremble; (*от холода*) begin* to shíver [...'ʃɪ-]; **2.** *как сов. к* дрожа́ть.

задры́гать *сов.* **1.** *разг.* (*начать дрыгать*) begin* to jerk, begin* to twitch; **2.** *как сов. к* дры́гать.

задува́ть I, заду́ть (*вн.*; *гасить*) blow* out [-ou...] (*d.*).

задува́ть II (*куда-л.*; *о ветре*) blow* in(to) [-ou...].

задува́ть III, заду́ть *тех.:* заду́ть до́мну blow* in *a* blást-fùrnace [-ou...].

заду́вка *ж.:* ~ до́менной пе́чи blówing-in of a blást-fùrnace [-ou-...]

заду́манный *прич. см.* заду́мывать; хорошо́ ~ wéll-plánned; wéll-concéived [-'siː-]; широко́ ~ concéived / planned on a wide scale [-'siː-...]; давно́ ~ lóng-preméditàted.

заду́мать(ся) *сов. см.* заду́мывать(-ся).

заду́мчив||ость *ж.* réverie, pénsive¦ness. **~ый** thóughtful, pénsive (*склонный к мечтательности*) given to réverie; (*грустный*) sunk in a brown stúdy [...'stʌ-].

заду́м||ывать, заду́мать **1.** (*вн.*) plan (*d.*); concéive [-'siːv] (*d.*); (+*инф.*; *иметь намерение сделать*) inténd (+ to *inf.*); have the inténtion (+to *inf.*, of *ger.*); **2.:** заду́мать како́е-л. число́ *разг.* think* of a númber. **~ываться,** заду́маться fall* to thínking, be / become* thóughtful; (*впадать в задумчивость*) be lost / sunk in thoughts / réverie; (*размышлять* над чем-л.) méditàte (on, up¦ón smth.); pónder (óver smth.); глубоко́ ~аться be plunged in a deep réverie; ◇ не ~ываясь without a móment's hèsitátion [...-zɪ-]; тут поне́воле ~аешься ≅ you can't do it óff¦hánd [...kɑːnt...]; о чём ~ался? what are you thinking of?; a pénny for your thoughts *идиом.*

задурма́нивать, задурма́нить (*вн.*) blunt (*d.*), dull (*d.*).

задурма́нить *сов. см.* задурма́нивать.

заду́ть I, II *сов. см.* задува́ть I, III.

заду́ть III *сов.* (*начать дуть*) begin* to blow [...blou].

задуше́вн||ость *ж.* sincérity. **~ый** sincére; ~ый друг bósom friend ['buz- fre-]; ~ый го́лос gentle voice; ~ый разгово́р, ~ая бесе́да héart-to-héart talk ['hɑːt-...].

задуши́ть *сов. см.* души́ть I 1, 2.

зады́ I *мн. см.* зад.

зады́ II *мн.* = задво́рки.

зады́ III *мн.*: повторя́ть ~ *разг.* repéat the élements.

задыми́ть I *сов.* **1.** (*начать дымить*) begin* to (emít) smoke; **2.** *как сов. к* дыми́ть.

задыми́ть II *сов.* (*вн.*) *разг.* (*прокоптить*) smoke (*d.*), fill with smoke (*d.*), blácken (with smoke) (*d.*).

задыми́ть III *сов. см.* задымля́ть.

задыми́ться I *сов.* **1.** (*начать дымиться*) begin* to smoke; **2.** *как сов. к* дыми́ться.

задыми́ться II *сов.* (*покрыться копотью*) be bláckened with smoke, be cóvered with soot [...'kʌ-...].

задымле́ние *с. воен.* scréening with smoke; smóke-screens *pl.*

задымля́ть, задыми́ть (*вн.*) *воен.* screen with smoke (*d.*), place a smóke-screen (on).

задыха́ться, задохну́ться (*прям. и перен.*) choke, súffocàte; (от; *тяжело дышать*) pant (with); (*перен.*) be strangled (by); (*без доп.*) gasp (for breath) [...-eθ]; ~ от жары́ stifle / súffocàte with the heat; ~ от гне́ва choke with ánger; задыха́ясь bréathlessly [-eθ-].

задыша́ть *сов.* (*начать дышать*) begin* to breathe.

заеда́ние *с. тех.* jámming.

заеда́ть I, зае́сть (чем-л. что-л.; *закусывать*) eat* / take* (smth. áfter smth.); (кого́-л.; *перен.*) oppréss (smb.), wórry ['wʌ-] (smb.), wear* out [wɛə...] (smb.); его́ тоска́ зае́ла he is éating his heart out [...hɑːt...], he feels sick at heart; его́ среда́ зае́ла he is a prey to his surróundings.

заеда́ть II, зае́сть *тех., мор.* jam: трос зае́ло the rope has jammed.

зае́зд *м.* **1.**: с ~ом куда́-л. cálling at, stópping at; **2.** *спорт.* round, heat.

зае́здить *сов.* (*вн.*) *разг.* (*изнурить*) wear* out [wɛə...] (*d.*), work too hard (*d.*), turn into a drudge (*d.*); ~ ло́шадь rúin, *или* wear* out, *a* horse.

заезжа́ть [-ежьжя́-], зае́хать **1.** (к кому́-л., *куда-л.*) call on the way (on smb., at *a place*); vísit [-zɪt] (smb., *a place*); stop (at *a place*); **2.** (в *вн.*; *попадать*) get* (in, into); (*достигать*) reach (*d.*); зае́хать сли́шком далеко́ go* too far; **3.** (за кем-л., за чем-л.) fetch (smb., smth.), colléct (smb., smth.).

зае́зженный [-е́жьже-] *разг.* **1.** (*банальный*) háckneyed [-nɪd]; (*о цитате и т. п.*) trite; **2.** (*замученный*) worn out [wɔːn...], hard run.

зае́зж||ий [-е́жьжий]: ~ая тру́ппа tóuring cómpany ['tuə-'kʌ-]; ~ челове́к stránger [-eɪn-]; ~ двор inn.

заём *м.* loan; госуда́рственный ~ State loan; госуда́рственный ~ разви́тия наро́дного хозя́йства State Èconómic Devélopment Loan [...ìːk-...]; вы́игрышный ~ lóttery-loan; беспроце́нтный ~ ínterest-free loan, loan without ínterest; беспро́игрышный ~ rè|páyable loan; вне́шний ~ fóreign loan ['fɔrɪn...]; вну́тренний ~ intérnal loan; сде́лать ~ raise a loan; выпуска́ть ~ íssue *a* loan; размеща́ть ~ distríbùte / float *a* loan. **~ный**: ~ное письмо́ *юр.* acknówledge|ment of debt [-'nɔ-...det]. **~щик** *м.*, **~щица** *ж.* *юр.* bórrower, débtor ['detə].

заёрзать *сов. разг.* (*начать ёрзать*) begin* to fídget.

зае́сть I, II *сов. см.* заеда́ть I, II.

зае́сться *сов. разг.* be spoiled (with good food).

зае́хать *сов. см.* заезжа́ть.

зажа́ривать, зажа́рить (*вн.*; *на сковороде*) fry (*d.*); (*на огне или в духовке*) roast (*d.*), broil (*d.*); (*на рашпере*) grill (*d.*). **~ся,** зажа́риться **1.** be réady fríed / grilled *и т. д.* [...'re-...] (*см.* зажа́ривать); **2.** *страд. к* зажа́ривать.

зажа́рить(ся) *сов. см.* зажа́ривать (-ся).

зажа́ть *сов. см.* зажима́ть.

зажда́ться *сов.* (*рд.*) *разг.* be tired of wáiting (for), be worn out with wáiting [...wɔːn...] (for).

заже́чь(ся) *сов. см.* зажига́ть(ся).

зажива́ть, зажи́ть heal; (*о ране тж.*) close; (*затянуться кожей*) skin óver.

зажива́ться, зажи́ться *разг.* **1.** (*где-л.*) óver|stáy *one's* wélcome, protráct one's stay (*at a place*); **2.**: стари́к зажи́лся, стару́ха зажила́сь it's time the old man*, the old wóman* died / went [...'wu-...]; the old man*, the old wóman* is outstáying his, her time.

зажив||и́ть *сов. см.* заживля́ть. **~ле́ние** *с.* héaling.

заживля́ть, заживи́ть (*вн.*) heal (*d.*). **~ся 1.** heal; (*затягиваться кожей*) skin óver; **2.** *страд. к* заживля́ть.

за́живо *нареч.* alíve; ~ погребённый búried alíve ['be-...].

зажига́лка *ж.* **1.** cìgarétte líghter; **2.** *разг.* (*зажигательная бомба*) incéndiary (bomb).

зажига́ние *с.* **1.** (*действие*) líghting; **2.** *тех.* ignítion; включи́ть ~ switch on the ignítion.

зажига́тельн||ый used for kíndling, used for sétting fire; *воен.* (*о бомбе, пуле, снаряде*) incéndiary; (*перен.*) fíery; ~ая речь fíery speech.

зажига́ть, заже́чь (*вн.*) set* fire (to), set* / put* on fire (*d.*); (*о свете*) light* (*d.*); (*разжигать*; *тж. перен.*) kindle (*d.*); ~ спи́чку strike* a match; ~ электри́чество put* / turn / switch on the light; заже́чь страсть kindle a pássion; заже́чь кого́-л. энтузиа́змом stir up smb.'s enthúsiàsm [...-zɪ-]. **~ся,** заже́чься **1.** light* up; take* / catch* fire; (*перен.*) flame up; **2.** *страд. к* зажига́ть.

зажи́ливать, зажи́лить (*вн.*) *разг.* pinch (*d.*), sneak (*d.*).

зажи́лить *сов. см.* зажи́ливать.

зажи́м *м.* **1.** *тех.* clamp, clutch; **2.** (*стеснение, подавление*) suppréssion.

зажима́ть, зажа́ть (*вн.*; *затыкать*) stop up (*d.*); (*стискивать*) clutch (*d.*), squeeze (*d.*); (*перен.*) keep* down (*d.*), suppréss (*d.*); ~ в руке́ grip (*d.*), close one's hand (óver); ~ нос hold* one's nose; ~ инициати́ву keep* down *the* inítiative; ~ кри́тику suppréss *the* críticism; ~ рот кому́-л. *разг.* stop smb.'s mouth*.

зажи́мный *тех.* clamp (*attr.*), clámping (*attr.*); ~ винт clámping screw.

зажи́точн||ость *ж.* pròspérity. **~ый** wéll-to-dó, prósperous.

зажи́ть I *сов. см.* зажива́ть.

зажи́ть II *сов.* (*начать жить*) begin* to live [...lɪv]; ~ по-но́вому, ~ но́вой жи́знью begin* a new life; turn óver a new leaf *идиом.*; ~ трудово́й жи́знью begin* to earn one's own líving [...ɜːn...oun 'lɪ-]; ~ семе́йной жи́знью settle down (to fámily life).

зажи́ться *сов. см.* зажива́ться.

зажму́ривать, зажму́рить: ~ глаза́ = зажму́риваться. **~ся,** зажму́риться screw up one's eyes [...aɪz], close one's eyes tight; (*на мгновение*) blink.

зажму́рить(ся) *сов. см.* зажму́ривать(ся).

зажужжа́ть[-ужьжя́-] *сов.* **1.** (*начать жужжать*) begin* to buzz / drone; **2.** *как сов. к* жужжа́ть.

зазва́ть *сов. см.* зазыва́ть.

зазвене́ть *сов.* **1.** (*начать звенеть*) begin* to ring / jingle; (*о звонке*) ring* out; **2.** *как сов. к* звене́ть.

зазвони́ть *сов.* **1.** (*начать звонить*) begin* to ring; **2.** *как сов. к* звони́ть.

зазвуча́ть *сов.* **1.** (*начать звучать*) begin* to sound, begin* to resóund [...-'z-]; **2.** *как сов. к* звуча́ть.

заздра́вный: ~ тост toast to *smb.'s* health [...he-], stánding toast; ~ ку́бок (tóast-)cùp.

зазева́ться *сов.* (на *вн.*) *разг.* gape (at), stand* gáping (at).

зазелене́||ть *сов.* **1.** (*начать зеленеть*) turn green; дере́вья ~ли *the* trees broke into young leaf [...jʌŋ...]; **2.** (*выделяться*) show* green [ʃou...].

заземл||е́ние *с. тех.* **1.** (*действие*) éarth(ing) ['əːθ-], gróund(ing); **2.** (*приспособление*) earth / ground connéction [əːθ...]; earth. **~и́ть** *сов. см.* заземля́ть.

заземля́ть, заземли́ть (*вн.*) *тех.* earth [əːθ] (*d.*), ground (*d.*).

зазимова́ть *сов.* wínter; remáin / stay for the wínter.

зазнава́ться, зазна́ться get* puffed up, give* òne¦sélf airs; think* no small beer of òne¦sélf *идиом.*

зазна́йство *с.* concéit [-'siːt].

зазна́ться *сов. см.* зазнава́ться.

зазно́ба *ж. разг.* lády-lòve [-lʌv], swéet¦heart [-hɑːt].

зазо́р *м. тех.* cléarance.

зазо́рн‖ый *разг.* dis¦hónour¦able [-s'ɔnə-], sháme¦ful; в э́том нет ничего́ ~ого there is nothing to be ashámed of in that.

зазре́н‖ие *с.*: без ~ия со́вести without a twinge of cónscience [...-ʃəns], remórse¦lessly.

зазу́бренный I **1.** *прич. см.* зазу́бривать I; **2.** *прил. зоол., бот.* sérrate sèrráted.

зазу́бренный II *прич. см.* зазу́бривать II.

зазу́бривать I, зазубри́ть (*вн.*) jag (*d.*), notch (*d.*).

зазу́бривать II, зазубри́ть (*вн.*; *заучивать зубрёжкой*) learn* by rote [ləːn...] (*d.*), con (*d.*).

зазу́бриваться I, зазубри́ться be / become* jagged / notched.

зазу́бриваться II *страд. к* зазу́бривать II.

зазу́брина *ж.* notch, jag.

зазубри́ть I *сов. см.* зазу́бривать I.

зазубри́ть II *сов. см.* зазу́бривать II.

зазубри́ться I *сов. см.* зазу́бриваться I.

зазубри́ться II *сов. разг.* cram too hard.

зазыва́ть, зазва́ть (*вн.*) call in (*d.*); (*настойчиво*) press (*d.*) to come in.

заи́гранный **1.** *прич. см.* заи́грывать II; **2.** *прил.* worn out (by pláying) [wɔːn...], used up, old; **3.** *прил.* (*избитый*) háckneyed [-nɪd].

заигра́‖ть I *сов.* **1.** (*начать играть*) begin* to play (*on a musical instrument*); (*внезапно, шумно*) strike* up a tune; му́зыка ~ла músic was heard [-zɪk... həːd]; **2.** (*заискриться, засверкать*) begin* to sparkle.

заигра́ть II *сов. см.* заи́грывать II.

заигра́ться *сов. см.* заи́грываться.

заи́грывание *с.* advánces *pl.*

заи́грывать I (с *тв.*) **1.** (*флиртовать*) flirt (with); **2.** (*заискивать*) make* advánces (to).

заи́грывать II, заигра́ть (*вн.*) **1.** (*истрепать; о картах и т. п.*) spoil*, *или* use up, *или* wear* out, by pláying [...wɛə...] (*d.*); **2.** (*опошлять, делать избитым; о пьесе и т. п.*) make* trite / háckneyed by stáging too óften [...-nɪd ...'ɔːf(t)°n] (*d.*).

заи́грываться, заигра́ться play too long; (*увлекаться игрой*) forgét* òne¦sélf, *или* the time, in pláying [-'get...]; заигра́ться до утра́ spend* the night pláying; заигра́ться до полу́ночи play till mídnìght.

заи́к‖а *м. и ж.* stútterer, stámmerer. ~**а́ние** *с.* stútter(ing), stámmer(-ing).

заик‖а́ться, заикну́ться **1.** *об. тк. несов.* stútter; (*бормотать*) stámmer; **2.** (*нерешительно говорить*) hésitàte in spéaking [-zɪ-...]; **3.** (о *пр.*; *упоминать*) (just) méntion (*d.*), touch [tʌtʃ] (up¦ón); он об э́том и не ~ну́лся he never (so much as) méntioned it. ~**ну́ться** *сов. см.* заика́ться 2, 3.

заимода́вец *м.* créditor, lénder.

заимообра́зн‖о *нареч.* on crédit, as a loan; брать ~ (*вн.*) bórrow (*d.*). ~**ый** táken on crédit, bórrowed.

заи́мствован‖ие *с.* adóption, bórrowing. ~**ный:** ~ное сло́во lóan-wòrd.

заи́мствовать, позаи́мствовать (*вн.*) adópt (*d.*), bórrow (*d.*).

заи́ндеве‖лый cóvered with hóar-frost ['kʌ-...]. ~**ть** *сов. см.* и́ндеветь.

заинтересо́ванн‖ость *ж.* (в *пр.*) pérsonal ínterest (in); материа́льная ~ matérial incéntive. ~**ый** **1.** *прич. см.* заинтересова́ть; **2.** *прил.* (в *пр.*) ínterested (in); concérned (with); ~ая сторона́ ínterested párty, párty concérned; ~ое лицо́ pérson concérned.

заинтересова́ть *сов.* (*вн.*) cause (*d.*) to take ínterest, excíte *the* cùriósity (of). ~**ся** *сов.* **1.** (*тв.*) become* / grow* ínterested [...grou...] (in); take* an ínterest (in); **2.** *как сов. к* интересова́ться.

заинтригова́ть *сов. см.* интригова́ть II.

заи́скивание *с.* in¦grátiàting òne¦sélf [-ʃɪeɪ-...]; (*лесть*) fláttery.

заи́скива‖ть (пе́ред) fawn (up¦ón), court [kɔːt] (*d.*), make* up (to), cúrry fávour (with). ~**ющий** **1.** *прич. см.* заи́скивать; **2.** *прил.* (*о тоне, взгляде*) in¦grátiàting [-ʃɪeɪ-].

заискри́ться *сов.* **1.** (*начать искриться*) begin* to sparkle; **2.** *как сов. к* и́скриться.

за́имище *с.* flóod-lànds [-ʌd-] *pl.*

займодержа́тель *м.* lóan-hòlder.

зайти́ *сов. см.* заходи́ть I.

зайти́сь *сов. разг.* become* / grow* numb [...grou...].

за́йч‖ик *м.* **1.** *уменьш. от* за́яц 1; **2.** *разг.* (*световой*) refléction of a súnbeam (pláying on *the* wall, *etc.*); пуска́ть ~иков catch* súnbeams in *a* mírror. ~**и́ха** *ж.* dóe-hàre. ~**о́нок** *м.* young hare [jʌŋ...], léveret.

закабал‖е́ние *с.* enslávе¦ment. ~**и́ть(ся)** *сов. см.* закабаля́ть(ся).

закабаля́ть, закабали́ть (*вн.*) enslávе (*d.*). ~**ся,** закабали́ться **1.** tie òne¦sélf down; **2.** *страд. к* закабаля́ть.

закавка́зский Trànscaucásian [-nz-zɪ-].

закады́чный *разг.*: ~ друг bósom-frìend ['buzəmfre-].

зака́з *м.* órder; на ~ to órder; (*о платье, обуви*) to méasure [...'me-].

заказа́ть *сов. см.* зака́зывать.

заказн‖о́й **1.** (*сделанный на заказ*) made to órder; (*о платье, обуви*) made to méasure [...'meʒə]; **2.:** ~о́е письмо́ régistered létter; посыла́ть письмо́ ~ы́м régister *a* létter.

зака́з‖чик *м.,* ~**чица** *ж.* cústomer, clíent.

зака́зывать, заказа́ть **1.** (*вн.*; *делать заказ*) órder (*d.*); (*о билете и т.п.*) resérve [-'zəːv] (*d.*); **2.** (*дт. вн., дт.+инф.*) *уст.* (*запрещать*) forbíd* (*i. d., i.+*to *inf.*).

зака́л *м.* témper; (*перен.*) cast, stamp; челове́к ста́рого ~а man of the old stock; лю́ди одного́ ~а people of the same cast / stamp [piːpl...]; дава́ть ~ (*дт.*) hárden (*d.*); хлеб с ~ом sláck-bàked bread [...bred]. ~**ённый** *прич. и прил.* (*прям. и перен.*) hárdened; (*о стали тж.*) chilled, témpered; ~ённый в боя́х used to war, wár-hárdened, báttle-hárdened. ~**ивать(ся)**=закаля́ть(ся).

закали́ть(ся) *сов. см.* закаля́ть(ся).

зака́лк‖а *ж.* hárdening, chílling; (*о человеке тж.*) hárdiness; иде́йная ~ ideológical tráining [aɪdɪə-...]; дава́ть ~у (*дт.*; *о человеке*) hárden (*d.*), tóughen ['tʌf°n] (*d.*), steel (*d.*).

зака́лывать, заколо́ть (*вн.*) **1.** (*пронзать оружием*) stab (*d.*); (*убивать*) kill (*d.*); ~ свинью́ sláughter / kill *a* pig; **2.** (*скреплять*) pin (up) (*d.*); ~ га́лстук pin one's nécktie. ~**ся,** заколо́ться **1.** kill òne¦sélf (with a síde-àrm), stab òne¦sélf to death [...deθ]; **2.** *страд. к* зака́лывать.

закаля́ть, закали́ть (*вн.*; *прям. и перен.*) témper (*d.*), steel (*d.*); ~ во́лю stréngthen / témper one's will. ~**ся,** закали́ться **1.** become* témpered; **2.** *страд. к* закаля́ть.

зака́нчивать, зако́нчить (*вн.*) fínish (*d.*), end (*d.*); (*об учёбе, работе и т. п.*) compléte (*d.*); ~ речь *и т. п.* (чем-л.) con¦clúde *a* speech, *etc.* (with smth.); зако́нчить диску́ссию (чем-л.) wind* up *a* discússion (with). ~**ся,** зако́нчиться **1.** (*без доп.*; *кончаться*) come* to an end; close; **2.** *тк. несов.* (чем-л.) end (in / with smth.); **3.** *страд. к* зака́нчивать.

зака́п‖ать I *сов.* (*начать капать*) begin* to drip; дождь ~ал drops of rain begán to fall, it stárted spítting.

зака́п‖ать II *сов.* (*вн.*) (be)spót (*d.*); она́ ~ала себе́ пла́тье she has spótted her dress.

закапри́зничать *сов.* **1.** (*начать капризничать*) become* / get* caprícious; (*о детях*) get* náughty; **2.** *как сов. к* капри́зничать.

зака́пчивать, закопти́ть (*вн.*) **1.** (*покрывать копотью*) blácken with smoke (*d.*), smoke (*d.*); **2.** (*приготавливать копчением*) smoke (*d.*); закопти́ть о́корок smoke *a* ham. ~**ся,** закопти́ться be / become* cóvered with soot [...'kʌ-...]; (*почернеть*) be bláckened with smoke.

зака́пывать, закопа́ть (*вн.*) **1.** (*прятать в земле*) búry ['be-] (*d.*); **2.** (*заполнять землёй*) fill up (*d.*); ~ я́му fill up *a* hole. **~ся,** закопа́ться **1.** búry òne¦sélf ['be-...]; **2.** *воен.* dig* in; **3.** *страд. к* зака́пывать.

зака́ркать *сов.* **1.** (*начать каркать*) begin* to caw; **2.** *как сов. к* ка́ркать.

зака́рмливать, закорми́ть (*вн.*) óver¦féed* (*d.*).

закаспи́йский Tránscáspian [-nz-].

зака́т *м.* (*солнца*) súnsèt; (*перен.*) declíne; на ~е жи́зни at the ebb of life, in the declíne of life.

заката́ть *сов. см.* зака́тывать I.

закати́ть *сов. см.* зака́тывать II.

закати́ться *сов. см.* зака́тываться II.

зака́тывать I, заката́ть (*вн.* в *вн.*) roll up (*d.* in).

зака́т||ывать II, закати́ть (*вн.* под *вн.*) roll (*d.* únder); (*вн.* за *вн.*) roll (*d.* behínd); ◇ ~ глаза́ show* the whites of one's eyes [ʃou...aɪz]; ~ сце́ну make* a scene; ~ исте́рику go* off into hystérics; **~и́ть** кому́-л. пощёчину give* smb. a slap in the face.

зака́тываться I *страд. к* зака́тывать I.

зака́тываться II, закати́ться **1.** (*о солнце*) set*; **2.** (под *вн.*; *о мяче и т. п.*) roll (únder); (за *вн.*) roll (behínd); ◇ ~ сме́хом go* off into fits of láughter [...'lɑːf-]; ~ пла́чем (*о ребёнке*) go* off into a fit of crýing.

закача́ть I *сов.* **1.** (*вн.*; *начать качать*) begin* to swing / rock / sway (*d.*); **2.** *как сов. к* кача́ть.

закача́||ть II *сов.* **1.** (*вн.*; *убаюкать*) rock to sleep (*d.*); **2.** *безл.*: его́ ~ло he feels (séa)sìck.

за́кача́ться *сов.* **1.** (*начать качаться*) begin* to swing / rock / sway; **2.** *как сов. к* кача́ться.

зака́шлять *сов.* (*начать кашлять*) begin* to cough [...kɔf]. **~ся** *сов.* have a fit of cóughing [...'kɔf-].

зака́яться *сов.* forswéar* [-'swɛə], swear* to abstáin [swɛə...], swear* to give up.

заква́кать *сов.* **1.** (*начать квакать*) begin* to croak; **2.** *как сов. к* ква́кать.

заква́с||ить *сов. см.* заква́шивать. **~ка** *ж.* férmènt; (*для теста*) léaven ['le-]; (*перен.*) *разг.* mettle; в нём видна́ хоро́шая ~ка you can see he comes of good stock.

заква́шивать, заква́сить (*вн.*) fèrmént (*d.*); (*о тесте*) léaven ['le-] (*d.*).

закива́ть *сов.* **1.** (*начать кивать*) begin* to nod (one's head) [...hed]; **2.** *как сов. к* кива́ть.

закида́ть *сов. см.* заки́дывать I.

заки́дывать I, закида́ть (*вн. тв.*) **1.** (*бросать много, со всех сторон*) bespátter (*d.* with); (*перен.*) shówer (up¦ón *d.*); ~ вопро́сами ply with quéstions [...-stʃənz] (*d.*); **2.** (*заполнять*) fill (*d.* with), fill up (*d.* with); (*сверху*) cóver ['kʌ-] (*d.* with); ~ я́му песко́м fill (up), *или* cóver, *a* hole with sand; (*ср. тж.* забра́сывать I).

заки́дывать II, заки́нуть (*вн.*) **1.** (*кидать далеко*) = забра́сывать II 1; **2.**: ~ наза́д го́лову toss / throw* / tilt back one's head [...θrou...hed]; ~ но́гу на́ ногу cross one's legs; ◇ ~ у́дочку cast* a hook; заки́нуть слове́чко за кого́-л. put* in a word for smb.; ~ слове́чко о чём-л. hint smth., suggést smth. [-'dʒest...]. **~ся,** заки́нуться **1.** (*назад*) fall* back; **2.** (*о лошади*) jib, shy; **3.** *страд. к* заки́дывать II.

заки́нуть *сов. см.* заки́дывать II. **~ся** *сов. см.* заки́дываться.

закип||а́ть, закипе́ть **1.** begin* to boil, be on the boil; símmer; (*пузырьками*) bubble; (*перен.*) be in full swing; рабо́та ~е́ла the work was in full swing.

закипе́ть *сов. см.* закипа́ть.

закиса́ть, заки́снуть sour, turn sour; (*перен.*) *разг.* grow* rústy / pássive / indífferent [-ou...].

заки́снуть *сов. см.* закиса́ть.

за́кись *ж. хим.* pròtòxide [prou-]; ~ желе́за férrous óxìde; ~ азо́та nítrous óxìde.

закла́д *м.* **1.** (*действие*) páwning; (*о недвижимости*) mórtgaging ['mɔːg-]; его́ ве́щи в ~е he has pawned his things; **2.** (*предмет*) pledge, pawn; **3.** *уст.* (*пари*) stake, wáger, bet; ◇ би́ться об ~ bet, wáger.

закла́дка I *ж.* (*о фундаменте и т.п.*) láying; ~ зда́ния *и т. п.* (*церемония*) stóne-laying céremony, foundátion-stòne céremony.

закла́дка II *ж.* (*в книге*) bóokmàrk.

закладна́я *ж. скл. как прил. юр.* mórtgage ['mɔːg-]; hýpothec ['haɪ-].

закла́дчи||к *м.,* **~ца** *ж. юр.* mòrtgagór [mɔːgə'dʒɔː].

закла́дывание I *с.* = закла́дка I.

закла́дывание II *с.* **1.** putting, láying; **2.** (*отдача в залог*) páwning; (*о недвижимости*) mórtgaging ['mɔːg-].

закла́дывать I, заложи́ть (*вн.*) **1.** (*класть, засовывать*) put* (*d.*), lay* (*d.*); заложи́ть ру́ки в карма́ны put* one's hands in one's póckets; ~ ру́ки за́ спину cross one's hands behínd; **2.** (*о фундаменте и т. п.*) lay* (*d.*); (*о парниках и т. п.*) instáll (*d.*); был зало́жен пе́рвый дом the foundátion of the first house* was laid [...-s...]; **3.** (*терять*) mislá y* (*d.*); **4.** *разг.* (*загромождать*) pile (*d.*), heap (*d.*); ~ стол кни́гами pile the table with books; **5.** (*отдавать в залог*) pawn (*d.*); (*о недвижимости*) mórtgage ['mɔːg-] (*d.*), hỳpóthecàte [haɪ-] (*d.*); **6.** *безл.*: мне, ему́ *и т. д.* заложи́ло у́ши, нос *разг.* my, his, *etc.*, ears are, nose is, stuffed; мне заложи́ло грудь my chest feels stuffed up; ◇ ~ страни́цу put* a mark at *a* page, mark *a* page.

закла́дывать II, заложи́ть (*лошадей*) hárness hórses; заложи́ть каре́ту, экипа́ж hárness hórses to a cárriage [...-rɪdʒ].

закла́ние *с.* ìmmolátion; ◇ идти́ как а́гнец на ~ go* like a lamb to the sláughter.

заклева́ть I *сов. см.* заклёвывать.

заклева́ть II *сов.* (*начать клевать*; *о птице*) begin* to peck; (*о рыбе*) begin* to bite.

заклёвывать, заклева́ть (*вн.*; *о птицах*) peck (*d.*); (*перен.*) *разг.* fall* (up¦ón); заклева́ть на́смерть peck to death [...deθ] (*d.*).

закле́||ивать, закле́ить (*вн.*) glue up (*d.*), stick* up (*d.*); ~ окно́ seal up *a* wíndow; ~ ще́ли stop up the chinks; ~ конве́рт seal (up) *an* énvelòpe. **~иваться,** закле́иться **1.** stick*; конве́рт не ~ивается the énvelòpe will not stick; **2.** *страд. к* закле́ивать.

закле́ить(ся) *сов. см.* закле́ивать (-ся).

заклеймённый *прич. и прил.* (*прям. и перен.*) bránded.

заклейми́ть *сов. см.* клейми́ть.

заклепа́ть *сов. см.* заклёпывать.

заклёп||ка *ж. тех.* rívet ['rɪ-], clínch(er). **~ник** *м.,* **~очник** *м. тех.* ríveting hámmer.

заклёпывание *с. тех.* ríveting, clínching.

заклёпывать, заклепа́ть (*вн.*) rívet ['rɪ-] (*d.*), clinch (*d.*).

заклина́||ние *с.* ìnvocátion, ìn¦càntátion, éxòrcism. **~тель** *м.*: ~тель змей snáke-chàrmer.

за́клина́ть (*вн.*) **1.** (*умолять*) adjúre [ə'dʒuə] (*d.*), conjúre (*d.*); **2.** (*вызывать*) cónjure ['kʌndʒə] (*d.*), invóke (*d.*); (*заколдовывать*) charm (*d.*).

закли́нивать, заклини́ть (*вн.*) wedge (*d.*), fásten with a wedge ['fɑːsᵊn...] (*d.*). **~ся,** заклини́ться **1.** jam, be / become* wedged; **2.** *страд. к* закли́нивать.

заклини́ть(ся) *сов. см.* закли́нивать(ся).

заклокота́ть *сов.* **1.** (*начать клокотать*) begin* to bubble up, begin* to boil; **2.** *как сов. к* клокота́ть.

заключ||а́ть I, заключи́ть **1.** (*без доп.*; *делать вывод*) con¦clúde, infér; из ва́ших слов я ~а́ю from what you say I can con¦clúde, *или* I gáther; из чего́ вы ~а́ете? how do you know? [...nou], what makes you think?; **2.** (*вн.*; *заканчивать, завершать*) close (*d.*); (*вн. тв.*) wind* up (*d.* with); ~ речь close *a* speech; ~ речь призы́вом wind* up one's speech with *an* appéal; **3.** (*вн.*; *о контракте, союзе и т. п.*) con¦clúde (*d.*), contráct (*d.*), make* (*d.*); ~ догово́р (с *тв.*) con¦clúde *a* tréaty (with); ~ сою́з (с *тв.*) énter into, *или* con¦clúde, *an* allíance (with); ~ заём contráct *a* loan; ~ сдéлку strike* / contráct *a* bárgain; ~ мир con¦clúde peace; ~ брак contráct márriage [...-rɪdʒ]; ~ парú bet*. make* *a* bet; wáger; **4.** *тк. несов.* (*вн.*); ~ в себé contáin (*d.*); ◇ ~ в объя́тия (*вн.*) take* / clasp / fold in one's arms (*d.*); embráce (*d.*); ~ в скóбки (*вн.*) brácket (*d.*), put* / en¦clóse in bráckets (*d.*).

заключáть II, заключúть (*вн.*; *лишать свободы*): ~ когó-л. в тюрьмý imprísoп smb. [-ɪz-...]; commít smb. to, *или* put* smb. into, príson [...-ɪz-]; ~ когó-л. под стрáжу take* smb. into cústody.

заключ||áться I **1.** (в *пр.*; *состоять в чём-л.*) consíst (in); вáша задáча ~áется в слéдующем your task consísts in the fóllowing; дéло ~áется в том, что the thing is that; трýдность ~áется в том, что the dífficulty lies in the fact that; **2.** (*находиться*) be; be contáined; **3.** *страд. к* заключáть I.

заключáться II *страд. к* заключáть II.

заключéни||е I *с.* **1.** (*вывод*) con¦clúsion, ínference; (*комиссии, суда и т.п.*) fínd¦ings *pl.*; ~ комúссии rèsolútion of *the* commíttee [-zə-...-tɪ]; передáть на ~ *юр.* submít for decísion / con¦clúsion; вы́вести ~ infér; дать ~ draw* *a* decísion / con¦clúsion; con¦clúde, decíde; прийтú к ~ю come* to *the* con¦clúsion; **2.** (*договора и т.п.*) con¦clúsion; ~ мúра con¦clúsion of peace; ◇ в ~ in con¦clúsion.

заключéни||е II *с.* (*лишение свободы*) confíne¦ment, deténtion; (*тюремное*) imprísonment [-ɪz-]; ~ под стрáжу commítment; одинóчное ~ sólitary confíne¦ment; предварúтельное ~ imprísonment pénding trίal; находúться в предварúтельном ~и be in príson a¦wáiting / pénding trίal [...-ɪz-...]; пожизнéнное ~ imprísonment for life; приговорúть к трём годáм ~я (*вн.*) séntence to three years' imprísonment (*d.*).

заключённый I *прич. см.* заключáть I.

заключённый II **1.** *прич. см.* заключáть II; **2.** *м. как сущ.* prísoner [-ɪz-], cónvict; политúческий ~ polítical prísoner; пожизнéнный ~ pérson únder life séntence; lífer *разг.*

заключúтельн||ый fínal, clósing, con¦clúsive; ~ое слóво con¦clúding remárks *pl.*; ~ое заседáние fínal sítting; ~ аккóрд finále [-'nɑːlɪ]; ~ая сцéна *театр.* fínal / clósing scene; (*перен.*) dróp-scène.

заключúть I, II *сов. см.* заключáть I 1, 2, 3 *и* II.

заклят||ие *с.* **1.** = заклинáние; **2.** (*клятва, зарок*) oath*, pledge. **~ый:** ~ый враг sworn énemy [swɔːn...].

закóванный *прич. см.* закóвывать; ~ в броню́ ármour-clàd; ~ в лáты mailed.

заковáть *сов. см.* закóвывать.

закóвывать, заковáть (*вн.*) chain (*d.*), put* into chains (*d.*); ~ в кандалы́ shackle (*d.*), put* into írons [...'aɪənz] (*d.*).

заковылять *сов.* **1.** (*начать ковылять*) begin* to hobble; **2.** *как сов. к* ковылять.

заковы́ристый *разг.* íntricate.

заколáчивать, заколотúть (*вн.*) **1.** (*досками*) board up (*d.*); (*гвоздями*) nail (*d.*), fásten with nails [-s°n...] (*d.*); **2.** (*вбивать*) drive* in (*d.*); ~ гвоздь drive* in *a* nail.

заколдóванный 1. *прич. см.* заколдóвывать; **2.** *прил.* bewítched, spéll-bound; ◇ ~ круг vícious círcle.

заколдовáть *сов. см.* заколдóвывать.

заколдóвывать, заколдовáть (*вн.*) enchánt [-ɑːnt] (*d.*), bewítch (*d.*); (*зачаровывать*) charm (*d.*), lay* / put* a spell (up¦ón).

заколебáться *сов.* **1.** (*начать колебаться*) begin* to hésitàte [...-zɪ-], become* únstéady [...-tedɪ], wáver; (*ср.* колебáться); **2.** *как сов. к* колебáться.

закóлка *ж. разг.* (*для волос*) hair grip, kírby-grìp; (*большая*) háir-slìde.

заколосúться *сов.* come* into ear.

заколотúть I *сов. см.* заколáчивать.

заколотú||ть II *сов.* (*начать колотить*) begin* to beat, strike *и т. д.* (*см.* колотúть); в дверь ~ли there was a sharp knócking at the door [...dɔː].

заколотú||ться *сов.* (*начать колотиться*) begin* to beat, strike *и т. д.* (*см.* колотúться); у негó сéрдце ~лось his heart begán to thump [...hɑːt...].

заколóть I *сов. см.* закáлывать.

заколó||ть II *сов. безл.*: у негó ~ло в бокý he has a stitch in his side.

заколóться *сов. см.* закáлываться.

заколых||áться *сов.* **1.** (*начать колыхаться*) begin* to wave / flútter; **2.** *как сов. к* колыхáться; в вóздухе ~áлись знамёна bánners waved / flúttered in the air.

закóн *м.* law; *юр.* act, státùte; избирáтельный ~ eléction law; по ~у accórding to the law; объявúть вне ~а (*вн.*) óutlaw (*d.*), proscríbe (*d.*); вопрекú ~у agáinst, *или* in spite of, the law; ún¦láwfully; úменем ~а in the name of the law; статья́ ~а árticle of law; свод ~ов code; státùte book; ~ прирóды law of náture [...'neɪ-]; ~ы общéственного развúтия the laws of sócial devélopment; издáть, обнарóдовать ~ prómulgàte / íssue *a* law; ~ о защúте мúра Peace Defénce Law; ~ы об охóте gáme-laws; нарýшить ~ break* the law [breɪk...]; соблюдáть ~ы obsérve laws [-'zɜːv...], keep* within the law; её слóво, желáние, мнéние для негó ~ her word, wish, opínion is law with him. **~ник** *м. разг.* (*юрист*) láwyer.

закóнно I **1.** *прил. кратк. см.* закóнный; **2.** *предик. безл.* it is right, it is láwful.

закóнно II *нареч.* láwfully, légal¦ly.

закóнн||ость *ж.* láwfulness, legálity; революциóнная ~ rèvolútionary law; соблюдáть социалистúческую ~ obsérve Sócialist law [-'zɜːv...]. **~ый** légal; legítimate; (*перен.*: *справедливый*) láwful; ~ая сúла valídity; имéющий ~ую сúлу válid; ~ые притязáния wéll-gróunded claims; ~ое желáние legítimate desíre [...-'zaɪə]; на ~ом основáнии on légal grounds; ~ый владéлец ríghtful ówner [...'ou-].

законовéд *м.* láwyer, júrist. **~ение** *с.* júrisprùdence.

законодáтель *м.* législàtor, láw-gìver [-gɪ-]; láw-màker. **~ница** *ж.* législàtress. **~ный** législàtive; ~ная власть législàtive pówer. **~ство** *с. юр.* lègislátion; ~ство о трудé lábour laws *pl.*

закономéрно I **1.** *прил. кратк. см.* закономéрный; **2.** *предик. безл.* it is in órder.

закономéрн||о II *нареч.* náturally, régularly, as the nátural resúlt [...-'zʌ-]. **~ость** *ж.* confórmity with a law, règulárity. **~ый** nátural, régular; láw-gòverned [-gʌ-]; ~ое явлéние nátural phenómenon (*pl.* -ena); ~ое развúтие nátural devélopment, devélopment in confórmity with nátural laws.

законопáтить *сов. см.* законопáчивать.

законопáчивать, законопáтить (*вн.*) caulk up (*d.*).

законоположéние *с. юр.* státùte.

законопроéкт *м.* bill; draft law; обсудúть ~ debáte *a* bill; отклонúть ~ rejéct *a* bill; принять ~ appróve / pass *a* bill [-ruːv...].

законсервúровать *сов.* (*вн.*) **1.** presérve [-'zɜːv] (*d.*); tin (*d.*); can (*d.*); bottle (*d.*); pot (*d.*); **2.** (*о предприятии и т. п.*) lay* up (*d.*); (*ср.* консервúровать).

законспектúровать *сов.* (*вн.*) make* an ábstràct (of).

законспирúровать *сов.* (*вн.*) make* sécret / clàndéstine (*d.*); keep* dark (*d.*) *разг.*

законтрактовáть(ся) *сов. см.* законтрактóвывать(ся).

законтрактóвывать, законтрактовáть (*вн.*) énter into a cóntràct (for), make* a cóntràct (for). **~ся,** законтрактовáться sign a cóntràct [saɪn...], work by cóntràct.

закóнченн||ость *ж.* (*отделка*) fínish, gloss; (*полнота*) compléte¦ness. **~ый 1.** *прич. см.* закáнчивать; **2.** *прил.* fínished, compléte; ~ый óбраз fínished / compléte ìdéa / ímage [...aɪ'dɪə...].

закóнчить *сов. см.* закáнчивать. **~ся** *сов. см.* закáнчиваться 1, 3.

закопáть(ся) *сов. см.* закáпывать (-ся).

закопошиться *сов.* **1.** (*начать копошиться*) begin* to swarm, stir *и т. д.* (*см.* копошиться); **2.** *как сов. к* копошиться.

закоптелый smóky, sóoty; (*грязный*) smútty.

закоптеть *сов. разг.* be / become* cóvered with soot [...'kʌ-...].

закоптить(ся) *сов. см.* закапчивать (-ся).

закопчённый 1. *прич. см.* закапчивать; **2.** *прил.*= закоптелый.

закоренелый invéterate; (*о привычке*) ín¦gráined; déep-róoted; ~ преступник invéterate / hárdened críminal.

закоренеть *сов.* become* steeped / soaked: он закоренел в предрассудках he has become steeped / soaked in préjudice.

закормить *сов. см.* закармливать.

закорючка *ж. разг.* (*завитушка*) flóurish ['flʌ-]; (*перен.: затруднение*) rub, hitch.

закоснел||ость *ж.* óbduracy, impénitence. **~ый** óbdurate, impénitent; (в *пр.*) sunk (in), búried ['be-] (in); ~ое невежество rank ígnorance; ~ый злодей hárdened wretch.

закоснеть *сов. см.* коснеть.

закостенелый numbed, stiff.

закостенеть *сов.* **1.** be / become* numbed; **2.** (*от ужаса, страха и т. п.*) be / become* stiff (with).

закоул||ок *м.* **1.** back street; **2.** (*уголок*) seclúded córner; nook; ◇ знать все ~ки know* all the ins and outs [nou...].

закоченелый numb / stiff with cold.

закочене||ть *сов.* **1.** become* numb / stiff with cold; у него ~ли руки his hands are stiff with cold; **2.** *как сов. к* коченеть.

закра||дываться, закрасться steal* in, slink* in, creep* in; ~лось сомнение, подозрение doubts, a suspícion crept in [dauts...].

закраина *ж.* **1.** (*край*) edge; **2.** *тех.* flange.

закрасить *сов. см.* закрашивать.

закраснеть *сов.*= закраснеться **1.** ~ся *сов.* **1.** show* red [ʃou...]; **2.** (*смутиться*) blush, flush (red).

закрасться *сов. см.* закрадываться.

закрашивать, закрасить (*вн.*) paint (óver).

закрепитель *м. фот.* fíxing ágent.

закрепительный *прил. к* закрепление 1, 2; ~ талон vóucher.

закреп||ить(ся) *сов. см.* закреплять (-ся). **~ление** *с.* **1.** (*прикрепление*) fástening [-s°n-], attáching; **2.** (*обеспечение*) appóinting; **3.** *мед.* stópping of dìarrhóea [...-'rɪə]; **4.** *фот.* fíxing; **5.** *воен.* (*тж. перен.; об успехе*) consòlidátion.

закреп||лять, закрепить **1.** (*вн.*) fásten [-s°n] (*d.*), secúre (*d.*); (*о песках и т. п.*) ánchor ['æŋkə] (*d.*); *мор.* make* fast (*d.*), reeve (*d.*); (*перен.*) consólidate (*d.*); ~ верёвку fásten *a* string; ~ гвоздём fásten with *a* nail (*d.*); ~ успех(и) confírm / consólidàte the succéss / achíeve¦ment(s) [...-i:v-]; ~ить завоевания революции consólidàte the cónquèsts of rèvolútion; ~ позиции consólidàte the posítions [...-'zɪ-]; этот договор ~ил дружбу между нашими странами this tréaty has sealed the fríendship betwéen our cóuntries [...'fre-...'kʌ-]; **2.** (*вн.* за *тв.*; *предназначать*) allót (*d.* to), appóint (*d.* to); ~ дом за учреждением appóint / assígn / allót prémises to *an* institútion [...ə'saɪn... -sɪz...]; ~ за собой место secúre *a* place; **3.** (*вн.*) *фот.* fix (*d.*); **4.** *безл. мед.*: его ~ило he has cònstipátion. **~ляться,** закрепиться **1.** (на *пр.*) consólidàte one's hold (on); ~ляться на позиции *воен.* consólidàte *a* posítion [...-'zɪ-]; **2.** *страд. к* закреплять. **~ляющий 1.** *прич. см.* закреплять; **2.** *прил.*; ~ляющее средство ópiate.

закрепостить(ся) *сов. см.* закрепощать(ся).

закрепощ||ать, закрепостить (*вн.*) enslávе (*d.*). **~аться,** закрепоститься be / become* ensláved. **~ение** *с.* **1.** (*действие*) ensláving, túrning into a serf; **2.** (*состояние*) sérfdom, sérfhood [-hud].

закричать *сов.* **1.** (*начать кричать*) begin* to cry, raise a cry, give* a shout, shout *и т. д.* (*см.* кричать); ~ на кого-л. (begin* to) shout at smb.; **2.** *как сов. к* кричать.

закрой||ный for cútting clothes, *etc.* [...-ouðz]. **~щик** *м.,* **~щица** *ж.* cútter.

закром *м. с.-х.* córn-bìn; ◇ много хлеба в ~ах the gránaries are full.

закруг||ление *с.* **1.** (*действие*) róunding, cúrving; **2.** (*линия*) curve; cúrvature. **~лённый** *прич. и прил.* róunded; ◇ ~лённая фраза wéll-róunded períod. **~лить(ся)** *сов. см.* закруглять (-ся).

закруглять, закруглить (*вн.*) round (off) (*d.*), make* round (*d.*); ◇ ~ фразу round off *a* séntence. **~ся,** закруглиться **1.** curve, round, be róunding; **2.** *страд. к* закруглять.

закружить *сов.* **1.** (*вн.*; *начать кружить*) begin* to turn (*d.*); (*стремительно*) send* whírling (*d.*); **2.** *как сов. к* кружить. **~ся** *сов.* **1.** (*начать кружиться*) begin* to whirl / spin; **2.** *как сов. к* кружиться; **3.** *разг.* (*устать от хлопот и т. п.*) be run off one's feet, be in a whirl; ~ся с хозяйством be in a muddle with the hóuse¦wòrk, *или* with hóuse¦hòld affáirs [...'haus-... 'haus-...].

закрутить I *сов. см.* закручивать.

закрутить II *сов.* (*начать крутить*) begin* to turn *и т. д.* (*см.* крутить).

закрутиться I *сов. см.* закручиваться.

закрутиться II *сов.* (*начать крутиться*) begin* to turn *и т. д.* (*см.* крутиться).

закру||чивать, закрутить (*вн.*) **1.** twirl (*d.*), twist (*d.*); (*вокруг*) wind* round (*d.*); ~ кому-л. руки за спину twist smb.'s arms behínd *his* back; ~ вожжи на руки wind* the reins round one's hands; ~ усы turn up one's moustáche [...məs'tɑːʃ], twirl / twist one's moustáche; ветер ~тил пыль the wind is whírling the dust [...wɪ-...]; **2.** (*завёртывать: о кране и т. п.*) turn tight (*d.*); (*о гайке и т. п.*) turn fast (*d.*). **~чиваться,** закрутиться **1.** (*о нитке и т. п.*) twist, become* twísted; **2.** *страд. к* закручивать.

закручиниться *сов.* **1.** grow* sad / sórrow¦ful [-ou...]; **2.** *как сов. к* кручиниться.

закрывать, закрыть (*вн.*) **1.** shut* (*d.*), close (*d.*); (*о воде, газе и т. п.*) shut* off (*d.*); (*перен.: заканчивать, прекращать*) close (*d.*); ~ трубу close the flue; ~ на ключ lock (*d.*); ~ собрание close, *или* break* up, *the* méeting [...breɪk...]; ~ прения close, *или* break* off, *the* debáte; **2.** (*покрывать*) cóver (up) ['kʌ-...] (*d.*); ~ лицо руками cóver one's face with one's hands; búry one's face in one's hands ['be-...]; ~ крышкой put* the lid on; тучи закрыли небо ráin-clouds cóvered the sky; **3.** (*ликвидировать, запрещать*) shut* down (*d.*), close down (*d.*); (*о газете, журнале*) suppréss (*d.*); ~ предприятия, учебные заведения *и т.п.* shut* / close down *the* énterprìses, schools, *etc.*; ~ границу close the frόntier [...'frʌ-]; ◇ ~ глаза на что-л. òver¦lóok smth.; shut* one's eyes to smth. [...aɪz...]; wink at smth.; закрыть глаза (*умереть*) pass a¦wáy, breathe one's last; (*умершему*) attend smb. on his déath-bèd [...'deθ-]; ~ рот кому-л. stop smb.'s mouth; ~ двери дома для кого-л. shut* the doors of one's house against smb. [...dɔːz...haus...]; ~ скобки close the bráckets; ~ счёт close *the* accóunt. **~ся,** закрыться **1.** close, shut*, be closed, be shut; дверь закрылась the door (was) shut [...dɔː...]; его глаза закрылись his eyes (were) shut [...aɪz...]; ~ в комнате lock òne¦sélf up; занавес закрылся the cúrtain was pulled / drawn [...puld...], the cúrtain dropped / fell; крышка закрылась the lid fell, the lid came down; **2.** (*покрываться*) cóver òne¦sélf up ['kʌ-...]; ~ся от дождя protéct òne¦sélf from the rain; **3.** (*переставать действовать, существовать и т. п.*) be closed (down), be óver; выставка закрылась the èxhibítion (was) closed [...eksɪ-...]; сезон закрылся the séason was óver [...-z°n...]; закрылось много предприятий (фабрик *и т. п.*) many énterprìses (fáctories, *etc.*) were closed down; **4.** *страд.* к закрывáть.

закры́т||ие *с.* **1.** clósing, shútting; (*окончание*) close; ~ сезóна end / close of the séason [...-z°n]; ~ вы́ставки clósing of *an* èxhibítion [...ek-sɪ-]; врéмя ~ия (*магазинов и т. п.*) clósing-tìme; **2.** *воен.* (*укрытие*) cóver ['kʌ-]. **~ый 1.** *прич. см.* закрывáть; **2.** *прил.* (*недоступный для посторонних*) closed; ~ое заседáние closed méeting (*for members only*); prívate / sécret séssion ['praɪ-...]; *юр.* méeting in cámera; провести́ ~ое заседáние meet* in closed / prívate séssion; ~ое партúйное собрáние closed Párty méeting; ~ый спектáкль closed / prívate perfórmance; ◇ ~ое учéбное заведéние bóarding-school; при ~ых дверя́х behínd closed doors [...dɔːz]; in prívate; ~ое мóре ín|land sea; ~ое письмó létter (*as opposed to a postcard*); ~ое плáтье hígh-nécked dress; в ~ом помещéнии índoors [-ɔːz]; с ~ыми глазáми ≅ blínd|ly; héadlòng ['hed-].

закры́ть(ся) *сов. см.* закрывáть(ся)

закряхтéть *сов.* **1.** (*начать кряхтеть*) begin* to groan; **2.** *как сов. к* кряхтéть.

закудáхтать *сов.* **1.** (*начать кудахтать*) begin* to cluck; **2.** *как сов. к* кудáхтать.

закули́сн||ый (táking place, *или* occúrring) behínd the scenes; ~ые переговóры sécret negòtiátions; ~ая сдéлка báck-stàge deal; ~ая сторонá hídden círcumstances *pl.*, hídden áspèct of *a* quéstion [...-stʃ-].

закупáть, закупи́ть (*вн.*) **1.** (*скупать*) buy* in [baɪ...] (*d.*), lay* in a stock (of); **2.** (*делать покупки*) buy* in (*d.*), púrchase [-s] (*d.*).

закупи́ть *сов. см.* закупáть.

закýпк||а *ж.* púrchase [-s]; дéлать ~и lay* in supplíes; оптóвые ~и whóle|sàle púrchases ['houl-...].

закýпор||ивать, закýпорить (*вн.*) stop up (*d.*); (*пробкой*) cork up (*d.*); (*перен.*) shut* up (*d.*). **~ить** *сов. см.* закýпоривать. **~ка** *ж.* **1.** córking; **2.** *мед.* émbolism, thròmbósis.

закýпочн||ый *прил. к* закýпка; ~ая ценá *эк.* púrchase price [-s...].

закýривать, закури́ть (*вн.*) light* a cìgarétte, pipe, *etc.*; light up (*d.*) *идиом. разг.* **~ся,** закури́ться (*о папиросе и т. п.*) take* fire, become* líghted.

закури́ть I *сов. см.* закýривать.

закури́ть II *сов.* **1.** (*начать курить*) begin* to smoke; **2.** *как сов. к* кури́ть 1, 2.

закури́ться I *сов. см.* закýриваться.

закури́ться II *сов.* **1.** (*начать куриться*) begin* to (emít) smoke; **2.** *как сов. к* кури́ться.

закусáть *сов.* (*вн.*) *разг.* bite* / sting* all óver (*d.*).

закуси́ть I, II *сов. см.* закýсывать I, II.

закýск||а *ж.* áppetìzer, hors d'oeuvre [ɔː'dəːvr], snack; refréshments *pl.*; холóдная ~ cold dish / plate; лёгкая ~ light repást; snack; ◇ на ~у (*перен.*) for a títbìt.

закýсочная *ж. скл. как прил.* snáck-bàr.

закýсывать I, закуси́ть (*прикусывать*): ~ язы́к, гýбы *разг.* bite* one's tongue, lips [...tʌŋ...]; ~ удилá (*о лошади; тж. перен.*) take* the bit betwéen *the* teeth; (*тк. перен.*) get* out of contról [...-oul].

закýсывать II, закуси́ть (*без доп.*) have a snack; ~ ры́бой have a bit of fish; ~ вóдку *и т. п.* ры́бой, колбасóй *и т. п.* take* some fish, sáusage, *etc.*, with one's vódka, *etc.* [...'sɔs-...]; ~ нáскоро snatch a hásty meal [...'heɪ-...].

закýтать(ся) *сов. см.* закýтывать (-ся).

закути́ть *сов.* **1.** (*начать кутить*) begin* to caróuse, begin* to lead a díssipàted life; go* on the spree; **2.** *как сов. к* кути́ть.

закýтывать, закýтать (*вн.*) múffle (*d.*), wrap up (*d.*); (*одеялом*) tuck up (in bed) (*d.*). **~ся,** закýтаться múffle / wrap òne|sélf up.

зал *м.*, **зáла** *ж.* hall; (*во дворце*) présence-chàmber [-znstʃeɪ-]; (*в частном доме*) recéption-room; ~ ожидáния wáiting-room; ~ заседáний судá cóurt-room ['kɔːt-]; гимнасти́ческий ~ gymnásium [-z-] (*pl.* -siums, -sia); танцевáльный ~ dáncing-hàll; báll-room; зри́тельный ~ hall, auditórium; читáльный ~ réading-hàll, réading-room; пóлный ~ (*о театре и т.п.*) packed áudience.

залáд||ить *сов. разг.* (+*инф.*) take* (to *ger.*); он ~ил ходи́ть в кинó he has táken to gó|ing to the móvies [...'muː-]; ◇ ~ однó и то же harp on one string.

залáмывать, заломи́ть (*вн.*) *разг.*: ~ цéну ask / demánd an exórbitant price [...-ɑːnd...]; ~ шáпку cock one's hat; ~ рýки (*в горе и т. п.*) wring* one's hands.

залатáть *сов. см.* латáть.

залáять *сов.* **1.** (*начать лаять*) begin* to bark; give* tongue [...tʌŋ] *идиом.*; **2.** *как сов. к* лáять.

залегáние *с. геол.* bédding; (*пласт*) bed, seam.

залегáть *геол.* lie*; bed; be depósited [...-z-].

заледенé||лый cóvered with ice ['kʌ-...]. **~ть** *сов.* freeze*.

залежáвшийся, залежáлый stale; ~ товáр old stock.

залежáться *сов. см.* залёживаться.

залёживаться, залежáться **1.** lie* a long time; **2.** (*о товаре*) find* no márket; **3.** (*портиться*) become* stale.

зáлежн||ый: ~ые зéмли lóng-fállow / dís|úsed lands [...-'juːst...].

зáлежь *ж.* **1.** *геол.* depósit [-z-], bed; ~ ýгля́ cóal-bèd, cóal-fìeld [-fiːld]; ~ тóрфа péat-bèd, péat-fìeld [-fiːld]; **2.** *тк. ед. собир. разг.* (*о товарах*) stale goods [...gudz] *pl.*; **3.** *с.-х.* (*о земле*) long fállow.

залезáть, залéзть **1.** (на *вн.*; *взбираться*) climb (up) [klaɪm...] (on, *d.*); на дéрево climb *a* tree; **2.** (в *вн.*; *прокрадываться*) steal* (into); (*проникать*) get* (into), pénetràte (into); ~ в кóмнату creep* / steal* into *a* room; ◇ ~ комý-л. в кармáн pick smb.'s pócket; залéзть в долги́ get* / run* into debt [...det].

залéзть *сов. см.* залезáть.

залени́ться *сов. разг.* grow* lázy [-ou...].

залепетáть *сов.* **1.** (*начать лепетать*) begin* to babble / prattle; **2.** *как сов. к* лепетáть.

залепи́ть *сов. см.* залепля́ть.

залеп||ля́ть, залепи́ть (*вн.*) **1.** close up (*d.*); **2.** (*заклеивать*) glue up (*d.*), paste up / óver [peɪ-...] (*d.*); ◇ ~и́ть комý-л. пощёчину *груб.* slap smb. in the face.

залет||áть I, залетéть **1.** (в *вн.*) fly* (in, into); мýха ~éла в кóмнату a fly flew into *the* room; **2.** (за *вн.*) fly* (behínd, be|yónd); самолёт ~éл за поля́рный круг the áirplàne crossed the pólar círcle; **3.** *ав.* (*куда-л.*) land (*somewhere*) on the way, stop (*somewhere*) on the way; они́ ~éли в Москвý за горю́чим on their way they lánded / stopped in Móscow to refúel [...-'fju-].

залетáть II *сов.* (*начать летать*) begin* to fly.

залетéть *сов. см.* залетáть I.

залётн||ый stray; sporádic, cásual ['kæʒ-]; ~ая пýля stray búllet [...'bu-].

залéчивать, залечи́ть (*вн.*) heal (*d.*), cure (*d.*); ~ рáны (*прям. и перен.*) heal the wounds [...wuːndz]; залечи́ть рáны, нанесённые войнóй heal the wounds of war, repáir the rávages of war. **~ся,** залечи́ться (*о ране*) heal.

залечи́ть *сов.* **1.** *см.* залéчивать; **2.** (*вн.*) *разг.*: ~ дó смерти dóctor to death [...deθ] (*d.*), kill by too much dóctoring (*d.*). **~ся** *сов. см.* залéчиваться.

залéчь *сов.* **1.** (*лечь надолго*) lie* (down); ~ спать go* off to bed; **2.** (*притаиться*) lie* in híding; **3.** *воен.* drop flat.

зали́в *м.* bay; (*с узким входом*) gulf; (*небольшой*) cove; (*мелкий*) creek.

заливáть, зали́ть **1.** (*вн.*; *затоплять, заполнять*) flood [flʌd] (*d.*), ínùndàte (*d.*), òver|flów [-ou] (*d.*); быть зали́тым (*тв.*) run* (with); ~ асфáльтом lay* / spread* ásphàlt [...spred -ælt] (óver); ~ тýшью ink in (*d.*); ~ крáской give* a wash of paint (*i.*); ~ светом flood with light (*d.*); залитый солнцем sún-filled, bathed in súnshine [beɪðd...]; **2.** (*вн. тв.*; *обливать*) pour [pɔː] (óver *d.*), spill (on *d.*); залить скатерть, стол чернилами, вином spill ink, wine on the táble¦clòth, table; **3.** (*вн.*; *тушить*) extínguish (with wáter) [...'wɔː-] (*d.*); ~ пожар put* out *a* fire; ◇ ~ галоши mend galóshes; ~ горе вином drown one's sórrows in wine.

заливаться I, залиться **1.** (в *вн.*; *о воде и т. п.*) pour [pɔː] (into); **2.** *страд. к* заливать.

заливаться II, залиться (*тв.*): ~ смехом laugh mérrily / buóyantly [lɑːf...'bɔɪ-]; ~ песней sing* mérrily / buóyantly; ~ слезами be drowned in tears, dissólve in tears [-'z-...]; ~ лаем bark at the top of its voice.

заливка *ж.*: ~ галош ménding of galóshes; ~ асфальтом (*рд.*) láying / spréading ásphàlt [...-ed- -ælt] (óver); ~ тушью ínking in; ~ краской giving a wash of paint.

заливное *с. скл. как прил.* áspic dish.

заливн||ой 1.: ~ луг wáter-meadow ['wɔːtəme-], flood plain [-ʌd...]; **2.** *кул.* jéllied; in áspic; ~ая осетрина jéllied stúrgeon.

зализать *сов. см.* зализывать.

зализывать, зализать (*вн.*) lick (clean) (*d.*); (*перен.*; *о волосах*) sleek (down) (*d.*); ~ раны lick *the* wounds [...wuː-].

залить *сов. см.* заливать.

залиться I, II *сов. см.* заливаться I, II.

залихватск||ий *разг.* dévil-may--cáre; ~ая песня róllicking song.

залог I *м.* **1.** (*действие*) = заклад 1; **2.** (*предмет*) guarantée, depósit [-z-]; pledge (*тж. перен.*); (*денежный*) secúrity; cáution (money) [...'mʌ-]; в ~ (чего-л.) in secúrity (for); отдавать в ~ (*вн.*) pawn (*d.*); (*о недвижимости*) mórtgage ['mɔːg-] (*d.*); оставлять в ~ (*вн.*) leave* as a depósit (*d.*); под ~ (*рд.*) on the secúrity (of); выкупать из ~а (*о недвижимости*) pay* off a mórtgage; (*вн.*; *о предмете*) redéem (*d.*); ◇ ~ успеха pledge / éarnest of succéss [...'ɜːn-...]; ~ дружбы tóken of fríendship [...'fren-].

залог II *м. грам.* voice; действительный ~ áctive voice; страдательный ~ pássive (voice); средний ~ médium (voice).

залогов||ый I *прил. к* залог I; ~ое свидетельство páwnbròker's / mórtgage certíficate [...'mɔːg-...]; ~ая квитанция depósit / páwnbròker's recéipt [-zɪt... -'siːt].

залоговый II *прил. к* залог II.

залогодатель *м.* depósitor [-zɪ-].

залогодержатель *м.* pawnée; (*на недвижимость*) mòrtgagée [mɔːg-].

заложить I, II *сов. см.* закладывать I, II.

заложни**||к** *м.*, ~ца *ж.* hóstage.

залом *м.* hérring (*from the Caspian Sea*).

заломить *сов. см.* заламывать.

залосниться *сов.* grow* / become* shíny (with nap worn off) [grou... wɔːn...].

залп *м.* vólley; *мор.* sálvò; пушечный ~ gun vólley; *мор.* gun sálvò; дать ~ fire a vólley; *мор.* fire a sálvò; стрелять ~ами fire (in) vólleys; *мор.* fire (in) sálvòes.

залпом *нареч.* (*без передышки*): выпивать ~ (*вн.*) drink* off at one draught / gulp [...-ɑːft...] (*d.*); произносить ~ (*вн.*) rattle off (*d.*).

залучать, залучить (*вн.*) *разг.* entíce (*d.*), lure (*d.*); (*обманом*) decóy (*d.*); ~ кого-л. к себе (в гости) get* smb. to come to one's place.

залучить *сов. см.* залучать.

залюбоваться *сов.* (*тв.*) admíre (*d.*), lose* òne¦sélf in àdmirátion [luːz...] (of); regárd with àdmirátion (*d.*).

замазать(ся) *сов. см.* замазывать (-ся).

замазка *ж* **1.** (*вещество*) pútty; **2.** (*действие*) púttying up.

замазывать, замазать (*вн.*) **1.** (*покрывать краской*) paint óver (*d.*); (*зачёркивать*) effáce (*d.*); (*перен.*) slur óver (*d.*); ~ недостатки работы slur óver the defécts of the work; **2.** (*залеплять*) pútty (*d.*); ~ окна на зиму seal (up), *или* pútty, the wíndows for the wínter; **3.** *разг.* (*пачкать*) daub óver (*d.*), besméar (*d.*), soil (*d.*). ~ся, замазаться **1.** *разг.* (*пачкаться*) get* soiled, get* dírty; **2.** *страд. к* замазывать.

замаливать, замолить (*вн.*) prey for forgíve¦ness [...-'gɪ-].

замалчивание *с.* ignóring, húshing up.

замалчивать, замолчать (*вн.*) ignóre (*d.*), hush up (*d.*), keep* sílent (abóut); húgger-mùgger (*d.*) *разг.*

заманивать, заманить (*вн.*) entíce (*d.*), lure (*d.*); (*привлекать*) attráct (*d.*); (*обманом*) decóy (*d.*); заманить в засаду decóy into an ámbush (*d.*); заманить в западню, в ловушку, в сети (*вн.*) (en)tráp (*d.*), (en)snáre (*d.*).

заманить *сов. см.* заманивать.

заманчив||ость *ж.* allúre¦ments *pl.* ~ый témpting, allúring.

замар||ать *сов.* **1.** *см.* марать 1; **2.** (*вн.*; *зачеркнуть*) blot out (*d.*), effáce (*d.*). ~аться *сов. см.* мараться. ~ашка *м. и ж. разг.* slóven [-ʌ-].

замариновать *сов.* (*вн.*) pickle (*d.*).

замаскированный 1. *прич. см.* замаскировывать; **2.** *прил.* dis¦guísed.

замаскировать(ся) *сов. см.* замаскировывать(ся) *и* маскировать(ся).

замаскировывать, замаскировать (*вн.*) **1.** mask (*d.*), dis¦guise (*d.*); (*о чувствах тж.*) concéal (*d.*), hide* (*d.*); **2.** *воен.* cámouflàge [-uflɑːʒ] (*d.*). ~ся, замаскироваться **1.** (*тв.*) dis¦guise òne¦sélf (as); **2.** (*без доп.*) *воен.* cámouflàge [-uflɑːʒ].

замасливать, замаслить (*вн.*) make* óily (*d.*), make* gréasy [...-zɪ] (*d.*), grease (*d.*); (*перен.*) bútter up (*d.*). ~ся, замаслиться **1.** (*об одежде и т. п.*) become* soiled, become* gréasy / óily [...-zɪ...]; **2.** *тк. сов.*: его глаза замаслились his eyes glístened [...aɪz...].

замаслить(ся) *сов. см.* замасливать(ся).

заматывать, замотать **1.** (*вн.*; *свёртывать*) roll up (*d.*), fold up (*d.*); **2.** (*вн. тв.*; *обматывать*) twist (round *d.*), wind* (round *d.*); **3.** (*вн.*) *разг.* (*утомлять*) tire out (*d.*). ~ся, замотаться **1.** (*обматываться*) wind* round; **2.** *разг.* (*утомляться*) be óver¦-wórked, be rushed, be fagged out.

замахать *сов.* begin* to wave, flap *и т. д.* (*см.* махать).

замах||иваться, замахнуться (на кого-л. чем-л.) thréaten ['θre-] (smb. with smth.), raise (thréatening¦ly) [...'θre-] (smth. at smb.); ~нуться на кого-л. (*прям. и перен.*) raise / lift up one's hand agáinst smb.; ~нуться палкой на кого-л. flóurish one's stick at smb. ['flʌ-...], brándish a stick at smb.

замахнуться *сов. см.* замахиваться.

замачивать, замочить (*вн.*) **1.** (*слегка*) wet (*d.*); замочить ноги wet one's feet; **2.** (*погружать в воду*) soak (*d.*); ~ бельё soak the wáshing; ~ лён, коноплю ret flax, hemp; ~ солод líquor malt.

замашки *мн. разг.* way *sg.*, ways, mánners.

замащивать, замостить (*вн.*) pave (*d.*).

замаяться *сов. разг.* be exháusted, be tired out.

замаяч||ить *сов.* loom; вдали ~или огни lights gleamed in the dístance.

замедлени||е *с.* **1.** (*хода*) slówing down [-ou-...], dècèlerátion [diː-]; *муз.* rìtàrdándò, retárding; **2.** (*задержка*) deláy; без ~я without deláy, immédiate¦ly, at once [...wʌns], right a¦wáy *разг.*

замедленн||ый 1. *прич. см.* замедлять; **2.** *прил.* slow [-ou]; бомба ~ого действия deláyed-àction bomb, tíme--bòmb.

замедлитель *м. тех.* deláy élement; (*пороховой*) deláy train.

замедлить(ся) *сов. см.* замедлять (-ся).

замедлять, замедлить (*вн.*) slow down [slou...] (*d.*); (*задерживать*) retárd (*d.*), deláy (*d.*); *тех.* dècéleràte [diː-] (*d.*); ~ темпы slácken the pace; прошу не замедлить ответом please answer by retúrn post, *или* immédiate¦ly, *или* without deláy [...'ɑːnsə...]; замедлить ход slow down; redúce speed; замедлить шаги slow down the pace; walk slówer [...'slouə]; он не замéдлил яви́ться he was not long in coming; они́ не замéдлили воспóльзоваться э́тим they have not been slow in táking advántage of it [...-'vɑː-...]. **~ся,** замéдлиться **1.** slow down [slou...], slácken; become* slówer [...'slouə]; егó речь замéдлилась his words came slówer; движéние колесá замéдлилось the speed of the wheel sláckened / fell; **2.** *страд.* *к* замедля́ть.

замелькáть *сов.* flash, gleam, appéar.

замéн||а *ж.* **1.** (*действие*) sùbstitútion, replác¦ement; ~ потéрянной кни́ги нóвой the replác¦ement of *a* lost book by *a* new one; sùbstitútion of *a* new book for *a* lost one; ~ смéртной кáзни тюрéмным заключéнием còmmutátion of death séntence to príson confíne¦ment [...deθ... 'prɪzᵊn ...]; **2.** (*то, что заменяет*) súbstitùte; (*что-л. равноценное*) equívalent; служи́ть ~ой (*рд.*, *дт.*) be a súbstitùte (for), take* the place (of). **~и́мый** replác¦able.

замени́тель *м.* súbstitùte.

замени́ть *сов.* *см.* заменя́ть.

замен||я́ть, замени́ть **1.** (*вн.* *тв.*) súbstitùte (for *d.*), replace (*d.* by); ~и́ть метáлл дéревом súbstitùte wood for métal [...wud... 'me-], use wood instéad of métal [...-'sted...]; ничéм нельзя́ замени́ть (*вн.*) there is no súbstitùte (for); **2.** (*вн.*; *занимать место*) take* the place (of); онá ~и́ла ребёнку мать she was a móther to the child* [...'mʌ-...]; нéкому егó ~и́ть there is no one to take his place, *или* to replace him.

замерéть *сов.* *см.* замирáть.

замерз||áние *с.* fréezing; тóчка ~áния fréezing-point; на тóчке ~áния at fréezing-point; (*перен.*) at a stándstill.

замерзáть, замёрзнуть freeze*; be frózen; (*умирать от мороза*) freeze* to death [...deθ], die of cold; цветы́ замёрзли the flówers are fróstbìtten, *или* nipped by the cold; рекá замёрзла the ríver is / has frózen up [...'rɪ-...].

замёрзнуть *сов.* *см.* замерзáть.

зáмертво *нареч.* in a dead faint [...ded...].

замеси́ть *сов.* *см.* замéшивать II.

замести́ *сов.* *см.* заметáть I.

замести́тел||ь *м.* députy; ~ дирéктора (*должность*) députy / assístant diréctor; (*исполняющий обязанности директора*) ácting diréctor; ~ начáльника députy / assístant chief [...tʃiːf]; ~ председáтеля více-président [-ezɪ-], více-cháir¦man*; быть ~ем (*рд.*) be the députy (of); be / stand* próxy (for).

замести́тельство *с.* députìzing.

замести́ть *сов.* *см.* замещáть 2.

заметáть I, замести́ (*вн.*) **1.** (*подметать*) sweep* (up) (*d.*); **2.** *безл.* (*покрывать снегом, песком*) cóver ['kʌ-] (*d.*); дорóгу замелó снéгом the road is blocked with snow [...snou]; ◇ ~ следы́ cóver up *the* tráces.

заметáть II *сов.* *см.* замётывать.

заметáться *сов.* begin* to rush abóut; (*в постели*) begin* to toss.

замéт||ить *сов.* *см.* замечáть. **~ка** *ж.* **1.** (*в печати*) páragràph, nótice ['nou-]; **2.** (*запись*) note; путевы́е ~ки ítinerary / trável notes / skétches [...'træ-...]; ~ки на поля́х márginal notes; дéлать ~ки (*записывать*) take* notes; **3.** (*на чём-л.*) mark; ◇ брать на ~ку *разг.* note.

замéтно I **1.** *прил. кратк.* *см.* замéтный; **2.** *предик. безл.* it is nótice¦able / seen [...'nou-...], one can see.

замéтн||о II *нареч.* nótice¦ably ['nou-]; (*ощутимо*) appréciably; он ~ постарéл he looks much ólder than (he did) befóre. **~ый 1.** (*видимый*) nótice¦able ['nou-]; vísible [-z-]; (*ощутимый*) appréciable; ~ая рáзница marked dífference; ~ое улучшéние marked impróve¦ment [...-ruːv-]; **2.** (*выдающийся*) óutstànding.

замётывать, заметáть (*вн.*) baste [beɪst] (*d.*); sew* up [sou...] (*d.*).

замечáние *с.* **1.** remárk, òbservátion [-z-]; **2.** (*упрёк*) repróof; tálking to *разг.*; крити́ческое ~ críticism; сдéлать ~ (*дт.*) rebúke (*d.*), repróve [-uːv] (*d.*).

замечáтельно I **1.** *прил. кратк.* *см.* замечáтельный; **2.** *предик. безл.* it is remárkable; (*удивительно*) it is wónderful [...'wʌ-].

замечáтельн||о II *нареч.* remárkably; (*удивительно*) wónderfully ['wʌ-]; (*необыкновенно*) out of the cómmon. **~ый** remárkable; (*прекрасный*) spléndid; (*удивительный*) wónderful ['wʌ-]; (*выдающийся*) óutstànding.

замечáть, замéтить **1.** (*вн.*) nótice ['nou-] (*d.*), obsérve [-'zəːv] (*d.*); *сов.* *тж.* sight (*d.*), get* sight (of); **2.** (*вн.*; *брать на заметку*) note (*d.*); **3.** (*вн.*; *обращать внимание*) take* nótice (of), mark (*d.*); не ~ pay* no heed (to), take* no nótice (of), be oblívious (of); **4.** (*без доп.*; *вставлять в разговор замечание*) obsérve, remárk.

замечтáться *сов.* give* òne¦sélf up to dreams, lose* òne¦sélf in dreams [luːz...], be dáy-dreaming, be lost / sunk in réverie.

замешáтельство *с.* confúsion, embárrassment; вноси́ть ~ в ряды́ проти́вника disórganìze the ranks of the énemy, throw* the ranks of the énemy into confúsion / dìsarráy [-ou...]; привести́ в ~ (*вн.*) put* out of cóuntenance (*d.*); throw* into confúsion (*d.*); прийти́ в ~ be embárrassed / confúsed.

замешáть *сов.* *см.* замéшивать I. **~ся** *сов.* *см.* замéшиваться.

замéш||ивать I, замешáть (когó-л. во что-л.) invólve (smb. in smth.), mix up (smb. in smth.); mix up (smb. in smth.); (*запутывать*) entángle (smb. in smth.); быть ~анным (*в преступлении и т. п.*) be ímplicàted (in).

замéшивать II, замеси́ть (*вн.*) mix (*d.*); ~ тéсто knead dough [...dou], knead paste [...peɪst].

замéшиваться I, замешáться **1.** (*в вн.*; *в толпу и т. п.*) mix (with); **2.** *страд.* *к* замéшивать I.

замéшиваться II *страд.* *к* замéшивать II.

замéшка||ться *сов.* *разг.* dawdle, lóiter, línger; (*опоздать*) be late; он ~лся у свои́х прия́телей he has been língering at his friends' [...frendz].

замещ||áть, замести́ть **1.** *тк. несов.* (когó-л.; *заменять*) act (for smb.); députize (for smb.); replace (smb.); **2.** (*вн.* *тв.*) súbstitùte (for *d.*). **~éние** *с.* (*замена*; *тж.* *хим.*) sùbstitútion; для ~éния дóлжности to fill the óffice.

замигáть *сов.* (*начать мигать*) begin* to blink; (*мерцать*) begin* to twinkle.

замини́ровать *сов.* (*вн.*) *воен.*, *мор.* mine (*d.*).

зами́нк||а *ж.* hitch; без ~и without a hitch; есть кака́я-то ~ smth. has gone wrong [...gɔn...]; говори́ть с ~ой hésitàte in spéaking [-zɪ-...], stútter.

замирáние *с.* dýing down; ~ сéрдца héart-sínking ['hɑːt-]; с ~м сéрдца with a sínking / pálpitàting heart [...hɑːt].

замирáть, замерéть stand* (stóck-) still; (*о сердце*) sink*; stop béating; (*о звуке*) die a¦wáy, die down; он зáмер от ýжаса he stood stóck-still with térror [...stud...]; у негó сéрдце зáмерло his heart sank [...hɑːt...]; жизнь в гóроде замерлá life in the cíty came to a stándstill [...'sɪtɪ...].

зáмкнут||о *нареч.*: жить ~ lead* a seclúded life; держáться ~ be resérved [...-'zəːvd]; keep* òne¦sélf to òne¦sélf. **~ость** *ж.* (*неразговорчивость*) réticence; (*скрытность*) resérve [-'zəːv] **~ый 1.** *прич.* *см.* замыкáть 1; **2.** *прил.* resérved [-'zəːvd]; búttoned up *разг.*; ~ый харáктер resérved disposítion [...-'zɪ-]; ~ый круг exclúsive círcle; вести́ ~ый óбраз жи́зни lead* a seclúded life; ~ая кривáя *мат.* closed curve.

замкнýть(ся) *сов.* *см.* замыкáть (-ся).

замкóвый *прил.* *к* замóк.

замоги́льный (*о голосе*) sepúlchral, hóllow.

зáм||ок *м.* castle; ◇ воздýшные ~ки castles in the air.

зам||óк *м.* **1.** lock; вися́чий ~ pádlòck; под ~кóм, на ~кé únder lock and key [...kiː]; заперéть на ~ (*вн.*) lock (up) (*d.*); **2.** *арх.* (*о своде*) kéy (-stòne) ['kiː-]; ◇ за семью ~кáми

≅ únder séven seals [...'se-...]; well hídden.

замóлвить *сов.*: ~ словéчко за когó-л. *разг.* put* in a word for smb., say* / drop a good / kind word for smb.

замолкáть, замóлкнуть, замолчáть stop tálking, become* / fall* sílent, lapse into sílence [...'saɪ-]; cease / stop spéaking, síng¦ing, *etc.* [si:s...]; разговóр замóлк the cònversátion ceased; егó гóлос замóлк his voice broke off.

замóлкнуть *сов. см.* замолкáть.

замолчáть I *сов. см.* замолкáть.

замолчáть II *сов. см.* замáлчивать.

заморáживание *с.* fréezing; còn¦ge-látion; ◇ ~ зáработной плáты wáge-fréeze, the fréezing of wáges.

заморáживать, заморóзить (*вн.*) **1.** freeze* (*d.*); заморóзить шампáнское ice the chàmpágne [...ʃæm'peɪn]; **2.** *разг.* (*анестезировать*) anáesthetìze (*d.*).

заморгáть *сов.* **1.** (*начать моргать*) begin* to blink; **2.** *как сов. к* моргáть.

заморённ||ый *прич. и прил. разг.* emáciàted; ~ вид únderféd appéarance, emáciàted look; ~ая лóшадь óver¦dríven horse [-'drɪ-...].

заморúть *сов.* (*вн.*) *разг.* (*работой*) óver¦wórk (*d.*); (*не кормить досыта*) únderféed* (*d.*); ~ гóлодом starve (*d.*); ~ лóшадь fóunder *a* horse, òver¦-ríde* / óver¦dríve* *a* horse; ◇ ~ червячкá *разг.* take* a bite, stay one's húnger.

заморó||женный *прич. и прил.* frózen; ~женное мя́со refrígeràted / frózen meat. **~зить** *сов. см.* заморáживать.

зáморозки *мн.* frosts; осéнние ~ the first áutumn frosts; весéнние ~ late frosts; ночны́е ~ night frosts; ~ на пóчве ground frosts.

заморосúть *сов.* **1.** (*начать моросить*) begin* to drizzle; **2.** *как сов. к* моросúть.

замóрск||ий **1.** *уст.* óver¦séas; **2.** *разг.* (*внешний*) outlándish, fóreign ['fɔrɪn]; ~ая торгóвля óver¦séas trade.

замóрыш *м.* stárve¦ling; púny créature.

замостúть *сов. см.* замáщивать.

замотáть I *сов. см.* замáтывать.

замотáть II *сов.* (*тв.*; *начать мотать*) shake* (*d.*), begin* to shake (*d.*); ~ головóй (begin* to) shake one's head [...hed]; ~ хвостóм (begin* to) wag its tail [...wæg...].

замотáться *сов. см.* замáтываться.

замочúть *сов. см.* замáчивать.

замóчн||ый *прил. к* замóк 1; ~ая сквáжина kéyhòle ['ki:-].

зáмуж *нареч.*: вы́йти ~ за когó-л. márry smb.; вы́дать когó-л. ~ márry smb. off; вы́дать когó-л. ~ за когó-л. márry smb. to smb., give* smb. in márriage to smb [...-rɪʤ...] ~ем *нареч.*: быть ~ем за кем-л. be márried to smb.

замýжество *с.* **1.** (*период замужества*) márried life; **2.** (*выход замуж*) márriage [-rɪʤ].

замýжняя márried; ~ жéнщина márried wóman* [...'wu-].

замурлы́кать *сов.* **1.** (*начать мурлыкать*) begin* to purr; (*напевать*) begin* to hum (sóftly) to òne¦sélf; **2.** *как сов. к* мурлы́кать.

замуровáть *сов. см.* замурóвывать.

замурóвывать, замуровáть (*вн.*) brick up (*d.*); (*перен.*: *заключать в тюрьму*) immúre (*d.*).

замусóленный **1.** *прич. см.* замусóливать; **2.** *прил.* (*затасканный*) bedrággled; (*о книге*) wéll-thúmbed, wéll-fínger¦ed.

замусóли||вать, замусóлить (*вн.*) *разг.* (*о книге, скатерти*) fínger (*d.*); (*затаскивать*) bedrággle (*d.*). **~ть** *сов. см.* замусóливать.

замутúть *сов. см.* мутúть 1. **~ся** *сов. см.* мутúться 1.

замухры́шка *м. и ж. разг.* púny, slóven ['slʌ-], síckly-looking créature.

замýчить *сов.* (*вн.*) tórture (*d.*), tòrmént (*d.*); (*утомить*) fag (*d.*), tire out (*d.*), wear* out [wɛə...] (*d.*); (*разговорами и т. п.*) bore (*d.*), annóy (*d.*); ~ дó смерти tórture to death [...deθ] (*d.*). **~ся** *сов.* be fagged, be worn out [...wɔ:n...].

зáмш||а *ж.* suède (*фр.*) [sweɪd], chámois (léather) ['ʃæmɪ ('leðə)], shámmy. **~евый** *прил. к* зáмша; ~евые перчáтки suède gloves (*фр.*) [sweɪd glʌvz].

замшéлый móss-grown [-oun], móss-còvered [-kʌ-].

замывáть, замы́ть (*вн.*) wash off / a¦wáy (*d.*).

замы́зганный *разг.* bedrággled, soiled, dírty.

замыкáние *с. эл.* clósing the cúrrent / círcuit [...-kɪt]; корóткое ~ short círcuit.

замыкáть, замкнýть (*вн.*) **1.** lock (*d.*); close (*d.*); ~ цепь *эл.* close the círcuit [...-kɪt]; (*перен.*) be the last link in *a* chain; **2.**: ~ шéствие, колóнну bring* up the rear. **~ся**, замкнýться *страд.* lock, be locked, be closed; (*перен.*; *о человеке*) become* / be resérved [...-'zə:vd], become* / be súllen; ~ся в себé, ~ся в свою́ скорлупý shrink* into òne¦sélf; shut* òne¦sélf up in one's own shell [...oun...] *идиом.*

зáмысел *м.* **1.** (*намерение*) prójèct ['prɔ-], plan, inténtion; престýпный ~ críminal design [...-'zaɪn]; **2.** (*художественного произведения*) scheme, concéption; áвторский ~ ártist's inténtion.

замы́слить *сов. см.* замышля́ть.

замысловáт||ость *ж.* íntricacy. **~ый** íntricate, cómplicàted.

замы́ть *сов. см.* замывáть.

замычáть *сов.* **1.** (*начать мычать*) begin* to low [...lou]; **2.** *как сов. к* мычáть.

замышл||я́ть, замы́слить (*вн.*) plan (*d.*); scheme (*d.*); (*намереваться*) inténd (*d.*), cóntèmplàte (*d.*); что вы ~я́ете? what are you up to?, what are you plótting?

замя́ть *сов.* (*вн.*) hush up (*d.*), suppréss (*d.*); ~ разговóр change the súbject of *the* cònversátion [ʧeɪ-...]; ~ дéло hush up *an* affáir.

замя́ться *сов. разг.* fálter; become* confúsed, stop short.

замяýкать *сов.* **1.** (*начать мяукать*) begin* to mew; **2.** *как сов. к* мяýкать.

зáнавес *м.* cúrtain; *театр.* (*опускающийся тж.*) dróp-cùrtain; подня́ть ~ raise the cúrtain; ring* up the cúrtain *идиом.*; опустúть ~ drop the cúrtain; ring* down the cúrtain *идиом.*; ~ пáдает the cúrtain drops / falls; ~ раздвúнулся the cúrtains were pulled / drawn asíde [...pu-...], the cúrtain párted.

занавéс||ить *сов. см.* занавéшивать. **~ка** *ж.* cúrtain; задёрнуть ~ку draw* the cúrtain.

занавéшивать, занавéсить (*вн.*) cúrtain (*d.*); ~ oкнó cúrtain *the* wíndow, pull down the cúrtains, *или* the blinds [pul...].

занáшивать, заносúть (*вн.*; *об одежде*) wear* too long [wɛə...] (*d.*), wear* without chánging [...-eɪnʤ-] (*d.*).

занемóчь *сов.* fall* ill, be táken ill.

занесéние *с.* (*в протокол, список*) recórding, éntering.

занестú *сов. см.* заносúть I.

занестúсь *сов. см.* заносúться I.

заниж||áть, занúзить (*вн.*) únder¦-státe (*d.*), únder¦éstimàte (*d.*), put* too low [...lou] (*d.*). **~éние** *с.* únder¦státing; ~éние норм únder¦státing of (the) norms.

занúженн||ый *прич. и прил.* únder¦státed; ~ые нóрмы únder¦státed norms.

занúзить *сов. см.* занижáть.

заниматéльный èntertáining, dìvért¦ing.

занимáть I, заня́ть (*вн.*; *брать взаймы*) bórrow (*d.*).

заним||áть II, заня́ть (*вн.*) **1.** (*в разн. знач.*) óccupỳ (*d.*), take* up (*d.*); ~ дóлжность hold* / fill *a* post [...pou-]; ~ мнóго мéста óccupỳ, *или* take* (up), much room; ~ квартúру óccupỳ *a* flat, *или an* apártment; ~ городá óccupỳ / cápture towns; **2.** (*закреплять за собой места и т. п.*) en¦gáge (*d.*), keep* (*d.*), secúre (*d.*); **3.** (*интересовать*) ínterest (*d.*); (*развлекать*) èntertáin (*d.*); егó ~áет вопрóс he is prèóccupied with *the* quéstion [...-sʧ-]; he wónders whéther [...'wʌ-...] *разг.*; ◇ ~ положéние óccupỳ *a* post, fill *a* post; ~ пéрвое мéсто take* the first place; ~ чьё-л.

ме́сто take* smb.'s place, supplánt smb. [-ɑ:nt...], sùperséde smb.

занима́ться I, заня́ться (*тв.*) **1.** be óccupìed (with), be en¦gáged (in); en¦gáge (in); (*с увлечением*) indúlge (in); (*посвящать себя*) devóte òne¦sélf (to); (*интересоваться*) concérn òne¦sélf (with); ~ поли́тикой be en¦gáged in, *или* go* in for, pólitics; ~ хозя́йством be óccupied with *one's* hóuse¦hòld [...-s-]; work in the house [...-s]; заче́м ~ э́тим? why en¦gáge in this?; ~ туале́том make* / do one's tóilet; она́ мно́го занима́ется свои́м туале́том she spends a lot of time on her tóilet; ~ спо́ртом go* in for sport(s); indúlge in sport *книжн.*; заня́ться чте́нием búsy òne¦sélf with réading ['bɪzɪ...]; ~ вопро́сом exámine, *или* take* up, *a* quéstion [...-stʃ-]; ~ медици́ной stúdy médicine ['stʌ-...]; ~ с покупа́телем atténd to *a* cústomer; **2.** *тк. несов.* (*учиться*) stúdy (*d.*); ◇ ~ собо́й devóte much atténtion to one's pérson.

заним||а́ться II, заня́ться (*загораться*) catch* fire; сосе́дний дом заня́лся the house* next door (has) caught fire [...haus...dɔ:...]; ~а́ется заря́ day is bréaking [...'breɪk-]; ◇ у меня́ дух, дыха́ние ~а́ется it takes my breath a¦wáy [...breθ...].

за́ново *нареч.* (*вновь*) anéw; all óver agáin; стро́ить всё ~ build* up évery¦thing anéw [bɪld...]; ré¦búild* from bóttom up [-'bɪld...] (*d.*) *идиом. разг.*

зано́з||а *ж.* splínter; (*перен.*; *о человеке*) *разг.* squábbler, príckly cháracter [...'kæ-]. **~истый** *разг.* méddle¦some, quárrel¦some.

заноз||и́ть *сов.* (*вн.*) get* a splínter (in): он ~и́л себе́ ру́ку, но́гу he has got a splínter in his hand, foot* [...fut].

зано́с I *м.* (*о колёсах*) skídding.

зано́с II *м.* (*снежный*) snów-drìft ['snou-].

заноси́ть I, занести́ **1.** (*вн.*) drop in (on one's way) (*d.*); (*приносить*) bring* (*d.*); ~ зара́зу bring* the inféction; **2.** (*вн.*; *записывать*) put* down (*d.*), note down (*d.*); (*в список, протокол*) énter (in); **3.** *безл.*: всю доро́гу занесло́ сне́гом the road is snów-bound [...'snou-]; **4.** (*поднимать*): ~ но́гу, ру́ку raise one's foot*, hand [...fut...]; **5.** *безл.*: маши́ну зано́сит the car is skídding / swérving; ◇ каки́м ве́тром вас сюда́ занесло́? what (wind) brings you here? [...wɪ-...].

заноси́ть II *сов. см.* зана́шивать.

заноси́ться I, занести́сь *разг.* put* on airs; be cárried off / a¦wáy, *или* too far.

заноси́ться II *страд. к* заноси́ть I.

зано́сный fóreign ['fɔrɪn], álien.

зано́счив||ость *ж.* árrogance, ínsolence, presúmption [-'zʌ-]. **~ый** árrogant, ínsolent, presúmptuous [-'zʌ-]; (*высокомерный*) òver¦béaring [-'bɛə-].

заночева́ть *сов.* stay the night, spend* the night.

зано́шенный *прич. и прил.* worn [wɔ:n]; soiled by wear [...wɛə].

занумерова́ть *сов. см.* занумеро́вывать.

занумеро́вывать, занумерова́ть (*вн.*) númber (*d.*).

заня́т||ие I *с.* **1.** òccupátion; (*труд, работа*) emplóyment, pursúit [-'sju:t], work, búsiness ['bɪz-]; часы́ ~ий (*в учреждении*) óffice hours [...auəz]; род ~ий line of búsiness, kind of work; **2.** *об. мн.* stúdies ['stʌ-]; léssons; часы́ ~ий (*в школе*) school hours.

заня́тие II *с.* (*захват*) séizure['si:ʒə].

заня́тный *разг.* amúsing, èntertáining.

занято́й búsy ['bɪzɪ].

за́нятость *ж.* **1.** bé¦ing búsy [...'bɪzɪ]; **2.** *эк.* emplóyment; по́лная ~ full emplóyment.

за́нятый I *прич. см.* занима́ть I.

за́нят||ый II *прич.* (*тж. как прил.*) *см.* занима́ть II; я о́чень за́нят I am very búsy [...'bɪzɪ]; ме́сто ~о the place is táken / en¦gáged / óccupìed. ~о! (*ответ телефонной станции*) the line is búsy; на заво́де ~а́ ты́сяча рабо́чих a thóusand wórkers work, *или* are emplóyed, at this fáctory [...θauz-...]; ~о в се́льском хозя́йстве, в промы́шленности en¦gáged in ágricùlture, in índustry.

заня́ть I, II *сов. см.* занима́ть I, II.

заня́ться I *сов.* **1.** (*тв.*; *начать заниматься*) set* (to), búsy òne¦sélf ['bɪzɪ...] (with); **2.** *см.* занима́ться I 1.

заня́ться II *сов. см.* занима́ться II.

зао́блачный *поэт.* be¦yónd the clouds; (*перен.*) trànscèndéntal.

заодно́ *нареч.* **1.** in cóncert, at one; де́йствовать ~ (*с тв.*) act in cóncert (with), act togéther [...-'ge-] (with); play the same hand *идиом. разг.*; быть ~ с кем-л. be at one with smb.; **2.** (*одновременно, попутно*) at the same time; сде́лать что-л. ~ do smth. at the same time, do smth. while one is abóut it.

заозёрный be¦yónd, *или* on the other side of, the lake(s).

заокеа́нский tránsòceánic [-nzouʃɪ-]; (*американский*) tránsatlántic [-z-].

заора́ть *сов. разг.* **1.** (*начать орать*) begin* to bawl / yell; béllow out / forth; **2.** *как сов. к* ора́ть; ~ на кого́-л. bawl / shout at smb.

заострённ||ость *ж.* póintedness, shárpness; (*перен.*) acúte¦ness; полити́ческая ~ polítical acúte¦ness. **~ый** póinted, sharp.

заостри́ть(ся) *сов. см.* заостря́ть (-ся).

заостр||я́ть, заостри́ть (*вн.*) shárpen (*d.*); (*перен.*) stress (*d.*), émphasìze (*d.*): ~и́ть каранда́ш shárpen *a* péncil; ~ противоре́чия stress the còntradíctions; ~и́ть вопро́с émphasìze *a* quéstion [...-stʃ-]; — ~и́ть внима́ние (на *пр.*) diréct one's atténtion (to), stímulàte an ínterest (in); ~и́ть о́браз (*литер. произведения и т. п.*) give* force / clárity to *a* cháracter [...'kæ-]. **~я́ться,** заостри́ться becóme* póinted, becóme* sharp; (*перен.*) becóme* sharp / gláring.

зао́хать *сов.* **1.** (*начать охать*) begín* to groan; **2.** *как сов. к* о́хать.

зао́чн||ик *м.* extérnal stúdent, còrrespóndence-course stúdent [-kɔ:s...]. **~о** *нареч.* **1.** without séeing; **2.** *юр.* by defáult; приговори́ть кого́-л. ~о séntence smb. in *his* ábsence; **3.** (*об обучении*) by còrrespóndence. **~ый** **1.** *юр.*: ~ый пригово́р júdge¦ment by defáult; **2.**: ~ое обуче́ние tùítion by còrrespóndence; ~ые ку́рсы éxtra-múral córses [...'kɔ:s-]; (*по почте*) còrrespóndence cóurses, póstal cóurses ['pou-...].

запа́вший *прич. и прил.* súnken.

за́пад *м.* **1.** west; на ~, к ~у (от) to the west (of),wést(wards) [-dz] (of); *мор. тж.* to the wéstward (of); на ~е in the west; идти́, е́хать на ~ go* west; **2.** (З.) the West; the Óccident (*гл. обр. поэт.*).

запада́ть *сов.* begin* to fall.

запад||а́ть, запа́сть fall* back / behínd; sink*; (*перен.*: *запечатлеваться*) sink* déeply; кла́виш ~а́ет the key does not rise [...ki:...]; слова́ его́ запа́ли мне в ду́шу his words were imprínted in my mind.

за́пад||ник *м. ист.* wésternìzer. **~ничество** *с. ист.* òccidéntophilism.

западноевропе́йский Wést-Européan [-'pɪən].

за́падн||ый west, wéstern*; (*о направлении, ветре*) west, wésterly; (*о культуре и т. п.*) òccidéntal; ~ая грани́ца wéstern fróntier [...'frʌn-]; в ~ом направле́нии wéstwards [-dz]; За́падная Евро́па Wéstern Éurope; ~ые держа́вы the Wéstern Pówers; ◇ ~ая це́рковь Látin / Róman Church.

западн||я́ *ж.* (*прям. и перен.*) trap, snare, pítfàll; поста́вить кому́-л. ~ю́ set* smb. a trap; попа́сть в ~ю́ be caught in *a* trap; замани́ть в ~ю́ (*вн.*) (en)snáre (*d.*).

запа́здыв||ание *с.* **1.** deláy, bé¦ing late (in doing smth.); **2.** *тех.* lag. **~ать,** запозда́ть **1.** be late; (*о строительстве и т. п.*) be behínd schédùle [...'ʃe-]; ~ать с упла́той deláy páyment, be late in páying; сли́шком запозда́вший long óver¦dúe; **2.** *тк. несов. тех.* lag.

запа́ивать, запая́ть (*вн.*) sólder [-ɔl-] (*d.*).

запа́йка *ж.* sóldering [-ɔl-].

запакова́ть *сов. см.* запако́вывать.

запако́вывать, запакова́ть (*вн.*) pack (up) (*d.*), wrap up (*d.*), do up (*d.*).

запа́костить *сов.* (*вн.*) *разг.* foul (*d.*), make* foul / filthy (*d.*), dirty (*d.*).

запа́л I *м.* (*у животных*) the heaves *pl.*, bróken wind [...wɪ-]; ло́шадь с ~ом *a* bróken-wínded horse [...-'wɪ-...].

запа́л II *м. тех.* fuse, prímer.

запали́ть *сов.* (*вн.*) *разг.* (*зажечь*) set* fire (to), kindle (*d.*).

запа́льн||ый *прил. к* запа́л II; ~ая свеча́ spárk-plùg.

запа́льчив||о *нареч.* pássionate|ly, in an óutbùrst. **~ость** *ж.* quick témper, véhemence ['viːɪ-]. **~ый** quicktémpered, véhement ['viːɪ-].

запа́мятова||ть *сов.* (*вн.*) *уст.* forgét* [-'g-] (*d.*); он совсе́м ~л э́то it has gone clean out of his head / mind [...gɔn... hed...].

запанибра́та *нареч. разг.*: быть ~ с кем-л. be háil-fèllow-wéll-mét with smb., hóbnòb with smb.

запа́ривать, запа́рить (*вн.*) steam (*d.*), stew (*d.*). **~ся**, запа́риться *разг.* be in a stew, be off one's feet.

запа́рить(ся) *сов. см.* запа́ривать (-ся).

запарши́веть *сов. разг.* become* / grow* mángy [...grou 'meɪndʒɪ].

запа́рывать, запоро́ть (*вн.*) flog to death [...deθ] (*d.*).

запа́с *м.* **1.** stock, supplý; (*резерв*) resérve [-'zəːv]; ~ това́ров stóck-in-trádе; бога́тые ~ы угля́ rich resérves of coal; в ~е in store; ~ зна́ний stock / fund of knówledge [...'nɔ-], èrudítion; ~ слов stock of words, vocábulary; ~ боеприпа́сов àmmunítion resérve; ~ безопа́сности, про́чности *тех.* márgin of sáfe|ty; sáfe|ty fáctor; неприкоснове́нный ~ emérgency store; (*индивидуальный — о продовольствии*) emérgency / resérve rátion [...'ræ-]; оставля́ть большо́й ~ leave* ample resérves; истощи́ть ~ (*рд.*) exháust / drain *the* supplý (of); у него́ истощи́лся, вы́шел ~ (*рд.*) he ran out (of); отложи́ть про ~ (*вн.*) lay* aside (*d.*), lay* by / apárt (*d.*); **2.** *разг.* (*в шве одежды*) double seams [dʌ-...], spare cloth; вы́пустить ~ let* out; (*на подоле и т. п.*) let* out the hem; **3.** *воен.* (*личного состава*) resérve; быть в ~е be in the resérve; вы́йти в ~ be, *или* have been, trànsférred to the resérve.

запаса́ть, запасти́ (*вн.*) stock (*d.*), store (*d.*), lay* in a stock (of). **~ся**, запасти́сь (*тв.*) províde òne|sélf (with); lay* in (*d.*), lay* in a supplý (of); ~ся дрова́ми lay* in (fíre|)wood for the wínter [...-wud...]; ~ся терпе́нием be pátient, have pátience; arm òne|sélf with pátience.

запа́слив||ость *ж.* thríftiness. **~ый** thrífty; (*предусмотрительный*) próvident.

запасн||о́й **1.** *прил.* spare; (*резервный*) resérve [-'zəːv] (*attr.*); ~ы́е ча́сти spare parts, spares; ~ батальо́н dépòt battálion ['depou-'tæljən]; ~ я́корь *мор.* sheet ánchor [...'æŋkə], spare bówer ánchor; **2.** *м. как сущ. воен.* resérvist [-'zəː-].

запа́сный = запасно́й 1; ~ вы́ход emérgency éxit; ~ путь síding, síde-tràck.

запасти́(сь) *сов. см.* запаса́ть(ся).

запа́сть *сов. см.* западáть.

за́пах *м.* smell; ódour; (*приятный*) scent; слы́шать, чу́вствовать, чу́ять ~ (*рд.*) feel*, catch, percéive *the* smell [...-'siːv...] (of), smell* (*d.*).

запа́х *м.* wrap óver.

запаха́ть *сов. см.* запа́хивать I.

запа́хивать I, запаха́ть (*вн.*) plough (*d.*); запаха́ть по́ле plough seed into *a* field [...fiːld].

запа́хивать II, запахну́ть (*вн.*) wrap / draw* tíghter / clóser [...-sə] (*d.*); close (*d.*).

запа́хиваться, запахну́ться (в *вн.*) wrap òne|sélf tíghter (in).

запа́х||нуть *сов.* (*начать пахнуть*) begin* to smell; (*издавать запах*) emít a smell; че́м-то ~ло there was / came a smell of smth.

запахну́ть *сов. см.* запа́хивать II.

запахну́ться *сов. см.* запа́хиваться.

запа́чкать *сов. см.* па́чкать 1. **~ся** *сов. см.* па́чкаться.

запа́шка *ж. с.-х.* tíllage.

запая́ть *сов. см.* запа́ивать.

запе́в *м.* sólo part / tune.

запева́ла *м. и ж.* léader (of *a* choir) [...kwaɪə], diréсting / first síng|er.

запева́ть (*быть запевалой*) set* / give* the tune, lead* the síng|ing / choir [...kwaɪə].

запека́нка *ж.* **1.** (*кушанье*) baked púdding [...'pu-]; карто́фельная ~ (с мя́сом) shépherd's pie [-pədz...]; **2.** (*наливка*) spiced brándy.

запека́ть, запе́чь (*вн.* в *вн.*) bake (*d.* in). **~ся**, запе́чься **1.** bake; **2.** (*о крови*) clot, coágulàte; **3.** (*о губах*) become* parched; **4.** *страд. к* запека́ть.

запе́кш||ийся: ~иеся гу́бы parched lips; ~аяся кровь clótted blood [...ʌd], gore.

запелена́ть *сов.* (*вн.*) swaddle (*d.*).

запе́ниться *сов.* begin* to foam, begin* to froth; (*в результате брожения или кипения*) mantle; вино́ запе́нилось в бока́ле the glass was fóaming.

запере́ть *сов. см.* запира́ть.

запере́ться I, II *сов. см.* запира́ться I, II.

заперши́||ть *сов. безл.*: у него́ ~ло в го́рле he has a tíckling in his throat.

запе́ть *сов.* **1.** (*начать петь*) begin* to sing; ~ пе́сню break* into a song [-eɪk...]; **2.** *как сов. к* петь; ◇ ~ друго́е sing* another song / tune, change one's tune [tʃeɪ-...].

запеча́тать *сов. см.* запеча́тывать.

запечатлева́ть, запечатле́ть (*вн.*) imprínt (*d.*), impréss (*d.*), en|gráve (*d.*); (*воплощать*) give* a mémorable descríption (of); э́то запечатле́лось в его́ па́мяти it is imprínted / stamped up|ón his mémory. **~ся**, запечатле́ться (в *пр.*) imprínt / stamp / impréss it|sélf (up|ón); ~ся у кого́-л. в па́мяти be stamped / en|gráved up|ón smb.'s mémory.

запечатле́ть(ся) *сов. см.* запечатлева́ть(ся).

запеча́тывать, запеча́тать (*вн.*) seal up (*d.*).

запе́чь(ся) *сов. см.* запека́ть(ся).

запива́ть I, запи́ть (*вн. тв.*) wash down (*d.* with), take* (some wáter, *etc.*) [...'wɔː-] (áfter).

запива́ть II, запи́ть (*без доп.*; *пить запоем*) take* to drínking; have a fit / bout of hard drínking.

запина́ться, запну́ться hésitàte [-z-], stámmer, fálter; *сов. тж.* stop short; запну́ться на сло́ве jib at *a* word.

запи́нк||а *ж.*: без ~и smóothly [-ð-]; swímming|ly; (*бегло*) flúently.

запира́тельство *с.* deníal, dìsavówal.

запира́ть, запере́ть (*вн.*) **1.** lock (*d.*); ~ на засо́в bolt / bar (*d.*); ~ на крючо́к hook (*d.*); **2.** (*кого-л.*) lock in (*d.*); (*лишив выхода*) lock up (*d.*), shut* up (*d.*); **3.** (*преграждать доступ*) bar (*d.*), block up (*d.*).

запира́ться I, запере́ться **1.** lock òne|sélf up; **2.** *страд. к* запира́ть.

запира́ться II, запере́ться (в *пр.*; *не сознаваться*) denу́ (*d.*), refúse to speak (about).

записа́ть(ся) *сов. см.* запи́сывать (-ся).

запи́с||ка *ж.* note; делова́я ~ mèmorándum (*pl.* -da); докладна́я ~ repórt; любо́вная ~ bíllet-dóux ['bɪlleɪ 'duː], lóve-lètter ['lʌv-]. **~ки** *мн.* **1.** notes, mémoirs ['memwɑːz]; путевы́е ~ки itínerary *sg.*; itínerary notes; **2.** (*название научных журналов*) trànsáctions [-z-].

записн||о́й I: ~а́я кни́жка nóte-book.

записно́й II *разг.* (*рьяный*) régular; invéterate; (*первоклассный*) fírst-ráte; ~ игро́к invéterate pláyer; (*азартный*) gámbler.

запи́сывать, записа́ть (*вн.*) write* down (*d.*), put* down (*d.*), take* down (*d.*), note (*d.*); (*поспешно*) jot down (*d.*); (*в протокол и т. п.*) recórd (*d.*); (*в бух. книгу и т. п.*) énter (*d.*); ~ ле́кцию make* / take* notes at *a* lécture; ~ на чей-л. счёт put* down to smb.'s accóunt (*d.*); запиши́те э́то за мной charge it to me; ~ в расхо́д, прихо́д énter as expénditure, ín|come (*d.*); ~ в протоко́л put* down, *или* régister, in the mínutes [...-nɪts] (*d.*); ~ на плёнку, пласти́нку recórd (*d.*). **~ся**, записа́ться **1.** régister / énter one's name; ~ся в кружо́к join *a* circle; ~ся к врачу́ make* an appóintment with *the* dóctor; ~ся в библиоте́ку subscríbe to *a* líbrary [...'laɪ-]; 2. *страд.* к запи́сывать.

за́пись *ж.* 1. (*действие*) wríting down; (*на билеты и т. п.*) bóoking; ~ на приём máking a list of appóintments; ~ на плёнку tápe-recòrding; 2. (*заметки*) récòrd ['re-]; éntry (*тж. бух.*); сде́лать ~ в кни́ге о́тзывов cóntribùte to *the* vísitors' book [...-z-...].

запи́ть I, II *сов. см.* запива́ть I, II.

запиха́ть *сов. см.* запи́хивать.

запи́хивать, запиха́ть, запихну́ть (*вн.* в *вн.*) *разг.* push [puʃ] (*d.* in, into), cram (*d.* in, into).

запихну́ть *сов. см.* запи́хивать.

запища́ть *сов.* 1. (*начать пищать*) begin* to squeak; 2. *как сов. к* пища́ть.

запла́канн||ый téar-stained; ~ые глаза́ eyes red with wéeping [aɪz...].

запла́кать *сов.* 1. (*начать плакать*) begin* to cry; 2. *как сов. к* пла́кать.

запланйровать *сов.* (*вн.*) plan (*d.*).

запла́т||а *ж.* patch; наложи́ть ~у (на *вн.*) patch (*d.*); весь в ~ах pátches all óver, all patched.

заплати́ть *сов.* (*вн.*) pay* (*d.*); (че́м-либо за что-л.; *перен.*) pay* (smth. for smth.), give* (smth. for smth.); (кому́-л. чем-л.; *отплатить*) rè|páy* (smb. with smth.); ~ по счёту settle *the* accóunt; ~ дорого́й цено́й (за *вн.*) pay* a héavy price [...'hevɪ...] (for).

заплёванный 1. *прич. см.* заплёвывать; 2. *прил.* bespáttered; cóvered with spittle ['kʌ-...]; (*перен.*) foul, dírty.

заплева́ть *сов. см.* заплёвывать.

заплёвывать, заплева́ть (*вн.*) spit* (at).

запле́сневелый móuldy ['mou-], míldewed.

запле́сневеть *сов. см.* пле́сневеть.

заплести́ *сов. см.* заплета́ть.

заплет||а́ть, заплести́ (*вн.*) braid (*d.*), plait [plæt] (*d.*); ~ ко́су plait / braid one's hair, do up one's hair in a plait. ~а́ться 1.: у него́ язы́к ~а́ется he speaks thíckly, he múmbles; у него́ но́ги ~а́ются he stúmbles at every step; 2. *страд.* к заплета́ть.

запле́чн||ый: ~ мешо́к knáp-sàck; ~ ма́стер, ~ых дел ма́стер *ист.* tórturer.

запле́чье *с.* shóulder-blàde ['ʃou-].

запломбирова́ть *сов. см.* запломби́ровывать *и* пломбирова́ть.

запломбиро́вывать, запломбирова́ть (*вн.*) 1. (*о зубе*) stop (*d.*), fill (*d.*); 2. (*запечатывать*) seal (*d.*); (*ср. тж.* пломбирова́ть).

заплута́ться *сов. разг.* lose* one's way [luːz...].

заплы́в *м. спорт.* heat, round.

запл||ыва́ть, заплы́ть 1. (*куда-л.*; *о пловце*) swim* in; (*о судне*) sail in; (*о пароходе*) steam / come* in; (*о вещи*) float in; ~ далеко́ swim* very far; 2. (*жиром*; *о человеке*) grow* very fat [grou...]; у него́ ~ы́ли глаза́ his éye|lids are swóllen [...'aɪ-... -ou-]; ~ы́вшие жи́ром глаза́ blóated eyes [...aɪz].

заплы́ть *сов. см.* заплыва́ть.

запляса́ть *сов.* begin* to dance.

запну́ться *сов. см.* запина́ться.

запове́дн||ик *м.* preserve [-'zəːv]; rèservátion [-z-], resérve [-'zəːv]; лесно́й ~ fórest resérve ['fɔ-...]. ~ый forbídden; ~ый лес fórest resérve ['fɔ- -'zəːv].

за́поведь *ж.* 1. *рел.* commándment [-ɑːn-]; 2. (*наставление*) précèpt.

заподлицо́ *нареч. тех.* flush (with).

заподо́зр||ить *сов.* (*вн.* в *пр.*) suspéct (*d.* of); его́ ~или во лжи he was suspécted of lýing.

запо́ем *нареч.*: пить ~ drink* deep, have a drínking bout; рабо́тать ~ work by fits; чита́ть ~ read* ávidly.

запозда́||лый beláted, deláyed, tárdy; (*о развитии*) báckward; ~ платёж deláyed páyment; ~лое разви́тие báckwardness. ~ние *с.* bé|ing late, bé|ing behínd time.

запозда́ть *сов. см.* запа́здывать 1.

запо́||й *м.* hard drínking; fit / bout of hard drínking, drínking-bout; страда́ть ~ем get* fits of hard drínking.

запо́йн||ый: ~ое пья́нство dìpsománia.

запо́лзать *сов.* (*начать ползать*) begin* to crawl.

заполза́ть, заползти́ crawl, creep*; (в *вн.*) creep* (into); (под *вн.*) creep* (únder).

заползти́ *сов. см.* заполза́ть.

запо́лнить(ся) *сов. см.* заполня́ть (-ся).

заполня́ть, запо́лнить (*вн.*) fill (*d.*); (*о помещениях, улицах*) pack (*d.*); ~ анке́ту fill in *a* form / quèstionnáire [...ke-]; ~ вре́мя óccupỳ the time; ~ недоста́ток (*рд.*) make* up for the lack (of); ~ пробе́л fill *a* gap. ~ся, запо́лниться fill up, be filled up.

заполони́ть I, II *сов. см.* заполоня́ть I, II.

заполоня́ть I, заполони́ть (*вн.*; *завладевать*) cáptivàte (*d.*), cápture (*d.*).

заполоня́ть II, заполони́ть (*вн.*) *разг.* (*заполнять*) congést (*d.*).

заполучи́ть *сов.* (*вн.*) *разг.* secúre for òne|sélf (*d.*), get* to òne|sélf (*d.*).

заполя́рный be|yónd the pólar círcle.

запомина́ть, запо́мнить (*вн.*) mémorìze (*d.*); (*помнить*) remémber (*d.*), keep* in mind (*d.*). ~ся, запо́мниться 1. be retáined in smb.'s mémory; stick* in smb.'s mémory *разг.*; ему́ запо́мнился э́тот стих he still remémbers that verse; that verse is stuck in his mémory *разг.*; 2. *страд.* к запомина́ть.

запо́мнить(ся) *сов. см.* запомина́ть (-ся).

за́понка *ж.* (*для манжеты*) cúff-lìnk; (*для воротника*) stud, cóllar-bùtton.

запо́р I *м.* bolt; (*замок*) lock; на ~е únder lock and key [...kiː]; дверь на ~е the door is locked / bólted [...dɔː...].

запо́р II *м. мед.* cònstipátion; страда́ть ~ом súffer from cònstipátion.

запоро́жец *м. ист.* Dníeper Cóssàck ['dniː-...].

запоро́ть *сов. см.* запа́рывать.

запороши́ть *сов.* (*вн. тв.*) pówder (*d.* with), dust (*d.* with).

запотева́ть, запоте́ть become* / get* / grow* místed [...grou...].

запоте́лый (*о стекле*) místed.

запоте́ть *сов. см.* запотева́ть *и* поте́ть II.

заправи́ла *м. разг.* boss, ríng|leader.

запра́в||ить *сов. см.* заправля́ть I. ~иться *сов. см.* заправля́ться. ~ка *ж.* 1. *кул.* séasoning [-z-]; 2.: ~ка горю́чим *тех.* refúelling [-'fjuə-].

заправля́ть I, запра́вить (*вн.*) 1. (*о кушанье*) set* (*d.*), séason [-z-] (*d.*); ~ муко́й put* / mix flour (into); 2. (*о лампе и т. п.*) trim (*d.*); ~ горю́чим refúel [-'fjuəl] (*d.*), fill up *the* tank; take* in gas *амер.*; 3. (*засовывать*) tuck in (*d.*).

заправля́ть II (*тв.*) *разг.* (*верховодить*) boss (*d.*); ~ всем, ~ дела́ми boss the show [...ʃou].

заправля́ться, запра́виться 1.: ~ горю́чим refúel [-'fjuəl]; 2. *разг.* refrésh òne|sélf; 3. *страд.* к заправля́ть I.

запра́вочн||ый: ~ая ста́нция, ~ пункт fílling státion.

запра́вский *разг.* true, real [rɪəl]; régular.

запра́шивать, запроси́ть 1. (о *пр.*) in|quíre (abóut, áfter); (кого́-л.) in|quíre (of smb.); ~ в пи́сьменной фо́рме write* for ìnformátion; 2. (*о цене*) óver|chárge; запроси́ть сли́шком высо́кую це́ну ask an exórbitant price.

запре́т *м.* ìnterdíction; наложи́ть ~ (на *вн.*) put* / impóse a ban (on); put* a vétò (up|ón), vétò (*d.*); под ~ом prohíbited, ìnterdícted, únder a ban. ~и́тельный prohíbitive; ~и́тельный зако́н prohíbitory law; ~и́тельный тари́ф *эк.* prohíbitive tax. ~и́ть *сов. см.* запреща́ть. ~ный forbídden; ~ная зо́на restrícted área [...'ɛərɪə]; ◇ ~ный плод forbídden fruit [...fruːt].

запрещ||а́ть, запрети́ть (*вн.*) forbíd* (*d.*); ìnterdíct (*d.*); *офиц.* prohíbit (*d.*); (*налагать запрещение на что-л.*) ban (*d.*); ~ газе́ту suppréss *a* páper; им ~ён въезд (в *вн.*) they are barred from éntry (into). ~а́ться be prohíbited; not be allówed. ~е́ние *с.* pròhibítion [prouɪ-], (*на имущество*) distráint; (*на торговлю*) embárgò; судéбное ~éние injúnction; наложи́ть ~éние на иму́щество *юр.* put* an arrést on *the* próperty, distráin *a* próperty; снять ~ение remóve *a* ban [-'mu:v...]; *юр.* with¦dráw* *the* arrést; ~éние áтомного ору́жия pròhibítion of atómic wéapons [...'we-], ban on atómic wéapons.

заприме́тить *сов.* (*вн.*) *разг.* spot (*d.*), nótice ['nou-] (*d.*).

заприхо́довать *сов.* (*вн.*) *бух.* débit (*d.*).

запродава́ть, запрода́ть (*вн.*) agrée to sell (*d.*); sell* in advánce (*d.*); (*заключать предварительное условие о продаже*) con¦clúde a prelíminary bárgain (on), con¦clúde a fórward cóntràct (on).

запрода́||жа *ж.* (*ещё не готового продукта*) fórward cóntràct, condítional / provísional sale. **~ть** *сов. см.* запродава́ть.

запроекти́ровать *сов. см.* проекти́ровать 1.

запроки́дывать, запроки́нуть (*вн.*) throw* back [θrou...] (*d.*); ~ го́лову toss / throw* back one's head [...hed]. **~ся,** запроки́нуться **1.** fall* back; **2.** *страд. к* запроки́дывать.

запроки́нуть(ся) *сов. см.* запроки́дывать(ся).

запропасти́||ться *сов. разг.* get* lost; куда́ ~лась моя́ кни́га? where has my book got to?; куда́ ты ~лся? where on earth have you been? [...ə:θ...].

запро́с *м.* **1.** (*вопрос*) in¦quíry; сде́лать ~ make* an in¦quíry, in¦quíre; **2.** *тк. ед.* (*о цене*) óver¦chárging; це́ны без ~а fixed príces; (*как объявление*) no redúction!, no bárgain¦ing! **~и́ть** *сов. см.* запра́шивать.

за́просто *нареч. разг.* without céremony.

запро́сы I *мн.* needs, requíre¦ments; духо́вные ~ spíritual ínterests.

запро́сы II *мн. см.* запро́с 1.

запротестова́ть *сов.* (про́тив) protést (agáinst), raise a prótèst (agáinst).

запротоколи́ровать *сов.* (*вн.*) énter in the récòrd [...'re-] (*d.*); ~ пре́ния note down the procéedings.

запру́д||а *ж.* **1.** (*плотина*) dam; (*об. у мельницы*) weir [wɪə]; **2.** (*запруженный водоём*) míll-pònd. **~и́ть** *сов. см.* запру́живать.

запру́живать, запруди́ть (*вн.*) dam (*d.*), dike (*d.*).

запры́гать *сов.* **1.** (*начать прыгать*) begin* to jump; *разг.* (*о сердце*) begin* to thump; **2.** *как сов. к* пры́гать.

запряга́ть, запря́чь (*вн.* в *вн.*; *прям. и перен.*) hárness (*d.*), put* (*d.* to), set* (*d.* to); ~ воло́в yoke óxen. **~ся,** запря́чься **1.** *разг.* (*в работу и т. п.*) settle down (to), buckle (to); **2.** *страд. к* запряга́ть.

запря́жка *ж.* **1.** (*действие*) hárnessing; **2.** (*лошади*) team; (*упряжь*) hárness.

запря́тать(ся) *сов. см.* запря́тывать (-ся).

запря́тывать, запря́тать (*вн.*) hide* (*d.*), concéal (*d.*). **~ся,** запря́таться **1.** hide* òne¦sélf; **2.** *страд. к* запря́тывать.

запря́чь(ся) *сов. см.* запряга́ть(ся).

запу́ганный *прич. и прил.* (*тв.*) intímidàted (by), cowed (by).

запуга́ть *сов. см.* запу́гивать.

запу́г||ивать, запуга́ть (*вн.*) intímidàte (*d.*), cow (*d.*); нас не ~а́ешь we can't be búllied [...kɑ:nt... 'bu-].

за́пуск *м.* láunching; ~ косми́ческих корабле́й láunching of spáce¦-shìps; ~ в ко́смос space shot.

запуска́ть I, запусти́ть *разг.* **1.** (*тв.* в *вн.*; *сильно бросать*) fling* (*d.* at), shy (*d.* at); ~ ка́мнем в окно́ throw* / shy a stone at a wíndow-pàne [-ou...]; **2.** (*вн.*; *засовывать*) thrust* (*d.*); ~ ру́ку в чей-л. карма́н dip one's hand into smb.'s pócket; **3.** (*вн.*; *о воздушных шарах, ракетах и т. п.*) launch (*d.*); ~ на орби́ту (*вн.*) launch into órbit (*d.*); **4.** (*о моторе*) start (*d.*).

запуска́ть II, запусти́ть (*вн.*; *переставать заботиться*) negléct (*d.*); let* slide (*d.*) *разг.*; ~ хозя́йство negléct one's hóuse¦hòld dúties [...'haus-...].

запусте́||лый désolate; (*запущенный*) neglécted. **~ние** *с.* dèsolátion.

запусти́ть I, II *сов. см.* запуска́ть I, II.

запу́танн||ость *ж.* confúsion. **~ый** **1.** *прич. см.* запу́тывать; **2.** *прил.* tangled; (*перен. тж.*) íntricate, invólved; ~ый вопро́с knótty / íntricate quéstion [...-stʃ-]; ~ый расска́з íntricate stóry; ~ая ситуа́ция dífficult posítion [...-'zɪ-], imbróglìò [ɪm'broulɪou].

запу́тать(ся) *сов. см.* запу́тывать (-ся).

запу́т||ывать, запу́тать (*вн.*) tangle (*d.*); (*перен.*) muddle up (*d.*), confúse (*d.*); ~ать де́ло embróil *a* búsiness [...'bɪzn-], make* a muddle of *a* búsiness, get* *an* affáir into a muddle. **~ываться,** запу́таться **1.** entángle òne¦sélf; (в *вн.*) become* enméshed (in); бечёвка ~алась the string has got tangled; ~аться в долга́х be óver head and ears in debt [...hed ...det]; **2.** *страд. к* запу́тывать.

запуха́ть, запу́хнуть *разг.* be swóllen [...-ou-] (óver); у него́ глаза́ запу́хли his eyes are swóllen [...aɪz...], his eyes are puffed up.

запу́хнуть *сов. см.* запуха́ть.

запу́щенн||ость *ж.* negléct, dèsolátion. **~ый** *прич. и прил.* neglécted; ~ый сад neglécted / wéed-grówn / óver¦grówn gárden [...-'groun...]; ~ая боле́знь neglécted íllness; в ~ом состоя́нии in a state of negléct / dèsolátion.

запыла́||ть *сов.* blaze up, flare up, break* / burst* into flame [breɪk...]; вся дере́вня ~ла all the víllage was in flames.

запыли́ть *сов.* (*вн.*) cóver with dust ['kʌ-...] (*d.*), make* dústy (*d.*). **~ся** *сов.* become* dústy, be cóvered with dust [...'kʌ-...].

запыха́ться *сов. разг.* be short / out of breath [...breθ]; puff and pant *разг.*; запыха́вшись bréathlessly ['breθ-], out of breath.

запья́нствовать *сов.* have a fit of hard drínking (*ср. тж.* запива́ть II *и* загуля́ть).

запя́стье *с.* **1.** *анат.* wrist; **2.** (*украшение*) bráce¦let; (*без замочка*) bangle.

запята́я *ж. скл. как прил.* cómma.

запятна́ть *сов.* (*вн.*) spot (*d.*), stain (*d.*); (*перен.*) cast* a stain (on), soil (*d.*), súlly (*d.*), taint (*d.*); ~ своё и́мя soil one's name, cast* a stain on one's name.

зараба́тывать, зарабо́тать (*вн.*) earn [ə:n] (*d.*); ~ сре́дства к существова́нию make* / earn one's líving / líve¦lihood [...'lɪv- 'laɪvlɪhud]; ~ мно́го де́нег make* much móney [...'mʌ-]. **~ся,** зарабо́таться **1.** forgét* òne¦sélf in wórking [-'get...], work too long / late; зарабо́таться до́ ночи go* on wórking till níghtfàll; burn* the mídnìght oil *идиом.*; **2.** (*переутомляться*) óver¦wórk òne¦sélf; **3.** *страд. к* зараба́тывать.

зарабо́тать I *сов. см.* зараба́тывать.

зарабо́тать II *сов.* **1.** (*начать работать*) begin* to work, start wórking; (*о машине*) start; **2.** *как сов. к* рабо́тать.

зарабо́таться *сов. см.* зараба́тываться.

за́работн||ый: ~ая пла́та (*рабочих*) wáges *pl.*; (*служащих*) pay, sálary; повыше́ние ~ой пла́ты wage ín¦crease [...-s], hígher wáges; реа́льная ~ая пла́та real wáges [rɪəl...]; номина́льная ~ая пла́та nóminal wáges.

за́работ||ок *м.* éarnings ['ə:-] *pl.*; лёгкий ~ éasy móney ['i:zɪ 'mʌ-]; уходи́ть на ~ки *уст.* go* a¦wáy in search of a líving [...sə:tʃ... 'lɪ-].

зара́внивать, заровня́ть (*вн.*) lével ['le-] (*d.*), éven up (*d.*); ~ я́му éven, *или* fill up, *a* hole.

зараж||а́ть, зарази́ть (*вн.*) inféct (*d.*); (*отравляющими веществами*) contáminàte (*d.*); ~ во́ду póison / pollúte wáter [-z°n... 'wɔ:-]. **~а́ться,** зарази́ться **1.** (*тв.*) catch* (*d.*); be inféctеd (by; *тж. перен.*); ~а́ться от кого́-л. take* / get* the inféction from smb.; зарази́ться гри́ппом catch* the 'flu / grippe; зарази́ться всео́бщей ра́достью be inféctеd by the cómmon joy (aróund one); **2.** *страд. к* заража́ть. **~е́ние** *с.* inféction; ~е́ние кро́ви blood póisoning [blʌd -z-]; toxáemia *научн.*; ~е́ние ме́стности *воен.* contàminátion of the ground.

зара́з *нареч. разг.* (*за один присест*) at one sítting; (*одним ударом*) at one stroke.

зара́за *ж.* inféction, contágion.

зарази́тельн||ость *ж.* inféctious¦ness. **~ый** inféctious; cátching *разг.*; ~ый смех inféctious láughter [...'lɑːf-].

зарази́ть(ся) *сов. см.* заража́ть(ся).

зара́зн||ый inféctious, contágious; ~ бара́к contágious ward, ìsolátion ward [aɪ-...]; ~ больно́й contágious pátient; ~ые боле́зни inféctious / contágious / commúnicable diséases [...'ziː-].

зара́нее *нареч.* befóre¦hànd; (*своевременно*) in good time; ~ обду́манный preméditàted; заплати́ть ~ pay* in advánce; ра́доваться ~ (чему́-л.) look fórward (to smth.); позабо́титься о чём-л. ~ think* of smth. befóre¦hànd.

зарапортова́ться *сов. разг.* let* one's tongue run a¦wáy with one [...tʌŋ...]; (*говорить глупости*) talk nónsense.

зараста́ть, зарасти́ **1.** (*тв.*; *травой и т. п.*) be óver¦grówn [...-oun] (with); **2.** (*о ране*) heal; (*затягиваться кожей*) skin óver.

зарасти́ *сов. см.* зараста́ть.

зарва́вшийся 1. *прич. см.* зарыва́ться II; **2.** *прил.* presúmptuous [-'zʌ-], hígh-hánded.

зарва́ться *сов. см.* зарыва́ться II.

зарде́ться *сов.* rédden; (*от смущения*) blush.

зареве́ть *сов.* **1.** (*начать реветь*) begin* to roar / low [...lou]; **2.** *как сов. к* реве́ть.

за́рево *с.* glow [-ou]; ~ пожа́ра glow of *a* fire.

зарегистри́ровать *сов.* (*вн.*) régister (*d.*). **~ся** *сов.* **1.** (*отметиться в каком-л. списке*) régister òne¦sélf; **2.** (*оформить брак*) régister one's márriage [...-rɪʤ].

заре́з *м. разг.*: э́то ~ для меня́ ≅ it will be the end of me; до ~у désperate¦ly; ему́ ну́жно э́то до ~у he is désperate¦ly in need of it, he is in désperate need of it; ему́ нужны́ де́ньги до ~у he needs móney désperate¦ly [...'mʌ-...].

заре́зать *сов. см.* ре́зать 4.

заре́заться *сов. разг.* cut* one's throat.

зарека́ться, заре́чься (от) *разг.* renóunce (*d.*); (+*инф.*) prómise not [-s...] (+ to *inf.*).

зарекомендова́ть *сов.*: ~ себя́ с хоро́шей, плохо́й стороны́ presént òne¦sélf in a good*, bad* light[-'z-...]; ~ себя́ хоро́шим рабо́тником prove òne¦sélf to be a good* wórker [pruːv...].

заре́чный be¦yónd, *или* on the other side of, the ríver [...'rɪ-].

заре́чье *с.* part of town, *etc.*, on the other side of the ríver [...'rɪ-].

заре́чься *сов. см.* зарека́ться.

заржа́в||еть *сов.* get* / become* rústy. **~ленный** rústy.

заржа́ть *сов.* **1.** (*начать ржать*) begin* to neigh; **2.** *как сов. к* ржать.

зарис||ова́ть *сов. см.* зарисо́вывать. **~о́вка** *ж.* **1.** (*действие*) skétching; **2.** (*рисунок*) sketch.

зарисо́вывать, зарисова́ть (*вн.*) sketch (*d.*).

за́риться, поза́риться (на *вн.*) *разг.* cóvet ['kʌ-] (*d.*), have one's eye [...aɪ] (on), hánker (áfter).

зарни́ца *ж.* súmmer líghtning.

заровня́ть *сов. см.* зара́внивать.

зароди́ть(ся) *сов. см.* зарожда́ть(ся).

заро́дыш *м.* émbryò, germ; *зоол.* fóetus ['fiː-]; в ~е in émbryò; in (its) incípiency; подави́ть в ~е (*вн.*) nip in the bud (*d.*); уви́деть что-л. в ~е percéive smth. in its incípiency [-'siːv...].

заро́дышев||ый èmbryónic; ~ое состоя́ние èmbryónic / rùdiméntary stage.

зарожд||а́ть, зароди́ть (*вн.*) en¦génder (*d.*). **~а́ться**, зароди́ться be concéived [...-'siːvd]; (*перен.*) aríse*, be born; у него́ зароди́лось сомне́ние a doubt aróse in his mind [...daut...], he began to feel dóubtful [...'daut-]. **~е́ние** *с.* concéption; (*перен.*) órigin, concéption.

заро́к *м.* vow, pledge, sólemn prómise [...-s]; он дал ~ не пить he has táken the pledge, *или* he has sólemn¦ly sworn, not to drink [...swɔːn...]; взять ~ с кого́-л. make* smb. give a sólemn prómise.

зарокота́ть *сов.* **1.** (*начать рокотать*) begin* to rumble, resóund [...'zaund]; **2.** *как сов. к* рокота́ть.

зарони́ть *сов.* (*вн.*) drop (*d.*); ~ и́скру drop a spark; (*перен.*) excíte (*d.*); ~ сомне́ние give* rise to a doubt [...daut], aróuse a doubt.

за́росль *ж.* brúshwood [-wud], únder¦growth [-grouθ], thícket.

зарпла́та *ж.* = за́работная пла́та *см.* за́работный.

заруб||а́ть I, заруби́ть (*вн.*; *делать зарубку*) notch (*d.*), make* an incísion (on); ♢ ~и́ э́то себе́ на носу́ ≅ put that in your pipe and smoke it.

заруба́ть II, заруби́ть (*вн.*; *убивать*) slash / sabre to death [...deθ] (*d.*); (*топором*) kill with an axe (*d.*).

зарубе́жный fóreign ['fɔrɪn], be¦yónd the bórder / fróntier [...'frʌ-].

заруби́ть I, II *сов. см.* заруба́ть I, II.

зару́бка *ж.* notch.

зарубцева́ться *сов. см.* зарубцо́вываться.

зарубцо́вываться, зарубцева́ться cícatrìze.

заруга́ть *сов. разг.* (*вн.*) scold (*d.*); abúse (*d.*).

заруми́ниваться, заруми́ниться **1.** blush, crímson [-z°n]; **2.** (*поджариваться*) brown; bake brown.

заруми́ниться *сов. см.* заруми́ниваться.

заруч||а́ться, заручи́ться (*тв.*) secúre (*d.*); ~ подде́ржкой enlíst the suppórt. **~и́ться** *сов. см.* заруча́ться.

зару́чка *ж. разг.* pull [pul], protéction.

зарыва́ть, зары́ть (*вн.*) búry ['be-] (*d.*); ♢ ~ тала́нт в зе́млю búry / waste one's tálent [...weɪ-...'tæ-]; ≅ hide* one's light únder a búshel [...'bu-] *идиом.*

зарыва́ться I, зары́ться búry òne¦sélf ['be-...]; *воен.* dig* in.

зарыва́ться II, зарва́ться *разг.* go* too far, go* to extrémes, òver¦dó things.

зарыда́ть *сов.* **1.** (*начать рыдать*) begin* to sob; **2.** *как сов. к* рыда́ть.

зары́ть *сов. см.* зарыва́ть. **~ся** *сов. см.* зарыва́ться I.

зарыча́ть *сов.* **1.** (*начать рычать*) begin* to roar / growl; **2.** *как сов. к* рыча́ть.

зар||я́ *ж.* **1.** (*утренняя*) dáybreak [-eɪk], dawn; (*вечерняя*) évening-glow ['iːvnɪŋglou]; súnsèt; на ~е́ at dáybreak, at dawn; ~ занима́ется day is bréaking [...'breɪ-]; **2.** *воен.* retréat; **3.** (*начало, зарождение*) óutsèt, start; на ~е́ его́ но́вой жи́зни at the very óutsèt of his new life; ♢ от ~и́ до ~и́ from night to mórning, all night long; (*с утренней до вечерней*) from mórning to night, all the líve¦lòng day [...'lɪv-...].

заряби́ть *сов. см.* ряби́ть 2.

заря́д *м.* charge; (*перен.*) fund, supplý; электри́ческий ~ eléctric charge; ~ эне́ргии supplý of énergy.

заряди́ть I *сов. см.* заряжа́ть.

заряд||и́ть II *сов. разг.* persíst in doing smth.; с утра́ ~и́л дождь it has been ráining incéssantly since the mórning; ♢ ну, ~и́л! well, at it agáin!

заря́д||ка *ж.* **1.** (*оружия*) chárging, lóading; **2.** (*электрической батареи*) chárging; **3.** *спорт.* éxercìses *pl.*; gymnástics *pl.*; (*коллективная*) drill; де́лать ~ку do one's mórning éxercìses; ♢ он получи́л ~ку на це́лый день he felt braced up for the rest of the day. **~ный**: ~ный я́щик àmmunítion-wágon [-'wæ-]; cáisson *амер.*

заряжа́ние *с.* lóading; ~ с ду́ла múzzle lóading; ~ с казённой ча́сти breech lóading.

заряжа́ть, заряди́ть (*вн.*) **1.** (*об оружии*) load (*d.*), charge (*d.*); **2.** (*об электрической батарее*) charge (*d.*).

заряжа́ющий 1. *прич. см.* заряжа́ть; **2.** *м. как сущ. воен.* lóader.

заса́д||а *ж.* ámbùsh [-uʃ]; быть, сиде́ть в ~е lie* in ámbùsh; lie* in wait; устро́ить ~у make* / lay* an ámbùsh.

засади́ть I, II *сов. см.* заса́живать I, II.

заса́живать I, засади́ть (*вн. тв.*; *растениями и т. п.*) plant [-ɑːnt] (*d.* with).

заса́живать II, засади́ть *разг.* 1. (*вн.*, в *вн.*; *всаживать*) drive* (*d.* into); 2. (*вн.* в *вн.*; *заключать*) shut* (*d.* in); засади́ть в тюрьму́ put* in príson [...-ɪz-] (*d.*), lock up (*d.*); 3. (*вн.* за *вн.*) set* (*d.* to); ~ за рабо́ту set* to work (*d.*).

заса́ленный 1. *прич. см.* заса́ливать I; 2. *прил.* gréasy [-zɪ], soiled.

заса́ливать I, заса́лить (*вн.*) soil (*d.*), make* gréasy [...-zɪ] (*d.*).

заса́ливать II, засоли́ть (*вн.*) salt (*d.*), pickle (*d.*); (*о мясе*) corn (*d.*).

заса́лить *сов. см.* заса́ливать I.

заса́сывать, засоса́ть (*вн.*; *поглощать*) suck in (*d.*), en¦gúlf (*d.*); (*перен.*) swállow up (*d.*); боло́то засоса́ло лошаде́й the hórses were sucked into the bog; его́ засоса́ла меща́нская среда́ he has been dragged down by his phílistìne envíron¦ment.

заса́хар||енный *прич. и прил.* cándied; ~енные фру́кты crýstallized / cándied fruit [...fruːt]. **~иваться**, заса́хариться become* súgared [... 'ʃu-].

заса́хариться *сов. см.* заса́хариваться.

засверка́ть *сов.* 1. (*начать сверкать*) begin* to sparkle; 2. *как сов. к* сверка́ть.

засвети́ть *сов.* (*вн.*) 1. (*о свече и т. п.*) light* (*d.*); 2.: ~ плёнку *фот.* spoil *a* film (by inadvértent expósure) [...-'pouʒə]. **~ся** *сов.* 1. light* up; 2. *фот.* (*о плёнке*) be rúined / spoiled by light.

за́светло *нареч. разг.* befóre níghtfàll.

засвиде́тельствовать *сов.* (*вн.*) wítness (*d.*), téstifỳ (*d.*); ~ факт cértifỳ *a* fact; ◇ ~ почте́ние presént one's respécts [-'z-...].

засвиста́ть, засвисте́ть *сов.* 1. (*начать свистеть*) begin* to whistle; 2. *как сов. к* свисте́ть.

засе́в *м.* 1. (*действие*) sówing ['sou-]; 2. (*то, что посеяно*) seed, séed-còrn; 3. (*засеянная площадь*) sown área [soun 'ɛərɪə].

засева́ть, засе́ять (*вн. тв.*) sow* [sou] (*d.* with); ~ под яровы́е, ози́мые sow* to spring, wínter crops (*d.*).

заседа́ние *с.* sítting; (*собрание*) méeting; (*совещание*) cónference; (*суда*) séssion; откры́ть ~ ópen *the* méeting; закры́ть ~ close, *или* break* up, *the* méeting [...breɪk...]; собра́ться на специа́льное ~ meet* in spécial séssion [...'spe-...].

заседа́тель *м.* asséssor; наро́дный ~ people's assésso [piː-...]; прися́жный ~ *уст.* júry¦man*, júror.

заседа́тельск||ий: ~ая суетня́ spéechifỳing.

заседа́ть sit*; meet*; take* part in *a* cónference *и т. д.* (*см.* заседа́ние).

засе́ивать = засева́ть.

засе́ка *ж.* abátis [ə'bætɪ] (*pl.* -tis [-tɪz]).

засека́ть, засе́чь (*вн.*) 1. (*до смерти*) flog to death [...deθ] (*d.*); 2. (*делать засечку*) notch (*d.*); 3. (*определять засечками*) detérmine by ìnterséction (*d.*); (*точку и т. п. на местности*) locáte (*d.*); ~ вре́мя note the time. **~ся**, засе́чься 1. (*о лошади*) òver¦réach, cut*, hitch; 2. *страд. к* засека́ть.

засекре́||тить *сов. см.* засекре́чивать. **~ченный** 1. *прич. см.* засекре́чивать; 2. *прил.* sécret, secúrity-restrícted; húsh-húsh *разг.*

засекре́чивать, засекре́тить (*вн.*) 1. make* sécret (*d.*), restríct (*d.*); hush up (*d.*) *разг.*; 2. *разг.* (*о человеке*) admít to sécret work (*d.*).

засел||е́ние *с.* péopling ['piː-]; séttle¦ment. **~ённый** *прич. см.* заселя́ть; гу́сто, ре́дко ~ённый dénse¦ly, spárse¦ly pópulàted.

засели́ть *сов. см.* заселя́ть.

засел||я́ть, засели́ть (*вн.*) pópulàte (*d.*), settle (*d.*); óccupỳ (*d.*); ~ены́ со́тни но́вых кварти́р húndreds of new flats have been óccupied.

засемени́ть *сов.* 1. (*начать семенить*) begin* to mince; 2. *как сов. к* семени́ть.

засеребри́ться *сов.* 1. (*начать серебриться*) begin* to look sílvery, begin* to glitter / sparkle like sílver; 2. *как сов. к* серебри́ться.

засе́сть *сов.* 1. (за *вн.*) sit* down (to), set* (to); ~ за рабо́ту set* to work, sit* down to work; 2. (в *пр.*; *застрять*) stick* (in), stick* fast (in); пу́ля засе́ла у него́ в боку́ *a* búllet lodged in his side [...'bu-...]; 3. (*где-л.*) sit* firm, settle; *воен.* estáblish òne¦sélf (fírmly), enscónce òne¦sélf; ~ до́ма *разг.* stay in, not leave* one's house* [...-s]; ~ в заса́де lie* in ámbùsh [...-buʃ].

засе́чка *ж.* 1. notch, cut, mark; 2. (*действие*) intersection; ~ направле́ния getting a fix; ~ вре́мени tíming; звукова́я ~ sound ránging [...-eɪn-].

засе́чь(ся) *сов. см.* засека́ть(ся).

засе́ять *сов. см.* засева́ть.

засиде́ть *сов. см.* заси́живать.

засиде́ться *сов. см.* заси́живаться.

заси́женный: ~ му́хами flý-blown [-bloun].

заси́живать, засиде́ть (*вн.*; *о мухах*) taint (*d.*), spot (*d.*).

заси́живаться, засиде́ться sit* / stay too long; ~ до по́здней но́чи (*не ложиться спать*) sit* up very late; (*не уходить*) stay very late.

заси́лье *с.* dóminance.

засине́ть(ся) *сов.* loom blue, show* blue [ʃou...], appéar blue (in the dístance).

заси́нивать, засини́ть (*вн.*) óver¦blúe (*d.*).

засини́ть *сов. см.* заси́нивать.

засия́ть *сов.* 1. (*начать сиять*) begin* to shine; 2. *как сов. к* сия́ть.

засказа́ть *сов.* 1. (*начать скакать*) begin* to jump, leap, *etc.*; (*о лошади*) break* into a gállop [-eɪk...]; 2. *как сов. к* скака́ть.

заска́кивать, заскочи́ть 1. (за *вн.*) jump (behínd), spring* (behínd); (на *вн.*) jump (on), spring* (on); 2. *разг.* (*заходить на минутку*) drop in (*at a place*).

заскирдо́ванн||ый *прич. см.* скирдова́ть; ~ое се́но stacked hay, hay in ricks / stacks.

заскирдова́ть *сов. см.* скирдова́ть.

заско́к *м. разг.* 1. thrust fórward; 2. (*затмение ума*) kink, bráin-stòrm.

заскору́з||лый 1. hárdened; ~лые ру́ки tóil-hàrdened / hórny hands; 2. (*огрубелый, чёрствый*) ùnféeling; 3. (*отсталый*) báckward. **~нуть** *сов.* 1. become* hárdened; 2. (*закоснеть*) stágnàte.

заскочи́ть *сов. см.* заска́кивать.

заскрежета́ть *сов.* 1. (*начать скрежетать*) begin* to gnash / grind one's teeth; 2. *как сов. к* скрежета́ть.

заскрести́ *сов.* 1. (*начать скрести*) begin* to scratch; 2. *как сов. к* скрести́. **~сь** *сов.* 1. (*начать скрестись*) begin* to scratch; мышь заскребла́сь *a* mouse* bega̋n to scratch [...-s...]; 2. *как сов. к* скрести́сь.

заскрипе́ть *сов.* 1. (*начать скрипеть*) begin* to creak; 2. *как сов. к* скрипе́ть.

заскули́ть *сов.* 1. (*начать скулить*) begin* to whine / whímper; 2. *как сов. к* скули́ть.

заскуча́ть *сов.* feel* míserable [...-z-], have a fit of the blues, be blue.

засла́ть *сов. см.* засыла́ть.

заследи́ть *сов.* (*вн.*) *разг.* leave* wet tráces (on); soil / dírty (with one's feet) (*d.*).

заслези́ться *сов.* 1. (*начать слезиться*) begin* to wáter [...'wɔː-]; 2. *как сов. к* слези́ться.

засло́н *м. воен.* cóvering detách¦ment ['kʌ-...].

заслони́ть(ся) *сов. см.* заслоня́ть (-ся).

засло́нка *ж.* 1. óven-door ['ʌvᵊndɔː]; 2. (*регулятор тяги*) dámper.

заслон||я́ть, заслони́ть (*вн.*) cóver ['kʌ-] (*d.*), hide* (*d.*); (*защищать*) screen (*d.*), shield [ʃiː-] (*d.*); (*перен.*) òver¦shádow [-'ʃæ-] (*d.*); take* the place (of), push into the báckground [puʃ...] (*d.*); ~и́ть свет кому́-л. stand* in smb.'s light. **~я́ться**, заслони́ться 1. (*тв.* от *рд.*) shield òne¦sélf [ʃiː-...] (with against), screen òne¦sélf (with from); 2. *страд. к* заслоня́ть.

заслу́г||а *ж.* mérit, desért [-'zəːt]; име́ть больши́е ~и пе́ред страно́й have done great sérvices to one's cóuntry [...greɪt...'kʌ-]; **велики́ их**

~и пéред рóдиной they have perfórmed great sérvices for the móther|lànd [...'mʌ-]; за выдающиеся ~и for outstánding públic sérvice [...'pʌ-...]; комý-л. по ~ам accórding to smb.'s desérts; он получи́л по ~ам he got his desérts; стáвить комý-л. в ~у (*вн.*) put* down to smb.'s crédit (*d.*); стáвить себé что-л. в ~у think* híghly of one's own áctions [...oun...].

заслýженн||о *нареч.* desérvedly [-'zə:-]; он ~ получи́л нагрáду he was rewárded accórding to his desérts [...-'zə:-]. **~ый 1.** *прич.* (*тж. как прил.*) *см.* заслýживать; ~ое порицáние mérited cénsure; ~ый упрёк wéll-desérved repróach [-'zə:vd...]; **2.** *прил.* (*о звании*) hónoured ['ɔnəd]; ~ый дéятель наýки Hónoured Scíentist; ~ый дéятель искýсств Hónoured Art Wórker; ~ый мáстер спóрта Hónoured Máster of Sports.

заслýж||ивать, заслужи́ть **1.** (*вн.*) desérve [-'zə:v] (*d.*); come* in (for) *разг.*; ~и́ть чьё-л. довéрие earn smb.'s cónfidence [ə:n...]; **2.** (*рд., быть достóйным*) mérit (*d.*), be wórthy [...-ðɪ] (of); ~ довéрия be trústwòrthy / relíable [...-ðɪ...]; как вы тогó ~иваете accórding to your desérts [...-'zə:ts]. **~и́ть** *сов. см.* заслýживать.

заслýшать(ся) *сов. см.* заслýшивать(ся).

заслýшивать, заслýшать (*вн.*) hear* (*d.*); ~ отчёт hear* *the* accóunt. **~ся,** заслýшаться (*рд.*) **1.** lísten with delíght [-s°n...] (to), delíght in lístening [...-s°n-] (to); **2.** *страд. к* заслýшивать.

заслы́шать *сов.* (*вн.*) hear* (*d.*).

заслюни́ть *сов.* (*вн.*) *разг.* slóbber óver.

заслюня́вить *сов.* = заслюни́ть.

засмáтривать (в *вн.*) *разг.* look (into), peep (into).

засмáтриваться, засмотрéться (на *вн.*) be lost in cóntemplátion (of).

засмея́ть *сов.* (*вн.*) *разг.* rídicùle (*d.*).

засмея́ться *сов.* **1.** (*начать смеяться*) begin* to laugh [...lɑ:f]; **2.** *как сов. к* смея́ться.

засмоли́ть *сов.* (*вн.*) pitch (*d.*), tar (*d.*)

засмотрéться *сов. см.* засмáтриваться.

заснежённ||ый snowed up [-oud...], cóvered with deep snow ['kʌ-...-ou]; ~ая степь snów-còvered steppe ['snoukʌ- step].

заснýть *сов. см.* засыпáть II.

засня́ть *сов.* (*вн.*) *разг.* phóto|gràph (*d.*); ~ фильм prodúce *a* film; shoot* *a* film *разг.*

засóв *м.* bolt; bar; задви́нуть дверь **~ом,** на ~ bolt / bar *a* door [...dɔ:].

засóвывать, засýнуть (*вн.*) push in [puʃ...] (*d.*), shove in [ʃʌv...] (*d.*), thrust* in (*d.*); засýнув рýки в кармáны with hands thrust into one's póckets.

засóл *м.* sálting, píckling; свéжего ~а fréshly sálted / pickled.

засóленн||ый: ~ые пóчвы sálty soils, sált-rìdden lands.

засоли́ть *сов. см.* засáливать II.

засопéть *сов. разг.* **1.** (*начать сопеть*) begin* to sniff / snuffle; (*во сне*) breathe héavily [...'he-]; **2.** *как сов. к* сопéть.

засорéние *с.* obstrúction, chóking up; ~ желýдка *мед.* cònstipátion.

засори́ть(ся) *сов. см.* засоря́ть(ся).

засоря́ть, засори́ть (*вн.*) **1.** lítter (*d.*); **2.** (*забивать, закупоривать*) obstrúct / stop (the pássage in a chánnel, tube, *etc.*); **3.:** ~ желýдок cónstipàte the bówels; have cònstipátion; (*о пище*) give* / cause cònstipátion; ~ речь, язы́к (*тв.*) clútter up speech, lánguage (with). **~ся,** засори́ться **1.** be / becóme* líttered; **2.** (*забиваться, закупориваться*) be / becóme* obstrúcted; **3.:** у меня́, у негó *и т. д.* засори́лся желýдок I have, he has, *etc.*, cònstipátion; **4.** *страд. к* засоря́ть.

засосáть *сов.* **1.** *см.* засáсывать; **2.** (*начать сосать*) begin* to suck.

засóх||нуть *сов. см.* засыхáть. **~ший** dry; (*о листьях тж.*) dead [ded], wíther|ed.

засочи́ться *сов.* begin* to ooze.

зáспанный sléepy; у негó ~ вид he looks sléepy.

заспáть *сов. см.* засыпáть I.

заспáться *сов.* óver|sléep (òne|sélf).

заспеши́ть *сов.* (begin* to) bustle.

заспиртовáть *сов. см.* заспиртóвывать.

заспиртóвывать, заспиртовáть (*вн.*) álcohòlize (*d.*), presérve in álcohòl [-'zə:v...] (*d.*).

заспóрить *сов.* (о *пр.*) begin* to árgue (abóut).

застáва *ж.* **1.** gate; gates *pl.*; **2.** *воен.* (*сторожевая*) píquet [-kɪt]; suppórt *амер.*; (*походная*) point; suppórt *амер.*; пограни́чная ~ fróntier post ['frʌ- poust].

заставáть, застáть (*вн.*) find* (*d.*); ~ дóма find* in, *или* at home (*d.*); не ~ дóма find* out (*d.*); ~ когó-л. на мéсте преступлéния catch* smb. réd-hánded, catch* smb. in the act.

застáвить I, II *сов. см.* заставля́ть I, II.

застáвка *ж.* (*в книге, рукописи*) héad-piece ['hedpi:s].

заставля́ть I, застáвить (*вн.*+*инф.*; *принуждать*) force (*d.*+to *inf.*), compél (*d.*+to *inf.*); make* (*d.*+ *inf.*); застáвить замолчáть redúce to sílence [...'saɪ-] (*d.*), sílence (*d.*); застáвить задýматься set* thínking (*d.*); застáвить уйти́, уéхать force out (*d.*); ничтó не застáвит егó сдéлать это nothing will indúce him to do it; он застáвил нас ждать he made us wait; он застáвил нас ждать два часá he has kept us wáiting for two hours [...auəz]; ~ себя́ сдéлать bring* òne|sélf to do; он не застáвил проси́ть себя́≅ he was wílling enóugh [...ɪ'nʌf].

заставля́ть II, застáвить (*вн.*) **1.** (*загромождать*) cram (*d.*), fill (*d.*); **2.** (*загораживать*) block up (*d.*), obstrúct (*d.*).

застáиваться, застоя́ться **1.** stand* too long; конь застоя́лся the horse has become réstive; **2.** (*портиться*) be / become* stale; водá застоя́лась the wáter is no lónger fresh [...'wɔ:-...].

застарéлый invéterate; (*о болезни*) negléctеd, chrónic.

застáть *сов. см.* заставáть.

застёгивать, застегнýть (*вн.*) do up (*d.*); (*пуговицу*) bútton up (*d.*); (*крючками*) hook up (*d.*); (*пряжкой*) clasp (*d.*), buckle (*d.*). **~ся,** застегнýться **1.** bútton òne|sélf up; застегнýться на однý, две *и т. д.* пýговицы bútton up one, two, *etc.*, búttons; **2.** *страд. к* застёгивать.

застегнýть(ся) *сов. см.* застёгивать(ся).

застёжка *ж.* fásten|ing [-s°n-]; (*пряжка*) clasp, buckle, hasp.

застекли́ть *сов. см.* застекля́ть.

застекля́ть, застекли́ть (*вн.*) glaze (*d.*).

застéнок *м.* tórture-chàmber [-ʧeɪ-].

застéнчив||ость *ж.* shýness; báshfulness. **~ый** shy; báshful.

заст||игáть, засти́гнуть, засти́чь (*вн.*) catch* (*d.*); ~и́гнуть враспло́х surprise (*d.*), take* ún|a|wáres (*d.*); нас ~и́гла грозá we were òver|táken / caught by a storm.

засти́гнуть *сов. см.* застигáть.

застилáть, застлáть (*вн.*) **1.** (*покрывать*) cóver ['kʌ-] (*d.*); ~ коврóм lay* *a* cárpet (óver), cárpet (*d.*); **2.** (*затуманивать*) cloud (*d.*), screen (*d.*), hide* from view [...vju:] (*d.*); ~ облакáми òver|clóud (*d.*).

застирáть *сов. см.* засти́рывать.

засти́рывать, застирáть (*вн.*) wash off (*d.*).

зáстить: ~ комý-л. свет *разг.* stand* in smb.'s light.

засти́чь *сов. см.* застигáть.

застлáть *сов. см.* застилáть.

застоговáть *сов.* (*вн.*) *с.-х.* put* in stacks / ricks (*d.*).

застó||й *м.* stàgnátion; (*упадок*) depréssion; ~ промы́шленности indústrial stàgnátion; в торгóвле ~ trade is low [...lou], there is a depréssion in trade; ~ крóви *мед.* haemostásia; находи́ться в ~е be stágnant, stágnàte. **~йный** stágnant.

застóльн||ый: ~ая бесéда táble-tàlk; ~ая пéсня drínking-sòng.

застонáть *сов.* **1.** (*начать стонать*) begin* to moan / groan; **2.** *как сов. к* стонáть.

застóпоривать, застóпорить (*вн.*) stop (*d.*), check (*d.*). ~ся, застóпориться 1. (*о машине и т. п.*) jam; (*перен.*) come* to a stándstill, be at a stándstill; 2. *страд.* к застóпоривать.

застóпорить(ся) *сов. см.* застóпоривать(ся).

застоя́ться *сов. см.* застáиваться.

застрáивать, застрóить (*вн.*; *об участке и т. п.*) build* [bɪld] (on), eréct búildings (on *a* site, *etc.*) [...'bɪl-...]. ~**ся**, застрóиться 1. (*об участке*) be built on [...bɪlt...], be óccupied / cóvered with búildings [...'kʌ-...'bɪl-]; (*об улице*) be lined with búildings; 2. *страд.* к застрáивать.

застрахóванный *прич. и прил.* insúred [-'ʃuəd]; (от) insúred (agáinst); (*тк. прил.*; *перен.*) immúne (to, agáinst).

застраховáть(ся) *сов. см.* застрахóвывать(ся).

застрахóвывать, застраховáть (*вн.* от) insúre [-'ʃuə] (*d.* agáinst). ~ся, застраховáться 1. insúre one's life [-'ʃuə...]; 2. *страд.* к застрахóвывать.

застращáть *сов. см.* застрáщивать.

застрáщива||ние *с. разг.* intìmidátion. ~**ть**, застращáть (*вн.*) *разг.* intímidàte (*d.*), fríghten (*d.*).

застревáть, застря́ть stick*; колесó застря́ло в грязи́ the wheel has got stuck in the mud; ◇ словá застря́ли у негó в гóрле *разг.* the words stuck in his throat.

застрели́ть *сов.* (*вн.*) shoot* (down) (*d.*). ~ся *сов.* shoot* òne¦sélf.

застрéльщик *м.* 1. pìonéer, léader; ~и социалисти́ческого соревновáния pìonéers of sócialist èmulátion; 2. *воен. ист.* skírmisher.

застрóенный búilt-úp ['bɪlt-].

застрóить(ся) *сов. см.* застрáивать (-ся).

застрóй||ка *ж.* búilding ['bɪl-]; прáво ~ки right to build [...bɪld]. ~**щик** *м.* one who builds a house* on his own [...'bɪl-...-s...oun].

застрочи́ть *сов.* 1. (*начать строчить*) begin* to stitch; (*писать*) begin* to write; 2. (*о пулемёте*) rattle a¦wáy; start shóoting; 3. *как сов.* к строчи́ть.

застря́ть *сов. см.* застревáть.

застуди́ть(ся) *сов. см.* застýживать(ся).

застýживать, застуди́ть (*вн.*) chill (*d.*). ~ся, застуди́ться *разг.* catch* cold.

застýкать *сов.* (*вн.*) *разг.* catch* (*d.*).

зáступ *м.* spade.

заступ||áться, заступи́ться (за *вн.*) ìntercéde (for); (*просить*) plead (for); (*принимать чью-л. сторону*) take* the part (of), stand* up (for); stick* up (for) *разг.* ~**и́ться** *сов. см.* заступáться.

застýпн||ик *м.* defénder, ìntercéssor; (*покровитель*) pátron. ~**ица** *ж.* pátron¦ess.

застýпничество *с.* ìntercéssion.

застучáть *сов.* 1. (*начать стучать*) begin* to knock, rap, *etc.*; 2. *как сов.* к стучáть.

застывáть, засты́ть 1. (*сгущаться от охлаждения*) thícken, con¦géal; (*оседать*) set*; (*затвердевать*) hárden; желé засты́ло the jélly has set; лáва засты́ла the láva has hárdened [...'lɑː-...]; 2. *разг.* (*зябнуть*) be / get* stiff with cold; ◇ засты́ть от удивлéния be stúpefied / páralỳsed with astónishment; у негó кровь засты́ла от ýжаса his blood curdled with hórror [...blʌd...], he grew cold with térror.

застыди́ть *сов.* (*вн.*) *разг.* shame (*d.*), make* ashámed (*d.*). ~**ся** *сов. разг.* become* confúsed; (*покраснеть от стыда*) blush with shame.

засты́ть *сов. см.* застывáть.

засуди́ть *сов.* (*вн.*) *разг.* condémn (*d.*).

засуети́ться *сов.* 1. (*начать суетиться*) begin* to bustle, start fússing; 2. *как сов.* к суети́ться.

засýнуть *сов. см.* засóвывать.

зáсуха *ж.* drought [draut].

засухоустóйчивый dróught-resístant ['drautrɪ'z-].

засýчивать, засучи́ть (*вн.*) roll up (*d.*), tuck up (*d.*); приня́ться за дéло, засучи́в рукавá roll up one's sleeves and set* to work.

засучи́ть I *сов. см.* засýчивать.

засучи́ть II *сов.* (*начать сучить*) begin* to twist / spin.

засýшивать, засуши́ть (*вн.*) dry up (*d.*).

засуши́ть *сов. см.* засýшивать.

засýшлив||ый árid, dróught-afflícted ['draut-]; ~ая зóна árid / dróughty zone [...'drautɪ...].

засчитáть *сов. см.* засчи́тывать.

засчи́тывать, засчитáть (*вн.*) in¦clúde (*d.*), take* into consìderátion (*d.*).

засылáть, заслáть (*вн.*) send* (*d.*); (*не по тому адресу*) dispátch / send* to the wrong addréss (*d.*); ~ шпиóнов smuggle in spies, infíltràte spies.

засы́пать *сов. см.* засыпáть III.

засыпáть I, заспáть (*вн.*): заспáть младéнца òver¦líe* *a* báby, smóther *a* báby in one's sleep [...'smʌ-...].

засыпáть II, заснýть fall* asléep; drop off to sleep *разг.*

засыпáть III, засы́пать (*вн. тв.*) 1. (*о яме и т. п.*) fill up (*d.* with); 2. (*покрывать*) cóver ['kʌ-] (*d.* with), búry ['be-] (*d.* únder); (*разбрасывать по поверхности*) strew* (on *d.*); дорóжка засы́пана ли́стьями the path* is cóvered / strewn with dead leaves [...ded...]; 3. (*направлять что-л. в изобилии*) bòmbárd (*d.* with); ~ когó-либо вопрóсами bòmbárd smb. with quéstions [...-stʃ-], heap quéstions up¦ón smb.; ~ когó-л. подáрками load smb. with présents [...-ez-]; ◇ ~ овсá, муки́ *и т. п.* (*запасаться*) lay* in a store of oats, flour, *etc.*; ~ овсá лóшади pour some oats into the mánger [pɔː... 'meɪndʒə].

засы́паться I, II *сов. см.* засыпáться I, II.

засыпáться I, засы́паться 1. (в *вн.*) get* (into); песóк засы́пался емý в башмаки́ sand got into his shoes [...ʃuːz], there is sand in his shoes; 2. (*тв.*) get* cóvered / filled [...'kʌ-...] (with); get* búried [...'be-] (únder); 3. *страд.* к засыпáть III.

засыпáться II, засы́паться *разг.* 1. (*попадаться*) be caught réd-hánded; (*попадать в беду*) get* into a scrape, come* to grief [...-iːf]; 2. (*на экзамене*) get* plucked.

засы́пка *ж.* 1. (*ямы*) fílling up; 2. (*зерна*) láying in (a supplý).

засыхáть, засóхнуть dry up; (*увядать*) wíther.

затаённ||ый 1. *прич. см.* затáивать; 2. *прил.* sécret; (*приглушённый*) représsed; с ~ым дыхáнием with báted breath [...breθ]; ~ая злóба smóuldering ánger ['smou-...].

затáивать, затаи́ть (*вн.*) hárbour (*d.*); затаи́ть дыхáние hold* one's breath [...breθ]; затаи́в дыхáние with báted breath; затаи́ть оби́ду на когó-л. bear* smb. a grudge [bɛə...]; nurse a grudge agáinst smb.

затаи́ть *сов. см.* затáивать.

затанцевáть *сов.* (*начать танцевать*) begin* to dance.

затáпливать, затопи́ть (*вн.*; *о печи*) light* the stove, make* / kindle the fire (in *a* stove).

затáптывать, затоптáть (*вн.*) trample down (*d.*), trample únder foot [...fut] (*d.*).

затараторить *сов. разг.* 1. (*начать тараторить*) begin* to jábber; 2. *как сов.* к тараторить.

затáсканн||ый *разг.* 1. *прич. см.* затáскивать I; 2. *прил.* bedrággled; (*изношенный*) thréadbàre ['θred-]; (*перен.*) háckneyed [-nɪd], wéll-wórn [-'wɔːn]; (*банальный*) trite; ~ое выражéние trite expréssion.

затаскáть *сов. см.* затáскивать I.

затáскивать I, затаскáть (*вн.*) *разг.* wear* out [wɛə...] (*d.*), soil (*d.*); (*перен.*) make* cómmon / trite / háckneyed [...-nɪd] (*d.*).

затáскивать II, затащи́ть 1. (что-л. кудá-л.) cárry / drag (a¦wáy) (smth. sóme¦whère); leave* smth. in the wrong place; 2. (когó-л. кудá-л.) drag (smb. sóme¦whère); затащи́ть когó-л. к себé take* smb. to one's place, get* smb. to come to one's place.

затáчивать, заточи́ть (*вн.*) shárpen (*d.*).

затащи́ть *сов. см.* затáскивать II.

затвердева́ть, затверде́ть hárden, become* hard, be hárdened; (*ср.* застыва́ть).

затверде́||лость *ж.* = затверде́ние. **~лый** hárdened. **~ние** *с. мед.* ìndùrátion, càllósity.

затверде́ть *сов. см.* затвердева́ть.

затверди́ть *сов.* (*вн.*) *разг.* **1.** (*вызубрить*) learn* by rote [lə:n...] (*d.*); **2.**: ~ одно́ и то же harp on one string.

затво́р *м.* **1.** (*ружья*) lock; (*винтовки*) bolt; (*орудия*) breech block; (*пулемёта*) bolt, breech block; (*у плотины*) wáter-gàte ['wɔ:-], flóod-gàte ['flʌd-]; (*фотоаппарата*) shútter; **2.** *разг.* (*у дверей*) bolt, bar; **3.** *церк.* seclúsion; он жил в ~е he lived in seclúsion [...lɪ-...]. **~и́ть (-ся)** *сов. см.* затворя́ть(ся).

затво́рни||к *м.*, **~ца** *ж.* hérmit, reclúse [-s]; жить ~ком live the life of a reclúse [lɪv...]. **~ческий** sólitary, seclúded; ~ческий о́браз жи́зни seclúded life. **~чество** *с.* reclúsion, seclúsion; (*перен.*) sólitary life.

затворя́ть, затвори́ть (*вн.*) close (*d.*), shut* (*d.*). **~ся**, затвори́ться **1.** (*о двери и т. п.*) close, shut*; **2.** (*о человеке*) lock / shut* / close òne¦sélf in; *церк.* retíre into seclúsion; **3.** *страд. к* затворя́ть.

затева́ть, зате́ять (*вн.*) vénture (*d.*), ùndertáke* (*d.*); зате́ять и́гры órganìze games; зате́ять дра́ку start a brawl; зате́ять спор start *an* árgument. **~ся**, зате́яться be stárted; зате́ялось де́ло a búsiness, *или* an affáir, was stárted [...'bɪzn-...].

зате́й||ливый **1.** (*сложный*) íntricate; **2.** (*занимательный*) in¦génious, fánciful. **~ник** *м.*, **~ница** *ж.* **1.** (*массовик*) órganìzer of èntertáinments; **2.** (*шутник*) jóker, húmorist.

затек||а́ть, зате́чь **1.** (в *вн.*) flow [flou] (in), pour [pɔ:] (into), leak (into); (за *вн.*) pour (behínd), leak (behínd); **2.** (*неметь*) become* numb; у него́ ~ли́ но́ги, ру́ки his legs, arms have got numb; **3.** *разг.* (*опухать*) swell*.

зате́м *нареч.* **1.** (*после*) then, thére¦-up¦ón, up¦ón which; and súbsequently; **2.** *уст.* (*для этого*) for that very réason [...-z-]; ✧ ~ что *уст.* because [-'kɔz], since, as.

затемне́ние *с.* dárkening; *воен.* bláck-out; (*перен.*; *о значении, смысле*) obscúring.

затемни́ть *сов. см.* затемня́ть.

за́темно *нареч. разг.* befóre dawn, befóre dáybreak [...-breɪk].

затемня́ть, затемни́ть (*вн.*) dárken (*d.*); *воен.* black out (*d.*); (*перен.*) obscúre (*d.*).

затени́ть *сов. см.* затеня́ть.

затеня́ть, затени́ть (*вн.*) (òver¦-) shàde (*d.*).

зате́плить *сов.* (*вн.*) *уст.* light* (*d.*). **~ся** *сов. уст.* begin* to gleam.

затере́ть *сов. см.* затира́ть.

зате́рянный **1.** *прич. см.* затеря́ть; **2.** *прил.* (*забытый*) forgótten.

затеря́ть *сов.* (*вн.*) *разг.* misláy* (*d.*), lose* [lu:z] (*d.*). **~ся** *сов.* be misláid, be lost; (*перен.*) be / become* lost / forgótten.

затеса́ть *сов. см.* зате́сывать.

затеса́ться *сов.* (в, на *вн.*) *разг.* worm òne¦sélf (into), intrúde (on).

затёсывать, затеса́ть (*вн.*) róugh-héw ['rʌf-] (*d.*).

зате́чь *сов. см.* затека́ть.

зате́я *ж.* ùndertáking, énterprise, vénture; (*забавная*) piece of fun [pi:s...], fáncy.

зате́ять(ся) *сов. см.* затева́ть(ся).

затира́ть, затере́ть (*вн.*) **1.** (*замазывать*) rub óver (*d.*); **2.** (*сдавливать*) jam (*d.*); (*перен.*) give* one no chance; су́дно затёрло льда́ми the ship is / was íce-bound; **3.** *разг.* (*пачкать, занашивать*) soil (*d.*), dirty (*d.*).

зати́скать *сов.* (*вн.*) *разг.* smóther / stifle with carésses ['smʌ-...] (*d.*).

зати́скивать, зати́снуть (*вн.*; *запихивать*) squeeze in (*d.*). **~ся**, зати́снуться squeeze òne¦sélf in(to).

зати́снуть(ся) *сов. см.* зати́скивать (-ся).

затиха́ть, зати́хнуть calm down [kɑ:m...], lull; (*переставать слышаться*) die a¦wáy; (*ослабевать*) fade (a¦wáy).

зати́хнуть *сов. см.* затиха́ть.

зати́шье *с.* calm [kɑ:m]; (*временное*) lull; (*в делах*) slack; ~ пе́ред грозо́й the calm befóre the storm.

затка́ть *сов.* (*вн. тв.*) weave* (into *d.*); interwéave* (*d.* with); ~ ска́терть зо́лотом, серебро́м weave* gold, sílver into *the* cloth; за́тканный зо́лотом, серебро́м wóven with gold, sílver; góld-brocáded, sílver-brocáded.

заткну́ть *сов. см.* затыка́ть.

затле́ться *сов.* begin* to glow [...-ou].

затмева́ть, затми́ть (*вн.*) **1.** (*закрывать*) cóver ['kʌ-] (*d.*), dárken (*d.*); òver¦shádow [-'ʃæ-] (*d.*); ту́чи затми́ли не́бо stórm-clouds have cóvered the sky, the sky is óver¦cást; **2.** (*превосходить кого-л.*) eclípse (*d.*), outshíne* (*d.*); затми́ть чью-л. сла́ву eclípse smb.'s fame.

затм||е́ние *с. астр.* eclípse; ~ со́лнца sólar eclípse; лу́нное ~ lúnar eclípse; по́лное ~ tótal eclípse; кольцеобра́зное ~ ánnular eclípse; части́чное ~ pártial eclípse; ✧ на него́ ~ нашло́ his mind went blank, he did not know what he was doing, sáying, *etc.* [...nou...]. **~и́ть** *сов. см.* затмева́ть.

зато́ *союз* (to make up) for it, in retúrn; ~ ме́ньше уста́нете you will make up for it by bé¦ing less tired; ~ полу́чите хоро́шую вещь you'll get sóme¦thing réally good in retúrn [...'rɪə-...].

затова́ривание *с.* óver¦stóck; ~ ры́нка glut in the márket.

затова́ривать, затова́рить (*вн.*) óver¦stóck with goods [...gudz] (*d.*). **~ся**, затова́риться have an excéss of goods [...gudz], have too many goods on hand.

затова́рить(ся) *сов. см.* затова́ривать(ся).

затолка́ть *сов.* (*вн.*) **1.** jostle (*d.*); **2.** (*куда-л.*) jostle in (*d.*), shove [ʃʌv] (*d.*).

зато́н *м.* creek, báck-wàter [-wɔ:-].

затону́ть *сов.* sink*.

зато́пать *сов.* **1.** (*начать топать*) begin* to stamp one's feet; **2.** *как сов. к* то́пать.

затопи́ть I *сов. см.* зата́пливать.

затопи́ть II *сов. см.* затопля́ть.

затопле́н||ие *с.* flood [flʌd]; райо́н ~ия sùbmérged / flóoded área [...'flʌd-'ɛərɪə].

затопля́ть, затопи́ть (*вн.*) **1.** flood [flʌd] (*d.*), ínùndáte (*d.*), òver¦flów [-ou] (*d.*); (*покрывать водой*) sùbmérge (*d.*); ша́хты бы́ли зато́плены the shafts were flóoded; **2.**: ~ кора́бль sink* / scuttle *a* ship.

затопта́ть *сов. см.* зата́птывать.

затопта́ться *сов.*: ~ на ме́сте (begin* to) jib.

зато́р I *м.* obstrúction, jam; ~ у́личного движе́ния tráffic-jàm, con¦géstion [-stʃ-]; ледяно́й ~ íce-blòcking.

зато́р II *м.* (*в пивоварении и винокурении*) mash.

затормози́ть *сов.* (*вн.*) brake (*d.*); (*без доп.*) put* on the brakes; (*о развитии*) slow down [slou...].

затормоши́ть *сов.* (*вн.*) **1.** (*начать тормошить*) start bóther¦ing (*d.*); **2.** (*утомить*) bóther to death [...deθ] (*d.*).

заторопи́ться *сов.* (begin* to) bustle.

затоскова́ть *сов.* **1.** (*начать тосковать*) begin* to lánguish; **2.** *как сов. к* тоскова́ть.

заточ||а́ть, заточи́ть (*вн.*) *уст.* in¦cárceràte (*d.*); ~и́ть в монасты́рь clóister (*d.*), shut* up in *a* mónastery (*d.*); ~и́ть в тюрьму́ imprі́son [-ɪz°n] (*d.*), put* in prі́son [...-ɪz°n] (*d.*). **~е́ние** *с.* in¦càrcerátion; (*в монастыре*) seclúsion; (*в тюрьме*) imprі́sonment [-ɪz°n-]; он живёт как в ~е́нии he leads the life of a reclúse / hérmit [...'klu:s...].

заточи́ть I *сов. см.* зата́чивать.

заточи́ть II *сов. см.* заточа́ть.

зато́чка *ж. тех.* groove.

затошни́ть *сов. безл.*: его́ затошни́ло he felt sick.

затрави́ть *сов.* (*вн.*) hunt down (*d.*); bring* to bay (*d.*); (*перен.*) pérsecùte (*d.*).

затра́вка *ж.* príming.

затра́гивать, затро́нуть (*вн.*; *в разн. знач.*) affect (*d.*); у неё затро́-

нуты лёгкие her lungs are affécted; ~ вопрóс broach *a* súbject, touch up¦ón *a* súbject [tʌʧ...]; ~ чьё-л. самолю́бие offénd / wound smb.'s sélf-estéem [...wuːnd...]; ~ больнóе мéсто touch on the raw, touch on *the* sore spot; ~ чьи-л. интерéсы infrínge up¦ón smb.'s ínterests; (*ср.* задевáть I).

затрапéзный *разг.* (*о плáтье*) év-ery¦dáy, worn on wéek-days / wórk--days [wɔːn...], wórking; ◇ имéть ~ вид look shábby.

затрáт||а *ж.* expénditure; не щади́ть затрáт spare no expénse; напрáсная ~ waste [weɪst]. **~ить** *сов. см.* затрáчивать.

затрáчивать, затрáтить (*вн.*) spend* (*d.*).

затрéбовать *сов.* (*вн.*) requést (*d.*), require (*d.*); ask (for); (*в пи́сьменном ви́де тж.*) write* (for).

затрепáть *сов.* (*вн.*) *разг.* bedrággle (*d.*), wear* out [wɛə...] (*d.*).

затрепетáть *сов.* **1.** (*начáть трепетáть*) begin* to pálpitàte; **2.** *как сов. к* трепетáть.

затрещáть *сов.* **1.** (*начáть трещáть*) begin* to crack(le); **2.** *как сов. к* трещáть.

затрéщин||а *ж. разг.* box on the ear; bump on the head [...hed]; дать комý-л. ~у box smb.'s ears.

затрóнуть *сов. см.* затрáгивать.

затруби́ть *сов.* **1.** (*начáть труби́ть*) begin* to trúmpet, sound a trúmpet; **2.** *как сов. к* труби́ть.

затруднéн||ие *с.* difficulty; (*смущéние*) embárrassement; быть в ~ии be at a loss; be hard put to it *разг.*; вы́йти из ~ия get* out of *a* difficulty; вы́вести когó-л. из ~ия help smb. out of *a* difficulty; дéнежное ~ pecúniary embárrassment; fináncial préssure; создавáть ~ия make* difficulties.

затрудни́тельн||ость *ж.* difficulty; straits *pl.* **~ый** difficult, embárrassing; ~ое положéние difficulties *pl.*, embárrassing situátion; quàndáry; попáсть в ~ое положéние, оказáться в ~ом положéнии get* into difficulties; find* òne¦sélf in a tight córner *идиом. разг.*; быть, находи́ться в ~ом положéнии be in great difficulties [...greɪt...]; be in a quàndáry; be in a fix, be in a hole, be in Queer Street *идиом.*; вы́йти из ~ого положéния get* out of *a* difficulty.

затрудни́ть(ся) *сов. см.* затруднять(-ся).

затрудн||я́ть, затрудни́ть **1.** (что-л.) hámper (smth.), impéde (smth.); ~и́ть дóступ кудá-л. make* smth. difficult of áccèss; **2.** (когó-л.) give* / cause smb. trouble [...trʌbl]; (*вопрóсом и т. п.*) embárrass (smb.); э́то вас не ~и́т? won't it be too much trouble for you? [wount...]. **~я́ться**, затрудни́ться (+*инф.*) find* it difficult / hard (+ to *inf.*), hésitàte [-zɪ-] (+ to *inf.*).

затрясти́ *сов.* **1.** (*начáть трясти́*) begin* to shake; **2.** *как сов. к* трясти́. **~сь** *сов.* **1.** (*начáть трясти́сь*) begin* to shake / tremble; **2.** *как сов. к* трясти́сь.

затумáн||ивать, затумáнить (*вн.*) cloud (*d.*), dim (*d.*); fog (*d.*); (*перен.*) obscúre (*d.*), hide* (*d.*). **~иваться**, затумáниться grow* clóudy / fóggy [-ou...]; (*перен.*) grow* dim / sad; её глазá ~ились слезáми her eyes grew dim with tears [...aɪz...].

затумáнить(ся) *сов. см.* затумáнивать(ся).

затупи́ть(ся) *сов. см.* затупля́ть(ся).

затупля́ть, затупи́ть (*вн.*) blunt (*d.*), dull (*d.*). **~ся**, затупи́ться get* / become* blúnt(ed).

затухáние *с.* attènuátion; *тех.* dámping, fáding.

затухáть, затýхнуть go* out slówly [...'slou-], be extínguished; (*о звýке*) die down; *тех.* damp, fade.

затýхнуть *сов. см.* затухáть.

затушевáть *сов. см.* затушёвывать.

затушёвывать, затушевáть (*вн.*) shade (*d.*); (*перен.*) hide* (*d.*), concéal (*d.*).

затуши́ть *сов.* (*вн.*) put* out (*d.*), extínguish (*d.*); (*перен.*) suppréss (*d.*).

зáтхл||ость *ж.* mústiness. **~ый** músty, móuldy ['mou-]; (*о вóздухе*) stúffy, close [-s]; пáхнуть ~ым have a músty / fústy smell.

затыкáть, заткнýть **1.** (*вн. тв.*; *об отвéрстии*) stop up (*d.* with); plug (*d.* with); заткнýть буты́лку прóбкой cork (up) *a* bottle; заткнýть рот комý--либо stop smb.'s mouth; (*перен. тж.*) silence smb. ['saɪ-...]; shut* smb. up *разг.*; заткнýть ýши close, *или* stop up, one's ears; **2.** (*вн.*; *засóвывать*) stick* (*d.*), thrust* (*d.*); ◇ заткнýть когó-л. за пóяс *разг.* be one too many for smb., out¦dó smb.

заты́ло||к *м.* **1.** back of the head [...hed]; *анат.* óccipùt; **2.** (*часть мяснóй тýши*) neck; ◇ станови́ться в ~ keep* in file; *воен.* cóver ['kʌ-]. **~чный** *анат.* cérvical, òccípital.

заты́льник *м.* (*пулемёта*) back plate.

заты́чка *ж. разг.* plug, spígot ['spɪ-]; (*перен.*) stóp-gàp.

затя́||гивать, затянýть (*вн.*) **1.** (*ýзел и т. п.*) tíghten (*d.*); **2.** (*покрывáть*) cóver ['kʌ-] (*d.*), close (*d.*); рáну ~нýло the wound is beginning to heal [...wuːnd...], the wound has skinned óver; **3.** (*задéрживать*) deláy (*d.*), drag out (*d.*); ~ дéло drag out *a* búsiness [...'bɪzn-]; **4.** (*засáсывать*) drag in (*d.*), suck in (*d.*); егó ~нýло в болóто he was sucked in by the swamp / bog; ◇ ~ пéсню strike* up *a* song. **~гиваться**, затянýться **1.** (*об ýзле*) be tíghtened, jam; ~гиваться в корсéт lace in; **2.** (*о нéбе*) grow* óver¦cást [grou...]; (*тýчами тж.*) be cóvered with clouds [...'kʌ-...]; **3.** (*о рáне*) skin óver; **4.** (*задéрживаться*: *о собрáнии и т. п.*) be deláyed, be dragged out; draw* in length; собрáние ~нýлось до 12 часóв the méeting lásted till twelve o'clóck; **5.** (*при курéнии*) inhále (*tobácco-smoke*).

затя́ж||ка *ж.* **1.** (*при курéнии*) inhalátion, draw; **2.** (*вó врéмени*) deláy, prò¦lòngátion. **~нóй** slow [-ou]; protrácted; ~нáя болéзнь língering íllness; ~нóй прыжóк deláyed drop; ~нóй вы́стрел háng¦fìre; ~нóй дождь incéssant rain; ~ны́е бои́ protrácted fíghting *sg.*

затянýвшийся *прич. и прил.* prolónged, protrácted.

затянýть(ся) *сов. см.* затя́гивать(ся).

заýмный àbstrúse [-s].

заунывный móurnful ['mɔː-], dóle¦ful, dísmal [-z-], pláintive.

заупокóйн||ый *церк.* for the repóse of smb.'s soul [...soul]; (*перен.*) móurnful ['mɔː-], dóle¦ful; ~ая слýжба dead / fúneral sérvice [ded...], réquièm.

заупря́миться *сов. см.* упря́миться.

заурáльский Tránsúral [-z-].

заря́дный órdinary, cómmonplàce; ~ человéк mèdiócrity.

заусéн||ец *м.*, **~ица** *ж.* **1.** (*на пáльцах*) ágnail; háng¦nail; **2.** (*на метáлле*) wíre-èdge.

заýтреня *ж. церк.* mátins *pl.*

заýченный **1.** *прич. см.* заýчивать; **2.** *прил.* (*зарáнее приготóвленный, искýсственный*) prepáred, stúdied ['stʌ-].

заýчивать, заучи́ть (*вн.*) learn* by heart [lɜːn...hɑːt] (*d.*). **~ся**, заучи́ться *разг.* òver¦stúdy [-'stʌ-], get* bráin--fàg.

заучи́ть(ся) *сов. см.* заýчивать(ся).

заушáтель||ский: ~ская крити́ка malévolent críticism. **~ство** *с.* malévolent críticism.

заýшница *ж. мед.* mumps; pàrotítis *научн.*

зафикси́ровать *сов. см.* фикси́ровать.

зафрахтовáть *сов. см.* зафрахтóвывать.

зафрахтóвывать, зафрахтовáть (*вн.*) *мор.* fréight (*d.*), chárter (*d.*).

захáживать (к) *разг.* look in (at), drop in (at).

захандри́ть *сов. см.* хандри́ть.

захвáливать, захвали́ть (*вн.*) súrfeit / óver¦lóad with práises [-fɪt...] (*d.*).

захвали́ть *сов. см.* захвáливать.

захвáт *м.* **1.** séizure ['siːʒə], cápture; ùsùrpátion [-z-]; ~ влáсти séizure of pówer; **2.** *тех.* claw.

захвáтанный *прич. и прил.* soiled with fíngers, thumbed.

захватáть *сов. см.* захвáтывать I.

захвати́ть *сов. см.* захвáтывать II.

захвáтническ||ий prédatory; ~ая войнá prédatory war; ~ая поли́тика ànnèxátionist / expánsionist pólicy, pólicy of aggrándize¦ment.

захва́тчи||к *м.*, **~ца** *ж.* aggréssor, ùsúrper [-'z-], invâder.

захва́тывать I, захвата́ть (*вн.*) soil (with one's fíngers) (*d.*), thumb (*d.*).

захва́т||ывать II, захвати́ть (*вн.*) **1.** (*брать с собой*) take* (*d.*): он ~и́л с собо́й де́ньги he took *the* móney with him [...'mʌ-...]; **2.** (*завладевать*) seize [si:z] (*d.*), cápture (*d.*); grab (*d.*) *разг.*; (*окружать*) round up (*d.*); ~и́ть власть seize pówer; ~и́ть в плен cápture (*d.*); **3.** (*застигать*) catch* (*d.*): по доро́ге его́ ~и́л дождь on the way he was caught in the rain; **4.** (*увлекать*) thrill (*d.*), cárry a¦wáy (*d.*), hold* *smb.'s* atténtion, fáscinàte (*d.*), cáptivàte (*d.*); му́зыка его́ ~и́ла he was charmed by the músic [...-zɪk]; ◇ во́время ~и́ть боле́знь stop *a* diséase in time [...-'zi:z...]; от э́того у него́ дух ~и́ло it took his breath a¦wáy [...breθ...]; ~ врасплóх (*вн.*) surpríse (*d.*); take* ún¦a¦wáres (*d.*).

захва́тывающий keen; (*о книге и т. п.*) grípping, excíting, thrílling.

захвора́ть *сов. разг.* be táken ill.

захире́ть *сов. см.* хире́ть.

захихи́кать *сов. разг.* **1.** (*начать хихикать*) start gíggling [...'gɪ-]; **2.** *как сов. к* хихи́кать.

захламлённый clúttered up.

захлебну́ться *сов. см.* захлёбываться.

захлёбыв||аться, захлебну́ться (*тв.*) choke (with), swállow the wrong way (*d.*); ◇ говори́ть ~аясь speak* bréathlessly [...'breθ-]; ~ от сча́стья be trànspórted with joy; наступле́ние врага́ захлебну́лось the énemy's attáck péter¦ed out, *или* got bogged down.

захлестну́ть *сов. см.* захлёстывать.

захлёстывать, захлестну́ть (*вн.*) **1.** (*о волнах*) òver¦flów [-ou] (*d.*); (*перен.*) sweep* óver (*d.*); òver¦whélm (*d.*); **2.** (*о петле, верёвке*) lash round (*d.*); захлестну́ть кого́-л. пе́тлей catch* smb. in a noose [...-s].

захло́пать *сов.* **1.** (*начать хлопать*) begin* to clap, start clápping; ~ в ладо́ши begin* to clap one's hands; **2.** *как сов. к* хло́пать.

захло́пнуть(ся) *сов. см.* захло́пывать(ся).

захлопота́ться *сов. разг.* be run off one's feet (with bústling abóut).

захло́пывать, захло́пнуть (*вн.*) (*о двери, крышке*) slam (*d.*); (*запирать*) shut* in (*d.*). **~ся,** захло́пнуться slam to, be slammed, close with a bang; дверь захло́пнулась за ни́ми the door slammed behínd them [...dɔ:...].

захмеле́ть *сов. разг.* be drunk, become* intóxicàted.

захны́кать *сов. разг.* **1.** (*начать хныкать*) begin* to whímper; **2.** *как сов. к* хны́кать.

захо́д *м.* **1.:** ~ со́лнца sínsèt; **2.** (*куда-л.*) stópping (*at a place*); без ~а without stópping (*at a place*); без ~а в га́вань without pútting in, *или* tóuching, at *a* port [...'tʌ-...]; **3.** *ав.* (*тж.* ~ на цель) run (óver the tárget) [...-gɪt].

заходи́ть I, зайти́ **1.** (к) call (on), drop in (at); ~ в по́рт (*о судне*) call at *the* port; зайти́ к нему́ call on him; зайти́ за ним call for him; зайти́ в институ́т call at the ínstitùte; зайти́ мимохо́дом drop in on the way, *или* when pássing by; он до́лжен зайти́ в магази́н he must look in at the shop; он зайдёт сего́дня he will call to¦dáy; он зайдёт за тобо́й he will fetch / colléct you; он зайдёт за кни́гами, за веща́ми *и т. п.* he will colléct the books, his things, *etc.*; **2.** (*попасть куда-л.*) get* (*to a place*), come* (*to a place*); find* òne¦sélf (*in a place*): куда́ мы зашли́? where have we got to?; он зашёл в незнако́мую часть го́рода he found hìm¦sélf in a strange part of the cíty [...streɪ-...'sɪ-]; **3.** (за *вн.*) go* (behínd), turn (*d.*); ~ за́ угол turn *a* córner; **4.** (*без доп.; о солнце*) set*; **5.** (*дт.*) *воен.* (*флангом, плечом*) wheel round (*d.*); ~ с фла́нга outflánk (*d.*); ~ в тыл take* in the rear (*d.*); **6.** *ав.*: ~ на цель make* one's run óver the tárget [...-gɪt]; ◇ ~ сли́шком далеко́ go* too far; разгово́р зашёл о пого́де the cònversátion turned on the wéather [...'we-].

заходи́ть II *сов.* (*начать ходить*) begin* to walk.

заходя́щ||ий **1.:** ~ее со́лнце the sétting sun; **2.** *воен.*: ~ фланг márching flank / wing.

захолу́стный remóte; óut-of-the-wáy (*attr.*).

захолу́стье *с.* gód-forsàken place, óut-of-the-wáy place.

захорони́ть *сов.* (*вн.*) búry ['be-] (*d.*).

захоте́ть(ся) *сов. см.* хоте́ть(ся).

захохота́ть *сов.* **1.** (*начать хохотать*) go* off into a laugh [...lɑ:f], burst* out láughing [...'lɑ:f-]; **2.** *как сов. к* хохота́ть.

захрапе́ть *сов.* **1.** (*начать храпеть*) begin* to snore; **2.** *как сов. к* храпе́ть.

захрипе́ть *сов.* begin* to wheeze, begin* to speak hóarse¦ly (*ср.* хрипе́ть).

захрома́ть *сов.* **1.** begin* to limp; **2.** *как сов. к* хрома́ть.

захуда́лый poor, shábby.

зацвести́ *сов. см.* зацвета́ть.

зацвета́ть, зацвести́ break* out into blóssom [breɪk...]; be in bloom / blóssom.

зацелова́ть *сов.* (*вн.*) *разг.* devóur with kísses (*d.*), rain kísses (on), cóver with kisses ['kʌ-...] (*d.*).

зацепи́ть(ся) *сов. см.* зацепля́ть(ся).

заце́пка *ж. разг.* **1.** catch, peg, hook; **2.** (*протекция*)=зару́чка; **3.** (*помеха*) hitch, catch, snag.

зацепле́ние *с. тех.* en¦gáge¦ment.

зацепля́ть, зацепи́ть **1.** (*вн.*) hook (*d.*); **2.** (за *вн.*) catch* (on); *тех.* en¦gáge (*d.*), gear [gɪə] (*d.*); (*вн.*; *перен.*) *разг.* sting* (*d.*). **~ся,** зацепи́ться (за *вн.*) **1.** catch* (on); **2.** *тк. сов. воен.* gain a tóe¦hòld (on).

зача́л||ивать, зача́лить (*вн.*) *мор.* moor (*d.*). **~ить** *сов. см.* зача́ливать.

зачаро́в||анный **1.** *прич. см.* зачаро́вывать; **2.** *прил.* spéllbound; он стоя́л как ~ he stood spéllbound [...stud...]. **~а́ть** *сов. см.* зачаро́вывать.

зачаро́вывать, зачарова́ть (*вн.*) bewítch (*d.*), cáptivàte (*d.*).

зачаст||и́ть *сов. разг.* (+*инф.*) take* to (+*ger.*); (*без доп.*) (*ходить куда-либо*) become* a cónstant vísitor (*at a place*) [...-zɪ-]; он к нам ~и́л he has táken to vísiting us [...-zɪ-...], he is a cónstant vísitor at our house* [...-s]; ◇ дождь ~и́л it came on to rain hárder, it begán to pelt.

зачасту́ю *нареч. разг.* óften ['ɔ:f(t)°n], fréquent¦ly.

зача́тие *с.* concéption.

зача́т||ок *м.* rúdiment, émbryò; (*росток*) sprout; *чаще мн.* (*перен.*) émbryò, source [sɔ:s]; (*ср. тж.* заро́дыш). **~очный** rùdiméntary; в ~очном состоя́нии in émbryò; ~очные о́рганы rùdiméntary órgans.

зача́ть *сов.* (*вн.*) *уст.* concéive [-i:v] (*d.*); (*без доп.*) become* prégnant.

зача́хнуть *сов. см.* ча́хнуть.

заче́м *нареч.* what for; (*почему*) why.

заче́м-то *нареч.* for some púrpose or other [...-pəs...].

зачёркивать, зачеркну́ть (*вн.*) cross out (*d.*), strike* out (*d.*).

зачеркну́ть *сов. см.* зачёркивать.

зачерне́ть(ся) *сов.* show* / look black [ʃou...], loom black.

зачерпну́ть *сов. см.* заче́рпывать.

заче́рпывать, зачерпну́ть (*вн.*) draw* (*d.*); scoop (*d.*); (*ложкой*) spoon up / out (*d.*), ladle out (*d.*).

зачерстве́л||ость *ж.* stále¦ness; (*перен.*) hárdness, crústedness. **~ый** stale; (*перен.*) hárdened, ùnféeling, crústed.

зачерстве́ть *сов. см.* черстве́ть I.

зачерти́ть *сов.* (*вн.*) shade (*d.*), hatch (*d.*).

зачеса́ть *сов. см.* зачёсывать.

зачеса́||ться *сов.* **1.** begin* to scratch òne¦sélf; **2.** (*о части тела*) begin* to itch; у него́ ~лся нос his nose begán to itch, his nose ítches.

заче́сть *сов. см.* зачи́тывать II.

заче́сться *сов. см.* зачи́тываться II.

зачёсывать, зачеса́ть (*вн.*) comb [koum] (*d.*).

зачёт *м.* **1.** páss-exàminátion; получи́ть ~, сдать ~ pass an exàminátion; постáвить комý-л. ~ (по *дт.*) pass smb. (in); 2.: в ~ плáты in páyment; это не в ~ it does not count; (*о проступке и т. п.*) it can be òver¦lóoked. **~ный** *прил.* к зачёт 1; ~ная книжка récòrd-book ['re-], resúlt book [-'zʌ-...]; ~ная сéссия exàminátion périod; ~ная стрельбá *воен.* récòrd práctice ['re-...].

зачи́н *м. лит.* beginning.

зачинáтель *м.* inítiàtor, pìonéer; tráil-blázer *разг.*

зачи́н||ивать, зачини́ть (*вн.*) mend (*d.*); (*делать заплаты*) patch (*d.*). **~и́ть** *сов. см.* зачи́нивать.

зачи́нщик *м.* ínstigàtor.

зачислéние *с.*: ~ в штат putting on the staff, in¦clúding in the staff; ~ в áрмию enrólment [-'roul-], enlísting.

зачи́слить(ся) *сов. см.* зачисля́ть (-ся).

зачисля́ть, зачи́слить (*вн.*) 1. (*в счёт платы и т. п.*) in¦clúde (*d.*); 2. (*вносить в список*) énter (*d.*), put* on the list (*d.*); (*в армию и т. п.*) enlíst (*d.*), enról [-oul] (*d.*); ~ в штат take* on the staff (*d.*). **~ся,** зачи́слиться 1. (в *вн.*) join (*d.*); énter (*d.*); 2. *страд.* к зачисля́ть.

зачитáть *сов. см.* зачи́тывать I. **~ся** *сов. см.* зачи́тываться I.

зачи́тывать I, зачитáть (*вн.*) 1. (*оглашать*) read* out (*d.*); 2. *разг.* (*не возвращать книгу*) appróprìàte (a book).

зачи́тывать II, зачéсть (*вн.*) 1. réckon (*d.*); зачéсть 5 рублéй в уплáту дóлга count 5 roubles towards the páyment of the debt [...ru:-... det], the 5 roubles can come off the amóunt of the debt; 2. (*ставить зачёт*) pass (*d.*); (*принимать зачёт*) accépt (*d.*); преподавáтель зачёл мою рабóту the téacher has accépted my páper.

зачи́тываться I, зачитáться (*тв.*) becóme* en¦gróssed (in réading) [...-'groust...].

зачи́тываться II, зачéсться be táken into accóunt.

зачумлённый inféсted with plague [...pleɪg].

зачýять *сов.* (*вн.*) *разг.* scent (*d.*), discérn the smell (of).

зашагáть *сов.* 1. begin* to walk *и т. д.* (*см.* шагáть); 2. *как сов.* к шагáть.

зашатáться *сов.* reel, stágger.

зашвартовáть *сов.* (*вн.*) *мор.* moor (*d.*).

зашвы́ривать, зашвырнýть (*вн.*) throw* [θrou] (*d.*), cast* a¦wáy (*d.*).

зашвырнýть *сов. см.* зашвы́ривать.

зашевели́ть *сов.* 1. (*начать шевелить*) begin* to stir / move [...mu:v]; 2. *как сов.* к шевели́ть. **~ся** *сов.* 1. (*начать шевелиться*) begin* to stir / budge; 2. *как сов.* к шевели́ться.

зашелестéть *сов.* 1. (*начать шелестеть*) begin* to rustle; 2. *как сов.* к шелестéть.

зашептáть *сов.* 1. (*начать шептать*) begin* to whísper; 2. *как сов.* к шептáть. **~ся** *сов.* 1. (*начать шептаться*) begin* to talk in whíspers; 2. *как сов.* к шептáться.

зашиб||áть, зашиби́ть *разг.* 1. (*вн.*; *ударять*) hurt* (*d.*), bruise [-u:z] (*d.*); 2. *тк. несов.* (*без доп.*; *выпивать*) drink* hard; ◇ ~ дéньги make* (a lot of) móney [...'mʌ-]. **~и́ть** *сов. см.* зашибáть 1.

зашивáть, заши́ть (*вн.*) sew* up [sou...] (*d.*); (*чинить*) mend (*d.*)

заши́кать *сов.* 1. (*начать шикать*) begin* to say hush / 'sh; 2. *как сов.* к ши́кать.

зашипéть *сов.* 1. (*начать шипеть*) begin* to hiss; 2. *как сов.* к шипéть.

заши́ть *сов. см.* зашивáть.

зашифровáть *сов. см.* зашифрóвывать.

зашифрóвывать, зашифровáть (*вн.*) cípher ['saɪfə] (*d.*), códifỳ (*d.*).

зашнуровáть *сов. см.* зашнурóвывать.

зашнурóвывать, зашнуровáть (*вн.*) lace up (*d.*).

зашпаклевáть *сов. см.* зашпаклёвывать.

зашпаклёвывать, зашпаклевáть (*вн.*) pútty (*d.*) (*woodwork, etc., before painting*).

зашпи́ливать, зашпи́лить (*вн.*) pin up (*d.*), fásten with *a* pin [-s°n...] (*d.*).

зашпи́лить *сов. см.* зашпи́ливать.

заштáтный: ~ гóрод *уст.* províncial town that has lost its státus as an admínistrative centre; ≅ demóted town.

заштемпелевáть *сов. см.* штемпелевáть.

заштóпать *сов. см.* штóпать.

заштриховáть *сов. см.* штриховáть.

заштукатýрить *сов.* (*вн.*) pláster up (*d.*), coat with pláster (*d.*).

заштуковáть *сов.* (*вн.*) mend invísibly [...-zə-] (*d.*).

зашумéть *сов.* 1. (*начать шуметь*) begin* to make a noise; 2. *как сов.* к шумéть.

зашуршáть *сов. см.* шуршáть.

защебетáть *сов.* 1. (*начать щебетать*) begin* to twítter / chirp; 2. *как сов.* к щебетáть.

защекотáть *сов.* 1. (*начать щекотать*) begin* to tickle; 2. *как сов.* к щекотáть.

защёлка *ж. разг.* (*в двери*) latch; (*в механизме*) catch, pawl, latch.

защёлкать *сов.* 1. (*о соловье*) begin* to warble / jug; 2. (*пальцами, языком*) begin* to click.

защёлкивать, защёлкнуть (*вн.*) close with a snap (*d.*), snap to (*d.*). **~ся,** защёлкнуться close with a snap, snap to.

защёлкнуть(ся) *сов. см.* защёлкивать(ся).

защеми́ть I *сов. см.* защемля́ть.

защеми́||ть II *сов. безл.*: у негó ~ло сéрдце *разг.* he felt a pang, his heart aches [...hɑ:t eɪks].

защемля́ть, защеми́ть (*вн.*) jam (*d.*); pinch (*d.*).

защи́т||а *ж.* defénce (*тж. юр. и спорт.*), protéction; (*предохранение*) sáfe¦guàrd; (*прикрытие*) cóver ['kʌ-]; ~ ми́ра и безопáсности нарóдов the defénce of peace and of the sáfe¦ty of *the* peoples [...pi:-]; свидéтели ~ы *юр.* wítnesses for the defénce; в ~у (*рд.*) in defénce (of); под ~ой (*рд.*) únder the protéction (of); ~ диссертáции defénce of *a* thésis (*pl.* -sès [-si:z]).

защити́тельн||ый: ~ая речь speech in defénce of smb., speech for the defénce.

защити́ть *сов. см.* защищáть 1, 2, 4. **~ся** *сов. см.* защищáться.

защи́тн||ик *м.*, **~ица** *ж.* 1. defénder, protéctor; *юр.* cóunsel for the defénce; коллéгия ~иков Board of Cóunsels; 2. (*в футболе*) fúll-bàck ['ful-]. **~ый** protéctive; ~ый цвет kháki ['kɑ:kɪ]; ~ая окрáска *зоол.* protéctive cólour¦ing [...'kʌ-].

защищáть, защити́ть (*вн.*) 1. defénd (*d.*); (*ограждать*) protéct (*d.*); ~ честь (*рд.*; *своей страны, школы и т. п.*) ùp¦hóld* the hónour [...'ɔnə] (of); 2. (*словесно*) speak* in suppórt (of); stand* up (for); 3. *тк. несов. юр.* plead for (*d.*); 4. (*о дипломе и т. п.*) defénd (*d.*); ~ диссертáцию maintáin / defénd *a* thésis. **~ся,** защити́ться (*обороняться*) defénd òne¦sélf; (*ограждать себя*) protéct òne¦sélf.

заяви́ть *сов. см.* заявля́ть.

заяв||ка *ж.* (на *вн.*) claim (for), demánd [-ɑ:nd] (for); сдéлать ~ку комý-л. place an órder with smb., make* àpplicátion to smb.; прогрáмма по ~кам радиослýшателей requést prógràm(me) [...'prou-], lísteners' choice prógràm(me). **~лéние** *с.* státe¦ment, dèclarátion; (*ходатайство*) àpplicátion; сдéлать ~лéние make* a státe¦ment; подáть ~лéние hand in *an* àpplicátion.

заявля́ть, заяви́ть (*вн.*) declâre (*d.*); (*объявлять*) annóunce (*d.*); ~ патéнт (на *вн.*) pátent (*d.*); ~ правá (на *вн.*) claim *a* right (to); ~ о желáнии annóunce *a* desíre [...-'z-]; ~ протéст énter / file a prótèst.

заядлый *разг.* invéterate.

зáя||ц *м.* 1. hare; 2. *разг.* (*безбилетный пассажир*) bílker; (*на пароходе*) stów¦a¦way; éхать зáйцем stow a¦wáy; ◇ одни́м удáром уби́ть двух зáйцев *погов.* ≅ kill two birds with one stone; за двумя́ зáйцами погóнишься, ни одногó не поймáешь *посл.* ≅ grasp all, lose all [...lu:z...]. **~чий** *прил.* к зáяц 1; ~чья лáпка hare's foot* [...fut]; ~чья губá *мед.* háre¦lip.

зва́ние *с.* rank; (*титул*) title, name; почётное ~ hónorary title ['ɔ-...]; ~ Геро́я Социалисти́ческого Труда́ title of a Hérò of Sócialist Lábour; ~ заслу́женного арти́ста title of Hónoured Ártist [...'ɔnəd...]; во́инское ~ mílitary rank; учёное ~ àcadémic rank; ~ чемпио́на ми́ра (по *дт.*) world title (in); получи́ть ~ инжене́ра, те́хника *и т. п.* recéive the title of èngineér, tèchnícian, *etc.* [-'si:v... endʒ-...].

зва́н||ый: ~ обе́д dínner-pàrty; ~ые го́сти invíted guests; ~ ве́чер évening-pàrty ['i:v-].

зва́тельный: ~ паде́ж *грам.* vócative case [...-s].

зва́ть, позва́ть (*вн.*) **1.** call (*d.*); (*призвать к*) call up¦ón (*d.* to); ~ на по́мощь cry for help (*d.*); **2.** (*приглашать*) ask (*d.*), invíte (*d.*); **3.** *тк. несов.* (*называть*): как вас, его́ *и т. д.* зову́т? what is your, his, *etc.*, name?; его́ зову́т Петро́м his name is Pyotr; ◇ помина́й как зва́ли *погов.* ≅ and that was the last that was ever seen (*of him, them, etc.*). **~ся** be called.

звезд||а́ *ж.* (*в разн. знач.*) star (*тж. об артисте, артистке и т. п.*); па́дающие звёзды *астр.* shóoting / fálling stars; неподви́жная ~ *астр.* fixed star; пятиконе́чная ~ fíve-póinted star; ~ пе́рвой величины́ star of the first mágnitùde; о́рденская ~ star (*decoration*); ~ экра́на fílm-stàr; морска́я ~ *зоол.* stárfish; ◇ ве́рить в свою́ ~у́ belíeve in one's lúcky star [-'li:v...]; он звёзд с не́ба не хвата́ет *разг.* ≅ he's no génius.

звёздн||ый stárr¦y; ~ое не́бо stárr¦y sky; ~ая ночь stárlit night; ◇ ~ые бра́тья star bróthers [...'brʌ-].

звездообра́зный stár-shàped.

звездочёт *м. уст.* astróloger.

звёздочка *ж.* **1.** *уменьш. от* звезда́; **2.** *полигр.* ásterisk.

звен||е́ть **1.** ring*; стру́ны ~я́т the strings are twáng¦ing; це́пи ~я́т the chains are jángling / clánking; **2.** (*тв.*; *стаканами*) clink (*d.*); (*монетами, ключами*) jingle (*d.*); ~я́ шпо́рами with clánking spurs; ~я́ цепя́ми with clánking chains; ◇ у него́ ~и́т в уша́х there is a ríng¦ing in his ears.

звено́ *с.* **1.** (*в разн. знач.*) link; (*группа, бригада тж.*) team, group [-u:p]; (*об организации, аппарате*) séction; основно́е ~ main link; пионе́рское ~ group / únit of Young pìonéers [...jʌŋ...]; **2.** *воен. ав.* flight of three planes, séction; element *амер.*; **3.** *тех.*: ~ гу́сеницы (*трактора, танка*) track shoe [...ʃu:].

звеньево́й **1.** *прил. к* звено́ 1, 2; **2.** *м. как сущ.* field-team léader ['fi:ld-...]; **3.** *м. как сущ.*: ~ пионе́рской организа́ции Young Pìonéer únit léader [jʌŋ...].

звеня́щий *прич. и прил.* ríng¦ing.

звер́ёныш *м.* young beast [jʌŋ...].

звере́ть, озвере́ть become* brútalìzed.

звери́н||ец *м.* menágerie [-dʒərɪ]. **~ый** *прил. к* зверь; *тж.* féral *научн.*; (*перен.*) brútish, sávage; ~ая шку́ра skin of *a* beast; ~ые следы́ tracks / fóotprints of *a* beast [...'fut-...]: ~ые инсти́нкты sávage ínstincts.

зверобо́й I *м. бот.* St.-Jóhn's-wòrt [snt'dʒɔnz-].

зверобо́й II *м.* (*охотник*) húnter. **~ный:** ~ный про́мысел trápping, húnting; ~ная шху́на trápping schóoner.

зверово́дство *с.* fur fárming, fur bréeding.

зверoло́в *м.* trápper.

звероподо́бный béast-like; béstial.

зверосовхо́з *м.* State fur farm.

зве́р||ски *нареч.* brútally; béstially; ◇ он ~ го́лоден *разг.* he is rávenous¦ly húngry; он ~ уста́л *разг.* he is dead beat [...ded...]. **~ский** brútal; (*ужасающий*) atrócious, sávage. **~ство** *с.* brùtálity; (*жестокость*) atrócity.

зве́рствовать beháve with brùtálity; (*совершать зверства*) commít atrócities.

звер||ь *м.* (wild) beast; (*перен.*) brute, beast; пушно́й ~ fúr-bearing ánimal [-bɛər-...]; *собир.* fúr-bearing ánimals *pl.*; хи́щный ~ beast of prey; ◇ смотре́ть ~ем ≅ look like an ángry bear [...bɛə].

зверьё *с. тк. ед. собир.* wild beasts *pl.*; (*перен.*) beasts *pl.*, brutes *pl.*

звон *м.* peal, ríng¦ing, cláng¦ing; (*колокольчиков и т. п.*) tinkling; (*церковный*) chime; похоро́нный ~ (fúneral) knell; ~ шпор clank of spurs; ~ колоко́льчиков tinkling of bells; ~ посу́ды clátter of cróckery; ◇ ~ в уша́х ríng¦ing in *the* ears; слы́шал ~, да не зна́ет, где он *погов.* ≅ he does not know what he is tálking abóut [...nou...]. **~а́рь** *м.* béll-rìng¦er.

звон||и́ть, позвони́ть ring*; (*о трамвае*) clang; ~ в ко́локол *и т. п.* ring* the bell, *etc.*; ~я́т there's a ring, sóme¦body's ríng¦ing (the bell); ~ кому́-л. по телефо́ну télephòne / phone to smb., ring* smb. up; он ~и́л об э́том *разг.* he phoned abóut it; вы не туда́ ~и́те (*по телефону*) you've got the wrong númber; ◇ ~ во все колокола́ set* all the bells a-ríng¦ing; ≅ spread* the news far and wide [spred...-z...].

зво́нк||ий **1.** ríng¦ing, clear; ~ го́лос clear / ríng¦ing voice; ~ смех ríng¦ing láughter [...'lɑ:f-]; ~ поцелу́й smack; loud kiss; **2.** *фон.* voiced; ~ие согла́сные voiced cónsonants; ◇ ~ая моне́та hard cash, spécie [-ʃi:].

звонко́вый *прил. к* звоно́к.

зво́нница *ж.* bélfry.

звоно́к *м.* (*в разн. знач.*) bell; электри́ческий ~ eléctric bell; дверно́й ~ door bell [dɔ:...]; дать ~ ring*; разда́лся ~ a bell rang, a bell was heard [...hə:d]; ~ по телефо́ну télephòne call.

звук *м.* sound; гла́сный ~ vówel; согла́сный ~ cónsonant; не издава́ть ни ~а never útter a sound; чи́стый ~ clear sound; ~ вы́стрела repórt (of *a* shot); ◇ пусто́й ~ (just / mére¦ly) a name. **~ово́й** *прил. к* звук; ~ова́я волна́ *физ.* sound wave; ~ово́й сигна́л sound sígnal; ~ово́й фильм sóund-film; tálkie *разг.*; ~ово́е кино́ tálking píctures *pl.*; tálkies *pl. разг.*; ~ово́й ме́тод (*обучения чтению*) phonétic(al) méthod.

звукоза́пис||ь *ж.* sound recórding; аппара́т для ~и recórding machíne [...-'ʃi:n], recórder.

звуко||изоляцио́нный sóund-proof. **~изоля́ция** *ж.* sóund-proofing.

звукоме́трия *ж. воен.* sound ránging [...'reɪndʒ-].

звуконепроница́емый sóund-proof.

звукоопера́тор *м.* sound prodúcer.

звукоподража́||ние *с.* ònomatopóeia [-'pi:ə]. **~тельный** ònomatopóeic [-'pi:ɪk]; ~тельное сло́во ònomatopóeic word.

звукопрово́д||ность *ж. физ.* sound còndùctívity. **~ный, ~я́щий** sóund-condúcting.

звукосочета́ние *с.* sound còmbinátion.

звукоула́влива||ние *с. воен.* sóund-lòcáting [-lou-], sóund-rànging [-reɪndʒ-]. **~тель** *м. воен., ав.* sóund-lòcátor [-lou-], sóund-rànger [-reɪndʒə].

звуч||а́ние *с.* sóund(ing), phònátion [fou-]. **~а́ть,** прозвуча́ть sound; ring* (*отдаваться*) resóund [-'z-]; (*слышаться*) be heard [...hə:d]; в его́ уша́х ещё ~а́ли... his ears were still ríng¦ing with...; ◇ его́ слова́ ~а́т и́скренно his words ring true. **~а́щий** *прич. и прил.* sóunding, vìbráting [vaɪ-].

зву́чн||о *нареч.* lóudly, sonórous¦ly. **~ость** *ж.* sonórous¦ness, sonórity. **~ый** sonórous; ~ый го́лос resóunding / sonórous / rich voice [-'zaun-...].

звя́к||анье *с.* tínkling. **~ать,** звя́кнуть *разг.* tinkle.

звя́кнуть *сов. см.* звя́кать.

зга *ж.*: ни зги́ не ви́дно *разг.* it is pítch-dárk.

зда́ние *с.* búilding ['bɪ-], édifice.

здесь *нареч.* here; (*надпись на письме*) Lócal; ~ и там here and there; кто ~? who is there?

зде́шний of this place, lócal; here (*после сущ.*); ~ жи́тель a résident of this place [...'rez-...], one who lives in these parts [...lɪvz...]; ~ наро́д the people here [..pi:-...]; он не ~ he is a stránger here [...-eɪndʒə...].

здоро́ваться, поздоро́ваться (с *тв.*) say* how do you do (to); greet (*d.*), hail (*d.*),

здоровéнный *разг.* very strong, big, héavy ['he-], robúst, múscular; ~ пáрень a lústy / stálwart / strápping féllow / chap [...'stɔːl-...].

здоровéть, поздоровéть *разг.* become* strong / stróng|er.

здóрово *нареч. разг.* **1.** (*восклицание*) well done!, fine! **2.** (*хорошо*) màgníficently; мы ~ поработáли we have done good* work.

здорóво I *межд. разг.* (*здравствуй*) húllò!

здорóво II *нареч.* héalthily ['he-], whóle|some|ly ['h-], héalthfully ['he-], fine; ◇ (за) ~ живёшь (*ни за что*) for nothing; (*без всякой причины*) without rhyme or réason [...-z°n].

здорóв||ый I **1.** héalthy ['he-]; (*сильный, крепкий*) strong; robúst; (*перен. тж.*) sound; ~ румянец héalthy cólour [...'kʌ-]; имéть ~ вид look strong / héalthy; **2.** (*полезный*) whóle|some ['h-], héalthy; ~ая пища whóle|some food; ~ вóздух salúbrious air; ~ клúмат héalthy clímate [...'klaɪ-]; ◇ бýдьте ~ы! (*при прощании*) góod-býe!; (*при чихании*) bless you!; ~ая атмосфéра con|génial átmosphère; в ~ом тéле ~ дух a sound mind in a sound bódy [...'bɔ-]; здорóв как бык ≅ as strong as a horse.

здорóв||ый II *разг.* (*большой*) strong, sound, lústy, huge; ~ пáрень lústy / stúrdy féllow; ~ морóз hard / sharp frost; задáть ~ую трёпку (*дт.*) give* a sound scólding (*i.*).

здорóвь||е *с.* health [he-]; по состоянию ~я for réasons of health [...-z°nz...]; ◇ как вáше ~? how are you?; пить за ~ когó-л. drink* smb.'s health; drink* to smb.; на ~ to your heart's contént [...hɑːts...]; (*восклицание*) you're wélcome; за ~ (когó-л.)! to the health (of smb.)!

здоровяк *м. разг.* héalthy / lústy / robúst féllow ['helθɪ...].

здрáвиц||а *ж.* toast; провозглашáть ~у (комý-л.) propóse the health of smb. [...helθ...], drink* to smb., *или* smb.'s health, toast smb.

здрáвница *ж.* health resórt [he-'z-]; héalth-cèntre ['he-]; sànatórium (*pl.* -ria [-rɪə]).

здрáво *нареч.* réasonably [-z-], sóundly, sénsibly; ~ рассуждáть réason sáne|ly / sénsibly [-z°n...].

здравомы́слящий sóber, sóber-mínded; sáne-mínded; ~ человéк sénsible pérson, man* of cómmon sense.

здравоохранéни||е *с.* care of públic health [...'pʌ- helθ]; óрганы ~я (públic) health sérvices.

здрáвст||вовать [-áст-] be well; (*процветать*) prósper, thrive*; да ~вует! long live! [...lɪv]. **~вуй(те)** [-áст-] (*как приветствие*) how do you do; (*утром тж.*) good mórning; (*днём тж.*) good áfternóon, good day; (*вечером тж.*) good évening [...'iːv-]; *поэт.* hail!

здрáв||ый sénsible; ~ смысл cómmon sense; быть в ~ом умé be in one's right mind, be in one's sénses.

зéбра *ж. зоол.* zébra.

зéбу *м. нескл. зоол.* zébù [-buː].

зев *м. анат.* phárynx; воспалéние ~а phàryngítis [-n'ʤaɪ-].

зев||áка *м. и ж. разг.* ídler. **~áть**, зевнýть, прозевáть **1.** *при сов.* зевнýть yawn; **2.** *тк. несов. разг.* (*глазеть*) gape; **3.** *при сов.* прозевáть *разг.* (*пропускать*) miss, let* slip; не ~áй! wake up!, look sharp / alíve!; прозевáть удóбный слýчай miss *an* òpportúnity.

зевнýть *сов. см.* зевáть 1.

зев||óк *м.* yawn; подавúть ~ stifle *a* yawn. **~óта** *ж.* yáwning.

зеленéть, позеленéть **1.** (*становиться зелёным*) become* green; **2.** *тк. несов.* (*покрываться травой, листвой*) grow* / turn green [grou...]; **3.** *тк. несов.* (*виднеться*) show* green [ʃou...]. **~ся** = зеленéть 3.

зеленн||óй: ~áя лáвка gréengròcery [-grou-].

зеленовáтый gréenish.

зеленоглáзый green-eyed [-aɪd].

зеленщúк *м.* green-gròcer.

зелён||ый green; ~ые насаждéния (plánting of) trees and shrubs [-ɑː...]; ~ горóшек green peas *pl.*; ~ые кормá green fórage *sg.*; ◇ зéлен виногрáд! the grapes are sour; ~ юнéц *разг.* green youth [...juːθ], gréenhòrn; ~ая ýлица green light; дать ~ую ýлицу give* the green light.

зéлень *ж. тк. ед.* **1.** vérdure [-ʤə]; **2.** *собир.* (*овощи*) greens *pl.*; végetables *pl.*; **3.** (*зелёная краска*) green; (*в геральдике*) vert.

зéлье *с. разг.* pótion; (*яд*) póison [-z°n]; любóвное ~ *фольк.* philtre, lóve-pòtion ['lʌv-].

земéльн||ый *прил. к* земля 2; ~ учáсток plot of land; ~ надéл allótment; ~ая сóбственность (próperty in) land; ~ая рéнта gróund-rènt; ~ отдéл land depártment; ~ая реfóрма land refórm.

землевéдение *с.* geógraphy.

землевладé||лец *м.* lándowner [-ou-], lándhòlder; мéлкие ~льцы small hólders. **~льческий** *прил. к* землевладéлец. **~ние** *с.* lándownership [-ou-]; госудáрственное ~ние State ównership of land [...'ou-...]; общúнное ~ние cómmunal ównership of land.

земледе́л||ец *м.* fármer, cúltivàtor, àgricúlturist. **~ие** *с.* ágricùlture.

земледе́льческ||ий àgricúltural; ~ие орýдия àgricúltural ímplements; ~ производствeнный кооперати́в àgricúltural prodúction cò-óperative.

землекóп *м.* návvy.

землемéр *м.* land sùrvéyor. **~ный** gèodétic; **~ный** шест Jácob's staff.

землепáш||ество *с. уст.* tíllage, húsbandry [-z-]. **~ец** *м. уст.* plóugh|man*, tíller.

землепóльзование *с.* lánd-ténùre.

землерóйка *ж. зоол.* shrew.

землерóйн||ый: ~ая машúна éxcavàting machíne [...-'ʃiːn], mechánical shóvel [-'kæ- 'ʃʌ-].

землесóс *м. тех.* súction dredge / drédger.

землетрясéн||ие *с.* éarthquàke ['əːθ-]; очáг ~ия séism|ic fócus / centre.

землеустрóйство *с. эк.* sýstem of land ténùre.

землечерпáлка *ж. тех.* drédger, dredge éxcavàtor, stéam-nàvvy.

землúстый éarthy ['əː-]; ~ цвет лицá sállow compléxion.

земл||я́ *ж.* **1.** (*в разн. знач.*) earth [əːθ]; засыпáть ~ёй (*вн.*) cóver up with earth ['kʌ-...] (*d.*), búry ['be-] (*d.*); сравнять с ~ёй (*вн.*) raze to the ground (*d.*); мéжду нéбом и ~ёй (*перен.*) *разг.* betwéen héaven and earth [...'he-...]; упáсть на зéмлю fall* to the ground; **2.** (*владения, территория; тж. суша*) land; (*перен.*) soil; помéщичья ~ *собир.* lánded estátes *pl.*; передéл ~и ré|divísion of land; у негó мнóго ~и he owns much land [...ounz...]; на рýсской ~é on Rússian soil [...-ʃən...]; **3.** (*почва*) soil; ◇ ~ горúт у негó под ногáми the ground is slípping a|wáy únder his feet.

землáк *м.* (féllow-)cóuntry|man* [-'kʌ-]; (*по городу*) féllow-tówns|man* [-nz-]; (*по деревне*) féllow-víllager.

землянe *мн.* earth men [əːθ...].

землян||úка *ж. тк. ед.* **1.** *собир.* (wild) stráwberries *pl.*; садóвая ~ gárden stráwberries; **2.** (*об отдельной ягоде*) (wild) stráwberry; **3.** (*куст*) (wild) stráwberry. **~úчный** stráwberry (*attr.*); ~úчное варéнье stráwberry jam.

землянка *ж.* dúg-out, múd-hùt.

землян||óй éarthen ['əː-]; ~ые рабóты éarthwòrk ['əːθ-] *sg.*; ~ opéх gróund-nùt, péanùt; ~áя грýша Jerúsalem ártichòke; ~ червь éarth-wòrm ['əːθ-].

землячество *с.* assòciátion of (féllow-)cóuntrymen [...-'kʌ-].

землячка *ж.* cóuntry-wòman* ['kʌ-wu-].

земновóдн||ые *мн. скл. как прил. зоол.* àmphíbia. **~ый** *зоол.* àmphíbious.

земн||óй éarthly ['əː-]; terréstrial *научн.*; ~ шар the (terréstrial) globe; ~áя ось áxis of the equátor; ~áя корá the earth's crust [...əːθs...].

зéмский *прил. к* зéмство.

земснаряд *м. тех.* súction dredge / drédger.

зéмство *с. ист.* Zémstvo (*elective district council in pre-revolutionary Russia*).

зени́т *м. астр.* zénith; ✧ в ~е сла́вы in the héyday of fame.

зени́тка *ж. воен. разг.* áck-áck gun.

зени́т||ный 1. *астр.* zénithal; 2. *воен.* ánti-áircràft (*attr.*); ~ное ору́дие ánti-áircràft gun; ~ная артилле́рия ánti-áircràft àrtíllery. **~чик** *м.* ánti-áircràft gúnner.

зени́ц||а *ж. уст., поэт.* púpil (of the eye) [...aɪ]; ✧ бере́чь как ~у о́ка (*вн.*) chérish as the apple of one's eye (*d.*).

зе́ркало *с.* lóoking-glàss, glass; mírror (*тж. перен.*); *мед.* spéculum (*pl.* -la [-lə]); ручно́е ~ hand mírror; гла́дкий как ~ smooth as a mírror [-ð...], ún¦rúffled; ✧ криво́е ~ distórting mírror.

зерка́льн||ый *прил. к* зе́ркало; (*перен.*) smooth [-ð]; ~ заво́д mírror fáctory; ~ое стекло́ pláte-glàss; ~ое окно́ pláte-glàss wíndow; ~ шкаф mírror wárdròbe / cúpboard [...'kʌbəd]; ~ое изображе́ние mírror refléction; ~ая пове́рхность smooth / ún¦rúffled súrface; ~ая гладь о́зера the smooth / ún¦rippled súrface of *the* lake; ✧ ~ карп mírror carp.

зе́ркальце *с. уменьш. от* зе́ркало.

зерни́ст||ый gráiny; gránular; ✧ ~ая икра́ soft cáviàr(e) [...'kævɪɑː].

зерно́ *с.* 1. grain; (*семя*) seed; (*перен.*) core, kérnel; ко́фе в зёрнах cóffee-beans [-fɪ-] *pl.*; разу́мное, основно́е ~ rátional kérnel ['ræ-...]; 2. *собир.* corn; (*зерновые культуры*) food / bread grains [...bred...] *pl.*, céreals [-rɪəlz] *pl.*; ✧ жемчу́жное ~ pearl [pəːl]; ~ и́стины grain of truth [...truːθ].

зернобобо́в||ый: ~ые культу́ры legúminous plants [...plɑː-].

зернови́дный gránular.

зернов||о́й *прил. к* зерно́ 2; ~ы́е зла́ки, ~ы́е культу́ры food / bread grains [...bred...], céreals [-rɪəlz]; ~о́е хозя́йство grain fárming; ~ комба́йн grain hárvester cómbìne.

зернодроби́льн||ый: ~ая маши́на *с.-х.* córn-crùsher.

зерноочисти́тельн||ый: ~ая маши́на *с.-х.* grain cléaner; wínnower, wínnowing machíne [...-'ʃiːn].

зернопогру́зчик *м. с.-х.* mechánical gráin-loader [-'kæ-...].

зернопоста́вки *мн.* grain supplíes / delíveries.

зерносовхо́з *м.* State grain farm.

зерносуши́лка *ж.* grain drýer.

зерноубо́рочный: ~ комба́йн grain hárvester cómbìne.

зернофура́ж *м.* céreal / grain fódder [-rɪəl...].

зернохрани́лище *с.* gránary.

зерноя́дный *зоол.* granívorous.

зёрнышко *с. уменьш. от* зерно́ 1.

зефи́р *м.* 1. *поэт.* Zéphyr; 2. (*ткань*) zéphyr; 3. (*конфеты*) kind of soufflé swéatmeat [...'suːfleɪ...].

зигза́г *м.* zígzàg.

зигзагообра́зный zígzàg.

зи́ждиться (на *пр.*) be based / fóunded [...-st...] (on).

зима́ *ж.* winter; сне́жная ~ snówy winter [-ouɪ...]; суро́вая ~ sevére winter; ~ наступа́ет wínter is coming; ✧ ско́лько лет, ско́лько зим! *разг.* ≅ it's áges since we met.

зи́мн||ий *прил. к* зима́; *тж.* wíntry; ~яя спя́чка (*животных*) hìbernátion [haɪ-]; ~ие расте́ния winter plants [...ɑːnts]; ~ие кварти́ры *воен.* wínter quárters; ~ спорт wínter sports *pl.*; ~ее солнцестоя́ние wínter sólstice; ~яя пого́да wíntry wéather [...'we-]; ~ день wíntry day; ~ее со́лнце wíntry sun; ✧ ~ сад wínter gárden, consérvatory.

зим||ова́ть, прозимова́ть wínter, pass / spend* the wínter; (*о животных, птицах и т. п.*) híbernàte ['haɪ-]; ✧ он узна́ет, где ра́ки ~у́ют ≅ he will get it hot. **~о́вка** *ж.* 1. wíntering, wínter stay; (*животных*) hìbernátion [haɪ-]; оста́ться на ~о́вку stay for the wínter; 2. (*жильё*) wínter-càmp; (*станция*) pólar státion. **~о́вщик** *м.* wínterer. **~о́вье** *с.* wínter hut / lodge / cábin.

зимо́й *нареч.* in wínter.

зимоpо́док *м. зоол.* hálcyon, kíng¦-fisher.

зимосто́йк||ий wínterhàrdy; wínter (*attr.*); that keeps well in wínter (*после сущ.*); ~ие культу́ры wínter plants [...-ɑː-]. **~ость** *ж.* hárdiness, cóld-resistance [-'zɪs-].

зимо́ю = зимо́й.

зипу́н *м.* hóme¦spùn coat.

зия́ние *с. лингв.* hiátus.

зия́||ть gape, yawn. **~ющий** *прич. и прил.* gáping, yáwning; ~ющая ра́на gáping wound [...wuːnd]; ~ющая бе́здна yáwning abýss.

зла́к||и *мн.* (*ед.* злак *м.*) céreals [-rɪəlz]; хле́бные ~ céreals, bread grains [bred...]. **~овый:** ~овые расте́ния céreals [-rɪəlz].

зла́то *с. уст., поэт.* gold.

злато||гла́вый *поэт.* góld-cùpolaed, góld-dòmed. **~кры́лый** *поэт.* gólden-wíng¦ed. **~ку́дрый** *поэт.* gólden-haired. **~тка́ный** *поэт.* góld-brocàded.

златоцве́т *м. бот.* ásphodèl, óx-eye [-aɪ].

зле́йший: ~ враг worst / bítterest énemy.

злить (*вн.*) ánger (*d.*), vex (*d.*); (*дразнить*) tease (*d.*); (*раздражать*) írritàte (*d.*). **~ся** be írritàted, be in a bad témper; (на *вн.*; *сердиться*) be ángry (with).

зло I *с.* évil ['iː-]; (*вред*) harm; его́ ~ берёт he feels annóyed, he feels vexed; со ~ зла with vèxátion, with ánger; жела́ть кому́-л. зла bear* smb. málice [bɛə...]; причиня́ть кому́-л. ~ hurt* / harm / ínjure smb.; ✧ ко́рень зла root of all évil; из двух зол выбира́ть ме́ньшее of two évils choose the léss(er).

зло II *нареч.* malícious¦ly; ~ подшути́ть над кем-л. play a spíte¦ful trick on smb.

зло́б||а *ж.* spite; (*гнев*) ánger; по ~е out of málice / spite; ✧ ~ дня the évil of the day [...'iːv-...]; на ~у дня concérning the news of the day [...-z...].

зло́бный wícked, malícious.

злободне́вн||ость *ж.* àctuálity, áctualness. **~ый** on íssues of the day; tópical; (*жгучий*) búrning; ~ый вопро́с búrning quéstion [...-stʃ-]; ~ые вопро́сы the búrning tópics of the day.

зло́бствовать (на *вн.*) bear* málice [bɛə...] (to).

злове́щ||ий óminous, sínister; (*предвещающий несчастье*) íll-bóding, íll-ómèn¦ed; ~ вид évil / sínister look ['iː-...]; ~ая тишина́ óminous sílence [...'saɪ-]; ~ го́лос óminous voice.

злово́н||ие *с.* stink, stench. **~ный** fétid, stínking.

зловре́дный hármful, nóxious; pèrnícious.

злоде́й *м.*, **~ка** *ж.* víllain, míscreant [-rɪənt], scóundrel. **~ский** scóundrelly, ráscally, víllain¦ous. **~ство** *с.* víllain¦y; (*злодейский поступок*) víllain¦ous act.

злодея́ние *с.* (héinous) crime, évil deed ['iː-...].

зложела́тельный *уст.* malévolent, malígnant, spíte¦ful.

злой wícked, malícious; vícious; быть злым на кого́-л. be ángry with smb.; со злым у́мыслом with évil / malícious inténtion [...'iː-...]; *юр.* of málice prepénse; ✧ ~ язы́к bítter / vénomous tongue [...tʌŋ]; зла́я во́ля évil / ill will, málice; ~-презло́й ≅ as cross as two sticks.

злока́чественн||ый *мед.* malígnant; ~ая о́пухоль malígnant túmour.

злоключе́ние *с.* mís¦hàp, mísadvénture.

зломо́зненный insídious, cráfty, wíly.

злонаме́ренный íll-méaning, íll-inténtioned.

злопа́мятный ráncorous.

злополу́чный íll-stárred, íll-fáted.

злопыха́тель *м.* malígnant. **~ство** *с.* malígnity.

злора́д||ный glóating, full of malícious joy. **~ство** *с.* malícious / malígnant joy.

злора́дствовать gloat óver, *или* rejóice at, the misfórtune of others [...-tʃən...].

злосло́вие *с.* malígnant góssip, scándal.

злосло́вить talk scándal.

зло́стн||ый malícious; ~ая клевета́ malícious slánder [...'slɑː-]; ✧ ~ое банкро́тство fráudulent bánkruptcy [...-rəpsɪ]; ~ неплате́льщик persístent nón-páyer / defáulter.

злость *ж.* málice; íll-náturedness [-'neɪ-]; (*ярость*) fúry; его́ ~ берёт (на *вн.*) *разг.* it makes him wild / fúrious (with).

злосча́стный *уст.* íll-stárred, íll-fáted.

зло́тый *м. скл. как прил.* (*польская монета*) zlóty.

злоумы́шленн||ик *м.* málefàctor. ~ый íll-inténtioned.

злоупотреби́ть *сов. см.* злоупотребля́ть.

злоупотребле́ние *с.* abúse [-s], misúse [-s]; ~ дове́рием breach of trust / cónfidence.

злоупотребля́ть, злоупотреби́ть (*тв.*) abúse (*d.*); ~ чьим-л. дове́рием abúse smb.'s cónfidence; ~ вла́стью abúse one's pówer; ~ свои́м положе́нием abúse one's posítion [...-'zɪ-]; ~ гостеприи́мством tréspass on *smb.'s* hòspitálity.

злоязы́ч||ие *с.* slánder [-ɑ:-], báckbìting. ~ный slánderous [-ɑ:-].

злю́||ка, ~чка *м. и ж. разг.* malícious créature; (*о женщине тж.*) shrew. ~щий *разг.* fúrious, very ángry.

змееви́дный sérpentìne; sínuous, wríthing ['raɪ-].

змееви́к *м.* **1.** *тех.* coil (pipe); **2.** *мин.* sérpentìne, óphìte.

змеёныш *м.* young snake [jʌŋ...]; (*перен.*) víper; tréacherous / wícked / báckbìting créature ['tre-...].

змеи́н||ый *прил. к* змея́; ~ое жа́ло sting of *a* snake, snake's sting.

змеи́ться (*извиваться*) wind*, coil; me|ánder; (*скользить*) glide by; (по *дт.*; *об улыбке*) touch slíghtly [tʌtʃ...] (*d.*), appéar (on).

змей *м.* **1.** *миф.* sérpent, drágon [-æ-]; **2.** (*бумажный*) kite; запуска́ть змея́ fly* *a* kite.

зме́йка *ж. уменьш. от* змея́.

зме́йковый: ~ аэроста́т kite ballóon.

змея́ *ж.* (*прям. и перен.*) snake; (*о более крупных змеях*) sérpent; грему́чая ~ ráttle|snàke; очко́вая ~ cóbra; ◇ ~ подколо́дная *разг.* snake in the grass, víper; отогре́ть змею́ на свое́й груди́ warm / chérish a sérpent / snake in one's bósom [...'buzəm].

знава́||ть: ~л, ~ла *и т. д.* used to know [ju:st... nou]: она́ ~ла его́ ребёнком she used to know him as a child*.

знак *м.* **1.** sign [saɪn]; (*символ*) tóken, sýmbol; (*след*) mark; ~ ра́венства *мат.* sign of equálity; восклица́тельный ~ *грам.* èxclamátion mark, note / mark of èxclamátion; вопроси́тельный ~ *грам.* quéstion-màrk [-stʃ-], note / mark of intèrrogátion; ~ препина́ния *грам.* pùnctuátion mark; ~и препина́ния *грам.* stops, pùnctuátion marks; **2.** (*предзнаменование*) ómèn; **3.** (*сигнал*) signal; дать ~ sígnal, give* *the* sígnal; ◇ де́нежный ~ bánknòte; опознава́тельный ~ lándmàrk; *мор.* béacon; (*на крыльях самолёта*) wing márking; фабри́чный ~ tráde-màrk; ~ отли́чия dècorátion, médal ['me-]; ~ разли́чия (*звания*) badge of rank; (*должности и т. п.*) distínguishing badge; под ~ом (*рд.*) únder the badge (of); в ~ дру́жбы as a tóken of fríendship [...'fre-].

знако́мить, познако́мить (*вн.* с *тв.*) acquáint (*d.* with); (*представлять кого-л. кому-л.*) introdúce (*d.* to); ~ кого́-л. с го́родом show* smb. round *the* town. ~ся, познако́миться **1.** (с кем-л.) meet* (smb.), make* the acquáintance (of smb.), make* smb.'s acquáintance; *сов. тж.* get* to know [...nou] (smb.); **2.** (с *тв.*; *посещать*) vísit [-z-] (*d.*); (*осматривать*) see* (*d.*): ~ся с музе́ями го́рода see* the muséums of *a* cíty [...-'zɪ-... 'sɪ-].

знако́мств||о *с.* (*в разн. знач.*) acquáintance; (*круг знакомых тж.*) acquáintances *pl.*; (с *тв.*) famìliárity (with); ша́почное ~ bówing / nódding acquáintance; заводи́ть ~ с кем-л. set* up an acquáintance with smb.; подде́рживать ~ с кем-л. keep* up fríendly relátions with smb. [...'fre-...]; по ме́ре ~а с ни́ми, она́... as she came to know them bétter, she... [...nou...].

знако́м||ый I *прил.* famíliar; (с *тв.*) acquáinted (with); его́ лицо́ мне ~о his face is famíliar to me.

знако́мый II *м. скл. как прил.* acquáintance; (*хороший, близкий*) friend [frend].

знамена́тел||ь *м. мат.* denóminàtor; о́бщий ~ cómmon denóminàtor; привести́ к одному́ ~ю redúce to the same denóminàtor.

знамена́тельн||ый signíficant, pòrténtous; ~ое собы́тие impórtant / pòrténtous evént; pórtènt.

зна́мение *с.* sign [saɪn]; ◇ ~ вре́мени sign of the times.

знамени́т||ость *ж.* celébrity. ~ый fámous, célebràted, illústrious.

знаменова́ть (*вн.*) expréss (*d.*), sígnifỳ (*d.*).

знамено́сец *м.* stándard-bearer [-bɛə-].

знамёнщик *м. воен.* cólour-bearer ['kʌləbɛə-]; stándard-bearer [-bɛə-].

зна́м||я *с.* bánner; (*полковое; в пехоте*) cólours ['kʌ-] *pl.*; cólor [kʌ-] *амер.*; (*в кавалерии*) stándard; подня́ть ~ raise the bánner; (*перен.*) raise the stándard; под ~енем únder the bánner; с развева́ющимися ~ёнами with flýing bánners / cólours, cólours flýing; высоко́ держа́ть ~ (*рд.*) raise high the bánner (of).

зна́ни||е *с.* knówledge ['nɔ-]; *мн. тж.* èrudítion *sg.*, accómplishments; пове́рхностное ~ sùper|fícial knówledge, smáttering; со ~ем де́ла with skill, scièntífically; приобрести́ ~я acquíre knówledge.

зна́тный **1.** (*о выдающихся людях в СССР*) nótable, distínguished; **2.** *уст.* (*принадл. к знати*) noble.

знато́к *м.* (*рд.*) éxpèrt (on), cònnoiséur [kɔnɪ'sə:] (of); ~ вое́нного де́ла mílitary éxpèrt; ~ поэ́зии cònnoiséur / judge of póetry; ~ иску́сства art cònnoisséur; быть ~о́м своего́ де́ла know* one's trade [nou...]; с ви́дом ~а́ with a knówing air [...'nou-...].

знать I *гл.* (*вн.*, о *пр.*) know* [nou] (*d.*); be a|wáre (of); be acquáinted (with), have a knówledge [...'nɔ-] (of); ~ в лицо́ know* by sight (*d.*); ~ понаслы́шке know* by héarsay (*d.*); не ~ (*рд.*) be ígnorant (of), be ún|a|wáre (of); не зна́ющий (*рд.*) ígnorant (of); ◇ дать ~ кому́-л. let* smb. know; дать кому́-л. ~ о себе́ let* smb. hear from one; дава́ть себя́ ~ make* it|sélf felt; он ~ не хо́чет he won't lísten to it [...wount 'lɪs°n...], he won't hear of it; кто зна́ет? góod|ness knows; зна́ете ли (*вводн. сл.*) you know; как ~, почём ~? *разг.* who can tell?, how should we know?; ~ толк (в *пр.*) be a good judge (of); have a good eye [...aɪ] (for); не ~ поко́я know* no rest; ~ ме́ру know* when to stop; ~ себе́ це́ну know* one's own válue [...oun...]; наско́лько я зна́ю as far as I know; for aught I know; не ~, что де́лать be at a loss; be at a loose end [...-s...] *идиом.*; так знай же! let me tell you then!; живи́, поступа́й *и т.п.* как зна́ешь get on as best you can; ~ что к чему́ know* what's what.

знать II *ж. собир. уст.* àristócracy, nobílity; the élite (*фр.*) [...eɪ'li:t].

знать III *вводн. сл. разг.* évidently, it seems.

зна́ться (с *тв.*) *разг.* assóciàte (with); он с тобо́й и ~ не хо́чет he will have nothing to do with you.

зна́ха||рка *ж.* sórceress, wise wóman* [...'wu-]; (*лекарка*) quack [-æk]. ~рь *м.* sórcerer, wise man*; (*лекарь*) quack [-æk].

зна́чащ||ий signíficant; ма́ло ~ of líttle signíficance; ничего́ не ~ méaning|less; (*не имеющий значения*) únimpórtant; ничего́ не ~ие фра́зы méaning|less phráses; ничего́ не ~ее собы́тие únimpórtant evént.

значе́ни||е *с.* **1.** (*смысл*) signíficance, méaning, sense; буква́льное ~ líteral méaning / sense; прямо́е ~ diréct sense / méaning; перено́сное ~ fígurative sense / méaning; **2.** (*важность*) impórtance, móment; междунаро́дное ~ ìnternátional signíficance [-'næ-...]; всеми́рное ~ world signíficance; реша́ющее ~ decísive impórtance; име́ть большо́е, ма́лое, осо́бенно ва́жное ~ be of great, little, partícular impórtance [...greɪt...]; ме́стного ~я of lócal impórtance; придава́ть ~ чему́-л.

attách impórtance to smth.; э́тим не исче́рпывается ~ да́нного слу́чая this does not exháust the signíficance of this evént; э́то име́ло исключи́тельно ва́жное ~ it was of the út|mòst impórtance; не придава́ть ~я чему́-л. attách no impórtance to smth.; 3. *мат.* válue.

зна́чим||ость *ж.* 1. *лингв.* méaning|fulness; 2. (*важность*) signíficance. **~ый** 1. *лингв.* méaning|ful; 2. (*важный*) signíficant.

зна́чит *вводн. сл. разг.* so, then, well then.

значи́тельн||о *нареч.* 1. consíderably; 2. (*выразительно*) signíficantly. **~ость** *ж.* impórtance, signíficance. **~ый** 1. (*о мере, степени, количестве и т. п.*) consíderable, sízable; substántial; в ~ой ме́ре, сте́пени to a consíderable extént; 2. (*выразительный*) signíficant; ~ый взгляд signíficant glance; 3. (*важный*) impórtant.

зна́ч||ить 1. mean*, sígnifỳ; что э́то ~ит? what does it mean?; ~ит ли э́то, что? does it mean that?; э́то что́-нибудь да ~ит there is smth. behínd that; 2. (*иметь вес, значение*) mean*.

зна́читься be, be méntioned, appéar; ~ в спи́ске be / appéar on the list.

значо́к *м.* 1. mark; 2. (*для ношения на одежде*) badge.

зна́ющий 1. *прич. см.* знать I; 2. *прил.* léarned ['lə:nɪd]; schólarly, érudìte; (*умелый*) skílful, cómpetent, able.

зноб||и́ть *безл.*: его́ ~и́т he feels féver|ish, he shívers [...'ʃɪ-].

зной *м.* inténse heat. **~ный** hot, búrning.

зоб *м.* 1. (*у птицы*) crop, craw; 2. *мед.* goitre, wen. **~а́стый** 1. (*о птице*) with a large crop / craw; 2. *разг.* (*о человеке*) góitrous.

зов *м.* call; прийти́ по пе́рвому ~у come* at the first call; откли́кнуться на ~ respónd to *the* call / súmmons.

зодиа́к *м. астр.* Zódiàc; зна́ки ~а signs of the Zódiàc [saɪnz...]. **~а́льный** *астр.* Zódiàc (*attr.*), Zodíacal.

зо́дч||еский *прил. к* зо́дчество; *тж.* árchitèctive ['ɑ:k-], àrchitéctural [ɑ:k-]; ~еское иску́сство árchitècture ['ɑ:k-]. **~ество** *с.* árchitècture ['ɑ:k-].

зо́дчий *м. скл. как прил.* árchitèct ['ɑ:k-].

зол||а́ *ж. тк. ед.* áshes *pl.* **~и́стый** áshen, áshy.

зо́ловка *ж.* síster-in-law (*pl.* sisters-) (*husband's sister*).

золоти́стый gólden.

золоти́ть, позолоти́ть (*вн.*) gild [g-] (*d.*); ◇ позолоти́ть пилю́лю gild/ súgar the pill ['ʃu-...]. **~ся** look / stand* gólden.

золотни́к I *м. уст.* zolotník (*about 4,25 gr.*); ◇ мал ~, да до́рог *погов.* ≅ little bódies may have great souls [...'bɔ-...greɪt soulz]; good things come in small páckages.

золотни́к II *м. тех.* valve, D-vàlve ['di:-]; цилиндри́ческий ~ píston valve.

зо́лот||о *с.* gold; (*в геральдике*) or; черво́нное ~ pure gold; то́нкое листово́е ~ gold leaf; листово́е ~ béaten gold; добы́ча ~a góld-mìning; суса́льное ~ tínsel, gold leaf; накладно́е ~ góld-plàte; плати́ть ~ом, в ~е pay* in gold; ◇ на вес ~а worth *its* weight in gold; не всё то ~, что блести́т *посл.* all that glítters is not gold.

золотоволо́сый gólden-haired.

золотоиска́тель *м.* góld-prospéctor; (*добытчик*) góld-dìgger.

золот||о́й I *прил.* (*в разн. знач.*) gold; gólden (*перен. или поэт.*); (*в геральдике*) or (*attr.*); ~ы́е при́иски góld-field(s) [-fi:-]; ~ запа́с *эк.* gold resérves [...-'zə:vz] *pl.*; ~а́я валю́та gold cúrrency; ~ рубль gold rouble [...ru:-]; ~ы́х дел ма́стер góld-smith; ~ песо́к gold dust; ~о́е руно́ *миф.* the gólden fleece; ◇ ~ век the Gólden Age; ~а́я молодёжь gílded youth ['gɪ- ju:θ]; jeunesse dorée (*фр.*) [ʒə:'nes do'reɪ]; ~ы́е ру́ки cléver fingers ['kle-...], hands of gold; ~а́я середи́на the gólden mean; the háppy médium; ~о́е дно *разг.* góld-mine; мой ~! my tréasure / dárling / précious! [...'tre-...'pre-]; ~ы́е слова́ words of gold; ≅ truth it|sélf [tru:θ ...].

золото́й II *м. скл. как прил.* (*монета*) gold coin, dúcat ['dʌ-]; (*в Англии*) sóvereign [-rɪn].

золотоно́сн||ый góld-bearing [-bɛə-]; auríferous *научн.*; ~ая жи́ла auríferous vein; ~ райо́н góld-field [-fi:ld].

золотопромы́шленн||ик *м.* ówner of góld-mines ['ou-...]. **~ость** *ж.* góld-industry. **~ый** *прил. к* золотопромы́шленность.

золототы́сячник *м. бот.* céntaury.

золоту́||ха *ж.* (*болезнь*) scrófula. **~шный** scrófulous.

золоч||е́ние *с.* gílding ['gɪ-]. **~ёный** gílded ['gɪ-], gilt [g-].

зо́лушка *ж. фольк.* Cinderélla.

зо́льник *м. тех.* áshpit.

зо́н||а *ж.* zone; ~ вое́нных де́йствий zone of mílitary òperátions; сте́рлинговая ~ *эк.* stérling área [...'ɛərɪə]. **~а́льный** zone (*attr.*).

зонд *м.* probe.

зонди́ровать (*вн.*; *прям. и перен.*) sound (*d.*); *мед.* probe (*d.*); ~ по́чву (*прям. и перен.*) explóre the ground; take* béarings / sóundings [...'bɛə-...], put* out féelers.

зонт, зо́нт||ик *м.* ùmbrélla; (*от солнца*) súnshàde pàrasól; (*большой — на пляже*) beach ùmbrélla; (*навес*) áwning. **~ичный** *бот.* úmbellate, ùmbèllíferous.

зоогеогра́фия *ж.* zòogeógraphy [zouə-].

зоо́||лог *м.* zòólogist [zou'ɔl-]. **~логи́ческий** zòológical [zouə'lɔ-]; ~логи́ческий сад zòológical gárdens *pl.*; zoo *разг.* **~ло́гия** *ж.* zòólogy [zou'ɔl-].

зооморфи́зм *м.* zòómorphism [zou-'ɔm-].

зоопа́рк *м.* zòológical gárdens [zouə'lɔ-...] *pl.*; zoo *разг.*

зоопсихоло́гия *ж.* zóòpsỳchólogy ['zouɔsaɪ'k-].

зоотéхни||к *м.* zòotèchnícian [zouə-], líve-stòck éxpèrt / spécialist [...'spe-]. **~ка** *ж.* zòotéchnics [zouə'tek-].

зоофи́ты *мн. зоол.* zóophỳtes ['zouə-].

зоо||хими́ческий zòochémical [zouə'ke-]. **~хи́мия** *ж.* zòochémistry [zouə'ke-].

зо́ркий 1. shárp-síghted; 2. (*бдительный*) vígilant; ~ глаз an alért eye [...aɪ].

зо́рк||о *нареч.* vígilantly, with a vígilant eye [...aɪ]; ~ следи́ть за чем-л. be on the alért for smth. **~ость** *ж.* vígilance.

зо́рьк||а *ж. уменьш. от* заря́ 1; на ~е at dawn, at first light.

зра́зы *мн. кул.* zrázy (*meat pies stuffed with rice, buckwheat gruel, mashed potatoes, etc.*).

зрачо́к *м.* púpil (of the eye) [...aɪ].

зре́лищ||е *с.* sight, spéctacle; show [ʃou] *разг.*; (*представление*) perfórmance; (*уличное театрализованное*) págeant ['pædʒənt]; представля́ть собо́й жа́лкое ~ presént / look a sórry spéctacle [-'z-...]. **~ный** *прил. к* зре́лище; ~ные предприя́тия pláces of èntertáinment.

зре́л||ость *ж.* (*прям. и перен.*) rípe|ness, matúrity; coming of age; полова́я ~ púberty; ◇ аттеста́т ~ости schóol-leaving certíficate. **~ый** (*прям. и перен.*) ripe, matúre; в ~ом во́зрасте at a matúre age; по ~ом размышле́нии on refléction; on sécond thoughts [...'se-...].

зре́ни||е *с.* sight, éye|sight ['aɪ-]; *мед.* vísion; о́рган ~я órgan of sight; сла́бое ~ weak (éye|)sight; име́ть хоро́шее ~ have good* eyes / éye|sight [...aɪz...]; ◇ по́ле ~я field of vísion [fi:ld...]; в по́ле ~я within éye|shòt [...'aɪ-], in sight; вне по́ля ~я out of sight, out of éye|shòt; обма́н ~я óptical illúsion; под угло́м ~я from the stándpoint, from the point of view [...vju:]; то́чка ~я point of view, stándpoint.

зреть I rípen.

зреть II, узре́ть (*вн.*) 1. (*видеть*) behóld* (*d.*); 2. *тк. сов.* (*усмотреть*) percéive [-'si:v] (*d.*); feel* (*d.*).

зри́тель *м.*, **~ница** *ж.* spèctátor, ón|looker; *мн. собир. тж.* áudience *sg.*, (*в театре тж.*) house [-s] *sg.*; быть зри́телем look on. **~ный** 1. vísual ['vɪʒ-], óptic; ~ный нерв *анат.* óptic nerve; ~ная па́мять vísual / eye mémory [...aɪ...]; 2. ~ный зал hall, auditórium.

зря *нареч. разг.* to no púrpose [...-s], or nothing; ✧ он болтáет ~ he is álking at rándom; ~ трудиться, ~ тарáться ≅ plough the sand; он ~ пришёл сюдá he has come here on a ool's érrand.

зря́чий *м. скл. как прил.* one who can see, one with eyes to see ...aız...]; он ~ he can see.

зуáв *м.* zouáve [zuːˈɑːv].

зуб *м.* tooth*; молóчный ~ mílk-tooth*; глазнóй ~ (*клык*) éye-tooth* ˈaı-], cánine tooth*; коренной ~ nólar; ~ мýдрости wisdom tooth* ˈwız-...]; шатáющийся ~ loose tooth* -s...]; вставные ~ы àrtifícial / false eeth [...fɔːls...]; (*челюсти*) déntures; крежетáть ~áми grind* / gnash / rit one's teeth; ✧ вооружённый до ~óв armed to the teeth; держáть зык за ~áми *разг.* hold* one's ongue [...tʌŋ]; имéть ~ прóтив когó-л., точить ~ы на когó-л. *разг.* ave a grudge agáinst smb., bear* mb. a grudge [beə...]; класть ~ы на óлку *разг. см.* класть; он ни в ~ олкнýть *разг.* ≅ he does not know a word of it [...nou...]; сквозь ~ы hrough clenched teeth; у негó ~ нá ~ не попадáет his teeth are chátter-ng; хоть ви́дит óко, да ~ неймёт югов. ≅ there's many a slip 'twixt up and lip; э́то у всех на ~áх авя́зло everybody has had more han enóugh of it [...ıˈnʌf...], every-ody is sick and tired of it. **~áстый** *азг.* lárge-tóothed [-θt], with large eeth; (*перен.*) shárp-tòngued [-tʌŋd], uícktòngued [-tʌŋd].

зубáтка *ж.* (*рыба*) láncet fish.

зубéц *м.* **1.** tooth*; (míll-)còg; ~ ви́лки prong; **2.** (*крепостной стены*) mérlon; (*горы́*) jag.

зуби́ло *с. тех.* póint-tool, chísel [ˈtʃızˈl].

зубн||óй 1. déntal; tooth (*attr.*); ~áя боль tóoth-àche [-eık]; ~ врач déntist; ~ тéхник déntal mechánic [...-ˈkæ-]; ~ протéз dénture; (*отдельного зуба*) àrtifícial tooth*; ~áя щётка tóoth-brùsh; ~ порошóк tóoth-powder; ~áя пáста tóoth-pàste [-peıst]; **2.** *лингв.* déntal; ~ соглáсный déntal cónsonant.

зубóвн||ый: со скрéжетом ~ым grinding one's teeth.

зубоврачéбный: ~ кабинéт déntal súrgery.

зуболечéбн||ица *ж.* déntal súrgery. **~ый** = зубоврачéбный.

зубоскá||л *м. разг.* bánterer, quiz, scóffer. **~лить** *разг.* bánter, quiz, scoff; (над) scoff (at). **~льство** *с. разг.* bántering, quízzing, scóffing.

зубочи́стка *ж.* tóothpick.

зубр *м. зоол.* áurochs; (*перен.*) *разг.* díe-hàrd.

зубр||ёжка *ж. разг.* crámming. **~и́л(к)а** *м. и ж. разг.* crámmer. **~и́ть** (*вн.*) *разг.* cram (*d.*); ~и́ть урóки grind* a|wáy at *one's* léssons.

зубчáт||ка *ж. тех.* ráck-wheel. **~ый** toothed [-θt], cogged; (*зазубренный*) déntal, jágged, indénted; ~ая передáча *тех.* tooth géaring [...ˈgıə-]; ~ая рéйка rack; ~ая желéзная дорóга ráck-railway; ~ое колесó cóg-wheel; (*малое*) pínion.

зуд *м.* (*прям. и перен.*) itch.

зуд||éть itch; ✧ рýки у меня́ ~я́т (+*инф.*) my hands itch (+to *inf.*), I am ítching (+to *inf.*).

зуди́ть *разг.* **1.** = зудéть; **2.** (когó-л.) nag (at smb.); **3.** (*вн.*) = зубри́ть.

зуёк *м. зоол.* plóver [-ʌvə].

зулýс *м.*, **~ский** Zúlù [ˈzuːluː].

зýммер *м. тех.* búzzer.

зумпф *м. горн.* sump, díbhòle.

зурнá *ж.* zóurna [ˈzuː-] (*sort of flute*).

зы́биться surge, swell.

зы́бкий únstéady [-ˈste-], únstáble; (*о мнениях и т. п.*) vácillàting.

зыбýч||ий únstáble; ~ие пески́ quícksànds, shífting sands.

зыбь *ж.* áfter-tòssing surge; lop; лёгкая ~ rípple(s) (*pl.*); мёртвая ~ *мор.* swell; подёрнуться ~ю rípple.

зы́чный loud, stèntórian; ~ гóлос stèntórian voice.

зюйд *м. мор.* **1.** (*направление*) south; **2.** (*ветер*) south (wind) [...wı-].

зюйд-вéст *м. мор.* **1.** (*направление*) sóuth-wést; **2.** (*ветер*) sóuthwéster [ˈsauˈwe-]. **~ка** *ж.* sóu'wéster [ˈsauˈwe-].

зю́йдовый *прил. к* зюйд; ~ вéтер south wind [...wı-].

зюйд-óст *м. мор.* **1.** (*направление*) sóuth-éast; **2.** (*ветер*) sóuthéaster.

зя́бкий sénsitive to cold, chílly.

зя́блев||ый: ~ая вспáшка *с.-х.* áutumn plóughing.

зя́блик *м. зоол.* finch.

зя́бнуть súffer from cold; shíver [ˈʃı-], freeze*.

зябь *ж. тк. ед. с.-х.* áutumn plóugh-lànd, land ploughed in áutumn.

зять *м.* (*муж дочери*) són-in-law [ˈsʌn-] (*pl.* sóns-); (*муж сестры*) bróther-in-law [ˈbrʌ-] (*pl.* bróthers-).

И

и *союз* **1.** (*соединение*) and; (*последовательность*) and then; (*соответствие ожидавшемуся*) and so (+*подлежащее*+*вспомогат. глагол*): стол и стул *a* table and *a* chair; они́ стоя́ли и ждáли they stood and wáited [...stud...]; ...и он уéхал... and then he left; он собирáлся уéхать и уéхал he thought he would leave and so he did; **2.** (*именно*) that is what, where, who; здесь он и жил it was here that he lived [...lıvd]; вот об э́том-то он и дýмает that is what he is thinking of; сюдá он и приходи́л this is where he used to come to [...juːst...]; э́того человéка они́ и ждáли that is the man* they have been wáiting for; **3.** (*с сослагательным наклонением*) *не переводится*: он и пошёл бы, да не мóжет he would like to go but he cánnòt; **4.** (*также*) too; (*при отрицании*) éither [ˈaı-]: и в э́том слýчае in this case too [...keıs...]; и не там not there éither; и он не сдéлал э́того he did not do it éither; э́то и для негó нелегкó it is not éasy for him éither [...ˈiːzı...]; **5.** (*при перечислении*) and: и мужчи́ны, и жéнщины, и дéти men, wómen and chíldren[...ˈwım-...]; — и... и... both... and... [bouθ...]: и áрмия и флот both the ármy and the návy; **6.** (*даже*) éven: он и спаси́бо не сказáл he did not éven say thank you; ✧ и так дáлее, и прóчее etcétera [ıtˈsetrə], and so forth, and so on; и вот and now; и други́е and others.

иберийский Ibérian [aı-].

и́бис *м. зоол.* íbis [ˈaı-].

и́бо *союз* for.

и́ва *ж.* wíllow; плакýчая ~ wéeping wíllow; корзи́ночная ~ ósier [ˈouʒə].

ивáн-да-мáрья *ж. тк. ед.* ców-wheat.

ивáн-чáй *м. тк. ед.* wíllow-hèrb, róse-bay.

ивня́к *м. тк. ед.* ósier-bèd [ˈouʒə-]; зарóсший ~óм grown / óver|grówn with ósier [groun...ˈouʒə].

и́вовый *прил. к* и́ва.

и́волга *ж.* óriòle.

иври́т *м. нескл.* Ivrít (*Modern Hebrew*).

игл||á *ж.* needle; (*у животных*) quill, spine; (*у растений*) thorn; (*хвоя*) needle; вязáльная ~ knítting-needle. **~и́стый** cóvered with needles [ˈkʌ-...]; ~и́стый скат *зоол.* thórn-bàck.

иглови́дный néedle-shàped.

иглодержáтель *м.* néedle|hòlder.

иглокóжие *мн. скл. как прил. зоол.* èchínodérmata [eˈkaı-].

иглообрáзный néedle-shàped.

игнори́ровать *несов. и сов.* (*вн.*) ignóre (*d.*); (*пренебрегать*) dísregárd (*d.*).

и́го *с. тк. ед.* yoke; освобождáть от и́га (*вн.*) ún|yóke (*d.*).

игóл||ка *ж.* needle; ✧ сидéть как на ~ках *разг.* be on pins and needles, be on thorns, be on ténter-hooks. **~очка** *ж. уменьш. от* иглá *и* игóлка; ✧ одéтый с ~очки spick and span; костю́м, плáтье *и т. п.* с ~очки bránd-new suit, dress, *etc.* [...sjuːt...].

игольн||ик *м.* néedle-book, néedle-càse [-s]. **~ый** *прил. к* игла́; ~ое у́шко́ needle's eye [...aɪ].

иго́льчатый néedle-shàped.

иго́рный pláying, gáming; ~ дом gámbling-house* [-s]; ~ прито́н *разг.* gámbling-dèn; ~ стол gámbling-tàble, gáming-tàble, pláy-tàble.

игр||а́ *ж.* (*в разн. знач.*) play; (*актёра тж.*) ácting, perfórmance; (*род игры*) game; аза́ртная ~ game of chance / házard [...'hæ-]; gámbling game *разг.*; за ~о́й at play; ко́мнатные и́гры (*детские*) índoor games [-dɔː...]; (*для взрослых*) society games; Олимпи́йские и́гры Olýmpic games; Всеми́рные студе́нческие и́гры world stúdents' games; подвижны́е и́гры óutdoor games [-dɔː...]; ◇ ~ не сто́ит свеч the game is not worth the candle; риско́ванная ~ rísky gamble; ~ приро́ды freak of náture [...'neɪ-]; ~ слов play on words, pun; ~ воображе́ния freak of the imàginátion; ~ слу́чая freak of chance; биржева́я ~, ~ на би́рже stóck-jòbbing; вести́ кру́пную ~у́ play for high stakes. **~а́льный** pláying; ~а́льные ка́рты pláying-càrds; ~а́льные ко́сти dice.

и́граный used, sécond-hánd ['sek-].

игра́||ть, сыгра́ть **1.** (*в разн. знач.*) play; (*об актёре тж.*) act, perfórm; ~ во что-л. play at smth.; ~ роль play *a* part; ~ Га́млета, Тартю́фа play/act Hámlet, Tartúffe [...'hæ-...]; ~ на роя́ле, скри́пке *и т. п.* play the piánò, the vìolín, *etc.* [...'pjæ-...]; ~ в четы́ре руки́ play a dúet on the piánò; ~ в ша́хматы, в ка́рты, в те́ннис *и т. п.* play chess, cards, ténnis, *etc.*; ~ без де́нег play without stakes; play for love [...lʌv] *идиом. разг.*; ~ на де́ньги play for móney [...'mʌ-]; ~ по большо́й play for high stakes, play high; ~ че́стно, нече́стно play fair, foul; **2.** *тк. несов.* (*переливаться*) sparkle; (*о румянце*) play; **3.** *тк. несов.* (*тв.*, *с тв.*; *относиться несерьёзно*) toy (with), trifle (with); ◇ ~ кому́-л. в ру́ку *или* на́ руку play into smb.'s hand; ~ с огнём play with fire; ~ слова́ми juggle with words; ~ пе́рвую, втору́ю скри́пку play first, sécond fiddle [...'sek-...]; э́то не ~ет ро́ли it is of no impórtance, it does not sígnifỳ; ~ на пониже́ние (*на бирже*) spéculàte for a fall; bear [bɛə] *разг.*; ~ на повыше́ние (*на бирже*) spéculàte for a rise; bull [bul] *разг.*; ~ в либерали́зм play the líberal. **~ющий 1.** *прич. см.* игра́ть; **2.** *м. как сущ.* pláyer.

игри́вый pláyful; (*кокетливый — о женщине*) skíttish; (*легкомысленный*) light, wánton.

игри́ст||ый: ~ое вино́ spárkling wine.

игро́к *м.* pláyer; (*в азартные игры*) gámbler.

игроте́ка *ж.* pláy-room.

игру́ш||ечный *прил. к* игру́шка; ~ магази́н tóyshòp; ~ечное ружьё tóy-rìfle. **~ка** *ж.* toy, pláything; (*перен.*) pawn; ◇ э́то не ~ки this is not to be trifled with.

игу́мен *м.* Fáther-Sùpérior (of a mónastery) ['fɑː-...-trɪ].

игу́менья *ж.* Lády-Sùpérior, Móther-Sùpérior (of a núnnery) ['mʌ-...].

идеа́л *м.* ìdéal [aɪ'dɪəl]. **~иза́ция** *ж.* ìdealìzátion [aɪdɪəlaɪ-]. **~изи́ровать** *несов. и сов.* (*вн.*) ìdéalìze [aɪ'dɪə-] (*d.*).

идеал||и́зм *м.* ìdéalism [aɪ'dɪə-]. **~и́ст** *м.* ìdéalist [aɪ'dɪə-]. **~исти́ческий**, **~исти́чный** ìdéalist [aɪ'dɪə-] (*attr.*).

идеа́льн||ость *ж.* ìdeálity [aɪdɪ'æ-]. **~ый** ìdéal [aɪ'dɪəl]; (*совершенный тж.*) pérfect; ~ый газ *физ.* ìdéal gas.

иде́йно-полити́ческий ìdeológical and polítical.

иде́йн||ость *ж.* móral súbstance / fibre ['mɔ-...]; (*о литературе, искусстве и т. п.*) móral intélligence; (*о литературном произведении*) ìdeológical / ìdéa cóntènt [aɪ- aɪ'dɪə...]. **~ый** ìdeológical [aɪ-]; (*принципиальный*) (hígh-)prínciplеd; (*возвышенный*) élevàted, lófty; ~ое руково́дство ìdeológical léadership; высо́кий ~ый у́ровень high / sùpérior ìdeológical lével [...'le-]; ~ый челове́к hígh-prínciplеd man*, man* of príncipleе; ~ое содержа́ние ìdéa cóntènt [aɪ'dɪə...], móral súbstance/fibre ['mɔ-...].

идентифи||ка́ция [-дэ-] *ж.* ìdèntificátion [aɪ-]. **~ци́ровать** [-дэ-] *несов. и сов.* (*вн.*) ìdéntifỳ [aɪ-] (*d.*).

иденти́чн||ость [-дэ-] *ж.* ìdéntity [aɪ-]. **~ый** [-дэ-] ìdéntical [aɪ-].

идеогра́||мма *ж.* ídeogràm ['aɪ-]. **~фи́ческий** ìdeográphic(al) [aɪ-].

идео́лог *м.* ìdeólogist [aɪ-]. **~и́ческий** ìdeológical [aɪ-]; ~и́ческий фронт ìdeológical front [...frʌ-].

идеоло́гия *ж.* ìdeólogy [aɪ-].

иде́||я *ж.* ídéa [aɪ'dɪə]; (*понятие*) nótion, cóncèpt; обще́ственные ~и sócial ìdéas; госпо́дствующие ~и prеváiling ìdéas; боро́ться за ~ю fight* for *an* ìdéa; ~ рома́на the ìdéa, *или* the púrpose, of *a* nóvel [...-s...'nɔ-]; гениа́льная ~ brílliant ìdéa; пода́ть ~ю suggést (*an* ìdéa) [-'dʒest...]; он пе́рвый по́дал э́ту ~ю he was the first to suggést the ìdéa; счастли́вая ~ lúcky / háppy thought; ◇ навя́зчивая ~ fixed ìdéa, obséssion; idée fixe (*фр.*) [iːdeɪ'fiːks].

идилли́ч||еский, **~ный** ìdýll|ic.

иди́ллия *ж.* ídyll.

идио́м *м.*, **~а** *ж.*, **~ати́зм** *м.* *лингв.* ídiom.

идиома́тика *ж.* *лингв.* **1.** ìdiomátics; **2.** *собир.* ìdiomátic expréssions *pl.*

идиомати́ческий *лингв.* ìdiomátic.

идиосинкр||ази́я *ж.* *мед.* ìdiosýncrasy. **~ати́ческий** *мед.* ìdiosyncrátic.

идио́т *м.* ídiot, ímbecìle; *разг.* dolt, dunce. **~и́зм** *м.* ídiocy, ìmbecílity. **~и́ческий**, **~ский** ìdiótic, ímbecìle. **~ство** *с. разг.* ídiocy.

и́диш *м. нескл.* Yíddish.

и́дол *м.* ídol; ◇ стоя́ть, сиде́ть ~ом stand*, sit* like a stone ímage.

идолопокло́н||ник *м.* ìdólater [aɪ-]. **~ни́ческий** ìdólatrous [aɪ-]. **~ни́чество** *с.*, **~ство** *с.* ìdólatry [aɪ-].

идти́, пойти́ **1.** *см.* ходи́ть; **2.** (*отправляться*) start, leave*; по́езд идёт в пять the train leaves at five; **3.** *тк. несов.* (*приближаться*) come*: вот он идёт here he comes; по́езд идёт the train is coming; **4.** (*о дыме, паре, воде и т. п.*) come* out: дым идёт из трубы́ smoke is coming out of *the* chímney; — кровь идёт из ра́ны blood is coming from the wound [blʌd... wuːnd]; the wound bleeds; **5.** (*пролегать*) go*; (*простираться*) stretch: доро́га идёт ле́сом the road goes through the fórest [...'fɔ-]; да́лее иду́т го́ры fárther on there strétches / exténds a móuntain-rìdge [-ðə...]; лес идёт до реки́ the fórest goes / strétches as far as the ríver [...'rɪ-]; **6.** (*об осадках*) fall*; *переводится тж. соответствующим глаголом*: снег идёт it is snówing [...'snou-], it snows [...snouz]; дождь идёт it is ráining, it rains; град идёт it is háiling, it hails; **7.** (*происходить*) procéed, go* on: иду́т перегово́ры negòtiátions are procéeding, *или* gó|ing on; — иду́т заня́тия clásses are held; идёт бой a battle is bé|ing fought; идёт подгото́вка к се́ву prèparátions for sówing are in prógrèss [...'sou-...]; **8.** (*поступать куда-л.*) énter, become*; ~ в лётчики become* an áir|man*; ~ на вое́нную слу́жбу en|gáge for mílitary sérvice; **9.** (*находить сбыт*) sell*: това́р хорошо́ идёт these goods sell well; — ~ в прода́жу go* for sale; **10.** (на *вн.*; *требоваться*) be requíred (for); (*употребляться*) be used (in), go* (into, for): на пла́тье идёт 5 ме́тров мате́рии 5 metres of matérial are requíred for *a* dress, you need 5 metres for *a* dress; тряпьё идёт на изготовле́ние бума́ги rags are used in páper-màking; **11.** (*дт.*; *быть к лицу*) suit [sjuːt] (*d.*), become* (*d.*); **12.** (*о спектакле*) be on: э́та о́пера идёт ка́ждый ве́чер this ópera is on every night; сего́дня идёт Га́млет Hámlet is on to|níght ['hæ-...], they are giving Hámlet to|níght; — пье́са идёт в исполне́нии лу́чших арти́стов the best áctors are táking part in the perfórmance; **13.** (*о времени*) go* by: шли го́ды years went by; — идёт втора́я неде́ля как it is more than a week since; ему́ идёт двадца́тый год he is in his twéntieth year, he is rísing twénty, he is gó|ing / getting on for twénty; ◇ идёт лёд the ice is bréaking up [...'breɪ-...]; ~ ко дну go* to the bóttom, sink*; ~ к це́ли go* towards one's aim; ~

вперёд advánce; ~ вперёд к коммунизму forge ahéad to Cómmunism [...ə'hed...]; ~ в сравнéние (с *тв.*) be cómparable (with); не ~ в сравнéние (с *тв.*) not to be compáred (with); ~ в счёт be táken into accóunt; ~ за кем-л. fóllow smb.; ~ вразбрóд straggle; ~ по чьим-л. стопáм fóllow in sóme¦body's fóotstèps [...'fut-]; ~ (зáмуж) за когó-л. márry smb.; ~ как по мáслу go* swímming¦ly; ~ навстрéчу (*дт.*) go* / come* to meet (*d.*); (*перен.*) meet* hálf-wáy [...'hɑːf-] (*d.*); ~ навстрéчу пожелáниям (*рд.*) meet*, *или* complý with, the desíre [...-'zaɪə] (of); ~ на прúбыль (*о воде*) rise*; ~ на ýбыль begin* to declíne; be on the wane *идиом.*; (*о воде*) fall*, recéde, subsíde, go* down; ~ на посáдку *ав.* come* in to land; ~ на примáнку bite*, rise* to the bait; ~ на риск run* risks, take* chánces; (чегó-л.) run* the risk (of *ger.*); ~ на устýпки cómpromìse; make* concéssions; ~ на всё be réady to do ány¦thing [...'redɪ...]; go* to all lengths; ~ óщупью feel* / grope one's way; ~ в атáку go* into the attáck ~ в бой march into battle; ~ прóтив когó-л. oppóse smb.; ~ прóтив своéй сóвести act agáinst one's cónscience [...-ʃəns]; ~ своúм порядком, чередóм take* its nórmal course [...kɔːs]; ~ с червéй *карт.* play hearts [...hɑːts], lead* a heart; речь, вопрóс идёт (о *пр.*) it is a quéstion, mátter [...-stʃ-...] (of); речь идёт о егó жизни или смéрти it is a mátter of life and death for him [...deθ...]; о чём идёт речь? what is the quéstion?; делá идýт хорошó, плóхо affáirs are in a good*, sad state; дéло не пошлó дáльше the mátter did not get be¦yónd; зарплáта идёт емý с 1 февраля his wáges run from Feb. 1st; кудá ни шло! come what may!; идёт! right!, done!; O.K.! ['ou'keɪ], it is a deal!; (*ср. тж.* пойтú.)

úды *мн. ист.* ides.

иезуúт *м.* Jésuit [-z-]. **~ский** *прил.* к иезуúт; (*перен.*) Jèsuítical [-z-].

иéна *ж.* (*японская денежная единица*) yen (*pl.* yen).

иерархúческ||ий hìerárchical [-kɪk°l]; ~ая лéстница the scale of ranks.

иерáрхия *ж.* híeràrchy [-kɪ].

иерóглиф *м.* híeroglyph. **~úческий** hìeroglýphic.

иждивéн||ец *м.* depéndant. **~ие** *с.* máintenance; быть на ~ии у когó-л. be smb.'s depéndant; быть на своём ~ии keep* òne¦sélf. **~ка** *ж.* depéndant. **~ческий** *прил.* к иждивéнец; (*перен.*) pàrasítical.

из, úзо *предл.* (*рд.*) **1.** (*откуда?— в разн. знач.*) from; (*изнутри*) out of: приезжáть из Москвы́ come* from Móscow; пить из стакáна drink* from *a* glass; узнавáть из газéт learn* from the pápers [lɜːn...]; вынимáть из кармáна take* out of *one's* pócket; — вы́йти úз дому go* out, leave* the house [...-s]; из достовéрных истóчников from relíable sóurces [...'sɔːs-], on good authórity; **2.** (*при обознач. части от целого*) of; (*при числительном тж.*) out of; (*при отрицании*) in: одúн из егó товáрищей one of his friends [...fre-]; лýчший из всех the best of all; одúн из 100 one (out) of a húndred; ни одúн из 100 not one in a húndred; **3.** (*о материале*) of; (*при указании конкретного куска, объёма и т. п.*) out of: из чегó он э́то сдéлал? what did he make it of?; (сдéланный) из стáли (made) of steel; из э́того кускá дéрева out of this piece of wood [...piːs ...wud]; ✧ из стрáха for, *или* out of, fear; из ненáвисти through hátred; из благодáрности in grátitùde; выходúть из себя flare up, be besíde òne¦sélf; lose* one's témper [luːz...]; изо всéх сил with all one's might; *другие особые случаи, не приведённые здесь, см. под теми словами, с которыми предл.* из *образует тесные сочетания.*

из-, изо-, ис- *глагольная приставка; часто обозначает израсходование орудия или объекта в процессе действия, напр.* исписáть (*о карандаше, бумаге и т. п.*) use up (by / in wríting); изрисовáть (*о карандаше, бумаге и т. п.*) use up (by / in dráwing).

избá *ж.* cóttage, hut, péasant house* ['pez- -s].

избавúтель *м.*, **~ница** *ж.* delíverer, redéemer.

избáв||ить(ся) *сов. см.* избавлять(ся). **~лéние** *с.* (от) delíverance (from); *переводится также формой на* -ing *от соответствующих глаголов; см.* избавлять(ся).

избавлять, избáвить (*вн.* от) save (*d.* from); (*освобождать*) delíver [-'lɪ-] (*d.* from); ~ от смéрти save from death [...deθ] (*d.*); избáвьте меня от вáших замечáний spare me your remárks; вы егó избáвили от хлопóт you have saved him trouble [...trʌ-]; ✧ избáви бог! God forbíd! **~ся**, избáвиться (от) get* rid (of); rid* òne¦sélf (of); избáвиться от привы́чки get* out of *a* hábit.

избалóв||анный *прич. и прил.* spoilt. **~áть(ся)** *сов. см.* избалóвывать(ся).

избалóвывать, избаловáть (*вн.*) spoil* (*d.*). **~ся**, избаловáться become* / get* spoilt.

избáч *м.* izbách, víllage lìbrárian [...laɪ-].

избá-читáльня *ж.* víllage réading-room.

избегáть, избежáть, избéгнуть (*рд.*) avóid (*d.*,+*ger.*), eváde (*d.*); steer clear (of) *разг.*; *несов. тж.* shun (*d.*); (*спасаться*) escápe (*d.*); ~ встрéчи с кем-л. avóid méeting smb.; избежáть наказáния, штрáфа *и т. п.* escápe / eváde pénalty, *etc.*; ~ повторéния refráin from rèpetítion; ~ крáйностей avóid extrémes; steer a míddle course [...kɔːs] *идиом.*

избéгаться *сов. разг.* (*утомиться*) exháust òne¦sélf with rúnning (abóut).

избéгнуть *сов. см.* избегáть.

избеж||áние *с.*: во ~ чегó-л. (in órder) to avóid smth. **~áть** *сов. см.* избегáть.

изби||вáть, избúть (*вн.*) beat* ùnmércifully (*d.*). **~éние** *с.* **1.** (*резня*) sláughter, mássacre; ~éние младéнцев *библ.* sláughter of the Ínnocents; **2.** *юр.* assáult and báttery; привлéчь к судý за ~éние prósecùte for assáult and báttery.

избирáтель *м.* eléctor; vóter; *мн. собир.* the eléctorate *sg.*; (*одного округа*) constítuency *sg.* **~ница** *ж.* (wóman*) vóter ['wu-...]. **~ный** eléctoral; eléction (*attr.*); ~ная систéма eléctoral sýstem; ~ная кампáния eléction càmpáign [...-'peɪn]; elèctionéering; ~ный ценз eléctoral quàlificátion; ~ный óкруг, учáсток eléctoral / eléction dístrict / área [...'ɛərɪə], constítuency; ~ный учáсток (*помещение*) pólling place / státion, eléction centre; ~ный бюллетéнь vóting páper; ~ное прáво súffrage; ~ная ýрна bállot-bòx.

избирáть, избрáть (*вн. тв.*) choose* (*d.* as, *d.* for); (*о выборном лице*) eléct (*d. d.*).

избúт||ый **1.** *прич. см.* избивáть; **2.** *прил.* (*проторённый*) wéll-tródden; **3.** *прил.* (*общеизвестный*) háckneyed [-nɪd], trite; ~ая фрáза tag; ~ая úстина trúism.

избúть *сов. см.* избивáть.

избороздúть *сов. см.* бороздúть.

избрáн||ие *с.* eléction. **~ник** *м.*, **~ница** *ж.* the chósen one [...-z-...]; нарóдный ~ник elécted rèpreséntative of the people [...-'ze-... piːpl]; ✧ ~ник судьбы́ mínion of fórtune [...-tʃən].

úзбранн||ый **1.** *прич. см.* избирáть; **2.** *прил.* (*отобранный, лучший*) seléct(ed); ~ые произведéния seléctеd works; seléction of works *sg.*; **3.** *мн. как сущ.* the eléct.

избрáть *сов. см.* избирáть.

избýшка *ж. уменьш. от* избá.

избы́т||ок *м.* súrplus, redúndancy; (*изобилие*) plénty; в ~ке in plénty; имéть с ~ком have enóugh and to spare [...ɪ'nʌf...]; от ~ка чувств *переводится фразами*: I, he, *etc.*, was so òver¦cóme with / by emótion that; my, his, *etc.*, féelings were too strong for me, him, *etc.* (+ to *inf.*); от ~ка чувств он не мог говорúть his féelings were too strong for him to speak. **~очный** súrplus (*attr.*), redúndant.

извая́||ние *с.* scúlpture, carved ímage. **~ть** *сов. см.* ваять.

изведáть *сов. см.* извéдывать.

извéдывать, извéдать (*вн.*) expérience (*d.*), come* to know [...nou] (*d.*); изве́дать сча́стье taste háppiness [teɪst...].

и́зверг *м.* mónster (of crúelty) [...'kruə-].

изверга́ть, изве́ргнуть (*вн.*) throw* out [θrou...] (*d.*); disgórge (*d.*). **~ся**, изве́ргнуться **1.** (*о вулкане*) erúpt, be in erúption; **2.** *страд. к* изверга́ть.

изве́ргнуть(ся) *сов. см.* изверга́ть (-ся).

изверже́ние *с.* erúption.

изве́рженн||ый **1.** *прич. см.* изверга́ть; **2.** *прил. геол.* ígneous; ~ая поро́да ígneous rock.

изве́риться *сов.* (в *пр.*, в *вн.*) lose* faith [lu:z...] (in); ~ в свои́х си́лах, в свои́ си́лы lose* cónfidence in òne¦sélf.

изверну́ться *сов.см.*извора́чиваться.

извёртываться=извора́чиваться.

извести́ *сов. см.* изводи́ть.

изве́сти||е *с.* **1.** news [-z]; tídings; (*историч. сведения*) ìnformátion; после́дние ~я the (látest) news *sg.*; неожи́данное ~ ún¦expécted (piece of) news [...pi:s...]; **2.** *мн.* (*периодическое издание*) procéedings, trànsáctions [-'z-].

извести́сь *сов. см.* изводи́ться.

извести́ть *сов. см.* извеща́ть.

извёстка *ж. разг.* (slaked) lime.

известкова́ние *с.*: ~ почв chálking of soils.

известко́в||ый *прил. к* и́звесть; ~ая вода́ lime¦wàter [-wɔ:-].

изве́ст||но **1.** *прил. кратк. см.* изве́стный; **2.** *предик. безл.* it is known [...noun]; ста́ло ~ it becáme known; ему́ ~, что he knows that [...nouz...], he is a¦wáre that; как ~ as is génerally known; наско́лько мне ~ as far as I know [...nou]; наско́лько мне ~ — нет not that I know of; хорошо́ ~, что it is notórious that; всем ~, что it is cómmon knówledge that [...'nɔ-...]. **~ность** *ж.* **1.** rèputátion, fame; доста́вить ~ность кому́-л. bring* fame to smb.; по́льзоваться гро́мкой ~ностью be fár-fámed; по́льзующийся мирово́й ~ностью wórld-fàmed; **2.**: поста́вить кого́-л. в ~ность о чём-л. infórm smb. of smth. **~ный** **1.** wéll-knówn [-'noun]; (кому́-л. как) known [noun] (to smb. as); ~ное положе́ние the wéll-knówn thésis; ~ный худо́жник wéll-knówn páinter; ~ный учёный nóted scíentist; ей он ~ен she knows him [...nouz...]; он ~ен под и́менем (*рд.*) he goes by / únder the name (of); ~ный чем-л. nóted for smth.; он ~ен свое́й че́стностью he has a name for hónesty [...'ɔ-]; нико́му не ~ный known to nó¦body; obscúre; **2.** (*неодобрит. о человеке*) notórious: ~ный лгун notórious líar; **3.** (*некоторый*) cértain; ~ным о́бразом in a cértain way; в ~ных слу́чаях in cértain cáses [...-sɪz]; до ~ного пери́ода up to a cértain périod; до ~ной сте́пени, в ~ной ме́ре to a cértain extént / degrée.

известня́к *м.* líme¦stòne.

и́звест||ь *ж.* lime; гашёная ~ slaked / slack lime; негашёная ~ quícklìme, burnt lime; хло́рная ~ chlóride of lime, bléaching pówder; раство́р ~и mórtar, grout; (*для побелки*) whíte¦wàsh; превраща́ть в ~ (*вн.*) cálcifỳ (*d.*).

изве́чный áge-lòng.

извещ||а́ть, извести́ть (*вн.*) infórm (*d.*), nótifỳ ['nou-] (*d.*). **~е́ние** *с.* nòtificátion [nou-], nótice ['nou-]; (*повестка*) súmmons.

изви́в *м.* wínding.

извива́ться, изви́ться **1.** (*о змее, канате и т. п.*) coil; (*о черве*) wríggle; **2.** *тк. несов.* (*о дороге, реке и т.п.*) twist, wind*; me¦ánder; (*перен.: пресмыкаться*) cringe; ~ от бо́ли writhe with pain [raɪð...].

изви́ли||на *ж.* bend, crook; ~ны мо́зга *анат.* cònvolútions (of the brain). **~стый** sínuous, tórtuous; (*о дороге, реке и т. п.*) twísting, wínding; me¦ándering.

извин||е́ние *с.* apólogy, excúse [-s]; проси́ть ~е́ния у кого́-л. beg smb.'s párdon, apólogize to smb.; прошу́ ~е́ния excúse me, I beg your párdon, I apólogize; (I am) sórry *разг.* **~и́тельный** **1.** (*заслуживающий извинения*) párdonable; **2.** (*просящий извинения*) apòlogétic.

извини́ть(ся) *сов. см.* извиня́ть(ся).

извин||я́ть, извини́ть (*вн.*) excúse (*d.*), párdon (*d.*); э́то мо́жно ~и́ть one can excúse that; ~и́те! excúse me!; (I am) sórry *разг.*; ~и́те, что я сде́лал так excúse my having done so; ◇ ~и́те за выраже́ние *разг.* if you will excúse the expréssion; ну, уж ~и́те! Oh no, that won't do! [ou... wount...].

извин||я́ться, извини́ться (пе́ред) apólogìze (to); ~я́юсь! *разг.* (I am) sórry!; ~и́тесь за меня́ presént my apólogies [-'ze-...] (to). **~я́ющийся** **1.** *прич. см.* извиня́ться; **2.** *прил.* apòlogétic; он говори́л ~я́ющимся то́ном he was apòlogétic.

изви́ться *сов. см.* извива́ться 1.

извлека́ть, извле́чь (*вн.* из) extráct (*d.* from); (*перен.*) elícit (*d.* from); evóke (*d.* from); ~ ко́рень *мат.* extráct / find* the root; ◇ ~ уро́к (из) learn* a lésson [lə:n...] (from); ~ по́льзу *и т. п.* (из) deríve bénefit, *etc.* (from); ~ огро́мные при́были (из) extráct huge prófits (from); ~ удово́льствие (из) deríve pléasure [...'pleʒə] (from).

извлече́ние *с.* (из) **1.** extráction (from); ~ ко́рня *мат.* extráction of root, èvolútion [i:-]; **2.** (*выдержка*) éxtràct (from).

извле́чь *сов. см.* извлека́ть.

извне́ *нареч.* from without.

изво́д I *м. разг.* (*трата*) waste [weɪst].

изво́д II *м. лит.* recénsion.

изводи́ть, извести́ (*вн.*) **1.** *разг.* (*расходовать*) use up (*d.*); (*о деньгах*) spend* (*d.*);**2.** (*уничтожать, губить*) èxtérminàte (*d.*); **3.** *разг.* (*лишать сил*) exháust (*d.*); (*мучить*) tòrmént (*d.*); (*выводить из себя*) vex (*d.*), exásperàte (*d.*); ~ себя́ рабо́той óver¦wórk òne¦sélf; ~ насме́шками (*вн.*) bai[t] (*d.*). **~ся**, извести́сь (от) **1.** *разг* (*терзаться*) eat* one's heart ou[t] [...hɑ:t...] (with); (*хиреть*) exháus[t] òne¦sélf (with); **2.** *страд. к* изводи́ть

изво́з *м.* cárrier's trade; занима́ться ~ом be a cárrier (by trade). **~ны[й]** *прил. к* изво́з; ~ный про́мысел= изво́з.

изво́зчик *м.* **1.** cárrier; (*легковой*) cáb¦man*; cábby *разг.*; (*ломовой*) dráy¦man*, wággoner ['wæ-]; **2.** (*экипаж с кучером*) cab; е́хать на ~ drive* / go* in a cab.

изво́л||ить **1.** (*пов. накл.*) if yo[u] please; (*возьмите*) here you are; в[ы] затеря́ли ключ, тепе́рь изво́льте ег[о] найти́ you have lost the key and no[w] find it, if you please [...ki:...]; из[]во́льте вы́йти! leave the room, i[f] you please!; **2.** *разг.*: он, она́ *и т. д.* ~ил, ~ила заболе́ть, забы́ть *и т.п.* he, she, *etc.*, went and got ill, forgó[t] all abóut it, *etc.*; **3.** *уст. офиц.* (*в обра[]щении к высокопоставленному лицу*) deign [deɪn], be pleased; как вы ~и[те] пожива́ть? pray, how are you?

извора́чиваться, изверну́ться (*пря[м.] и перен.*) shift, dodge.

изворо́тлив||ость *ж.* resóurce¦fulnes[s] [-'sɔ:s-]. **~ый** dódgy, resóurce¦fu[l] [-'sɔ:s-], never at a loss; ~ый челове́[к] dódger.

извра́тить *сов. см.* извраща́ть.

извра||ща́ть, изврати́ть (*вн.*) pervér[t] (*d.*); (*ложно истолковывать*) mísìn[]térpret (*d.*); (*о тексте тж.*) míscon[]strúe (*d.*); ~ и́стину distórt the trut[h] [...tru:θ]; ~ чьи-л. слова́ pervért [or] distórt smb.'s words. **~ще́ние** *с.* per[]vérsion; (*искажение*) distórtion, mí[s]intèrpretátion. **~щённость** *ж.* ùnná[t]ural tastes / inclinátions [...teɪ-...] *pl.* **~щённый** *прич. и прил.* pervér[t]ed; *тк. прил.* (*противоестествен[]ный*) ùnnátural.

изга́дить(ся) *сов. см.* изга́жива[ть] (-ся).

изга́живать, изга́дить (*вн.*) *разг.* b[e]fóul (*d.*); (*портить*) spoil* (*d.*). **~с[я]**, изга́диться *разг.* go* bad.

изги́б *м.* bend, curve; (*извив*) wín[d]ing.

изгиба́ть, изогну́ть (*вн.*) bend* (*d.*), curve (*d.*). ~ся, изогну́ться bend curve.

изгла́дить(ся) *сов. см.* изгла́жива[ть] (-ся).

изгла́живать, изгла́дить (*вн.*) effá[ce] (*d.*); ~ из па́мяти blot out of *one* mémory (*d.*). **~ся,** изгла́диться become* effáced; ~ся из па́мяти be blótted out of *one's* mémory.

изгна́н||ие *с.* 1. bánishment; (*из общества*) expúlsion; (*из страны*) proscríption; (*из отечества*) èxpàtriátion; 2. (*ссылка*) éxile; жить в ~ии live in éxìle [lɪv...]. **~ник** *м.*, **~ница** *ж.* éxile.

изгна́ть *сов. см.* изгоня́ть.

изголо́вье *с.* head of the bed [hed...]; служи́ть ~м serve for a píllow.

изголода́ться *сов.* be fámished, starve; (по *дт.*; *перен.*) yearn [jɜːn] (for).

изгоня́ть, изгна́ть (*вн.*) 1. bánish (*d.*); (*из общества*) expél (*d.*); (*выгонять*) drive* out / a¦wáy (*d.*); (*ссылать*) éxìle (*d.*); (*из отечества*) èxpátriàte (*d.*); 2. (*искоренять, упразднять*) ban (*d.*).

и́згородь *ж.* fence; жива́я ~ hédge(-row) [-rou], quícksèt / green hedge.

изгота́вливать, изгото́вить (*вн.*) make* (*d.*), mànufácture (*d.*).

изгото́вить *сов. см.* изгота́вливать.

изгото́виться *сов.* get* réady [...'redɪ].

изгото́вк||а *ж.*: взять ружьё на ~у hold* one's gun at the réady [...'redɪ].

изготовле́ние *с.* máking, mànufácture.

изготовля́ть = изгота́вливать.

изгрыза́ть, изгры́зть nibble (to crumbs); gnaw (to shreds).

изгры́зть *сов. см.* изгрыза́ть.

издава́ть, изда́ть (*вн.*) 1. públish ['pʌ-] (*d.*), print (*d.*); 2. (*о законе и т. п.*) prómulgàte (*d.*), íssue (*d.*); ~ прика́з, ука́з issue an órder, an édict [...'iː-]; 3. (*о звуке*) útter (*d.*); 4. *тк. несов.* (*о запахе*) èx¦hále (*d.*). **~ся** 1. (*выходить в свет*) be públished / prínted [...'pʌ-...]; 2. *страд. к* издава́ть.

и́здавна *нареч.* long since; since ólden times *поэт.*

издалека́ *нареч.* from far a¦wáy, from afár; ◇ нача́ть ~ (*говорить о чём-л.*) begin* from afár, work up to sóme¦thing.

и́здали *нареч.* from a dístance.

изда́ние *с.* 1. pùblicátion [pʌ-]; (*о законе*) pròmulgátion; 2. (*книга, журнал и т. п.*) edítion; дешёвое ~ cheap edítion; роско́шное ~ edition de luxe (*фр.*) [edɪ'sɪɔŋ də lʊks].

изда́тель *м.*, **~ница** *ж.* públisher ['pʌ-]. **~ский** *прил. к* изда́тель *и* изда́тельство; ~ская фи́рма públishing firm ['pʌ-...]; ~ское де́ло públishing. **~ство** *с.* públishing house* ['pʌ- -s]; Госуда́рственное ~ство State Públishing House*.

изда́ть *сов. см.* издава́ть 1, 2, 3.

издева́тель||ский scóffing, mócking; (*оскорбительный*) hùmíliàting. **~ство** *с.* móckery; (*оскорбление*) hùmìliátion.

издева́ться (над) jeer (at), scoff (at), mock (at); (*мучить*) taunt (*d.*).

издёвк||а *ж. разг.* gibe, taunt, jeer; с ~ой with a jeer.

изде́ли||е *с.* 1. *тк. ед.* (*изготовление*) make; 2. (*предмет*) (mànufáctured) árticle; куста́рные ~я hándicràft wares; hánd-máde goods [...gudz]; гли́няные ~я éarthenwàre ['ɜːθ-] *sg.*; желе́зные ~я íronmòngery ['aɪən-mʌŋg-] *sg.*, hárdwàre *sg.*, íronwàre ['aɪən-] *sg.*; жестяны́е ~я tínwàre *sg.*; бу́лочные ~я ≅ rolls and buns.

издёрганн||ый 1. *прич. см.* издёргивать; 2. *прил.* run down; hárried, wórried ['wʌ-], hárassed; ~ые не́рвы óver¦stráined nerves.

издёргать(ся) *сов. см.* издёргивать(-ся).

издёргивать, издёргать (*вн.*) *разг.* pull to píeces [pul...'piː-] (*d.*); (*перен.*) wórry ['wʌ-] (*d.*), hárass ['hæ-] (*d.*), óver¦stráin (*d.*). **~ся,** издёргаться *разг.* 1. óver¦stráin one's nerves; 2. *страд. к* издёргивать.

издержа́ть(ся) *сов. см.* изде́рживать(-ся).

изде́рживать, издержа́ть (*вн.*) expénd (*d.*), spend* (*d.*). **~ся,** издержа́ться *разг.* run* out of móney [...'mʌ-], spend* all; он совсе́м издержа́лся he spent all he had, he spent his last pénny.

изде́ржки *мн.* expénses; суде́бные ~ costs; ~ произво́дства the cost of prodúction *sg.*; ~ обраще́ния dìstribútion costs, tráding costs.

издо́льщи||к *м.* métayer (*фр.*) ['meteɪeɪ]. **~на** *ж.* métayage (*фр.*) ['meteɪɑːʒ], the métayage sýstem.

издо́хнуть *сов. см.* издыха́ть.

издре́вле *нареч. уст.* of yore, since ólden days (*ср. тж.* и́здавна).

издыха́ни||е *с.*: до после́днего ~я to one's last breath [...breθ]; при после́днем ~и at one's last gasp, dýing.

издыха́ть, издо́хнуть die (*about animals*).

изжа́рить(ся) *сов. см.* жа́рить(ся).

изжёванный 1. *прич. см.* изжева́ть; 2. *прил. разг.* (*измятый*) crumpled; 3. *прил. разг.* (*надоевший*) háckneyed [-nɪd]; (*ср. тж.* изби́тый 2).

изжева́ть *сов.* (*вн.*) chew to píeces [...'piːsɪz] (*d.*), chew all óver (*d.*).

и́зжелта- (*в сложн.*) with a yéllow(-ish) tint, tinged with yéllow: ~-кра́сный red with a yéllowish tint, red tinged with yéllow.

изжива́ть, изжи́ть (*вн.*) get* rid (of), òver¦cóme* (grádually) (*d.*); ещё не изжи́тый still persísting; изжи́ть име́ющиеся недоста́тки get* rid of exísting shórt¦còmings; ◇ изжи́ть себя́ be "out", be outdáted.

изжи́ть *сов. см.* изжива́ть.

изжо́га *ж.* héartbùrn ['hɑːt-].

из-за *предл.* (*рд.*) 1. (*откуда?*) from behínd: из-за до́ма from behínd the house* [...-s]; — из-за грани́цы from abróad [...-ɔːd]; встать из-за стола́ get* up, *или* rise*, from table; 2. (*по причине*) becáuse of [-'kɔz...]; on accóunt of; óver; (*при обозначении качества, действия тж.*) through; из-за него́ becáuse of him; из-за бу́ри becáuse of the storm; из-за ле́ни through láziness [...'leɪ-]; из-за неосторо́жности through cárelessness.

и́ззелена- (*в сложн.*) with a gréenish tint, tinged with green.

иззя́б||нуть *сов. разг.* get* / feel* frózen / chilled to the bone / márrow. **~ший** frózen / chilled to the bone / márrow.

излага́ть, изложи́ть (*вн.*) set* forth (*d.*), state (*d.*); (*сообщать*) give* an accóunt (of); (*подробно*) expóund (*d.*); ~ на бума́ге state on páper (*d.*).

излени́ться *сов. разг.* grow* (in¦córrigibly) lázy [grou...].

излёт *м.*: пу́ля на ~е spent búllet [...'bu-].

излече́ни||е *с.* 1. (*выздоровление*) recóvery [-'kʌ-]; 2. (*лечение*) cure, médical tréatment; на ~и ùndergó¦ing médical tréatment; находи́ться на ~и в больни́це be given hóspital tréatment.

изле́ч||ивать, излечи́ть (*вн.*) cure (*d.*). **~иваться,** излечи́ться be / get* cured, recóver [-'kʌ-]. **~и́мый** cúrable. **~и́ть** *сов. см.* изле́чивать.

излива́ть, изли́ть (*вн.*) *уст.* pour out [pɔː...] (*d.*); (*перен. тж.*) give* vent (to); ~ ду́шу ùnbúrden one's heart [...hɑːt], ùnbósom òne¦sélf [-'buzəm...]. **~ся,** изли́ться 1. *уст.* stream; (в *пр.*; *перен.*) find* expréssion (in); 2. (*выражать чувства*) give* vent to one's féelings.

изли́ть(ся) *сов. см.* излива́ть(ся).

изли́шек *м.* 1. (*избыток*) súrplus; 2. (*лишнее*) excéss; ~ ве́са óver¦wéight.

изли́шество *с. чаще мн.* óver-indúlgence, excéss. **~вать** be intémperate.

изли́шне I 1. *прил. кратк. см.* изли́шний; 2. *предик. безл.* it is ùnnécessary.

изли́шн||е II *нареч.* (*чересчур*) supérfluous¦ly, ùnnécessarily. **~ий** 1. (*лишний*) supérfluous; 2. (*ненужный*) néedless, ùnnécessary; (*необоснованный*) ùnwárranted; ~яя дове́рчивость ùnwárranted trústfulness.

излия́ние *с.* (*прям. и перен.*) effúsion, óutpouring [-pɔː-].

излови́ть *сов.* (*вн.*) *разг.* catch* (*d.*).

изловча́ться, изловчи́ться *разг.* contríve, mánage.

изловчи́ться *сов. см.* изловча́ться.

излож||е́ние *с.* accóunt; (*сообщение*) státe¦ment; (*школьное*) accóunt in one's own words [...oun...]; кра́ткое ~ súmmary. **~и́ть** *сов. см.* излага́ть.

изло́м *м.* fracture, break [breɪk].

изло́м||анный 1. *прич. см.* излáмывать; 2. *прил.* bróken; (*перен.*)

ùnnátural, affécted. ~áть сов. (вн.) break* [breɪk] (d.). ~áться сов. 1. break [breɪk]; 2. разг. (быть ломакой) have híghly affécted mánners.

излучáть, излучи́ть (вн.) (e)rádiàte (d.). ~ся, излучи́ться émanàte.

излучéние с. (действие) (e)ràdiátion; (результат) èmanátion; ионизи́рующее ~ íonìzing ràdiátion; радиоакти́вное ~ rádiò¦áctive èmanátion; жёсткое ~ hard ràdiátion.

излýчина ж. bend, curve, wínding.

излучи́ть(ся) сов. см. излучáть(ся).

излю́бленный fávour¦ite, pet.

измáзать(ся) сов. см. измáзывать (-ся).

измáзывать, измáзать (вн.) разг. 1. smear (d.); (пачкать) soil (d.), dírty (d.); 2. (употреблять) use up (d.): измáзать всю мазь use up all the óintment. ~ся, измáзаться soil òne¦sélf, get* dírty / soiled.

измарáть сов. (вн.) разг. soil (d.). ~ся сов. разг. soil òne¦sélf.

измáтывать, измотáть (вн.) exháust (d.); fag (d.); воен. тж. wear* out / down [wɛə...] (d.); ~ нéрвы (óver-) stráin one's nerves. ~ся, измотáться be exháusted / done / fagged.

измáя||ться сов. разг. be exháusted; он совсéм ~лся he is quite exháusted; he feels done for разг.

измельчáние с. grówing / becoming shállow ['ɡrou-...]; (перен.) lówering of móral stándards ['lou-...'mɔ-...], degènerátion.

измельчáть I, измельчи́ть (вн.) redúce to frágments (d.); (нарезáть) cut* very small (d.); (толочь) pound (d.).

измельчáть II сов. см. мельчáть.

измельчи́ть сов. см. измельчáть I.

измéна ж. tréason [-z°n]; (вероломство) tréachery ['tre-]; (неверность) fáithlessness; (предательство) betráyal; ~ рабóчему клáссу betráyal of the wórking class; госудáрственная ~, ~ рóдине high tréason; супрýжеская ~ adúltery.

изменéни||е с. change [ʧeɪ-]; (частичное) àlterátion; коли́чественные и кáчественные ~я quántitàtive and quálitàtive chánges; ~ и разви́тие change and devélopment; вноси́ть ~я make* àlterátions / chánges.

измени́ть I, II сов. см. изменя́ть I, II.

измени́ться сов. см. изменя́ться.

измéнни||к м. tráitor; betráyer; ~ революции, пáртии tráitor to the rèvolútion, to the párty. ~ца ж. tráitress. ~ческий tréacherous ['treʧ-].

измéнчив||ость ж. 1. chànge¦abílity [ʧeɪ-]; (неустойчивость) únsteádiness [-'sted-]; 2. биол. vàriabílity. ~ый chánge¦able ['ʧeɪ-]; (неустойчивый) únsteády [-tedɪ]; (непостоянный) fíckle; ~ая погóда chánge¦able wéather [...'weðə].

изменя́ем||ый váriable, mútable; ~ые величи́ны мат. váriables.

изменя́ть I, измени́ть (вн.) change [ʧeɪ-] (d.); (частично) álter (d.); ~ ход собы́тий change the course of evénts [...kɔːs...]; ~ к лýчшему change for the bétter (d.); ~ законопроéкт aménd a bill.

измен||я́ть II, измени́ть (дт.; предавать; тж. перен.) betráy (d.); (быть неверным) be false [...fɔːls] (to); (в супружестве) be únfáithful (to); пáмять емý ~я́ет his mémory fails him; си́лы емý ~я́ют his strength gives way; счáстье емý ~и́ло his luck / fórtune has betráyed him [...-ʧən...].

измен||я́ться, измени́ться 1. change [ʧeɪ-]; ~ к лýчшему, к хýдшему change for the bétter, for the worse; ~и́ться в лицé change cóuntenance; вéчно ~я́ющийся ùndergó¦ing cónstant change; 2. страд. к изменя́ть I.

измер||éние с. 1. méasuring ['meʒ-], méasure¦ment ['meʒ-]; (землемерное) súrvey; (глубины моря и т. п.) sóunding, fáthoming [-ð-]; (температуры) táking; ~ углóв angle méasure¦ment; 2. мат. diménsion. ~и́мый méasurable ['meʒ-]. ~и́тель м. 1. méasuring ínstrument ['meʒ-...], gauge [ɡeɪdʒ]; 2. эк. índèx (pl. -xes, índicès [-ɪsiːz]). ~и́тельный méasuring ['meʒ-]; ~и́тельный прибóр méasuring ínstrument.

измéрить сов. см. измеря́ть.

измеря́ть, измéрить (вн.) méasure ['meʒə] (d.); ~ глубинý (рд.) мор. sound (d.), fáthom [-ð-] (d.), plumb (d.); ~ комý-л. температýру take* smb.'s témperature.

измождённый emáciàted.

измокáть, измóкнуть разг. get* wet / drenched / soaked.

измóкнуть сов. см. измокáть.

измóр м.: взять когó-л. ~ом take* smb. by stàrvátion, starve smb. out; (перен.: заставить что-л. сделать) wórry smb. into doing smth. ['wʌrɪ...].

и́зморозь ж. тк. ед. (иней) hóar-frost; rime поэт.

и́зморось ж. тк. ед. (мелкий дождь) drizzle, drízzling rain; (мелкий дождь со снегом) sleet.

измóтанный fagged; done up разг.

измотáть(ся) сов. см. измáтывать (-ся).

измочáливать, измочáлить (вн.) разг. shred* (d.); (перен.) wórry to death ['wʌrɪ...deθ] (d.). ~ся, измочáлиться разг. become* shrédded, be all in shreds; (перен.) be all in, be played out.

измочáлить(ся) сов. см. измочáливать(ся).

измýченный 1. прич. см. измýчить; 2. прил. exháusted, worn out [wɔːn...]; у негó ~ вид he looks run down.

измýчить (вн.) tórture (d.); (утомлять) tire out (d.), exháust (d.); измýченный болéзнью worn out by diséase [wɔːn...-'ziːz]. ~ся be tired out, be exháusted; (морально) be wórried to death [...'wʌ-...deθ].

измывáться разг. = издевáться.

измы́згать сов. см. измы́згивать.

измы́згивать, измы́згать (вн.) разг. soil all óver (d.); (о платье) bedrággle (d.).

измы́ливать, измы́лить (вн.) разг. use up (d.). ~ся, измы́литься разг. be used up.

измы́лить(ся) сов. см. измы́ливать (-ся).

измы́||слить сов. см. измышля́ть. ~шлéние с. fàbricátion, con¦cóction; (вымысел) fígment.

измышля́ть, измы́слить (вн.) contríve (d.); (о лжи, клевете) fábricàte (d.).

измя́тый прич. и прил. crumpled.

измя́ть сов. (вн.) (о платье и т.п.) rumple (d.); (о бумаге) crumple (d.). ~ся get* / become* rumpled / crumpled (ср. измя́ть).

изнáнка ж. the wrong side; ~ жи́зни the séamy side of life.

изнаси́лова||ние с. rape, vìolátion. ~ть сов. см. наси́ловать 2.

изначáльн||ый = искóнный; ~ая связь филос. prímary bond ['praɪ-...].

изнáшиваемость ж. amòrtìzátion.

изнáшивание с. wear [wɛə]; ~ оборýдования wear and tear of equípment [...tɛə...].

изнáшивать, износи́ть (вн.) wear* out [wɛə...] (d.). ~ся, износи́ться wear* out [wɛə...]; (перен.) be used up; be played out разг.

изнéженн||ость ж. délicacy; (о мужчине) efféminacy; (чувствительность) suscèptibílity. ~ый 1. прич. см. изнéживать; 2. прил. délicate; (о мужчине) efféminate; (избалованный) coddled; ~ый ребёнок coddled / pámpered child*.

изнéж||ивать, изнéжить (вн.) rénder délicate (d.); (о мужчине тж.) rénder efféminate (d.); (баловать) coddle (d.), pámper (d.). ~иваться, изнéжиться become* délicate; get* soft разг.; (о мужчине тж.) become* efféminate. ~ить(ся) сов. см. изнéживать(ся).

изнемогá||ть, изнемóчь (от) be exhausted (with); сов. тж. break* down [-eɪk...] (with); он ~ет от жары́ he is exhausted with the heat; он ~ет от устáлости he is dead tired / beat [...ded...]; ~ под тя́жестью be fáinting únder a weight.

изнеможéни||е с. exháustion [-sʧən], bréak-down [-eɪk-]; быть в ~и be útterly exháusted; be all in разг.; рабóтать до ~я work to exháustion, work till one breaks down [...-eɪks...].

изнемóчь сов. см. изнемогáть.

изнéрвнича||ться сов. разг. be óver¦strúng; он совсéм ~лся his nerves have gone to píeces [...ɡɔn...'piːs-].

изнóс м. разг. wear [wɛə]; тех. wear and tear [...tɛə]; э́тому пальтó нет ~у this coat will never wear out, there is no wéaring this coat out [...'wɛə-...]. **~ить(ся)** *сов. см.* изна́шивать(ся).

изно́шенный 1. *прич. см.* изна́шивать; **2.** *прил.* (*потёртый*) thréadbàre ['θred-], shábby.

изнур||е́ние *с.*, **~ённость** *ж.* (phýsical) exháustion [-zɪ- -stʃən]; (*от голода*) ìnanítion; дойти́ до ~е́ния be útterly phýsically exháusted [...-zɪ-...]; be worn out [...wɔːn...] *разг.* **~ённый** phýsically exháusted [-zɪ-...]; jáded, worn out [wɔːn...] *разг.*; (*жарой*) swéltered; ~ённый го́лодом, хо́лодом *и т. п.* faint with húnger, cold, *etc.*; ~ённый лихора́дкой wásted with féver ['weɪ-...]. **~и́тельный** exháusting; ~и́тельная лихора́дка wásting féver ['weɪ-...]; ~и́тельная жара́ trýing heat, swélter. **~и́ть** *сов. см.* изнуря́ть.

изнуря́ть, изнури́ть (*вн.*) wear* out [wɛə...] (*d.*), exháust (*d.*); (*о лихорадке*) waste [weɪst] (*d.*); (*работой*) óver¦wórk (*d.*), óver¦drive* (*d.*).

изнутри́ *нареч.* from within / ínsíde; дверь заперта́ ~ the door is locked on the ínsíde [...dɔː...].

изныва́ть, изны́ть (от) pine (a¦wáy) (with); ~ от тоски́ по до́му pine for one's home; ~ от жары́ lánguish with the heat; ~ от жа́жды burn* with thirst.

изны́ть *сов. см.* изныва́ть.

изо *см.* из; изо дня́ в день day by day, day áfter day, from day to day.

изоба́ра *ж. метеор.* ísobàr ['aɪ-].

изоби́ли||е *с.* abúndance, plénty; profúsion; ~ сырья́ abúndance of raw matérials; го́ды ~я years of plénty; созда́ть ~ проду́ктов пита́ния províde / crèate an abúndance of fóod-stùffs; в ~и in abúndance; ◇ рог ~я còrnucópia.

изоби́л||овать (*тв.*) abóund (in); (*кишеть*) teem (with); се́вер ~ует леса́ми the North abóunds in fórests [...'fɔ-]; река́ ~ует ры́бой the ríver teems with fish [...'rɪ-...].

изоби́льный abúndant, pléntiful, cópious.

изоблич||а́ть, изобличи́ть **1.** (*вн.*) expóse (*d.*); (*вн.* в *пр.*; *в преступлении и т. п. тж.*) convíct (*d.* of); prove guílty [pruːv 'gɪltɪ] (*d.* of); ~ кого́-л. во лжи expóse smb. as a líar; ~и́ть врага́ únmásk / expóse the énemy; **2.** *тк. несов.* (в ком-л. кого́-л.) show* (smb.) to be [ʃou...] (smb.); point to (smb.'s) bé¦ing (smb.); betráy (smb. in smb.): всё ~а́ло в нём охо́тника évery¦thing showed him to be a húnter; évery¦thing betráyed the húnter in him, évery¦thing póinted to his bé¦ing a húnter; его́ бесшу́мная похо́дка ~а́ла в нём охо́тника his nóise¦less tread betráyed the húnter in him, *или* betráyed him as a húnter [...tred...]. **~е́ние** *с.* expósure [-'pou-]; convíction. **~и́тель** *м.* accúser **~и́тельный** accúsing, dámning. **~и́ть** *сов. см.* изоблича́ть 1.

изображ||а́ть, изобрази́ть (*вн.*) depíct (*d.*), pícture (*d.*), pòrtráy (*d.*); (*представлять*) rèpresént [-'zent] (*d.*), paint (*d.*); (*выражать*) expréss (*d.*); (*подражать*) ímitàte (*d.*); ◇ ~ из себя́ (*вн.*) fígure (as), make* òne¦sélf out to be (*d.*); он не так глуп, как его́ ~а́ют he is not the fool they make him out. **~а́ться,** изобрази́ться **1.** show* [ʃou], appéar; **2.** *страд. к* изобража́ть. **~е́ние** *с.* **1.** (*действие*) rèpresèntátion [-ze-]; **2.** (*образ*) pòrtráyal, pícture, ímage; (*отпечаток*) ímprint; ~е́ние в зе́ркале refléction.

изобрази́тельн||ый fígurative; ◇ ~ые иску́сства ímitàtive arts, fine arts.

изобрази́ть(ся) *сов. см.* изобража́ть (-ся).

изобрести́ *сов. см.* изобрета́ть.

изобрета́тель *м.* invéntor. **~ница** *ж.* invéntress. **~ность** *ж.* invéntive¦-ness; ìngenúity; (*находчивость*) resóurce¦fulness [-'sɔːs-]. **~ный** invéntive; ingénious; (*находчивый*) resóurce¦ful [-'sɔːs-]. **~ский** *прил. к* изобрета́тель; *тж.* invéntive. **~ство** *с.* invéntion.

изобрет||а́ть, изобрести́ (*вн.*) invént (*d.*); (*придумывать*) devíse (*d.*), contríve (*d.*). **~е́ние** *с.* invéntion.

изо́гнутый *прич. и прил.* bent, curved.

изогну́ть(ся) *сов. см.* изгиба́ть(ся).

изого́на *ж. геогр.* ìsogónic line [aɪ-...].

изо́дранный *прич. и прил. разг.* táttered, torn.

изодра́ть *сов.* (*вн.*) *разг.* rend* (*d.*), tear* (*in several places, to pieces*) [tɛə...] (*d.*). **~ся** *сов. разг.* be all torn, be in shreds.

изойти́ *сов. см.* исходи́ть III.

изокли́на *ж. геогр.* ìsoclínal line [aɪ-...].

изолга́ться *сов.* become* an invéterate / in¦córrigible / hárdened líar; он изолга́лся до тако́й сте́пени, что he has wrapped him¦sélf in lies till.

изоли́рованн||ый 1. *прич. см.* изоли́ровать; **2.** *прил.* ísolàted ['aɪ-]; *тех. тж.* ínsulàted; (*отдельный*) séparate; (*единичный*) sólitary; ~ая ко́мната séparate room; ~ слу́чай, факт sólitary evént, case [...-s].

изоли́р||овать *несов. и сов.* (*вн.*) ísolàte ['aɪ-] (*d.*); *тех. тж.* ínsulàte (*d.*); *мед. тж.* quárantìne [-tiːn] (*d.*). **~оваться** *несов. и сов.* **1.** ísolàte òne¦sélf ['aɪ-...]; **2.** *страд. к* изоли́ровать. **~о́вка** *ж. тех.* insulátion. **~о́вочный, ~ующий** *тех.* ínsulàting.

изоля́тор *м.* **1.** *тех.* ínsulàtor; **2.** (*в больнице и т. п.*) ìsolátion ward [aɪ-...].

изоляциони́зм *м.* ìsolátionism [aɪsə-].

изоляцио́нн||ый *прил. к* изоля́ция; ~ая ле́нта *тех.* ínsulàting tape.

изоля́ция *ж.* ìsolátion [aɪ-]; *тех. тж.* ìnsulátion; *мед. тж.* quárantìne [-tiːn].

изоме́р *м. хим.* ísomer ['aɪ-]. **~ный** ìsoméric [aɪ-].

изометри́ческий ìsométric(al) [aɪ-].

изомо́рфный ìsomórphous [aɪ-].

изо́рванный 1. *прич. см.* изорва́ть; **2.** *прил.* táttered; (*в лохмотьях*) rágged.

изорва́ть *сов.* (*вн.*) tear* (to píeces) [tɛə...'piːsɪz] (*d.*). **~ся** *сов.* be in tátters, be torn to tátters.

изоте́ра [-тэ́-] *ж. метеор.* ìsothéra [aɪz-].

изоте́рм||а [-тэ́-] *ж. метеор., физ.* ísothèrm ['aɪ-]. **~и́ческий** [-тэ-] **1.** *физ.* ìsothérmal [aɪ-]; **2.:** ~и́ческий ваго́н refrígeràtor car.

изото́п *м.* ísotòpe ['aɪ-]; радиоакти́вные ~ы rádiò¦áctive ísotòpes.

изохро́нный ìsóchronous [aɪ-].

изощре́ние *с.* refíne¦ment; ~ вку́са refíne¦ment of taste [...teɪst].

изощр||ённый 1. *прич. см.* изощря́ть; **2.** *прил.* híghly sénsitive; (*утончённый*) refíned. **~и́ть** *сов. см.* изощря́ть. **~и́ться** *сов. см.* изощря́ться 1.

изощря́ть, изощри́ть (*вн.*) cúltivàte (*d.*), refíne (*d.*); (*делать совершенным*) make* pérfect (*d.*); ~ ум, па́мять shárpen / cúltivàte the mind, the mémory. ~ся, изощри́ться (в *пр.*) **1.** become* refíned (in); (*изощрять способности*) excél (in); **2.** *тк. несов.* (*пускать в ход всё своё мастерство*) try very hard, *или* do one's best, to achíeve smth. [...-iːv...]; lean* óver báckwards to achíeve smth. [...-dz...] *идиом.*; ~ся в остроу́мии shówer wítticisms; try to be wítty.

из-под *предл.* (*рд.*) **1.** (*откуда?*) from únder: из-под стола́ from únder the táble; **2.** (*при определении вместилища*) *обычно не переводится, причём определяющее существительное употребляется как 1-я часть сложного слова:* буты́лка из-под вина́ wíne-bòttle; коро́бка из-под конфе́т cándy-bòx; ◇ из-под па́лки *разг.* ≅ únder the lash.

изра́з||е́ц *м.* tile. **~цо́вый** *прил. к* изразе́ц.

изра́ильский Isráeli [ɪz-].

изра́ненный *прич. и прил.* cóvered with wounds ['kʌ-...wuː-].

изра́нить *сов.* (*вн.*) cóver with wounds ['kʌ-...wuː-] (*d.*).

израсхо́довать *сов. см.* расхо́довать.

израсхо́дов||аться *сов.* **1.** be used up, be spent; **2.** *разг.* (*сделать затраты*) spend* all one's móney [...'mʌ-]; он совсе́м ~ался *разг.* he has spent all he had, he has no móney left.

и́зредка *нареч.* now and then; (*время от времени*) from time to time.

изрéзанный **1.** *прич. см.* изрéзывать; (*тв.*) bróken (by); **2.** *прил.* (*о береге*) jagged.

изрéзать *сов. см.* изрéзывать.

изрéзывать, изрéзать (*вн.*) cut* up (*d.*).

изрекáть, изрéчь (*вн.*) útter (*d.*), speak* sólemnly (*d.*); *разг.* mouth (*d.*).

изречéние *с.* ápophthègm ['æpoθ-], díctum (*pl.* dícta), sáying.

изрéчь *сов. см.* изрекáть.

изрешетúть(ся) *сов. см.* изрешéчивать(ся).

изрешéчивать, изрешетúть (*вн.*) pierce with holes [pɪəs...] (*d.*); (*пулями, дробью*) riddle (*d.*). **~ся,** изрешетúться be all holes; be / become* riddled.

изрисовáть *сов. см.* изрисóвывать.

изрисóвывать, изрисовáть (*вн.*) **1.** scribble all óver (*d.*); (*покрывать рисунками*) cóver with dráwings ['kʌ-...] (*d.*); **2.** *разг.* (*использовать карандаш, бумагу и т. п.*) use up (*d.*).

изрубúть *сов.* (*вн.*) **1.** chop (*d.*), chop up (*d.*); (*топором тж.*) hack (*d.*); (*о мясе*) mince (*d.*); **2.** (*убить*) sláughter (*d.*).

изругáть *сов.* (*вн.*) *разг.* revíle (*d.*) (*ср.* ругáть).

изрывáть, изрыть (*вн.*) dig* up (*d.*).

изрыг||áть, изрыгнýть (*вн.*) vómit (*d.*), spew (*d.*); (*перен.*) belch (*d.*); ~ ругáтельства mouth cúrses. **~нýть** *сов. см.* изрыгáть.

изры́тый *прич. см.* изрывáть; ✧ ~ óспой póck-màrked, pítted with smáll-pòx scars.

изры́ть *сов. см.* изрывáть.

изря́дн||о *нареч. разг.* fáirly, prétty well ['prɪ-...]; ~ вы́пить have a good drink. **~ый** *разг.* fáirly good, not so bad; (*о цене, состоянии тж.*) hándsome [-ns-]; ~ое колúчество a fair amóunt; ~ая сýмма a prétty pénny / sum [...'prɪ-...]; ~ый дурáк a jólly fool; ~ое расстоя́ние a fair dístance.

изувéр *м.* wild fanátic. **~ский** (sávage|ly) cruel [...kruəl]. **~ство** *с.* wild fanáticism; (*жестокость*) bàrbárity.

изувéч||ивать, изувéчить (*вн.*) mútilàte (*d.*); maim (*d.*). **~ить** *сов. см.* изувéчивать.

изукрáсить *сов. см.* изукрáшивать.

изукрáшивать, изукрáсить (*вн.*) adórn (lávishly) (*d.*); (*перен.*) *разг.* "adórn" (*d.*); изукрáсить синякáми "adórn" with brúises [...'bruːz-] (*d.*).

изумúтельно I *прил. кратк. см.* изумúтельный.

изумúтельн||о II *нареч.* amázing|ly, wónderfully ['wʌ-]. **~ый** amázing, wónderful ['wʌ-].

изум||úть(ся) *сов. см.* изумля́ть(ся). **~лéние** *с.* amáze|ment, wónder ['wʌ-]; (*неприятное*) cònsternátion. **~лённый** *прич. и прил.* amázed; *тк. прил.* (*поражённый*) wónder-strùck ['wʌ-], dùmb|fóunded.

изумля́ть, изумúть (*вн.*) amáze (*d.*); (*поражать*) strike* dumb (*d.*). **~ся,** изумúться be amázed; (*поражаться*) be wónder-strùck [...'wʌ-], be dùmb|-fóunded.

изумрýд *м.* émerald. **~ный** *прил. к* изумрýд.

изурóдованный *прич. и прил.* disfígured; (*о человеке тж.*) mútilàted, maimed.

изурóдовать *сов. см.* урóдовать.

изýстный trànsmítted órally [-nz-...].

изуч||áть, изучúть (*вн.*) **1.** stúdy ['stʌ-] (*d.*); (*овладевать*) máster (*d.*); тщáтельно изучúть что-л. make* a cáre|ful / close stúdy of smth. [...klous...]; изучúть возмóжности explóre the pòssibílities; **2.** *тк. сов.* (*выучить*) learn* [lɜːn] (*d.*); (*узнать*) get* to know (very well) [...nou...] (*d.*); он ~úл егó, её *и т. д.* he has come to know him, her, *etc.*, very well. **~éние** *с.* stúdy ['stʌ-]. **~úть** *сов. см.* изучáть.

изъедáть, изъéсть (*вн.*) eat* (*d.*); (*тк. о кислоте, ржавчине*) corróde (*d.*).

изъéденный *прич. и прил.* éaten; (*кислотой и т. п.*) corróded; ~ мóлью móth-eaten; ~ **мышáми** móuse-eaten [-s-].

изъéз||дить *сов.* (*вн.*) *разг.* trável all óver ['træ-...] (*d.*); ~ весь свет trável all óver the world, trável the whole world óver [...houl...]. **~женный** rútted.

изъéсть *сов. см.* изъедáть.

изъявúтельн||ый: ~ое наклонéние *грам.* indícative mood.

изъяв||úть *сов. см.* изъявля́ть. **~лéние** *с.* expréssion; ~лéние соглáсия expréssion of assént / appróval [... ə'pruː-]. **~ля́ть,** изъявúть (*вн.*) expréss (*d.*); ~ля́ть соглáсие give* one's consént.

изъязвúть *сов. см.* изъязвля́ть.

изъязв||лéние *с. мед.* ùlcerátion. **~лённый** **1.** *прич. см.* изъязвля́ть; **2.** *прил. мед.* úlcered. **~ля́ть,** изъязвúть (*вн.*) *мед.* úlceràte (*d.*).

изъя́н *м.* **1.** flaw, deféct; с ~ом with a flaw, deféctive; **2.** *уст.* (*ущерб*) dámage, loss.

изъяснúться *сов. см.* изъясня́ться.

изъясня́ться, изъяснúться expréss òne|sélf.

изъя́ти||е *с.* **1.** with|dráwal; (*удаление*) remóval [-'muː-]; (*монеты из обращения*) immòbilìzátion [-moubɪlaɪ-]; **2.** (*исключение*) excéption; все без ~я all without excéption; в ~ из прáвил as an excéption to the géneral rules.

изъя́ть *сов. см.* изымáть.

изымáть, изъя́ть (*вн.*) with|dráw* (*d.*); (*удалять*) remóve [-'muːv] (*d.*); (*монету из обращения*) immóbilìze [-'mou-] (*d.*); ~ из употреблéния with|dráw* from use [...juːs] (*d.*); ~ из обращéния with|dráw* from circulátion (*d.*), immóbilìze (*d.*); ~ в пóльзу госудáрства cónfiscàte (*d.*); изъя́ть áтомное орýжие из вооружéний госудáрств elímìnàte / remóve / with|dráw* atómic wéapons from the ármaments of States [...'we-...].

изыскáние *с.* **1.** fínding, procúring; **2.** *чаще мн.* invèstigátion, reséarch [-'sɜːʧ]; (*геологическое*) prospécting; ~ трáссы *ж.-д.* súrvey.

изы́сканн||ость *ж.* refíne|ment. **~ый** refíned; recherché (*фр.*) [rə'ʃɛəʃeɪ]; ~ые манéры cóurtly / refíned mánners ['kɔː-...]; ~ое блю́до dáinty / délicate dish, délicacy.

изыскáтель *м.* prospéctor. **~ский** prospécting.

изыскáть *сов. см.* изы́скивать **1.**

изы́скивать, изыскáть (*вн.*) **1.** find* (*d.*), procúre (*d.*); *несов. тж.* try to find (*d.*); **2.** *тк. несов.* invéstigàte (*d.*); *геол.* prospéct (for).

изю́м *м. тк. ед.* ráisins [-z-] *pl.*; (*без косточек*) sultána [-'tɑː-]. **~ина** *ж.* ráisin [-z-]. **~инка** *ж. уменьш. от* изю́мина; (*перен.*) zest; ✧ с ~инкой píquant ['piːkənt]; в ней нет ~инки there is no píquancy / sparkle abóut her [...'piːkən-...].

изя́щ||ество *с.* refíne|ment, élegance, grace. **~ный** refíned, élegant, grácе|ful; ✧ ~ные искýсства fine arts; ~ная литератýра fíction; bélles-lèttres ['bel'letr].

икáть, икнýть híccùp, híccough [-kʌp].

икнýть *сов. см.* икáть.

икóна *ж.* ícòn, (sácred) ímage.

иконобóр||ец *м. ист.* icónoclàst [aɪ-]. **~чество** *с. ист.* icónoclàsm [aɪ-].

иконогрáфия *ж.* ìconógraphy [aɪ-].

иконопúсец *м.* ícòn-painter.

и́конопись *ж.* ícòn-painting.

иконостáс *м.* ìconóstasis [aɪk-].

икóта *ж. тк. ед.* híccùp, híccough [-kʌp].

икр||á I *ж. тк. ед.* **1.** (*в рыбе*) (hárd-)ròe; (*после метания*) spawn (*продукт питания*) cáviàr(e) [-ɑː] метáть ~ý spawn; зернúстая ~ soft cáviàr(e); пáюсная ~ pressed cáviàr(e); **2.** (*грибная, баклажанная и т.п.*) paste [peɪst].

икрá II *ж. см.* и́кры.

икрú||н(к)а *ж.* róe-còrn. **~стый** (*содержащий много икры*) roed. **~ться** spawn.

икрометáни||е *с.* spáwning; перúод ~я spáwning time.

и́кры *мн.* (*ед.* икрá *ж.*) (*части ноги*) calf* [kɑːf] (*of the leg*).

икс-лучú *мн. физ. уст.* X-ray ['eks-].

ил *м. тк. ед.* silt.

и́ли *союз* or; и́ли... и́ли éither... or ['aɪ-...]; и́ли же or else.

илистый cóvered with silt ['kʌ-...]; (*содержащий ил*) contáining silt.

иллюз||ия *ж.* illúsion; стрóить, создавáть ~ии crèáte illúsions; прекрáсная ~ lóvelly phántom ['lʌ-...], beautiful dream ['bjuːt-...].

иллюзóрный illúsive, illúsory.

иллюминáтор *м. мор.* scuttle; búll's-eye ['bulzaɪ]; pórt|hòle, síde|light.

иллюмин||аци́онный *прил. к* иллюминáция. ~**áция** *ж.* illùminátion. ~**и́ровать** *несов. и сов.* = иллюминовáть.

иллюминовáть *несов. и сов.* (*вн.*) illúminàte (*d.*).

иллюстр||ати́вный íllustràtive; ~ материáл illustrátion(s) (*pl.*). ~**áтор** *м.* íllustràtor. ~**áция** *ж.* (*в разн. знач.*) ìllustrátion. ~**и́рованный** *прич. и прил.* íllustràted; ~и́рованный журнáл pictórial, íllustràted màgazíne [...-'ziːn].

иллюстри́ровать *несов. и сов.* (*сов. тж.* проиллюстри́ровать) (*вн.*; *в разн. знач.*) íllustràte (*d.*).

илóт *м. ист.* hélot ['he-].

ильм *м. бот.* elm.

им I *тв. см.* он.

им II *дт. см.* они́.

имажин||и́зм *м. лит.* ímagism. ~**и́ст** *м. лит.* ímagist.

имáм *м.* (*духовное лицо у магометан*) imám [-ɑːm], imáum [-ɑːm].

имби́рный *прил. к* имби́рь.

имби́рь *м.* gínger [-ndʒə].

имéние *с.* estáte, lánded próperty; помéщичье ~ mánor ['mæ-].

имени́нн||ик *м.*, ~**ица** *ж.* one whose náme-day it is; сегóдня он ~ it is his náme-day to|dáy; ◇ вы́глядеть ~иком ≅ look bright and háppy. ~**ый** *прил. к* имени́ны.

имени́ны *мн.* náme-day *sg.*

имени́тельный: ~ падéж *грам.* nóminative case [...-s].

имени́тый *уст.* distínguished, éminent.

и́менно *частица* **1.** námelly; (*перед перечислением*) to wit; vidélicèt [vɪ-'diːlɪset] (*сокр.* viz.); (*то есть*) that is; **2.** (*как раз*) just, exáctly; ~ э́тот слу́чай just that very case [...-s]; ~ потомý just becáuse [...-'kɔz]; вот ~ э́то он и говори́л just what he was sáying; кто ~? who exáctly?; скóлько ~? how much exáctly?; ~ э́тим объясняéтся... it is precísel|ly this fact that expláins... [...-'saɪs-...]; ◇ вот ~! exáctly!

именн||óй (*в разн. знач.*) nóminal; ~ чек cheque (páyable to *a* named pérson); ~ы́е áкции inscríbed stock *sg.*; ~ экземпля́р áutogràphed cópy [...'kɔ-]; ~ спи́сок roll; ~óе кольцó ring en|gráved with the ówner's name [...'ou-...]; ~ы́е часы́ watch inscríbed with the ówner's name *sg.*

именóванн||ый: ~ое числó *мат.* cón|crète númber.

именовáть; наименовáть (*вн.*) name (*d.*). ~**ся** (*тв.*) bear* the name [bɛə...] (of), be termed.

имену́емый *прич. см.* именовáть; *тж.* by name.

имéть (*вн.*; *в разн. знач.*) have (*d.*); ◇ ~ в видý (*подразумевать*) mean* (*d.*); (*не забывать*) bear* in mind [bɛə...] (*d.*); (+ *инф.*; *иметь намерение*) inténd (+ to *inf.*), mean* (+ to *inf.*); имéйте в видý, что don't forgét that [...-'g-...]; ~ дéло с кем-л. have to do with smb., deal* with smb.; have déalings with smb.; ~ мéсто take* place; ~ возмóжность (+ *инф.*) be in a posítion [...-'zɪ-] (+ to *inf.*), have a chance (of *ger.*); ~ значéние mátter; ~ бóльшое значéние mátter very much, be of great impórtance [...greɪt...]; ~ значéние (для) be impórtant (for); ~ сущéственное значéние (для) be esséntial / fùndaméntal (to); не ~ значéния be of no impórtance; ~ бу́дущее, бу́дущность have a fúture (befóre one); ~ вкус (*о пище и т. п.*) have a taste [...teɪst]; (*о человеке*) have taste; ~ зáпах smell*; ~ притязáния (на *вн.*) have claim(s) (on); ~ успéх be a succéss, make* a succéss. ~**ся** *переводится действит. формами гл.* have *или оборотами* there is, there are; у них имéются нóвые кни́ги they have new books; в э́той библиотéке имéются нóвые кни́ги there are new books in this líbrary [...'laɪ-]; ~ся налицó be aváilable; be on hand; éсли таковы́е имéются if such / any are aváilable; if such are to be found; if any.

имéющийся aváilable.

и́ми *тв. см.* они́.

имит||áтор *м.* ímitàtor. ~**áция** *ж.* (*в разн. знач.*) ìmitátion. ~**и́ровать** (*вн.*; *в разн. знач.*) ímitàte (*d.*).

имманéнтный *филос.* ímmanent; inhérent.

иммигр||áнт *м.*, ~**áнтка** *ж.* ímmigrant. ~**аци́онный** *прил. к* иммиграция; ~аци́онные закóны ìmmigrátion laws. ~**áция** *ж.* ìmmigrátion. ~**и́ровать** *несов. и сов.* ímmigràte.

иммобилизовáть *сов.* (*вн.*) *мед.* immóbilize [-'mou-] (*d.*).

иммортéль [-тэ́-] *ж. бот.* ìmmòrtélle [-'tel].

иммуниз||áция *ж. мед.* immùnizátion. ~**и́ровать** *несов. и сов.* (*вн.*) *мед.*, *юр.* immúnize (*d.*).

иммунитéт *м. мед.*, *юр.* immúnity.

императи́в *м.* impérative; категори́ческий ~ *филос.* càtegórical impérative. ~**ный** impérative.

императ||óр *м.* émperor. ~**óрский** *прил. к* императóр; *тж.* impérial. ~**ри́ца** *ж.* émpress.

империáл I *м.* (*монета*) impérial.

империáл II *м.* (*места наверху омнибуса, конки и т. п.*) top, óutsíde, impérial.

империал||и́зм *м.* impérialism. ~**и́ст** *м.* impérialist. ~**исти́ческий**, ~**и́стский** impérialist (*attr.*); ~исти́ческая войнá impérialist war; ~исти́ческий лáгерь the impérialist camp.

импéр||ия *ж.* émpìre. ~**ский** impérial.

импозáнтный impósing, impréssive, stríking.

импони́ровать (комý-л.) commánd (smb.'s) respéct [-ɑːnd...], impréss (smb.).

и́мпорт *м.* ímpòrt. ~**ёр** *м.* impórter.

импорти́ровать *несов. и сов.* (*вн.*) impórt (*d.*).

и́мпортн||ый impórted; ímpòrt (*attr.*); ~ые пóшлины ímpòrt dúties.

импотéн||т *м.* ímpotent. ~**ция** *ж.* ímpotence.

импресáрио *м. нескл.* ìmprèsáriò [-'sɑː-].

импрессион||и́зм *м. иск.* impréssionism. ~**и́ст** *м. иск.* impréssionist. ~**исти́ческий**, ~**и́стский** *иск.* imprèssionístic.

импровизáтор *м.* ímprovisàtor [-z-]; (*женщина*) ìmprov(v)isàtríce [-vɪzɑː-'triːtʃə]. ~**ский** ìmprovísatory [-zə-].

импровизáция *ж.* ìmprovìsátion [-vaɪ'z-].

импровизи́рованн||ый ímprovìsed, imprómptù; èxtémpore [-rɪ]; ~ая речь an ímprovìsed speech.

импровизи́ровать *несов. и сов.* (*вн.*) ímprovise (*d.*), extémporìze (*d.*).

и́мпульс *м.* **1.** ímpùlse; **2.** *рад.* pulse. ~**и́вный** impúlsive.

имýщественн||ый *прил. к* имýщество; ~ ценз próperty quàlificátion; ~ые отношéния próperty relátions; ~ое положéние próperty státus.

имýществ||о *с.* próperty; belóngl|ings *pl.*; (*о товаре*) stock; *воен.* stores *pl.*, equípment; дви́жимое ~ pérsonal / móvable próperty [...'muːv-...]; недви́жимое ~ real próperty / estáte [rɪəl...], réalty ['rɪəl-]; госудáрственное ~ State próperty; колхóзное ~ kòlkhóz próperty; ли́чное ~ pérsonal próperty; óпись ~а (*за долги*) distráint; (*инвентарная опись*) ínventory.

имýщ||ий própertied; (*состоятельный*) well off, wéalthy ['wel-]; ~ие клáссы the própertied clásses; ◇ власть ~ие the pówers that be.

и́м||я *с.* **1.** name (*тж. репутация, известность*); дать ~ (*дт.*) name (*d.*); по ~ени by name; по ~ени Пётр Pyotr by name; он извéстен под ~енем Ивановá he goes únder / by the name of Ivanóv [...-ɑː-]; **2.** *грам.* noun; ~ существи́тельное noun, súbstantive; ~ прилагáтельное ádjective; ◇ запятнáть своё ~ stain one's good name; человéк с ~енем wéll-known man* [-'noun...]; ~ени: завóд ~ени Ки́рова the Kírov works; — во ~ (*рд.*) in the name (of): во ~ ми́ра во всём ми́ре in the name of world peace; — на ~ (*рд.*): письмó *и т. п.* на ~ a létter, *etc.*, addréssed (to); купи́ть что-л. на ~ когó-л. buy* smth. on behálf of smb. [baɪ...-'hɑːf...]; — от ~ени (*рд.*) on behálf (of); for: от моегó, твоегó *и т. п.* ~ени on my, your, *etc.*, behálf; расскáз ведётся от ~ени the stóry is told by; выступáть от ~ени speak* for; — называ́ть вéщи свои́ми ~енáми call things by their próper names [...'prɔ-...]; call a spade a spade *идиом.*

инакомы́слящий dífferently mínded, of a dífferent trend of thought.

ина́че 1. *нареч.* dífferently, ótherwìse; 2. *союз* or (else); спеши́те, ~ вы опоздáете húrry up, or (else) you will be late; ◇ так и́ли ~ in any case [...-s], in any evént; in some way or other; (*и в том и в другом случае*) in éither evént [...'aɪ-...]; не ~ как он э́то сказáл he was the one who said it [...sed...]; не ~ как он э́то сдéлал he must have done it, he was the man* who did it.

инвали́д *м.* ínvalìd [-liːd]; ~ войны́ disábled véteran, wár-disábled pérson; ~ трудá disábled wórker. ~**ность** *ж.* disáble|ment, dìsabílity; перейти́ на ~ность be offícially ìnvalíded [...-'liː-]. ~**ный** *прил.* к инвали́д.

инвентариз||áция *ж.* máking ínventory, táking stock; провести́ ~áцию make* ínventory. ~**и́ровать,** ~**овáть** *несов. и сов.* (*вн.*) ínventory (*d.*), take* stock (of).

инвентáрн||ый *прил.* к инвентáрь; ~ спи́сок, ~ая óпись ínventory; ~ нóмер ínventory númber.

инвентáрь *м.* 1. (*оборудование*) stock; торгóвый ~ stóck-in-tràde; сельскохозя́йственный ~ àgricúltural ímplements *pl.*; 2. (*список*) ínventory; состáвить ~ make* an ínventory; занести́ в ~ (*вн.*) put* down on the ínventory (*d.*); ◇ живóй ~ líve-stòck; мёртвый ~ dead stock [ded...].

инвéрсия *ж. лингв., лит.* invérsion.

инверти́ровать *несов. и сов.* (*вн.*) *тех.* invért (*d.*).

инвести́ровать *несов. и сов.* (*вн.*) *эк.* invést (*d.*).

ингаля́||тор *м. мед.* inháler. ~**циóнный** *прил.* к ингаля́ция. ~**ция** *ж. мед.* ìnhalátion.

ингредиéнт *м.* in|grédient.

и́ндеветь, зaи́ндеветь become* cóvered with hóar-fróst [...'kʌ-...]; become* hóary with frost.

индéец *м.* (Américan) Índian.

индéйка *ж.* túrkey(-hèn).

индéйский (Américan) Índian; ◇ ~ петýх túrkey cock.

и́ндекс *м.* índèx (*pl.* -xes; -dicès [-dɪsiːz]); ~ цен price índèx; ~ промы́шленного произвóдства índèx of indústrial prodúction.

индетермин||и́зм [-дэтэр-] *м. филос.* ìndetérminism. ~**и́ст** [-дэтэр-] *м.* ìndetérminist.

индиáнка *ж.* 1. (*ж. к* индиец) Índian (wóman*) [...'wu-]; 2. (*ж. к* индéец) (Américan) Índian (wóman*).

индиви́д *м.* ìndivídual.

индивидуализ||áция *ж.* ìndivìdualìzátion [-laɪ-]. ~**и́ровать** *несов. и сов.* (*вн.*) ìndivídualìze (*d.*).

индивидуал||и́зм *м.* ìndivídualism. ~**и́ст** *м.* ìndivídualist. ~**исти́ческий** ìndivìdualístic.

индивидуáльн||ость *ж.* (*в разн. знач.*) ìndivìduálity. ~**ый** (*в разн. знач.*) ìndivídual; ~ые осóбенности pecùliárities; ~ое хозя́йство ìndivídual farm / hólding; в ~ом поря́дке ìndivídually; ~ый слýчай ìndivídual case [...-s].

индиви́дуум *м.* ìndivídual.

инди́го *с. нескл.* 1. (*краска*) índigò; 2. *бот.* índigò plant [...-ɑːnt].

инди́ец *м.* Índian.

и́ндий *м. хим.* índium.

инди́йский Índian.

индикáтор *м. тех., хим.* índicàtor. ~**ный** *прил.* к индикáтор; *тж.* índicàted; ~ная мóщность índicàted hórse-power (*сокр.* I. H. P., i. h. p.); ~ная диагрáмма índicàtor díagràm.

индифференти́зм *м.* indífferentism.

индифферéнтн||ость *ж.* indífference. ~**ый** indífferent.

индо||германский Índò-Gèrmánic. ~**европéйский** Índò-Europé|an; ~европéйские языки́ Índò-Europé|an lánguages.

индонез||и́ец *м.*, ~**и́йка** *ж.*, ~**и́йский** Ìndonésian [-'niːʃən].

индосс||амéнт *м. фин.* endórse|ment, ìndòrsátion. ~**áнт** *м. фин.* endórser. ~**áт** *м. фин.* èndòrsée. ~**и́ровать** (*вн.*) *фин.* endórse (*d.*).

индуи́зм *м.* Híndùism.

индукти́вн||ость *ж. физ., филос.* indúctance. ~**ый** *физ., филос.* indúctive.

индýк||тор *м. физ.* indúctor; *эл.* field mágnet [fiːld...]. ~**тóрный,** ~**циóнный** *прил.* к индýкция; ~тóрный вы́зов *тех.* indúction call; ~циóнная катýшка indúction coil. ~**ция** *ж. физ., филос.* indúction.

индульгéнция *ж. ист.* indúlgence.

индýс *м.*, ~**ка** *ж.*, ~**ский** Híndú [-'duː], Híndóo.

индустриализ||áция *ж.* indùstrialìzátion [-laɪ-]. ~**и́ровать** *несов. и сов.* (*вн.*) indústrialìze (*d.*).

индустриáльный indústrial; ~ райóн indústrial área [...'ɛərɪə].

индýстрия *ж. тж. ед.* índustry; лёгкая ~ light índustry; тяжёлая ~ héavy índustry ['hevɪ...].

индю́||к *м.* túrkey(-còck). ~**шка** *ж.* túrkey(-hèn). ~**шóнок** *м.* túrkey-poult [-pou-].

и́ней *м. тк. ед.* hóar-fróst; rime *поэт.*

инéртн||ость *ж.* inértness; slúggishness, sloth [slouθ]. ~**ый** inért; (*бездеятельный тж.*) slúggish.

инéрц||ия *ж. физ.* inértia (*тж. перен.*); moméntum; по ~ии únder one's own moméntum [...oun...]; (*перен.*) mechánically [-'kæ-], automátically.

инжéктор *м. тех., мед.* injéctor.

инженéр *м.* èngineér [endʒ-]; ~ путéй сообщéния ráilway èngineér; корабéльный ~ nával árchitèct [...'ɑːk-]; граждáнский ~ cívil èngineér; ~-механик mechánical èngineér [-'kæ-...]; ~-элéктрик eléctrical èngineér; ~-строи́тель cívil èngineér.

инженéрно-техни́ческ||ий: ~ие рабóтники èngineérs and other téchnical wórkers [endʒ-...]; èngineéring staff [endʒ-...] *sg.*

инженéрн||ый *прил.* к инженéр; ~ые войскá the Èngineérs [...endʒ-] èngineér troops / corps [...kɔː] *амер.*

инжи́р *м.* 1. (*плод*) fig; 2. (*дерево*) fíg(-tree). ~**ный** fig (*attr.*).

инициáлы *мн.* inítials.

инициати́в||а *ж.* inítiative; твóрческая ~ масс the crèative inítiative of the másses; по ~е когó-л. on smb.'s inítiative; по сóбственной ~е on one's own inítiative [...oun...]; взять ~у в свои́ рýки take* the inítiative; take* the lead *разг.*; подхвати́ть ~у take* up the inítiative; обладáть ~ой be full of inítiative. ~**ный** inítiative, having / táking the inítiative, full of inítiative.

инициáтор *м.* inítiàtor, pìonéer (*плана, организации и т. п.*) spónsor; вы́ступить ~ом (в *пр.*) take* the lead (in).

инкасс||áтор *м.* colléctor. ~**áция** *ж. фин.* colléction. ~**и́ровать** *несов. и сов.* (*вн.*) *фин.* colléct (*d.*).

инкáссо *с. нескл. фин.* en|cáshment.

инквизи́||тор *м.* in|quísitor [-z-]. ~**тóрский** in|quìsitórial [-z-]. ~**циóнный** *прил.* к инквизи́ция. ~**ция** *ж.* the Ìn|quisítion [-'zɪ-].

инкóгнито *с. нескл. и нареч.* in|cógnitò.

инкорпор||áция *ж.* in|còrporátion. ~**и́ровать** *несов. и сов.* (*вн.*) in|córporàte (*d.*).

инкримини́ровать *несов. и сов.* (*вн., дт.*) in|críminàte (*d.* to), charge (with *d.*).

инкруст||áция *ж.* ín|láid work, ìn|láy, ìn|crùstátion. ~**и́ровать** *несов. и сов.* (*вн.*) ín|láy* (*d.*), en|crúst (*d.*).

инкубáтор *м.* ín|cubàtor. ~**ный** ín|cubàtor (*attr.*).

инкубациóнный *прил.* к инкубáция; *тж.* ín|cubàtive; ~ периóд ìn|cubátion.

инкубáция *ж.* ìn|cubátion.

инкунáбулы *мн.* ìn|cùnábula.

иннервáция *ж. анат.* ìnnèrvátion.

иновéр||ец *м. уст.* héterodòx. **~ческий** *уст.* héterodòx.
иногдá *нареч.* sóme¦times.
иногорóдн||ий of another town; (*о письме*) not lócal; ~ее письмó not lócal létter, létter to, *или* from, another town.
инозéм||ец *м.*, **~ка** *ж.* fóreigner [ˈfɔrɪnə]. **~ный** fóreign [ˈfɔrɪn]; ~ные поработúтели fóreign oppréssors.
ин||óй 1. (*не такой*) dífferent; (*не тот*) other; ~ы́ми словáми in other words; не кто ~, как, не что ~óe, как none other than [nʌn...]; э́то ~óe дéло this / that is another affáir / matter; 2. (*тж. как сущ.*; *некоторый*) some; ~ы́e здесь, ~ы́e там some here, some there; ◇ ~ раз sóme¦tìmes; тот или ~ one or another.
и́нок *м.* monk [mʌŋk]. **~иня** *ж.* nun.
инокул||úровать *несов. и сов.* (*вн.*) *мед., бот.* inóculàte (*d.*). **~я́ция** *ж. мед., бот.* inòculátion.
иноплемéнн||ик *м.*, **~ица** *ж.* stránger [-eɪnʤə], fóreigner [ˈfɔrɪnə]. **~ый** strange [-eɪnʤ], fóreign [ˈfɔrɪn].
инорóдный álien.
иносказá||ние *с.* állegory. **~тельный** àllègórical.
инострáн||ец *м.*, **~ка** *ж.* fóreigner [ˈfɔrɪnə]. **~ный** fóreign [ˈfɔrɪn].
инохóдец *м.* pácer, ámbler.
и́ноходь *ж. тк. ед.* amble; идтú, бежáть ~ю pace, amble.
иноязы́чн||ый 1. (*о населении и т. п.*) spéaking another lánguage; 2. (*о выражении, обороте*) belóng¦ing to another lánguage; ~ое заимствование fóreign bórrowing [ˈfɔrɪn...].
инсектицúды *мн.* (*ед.* инсектицúд *м.*) insécticìdes.
инсину||áция *ж.* insìnuátion. **~úровать** *несов. и сов.* insínuàte.
инсоля́ция *ж. физ., мед.* ìnsolátion.
инспектúровать (*вн.*) inspéct (*d.*).
инспéктор *м.* inspéctor. **~ский** *прил. к* инспéктор.
инспекциóнн||ый *прил. к* инспéкция; ~ая поéздка inspéction tour [...tuə], tour of inspéction.
инспéкция *ж.* inspéction; воздýшная ~ áerial inspéction [ˈɛə-...]; ~ трудá lábour inspéction.
инспир||áтор *м.* incíter. **~áция** *ж.* inspirátion, incìtátion [-saɪ-].
инспирúрованн||ый *прич. и прил.* incíted, inspíred; ~ая статья́ inspíred árticle.
инспирúровать *несов. и сов.* (*вн.*) incíte (*d.*), inspíre (*d.*).
инстáнц||ия *ж.* ínstance; суд пéрвой ~ии court of first ínstance [kɔːt...]; послéдняя, вы́сшая ~ the híghest ínstance; по ~иям round the depártments.
инстúнкт *м.* ínstinct; ~ самосохранéния ínstinct of sélf-prèservátion [...-zə-]; по ~у instínctive¦ly. **~úвный** instínctive; ~úвное движéние instínctive móve¦ment [...ˈmuːv-].

институ́т *м.* 1. (*учебное или научное заведение*) ínstitùte; 2. (*общественное установление*) ìnstitútion.
институ́тка *ж. уст. разг.* síssy, bréad-and-bútter miss [ˈbred-...].
инструкт||áж *м.* = инструктúрование. **~úвный** instrúctional. **~úрование** *с.* instrúcting. **~úровать** *несов. и сов.* (*вн.*) instrúct (*d.*), advíse (*d.*).
инстрýктор *м.* instrúctor. **~ский** *прил. к* инстрýктор.
инстрýкци||я *ж.* diréctions *pl.*, instrúctions *pl.*; по ~и in accórdance with instrúctions.
инструмéнт *м.* (*в разн. знач.*) ínstrument; (*гл. обр. о рабочем инструменте*) tool; *собир.* tools *pl.*; (*сельскохозяйственный*) ímplement; хирургúческие ~ы súrgical ínstruments; тóчные ~ы precísion ínstruments; музыкáльный ~ músical ínstrument [-zɪ-...].
инструментáль||ный 1. *муз.* ìnstruméntal; 2. *тех.* tóol-màking; used for máking tools; ~ное произвóдство tool prodúction; ~ная сталь tool steel. **~щик** *м.* tóolmàker, ínstrument-màker.
инструментáрий *м.* set of ínstruments / tools.
инструмент||úровать, **~овáть** *несов. и сов.* (*вн.*) *муз.* ínstrumènt (*d.*), órchestràte [ˈɔːkɪs-] (*d.*). **~óвка** *ж. муз.* ìnstrumèntátion.
инсули́н *м.* ínsulin.
инсургéнт *м. уст.* insúrgent.
инсценúр||овать *несов. и сов.* (*вн.*) drámatìze (*d.*), stage (*d.*); (*перен.*: *симулировать*) feign [feɪn] (*d.*); (*о судебном процессе и т. п.*) fake (*d.*). **~óвка** *ж.* dràmatìzátion [-taɪ-]; (*постановка*) stáging; (*перен.*: *симуляция*) preténce, feint; (*судебного процесса и т. п.*) fáking (of a tríal), fráme-ùp.
интегр||áл *м. мат.* íntegral. **~áльный** *мат.* íntegral; ~áльное исчислéние íntegral cálculus. **~áтор** *м.* íntegràtor. **~áция** *ж.*, **~úрование** *с. мат.* ìntegrátion. **~úровать** *несов. и сов.* (*вн.*) *мат.* íntegràte (*d.*).
интеллéкт *м.* íntellèct.
интеллектуáльн||ость *ж.* íntellèctuálity. **~ый** intelléctual.
интеллигéнт *м.*, **~ка** *ж.* intelléctual. **~ность** *ж.* cúlture. **~ный** cúltured, éducàted, ìntelléctual. **~ский** *неодобр.* wéak-wílled, hésitàting [-z-].
интеллигéнция *ж.* intèlligéntsia; *собир. тж.* ìntelléctuals *pl.*; трудовáя ~ wórking intèlligéntsia; ~ нóвого тúпа intèlligéntsia of a new type.
интендáнт *м.* cómmissary. **~ский** còmmissáriat (*attr.*). **~ство** *с.* còmmissáriat.
интенсúвн||ость [-тэ-] *ж.* inténsity. **~ый** [-тэ-] inténsive; ~ый труд inténsive work, high speed work; ~ое хозя́йство inténsive ágricùlture.

интенсифи||кáция [-тэ-] *ж.* intènsificátion. **~цúровать** [-тэ-] *несов. и сов.* (*вн.*) inténsifỳ (*d.*).
интервáл *м.* (*в разн. знач.*) space; ínterval (*тж. муз.*); с ~ами at íntervals.
интервéн||т [-тэ-] *м.* ìntervéntionist. **~ция** [-тэ-] *ж.* ìntervéntion.
интервью́ [-тэ-] *с. нескл.* ínterview [-vjuː]; дать комý-л. ~ give* smb. an ínterview. **~éр** [-тэ-] *м.* ínterviewer [-vjuːə]. **~úровать** [-тэ-] *несов. и сов.* (*вн.*) ínterview [-vjuː] (*d.*).
интерéс *м.* (*в разн. знач.*) ínterest; духóвные ~ы spíritual ínterests; бýдничные ~ы cómmonplàce ínterests; узкопрактúческие ~ы stríctly-práctical ínterests; представля́ть ~ы (*рд.*) rèpresént the ínterests [-ˈze-...] (of); защищáть ~ы (*рд.*) defénd the ínterests (of); дéло представля́ет ~ the case is of ínterest [...keɪs...]; возбуждáть ~ (к) rouse ínterest (for); проявля́ть ~ (к) show* ínterest [ʃou...] (in, for); не проявля́ть ~а (к) refúse to be ínterested (in); э́то в вáших ~ах it is to / in your ínterest; it is to your bénefit; какóй емý ~? what does he gain by it?; с захвáтывающим ~ом ≅ with bréathless, *или* the kéenest, ínterest [...ˈbreθ-...]; в госудáрственных ~ах in the ínterests of the State.
интерéсно I 1. *прил. кратк. см.* интерéсный; 2. *предик. безл.* it is ínteresting; ~ знать, что it would be ínteresting to know what [...nou...], I wónder what [...ˈwʌ-...]; éсли вам ~ знать if it is of any ínterest to you.
интерéсн||о II *нареч.* ínteresting¦ly. **~ый** 1. ínteresting; 2. (*красивый*) prè¦posséssing [-ˈzes-]; ~ая внéшность prè¦posséssing appéarance; ~ая жéнщина attráctive wóman* [...ˈwu-]; ◇ в ~ом положéнии in the fámily way.
интересовáть (*вн.*) ínterest (*d.*). **~ся** (*тв.*) be ínterested (in), care (for).
интерлю́дия [-тэ-] *ж. муз.* ínterlùde.
интермéдия [-тэ-] *ж. театр.* ínterlùde.
интернáт [-тэ-] *м.* 1. (*школа*) bóarding school; 2. *уст.* (*общежитие при школе*) school bóarding house* [...-s].
Интернационáл [-тэ-] I *м.* Ìnternátional [-ˈnæ-].
Интернационáл [-тэ-] II *м.* (*гимн*) the Ìnternátionale [...ɪntəˈnæʃənl].
интернационал||úзм [-тэ-] *м.* ìnternátionalism [-ˈnæ-]; пролетáрский ~ pròletárian ìnternátionalism [prou-...]. **~úст** [-тэ-] *м.* ìnternátionalist [-ˈnæ-]. **~истúческий** [-тэ-] ìnternátionalist [-ˈnæ-]. (*attr.*); ~истúческие позúции ìnternátionalist stándpoint *sg*.
интернационáльный [-тэ-] ìnternátional [-ˈnæ-].

интерни́рованн||ый [-тэ-] **1.** *прич. см.* интерни́ровать; **2.** *м. как сущ.* ìnternée; ла́герь для ~ых intérnment camp.

интерни́ровать [-тэ-] *несов. и сов.* (*вн.*) intérn (*d.*).

интерпелл||и́ровать [-тэ-] *несов. и сов.* intérpellàte. **~я́ция** [-тэ-] *ж.* intèrpellátion.

интерпол||и́ровать [-тэ-] *несов. и сов.* (*вн.*) intérpolàte (*d.*), intércalàte (*d.*). **~я́ция** [-тэ-] *ж.* intèrpolátion, intèrcalátion.

интерпрет||а́ция [-тэ-] *ж.* intèrpretátion. **~и́ровать** [-тэ-] *несов. и сов.* (*вн.*) intérpret (*d.*).

интерфере́нция [-тэ-] *ж. физ.* ìnterférence [-'fɪə-].

интерье́р [-тэ-] *м. иск.* intérior; intérieur (*фр.*) [ɑːŋteɪ'rjəː].

инти́мн||ость *ж.* íntimacy. **~ый** íntimate.

интоксика́ция *ж. мед.* intòxicátion.

интон||а́ция *ж.* ìntonátion. **~и́ровать** módulàte.

интри́г||а *ж.* **1.** intrígue [-'triːg] (*тж. любовная*); вести́ ~у intrígue, cárry on an intrígue; **2.** *лит.* plot. **~а́н** *м.* íntrigànt, intríguer [-'triːgə], plótter. **~а́нка** *ж.* intrigánte [-'gɑːnt], plótter. **~а́нство** *с.* intríguing [-'triːgɪŋ].

интригова́ть I intrígue [-'triːg], scheme, cárry on an intrígue.

интригова́ть II, заинтригова́ть (*вн.*) intrígue [-'triːg] (*d.*), rouse the ínterest / cùriósity (of).

интроду́кция *ж. муз.* ìntrodúction.

интроспе́кция *ж.* ìntrospéction.

интуитиви́зм *м. филос.* ìntuítionalism.

интуити́вно I *прил. кратк. см.* интуити́вный.

интуити́вн||о II *нареч.* intúitive¦ly, by ìntuítion. **~ый** intúitive.

интуи́ц||ия *ж.* ìntuítion; ínstinct; по ~ии by ìntuítion, intúitive¦ly.

инфантили́зм *м.*, **инфанти́льность** *ж.* infántilism.

инфанти́льный ínfantile.

инфа́ркт *м. мед.* infárction.

инфекцио́нн||ый *мед.* inféctious, contágious; zỳmótic [zaɪ-] *научн.*; ~ое заболева́ние inféctious diséase [...-'ziːz].

инфе́кция *ж.* inféction, contágion.

инфильтра́||т *м.* infíltràte. **~ция** *ж. мед., биол.* infiltrátion.

инфинити́в *м. грам.* infínitive.

инфля́ция *ж. эк.* inflátion.

информ||а́тор *м.* infórmant. **~ацио́нный** *прил. к* информа́ция; ~ацио́нное бюро́ informátion bùréau [...-'rou]; ~ацио́нные маши́ны ìnformátion machínes [...-'ʃiːnz]. **~а́ция** *ж.* ìnformátion.

информбюро́ *с. нескл.* (информацио́нное бюро́) informátion bùréau [...-'rou].

информи́ровать *несов. и сов.* (*сов. тж.* проинформи́ровать) (*вн.*) infórm (*d.*).

инфразвуково́й ìnfrasónic [-zou-].

инфракра́сный *физ.* ìnfra-réd.

инфузо́рия *ж. зоол.* ìnfusórian (*pl.* -ria).

инциде́нт *м.* íncident.

инъе́кц||ия *ж.* injéction; сде́лать ~ию (*рд.*) make* an injéction (of), injéct (*d.*).

ио́н *м. физ.* íon. **~иза́ция** *ж. физ., мед.* ìonizátion [-naɪ-]; ~иза́ция атмосфе́ры ìonizátion of the átmosphère.

иони́||йский, ~ческий Ìónic, Ìónian.

ио́нн||ый *физ.* ìónic; ~ая тео́рия ìónic théory [...'θɪə-].

ионосфе́р||а *ж. рад.* íònosphère. **~ный** ìonosphéric.

ипоте́||ка *ж. эк.* mórtgage ['mɔːg-]. **~чный** *эк.* hỳpóthecary [haɪ-].

ипохо́ндр||ик *м.* hỳpochóndriàc [haɪpə'k-]. **~ия** *ж.* hỳpochóndria [haɪpə'k-], mórbid depréssion.

ипподро́м *м.* híppodròme.

ипри́т *м. хим.* mústard gas, ýperite ['iːpəraɪt].

ира́кский Iráqi [-ɑːkɪ].

ира́н||ец *м.*, **~ка** *ж.*, **~ский** Ìránian [aɪ-].

ири́дий *м. хим.* ìrídium [aɪ-].

и́рис *м. бот.* íris ['aɪə-]; (*фиолетовый*) flag.

ири́с *м. тк. ед.* (*конфеты*) tóffee [-fɪ]. **~ка** *ж. разг.* piece of tóffee [piːs...-fɪ].

ирла́нд||ец *м.* Írish¦man* ['aɪə-]. **~ка** *ж.* Írish¦wòman* ['aɪərɪʃwu-]. **~ский** Írish ['aɪə-].

и́род *м. разг.* týrant.

ирон||изи́ровать (над) speak* ìrónically [...aɪə-] (of). **~и́ческий** ìrónical [aɪə-].

иро́ния *ж.* írony ['aɪərə-]; зла́я ~ bíting írony; ◇ ~ судьбы́ írony of fate.

иррадиа́ция *ж. физ.* irràdiátion.

иррациона́льн||ый irrátional; ~ое число́ *мат.* irrátional (númber), surd (númber); ~ое уравне́ние *мат.* irrátional equátion.

ирреа́льный ún¦réal [-'rɪəl].

ирριга́тор *м.* írrigàtor.

ирригацио́нн||ый ìrrigátional; ~ая систе́ма ìrrigátional sýstem.

иррига́ция *ж.* ìrrigátion.

иск *м.* áction, suit [sjuːt]; гражда́нский ~ cívil áction; иму́щественный ~ real áction [rɪəl...]; предъяви́ть ~ кому́-л. sue / prósecùte smb.; bring* in an áction agáinst smb.; встре́чный ~ cóunter-claim; ~ за клевету́ líbel áction; ~ за оскорбле́ние де́йствием áction for assáult and báttery.

искаж||а́ть, искази́ть (*вн.*) **1.** distórt (*d.*), twist (*d.*); страх искази́л его́ лицо́ his face was distórted with fear; **2.** (*неправильно передавать*) mísrèpresént [-'zent] (*d.*), distórt (*d.*), pervért (*d.*); (*о музыкальном, литературном произведении*) bútcher ['bu-] (*d.*) *разг.*; ~ чьи-л. слова́ distórt / mísrèpresént smb.'s words; ~ фа́кт[...] pervért / mísrèpresént the facts; [...] и́стину distórt the truth [...-uːθ] **~а́ться**, искази́ться **1.** (*о лице*) get* [...] be distórted; **2.** *страд. к* искажа́т[ь] **~е́ние** *с.* distórtion, pervérsion; [...] *фактах*) mísrèpresèntátion [-ze-] **~ённый** *прич. и прил.* distórte[d] pervérted; (*о фактах*) mísrèpresént[ed] [-'ze-]; ~ённое лицо́ distórted fac[e] лицо́, ~ённое бо́лью face twist[ed] with pain.

искази́ть(ся) *сов. см.* искажа́[ть] (-ся).

искале́ченный *прич. и прил.* cri[p]pled, mútilàted, maimed.

искале́чить *сов. см.* кале́чить.

иска́лывать, исколо́ть (*вн.*) (*б*[у]*лавкой и т. п.*) prick all óver (*d*[.]) (*кинжалом и т. п.*) stab through a[nd] through (*d.*).

иска́ние *с.* (*рд.*) **1.** séarch(in[g]) ['səːtʃ-] (for); quest (of) *поэт.*; **2.** *м*[н.] (*новых путей*) the séeking and stri[v]ing (for) *sg.*

иска́пывать, ископа́ть (*вн.*) di[g] up (*d.*).

иска́тель *м.*, **~ница** *ж.* séeker; [...] же́мчуга péarl-diver ['pəːl-]; ~ пр[и]ключе́ний advénturer; ~ница пр[и]ключе́ний advénturess.

иска́ть **1.** (*вн.*) look (for); sear[ch] [səːtʃ] (áfter, for); seek* (áfter) *поэт*[.]; ~ дом, кварти́ру look for, *или* be [in] search of, a house*, an apártme[nt] [...haus...]; **2.** (*рд.*; *стараться п*[о]*лучить*) seek* (*d.*, for); ~ ме́с[та] seek* (for) a sìtuátion; look for a j[ob] *разг.*; ~ по́мощи seek* help; ~ сове́[та] seek* advíce; ~ слу́чая look for [an] òpportúnity; ~ спасе́ния (от) see[k] salvátion (from); **3.** (*с рд.*) *юр.* cla[im] (dámages, lósses, *etc.*) (from); ◇ [...] глаза́ми кого́-л. try to catch sig[ht] of smb.

исключ||а́ть, исключи́ть (*вн.*) e[x]clúde (*d.*); excépt (*d.*); rule out (*d.*) *разг.*; (*устранять*) elíminàte (*d.*); [(*из*] *учебного заведения и т. п.*) ex[pel] (*d.*); (*из списка и т. п.*) strike* [out] (*d.*); ~ зара́нее preclúde (*d.*); возмо́[ж]ность тако́го слу́чая ~ена́ по su[ch a] case is póssible [...keɪs...]. **~а́ть[ся]** **1.:** э́то ~а́ется this is out of the qu[es]tion [...-stʃ-]; **2.** *страд. к* исключа́[ть] **~а́я** **1.** *деепр. см.* исключа́ть; [**2.**] *в знач. предл.* (*рд.*) excépting (*d.*) with the excéption (of); bárring (*d.*) ~а́я слу́чаи, когда́ excépt wh[en] не ~а́я without / not excépti[ng] **~е́ние** *с.* **1.** exclúsion; (*из учебн*[ого] *заведения и т. п.*) expúlsion; *ма*[т.] elìminátion; **2.** (*из правил, из норм*) excéption; ~е́ние из пра́вил an exce[p]tion to the rule; за ~е́нием (*р*[д.]) with the excéption (of); в ви́[де] ~е́ния by way of (an) excéption; [без] ~е́ния without excéption.

исключи́тельн||о *нареч.* **1.** (*край*[не], *особенно*) excéptionally; **2.** (*ли*[...]

только) exclúsive|ly, sóle|ly. ~**ость** *ж*. exclúsive|ness; discrìminátion; ра́совая ~ость race discrìminátion. ~**ый** (*в разн. знач.*) excéptional: ~ый слу́чай excéptional case [...-s]; де́ло ~ой ва́жности a case of excéptional impórtance; карти́на ~ой красоты́ a picture of excéptional béauty [...'bju:-]; ~ый зако́н excéptional law; — ~ое пра́во pátent right, exclúsive right, monópoly.

исключи́ть *сов. см.* исключа́ть.

исковéрканн||ый 1. *прич. см.* ковéркать; 2. *прил.* mútilàted, distórted, corrúpted; ~ое сло́во corrúpted word.

исковéркать *сов. см.* ковéркать.

исков||о́й *прил. к* иск; ~о́е заявлéние *юр.* státe|ment of claim.

исколеси́ть *сов.* (*вн.*) *разг.* trável all óver ['træ-...] (*d.*).

исколоти́ть *сов.* (*вн.*) *разг.* beat* black and blue (*d.*).

исколо́ть *сов. см.* иска́лывать.

иско́мкать *сов.* (*вн.*) *разг.* crumple (*d.*).

иско́м||ое *с. скл. как прил. мат.* ún|knówn quántity [-'noun...]. ~**ый** sought for.

исконú *нареч. уст.* from time ìmmemórial.

иско́нный prìmórdial [praɪ-]; áge-òld; ~ обита́тель indígenous inhábitant.

ископа́ем||ое *с. скл. как прил.* 1. (*прям. и перен.*) fóssil; 2. *мн. горн.* mínerals. ~**ый** fóssilìzed; ~ая ры́ба fóssil fish; ~ый человéк fóssil man*.

ископа́ть *сов. см.* иска́пывать.

искорен||éние *с.* eràdicátion. ~**и́ть(ся)** *сов. см.* искореня́ть(ся).

искорен||я́ть, искорени́ть (*вн.*) erádicàte (*d.*); ~и́ть зло, недоста́тки erádicàte évils, shórt|còmings [...'i:v-...]. ~**я́ться**, искорени́ться become* erádicàted.

и́скоса *нареч.* askánce; aslánt [-ɑ:nt]; посмотрéть на кого́-л. ~ look askánce at smb.; взгляд ~ síde|-lòng / slánting glance / look [...'slɑ:-...].

и́скр||а *ж.* (*в разн. знач.*) spark; послéдняя ~ жи́зни the last spark of life; ~ надéжды glimmer of hope; промелькну́ть как ~ flash by; ◇ из ~ы возгори́тся пла́мя the spark will kindle a flame; у него́ ~ы из глаз посы́пались he saw stars.

искрéние *с.* spárking.

и́скренн||е = и́скренно. ~**ий** sincére; (*откровенный*) frank, cándid; (*простой, непосредственный*) ùn|-affécted; с ~ими намéрениями in good faith; ~яя благода́рность héart-fèlt grátitùde ['hɑ:t-...]. ~**о** *нареч.* sincére|ly; (*откровенно*) fránkly, cándidly; ~о пре́данный вам (*в письмах*) yours trúly, sincére|ly yours; (*более официально*) yours fáithfully. ~**ость** *ж.* sincérity, cándour; со всей ~остью in all sincérity, in good faith.

искрив||и́ть(ся) *сов. см.* искривля́ть (-ся). ~**лéние** *с.* bend, crook; (*перен.*) distórtion; ~лéние позвоно́чника cúrvature of the spine.

искрив||ля́ть, искриви́ть (*вн.*) bend* (*d.*), crook (*d.*); (*перен.*) distórt (*d.*). ~**ля́ться**, искриви́ться 1.: его́, её *и т. д.* лицо́ ~и́лось he, she, *etc.*, made a wry face; his, her, *etc.*, face was distórted; его́ гу́бы ~и́лись his lips twisted, his lips twitched; 2. *страд. к* искривля́ть.

искри́стый spárkling.

и́скриться sparkle, scíntillàte.

и́скровец *м. ист.* Ìskra|ist (*supporter of the "Iskra"*).

искрово́й spark (*attr.*); ~ промежу́ток *эл.* spárk-gàp; ~ разря́дник *рад.* spark dis|chárger.

искрогаси́тель *м. тех.* spárk-extínguisher, spárk-prevénter.

искромётный spárkling, fláshing; ~ взгляд fláshing look.

искромса́ть *сов. см.* кромса́ть.

искро||удержа́тель *м.*, ~**улови́тель** *м. тех.* spárk-arréster, spárk-càtcher.

искроши́ть *сов.* (*вн.*) crumble (*d.*); break* / smash to smìtheréens [breɪk... -ðə-] (*d.*); (*перен.*) *разг.* cut* to píeces [...'pi:s-] (*d.*). ~**ся** *сов.* crumble.

искупа́ть I, искупи́ть (*вн.*) éxpiàte (*d.*), atóne (for).

искупа́ть II *сов.* (*вн.*) *разг.* give* a bath (*i.*), give* a bathe [...beɪð] (*i.*).

искупа́ться I *страд. к* искупа́ть I.

искупа́ться II *сов. разг.* take* / have a bath.

искуп||и́тельный éxpiàtory [-eɪt-]; ~и́тельная жéртва péace-òffering; *рел.* sácrifice for *one's* sins. ~**и́ть** *сов. см.* искупа́ть I. ~**лéние** *с.* èxpiátion, atóne|ment, redémption.

иску́с *м.* tríal, test; (*монашеский*) novítiate, probátion; он прошёл тяжёлый ~ he passed through a térrible òrdéal.

искуса́ть *сов.* (*вн.*) bite* (bád|ly, *или* all óver) (*d.*); (*о насекомых*) sting* (bád|ly, *или* all óver) (*d.*).

искуси́тель *м.* témpter ['temtə]. ~**ница** *ж.* témptress ['temt-].

искуси́ть *сов. см.* искуша́ть.

иску́сник *м. разг.* past máster, àdépt ['æ-].

иску́сн||о *нареч.* skílfully. ~**ый** skílful, cléver ['kle-]; ~ый стрело́к márks|man*; ~ый врач skílful súrgeon; ~ая рабо́та a cléver piece of work [...pi:s...].

иску́сственно I *прил. кратк. см.* иску́сственный.

иску́сственн||о II *нареч.* àrtifícially. ~**ость** *ж.* àrtificiálity. ~**ый** 1. àrtifícial; mán-máde; ~ый шёлк àrtifícial silk, ráyon; ~ое орошéние àrtifícial ìrrigátion; ~ое пита́ние àrtifícial féeding / àlimèntátion; (*младенца*) bóttle-feeding; ~ые цветы́ àrtifícial flówers; ~ые зу́бы àrtifícial / false teeth [...fɔ:ls...]; ~ые спу́тники Земли́ и Со́лнца the mán-máde / àrtifícial sátellìtes of the Earth and the Sun [...ə:θ...]; ~ый каучу́к synthétic rúbber; ~ый бриллиа́нт ìmitátion / paste díamond [...peɪst...]; 2. (*деланный, неискренний*) àrtifícial, affécted; ~ая улы́бка àrtifícial / forced smile.

иску́сств||о *с.* 1. art; произведéние ~а work of art; занима́ться ~ом stúdy art ['stʌ-...]; 2. (*умение, мастерство*) skill, profíciency, cráftsmanship; с больши́м ~ом very skílfully; воéнное ~ art of war; операти́вное ~ *воен.* art of strátegy; càmpáign táctics [-'peɪn...]; ~ управлéния art of góvernment [...'gʌ-]; ◇ из любви́ к ~у ≅ for the pléasure / love of the thing [...'pleʒə lʌv...]; по всем пра́вилам ~а accórding to the rules of the craft; in cráftsman's fáshion; scìentífically.

искусство||вéд *м.* art crític. ~**вéдение** *с.* stúdy of art ['stʌ-...]; art críticism. ~**вéдческий** *прил. к* искусствовéдение; ~вéдческий факультéт fáculty of the hístory of art.

искуш||а́ть, искуси́ть (*вн.*) tempt [temt] (*d.*); (*соблазнять*) sedúce (*d.*). ~**éние** *с.* tèmptátion [tem't-]; (*соблазн*) sedúction; вводи́ть в ~éние (*вн.*) lead* into tèmptátion (*d.*); (*соблазнять*) sedúce (*d.*); поддава́ться ~éнию, впада́ть в ~éние be témpted [...'temtɪd]; yield to tèmptátion [ji:ld...]. ~**ённый** *прич. и прил.* expérienced; не ~ённый в чём-л. ìnexpérienced in smth.

исла́м *м.* Íslàm ['ɪz-].

исла́нд||ец *м.*, ~**ка** *ж.* Ìce|lander. ~**ский** Ìce|land (*attr.*), Ìce|lándic; ~ский язы́к Ìce|lándic, the Ìce|lándic lánguage; ~ский мох Ìce|land líchen / moss [...'laɪk-...].

испа́костить *сов. см.* па́костить II.

испа́нец *м.* Spániard ['spænjəd].

испа́нка I *ж.* Spániard ['spænjəd], Spánish wóman* [...'wu-].

испа́нка II *ж.* (*болезнь*) Spánish 'flu.

испа́нский Spánish; ~ язы́к Spánish, the Spánish lánguage.

испарéние *с.* 1. evàporátion; (*выделение*) èxhalátion; 2. *мн.* fumes; (*вредные пары*) miásma [-z-].

испа́рина *ж.* pèrspirátion.

испар||и́тель *м. тех.* evápo ràtor, vápo rizer ['veɪ-]. ~**и́ть(ся)** *сов. см.* испаря́ть(ся).

испаря́ть, испари́ть (*вн.*) evápo ràte (*d.*); (*выделять*) èxhále (*d.*). ~**ся**, испари́ться 1. evápo ràte, èxhále; turn into a vápour, vápo rìze ['veɪ-]; 2. *разг.* (*исчезать*) dìsappéar, vánish; 3. *страд. к* испаря́ть.

испа́чкать *сов. см.* па́чкать 1. ~**ся** *сов. см.* па́чкаться.

испепели́ть *сов. см.* испепеля́ть.

испепеля́ть, испепели́ть (*вн.*) incíneràte (*d.*), redúce to áshes (*d.*).

испестри́ть *сов. см.* испестря́ть.

испестря́ть, испестри́ть (*вн.*) spéckle (*d.*), spot (*d.*), mottle (*d.*); (*расцвечивать*) make* gay / mùlticólour¦ed [...-'kʌ-] (*d.*).

испечённый *прич. см.* печь II 1; ◇ вновь ~ *разг.* néw-flèdged.

испе́чь *сов. см.* печь II 1. **~ся** *сов. см.* пе́чься I 1.

испещри́ть *сов. см.* испещря́ть.

испещря́ть, испещри́ть (*вн. тв.*) speckle (*d.* with), mottle (*d.* with), spot (*d.* with), dot (*d.* with).

исписа́ть(ся) *сов. см.* испи́сывать (-ся).

испи́сывать, исписа́ть (*вн.*) **1.** (*использовать карандаш, бумагу и т.п.*) use up (*d.*); **2.** (*заполнять, покрывать*) cóver with wríting ['kʌ-...] (*d.*). **~ся,** исписа́ться **1.** (*о карандаше*) be used up by wríting; **2.** *разг.* (*о писателе*) write* òne¦sélf out, exháust one's ìnspirátion; **3.** *страд. к* испи́сывать.

испито́й *разг.* wásted ['weɪ-], hággard, hóllow-cheeked.

испове́д||ание *с.* creed, conféssion (of faith). **~ать** *несов. и сов. уст.* = испове́довать I. **~аться** *сов. уст.* = испове́доваться I. **~ник** *м.* **1.** (*священник*) conféssor; **2.** (*кающийся*) pénitent.

испове́довать I *несов. и сов.* (*вн.*) conféss (*d.*); (*перен.*: *расспрашивать*) draw* out (*d.*).

испове́довать II (*вн.*; *веру*) proféss (*d.*).

испове́доваться I *несов. и сов.* conféss (one's sins); (*перен.*: *рассказывать, признаваться*) ùnbósom òne¦sélf [-'buzəm...].

испове́доваться II *страд. к* испове́довать II.

и́споведь *ж.* conféssion.

и́сподволь *нареч.* little by little, léisure¦ly ['leʒ-], grádually.

исподло́бья *нареч.*: смотре́ть ~ (на *вн.*) ≅ lour (at), look distrústfully / súllenly (at); взгляд ~ súllen look.

исподни́зу *нареч. разг.* from belów.

испо́дний *разг.* **1.** *прил.* únder; **2.** *с. как сущ.* únderwear [-wɛə].

исподтишка́ *нареч. разг.* quíetly, stéalthily ['stel-], in an únderhànd way, on the quíet / sly; смея́ться ~ laugh in one's sleeve [lɑːf...].

испоко́н *нареч.*: ~ веко́в, ~ ве́ку from time ìmmemórial, since the beginning of time.

исполи́н *м.* gíant. **~ский** gìgántic [ʤaɪ-].

исполко́м *м.* (исполни́тельный комите́т) exécutive commíttee [...-tɪ].

исполне́н||ие *с.* **1.** (*о желании, приказании и т. п.*) fulfílment [ful-]; (*о работе, приказании и т. п.*) èxecútion; (*о долге, обязанностях*) dis¦chárge; прове́рка ~ия (рабо́ты, да́нного распоряже́ния *и т. п.*) vèrificátion / contról of èxecútion (of work, of given órders, *etc.*) [...-'troul...]; приступи́ть к ~ию свои́х обя́занностей énter up¦ón one's dúties; верну́ться к ~ию свои́х обя́занностей retúrn to one's dúties; при ~ии свои́х обя́занностей when / while on dúty; **2.** (*о пьесе*) perfórmance; (*о музыкальном произведении тж.*) èxecútion; *амер. тж.* rendítion; в ~ии кого́-л. *муз., театр.* perfórmed / played by smb.; (*о певце тж.*) sung by smb.; ◇ приводи́ть в ~ (*вн.*) cárry out (*d.*), éxecùte (*d.*), ímplemènt (*d.*), cárry into efféct (*d.*); приводи́ть пригово́р в ~ éxecùte, *или* cárry out, *a* séntence; во ~ (*рд.*) to éxecùte (*d.*).

испо́лненный I *прич. см.* исполня́ть.

испо́лненный II *прил.* (*рд.*) full (of); взгляд, ~ печа́ли look full of grief [...griːf].

исполни́м||ый féasible [-z-]; ва́ше жела́ние вполне́ ~о your wish can be éasily gránted [...'iːzɪ- 'grɑː-].

исполни́тель *м.*, **~ница** *ж.* **1.** exécutor; суде́бный ~ báiliff; **2.** (*артист и т. п.*) perfórmer; исполни́тели, соста́в исполни́телей (*данного спектакля*) cast *sg.*

исполни́тельн||ый **1.** exécutive; ~ комите́т exécutive commíttee [...-tɪ]; ~ая власть exécutive pówer; ~ые о́рганы exécutive órgans; **2.** (*старательный*) indústrious, páinstàking [-nz-], cáre¦ful; ◇ ~ лист writ / act of èxecútion, court órder [kɔːt...].

исполни́тельск||ий *прил. к* исполни́тель 2; ~ое мастерство́ mástery; másterly perfórmance / èxecútion.

испо́лнить(ся) *сов. см.* исполня́ть (-ся).

исполн||я́ть, испо́лнить (*вн.*) **1.** (*выполнять*) cárry out (*d.*), fulfíl [ful-] (*d.*), éxecùte (*d.*); ~ прика́з cárry out, *или* fulfíl / éxecùte, *an* órder, *или a* commánd [...-ɑːnd]; ~ обя́занности (*рд.*) act (as), fulfíl the dúties (of); ~ жела́ние grant / fulfíl *a* wish [-ɑːnt...]; ~ рабо́ту do the work; ~ обеща́ние keep* one's prómise / word [...-s...], be as good as one's word; ~ про́сьбу complý with *a* requést; ~ свой долг do one's dúty; **2.** (*об артисте, певце и т. п.*) perfórm (*d.*); ~ роль (*рд.*) act (*d.*), play the role (of), play the part (of); ~ та́нец éxecùte / perfórm a dance. **~я́ться,** испо́лниться **1.** (*осуществляться*) be fulfílled [...ful-]; моё жела́ние испо́лнилось my wish has been fulfílled; **2.** *безл.* (*о годах*): ему́ испо́лнилось 20 лет he is twénty years of age, he was twénty last bírthday; за́втра ему́ испо́лнится 20 лет he will be twénty to¦mórrow; испо́лнилось два го́да с тех пор, как он уе́хал two years have passed, *или* have gone by, since he left [...gɔn...], it is two years since he left; **3.** (*рд.*, *тв.*) *уст.* (*наполняться*) fill (with), become* filled (with); моё се́рдце испо́лнилось жа́лостью my heart filled with píty [...hɑːt...'pɪ-]; **4.** *страд. к* исполня́ть. **~я́ющий** *прич. см.* исполня́ть; ~я́ющий обя́занности (*сокр.* и. о.) députy (*attr.*), ácting; ~я́ющий обя́занности мини́стра députy mínister; ~я́ющий обя́занности заве́дующего ácting mánager.

исполосова́ть *сов. разг.* **1.** (что-л.; *изрезать*) cut* into strips (smth.); **2.** (кого́-л.; *избить*) wale (smb.).

и́сполу *нареч.* half and half [hɑːf...]; аре́нда ~ métayage (*фр.*) ['meteɪɑːʒ]; обраба́тывать зе́млю ~ hold* land on métayage sýstem, pay* half of the prodùce (as rent) to the ówner [...'ounə].

испо́льзование *с.* ùtilizátion [-laɪ-], use [juːs]; *переводится тж. формой на* -ing *соответствующих глаголов — см.* испо́льзовать; ~ а́томной эне́ргии в ми́рных це́лях péace¦ful use of atómic énergy; àpplicátion of atómic énergy for péace¦ful púrposes [...-s-].

испо́льзовать *несов. и сов.* (*вн.*) útilìze (*d.*), make* (good) use [...juːs] (of), make* the most (of); (*воспользоваться*) take* advántage [...-'vɑːn-] (of); turn to accóunt (*d.*); (*в своих интересах*) explóit (*d.*); ~ все сре́дства use every póssible means; ~ специали́стов emplóy, *или* make* use of, spécialists [...'spe-]; максима́льно ~ (маши́ну *и т. п.*) make* the most of (*a* machíne, *etc.*) [...-'ʃiːn]; ~ чей-л. о́пыт draw* on, *или* make* use of, smb.'s expérience; ~ скры́тые резе́рвы bring* into use hídden resérves [...-'zɜːvz]; ~ а́томную эне́ргию в ми́рных це́лях make* péace¦ful use of atómic énergy, hárness atómic pówer to péace¦ful úses; ~ своё служе́бное положе́ние в ли́чных це́лях use / explóit one's posítion for one's pérsonal bénefit [...-'zɪ-...]; ~ положе́ние explóit the sìtuátion. **~ся** *несов. и сов.* be used.

испо́льн||ый *ист.*: ~ая систе́ма труда́ métayage (*фр.*) ['meteɪɑːʒ].

испо́ль||щик *м. ист.* sháre-cròpper; métayer (*фр.*) ['meteɪeɪ]. **~щина** *ж. ист.* métayage (*фр.*) ['meteɪɑːʒ].

испо́ртить(ся) *сов. см.* по́ртить(ся).

испо́рченность *ж.* deprávity, pervérsity.

испо́рченн||ый **1.** *прич. см.* по́ртить; **2.** *прил.* spoiled, spoilt; gone bad [gɔn...] *разг.*; (*о продуктах*) rótten; (*о мясе*) táinted; (*о воздухе*) bad*; (*безнравственный*) depráved; ~ ребёнок depráved / vícious child*; ~ хара́ктер pervérse disposítion [...-'zɪ-]; ~ вкус pervérted taste [...teɪ-]; ~ые зу́бы rótten/decáyed teeth.

исправи́м||ый remédiable, réctifiable; (*о человеке*) córrigible; э́то ~о that bcan be set right.

исправи́тельно-трудов||о́й: ~ы́е ра-бо́ты corréctive lábour *sg*.

исправи́тельный corréctional, cor-réctive; ~ дом refórmatory.

испра́в||ить(ся) *сов. см.* исправля́ть(ся). **~ле́ние** *с.* **1.** (*действие*) corréc-tion, corrécting; (*починка*) repáiring; ~ле́ние те́кста améndíng (of) the text; **2.** (*сделанное*) corréction; (*тек-ста тж.*) améndment; внести́ ~ле́ния в текст aménd the text.

исправля́ть, испра́вить (*вн.*) cor-réct (*d.*); (*чинить*) repáir (*d.*), mend (*d.*); (*в моральном отношении*) refórm (*d.*); (*искупать*) redréss (*d.*), atóne (for), make* aménds (for); ~ оши́бку réctifý / corréct *a* mistáke; set* / put* right *a* mistáke; испра́вить положе́-ние rémedy / impróve the situátion [...-uːv...]; испра́вленное изда́ние re-vísed edítion; ◇ ~ до́лжность, обя́зан-ности кого́-л. *уст.* act as smb., fulfíl the dúties of smb. [ful-...]. **~ся,** испра́-виться **1.** impróve [-uːv]; (*морально*) refórm; (*начать новую жизнь*) turn over a new leaf; **2.** *страд. к* исправ-ля́ть.

испра́вник *м. ист.* dístrict políce officer [...pəˈliːs...].

испра́вн||ость *ж.* **1.** (*хорошее со-стояние*) good condítion; в (по́лной) ~ости in (good) repáir, in good wórking órder; **2.** (*исполнительность*) exáctness, pùnctuálity. **~ый 1.** (*в хорошем состоянии*) in good repáir; **2.** (*исполнительный*) cáre|ful, indústri-ous, púnctual.

испражн||е́ние *с.* **1.** dèfecátion, evàc-uátion (of the bówels); **2.** *мн.* fáecès [ˈfiːsiːz], éxcrements. **~и́ться** *сов. см.* испражня́ться. **~я́ться,** испражни́ть-ся défecàte, evácuàte (the bówels).

испра́шивать, испроси́ть *уст.* **1.** (*вн.*; *получать по просьбе*) obtáin (by solíciting) (*d.*); **2.** *тк. несов.* (*вн.* у) solícit (for *d.*), beg (for *d.*); ~ что-л. у кого́-л. solícit smb. for smth.

испро́бовать *сов.* (*вн.*) **1.** test (*d.*), put* to the test (*d.*); **2.** (*изведать, испытать*) expérience (*d.*).

испроси́ть *сов. см.* испра́шивать.

испу́г *м.* fright, scare; в ~е in fright; он сде́лал э́то в ~е he did it in his fright; с ~у from fright. **~анный** *прич. и прил.* fríghtened, scared, stártled. **~а́ть(ся)** *сов. см.* пуга́ть(ся).

испуска́ть, испусти́ть (*вн.*) emít (*d.*); (*о запахе*) èx|hále (*d.*); (*о крике и т. п.*) útter (*d.*); ◇ испусти́ть после́дний вздох, испусти́ть дух breathe one's last.

испусти́ть *сов. см.* испуска́ть.

испыта́н||ие *с.* **1.** test, tríal; (*перен. тж.*) òrdéal; быть на ~ии be on tríal; (*о человеке*) be on probátion; производи́ть ~ (*рд.*) condúct a tríal / test (of), try (*d.*), test (*d.*); пери́од ~ия (*машины и т. п.*) tésting time; ~ я́дерного ору́жия núclear wéapon test [...ˈwep-...]; под-ве́ргнуть ~ию (*вн.*) put* on tríal (*d.*), put* to the test (*d.*); вы́держать ~ stand* *the* test, pass múster; э́то бу́дет серьёзным ~ием (для) it will be a sevére test (for); пройти́ тя́жкие ~ия ùndergó* many sevére tríals, ùndergó* a térrible òrdéal; тяжёлые ~ия вое́нных лет the òrdéals of the war years; **2.** (*экзамен*) exàminátion; вступи́тельные ~ия éntrance exámi-nátions.

испы́танн||ый 1. *прич. см.* испы́ты-вать; ~ в боя́х tried and tésted in battle; **2.** *прил.* (wéll-)tríed; ~ друг tried friend [...fre-]; ~ое сре́дство tésted expédient; (*о лекарстве*) tried rémedy / médicine.

испыта́тель *м.* téster.

испыта́тельн||ый test (*attr.*), trìal (*attr.*); ~ая ста́нция expèriméntal státion; ~ стаж, срок term of pro-bátion; ~ срок (*машины и т. п.*) tríal périod; ~ полёт *ав.* tést-flight; ~ пробе́г (*автомобиля*) tríal run.

испыт||а́ть *сов. см.* испы́тывать. **~у́емый 1.** *прил.*: ~у́емый материа́л matérial únder test; **2.** *м. как сущ.* exàminée.

испыту́ющ||е *нареч.*: ~ смотре́ть (на *вн.*) scan (*d.*); look séarching|ly [...ˈsəːtʃ-] (at); give* a séarching look [...ˈsəːtʃ-...] (*i.*). **~ий** séarching [ˈsəːtʃ-]; ~ий взгляд séarching / péer-ing look.

испы́тывать, испыта́ть (*вн.*) **1.** (*проверять*) try (*d.*), test (*d.*); put* to the test (*d.*); ~ де́йствие мото́ра test *an* éngine, *или a* mótor [...ˈendʒ-...]; ~ свои́ си́лы try one's strength; ~ чьё-л. терпе́ние tax / try smb.'s pátience; **2.** (*ощущать*) expérience (*d.*), feel* (*d.*); ~ удово́льствие ex-périence / feel* pléasure [...ˈpleʒə].

иссека́ть, иссе́чь (*вн.*) **1.** cut* all óver (*d.*); slash to píeces [...ˈpiːs-] (*d.*); **2.** *уст.* (*из мрамора*) carve (*d.*), chísel [ˈtʃɪz°l] (*d.*).

и́ссера- (*в сложн.*) with a gréyish tint, tinged with grey.

иссече́ние *с.* cárving.

иссе́чь *сов. см.* иссека́ть.

и́ссиня- (*в сложн.*) with a blúish tint, tinged with blue; ~-чёрный black with a blúish tint, black tinged with blue; ~-чёрные во́лосы ráven--bláck hair *sg*.

иссле́дование *с.* **1.** invèstigátion, reséarch [-ˈsəːtʃ]; (*анализ*) análysis (*pl.* -sès [-siːz]); (*страны и т. п.*) èxplòrátion; ~ больно́го exàminátion of *a* pátient; ~ кро́ви blood análysis [blʌd...]; нау́чное ~ scìentífic re-séarch; invèstigátion; ~ А́рктики èxplòrátion of the Árctic Région; ~ косми́ческого простра́нства èxplò-rátion of (óuter) space, *или* of the cósmic expánses [...-z-...]; **2.** (*работа, сочинение*) páper, éssay.

иссле́дователь *м.* invéstigàtor; (*страны*) explórer. **~ский** reséarch [-ˈsəːtʃ] (*attr.*); ~ская рабо́та re-séarch work; ~ский институ́т scìentíf-ic reséarch ínstitùte.

иссле́довать *несов. и сов.* (*вн.*) in-véstigàte (*d.*); (*о стране и т. п.*) explóre (*d.*); (*о больном*) exámine (*d.*); ~ кровь ánalỳse the blood [... blʌd]; ~ вопро́с invéstigàte *a* quéstion [...-stʃ-], in|quíre into *a* quéstion.

иссо́х||нуть *сов. см.* иссыха́ть. **~ший** shrívelled, wíther|ed.

и́стари *нареч.* since ólden days; ~ ведётся it is an old cústom.

исстрада́ться *сов.* wear* òne|sélf out with súffering [wεə...].

исступ||ле́ние *с.* frénzy; прийти́ в ~ be in a frénzy; довести́ до ~ле́ния (*вн.*) drive* to a frénzy (*d.*). **~лён-ность** *ж.* frénzied state. **~лённый** frénzied; ~лённый восто́рг èxstátic rápture.

иссуша́ть, иссуши́ть (*вн.*) dry up (*d.*), wíther (*d.*); (*перен.*) consúme (*d.*), waste [weɪst] (*d.*).

иссуши́ть *сов. см.* иссуша́ть.

иссыха́ть, иссо́хнуть dry up; (*о растениях*) wíther; (*перен.*) shrível (up) [-ɪ-...].

иссяка́ть, исся́кнуть run* low / short [...lou...]; (*о влаге, жидкости*) run* dry, dry up.

иссякнуть *сов. см.* иссяка́ть.

иста́пливать I, истопи́ть (*вн.*; *о печи*) heat (*d.*).

иста́пливать II, истопи́ть (*вн.*; *превращать в жидкое состояние*) melt (*d.*).

иста́птывать, истопта́ть (*вн.*) **1.** trample (*d.*); **2.** (*об обуви*) wear* out [wεə...] (*d.*).

иста́ск||анный *разг.* **1.** *прич. см.* иста́скивать; **2.** *прил.* = изно́шенный 2; (*перен.*) díssipàted. **~а́ть(ся)** *сов. см.* иста́скивать(ся).

иста́скивать, истаска́ть (*вн.*) *разг.* wear* out [wεə...] (*d.*). **~ся,** истас-ка́ться be worn out [...wɔːn...]; (*перен.*) be used up, be played out.

истек||а́ть, исте́чь **1.** (*о сроке*) elápse, expíre; вре́мя ~а́ет time is rúnning out; вре́мя ~ло́ time is up; срок ве́кселя истёк the draft is due; **2.:** ~ кро́вью bleed* profúse|ly [...-s-].

исте́кш||ий 1. *прич. см.* истека́ть; **2.** *прил.* past, last; в ~ем году́ dúring the past year; 10-го числа́ ~его ме́ся-ца on the 10th últ(imò).

истере́ть *сов. см.* истира́ть.

исте́рзанный *прич. и прил.* dis-fígured, mútilàted; (*перен.*) worn out [wɔːn...], tòrménted.

истерза́ть *сов.* (*вн.*; *в разн. знач.*) wórry to death [ˈwʌ-...deθ] (*d.*), tòr-mént (*d.*); wórry the life out of smb. **~ся** *сов.* be wórried to death [...ˈwʌ-...deθ].

исте́р||ика *ж.* hystérics. **~и́ческий** hystérical; ~и́ческий припа́док hys-térical fit. **~и́чка** *ж.* hystérical wóman* [...'wu-]. ~и́чный hystérical. ~и́я ж. мед. hystéria.

истёртый 1. прич. см. истира́ть; 2. прил. worn [wɔːn], old; (ср. тж. изно́шенный).

исте́ц м. pláintiff; (в бракоразводном процессе) petítioner.

истече́н||ие с. 1. óutflow; ~ кро́ви мед. háemorrhage ['hem-]; 2. (о сроке) èxpirátion [-paɪə-], expíry; по ~ии (рд.) áfter the expíry (of).

исте́чь сов. см. истека́ть.

и́стин||а ж. (в разн. знач.) truth [-uːθ]; объекти́вная ~ objéctive truth; абсолю́тная ~ ábsolùte truth; относи́тельная ~ rélative truth; доби́ться ~ы, обнару́жить ~у arríve at the truth; в э́том есть до́ля ~ы there is a grain of truth in that; э́то ста́рая ~ it is an old truth; соотве́тствовать ~е be in accórdance with the truth; ◇ изби́тая ~ trúism; го́лая ~ náked truth; свята́я ~ God's truth, góspel truth.

и́стинно I прил. кратк. см. и́стинный.

и́стинн||о II 1. нареч. trúly; 2. как вводн. сл. vérily, réally ['rɪə-]. **~ость** ж. truth [-uːθ]. **~ый** véritable, true; ~ый смысл true sense; ~ая пра́вда véritable / sólemn truth [...-uːθ]; ~ый друг true friend [...frend]; ~ое происше́ствие true stóry; ~ое со́лнечное вре́мя астр. appárent sólar time; ~ый горизо́нт геогр. true / rátional / celéstial horízon [...'ræ-...].

истира́ть, истере́ть (вн.) 1. (измельчать) grate (d.); 2. (использовать) use up (by rúbbing) (d.); ◇ истере́ть в порошо́к redúce to pówder (d.).

истл||ева́ть, истле́ть 1. rot, decáy, be redúced to dust; 2. (сгорать) be redúced to áshes; у́гли в костре́ ~е́ли the émbers of the fire have died a|wáy.

истле́ть сов. см. истлева́ть.

истма́т м. разг. (об учебном курсе) históricаl matérialism.

и́стовый уст. éarnest ['əːn-], férvent, zéalous ['zel-].

исто́к м. source [sɔːs].

истолкова́||ние с. 1. (действие) intèrpretátion; cònstrúing; переводится тж. формой на -ing от соотв. глаголов — см. истолко́вывать; 2. (объяснение) intèrpretátion, cómmentary. **~тель** м. intérpreter, cómmentàtor, expóunder. **~ть** сов. см. истолко́вывать.

истолко́вывать, истолкова́ть (вн.) intérpret (d.), constrúe (d.); (комментировать) cómment (d.); неве́рно истолкова́ть misintérpret (d.).

истоло́чь сов. (вн.) crush (d.); (в ступке) pound (d.).

исто́м||а ж. lánguor [-gə]. **~и́ть** сов. (вн.) exháust (d.), wéary (d.). **~и́ться** сов. (от) be exháusted / faint (with), be wéary (of); ~и́ться в ожида́нии be wéary with wáiting; ~и́ться от жа́жды be faint with thirst. **~лённый** exháusted, worn out [wɔːn...], wéary.

истопи́ть I, II сов. см. иста́пливать I, II.

истопни́к м. stóker, fúrnace-man*.

истопта́ть сов. см. иста́птывать.

исторга́ть, исто́ргнуть (вн.) 1. (выбрасывать) throw* out [θrou...] (d.); (перен.) expél (d.); ~ кого́-л. из о́бщества make* smb. a sócial óutcàst, или a páriah; 2. (вырывать) extórt (d.), force (d.); ~ обеща́ние (у) extórt / force / wrench / wrest a prómise [...-s] (from).

исто́ргнуть сов. см. исторга́ть.

истори́зм м. históricаl méthod.

исто́рийка ж. разг. prétty stóry ['prɪ-...], ánecdòte.

исто́рик м. histórian.

исто́рико||-литерату́рный históricаl and líterary, of hístory and líterature. **~-революцио́нный** históricо-rèvolútionary. **~-филологи́ческий** históricо-phìlológical, históricаl and phìlológical. **~-филосо́фский** históricо-phìlosóphical, históricаl and phìlosóphical.

историо́||граф м. hìstòriógrapher. **~гра́фия** ж. hìstòriógraphy.

истори́ческ||ий 1. históricаl; ~ материали́зм históricаl matérialism; ~ая нау́ка históricаl scíence; ~ пери́од, ~ая эпо́ха históricаl périod, épòch [...-k]; ~ рома́н históricаl nóvel [...'nɔ-]; 2. (исторически важный, знаменательный) históric; ~ая речь históric speech; ~ая да́та históric day / date; игра́ть ~ую роль play a históric part; зада́ча ~ой ва́жности a hístory-màking task; ~ие завоева́ния históric gains / attáinments.

истори́чность ж. hìstorícity, históric cháracter [...'kæ-].

исто́ри||я ж. 1. hístory; ~ обще́ственного разви́тия hístory of sócial devélopment; собы́тие э́то войдёт в ~ю the evént will go down in hístory; 2. (повествование) stóry; 3. разг. (происшествие) evént; с ним случи́лась заба́вная ~ a fúnny thing happened to him; ◇ вот так ~! ≅ there's a prétty kettle of fish! [...'prɪ-...]; ~ ума́лчивает (о пр.) nothing is known [...noun] (of), there is no méntion (of); ве́чная ~! разг. there we are at it agáin!

истоскова́ться сов. (по дт.) miss bád|ly (d.); be sick (for); ~ по ро́дине pine a|wáy with nòstálgia / hóme-sickness; (ср. тоскова́ть).

источа́ть (вн.) shed* (d.); (об аромате и т. п.) èx|hále (d.).

источи́ть сов. (вн.) 1. redúce by grínding (d.), grind* up (d.); 2. (изъесть) pérforàte (d.), pierce [pɪəs] (d.), cóver with holes ['kʌ-...] (d.).

исто́чник м. spring (natural fountain); (перен.) source [sɔːs]; минера́льный ~ míneral spring; ~и сырья́ sóurces of raw matérials; ~ то́ка эл. cúrrent source; рабо́та напи́сана по ~ам the work has been compile from oríginal sóurces.

исто́шный разг. héart-rèndin ['hɑːt-].

истощ||а́ть, истощи́ть (вн.) exháus (d.); wear* out [wɛə...] (d.), drai (d.); (ср. тж. изнуря́ть); ~и́ть за па́сы exháust / drain the supplíes; ~и́ть ресу́рсы deplete the resource [...-'sɔːs-]; ~ по́чву exháust / emáci àte / impóverish the soil; ~и́ть ко́п exháust, или work out, the mine ~ чьё-л. терпе́ние exháust, или wear out, smb.'s pátience. **~а́ться**, исто щи́ться 1. (ослабевать) grow* / be come* weak [-ou...]; (худеть) grow / become* emáciàted / thin; (делатьс неплодородным) impóverish; по́чв ~а́ется при непра́вильном севообо ро́те the soil is impóverished if th crops are not ròtáted próperly [...rou ...]; 2. (о запасе) run* low [...lou]; у него́ истощи́лся запа́с (рд.) h ran out (of); 3. страд. к истоща́ть. **~е́ние** с. exháustion [-stʃən]; (о здо ровье) emàciátion [-sɪ]; ~е́ние средст exháustion of resóurces [...-'sɔːs-]; ~е́ние по́чвы exháustion of the soi; война́ на ~е́ние war of attrítion. **~ённый** 1. прич. см. истоща́ть 2. прил. (ослабевший) wásted ['weɪ-], emáciàted; (слабый) weak; (от го лода) fámished. **~и́ть(ся)** сов. см истоща́ть(ся).

истра́тить(ся) сов. см. тра́тить(ся).

истреби́тель м. 1. destróyer; 2 (самолёт) fíghter; pursúit plan [-'sjuːt...] амер. **~ный** 1. destrúctive 2. ав. fíghter (attr.); pursúit [-'sjuːt] (attr.) амер.; ~ная авиа́ция fighte áircràft.

истреб||и́ть сов. см. истребля́ть. **~ле́ние** с. destrúction, annìhilátio [ənaɪə-]; (искоренение) èxtèrminátion.

истребля́ть, истреби́ть (вн.) de stróy (d.), anníhilàte [ə'naɪə-] (d.); (искоренять) èxtérminàte (d.).

истре́бовать сов. (вн.) demánd an obtáin [-ɑːnd...] (d.).

истрепа́ть(ся) сов. см. истрёпыват (-ся).

истрёпывать, истрепа́ть (вн.) разг (об одежде) wear* to rags [wɛə...] (d.); (о книге и т. п.) fray (d.), tear* [tɛ (d.); ◇ истрепа́ть не́рвы wear* out или rack, one's nerves. **~ся**, истре па́ться разг. be frayed / torn, be wor out [...wɔːn...].

истука́н м. ídol, státue; ◇ стоя́т как ~ stand* like a stone / gráve ímage.

и́стый true, thórough ['θʌrə]; ~ охо́тник true húnter.

исты́кать сов. (вн. тв.) разг. stu (d. with); pierce all óver [pɪəs...] (d.) ~ гвоздя́ми и т. п. stud with nails etc. (d.).

истяза́||ние с. tórture. **~тель** м tórturer.

истязáть (вн.) tórture (d.), (put* ı the) rack (d.).

исхлестáть сов. (вн.) разг. lash / og sevérely (d.).

исхлопотáть сов. (вн.) разг. obtáin •y solíciting) (d.); fix smb. up ith smth. разг.

исхóд м. óut¦còme, resúlt [-'zʌlt]; конец, завершение) end; ~ дéла the ut¦come of the affáir; на ~е дня ɔwards évening [...'iːv-]; быть на ~е coming to an end, be néaring the ıd; день на ~е the day is dráwing to s close [...-s].

исходáтайствовать сов. (вн.) obtáin y petítion / solíciting (d.), applý for nd obtáin (d.).

исходи́ть I сов. (вн.) разг. go* / alk / stroll all óver (d.); ~ всё пóле alk all óver the field [...fiːld].

исходи́ть II (из) 1. íssue (from), ome* (from); (происходить) orígi-àte (from); 2. (основываться) pro-ēed (from); ~ из предположéния rocéed from the assúmption; ~ из рéбований procéed from requíre¦-ıents; исходя́ из э́того hence.

исходи́ть III, изойти́: ~ крóвью leed* to death [...deθ]; ~ слезáми ıelt into tears, cry one's heart out ..hɑːt...].

исхóдн||ый inítial; ~ое положéние oint of depárture; ~ая пози́ция воен. nítial position [...-'zı-], fórming-úp lace.

исходя́щ||ая ж. скл. как прил. канц. utgò¦ing páper. ~ий 1. прич. см. сходи́ть II, III; 2. прил. óutgò¦ing; ~ий нóмер réference númber.

исхудá||лый emáciàted, wásted 'weı-]. ~ние с. emáciàtion. ~ть сов. ecome* emáciàted / thin / wásted ..'weı-].

исцарáп||ать сов. см. исцарáпывать. ~ывать, исцарáпать (вн.) scratch ád¦ly (d.), cóver with scrátches 'kʌ-...] (d.).

исцел||éние с. héaling, recóvery -'kʌ-]. ~и́тель м. héaler. ~и́ть(ся) ов. см. исцеля́ть(ся).

исцеля́ть, исцели́ть (вн.) heal (d.), ure (d.). ~ся, исцели́ться 1. heal, be ıealed, recóver [-'kʌ-]; 2. страд. к сцеля́ть.

исчáдие с.: ~ áда fiend [fiːnd].

исчáхнуть сов. be worn to a shádow ..wɔːn...'ʃæ-]; waste a¦wáy [weıst...].

исчез||áть, исчéзнуть dìsappéar, vánish; (проходить) wear* off [wɛə...]; ~ из пóля зрéния vánish from sight; э́тот обы́чай ~áет the cústom is vánishing; егó застéнчивость постепéнно ~áла he was grádually getting the bétter of his shý¦ness; стенá ~áет под мáссой зéлени the wall is dìsappéaring / hídden únder the vérdure [...-ʤə]; исчéзнуть с лицá земли́ dìsappéar from the face of the earth [...əːθ]. ~новéние с. dìsappéar-ance.

исчéзнувший (более не существующий) extínct.

исчéзнуть сов. см. исчезáть.

и́счерна- (в сложн.) with a bláckish tint, tinged with black.

исчéрпать(ся) сов. см. исчéрпывать (-ся).

исчéрп||ывать, исчéрпать (вн.) exháust (d.); вопрóс ~ан the quéstion is settled [...-stʃ-...]; исчéрпать все дóводы exháust all the árguments; врéмя ~ано time is up. ~ываться, исчéрпаться 1. be exháusted; 2. тк. несов. (тв.) be confíned / redúced (to).

исчéрпывающ||ий exháustive, còmprehénsive; ~ее объяснéние exháustive èxplanátion.

исчерти́ть сов. см. исчéрчивать.

исчéрчивать, исчерти́ть (вн.) cóver with lines / dráwings ['kʌ-...] (d.).

исчислéние с. càlculátion; мат. cálculus.

исчи́сл||ить сов. см. исчисля́ть. ~я́ть, исчи́слить (вн.) cálculàte (d.); (оценивать) éstimàte (d.); ~я́ть расхóды в сýмме éstimàte expénditure at. ~я́ться (в пр.) amóunt (to), come* (to); (о давности) be réckoned (in); стóимость ~я́ется в 1000 рублéй the cost amóunts to 1000 roubles [...ruː-blz]; убы́тки ~я́ются в сýмме 500 рублéй the lósses come to 500 roubles.

итáк союз thus [ðʌs], so; ~, вопрóс решён so the quéstion is settled [...-stʃ-...].

итальян||ец м., ~ка ж., ~ский Itálian [ı'tæ-]; ~ский язы́к Itálian, the Itálian lánguage; ◇ ~ская забастóвка stáy-in strike, sít-down strike.

и т. д. (= и так дáлее) and so on, and so forth; etc. (= et cétera).

итерати́вн||ый [-тэ-] лингв. íterative; ~ые глагóлы íterative verbs.

итóг м. sum, tótal; (результат) resúlt [-'zʌlt]; óбщий ~ grand tótal, sum tótal; чáстный ~ sùbtótal; в ~е обнарýжена оши́бка a mistáke has been discóvered in the tótal [...-'kʌ-...]; подводи́ть ~ (дт.) sum up (d.); (перен.) review [-'vjuː] (d.); ◇ в ~е as a resúlt; в конéчном ~е in the end.

итогó нареч. in all, àltogéther [ɔːltə'ge-]; (в таблицах) tótal.

итóгов||ый 1. tótal; ~ая сýмма the sum tótal; 2. (заключающий) con¦clúding; ~ое заня́тие con¦clúding séssion.

и т. п. (= и томý подóбное) and the like; etc. (= et cétera).

иттéрбий м. хим. yttérbium.

и́ттрий м. хим. ýttrium.

иýда м. Júdas.

иудаи́зм м. Júdà¦ism.

иудéй м. Ísraelite ['ızrıə-]. ~ский Judá¦ic.

иудéйство с.=иудаи́зм.

их I рд., вн. см. они́.

их II мест. притяж. (при сущ.) their; (без сущ.) theirs; их кни́ги their books; нáша кóмната мéньше, чем их our room is smáller than theirs.

и́хний разг. = их II.

ихтиозáвр м. палеонт. ìchthyo-sáurus.

ихтиóл м. íchthyòl.

ихтиó||лог м. ìchthyólogist. ~логи́ческий ichthyológical.

ихтиолóгия ж. ìchthyólogy.

ишáк м. ass, dónkey; (лошак) hínny.

и́шиас м. мед. sciática.

ишь межд. разг. see!; ~ ты! ≅ how d'you like that!

ищéйка 1. ж. trácking dog, blóod-hound ['blʌd-], políce dog [-'liːs...]; 2. м. разг. (о сыщике) sleuth.

и́щущий прич. см. искáть; ◇ ~ взгляд wístful / ánxious look.

ию́л||ь м. Jùlý; в ~е э́того гóда in Jùlý; в ~е прóшлого гóда last Jùlý; в ~е бýдущего гóда next Jùlý.

ию́льск||ий прил. к июль; ~ день Jùlý day, day in Jùlý; ◇ ~ая монáрхия the Jùlý Mónarchy [...-kı].

ию́н||ь м. June; в ~е э́того гóда in June; в ~е прóшлого гóда last June; в ~е бýдущего гóда next June.

ию́ньский прил. к июнь; ~ день June day, day in June.

Й

йог м. yógi ['jougı].

йод м. хим. íodine [-diːn]; óкись ~а íodine óxide. ~истый хим. ìódic; ~истый кáлий potássium íodìde; ~истый нáтрий sódium íodìde. ~ный прил. к йод; ~ный раствóр íodine solútion [-diːn...]; ~ная настóйка tíncture of íodine.

йодофóрм м. фарм. ìodofòrm.

йон м.= иóн.

йот м. лингв. létter J.

йóт||а ж. ìóta; ни на ~у разг. not a jot, not a whit; дéло ни на ~у не сдви́нулось things have¦n't budged (an inch); положéние ни на ~у не измени́лось the sìtuation has¦n't changed a bit [...tʃeı-...]; он ни на ~у не устýпит he will not yield one ìóta [...jiːld...].

К

к, ко *предл.* (*дт.*) **1.** (*в разн. знач.*) to; (*при подчёркивании направления тж.*) towards: идти́ к до́му go* to the house* [...-s], go* towards the house*; письмо́ к его́ дру́гу *a* létter to his friend [...frend]; приба́вить три к пяти́ add three to five; как три отно́сится к пяти́ as three is to five; он добр к ней he is kind to her; он нашёл, к свое́й ра́дости, что he found to his joy that; к о́бщему удивле́нию to everybody's surpríse; — приближа́ться к кому́-л., к чему́-л. appróach smb., smth.; заходи́ть к кому́-л. call on smb.; обраща́ться к кому́-л. addréss smb.; любо́вь к де́тям love of chíldren [lʌv...]; любо́вь к ро́дине love for one's cóuntry [...'kʌ-]; дове́рие к кому́-л. cónfidence / trust in smb.; **2.** (*при указании назначения*) for: к чему́ он э́то сказа́л? what did he say that for?; к чему́ э́то? what is that for?; к за́втраку, к обе́ду *и т. п.* for lunch, for dínner, *etc.*; **3.** (*при обозначении предельного срока*) by: он ко́нчит к пяти́ (часа́м) he will have fínished by five (o'clóck); к пе́рвому январю́ by the first of Jánuary; — он придёт к трём (часа́м) he will come abóut three (o'clóck), he will be there by three (o'clóck); **4.** (*для указания связи с каким-л. событием*): к 25-ле́тию со дня (*рд.*) commémoràting the 25th ànnivérsary (of), in commèmorátion of the 25th ànnivérsary (of); ◇ к тому́ же mòre¦óver, besídes, in addítion; э́то ни к чему́ it is of no use [...ju:s], it is no good; к лу́чшему for the bétter; лицо́м к лицу́ face to face; к ва́шим услу́гам at your sérvice; к сло́ву (сказа́ть) by the way; *другие особые случаи, не приведённые здесь, см. под теми словами, с которыми предл.* к *образует тесные сочетания.*

-ка *частица* **1.** (*при повелит. накл.*) just: да́йте-ка мне посмотре́ть just let me see; **2.** (*при будущем времени*) what if: куплю́-ка я э́ту кни́гу what if I buy this book [...baɪ...].

каба́к *м. уст.* drínking house* [...-s]; (*перен.*) pígstỳ.

кабал||а́ *ж.* sérvitùde, bóndage; быть в ~е́ у кого́-л. be in bóndage to smb.; пойти́ в ~у́ к кому́-л. sell* òne¦sélf into bóndage to smb.

кабали́ст||ика *ж.* cáb(b)alism. **~и́ческий** càb(b)alístic.

каба́льн||ый *прил. к* кабала́; ~ догово́р óne-sided agréement, féttering / sháckling agréement; ~ая зави́симость bóndage.

каба́н I *м.* **1.** wíld-boar; са́мка ~а́ wíld-sow; **2.** (*самец домашней свиньи*) hog.

каба́н II *м. тех.* block.

каба́ний *прил. к* каба́н I.

кабарди́н||ец *м.*, **~ка** *ж.* Ķabárdian, Ķàbàrdínian [kɑ:bɑ:'di:-]. **~ский** Ķabárdian, Ķàbàrdínian [kɑ:bɑ:'di:-]; ~ский язы́к Ķabárdian, the Ķabárdian lánguage.

кабаре́ [-рэ́] *с. нескл.* cábaret ['kæbəreɪ].

каба́||тчик *м.* públican ['pʌ-], bárkeeper, bár-owner [-ou-]. **~цкий** *прил. к* каба́к; (*перен.*: *непристойный, грубый*) indécent, coarse.

кабачо́к I *м.* **1.** *уменьш. от* каба́к; **2.** *разг.* (*ресторанчик*) café (*фр.*) ['kæfeɪ].

кабачо́к II *м.* (*овощ*) végetable márrow.

ка́бель *м.* cable; подво́дный ~ submérged cable; телефо́нный, телегра́фный ~ télephòne, télegràph cable; возду́шный ~ óver¦héad cable [-'hed...]; подзе́мный ~ úndergròund cable. **~ный** *прил. к* ка́бель.

ка́бельтов *м. мор.* **1.** cable; **2.** (*мера*) cable('s) length.

кабеста́н *м. тех.* cápstan.

каби́на *ж.* booth [-ð]; (*для купающихся*) báthing-hùt; (*грузовика*) cab; (*лифта*) car; ~ лётчика cóckpit, cábin.

кабине́т *м.* **1.** (*для занятий*) stúdy ['stʌ-]; **2.** (*врачебный*) consúlting-room; (*хирурга*) súrgery; (*зубоврачебный*) déntal súrgery; (*для массажа и т. п.*) (mássàge-)room [-ɑ:ʒ-]; **3.** *полит.* cábinet. **~ный** *прил. к* кабине́т 1; (*перен.*) ábstràct, ùnpráctical; ~ный учёный ármchair scíentist; ~ная нау́ка bóok-learning [-lə:-]; ~ный страте́г ármchair strátegist; ◇ ~ный портре́т cábinet phóto¦gràph.

каби́нка *ж. уменьш. от* каби́на; *тж.* cab *разг.*

каблогра́мм||а *ж.* cáble¦gràm; посыла́ть ~у cable.

каблу́к *м.* heel; ◇ быть у кого́-л. под ~о́м *разг.* be únder smb.'s thumb.

ка́болка *ж. мор.* rópe-yàrn, cáble-yàrn.

кабота́ж *м. мор.* cábotage, cóasting(-tràde). **~ник** *м.* (*судно*) cóaster, cóasting véssel. **~ничать** *мор.* cóast, cruise (alóng the coast / shore) [kru:z...]. **~ный** *прил. к* кабота́ж; *тж.* cóastwìse; ~ное пла́вание cóastwìse nàvigátion / trade, cóasting; ~ное су́дно = кабота́жник; ~ная торго́вля cóastwìse / cóasting trade.

кабриоле́т *м.* càbriolét [kæbrɪo'leɪ].

кабы́ *разг.* = е́сли бы *см.* е́сли; ◇ е́сли бы да ~ ≅ if ifs and ans were pots and pans.

кавале́р *м.* **1.** càvalíer; (*в танцах*) pártner; **2.** *разг.* (*поклонник*) admírer; bóy-frìend [-frend]; **3.** (*награждённый орденом*): ~ о́рдена béarer of *the* órder ['bɛərə...]; ~ не́скольких орде́нов béarer of séveral dècorátions; ~ Золото́й Звезды́ béarer of the Gold Star.

кавалерга́рд *м.* ófficer of hóuse¦hòld cávalry [...-s-...].

кавалери́йск||ий **1.** *прил. к* кавале́рия; ~ие ча́сти cávalry únits; ~ полк cávalry régiment; ~ая ло́шадь tróop-hòrse, tróoper; **2.** *разг.* próper to a cávalry¦man* ['prɔ-...]; ~ая похо́дка the gait of a cávalry¦man*, a cávalry¦man's walk.

кавалери́ст *м.* cávalry¦man*; (*рядовой тж.*) tróoper.

кавале́рия *ж.* cávalry, the Horse, móunted troops *pl.*; лёгкая ~ light horse.

кавалька́да *ж.* càvalcáde.

кавarда́к *м. разг.* mess, muddle; устро́ить ~ make* a mess.

кавати́на *ж. муз.* càvatína [-'ti:-].

ка́верз||а *ж. разг.* **1.** chicánery [ʃɪ'keɪ-]; **2.** (*злая шалость*) mean trick. **~ник** *м. разг.* intrígue [-'tri:gə], tríckster. **~ный** *разг.* **1.** trícky; ~ный вопро́с púzzling quéstion [...-stʃən], póser; **2.** (*о человеке*) captious.

каве́рна *ж. мед.* cávity (in lungs).

кавка́з||ец *м.*, **~ский** Caucásian [-'keɪzɪən].

кавы́чк||и *мн.* invérted cómmas; (*при цитате*) quotátion marks; откры́ть ~ quote; закры́ть ~ ún¦quóte; в ~ах in invérted cómmas; (*перен.*) só-called; (*тк. о человеке*) wóuld-bè, sélf-stýled.

каго́р *м.* (*вино*) Càhórs wine [kɑ'hɔ:...].

када́нс *м.* cádence ['keɪ-].

када́стр *м.* cadástre.

каде́нция [-дэ́-] *ж. муз.*, *лит.* cádence ['keɪ-].

каде́т I *м. ист.* cadét.

каде́т II *м. полит.* Cònstitútional-Démocràt.

каде́тский I *прил. к* каде́т I; ~ ко́рпус mílitary school.

каде́тск||ий II *прил. к* каде́т II; ~ая па́ртия Cònstitútional-Démocràts *pl.*

кади́||ло *с. церк.* cénser. **~ть** *церк.* íncènse; (*дт.*; *перен.*) *разг.* flátter (*d.*).

ка́дка *ж.* tub.

ка́дмий *м. хим.* cádmium.

кадр *м. кин.* séquence ['si:-]; (*отдельная фотография*) still.

кадри́ль *ж.* (*танец*) quadrílle.

кадрови́к *м. разг.* one of the key ɔèrsonnél [...kɪ:...], mémber of pro- 'éssional cadre [...'kɑ:də].

ка́дровый 1.: ~ рабо́чий expéri- ɜnced wórker; régular wórker; 2. *воен.* :égular.

ка́др||ы *мн.* pèrsonnél *sg.*; (*военные, партийные тж.*) cadre ['kɑ:də] *sg.*; подбо́р ~ов seléction of pèrsonnél; подгото́вка ~ов tráining (of) spé- cialists [...'spe-]; tráining (of) skilled wórkers; в ~ах *воен.* on the pérma- nent (péace-tìme) estáblishment; от- де́л ~ов pèrsonnél / staff depártment.

каду́шка *ж. разг.* tub.

кады́к *м.* Ádam's apple ['æd-...].

каём||ка *ж.*, **~очка** *ж. уменьш. от* кайма́.

каёмчатый with a bórder.

каждодне́вный dáily, évery¦dáy; diúrnal.

ка́жд||ый 1. *прил.* each, every; ~ день every day; ~ые два дня every two days, every other day; на ~ом шагу́ at every step; 2. *м. как сущ.* évery¦òne; ~ до́лжен знать э́то évery¦òne ought to know that [...nou...]; от ~ого — по его́ спосо́б- ностям, ~ому — по его́ труду́ from each according to his abílity, to each accórding to his work; от ~ого — по его́ спосо́бностям, ~ому — по его́ потре́бностям from each accórding to his abílity, to each accórding to his needs.

ка́жется *см.* каза́ться 2, 3.

ка́жущийся 1. *прич. см.* каза́ться 1; 2. *прил.* séeming; (*видимый*) ap- párent.

каза́к *м.* Cóssàck.

каза́рм||а *ж. чаще мн.* bárracks *pl.*; (*перен.*) barn. **~енный** bárrack (*attr.*), bárrack-lìke.

каза́ть *разг.*: не ~ глаз (к) avóid (*d.*), never come* to see (*d.*).

каза́ться, показа́ться 1. (*дт.*) seem (to), appéar (to); strike* as (*i.*) *разг.*; (*тв.*; *выглядеть*) seem (to be + *прил. или прич.*), look (*d.*); он ка́жется у́мным he seems to be clév- er [...'kle-], he seems cléver; он ка́- жется ребёнком he looks a child*; вам э́то мо́жет показа́ться стра́нным it may seem strange to you [...streɪ-...], it may strike you as strange; 2. *безл.*: ка́жется, что it seems that; ему́ ка́- жется, что it seems to him that; 3.: ка́жется, каза́лось *как вводн. сл.*: ка́жется, я не опозда́л I believe I am in time [...-'lɪ:v...]; он, ка́жется, дово́лен he seems to be pleased / sát- isfìed, it seems he is pleased / sátis- fìed; всё, каза́лось, шло хорошо́ all seemed to be gó¦ing well; ка́жется, бу́- дет дождь it seems that it will rain, it looks like rain; каза́лось бы one would think.

каза́х *м.*, **~ский** Kàzákh [kɑ:-]; ~ский язы́к Kàzákh, the Kàzákh lánguage.

каза́||цкий *прил. к* каза́к; ~цкое седло́ Cóssàck saddle. **~чество** *с. тк. ед. собир.* the Cóssàcks *pl.* **~чий** *прил. к* каза́к. **~чка** *ж.* Cóssàck wóman* [...'wu-].

казачо́к *м.* 1. (*танец*) kasatchók (*a lively Ukrainian dance*); 2. *уст.* (*слуга*) bóy-sèrvant.

каза́шка *ж.* Kàzákh wóman* [kɑ:- 'wu-].

казеи́н *м. хим.* cásein [-sɪɪn].

казема́т *м.* cáse¦màte [-s-].

казён||ный 1. físcal; на ~ счёт at públic expénse [...'pʌ-...], at the públic cost; 2. (*бюрократический*) fórmal, bùreaucrátic [-ro-]; ~ подхо́д fórmal appróach; 3. (*банальный*) trite, banál [-ɑ:l]; 4. *воен.*: ~ная часть breech (end). **~щина** *ж. тк. ед. разг.* (*рутина*) convéntionalism; (*бюрокра- тизм*) red tape, réd-tápism.

казино́ *с. нескл.* casínò [-'si:-]; gám- bling-house* [-s].

казна́ *ж. тк. ед.* 1. *уст.* exchéquer, tréasury ['tre-]; (*перен.*) públic cóf- fers / purse / chest ['pʌ-...]; госуда́р- ственная ~ fisc; 2. *уст.* (*государство как юридическое лицо*) the State; 3. *уст.*, *поэт.* (*деньги*) móney ['mʌ-]. **~че́й** *м.* 1. tréasurer ['tre-]; 2. *воен.* páymàster; púrser *мор.* **~че́йский** 1. *прил. к* казначе́й; 2. *уст. прил. к* казначе́йство. **~че́йство** *с. уст.* Tréasury ['tre-], exchéquer.

казни́ть *несов. и сов.* (*вн.*) éxecùte (*d.*), put* to death [...deθ] (*d.*); ~ на электри́ческом сту́ле eléctrocùte (*d.*). **~ся** *разг.* blame òne¦sélf.

казнокра́д *м.* embézzler of state / públic próperty [...'pʌ-...]. **~ство** *с.* embézzle¦ment of state / públic próperty [...'pʌ-...].

казн||ь *ж.* èxecútion, cápital pún- ishment [...'pʌ-]; (*перен.*) tórture; сме́ртная ~ cápital púnishment, death pénalty [deθ...]; ~ на электри́ческом сту́ле elèctrocútion; приговори́ть к сме́ртной ~и (*вн.*) séntence to death (*d.*).

казуи́ст *м.* cásuist ['kæz-, 'kæʒ-]. **~ика** *ж.* cásuistry ['kæz-, 'kæʒ-]. **~и́ческий** càsuístic(al) [kæz-, kæʒ-].

ка́зус *м.* 1. *разг.* (*происшествие*) ín- cident; 2. *юр.* (*особенный случай*) spécial case ['spe- -s]. **~ный** in- vólved.

Ка́ин *м.* Cain.

кайла́ *ж.*, **кайло́** *с.* (míner's) hack.

кайма́ *ж.* bórder, édging.

кайма́н *м. зоол.* cáyman.

кайнозо́йский *геол.* cainozó¦ic [kaɪ-].

как I *нареч.* 1. (*каким образом, в какой степени и т. п.*) how: ~ он э́то сде́лал? how did he do it?; ~ вам э́то нра́вится? how do you like it?; ~ же так? how is that?; ~ до́лго? how long?; я не зна́ю, ~ он э́то сде́лал I don't know how he did it [...nou...]; вы не зна́ете, ~ он уста́л you don't know how tired he is; ~ он уста́л! how tired he is!; ~ жа́рко! how hot it is!; — ~ (ва́ши) дела́? how are you getting on?; ~ пожива́ете? how are you?; ~ пройти́ (на, в, к)? can you tell me the way (to)?; ~ вы от- но́ситесь (к)? what do you think (of)?; вот ~ э́то на́до де́лать that is the way to do it; ~ вам не сты́дно! you ought to be ashámed (of your¦- sélf)!, for shame!; 2. (*при вопросе о названии, содержании и т. п.*) what: ~ ва́ше и́мя?, ~ вас зову́т? what is your name?; ~ называ́ется э́та кни́га? what is the title of that book?; — ~ вы ду́маете? what do you think?; ~ вы сказа́ли? what did you say?; 3. (*при выражении воз- мущения, удивления*) what: ~, он ушёл? what, he has àlready gone? [...ɔ:l'redɪ gɔn]; 4.: ~ ни, ~... ни how¦éver; (*с глаголом*) how¦éver hard / much; (*при кратк. прил.*) as (*с инверсией*): ~ ни по́здно how¦éver late it is; no mátter how late it is; ~ ни тру́дно how¦éver dífficult it is; ~ ни стара́йтесь how¦éver hard you may try; ~ он ни умён cléver as he is ['kle-...]; ~ э́то ни жесто́ко cruel as it is [kruəl...]; — ~ он ни стара́лся try as he would; 5. (*с бу- дущим соверш. при выражении вне- запности*) súddenly, all of a súdden: ~ он вско́чит! súddenly, *или* all of a súdden, he jumped up; 6. (*в отно- сит. предложениях*) = как II 1; ◇ ~ бы не так! not like¦ly!; nothing of the sort!; ~ бы то ни́ было how¦- éver that may be, be that as it may; ~ знать *разг.* who knows [...nouz]; ~ сказа́ть how can one say; ~ когда́ it depénds; и ~ ещё! and how!

как II *союз* 1. (*при сравнении*; *в качестве*) as; (*подобно*) like: он по- ступи́л, ~ вы сказа́ли he did as you told him; широ́кий ~ мо́ре (as) wide as the sea; Толсто́й ~ писа́- тель Tolstóy as a wríter; он говори́т по-англи́йски, ~ англича́нин he speaks Énglish like an Énglish¦man* [...'ɪŋ-...'ɪŋ-]; — бу́дьте ~ до́ма make your¦sélf at home; ~ наро́чно as (ill) luck would have it; ~ ви́дно appárent¦ly; 2. *разг.* (*когда*) when; (*с тех пор как*) since; ~ пойдёшь, зайди́ за мно́й call in for me when you go; прошло́ два го́да, ~ мы познако́мились two years have passed since we met; 3.: по́сле того́ ~ since; в то вре́мя, ~ while; до того́ ~ till, untíl; тогда́ ~, ме́жду тем ~, в то вре́мя ~ (*при противопоставлении*) whère¦ás, while: прошло́ два го́да по́сле того́, *или* с тех пор, ~ он уе́хал two years have passed since he left; он вошёл в то вре́мя, ~ они́ чита́ли he came in while they were réading; он уе́хал, тогда́ ~, *или* ме́жду тем ~, *или* в то вре́мя ~, она́ оста́лась he went a¦wáy whère¦ás / while she remáined; 4. (≅ что) *не переводится; придаточное предложение передаётся оборотом с inf.*: он ви́дел, ~ она́ ушла́ he saw her go; 5. (*с сослагат. накл.*): ~ бы он не опозда́л! I hope he is not late!; бою́сь, ~ бы он не опозда́л I am afráid (that) he may be late; ◇ ~..., так и both... and [bouθ...]: ~ а́рмия, так и флот both the ármy and the návy; the ármy as well as the návy; — ~ наприме́р as for ínstance; ~ раз just, exáctly; ~ раз то the very thing; ~ раз то, что мне ну́жно just what I want, the very thing I want; ~ бу́дто, ~ бы as if, as though [...ðou]: ~ бы в шу́тку as if in jest; э́то бы́ло ~ бы отве́том (*дт.*) it was, as it were, a replý (to), it was a kind of replý (to); — ~ тако́вой as such; ~ то́лько as soon as; the móment; ~ вдруг when all at once [...wʌns]; ~ попа́ло (*небрежно*) ány¦how; any odd way; (*в беспорядке, панике*) hélter-skélter.

какаду́ *м. нескл. зоол.* còckatóo.

кака́о *с. нескл.* 1. cócoa; 2. (*бобы*) cacáò; 3. (*дерево*) cacáò(-tree). **~вый** *прил. к* кака́о; ~вое ма́сло cacáò-seed oil; ~вые бобы́ cacáò-seeds, cócoa-beans.

ка́к-либо *нареч.* sóme¦how.

ка́к-нибудь *нареч.* 1. (*тем или иным способом*) sóme¦how; 2. (*небрежно*) ány¦how; 3. (*когда-нибудь в будущем*) some time; зайди́те ко мне ~ drop in to see me some time.

как-ника́к *нареч.* áfter all.

како́в *мест. тк. им.* what: ~ результа́т? what is the result? [...-'zʌ-]; ~ он собо́й? what does he look like?; тру́дно сказа́ть, ~ы́ бу́дут после́дствия it is dífficult to say what the cónsequences will be; ◇ ~! how do you like him!; вот он ~! *разг.* what a chap / féllow!

какова́ *мест. ж. см.* како́в.

каково́ I *мест. с. см.* како́в.

каково́ II *нареч.* how; ◇ ~! how do you like it!; ~ мне э́то слы́шать, ви́деть! how hard (it is) for me to hear, see it!

какова́й *мест. уст.* which: ~ до́лжен быть возвращён which must be retúrned.

как||о́й *мест.* 1. (*что за*) what; (*при предикативном прилагат.*) how; ~у́ю кни́гу вы чита́ете? what book are you réading?; ~ цвет вы лю́бите? what cólour do you like? [...'kʌ-...]; не зна́ю, ~у́ю кни́гу вам дать I do not know what book I can / could give you [...nou...], I don't know what book to give you; ~а́я пого́да! what wéather (it is)! [...'we-...]; ~а́я хоро́шенькая де́вушка! what a prétty girl! [...'prɪ- gɜːl]; ~а́я э́та де́вушка хоро́шенькая how prétty this girl is; ~ он у́мный! how cléver he is [...'kle-...]; 2. (*который*): (тако́й...) ~ such... as; (тако́й) страх, ~о́го он никогда́ не испы́тывал such fear as he had never felt; (таки́х) книг, ~и́е вам нужны́, у него́ нет he has no such books as you requíre, he has not got the (kind of) books you requíre; 3.: ~ ... ни whàt¦éver; ~у́ю кни́гу он ни возьмёт, ~у́ю бы кни́гу он ни взял whàt¦éver book he takes; ~у́ю кни́гу он ни брал whàt¦éver book he took; — за ~о́е де́ло он ни возьмётся whàt¦éver he ùndertákes to do; 4.: ни... ~о́го по... (whàt¦éver); он не мог найти́ э́то ни в како́й кни́ге he could find it in no book (whàt¦éver).

како́й-либо *мест.* = како́й-нибудь.

как||о́й-нибудь *мест.* 1. some, some kind of; (*в отриц. и условн. обор.*) any; да́йте мне ~у́ю-нибудь кни́гу give me some book or other; 2. (*перед числительными с мн. ч.*) about, some; ~и́е-нибудь 20 рубле́й ónly abóut twénty roubles [...ruː-], not more than twénty roubles.

как||о́й-то *мест.* 1. (*неизвестно какой*) some, a; вас спра́шивает ~ челове́к some one is ásking for you; there is a man* ásking for you; 2. (*похожий на*) a kind of; sóme¦thing like; э́то ~а́я-то ма́ния it is a kind of (a) mánia, it is sóme¦thing like a mánia.

какофони́ческий càcóphonous.

какофо́ния *ж.* càcóphony.

ка́к-то *нареч.* 1. (*каким-то образом*) sóme¦how; он ~ ухитри́лся сде́лать э́то he sóme¦how contríved / mánaged to do it; в э́той ко́мнате ~ темно́ it is dark in this room sóme¦-how; 2. (*однажды*) one day; ~ раз once [wʌns]; 3. (*а именно*) that is; 4. (*неопред. предположение*) how; посмотрю́, ~ он вы́йдет из положе́ния how will he get out of it, I wónder? [...'wʌ-]; I wónder how he will get out of it (*без вопрос. знака*).

ка́ктус *м. бот.* cáctus. **~овые** *мн. скл. как прил. бот.* càctáceae [-'teɪsiː].

кал *м. тк. ед.* fáecès ['fiːsiːz] *pl.*, éxcrement.

каламбу́р *м.* pun. **~ить** pun, quíbble. **~ный** quíbbling.

кала́ндр *м. тех.* cálender.

каланча́ *ж.* wátch-tower; (*перен.*) *разг.* máy-pòle; пожа́рная ~ fíre-tower.

кала́ч *м.* kalátch (*kind of fancy bread*); ◇ тёртый ~ *разг.* old stáger, slick cústomer; ~о́м его́ сюда́ не зама́нишь *разг.* ≅ you can't bring him here for love or móney [...kɑːnt ...lʌv...'mʌnɪ]; доста́нется ему́ на ~и́ he will get a good ráting. **~иком** *нареч.*: сверну́ться ~иком curl up.

калейдоско́п *м.* kaléidoscòpe[-'laɪ-]. **~и́ческий** kaleidoscópic(al) [-laɪ-].

кале́ка *м. и ж.* cripple.

календа́рный 1. *прил. к* календа́рь; 2. (*устанавливаемый по календарю*) cálendar; ~ план cálendar plan; ~ ме́сяц cálendar month [...mʌnθ].

календа́рь *м.* cálendar.

кале́нды *мн. ист.* cálends ['kæ-].

кале́ни||е *с. тех.* ìn¦càndéscence; бе́лое ~ white heat; кра́сное ~ red heat; ◇ довести́ до бе́лого ~я (*вн.*) bring* to white heat (*d.*); (*перен.*) rouse to a fúry (*d.*).

калён||ый 1. réd-hót; ~ое желе́зо réd-hót íron [...'aɪən]; 2. (*об орехах, каштанах и т. п.*) róasted; ◇ ~ым желе́зом вы́жечь (*вн.*) éxtirpàte (*d.*), destróy útterly (*d.*).

кале́чить, искале́чить (*вн.*) mútilàte (*d.*); cripple (*d.*), lame (*d.*), maim (*d.*) (*тж. перен.*).

кали́бр *м.* 1. *тех.* gauge [geɪdʒ]; 2. (*оружия*) cálibre. **~ова́ть** (*вн.*) *тех.* cálibràte (*d.*).

ка́лиевый *хим.* potássium [-sjəm] (*attr.*), potássic.

ка́лий *м. хим.* potássium [-sjəm]; хло́ристый ~ potássium chlóride [...'klɔː-].

кали́йн||ый *хим.* potássium [-sjəm] (*attr.*); ~ое удобре́ние pótàsh fértilìzer ['pɔ-...].

кали́льн||ый *тех.* heat (*attr.*), héating, ìn¦càndéscent; ~ая печь héating / cálcìning fúrnace; ~ая се́тка (ìn¦càndéscent) mantle.

кали́на *ж. бот.* guélder rose, snówbàll-tree ['snou-].

кали́тка *ж.* wícket(-gàte).

кали́ть (*вн.*) 1. *тех.* ìn¦càndésce (*d.*), heat (*d.*); ~ до́красна́ make* réd-hót (*d.*); ~ добела́ make* whíte-hót (*d.*); 2. (*об орехах, каштанах*) roast (*d.*).

кали́ф *м.* cáliph ['keɪ-]; ◇ ~ на час *ирон.* ≅ king for a day.

каллиграфи́ческий càlligráphic; ~ по́черк có‌py- book hand ['kɔ-...].

каллигра́фия *ж.* callígraphy.

калмы́к *м.* Ка́lmyk.

калмы́цкий Ка́lmyk; ~ язы́к Ка́lmyk, the Ка́lmyk lánguage.

калмы́чка *ж.* Ка́lmyk (wóman*) [...'wu-].

ка́ломель *ж. фарм.* cálomel.

калориза́тор *м. тех.* hót-bùlb.

калори́йн||ость *ж.* càlorífic válue. **~ый** hígh-càlorie (*attr.*); ~ое то́пливо hígh-càlorie fúel [...'fju-]; ~ая пи́ща food rich in cálories.

калори́||метр *м. физ.* càlorímeter. **~ме́трия** *ж. физ.* càlorímetry.

калори́фер *м. тех.* áir-stòve.

кало́рия *ж. физ.* cálorie; больша́я ~ large cálorie, kílogràm-cálorie; ма́лая ~ small cálorie, grám-cálorie; брита́нская ~ Brítish thérmal únit (*сокр.* B. T. U.).

кало́ша *ж.* = гало́ша.

калы́м *м. тк. ед. уст.* bríde-mòney [-mʌ-].

кальвин||и́зм *м. рел.* cálvinism. **~и́ст** *м. рел.* cálvinist. **~и́стский** *рел.* càlvinístic(al).

ка́лька *ж.* 1. (*бумажная*) trácing-pàper; (*полотняная*) trácing-clòth; 2. *лингв.* trànslátion loan word [trɑː-...].

калькировать, скалькировать (*вн.*) **1.** trace (*d.*), calk (*d.*); **2.** *лингв.* bórrow as a trànslátion loan word [...trɑ-...] (*d.*).

калькул||ировать, скалькулировать (*вн.*) cálculàte (*d.*). **~ятор** *м.* cálculàtor, cóst-clèrk [-klɑːk]. **~яционный** *прил. к* калькуляция.

калькуляция *ж.* càlculátion.

кальсоны *мн.* dráwers; pants *разг.*

кальциевый *хим.* cálcic.

кальц||ий *м. хим.* cálcium. **~инация** *ж. хим.* càlcinátion. **~ит** *м.* cálcite.

кальян *м.* hóokah.

калякать *разг.* chat, chátter.

камарилья *ж.* càmarílla.

камаринская *ж. скл. как прил.* the Kamárinskaya (*a lively Russian folk dance*).

камбала *ж.* plaice, flóunder.

камбий *м. бот.* cámbium.

камбуз *м. мор.* gálley.

камвольный *текст.* wórsted ['wus-].

камедь *ж.* gum.

каме||лёк *м.* fíre-plàce; у **~лька** by the fíre|sìde.

камелия *ж. бот.* camέllia [-'miː-].

камен||еть, окаменеть hárden into stone; pétrifỳ *научн.*; (*перен.*) hárden; *сов. тж.* stand* stóck-stíll. **~истый** stóny, rócky.

каменноугольн||ый coal (*attr.*); **~ая** промышленность cóal-mìning índustry; **~ые** копи cóal-mìnes, cóal-pits; cólliery *sg.*; ~ пласт cóal-bèd; ~ дёготь cóal-tàr; ~ бассейн cóal-bàsin [-beɪsn], cóal-field [-fiː-].

каменн||ый *прил. к* камень; (*перен.*: *безжизненный*) life|less; (*бесчувственный*) hard, immóvable [-'muː-], stóny; **~ые** орудия stone ímplements / tools; ◇ **~ое** сердце stóny heart [...hɑːt], heart of stone; ~ уголь coal; **~ая** соль róck-sált; ~ век the Stone Age.

каменобоец *м.* stóne-crùsher.

каменоломня *ж.* quárry.

каменотёс *м.* (stóne-)màson.

каменщик *м.* (stóne-)màson, bríck-layer.

кам||ень *м.* stone; rock *амер.*; драгоценный ~ précious stone ['pre-...], gem, jéwel; (*резной*) intáglio [-ɑːl-]; могильный ~ gráve|-stòne, tómbstòne ['tuːm-]; точильный ~ óilstòne, whétstòne; (*для бритвы*) hone; подводный ~ reef, rock; тёсаный ~ áshlar; винный ~ tártar; *кул.* cream of tártar; (*на зубах*) tártar, scale; жёлчный ~ *мед.* gáll-stòne; бросить в кого-л. ~ (*прям. и перен.*) throw* a stone at smb. [-ou...]; ◇ у него ~ лежит на сердце a weight lies héavy on his heart [...'he-...hɑːt]; сердце как ~ heart of stone / flint; краеугольный ~ córner-stòne, kéy-stòne [kiː-], foundátion-stòne; ~ преткновения stúmbling-blòck, stúmbling stone; пробный ~ tóuchstòne ['tʌtʃ-]; падать **~нем** drop like a stone; **~ня** на **~не** не оставить (от) raze to the ground (*d.*).

камера *ж.* **1.** cell, chámber ['tʃeɪ-]; ~ хранения (багажа) clóak-room, chéck-room; дезинфекционная ~ disinféction chámber; тюремная ~ cell; ward; одиночная ~ sólitary (confíne|ment) cell; óne-mán cell; **2.** (*мяча*) bládder; (*шины*) ínner tube; **3.** *тех.* chámber; **4.**: фотографическая ~ cámera.

камеральн||ый: **~ые** работы work cárried out in labóratory, óffice, *etc.* (*as opposed to field work*).

камергер *м.* géntle|man* in atténdance / wáiting.

камердинер *м.* válet ['væ-].

камеристка *ж.* lády's maid.

камерн||ый *муз.* chámber ['tʃeɪ-] (*attr.*); **~ая** музыка chámber músic [...-zɪk]; ~ концерт chámber cóncert.

камертон *м. муз.* túning fork.

камер-юнкер *м.* géntle|man* of the Émperor's béd-chàmber [...-tʃeɪ-].

камешек *м. уменьш. от* камень; *тж.* pebble; ◇ бросать ~ в чей-л. огород *разг.* ≅ have a dig at smb.

камея *ж.* cámeò ['kæ-].

камин *м.* fíre-plàce; место у **~а** fíre|sìde, chímney-còrner. **~ный** *прил. к* камин; **~ная** решётка fénder, fíre-guàrd; **~ная** полочка mántel|-shèlf*; chímney-pìece [-piːs].

камнедробилка *ж.* stóne-breaker [-breɪ-], stóne-crùsher.

камнеломка *ж. бот.* stóne-break [-breɪk], sáxifrage.

камнерез *м.* (*резчик по камню*) stóne-cùtter.

камнесечение *с. мед.* lithótomy.

камора *ж.* (*орудия*) (pówder-) chàmber [-tʃeɪ-].

каморка *ж.* clóset ['klɔz-].

кампани||я *ж.* **1.** càmpáign [-'peɪn]; (*общественная тж.*) drive; посевная ~ sówing càmpáign ['sou-...]; уборочная ~ hárvesting càmpáign; избирательная ~ eléction càmpáign; начать **~ю** start / ópen a càmpáign, launch a drive; *воен. тж.* take* the field [...fiːld]; проводить **~ю** condúct, *или* cárry on, a càmpáign / drive; **2.** *мор.* cruise [-uːz], séa-voyage.

кампешев||ый: **~ое** дерево *бот.* lógwood [-wud], càmpéachy wood [...wud].

камуфлет *м. воен.* càmouflét [kɑːmuː'fle]; (*перен.*) *разг.* a prétty stóry [...'prɪ-...].

камуфляж *м. воен.* cámouflàge [-muflɑːʒ]; cámouflàge / disrúptive páinting.

камфара *ж. фарм.* cámphor.

камфарн||ый cámphor (*attr.*), càmphóric; **~ое** дерево cámphor tree; **~ое** масло cámphor-oil.

камфорка *ж.* = конфорка.

камфорный = камфарный.

камыш *м.* cane, rush, reed; **заросший ~ом** rúshy. **~овый** *прил. к* камыш; **~овое** кресло cane chair.

канава *ж.* ditch; сточная ~ gútter.

канавокопатель *м.* dítcher, trench éxcavàtor.

канад||ец *м.*, **~ка** *ж.*, **~ский** Canádian.

канал *м.* **1.** (*искусственный*) canál; (*морской*) chánnel; (*перен.*: *путь, средство*) chánnel; оросительный ~ ìrrigátion canál; **~ы** обращения *фин.* chánnels of cìrculátion; **2.** *анат.* duct, canál; мочеиспускательный ~ uréthra [-'riː-]; **3.** (*ствола оружия*) bore (*of the barrel*).

канализационн||ый *прил. к* канализация; **~ая** труба séwer(-pìpe).

канализ||ация *ж.* séwerage; (*о всей сети*) séwerage sýstem. **~ировать** *несов. и сов.* (*вн.*) supplý with séwerage sýstem (*d.*), séwer (*d.*).

канальский *уст. разг.* ráscally ['rɑː-], knávish ['neɪ-].

каналья *м. и ж. уст. разг.* ráscal ['rɑː-].

канареечн||ый canáry: **~ое** семя canáry-seed; **~ого** цвета canáry-cólour|ed [-'kʌləd], canáry-yèllow.

канарейка *ж.* canáry (bird).

канат *м.* rope, cable; стальной ~ stéel-ròpe; якорный ~ ánchor cable ['æŋkə...]; ходить по **~у** walk the tíghtròpe. **~ный** *прил. к* канат; **~ный** завод rópe-yàrd; **~ная** передача rópe-drìve; **~ная** дорога rópe-way; **~ная** железная дорога funícular ráilwày; **~ный** плясун rópe-dàncer.

канатоходец *м.* rópe-wàlker.

канв||а *ж. тк. ед.* cánvas; (*перен.*) gróundwòrk; вышивать по **~е** embróider on cánvas; ~ романа óutlìne / design of a nóvel [...-'zaɪn... 'nɔ-].

канд||алы *мн.* shackles, fétters; írons ['aɪənz]; ручные ~ hándcùffs, mánacles; заковать в ~ (*вн.*) put* into írons (*d.*); надеть ручные ~ (*дт.*) hándcùff (*d.*), mánacle (*d.*). **~альный** *прил. к* кандалы.

канделябр *м.* càndelábrum [-'lɑː-] (*pl.* -ra), gírandòle.

кандидат *м.*, **~ка** *ж.* cándidate; (*претендент на должность и т. п.*) ápplicant; ~ в члены КПСС cándidate-mémber of the Cómmunist Párty of the Sóviet Únion; ~ в члены ЦК àlternate mémber of the Céntral Commíttee [...-tɪ]; ~ в депутаты cándidate, nòminée; **~ы** блока коммунистов и беспартийных cándidates of the cómmunist and nón-Párty bloc; выступать **~ом** (от) stand* (for); выдвигать **~а** put* fórward a cándidate, propóse a cándidate; ~ наук cándidate of science. **~ский** *прил. к* кандидат; **~ский** стаж term of probátion (for Cómmunist Párty mémbership); **~ский** минимум póst-gráduate exàminátions *pl.*; **~ская**

диссертáция thésis for a cándidate's / máster's degrée.

кандидатýр||а *ж.* cándidature; cándidacy, nòminátion *амер.*; выставля́ть чью-л. ~у nóminàte smb. for eléction, put* fórward / up smb.'s cándidature; снять свою ~у withdráw* one's cándidature.

канúкулы *мн.* vacátion *sg.*; (*шкóльные тж.*) hólidays [-dɪz]; recéss *sg. амер.*

каникуля́рный *прил. к* канúкулы.

канúстра *ж.* tank.

канитéлиться, проканитéлиться *разг.* dawdle, waste one's time [weɪ-...], mess abóut.

канитéль *ж.* (*для вышивания; золотая*) gold thread [...θred]; (*серебряная*) sílver thread; (*перен.*) *разг.* lóng-drawn-óut procéedings *pl.*; waste of time [weɪst...]; разводúть ~ = канитéлиться. **~ный** *разг.* lóng-drawn-óut.

канифó||лить, наканифóлить (*вн.*) rósin [-z-] (*d.*). **~ль** *ж.* còlóphony, rósin [-z-].

каннелю́ра *ж. арх.* flute.

каннибáл *м.* cánnibal. **~úзм** *м.* cánnibalism.

канóн *м.* (*в разн. знач.*) cánon ['kæ-].

канонáда *ж.* cànnonáde.

канонéрка *ж. мор.* gúnboat.

канониз||áция *ж.* cànonìzátion [-naɪ-]. **~úровать** *несов. и сов.* (*вн.*) cánonìze (*d.*).

канóник *м.* cánon ['kæ-].

канонúческ||ий canónical; ~ое прáво cánon law ['kæ-...].

кант *м.* édging; (*оторочка*) píping; отдéлывать ~ом (*вн.*) edge (*d.*), pipe (*d.*).

канталýпа *ж. бот.* cántaloup [-u:p].

кантáта *ж. муз.* càntáta [-'tɑ:-].

кантиáн||ец *м.,* **~ский** *филос.* Kántian. **~ство** *с. филос.* Kántianism.

кантилéна *ж. муз.* càntiléna.

кантовáть I (*вн.*) edge (*d.*), mount (*d.*).

кантовáть II (*вн.; перевёртывать*) turn óver (*d.*); не ~! handle with care!

кáнтовский *филос.* Kántian.

кантóн *м.* cántòn. **~áльный** cántonal.

канýн *м.* eve; ~ Нóвого гóда Néw-Year's eve.

кáнуть *сов.*: ~ в вéчность fall* / sink* into oblívion; как в вóду ~ *разг.* ≅ dìsappéar / vánish without a trace, vánish into thin air.

канцелярúст *м.* clerk [-ɑ:k]; (*перен.*) réd-tápist [-'teɪ-].

канцеля́р||ия *ж.* óffice. **~ский 1.** *прил. к* канцеля́рия; ~ский стол óffice desk; ~ский пóчерк clérkly hándwrìting [-ɑ:klɪ...], round hand; ~ские принадлéжности státionery *sg.*; **2.** (*казённый*) fórmal, dry, bùreaucrátic [-ro-]; ◇ ~ская кры́са *разг.* ≅ óffice drudge. **~щина** *ж. презр.* réd-tápery [-teɪ], réd-tápism [-'teɪ-].

кáнцлер *м.* cháncellor.

канцóна *ж. муз., лит.* cànzóne [-'tsounɪ].

каньóн *м. геогр.* cányon.

каолúн *м. мин.* káolin.

кáп||ать drip, dribble, drop; (*падать каплями тж.*) fall* (in drops); (*лить по капле тж.*) pour out drop by drop [pɔ:...]; (*проливать*) spill* (in drops); ◇ над нáми не ~лет *разг.* ≅ we are not in a húrry, we can take our time.

капéлла *ж.* **1.** (*хор*) choir ['kwaɪə]; **2.** (*часовня*) chápel ['ʧæ-].

капеллáн *м.* cháplain ['ʧæp-].

капéль *ж.* ≅ drípping snow [...snou], thaw; (*падение капель*) drip of tháwing snow; drípping.

капельдúнер *м. театр.* bóx-keeper, úsher.

кáпельк||а *ж.* **1.** small drop, dróplet; ~ росы́ déw-dròp; **2.** *тк. ед.* (*чуть-чуть*) a bit, a grain, a little; ни ~и úстины not a grain of truth [...u:θ]; имéйте ~у терпéния have a little pátience, have a wee bit of pátience.

капельмéйстер *м.* bándmàster, condúctor. **~ский** *прил. к* капельмéйстер; ~ская пáлочка báton ['bæ-], condúctor's wand.

кáпельница *ж.* (médicine) drópper.

кáпельный 1. *прил. к* кáпля 1; **2.** *разг.* (*очень маленький*) tíny, wee.

кáпер *м. мор.* privatéer [praɪ-].

кáперсы *мн. кул.* cápers.

капилля́р *м. физ.* capíllary. **~ность** *ж. физ.* càpillárity. **~ный** *физ.* capíllary: ~ный анáлиз capíllary análysis; ~ный сосýд capíllary véssel.

капилля́ры *мн. анат.* capíllaries, capíllary blood véssels [...blʌd...].

капитáл *м.* cápital; промы́шленный ~ indústrial cápital; торгóвый ~ trade cápital; финáнсовый ~ fináncial cápital; оборóтный ~ círculàting cápital, wórking cápital; товáрный ~ commódity cápital; основнóй ~ fixed cápital; постоя́нный ~ cónstant cápital; перемéнный ~ várìable cápital; мёртвый ~ dead stock [ded...]; ún|-emplóyed cápital; ~ и процéнты, ~ с процéнтами príncipal and ínterest; стрáны ~а cápitalist cóuntries [...'kʌ-]. **~изáция** *ж. эк.* capitalìzátion [-laɪ-]. **~изúровать** *несов. и сов.* (*вн.*) *эк.* capítalize (*d.*).

капитал||úзм *м.* cápitalism; промы́шленный ~ indústrial cápitalism; монополистúческий ~ monòpolístic cápitalism. **~úст** *м.* cápitalist, fináncier.

капиталистúческ||ий cápitalist (*attr.*), càpitalístic; ~ строй cápitalist sýstem; ~ие стрáны cápitalist cóuntries [...'kʌ-]; ~ое óбщество cápitalist socíety; ~ая систéма хозя́йства the cápitalist èconómic sýstem [...i:k-...].

капитало||вложéние *с.* (cápital) invéstment. **~держáтель** *м.* fúnd-hòlder.

капитáльн||ый cápital; ~ые вложéния (cápital) invéstments; ~ ремóнт thórough / cápital repáirs ['θʌrə...] *pl.*; ~ое строúтельство cápital constrúction; ~ая стенá main wall; ~ труд fùndaméntal work.

капитáн *м.* (*в разн. знач.*) cáptain; (*в торговом флоте*) máster. **~ский** *прил. к* капитáн; ~ский мóстик cáptain's bridge.

капитéль *ж.* **1.** *арх.* cápital, cap; **2.** *полигр.* small cápitals *pl.*

капитул||úровать *несов. и сов.* capítulàte. **~я́нт** *м.* capítulàtor, capìtulátion|ist. **~я́нтский** capítulatory. **~я́ция** *ж.* capìtulátion; (*сдача города, крепости*) surrénder; безоговóрочная ~я́ция ún|condítional surrénder.

капкáн *м.* (*прям. и перен.*) trap.

каплýн *м.* cápon.

кáпл||я *ж.* **1.** drop; по ~е drop by drop; **2.** *мн. фарм.* drops; **3.** *тк. ед.* (*самое малое количество*) a bit, a grain, a little; ни ~и not a bit, not an ounce; ◇ похóжи как две ~и воды́ ≅ as like as two peas; ~и в рот не брать never touch wine [...tʌʧ...]; послéдняя ~ ≅ the drop to fill the cup, the last straw; до ~и to the last drop; бúться до послéдней ~и крóви ≅ fight* to the last; ~ в мóре a drop in the ócean, *или* in the búcket [...'ouʃ°n...].

кáпнуть *сов.* drop; let* fall a drop.

капонúр *м. воен.* càpon(n)íer.

кáпор *м.* hood [hud].

капóт *м.* **1.** *уст.* hóuse-coat [-s-]; **2.** *тех., ав.* cówl(ing); (*автомашины*) bónnet.

капотúрование *с. ав.* nóse-óver, nósing óver.

капрáл *м. воен. уст.* córporal.

каприз *м.* whim; capríce [-i:s]. **~ница** *ж. разг.* caprícious girl [...gə:l]. **~ничать** be caprícious; (*о ребёнке тж.*) be náughty; (*о неодушевлённых предметах*) *разг.* give* trouble [...trʌ-]. **~ный** caprícious, fickle, frétful; (*перен.: неустойчивый*) ùncértain.

каприфóлий *м. бот.* hóney-sùckle ['hʌ-], wóodbìne ['wud-].

капрóн *м.* kápron (*kind of nylon*). **~овый** kápron; ~овые чулкú kápron stóckings; ~овое волокнó kápron / synthétic fibre.

кáпсула *ж.* cápsùle.

кáпсюль *м. воен.* cap, pèrcússion cap, fúlminàte cap; prímer (cap) *амер.*; ~-детонáтор détonàting cap ['di:-...]. **~ный** *прил. к* кáпсюль.

кáпсюля *ж.* = кáпсула.

каптáж *м.* píping, putting into ipes.

каптенáрмус *м.* *воен.* *уст.* quárter-màster-sérgeant [-'sɑː-].

капýст||а *ж.* cábbage; кислая ~ áuerkraut ['sauəkraut]; цветнáя ~ áuliflower ['kɔ-]; брюссéльская ~ Brússels sprouts [-lz...] *pl.*; кочáнная ~ heads of cábbage [hedz...] *pl.* ~**ник** *м.* **1.** *разг.* (*огород*) cábbage-field [-fiːld]; **2.** *зоол.* cábbage-wòrm; **.** (*вечеринка*) friendly évening (*usually with humorous speeches, comic verse, etc.*) ['fren- 'iːvn-]. ~**ница** *ж.* *зоол.* cábbage bútterflẏ. ~**ный** *прил.* к капýста.

капýт *м.* *нескл.* *разг.* all up; тут мý и ~ it is all up with him.

капуци́н *м.* Cápuchin.

капюшóн *м.* hood [hud], cowl.

кáра *ж.* pénalty, púnishment ['pʌ-].

караби́н *м.* cár(a)bine. ~**ёр** *м.* *воен.* càr(a)binéer.

карáбкаться *разг.* clámber.

каравáй *м.* round loaf*.

каравáн *м.* càraván; (*судов тж.*) cónvoy; (*перен.*: *вереница*) string. ~**сарáй** *м.* càravánserai.

карáемый **1.** *прич.* *см.* карáть; **2.** *прил.* *юр.* púnishable ['pʌ-].

карáим *м.*, ~**ка** *ж.* Káraìte.

каракалпáк *м.*, ~**ский** Kàràkàlpák [kɑːrɑːkɑːl'pɑːk]; ~ский язы́к Kàràkàlpák, the Kàràkàlpák lánguage.

каракалпáчка *ж.* Kàràkàlpák wóman* [kɑːrɑːkɑːl'pɑːk 'wu-].

каракáтица *ж.* *зоол.* cúttle(|fìsh); (*перен.*) *разг.* shórt-légged clúmsy wóman* [...-zɪ 'wu-], slówcoach ['slou-].

карáковый dark bay.

карáкулевый àstrakhán (*attr.*).

карáкул||и *мн.* (*ед.* карáкуля *ж.*) scrawl *sg.*; писáть ~ями scrawl, scribble.

карáкуль *м.* àstrakhán.

каракульчá *ж.* bróadtail ['brɔːd-].

карамбóль *м.* *спорт.* cánnon; сдéлать ~ cánnon, make* a cánnon.

карамéль *ж.* *собир.* cáramèl. ~**ка** *ж.* cáramèl, súgarplùm ['ʃu-].

карандáш *м.* (lead) péncil [led...]; цветнóй ~ cólour|ed péncil ['kʌ-...]; (*без деревянной оправы*) cráyon; хими́ческий ~ indélible / ink péncil; рисовáть ~óм draw* with a péncil; нарисóванный ~óм drawn in péncil, péncilled. ~**ный** *прил.* к карандáш; ~ный рисýнок péncilling, péncil dráwing.

каранти́н *м.* quárantìne [-tiːn]; выдéрживать ~ be in quárantìne; подвéргнуть ~у (*вн.*) quárantìne (*d.*), put* / place in quárantìne (*d.*); сня́тие ~а *мор.* prátìque [-tiːk]. ~**ный** *прил.* к каранти́н; ~ное свидéтельство *мор.* bill of health [...helθ].

карапýз *м.* *разг.* chúbby little boy / chap.

карáсь *м.* crúcian (carp).

карáт *м.* cárat ['kæ-].

карáтель *м.* chàstíser; (*из состава карательной экспедиции*) head *or* mémber of *a* púnitive èxpedítion [hed...]. ~**ный** púnitive: ~ная экспеди́ция púnitive èxpedítion; ~ные мéры púnitive méasures [...'meʒ-].

карáть, покарáть (*вн.*) púnish ['pʌ-] (*d.*), chàstíse (*d.*), inflíct pénalty (on).

карáул *м.* **1.** guard, watch; почётный ~ guard of hónour [...'ɔnə]; вступáть в ~ mount guard; стоя́ть в ~е, нести́ ~ keep* guard, be on guard; стоя́ть в почётном ~е stand* guard in hónour of; сменя́ть ~ relíeve / change *the* guard [-'liːv tʃeɪ-...]; на ~! *воен.* presént arms! [-'zent...]; **2.** *как межд.* (*на помощь!*) help!; кричáть ~ shout / call for help. ~**ить** (*вн.*) **1.** (*охранять*) guard (*d.*), keep* watch (óver); **2.** (*подстерегать*) watch (for), lie* in wait (for). ~**ка** *ж.* *разг.* guárd-room, guárd-house* [-s].

карáуль||ный **1.** *прил.* к карáул 1; ~ная слýжба guard dúty; ~ная бýдка séntry-bòx; **2.** *м.* *как сущ.* (*часовой*) séntry; séntinel *поэт.* ~**ня** *ж.* *уст.* *разг.* = карáулка.

карáульщик *м.* *разг.* wátch|man*.

карáчк||и *мн.* *разг.*: на ~, на ~ах on all fours [...fɔːz]; стать на ~ get* on all fours; пóлзать на ~ах crawl on all fours.

карби́д *м.* *хим.* cárbide. ~**ный** *прил.* к карби́д; ~ная лáмпа cárbide lamp.

карбóл||ка *ж.* *тк.* *ед.* *разг.* càrbólic ácid. ~**овый** càrbólic; ~овая кислотá càrbólic ácid.

карбонáрий *м.* *ист.* càrbonári [-'nɑː-].

карбонáт *м.* *хим.* cárbonate.

карбонизи́ровать *несов.* *и* *сов.* (*вн.*) *тех.* cárbonize (*d.*).

карборýнд *м.* càrborúndum.

карбýнкул *м.* *мин.*, *мед.* cárbùncle.

карбюр||áтор *м.* *тех.* cárburèttor. ~**áция** *ж.* càrburátion, càrburizátion. ~**и́ровать** *несов.* *и* *сов.* (*вн.*) cárburèt (*d.*), cárburàte (*d.*), cárburize (*d.*).

каргá *ж.* *разг.* hag, hárridan, crone.

кáрда *ж.* *тех.* card.

кардамóн *м.* cárdamom.

кардинáл *м.* cárdinal.

кардинáльный cárdinal; ~ вопрóс cárdinal quéstion [...-stʃən].

кардинáльский cárdinal's.

кардиогрáмма *ж.* cárdiogràm.

кардиóграф *м.* cárdiogràph.

кáрдн||ый *прил.* к кáрда; ~ая маши́на cárding machíne [...-'ʃiːn].

карé [-рэ́] *с.* *нескл.* square.

карегла́зый brówn-eyed [-aɪd].

карёжить(ся) = корёжить(ся).

карéл *м.*, ~**ка** *ж.* Karélian.

карéльск||ий Karélian; ◇ ~ая берёза Karélian / wart birch.

карéта *ж.* coach; ◇ ~ скóрой пóмощи ámbulance (car).

карéтка *ж.* **1.** *уменьш.* *от* карéта; **2.** *тех.* cárriage [-rɪdʒ], frame.

карéтн||ик *м.* *уст.* (*мастер*) cóach-màker. ~**ый** *прил.* к карéта; ~ый сарáй cóach-hóuse* [-s].

кариати́да *ж.* *арх.* càryátid.

кáриес *м.* *мед.* cáriès [-riːz].

кáрий házel, brown.

карикатýр||а *ж.* càricatúre; (*политическая*) càrtóon. ~**и́ст** *м.* càricatúrist; càrtóonist. ~**ный** **1.** *прил.* к карикатýра; **2.** (*смешной*) grotésque; представить в ~ном ви́де (*вн.*) càricatúre (*d.*), làmpóon (*d.*).

карióз *м.* *мед.* = кáриес. ~**ный** *мед.* cárious.

кáрканье *с.* cróak(ing).

каркáс *м.* frame, fráme|wòrk.

кáрк||ать, кáркнуть (*прям.* *и* *перен.*) croak, caw. ~**нуть** *сов.* *см.* кáркать.

кáрлик *м.* dwarf, pýgmy. ~**овый** dwárfish, dimínutive, pygméan [-'miːən]; (*о растениях*) dwarf; ~овая пáльма pàlmèttò.

кáрлица *ж.* dwarf, pýgmy.

кармáн *м.* pócket; боковóй ~ síde-pòcket; ~ для часóв fob, wátch-pòcket; зáдний ~ (*в брюках*) híp-pòcket; ◇ э́то емý не по ~у *разг.* it is more than he can affórd; he cánnòt affórd it; бить по ~у cost* a prétty pénny [...'prɪ...]; наби́ть ~ *разг.* fill one's póckets; держи́ ~ ши́ре *разг.* ≅ nóthing dóing!; не лезть за слóвом в ~ *разг.* ≅ have a réady tongue [...'re- tʌŋ]. ~**ник** *м.* *разг.* (*вор*) píckpòcket. ~**ный** *прил.* к кармáн; ~ный словáрь pócket díctionary; ~ные дéньги pócket móney [...'mʌ-] *sg.*; ~ный вор=кармáнник; ~ная крáжа píckpòcketing; ~ные часы́ watch *sg.*

карманьóла [-ньё-] *ж.* Càrmàgnóle [-mæ'njoul].

карми́н *м.* cármine. ~**ный** cármìne.

карнавáл *м.* cárnival.

карни́з *м.* *арх.* córnice; (*окна*) ledge; (*нижний край крыши*) eaves *pl.*

каротéль *ж.* *бот.* short cárrot.

кароти́н *м.* cárotène, cárotin.

карп *м.* carp.

карст *м.* *геол.* karst.

кáрт||а *ж.* **1.** *геогр.* map; морскáя ~ (sea) chart; ~ полушáрий map of the world, map of the hémisphères; авиациóнная ~ air map; **2.** (*игральная*) (pláying-)càrd; колóда карт pack of cards; игрáть в ~ы play cards; имéть хорóшие ~ы have a good hand; сдавáть ~ы deal* (round) the cards; тасовáть ~ы shuffle the cards; емý везёт в ~ы he is lúcky at cards; ◇ раскры́ть свои́ ~ы throw* up, *или* show*, one's cards / hand [θrou... ʃou...]; стáвить на ~у (*вн.*) *разг.* stake (*d.*); постáвить всё на ~у stake one's all; егó ~ би́та his game is up; емý и ~ы в рýки it's up to him, he should know [...nou]; смешáть, спýтать чьи-л. ~ы spoil* smb.'s game.

картáв||ить burr. **~ость** *ж.* burr. **~ый** 1. (*о звуке*) pronóunced gúttur-ally; 2. (*о человеке*) búrring.

картёжн||ик *м.* gámbler. **~ый** gám-bling; ~ая игрá gámbling.

картезиáн||ец *м.*, **~ский** *филос.* Càrtésian [-zɪən].

картели́рование [-тэ-] *с.* cártèl-lìzing.

картéль [-тэ́-] *м. и ж. эк.* cártèl.

картéчный *прил. к* картéчь.

картéчь *ж.* 1. *воен.* cáse-shòt ['keɪs-], cánister(-shòt); 2. (*крупная дробь*) búck-shòt.

карти́н||а *ж.* 1. (*в разн. знач.*) pícture; (*о живописи тж.*) páinting, cánvas; ~ мáсляными крáсками óil-páinting; таковá ~ (*рд.*) such is the pícture (of); нарисовáть ~у чегó-л. (*перен.*) paint a pícture of smth.; 2. *театр.* scene; ◇ живы́е ~ы tableaux (vivants) [tɑː'blou viː'vɑːŋ]. **~ка** *ж.* pícture; кни́га с ~ками pícture-book; лубóчные ~ки cheap pópular prints; переводны́е ~ки tránsfers; мóдная ~ка fáshion-plàte. **~ный** 1. *прил. к* карти́на 1; *тж.* pictórial; ~ная галерéя pícture-gàl-lery; 2. (*живописный*) pìcturésque.

картогрáмма *ж.* cártogràm.

картóграф *м.* càrtógrapher. **~и́ро-вать** (*вн.*) draw* a map (of). **~и́чес-кий** càrto|gráphic(al).

картогрáфия *ж.* càrtógraphy.

картóн *м.* páste|board ['peɪ-], cárd-board.

картонáж||и *мн.* (*ед.* картонáж *м.*) cárdboard árticles. **~ный** *прил. к* картонáжи; cárdboard (*attr.*); ~ная фáбрика fáctory of cárdboard árticles; ~ные издéлия cárdboard árticles.

картóн||ка *ж.* páste|board-bòx [-'peɪ-]; (*для шляп*) hát-bòx, bánd-bòx. **~ный** *прил. к* картóн.

картотéка *ж.* card índèx.

картотéчный cárd-índèx (*attr.*).

картофелекопá||лка *ж.*, **~тель** *м.* *с.-х.* potátò-dìgger.

картофелепосáдочн||ый: ~ая ма-ши́на = картофелесажáлка.

картофелесажáлка *ж. с.-х.* potátò-plànter [-ɑːn-], potátò-plánting ma-chíne [-ɑːn- -'ʃiːn]; ~ для квадрáт-но-гнездовóй посáдки potátò-plànter for squáre-clùster plánting [...-ɑːn-].

картофелеубóрочный: ~ комбáйн potátò-pícking cómbìne.

картóфелина *ж. разг.* potátò.

картóфель *м. тк. ед.* 1. *собир.* potátòes *pl.*; жáреный ~ fried potá-tòes; chips *pl.*; 2. (*растение*) potátò plant [...-ɑːnt]; ◇ ~ в мунди́ре *разг.* (*варёный*) potátòes boiled in their skins / jáckets; (*печёный*) po-tátòes baked in their skins / jáckets. **~ный** potátò (*attr.*); ~ная мукá potátò flour; ~ное пюрé mashed po-tátòes *pl.*, potátò mash; ~ная шелухá potátò péelings *pl.*

кáрточ||ка *ж.* (*в разн. знач.*) card; (*фотографическая*) phóto|gràph; ка-талóжная ~ índèx card; ~ вин wíne-lìst; ~ кýшаний bill of fare, ménù. **~ный** 1. card (*attr.*); ~ный стол cárd-tàble; ~ный долг gámbling--dèbt [-det]; 2. *прил. к* кáрточка; ~ный каталóг card índèx, card cátalògue; ~ная систéма rátion|ing sýstem ['ræ-...]; ◇ ~ный дóмик house* of cards [haus...].

картóшина *ж. разг.* = картóфелина.

картóшк||а *ж. разг.* = картóфель *и* картóфелина; сажáть, копáть ~у plant, dig* potátòes [-ɑːnt...]; ◇ нос ~ой *разг.* búlbous nose.

картýз I *м.* (*головной убор*) (vísor-ed) cap ['vaɪz-...].

картýз II *м. воен.* (*зарядный*) pów-der bag.

картýшка *ж.* (*компаса*) cómpass card ['kʌ-...].

карусéль *ж.* róundabout, mérry-go--round, whírligig [-gɪg].

кáрцер *м.* púnishment room['pʌ-...]; (*в тюрьме*) púnishment cell.

карьéр I *м.* (*аллюр*) full gállop; ◇ с мéста в ~ *разг.* straight a|wáy.

карьéр II *м. горн.* (*каменоломня*) quárry; (*песочный*) sánd-pìt.

карьéр||а *ж.* caréer; начáть ~у begin* one's caréer; (с)дéлать ~у make* one's caréer; make* one's way up *разг.*; бы́стро (с)дéлать ~у obtáin quick promótion. **~и́зм** *м.* sélf--séeking. **~и́ст** *м.* caréerist, óffice-seek-er; pláce-hùnter, clímber ['klaɪ-] *разг.*; gó-gétter [-'ge-] *амер.*

касáни||е *с.* cóntàct; тóчка ~я *мат.* point of cóntàct.

касáтельная *ж. скл. как прил. мат.* tángent [-nʤ-].

касáтель||но *предл.* (*рд.*) tóuching ['tʌ-]; concérning. **~ство** *с.* (к) con-néction (with), ány|thing to do (with); к э́тому он не имéет никакóго ~ства he has no connéction with it, he has nothing to do with it.

касáтка *ж.* 1. (*ласточка*) swállow; 2. *ласк.* dárling.

касá||ться, коснýться 1. (*рд. тв.*; *дотрагиваться*) touch [tʌtʃ] (*d.* with); 2. (*рд.*; *упоминать*) touch (up|ón); 3. (*рд.*; *иметь отношение*) concérn (*d.*), applý (to); э́то егó не ~ется it is not his búsiness [...'bɪznɪs]; те, когó э́то ~ется those who are con-cérned (in); ◇ что ~ется as to, as regárds; что ~ется егó as to him, for his part, as far as he is concérned; что ~ется вторóго вопрóса as regárds the sécond quéstion [...'se- -stʃən]. **~ющийся** *прич. и прил.* (*рд.*) con-cérning (*d.*); *прил. тж.* pértinent (to).

кáска *ж.* hélmet.

каскáд *м.* càscáde (*тж. тех.*). **~ный** 1. *прил. к* каскáд; 2. varíety (show) [...ʃou] (*attr.*).

кáсса *ж.* 1. (*в магазине*) cáshbòx; till; (*билетная*) bóoking-òffice; те-атрáльная ~ bóx-òffice; несгорáемая ~ safe, stróng-bòx; 2. (*денежная на-личность*) cash; 3. (*учреждение*): ~ взаимопóмощи mútual insúrance / bénefit fund [...-'ʃuə-...], mútual aid fund; сберегáтельная ~ sávings--bànk; 4. *полигр.* case [-s].

кассациóнн||ый *прил. к* кассáция; ~ суд Court of Appéal / Càssátion [kɔːt...]; ~ая жáлоба appéal.

кассáци||я *ж. юр.* càssátion; подáть ~ю appéal to a Court of Càssátion [...kɔːt...].

кассéта *ж. фот.* (*для плёнки*) càsétte [kɑː-]; (*для пластинок*) pláte-hòlder; (*для киноленты*) fílm-hòlder.

касси́р *м.* càshíer.

касси́ровать *несов. и сов.* (*вн.*) *юр.* annúl (*d.*), revérse (*d.*).

касси́рша *ж. разг.* càshíer.

кáссов||ый *прил. к* кáсса; ~ая кни́га cásh-book; ~ счёт cásh-accóunt.

кáста *ж.* caste [kɑːst].

кастаньéты *мн.* (*ед.* кастаньéта *ж.*) càstanéts.

кастеля́нша *ж.* mátron, línen mán-agerèss ['lɪ-...].

кастéт *м.* knúckle-dùster; bráss--knùckles *pl. амер.*

кáстовый *прил. к* кáста.

кастóр *м. текст.* cástor.

кастóрка *ж. тк. ед. разг.* cástor oil.

кастóров||ый I: ~ое мáсло cástor oil.

кастóров||ый II 1. *прил. к* кастóр; 2. *уст.* (*из бобрового меха*) béaver (*attr.*); ~ая шля́па béaver (hat).

кастр||áт *м.* càstráted male. **~áция** *ж.* càstrátion, emàsculátion. **~и́ро-вать** *несов. и сов.* (*вн.*) càstráte (*d.*), emásculàte (*d.*); (*животное*) geld*[ge-] (*d.*).

кастрю́ля *ж.* pan, stéw-pàn, sáuce|-pàn.

кат *м. мор.* cat; ~-бáлка cát|head [-hed].

катавáсия *ж. разг.* confúsion, row.

катаклúзм *м.* cátaclysm.

катакóмбы *мн.* (*ед.* катакóмба *ж.*) cátacòmbs [-koumz].

каталéктика *ж. лит.* càtaléxis, càtaléctic verse.

каталéп||сия *ж. мед.* cátalèpsy. **~тик** *м.* càtaléptic. **~ти́ческий** *мед.* càtaléptic.

катáлиз *м. хим.* catálysis. **~áтор** *м. хим.* cátalyst.

каталóг *м.* cátalògue; предмéтный ~ súbject cátalògue. **~изáтор** *м.* cát-alòguer. **~изи́ровать** *несов. и сов.* (*вн.*) cátalògue (*d.*).

каталóжн||ая *ж. скл. как прил.* cátalògue room. **~ый** *прил. к* каталóг.

катáние I *с.* (*прогулка*) drive; ~ в экипáже dríving; ~ верхóм ríding; ~ на конькáх skáting; фигýрное ~ (на конькáх) fígure skáting; пáрное ~ (на конькáх) pair skáting; ~ с гор tobógganing; ~ на лóдке bóating.

ката́ние II *с.* rólling (*ср.* ката́ть II); ~ в коля́сочке whéeling.

ка́танье *с.*: не мытьём, так ~м ≅ by hook or by crook.

катапу́льта *ж. воен. ист.*, *ав.* cátapùlt.

ката́р *м.* catárrh; ~ желу́дка catárrh of the stómach [...'stʌmək].

катара́кта *ж. мед.* cátaràct.

ката́ра́льный catárrhal.

катастро́ф||а *ж.* catástrophe [-fɪ]; железнодоро́жная ~ ráilway áccident, train smash; экономи́ческая ~ èconómic disáster [i:k- -'zɑ:-]. **~и́ческий** càtastróphic(al), disástrous [-'zɑ:-]; ~и́ческие после́дствия disástrous effécts.

ката́ть I (*вн.*; *в экипаже и т. п.*) drive* (*d.*), take* for a drive (*d.*).

ката́ть II, *опред.* кати́ть, *сов.* покати́ть (*вн.*) 1. roll (*d.*); (*на колёсах*) wheel (*d.*), trundle (*d.*); 2. *тк. неопред.*: ~ бельё mangle línen / clothes [...'lɪ- klouðz]; (*ср.* кати́ть).

ката́ться I (*на машине, в экипаже и т. п.*) go* for a drive; ~ на ло́дке boat, go* bóating; ~ на конька́х skate, go* skáting; ~ с гор tobóggan; ~ на велосипе́де bícycle ['baɪ-], cycle; ~ верхо́м ride*.

ката́ться II, *опред.* кати́ться, *сов.* покати́ться roll; (*ср.* кати́ться); ✧ ~ со́ смеху *разг.* split* one's sides with láughter [...'lɑ:f-]; как сыр в ма́сле ~ *разг.* ≅ live in clóver [lɪv...].

катафа́лк *м.* cátafàlque; (*похоронные дроги*) hearse [hə:s], bier.

категори́ч||ески *нареч.* càtegórically; (*отказываться, отрицать и т.п.*) flátly. **~еский** càtegórical; (*об отказе, отрицании и т. п.*) flat; ~еский отка́з flat refúsal [...-z°l]; ~еское приказа́ние explícit órder. **~ный** = категори́ческий.

катего́рия *ж.* cátegory; *спорт.* class.

ка́тер *м. мор.* launch; сторожево́й ~ patról boat [-oul...]; торпе́дный ~ mótor tòrpédò-boat; паро́вой ~ stéam-launch.

ка́тет *м. мат.* cáthetus.

кате́тер [-тэ́тэр] *м. мед.* cátheter.

катехи́зис *м. рел.* cátechism [-k-].

кати́ть, покати́ть 1. (*вн.*) *см.* ката́ть II 1; 2. (*без доп.*; *ехать*) drive*; (*об экипаже и т. п.*) bowl alóng [boul...]. **~ся**, покати́ться roll; **~ся** с горы́ slide* dównhíll; **~ся** по́д гору go* dównhíll.

като́д *м. физ.* cáthòde. **~ный** *физ.* cathódic.

като́к I *м.* (*на льду*) skáting-rìnk.

като́к II *м* 1.: доро́жный ~ róad-ròller; 2. (*для белья*) mangle, rólling-prèss.

като́лик *м.* (Róman) cátholic.

католико́с *м.* cathólicos.

катол||ици́зм *м.* (Róman) cathólicism. **~и́ческий** (Róman) cátholic. **~и́чество** *с.* = католици́зм.

ка́тор||га *ж.* pénal sérvitùde, hard lábour; (*перен. тж.*) drúdgery; отправля́ть на ~гу (*вн.*) condémn to pénal sérvitùde (*d.*). **~жа́нин** *м.*, **~жа́нка** *ж.* cónvict; полити́ческий ~жа́нин fórmer polítical cónvict.

ка́торжн||ик *м.* cónvict. **~ый** *прил.* к ка́торга; (*перен.*) very hard, báck-breaking [-breɪk-], ùnbéarable [-'bɛə-]; ~ые рабо́ты pénal sérvitùde *sg.*; hard lábour *sg.*; ~ая тюрьма́ cónvict príson [...'prɪz-]; ~ая рабо́та (*перен.*) drúdgery.

кату́ш||ечный *прил.* к кату́шка. **~ка** *ж.* 1. reel, bóbbin; *текст.* spool; 2. *эл.* coil, bóbbin; (*для провода*) reel; индукцио́нная ~ка indúction coil.

ка́тышек *м. разг.* péllet.

катю́ша *ж. воен. разг.* múlti-rail rócket projéctor, rócket-trùck.

кауза́льный *филос.* cáusal [-z-].

кау́рый light chéstnùt [...-sn-].

каусти́ческ||ий *хим.* cáustic; ~ая со́да cáustic sóda.

каучу́к *м.* (Índia) rúbber, cáoutchouc ['kautʃuk]; синтети́ческий ~ synthétic rúbber. **~овый** *прил.* к каучу́к.

каучуко||но́сный: ~но́сные расте́ния rúbber-bearing plants [-bɛə- plɑ:-]. **~но́сы** = каучуконо́сные расте́ния *см.* каучуконо́сный.

кафе́ [-фэ́] *с. нескл.* café (*фр.*) ['kæfeɪ]; cóffee-house* [-fɪhaus]; ~-конди́терская téa-room.

ка́федр||а *ж.* 1. chair; (*для оратора*) róstrum (*pl.* -ra); (*в церкви*) púlpit ['pul-]; 2. (*научная отрасль как предмет преподавания в вузе*) chair; получи́ть ~у get* a chair; 3. (*научное объединение преподавателей и учёных одной или нескольких специальностей*) depártment, fáculty; заве́довать ~ой head the depártment [hed...].

кафедра́льный cathédral; ~ собо́р cathédral.

ка́фель *м.* glazed / Dutch tile, dalle, stone tile. **~ный** *прил.* к ка́фель; *тж.* tiled.

кафете́рий *м.* càfetéria.

кафешанта́н [-фэ-] *м.* café chantant (*фр.*) ['kæfeɪ'ʃɑ:ntɑ:ŋ]. **~ный** *прил.* к кафешанта́н.

кафта́н *м.* cáftan (*long tunic with waist-girdle*).

кахети́нское *с. скл. как прил.* (*вино*) Cahétian wine.

кацаве́йка *ж.* katsavéyka (*short fur-trimmed jacket*).

кача́лка *ж.* (*кресло*) rócking-chair; конь-~ rócking-hòrse.

кача́ние *с.* 1. rócking, swínging; (*колебание*) òscillátion, swáying; (*маятника и т. п.*) swing; 2. (*насосом*) púmping.

кача́||ть, качну́ть 1. (*вн.*) rock (*d.*), swing* (*d.*); (*ребёнка на руках*) dándle (*d.*); ~ колыбе́ль rock the cradle; ве́тер ~ет дере́вья the wind shakes the trees [...wɪ-...]; 2. *безл.*: ло́дку ~ет the boat is rólling / rócking and pítching; его́ ~ло из стороны́ в сто́рону he was réeling from side to side; 3. (*вн.*; *насосом*) pump (*d.*); ✧ ~ голово́й shake* one's head [...hed]. **~ться**, качну́ться 1. rock, swing*; 2. (*пошатываться*) reel, stágger.

каче́ли *мн.* swing *sg.*

ка́чественн||ый (*в разн. знач.*) quálitàtive; ~ скачо́к *филос.* quálitàtive leap; ~ое измене́ние quálitàtive change [...tʃeɪndʒ]; ~ ана́лиз *хим.* quálitàtive análysis (*pl.* -sès [-si:z]).

ка́честв||о *с.* 1. (*в разн. знач.*) quálity; высо́кого, ни́зкого ~а of high, inférior quálity; брига́да отли́чного ~а fírst-cláss/fírst-ráte brigáde/team, crack brigáde / team; проду́кция отли́чного ~а tóp-quàlity goods [...gudz] *pl.*; перехо́д коли́чества в ~ *филос.* trànsítion from quántity to quálity [-ʒən...]; коли́чество перехо́дит в ~ quántity is trànsfórmed into quálity; 2. *шахм.* exchánge [-'tʃeɪ-]; вы́играть ~ win* the exchánge; ✧ в ~е (*рд.*) in the capácity (of); as.

ка́чк||а *ж.* tóssing; килева́я ~ *мор.* pítching; борова́я ~ *мор.* rólling; не переноси́ть ~и be a bad sáilor.

качну́ть(ся) *сов. см.* кача́ть(ся).

ка́ш||а *ж.* pórridge, gruel [-uəl]; (*перен.*) *разг.* jumble; гре́чневая ~ búckwheat pórridge; моло́чная ~ milk pórridge; ✧ завари́ть ~у *разг.* ≅ stir up trouble [...trʌbl]; make* a mess; ну, и завари́л ~у! hasn't he made a mess of it?, he has made a fine mess of it!; расхлёбывать ~у *разг.* put* things right; сам завари́л ~у, сам и расхлёбывай ≅ you made the broth, now sup it!; у него́ ~ во рту *разг.* he mumbles; с ним ~и не сва́ришь *разг.* you won't get ányWhere with him [... wount...]; берёзовая ~ *разг.* the birch; его́ сапоги́ ~и про́сят *разг.* ≅ his boots are yáwning at the toes.

кашало́т *м. зоол.* cáchalòt [-ʃ-], spérm-whàle.

кашева́р *м.* cook (in military únit or team of wórkers).

ка́шель *м.* cough [kɔf].

кашеми́р *м. текст.* càshmére. **~овый** *прил.* к кашеми́р.

каши́ца *ж.* thin gruel [...-uəl]; бума́жная ~ páper pulp.

ка́шка I *ж. уменьш. от* ка́ша; (*для ребёнка*) pap.

ка́шка II *ж. разг.* (*клевер*) clóver.

ка́шлянуть *сов.* give* a cough [...kɔf].

ка́шлять 1. cough [kɔf]; 2. (*страдать кашлем*) have a cough.

кашне́ [-нэ́] *с. нескл.* múffler, scarf*; (*тёплое тж.*) cómforter ['kʌm-].

кашта́н *м.* 1. chéstnùt [-sn-]; 2. (*дерево*) chéstnùt, chéstnùt-tree [-sn-]; ко́нский ~ hórse-chéstnùt [-sn-]; ◇ таска́ть ~ы из огня́ pull the búrning chéstnùts out of fire [pul...]; be smb.'s cát's-paw. **~овый** 1. chéstnùt [-sn-] (*attr.*); ~овая ро́ща chéstnùt grove; 2. (*о цвете*) chéstnùt(-còlour|ed) [-sn- -kʌləd]; ~овые во́лосы chéstnùt-còlour|ed hair *sg.*

каю́та *ж.* room, cábin; (*пассажирская тж.*) státe-room.

каю́т-компа́ния *ж.* méss(-room); (*офицерская на военном корабле*) wárd-room.

ка́яться, пока́яться, раска́яться 1. *при сов.* раска́яться (в *пр.*) repént (*d.*, of); он сам тепе́рь ка́ется he is sórry for it hìm|sélf now; (*ср.* раска́иваться); 2. *при сов.* пока́яться (в *пр.*) conféss (*d.*); 3. *как вводн. сл.*: я, ка́юсь, ма́ло об э́том ду́мал I conféss, *или* I am sórry to say, I scárce|ly thought of it [... -ɛəs-...].

квадра́нт *м.* 1. *мат.* quádrant ['kwɔ-]; 2. (*артиллерийский*) gúnner's clìnómeter/quádrant [...klaɪ-...].

квадра́т *м.* square; возводи́ть в ~ (*вн.*) *мат.* square (*d.*), raise to the sécond pówer [...'se-...] (*d.*); в ~е squared.

квадра́тно-гнездово́й squáre-clùster (*attr.*); ~ ме́тод поса́дки squáre-clùster plánting [...ɑːnt-].

квадра́т||ный square; ~ ко́рень *мат.* square root; ~ные ме́ры square méasures [...'meʒ-]; ~ метр square metre; ~ное уравне́ние *мат.* quadrátic equátion. **~у́ра** *ж.* quádrature; ◇ ~у́ра кру́га squáring the círcle.

квази- (*в сложн.*) quási- ['kwɑːzɪ-].

ква́к||анье *с.* cróaking. **~ать** croak. **~нуть** *сов.* croak, give* a croak; гро́мко ~нуть give* a loud croak.

ква́кер *м.* Quáker.

квалификацио́нн||ый *прил. к* квалифика́ция; ~ая коми́ссия board of éxpèrts.

квалифика́ц||ия *ж.* quàlificátion, skill; произво́дственная ~ proféssional skill; рабо́чие разли́чной ~ии wórkers of dífferent skills; повыше́ние ~ии impróve|ment in *one's* skill [-ruːv-...]; повыша́ть ~ию raise *one's* quàlificátion, impróve *one's* (proféssional) skill [-ruːv...].

квалифици́рованн||ый 1. *прич. см.* квалифици́ровать; 2. *прил.* skilled, trained; ~ рабо́чий skilled/trained wórker; ~ труд skilled lábour; ~ая рабо́чая си́ла skilled mán-pow-er.

квалифици́ровать *несов. и сов.* (*вн.*) quálifỳ (*d.*).

квант *м. физ.* quántum (*pl.* -ta).

ква́нтов||ый *прил. к* квант; ~ая тео́рия *физ.* quántum théory [...'θɪə-]; ~ая меха́ника quántum mechánics [...-'kæ-].

ква́рта *ж.* 1. quart; 2. *муз.* fourth [fɔːθ]; 3. *спорт.* quart [kɑːt], carte.

кварта́л *м.* 1. (*четверть года*) quárter; 2. (*часть города*) block; но́вые жилы́е ~ы new hóusing estátes, new blocks of flats.

кварта́льный 1. *прил. к* кварта́л 1; *тж.* quárterly; ~ отчёт quárterly accóunt; 2. *прил. к* кварта́л 2; 3. *м. как сущ. ист.* nón-commíssioned políce ófficer [...-'liːs...].

кварте́т *м. муз.* quàrtét(te). **~ный** *прил. к* кварте́т.

кварти́р||а *ж.* 1. (*из нескольких комнат*) flat, apártment; (*из одной комнаты*) room, óne-róom flat; сдаётся ~ flat / apártment is to let; ~ и стол board and lódging; 2. *мн. воен.* bíllets, quárters; зи́мние ~ы wínter quárters; ◇ гла́вная ~ *воен.* géneral héadquárters [...'hed-] *pl.* **~а́нт** *м.*, **~а́нтка** *ж.* lódger; (*снимающий целую квартиру*) ténant ['te-].

квартирме́йстер *м.* quártermàster.

кварти́рн||ый 1. *прил. к* кварти́ра 1; ~ая пла́та rent; ~ хозя́ин, ~ая хозя́йка = квартирохозя́ин, квартирохозя́йка; 2. *воен.* bílleting.

квартирова́ть 1. *разг.* lodge; 2. *воен.* be bílleted.

квартиро||нанима́тель *м.*, **~нанима́тельница** *ж.* ténant ['te-]. **~хозя́ин** *м.* lándlòrd. **~хозя́йка** *ж.* lándlàdy.

квартирье́р *м. воен.* mémber of bílleting párty; ~ы, кома́нда ~ов bílleting párty.

квартпла́та *ж. разг.* = кварти́рная пла́та *см.* кварти́рный 1.

кварц *м. мин.* quartz [-ts]. **~евый** *прил. к* кварц; ~евая ла́мпа quartz lamp [-ts...].

кварци́т *м. мин.* quártzìte [-ts-].

квас *м.* kvass [-ɑː-]; хле́бный ~ bread kvass [bred...].

ква́сить (*вн.*) make* sour (*d.*).

квасно́й *прил. к* квас; ◇ ~ патриоти́зм jíngo|ism.

квасцо́вый *хим.* alúminous.

квасцы́ *мн. хим.* álum ['æ-] *sg.*

ква́шен||ый ferménted, sour; (*о тесте*) léavened ['lev-]; ~ая капу́ста sáuerkraut ['sauəkraut].

квашня́ *ж.* knéading trough [... trɔf], dóugh-trough ['doutrɔf].

кве́рху *нареч.* up, úpwards [-dz].

квершла́г *м. горн.* cróss-cùt.

квиети́зм *м.* quíetism.

квинт||а *ж. муз.* quint; ◇ пове́сить нос на ~у *разг.* ≅ look dejécted.

квинте́т *м. муз.* quintét(te).

квинтэссе́нция *ж.* quintéssence.

квитанцио́нн||ый *прил. к* квита́нция; ~ая кни́жка recéipt-book [-'siːt-].

квита́нция *ж.* recéipt [-'siːt], acknówledge|ment [ək'nɔ-]; бага́жная ~ lúggage / bággage tícket.

кви́ты *разг.*: мы с ва́ми ~ we are quits.

кво́рум *м.* quórum; нет ~а there is no quórum; обеспе́чить ~ secúre a quórum.

кво́та *ж. эк.* quóta.

квохта́ть = клохта́ть.

ке́гель *м.* = кегль.

кегельба́н *м. спорт.* skíttle-àlley, bówling-àlley ['bou-].

ке́гли *мн.* (*ед.* ке́гля *ж.*) skíttles; игра́ть в ~ play skíttles.

кегль *м. полигр.* point, size of type; ~ 8 eight points.

кедр *м. бот.* cédar; сиби́рский ~ Sìbérian cédar [saɪ-...]; гимала́йский ~ déodàr ['dɪ-]. **~о́вый** cédar; ~о́вый оре́х cédar nut.

кейфова́ть reláx, enjóy a rest.

кекс *м.* plúm-càke.

келе́йн||о *нареч.* prívate|ly ['praɪ-], in cámera. **~ый** sécret, prívate ['praɪ-].

ке́льнер *м.* wáiter.

кельт *м.* Celt, Kelt; шотла́ндский ~ Gael [geɪl]. **~ский** Céltic, Kéltic; ~ский язы́к Céltic.

ке́лья *ж.* cell.

кем *тв. см.* кто; не́... кем *см.* не 2; ни... кем *см.* ни II 2.

кена́ф *м. бот.* kenáf.

кенгуру́ *м. нескл. зоол.* kàngaróo.

кенды́рь *м. бот.* kéndyr.

кенотро́н *м. рад.* réctifier tube.

кента́вр *м. миф.* céntaur.

ке́п||и *с. нескл.* képi. **~ка** *ж. разг.* trávelling-càp.

кера́м||ика *ж.* cerámics. **~и́ческий** cerámic.

керога́з *м.* kérogàs (*kind of noiseless primus-stove*).

кероси́н *м.* kérosène. **~ка** *ж.* óil-stòve. **~овый** kérosène (*attr.*); ~овая ла́мпа kérosène / oil lamp.

ке́сарев: ~о сече́ние *мед.* Caesárean / séction òperátion [-'zɛə-...].

ке́сарь *м. уст.* Cáesar [-zə].

кессо́н *м. тех.* cáisson; cófferdàm. **~ный** *прил. к* кессо́н; ◇ ~ная боле́знь áeroémbolism ['ɛərə'em-]; the bends *разг.*

ке́та *ж.* Sìbérian sálmon [saɪ-'sæmən].

кетгу́т *м.* cátgùt.

ке́тов||ый *прил. к* ке́та; ~ая икра́ red cáviàre [...-ɑː].

кето́н *м. хим.* kétòne ['kiː-].

кефа́ль *ж.* grey múllet.

кефи́р *м.* yóghùrt ['jougəːt].

киберне́тика *ж.* cỳbèrnétics [saɪ-].

киби́тка *ж.* 1. kibítka (*hooded cart or sledge*); 2. (*жилище кочевников*) nómad tent ['nɔ-...].

кива́ть, кивну́ть 1. (*головой*) nod (one's head) [...hed]; (*в знак согласия*) nod assént; ~ одобри́тельно nod one's appróval [...ə'pruː-]; 2. (на *вн.*; *указывать кивком*) mótion (to); (*перен.*) allúde (to); *тк. несов. разг.* (*сваливать вину*) put* the blame (on).

ки́вер *м. воен. ист.* shákò ['ʃæ-].

кив||ну́ть *сов.* *см.* кива́ть. **~о́к** *м.* nod.

кид||а́ть, ки́нуть (*вн.*) throw* [θrou] (*d.*), cast* (*d.*), fling* (*d.*); ~ камня́ми (в *вн.*) shy / fling* / throw* stones (at); (*ср. тж.* броса́ть); ✧ ки́нуть кому́-л. упрёк cast* it in smb.'s teeth; ~ жре́бий throw*/cast* lots; его́ ~а́ет в жар и хо́лод he feels hot and cold all óver.

кида́ться, ки́нуться **1.** throw*/fling* òne¦sélf [θrou...]; ~ кому́-л. на ше́ю throw* òne¦sélf on smb.'s neck; throw* one's arms round smb.'s neck; ~ кому́-л. в объя́тия throw* òne¦sélf into smb.'s arms; ~ из стороны́ в сто́рону rush from side to side; соба́ка кида́ется на прохо́жих the dog attácks pássers-bý; **2.** *тк. несов.* (*тв.*; *бросать*) throw* (*d.*), fling* (*d.*), shy (*d.*); ~ камня́ми throw* stones; **3.** *страд.* *к* кида́ть; (*ср. тж.* броса́ться); ✧ ~ со всех ног rush (as fast as one can); ки́нуться бежа́ть rush / dash a¦wáy, take* to one's heels.

кизи́л *м.*, **кизи́ль** *м. тк. ед.* **1.** *собир.* córnel; Còrnélian chérries *pl.*; **2.** (*об отдельной ягоде*) Còrnélian chérry; **3.** (*дерево*) córnel(-tree), Còrnélian-chérry-tree.

кизя́к *м.* kizyák (*manure briquettes used for heating*).

кий *м.* (bílliard) cue.

кики́мора *ж. фольк.* Níghtmàre; (*перен.*) *разг.* fright.

килев||а́ние *с. мор.* caréening, caréenage. **~а́ть** *мор.* caréen. **~о́й** *прил. к* киль 1; ~а́я ка́чка pítching.

кило́ *с. нескл. разг.* = килогра́мм.

килова́тт *м. эл.* kílowàtt; **~-час** *м. эл.* kílowàtt-hour [-auə].

килогра́мм *м.* kílogràmme [-græm], kílogràm.

килогра́мм-кало́рия *ж.* kílò¦càlorie ['kiː-], large cálorie.

килограммоме́тр *м. физ.* kílogràmmètre.

килокало́рия *ж.*=килогра́мм-кало́рия.

килоли́тр *м.* kílolìtre [-liː-].

киломе́тр *м.* kílomètre.

киль *м.* **1.** *мор.* keel; **2.** *ав.* fin.

кильва́тер *м. мор.* wake; строй ~а line ahéad [...ə'hed]; cólumn *амер.*; идти́ в ~ (*дт.*) steam / sail in the wake (of). **~ный** *прил. к* кильва́тер.

ки́лька *ж.* sprat; *мн.* (*консервы*) spiced sprats.

кимва́л *м. ист. муз.* cýmbal.

кимо́граф *м.* kýmo¦gràph.

кимоно́ *с. нескл.* kimónò.

кингсто́н *м. мор.* Kíngston (valve) [-ŋst-...].

кинема́тика *ж. физ.* kìnemátics [kaɪ-].

кинемато́||граф *м.* cínema, cìnemátogràph. **~графи́ческий** cìnemàtográphic; ~графи́ческий проекцио́нный аппара́т cìnemátogràph projéctor, film projéctor. **~гра́фия** *ж.* cìnematógraphy.

кине́т||ика *ж. физ.* kìnétics [kaɪ-]. **~и́ческий** *физ.* kìnétic [kaɪ-]; ~и́ческая эне́ргия kìnétic énergy.

кинжа́л *м.* dágger, póniard; заколо́ть ~ом (*вн.*) stab with a dágger (*d.*), póniard (*d.*).

кино́ *с. нескл.* **1.** cínema; звуково́е ~ tálking píctures *pl.*, sóund-pìctures *pl.*; tálkies *pl. разг.*; **2.** (*кинотеатр*) pícture pálace; pícture house* [...-s]; **3.**=кинематогра́фия.

кино- (*в сложн. словах*) mótion pícture (*attr.*), screen (*attr.*), film (*attr.*).

кино||актёр *м.* film / screen áctor. **~актри́са** *ж.* film / screen áctress. **~аппара́т** *м.* (*съёмочный*) cámera. **~аппарату́ра** *ж.* cìnemàtográphic equípment. **~арти́ст** *м.* = киноактёр. **~арти́стка** *ж.*=киноактри́са. **~ателье́** *с.* film stúdiò.

ки́новарь *ж.* cínnabàr.

кино||журна́л *м.* néws-reel [-z-]. **~звезда́** *ж.* film star. **~зри́тель** *м.* fílm-gò¦er. **~иску́сство** *с.* cìnemàtográphic art. **~карти́на** *ж.* film, phótò¦play. **~коме́дия** *ж.* cómedy film. **~ле́нта** *ж.* film. **~меха́ник** *м.* projéctionist. **~обслу́живание** *с.* cínema facílities *pl.*, cínema èntertáinment. **~опера́тор** *м.* cámera-màn.* **~панора́ма** *ж.* círcloràma [-rɑː-]; кругова́я ~панора́ма cìrcoráma [-'rɑː-]. **~передви́жка** *ж.* pórtable film projéctor. **~плёнка** *ж.* film. **~промы́шленность** *ж.* cìnemàtográphic índustry. **~рабо́тник** *м.* cínema wórker. **~режиссёр** *м.* cínema prodúcer, (mótion pícture) prodúcer. **~рекла́ма** *ж.* cínema advértise¦ment [...-s-]. **~сеа́нс** *м.* cínema show [...ʃou]. **~сту́дия** *ж.* film stúdiò. **~сцена́рий** *м.* scenáriò [sɪ'nɑːriou]. **~съёмка** *ж.* fílming, shóoting. **~теа́тр** *м.* cínema, (móving-)pícture pálace ['muː-...]; móvie house* ['muː- -s] *амер.* **~устано́вка** *ж.* film projéctor, cínema únit; передвижна́я ~устано́вка pórtable film projéctor. **~фа́брика** *ж.* cínema fáctory. **~фестива́ль** *м.* film féstival.

кинофика́ция *ж.* spréading of the cínema ['spred-...]; in¦clúsion in cínema círcuit [...-kɪt]; (*приспособление помещения для киносеансов*) àdàptátion for the cínema.

кино||фи́льм *м.* film, mótion pícture. **~фици́ровать** *несов. и сов.* (*вн.*) in¦clúde in cínema círcuit [...-kɪt] (*d.*); (*приспосабливать для киносеансов*) adápt for the cínema (*d.*). **~хро́ника** *ж.* néws-reel [-z-], tópical film.

ки́нуть *сов.* *см.* кида́ть. **~ся** *сов.* *см.* кида́ться 1.

кио́ск *м.* kiósk, booth [-ð]; газе́тный ~ néws-stàll ['njuːz-], néws-stànd ['njuːz-]; кни́жный ~ bóokstàll. **~ёр** *м.* kiósk mínder.

кио́т *м. церк.* ícòn-càse [-s].

ки́па *ж.* **1.** pile; **2.** (*бумаги*) stack; **3.** (*товара*) bale, pack.

кипари́с *м. бот.* cýpress. **~ный, ~овый** *прил. к* кипари́с; ~овая ро́ща cýpress grove.

кипе́||ние *с.* bóiling; то́чка ~ния bóiling-point.

ки́пенный white as foam.

ки́пень *м.* white foam.

кип||е́ть (*в разн. знач., тж. перен.*) boil, seethe; ~ зло́бой boil with hátred; де́ло, рабо́та ~и́т work is in full swing; ✧ как в котле́ ~ be hard pressed / dríven [...'drɪ-].

кипу́ч||есть *ж.* tíre¦lessness. **~ий** bóiling, séething; ebúllient; ~ий пото́к bóiling stream; ~ий хара́ктер ebúllient / exúberant dispositíon [...-'zɪ-]; ~ая де́ятельность tíre¦less actívity; ~ая жизнь séething life.

кипяти́льн||ик *м.* bóiler. **~ый** bóiling; ~ый бак bóiler, bóiling-tànk, cópper.

кипяти́ть, вскипяти́ть (*вн.*) boil (*d.*). **~ся,** вскипяти́ться **1.** boil; (*перен.*) *разг.* get* excíted; **2.** *страд.* *к* кипяти́ть.

кипято́к *м.* bóiling wáter [...'wɔː-].

кипяч||е́ние *с.* bóiling. **~ёный** boiled; ~ёная вода́ boiled wáter [...'wɔː-].

кира́са *ж. ист.* cuiráss [kwɪ-].

кираси́р *м. воен. уст.* cuiràssíer [kwɪræ'sɪə].

кирги́з *м.*, **~ка** *ж.* Kirghíz [kɪr'giːz]. **~ский** Kirghíz [kɪr'giːz]; ~ский язы́к Kirghíz, the Kirghíz lánguage.

ки́рзов||ый: ~ые сапоги́ tàrpáulin boots.

кири́ллица *ж. лингв.* Cyríllic álphabet.

ки́рка *ж.* kirk, Prótestant church.

кирка́ *ж.* pick.

киркомоты́га *ж.* píckàxe; píck-màttock *амер.*

кирпи́ч *м.* brick; обожжённый ~ burnt / baked brick; необожжённый, сама́нный ~ adóbe [-bɪ]; облицо́вочный ~ front brick [frʌnt...]; класть ~и́ lay* bricks.

кирпи́чн||ый *прил. к* кирпи́ч; ~ заво́д bríckwòrks, bríck-yàrd; ~ого цве́та bríck-rèd; ✧ ~ чай bríck-tea, tile tea.

ки́са *ж. разг.* pússy ['pu-], puss [pus].

кисе́йн||ый *прил. к* кисея́; ✧ ~ая ба́рышня bréad-and-bútter miss ['bred-...].

кисе́л||ь *м.* kissél (*kind of starchy jelly*); моло́чный ~ milk kissél; овся́ный ~ óatmeal kissél; ✧ седьма́я вода́ на ~е́ *разг.* ≅ sécond cóusin twice remóved ['se- 'kʌz-... -'muːvd]; véry dístant rélative; за семь вёрст ~я́ хлеба́ть *погов.* ≅ go* on a wíld-goose chase [...-s]; go* on a fool's érrand, go* a long way for nóthing.

кисéльн||ый: молóчные рéки, ~ые берегá ≅ land flówing with milk and hóney [...'flou-... 'hʌ-], Còckáigne [-'keɪn].

кисéт *м.* tobáccò-pouch.

кисея́ *ж.* múslin [-z-].

ки́ска *ж.* pússy ['pu-].

кисли́нк||а *ж.*: с ~ой *разг.* tart, sóurish.

ки́сло I *прил. кратк. см.* ки́слый.

ки́сло II *нареч.* sóurly, ácidly; ~ улыбáться *разг.* smile sóurly. **~вáтый** sóurish; *хим.* súb|ácid.

кислорóд *м.* óxygen.

кислорóдно-ацетилéновый óxy-acétylène, óxy-gàs.

кислорóдн||ый *прил. к* кислорóд; ~ая подýшка óxygen bag (*in medical aid*).

ки́сло-слáдкий sweet and sharp.

кислотá *ж.* 1. sóurness; acídity; 2. *хим.* ácid.

кислóтн||ость *ж.* acídity. **~ый** acídic.

кислотоупóрный *тех.* ácid-proof.

ки́сл||ый 1. (*прям. и перен.*) sour; ~ая капýста sáuerkraut ['sauəkraut]; ~ые щи sáuerkraut soup [...su:p]; ~ое молокó sour milk; ~ вид sour look; ~ая улы́бка sour smile; сдéлать ~ое лицó pull / make* a wry face [pul...]; 2. *хим.* ácid. **~я́тина** *ж. разг. переводится об. прил.* very sour; (*о человеке*) mope.

ки́снуть 1. turn sour; 2. *разг.* (*быть вялым, унылым*) mope.

кистá *ж. мед.* cyst.

кистеви́дный clústering, clústery; rácemòse [-s] *научн.*

кистéнь *м.* blúdgeon.

ки́сточка *ж.* 1. brush; ~ для бритья́ sháving-brùsh; 2. (*у мебели и т. п.*) tássel.

кисть *ж.* 1. *бот.* clúster, bunch; ~ виногрáда bunch of grapes; 2. (*у мебели, шнура и т. п.*) tássel; 3. (*руки́*) hand; 4. (*художника, тж. перен.*) brush; маля́рная ~ brush, páint-brùsh; владéть ~ю ply the brush.

кит *м.* whale.

китаевéд *м.* sínològue.

китáец *м.* Chínése ['ʧaɪ-]; *мн. собир.* the Chínése.

китаи́ст *м.* = китаевéд.

китáйск||ий Chínése ['ʧaɪ-]; ~ язы́к Chínése, the Chínése lánguage; ~ая грáмота ≅ Greek; э́то для негó ~ая грáмота it is Greek to him; ~ая стенá the Chínése wall.

китая́нка *ж.* Chínése wóman* ['ʧaɪ-'wu-].

ки́тель *м.* túnic.

китобóец *м.* wháler, whále-boat, whále-shìp.

китобóй *м.* 1. (*работающий на китобойном промысле*) wháler; 2. (*судно*) = китобóец.

китобóйн||ый: ~ прóмысел whále-fìshing; ~ое сýдно whále-boat, wháler, whále|shìp; ~ая флоти́лия wháling flotílla.

китóвый *прил. к* кит; ~ ус whále|bòne, baléen; ~ жир blúbber, sperm oil; ~ прóмысел wháling.

китолóв *м.* = китобóй.

китолóвный = китобóйный.

китообрáзный *зоол.* cetácean [-ʃɪən].

кичи́ться (*тв.*) plume òne|sélf (on).

кичли́в||ость *ж.* concéit [-'si:t]. **~ый** concéited [-'si:t-], búmptious.

кишéть (*тв.*) swarm (with), teem (with).

кишéчник *м. анат.* bówels *pl.*, intéstine (*об. pl.*).

кишечнополостны́е *мн. скл. как прил. зоол.* còelènteráta [si:-].

кишéчн||ый *прил. к* кишéчник *и к* кишкá 1; ~ые заболевáния intéstinal diséases [...-'zi:zɪz], diséases of the bówels.

киш||кá *ж.* 1. *анат.* gut, intéstine; слепáя ~ blind gut; cáecum *научн.*; тóнкие ~ки́ small intéstines; тóлстая ~ large intéstine; прямáя ~ réctum; двенадцатипéрстная ~ dùodénum; воспалéние ~óк ènterítis; 2. *разг.* (*рукав для подачи воды*) hose; поливáть ~кóй wáter with a hose ['wɔ:-...]; ◇ ~ тонкá! *разг.* ≅ *he* has|n't got the guts for that.

кишлá||к *м.* kishlák (*village in central Asia*). **~чный** *прил. к* кишлáк; ~чный совéт kishlák Sóvièt.

кишми́ш *м.* cúrrants *pl.*

кишмя́ *нареч.*: ~ кишéть (*тв.*) *разг.* swarm (with).

клавеси́н *м.* clávecin.

клавиатýра *ж.* kéyboard ['ki:-].

клавикóрды *мн. муз.* clávichòrd [-kɔ:d] *sg.*

клáвиш *м.*, ~а *ж.* key [ki:].

клад *м.* búried / hídden tréasure ['be-... 'tre-], hoard; (*перен.*) tréasure.

клáдб||ище *с.* cémetery, búrial-ground ['be-], gráve|yàrd; (*при церкви*) chúrchyàrd. **~ищенский** *прил. к* клáдбище; ~ищенский стóрож séxton.

клáдезь *м. поэт.* well, fount; ~ премýдрости, мýдрости, учёности *шутл.* well of wísdom, léarning [...-z- 'lə:n-].

клáдка *ж.* láying; кáменная ~ másonry ['meɪ-]; кирпи́чная ~ bríck-wòrk; бýтовая ~ rough wálling [rʌf...].

кладовáя *ж. скл. как прил.* (*для провизии*) lárder, pántry; (*для товаров*) stóre-room.

кладóв||ка *ж. разг.* = кладовáя. **~щи́к** *м.* stóre|keeper.

кладь *ж. тк. ед.* load.

клáк||а *ж. собир. театр.* claque. **~ёр** *м. театр.* cláquer, clápper.

клáксон *м. тех.* kláxon.

клан *м. ист.* clan.

клáня||ться, поклони́ться 1. (*дт.*) bow (to, befóre); (*приветствовать*) greet (*d.*); ~ в пóяс bow from the waist; ни́зко ~ bow low [...lou]; не ~ с кем-л. not be on spéaking terms with smb.; 2. (*дт.* от когó-л.) give* smb.'s (best) regárds (*i.*): ~йтесь емý от меня́ give him my (best) regárds; 3. *разг.* (*просить униженно*) sue for a fávour, bow and scrape.

клáпан *м.* 1. valve; подвеснóй ~ óver|héad valve [-'hed...]; воздýшный ~ áir-vàlve; ~ затоплéния *мор.* flood valve [flʌd...]; 2. *муз.* vent; 3. *анат.*: сердéчный ~ mítral valve ['mɪ-...]; 4. (*на одежде, упряжи и т. п.*) flap.

кларнéт *м. муз.* clàrinét. **~и́ст** *м.* clàrinéttist.

класс I *м.* (*социальная группа*) class; рабóчий ~ the wórking class; госпóдствующий, прáвящий ~ rúling class; антагонисти́ческие ~ы antàgonístic / oppósing clásses; борьбá ~ов class struggle.

класс II *м.* 1. (*группа, разряд и т. п.*) class; 2. *биол.* class; ◇ показáть ~ рабóты *разг.* do some fírst-ráte work.

класс III *м.* 1. (*в школе*) class; form; 2. (*комната*) cláss-room.

клáссик *м.* (*в разн. знач.*) clássic; ~и маркси́зма-ленини́зма the clássics of Márxism-Léninism.

клáссика *ж. собир.* the clássics *pl.*; (*о литературе тж.*) clássical líterature; (*о музыке тж.*) clássical músic [...-zɪk]; рýсская óперная ~ Rússian clássical óperas [-ʃən...] *pl.*

классифи||кáтор *м.* clássifier. **~кáция** *ж.* clàssificátion; ~кáция растéний clàssificátion of plants [...-ɑ:nts]; ~кáция наýк clàssificátion of sciences. **~ци́ровать** *несов. и сов.* (*вн.*) clássifỳ (*d.*).

классици́зм *м.* clássicism.

класси́ческ||ий (*в разн. знач.*) clássic(al); ~ая мýзыка clássical músic [...-zɪk]; ~ое образовáние clássical èducátion; ~ образéц a clássical exámple [...-'zɑ:-]; (*шедевр*) máster-pìece [-pi:s]; ◇ ~ая гимнáзия clássical èducátion sécondary school (*in pre-revolutionary Russia*).

клáссн||ый 1. *прил. к* класс III; ~ая кóмната cláss-room, schóol-room; ~ая доскá bláckboard; ~ая рабóта class work; ~ руководи́тель class téacher, form máster; 2. *спорт.* fírst-cláss; 3. *разг.* (*первоклассный*) clássy; ◇ ~ вагóн (ráilway) cárriage [...-rɪdʒ], coach; pássenger car [-ndʒə...] *амер.*; ~ая дáма schóol-màrm.

клáссов||ость *ж.* class cháracter [...'kæ-]. **~ый** *прил. к* класс I; ~ая борьбá class struggle; ~ые противорéчия class còntradíctions; ~ый враг class énemy; ~ые различия class distínctions; ~ый состáв class còmposítion [...-'zɪʃn]; ~ая дифференциáция class differèntiátion; ~ая исключи́тельность class exclúsive|ness.

клáссы *мн.* (*детская игра*) hóp-scòtch *sg.*

класть I, положи́ть (*вн.*) **1.** lay* (down) (*d.*); put* (down) (*d.*); (*помещать*) place (*d.*); ~ на ме́сто put* back (*d.*), put* in its place (*d.*), replа́ce (*d.*); ~ не на ме́сто mislа́y* (*d.*); ~ са́хар в чай put* súgar in *one's* tea [...'ʃu-...]; положи́ть себе́ на таре́лку (*рд.*; *за столом*) help òne¦sélf (to); положи́ть кому́-л. на таре́лку (*рд.*) help smb. (to); ~ кра́ски applу́ paint; ~ отпеча́ток leave* an ímprint; ~ но́гу на́ ногу cross one's legs; **2.** *разг.* (*считать*) assígn [ə'saɪn] (*d.*); ~ сто́лько-то вре́мени, де́нег на что-л. assígn so much time, móney for smth. [...'mʌnɪ...]; ◇ ~ что-л. в осно́ву base òne¦sélf on smth. [beɪs...]; assúme smth. as a básis [...'beɪ-], take* smth. as a príncipe; положи́ть на му́зыку set* to músic [...-zɪk] (*d.*); положи́ть нача́ло чему́-л. start smth., begin* smth., commеnce smth., inítiàte smth.; положи́ть коне́ц чему́-л. put* an end to smth.; положи́ть жизнь за что-л. give* (up) one's life for smth.; как бог на́ душу поло́жит а́ну¦how; hígglеdy-pígglеdy; ~ зу́бы на по́лку *разг.* ≅ tighten one's belt; ~ под сукно́ shelve (*d.*), pígeon-hòle [-ʤɪn-] (*d.*); ~ я́йца (*о птице*) lay* eggs; ~ на о́бе лопа́тки throw* [-ou] (*d.*); ~ фунда́мент, основа́ние lay* the foundátion; ~ в лу́зу, ~ шара́ (*в бильярде*) pócket a ball; ~ руля́ *мор.* put* the rúdder / wheel óver; ~ ору́жие lay* down arms.

класть II, сложи́ть (*стену, здание*) build* [bɪ-] (*d.*); ~ пе́чку build* *a* stove.

кла́узула *ж. юр.* clause, stìpulátion, condítion, provísò [-zou].

клёв *м.* bíting, bite; вчера́ был уда́чный ~ the físhing was good* yésterday [...-dɪ].

клева́ть, клю́нуть **1.** (*вн.*; *о птице*) peck (*d.*); **2.** (*о рыбе*) bite*; ◇ ~ но́сом *разг.* nod, be sléepy, sway, be drówsy [...-zɪ]; у него́ де́нег ку́ры не клюю́т he is rólling in móney [...'mʌ-].

кле́вер *м. бот.* clóver.

клевет||**а́** *ж.* slánder ['slɑː-], cálumny, aspérsion; (*в печати*) líbel; возводи́ть на кого́-л. ~у́ cast* aspérsions on smb.

клевет||**а́ть**, наклевета́ть (на *вн.*) calúmniàte (*d.*), slánder ['slɑː-] (*d.*), aspérse (*d.*); smear (*d.*) *разг.* **~ни́к** *м.*, **~ни́ца** *ж.* slánderer ['slɑː-], calúmniàtor. **~ни́ческий** slánderous ['slɑː-], calúmnious, defámatory; ~ни́ческие обвине́ния slánderous àccùsátions [...-'zeɪ-].

клево́к *м.* peck.

клевре́т *м. уст.* mínion, mу́rmidon.

клееваре́ние *с.* glúe-boiling.

клеев||**о́й** *прил. к* клей; ~а́я кра́ска size / glue cólour [...'kʌ-], cólour-wàsh ['kʌ-].

клеён||**ка** *ж.* (*скатерть*) óil-clòth; (*тонкая для компресса и т. п.*) óilskìn. **~чатый** óil-clòth (*attr.*); (*о более тонком*) óilskìn (*attr.*); ~чатый костю́м óilskins *pl.*

кле́ить (*вн.*) glue (*d.*); (*мучным клеем*) paste [peɪ-] (*d.*); (*растительным клеем*) gum (*d.*). **~ся 1.** (*становиться липким*) be / become* stícky; **2.** (*об. с отрицанием*) *разг.* get* on; рабо́та не кле́ится the work is not getting on at all; разгово́р не кле́ился the cònversátion flagged; **3.** *страд. к* кле́ить.

клей *м. тк. ед.* glue; мучно́й ~ paste [peɪ-]; ры́бий ~ ísinglàss ['aɪzɪŋg-], físh-glue; пти́чий ~ bírd-lìme; расти́тельный ~ gum.

кле́йк||**ий** sticky; ~ая бума́га (*для мух*) stícky páper, flу́-pàper. **~ови́на** *ж.* glúten. **~ость** *ж.* stíckiness.

клейм||**е́ние** *с.* stámping, márking, bránding. **~ёный** bránded. **~и́ть**, заклейми́ть (*вн.*) stamp (*d.*), mark (*d.*), brand (*d.*); (*перен. тж.*) stígmatìze (*d.*); ~и́ть позо́ром hold* up to shame (*d.*).

клеймо́ *с.* stamp, mark, brand; фабри́чное ~ tráde-màrk; проби́рное ~ háll-márk, mark of assáy; ◇ ~ позо́ра stígma.

кле́йстер *м.* paste [peɪst].

клёкот *м.* scream.

клекота́ть scream.

кле́мма *ж. тех.* términal.

клён *м.* maple.

клено́вый *прил. к* клён.

клепа́ль||**ный** ríveting; ~ молото́к ríveting hámmer / gun; ~ная маши́на ríveter. **~щик** *м.* ríveter.

клепа́ть I (*вн.*) *тех.* rívet ['rɪ-] (*d.*).

клепа́ть II, наклепа́ть (на *вн.*) *разг.* (*клеветать*) malígn [-'laɪn] (*d.*), slánder [-ɑːn-] (*d.*); cast* aspérsions (up¦ón).

клёпк||**а** *ж.* **1.** *тех.* (*действие*) ríveting; **2.** (*бочарная*) stave, lag; ◇ у него́ како́й-то ~и не хвата́ет *разг.* ≅ he has got a screw loose [...luːs].

клептома́н *м. мед.* klèptò¦mániàc. **~ия** *ж.* klèptòmánia.

клерика́л *м.* clérical. **~и́зм** *м.* clériсalism.

клерика́льный clérical.

клерк *м.* clerk [klɑːk].

клерова́ть (*вн.*) *тех.* refíne (*d.*), purge (*d.*); (*о сахаре*) clárifу̀ (*d.*).

клёст *м.* (*птица*) cróssbìll.

клётк||**а** *ж.* **1.** (*для зверей и птиц*) cage; (*для домашней птицы*) coop; (*для кроликов*) (rábbit-)hùtch; (*для сокола*) mew; сажа́ть в ~у (*вн.*) cage (*d.*); **2.** (*на материи*) check, chéckwòrk; (*на бумаге*) square; в ~у checked; **3.** *биол.* cell; ◇ грудна́я ~ thóràx.

клёт||**очка** *ж.* **1.** *уменьш. от* кле́тка 1, 2; в ~очку = в кле́тку *см.* кле́тка 2; **2.** *биол.* céllùle. **~очный** *биол.* céllular.

клету́шка *ж. разг.* clóset ['klɔz-].

клетча́тка *ж.* **1.** *бот.*, *тех.* céllulòse [-lous]; **2.** *анат.* céllular tíssue.

кле́тчат||**ый 1.** checked; ~ое пальто́ checked coat; **2.** *биол.* céllular.

клеть *ж.* **1.** *уст.* clóset ['klɔz-], stóre-room; **2.** *горн.* cage.

клёцка *ж. кул.* klótska (*kind of dumpling*).

клёш: брю́ки ~ béll-bòttomed tróusers; ю́бка ~ flared skirt.

клешня́ *ж.* claw, nípper.

клещ *м. зоол.* tick.

клещеви́на *ж. бот.* cástor-óil plant [...-ɑːnt].

клещ||**и** *мн. тех.* píncers, níppers, tongs; ◇ ~а́ми тащи́ть (*вн.* из) haul (*d.* from), drag by the hair of *his* head [...hed] (*d.* from).

кли́вер *м. мор.* jib.

клие́нт *м.*, **~ка** *ж.* client; (*покупатель тж.*) cústomer, pátron. **~у́ра** *ж. тк. ед. собир.* clientèle (*фр.*) [kliːɑːn'teɪl]; cústomers *pl.*

кли́зм||**а** *ж.* énema, clу́ster; ста́вить ~у (*дт.*) give* an énema (*i.*).

клик *м. поэт.* cry, call; ра́достные ~и cries of joy.

кли́ка *ж.* clique [kliːk], fáction, cabál, gang; ~ реакционе́ров clique of reáctionaries.

кли́к||**ать**, кли́кнуть (*вн.*) *разг.* call (*d.*); **~нуть** клич send* a call; call. **~нуть** *сов. см.* кли́кать.

клику́ш||**а** *ж.* hystérical wóman* [...'wu-]. **~ество** *с.* hystérics.

кли́макс *м.* = климактери́й.

климакте́р||**ий** *м. мед.* clìmàctéric [klaɪ-]. **~и́ческий** *мед.* clìmàctéric [klaɪ-].

кли́мат *м.* clímate ['klaɪ-]; жа́ркий ~ hot / tórrid clímate. **~и́ческий** clìmátic [klaɪ-]; ~и́ческие усло́вия clìmátic condítions.

клин *м.* **1.** wedge; боро́дка ~ом wédge-shàped / póinted beard; **2.** *с.-х.* field [fiː-]; посевно́й ~ sown / sówing área [soun 'sou- 'ɛərɪə]; **3.** (*материи*) gore, gússet; **4.** *арх.* quoin [kɔɪn]; ◇ ~ ~ом вышиба́ется ≅ like cures like; свет не ~ом сошёлся ≅ the world is large enóugh [...ɪ'nʌf].

кли́н||**ика** *ж.* clínic. **~ици́ст** *м.* clínical physícian / súrgeon [...-'zɪ-...]. **~и́ческий** clínical.

кли́нкер *м. тех.* clínker.

клинови́дный wédge-shàped, wédge-fórmed.

клиново́й wedge (*attr.*).

клино́к *м.* blade.

клинообра́зн||**ый** wédge-shàped; ◇ ~ые письмена́ cúneifòrm cháracters [-nɪɪ- 'kæ-].

кли́нопись *ж.* cúneifòrm [-nɪɪ-].

кли́пер *м. мор.* clípper.

клир *м. церк.* the clérgy (of *a* church).

кли́ренс *м. тех.* cléarance.

кли́ринг *м. фин.* cléaring.

клирос *м. церк.* choir ['kwaɪə] (*part of church*).

клистир *м. уст.* énema, clýster. **~ный** *прил. к* клистир; **~ная трубка** clýster pipe.

клич *м.* call; боевой ~ wár-crỳ; призывный ~ call; кликнуть ~ send* a call; call.

кличка *ж.* (*животного*) name; (*человека*) níckname, sóbriquet ['soubrɪkeɪ].

клише *с. нескл. полигр.* cliché (*фр.*) ['kli:ʃeɪ], stéreotỳpe block.

клоака *ж.* césspool, sink; (*перен. тж.*) foul place.

клобук *м. церк.* hood [hud], cowl.

клозет *м. уст.* wáter-clòset ['wɔ:tə-klɔz-]; tóilet.

кло||к *м.* **1.** (*лоскут*) rag, shred; (*бумаги тж.*) piece [pi:s]; разорвать в ~чья tear* to shreds / tátters [tɛə...]; **2.** (*волос*) tuft; (*шерсти*) flock; ~ сена wisp of hay.

клокот||ать bubble; (*перен. тж.*) boil; у него ~ало в горле there was a gurgle in his throat.

клонить (*вн.*) **1.** in|clíne (*d.*); (*гнуть*) bend* (*d.*); (к; *перен.*) drive* (*at*); **2.** *безл.*: его клонит ко сну he is drówsy / nódding [...-zɪ...]; лодку клонит набок the boat is héeling / lísting. **~ся** **1.** bow, bend*; (к; *перен.*) tend (to), be aimed (at); **2.** (к; *приближаться*): дело клонится к развязке the affáir is coming to a head [...hed]; солнце клонилось к закату the sun was sétting; день клонится к вечеру the day is declíning.

клоп *м.* **1.** bug, béd-bùg; chinch *амер.*; лесной ~ fórest-bùg ['fɔ-]; **2.** *разг.* (*малыш*) ≅ kíddy. **~омор** *м.* búg-kìller.

клоун *м.* clown. **~ада** *ж.* clównery **~ский** *прил. к* клоун; **~ский колпак** fool's cap.

клохтать cluck, cackle.

клочковатый rágged.

клочок *м.* scrap; ~ бумаги (mere) scrap of páper; ~ сена wisp of hay; ~ земли plot / patch of land.

клуб I *м.* club; (*помещение*) clúb-hòuse* [-s].

клуб II *м.* puff; ~ дыма puff of smoke; ~ы пыли clouds of dust; ~ы тумана wreaths of mist.

клубень *м. бот.* túber.

клуб||иться curl, wreathe; (*бурлить*) swirl; дым ~ился из трубы smoke was wréathing from the chímney; пыль ~ится dust is rólling.

клубневой *бот.* túberous, túberifòrm, tùberíferous.

клубneплод *м. бот.* túber-bearing plant [-bɛə- -ɑ:nt].

клубника *ж. тк. ед.* **1.** *собир.* gárden stráwberries *pl.*; **2.** (*об отдельной ягоде*) gárden stráwberry; **3.** (*куст*) stráwberry (plant) [...-ɑ:nt].

клубничн||ый stráwberry (*attr.*); **~ое варенье** stráwberry jam.

клубный *прил. к* клуб I.

клуб||ок *м.* ball; (*ниток*) clew; (*перен.*) tangle; свернуться ~ком roll one|sélf up into a ball; ~ интриг tangle of intrígue [...-i:g]; ◇ ~ в горле lump. **~очек** *м. уменьш. от* клубок.

клумба *ж.* (flówer-)bèd.

клупп *м. тех.* díe-stòck, scréw-stòck.

клык *м.* **1.** (*у человека*) cánìne (tooth*); **2.** (*у животного*) fang; (*бивень*) tusk.

клюв *м.* beak; bill.

клюка *ж.* crutch.

клюкв||а *ж. тк. ед.* **1.** *собир.* cránberries *pl.*; **2.** (*об отдельной ягоде*) cránberry; **3.** (*куст*) cránberry (shrub). **~енный** cránberry (*attr.*); **~енный кисель** cránberry kissél (*jelly thickened with potato flour*); **~енный морс** cránberry wáter [...'wɔ:-].

клюкнуть *сов. разг.* take* a drop.

клюнуть *сов. см.* клевать.

ключ I *м.* (*прям. и перен.*) key [ki:]; (*перен. тж.*) clue; французский ~ mónkey-wrènch ['mʌ-]; гаечный ~ spánner, wrench; ~ к американскому замку látch-key [-ki:]; запереть на ~ (*вн.*) lock (*d.*).

ключ II *м. муз.* key [ki:], clef; басовый ~ bass clef [beɪs...], F clef ['ef...]; скрипичный ~ treble clef, G clef ['ʤi:...].

ключ III *м.* (*источник*) source [sɔ:s], spring (*fountain*); ◇ кипеть ~ом boil / bubble óver; бить ~ом spout, jet; (*перен.*) be in full swing /vígour [...'vɪ-]; жизнь бьёт ~ом life is in full swing.

ключев||ой I: **~ые позиции** *воен.* key posítion(s) [ki: -'zɪ-]; **~ые отрасли промышленности** key índustries; ~ камень kéystòne ['ki:-].

ключевой II *прил. к* ключ II; ~ знак *муз.* clef.

ключев||ой III *прил. к* ключ III; **~ая вода** spring wáter [...'wɔ:-].

ключи||ца *ж. анат.* cóllar-bòne, clávicle. **~чный** *анат.* clavícular.

ключница *ж. уст.* hóuse-keeper [-s-].

клюшка *ж. спорт.* club; (*для хоккея тж.*) bándy.

клякс||а *ж.* blot; посадить ~у (на *вн.*) blot (*d.*).

клянчить (*вн.* у) *разг.* beg (for *d.*).

кляп *м.* gag; засунуть ~ в рот (*дт.*) gag (*d.*).

клясть (*вн.*) curse (*d.*); (*ср. тж.* проклинать).

клясться, поклясться swear* [swɛə], vow; ~ в верности vow fidélity; ~ честью swear* on one's hónour [...'ɔnə]; он клялся в своей невиновности he swore he was ínnocent; ~ отомстить vow véngeance [...'vendʒəns]; я готов поклясться I am prepáred to swear; я могу поклясться I can swear.

клятв||а *ж.* vow, oath*; дать ~у make* / take* / swear* an oath* [...swɛə...]; дать торжественную ~у swear* a sólemn oath*; взять с кого-л. ~у swear* smb. [swɛə...]; нарушить ~у break* one's oath* [breɪk...]; *юр.* commít pérjury; ложная ~ pérjury. **~енный** on oath; дать **~енное** обещание vow, prómise on oath [-mɪs...], take* the oath*.

клятво||преступление *с.* pérjury. **~преступник** *м.* pérjurer.

кляуз||а *ж. разг.* cávil, slánder ['slɑ:-]; затевать ~у cávil. **~ник** *м.*, **~ница** *ж. разг.* intríguer [-i:gə], cáviller, péttifògger. **~ничать**, накляузничать *разг.* cávil. **~ничество** *с. разг.* cávilling, péttifògging. **~ный** *разг.* cáptious, péttifògging; **~ное** дело cáptious case [...keɪs].

кляча *ж. разг.* jade.

кнехт *м. мор.* bitts *pl.*

книг||а *ж.* **1.** book; перелистывать ~у turn the páges of *a* book; выпустить в свет ~у públish *a* book ['pʌ-...]; справочная ~ réference book; телефонная ~ télephòne diréctory; **2.** (*для записей*) book; главная ~ *бух.* lédger; кассовая ~ cásh-book; ~ записей актов гражданского состояния régister; домовая ~ hóuse-règister [-s-]; жалобная ~ book of compláints; ~ отзывов book / récòrd of imprésions [...'re-...]; ~ посетителей vísitors' book ['vɪz-...]; ◇ вам и ~и в руки *разг.* ≅ you know best [...nou...].

книгоед *м.* bóokwòrm.

книгоиздатель *м.* (book) públisher [...'pʌ-]. **~ский** públishing ['pʌ-] (*attr.*); **~ское дело** bóok-pùblishing [-pʌ-]. **~ство** *с.* públishing-house* ['pʌ- -s].

книголюб *м.* bíbliophìle.

книгоноша *м. и ж.* **1.** (*продавец*) bóok-hawker; **2.** (*библиотекарь*) móbìle líbrary assístant ['mou- 'laɪ-...].

книгопечат||ание *с.* (bóok-)prìnting. **~ный** prínting; **~ный станок** príntíng-prèss.

книгопродавец *м.* = книготорговец.

книготоргов||ец *м.* bóoksèller. **~ля** *ж.* bóok-tràde.

книготоргующ||ий: **~ая организация** bóok-sèlling òrganìzátion [...-naɪ-].

книгохранилище *с.* **1.** book depósitory [...-z-]; **2.** (*библиотека*) líbrary ['laɪ-].

книж||ка I *ж.* **1.** *уменьш. от* книга; записная ~ nóte-book, pócket-book; **2.** (*документ*) book; сберегательная ~ sávings-bànk book; положить деньги на ~ку depósit móney at a sávings-bànk [-zɪt 'mʌ-...]; расчётная ~ páy-book; чековая ~ chéque-book; пенсионная ~ pénsion card.

книжка II *ж. анат.* third stómach [...'stʌmək], omásum, psàltérium [-sɔ:l-].

книж||ник *м.* **1.** *библ.* scribe; **2.** (*любитель книг*) bíbliophìle, lóver of books ['lʌ-...]. **~ный 1.** *прил. к* кни́га; ~ный переплёт bínding, (bóok-)còver [-kʌ-]; ~ный шкаф bóok-càse [-s]; ~ная по́лка bóok¦shèlf*; ~ный магази́н bóokshòp; bóokstòre *амер.*; ~ный знак bóok-plàte; **2.** (*отвлечённый, далёкий от жизни*) bóokish, ábstràct, únpráctical; ~ный челове́к bóokish man*; ~ная учёность bóok-knowledge [-nɔ-], bóok-scìence, bóok-lòre; ~ный стиль pedántic style; ~ный оборо́т ре́чи bóokish expréssion; ✧ ~ный червь bóokwòrm; Кни́жная пала́та Book Chámber [...'ʧeɪ-].

кни́зу *нареч.* dównwards [-dz].

кни́ксен *м.* cúrts(e)y.

кни́ца *ж. мор.* knee, gússet.

кно́пк||а *ж.* **1.** (*канцелярская*) dráwing-pìn; прикрепи́ть ~ой (*вн.*) fix with a dráwing-pìn (*d.*); **2.** (*застёжка*) préss-bùtton; **3.** *эл.* bútton; вызывна́я ~ call bútton; ✧ нажа́ть все ~и *разг.* pull wires / strings [pul...].

кно́почн||ый *прил. к* кно́пка; ~ое управле́ние *эл.* púsh-bùtton contról ['puʃ- -oul].

кнут *м.* whip, knout; (*перен.*) the lash; бить, погоня́ть ~о́м (*вн.*) lash (*d.*), whip (*d.*), knout (*d.*); щёлкать ~о́м crack a whip. **~ови́ще** *с.* whíp-hàndle.

княги́ня *ж.* princéss; вели́кая ~ *ист.* grand dúchess.

княж||еский prínce¦ly. **~ество** *с.* prìncipálity. **~ить** *ист.* reign [reɪn]. **~на́** *ж.* princéss.

князёк *м. разг.* prínce¦ling.

князь *м.* prince; вели́кий ~ *ист.* grand duke.

ко *см.* к.

коагуля́ция *ж. хим.* còàgulátion.

коалицио́нн||ый *прил. к* коали́ция; ~ое прави́тельство còalítion góvernment [kouə-'gʌ-], còalítion-cábinet [kouə-].

коали́ция *ж.* còalítion [kouə-].

ко́бальт *м. хим.* cobált. **~овый** cobáltic, cobáltous; ~овая кра́ска cobált; ~овое стекло́ smalt.

кобе́ль *м.* (male) dog.

ко́бза *ж.* kóbza (*old Ukrainian musical instrument, resembling guitar*).

кобза́рь *м.* kóbza-player.

ко́бра *ж. зоол.* cóbra.

кобура́ *ж.* hólster ['hou-].

ко́бчик *м. зоол.* mérlin.

кобы́л||а *ж.* mare. **~ий** *прил. к* кобы́ла; ~ье молоко́ mare's milk. **~и́ца** *ж.*= кобы́ла. **~ка** *ж.* **1.** young mare [jʌŋ...], fílly; **2.** (*у струнного инструмента*) bridge.

ко́ваный forged; (*о железе тж.*) hámmered; (*обитый железом*) cóated with íron [...'aɪən].

кова́р||ный insídious, pèrfídious, cráfty. **~ство** *с.* insídious¦ness, pérfidy.

кова́ть (*вн.*) **1.** (*прям. и перен.*) forge (*d.*); **2.** (*подковывать*) shoe [ʃuː] (*d.*); ✧ куй желе́зо, пока́ горячо́ *погов.* strike while the íron is hot [...'aɪən...].

ковбо́й *м.* ców-boy.

ковбо́йка *ж.* man's checked shirt.

ков||ёр *м.* cárpet; (*небольшой*) rug; покрыва́ть ~ра́ми (*вн.*) cárpet (*d.*); без ~ра́ ún¦cárpeted; ~-самолёт *фольк.* the mágic cárpet.

кове́ркать, исковеркать (*вн.*) mángle (*d.*); ~ язы́к tórture the lánguage; ~ ребёнка spoil* the child*.

коверко́т *м.* cóvertcóat ['kʌ-].

ко́вк||а *ж.* **1.** (*ручная*) smíthing; (*механическим молотом, прессом*) fórging; **2.** (*лошадей*) shóe¦ing ['ʃuː-]. **~ий** málle¦able, dúctile. **~ость** *ж.* màlle¦abílity, dùctílity.

коври́га *ж.* loaf*.

коври́жк||а *ж.* hóney-càke ['hʌ-]; ✧ ни за каки́е ~и *разг.* ≅ not for the world.

ко́врик *м.* rug.

ковро́в||щица *ж.* cárpet-màker. **~ый** *прил. к* ковёр.

ковче́г *м.* **1.** *библ.* ark; Но́ев ~ Nóah's Ark; **2.** *церк.* (*ящик*) shrine.

ковш *м.* scoop, dípper, ladle; (*землечерпалки*) búcket.

ковы́ль *м.* féather-gràss ['fe-].

ковыля́||ть *разг.* hobble; (*о ребёнке*) toddle; (*на протезе*) stump; уйти́ ~я hobble off / a¦wáy.

ковыря́ть (*вн.*) *разг.* **1.** peck (*d.*), pick (*d.*); (*ср. тж.* копа́ть); ~ в носу́ pick one's nose; ~ в зуба́х pick one's teeth; **2.** (*неумело делать*) tínker (*d.*, at). **~ся** *разг.*=копа́ться.

когда́ I *нареч.* **1.** (*в разн. знач.*) when: ~ он придёт? when will he come?; он не зна́ет, ~ э́то бы́ло he does¦n't know when it was [...nou...]; в тот день, ~ on the day when; **2.** (*иногда*): ~..., ~... *разг.* sóme¦-times..., sóme¦times...: он рабо́тает ~ у́тром, ~ ве́чером sóme¦tìmes he works in the mórning, sóme¦tìmes in the évening [...'iːv-]; **3.**: ~ б(ы) if; ~... ни, ~ ни whèn¦éver: ~ бы вы ни пришли́, ~ (вы) ни придёте whèn¦éver you come; ✧ есть ~! *разг.* no time for it!: есть ~ нам занима́ться э́тим! we have no time for it!; — ~ как it depénds.

когда́ II *союз* when; (*между тем, как тж.*) while; (*с прош. временем тж.*) as: он уе́дет, ~ ко́нчит рабо́ту he will leave when he has fínished his work; ~ он чита́л, он засну́л while he was réading he fell asléep; он её встре́тил, ~ шёл домо́й he met her as he was gó¦ing home.

когда́-либо, когда́-нибудь *нареч.* (*в будущем*) some time, some day; (*в вопрос. и условн. предл.*) ever; ви́дели вы его́ ~? have you ever seen him?

когда́-то *нареч.* **1.** (*в прошлом*) once (up¦ón a time) [wʌns...], fórmerly; **2.** (*в будущем*) we shall wait long befóre...

кого́ *рд., вн. см.* кто; не́... ~ *см.* не 2; ни... ~ *см.* ни II 2.

householdкого́рта

ко́г||оть *м.* claw; (*хищной птицы тж.*) tálon ['tæ-]; ✧ показа́ть свои́ ~ти show* one's claws [ʃou...]; ≅ show* one's teeth; попа́сть в ~ти fall* into the clútches.

когти́стый shárp-cláwed.

код *м.* code; телегра́фный ~ cable code.

кода́к *м. фот.* kódàk.

кодеи́н *м. фарм.* códeìne [-dɪiːn].

ко́декс *м.* code; ~ зако́нов о труде́ lábour code.

коди́ровать *несов. и сов.* (*вн.*) en¦-códe (*d.*).

кодифи||кацио́нный *юр.* còdificátion (*attr.*). **~ка́ция** *юр. ж.* còdificátion. **~ци́ровать** *несов. и сов.* (*вн.*) *юр.* códifỳ (*d.*).

ко́е-где́ *нареч.* here and there.

ко́е-ка́к *нареч.* **1.** (*небрежно*) ány¦-how, (at) háp¦házard [...-'hæ-]; (*не разбираясь*) péll-méll; **2.** (*с трудом*) with dífficulty.

ко́е-как||о́й *мест.* some; ~и́е one or two, a couple of [...kʌ-...].

ко́е-когда́ *нареч.* now and then.

ко́е-кто́ *мест.* sóme¦body; some people [...piː-] *pl.*

ко́е-куда́ *нареч.* sóme¦whère.

ко́ечный: ~ больно́й ín-pàtient.

ко́е-что́ *мест.* sóme¦thing; (*немного*) a little; он ~ сде́лал he has done sóme¦thing.

ко́ж||а *ж.* **1.** (*у человека и животных*) skin; (*у крупных животных*) hide; cútis *анат.*; (*сброшенная змеиная*) slough [slʌf]; **2.** (*материал*) léather ['le-]; **3.** (*у фруктов*) peel, rind; ✧ из ~и вон лезть *разг.* ≅ lay* òne¦sélf out; lean* óver báckwards [...-dz] *идиом.*; гуси́ная ~ *разг.* góose-flèsh ['guːs-], góose-skìn ['guːs-]; ~ да ко́сти *разг.* ≅ bag of bones, ónly skin and bone.

кожа́н *м. уст.* léather-cóat ['le-].

ко́жанка *ж. разг.* léather-cóat ['le-].

ко́жаный léather(n) ['le-].

коже́в||енный léather-drèssing ['le-], tánning; ~ заво́д tánnery; ~енная промы́шленность tánning índustry. **~ник** *м.* (*мастер*) cúrrier, tánner, léather-drèsser ['le-].

кожими́т *м.* imitátion léather [...'le-].

ко́жица *ж.* **1.** péllicle, film, thin skin; ~ колбасы́ sáusage skin ['sɔs-...]; **2.** (*плода*) peel.

ко́жн||ик *м. разг.* (*врач*) dèrmatólogist. **~ый** skin (*attr.*); cutáneous *научн.*; ~ые боле́зни skin diséases [...-'ziːz-].

кожсырьё *с.* raw léather [...'leðə]; hides *pl.*

кожура́ *ж. тк. ед.* rind, peel.

кожу́х *м.* **1.** *разг.* shéepskìn (coat); **2.** *тех.* cásing [-s-], hóusing; (*орудия, пулемёта*) jácket; (*гребного колеса*) (páddle-)bòx.

коза́ *ж.* goat, shé-goat, nánny-goat.

коз||ёл *м.* hé-goat, bílly-goat; ◇ ~ отпуще́ния scápe|goat; от него́ как от ~ла́ молока́ *разг.* ≅ he is no good at all; пусти́ть ~ла́ в огоро́д ≅ set* a wolf to keep the sheep [...wulf...].

Козеро́г *м. астр.* Cápricòrn; тро́пик ~а trópic of Cápricòrn.

ко́з||ий *прил. к* коза́; ~ье молоко́ goat's milk; ~ья но́жка *мед.* mólar fórcèps. **~лёнок** *м.* kid. **~ли́ный** *прил. к* козёл; ~ли́ный го́лос réedy voice; ~ли́ная боро́дка góatee.

ко́злы *мн.* **1.** (*в экипаже*) cóach-bòx *sg.*, box *sg.*, díckey *sg.*; **2.** (*подставка*) trestle *sg.*; (*для пилки*) sáw-hòrse *sg.*; sáw-bùck *sg. амер.*; ◇ составля́ть винто́вки в ~ stack / pile arms.

козля́та *мн. см.* козлёнок.

козля́тина *ж.* goat's flesh / meat.

ко́зни *мн.* (*ед.* ко́знь *ж.*) intrígues [-i:gz], màchinátions [-k-]; cráfty desígns [...-'zaɪnz]; стро́ить ~ máchinàte [-k-]; ~ враго́в the cráfty desígns of the énemy.

козово́д *м.* góat-breeder. **~ство** *с.* góat-breeding.

козодо́й *м.* (*птица*) góatsùcker, níght-jàr.

ко́зочка *ж. уменьш. от* коза́.

косу́ля *ж. зоол.* roe, róe-bùck.

козырёк *м.* (cap) peak; сде́лать, взять под ~ (*дт.*) salúte (*d.*).

козырн||о́й *прил. к* ко́зырь; ~а́я ка́рта trúmp-càrd; ~ туз ace of trumps.

козырну́ть I, II *сов. см.* козыря́ть I, II.

ко́зыр||ь *м.* (*прям. и перен.*) trump; (*перен. тж.*) trúmp-càrd; ходи́ть с ~я lead* trumps, play trumps, *или* a trump, trump; покры́ть ~ем (*вн.*) trump (*d.*); объяви́ть ~я call one's hand; откры́ть свои́ ~и (*перен.*) show* one's trumps [ʃou...]; пусти́ть в ход свой после́дний ~ (*перен.*) play one's last trúmp-càrd.

козыря́ть I, козырну́ть *карт.* trump; (*тв.*; *перен.*) *разг.* flaunt (*d.*).

козыря́ть II, козырну́ть (*дт.*) *разг.* salúte (*d.*).

козя́вка *ж. разг.* gnat, ínsèct.

кой (*употребительны лишь отдельные формы в определённых выражениях*): ни в ко́ем слу́чае *см.* слу́чай; до ко́их пор? how long?; из ко́их (*о предметах*) of which; (*о людях*) of whom.

ко́йка *ж.* **1.** cot; (*на корабле*) bunk, berth; подвесна́я ~ hámmock; **2.** (*в больнице*) bed.

кок I *м. мор.* (ship's) cook.

кок II *м.* (*вихор*) quiff.

ко́ка *ж. бот.* cóca.

кокаи́н *м.* cocáine. **~и́зм** *м.* cocáinism. **~и́ст** *м.* cocáine áddict.

кока́рда *ж.* còckáde.

ко́кать, ко́кнуть (*вн.*) *разг.* break* [-eɪk] (*d.*).

коке́тка I *ж.* còquétte [kou'ket].

коке́тка II *ж.* (*у платья и т. п.*) yoke.

коке́т||ливый 1. còquét(tish) [kou'ket-], arch; ~ливая де́вушка flìrtátious / còquéttish girl [...g-] ~ливая улы́бка wínsome smile; **2.** (*имеющий нарядный вид*) attráctive, smart; ~ливый наря́д fétching gét-ùp / attíre. **~ничать 1.** (с *тв.*) flirt (with), còquét(te) [kou'ket] (with); **2.** (*рисоваться*) pose, show* off [ʃou...]; (*тв.*) flaunt (*d.*). **~ство** *с.* cóquetry ['koukɪt-].

ко́кки *мн.* (*ед.* кокк *м.*) *мед.* cócci.

коклю́ш *м.* (w)hóoping-cough ['hu:pɪŋkɔf].

коклю́шка *ж.* bóbbin.

ко́кнуть *сов. см.* ко́кать.

ко́кон *м.* còcóon.

коко́с *м.* **1.** cócò; **2.** (*плод*) cóco-nùt. **~овый** *прил. к* коко́с; ~овый оре́х cóco-nùt; ~овая па́льма cócò, cóco-tree, cóco-nùt-tree; ~овое молоко́ cóco-nùt milk; ~овое волокно́ coir ['kɔɪə].

коко́тка *ж.* courtesán [kɔ:tɪ'zæn].

коко́шник *м.* kokóshnik (*woman's headdress in old Russia*).

кокс *м.* coke; вы́жиг ~а *тех.* coke fíring.

кок-саги́з *м. бот.* kòk-sagýz, Rússian dándelìon [-ʃən...].

коксова́||льный *тех.* cóking; ~льная печь coke óven [...'ʌv-]. **~ние** *с. тех.* cóking.

коксова́ть (*вн.*) *тех.* coke (*d.*). **~ся** *тех.* **1.** coke; **2.** *страд. к* коксова́ть.

ко́ксовый *прил. к* кокс.

коксу́ющийся: ~ у́голь cóking coal.

кокте́йль *м.* cócktail.

кол *м.* stake, pícket; а́нкерный ~ ánchoring pícket ['æŋk-...]; ◇ сажа́ть на́ ~ (*вн.*) impále (*d.*); ему́ хоть ~ на голове́ теши́ *разг.* ≅ he is so píg-héaded [...-'hed-]; ни ~а́, ни двора́ ≅ néither house nor home ['naɪ- haus...]; вбить оси́новый ~ drive* in the stake, drive* home the last nail.

ко́лба *ж. хим.* flask.

колбаса́ *ж.* sáusage ['sɔ-]; варёная ~ boiled sáusage; кровяна́я ~ blóod-pùdding ['blʌdpu-], black púdding [...'pu-].

колба́сн||ик *м.* sáusage-màker ['sɔ-]; (*торговец колбасами*) sáusage déaler ['sɔ-...]. **~ый** *прил. к* колбаса́; ~ый заво́д sáusage fáctory ['sɔ-...]; ~ые изде́лия cooked meats.

колдов||а́ть cónjure ['kʌn-], práctise wítchcràft [-tɪs...]; (*перен.*) con|cóct. **~ско́й** *прил. к* колдовство́; (*перен.*) bewítching.

колдовство́ *с.* wítchcràft, sórcery; (*перен.: очарование*) glámour ['glæ-], mágic.

колду́н *м.* sórcerer, magícian, wízard ['wɪ-].

колду́нья *ж.* witch, sórceress.

колеба́||ние *с.* **1.** *физ.* òscillátion, vibrátion; ~ ма́ятника swing of the péndulum; **2.** (*изменение*) flùctuátion, vàriátion; ~ температу́ры flùctuátion of *the* témperature; ~ния ку́рса (*на бирже*) stock exchánge flùctuátions [...-'ʧeɪ-...]; (*иностранной валюты*) flùctuátions in the rate(s) of exchánge; **3.** (*сомнение*) hèsitátion [-zɪ-], wáver|ing, vàcillátion; без ~ний ùnhésitàting|ly [-zɪ-], stráight|a|wáy. **~тельный** *прил. к* колеба́ние 1; *тж.* óscillàting, óscillàtory [-leɪ-]; ~тельные движе́ния óscillàtory móve|ments [...'mu:-]; ~тельный ко́нтур *рад.* óscillàtory círcuit [...-kɪt], óscillàtory cóntour [...-tuə].

колеба́ть, поколеба́ть (*вн.*; *прям. и перен.*) shake* (*d.*): его́ авторите́т был поколе́блен his authórity was sháken. **~ся 1.** óscillàte, vácillàte; вода́ колеба́лась the wáter was rípling/úndulàting [...'wɔ:-...]; **2.** (*изменяться*) flúctuàte; це́ны коле́блются príces are flúctuàting; **3.** (*не решаться*) hésitàte [-zɪ-], wáver; он колеба́лся в вы́боре he hésitàted in his choice; **4.** *страд. к* колеба́ть.

коле́блющийся *прич. и прил.* vácillàting.

коле́нка *ж. разг.* knee.

коленко́р *м.* cálicò; ◇ э́то совсе́м друго́й ~ *разг.* ≅ that's quite another pair of shoes [...ʃu:z]. **~овый** *прил. к* коленко́р.

коле́н||ный *прил. к* коле́но; ~ суста́в *анат.* knée-joint; ~ная ча́шка *анат.* knée-càp, knée-pàn; patélla, scútum *научн.*

коле́н||о *с.* **1.** (*мн.* ~и) knee; стать на ~и kneel*; стоя́ть на ~ях kneel*; (пе́ред) kneel* (befóre); упа́сть на ~и fall* on one's knees; по ~, по ~и up to one's knees, knée-déep; **2.** *тк. мн.*: мать с ребёнком на ~ях móther with *a* child* in her lap ['mʌ-...]; **3.** (*мн.* коле́нья) *тех.* élbow; **4.** (*мн.* коле́нья) *бот.* joint, node; **5.** (*мн.* ~а) (*изгиб*) bend; **6.** (*мн.* ~а) (*в родословной*) gènerátion; *библ.* tribe; ро́дственники до пя́того ~а cóusins five times remóved ['kʌz-... -'mu:-]; **7.** (*мн.* ~а) *разг.* (*в танце и т. п.*) fígure; (*часть музыкального произведения, песни*) part of a piece of músic or a song [...pi:s...-zɪk...]; ◇ мо́ре по ~ dévil-may-cáre áttitùde; ему́ мо́ре по ~ he is a dévil-may-cáre; поста́вить кого́-л. на ~и bring */ force smb. to his knees. **~це** *с.*: вы́кинуть ~це *разг.* play a trick.

коле́нчатый *тех.* élbow-shàped, cranked; ~ вал cránkshàft; ~ рыча́г béll-crànk léver.

ко́лер I *м. жив.* cólour ['kʌlə].

ко́лер II *м. вет.* stággers *pl.*

колёсико *с.* **1.** *уменьш. от* колесо́; **2.** (*у мебели*) cástor, cáster.

колеси́ть *разг.* **1.** (*ехать не прямиком*) go* in a róundabout way; **2.** (*разъезжать*) go*/trável abóut [...'træ-...]; ~ по всему́ све́ту rove/ramble all óver the world.

коле́сник *м.* (*мастер*) whéel-wright.

колесни́ца *ж.* cháriot ['ʧæ-]; погреба́льная ~ hearse [hə:s]; триумфа́льная ~ triúmphal car.

колёсн||ый **1.** *прил. к* колесо́; ~ ма́стер = коле́сник; ~ая мазь whéel-grease [-s]; **2.** (*на колёсах*) wheeled.

колес||о́ *с.* wheel; запасно́е ~ spare wheel; махово́е ~ flý-wheel; цепно́е ~ sprócket; веду́щее ~ *тех.* dríving-wheel; (*гусеницы*) dríving sprócket; переда́точное ~ trànsmíssion wheel [-nz-...]; храпово́е ~ rátchet-wheel; рулево́е ~ stéering wheel; гидравли́ческое ~ hỳdráulic wheel [haɪ-...]; гребно́е ~ páddle-wheel; ◇ ~ форту́ны Fórtùne's wheel; вставля́ть кому́-л. па́лки в колёса *разг.* put* a spoke in smb.'s wheel; кружи́ться как бе́лка в ~é ≅ be run off one's feet, be like a squírrel in a cage; ходи́ть ~óм turn sómersaults [....'sʌ-]; грудь ~óм ≅ with the chest puffed out.

колесова́ние *с.* *ист.* bréaking on the wheel ['breɪk-...].

колесова́ть *несов. и сов.* (*вн.*) *ист.* break* on the wheel [breɪk...] (*d.*).

коле́чко *с.* ríng|let.

коле||я́ *ж.* **1.** rut; **2.** *ж.-д.* track; (*о ширине*) gauge [geɪ-]; широ́кая, у́зкая ~ broad, nárrow gauge [brɔ:d...]; ◇ войти́ в ~ю settle down; вы́бить из ~и́ (*вн.*) únsèttle (*d.*); вы́битый из ~и́ unséttled, off the rails.

ко́ли *союз* if; ~ на то пошло́ as far as that goes, for that mátter; (*ср.* е́сли).

коли́бри *м. и ж. нескл. зоол.* húmming-bìrd.

ко́лики *мн.* (*ед.* ко́лика *ж.*) *мед.* cólic *sg.*

колир||ова́ть (*вн.*) *с.-х.* graft (*d.*). ~**о́вка** *ж.* *с.-х.* gráfting.

коли́т *м.* *мед.* colítis.

коли́чественн||ый quántitàtive; numérical; ~ое измене́ние quántitàtive change [...ʧeɪnʤ]; перехо́д от ~ых измене́ний к ка́чественным измене́ниям trànsítion from quántitàtive chánges to quálitàtive chánges [-ʒən...]; ~ые числи́тельные *грам.* cárdinal númbers; ~ ана́лиз *хим.* quántitàtive análysis (*pl.* -sès [-si:z]); ~ рост numérical growth [...grouθ].

коли́честв||о *с.* quántity, amóunt, númber; перехо́д ~а в ка́чество *филос.* trànsítion from quántity to quálity [-ʒən...]; ~ перехо́дит в ка́чество quántity is trànsfórmed into quálity; увели́чилось ~ (*рд.*) there was an ín|crease in the númber [...-s....] (of), the númber (of) ...in|créased [...-st]; в ~е 150 челове́к one húndred and fífty strong, 150 in númber; доста́точное ~ това́ров suffícient supplý of commódities.

ко́лка *ж.* chópping; ~ дров chópping of wood [...wud].

ко́лкий I (*легко колющийся*) cléavable, éasily split / bróken ['i:zɪ-...].

ко́лк||ий II (*колючий*) príckly; (*перен.*) cáustic, bíting; ~ое замеча́ние bíting / cáustic remárk. ~**ость** *ж.* **1.** caustícity; **2.** (*колкое замечание*) bíting remárk; говори́ть ~ости make* bíting / cáustic remárks.

коллаборациони́ст *м.* *полит.* collàborátionist. ~**ский:** ~ская поли́тика collàborátionist pólicy.

колле́га *м. и ж.* cólleague [-li:g].

коллегиа́ль||но *нареч.* colléctive|ly, jóintly. ~**ность** *ж.* colléctive náture [...'neɪ-]; (*руководства*) colléctive / joint léadership. ~**ный** collégiate, joint.

колле́гия *ж.* board; ~ адвока́тов Cóllege of Bárristers.

колле́дж *м.* cóllege.

коллекти́в *м.* colléctive (bódy) [...'bɔ-]; assòciátion; парти́йный ~ Párty colléctive; Párty mémbers *pl.*; студе́нческий ~ stúdent bódy.

коллективиза́ция *ж.* collèctivìzátion [-vaɪ-]; ~ се́льского хозя́йства collèctivìzátion of ágricùlture.

коллективизи́ровать *несов. и сов.* (*вн.*) colléctivìze (*d.*).

коллективи́зм *м.* colléctivism.

коллективи́ст *м.* colléctivist. ~**ский** colléctivist.

коллекти́вно *нареч.* colléctive|ly.

коллекти́вн||ость *ж.* collèctívity. ~**ый** colléctive; ~ый догово́р colléctive agréement; ~ое хозя́йство colléctive farm; ~ое владе́ние joint ównership [...'ou-]; ~ая со́бственность на сре́дства произво́дства colléctive ównership of the means of prodúction; ~ый труд colléctive lábour.

колле́ктор *м.* **1.** *эл.* cómmutàtor, colléctor; **2.** (*библиотечный*) book colléctíng depártment (in a líbrary) [...'laɪ-]; **3.** (*трубопровод*) mánifòld. ~**ный** *прил. к* колле́ктор; ороси́тельная ~ная систе́ма wáter colléctor nétwòrk ['wɔ:-...].

коллекцион||е́р *м.* colléctor. ~**и́ровать** (*вн.*) colléct (*d.*).

колле́кция *ж.* colléction.

колли́зия *ж.* collísion.

колло́дий *м.* *хим.* collódion.

колло́ид *м.* *хим.* cólloid. ~**ный** *хим.* collóidal; cólloid (*attr.*); ~ный раство́р collóidal solútion; ~ная хи́мия collóidal chémistry [...'ke-].

колло́квиум *м.* óral exàminátion.

колобо́к *м.* kolobók (*round loaf*).

колобро́дить *разг.* **1.** (*слоняться*) gad abóut; **2.** (*возиться*) romp.

коловоро́т *м.* *тех.* brace.

коло́да I *ж.* **1.** block, log; **2.** (*для водопоя*) trough [trɔf].

коло́да II *ж.* *карт.* pack.

коло́дезн||ый *прил. к* коло́дец; ~ая вода́ wéll-wàter [-wɔ:-].

коло́дец *м.* well; (*с ведром на верёвке*) dráw-wèll; бурово́й ~ bóre-wéll; ша́хтный ~ pit.

коло́дк||а *ж.* **1.** (*сапожная*) bóot-tree, last; поста́вить о́бувь на ~у put* shoes on *the* last [...ʃu:z...], have shoes stretched; **2.** *тех.* shoe; ◇ о́рденская ~ médal ríbbon ['me...].

коло́дки *мн.* *ист.* (*для преступников*) stocks; наби́ть ~ на́ ноги (*дт.*) put* in the stocks (*d.*).

коло́к *м.* *муз.* pin.

ко́локол *м.* bell; уда́рить в ~ strike* the bell.

колоко́ль||ный *прил. к* ко́локол; ~ звон peal, chime. ~**ня** *ж.* church/bell tówer; ◇ смотре́ть на что-л. со свое́й ~ни ≅ take* a óne-síded/ pérsonal / paróchial view of smth. [...-'rouk- vju:...]. ~**чик** *м.* **1.** hánd-bèll, bell; **2.** *бот.* blúe|bèll, campánula.

коломби́на *ж.* *театр.* Cólumbìne.

колониали́зм *м.* colónialism.

колониа́льн||ый colónial; ~ые владе́ния colónial possèssions [...pə'ze-]; ~ые наро́ды peoples of the cólonies [pi:plz...]; ~ гнёт colónial oppréssion; ~ые войска́ colónial troops; ~ая поли́тика colónial pólicy, pólicy in the cólonies; ~ вопро́с colónial quéstion/ próblem [...-sʧən 'prɔ-], quéstion / próblem of cólonies; ~ые това́ры colónial goods [...gudz].

колониз||а́тор *м.* cólonìzer, colónialist. ~**а́торский** *прил. к* колониза́тор. ~**а́ция** *ж.* còlonìzátion [-naɪ-]. ~**и́ровать,** ~**ова́ть** *несов. и сов.* (*вн.*) cólonìze (*d.*).

колони́ст *м.*, ~**ка** *ж.* cólonist, séttler.

коло́ния *ж.* **1.** cólony; **2.** (*поселение, общежитие*) séttle|ment.

коло́нка *ж.* **1.** (*в разн. знач.*) cólumn; **2.** (*в ванной*) géyser ['gi:zə]; (*на улице*) (street) wáter fóuntain [...'wɔ:-...]; **3.** (*для горючего*) pétrol pump ['pe-...].

коло́нн||а *ж.* (*в разн. знач.*) cólumn; кори́нфская ~ *арх.* píllar of the Coríndhian órder; иони́ческая ~ *арх.* píllar of the Iónic órder [...aɪ-...]; ~ демонстра́нтов cólumn of *the* dèmonstrátion, cólumn of démonstràtors; со́мкнутая ~ *воен.* close cólumn [-s...]; похо́дная ~ cólumn of route [...ru:t]; ~ по́ два cólumn of files; ~ по́ три *и т. п.* cólumn of threes, *etc.* ~**а́да** *ж.* còlonnáde. ~**ый** *прил. к* коло́нна; *тж.* colúmnar, cólumned; ~ый зал hall of cólumns, píllared hall; ~ый путь *воен.* cróss-country track [-kʌ-...].

колоно́к *м.* (*животное и мех*) kolínsky.

колонти́тул *м.* *полигр.* rúnning title; cátchwòrd.

колора́дский: ~ жук Còloràdò beetle [-'rɑː-...].

колорату́р||а *ж. муз.* còloratúra. **~ный:** ~ное сопра́но còloratúra sopránò [...-rɑː-].

колори́метр *м.* còlorímeter [kʌ-].

колори́ст *м. жив.* cólour|ist ['kʌ-].

колори́т *м.* cólour|ing ['kʌ-], cólour ['kʌ-]; ме́стный ~ lócal cólour; национа́льный ~ nátional cólour ['næ-...]. **~ный** pìcturésque, vívid.

ко́лос *м.* ear; ржано́й ~ ear of rye; пшени́чный ~ whéat-ear; ~ тимофе́евки spike of tímothy-gràss. **~и́стый** eared, full of ears. **~и́ться,** вы́колоситься ear, form ears.

колосни́к *м.* **1.** *тех.* fíre-bàr, fúrnace-bàr, gráte-bàr; **2.** *мн. театр.* grídìron [-aɪən] *sg.* **~о́вый:** ~о́вая решётка *тех.* fíre-gràte.

колосов||о́й: ~ы́е культу́ры *с.-х.* céreals [-rɪəlz], grain crops. **~ы́е** *мн. скл. как прил. с.-х.* céreals [-rɪəlz].

коло́сс *м.* colóssus (*pl.* -sì). **~а́льный** colóssal; (*огромный*) huge, treméndous; ~а́льная су́мма a colóssal sum; ~а́льные вложе́ния colóssal / huge invéstments; до ~а́льных разме́ров to a treméndous extént.

колоти́ть 1. (по *дт.*; *ударять, стучать*) strike* (on); beat* (at); ~ в дверь bang / púmmel on the door [...dɔː]; **2.** (*вн.*) *разг.* beat* (*d.*); thrash (*d.*), drub (*d.*); **3.:** ~ лён scutch flax; **4.** (*вн.*) *разг.* (*разбивать*) break* [-eɪk] (*d.*); (*ср.* бить); ◇ его́ коло́тит лихора́дка he is sháking with féver. **~ся** *разг.* **1.** (об *вн.*) beat* (agáinst), strike* (agáinst); (*ср. тж.* би́ться); ~ся голово́й обо что-л. beat* one's head agáinst smth. [...hed...]; **2.** (*без доп.*) beat*; се́рдце коло́тится the heart beats / thumps [...hɑːt...]; **3.** *страд. к* колоти́ть 3, 4.

колоту́шка *ж.* **1.** (*деревянный молоток*) beetle; **2.** (*ночного сторожа*) rattle, clápper; **3.** *разг.* (*удар*) slap.

ко́лотый I: ~ са́хар bróken lóaf-sùgar [...-ʃu-].

ко́лот||ый II: ~ая ра́на stáb(-wound) [-wuː-].

коло́ть I (*вн.*) break* [-eɪk] (*d.*); (*рубить*) chop (*d.*), split* (*d.*); ~ са́хар break* súgar [...'ʃu-]; ~ оре́хи crack nuts; ~ дрова́ chop / split* wood [...wud]; ~ лучи́ну chop a splínter.

коло́ть II, кольну́ть **1.** stab (*d.*); ~ кого́-л. штыко́м *и т. п.* thrust* one's báyonet, *etc.*, into smb.; **2.** (*вн.*; *иголкой и т. п.*) prick (*d.*); **3.** *безл.:* у него́, у них *и т. д.* ко́лет в боку́ he has, they have, *etc.*, a stitch in his, their, *etc.*, side; **4.** *тк. несов.* (*вн.*; *убивать скот*) sláughter (*d.*); (*о свинье*) kill (*d.*); ◇ ~ глаза́ кому́-л. ≅ throw* *smth.* in smb.'s teeth [θrou...]; пра́вда глаза́ ко́лет ≅ home truths are hard to swállow, *или* are úsually ùnpálatable [...truːθs ... -ʒuə-...].

ко́лотье *с.*, **колотьё** *с. тк. ед. разг.* (*в боку, в груди*) stitch; cólic pains *pl.*, gripes *pl.*

коло́ться I *страд. к* коло́ть I.

коло́ться II **1.** (*быть колким*) prick, sting*; **2.** *страд. к* коло́ть II 1, 2, 4.

колошни́к *м. тех.* fúrnace, top, fúrnace throat. **~о́вый** *тех.:* ~о́вый газ blást-fùrnace gas.

колпа́||к *м.* **1.** (*головной убор*) cap; ночно́й ~ níghtcàp; дура́цкий ~ fool's cap; **2.** (*навес, покрышка*) cowl; (*для лампы*) lámp-shàde; стекля́нный ~ béll-glàss; бето́нный, бронево́й ~ cóncrète, ármour(|ed) hood [...hud]; ◇ держа́ть под стекля́нным ~ко́м (*вн.*) *разг.* keep* in cótton wool [...wul] (*d.*); жить под стекля́нным ~ко́м live in the públic gaze [lɪv... 'pʌ-...]; ста́рый ~ old dúffer. **~чо́к** *м.* **1.** *уменьш. от* колпа́к; **2.** (*газокалильный*) (ìn|càndéscent) mantle.

колту́н *м. мед.* plíca (polónica).

колумба́рий *м.* còlumbárium.

колу́н *м.* (wóod-)chòpper ['wud-].

колхо́з *м.* kòlkhóz, colléctive farm; ~-миллионе́р mìllionáire colléctive farm [-'nɛə...].

колхо́зн||ик *м.* colléctive fármer, kòlkhóznik. **~ица** *ж.* colléctive fármer, kòlkhóznitsa. **~ый** *прил. к* колхо́з; ~ое строи́тельство òrganìzátion of kòlkhózes, *или* colléctive farms [-naɪ-...]; ~ая со́бственность kòlkhóz / colléctive-fàrm próperty; ~ый строй kòlkhóz / colléctive-fàrm sýstem; ~ое движе́ние kòlkhóz / colléctive-fàrm móve|ment [...'muːv-]; ~ый путь разви́тия се́льского хозя́йства the devélopment of ágricùlture alóng the path of colléctive fárming; ~ое крестья́нство colléctive-fàrm péasantry [...'pez-]; ~ые поля́ kòlkhóz / colléctive-fàrm fields [...fiːl-].

колча́н *м. ист.* quíver ['kwɪ-] (*case for holding arrows*).

колчеда́н *м. мин.:* желе́зный *или* се́рный ~ pỳrítès [paɪ'raɪtiːz].

колчено́гий *разг.* lame, hóbbling.

колыбе́л||ь *ж.* cradle; ◇ с ~и from the cradle.

колыбе́льн||ый *прил. к* колыбе́ль; ~ая (пе́сня) lúllabỳ.

колыма́га *ж.* héavy and ùnwíeldy cárriage ['he-... -'wiːl- -rɪdʒ].

колых||а́ние *с.* héaving, wáving; swíng|ing. **~а́ть,** колыхну́ть (*вн.*) sway (*d.*), rock (géntly) (*d.*). **~а́ться,** колыхну́ться heave*, sway; (*о знамёнах, флагах*) wave, flútter; пла́мя колы́шется the flame is swáying.

колыхну́ть(ся) *сов. см.* колыха́ть(-ся).

ко́лышек *м.* peg.

коль = ко́ли; ~ ско́ро (*как только*) as soon as; (*так как*) as.

кольдкре́м *м.* cold cream.

колье́ *с. нескл.* nécklace.

кольну́ть *сов. см.* коло́ть II 1, 2, 3.

кольра́би *ж. нескл. бот.* kóhlràbi ['koul'rɑː-].

кольт *м.* Colt; (*о револьвере тж.*) Colt revólver; (*о пулемёте тж.*) Colt automátic machíne gun [...-'ʃiːn...]; (*о пистолете тж.*) Colt automátic pístol.

кольцев||а́ние *с.* ríng|ing. **~а́ть** (*вн.*) ring (*d.*).

кольце||во́й ánnular; (*круговой*) círcular; ~во́е движе́ние círcular mótion. **~обра́зный** ríng-shàped; ~обра́зное затме́ние ánnular eclípse.

кольц||о́ *с.* (*в разн. знач.*) ring; *тех. тж.* hoop; сверну́ться ~о́м coil up; обруча́льное ~ wédding-rìng; ~ для ключе́й split / key ring [...kiː...]; ~ ды́ма wreath*/ring of smoke; годи́чное ~ *бот.* ring (of a tree).

ко́льчат||ый ánnulàte(d); ~ые че́рви *зоол.* Annélida.

кольчу́га *ж. ист.* chain mail, chain ármour, háubèrk.

колю́ч||ий príckly; (*имеющий шипы*) thórny, spíny; (*перен.*) bíting; (*ср.* ко́лкий); ~ая про́волока barbed wire; ~ая и́згородь príckly hedge. **~ка** *ж.* **1.** príckle, spike; (*шип*) thorn; **2.** *разг.* (*растение*) bur(r).

ко́люшка *ж. зоол.* stíckle|bàck, títtle|bàt.

ко́лющий I *прич. см.* коло́ть I.

ко́лющ||ий II **1.** *прич. см.* коло́ть II; **2.** *прил.:* ~ая боль shóoting-pain; ~ее ору́жие thrust wéapon [...'we-].

коляда́ *ж.*, **коля́дка** *ж.* Chrístmas cárol [-sm- 'kæ-].

коля́ска *ж.* **1.** cárriage [-rɪdʒ]; (*четырёхместная*) baróuche [-uːʃ]; **2.** (*детская*) perámbulàtor ['præm-]; pram *разг.*; **3.** (*у мотоцикла*) síde-càr.

ком I *м.* lump; (*снежный*) ball; (*земли, глины*) clod; ◇ пе́рвый блин ~ом *погов.* ≅ you must spoil befóre you spin.

ком II *пр. см.* кто; не... ком *см.* не 2; ни... ком *см.* ни II 2.

ко́ма *ж. мед.* cóma.

кома́нд||а *ж.* **1.** commánd [-ɑːnd]; (*приказ*) órder; по ~е (*рд.*) at the commánd (of); по чьей-л. ~е at smb.'s (word of) commánd; пода́ть ~у *воен.* give* *a* commánd; **2.** *воен.* (*отряд*) párty, detáchment, crew; уче́бная ~ *уст.* tráining detáchment; **3.** (*корабля*) (ship's) crew, ship's cómpany [...'kʌm-]; **4.** *спорт.* team; (*в гребле*) crew; футбо́льная ~ fóotbàll team; ◇ как по ~е ≅ all togéther, *или* at once [...-'ge-...wʌns]; пожа́рная ~ fíre-brigàde.

команда́рм *м.* = кома́ндующий а́рмией *см.* кома́ндующий 2.

команди́р *м.* commánder [-ɑːn-]; (*корабля*) cáptain, commánding ófficer

-ɑːn-...]; ~ взвода platóon léader / commánder; ~ отделения séction léader; squad léader *амер.*; ~ роты cómpany commánder ['kʌm-...]; ~ батальона battálion commánder [-'tæljən...]; ~ полка régiment / règiméntal commánder; ~ бригады brigáde commánder; ~ дивизии divísion(al) commánder; ~ корпуса corps commánder [kɔː...]; ~ части commánding ófficer; ◇ ~ы производства the léaders of índustry.

командированный 1. *прич. см.* командировать; 2. *прил.* on búsiness [...'bɪzn-], on a míssion.

командировать *несов. и сов.* (*вн.*) send* on búsiness, *или* on a míssion [...'bɪzn-...] (*d.*).

командиров||ка *ж.* míssion, búsiness trip ['bɪzn-...]; научная ~ sciéntific míssion; ехать в ~ку go*(a|wáy / out) on a míssion; make* a búsiness trip; go* a|wáy on búsiness; быть в ~ке be on a míssion, *или* a|wáy on búsiness. **~очный** 1. *прил. к* командировка; ~очное удостоверение credéntials (*issued to people sent on an official mission*) [...piː-...]; ~очные деньги trávelling allówance *sg.*; 2. *мн. как сущ.* trávelling allówance *sg.*

командн||ый: ~ пункт commánd post [-ɑːnd poust]; ~ое первенство *спорт.* team chámpionship; ~ состав commánders [-ɑːn-] *pl.*; ~ые высоты commánding heights [-ɑːnd- haɪts]; key posítions [kiː -'zɪ-].

командование *с.* 1. (*действие*) commánd [-ɑːnd]; под ~м (*рд.*) únder the commánd (of), commánded [-ɑːn-] (by); únder; принять ~ (над) assúme / take* commánd (of, óver); 2. *собир.* commánd, héadquárters ['hed-]; верховное ~ high commánd; главное ~ Géneral Héadquárters.

командовать 1. (*без доп.*) give* órders; *воен.* commánd [-ɑːnd]; 2. (*тв.*) be in commánd (of); 3. (*тв. или* над) *разг.* órder about (*d.*); он любит ~ he likes to órder people about [...piː-...].

командор *м.* 1. *ист.* knight commánder [...-ɑːn-]; 2. (*яхт-клуба*) cómmodòre.

командующий 1. *прич. см.* командовать; 2. *м. как сущ.* commánder [-ɑːn-]; ~ армией Ármy commánder; ~ войсками округа Commánder-in-Chíef [-ɑːn- -'ʧiːf]; ~ войсками фронта ármy group commánder [...-uːp...]; ~ флотом Commánder-in-Chíef of *the* Fleet.

комар *м.* gnat, mosquítò [-'kiː-]; малярийный ~ malárial mosquítò; ◇ ~ носа не подточит it's all done / fixed up to a "T". **~иный** *прил. к* комар.

коматозн||ый *мед.* cómatòse [-s]; ~ое состояние state of cóma.

комбайн *м.* cómbine; горный ~ míning cómbine. **~ер** *м.* cómbine óperàtor. **~овый** *прил. к* комбайн; ~овая уборка cómbìne hárvesting.

комбат *м.* = командир батальона *см.* командир.

комбед *м.* (комитет бедноты) *ист.* commíttee of poor péasants [-tɪ... pez-].

комбикорм *м. с.-х.* mixed feed.

комбинат *м.* 1. group of énterprises [gruːp...]; угольный ~ group of mines; 2. (*учебный*) tráining centre; ◇ ~ бытового обслуживания pérsonal sérvice shop.

комбинатор *м. разг.* schémer.

комбинационный *прил. к* комбинация 1; *тж.* cómbinàtive.

комбинация *ж.* 1. (*в разн. знач.*) còmbinátion; 2. (*бельё*) slip; còmbinátions *pl.*

комбинезон *м.* óver|àlls *pl.*; (*лётчика*) flýing suit [...sjuːt].

комбинировать, скомбинировать (*вн.*) combíne (*d.*).

комбриг *м.* = командир бригады *см.* командир.

комдив *м.* = командир дивизии *см.* командир.

комедиант *м. уст.* comédian, múmmer; (*перен.*: *шут*) móuntebànk; (*притворщик*) preténder, hýpocrite, dissémbler. **~ский** *прил. к* комедиант.

комедийный cómic; cómedy (*attr.*); ~ актёр comédian, cómedy áctor.

комеди||я *ж.* cómedy; ◇ разыгрывать ~ю (*перен.*) try to fool *smb.*

комендант *м.* 1. (*крепости, города*) còmmandánt; 2. (*здания*) sùperinténdent, offícial in charge of quárters. **~ский** *прил. к* комендант; ◇ ~ский час cúrfew; ввести ~ский час impóse a cúrfew; отменить ~ский час lift the cúrfew.

комендатура *ж.* còmmandánt's óffice.

комендор *м. мор.* séa|man gúnner.

комета *ж. астр.* cómet ['kɔ-].

коми Kómi ['kou-]; язык ~ Kómi, the Kómi lánguage.

комизм *м.* the cómic.

комик *м.* 1. (*об актёре*) cómic áctor; 2. *разг.* fúnny / cómical féllow, cómic.

комингс *м. мор.* cóaming.

коминтерн *м.* (Коммунистический Интернационал) the Cómintèrn.

комиссар *м.* còmmissár. **~иат** *м.* còmmissáriat.

комиссионер *м.* ágent, bróker, fáctor.

комиссионный 1. *прил. к* комиссия; ~ магазин commíssion shop (*shop where second-hand goods are sold on commission*); 2. *мн. как сущ.* brókerage ['brou-] *sg.*, commíssion *sg.*

комисс||ия *ж.* 1. (*в разн. знач.*) commíssion, commíttee [-tɪ]; избирательная ~ eléction commíttee; конфликтная ~ cónflict commíttee; военно-врачебная ~ médical board; следственная ~ commíttee of in|quíry; ~ по расследованию антиамериканской деятельности Ùn-Américan Àctivities Commíttee; 2.: брать на ~ию (*вн.*) take* on commíssion (*d.*).

комитент *м. торг.* commíttent.

комитет *м.* commíttee [-tɪ]; исполнительный ~ exécutive commíttee; Центральный Комитет Céntral Commíttee; партийный ~ Párty Commíttee; исполнительный ~ Совета депутатов трудящихся The Exécutive Commíttee of the Sóviet of Wórkers' Députies; ~ содействия board of assístance, assístance commíttee; Комитет партийно-государственного контроля the Párty and State Contról Commíttee [...-oul...].

комическ||ий cómic; bùrlésque; ~ая опера cómic ópera; ~ актёр cómic áctor; ~ая актриса cómic áctress.

комичный cómical, fúnny.

комкать, скомкать (*вн.*) crúmple (*d.*); (*перен.*) bunch up (*d.*), make* a hash (of).

комментарий *м.* cómmentary; **~арии** излишни no èxplanátion is néeded. **~атор** *м.* cómmèntàtor. **~ировать** *несов. и сов.* (*сов. тж.* прокомментировать) (*вн.*) cómmènt (up|ón).

коммерсант *м.* mérchant, búsiness man* ['bɪzn-...].

коммер||ция *ж.* cómmerce, trade. **~ческий** commércial; ~ческая корреспонденция commércial còrrespóndence; ~ческий кредит *эк.* commércial crédit.

коммивояжёр *м.* commércial (tráveller).

коммуна *ж.* cómmùne; Парижская Коммуна *ист.* the Páris Cómmùne; сельскохозяйственная ~ àgricúltural cómmùne.

коммунальн||ый munícipal; cómmunal; ~ые услуги públic utílities ['pʌ-...], munícipal sérvice *sg.*; ~ое хозяйство cómmunal / munícipal èconomy [...iː-]; ~ые предприятия munícipal sérvices; ~ая собственность cómmunal / munícipal próperty; ~ая квартира cómmunal flat.

коммунар *м. ист.* Cómmunàrd.

коммунизм *м.* cómmunism.

коммуникативный *лингв.* commúnicative.

коммуникационн||ый commùnicátion (*attr.*); ~ая линия line of commùnicátion.

коммуникация *ж.* commùnicátion; *воен.* line of commùnicátion.

коммунист *м.* cómmunist.

коммунистическ||ий cómmunist; коммунистическая партия Cómmunist Párty; коммунистический союз молодёжи The Young Cómmunist League [...jʌŋ... liːg].

коммут||атор *м. эл.* swítchboard; (*переключатель*) cómmutàtor; телефо́нный ~ télephòne swítchboard. ~**а́ция** *ж. эл.* còmmutátion.

коммюнике́ *с. нескл.* communiqué (*фр.*) [kə'mju:nɪkeɪ].

ко́мнат||а *ж.* room; ва́нная ~ báth-room; убра́ть ~у do / tídy *a* room. ~**ный 1.** *прил. к* ко́мната; ~ная температу́ра room témperature; **2.** (*живу́щий, происходя́щий и т. п. в ко́мнатах*) índoor [-dɔ:]; ~ные расте́ния índoor plants [...-ɑ:n-]; ~ные и́гры (*де́тские*) índoor games; (*для взро́слых*) socíety games; ~ная соба́чка láp-dòg.

комо́д *м.* chest of drawers [...drɔ:z]; lócker; (*высо́кий тж.*) tállboy.

комо́к *м.* lump, clot; сверну́ться в ~ roll òne|sélf into a ball, roll up; ◇ ~ не́рвов bundle of nerves; ~ в го́рле a lump in the throat.

комо́лый hórnless.

компа́ктн||ость *ж.* compáctness. ~**ый** compáct, sólid.

компане́йский *разг.* sóciable, compánionable.

компа́н||ия *ж.* (*в разн. знач.*) cómpany ['kʌm-]; води́ть ~ию с кем-л. *разг.* assóciàte / consórt with smb.; пойти́ це́лой ~ией go* in a band; весёлая ~ *разг.* jólly crowd; соста́вить кому́-л. ~ию keep* smb. cómpany; расстро́ить ~ию spoil*, *или* break* up, a párty [...breɪk...]; за ~ию for cómpany; э́то всё одна́ ~ they are all of the same set.

компаньо́н *м.*, ~**ка** *ж.* **1.** (*това́рищ, спу́тник*) compánion [-'pæ-]; **2.** (*в торго́вом и т. п. предприя́тии*) pártner.

компа́ртия *ж.* (коммунисти́ческая па́ртия) Cómmunist Párty.

ко́мпас *м.* cómpass ['kʌm-]; гла́вный ~ stándard cómpass; морско́й ~ máriner's cómpass. ~**ный** *прил. к* ко́мпас.

компа́унд *м.*, ~**-маши́на** *ж. тех.* cómpound.

компе́ндиум *м.* compéndium, dígèst.

компенс||ацио́нный cómpènsàting, cómpènsàtor (*attr.*). ~**а́ция** *ж.* còmpènsátion; (*возмеще́ние*) indémnity. ~**и́ровать** *несов. и сов.* (*вн.*) **1.** cómpènsàte (*d.*), make* up (for); **2.** (*возмеща́ть*) indémnifỳ (for); **3.** *тех.* cómpènsàte (*d.*), èquílibràte [i:kwɪ-'laɪ-] (*d.*).

компете́нтн||ость *ж.* cómpetence. ~**ый** cómpetent.

компете́нц||ия *ж.* cómpetence; э́то не в моеи́ ~ии it is óutside my cómpetence, it is out of my sphere, it is be|yónd my scope; в ~ию коми́ссии вхо́дит (*вн.*) the commíssion's terms of réference cóver (*d.*), *или* províde (for) (*d.*) [...'kʌ-...].

компил||и́ровать, скомпили́ровать (*вн.*) compíle (*d.*); quilt (*d.*) *разг.* ~**яти́вный** *прил. к* компиля́ция; ~яти́вный труд còmpilátion. ~**я́тор** *м.* compíler.

компиля́ция *ж.* còmpilátion.

ко́мплекс *м.* cómplèx. ~**ный** cómplèx; cómposite [-z-], combíned; ~ные чи́сла *мат.* cómplèx númbers; ~ная механиза́ция се́льского хозя́йства cómplèx / cómposite mèchànizátion of ágricùlture [...-kænaɪ-...]; ~ная механиза́ция произво́дственных проце́ссов áll-round mèchànìzátion of prodúction.

компле́кт *м.* **1.** (*набо́р*) compléte set; ~ журна́лов за 1959 г. the compléte set of màgazínes for 1959 [...-'zi:-...]; **2.** (*но́рма*) cómplement, spécified númber; сверх ~а above the spécified númber. ~**ный** compléte. ~**ова́ние** *с.* **1.** (*о библиоте́ке и т. п.*) àcquisítion [-'zɪ-]; **2.** (*шта́тов и т. п.*) stáffing; *воен.* recrúitment [-'kru:t-], recrúiting [-'kru:t-]; ~ова́ние а́рмии recrúitment for the ármy.

комплектова́ть, укомплектова́ть (*вн.*) **1.** compléte (*d.*), replénish (*d.*); **2.** (*о шта́тах и т. п.*) staff (*d.*); *воен.* recrúit [-'kru:t] (*d.*), (rè)mán (*d.*).

компле́кция *ж.* build [bɪld], (bódily) cònstitútion, hábit.

комплиме́нт *м.* cómpliment; сде́лать ~ (*дт.*) pay* / make* a cómpliment (*i.*, to).

компло́т *м. уст.* plot, conspíracy.

компози́тор *м.* compóser. ~**ский** *прил. к* компози́тор; ~ский тала́нт a compóser's gift [...g-], tálent of a compóser ['tæ-...].

композицио́нный *прил. к* компози́ция.

компози́ция *ж.* (*в разн. знач.*) còmposítion [-'zɪ-].

компоне́нт *м.* compónent.

компон||ова́ть, скомпонова́ть (*вн.*) arránge [-eɪ-] (*d.*), arránge the parts (of), put* together [...'ge-] (*d.*), group [-u:p] (*d.*). ~**о́вка** *ж.* arránging [-eɪndʒ-], putting togéther [...-'ge-], gróuping [-u:p-].

компо́ст *м. с.-х.* cómpòst.

компо́стер *м. ж.-д.* punch.

компости́ровать, прокомпости́ровать (*вн.*) *ж.-д.* punch (*d.*).

компо́стн||ый *прил. к* компо́ст; ~ая я́ма cómpòst pit.

компо́т *м.* stewed fruit [...fru:t], cómpòte.

компре́сс *м. мед.* cómprèss; согрева́ющий ~ cómprèss; положи́ть ~ make* a cómprèss.

компре́ссор *м. тех.* compréssor.

компромети́ровать, скомпромети́ровать (*вн.*) cómpromìse (*d.*).

компроми́сс *м.* cómpromìse; идти́ на ~ cómpromìse, make* a cómpromìse. ~**ный** cómpromìse (*attr.*), in the nàture of a cómpromìse [...'neɪ-...]; séttled / achíeved by mútual concéssion [...-i:vd...]; ~ное реше́ние cómpromìse séttle|ment, séttle|ment by cómpromìse.

комсомо́л *м.* (Коммунисти́ческий Сою́з Молодёжи) Kómsòmòl, Young Cómmunist League [jʌŋ... li:g]; ле́нинский ~ — передово́й отря́д молоды́х строи́телей коммуни́зма the Lénin Kómsòmòl is the vánguàrd of young búilders of cómmunism [...'bɪl-...].

комсомо́л||ец *м.*, ~**ка** *ж.* mémber of the Kómsòmòl, mémber of the Young Cómmunist League [...jʌŋ...li:g], Young Cómmunist Léaguer [...'li:gə].

комсомо́льск||ий *прил. к* комсомо́л *и* комсомо́лец; ~ биле́т Kómsòmòl mémbership card; ~ая организа́ция Kómsòmòl òrganìzátion [...-naɪ-].

комсо́рг *м.* (комсомо́льский организа́тор) Kómsòmòl órganìzer.

комсоста́в *м.* (кома́ндный соста́в) commánders [-ɑ:n-] *pl.*

кому́ *дт. см.* кто; не́... кому́ *см.* не 2; ни... кому́ *см.* ни II 2.

комфо́рт *м.* cómfort ['kʌm-]. ~**а́бельный** cómfortable ['kʌm-].

кон *м.* game; ◇ поста́вить на́ ~ (*вн.*) stake (*d.*), wáger (*d.*).

конве́йер *м. тех.* convéyor, prodúction line; сбо́рочный ~ assémbly belt / line; рабо́та идёт по ~у work is procéeding on the convéyor (sýstem). ~**ный** *прил. к* конве́йер; ~ная систе́ма convéyor sýstem.

конве́кция *ж. физ.* convéction.

конве́нт *м. ист.* Convéntion.

конвенциона́льный convéntional.

конвенцио́нный *прил. к* конве́нция.

конве́нция *ж.* convéntion.

конверге́нция *ж.* convérgence.

конве́рсия *ж. эк.* convérsion.

конве́рт *м.* énvelòpe, cóver ['kʌ-].

конве́ртер *м. тех.* convérter.

конверти́ровать *несов. и сов.* (*вн.*) *эк.* convért (*d.*); ~ заём convért a loan.

конво́ир *м.* éscòrt. ~**ова́ть** (*вн.*) escórt (*d.*); cónvoy (*d.*).

конво́||й *м.* éscòrt; *мор.* cónvoy; под ~ем únder éscòrt.

конво́йный 1. *прил. к* конво́й; **2.** *м. как сущ.* éscòrt.

конвульси́вный *мед.* convúlsive.

конву́льсия *ж. мед.* convúlsion.

конгениа́льн||ость *ж.* con|gèniálity. ~**ый** con|génial.

конгломера́т *м.* còn|glòmerátion; *геол.* còn|glómerate.

конгре́сс *м.* **1.** cóngrèss; Всеми́рный ~ сторо́нников ми́ра World Peace Cóngrèss; **2.** (*законода́тельный орга́н в США и в большинстве́ стран Лати́нской Аме́рики*) Cóngrèss.

конгрессме́н *м.* Cóngrèss-man*.

кондач||о́к *м.*: с ~ка́ *разг.* ≅ óff-hand.

конденса́т *м.* condénsate; (*водяно́го па́ра*) condénsed wáter [...'wɔ:-].

конденс||а́тор *м. эл., рад.* condénser, capácitor. ~**ацио́нный** obtáined by còndènsátion. ~**а́ция** *ж.* còndènsátion; ~а́ция па́ра còndènsátion of steam. ~**и́ровать** *несов. и сов.* (*вн.*) condénse (*d.*).

конде́нсор *м.* (*в о́птике*) condénser.

кондитер *м.* conféctioner, pástry-cook ['peɪ-]. **~ская** *ж. скл. как прил.* conféctionery, conféctioner's (shop), pástry-cook's ['peɪ-]. **~ский:** ~ский магазин = кондитерская; ~ские товары, ~ские изделия conféctionery *sg.*

кондиционир||ование *с.* condítioning; ~ воздуха air condítioning. **~ать** (*вн.*) condítion (*d.*).

кондиция *ж.* stándard.

кондор *м. зоол.* cóndòr.

кондотьер *м. ист.* còndottiére [-tɪ'ɛərɪ], sóldier of fórtune ['souldʒə... -ʧən].

кондуктор *м.* condúctor; *ж.-д.* guard.

кондукторский *прил. к* кондуктор.

коневод *м.* hórse-breeder. **~ство** *с.* hórse-breeding. **~ческий** *прил. к* коневодство; ~ческая ферма stud farm.

конезавод *м.* stud (farm).

конёк I *м.* **1.** *уменьш. от* конь 1; **2.** *тк. ед. разг.* hóbby, fad; это его ~ it is his hóbby; сесть на своего конька mount one's hóbby-hòrse; ✧ морской ~ hìppò|cámpus (*pl.* -pì), séa-hòrse.

конёк II *м. см.* коньки.

конёк III *м.* (*крыши*) ridge (of a roof).

конесовхоз *м.* (коневодческий совхоз) State stud farm.

кон||éц *м.* **1.** (*в разн. знач.*) end; (*окончание тж.*) énding; приходить к ~цу come* to an end; подходить, приближаться к ~цу draw* to a close [...-s], be appróaching complétion; к ~цу периода towards the end of the périod; к ~цу 1918 г. by / towards the end of 1918; к ~цу ноября by/towards the end of Novémber; доводить что-л. до ~ца cárry smth. through; cárry smth. to its con|clúsion; (*завершать*) compléte smth., put* a fínish to smth.; в ~це века at the close of the céntury; в ~це дня at the close of the day; до ~ца сезона for the rest of the séason [...-z°n]; тонкий ~ tip; острый ~ point; толстый ~ butt (end); **2.** *разг.* (*расстояние, путь*) dístance / way from one place to another; в один ~ one way; в оба ~ца there and back; both ways [bouθ...]; **3.** *мор.* (*канат, верёвка*) rope's end; незакреплённый ~, свободный ~ tag, loose end [-s...]; спасательный ~ life-lìne; ✧ в ~це ~цов in the end, áfter all; últimate|ly; под ~ towards the end; положить ~ чему-л. put* an end to smth.; пришёл ~ (*дт.*) it was the end (of); it was cúrtains (for) *идиом.*; и дело с ~цом *разг.* and there is an end to it all; и ~цы в воду *разг.* and none will be the wíser [...пʌп...]; хоронить ~цы *разг.* remóve the tráces [-'mu:v...]; сводить ~цы с ~цами *разг.* make* both ends meet; со всех ~цов from every córner, *или* all quárters; из ~ца в ~ from end to end; ~ца не видно *разг.* no end in sight; ~ца-краю этому нет *разг.* there is no end to it; на худой ~ *разг.* if the worst comes to the worst; at the worst; ~ — всему делу венец *погов.* ≅ all's well that ends well.

конечно *вводн. сл.* cértainly, to be sure [...ʃuə], súre|ly ['ʃuə-], of course [...kɔ:s]; sure *амер. разг.*; ~ да! ráther! ['rɑ:-]; you bet! *разг.*; ~ нет! cértainly not!; no fear! *разг.*

конечность I *ж. филос.* fínìte|ness ['faɪ-].

конечн||ость II *ж. анат.* extrémity; верхние ~ости úpper extrémities; нижние ~ости lówer extrémities ['louə...].

конечн||ый **1.** (*находящийся на конце*) fínal, last; ~ая станция términal; términus (*pl.* -nì); **2.** (*последний, предельный*) últimate, evéntual; ~ая цель últimate end; ~ая величина *мат.* fínìte quántity ['faɪ-...]; ✧ в ~ом итоге, счёте in the end; in the fínal análysis.

конина *ж.* hórse-flèsh.

коническ||ий cónic; ~ое сечение cónic séction.

конка *ж. разг.* horse trámway; (*вагон*) horse tram; hórse-càr *амер.*

конкордат *м.* còn|córdàt.

конкретиз||ация *ж.* cón|crète dèfinítion. **~ировать** *несов. и сов.* (*вн.*) cón|crètìze [-ri:-] (*d.*); rénder cón|crète (*d.*), give* cón|crète expréssion (to); defíne cón|crète|ly (*d.*).

конкретн||ый cón|crète, specífic; ~ые условия cón|crète condítions; ~ая цель specífic aim; ~ое предложение cón|crète propósal [...-z-].

конкурент *м.*, **~ка** *ж.* compétitor; (*соперник*) rível. **~ный:** ~ная борьба còmpetítion.

конкур||енция *ж.* còmpetítion; свободная ~ free còmpetítion; ✧ вне ~енции be|yónd compáre; hors cóncours [hɔ:'kɔŋku:ə]. **~ировать** (*с тв.*) compéte (with), ríval (*d.*).

конкурс *м.* cóntèst, còmpetítion; объявить ~ (*на замещение должности*) annóunce / ópen a vácancy [...'veɪ-]; (*на лучшую пьесу и т. п.*) annóunce a còmpetítion; ✧ вне ~а hors cóncours [hɔ:'kɔŋku:ə]; (*перен. тж.*) in a class by ìt|sélf. **~ный** compétitive; ~ный экзамен compétitive exàminátion.

конник *м.* hórse|man*, cávalry|-man*.

конница *ж.* (horse) cávalry, the Horse.

конноза̀вод||ский hórse-breeding (*attr.*). **~ство** *с.* **1.** hórse-breeding; **2.** (*конный завод*) stud (farm). **~чик** *м. уст.* ówner of a stud (farm) ['ounə...].

конн||ый **1.** *прил. к* конь 1; ~ двор stables *pl.*; (*извозчичий*) mews; ~ завод stud (farm); ~ая статуя equéstrian státue; ~ спорт equéstrian sport; **2.** *прил. к* конница; *тж.* móunted; ~ая армия Móunted Ármy; **3.** (*приводимый в движение лошадьми*) hórse-drawn; ~ привод hórse-drìve; с ~ым приводом hórse-drìven [-drɪ-]; ~ая тяга horse tráction; на ~ой тяге hórse-drawn.

коновал *м.* **1.** *разг.* horse dóctor, fárrier; **2.** *пренебр.* (*плохой врач*) quack (dóctor).

коновод I *м. воен.* hórse-hòlder.

коновод II *м. разг.* (*вожак*) ríng|-leader.

коновязь *ж.* **1.** téther|ing post / rail [...poust...]; **2.** (*верёвка для спутывания ног лошади*) hobble.

конокрад *м.* hórse-stealer; hórse-lìfter *амер.* **~ство** *с.* hórse-stealing; hórse-lìfting *амер.*

конопат||ить, проконопатить (*вн.*) caulk (*d.*). **~ка** *ж.* **1.** (*инструмент*) cáulker's chísel / íron [...'ʧɪz- 'aɪən]; **2.** (*результат конопачения*) cáulking. **~чик** *м.* cáulker.

конопатый *разг.* freckled; (*рябой*) póck-márked.

конопачение *с.* cáulking.

коноплеводство *с.* hémp-growing [-ou-].

конопл||я *ж. бот.* hemp. **~яник** *м. с.-х.* hémp-field [-fi:ld], hémp-clòse [-s]. **~янка** *ж. зоол.* línnet. **~яный** *прил. к* конопля; ~яное семя hémpseed; ~яное масло hémpseed oil.

коносамент *м. торг.* bill of láding.

консерват||ивность *ж.* consérvatism. **~ивный** consérvative. **~изм** *м.* consérvatism.

консерватор *м.* (*в разн. знач.*) consérvative; (*член консервативной партии в Англии тж.*) Únionist, tóry.

консерватория *ж.* consérvatory; consérvatoire [-twɑ:].

консервация *ж.* (*предприятия*) témporary clósing.

консервированн||ый **1.** *прич. см.* консервировать; **2.** *прил.*: ~ое мясо tinned/pótted/canned meat; ~ые фрукты (*в стекле*) bottled fruit [...fru:t] *sg.*; (*в жести*) canned fruit *sg.*

консервировать *несов. и сов.* (*сов. тж.* законсервировать) (*вн.*) **1.** presérve [-'zə:v] (*d.*); (*в жестянках*) tin (*d.*), can (*d.*); (*в стекле*) bottle (*d.*); (*в фарфоре, фаянсе и т. п.*) pot (*d.*); **2.** (*о строительстве и т. п.*) lay* up (*d.*); ~ предприятие close an énterprìse témporarily.

консервн||ый *прил. к* консервы 1; ~ая фабрика cánnery; ~ая промышленность cánning índustry; ~ая банка tin, can; ~ нож tín-ópen|er; can ópen|er *амер.*

консервы *мн.* **1.** tinned / pótted / canned food *sg.*; мясные ~ tinned/ canned meat *sg.*; рыбные ~ canned

fish *sg.*; фруктóвые ~ canned fruit [...fru:t] *sg.*; **2.** (*очки*) goggles.
консигнáция *ж. торг.* consígnment [-'saɪn-].
конси́лиум *м. мед.* cònsultátion.
консисте́нция *ж. физ., мед.* consístence.
кóнск||ий *прил. к* конь 1; ~ вóлос hórse-hair; ~ое мя́со hórse-flèsh; ~ая амуни́ция, ~ое снаряже́ние hárness; ~ое поголóвье horse pòpulátion; ~ая щётка hórse|brùsh.
консолид||áция *ж.* consòlidátion. **~и́ровать** *несов. и сов.* (*вн.*) consólidàte (*d.*).
консóль *м.* **1.** *арх., стр.* cónsòle, córbel; **2.** *стр., тех.* cántilèver. **~ный** cántilèver (*attr.*).
консомé *с. кул.* clear soup [...su:p].
консонáнс *м. муз.* cónsonance.
консонанти́зм *м. лингв.* cónsonantism.
консóрциум *м. эк.* consórtium.
конспе́кт *м.* súmmary, synópsis (*pl.* -sès [-si:z]), ábstràct. **~и́вный** concíse [-s], rè|capítulàtive.
конспекти́ровать, проконспекти́ровать (*вн.*) make* an ábstràct (of).
конспир||ати́вный sécret; ~ати́вная кварти́ра sécret addréss. **~áтор** *м.* conspírer, conspírator. **~áция** *ж.* conspíracy. **~и́ровать** conspíre.
констáнт||а *ж. мат., физ.* cónstant. **~ный** cónstant.
констат||áция *ж.* státe|ment. **~и́ровать** *несов. и сов.* (*вн.*) state (*d.*), àscertáin (*d.*); ~и́ровать смерть cértifỳ death [...deθ].
констелля́ция *ж. астр.* (*тж. перен.*) cònstellátion.
конституи́ровать *несов. и сов.* (*вн.*) cónstitùte (*d.*).
конституционали́зм *м.* cònstitútionalism.
конституционáльный *мед., физиол.* cònstitútional.
конституциóнн||ый cònstitútional; ~ая монáрхия cònstitútional mónarchy [...-kɪ].
конститу́ция I *ж.* cònstitútion.
конститу́ция II *ж. анат.* cònstitútion.
конструи́ровать *несов. и сов.* (*сов. тж.* сконструи́ровать) (*вн.*) **1.** constrúct (*d.*); (*проектировать*) design [-'zaɪn] (*d.*); **2.** (*организовывать, учреждать*) form (*d.*), órganìze (*d.*).
конструктив||и́зм *м. иск.* constrúctivism, constrúctionism. **~и́ст** *м.* constrúctivist, constrúctionist, adhérent of constrúctivism / constrúctionism.
конструкти́вн||ый 1. *прил. к* констру́кция; *тж.* constrúctive; ~ зáмысел constrúctive design [...-'zaɪn]; **2.** (*плодотворный, положительный*) constrúctive; ~ план constrúctive plan; ~ое предложе́ние constrúctive propósal [...-z°l].
констру́ктор *м.* desígner [-'zaɪnə], constrúctor. **~ский** *прил. к* констру́ктор; ~ское бюрó desígn óffice [-'zaɪn...].
констру́кция *ж.* (*в разн. знач.*) constrúction; (*структура*) design [-'zaɪn].
кóнсул *м.* cónsul; генерáльный ~ cónsul géneral.
кóнсуль||ский cónsular. **~ство** *с.* cónsulate; генерáльное ~ство cónsulate-géneral.
консульт||áнт *м.* consúltant; (*в вузе*) tútor; *мед. тж.* consúlting physícian [...-'zɪ-]. **~ати́вный** consúltative, advísory [-'vaɪz-].
консультациóнн||ый *прил. к* консультáция; ~ое бюрó advíce buréau [...-'rou].
консультáция *ж.* **1.** (*совет специалиста*) cònsultátion; (*в вузе*) tutórial; врачéбная ~ médical advíce / cònsultátion, dóctor's cònsultátion; **2.** (*учреждение*) cònsultátion óffice; юриди́ческая ~ légal advíce / cònsultátion óffice; дéтская ~ chíldren's cònsultátion clínic / centre; жéнская ~ matérnity cònsultátion.
консульти́ровать, проконсульти́ровать **1.** (*давать консультацию*) advíse; **2.** (*с тв.*; *советоваться*) consúlt (*d.*). **~ся,** проконсульти́роваться consúlt; ~ся по рáзным вопрóсам consúlt together on várious quéstions [...-'ge-... -stʃənz].
контáкт *м.* (*в разн. знач.*) cóntàct; установи́ть ~ с кем-л. get* into cóntàct, *или* in touch, with smb. [...tʌtʃ...]; быть в ~е с кем-л. keep* in touch with smb.; поддéрживать тéсный ~ (с *тв.*) maintáin close cóntàct [...-s...] (with); плохóй ~ *эл.* fáulty cóntàct. **~ный** *прил. к* контáкт.
контаминáция *ж. лингв.* contàminátion.
контéйнер *м.* contáiner.
контéкст *м.* cóntèxt; вы́рвать из ~а (*вн.*) take* out of cóntèxt (*d.*).
контингéнт *м.* contíngent; *эк. тж.* quóta.
контине́нт *м.* cóntinent, máinland. **~áльный** còntinéntal; ~áльный кли́мат còntinéntal clímate [...'klaɪ-].
контокоррéнт *м. бух.* accóunt cúrrent (*сокр.* a/c).
контóра *ж.* óffice, buréau [bjuə'rou]; почтóвая ~ póst-òffice ['poust-].
контóрка *ж.* desk, wríting-dèsk, buréau [bjuə'rou].
контóр||ский *прил. к* контóра; ~ская кни́га *бух.* (accóunt-)book, lédger. **~щик** *м.*, **~щица** *ж.* clerk [klɑ:k].
кóнтра I *ж. см.* кóнтры.
кóнтра II *ж. груб.* cóunter-rèvolùtionary.
контрабáнд||а *ж.* cóntrabànd, smúggling; занимáться ~ой smuggle, be a smuggler. **~и́ст** *м.*, **~и́стка** *ж.* smúggler, cóntrabàndist. **~и́стский** *прил. к* контрабанди́ст. **~ный** cóntrabànd; ~ный товáр cóntrabànd, cóntrabànd / smuggled goods [...gudz] *pl.* **~ой** *нареч.* on the slỳ.
контрабáс *м. муз.* dóuble-báss ['dʌbl'beɪs], cóntrabáss [-'beɪs].
контрагéнт *м.* contráctor.
контр-адмирáл *м.* rear ádmiral.
контрáкт *м.* cóntràct; (*соглашение*) agréement; заключáть ~ make* a cóntràct. **~áция** *ж.* contrácting. **~овáть** (*вн.*) contráct (for). **~овáться 1.** contráct; **2.** *страд. к* контрактовáть.
контрáльто *с. и м. нескл. муз.* contráltò. **~вый** *прил. к* контрáльто; ~вая пáртия contráltò part.
контрамáр||ка *ж. театр.* pass. **~очник** *м. разг.* déad-head ['dedhed].
контрапу́нкт *м. муз.* cóunterpoint. **~и́ческий** *муз.* còntrapúntal.
контрассигн||áция *ж. офиц.* cóuntersìgn [-saɪn]. **~и́ровать** *несов. и сов.* (*вн.*) *офиц.* cóuntersìgn [-saɪn] (*d.*). **~óвка** *ж.* = контрассигнáция.
контрáст *м.* cóntràst; по ~у с чéм-либо by cóntràst with smth. **~овáть** (с *тв.*) contrást (with). **~ный** contrásting.
контратá||ка *ж. воен.* cóunter-attàck. **~ковáть** *несов. и сов.* (*вн.*) cóunter-attàck (*d.*).
контрафáкция *ж. юр.* infrínge|ment; (*подделка*) cóunterfeit [-fɪt].
контргáйка *ж. тех.* lóck-nùt, chéck-nùt.
контрибу́ци||я *ж.* còntribútion, (war) indémnity; наложи́ть ~ю (на *вн.*) lay* únder còntribútion (*d.*), impóse an indémnity (on), requíre an indémnity (from).
контрманёвр *м. воен.* cóunter-mòve|ment [-mu:v-].
контрмáрш *м. воен.* cóuntermàrch.
контрми́на *ж. воен.* cóuntermìne.
контрнаступлéние *с. воен.* cóunter-offénsive, cóunter-attàck.
контрол||ёр *м.* contróller, inspéctor; (*железнодорожный, театральный и т. п.*) tícket-colléctor. **~и́ровать,** проконтроли́ровать (*вн.*) contról [-oul] (*d.*), check (*d.*).
контрóллер *м. эл.* contróller.
контрóл||ь *м.* contról [-oul]; ~ масс contról by the másses; под ~ем (*рд.*) únder the contról (of); взять под свой ~ (*вн.*) take* the contról (of), take* únder one's contról (*d.*); ~ рублём fínancial contról [faɪ-...]; э́то не поддаётся ~ю it is impóssible to vérifỳ this; не поддающийся ~ю be|yónd the reach of contról; ~ над вооружéнием contról of ármaments, arms contról; отдéл техни́ческого ~я (*на заводе и т. п.*) chécking / exámining depártment; парти́йно-государственный ~ Party and State Contról.
контрóльно-измери́тельн||ый: ~ые прибóры, ~ая аппаратýра chécking /

contrólling and méasuring àpparátus [...-troul-... 'meʒər-...] *sg.*

контрóльн||ый *прил. к* контрóль; ~ая комиссия contról commíttee [-oul -tɪ]; ~ые цифры planned / schédùled fígures [...'ʃe-...].

контрпáр *м. тех.* cóunter-steam, báck-steam.

контрпредложéние *с.* cóunter-óffer, cóunter-pròposítion [-'zɪ-].

контрпретéнзия *ж.* cóunter-claim.

контрприкáз *м.* còuntermánd [-ɑːnd].

контрразвéдка *ж.* cóunter-èspionáge [-'nɑːʒ], secúrity sérvice.

контрреволюционéр *м.* cóunter-rèvolùtionary

контрреволюциóнный cóunter-rèvolùtionary.

контрреволю́ция *ж.* cóunter-rèvolùtion.

контрудáр *м.* **1.** cóunterblow [-ou]; **2.** *воен.* cóunter-stròke.

контрфóрс *м. арх.* búttress, abútment, cóunterfòrt.

кóнтр||ы *мн.* (*ед.* кóнтра *ж.*) *разг.* dissént *sg.*, dìsagréement *sg.*; быть в ~ах с кем-л. be out with smb.

контрэскáрп *м. воен.* cóunterscàrp.

контýженный contúsed; (*при разрыве снаряда*) shéll-shòcked.

контýз||ить (*вн.*) contúse (*d.*); (*при разрыве снаряда*) shéll-shòck (*d.*). ~ия *ж.* contúsion; (*при разрыве снаряда*) shéll-shòck; (*сотрясение*) con|cússion.

кóнтур *м.* **1.** cóntour [-tuə], óutlìne; начертить, набросáть ~ (*рд.*) óutlìne (*d.*); **2.** *эл.* círcuit [-kɪt]. ~ный cóntour [-tuə] (*attr.*), óutlìne (*attr.*); ◇ ~ная кáрта óutlìne map.

конурá *ж.* kénnel; (*перен.*) *разг.* dóg-hòle, hóvel ['hɔ-].

кóнус *м.* cone; ~ разлёта *воен.* cone of dispérsion.

конусообрáзный cóne-shàped, cónoid ['kou-], cónical.

конфедер||ати́вный conféderative. ~áция *ж.* confèderátion, conféderacy.

конфекциóн *м.* réady-máde clothes store ['re- -ouðz...].

конферáнс *м.*: вести ~ compère (*фр.*) ['kɔmpɛə].

конферансьé *м. нескл.* máster of céremonies; compère (*фр.*) ['kɔmpɛə].

конферéнц-зáл *м.* cónference hall.

конферéнция *ж.* cónference; ~ в верхáх the Súmmit Cónference, the Cónference at the Súmmit.

конфéт||а *ж.*, ~ка *ж.* sweet, bónbòn; swéetmeats *pl.*; cándy *амер.* ~ный *прил. к* конфéта; ~ная корóбка sweet box; ~ная бумáжка sweet wrápper.

конфетти́ *с. нескл.* confétti.

конфигурáция *ж.* confìgurátion, cònfòrmátion; ~ мéстности *воен.* confìgurátion of the ground.

конфиденциáльно I *прил. кратк. см.* конфиденциáльный.

конфиденциáльн||о II *нареч.* in cónfidence, cònfidéntially. ~ый cònfidéntial, prívate ['praɪ-].

конфирм||áция *ж.* **1.** *церк.* cònfirmátion; **2.** *офиц. уст.* ràtificátion. ~овáть *несов. и сов.* (*вн.*) **1.** *церк.* confírm (*d.*); **2.** *офиц. уст.* rátifỳ (*d.*).

конфискáция *ж.* cònfiscátion; (*наложение ареста*) séizure ['siːʒə]; ~ помéщичьей земли́ cònfiscátion of lándlòrds' estátes.

конфисковáть *несов. и сов.* (*вн.*) cónfiscàte (*d.*); (*наложить арест*) seize [siːz] (*d.*).

конфли́кт *м.* cónflict. ~ный *прил. к* конфли́кт; ~ное дéло dispúted mátter; ~ная комиссия dispúte commíttee [...-tɪ].

конфóрка *ж.* (*на плите*) ring, búrner; (*на самоваре*) crown, top ring.

конфýз *м.* discómfiture [-'kʌm-]; (*неловкое положение*) embárrassing posítion [...-'zɪ-]; какóй ~ получи́лся it is réally very áwkward [...'rɪə-...].

конфýз||ить, сконфýзить (*вн.*) dìsconcért (*d.*), flúster (*d.*). ~иться, сконфýзиться be shy; (*стыдиться*) be ashámed. ~ливый báshful. ~ный áwkward.

конфуциáнство *с.* Confúcianism.

концев||óй *прил. к* конéц; ~áя строкá énd-lìne; ~ стих énd-rhỳme.

концентрáт *м.* **1.** cóncèntràted próduct; пищевы́е ~ы food cóncèntràtes; **2.** *горн.* cóncèntràte.

концентрациóнный: ~ лáгерь còncèntrátion camp.

концентр||áция *ж.* (*в разн. знач.*) còncèntrátion; ~ промы́шленности còncèntrátion of índustry; ~ произвóдства còncèntrátion of prodúction; ~ капитáла còncèntrátion of cápital; ~ раствóра *хим.* còncèntrátion of *a* solútion. ~и́рованный *прич. и прил.* (*в разн. знач.*) cóncèntràted. ~и́ровать, сконцентри́ровать (*вн.*; *в разн. знач.*) cóncèntràte (*d.*); *воен.* mass (*d.*); ~и́ровать внимáние (на *пр.*) attráct atténtion (to).

концентри́ческ||ий còncéntric; ~ие круги́ *мат.* còncéntric círcles.

концентри́чность *ж.* còncèntrícity.

концéпт *м. филос.* cóncèpt. ~уали́зм *м. филос.* concéptualism.

концéпция *ж.* concéption, ìdéa [aɪ'dɪə].

концéрн *м. эк.* concérn.

концéрт *м.* **1.** cóncert; (*одного артиста или из произведений одного композитора тж.*) recítal; дать ~ give* a cóncert; **2.** (*муз. произведение*) concértò [-'ʧɛːtou]. ~áнт *м.* perfórmer (in a cóncert). ~и́ровать give* cóncerts.

концертмéйстер *м.* léader (of an órchestra) [...'ɔːk-].

концéртн||ый *прил. к* концéрт; ~ зал cóncert hall; ~ рояль cóncert grand; ~ое отделéние cóncert (part).

концесси||онéр *м.* concèssionáire [-seʃə'nɛə]. ~óнный *прил. к* концéссия; *тж.* concéssive; ~óнный договóр concéssive agréement.

концéсс||ия *ж.* concéssion; поли́тика ~ий the pólicy of gránting concéssions [...-ɑːnt-...].

концлáгерь *м.* (концентрациóнный лáгерь) còncèntrátion camp.

концóвка *ж.* *полигр.* táil-pìece [-piːs]; cùl-de-lámpe [kjuːd'lɑːp] (*pl.* cùls-de-lámpe); (*в старинных книгах*) cólophòn.

конч||áть, кóнчить **1.** (*вн.*) end (*d.*), fínish (*d.*); (*о высшем учебном заведении тж.*) gráduàte (at); кóнчить шкóлу compléte one's schóoling; кóнчить чем-л. end / fínish with smth.; на э́том он кóнчил here he stopped; кóнчить рабóту be through with one's work; **2.** (+*инф.*; *переставать*) stop (+*ger.*), fínish (+ *ger.*); ◇ плóхо кóнчить come* to a bad end; с ним всё кóнчено all is óver with him; кóнчить самоуби́йством commít súicìde. ~áться, кóнчиться **1.** end, fínish, come* to an end; términàte; (*о сроке*) expíre; *несов. тж.* be dráwing to a close [...-s]; кóнчиться чéм-либо end in smth.; на э́том всё и кóнчилось and that was the end of it; э́тим дéло не кóнчилось that was not all, that was not the end of the affáir; кóнчиться ничéм come* to nóthing; **2.** (*умирать*) expíre, die. ~áя *предл.* (*включительно*) in|clúding.

кóнчено *предик. безл.*: ~! (*довольно*) enóugh [-ʌf]; всё ~! all is óver!; this is the end!

кóнчен||ый: э́то дéло ~ое this affáir is séttled; ~ человéк *разг.* lost man*.

кóнчик *м.* tip.

кончи́на *ж.* decéase [-s], demíse; безврéменная ~ ùntímely death / decéase [...deθ ...].

кóнчить(ся) *сов. см.* кончáть(ся).

конъюнктиви́т *м. мед.* conjùnctivítis.

конъюнктýр||а *ж.* conjúncture, júncture; полити́ческая ~ polítical sìtuátion. ~ный *прил. к* конъюнктýра. ~щик *м. разг.* tíme-sèrver.

кон||ь *м.* **1.** horse; steed *поэт.*; **2.** *шахм.* knight; **3.** *спорт.* váulting horse; ~ в длинý long horse; ~ в ширинý pómmelled horse ['pʌ-...], side horse; ◇ не в ~я́ корм *разг.* ≅ it is cáviàr(e) to the géneral [...-ɑː...]; дарёному ~ю́ в зýбы не смóтрят *посл.* never look a gift horse in the mouth [...gɪ-...].

коньк||и́ *мн.* (*ед.* конёк *м.*) skates; ~ на рóликах róller skates; катáться на ~áх skate, go* skáting.

конькобéж||ец *м.* skáter. ~ный skáting; ~ный спорт skáting; ~ные состязáния skáting cóntèst *sg.*

коньá||к *м.* cógnàc ['kounjæk], (French) brándy. ~чный *прил. к* коньáк.

ко́нюх *м.* groom, stáble-man*; (*на постоялом дворе*) óstler.

конюшенный *прил.* к конюшня.

конюший *м. скл. как прил. ист.* equérry.

конюш||ня *ж.* stable; ◇ Áвгиевы ~ни Augé|an stables.

кооперати́в *м.* 1. (*организация*) cò-óperative society; жили́щный ~ hóusing cò-óperative; сельскохозя́йственный произво́дственный ~ àgricúltural prodúction cò-óperative; 2. (*магазин*) cò-óperative store.

кооперати́вн||ый cò-óperative; ~ое това́рищество cò-óperative society; ~ая торго́вля cò-óperative trade; ~ое земледе́льческое хозя́йство cò-óperative fárming; ~ое движе́ние the cò-óperative móve|ment [...'mu:v-].

коопер||а́тор *м.* cò-óperàtor. ~а́ция *ж.* 1. (*сотрудничество*) cò-òperátion; 2. (*общественная организация*) cò-óperative societies *pl.*; cò-óperative sýstem; произво́дственная ~а́ция prodúcing cò-óperative sýstem; потреби́тельская ~а́ция consúmers' cò-óperative societies *pl.*; сельскохозя́йственная ~а́ция àgricúltural cò-óperative societies *pl.* ~и́рование *с.* cò-òperátion; ма́ссовое ~и́рование крестья́нства mass cò-operátion of the péasantry [...'pez-].

коопери́ровать *несов. и сов.* (*вн.*) órganize in a cò-óperative (*d.*). ~ся 1. cò-óperàte; 2. *страд.* к коопери́ровать.

коопт||а́ция *ж.* cò-òptátion; ~ чле́нов cò-òptátion of mémbers. ~и́ровать *несов. и сов.* (*вн.*) cò-ópt (*d.*).

координ||а́та *ж.* cò-órdinate. ~а́тный cò-órdinate. ~а́ция *ж.* cò-òrdinátion. ~и́ровать *несов. и сов.* (*вн.* с *тв.*) cò-órdinàte (*d.* with).

копа́л *м.* (*смола*) cópal.

копа́ть (*вн.*) 1. dig* (*d.*); 2. (*выкапывать*) dig* out (*d.*); ~ карто́фель dig* up / out potátòes, lift potátòes. ~ся 1. (в *пр.*; *рыться*) rúmmage (in), delve (into); 2. *разг.* (*медлить*) dawdle; 3. *страд.* к копа́ть; ◇ ~ся в свое́й душе́ rúmmage in one's soul [...soul], go* in for sélf-análysis.

копе́еч||ка *ж. уменьш. от* копе́йка; ◇ э́то ста́нет ему́ в ~ку *разг.* it will cost him a prétty pénny [...'prɪtɪ...]. ~ный 1. worth a cópèck; 2. (*дешёвый*) cheap; 3. *разг.* (*мелочный*) pétty.

копе́й||ка *ж.* cópèck; до после́дней ~ки to the last pénny; ◇ ~ в ~ку exáctly; сколоти́ть ~ку *разг.* make* some móney [...'mʌ-]; без ~ки pénniless; не име́ть ни ~ки be pénniless; ~ рубль бережёт *посл.* ≅ take care of the pence and the pounds will take care of thèm|sélves.

копёр *м. стр.* píle-driver.

ко́пи *мн.* (*ед.* копь *ж.*) mines; каменноуго́льные ~ cóal-mines, cóal-pìts; cólliery *sg.*; соляны́е ~ sált-mìnes; мелов́ые ~ chalk pits; разраба́тывать ~ work mines.

копи́лка *ж.* móney-bòx ['mʌ-].

копи́рк||а *ж. разг.* cárbon-pàper, cópying páper ['kɔ-...]; писа́ть под ~у use a cárbon-pàper, use cópying páper.

копирова́льн||ый cópying ['kɔ-]; ~ая бума́га cárbon-pàper, cópying páper; ~ые черни́ла cópying ink *sg.*

копи́рование *с.* 1. = копиро́вка; 2. (*подражание*) ìmitátion, ímitàting.

копи́ровать, скопи́ровать (*вн.*) 1. cópy ['kɔ-] (*d.*); 2. (*подражать*) ímitàte (*d.*), mímic (*d.*), cópy (*d.*).

копиро́в||ка *ж.* cópying ['kɔ-]. ~щик *м.*, ~щица *ж.* cópyist ['kɔ-].

копи́ть (*вн.*) accúmulàte (*d.*); (*откладывать*) lay* up (*d.*), store up (*d.*); (*о деньгах*) put* by (*d.*), save up (*d.*); ◇ ~ зло́бу chérish íll-will. ~ся 1. accúmulàte; 2. *страд.* к копи́ть.

ко́пи||я *ж.* 1. cópy ['kɔ-]; (*второй экземпляр*) dúplicate; (*о картине*) réplica; то́чная ~ exáct cópy, réplica; снима́ть ~ю с чего́-л. make* a cópy of smth., cópy smth.; снима́ть заве́ренную ~ю с чего́-л. *юр.* make* an attésted cópy of smth., exémplifỳ smth.; заве́рить ~ю attést *a* cópy; 2. (*о ком-л., похожем на кого-л.*) ímage; она́ то́чная ~ ма́тери she is the very ímage of her mother [...'mʌ-].

ко́пка *ж. с.-х.* (*картофеля*) dígging; (*корнеплодов*) lífting; ~ свёклы beet lífting.

копна́ *ж.* shock, stook; ~ се́на (háy)còck; ◇ ~ воло́с *разг.* shock (of hair).

копн||е́ние *с. с.-х.* stóoking, shócking; ~ соло́мы, се́на stóoking / shócking of straw, hay. ~и́тель *м. с.-х.* shócker. ~и́ть (*вн.*) *с.-х.* stook (*d.*), shock (*d.*).

копну́ть *сов.* (*вн.*) dig* (*d.*).

копотли́вый *разг.* 1. (*о человеке*) slow [-ou], slúggish; 2. (*о деле и т. п.*) tédious.

ко́поть *ж.* soot [sut]; (*от лампы тж.*) lámp-blàck.

копоши́ться 1. (*о насекомых*) swarm; 2. *разг.* (*о человеке*) pótter (abóut).

ко́пра́ *ж.* cópra ['kɔ-].

копте́ть (над) *разг.* plug a|wáy (at), work hard (at).

копти́лка *ж. разг.* wick lamp.

копти́льный: ~ заво́д cúring fáctory.

копти́ть 1. (*вн.*) smoke (*d.*), cure in smoke (*d.*); 2. (*без доп.*; *о лампе, свече и т. п.*) smoke; ◇ ~ не́бо *разг.* ≅ waste one's life [weɪ-...], idle one's life a|wáy.

копу́н *м.*, **копу́нья** *ж. разг.* dáwdler.

копу́ша *м. и ж.* = копу́н, копу́нья.

копче́ние *с.* smóking, cúring in smoke.

копчёности *мн.* (*ед.* копчёность *ж.*) smoked foods.

копчён||ый smoked, smóke-drìed; ~ая колбаса́ smoked sáusage [...'sɔ-]; ~ая ры́ба smoked / cured fish; ~ая сельдь red hérring, blóater.

копче́нье *с. собир.* (*копчёные продукты*) smoked foods *pl.*

ко́пчик *м. анат.* cóccyx. ~овый *прил.* к ко́пчик.

копы́тные *мн. скл. как прил. зоол.* hoofed / úngulàte ánimals.

копы́тный hoof (*attr.*), hoofed, úngulàte.

копы́то *с.* hoof; бить ~м hoof.

копь *ж. см.* ко́пи.

копь||ё *с.* spear, lance; мета́ние ~я́ jáve|lin thrówing [...-ou-]; би́ться на ко́пьях *ист.* tilt, joust; ◇ лома́ть ко́пья break* a lance [breɪk...].

копьеви́дный *бот.* spéar-shàped, lánceт-shàped, lánceolate.

копьено́сец *м. ист.* lánce-bearer [-bɛə-], spéar|man*.

кора́ *ж.* 1. crust; земна́я ~ (éarth-)crùst ['ə:θ-]; 2. *бот.* córtèx; (*деревьев*) rind, bark; 3. *анат.* córtèx; ~ головно́го мо́зга córtèx.

корабе́льн||ый *прил.* к кора́бль 1; ~ инжене́р nával árchitèct [...-kɪ-]; ~ ма́стер shíp-wrìght; ~ая авиа́ция shípbòrne áircràft; ◇ ~ лес ship tímber.

кора́бле||вожде́ние *с.* nàvigátion. ~круше́ние *с.* shípwrèck; потерпе́ть ~круше́ние be shípwrècked. ~строе́ние *с.* shípbùilding [-bɪl-]. ~строи́тель *м.* shíp-wrìght, shípbùilder [-bɪ-], nával árchitèct [...-kɪ-]. ~строи́тельный *прил.* к кораблестрое́ние.

кора́блик *м.* 1. *уменьш. от* кора́бль 1; 2. (*игрушка*) tóy-ship; 3. (*моллюск*) náutilus (*pl.* -ses, -li), árgonaut.

кора́бл||ь *м.* 1. ship, véssel; (*совершающий регулярные рейсы*) líner; торго́вый ~ mérchant ship / véssel; вое́нный ~ wárshìp, mán*-of-wár; лине́йный ~ báttle|shìp; фла́гманский ~ flágshìp; сади́ться на ~ go* on board (the) ship; на ~е́ on board (the ship), abóard (the ship); 2. *арх.* nave; ◇ сжечь свои́ ~и́ burn* one's boats; большо́му ~ю́ большо́е пла́вание ≅ great ship requíres / asks deep wáters [greɪt... 'wɔ:-].

кора́лл *м.* córal ['kɔ-]. ~овый *прил.* к кора́лл; *тж.* córallìne; ~овый риф córal reef ['kɔ-...]; ~овые бу́сы córal beads; ~овый о́стров córal-ísland [-'aɪl-], atóll [-ɔl]; ◇ ~овые уста́ córal lips.

кора́н *м. рел.* Kòrán [-ɑ:n].

корве́т *м. мор. ист.* còrvétte [-'vet].

ко́рд||а *ж.* lunge; гоня́ть ло́шадь на ~е lunge a horse.

кордебале́т [-дэ-] *м. театр.* corps-de-ballét (*фр.*) [kɔ:dəbɑ:'le].

кордо́н *м.* córdon.

коре́ец *м.* Koréan [-'rɪən].

корёж||ить *безл. разг.* **1.** (*гнуть, ривить*) bend*, warp: фанéру ~ит от сы́рости plý-wood warps with damp, *или* when kept in a damp place -wud...]; **2.** (*о судорогах и т. п.*) writhe [raɪð] (with); егó ~ит от бóли he is wríthing with pain [...'raɪð-...]. **~иться** *разг.* **1.** bend*, warp; **2.** (*от боли и т. п.*) writhe [raɪð]; (*ср.* коробиться *и* кóрчиться 1).

корéйка *ж.* brísket (*pork or veal*).

корéйский Koréan [-'rɪən]; ~ язы́к Koréan, the Koréan lánguage.

коренáстый thícksét, stúmpy, stócky.

корени́ться (в *пр.*) root (in); be fóunded (on).

коренни́к *м.* (*лошадь*) whéel-hòrse, sháft-hòrse, whéeler.

коренн||óй 1. (*основной*) rádical, básic ['beɪ-], fùndaméntal; ~óе преобразовáние rádical / fùndaméntal change [...ʧeɪ-]; ~ перелóм rádical turn; ~ы́м óбразом rádically; ~ые интерéсы vítal ínterests; **2.** (*исконный*) nátive; ~ жи́тель nátive, índigène; ~óе населéние the indígenous / àboríginal pòpulátion; ✧ ~ зуб mólar; ~áя лóшадь=коренни́к; ~ подши́пник main béaring [...'bɛə-].

кóр||ень *м.* **1.** (*в разн. знач.*) root; вырывáть с ~нем (*вн.*) tear* up by the roots [teə...] (*d.*), ùp¦róot (*d.*); (*перен. тж.*) erádicàte (*d.*), éxtirpàte (*d.*), root out (*d.*); пусти́ть ~ни (*прям. и перен.*) take* root; имéть глубóкие ~ни be déeply róoted; **2.** *мат.* root; квадрáтный ~ square root; куби́ческий ~ cúbic root; покáзатель ~ня root índèx; знак ~ня rádical sign [...saɪn]; ✧ клáссовые ~ни the class roots; в ~не rádically, fùndaméntally; измени́ть в ~не (*вн.*) change rádically [ʧeɪ-...] (*d.*); change root and branch [...-ɑːnʧ] (of) *идиом.*; уничтожáть в ~не (*вн.*) erádicàte (*d.*); э́то в ~не непрáвильно it is an útter fállacy; краснéть до ~нéй волóс blush to the roots of one's hair; лес на ~ню́ stánding tímber; хлеб на ~ню́ stánding crops *pl.*; смотрéть в ~ чегó-л. get* at the root of smth.; ~ зла the root of all évil [...'iːv-]; ~ оши́бок the róot-cause of the mistákes.

корéнья *мн. кул.* cúlinary roots.

корешóк *м.* **1.** róotlet; **2.** (*переплёта*) back; **3.** (*квитанционной книжки*) cóunterfoil.

корея́нка *ж.* Koréan (wóman*) [-'rɪən 'wu-].

кóржик *м.* flat dry shórtbread / shórtcàke [...-bred...].

корзи́н||а, ~ка *ж.* básket; рабóчая ~ка wórk-bàsket; ~ка для бумáги wáste-páper-bàsket ['weɪ-]; бельевáя ~ clóthes-bàsket ['klouðz-]. **~щик** *м.*, **~щица** *ж.* básket-màker.

кориáндр *м. бот.* còriánder.

коридóр *м.* córridòr, pássage. **~ный 1.** *прил. к* коридóр; ~ная систéма córridòr sýstem; **2.** *м. как сущ.* hòtél sérvant, (hòtél) boots.

кори́нка *ж. тк. ед.* cúrrant(s) (*pl.*).

кори́нфский Corínthian.

кори́ть *разг.* **1.** (*вн.* за *вн.*; *упрекать*) repróach (*d.* with), ùpbráid (*d.* with, for); **2.** (*вн. тв.*; *попрекать*) cast* in smb.'s teeth (*d.*).

корифéй *м.* còryphǽ¦us, léading fígure.

кори́ца *ж.* cínnamon.

коричневáтый brównish.

кори́чневый brown.

кори́чный *прил. к* кори́ца.

кóрк||а *ж.* **1.** crust; (*на ране тж.*) scab; покрывáться ~ой crust, get* crústed óver; **2.** (*кожура*) rind, peel; апельси́новая ~ órange peel; ✧ ругáть, брани́ть когó-л. на все ~и *разг.* ≅ rail at / agáinst smb.; от ~и до ~и ≅ from cóver to cóver [...'kʌ-...]. **~овый 1.** *прил. к* кóрка; **2.** *анат.* of grey mátter; ~овые цéнтры céntres of grey mátter.

корм *м.* fórage, feed, próvender; (*сухой*) fódder; *мн. собир. тж.* féeding-stùffs; грýбые ~á coarse fódder / fórage *sg.*, róughage ['rʌf-] *sg.*; сóчный ~ rich fódder; задавáть ~ (*дт.*) give* fódder (to); на поднóжном ~ý at grass; запасáться ~ом lay* in a supplý of fódder.

корм||á I *ж.* (*у судна*) stern, poop; за ~óй astérn; на ~é, на ~ý aft; ~óй вперёд stern first.

кормá II *мн. см.* корм.

кормёжка *ж. разг.* féeding.

корми́л||ец *м.* (*в семье*) bréad-wìnner ['bred-]. **~ица** *ж.* **1.** wét-nùrse; **2.** *см.* корми́лец.

корми́л||о *с.* (*прям. и перен.*) helm; стоя́ть у ~а правлéния be at the helm.

корм||и́ть, накорми́ть, покорми́ть (*вн.*) **1.** (*питать*) feed* (*d.*); ~ больнóго feed* *an* ínvalid [...-liːd]; здесь кóрмят хорошó the fare is good* here; ~ лóшадь (в дорóге) bait *a* horse; **2.** (*грудью*) suckle (*d.*), nurse (*d.*); **3.** *тк. несов.* (*содержать*) keep* (*d.*); affórd a líving [...'lɪv-] (*i.*); ✧ ~ обещáниями feed* with prómises [...-sɪz] (*d.*); соловья́ бáснями не кóрмят *погов.* ≅ fine words bútter no pársnips. **~и́ться 1.** feed*, eat*; **2.** (чем-л.) live [lɪv] (on); ~и́ться урóками make* a líving by tútoring [...'lɪv-...]; **3.** *страд. к* корми́ть. **~лéние** *с.* **1.** féeding; **2.** (*грудью*) súckling, núrsing.

кормов||óй I (*относящийся к корме*) stern (*attr.*), áfter; ~ флаг énsign [-saɪn]; cólor ['kʌ-] *амер.*; ~óе веслó scull; ~áя часть (*судна*) áfter-bòdy [-bɔ-], áfter-pàrt, stérn-pàrt.

кормов||óй II (*относящийся к корму*) fódder (*attr.*); used as fódder; ~áя свёкла mángel(-wúrzel); ~ы́е растéния, ~ы́е культýры fódder crops; ~áя травá fódder grass; ~ севооборóт fórage cróp-ròtátion [...-rou-]; ~áя бáза fórage resérve [...-'zəːv]; естéственные ~ы́е угóдья nátural méadowlànds [...'me-].

кормýшка *ж.* (*корыто*) (féeding-) trough [-trɔf]; (*для сухого корма*) (féeding-)ràck; (*перен.*: *источник наживы*) *разг.* sínecure ['saɪ-].

кóрмчий *м. скл. как прил.* hélms¦man*; pílot *поэт.*

кормя́щ||ий 1. *прич. см.* корми́ть; **2.** *прил.*: ~ая мать núrsing móther [...'mʌ-].

корне||ви́дный *бот.* róotlìke. **~ви́ще** *с. бот.* rhízòme ['raɪ-]. **~вóй** *прил. к* кóрень; ~вáя часть слóва root of the word; ~вы́е словá root words; ~вы́е языки́ ísolàting lánguages ['aɪ-...].

корненóжка *ж. зоол.* rhízopòd ['raɪ-].

корнеплóд *м. бот.* **1.** root; **2.** *мн.* róot-cròps; кормовы́е ~ы fódder róot-cròps.

корнерéзка *ж. с.-х.* róot-cùtting machíne [...-'ʃiːn].

корнéт I *м. воен. уст.* córnet.

корнéт II *м.*, **~а-пистóн** *м. муз.* córnet, córnet-à-píston(s) [-ə'pɪ-], cornópean [-pɪən].

корнети́ст *м.* córnet. córnetist.

корнишóн *м.* ghérkin.

корноýхий *разг.* cróp-eared.

кóроб *м.* **1.** bást-bòx, bast básket: **2.** *тех.* box, chest; **3.** (*пулемёта*) bódy ['bɔ-]; recéiver [-'siː-] *амер.*; ✧ наговори́ть с три ~а *разг.* ≅ spin* a long yarn; цéлый ~ новостéй *разг.* heaps of news [...-z] *pl.* **~éйник** *м.* pédlar ['pe-].

корóб||ить, покорóбить *безл.* **1.** warp; **2.**: меня́ ~ит от егó слов his words jar up¦ón me. **~иться,** покорóбиться warp.

корóб||ка *ж.* **1.** box; ~ спи́чек box of mátches; спи́чечная ~ mátch-bòx; жестянáя ~ can, tin; **2.**: двернáя ~ dóor-fràme ['dɔː-]; ~ передáч, ~ скоростéй *тех.* géar-bòx ['gɪə-]; магази́нная ~ (*винтовки*) màgazíne [-'ziːn]; ствóльная ~ (*в оружии*) bódy ['bɔ-]; recéiver [-'siː-] *амер.*; ✧ черепнáя ~ cránium (*pl.* -nia). **~óк** *м.*: ~óк спи́чек box of mátches. **~очка** *ж.* **1.** *уменьш. от* корóбка **1; 2.** *бот.* boll.

корóв||а *ж.* cow; дóйная ~ (*прям. и перен.*) milch cow; недóйная ~ dry cow; бодли́вая ~ cow that butts; дои́ть ~у milk *a* cow; ✧ морскáя ~ców-fìsh, séa-cow, mànatée.

корóвий *прил. к* корóва; корóвье мáсло bútter.

корóвка *ж. уменьш. от* корóва; ✧ бóжья ~ lády-bird; (*перен.*) meek / lámb¦like créature.

корóвн||ик *м.* (*хлев*) ców-shèd. **~ица** *ж.* dáiry maid.

королёв||а *ж.* queen. **\~ич** *м.* prince. **\~на** *ж.* princéss. **\~ский 1.** king's, róyal, régal; (*относящийся к королеве тж.*) queen's; (*царственный тж.*) kíng¦ly; \~ский ти́тул régal title; **2.** *шахм.* king's; \~ский слон king's bíshop. **\~ство** *с.* kíng¦dom, realm [relm].

королёк I *м.* (*птица*) kíng¦let, kíng¦ling.

королёк II *м.* (*сорт апельсина*) blood órange [blʌd...], réd-pùlp Málta órange.

королёк III *м.* (*металл*) régulus.

коро́ль *м.* (*в разн. знач.*) king.

коромы́сло *с.* **1.** (*для вёдер*) yoke; **2.** (*у весов*) beam; **3.** *тех.* róck(ing) shaft, rócker, (wórking-)beam; ◇ дым \~м ≅ there is an úp¦roar, *или* a commótion; the dévils are let loose there [...lu:s...] *идиом.*

коро́н||а *ж.* **1.** (*прям. и перен.*) crown; дворя́нская \~ córonet; лиша́ть \~ы (*вн.*) discrówn (*d.*); **2.** *астр.* coróna. **\~аци́онный** *прил. к* корона́ция. **\~а́ция** *ж.* còronátion, crówning.

коро́нк||а *ж.* (*зуба*) crown; золота́я \~ gold crown; ста́вить \~у на зуб put* *a* crown on *a* tooth*.

коро́нн||ый *прил. к* коро́на 1; ◇ \~ая роль *театр.* léading role, best part.

корон||ова́ние *с.*=корона́ция. **\~о́ванный** *прич. и прил.* crowned. **\~ова́ть** *несов. и сов.* (*вн.*) crown (*d.*). **\~ова́ться** *несов. и сов.* be crowned.

коро́ста *ж.* scab.

коросте́ль *м. зоол.* lándrail.

корота́ть, скорота́ть (*вн.*) while a¦wáy (*d.*); \~ вре́мя *разг.* while a¦wáy the time.

коро́тк||ий short; \~ая волна́ *рад.* short wave; \~ое замыка́ние *эл.* short círcuit [...-kɪt]; \~ путь short cut; \~ое дыха́ние short wind [...wɪnd]; в \~ срок shórtly, in a short / brief space of time [...bri:f...]; убра́ть урожа́й в \~ие сро́ки do the hárvesting in good time; ◇ быть на \~ой ноге́ с кем-л. *разг.* be (well) in with smb.; be on fríendly terms with smb. [...'frend-...]; \~ое знако́мство terms of íntimacy *pl.*; \~ая па́мять short / poor mémory; \~ая распра́ва short shrift; ру́ки ко́ротки! ≅ try and get it!; у него́ ум ко́роток для того́, что́бы *разг.* he has not got the brains to; с ва́ми разгово́р \~ we are not gó¦ing to ópen a discússion with you!

ко́ротко I *прил. кратк. см.* коро́ткий.

ко́ротко II *нареч* **1.** (*вкратце*) bríefly [-i:f-], in brief [...-i:f]; хотя́ бы \~ if ónly bríefly; \~ говоря́ in short; the long and the short of it is that; \~ и я́сно terse and clear; изложи́ть \~ state bríefly; **2.** (*интимно*) íntimate¦ly.

коротково́лновый *рад.* shórt-wàve (*attr.*); \~ переда́тчик shórt-wàve trànsmítter [...-nz-]; \~ приёмник shórt-wàve recéiver [...-'si:-].

коротковоло́сый shórt-háired, with short / bobbed hair.

короткометра́жный: \~ фильм short film; a short *разг.*

коротконо́гий shórt-légged.

короткохво́стый shórt-táiled.

короткошёрст(н)ый shórt-háired, with short hair.

коро́тышка *м. и ж. разг.* squab.

коро́че *сравн. ст. прил. см.* коро́ткий *и нареч. см.* ко́ротко II.

ко́рочка *ж. уменьш. от* ко́рка; хле́бная \~ crust of bread [...bred]; \~ льда thin íce-crùst.

корпе́ть (над, за *тв.*) *разг.* sweat [swet] (óver); \~ над кни́гами ≅ pore óver books.

ко́рпи||я *ж.* lint; щипа́ть \~ю prepáre lint.

корпор||ати́вный córporàtive. **\~а́ция** *ж.* còrporátion; член \~а́ции córporàtor.

корпуле́нтный córpulent.

ко́рпус *м.* **1.** (*туловище*) bódy ['bɔ-]; пода́ться всем \~ом вперёд lean* fórward; ло́шадь опереди́ла други́х на два \~а the horse won by two lengths [...wʌn...]; **2.** (*корабля, танка*) hull; **3.** (*здание*) búilding ['bɪ-]; **4.** *воен.* corps* [kɔ:]; арме́йский \~, стрелко́вый \~ ármy corps*; та́нковый \~ ármour¦ed corps*; **5.** (*снаряда, гильзы*) bódy, case [-s]; **6.** *тех.* frame; case, bódy; \~ карма́нных часо́в wátch-càse [-s]; **7.** *полигр.* long prímer; **8.** *ист.*: каде́тский \~ mílitary school; морско́й \~ nával school; ◇ дипломати́ческий \~ diplomátic corps*.

корпу́скул||а *ж. физ.* córpùscle [-pʌsl]. **\~я́рный** *физ.* còrpúscular.

корпусн||о́й *прил. к* ко́рпус 4, 8; \~ команди́р corps commánder [kɔ: -'mɑ:n-]; \~а́я артилле́рия corps artíllery.

ко́рпусный *прил. к* ко́рпус 2, 3, 5, 6.

корректи́в *м.* corréctive améndment; внести́ \~ (в *вн.*) aménd (*d.*).

корректи́ровать, прокорректи́ровать (*вн.*; *в разн. знач.*) corréct (*d.*); \~ ого́нь *воен.* adjúst the fire [ə'ʤʌst...], do spótting for the guns.

корректиро́вщик *м. воен.* **1.** (*о человеке*) spótter; **2.** (*о самолёте*) spótting-áircràft, spótting-plàne, spótter.

корре́ктный corréct, próper ['prɔ-].

корре́ктор *м.* próof-reader, corréctor of the press. **\~ская** *ж. скл. как прил.* próof-reader's room. **\~ский** *прил. к* корре́ктор.

корректу́р||а *ж.* **1.** (*действие*) próof-reading; **2.** (*оттиск*) proof, próof-shéet; держа́ть, пра́вить \~у read*/ corréct the proofs; **3.** *воен.* corréction; \~ стрельбы́ adjústment (corréction) [ə'ʤʌ-...]. **\~ный** *прил. к* корректу́ра 1. 2; \~ный о́ттиск proof, próof-shéet; \~ные зна́ки proof sýmbols.

коррел||я́т *м. филос.* córrelàte. **\~яти́вность** *ж.* còrrèlatívity. **\~яти́вный** còrrélative. **\~я́ция** *ж.* còrrelátion.

корреспонде́нт *м.* còrrespóndent; со́бственный \~ (газе́ты) (néwspàper's) own còrrespóndent [...oun...]. **\~ский** *прил. к* корреспонде́нт.

корреспонде́нция *ж.* **1.** mail, còrrespóndence; заказна́я \~ régistered mail; проста́я \~ nón-régistered mail; комме́рческая \~ búsiness còrrespóndence ['bɪzn-...]; **2.** (*сообщение в печати*) repórt; сего́дня в газе́те о́чень интере́сная \~ из Нью-Йо́рка there is a very ínteresting repórt in the páper to¦dáy from New York.

корро́зия *ж. геол., хим.* corrósion

корру́пция *ж.* corrúption.

корса́ж *м.* **1.** còrságe [-'sɑ:ʒ], bódice; **2.** (*жёсткий пояс юбки*) péter¦sham.

корса́р *м. ист.* córsair.

корсе́т *м.* stays *pl.*, córset; в \~е córseted; ортопеди́ческий \~ òrthop(á)edic córset [-'pi:-...]. **\~ница** *ж.* stáy-màker. **\~ный** *прил. к* корсе́т.

корсика́н||ец *м.*, **\~ка** *ж.*, **\~ский** Córsican.

корте́ж *м.* procéssion; cortège (*фр.*) [kɔ:'teɪʒ]; (*автомобилей*) mótor¦càde.

корте́сы [-тэ́-] *мн. полит.* Córtes [-ɪz].

ко́ртик *м.* dirk.

ко́рточк||и *мн.*: сиде́ть на \~ах, опусти́ться на \~ squat.

кору́нд *м. мин.* corúndum, díamond spar.

корчев||а́ние *с.* róoting out. stúbbing. **\~а́тель** *м. с.-х.* stúbbing machíne [...-'ʃi:n]. **\~а́ть** (*вн.*) stub (*d.*), root out (*d.*), grub up / out (*d.*).

корчёвка *ж.*=корчева́ние.

ко́рчи *мн.* (*ед.* ко́рча *ж.*) *разг.* wríthes ['raɪð-]; wríthing ['raɪð-] *sg.*

ко́рч||ить, ско́рчить **1.** *безл.*: его́ \~ит от бо́ли he is wríthing with pain [...'raɪð-...]; **2.** (*вн.*): \~ ро́жи, грима́сы *разг.* pull / make* fáces [pul...]; **3.** *тк. несов.* (*вн.*): \~ из себя́ pose (as); \~ дурака́ play the fool.

ко́рчиться, ско́рчиться **1.** writhe [raɪð], squirm; **2.** *об. тк. сов.* (*согнуться, съёжиться*) cówer.

корчма́ *ж. уст.* inn, pót-house* [-s], távern ['tæ-].

корчма́рь *м. уст.* ínnkeeper.

ко́ршун *м.* (black) kite; ◇ нале-те́ть \~ом (на *вн.*) ≅ pounce (up¦ón).

коры́стн||ый mércenary; с \~ой це́лью for mércenary mótives.

корысто||люби́вый sélf-ínterested. **\~лю́бие** *с.* sélf-ínterest.

коры́сть *ж. тк. ед.* **1.**=корыстолю́бие; **2.** (*выгода*) prófit.

коры́т||о *с.* trough [trɔf]; ◇ оста́ться у разби́того \~а ≅ be no bétter off than at the start.

корь *ж.* measles [-zlz] *pl.*

корьё *с.* *собир.* tan.

кóрюшка *ж.* (*рыба*) smelt (*fish*).

корявый *разг.* **1.** (*неровный, шероховатый*) rough [rʌf], ún¦éven; **2.** (*изрытый оспой*) póck-màrked; **3.** (*искривлённый*) cróoked; **4.** (*некрасивый, неумелый*) clúmsy [-zɪ]; ~ стиль clúmsy style.

коряга *ж.* snag.

косá I *ж.* (*волос*) plait [plæt], tress, braid; фальшивая ~ switch; заплетáть кóсу plait / braid one's hair.

косá II *ж.* (*с.-х. орудие*) scythe [saɪð]; точить, отбивáть кóсу whet a scythe; ◇ нашлá ~ на кáмень *погов.* ≅ this is díamond cútting díamond; he's met his match this time.

косá III *ж.* *геогр.* spit (*small point of land running into sea*).

косáрь I *м.* (*косец*) mówer ['mouə], háy-màker.

косáрь II *м.* (*нож*) chópper.

кóсвенн||ый ìndiréct; ~ое дополнéние *грам.* ìndiréct óbject; ~ падéж *грам.* oblíque case [-i:k -s]; ~ая речь *грам.* ìndiréct speech; oblíque orátion / nàrrátion / speech; ~ вопрóс *грам.* ìndiréct quéstion [...-stʃ-]; ~ые налóги ìndiréct táxes; ~ые улики cìrcumstántial évidence *sg.*; ~ым путём ìndiréctly, in an ìndiréct way.

косéканс [-cэ́-] *м.* *мат.* cósecant ['kou-].

косéц *м.*=косáрь I.

косилка *ж.* *с.-х.* mówing-machìne ['mou- -ʃi:n], mówer ['mouə]

кóсинус *м.* *мат.* cósìne ['kou-].

косить I, скосить (*вн.*; *прям. и перен.*) mow (down) [mou...] (*d.*); cut* (*d.*); ◇ коси косá покá росá ≅ make hay while the sun shines.

косить II, скосить (*о глазах*) squint, look asquínt.

коситься, покоситься **1.** (*поглядывать искоса*) look síde¦ways / askéw; **2.** *тк. несов.* (на *вн.*; *смотреть недружелюбно*) look with an únfávour¦able eye [...aɪ] (at); (*подозрительно*) look askánce (at).

косичка *ж.* *уменьш.* *от* косá I.

космáтый shággy.

космéтика *ж.* **1.** (*мероприятия*) béauty tréatment ['bju:-...]; **2.** *собир.* (*средства*) còsmétics [-z-] *pl.*

космети́ческ||ий còsmétic [-z-]; ~ое срéдство còsmétic (prèparátion); ~ кабинéт béauty párlour ['bju:-...].

космическ||ий cósmic [-z-]; space (*attr.*); ~ое прострáнство (cósmic / óuter) space; ~ корáбль spáce¦ship, spáce¦cràft; space véhicle [...'vi:ɪ-]; ~ полёт space flight; ~ие лучи cósmic rays; ~ая пыль cósmic dust; ~ая радиáция cósmic ràdiátion; ~ая биолóгия cósmic biólogy.

космовидение *с.* space télevìsion.

космо||гони́ческий còsmogónical [-z-]. ~гóния *ж.* còsmógony [-z-].

космогрáфия *ж.* *уст.* còsmógraphy [-z-].

космодрóм *м.* cósmodròme [-z-], space drome.

космо||логи́ческий còsmológical [-z-]. ~лóгия *ж.* còsmólogy [-z-].

космонáвт *м.* cósmonaut [-z-], ástronaut, spáce¦man*; жéнщина-~ wóman* ástronaut ['wu-...], còsmonétte [-z- -'net]; пéрвая в мире жéнщина-~ the first wóman* ástronaut in the world.

космополит *м.* còsmopólitan [kɔz-], còsmópolìte [kɔz-]. ~изм *м.* còsmopólit(an)ism [kɔz-]. ~ический còsmopolítical [kɔz-], còsmopólitan [kɔz-].

кóсмос *м.* (óuter) space, cósmòs [-z-]; покорéние ~а space èxplòrátion.

кóсмы *мн.* *разг.* mane *sg.*, dishéveled locks; mátted hair *sg.*

косн||éть, закоснéть **1.** (в *пр.*) stágnàte (in); ~ в невéжестве stágnàte in ígnorance; **2.** (*терять гибкость*) stiffen.

кóсность *ж.* stàgnátion, inértness, slúggishness.

косноязы́ч||ие *с.* tóngue-tìe ['tʌŋ-]. ~ный tóngue-tìed ['tʌŋ-]; (*невнятный — о речи*) ìnàrtículate.

коснýться *сов.* *см.* касáться.

кóсный inért, slúggish, stágnant, bígoted.

кóсо *нареч.* slántwìse [-ɑ:n-], oblíque¦ly [-li:k-], aslánt [-ɑ:nt], askéw, asquínt; смотрéть ~ look aslánt / askéw; (*хмуриться*) scowl.

кособóкий *разг.* cróoked.

косовица *ж.* **1.** (*косьба*) mówing ['mou-]; **2.** (*время косьбы*) mówing séason / time [...-z-...].

косоворóтка *ж.* Rússian blouse (with a síde¦fàstening) [-ʃən... -s°n-].

косоглáз||ие *с.* squint, cast in the eye [...aɪ]; strabísmus [-ɪz-] *научн.* ~ый **1.** *прил.* squínt-eyed [-aɪd], cróss-eyed [-aɪd]; **2.** *м.* *как сущ.* cróss-eyed / squínt-eyed pérson; squínt-eye [-aɪ] *разг.*

косогóр *м.* slope, híll-sìde.

кос||óй **1.** slánting [-ɑ:n-], skew, oblíque [-li:k]; ~ ýгол *мат.* oblíque angle; ~ луч slánting beam; ~ пáрус fóre-and-áft sail; ~áя чертá oblíque stroke; ~ пóчерк slóping hándwrìting; **2.** (*о глазах*) squint, squínting; (*о человеке*) squínt-eyed [-aɪd]; **3.:** ~ взгляд (*недружелюбный*) scówling look, síde¦lòng glance; ◇ ~ вóрот síde¦fàstening [-s°n-]; ~áя сáжень в плечáх *разг.* ≅ broad as a barrel [brɔ:d...].

косолáпый ín-tòed; (*перен.*: *неуклюжий*) clúmsy [-zɪ].

косоугóльный *мат.* oblíque-ángled [-li:k-].

костёл *м.* Pólish Róman-Càtholic church.

костенéть, окостенéть óssifỳ; (*перен.*) stíffen, grow* numb [-ou...].

костёр *м.* bónfìre; бивáчный ~ cámp-fìre; разложить ~ make*/ build* a fire [...bɪld...]; ◇ пионéрский ~ Young Pìonéers' rálly [...jʌŋ ...](*usually round a bonfire*).

кост||истый bóny. ~ля́вый bóny, ráw-bòned.

кóстный *прил.* к кость 1; *тж.* ósseous; ~ мозг márrow; ~ туберкулёз bone / ósseous tubèrculósis.

костоéда *ж.* *тк. ед.* *мед.* cáriès [-rɪi:z].

косторéз *м.* (*резчик по кости*) cárver in bone, bone cárver.

кóсточк||а *ж.* **1.** *уменьш.* *от* кость; **2.** (*плода*) stone; **3.** (*из китового уса*) (whále-)bòne; **4.** (*на счётах*) ball in ábacus; ◇ перемывáть ~и (*дт.*) *разг.* ≅ pick to píeces [...'pi:-] (*d.*). ~овый: ~овые плоды́ stóne-frùits [-fru:ts].

кострá *ж.* *тк. ед.* *текст.* boon.

кострéц *м.* (*часть туши*) leg of beef.

кострика *ж.*=кострá.

косты́л||ь *м.* **1.** crutch; *мн.* pair of crútches *sg.*; ходить на ~ях walk with crútches; **2.** (*большой гвоздь*) spike, drive; **3.** *ав.*: хвостовóй ~ táil-skìd.

кост||ь *ж.* **1.** *анат.* bone; перелóм ~и frácture; лучевáя ~ rádius (*pl.* -dii); локтевáя ~ fúnny-bòne; úlna (*pl.* -nae) *научн.*; бéдренная ~ thígh-bòne, fémur; ры́бья ~ físhbòne; **2.** (*игральная*) die (*pl.* dice); игрáть в ~и dice; игрóк в ~и dícer; ◇ слонóвая ~ ívory ['aɪv-]; (*краска*) ívory black; лечь костьми́ ≅ fall* in battle; ля́гу костьми́, но сдéлаю э́то I'll do it éven if it kills me; пересчитáть комý-л. ~и *разг.* give* smb. a sound thráshing; промóкнуть до ~éй get* wet to the skin, get* drenched to the bone; язы́к без ~éй loose tongue [-s tʌŋ].

костю́м *м.* cóstùme, dress; (*мужской тж.*) suit [sju:t]; ◇ в ~е Адáма, Éвы stark naked.

костюмéр *м.* *театр.* còstúmier. ~ная *ж.* *скл.* *как прил.* wárdròbe.

костюмирóванный fáncy-dréss (*attr.*); ~ вéчер, бал fáncy-dréss ball.

костюмировáть *несов.* *и* *сов.* (*вн.*) make* cóstùmes (for).

костю́мн||ый *прил.* к костю́м; ~ая пьéса *театр.* périod play / piece [...pi:s].

костя́к *м.* skéleton; bones *pl.*; (*перен.*) báckbòne; ~ коллектива the báckbòne of the colléctive.

костян||óй *прил.* к кость 1; ~áя мукá bóne¦dùst, bóne-méal; ~ нóжик ívory knife* ['aɪv-...].

костя́шка *ж.* *разг.* **1.** *уменьш.* *от* кость; **2.** (*на счётах*) ball in ábacus.

косýля *ж.* *зоол.* roe (*deer*).

косы́нка *ж.* (triángular) scarf*.
косьба́ *ж.* mówing ['mou-].
костя́к I *м.* (*дверной, оконный*) jamb, cant, cheek; (dóor-)pòst ['dɔːpoust]; прислони́ться к ~у́ lean* agáinst the dóor-pòst.
костя́к II *м.* (*рыбы*) shoal, school; (*птиц*) flock; (*лошадей*) herd.
кот *м.* tóm-cát; ✧ ~ в сапога́х (*в сказке*) Puss in Boots [pus...]; ~ напла́кал *разг.* ≅ nothing to speak of, next to nothing; не всё ~у́ ма́сленица, придёт и вели́кий пост *посл.* ≅ áfter the feast comes the réckoning; купи́ть ~а́ в мешке́ ≅ buy* a pig in a poke [baɪ...].
кота́нгенс *м. мат.* cótángent ['kou-'tændʒ-].
котёл *м.* **1.** cópper, cá(u)ldron; **2.** *тех.* bóiler; парово́й ~ stéam-boiler.
котело́к *м.* **1.** (*посуда*) pot; *воен.* méss-tin; **2.** (*головной убор*) bówler(hat) ['bou-...]; dérby (hat) ['dɑː-...] *амер.*
коте́ль||ная *ж. скл. как прил.* bóiler-róom, bóiler-hóuse* [-s]. ~**ный**: ~ное желе́зо bóiler plate; ~ный цех bóiler shop. ~**щик** *м.* bóiler-màker.
котёнок *м.* kítten.
ко́тик *м.* **1.** *уменьш. от* кот; **2.** *тж.* морско́й ~ fúr-seal, sea bear [...beə]; **3.** (*мех*) séalskìn.
ко́тиковый *прил. к* ко́тик 2, 3; ~ про́мысел fúr-seal húnting.
коти́ровать *несов. и сов.* (*вн.*) *фин.* quote (*d.*). ~**ся** *фин.* **1.** (*оцениваться*) be quóted; (*перен.*) be regárded; высоко́ ~ся (*перен.*) *разг.* be híghly thought of; **2.** (*иметь хождение*) be in demánd [...ɑːnd].
котиро́вка *ж. фин.* quotátion.
котиро́вочный *прил. к* котиро́вка.
коти́ться, окоти́ться kítten.
котле́т||а *ж.*: отбивна́я ~ cútlet ['kʌ-], chop; ру́бленая ~ rissòle ['riː-]; мясны́е ~ы rissòles of meat; ры́бные ~ы fish cakes. ~**ный** *прил. к* котле́та; ~ное мя́со cútlet meat ['kʌ-...], chop meat.
котлова́н *м.* foundátion área / pit [...'ɛərɪə...].
котлови́на *ж.* hóllow.
котлообра́зный cá(u)ldron-shàped.
кото́мка *ж.* wállet, knápsàck.
кото́р||ый *мест.* **1.** (*вопрос.*) which: ~ из них? which of them?; ~ую кни́гу вы возьмёте? which book will you take?; — ~ час? what is the time?; в ~ом часу́? (at) what time?; when?; ~ раз? how many times?; ~ раз я тебе́ э́то говорю́? how óften have I told you! [...'ɔːf(t)°n...]; ~ тебе́ год? how old are you?; **2.** (*относит.; о неодушевл. предм.*) which; (*о людях*) who; (*в знач. «тот, кото́рый» тж.*) that; *тж. не переводится, если не является подлежащим*: кни́га, ~ая лежи́т на столе́ the book which / that lies on the table; кни́га, ~ую он купи́л the book (which / that) he bought; Москва́, ~ая явля́ется столи́цей СССР... Móscow, which is the cápital of the USSR...; челове́к, ~ вчера́ приходи́л the man* who / that came yésterday [...dɪ]; его́ мать, ~ая живёт в Ленингра́де his móther who lives in Léningràd [...'mʌ-...lɪvz...]; челове́к, ~ого он ви́дел the man* (whom / that) he saw; — ~ ни=како́й ни *см.* како́й 3; ~-нибудь=како́й-нибудь 1.
котте́дж [-тэ́-] *м.* cóttage.
коту́рны *мн.* (*ед.* коту́рн *м.*) *ист.* búskins; ✧ станови́ться на ~ put* on the búskin(s).
котя́та *мн. см.* котёнок.
ко́фе *м. нескл.* cóffee [-fɪ]; ~ с молоко́м cóffee with milk; чёрный ~ black cóffee; ~ в зёрнах cóffee-beans *pl.*; жа́реный ~ róasted cóffee; мо́лотый ~ ground cóffee.
кофеи́н *м. фарм.* cáffeine [-fiːn].
кофе́йн||ик *м.* cóffee-pòt [-fɪ-]. ~**ица** *ж.* (*мельница*) cóffee-mill [-fɪ-]. ~**ый 1.** *прил. к* ко́фе; ~ое де́рево cóffee tree [-fɪ...]; ~ая гу́ща cóffee-grounds [-fɪ-] *pl.*; **2.** (*о цвете*) dark brown; cóffee-cólour|ed [-fɪ'kʌ-].
кофе́йня *ж.* cóffee-house* ['kɔfɪhaus], café (*фр.*) ['kæfeɪ].
ко́фт||а *ж.* wóman's jácket ['wu-...]; ночна́я ~ bed jácket. ~**очка** *ж.* blouse.
кохинхи́нка *ж. зоол.* cóchin-chína.
коча́н *м.*: ~ капу́сты cábbage-head [-hed], head of cábbage [hed...]. ~**ный**: ~ная капу́ста heads of cábbage [hedz...] *pl.*
коч||ева́ть roam from place to place (*for pasture, etc.*); be a nómad [...'nɔ-], lead* a nómad's life; (*о животных*) mìgráte [maɪ-]; (*перен.*) wánder. ~**ёвка** *ж.* **1.**=коче́вье 1; **2.** (*действие*) róaming from place to place (*for pasture, etc.*).
коче́вн||ик *м.*, ~**ица** *ж.* nómad ['nɔ-].
кочево́й nómad ['nɔ-], nomádic; (*о животных*) mígratory ['maɪ-]; ~ наро́д nomádic people [...piː-]; ~ о́браз жи́зни nómad life.
коче́вье *с.* **1.** (*лагерь*) camp of nómads [...'nɔ-]; **2.** (*местность*) térritory where nómads roam; **3.**=кочёвка 2.
кочега́р *м.* stóker, fíre|man*. ~**ка** *ж. тех.* stóke-hòle, stóke|hòld.
кочене́ть, окочене́ть become* numb (with cold).
кочерга́ *ж.* póker.
кочеры́жка *ж.* cábbage-stùmp.
ко́чк||а *ж.* húmmock, tússock. ~**ова́тый** abóunding in, *или* cóvered with, mounds [...'kʌ-...], tússocky.
коша́ч||ий *прил. к* ко́шка 1; *тж.* cát|like; félìne ['fiː-] *научн.*; ~ьи ухва́тки cát|lìke mánners; félìne aménities [...ə'miː-]; ✧ ~ конце́рт cáterwaul(ing); (*перен.*) hóoting.
коша́чьи *мн. скл. как прил. зоол.* the félìne spécies [...'fiː- -ʃiːz] *sg.*
кошево́й *ист.*: ~ атама́н átaman, Cóssàcks' chief [...tʃiːf].
кош||елёк *м.* (*прям. и перен.*) purse; туго́й ~ tíghtly-stúffed purse. ~**ёлка** *ж. разг.* bag. ~**е́ль** *м.* **1.** = кошелёк; **2.** (*сумка*) bag.
кошени́левый *прил. к* кошени́ль.
кошени́ль *ж.* cóchineal.
ко́шк||а *ж.* **1.** cat; **2.** *мн. ист.* (*плеть*) cát-o'-nine-tails *sg.*; **3.** *тех.* grápnel, drag; **4.** (*для лазания на столбы*) clímbing-ìrons ['klaɪmɪŋaɪənz] *pl.*; ✧ жить как ~ с соба́кой *разг.* ≅ live a cát-and-dóg life [lɪv...]; игра́ть в ~и-мы́шки play cát-and-móuse [...-s]; но́чью все ~и се́ры *посл.* ≅ when the candles are out all cats are grey; у него́ ~и скребу́т на се́рдце *разг.* he is sick at heart [...'hɑːt].
кошма́р *м.* níghtmàre. ~**ный** níghtmàrish [-mɛə-]; (*перен. тж.*) hórrible, áwful.
коще́й *м.* **1.** Koschéi (the déathless) [...'deθ-] (*in Russian folklore a bony, emaciated old man, rich and wicked, who knows the secret of eternal life*); **2.** *разг.* (*тощий старик*) tall, emáciàted old man*; **3.** *разг.* (*скряга*) míser.
кощу́нст||венный blásphemous. ~**во** *с.* blásphemy. ~**вовать** blàsphéme.
коэффицие́нт *м.* còeffícient, fáctor; ~ поле́зного де́йствия *тех.* effíciency; ~ поте́рь *эл.* loss fáctor.
КПСС (Коммунисти́ческая па́ртия Сове́тского Сою́за) C.P.S.U. (Cómmunist Párty of the Sóvièt Únion).
краб *м.* crab.
кра́болов *м.* **1.** (*промысловое судно*) cráb-fishing boat, crábber; **2.** (*человек*) cráb-fisher, crábber.
кра́ги *мн.* **1.** léggings; **2.** (*у перчаток*) cuffs.
кра́ден||ое *с. скл. как прил. собир.* stólen goods [...gudz] *pl.* ~**ый** stólen.
кра́дучись *нареч.* stéalthily ['ste-]; идти́ ~ slink*.
крае||ве́д *м.* stúdent of lócal lore. ~**ве́дение** *с.* stúdy of lócal lore ['stʌ-...]. ~**ве́дческий** *прил. к* краеве́дение; ~ве́дческий музе́й Muséum of lócal lore [-'zɪəm...], Muséum of Région|al Stúdies [...'stʌ-].
краево́й région|al.
краеуго́льный básic ['beɪ-]; ✧ ~ ка́мень córner-stòne, foundátion-stòne.
кра́ешек *м.* edge.
кра́ж||а *ж.* theft; *юр.* lárceny [-snɪ]; ~ со взло́мом búrglary; ме́лкая ~ pílferage, pétty lárceny; квалифици́рованная ~ *юр.* ággravàted theft; соверши́ть ~у commít a theft / lárceny; уличи́ть кого́-л. в ~е convíct smb. of stéaling.
кра||й I *м.* **1.** edge; (*сосуда*) brim; (*пропасти и т. п., тж. перен.*) brink; на са́мом ~ю́ on the very brink; по ~я́м along the édges; по́л-

ный до ~ёв full to the brim, brím-full; ли́ться че́рез ~ flow / run* óver the edge [flou...]; ~ ра́ны lip of wound [...wuː-]; ~ тротуа́ра curb; пере́дний ~ оборо́ны *воен.* line of defénce, main line of resístance [...-'zɪ-]; 2. (*сорт говядины*) chuck; то́лстый ~ top chuck steaks [...steɪks] *pl.*; то́нкий ~ ribs *pl.*; ◇ моя́ ха́та с ~ю (, ничего́ не зна́ю) *погов.* ≅ it is no búsiness / concérn of mine [...'bɪzn-...]; на ~ю све́та at the world's end; на ~ю ги́бели on the verge / brink of rúin.

кра||й II *м.* 1. (*страна, местность*) land; родно́й ~ nátive land; 2. (*область*) térritory; ◇ в на́ших ~я́х in our parts; из ~я в ~ from end to end.

крайиспо́лком *м.* (краево́й исполни́тельный комите́т) térritory exécutive committée [...-tɪ], exécutive commíttee of *a* térritory.

крайко́м *м.* (краево́й комите́т) térritory committée [...-tɪ]; ~ па́ртии térritory Párty commíttee, Párty commíttee of *a* térritory.

кра́йне *нареч.* extréme|ly; я ~ сожале́ю I am extréme|ly sórry; ~ нужда́ться в чём-л. be bád|ly in need of smth., need smth. bád|ly.

кра́йн||ий (*в разн. знач.*) extréme; (*последний*) the last; ~яя ло́жа спра́ва the last box on the right; ~яя необходи́мость úrgency; ~яя нищета́ ábjèct póverty; ~ее изумле́ние útter surpríse; ~ срок the last term / date; ~яя ле́вая *полит.* the extréme left; ~ие чле́ны пропо́рции *мат.* extrémes; ~яя плоть *анат.* fóre|-skìn, prépùce ['priː-]; ◇ в ~ем слу́чае at the worst, as a last resórt [...-'zɔːt]; at a pinch *разг.*; на ~ слу́чай if the worst comes to the worst; по ~ей ме́ре at least; ~яя цена́ the lówest price [...'lou-...]; ~ие ме́ры extréme méasures [...'me-]. ~**ость** *ж.* 1. extréme; впада́ть в ~ость run* to extrémes; переходи́ть из одно́й ~ости в другу́ю go* from one extréme to another; ~ости схо́дятся extrémes meet; 2. *тк. ед.* (*тяжёлое положение*) extrémity; быть в ~ости be redúced / dríven to extrémity [...'drɪ-...]; ◇ до ~ости to excéss.

краковя́к *м.* Cracòviénne [krəkou-vɪ'en].

крамо́ла *ж. уст.* sedítion.

крамо́льн||ик *м. уст.* sedítionary. ~**ый** *уст.* sedítious.

кран I *м.* tap, stópcòck; fáucet *амер.*; пожа́рный ~ fíre-còck; водопрово́дный ~ tap, fáucet, водоразбо́рный ~ hýdrant.

кран II *м.* (*подъёмный*) crane; передвижно́й ~ móbile crane ['mou...]

кра́нец *м. мор.* fénder.

краниоло́гия *ж.* cràniólogy.

крановщ||и́к *м.*, ~**и́ца** *ж.* cráne-drìver.

крап *м. тк. ед.* specks *pl.*

кра́па||ть: дождь ~ет it is spítting/ spótting (with rain).

крапи́в||а *ж. тк. ед.* (stíng|ing-) nèttle; глуха́я ~ déad-nèttle ['ded-]. ~**ный** *прил.* к крапи́ва; ◇ ~ная лихора́дка néttle-ràsh; ~ное се́мя *уст.* péttifògger(s) (*pl.*).

кра́пин||а *ж.*, ~**ка** *ж.* speck; speckle, spot; с чёрными ~ками with black spots.

крапле́ный (*о картах*) marked.

кра́пчатый speckled.

крас||а́ *ж.* 1. *поэт. уст.* béauty ['bjuː-]; *мн.* (*прелести*) charms; 2. (*украшение*): для ~ы́ *разг.* ≅ as an órnament; ◇ во всей свое́й ~е́ in all one's béauty / spléndour.

краса́в||ец *м.* hándsome, *или* very góod-lòoking, man* [-ns-...]. ~**ица** *ж.* béauty ['bjuː-]. ~**чик** *м. разг.* 1. = краса́вец; 2. *ирон.* dándy.

краси́во I *прил. кратк. см.* краси́вый.

краси́во II *нареч.* béautifully ['bjuː-].

краси́в||ый béautiful ['bjuː-], hándsome [-ns-]; э́то о́чень ~о this is very béautiful; ◇ ~ые слова́ fine words; ~ жест prétty gésture ['prɪ-...], beau geste [bou'ʤest].

краси́льн||я *ж.* dýe-house* [-s], dýe-wòrks. ~**щик** *м.*, ~**щица** *ж.* dýer.

краси́тель *м. хим.* dýe(-stùff).

кра́сить, покра́сить (*вн.*) 1. cólour ['kʌ-] (*d.*); (*о поверхности*) paint (*d.*); (*о ткани, пряже и т. п.*) dye (*d.*); (*о дереве, стекле*) stain (*d.*); (*о губах, щеках*) make* up (*d.*), paint (*d.*); ~ себе́ во́лосы dye one's hair; ~ себе́ ресни́цы paint one's éye-làshes [...'aɪ-]; 2. *тк. несов.* (*украшать*) adórn (*d.*). ~**ся** 1. *разг.* make* up; use máke-ùp / còsmétics [...-z-]; paint (one's lips, one's cheeks); 2. *страд.* к кра́сить.

кра́с||ка *ж.* 1. (*материал*) paint; (*для тканей и т. п.*) dye; акваре́льная ~ wáter-còlour ['wɔːtəkʌ-]; типогра́фская ~ prínter's ink; ма́сляная ~ óil-paint; *мн.* óil-còlours [-kʌ-]; писа́ть ~ками paint; 2. *мн.* (*цвет, тон; тж. перен.*) cólour ['kʌ-] *sg.*; осе́нние ~ки áutumn tints; опи́сывать я́ркими ~ками paint in bright cólours; не жале́ть ~ок spare no cólour; spare no words; сгуща́ть ~ки (*перен.*) exággeràte [-æʤə-]; lay* it on thick *идиом. разг.*; 3. (*стыда, гнева*) blush, flush; ~ бро́силась ей в лицо́ blood rushed into her face [blʌd...].

красне́ть, покрасне́ть 1. (*становиться красным*) rédden, grow*/turn red [-ou...]; (*от волнения, возмущения*) flush; turn red in the face; (*от смущения, стыда*) blush; ~ от стыда́ blush with shame; покрасне́ть до корне́й воло́с flush to the roots of one's hair; 2. *тк. несов.* (за *вн.*; *стыдиться*) blush (for); 3. *тк. несов.* (*виднеться*) show* red [ʃou...]. ~**ся** = красне́ть 3.

красноарм||е́ец *м. ист.* Red Ármy man*. ~**е́йский** *прил.* к красноарме́ец *и* Кра́сная А́рмия.

красноба́й *м.* gás-bàg, rhètorícian. ~**ство** *с.* gab.

кра́сно-бу́рый réddish-brown.

красноватый réddish.

красногвард||е́ец *м. ист.* Red Guard. ~**е́йский** *ист.* Red Guard (*attr.*).

краснодере́в||ец *м.*, ~**щик** *м.* cábinet-màker.

краснознамённый décoràted with the Order of the Red Bánner.

краснoко́жий *м. скл. как прил.* (*индеец*) rédskin.

красноле́сье *с.* pine fórest [...'fɔ-].

красноли́цый réd-fáced, rúddy-fáced.

красноречи́в||ость *ж.* éloquence. ~**ый** éloquent; (*выразительный*) expréssive; (*изобличающий*) télltàle; ~ый жест expréssive gésture; ~ое молча́ние éloquent sílence [...'saɪ-]; ~ый факт signíficant fact.

красноре́чие *с.* éloquence, óratory.

краснота́ *ж.* rédness.

краснофло́т||ец *м.* Red Návy man*. ~**ский** Red Návy (*attr.*).

краснощёкий réd-chéeked.

красну́ха *ж. мед.* Gérman measles [...-zlz] *pl.*

кра́сн||ый (*в разн. знач.*) red; Кра́сная А́рмия *ист.* Red Ármy; Кра́сная гва́рдия *ист.* Red Guard; ~ое зна́мя Red Bánner; ◇ ~ая доска́ hónour roll ['ɔnə...]; Кра́сный Крест Red Cross; ~ уголо́к rècreátion and réading room; ~ая строка́ indénted line; писа́ть с ~ой строки́ make* a new páragràph; ~ое де́рево mahógany; ~ зверь fine game; ~ая ры́ба càrtiláginous fish; ~ое вино́ red wine; ~ая цена́ *разг.* óutside price; ~ое словцо́ *разг.* wítticism; Кра́сная ша́почка (*в сказке*) Little Red Ríding Hood [...hud]; проходи́ть ~ой ни́тью stand* out; (че́рез) run* all (through); долг платежо́м кра́сен *посл.* ≅ one good turn desérves another [...-'zɜː-...]; ~ое со́лнышко the dear bright sun; ле́то ~ое béautiful súmmer ['bjuː-...]; ~ые дни fine days; ~ая де́вица fair máiden; bónny lass.

красова́ться 1. (*без доп.*) stand* in béauty / spléndour [...'bjuː-...]; 2. (*без доп.*) *разг.* (*находиться на видном месте*) appéar; 3. (*тв.*) *разг.* show* off [ʃou...] (*d.*).

красота́ *ж.* 1. béauty ['bjuː-]; 2. *мн.* béauty *sg.*; красо́ты приро́ды the chárms / béauty of náture [...'neɪ-].

красо́тка *ж. разг.* béauty ['bjuː-], prétty girl ['prɪ- g-].

кра́сочн||ый 1. *прил.* к кра́ска 1; ~ая промы́шленность dye índustry;

2. (*яркий*) cólour¦ful ['kʌ-], (highly) cólour¦ed [...'kʌ-].

красть, украсть (*вн.*) steal* (*d.*); (*о мелких кражах*) pílfer (*d.*).

краститься steal*, slink*, sneak.

крáсящ||ий 1. *прич. см.* крáсить; 2. *прил.*: ~ие веществá dýe-stùffs.

крат: вó сто ~ a húndred times, húndredfòld.

крáтер *м.* cráter.

крáтк||ий (*в разн. знач.*) short; (*сжатый*) brief [-iːf]; (*сокращённый тж.*) concíse [-s]; ~ обзóр brief súrvey; в ~их словáх bríefly [-iːf-], in short; in a nútshèll *идиом. разг.*; в ~их чертáх in brief óutlìne; ~ глáсный short (vówel); ~ курс хи́мии short / concíse course of chémistry [...kɔːs... 'ke-]; ◇ «и» ~ое short Rússian "i" [...-ʃən...] (*written* й).

крáтко *нареч.* bríefly ['briː-].

кратковремéнн||ый mómentary ['mou-], tránsitory, of short durátion, shórt-tèrm; ~ая забастóвка shórt-tèrm / líghtning strike.

краткосрóчн||ый shórt-tèrm; ~ая ссýда shórt-dáted / shórt-tèrm loan; ~ые кýрсы shórt-tèrm córses [...'kɔː-].

крáткост||ь *ж.* (*тж. лингв.*) brévity; (*сжатость*) concíse¦ness [-'saɪs-]; для ~и for short.

крáтн||ое *с. скл. как прил. мат.* múltiple; óбщее наимéньшее ~ the least cómmon múltiple (*сокр.* LCM). ~ый divísible [-'vɪz-]; числó, ~ое 3, 5 *и т. д.* a númber divísible by 3, 5, *etc.*

кратчáйший *превосх. ст. см.* крáткий; ~ путь the shórtest route[...ruːt]; short cut *идиом. разг.*; в ~ срок at the éarliest póssible date [...'ɜː-...].

крах *м.* crash, bánkruptcy [-rəpsɪ], fáilure; (*о строе, системе*) bréak-úp ['breɪk-]; потерпéть ~ fail, be a fáilure; пóлный финáнсовый ~ compléte fináncial collápse.

крахмáл *м.* starch. ~истый contáining starch. ~ить, накрахмáлить (*вн.*) starch (*d.*).

крахмáльн||ый 1. *прил. к* крахмáл; 2. (*накрахмаленный*) starched; ~ воротничóк stiff cóllar; ~ая сорóчка, рубáшка starched shirt; boiled shirt *разг.*

крáше more béautiful [...'bjuː-], fíner; (*лучше*) bétter; ◇ ~ в гроб кладýт *погов.* ≅ pale as death [...deθ].

крáшен||ие *с.* dýe¦ing. ~ый páinted; cólour¦ed ['kʌ-]; (*о тканях, волосах*) dyed.

краю||ха *ж.*, ~шка *ж. разг.* hunk of bread [...bred].

креатýра *ж.* créature, protégé (*фр.*) ['prouteʒeɪ].

кревéтка *ж. зоол.* shrimp.

крéдит *м. бух.* crédit.

креди́т *м.* crédit; в ~ on crédit; открывáть ~, предоставлять ~ give* / grant crédit [...grɑːnt...]; ópen an accóunt; краткосрóчный ~ shórt (-tèrm) crédit; долгосрóчный ~ lóng (-tèrm) crédit.

креди́тка *ж. разг.*=креди́тный билéт *см.* креди́тный.

креди́тно-дéнежн||ый: ~ая систéма crédit and mónetary sýstem [...'mʌ...].

креди́тный crédit (*attr.*); ~ билéт bánk-nòte.

кредитов||áние *с.* créditing. ~áть *несов. и сов.* (*вн.*) give* crédit (*i.*).

кредитóр *м.* créditor; (*по закладной*) mòrtgagée [mɔːg-]. ~ский *прил. к* кредитóр.

кредитоспосóбн||ость *ж.* sólvency. ~ый sólvent.

крéдо [кр́э-] *с. нескл.* crédò.

крез *м.* Cróesus ['kriː-].

крéйсер *м.* crúiser ['kruː-]; лёгкий ~ light crúiser; линéйный ~ battle crúiser; тяжёлый ~ héavy crúiser ['hevɪ...].

крейси́ров||ание *с.* crúising ['kruː-]. ~ать cruise [kruːz].

крéкинг *м. тех.* crácking.

крем *м.* (*в разн. знач.*) cream; ~ для бритья́ sháving cream; ~ для лицá face cream; ~ для óбуви shóe-pòlish ['ʃuː-].

крематóрий *м.* crèmatórium (*pl.* -riums, -ria), crématory.

кремациóнн||ый *прил. к* кремáция; ~ая печь incíneràtor.

кремáция *ж.* cremátion.

кремé||нь *м. мин.* flint; (*перен.*) heart of stone / flint [hɑːt...]. ~шóк *м.* piece of flint [piːs...].

кремлёвский *прил. к* кремль.

кремль *м.* Krémlin.

кремнёв||ый made of flint; ~ое ружьё flínt-lòck, fíre¦lòck.

кремнезём *м. мин., хим.* sílica.

кремнеки́слый *хим.* silícic; ~ нáтрий sílicate of sódium.

крéмн||иевый *хим.* silícic, silíceous. ~ий *м. хим.* sílicon.

кремни́стый *мин.* silíceous; ~ слáнец silíceous schist [...ʃɪst].

крéмовый 1. cream (*attr.*); 2. (*о цвете*) créam-còlour¦ed [-kʌ-].

крен *м. мор., ав.* list, heel, caréen; (*перен.*) turn, téndency; change of diréction [ʧeɪ-...]; дать ~ take* a list, list, heel (óver); имéть ~ have a list.

крéндел||ь *м.* knót-shàped bíscuit [...-kɪt]; ◇ свернýться ~ем *разг.* roll up.

крени́ть, накрени́ть (*вн.*) heel (óver) (*d.*). ~ся, накрени́ться *мор., ав.* heel, list, caréen.

креозóт *м. хим.* créosòte ['krɪə-].

креóл *м.*, ~ка *ж.* Créòle.

креп *м. текст.* crêpe (*фр.*) [kreɪp]; (*траурный*) crape.

крепдеши́н *м.* crêpe de Chine (*фр.*) [kreɪpde'ʃiːn]. ~овый *прил. к* крепдеши́н.

крепёжный: ~ лес (pít-)pròps *pl.*

крепи́льщик *м.* tímberer, tímber¦man*.

крепи́тельный 1. *горн.* stréngth¦ening; 2. *мед.* astríngent [-nʤ-].

крепи́ть (*вн.*) 1. *горн.* tímber (*d.*); prop (*d.*); (*перен.*) stréngth¦en (*d.*); ~ оборóну страны́ stréngth¦en the defénce of *the* cóuntry [...'kʌ-]; 2. *мор.* hitch (*d.*); lash (*d.*); make* fast (*d.*); ~ парусá furl *the* sails; 3. *мед.* cónstipàte (*d.*); rénder cóstive (*d.*). ~ся 1. (*воздерживаться*) restráin òne¦sélf; (*не сдаваться*) stand* firm; 2. *страд. к* крепи́ть.

крéпк||ий (*в разн. знач.*) strong; firm; ~ органи́зм vígorous / stúrdy / strong cònstitútion; ~ое здорóвье sound / robúst health [...helθ]; ~ого сложéния of a fine cònstitútion, of strong / square / stúrdy build [...bɪld]; stúrdily-búilt [-'bɪlt]; ~ стари́к hale old man*; ~ пáрень bráwny féllow; ~ая ткань tough / strong cloth [tʌf...]; ~ морóз hard frost; ~ чай strong tea; ~ое винó héady / strong wine ['he-...]; ~ие напи́тки strong drinks; ~ сон sound sleep; ~ое словцó *разг.* strong lánguage; крéпок нá ухо hard of héaring.

крéпко I *прил. кратк. см.* крéпкий.

крéпко II *нареч.* fast, strong; ~ задýматься think* hard, fall* into deep thought; ~ стоя́ть за что-л. stand* firm for smth.; ~ целовáть (*вн.*) kiss affèctionate¦ly (*d.*); ~ обнимáться embráce héartily [...'hɑː-]; ~ спать sleep* sóundly, be fast asléep; ~ вы́ругать (*вн.*) swear* [sweə] (at); держи́тесь ~ hold fast / tight.

крепколóбый *м. скл. как прил.* blóckhead [-hed], dolt.

крéпко-нáкрепко *нареч.* tíghtly, fírmly; double fast [dʌbl...].

креплéние *с.* 1. fástening ['fɑːsᵊn-], stréngth¦ening; 2. *горн.* tímbering; 3. *мор.* láshing; (*парусов*) fúrling; 4. (*у лыж*) bínding.

крéпнуть, окрéпнуть get* stróng¦er; (*перен. тж.*) get* fírmly estáblished.

крéпов||ый made in crape; crêpe (*фр.*) [kreɪp] (*attr.*); ~ая повя́зка crápe-bànd.

крепостни́||к *м. ист.* lándlòrd ádvocàting sérfdom / sérf-ównership [...-oun-]. ~чество *с. ист.* sérfdom, sérfage, sérf-ównership [-oun-].

крепостн||óй I *ист.* 1. *прил.* serf (*attr.*); ~óе прáво sérfdom, sérfage; ~áя зави́симость sérfdom, bóndage; ~ труд serf lábour; ~óе хозя́йство ècónomy based on sérfdom [iː- beɪst ...]; 2. *м. как сущ.* serf.

крепостн||óй II *прил. к* крéпость I; ~ вал rámpàrt; ~ы́е укреплéния fòrtificátions.

крéпост||ь I *ж.* 1. stróng¦hòld; 2. *воен.* fórtress; осáда ~и siege of *a* fórtress [siːʤ...].

кре́пость II *ж.* (*в разн. знач.*) strength; (*прочность тж.*) solídity; ~ раство́ра strength / còncèntrátion of solútion; ~ ду́ха fórtitùde; strength of spírit.

кре́пость III *ж.*: ку́пчая ~ *ист.* deed of púrchase [...-s].

крепч||а́ть *разг.* grow* strónger [-ou...]; моро́з ~а́ет the frost is getting hárder.

кре́пче *сравн. ст. прил. см.* кре́пкий *и нареч. см.* кре́пко II.

крепы́ш *м. разг.* robúst féllow; (*о ребёнке*) stúrdy child*.

крепь *ж.* = крепле́ние 2.

кре́сло *с.* árm-cháir, éasy-cháir ['i:zɪ-]; (*в театре*) stall; плетёное ~ wícker chair; складно́е ~ fólding chair.

кресс-сала́т *м.* wátercrèss ['wɔ:-], gárden-crèss.

крест *м.* (*в разн. знач.*) cross; напе́рсный ~ *церк.* péctoral cross; ◇ поста́вить ~ (на *пр.*) *разг.* ≅ give* up as a bad job (*d.*); нести́ свой ~ bear* one's cross [bɛə...].

кресте́ц *м. анат.* sácrum (*pl.* -ums, -ra).

крести́ны *мн. рел.* chrístening [-s°n-] *sg.*; (*празднование*) chrístening párty *sg.*

крести́ть I, окрести́ть (*вн.*) **1.** *рел.* bàptíze (*d.*); chrísten [-s°n] (*d.*); **2.** *тк. несов.* (*быть крёстным, крёстной у кого-л.*) be gódfàther, gódmòther to smb.'s child* [...-fɑ:- -mʌ-...].

крести́ть II, перекрести́ть (*вн.*; *делать знак креста*) cross (*d.*).

крести́ться I, окрести́ться *рел.* be bàptízed / chrístened [...-s°n-].

крести́ться II, перекрести́ться cross òne|sélf.

крест-на́крест *нареч.* crósswise; сложи́ть ру́ки ~ cross one's arms.

крёстная *ж. скл. как прил.* gódmòther [-mʌ-].

кре́стн||ик *м.* gód-child*, gódsòn [-sʌn]. **~ица** *ж.* gód-child*, góddaughter.

кре́стн||ый *прил. к* крест; ~ое зна́мение *рел.* sign of the cross [saɪn...]; ◇ ~ ход relígious procéssion (*with cross and banners*).

крёстный *м. скл. как прил.* gódfàther [-fɑ:-].

крестови́к *м.* (*паук*) gárden-spider.

крестови́на *ж.* **1.** cróss-pìece [-pi:s]; **2.** *ж.-д.* (*стрелки*) frog.

кресто́||вый: ~ похо́д *ист.* (*тж. перен.*) crùsáde; ~ свод *арх.* cróss-vaulting, groined vault. **~но́сец** *м. ист.* crùsáder.

крестообра́зный cróss-shàped; crúcifòrm; *зоол.*, *бот.* crúciàte.

крестоцве́тные *мн. скл. как прил. бот.* crùcíferae.

крестцо́в||ый *анат.*: ~ая кость sácral bone.

крестья́н||ин *м.* péasant ['pez-]; безземе́льный ~ lándless péasant. **~ка** *ж.* péasant-wòman* ['pezəntwu-]. **~ский** *прил. к* крестья́нин; ~ские ма́ссы péasant másses ['pez-...]; ~ское хозя́йство, ~ский двор péasant hóuse|hòld [...-s-]; ме́лкое ~ское хозя́йство small péasant farm; ~ское восста́ние *ист.* péasant revólt / úp|rìsing. **~ство** *с. тк. ед. собир.* péasantry ['pez-]; the péasants [...'pez-] *pl.*; сре́днее ~ство middle / médium péasantry; the middle péasants *pl.*; колхо́зное ~ство colléctive-fàrm péasantry; трудово́е ~ство wórking péasantry.

кресче́ндо = креще́ндо.

крети́н *м.* crétin; (*перен.*) *разг.* ídiot. **~и́зм** *м. мед.* crétinism; (*перен.*) *разг.* ídiocy.

крето́н *м. текст.* crètónne [-'tɔn].

кре́чет *м. зоол.* gérfàlcon [-fɔ:l-].

креще́ндо *нареч. муз.* crescéndo [krɪ'ʃ-].

крещ||е́ние *с. рел.* **1.** báptism; (*обряд тж.*) chrístening [-s°n-]; **2.** (*праздник*) Twélfth-day, Epíphany; ◇ боево́е ~ báptism of fire. **~ёный** **1.** *прил. рел.* chrístened [-s°nd]; **2.** *м. как сущ. уст. разг.* Chrístian.

крива́я *ж. скл. как прил.* curve; ~ температу́ры témperature curve; ◇ ~ вы́везет ≅ sóme|thing may turn up.

кри́вда *ж. фольк.* fálse|hood ['fɔ:lshud].

кривизна́ *ж.* cúrvature; cróokedness.

криви́ть (*вн.*) bend* (*d.*); distórt (*d.*); ~ каблуки́ twist the heels (of one's shoes) [...ʃu:z]; ~ рот, гу́бы twist one's mouth, give* a twist to one's mouth; make* a wry face, curl one's lip; ◇ ~ душо́й *разг.* dissémble; play the hýpocrite; act agáinst one's cónscience [...-nʃəns]. **~ся** **1.** (*становиться кривым*) become*/ get* cróoked / bent / lóp-síded; **2.** *разг.* (*делать гримасу*) make* a wry face.

кривля́||ка *м. и ж. разг.* clown, afféctcd pérson; all airs and gráces *идиом.* **~нье** *с. разг.* àffèctátion; putting on airs; grimácing; clówning.

кривля́ться *разг.* wriggle; (*гримасничать*) grimáce, make* fáces; (*вести себя жеманно*) give* òne|sélf airs, be affécted.

кри́во *нареч.* cróokedly; a|wrý.

кривобо́кий lóp-sided.

криводу́шие *с. уст.* dùplícity.

крив||о́й **1.** cróoked; curved; wry; ~а́я ли́ния curve, curved line; **2.** (*неправильный*) wrong; false [fɔ:ls]; únfáir; ~ы́е пути́ cróoked paths / ways; únfáir means; **3.** *разг.* (*одноглазый*) blind in one eye [...aɪ], óne-eyed [-'aɪd]; ◇ ~а́я улы́бка, усме́шка crooked / wry smile; ~о́е зе́ркало distórting mírror.

криволине́йный cùrvilínear.

криво||но́гий bów-lègged ['bou-], bándy-lègged. **~но́сый** wrý-nósed. **~ро́тый** wrý-mouthed.

кривото́лки *мн.* false rúmours [fɔ:ls...]; idle talk *sg.*

кривоши́п *м. тех.* crank.

кри́зис *м.* (*в разн. знач.*) crísis (*pl.* -sès [-si:z]); экономи́ческий ~ èconómic crísis [i:-...]; depréssion; slump *разг.*; агра́рный ~ agrárian crísis; ~ сбы́та sales crísis; о́бщий ~ капитали́зма the géneral crísis of cápitalism; прави́тельственный ~ Cábinet / Góvernment crísis [...'gʌ-...]; полити́ческий ~ polítical crísis; ~ колониа́льной систе́мы the crísis of the colónial sýstem.

крик *м.* cry; shout; (*громкий, пронзительный тж.*) yell, scream; ~и shouts; óutcrỳ *sg.*, shóuting *sg.*; clámour [-æ-] *sg.*; ◇ после́дний ~ мо́ды ≅ the last word in fáshion, the last shriek of fáshion [...ʃri:k...]; ~ души́ a cry from the heart [...hɑ:t], cri de coeur [kri:də'kə:].

кри́кет *м. спорт.* crícket.

крикли́в||ый (*прям. и перен.*) loud; (*перен. тж.*) gárish ['gɛə-], fláshy; (*вздорный*) clámorous; ~ая рекла́ма loud pùblícity [...pʌ-].

кри́кнуть *сов. см.* крича́ть.

крику́н *м.*, **крику́нья** *ж. разг.* shóuter, báwler; (*о ребёнке*) squáller.

кримина́л *м. разг.* críminal case [...-s], críme.

кримин||али́ст *м. юр.* críminalist. **~али́стика** *ж.* críminal law. **~а́льный** críminal. **~оло́гия** *ж.* crìminólogy.

кри́нка *ж.* = кры́нка.

кринoли́н *м.* crínolìne [-li:n], hóop-skirt.

крипто||гра́мма *ж.* crýptogràm. **~гра́фия** *ж.* cryptógraphy.

криста́лл *м.* crýstal; прозра́чный как ~ crýstal-clear; го́рный ~ *мин.* crýstal. **~изацио́нный** *прил. к* кристаллиза́ция. **~иза́ция** *ж.* crýstallìzátion [-laɪ-]. **~изи́ровать(ся)** *несов. и сов.* = кристаллизова́ть(ся). **~изова́ть** *несов. и сов.* (*вн.*) crýstallìze (*d.*). **~изова́ться** *несов. и сов.* crýstallìze. **~и́ческий** crýstallìne.

кристалло||графи́ческий crỳstallògráphic. **~гра́фия** *ж.* crỳstallógraphy.

кристалло́ид *м.* crýstalloid.

криста́льн||ый *прил. к* криста́лл; (*перен.: чистый*) crýstal-clear; ~ая чистота́ crýstal púrity.

крите́ри||й *м.* crìtérion [kraɪ-] (*pl.* -ia); ве́рный ~ true crìtérion; служи́ть ~ем (*рд.*) serve as a crìtérion (for).

кри́тик *м.* crític; литерату́рный ~ líterary crític.

кри́тик||а *ж.* **1.** críticism; ~ и самокри́тика críticism and sélf-críticism; ~ те́кста téxtual críticism; о́страя ~ sharp / télling críticism; ~ сни́зу críticism from belów [...-'lou]; подверга́ть ~е (*вн.*) subjéct to críticism (*d.*); подве́ргнуться ~е be subjécted to críticism; come* in for críticism; напра́вить ~у про́тив lével críticism at / agáinst ['le-...]; ниже всякой ~и benéath críticism; не выдерживать ~и be benéath críticism; not hold* wáter [...'wɔ:-] *идиом.*; 2. (*литерат. жанр*) critíque [-'ti:k].

критикан *м. презр.* fáultfinder, críticàster.

критиковать (*вн.*) críticìze (*d.*); (*мелочно*) carp (at), find* fault (with).

критицизм *м.* 1. crítical áttitùde; 2. *филос.* críticism.

критическ||ий I (*в разн. знач.*) crítical; ~ая статья crítical éssay; critíque [-'ti:k]; ~ ум crítical mind.

критическ||ий II (*переломный*) crítical; ~ая температура *физ.* crítical témperature; ~ая точка *физ.* crítical point; ~ момент crítical / crúcial móment; ~ое положение crítical sìtuátion; ~ возраст crítical age.

крица *ж. тех.* ball, bloom, loop.

крич||ать, крикнуть 1. (*без доп.*) cry, shout; *сов. тж.* give* a cry; (*пронзительно*) scream, yell; (*очень громко*) bawl, vocíferàte, clámour [-æ-]; 2. (на *вн.*) shout (at); 3. (*вн.*, *дт.*; *звать*) call (*d.*), cry (to); 4. (о *пр.*) shout (abóut). ~ащий 1. *прич. см.* кричать; 2. *прил.* (*бросающийся в глаза*) loud, fláshy; stáring; ~ащий наряд loud / fláshy clothes [...klouðz] *pl.*

кричный *тех.*: ~ способ fínery prócèss ['faɪ-...]; ~ горн fínery, blóomery.

кров *м. тк. ед.* shélter; лишённый ~а hóme¦less; остаться без ~а be left without a roof óver one's head [...hed]; лишать ~а (*вн.*) make* hóme¦less (*d.*), dis¦hóme (*d.*), dis¦-hóuse [-s] (*d.*); лишать ~а и хлеба (*вн.*) leave* hóme¦less and stárving (*d.*); под ~ом (*рд.*) únder the shélter (of).

кроваv||ый 1. blóody [-ʌdɪ]; ~ понос *мед.* blóody flux; ~ая рвота *мед.* blood vómiting [blʌd...]; 2. (*кровопролитный*) blóody, sánguinary; múrderous; ~ая битва blóody battle; ~ые злодеяния múrderous deeds / acts; 3. (*окровавленный*) blóod-stained ['blʌd-]; 4. (*о цвете*) blóod-réd ['blʌd-]; ✧ ~ бифштекс únder¦dóne (béef)stéak [...-eɪk].

кроватка *ж. уменьш. от* кровать.

кровать *ж.* bédstead [-sted]; (*с постелью*) bed; детская ~ cot, crib; походная ~ cámp-bed; складная ~ fólding bed; двуспальная ~ dóuble bed [dʌbl...].

кровельн||ый róofing (*attr.*); ~ое железо róofing íron [...'aɪən].

кровельщик *м.* róofer.

кровеносн||ый: ~ая система círculatory sýstem; ~ые сосуды blóod-vèssels ['blʌd-].

кровинк||а *ж.*: ни ~и в лице déathly pale ['deθ-...].

кровл||я *ж.* róofing; шиферная ~ slate róofing; черепичная ~ tíling, tiled roof; жить под одной ~ей с кем-либо live únder one, *или* the same, roof with smb. [lɪv...], share a house with smb. [...-s...].

кровн||ый 1. blood [blʌd] (*attr.*); ~ое родство blood relátionship; còn-sànguínity; 2. (*о животных*) thórough-brèd ['θʌrə-]; ~ая лошадь blóod-hòrse ['blʌd-], thórough-brèd horse; ~ рысак thórough-brèd trótter; 3. (*насущный*) vítal; ~ интерес vítal ínterest / concérn; ~ые интересы народа the vítal ínterests of the people [...pi:pl]; 4. (*об обиде и т. п.*) gríevous ['gri:-]; (*глубокий*) deep; ✧ ~ая месть blood feud, vèndétta; ~ враг déadly énemy ['ded-...]; ~ые деньги hárd-éarned móney [-'ə:- 'mʌ-] *sg.*

кровожадн||ость *ж.* blóod-thìrstiness ['blʌd-]. ~ый blóod-thìrsty ['blʌd-], sánguinary.

кровоизлияние *с. мед.* háemorrhage ['hemərɪdʒ]; ~ в мозг háemorrhage of the brain.

кровообращение *с.* cìrculátion of the blood [...blʌd].

кровоостанавливающ||ий *мед.* stýptic; ~ее средство stýptic mátter, haemòstátic [-mou-].

кровопийца *м. и ж.* blóod-sùcker ['blʌd-], párasìte, extórtioner.

кровоподтёк *м.* bruise [-u:z].

кровопролит||ие *с.* blóodshèd ['blʌd-]. ~ный blóody ['blʌ-]; ~ное сражение blóody battle.

кровопускание *с. мед.* blóod-létting ['blʌd-], phlebótomy.

кровосмешение *с.* íncèst.

кровотечение *с. мед.* háemorrhage ['hemərɪdʒ], èxtràvasátion; ~ из носу bléeding at the nose.

кровоточивый bléeding.

кровоточить bleed*.

кровохарканье *с.* blóod-spitting ['blʌ-]; haemóptysis.

кров||ь *ж.* blood [-ʌd]; прилив ~и rush of blood; остановить ~ (*из раны*) stop *a* wound [...wu:-]; истекать ~ью bleed* profúse¦ly [...-s-]; переливать ~ *мед.* trànsfúse blood; в ~и cóvered with blood ['kʌ-...]; ✧ глаза, налитые ~ью blóodshòt eyes [...aɪz]; в ~, до ~и till it bleeds; его избили в ~ he was béaten till he bled; пускать ~ (*дт.*) bleed* (*d.*); *мед.* phlebótomìze (*d.*); это у него в ~и it runs in his blood; портить себе ~ *разг.* ≅ wórry (òne¦sélf) néedlessly ['wʌ-...]; войти в плоть и ~ become* ín¦gráined; у него ~ кипит his blood is up, his blood boils; проливать ~ shed* blood; ~ с молоком *разг.* ≅ in blóoming health [...helθ], the very pícture of health; у него ~ стынет от этого it fréezes his blood; до последней капли ~и to the last drop of blood. ~янистый with blood [...blʌd], contáining some blood. ~яной *прил. к* кровь; ~яные шарики blood córpùscles [blʌd -pʌslz]; ~яное давление blood préssure; ~яная колбаса blóod-pùdding ['blʌdpu-], black púdding [...'pu-].

кроить, скроить (*вн.*) cut* (*d.*), cut* out (*d.*).

кройк||а *ж.* cútting-out; курсы ~и и шитья dréss-màking cóurses [...'kɔ:-].

крокет *м.* cróquet [-keɪ]. ~ный *прил. к* крокет; ~ный шар cróquet ball [-keɪ...]; ~ная площадка cróquet grounds *pl.*, cróquet court [...kɔ:t].

кроки *с. нескл.* skétch(-màp).

крокировать *несов. и сов.* (*вн.*) *спорт.* róquet ['roukɪ] (*d.*), cróquet [-keɪ] (*d.*).

крокодил *м.* crócodile. ~ов: ~овы слёзы *ирон.* crócodile tears. ~овый *прил. к* крокодил; *тж.* cròcodílian; ~овая кожа crócodile léather [...'le-].

крокус *м. бот.* crócus.

кролик *м.* rábbit.

кроликовод *м.* rábbit-breeder. ~ство *с.* rábbit-breeding.

кроли||чий *прил. к* кролик; ~ мех rábbit-skin; ~чья нора rábbit-wàrren.

кроль *м. спорт.* crawl (stroke); плавать кролем swim* the crawl.

крольчатник *м.* rábbit-hùtch.

кроме *предл.* (*рд.*) 1. (*исключая*) excépt; 2. (*помимо, сверх*) besídes; ~ того besídes (that), in addítion, fúrthermóre [-ðə-]; ✧ ~ шуток jóking apárt.

кромешн||ый: ад ~ hell; тьма ~ая *разг.* ≅ pitch dárkness.

кромка *ж.* edge; (*материи*) list, sélvage; ~ льда edge of ice.

кромлех *м. археол.* crómlèch [-k].

кромсать, искромсать (*вн.*) *разг.* shred* (*d.*).

крона I *ж.* (*верхняя часть дерева*) top / crown (of *a* tree).

крона II *ж.* (*монета*) crown.

кронглас *м. тех.* crówn-glàss.

кронциркуль *м.* cállipers *pl.*

кроншнеп *м. зоол.* cúrlew.

кронштейн *м. тех.* brácket; *стр.* córbel.

кропать (*вн.*) *разг.* 1. (*делать медленно, неумело*) botch (*d.*), bungle (*d.*); 2. (*плохо писать*) scribble (*d.*); ~ стишки *презр.* write* dóggerel, scribble.

кропить (*вн. тв.*) sprinkle (*d.* with); aspérse (*d.* with).

кропотлив||ый labórious; (*о человеке тж.*) páinstàking [-nz-]; ~ая работа tédious work.

кросс *м. спорт.* cróss-cóuntry race [-'kʌn-...].

кроссворд *м.* cróss-wòrds *pl.*, cróss-wòrd puzzle.

крот *м.* 1. (*животное*) mole; 2. (*мех*) móle¦skìn.

кроткий gentle, meek.

кротов||ый 1. *прил. к* крот; ~ая нора́ mole's búrrow; 2. (*из меха крота*) móle|skìn (*attr.*).

кро́тость *ж.* géntle|ness, méekness.

кроха́ *ж.* 1. *уст.* crumb; 2. *мн.* (*остатки*) léavings; (*перен.*) frágments.

крохобо́р *м.* háirsplitter. **~ство** *с.* háirsplìtting; занима́ться ~ством split* hairs. **~ствовать** pinch and scrape, split* hairs. **~ческий** pétty.

кро́хотный *разг.* tíny, wee, dimínutive.

кро́шево *с. разг.* médley ['me-].

кро́шеч||ка *ж. разг.*=кро́шка. **~ный**=кро́хотный.

кроши́ть (*вн.*) 1. crumble (*d.*), crumb (*d.*); 2. (*рубить*) chop (*d.*). **~ся** crumble.

кро́шк||а *ж.* 1. crumb; 2. *ласк.* little one; ◇ ни ~и *разг.* not a bit.

круг *м.* 1. (*в разн. знач.*) circle; пло́щадь ~а *мат.* área of *a* circle ['ɛərɪə...]; бегово́й ~ ráce|course [-kɔːs]; движе́ние по ~у móve|ment in a circle ['muːv-...]; спаса́тельный ~ ríng-buoy [-bɔɪ]; ~ сы́ра a cheese; поворо́тный ~ *ж.-д.* túrn-tàble; ~и́ на воде́ ripples in the wáter [...'wɔː-]; 2. (*сфера, область*) sphere, range [reɪ-]; э́то не вхо́дит в ~ мои́х обя́занностей this does not lie within the range of my dúties; широ́кий ~ вопро́сов wide range of quéstions / próblems [...-stʃ- 'prɔ-]; 3. (*группа людей*) circle; прави́тельственные ~и́ Gòvernméntal circles [gʌ-...], offícial circles; официа́льные ~и́ offícial quárters; пра́вящие ~и́ the rúling circles; монополисти́ческие ~и́ the monópolist circles; са́мые разли́чные ~и́ о́бщества the most dìvérse séctions of socíety [...daɪ-...]; широ́кие обще́ственные ~и́ broad séctions of the públic [brɔːd... 'pʌ-], the géneral públic *sg.*, the públic at large *sg.*; ~ знако́мых circle of acquáintance; в семе́йном ~у́ in the fámily circle; 4. *спорт.* (*этап в состязании*) lap; ◇ на ~ *разг.* on the áverage.

кру́гленьк||ий 1. *уменьш. от* кру́глый 1; 2. (*толстенький*) rotúnd, chúbby, sleek; ◇ ~ая су́мма *разг.* a round sum.

кругле́ть, покругле́ть *разг.* grow* / become* round [grou...].

круглова́тый róundish.

круглоголо́вый róund-headed[-hed-].

круглогу́бцы *мн. тех.* round plíers.

круглоли́цый róund-fàced, chúbby.

круглоро́тые *мн. скл. как прил. зоол.* cýclo|stómata [-'stou-].

круглосу́точный twénty-fóur-hóur [-fɔː'auə] (*attr.*); aróund-the-clòck (*attr.*) *разг.*

кру́гл||ый 1. round; 2. *разг.* (*полный, совершенный*) pérfect; ~ дура́к pérfect / útter fool; ~ неве́жда ignorámus; ~ое неве́жество crass ignorance; он ~ сирота́ he has néither fáther nor móther [...'naɪ- 'fɑː-... 'mʌ-], he is a compléte órphan; 3. (*весь — о времени*) whole [h-]; ~ год the whole year round, all the year round; ~ые су́тки day and night; он проспа́л ~ые су́тки he slept the clock round; ◇ ~ по́черк round hand; в ~ых ци́фрах, ~ым счётом in round númbers; совеща́ние за ~ым столо́м róund-táble talk.

кругов||о́й círcular; ~о́е движе́ние círcular mótion; ~а́я оборо́на *воен.* áll-róund defénce; ◇ ~а́я пору́ка mútual guàrantée; ~а́я ча́ша lóving-cùp ['lʌv-].

круговоро́т *м.* rotátion; ~ собы́тий the rápid succéssion of evénts.

кругозо́р *м.* horízon, méntal óutlook; полити́ческий ~ polítical views [...vjuːz] *pl.*; челове́к с широ́ким, у́зким ~ом bróad-mínded, nárrow-mínded pérson ['brɔːd-...].

кру́гом *нареч.*: у меня́ голова́ идёт ~ *разг.* my head is in a whirl [...hed...], my head is spínning, I am gíddy [...'gɪ-].

круго́м I *нареч.* 1. round; поверну́ться ~ turn round; *воен.* turn abóut; ~! *воен.* abóut turn!; abóut face! *амер.*; 2. (*вокруг*) aróund, all round; ~ мно́го лесо́в there are many fórests aróund, *или* all round [...'fɔ-...]; 3. *разг.* (*полностью*) entíre|ly; вы ~ винова́ты you alóne are to blame, it is entíre|ly your fault; он ~ до́лжен he owes móney all round [...ouz 'mʌ-...]; he is héavily in debt [...'he-...det].

круго́м II *предл.* (*рд.*) round.

кругоборо́т *м.* cìrculátion.

кругообра́зный círcular.

кругосве́тн||ый róund-the-wórld (*attr.*); ~ое путеше́ствие tour round the world [tuə...]; ~ое пла́вание vóyage round the world; соверша́ть ~ое путеше́ствие go* round the world; соверша́ть ~ое пла́вание cìrcumnávigàte the globe / world.

кружа́ло *с. стр.* curve piece [...piːs].

кружевн||и́ца *ж.* láce-máker. **~о́й** *прил. к* кру́жево; (*перен.*) lácy.

кру́жев||о *с.* lace; póint-làce; венециа́нское ~ Venétian lace; плетёное ~ bóne-làce; ручно́е ~ hánd-máde lace; отде́лывать ~а́ми trim with lace; как ~ láce-like, lácy.

круже́ние *с.* gó|ing round, whírling, spínning (round).

кружи́ть 1. (*вн.*) turn (*d.*), whirl (*d.*), spin* (*d.*), wheel round (*d.*); 2. (*без доп.*; *описывать круги*) circle, go* round; 3. (*без доп.*; *плутать*) wánder; 4. (*без доп.*): мете́ль кру́жит the snówstòrm is whírling [...'snou-...]; ◇ ~ кому́-л. го́лову turn smb.'s head [...hed]. **~ся** whirl, spin*; go* round; ◇ у него́ кру́жится голова́ he is / feels gíddy [...'gɪ-]; (от; *перен.*) he is dízzy (with).

кру́жка *ж.* 1. mug; (*большая оловянная или серебряная*) tánkard; ~ пи́ва glass of beer; небольша́я ~ nóggin; 2. (*для сбора денег*) póor-bòx, chárity-bòx; 3. *мед.* írrigàtor, douche [duːʃ].

кружков||о́й *прил. к* кружо́к 2; ~ы́е заня́тия clásses.

кружковщи́на *ж.* clánishness.

кру́жн||ый: ~ путь róundabout way; ~ым путём in a róundabout way.

круж||о́к *м.* 1. *уменьш. от* круг 1; 2. (*группа людей, тж. для совместных занятий*) circle, socíety; (*в школе и т. п.*) hóbby group [...gruːp]; ~ по изуче́нию исто́рии circle for stúdying hístory [...'stʌ-...]; литерату́рные ~ки́ líterary socíeties.

круп I *м. мед.* croup [-uːp]; ло́жный ~ false croup [fɔːls...].

круп II *м.* (*лошади*) croup(e) [-uːp], crúpper.

крупа́ *ж. тк. ед.* 1. *собир.* groats *pl.*; ма́нная ~ mánna-croup [-kruːp]; sèmolína [-'liː-]; перло́вая ~ péarl-bárley ['pɜːl-]; гре́чневая ~ búckwheat; я́чневая ~ fíne-ground bárley; овся́ная ~ óatmeal; 2. (*о снеге*) gránular snow [...-ou].

крупени́к *м. кул.* búckwheat púdding with curds [...'pu-...].

круп||и́нка *ж.* (*прям. и перен.*) grain; ни ~и́нки пра́вды *разг.* not a grain of truth [...-uːθ]. **~и́ца** *ж.* grain, a little.

кру́пно I *прил. кратк. см.* кру́пный.

кру́пно II *нареч.*: ~ наре́зать cut* into large píeces [...'piː-]; ~ писа́ть write* large; ◇ ~ поговори́ть с кем-л. have high words with smb.

крупнобло́чн||ый: ~ое строи́тельство lárge-blóck constrúction.

крупнозерни́стый cóarse-grained.

крупнокали́берный lárge-càlibre (*attr.*).

крупнопане́льн||ый: ~ое строи́тельство lárge-pánel constrúction [-'pæ-...].

крупнотонна́жн||ый: ~ое су́дно lárge-capácity véssel.

кру́пн||ый 1. (*большой*) large; big; (*большого масштаба*) lárge-scàle; ~ая промы́шленность lárge-scàle índustry; ~ое се́льское хозя́йство lárge-scàle ágricùlture; ~ые си́лы *воен.* large fórces; ~ые совхо́зы large State farms; ~ые ба́нки big banks; ~ промы́шленный капита́л big indústrial cápital; ~ые поме́щики big lándlòrds; ~ по́черк téxt-hànd, large hánd-wríting; ~ рога́тый скот cattle, néat(-càttle); ~ые черты́ лица́ mássive féatures; ~ песо́к coarse sand; ~ым ша́гом at a rápid / round pace; 2. (*важный, серьёзный*) great [-eɪt], impórtant; 3. (*значительный*) próminent, outstánding, májor; ~ые собы́тия impórtant evénts; ~ая неприя́тность sérious mis|háp; ~ учёный, писа́тель próminent / outstánding scíentist, wríter; ~ успе́х outstánding succéss; 4. (*рослый*) big, tall, wéll-grówn [-oun]; ◇ ~ разговóр high words *pl.*; ~ план (*в кино*) clóse-úp [-s-]; заснять когó-л. ~ым плáном take* a clóse-úp of smb.

крупóзн||ый *мед.* cróupous ['kru:-]; ~ое воспалéние лёгких mèmbrá-n(e)ous pneumónia [...nju:-].

крупорýшка *ж. с.-х.* péeling / húlling mill.

крупчáтка *ж.* coarse flour.

крупчáтый gráiny.

крупьé *м. нескл.* cróupièr [-u:-].

крупянóй *прил. к* крупá 1.

крутизнá *ж.* stéepness.

крутить 1. (*вн.*) twist (*d.*), twirl (*d.*); (*свёртывать*) roll up (*d.*); ~ шёлк twist / throw* silk [...θrou...]; ~ папирóсу roll a cìgarétte [...-'ret]; ~ усы twirl one's moustáche [...mə-'stɑ:ʃ]; 2. (*вн.*; *вращать*) turn (*d.*); 3. (*вн.*; *о ветре, буре*) whirl (*d.*); 4. (*тв.*) *разг.* (*распоряжаться*) have on léad-ing-strìngs (*d.*). ~ся 1. turn, spin*, gỳ-ráte [dʒaɪə-]; 2. (*о пыли, снеге и т. п.*) whirl; 3. *страд. к* крутить 1, 2, 3.

крýто *нареч.* 1. (*обрывисто*) stéep-ly; 2. (*внезапно*) súddenly; (*резко*) abrúptly; ~ повернýть turn round shárply; 3. *разг.* (*сурово*) stérnly; ~ распрáвиться с кем-л. give* smb. no mércy; ◇ ~ замесить knead thick; ~ отжáть squeeze dry; ~ посолить salt héavily [...'he-].

крут||óй 1. (*о спуске, подъёме*) steep; ~ бéрег steep bank; ~ вирáж *ав.* tight turn; 2. (*внезапный*) súdden; (*резкий*) abrúpt; сдéлать ~ поворóт turn súddenly, spin* round; (*на колёсах*; *тж. перен.*) wheel round; ~áя перемéна súdden change [...tʃeɪ-]; ~ перелóм drástic change; ~ подъём (*промышленности, экономики*) steep advánce / ùpsúrge; ~ поворóт к лýчшему a sharp turn for the bétter; 3. (*строгий*) stern; ~ нрав stern témper; ~ые мéры drástic méasures [...'me-]; ◇ ~óе яйцó hárd-bóiled egg; ~ кипятóк ≅ bóiling wáter [...'wɔ:-]; wáter on the boil; ~áя кáша thick gruel [...gru-].

крýтость *ж* 1. (*ров, траншеи*) slope; 2. (*характера*) stérnness.

крутящий: ~ момéнт *мех* torque.

крýча *ж.* steep slope; steep *поэт.*

кручéние *с.* 1. *текст.* twísting, spínning; 2. *мех.* tórsion.

кручён||ый twísted; ~ые нитки lisle thread [laɪl θred] *sg.*

кручин||а *ж поэт* sórrow, grief [-i:f], ánguish. ~иться *поэт.* grieve [-i:v], sórrow.

крушéние *с.* wreck, rúin; (*перен. тж.*) dównfàll; ~ пóезда ráilway áccident, train smash; ~ сýдна shíp-wrèck; потерпéть ~ be wrecked; ~ надéжд rúin of *one's* hopes.

крушина *ж. бот.* búckthòrn.

крушить (*вн.*; *прям и перен.*: *разрушать*) destróy (*d.*), shátter (*d.*).

крыжóвник *м. тк. ед.* 1. *собир.* góose|berries ['guz-] *pl.*; 2. (*об отдельной ягоде*) góose|berry; 3. (*куст*) góose|berry shrub.

крылáт||ый (*прям. и перен.*) wing|ed; ◇ ~ые словá pópular expréssions; cátch-wòrds, wing|ed words.

крылéчко *с. уменьш. от* крыльцó.

крылó *с.* 1. (*в разн. знач.*) wing; (*у птицы тж.*) pínion *поэт.*; махáть крыльями flap its wings; 2. (*ветряной мельницы*) arm, sáil-àrm, sail; 3. (*над колесом экипажа*) splásh-board; ◇ подрéзать крылья комý-л. clip smb.'s wings; распрáвить крылья spread* one's wings [-ed...].

крылонóгие *мн. скл. как прил. зоол.* pterópoda [tɪ-].

крылышк||о *с. уменьш. от* крылó 1; ◇ взять когó-л. под своё ~ take* smb. únder one's wing; под ~ом мáтери únder one's móther's care [...'mʌ-...].

крыльцó *с.* porch; зáднее ~ back porch / éntrance.

крым||ский Criméan [-'mɪən]. ~чáк *м.* inhábitant of the Crìméa [...-'mɪə].

крынка *ж.* éarthenwàre pot ['ə:θ-...].

крыса *ж.* rat; водянáя ~ wáter-ràt ['wɔ:-], wáter-vòle ['wɔ:-]; ◇ канцелярская ~ *разг.* ≅ óffice drudge, pén-pùsher [-pu-].

крысин||ый *прил. к* крыса; ~ая норá rat's hole; ~ хвост rat's tail; ◇ ~ хвóстик (*косичка*) pígtail.

крысолóв *м.* rát-càtcher. ~ка *ж.* 1. rát-tràp; 2. (*собака*) rát-càtcher, rátter.

крытый 1. *прич. см.* крыть; 2. *прил.* with a roof, with an áwning; shéltered; ~ рынок cóvered márket ['kʌ-...].

крыть, покрыть (*вн.*) 1. cóver ['kʌ-] (*d.*); (*крышей*) roof (*d.*); (*соломой*) thatch (*d.*); (*черепицей*) tile (*d.*); 2. (*краской*) coat (*d.*); 3. (*карту*) cóver (*d.*); (*козырем*) trump (*d.*); ◇ емý ~ нéчем *разг.* ≅ he has no gèt-óut. ~ся 1. lie*; be; (*таиться*) be concéaled; в егó словáх крóется угрóза there is a hídden threat in his words [...θret...]; здесь чтó-то крóется there is sóme|thing behínd that; 2. *страд. к* крыть.

крыш||а *ж.* roof; hóuse-tòp [-s-]; мансáрдная ~ mánsàrd roof; желéзная ~ íron roof ['aɪən...]; солóменная, тростникóвая ~ thatch; черепичная ~ tíling, tiled roof; шатрóвая ~ híp-roof; настилáть ~у roof; ◇ жить под однóй ~ей с кем-л. live únder one, *или* the same, roof with smb. [lɪv...], share a house with smb. [...-s...].

крышка *ж.* lid; cóver ['kʌ-]; ◇ тут емý и ~! *разг.* that's put the lid on him!

крюк *м.* 1. hook; 2. *разг.* (*окольный путь*) détour (*фр.*) ['deɪtuə]; сдéлать ~ make* a détour.

крючи||ть, скрючить *безл.* (*вн.*): егó ~т (от бóли) *разг.* he is wríthing (with pain) [...'raɪð-...]; (*ср.* кóрчить *и* корёжить). ~ться, скрючиться *разг.* be doubled up [...dʌ-...]; он весь скрючился от бóли he is all doubled up with pain.

крючковáтый *разг.* hooked.

крючкотвóр *м. разг.* péttifògger. ~ство *с. разг.* péttifògging, pétty-fòggery, chicánery [ʃɪ'keɪ-].

крючóк *м.* 1. (*в разн. знач.*) hook; (*удочки*) físh-hook; спусковóй ~ (*в оружии*) trígger; застегнýть на ~ (*вн.*) hook (*d.*); 2. *уст. разг.* = крючкотвóр.

крюшóн *м.* cup; (*из белого вина*) hóck-cùp; (*из шампанского*) chàm-págne-cùp [ʃæm'peɪn-].

кря́ду *нареч. разг.* = подрáд II.

кряж *м.* 1. (*горный*) móuntain-rìdge; 2. (*обрубок бревна*) block. ~истый thícksét.

кря́канье *с.* quácking ['kwæ-].

кря́кать, кря́кнуть 1. (*об утке*) quack [kwæk]; 2. *разг.* (*о человеке*) grunt; hem.

кря́ква *ж. зоол.* wild duck, mállard.

кря́кнуть *сов. см.* кря́кать.

кряхтéнье *с.* gróaning.

кряхтéть groan.

ксёндз *м. церк.* Róman-Càtholic priest (in Póland) [...pri:-...].

ксенóн *м. хим.* xénòn ['ze-].

ксерофóрм *м. фарм.* xéro|fòrm.

ксилогрáфия *ж.* 1. (*процесс*) xỳlógraphy [zaɪ-]; 2. (*гравюра*) xýlogrùph ['zaɪ-].

ксилофóн *м. муз.* xýlophòne ['zaɪ-].

кстáти *нареч.* 1. (*уместно*) to the point; (*своевременно*) óppertùne|ly; замечáние бы́ло сдéлано ~ the remárk was to the point; дéньги пришли́сь ~ the móney came very óppor-tùne|ly [...'mʌ-...]; óчень ~ most wél-come; ~ и некстáти in séason and out of séason [...'si:z-...]; 2. (*заодно*) at the same time; incidéntally; 3. *как вводн. сл.* by the way, by the by; ~, как егó здорóвье? how is he, by the way?

кто *рд., вн.* когó, *дт.* комý, *тв.* кем, *пр.* ком, *мест.* 1. (*вопрос.*) who, *obj.* whom; ~ э́то (такóй, такáя)? who is that?; ~ из вас? which one of you?; 2. (*относит.*) who, *obj.* whom; that; тот, ~ he, *или* the man*, who; та, ~ she, *или* the wóman*, who [...'wu-...]; те, ~ they, *или* people, who [...pi:-...]; нé было никогó, ~ бы емý помóг, сказáл *и т. п.* there was no one to help, to tell, *etc.*, him; ~ не рабóтает, тот не ест he who does not work, néither shall he eat [...'naɪ-...]; 3. (*неопред.*) some; ~ ждал пи́сем, ~ газéт some wáit-ed for létters, some for néwspàpers; ~ что лю́бит, комý что нрáвится tastes differ [teɪ-...]; комý пирогí и пы́шки, комý синякí и ши́шки *погов.* some get the buns and pies and some the bumps and black eyes [...aɪz]; 4.: ~ ни, ~ бы ни whò¦éver, *obj.* whòm¦sò¦éver, whòm¦éver; whò¦éver *разг.*; ~ ни придёт whò¦éver comes; когó бы он ни спросúл whòm¦sò¦éver (*или* whòm¦éver) he asked; ~ бы то ни́ был whò¦éver it may be; ány¦òne at all; ✧ ~ в лес, ~ по дровá *погов.* ≅ one pulls one way and the other pulls the other way [...pulz...]; ~ когó? who will win?; комý-комý, а им должнó быть извéстно they should know, if anybody does [...nou...]. **~-либо, ~-нибудь** *мест.* sóme¦body, sóme¦òne; (*в вопросе*) anybody, ány¦òne. **~-то** *мест.* sóme¦body; ~-то другóй sóme¦body else.

куб I *м.* **1.** *мат.* cube; возводи́ть в ~ (*вн.*) cube (*d.*); raise to the third pówer (*d.*); 2. (*мера объёма*) cube.

куб II *м.* (*котёл*) bóiler; перегóнный ~ still.

кубáнка I *ж.* kind of wheat (*originally grown along the Kuban river*).

кубáнка II *ж.* kubánka [ku'bɑː-] (*low astrakhan cap*).

кýбарем *нареч. разг.*: кати́ться ~ roll head óver heels [...hed...]; скати́ться ~ fall* head óver heels.

кубáрь *м.* pég-tòp.

кубатýра *ж. тк. ед.* cúbic capácity.

куби́зм *м. иск.* cúbism.

кýбик *м.* **1.** *уменьш. от* куб I 2; **2.** block, brick; игрáть в ~и (*о детях*) play with bricks; **3.** *разг.* (*кубический сантиметр*) cúbic céntimètre.

куби́н||ец *м.*, **~ка** *ж.* Cúban. **~ский** Cúban.

куби́ческ||ий cúbic; ~ие мéры cúbic méasures [...'me-]; ~ кóрень *мат.* cúbic / cube root.

кубови́дный cúbifòrm.

кýбовый: ~ цвет índigò (blue).

кýбок *м.* **1.** góblet ['gɔ-]; bowl [boul]; béaker; пóлный ~ brímmer; **2.** (*приз*) cup; ráce-cùp; ~ Совéтского Сою́за *спорт.* Áll-Únion Cup.

кубомéтр *м.* cúbic metre.

кýбрик *м. мор.* crew('s) space / quárters, órlòp(-dèck).

кубы́шка *ж.* **1.** (*копилка*) móney-bòx ['mʌ-]; **2.** *разг.* (*толстушка*) dúmpy wóman* / girl [...'wu- g-], dúmpling.

кувáлда *ж. тех.* slédge-hàmmer.

кувши́н *м.* jug; (*большой*) pítcher; ~ для молокá mílk-jùg.

кувши́нка *ж. бот.* wáter-lily ['wɔːtəlɪ-].

кувырк||áнье *с.* sómersaults ['sʌ-] *pl.* **~áться** sómersault ['sʌ-]. **~нýться** *сов.* turn a sómersault [...'sʌ-]. **~óм** *нареч. разг.* tópsytúrvy; полетéть ~óм fall* head óver heels [...hed...]; всё пошлó ~óм évery¦thing went tópsytúrvy; (*пропало*) all was lost.

кугуáр *м. зоол.* cóugar ['kuː-], púma.

кудá *нареч.* **1.** (*вопрос. и относит.*) where; which way; whíther *книжн.*, *поэт.*; ~ он идёт? where is he gó¦ing?; гóрод, ~ он уéхал the town where he has gone [...gɔn]; the town he has gone to; **2.**: ~ ни, ~ бы ни whèr¦éver: ~ он ни пойдёт whèr¦éver he goes; ~ бы он ни пошёл whèr¦éver he may go; ~ бы то ни́ было, ~ угóдно ány¦whère; **3.** *разг.* (*зачем, на что*) what for: ~ вам стóлько дéнег? what do you want all that móney for? [...'mʌ-...]; **4.** *разг.* (*гораздо*) much, far; ~ лýчше much / far bétter; ✧ хоть ~! couldn't be bétter!; ~ как хорошó! nothing to boast of; ~ там! not líke¦ly!, there was no quéstion of that! [...-sʧən...]; ~ тебé! ≅ you'll never be able to do it!; it is out of your reach!; ~ ни шлó! come what may! **~-либо, ~-нибудь, ~-то** *нареч.* sóme¦whère; (*в вопросе*) ány¦whère.

кудáхт||анье *с.* cackle. **~ать** cackle.

кудéль *ж. текст.* tow [tou].

кудéсник *м. поэт.* sóothsayer, magícian, sórcerer.

кудлáтый *разг.* shággy.

кýдри *мн.* curls.

кудря́в||иться *разг.* curl. **~ый** cúrly; (*мелкими кудряшками*) frízzy; (*о человеке*) cúrly-headed [-hed-]; (*о дереве*) léafy, búshy ['bu-]; (*перен.*: *манерный — о слоге*) òrnáte, flówery, full of flóurishes [...'flʌ-].

кудря́шки *мн.* ríng¦lets (of hair).

Кузбáсс *м.* (Кузнéцкий ýгольный бассéйн) the Kuzbás [...kuz-] (Kuznétsk cóal-fìeld(s) [kuz- -fiː-] (*pl.*), the Kuznétsk Básin [...'beɪ-]).

куз||éн [-зэ́н] *м.*, **~и́на** *ж.* cóusin ['kʌz°n].

кузнéц *м.* (bláck)smìth, hámmersmìth; (*ковочный*) fárrier.

кузнéчик *м.* gráss¦hòpper.

кузнéчн||ый blácksmìth's; ~ое дéло blácksmìth's work; ~ мех béllows *pl.*; ~ мóлот forge hámmer; ~ цех forge shop.

кýзница *ж.* smíthy [-ðɪ], forge; fárriery *амер.*

кýзов *м.* **1.** (*корзинка*) básket; **2.** (*у экипажа, автомобиля*) bódy ['bɔ-]; ✧ назвáлся груздём, полезáй в ~ *посл.* ≅ you can't back out now that you've begún [...kɑːnt...].

кукарéкать crow* [-ou].

кукарекý cóck-a-doodle-dóo.

кýкиш *м. груб.* fig; показáть ~ (*дт.*) give* the fig (*i.*).

кýк||ла *ж.* (*прям. и перен.*) doll [dɔl]; теáтр ~ол púppet-show [-ʃou].

ку-клукс-клáн *м.* Kú-Klùx-Klán.

куковáть (*су*) cúckoo [...'ku-].

кýколка *ж.* **1.** dólly; **2.** *зоол.* chrýsalis (*pl.* -ices, -idès [-iːz]), púpa.

кýколь *м. бот.* cockle.

кýкольн||ый *прил. к* кýкла; ~ое лицó doll's face [dɔ-...]; ~ теáтр púppet-show [-ʃou]; ✧ ~ая комéдия múmmery, húmbùg; (*притворство*) dis¦guíse, máke-belìeve [-iːv].

кýкситься *разг.* sulk; be in the blues.

кукурýз||а *ж.* maize, Índian corn; corn *амер.* **~ный** *прил. к* кукурýза; ~ная мукá corn meal.

кукýшка *ж.* **1.** cúckoo ['ku-]; **2.** *разг.* (*маленький паровоз*) mónkey-èngine ['mʌ- -enʤ-].

кукýшкин: ~ лён *бот.* polýtrichum cómmon [-kəm...]; ~ы слёзки *бот.* lýchnis.

кулáк I *м.* **1.** fist; сжимáть ~ clench one's fist; 2. *воен.* cóncèntràted force; **3.** *тех.* cam; ✧ брони́рованный ~ mailed fist; держáть в ~é (*вн.*) hold* in one's fist (*d.*); *воен.* keep* cóncèntràted (*d.*); смея́ться в ~ laugh in one's sleeve [lɑːf...].

кулáк II *м.* (*богатый крестьянин, эксплуатирующий чужой труд*) kulák.

кулá||цкий *прил. к* кулáк II; ~цкие элемéнты kulák élements. **~чество** *с. собир.* the kuláks *pl.*

кулачкóвый *тех.*: ~ вал cámshàft.

кулáчн||ый *прил. к* кулáк I 1, 3; ~ бой físticùffs *pl.*; ✧ ~ое прáво físt-law.

кулачóк I, II *м. уменьш. от* кулáк I 1, 3, II.

кулебя́ка *ж. кул.* kulebiáka [ku-] (*pie with meat, fish or cabbage filling*).

кулёк *м.* bag; ✧ из кулькá в рогóжку *погов.* ≅ a change for the worse [...ʧeɪ-...].

кýли *м. нескл.* cóolie.

кули́к *м. зоол.* snipe; леснóй ~ wóodcòck ['wud-].

кулинáр *м.* cúlinary spécialist [...'spe-]; cook. **~ия** *ж.* cóokery. **~ный** cúlinary; ~ное искýсство (art of) cóokery.

кули́са *ж. тех.* link.

кули́с||ы *мн. театр.* wings, síde-scènes, slips, coulísses [kuː'liː-]; за ~ами (*прям. и перен.*) behind the scenes.

кули́ч *м.* Éaster cake.

кули́чк||и: у чёрта на ~ах *разг.* at the world's end, in the back of be¦yónd; к чёрту на ~ to the other side / end of the world.

кулóн I *м. физ.* cóulòmb ['kuː-].

кулóн II *м.* (*украшение*) péndent.

кулуá||рный *прил. к* кулуáры. **~ры** *мн.* (*в парламенте*) lóbby *sg.*; разговóры в ~рах lóbby ínterviews [...-vjuːz].

куль *м.* bag, mát-bàg.

кульмин||ациóнный *прил. к* кульминáция; ~ пункт cùlminátion. **~áция** *ж.* cùlminátion. **~и́ровать** *несов. и сов.* cúlminàte.

культ *м.* cult, wórship; служи́тель ~а mínister of relígious wórship; ~ ли́чности the cult of pèrsonálity, pèrsonálity cult.

культ- *в сложн.* культýрный cúltural.

культив||áтор *м. с.-х.* cúltivàtor. **~áция** *ж. с.-х.* cùltivátion. **~и́рование** *с.* (*прям. и перен.*) cùltivátion.

культиви́ровать (*вн.; прям. и перен.*) cúltivàte (*d.*).

культкоми́ссия *ж.* cúlture commíttee [...-tɪ].

культма́ссов||ый: ~ая рабо́та cúltural work among the másses.

культрабо́т||а *ж.* cúltural and èducátional work. **~ник** *м.* cúltural wórker.

культтова́ры *мн.* árticles for cúltural needs, árticles of rècreátion.

культу́р||а *ж.* **1.** (*в разн. знач.*) cúlture; ~, национа́льная по фо́рме, социалисти́ческая по содержа́нию cúlture nátional in form and sócialist in contént [...'næ-...]; челове́к высо́кой ~ы highly cúltured man*; ~ произво́дства indústrial / prodúction effíciency; **2.** *с.-х.* cúlture; техни́ческие ~ы téchnical / indústrial crops; зерновы́е ~ы céreal crops [-rɪəl...]; кормовы́е ~ы fórage crops; ◇ физи́ческая ~ phýsical cúlture [-zɪ-...].

культу́рно *нареч.* in a cúltured way, in a cívilized mánner. **~-бытово́й** of / for impróving líving condítions [...-'pruːv- 'lɪ-...]; ~-бытово́е обслу́живание (provísion of) cúltural and wélfàre facílities; ~-бытовы́е учрежде́ния públic aménities ['pʌ-...].

~-воспита́тельный: ~-воспита́тельная рабо́та cúltural and èducátional work. **~-просвети́тельный** cúltural and èducátional; ~-просвети́тельные учрежде́ния cúltural and èducátional estáblishments.

культу́рность *ж.* cúlture, stándard of cúlture.

культу́рно-техни́ческий cúltural and proféssional; ~ у́ровень cúltural and proféssional stándards *pl.*

культу́рн||ый **1.** (*относящийся к культуре*) cúltural; ~ у́ровень stándard of cúlture; ~ центр cúltural centre; ~ рост cúltural advánce; ~ые на́выки cívilized hábits; улучша́ть материа́льное положе́ние и ~ у́ровень raise the stándard of wélfàre and cúlture; ~ая револю́ция cúltural rèvolútion; **2.** (*находящийся на высоком уровне культуры*) cúltured, cúltivàted; (*образованный*) éducàted; ~ челове́к a cúltured pérson, a man* of cúlture; **3.** (*не дикий — о растениях, животных*) cúltured, cúltivàted; ~ые расте́ния cúltured plants [...-ɑːnts]; ~ые поро́ды cúltured spécies [...-ʃiːz].

культя́ *ж.*, **культя́пка** *ж. разг.* stump (*of amputated arm or leg*).

кум *м.*, ~á *ж.* góssip, Gód-pàrent; ~ и ~á Gód-pàrents.

кумане́к *м. разг.* góssip; (*приятель*) friend [-end].

кума́ч *м.* red cálicò.

кумачо́вый *прил. к* кума́ч.

куми́р *м.* (*прям. и перен.*) ídol.

кумовство́ *с.* fávouritism ['feɪvər-], népotism.

кумуляти́вн||ый cúmulative; ~ заря́д *воен.* hóllow charge; снаря́д ~ого де́йствия *воен.* hóllow-chàrge projéctile / shell.

ку́мушка *ж.* **1.** (*в обращении*) my good wóman [...'wu-]; **2.** (*сплетница*) góssip, scándal-mònger [-mʌ-].

кумы́с *м.* kóumiss ['kuː-] (*fermented mare's milk*).

кумысо||лече́бный: ~лече́бное заведе́ние kóumiss-resórt ['kuːmɪsrɪ'zɔːt], kóumiss-cùre ìnstitútion ['kuː-...]. **~лече́ние** *с.* kóumiss tréatment / cure ['kuː-...].

кунжу́т *м. бот.* sésame [-mɪ]. **~ный** *прил. к* кунжу́т; ~ное ма́сло sésame oil [-mɪ...].

куни́ца *ж.* (*животное и мех*) márten.

купа́льн||ый báthing ['beɪð-]; ~ костю́м báthing suit [...sjuːt]; ~ая простыня́ bath tówel. **~я** *ж.* bath house* [...-s]. **~щик** *м.*, **~щица** *ж.* báther ['beɪðə].

купа́ние *с.* báthing ['beɪð-].

купа́ть, вы́купать (*вн.*) bath (*d.*), bathe [beɪð] (*d.*); (*в ванне*) bath (*d.*), give* a bath (*i.*). **~ся**, вы́купаться bathe [beɪð]; (*в ванне*) take* a bath.

купе́ [-пэ́] *с. нескл.* sléeping compártment; sléeper *разг.*

купе́ль *ж. церк.* font.

купе́||ц *м.* mérchant. **~ческий** *прил. к* купе́ц; ~ческое сосло́вие the mérchants *pl.* **~чество** *с.* **1.** (*сословие*) mérchantry; **2.** *собир.* the mérchants *pl.*

купидо́н *м. миф., поэт.* Cúpid.

купи́рованный: ~ ваго́н (ráilway-) cárriage with sléeping compártments [-rɪdʒ...].

купи́ть *сов. см.* покупа́ть I.

купле́т *м.* **1.** verse, cóuplet ['kʌ-]; **2.** *мн.* tópical / satíric songs. **~и́ст** *м.* síng|er of tópical / satíric songs.

ку́пля *ж.* púrchase [-s]; ~ и прода́жа sale and púrchase; ~-прода́жа húckstering.

ку́пол *м. арх.* cúpola, dome (*тж. перен.*); (*цирка*) big top; ~ не́ба the dome of the sky, the héavenly dome [...'he-...].

куполообра́зный dóme|like, cúpola-shàped, dóme-shàped.

купо́н *м.* (*в разн. знач.*) cóupòn ['kuː-].

купоро́с *м. хим.* vítriol. **~ный** *прил. к* купоро́с; ~ное ма́сло oil of vítriol.

ку́пчая *ж. скл. как прил.* (*тж.* ~ кре́пость) *уст.* deed of púrchase [...-s].

купчи́ха *ж.* **1.** mérchant wóman* [...'wu-]; **2.** (*жена купца*) mérchant's wife*.

купю́р||а *ж.* **1.** (*сокращение, изъятие*) cut; **2.** *фин.* note, bond; заём вы́пущен ~ами в 5 и 25 рубле́й the loan is íssued in 5-rouble and 25-rouble bonds [...-ruː-...].

курага́ *ж. собир.* dried ápricòts [...'eɪ-] *pl.*

кура́житься *разг.* swágger ['swæ-]; throw* one's weight aróund [θrou...] *идиом.*; (над) búlly ['bu-] (*d.*).

кура́нты *мн.* chime (of bells) *sg.*

кура́тор *м.* curátor.

курбе́т *м. спорт.* cùrvét.

курга́н *м.* bárrow, búrial mound ['be-...], túmulus (*pl.* -lì).

кургу́зый *разг.* **1.** (*с обрубленным хвостом*) dóck-tailed; **2.** (*об одежде*) too tight and short.

курд *м.*, **~ский** Kurd; ~ский язы́к Kúrdish, the Kúrdish lánguage.

курдю́||к *м.* fát(ty) tail (*of a sheep*). **~чный** *прил. к* курдю́к; ~чное са́ло fat of tail; ~чная овца́ fát-tailed / fát-rùmped sheep*.

ку́рево *с. тк. ед. разг.* sóme|thing to smoke, báccy [-kɪ].

куре́ние *с.* **1.** smóking; **2.** (*благовоние*) íncènse.

куре́нь *м.* **1.** *ист.* kurén (*unit of Zaporogian Cossack troops*); **2.** (*дом*) house* [-s], hut.

курза́л *м.* kúrsaal ['kuəzɑːl].

кури́лка *м.*: жив ~! *разг.* ≅ the man's him|sélf agáin!

кури́льница *ж.* cénser.

кури́льня *ж.*: ~ о́пиума ópium den.

кури́льщ||ик *м.*, **~ица** *ж.* smóker.

кури́н||ые *мн. скл. как прил. зоол.* gàllináceae [-siː]. **~ый** *прил. к* ку́рица; ~ое яйцо́ hen's egg; ~ый бульо́н chícken-bròth; ~ая лапша́ chícken-bròth with noodles; ~ая слепота́ (*болезнь*) níght-blìnd|ness, nỳctalópia; (*название цветка*) búttercùp; ◇ ~ая грудь pígeon-breast [-dʒɪnbrest].

кури́тельн||ый smóking; ~ая ко́мната smóking-room; ~ таба́к tobáccò; ~ая тру́бка (tobáccò-)pipe; ~ая бума́га cìgarétte páper [-'ret...].

кури́ть **1.** (*вн.*) smoke (*d.*); ~ таба́к, о́пиум smoke tobáccò, ópium; мно́го ~ be a héavy smóker [...'he-...]; **2.** (*тв.*) burn* (*d.*); ~ ла́даном (burn*) íncènse; **3.** (*вн.; добывать что-л. перегонкой*) distíl (*d.*).

кури́ться **1.** (*дымиться*) smoke; **2.** (*о папиросе, сигаре и т. п.*) burn*, light*; папиро́са не ку́рится the cigarétte won't burn [...wount...]; **3.** (*о тумане, дыме*) appéar, rise*, aríse*; **4.** *страд. к* кури́ть 1, 3.

ку́рица *ж.* (*мн.* ку́ры) hen; *кул.* chícken; ◇ мо́края ~ *разг.* mílksòp, chícken-heart [-hɑːt]; ку́рам на́ смех *разг.* ≅ enóugh to make a cat laugh [ɪ'nʌf...lɑːf]; у него́ де́нег ку́ры не клюю́т *разг.* ≅ he is rólling in móney [...'mʌ-].

ку́рия *ж. ист.* cúria.

курн||о́й: ~а́я изба́ hut without a chímney to its fíre-plàce.

курно́сый snúb-nòsed; ~ нос túrned-ùp nose.

птицево́дство

курово́дство *с.* póultry-breeding ['pou-].

куро́к *м.* cock; cócking piece [...piːs]; взводи́ть ~ raise the cock,

cock the gun; спусти́ть ~ pull the trígger [pul...].

куроле́сить *разг.* play pranks / tricks.

куропа́тка *ж.* (*серая*) pártridge; (*белая*) wíllow-ptàrmigan [-tɑː-].

куро́рт *м.* health resórt [helθ-'zɔːt]. **~ник** *м. разг.* héalth-resórt vísitor ['helθ rɪ'zɔːt -z-], hólidaymàker [-dɪ-]. **~ный** *прил. к* куро́рт; ~ное лече́ние spa tréatment / cure [spɑː...]; ~ная коми́ссия héalth-resórt commíttee ['helθ rɪ'zɔːt -tɪ].

курослéп *м. бот.* bútterçùp.

курс *м.* **1.** (*в разн. знач.*) course [kɔːs]; (*перен. тж.*) pólicy; ~ лече́ния course of (médical) tréatment; кра́ткий ~ short / concíse course [...'saɪs...]; по́лный ~ compléte course; слу́шать ~ take* a course; чита́ть ~ give* a course; уче́бный ~ course of stúdies [...'stʌ-]; око́нчить ~ в университе́те gráduàte at the ùnivérsity; студе́нт пе́рвого, второ́го *и т. д.* ~а fírst-year, sécond-year, *etc.*, stúdent [...'se-...]; он студе́нт пе́рвого, второ́го *и т. д.* ~а he is a stúdent in his fírst, sécond, *etc.*, year [...'se-...]; он на тре́тьем ~е he is in his third year; перейти́ на четвёртый ~ énter the fourth course [...fɔːθ...]; взять ~ (на *вн.*) head [hed] (for); держа́ть ~ (на *вн.*) head (for); (*перен.*) pursúe a course (of); держа́ть ~ на юг head for the south; кора́бль де́ржит ~ пря́мо на юг the ship is stánding due south; ложи́ться на ~ set* course; меня́ть ~ change one's course [tʃeɪndʒ...]; боево́й ~ battle course; **2.** (*валюты, ценных бумаг*) rate of exchánge [...'tʃeɪ-]; повыше́ние ~а рубля́ (the) ín¦crease in the exchánge-vàlue of the rouble [...-iːs...-'tʃeɪ-... ruː-]; перево́д ~а рубля́ на золоту́ю осно́ву the putting of the rouble on a gold base [...-s]; ◇ быть в ~е де́ла be well infórmed / pósted about smth. [...'pou-...]; be in the know [...nou] *разг.*; держа́ть кого́-л. в ~е keep* smb. infórmed; post smb. up [poust...] *разг.*

курса́нт *м.* stúdent.

курси́в *м. полигр.* itálics *pl.*, itálic type. **~ный** itálic; ~ный шрифт itálic type; itálics *pl.* **~ом** *нареч.* in itálics.

курси́ровать (ме́жду; *по маршруту*) ply (betwéen).

курси́стка *ж. уст.* gírl-stùdent ['gɜːl-].

курсо́вка *ж.* authorizátion to a course of tréatment with board at a sànatórium [-raɪ-... kɔːs...].

курсово́й *прил. к* курс.

ку́рсы *мн.* (instrúction) cóurses [...'kɔː-]; ~ иностра́нных языко́в cóurses in fóreign lánguages [...'fɔrɪn...]; ~ по повыше́нию квалифика́ции tráde-impróve¦ment cóurses [-'pruːv-...], proféssional cóurses; ~ по подгото́вке в вуз cóllege / ínstitùte prepáratory cóurses.

курта́ж *м. уст.* bróker¦age.

куртиза́нка *ж. уст.* courtesán [kɔːtɪ'zæn].

курти́на *ж.* **1.** *воен. уст.* cúrtain; **2.** (*цветник*) pàrtérre [-'tɛə], flówer-bèd.

ку́рт||ка *ж.* jácket. **~очка** *ж. уменьш. от* ку́ртка.

курфю́рст *м. ист.* eléctor.

курча́вый (*о волосах*) cúrly; (*о человеке*) cúrly-haired, cúrly-headed [-hed-].

ку́ры I *мн. см.* ку́рица.

ку́ры II: стро́ить ~ (*дт.*) *разг.* make* love [...lʌv] (to), flirt (with).

курьёз *м.* queer thing; cùriósity; для ~а for the interest of the thing.

курьёзный (*любопытный*) cúrious; (*забавный*) fúnny.

курье́р *м.* méssenger [-ndʒə], cóurier ['ku-]; (*специальный*) expréss; дипломати́ческий ~ dìplomátic cóurier / méssenger. **~ский** *прил. к* курье́р; ◇ ~ский по́езд expréss (train); на ~ских *разг.* póst-háste ['poust-'heɪst].

куря́т||ина *ж. разг.* chícken-meat, fowl. **~ник** *м.* hén-coop, hén-house* [-s].

куря́щ||ий 1. *прич. см.* кури́ть 1, 3; **2.** *м. как сущ.* smóker; ваго́н для ~их smóking-càrriage [-rɪdʒ]; smóker *разг.*; он ~ he smokes.

куса́ть (*вн.*) bite* (*d.*); (*о насекомых тж.*) sting* (*d.*); (*откусывать*) bite* off (*d.*); (*маленькими кусочками*) nibble (*d.*); ◇ ~ но́гти bite* one's nails. **~ся 1.** bite*; **2.** (*кусать друг друга*) bite* each other.

куса́чки *мн. тех.* cútting plíers, nippers; (*для проволоки*) wíre-cùtter *sg.*

кусково́й lump (*attr.*); ~ са́хар lump súgar [...'ʃu-].

кус||о́к *м.* piece [piːs]; (*часть чего-л.*) piece, bit; (*о сахаре*) lump; (*о мыле*) cake; (*о хлебе*) slice; разби́ть на ~ки́ break* to píeces [breɪk...]; ◇ ла́комый ~ títbit; ~ в го́рло не идёт the food sticks in one's throat.

кусо́чек *м. уменьш. от* кусо́к.

куст I *м.* bush [buʃ], shrub; ◇ спря́таться в ~ы́ ≅ show* the white féather [ʃou...'fe-].

куст II *м. эк.* (*объединение*) group [-uːp].

куста́рник *м. собир.* búshes ['bu-] *pl.*; shrubs *pl.*; (*насаждение*) shrúbbery. **~овый**: ~овое расте́ние shrub.

куста́рнич||ать be a hándicràfts¦man*; (*перен.*) use prímitive méthods; tínker. **~ество** *с.* **1.** (*кустарный промысел*) hándicràft; **2.** (*работа, ведущаяся примитивно*) prímitive / àmatéurish work [...-'tɜːrɪʃ...]; tínkering.

куста́рн||ый 1.: ~ые изде́лия hándicràft wares, hánd-máde goods [...gudz]; ~ая промы́шленность doméstic índustry; ~ про́мысел doméstic craft / índustry; **2.** (*примитивный*) prímitive, àmatéurish [-'tɜːrɪʃ]; ~ые приёмы, ме́тоды рабо́ты prímitive méthods of work; rúle-of-thùmb méthods.

куста́рщина *ж. разг.* = куста́рничество 2.

куста́рь *м.* hándicràfts¦man*; ~-одино́чка hándicràfts¦man* wórking by hìm¦sélf.

ку́стик *м. уменьш. от* куст I.

кусти́||стый búshy ['bu-]. **~ться** clúster.

кустова́ние *с. эк.* ínterconnéction, ínterconnécting.

ку́тать (*вн. тв.*, *вн.* в *вн.*) muffle up (*d.* in), wrap up (*d.* in). **~ся** (в *вн.*) muffle / wrap òne¦sélf up (in).

кутёж *м.* caróuse, drínking-bout, órgy; ночно́й ~ níght-rèvel [-re-]; устро́ить ~ go* on the spree, have a drínking-bout, have an órgy.

кутерьма́ *ж. разг.* commótion, disórder, mess.

кут||и́ла *м. разг.* dèbauchée. **~и́ть** be on the spree; caróuse; (*веселиться*) make* mérry. **~ну́ть** *сов.* go* on the spree.

куту́зка *ж. уст. разг.* lóck-ùp, quod.

куха́рка *ж.* cook.

кухми́стерская *ж. скл. как прил. уст.* éating-house* [-s], cóok-shòp.

ку́хня *ж.* **1.** kítchen; (*отдельная постройка*) cóok-house* [-s]; (*на судне*) gálley; **2.** (*стол*) cóoking, cuisíne [kwɪ'ziːn].

ку́хонн||ый *прил. к* ку́хня; ~ая плита́ kítchen-rànge [-reɪ-]; (*газовая*) gás-stòve; ~ шкаф kítchen cábinet, drésser; ~ нож kítchen-knìfe*; cárving-knife*; ◇ ~ая латы́нь *разг.* low / vúlgar Látin [lou...].

ку́цый 1. (*бесхвостый*) dóck-tailed; **2.** (*короткий — об одежде*) short; (*перен.: ограниченный, урезанный*) scánty, cùrtáiled.

ку́ч||а *ж.* **1.** heap; муравьи́ная ~ ánt-hìll; наво́зная ~ dúng¦hill; **2.** (*рд.*) *разг.* (*множество*) heaps (of) *pl.*, a lot (of); ~ новосте́й heaps of news [...-z]; ◇ вали́ть всё в одну́ ~у *разг.* ≅ lump évery¦thing togéther [...-'ge-], make* a muddle of things.

кучев||о́й: ~ы́е облака́ cúmuli; cúmulus cloud *sg.*

ку́чер *м.* cóach¦man*, dríver. **~ско́й** *прил. к* ку́чер.

ку́чка *ж.* **1.** *уменьш. от* ку́ча 1; **2.** (*небольшая группа*) small group [...gruːp]; ~ люде́й small group of people [...piː-]; собира́ться ~ми gáther in small groups.

ку́чн||ость *ж. воен.* (*попаданий*) close gróuping (of shots) [-s 'gruː-...].

~ый: ~ая стрельба́ clóse|ly grouped fire [-s- gruː-...].

куш *м. разг.* large sum; сорва́ть ~ snatch a large sum.

куша́к *м.* sash, girdle [gəː-].

ку́ша||нье *с.* (*пища*) food; (*блюдо*) dish. **~ть** (*вн.*) have (*d.*), take* (*d.*); ку́шайте, пожа́луйста, пиро́г please, have some pie; пожа́луйте ~ть, ~ть по́дано dínner, súpper, *etc.*, is served.

куше́тка *ж.* couch.

куще́ние *с.* búshing out ['buʃ-...].

кюве́т *м.* cùnétte [-'net], cùvétte [-'vet].

кюве́тка *ж. фот.* cùvétte [-'vet].

кюре́ [-рэ́] *м. нескл.* curé (*фр.*) [kjuː'reɪ].

Л

лаба́з *м. уст.* córn-chàndler's shop [-ʧɑː-...], flour / meal shop. **~ник** *м. уст.* córn-chàndler [-ʧɑː-], córn-dealer, flóur-dealer.

лабиализ||а́ция *ж. лингв.* làbialìzátion [-laɪ-]. **~ова́ть** *несов. и сов.* (*вн.*) *лингв.* lábialìze (*d.*).

лабиа́льный *лингв.* lábial; ~ звук lábial sound.

лабиодента́льный *лингв.* lábio|déntal; ~ звук lábio|déntal sound.

лабири́нт *м.* (*в разн. знач.*) lábyrinth, maze.

лабора́нт *м.*, **~ка** *ж.* labóratory assistant.

лаборато́р||ия *ж.* labóratory. **~ный** labóratory (*attr.*), labòratórial; ~ный ме́тод labóratory méthod.

лабрадо́р *м. мин.* làbradórite.

ла́в||а I *ж.* láva ['lɑː-]; (*застывшая тж.*) clínker; (*перен.*) flood [-ʌd], ávalanche [-ɑːnʃ]; пото́к ~ы láva-stream ['lɑː-], láva-flow ['lɑː- -ou].

ла́ва II *ж. горн.* drift.

лава́нда *ж. бот.* lávender.

лави́на *ж.* ávalànche [-ɑːnʃ] (*тж. перен.*); snów-slìp [-ou-].

лави́ровать tack; (*перен. тж.*) manóeuvre [-'nuːvə]; ~ про́тив ве́тра beat* agáinst the wind [...wɪ-].

ла́вка I *ж.* (*скамейка*) bench.

ла́вка II *ж.* (*магазин*) shop; store *амер.*

ла́вочка I *ж. уменьш. от* ла́вка I.

ла́вочк||а II *ж. уменьш. от* ла́вка II; (*перен.*) *разг.* clique [-iːk]; э́то одна́ ~ it's all one gang; ◇ закры́ть ~у put* the shútters up.

ла́вочн||ик *м.*, **~ица** *ж.* shóp-keeper. **~ый** *прил. к* ла́вка II.

лавр *м.* láurel ['lɔ-]; (*дерево тж.*) báy(-tree); ◇ пожина́ть ~ы reap / win* láurels; почи́ть на ~ах rest on one's láurels; увéнчанный ~ами láurelled ['lɔ-], wreathed / crowned with láurels.

ла́вра *ж. церк.* lávra ['lɑː-] (*monastery of the first rank*).

лаврови́ш||невый *прил. к* лаврови́шня; ~невые ка́пли láurel wáter ['lɔ- 'wɔː-]. **~ня** *ж. бот.* chérry-láurel [-'lɔ-].

ла́вровые *мн. скл. как прил. бот.* lauráceae.

лавро́вый *прил. к* лавр; ~ лист láurel / bay leaf* ['lɔ-...]; ◇ ~ вено́к láurels *pl.*, wreath* of láurels.

лавса́н *м.* lavsán [-ɑːn].

лаг *м. мор.* **1.** log; **2.** (*борт*) bróadside [-ɔːd-]; стать ~ом (к) turn bróadside on (to).

ла́герн||ый *прил. к* ла́герь; ~ сбор ánnual camp; ~ая жизнь camp life; *разг.* cámping-óut.

ла́гер||ь *м.* (*прям. и перен.*) camp; стоя́ть, располага́ться ~ем camp, be en|cámped; снима́ть ~ break* up camp [-eɪk...], strike* the tents; жить в ~я́х camp out; пионе́рский ~ Young Pìonéer camp [jʌŋ...]; спорти́вный ~ sport centre; вое́нный ~ armed camp; ~ военнопле́нных prísoner-of-wàr camp ['prɪz-...]; уче́бный ~ instrúction camp; междунаро́дный ~ ми́ра, демокра́тии и социали́зма the internátional camp of peace, demócracy and sócialism [...-'næ-...].

лагли́нь *м. мор.* lóg-lìne.

лагу́на *ж.* lagóon.

лад *м.* **1.** (*согласие, мир*) hármony, cóncòrd; жить в ~у́ (с *тв.*) live in hármony / cóncòrd [lɪv...] (with); быть не в ~а́х (с *тв.*) be at váriance (with), be at odds (with); **2.** (*способ, манера*) way, mánner; на ра́зные ~ы́ in different ways; на но́вый ~ in a new way; на ста́рый ~ in the old mánner; на свой ~ áfter / in one's own way [...oun...]; **3.** *чаще мн. муз.* stop, fret; ◇ петь в ~ sing* in tune; петь не в ~ sing* out of tune; запе́ть на друго́й ~ sing* another tune; де́ло идёт на ~ *разг.* things are in a fair way, things are gó|ing bétter, things are táking a turn for the bétter; де́ло не идёт на ~ *разг.* things are not getting on well; настро́иться на друго́й ~ play another tune.

ла́дан *м.* íncènse, fránkincènse; ◇ дыша́ть на ~ *разг.* have one foot in the grave [...fut...].

ла́данка *ж.* ámulet.

ла́д||ить (с *тв.*) *разг.* get* on (with), agrée (with), be on good terms (with); (*жить в ладу*) live in hármony / cóncòrd [lɪv...] (with); они́ не ~ят they don't get on with each other; they are at odds *идиом.*; ◇ ~ одно́ и то́ же harp on one string. **~иться** *разг. чаще с отриц.* go* on well; де́ло не ~ится things are not getting on well.

ла́дно *нареч. разг.* **1.** (*мирно*) in hármony / cóncòrd; **2.** (*удачно, успешно*) well, all right; **3.** *в знач. утвердит. частицы* (*хорошо, согласен*) very well!, all right!, agréed!; ókáy ['ou'keɪ], O.K. ['ou'keɪ] *амер.*

ла́дный *разг.* (*стройный, хорошего сложения*) wéll-knít, wéll-fórmed.

ладо́н||ь *ж.* palm [pɑːm]; ~ью вверх palm up; ◇ быть (ви́дным) как на ~и be spread befóre the eyes [...spred...aɪz].

ладо́ши *мн. уменьш. от* ладо́нь; бить, хло́пать в ~ clap one's hands.

ла́душки *мн.* pát-a-càke.

лады́жка *ж.* = лоды́жка.

ладья́ *ж.* **1.** *поэт.* (*лодка*) boat; **2.** *шахм.* rook, castle.

лаз *м.* mánhòle, trápdóor [-'dɔː].

ла́занье *с.*: ~ по дере́вьям trée-clìmbing [-klaɪm-]; ~ по кана́ту rópe-clìmbing [-klaɪm-].

лазаре́т *м. уст.* infírmary; (*корабельный*) sick-bay.

ла́зать = ла́зить.

лазе́йк||а *ж.* hole; (*перен.*) lóop-hòle; оста́вить себе́ ~у leave* òne|sélf a lóop-hòle.

ла́зить, *опред.* лезть, *сов.* поле́зть **1.** (на *вн.*; *взбираться*) climb [klaɪm] (*d.*), clámber (on); (*на стену, обрыв*) scale (*d.*); (*по канату, по шесту*) swarm up (*d.*); **2.** (в *вн.*; *влезать*) get* (into); ~ в окно́ climb / get* in through *the* window; **3.** *тк. опред. и сов. см.* лезть.

лазо́ревый *поэт.* = лазу́рный.

лазу́ревый: ~ ка́мень *мин.* lápis lázuli.

лазу́рный ázure ['æʒə], ský-blúe.

лазу́рь *ж.* **1.** ázure ['æʒə], ský-blúe; **2.** (*краска*): берли́нская ~ Bèrlín / Prússian blue [...'prʌʃən...].

лазу́тчик *м.* scout.

лай *м.* bárk(ing).

ла́йка I *ж.* (*собака*) húsky, Éskimò dog.

ла́йка II *ж.* (*кожа*) kíd(-skin).

ла́йков||ый *прил. к* ла́йка II; ~ые перча́тки kíd-glòves [-ʌ-].

ла́йнер *м.* líner.

лак *м.* várnish, lácquer [-kə]; ~ для ногте́й nail pólish; япо́нский ~ black japán; покрыва́ть ~ом (*вн.*) várnish (*d.*), lácquer (*d.*); (*японским*) japán (*d.*).

лака́ть (*вн.*) lap (*d.*).

лаке́й *м.* fóot|man* ['fut-], mán-sèrvant; (*перен.*) láckey, flúnkey. **~ский** *прил. к* лаке́й; (*перен.*) sérvile. **~ство** *с.* sèrvílity, críngìng [-nʤ-], dáncing atténdance.

лакиро́ванн||ый 1. *прич. см.* лакирова́ть; 2. *прил.*: ~ая ко́жа pátent léather [...'le-]; ~ые ту́фли pátent-léather shoes [-'le- ʃuːz].

лакирова́ть (*вн.*) várnish (*d.*), lácquer [-kə] (*d.*); (*японским лаком*) japán (*d.*).

лакиро́в||ка *ж.* 1. (*действие*) várnishing, lácquering [-kə-]; (*японским лаком*) japánning; 2. (*слой лака*) várnish; ✧ ~ действи́тельности embéllishment / tóuching-ùp / várnishing of reálity [...'tʌtʃ-... rɪ'æ-]. ~**щик** *м.* várnisher.

ла́кмус *м. хим.* lítmus. ~**овый** *прил. к* ла́кмус; ~овая бума́га lítmus-páper.

ла́ков||ый 1. *прил. к* лак; 2. (*покрытый лаком*) várnished, lácquered [-kəd]; (*твёрдым японским лаком*) japánned; ✧ ~ое де́рево várnish-tree.

ла́ком||иться, пола́комиться (*тв.*) regále (on). ~**ка** *м. и ж. разг.* góurmand ['guə-]; быть ~кой be a góurmand; have a sweet tooth *идиом. разг.* ~**ство** *с.* dáinty. ~**ый** 1. (*вкусный*) dáinty; ~ое блю́до dáinty dish; 2. (до; *падкий на что-л.*) fond (of); ✧ ~ый кусо́к títbit.

лакони́||зм *м.* lacónicism. ~**ческий** lacónic, shórt-spóken. ~**чность** *ж.* = лакони́зм. ~**чный** = лакони́ческий.

лакрима́тор *м. хим.* láchrymàtor.

лакри́||ца *ж. бот.* líquorice [-kə-], swéet-root. ~**чный** *прил. к* лакри́ца; ~чный ко́рень = лакри́ца.

лакта́ция *ж. физиол.* làctátion.

лакто́за *ж. хим.* làctóse [-s], milk súgar [...'ʃu-].

лакто́метр *м.* làctómeter.

лаку́на *ж. анат., лингв.* lacúna.

ла́ма I *ж. зоол.* (l)láma ['lɑː-].

ла́ма II *м.* (*духовное лицо*) láma ['lɑː-].

лама||и́зм *м.* lámaism ['lɑːmə-]. ~**и́ст** *м.* lámaist ['lɑːmə-].

ламбреке́н *м.* lámbrequin [-bəkɪn].

ла́мпа *ж.* lamp; *рад.* valve; кероси́новая ~ kérosène / oil lamp; предохрани́тельная ~ sáfe|ty-làmp; дете́кторная ~ *рад.* áudion; ~ в 60, 100 свече́й lamp of 60, 100 cándle-power / candles; рудни́чная ~ Dávy-làmp; ~ дневно́го све́та fluoréscent lamp.

лампа́д||(к)а *ж. церк.* ícon-làmp. ~**ный** *прил. к* лампа́д(к)а; ~ное ма́сло lámp-oil.

лампа́с *м.* stripe (*on uniform trousers*).

ла́мпов||ый 1. *прил. к* ла́мпа; ~ое стекло́ lámp-glàss, lámp-chìmney; 2. *тех.*: ~ усили́тель valve ámplifier; ~ выпрями́тель valve réctifier; ~ приёмник valve recéiver [...-'siː-]; ~ переда́тчик valve trànsmítter [...-nz-].

ла́мпочка *ж.* 1. *уменьш. от* ла́мпа; 2. (*электрическая*) eléctric bulb; ~ нака́ливания *тех.* ìn|càndéscent lamp.

лангу́ст *м.*, ~**а** *ж. зоол.* spíny lóbster.

ландо́ *с. нескл.* lándau.

ландскне́хт *м. ист.* mércenary.

ландта́г *м.* lánd-tàg [-tɑːk].

ландша́фт *м.* 1. (*пейзаж*) lándscàpe, scénery ['siː-]; 2. *геогр.* lándscàpe.

ла́ндыш *м.* líly of the válley ['lɪ-...].

ланоли́н *м. фарм.* lánolìn(e) [-liːn].

ланце́т *м.* láncet; вскрыва́ть ~ом (*вн.*) lance (*d.*). ~**ный** 1. láncet (*attr.*); ~ный футля́р láncet sheath*; 2. *бот.* lánceolàte; ~ный лист spéar-shàped leaf*.

ланцетови́дный *бот.* lánceolàte.

лань *ж. зоол.* 1. fállow-deer*; 2. (*самка оленя*) doe.

ла́п||а *ж.* 1. paw (*тж. перен.*); (*лисицы, зайца тж.*) pad; 2. *тех.* claw; dóve|tail ['dʌv-]; ~ я́коря ánchor fluke / palm ['æŋkə... pɑːm]; ✧ попа́сть в ~ы к кому́-л. *разг.* fall* into smb.'s clútches; в ~ах у кого́-л. *разг.* in smb.'s clútches.

лапида́рный lápidary; ~ стиль lápidary style.

ла́пка *ж. уменьш. от* ла́па 1; ✧ ходи́ть, стоя́ть на за́дних ~х пе́ред кем-л. dance atténdance up|ón smb.

лапла́нд||ец *м.*, ~**ка** *ж.* Lapp, Láplànder. ~**ский** Láppish, Lappónian.

ла́п||оть *м.* bast sándal, bast shoe [...ʃuː]; ходи́ть в ~тя́х wear* bast sándals [wɛə...].

лапта́ *ж.* 1. (*игра*) laptá [-'tɑː] (*a ball game*); 2. (*палка*) bat.

ла́пчатый wéb-footed [-fu-]; pálmate, pálmàted (*тж. бот.*).

лапша́ *ж.* 1. noodles *pl.*; 2. (*суп*) noodle soup [...suːp].

лапше́вник *м.* noodle púdding [...'pu-].

ларёк *м.* stall.

ларе́ц *м. уст.* cásket; small chest / cóffer.

ларинги́т *м. мед.* lаryngítis [-n'dʒ-].

ларинго́лог *м.* throat spécialist [...'spe-].

ларинголо́гия *ж. мед.* làryngólogy.

ларингоско́п *м.* larýngoscòpe. ~**и́я** *ж.* làryngóscopy.

ларинготоми́я *ж.* làryngótomy.

ларингофо́н *м.* laríngophòne, thróat-mícro|phòne.

ла́рчик *м. уст.* cásket; small chest / cóffer; ✧ а ~ про́сто открыва́лся ≅ the solútion / èxplanátion was quite simple.

ла́ры *мн.* (*ед.* **лар** *м.*) *миф.* lárès [-iːz]; ~ и пена́ты (*домашний очаг*) Lárès and Penátès [...-iːz].

ларь *м.* (*ящик*) chest, cóffer; (*хлебный*) bin.

ла́ска I *ж.* 1. caréss, endéarment; 2. *тк. ед. разг.* (*доброе обращение*) kínd|ness.

ла́ска II *ж. зоол.* wéasel [-z°l].

ласка́тельн||ый: ~ое и́мя pet name; *грам.* term of endéarment; ~ые су́ффиксы hỳpocorístic súffixes.

ласка́ть (*вн.*) caréss (*d.*), fondle (*d.*), pet (*d.*); (*перен.*: *слух, взор*) caréss (*d.*); ~ себя́ наде́ждой flátter òne|sélf with hope. ~**ся** (к) caréss (*d.*), fondle (*d.*); (*о собаке*) fawn (up|ón).

ла́сков||ость *ж.* affèctionate|ness, ténderness, swéetness. ~**ый** afféctionate, ténder, sweet; (*перен.*; *о ветре, солнце и т. п.*) caréssing; ~ый ребёнок afféctionate child*; ~ый взгляд ténder look; ~ые слова́ endéaring words.

лассо́ *с. нескл.* lássò.

ласт *м.* fin, flípper.

ла́стик I *м. текст.* lásting; на ~е lásting lined.

ла́стик II *м. разг.* (*резинка для стирания*) índia-rúbber, eráser.

ла́ститься *разг.* = ласка́ться.

ла́стовица *ж.* ínsert (*in the underpart of sleeve*).

ластоно́гие *мн. скл. как прил. зоол.* fín-fóoted [-'fut-]; pínnipèd *научн.*

ла́сточк||а *ж.* swállow; городска́я ~ mártin; берегова́я ~ sánd-màrtin; морска́я ~ tern; ✧ одна́ ~ ещё не де́лает весны́ *посл.* one swállow does not make a súmmer; пе́рвая ~ ≅ the first signs [...saɪnz] *pl.*; прыжо́к в во́ду ~ой swállow-dive.

ла́сты *мн. спорт.* flíppers.

лата́ния *ж. бот.* latánia.

лата́ть, залата́ть (*вн.*) *разг.* patch up (*d.*).

латви́йский Látvian.

latéнтн||ый [-тэ́-] látent; ~ая теплота́ *физ.* látent heat.

латин||иза́ция *ж.* làtinizátion. ~**изи́ровать** *несов. и сов.* (*вн.*) látinìze (*d.*). ~**и́зм** *м.* látinism. ~**и́ст** *м.* látinist.

лати́ница *ж. лингв.* Róman álphabet.

лати́нский Látin; ~ алфави́т Róman álphabet; ~ язы́к Látin; ~ шрифт *полигр.* Róman cháracters [...'kæ-] *pl.*, Róman type.

латифу́ндия *ж. ист., эк.* làtifúndium (*pl.* -ia).

ла́тник *м. ист.* cuìrassíer [kwɪ-].

ла́тн||ый *прил. к* ла́ты; ~ые доспе́хи ármour *sg.*, suit of ármour [sjuːt...] *sg.*

лату́к *м. бот.* léttuce [-tɪs].

лату́нн||ый brass; ~ая про́волока brass wire.

лату́нь *ж.* brass.

ла́ты *мн. ист.* ármour *sg.*, cuiráss [kwɪ-] *sg.*

латы́нь *ж. разг.* Látin; ✧ вульга́рная ~ low / vúlgar Látin [lou...].

латы́ш *м.*, ~**ка** *ж.* Lett. ~**ский** Léttish; ~ский язы́к Léttish, the Léttish lánguage.

лауреа́т *м.* láureate [-rɪɪt]; príze|wìnner; ~ Ле́нинской пре́мии Lénin prize láureate.

лафá *предик. безл.* (*дт.*) *разг.*: емý, им *и т. д.* ~ he is, they are, *etc.*, in luck.

лафéт *м. воен.* gún-càrriage [-rɪdʒ]; ~ с раздвижны́ми стани́нами split-trail cárriage [...-rɪdʒ]. **~ный** *прил.* к лафéт.

лáцкан *м.* lapél.

лачýга *ж.* hóvel ['hɔ-], hut, shánty, shack.

лачýжка *ж. уменьш. от* лачýга.

лáять bark; (*о гончих*) bay; ✧ ~ на лунý bay the moon. **~ся** *груб.* = брани́ться.

лганьё *с. разг.* lýing.

лгать, солгáть lie, tell* lies; ~ комý-л. в глазá lie to smb.'s face.

лгун *м.* líar. **~и́шка** *м.* fíbster, fíbber.

лгýнья *ж.* к лгун.

лебедá *ж.* góose-foot ['gu:sfut].

лебеди́н||ый *прил.* к лéбедь; ✧ ~ая шéя swán-nèck; ~ая пóступь gráce|ful gait; ~ая пéсня swán-sòng.

лебёдка I *ж. тех.* winch.

лебёдка II *ж.* (*самка лебедя*) fémàle swan ['fi:-...], pen.

лéбедь *м.* swan; (*самец*) cob, cób-swàn; (*молодой*) cýgnet.

лебези́ть (пéред) *разг.* fawn (up|ón), cringe (to).

лебя́жий *прил.* к лéбедь; ~ пух swán's-down.

лев I *м.* líon; ✧ морскóй ~ sea líon; муравьи́ный ~ ánt-lìon.

лев II *м.* (*мн.* лéвы) (*денежная единица Болгарии*) lew, lev.

левáцк||ий *полит.* léftist (*attr.*); ~ заги́б léftist dèviátion; ~ая демагóгия léftist démagògy.

левéть, полевéть *полит.* shift to the Left (*become more radical*).

левиафáн *м.* levíathan.

левизнá *ж. полит.* léftism; рабóта Лéнина «Дéтская болéзнь „левизны́" в коммуни́зме» Lénin's work "Léft-wìng Cómmunism, an Ínfantìle Disórder".

левкóй *м.* gíllyflower, stock.

левобережный situàted on the left bank (of *a* ríver) [...'rɪ-]; léft-bànk (*attr.*).

левосторóнний léft-sìde (*attr.*).

левшá *м. и ж.* léft-hánder, léft-hánded pérson.

лéв||ый I left, léft-hànd (*attr.*); *мор.* port (*attr.*); ~ая сторонá left side, léft-hànd side; (*материи*) the wrong side; (*лошади, экипажа*) near side; ~ борт (*корабля*) port side; ~о руля́! *мор.* port helm!; left rúdder! *амер.*; ~о на борт! *мор.* hard a-pórt!; ✧ встать с ~ой ноги́ *разг.* get* out of bed on the wrong side.

лéв||ый II *полит.* **1.** left; léft-wìng (*attr.*); ~ое крылó left wing; ~ уклóн left dèviátion; **2.** *м. как сущ.* léft-wìng|er, léftist; *мн. собир.* the left.

легáв||ый: ~ая собáка (*длинношёрстная*) sétter; (*короткошёрстная*) póinter.

легализ||áция *ж.* lègalìzátion [li:gəlaɪ-]. **~и́ровать** *несов. и сов.* (*вн.*) légalìze ['li:-] (*d.*). **~и́роваться** *несов. и сов.* become* légal / légalìzed [...'li:-].

легализовáть(ся) = легализи́ровать(ся).

легáльн||ость *ж.* legálity. **~ый** légal; ~ый маркси́зм *ист.* légal Márxism.

легáто *нареч. муз.* lègátò [-'gɑ:-].

легéнд||а *ж.* (*в разн. знач.*) légend ['le-]. **~áрный** légendary; ~áрный герóй légendary hérò.

легиóн *м.* (*в разн. знач.*) légion; ✧ óрден почётного ~а Légion of Hónour [...'ɔnə]; и́мя им ~ their name is Légion.

легионéр *м.* légionary.

леги́рованн||ый: ~ая стáль allóy(ed) steel.

легислатýра *ж. юр.* term of óffice.

легитими́ст *м. ист.* legítimist.

лёгк||ий [-хк-] **1.** (*на вес*) light; **2.** (*нетрудный*) éasy ['i:zɪ]; ~ая рабóта éasy / light / simple work; ~ слог éasy / fácile / simple style; **3.** (*незначительный, слабый*) light, slight; ~ое наказáние light pénalty; ~ая простýда slight cold; ~ слýчай (заболевáния) mild case [...-s]; ✧ ~ сон light sleep; ~ая атлéтика field and track àthlétics [fi:ld...] *pl.*; ~ая артиллéрия light àrtíllery; ~ое чтéние *разг.* fíction, light líterature; ~ое винó light wine; ~ие нрáвы lax mórals [...'mɔ-]; ~ харáктер éasy / sweet témper; с ~им сéрдцем with a light heart [...hɑ:t]; у негó ~ая рукá *разг.* he brings luck; с вáшей ~ой руки́ *разг.* fóllowing your exámple [...-ɑ:m-]; лёгок на поми́не! talk of the dévil (and he is sure to appéar)! [...ʃuə...]; вы ~и́ на поми́не we were just spéaking about you; жéнщина ~ого поведéния wánton (wóman*) [...'wu-], light wóman*.

легкó [-хк-] I **1.** *прил. кратк. см.* лёгкий; **2.** *предик. безл.* it is éasy [...'i:zɪ]; не ~ сдéлать э́то it is not an easy task / job; ✧ ~ сказáть! *разг.* it's éasy to say.

легкó [-хк-] II *нареч.* éasily [-z-], líghtly, slíghtly; (*ср.* лёгкий); э́то емý ~ даётся it comes éasy to him; ~ коснýться (*рд.*) touch géntly [tʌtʃ...] (*d.*); ~ ступáть tread* líghtly [tred...]; он сдéлал э́то сравни́тельно ~ he did it with compárative ease.

легкоатлéт [-хк-] *м.* (track and field) áthlète [...fi:ld...].

легкоатлети́ческий [-хк-] (track and field) áthlète [...fi:ld...] (*attr.*).

легко||вéрие [-хк-] *с.* credúlity, gùllibílity. **~вéрный** [-хк-] crédulous, gúllible.

легковéс [-хк-] *м. спорт.* light weight. **~ный** [-хк-] light; (*перен.*; *о доводе, суждении*) slight.

легковóй [-хк-]: ~ автомоби́ль (mótor) car; áutomobìle [-i:l] *амер.*; ~ извóзчик (*экипаж*) cab; (*кучер*) cáb|man*; cábby *разг.*

лёгк||ое [-хк-] *с. скл. как прил.* **1.** *анат.* lung; воспалéние одногó ~ого, обóих ~их single, double pneumónia [...dʌ- nju:-]; **2.** *тк. ед.* (*как пища*) lights *pl.*

легкокры́лый [-хк-] líght-wìng|ed.

легкомы́сленно [-хк-] I *прил. кратк. см.* легкомы́сленный.

легкомы́сленн||о [-хк-] II *нареч.* líghtly, thóughtlessly, flíppantly. **~ость** [-хк-] *ж.* = легкомы́слие. **~ый** [-хк-] light, líght-mínded, frívolous, líght-héaded [-'he-], thóughtless, flíppant; ~ый человéк líght-héaded / thóughtless man*, frívolous pérson; ~ый постýпок thóughtless áction; ~ый совéт thóughtless advíce; ~ый вид flíppant air.

легкомы́слие [-хк-] *с.* líghtness, líght-mínded|ness, thóughtlessness, flíppancy, lévity.

легкоплáвкий [-хк-] *тех.* fúsible [-z-], éasily mélted ['i:z-...].

лёгкость [-хк-] *ж.* líghtness, éasiness ['i:z-]; (*ср.* лёгкий); ✧ ~ в мы́слях thóughtlessness.

легóнько *нареч. разг.* **1.** (*чуть заметно*) slíghtly; **2.** (*осторожно*) géntly.

лёгочный púlmonary; ~ больнóй pùlmónic.

легчáть [-хч-], полегчáть *разг.* (*о морозе и т. п.*) abáte.

лéгче [-хче] I **1.** *сравн. ст. прил. см.* лёгкий; **2.** *предик. безл.* it is éasier [...'i:z-]; ✧ час óт часу не ~ *разг.* from bad to worse, things are getting worse and worse; емý от э́того не ~ he is none the bétter for it [...nʌn...]; that's no help; ~ сказáть, чем сдéлать éasier said than done [...sed...].

лéгче [-хче] II *сравн. ст. нареч. см.* легкó II; ~ на поворóтах! *разг.* mind how you go!

лёд *м.* ice; дрейфýющий ~ dríft(-ing)-ice; пáковый ~ páck-ice; сплошнóй ~ íce-field [-fi:-], sólid ice; затёртый льдáми iced up, íce-bound; вéчные льды etérnal ice *sg.*; ~ идёт ice is drífting; рекá свобóдна от льдá the ríver is ópen [...'rɪ-...]; стáвить на ~ (*вн.*; *о кушанье*) stand* on ice (*d.*); ✧ ~ разби́т the ice is brόken.

леденéть **1.** (*превращаться в лёд*) freeze*, con|géal; **2.** (*замерзать, коченеть*) become* numb with cold; ✧ кровь леденéет (от ýжаса) the blood runs cold [...blʌd...], the blood freezes in *one's* veins.

леденéц *м.* frúit-dròp ['fru:t-], súgar cándy ['ʃu-...]; lóllipòp *разг.*; (*круглый*) súgarplùm ['ʃu-].

леден||и́ть (*вн.*) freeze* (*d.*); (*перен.*) chill (*d.*); у́жас ~и́л его́ се́рдце térror turned his heart to ice [...hɑːt ...]. **~я́щий** 1. *прич. см.* леденить; 2. *прил.* chílling, ícy; его́ охвати́л ~я́щий у́жас he was hórror-strìcken, hórror chilled him to the bones.

ле́ди *ж. нескл.* lády.

ле́дник *м.* refrígeràtor; (*здание*) íce-house* [-haus]; (*комнатный*) íce-sàfe, íce-bòx.

ледни́к *м. геол.* glácier ['glæsjə]. **~о́вый** glácial; ~о́вый пери́од *геол.* glácial épòch / périod [...-ɔk...], íce-àge.

ледо́в||ый ice (*attr.*); ~ая обстано́вка ice conditions *pl.*; ~ая разве́дка ice patról [...-oul]; ~ые пла́вания Árctic vóyages; ◇ Ледо́вое побо́ище Battle on the Ice.

ледоко́л *м.* íce-breaker [-breɪ-], íce-boat.

ледоко́льный íce-breaker [-breɪ-] (*attr.*); ~ флот íce-breaker fleet.

ледоре́з *м.* 1. (*ледокол*) íce-cùtter; 2. (*моста*) stárling.

ледору́б *м. спорт.* íce-àxe.

ледоста́в *м.* getting / becoming íce-bound (*of rivers, etc.*).

ледохо́д *м.* drífting / flóating of ice.

льды́шка *ж. разг.* piece of ice [piːs...].

ледян||о́й (*прям. и перен.*) ícy; glácial; (*перен. тж.*) íce-còld, chílling; ~а́я сосу́лька ícicle ['aɪ-]; ~а́я гора́ (*для катания*) íce-rùn; (*айсберг*) íce-bèrg; ~ ве́тер ícy / fréezing wind [...wɪ-]; ~о́е молча́ние ícy sílence [...'saɪ-]; ~ы́м то́ном ícily ['aɪ-], in ícy tones.

лежа́л||ый not fresh; stale, old; ~ хлеб stale / old / músty bread [...-ed]; ~ая мука́ rótting flour.

лежа́нка *ж.* stóve-couch.

леж||а́ть 1. lie*; (*о больном тж.*) keep* one's bed; (*о вещах тж.*) be; он ~и́т в посте́ли he lies in bed; до́ктор веле́л ему́ ~ the dóctor told him to stay in bed; кни́га ~и́т в портфе́ле, на столе́ the book is in the bag, on the table; ~ больны́м be laid up; ~ в лихора́дке be laid up with féver; ~ с воспале́нием лёгких be down with pneumónia [...njuː-]; ~ в больни́це be in hóspital; ~ в дре́йфе *мор.* lie* to; во́лосы ~а́т гла́дко the hair is combed smooth [...kou- -ð]; 2. (*быть расположенным*) lie*; го́род ~и́т на берегу́ мо́ря the town lies on the séashòre; 3.: э́то ~и́т на его́ обя́занности it is his dúty; э́то ~и́т на его́ отве́тственности he is respónsible for it; it is incúmbent on him; ◇ ~ в осно́ве ùnderlíe*; ~ на боку́, на печи́ *разг.* idle, idle awáy one's time; ~ под сукно́м be shelved (*owing to bureaucratic methods*); у него́ душа́ не ~и́т (к) he has a dístáste [...-'teɪ-] (for).

лежа́ч||ий lýing, recúmbent; ~ больно́й béd-pàtient; ~ее положе́ние lýing posítion [...-'zɪ-]; ◇ под ~ ка́мень вода́ не течёт *посл.* ≅ no pains, no gains; бить ~его hit* a man when he is down; ~его не бьют *посл.* ≅ don't hit a man when he is down.

лежебо́ка *м. и ж. разг.* líe-abèd, lázy-bònes.

ле́жень *м. тех.* lédger, sléeper, mud sill, foundátion beam.

лёжк||а *ж.*: лежа́ть в ~у *разг.* (*о больном*) be on one's back.

лежмя́ *нареч. разг.*: ~ лежа́ть lie* without getting up.

ле́звие *с.* blade.

лезги́н *м.* Lézghin.

лезги́нка I *ж.* Lézghin wóman*, girl [...'wu- g-].

лезги́нка II *ж.* (*танец*) lezghínka.

лезги́нский Lézghin.

лезть, поле́зть 1. *см.* ла́зить; (в *вн.*; *влезать*) get* (into); ~ в во́ду get* into the wáter [...'wɔː-]; 2. (к) *разг.* (*надоедать*) thrust* òneˈsélf (upˈón); 3. (*о волосах*) come* out, fall* out; 4. (*быть впору*) fit; сапоги́ ему́ не ле́зут he can't get the boots on [...kɑːnt...]; 5. (в *вн.*; *в шкаф, ящик и т. п.*) get* (into); ◇ ~ из ко́жи вон *разг.* ≅ lay* òneˈsélf out; lean* óver báckwards to [...-dz...]; ~ на сте́ну *разг.* climb up the wall [klaɪm...]; не ~ за сло́вом в карма́н *разг.* ≅ have a réady tongue [...'redɪ tʌŋ]; ~ не в своё де́ло poke one's nose into other people's affáirs [...piː-...], pry; ~ кому́-л. в ду́шу *разг.* worm òneˈsélf into smb.'s cónfidence; ~ на глаза́ (*дт.*) hang* round (*d.*), make* a núisance of òneˈsélf [...'njuːs-...] (to); ~ в дра́ку be spóiling for a fight; хоть в пе́тлю ~ *разг.* ≅ I am, he is, *etc.*, at my, his, *etc.*, wit's end.

лей *м.* (*денежная единица Румынии*) léu ['leu].

лейб-гва́рдия *ж. воен. ист.* hóuseˈhòld troops [-s-...] *pl.*

лейб-ме́дик *м. ист.* physícian-in-órdinary [-'zɪ-...].

лейбори́ст *м. полит.* mémber of the Lábour párty, lábour man*. **~ский** *полит.* Lábour (*attr.*); ~ская па́ртия Lábour párty; ~ское прави́тельство Lábour góvernment [...'gʌ-].

ле́йденск||ий: ~ая ба́нка *физ.* Léyden jar.

ле́йка *ж.* 1. (*для поливки*) wátering-pòt ['wɔː-]; 2. *мор.* báiler; 3. *разг.* (*воронка*) fúnnel.

лейкеми́я *ж. мед.* leukáemia.

лейко́ма *ж. мед.* leucóma.

лейкоци́ты *мн.* (*ед.* лейкоци́т *м.*) *физиол.* léucocŷtes.

лейтена́нт *м.* lieuténant [lef'te-; lə'te- *мор.*; luː'te- *амер.*]; мла́дший ~ júnior lieuténant; ста́рший ~ sénior lieuténant.

лейтмоти́в *м. муз.* léit-mòtif ['laɪtmoutiːf]; (*перен.*) búrden, ténor ['te-] (*the leading idea*).

лека́ло *с.* 1. *тех.* mould [mou-]; 2. (*для черчения*) curve.

лека́рственн||ый mèdícinal; (*о растениях тж.*) òffícinal; ~ое расте́ние herb.

лека́рство *с.* médicine; ~ от, про́тив ка́шля cough médicine [kɔf...]; пропи́сывать ~ prescríbe *a* médicine; принима́ть ~ take* (one's) médicine; приготовля́ть ~ make* up *a* médicine; ~ поде́йствовало the médicine has táken efféct.

ле́карь *м. уст.* dóctor.

ле́ксика *ж. лингв.* vocábulary.

лексико́||граф *м.* lèxicógrapher. **~графи́ческий** lèxicográphical. **~гра́фия** *ж.* lèxicógraphy.

лексико́||лог *м.* lèxicólogist. **~логи́ческий** lèxicològical. **~ло́гия** *ж.* lèxicólogy.

лексико́н *м.* 1. *уст.* (*словарь*) léxicon, díctionary; 2. (*запас слов*) vocábulary.

лекси́ческий lèxical.

ле́кт||ор *м.* lécturer, réader. **~о́рий** *м.* lécturing buréau [...-'rou]. **~о́рский** *прил. к* ле́ктор. **~у́ра** *ж.* lécture̩ship.

лекцио́нный *прил. к* ле́кция; ~ ме́тод преподава́ния méthod of téaching by léctures, the lécture méthod of instrúction.

ле́кци||я *ж.* (о, по) lécture (on, abóut); посеща́ть ~и atténd léctures; чита́ть ~ю lécture, give* / delíver *a* lécture [...-'lɪ-...]; (*перен.: наставлять*) *разг.* give* / read* a lécture; чита́ть ~и lécture, do lécturing.

леле́ять (*вн.*) chérish (*d.*), fóster (*d.*); ~ мечту́ chérish *a* hope.

ле́мех *м. с.-х.* plóughshàre.

ле́мма *ж. мат.* lémma.

ле́мминг *м. зоол.* lémming.

лему́р *м. зоол.* lémur.

лен *м. ист.* fief [fiːf]; feoff [fef]; отдава́ть в ~ (*вн.*) enféoff [-'fef] (*d.*).

лён *м. бот.* flax; ди́кий ~ tóad-flàx; ~-долгуне́ц fláx-fibre; во́лосы как ~ fláxen hair; го́рный ~ *мин.* àsbéstòs [æz-].

лени́в||ец *м.* 1. = лентя́й; 2. *зоол.* sloth [-ouθ]; 3. *тех.* (*направляющее колесо гусеницы*) ídler, ídling sprócket. **~ый** lázy; ◇ ~ые щи soup of fresh cábbage [suːp...].

ленингра́д||ец *м.*, **~ка** *ж.* inhábitant of Léningràd; он был ~цем he was Léningràd born.

ле́нинец *м.* Léninist.

лени́ни́зм *м.* Léninism.

ле́нинский Léninist; ле́нинский комсомо́л Lénin Kómsòmòl; ле́нинские но́рмы парти́йной жи́зни the Léninist stándards / norms of Párty life; сла́вное ле́нинское зна́мя the glórious bánner of Lénin; по ле́нинскому пути alóng the path blazed by Lénin; ле́нинские дни Lénin days.

лени́ться be lázy, idle.

ле́нн||ик *м. ист.* vással, féudatory. **~ый** *ист.* féudatory, féudal; ~ая зави́симость féudal depéndence.

ле́ность *ж.* láziness ['leɪ-], ídle¦ness.

ле́нский: ~ расстре́л *ист.* the Léna shóoting [...'leɪnə...].

ле́нт||а *ж.* **1.** ríbbon (*тж. знак отличия*); (*для волос тж.*) fíllet; (*на шляпе*) (hát)bànd; ви́ться ~ой (*о реке и т. п.*) wind* its way; **2.** *тех.* tape, band; изоляцио́нная ~ ínsulàting tape; телегра́фная ~ (télegràph) tape; гу́сеничная ~ cáterpillar track; патро́нная ~ cártridge belt; **3.** *кин.* film.

ле́нточка *ж. уменьш. от* ле́нта 1.

ле́нточн||ый *прил. к* ле́нта; ~ глист tápe-wòrm; ~ая пила́ bánd-saw; ~ транспортёр belt convéyer; ~ то́рмоз band brake.

лентя́й *м.*, **~ка** *ж.* lázy pérson, ídler; lázy-bònes *разг.* **~ничать** *разг.* be lázy / idle; idle one's time a¦wáy; loaf; mooch *разг.*

ленц||а́ *ж.*: он с ~о́й *разг.* he is ráther lázy [...'rɑː-...].

ле́нчик *м.* (*седла*) sáddle-tree.

лень *ж.* **1.** láziness ['leɪ-], ídle¦ness; (*вялость*) índolence; ~ на него́ напа́ла he is in a lázy mood; преодолева́ть ~ òver¦cóme* one's láziness [...leɪ-]; **2.** *предик. безл. разг.* (*не хочется*): на́до бы пойти́, да ~ I know I should go there, but it is too much bóther [...nou....]; ему́ ~ с ме́ста сдви́нуться he is too lázy to move [...muːv]; ✧ ~ — мать всех поро́ков *погов.* ídle¦ness is the root of all évil [...'iː-]; все, кому́ не ~ ány¦òne who feels like it.

леопа́рд *м. зоол.* léopard ['lep-]; (*самка*) shé-léopard [-'lep-], léopardess ['lep-]. **~овый** *прил. к* леопа́рд.

лепестко́вый *бот.* pétalous, pétalled.

лепесто́к *м.* pétal ['pe-]; ~ ро́зы róse-pètal [-pe-], róse-leaf*.

ле́пет *м.* (*прям. и перен.*) babble; де́тский ~ báby-tàlk, babble, prattle; ~ волн *поэт.* the múrmur of waves. **~а́ние** *с.* bábbling. **~а́ть 1.** (*вн.*) babble (*d.*); **2.** (*без доп.*) prattle.

лепёш||ка *ж.* **1.** (*из теста*) flat cake; cóokie; **2.** (*лекарственная*) táblet ['tæ-], lózenge; мя́тная ~ mínt-lòzenge; ✧ расшиби́ться в ~ку lay* òne¦sélf out.

лепи́ть, вы́лепить, слепи́ть 1. *при сов.* вы́лепить (*вн.*) módel ['mɔ-] (*d.*), scúlpture (*d.*); fáshion (*d.*), shape (*d.*) (*тж. перен.*); sculp (*d.*) *разг.*; **2.** *при сов.* слепи́ть (*вн.*; *о гнёздах, сотах*) build* [bɪld] (*d.*), make* (*d.*). **~ся** (к) cling* (to).

ле́п||ка *ж.* módelling. **~но́й** plástic; ~но́е украше́ние stúccò móulding [...'mou-].

лепрозо́рий *м.* hóspital for lépers [...'le-].

ле́пт||а *ж.* mite; вноси́ть свою́ ~у do* one's bit.

лес *м.* **1.** wood(s) [wu-] (*pl.*); (*большой, тж. перен.*) fórest ['fɔ-]; хво́йный ~ còníferous fórest / wood [kou-...]; ли́ственный ~ léaf-béaring fórest / wood [-bɛər-...]; сме́шанный ~ mixed fórest / wood; ~ штыко́в fórest of báyonets; **2.** *тк. ед.* (*материал*) tímber; lúmber *амер.*; ~ на корню́ stánding tímber; ~ в плота́х tímber float; ✧ как в ~у́ *разг.* ≅ at sea; ~ ру́бят — ще́пки летя́т *погов.* ≅ you cánnòt make an ómelet(te) without bréaking eggs [...'ɔmlɪt... 'breɪ-...]; кто в ~, кто по дрова́ *погов.* ≅ one pulls one way and the other pulls the other way [...pulz...], háp¦házardly.

леса́ I *мн. см.* лес 1.

леса́ II *мн.* (*строительные*) scáffold(ing) *sg.*, fálse¦wòrk ['fɔːls-] *sg.*; зда́ния бы́ли ещё в ~х the búildings were still in scáffolding [...'bɪ-...].

леса́ III *ж. рыб.* físhing-lìne.

ле́сенка *ж. уменьш. от* ле́стница; *тж.* short flight of stairs; (*приставная*) short ládder.

леси́ст||ый wóoded ['wu-], wóody ['wu-]; ~ая ме́стность wóodland(s) ['wu-] (*pl.*), fórest land ['fɔ-...], wóoded cóuntry ['wu- 'kʌ-].

ле́ска *ж. разг.*=леса́ III.

лесни́||к *м.* fórest-guàrd ['fɔ-], wóod¦man* ['wu-], fórester. **~чество** *с.* fórestry. **~чий** *м. скл. как прил.* chief fórester [ʧiːf...].

лесн||о́й *прил. к* лес; ~о́е хозя́йство fórestry; ~ы́е насажде́ния àffòrestátion *sg.*; защи́тные ~ы́е по́лосы protéctive fórest-bèlts [...'fɔ-]; ~ запове́дник fórest resérve [...-'zəːv]; ~ пито́мник núrsery fórest [...'fɔ-]; àrborétum (*pl.* -ta) *научн.*; ~ материа́л tímber; lúmber *амер.*; ~ы́е бога́тства tímber resóurces [...-'sɔː-]; ~а́я промы́шленность tímber índustry, wood índustry [wud...]; ~ пейза́ж wóodland scénery ['wu- 'siː-]; ~а́я шко́ла fórest school.

лесово́д *м.* cúltivàtor of woods [...wudz], fórester; sýlvicùlturist *научн.* **~ство** *с.* fórestry; sýlvicùlture *научн.* **~ческий** fórestry (*attr.*); ~ческая брига́да fórestry brigáde / team.

лесово́з *м.* log trànspórter.

лесозаво́д *м.* tímber mill.

лесозаготови́тельн||ый: ~ые предприя́тия tímber énterprìses.

лесозагото́в||ки *мн.* (*ед.* лесозагото́вка *ж.*) (*строит. материала*) tímber cútting *sg.*; (*дров*) lógging *sg.*; уча́стки ~ок tímber-fèlling sites.

лесозащи́тн||ый fórest-protéction ['fɔ-] (*attr.*); ~ые по́лосы protéctive fórest-bèlts [...'fɔ-].

лесо́к *м.* small wood [...wud]; grove.

лесоматериа́л *м.* tímber; lúmber *амер.*

лесомелиор||ати́вный fórest amèliorátion ['fɔ-...] (*attr.*). **~а́ция** *ж.* fórest amèliorátion ['fɔ-...].

лесонасажде́н||ие *с.* àffòrestátion, fórest-plànting ['fɔ- -plɑː-]; защи́тные ~ия protéctive àffòrestátion *sg.*

лесообраба́тывающ||ий: ~ая промы́шленность tímber índustry.

лесоохране́ние *с.* fórest-protéction ['fɔ-].

лесопа́рк *м.* fórest-pàrk ['fɔ-]. **~овый** fórest-pàrk ['fɔ-] (*attr.*).

лесо||пи́лка *ж.* sáw-mìll. **~пи́льный** sáwing; saw (*attr.*); ~пи́льный заво́д sáw-mìll; ~пи́льная ра́ма saw / log frame. **~пи́льня** *ж.*=лесопи́лка.

лесопито́мник *м.* núrsery gárden; àrborétum *научн.*

лесопоса́дки *мн.* fórest-plàntátions ['fɔ- -plɑː-]; полезащи́тные ~ fíeld-protècting fórest-plàntátions ['fiː-...].

лесопоса́дочн||ый fórest-plànting ['fɔ- -plɑː-]; ~ая маши́на fórest-plànting machíne [...-'ʃiːn]; ~ материа́л fórest-plànting matérial.

лесопромы́шленн||ик *м.* tímber-mèrchant. **~ость** *ж.* tímber índustry. **~ый** *прил. к* лесопромы́шленность.

лесоразрабо́тки *мн.* (*ед.* лесоразрабо́тка *ж.*) fórest èxploitátion área ['fɔ-...'ɛərɪə] *sg.*, tímber èxploitátion área *sg.*

лесору́б *м.* wóod-cùtter ['wud-], lógger.

лесосе́ка *ж.* (wóod-)cùtting área ['wud- 'ɛərɪə].

лесоспла́в *м.* tímber-ráfting.

лесостепно́й *прил. к* лесосте́пь; ~ райо́н fórest-stéppe région ['fɔ- -step...].

лесосте́пь *ж. геогр.* fórest-stéppe ['fɔ- -step].

лесосуши́лка *ж.* tímber-drýing plant [...-ɑːnt], tímber-drýer.

лесота́ска *ж. тех.* log convéyer.

лесоту́ндр||а *ж. геогр.* fórest-túndra ['fɔrɪst'tu-]. **~овый** fórest-túndra ['fɔrɪst'tu-] (*attr.*).

лесоэ́кспорт *м.* tímber-éxpòrt.

лёсс *м. геол.* loess [ləːs], löss [ləːs].

ле́стниц||а *ж.* stairs *pl.*; stáircàse [-s]; (*приставная*) ládder; марш ~ы flight of stairs; верёвочная ~ rópe-làdder; складна́я ~ steps *pl.*, stép-làdder; пожа́рная ~ fíre-escàpe; пара́дная ~ main stáircàse; чёрная ~ báckstàirs *pl.*; поднима́ться по ~е go* úpstáirs; спуска́ться по ~е go*/come* dównstáirs; ✧ иерархи́ческая ~ the scale of ranks.

ле́стничн||ый *прил. к* ле́стница; ~ая кле́тка stáircàse [-s].

ле́стн||ый 1. (*похвальный*) fláttering, còmpliméntary; **2.** (*льстящий самолюбию*) fláttering; ему́ бы́ло ~ he felt fláttered.

лесть *ж.* fláttery, cajólery [-ou-]; ни́зкая ~ base fláttery [-s...], àdulátion; то́нкая ~ subtle fláttery.

лесхо́з *м.* (лесно́е хозя́йство) fórestry.

лёт *м.*: на лету́ in the air; (*о птице*) on the wing; ✧ хвата́ть на лету́ *разг.* be quick (to ùnderstánd, to learn, *etc.*) [...lə:n]; be very quick at smth.

Ле́та *ж. миф.* Léthè ['li:θi:]; ✧ ка́нуть в Ле́ту sink* into oblívion.

лета́ 1. *мн.* (*возраст*) years; age *sg.*; ско́лько ему́ лет? how old is he?; ему́ 10 лет he is ten (years old); ему́ бо́льше, ме́ньше 50-ти лет he is óver, únder fífty; сре́дних лет míddle-áged; они́ одни́х лет they are of the same age; с де́тских лет from chíldhood [...-hud]; в ~х élderly, getting on (in years); на ста́рости лет in one's old age; **2.** (*как мн. к* год) years; прошло́ мно́го, не́сколько лет many, séveral years passed / elápsed.

летарг||и́ческий *мед.* lèthárgic; ~ сон=летарги́я. **~и́я** *ж. мед.* léthargy.

лета́тельн||ый flýing; ~ аппара́т áircràft; ~ аппара́т ле́гче во́здуха lighter-than-air craft; ~ аппара́т тяжеле́е во́здуха héavier-than-air craft ['he-...]; ~ая перепо́нка *зоол.* web.

лет||а́ть, *опред.* лете́ть, *сов.* полете́ть fly*; (*о бабочке*) flútter; ✧ лете́ть стрело́й fly* like an árrow from the bow [...bou]; лете́ть на всех пара́х run* at full / top speed, tear* / rush alóng [tɛə...]. **~а́ющий** *прич. см.* лета́ть; ~а́ющая лягу́шка *зоол.* flýing frog; rhacóphorus *научн.*; ~а́ющая кре́пость *ав.* flýing fórtress.

лете́ть *см.* лета́ть.

ле́тний *прил. к* ле́то; (*напоминающий лето*) súmmerly; ~ о́тдых súmmer hóliday [...-dɪ].

-летний (*в сложн. словах, не приведённых особо*) of... years, -year (*attr.*); *напр.* двадцатиле́тний of twénty years, twénty-year (*attr.*).

лётн||ый flýing; ~ая пого́да flýing wéather [...'we-]; ~ соста́в *ав.* air crew; flight pèrsonnél *амер.*; ~ое де́ло flýing, aeronáutics [ɛərə-].

ле́то *с.* súmmer; ✧ ба́бье ~ ≅ Índian súmmer (*summery days in early autumn*); ско́лько лет, ско́лько зим! *разг.* ≅ it's áges since we last met, we have|n't met for áges!

лето́к *м.* (*в улье*) bée-èntrance.

ле́том *нареч.* in súmmer.

летопи́с||ец *м.* chrónicler, ánnalist. **~ный** ànnalístic.

ле́топись *ж.* chrónicle; ánnals *pl.*

летосчисле́ние *с.* sýstem of chronólogy, chronólogy, éra.

лету́н *м. разг.* flíer, flýer; (*перен.*) ≅ rólling-stòne.

лету́честь *ж. хим.* vòlatílity.

лету́ч||ий 1. flýing; ~ая мышь bat; ~ая ры́ба *зоол.* flýing fish; **2.** *хим.* vólatìle; ✧ ~ листо́к=лету́чка II 1; ~ ми́тинг=лету́чка II 2; ~ ревмати́зм shífting rhéumatism.

лету́чка I *ж. бот.* égrèt, páppus.

лету́чка II *ж. разг.* **1.** (*печатный листок*) léaflet; **2.** (*собрание*) short méeting; **3.**: ремо́нтная ~ light repáir / aid detáchment; хирурги́ческая ~ móbìle súrgical team.

лётчик *м.* flíer, flýer, pílot, áviàtor; морско́й ~ nával pílot.

лётчик||-испыта́тель *м.* tést-pìlot. **~-истреби́тель** *м.* fíghter-pílot; pursúit pílot [-'sju:t...] *амер.* **~-наблюда́тель** *м.* obsérver [-'zə:-].

лётчица *ж.* áviàtress.

лече́бн||ица *ж.* hóspital, núrsing-hòme. **~ый 1.** (*врачебный*) médical; **2.** (*целебный*) mèdícinal; ~ая физкульту́ра thèrapéutic phýsical tráining [...-z-...].

лече́н||ие *с.* (médical) tréatment; амбулато́рное ~ óut-pàtient tréatment; проде́лать курс ~ия ùndergó* a course of (médical) tréatment [...kɔ:s...]; отпра́виться на ~ go* a|wáy for tréatment.

лечи́ть (*вн.*) treat (médically) (*d.*); ~ кого́-л. от како́й-л. боле́зни treat smb. for an íllness; он ле́чит моего́ сы́на he is tréating my son [...sʌn]. **~ся 1.** ùndergó* a cure; ~ся от чего́-л. recéive tréatment for smth. [-'si:v...]; ~ся гря́зями take* / ùndergó* a mud cure; пое́хать ~ся go* a|wáy for a cure; **2.** *страд. к* лечи́ть.

лечь *сов. см.* ложи́ться.

ле́ший *м. скл. как прил. фольк.* wóod-gòblin ['wud-].

лещ *м.* bream (*freshwater fish*).

ле́я *ж.*=лей.

лже- (*в сложн.*) pséudo-, false- [fɔ:ls-], mock-.

лжедемокра́тия *ж.* pséudò-demócracy.

лженау́||ка *ж.* pséudò-scìence. **~чный** pséudò-scientífic.

лжеприся́га *ж. юр.* pérjury.

лжепропага́нда *ж.* false prògapánda [fɔ:ls...].

лжесвиде́тель *м.*, **~ница** *ж.* false wítness [fɔ:ls...], pérjurer. **~ство** *с.* false évidence [fɔ:ls...], pérjury.

лжесвиде́тельствовать give* false évidence [...fɔ:ls...], pérjure òne|sélf.

лжесоциалисти́ческий pséudò-sóciàlist.

лжеуче́ние *с.* false dóctrine [fɔ:ls...], héresy.

лжец *м.* líar.

лжи́в||ость *ж.* fálsity ['fɔ:l-], mèndácity. **~ый** lýing, úntrúthful [-u:θ-], mèndácious; (*обманчивый*) false [fɔ:ls], decéitful [-'si:t-].

ли I, **ль** *союз* whéther, if: он не по́мнит, ви́дел ли он его́ he does|n't remémber whéther he has seen him; посмотри́, там ли де́ти go and see if the chíldren are there; — **ли... ли** whéther... or; был ли он, не́ был ли whéther he was or not; сего́дня ли, за́втра ли whéther to|dáy or to|mórrow.

ли II, **ль** *частица не переводится*: возмо́жно ли? is it póssible?; зна́ет ли он э́то? does he know this? [...nou...].

лиа́на *ж. бот.* liána [lɪ'ɑ:nə].

либера́л *м.* líberal. **~и́зм** *м.* líberalism; гнило́й ~и́зм decáyed / rótten líberalism.

либера́льн||ичать *разг.* play the líberal. **~ость** *ж.* líberal views [...vju:z] *pl.* **~ый** líberal; ~ая буржуази́я líberal bourgeoisíe [...buəʒwɑ:'zi:].

ли́бо *союз* or; ~ ..., ~ (éither)... or ['aɪ-...]; ~ оди́н, ~ друго́й (éither) one or the other.

-либо *частица см.* где́-либо, како́й-либо, кто́-либо *и т. п.*

либретти́ст *м.* librèttist.

либре́тто *с. нескл.* librèttò (*pl.* librètti).

ли́вень *м.* héavy shówer ['he-...], dównpour [-pɔ:], clóud-bùrst.

ли́вер I *м. тех.* síphon ['saɪ-].

ли́вер II *м. кул.* pluck, líver ['lɪ-]. **~ный** *прил. к* ли́вер II; ~ная колбаса́ líver sáusage ['lɪvə 'sɔ-].

ливмя́ *нареч. разг.*: дождь ~ льёт it is póuring [...'pɔ:-], it is ráining in tórrents.

ливре́йный 1. *прил. к* ливре́я; **2.** (*одетый в ливрею*) líveried; ~ слуга́ lívery sérvant.

ливре́я *ж.* lívery.

ли́га *ж.* league [li:g]; Ли́га На́ций *ист.* the League of Nátions.

лигату́ра *ж.* **1.** *хим.* allóy; **2.** *лингв., мед.* lígature.

лигни́н *м. биохим.* lígnin(e).

лигни́т *м. горн.* lígnìte.

ли́дер *м.* **1.** léader; **2.** *мор.* flotílla léader, destróyer léader. **~ство** *с.* **1.** léadership; **2.** *спорт.* lead.

лиди́ровать *спорт.* be in the lead.

лиза́ть, лизну́ть (*вн.*) lick (*d.*); ✧ ~ пя́тки кому́-л. *разг.* ≅ lick smb.'s boots. **~ся** *разг.* spoon; beslóbber each other.

ли́зис *м. мед.* lýsis.

лизну́ть *сов. см.* лиза́ть.

лизоблю́д *м. разг.* líck-spìttle.

лизо́л *м. хим.* lýsòl.

лик I *м. уст., поэт.* face; (*на иконе*) ímage.

лик II *м.*: причи́слить к ~у святы́х (*вн.*) *церк.* cánonìze (*d.*).

ликвида́тор *м. полит.* líquidàtor; quítter *разг.* **~ство** *с. полит* lìquidátionism.

ликвид||ацио́нный *прил. к* ликвида́ция. **~а́ция** *ж.* lìquidátion; (*отмена*) àbolítion; (*постепенная*) elìminátion; elíminàting; (*долгов*) séttle|ment (of debts) [...dets].

ликвиди́ровать *несов. и сов.* (*вн.*) líquidàte (*d.*); abólish (*d.*); do a|wáy (with); (*постепенно*) eliminàte (*d.*); (*выправлять — о недостатках*) make* good (*d.*); ~ отста́лость òver¦cóme*, *или* put* an end to, báckwardness; ~ ба́зы на чужи́х террито́риях dismántle báses on / in fóreign térritories [...-s-...'fɔrɪn...].

ликви́дн||ый *фин.* réady ['re-]; ~ые сре́дства líquid ássèts.

ликёр *м.* liquéur [-'kjuə]. **~ный** *прил.* к ликёр.

ликова́||ние *с.* rejóicing, tríumph. **~ть** rejóice, tríumph, exúlt.

ликопо́дий *м.* 1. *бот.* lỳcopódium [laɪ-]; 2. *фарм.* lỳcopódium pówder.

ли́ктор *м.* *ист.* líctor.

лику́ющий 1. *прич. см.* ликова́ть; 2. *прил.* exúltant, triùmphant.

лиле́йные *мн. скл. как прил. бот.* liliáceae [-sɪiː].

лиле́йный 1. *поэт.* líly-white ['lɪ-]; 2. *бот.* liliáceous [-ʃəs].

лилипу́т *м.* Lìllipútian.

ли́лия *ж.* líly ['lɪ-]; водяна́я ~ wáter-lily ['wɔːtəlɪ-].

лилова́тый lílac-tìnged.

лилове́ть 1. (*становиться лиловым*) turn lílac / víolet; 2. (*виднеться*) show* lílac / víolet [ʃou...].

лило́вый lílac, víolet.

лима́н *м.* éstuary, firth; (*озеро*) cóastal salt lake. **~ный** *прил.* к лима́н; ~ные зе́мли éstuary área [...'ɛərɪə] *sg.*; ~ное ороше́ние éstuary ìrrigátion.

лимб *м.* *тех.* limb.

лими́т *м.* límit. **~и́ровать** *несов. и сов.* (*вн.*) límit (*d.*).

лимо́н *м.* lémon ['le-]; ◇ вы́жатый ~ ≅ squeezed órange.

лимона́д *м.* lèmonáde; lémon squash ['le-...].

лимоннокислый *хим.* cítric-àcid (*attr.*).

лимо́нн||ый *прил.* к лимо́н; ~ое де́рево lémon tree ['le-...]; ~ая кислота́ *хим.* cítric ácid.

лимузи́н *м.* (*автомобиль*) límousìne [-muːziːn].

ли́мфа *ж.* *физиол.* lymph.

лимфати́ческ||ий *физиол.* lymphátic; ~ие сосу́ды lymphátic véssels; ~ие же́лезы lymphátic glands.

лимфоци́т *м.* *физиол.* lýmphocỳte.

лингви́ст *м.* línguist. **~ика** *ж.* linguístics. **~и́ческий** linguístic.

лине́йк||а I *ж.* 1. (*линия*) line; но́тные ~и *муз.* staves; 2. (*для черчения*) rúler; логарифми́ческая ~ slíde-rùle; 3. *полигр.* rule; набо́рная ~ sétting-rùle; 4.: пионе́рская ~ Young Pìonéer paráde [jʌŋ...].

лине́йка II *ж.* *уст.* (*экипаж*) brake, break [-eɪk], large wàgonétte [...wæ-].

лине́йн||ый 1. *мат.* línear; ~ые ме́ры long / línear méasures [...'meʒ-], méasures of length; 2.: ~ кора́бль báttle¦shìp.

линёк *м.* *мор.* rope's end; colt.

ли́нза *ж.* lens [-z].

ли́ни||я *ж.* (*в разн. знач.*) line; пряма́я ~ straight / right line; крива́я ~ curve; перпендикуля́рная ~ pèrpendícular (line); паралле́льная ~ párallèl (line); снегова́я ~ snów-lìne [-ou-]; ~ прице́ливания line of aim; line of sight *амер.*; возду́шная ~ áir-lìne; бокова́я ~ (*о родстве*) còlláteral line, branch [-ɑːntʃ]; железнодоро́жная ~ ráilway line; трамва́йная ~ trámway, trám-lìne; проводи́ть ~ю draw* a line; (*перен.*) pursúe a pólicy; ◇ пойти́ по ~и (*рд.*) take* the course [...kɔːs] (of); идти́ по ~и наиме́ньшего сопротивле́ния take* / fóllow the line of least resístance [...-'zɪ-]; ~ поведе́ния line of cónduct, pólicy.

линко́р *м.* (*лине́йный кора́бль*) báttle¦shìp.

лино́ванн||ый lined, ruled; ~ая тетра́дь lined / ruled cópy-book [...'kɔ-].

линова́ть, налинова́ть (*вн.*) rule (*d.*).

лино́леум *м.* linóleum.

линоти́п *м.* *полигр.* líno¦tỳpe. **~ный** *прил.* к линоти́п.

Линч *м.*: суд ~а, зако́н ~а Lynch law.

линчева́||ние *с.* Lynch law, lýnching. **~ть** *несов. и сов.* (*вн.*) lynch (*d.*).

линь I *м.* (*рыба*) tench [-ʃ].

линь II *м.* *мор.* line.

ли́нька *ж.* (*животных*) shédding of hair, moult [mou-]; (*птиц*) moult, shédding / cásting of féathers [...'fe-].

лин||ю́чий fáding, fádable. **~я́лый** (*о материи*) fáded, discólour¦ed [-'kʌ-].

линя́ть, полиня́ть 1. (*о материи*) fade, lose* cólour [luːz 'kʌ-]; (*о краске*) run*; 2. (*о животных*) shed* hair, cast* the coat; (*о птицах*) moult [mou-], shed* / cast* féathers [...'fe-]; (*о змее*) slough [slʌf].

ли́па *ж.* líme(-tree), línden.

ли́п||кий stícky; ~ пла́стырь stícking-pláster, court pláster [kɔːt...]. **~нуть** (к) stick* (to), cling* (to).

ли́повый I *прил.* к ли́па; ~ чай líme¦leaf tea; ~ мёд líme-blòssom hóney [...'hʌ-]; ~ цвет líme-blòssom.

ли́повый II *разг.* (*поддельный*) sham, faked.

Ли́ра *ж.* (*созвездие*) the Lýra.

ли́ра I *ж.* 1. (*музыкальный инструмент*) lyre; 2. = лирохво́ст.

ли́ра II *ж.* (*денежная единица Италии и Турции*) líra ['lɪə-] (*pl.* lire ['lɪərɪ]).

лири́зм *м.* lýricism.

ли́р||ик *м.* lýric póet. **~ика** *ж.* 1. lýric póetry; (*перен.*) lýricism; 2. (*совокупность произведений*) lýrics *pl.*

ли́рико-драмати́ческий lýrico-dramátic.

ли́рико-эпи́ческий = ли́ро-эпи́ческий.

лири́ческ||ий 1. (*относящийся к лирике*) lýric; ~ое стихотворе́ние lýric; 2. (*о настроении и т. п.*) lýrical; ◇ ~ое отступле́ние lýrical digréssion [...daɪ-]; ~ беспоря́док *разг.* poétic disórder.

лири́чность *ж.* lýricism.

лиро||ви́дный lýrate ['laɪə-], lýrifòrm ['laɪə-]. **~подо́бный** lýre-shàped.

лирохво́ст *м.* *зоол.* lýre-bìrd.

ли́ро-эпи́ческий lýrico-épic.

лис||а́ *ж.* 1. (*животное*) fox; 2. (*мех*) fox (fur); ◇ ~о́й прики́дываться *разг.* fawn, tóady; Лиса́ Патрике́евна *фольк.* Réynard ['re-].

ли́сель *м.* *мор.* stúdding-sail ['stʌns°l], stúnsail ['stʌns°l].

лисёнок *м.* young fox [jʌŋ...], fóx-cùb.

ли́сий *прил.* к лиса́; (*напоминающий лису*) fóxy; ~ мех fox fur; ~ хвост (fóx-)brùsh; ~ след fox tracks *pl.*

лиси́ца *ж.* fox; (*самка*) víxen.

лиси́чка *ж.* 1. *уменьш. от* лиси́ца; 2. (*гриб*) chànterélle [-'rel]; 3. *спорт.* páper-chàse [-s].

лист I *м.* (*мн.* ~ья) leaf*; (*злака*) blade; ◇ дрожа́ть как оси́новый ~ trémble like an áspen leaf.

лист II *м.* (*мн.* ~ы́) 1. (*бумаги и т. п.*) leaf*, sheet; в ~ in fólio; корректу́ра в ~а́х shéet-proofs *pl.*; 2. (*документ*): опро́сный ~ quèstionnáire [kestɪə'nɛə]; (*для показаний*) interrógatory; похва́льный ~ *уст.* school tèstimónial of good cónduct and prógrèss; исполни́тельный ~ writ / act of èxecútion; recéiving órder [-iːv-...]; подписно́й ~ subscríption list; 3. (*металла*) sheet, plate; ~ обши́вки skin plate; 4.: игра́ть с ~а́ *муз.* play at sight; ◇ а́вторский ~ 40 000 tỳpográphical únits [...taɪ-...] (*standard amount by which author's fee is calculated*).

листа́ж *м.* *полигр.* númber of sheets.

листа́ть (*вн.*) *разг.* turn óver the páges (of), leaf (*d.*).

листва́ *ж.* *тк. ед. собир.* fóliage; léafage *поэт.*

ли́ственница *ж.* larch.

ли́ственн||ый léaf-bearing [-bɛər-]; ~ое де́рево léaf-bearing tree; ~ лес léaf-bearing fórest / wood [...'fɔ- wud].

ли́стик *м.* *уменьш. от* лист I, II 1.

листо́вка *ж.* léaflet.

листов||о́й: ~о́е желе́зо sheet íron [...'aɪən]; ~ мета́лл sheet métal [...'me-]; ~а́я рессо́ра láminàted spring; ~ таба́к leaf tobáccò.

листоед *м.* léaf-cùtting beetle.

листо́к *м.* 1. *уменьш. от* лист I, II 1; 2. *уст.* (*газета*) léaflet; ◇ ~ нетрудоспосо́бности, больни́чный ~ médical certíficate of únfítness for work, síck-list.

листопа́д *м.* fall / shédding of the leaves.

лита́вры *мн. муз.* kéttle¦drùm *sg.*

лите́й||ная *ж. скл. как прил.* fóundry, smélting-house* [-s]. **~ный** fóunding, cásting; ~ный заво́д fóundry. **~щик** *м.* fóunder, cáster, smélter.

ли́тер *м. ж.-д.* trávelling wárrant.

ли́тера *ж.* **1.** (*буква*) létter; **2.** *полигр.* type.

литера́тор *м.* wríter, man* of létters. **~ский** *прил. к* литера́тор.

литерату́ра *ж.* líterature.

литерату́рн||ый líterary; ~ язы́к líterary lánguage; ~ое выраже́ние líterary expréssion; ~ые круги́ líterary círcles; ~ое насле́дие líterary héritage.

литературове́д *м.* spécialist in líterature ['spe-...]; líterary crític. **~ение** *с.* hístory of líterature, líterary críticism. **~ческий** *прил. к* литературове́дение.

литерату́рщина *ж. разг.* bóokishness; háckneyed wríting [-nɪd...].

ли́терный I *прил. к* ли́тер.

ли́терный II (*имеющий особое назначение*) resérved [-'zə:vd].

ли́тий *м. хим.* líthium.

ли́тник *м. тех.* rúnner.

лито́в||ец *м.*, **~ка** *ж.*, **~ский** Lìthuánian; ~ский язы́к Lìthuánian, the Lìthuánian lánguage.

лито́граф *м.* lithógrapher. **~и́рование** *с.* lithógraphy.

литографи́ровать *несов. и сов.* (*вн.*) líthogràph (*d.*).

литогра́ф||ия *ж.* **1.** (*оттиск*) líthogràph; **2.** (*искусство*) lithógraphy. **~ский** lìthográphic; ~ский ка́мень lìthográphic stone; ~ская печа́ть líthogràph; ~ские черни́ла lìthográphic ink *sg.*

лит||о́й cast; ~а́я сталь cast steel, íngot steel.

litора́льный *геогр.* líttoral.

литосфе́ра *ж. геол.* líthosphère.

литр *м.* litre ['li:tə]. **~а́ж** *м.* capácity in litres [...'li:təz]. **~о́вый** litre ['li:tə] (*attr.*); ~о́вая буты́лка litre bóttle, bóttle of one litre capácity.

литурги́я *ж. церк.* líturgy, mass.

лить 1. (*вн.*) pour [pɔ:] (*d.*); **2.** (*без доп.*; *течь*) run*; дождь льёт как из ведра́ ≅ it is póuring (with rain) [...'pɔ:-...], the rain is cóming down in tórrents / sheets; it is ráining cats and dogs *идиом. разг.*; пот льёт с него́ гра́дом he is drípping with sweat [...-et]; **3.** (*вн.*) *тех.* cast* (*d.*), mould [mou-] (*d.*), found (*d.*); ✧ ~ слёзы shed* tears; ~ во́ду на чью-л. ме́льницу *погов.* ≅ play into smb.'s hands.

литьё *с. тк. ед. тех.* **1.** (*действие*) cásting, móulding ['mou-], fóunding; **2.** *собир.* (*литые изделия*) casts *pl.*, cástings *pl.*, móuldings *pl.*

ли́ться 1. flow [flou] (*тж. перен.*); stream, pour [pɔ:]; **2.** *страд. к* лить 1, 3.

лиф *м.* bódice.

лифт *м.* lift; élevàtor *амер.* **~ёр** *м.* lift óperàtor; élevàtor óperàtor *амер.*

ли́фчик *м.* únderbòdice; brassière (*фр.*) [bræ'sjɛə].

лиха́ч *м.* **1.** *уст.* smart cáb¦man*; **2.** (*удалец*) dáre-dèvil; ~-води́тель róad-hòg. **~ество** *с.* **1.** dáre-dèvil stuff; **2.** (*о шофёре, извозчике*) réckless dríving.

лихв||а́ *ж. тк. ед.*: отплати́ть с ~о́й гера́у* with ínterest; э́то компенси́руется с ~о́й (*тв.*) it is more than cómpènsàted (by).

ли́хо I *с. тк. ед.* (*зло*) évil ['i:-]; ✧ не помина́й(те) меня́ ~м think kínd¦ly of me.

ли́хо II *нареч.* dáshing¦ly; ✧ ~ заломи́ть ша́пку cock one's hat.

лихои́м||ец *м. уст.* (*ростовщик*) úsurer ['ju:ʒ-]; (*вымогатель*) extórtioner. **~ство** *с. уст.* extórtion.

лих||о́й I (*злой*) évil ['i:-], hard; ✧ ~а́я годи́на hard times *pl.*; ~а́ беда́ нача́ло *разг.* ≅ the first step is the hárdest.

лихо́й II *разг.* (*храбрый*) váliant ['væljənt], intrépid; (*удалой*) dáshing; ~ нае́здник dáshing hórse¦man*.

лихора́д||ить *безл.*: его́ ~ит he is in a féver, he is féver¦ish.

лихора́дк||а *ж.* (*прям. и перен.*) féver; жёлтая ~ yéllow féver; перемежа́ющаяся ~ ìntermíttent féver, remíttent (féver); трёхдне́вная ~ tértian águe; тропи́ческая ~ trópical / júngle féver; при́ступ ~и águe-fit; ✧ крапи́вная ~ néttle-ràsh; сення́я ~ hay féver.

лихора́дочн||ость *ж.* féver¦ishness. **~ый** féver¦ish (*тж. перен.*); fébrìle ['fi:-]; ~ое состоя́ние féver¦ishness; ~ая дрожь chill, shíver ['ʃɪ-]; ~ый пульс féver¦ish pulse; ~ая де́ятельность féver¦ish àctívity; ~ая поспе́шность frántic haste [...heɪst].

ли́хость *ж. разг.* brávery [-eɪ-].

ли́хтер *м. мор.* líghter.

лицева́ть (*вн.*; *об одежде*) turn (*d.*).

лицев||о́й 1. *анат.* fácial; **2.** (*наружный, верхний*): ~а́я сторона́ (*здания*) façáde [-'sɑ:d], front [-ʌnt]; (*материи*) right side; (*монеты, медали*) óbvèrse; **3.**: ~ счёт *бух.* pérsonal accóunt.

лицезре́ть (*вн.*) cóntèmplàte (*d.*).

лицеи́ст *м.* púpil / stúdent of the Lýcéum [...laɪ'sɪəm].

лице́й *м.* Lýcéum [laɪ'sɪəm]; (*во Франции*) lycée (*фр.*) [li:'seɪ]. **~ский** *прил. к* лице́й; ~ские стихи́ Пу́шкина póetry wrítten by Púshkin in his Lýcéum days [...'pu-... laɪ'sɪəm...].

лицеме́р *м.* hýpocrite, dissémbler. **~ие** *с.* hypócrisy, dissìmulátion.

лицеме́р||ить play the hýpocrite, dissémble. **~ный** hỳpocrítical; ~ный челове́к hýpocrite; ~ная улы́бка hỳpocrítical smile.

лице́нзия *ж. эк.* lícence ['laɪ-].

лицеприя́ти||е *с. уст.* pàrtiálity; без ~я without pàrtiálity; impártially.

лиц||о́ *с.* **1.** face; черты́ ~а́ féatures; **2.** (*лицевая сторона*) the right side; **3.** (*человек, тж. в офиц. языке*) pérson; де́йствующее ~ *театр.*, *лит.* pérsonage, cháracter ['k-]; де́йствующие ли́ца (*в пьесе*) cháracters in the play, drámatis pèrsónae [...pə:'souni:]; ча́стное ~ prívate pérson ['praɪ-...]; должностно́е ~ offícial, fúnctionary; юриди́ческое ~ jùrídical pérson; в ~е кого́-л. in smb.; (*об отдельном человеке тж.*) in the pérson of smb.; в ва́шем ~е мы приве́тствуем in your pérson we greet; в его́ ~е мы име́ем in him, *или* in his pérson, we have; **4.** *грам.* pérson; ✧ измени́ться в ~е change (one's) cóuntenance ['tʃeɪndʒ...]; э́то ему́ к ~у́ it / this suits / becómes him [...sju:ts...]; э́то нам не к ~у́ this does not becóme us; знать в ~ (*вн.*) know* by sight [nou...] (*d.*); сказа́ть в ~ кому́-л. say* to smb.'s face; на нём ~а́ нет he looks áwful; исче́знуть с ~а́ земли́ disappéar from the face of the earth [...ə:θ]; пе́ред ~о́м (*рд.*) in the face (of); ~о́м к ~у́ face to face; смотре́ть в ~ (*дт.*; *об опасности и т. п.*) face (*d.*), look in the face (*d.*); envísage [-z-] (*d.*) *книжн.*; смотре́ть пра́вде в ~ face the truth [...-u:θ]; на ~е́ напи́сано you can read in smb.'s face / cóuntenance; ~о́м в грязь не уда́рить not disgráce òne¦sélf, not be found wánting; от ~а́ кого́-л. on behálf of smb. [...-'hɑ:f...]; in smb.'s name; пока́зывать това́р ~о́м *разг.* ≅ show* smth. to good efféct, *или* to advántage [ʃou... -'vɑ:n-]; показа́ть своё (настоя́щее) ~ show* one's real worth [...rɪəl...]; show* one's true cólours [...'kʌ-]; на одно́ ~ *разг.* (*похожие*) as like as two peas; невзира́я на ли́ца without respéct of pérsons.

ли́чико *с. уменьш. от* лицо́ 1.

личи́н||а *ж.* mask, guise; сорва́ть ~у с кого́-л. ùnmásk smb., tear* the mask off smb. [tɛə...]; под ~ой (*рд.*) únder (the) cóver [...'kʌ-] (of), in líke¦ness (of).

личи́н||ка *ж. зоол.* lárva (*pl.* -vae), grub; (*мясной и сырной мух*) mággot. **~очный** lárval.

ли́чно *нареч.* pérsonally; он ~ прису́тствовал he was présent in pérson [...-ez-...].

личн||о́й 1. face (*attr.*); ~о́е полоте́нце (face) tówel; **2.** *анат.* fácial.

ли́чн||ость *ж.* **1.** (*индивидуальность*) pèrsonálity; неприкоснове́нность ~ости pérsonal immúnity; свобо́да ~ости pérsonal fréedom; 2. (*человек*) pérson; удостоверя́ть ~ кого́-л. ìdéntifỳ smb. [aɪ-...]; prove smb.'s ìdéntity [pruːv...aɪ-]; ✧ переходи́ть на ~ости become* pérsonal. ~ый (*в разн. знач.*) pérsonal; (*частный*) prívate ['praɪ-]; ~ая со́бственность pérsonal próperty; ~ая жизнь prívate life*; ~ая охра́на bódy-guàrd ['bɔ-]; ~ое местоиме́ние *грам.* pérsonal pró|noun; ~ый секрета́рь pérsonal / prívate sécretary; по ~ому де́лу on prívate búsiness [...'bɪzn-]; ✧ ~ый соста́в pèrsonnél.

лиша́й *м.* 1. *бот.* líchèn ['laɪken]; 2. *мед.* hérpès [-piːz]; стригу́щий ~ ríng-wòrm; опоя́сывающий ~ shíngles *pl.*

лиша́йник *м.* = лиша́й 1.

лиша́ть, лиши́ть (*вн. рд.*) depríve (*d.* of); (*незаконно*) rob (*d.* of); (*отнимать*) beréave* (*d.* of); ~ кого́-л. прав depríve smb. of rights; ~ гражда́нских, избира́тельных прав depríve of cívil rights (*d.*); dísfránchise (*d.*); ~ со́бственности dísposséss [- zes] (*d.*); ~ кого́-л. насле́дства dísinhérit smb.; ~ во́инских зва́ний redúce to the ranks (*d.*); ~ манда́та чле́на парла́мента, делега́цию *и т. п.* únséat *a* mémber of the párliament, *a* dèlegátion, *etc.* [...-ləm-...]; ~ свобо́ды imprísоn [-ɪz-] (*d.*), put* into príson [...-ɪz-] (*d.*); ~ себя́ жи́зни take* one's life, commít súicìde; он лишён чу́вства ме́ры he lacks a sense of propórtion; ~ кро́ва make* hóme|less (*d.*), dis|hóme (*d.*); ~ себя́ удово́льствия do òne|sélf out of *a* pléasure [...'pleʒə]. **~ся**, **лиши́ться** 1. (*рд.*) lose* [luːz] (*d.*); fórfeit [-fɪt] (*d.*); ~ся зре́ния lose* one's sight; ~ся чувств faint (a|wáy); swoon *поэт.*; лиши́ться ре́чи be depríved of speech; 2. *страд. к* лиша́ть.

ли́ш||ек *м.*: с ~ком odd; два́дцать лет с ~ком twénty odd years.

лише́н||ие *с.* 1. (*действие*) dèprivátion; ~ гражда́нских, избира́тельных прав disfránchìse|ment; dèprivátion of cívil rights; ~ свобо́ды imprísоnment [-ɪz-]; 2. *мн.* (*недостатки, нужда*) prìvátion [praɪ-] *sg.*, hárdship *sg.*; терпе́ть ~ия súffer privátions / hárdship; have a hard time *разг.*

лиш||ённый 1. *прич. см.* лиша́ть; 2. *прил.* (*рд.*) (de)vóid (of); э́ти слова́ ~ены́ смы́сла these words are (de-) vóid of sense; замеча́ние не ~ено́ остроу́мия it is a ráther wítty remárk [...'rɑː-...]; ~ воображе́ния ún|imáginative; не ~ основа́ния not without foundátion; ~ён основа́ния devóid of foundátion, báse|less [-s-], gróundless.

лиши́ть(ся) *сов. см.* лиша́ть(ся).

ли́шн||ий 1. supérfluous; (*ненужный*) ùnnécessary; он здесь ~ he is not wánted here; he is one too many here *разг.*; he is the odd man out *идиом.*; ~ раз once agáin [wʌns...]; 2. (*запасной*) spare; 3. *с. как сущ.*: он наговори́л мно́го ~его he said, *или* gave a|wáy, too much [...sed...]; ✧ с ~им *разг.* more than: три киломе́тра с ~им more than three kílomètres, three kílomètres odd.

лишь I *нареч.* (*только*) ónly; ~ бы if ónly.

лишь II *союз* (*как только*) as soon as; ~ то́лько as soon as.

лоб *м.* fórehead ['fɔrɪd]; brow *поэт.*; широ́кий, откры́тый ~ large, ópen fórehead; пока́тый ~ slóping fórehead; ✧ на лбу напи́сано *разг.* writ large on *one's* face; будь он семи́ пя́дей во лбу *погов.* ≅ be he a Sólomon; что в ~, что по́ лбу *погов.* it is all one, it all comes to the same thing; пусти́ть себе́ пу́лю в ~ blow* out one's brains [blou...]; хму́рить ~ frown; knit* one's brows.

лобза́ние *с. уст.* kíss(ing).

лобза́ть (*вн.*) *уст.* kiss (*d.*). **~ся** *уст.* kiss.

ло́бзик *м. тех.* frét-saw.

лобко́в||ый *анат.*: ~ая кость púbis.

ло́б||ный *анат.* fróntal ['frʌ-]; ~ная кость fróntal / corónal bone; ~ная па́зуха fróntal sínus; ✧ ~ное ме́сто place of èxecútion. **~ово́й** fróntal ['frʌ-]; ~ова́я ата́ка *воен.* fróntal attáck.

лобогре́йка *ж. с.-х.* réaper, hárvester.

лоботря́с *м. разг.* lázy-bònes, góod-for-nòthing.

лобыза́ть(ся) *уст.* = лобза́ть(ся).

лов *м.* 1. = ло́вля; 2. = уло́в.

ловела́с *м. разг.* Lóvelàce ['lʌvl-].

лов||е́ц *м.* 1. (*рыболов*) físher; 2. *уст.* (*охотник*) húnter; ✧ на ~ца́ и зверь бежи́т *посл.* ≅ the ball comes to the pláyer.

лови́ть, пойма́ть (*вн.*; *прям. и перен.*) catch* (*d.*); (*по радио, прожектором*) pick up (*d.*); ~ ры́бу fish; ~ (ры́бу) сетя́ми net; ~ птиц fowl; ~ в западню́ (en)tráp (*d.*), (en)snáre (*d.*); ~ ка́ждое сло́во devóur every word; они́ ло́вят ка́ждое его́ сло́во they hang on his lips; ~ чей-л. взгляд catch* smb.'s eye [...aɪ]; ~ удо́бный слу́чай, моме́нт seize an òpportúnity [siːz...]; ✧ в му́тной воде́ ры́бу ~ *погов.* fish in troubled wáters [...trʌ-'wɔː-]; ~ себя́ на чём-л. catch* òne|sélf at smth.; ~ кого́-л. на сло́ве *разг.* take* smb. at his word.

ловка́ч *м. разг.* dódger.

ло́вк||ий 1. (*искусный*) adróit, déxterous, deft; ~ ход, ~ шаг cléver move ['kle- muːv]; 2. (*изворотливый*) dódgy; never at a loss (*predic.*); ~ плут smart féllow. **~ость** *ж.* 1. adróitness, dèxtérity, déftness; 2. (*изворотливость*) dódginess; ✧ ~ость рук *разг.* sleight of hand [slaɪt...].

ло́вля *ж. тк. ед.* cátching, húnting; ~ си́лками snáring; ~ западнёй tràpping; ры́бная ~ físhing, físhery; ~ птиц bírd-càtching, fówling.

лову́шк||а *ж.* snare, trap; пойма́ть в ~у (*вн.*) (en)snáre (*d.*), (en)tràp (*d.*); попа́сть в ~у be (en)tràpped.

ло́вчий *м. скл. как прил. ист.* húnts|man*.

лог *м.* ravíne [-'viːn].

логари́фм *м. мат.* lógarithm; табли́ца ~ов tables of lógarithms *pl.* **~и́ческий** *мат.* lògaríthmic; ~и́ческая лине́йка slíde-rùle.

ло́гик||а *ж.* lógic; наруше́ние ~и pàrálogism.

логи́ческ||ий lógical; ~ вы́вод lógical dedúction; ~ая после́довательность lógical órder.

логи́чн||ость *ж.* lògicálity. **~ый** lógical.

ло́говище *с.*, **ло́гово** *с.* lair, den; ло́гово врага́ den of *the* énemy.

логогри́ф *м.* lógogriph.

логопе́дия *ж.* lògopédics [-'piː-].

ло́дк||а *ж.* boat; двух-, четырёхвесе́льная ~ twó-oar, fóur-oar [...'fɔː-]; мото́рная ~ mótor boat, pówer-boat; подво́дная ~ súbmarìne [-riːn]; спаса́тельная ~ lífe-boat; го́ночная ~ shell; ката́ться на ~е boat, go* bóating.

ло́доч||ка *ж.* 1. *уменьш. от* ло́дка; 2. *мн.* (*туфли*) pumps. **~ник** *м.* bóat|man*; (*перевозчик*) férry|man*. **~ный** *прил. к* ло́дка; ~ный спорт bóating; ~ная ста́нция bóating státion; bóat-house* [-s].

лоды́жка *ж. анат.* ánkle(-bòne).

ло́дырничать *разг.* be idle, loaf.

ло́дыр||ь *м. разг.* slácker, ídler, lóafer; ✧ гоня́ть ~я idle, loaf.

ло́жа I *ж.* 1. *театр.* box; 2. *уст.* (*масонская*) lodge.

ло́жа II *ж.* (*ружейная*) gun / rifle stock.

ложби́на *ж.* hóllow.

ло́же *с.* 1. *уст.* couch, bed; бра́чное ~ núptial bed, bríde-bèd; 2. (*русло реки*) bed, chánnel; ✧ Прокру́стово ~ Procrústean bed [-tɪən...], the bed of Procrústes.

ло́жечк||а *ж. уменьш. от* ло́жка; ✧ под ~ой in the pit of the stómach [...'stʌmək].

ложи́ться, лечь 1. lie* (down); ~ спать, ~ в посте́ль go* to bed; turn in *разг.*; не ~ спать sit* up; ~ в больни́цу go* to hóspital; 2. (на *вн.*; *о снеге и т. п.*) fall* (to), cóver ['kʌ-] (*d.*); ✧ лечь в осно́ву (*рд.*) ùnderlíe* (*d.*); на него́ ложи́тся обя́занность (+ *инф.*) it is his dúty (+ to *inf.*), it is in|cúmbent up|ón him (+ to *inf.*); ~ в дрейф heave* to.

ло́жк||а *ж.* spoon; ~ чего́-л. spóonful of smth.; ✧ ~ дёгтя в бо́чке мёда ≅ a fly in the óintment; че́рез час по ча́йной ~е ≅ in dríblets [...'drɪ-], in minúte dóses [...maɪ- -sɪz]; very slówly [...'slou-].

ложноклассицизм *м. лит.* pséudò-clássicism. **~ический** *лит.* pséudò-clássical.

ложность *ж.* fálsity ['fɔːl-]. **~ый** (*в разн. знач.*) false [fɔːls]; (*о сооружении*) dúmmy; ~ая тревóга false alárm; ~ые обвинéния false / faked chárges / àccusátions [...-'zeɪ-]; ~ое самолю́бие false pride; ~ый стыд false shame; ~ый шаг false step; быть на ~ом пути́ be off the track; ~ая атáка sham attáck; ~ый окóп dúmmy trench.

ложь *ж.* lie, fálse¦hood ['fɔːlshud]; нáглая ~ outrágeous lie; неви́нная ~ fib; ◇ святáя ~ white lie.

лозá *ж.* rod; (*виноградная*) vine.

лозня́к *м. тк. ед.* wíllow thícket.

лóзунг *м.* slógan, cátchwòrd, wátchwòrd; вы́двинуть, провозгласи́ть ~ advánce a slógan; ~ борьбы́ за мир peace slógan.

локализ||áция *ж.* lòcalìzátion [loukəlaɪ-]. **~и́ровать(ся)** *несов. и сов.* = локализовáть(ся).

локализовáть *несов. и сов.* (*вн.*) lócalìze ['lou-] (*d.*). **~ся** *несов. и сов.* become* lócalìzed [...'lou-].

локáльный lócal.

локáут *м.* lóck-óut. **~и́ровать** *несов. и сов.* (*вн.*) lock out (*d.*).

локомоби́ль *м. тех.* tráction éngine [...'endʒ-], lòcomóbile [loukə'mou-].

локомоти́в *м.* lócomòtive ['loukə-]; éngine ['endʒ-] *амер.*

лóкон *м.* lock, curl, ríng¦let.

лóк||оть *м.* 1. élbow; с прóдранными ~тя́ми out at élbows; рабóтать ~тя́ми *разг.* élbow; 2. *ист.* (*мера длины*) cúbit, ell; ◇ бли́зок ~, да не уку́сишь *посл.* ≅ so near and yet so far; чу́вство ~тя féeling of féllowship, féeling of mútual help.

локтев||óй: ~áя кость *анат.* fúnny-bòne; úlna (*pl.* -nae) *научн.*

лом *м.* 1. (*инструмент*) crow [-ou], crów-bàr [-ou-]; 2. *тк. ед. собир.* (*ломаные предметы*) scrap; frágments *pl.*; желéзный ~ scráp-ìron [-aɪən].

ломáка *м. и ж. разг.* clown, affécted créature; (*о женщине тж.*) affécted / míncing / símpering girl, wóman* [...g- 'wu-].

лóман||ый bróken; ~ая ли́ния bróken line; ~ язы́к bróken lánguage; ◇ грошá ~ого не стóит ≅ it is not worth a brass fárthing, *или* a pénny [...-ðɪŋ...].

ломáнье *с.* clówning; affécted mánners *pl.*; míncing, símpering.

ломáть, сломáть (*вн.*) 1. break* [breɪk] (*d.*); (*о ноге, руке и т. п. тж.*) frácture (*d.*); 2. *тк. несов.* (*добывать камень, гранит*) quárry (*d.*); ◇ ~ себé гóлову над чем-л. puzzle over smth., rack / cúdgel one's brains over smth.; ~ ру́ки wring* one's hands; ~ устарéвшие представлéния break* down outdáted concéptions. **~ся,** сломáться, поломáться 1. break* [breɪk]; 2. *тк. несов.* (*о голосе*) crack, break*; 3. *при сов.* поломáться *разг.* (*кривляться*) grimáce, clown, pose, mince; give* òne¦sélf airs, put* on airs; (*не сразу уступать*) make* dífficulties; 4. *страд. к* ломáть.

ломбáрд *м.* páwnshòp; hóck-shòp *амер.* **~ный** *прил. к* ломбáрд; ~ная квитáнция páwnshòp recéipt [...-'siːt], pawn tícket.

лóмберный: ~ стол cárd-tàble.

ломи́ть *разг.* 1. (*вн.*) break* [-eɪk] (*d.*); 2. (*пробиваться*) charge fórward, break* through; 3. *безл.:* у негó лóмит кóсти his bones ache [...eɪk]. **~ся** 1. break* [-eɪk]; (от чегó-л.) burst* (with smth.); пóлки лóмятся от книг ≅ the shelves are crammed with books; 2. *разг.* (*стремиться проникнуть*) force one's way; ◇ ~ся в откры́тую дверь force an ópen door [...dɔː].

лóмк||а *ж.* 1. bréaking ['breɪ-]; 2. *об. мн. горн. уст.* quárrying **~ий** frágìle, bríttle.

ломови́к *м. разг.* = ломовóй 2.

ломов||óй 1. *прил.* dray (*attr.*); ~ извóзчик dráy¦man*, cárter; ~áя лóшадь cárt-hòrse, dráy-hòrse; (*перен.*) drudge; 2. *м. как сущ.* dráy¦man*, cárter.

ломóта *ж. тк. ед.* rheumátic pain.

ломóть *м.* hunk, chunk; round (of bread) [...bred]; ◇ отрéзанный ~ ≅ sélf-suppórting pérson.

лóмтик *м.* slice; рéзать ~ами (*вн.*) slice (*d.*).

лонжерóн *м. ав.* lóngeron [-ndʒ-], (wing) spar.

лóн||о *с. тк. ед. уст.* bósom ['buz-], lap; ◇ на ~е прирóды in the lap of náture [...'neɪ-].

лóпарь *м. мор.* fall.

лопáрь *м. уст.* Lapp, Láplànder.

лóпастн||ый 1. *прил. к* лóпасть; ~ое колесó páddle-wheel; 2. *бот.* lacíniàte.

лóпасть *ж.* (*весла, винта*) blade; (*винта тж.*) fan, vane; (*гребного колеса*) (whéel-)pàddle; ~ óси axle tree.

лопáт||а *ж.* spade; (*совковая*) shóvel ['ʃʌ-]. **~ка** *ж.* 1. shóvel ['ʃʌ-]; (*штукатура, садовника*) trówel; (*турбины*) blade; 2. *анат.* shóulder-blàde ['ʃou-]; 3. (*часть туши*) bóttom chuck; ◇ класть на óбе ~ки (*вн.*) throw* (in wréstling) [-ou...] (*d.*); во все ~ки *разг.* at full speed.

лóпать, слóпать (*вн.*) *груб.* eat* up (*d.*), gobble (up) (*d.*).

лóпаться, лóпнуть 1. break* [-eɪk], burst*; (*дать трещину*) split*; 2. *разг.* (*терпеть крах*) go* bánkrùpt; 3. *разг.* (*истощаться — о терпении и т. п.*) be exháusted; ◇ чуть не лóпнуть от смéха split* / burst* one's sides with láughter [...'lɑːf-], burst* with láughter; лóпнуть как мы́льный пузы́рь burst* like a sóap-bùbble.

лóпнуть *сов. см.* лóпаться.

лопотáть *разг.* mútter.

лопоу́хий *разг.* lóp-eared.

лопу́х *м. бот.* búrdòck.

лорд *м.* lord; палáта ~ов House of Lords [-s...].

лорд-кáнцлер *м.* Lord Cháncellor.

лорд-мэ́р *м.* Lord Mayor [...mɛə]

лорнéт *м.* lòrgnétte [lɔː'njet].

лорни́ровать *несов. и сов.* (*вн.*) *уст.* look through one's lòrgnétte [...lɔː'njet] (at).

лоси́на *ж.* 1. élk-skìn, chámois léather ['ʃæmwɑː 'le-]; 2. *мн. воен. ист.* búckskìns, búckskìn bréeches [...'brɪ-]; 3. (*мясо*) elk's flesh.

лоси́ный *прил. к* лось.

лоск *м.* lustre; gloss (*тж. перен.*); ◇ в ~ *разг.* óut-and-óut.

лоску́т *м.* rag, shred, scrap. **~ный** scráppy; ~ное одея́ло pátch-work quilt.

лосни́ться be glóssy, shine*.

лососи́на *ж.* (*мясо лосося*) sálmon ['sæmən].

лóсóсь *м.* sálmon ['sæmən].

лось *м.* elk.

лот *м.* 1. *мор.* lead [led], sóunding-lead [-led]; plúmmet, plumb; бросáть ~ cast* the lead; механи́ческий ~ sóunding machíne [...-'ʃiːn]; 2. *уст.* (*мера веса*) half an ounce ($^1/_2$ oz) [hɑːf...].

лотерéйный *прил. к* лотерéя; ~ билéт lóttery tícket.

лотерé||я *ж.* lóttery, raffle; разы́грывать в ~ю (*вн.*) raffle (*d.*); учáствовать в ~е raffle.

лóтлинь *м. мор.* léadlìne ['led-].

лотó *с. нескл.* lóttò.

лотóк *м.* 1. tray; (*разносчика*) háwker's tray; 2. (*жёлоб*) chute [ʃuːt], shoot; (*вдоль тротуара*) gútter; мéльничный ~ míll-ràce.

лóтос *м. бот.* lótus.

лотóчн||ик [-шн-] *м.*, **~ица** [-шн-] *ж.* háwker.

лохáнка *ж.* 1. (wásh-)tùb; 2.: пóчечная ~ *анат.* pélvis (of the kídney).

лохáнь *ж.* (wásh-)tùb.

лохмá||тить (*вн.*) *разг.* tousle [-z-] (*d.*). **~титься** *разг.* get* / become* tousled, *или* dishévelled [...-z-...]. **~тый** (*о волосах, шерсти и т. п.*) shággy; (*о человеке*) shággy-haired, dishévelled.

лохмóтья *мн.* rags; в ~х in rags; rágged (*attr.*).

лóция *ж. мор.* sáiling diréctions *pl.*

лóцман *м. мор.* pílot. **~ский** *прил. к* лóцман.

лошади́н||ый *прил. к* лóшадь; *тж.* équìne; ~ая си́ла *физ.* hórse-power (*сокр.* HP, h. p.); ◇ ~ое лицó équìne face; ~ая дóза *разг.* very large dose [...-s], óver¦dòse [-s].

лошáд||ка *ж.* 1. *уменьш. от* лóшадь; 2. (*игрушка*) gée-gee; (*на палке*) hóbby-hòrse; (*качалка*) rócking-hòrse; игрáть в ~ки play at hórses.

ло́шадь *ж.* horse; пристяжна́я ~ óutrùnner (*a horse*); заводна́я ~ *воен.* led horse; закла́дывать ~ hárness *a* horse; сади́ться на ~ mount *a* horse; ходи́ть за ~ю groom *a* horse.

лоша́к *м.* hínny.

лощён‖ый pólished; (*перен. тж.*) glóssy; ~ая пря́жа glazed yarn; ~ые мане́ры pólished mánners.

лощи́льн‖ый *тех.*: ~ пресс rólling press; ~ая маши́на rólling machíne [...-'ʃiːn].

лощи́на *ж.* hóllow, depréssion; лесна́я ~ glen, dell.

лощи́ть, налощи́ть (*вн.*) *тех.* pólish (*d.*), gloss (*d.*), glaze (*d.*).

лоя́льн‖ость *ж.* lóyalty. **~ый** lóyal.

луб *м.* bast.

лубко́вый *прил. к* лубо́к II 1.

лубо́к I *м.* splint; накла́дывать ~ (на *вн.*) splint (*d.*).

луб‖о́к II *м.* 1. bast; 2. (*лубочная картинка*) cheap pópular print. **~о́чный:** ~о́чная карти́нка = лубо́к II.

лубян‖о́й *прил. к* луб; ~ы́е культу́ры *с.-х.* fibre crops.

луг *м.* méadow ['me-]; заливно́й ~ wáter-méadow ['wɔːtə'me-], flood plain [flʌd...].

лугов‖о́дство *с.* cùltivátion of méadows [...'me-]. **~о́й** *прил. к* луг; ~ы́е уго́дья méadow lands ['me-...].

луди́льщик *м.* tínsmìth, tín|man*.

луди́ть, полуди́ть (*вн.*) *тех.* tin (*d.*).

лу́ж‖а *ж.* puddle, pool; ◇ сесть в ~у *разг.* get* into a mess / fix.

лужа́йка *ж.* lawn, gráss-plòt.

луже́ние *с.* tínning.

лужён‖ый tinned; ◇ у него́ ~ желу́док *разг.* ≅ he is zínc-líned; ~ая гло́тка *разг.* throat of cast íron [...'aɪən].

лу́жица *ж. уменьш. от* лу́жа.

лужо́к *м. уменьш. от* луг.

лу́з‖а *ж.* (bílliard-)pòcket [-ljəd-]; загоня́ть шар в ~у *спорт.* pócket *a* ball.

лук I *м. тк. ед.* ónion ['ʌ-]; ~-поре́й leek; зелёный ~ spring ónions *pl.*

лук II *м.* (*оружие*) bow [bou]; натяну́ть ~ bend* / draw* *a* bow.

лука́ *ж.* 1. (*седла*) pómmel ['pʌ-]; за́дняя ~ rear arch; пере́дняя ~ pómmel, front arch [frʌ-...]; 2. (*реки, дороги*) bend.

лука́в‖ить be cúnning. **~ость** *ж.*, **~ство** *с.* slýness, árchness. **~ый** 1. *прил.* sly, arch; (*хитрый*) cúnning; 2. *прил.* (*задорный*) pláyful; 3. *м. как сущ. разг.* dévil.

лу́ков‖ица *ж.* 1. (*головка лука*) *an* ónion [...'ʌ-]; 2. *бот., анат.* bulb. **~ичный** *прил. к* лу́ковица 2; ~ичные расте́ния búlbous plants [...-ɑːnts]. **~ый** *прил. к* лук I.

лукомо́рье *с. поэт. уст.* curved séashòre.

луко́шко *с. разг.* bást-bàsket.

лун‖а́ *ж.* moon; по́лная ~ full moon; фа́зы ~ы́ phases of the moon.

лунати́зм *м. мед.* sléep-wàlking; sòmnámbulism *научн.*

луна́т‖ик *м.* sléep-wàlker; sòmnámbulist *научн.* **~и́ческий** *мед.* sòmnàmbulístic, nòctámbulant.

лу́нка *ж.* 1. hole; 2. *анат.* álveolus (*pl.* -li).

лу́нн‖ый *прил. к* луна́; *астр.* lúnar; ~ая ночь móonlit night; ~ое затме́ние lúnar eclípse; ~ свет móonlìght; ~ ка́мень *мин.* móonstòne.

лунь *м. зоол.* hén-hàrrier; (*самка*) ríng-tail; ◇ седо́й, бе́лый как ~ ≅ hóary with age, snów-whíte [-ou-].

лу́па *ж.* mágnifier, mágnifỳing glass.

лупи́н *м.* = люпи́н.

лупи́ть I, облупи́ть (*вн.*; *о шелухе*) peel (*d.*); (*о коре*) bark (*d.*).

лупи́ть II, отлупи́ть (*вн.*) *разг.* thrash (*d.*), flog (*d.*).

лупи́ть III, слупи́ть (с кого́-л.) *разг.* make* smb. pay through the nose.

лупи́ться, облупи́ться *разг.* 1. (*шелушиться*) scale, peel off; (*обсыпаться*) come* off; 2. *страд. к* лупи́ть I.

лупогла́зый *разг.* lóbster-eyed [-aɪd].

луч *м.* ray, beam; испуска́ть ~и́ rádiàte; ◇ ~ наде́жды ray / flash / gleam of hope. **~ево́й** 1. *прил. к* луч; 2. (*расходящийся радиусами*) rádial; ~ева́я кость *анат.* rádius (*pl.* -dii); ◇ ~ева́я боле́знь ràdiátion síckness / diséase [...-'ziːz].

лучеза́рный *поэт.* rádiant, èffúlgent.

лучеиспуска́ние *с. физ.* ràdiátion.

лучепреломле́ние *с. физ.* refráction.

лучи́н‖а *ж.* splínter (*used to furnish light*); щепа́ть ~у chop *a* splínter.

лучи́ст‖ый rádiant; ~ая эне́ргия rádiant énergy.

лучи́ться (*светиться*; *о глазах*) shine* brightly, be rádiant.

лучко́в‖ый: ~ая пила́ *тех.* sash / bow saw [...bou...].

лу́чше I 1. (*сравн. ст. от прил.* хоро́ший) bétter; ~ всех best of all; 2. *предик. безл.* it is bétter; ~ остава́ться здесь it is bétter to stay here; ~ всего́ it is best; больно́му сего́дня ~ the pátient is bétter to|dáy; ему́ ~ уйти́, оста́ться *и т. п.* it will / would be bétter for him to go a|wáy, stay, *etc.*; (*как предупреждение*) he had bétter go a|wáy, stay, *etc.*; ◇ тем ~ so much the bétter, all the bétter; ~ не спра́шивай (об э́том) bétter not ask, don't ask.

лу́чше II (*сравн. ст. от нареч.* хорошо́) bétter; ◇ ~ сказа́ть *как вводн. сл.* or ráther [...'rɑː-]; как мо́жно ~ to the best of one's abílities / pówer.

лу́чш‖ий 1. (*сравн. и превосх. ст. от прил.* хоро́ший) bétter; best; в ~ем слу́чае at best; ~ из ~их the very best; 2. *с. как сущ.* the best, the bétter; к ~ему for the bétter; за неиме́нием ~его for want of smth. bétter; всего́ ~его! all the very best!, góod-býe!

лущёный hulled.

лущи́льник *м. с.-х.* stubble plough.

лущи́ть (*вн.*) 1. (*об орехах*) crack (*d.*); (*о семечках*) nibble (*d.*); (*о кукурузе*) husk (*d.*); (*о горохе и т. п.*) hull (*d.*), pod (*d.*), shell (*d.*); 2. *с.-х.* (*о стерне*) remóve the stubble [-'muːv...].

лы́ж‖и (*ед.* лы́жа *ж.*) skis [skiːz, ʃiːz]; ходи́ть на ~ах ski; ◇ навостри́ть ~и *разг.* take* to one's heels / legs. **~ник** *м.*, **~ница** *ж.* skíer ['skiːə, 'ʃiːə]. **~ный** *прил. к* лы́жа; ~ный спорт skíing ['skiː-, 'ʃiː-]; ~ая ба́за ski pavílion; ski dépòt [...'depou].

лыжня́ *ж.* skí-tràck ['skiː-, 'ʃiː-].

лы́ко *с.* bast, bass; драть ~ bark líme-trees; ◇ не вся́кое ~ в стро́ку *погов.* ≅ an inch breaks no square [...breɪ-...]; ста́вить вся́кое ~ в стро́ку wink at nothing, let* nothing pass.

лысе́ть, облысе́ть grow* bald [-ou...].

лы́с‖ина *ж.* bald spot. **~ый** bald, báld-héaded [-'hed-].

ль I, II *см.* ли I, II.

льв‖ёнок *м.* young líon [jʌŋ...], líon's whelp. **~иный** *прил. к* лев I; ~иный зев, ~иная пасть *бот.* snáp-dràgon [-dræ-]; ◇ ~иная до́ля the líon's share. **~и́ца** *ж.* líoness.

львя́та *мн. см.* львёнок.

льго́т‖а *ж.* prívilege, advántage [-'vɑː-]. **~ный** *прил. к* льго́та; ~ный биле́т pass; ~ные по́шлины prèferéntial dúties; на ~ных усло́виях on favour|able terms; по ~ной цене́ at a cut / redúced price.

льди́н‖а *ж.* block of ice, íce-flòe; дрейфу́ющая ~ drífting íce-flòe. **~ка** *ж.* piece of ice [piːs...].

льды *мн. см.* лёд.

льново́д *м.* flax cúltivàtor. **~ство** *с.* cùltivátion / grówing of flax [...'grou-...]. **~ческий** *прил. к* льново́д, льново́дство.

льноволокно́ *с.* flax fibre.

льнокомба́йн *м.* fláx-hàrvesting cómbìne.

льнообраба́тывающ‖ий: ~ая промы́шленность fláx-manufácturing industry; ~ие маши́ны fláx-procéssing machínery [...-'ʃiː-] *sg.*

льнопряде́ние *с.* flax spinning.

льнопряди́ль‖ный fláx-spìnning (*attr.*); ~ная промы́шленность fláx-spìnning; ~ная фа́брика fláx-mill. **~ня** *ж.* fláx-mill.

льносе́ялка *ж. с.-х.* fláx-sowing machíne [-sou- -'ʃiːn].

льнотреби́лка *ж. с.-х.* flax púller [...'pu-].

льнотрепа́лка *ж. с.-х.* scútcher, scútching-swòrd [-sɔːd].

льноубо́рочн‖ый: ~ая маши́на fláx-picker.

льнуть, прильнýть (к) **1.** cling* (to), stick* (to); **2.** *тк. несов. разг.* (*испытывать влечение*) cling* (to); **3.** *тк. несов. разг.* (*заискивать*) make* up (to).

льнян||óй fláxen; (*о материи*) línen ['lɪ-]; **~óго** цвéта (*о волосах*) fláxen; **~áя** промы́шленность línen índustry; **~óе** мáсло línseed-óil; **~óе** сéмя línseed, fláx-seed.

льст||éц *м.* flátterer, ádulàtor. **~úвый** fláttering; (*о человеке*) smóoth-tòngued ['smuːðtʌŋd], smóoth-spòken [-ð-].

льстить, польстúть **1.** (*дт.*) flátter (*d.*), ádulàte (*d.*); **2.** (*дт.*; *быть приятным*) please (*d.*); **3.** *тк. несов.*: ~ себя́ надéждой flátter òne¦sélf with hope. **~ся,** польстúться (на *вн.*, *уст. тв.*) be témpted [...-mt-] (with).

любвеобúльный lóving ['lʌ-], full of love [...lʌv].

любéзничать (с *тв.*) *разг.* pay* cómpliments (to), pay* court [...kɔːt] (to).

любéзн||ость *ж.* **1.** (*свойство*) cóurtesy ['kəːt-]; **2.** (*комплимент*) cómpliment; говорúть комý-л. **~ости** pay* cómpliments to smb.; **3.** (*одолжение*) kínd¦ness; сдéлать ~ do a fávour. **~ый 1.** *прил.* ámiable; (*вежливый*) políte; (*обязательный*) oblíging; **2.** *м. как сущ. уст.* (*в обращении*) my man*; ◇ бýдьте **~ы** (+ *пов.*) please (+ *imper.*); (+ *инф.*) would you be so kind (as + to *inf.*); **~ый** читáтель dear / gentle réader.

любúм||ец *м.*, **~ица** *ж.* pet, fávour¦ite. **~чик** *м. разг.* pet. **~ый 1.** *прич. см.* любúть 1, 2; **2.** *прил.* dear, loved [lʌvd], belóved [-'lʌvd], déarly; (*предпочитаемый*) fávour¦ite; **3.** *м. как сущ.* dárling.

любúтель *м.* **1.** ámateur [-tə:], dìlettánte [dɪlɪ'tæntɪ]; **2.** (*рд.*) lóver ['lʌ-] (of); ~ прирóды náture-lòver ['neɪ- -lʌ-]; он большóй ~ цветóв he is very fond of flówers; ~ собáк dóg-fàncier; ~ роз róse-fàncier. **~ски** *нареч.* in an àmatéurish mánner / way [...-'tə:-...]. **~ский 1.** àmatéurish [-'tə:-]; **~ский** спектáкль ámateur theátricals [-tə: θɪ'æ-] *pl.*; **2.** (*для знатоков*) choice.

любúть (*вн.*) **1.** love [lʌv] (*d.*); ~ рóдину love one's cóuntry [...'kʌ-]; егó здесь óчень лю́бят he is wéll-liked here; **2.** (*чувствовать склонность*) like (*d.*); be fond (of); (*с придат. предлож.*: *нравиться*) like; он любит, когдá онá поёт he likes her to sing; он любит, когдá идёт снег he likes snówy wéather [...'snouɪ 'we-]; **3.** (*нуждаться, требовать и т. п.*) require (*d.*); thrive* in, *etc.*—*по смыслу*): картóфель любит песчáный грунт potátoes require, *или* thrive* in, sándy ground; ~ не ~ (*не выносить*) not agrée with), *причём, подлежащее переводится доп. и наоборот*: мáсло не лю́бит теплá heát does not agrée with bútter; ◇ лю́бишь катáться, люби и сáночки возúть *посл.* ≅ áfter the feast comes the réckoning.

лю́бо *предик.* it is pléasant [...'plez-]; ~ смотрéть (на *вн.*) it is a pléasure to look [...'pleʒə...] (at); ~-дóрого *разг.* it is a real pléasure [...rɪəl...].

любовáться, полюбовáться (*тв.*, на *вн.*) admíre (*d.*), feast one's eyes [...aɪz] (up¦ón); ~ прирóдой admíre the scénery [...'siː-]; ~ на себя́, ~ собóй admíre òne¦sélf; ◇ полюбýйтесь на себя́! look at your¦sélf!; полюбýйся, полюбýйтесь на негó! just look at him!

любóвн||ик *м.* **1.** lóver ['lʌ-]; páramour [-muə]; **2.** *театр.*: пéрвый ~ jeune premier (*фр.*) [ʒə:nprə'mjeɪ]. **~ица** *ж.* místress; páramour [-muə].

любóвн||ый ámorous; (*любящий*) lóving ['lʌ-]; **~ая** истóрия lóve-affair ['lʌv-], románce; **~ое** письмó lóve-lètter ['lʌv-]; ~ взгляд lóving glance; (*влюблённый*) ámorous glance; **~ая** лúрика *лит.* love lýrics [lʌv...] *pl.*; у негó **~ое** отношéние к дéлу he is full of enthúsiàsm for his work [...-zɪ-...].

люб||óвь *ж.* (*в разн. знач.*) love [lʌv]; брак по **~ви́** lóve-màtch ['lʌv-]; жени́ться по **~ви́** márry for love; ~ без взаи́мности ún¦requíted love; э́то егó прéжняя ~ she is an old flame of his; дéлать что-л. с **~óвью** do smth. with enthúsiàsm [...-zɪ-]; ~ к рóдине love for one's (nátive / móther) cóuntry [...'mʌ- 'kʌ-]; ~ к бли́жнему love for one's néighbour; ~ к дéтям love of chíldren; матери́нская ~ matérnal love; из **~ви́** (к) for the love (of), for the sake (of).

любознáтельн||ость *ж.* in¦quísitive¦ness [-zɪ-], cùriósity. **~ый** in¦quísitive [-zɪ-], cúrious; быть **~ым** have an in¦quíring mind / náture [...'neɪ-], be of in¦quísitive bent.

люб||óй 1. *прил.* any; (*каждый*) every; в **~óе** врéмя, в ~ час дня и нóчи at any time; ~ ценóй at any price; **2.** *м. как сущ.* ány¦òne; (*из двоих*) éither ['aɪ-].

любопы́тн||о 1. *прил. кратк. см.* любопы́тный 1; **2.** *предик. безл.* it is ínteresting. **~ый 1.** *прил.* (*в разн. знач.*) cúrious; **2.** *м. как сущ.* cúrious pérson.

любопы́тство *с.* cùriósity; удовлетворúть чьё-л. ~ sátisfy smb.'s cùriósity.

любопы́тствовать, полюбопы́тствовать be cúrious.

лю́бящий 1. *прич. см.* любúть; **2.** *прил.* lóving ['lʌv-], afféctionate; ~ Вас (*в конце письма*) yours afféctionate¦ly.

лю́гер *м. мор.* lúgger.

люд *м. тк. ед. собир. разг.* people [piː-] *pl.*, folk *pl.*; рабóчий ~ wórking-pèople [-piː-] *pl.*; мéлкий городскóй ~ the pétty tównsfòlk [...-nz-] *pl.*

лю́д||и *мн.* **1.** people [piː-]; **2.** *уст.* (*прислуга*) sérvants; **3.** *воен.* men; ◇ ~ дóброй вóли people of good will; вы́йти в ~ make* one's way (in life); вы́вести когó-л. в ~ set* smb. up (in the world); на **~я́х** и смерть краснá *посл.* ≅ two in distréss make sórrow less.

лю́дн||ый 1. (*густо населённый*) pópulous, dénse¦ly pópulàted; **2.** (*об улице и т. п.*) crówded, búsy ['bɪzɪ]; **3.** (*многолюдный*): **~ое** собрáние crówded méeting / gáther¦ing.

людоéд *м.* cánnibal, mán-eater; (*в сказках*) ogre. **~ство** *с.* cánnibalism, ànthropóphagy.

людскáя *ж. скл. как прил. уст.* sérvants' room / hall.

людск||óй 1. *прил. к* лю́ди 1; *тж.* húman; ~ род húman race, húmankínd; **~и́е** стрáсти húman pássions; **~и́е** пересýды the talk of the town *sg.*; **2.** *прил. к* лю́ди 2; **3.**: ~ состáв *воен.* pèrsonnél.

люизи́т *м. хим.* léwisìte.

люк *м.* **1.** *мор.* hátchway, hatch; маши́нный ~ éngine-room hatch ['enʤ-...]; **2.** *театр.* trap; световóй ~ ský-light.

люкс *м.* (*в сложн.*) de luxe [də'luks], A 1 ['eɪ'wʌn], first class.

лю́лька *ж.* **1.** (*колыбель*) cradle; **2.** *воен.* (*часть лафета*) gún-cràdle; **3.** (*трубка для курения*) pipe.

люмбáго *с. нескл. мед.* lùmbágò.

люминáл *м. фарм.* lúminal.

люминесцéнция *ж. физ.* lùminéscence.

лю́мпен-пролетариáт *м.* lúmpen-prò-lètáriat ['lumpənprou-].

люнéт *м. воен.* lùnétte [-'net].

люпи́н *м. бот.* lúpin(e).

лю́стра *ж.* lustre, chàndelíer [ʃændɪ'lɪə], càndelábra [-'lɑː-].

люстри́н *м. текст.* lústrine, lúte¦string. **~овый** lústrine (*attr.*); **~овый** пиджáк lústrine coat.

лютерáн||ин *м.* **~ка** *ж.*, **~ский** *рел.* Lútheran. **~ство** *с. рел.* Lútheranism.

лю́тик *м. бот.* búttercùp, yéllow-gòld, góld-cùp. **~овые** *мн. скл. как прил. бот.* ranúnculì.

лю́тня *ж. муз.* lute.

лют||ость *ж.* fíerce¦ness, ferócity. **~ый** fierce, ferócious; (*о человеке тж.*) cruel [kruəl]; **~ый** враг rábid énemy; **~ый** морóз severe / sharp frost.

люфá *ж. бот.* lóofàh.

люфт *м. тех.* cléarance.

люцéрна *ж. бот.* lùcérne, àlfálfa.

лю́эс *м.* = си́филис.

ля *с. нескл. муз.* A [eɪ]; la [lɑː].

лягáвый = легáвый.

лягáть, лягнýть (*вн.*) kick (*d.*). **~ся** kick.

лягнýть *сов. см.* лягáть.

лягуша́чий, *чаще* **лягу́шечий** *прил. к* лягу́шка; лягу́шечья икра́ fróg-spawn.

лягу́шка *ж.* frog.

лягушо́нок *м.* young frog [jʌŋ...].

ля́жка *ж.* thigh, haunch.

лязг *м. тк. ед.* clank, clang.

ля́зг||ать, ля́згнуть (*тв.*) clank (with), clang (with); ◇ он ~ает зуба́ми his teeth are chа́ttering. **~нуть** *сов. см.* ля́згать.

ля́мк||а *ж.* strap; тяну́ть ~ами (*вн.*), тяну́ть на ~ах (*вн.*) tow [tou] (*d.*), take* / have in tow (*d.*); ◇ тяну́ть ~у *разг.* drudge, toil.

ля́пать, наля́пать (*вн.*) *разг.* (*делать кое-как*) botch (*d.*), bungle (*d.*); spoil* by clúmsy / poor work [...-zɪ...].

ля́пис *м.* lúnar cáustic, nítràte of sílver ['naɪ-...].

ля́пис-лазу́рь *ж.* lа́pis lа́zulì.

ля́пнуть *сов.* (*вн.*) *разг.* (*сболтнуть*) blurt out (*d.*).

ля́псус *м.* blúnder; (*обмолвка*) slip (of the tongue) [...tʌŋ].

ля́сы *мн.*: точи́ть ~ *разг.* chа́tter, talk ídly.

М

мавзоле́й *м.* mausoléum [-'liːəm].

мавр *м.,* **~ита́нка** *ж.* Moor; ◇ ~ сде́лал своё де́ло, ~ мо́жет уйти́ the Moor has done his dúty, let him go. **~ита́нский** Móorish; (*о стиле*) mòrésque.

маг *м.* **1.** *ист.* (*жрец*) Mа́gian; **2.** (*волшебник*) magícian, wízard ['wɪ-]; ◇ ~ и волше́бник *шутл.* a wónder of effíciency [...'wʌ-...].

магази́н *м.* **1.** shop; store *амер.*; универса́льный ~ depа́rtment / géneral store; stores *pl.*; бакале́йный ~ grócery ['grou-]; гастрономи́ческий ~ grócery and provísion shop; dèlicatéssen *амер.*; ~ гото́вого пла́тья réady-máde clothes shop ['redɪ- klou-...]; писчебума́жный ~ stа́tioner's (shop); парфюме́рный ~ perfúmer's (shop); ~ москате́льных това́ров chа́ndlery ['tʃɑː-]; ювели́рный ~ jéweller's (shop); часово́й ~ wа́tchmàker's (shop); **2.** *тех.* màgazíne [-'ziːn]; ди́сковый ~ círcular màgazíne drum. **~ный** *прил. к* магази́н; ~ная винто́вка *воен.* màgazíne / repéating rifle [-'ziːn...]; ~ная коро́бка *воен.* màgazíne.

магара́джа *м.* Màharа́ja(h) [-'rɑː-].

магары́ч *м. разг.* gift [gɪ-], èntertáinment (*on making a good bargain*); распи́ть ~ wet the bа́rgain.

маги́стерский *прил. к* маги́стр.

маги́стр *м.* mа́ster; ~ иску́сств Mа́ster of Arts (*сокр.* M. A.).

магистра́ль *ж.* **1.** main; га́зовая ~ gas main; водопрово́дная ~ wа́ter main ['wɔː-...]; **2.** (*дорога*) híghway; железнодоро́жная ~ main line. **~ный** main; ~ный ка́бель main cable; ~ная ли́ния main line; ~ный парово́з máin-lìne lócomòtive [...'loukə-].

магистра́т *м.* mа́gistracy. **~у́ра** *ж. тк. ед. собир.* mа́gistracy.

маги́ческ||ий mа́gic; (*вызванный магией*) mа́gical; ~ое заклина́ние mа́gic spell; ~ое де́йствие mа́gical efféct; ◇ ~ круг vícious círcle.

ма́гия *ж.* mа́gic; чёрная ~ black art / mа́gic; бе́лая ~ white mа́gic.

ма́гма *ж. геол.* mа́gma. **~ти́ческий** *геол.* màgmа́tic.

магна́т *м.* mа́gnàte; bа́ron ['bæ-] *амер.*

магнези́т *м. мин.* mа́gnesìte.

магне́зия *ж. хим.* màgnésia [-iːʃə].

магнет||изёр *м. уст.* mésmerist ['mez-]. **~изи́ровать** (*вн.*) *уст.* mésmerìze ['mez-] (*d.*).

магнети́зм *м.* **1.** mа́gnetism; земно́й ~ terréstrial mа́gnetism; **2.** (*отдел физики*) màgnétics.

магнети́т *м. мин.* mа́gnetìte.

магнети́ческий màgnétic.

магне́то *с. нескл. тех.* màgnétò; пусково́е ~ *авт.* bóoster / stа́rting màgnétò.

магнетро́н *м. рад.* mа́gnetròn.

ма́гн||иевый *прил. к* ма́гний. **~ий** *м. хим.* màgnésium [-zɪəm].

магни́т *м.* mа́gnet; есте́ственный ~ nа́tural mа́gnet; постоя́нный ~ pérmanent mа́gnet. **~ить** (*вн.*) mа́gnetìze (*d.*). **~ный** màgnétic(al); ~ный железня́к *мин.* mа́gnetìte, lóadstòne; ~ное притяже́ние màgnétic attrа́ction; ~ное по́ле *физ.* màgnétic field [...fiːld]; ~ная стре́лка màgnétic needle; ~ная анома́лия màgnétic (-al) anómaly.

магнито́метр *м. эл.* màgnétometer.

магнитофо́н *м.* tа́pe-recòrder.

магнитоэлектри́ческий màgnétò-eléctric.

магно́лиевые *мн. скл. как прил. бот.* màgnòliа́ceae [-sɪiː].

магно́лия *ж. бот.* màgnólia.

магомета́н||ин *м.,* **~ка** *ж.,* **~ский** Mohа́mmedan. **~ство** *с.* Mohа́mmedanism.

мада́м *ж. нескл.* **1.** mа́dame ['mædəm]; **2.** *уст.* (*гувернантка*) góverness ['gʌ-].

мадапола́м *м. текст.* màdapóllam. **~овый** màdapóllam (*attr.*).

маде́ра *ж.* (*вино*) Madéira [-'dɪərə].

мадо́нна *ж.* madónna.

мадрига́л *м. лит.* mа́drigal.

мадья́р *м.,* **~ка** *ж.,* **~ский** Mа́gyàr ['mægɪɑː]; ~ский язы́к Mа́gyàr, the Mа́gyàr lа́nguage.

маёвка *ж.* mayóvka (*pre-revolution illegal May-Day meeting*).

мажо́р *м. муз.* mа́jor key [...kiː]; га́мма соль ~ scale of G mа́jor [...dʒiː...], G mа́jor scale.

мажордо́м *м.* mа́jor¦dómò.

мажо́рный *муз.* mа́jor; (*перен.*) buóyant ['bɔɪ-].

маз *м.* (*в биллиардной игре*) mace.

ма́зан||ка *ж.* cób¦house* [-s], clа́y-wàlled cóttage. **~ый 1.** (*глинобитный*) pisé-wàlled [piː'zeɪ-]; **2.** *разг.* (*грязный*) soiled, dírty.

ма́зать 1. (*вн.*; *покрывать чем-л. жидким, смазывать*) oil (*d.*), grease (*d.*), lúbricàte (*d.*); **2.** (*вн. тв.*; *намазывать*) smear (*d.* with); spread* [spred] (on *d.*); ~ ма́слом spread* bútter (on); bútter (*d.*); **3.** (*вн.*; *пачкать*) soil (*d.*); **4.** (*без доп.*) *разг.* (*плохо рисовать*) daub; **5.** (*без доп.*) *разг.* (*не попадать*) miss the mark. **~ся 1.** (*пачкаться*) soil òne¦sélf; **2.** *разг.* (*красить лицо*) make* up; **3.** *страд. к* ма́зать 1, 2, 3.

мази́ла *м. и ж. разг.* **1.** = мази́лка II; **2.** (*тот, кто делает промахи в игре*) fúmbler.

мази́лка I *ж.* (*малярная кисть*) brush.

мази́лка II *м. и ж. ирон.* (*плохой художник*) dа́uber, dа́ubster.

маз||ну́ть *сов.* (*вн.*) brush (*d.*), touch lightly [tʌtʃ...] (*d.*), dab (*d.*). **~ня́** *ж. разг.* daub, inàrtístic pа́inting.

мазо́к *м.* **1.** *жив.* dab, stroke of the brush, touch [tʌtʃ]; **2.** *мед.* smear (for mìcroscópic exàminа́tion) [...maɪ-...].

мазу́рка *ж.* mazúrka.

мазу́т *м.* mazút [-uːt], black oil. **~ный** *прил. к* мазу́т; ~ные масла́ héavy oils ['hevɪ...].

маз||ь *ж.* óintment; (*жидкая*) línimènt; колёсная ~ whéel-grease [-s]; сапо́жная ~ blа́cking, shóe-pòlish ['ʃuː-]; ◇ де́ло на ~и́ *разг.* things are gó¦ing, *или* are getting on, swímming¦ly.

маис *м. бот.* maize, Índian corn; corn *амер.* **~овый** *прил. к* маис; ~овая ка́ша hóminy, pòlénta.

май *м.* May; в ма́е э́того го́да in May; в ма́е про́шлого го́да last May; в ма́е бу́дущего го́да next May; Пе́рвое ма́я May Day, First of May.

ма́йка *ж.* sléeve¦less vest; fóotball shirt ['fut-...]; spórts-shirt *амер.*; singlet.

майо́лик||а *ж.* majólica [-'jɔ-], majólica. **~овый** *прил. к* майо́лика.

майоне́з *м. кул.* mayonnа́ise.

майо́р *м.* mа́jor.

майора́т *м. юр.* **1.** *тк. ед.* (*система*) right of prìmogéniture [...praɪ-]; **2.** (*имение*) entа́iled estа́te.

майо́рский *прил. к* майо́р.

ма́йский 1. *прил. к* май; ~ день May day, day in May; 2. (*первомай-ский*) Máy-Day (*attr.*); ◇ ~ жук Máy-bùg, cóckchàfer.

мак *м.* 1. (*цветок*) póppy; 2. *тк. ед.* (*семена*) póppy-seed.

макада́м *м.* macádam [-æd-].

мака́ка *ж.* (*обезьяна*) macácò.

мака́о *с. нескл.* (*попугай*) macáw.

макаро́нн||ик *м. кул.* baked màcaróni púdding [...-ounı 'pu-]. ~**ый** *прил. к* макаро́ны; ~ые изде́лия màcaróni foods [-ounı...].

макаро́ны *мн.* màcaróni [-ounı] *sg.*

мака́ть (*вн.* в *вн.*) dip (*d.* in, into).

македо́н||ец *м.*, ~**ка** *ж.*, ~**ский** Màcedónian.

маке́т *м.* 1. módel ['mɔ-]; móck-ùp *разг.*; 2. *воен.* dúmmy; ~ та́нка dúmmy tank; 3. *театр.* scale módel. ~**ный** *прил. к* маке́т.

макиавелли́||зм *м.* Màchiavéllism [-k-]. ~**сти́ческий** Màchiavéllian [-k-].

макинто́ш *м.* máckintòsh.

макла́||к *м. уст. презр.* bróker, jóbber, míddle¦man*. ~**чество** *с. уст. презр.* jóbbing.

ма́клер *м.* bróker. ~**ский** *прил. к* ма́клер. ~**ство** *с.* bróking, brókerage ['brou-].

ма́ков: зарде́ться как ~ цвет *разг.* ≅ blush like a rose, blush póppy-rèd.

ма́ковка *ж.* 1. (*плод мака*) póppy-head [-hed]; 2. (*купол*) cúpola; top, súmmit; 3. *разг.* (*головы*) crown.

ма́ков||ые *мн. скл. как прил. бот.* papáverous plants [-'peı- plɑ:-], papàveráceae [-peıvə'reısıi:]. ~**ый** papáverous [-'peı-], papàverácious [-peı-]; ~ое ма́сло póppy-(seed-)oil.

макре́ль *ж.* (*рыба*) máckerel [-kr-].

макроко́см *м.* mácrocòsm.

макроскопи́ческий màcroscópic.

макси́м *м. разг.* Máxim machíne-gùn [...-'ʃi:n-].

ма́ксима *ж.* máxim.

максима́льно I *прил. кратк. см.* максима́льный.

максима́льн||о II *нареч.* at most; as much as póssible. ~**ый** máximum (*attr.*); híghest póssible; ~ый термо́метр *физ.* máximum thermómeter.

ма́ксимум 1. *м.* máximum (*pl.* -ma); úpper límit; получи́ть ~ (от) get* the most (out of); 2. *как нареч.* at most; ~ в де́сять лет in ten years at most.

макулату́р||а *ж. тк. ед.* 1. *полигр.* máckle(-páper), spoilt sheet; 2. (*бездарное произведение*) pulp líterature. ~**ный** *прил. к* макулату́ра.

маку́шк||а *ж.* 1. top, súmmit; 2. (*головы*) crown; ша́пка на ~е with one's hat on the back of one's head [...hed]; ◇ у него́, у неё *и т. д.* у́шки на ~е *разг.* he, she, *etc.*, is all ears; у на́ших у́шки на ~е ≅ our féllows are all ears.

мал *предик.* (*дт.*) too líttle (for), too small (for): э́ти боти́нки мне ~ы these shoes are too small for me.

мала́га *ж.* (*вино*) Málaga.

мала́||ец *м.*, ~**йка** *ж.*, ~**йский** Maláy, Maláyan; ~йский язы́к Maláy, the Maláyan lánguage.

малахи́т *м. мин.* málachìte [-k-]. ~**овый** *прил. к* малахи́т.

малева́ть, намалева́ть (*вн.*) 1. *разг.* paint (*d.*); 2. *пренебр.* (*плохо рисовать*) daub (*d.*); ◇ не так стра́шен чёрт, как его́ малю́ют *посл.* the dévil is not so térrible as he is páinted; (*не так плох*) the dévil is not so black as he is páinted.

мале́йш||ий (*превосх. ст. от прил.* ма́лый) least, slíghtest; не име́ю ни ~его поня́тия I have not the least / slíghtest / fáintest / remótest ìdéa / nótion [...aı'dıə...]; не име́ю ни ~его жела́ния де́лать э́то I have not the least wish to do it, I do not feel like dóing it at all.

малёк *м. зоол* fry, young fish [jʌŋ...].

ма́леньк||ий 1. *прил.* small, líttle*; (*миниатюрный*) dimínutive; 2. *прил.* (*незначительный*) slight; 3. *прил.* (*малолетний*) young [jʌŋ]; 4. *м. как сущ.* the báby, the child*; ◇ игра́ть по ~ой play low [...lou], play at low stakes; ~ие лю́ди húmble folk, cómmon run of péople [...pi:-] *sg*; моё де́ло ~ое ≅ it is no concérn of mine, it is none of my búsiness [...nʌn...'bızn-].

мале́нько *нареч. разг.* a líttle, a bit.

мале́ц *м. разг.* lad, strípling.

мали́н||а *ж. тк. ед.* 1. *собир.* ráspberries [-zb-] *pl.*; 2. (*об отдельной ягоде*) ráspberry [-zb-]; 3. (*куст*) ráspberry-càne. ~**ник** *м. тк. ед.* ráspberry-cànes [-zb-] *pl.* ~**ный** *прил. к* мали́на.

мали́новка I *ж.* (*птица*) róbin, (róbin) rédbreast [...-brest].

мали́новка II *ж. разг.* (*наливка*) ráspberry brándy [-zb-...].

мали́нов||ый 1. ráspberry [-zb-] (*attr.*); ~ое варе́нье ráspberry jam; 2. (*о цвете*) crímson [-z°n]; ◇ ~ звон méllow chime.

ма́лка *ж. тех.* bével ['be-].

ма́ло I 1. *прил. кратк. см.* ма́лый I; 2. *предик. безл.*: э́того ~ this is not enóugh [...ı'nʌf].

ма́ло II 1. *неопред. числит.* (*с сущ. в ед. ч.*) líttle; (*с сущ. во мн. ч.*) few; (*недостаточно*) not enóugh [...ı'nʌf]; ~ са́хару líttle* súgar [...'ʃu-]; ~ книг few books; ~ наро́ду few péople [...pi:-]; 2. *нареч.* líttle*; мы ~ его́ ви́дим we see líttle of him; ◇ ~ того́, что it is not enóugh that; ~ ли что! *разг.* what of it!; ~ ли что быва́ет all kinds of things will / may háppen; ~ ли где я мог его́ встре́тить there are lots of pláces where I could have met him.

мало́ *с. см.* мал.

мало- (*в сложн.*) *передаётся разными приставками или словосочетаниями с* of líttle, scárce¦ly [-ɛəs-], ráther small ['rɑ:-...] *и т. п.*

малоазиа́тский Ásia Mínor ['eıʃə...] (*attr.*), of Ásia Mínor.

малоблагоприя́тный scárce¦ly fávour¦able / condúcive ['skɛə-...].

малова́жный ún¦impórtant; of líttle impórtance; of small ímpòrt.

малова́т *прил. кратк. разг.* ráther small ['rɑ:-...], not the right size; úndersízed; он ~ ро́стом he is not well grown [...groun]; he is úndersízed.

малова́то *нареч. разг.* not quite enóugh [...ı'nʌf].

малове́р *м.* one of líttle faith, scéptic ['ske-]. ~**ие** *с.* líttle faith, scépticism ['ske-].

маловероя́тный hárdly próbable, not líke¦ly, ùn¦líke¦ly.

мало||во́дный with líttle wáter [...'wɔ:-], dry; (*о реке, озере и т. п.*) shállow. ~**во́дье** *с.* lack of wáter [...'wɔ:-]; (*о реке, озере и т. п.*) shállowness, low wáter-lèvel [lou 'wɔ:təle-].

маловразуми́тельный not clear; (*неубедительный*) ún¦convíncing.

малоды́годный not remúnerative, not prófitable, of small prófit.

малогабари́тн||ый small; ~ая маши́на small car; самохо́дная ~ая электроста́нция small sélf-propélled eléctric pówer únit.

малоговоря́щий not expréssive; ~ факт a fact that expláins líttle.

малогра́мотный 1. álmòst illíterate ['ɔ:lmoust...], ún¦éducàted; 2. (*неправильно сделанный*) raw, únskílled.

малодарови́тый of méagre gifts / tálents [...gı- 'tæ-].

малоде́йственный ìnefféctive.

малодействи́тельный = малоде́йственный.

малодоказа́тельный not very persuásive [...-'sweıs-], lácking strength.

малодостове́рный not wéll-fóunded, ùn¦líke¦ly.

малодосту́пн||ый dífficult of áccèss; ún¦aváilable; ~ая кни́га, статья́ *и т. п.* dífficult book, árticle, *etc.*

малодохо́дный bríng¦ing líttle prófit, not very prófitable, not very remúnerative.

малоду́шествовать, смалоду́шествовать show* lack of spírit [ʃou...].

малоду́ш||ие *с.* fáint-héartedness [-'hɑ:t-], cówardice. ~**ничать** *разг.* = малоду́шествовать. ~**ный** cówardly, fáint-héarted [-'hɑ:t-], cráven, póor-spírited; ~ный челове́к cóward, cówardly man*, fáint-héarted / chícken-héarted féllow [...-'hɑ:t-...].

малоéзженый [-éжьже-] 1. (*о лошади*) úntríed; (*о коляске*) práctically new; 2. (*о дороге*) not wéll-tródden; loose [-s].

малоéзжий [-éжьжи-] ún¦frequénted; off the béaten track.

малозаме́тный 1. slight; ún¦obtrúsive; **2.** (*обыденный*) hárdly out of the órdinary; not ùn¦cómmon.

малозаселённый = малонаселённый.

малоземе́ль||е *с.* lánd-stàrvátion, lánd-hùnger. **~ный** lánd-stárved, lánd-hùngry.

малознако́мый únfamíliar, strange [-eɪndʒ].

малозна́ч||ащий, ~и́тельный of little signíficance, ún¦impórtant.

малоизве́стный little known [...noun], not pópular.

малоизу́ченный ìnsuffíciently known / explóred [...noun...].

малоиму́щий poor, índigent, néedy.

малоинтере́сный of little ínterest.

малоиссле́дованный scántily explóred.

малокали́берный smáll-càlibre (*attr.*); (*о ружье*) smáll-bòre (*attr.*).

малокалори́йный low in cálories [lou...].

малокварти́рный contáining few flats, consísting of few flats.

малокро́в||ие *с.* anáemia. **~ный** anáemic.

малокульту́рный lácking cúlture.

малоле́сье *с.* scárcity of fórests [-ɛəs-...'fɔ-].

малоле́тка *м. и ж. разг.* young child* [jʌŋ...].

малоле́т||ний 1. *прил.* young [jʌŋ]; (*несовершеннолетний*) únder age; júvenile; **2.** *м. как сущ.* (*о ребёнке*) ínfant; (*о подростке*) júvenile. **~ство** *с.* ínfancy; (*несовершеннолетие*) nónage ['nou-].

малолитра́жный lów-pówered ['lou-]; ~ автомоби́ль smáll-displàce¦ment car; báby car *разг.*

малолю́дн||ость *ж.* dearth / lack / scántiness of people [dəːθ ...piː-]; (*о собрании и т. п.*) présence of few people ['prez-...]. **~ый** not crówded, únfrequénted; (*малонаселённый*) thín¦ly pópulàted.

малолю́дье *с.* lack of people [...piː-].

мало-ма́льски *нареч. разг.* in the slíghtest degrée, to the slíghtest extént.

малома́льский *разг.* least, slíghtest.

малометра́жный small, not róomy / spácious.

маломо́щн||ый weak, not pówerful; ~ дви́гатель lów-pówered éngine / mótor ['lou 'endʒ-...]; ~ое предприя́тие pétty concérn / búsiness [...'bɪzn-]; ~ое крестья́нское хозя́йство small péasant's hólding [...'pez-...].

малонадёжн||ый not very relíable; ~ая пого́да brόken / únsèttled wéather [...'we-].

малонаселённый spárse¦ly / thín¦ly pópulàted.

малообеспе́ченный not suffíciently províded for, with móderate / scánty means.

малоо́блачн||ый: ~ая пого́да fair with some cloud.

малообосно́ванный not well gróunded.

малообразо́ванный of little èducátion.

малообщи́тельный réticent, únsóciable.

малоо́пытный inexpérienced, of little expérience.

малоосновáтельный 1. (*о доводе, мнении и т. п.*) not well fóunded; **2.** *разг.* (*о человеке*) not relíable.

малопита́тельный not very nutrítious.

малоплодо́вый *с.-х.* béaring little fruit ['bɛə-...fruːt].

малоплодоро́дн||ый poor, scánty; ~ая по́чва poor soil.

малоподви́жный not móbile [...'mou-]; ~ о́браз жи́зни sédentary life.

малоподгото́вленн||ый: ~ая аудито́рия áudience with little / ìnsuffícient prelíminary tráining.

малопoде́ржанный not much dámaged by use [...juːs]; álmòst new ['ɔːlmoust...].

мало-пома́лу *нареч.* little by little, bit by bit; (*постепенно*) grádually, by slow degrées [...slou...].

малопомести́тельный not capácious, not róomy.

малопоно́шенный not frayed, not much worn [...wɔːn], little worn.

малопоня́тливый not very quick / bright.

малопоня́тный dífficult to ùnderstánd.

малопри́быльный not prófitable, bríng¦ing little prófit.

малопригóдный of little use [...juːs].

малоприменимый hárdly / séldom ápplicable.

малопродукти́вный not prodúctive, not efficient, not frúitful [...'fruːt-], of small effíciency.

малопроизводи́тельный = малопродукти́вный.

малоразвито́й, малора́звитый 1. úndevéloped; **2.** (*о человеке*) ún¦éducàted.

малоразгово́рчивый réticent.

малораспространённый not in cúrrent use [...juːs].

малорента́бельный not suffíciently remúnerative / prófitable.

малоречи́вый quíet, sílent.

малоро́слый úndersízed, dwárfish, stúnted.

малосве́дущий of little knówledge [...'nɔ-].

малосеме́йный having / with a small fámily.

малоси́льный 1. weak; feeble; **2.** *тех.* lów-pówered ['lou-].

малосодержа́тельный insípid, émpty.

малосо́льн||ый frésh-sàlted; ~ые огурцы́ frésh-sàlted cúcumbers.

малосостоя́тельный 1. (*небогатый*) not wéll-óff, no prósperous; **2.** (*неубедительный*) not con¦clúsive, not convíncing.

малоспосо́бный of indífferent abílities.

малосто́йкий *хим.* not stable.

ма́лост||ь *разг.* **1.** *ж.* trifle; из-за вся́кой ~и for every trifle; са́мая ~ оста́лась there is just a little left; **2.** *как нареч.* sóme¦whàt, a bit.

малосуще́ственный not substántial, ún¦impórtant.

малотира́жный of small circulátion.

малотре́бовательный not strict, not exácting.

малоубеди́тельный not con¦clúsive, ún¦convíncing, not persuásive [...-'sweɪ-].

малоудо́йный gíving little milk.

малоупотреби́тельный rare, ráre¦ly used, not much in use [...juːs].

малоурожа́йн||ый: ~ые сорта́ the less fértile kinds.

малоуспе́шный not succéssful.

малоутеши́тельный not very cómforting [...'kʌm-].

малоце́нный of little válue, not váluable.

малочи́сленн||ость *ж.* small númber. **~ый** not númerous, scánty.

малочувстви́тельный not sénsitive, of little sènsitívity.

ма́л||ый I 1. *прил.* small; ~ ро́стом short, of small státure; зна́ния его́ сли́шком ~ы́ his knówledge is ìnsuffícient / scánty [...'nɔ-...]; ~ые фо́рмы *театр.* varíety èntertáinments; теа́тр ~ых форм varíety show [...ʃou], váudeville ['voudəvɪl]; ~ая ско́рость *ж.-д.* low speed [lou...]; ~ ход *мор.* slow speed [slou...]; **2.** *с. как сущ.* the little; са́мое ~ое the least; дово́льствоваться ~ым be thánkful for small mércies, be gráte¦ful for small fávours; без ~а, без ~ого álmòst ['ɔːlmoust]; сейча́с без ~ого пять часо́в it is néarly five now; ◇ мал золотни́к, да до́рог *погов.* ≅ little bódies may have great souls [...'bɔ-... greɪt soulz]; мал ~а́ ме́ньше one smáller than the other; от ~а до вели́ка young and old [jʌŋ...]; с ~ых лет from chíld¦hood [...-hud]; Ма́лый теа́тр the Mály Théatre [...'θɪətə].

ма́лый II *м. скл. как прил. разг.* féllow, boy, lad; guy [gaɪ] *амер.* сла́вный ~ nice féllow / chap.

малы́ш *м.* **1.** small child*; kíddy *разг.*; **2.** *разг.* (*о взрослом*) little man*.

ма́льва *ж. бот.* máilow, hóllyhòck

мальва́зия *ж.* (*вино*) málmsey ['mɑːmzɪ].

ма́львовые *мн. скл. как прил. бот.* màlváceae [-sɪiː].

мальто́за *ж. хим.* máltòse [-s].

мальтузиа́н||ский Málthúsian [-z-]. **~ство** *с.* Màlthúsianism [-zɪ-].

ма́льчик *м.* **1.** boy; lad; **2.** *уст.* (*ученик в торговом предприятии* apprentice; ◇ ~ с пальчик hóp-o'-my-thùmb [-mı-]; Tom Thumb.

мальч||ико́вый (*об обуви, одежде*) for boys. **~и́шеский** bóyish; púerìle; **~и́шеские** посту́пки bóyish beháviour *sg.* **~и́шество** *с.* bóyishness.

мальчи́шечий *прил.* к мальчи́шка.

мальч||и́шка *м. разг.* úrchin, boy; у́личный ~ street árab [...'æ-], gút-tersnipe, múd|làrk; ◇ вести́ себя́ как ~ beháve like a child. **~уга́н** *м. разг. ласк.* little boy, láddie.

малю́сенький *разг.* tíny, wee.

малю́тка *м. и ж.* báby; (*как обращение*) my little.

маля́р *м.* (hóuse-)painter [-s-]; (*оклейщик обоями*) páper-hàng|er.

маляр||и́йный *мед.* malárial; ~ кома́р malárial mosquítò [...-'kı:-]. **~и́я** *ж. мед.* malária.

маля́рн||ый *прил.* к маля́р; **~ое** де́ло páinting.

ма́ма *ж.* múmmy; mámma ['mɑ:-] *амер.*; mum, ma [mɑ:] *сокр.*

мама́ев: ~о побо́ище géneral fight, brawl; útter confúsion.

мамалы́га *ж. тк. ед.* hóminy.

мама́ша *ж. разг.* móther ['mʌ-].

ма́меньк||а *ж. разг.* = ма́ма. **~ин** *прил. уст.* móther's ['mʌ-]; ◇ **~ин** сыно́к *разг.* móther's dárling.

ма́мин *прил.* móther's ['mʌ-].

ма́мка *ж. уст.* (wét-)nùrse.

мамо́н *м.*, **~а** *ж.* Mámmon.

ма́монт *м.* mámmoth. **~овый** *прил.* к ма́монт; ◇ **~овое** де́рево Wèlling-tónia.

ма́мочка *ж. ласк.* múmmy.

мана́тки *мн. разг.* belóng|ings.

мангани́т *м. мин.* mánganìte.

ма́нго *с. нескл.* (*дерево и плод*) mángò. **~вый** *прил.* к ма́нго.

ма́нгров||ый: ~ые боло́та mángròve swamps.

мангу́ста *ж. зоол.* mòngóose [mʌn-gu:s].

мандари́н I *м. ист.* (*китайский чиновник*) mándarin.

мандари́н II *м.* **1.** (*плод*) tángeríne [-ndʒə'ri:n], mándarin, màndaríne [-i:n]; **2.** (*дерево*) tángeríne-tree [-ndʒə-ri:n-]. **~ный, ~овый** *прил.* к мандари́н II.

манда́т *м.* mándàte; (*тк. о документе*) wárrant. **~ный** **1.** mándàte (*attr.*), wárrant (*attr.*); ~ная коми́ссия Mándàte Commíssion, Credéntials Commíttee [...-tı]; **2.** (*владеющий мандатом*) mándatory.

манди́булы *мн. зоол.* mándibles.

мандоли́н||а *ж. муз.* mándolin, màn-olíne [-'li:n]. **~и́ст** *м.* mándolin-player, màndolíne-player [-'li:n-].

мандраго́ра *ж. бот.* màndrágora.

мандри́л *м. зоол.* mándrill, babóon.

манёвр *м.* (*в разн. знач.*) manóeu-vre [-'nu:və]; уда́чный (такти́ческий) ~ clever stroke (of táctics) [...kle-...]; э́то был то́лько ~ it was ónly trick / strátagem.

манёвренн||ость *ж.* manòeuvrebílity [-nu:v-]. **~ый** manóeuvre [-'nu:-və] (*attr.*), manóeuvring [-'nu:v-]; **~ая** война́ war of móve|ment [...'mu:v-], móbìle wárfàre ['mou-...].

маневри́ровать **1.** (*прям. и перен.*) manóeuvre [-'nu:və]; make* èvolútions [...i:v-]; **2.** *ж.-д.* shunt.

маневро́вый *ж.-д.* shúnting; ~ паровóз shúnting éngine [...'endʒ-].

манёвры *мн.* **1.** *воен.* manóeuvres [-'nu:-]; **2.** *ж.-д.* shúnting *sg.*

мане́ж *м.* ríding-school; manège (*фр.*) [mæ'neıʒ]; (*крытый*) ríding-house* [-s], ríding-hàll; (*в цирке*) aréna.

мане́жить (*вн.*) *разг.* try the pátience (of), keep* wáiting (*d.*).

мане́жный *прил.* к мане́ж.

манеке́н *м.* (*портного*) táilor's dúmmy; (*художника*) módel ['mɔ-]; lay figure (*тж. перен.*). **~щик** *м.*, **~щица** *ж.* mánnequin [-kın], módel ['mɔ-].

мане́р *м. разг.* mánner; на ~ (*рд.*) in the mánner (of); на францу́зский ~ in the French mánner; таки́м ~ом in this mánner.

мане́р||а *ж.* (*в разн. знач.*) mánner; (*стиль*) style; ~ держа́ть себя́ cár-riage [-rıdʒ], béaring ['bɛə-]; у него́ хоро́шие ~ы he has good* mánners; у него́ плохи́е ~ы he has no mánners, he is bád-mànnered.

мане́рка *ж. воен. уст.* mess tin, càntéen.

мане́рн||ичать *разг.* símper, be affécted, have an affécted mánner. **~ость** *ж.* àffèctátion. **~ый** affécted, preténtious; (*о стиле*) précious ['pre-].

манже́т *м.*, **~а** *ж.* cuff.

маниака́льный *мед.* maníacal.

маникю́р *м.* mánicùre. **~ный** mánicùre (*attr.*). **~ша** *ж.* mánicùrist.

мани́ловщина *ж. неодобр.* Manílovism (*smug complacency, inactivity, futile day-dreaming; from Manilov, a character in Gogol's "Dead Souls"*).

манипул||и́ровать (*тв.*) manípulàte (*d.*). **~я́тор** *м.* manípulàtor. **~я́ция** *ж.* manìpulátion.

мани́ть, помани́ть (*вн.*) **1.** (*звать*) béckon (*d.*); wave (to); **2.** *тк. несов.* (*привлекать*) attráct (*d.*); (*соблазнять*) lure (*d.*); entíce (*d.*), allúre (*d.*).

манифе́ст *м.* màniféstò; Манифе́ст Коммунисти́ческой па́ртии the Commúnist Màniféstò.

манифеста́нт *м.*, **~ка** *ж.* demónstrant.

манифест||а́ция *ж.* dèmonstrátion. **~и́ровать** *несов. и сов.* démonstràte.

мани́шка *ж.* (false) shírtfrònt [fɔ:ls-frʌ-]; dícky *разг.*

ма́ния *ж.* mánia; ~ вели́чия mégalo|mánia; ~ пресле́дования pèrsecútion mánia.

манки́ровать *несов. и сов.* **1.** (*отсутствовать*) be ábsent; **2.** (*тв.*; *пренебрегать*) neglect (*d.*); ~ свои́ми обя́занностями neglect / shirk one's dúties.

ма́нн||а *ж.* mánna; ◇ ждать, жа́ждать как ~ы небе́сной (*рд.*) *разг.* thirst (for). **~ый** made of sèmolína [...-'li:-]; **~ая** крупа́ mánna-croup [-kru:p]; **~ая** ка́ша sèmolína [-'li:-].

манове́ни||е *с. уст.* beck, nod; **~ем** руки́ with a wave of one's hand; ◇ как по ~ю волше́бной па́лочки, волше́бного же́зла as if by mágic.

мано́метр *м. физ.* préssure-gauge [-geıdʒ], manómeter. **~и́ческий** *физ.* mànométric.

манса́рда *ж.* gárret.

манти́лья *ж.* mantílla.

ма́нтия *ж.* cloak, mantle, gown, robe; суде́йская ~ júdge's gown.

манто́ *с. нескл.* ópera-cloak; mantle.

манускри́пт *м.* mánuscript.

мануфакту́р||а *ж.* **1.** *ист. эк.* mànufáctory; **2.** *уст.* (*текстильная фабрика*) téxtile mill; **3.** *тк. ед.* (*ткани*) téxtìles *pl.*, drápery ['dreı-]; dréss-matèrials *pl.* **~ный** *прил.* к мануфакту́ра; **~ное** произво́дство *ист. эк.* mánufáctory; **~ный** това́р drápery ['dreı-]; **~ный** магази́н dráper's; dry goods (store) [...gudz...] *амер.*

манче́стер *м. текст.* vélvetéen.

маньчжу́р *м.*, **~ский** Mànchúrian.

манья́к *м.* mániàc.

маня́щий **1.** *прич. см.* мани́ть; **2.** *прил.* allúring.

ма́ра *ж.* fog, haze.

марабу́ *м. нескл. зоол.* márabou [-bu:].

мара́зм *м. мед.* marásmus [-zm-]; (*перен.*) decáy; ста́рческий ~ sénìle decáy ['si:-...], dótage ['dou-].

мара́л *м. зоол.* máral ['meı-]; Sìbérian stag [saı-...].

мара́нье *с. разг.* **1.** sóiling; **2.** *пренебр.* (*плохая картина*) daub; (*неряшливое письмо*) scríbbling.

мараски́н *м.* (*ликёр*) màraschínò [-'ki:-].

мара́ть, замара́ть, намара́ть (*вн.*) **1.** *при сов.* замара́ть *разг.* soil (*d.*), stain (*d.*), dírty (*d.*); (*сажей*) smut (*d.*); (*перен.*) súlly (*d.*), stain (*d.*), tárnish (*d.*), blémish (*d.*); замара́ть репута́цию soil / súlly *one's* rèputátion; **2.** *при сов.* намара́ть (*плохо рисовать*) daub (*d.*); (*плохо писать*) scribble (*d.*); ◇ ~ ру́ки (о *вн.*) soil one's hands (with); ~ бума́гу waste páper [weı-...]. **~ся**, замара́ться **1.** *разг.* soil òne|sélf; *сов. тж.* get* òne|sélf dírty; **2.** *страд.* к мара́ть 1; ◇ не сто́ит ~ся (из-за) no use sóiling one's hands [...ju:s...] (for).

марафо́нский: ~ бег *спорт.* Márathon race.

мара́шка *ж. полигр.* turn.

ма́рганец *м. хим.* mànganése; хло́ристый ~ mànganése chlóride [...'klɔ:-]; сернокúслый ~ mànganése súlphìde.

ма́рганцевый *хим.* màngánic.

марганцо́в||истый *хим.* mánganous; соль ~истой кислоты́ mánganàte. **~ый** = ма́рганцевый.

маргари́н *м.* màrgaríne [mɑːdʒə-'riːn]. **~овый** *прил.* к маргари́н.

маргари́тка *ж. бот.* dáisy [-zɪ].

маргина́лии *мн.* (*ед.* маргина́лия *ж.*) màrginália, márginal notes.

ма́рево *с.* **1.** míràge [-ɑːʒ]; **2.** (*туманные очертания*) lóoming; haze.

маре́мма *ж. геогр.* marémma.

маре́на *ж. бот.* mádder.

маре́нго gréyish black.

маре́новый *прил.* к маре́на.

ма́ри *мн. нескл. собир.* the Mári [...'mɑːrìː].

мар||и́ец *м.*, **~и́йка** *ж.*, **~и́йский** Mári ['mɑːrìː]; ~и́йский язы́к Mári, the Mári lánguage.

мари́на *ж. жив.* séa-scàpe, séa-pìece [-piːs], maríne [-iːn].

марина́д *м.* màrináde; (*об овощах тж.*) pickles *pl.*

марини́ст *м. жив.* páinter of séa-scàpes.

маринова́ние *с.* pícklìng.

марино́ванный *прич. и прил.* pickled.

маринова́ть (*вн.*) **1.** pickle (*d.*); **2.** *разг.* (*заставлять ждать*) keep* wáiting (*d.*); (*задерживать, откладывать*) deláy (*d.*), shelve (*d.*).

марионе́т||ка *ж.* màrionétte; púppet (*тж. перен.*); теа́тр ~ок púppet-show [-ʃou]. **~очный:** ~очное прави́тельство púppet góvernment [...'gʌ-].

ма́рк||а I *ж.* **1.** stamp; (*почтовая*) (póstage-)stàmp ['pou-]; **2.** (*клеймо*) mark, sign [saɪn]; brand; фабри́чная ~ tráde-màrk; с ~ой (*рд.*) béaring the tráde-màrk ['bɛə-...] (of); **3.** (*денежная единица*) mark; **4.** (*фишка*) cóunter; **5.** (*сорт, качество*) grade, sort; (*перен.*) brand; но́вая ~ (*машины и т. п.*) new módel [...'mɔ-]; ◇ вы́сшая ~ best brand; вы́сшей ~и tóp-quálity (*attr.*), of the best brands; держа́ть ~у keep* up one's style; под ~ой (*рд.*) únder cóver [...'kʌ-] (of).

ма́рка II *ж. ист.* mark.

маркгра́ф *м. ист.* márgràve.

маркёр *м.* márker; (*при игре на бильярде тж.*) (bílliard-)màrker, bílliard-scòrer.

марки́з *м.* márquis, márquess.

марки́за I *ж.* (*английская*) márchioness [-ʃənɪs]; (*французская*) màrquíse [-'kiːz].

марки́за II *ж.* (*навес у окна*) sún-blìnd.

маркизе́т *м. текст.* voile [vwɑːl], màrquisétte [-'zet]. **~овый** *прил.* к маркизе́т.

ма́ркий éasily soiled ['iːz-...].

маркирова́ть *несов. и сов.* (*вн.*) mark (*d.*).

маркиро́в||ка *ж.* márking. **~щик** márker.

маркита́нт *м.*, **~ка** *ж. ист.* sútler ['sʌ-]; càntéen-keeper; ла́вка ~а càntéen.

маркси́зм *м.* Márxism; тво́рческий ~ crèátive Márxism.

маркси́зм-ленини́зм *м.* Márxism-Léninism.

маркси́ст *м.*, **~ка** *ж.*, **~ский** Márxist.

маркси́стско-ле́нинск||ий Márxist-Léninist, Márx-Lénin (*attr.*); ~ая тео́рия Márxist-Léninist théory [...'θɪə-].

маркше́йдер *м. горн.* míne-survéyor. **~ский** *прил.* к маркше́йдер.

ма́рлевый *прил.* к ма́рля; ~ бинт gauze bándage.

ма́рля *ж. тк. ед.* gauze, chéese-clòth.

мармела́д *м.* cándied fruit jélly [...fruːt...]. **~ка** *ж.* piece of cándied fruit jélly [piːs... fruːt...]. **~ный** *прил.* к мармела́д.

марморирова́ть *несов. и сов.* (*вн.*) *тех.* marble (*d.*).

мародёр *м.* maráuder, píllager. **~ство** *с.* maráuding, píllage. **~ствовать** maráud, píllage.

мароке́н *м. текст.* márocain.

марокка́н||ец *м.*, **~ка** *ж.*, **~ский** Moróccan.

ма́рочн||ый *прил.* к ма́рка I; ◇ ~ые ви́на château wines (*фр.*) ['ʃɑː-tou...].

Марс *м. астр.*, *миф.* Mars [-z].

марс *м. мор.* top.

марсала́ *ж.* (*вино*) màrsála [-'sɑː-].

ма́рсель *м. мор.* tópsail ['tɔpsᵊl].

марселье́за *ж.* Màrseilláise [-sə-].

марсиа́нин *м.* Mártian.

март *м.* March; в ~е э́того го́да in March; в ~е про́шлого го́да last March; в ~е бу́дущего го́да next March.

марте́н [-тэ́н] *м. тех.* **1.** *тк. ед.* ópen-héarth steel [-'hɑːθ...], Mártin steel; **2.** (*печь*) ópen-héarth fúrnace.

марте́новск||ий [-тэ́-] *тех.* Mártin (*attr.*); ~ проце́сс Mártin prócèss; ~ая печь ópen-héarth fúrnace [-'hɑːθ ...]; ~ая сталь ópen-héarth steel, Mártin steel.

мартенси́т *м. тех.* mártensìte [-z-].

мартинга́л *м.* (*часть упряжи*) mártingàle.

мартироло́г *м. церк.* (*тж. перен.*) màrtyrólogy.

ма́ртовский *прил.* к март; ~ день March day, day in March.

марты́шка *ж.* mármosèt [-z-]; (*перен.*) *разг.* mónkey ['mʌ-].

марципа́н *м.* márchpàne, màrzipán.

марш I *м.* (*в разн. знач.*) march; проходи́ть торже́ственным ~ем march past.

марш II *м.* (*лестницы*) flight of stairs.

марш III: ~! (*военная команда*) fórward!, march!

ма́ршал *м.* márshal; Ма́ршал Сове́тского Сою́за Márshal of the Sóvièt Únion; Гла́вный ~ Chief Márshal [tʃiːf...].

ма́ршальский *прил.* к ма́ршал; ~ жезл Márshal's báton [...'bæ-].

ма́ршев||ый *прил.* к марш I; ~ые ча́сти *воен.* drafts, draft rèinfórcements.

марширова́ть march. **~о́вка** *ж.* márching (drill).

маршру́т *м.* route [ruːt], itínerary [aɪ-]. **~ный** *прил.* к маршру́т; ~ный по́езд *ж.-д.* expréss góods-train [...'gudz-]; ~ный авто́бус expréss bus; ~ное такси́ mínibùs, táxi on a fixed run / route [...ruːt].

ма́ск||а *ж.* (*в разн. знач.*) mask; (*с лица умершего тж.*) déathmàsk ['deθ-]; ◇ сбро́сить ~у throw* off, *или* discárd, the mask / disguíse [θrou...]; сорва́ть ~у с кого́-л. tear* the mask off smb. [tɛə...], únmásk smb.; наде́ть, носи́ть ~у wear* a mask [wɛə...].

маскара́д *м.* màsqueráde, fáncy (-dréss) ball. **~ный** *прил.* к маскара́д; ~ный костю́м fáncy dress.

маскирова́ть, замаскирова́ть (*вн.*) **1.** mask (*d.*), disguíse (*d.*); **2.** *воен.* cámouflàge [-muflɑːʒ] (*d.*). **~ся**, замаскирова́ться **1.** (*прям. и перен.*) put* on a mask; **2.** *воен.* cámouflàge [-muflɑːʒ]; **3.** *страд.* к маскирова́ть.

маскиро́вка *ж.* **1.** másking, disguíse, disguísing òneséIf; **2.** *воен.* cámouflàge [-muflɑːʒ].

маскиро́вочн||ый *прил.* к маскиро́вка 2; ~ые сре́дства cámouflàge stores [-muflɑːʒ...]; ~ хала́т cámouflàge cloak.

ма́сленая *ж. скл. как прил.* = ма́сленица.

ма́слен||ица *ж.* Shróvetìde, cárnival; ◇ не житьё, а ~ *разг.* ≅ a bed of róses; не всё коту́ ~, придёт и вели́кий пост *посл.* ≅ good things don't last for ever. **~ичный** *прил.* к ма́сленица.

маслёнка *ж.* **1.** bútterdìsh; **2.** *тех.* lúbricàtor, óiler, óil-càn.

маслёнок *м.* (*гриб*) Bolétus lúteus *научн.*

ма́слен||ый rich, óily; (*перен.*) únctuous; ◇ ~ые глаза́ óily eyes [...aɪz].

масли́на *ж.* **1.** (*плод*) ólive ['ɔ-]; **2.** (*дерево*) ólive-tree ['ɔ-].

ма́слить (*вн.*) *разг.* (*коровьим маслом*) bútter (*d.*); (*растительным маслом*) oil (*d.*); (*смазывать*) grease (*d.*).

ма́сличн||ые *мн. скл. как прил. бот.* òleáceae [-sɪiː], óil-bearing plants [-bɛə- -ɑːn-]. **~ый:** ~ые культу́ры óil-bearing / óil-prodùcing crops [-bɛə-...].

масли́чн||ый ólive ['ɔ-]; ◇ ~ая ветвь ólive-brànch [-ɑːntʃ].

ма́сл||о *с.* **1.** (*животное*) bútter; (*растительное*) oil; ро́зовое ~ áttar of róses; **2.** *жив.* oil; писа́ть ~ом paint in oils; ◇ подли́ть ~а в ого́нь pour oil on the flame [pɔː...]; всё идёт как по ~у *разг.* ≅ things are gó|ing swímming|ly.

масло||бо́йка *ж.* (*для животного масла*) churn; (*для растительного масла*) óil-prèss. **~бо́йный:** ~бо́йный заво́д créamery; (*вырабатывающий растительное масло*) óil-mìll.

маслоде́л *м.* bútter mànufácturer. **~ие** *с.* bútter índustry, bútter máking; (*о растительном масле*) oil mànufácture.

маслоде́льный = маслобо́йный.

маслозаво́д *м.* créamery.

масло||отдели́тель *м. тех.* oil séparàtor. **~прово́д** *м. тех.* oil píping, oil line. **~сбо́рник** *м. тех.* óil-pàn. **~уловитель** *м. тех.* oil cátcher, oil colléctor.

ма́сляная *ж. скл. как прил.* = ма́сленица.

масляни́ст||ость *ж.* óiliness. **~ый** óily; (*похожий на коровье масло*) búttery.

ма́сляница *ж.* = ма́сленица.

ма́слян||ый *прил. к* ма́сло; *тж.* óily; búttery; ~ая кислота́ *хим.* bùtýric acid; ~ое пятно́ oil / grease stain [...-s...]; ~ая кра́ска óil-páint; ~ые кра́ски óil-còlours [-kʌ-]; писа́ть ~ыми кра́сками paint in oils.

масо́н *м.* fréemàson, máson. **~ский** masónic; ~ская ло́жа fréemàson's lodge, masónic lodge. **~ство** *с.* fréemàsonry [-meɪ-].

ма́сс||а *ж.* 1. (*в разн. знач.*) mass; молекуля́рная ~ *физ.* moléculаr mass; основна́я ~ (*рд.*) the bulk (of); основна́я ~ населе́ния the great mass, *или* the bulk, of the pòpulátion [...reɪt...]; 2. (*тестообразное вещество*) paste [peɪst]; древе́сная ~ wóod-pùlp ['wud-]; 3. (*множество*) mass, large amóunt / quántity, a lot; ~ дел a lot of work; ◇ в ~е in the bulk; (*в целом*) in the mass; as a whole [...houl].

масса́ж *м.* mássàge [-sɑːʒ]. **~и́ст** *м.* màsséur [-'sɜː]. **~и́стка** *ж.* màsséuse [-'sɜːz].

масси́в *м.* 1. mássif, móuntain-màss; 2.: лесно́й ~ large tracts of fórest [...'fɔ-]; огро́мные земе́льные ~ы huge tracts of land; ◇ жили́щный ~ hóusing área / estáte [...'ɛərɪə...], àrchitéctural ensémble [ɑːkɪ- ɑːn'sɑːmbl].

масси́вный mássive.

масси́рованный *прич. и прил. воен.*: ~ ого́нь massed fire; ~ уда́р cóncèntràted blow [...blou]; ~ налёт massed áir-raid.

масси́ровать I *несов. и сов.* (*вн.*) mássàge [-sɑːʒ] (*d.*), rub (*d.*).

масси́ровать II *несов. и сов.* (*вн.*) *воен.* mass (*d.*), cóncèntràte (*d.*).

массови́к *м. разг.* cheer léader.

массо́вка *ж. разг.* 1. mass méeting; 2. (*экскурсия*) excúrsion.

ма́ссовость *ж.* mass cháracter [...'kæ-].

ма́ссов||ый (*в разн. знач.*) mass (*attr.*); (*общедоступный*) pópular; ~ая организа́ция mass òrganìzátion [...naɪ-]; ~ое произво́дство mass / quántity prodúction; ~ые изда́ния mass pùblicátions [...pʌ-]; пусти́ть в ~ое произво́дство (*вн.*) put* into mass prodúction (*d.*); prodúce in quántity (*d.*); ~ые та́нцы round / fígure dánces; в ~ом масшта́бе on a mass scale.

ма́ссы *мн.* (*народ*) the másses; широ́кие ~ трудя́щихся the vast / broad másses of wórking people [...brɔːd ...piː-]; среди́ широ́ких наро́дных масс among the people at large.

маста́к *м. разг.* past máster.

ма́стер *м.* 1. (*цеха и т. п.*) fóre|man*; 2. *уст.* (*ремесленник*) máster; оруже́йный ~ gúnsmìth, ármour|er; золоты́х дел ~ góldsmìth; колёсный ~ whéel-wrìght; 3. (*знаток*) éxpèrt; быть ~ом своего́ де́ла know* one's trade [nou...], be an éxpèrt at one's job; он ~ (на *вн.*) he is a good hand (at), he is an éxpèrt (at), he is a past máster (in, of); он ~ ката́ться на конька́х he is an éxpèrt skáter, *или* at skáting; он ~ писа́ть стихи́ he is a good hand at vérse-màking, he is a good hand at wríting / máking vérses; ~а́ культу́ры másters of cúlture; ~а́ высо́кого урожа́я másters of abúndant hárvests, prodúcers of big hárvests; ◇ ~ спо́рта máster of sport(s); он ~ на все ру́ки *разг.* he can turn his hand to ány|thing; he is a jáck-of-áll-tràdes *идиом.*; де́ло ~а бои́тся *погов.* ≅ he works best who knows his trade; work goes with a swing únder the máster's hand.

мастери́ть, смастери́ть (*вн.*) *разг.* make* (*d.*), contríve (*d.*).

мастери́ца *ж.* 1. (*шляпница*) mílliner; (*швея*) séamstress ['sem-]; 2. (*знаток своего дела*) a good hand (at).

мастеро́вой *м. скл. как прил. уст.* fáctory-hànd, àrtisán [-'zæn], wórk|man*.

мастерск||а́я *ж. скл. как прил.* 1. wórkshòp; (*художника*) stúdiò; ~и́е бытово́го обслу́живания pérsonal sérvice shops; 2. (*на заводе*) shop.

мастер||ски́ *нареч.* skílfully; in (a) másterly fáshion. **~ско́й** másterly. **~ство́** *с.* 1. (*ремесло*) hándicràft, trade; 2. (*умение*) skill, mástership, mástery, cráftsmanship, wórkmanship; непревзойдённое ~ство́ consúmmate skill / cráftsmanship.

масти́к||а *ж.* 1. mástic, résin [-z-], gum; (*замазка*) pútty, lute; 2. (*для натирания полов*) flóor-pòlish ['flɔː-]. **~овый:** ~овое де́рево mástic.

масти́стый (*о лошади*) of good cólour [...'kʌ-].

масти́т *м. мед.* màstítis.

масти́тый vénerable.

мастодо́нт *м.* mástodòn.

мастурба́ция *ж. мед.* màstùrbátion.

маст||ь *ж.* 1. (*о животных*) cólour (of the hair) ['kʌ-...]; (*о лошади тж.*) coat; 2. *карт.* suit [sjuːt]; ходи́ть в ~ fóllow suit; ка́рты одно́й ~и cards of one suit; (*у игрока*) flush; ◇ всех ~е́й of every stripe.

масшта́б *м.* scale; увели́чивать ~ (*рд.*) scale up (*d.*); уменьша́ть ~ (*рд.*) scale down (*d.*); своди́ть к определённому ~у (*вн.*) scale (*d.*); в мирово́м ~е on a world scale; учёный мирово́го ~а scíentist of world impórtance, *или* of wórld-wìde fame; в ма́леньком ~е on a small scale; in a small way *разг.*; в ме́ньшем ~е on a smáller / redúced scale; в большо́м ~е on a large scale.

мат I *м. шахм.* chéckmáte, mate; объяви́ть ~ (*дт.*) mate (*d.*).

мат II *м. тк. ед.* (*матовость*) mat; навести́ ~ (на *вн.*) frost (*d.*); róughen ['rʌf-] (*d.*), mat (*d.*).

мат III *м.* (*половик*) flóor-màt ['flɔː-]; (*у двери*) (dóor-)màt ['dɔː-].

мат IV *м.*: крича́ть бла́гим ~ом *разг.* shout at the top of one's voice.

матадо́р *м.* mátadòr.

матема́т||ик *м.* màthematícian. **~ика** *ж.* màthemátics; вы́сшая ~ика hígher màthemátics. **~и́ческий** màthemátical; ~и́ческий факульте́т the fáculty of màthemátics.

матереуби́й||ство *с.*, **~ца** *м. и ж.* mátricìde ['meɪ-].

материа́л *м.* 1. (*прям. и перен.*) matérial; stuff; строи́тельные ~ы búilding matérials ['bɪl-...]; лесно́й ~ tímber; кро́вельный ~ róofing; э́то хоро́ший ~ для кинокарти́ны that would be good* stuff for a film; ~ы обвини́тельного а́кта matérials of indíctment [...-'daɪt-]; 2. (*ткань*) fábric.

материали́зм *м. филос.* matérialism; истори́ческий ~ históricаl matérialism; диалекти́ческий ~ dìaléctical matérialism; филосо́фский ~ phìlosóphical matérialism.

материализова́ть *несов. и сов.* (*вн.*) matérialìze (*d.*). **~ся** *несов. и сов.* 1. matérialìze; 2. *страд. к* материализова́ть.

материали́ст *м.* matérialist. **~и́ческий** matérialist. **~ский** *прил. к* материали́ст.

материа́льность *ж.* matèriálity; ~ ми́ра the matèriálity of the world.

материа́льно-техни́ческ||ий: ~ая ба́за the matérial and téchnical básis.

материа́льн||ый (*в разн. знач.*) matérial; (*денежный, имущественный тж.*) pecúniary; ~ые це́нности matérial válues; ~ мир matérial world, world of mátter; ~ое положе́ние fináncial posítion [...-'zɪ-]; wélfàre stándards *pl.*; ~ая по́мощь pecúniary aid; ~ые затрудне́ния dífficulties, stráitened círcumstances; ~ая заинтересо́ванность matérial incéntive; ~ая обеспе́ченность matérial secúrity; ◇ ~ая часть matériel (*фр.*) [mətɪərɪ'el].

матери́к *м.* **1.** máinland, cóntinent; **2.** (*подпочва*) súbsoil. **~о́вый** *прил. к* матери́к.

матери́н||ский matérnal; (*о чувствах, отношениях*) móther|ly ['mʌ-]; дя́дя с ~ской стороны́ matérnal uncle; ~ская любо́вь móther|ly love [...lʌv]; ~ская поро́да *геол.* mátrix ['meɪ-]. **~ство** *с.* matérnity, mótherhood ['mʌðəhud]; охра́на ~ства matérnity protéction.

мате́рия I *ж. тк. ед.* **1.** *филос.* mátter; **2.** *мед.* mátter, pus; ◇ ску́чная ~ a tédious súbject.

мате́рия II *ж.* (*ткань*) matérial, cloth, fábric, stuff; ~ на костю́м súiting ['sjuːt-]; ~ на брю́ки tróuser|ing; ~ на руба́шки shírting; ~ на полоте́нца tówelling.

матеро́й *разг.* big, strong, grówn-úp ['groun-].

мате́рчатый *разг.* made of cloth / stuff, *или* of téxtile fábric.

матёрый = матеро́й; (*перен.*) hárdened, invéterate; ~ реакционе́р invéterate rè|áctionary; ~ враг hárdened / invéterate énemy.

матерь||я́л *м.*, **~я́льность** *ж.*, **~я́льный** = материа́л, материа́льность, материа́льный.

ма́тка *ж.* **1.** *анат.* úterus; womb [wuːm]; **2.** (*самка*) fémàle ['fiː-]; (*у лошадей*) dam; (*у пчёл*) queen; племенна́я ~ bróodmàre.

ма́тов||ый mat; (*тусклый*) dull, lústre|less; ~ая пове́рхность dead súrface [ded...]; ~ое зо́лото dead gold; ~ое стекло́ frósted glass; ~ая ко́жа mat skin.

ма́точный **1.** *прил. к* ма́тка; *анат. тж.* úterìne; **2.** *мин.*: ~ раство́р móther líquor ['mʌ- -kə].

матра́с *м.* máttress; пружи́нный ~ spríng-màttress; соло́менный ~ straw máttress, paillásse [pæl'jæs]. **~ный** *прил. к* матра́с.

матра́ц *м.* = матра́с.

матрёшка *ж. разг.* matréshka (*usually wooden doll in peasant dress with successively smaller ones fitted into it*).

матриарх||а́льный màtriárchal [-kəl]. **~а́т** *м.* mátriàrchy ['meɪtrɪɑːkɪ].

матри́кул *м. уст.* matrìculátion certíficate.

матримониа́льный màtrimónial.

ма́триц||а *ж. полигр.* mátrix ['meɪ-]. **~и́рование** *с. полигр.* mátrix-màking ['meɪ-]. **~и́ровать** *несов. и сов.* (*вн.*) *полигр.* make* *the* mátrix(-moulds) [...'meɪtrɪksmouldz] (of).

матро́на *ж.* mátron.

матро́с *м.* séa|man*, sáilor. **~ка** *ж. разг.* sáilor's jácket. **~ский** *прил. к* матро́с; ~ская ку́ртка séa|man's / sáilor's jácket; júmper.

ма́тушк||а *ж. уст.* móther ['mʌ-]; ◇ ~и мои́!, ~и све́ты! good grácious!

матч *м. спорт.* match; ~ на пе́рвенство ми́ра (по *дт.*) match for the world title (in), wórld-tìtle match (in).

мать *ж.* móther ['mʌ-]; ~-герои́ня Móther-Héro|ine ['mʌðə'he-].

мать-и-ма́чеха *ж. бот.* cóltsfoot [-fut], fóalfoot [-fut].

ма́узер [-зэр] *м.* Máuser.

мафуса́илов: ~ век, ~ы лета́, го́ды жить *шутл.* reach the age of Methúselah [...-zə-].

мах *м. разг.*: одни́м ~ом at one stroke; дать ~у miss *an* òpportúnity; let* *the* chance slip; make* a blúnder; с ~у ráshly, óff-hánd.

маха́льный *м. скл. как прил.* sígnaller, sígnal-man*.

махара́джа *м.* = магара́джа.

маха́ть, махну́ть **1.** (*тв.*; *рукой, платком и т. п.*) wave (*d.*); (*хвостом*) wag [wæg] (*d.*); (*крыльями*) flap (*d.*); **2.** (*дт.*) wave one's hand (to); **3.** *тк. сов. разг.* (*отправиться куда-л.*) go* off; ◇ махну́ть руко́й (на *вн.*) *разг.* give* up as lost / hópe|less (*d.*), give* up as a bad job (*d.*).

махи́зм *м. филос.* Máchism [-k-].

махи́на *ж. разг.* búlky and cúmber|some thing.

махина́ция *ж.* màchinátion [-k-], intrígue [-iːg]; *мн.* manóeuvres [-'nuːvəz].

махи́ст *м.* Máchist [-k-].

махну́ть *сов. см.* маха́ть.

махов||и́к *м. тех.* flý-wheel; (*управления*) hándwheel. **~ичо́к** *м.* hándwheel. **~о́й** **1.** *тех.*: ~о́е колесо́ = махови́к; **2.** *зоол.*: ~ы́е пе́рья wíng-feathers [-fe-], wíng-quills.

махо́рка *ж.* makhórka (*kind of shag*).

махро́в||ый **1.** *бот.* double [dʌbl]; ~ая ро́за double rose; **2.** *разг.* (*отъявленный*) dóuble-dỳed ['dʌbl-]; ~ негодя́й dóuble-dỳed ráscal; ~ реакционе́р dóuble-dỳed rè|áctionary.

маца́ *ж.* mátzòth ['mɑːtsouθ].

мацер||а́ция *ж. тех.* màcerátion. **~и́ровать** *несов. и сов.* (*вн.*) *тех.* máceràte (*d.*).

ма́чеха *ж.* stép-mòther [-mʌ-].

ма́чт||а *ж.* mast; *эл., рад.* mast, tówer; фальши́вая ~ (*временная*) júry-màst. **~овый** *прил. к* ма́чта; ~овый лес mast tímber; ~овое де́рево spar.

-ма́чтовый (*в сложн. словах, не приведённых особо*) -màsted; *напр.* трёхма́чтовый thrée-màsted.

маши́н||а *ж.* **1.** machíne [-'ʃiːn]; (*двигатель*) éngine ['enʤ-]; (*перен.*) méchanism [-k-]; паровая ~ stéam-éngine [-enʤ-]; пожа́рная ~ fíre-éngine [-enʤ-]; пряди́льная ~ spínning frame; **2.** *мн. собир.* machínery [-'ʃiː-] *sg.*; **3.** *разг.* (*автомобиль*) car, lórry; е́хать на ~е mótor, drive*; ◇ госуда́рственная ~ machínery of State; вое́нная ~ éngine of war, war machíne(ry).

машина́льно I *прил. кратк. см.* машина́льный.

машина́льн||о II *нареч.* mechánically [-'k-]; (*рассеянно*) ábsent-mínded|ly. **~ый** mechánical [-'k-]; (*рассеянный*) ábsent-mínded.

машиниз||а́ция *ж.* mèchanìzátion [-kænaɪ-]. **~и́рованный** **1.** *прич. см.* машинизи́ровать; **2.** *прил.* províded with machínes [...-'ʃiːnz]. **~и́ровать** *несов. и сов.* (*вн.*) méchanìze [-k-] (*d.*).

машини́ст *м.* machínist [-'ʃiː-], èngineer [enʤ-]; *ж.-д.* éngine-driver ['enʤ-], lócomòtive-driver ['loukə-]; èngineer *амер.*; ~ у́гольного комба́йна cóal-cómbìne óperàtor.

машини́стка *ж.* (gírl-)týpist ['gəːl-taɪ-].

маши́нка *ж.* **1.** (*пишущая*) týpe|writer; **2.** (*швейная*) séwing-machìne ['sou- -ʃiːn]; **3.** (*для стрижки*) clípper(s) (*pl.*).

маши́нно-тра́кторн||ый: ~ая ста́нция machíne and tráctor státion [-'ʃiːn...].

маши́нн||ый *прил. к* маши́на; ~ая обрабо́тка machíning [-'ʃiː-]; сде́ланный ~ым спо́собом machíne-màde [-'ʃiːn-]; кру́пное ~ое произво́дство lárge-scàle machíne prodúction [...-'ʃiːn...]; ~ое отделе́ние machíne room; éngine-room ['enʤ-]; ~ые ча́сти machínery / éngine parts [-'ʃiː- -nʤ-...]; ~ое ма́сло machíne oil, éngine oil.

машинопи́сн||ый týpe|written; ~ое бюро́ týping óffice.

маши́нопись *ж.* týpe|wrìting.

машиностро||е́ние *с.* mechánical èngineéring [-'kæ- enʤ-]; èngineéring industry; тяжёлое ~ héavy èngineéring índustry ['hevɪ...]; заво́д тяжёлого ~е́ния héavy èngineéring works. **~и́тельный** machíne-búilding [-'ʃiːn 'bɪl-]; ~и́тельный заво́д machíne-building plant [...-ɑːnt]; èngineéring works [enʤ-...].

маэ́стро *м. нескл.* máster; màestro [mɑː'e-].

мая́к *м.* líght|house* [-s]; béacon (*тж. перен.*); плаву́чий ~ líghtshìp, líght-vèssel.

ма́ятник *м.* péndulum.

ма́яться *разг.* **1.** toil; **2.** (*томиться, мучиться*) súffer, lánguish.

мая́чить *разг.* loom.

мгл||а *ж.* haze; *поэт.* shádow ['ʃæ-] *pl.* **~и́стый** házy.

мгнове́н||ие *с.* ínstant, móment; в ~ о́ка, в одно́ ~ *разг.* in the twínkling of an eye [...aɪ]; в то же ~ immédiate|ly. **~но** *нареч.* ínstantly, in a trice, in a móment. **~ный** instantáneous, mómentary ['mou-].

ме: ни бе ни ме not a thing.

ме́бель *ж. тк. ед. собир.* fúrniture; без ме́бели únfúrnished; сдаётся кварти́ра без ме́бели únfúrnished flat to let. ~ный *прил.* к мébель. ~щик *м.* fúrniture-màker; (*продавец мебели*) fúrniture-dealer.

меблиро́в||анный *прич. и прил.* fúrnished; ~анные кóмнаты fúrnished apártments; róoming-house* [-s] *sg. амер.* ~áть *несов. и сов.* (*вн.*) fúrnish (*d.*). ~ка *ж. тк. ед.* 1. (*действие*) fúrnishing; 2. *собир.* (*мебель*) fúrniture.

мегафóн *м.* mégaphòne.

мегéра *ж. разг.* shrew, términagant, scold.

мегóм *м. эл.* mégòhm [-oum].

мёд *м.* 1. hóney ['hʌ-]; слáдкий как ~ hóney-sweet ['hʌ-]; 2. (*напиток*) mead; ✧ вáшими бы устáми да ~ пить *погов.* ≅ I would it were true!, if ónly you were right!; не ~ no fun / joke; no pícnic; э́то не ~ that was no hóney.

медали́ст *м.,* ~ка *ж.* médallist, médal winner ['me-...].

медáл||ь *ж.* médal ['me-]; ~ «За трудовýю дóблесть» Médal for Lábour Válour [...'væ-]; ~ «За трудовóе отли́чие» Médal for Distínction in Lábour; оборóтная сторонá ~и the revérse of the médal; (*перен.*) the dark side of the pícture, the séamy side of the búsiness) [...'bɪzn-].

медальóн *м.* medállion, lócket.

медвéдиха *ж. разг.* = медвéдица.

медвéдица *ж.* shé-bear [-bɛə]; ✧ Большáя Медвéдица the Great Bear [...greɪt bɛə], Úrsa Májor, Chárles's Wain, the Wain, the Dípper; Мáлая Медвéдица the Little / Lésser Bear, Úrsa Mínor.

медвéд||ь *м.* bear [bɛə]; ✧ смотрéть, глядéть ~ем look / be súrly; емý ~ на ýхо наступи́л ≅ he has no ear for músic [...-zɪk].

медвежáт||а *мн. см.* медвежóнок. ~ина *ж.* bear's flesh [bɛəz...].

медвежáтник I *м.* 1. (*вожак*) béar-leader['bɛə-]; 2. (*охотник*) béar-hùnter ['bɛə-].

медвежáтник II *м.* (*помещение*) béar-gàrden ['bɛə-], béar-pit ['bɛə-].

медвé||жий *прил.* к медвéдь; *тж.* ursine *научн.*; ~жья охóта béar-baiting ['bɛə-]; ~жья шкýра béar-skìn ['bɛə-]; ✧ ~ ýгол ≅ gód-forsàken hole; ~жья услýга dís¦sérvice; окáзывать комý-л. ~жью услýгу do smb. dís¦sérvice; bestów a dóubtful bénefit up¦ón smb. [-'stou... 'daut-...]; ~жья болéзнь *шутл.* ≅ nérvous dìarrhóea [...-'rɪə]. ~жóнок *м.* béar-cùb ['bɛə-].

медвя́ный mellíferous.

медеплави́льный *тех.* cópper smèlting); ~ завóд cópper(-smèlting) works / plant [...-ɑːnt].

медепрокáтный *тех.*: ~ завóд cópper mill.

медж(и)ли́с *м.* mèjlís.

медиáна *ж. мат.* médian.

мéдик *м.* 1. *уст.* (*врач*) médical man*, physícian [-'zɪ-]; 2. (*студент*) médical stúdent.

медикамéнт *м.* médicine, drug.

мéдиум *м.* médium.

медицéйск||ий Mèdicé¦an [-'siːən]; Венéра ~ая Vénus de Médici [...-dɪ-ʧɪ].

меди́цин||а *ж.* médicine; дóктор ~ы dóctor of médicine (*сокр.* M. D.). ~ский médical; ~ские срéдства médicines, drugs; ~ское свидéтельство médical certíficate, certíficate of health [...helθ]; ~ский осмóтр médical exàminátion; ~ский факультéт médical fáculty / depártment; ~ская пóмощь médical aid / sérvice; ✧ ~ская сестрá (hóspital) nurse.

меди́чка *ж. разг.* wóman* médical stúdent ['wu-...].

мéдленно I *прил. кратк. см.* мéдленный.

мéдленн||о II *нареч.* slówly ['slou-]. ~ость *ж.* slówness ['slou-]. ~ый slow [slou].

медли́тельно I *прил. кратк. см.* медли́тельный.

медли́тельн||о II *нареч.* slúggishly. ~ость *ж.* slúggishness. ~ый slúggish, slow [slou]; ~ый человéк slówcoach ['slou-], lággard.

мéдл||ить línger; (*задерживаться*) lay* behínd; (с *тв.*) be slow [...slou] (in *ger.*); deláy (*d.*); он ~ит с прихóдом he is slow in cóming; не ~я ни минýты without lósing a móment [...'luːz-...]; at once [...wʌns].

мéдник *м.* brázier, cópper-smith.

мéдно-крáсный cópper-còlour¦ed [-kʌ-].

меднолитéйный *тех.* cópper-founding.

меднорýдн||ый cópper-òre (*attr.*); ~ая промы́шленность cópper índustry.

мéдн||ый 1. made of brass, cópper; ~ые дéньги cópper móney [...'mʌ-] *sg.*; cópper *sg.*; 2. *хим.* cúpric, cúpreous; ~ купорóс blue vítriol / cópperas; ~ колчедáн chàlcopýrite [kælko'paɪ-], cópper pỳrítès [...paɪ'raɪtiːz]; ✧ ~ век the Brázen Age; ~ лоб *разг.* blóckhead [-hed]; на ~ые дéньги *разг.* ≅ on a shóe-string [...'ʃuː-].

медóв||ый *прил.* к мёд; *тж.* hóneyed ['hʌnɪd]; ~ пря́ник hóney-càke ['hʌ-]; ✧ ~ые рéчи hóneyed words; ~ мéсяц hóney¦moon ['hʌ-].

медóк I *м.* 1. *уменьш. от* мёд; 2. *бот.* néctar.

медóк II *м.* (*вино*) Médòc ['me-].

медонóсн||ый mèllíferous, nèctaríferous; ~ые трáвы mèllíferous herbs.

медосмóтр *м.* (*медици́нский осмóтр*) médical exàminátion.

медоточи́вый mèllífluent, mèllífluous; hóneyed ['hʌnɪd].

медпóмощь *ж.* (*медици́нская пóмощь*) médical aid / sérvice.

медпýнкт *м.* (*медици́нский пункт*) súrgery; *воен.* aid post [...poust]; aid státion *амер.*

медсестрá *ж.* (*медици́нская сестрá*) (hóspital) nurse.

медýза *ж.* 1. *зоол.* medúsa [-zə]; jéllyfish *разг.*; 2. *миф.* Medúsa.

медуни́ца *ж. бот.* lúng¦wòrt.

мед||ь *ж.* 1. cópper; жёлтая ~ brass; yéllow cópper; крáсная ~ cúprite; red cópper; листовáя ~ cópper sheets *pl.*; 2. *собир. разг.* cópper; (*медные деньги тж.*) cópper coins *pl.* ~я́к *м. разг.* cópper coin, cópper.

медяни́ца *ж. зоол.* blínd-wòrm, slów-wòrm ['slou-].

медя́нка *ж.* 1. *зоол.* gráss-snàke; 2. *хим.* vérdigris.

медя́шка *ж. разг.* bráss(wòrk).

меж = мéжду.

межá *ж.* bóundary, bound.

межбиблиотéчный ìnter-líbrary [-'laɪ-] (*attr.*); ~ абонемéнт ìnter-líbrary exchánge [...-'ʧeɪ-].

межвидов||óй *биол.* ìnterspecífic; ~áя борьбá ìnterspecífic strúggle.

междомéтие *с. грам.* interjéction.

междоусóб||ие *с.,* ~ица *ж. ист.* cívil / intéstine / ìnternécine dissénsion / war [...-'niːs-...]. ~ный *ист.* intéstine, ìnternécine [-'niːs-]; ~ная войнá intéstine / ìnternécine war.

мéжду *предл.* (*тв., иногда рд.*) 1. betwéen: ~ двéрью и окнóм betwéen the door and the wíndow [...dɔː...]; ~ óкнами betwéen the wíndows; ~ двумя́ и тремя́ (часáми) betwéen two and three (o'clóck); войнá ~ племенáми war betwéen tribes; 2. (*среди*) amóng, amóngst; ✧ ~ нáми (говоря́) betwéen our¦sélves; betwéen you and me; ~ тем méanwhìle; ~ тем как while; (*тогда как*) whère¦ás; ~ тем э́то так nèver¦the¦léss it is so; ~ прóчим by the way; ìncidéntally; ~ дéлом at odd móments, by the way; читáть ~ строк read* betwéen the lines; ~ двух стýльев ≅ on the fence.

междувéдомственн||ый ìnterdèpàrtméntal; ~ая комиссия joint commíttee / comíssion [...-tɪ...].

междувидовóй = межвидовóй.

междугорóдн||ый ìntertówn, ìnterúrban; ~ телефóн trúnk-lìne; ~ая автóбусная ли́ния ìnterúrban bus sérvice; ~ые перевóзки ìnterúrban tránspòrt.

междунарóдн||ый ìnternátional [-'næ-]; Междунарóдный жéнский день Ìnternátional Wóman's Day [...'wu...]; Междунарóдный юношеский день Ìnternátional Youth Day [...juːθ...]; ~ое прáво ìnternátional law; ~ые свя́зи, отношéния ìnternátional relátions; ~ая обстанóвка ìnternátional sìtuátion.

междуплеменнóй *ист.* ìntertríbal.

междуря́дн||ый *с.-х.*: ~ая обрабóтка ìnter-rów cùltivátion [-'rou...]; ~ая культýра row crop [rou...].

междуря́дье *с. с.-х.* space betwéen rows [...rouz].

междуца́рствие *с. ист.* ìnterrégnum.

межев||а́ние *с.* lánd-sùrvéying. **~а́ть** (*вн.*) sùrvéy (*d.*), set* / fix bóundaries (to). **~о́й:** ~о́й знак lánd-màrk, bóundary-màrk; ~а́я цепь méasuring-chain ['meʒ-].

межеу́мок *м. разг.* néither one thing nor the other ['naɪ-...].

межзаво́дский ìnter-fáctory (*attr.*), betwéen fáctories.

межзу́бный *лингв.* ìnterdéntal.

межкле́точный *биол.* ìntercéllular.

межколхо́зн||ый ìnterkòlkhóz; sérving séveral colléctive farms; ~ая электроста́нция státion províding séveral colléctive farms with eléctrical pówer; ìnterkòlkhóz pówer státion.

межконтинента́льный íntercòntinéntal.

межобластн||о́й ìnter-région|al; ~а́я авто́бусная ли́ния ìnter-région|al bus sérvice.

межотраслев||о́й: ~а́я коопера́ция предприя́тий cò-òperátion of dífferent bránches of índustry [...'brɑ:-...].

межпарла́ментский ìnter-Pàrliaméntary [-lə-]; ~ сою́з ìnter-Pàrliaméntary únion.

межплане́тн||ый ìnterplánetary; ~ое простра́нство ìnterplánetary space; ~ое сообще́ние space trável [...'træ-], ìnterplánetary commùnicátion.

межпоро́дн||ый: ~ое скре́щивание *биол.* cróss-breeding, cróssing.

межправи́тельственн||ый: ~ые соглаше́ния agréements betwéen góvernments [...'gʌ-], ìnterstáte agréements.

межрайо́нный ìnter-dístrict (*attr.*); ~ гидроу́зел ìnter-dístrict hỳdro|-téchnical constrúctions *pl.*

межрёберный *анат.* ìntercóstal.

межреспублика́нск||ий ìnter-repúblican [-'pʌ-]; ~ие хозя́йственные о́рганы ìnter-repúblican èconómic órgans [...i:k-...]; ~ая колхо́зная гидроэлектроста́нция ìnter-repúblican kòlkhóz hýdrò-eléctric státion, hýdrò-eléctric státion supplýing pówer to the colléctive farms of séveral repúblics [...-'pʌ-].

межсессио́нный ìnter-séssion (*attr.*), ínterim.

межсовхо́зный sérving séveral State farms.

мезалья́нс *м.* mésalliance (*фр.*) [me-'zælɪəns].

мездра́ *ж. тк. ед.* flesh side (*of hide*).

мезозо́йск||ий *геол.* mèsozó|ic; ~ая э́ра mèsozó|ic éra / périod.

мезолити́ческий *археол.* mèsolíthic.

мезони́н *м.* áttic.

мексика́н||ец *м.*, **~ка** *ж.*, **~ский** Méxican.

мел *м.* chalk; (*для побелки*) whíting, whíten|ing; писа́ть ~ом chalk.

меланез||и́ец *м.*, **~и́йка** *ж.*, **~и́йский** Mèlanésian [-z-].

меланхо́л||ик *м.* mèlanchólic / splenétic pérson [-'kɔ-...]. **~и́ческий, ~и́чный** mélancholy [-k-], mèlanchólic [-'kɔ-]. **~ия** *ж.* mélancholy [-k-], spleen; *мед.* mèlanchólia [-'kou-]; в ~ии in mélancholy; in the dumps, in the blues *разг.*

мела́сса *ж.* molásses *pl.*

меле́ть, обмеле́ть shállow, grow* / become* shállow [grou...].

мелини́т *м. хим.* mélinite.

мелиорати́вн||ый *с.-х.* lánd-rèclamátion (*attr.*), lánd-impróve|ment [-'pru:v-] (*attr.*); ~ые мероприя́тия lánd-rèclamátion méasures [...'meʒ-].

мелиора́тор *м.* spécialist in lánd-rèclamátion ['spe-...].

мелиоратио́нный = мелиорати́вный.

мелиора́ция *ж. с.-х.* lánd-rèclamátion, lánd-impróve|ment [-'pru:v-].

ме́лк||ий 1. (*некрупный*) small; ~ие де́ньги (small) change [...ʧeɪ-] *sg.*, small coin *sg.*; ~ие расхо́ды pétty expénses; évery|dáy expénses; ~ песо́к fine sand; ~ дождь drízzling rain, drízzle; ~ рога́тый скот sheep and goats *pl.*; ~ая кра́жа pétty lárceny [...-snɪ], pílferage; ~ой ры́сью at a géntle / éasy trot [...'i:zɪ...]; at a dóg-tròt *разг.*; **2.** (*небольшой, незначительный*) small; ~ое хозя́йство small / pétty fárming; ~ое произво́дство small / smáll-scále prodúction; ~ со́бственник small ówner [...'ou-]; ~ая буржуази́я pétty bourgeoisíe [...bu:əʒwɑ:'zi:]; ~ чино́вник mínor offícial; **3.** (*неглубокий*) shállow; ~ руче́й shállow stream; ~ая таре́лка flat / dínner plate; **4.** (*ничтожный*) pétty; (*о человеке тж.*) smáll-mìnded; ~ая душо́нка pétty créature.

ме́лко I *прил. кратк. см.* ме́лкий.

ме́лко II *нареч.* **1.** (*некрупно*) fine, into small párticles; ~ моло́ть grind* small; ~ писа́ть write* small; write* a fine / small / minúte hand [...maɪ-...]; **2.** (*неглубоко*) to líttle depth; ◊ ~ пла́вать ≅ belóng to the small fry; lack depth.

мелкобуржуа́зный pétty-bóurgeois [-'buəʒwɑ:].

мелко||во́дный shállow. **~во́дье** *с.* shoal.

мелкозерни́стый fíne-gráined, smáll-gráined.

мелкокали́берный = малокали́берный.

мелкокрестья́нск||ий smáll-péasant [-'pez-] (*attr.*); ~ое хозя́йство smáll-péasant farm.

мелколе́сье *с.* scrubs *pl.*; thícket of low / hálf-grówn trees [...lou 'hɑ:f-'groun...], cóppice.

мелкопоме́стн||ый *ист.* ówning a small estáte ['ou-...]; ~ое дворя́нство small géntry.

мелкосо́бственническ||ий of pétty / small ówners [...'ou-]; ~ая психоло́гия smáll-propríetor mèntálity / psỳchólogy [...saɪ'kɔ-].

мелкота́ *ж.* **1.** smáll|ness; (*перен.*) péttiness, méanness; **2.** *собир. разг.* small fry.

мелкотова́рн||ый *эк.*: ~ое произво́дство smáll-scále commódity prodúction; ~ое (крестья́нское) хозя́йство pétty goods (péasant) èconomy [...gudz 'pez- i:-].

мелкотра́вчатый *разг.* pétty, púny

мелов||о́й 1. chálky; **2.** *геол.* cretáceous [-ʃəs]; ◊ ~а́я бума́га art páper

мелодекламация *ж.* rècitátion tc músic [...-zɪk].

мело́д||ика *ж.* mèlódics. **~и́чески 1.** *прил.* к мело́дия; **2.** = мелоди́ч ный. **~и́чность** *ж.* mélody, melódious| ness, túne|fulness. **~и́чный** melódi ous, túne|ful. **~ия** *ж.* mélody, tune

мелодра́ма *ж.* mélodràma [-ɑ:mə] **~ти́ческий** mèlodramátic.

мело́к *м.* (piece of) chalk [pi:s...] игра́ть на ~ *карт. разг.* play o crédit.

мелома́н *м.* lóver of músic ['lʌ-... -zɪk].

мелочн||о́й 1. small; ~ торго́ве chándler ['ʧɑ:-], grócer; ~а́я торго́в ля chándlery ['ʧɑ:-], grócer's shop **2.** = ме́лочный.

ме́лочн||ость *ж.* méanness, pétti ness, trìviálity. **~ый** smáll-mínded pétty, méan-spírited, péttifògging.

ме́лоч||ь *ж.* **1.** *тк. ед. собир.* (*мел кие вещи*) small things / árticles *pl* (*о мелкой рыбе*) small fry; **2.** *тк. ес собир.* (*о деньгах*) (small) chang [...ʧeɪ-]; **3.** (*пустяк*) trifle; sma point; (trívial) détails [...'di:-] *pl* ~и жи́зни the líttle nóthings of lif the trífles of life; ◊ разме́ниваться н ~и, по ~а́м squánder one's gifts tálents on trífles [...gɪ- 'tæ-...].

мел||ь *ж.* shoal; подво́дная ~ banl песча́ная ~ sándbànk; сесть на run* agróund; снять су́дно с ~ set* *a* ship aflóat; посади́ть на (*вн.*) ground (*d.*); на ~и́ agróun (*перен.*) *разг.* in low wáter [...l 'wɔ:-]; on the rocks; сиде́ть как р на ~и́ ≅ be in the soup [...su:p], on the rocks.

мельк||а́ние *с.* fláshing; glímpses *pl* gleams *pl.* **~а́ть,** мелькну́ть flas gleam, appéar for a móment; у не ~ну́ла мысль an ìdéa fláshed acro his mind [...aɪ'dɪə...]. **~ну́ть** *сов. с* мелька́ть.

ме́льком *нареч. разг.* in pássin cúrsorily; взгляну́ть ~ (на в cast* a cúrsory) glance (at), stea a glance (at); ви́деть ~ (*вн.*) catc a glimpse (of); слы́шать ~ (*вн.*) hea with half an ear [...hɑ:f...] (*d.*).

ме́льни||к *м.* míller. **~ца** *ж.* mi ручна́я ~ца hánd-mìll, quern; ве ряна́я ~ца wíndmìll ['wɪ-]; водян

~ца wáter-mìll ['wɔː-]; паровáя ~ца stéam-mìll; кофéйная ~ца cóffee-mill [-fɪ-]; ◇ лить вóду на чью-л. ~цу *разг.* ≅ play into smb.'s hands; воевáть с ветряны́ми ~цами fight* windmills. ~чиха *ж. разг.* míller's wife*. ~чный *прил. к* мéльница.

мельхиóр *м.* cúpro¦nìckel, Gérman sílver. ~овый Gérman sílver (*attr.*).

мельчáйш||ий (*превосх. ст. от прил.* мéлкий) smállest; fínest; ~ие подрóбности the smállest détails [...dɪ-]; до ~их подрóбностей in minúte détail [...maɪ-...].

мельчáть, измельчáть **1.** become* / grow* small / smáller [...grou...]; (*перен.*) become* pétty; **2.** (*вырождаться*) degénerate; **3.** (*становиться неглубоким*) become* / grow* shállow.

мéльче *сравн. ст. прил. см.* мéлкий *и нареч. см.* мéлко II.

мельчи́ть (*вн.*) *разг.* make* small / fine (*d.*); (*размалывать, растирать*) grind* (*d.*); (*перен.*) dwarf (*d.*), lówer the dígnity ['louə...] (of).

мелюзгá *ж. тк. ед. собир. разг.* small fry.

мембрáна *ж. физ.* mémbrane; *тех.* díaphragm [-fræm].

меморáндум *м.* mèmorándum (*pl.* -da).

мемориáльн||ый memórial; ~ая доскá memórial plaque [...plɑːk].

мемму||ари́ст *м.* wríter / áuthor of mémoirs [...'memwɑːz], memórialist. ~áрный *прил. к* мемуáры. ~áры *мн. лит.* mémoirs ['memwɑːz].

мéна *ж.* exchánge [-'ʧeɪ-], bárter.

мéнее (*сравн. ст. от нареч.* мáло) less; ~ чем в два дня in less than two days; ~ всегó least of all; ему́ ~ 40 лет he is únder fórty, he is not yet fórty; he is on the right / súnny side of fórty *идиом.*; ~ пяти́ фу́нтов below / únder five pounds [-'lou...]; ◇ тем не ~ nèver¦the¦léss, none the less [nʌn...]; бóлее и́ли ~ more or less; не бóлее не ~, как néither more nor less than ['naɪ-...]; не бóлее не ~, как сам... no less a pérson than... hìm¦sélf; ~ всегó least, compléte¦ly not.

менестрéль *м. ист.* mínstrel.

мéнзула *ж. геод.* pláne-tàble.

мензу́рка *ж.* méasuring-glàss ['meʒ-], gráduate.

менинги́т *м. мед.* mèningítis [-n'ʤaɪ-].

мени́ск *м. физ.* mèníscus (*pl.* -ci).

менов||óй exchánge [-'ʧeɪ-] (*attr.*); ~áя торгóвля bárter; ~áя стóимость *эк.* exchánge válue.

менстру||áльный *физиол.* ménstrual. ~áция *ж.* périod; ménses *pl.*; mènstruátion *научн.* ~и́ровать *физиол.* ménstruàte.

ментóл *м. хим.* ménthòl. ~овый *прил. к* ментóл.

мéнтор *м. уст.* méntòr. ~ский *прил. к* мéнтор; ~ским тóном didáctically.

менуэ́т *м.* mìnuét.

мéньше **1.** (*сравн. ст. от прил.* мáлый, мáленький) smáller; **2.** (*сравн. ст. от нареч.* мáло) less; ~ всегó least of all; как мóжно ~ as little as póssible; ◇ не бóльше не ~ как, ни бóльше ни ~ как néither more nor less than ['naɪ-...].

меньшев||и́зм *м. полит.* Ménshevism. ~и́к *м. полит.* Ménshevik. ~и́стский *полит.* Ménshevist.

мéньш||ий (*сравн. ст. от прил.* мáлый, мáленький) lésser; (*младший*) yóunger ['jʌŋgə]; ~ая часть the lésser part; ◇ по ~ей мéре at least; сáмое ~ее по less than, at least; (*о количестве, размере*) not únder; из двух зол выбирáть ~ее of two évils choose the léss(er) [...'iːv°lz...].

меньшинств||ó *с.* mìnórity [maɪ-]; ничтóжное ~ insigníficant mìnórity; ~ голосóв mìnórity (of votes); оказáться в ~é be outnúmbered; (*при голосовании*) be outvóted; ◇ национáльное ~ nátional mìnórity ['næ-...].

меньшóй *разг.* yóunger ['jʌ-].

меню́ *с. нескл.* ménù, bill of fare.

меня́ *рд., вн. см.* я.

меня́||ла *м.* móney-chànger ['mʌnɪʧeɪn-]; (*на востоке*) shroff. ~льный móney-chànging ['mʌnɪʧeɪn-].

меня́ть, поменя́ть (*вн.*) **1.** *тк. несов.* (*в разн. знач.*) change [ʧeɪ-] (*d.*); ~ своё мнéние change one's opínion; ~ направлéние change *the* diréction; ~ положéние shift *the* posítion [...-'zɪ-]; ~ поли́тику change *the* course / pólicy [...kɔːs...]; ~ плáтье change (one's clothes) [...klou-]; ~ дéньги change one's móney [...'mʌ-]; **2.** (*вн.* на *вн.*; *обменивать*) exchánge [-'ʧeɪ-] (*d.* for.). ~ся, поменя́ться **1.** *тк. несов.* (*изменяться*) change [ʧeɪ-]; **2.** (*тв.*; *обмениваться*) exchánge [-'ʧeɪ-] (*d.*); ~ся ролями switch the roles [...roulz]; **3.** *страд. к* меня́ть; ◇ ~ся в лицé change cóuntenance.

мéр||а *ж.* **1.** méasure ['meʒə]: ~ы длины́ línear méasures; ~ы повéрхности square méasures; ~ы жи́дкостей líquid méasures; ~ы сыпу́чих тел dry méasures; **2.** (*мероприятие*) méasure; решúтельные ~ы drástic méasures; ~ы взыскáния disciplinary méasures; приня́ть ~ы take* méasures; make* arránge¦ments [...-eɪ-]; приня́ть срóчные ~ы take* prompt áction; приня́ть все ~ы take* every méasure; врéменная ~ témporary méasure; stópgàp méasure *разг.*; ~ы предосторóжности precáutions, precáutionary méasures; разу́мные ~ы wise méasures; ◇ вы́сшая ~ наказáния cápital púnishment [...'pʌ-]; соблюдáть ~у keep* within límits; не знать ~ы be immóderate, not know* the right méasure [...nou...], not know* where to stop; по ~е тогó, как as; по ~е возмóжности, по ~е сил as far as póssible; в значи́тельной ~е in a large méasure, to a consíderable extént; в пóлной ~е in full méasure; в извéстной ~е to a cértain extént; сверх ~ы, не в ~у, чéрез ~у be¦yónd, *или* out of, méasure, excéssive¦ly, immóderate¦ly; в ~у (*рд.*) to the extént (of); móderate¦ly; within réasonable límits [...-z-...]; по крáйней ~е at least.

мéргель *м. геол.* marl.

мерéжка *ж.* dráwn-wòrk, dráwn-thréad work [-'θred...], ópen-wòrk.

мерéть *разг.* die, pérish (*in large numbers*); ◇ му́хи мрут ≅ it is excéeding¦ly bóring.

мерéщит||ься, померéщиться (*дт.*) *разг.* seem (to), appéar (to); ему́ ~ся he is dréaming; ему́ ~ся, что it seems to him that; ему́ померéщилось he fáncied he saw.

мерзáв||ец *м. бран.* víllain [-lən], scóundrel. ~ка *ж. бран.* mean wóman* [...'wu-].

мéрзк||ий **1.** vile; (*вызывающий омерзение*) lóath¦some; ~ие словá vile words; он стал ей мéрзок he becáme lóath¦some to her; **2.** (*неприятный*) násty; какáя ~ая погóда! what násty wéather! [...'we-].

мерзлотá *ж. тк. ед.* frózen ground; вéчная ~ pérmafròst.

мёрз||лый frózen; (*замороженный*) con¦géaled. ~нуть freeze*; (*чувствовать холод*) feel* cold.

мéрз||остный = мéрзкий. ~ость *ж.* **1.** abòminátion; **2.** (*мерзкая вещь и т. п.*) lóath¦some / násty thing; ◇ ~ость запустéния abòminátion of dèsolátion.

меридиáн *м.* merídian. ~ный merídional.

меридионáльный merídional.

мери́ло *с.* stándard, critérion [kraɪ-] (*pl.* -ia).

мéрин *м.* gélding ['ge-]; ◇ он врёт как си́вый ~ *разг.* ≅ he lies like a tróoper.

мерино́с *м.* **1.** (*овца*) merínò (sheep*) [-'riː-...]; **2.** (*шерсть*) merínò (wool) [...wul]. ~овый *прил. к* мерино́с.

мéрить I (*вн.*) méasure ['meʒə] (*d.*); ◇ ~ на свой арши́н *разг.* ≅ méasure others' corn by one's own búshel [...oun 'bu-]; ~ глазáми, взгля́дом look up and down.

мéрить II (*вн.*; *примерять*) try on (*d.*).

мéриться I, помéриться **1.** (*тв.* с *тв.*) méasure ['meʒə] (*d.* with); ~ си́лами с кéм-л. (*перен.*) méasure swords with smb. [...sɔːdz...]; **2.** *страд. к* мéрить I.

мéриться II *страд. к* мéрить II.

мéрк||а *ж.* **1.** méasure ['meʒə]; снять ~у с когó-л. take* smb.'s méasure; по ~е to méasure; **2.** (*предмет, служащий для измерения*) méasuring rod ['meʒ-...]; yárdstìck (*тж. перен.*).

меркантили́зм *м.* mércantilism.
меркантильный mércantile; ~ дух mércenary spírit.
ме́ркнуть, поме́ркнуть grow* dark / dim [grou...]; fade, wane; его́ сла́ва поме́ркла his fame dwindled.
Мерку́рий *м. миф., астр.* Mércury.
мерлу́шк||а *ж.* lámb¦skin. **~овый** *прил.* к мерлу́шка.
ме́рн||ость *ж.* règulárity, rhythm. **~ый** **1.** méasured ['meʒ-], slow and régular [slou...]; ~ые шаги́ méasured steps; **2.** *тех.* méasuring ['meʒ-]; ~ая ле́нта méasuring tape.
мероприя́тие *с.* méasure ['meʒə], arránge¦ment [ə'reɪ-]; (*законодательное*) législàtive enáctment.
мерсериз||а́ция *ж. тех.* mèrcerìzátion [-raɪ-]. **~ова́ть** *несов. и сов.* (*вн.*) *тех.* mércerize (*d.*).
мёртв *прил. кратк. см.* мёртвый.
мертве́нн||ый déathly ['deθ-], ghást¦ly; ~ цвет лица́ déathly pale face; ~ая бле́дность déadly pále¦ness ['ded-...], déathly pállor.
мертве́ть grow* numb [grou...]; (от *ужаса, горя и т. п.*) grow* stiff / cold (with *fright, grief, etc.*).
мертве́ц *м.* corpse, dead man* [ded...]. **~ка́я** *ж. скл. как прил.* mórtuary, déad-house* ['dedhaus]. **~ки** *нареч.*: ~ки пьян *разг.* dead drunk [ded...].
мертвечи́на *ж. чаще собир.* cárrion, dead flesh [ded...]; (*перен.*) *разг.* dead thing.
мертворождённый stíll-bòrn; (*перен.; о проекте и т. п.*) abórtive.
мёртв||ый dead [ded]; (*безжизненный*) life¦less; ~ая то́чка *тех.* dead point / centre; (*перен.*) stándstill; на ~ой то́чке at a stándstìll; ~ капита́л *эк.* dead stock; ún¦emplóyed cápital; ~ язы́к *лингв.* dead lánguage; ~ая пе́тля *ав.* loop; ~ая зыбь *мор.* swell; ~ые глаза́ (*невыразительные*) life¦less eyes [...aɪz]; ◇ ~ая хва́тка mórtal grip; ~ая тишина́ dead sílence [...'saɪ-]; спать ~ым сном *разг.* be dead asléep; пить ~ую *разг.* drink* hard; sot; ~ая приро́да dead mátter.
мерца́ние *с.* **1.** twínkling, shímmering, glímmer, flícker; **2.** *астр.* scìntillátion.
мерца́ть twinkle, shímmer, glímmer, flícker.
ме́рять(ся) I, II = ме́рить(ся) I, II.
ме́сиво *с.* (*корм для скота*) mash; (*перен.: мешанина*) médley ['me-], jumble.
меси́лка *ж.* míxer.
меси́ть, смеси́ть (*вн.*) knead (*d.*); (*о глине*) puddle (*d.*); ◇ ~ грязь *разг.* wade through mud, walk in the mud.
месмери́зм *м.* mésmerism ['mez-].
ме́сса *ж. церк., муз.* mass.
места́ми *нареч.* here and there.
месте́чко I *с. уменьш. от* ме́сто; ◇ тёплое ~ *разг.* ≅ snug / cúshy job [...'kuʃɪ...].
месте́чко II *с.* (*посёлок*) bórough ['bʌrə], small town.
мести́ **1.** (*вн.*) sweep* (*d.*); **2.** *безл.*: метёт (*о метели*) there is a snów-stòrm [...'snou-].
местко́м *м.* (ме́стный комите́т) lócal tráde-ùnion commíttee [...-tɪ]. **~о́вский** *прил. к* местко́м.
ме́стничество *с. ист.* órder of precédence / sèniórity [...-'si:d-...].
ме́стн||ость *ж.* **1.** cóuntry ['kʌ-]; живопи́сная ~ pìcturésque surróundings *pl.*; **2.** (*район, округа*) locálity, dístrict; да́чная ~ cóuntry place. **~ый** (*в разн. знач.*) lócal; ~ый жи́тель inhábitant; ~ый уроже́нец nátive; ~ая интеллиге́нция nátive intèlligéntsia; ~ый го́вор lócal díalèct; ~ое вре́мя lócal time; ~ые сре́дства lócal búdget *sg.*; ~ый нало́г lócal tax / rate; ~ое самоуправле́ние munícipal góvernment [...'gʌ-]; ~ые о́рганы вла́сти lócal authórities; ~ый комите́т lócal tráde-ùnion commíttee [...-ti]; ~ая промы́шленность lócal índustry; ~ые строи́тельные материа́лы lócally procúrable búilding matérials [...'bɪld-...]; ~ый нарко́з *мед.* lócal ànaesthésia [...-zɪə]; ~ый паде́ж *грам.* lócative (case) [...keɪs].
-ме́стный (*в сложн. словах, не приведённых особо*) with berths, seats for...; (*о самолёте, автомашине и т. п.*) -séater (*attr.*); *напр.* десятиме́стный with berths, seats for 10; (*о самолёте, автомашине и т. п.*) tén-séater.
ме́ст||о *с.* **1.** (*в разн. знач.*) place; (*чем-л. выделяемое*) spot; (*для постройки, сада и т. п.*) site; (*местность*) locálity; уступа́ть ~ кому́-л. give* up one's place to smb.; то са́мое ~ that partícular spot; то са́мое ~, где the precise spot where [...-'saɪs...]; хоро́шее ~ для до́ма a good* site for a house*[...-s]; здоро́вое ~ héalthy locálity ['hel-...]; в э́тих ~а́х, в на́ших ~а́х in these parts; по ~а́м! to your pláces!; *воен.* stand to!; ~ де́йствия scene of áction; рабо́чее ~ wórking place; переходи́ть с ~а на ~ roam; move from place to place [mu:v...]; занима́ть пе́рвое ~ (*во время состязания*) be in the lead; заня́ть пе́рвое ~ (*выиграть состязание*) gain first place; раздели́ть пе́рвое ~ (*во время состязания*) share the lead; (*о результате состязания*) share first place; ~ стоя́нки (*автомобилей*) párking place; (*извозчиков*) cábstànd; (*такси*) táxi-rànk; ~ заключе́ния place of confíne¦ment; пусто́е ~ blank (space); (*перен.; о человеке*) a nònéntity, a nó¦body; де́тское ~ *анат.* áfterbìrth, placénta; **2.** (*в театре и т. п.*) seat; (*спальное — на пароходе, железной дороге*) berth; ве́рхнее, ни́жнее ~ úpper, lówer berth [...'louə...]; **3.** *тк. ед.* (*свободное пространство*) space; room (*тж. перен.*); нет ~а there is no room; здесь дово́льно ~а there is plénty of room here; не оставля́ть ~а (для) (*перен.*) leave* no room (for), make* no allówance (for); **4.** (*должность*) post [poust], óffice; (*домашней работницы и т. п.*) sìtuátion; быть без ~а be out of work, be ún¦emplóyed; иска́ть ~ seek* a sìtuátion; look for a job *разг.*; дохо́дное ~ lúcrative appóintment, wéll-páid job; предоста́вить ~ (в *комиссии и т. п.*) give* a seat (on); **5.** (*часть текста*) pássage; **6.** (*о багаже*) piece (of lúggage) [pi:s...]; **7.** *мн.* (*в противоположность центру*) províncial òrganìzátions [...-naɪ-], the próvinces; сообщи́ть на ~а́ infórm the próvinces; ◇ на ва́шем ~е in your place; if I were you; if I were in your shoes [...ʃu:z] *идиом. разг.*; сла́бое ~ weak spot / point / place; находи́ть сла́бое ~ find* a weak spot / point / place; ≅ find* the joint in the ármour *идиом.*; не находи́ть себе́ ~а fret; знать своё ~ know* one's place [nou...]; занима́ть ви́дное ~ (среди́) rank high (among); поста́вить кого́-л. на ~ put* smb. in his place; име́ть ~ take* place; о́бщее ~ cómmonplàce; (*банальность*) plátitùde; не к ~у out of place; на ~е on the spot; уби́ть на ~е kill on the spot; стоя́ть на ~е stand* still; ни с ~а stóck-stíll; он — ни с ~а he stood stóck-still [...stud...], he didn't budge; заста́ть на ~е преступле́ния catch* in the act; catch* réd-hánded; (го́лос) с ~а (voice) from the floor / áudience [...flɔ:...].
местожи́тельство *с. тк. ед.* résidence [-zɪ-].
местоиме́н||ие *с. грам.* pró¦noun. **~ный** *грам.* pronóminal.
местонахожде́ние *с.* locátion, the whére¦abouts.
местоположе́ние *с.* position [-'zɪ-], locátion, situátion, site.
местопребыва́ние *с. тк. ед.* abóde, résidence [-zɪ-]; ~ прави́тельства seat of góvernment [...'gʌv-], (place) where the góvernment has its seat.
месторожде́ние *с. геол.* láyer, depósit [-z-].
месть *ж.* véngeance ['vendʒəns]; revénge; кро́вная ~ blood feud [blʌd...], vèndétta.
ме́сяц I *м.* (*календарный*) month [mʌ-]; теку́щий ~ the cúrrent month (*сокр.* inst. — *в офиц. переписке*); про́шлый ~ làst month (*сокр.* ult.— *в офиц. переписке*); бу́дущий ~ next month (*сокр.* prox. — *в офиц. переписке*); янва́рь, февра́ль *и т. д.* ~ the month of Jánuary, Fébruary, *etc.*; ◇ медо́вый ~ hóney¦moon ['hʌ-].
ме́сяц II *м.* (*луна*) moon; ◇ молодо́й ~ new moon.

ме́сячн||ик *м.* (*рд.*) month [mʌnθ] of), a month's càmpáign [...-'peɪn] for); ~ дру́жбы fríendship month 'frend-...]. **~ый** mónthly ['mʌ-].

метабио́з *м. биол.* mètabiósis.

метагене́з *м. биол.* mètagénesis.

мета́лл *м.* métal ['me-]. **~иза́ция** *с. тех.* mètallizátion. **~изи́ровать** *несов. и сов.* (*вн.*) *тех.* métallize *d.*). **~и́ст** *м.* métal-wòrker ['me-]. **~и́ческий** metállic; métal ['me-] *attr.*); ~и́ческие изде́лия métal wares; hárdwàre *sg.*; ~и́ческий звук metállic sound.

металло||ве́дение *с.* scíence of métals [...'me-], mètallúrgical scíence. **~гра́фия** *ж.* mètallógraphy.

металло́ид *м. хим.* métalloid, nón-mètal [-me-].

металлоло́м *м.* scrap métal [...'me-].

металлоно́сный mètallíferous.

металлообраба́тывающ||ий métal-wòrking ['me-]; ~ая промы́шленность métal-wòrking índustry; ~ стано́к métal-wòrking machíne-tool [...-'ʃiːn-].

металлоплави́льн||ый: ~ая печь smélting fúrnace; ~ заво́д smélting works, sméltery.

металлопрока́тный métal-rólling ['me-]; ~ цех rólling depártment / shop.

металлопромы́шленн||ость *ж.* métal índustry ['me-...]. **~ый** *прил. к* металлопромы́шленность.

металлоре́жущий: ~ стано́к métal-cùtting lathe ['me- leɪð].

металлу́рг *м.* métallùrgist. **~и́ческий** mètallúrgical; ~и́ческий заво́д mètallúrgical works. **~ия** *ж.* métallùrgy; чёрная ~ия férrous métal índustry [...'me-...]; цветна́я ~ия nón-férrous métal índustry.

метаморфи́зм *м. геол.* mètamórphism.

метаморфо́за *ж.* mètamórphosis.

мета́н *м. хим.* méthàne, márshgàs.

мета́ние *с.* 1. thrówing ['θrou-]; cásting, flíng|ing; ~ жре́бия cásting lots; 2.: ~ икры́ spáwning.

метапла́зма *ж. биол.* métaplàsm.

мета́ста́||з *м. мед.* mètástasis (*pl.* -sès [-siːz]). **~ти́ческий** *мед.* mètastátic(al).

метате́за [-тэ́-] *ж. лингв.* mètáthesis (*pl.* -sès [-siːz]).

мета́тель *м.*, **~ница** *ж.*: ~ ди́ска *спорт.* díscus thrówer [...'θrouə].

мета́тельн||ый míssile; ~ое ору́жие míssile wéapon [...'wep-]; ~ снаря́д projéctile.

мета́ть I, метну́ть (*вн.*) 1. throw* [θrou] (*d.*); cast* (*d.*), fling* (*d.*); ~ диск throw* the díscus; ~ копьё throw* the jáve|lin [...'ʤæ-]; ~ жре́бий cast* lots; 2. *тк. несов.*: ~ икру́ spawn; ◇ ~ банк *карт.* keep* the bank; ~ гро́мы и мо́лнии *разг.* ≅ rage; рвать и ~ *разг.* ≅ be in a rage; ~ би́сер пе́ред сви́ньями cast* pearls befóre swine [...pəːlz...].

мета́ть II, смета́ть (*вн.*) baste [beɪst] (*d.*).

мета́ть III: ~ пе́тли make* / work búttonhòles.

мета́ться rush abóut; (*в постели*) toss; ~ по ко́мнате dash aróund the room.

мета́фи́з||ик *м.* mètaphysícian[-'zɪ-]. **~ика** *ж.* mètaphýsics [-zɪ-]. **~и́ческий** mètaphýsical [-zɪ-]; ~и́ческий взгляд mètaphýsical concéption.

мета́фор||а *ж. лит.* métaphor. **~и́ческий** *лит.* mètaphórical, fígurative; trópical. **~и́чный** *лит.* mètaphórical.

метаце́нтр *м. физ.* métacèntre. **~и́ческий** *физ.* mètacéntric; ~и́ческая высота́ mètacéntric height [...haɪt].

метаязы́к *м.* métalànguage ['me-].

мете́лица *ж.* = мете́ль.

метёлка *ж.* 1. whisk; 2. *бот.* pánicle.

мете́ль *ж.* snów-stòrm ['snou-].

мете́льчатый *бот.* pánicled, panículate.

мете́ль||щик *м.*, **~щица** *ж.* swéeper.

метемпсихо́з [-тэ-] *м.* mètèmpsychósis [-'k-].

метео́р *м.* méteor. **~и́т** *м.* méteorìte. **~и́ческий** mètеóric.

метеоро́лог *м.* mèteorólogist. **~и́ческий** mèteorológical; ~и́ческая ста́нция mèteorológical státion.

метеороло́гия *ж.* mèteorólogy.

метиза́ция *ж. биол.* cróss-breeding.

мети́зы *мн.* hárdwàre *sg.*

мети́л *м. хим.* méthỳl ['miːθaɪl].

метиле́н *м. хим.* méthylène. **~овый** *прил. к* метиле́н; ~овая синь méthylène blue.

мети́ловый *прил. к* мети́л; ~ спирт wóod-spìrit ['wud-].

мети́с *м. биол.* móngrel ['mʌ-], hálf-breed ['hɑːf-]; (*тк. о человеке*) métis. **~а́ция** *ж.* = метиза́ция.

ме́тить I (*вн.*; *ставить знак, метку*) mark (*d.*); ~ бельё mark línen [...'lɪ-].

ме́тить II 1. (в *вн.*; *целить*) aim (at); 2. (в *вн.*, на *вн.*; *намекать*) drive* (at), mean* (*d.*); 3. (в *вн.*; *стремиться*) aspíre (to *a position, etc.*).

ме́тка *ж.* 1. (*действие*) márking; 2. (*знак*) mark, sign [saɪn].

ме́тк||ий (*о пуле, ударе и т. п.*) wéll-áimed; (*о стрельбе*) áccurate; (*перен.*) neat, apt; ~ стрело́к good* shot, márks|man*; ~ое попада́ние true hit; ~ глаз keen eye [...aɪ]; ~ое замеча́ние neat / póinted / apt remárk; ~ое выраже́ние apt expréssion. **~о** *нареч.* néatly, to the point. **~ость** *ж.* (*о стрельбе*) áccuracy; (*о стрелке*) márksmanship; (*перен.*) néatness; ~ость гла́за kéenness of vísion.

метла́ *ж.* broom; bésom [-z-]; ◇ но́вая ~ чи́сто метёт *посл.* a new broom sweeps clean.

метну́ть *сов. см.* мета́ть I 1.

ме́тод *м.* méthod; диалекти́ческий ~ dìaléctical méthod; аналити́ческий ~ ànalýtical méthod.

мето́да *ж. уст.* méthod.

мето́дика *ж.* méthod(s) (*pl.*); ~ преподава́ния иностра́нных языко́в méthods of lánguage téaching, méthods of téaching lánguages.

методи́ст *м.* mèthodólogist (*one concerned with methods of teaching*).

методи́ч||еский 1. (*последовательный*) sỳstemátic(al), methódic(al); 2. *прил. к* мето́дика. **~ность** *ж.* methódicalness. **~ный** órderly, methódical.

методо||логи́ческий mèthodológical. **~ло́гия** *ж.* mèthodólogy.

мето||ними́ческий *лит.* mètonýmical. **~ни́мия** *ж. лит.* mètónymy.

метр *м.* 1. metre; квадра́тный ~ square metre; куби́ческий ~ cúbic metre; 2. *лит.* metre; ямби́ческий ~ ìámbic metre.

метра́ж *м.* 1. métric área [...'ɛərɪə]; 2. (*кино*) fóotage ['fut-] (*of film*).

метранпа́ж *м. полигр.* máker-úp, clícker.

метрдоте́ль [-э́ль] *м.* head wáiter [hed...].

ме́трика I *ж. лит.* métrics.

ме́трика II *ж.* (*документ*) bírth-certíficate.

метри́ческ||ий I 1. métric; ~ая систе́ма мер métric sýstem of méasures [...'meʒ-]; 2. *лит.* métrical; ~ое стихосложе́ние métrical vèrsificátion; ~ое ударе́ние íctus, métrical stress.

метри́ческ||ий II: ~ая кни́га régister of births, márriages and deaths [...-rɪʤ- ...deθs]; ~ое свиде́тельство bìrth-certíficate.

метро́ *с. нескл.* métro ['me-].

метрол||оги́ческий mètrológical. **~о́гия** *ж.* mètrólogy.

метроно́м *м. физ., муз.* métronòme.

метрополите́н [-тэ́н] *м.* the únderground; súbway *амер.*; (*в СССР тж.*) métro ['me-]; (*в Лондоне тж.*) tube.

метропо́лия *ж.* párent state, home (cóuntry) [...'kʌ-], móther cóuntry ['mʌ-...].

Метростро́й *м.* Metrostrói (*the organization concerned with the building of underground railways*).

ме́тчик *м.* 1. *тех.* (*инструмент*) tap; 2. (*человек*) márker.

мех I *м.* (*мн.* ~а́) 1. fur; на ~у́, подби́тый ~ом fúr-lìned; 2. *собир.* fúrriery; 3. *мн.* furs; ◇ на ры́бьем ~у́ ≅ flímsy [-zɪ] (*of clothes*).

мех II *м.* (*мн.* ~и́) 1. (*кузнечный и т. п.*) béllows *pl.*; 2. (*для вина*) wíne|skin; (*для воды*) wáter-skìn ['wɔː-].

механиза́тор *м.* machíne-óperàtor [-'ʃiːn-]. **~ский:** ~ские ка́дры в се́льском хозя́йстве machíne-óperàtors in ágricùlture [-'ʃiːn-...].

механиза́ция *ж.* mèchanizátion [-kənaɪ-].

механизи́рованн||ый *прич. и прил.* méchanìzed [-k-]; ~ое се́льское хозя́йство méchanìzed ágricùlture.

механизи́ровать *несов. и сов.* (*вн.*) méchanìze [-k-] (*d.*).

механи́зм *м.* méchanism [-k-] (*тж. перен.*); géar(ing) ['gɪə-]; *мн. собир.* machínery [-'ʃiːn-] *sg.*; часово́й ~ clóck-wòrk; подъёмный ~ hóisting / lífting gear; *воен.* élevàting gear; переда́точный ~ trànsmíssion gear / méchanism [-nz-...].

меха́ни||к *м.* mechánical èngineér [-'kæ- endʒ-], mèchanícian [-k-]; (*наблюдающий за машинами*) mechánic [-'kæ-]. **~ка** *ж.* **1.** mechánics [-'kæ-]; теорети́ческая ~ка theorétical mechánics; прикладна́я ~ка applíed mechánics; **2.** *разг.* (*ловкость, фокус*) trick, knack; хи́трая ~ка feat of skill / dèxtérity.

механи́ст *м. филос.* méchanist [-k-]. **~и́ческий** *филос.* mechánical [-'kæ-], mèchanístic [-k-].

механици́зм *м.* méchanism [-k-].

механи́ческ||ий **1.** mechánical [-'kæ-], pówer-drìven [-drɪ-]; ~ое обору́дование machínery [-'ʃiː-]; ~ая обрабо́тка machíning [-'ʃiːn-]; **2.** (*машинальный*) mechánical; ~ие движе́ния mechánical móve|ments [...'muːv-].

мехов||о́й *прил. к* мех I; ~о́е пальто́ fúr-coat; ~ воротни́к fúr-còllar; ~а́я торго́вля fúrriery. **~щи́к** *м.*, **~щи́ца** *ж.* fúrrier.

мецена́т *м.* pátron of art, of líterature; Maecénas [mɪ'siː-]. **~ство** *с.* pátronage of art, of líterature.

ме́ццо-сопра́но *с. и ж. нескл. муз.* mézzò-sopránò [-dzousə'prɑː-].

ме́ццо-ти́нто *с. нескл. полигр.* mézzò-tínto [-dz-], mézzò|tìnt [-dz-].

меч *м.* sword [sɔːd]; ◇ подня́ть ~ (*начать войну*) draw* the sword; вложи́ть ~ в но́жны (*кончить войну*) sheathe the sword; дамо́клов ~ sword of Dámoclès [...-kliːz]; скрести́ть ~и́ cross / méasure swords [...'meʒə...]; преда́ть огню́ и ~у́ ≅ put* to the sword.

мечено́сец *м. ист.* swórd-bearer ['sɔːdbɛə-].

ме́чен||ый marked; ~ые а́томы (rádiò|áctive) trácers; ме́тод ~ых а́томов the méthod of rádiò|áctive trácers.

мече́ть *ж.* mosque.

меч-ры́ба *ж. зоол.* swórd-fish ['sɔːd-].

мечта́ *ж.* dream; dáy-dream, wáking-dream. **~ние** *с.* **1.** = мечта́; **2.** (*действие*) dréaming.

мечта́тель *м.*, **~ница** *ж.* dréamer, dáy-dreamer, vísionary. **~ность** *ж.* dréaminess, réverie. **~ный** dréamy; (*задумчивый*) pénsive; ~ный вид dréamy look, air of réverie.

мечта́ть (о *пр.*) dream* (of).

меша́лка *ж.* míxer, stírrer, ágitàtor.

мешани́на *ж. тк. ед. разг.* médley ['me-], jumble, míshmàsh.

меш||а́ть I, помеша́ть (*дт.*, *дт.* + *инф.*) (*препятствовать*) prevént (*d.*, *d.* from *ger.*); (*стеснять*) hínder ['hɪ-] (*d.*), hámper (*d.*), impéde (*d.*); (*вмешиваться*) interfére (with); (*беспокоить*) distúrb (*d.*); е́сли ничто́ не помеша́ет if nothing ìnterféres; э́то помеша́ет ему́ прийти́ this will prevént him from coming; ~ движе́нию вперёд impéde prógrèss; помеша́ть успе́ху (*рд.*) préjudice the succéss (of); ◇ не ~а́ло бы, не меша́ет *разг.* it would be advísable [...-z-], it would not do any harm.

меша́ть II **1.** (*вн.*; *размешивать*) stir (*d.*), ágitàte (*d.*); **2.** (*вн.* с *тв.*; *смешивать*) mix (*d.* with), blend (*d.* with); **3.** (*вн.* с *тв.*) *разг.* (*принимать одно за другое*) confóund (*d.* with), take* (*d.* for).

меша́ться I (в *вн.*; *вмешиваться*) meddle (with), ìnterfére (with, in).

меша́ться II *страд. к* меша́ть II.

ме́шка||ть *разг.* (*задерживаться*) lóiter, línger; (*медлить*) deláy; dálly; он ~л с отъе́здом he deláyed his depárture.

мешкова́тый *разг.* **1.** (*о человеке*) áwkward, clúmsy [-zɪ]; **2.** (*об одежде*) bággy.

мешкови́на *ж.* sácking.

ме́шкотный *разг.* slúggish, slow [-ou].

меш||о́к *м.* **1.** bag; (*большой*) sack; вещево́й ~ kít-bàg; (*маленький*) knápsàck; ~ с песко́м sándbàg; огнево́й ~ *воен.* fire pócket; **2.** (*рд.*; *содержимое*) sack (of); ~ карто́шки sack of potátòes; **3.** *разг.* (*о человеке*) lump; ◇ золото́й ~, де́нежный ~ móney-bàg ['mʌ-]; ~ки́ под глаза́ми bags únder one's eyes [...aɪz]; костю́м сиди́т на нём ~ко́м his suit hangs lóose|ly [...sjuːt... -slɪ], his clothes are bággy [...klou-...].

мещ||ани́н *м.*, **~а́нка** *ж.* **1.** *ист.* pétty bóurgeois [...'buəʒwɑː]; **2.** (*обыватель*) Phílistìne. **~а́нский** *прил. к* мещани́н; (*перен.*) nárrow-mínded, vúlgar. **~а́нство** *с.* **1.** *собир. ист.* (*сословие*) lówer middle clásses ['louə...] *pl.*; pétty bourgeoisíe [...buəʒwɑː'ziː]; **2.** (*обывательщина*) Phílistinism, nárrow-mínded|ness.

мзда *ж. тк. ед. уст.*, *шутл.* récompènse; (*взятка*) bribe.

ми *с. нескл. муз.* E [iː]; mi [miː].

миа́змы *мн.* (*ед.* миа́зма *ж.*) miásma [-z-] *sg.* (*pl.* -ata).

миг *м.* mómeпt, ínstant; в оди́н ~ in a twínkling, in a móment; ни на ~ not for a móment.

мига́ние *с.* wínking; twínkling (*тж.* о *звёздах*).

мига́тельн||ый: ~ая перепо́нка *анат.* níct(it)àting mémbràne.

миг||а́ть, мигну́ть **1.** blink; ~ну́ть кому́-л. wink at smb., blink an eye at smb. [...aɪ...]; **2.** (*мерцать*) twínkle.

мигну́ть *сов. см.* мига́ть; не успе́ть (гла́зом) ~ befóre one could say "knife"; in a jíffy; сто́ит то́лько ~ the slíghtest hint on *his* part will suffíce.

ми́гом *нареч. разг.* in a flash, in a jíffy.

миграцио́нн||ый mígratory ['maɪ-]; ~ая тео́рия law of mìgrátion [...maɪ-]; ~ое движе́ние mígratory móve|ment [...'muː-].

мигра́ция *ж.* mìgrátion [maɪ-].

мигре́нь *ж.* mígraine ['miː-], mégrim ['miː-], sevére héadàche [...'hedeɪk].

мигри́ровать mìgráte [maɪ-].

ми́дель *м. мор.* mídshìp séction.

миел||и́н *м. анат.* mýelin(e). **~и́т** *м. мед.* mỳelítis.

мизансце́на *ж. театр.* stáging.

мизантро́п *м.* mísanthròpe [-z-]. **~и́ческий** mìsanthrópic [-z-]. **~и́я** *ж.* misánthropy [-'zæ-].

мизе́рн||ость *ж.* scántiness. **~ый** scánty, meagre; ~ый за́работок scánty éarnings [...'əːn-] *pl.*

мизи́н||ец *м.* (*на руке*) the líttle fínger; (*на ноге*) the líttle toe; ◇ не сто́ить чьего́-л. ~ца not fit to hold a candle to smb.

мика́до *м. нескл.* mikádò [-ɑːd-].

микани́т *м. эл.* mícanite.

миколо́гия *ж.* mỳcólogy [maɪ-].

микроампе́р *м. эл.* mícroampère (*фр.*) ['maɪkrou'æmpɛə].

микро́б *м.* mícròbe ['maɪ-].

микробио́лог *м.* mícrò|biólogist.

микробиоло́гия *ж.* mícrò|biólogy.

микрово́льт *м. эл.* mícro|vòlt.

микрогра́фия *ж.* mìcrógraphy [maɪ-]

микроиссле́дование *с. физ.*, *тех.* mícrò-exàminátion.

микрокли́мат *м.* mícrò|clìmate [-klaɪ-].

микроко́кк *м. бакт.* mìcro|cóccus

микроко́см *м.* mícrocòsm ['maɪ-]

микро́метр *м. физ.*, *тех.* mìcrómeter [maɪ-], mìcrómeter gauge [...geɪdʒ]. **~и́ческий** *физ.*, *тех.* mìcrométrical [maɪ-].

микроме́трия *ж. физ.* mìcrómetry [maɪ-].

микро́н *м. физ.* mícròn.

микрооргани́зм *м. биол.* mícrò|órganism.

микропо́рист||ый mícro|céllular; ~ая подо́шва mícro|céllular sole; о́бувь на ~ой подо́шве fóot-wear with mícro|céllular soles ['futwɛə...]

микрорайо́н *м.* mícrò-dístrict (*smallest administrative subdivision of region, district*).

микроско́п *м.* mícroscòpe ['maɪ-]. **~и́ческий** mìcroscópic [maɪ-]. **~и́чный** mìcroscópical [maɪ-]. **~и́я** *ж.* micróscopy [maɪ-]. **~ный** *прил.* микроско́п.

микроспо́ра *ж. бот.* mícro|spòre.

микрострукту́ра *ж.* mícro|strúcture

микрото́м *м.* micro¦tome.

микрофара́да *ж. эл.* micro¦fárad [-fæ-].

микрофи́льм *м.* micro¦film.

микрофо́н *м.* micro¦phone; mike *разг.*; у́гольный ~ *рад.* cárbon micro¦phòne; ле́нточный ~ *рад.* ríbbon micro¦phòne; ◇ у ~а... we presént... [...'zent]. **~ный** micro¦phónic.

микрофотогра́фия *ж.* micro¦photógraphy.

микро||хими́ческий micro¦chémical [-'ke-]. **~хи́мия** *ж.* micro¦chémistry [-'ke-].

микроцефа́л *м.* micro¦cèphal. **~ия** *ж.* micro¦céphaly.

микстура *ж.* médicine, míxture.

мила́шка *ж. разг.* prétty / pléasing girl, wóman* ['prɪ-...gɜːl 'wu-].

ми́лая *ж. скл. как прил.* swéet¦heart [-hɑːt], dárling.

миле́ди *ж. нескл.* milády.

ми́ленький *разг.* 1. prétty ['prɪ-], dear; nice; sweet; 2. (*в обращении*) dárling.

милитар||иза́ция *ж.* militarizátion [-raɪ-]. **~изи́ровать** *несов. и сов.* (*вн.*) militarize (*d.*). **~и́зм** *м.* militarism. **~изова́ть** *несов. и сов.* = милитаризи́ровать. **~и́ст** *м.* militarist. **~исти́ческий** militarístic. **~и́стский** militarist (*attr.*).

милице́йский *прил. к* мили́ция *и* милиционе́р.

милиционе́р *м.* milítia¦man*.

мили́ция *ж.* milítia.

миллиампе́р *м. эл.* milliampère (*фр.*) ['mɪlɪ'æmpɛə].

миллиа́рд *м.* mílliàrd; bíllion *амер.* **~е́р** *м.*, **~е́рша** *ж.* múlti-millionáire [-'nɛə]. **~ный** 1. *порядковое числит.* mílliàrdth; bíllionth *амер.*; 2. *прил.* (*оцениваемый в миллиарды*) worth a mílliàrd; worth a bíllion *амер.*; ~ные вложе́ния invésting mílliàrds of (*roubles, etc.*); 3. *прил.* (*исчисляемый миллиардами*) rúnning into mílliàrds / bíllions.

миллиба́р *м. метеор.* míllibàr.

милливо́льт *м. эл.* míllivòlt.

миллигра́мм *м.* mílligràmme [-græm].

миллиме́тр *м.* míllimètre.

миллиметро́в||ый: ~ая бума́га squáre(d) páper.

миллимикро́н *м.* míllimìcròn.

миллио́н *м.* míllion. **~е́р** *м.*, **~е́рша** *ж.* millionáire [-'nɛə]. **~ный** 1. *порядковое числит.* míllionth; 2. *прил.* (*оцениваемый в миллионы*) worth míllions; 3. *прил.* (*исчисляемый миллионами*) míllion stróng; ~ные ма́ссы рабо́чего кла́сса wórking-clàss míllions.

ми́ло I *прил. кратк. см.* ми́лый.

ми́ло II *нареч.* nice, níce¦ly; (*красиво*) prétty ['prɪ-], préttily ['prɪ-].

ми́ловать (*вн.*) *уст.* show* mércy [ʃou...] (to), párdon (*d.*), grant párdon [-ɑːnt...] (to).

милова́ть (*вн.*) *поэт.* caréss (*d.*), fondle (*d.*). **~ся** *поэт.* exchánge carésses [-'tʃeɪ-...].

милови́дн||ость *ж.* préttiness ['prɪ-], cóme¦liness ['kʌ-]. **~ый** prétty ['prɪ-], cóme¦ly ['kʌ-].

мило́рд *м.* milórd.

милосе́рд||ие *с.* mércy, chárity; (*мягкость, снисходительность*) clémency; ◇ сестра́ ~ия síster of chárity. **~ный** mérciful, cháritable.

ми́лостив||ый grácious, kind; ◇ ~ госуда́рь sir; (*в письме*) Sir; (*менее офиц.*) Dear Sir; ~ая госуда́рыня mádam ['mæ-]; (*в письме*) Mádam; (*менее офиц.*) Dear Mádam.

ми́лостын||я *ж. тк. ед.* alms [ɑːmz], chárity; проси́ть ~ю beg; go* bégging; пода́ть ~ю (*дт.*) give* alms (*i.*).

ми́лост||ь *ж.* 1. fávour, grace; снискáть чью-л. ~ in¦grátiàte òne¦sélf with smb., get* into fávour with smb.; быть в ~и у кого́-л. be in smb.'s good gráces; 2. (*одолжение*) fávour; сде́лать кому́-л. ~ do smb. a fávour; 3. *тк. ед.* (*милосердие*) mércy, chárity; сда́ться на ~ победи́теля surrénder at discrétion [...'kre-]; отда́ться на ~ кого́-л. throw* òne¦sélf up¦ón smb.'s mércy [θrou...]; из ~и out of chárity; 4. (*дар, благодеяние*) fávour, good deed; не ждать ~ей от приро́ды not wait for bóunties / fávours from náture [...'neɪ-]; 5. *уст.* (*в обращении*): ва́ша ~! your Wórship!; ◇ ~и про́сим! *разг.* wélcome!; you are álways wélcome [...'ɔːlwəz...]; скажи́те на ~! *разг.* you don't say so!; по чьей-л. ~и (*благодаря кому-л.*) ówing / thanks to smb. ['ou-...]; (*по вине кого-л.*) through smb.'s inadvértence, becáuse of smb. [-'kɔz...]; сде́лайте ~ be so kind.

ми́лочка *ж.* (*в обращении*) dear, dárling.

ми́лый I *прил.* 1. nice, sweet; 2. (*дорогой, тж. как обращение*) dear; ◇ э́то о́чень ми́ло с ва́шей стороны́ that is very kind of you; вот (э́то) ми́ло! a prétty stóry, indéed! [...'prɪ-...].

ми́лый II *м. скл. как прил.* swéet¦heart [-hɑːt], dárling.

ми́ля *ж.* mile; англи́йская ~ státùte mile, Brítish mile; морска́я ~ geográphical / náutical / sea mile.

мим *м. театр.* mime.

мимети́зм *м. биол.* mìmésis [maɪ-], mímicry.

ми́мика *ж.* mímicry; ~ лица́ fácial expréssion

мимикри́я *ж. биол.* mímicry.

мими́||ст *м.* mime. **~ческий** mímic.

ми́мо *нареч. и предл.* (*рд.*) past; by: пройти́, прое́хать ~ go* past, pass by; — попада́ть, бить ~ miss; ~! miss(ed)!; ~ це́ли besíde the mark, wide of the mark.

мимое́здом *нареч. разг.* in pássing (by).

мимо́з||а *ж. бот.* mimósa [-zə]. **~овые** *мн. скл. как прил. бот.* mimosáceae [-'seɪsɪiː]. **~овый** *прил. к* мимо́за.

мимолётн||ый fléeting, tránsient [-z-]; ~ взгляд (pássing) glance; ~ая встре́ча fléeting en¦cóunter; ~ое сча́стье tránsient háppiness.

мимохо́дом *нареч. разг.* 1. in pássing (by); 2. (*между прочим*) by the way.

ми́н||а I *ж. воен., мор.* mine; миномётная ~ mórtar shell / bomb; ~ загражде́ния bárràge mine [-rɑːʒ...]; закла́дывать ~у (под *вн.*) mine (*d.*); взрыва́ть ~у spring* / fire *a* mine; ста́вить ~ы lay* / plant mines [...-ɑːnt...].

ми́н||а II *ж.* (*о лице*) cóuntenance, expréssion, mien [miːn]; де́лать ~у look; де́лать весёлую, удивлённую ~ look gay, surprísed; сде́лать ки́слую ~у *разг.* pull / make* a wry face [pul...]; ◇ де́лать хоро́шую ~у при плохо́й игре́ put* a good face on the mátter.

минаре́т *м.* mínarèt.

мингре́л *м.*, **~ка** *ж.* Mingrélian.

мингре́льский Mingrélian; ~ язы́к Mingrélian, the Mingrélian lánguage.

миндалеви́дн||ый álmond-shàped ['ɑːmənd-]; ~ая железа́ *анат.* tónsil.

минда́лина *ж.* 1. álmond ['ɑːmənd]; 2. *анат.* tónsil.

минда́ль *м. тк. ед.* 1. *собир.* (*плод*) álmonds ['ɑːməndz] *pl.*; 2. (*дерево*) álmond-tree ['ɑːmənd-].

минда́льничать (с *тв.*) *разг.* sèntiméntalìze (with).

минда́льн||ый *прил. к* минда́ль; ~ое ма́сло álmond-oil ['ɑːmənd-]; ~ое молоко́ milk of álmonds [...'ɑːməndz]; ~ое пече́нье màcaróon.

минёр *м. воен.* míner; *мор.* tòrpédò-man*.

минера́л *м.* míneral.

минералоги́ческий mìneralógical.

минерало́гия *ж.* minerálogy.

минера́льн||ый míneral; ~ое ма́сло míneral oil; ~ые удобре́ния míneral fértilìzers; ~ые во́ды míneral wáters [...'wɔː-]; ~ая соль míneral salt.

миниатю́р||а *ж.* míniature [-njə-]; ◇ в ~е in míniature; сде́лать в ~е моде́ль заво́да make* a míniature módel of *a* plant [...'mɔ-...-ɑːnt]. **~и́ст** *м.*, **~и́стка** *ж.* míniature-pàinter [-njə-], míniaturist [-njə-]. **~ность** *ж.* dimínutive¦ness. **~ный** 1. *прил. к* миниатю́ра; 2. (*очень маленький*) tíny, dimínutive.

минима́льн||ый mínimum (*attr.*); ~ое коли́чество mínimum quántity.

ми́нимум *м.* mínimum; ~ за́работной пла́ты mínimum wage; прожи́точный ~ líving wage ['lɪv-...]; техни́ческий ~ mínimum of téchnical knówledge [...'nɔ-]; доводи́ть до ~а (*вн.*) mínimìze (*d.*); как ~ at the mínimum.

мини́ровать *несов. и сов.* (*сов. тж.* замини́ровать; *вн.*) *воен.*, *мор.* mine (*d.*).

министе́рский mìnistérial.

министе́рство *с.* mínistry; board, óffice; depártment *амер.*; Министе́рство торго́вли Mínistry of Trade; Board of Trade (*в Англии*); Министе́рство вне́шней торго́вли Mínistry of Fóreign Trade [...'fɔrɪn...]; Министе́рство вну́тренних дел Mínistry of Intérnal Affáirs; Home Óffice (*в Англии*); Depártment of the Intérior (*в США*); Вое́нное ~ War Mínistry; Министе́рство здравоохране́ния Mínistry of Públic Health [...'pʌblɪk helθ]; Министе́рство иностра́нных дел Mínistry of Fóreign Affáirs; Fóreign Óffice (*в Англии*); State Depártment (*в США*); Министе́рство морско́го фло́та Mínistry of Sea Tránspòrt; Министе́рство просвеще́ния Mínistry of Èducátion; Министе́рство путе́й сообще́ния Mínistry of Tránspòrt; Министе́рство свя́зи Mínistry of Commùnicátions; Министе́рство се́льского хозя́йства Mínistry of Ágricùlture; Министе́рство социа́льного обеспе́чения Mínistry of Sócial Máintenance; Министе́рство фина́нсов Mínistry of Finánce; Exchéquer, Tréasury ['treʒ-] (*в Англии*); Tréasury (*в США*); Министе́рство юсти́ции Mínistry of Jústice.

мини́стр *м.* (Cábinet) Mínister; Sécretary; Sécretary of State (*в Англии*); това́рищ ~а députy mínister; Únder Sécretary (*в Англии*); полномо́чный ~ Mínister Plènipoténtiary; ~ иностра́нных дел Mínister for Fóreign Affáirs [...'fɔrɪn...]; Fóreign Sécretary (*в Англии*); Sécretary of State (*в США*); ~ вну́тренних дел Mínister for Intérnal Affáirs; Home Sécretary (*в Англии*); Sécretary of the Intérior (*в США*); ~ фина́нсов Mínister for Finánce; Cháncellor of the Exchéquer (*в Англии*); вое́нный ~ War Mínister; Sécretary of State for War (*в Англии*); Sécretary of War (*в США*); ~ без портфе́ля Mínister without pòrtfóliò.

миннези́нгер *м. ист. лит.* mínnesìng|er.

ми́нн||ый *воен.* mine (*attr.*); ~ая ата́ка mine attáck; ~ая война́ mine wárfàre; ~ое загражде́ние mine|field [-fi:ld]; ~ загради́тель *мор.* mine-layer; ~ое де́ло míning.

минова́||ть *несов. и сов.* **1.** (*вн.*; *проехать, пройти мимо*) pass (*d.*); **2.** (*рд.*; *избежать*) escápe (*d.*); ему́ э́того не ~ he cánnòt escápe it; **3.** (*без доп.*; *окончиться*) be óver, be past; зима́ ~ла wínter is óver; бу́ря ~ла the storm has blown óver [... bloun...]; опа́сность ~ла the dánger is past [...'deɪn-...]; ◇ чему́ быть, того́ не ~ *посл.* what will be will be; мину́я подро́бности omítting détails [...'di:-].

мино́га *ж. зоол.* lámprey.

миноиска́тель *м. воен.* mine detéctor.

миномёт *м. воен.* mórtar, trench mórtar; гварде́йский ~ rócket bárràge wéapon [...-rɑ:ʒ 'wep-], múlti-rail rócket láuncher, rócket-trùck. ~**ный** *прил. к* миномёт. ~**чик** *м.* mórtar man*.

миноно́сец *м. мор.* tòrpédò-boat; эска́дренный ~ destróyer.

мино́р *м.* **1.** *муз.* mínor key [...ki:]; га́мма соль-~ scale of G mínor [...'dʒi:...], G mínor scale; **2.** *разг.* (*печальное настроение*) the blues *pl.*, brown stúdy [...'stʌ-]; в ~е in the blues. ~**ный 1.** *муз.* mínor; **2.** *разг.* (*печальный*) sad, mèlanchólic [-'kɔ-]; быть в ~ном настрое́нии feel* blue, have the blues, be in the dumps; настро́иться на ~ный лад feel* / look blue, have a fit of the blues.

минособра́сыватель *м.* míne-reléase slip / méchanism [-'li:s...-kə-].

мину́вш||ее *с. скл. как прил.* the past. ~**ий** past; (*прошлый, последний*) last; ~ее вре́мя past time; ~ие дни days gone by [...gɔn...]; bý|-gòne times / days [-gɔn...]; ~им ле́том last súmmer.

ми́нус *м.* **1.** *мат.* mínus; **2.** (*недостаток*) defect, dráwbàck.

мину́т||а *ж.* (*в разн. знач.*) mínute [-nɪt]; (*мгновение*) móment; без 20 мину́т четы́ре twénty mínutes to four [...fɔ:]; 10 мину́т пя́того ten mínutes past four; подожди́те ~у wait a mínute; — сию́ ~у (*только что*) this very mínute; (*сейчас же*) ínstantly; at once [...wʌns]; (*подождите!*) just a móment; в да́нную ~у for the móment, at the présent móment [...-ez-...]; в одну́ ~у in no time; in an ínstant; с ~ы на ~у any mínute; ~ в ~у (*очень точно*) to a mínute; под влия́нием ~ы on the spur of the móment; он не спал ни ~ы he has not slept a wink; в пе́рвую ~у at the óutsèt; ~у внима́ния! atténtion, please! ~**ка** *ж. уменьш. от* мину́та; подожди́те ~ку! wait a mínute / móment [...'mɪnɪt...]. ~**ный 1.** *прил. к* мину́та; ~ная стре́лка mínute-hànd [-nɪt-]; **2.** (*мгновенный*) móméntary ['mou-]; (*перен.*) shórt-lived [-'lɪ-]; (*преходящий*) tránsient [-z-]; ~ный промежу́ток one mínute ínterval [...-nɪt...]; ~ное де́ло *разг.* mátter of a móment; ~ный успе́х tránsient succéss; ~ная встре́ча brief méeting [-i:f...].

мину́||ть *сов.* **1.** (*пройти*) pass; де́сять лет ~ло с тех пор ten years have passed since then; **2.** (*дт.*; *исполниться — о возрасте*): ему́ ми́нуло три́дцать лет he has turned thírty; ему́ ско́ро ми́нет два́дцать лет he will soon be twénty.

миокарди́т *м. мед.* mỳocàrdítis.

мио́лог *м.* mỳólogist.

миоло́гия *ж.* mỳólogy.

мио́ма *ж. мед.* mỳóma.

мио́пия *ж. мед.* mỳópia, shórt-sightedness.

миоце́н *м. геол.* Míocène.

мир I *м. тк. ед.* peace; в ~е at peace; ~ во всём ~е peace through|óut the world; угро́за де́лу ~а a ménace to peace; защи́та ~а defénce of peace; защи́та ~а — де́ло всех наро́дов the defénce of peace is the cómmon cause of all the peoples [...pi:-]; движе́ние сторо́нников ~а móve|ment of defénders of peace ['mu:v-...]; борьба́ за ~ the fight for peace; Всеми́рный конгре́сс сторо́нников ~а World Peace Cóngrèss; Всеми́рный Сове́т ~а World Peace Cóuncil; опло́т ~а stróng|hòld of peace; ~ победи́т войну́ peace will tríumph óver war; peace will vánquish war; междунаро́дная Ле́нинская пре́мия ~а The Internátional Lénin Peace Prize [...-'næ-...]; заключи́ть ~ make* peace; почётный ~ peace with hónour [...'ɔnə]; ◇ отпусти́ть с ~ом let* go in peace.

мир II *м.* **1.** (*вселенная*; *тж. перен.*) world; úniverse; происхожде́ние ~а órigin of the úniverse; со всего ~а from every córner of the globe; во всём ~е all óver the world, the world óver, in the whole world [...houl...]; в ~е нет тако́й си́лы there is no pówer on earth [...ə:θ]; ~ живо́тных ánimal world; ~ расте́ний végetable king|dom; литерату́рный ~ líterary world; world of létters; окружа́ющий ~ the world aróund; the surróundings *pl.*; **2.** *уст.* (*светская жизнь в противопоставлении монастырской*) world; **3.** *ист.* (*сельская община*) víllage commúnity; ◇ не от ~а сего́ *разг.* óther-wòrldly, únwòrldly; ходи́ть по́ ~у *разг.* beg, be a béggar; live by bégging [lɪv...]; пусти́ть по́ ~у (*вн.*) béggar (*d.*), rúin útterly (*d.*); на ~у́ и смерть красна́ *посл.* ≅ cómpany in distréss makes trouble less ['kʌ-...trʌbl...]; с ~у по ни́тке — го́лому руба́шка *посл.* ≅ many a little makes a míckle; лу́чший из ~о́в the best of all póssible worlds.

мирабе́ль *ж. тк. ед.* **1.** *собир.* (*плоды*) mírabèlle plum [-bel...]; **2.** (*дерево*) mírabèlle-plùm-tree [-bel-].

мира́ж *м.* (*прям. и перен.*) míràge [-rɑ:ʒ], óptical illúsion.

мира́кль *м. ист. театр.* míracle (-play).

мириа́ды *мн.* mýriad ['mɪ-] *sg.*

мири́ть, помири́ть (*вн.* с *тв.*) réconcile (*d.* with, to). ~**ся**, помири́ться **1.** (с кем-л.) be réconciled (with smb.); make* it up (with smb.); **2.** (с чем-л.) réconcile òne|sélf (to smth.); resígn òne|sélf [-'zaɪn...] (to smth.); ~ся со свои́м положе́нием réconcile òne|sélf to one's situátion, accépt the situátion; ~ся с лишéниями put* up with hárdships; rough it [rʌf...] *разг.*; ~ся с недостáтками condóne shórt¦còmings; нельзя́ ~ся с э́тим that cánnòt be tóleràted, that is too much; нельзя́ ~ся с таки́м положéнием we cánnòt put up with such a situátion.

ми́рно *нареч.* **1.** péace¦fully; **2.** (*в согласии*) in hármony; жить ~ (с *тв.*) live in hármony [lɪv...] (with).

ми́рн||ый 1. *прил. к* мир I; ~ договóр, ~ трактáт peace tréaty, tréaty of peace; ~ая конферéнция cónference of peace, peace cónference; ~ые переговóры peace negòtiátions; ~ое урегули́рование péace¦ful séttle¦ment; ~ая поли́тика peace pólicy; в ~ых услóвиях in time of peace; ~ое врéмя péace-tìme; ~ труд péace¦ful lábour; ~ое стрóительство péace¦ful constrúction; ~ое развити́е péace¦ful devélopment; ~ое сосуществовáние péace¦ful có¦exíst-ence; **2.** (*спокойный*) péace¦ful; péace¦-able; ~ая бесéда péace¦ful cònversátion; ~ пейзáж péace¦able lándscàpe.

ми́ро *с. тк. ед. церк.* chrism; ◇ одни́м ~м мáзаны ≅ tarred with the same brush.

миров||áя *ж. тк. ед. скл. как прил.* péace¦ful séttle¦ment, ámicable arránge¦ment [...ə'reɪ-]; пойти́ на ~ýю come* to an agréement.

мировоззрéние *с.* world óutlook; (*идеология*) ìdeólogy [aɪ-], áttitùde; *филос.* Wéltánschauung ['velt'ɑːn-ʃauuŋ]; маркси́стско-ле́нинское ~ the Márxist-Léninist óutlook.

миров||óй I *прил. к* мир II 1; ~áя войнá World War; ~óе хозя́йство world ècónomy [...iː-]; ~ ры́нок world márket; в ~óм масштáбе on a world scale; собы́тие ~óго значéния evént of world impòrt / impórtance; ~áя скорбь *ист. лит.* Wéltschmerz ['velt-ʃmerts]; ~ дух ùnivérsal spírit.

мировóй II (*примирительный*): ~ посрéдник *ист.* concíliàtor, árbitràtor; ~ судья́ *ист.* Jústice of the Peace (*сокр.* J. P.).

мирозда́ние *с.* (*вселенная*) the úniverse.

миролюби́в||ость *ж.* péace¦able dìsposítion [...'zɪ-]. ~**ый** péace¦able, péace-lòving [-lʌv-]; ~ая внéшняя поли́тика Совéтского Сою́за the péace¦-ful fóreign pólicy of the Sóviet Únion [...'fɔrɪn...].

миролю́бие *с.* péace¦able¦ness, péace¦-ful dìsposítion [...'zɪ-].

мироощущéние *с.* áttitùde, dìsposítion [-'zɪ-].

миропомáзание *с. тк. ед. церк.* anóinting, únction.

миро||понимáние *с.*, ~**созерцáние** *с.* = мировоззрéние.

миротвóр||ец *м.* péace¦màker. ~**ческий** péace¦màking.

ми́рра *ж.* myrrh [mɜː].

мирск||óй 1. múndàne; ~áя молвá, что морскáя волнá *посл.* ≅ rúmour is a bubble that soon bursts; **2.** *уст.* (*светский*) sécular, lay, témporal; **3.** *ист.* (*относящийся к сельской общине*) víllage-commúnity (*attr.*).

мирт *м. бот.* myrtle. ~**овый** *прил. к* мирт.

миря́нин *м. уст.* láy¦man*.

ми́ска *ж.* básin ['beɪsᵊn]; (*суповая*) turéen.

мисс *ж. нескл.* Miss.

миссионéр *м.* míssionary. ~**ский** *прил. к* миссионéр. ~**ство** *с. тк. ед.* míssions *pl.*; míssionary work.

ми́ссис *ж. нескл.* míssis, Mrs. ['mɪsɪz].

ми́ссия *ж.* (*в разн. знач.*) míssion; (*дипломатическое представительство тж.*) legátion.

ми́стер *м.* míster, Mr. ['mɪstə].

мистéрия *ж.* **1.** (*таинство*) mýstery; **2.** (*драма*) mýstery-play.

ми́стик *м.* mýstic. ~**а** *ж.* mýsticism.

мистифи||кáтор *м.* mýstifier; hóaxer *разг.* ~**кáция** *ж.* mỳstificátion; hoax, lég-pùll [-pul] *разг.* ~**ци́ровать** *несов. и сов.* (*вн.*) mýstifỳ (*d.*); hoax (*d.*), pull smb's. leg [pul...] *разг.*

мист||ици́зм *м.* mýsticism. ~**и́ческий** mýstic(al).

мистрáль *м. геогр.* místral.

ми́тинг *м.* méeting; rálly *амер.*

митинговáть *разг.* hold* méetings; (*перен.*) hold* éndless discússions.

митингóвый *прил. к* ми́тинг.

миткалёвый *прил. к* миткáль.

миткáль *м. текст.* cálicò.

ми́тра *ж. церк.* mitre.

митрополи́т *м. церк.* mètropólitan.

миф *м.* (*прям. и перен.*) myth. ~**и́ческий** mýthic(al); ~и́ческая ли́чность mýthical pérsonage.

мифол||оги́ческий mỳthológical. ~**óгия** *ж.* mythólogy.

мицéлий *м. бот.* mycélium [maɪ-].

ми́чман *м. мор.* wárrant ófficer. ~**ка** *ж. разг.* nával ófficer's cap. ~**ский** *прил. к* ми́чман.

мичýринец *м.* Michúrinìte.

мишéн||ь *ж.* (*прям. и перен.*) tárget [-g-]; (*для стрельбы тж.*) shóoting-màrk; я́блоко ~и bull's eye [bulz aɪ]; служи́ть ~ью для насмéшек be a butt for derísion / rídicùle.

ми́шка *м. разг.* bear [bɛə]; (*игрушка*) Téddy bear.

миш||урá *ж.* (*прям. и перен.*) tínsel, trúmpery. ~**ýрный** *прил. к* мишурá; (*перен. тж.*) táwdry; ~ýрный блеск tínsel, wíndow-drèssing.

младéн||ец *м.* báby, ínfant; груднóй ~ ínfant in arms. ~**ческий** ínfantìle; ◇ ~ческий лéпет babble, chíld¦ish prattle; (*перен.*) ìmmatúre / in¦cómpetent wríting. ~**чество** *с.* ínfancy; báby¦hood [-hud]; охрáна матери́нства и ~чества matérnity and child protéction.

младóй *поэт.* = молодóй 1.

млáдость *ж. поэт.* = мóлодость.

млáдший 1. (*более молодой*) yóunger ['jʌŋgə]; (*самый молодой*) yóungest ['jʌŋg-]; (*из двух братьев в одной школе*) mínor, júnior; **2.** (*о служебном положении*) júnior; ~ наýчный сотрýдник júnior reséarch wórker [...'sɜːʧ...]; ~ комáндный состáв nón-commíssioned ófficers *pl.*

млекопитáющие *мн. скл. как прил.* mámmals, màmmália; хи́щные ~ càrnívora; травоя́дные ~ hèrbívora.

млеть (от; *замирать от восторга, любви*) be thrilled (with).

млéчный lácteal [-ɪəl]; ~ сок *бот.* milk; *физиол.* chyle [kaɪl]; Млéчный Путь *астр.* the Mílky Way; Gálaxy.

мне *дт., пр. см.* я.

мнемóн||ика *ж.* mnèmónics [niː-]. ~**и́ческий** mnèmónic [niː-].

мнемотéхн||ика *ж.* mnèmòtéchny [niːmou-]. ~**и́ческий** mnèmòtéchnic [niːmou-].

мнéни||е *с.* opínion; быть хорóшего, плохóго ~я о ком-л. have a high, low opínion of smb. [...lou...]; быть высóкого ~я (о *пр.*) think* híghly (of); быть о себé сли́шком высóкого ~я think* too much, *или* a lot, of òne¦sélf; think* no small beer of òne¦-sélf *идиом.*; по моемý ~ю in my opínion, to my mind / thínking; я тогó ~я, что I am of the opínion that; имéть своё ~ have an opínion of one's own [...oun]; остáться при осóбом ~и resérve one's own opínion [-'zɜːv...]; stick* to one's own opínion *разг.*; вы́сказать своё ~ expréss one's opínion, *или* views [...vjuːz]; обмéн ~ями exchánge of opínions / views [-'ʧeɪ-...].

мнимоумéрший séeming dead [...ded].

мни́м||ый 1. (*воображаемый*) imáginary (*тж. мат.*); ~ая величинá *мат.* imáginary válue; ~ая угрóза an alléged dánger [...'deɪnʤə]; **2.** (*ложный*) sham; ~ больнóй imáginary ínvalid [...-liːd].

мни́тельн||ость *ж.* nérvous¦ness / óver-ánxious¦ness about one's health [...helθ]; (*подозрительность*) místrústfulness. ~**ый** nérvous / óver-ánxious about one's health [...helθ]; (*подозрительный*) místrústful.

мнить think*, imágine; ~ себя́ кем-л., чем-л. imágine òne¦sélf (to be) smb., smth.; сли́шком мнóго ~ о себé think* too much, *или* a lot, of òne¦sélf; think* no small beer of òne¦sélf *идиом.*

мни́ться *безл. уст., поэт.*: мни́тся it seems.

мнóг||ие *мн.* **1.** *прил.* mány; во ~их отношéниях in mány respécts; во ~их слýчаях in mány cáses [...-sɪz]; и ~ други́е and mány óthers; **2.** *как сущ.* mány (people) [...piː-]; ~ дýмают, что mány (people) think that, mány are of the opínion that.

мно́го **1.** *неопред. числит.* (*с сущ. в ед. ч.*) much*, plénty of; a lot of *разг.*; (*с сущ. во мн. ч.*) many*, plénty of; a lot of *разг.*: ~ рабо́ты much*, *или* plénty of, work, a lot of work; ~ вре́мени much*, *или* plenty of, time; ~ наро́ду a lot of people [...piː-]; ~ книг many*, *или* plénty of, books; a lot of books; ~ раз many* times; ~ лет many* years; так ~ (*с сущ. в ед. ч.*) so much; (*с сущ. во мн. ч.*) so many; — прошло́ ~ вре́мени a long time elápsed; о́чень ~ (*с сущ. в ед. ч.*) very much; a lot of, a great deal of [...greɪt...]; (*с сущ. во мн. ч.*) a great many, very many; о́чень ~ рабо́ты very much, *или* a great deal of, work; о́чень ~ книг very many books, a great many books, a lot of books, a large númber of books; **2.** *нареч.* (*с гл.*) much*, a great deal; a lot *разг.*: ~ знать know* much* [nou...]; know* a great deal; know* a lot; ~ разгова́ривать talk much*; — ~ рабо́тать work hard; **3.** *нареч.* (*с нареч. в сравн. ст.*) much; ~ лу́чше much bétter; ~ вы́ше much híghег; ✧ ни ~ ни ма́ло no less than; ~-~ at (the) most; по мно́гу лет *и т. п.* for many years, *etc.*, on end, *или* at a stretch.

много- (*в сложн.*) many-, póly-; múlti-.

многоа́томный *физ.* pòlyatómic.

многобо́жие *с.* pólythèism.

много||бо́рец *м. спорт.* áll-rounder. **~бо́рье** *с. спорт.* all aróund combíned tóurnament [...'tuənə-].

многобра́ч||ие *с.* pòlýgamy. **~ный** pòlýgamous.

многова́то *нареч. разг.* a bit too much, a bit too thick.

многовеков||о́й céntury-òld; ~а́я исто́рия челове́чества the céntury-òld history of mànkínd.

многово́дн||ость *ж.* = многово́дье. **~ый** abóunding in wáter [...'wɔː-], having an abúndance of wáter.

многово́дье *с.* abúndance of wáter [...'wɔː-].

многоговоря́щий expréssive, sáying much.

много||голо́вый mány-héaded [-'hed-]. **~голо́сый** **1.** mány-vóiced; **2.** *муз.* pòlyphónic.

многогра́нн||ик *м. мат.* pólyhédron [-'he-]. **~ый** *мат.* pólyhédral [-'he-]; (*перен.*) mány-síded, vérsatile; ~ая ли́чность mány-síded pérsonálity.

многоде́тн||ость *ж.*: посо́бие по ~ости State grants to móthers of many children [...grɑː-...'mʌ-...]. **~ый:** ~ая семья́ large fámily; ~ая мать móther of many (chíldren) ['mʌ-...]; móther of a large fámily.

многоди́сков||ый *тех.*: ~ое сцепле́ние múltiple-plàte clutch.

многодне́вный of many days.

мно́г||ое *с. скл. как прил.* a great deal [...greɪt...], much; many things *pl.*; во ~ом in many respécts; э́то во ~ом зави́сит (от) it depénds to a large extént (on); я ~ сде́лал I did a great deal; мне на́до ~ сде́лать I have a númber / lot of things to do; ✧ оставля́ет жела́ть ~ого leave* much to be desíred [...-'zaɪəd].

многоже́нец *м.* pòlýgamist.

многожёнство *с.* pòlýgamy.

многожи́льный *тех.*: ~ ка́бель múltiple cable.

многозаря́дн||ый: ~ая винто́вка repéating / màgazíne rifle [...-'ziːn...].

многоземе́льный posséssing / having much land [-'ze-...], ówning big lánded próperty ['oun-...] (*после сущ.*).

многозначи́тельн||о *нареч.* signíficantly, with méaning. **~ость** *ж.* signíficance. **~ый** signíficant.

многозна́чн||ый I *мат.* mùlticíphered [-'saɪ-]; ~ое число́ númber expréssed by séveral fígures.

многозна́чный II *лингв.* pòlysemántic.

многокварти́рный: ~ дом ténement-house* [-s].

многокле́точный *биол.*mùlticéllular.

многоковшо́вый: ~ экскава́тор múlti-scóop éxcavàtor.

многоколе́йн||ый: ~ая желе́зная доро́га múltiple-tràck ráilway.

многоколёсный múltiwheel.

многокра́сочный pòlychròmátic [-rou-], múlticólour|ed [-'kʌ-].

многокра́тно I *прил. кратк. см.* многокра́тный.

многокра́тн||о II *нареч.* repéatedly, many times; óver and óver. **~ость** *ж.* recúrrence. **~ый** **1.** repéated, rè|íteràted; rè|íteràtive; múltiple; **2.** *лингв.* frequéntative; ~ый вид íteràtive áspèct.

многола́мповый *рад.*: ~ приёмник múlti-vàlve recéiver [...-'siːvə].

многолеме́шный múlti-shàre.

многолепестко́вый *бот.* pòlypétalous.

многоле́тн||ий **1.** of many years; of séveral years' stánding; ~ие хозя́йственные пла́ны lóng-tèrm èconómic plans [...iː-...]; **2.** *бот.* perénnial; ~ие тра́вы perénnial herbs.

многолю́д||ность *ж.* pópulous|ness. **~ный** pópulous; crówded; ~ный го́род pópulous town; ~ное собра́ние crówded méeting / gáther|ing.

многолю́дье *с.* = многолю́дность.

многоме́стный múlti-seater (*attr.*); ~ самолёт múlti-seater áircràft.

многомиллио́нн||ый of many míllions, mány-míllioned, míllion-stròng; ~ое населе́ние pòpulátion of many míllions; ~ые ма́ссы трудя́щихся the vast / broad másses of wórking people [...brɔːd... piː-].

многомото́рный mùlti-éngined [-'endʒ-].

многому́жие *с.*, **многому́жество** *с.* pólyàndry.

многонациона́льн||ый mùltinátional [-'næ-]; consísting of many nàtionálities [...næ-]; ~ое госуда́рство a State of / in|clúding many nàtionálities; mùltinátional State.

многоно́жка *ж. зоол.* mýriapòd.

многообеща́ющий prómising [-s-], hópe|ful; líke|ly *амер.*

многообра́з||ие *с.*, **~ность** *ж.* varíety; dìvérsity [daɪ-], mùltifórmity; еди́нство и ~ ми́ра *филос.* the únity and dìvérsity of the world. **~ный** váried, múltifòrm.

многообъекти́вный *опт.* múltilèns [-nz] (*attr.*), múltiple-lèns [-nz] (*attr.*).

многоо́пытный híghly expérienced.

многооснóвный *хим.* pòlybásic [-'beɪ-].

многоотраслев||о́й: ~о́е хозя́йство váried / divérsified èconomy [...daɪ-iː-]; ~о́е се́льское хозя́йство mixed fárming / ágricùlture.

многопарти́йность *ж.* múlti-párty sýstem.

многопо́ль||е *с. с.-х.* mány-field sýstem [-fiːld...]. **~ный** *с.-х.*: ~ная систе́ма = многопо́лье; ~ный севооборо́т mány-field cróp-ròtátion [-fiːld -rou-].

многопо́люсн||ый *эл.* mùltipólar; ~ая динамомаши́на mùltipólar machíne [...-'ʃiːn]; ~ выключа́тель múltipòle switch.

многоречи́в||ость *ж.* loquácity, vèrbósity; (*болтливость*) gàrrúlity. **~ый** loquácious, vèrbóse [-s]; (*болтливый*) gárrulous.

многосеме́йный having / with a large fámily.

многосло́в||ие *с.* = многоречи́вость. **~ный** = многоречи́вый.

многосло́жн||ый *лингв.* pòlysylláb-ic; ~ое сло́во pólysýllable.

многостано́чн||ик *м.*, **~ица** *ж.* múlti-machíne óperàtive [-'ʃiːn...]; движе́ние ~иков móve|ment to en|cóurage the òperátion of séveral machínes at once ['muːv-...-'kʌ-...-'ʃiːnz... wʌns]. **~ый:** ~ое обслу́живание simultáneous òperátion of séveral machínes [...-'ʃiːnz].

многостóвольный mùlti-bárrelled.

многостепе́нн||ый: ~ые вы́боры eléction by séveral stáges *sg.*

многосторо́нний **1.** *мат.* pòlygonal, mùltiláteral; (*перен.*) mány-síded, vérsatile; **2.** (*о договоре и т. п.*) mùltiláteral.

многострада́льный lóng-súffering.

многостру́нный mány-stringed.

многоступе́нчатый múlti-stàge (*attr.*), múlti-stèp (*attr.*).

многотира́ж||ка *ж. разг.* fáctory néwspàper. **~ный** lárge-circulátion (*attr.*).

многото́мный in many vólumes; (*объёмистый*) volúminous.

многото́чие *с.* (three) dots *pl.*, dots, dots, dots.

многотысячный of many thousands [...-z-].

многоуважаемый respécted; (*в письмах*) dear.

многоугольн||ик *м. мат.* pólygon. **~ый** *мат.* pòlýgonal, mùltángular.

многофазный *эл.* pólyphàse.

многоцветный I **1.** mány-colour¦ed [-'kʌ-], múlti-colour¦ed [-'kʌ-]; **2.** *полигр.* pòlychròmátic [-rou-], pólychròme.

многоцветный II *бот.* mùltiflórous.

многоцилиндровый múlticýlinder.

многочисленн||ость *ж.* mùltiplícity; plùrálity, numérical strength. **~ый** númerous.

многочлен *м. мат.* mùltinómial, pòlynómial. **~ный** *мат.* mùltinómial, pòlynómial.

многоэтажный mány-stòreyed [-rɪd], múltistòry.

многоязычный **1.** pólyglòt; **2.** (*о населении, стране*) pòlylíngual, mùltilíngual.

многоярусный mány-tier [-tɪə] (*attr.*).

множественн||ость *ж.* plùrálity. **~ый** plúral; **~ое** число *грам.* plúral (number).

множеств||о *с.* great númber [greɪt...]; их было ~ they were many, there were lots of them; во **~е** in many, in a great númber; ~ хлопот a great deal, *или* a pack, of trouble [...trʌbl].

множи||мое *с. скл. как прил. мат.* mùltiplicánd. **~тель** *м. мат.* múltiplìer, fáctor.

множить, помножить, умножить (*вн.*) **1.** *мат.* múltiplý (*d.*); **2.** *при сов.* умножить (*увеличивать*) in¦créase [-s] (*d.*). **~ся** **1.** (*увеличиваться*) in¦créase [-s]; **2.** *страд. к* множить 1.

мной, мною *тв. см.* я.

мобилиз||ационный *прил. к* мобилизация. **~ация** *ж. воен.* (*тж. перен.*) mòbilizátion [moubɪlaɪ-].

мобилизованный **1.** *прич. см.* мобилизовать; **2.** *м. как сущ.* móbilized sóldier ['mou- -dʒə].

мобилизовать *несов. и сов.* **1.** (*вн.*) móbilize ['mou-] (*d.*); ~ резервы производства móbilize the resérves of prodúction [...-'zə:vz...]; **2.** (*вн. на вн.*; *воодушевить*) raise (*d.* to), enlíst the éfforts (of for); ~ на борьбу móbilize for the struggle ['mou-...] (*d.*).

мобильн||ый móbìle ['mou-]; **~ая** группа *воен.* móbìle únit.

могарыч *м.* = магарыч.

могика||не *мн.* (*ед.* могиканин *м.*) the Móhicans [...'mouɪ-]; ✧ последний из **~н** the last of the Móhicans.

могил||а *ж.* grave; братская ~ cómmon / cómmunal grave; ✧ стоять одной ногой в **~е** have one's foot in the grave [...fut...]; на краю **~ы** on the edge of the grave; свести кого-л. в **~у** send* smb. to his grave; сойти в **~у** sink* into the grave; найти себе **~у** (*умереть*) find* one's grave; рыть **~у** (*дт.*) dig* a grave (for).

могиль||ник *м. археол.* búrial ground ['be-...], sépulchre. **~ный** sepúlchral; **~ный** холм (sepúlchral) mound; túmulus (*pl.* -lì); **~ная** плита gráve¦stòne, tómbstòne ['tu:m-]. **~щик** *м.* gráve-dìgger.

могол *м.*: Великий ~ *ист.* the Great / Grand Mogúl [...greɪt...].

могу *1 л. ед. см.* мочь I.

могучий míghty.

могущест||венность *ж.* = могущество. **~венный** pówerful, míghty. **~во** *с.* pówer, might.

мод||а *ж.* fáshion, vogue [voug]; журнал мод fáshion jóurnal [...'dʒə:-], fáshion-pàper; быть в **~е** be in fáshion / vogue; входить в **~у** come* into fáshion, become* fáshionable; выходить из **~ы** go* out of fáshion; по **~е** in the fáshion, fáshionably; быть одетым по **~е** be fáshionably dressed; не по **~е** out of fáshion; по последней **~е** in the látest fáshion; вводить **~у** ìntrodúce the fáshion; вводить в **~у** (*вн.*) bring* into fáshion (*d.*).

модальн||ость *ж. филос., лингв.* mòdálity [mou-]. **~ый** *филос., лингв.* módal; **~ый** глагол módal verb.

моделизм [-дэ-] *м.* módelling.

моделир||овать [-дэ-] *несов. и сов.* (*вн.*; *в разн. знач.*) módel ['mɔ-] (*d.*), fáshion (*d.*), shape (*d.*). **~овка** [-дэ-] *ж. иск.* módelling.

модель [-дэ́-] *ж.* (*в разн. знач.*) módel ['mɔ-], páttern; ~ самолёта módel of an áeroplàne [...'ɛər-].

модельер [-дэ-] *м.* módeller.

модель||ный [-дэ́-] **1.** *прил. к* модель; **2.** (*изготовленный по последним образцам моды*) fáshionable; **~ная** обувь fáshionable shoes [...ʃu:z] *pl.*, góod-quàlity shoes *pl.* **~щик** [-дэ́-] *м.* módeller, páttern-màker.

модерниз||ация [-дэ-] *ж.* mòdernizátion [-naɪ-]. **~ировать** [-дэ-] *несов. и сов.* (*вн.*) módernize (*d.*).

модерн||изм [-дэ-] *м. иск.* módernism. **~ист** [-дэ-] *м. иск.* módernist. **~истский** *иск.* módernist.

модистка *ж.* mílliner, modíste [-'di:st].

модифи||кация *ж.* mòdificátion. **~цировать** *несов. и сов.* (*вн.*) módifý (*d.*).

модн||ик *м. разг.* dándy, man* of fáshion. **~ица** *ж. разг.* fáshionable wóman* [...'wu-], wóman* of fáshion. **~ичать** *разг.* (*следовать моде*) fóllow the fáshion, dress in the látest fáshion. **~ый** **1.** (*по моде*) fáshionable, stýlish ['staɪ-]; всегда **~о** ever pópular; **2.** *прил. к* мода; **~ый** журнал fáshion jóurnal [...'dʒə:-]; **~ая** картинка fáshion-plàte.

модулировать **1.** (*без доп.*) *муз.* módulàte; **2.** (*вн.*) *физ.* módulàte (*d.*), contról [-oul] (*d.*).

модуль *м.* módulus (*pl.* -luses, -lì); módùle.

модуляция *ж. муз., тех.* mòdulátion; сеточная ~ *рад.* grid mòdulátion; частотная ~ *рад.* fréquency mòdulátion ['fri:-...].

модус *м.* módus (*pl.* módì ['mou-]) ✧ ~ вивенди módus vivéndi.

моё *с. см.* мой 1.

может *3 л. ед. см.* мочь I.

можжевелов||ый júniper (*attr.*); **~ая** настойка genéva, gin, Hóllands.

можжевельник *м. бот.* júniper.

можно *предик. безл.* (+ *инф.*; *возможно*) one can (+ *inf.*); (*позволительно*) one may (+ *inf.*): это ~ прочесть one can read it; здесь ~ курить one may smoke here; — это ~ сделать it can be done; one can do it; ~ добавить it may be ádded; если ~ if (it is) póssible; если ~ так выразиться if one may put it that way; как ~ больше as much as póssible; как ~ скорее as soon as póssible; как ~ лучше as well as póssible; как ~ раньше as éarly as possible [...'ə:lɪ...]; ~ мне войти? may I come in?; ~ открыть окно? may I ópen the wíndow?; ✧ как ~! *разг.* impóssible!, there can be no quéstion of that [...-stʃən...].

моза||ика *ж.* mosá¦ic [-'z-], ín¦láy. **~ичный** tésselláted, mosá¦ic [-'z-], ín¦láid; **~ичная** работа ín¦láid work; **~ичная** картина mosá¦ic; ínláid pícture.

мозг *м.* **1.** brain; головной ~ brain; cérebrum *научн.*; спинной ~ spínal cord; **2.** (*костный*) márrow; **3.** *мн.* (*кушанье*) (dish of) brains; телячьи **~и** calves' brains [kɑ:-...]; ✧ до **~а** костей to the core, to the márrow of one's bones; продрогнуть до **~а** костей be chilled to the bone / márrow; шевелить **~ами** *разг.* use one's brains.

мозговитый *разг.* bráiny.

мозгов||ой *анат.* cérebral; (*перен.*) brain (*attr.*); **~ая** оболочка cérebral mémbràne; **~ое** заболевание cérebral diséase [...-'zi:z]; diséase of the brain; **~ая** работа brain work.

мозжечок [можьже-] *м. анат.* cèrebéllum.

мозолин *м.* córn-cùre.

мозолист||ый cállous, hórny; tóil-hàrdened; **~ые** руки hórny hands; (*трудовые*) tóil-hàrdened hands.

мозолить, намозолить: ~ глаза кому-л. *разг.* be an éye¦sòre to smb. [...'aɪ-...].

мозоль *ж.* corn, càllósity; ✧ наступить кому-л. на любимую ~ *разг.* tread* on smb.'s pet corn [tred ...]. **~ный:** **~ный** пластырь córn-plàster; **~ный** оператор córncùtter, chirópodist [k-].

мой *мест.* **1.** (*при сущ.*) my; (*без сущ.*) mine: это ~ карандаш this is my péncil; э́тот каранда́ш ~ this péncil is mine; ваш каранда́ш здесь, а ~ там your péncil is here and mine is there; по моему́ мне́нию in my opínion; 2. *мн.* (*в знач. сущ.*) my people [...piː-]; ✧ э́то моё де́ло that's my own búsiness [...oun 'bɪzn-]; он рабо́тает бо́льше моего́ he works more than I do.

мо́йка *ж.* 1. (*действие*) wáshing; 2. (*раковина для мытья посуды*) sink.

мокаси́ны *мн.* móccassins.

мо́кко *с. нескл.* Mócha ['moukə].

мо́кнуть become* wet; (*быть погружённым в жидкость*) soak; ~ под дождём be out in the rain.

мокри́ца *ж. зоол.* wóod-louse*['wudlaus].

мо́кро 1. *прил. кратк. см.* мо́крый; 2. *предик. безл.* it is wet; на у́лице ~ it is wet out of doors [...dɔːz].

мокрова́тый moist, wéttish.

мокро́т||а *ж.* phlegm [-em]; отха́ркивать ~у clear the phlegm from one's throat, cough up phlegm [kɔf...].

мокрота́ *ж.* humídity.

мо́кр||ый wet, moist; (*пропитанный влагой*) sóggy; ~ до ни́тки wet to the skin; ~, хоть вы́жми wríng|ing wet; ✧ ~ая ку́рица *разг.* mílksòp, chícken-heart [-hɑːt]; у него́ глаза́ на ~ом ме́сте *разг.* he is a crý-bàby.

мол I *м.* pier [pɪə], bréakwàter ['breɪkwɔː-], jétty.

мол II *вводн. сл. разг.* he says, they say, *etc.* [...sez...]: он, ~, э́того не знал he says he did not know it [... nou...].

молва́ *ж. тк. ед.* 1. rúmour; cómmon talk; идёт ~, что it is rúmour|ed that; 2. (*репутация*) fame.

мо́лвить *несов. и сов.* (*вн.*) *уст., поэт.* say* (*d.*).

молдава́н||ин *м.,* **~ка** *ж.,* **~ский** Mòldávian.

молда́вский Mòldávian; ~ язы́к Mòldávian, the Mòldávian lánguage.

моле́б||ен *м.,* **~ствие** *с. церк.* públic práyer ['pʌ-...]; church sérvice; отслужи́ть благода́рственный ~ hold* a thànks|gíving sérvice.

моле́кул||а *ж.* mólecùle. **~я́рный** molécular; ~я́рный вес molécular weight.

моле́||льня *ж.* méeting-house* [-s], chápel ['tʃæ-]. **~ние** *с.* 1. *рел.* práying; 2. *поэт.* (*мольба*) sùpplicátion.

молески́н *м. текст.* móle|skìn. **~овый** *прил. к* молески́н.

молибде́н [-дэ́н] *м. хим.* mòlybdénum. **~овый** [-дэ́-] *прил. к* молибде́н.

моли́т||ва *ж.* prayer [preə]; (*перед едой и после еды тж.*) grace. **~венник** *м.* práyer-book ['preə-].

моли́ть (*вн. о пр.*) pray (*d.* for), entréat (*d.* for), súpplicàte (*d.* for), implóre (*d.* for); ~ о поща́де ask for quárter, cry quárter, cry for mércy.

моли́ться, помоли́ться 1. (*о пр.*) pray (for), óffer prayers [...preəz] (for); 2. *тк. несов.* (на *вн.*; *боготворить*) adóre (*d.*), ídolìze ['aɪ-] (*d.*).

моллю́ск *м. зоол.* mólluse; (*в раковине*) shéll-fìsh. **~овый** *прил. к* моллю́ск.

моллюскообра́зный *зоол.* mòllúscous.

молниено́сно I *прил. кратк. см.* молниено́сный.

молниено́сн||о II *нареч.* with líghtning speed. **~ый** (quick as) líghtning; с ~ой быстрото́й with líghtning speed; ~ый уда́р líghtning stroke; ~ая война́ Blítzkrieg ['blɪtskriːg].

молниеотво́д *м.* líghtning-condúctor, líghtning-ròd.

молни́ровать *несов. и сов. разг.* infórm by a líghtning-càble; send* an expréss-tèlegràm.

мо́лн||ия *ж.* 1. líghtning; шарови́дная ~ glóbe-lìghtning, fíre-bàll; зигзагообра́зная ~ forked líghtning; с быстрото́й ~ии with líghtning speed; 2. (*застёжка*) zípper; 3. (*срочная телеграмма*) líghtning-càble, expréss-tèlegràm.

молода́я *ж. скл. как прил.* bride.

молодёжн||ый youth [juːθ] (*attr.*); ~ая брига́да youth brigáde, youth team.

молодёжь *ж. тк. ед. собир.* youth [juːθ]; young people [jʌŋ piː-] *pl.*; уча́щаяся ~ stúdents *pl.*

молоде́нький *разг.* (very) young [...jʌŋ].

молоде́ть, помолоде́ть look younger [...'jʌŋ-]; (*чувствовать себя молодым*) grow* young agáin [grou jʌŋ...].

мо́лодец *м. поэт.* brave.

молод||е́ц *м.* fine féllow; (*о женщине*) fine girl [...g-]; brick *разг.*; вести́ себя́ ~цо́м beháve màgníficently; be up to the mark *разг.*; ~! *разг.* well done!; ~ к ~цу́ stálwart / stúrdy / robúst to a lad ['stɔːl-...]; ✧ ~ про́тив ове́ц, а про́тив ~ца́ — сам овца́ *погов.* brave befóre a lamb, but a lamb befóre the brave.

моло́децк||ий váliant ['væ-], méttle|some; у́даль ~ая válour ['væ-].

моло́дечество *с.* displáy of cóurage [...'kʌ-], fóolhàrdiness; bravádò [-'vɑː-].

молоди́ть (*вн.*) *разг.* make* (*d.*) look yóunger [...'jʌŋ-]. **~ся** *разг.* try to look yóunger than one's age [... 'jʌŋ-...].

моло́дка *ж.* 1. (*о женщине*) young márried wóman* [jʌŋ... 'wu-]; bride; 2. (*о курице*) púllet ['pu-].

молодня́к *м. тк. ед.* 1. (*поросль молодого леса*) úndergrowth [-ouθ]; sáplings ['sæ-] *pl.*; 2. *собир.* (*о скоте*) yóunger ánimals ['jʌŋ-...] *pl.*; (*о зверях в зоопарке*) cubs *pl.*; 3. *собир. разг.* (*молодёжь*) the yóunger gènerátion, the youth [...juːθ].

молодожёны *мн.* néwly-màrried couple [...kʌpl] *sg.*, néwly-wèds.

молод||о́й 1. *прил.* young [jʌŋ]; yóuthful ['juːθ-]; (*о неодушевлённых предметах*) new; ~о́е поколе́ние the yóung(-er) gènerátion; ~ы́е избира́тели th young eléctors; ~ задо́р yóuthfu enthúsiàsm [...-zɪ-]; ~ ме́сяц nev moon; ~ карто́фель new potátòe *pl.*; ~о́е вино́ new wine; мо́лодо вы глядеть (для свои́х лет) look youn for one's age; мо́лод года́ми young i years; 2. *м. как сущ.* bríde|groom; ✧ мо́лодо-зе́лено ún|rípe, green.

мо́лодост||ь *ж.* youth [juːθ]; втора ~ sécond youth / spring ['se- juːθ...] не пе́рвой ~и *разг.* not in one' first youth.

молодцева́т||ость *ж.* dáshing appéar ance, spríghtliness, swágger ['swæ-] **~ый** dáshing, spríghtly.

моло́дчик *м. разг.* 1. swell; 2. *об мн.* cút-throats; фаши́стские ~и fás cist thugs.

молодчи́на *м. и ж. тк. ед. разг* brick; ~! good lad!, well done! brávò ['brɑː-].

моложа́в||о *нареч.*: ~ вы́глядет look yóuthful [...'juːθ-], have youth ful looks. **~ость** *ж.* yóuthful look ['juːθ-...] *pl.* **~ый** yóuthful ['juːθ-] yóung-looking ['jʌŋ-], young for hi age [jʌŋ...]; име́ть ~ый вид loo young for one's age.

моло́зиво *с. тк. ед.* colóstrum; (*молоко новотельной коровы*) béestings *pl*

моло́ки *мн. анат.* soft roe *sg.*, mil *sg.*

молок||о́ *с.* milk; ✧ у него́ ~ н губа́х не обсо́хло ≅ he is too young green [...jʌŋ...], he is just a báby впита́ть с ~о́м ма́тери imbíbe, *ил* take* in, with one's móther's mil [...'mʌ-...]; обжёгшись на ~е́, бу́ дешь дуть и на́ воду *посл.* ≅ the burn child dreads the fire [...dredz...].

молокосо́с *м. разг.* gréenhòrn; ún flédged youth [...juːθ]; súcker *амер.* síssy, císsy *груб.*

мо́лот *м.* hámmer; серп и ~ hám mer and síckle; кузне́чный ~ hám mer; парово́й ~ stéam-hàmmer; ✧ ме́жду ~ом и накова́льней betwée the hámmer and the ánvil.

молоти́||лка *ж. с.-х.* thréshing-ma chìne [-ʃiːn], thrésher. **~льщик** *м* thrésher.

молоти́ть, смолоти́ть (*вн.*) thres (*d.*), thrash (*d.*).

молотобо́ец *м.* hámmerer, hámmer| man*; blácksmith's stríker.

молот||о́к *м.* hámmer; деревя́нны ~ mállet; ✧ продава́ть с ~ка́ (*вн.* bring* to the hámmer (*d.*), put* u (for sale) (*d.*), sell* by áuction (*d.* продава́ться с ~ка́ come* únder th hámmer. **~о́чек** 1. *уменьш. от* моло то́к; 2. *анат.* málleus.

мо́лот-ры́ба *ж.* hámmer-fìsh*, hám mer-head [-hed].

моло́ть, смоло́ть (*вн.*) grind* (*d.*) mill (*d.*); ✧ ~ вздор *разг.* talk nón sense / rot.

молотьба́ *ж.* **1.** (*действие*) thréshing; **2.** (*время*) hárvest (*season*).

молоча́й *м.*, **~ник** *м. тк. ед. бот.* spurge; euphórbia.

моло́чная *ж. скл. как прил.* dáiry, créamery.

моло́чник I *м.* (*посуда*) mílk-jùg; mílk-càn.

моло́чник II *м.* (*продавец молока*) mílk|man*, dáiry|man*.

моло́чница I *ж.* (*продавщица молока*) mílk|wòman* [-wu-], mílk-maid.

моло́чница II *ж.* (*болезнь*) thrush.

моло́чно-восков||о́й: ~а́я спе́лость (*о кукурузе*) mílk-wàx stage of ripe|ness [-wæ-...].

моло́чн||ый 1. *прил. к* молоко́; *тж.* mílky; ~ режи́м, ~ая дие́та milk díet; ~ое хозя́йство dáiry-fàrm; dáirying; ~ые проду́кты dáiry pródùce *sg.*; ~ая ка́ша milk pórridge; ~ая торго́вля créamery; **2.** *хим.* láctic; ~ая кислота́ láctic ácid; ~ са́хар mílk-sùgar [-ʃu-]; láctòse [-s]; ◇ ~ое стекло́ frósted glass; ~ая коро́ва milch cow, mílker; ~ая ку́хня ínfant-feeding centre; ~ые зу́бы mílk-teeth, báby-teeth; ~ брат fóster-bròther [-brʌ-]; ~ая сестра́ fóster-sìster; ~ые ре́ки в кисе́льных берега́х land flówing with milk and hóney [...'flou-...'hʌ-].

мо́лча *нареч.* silent|ly, tácitly, without a word.

молчали́в||ость *ж.* tàcitúrnity, réticence. **~ый** tácitùrn, sílent; (*необщительный*) ún|commúnicàtive; ~ое согла́сие tácit consént; àcquiéscence.

молча́ние *с.* sílence ['saɪ-]; храни́ть ~ keep* sílence; наруша́ть ~ break* the sílence [breɪk...]; обойти́ что-л. ~м pass smth. by / óver in sílence; ~ — знак согла́сия *посл.* ≅ silence gives consént.

молча́ть 1. keep* sílent / sílence [...'saɪ-], be sílent; упо́рно ~ refúse to útter a word; refúse to ópen one's mouth; ~! sílence!, be sílent!; shut up! *разг.*; **2.** (*сносить что-л. безропотно*) bear* in sílence [bɛə...].

молчко́м *нареч. разг.* = мо́лча.

моль I *ж.* (clóthes-)mòth ['klou-]; изъе́денный ~ю móth-eaten.

моль II *ж. хим.* mole.

мольба́ *ж.* entréaty, sùpplicátion.

мольбе́рт *м.* éasel [-z°l].

моме́нт *м.* **1.** móment, ínstant; в э́тот са́мый ~ at that very ínstant; в любо́й ~ at any móment; в оди́н ~ in a móment; в тот ~, когда́ at *a* móment, when; до изве́стного ~а up to a cértain móment; удо́бный ~ òpportúnity; **2.** (*черта, особенность*) féature; (*доклада, речи и т. п.*) point; э́то интере́сный ~ that is an ínteresting áspèct / side of the mátter; **3.** *физ.* móment; ~ си́лы, ине́рции móment of force, of inértia; ◇ теку́щий, настоя́щий ~ the présent situátion [...'prez-...].

момента́льн||о *нареч.* ínstantly, in a móment. **~ый** ìnstantáneous, ínstant; ~ый сни́мок snápshòt.

моме́нтами *нареч.* now and then.

мона́да *ж. филос.* mónàd ['mɔ-].

мона́рх *м.* mónarch ['mɔnək]; sóvereign [-vrɪn]. **~и́зм** *м.* mónarchism [-k-]. **~и́ст** *м.* mónarchist [-k-]. **~и́ческий** mónarchist [-k-] (*attr.*), mònárchic(al) [-kɪk-], mònárchal [-k-]; ~и́ческая па́ртия mónarchist párty. **~ия** *ж.* mónarchy [-kɪ]; абсолю́тная ~ия ábsolùte mónarchy; конституцио́нная ~ия cònstitútional mónarchy.

мона́рший *прил. к* мона́рх; *тж.* mònárchic(al) [-kɪ-], mònárchal [-k-].

монасты́рский *прил. к* монасты́рь; *тж.* monástic, convéntual, clóistral.

монасты́рь *м.* clóister; (*католический*) ábbey; (*мужской*) mónastery [-trɪ], fríary; (*женский*) núnnery, cónvent; заключи́ть в ~ (*вн.*) clóister (*d.*); ◇ в чужо́й ~ со свои́м уста́вом не хо́дят *посл.* ≅ do in Rome as the Rómans do.

мона́||х *м.* monk [mʌ-]; постри́чься в ~хи take* the monástic vows. **~хи́ня** *ж.* nun; постри́чься в ~хини take* the veil. **~шенка** *ж.* **1.** *разг.* = мона́хиня; **2.** *зоол.* (práying) mántis (*pl.* mántes). **~шеский** monástic; ~шеский о́рден monástic órder; ~шеское одея́ние monástic clothes [...klou-] *pl.* **~шество** *с.* **1.** mónkhood ['mʌŋkhud]; monásticism, mónachism [-k-]; mónkery ['mʌŋ-] *разг.*; **2.** *собир.* régular / black clérgy; monks [mʌ-] *pl.*

мона́шка *ж. разг.* = мона́хиня.

монго́л *м.*, **~ка** *ж.* Mòngól(ian).

монго́льский Mòngólian; ~ язы́к Mòngólian, the Mòngólian lánguage.

монгольфье́р *м. ав.* mòntgólfier, fire ballóon.

моне́т||а *ж.* coin; зво́нкая ~ spécie [-ʃiː]; hard cash *амер.*; ходя́чая ~ cúrrency, cúrrent coin; разме́нная ~ change [tʃeɪ-]; ◇ отплати́ть кому́-л. то́й же ~ой *разг.* pay* smb. in his own coin [...oun...]; приня́ть за чи́стую ~у (*вн.*) *разг.* take* at its face válue (*d.*); take* in all good faith (*d.*). **~ный** mónetary ['mʌ-]; ~ный двор mint (*establishment*); ~ная систе́ма mónetary sýstem. **~чик** *м.* cóiner.

мон||и́зм *м. филос.* mónism. **~исти́ческий** *филос.* mònístic.

мони́сто *с.* nécklace.

монито́р *м. мор.* mónitor.

монога́мия *ж.* mònógamy.

моногени́зм *м. биол.* mònógenism.

моногра́мма *ж.* mónogràm, cípher ['saɪ-].

моно||графи́ческий mònográphic. **~гра́фия** *ж.* mónogràph.

моно́кль *м.* (single) éye-glàss [...'aɪ-], mónocle.

моноко́к *м. ав.* mònocóque [-'kɔːk].

монокульту́ра *ж. с.-х.* óne-cròp / síngle-cròp sýstem.

моноли́т *м.* mónolith. **~ность** *ж.* solídity, fírmness. **~ный** mònolíthic; (*перен.*) pówerful, impréssive, mássive.

моноло́г *м.* mónològue [-lɔg], solíloquy; произноси́ть ~ solíloquìze. **~и́ческий:** ~и́ческая речь mónològue [-lɔg].

моно́м *м. мат.* monómial.

монома́н *м. мед.* mónomániàc. **~ия** *ж. мед.* mónománia.

монометалл||и́зм *м. эк.* mònométallism. **~и́ческий** *эк.* mònomètállic.

монопла́н *м. ав.* mónoplàne.

монополиз||а́ция *ж.* monòpolìzátion [-laɪ-]. **~и́ровать** *несов. и сов.* (*вн.*) monópolìze (*d.*).

монополи́ст *м.* monópolist. **~и́ческий** monòpolístic; ~и́ческий капита́л monòpolístic cápital.

монопо́лия *ж.* monópoly; ~ вне́шней торго́вли monópoly of fóreign trade [...'fɔrɪn...]; ~ хле́бной торго́вли grain monópoly.

монопо́льн||ый monòpolístic, exclúsive; ~ая цена́ monòpolístic / exclúsive price; ~ая ре́нта exclúsive rent; ~ое пра́во monópoly.

моноте||и́зм *м. филос.* mónothè|ism. **~исти́ческий** *филос.* mònothè|ístic.

моноти́п *м. полигр.* mónotỳpe. **~и́ст** *м.* mónotỳpe óperàtor. **~ный** *прил. к* моноти́п.

моното́нн||ость *ж.* monótony. **~ый** monótonous.

монофто́нг *м. лингв.* mónophthòng.

монохо́рд *м. муз.* mónochòrd [-k-].

монохромати́ческий *опт.* mònòchròmátic [-noukrou-].

монпансье́ *с. нескл.* fruit drops [fruːt...] *pl.*, lózenges *pl.*

монстр *м.* mónster.

монта́ж *м.* **1.** (*сборка и установка машин*) assémbling, móunting, eréction, instálling; **2.** *иск.* móunting; ~ о́перы по ра́дио arránge|ment of an ópera for the wíre|less [-eɪn-...]. **~ник** *м.* fítter. **~ный** assémbly (*attr.*).

монтанья́р *м. ист.* mòntàgnárd [mɔːŋtɑː'njɑːr].

монтёр *м.* **1.** fítter; **2.** (*электромонтёр*) elèctrícian.

монти́ровать, смонти́ровать (*вн.*) assémble (*d.*), fit (*d.*) mount (*d.*).

монуме́нт *м.* mónument. **~а́льный** mònuméntal.

мопс *м.* púg(-dòg).

мор *м. разг.* péstilence, plague [pleɪg].

морал||изи́ровать mórallze. **~и́ст** *м.* mórallst.

морали́те [-тэ́] *с. нескл. лит.* morálity play.

мора́ль *ж.* móral ['mɔ-]; (*учение*) móral philósophy, éthics; (*нравственность*) mórals *pl.*; коммунисти́ческая ~ cómmunist morálity / éthics; ◇ чита́ть ~ móralìze; прописна́я ~

cópy-book morálity / máxims ['kɔ-...].

мора́льно-политическ||ий móral and polítical ['mɔ-...]; ~ое еди́нство сове́тского наро́да móral and polítical únity of the Sóvièt people [...pi:-].

мора́льн||ый móral ['mɔ-], éthical; (*противоп. физический*) spíritual, méntal; ~ое состоя́ние mòrále [-ɑ:l]; ◇ ~ изно́с, ~ое изна́шивание маши́н òbsoléscence of machínes [...-'ʃi:nz].

морато́ри||й *м.*, ~ум *м. фин.* mòratórium; объяви́ть ~ decrée the mòratórium.

морг *м.* morgue [mɔ:g], mórtuary.

морганати́ческий mòrganátic.

морг||а́ть, моргну́ть **1.** blink; **2.** (*дт.*) wink (at); ◇ гла́зом не ~ну́в *разг.* without bátting an éye¦lid [...'aɪ-]; не успе́ть гла́зом моргну́ть befóre one could say "knife". ~**ну́ть** *сов. см.* морга́ть.

мо́рд||а *ж.* **1.** muzzle; snout; **2.** *груб.* (*о лице*) (úgly) face ['ʌg-...]; mug.

морда́стый *разг.* **1.** with a large muzzle; **2.** (*о человеке*) fat, héavy-fáced ['hevɪ-].

морд||ви́н *м.*, ~**ви́нка** *ж.*, ~**о́вский** Mòrdvínian; ~о́вский язы́к Mòrdvínian, the Mòrdvínian lánguage.

мо́р||е *с.* sea; откры́тое ~ the ópen sea; the high seas *pl.*; вы́йти в ~ put* to sea; е́хать ~ем go* by sea; в откры́том ~ on the ópen sea, on the high seas; на́ ~ at sea; у ~я by the sea; (*на берегу моря — отдыхать и т. п.*) by the séasíde; за́ ~ем, за́ ~ óver¦séa(s), óver / be¦yónd the sea; из-за ~я from óver¦séa cóuntries [...'kʌ-]; ◇ ему́ ~ по коле́но he does¦n't care, he couldn't care less; ждать у ~я пого́ды indúlge in vain hopes.

море́н||а *ж. геол.* moráine. ~**ный** moráinal, moráinic; ~ный ландша́фт moráinal land.

морёный (*о дереве*) stained; ~ дуб fumed oak.

морепла́ва||ние *с.* nàvigátion, séafàring. ~**тель** *м.* návigàtor, séafàrer. ~**тельный** náutical.

морехо́д *м.* = морепла́ватель. ~**ность** *ж. мор.* séa¦wòrthiness [-ðɪ-]. ~**ный** náutical, séafàring. ~**ство** *с.* nàvigátion.

морж *м. зоол.* wálrus ['wɔ:-]. ~**о́вый** *прил. к* морж.

Мо́рзе: а́збука ~ Morse álphabet / code; аппара́т ~ Morse.

мори́ть I (*вн.*) **1.** (*уничтожать*) extérminàte (*d.*); **2.** (*мучить*) exháust (*d.*); ~ го́лодом starve (*d.*).

мори́ть II (*вн.*; *о дереве*) stain (*d.*).

морко́вный *прил. к* морко́вь.

морко́вь *ж. тк. ед.* cárrot; *собир.* cárrots *pl.*

моров||о́й *уст.* péstilent; ~а́я я́зва péstilence, plague [pleɪg].

моро́жен||ица *ж.* fréezer, íce-créam mould [...mould]. ~**ое** *с. скл. как прил.* ice-créam; ~ое с ва́флями ice-créam wáfer; по́рция ~ого a pórtion of íce-créam. ~**щик** *м.* íce-créam véndòr; íce-créam man*. ~**щица** *ж.* íce-créam véndòr; íce-créam wóman* [...'wu-]. ~**ый** frózen, chilled; ~ое мя́со chilled / frózen meat.

моро́з *м.* frost; (*морозная погода*) fréezing wéather [...'weðə]; 10 гра́дусов ~а 10 degrées of frost; си́льный ~ hard / sharp / bitter frost; сего́дня си́льный ~ it is fréezing hard to¦dáy; треску́чий ~ ríng¦ing frost; ◇ ~ по ко́же подира́ет *разг.* ≅ it makes one's flesh creep, it gives one góose-flèsh, *или* the shivers [...-s-...'ʃɪ-]. ~**ить 1.** (*вн.*) freeze* (*d.*), con¦géal (*d.*); **2.** *безл.*: ~ит it fréezes, it is fréezing. ~**но** *предик. безл.* it fréezes. ~**ный** frósty; ~ный день frósty day.

морозосто́йк||ий fróst-hàrdy, fróst-resístant [-'zɪ-]. ~**ость** *ж.* fróst-resístance [-'zɪ-]; ~ость расте́ний the fróst-resísting abílity of plants [...-'zɪ-...-ɑ:nts].

морозоусто́йчив||ость *ж.* = морозосто́йкость. ~**ый** = морозосто́йкий.

морос||и́ть drizzle; ~и́т *безл.*: дождь ~и́т it drizzles, it is drízzling.

моро́чить, обморо́чить (кого́-л.) *разг.* fool (smb.); pull smb.'s leg [pul...].

моро́шка *ж. тк. ед.* **1.** *собир.* clóudbèrries *pl.*; **2.** (*об отдельной ягоде*; *тж. о растении*) clóudbèrry.

морс *м.* fruit juice / wáter [fru:t ʤu:s 'wɔ:-]; клю́квенный ~ cránberry wáter.

морск||о́й sea (*attr.*); (*приморский*) máritìme; (*связанный с мореплаванием тж.*) maríne [-i:n], náutical; ~ бе́рег séashóre; ~а́я вода́ séa-wáter [-'wɔ:-]; ~о́е дно bóttom of the sea, séa-bóttom; ~о́е путеше́ствие vóyage; ~ флот maríne; ~ офице́р nával ófficer; ~а́я война́ nával wárfàre, sea war; ~а́я ба́за nával base [...-s]; ~ мини́стр First Lord of the Ádmiralty (*в Англии*); Sécretary of the Návy (*в США*); ~о́е министе́рство Ádmiralty (*в Англии*); Návy Depártment (*в США*); ~ бой séa-fight, nával en¦gáge¦ment; ~о́е учи́лище nautical school; ~а́я ка́рта (sea) chart; ~а́я артилле́рия nával órdnance; ~а́я держа́ва nával pówer; ~о́е могу́щество sea pówer; ~а́я пехо́та marínes *pl.*, maríne light ínfantry; ~а́я торго́вля séa-tráde, séa-bòrne trade, máritìme cómmèrce; ~а́я боле́знь séasìckness; ~ разбо́йник pírate ['paɪə-], séa-ròbber; ~а́я игла́ *зоол.* néedle-fìsh, pípe-fìsh; ~а́я сви́нка guínea-pìg ['gɪnɪ-]; ~ая соба́ка *зоол.* séa-dòg, dóg-fìsh; ~ лев *зоол* sea líon; ~ ёж *зоол.* séa-úrchin; èchínus [ek-] (*pl.* -nì) *научн.*; ~а́я звезда́ *зоол.* stárfìsh; ~ конёк *зоол.* hìppo¦cámpus (*pl.* -pì), séa-hòrse; ~ кот *зоол.* sea bear [...bɛə]; ~а́я капу́ста *бот.* sea kale; ~а́я трава́ *бот.* séa-gràss, gráss-wràck; ◇ ~ волк old salt, séa-dòg; на дне ~о́м найти́ что-л., со дна ~о́го доста́ть что-л. spare no éffort to find smth., try every means to find smth., leave* no stone úntúr'ned to find smth.

морти́ра *ж. воен.* (àrtíllery) mórtar.

морфе́ма *ж. лингв.* mórphème.

мо́рфи||й *м.* mórphia; mórphìne [-i:n]; впры́снуть ~ (*дт.*) injéct mórphia (to). ~**ни́зм** *м. мед.* mórphinism. ~**ни́ст** *м.*, ~**ни́стка** *ж. мед.* mórphìne áddict [-i:n...].

морфо||логи́ческий mòrphológical. ~**ло́гия** *ж.* **1.** mòrphólogy; **2.** *лингв.* áccidence.

морщи́н||а *ж.* wrinkle; (*на ткани и т. п.*) crease [-s]; лицо́, покры́тое ~ами wrinkled face. ~**истый** wrinkled, púckered. ~**ить** (*вн.*) *разг.* wrinkle (*d.*). ~**ка** *ж. уменьш. от* морщи́на; ~ки у глаз crów's-feet ['krouz-].

мо́рщить, намо́рщить, смо́рщить (*вн.*) **1.** *при сов.* намо́рщить: ~ лоб knit* one's brow; **2.** *при сов.* смо́рщить púcker (*d.*); wrinkle (*d.*), contráct (*d.*); ~ гу́бы púcker / purse one's lips; ~ нос wrinkle one's nose.

морщи́ть *разг.* crease [-s], púcker.

мо́рщиться, намо́рщиться, смо́рщиться **1.** *при сов.* намо́рщиться knit* one's brow; **2.** *при сов.* смо́рщиться screw one's face into wrinkles; make* a wry face; **3.** *при сов.* смо́рщиться (*об одежде*) cockle, shrível ['ʃrɪ-].

морщи́ться *разг.* = морщи́ть.

моря́к *м.* sáilor.

москате́льн||ый: ~ая торго́вля chándlery [-ɑ:n-]; ~ това́р chándlery.

москви́ч *м.*, ~**ка** *ж.* Múscovìte, inhábitant of Móscow; он был ~о́м he was Móscow born.

моски́т *м.* mosquítò [-'ki:-].

моско́вск||ий *прил. к* Москва́; Моско́вская о́бласть Móscow Région.

Моссове́т *м.* (Моско́вский Сове́т депута́тов трудя́щихся) Móscow Sóvièt (of Wórking People's Députies) [...pi:-...].

мост *м.* (*в разн. знач.*) bridge; железнодоро́жный ~ ráilway bridge; подъёмный ~ dráw-brìdge; плаву́чий ~ bridge of boats; разводно́й ~ ópen¦ing bridge; развести́ ~ ópen *a* dráw-bridge; навести́ ~ build*/make* *a* bridge [bɪld...]; перебро́сить ~ че́рез ре́ку span *a* ríver with *a* bridge [...'rɪ-...]. ~**ик** *м.* **1.** *уменьш. от* мост; **2.** (*для пешеходов*) fóot-brìdge ['fut-]; **3.** (*на судне*) bridge.

мости́ть (*вн.*) pave (*d.*); (*булыжником*) cobble (*d.*).

мостки́ *мн.* planked fóotway [...'fut-] *sg.*, gáng¦way plank *sg.*

мостова́я *ж. скл. как прил.* róadway, cárriage-way [-rɪʤ-]; торцо́вая ~ wood páve¦ment [wud....]; wóod-blòck road ['wud-...]; асфа́льтовая ~

asphált road; булы́жная ~ cóbblestòne road.

мостов||о́й *прил. к* мост; ~а́я фе́рма *тех.* brídge-gìrder [-gə:-]; ~ы́е весы́ wéigh-brìdge *sg.*

мо́ська *ж. разг.* púg(-dòg).

мот *м. разг.* pródigal, spéndthrift, squánderer.

мота́льн||ый *тех.* wínding; ~ая маши́на wínding-machìne [-ʃi:n].

мота́ть I 1. (*вн.*; *нама́тывать*) wind* (*d.*), reel (*d.*); 2. (*тв.*) *разг.* (*голово́й*) shake* (*d.*); ◇ ~ что-л. на ус *разг.* ≅ obsérve smth. sílently [-'zə:v...], take* good note of smth.

мота́ть II (*вн.*) *разг.* (*расточа́ть*) squánder (*d.*), waste [weɪ-] (*d.*).

мота́ться I *разг.* 1. (*висе́ть*) dangle; 2. *страд. к* мота́ть I 1.

мота́ться II *разг.* (*проводи́ть вре́мя в утоми́тельных хлопо́тах и т. п.*) fuss abóut.

моте́ль *м.* mòtél.

моти́в I *м.* 1. *муз.* tune; 2. (*те́ма, сюже́т произведе́ния иску́сства*) mòtíf [mou'ti:f].

моти́в II *м.* (*причи́на, основа́ние*) mótive, cause, ground; привести́ ~ы (*рд.*) mótivàte ['mou-] (*d.*).

мотиви́ровать *несов. и сов.* (*вн.*) give* réasons [...-z°nz] (for), jústifỳ (*d.*); mótivàte ['mou-] (*d.*).

мотивиро́вка *ж.* mòtivátion [mou-], réason [-z°n], jùstificátion.

мотну́ть *сов.* (*тв.*) shake* (*d.*).

мотобо́т *м.* mótor boat.

мотови́ло *с. тех.* reel.

мото́в||ка *ж. разг.* extrávagant wóman* [...'wu-]. ~**ско́й** *разг.* wásteful ['weɪ-], extrávagant. ~**ство́** *с.* pròdigálity, extrávagance.

мотого́нки *мн.* mótor ráces.

мотодро́м *м.* mótordròme.

мото́к *м.* skein, hank; cut.

мотолопа́та *ж.* mótor shóvel [...'ʃʌ-]; gásoline shóvel [-li:n...] *амер.*

мотомеханизи́рованный méchanìzed [-k-].

мотопехо́та *ж.* mótorìzed ínfantry ['mou-...].

мотопила́ *ж.* mótor-saw.

мотопробе́г *м.* cróss-cóuntry mótor-cỳcle race [-'kʌ-...].

мото́р *м.* mótor; éngine ['enʤ-]; авиацио́нный ~ áircràft éngine; пусти́ть в ход ~ start *a* mótor. ~**иза́ция** *ж.* mòtorìzátion [moutəraɪ-]. ~**изо́ванный** mótorìzed ['mou-]; ~изо́ванные войска́ mótorìzed force *sg.* ~**и́ст** *м.* mótor-mechánic [-'kæ-].

мото́рн||ый I *прил. к* мото́р; ~ ваго́н dríving car; ~ая ло́дка mótor boat.

мото́рный II *физиол.* (*двига́тельный*) mótive; mótor (*attr.*).

моторострое́ние *с.* mótor-bùilding [-bɪld-].

моторострои́тельный mótor-bùilding [-bɪld-], mótor (*attr.*); ~ заво́д mótor works.

мотоци́кл *м.*, ~**е́т** *м.* mótor cycle; ~ с коля́ской mótor cycle and síde-càr. ~**и́ст** *м.* mótor-cýclist [-'saɪ-].

моты́||га *ж. с.-х.* hoe, máttock. ~**жить** (*вн.*) hoe (*d.*).

мотылёк *м.* búttérflỳ, moth.

моты́ль *м. тех.* crank.

мотыльќовые *мн. скл. как прил. бот.* papìlionáceous plants [-'neɪʃəs -ɑ:nts], papìlionáceae [-sɪi:].

мох *м.* moss; зарасти́ мхом be óvergrówn with moss [...-'groun...], be móss-grown [...-groun].

мохна́т||ый 1. háiry, shággy; 2.: ~ое полоте́нце Túrkish tówel.

мохообра́зный móssy.

моцио́н *м.* éxercìse, cònstitútional; де́лать ~ take* éxercìse; для ~а for éxercìse; гуля́ть для ~а take* one's cònstitútional.

моч||а́ *ж.* úrine, wáter ['wɔ:-]; ана́лиз ~и́ ùrinóscopy

моча́лить (*вн.*) *тех.* séparàte into fibres (*d.*).

моча́лка *ж.* wisp / piece of bast [...pi:s...].

моча́ло *с.* bast.

мочеви́на *ж. хим.* úrea [-rɪə].

мочев||о́й úrinary; ~ пузы́рь *анат.* (úrinary) bládder; ~ы́е ка́мни *мед.* stone (in the bládder) *sg.*; ~ песо́к *мед.* grável [-æ-]; ~а́я кислота́ *хим.* úric ácid.

мочего́нн||ый *мед.* dìurétic; ~ое сре́дство dìurétic.

мочеиспуска́||ние *с.* ùrinátion. ~**тельный**: ~тельный кана́л *анат.* uréthra [-'ri:-].

мочеки́сл||ый: ~ая соль *хим.* úràte.

мочёный soaked.

мочеотделе́ние *с. физиол.* ùrinátion.

мочеполов||о́й *анат.* ùrino-génital, gènito-úrinary; ~ы́е боле́зни *мед.* gènito-úrinary diséases [...-'zi:-].

мочето́чник *м. анат.* ùréter.

мочи́ть (*вн.*) 1. wet (*d.*); 2. (*вымачивать*) soak (*d.*); (*о льне*) ret (*d.*). ~**ся**, помочи́ться 1. (*испуска́ть мочу́*) úrinàte; wáter ['wɔ:-] *разг.*; 2. *страд. к* мочи́ть.

мо́чка I *ж.* sóaking, máceràting; (*о льне*) rétting.

мо́чка II *ж.* 1. *анат.* lobe of the ear; 2. *бот.* fíbril ['faɪ-].

мочь I, смочь (*быть в состоя́нии*) be able; он сде́лает всё, что мо́жет he will do all he can; он не смог прийти́ вчера́ he could not come yésterday [...-dɪ]; мо́жет ли он пойти́ туда́? (*возмо́жно ли это?*) can he go there?; (*позво́лено ли это?*) may he go there?; вы мо́жете подожда́ть? can you wait?; могу́ ли я попроси́ть вас? may I ask you?; я, он *и т. п.* не могу́, не мо́жет *и т. п.* не (+ *инф.*) I, he, *etc.* can't help [...kɑ:nt...] (+ *ger.*); ◇ мо́жет быть (*как вводн. сл.*) máybè, perháps; мо́жет быть, он уе́хал máybè / perháps he has left; he may have left; мо́жет быть (*предик.*) it is póssible; (э́того) не мо́жет быть it is impóssible.

моч||ь II *ж. разг.* pówer, might; изо всей ~и, что есть ~и with all one's pówer, with all one's might; with might and main *идиом.*; ~и нет one can't stand / endúre it (any lónger) [...kɑ:nt...].

моше́нн||ик *м.* swíndler. ~**ичать**, смоше́нничать swíndle. ~**и́ческий** knávish ['neɪv-], róguish ['rougɪʃ]. ~**ичество** *с.* swíndle, fraud; (*в игре́*) foul play.

мо́шк||а *ж.* midge. ~**ара́** *ж. тк. ед. собир.* swarm of mídges.

мошн||а́ *ж. тк. ед. разг.* pouch, purse; ◇ наби́ть ~у́ fill one's purse; тряхну́ть ~о́й ópen one's purse; туга́я, то́лстая, больша́я ~ móney-bàgs ['mʌ-] *pl.*

мошо́н||ка *ж. анат.* scrótum. ~**очный** *анат.* scrótal; ~очная гры́жа scrótocèle ['skrou-].

мощ||е́ние *с.* páving. ~**ёный** paved; (*булы́жником*) cobbled.

мо́щи *мн. рел.* rélic (of *a* saint's bódy) [...'bɔ-] *sg.*; ◇ живы́е ~ *разг.* líving múmmy ['lɪ-...] *sg.*

мо́щн||ость *ж.* 1. pówer; 2. *тех.* capácity; (*о маши́не тж.*) hórse-power; (*произво́дительность*) óutpùt [-put]; номина́льная ~ ráted pówer / capácity; поле́зная ~ úseful pówer [-s-...]; факти́ческая ~ áctual (hórse-)power; ~ у́гольного пласта́ thíckness of *the* coal vein; 3. *мн.*: произво́дственные ~ости indústrial / prodúction capácities; вводи́ть в де́йствие но́вые энергети́ческие ~ости explóit fresh pówer capácities. ~**ый** pówerful; (*о маши́нах и т. п.*) hígh-capàcity, hígh-pówered; ~ый подъём pówerful úpsùrge; ~ый рост движе́ния pówerful advánce of the móvement [...'mu:v-].

мощь *ж. тк. ед.* pówer, might; экономи́ческая и полити́ческая ~ страны́ the èconómic and polítical pówer of the cóuntry [...i:k-...'kʌ-]; вое́нная ~ mílitary might.

моя́ *ж. см.* мой 1.

мразь *ж. тк. ед. об. собир. разг.* (*о лю́дях*) násty / mean wrétches *pl.*

мрак *м.* gloom, dárkness, bláckness; во ~е но́чи únder cóver of night [...'kʌ-...]; ◇ э́то покры́то ~ом неизве́стности it is shróuded in mýstery.

мракобе́с *м.* òbscúrantist. ~**ие** *с.* òbscúrantism.

мра́мор *м.* marble. ~**ный** 1. *прил. к* мра́мор; 2. (*подо́бный мра́мору*) màrmóreal [-rɪəl].

мрачне́ть, помрачне́ть grow* gloomy [grou...], dárken.

мра́чн||ость *ж.* gloom, glóominess, sómbreness, dárkness. ~**ый** glóomy, sombre, dark; (*угрю́мый*) dísmal [-z-], dréary ['drɪə-]; ~ое настрое́ние dísmal mood.

мсти́тель *м.* avénger [-nʤə]. **~ни́ца** *ж.* avéngeress [-nʤə-]. **~ность** *ж.* vindíctive¦ness, revénge¦fulness. **~ный** vindíctive, revénge¦ful.

мстить, отомсти́ть (*дт.* за *вн.*) revénge òne¦sélf (up¦ón for); take* véngeance [...-nʤəns] (on for); avénge (*d.*); ~ врагу́ take* véngeance on one's énemy.

муа́р *м. текст.* moire [mwɑː], moiré (*фр.*) ['mwɑːreɪ], wátered silk ['wɔː-...]. **~овый** moiré (*фр.*) ['mwɑːreɪ], wátered ['wɔː-].

мудрено́ I **1.** *прил. кратк. см.* мудрёный; **2.** *предик. безл.* it is dífficult / hard; ~ поня́ть его́ he is a puzzle to ùnderstánd; не ~, что no wónder that [...'wʌ-...]; ◇ ~ ли... no wónder...

мудрено́ II *нареч.* in¦génious¦ly, súbtly ['sʌt-].

мудрён||ость *ж. разг.* ìn¦genúity. **~ый** **1.** (*странный*) odd, queer, trícky; **2.** (*трудный*) dífficult, àbstrúse [-s]; (*сложный*) cómplicàted; ◇ нет ничего́ ~ого, что ~ого, ~ого нет... no wónder [...'wʌ-], it is no wónder that; у́тро ве́чера мудрене́е *посл.* ≅ take cóunsel with your píllow.

мудре́ц *м.* sage; wise man*, man* of wísdom [...-z-]; ◇ на вся́кого ~а́ дово́льно простоты́ *посл.* ≅ éven a wise man stúmbles.

мудри́ть, намудри́ть *разг.* philósophìze; (*вдаваться в тонкости*) súbtilìze ['sʌtɪ-], split* hairs; (*излишне осложнять*) cómplicàte mátters ún¦nécessarily.

му́др||ость *ж.* wísdom [-z-]; наро́дная ~ pópular wísdom; ◇ в э́том нет никако́й ~ости *разг.* it is quite símple, a child could do it; зуб ~ости wísdom tooth*.

му́дрствование *с. разг.* philósophìzing; бессодержа́тельное ~ émpty philósophìzing.

му́др||ствовать *разг.* philósophìze; ◇ не ~ствуя лука́во without fúrther adó [...-ðə ə'duː], without sóphistry, in an únsophísticàted way.

му́др||ый wise, sage; ~ вождь wise léader; ~ ста́рец sage old man*; ~ое реше́ние wise decísion.

муж *м.* **1.** (*мн.* ~ья́; *супруг*) húsband [-z-]; **2.** (*мн.* ~и́) *уст., поэт.* (*мужчина в зрелом возрасте*) man*.

мужа́ть reach mánhood [...-hud].

мужа́ться take* heart / cóurage [...hɑːt 'kʌ-].

мужепод́обный mánlìke, mánnish, másculine ['mɑː-].

му́жеский *уст.*: ~ род *грам.* másculine (génder) ['mɑː-...].

му́жественн||о *нареч.* with fórtitùde. **~ость** *ж.* mánliness, mánhood [-hud]. **~ый** courágeous.

му́жество *с.* cóurage ['kʌ-], fórtitùde; прояви́ть ~ show* / displáy cóurage [ʃou...].

мужи́||к *м.* **1.** *уст.* (*крестьянин*) mùzhík [muːʒ-]; **2.** *разг.* (*мужчина*) man*, féllow; **3.** *разг.* (*муж*) man*, húsband [-z-]. **~цкий** *прил. к* мужи́к 1.

му́жн||ий, ~ин *прил. разг.* húsband's [-z-]; ~яя жена́ *разг.* márried wóman* [...'wu-].

мужск||о́й *прил. к* мужчи́на; *тж.* másculine ['mɑː-]; (*мужского пола*) male; ~о́е пла́тье men's clothes [...klouðz] *pl.*; ~ портно́й (géntle¦men's) táilor; ~ пол male sex; ~а́я ри́фма *лит.* síngle / male / másculine rhyme; ~ род *грам.* másculine (génder).

мужчи́на *м.* man*, male.

му́за *ж.* muse.

музее||ве́д *м.* mùseólogist [-z-]. **~ве́дение** *с.* mùseólogy [-z-].

музе́й *м.* mùséum [-'zɪəm]. **~ный** *прил. к* музе́й; ~ная ре́дкость rárity ['rɛə-]; (*перен.*) *разг.* mùséum-piece [-'zɪəmpiːs].

музици́ровать *уст.* play / make* músic [...-zɪk].

му́зык||а *ж.* músic [-zɪk]; положи́ть на ~у (*вн.*) set* to músic (*d.*); занима́ться ~ой práctise músic [-tɪs...]; танцева́ть под ~у dance to the músic; ◇ надое́ла мне вся э́та ~ *разг.* ≅ I've had more than enóugh of it [...ɪ'nʌf...].

музыка́льн||ость *ж.* mùsicálity [-zɪ-], músicalness [-zɪ-]; (*человека*) músical tálent [-zɪ- 'tæ-]. **~ый** (*в разн. знач.*) músical [-zɪ-]; ~ое сопровожде́ние accómpaniment [ə'kʌm-]; ~ая шко́ла músic-school [-zɪk-]; ~ое у́хо, ~ый слух an ear for músic [...-zɪk]; ~ая коме́дия *театр.* músical cómedy.

музыка́нт *м.*, **~ша** *ж.* musícian [-'zɪ-].

музыкове́д *м.* músic(al) éxpèrt [-zɪ-...], mùsicólogist [-zɪ-]. **~ение** *с.* mùsicólogy [-zɪ-], músical scíence [-zɪ-...].

му́к||а *ж.* tórmènt, tórture; pangs *pl.*; ~и ре́вности pangs / tórmènts of jéalousy [...'ʤel-]; ~и тво́рчества throes of crèátion; ◇ ~и Танта́ла the tórmènts of Tántalus; ~ мне с тобо́й! *разг.* the tróuble you give me! [...trʌbl...], you are the bane of my life!; ~ му́ченская мне с ва́ми *разг.* you give me no end of tróuble; одна́ ~ с э́тим *разг.* it gives nóthing but tróuble, nóthing comes of it, but tróuble.

мука́ *ж.* meal; (*крупчатая, пшеничная*) flour; карто́фельная ~ potátò-stàrch; ◇ переме́лется — ~ бу́дет *посл.* ≅ things will come right in the end.

мукомо́л *м.* míller.

мукомо́льный flóur-grìnding (*attr.*); ~ заво́д flóur-mìll.

мул *м.* mule.

мула́т *м.*, **~ка** *ж.* mùláttò.

мулла́ *м.* múllah, móollah.

му́льда *ж. тех.* mould [mould].

мультипла́н *м. ав.* múltiplàne.

мультиплика́||тор *м.* **1.** ánimàted càrtóon ártist; **2.** *фот.* múltiplỳing cámera. **~цио́нный** *прил. к* мультиплика́ция; ~цио́нный фильм (ánimàted) càrtóon. **~ция** *ж.* **1.** máking of ánimàted càrtóon; **2.** (*фильм*) ánimàted càrtóon.

му́льча *ж.* mulch.

мумифи||ка́ция *ж.* mùmmificátion. **~ци́роваться** *несов. и сов.* be / become* múmmified.

му́ми||я I *ж.* múmmy; превраща́ть в ~ю (*вн.*) múmmifỳ (*d.*).

му́мия II *ж.* (*краска*) múmmy.

мунди́р *м.* fúll-dréss coat; придво́рный ~ cóurt-dréss coat ['kɔːt-...]; честь ~а règiméntal hónour [...'ɔnə], sóldier's hónour ['soulʤəz...]; ◇ карто́фель в ~е *разг.* (*варёный*) potátòes boiled in their jáckets *pl.*; (*печёный*) potátòes baked in their skins *pl.*

мундшту́к *м.* **1.** móuth-pìece [-piːs]; (*для папирос*) cìgarétte-hòlder; (*для сигар*) cigár-hòlder; **2.** (*для лошадей*) curb, cúrb-bìt; **3.** (*духового инструмента*) èmbouchúre [ɔmbu'ʃuə], móuth-piece.

муниципали||за́ция *ж.* munìcipalìzátion [-laɪ-]. **~зи́ровать** *несов. и сов.* (*вн.*) munícipalìze (*d.*). **~те́т** *м.* munìcipálity.

муниципа́льный munícipal.

мурава́ I *ж. тк. ед. поэт.* (*трава*) grass, sward.

мурава́ II *ж. тк. ед. тех.* glaze.

мураве́й *м.* ant. **~ник** *м.* ánt-hìll.

мура́вленый *тех.* glazed.

муравье́д *м. зоол.* ánt-eater, ánt-bear [-'bɛə].

муравьи́н||ый *прил. к* мураве́й; ~ая ку́ча ánt-hìll; ~ая кислота́ *хим.* fórmic ácid.

мура́шк||и *мн.*: ~ по спине́, по те́лу бе́гают, по́лзают it makes *one* feel créepy all óver; it gives *one* the shívers; покры́ться ~ами have góose-flèsh / góose-skìn [...'guːs-].

мурлы́ка||нье *с.* púrring. **~ть** **1.** purr; **2.** *разг.* (*напевать*) hum.

муска́т *м.* **1.** (*орех*) nútmèg; **2.** (*виноград*) múscadine; múscat; **3.** (*вино*) múscat, mùscatél, mùscadél. **~ный** *прил. к* муска́т; ~ный оре́х nútmèg; ◇ ~ный цвет mace (*dried outer covering of nutmeg*).

му́скул *м.* muscle [mʌsl]. **~ату́ра** *ж. тк. ед.* múscles [mʌslz] *pl.*, sínews *pl.* **~истый** sínewy, bráwny, múscular.

му́скульный múscular.

му́скус *м.* musk. **~ный** *прил. к* му́скус.

мусли́н *м. текст.* múslin ['mʌz-], mousseline [muːs'liːn]. **~овый** *прил. к* мусли́н.

му́слить (*вн.*) *разг.* soil (*d.*), beslàver [-'slæ-] (*d.*), beslóbber (*d.*); (*книгу*) dóg's-ear (*d.*), thumb (*d.*).

мусо́лить *разг.* **1.** = му́слить; **2.** (*вн.*; *долго возиться с чем-л.*) spend* much time (óver).

му́сор *м. тк. ед.* 1. (*строительный*) débris ['debri:], (pláster) rúbbish; 2. (*сор*) swéepings *pl.*, dust; (*хлам*) rúbbish, réfùse [-s].

му́сор||ить, наму́сорить (в *пр.*) *разг.* litter (*d.*). **~ный** *прил. к* му́сор; ~ный я́щик dúst-bìn; ~ная ку́ча dúst-heap; rúbbish heap; ~ная я́ма dúst-hòle.

мусоропрово́д *м.* réfùse / rúbbish chute [-s...ʃu:t].

мусоросжига́тельн||ый: ~ая печь incineràtor.

му́сорщик *м.* dúst|man*, scávenger [-n-].

мусс *м. кул.* mousse [mu:s].

мусси́ровать (*вн.*; *о слухах и т. п.*) exággeràte [-ædʒə-] (*d.*).

муссо́н *м. геогр.* mònsóon.

муста́нг *м. зоол.* mústàng.

мусульма́н||ин *м.* Mússulman, Móslèm ['mɔz-]. **~ка** *ж.* Móslem-wòman* ['mɔz- -wu-]. **~ский** Mússulman, Móslèm ['mɔz-]. **~ство** *с.* Mohámmedanism, Íslàm ['ɪzlɑ:m].

мута́ция *ж.* mutátion.

мут||и́ть, замути́ть, помути́ть 1. *при сов.* замути́ть (*вн.*; *о жидкости*) stir up (*d.*); 2. *при сов.* помути́ть (*вн.*; *делать смутным*) stir up (*d.*), make* dull (*d.*); 3. *тк. несов. безл.* (*тошнить*): его́ ~и́т he feels sick; ✧ ~ во́ду stir up trouble [...trʌbl]; он воды́ не заму́тит ≅ he looks as if bútter would not melt in his mouth. **~и́ться,** замути́ться, помути́ться 1. *при сов.* замути́ться (*о жидкости*) become* / grow* túrbid [...grou...]; 2. *при сов.* помути́ться (*тускнеть*) grow* dull / dim / bleared; ✧ у него́ мути́тся (свет) в глаза́х, мути́тся в голове́ he feels giddy [...'gɪ-].

мутн||е́ть, помутне́ть grow* túrbid [grou...], dim. **~ова́тый** not quite clear, múddy, dimmed.

му́тн||ость *ж.* 1. tùrbídity; 2. (*тусклость*) dúllness. **~ый** 1. túrbid; 2. (*тусклый*) dull, lácklùstre; clóudy, múddy; ✧ в ~ой воде́ ры́бу лови́ть *погов.* ≅ fish in troubled wáters [...trʌ- 'wɔ:-].

муто́вка *ж.* chúrn-stàff.

муть *ж. тк. ед.* 1. lees [-z] *pl.*, dregs *pl.*; 2. (*дымка, туман*) haze.

муфло́н *м. зоол.* móufflòn ['mu:-].

му́фта *ж.* 1. muff; 2. *тех.* cóupling ['kʌ-], clutch, muff; sleeve; ~ ка́беля cable box.

му́х||а *ж.* fly; ✧ он и ~и не оби́дит he would not hurt a fly; де́лать из ~и слона́ *погов.* ≅ make* móuntains out of móle-hìlls; кака́я ~ его́ укуси́ла? what is the mátter with him?, what's éating him?; до бе́лых мух till snów-fàll [...'snou-]; счита́ть мух gape; они́ мрут как ~и they die / pérish in large númbers.

мухоло́вка *ж.* 1. (*приспособление*) flý-tràp; 2. *бот.* Vénus's flý-tràp, súndew; 3. *зоол.* flý|càtcher.

мухомо́р *м.* flý-àgaric; déath-càp ['deθ-] *разг.*

мухо́ртый (*о масти*) bay.

муче́ние *с.* tórture, tórmènt.

му́чени||к *м.*, **~ца** *ж.* mártyr. **~ческий** *прил. к* му́ченик; подверга́ть ~ческой сме́рти (*вн.*) mártyr (*d.*), mártyrìze (*d.*). **~чество** *с.* mártyrdom.

мучи́тель *м.*, **~ница** *ж.* tòrméntor, tórturer. **~ный** póignant, ágonìzing; ~ная головна́я боль rácking héadàche [...'hedeɪk]; ~ные сомне́ния ágonìzing doubts [...dauts].

му́ч||ить (*вн.*) tòrmént (*d.*); (*беспокоить*) hárass ['hæ-] (*d.*), wórry ['wʌ-] (*d.*); (*надоедать*) tease (*d.*); его́ ~ит пода́гра he is a mártyr to gout; э́то ~ит мою́ со́весть it lies héavy, *или* it weighs, on my cónscience [...'hevɪ...-ʃəns]. **~иться** 1. (*тв.*, из-за *рд.*) wórry ['wʌ-] (abóut), feel* ùnháppy (abóut); вам не́ из-за чего ~иться you have nothing to wórry abóut; 2. (над) tòrmént òne|sélf (óver); take* pains / trouble [...trʌbl] (óver).

мучн||и́стый méaly, fàrináceous [-ʃəs]. **~о́е** *с. скл. как прил.* stárchy foods *pl.* **~о́й** *прил. к* мука́.

муши́ный *прил. к* му́ха.

му́шка I *ж.* 1. *уменьш. от* му́ха; 2. (*на лице*) béauty-spòt ['bju:-], patch; 3. *мед.* (*шпанская*) Spánish fly, blíster-flỳ; cànthárìdès [-di:z] *pl.*

му́шк||а II *ж.* (*на огнестрельном оружии*) fóre|sight; front sight [frʌnt...] *амер.*; кру́пная ~ full sight; ме́лкая ~ fine sight; ро́вная ~ nórmal sight; ✧ брать, взять на ~у кого́-л. take* aim / sight at smb.

мушке́т *м. ист.* músket. **~ёр** *м. ист.* mùsketéer.

мушмула́ *ж. тк. ед.* (*растение и плод*) médlar ['me-].

мушта́бель *м. жив.* máulstick.

муштра́ *ж. тк. ед.* drill.

муштр||ова́ть, вы́муштровать (*вн.*) drill (*d.*). **~о́вка** *ж.* drill.

муэдзи́н *м.* muézzin [mu:'ezɪn].

мча||ть (*вн.*) rush (*d.*), whirl alóng (*d.*): по́езд ~л нас на юг the train rushed us to the South; ло́шади ~ли по́д гору (во весь опо́р) the hórses were téaring dówn-hìll (at a mad pace) [...'teə-...]. **~ться** rush / speed / tear* alóng [...teə...]; ~ться во весь опо́р go* / tear* / rush, *или* whirl a|wáy, at full speed.

мши́стый móssy, móss-grown [-oun].

мще́ние *с.* véngeance [-dʒəns], revénge.

мы, *рд., вн., пр.* нас, *дт.* нам, *тв.* на́ми, *мест.* we (*косв. пад.* us); у нас есть we have; он сказа́л нам he told us; нам э́то изве́стно we are a|wáre of it; для нас for us; э́то нас не каса́ется it is no búsiness of ours [...'bɪzn-...], it is none of our búsiness [...nʌn...]; он говори́т о нас he speaks about us; мы с сестро́й my sister and I; мы с ва́ми you and I.

мы́за *ж.* grange [-eɪndʒ], cóuntry-hóuse* ['kʌntrɪ'haus]; fárm-stead [-sted].

мы́кать: ~ век, ~ жизнь *разг.* live in mísery [lɪv...-z-]; ро́пе *разг.* lead* a wrétched life. **~ся** *разг.* wánder, knock abóut; ramble; ~ся по све́ту knock about the world.

мы́л||ить, намы́лить (*вн.*) soap (*d.*); (*сбивать мыло в пену*) láther ['lɑ:-] (*d.*); ✧ намы́лить го́лову кому́-л. ≅ give* smb. a good ráting, haul smb. óver the coals. **~иться,** намы́литься 1. (*о человеке*) soap òne|sélf; 2. *тк. несов.* (*о мыле*) láther ['lɑ:-], form a láther; 3. *страд. к* мы́лить. **~кий** éasy láthering ['i:zɪ 'lɑ:-], sóapy.

мы́ло *с.* 1. soap; туале́тное ~ tóilet soap; хозя́йственное ~ láundry soap; 2. *тк. ед.* (*пена на лошади*) foam, láther ['lɑ:-].

мылова́р *м.* sóap-boiler. **~е́ние** *с.* sóap-boiling. **~енный:** ~енный заво́д sóap-wòrks.

мы́льн||ица *ж.* sóap-bòx; sóap-hòlder, sóap-dish, sóap-tray. **~ый** 1. *прил. к* мы́ло; *тж.* sóapy; ~ая пе́на láther ['lɑ:-]; sóap-sùds *pl.*; ~ый ко́рень = мыльня́нка; ~ый ка́мень sóap-stòne, stéatìte ['stɪə-]; ~ый пузы́рь sóap-bùbble; (*перен.*) bubble; пуска́ть ~ые пузыри́ blow* bubbles [blou...]; 2. *тех.* sàponáceous [-ʃəs].

мыльня́нка *ж. бот.* sóap-wòrt, sóap-root.

мыс *м.* cape, prómontory.

мы́сленн||о *нареч.* méntally. **~ый** méntal.

мы́слим||ый concéivable [-'si:v-]; thínkable; ~ое ли э́то де́ло?, мы́слимо ли де́ло? *разг.* is it póssible?, is it concéivable?

мысли́тель *м.* thinker. **~ный:** ~ные спосо́бности ùnderstánding *sg.*; pówer of àpprehénsion, *или* of ábstràct thought *sg.*

мы́слить 1. think*, refléct; 2. (*вн.*; *представлять себе*) concéive [-'si:v] (*d.*).

мысл||ь *ж.* thought; (*размышление*) refléction; (*представление*) concéption, ìdéa [aɪ'dɪə]; блестя́щая ~ bríllíant ìdéa; bráin-wàve *идиом. разг.*; внеза́пная ~ súdden thought; основна́я ~ произведе́ния fùndaméntal / básic ìdéa of *a* work [...'beɪsɪk ...]; о́браз ~ей way of thínking; views [vju:z] *pl.*; за́дняя ~ ùltérior mótive, sécret púrpose [...-s]; предвзя́тая ~ pré|concéived ìdéa [-'si:vd ...], pré|concéption; у него́ мелькну́ла ~ an ìdéa flashed acróss his mind; ему́ пришла́ в го́лову ~ a thought occúrred to him, *или* struck him; пода́ть кому́-л. ~ suggést *an* ìdéa to smb. [-'dʒest...]; э́то навело́ его́ на ~ this made him think; собира́ться с ~ями colléct one's thoughts; держа́ться той мы́сли, что keep* to the idéa that, abíde* by the thought / nótion that; не допуска́ть ~и о чём-л. not admít éven the thought of smth.; прийти́ к ~и arríve at the nótion; по ~и а́втора accórding to the áuthor; у него́ э́того и в ~ях не́ было, он э́того и в ~ях не име́л it never crossed his mind; напа́сть на ~ have a bráin-wàve.

мы́слящий 1. *прич. см.* мы́слить; 2. *прил.* thínking, intelléctual.

мыта́рить (*вн.*) *разг.* hárass ['hæ-] (*d.*), wórry ['wʌ-] (*d.*). **~ся** *разг.* be hárassed, be wórried [...'wʌ-].

мыта́рств||о *с.* trýing expérience; afflíction, òrdéal; пройти́ че́рез все ~а ≅ go* through many tríals; go* through páinful expériences; ùndergó* trýing expériences.

мыть, вы́мыть, помы́ть (*вн.*) wash (*d.*); ~ посу́ду wash up; ~ щёткой (*вн.*) scrub (*d.*); ~ гу́бкой (*вн.*) sponge [spʌ-] (*d.*); ◇ рука́ ру́ку мо́ет *погов.* ≅ you play my game and I'll play yours.

мытьё *с.* wáshing, wash; ◇ не ~м, так ка́таньем *погов.* ≅ by hook or by crook.

мы́ться, вы́мыться, помы́ться 1. wash, wash òne¦sélf; 2. *страд. к* мыть.

мыча́ние *с.* lów(ing) ['lou-]; (*о корове тж.*) moo; (*о быке тж.*) béllowing.

мыча́ть low [lou], moo, béllow; (*ср.* мыча́ние); (*перен.*) *разг.* be ìnartículate, mumble.

мышело́вка *ж.* móuse-tràp [-s-].

мы́шечный múscular.

мыши́н||ый *прил. к* мышь; ◇ ~ая возня́ fuss.

мы́шка I *ж. уменьш. от* мышь.

мы́шк||а II *ж.*: под ~ой únder (one's) arm; нести́ под ~ой (*вн.*) cárry únder the arm (*d.*).

мышле́ни||е *с.* thínking, thought; отноше́ние ~я к бытию́ the relátion of thínking to bé¦ing.

мышо́нок *м.* young mouse* [jʌŋ -s], little mouse*.

мы́шца *ж.* muscle [mʌsl].

мышь *ж.* mouse* [-s]; полева́я ~ field-mouse* ['fi:ldmaus]; ◇ лету́чая ~ bat.

мышья́к *м.* ársenic; впры́скивать ~ кому́-л. injéct ársenic into smb.'s arm, give* smb. an injéction of ársenic.

мышьяко́в||истый àrsénious. **~ый** àrsénic(al).

мэр *м.* mayor [mɛə].

мюль-маши́на *ж. текст.* mule.

мя́гк||ий [-хк-] soft; (*перен.*) mild, géntle; ~ хлеб fresh bread [...bred]; ~ ваго́н sóft-séated / ùp¦hólstered cárriage / car [...-'hou- -rɪdʒ...]; ~ая ме́бель ùp¦hólstered fúrniture; ~ое кре́сло éasy chair [-zɪ...]; ~ая посте́ль soft bed; ~ое нёбо *анат.* soft pálate; ~ хара́ктер mild / gentle disposítion [...-'zɪ-]; ~ое се́рдце soft heart [...hɑ:t]; ~ кли́мат mild clímate [...'klaɪ-]; ~ая зима́ mild / soft wínter; ~ая пого́да soft / ópen / mild / méllow wéather [...'weðə]; ~ свет soft / sháded light; ~ое движе́ние gentle / smooth móve¦ment [...smu:ð 'mu:-]; ~ звук méllow / soft sound; ~ая вода́ soft wáter [...'wɔ:-]; ◇ ~ знак Rússian létter «ь» [-ʃən...].

мя́гко [-хк-] I *прил. кратк. см.* мя́гкий.

мя́гко [-хк-] II *нареч.* sóftly; (*перен.*) míld¦ly, géntly; ◇ ~ выража́ясь to put it míld¦ly, to say the least; ~ сте́лет, да жёстко спать *погов.* ≅ hóney is sweet, but the bee stings ['hʌ-...], hóney tongue, heart of gall [...tʌŋ hɑ:t...].

мягкосерде́ч||ие [-хк-] *с.* kínd¦ness, sóft-héartedness [-'hɑ:t-], soft heart [...hɑ:t]. **~ный** [-хк-] sóft-héarted [-'hɑ:t-].

мя́гкость [-хк-] *ж.* sóftness; (*перен.*) míld¦ness, géntle¦ness.

мягкоте́л||ость [-хк-] *ж.* flábbiness; féeble¦ness, spíne¦lessness. **~ый** [-хк-] flábby; feeble, spíne¦less.

мягкошёрстный [-хк-] sóft-haired.

мягчи́тельн||ый [-хч-] *мед.* emóllient; ~ое сре́дство emóllient.

мягчи́ть [-хч-] (*вн.*) sóften ['sɔf°n] (*d.*).

мяки́н||а *ж. с.-х.* chaff; ◇ ста́рого воробья́ на ~е не проведёшь *посл.* an old bird is not caught with chaff.

мя́киш *м. тк. ед.* crumb (*soft part of bread*).

мя́кнуть *разг.* sóften ['sɔf°n], grow* púlpy [grou...]; (*перен.*) grow* flábby.

мя́коть *ж.* 1. (*плода*) pulp; 2. (*мяса*) flesh.

мя́лка *ж. тех.* brake (*for flax and hemp*).

мя́м||лить, промя́млить *разг.* 1. mumble, hum and haw, drawl; 2. *тк. несов.* (*тянуть*) procrástinàte. **~ля** *м. и ж. разг.* irrésolùte pérson [-zəl-...], mílksòp.

мяси́стый 1. fléshy, méaty; (*мускулистый*) béefy; 2. (*о плодах*) púlpy.

мясна́я *ж. скл. как прил.* bútcher's (shop) ['bu-...].

мясни́к *м.* bútcher ['bu-].

мясн||о́е *с. скл. как прил.* (*блюдо*) meat. **~о́й** *прил. к* мя́со; ~а́я пи́ща ánimal food; ~ы́е консе́рвы tinned meat; canned meat *амер.*; ~о́й бульо́н béef-tea, broth.

мя́со *с.* flesh; (*как еда*) meat; бе́лое, кра́сное ~ white, red meat; ру́бленое ~ minced meat; сла́дкое ~ swéet-bread [-bred]; варёное, жа́реное ~ boiled, roast meat; тушёное ~ stew; пиро́г с ~м méat-pie; ◇ ди́кое ~ proud flesh; пу́шечное ~ cánnon-fòdder; вы́рвать пу́говицу с ~м rip out a bútton with a bit of cloth; ни ры́ба ни ~ néither fish, flesh, nor good red hérring ['naɪ-...]. **~е́д** *м. церк.* time from Chrístmas to Shróve¦tìde [...-sm-...] (*when it is allowed to eat meat*).

мясокомбина́т *м.* méat-pàcking plant [...plɑ:nt].

мясоконсе́рвн||ый méat-presèrving [-zə:v-], méat-pàcking; ~ая промы́шленность méat-presèrving índustry; ~ комбина́т méat-presèrving / méat-pàcking plant [...plɑ:nt].

мя́со-моло́чный meat and milk (*attr.*).

мясопу́ст *м. церк.* Shróve¦tìde (*when it is not allowed to eat meat*).

мясору́бка *ж.* méat-chòpper, míncing-machìne [-ʃi:n]; méat-grìnder *амер.*; (*перен.*) sláughter-house* [-s].

мя́та *ж. бот.* mint.

мяте́ж *м.* mútiny, revólt; подня́ть ~ raise a revólt / mútiny. **~ник** *м.*, **~ница** *ж.* rébel ['re-], insúrgent, mùtinéer. **~ный** 1. rebéllious, insúrgent, mútinous; 2. (*бурный, неспокойный*) rést¦less, pássionate; ~ная душа́ rést¦less soul [...soul].

мяте́ль *ж. уст.* = мете́ль.

мя́тн||ый *прил. к* мя́та; ~ые ле́денцы́ péppermìnts, péppermìnt lózenges; ~ые пря́ники péppermìnt cakes.

мя́тый *прич. и прил.* crushed, crúmpled; ~ пар *тех.* exháust steam.

мять, помя́ть (*вн.*) 1. rumple (*d.*); (*комкать*) crumple (*d.*); (*приводить в беспорядок*) tumble (*d.*); ~ траву́ trample down grass; 2. (*месить*) work up (*d.*), knead (*d.*); 3. (*о льне, конопле и т. п.*) brake (*d.*); dress (*d.*). **~ся,** помя́ться 1. be crúmpled (éasily) [...'i:zɪ-]; 2. (*колебаться*) hésitàte [-zɪ-]; 3. *страд. к* мять.

мяу́канье *с.* méw(ing), wáuling; mìáow [mi:'au].

мяу́кать mew, waul; miául [-'aul].

мяч *м.*, **~ик** *м.* ball; футбо́льный ~ fóotbàll ['fut-]; те́ннисный ~ ténnis-bàll; игра́ть в ~ play ball.

Н

на I *предл.* **1.** (*пр.*, *вн.*; *сверху, на поверхности; имея основанием, поддержкой; тж. перен.*) on; up¦ón (*реже; об. без удар.*: [əpən]); (*вн.*; *в тех же случаях тж.*) on to (*редко: если необходимо подчеркнуть направление*): на столе́, на стол on *the* table; на стене́, на́ стену on *the* wall; на бума́ге (*тж. перен.*) on páper; на трёх страни́цах on three páges; с кольцо́м на па́льце with *a* ring on *one's* fínger; надева́ть кольцо́ (себе́) на па́лец put* *the* ring on one's fínger; опира́ться на па́лку lean* (up¦)ón *a* stick; висе́ть на крюке́ hang* on *a* hook; на таки́х усло́виях on such terms; име́ть что-л. на (свое́й) со́вести have smth. on one's cónscience [...-ʃəns]; полага́ться на кого́-л., на что-л. relý (up¦)ón smb., (up¦)ón smth.; ступи́ть на платфо́рму step on (to) the plátfòrm; — висе́ть на потолке́ hang* from the céiling [...'si:-]; **2.** (*пр.— где?; при обозначении стран, местностей, улиц*) in; (*пр.*; *при обозначении предприятий, учреждений, занятий и т. п.*) at; (*пр.*; *около, у*) on; (*вн.— куда?*; *в тех же случаях*) to; (*вн.*; *в направлении*) towards: на Кавка́зе in the Cáucasus; на Се́вере in the North; на у́лице in the street; на заво́де at *the* fáctory; на конце́рте at *a* cóncert; на уро́ке at *a* lésson; го́род на Во́лге *a* town on the Vólga; дом стои́т на доро́ге the house* is on the road [...haus...]; на Кавка́з to the Cáucasus; на Се́вер to the North; на заво́д to *the* fáctory; на конце́рт to *a* cóncert; на уро́к to *a* lésson; вы́йти на Во́лгу come* to the Vólga; дви́гаться на ого́нь make* towards *the* fire; — на по́люсе at the pole; на се́вере, на ю́ге *и т. п.* (*с северной, с южной и т. п. стороны*) on the north, on the south, *etc.*; на се́вер, на юг *и т. п.* (*к северу, к югу и т. п.*) nórthwards [-dz], sóuthwards [-dz], *etc.*; (to the) north, (to the) south, *etc.*; на се́вер *и т. п.* от (to the) north, *etc.*, of; доро́га на Москву́, на Кали́нин *и т. п. the* road to Móscow, to Kalínin, *etc.*; по́езд на Москву́, на Кали́нин *и т. п. the* train to / for Móscow, to / for Kalínin, *etc.*; **3.** (*пр.*; *при обозначении средства передвижения*) by: е́хать на по́езде, на парохо́де go* by train, by stéamer; — е́хать на маши́не (*автомобиле*) go* / drive* in *a* mótor-càr; е́хать на изво́зчике drive* / go* in *a* cab; ката́ться на ло́дке go* bóating; boat; на вёслах rówing ['rou-]; **4.** (*пр.*; *с включением в состав*) with; (*с применением в качестве топлива*) on: варе́нье (сва́ренное) на са́харе jam made with súgar [...'ʃu-]; заво́д рабо́тает на не́фти the fáctory works on oil; — кра́ска, тёртая на ма́сле paint ground in oil; (пригото́вленный) на дрожжа́х léavened with yeast ['le-...]; **5.** (*пр.*; *во время, в течение*) dúring; (*пр.*; *тж. вн.*; *при обозначении года*) in; (*вн.*; *при обозначении дня*) on: на пра́здниках dúring the hólidays; на кани́кулах dúring the vacátion; на деся́том году́ (*своей жизни*) in one's tenth year; на тре́тий день on the third day; на Но́вый год (*в день Нового года*) on Néw-Year's day; —на э́той неде́ле this week; на той, на про́шлой неде́ле last week; на бу́дущей неде́ле next week; на друго́й, на сле́дующий день the next day; на рождество́ at Christmas [...-sm-]; на па́сху at Éaster; **6.** (*вн.*; *для; при обозначении срока; при предварительном определении времени*) for: на что э́то ему́ ну́жно? what does he want it for?; ко́мната на двои́х *a* room for two; по кни́ге на ка́ждого уча́щегося a book for each stúdent; уро́к на за́втра the lésson for to¦mórrow; на́ зиму for (the) wínter; на два дня for two days; план на э́тот год *the* plan for this year; собра́ние назна́чено на четве́рг, на пя́тое января́ the méeting is fixed for Thúrsday, for the fifth of Jánuary [...'θə:zdı...]; **7.** (*вн.*; *при обозначении средств к существованию*) on: жить на (свой) за́работок live on one's éarnings [lıv... 'ə:n-]; **8.** (*вн.*; *при определении количества* чего-л. *денежной суммой*) *poss.* worth (of smth.): на рубль ма́рок a rouble's worth of stamps [...ru:-...]; **9.** (*вн.*; *при обозначении средства или единицы измерения*) by: продава́ть на вес, на ме́тры, на метр sell* by weight, by metres, by the metre; **10.** (*вн.*; *при обозначении количественного различия*) by, *но если данное существит. предшествует определяемому слову, об. не переводится:* населе́ние увели́чилось на миллио́н the pòpulátion has in¦créased by a míllion [...-st...]; коро́ток на дюйм short by an inch; коро́че на дюйм shórter by an inch, (by) an inch shórter; на шаг да́льше a step fúrther [...-ðə]; на метр вверх a metre úp(wards) [...-dz]; **11.** (*вн.*; *при обозначении множителя или делителя*) by; (*при словах, обозначающих результат деления, дробления*) in, into, to: помно́жить пять на́ три múltiplỳ five by three; пять ме́тров (в длину́) на́ три (в ширину́) five metres (long) by three (broad) [...-ɔ:d]; раздели́ть пятна́дцать на́ три divíde fíftéen by three; дели́ть на (две, три *и т. д.*) ча́сти divíde into (two, three, *etc.*) parts; ре́зать на куски́ cut* in(to) píeces [...'pi:-]; рвать на ча́сти, на куски́ tear* to píeces [tɛə...]; ✧ на ме́сте (*на надлежащем месте*) in place; класть на ме́сто rè¦pláce, put* in its place; на со́лнце (*под его лучами*) in the sun; выставля́ть на со́лнце expóse to the sun; на (чи́стом, во́льном) во́здухе in the ópen air; на у́лице (*вне дома*) out of doors[...dɔ:z], óutsíde; на нога́х on one's feet; на его́ глаза́х (*при нём*) befóre his eyes [...aız]; на его́ па́мяти within his rècolléction; не на слова́х, а на де́ле in deed and not in name; на э́том, на иностра́нном, на гре́ческом *и т. п.* языке́ in this lánguage, in a fóreign lánguage [...'fɔrın...], in Greek, *etc.*: написа́ть что-л. на э́том языке́, на гре́ческом языке́ write* smth. in this lánguage, in Greek; говори́ть и писа́ть на како́м-л., на гре́ческом *и т. п.* языке́ speak* and write* a lánguage, Greek, *etc.*; ру́копись на гре́ческом *и т. п.* языке́ *a* Greek, *etc.*, mánuscript; переводи́ть на друго́й язы́к, на францу́зский *и т. п.* trànsláte into another lánguage, into French, *etc.*; положи́ть на му́зыку set* to músic [...-z-]; сесть на по́езд, на авто́бус *и т. п.* take* *the* train, *the* bus, *etc.*; сесть на кора́бль, на парохо́д go* on board; оши́бка на оши́бке one blùnder áfter another; (как) на беду́ ùnfórtunate¦ly [-ʧən-]; на страх врага́м to the dread of *one's* énemies [...dred...]; на э́тот раз for (this) once [...wʌns], this time; на слу́чай *см.* слу́чай; на вся́кий слу́чай *см.* вся́кий; гляде́ть на кого́-л., на что-л. *см.* гляде́ть; *тж. и другие особые случаи, не приведённые здесь, см. под теми словами, с которыми предл.* на *образует тесные сочетания.*

на II *межд. повелительное разг.* (*вот*) here; here you are; (*возьми это*) here, take it; ✧ вот тебе́ на́ *разг.* ≅ well!; well, to be sure! [...ʃuə]; well, I never!

на III: како́й ни на есть no mátter what.

на- *глагольная приставка* **1.** (*в разн. знач.*) *см. глаголы с этой приставкой;* **2.** (*вдоволь, до полного удовлетворения: в глаголах с оконч.* -ся, *об. в сов. виде, если эти глаголы в словаре не даны*) to one's heart's content [...hɑ:-...]; (*при отриц. тж.*) enóugh [-ʌf]; (*перен. ирон.: слишком много*) too much (*при глаг. в perf.*) *или передаётся через формы глаг.* have + enóugh (of *ger.*), *через формы глаг.*

be + tired / sick (of *ger.*); *но при наличии слов, обозначающих степень, предел, не передаётся особо*: наговори́ться talk to one's heart's contént; они́ ещё не наговори́лись they have not yet talked enóugh, *или* to their hearts' contént; он набе́гался (*слишком*) he has run abóut too much, he has had enóugh (of) rúnning abóut; (*ему надоело бегать*) he is tired / sick of rúnning abóut; набе́гаться до изнеможе́ния run* abóut till one is exháusted; 3. (*определённое количество*: *в глаголах с доп., если такие глаголы в словаре не даны*) a quántity (of); *но при наличии слов, обозначающих количество, не передаётся особо*: накупи́ть книг buy* a quántity of books [baɪ...]; накупи́ть мно́го книг buy* a lot of books.

наба́в||ить *сов. см.* набавля́ть. **~ка** *ж.* addítion, ín¦crease [-s]; (*повышение*) raise; (*о цене*) éxtra charge. **~ля́ть, наба́вить** (*вн.* на *вн.*) add (*d.* to); (*вн.*; *увеличивать*) in¦créase [-s] (*d.*); ~ля́ть це́ну raise the price; ~ля́ть пла́ту за помеще́ние raise the rent; ~ить пять рубле́й на что-л. raise the price of smth. by five roubles [...ruː-].

наба́вочный *разг.* éxtra, addítional.

набалда́шник *м.* knob, cáne-head [-hed].

набалова́ть *сов. разг.* 1. (*вн.*; *избаловать*) spoil* (*d.*); 2. (*без доп.*; *нашалить*) make* mís¦chief.

набальзами́ровать *сов. см.* бальзами́ровать.

наба́т *м. тк. ед.* alárm, alárm bell; (*перен. тж.*) tócsin; бить в ~ give* / sound the alárm, sound / ring* the tócsin; (*перен.*) raise an alárm. **~ный** *прил. к* наба́т; ~ный ко́локол alárm bell.

набе́г *м.* raid, ín¦road; (*грабительский*) fóray; произвести́ ~ (на *вн.*) raid (*d.*); произвести́ граби́тельский ~ (на *вн.*) fóray (*d.*), make* a plúndering raid (on).

набега́ть, набежа́ть 1. (на *вн.*; *наталкиваться*) run* / dash (agáinst); (*покрывать*) run* óver (*d.*), cóver ['kʌ-] (*d.*); 2. (*без доп.*; *сбегаться*) come* rúnning (togéther) [...-'ge-]; (*скопляться*) accúmulàte; сра́зу набежа́ло по́лное ведро́ воды́ the pail was at once brímful of wáter [...wʌns ...'wɔː-]; 3. *тк. несов. безл.* (*морщить*) throw* folds [-ou...].

набе́гаться *сов. разг.* be tired with rúnning abóut, have had enóugh of rúnning abóut [...ɪ'nʌf...].

набедоку́рить *сов. см.* бедоку́рить.

набе́дренн||ый: ~ая повя́зка lóin-cloth.

набежа́ть *сов. см.* набега́ть 1, 2.

набекре́нь *нареч. разг.* aslánt [-ɑːnt], at an angle; с ша́пкой ~ with one's hat cocked.

набели́ться *сов. см.* бели́ться.

на́бело *нареч.* clean, fair; переписа́ть ~ (*вн.*) make* a fair cópy [...'kɔ-] (of), write* out fair (*d.*); перепи́санное ~ fair / clean cópy.

на́бережная *ж. скл. как прил.* embánkment, quay [kiː]; (*морская тж.*) séa-frònt [-frʌnt].

набива́ть, наби́ть 1. (*вн. тв.*) stuff (*d.* with), pack (*d.* with), fill (*d.* with); ~ тру́бку fill *one's* pipe; ~ по́греб сне́гом pack *a* céllar with snow [...-ou]; 2. (*вн.*) *текст.* print (*d.*); 3. (*вн.* на *вн.*): ~ о́бручи на бо́чку bind* *a* cask with hoops; ◇ наби́ть ру́ку на чём-л. become* a práctised / skilled hand at smth. [...-st...]; наби́л оско́мину (*прям. и перен.*) *his* teeth are on edge; ~ це́ну bid* up; drive* up the price; наби́ть себе́ це́ну enhánce one's rèputátion; make* òne¦sélf sought áfter. **~ся, наби́ться** 1. (*куда-л.*) crowd (into *a place*); (*наполняться* чем-л.) become* crówded (with smth.); наби́ться битко́м (*куда-л.*) *разг.* jam (*a place*), crowd (into *a place*); 2. *разг.* (*навязываться*): ~ся на знако́мство force òne¦sélf into *a person's* acquáintance; ~ся в друзья́ кому́-л. impóse one's fríendship on smb. [...'frend-...]; 3. *страд. к* набива́ть.

наби́в||ка *ж.* 1. (*действие*) stúffing, filling; ~ чу́чел táxidèrmy; 2. (*то, чем набито*) pádding, pácking; 3. *текст.* prínting. **~но́й** *текст.* prínted, fást-prínted; ~но́й си́тец prínted cálicò.

набира́ть, набра́ть 1. (*рд., вн.*) gáther (*d.*), colléct (*d.*); 2. (*вн.*; *производить набор*) take* (*d.*); (*о рабочих и т. п. тж.*) recrúit [-ruːt] (*d.*); 3. (*вн.*) *полигр.* set* up (*d.*), compóse (*d.*); ◇ ~ но́мер (ди́ском) dial *a* númber; ~ высоту́ gain height [...haɪt], climb [klaɪm]; ~ ско́рость gáthre, *или* pick up, speed; набра́ть воды́ в рот keep* mum. **~ся, набра́ться** 1. (*накопляться*) accúmulàte; (до *какого-л. количества*) come* up (to); 2. (*рд.*) *разг.* (*найти в себе*) colléct (*d.*); ~ся хра́брости pluck / screw up one's cóurage [...'kʌ-]; ~ся ду́ху screw òne¦sélf up; ~ся но́вых сил store up fresh énergy; 3. (*рд., заимствовать, усваивать*) learn* [lɜːn] (*d.*), acquíre (*d.*); набра́ться ума́ learn* sense, grow* wise [grou...].

наби́тый 1. *прич. см.* набива́ть; 2. *прил.* (*наполненный*) well packed; stuffed; (*народом*) crówded, con¦gésted; зал был наби́т the hall was crówded / con¦gésted; ◇ ~ дура́к *разг.* árrant / útter fool.

наби́ть I *сов. см.* набива́ть.

наби́ть II *сов.* (*рд., вн.*) 1.: ~ гвозде́й в сте́ну drive* (*a number* of) nails into *a* wall; 2.: ~ ди́чи kill (*a quantity* of) game.

наби́ться *сов. см.* набива́ться.

наблюда́тель *м.* obsérver [-'zɜː-]. **~ность** *ж.* òbservátion [-zə-]; pówer / kéenness of òbservátion. **~ный** 1. (*о человеке*) obsérvant [-'zɜː-]; 2. (*служащий для наблюдения*) òbservátion [-zə-](*attr.*), òbservátional [-zə-]; ~ный пункт òbservátion post [...poust].

наблюд||а́ть 1. (*вн.*) obsérve [-'zɜːv] (*d.*); ~ как кто-л. де́лает что-л. obsérve / watch smb. do smth.; 2. (за *тв.*) take* care (of), look (áfter); keep* one's eye [...aɪ] (on) *разг.*; 3. (за *тв.*; *следить*) watch (*d.*); (*надзирать*) súpervìse (*d.*), contról [-oul] (*d.*); ~ за выполне́нием чего́-л. see* to smth.; (*до окончания дела*) see* smth. through. **~а́ться** 1. be obsérved [...'zɜː-]; ~а́ется ре́зкое колеба́ние температу́ры there are súdden chánges in témperature [...'ʧeɪ-...], súdden chánges in témperature are to be obsérved; 2. *страд. к* наблюда́ть. **~е́ние** *с.* 1. òbservátion [-zə-]; 2. (*надзор*) sùperinténdence, sùpervísion, contról [-oul]; быть под ~е́нием (*рд.*) be únder òbservátion (of); взять под ~е́ние (*вн.*) put* únder òbservátion (*d.*).

набо́б *м.* nábòb.

набо́жн||ость *ж.* devótion, píety. **~ый** devóut, píous.

набо́й||ка *ж.* 1. *текст.* printed cloth; 2. (*на каблуке*) héel-tàp. **~щик** *м.*, **~щица** *ж. текст.* (clóth-)printer.

на́бок *нареч.* on one side, a¦wrý, side¦ways.

наболе́вш||ий 1. *прич. см.* наболе́ть; 2. *прил.* sore, páinful; ~ее ме́сто sore spot; ◇ ~ вопро́с sore súbject; úrgent mátter.

наболе́||ть *сов.* be páinful, ache [eɪk]; у него́ ~ло на се́рдце his heart burns (within him) [...hɑːt...]; his heart grieves [...griː-].

наболта́||ть I *сов. разг.* 1. (*вн., рд.*; *наговорить*) talk (a lot of) nónsense; 2. (на *вн.*; *наклеветать*) góssip (abóut); (*дт.*) bear* tales [beə...] (to); на него́ ~ли there has been a lot of góssip abóut him; (*оклеветали*) he was slándered [...'slɑː-].

наболта́ть II *сов. разг.* (*вн., рд.*; *намешать*) mix in (*a quantity* of).

наболта́ться *сов. разг.* (*наговориться*) have a long chat, chátter at one's ease.

набо́р *м.* 1. (*приём*) admíssion; (*новобранцев*) lévy ['le-], recrúitment [-'kruːt-]; (*рабочих*) en¦gáging, recrúitment, táking on; 2. (*состав учащихся*) admítted cándidates *pl.*; 3. *полигр.* (*действие*) còmposítion [-'zɪ-], týpe-sètting; (*набранный текст*) compósed mátter; 4. (*комплект*) set, colléction; ~ инструме́нтов tool kit; ◇ ~ слов mere vérbiage; ~ корабля́ fráming, fráme¦wòrk. **~ная** *ж. скл. как прил. полигр.* týpe-sètting óffice. **~ный** *полигр.* týpe-sètting (*attr.*); ~ная лине́йка sétting-rùle; ~ная рабо́та còmposítion [-'zɪ-]; ~ная ка́сса (type) case [...-s]; ~ный цех composing room. **~щик** *м.*, **~щица** *ж.* compósitor [-zɪ-], týpe-sètter.

набра́сывать I, наброса́ть (*вн.*) **1.** (*составлять в общих чертах*) sketch (*d.*), óutlìne (*d.*), draft (*d.*); ~ план óutlìne a plan; **2.** (*наскоро записывать*) jot down (*d.*).

набра́сывать II, набро́сить (*вн.* на *вн.*) throw* [-ou] (*d.* on, óver); ◇ ~ тень cast* a shade, *или* aspérsions (on).

набра́сываться I, набро́ситься **1.** (на *вн.*) fall* (up¦ón, on); pounce (on); (*нападать*) attáck (*d.*), assáult (*d.*); набро́ситься на кни́гу pounce on *a* book, snatch at *a* book; набро́ситься на еду́ fall* up¦ón one's food; **2.** *страд.* к набра́сывать II.

набра́сываться II *страд.* к набра́сывать I.

набра́ть(ся) *сов. см.* набира́ть(ся).

набрести́ *сов.* (на *вн.*; *прям. и перен.*) come* acróss (*d.*), háppen up¦ón (*d.*); (*перен. тж.*) hit* on (*d.*); он набрёл на интере́сную мысль he struck up¦ón an ínteresting ìdéa [...aɪ'dɪə].

наброса́ть I *сов. см.* набра́сывать I.

наброса́ть II *сов.* (*рд.*, *вн.*; *накидать*) throw* abóut [-ou...] (*d.*); (*где-либо*; *насорить*) lítter *a place* (with); ~ бума́ги на пол lítter the floor with páper [...flɔː...].

набро́сить *сов. см.* набра́сывать II. **~ся** *сов. см.* набра́сываться I.

набро́сок *м.* sketch, draft, óutlìne; (*черновик*) rough cópy [rʌf 'kɔ-].

набры́згать *сов.* (*рд.*, *тв.*) spill* (*d.*).

набрю́шник *м.* àbdóminal band.

набуха́ние *с.* swélling.

набуха́ть, набу́хнуть swell*.

набу́хнуть *сов. см.* набуха́ть.

набуя́нить *сов. см.* буя́нить.

нава́га *ж.* (*рыба*) navága [-'vɑː-].

наважде́ние *с.* delúsion; wítchcràft, évil suggéstion ['iːv- -'dʒestʃ-]; obséssion.

нава́ксить *сов. см.* ва́ксить.

нава́ливать, навали́ть **1.** (*вн.*, *рд.* на *вн.*) put* (*d.* on); (*в кучу, беспорядочно*) heap up (*d.* on), pile (*d.* on); (*перен.*: *обременять*) load (with *d.*); óver¦lóad (with *d.*); све́рху навали́ли тяжёлый ка́мень they put a héavy stone on top [...'he-...]; на стол навали́ли ку́чу книг they heaped up, *или* piled, a lot of books on the table; **2.** *безл.*: мно́го сне́гу навали́ло there are great snów-drifts, *или* másses of snow [...greɪt 'snou- ...snou]; сне́гу навали́ло (до) the snow drífted up (to); наро́ду навали́ло the place was òver¦crówded. **~ся**, навали́ться (на *вн.*) **1.** *разг.* (*набрасываться*) attáck (*d.*), fall* (on); навали́ться на еду́ eat* gréedily; **2.** (*опираться, прислоняться*) lean* (on, up¦ón); (*налегать всей тяжестью*) lean* all one's weight (up¦ón); bring* all one's weight to bear [...bɛə] (on); ~ся на вёсла pull hard [pul...]; навали́сь! pull a¦wáy!; **3.** *страд.* к нава́ливать 1.

навали́ть(ся) *сов. см.* нава́ливать (ся).

нава́лом *нареч.* (*без упаковки*) in bulk: грузи́ть ~ load in bulk.

навалоотбо́йщик *м.* cóal-hewer and lóader.

наваля́ть *сов.* **1.** (*рд.*, *вн.*; *какое-л. количество*): ~ во́йлока, ва́ленок make* (*a quantity* of) felt, felt-boots; **2.** (*без доп.*) *разг.* (*сделать кое-как*) batch, bungle.

нава́р *м.* fat.

нава́ривать, навари́ть (*вн.*) *тех.* weld on (*d.*).

нава́ристый *разг.* rich; ~ суп rich / strong soup [...suːp].

навари́ть I *сов. см.* нава́ривать.

навари́ть II *сов.* (*рд.*, *вн.*) cook (*a quantity* of); (*отварить*) boil (*a quantity* of).

нава́р||ка *ж.* *тех.* wélding (on). **~но́й** *тех.* wélded (on).

навева́ть, наве́ять (*вн.*) blow* [-ou] (*d.*); (*вн.* на *вн.*; *перен.*) cast* (*d.* óver); ве́тер навева́ет прохла́ду the wind blows refréshing¦ly [...wɪnd...]; ~ тоску́ на кого́-л. cast* a gloom on smb.; sádden smb.; ~ сны call up dreams, evóke dreams.

наве́даться *сов. см.* наве́дываться.

наведе́ние *с.* **1.** *филос.* *уст.* indúction; **2.** (*покрытие*): ~ ло́ска, гля́нца várnishing, pólishing; **3.** *мор.* láying, póinting (*a* gun); ◇ ~ спра́вок máking in¦quíries; ~ поря́дка pútting in órder.

наве́дываться, наве́даться (к) *разг.* vísit [-z-] (*d.*), call on (*d.*).

навезти́ I *сов.* (*вн.* на *вн.*) *разг.* drive* (*d.* on, agáinst).

навез||ти́ II *сов.* (*рд.*, *вн.*; *какое-л. количество*) cart / bring* in (*a quantity* of); ско́лько дров вы ~ли́ what a lot of wood you have brought [...wud...].

наве́к, **наве́ки** *нареч.* for ever.

навербова́ть *сов.* (*рд.*, *вн.*) enróll (a númber of), recrúit (a númber of) [-uːt...].

наве́рно *нареч.* **1.** (*по всей вероятности*) próbably, most líke¦ly; **2.** (*несомненно*) for sure [...ʃuə], cértain¦ly, for a cértain¦ty.

наверну́ть *сов. см.* навёртывать I. **~ся** *сов. см.* навёртываться.

наверняка́ *нареч.* *разг.* for sure [...ʃuə]; он де́йствует то́лько ~ he acts ónly when he is sure (of succéss), he acts ónly if it is a dead cértain¦ty [...ded...].

наверста́ть *сов. см.* навёрстывать.

навёрстывать, наверста́ть (*вн.*) make* up (for); наверста́ть поте́рянное вре́мя make* up for lost time.

наверте́ть I *сов. см.* навёртывать II.

наверте́ть II *сов.* (*рд.*, *вн.*; *отверстий и т. п.*) drill (*a quantity* of).

навёртывать I, наверну́ть (*вн.* на *вн.*) screw (*d.* on).

навёртывать II, наверте́ть (*вн.* на *вн.*) wind* (*d.* round), twist (*d.* round).

навёртываться, наверну́ться **1.** (на *вн.*) get* / become* screwed (on); **2.** (*без доп.*) *разг.* turn up; **3.** *страд.* к навёртывать I; ◇ наверну́лись слёзы tears welled up.

наве́рх *нареч.* up, úpward; (*по лестнице*) úpstáirs; (*чего-л.*) on top; все ~! *мор.* all hands on deck!

наверху́ *нареч.* above; (*в верхнем этаже*) úpstáirs.

наве́с *м.* shed, pént¦house* [-s]; (*из парусины*) áwning.

навеселе́ *нареч.* *разг.* mérry, in one's cups, a bit tight.

наве́с||ить *сов. см.* наве́шивать I. **~ка** *ж.* (*дверная*) hínge-plàte. **~но́й**: ~на́я пе́тля hinge. **~ный** *воен.*: ~ная стрельба́, ~ный ого́нь high angle fire, curved fire.

навести́ I *сов. см.* наводи́ть.

навести́ II *сов.* (*вн.*) bring* in (*a quantity* of).

навести́ть *сов. см.* навеща́ть.

наве́т *м.* *уст.* slánder [-ɑːn-], cálumny.

наве́тренн||ый wíndward ['wɪ-], expósed to the wind [...wɪnd]; *мор.* wéather ['we-] (*attr.*); ~ая сторона́ wéather side.

наве́чно *нареч.* for ever, for good; in / for pèrpetúity; переда́ть ~ (*о земле и т. п.*) trànsfér to full ównership [...'ounə-].

наве́шать I *сов. см.* наве́шивать II.

наве́шать II *сов.* (*рд.*, *вн.*; *повесить*) hang* up (a númber of), suspénd (*a quantity* of).

наве́шивать I, наве́сить (*вн.*; *повесить*) hang* up (*d.*), suspénd (*d.*); наве́сить дверь hang* *a* door [...dɔː]; наве́сить замо́к fix *a* pád¦lòck; (*замкнуть*) fásten *a* pád¦lòck [-sᵊn...].

наве́шивать II, наве́шать (*вн.*, *рд.*; *взвесить*) weigh out (*a quantity* of).

навеща́ть, навести́ть (*вн.*) vísit [-z-] (*d.*), call up¦ón / on (*d.*).

наве́ять I *сов. см.* навева́ть.

наве́ять II *сов.* (*рд.*, *вн.*) *с.-х.* (*какое-л. количество*) wínnow (*a quantity* of).

на́взничь *нареч.* báckwards [-dz]; упа́сть ~ fall* flat on one's back; лежа́ть ~ lie* flat on one's back; lie* sùpíne.

навзры́д *нареч.*: пла́кать ~ sob víolently.

навиг||а́тор *м.* návigàtor. **~ацио́нный** *прил.* к навига́ция. **~а́ция** *ж.* nàvigátion; (*отрасль кораблевождения тж.*) pílot¦age próper [...'prɔ-].

навида́ться *сов.* (*рд.*): ~ ви́дов *разг.* have seen much; ~ вся́кого *разг.* have had all kinds of expériences.

навинти́ть(ся) *сов* *см.* нави́нчивать (-ся).

нави́нчивать, навинти́ть (*вн.* на *вн.*) screw (*d.* on). **~ся,** навинти́ться get* / be screwed on.

нависа́ть, нави́снуть (на *вн.*, над) hang* (óver); (*о скалах*) óver¦háng* (*d.*), beetle (óver); (над; *перен.*: *угрожать*) impénd (óver), thréaten ['θre-] (*d.*); над ним нави́сла опа́сность he is thréatened with dánger [...'deɪn-], he is in ímminent dánger.

нави́снуть *сов. см.* нависа́ть.

нави́сш||ий 1. *прич. см.* нависа́ть; **2.** *прил.*: ~ие бро́ви óver¦háng¦ing / beetle / béetling brows; ~ие ска́лы óver¦háng¦ing / béetling rocks.

навлека́ть, навле́чь (*вн.* на *вн.*) bring* (*d.* on), draw* (*d.* on); ~ на себя́ подозре́ние draw* suspícion up¦ón òne¦sélf; in¦cúr suspícion.

навле́чь *сов. см.* навлека́ть.

наводи́ть, навести́ (*вн.* на *вн.*) **1.** (*направлять*) diréct (*d* at), bring* (*d.* on); (*нацеливать*) aim (*d.* at); ~ ору́дие lay* / train / point *a* gun; ~ на след (*вн.*; *прям. и перен.*) put* on the track / trail (*d.*); ~ кого́-л. на мысль suggést an ìdéa to smb. [-'dʒest ... aɪ'dɪə...]; **2.** (*покрывать*) cóver ['kʌ-] (with *d.*), coat (with *d.*); ~ лоск, гля́нец (на *вн.*; *прям. и перен.*) pólish (*d.*), glsos (*d.*), glaze (*d.*); (*перен. тж.*) venéer (*d.*); **3.:** ~ мост build* / make* *a* bridge [bɪld...]; ✧ ~ (на себя́) красоту́ *разг.* béautifỳ òne¦sélf ['bjuː-...]; ~ поря́док где-л. put* *a place* in órder; ~ ску́ку bore (*d.*); ~ страх inspíre fear; ~ кри́тику *разг.* críticìze (*d.*); ~ спра́вки (о *пр.*) in¦quíre (abóut), make* in¦quíries (abóut); ~ тень на что-л. cómplicàte / confúse mátters / things.

наво́дк||а *ж.* **1.** foil; **2.** (*орудия*) láying, tráining; пряма́я ~ diréct láying; прямо́й ~ой by diréct láying; póint-blánk; **3.:** ~ моста́ brídge-màking, brídging òperátion.

наводн||е́ние *с.* flood [-ʌd], ìnùndátion. **~и́ть(ся)** *сов. см.* наводня́ть (-ся).

наводно́й: ~ мост flóating bridge.

наводня́ть, наводни́ть (*вн. тв.*; *прям. и перен.*) flood [-ʌd] (*d.* with); (*перен. тж.*) òver¦rún* (*d.* with); ~ ры́нок flood the márket (with). **~ся,** наводни́ться **1.** (*прям. и перен.*) òver¦flów [-ou], be flóoded [...-ʌd-]; **2.** *страд. к* наводня́ть.

наво́дчик *м. воен.* gun láyer.

наводя́щий *прич.* (*тж. как прил.*) *см.* наводи́ть; ✧ ~ вопро́с léading quéstion [...-stʃən].

наво́з *м. тк. ед.* manúre, dung; muck (*тж. перен.*). **~ить** (*вн.*) *с.-х.* manúre (*d.*), dung (*d.*).

навози́ть *сов.* (*рд.*, *вн.*) *разг.* bring* / cart in (*a quantity* of).

наво́зник *м.* (*жук*) dúng-beetle.

наво́зн||ый *прил. к* наво́з; ~ая ку́ча dúng¦hìll; ~ жук dúng-beetle; ~ червь múckwòrm.

навозоразбра́сыватель *м. с.-х.* manúre spréader [...-edə].

наво́й *м. текст.* beam; wéaver's beam; холосто́й ~ émpty beam.

на́воло||ка *ж.*, **~чка** *ж.* píllow-càse [-s], píllow-slìp.

навоня́ть *сов. разг.* make*/ spread* a stench [...-ed...].

навора́чивать, наворотить *разг.* (*вн.*, *рд.*; *прям. и перен.*) heap (*d.*), pile up (*d.*).

наворова́ть *сов.* (*рд.*, *вн.*) steal* (*a quantity* of).

навороти́ть *сов. см.* навора́чивать.

навостри́ть *сов.* (*вн.*) *разг.*: ~ у́ши prick up one's ears; ~ лы́жи take* to one's heels / legs. **~ся** *сов.* (в *пр.*, + *инф.*) *разг.* get* skilled (at); become* a good hand (at, at *ger.*).

навощи́ть *как сов. к* вощи́ть.

навра́ть I *сов. разг.* **1.** (*солгать*) lie; tell* a stóry; (кому́-л.) lie (to smb.), tell* lies (to smb.); **2.** (в *пр.*; *допустить ошибку*) make* mistákes (in); ~ в вычисле́ниях make* *a* mistáke in one's càlculátions, míscálculàte; **3.** (на *вн.*; *наклеветать*) slánder [-ɑːn-] (*d.*).

навра́ть II *сов.* (*рд.*, *вн.*) *разг.* tell* (*a lot* of) lies.

навреди́ть *сов.* (*дт. тв.*) *разг.* do much, *или* a lot of, harm (to by); harm (*d.* by).

навря́д (ли) *нареч. разг.* hárdly; ~ ли я сего́дня успе́ю ко́нчить I shall hárdly have time to fínish to¦dáy.

навсегда́ *нареч.* for ever; for good *разг.*; (*ср.* наве́чно, наве́ки); ✧ раз ~ once (and) for all / éver [wʌns...].

навстре́чу *нареч.* to meet; идти́ ~ кому́-л. go* / come* to meet smb.; (*перен.*) meet* smb. hálf-wáy [... 'hɑːf-]; ~ е́хала маши́на a car was coming (in the ópposite diréction) [...-zɪt...]; а ~ ему́ волк and súddenly he met, *или* ran into, a wolf* [...wulf]; идти́ ~ пожела́ниям (*рд.*) meet* the desíre [...-'zaɪə] (of).

навы́ворот *нареч. разг.* ínsíde out, wrong side out.

на́вык *м.* hábit, práctice; (*умение*) skill; трудовы́е ~и hábits of work; практи́ческие ~и práctical skills; приобрести́ ~ acquíre *a* hábit.

навы́кат(е) *нареч.* búlging; глаза́ ~ protrúding / búlging eyes [...aɪz].

навы́лет *нареч.* (right) through; ра́нен ~ shot through; пу́ля прошла́ ~ the búllet went right through [...'bu-...].

навы́нос *нареч. уст.* for consúmption off the prémises [...-sɪz].

навы́пуск *нареч.*: брю́ки ~ tróusers worn óver high boots [...wɔːn...].

навы́рез *нареч.*: покупа́ть (арбу́з) ~ have (a wáter-mélon) cut ópen befóre búying it [...'wɔːtə'me-... 'baɪ-...].

навы́тяжку *нареч.*: стоя́ть ~ stand* at atténtion.

навью́чивать, навью́чить (*вн. тв.*) load (*d.* with).

навью́чить *сов.* **1.** *см.* навью́чивать; **2.** *как сов. к* вью́чить.

навяза́ть I, навя́знуть stick*; гли́на навя́зла на колёсах the wheels are stuck with clay; ✧ э́то навя́зло у всех в зуба́х everybody is sick and tired of it, everybody has had more than enóugh of it [...ɪ'nʌf...].

навяза́ть II *сов.* (*рд.*, *вн.*) **1.** (*о снопах, узлах и т. п.*) bind* / tie (*a quantity* of); **2.** (*о кружеве, чулках и т. п.*) knit* (*a quantity* of); (*ср.* вяза́ть).

навяза́ть III *сов. см.* навя́зывать.

навяза́ться *сов. см.* навя́зываться.

навя́знуть *сов. см.* навяза́ть I.

навя́зчив||ость *ж.* obtrúsive¦ness, ìmpòrtúnity. **~ый** obtrúsive; impórtunate (*тж. о человеке*); ~ая иде́я fixed ìdéa [...aɪ'dɪə], obséssion; idée fixe (*фр.*) [iːdeɪ 'fiːks].

навя́зывать, навяза́ть **1.** (*вн.* на *вн.*; *прикреплять*) tie (*d.* on), fásten [-sᵊn] (*d.* to); **2.** (*дт.*, *вн.*; *заставлять принять*) press (on *d.*), thrust* (on *d.*); ~ свою́ во́лю impóse / dictáte one's will (on); ~ кому́-л. своё мне́ние thrust* one's opínion on smb.; ~ кому́-л. свои́ вку́сы foist one's (own) tastes on smb. [...oun teɪ-...]. **~ся,** навяза́ться **1.** (*дт.*) thrust* òne¦sélf (up¦ón), foist òne¦sélf (up¦ón), fásten òne¦sélf [-sᵊn...] (on); (*обременять*) be a búrden (to); **2.** *страд. к* навя́зывать.

нагада́ть *сов.* (*вн.*, *рд.*) fòre¦téll* (*d.*), próphesỳ (*d.*).

нага́дить *сов. см.* га́дить.

нага́йка *ж.* whip.

нага́н *м.* Nágant revólver.

нага́р *м.* snuff, cándle-snùff; (*на металле*) scale; снять ~ со свечи́ snuff *a* candle.

на́гель *м. тех.* pin, tré(e)nail (pin).

нагиба́ть, нагну́ть (*вн.*) bend* (*d.*). **~ся,** нагну́ться **1.** stoop, bow; **2.** *страд. к* нагиба́ть.

нагишо́м *нареч. разг.* stark náked.

нагла́зник *м.* **1.** (*шора*) blínker, éye-flàp ['aɪ-]; **2.** (*у оптического прибора*) eye shade [aɪ...].

нагл||е́ть, обнагле́ть become* ímpudent / ínsolent. **~е́ц** *м.* ímpudent / ínsolent féllow, brázen-fàce.

на́глост||ь *ж.* ímpudence, ínsolence, èffróntery [-ʌn-]; cheek *разг.*; верх ~и brázen ímpudence; э́то верх ~и! it is the height of ímpudence! [...haɪt ...]; име́ть ~ сказа́ть, сде́лать have the cheek / brázen¦ness to say, to do; у них хвата́ет ~и (+ *инф.*) they have the brázen¦ness (+ to *inf.*).

наглота́ться *сов.* (*рд.*) *разг.* swállow (*a quantity* of); ~ пы́ли have / get* one's mouth full of dust.

на́глухо *нареч.* tight(ly), hèrmétically; ~ заде́лать дверь wall up *a* door [...dɔː].

на́гл||ый ímpudent, impértinent, ínsolent, brázen-fàced; ~ая ложь outrágeous / blátant lie; ~ое вмеша́тельство impértinent ìnterférence [...-'fɪə-].

нагляде́ться *сов.* (на *вн.*) see* enóugh [...ɪ'nʌf] (of); (гляде́ть) не ~ на кого́-л. be never tired of lóoking at smb.

нагля́дно I *прил. кратк. см.* нагля́дный.

нагля́дн||о II *нареч.* by vísual dèmonstrátion [...vɪz-...], vísually ['vɪz-]; (*графически*) gráphically; (*ясно*) cléarly. ~**ость** *ж.* **1.** (*ясность*) cléarness, óbvious¦ness; **2.** (*в обучении*) use of vísual méthods [juːs... 'vɪz-...]; (*применение наглядных пособий*) use of vísual aids. ~**ый** **1.** gráphic, óbvious; ~ый приме́р óbvious case [...-s], gráphic exámple [...-ɑːm-]; ~ое доказа́тельство vísual proof / évidence ['vɪz-...]; vísual / gráphic dèmonstrátion; **2.** (*в обучении*) vísual; ~ый уро́к óbject-lèsson; ~ое обуче́ние vísual méthods of téaching *pl.*; ~ые посо́бия vísual aids.

нагна́ть I, II *сов. см.* нагоня́ть I, II.

нагна́ть III *сов.* (*рд.*, *вн.*) *разг.* (*какое-л. количество*) drive* togéther (*a quantity* of) [...-'ɡe-...].

нагнести́ *сов. см.* нагнета́ть.

нагнета́тель *м. тех.* súperchàrger. ~**ный**: ~ный насо́с *тех.* fórce-pùmp.

нагнета́ть, нагнести́ (*вн.*) force (*d.*); *тех.* sùperchárge (*d.*).

нагно||е́ние *с.* féster, sùppurátion; вы́звать ~ (*рд.*) féster (*d.*). ~**и́ться** *сов.* féster, súppuràte.

нагну́ть(ся) *сов. см.* нагиба́ть(ся).

нагова́ривать, наговори́ть **1.** (на *вн.*) *разг.* (*клеветать*) slánder [-ɑːn-] (*d.*), calúmniàte (*d.*); **2.** (*вн.*) recórd (*d.*); ~ пласти́нку have one's speech recórded on a disc.

наговóр *м.* (*клевета*) slánder [-ɑːn-], cálumny.

наговори́ть I *сов. см.* нагова́ривать.

наговори́ть II *сов.* (*рд.*, *вн.*) *разг.*: ~ мно́го say* a lot of things; ~ кому́-либо мно́го неприя́тного tell* smb. a lot of ùnpléasant things [...-'plez-...].

наговори́ться *сов.* have a long talk; они́ не мо́гут ~ they can never talk enóugh [...ɪ'nʌf].

наго́й náked, nude, bare.

на́голо *нареч.* bare; стричь ~ cut* (*hair*) close to the skin [...-s...], crop close; ~ остри́женный clóse¦ly cropped [-s-...].

наголо́ *нареч.*: ша́шки ~ drawn / náked / bare swords [...sɔːdz].

на́голову *нареч.*: разби́ть ~ (*вн.*) rout (*d.*); deféat útterly (*d.*); shátter (*d.*).

наголода́ться *сов. разг.* be (half) starved [...hɑːf...].

наго́льный: ~ тулу́п coat of raw shéep-skìn.

нагоня́й *м. разг.* télling-óff; дать ~ (*дт.*) give* a télling-óff / ráting / scólding (*i.*); rate (*d.*); получи́ть ~ get* a scólding; get* into hot wáter [...'wɔː-], get* it hot *идиом.*

нагоня́ть I, нагна́ть (*вн.*) **1.** (*догонять*) òver¦táke* (*d.*); **2.** (*навёрстывать*) make* up (for).

нагоня́ть II, нагна́ть (*вызывать, причинять*): ~ тоску́ на кого́-л. bore smb.; ~ сон на кого́-л. make* smb. sléepy; ~ страх на кого́-л. ≅ put* the fear of God into smb.

на-гора́ *нареч. горн.*: выдава́ть у́голь ~ hoist coal, wind* coal.

нагор||а́ть, нагоре́ть **1.** (*давать нагар*) form into a snuff; **2.** *безл. разг.*: мне за э́то ~е́ло I got a scólding / ráting for it.

нагоре́ть *сов. см.* нагора́ть.

наго́рный úp¦land, híghland, móuntainous.

нагороди́ть *сов.* (*рд.*, *вн.*) **1.** (*настроить — заборов и т. п.*) put* up (*d.*), eréct (*d.*); **2.** *разг.* (*нагромоздить*) pile (*d.*), heap up (*d.*); ◇ ~ вздо́ра talk a lot of rúbbish.

наго́рье *с.* úp¦land, èlevátion.

нагота́ *ж.* núdity, náked¦ness.

наготóве *нареч.* at call, in réadiness [...'re-]; быть ~ be at call, be in réadiness; (*быть настороже*) be on the lóok-out; держа́ть ~ (*вн.*) keep* in réadiness (*d.*).

нагото́вить *сов.* (*рд.*, *вн.*) **1.** (*запасти*) lay* in (a supplý of); **2.** (*настряпать*) cook (*a quantity* of). ~**ся**: не ~ся never get* / have enóugh [...ɪ'nʌf].

награ́бить *сов.* (*рд.*, *вн.*) amáss / get* by róbbery (*d.*); ~ де́нег steal* a lot of móney [...'mʌ-].

награ́д||а *ж.* rewárd; récompènse; (*знак отличия*) dècorátion; (*в школе*) prize; де́нежная ~ gratúity; móney a¦wárd ['mʌ-...]; прави́тельственная ~ góvernment a¦wárd ['ɡʌ-...]; досто́йная ~ wórthy tríbute [-ðɪ...]. ~**и́ть** *сов. см.* награжда́ть. ~**но́й** **1.** *прил.* к награ́да; **2.** *мн.* как *сущ.* *уст.* (*деньги*) bónus *sg.*, gratúity *sg.*

награжд||а́ть, награди́ть (*вн.* *тв.*) rewárd (*d.* with); (*орденом, медалью и т. п.*) décoràte (*d.* with); a¦wárd (to *d.*); confér a dècorátion (up¦ón); (*перен.*; *способностями и т. п.*) endów (*d.* with). ~**е́ние** *с.* rewárding; (*орденом*) décoràting. ~**ённый** **1.** *прич. см.* награжда́ть; **2.** *м.* как *сущ.* recípient (of *an* a¦wárd).

нагре́в *м. тех.* heat, héating; пове́рхность ~а héating súrface. ~**а́ние** *с.* (*рд.*) héating (*d.*), ráising the témperature (of). ~**а́тель** *м. тех.* héater. ~**а́тельный** héating.

нагрева́ть, нагре́ть (*вн.*) **1.** warm (*d.*), heat (*d.*); **2.** *разг.* (*одурачивать*) swíndle (*d.*); он нагре́л его́ на сто рубле́й he swíndled him out of a húndred roubles [...ruː-]; нагре́ть ру́ки ≅ line one's coat; (на *пр.*) make* a good hand (of). ~**ся**, нагре́ться **1.** get* warm; **2.** *страд.* к нагрева́ть.

нагре́ть(ся) *сов. см.* нагрева́ть(ся).

нагроможд||а́ть, нагромозди́ть (*вн.*, *рд.*) pile / heap up (*d.*). ~**е́ние** *с.* **1.** (*действие*) píling up; **2.** (*груда*) còn¦glòmerátion.

нагромозди́ть *сов. см.* нагромождать.

нагруби́ть *сов. см.* груби́ть.

нагрубия́нить *сов. см.* грубия́нить.

нагру́дник *м.* **1.** (*детский*) bib; **2.** (*в латах*) bréastplàte ['brest-]; **3.** (*в упряжи*) bréast-còllar ['brest-].

нагру́дный breast [-est] (*attr.*); ~ знак bréastplàte ['brest-]; ~ телефо́н *воен.* breast (téle)phòne.

нагружа́ть, нагрузи́ть (*вн.* *тв.*) **1.** load (*d.* with); (*о морском грузе*) lade* (*d.*), freight (*d.*); **2.** (*обременять*) búrden (*d.* with). ~**ся**, нагрузи́ться **1.** (*тв.*) load òne¦sélf (with); **2.** *страд.* к нагружа́ть.

нагрузи́ть *сов. см.* нагружа́ть. ~**ся** *сов. см.* нагружа́ться.

нагру́зк||а *ж.* **1.** (*действие*) lóading; **2.** (*то, чем нагружено*; *тж.* *тех.*) load; поле́зная ~ páying load; ~ на ось axle load; ◇ непо́лная ~ (*неполный рабочий день*) hálf-tíme ['hɑːf-]; он рабо́тает с по́лной (непо́лной) ~ой he has got a fúll-tíme (hálf-tíme) job.

нагрязни́ть *сов.* (*намусорить*) lítter.

нагря́ну||ть *сов.* *разг.* come* ún¦expéctedly, appéar súddenly; ~ли го́сти guests arríved ún¦expéctedly.

нагу́л *м.* (*у скота*) fáttening, pútting on flesh; сре́дний су́точный ~ скота́ áverage dáily rate of fáttening.

нагу́ливать, нагуля́ть **1.** (*о скоте*) fátten, put* on weight; **2.**: нагуля́ть румя́нец *разг.* put* some cólour in one's cheeks (by éxercise) [...'kʌ-...]; ~ аппети́т get* a bétter áppetìte áfter a walk.

нагуля́ть *сов. см.* нагу́ливать. ~**ся** *сов.* have had a long walk; ~ся до у́стали make* òne¦sélf tíred with wálking.

над, на́до *предл.* (*тв.*) (*поверх.*, *тж. перен.*) óver; (*выше*) abóve; (*при обозначении предмета труда*) at: ве́шать, висе́ть ~ сто́ло́м hang* óver *the* table; пролета́ть ~ го́родом fly* óver *the* town; засыпа́ть ~ кни́гой fall* asléep óver *the* book; име́ть власть ~ кем-л. have pówer óver smb.; поднима́ться ~ кры́шами rise* abóve the roofs; ~ у́ровнем мо́ря abóve séa-lével [...-'le-]; рабо́тать ~ те́мой work at *the* súbject; ◇ ~ голово́й (*наверху*) óver¦héad [-'hed]; лома́ть себе́ го́лову ~ чем-л. *см.* лома́ть; смея́ться ~ кем-л., ~ чем-л. *см.* смея́ться; *тж.* и *другие особые* *случаи, не приведённые здесь, см. под теми словами, с которыми предл.* над *образует тесные сочетания.*

надава́ть *сов.* (*дт. рд., вн.*) give* (*i. a quantity* of); ~ кому́-л. поруче́ний load smb. with commíssions; ~ обеща́ний prómise all kinds of things [-s...]; ~ кому́-л. шлепко́в *разг.* give* smb. a slápping / spánking.

надави́ть I *сов. см.* нада́вливать.

надави́ть II *сов.* (*рд., вн.*; *выдавить, раздавить какое-л. количество*) press / squeeze (*a quantity* of).

нада́вливать, надави́ть (*вн.*, на *вн.*) press (*d.*).

нада́ивать, надои́ть: ~ по́лное ведро́ milk a páilful.

надари́ть *сов.* (*вн., рд. дт.*) presént (*d.* to), give* a lot of présents [...-ez-] (*i.*).

надба́вить *сов. см.* надбавля́ть.

надба́в||ка *ж.* = наба́вка; ~ за вы́слугу лет lóng-sérvice ín¦crement. **~ля́ть,** надба́вить = набавля́ть, наба́вить.

надбро́вный *анат.* sùpercíliary.

надвига́ть, надви́нуть (*вн.* на *вн.*) move / push / pull [mu:v puʃ pul] (*d.* up to); ~ шля́пу pull one's hat óver one's eyes [...aɪz]. **~ся,** надви́нуться **1.** (*приближаться*) appróach, be near; (*об опасности и т. п.*) impénd, be ímminent; надвига́ющийся (*о кризисе и т. п.*) ón¦còming; **2.** *страд. к* надвига́ть.

надви́нуть(ся) *сов. см.* надвига́ть (-ся).

надво́дн||ый abóve-wáter [-'wɔ:-]; ~ая часть су́дна dead works [ded...], part of ship above the wáter [...'wɔ:-]; úpper works, flóatage; ~ борт frée-board.

на́двое *нареч.* **1.** (*пополам*) in two; **2.** *разг.* (*двусмысленно*) àmbíguous¦ly; ✧ ба́бушка ~ сказа́ла *погов.* ≅ we shall see what we shall see.

надво́рн||ый: ~ые постро́йки óut-bùildings [-bɪ-], óut¦houses.

надвяза́ть *сов. см.* надвя́зывать.

надвя́зывать, надвяза́ть (*вн.*) **1.** (*о чулках, носках*) foot [fut] (*d.*); (*с носка*) toe (*d.*); **2.** (*о верёвке*) add a length / piece [...pi:s] (*of string, etc.*).

надгро́б||ие *с. уст.* épitàph. **~ный:** ~ная речь fúneral orátion; ~ный па́мятник mónument; ~ная на́дпись = надгро́бие; ~ный ка́мень, ~ная плита́ tómb¦stòne ['tu:m-], gráve¦stòne.

надгрыза́ть, надгры́зть (*вн.*) nibble (at).

надгры́зть *сов. см.* надгрыза́ть.

наддава́ть, надда́ть (*рд., вн.*) *разг.* add (*d.*), in¦crèase [-s] (*d.*), enhánce (*d.*); надда́ть жа́ру add heat, in¦créase the heat.

надда́ть *сов. см.* наддава́ть.

надду́в *м. ав.* súpercharge.

надева́ние *с.* putting on.

надева́ть, наде́ть (*вн.*) put* on (*d.*); get* on (*d.*); что бы́ло на нём наде́то? what (clothes) did he wear? [...klou-... wɛə], what (clothes) had he (got) on; ~ сбру́ю на ло́шадь hárness a horse; ~ узду́ на ло́шадь bridle a horse; ~ нару́чники (*дт.*) hándcùff (*d.*), mánacle (*d.*). **~ся,** наде́ться **1.:** у него́ сапо́г, чуло́к *и т. п.* не надева́ется he cánnòt get his boot, stócking, *etc.*, on; **2.** *страд. к* надева́ть.

наде́жд||а *ж.* hope; пита́ть ~ы (на *вн.*) chérish hopes (for), be in hopes (of); подава́ть ~у кому́-л. give* hope to smb.; подава́ть ~ы prómise (well) [-s...], shape well; в ~е (на *вн.*) in the hope (of); оправда́ть ~ы jústifỳ hopes; ни мале́йшей ~ы not the fáintest / slíghtest hope; not a glímmer of hope; распрости́ться со все́ми ~ами say* good-býe to all hopes.

надёжн||ость *ж.* **1.** relìabílity, sáfe¦ty; **2.** (*верность*) trústwòrthiness [-ðɪ-]. **~ый 1.** relíable, safe; depéndable; **2.** (*верный*) relíable, trústwòrthy [-ðɪ], trústy.

наде́л *м. ист.* strip, allótment.

наде́л||ать *сов.* (*рд., вн.*) **1.** make*/ get* réady (a cértain amóunt of) [...'re-...]; **2.** *разг.* (*доставить, причинить*) give* (*d.*), cause (*d.*); ~ кому́-л. хлопо́т give* smb. (a lot of) trouble [...trʌbl]; ~ оши́бок make* a lot of mistákes; (*грубых*) commít a lot of blúnders; ~ глу́постей commít fóllies; ~ беды́ make* a mess of things; ~ мно́го шу́ма make* a rácket, kick up a row; (*перен.*) cause a sènsátion; что ты ~ал! what have you done?

наделе́ние *с.* allótment.

надели́ть *сов. см.* наделя́ть.

наде́льн||ый: ~ая земля́ *ист.* allótment.

надел||я́ть, надели́ть (кого́-л. чем-л.) allót / give* (smb. smth.); (*снабжать*) províde (smb. with smth.); (*перен.: одарять*) endów (smb. with smth.); ~ пода́рками dispénse gifts [...g-] (to smb.); приро́да ще́дро ~и́ла его́ náture has not been spáring with her gifts to him ['neɪ-...].

надёргать *сов.* (*рд., вн.*) pull / pluck out (*a quantity* of) [pul...]; ✧ ~ цита́т *разг.* grub up a lot of quotátions.

надерзи́ть *сов. см.* дерзи́ть.

наде́ть(ся) *сов. см.* надева́ть(ся).

наде́яться 1. (на *вн.*; +*инф.*) hope (for; + to *inf.*); ~ на что-л. hope for smth.; я наде́юсь уви́деть вас сего́дня I hope to see you to¦dáy; **2.** (на *вн.*; *полагаться*) relý (on); ~ на кого́-л. relý on smb.; trust smb.; не ~ на кого́-л. have no cónfidence in smb.

надзвёздный *поэт.* above (*после сущ.*); ~ мир the world above.

надзе́мн||ый óver¦ground; ~ая желе́зная доро́га élevàted ráilway; élevàted ráilroad *амер.*

надзира́тель *м.*, **~ница** *ж.* óver¦seer, súpervìsor [-zə]; кла́ссный ~ *уст.* úsher; тюре́мный ~ chief wárder [tʃi:f...]; тюре́мная ~ница príson mátron [-ɪz°n...]; полице́йский ~ políce inspéctor [-'li:s...].

надзира́ть (за *тв.*) óver¦sée* (*d.*), súpervìse (*d.*).

надзо́р *м.* **1.** sùpervísion; (*за подозреваемым*) survéillance; быть под ~ом be únder survéillance; **2.:** санита́рный ~ sánitary inspéctors *pl.*; прокуро́рский ~ the prócuràtor's sùpervísion, *или* sùpervísory pówers [...-'vaɪz-...] *pl.*; the prócuràtor's óffice.

надиви́ться *сов. разг.:* не могу́ ~ (на *вн.*) I cánnòt stop wóndering [...'wʌ-] (at); (*налюбоваться*) I cánnòt admíre suffíciently (*d.*).

нади́р *м. астр.* nádir ['neɪ-].

надка́лывать I, надколо́ть (*вн.*; *наносить лёгкие уколы*) prick / pierce slíghtly [...pɪəs...] (*d.*).

надка́лывать II, надколо́ть (*вн.*; *топором*) split* slíghtly (*d.*).

надкла́ссовый independént of class.

надко́жица *ж. бот.* cúticle.

надколе́нн||ый *анат.:* ~ая ча́шка knée-càp, knée-pàn; patélla *научн.*

надколо́ть I, II *сов. см.* надка́лывать I, II.

надко́стниц||а *ж. анат.* pèriósteum; воспале́ние ~ы pèriostítis.

надкры́лья *мн. зоол.* élytra, wíng-càses [-s-]; (*у жуков*) shards.

надкуси́ть *сов. см.* надку́сывать.

надку́сывать, надкуси́ть (*вн.*) give* a bite (*i.*), nibble (at).

надла́мывать, надломи́ть (*вн.*) break* pártly [-eɪk...] (*d.*), frácture (*d.*); (*делать трещину*) físsure (*d.*), crack (*d.*); (*перен.*) óver¦táx (*d.*); break* down (*d.*); надломи́ть свои́ си́лы óver¦táx one's strength; надломи́ть своё здоро́вье break* down (in health) [...helθ]. **~ся,** надломи́ться **1.** be fráctured, crack; его́ си́лы надломи́лись his strength gave way; **2.** *страд. к* надла́мывать.

надлеж||а́ть *безл.* (*дт.*+*инф.*): ему́ ~и́т it is in¦cúmbent on him (+to *inf.*), he is (+to *inf.*); э́то ~и́т сде́лать this / it is to be done; this / it must be done; э́то ~а́ло бы сде́лать this ought to be done. **~а́щий** fítting, próper ['prɔ-]; apprópriate; в ~а́щий срок in due time; в ~а́щем поря́дке in a próper mánner / órder; ~а́щим о́бразом in the próper way; próperly, thóroughly ['θʌrə-], dúly, súitably ['sju:-]; за ~а́щими по́дписями dúly / próperly signed [...saɪ-]; ~а́щие ме́ры apprópriate/ próper méasures [...'me-].

надло́м *м.* frácture, break [-eɪk]; (*перен.*) wrétchedness.

надломи́ть(ся) *сов. см.* надла́мывать(ся).

надло́мленный 1. *прич. см.* надла́мывать; 2. *прил.* wrétched.

надме́нн||ость *ж.* háughtiness, sùpercíliousǀness, árrogance. **~ый** háughty, sùpercílious, árrogant.

на́до I *предик. безл.* = ну́жно 2, 3; ему́ ~ бы туда́ пойти́ he ought to go there; ◇ так ему́ *и т. д.* и ~! *разг.* serve(s) him, *etc.*, right!; о́чень ему́, ей *и т. д.* ~! *разг.* a (fat) lot he, she, *etc.*, cares!; о́чень ему́ ~ приходи́ть! catch him coming here!; не ~! don't!

на́до II *предл. см.* над.

на́добн||о *уст.* = ну́жно. **~ость** *ж.* necéssity, need; в слу́чае ~ости in case of need [...-s...]; име́ть ~ость в чём-л. requíre smth.; нет никако́й ~ости there is no need whàtǀsoǀéver; вам нет ~ости you need not. **~ый** *уст.* nécessary, réquisite [-zɪt], néedful.

надоеда́ть, надое́сть 1. (*дт. тв.*) péster (*d.* with), bóther (*d.* with), bore (*d.* with); (*докучать*) wórry ['wʌ-] (*d.* with), plague [pleɪg] (*d.* with); он, она́ *и т. д.* мне до́ смерти надое́л(а) I am bored to death with him, her, *etc.* [...deθ...]; 2. *безл.*: ей, ему́ *и т. д.* надое́ло (+*инф.*) she, he, *etc.*, is tired (of *ger.*); she, he, *etc.*, is sick (of *ger.*) *разг.*

надое́дливый bóring, írkǀsome, bóthǀerǀsome, bótherǀing, tíreǀsome; pésky *разг.*; ~ челове́к bore, núisance ['nju:s-].

надое́сть *сов. см.* надоеда́ть.

надои́ть *сов. см.* нада́ивать.

надо́й *м. с.-х.*: ~ молока́ milk yield [...ji:-].

надо́лго *нареч.* for a long time.

надо́мн||ик *м.*, **~ица** *ж.* one who works at home, hóme-wòrker.

надорва́ть(ся) *сов. см.* надрыва́ть(ся).

надоу́ми||ть *сов.* (*вн.*) *разг.* suggést an ìdéa [-'dʒest...aɪ'dɪə] (to), advíse (*d.*); она́ ~ла его́ пойти́ туда́ сего́дня she suggésted he should go there toǀdáy.

надпа́лубн||ый súperstrùcture (*attr.*); ~ые постро́йки súperstrùcture *sg.*

надпа́рывать, надпоро́ть (*вн.*) únpíck / únstítch (a few stitches); (*об упаковке*) rip pártly ópen (*d.*). **~ся,** надпоро́ться 1. rip, get* únpícked / únstítched; 2. *страд. к* надпа́рывать.

надпи́ливать, надпили́ть (*вн.*) make* an incísion (by sáwing) (in).

надпили́ть *сов. см.* надпи́ливать.

надписа́ть *сов. см.* надпи́сывать.

надпи́сывать, надписа́ть (*вн.*) sùperscríbe (*d.*), inscríbe (*d.*); ~ конве́рт addréss *an* énvelòpe; ~ кни́гу áutogràph *a* book.

на́дпись *ж.* 1. inscríption; (*на конверте*) sùperscríption; (*на монете, медали, карте и т. п.*) légend ['le-]; 2. *археол.* inscríption; ~ на ка́мне inscríption on *a* stone.

надпоро́ть(ся) *сов. см.* надпа́рывать(ся).

надпо́чечник *м. анат.* àdrénal (gland).

надра́ть *сов.* (*рд.*, *вн.*) tear* / strip (*a quantity* of) [tɛə...]; ◇ ~ у́ши кому́-л. *разг.* pull smb.'s ears [pul...].

надре́з *м.* cut, incísion; (*зарубка*) notch; ~ пило́й sáw-nòtch, sáw-cùt.

надре́зать *сов. см.* надре́зывать.

надреза́ть = надре́зывать.

надре́зывать, надре́зать (*вн.*) make* an incísion (on); cut* slíghtly (*d.*).

надруба́ть, надруби́ть (*вн.*) chip (*d.*), notch (*d.*).

надруби́ть *сов. см.* надруба́ть.

надруга́||тельство *с.* (*над*) óutràge (upǀón); (*насилие*) vìolátion (of). **~ться** *сов.* (*над*) óutràge (*d.*).

надры́в *м.* 1. slight tear [...tɛə], rent; 2. (*о душевном состоянии*) ánguish; он говори́л с ~ом he spoke as if his heart was bréaking [...hɑ:t... -eɪk-].

надрыва́ть, надорва́ть (*вн.*) tear* slíghtly [tɛə...] (*d.*); (*перен.*) óverǀstráin (*d.*), óverǀtáx (*d.*); ~ свои́ си́лы óverǀtáx one's strength; knock òneǀsélf up *идиом. разг.*; ~ себе́ го́лос óverǀstráin one's voice; ◇ ~ ду́шу кому́-л. *разг.* rend* smb.'s heart [...hɑ:t], hárrow smb.'s soul [...soul]; ~ живо́тики (со́ смеху) *разг.* ≅ split* one's sides with láughter [...'lɑ:ftə]. **~ся,** надорва́ться 1. *разг.* strain òneǀsélf; (*перен.*: *переутомляться*) óverǀstrain òneǀsélf; *несов. тж.* exért òneǀsélf to the útǀmòst; 2. *страд. к* надрыва́ть; ◇ пла́кать, ~ся cry as if one's heart would break [...hɑ:t...breɪk].

надры́вный 1. hystérical; ~ смех hystérical láughter [...'lɑ:f-]; 2. (*душераздирающий*) héart-rènding ['hɑ:t-].

надсади́ть(ся) *сов. см.* надса́живать(ся).

надса́дный héart-rènding ['hɑ:t-].

надса́живать, надсади́ть *разг.*: ~ го́лос óverǀstráin one's voice. **~ся,** надсади́ться *разг.* = надрыва́ться.

надсека́ть, надсе́чь (*вн.*) make* cuts / incísions (in), incíse slíghtly (*d.*).

надсе́чь *сов. см.* надсека́ть.

надсма́тривать (*над, за тв.*) contról [-oul] (*d.*), súpervìse (*d.*); (*проверять*) inspéct (*d.*).

надсмо́тр *м.* contról [-oul], sùpervísion. **~щик** *м.* óverǀseer; (*в тюрьме*) jáiler; (*над рабами*) sláve-driver.

надста́в||ить *сов. см.* надставля́ть. **~ка** *ж.* 1. (*действие*) léngthening, exténsion; 2. (*то, что надставлено*) piece put on [pi:s...], patch, exténsion (piece). **~ля́ть,** надста́вить (*вн.*) léngthen (*d.*). **~но́й** put on, patched on.

надстра́ивать, надстро́ить (*вн.*) build* a súperstrùcture [bɪld...] (óver), raise (*d.*); ~ эта́ж build* (on) an addítional stórey.

надстро́ечный *прил. к* надстро́йка II.

надстро́ить *сов. см.* надстра́ивать.

надстро́йка I *ж.* 1. (*действие*) ráising, búilding a súperstrùcture ['bɪl-...]; 2. (*то, что надстроено*) súperstrùcture, addítional stórey.

надстро́йка II *ж. филос.* súperstrùcture; ба́зис и ~ básis and súperstrùcture ['beɪs-...].

надстро́чн||ый sùperlínear; ~ые зна́ки diacrítical marks.

надтре́снутый (*прям. и перен.*) cracked; ~ го́лос cracked voice.

надува́||ла *м. и ж. разг.* swíndler, cheat, tríckster. **~тельский** *разг.* swíndling, únderhànd. **~тельство** *с. разг.* swíndle, chéating, tríckery.

надува́ть, наду́ть (*вн.*) 1. (*наполнять воздухом*) infláte (*d.*), puff out (*d.*); ве́тер наду́л паруса́ the sails filled out; 2. *разг.* (*обманывать*) dupe (*d.*), swindle (*d.*); 3. *тк. сов. безл.*: ему́ наду́ло в у́хо the wind / draught has given him an éar-àche [...wɪnd drɑ:ft... -eɪk]; ◇ наду́ть гу́бы *разг.* pout (one's lips). **~ся,** наду́ться 1. disténd; (*о парусах*) fill out, bélly (out), swell* out; 2. *страд. к* надува́ть 1, 2.

надувн||о́й pneumátic [nju:-]; ~а́я ло́дка pneumátic boat; ~а́я поду́шка áir-cùshion [-ku-].

наду́льник *м. воен.* muzzle attáchment; (*пламегаситель*) flásh-hìder.

наду́манн||ость *ж.* fár-fétchedness, àrtificiálity. **~ый** *прич. и прил.* fár-fétched; forced.

наду́мать *сов. разг.* 1. (+*инф.*) make* up one's mind (+ to *inf.*), decíde (+ to *inf.*); set* one's mind (+ to *inf.*); 2. (*вн.*; *вообразить*) devíse (*d.*), invént (*d.*).

надури́ть *сов. разг.* do fóolish things.

наду́||тый 1. *прич. см.* надува́ть; 2. *прил. разг.* (*надменный*) háughty; 3. *прил. разг.* (*угрюмый*) súlky; ◇ ~тые гу́бы póuted lips. **~ть** *сов. см.* надува́ть. **~ться** *сов.* 1. *см.* ду́ться; 2. *см.* надува́ться.

наду́шен||ный *прич. и прил.* scénted; она́ не была́ ~а she was wéaring no scent ['...wɛə-...].

надуши́ть *сов. см.* души́ть II. **~ся** *сов. см.* души́ться II.

надчерепн||о́й: ~а́я оболо́чка *анат.* pèricránium.

надшива́ть, надши́ть (*вн.*) (*удлинять*) make* lónger (*d.*).

надши́ть *сов. см.* надшива́ть.

надыми́ть *сов. см.* дыми́ть.

надыша́ть *сов.* (*где-л.*) make* the air (*in a room, etc.*) warm with bréathing. **~ся** (*тв.*) inhále (*d.*), breathe in (*d.*); ◇ не ~ся на кого́-л. *разг.* ≅ dote (up)ón smb.

наеда́ться, нае́сться eat* one's fill; ~ до́сыта, до отва́ла *разг.* be quite full, eat* to satiety.

наедине́ *нареч.* in prívate [...'praɪ-], prívate|ly ['praɪ-].

нае́зд *м.* **1.** (*посещение*) flýing vísit [...-zɪt]; **2.** (*набег*) ín|road, raid, in|cúrsion. **~ить** *сов. см.* нае́зживать.

нае́здни||к *м.* **1.** hórse|man*, ríder; (*по профессии*) jóckey; цирково́й ~ círcus ríder; equéstrian; **2.** *зоол.* ichnéumon-flў [ɪk'njuː-]. **~ца** *ж.* hórse|wòman* [-wu-]; (*в цирке*) círcus ríder. **~чество** *с.* hórse|manship.

нае́здом *нареч.*: быва́ть где-л. ~ pay* flýing vísits to a place [...'vɪz-...].

наезжа́ть I, нае́хать **1.** (на *вн.*) run* (into, agáinst); (*сталкиваться*) collíde (with); (*на неподвижный предмет*) drive* (into), ride* (into); на них нае́хал автомоби́ль they have been struck by a car; they have been knocked down by a car; **2.** *тк. несов.* (*посещать время от времени*) come* now and then.

наезжа́ть II, нае́хать (*без доп.*; *приезжать в большом количестве*) come* / arríve (*in large numbers*); нае́хало мно́го госте́й a crowd of vísitors / guests arríved [...'vɪz-...].

нае́зженный (*о дороге*) wéll-wórn [-'wɔːn], wéll-tròdden, béaten.

нае́зживать, нае́здить (*вн.*; *о дороге и т. п.*) drive* smooth [...-ð] (*d.*).

наём *м.* **1.** (*о рабочих*) hire; рабо́тать по на́йму work for hire; ~ рабо́чей си́лы híring of mánpower; **2.** (*о квартире, доме*) hire, rénting; пла́та за ~ rent; в ~ *см.* внаём.

наёмник *м.* **1.** híre|ling; **2.** *ист.* (*солдат*) mércenary; fréelánce.

наёмн||ый hired; (*перен.*: *продажный*) mércenary; ~ труд wage lábour, hired lábour; ~ рабо́чий wage wórker, hired wórker; (*в сельском хозяйстве*) hired lábour|er; hand *амер.*; ~ уби́йца hired assássin; ~ лжец, клеветни́к sálaried líar, chártered mísinfórmer; ~ писа́ка *разг.* pénny-a-líner.

нае́сться *сов. см.* наеда́ться.

нае́хать I *сов. см.* наезжа́ть I, 1.

нае́хать II *сов. см.* наезжа́ть II.

нажа́ловаться *сов.* (на *вн.*) *разг.* compláin (of).

нажа́ривать, нажа́рить (*вн.*) *разг.* (*печку и т. п.*) heat to excéss (*d.*). **~ся,** нажа́риться *разг.* (*на солнце*) bask, *или* warm òne|sélf, in the sun (for a long time).

нажа́рить I *сов. см.* нажа́ривать.

нажа́рить II *сов.* (*рд.*, *вн.*; *какое-л. количество*) roast / fry (*a quantity* of).

нажа́риться *сов. см.* нажа́риваться.

нажа́тие *с.* préssure.

нажа́ть I *сов. см.* нажима́ть.

нажа́ть II *сов.* (*рд.*, *вн.*; *какое-л. количество*) reap / hárvest (*a quantity* of).

нажда́||к *м.* émery. **~чный** *прил. к* нажда́к; ~чная бума́га émery páper; ~чный порошо́к émery pówder.

наже́чь *сов.* (*рд.*, *вн.*; *какое-л. количество*) burn* (*a quantity* of).

нажи́ва I *ж.* (*лёгкий доход*) gain, prófit.

нажи́ва II *ж.* = нажи́вка.

нажива́ть, нажи́ть (*вн.*) acquíre (*d.*), make* (*d.*), gain (*d.*); нажи́ть боле́знь contráct a diséase [...-'ziːz]; ~ состоя́ние make* a fórtune [...-tʃən]; ~ враго́в make* (*a lot* of) énemies. **~ся,** нажи́ться **1.** make* a fórtune [...-tʃən], become* rich; ~ся на чужо́м труде́ make* a prófit out of sóme|body élse's work; **2.** *страд. к* нажива́ть.

наж||иви́ть *сов. см.* наживля́ть. **~и́вка** *ж. охот.*, *рыб.* bait, lédger-bait; (*искусственная*) fly.

наживля́ть, наживи́ть (*вн.*) *охот.*, *рыб.* bait (*d.*).

нажив́н||о́й: э́то де́ло ~о́е *разг.* that'll come (with time).

нажи́м *м.* (*прям. и перен.*) préssure.

нажима́ть, нажа́ть **1.** (*вн.*, на *вн.*) press (*d.*); (*перен.*) put* préssure (up|ón); ~ (на) кно́пку push *the* bútton [puʃ...]; **2.** (*без доп.*) *разг.* (*оказывать воздействие*) pull wires [pul...].

нажира́ться, нажра́ться (*тв.*, *рд.*) *груб.* gorge òne|sélf (with).

нажи́ть(ся) *сов. см.* нажива́ть(ся).

нажра́ться *сов. см.* нажира́ться.

наза́втра *нареч. разг.* the next day.

наза́д *нареч.* back, báckwards [-dz]; сде́лать шаг ~ make* a step back / báckwards; отда́ть ~ (*вн.*) retúrn (*d.*), give* back (*d.*); взять ~ (*вн.*) take* back (*d.*); взять свои́ слова́ ~ retráct, *или* take* back, one's words; eat* one's words *разг.*; смотре́ть ~ (*прям. и перен.*) look back; ◇ тому́ ~ agó: два го́да тому́ ~ two years agó; — перевести́ часы́ ~ put* *a* watch / clock back; ~! back!, stand back!

назади́ *нареч. разг.* behínd.

назализа́ция *ж. лингв.* nàsalizátion [neɪzəlaɪ-].

назализова́ть *несов. и сов.* (*вн.*) *лингв.* násalìze ['neɪz-] (*d.*).

наза́льный *лингв.* násal [-z-]; ~ звук násal sound.

назва́ни||е *с.* name, àppèllátion; (*книги*) títle; географи́ческие ~я geográphical denòminátions.

назва́ть I *сов. см.* называ́ть.

назва́ть II *сов.* (*вн.*; *пригласить*) invíte (a númber of, many).

назва́ться I *сов. см.* называ́ться I 1.

назва́ться II *сов. см.* называ́ться II.

назе́мн||ый ground (*attr.*) (*тж. воен.*); súrface (*attr.*); ~ые войска́ ground troops; ~ая желе́зная доро́га óver|lànd ráilway; ваго́н ~ой желе́зной доро́ги súrface car.

на́земь *нареч. разг.* to the ground, down.

назида́||ние *с.* èdificátion èxhòrtátion; в ~ кому́-л. for smb.'s èdificátion. **~тельно** *нареч.* didáctically. **~тельный** édifỳing.

на́зло *нареч.* (кому́-л.) to spite (smb.); де́лать что-л. ~ кому́-л. do smth. to spite smb.; ◇ как ~ *разг.* as ill luck would have it.

назнача́||ть, назна́чить (*вн.*) **1.** (*устанавливать, определять*) fix (*d.*), set* (*d.*); ~ день fix the day; назна́чить срок (для) set* a term (to); ~ пе́нсию, посо́бие (*дт.*) grant a pénsion, a stípènd [grɑːnt...] (to); ~ опла́ту fix the rate of pay; ~ це́ну fix / set* the price; назна́ченный на 10-е, на два часа́ *и т. п.* (*о встрече, совещании и т. п.*) schéduled for the tenth, two o'clóck, *etc.* ['ʃe-...]; **2.** (*на работу*) appóint (*d.*); nóminàte (*d.*); **3.** (*предписывать*) prescríbe (*d.*). **~е́ние** *с.* **1.** (*установление*) fíxing, sétting; **2.** (*на работу*) appóintment; nòminátion; получи́ть но́вое ~е́ние be given a new assígnment [...ə'saɪn-]; **3.** (*лечебное*) prescríption; **4.** (*цель, задача*) púrpose [-s]; отвеча́ть своему́ ~е́нию ánswer the púrpose ['ɑːnsə...]; ме́сто ~е́ния dèstinátion.

назна́чить *сов. см.* назнача́ть.

назо́йлив||ость *ж.* ìmpòrtúnity. **~ый** impórtunate; (*причиняющий беспокойство*) tróuble|some ['trʌ-]; ~ый челове́к impórtunate pérson; ~ая мысль impórtunate / intrúsive thought.

назрева́ть, назре́ть rípen, become* ripe, matúre; (*о нарыве*) gáther head [...hed]; (*перен.*; *о событиях и т. п.*) become* ímminent; be abóut to háppen *разг.*; вопро́с назре́л the quéstion is ripe [...-stʃən...]; the quéstion cánnòt be put off *разг.*; назре́вший вопро́с préssing / úrgent próblem [...'prɔ-].

назре́ть *сов. см.* назрева́ть.

назу́бок *нареч. разг.*: знать ~ (*вн.*) know* / have by heart / rote [nou... hɑːt...] (*d.*).

называ́емый *прич.* (*тж. как прил.*) *см.* называ́ть; ◇ так ~ the só-cálled.

называ́ть, назва́ть (*вн.*) **1.** call (*d.*); (*давать имя*) name (*d.*); ребёнка назва́ли Ива́ном the child was named Iván [...-ɑːn]; де́вочку нельзя́ назва́ть краса́вицей the girl cánnòt be called a béauty [...gəːl... 'bjuː-]; **2.** (*произносить название*) name (*d.*); учени́к назва́л гла́вные города́ СССР the púpil named the chief towns of the USSR [...tʃiːf...]; он назва́л себя́ he gave his name; ◇ ~ ве́щи свои́ми имена́ми ≅ call things by their próper names [...'prɔpə...]; call a spade a spade *идиом. разг.*

назыв||а́ться I, назва́ться **1.** call òne|sélf; assúme the name; **2.** *тк.*

несов. be called / named; книга ~áется «Войнá и мир» the title of the book is «War and Peace».

называ́ться II, назвáться *разг.* (*напрашиваться*) invíte òne¦sélf.

наибóлее *нареч.* most: ~ удóбный the most convénient.

наибóльший (*превосх. ст. от* большóй) the gréatest [...'greɪt-]; the lárgest; óбщий ~ делитель *мат.* the gréatest cómmon méasure [...'meʒə].

наивн||ичать affect naïvety [...naɪ-'iːvtɪ]. **~ость** *ж.* naïveté (*фр.*) [naɪ-'iːvteɪ], naïvety [naɪ'iːvtɪ]. **~ый** naïve [naɪ'iːv], naive [neɪv].

наивы́сш||ий (*превосх. ст. от* высóкий) the híghest, the út¦mòst; ~ие достижéния the híghest achíeve¦-ments [...-'tʃiːv-]; в ~ей стéпени to the út¦mòst (extént).

наигранн||ый 1. *прич. см.* наигрывать; 2. *прил.* (*неискренний, искусственный*) affécted, put on; (*напускной*) assúmed; (*притворный*) símulàted, feigned [feɪnd].

наигрáть *сов. см.* наигрывать. **~ся** *сов. разг.* play for a long time; **~ся** до ýстали be tired with pláying.

наигрывать, наигрáть (*вн.*) 1. strum (*d.*), thumb (*d.*), play sóftly / skétchily (*d.*); 2.: ~ пластинку have *some music* recórded on a disc [...-z-...]; 3. (*о музыкальном инструменте*) méllow (*d.*).

наизнáнку *нареч.* ínside out, on the wrong side; вывора́чивать ~ (*вн.*) turn ínside out (*d.*); надéть что-л. наизнáнку put* smth. on the wrong side.

наизýсть *нареч.* by heart [...hɑːt], by rote; знать ~ (*вн.*) know* by heart / rote [nou...] (*d.*), know* from mémory (*d.*); читáть ~ (*вн.*) recíte (from mémory) (*d.*).

наилýчш||ий (*превосх. ст. от* хорóший) the best; ~ спóсоб the best way; ~им óбразом in the best way.

наимéнее *нареч.* least; ~ интерéсный the least ínteresting.

наименовá||ние *с.* name, àppèllátion, denòminátion, dèsignátion [-z-]. **~ть** *сов. см.* именовáть.

наимéньш||ий (*превосх. ст. от* мáлый, мáленький) the least; óбщее ~ее крáтное *мат.* least cómmon múltiple (*сокр.* LCM).

наискосóк, нáискось *нареч.* oblíque¦-ly [-liːk-].

найти||е *с. уст.* ìnspirátion; по ~ю *разг.* instínctive¦ly, intúitive¦ly.

наихýдший (*превосх. ст. от* плохóй) the worst.

найдёныш *м. уст.* fóundling.

наймит *м.* híre¦ling.

найти́ I, II *сов. см.* находить I, II.

найти́сь *сов. см.* находиться I 1.

найтóв *м. мор.* láshing, séizing ['siː-]. **~ить** (*вн.*) *мор.* lash (*d.*).

накáз *м.* 1. (*приказ*) órder; (*указания*) instrúctions *pl.*; 2.: ~ избирáтелей mándàte (of the eléctors); передáть ~ pass on the mándàte.

наказáние *с.* púnishment ['pʌ-]; (*взыскание*) pénalty; в ~ as a púnishment; телéсное ~ córporal púnishment; ◇ что за ~! *разг.* what a núisance [...'njuːs-].

наказáть I, II *сов. см.* накáзывать I, II.

наказýем||ость *ж. юр.* pùnishabílity [pʌ-]. **~ый** *юр.* púnishable ['pʌ-].

накáзывать I, наказáть (*вн.*) púnish ['pʌ-] (*d.*); он сам себя́ наказáл ≅ he púnished hìm¦sélf; he has made a rod for his own back [...oun...] *идиом.*

накáзывать II, наказáть (*дт.*) *уст.* (*приказывать*) bid* (*d.*), órder (*d.*), leave* an órder (for).

накáл *м. тк. ед.* 1. ìn¦càndéscence; (*белый*) whíte-héat; (*красный*) réd-héat; 2. *рад.* héating. **~ённый** 1. *прич. см.* накáливать; 2. *прил.* ìn¦càndéscent; (*нагретый*) héated; (*перен.*) strained, tense; ~ённый дóкраснá, добелá réd-hót, whíte-hót; ~ённая атмосфéра tense / inflámed átmosphère.

накáливани||е *с.* ìn¦càndéscing; лáмпочка ~я *тех.* ìn¦càndéscent / glow lamp [...glou...].

накáливать, накали́ть (*вн.*) ìn¦-càndésce (*d.*); ~ дóкраснá, добелá make* réd-hót (*d.*), make* whíte-hót (*d.*). **~ся**, накали́ться 1. (*прям. и перен.*) become* héated, ìn¦càndésce; 2. *страд. к* накáливать.

накали́ть(ся) *сов. см.* накáливать(ся).

накáлывать, наколóть 1. (*вн.*; *повреждать*) prick (*d.*); 2. (*вн.* на *вн.*; *прикреплять*) pin (down) (*d.* on); ~ бáбочку на булáвку stick* a bútterflỳ on a pin, stick* a pin through a bútterflỳ; наколóть значóк (на *вн.*) pin / fásten a badge [...-sºn...] (on). **~ся**, наколóться 1. prick òne¦sélf; 2. *страд. к* накáлывать.

накаля́ть(ся) = накáливать(ся).

наканифóлить *сов. см.* канифóлить.

наканýне 1. *нареч.* the day befóre; ~ вéчером óver¦níght; 2. *как предл.* (*рд.*) on the eve (of).

накáпать I *сов.* (*вн., рд.*) drop (*d.*), pour out (by drops) [pɔː...] (*d.*); ~ лекáрства drop, *или* pour out, some médicine.

накáпать II *сов.* (*тв.* на *вн.*) spot (with *d.*), spill (*d.* on).

накáпливать(ся) = накопля́ть(ся).

накáркать *сов. разг.* (*напророчить беду*) evóke évil by máking évil próphecies [...'iːvºl...].

накáт I *м. стр.* 1. dead floor [ded flɔː], cóunter floor; 2. (*ряд брёвен*) láyer.

накáт II *м. воен.* recùperátion, rúnning-out; counterrecóil *амер.*

накатáть I *сов. см.* накáтывать I.

накатáть II *сов.* (*рд., вн.*; *наготовить катая*) roll (*a quantity* of).

накатáться *сов.* drive* (for a long time), have had enóugh (of dríving) [...ɪ'nʌf...]; ~ всласть have had as long a drive as one líked.

накати́ть *сов. см.* накáтывать II.

накáтывать I, накатáть (*вн.*) 1. (*о дороге*) roll (*d.*), make* smooth [...-ð] (*d.*); 2. *воен.* (*об орудии*) retúrn into báttery (*d.*).

накáтывать II, накати́ть (*вн.* на *вн.*) roll (*d.* on); move (by rólling) [muːv...] (*d.* on); ◇ на негó накати́ло *разг.* he is not hìm¦sélf, he is out of his sénses.

накачáть I *сов. см.* накáчивать.

накачáть II *сов.* (*рд., вн.*; *какое-л. количество*) pump (*a quantity* of).

накачáться I *сов. см.* накáчиваться.

накачáться II *сов.* swing* (for a long time), have had enóugh (of swíng¦ing) [...ɪ'nʌf...].

накáчивать, накачáть (*вн.*) pump full (*d.*), fill by púmping (*d.*); ~ ши́ну infláte a tire.

накáчиваться, накачáться 1. *разг.* (*напиваться*) get* drunk; 2. *страд. к* накáчивать.

накидáть = набросáть II.

наки́дка *ж.* 1. (*одежда*) cloak; cape; (*женская короткая*) típpet, mántlet; 2. (*на подушку*) cúshion-còver ['kuʃɪn-kʌ-]; 3. *разг.* (*прибавка*) ín¦crease [-s]; (*на цену*) éxtra charge.

наки́дывать, наки́нуть 1. (*вн.*) throw* on / óver [θrou...] (*d.*); ~ на себя́ slip on (*d.*); 2. (на *вн.*) *разг.* (*увеличивать цену*) raise the price (of).

наки́дываться, наки́нуться (на *вн.*) 1. fall* (on, up¦ón); (*нападать*) attáck (*d.*); 2. *страд. к* наки́дывать.

наки́нуть(ся) *сов. см.* наки́дывать(ся).

накип||áть, накипéть form a scum; form a scale; (*перен.*) swell*, boil; в нём ~éла злóба he is smóuldering / bóiling with reséntment [...'smoul-... -'ze-].

накипéть *сов. см.* накипáть.

нáкипь *ж.* 1. (*пена*) scum; снять ~ (с *рд.*) scum (*d.*); 2. (*осадок*) scale, fur; очищáть ~ (*в котле*) scale, fur (*a boiler*).

наклáдка *ж. тех.* lap; стыковáя ~, рéльсовая ~ físh-plàte; ~ замкá hasp.

накладнáя *ж. скл. как прил.* ínvoice, wáy-bìll.

наклáдно *нареч. разг.*: э́то бýдет емý óчень ~ he will have to pay a prétty pénny for it [...'prɪ-...], it will set him back a lot; э́то емý не бýдет ~ he will be no worse off for it.

накладн||óй 1. laid on, súperpósed; ~óе серебрó pláted sílver, eléctroplàte; 2. (*искусственный*) false [fɔːls]; ~ы́е вóлосы false hair *sg.*;

◇ ~ые расходы óver¦héad (expénses) [-'hed...].

накла́дывать, наложи́ть (*вн.*; *в разн. знач.*) put* in / on / óver (*d.*), lay* in / on / óver (*d.*); (*поверх чего-л.*) súperimpóse (*d.*); наложи́ть повя́зку на ра́ну bándage *a* wound [...wu:nd]; dress *a* wound; ~ швы *мед.* put* in (the) stítches; ~ себе́ на таре́лку (*рд.*) help òne¦sélf (to); ~ печа́ть applý *a* seal; ~ отпеча́ток leave* an ímprint; ◇ наложи́ть на себя́ ру́ки *уст.* lay* hands on òne¦sélf, commít súicìde.

наклевета́ть *сов. см.* клевета́ть.

наклёвыв||аться, наклю́нуться *разг.* (*появляться*) turn up; ничего́ не ~ается nothing turns up.

накле́ивать, накле́ить (*вн.*) stick* (*d.*), paste on [peɪ-...] (*d.*).

накле́ить I *сов. см.* накле́ивать.

накле́ить II *сов.* (*рд.*, *вн.*; *какое-л. количество*) paste / glue (*a quantity* of) [peɪ-...].

накле́йка *ж.* **1.** (*действие*) pásting / glúe¦ing on ['peɪ-...]; **2.** (*наклеенное*) patch; (*ярлык*) lábel.

наклепа́ть I *сов. см.* наклёпывать.

наклепа́ть II *сов. см.* клепа́ть II.

наклёпывать, наклепа́ть (*вн.*) *тех.* rívet ['rɪ-] (*d.*), clench (*d.*).

накли́кать *сов. см.* наклика́ть.

наклика́ть, накли́кать (*вн.*) *уст.*: накли́кать беду́ court disáster [kɔ:t -'zɑ:-]; ~ на себя́ bring* up¦ón òne¦sélf (*d.*).

накло́н *м.* ìn¦clinátion, in¦clíne; (*угол падения*) íncidence; *тех.* pitch.

наклоне́ние I *с.* ìn¦clinátion.

наклоне́ние II *с. грам.* mood.

наклони́ть(ся) *сов. см.* наклоня́ть(ся).

накло́нн||ость *ж.* ìn¦clinátion; (*склонность*) léaning, propénsity; име́ть ~ к чему́-л. have an ìn¦clinátion for smth. ~ый in¦clíned, slóping; slánting [-ɑ:n-]; ~ая пло́скость in¦clíned plane; ◇ кати́ться по ~ой пло́скости go* dównhill (mórally).

наклоня́ть, наклони́ть (*вн.*) in¦clíne (*d.*), tilt (*d.*); (*нагибать*) bend* (*d.*), bow (*d.*). **~ся,** наклони́ться **1.** (*нагибаться*) stoop; bend*; ~ся к кому́-л., к чему́-л. bend* fórward to smb., to smth.; ~ся над кем-л., над чем-л. bend* óver smb., óver smth.; **2.** *страд. к* наклоня́ть.

наклю́каться *сов. разг.* get* / be drunk.

наклю́нуться *сов. см.* наклёвываться.

накля́узничать *сов. см.* кля́узничать.

накова́льня *ж.* ánvil; фасо́нная ~ swáge-blòck.

нако́жн||ый *мед.* cutáneous; ~ая боле́знь skin diséase [...-'zi:z]; врач по ~ым боле́зням dèrmatólogist.

накола́чивать, наколоти́ть (*вн.*) knock on (*d.*); ~ о́бручи на бо́чку bind* *a* cask with hoops, hoop *a* cask.

наколе́нник *м.* **1.** knée-càp; **2.** *тех.* knée-pìece [-pi:s].

нако́лка *ж.* héad-drèss ['hed-].

наколоти́ть I *сов. см.* накола́чивать.

наколоти́ть II *сов.* (*рд.*, *вн.*; *гвоздей и т. п.*) drive* in (*a quantity* of).

наколо́ть I *сов. см.* нака́лывать.

наколо́ть II *сов.* (*рд.*, *вн.*) break* (*a quantity* of) [breɪk...]; ~ са́хару break* (*a quantity* of) súgar [...'ʃu-], break* some súgar; ~ дров chop (*a quantity* of) wood [...wud], chop some wood.

наколо́ться *сов. см.* нака́лываться.

коне́ц **1.** *нареч.* at last; ~-то ты пришёл! here you are at last!; **2.** *нареч.* (*в заключение*) fínal¦ly; **3.** *как вводн. сл.* in con¦clúsion.

наконе́чник *м.* tip; point; ~ стрелы́ árrow-head [-hed]; ка́бельный ~ cable términal; ~ для карандаша́ póint-protéctor.

накопа́ть *сов.* (*рд.*, *вн.*) dig* out (*a quantity* of).

накоп||и́ть(ся) *сов. см.* накопля́ть (-ся). **~ле́ние** *с.* accùmulátion; píling; первонача́льное ~ле́ние *эк.* prímary accùmulátion ['praɪ-...]; ~ле́ние капита́ла accùmulátion of cápital.

накопля́ть, накопи́ть (*вн.*, *рд.*) accúmulàte (*d.*); (*о деньгах тж.*) save up (*d.*), amáss (*d.*); (*о запасах тж.*) pile up (*d.*), hoard (*d.*), build* up [bɪld...] (*d.*); ~ зна́ния store knówledge [...'nɔ-]. **~ся,** накопи́ться **1.** accúmulàte; у меня́ накопи́лось мно́го рабо́ты I have a great deal of work to do [...-eɪt...], my hands are full; **2.** *страд. к* накопля́ть.

накопти́ть *сов.* (*рд.*, *вн.*; *приготовить посредством копчения*) smoke (*a quantity* of).

накорми́ть *сов. см.* корми́ть 1, 2.

накоси́ть *сов.* (*рд.*, *вн.*) mow* (down) (*a quantity* of) [mou...].

накра́пыва||ть: ~ет дождь it is drízzling; it is spítting (with rain) *разг.*

накра́сить(ся) *сов. см.* накра́шивать(ся).

накра́сть *сов.* (*рд.*, *вн.*) steal* (*a quantity* of).

накрахма́ленный *прич. и прил.* starched; *прил. тж.* stiff.

накрахма́лить I *сов. см.* крахма́лить.

накрахма́лить II *сов.* (*рд.*, *вн.*; *какое-л. количество*) starch (*a quantity* of).

накра́шивать, накра́сить (*вн.*) paint (*d.*); (*о лице, бровях тж.*) make* up (*d.*); (*о губах тж.*) put* lípstick (on). **~ся,** накра́ситься make* up, paint (one's lips, one's cheeks).

накрени́ть(ся) *сов.* **1.** *см.* накреня́ть(ся); **2.** *см.* крени́ть(ся).

накреня́ть, накрени́ть (*вн.*) in¦clíne to one side (*d.*). **~ся,** накрени́ться (*о корабле*) take* a list, heel, lie* óver.

на́крепко *нареч.* **1.** fast; **2.** *разг.* (*категорически, решительно*) stríctly.

на́крест *нареч.* crósswìse.

накрича́ть *сов.* **1.** shout; **2.** (*на вн.*) rate (*d.*); shout (at). **~ся** *сов.* have shóuted for a long time.

накрои́ть *сов.* (*рд.*, *вн.*) cut* out (*a quantity* of).

накромса́ть *сов.* (*рд.*, *вн.*) cut* / shred* (*a quantity* of).

накроши́ть *сов.* **1.** (*рд.*, *вн.*) crumble (*a quantity* of); **2.** (*без доп.*; *насорить крошками*) crumble.

накрути́ть I *сов. см.* накру́чивать.

накрути́ть II *сов.* (*рд.*, *вн.*; *какое-л. количество*) twist (*a quantity* of).

накру́чивать, накрути́ть (*вн.*) wind* (*d.*), turn (*d.*).

накрыва́ть, накры́ть **1.** (*вн. тв.*) cóver ['kʌ-] (*d.* with); ~ стол ска́тертью cóver *a* table with *a* cloth; spread* *the* cloth on the table [-ed...]; ~ за́лпом *мор.* straddle (*d.*); **2.** *тк. сов.* (*вн.*) *разг.* (*поймать*) catch* in the act (*d.*); накры́ть на ме́сте преступле́ния catch* réd-hánded (*d.*); ◇ ~ (на) стол lay* the table; ~ к обе́ду, у́жину *и т. п.* lay* dínner, súpper, *etc.* **~ся,** накры́ться **1.** (*тв.*) cóver òne¦sélf ['kʌ-...] (with); **2.** *страд. к* накрыва́ть 1.

накры́ть(ся) *сов. см.* накрыва́ть (-ся).

накто́уз *м. мор.* bínnacle.

накуп||и́ть *сов.* (*рд.*, *вн.*; *какое-л. количество*) buy* (*a quantity* of) [baɪ...]; он ~и́л книг he bought a lot of books.

накупи́ть *сов. см.* накупа́ть.

накури́ть I *сов.* (*где-л.*, *тв.*; *без доп.*; *наполнить дымом*) fill *a place* with smoke or fumes; как здесь наку́рено! how smóky it is here! *разг.*

накури́ть II *сов.* (*рд.*, *вн.*; *какое-л. количество смолы и т. п.*) distíl (*a quantity* of).

накури́ться *сов. разг.* smoke to one's heart's contént [...hɑ:ts...].

наку́тать *сов.* (что-л., чего́-л. на кого́-л.) muffle smb. up in smth.

налага́ть, наложи́ть (*вн.* на *вн.*) **1.** lay* (*d.* on, up¦ón); ~ це́пи ра́бства enslåve (*d.*); **2.** (*о взыскании, обязательстве*) impóse (*d.* on, up¦ón), inflíct (*d.* on, up¦ón); (*о наказании*) inflíct (*d.* on, up¦ón); наложи́ть штраф, пе́ню set* / impóse a fine (up¦ón), fine (*d.*); ~ контрибу́цию (на *вн.*) lay* únder cóntribútion (*d.*), impóse an indémnity (on), requíre an indémnity (from); ~ запреще́ние (на *вн.*) prohíbit (*d.*); *юр.* put* an arrést (on); наложи́ть аре́ст на иму́щество *юр.* seize *the* próperty [si:z...]; ◇ наложи́ть резолю́цию give* a rè¦solútion [...-z-].

нала́дить(ся) *сов. см.* нала́живать(ся).

нала́дчик *м.* adjúster [ə'ʤʌ-].

нала́живать, нала́дить (*вн.*) put* right (*d.*); adjúst [ə'ʤʌst] (*d.*); (*исправлять*) mend (*d.*), repáir (*d.*); ~ делá set* things gó¦ing. **~ся,** нала́диться **1.** get* right; всё нала́дится things will adjúst thèm¦sélves [...ə'ʤʌ-...]; жизнь здесь снóва нала́живается life here is begínning to retúrn to nórmal; **2.** *страд. к* нала́живать.

налакирова́ть *сов.* (*вн.*) várnish (*d.*).

нала́комиться *сов. разг.* have one's fill (of smth. dáinty).

налга́ть *сов.* **1.** (*без доп.*) lie, tell* lies; (комý-л.) lie (to smb.), tell* lies (to smb.); **2.** (на *вн.*; *наклеветать*) slánder [-ɑːn-] (*d.*).

нале́во *нареч.* (от) to the left (of); ~ от меня́ to my left, on my left hand; ~! (*команда*) left turn!

налега́ть, нале́чь (на *вн.*) **1.** òver¦-líe* (*d.*); (*прислоняться*) lean* (on, agáinst); **2.** *разг.* (*направлять усилия*) applý òne¦sélf (to), work with a will (on); ✧ ~ на вёсла ply *the* oars.

налегке́ *нареч.* **1.** (*без багажа*) withóut lúggage; **2.** (*в лёгком костюме*) líghtly dressed.

налез‖а́ть, нале́зть *разг.* (*об обуви и одежде*) fit; боти́нок не ~а́ет мне нá ногу the shoe does not go on my foot* [...ʃuː...fut], the shoe is too small for me; пальтó не ~а́ет на меня́ the coat is too small for me.

нале́зть I *сов. см.* нале́за́ть.

нале́зть II *сов.* (*в каком-л. количестве; о муравьях и т. п.*) get* in / on, accúmulàte (*in quantities, in large numbers*).

налепи́ть I *сов. см.* налепля́ть.

налепи́ть II *сов.* (*рд., вн.*; *какое-л. количество*) stick* (*a quantity* of); (*из глины и т. п.*) módel (*a quantity* of) ['mɔ-...].

налепля́ть, налепи́ть (*вн.*; *прикреплять лепкой*) stick* on (*d.*).

налёт I *м.* **1.** raid; воздýшный ~ air raid; **2.** (*грабёж*) róbbery; ✧ с ~а with a swoop; (*без подготовки*) óff-hánd.

налёт II *м.* (*слой*) thin cóating; film; (*на плодах*) bloom; (*на вине*) béeswìng ['biːz-]; (*перен.*) touch [tʌtʃ]; ~ пы́ли thin cóating of dust; ~(ы) в гóрле patch, spot; с нéкоторым ~ом сентимента́льности with a touch of sèntimèntálity.

налета́ть I, налете́ть (на *вн.*) **1.** fly* (up¦ón, agáinst); come* flýing (to); swoop down (up¦ón); **2.** *разг.* (*набрасываться*) fall* (up¦ón), rush (at, up¦ón); **3.** *разг.* (*наталкиваться*) bump (into); **4.** (*без доп.*; *о ветре*) come*.

налета́ть II *сов.* (*вн.*; *столько-то часов*) have flown (so many hours) [...floun... auəz]; (*столько-то километров*) have cóvered (so many kílomètres) [...'kʌ-...].

налете́ть I *сов. см.* налета́ть I.

налет‖е́ть II *сов.* (*набраться в каком-л. количестве*) fly* in, drift in (*in quantities, in large numbers*): ~е́ло мнóго мотылькóв a lot of moths have flown in [... floun...]; в окнó ~е́ло мнóго пы́ли a lot of dust drífted in through the wíndow.

налётчик *м.* róbber.

нале́чь *сов. см.* налега́ть.

нали́в *м.* **1.** póuring in ['pɔː-...]; **2.** (*созревание*) rípen¦ing.

налива́ть, нали́ть (*вн., рд.*) pour out [pɔː...] (*d.*); (*вн. тв.*; *наполнять*) fill (*d.* with); нали́ть ча́шку ча́ю pour out a cup of tea; нали́ть комý-л. винá, ча́ю *и т. п.* give* smb. some wine, some tea, *etc.* **~ся,** нали́ться **1.** (*тв.*; *наполняться*) fill (with); **2.** (*созревать*) rípen, become* júicy [...'ʤuː-]; **3.** *страд. к* налива́ть; ✧ ~ся крóвью (*о глазах*) become* blóodshòt [...'blʌd-].

нали́вка *ж.* nalívka (*a kind of liqueur*).

наливн‖óй 1.: ~óе сýдно tánker; ~ док wet dock; **2.:** ~óе я́блоко ripe / júicy apple [...'ʤuː-...].

нали́м *м.* (*рыба*) búrbot, éel-pout. **~ий** *прил. к* нали́м.

налинова́ть *сов. см.* линова́ть.

налипа́ть, нали́пнуть (на *вн.*) stick* (to), adhére (to).

нали́пнуть *сов. см.* налипа́ть.

налитóй: ~ крóвью (*о глазах*) blóodshòt ['blʌd-]; как свинцóм ~ léaden ['le-]; как ~ (*о теле*) plump.

нали́ть(ся) *сов. см.* налива́ть(ся).

налицó *нареч.*: быть ~ be présent [...-ez-]; be aváilable, be on hand; преступлéние ~ there is diréct évidence of crime.

нали́чи‖е *с.* présence [-ez-]; availabílity; быть, оказа́ться в ~и be aváilable; при ~и (*рд.*) in the présence (of); при ~и квóрума if there is a quórum; при ~и дéнег if móney is aváilable [...'mʌ-...].

нали́чник *м. стр.* plátbànd.

нали́чн‖ость *ж.* **1.** amóunt on hand; (*о деньгах*) cash; золотáя ~ (*золотой запас*) gold hólding; **2.** = нали́чие. **~ый 1.** *прил.* on hand; ~ые дéньги cash *sg.*, réady móney ['re-'mʌ-] *sg.*; ~ый расчёт páyment in cash; за ~ый расчёт for cash (páyment); **2.** *прил.* aváilable; ~ый состáв aváilable pèrsonnél / staff; *воен.* efféctives *pl.*; **3.** *мн. как сущ.* cash *sg.*; réady móney *sg.*; плати́ть нали́чными pay* in cash, pay* in réady móney.

налови́ть *сов.* (*рд., вн.*) catch* (*a quantity* of).

наловчи́‖ться *сов.* (+ *инф.*) *разг.* get* skilled (at *ger.*); get* the hang (of *ger.*); он бы́стро ~лся э́то дéлать he quíckly got the hang of doing it.

налóг *м.* tax; подохóдный ~ ín¦come tax; ~ с оборóта túrnòver tax; ~ на бездéтность smáll-fámily tax; ~ на сверхпри́быль súpertàx; excéss prófits tax; взыскáние ~ов colléсting táxes; обложéние ~ом tàxátion, ráting; облагáть ~ами (*вн.*) tax (*d.*), impóse táxes (up¦ón); освобождённый от ~а táx-free. **~óвый** tax (*attr.*), tàxátion (*attr.*); ~овая поли́тика tàxátion / fiscal pólicy.

налогообложéние *с.* tàxátion.

налогоплатéльщик *м.* táx-payer.

наложéние *с.* **1.:** ~ штрáфа impósition of a fine [-'zɪ-...]; ~ арéста séizure ['siːʒə]; ~ печáти attáching / applýing *a* seal; ~ швов *мед.* súture, stítching (of *a* wound) [...wuː-]; **2.** *мат.* (*одной фигуры на другую*) súperposítion [-'zɪ-].

налóженны‖й *прич.* (*тж. как прил.*) *см.* наклáдывать; ✧ ~м платежóм cash on delívery (*сокр.* C.O.D.).

наложи́ть I *сов. см.* наклáдывать *и* налагáть.

наложи́ть II *сов.* (*рд., вн.*) put*, lay* (*a quantity* of); ~ пóлный воз heap a cart (with), load a cártful (of).

налóжница *ж. уст.* cóncubìne.

налóй *м. уст. разг.* = аналóй.

наломáть *сов.* (*рд., вн.*; *какое-л. количество*) break* (*a quantity* of) [breɪk...]; ✧ ~ бокá комý-л. *разг.* give* smb. a lícking, *или* a sound thráshing.

налощи́ть *сов. см.* лощи́ть.

налущи́ть *сов.* (*рд., вн.*) shell / husk (*a quantity* of).

налюбовáться (*тв.*; на *вн.*) admíre (suffíciently) (*d.*); он не мóжет ~ э́тим he cánnòt get enóugh of lóoking at it [...ɪ'nʌf...], he is lost in àdmirátion of it.

нали́пать *сов. см.* ля́пать.

нам *дт. см.* мы.

намагни́‖тить *сов.* **1.** *см.* намагни́чивать; **2.** *как сов. к* магни́тить. **~чивать,** намагни́тить (*вн.*) mágnetìze (*d.*).

намáзать *сов.* **1.** *см.* намáзывать; **2.** *как сов. к* мáзать 1, 2, 3, 4. **~ся** *сов. см.* намáзываться.

намáзывать, намáзать (*вн. тв.*; *вн.* на *вн.*) spread* [spred] (on *d.*), smear (*d.* with); (*пачкать*) daub (*d.* with); намáзать хлеб мáслом, намáзать мáсло на хлеб spread* bútter on bread [...bred], bútter bread; намáзать мáзью applý an óintment (to). **~ся,** намáзаться **1.** (*тв.*) rub òne¦sélf (with); **2.** *тк. сов.* (*без доп.*; *накраситься*) make* up; **3.** *страд. к* намáзывать.

намалевáть *сов. см.* малевáть.

намарáть *сов. см.* марáть 2.

намариновáть *сов.* (*рд., вн.*) píckle (*a quantity* of).

намáсл‖ивать, намáслить (*вн.*) *разг.* oil (*d.*); add oil / bútter (to). **~ить** *сов. см.* намáсливать.

нама́тывание *с.* winding, réeling

нама́тывать, намота́ть (*вн.* на *вн.*) wind* (*d.* round); ◇ намота́й э́то себе́ на ус ≅ make a note of it, don't forgét it [...-'get...]; put that into your pipe and smoke it *идиом.*

нама́чивать, намочи́ть **1.** (*вн.*; *снаружи*) wet (*d.*), móisten [-s°n] (*d.*); (*погружать в жидкость*) soak (*d.*); **2.** (*без доп.*; *наливать на пол и т. п.*) spill* (some líquid) on the floor, *etc.* [...flɔː].

нама́яться *сов. разг.* have had a lot of trouble / pains [...trʌbl...]; (*устать*) be tired out.

наме́дни *нареч.* the *разг.* the other day, láte|ly.

намёк *м.* hint, allúsion; то́нкий ~ délicate / gentle hint; ни ~а (на *вн.*) not a hint (of); сде́лать ~ drop a hint; поня́ть ~ take* *the* hint.

намек||а́ть, намекну́ть (на *вн.*) hint (at), allúde (to); (*подразумевать*) implý (*d.*); на что вы ~а́ете? what are you dríving / hínting at? **~ну́ть** *сов. см.* намека́ть.

наменя́ть *сов.* (*рд.*, *вн.*) **1.** (*о мелких деньгах*) get* (*a quantity* of) change [...ʧeɪnʤ]; **2.** (*приобрести путём обмена*) acquíre (*a quantity* of) by exchánge [...-'ʧeɪ-].

намерева́ться (+*инф.*) inténd (+to *inf.*) be abóut (+to *inf.*).

наме́рен *предик.*: он ~ he inténds; что вы ~ы де́лать? what are you gó|ing to do?

наме́рен||ие *с.* inténtion; púrpose [-s]; твёрдое ~ fixed / stéady / ùnwáver|ing púrpose [...'ste-...]; до́брые ~ия good rèsolútions [...-z-]; возыме́ть ~ form the inténtion; он уе́хал с ~ием бо́льше не возвраща́ться he left with the firm resólve never to retúrn [...-'zɔlv...]; с зара́нее обду́манным ~ием delíberate|ly; *юр.* of málice prepénse. **~ный** inténtional, delíberate; preméditàted.

намерза́ть, намёрзнуть (на *пр.*; *о льде и т. п.*) freeze* (on); лёд намёрз на о́кнах the windows are cóvered with ice [...'kʌ-...].

намёрзнуть *сов. см.* намерза́ть. **~ся** *сов.* get* frózen.

намеси́ть *сов.* (*рд.*, *вн.*; *какое-л. количество*) knead (*a quantity* of).

намести́ *сов. см.* намета́ть III.

наме́стни||к *м.* députy, více|gérent [-'ʤe-]. **~чество** *с.* více|gérency [-'ʤe-], région ruled by více|gérent [...'ʤe-].

намета́ть I *сов. см.* намётывать.

намета́ть II *сов.* (*вн.*): ~ ру́ку (на *пр.*) acquíre skill (in), become* profícient / skílful (in); ~ глаз (на *пр.*) acquíre an eye [...aɪ] (for).

намета́ть III, намести́ (*рд.*, *вн.*) **1.** sweep* togéther (*a quantity* of) [...-'ge-...]; **2.** (*о ветре*) drift (*a quantity* of); ве́тер намёл мно́го сне́га the wind has drifted much snow [...wɪ-...-ou]; намело́ мно́го сне́га much snow has drifted.

наме́тить I, II *сов. см.* намеча́ть I, II.

наме́титься *сов. см.* намеча́ться I.

намётка I *ж.* **1.** (*смётывание*) básting ['beɪ-], tácking; **2.** (*нитки*) básting / tácking thread [...θred].

намётка II *ж.* (*предварительный план*) rough draft [rʌf...], first óutline.

намётывать, намета́ть (*вн.*; *шить*) baste [beɪst] (*d.*).

намеча́ть I, наме́тить (*вн.*) **1.** (*о плане, линии поведения и т. п.*) plan (*d.*), projéct (*d.*); cóntèmplàte (*d.*); (*в общих чертах*) óutline (*d.*); наме́тить конкре́тные мероприя́тия map out cón|crète méasures [...'meʒ-]; наме́тить курс chart / trace a course [...kɔːs]; наме́тить програ́мму lay* down a prógràm(me) [...'prou-]; **2.** (*о кандидате*) nóminàte (*d.*); (*выбирать*) seléct (*d.*).

намеча́ть II, наме́тить (*вн.*; *ставить метку*) mark (*d.*), make* a mark (on).

намеча́ться I, наме́титься **1.** (*вырисовываться*) be óutlìned, begin* to show [...ʃou]; **2.** *страд. к* намеча́ть I.

намеча́ться II *страд. к* намеча́ть II.

намеша́ть *сов. см.* наме́шивать.

наме́шивать, намеша́ть (*вн.*, *рд.* в *вн.*) add (*d.* to), admíx (*d.* to).

на́ми *тв. см.* мы.

намно́го *нареч.* much, by far, out and a|wáy; э́то ~ интере́снее it is much more ínteresting, it is more ínteresting by far.

намозо́лить *сов. см.* мозо́лить.

намока́ть, намо́кнуть become* / get* wet.

намо́кнуть *сов. см.* намока́ть.

намоло́т *м.*: ~ зерна́ óutpùt of grain [-put...], grain óutpùt.

намолоти́ть *сов.* (*рд.*, *вн.*) thresh (*a quantity* of).

намоло́ть *сов.* (*рд.*, *вн.*) grind*, mill (*a quantity* of).

намо́рдник *м.* muzzle; наде́ть ~ (на *вн.*) muzzle (*d.*).

намо́рщить *сов. см.* мо́рщить 1. **~ся** *сов. см.* мо́рщиться 1.

намота́ть I *сов. см.* нама́тывать.

намота́ть II *сов.* (*рд.*, *вн.*; *какое-л. количество*) wind* (*a quantity* of).

намо́тка *ж.* = нама́тывание.

намочи́ть *сов. см.* нама́чивать.

намудри́ть *сов. см.* мудри́ть.

наму́сорить *сов. см.* му́сорить.

наму́читься *сов.* be worn out [...wɔːn...], be déadbéat [...'ded-]; (*о будущем*) have an áwful lot to bear [...bɛə].

намы́в *м. геол.* allúvium, allúvion; ~ плоти́ны sílting of *a* dam. **~но́й** *геол.* allúvial; wáter-bòrne ['wɔː-]; ~ны́е отложе́ния silt *sg.*

намы́ливать, намы́лить (*вн.*) rub / cóver with soap [...'kʌ-...] (*d.*), soap (*d.*).

намы́лить *сов. см.* намы́ливать *и* мы́лить. **~ся** *сов. см.* мы́литься 1.

намы́ть *сов.* (*рд.*, *вн.*) wash (*a quantity* of); ~ золото́го песку́ pan out some góld-dúst.

намя́ть *сов.*: ~ кому́-л. бока́ *разг.* give* smb. a lícking, *или* a sound thráshing; thrash smb. sóundly.

нан||а́ец *м.*, **~а́йка** *ж.*, **~а́йский** Nanáian; ~а́йский язы́к Nanáian, the Nanáian lánguage.

нанесе́ние *с.* **1.** (*на карту, план и т. п.*) dráwing, plótting, márking; ~ кра́сок на полотно́ putting cólour / paint on cánvas [...'kʌlə...]; **2.**: ~ оскорбле́ния ínsùlt; (*тяжёлого, грубого*) óutràge; ~ уда́ров assáult and báttery; ~ уве́чья disábling; ~ уще́рба dámaging.

нанести́ I *сов. см.* наноси́ть I.

нанести́ II *сов.* (*рд.*, *вн.*; *принести какое-л. количество*) bring* (*a quantity* of).

нанести́ III *сов.* (*рд.*, *вн.*; *снести какое-л. количество яиц — о птице*) lay* (*a quantity* of).

нанiза́ть *сов. см.* нани́зывать.

нани́зывать, наниза́ть (*вн.*) string* (*d.*), thread [-ed] (*d.*).

нанима́тель *м.* **1.** (*квартиры и т. п.*) ténant ['te-]; **2.** *уст.* (*рабочей силы*) emplóyer.

нанима́ть, наня́ть (*вн.*) hire (*d.*); (*о помещении тж.*) rent (*d.*); ~ на рабо́ту en|gáge (*d.*). **~ся,** наня́ться **1.** *разг.* (*на работу*) applý for work, applý for a job; *сов. тж.* become* emplóyed; **2.** *страд. к* нанима́ть.

на́нк||а *ж. текст.* nànkéen. **~овый** *прил. к* на́нка.

на́ново *нареч. разг.* anéw.

нано́с *м.* allúvium (*pl.* -ums, -ia), depósit [-zɪt]; (*песка, снега*) drift.

наноси́ть I, нанести́ **1.** (*рд.* на *вн.*; *о снеге, песке*) drift (*d.* on); **2.** (*вн.* на *вн.*; *наталкивать*) dash (*d.* agáinst); ло́дку нанесло́ на ка́мень the boat dashed agáinst *a* rock; су́дно нанесло́ на мель the ship ran agróund; **3.** (*вн.* на *вн.*; *обозначать*) mark (*d.* on); (*на карту, диаграмму тж.*) plot (*d.* on); **4.** (*вн. дт.*; *причинять*) inflíct (*d.* on), cause (*d.* to); ~ ра́ну inflíct *a* wound [...wuːnd] (on); ~ уда́р strike* / deal* / deliver *a* blow [...-'lɪ-...blou] (*i.*); ~ уще́рб cause / do dámage (to), dámage (*d.*); ~ оскорбле́ние insúlt (*d.*); (*тяжёлое, грубое*) óutràge (*d.*); ~ пораже́ние deféat (*d.*), inflíct a deféat (on); ◇ нанести́ визи́т make* / pay* a vísit [...-zɪt] (*i.*).

наноси́ть II *сов.* (*рд.*, *вн.*; *какое-л. количество*) bring* (*a quantity* of); ~ бо́чку воды́ bring* enóugh wáter to fill *a* cask [...ɪ'nʌf 'wɔː-...].

нано́сный (*о почве, песке и т. п.*) allúvial; (*перен.*: *заимствованный*) bórrowed; (*поверхностный*) superfícial.

нáнсук *м. текст.* náinsook.

нанюхаться *сов.* (*рд.*; *отравиться*) be intóxicàted (with); ~ табакý take* snuff (to one's heart's contént) [...hɑ:ts...].

наня́ть(ся) *сов. см.* нанимáть(ся).

наобещáть *сов.* (*рд., вн.*) *разг.* prómise (much) [-s...] (*d.*); ~ чегó угóдно prómise all kinds of things; ◇ ~ с три кóроба prómise more than *one* can, *или* means to, do; prómise the earth [...ə:θ] *идиом.*

наоборóт *нареч.* 1. (*противоположной стороной*) the wrong side out; (*задом наперёд*) back to front [...frʌnt]; 2. (*иначе, не так*) the wrong / other way (round); он всё дéлает ~ he does évery¦thing the wrong way round; 3. *как вводн. сл.* on the cóntrary; как раз ~ quite the revérse; и ~ and více vérsa [...'vaɪsɪ'və:sə].

наобу́м *нареч.* at rándom; сказáть что-л. ~ make* a rándom guess.

наорáть(ся) *разг.* = накричáть(ся).

наóтмашь *нареч.*: удáрить ~ (*вн.*) give* a víolent báckhánd stroke (*i.*).

наотрéз *нареч.* flát¦ly, póint-blánk; отказáть(ся) ~ refúse póint-blánk.

нападáть *сов.* fall*.

нападáть, напáсть (на *вн.*) 1. attáck (*d.*), assáult (*d.*); ~ врасплóх come* (up¦ón), surpríse (*d.*), attáck by surpríse (*d.*); 2. (*случайно встречать*) come* (up¦ón, acróss); 3. (*о чувстве, состоянии*) come* (óver); на меня́ напáла тоскá I am sick at heart [...hɑ:t].

нападéние *с.* 1. attáck, assáult; (*агрессия*) aggréssion; вооружённое ~ armed attáck; внезáпное ~ surpríse attáck; дáльнее огневóе ~ *воен.* lóng-rànge shoot [-reɪ-...]; хими́ческое ~ *воен.* gas attáck; отрази́ть ~ repúlse *an* attáck; 2. (*в футболе и т. п.*) fórwards [-dz] *pl.*, first line.

напáдки *мн.* attácks; злóбные ~ malícious attácks.

напáивать I, напои́ть (*вн.*) 1. give* (*i.*) to drink; (*перен.*) suffúse (*d.*); вóздух напоён аромáтом the air is suffúsed with frágrance [...'freɪg-]; 2. (*допьяна*) make* drunk (*d.*); fill up (*d.*) *разг.*

напáивать II, напая́ть (*вн.* на *вн.*) sólder ['sɔ-] (*d.* up¦ón).

напáкостить *сов. см.* пáкостить I.

напáлм *м.* nàpálm, jéllied pétròl [...'pe-]. **~овый** *прил. к* напáлм; ~овая бóмба nàpálm bomb.

напасáться, напасти́сь *разг.*: на вас не напасёшься (*рд.*) we shall never have enóugh for you [...ɪ'nʌf...] (*d.*); на вас не напасёшься еды́ ≅ you will eat us out of house and home [...haus...].

напасти́сь *сов. см.* напасáться.

напáсть I *сов. см.* нападáть.

напáсть II *ж. разг.* misfórtune [-tʃən], disáster [-'zɑ:-]; что за ~! this is réally too bad! [...'rɪə-...].

напáчкать *сов.* (на *пр.*) soil (*d.*).

напая́ть *сов. см.* напáивать II.

напéв *м.* tune, mélody.

напевáть, напéть (*вн.*) 1. *тк. несов.* hum (*d.*), troll (*d.*); (*тихо*) croon (*d.*); 2. (*мелодию*) sing* (*d.*); 3.: напéть пласти́нку have one's síng¦ing recórded.

напéвн||ость *ж.* melódious¦ness. **~ый** melódious.

наперебóй *нареч.* in éager rívalry [...'i:gə 'raɪ-]; vying with each other; они́ расскáзывали ~ they vied with each other in télling.

наперевéс *нареч.* atílt; с рýжьями ~ with arms atílt.

наперегонки́ *нареч.* compéting in speed, rácing (with) one another; бéгать ~ race (with) one another.

наперёд *нареч. разг.* in advánce; ◇ зáдом ~ back to front [...frʌnt].

наперекóр 1. *нареч.* in defíance of; 2. *предл.* (*дт.*) cóunter (to); идти́ ~ комý-л. dísregárd smb., run* cóunter to smb.

наперерéз *нареч.* (*дт.*) so as to cross the line alóng which smb., smth. moves [...mu:vz]; бежáть комý-л. ~ run* to ìntercépt smb.

наперерьíв *нареч.* = наперебóй.

наперéть *сов. см.* напирáть 1, 2.

наперечёт *нареч. разг.* 1. thóroughly ['θʌrəlɪ], through and through; он знал всех ~ he knew every one of them; 2. (*в функции сказуемого*) there are few, there are not many; таки́е лю́ди, как он, ~ there are few, *или* not many, people like him [...pi:pl...].

напéрсн||ик *м. уст.* cònfidánt. **~ица** *ж. уст.* cònfidánte.

напёрсток *м.* thimble.

наперстя́нка *ж. бот.* fóxglòve [-glʌv].

напéть *сов. см.* напевáть 2, 3.

напечáтать *сов. см.* печáтать.

напé||чь *сов.* (*рд., вн.*) bake (*a quantity* of); онá ~клá тарéлку бли́нчиков she made a pláte¦ful of pán¦càkes.

напивáться, напи́ться 1. have smth. (to drink); (*утолять жажду*) quench / slake one's thirst; пóсле обéда он напи́лся чáю he had tea áfter dínner; пéред шкóлой дéти напили́сь молокá the chíldren had some milk befóre they went to school; 2. (*становиться пьяным*) get* drunk; get* tight *разг.*

напили́ть *сов.* (*рд., вн.*) saw* (*a quantity* of).

напи́лок *м.,* **напи́льник** *м. тех.* file.

напирáть, наперéть (на *вн.*) *разг.* 1. press (*d.*); (*перен.*) put* préssure (up¦ón); 2. (*теснить*) press (*d.*); 3. *тк. несов.* (*подчёркивать*) émphasìze (*d.*), stress (*d.*).

написáние *с.* spélling.

написáть *сов. см.* писáть 1, 3.

напитáть *сов.* 1. (*вн.*; *накормить*) sate (*d.*), sátiàte (*d.*); 2. *см.* напи́тывать. **~ся** *сов.* 1. *разг.* (*наесться*) take* one's fill; 2. *см.* напи́тываться.

напи́т||ок *м.* drink, béverage; спиртны́е ~ки (àlcohólic) líquor [...-kə] *sg.*, àlcohólic drinks; крéпкие ~ки strong drinks; прохлади́тельные ~ки soft drinks.

напи́тывать, напитáть (*вн. тв.*) ímprègnàte (*d.* with). **~ся,** напитáться (*тв.*) be(come*) ímprègnàted (with).

напи́ться *сов. см.* напивáться.

напихáть *сов. см.* напи́хивать.

напи́хивать, напихáть (*вн., рд.* в *вн.*) *разг.* cram (*d.* in, into, down); (*вн. тв.*) stuff (*d.* with).

напи́чкать *сов. см.* пи́чкать.

напла́ваться *сов.* have a good swim.

наплáка||ть *сов.*: ~ себé глазá have red / swóllen eyes from crýing [...-ou- aɪz...]; ◇ кот ~л *разг.* ≅ nothing to speak of, práctically nothing. **~ться** *сов.* 1. cry much; (*вдоволь*) cry at ease, cry enóugh [...ɪ'nʌf]; 2. *разг.* (*получить неприятности из-за кого-л., чего-л.*) get* plénty of trouble [...trʌbl].

напластовáние *с. геол.* bédding, stràtificátion.

наплевáтельск||ий dévil-may-cáre; ~ое отношéние (к) *разг.* dévil-may-cáre áttitùde (towards).

наплевáть *сов.* spit*; (на *вн.*; *перен.*) *разг.* spit* (up¦ón); not care a straw / bit / pin / rap / hang (abóut); емý ~ на э́то he does¦n't care a fig / pin.

наплескáть *сов.* (*рд.*) spill* (*d.*).

наплести́ *сов.* 1. (*рд., вн.*; *кружев и т. п.*) make* (*a quantity* of); 2. (на когó-л.) *разг.* slánder ['slɑ:-] (smb.).

напльíв *м.* 1. *тк. ед.* (*о публике и т. п.*) flow [-ou], ínflùx; 2. (*на дереве*) excréscence.

наповáл *нареч.* outríght, on the spot; уби́ть ~ (*вн.*) kill on the spot (*d.*).

наподóбие *предл.* (*рд.*) like, not ún¦líke.

напои́ть *сов.* 1. *см.* пои́ть; 2. *см.* напáивать I.

напокáз *нареч.* for show [...ʃou]; выставля́ть ~ (*вн.*) put* up for show (*d.*); (*перен.*) show* off (*d.*); flaunt (*d.*); parádе (*d.*); выставля́ть ~ свои́ знáния *и т. п.* parádе one's knówledge, *etc.* [...'nɔ-], make* a parádе of one's knówledge, *etc.*

наползáть, наползти́ (на *вн.*) crawl (agáinst, óver), come* cráwling (acróss).

наползти́ I *сов. см.* наползáть.

наползти́ II *сов.* (*в каком-л. количестве*) crawl in (*in large numbers*).

наполнéни||е *с.* fílling; (*аэростата*) inflátion; ◇ пульс хорóшего ~я strong pulse.

напóлнить(ся) *сов. см.* наполня́ть (-ся).

наполня́ть, напóлнить (*вн.*) fill (*d.*); ~ гáзом *ав.* fill with gas (*d.*), infláte (*d.*). **~ся,** напóлниться **1.** fill; ~ся слезáми fill, *или* be suffúsed, with tears; **2.** *страд. к* наполня́ть.

наполови́ну *нареч.* half [hɑːf]; рабóта ~ сдéлана the work is half done; дéлать дéло ~ do things by halves [...hɑː-].

напомáдить *сов. см.* помáдить.

напомáженный *прич. и прил.* pomáded.

напоминáние *с.* **1.** (*действие*) méntion; **2.** (*что-л. напоминающее*) remínder.

напоминá||ть, напóмнить **1.** (*вн. дт.*; о *пр. дт.*) remínd (of *d.*); напóмним, что we would remínd you that; it will be recálled that; э́то ~ет о it is rèminíscent of; **2.** (*вн.*; *казаться похожим*) resémble [-'ze-] (*d.*); си́льно ~ bear* a strong resémblance [bɛə...-'ze-] (to); он ~ет своЮ мать he resémbles his móther [...'mʌ-]. **~ющий 1.** *прич. см.* напоминáть; **2.** *прил.* (*вн.*) rèminíscent (of).

напóмнить *сов. см.* напоминáть.

напóр *м.* (*прям. и перен.*) préssure; (*воды, пара тж.*) head [hed]; скоростнóй ~ *ав.* préssure head; дéйствовать с ~ом push things [puʃ...].

напóрист||ость *ж.* énergy, impètuósity, assértive¦ness. **~ый** ènergétic, púshing ['pu-], assértive.

напóрный: ~ бак *тех.* préssure tank.

напорóться *сов.* (на *вн.*) *разг.* run* (up¦ón, agáinst); (*перен.*) run* up (agáinst).

напóртить *сов. разг.* **1.** (*вн.*) spoil* (*d.*); **2.** (комý-л.; *причинить ущерб*) wreck / bungle smb.'s plans / ùndertákings.

напослéдок *нареч.* in the end, in con¦clúsion; (*в конце концов*) áfter all.

напрáвить(ся) *сов. см.* направля́ть(ся).

направлéни||е *с.* **1.** (*в разн. знач.*) diréction; во всех ~ях in all diréctions; по ~ю к towárds; in the diréction of; по ~ю к дóму hóme¦wards [-dz]; ~ полёта course [kɔːs]; ~ наступлéния *воен.* line of advánce; **2.** (*тенденция, течение*) trend; ténor ['te-]; ~ умá turn of mind; ~ полúтики òrièntátion of pólicy; печáть всех ~й néwspàpers of all trends *pl.*; литератýрное ~ líterary school; **3.** (*документ*) órder, pérmit; дать ~ на рабóту (*дт.*) nóminàte for, *или* assígn to, *a* job [...ə'saɪn...] (*d.*).

напрáвленность *ж.* diréction; (*тенденция*) trend; идéйная ~ ромáна ìdeológical trend of *the* nóvel [aɪ-...'nɔ-].

направля́ть, напрáвить **1.** (*вн.* на *вн.*; *прям. и перен.*) diréct (*d.* at), turn (*d.* to); (*оружие*) lével ['le-] (*d.* at); ~ свой шаги́ diréct / bend* one's steps (to); ~ стрýю воды́ play *the* jet (on); ~ внимáние diréct atténtion (at, to); ~ си́лы diréct one's énergies (at, to), bend* one's énergies (to); всё напрáвлено на éve-ry¦thing is aimed at; **2.** (*вн.*; *посылать*) send* (*d.*); (*за справкой, информацией*) refér (*d.*); ~ на рабóту (в *вн.*) assígn to work [ə'saɪn...] (at, in); меня́ напрáвили к вам I have been sent to you; **3.** (*вн.*; *адресовать*) send* (*d.*); ~ заявлéние send* in an àpplicátion. **~ся,** напрáвиться **1.** (к; в *вн.*) make* (for), make* one's way (to, towards, into), diréct one's steps (to, towards, into); pick one's way (towards); wend one's way (to) *поэт.*; парохóд направля́ется в Гóрький the stéamer is bound for Górky; **2.** *страд. к* направля́ть.

направля́ющ||ий 1. *прич. см.* направля́ть; **2.** *прил.* guíding, léading; *воен.* diréсting; ~ая си́ла guíding / diréсting force; ~ рóлик *тех.* guide róller; ~ее колесó гýсеницы *тех.* ídling sprócket; **3.** *ж. как сущ. тех.* guide.

напрáво *нареч.* (от) to the right (of); ~ от меня́ to my right, on my right hand; ~! (*команда*) right turn!; ◇ ~ и налéво right and left.

напрактиковáться *сов.* (в *пр.*) *разг.* acquíre skill (in).

напрáслин||а *ж. тк. ед. разг.* a lot of nónsense / tales; возводи́ть на когó-л. ~у make* up a lot of nónsense / tales abóut smb.

напрáсно I **1.** *прил. кратк. см.* напрáсный; **2.** *предик. безл.* it is úse¦less [...'juːs-]; ~ ждать чегó-л. от негó it is no use expécting him to do ány¦thing [...juːs...].

напрáсн||о II *нареч.* **1.** (*тщетно*) in vain, for nothing; он ~ éздил тудá he went there for nothing; **2.** (*несправедливо*) wróng¦fully, ún¦jústˈ¦ly, fálse¦ly ['fɔːl-]; егó ~ обвини́ли he was wróng¦fully accúsed; вы ~ так дýмаете you are mistáken if that's what you think. **~ый 1.** (*тщетный*) vain; ~ая надéжда vain hope; ~ое уси́лие vain / úse¦less éffort [...'juːs-...]; **2.** (*несправедливый*) wróng¦ful, ún¦júst, false [fɔːls]; ~ое обвинéние wróng¦ful àccusátion [...-'zeɪ-].

напрáшив||аться, напроси́ться **1.** thrust* òne¦sélf up¦ón; ~ на обéд invíte òne¦sélf to dínner; ~ комý-л. в друзья́ force one's fríendship up¦ón smb. [...'frend-...]; ~ идти́ вмéсте force one's cómpany up¦ón smb. [...'kʌm-...]; ~ на неприя́тности ask for trouble [...trʌbl]; ~ на комплимéнты fish for cómpliments; **2.** *тк. несов.* (*о мысли, выводе и т. п.*) suggést ìt¦sélf [sə'dʒe-...]; ~ается сравнéние a compárison suggésts it¦sélf, a compárison inévitably ríses in the mind.

напримéр *вводн. сл.* for exámple [...-ɑːm-] (*сокр. e. g.*), for ínstance.

напрокáз||ить, **~ничать** *сов. см.* прокáзить, прокáзничать.

напрокáт *нареч.* for / on hire; взять ~ (*вн.*) hire (*d.*); дать ~ (*вн.*) hire out (*d.*), let* (*d.*).

напролёт *нареч.*: всю ночь ~ all, *или* the whole, night long / through [...houl...]; я не спал всю ночь ~ I have not had a wink of sleep to¦night.

напролóм *нареч. разг.*: идти́, дéйствовать ~ stop at nothing, push one's way through [puʃ...], go right through, break* through [breɪk...].

напропалýю *нареч. разг.* récklessly, désperate¦ly; весели́ться ~ have one's fling; go* the whole hog [...houl...] *идиом.*

напорóчить *сов. см.* прорóчить.

напроси́ться *сов. см.* напрáшиваться 1.

напрóтив I *нареч.* **1.** ópposite [-zɪt]; (*на противоположной стороне улицы и т. п.*) acróss the street / road / way; **2.** (*наоборот*) on the cóntrary; совершéнно ~ just the other way abóut.

напрóтив II *предл.* (*рд.*) ópposite [-zɪt]; ~ нáшего дóма ópposite our house* [...-s].

напрýж||иваться, напрýжиться *разг.* strain òne¦sélf. **~иться** *сов. см.* напрýживаться.

напрягáть, напря́чь (*вн.*; *прям. и перен.*) strain (*d.*); ~ все си́лы strain every nerve; напря́чь до предéла strain to the límit / bréaking-point [...'breɪ-]. **~ся,** напря́чься **1.** strain òne¦sélf, exért òne¦sélf; **2.** *страд. к* напрягáть.

напряжéни||е *с.* **1.** (*усилие*) éffort; слýшать с ~ем lísten with strained atténtion ['lɪsᵊn...]; без осóбого ~я without partícular strain; **2.** *физ.* (*в электротехнике*) ténsion; (*в механике*) strain, stress; высóкое ~ *эл.* high ténsion; ток высóкого ~я high ténsion cúrrent.

напряжённ||ость *ж.* ténsity, ténse¦ness; ténsion; ослáбить междунарóдную ~ ease / léssen / relax / redúce ìnternátional ténsion [...-'næ-...]. **~ый** *прич. и прил.* strained; *прил. тж.* tense; (*о работе*) strénuous; ~ое внимáние strained atténtion; ~ая борьбá inténse struggle.

напрями́к *нареч. разг.* straight; (*перен.*) póint-blánk.

напря́чь(ся) *сов. см.* напрягáть(ся).

напýг||анный *прич. и прил.* fríghtened, scared; ~ вид scared face. **~áть** *сов.* (*вн.*) fríghten (*d.*), scare (*d.*). **~áться** *сов.* be / become* fríghtened / scared.

напýдрить(ся) *сов. см.* пýдрить(ся).

напýльсник *м.* wríst¦let.

на́пуск *м.* **1.** *тех.* òver¦lápping; **2.:** с ~ом bloused; пла́тье с ~ом спе́реди, сза́ди dress bloused in front, at the back [...frʌnt...].

напуска́ть, напусти́ть **1.** (*рд.* в *вн.*; *наполнять*) fill (with *d.*): напусти́ть ды́ма в ко́мнату fill *the* room with smoke; — напусти́ть воды́ в ва́нну fill *a* báth-tùb; **2.** (*вн.* на *вн.*; *собак*) let* loose [...lu:s] (*d.* up¦ón); (*перен.*: *натравливать*) set* (*d.* up¦ón); **3.:** ~ на себя́ (*вн.*) afféct (*d.*), put* on (*d.*); ~ на себя́ равноду́шие afféct indifference; ~ на себя́ ва́жность try to look impórtant; put* on airs *идиом.*; ~ стра́ху (на *вн.*) *разг.* térrorize (*d.*), fríghten (*d.*). **~ся,** напусти́ться **1.** (на *вн.*) *разг.* fall* (on), fly* (at); **2.** *страд.* к напуска́ть.

напускн||о́й afféctеd, ùn¦nátural; ~а́я весёлость afféctеd / ùn¦nátural gáiety.

напусти́ть(ся) *сов. см.* напуска́ть (-ся).

напу́т||ать *сов.* (в чём-л.) *разг.* get* smth. all wrong; make* a mess / hash (of smth.); он всё ~ал he has got it all wrong; he has made a mess / hash of it *разг.*

напу́тств||енный párting; ~енное сло́во párting words *pl.* **~ие** *с.* párting words *pl.*

напу́тствовать *несов. и сов.* (кого́-л.) admónish (smb.) (at párting).

напух||а́ние *с.* swélling. **~а́ть,** напу́хнуть swell*.

напу́хнуть *сов. см.* напуха́ть.

напы́житься *сов. см.* пы́житься.

напыли́ть *сов. см.* пыли́ть.

напы́щенн||ость *ж.* pòmpósity, bómbàst. **~ый** pómpous (*о стиле и т. п.*) bòmbástic, hígh-flown [-oun].

напя́л||ивать, напя́лить (*вн.*) *разг.* pull on [pul...] (*d.*), get* on (*d.*); стара́ться ~ить на себя́ что-л. сли́шком те́сное struggle into smth. that is too small for one. **~ить** *сов. см.* напя́ливать.

нарабо́тать *сов.* (*рд.*, *вн.*) *разг.* **1.** (*изготовить*) turn out (*d.*); **2.** (*заработать*) earn [ə:n] (*d.*); make* (*d.*). **~ся** *сов.* work enóugh [...ɪ'nʌf], do a lot of work; (*устать от работы*) be tired by work.

наравне́ *нареч.* (с *тв.*) on a lével [...'le-] (with); (*на равных началах*) équal¦ly (with).

нара́доваться *сов.*: не ~ на кого́-л. dote (up¦)ón smb.

нараспа́шку *нареч.* *разг.* únbúttoned; пальто́ ~ únbúttoned coat; он но́сит шу́бу ~ he does¦n't bútton up his coat, he wears his coat ópen / únbúttoned [...weəz...]; ◇ у него́ душа́ ~ ≅ he wears his heart (up¦)ón his sleeve [...hɑ:t...].

нараспе́в *нареч.* in a síng¦ing voice, in a síng-sòng (voice).

нараста́ние *с.* growth [-ouθ], ín¦crease [-s], accùmulátion; intènsificátion; *переводится также формой на* -ing *от соответствующих глаголов* — *см.* нараста́ть; ~ недово́льства growth of reséntment [...-'ze-], móunting reséntment.

нараста́||ть, нарасти́ **1.** (на *пр.*) grow* [-ou] (on), be formed (on), be búilding up [...'bɪld-...] (on); **2.** (*усиливаться*) in¦créase [-s]; (*о звуке*) swell*; **3.** (*накопляться*) accúmulàte. **~ющий** *прич. и прил.* grówing ['grou-], in¦créasing [-s-], móunting.

нарасти́ *сов. см.* нараста́ть.

нарасти́ть *сов. см.* нара́щивать.

нарасхва́т *нареч.* *разг.*: раскупа́ться ~ sell* like hot cakes; э́та кни́га раскупа́ется ~ this book is sélling like hot cakes, there is a run on this book.

нараще́ние *с.* **1.** augmèntátion; **2.** *грам.* augmént.

нара́щивание *с. мед.* gráfting; *тех.* joint; *переводится также формой на* -ing *от соответствующих глаголов* — *см.* нара́щивать; ~ сил *воен.* accùmulátion, *или* búilding up, of strength / fórces [...'bɪl-...]; ~ те́мпов произво́дства grádual / stéady ráising of the rate of prodúction [...-edɪ...].

нара́щивать, нарасти́ть (*вн.*) inténsifỳ (*d.*); in¦créase [-s] (*d.*); build* up [bɪld...] (*d.*).

нарва́л *м. зоол.* nárwhal.

нарва́ть I *сов. см.* нарыва́ть.

нарва́ть II *сов.* (*рд.*, *вн.*) **1.** (*цветов, плодов и т. п.*) pick (*a quantity* of); **2.** (*разорвать на куски*) tear* (*a quantity* of) [teə...].

нарва́ться *сов. см.* нарыва́ться.

нард *м.* (*растение и ароматическое вещество*) (spíke¦)nàrd.

наре́з *м.* **1.** (*винта*) thread [-ed]; (*в оружии*) groove (*in rifling*); **2.** *ист.* (*участок земли*) lot, plot.

наре́зать I *сов. см.* нареза́ть.

наре́зать II *сов.* (*вн.*, *рд.*; *какое-л. количество*) cut*, slice (*a quantity* of).

нареза́ть, наре́зать (*вн.*) **1.** cut* (into píeces) [...'pi:-] (*d.*); (*ломтями*) slice (*d.*); (*мясо за столом*) carve (*d.*); **2.** *тех.* (*о резьбе*) thread [θred] (*d.*); (*канал ствола*) rifle (*d.*); **3.** *ист.* (*о земле*) allót (*d.*).

наре́з||ка *ж.* **1.** (*действие*) cútting (into píeces) [...'pi:-]; **2.** (*винтовая*) (screw) thread [...θred]; (*в канале ствола*) rífling. **~но́й** thréaded ['θre-]; (*об оружии*) rifled; ~но́й ствол rifled bárrel.

нарека́ни||е *с.* cénsure; вы́звать ~я rouse cénsure, give* rise to únfávour¦able críticism.

нарек||а́ть, наре́чь (*вн. тв.*) *уст.* name (*d. d.*); ма́льчика ~ли́ Петро́м the boy was named Pyotr.

наречённ||ый *уст.* **1.** *прич. см.* нарека́ть; **2.** *прил.* betróthed [-'trou-]; **3.** *м. как сущ.* *one's* betróthed.

наре́чие I *с. лингв.* (*диалект*) díalèct.

наре́ч||ие II *с. грам.* ádvèrb. **~ный** *грам.* àdvérbial.

наре́чь *сов. см.* нарека́ть.

нарза́н *м.* Nàrzán (*kind of mineral water*).

нарисова́ть *сов. см.* рисова́ть.

нарица́тельн||ый: ~ая сто́имость *эк.* nóminal cost; и́мя ~ое *грам.* cómmon noun.

нарко́з *м.* **1.** nàrcósis, ànaesthésia [-zɪə]; под ~ом nárcotìzed; подверга́ть ~у (*вн.*) nárcotìze (*d.*); **2.** (*средство*) ànaesthétic drug.

нарсома́н *м. мед.* (drug) áddict; dope / drug fiend [...fi:-] *разг.* **~ия** *ж. мед.* nárcotism.

наркотиз||а́ция *ж. мед.* nàrcotìzátion [-taɪ-]. **~и́ровать** *несов. и сов.* (*вн.*) *мед.* nárcotìze (*d.*).

нарко́т||ик *м.* nàrcótic; dope *разг.* **~и́ческий** nàrcótic; употребля́ть ~и́ческие сре́дства use nàrcótics; (*быть наркоманом*) be a drug / dope áddict.

наро́д *м.* **1.** people [pi:-], nátion; ~ы СССР the peoples of the USSR; **2.** *тк. ед. разг.* (*люди*) people; мно́го ~у many people, a large númber, *или* plénty, of people; пло́щадь полна́ ~у the square is full of people.

народи́ть *сов.* (*рд.*, *вн.*) give* birth (to a númber of chíldren), bring* into the world (a númber of chíldren). **~ся** *сов. см.* нарожда́ться.

наро́дни||к *м. ист.* naródnik, Rússian pópulist [-ʃən...]. **~ческий** *прил.* к наро́дник *и* наро́дничество. **~чество** *с. ист.* Národism, pópulism.

наро́дно-демократи́ческий people's dèmocrátic [pi:-...]; ~ строй people's dèmocrátic sýstem.

наро́дность *ж.* **1.** (*народ*) nàtionálity [næʃə-]; people [pi:-]; **2.** *тк. ед.* (*национальный характер*) nátional cháracter ['næ-'kæ-], nátional roots *pl.*, folk cháracter.

народнохозя́йственный nátional-ècономíc ['næ- i:-]; ~ план plan of nátional èconomy [...'næ- i:-].

наро́дн||ый people's [pi:-]; (*о собрании и т. п.*) pópular; (*о песне, поэзии, обычае и т. п.*) pópular; folk (*attr.*); (*национальный*) nátional ['næ-]; ~ арти́ст СССР People's ártist of the USSR; ~ поэ́т nátional póet; ~ трибу́н people's tríbùne; ~ая пе́сня folk / pópular song; ~ обы́чай fólk-cùstom; ~ комисса́р *ист.* people's còmmissár; ~ комиссариа́т *ист.* people's còmmissáriat; ~ое хозя́йство nátional èconomy [...i:-]; ~ое достоя́ние nátional própеrty; ~ суд People's Court [...kɔ:t]; ~ судья́ People's Judge; ~ заседа́тель people's asséssor; ~ая демокра́тия people's demócracy; стра́ны ~ой демокра́тии People's Demócracies; ~ фронт Pópular Front [...frʌnt];

◇ «Наро́дная Во́ля» *ист.* "Naródnaya Vólya" ("People's Fréedom").

народове́дение *с.* èthnólogy.

народовла́стие *с.* demócracy, sóvereignty of the people ['sɔvrɪn-...piː-].

народово́лец *м. ист.* mémber of the "Naródnaya Vólya" ("People's Fréedom").

народово́льческий *прил. к* народово́лец.

народонаселе́ние *с.* pòpulátion.

нарожд||а́ться, народи́ться come* into bé¦ing, aríse*. **~е́ние** *с.* birth, spríng¦ing up.

наро́ст *м.* growth [grouθ], excréscence.

нарочи́т||о *нареч.* delíberate¦ly, inténtionally, expréssly. **~ый** delíberate, inténtional.

наро́чно [-шн-] *нареч.* **1.** púrpose¦ly [-s-], on púrpose [...-s]; **2.** (*в шутку*) for fun; ◇ как ~ as luck would have it; в э́тот день, как ~ on that day of all days.

на́рочн||ый *м. скл. как прил.* spécial / expréss méssenger ['spe-... -ndʒə]; cóurier ['kuː-]; с ~ым by spécial delívery.

нарсу́д *м.* (наро́дный суд) People's Court [piː- kɔːt].

на́рты *мн.* (*ед.* на́рта *ж.*) sledge (drawn by réindeer or dogs) *sg.*, dóg-slèdge *sg.*

наруби́ть *сов.* (*вн., рд.; какое-л. количество*) chop (*a quantity* of).

нару́бка *ж. тех.* notch.

нару́жно *нареч.* óutwardly; ~ он споко́ен he is óutwardly calm [...kɑːm].

нару́жное *с. скл. как прил.* (*о лекарстве*) for óutward àpplicátion, "for extérnal use ónly" [...juːs...].

нару́жн||ость *ж.* **1.** appéarance; look(s) (*pl.*); **2.** (*внешний вид чего-л.*) èxtérior. **~ый 1.** èxtérnal, óutward; **2.** (*показной*) òsténsible, afféted; ~ое споко́йствие appárent / óutward calm [ə'pæ-...kɑːm], affécted calm.

нару́жу *нареч.* óutside; вы́йти ~ come* out; (*перен.*) come* to light, be revéaled; де́ло вы́шло ~ the affáir has come to light; вы́вести что-л. ~ bring* smth. to light.

нарука́вник *м.* óver¦sleeve, ármlet.

нарумя́нить(ся) *сов. см.* румя́нить(ся).

нару́чники *мн.* hándcùffs, mánacles.

нару́чн||ый wrist (*attr.*); ~ые часы́ wrist watch *sg.*

наруша́ть, нару́шить (*вн.*) **1.** (*о порядке, тишине и т. п.*) break* [breɪk] (*d.*), distúrb (*d.*); нару́шить равнове́сие сил distúrb / ùpsét* the bálance of pówer; **2.** (*о законе, правиле и т. п.*) break* (*d.*), infrínge (up¦ón), trànsgréss (*d.*), víolàte (*d.*); ~ сло́во break* one's word, fail to keep one's word; go* back on one's word; ~ кля́тву, прися́гу break* one's oath*. **~ся,** нару́шиться **1.** be / get* bróken; **2.** *страд. к* наруша́ть.

наруше́ние *с.* breach; (*закона*) vìolátion, infrínge¦ment; прямо́е ~ (*устава и т. п.*) diréct vìolátion; ~ поко́я distúrbance; ~ обеща́ния fáilure to keep one's prómise [...-s]; ~ обяза́тельства breach of òbligátion / tréaty; ~ до́лга breach of dúty; ~ обще́ственного поря́дка breach of the peace; ~ поря́дка vìolátion of órder; distúrbance; ~ пра́вил у́личного движе́ния infrínge¦ment of tráffic règulátions.

наруши́тель *м.,* **~ница** *ж.* (*порядка*) distúrber; (*закона*) infrínger [-ndʒə], trànsgréssor; (*границы*) tréspasser; ~ ми́ра aggréssor, péace-breaker [-breɪ-].

нару́шить(ся) *сов. см.* наруша́ть (-ся).

нарци́сс *м.* nàrcíssus (*pl.* -ssì), dáffodil.

на́ры *мн.* plánk-bèd *sg.*

нары́в *м.* ábscess, boil.

нарыва́||ть, нарва́ть (*о нарыве*) gáther (a head) [...hed]; у меня́ рука́ ~ет I have a boil on my hand.

нарыва́ться, нарва́ться (на *вн.*) *разг.* run* up (on, agáinst); ◇ нарва́ться на неприя́тность get* into trouble [...trʌbl].

нарывно́й vésicatory; ~ пла́стырь dráwing / blístering plàster.

нары́ть *сов.* (*рд., вн.*) dig* (*a quantity* of).

наря́д I *м.* dress; cóstùme; *поэт.* attíre, appárel [ə'pæ-]; *мн.* fínery ['faɪ-] *sg.*, smart clothes [...-ouðz].

наря́д II *м.* **1.** (*поручение*) órder; **2.** (*документ*) wárrant; **3.** *воен.* (*группа солдат*) détail ['diː-], dúty détail; расписа́ние ~ов róster ['rou-].

наряди́ть I, II *сов. см.* наряжа́ть I, II.

наряди́ться *сов. см.* наряжа́ться I *и* ряди́ться II 1.

наря́дн||ость *ж.* smártness. **~ый** smart; wéll-dréssed.

наряду́: ~ с side by side with; párallèl with; (*наравне*) équal¦ly with, on a lével with [...'le-...]; ~ с э́тим side by side with this; (*одновременно*) at the same time.

наряжа́ть I, наряди́ть **1.** (*вн.*) dress up (*d.*), dress out (*d.*); **2.** (*вн.* в *вн.; вн. тв.*) arráy (*d.* in).

наряжа́ть II, наряди́ть (*вн.; назначать*) appóint (*d.*), détail ['diː-] (*d.*).

наряжа́ться I, наряди́ться **1.** dress up, smárten (òne¦sélf) up; **2.** (в *вн.*) arráy òne¦sélf (in); **3.** *страд. к* наряжа́ть I.

наряжа́ться II *страд. к* наряжа́ть II.

нас *рд., вн. см.* мы.

насади́ть I *сов. см.* наса́живать *и* насажда́ть.

насади́ть II *сов.* (*рд., вн.; какое-л. количество*) plant (*a quantity* of) [-ɑːnt...].

наса́дка *ж.* **1.** *тех.* nozzle, móuthpìece [-piːs]; **2.** *рыб.* bait.

насажа́ть *сов.* (*рд., вн.*) **1.** (*о растениях*) plant (*a quantity* of) [-ɑːnt...]; **2.** *разг.* (*о людях*) sit* (a númber of).

насажд||а́ть, насади́ть (*вн.*) spread* [-ed] (*d.*); (*об идеях тж.*) implánt [-ɑːnt] (*d.*), in¦gráft (*d.*); ~ нау́ки spread* / cúltivàte sciences; ~ культу́ру própagàte / spread* cúlture; ~ мо́ду bring* in a fáshion. **~е́ние** *с.* **1.** plàntátion; зелёные ~е́ния green plàntátions; **2.** (*действие*) plánting [-ɑːn-]; (*перен.*) pròpagátion, spréading ['spre-]; ~е́ние культу́ры the pròpagátion / spréading of cúlture.

наса́живать, насади́ть (*вн.; на рукоятку, древко и т. п.*) haft (*d.*); (*на остриё*) stick*(*d.*), pin (*d.*); (*на вертел*) spit* (*d.*).

наса́ливать, насоли́ть (*вн.*) salt (*d.*), put* much salt (in); (*дт.; перен.*) *разг.* spite (*d.*), annóy (*d.*).

наса́харивать, наса́харить (*вн.*) súgar ['ʃu-] (*d.*), put* much súgar (in, into).

наса́харить *сов. см.* наса́харивать.

насви́стывать (*вн.*) *разг.* whistle (*d.*).

наседа́ть, насе́сть (на *вн.*) **1.** (*теснить*) press (*d.*), press hard (*d.*); **2.** (*о пыли и т. п.*) settle (on), cóver ['kʌ-] (*d.*).

насе́дка *ж.* bróod-hèn.

насека́ть, насе́чь (*вн.*) **1.** (*делать насечки*) make* incísions (on), notch (*d.*), dent (*d.*); **2.** (*сталь, клинок*) dámascène (*d.*), dámask ['dæ-] (*d.*).

насеко́м||ое *с. скл. как прил.* ínsèct; сре́дство от ~ых inséctícìde.

насекомоя́дный *зоол., бот.* insèctívorous.

населе́ние *с.* **1.** pòpulátion; (*жители*) inhábitants *pl.*; **2.** (*действие*) péopling ['piː-], séttling.

населённ||ость *ж.* pòpulátion; (*плотность населения*) dénsity of pòpulátion. **~ый** *прич. и прил.* pópulàted; ~ый пункт séttle¦ment, pópulàted área [...'ɛərɪə]; *воен.* inhábited locálity / área.

насели́ть *сов. см.* населя́ть 1.

населя́ть, насели́ть (*вн.*) **1.** (*заселять*) people [piː-] (*d.*), pópulàte (*d.*), settle (*d.*); **2.** *тк. несов.* (*составлять население какого-л. места*) inhábit (*d.*).

насе́ст *м.* roost, perch; сади́ться на ~, сиде́ть на ~е roost, perch.

насе́сть *сов. см.* наседа́ть.

насе́чка *ж.* **1.** (*действие*) máking incísions / nótches, nótching, dénting, cútting; **2.** (*бороздка*) cut, incísion; (*зарубка*) notch, dent; **3.** (*на клинке*) ín¦láy, ín¦láid páttern.

насе́чь *сов. см.* насека́ть.

насе́ять *сов.* (*рд., вн.*) sow* (*a quantity* of) [sou...].

насидéть *сов. см.* насúживать.

насидéться *сов.* sit* for a long time; ~ дóма spend* a long time índóors [...-'dɔːz].

насúженн||ый *прич. см.* насúживать; ◇ ~ое мéсто *разг.* lóng-óccupied place, one's home of many years; снЯться с ~ого мéста leave* a lóng-óccupied place.

насúживать, насидéть (*вн.*) **1.** (*о птице — высиживать*) hatch (*d.*); **2.** *разг.* (*согревать долгим сидением*) warm (*d.*).

насúли||е *с.* víolence; (*принуждение*) còércion, constráint; акт ~я act of víolence; применúть ~ use víolence; use brute force; произвестú ~ (над) commít víolence (up|ón), do víolence (to).

насúловать, изнасúловать (*вн.*) **1.** *тк. несов.* (*принуждать*) force (*d.*), còérce (*d.*), constráin (*d.*); **2.** (*женщину*) rape (*d.*), víolàte (*d.*), rávish (*d.*).

насúлу *нареч. разг.* with dífficulty; (*едва*) hárdly.

насúль||ник *м.* víolàtor; rávisher; (*угнетатель*) týrant, oppréssor. **~ничать** *разг.* commít acts of víolence; víolàte; (*об изнасиловании*) rape, rávish. **~но** *нареч.* by force; (*по принуждению*) únder compúlsion; ◇ ~но мил не бýдешь *погов.* ≅ love can néither be bought nor sold [lʌv... 'naɪ-...]; love cánnòt be órdered.

насúльственн||ый fórcible; (*принудительный*) forced; ~ переворóт fórcible ùp|héaval; ◇ ~ая смерть víolent death [...deθ].

наскáкивать, наскочúть (на *вн.*) collíde (with), run* (into); (*перен.*) *разг.* fly* (at); наскочúть на мúну strike* *a* mine.

наскандáлить *сов. см.* скандáлить.

насквóзь *нареч.* **1.** through (and through); промóкнуть ~ get* wet through; **2.** (*совершенно*) through|óut; ~ прогнúвший rótten through|óut, rótten to the core; ◇ вúдеть когó-л. ~ *разг.* see* through smb.

наскоблúть *сов.* (*рд.*, *вн.*) *разг.* scrape (*d.*).

наскóк *м.* swoop, típ-and-rùn attáck, súdden attáck; дéйствовать ~ом *разг.* take* by surpríse, take* ún|-a|wáres [...-z]; ◇ с ~а *разг.* with a swoop.

наскóлько *нареч.* **1.** (*восклицат.*) how much; ~ здесь лýчше! how much bétter it is here!; **2.** (*относит.*) as far as, so far as; ~ мне извéстно as far as I know [...nou]; for aught I know *книжн.*

нáскоро *нареч.* hástily ['heɪ-], húrriedly; slápdàsh *разг.*; дéлать что-л. ~ do things hástily / cáre|lessly, *или* in a slápdàsh way / mánner.

наскочúть *сов. см.* наскáкивать.

наскрестú *сов.* (*вн.*, *рд. или без доп.*; *прям. и перен.*) scrape up / togéther [...-'ge-] (*d.*), scratch up / togéther (*d.*).

наскýч||ить *сов.* (*дт.*) bore (*d.*), annóy (*d.*); мне ~ило э́то I am bored with this, I am sick of it.

насладúться *сов. см.* наслаждáться.

наслажд||áться, насладúться (*тв.*) take* pléasure / delíght [...'ple-...] (in); révél ['re-] (in); enjóy (*d.*). **~éние** *с.* delíght, enjóyment.

наслáиваться, наслоúться (на *вн.*) be depósited [...-z-] (on); form stráta / láyers (on).

наслáть I *сов. см.* насылáть.

наслáть II *сов.* (*рд.*, *вн.*; *какое-л. количество*) send* (*a quantity* of).

наслéдие *с.* légacy, héritage; отцóвское ~ pátrimony; ~ прóшлого the héritage of the past.

наследúть *сов. см.* следúть II.

наслéд||ник *м.* heir [ɛə]; lègatée; (*перен.*: *преемник*) succéssor; закóнный ~ héir-at-law ['ɛə-], heir appárent [...ə'pæ-]. **~ница** *ж.* héiress ['ɛə-]. **~ный:** ~ный принц Crown prince. **~ование** *с.* inhéritance; прáво ~ования succéssion.

наслéд||овать *несов. и сов.* **1.** (*сов. тж.* унаслéдовать) (*вн.*; *получать в наследство*) inhérit (*d.*); **2.** (*дт.*) succéed (to). **~ственность** *ж.* herédity. **~ственный** heréditary. **~ство** *с.* inhéritance, légacy; по ~ству by right of succéssion; получúть по ~ству (*вн.*) inhérit (*d.*); лишáть ~ства (*вн.*) dísinhérit (*d.*); ◇ культýрное ~ство cúltural héritage. **~уемость** *ж. биол.* herèditabílity.

наслоéние *с.* **1.** *геол.* stràtificátion; dèposítion [-'zɪ-]; (*слой*) láyer; strátum (*pl.* -ta); **2.** (*особенность, черта в культуре и т. п. более позднего происхождения*) láter féature.

наслоúться *сов. см.* наслáиваться.

наслýшаться *сов.* (*рд.*) have heard plénty, *или* a lot [...hɜːd...] (of); ~ мýзыки have heard plénty, *или* a lot, of músic [...-z-]; ~ новостéй have heard plénty of news [...-z].

наслы́шаться *сов.* (о *пр.*) have heard much [...hɜːd...] (of).

насмáрку *нареч.*: всё пошлó ~ *разг.* évery|thing went to pot.

нáсмерть *нареч.* to death [...deθ], mórtally.

насме||хáться (над) mock (at), jeer (at), gibe (at), deríde (*d.*). **~шúть** *сов.* (когó-л.) make* smb. laugh [...lɑːf], set* smb. láughing [...'lɑːf-].

насмéш||ка *ж.* móckery; (*насмешливое замечание*) sneer, gibe; беззлóбная ~ bánter, ráillery. **~ливый** **1.** mócking, derísive; **2.** (*любящий насмехаться*) given to mócking. **~ник** *м.*, **~ница** *ж. разг.* scóffer, mócker. **~ничать** *разг.* scoff, sneer, mock.

насмеЯться *сов.* **1.** (над) laugh [lɑːf] (at), make* a láughing-stòck [...'lɑːf-] (of), deríde (*d.*); (*оскорбить*) insúlt (*d.*); **2.** (*без доп.*; *вдоволь*) have had a good laugh.

нáсморк *м.* cold (in the head) [...hed]; corýza, catárrh *научн.*; схватúть ~ catch* a cold (in the head).

насмотрéться *сов.* **1.** (*рд.*) see* a lot (of); **2.** (на *вн.*) see* as much as one wánted (of); see* enóugh [...ɪ'nʌf] (of).

насолúть I *сов. см.* насáливать.

насолúть II *сов.* (*рд.*, *вн.*) salt / pickle (*a quantity* of); (*о мясе тж.*) corn (*a quantity* of).

насорúть *сов. см.* сорúть.

насóс *м.* **1.** pump; воздýшный ~ áir-pùmp; всáсывающий ~ súction-pùmp; зубчáтый ~ gear pump [gɪə...]; поршневóй ~ recíprocàting pump, píston-pùmp; тóпливный ~ fúel pump ['fju-...]; **2.** (*опухоль на нёбе лошади*) lámpas [-z].

насосáться *сов.* (*рд.*) have sucked / imbíbed enóugh, *или* one's fill [...ɪ'nʌf...].

насóсн||ый púmping; ~ая стáнция púmping stàtion.

нáспех *нареч.* in a húrry; (*небрежно*) cáre|lessly, in a slápdàsh mánner; э́то сдéлано ~ it is done slápdàsh.

насплéтничать *сов. см.* сплéтничать.

наст *м.* frózen snów-crùst [...'snou-].

наставáть, настáть come*; (*начинаться*) begin*; настáла ночь night came / fell; врéмя ещё не настáло the time has not come yet, the time is not ripe yet.

наставúтельный prè|cèptórial, instrúctive; (*поучительный*) édifýing, didáctic; ~ тон didáctic tone, prè|cèptórial tone, tone of a méntor.

настáвить I *сов. см.* наставлЯть I.

настáвить II *сов. см.* наставлЯть II.

настáвить III *сов.* (*рд.*, *вн.*; *какое-л. количество*) set* up, *или* place (*a quantity* of).

настáвка *ж.* piece put on [piːs...].

наставлéние *с.* **1.** (*объяснение*) diréctions *pl.*; **2.** (*поучение*) àdmonítion, précèpt, èxhòrtátion; дéлать ~ (*дт.*) exhórt (*d.*), admónish (*d.*); give* a tálking-tò (*i.*) *разг.*; **3.** *воен.* mánual.

наставлЯть I, настáвить **1.** (*вн.*; *надставлять*) piece on [piːs...] (*d.*), put* on (*d.*); (*вн. тв.*; *удлинять*) add a length (to of); léngthen (*d.* by); **2.** (*вн.* на *вн.*; *нацеливать*) aim (*d.* at), point (*d.* at); ◇ настáвить рогá комý-л. *разг.* make* a cúckold of smb.; ~ нос комý-л. *разг.* dupe / fool smb.

наставлЯть II, настáвить (*вн.*; *поучать*) admónish (*d.*); édifý (*d.*), exhórt (*d.*); ◇ ~ когó-л. на путь úстинный set* smb. right, put* smb. wise.

настáвни||к *м. уст.* tútor, méntor, téacher, precéptor. **~ца** *ж. уст.* tútoress, precéptress. **~ческий** *прил.к* наста́вник. ~чество *с. уст.* tútorship, precéptorship.

наста́ивать I, настоя́ть (на *пр.*) insíst (on, up¦ón *ger.*); (*упорствовать*) persíst (in *ger.*); (*добиваться*) press (for); ~ на своём have one's own way [...oun...], stand* one's ground.

наста́ивать II, настоя́ть (*вн.*; *делать настойку*) draw* (*d.*), infúse (*d.*); (что-л. на чём-л.) stand* (smth. with smth.); ~ чай draw* *the* tea.

наста́ива||ться, настоя́ться **1.** draw*; чай ~ется the tea is dráwing / máking / bréwing; **2.** *страд.* к наста́ивать II.

наста́ть *сов. см.* настава́ть.

на́стежь *нареч.* wide (ópen); о́кна бы́ли ~ the wíndows were wide ópen; он откры́л дверь ~ he ópen¦ed *the* door wide [...dɔ:...].

насте́нный wall (*attr.*).

настига́ть, насти́гнуть, насти́чь (*вн.*) òver¦táke* (*d.*).

насти́гнуть *сов. см.* настига́ть.

насти́л *м.* flóoring ['flɔ:r-], plánking, deck; ~ мо́ста décking, bridge floor [...flɔ:].

настила́ть, настла́ть (*вн.*) lay* (*d.*), spread* [-ed] (*d.*); (*досками*) plank (*d.*); ~ пол lay* a floor [...flɔ:]; ~ мостову́ю pave / lay* a road.

насти́лка *ж.* (*действие*) láying, décking; ~ па́лубы *мор.* deck plánking; ~ по́ла flóoring ['flɔ:r-].

насти́льный *воен.* grázing; ~ ого́нь grázing fire; ~ вы́стрел grázing shot.

насти́чь *сов. см.* настига́ть.

настла́ть *сов. см.* настила́ть.

насто́й *м.* infúsion. **~ка** *ж.* nastóyka (*a kind of liqueur*).

насто́йчив||ость *ж.* persístence; insístence. **~ый 1.** (*о человеке*) persístent; **2.** (*о просьбе, тоне — настоятельный*) úrgent, préssing.

насто́лько *нареч.* so, thus much [ðʌs...]; ~ наско́лько as much as; ~..., что... so... that.

насто́льн||ый 1. (*предназначенный для стола*) table (*attr.*); desk (*attr.*); ~ая ла́мпа désk-làmp; ~ телефо́н desk stand télephòne set; ~ые и́гры table games; ~ те́ннис table ténnis, píng-pòng; **2.** (*постоянно необходимый*): ~ая кни́га, ~ое руково́дство hándbook, mánual; (*справочник*) réference book, book of réference.

насторáживаться, насторожи́ться prick up one's ears.

настороже́ *нареч.*: быть ~ be on the alért, be on the lóok-óut.

насторо́женный, **насторожённый** wátchful; ~ взгляд guárded look.

насторожи́ть *сов.*: ~ у́ши = насторáживаться. **~ся** *сов. см.* насторáживаться.

настоя́ни||е *с.* insístence; по его́ ~ю at his úrgent requést.

настоя́тель *м.* (*монастыря*) Fáther Sùpérior ['fɑ:-...]; (*собора*) dean. **~ница** *ж.* (*монастыря*) Móther Sùpérior ['mʌ-...].

настоя́тельн||ость *ж.* úrgency. **~ый 1.** (*настойчивый*) insístent; (*упорный*) persístent; **2.** (*неотложный*) úrgent, préssing; ~ая необходи́мость impérative need / necéssity; ~ая про́сьба úrgent requést.

настоя́ть I, II *сов. см.* наста́ивать I, II.

настоя́ться *сов. см.* наста́иваться.

настоя́щее *с. скл. как прил.* the présent [...'prez-].

настоя́щ||ий 1. (*теперешний*) présent ['prez-]; в ~ее вре́мя at présent, to¦dáy; ~ее вре́мя *грам.* the présent tense; **2.** (*истинный, подлинный, действительный*) real [rɪəl], génuine, true; régular *разг.*; ~ геро́й real hérò; ~ друг true friend [...fre-]; ✧ ~ мужчи́на *разг.* hé-màn*.

настрада́ться *сов.* súffer much, go* through much.

настра́ива||ть, настро́ить **1.** (*вн.*) *муз.*, *ак.* tune (*d.*); (*об оркестре*) tune up (*d.*), attúne (*d.*); (*радио тж.*) tune in (*d.*); орке́стр ~ет свои́ инструме́нты the órchestra is túning up [...'ɔ:k-...]; **2.** (*вн.* на *вн.*) make* (*d.*+*adj.*), dispóse (*d.* to); ~ кого́-л. на гру́стный лад make* smb. mélancholy [...-kə-]; **3.** (*вн.*; *внушать*) incíte (*d.*), in¦clíne (*d.*); ~ кого́-л. про́тив incíte smb. agáinst, set* smb. agáinst; ~ кого́-л. в чью-л. по́льзу in¦clíne smb. in smb.'s fávour; ~ про́тив себя́ àntágonìze (*d.*). **~ться**, настро́иться **1.** (на *вн.*, + *инф.*) settle (+ to *inf.*); (*намереваться*) make* up one's mind (+ to *inf.*); **2.** *страд.* к настра́ивать.

настреля́ть *сов.* (*рд.*, *вн.*) shoot* (*a quantity* of).

на́стриг *м.*: ~ ше́рсти wool clip [wul...].

настри́чь *сов.* (*рд.*, *вн.*) **1.** (*об овцах и т. п.*) shear* (*a quantity* of); **2.** (*мелко нарезать*) cut* into small bits (*a quantity* of).

на́строго *нареч.* stríctly, sevére¦ly.

настрое́ни||е *с.* mood, húmour, frame / áttitùde of mind; (*отношение, мнение*) séntiments *pl.*; о́бщее ~ géneral féeling; ~ обще́ственности públic séntiments ['pʌ-...] *pl.*; вре́дные ~я a hármful áttitùde of mind *sg.*; быть в (хоро́шем) ~и be in a good* / chéerful mood, be chéerful, be in (good*) spírits; привести́ кого́-л. в хоро́шее ~ put* smb. in good spírits; быть в дурно́м ~и be out of húmour, be in low spírits [...lou...]; be out of sorts *разг.*; у меня́ нет для э́того ~я I am not in a mood for it; ✧ ~ ду́ха mood, húmour; ~ умо́в state of the públic mind.

настро́ить I *сов. см.* настра́ивать.

настро́ить II *сов.* (*рд.*, *вн.*; *какое-л. количество*) build* (*a quantity* of) [bɪ-...].

настро́иться *сов. см.* настра́иваться.

настро́й||ка *ж.* *муз.*, *рад.* túning. **~щик** *м.* túner.

настрочи́ть *сов. см.* строчи́ть.

настря́пать *сов.* (*рд.*, *вн.*) cook (*a quantity* of); (*перен.*) bungle (*d.*).

настуди́ть *сов.* (*вн.*) *разг.* chill (*d.*).

наступа́тельн||ый offénsive; вести́ ~ую войну́ wage an offénsive war.

наступа́ть I, наступи́ть (на *вн.*; *ногой*) tread* [tred] (up¦ón); наступи́ть кому́-л. на́ ногу tread* / step on smb.'s foot* [...fut]; (*перен.*) tread* on smb.'s toes / corns.

наступ||а́ть II, наступи́ть (*наставать*) come*; (*следовать*) ensúe; (*о чём-л. длительном тж.*) set* in; ~и́ло у́тро mórning came; ~и́ла ночь night fell; ~и́ла весна́ spring came; ~и́ла поля́рная ночь the pólar night has set in; ~а́л Но́вый год the New Year was coming in; ~и́ло коро́ткое молча́ние a brief sílence ensúed [...-i:f'saɪ-...]; ~и́ла по́лная тишина́ sílence fell.

наступа́ть III *воен.* advánce, be on the offénsive; ~ на кого́-л. attáck smb., be on the offénsive agáinst smb.

наступа́ющий I *прич. см.* наступа́ть I.

наступа́ющий II *прич. и прил.* (*о времени, о событии*) coming, begínning; ~ день the coming day; (*начинающийся*) the bréaking / dáwning day [...'breɪ-...].

наступа́ющий III *воен.* **1.** *прич. см.* наступа́ть III; **2.** *м. как сущ.* attácker.

наступи́ть I, II *сов. см.* наступа́ть I, II.

наступле́ние I *с.* coming, appróach; с ~м но́чи at níghtfàll; с ~м дня at dáybreak [...-eɪk].

наступле́ние II *с. воен.* (*оперативное*) offénsive; (*тактическое*) attáck; ~ широ́ким фро́нтом offénsive / attáck on a wide front [...frʌnt]; артиллери́йское ~ àrtíllery suppórt of the attáck; перейти́ в ~ take* / assúme the offénsive; повести́ ~ (на *вн.*) wage an attáck (up¦ón); реши́тельное ~ decísive attáck / offénsive, áll-óut offénsive / drive; стреми́тельное ~ víolent / impétuous attáck.

насту́рция *ж.* nastúrtium, Índian cress.

насу́пить *сов.*: ~ бро́ви knit* one's brows, frown, scowl. **~ся** *сов.* frown, scowl.

на́сухо *нареч.* dry; вы́тереть ~ (*вн.*) wipe dry (*d.*).

насуши́ть *сов.* (*рд.*, *вн.*; *какое-л. количество*) dry (*a quantity* of).

насу́щн||ый vítal, úrgent; ~ая необходи́мость the bárest necéssity; ✧ хлеб ~ dáily bread [...bred].

насчёт *предл.* (*рд.*) as regárds, concérning; about, of; ~ э́того (up¦)ón that score, so far as that mátter is concérned.

насчитáть *сов. см.* насчи́тывать 1.

насчи́тыва||ть, насчитáть (*вн.*) **1.** count (*d.*); **2.** *тк. несов.* (*содержать*) númber (*d.*); э́тот гóрод ~ет óколо двух миллиóнов жи́телей this town númbers néarly two míllion inhábitants. **~ться** *безл.* númber; в э́том гóроде ~ется миллиóн жи́телей the pòpulátion of this town númbers, *или* runs to, one míllion.

насылáть, наслáть (*вн., рд.; о бедствиях и т. п.*) send* (*d.*), inflíct (*d.*).

насы́пать I *сов. см.* насыпáть.

насы́пать II *сов.* (*рд., вн.; какое-л. количество*) pour in (*a quantity* of) [pɔː...].

насыпáть, насы́пать **1.** (*вн.* в *вн.*) pour [pɔː] (*d.* in, into); **2.** (*вн.* на *вн.*; *набросать на поверхность*) spread * [-ed] (*d.* on, óver); **3.** (*вн.*; *наполнять*) fill (*d.*).

насы́пка *ж.* putting (into), fílling; ~ плоти́ны búilding an éarthdàm [ˈbɪl-...ˈəːθ-].

нáсыпь *ж.* embánkment.

насы́тить(ся) *сов. см.* насыщáть (-ся).

насыщ||áть, насы́тить (*вн. тв.*) **1.** sátiàte (*d.* with), sate (*d.* with); **2.** *хим.* sáturàte (*d.* with). **~áться,** насы́титься **1.** (*наедаться*) be full, be sáted; **2.** *хим.* be / become* sáturàted. **~éние** *с.* **1.** sàtiátion, replétion; до ~éния to satíety; **2.** *хим.* sàturátion.

насы́щенн||ость *ж.* sàturátion. **~ый** *прич. и прил.* sáturàted.

натáлкивать, натолкнýть (*вн.* на *вн.*) push [puʃ] (*d.* agáinst); (*перен.*) diréct (*d.* on¦tó); натолкнýть когó-л. на мысль suggést an idéa to smb. [-ˈdʒe-...aɪˈdɪə...]. **~ся,** натолкнýться (на *вн.*) dash / run* (agáinst); (*перен.*) run* acróss.

натáптывать, натоптáть (на *пр.*) leave* dírty fóotmàrks [...ˈfut-] (on); натоптáть на полý make* the floor dírty / fílthy [...flɔː...].

натаскáть I *сов. см.* натáскивать.

натаскáть II *сов.* (*рд., вн.; какое-л. количество*) bring*, *или* lay* in (*a quantity* of), bring* by pórtions (*d.*).

натáскивать, натаскáть (*вн.; собаку*) train (for the chase) [...-s] (*d.*); (*перен.*) *разг.* (*человека*) coach (*d.*); ~ к экзáмену coach for an exàminátion (*d.*).

натащи́ть *сов.* (*рд., вн.; какое-л. количество*) bring* (*a quantity* of).

натвори́||ть *сов.*: что ты ~л! what have you done?, what a mess you have made!

нáте *частица разг.* here you are!, there!, take it!

натекáть, натéчь accúmulàte.

натéльн||ый worn next to the skin [wɔːn...]; ~ое бельё bódy línen [ˈbɔ- ˈlɪnɪn].

натерéть I *сов. см.* натирáть.

натерéть II *сов.* (*рд., вн.; какое-л. количество*) grate (*a quantity* of).

натерéться *сов. см.* натирáться.

натерпéться (*рд.*) *разг.* have súffered much, have gone through much [...gɔn...]; ~ стрáху have had a fright.

натéчь *сов. см.* натекáть.

натéшиться *сов. разг.* enjóy òne¦sélf, have good fun.

натирáть, натерéть **1.** (*вн. тв.*; *намазывать*) rub (*d.* with), rub (on *d.*); **2.** (*вн.*; *повреждать*) rub sore (*d.*); сапóг натёр мне нóгу my boot has made a sore place on my foot* [...fut], my boot has given me a blíster; натерéть себé мозóль get* a corn; **3.** (*вн.*; *начищать*) rub (*d.*), pólish (*d.*); ~ пол pólish the floor [...flɔː]. **~ся,** натерéться **1.** (*тв.*) rub òne¦sélf (with); **2.** *страд.* к натирáть.

нати́рка *ж. разг.*: ~ полóв floor pólishing [flɔː...].

нáтиск *м.* ónslaught, charge, ónsèt; ímpàct.

нати́скать *сов.* (*рд., вн.; какое-л. количество*) *полигр.* impréss (*a quantity* of).

наткáть *сов.* (*рд., вн.*) weave* (*a quantity* of).

наткнýться *сов. см.* натыкáться.

НАТО (Североатланти́ческий сою́з) НАТО (North Atlántic Tréaty Òrganìzátion [...-naɪ-]).

натолкнýть(ся) *сов. см.* натáлкивать(ся).

натолóчь *сов.* (*рд., вн.*) break* / crush (*a quantity* of) [breɪk...].

натопи́ть I *сов.* (*вн.; о печи*) heat (well, thóroughly) [...ˈθʌ-] (*d.*).

натопи́ть II *сов.* (*рд., вн.; о сале и т. п.*) melt (*a quantity* of).

натоптáть *сов. см.* натáптывать.

наторговáть *сов.* (*рд., вн.*) **1.** gain by sélling (*d.*); **2.** sell* for a cértain amóunt of móney [...ˈmʌ-] (*d.*).

наточи́ть *сов. см.* точи́ть I 1; натóченный как бри́тва ground to a knife edge.

натощáк *нареч.* on an émpty stómach [...ˈstʌmək]; принимáть лекáрство ~ take* médicine on an émpty stómach.

натр *м. хим.* nátron; éдкий ~ cáustic sóda.

натрави́ть *сов. см.* натрáвливать.

натрáвливать, натрави́ть (*вн.* на *вн.*; *прям. и перен.*) set* (*d.* on), hound (*d.* at), urge (*d.* on).

натренировáть(ся) *сов. см.* тренировáть(ся).

натрещáть *сов. разг.* (*наболтать*) chátter very much.

нáтр||иевый *прил.* к нáтрий. **~ий** *м. хим.* sódium.

нáтрое *нареч.* in three.

натрóнный = нáтриевый.

натруби́ть *сов.*: ~ в ýши комý-л. *разг.* din into smb.'s ears.

натруди́ть *сов.* (*вн.*) *разг.* tire out (*d.*).

натружённый tóil-wòrn [-wɔːn].

натýга *ж.* éffort, strain.

нáтуго *нареч.* tíghtly.

натýж||иться *сов. разг.* make* an éffort, strain òne¦sélf. **~ный** strained, forced.

натýр||а *ж.* **1.** (*в разн. знач.*) náture [ˈneɪ-]; он по ~е óчень дóбрый человéк he is a kind man* by náture; э́то стáло у негó вторóй ~ой it becáme sécond náture with him [...ˈse-...]; **2.** *иск.* módel [ˈmɔ-]; онá служи́ла ~ой для э́той стáтуи she sat for the státue; ◇ писáть, рисовáть с ~ы draw*, paint from náture / life; плати́ть ~ой pay* in kind.

натурализáция *ж.* nàturalìzátion [-laɪ-].

натурали́зм *м.* náturalism.

натурализовáть *несов. и сов.* (*вн.*) náturalìze (*d.*). **~ся** *несов. и сов.* náturalìze.

натурали́ст *м.* náturalist. **~и́ческий** nàturalístic, náturalist.

натурáльн||ый (*в разн. знач.*) nátural; в ~ую величинý lífe-sìze (*attr.*); ~ шёлк real silk [rɪəl...]; ~ая пови́нность dúty paid in kind; ~ая оплáта = натуроплáта; ~ое хозя́йство *эк.* nátural ècónomy [...ɪ-].

натуроплáта *ж.* (натурáльная оплáта) páyment in kind.

натурфилосóф||ия *ж.* nátural philósophy. **~ский** nátural-philòsóphic.

натýрщи||к *м.,* **~ца** *ж.* módel [ˈmɔ-].

натыкáть *сов.* (*рд., вн.*) *разг.* stick* in (*a quantity* of).

натыкáться, наткнýться (на *вн.*) run* (agáinst), stumble (on); (*перен.*) come* (acróss, up¦ón), stumble (acróss, up¦ón); ~ на препя́тствие meet* (with) an óbstacle; ~ на неприя́теля come* up¦ón the énemy, en¦cóunter the énemy, stumble on the énemy.

натюрмóрт *м. иск.* stíll-lìfe.

натя́гивать, натянýть (*вн.*) **1.** stretch (*d.*), draw* (*d.*); ~ лук draw* the bow [...bou]; ~ вóжжи pull on, *или* draw*, the reins [pul...]; **2.** *разг.* (*на себя*) pull on (*d.*); ~ чулки́ pull on one's stóckings; ~ шáпку нá уши pull one's cap óver one's ears; с трудóм натя́гивать на себя́ что-л. struggle into smth. **~ся,** натянýться **1.** stretch; **2.** *страд.* к натя́гивать.

натяжéние *с.* pull [pul], ténsion; повéрхностное ~ *физ.* súrface ténsion.

натя́жк||а *ж.* stretch, strained intèrpretátion; с ~ой by strétching a point, at a pinch.

натя́нут||ость *ж.* ténsion, ténsity; (*перен.*) stíffness. **~ый** tight; (*перен.*) strained; ~ые отношéния strained relátions; ~ая улы́бка forced / strained smile.

натяну́ть(ся) *сов. см.* натя́гивать (-ся).

наугáд *нареч.* at rándom, at a guess, by guéss-wòrk; идти́ ~ go* at rándom; сдéлать что-л. ~ do smth. by guéss-wòrk.

науго́льник *м. тех.* (trý-)squàre, back square; (*складной, малка*) bével ['be-], bével square.

наудáчу *нареч.* = наугáд.

науди́ть *сов.* (*рд., вн.*) get* (*a quantity* of) by físhing.

нау́к||а *ж.* science, stúdy ['stʌ-], knówledge ['nɔ-]; гуманитáрные ~и schólarship ['skɔ-] *sg.*, the humánities; то́чные ~и (exáct) sciences; занимáться ~ой ≅ be a scíentist, be a schólar [...'skɔ-]; отдáться ~е give* òne¦sélf up, *или* devóte òne¦sélf, whólly to scíence, *или* to schólarship [...'hou-...]; лю́ди ~и men of scíence; schólars; пройти́ курс нау́к fínish *the* course of stúdies [...kɔːs... 'stʌ-]; ◇ э́то тебé ~ let this be a lésson to you.

наукообрáзный pséudo-scìentífic.

нау́ськать *сов. см.* нау́ськивать.

нау́ськивать, нау́ськать *разг.* = натрáвливать.

наутёк *нареч. разг.*: пусти́ться ~ take* to one's heels, show* a clean pair of heels [ʃou...].

нау́тро *нареч.* on the mórrow, the next mórning.

научи́ть *сов.* (когó-л. чему́-л. *или* +*инф.*) teach* (smb. smth. *или* + to *inf.*); ~ когó-л. англи́йскому языку́ teach* smb. Énglish [...'ɪŋ-]; ~ когó-л. говори́ть по-англи́йски teach* smb. to speak Énglish; жизнь научи́ла егó э́тому he has learned that in the hard school of life [...lɑːnd...]. ~**ся** *сов.* (чему́-л.) learn* smth. [lɑːn...]; ~ся терпéнию learn* to be pátient, school òne¦sélf to pátience.

нау́чно I *прил. кратк. см.* нау́чный.

нау́чно II *нареч.* scìentífically.

нау́чно-исслéдовательск||ий (scìentífic-)reséarch [-'sɑːtʃ]; ~ институ́т (scìentífic-)reséarch ínstitùte; ~ая рабо́та reséarch work [-'sɑːtʃ...].

нау́чно-популя́рн||ый: ~ая литератýра pópular-scìentífic líterature; ~ фильм pópular science film.

нау́чн||ость *ж.* scìentífic cháracter [...'kæ-]. ~**ый** scìentífic; ~ый социали́зм scìentífic sócialism; ~ый рабо́тник scìentífic wórker, scíentist; (*гуманитарных наук*) schólar ['skɔ-]; ~ая рабо́та scìentífic work; ~ая организáция трудá scìentífic òrganìzátion of lábour [...-naɪ-...]; ~ый мéтод scìentífic méthod.

нау́шник *м. разг. презр.* (*доносчик*) télltàle, infórmer, whísperer.

нау́шники *мн.* **1.** (*на шапке*) éar-flàps, éar-làps; **2.** (*телефонные*) héad-phònes ['hed-], éar-phònes.

нау́шнич||ать (кому́-л. на *вн.*) *разг. презр.* tell* tales (to smb. abóut), infórm (smb. abóut); peach (to smb. agáinst, up¦ón). ~**ество** *с. разг.* infórming; péaching.

наущ||áть (*вн.*) *уст.* ínstigàte (*d.*), set* on (*d.*), incíte (*d.*). ~**éние** *с. уст.* ìnstigátion, ìncitátion; дéйствовать по чьему́-л. ~éнию be ínstigàted by smb.; act on smb.'s ìnstigátion / ìncitátion.

нафáбрить *сов. см.* фáбрить.

нафтали́н *м.* náphthalène, náphthalìne [-liːn], flake cámphor; (*в шариках*) cámphor balls *pl.*

нафто́л *м. хим.* náphthòl.

нахáл *м.* ímpudent féllow, lout. ~**ка** *ж.* ímpudent wóman* [...'wu-].

нахáль||ничать *разг.* be ímpudent. ~**ный** ímpudent, ínsolent, impértinent; (*дерзкий*) sáucy, chéeky *разг.* ~**ство** *с.* ímpudence, ínsolence, impértinence, effróntery [-ʌn-]; (*дерзость*) sauce, cheek *разг.*; имéть ~ство (+*инф.*) have the ímpudence / cheek (+ to *inf.*), have the face / neck (+to *inf.*).

нахвáливать, нахвали́ть (*вн.*) extól (*d.*).

нахвали́ть *сов. см.* нахвáливать. ~**ся** *сов.*: не могу́ ~ся кем-л., чем-л. cánnòt praise / admíre smb., smth. suffíciently.

нахватáть *сов.* (*рд.*) *разг.* get* (*d.*), pick up (*d.*), grab (*d.*). ~**ся** *сов.*: ~ся знáний *разг.* get*, *или* pick up, a smáttering of knówledge [...'nɔ-].

нахи́мовец *м.* Nakhímovìte (*pupil at a Nakhimov naval college*).

нахлéбни||к *м.*, ~**ца** *ж. разг.* **1.** bóarder; **2.** (*прихлебатель*) párasìte, háng¦er-ón.

нахлестáть *сов. см.* нахлёстывать.

нахлёстка *ж. тех.* lap, òver¦lápping.

нахлёстывать, нахлестáть (*вн.*) whip (*d.*).

нахлобу́ч||ивать, нахлобу́чить (*вн.*) pull óver one's eyes [pul...aɪz] (*d.*). ~**ить** *сов. см.* нахлобу́чивать. ~**ка** *ж. разг.* = нагоня́й.

нахлы́ну||ть *сов.* (на *вн.*; *прям. и перен.*) rush (into); (*о чувстве тж.*) sweep* (óver); ~ли слёзы tears rushed into *one's* eyes [...aɪz]; на меня́ ~ли воспоминáния my past life rushed into my mémory.

нахму́ренн||ый frówning; with a frown; ~ые бро́ви frown *sg.*

нахму́рить(ся) *сов. см.* хму́рить(ся).

находи́ть I, найти́ (*вн.*) **1.** (*в разн. знач.*) find* (*d.*); (*открывать*) discóver [-'kʌ-] (*d.*); ~ удово́льствие в чём-л. find* / take* pléasure in smth. [...'ple-...]; ~ утешéние find* cómfort [...'kʌ-]; ~ поддéржку find* suppórt; ~ (себé) выражéние find* expréssion; найти́ в себé достáточно сил be able to múster suffícient strength; ничегó не найти́ find* nothing; draw* a blank *идиом. разг.*; он никáк не мог найти́ причи́ну э́того he never mánaged to discóver the cause of it; найти́ нефть, жи́лу strike* oil, a vein; и там он нашёл свою́ смерть and there he met his death [...deθ]; **2.** (*полагать, считать*) consíder [-'sɪ-] (*d.*), find* (*d.*); до́ктор нахо́дит егó положéние безнадёжным the dóctor consíders his case hópe¦less [...keɪs...]; егó нахо́дят у́мным he is consídered (to be) cléver [...'kle-]; ~ вино́вным find* guílty (*d.*).

находи́ть II, найти́ (на *вн.*) **1.** come* (óver, up¦ón); come* (acróss); (*о туче, облаке и т. п. тж.*) cóver ['kʌ-] (*d.*); **2.** (*овладевать*): на негó нашлá тоскá he has a fit of the blues; что э́то на тебя́ нашлó? what has come óver you?, what is the mátter with you?; **3.** *безл.*: нашлó мно́го нарóду there is a crowd, *или* a large gáther¦ing, of people [...piː-]; ◇ нашлá косá на кáмень *посл.* ≅ this is díamond cútting díamond.

находи́ться I, найти́сь **1.** be found, turn up; потéрянная кни́га нашлáсь the lost book is, *или* has been, found; рабо́та для всех найдётся there will be work for everybody, we will find work for everybody; не нашло́сь охо́тников éхать так далекó no one vòluntéered, *или* was ánxious, to go so far; не найдётся ли у вас? do you háppen to have?; can you spare?; **2.** *тк. сов.* (*не растеряться, сообразить*) find* the right word to say, find* the right thing to do; он всегдá найдётся he is never at a loss; он нашёлся, что отвéтить he was quick to ánswer [...'ɑːnsə].

находи́ться II (*пребывать*) be: где нахо́дится спрáвочное бюро́? where is the in¦quíry óffice?; ~ под судо́м be únder tríal; ~ под слéдствием be únder judícial exàminátion; ~ под подозрéнием be únder suspícion.

находи́ться III *сов.* (*много ходить*) walk for a long time; (*устать*) tire òne¦sélf by wálking.

нахо́д||ка *ж.* find; (*удачная*) gódsènd, wíndfàll ['wɪnd-]; (*перен.*) boon; такóй рабо́тник — ~ such a wórker is a tréasure [...'tre-]. ~**чивость** *ж.* resóurce [-'sɔːs], resóurce¦fulness [-'sɔːs-], quick wit. ~**чивый** resóurce¦ful [-'sɔːs-], réady ['re-], quick; ~чивый отвéт rèpàrtée, retórt; réady ánswer [...'ɑːnsə]; быть ~чивым have a réady wit, be réady-wítted [...'redɪ-].

нахождéни||е *с.* bé¦ing (*at, in a place*); мéсто ~я the whére¦abouts; *переводится также формой на* -ing *от соответствующих глаголов — см.* находи́ть I 1.

нахо́хли||ться *сов.* ruffle up; (*перен.*) look súllen / súlky / moróse [...-s], sulk; ку́рица ~лась the hen has ruffled up her féathers [...'fe-].

нахохота́ться *сов.* have laughed much [...lɑːft...], have had a good laugh [...lɑːf].

нахра́пом *нареч. разг.* all of a rush; high-hándedly; with èffróntery / ímpudence [...-ʌn-...].

нацара́пать *сов.* (*вн.* на *пр.*) scratch (*d.* on); (*вн.*; *перен.*: *написать*) scribble (*d.*), scrawl (*d.*).

нацеди́ть *сов.* (*рд.*, *вн.*) decánt, *или* strain off (*a quantity* of).

наце́ливать, наце́лить (*вн.* на *вн.*) aim (*d.* at); наце́ленный про́тив spéarheaded agáinst [-hed-...]. **~ся,** наце́литься (на *вн.*) take* aim (at), lével ['le-] (at).

наце́лить(ся) *сов. см.* наце́ливать (-ся).

наце́н||ивать, нацени́ть (*вн.* на *вн.*) *торг.* add (*d.*) to the price (of), in|créase the price [-s...] (by of). **~и́ть** *сов. см.* наце́нивать. **~ка** *ж. торг.* addítion, ín|crease of price [-s...].

нацепи́ть *сов. см.* нацепля́ть.

нацепля́ть, нацепи́ть 1. (*вн.* на *вн.*) fásten [-s°n] (*d.* to), hook on (*d.* to); (*прикреплять булавкой*) pin (*d.* to); 2. (*вн.*) *разг.* (*выряжаться*) don (*d.*).

национализа́ция *ж.* nátionalizátion ['næʃnəlaɪ-].

национализи́ровать *несов. и сов.* (*вн.*) nátionalize ['næ-] (*d.*).

национали́зм *м.* nátionalism ['næ-].

национализова́ть = национализи́ровать.

национали́ст *м.* nátionalist ['næ-]. **~и́ческий** nàtionalístic [næ-].

национа́льно-освободи́тельн||ый nátional lìberátion ['næ-...]; ~ое движе́ние nátional lìberátion móve|ment [...'muːv-].

национа́льн||ость *ж.* nàtionálity [næ-]; како́й он ~ости? what is his nàtionálity?; Сове́т Национа́льностей Sóvièt of Nàtionálities. **~ый** nátional ['næ-]; ~ое меньшинство́ nátional mìnórity [...maɪ-]; ~ая поли́тика nátional pólicy; ~ый вопро́с nátional próblem [...'prɔ-], próblem of nàtionálities [...næ-]; ~ый о́круг autónomous région.

наци́ст *м.*, **~ский** Názi ['nɑːtsɪ].

на́ци||я *ж.* nátion, people [piː-]; госпо́дствующие ~и dóminant nátions; угнетённые ~и oppréssed nátions; ◇ Объединённые На́ции the Ùnited Nátions.

начади́ть *сов. см.* чади́ть.

нача́л||о *с.* 1. beginning, commènce|ment; с са́мого ~а from the (very) óutsèt, from the first, right from the start; с ~а своего́ существова́ния from the very first days of its exístence, since it came into exístence; с ~а до конца́ from (the) beginning to (the) end, from start to finish *разг.*; в ~е ма́я in / at the beginning of May, éarly in May ['ɜːlɪ...]; в ~е го́да in / at the beginning of the year; до ~а зимы́ befóre winter comes, *или* sets in; в ~е тре́тьего soon áfter two; для ~а to begin with; 2. (*принцип, основа*) prínciple, básis ['beɪ-] (*pl.* básès [-iːz]); на социалисти́ческих ~ах on sócialist prínciples / lines, on a sócialist básis; на доброво́льных ~ах on a vóluntary básis, vóluntarily; на но́вых ~ах on new lines; организу́ющее ~ órganizing prínciple; 3. (*источник*) órigin, source [sɔːs]; брать ~ (в *пр.*) oríginàte (in, from); ◇ положи́ть ~ чему́-л. start smth., begin* smth., comménce smth., inítiàte smth.; mark the beginning of smth.; положи́ть хоро́шее ~ make* a good start; положи́ть ~ но́вой э́ре úsher in a new éra, mark the dawn of a new day; быть под ~ом у кого́-л. be únder smb.'s commánd [...ɑːnd], be in subòrdinátion to smb.; лиха́ беда́ ~ good beginning makes a good énding; до́брое ~ полде́ла откача́ло *погов.* ≅ a good beginning makes a good énding, a good beginning is half the battle [...hɑːf...].

нача́льн||ик *м.*, **~ица** *ж.* head [hed], chief [tʃiːf]; sùpérior; непосре́дственный ~ immédiate sùpérior; ~ ста́нции státion-màster; ~ строи́тельства constrúction chief; ~ по́рта hárbour-màster; ~ по́езда tráin-màster, tráin-chief [-tʃiːf]; ~ це́ха shop sùperinténdent, shop mánager; помо́щник ~ика це́ха assístant shop sùperinténdent; ~ шта́ба chief of staff; ~ свя́зи *воен.* chief sígnal ófficer; ~ артилле́рии commánder of àrtíllery [-'mɑː-...]; chief of àrtíllery *амер.*; ~ карау́ла commánder of the guard.

нача́льнический òver|béaring [-'bɛə-].

нача́льн||ый 1. èleméntary; ~ая шко́ла èleméntary / prímary school [...'praɪ-...]; ~ое образова́ние prímary / èleméntary èducátion; 2. (*находящийся в начале*) inítial, first; ~ые гла́вы рома́на the ópen|ing chápters of *the* nóvel [...'nɔ-].

нача́льст||венный òver|béaring [-'bɛə-], dòminéering. **~во** *с. тк. ед.* 1. commánd [-ɑːnd]; рабо́тать под ~вом кого́-л. be únder smb.'s commánd; 2. *собир.* authórities *pl.*; the heads [...hedz] *pl.*; 3. *разг.* (*начальник*) the chief [...tʃiːf]. **~вова́ние** *с. уст.* commánd [-ɑːnd]. **~вова́ть** (над) *уст.* commánd [-ɑːnd] (*d.*).

нача́тки *мн.* rúdiments, élements.

нача́ть(ся) *сов. см.* начина́ть(ся).

начека́нить *сов.* (*рд.*, *вн.*) coin (*a quantity* of).

начеку́ *нареч.* on the alért, on the lóok-óut, on one's guard; быть ~ be on the alért, be on *one*'s guard.

начерни́ть *сов. см.* черни́ть I

на́черно *нареч.* róughly ['rʌf-]; сде́лать, написа́ть ~ (*вн.*) make* a rough cópy [...rʌf 'kɔ-] (of), write* out róughly (*d.*)

начерта́ние *с.* trácing, inscríption.

начерта́тельн||ый gráphic; ~ая геоме́трия descríptive geómetry.

начерта́ть *сов.* (*вн.*) trace (*d.*); (*написать*) inscríbe (*d.*).

начерти́ть *сов. см.* черти́ть.

начёс *м. текст.* пар. **~ный** napped.

начёсть *сов. см.* начи́тывать

начёт *м. бух.* déficit, defíciency in accóunt.

начётниче||ский dògmátic. **~ство** *с.* dógmatism.

начётчик *м. ист.* assíduous réader of the Bible; (*перен.*) ún|crítical réader, dógmatist.

начина́||ние *с.* ùndertáking. **~тельный** *грам.* incéptive.

начина́||ть, нача́ть (*вн.*, + *инф*; *в разн. знач.*) begin* (*d.*, + *ger.* *или*+ to *inf.*), start (*d.*, +*ger.*); comménce (*d.*,+*ger.*) *книжн.*; он на́чал э́ту рабо́ту he begán this work; он на́чал рабо́тать he begán / stárted wórking; ~ всё снача́ла begin* all óver agáin; start afrésh / anéw; ~ с чего́-л. begin* with smth.; ~ день прогу́лкой begin* the day with a walk; ~ кампа́нию start / ópen / launch a càmpáign [...-'peɪn]; *воен. тж.* take* the field [...fiːld]; ~ с нача́ла begin* at / from the beginning; ~ разгово́р begin* / start a cònversátion; ◇ нача́ть с того́, что он to begin with, he; нача́ть пить take* to drink. **~ться,** нача́ться begin*, start; set* in; кампа́ния начала́сь the càmpáign has begún / ópen|ed [...-'peɪn...]. **~ющий** 1. *прич. см.* начина́ть; 2. *м. как сущ.* beginner [-'gɪ-].

начина́я *в знач. предл.*: ~ с (*рд.*) léading off (with); ~ с сего́дняшнего дня from to|dáy.

начини́ть I *сов. см.* начиня́ть.

начини́ть II *сов.* (*рд.*, *вн.*) mend (*a quantity* of).

начи́нк||а *ж.* fílling, stúffing; пиро́г с ~ой из грибо́в múshroom pie.

начиня́ть, начини́ть (*вн. тв.*) stuff (*d.* with), fill (*d.* with).

начисле́ние *с.* éxtra charge; *переводится также формой на* -ing *от соответствующих глаголов — см.* начисля́ть.

начи́слить *сов. см.* начисля́ть.

начисля́ть, начи́слить (*вн.*) put* / set* down to *one*'s accóunt (*d.*); *бух.* charge éxtra (*d.*).

начи́стить I *сов. см.* начища́ть.

начи́стить II *сов.* (*рд.*, *вн.*; *о картофеле, яблоках и т. п.*) peel (*a quantity* of); (*об орехах и т. п.*) shell (*a quantity* of).

на́чисто *нареч.* 1. clean, fair; переписа́ть ~ (*вн.*) make* a clean /

fair cópy [...'kɔ-] (of), write* out fair (d.); 2. разг. (окончательно) decíded¦ly; compléte¦ly; 3. разг. (откровенно, прямо) ópen¦ly.

начистоту́ нареч. разг. ópen¦ly, fránkly; вы́ложить всё ~ make* a clean breast of it [...brest...].

начи́танн||ость ж. èrudítion, schólarship ['skɔ-]. **~ый** wéll-read [-red].

начита́ться сов. 1. have read much [...red...]; (устать читать) be tired of réading; 2. (рд.; прочитать в каком-л. количестве) have read (a quantity of).

начи́тывать, наче́сть (вн.) бух. charge éxtra (d.).

начища́ть, начи́стить (вн.; до блеска) pólish (d.); shine* (d.) разг.

начуди́ть сов. разг. do strange things [...-eɪnʤ...]; beháve in a queer way.

наш 1. мест. (при сущ.) our; (без сущ.) ours; э́то ~а кни́га it is our book; э́та кни́га ~а this book is ours; э́то оди́н из ~их друзе́й this is a friend of ours [...frend...]; 2. мн. (в знач. сущ.) our (own) people / folk [...oun pi:-...]; ◇ ~а взяла́! разг. we've won! [...wʌn], we've done it!; по ~ему мне́нию in our opínion, to our mind / thínking; (служи́ть) и ~им и ва́шим ≅ run* with the hare and hunt with the hounds; знай ~их! разг. we are the ones!, we are the boys / men!

нашали́ть сов. разг. be náughty.

нашат||ы́рный: ~ спирт хим. líquid ammónia. **~ы́рь** м. sál-ammóniàc, ammónium chlóride.

нашепта́ть сов. см. нашёптывать.

нашёптывать, нашепта́ть (вн., рд.; прям. и перен.) whísper (d.); (кому́-л.) whísper in smb.'s ear (d.).

наше́ствие с. invásion, ín¦road.

нашива́ть, наши́ть (вн.) sew* on [sou...] (d.).

наши́в||ка ж. воен. (на рукаве) stripe; (на воротнике) tab. **~но́й** sewed / sewn on [soud soun...].

наши́ть I сов. см. нашива́ть.

наши́ть II сов. (рд., вн.; большое количество) sew* (a quantity of) [sou...].

нашлёпать сов. (вн.) разг. spank (d.), give* a spánking (i.).

нашпигова́ть сов. см. шпигова́ть.

нашпи́ливать, нашпи́лить (вн. на вн.) разг. pin (d. on, to).

нашпи́лить сов. см. нашпи́ливать.

нашуме́вший 1. прич. см. нашуме́ть; 2. прил. sènsátional, múch-tálked-of.

нашуме́ть сов. make* much noise; перен.) cause a sènsátion.

нащёлкать сов. 1. (вн., рд.; орехов и т. п.) crack (some nuts, etc.); 2. (вн.) разг. (дать щелчков) fíllip (d.).

нащипа́ть сов. (рд., вн.) pluck (a quantity of), pick (a quantity of).

нащу́пать сов. (вн.; прям. и перен.) find* by féeling / gróping (d.); (перен. тж.) find* (d.), discóver [-'kʌ-] (d.); ~ по́чву (для) find* safe ground (for); ~ пра́вильный путь find* / discóver the right way.

нащу́пывать (вн.; прям. и перен.) grope (for, áfter), fell* abóut (for).

наэлектризова́ть сов. см. наэлектризо́вывать.

наэлектризо́вывать, наэлектризова́ть (вн.; прям. и перен.) eléctrifỳ (d.).

ная́бедничать сов. см. я́бедничать.

наяву́ нареч. in one's wáking hours [...auəz], when one is a¦wáke; сон ~ wáking dream, dáy-dream; гре́зить ~ dáy-dream*, be lost in réverie.

ная́да ж. миф. náiàd ['naɪ-].

не частица 1. (в разн. случаях) not (с pres. недостаточного глаг. can пишется слитно: cánnòt); -n't разг. (слитно с недостат. глаг., с личными формами глаг. be и have; тж. в сочетании с личн. формами глаг. do, см. ниже; shall+-n't = shan't [ʃɑ:nt]; will+-n't = won't [wount]; can+-n't = can't [kɑ:nt]; am+-n't = ain't); передаётся через личн. формы глаг. do+not, do+-n't (+inf.; при отсутствии в сказуемом недостат. глаг. или личной формы глаг. be или глаг. have; то же и в случае употребления глаг. have и глаг. do как основных; кроме того в imperat. глаг. be); (+деепрнч.: при обозначении сопутствующего обстоятельства) without (+ger.); (при именном сказуемом — с оттенком обобщения или особой полноты отрицания: совсем не и т. п.) no; (при сравнительной степени, при глаг. с доп.— с тем же оттенком) no или передаётся через отрицание при глаг.+any; none [nʌn] (см. фразеологию); (при другом отрицании) не передаётся, если другое отрицание переводится отрицательным словом (ср. никто́, ничто́, никогда́, ни и т. п.): э́то его́ кни́га, а не её it is his book and not hers; не тру́дный, но не совсе́м просто́й not dífficult, but not quite símple; не без его́ по́мощи not without his help / assístance; не зна́я, что сказа́ть not knówing what to say [...'nouɪŋ...]; что́бы не опозда́ть (in órder) not to be late; лу́чше не упомина́ть об э́том (you'd) bétter not méntion it; предпочёл бы не ходи́ть туда́ would ráther not go there [...'rɑ:-...]; не то́лько not ónly; не сто́лько (не в такой степени) not so much; он не́ был там, его́ там не́ было he was not, или was¦n't, there; он не бу́дет чита́ть he will not, или won't, read; он не мо́жет говори́ть he cánnòt, или can't, speak; он не по́мнит э́того he does not, или does¦n't, remémber that; (ра́зве) он не знал э́того? did he not, или didn't he, know that? [...nou...]; не серди́тесь! don't be ángry!; ушёл, не прости́вшись went without táking leave; э́то не шу́тка (ни в какой мере) it is no joke; он не дура́к he is no fool; ему́ сего́дня не лу́чше he is no bétter, или is¦n't any bétter, to¦dáy; не ме́нее ва́жный вопро́с no less impórtant a quéstion [...-stʃən]; он не писа́л пи́сем (никаких) he wrote no létters, he didn't write any létters; он не име́ет вре́мени he has no time; никто́ не знал его́ nó¦body knew him; он никого́ не знал там he knew nó¦body there; он никогда́ там не́ был he has never been there;— не́ было (рд.; ср. нет II 1) there was no (sg. subject), there were no (pl. subject): там не́ было мо́ста there was no bridge there; в ко́мнате не́ было сту́льев there were no chairs in the room;— не бу́дет (рд.; ср. нет II 1) there will be no (subject): тогда́ не бу́дет сомне́ния there will be no doubt then [...daut...];— у него́, у них и т. д. не́ было, не бу́дет (рд.; ср. нет II 1) he, they, etc., had no, will have no (d.): у неё не́ было сестёр she had no sísters; у вас не бу́дет вре́мени you will have no time; (ср. тж. нет II 2);— не... и не (ни... ни) néither... nor ['naɪ...-]: э́то не зо́лото и не серебро́ it is néither gold nor sílver;— он не мог не сказа́ть, не улыбну́ться и т. п. he could not help sáying, smíling, etc.; совсе́м не спал в ту ночь didn't sleep a wink that night; иска́ть и не находи́ть поко́я и т. п. seek* rest, etc., and find* none; ему́ от э́того не ле́гче he is none the bétter for it; не... никако́го, никако́й, никаки́х no... whàt¦éver или передаётся через отрицание при глаголе+any... whàt¦éver: не́ было никако́й наде́жды there was no hope whàt¦éver; он не чита́ет никаки́х книг he reads no, или does¦n't read any, books whàt¦éver;— совсе́м не об. передаётся через соотв. отрицание + at all: ему́ э́то совсе́м не нра́вится he does¦n't like it at all; у него́ совсе́м не́ было честолю́бия he had no àmbítion at all (см. тж. совсе́м);— совсе́м не тако́й (как) quite dífferent (from); ни оди́н... не и т. п. см. ни I; е́сли не см. е́сли; что́бы не см. что́бы; 2.: не́... кого́, кому́ и т. д. (+инф.) there is nó¦body (+to inf.); не́... чего́, чему́ и т. д. (+инф.) there is nothing (+to inf.): не́ на кого положи́ться there is nó¦body to relý up¦ón; не́ на что смотре́ть there is nothing to look at; — ему́, им и т. д. не́ на кого положи́ться, не́ с кем игра́ть, не́ на что жить и т. п. he has, they have, etc., nó¦body to relý up¦ón, nó¦body to play with, nothing to live on [...lɪv...];

—ему́ э́то не́ на что купи́ть he has no móney to buy it [...'mʌ-...baɪ-...]; ему́ не́ на что э́то обменя́ть there is nothing he can exchánge it for [...-eɪnʤ...]; (*ср.* не́кого *и* не́чего 1); 3. (+*инф. в значении «нельзя»*): им не уйти́ they shall not escápe; им э́того не сде́лать they could not do it; его́ не узна́ть one would not know him; ◇ не раз more than once [...wʌns], time and agáin; не по себе́ (*неловко, неспокойно*) ill at ease: ему́ бы́ло не по себе́ he was ill at ease;—э́то *и т. п.* не по нём *и т. д.* that's, *etc.*, no good to him, *etc.*, *или* agáinst *the* grain; не кто ино́й как none other than; тем не ме́нее nèver¦the¦léss; не́ за что! (*в ответ на благодарность*) don't méntion it!, that's all right!, not at all!; не́ к чему there is no need: не́ к чему спра́шивать there is no need to ask.

не- *приставка см. слова с этой приставкой*; (*во многих прилагательных, тж. в прилагательных из причастий*) ún-, ùn-: неже́нственный únwómanly [-'wu-]; неинтере́сный ún¦ínteresting; неприглашённый ún¦invíted.

неаккура́тн||ость *ж.* 1. (*неточность*) inaccuracy; (*о приходе и т. п.*) ún-pùnctuálity; 2. (*небрежность*) cáre¦lessness. **~ый** 1. (*неточный*) ináccurate; únpúnctual; 2. (*небрежный*) cáre¦less.

неандерта́||лец *м. антроп.* the Neánderthal man* [...nɪ'ændətɑːl...]. **~льский** *антроп.* Neánderthàl [nɪ-'ændətɑːl].

неантагонисти́ческ||ий: ~ие противоре́чия *филос.* nón-àntagonístic còntradíctions.

неаполита́н||ец *м.*, **~ка** *ж.*, **~ский** Neapólitan [nɪə-].

неаппети́тный ún¦áppetìzing.

небезопа́сный únsáfe, insecúre; ráther dángerous ['rɑː- 'deɪn-].

небезоснова́тельный not únfóunded.

небезразли́чный not indifferent.

небезупре́чный not fláwless.

небезуспе́шный not únsuccéssful.

небезызве́стн||о [-сн-] 1. *прил. кратк. см.* небезызве́стный; 2. *предик. безл.*: ~, что it is not a sécret, that; it is not ún¦knówn, that [...-'noun...]; нам э́то ~ we are not ún¦a¦wáre of it. **~ый** [-сн-] not ún¦knówn [...-'noun].

небезынтере́сный not without ínterest.

небелён||ый únbléached; *текст.* brown; ~ое полотно́ brown Hólland.

небережли́в||ость *ж.* impróvidence, thríftlessness. **~ый** impróvident, thríftless.

небеса́ *мн. см.* не́бо.

небескоры́стный [-сн-] not without a (sélfish) mótive, not disínterested.

небе́сно-голубо́й ský-blúe, ázure ['æʒə].

небе́сны||й celéstial, héavenly ['he-]; (*божественный*) divíne; ~ свод fírmament; ~е свети́ла héavenly bódies [...'bɔ-].

небесполе́зный of some use [...-s].

неблагови́дный impróper [-'prɔ-], únséemly.

неблагода́рн||ость *ж.* in¦grátitùde. **~ый** ùn¦gráte¦ful, thánkless; э́то ~ая зада́ча it is a thánkless task.

неблагожела́тельн||ость *ж.* malévolence. **~ый** malévolent, íll-dispósed.

неблагозву́ч||ие *с.* dís¦hármony, díssonance. **~ный** dís¦hàrmónious, ìnhàrmónious.

неблагонадёжный 1. ún¦relíable; 2. *ист.* (*политически*) súspèct (*predic.*).

неблагополу́чие *с.* trouble [trʌbl].

неблагополу́чно I 1. *прил. кратк. см.* неблагополу́чный; 2. *предик. безл.*: у них ~ things are not well with them, they are in some trouble [...trʌ-].

неблагополу́чн||о II *нареч.* not háppily, not fávour¦ably. **~ый** ùnháppy; bad*; опера́ция име́ла ~ый исхо́д the òperátion failed, *или* énded fátal¦ly; ~ый уча́сток defective séction.

неблагоприя́тный únfávour¦able; (*не предвещающий хорошего*) ìnauspícious; де́ло при́няло ~ оборо́т the affáir took a bad* turn; ~ бала́нс *эк.* únfávour¦able bálance.

неблагоразу́м||ие *с.* imprúdence. **~ный** imprúdent, íll-advísed.

неблагоро́д||ный ignóble, base [-s]; ~ посту́пок dis¦hónour¦able / ignóble deed [dɪs'ɔ-...]; ~ мета́лл base métal [...'me-]. **~ство** *с.* méanness.

неблагоскло́нн||ость *ж.* únfávour¦able áttitùde. **~ый** únfávour¦able; (к; *нерасположенный*) íll-dispósed (towards).

неблагоустро́енный bád¦ly órganìzed; (*о квартире и т.п.*) íll-equípped, ùn¦cómfortable [-'kʌm-].

неблестя́щий not brílliant.

нёбн||ый 1. *анат.* pálatìne, of the pálate; ~ая занаве́ска úvula; 2. *лингв.* pálatal; ~ые согла́сные pálatal cónsonants.

не́б||о *с.* sky; (*небеса*) héaven ['he-]; ◇ под откры́тым ~ом in the ópen (air); быть на седьмо́м ~е *разг.* be in the séventh héaven [...'se-...]; ме́жду ~ом и землёй (*перен.*) *разг.* between héaven and earth [...əːθ]; превозноси́ть до ~е́с praise / extól to the skies; с ~а свали́ться *разг.* fall* from the moon; как ~ от земли́ (*о противоположностях*) (as far remóved) as héaven from earth [...-'muːv...].

нёбо *с. анат.* pálate; твёрдое ~ hard pálate; мя́гкое ~ soft pálate.

небога́т||о *нареч.* in a small way. **~ый** of módest means [...'mɔ-...]; (*ограниченный*) scánty; ~ый запа́с зна́ний limited knówledge [...'nɔ-]; ~ый вы́бор poor choice.

небоеспосо́бный únfít for áction, disábled, ìn¦capácitàted for áctive sérvice.

небольш||о́й small, not great[...-eɪt]; (*о расстоянии, сроке*) short; ~а́я высота́ low áltitùde [lou 'æl-]; ◇ с ~и́м odd; a little óver: со́рок с ~и́м fórty odd; кило́ с ~и́м a little óver one kílogràmme [...-græm]; ты́сячу рубле́й с ~и́м a thóusand odd roubles [...-z-...ruː-]; a little óver a thóusand roubles.

небосво́д *м. тк. ед.* fírmament, the vault / dome / cánopy of héaven [...'he-].

небоскло́н *м. тк. ед.* sky.

небоскрёб *м.* ský-scràper.

небо́сь *вводн. сл. разг.* it is most líke¦ly (that), *one* must be...; он, ~, уста́л he must be tired; они́, ~, не посме́ют they are not líke¦ly to dare.

небре́жн||ость *ж.* cáre¦lessness, négligence. **~ый** cáre¦less, négligent, slípshòd; (*о тоне, манере*) cásual ['kæʒ-]; ~ый стиль loose / slípshòd style [-s...]; ~ая рабо́та slóppy / slípshòd work.

небри́т||ый únsháven; ~ая борода́ an únsháven chin.

неброниро́ванный *воен.* ún¦ármour¦ed.

небуля́рн||ый: ~ая гипо́теза Nébular hỳpóthesis [...haɪ-].

небыва́лый 1. (*не случавшийся прежде*) ùnpréceděnted; 2. (*вымышленный*) fàntástic, imáginary.

небыли́ц||а *ж.* fable, cóck-and-bùll stóry [-bul...]; расска́зывать ~ы pull the long bow [pul... bou].

небытие́ *с.* nòn-exístence.

небью́щ||ийся únbréakable [-'breɪ-]; ~аяся посу́да únbréakable cróckery; ~ееся стекло́ sáfe¦ty glass, únsplínterable glass.

нева́жно I 1. *прил. кратк. см.* нева́жный; 2. *предик. безл.* (*несущественно*) it is ún¦impórtant; (*ничего, не беспокойтесь*) never mind.

нева́жн||о II *нареч.* (*довольно плохо*) póorly, indifferently; он себя́ ~ чу́вствует he does¦n't feel very well; рабо́та сде́лана ~ the work is póorly, *или* very indifferently, done. **~ый** 1. (*несущественный*) ún¦impórtant; э́то ~о that does not mátter; 2. (*довольно плохой*) indifferent, not much of a; он ~ый актёр he is an indifferent áctor, he is not much of an áctor.

невдалеке́ *нареч.* not far off.

невдомёк *предик. безл.* (*дт.*) *разг.*: ему́ ~ it never occúrred to him, he never thought of it.

неве́д||ение *с.* ígnorance; находи́ться в ~ении (о *пр.*) be in ígnorance (of), be ún¦a¦wáre (of); по ~ению through ígnorance. **~омый** ún¦knówn [-'noun]; únfamíliar; (*таинственный*) mystérious, sùpernátural.

невéжа *м. и ж.* boor, churl.

невéжда *м. и ж.* ìgnorámus, knów-nòthing [ʹnou-].

невéжественн||ость *ж.* ígnorance. ~**ый** ígnorant.

невéжеств||о *с.* ígnorance; грýбое ~ rank ígnorance; по (своемý) ~у through (one's) ígnorance.

невéжлив||ость *ж.* ìncivílity; (*грýбость*) rúde¦ness. ~**ый** ìmpolíte, rude.

невезéние *с. тк. ед. разг.* bad luck.

невели́к *предик.*: он ~ рóстом he is shórtish; ◇ ~á бедá *разг.* no harm done.

невéрие *с.* únbelíef [-ʹliːf], want of faith, scépticism.

невéрно I 1. *прил. кратк. см.* невéрный; 2. *предик. безл.* it is not true.

невéрн||о II *нареч.* ìn¦corréctly. ~**ость** *ж.* 1. (*неправильность*) ìn¦corréctness; 2. (*измена*) ìnfidélity, ùnfáithfulness; супрýжеская ~ость adúltery. ~**ый** 1. (*ошибочный, лóжный*) ìn¦corréct; 2. (*веролóмный*) ùnfáithful, fáithless, dìslóyal; (*лживый*) false [fɔːls]; 3. (*нетвёрдый*): ~ая похóдка ún¦éven / únsteády / fáltering gait [...ʹstedɪ...]; ~ая рукá únsteády hand.

невероя́тно I 1. *прил. кратк. см.* невероя́тный; 2. *предик. безл.* it is in¦crédible, it is ìn¦concéivable [...ʹsiː-], it is be¦yónd belíef [...ʹliːf].

невероя́тн||о II *нареч.* in¦crédibly, ìn¦concéivably [-ʹsiː-]. ~**ость** *ж.* in¦crèdibílity; до ~ости to an ùnbelíevable extént [...ʹliː-...]. ~**ый** in¦crédible; ùnbelíevable [-ʹliː-], ìn¦concéivable [-ʹsiː-]; (*баснослóвный*) fábulous; ~ое предположéние a víolent assúmption, an ùn¦líke¦ly conjécture.

невéрующий 1. *прил.* únbelíeving [-ʹliː-], ìrrelígious; 2. *м. как сущ.* átheist [ʹeɪθɪɪst], únbelíever [-ʹliːvə].

невесёл||ый jóyless, mírthless, sad; ~ое занятие mélancholy òccupátion [-kəlɪ...]; ~ые мысли sad thoughts; ~ смех mírthless láughter [...ʹlɑːftə].

невесóм||ость *ж. физ.* impònderabílity; wéightlessness (*тж. перен.*); состоя́ние ~ости state of wéightlessness. ~**ый** *физ.* impónderable; wéightless (*тж. перен.*).

невéст||а *ж.* bride; fiancée (*фр.*) [fɪʹɑːnseɪ]. ~**ка** *ж.* (*женá сы́на*) dáughter-in-law (*pl.* dáughters-); (*женá брáта*) síster-in-law (*pl.* sísters-).

невéсть *нареч. разг.* (*употр. с относит. местоим. и наречиями*): ~ что, ~ чегó góod¦ness / héaven knows what [...ʹhevᵊn nouz...]; ~ скóлько God / héaven knows how many

невещéственн||ость *ж.* ímmatèriálity. ~**ый** ìmmatérial.

невзгóда *ж.* advérsity.

невзирáя: ~ на in spite of, regárdless of; ~ ни на чтó in spite of évery¦thing; ~ на ли́ца without respéct of pérsons.

невзлюби́ть *сов.* (*вн.*) take* a dislíke (to); ~ когó-л. с пéрвого взгля́да take* an ìnstantáneous dislíke to smb

невзначáй *нареч. разг.* by chance; они́ встрéтились там ~ they met there by chance, they chanced to meet there.

невзнóс *м.* nòn-páyment.

невзрáчн||о *нареч.*: вы́глядеть ~ look íll-fávour¦ed / ún¦cóme¦ly / plain [...ʹkʌm-...]. ~**ость** *ж.* ún¦cóme¦liness [-ʹkʌm-], pláinness. ~**ый** íll-fávour¦ed, ún¦cóme¦ly [-ʹkʌm-], plain.

невзыскáтельный ún¦exácting.

нéвидаль *ж. тк. ед. разг.*: что за ~!, вот ~!, э́ка ~! what a wónder! [...ʹwʌ-], here is a wónder indéed!

неви́данн||ый ùnprécedented; ùnwítnessed, ún¦knówn [-ʹnoun], without a párallèl; (*таи́нственный*) queer, mystérious; ~ое мýжество ùn¦exámpled válour [-ɑːm-ʹvæ-].

невиди́м||ка 1. *м. и ж.* invísible bé¦ing [-zə-...]; человéк-~ *the* invísible man*; сдéлаться ~кою become* invísible; ~кою (*в знач. нареч.*) invísibly [-zə-]; 2. *ж.* (*шпи́лька*) invísible háirpìn.

неви́дим||ость *ж.* invìsibílity [-zə-] ~**ый** invísible [-zə-].

неви́дящи||й: смотрéть ~м взгля́дом look ábsently.

неви́нн||ость *ж.* 1. (*невинóвность*) ínnocence, guíltlessness; 2. (*безврéдность*) hármlessness; 3. (*простодýшие*) ingénuous¦ness [ɪnʹdʒe-]; (*наи́вность*) naïvety [nɑːʹiːvtɪ]; naïveté (*фр.*) [nɑːiːvʹteɪ]; 4. (*дéвственность*) vìrgínity. ~**ый** 1. (*невинóвный*) ínnocent, guíltless; 2. (*безврéдный*) hármless; ~ая шýтка hármless joke; ~ая ложь fib; 3. (*простодýшный*) ingénuous [ɪnʹdʒe-]; (*наи́вный*) naïve [nɑːʹiːv]; 4. (*дéвственный*) vírgin.

невинóвен *прил. кратк. уст. см.* невинóвный.

невинóвн||ость *ж.* ínnocence, guíltlessness. ~**ый** (*в пр.*) ínnocent (of); *юр.* not guílty, guíltless; признáть ~ым bring* in a vérdict of not guílty.

невключéние *с.* nòn-in¦clúsion, fáilure to in¦clúde.

невкýсный ùnsávoury, ùnpálatable; (*проти́вный*) násty.

невменяéм||ость *ж.* írresponsibílity; быть в состоя́нии ~ости not be ánswerable for one's áctions [...ʹɑːnsə-...]. ~**ый** 1. irrespónsible; 2. *разг.* (*вне себя́ от гнéва и т. п.*) beside òne¦sélf.

невмешáтельств||о *с.* nón-intervéntion, nón-interférence [-ʹfɪə-]; поли́тика ~а a pólicy of nón-interférence, hánds-óff pólicy.

невмоготý *предик.* (*дт.*) *разг.* ùnbéarable [-ʹbɛə-] (to, for), intólerable (to, for); э́то ~ it is ùnbéarable, it is intólerable; I, he, *etc.*, can't stand it [...kɑːnt...]; емý ~ it is more than he can bear / stand [...bɛə...]; емý стáло ~ he could not stand it any lónger.

невмóчь = невмоготý.

невнимáние *с.* 1. lack of atténtion; 2. (*отсýтствие учти́вости и т. п.*) lack of consìderátion.

невнимáтельн||ость *ж.* ìnatténtion; (*небрéжность*) cáre¦lessness, thóughtlessness; оши́бка по ~ости cáre¦less mistáke. ~**ый** 1. ìnatténtive; (*небрéжный*) cáre¦less, thóughtless; 2. (*невéжливый, нелюбéзный*) ìnatténtive, ún¦oblíging.

невня́тн||ость *ж.* ìndistínctness, ìnàrtículate¦ness. ~**ый** ìndistínct, ìnàrtículate.

нéвод *м.* seine, swéep-nèt.

невозбрáнный *уст.* únhíndered, free; ~ дóступ free admíssion.

невозврати́м||ый irréparable, irrévocable; ~ая утрáта irréparable loss.

невозврáтн||ость *ж.* irrèvocabílity. ~**ый** irrévocable, ìrretríevable [-iːv-].

невозвращéни||е *с.* fáilure to retúrn; вáше ~ обеспокóило егó he was wórried by your not retúrning, *и́ли* by your not having come back [...ʹwʌ-...]; в слýчае ~я дéнег в срок if the móney is not retúrned / paid back in time [...ʹmʌ-...].

невоздéланный úntílled, ún¦cúltivàted; (*запрóшенный*) waste [weɪ-].

невоздержáние *с.* intémperance.

невоздéржанн||ость *ж.* = невоздéржность. ~**ый** = невоздéржный.

невоздéржн||ость *ж.* lack of sélf-restráint, lack of sélf-contról [...-roul]. ~**ый** intémperate, in¦cóntinent; (*несдéржанный*) ún¦contrólled [-rou-], ún¦restráined; ~ый на язы́к given to ún¦contrólled / ún¦restráined tálking.

невозмóжно I 1. *прил. кратк. см.* невозмóжный; 2. *предик. безл.* it is impóssible; ~ узнáть э́то it is impóssible to discóver it [...ʹkʌ-...]; ~ сдéлать э́то it cánnòt be done.

невозмóжн||о II *нареч.* impóssibly. ~**ость** *ж.* impòssibílity; в слýчае ~ости if it is found impóssible; ◇ до ~ости *разг.* to the last degrée; за ~остью (*рд.*) ówing to the impòssibílity [ʹou-...] (of). ~**ый** 1. *прил.* impóssible; 2. *с. как сущ.* the impóssible, *an* impóssible thing.

невозмути́м||ость *ж.* impèrtùrbabílity, cóolness. ~**ый** ìmpèrtúrbable, cool, ún¦rúffled.

невознагради́м||ость *ж.* irrèparabílity. ~**ый** 1. (*непоправи́мый*) irréparable, ìrretríevable [-ʹtriː-]; ~ая утрáта irretríevable loss; 2. (*не могýщий быть вознаграждённым*) ún¦récompènsable, that can never be repáid; он оказáл мне ~ую услýгу he did me a sérvice that I can never repáy, *и́ли* that can never be repáid.

невоинственный not béllicose [...-s], únwárlike; (*миролюбивый*) péace¦ful, péace-lòving [-lʌ-].

невóлей *нареч. уст.* agáinst one's will, fórcibly, by force.

невóлить (*вн.*) force (*d.*), constráin (*d.*); (*заставлять*) compél (*d.*).

невóльни||к *м.*, ~**ца** *ж. уст.* slave. ~**ческий** *прил.* к невóльничество. ~**чество** *с. уст.* slávery ['sleɪ-]. ~**чий** *прил.* к невóльник; ~чье сýдно *ист.* sláver.

невóльн||о *нареч.* invóluntarily; automátically; (*не намеренно*) ún¦inténtionally, ùnwítting¦ly; ~ вздохнýть heave* an invóluntary sigh. ~**ый** 1. (*вынужденный*) forced; 2. (*непроизвольный*) invóluntary, ún¦inténtional; ~ая улы́бка invóluntary smile.

невóл||я *ж.* 1. (*рабство*) slávery ['sleɪ-], bóndage; (*плен*) càptívity; содержáться в ~е be shut up, be in càptívity; 2. *разг.* (*вынужденность*) necéssity.

невообразúмый in¦concéivable [-'si:v-], ùn¦imáginable.

невооружённ||ый ún¦ármed; ◇ ~ым глáзом with the ún¦áided / náked eye [...aɪ].

невоспúтанн||ость *ж.* ill bréeding, ùnmánnerliness. ~**ый** íll-bréd, ùnmánnerly.

невоспламеня́ем||ость *ж.* nón-inflàmmabílity. ~**ый** nón-inflámmable.

невосприúмчив||ость *ж.* 1. lack of recèptívity; 2. (*к болезням*) immúnity (to). ~**ый** 1. ún¦recéptive; 2. (*к болезням*) immúne (to).

невостре́бованный not called for, ún¦cláimed.

невпопáд *нареч. разг.* not to the point, out of place, inópportùne¦ly; отвечáть ~ be irrélevant, ánswer ábsent-mínded¦ly / irrélevantly ['ɑːnsə...].

невразумúтельн||ость *ж.* ún¦intèlligibílity. ~**ый** ún¦intélligible, in¦-còmprehénsible; (*неясный*) obscúre.

невралг||úческий *мед.* neurálgic. ~**úя** *ж. мед.* neurálgia [-ʤə]; ~úя лицá neurálgia of the face; fáce-àche [-eɪk] *разг.*; межрёберная ~úя intercóstal neurálgia; ~úя седáлищного нéрва sciática.

неврастéн||ик *м.* neurasthénic. ~**úческий** neurasthénic. ~**úя** *ж.* neurasthénia.

невреди́||мый únhármed, safe; цел и ~м safe and sound.

неврúт *м. мед.* neurítis.

неврóз *м. мед.* neurósis (*pl.* neuróses [-i:z]).

невро||логúческий neurológic. ~**лóгия** *ж.* neurólogy.

неврóма *ж. мед.* neuróma (*pl.* -ta).

невро||патúческий *мед.* neuropáthic. ~**пáтия** *ж. мед.* neurópathy. ~**патóлог** *м.* neuropathólogist. ~**патологúческий** neuropàthológical. ~**патолóгия** *ж.* neuropathólogy.

невротúческий *мед.* neurótic.

невручéние *с.* nón-delívery, fáilure to delíver [...-'lɪ-]; *юр.* fáilure to serve.

невсхóжесть *ж. с.-х.* nón-emérgency.

невтерпёж *предик. безл. разг.*: емý, им *и т. д.* стáло ~ he, they, *etc.*, cánnòt stand / bear it any lónger [...bɛə...], he, they, *etc.*, are fed up with it.

невы́года *ж.* dìsadvántage [-'vɑː-]; (*убыток*) loss.

невы́годно I 1. *прил. кратк. см.* невы́годный; 2. *предик. безл.* it is not àdvantágeous; (*в денежном отношении*) it is not remúnerative; it does not pay *разг.*

невы́годн||о II *нареч.* dìsàdvàntágeous¦ly [-vɑː-]; not to *one's* advántage [...-'vɑː-]. ~**ость** *ж.* dìsàdvàntágeous¦ness [-vɑː-]; ùnprófitable¦ness (*о конъюнктуре*) únfávour¦able¦ness. ~**ый** dìsàdvàntágeous [-vɑː-]; (*в денежном отношении*) ùnprófitable, ún¦remúnerative; not páying *разг.*; (*о конъюнктуре*) ún¦fávour¦able; показáть себя́ с ~ой стороны́ show* òne¦sélf to dìsadvántage [ʃou... -'vɑː-], place òne¦sélf in an únfávour¦able light; стáвить в ~ое положéние (*вн.*) place at a dìsadvántage (*d.*), hándicàp (*d.*); быть, оказáться в ~ом положéнии be at a dìsadvántage.

невы́деланн||ый úndréssed; ~ая кóжа úndréssed / raw hide.

невы́держанн||ость *ж.* 1. (*о человеке*) lack of sélf-contról [...-oul]; 2. (*о стиле*) ún¦éven¦ness. ~**ый** 1. (*о человеке*) lácking sélf-contról [...-oul]; 2. (*о стиле*) ún¦éven; 3. (*о вине, сыре и т. п.*) new.

невы́езд *м.*: дать подпúску о ~е give* a wrítten ùndertáking not to leave *a place*.

невылáзн||ый *разг.*: ~ая грязь deep mire / mud.

невыносúмо I 1. *прил. кратк. см.* невыносúмый; 2. *предик. безл.* it is ùnbéarable / insúfferable [...-'bɛə-...].

невыносúм||о II *нареч.* ùnbéarably [-'bɛə-], insúfferably; э́то ~ скýчно it is insúfferably dull. ~**ый** intólerable, ùnbéarable [-'bɛə-], insúfferable; ~ая боль excrùciáting pain.

невы́плаканн||ый: ~ые слёзы únshéd tears.

невыполн||éние *с.* nón-fulfílment [-ful-]; fáilure to éxecùte, *или* to cárry out, *или* to complý with; ~ прáвил, трéбований *и т. п.* nón-compliance with the règulátions, requíre¦ments, *etc.*; ~ плáна nón-fulfílment of the plan; ~ обязáтельства *юр.* nón-féasance [-'fi:z-]. ~**úмость** *ж.* imprácticabílity. ~**úмый** imprácticable; ~úмое желáние ún¦-réalìzable wish / desíre [-'rɪə-... -'zaɪə].

невы́работанный 1. (*о стиле*) únfínished, rough [rʌf], not refíned, not elábòrate; 2. (*о шахте, торфянике*) not exháusted, not worked out.

невыразúмый ìnexpréssible, be¦-yónd expréssion.

невыразúтельн||ость *ж.* ìnexpréssive¦ness. ~**ый** ìnexpréssive, tóne¦-less.

невы́сказанный ún¦expréssed, únvóiced, únsáid [-'sed]; (*тайный*) hídden, sécret.

невысóк||ий (*в разн. знач.*) not high, low [lou]; (*о росте тж.*) short, shórtish, not tall; ~ого кáчества lów-gráde ['lou-] (*attr.*), not high-gráde; ~ое мнéние indífferent opínion, not a fávour¦able opínion; ~ая ценá móderate price.

невы́спавшийся sléepy.

невысыхáющ||ий úndrýing, never drýing; ~ие чернúла úndrýing ink *sg.*

невы́ход *м.*: ~ на рабóту ábsence (from work); (*прогул*) trúancy.

невыя́сненн||ость *ж.* obscúrity, ùncértainty. ~**ый** obscúre, not clear, not cleared up, ùncértain.

нéга *ж.* 1. sweet bliss; 2. (*довольство*) cómfort ['kʌ-].

негармонúчн||ость *ж.* ìnhàrmóniousl¦ness. ~**ый** ìnhàrmónious.

негатúв *м. фот.* négative. ~**ный** négative.

негашён||ый: ~ая и́звесть quíck-líme.

нéгде *нареч.* (+*инф.*) there is nó¦whère (+to *inf.*); there is no place (+to *inf.*); ~ сесть there is nó¦whère to sit, there is nothing to sit on; мне, емý *и т. д.* ~ взять э́то there is nó¦whère I, he, *etc.*, could get it from; мне, емý *и т. д.* ~ положúть э́то I have, he has, *etc.*, nó¦whère to put it; there is no room for me, him, *etc.*, to put it.

негúбкий infléxible, stiff, rígid.

негигиенúч||еский, ~**ный** únhỳgíenic [-'ʤi:-].

неглáдкий 1. ún¦éven, rough [rʌf]; 2. (*о речи*) not flúent, jérky.

неглáдко I *прил. кратк. см.* неглáдкий.

неглáдко II *нареч.* 1. ún¦éven¦ly, not smóothly [...-ð-]; дéло идёт ~ things are not gó¦ing smóothly; 2. (*о речи*) not flúently; ~ читáть not read* flúently; read* jérkily; ~ писáть write* bád¦ly, have a clúmsy style [...-zɪ...].

неглáсн||ый sécret; prívate ['praɪ-]; ~ надзóр sécret survéillance; ~ым óбразом prívate¦ly ['praɪ-].

неглижé *с. нескл.* négligé (*фр.*) [neglɪ'ʒeɪ], úndréss.

неглижúровать (*тв.*) *уст.* neglect (*d.*).

неглубóкий not deep, shállow; (*поверхностный*) sùperfícial, skin-deep.

неглýпый sénsible, háving cómmon sense; ~ человéк no fool.

негó *рд., вн. см.* он, онó.

негóдн||ик *м.*, **~ица** *ж. разг.* réprobàte. **~ость** *ж.* **1.** únfítness; **2.** (*плохое состояние*) wórthless¦ness; прийти́ в ~ость become* wórthless; (*износиться*) wear* out [wɛə...]; (*о зданиях и т. п.*) fall* into dísrepáir; привести́ в ~ость (*вн.*) put* / bring* out of commíssion (*d.*), make* úse¦-less / wórthless. [...'juːs-...] (*d.*); (*об одежде*) wear* out (*d.*). **~ый 1.** únfít; ~ый к употребле́нию únfít for use [...juːs]; вода́, ~ая для питья́ úndrínkable wáter [...'wɔː-], wáter not fit to drink; ~ый к вое́нной слу́жбе inéligible / únfít for (military) sérvice; **2.** (*плохой*) wórthless; góod-for-nòthing *разг.*

негодова́ни||е *с.* ìndignátion; взрыв ~я burst of ìndignátion; прийти́ в ~ become* indígnant; привести́ в ~ (*вн.*) ánger (*d.*); make* indígnant (*d.*); с ~ем indígnantly.

негод||ова́ть (на *вн.*, про́тив) be indígnant (with). **~у́ющий** indígnant.

негодя́й *м.*, **~ка** *ж.* scóundrel, víllain; отъя́вленный ~ invéterate scóundrel.

негостеприи́мн||ость *ж.* ínhòspitálity. **~ый** inhóspitable.

негото́вый ún¦réady [-'re-], not réady [...'re-].

негр *м.* Négrò.

негра́мотн||ость *ж.* **1.** illíteracy; ликвида́ция ~ости wíping out of illíteracy; **2.** (*неосведомлённость*) ígnorance. **~ый 1.** illíterate; **2.** (*неграмотно написанный*) illíterate, ún¦grammátical; **3.** (в *пр.*; *неосведомлённый*) ígnorant (of), not versed (in), únvérsed (in); **4.** (*о работе, рисунке*) rude.

неграцио́зный ún¦gráce¦ful.

негрит||ёнок *м.* Négrò child*, little Négrò; píckaninny *разг.* **~о́с** *м.* Negrìtò [-'griː-]. **~я́нка** *ж.* Négrò wóman* [...'wu-]; (*молодая*) Négrò girl [...g-]. **~я́нский** Négrò (*attr.*).

негро́мк||ий low [lou]; ~им го́лосом in a low voice.

не́гус *м.* Négus.

негусто́й (*в разн. знач.*) thin; (*водянистый*) wátery ['wɔː-].

неда́вн||ий récent; до ~его вре́мени till récent¦ly; с ~его вре́мени, с ~их пор of late.

неда́вно *нареч.* not long agó, récent¦ly; láte¦ly; ~ прибы́вший néwly arríved; (*как сущ.*) néw-còmer [-kʌ-]; ~ вы́пущенный из шко́лы fresh from school.

недалёк||ий 1. near, not far off; (*короткий*) short; ~ое путеше́ствие short jóurney [...'ʤɜː-]; ~ путь short way; на ~ом расстоя́нии at a short dístance; **2.** (*близкий по времени*) near; в ~ом про́шлом not long agó, in récent times; в ~ом бу́дущем in the near, *или* not distant, fúture; **3.** (*глуповатый*) none too cléver [nʌn... 'kle-], shórt-wìtted; ◇ он недалёк от и́стины he is very near the truth [...-uːθ], he is práctically right.

недалеко́ I, **недалёко 1.** *прил. кратк. см.* недалёкий; ~ то вре́мя, когда́ the time is not far dístant, when; **2.** *предик. безл.* it is not far; им ~ идти́ they have a short way to go; ◇ за приме́ром ~ ходи́ть an exámple is réady to hand [...-ɑːm-... 're-...], one need not search far for an exámple [...sɜːʧ...].

недалеко́ II, **недалёко** *нареч.* not far.

недалёкость *ж.* nárrow-míndedness; (*глупость*) stùpídity.

неда́льний 1. = недалёкий 1; **2.** (*близкий по родству*) close [-s].

недальнови́дн||ость *ж.* impróvidence. **~ый** impróvident, shórt-síghted, únfòre¦sée¦ing.

недарови́т||ость *ж.* lack of tálent [...'tæ-]; (*посредственность*) mèdiócrity. **~ый**: ~ый челове́к not a gífted pérson [...'gɪ-...], not a man* of tálent [...'tæ-].

неда́ром *нареч.* **1.** (*не без основания*) not for nóthing, not without réason [...-z°n]: ~ он опаса́лся э́того he feared it not without réason; ~ говоря́т not without réason is it said [...sed]; **2.** (*не без цели*) not without púrpose [...-s]; он заходи́л к нам ~ he had a réason for cálling; он ~ сде́лал тако́е большо́е путеше́ствие he did not trável so far in vain [...'træ-...], it was not in vain that he trávelled so far.

недви́жим||ость *ж.* immóvable próperty [-'muː-...]; immóvables [-'muː-] *pl.*, real estáte [rɪəl...], réalty ['rɪə-]. **~ый** immóvable [-'muː-]; ~ое иму́щество = недви́жимость.

недвусмы́сленн||ый ún¦equívocal, ún¦àmbíguous; (*ясный*) plain; са́мым ~ым о́бразом in the most ún¦àmbíguous mánner.

недееспосо́бн||ость *ж.* in¦capácity. **~ый** in¦cápable.

недействи́тельн||ость *ж.* **1.** ìnèfficácity; *юр.* ìnvalídity, núllity; **2.** (*недейственность*) ìneffíciency, ìneffèctive¦ness. **~ый 1.** ìnèfficácious; *юр.* inválid, void, null; де́лать ~ым (*вн.*) inválidàte (*d.*), núllify (*d.*); **2.** (*не действующий*) ìneffèctive, ìneffèctual; (*о лекарстве, средстве*) ìnèfficácious.

неделика́тн||ость *ж.* indélicacy. **~ый** indélicate.

недели́м||ость *ж.* índivìsibílity [-zɪ-]. **~ый** ìndivísible [-zɪ-]; ~ые чи́сла prime númbers; ~ые фо́нды (*колхоза*) únsháred / ìndivísible funds.

неделово́й ùnbúsinesslike [-'bɪzn-].

неде́льный wéekly; ~ срок a week, a week's time.

неде́л||я *ж.* week; че́рез ~ю in a week; ро́вно че́рез ~ю in exáctly a week's time; a week to¦ dáy; ка́ждую ~ю every week; на про́шлой ~е last week; на э́той ~е this week; на той ~е *разг.* (*на следующей*) next week; в сре́ду на сле́дующей ~е on Wédnesday week [...'wenzdɪ...]; две ~и fórtnìght; че́рез две ~и this day fórtnìght, in a fórtnìght.

недержа́ние *с.*: ~ мочи́ *мед.* in¦-cóntinence / ìrretèntion of úrine.

недёшево *нареч. разг.* at a consíderable price; (*перен.*) by spénding much time, strength, *etc.*; э́то ему́ ~ доста́лось he has had to spend much time, strength, *etc.*, to get it; he has got it ónly by spénding much time, strength, *etc.*

недисциплини́рованн||ость *ж.* indíscipline. **~ый** ùndísciplined.

недифференци́рованный úndìfferéntiàted.

недобира́ть, недобра́ть (*рд.*) not get the full amóunt (of).

недобо́р *м.* shórtage; (*денежный*) arréars *pl.*; ~ нало́гов arréars of táxes *pl.*

недобра́ть *сов. см.* недобира́ть.

недоброжела́тель *м.*, **~ница** *ж.* íll-dispósed pérson, évil-wísher ['iːv-], íll-wísher. **~но** *нареч.* with íll-wíll; ~но относи́ться (к) show* íll-wíll [ʃou...] (towards). **~ность** *ж.* hòstílity, íll-wíll. **~ный** íll-dispósed, hóstile. **~ство** *с.* = недоброжела́тельность; относи́ться с ~ством (к) show* íll-wíll [ʃou...] (towards).

недоброка́чественн||ость *ж.* bad quálity. **~ый** of poor quálity, lów-gráde ['lou-], bad*; ~ые това́ры inférior goods [...gudz].

недобросо́вестн||ость *ж.* ún¦cònsciéntious¦ness [-nʃɪ-]; ~ выполне́ния рабо́т cáre¦less work. **~ый** ún¦cònsciéntious [-nʃɪ-]; ~ая рабо́та cáre¦-less work; ~ая конкуре́нция *юр.* únfáir còmpetítion.

недо́бр||ый 1. ùn¦kínd; ~ое чу́вство évil / ill féeling ['iːv°l...]; пита́ть ~ые чу́вства (к) bear* íll-wíll [bɛə...] (to); **2.** (*плохой, неприятный*) bad; ~ая весть bad news [...-z]; замышля́ть что-л. ~ое have évil inténtions; be up to mís¦chief *разг.*

недове́р||ие *с.* distrúst; пита́ть ~ к кому́-л. mistrúst / distrúst smb. **~чиво** *нареч.* with distrúst, distrústfully, mistrústfully. **~чивость** *ж.* distrústfulness. **~чивый** distrústful, mistrústful.

недове́с *м.* short weight. **~ить** *сов. см.* недове́шивать.

недове́шивать, недове́сить (*рд.*) give* short weight (of); недове́сить 100 гра́ммов weigh 100 grams less; недове́сить са́хару give* short weight of súgar [...'ʃu-].

недово́льно *нареч.* with displéasure [...-'ple-].

недово́ль||ный 1. *прил.* dís¦satisfied, díscontènted, displéased; **2.** *м.* как *сущ.* málcontènt. ~ство *с.* dís¦sàtisfáction, díscontént, displéasure [-'ple-]; (*кем-л. тж.*) resentment [-'ze]; вызывать чьё-л. ~ство displéase smb.

недовыполне́ние *с.* ùnderfulfílment [-ful-].

недовы́полнить *сов.* (*вн.*) ùnderfulfíl (*d.*).

недовы́работка *ж.* únderprodúction.

недовы́ручка *ж.* defíciency in recéipts [...-'si:ts].

недога́длив||ость *ж.* slow wits [slou...] *pl.* ~**ый** slów(-witted) ['slou-]; какой ты ~ый! how slow you are! [...slou...].

недогляде́ть *сов. разг.* **1.** (*рд.*; *пропустить*) òver¦lóok (*d.*), miss (*d.*); **2.** (за *тв.*; *не проявить достаточного внимания*) not take* suffícient care (of); ~ за кем-л., чем-л. not keep* próper watch óver smb., smth. [...'prɔ-...], be neglе́ctful of smb., smth.

недогова́ривать (*рд.*) keep* back (*d.*), not expréss / say* évery¦thing.

недоговорённость *ж.* **1.** (*замалчивание*) réticence; **2.** (*несогласованность*) lack of ùnderstánding.

недогружа́ть, недогрузи́ть (*вн.*) únderload (*d.*), not give* full load (*i.*), fail to load in full (*d.*).

недогрузи́ть *сов. см.* недогружа́ть.

недогру́зка *ж.* únderloading.

недодава́ть, недода́ть (*рд.*, *вн.*) give* less (*d.*); недода́ть пять рубле́й give* five roubles less [...ru:-...].

недода́ть *сов. см.* недодава́ть.

недода́ча *ж.* (*недовыпуск*) defíciency in delívery.

недоде́л||анный únfínished. ~**ать** *сов.* (*вн.*, *рд.*) leave* únfínished (*d.*). ~**ка** *ж.* ìmperféction.

недо||держа́ть (*вн.*) *фот.* únderexpóse (*d.*). ~**де́ржка** *ж. фот.* únderexpósure [-'pou-].

недоеда́||ние *с.* málnùtrítion, únderféeding. ~**ть** be ùndernóurished [...-'nʌ-], be únderféd.

недозво́ленный ún¦láwful, illícit.

недозре́лый ún¦rípe, green; (*перен. тж.*) ìmmatúre.

недои́м||ка *ж.* arréars *pl.*; взыскивать ~ки colléct arréars. ~**щик** *м.* defáulter, one in arréars of páyment.

недоиспо́льзование *с.* únderèxploitátion.

недока́з||анность *ж.* fáilure to prove [...pru:v]; ~ обвине́ния fáilure to prove *a* charge. ~**анный** not proved [...pru:-], not évident. ~**а́тельный** not sérving as proof; fáiling to prove [...pru:v]. ~**у́емый** which cánnòt be proved [...pru:-], which cánnòt be shown to be... [...ʃoun...], indémonstrable.

недоко́нченн||ость *ж.* únfínished state. ~**ый** únfínished.

недо́лго I *нареч.* not long; он жил ~ he did not live long [...lɪv...]; ~ ду́мая without thínking twice, without gíving it a sécond thought [...'se-...].

недо́лго II *предик. разг.*: ~ и one can éasily [...'i:z-]: ~ и простуди́ться one can éasily catch cold; и потону́ть ~ one can éasily get drowned.

недолгове́чн||ость *ж.* short life; (*непродолжительность*) short durátion. ~**ый** shórt-líved [-'lɪ-]; быть ~ым be shórt-líved.

недолёт *м. воен.* short round, mínus round.

недолю́бливать (*вн.*, *рд.*) *разг.* have no spécial líking/sýmpathy [...'spe-...] (for).

недоме́р *м.* short méasure [...'me-]. ~**ивать**, недоме́рить (*вн.*, *рд.*) give* short méasure [...'me-] (of). ~**ить** *сов. см.* недоме́ривать.

недомога́ние *с.* ìndisposítion [-'zɪ-]; (*вялость, апатия*) léthargy; чу́вствовать ~ be ìndispósed, not feel* quite well.

недомога́ть *разг.* be únwéll, not feel* quite well.

недомо́лвка *ж.* rèservátion [-zə-].

недомы́слие *с.* stùpídity, thóughtlessness.

недоноси́тельство *с. юр.* nòn-ìnformátion.

недоно́||сок *м.* prèmatúre¦ly born child*. ~**шенный** (*о ребёнке*) prèmatúre¦ly born.

недооце́н||ивать, недооцени́ть (*вн.*) únderéstimàte (*d.*), ùnderráte (*d.*), únderválue (*d.*). ~**и́ть** *сов. см.* недооце́нивать. ~**ка** *ж.* únderéstimate, únderèstimátion.

недопечённый *прич. и прил.* hálf-báked ['hɑ:f-].

недоплати́ть *сов. см.* недопла́чивать.

недопла́чивать, недоплати́ть (за *вн.*) pay* less than requíred (for), únderpáy* (for); ~ за что-л. not pay* the full price of smth., not pay* enóugh for smth. [...ɪ'nʌf...].

недополуч||а́ть, недополучи́ть (*вн.*, *рд.*) recéive / get* less (than one's due) [-'si:v...]; недополучи́ть пять рубле́й recéive / get* five roubles less [...ru:-...]. ~**и́ть** *сов. см.* недополуча́ть.

недопотребле́ние *с.* ùnder-consúmption.

недопроизво́дство *с.* únderprodúction.

недопусти́м||ость *ж.* ìnadmìssibílity. ~**ый** ìnadmíssible, intólerable; э́то ~о it is ìnadmíssible / intólerable; it cánnòt be put up with.

недопуще́ние *с.* nón-admíssion; (*запрещение, исключение*) bánning, bárring.

недорабо́тать *сов.* (*рд.*) not do the full amóunt of work; (*недовыполнить*) ùnderfulfíl one's task [-ful-...], fall* short of one's tárget [...-g-].

недора́звит||ость *ж.* únder-devélopment. ~**ый** únder-devéloped.

недоразуме́ние *с.* mísùnderstánding.

недо́рого *нареч.* at a low / móderate price [...lou...].

недорого́й ìnexpénsive.

недоро́д *м.* poor hárvest, crop fáilure.

не́доросль *м.* hálf-éducàted féllow ['hɑ:f-...]; ìgnorámus.

недосе́в *м. с.-х.* ìnsuffícient sówing [...'sou-]; ùnderfulfílment of sówing-plàn [-ful-...'sou-].

недослы́шать *сов.* (*вн.*, *рд.*) **1.** fail to catch / hear (*d.*), fail to hear to the end (*d.*); **2.** (*быть глуховатым*) be hard of héaring.

недосмо́тр *м.* óver¦sìght; по ~у by an óver¦sìght.

недосмотре́ть *сов.* **1.** (*рд.*; *пропустить*) òver¦lóok (*d.*), miss (*d.*); **2.** (за *тв.*; *не проявить достаточного внимания*) not take* suffícient care (of).

недосо́л *м.* ìnsuffícient sálting.

недоспа́ть *сов. см.* недосыпа́ть.

недоспе́лый green, ún¦rípe.

недоста||ва́ть, недоста́ть *безл.* **1.** (*рд.*) be míssing (*d.*), lack (*d.*); чего́ вам ~ёт? what do you lack?; ему́ ~ёт де́нег he is short of móney [...'mʌ-], he has not got enóugh móney [...ɪ'nʌf...]; нам ~ёт рабо́тников we lack wórkers; ему́ ~ёт слов, что́бы вы́разить he cánnòt find words to expréss; ему́ недоста́нет сил his strength will not suffíce him, he will not have suffícient strength; **2.** *тк. несов.* (*рд. дт.*) miss (*d.*); нам о́чень ~ва́ло вас we missed you very much, we missed you bád¦ly; ✧ э́того ещё ~ва́ло! that would be the límit!, that would be the last straw!

недоста́вленный úndelívered.

недоста́т||ок *м.* **1.** *тк. ед.* (*рд.*, в *пр.*; *нехватка*) lack (of), shórtage (of), defíciency (in); ~ рабо́чей си́лы shórtage of hands; за ~ком чего́-л. for want of smth.; испы́тывать ~ (в *пр.*) be short (of), be in want (of); **2.** (*несовершенство*) shórt¦còming; (*дефект*) defect; име́ть серьёзные ~ки súffer from grave shórt¦còmings; вскрыва́ть ~ки ùn¦cóver shórt¦còmings ['kʌ-...]; физи́ческий ~ defórmity; córporal / bódily defect; ~ зре́ния deféctive éye¦sight [...'aɪ-].

недоста́точно I **1.** *прил. кратк. см.* недоста́точный; **2.** *предик. безл.* it is ìnsuffícient, it is not enóugh [...ɪ'nʌf].

недоста́точн||о II *нареч.* ìnsuffíciently. ~**ость** *ж.* ìnsuffíciency, inádequacy. ~**ый** ìnsuffícient, inádequate; (*скудный*) scánty; ~ый глаго́л *грам.* deféctive verb.

недоста́||ть *сов. см.* недостава́ть **1.** ~**ча** *ж. разг.* lack, shórtage, défícit.

недостающий *прич. и прил.* missing, fáiling.

недостижи́м||ость *ж.* ún¦attainabílity. **~ый** ún¦attáinable, ún¦achievable [-'ʧi:v-].

недостове́рн||ость *ж.* ún¦authènticity. **~ый** not authéntic, ún¦authéntic; (*сомнительный*) dóubtful ['daut-].

недосто́йно I 1. *прил. кратк. см.* недосто́йный; 2. *предик. безл.* (*рд.*) it is ùnwórthy [-ðɪ] (of).

недосто́йно II *нареч.* ùnwórthily; méanly.

недосто́йный 1. (*рд.*) ùnwórthy [-ðɪ] (of); 2. (*не заслуживающий уважения*) wórthless, ùnwórthy, mean; ~ посту́пок mean áction.

недостро́енный únfinished.

недосту́пн||ость *ж.* inàccèssibílity. **~ый** 1. inàccéssible; 2. (*для понимания*) difficult; э́та кни́га ~а де́тям this book is too dífficult for children; э́то ~о мне it is be¦yónd, *или* it pásses, my còmprehénsion.

недосу́г *м. разг.*: ему́ ~ he is too búsy [...'bɪzɪ]; за ~ом for lack of time.

недосчита́ться *сов. см.* недосчи́тываться.

недосчи́тываться, недосчита́ться (*рд.*) miss (*d.*); be out / short in one's accóunts; они́ недосчита́лись трои́х they missed three, three were found míssing; он недосчита́лся трёх рубле́й he found he was three roubles short [...ru:blz...].

недосыпа́ние *с.* not getting enóugh sleep [...ɪ'nʌf...].

недосыпа́ть, недоспа́ть not have / get* enóugh sleep [...ɪ'nʌf...], not sleep* enóugh.

недосяга́ем||ость *ж.* ínàccèssibílity. **~ый** inàccéssible.

недотёпа *м. и ж. разг.* muff, gawk.

недотро́га 1. *м. и ж. разг.* tóuch-me-nòt ['tʌ-], tóuchy / thín-skínned pérson ['tʌ-...]; он тако́й ~ he is so tóuchy; 2. *ж. бот.* tóuch-me-nòt.

недоу́здок *м.* hálter; наде́ть ~ (на *вн.*) hálter (*d.*).

недоумев||а́ть be puzzled, be perpléxed, be at a loss. **~а́ющий** púzzled.

недоуме́н||ие *с.* bewílderment, perpléxity; с ~ием puzzled, bewildered; в ~ии in perpléxity; он посмотре́л на неё с ~ием he gave her a puzzled look. **~ный** púzzling; (*выражающий недоумение*) puzzled; ~ный вопро́с púzzling quéstion [...-sʧən]; ~ный взгляд puzzled look.

недоу́чка *м. и ж. разг.* smátterer.

недохва́тка *ж. разг.* shórtage.

недохо́дный ùnprófitable, not páying.

недочёт *м.* 1. (*недостача*) shórtage, déficit; 2. (*недостаток*) defect.

не́дра *мн.* (*прям. и перен.*) womb [wu:m] *sg.*, bósom ['buz-] *sg.*; ~ земли́ éntrails / bówels of the earth [...ə:θ]; бога́тства недр míneral wealth [...welθ] *sg.*; в ~х наро́да in the midst / depths of the people [...pi:-].

недре́млющий vígilant, wátchful, únwinking.

не́друг *м.* énemy, foe.

недружелю́б||ие *с.* únfríendliness [-'fre-]. **~ный** únfríendly [-'fre-].

недру́жный disùníted, not in accórd.

неду́г *м.* áilment.

неду́рно I 1. *прил. кратк. см.* недурно́й; 2. *предик. безл.* it's not bad; ~! not bad!

неду́рн||о II *нареч.* ráther well ['rɑ:-...]. **~о́й** 1. not bad; 2. (*о наружности*) not bád-looking; он недурён собо́й he is ráther hándsome [...'rɑ:- -ns-].

недю́жинн||ость *ж. переводится прил.*: ~ его́ тала́нта his remárkable tálent [...'tæ-]. **~ый** ùn¦úsual [-ʒuəl], outstánding, remárkable, excéptional; ~ый ум remárkable intélligence; ~ый тала́нт outstánding / remárkable tálent [...'tæ-].

неё *рд. см.* она́.

нееcте́ственный 1. ùn¦nátural; 2. (*деланный*) affécted.

нежда́нно I *прил. кратк. см.* нежда́нный.

нежда́нн||о II *нареч.* ún¦expéctedly; ~-нега́данно against all èxpèctátions. **~ый** ún¦expécted.

нежела́ние *с.* únwílling¦ness, relúctance.

нежела́тельн||ость *ж.* úndesìrabílity [-zaɪə-]. **~ый** 1. (*дт.*) úndesírable [-'zaɪə-] (to); 2. (*неприятный*) objéctionable.

не́жели *союз уст.* than.

нежена́тый únmárried, single.

не́женка *м. и ж. разг.* mólly-còddle.

нежéнственный ùnwómanly [-'wu-].

нежив||о́й 1. dead [ded], lífe¦less; ~а́я приро́да inánimate náture [...'neɪ-]; (*натюрморт*) stíll-lìfe; 2. (*вялый*) dull, lífe¦less.

нежи́зненн||ый 1. imprácticable; ~ое предложе́ние imprácticable suggéstion [...-'ʤesʧən]; 2. (*о человеке*) únpráctical.

нежизнеспосо́бн||ость *ж.* lack of vítal capácity, lack of vitálity [...vaɪ-]; (*хрупкость*) fráilty; (*беспомощность*) hélplessness. **~ый** lácking vítal capácity, lácking vìtálity [...vaɪ-]; (*хрупкий*) frail; (*беспомощный*) hélpless.

нежило́й 1. (*необитаемый*) ún¦inhábited; ко́мната име́ет ~ вид the room has an ún¦líved-ìn look [...-'lɪvd-...]; 2. (*негодный для жилья*) ún¦inhábitable; únténantable.

не́жить (*вн.*) indúlge (*d.*), pámper (*d.*), coddle (*d.*). **~ся** luxúriàte; ~ся на со́лнце-bask in the sun.

не́жн||ичать *разг.* indúlge in carésses. **~ости** *мн.* 1. kind words, endéarments;(*ухаживания*) cómpliments; fláttery *sg.*; 2. *разг.* (*церемонии*) céremony *sg.*, códdling *sg.* **~ость** *ж.* ténderness, délicacy. **~ый** 1. ténder; (*о вкусе, цвете и т. п.*) délicate; 2. (*любящий*) lóving ['lʌ-], afféctionate, fond; ~ый сын lóving son [...sʌn]; 3. (*хрупкий, невыносливый*) délicate; ~ое сложе́ние délicate cònstitútion; ~ое здоро́вье délicate health[...helθ]; ◇ ~ый во́зраст ténder age; ~ый пол the fair sex.

незабве́нный never to be forgótten.

незабу́дка *ж.* forgét-me-nòt [-'ge-].

незабыва́емый únforgéttable [-'ge-].

незаве́ренный úncértified.

незави́дный ún¦énviable; (*посредственный*) médiòcre.

незави́симо I *прил. кратк. см.* незави́симый.

незави́сим||о II *нареч.* (*самостоятельно*) indepéndently; (от; *вне связи с чем-л.*) irrespéctive (of); держа́ть себя́ ~ assúme an indepéndent air. **~ость** *ж.* indepéndence; (*государства тж.*) sóvereignty ['sɔvrəntɪ]. **~ый** indepéndent; быть ~ым (от) be indepéndent (of); ~ая переме́нная *мат.* indepéndent váriable; ~ое госуда́рство indepéndency, sóvereign state [-rɪn...].

незави́сящ||ий: по ~им обстоя́тельствам ówing to círcumstances (*over which one has no control*) ['ou-...].

незада́ч||а *ж. разг.* ill luck; ему́, им *и т. д.* ~ he is, they are, *etc.*, having ill luck. **~ливый** *разг.* ùn¦lúcky; (*о человеке тж.*) íll-stárred.

незадо́лго *нареч.* (пе́ред, до) shórtly (befóre), not long (befóre): ~ пе́ред его́ прие́здом shórtly befóre his arríval; ~ до его́ отъе́зда not long befóre he left.

незаква́шенный ún¦léavened [-'le-].

незакле́енный (*о конверте*) únséaled.

незаконнорождённ||ость *ж.* íllegítimacy. **~ый** illegítimate; ~ый ребёнок illegítimate child*.

незако́нн||ость *ж.* ìllegálity; ún¦láwfulness. **~ый** illégal, illícit; (*о ребёнке*) illegítimate.

незакономе́рн||ость *ж.* irrègulárity. **~ый** irrégular.

незако́нченн||ость *ж.* ìn¦compléte¦ness, únfinished state. **~ый** ìn¦compléte, únfinished.

незамедли́тельн||о *нареч.* without deláy. **~ый** immédiate.

незамени́мый 1. irreplácе¦able; 2. (*очень нужный*) indispénsable.

незаме́тно I 1. *прил. кратк. см.* незаме́тный; 2. *предик. безл.* it does not show [...ʃou], it does not look as if; ~, что он уста́л, бо́лен *и т. д.* he does not look tired, ill, *etc.*

незаме́тн||о II *нареч.* ìmpercéptibly, ún¦òstèntátious¦ly; ~ для себя́ ùnwítting¦ly. **~ый** 1. ìmpercéptible, ún¦òstèntátious; 2. (*незначительный*) insignificant, ìn¦conspícuous.

незаме́ченный ún¦nóticed [-'nou-].

незаму́жняя únmárried.

незамыслова́тый *разг.* simple, èleméntary.

неза́нятый ún¦óccupied; dís¦en¦gáged.

незапа́мятн||ый ìmmemórial; с ~ых времён from time ìmmemórial, time out of mind.

неза́пертый not locked.

незапеча́танный (*о письме*) únséaled.

незапя́тнанный stáinless, ùnsúllied.

незарабо́танный ún¦éarned [-'ɜː-].

незара́зный nòn-contágious.

незаслу́женн||о *нареч.* úndesérvedly [-'zɜː-]; (*несправедливо*) wróng¦ly. **~ый** úndesérved [-'zɜː-]; ~ый упрёк úndesérved repróach; ~ое оскорбле́ние gratúitous ínsùlt.

незастрахо́ванный ún¦insúred [-'ʃuəd], not insúred [...-'ʃuəd].

незастро́енный vácant; ~ уча́сток vácant site / lot.

незата́сканный oríginal, fresh, not trite.

незате́йлив||ость *ж.* simplícity, únpreténtious¦ness. **~ый** simple, únpreténtious.

незатуха́ющий *физ.* úndámped.

незауря́дн||ый outstánding; out of the cómmon; ~ая ли́чность outstánding pèrsonálity.

не́зачем *нареч. разг.* (there is) no need; (*бесполезно*) it is úse¦less [...'juːs-]; ~ э́то де́лать there is no point in doing this, it is úse¦less to do it.

незашифро́ванный not in cípher [...'saɪ-], in clear.

незащищённый (от) ùnprotécted (from), expósed (to).

незва́ный únbídden, ún¦invíted; ~ гость únbídden / sélf-invíted guest.

незде́шний 1. *разг.* not of these parts, stránger ['streɪ-]; 2. (*неземной*) ùn¦éarthly [-'ɜː-], sùpernátural, mystérious.

нездоро́в||иться *безл.* (*дт.*) *переводится личными формами* feel* únwéll; ему́ ~ится he feels únwéll, he does not feel well. **~ый** (*в разн. знач.*) ùnhéalthy [-'he-]; (*болезненный тж.*) sickly; (*вредный тж.*) únwhóle¦some [-'houl-]; (*о настроениях и т. п. тж.*) mórbid; быть ~ым be únwéll; ~ые лёгкие únsóund lungs; ~ая атмосфе́ра ùnhéalthy átmosphère.

нездоро́вье *с.* (*хроническое*) ill health [...he-]; (*недомогание*) ìndisposítion [-'zɪ-].

неземно́й ùn¦éarthly [-'ɜː-]; (*небесный*) héavenly ['he-]; celéstial.

незлоби́в||ость *ж. уст.* géntle¦ness, míld¦ness. **~ый** *уст.* gentle, mild, forgíving [-'gɪ-].

незло́бие *с. уст.* = незлоби́вость.

незло́й not ùn¦kínd¦ly.

незлопа́мятный forgíving [-'gɪ-], plácable.

незнако́м||ец *м.*, **~ка** *ж.* stránger ['streɪ-]. **~ство** *с* (с *тв.*) nón-acquáintance (with); (*незнание чего-л.*) ígnorance (of). **~ый** *прил.* 1. (*дт.*) ún¦knówn [-'noun] (to), únfamíliar (to); 2. (с *тв.*; *незнающий*) ún¦convérsant (with); быть ~ым с кем-л. not know smb. [...nou...], not be acquáinted with smb.; 3. *м. как сущ.* = незнако́мец.

незна́ни||е *с.* ígnorance, lack of knówledge [...'nɔ-]; по ~ю through ígnorance.

незна́чащий ìnsignífìcant, of no impórtance / signíficance.

незначи́тельн||ость *ж.* ìnsigníficance, ún¦impórtance, nègligibílity. **~ый** 1. (*маловажный*) insignífícant, ún¦impórtant, négligible; 2. (*маленький*) small, slight; ~ое большинство́ nárrow / small majórity.

незре́л||ость *ж.* ún¦rípe¦ness; (*о мысли, произведении и т. п.*) ìmmatúrity. **~ый** (*прям. и перен.*) ún¦rípe; (*перен. тж.*) ìmmatúre; (*о плодах и т. п. тж.*) green.

незри́мый invísible [-z-].

незы́блем||ость *ж.* fírmness, stabílity. **~ый** firm, stable, immóvable [-'muː-].

неизбе́жно I 1. *прил. кратк. см.* неизбе́жный; 2. *предик. безл.* it is inévitable.

неизбе́жн||о II *нареч.* inévìtably, of necéssity. **~ость** *ж.* inèvitabílity; ~ость кра́ха, паде́ния the inévitable dównfàll. **~ый** inévitable, ùn¦avóidable, ìnescápable.

неизве́данн||ый ún¦knówn [-'noun], ìnexpérienced; ~ые стра́ны ún¦explóred / strange lands [...-eɪndʒ...]; ~ое чу́вство ún¦knówn féeling.

неизве́стно [-сн-] 1. *прил. кратк. см.* неизве́стный 1; 2. *предик. безл.* it is not known [...noun]; ему́ ~ he does not know [...nou], he is not a¦wáre of; ~ где no one knows where.

неизве́стн||ость [-сн-] *ж.* 1. (*отсутствие сведений*) ùncértainty; находи́ться в ~ости (о *пр.*) be ùncértain (abóut); он был в ~ости о происше́дшем he was ún¦a¦wáre of the evént; 2. (*отсутствие известности*) obscúrity; он жил в ~ости he lived in obscúrity [...lɪ-...]. **~ый** [-сн-] 1. (*в разн. знач.*) ún¦knówn [-'noun]; ~ый кому́-л. ún¦knówn to smb.; ~ый худо́жник ún¦knówn / obscúre páinter; ~ый о́стров ún¦knówn ísland [...'aɪ-]; ~ого происхожде́ния órigin ún¦knówn; 2. *м. как сущ.* ún¦knówn pérson, stránger [-eɪn-]; 3. *с. как сущ. мат.* ún¦knówn quántity; уравне́ние с двумя́ ~ыми equátion with two ún¦knówn quántities.

неизвини́тельный ìnexcúsable[-zə-].

неизглади́м||ый indélible, ìnefáce¦able; únforgéttable [-'ge-]; ~ое впечатле́ние indélible / lásting impréssion.

неи́зданный únpúblished [-'pʌ-].

неизлечи́м||ость *ж.* in¦cùrabílity. **~ый** in¦cúrable; not to be cured (*predic.*); ~ый больно́й in¦cúrable; ~ая боле́знь in¦cúrable diséase [...-'ziːz].

неизме́нно I *прил. кратк. см.* неизме́нный.

неизме́нн||о II *нареч.* inváriably. **~ость** *ж.* invàriabílity; immùtabílity. **~ый** 1. inváriable; immútable; 2. (*преданный*) ùnfáiling.

неизменя́ем||ость *ж.* immùtabílity, invàriabílity; ùn¦àlterabílity. **~ый** inváriable; ùn¦álterable.

неизмери́м||о *нареч.* imméasurably [-'me-]; на́ша жизнь ста́ла ~ лу́чше пре́жней our life at présent is imméasurably háppier than befóre [...'prez-...]. **~ость** *ж.* immeasurabílity [-me-]; (*огромность*) imménsity. **~ый** imméasurable [-'me-]; (*огромный*) imménse; (*о глубине*) ùnfáthomable [-ðə-], fáthomless [-ðə-]; ~ое простра́нство imméasurable space; ~ое мно́жество cóuntless númbers *pl.*

неизрасхо́дованный únspént, ún¦expénded.

неизу́ченный únstúdied [-'stʌ-]; (*неизвестный*) obscúre, ún¦knówn [-'noun]; (*неисследованный*) ún¦explóred.

неизъясни́м||ый inéxplicable; (*непередаваемый*) inéffable; ~ое блаже́нство inéffable bliss.

неиме́ние *с.* ábsence, lack; за ~м (*рд.*) for lack / want (of).

неимове́рный in¦crédible.

неиму́щий 1. *прил.* índigent, poor; 2. *мн. как сущ.* the poor; the háve-nòts *разг.*

неинтере́сный ún¦ínteresting.

неискорени́мый ìnerádicable.

нейскренн||ий ìnsincére. **~ость** *ж.* ìnsincérity.

неиску́сн||ость *ж.* lack of skill. **~ый** únskílful, not skílful, not éxpèrt.

неиску́шённ||ость *ж.* ìnexpérience, ínnocence. **~ый** ìnexpérienced, únsophísticàted; ~ый в поли́тике ìnexpérienced in pólitics.

неисповеди́мый *уст.* inscrútable.

неисполне́ние *с.* nón-èxecútion; nón-perfórmance; (*правил и т. п.*) nón-obsérvance [-'zɜː-].

неисполни́м||ость *ж.* impràcticabílity. **~ый** imprácticable, únféasible [-z-], not féasible [...-z-]; ~ое жела́ние ún¦réalizable wish / desire ['rɪə-... -'zaɪə].

неисполни́тельный cáre¦less.

неиспо́льзованн||ый ún¦used; ~ые мо́щности ún¦used capácity *sg.*; ~ые резе́рвы úntápped resérves / pòssibílities [...-'zɜːvz...].

неиспо́рченн||ость *ж.* ínnocence, púrity. **~ый** únspóilt; (*свежий*) fresh; (*годный для еды*) fit for food; (*невинный, чистый*) ínnocent, pure; ~ый ребёнок ínnocent child*.

неисправи́м||ость *ж.* in¦còrrigibílity. **~ый 1.** in¦córrigible; 2. (*невосстановимый*) ìrremédiable, irréparable.

неиспра́вн||ость *ж.* 1. (*о машине, аппаратуре и т. п.*) dísrepáir, fault; 2. (*неисполнительность*) cáre¦lessness. **~ый 1.** deféctive, out of repáir, in dísrepáir; э́то ~ая маши́на this machíne is in dísrepáir [...-'ʃiːn...], this machíne is out of órder; 2. (*неаккуратный*) cáre¦less.

неиспы́танный 1. (*непроверенный*) úntríed, únpróved [-'pruː-]; 2. (*непережитый*) nóvel ['nɔ-].

неиссле́дованный ún¦explóred.

неиссяка́емый (*прям. и перен.*) ìnexháustible; ~ исто́чник (*рд.*) a well (of).

не́йстово I *прил. кратк. см.* неистовый.

не́йстов||о II *нареч.* fúrious¦ly, víolently. **~ость** *ж.* víolence, ún¦restráinedness. **~ство** *с.* 1. *тк. ед.* fúry, rage; прийти́ в ~ство fly* into a rage, rave; 2. (*жестокость*) víolence; *об. мн.* (*зверства*) atrócities.

не́йстов||ствовать rage, rave, storm. **~ый** fúrious, víolent (*вне себя*) fránic; ~ый гнев víolent / tówering rage.

неистощи́мый ìnexháustible; ~ запа́с ìnexháustible supplý.

неистреби́мый ìnerádicable.

неисцели́м||ость *ж.* in¦cùrabílity. **~ый** in¦cúrable.

неисчерпа́ем||ость *ж.* ínexhaustibílity; ~ на́ших приро́дных бога́тств our inexháustible nátural resóurces [...'sɔː-] *pl.* **~ый** ìnexháustible; ~ый родни́к наро́дной инициати́вы the inexháustible source of pópular inítiative [...sɔːs...].

неисчисли́м||ый in¦cálculable; (*огромный*) innúmerable; ~ые си́лы ла́геря ми́ра the in¦cálculable fórces of the camp of peace.

ней *дт., пр. см.* она́.

нейзи́льбер *м. тех.* Gérman sílver.

нейме́тся *безл.* (*дт.*) *разг.*: ему́ ~ he cánnòt be kept from it, he is bent on doing it.

нейро́н *м. анат.* néuron.

нейрохирурги́ческий néuro-súrgical.

нейтрализа́ция *ж.* (*в разн. знач.*) neutralizátion [-laɪ-].

нейтрали́зм *м.* néutralism.

нейтрализова́ть *несов. и сов.* (*вн.*; *в разн. знач.*) néutralìze (*d.*).

нейтралите́т *м.* neutrálity; вооружённый ~ armed neutrálity.

нейтра́льн||ость *ж.* neutrálity. **~ый** (*в разн. знач.*) néutral; ~ая зо́на néutral zone; ~ая страна́ néutral cóuntry ['k-].

нейтри́но *с. физ.* neutríno [-'triː-].

нейтро́н *м. физ.* néutron.

неказ́истый *разг.* plain, hóme¦ly; not much to look at.

неквалифици́рованный únskílled, ún¦quálified; ~ рабо́чий únskílled wórker; ~ труд únskílled lábour.

не́кем *и* **не́... кем** *тв. см.* не́кого *и* не 2.

не́кий *мест.* some; a cértain (*pl.* cértain); ~ Ивано́в a cértain Ivanóv; (*ср. тж.* како́й-то, не́который 1).

некле́точн||ый *биол.* nòn-céllular; ~ые фо́рмы живо́го вещества́ nòn-céllular forms of líving mátter [...'lɪv-...].

неко́вкий *тех.* únmálleable [-lɪə-].

не́когда I *нареч.* (*нет времени*) there is no time; ему́ ~ he has no time.

не́когда II *нареч.* (*когда-то*) in fórmer times, in the old days.

не́кого *рд.* (*дт.* не́кому, *тв.* не́кем; *при предлогах отрицание отделяется*: не́ у кого *и т. п., см.* не 2) *мест.* (+*инф.*) there is nó¦body one can (+ *inf.*): ~ посла́ть there is nó¦body one can send; — ~ вини́ть, порица́ть nó¦body is to blame; ему́, им *и т. д.* ~ посла́ть, ждать, спроси́ть *и т. п.* he has, they have, *etc.*, nó¦body to send, to wait for, to ask, *etc.*; не́кому игра́ть с ни́ми, позабо́титься о нём *и т. п.* there is nó¦body to play with them, to take care of him, *etc.*; не́кому взя́ться за э́то there is no one to ùndertáke it.

неколеби́мый *поэт.* = непоколеби́мый.

не... ком *пр. см.* не́кого *и* не 2.

некомпете́нтн||ость *ж.* in¦cómpetence. **~ый** in¦cómpetent.

некомпле́ктный in¦complète, not belóng¦ing to a compléte set; odd.

не́кому *и* **не́... кому** *дт. см.* не́кого *и* не 2.

неконституцио́нный ún¦cònstitútional.

некороно́ванный ún¦crówned.

некорре́ктн||ость *ж.* táctlessness, indélicacy. **~ый** táctless, indélicate.

не́котор||ый 1. *мест.* some: ~ое вре́мя some time; с ~ых пор for some time; — до ~ой сте́пени to some extént, to a cèrtain extént / degrée; ~ым о́бразом sóme¦how, as it were; 2. *мн. как сущ.* (*о людях*) some, some people [...piː-]; ~ые из них some of them.

неко́шеный únmówn [-oun].

некраси́вый 1. plain, ún¦cóme¦ly [-'kʌm-], hóme¦ly; 2. *разг.* (*о поступке, поведении*) úgly ['ʌ-], dírty.

некредитоспосо́бн||ость *ж.* insólvency. **~ый** insólvent.

некре́пкий weak, not strong.

некрити́ческий ún¦crítical.

некробио́з *м. биол.* nècrobìósis.

некро́з *м. мед.* nècrósis.

некроло́г *м.* obítuary (nótice) [...'nou-].

некрома́нтия *ж.* nécromàncy.

некро́поль *м. ист.* nècrópolis.

некру́пный míddle-sìzed, small.

некры́тый (*крышей*) róofless.

некста́ти *нареч.* 1. (*не вовремя*) inópportùne¦ly, málàpropòs [-pou]; 2. (*неуместно*) irrélevantly, out of place; сказа́ть что-л. ~ say* smth. out of place, *или* not to the point; прийти́ ~ be ùnwélcome; кста́ти и ~ in séason and out of séason [...-z°n...].

некта́р *м.* néctar.

не́кто *мест. тк. им.* sóme¦one; ~ Ивано́в a cértain Ivanóv, one Ivanóv.

не́куда *нареч.* (+*инф.*) nó¦whère (+to *inf.*); ему́ ~ положи́ть свои́ ве́щи he has nó¦whère to put his things; ему́ ~ пойти́ he has nó¦whère to go; ◊ да́льше е́хать ~! *разг.* well, that's the límit!

некульту́рн||о *нареч.*: вести́ себя́ ~ show* bad mánners [ʃou...]. **~ость** *ж.* 1. lack of cúlture; 2. (*о поведении*) bad form; bad mánners *pl.* **~ый 1.** ún¦cúltured, úncívilìzed; э́то ~о this shows lack of cúlture [...ʃouz...]; 2. (*о поведении*) róugh(-mánnered) ['rʌf-]; 3. *бот.* ún¦cúltivàted.

некуря́щ||ий 1. *прил.* nón-smóking; 2. *м. как сущ.* nón-smóker; ваго́н для ~их nón-smóking cárriage [...-rɪʤ].

нела́дн||ый *разг.* wrong, bad*; ◊ здесь что́-то ~о smth. is wrong here.

нела́ды *мн. разг.* díscòrd *sg.*, váriance *sg.*; lack of hármony *sg.*; у них ~ they are at váriance.

нела́сковый cold; (*сдержанный*) resérved [-'zəːvd].

нелега́льно I *прил. кратк. см.* нелега́льный.

нелега́льн||о II *нареч.* illégal¦ly. **~ость** *ж.* ìllegálity. **~ый** illégal; организа́ция перешла́ на ~ое положе́ние the òrganizátion went únderground [...-naɪ-...].

нелеги́рованн||ый *тех.* ún¦allóyed, plain; ~ая сталь plain steel.

нелёгкая *ж. скл. как прил. разг.*: ~ его́ сюда́ несёт! what the deuce brings him here?; куда́ его́ ~ несёт? where the deuce is he gó¦ing?; заче́м ~ тебя́ сюда́ принесла́? why the deuce have you come here?, what ill wind has brought you here? [...wɪnd...].

нелёгк||ий 1. (*трудный*) difficult, not éasy [...'iːzɪ], hard; 2. (*тяжёлый*) not light, héavy ['he-]; э́то ~ая но́ша it is not a light búrden.

нелепо I 1. *прил. кратк. см.* неле́пый; 2. *предик. безл.* it is absúrd.

неле́п||о II *нареч.* absúrdly. **~ость** *ж.* absúrdity; nónsense; кака́я ~ость! how ridículous! **~ый** absúrd, prepósterous; (*смешной*) ridículous; (*бессмысленный*) nònsénsical; (*неуместный, несообразный*) in¦cóngruous.

нelé**стный** ún¦còmpliméntary, únfláttering.

нелётн||ый: ~ая пого́да nón-flýing wéather [...'we-].

нелету́чий *тех.* nón-vólatile.

неликви́дный *эк.* nón-líquid.

нелицеме́рный únhỳpocrítical, sincére, frank.

нелицеприя́тный *уст.* impártial, ùnpréjudiced.

нели́шне 1. *прил. кратк. см.* нели́шний; 2. *предик. безл.* (+*инф.*) it is not out of place (+to *inf.*); ~ отме́тить, что it would not be out of place to obsérve that [...-'zə:v...].

нели́шн||ий *разг.* not sùpérfluous; (*полезный*) úse¦ful ['ju:s-]; (*о высказывании и т. п.*) rélevant; быть ~им be úse¦ful.

нело́вк||ий (*прям. и перен.*) áwkward; (*неуклюжий*) clúmsy [-zɪ]; (*неудобный*) ùn¦cómfortable [-'kʌ-]; (*неуместный*) ìn¦convénient; (*неумелый*) blúndering; ~ое молча́ние áwkward sílence [...'saɪ-]; ~ое движе́ние áwkward móve¦ment [...'mu:-]; оказа́ться в ~ом положе́нии be, *или* find* òne¦sélf, in an áwkward sìtuátion.

нело́вко I 1. *прил. кратк. см.* нело́вкий; 2. *предик. безл.*: ему́ ~ сиде́ть на э́том сту́ле he is ùn¦-cómfortable in this chair [...-'kʌ-...]; ~ об э́том спра́шивать it is áwkward / ìn¦convénient to ask abóut it; ему́ ~ встреча́ться с ней he feels áwkward abóut méeting her.

нело́вк||о II *нареч.* ùn¦cómfortably [-'kʌ-], áwkwardly; чу́вствовать себя́ ~ feel* / be ill at ease; оба́ почу́вствовали себя́ ~ they both felt ùn¦cómfortable [...bouθ...-'kʌ-]. ~ость *ж.* (*прям. и перен.*) áwkwardness; (*неуклюжесть*) clúmsiness [-zɪ-]; (*неловкий поступок*) blúnder; чу́вствовать ~ость feel* áwkward / shy / ùn¦cómfortable / embárrassed [...-'kʌ-].

нелоги́чн||ость *ж.* illògicálity, lack of lógic. ~ый illógical.

нелужёный úntínned.

нельзя́ *предик. безл.* 1. (+*инф.*; *невозможно*) it is impóssible (+to *inf.*); (*о человеке тж.*) one cánnòt, *или* can't [...kɑ:nt] (+*inf.*); you can't (+*inf.*) *разг.*; there is no (+*ger.*); there is no way (of *ger.*); (*с доп. при инф. тж.*) cánnòt, can't (+*subject*+ *pass. inf.*): там ~ дыша́ть it is impóssible to breathe there; one / you can't breathe there; их ~ останови́ть it is impóssible to stop them; there is no stópping them; they cánnòt be stopped;—ему́ *и т. д.* ~ (+ *инф.*) it is impóssible for him, *etc.* (+to *inf.*); he, *etc.*, cánnòt (+*inf.*); ~ сказа́ть, что it cánnòt be said, one cánnòt say; ~ не (+*инф.*) one cánnòt help (+*ger.*); ему́ *и т. д.* ~ не (+ *инф.*); ~ бы́ло не (+*инф.*) he, *etc.*, cánnòt but (+*inf.*), could not but (+*inf.*); ~ не согласи́ться с ва́ми (*не могу не согласиться*) I cánnòt but agrée with you; ~ не призна́ть one cánnòt but admít; ~ не восхища́ться one cánnòt help admíring; ~ ли сде́лать э́то, помо́чь ему́ *и т. п.*? is it póssible to do that, to help him, *etc.*?; ра́зве ~ сде́лать э́то *и т. п.*? is it impóssible to do that, *etc.*?; никогда́ ~ знать, где он мо́жет быть, где его́ найдёшь *разг.* you never know where to find him [...nou...]; 2. (*не допускается, воспрещается*) it is not allówed, it is prohíbited; (+*инф.*) is not allówed (+*ger. как subject*), is prohíbited (+ *ger. как subject*); (*то же — как обращение ко 2-му лицу*) you may not (+*inf.*); (+*инф.*; *как требование на данный случай*) you must not (+ *inf.*); (+ *инф.*; *не следует, нехорошо*) one should not (+*inf.*), one ought not (+to *inf.*); (*то же — как обращение ко 2-му лицу*) you should not (+*inf.*), you ought not (+ to *inf.*); (*с доп. при инф.*; *с тем же оттенком тж.*) should not (+ *subject*+*pass. inf.*), ought not (+ *subject*+to *pass. inf.*): прекрати́те куре́ние, здесь ~! stop smóking, it is not allówed, *или* is prohíbited, here!; здесь кури́ть ~ smóking is not allówed, *или* is prohíbited, here; you may not smoke here; (*не курите здесь сейчас*) you must not smoke here; ~ ложи́ться (спать) так по́здно one / you should not go, *или* ought not to go, to bed so late; таки́е ве́щи ~ де́лать (*о поведении*) such things should not be done, *или* ought not to be done; — ~ (входи́ть)! don't come in!; ~ теря́ть ни мину́ты there is not a mínute to lose [...'mɪnɪt... lu:z]; он челове́к, кото́рому ~ доверя́ть, на кото́рого ~ положи́ться *и т. п.* he is not a man* (who is) to be trústed, to be relíed up¦ón, *etc.*; его́, их *и т. д.* ~ порица́ть (за *вн.*), укоря́ть (в *пр.*) he is, they are, *etc.*, not to blame (for); никогда́ ~ (+ *инф.*; *соотв. указанным выше оттенкам значения*) you may never (+ *inf.*); one / you should never (+*inf.*), *или* ought never (+ to *inf.*); ему́ *и т. д.* ~ (+*инф.*; *соотв. указанным выше оттенкам значения*) he, *etc.*, may / must not (+*inf.*); he, *etc.*, should not (+ *inf.*), *или* ought not (+to *inf.*); никому́ ~ (+*инф.*) nó¦body may / must (+ *inf.*) *и т. д.* (*ср. выше*); ему́, им *и т. д.* ~ пла́вать, бе́гать *и т. п.* (*запрещено, так как вредно*) he is, they are, *etc.*, forbídden swímming, rúnning, *etc.*; swímming, rúnning, *etc.*, is forbídden him, them, *etc.*; ему́ *и т. д.* ~ кури́ть (*ср. выше*) he is forbídden tobáccò; ему́, им *и т. д.* ~ вина́, мя́са *и т. п. разг.* he is, they are, *etc.*, forbídden wine, meat, *etc.*; wine, meat, *etc.*, is forbídden him, them, *etc.*; ничего́ ~ *разг.* nothing is allówed; évery¦thing is prohíbited / forbídden; ◇ как ~ лу́чше in the best way póssible, as good as can be.

не́льма *ж.* (*рыба*) white sálmon [...'sæmən].

нелюбе́зн||ость *ж.* (*отсутствие любезности*) ún¦grácious¦ness; cóld¦ness; (*невежливость*) discóurtesy [-'kə:-]. ~ый ún¦grácious, cold; (*непредупредительный*) ún¦oblíging; (*невежливый*) discóurteous [-'kə:-], dísoblíging; ~ый отве́т, приём ún¦grácious ánswer, recéption [...'ɑ:nsə...].

нелюб||и́мый ún¦lóved [-'lʌ-]. ~о́вь *ж.* (к) dislíke (for).

нелюбопы́тный 1. in¦cúrious; 2. (*неинтересный*) ún¦ínteresting.

нелюди́м *м.*, ~ка *ж.* ùnsóciable pérson. ~ый 1. ùnsóciable; 2. (*безлюдный, пустынный*) désolate, lóne¦ly.

немагни́тный nón-màgnétic.

нема́ло *нареч.* 1. (*с сущ. в ед. ч.*) not a little, much; (*с сущ. во мн. ч.*) not a few, many, quite a number of; они́ положи́ли ~ труда́ на организа́цию they spent not a little lábour on the òrganizátion [...-naɪ-]; он перечита́л ~ книг he has read many, *или* not a few, books [...red...]; исто́рия наро́дов зна́ет ~ револю́ций in the hístory of peoples many rèvolútions have táken place [...pi:-...]; 2. (*с гл.*) a great deal [...-eɪt...]; он ~ чита́л he has read a great deal.

немалова́жный of no small impórtance / accóunt; ~ фа́ктор not the least of the fáctors.

немалочи́сленный ráther númerous ['rɑ:-...].

нема́л||ый great / large enóugh [-eɪt... -ʌf]; not in¦consíderable; ~ые де́ньги a consíderable amóunt of móney [...'mʌ-] *sg.*

нема́ркий not éasily soiled [...'i:z-...]; not shówing dirt [...'ʃou-...], dark.

немаркси́стский nón-márxist, únmárxist.

нематериа́льный nón-matérial.

неме́дленно I *прил. кратк. см.* неме́дленный.

неме́дленн||о II *нареч.* immédiate¦ly, at once [...wʌns]. ~ый immédiate.

неме́ркнущий ùnfáding.

неметалли́ческий nón-metállic.

неме́ть, онеме́ть 1. become* dumb; (*перен.*) grow* dumb [-ou...]; он онеме́л по́сле конту́зии he becáme dumb from shéll-shòck; онеме́ть от удивле́ния grow* dumb with surpríse, be strícken dumb with surpríse; 2. (*цепенеть, коченеть*) become* / grow* numb; его́ ру́ки онеме́ли от хо́лода his hands grew numb with cold.

не́м||ец *м.*, ~е́цкий Gérman; ~е́цкий язы́к Gérman, the Gérman lánguage.

немига́ющий únwínking.

немилосе́рдие *с.* mércilessness.

немилосе́рдно I *прил. кратк. см.* немилосе́рдный.

немилосе́рдн||о II *нареч.* ùnmércifully **~ый** mérciless, ùnmérciful.

неми́лостиво I *прил. кратк. см.* неми́лостивый.

неми́лостив||о II *нареч.* ùn¦grácious¦ly; (*сурово*) sevére¦ly. **~ый** ún¦grácious; (*суровый*) sevére.

неми́лост||ь *ж.* disgráce; впасть в ~ fall* into disgráce; get* in smb.'s bad books *разг.*; быть в ~и be in disgráce.

немину́емо I *прил. кратк. см.* немину́емый.

немину́ем||о II *нареч.* inévitably, ùn¦avóidably. **~ый** inévitable, ùn¦avóidable.

не́мка *ж.* Gérman (wóman*) [...'wu-].

немно́гие *мн. скл. как прил.* not many, few.

немно́г||ий: ~им бо́льше (*о размере*) a little lárger, not much lárger; (*о количестве*) a little more; в ~их слова́х in a few words; за ~ими исключе́ниями with few excéptions.

немно́го *нареч.* **1.** a little, some; ~ вре́мени little time; пройдёт ~ вре́мени, и... befóre very long...; ~ воды́ a little wáter [...'wɔː-]; ~ люде́й a few people [...piː-]; **2.** *разг.* (*слегка, не сильно*) sóme¦whàt, slightly; у него́ ~ боли́т голова́ his head aches slightly [...hed eɪks...], he has a slight héadàche [...'hedeɪk].

немногосло́вный lacónic, shórt-spòken; ~ челове́к a man* of few words.

немногочи́сленный not númerous.

немно́жечко *нареч. разг.* a wee bit.

немно́жко *нареч. разг.* a little; a trifle; (just) a bit *разг.*

немо́жется *безл* (*дт.*) *разг.*: ему́ ~ he does not feel well, he feels bad; he is out of sorts *разг.*

нем||о́й **1.** *прил.* dumb; (*перен.*: *тихий, безмолвный*) déathly-still ['deθlɪ-]; ~а́я ночь déathly-still night; **2.** *прил.* (*о чувстве и т. п.*) mute; ~ призы́в mute appéal; ~о́е обожа́ние mute àdorátion; **3.** *как сущ. м.* dumb man*; mute; (*о мальчике*) dumb boy; *ж.* dumb wóman* [...'wu-]; (*о девочке*) dumb girl [...g-]; *мн. собир.* the dumb; ◇ ~а́я ка́рта skéleton map; ~а́я бу́ква mute / silent létter; ~ фильм silent film.

немолодо́й élderly.

немо́лчный *поэт.* contínuous, incéssant, ùncéasing [-s-], céase¦less [-s-].

немота́ *ж.* dúmb¦ness; múte¦ness.

не́мочь *ж. разг.* sickness, illness; бле́дная ~ *мед.* chlorósis, gréensìckness.

немощёный únpáved.

не́мо||щный infirm, sick; (*слабый*) feeble. **~щь** *ж.* infírmity; (*слабость*) féeble¦ness.

нему́ *дт. см.* он, оно́.

немудрено́ **1.** *прил. кратк. см* немудрёный; **2.** *предик. безл.* (*неудивительно*) no wónder [...'wʌ-], small wónder; ~, что он э́того не нашёл no wónder (that) he could not find it.

немудрёный *разг.* simple, éasy ['iːzɪ].

нему́дрый = немудрёный.

немузыка́льный únmúsical [-z-]; (*не имеющий слуха*) tóne-deaf [-def].

немы́слим||ый *разг.* ùnthínkable, ìn¦concéivable [-'siː-]; (*невозможный*) impóssible; э́то ~о it is ìn¦concéivable, it is impóssible.

ненаблюда́тельный ún¦obsérvant [-'zəː-].

ненави́деть (*вн.*) hate (*d.*); (*питать отвращение*) detést (*d.*), abhór (*d.*), éxecràte (*d.*).

ненави́стн||ик [-сн-] *м.*, **~ица** [-сн-] *ж.* háter; (*злейший враг*) bítter énemy. **~ичество** [-сн-] *с.* hóstile áttitùde. **~ый** [-сн-] háted, háte¦ful, ódious.

не́нависть *ж.* hátred; (*отвращение*) dètèstátion [diː-], abhórrence.

ненагля́дный *разг.* dárling, belóved [-'lʌ-].

ненадёванный *разг.* ún¦úsed, únwórn [-'wɔːn].

ненадёжн||ость *ж.* **1.** ún¦reliabílity, ìnsecúrity; (*непрочность*) lack of strength; **2.** (*о человеке*) úntrústwòrthiness [-ðɪ-], ún¦reliabílity. **~ый** **1.** ún¦relíable; ìnsecúre; (*непрочный*) not strong enóugh [...-ʌf]; **2.** (*о человеке*) úntrústwòrthy [-ðɪ], ún¦relíable.

ненадлежа́щ||ий not right, impróper [-'prɔ-]; ~им о́бразом not in the right / próper way [...'prɔ-...], imprópérly.

нена́добн||о *предик. безл.* not wánted, únwánted, not nécessary, ùnnécessary. **~ость** *ж.* úse¦lessness ['juːs-]; за ~остью as not wánted; за ~остью дальне́йшего рассле́дования there bé¦ing no need for fúrther invèstigátion.

ненадо́лго *нареч.* for a short while, not for long; он уезжа́ет ~ he is léaving for a short while.

ненаказу́ем||ость *ж. юр.* nón-pùnishabílity [-pʌ-]. **~ый** *юр.* nón-púnishable [-'pʌ-].

ненаме́ренн||о *нареч.* ún¦inténtionally, ùnwítting¦ly. **~ый** ún¦inténtional.

ненападе́ни||е *с.* nón-aggréssion; пакт о ~и nón-aggréssion pact.

ненаро́ком *нареч. разг.* ìnadvértently, by áccident.

ненаруши́мый invíolable, sácred.

нена́стн||ый ráiny, bad*, foul, in¦clément [-'kle-]; ~ день ráiny day; ~ая пого́да bad* / foul wéather [...'we-].

ненастро́енный úntúned.

нена́стье *с. тк. ед.* bad / ráiny / foul / in¦clément wéather [...-'kle-'we-].

ненасы́тн||ость *ж.* insàtiabílity; (*перен.*: *жадность*) greed. **~ый** insátiable; (*перен.*: *жадный*) gréedy, grásping.

ненасы́щенный únsáturàted; ~ раство́р únsáturàted solútion.

ненатура́льн||ость *ж.* àffèctátion. **~ый** afféctéd, not nátural.

ненау́чн||ый únscientífic; ~ая постано́вка вопро́са an únscìentífic way of putting the quéstion [...-stʃ-].

ненахо́дчивый ún¦resóurce¦ful [-'sɔːs-], shíftless.

не́нец *м.*, **~кий** Nénets ['ne-]; ~кий язы́к Nénets, the Nénets lánguage.

ненорма́льн||ость *ж.* **1.** àbnòrmálity, irrègulárity, àbnórmity; **2.** (*психическая*) insánity; **3.** (*недочёт*) deféct. **~ый** **1.** àbnórmal; **2.** (*психически расстроенный*) not in *his* right mind.

нену́жн||о *прил. кратк. см.* нену́жный. **~ый** ùn¦nécessary, néedless; (*бесполезный*) úse¦less ['juːs-].

необде́ланный *разг.* úntrímmed, únfínished; (*о драгоценных камнях*) únmóunted.

необду́манно I *прил. кратк. см.* необду́манный.

необду́манн||о II *нареч.* ráshly. **~ость** *ж.* ráshness. **~ый** rash, thóughtless, hásty ['heɪ-]; ~ый шаг hásty / íll-consídered step.

необеспе́ченн||ость *ж.* **1.** precárious¦ness; néediness; **2.** (*тв.*) lack (of). **~ый** **1.** únprovíded for, precárious; néedy; **2.** (*тв.*) not províded (with).

необита́емый ún¦inhábited; ~ о́стров désert ísland [-z- 'aɪl-].

необлага́емый not táxable, úntáxed.

необозри́м||ость *ж.* bóundlessness, imménsity, vástness. **~ый** bóundless, imménse, vast.

необороня́емый úndefénded.

необосно́ванн||ость *ж.* gróundlessness, báse¦lessness [-s-]. **~ый** gróundless, únfóunded, ún¦gróunded.

необрабо́танн||ость *ж.* **1.** (*о земле*) úntílled state; **2.** (*о материале*) rúde¦ness, crúdity. **~ый** **1.** (*о земле*) ún¦cúltivàted, úntílled; **2.** (*о материале*) únwróught, raw, crude; **3.** (*о литературном произведении*) in¦cóndìte, únpólished.

необразо́ванн||ость *ж.* lack of èducátion. **~ый** ún¦éducàted, ún¦léarned [-'ləː-].

необрати́м||ость *ж.* írrevèrsibílity. **~ый** ìrrevérsible.

необремени́тельный not dífficult; (*легко выполнимый*) éasily done ['iːz-...].

необстоя́тельный sùperfícial.

необстре́ливаем||ый *воен.* únshélled; ~ое простра́нство dead ground [ded...].

необстре́лянн||ый: ~ые войска́ raw troops.

необу́зданн||ость *ж.* lack of restráint; ún¦gòvernabílity [-gʌ-], ún¦contròllabílity [-troul-], bé¦ing únrestráined. **~ый** ùnbrídled, ùn¦góvernable [-'gʌ-], ún¦contróllable [-'troul-], únrestráined.

необусло́вленный únstípulàted, without stìpulátion.

необу́тый without shoes [...ʃuːz], únshóed [-'ʃuːd], shóe¦less ['ʃuː-].

необу́ченный úntráined.

необходи́м||о 1. *прил. кратк. см.* необходи́мый 1; 2. *предик. безл.* it is nécessary; ~ ко́нчить рабо́ту в срок the work must be done in time, it is nécessary to fínish the work in time. **~ость** *ж.* necéssity; нет никако́й ~ости there is no necéssity at all, *или* whàt¦éver, *или* whàt¦so¦éver; в слу́чае ~ости in case of need [...keɪs...]; в слу́чае кра́йней ~ости in case of emérgency; по ~ости nécessarily, perfórce. **~ый** 1. *прил.* nécessary; ìndispénsable; дать ~ые све́дения give* the nécessary ìnformátion; ему́ ~ы де́ньги he must have, *или* he needs, móney [...'mʌ-]; 2. *с. как сущ.*: всё ~ое évery¦thing requíred / nécessary.

необходи́тельн||ость *ж.* únsòciabílity, ùnsóciable¦ness; (*замкнутость*) resérve [-'zəːv]. **~ый** ùnsóciable, ún¦ámiable.

необщи́тельн||ость *ж.* únsòciabílity. **~ый** ùnsóciable, sélf-contáined; быть ~ым keep* òne¦sélf to òne¦sélf; be a bad míxer *идиом.*

необъе́зженн||ый [-е́жьже-]: ~ая ло́шадь únbróken horse.

необъясни́м||ость *ж.* inèxplicabílity. **~ый** inéxplicable, ún¦accóuntable.

необъя́тн||ость *ж.* imménsity, bóundlessness. **~ый** imménse, ùnbóunded.

необыкнове́нно I *прил. кратк. см.* необыкнове́нный.

необыкнове́нн||о II *нареч.* ùn¦úsually [-'juːʒ-], ùn¦cómmonly. **~ость** *ж.* sìngulárity; ùn¦úsualness [-'juːʒ-] *разг.* **~ый** ùn¦úsual [-'juːʒ-], ùn¦cómmon; в э́том нет ничего́ ~ого there is nothing out of the órdinary in it.

необыча́йный extraórdinary [ɪks'trɔːdnrɪ], excéptional.

необы́чн||ость *ж.* sìngulárity; ùn¦cómmonness; ~ э́того выраже́ния the sìngulárity / rárity of this expréssion. **~ый** ùn¦úsual [-'juːʒ-]; в ~ый час, в ~ое вре́мя at an ùn¦úsual hour [...auə].

необяза́тельный not oblígatory; (*факультативный*) óptional, fácultàtive.

неоге́новый *геол.* Néogène, Néocène.

неограни́ченн||ый ùn¦límited, ún¦restrícted, ùnbóunded, límitless; (*о власти*) ábsolùte; ~ая мона́рхия ábsolùte mónarchy [...-kɪ]; ~ая власть ábsolùte pówer; ~ые полномо́чия plénary / ùn¦límited pówers; име́ть ~ые возмо́жности have límitless pòssibílities.

неоде́тый úndréssed.

неодина́ковый ún¦équal.

неоднокра́тн||о *нареч.* repéatedly, óften ['ɔːf(t)ən], more than once [...wʌns]. **~ый** repéated, rè¦íteràted.

неоднoро́дн||ость *ж.* hèterogenéity [-'niːɪ-], hèterogéneous¦ness. **~ый** hèterogéneous, not únifòrm; (*несходный, непохожий*) díssímilar; ~ая среда́ *физ.* inhòmogéneous médium [-hou-...].

неодобре́ние *с.* dìsàpprobátion, dìsappróval [-'pruː-].

неодобри́тельный dìsappróving [-'pruː-], dìsappróbatory [-'prou-]; (*осуждающий*) déprecàtive.

неодоли́м||о *нареч.* invíncibly. **~ый** ìrresístible [-'zɪ-], invíncible.

неодушевлённый inánimate; ~ предме́т inánimate óbject.

неожи́данно I *прил. кратк. см.* неожи́данный.

неожи́данн||о II *нареч.* ún¦expéctedly; (*внезапно*) súddenly. **~ость** *ж.* ún¦expéctedness; surpríse; (*внезапность*) súddenness; э́то бы́ло большо́й ~остью it was a great surpríse [...greɪt...]. **~ый** ún¦expécted; (*внезапный*) súdden; ~ый уда́р surpríse attáck / blow [...ou]; ~ые результа́ты ùnlóoked-fór resúlts [...-'zʌ-]

неозо́йский *геол.* néozò¦ic.

неоканти́анство *с.* néo-Kántianism.

неокладно́й *уст.*: ~ сбор ún¦asséssed tax.

неоклассици́зм *м.* néo-clássicism.

неоколониали́зм *м.* néo-colónialism.

неоконча́тельный ìn¦con¦clúsive, not fínal.

неоко́нченный únfínished.

неолити́ческий *археол.* néolíthic.

неологи́зм *м. лингв.* nèologism.

нео́н *м. хим.* néòn. **~овый** *прил. к* нео́н; ~овая ла́мпа néòn lamp.

неопа́сный not dángerous [...-eɪn-].

неопери́вшийся (*прям. и перен.*) únflédged; cállow; ~ птене́ц flédg(e¦)ling.

неопису́емый ìndescríbable; (*невыразимый*) ùnspéakable.

неопла́||тный ìrredéemable, that cánnòt be rè¦páid; (*о должнике*) insólvent; ~ долг a debt one is ún¦áble to rè¦páy [...det...], a debt (of gràtitùde) too great to be rè¦páid [...greɪt...]. **~ченный** únpáid, not paid.

неопо́знанный ún¦idéntified [-aɪ'de-].

неопоро́ченный bláme¦less, únstáined.

неопра́вданный ùn¦jústified; (*недопустимый*) ùnwárranted, ùn¦wárrantable.

неопределённ||ость *ж.* vágue¦ness ['veɪg-]; ùncértainty. **~ый** 1. ìndetérminate, not fíxed, indéfinite; ~ый член *грам.* indéfinite árticle; ~ая фо́рма глаго́ла *грам.* infínitive; ~ое уравне́ние *мат.* indetérminate equátion; ~ого ви́да of nóndescrìpt áspèct; 2. (*неточный, неясный*) vague [veɪg], ùncértain.

неопредели́мый ìndetérminable, ìndefínable.

неопровержи́м||ость *ж.* irrèfutabílity. **~ый** irréfutable; (*бесспорный*) ùn¦ánswerable [-'ɑːnsər-], úndeníable, ìndispútable, ìn¦contéstable; ~ые да́нные ín¦còntrovértible évidence *sg.*

неопроки́дывающийся *мор.* nón-càpsízable.

неопря́тн||ость *ж.* slóvenliness ['slʌ-], ùntídiness [-'taɪ-]. **~ый** slóvenly ['slʌ-], ùntídy.

неопублико́ванный únpúblished [-'pʌ-].

нео́пытн||ость *ж.* inexpérience. **~ый** ìnexpérienced, ùnpráctised [-st].

неорганизо́ванн||о *нареч.* 1. without òrganìzátion / órder [...-naɪ-...]; 2. (*индивидуально*) ìndivídually, each for hìm¦sélf. **~ость** *ж.* lack of òrganìzátion [...-naɪ-]. **~ый** ún¦órganìzed.

неоргани́ческ||ий ìnòrgánic; ~ая хи́мия ìnòrgánic chémistry [...'ke-]; ~ мир the ìnòrgánic world.

неоромантизм *м.* néo-románticism.

неосведомлённ||ость *ж.* lack of ìnformátion. **~ый** ún¦infórmed, ìll-infórmed; (о *пр.*) ún¦a¦wáre (of).

нео́се́длый nómad ['nɔ-], wándering.

неосла́бн||о *нареч.* ùn¦remítting¦ly, assíduous¦ly; ~ следи́ть watch ùn¦remítting¦ly. **~ый** ùn¦remítting, assíduous, ún¦abáted; ~ое внима́ние ún¦abáted / ùnremítting atténtion.

неосмотри́тельн||ость *ж.* ín¦consìderátion; (*неблагоразумие*) imprúdence. **~ый** ìn¦considerate; (*неблагоразумный*) ìndiscréet, imprúdent.

неоснова́тельн||ость *ж.* 1. gróundlessness; 2. (*несерьёзность*) sùperficiálity. **~ый** 1. gróundless, únfóunded; 2. (*несерьёзный, поверхностный*) sùperfícial.

неоспори́м||ость *ж.* ín¦contèstabílity, índispùtabílity, irrèfutabílity; (*ср.* неоспори́мый). **~ый** (*о факте*) ùn¦quéstionable [-stʃən-], ùndeníable; ìn¦contéstable; (*о доводе*) irréfutable, índispútable.

неосторо́жн||ость *ж.* cáre¦lessness; imprúdence. **~ый** cáre¦less; imprúdent, íll-advísed, únwáry.

неосуществи́м||ость *ж.* impràcticabílity, nón-realìzabílity [-rɪəlaɪ-]. **~ый** imprácticable, ún¦réalìzable [-'rɪə-].

неосяза́ем||ость *ж.* impàlpabílity, intàngibílity [-ndʒ-]. **~ый** (*прям. и перен.*) impálpable, intángible [-ndʒ-].

неотврати́м||ость *ж.* inèvitabílity. **~ый** inévitable.

неотвя́з||ный 1. *разг.* (*назойливый*) impórtunate; 2. (*о мысли, воспоминании*) cónstant, persístent. **~чивый** *разг.* = неотвя́зный 1.

неотделим||ость *ж.* insèparabílity. **~ый** inséparable.

неотёсанный *разг.* (*о человеке*) únpólished, ùn¦cóuth [-'kuːθ].

неотзывчивый únsỳmpathétic, ún¦-respónsive.

неоткуда *нареч.* from nó¦whère; емý ~ получи́ть э́то there is nó¦whère he could get it from.

неотложн||ость *ж.* úrgency. **~ый** préssing, úrgent; **~ое** дéло úrgent búsiness [...'bɪzn-]; **~ая** пóмощь first aid.

неотлу́чн||о *нареч.* contínually, cónstantly; without gó¦ing / móving a¦wáy for an ínstant [...'muː-...]. **~ый** álways présent ['ɔːlwəz -ez-].

неотразим||ость *ж.* irresìstibílity [-zɪ-]. **~ый** 1. ìrresístible [-'zɪ-]; (*о доводах и т. п.*) irréfutable; 2. (*обаятельный, захватывающий*) irresístible, fáscinàting; **~ое** впечатлéние profóund impréssion.

неотсту́пн||ость *ж.* persístence, ìmpòrtúnity. **~ый** persístent, impórtunate, reléntless; **~ое** преслéдование reléntless pursúit [...'sjuːt].

неотчётлив||ость *ж.* vágue¦ness ['veɪg-], ìndistínctness. **~ый** vague [veɪg], ìndistínct.

неотчуждáем||ость *ж. юр.* inàlienabílity. **~ый** *юр.* inálienable.

неотъéмлем||ый inálienable, ìmprescríptible; **~ая** часть íntegral part; part and párcel *идиом.*; **~ое** прáво inhérent / ìmprescríptible / inálienable right.

неофаш||и́зм *м.* néo-fáscism. **~и́ст** *м.* néo-fáscist. **~и́стский** néo-fáscist.

неофи́т *м.* néophỳte.

неофициáльн||ый ún¦offícial, infórmal; **~ая** встрéча (*министров и т. п.*) infórmal méeting.

неохóт||а 1. *ж.* relúctance; он пошёл с **~ой** he went with relúctance; 2. *предик. безл. разг.*: емý, ей *и т. д.* ~ идти́ he, she, *etc.*, does¦n't feel like gó¦ing. **~но** *нареч.* únwílling¦ly, with relúctance, relúctantly.

неоцени́м||ость *ж.* príce¦lessness, páramount impórtance. **~ый** inválúable, inéstimable; оказáть **~ую** услу́гу rénder an in¦cálculable sérvice.

неощути́тельный ìmpercéptible, intángible.

непарнокопы́тные *мн. скл. как прил. зоол.* perìssodáctyle, ódd-tòed ánimals.

непáрный únpáired, odd.

непарти́йный 1. nón-Párty; ~ большеви́к nón-Párty Bólshevik (*a Bolshevik in the spirit*); 2. (*несовместимый со званием члена партии*) únbefítting a mémber of the Párty; ~ постýпок an act únbefítting a mémber of the Párty.

непереводи́мый úntrànslátable [-rɑː-].

непередавáемый ìnexpréssible, inéffable.

непереходный: ~ глагóл *грам.* intránsitive verb [-ɑːn-...].

непи́саный únwrítten; ~ закóн únwrítten law.

непитáтельный ìnnùtrítious.

неплáвкий *тех.* infúsible [-z-].

неплатёж *м.* nón-páyment, fáilure to pay.

неплатёжеспосóбн||ость *ж. юр.* insólvency. **~ый** *юр.* insólvent.

неплатéльщ||ик *м.*, **~ица** *ж.* nón-páyer, defáulter; злóстный ~ in¦córrigible defáulter.

неплодорóдн||ость *ж.* bárrenness, stèrílity. **~ый** bárren, stérile, infértile.

неплодотвóрн||ость *ж.* únproductívity. **~ый** únprodúctive; **~ая** рабóта wásted work ['weɪ-...].

неплóтно I *прил. кратк. см.* неплóтный.

неплóтн||о II *нареч.* not fast; дверь ~ закрывáется the door does not close próperly / fast [...dɔː...]. **~ый** in¦compáct, thin; **~ая** завéса thin veil.

неплóхо I *прил. кратк. см.* неплохóй.

неплóх||о II *нареч.* not (half) bad [...hɑːf...], ráther well ['rɑː-...], quite good. **~óй** not (half) bad [...hɑːf...], quite good; **~áя** мысль not a bad idéa [...aɪ'dɪə].

непобеди́м||ость *ж.* invìncibílity. **~ый** invíncible, ùn¦cónquerable [-kər-].

неповáдно *предик. разг.*: чтóбы ~ бы́ло комý-л. (+*инф.*) to keep smb. from (+*ger.*) smth. agáin, to teach smb. not to try smth. agáin, to put smb. off trýing agáin.

непови́нный ínnocent.

неповиновéние *с.* (*неподчинение*) ínsubòrdinátion; (*непослушание*) disobédience.

неповорóтлив||ость *ж.* (*неловкость*) áwkwardness, clúmsiness [-zɪ-]; (*медлительность*) slúggishness, slówness ['slou-]. **~ый** (*неловкий*) áwkward, clúmsy [-zɪ]; (*медлительный*) slow [slou], slúggish.

неповтори́мый ùníque [juː'niːk]; ~ по свóей красотé inímitable in its béauty [...'bjuː-], of inímitable / ùníque béauty.

непогóда *ж. тк. ед.* foul / bad wéather [...'we-].

непогреши́м||ость *ж.* infàllibílity; (*безупречность*) impèccabílity. **~ый** infállible; (*безупречный*) impéccable, inérrable.

неподалёку *нареч.* (от) near, not far (from).

неподáтлив||ость *ж.* tenácity, inflèxibílity; (*о человеке*) stúbbornness. **~ый** tenácious, infléxible, ùn¦yíelding [-'jiːl-]; (*о человеке тж.*) stúbborn, ùnmánage¦able, hárd-móuthed.

неподатнóй *ист.* exémpt / free from càpitátion.

неподвéдомственный (*дт.*) be¦yónd the jùrisdíction (of).

неподви́жно I *прил. кратк. см.* неподви́жный.

неподви́жн||о II *нареч.* mótion¦less; (*накрепко*) fast; стоя́ть ~ stand* mótion¦less. **~ость** *ж.* ìmmobílity. **~ый** immóvable [-'muː-], mótion¦less, still; fixed, státion¦ary; (*перен.*: *медлительный*) slow [slou]; **~ый** взгляд fixed stare / look; **~ая** звездá fixed star; **~ый** вóздух still air.

неподдéльн||ость *ж.* génuine¦ness, authènticity; (*перен.*: *искренность*) sincérity. **~ый** génuine, real [rɪəl]; (*подлинный*) authéntic; (*перен.*: *искренний*) sincére, ùnféigned [-'feɪnd].

неподку́пн||ость *ж.* ín¦corrùptibílity, intégrity. **~ый** ìn¦corrúptible.

неподобáющ||е *нареч.* in an ùnséemly mánner; indécorous¦ly. **~ий** ùnséemly, indécorous.

неподражáем||ость *ж.* inímitable¦ness; ~ игры́ э́того арти́ста the inímitable ácting of this áctor. **~ый** inímitable.

неподсу́дный (*дт.*) not únder the jùrisdíction (of).

неподходя́щий únsúitable [-'sjuː-], ìnappròpriate.

неподчинéние *с.* ínsubòrdinátion; ~ судéбному постановлéнию contémpt of court [...kɔːt].

непозволи́тельн||ость *ж.* ínadmìssibílity; (*неприличие*) ìmpropríety. **~ый** ìmpermíssible; ìnadmíssible; (*неприличный*) imprópe r [-ɔ-].

непознавáемый *филос.* in¦cógnizable, ún¦knówable [-'nou-]; be¦yónd the grasp of the mind.

непокóйный *разг.* troubled [trʌ-], ánxious, wórried ['wʌ-].

непоколеби́м||ость *ж.* fírmness, stéadfastness ['sted-]. **~ый** firm, stéadfast ['sted-], ùnshákable, ùnflágging, ùnflínching; оставáться **~ым** remáin / stand* firm; **~ый** борéц за мир staunch fíghter for peace; **~ое** убеждéние ùnshákable convíction.

непокорённый unsubdúed.

непокóрн||ость *ж.* recálcitrance, ìndòcílity [-dou-]; (*неподчинение*) ínsubòrdinátion. **~ый** refráctory, recálcitrant, indócile [-'dou-]; (*своенравный*) ùn¦rúly.

непокры́т||ый ùn¦cóvered [-'kʌ-]; с **~ой** головóй báre-héaded [-'hed-].

неполáдки *мн. разг.* trouble [trʌbl] *sg.*

неполноправный *юр.* not enjóying all cívil rights.

неполнотá *ж.* ìn¦compléte¦ness, ìmpérféction.

неполноцéнн||ость *ж.* infèriórity. **~ый** deféctive, inférior.

непóлн||ый in¦compléte; (*несовершенный, недостаточный*) impérfect;

not full (*predic.*); ~ успéх in¦compléte succéss; ~ые знáния impérfect knówledge [...'nɔ-] *sg.*; ~ метр short metre; ~ вес short weight; ~ая мéра short méasure [...'me-]; ~ рабóчий день not fúll-tíme, not full day; short hours [...auəz] *pl.*; ~ая рабóчая недéля short week; по ~ым дáнным accórding to prelíminary dáta / informátion; ~ая срéдняя шкóла in¦compléte sécondary school.

непомéрно I *прил. кратк. см.* непомéрный.

непомéрн||о II *нареч.* excéssive¦ly. **~ость** *ж.* exórbitance, excéssive¦ness; ~ость егó трéбований his exórbitant demánds [...'mɑː-] *pl.* **~ый** exórbitant, excéssive.

непонимáние *с.* in¦còmprehénsion; lack of ùnderstánding; (*непрáвильное понимáние*) mìsùnderstánding; взаи́мное ~ fáilure to ùnderstánd one another.

непоня́тлив||ость *ж.* slówness ['slou-], dúllness. **~ый** slów-witted ['slou-], dull, stúpid.

непоня́тно I **1.** *прил. кратк. см.* непоня́тный; **2.** *предик. безл.* it is in¦còmprehénsible, it is impóssible to ùnderstánd; ~, что он хóчет сказáть it is impóssible to ùnderstánd what he means; мне ~, как, что I don't see how, what.

непоня́тн||о II *нареч.* in¦còmprehénsibly. **~ость** *ж.* in¦còmprehènsibílity. **~ый** in¦còmprehénsible, ún¦intélligible; (*тумáнный*) obscúre.

непóнятый mìsùnderstóod [-'stud], not próperly ùnderstóod [...-'stud].

непопадáние *с.* miss, míssing the aim.

непоправи́м||ость *ж.* irréparable¦ness. **~ый** irréparable, ìrremédiable, ìrretríevable [-'triː-]; ~ый шаг ìrretríevable step; э́то ~ая оши́бка it is a fátal mistáke.

непопуля́рный únpópular.

непорóчн||ость *ж.* chástity, immáculacy, púrity. **~ый** chaste [ʧeɪ-], immáculate, pure.

непóртящийся nòn-périshable.

непоря́док *м.* disórder.

непоря́дочн||ость *ж.* dis¦hónour¦able¦ness [dɪs'ɔ-]. **~ый** dis¦hónour¦able [dɪs'ɔ-], ùn¦géntle¦manly; ~ое поведéние dis¦hónour¦able cónduct [dɪs'ɔ-...].

непосвящённый ún¦inítiàted.

непосéд||а *м. и ж. разг.* fídget. **~ливость** *ж.* rést¦lessness. **~ливый** rést¦less, fídgety.

непосещéние *с.* nón-atténdance; in¦atténdance, poor atténdance; ~ лéкций nón-atténdance at léctures.

непоси́льный be¦yónd one's strength; ~ труд báck-breaking / excéssive toil [-breɪk-...].

непослéдовательн||ость *ж.* in¦consístency, in¦cónsequence; (*ср.* непослéдовательный). **~ый** (*о человéке*) in¦consístent; (*о постýпке*) in¦cónsequent.

непосл||ушáние *с.* dìsobédience. **~ýшный** dìsobédient, refráctory; (*о ребёнке*) náughty; (*перен.*) ùn¦rúly; ~ýшные вóлосы ùn¦rúly hair *sg.*

непосрéдственн||ость *ж.* spòntanéity [-'niːɪ-], in¦génuous¦ness, fránkness. **~ый 1.** immédiàte, diréct, fírst-hánd; **2.** (*естéственный*) spòntáneous; in¦génuous.

непостижи́м||ость *ж.* in¦còmprehènsibílity, inscrùtabílity. **~ый** in¦còmprehénsible, inscrútable, ùnfáthomable [-ðəm-]; ◇ умý ~о *разг.* (it is) be¦yónd (húman) ùnderstánding.

непостоя́н||ный (*о человéке*) in¦cónstant; (*о погóде и т. п.*) chánge¦able ['ʧeɪ-]; ~ное мéсто (в Совéте Безопáсности) nòn-pérmanent seat (on the Secúrity Cóuncil). **~ство** *с.* in¦cónstancy.

непоти́зм *м. уст.* népotism.

непотрéбный *уст.* obscéne, indécent.

непохóж||ий ún¦líke; быть ~им на когó-л. be ún¦líke smb.; have no resémblance to smb. [...-'ze-...]; ~е, чтóбы... it is not líke¦ly...

непочáтый *разг.* entíre, únbróken, not begún; ◇ ~ край (*рд.*) wealth [we-] (of), lot (of); ~ край рабóты a lot of work, no end of work.

непочт||éние *с.* dísrespéct. **~и́тельно** *нареч.* dìsrespéctfully. **~и́тельность** *ж.* dísrespéct. **~и́тельный** dìsrespéctful.

неправд||а *ж.* úntrúth [-uːθ], fálse¦hood ['fɔːlshud], lie; э́то ~ it is not true; говори́ть ~у tell* a lie, tell* lies; ◇ всéми прáвдами и ~ами ≅ by hook or by crook.

неправдоподóб||ие *с.* ùn¦líke¦lihood [-hud], ùn¦líke¦liness, impròbabílity. **~ный** impróbable, ùn¦líke¦ly.

непрáведный *уст.* iníquitous, únjúst, ùn¦ríghteous.

непрáвильно I *прил. кратк. см.* непрáвильный.

непрáвильн||о II *нареч.* irrégularly; (*оши́бочно*) erróneous¦ly; (*в сочетáнии с нéкоторыми глагóлами*) mis-; ~ информи́ровать (*вн.* о *пр.*) mísinfórm (*d.* of); ~ истолковáть (*вн.*) mísintérpret (*d.*); ~ поня́ть (*вн.*) mísùnderstánd* (*d.*); mistáke* (*d.*); ~ представи́ть (*вн.*) mísrèpresént [-'ze-] (*d.*); ~ суди́ть (о *пр.*) mísjúdge (*d.*); ~ цити́ровать (*вн.*) mísquóte (*d.*); ~ произноси́ть (*вн.*) míspronóunce (*d.*). **~ость** *ж.* irrègulárity; (*нетóчность*) in¦corréctness. **~ый** irrégular; anómalous; (*оши́бочный*) erróneous, wrong, in¦corréct; ~ая дробь *мат.* impróper fráction [-'prɔ-...]; ~ый глагóл *грам.* irrégular verb.

неправомéрн||ость *ж.* illegálity. **~ый** illégal.

неправомóчн||ость *ж. юр.* in¦cómpetence. **~ый** *юр.* in¦cómpetent.

неправоспосóбн||ость *ж. юр.* dìsabílity, in¦capácity. **~ый** *юр.* disábled, disquálified.

неправотá *ж.* **1.** (*несправедли́вость*) injústice; wróng¦ness; **2.** (*заблуждéние*) érror.

неправ||ый 1. (*несправедли́вый*) únjúst; **2.** *предик.* (*заблуждáющийся*) (in the) wrong; быть ~ым be (in the) wrong.

непракти́чн||ость *ж.* únpràcticálity. **~ый** únpráctical.

непревзойдённ||ый únsurpássed, péerless, sécond to none ['se-... nʌn], mátchless; ~ое мастерствó consúmmate mástery.

непредвзя́тый ùnpréjudiced, únbías(s)ed.

непредви́денн||ый únfòre¦séen; по ~ым обстоя́тельствам through únfòre¦séen círcumstances.

непреднамéренный únpreméditàted.

непредубеждённый ùnpréjudiced.

непредумы́шленн||ый únpreméditàted; ~ое убúйство *юр.* mánslaughter.

непредусмóтренный únfòre¦séen; únprovíded for.

непредусмотри́тельн||ость *ж.* impróvidence, hínd¦sìght. **~ый** impróvident.

непреклóнн||ость *ж.* inflèxibílity; inèxorabílity. **~ый** infléxible; únbénding; (*к прóсьбам и т. п.*) ádamant, inéxorable; ~ая вóля infléxible wíll-power; ~ая вóля к ми́ру ùnswérving desíre for peace [...-'z-...]; остáться ~ым remáin ádamant.

непрекращáющийся céase¦less [-s-], ùncéasing [-sɪŋ], incéssant.

непрелóжн||ость *ж.* **1.** immùtabílity, irrèvocabílity, ùn¦àlterabílity; **2.** (*неоспори́мость*) índispùtabílity. **~ый 1.** immútable, ùn¦álterable; **2.** (*неоспори́мый*) índispútable; ~ая и́стина índispútable truth [...-uːθ], ábsolùte truth.

непремéнн||о *нареч.* without fail, cértainly; он к вам ~ зайдёт he will call on you without fail; he will cértainly, *или* he is sure to, call on you [...ʃuə...]; он ~ опоздáет he is sure to be late. **~ый** ìndispénsable, nécessary; ~ое услóвие ìndispénsable condítion, (condítion) sine qua non [...'saɪnɪkweɪ'nɔn]; ◇ ~ый секретáрь pérmanent sécretary.

непреобори́мый insúperable; (*о чýвстве и т. п.*) irresístible [-'zɪ-].

непреодоли́м||ость *ж.* insùperabílity, ínsùrmountabílity; (*о чýвстве и т. п.*) irresìstibílity [-zɪ-]. **~ый** insúperable, insùrmóuntable; (*о чýвстве и т. п.*) irresístible [-'zɪ-], ùn¦cónquerable [-kər-]; ~ое желáние òver¦mástering desíre [...-'zaɪə]; ~ая си́ла *юр.* force majéure [...mɑː'ʒɜː]; ~ое препя́тствие insúperable óbstacle/

difficulty; ~ая прегра́да на пути́ (рд.) ìnsùrmóuntable bárrier in the path (of); ~ое сопротивле́ние ùn¦cónquerable resistance [...-'zɪ-].

непререка́емый ùn¦quéstionable [-stʃən-], indispútable; ~ авторите́т indispútable / in¦contéstable authórity.

непреры́вно I *прил. кратк. см.* непреры́вный.

непреры́вн||о II *нареч.* ùn¦ìnterrúptedly, contínuous¦ly; ~ шли дожди́ the rain never ceased [...-st]. **~ость** *ж.* còntinúity; ~ость трудово́го ста́жа còntinúity of sérvice (at one's place of work). **~ый** contínuous, únbróken, ún¦ìnterrúpted; ~ая неде́ля contínuous wórking week; ~ая дробь *мат.* contínued fráction.

непреста́нн||о incéssantly; ~ дви́гаться вперёд go* incéssantly fórward; make* contínuous prógrèss; ~ труди́ться на бла́го ро́дины toil incéssantly for the wélfàre of the Móther¦land [...'mʌ-]. **~ый** ùncéasing [-sɪŋ], incéssant.

неприве́тлив||ость *ж.* únfriendliness [-'fre-]. **~ый** únfriendly [-'fre-], ún¦grácious; (*перен.*) chéerless, dréary; ~ый ландша́фт chéerless lándscàpe.

непривлека́тельный ùn¦attráctive, ún¦inviting; (*о наружности тж.*) ún¦prèpossésssing [-'zes-].

неприві́||кший (к, +*инф.*) ún¦accústomed (to, +to *inf.*). **~чка** *ж.* want of hábit; ~чка к чему́-л. not bé¦ing used to smth. [...ju:st...]; с ~чки for want of hábit; с ~чки э́то каза́лось тру́дным it seemed dífficult for want of hábit / práctice. **~чный** 1. (*неприві́кший*) ún¦úsed [-'ju:st], ún¦accústomed; 2. (*необы́чный*) únwónted [-'wou-], ùn¦úsual [-'ju:ʒ-].

непригля́дный ùn¦attráctive, ùnsíghtly, ùn¦gáinly; (*жалкий*) míserable [-z-].

неприго́дн||ость *ж.* únfítness, úse¦lessness ['ju:s-]; (*для военной службы тж.*) inèligibílity. **~ый** únfít, úse¦less ['ju:s-], únsérvice¦able; (*для военной службы тж.*) inéligible.

неприе́млем||ость *ж.* ún¦accèptabílity, ínadmìssibílity. **~ый** ún¦accéptable, inadmíssible.

непризна́ние *с.* nón-rècognítion.

непри́знанный ún¦acknówledged [-'nɔ-], ún¦récognìzed.

неприка́янный *разг.*: что ты хо́дишь как ~? can't you find a place / perch?, can't you find sóme¦thing to do?

неприкоснове́нн||ость *ж.* invìolabílity; ~ ли́чности pérsonal immúnity; ~ жили́ща invìolabílity / sánctity of the home; депута́тская ~ the invìolabílity of a députy; дипломати́ческая ~ diplomátic immúnity. **~ый** invíolable; ~ый запа́с resérve(d) funds [-'zɜ:-...] *pl.*; *воен.* emérgency / íron rátion [...'aɪən 'ræ-]; íron supplíes *pl.*

неприкра́шенн||ый únvárnished, plain; ~ая и́стина plain / únvárnished truth [...-u:θ]; в ~ом ви́де ≅ as it is.

неприкры́т||ый úndis¦guísed; báre¦fàced *разг.*; ~ая агре́ссия náked aggréssion.

неприли́ч||ие *с.* indécency [-'di:-], ìmpropríety; ùnséemliness. **~ный** indécent, impróper [-'prɔ-], únbecóming [-'kʌ-], indécorous, ùnséemly; како́е ~ное поведе́ние! what disgráce¦ful beháviour!

неприменимы́й ináppliсable.

неприме́тный ìmperceptíble, ìndiscérnible; (*перен.*) plain, ún¦obtrúsive.

непримири́м||ость *ж.* irrèconcìlabílity [-saɪlə-]; implàcabílity. **~ый** 1. irrécondìlable, ún¦appéasable [-z-], implácable; ~ая борьба́ ùn¦cómpromìsing struggle, war to the knife; вести́ ~ую борьбу́ (про́тив) wage a reléntless struggle (agáinst); 2. (*несовмести́мый*) in¦compátible, irrécondìlable; ~ые противоре́чия irrécondìlable còntradíctions.

непринуждённо I *прил. кратк. см.* непринуждённый.

непринуждённ||о II *нареч.* without embárrassment, ún¦constráinedly; чу́вствовать себя́ ~ be / feel* at ease; вести́ себя́ ~ feel* ún¦embárrassed, *или* at ease, be ún¦constráined. **~ость** *ж.* ease. **~ый** nátural; free and éasy [...'i:zɪ] *разг.*; ~ая по́за éasy / nátural áttitùde.

непринятие *с.* (*отказ*) nón-accéptance, rejéction; (*мер и т. п.*) fáilure to take / ùndertáke; за ~м надлежа́щих мер for fáilure to take nécessary méasures [...'me-].

неприспосо́бленн||ость *ж.* únpráctìcalness. **~ый** únpráctical.

непристо́йн||ость *ж.* obscénity [-'si:-]; (*поведения*) indécency [-'di:-]. **~ый** obscéne; (*о поведении*) indécent; ~ые выраже́ния ùnséemly expréssions.

непристу́пн||ость *ж.* 1. ínàccèssibílity; (*о крепости и т. п.*) imprègnabílity; 2. (*надменность*) háughtiness, hautéur [ou'tɜ:]. **~ый** 1. inàccéssible; ùn¦appróachable; (*о крепости*) imprégnable, ùn¦assáilable; (*о скалах и т. п.*) forbídding; 2. (*надменный*) ùn¦appróachable, háughty.

непрису́тственный *уст.*: ~ день (géneral) hóliday [...-dɪ].

непритво́рный únféigned [-'feɪnd], ún¦assúmed.

непритяза́тельный ún¦assúming.

неприхотли́в||ость *ж.* únpreténtious¦ness; plain tastes [...teɪ-] *pl.*; (*скромность*) módesty. **~ый** 1. (*о человеке*) únpreténtious, módest ['mɔ-]; 2. (*незатейливый*) simple; (*о пище*) frúgal; ~ый рису́нок simple páttern.

непричастн||ость *ж.* (к) nón-pàrtìcipátion (in), bé¦ing not ímplìcàted (in), bé¦ing not prívy (to). **~ый** (к) not ímplìcàted (in), no prívy (to); быть ~ым к де́лу not be prívy to *a* cause.

неприя́зненн||ость *ж.* hòstílity, énmity. **~ый** hóstìle, inímical, únfriendly [-'fre-].

неприя́знь *ж.* hòstílity, énmity.

неприя́тель *м.* énemy. **~ский** hóstìle; ~ские войска́ énemy troops.

неприя́тно I 1. *прил. кратк. см.* неприя́тный; 2. *предик. безл.* it is (very) ùnpléasant [...-'plez-].

неприя́тн||о II *нареч.* ùnpléasantly [-'plez-]. **~ость** *ж.* 1. (*огорчение*) trouble [trʌbl], núisance ['nju:s-], annóyance; 2. (*свойство чего-л.*) ùnpléasantness [-'plez-]. **~ый** ùnpléasant [-'plez-], dìsagréeable [-'grɪə-]; (*противный*) objéctionable, obnóxious.

непробу́дн||ый: ~ сон deep sleep; (*перен.: смерть*) the etérnal sleep; спать ~ым сном be fast asléep; (*перен.*) sleep* the sleep of death [...deθ]; ~ое пья́нство long fit of drínking.

непроводни́к *м. физ.* nón-condùctor.

непрогля́дн||ый pítch-dárk, impénetrable; ~ая ночь pítch-dárk night; ~ мрак impénetrable dárkness; ~ тума́н impénetrable fog.

непродолжи́тельн||ость *ж.* short durátion. **~ый** short; в ~ом вре́мени in a short time, shórtly.

непродукти́вн||ость *ж.* únprodúctive¦ness. **~ый** únprodúctive.

непроду́манный ún¦consídered [-'sɪ-], ún¦réasoned [-z-].

непрое́зжий [-ёжьж-] impássable.

непрозра́чн||ость *ж.* opácity. **~ый** opáque.

непроизводи́тельн||ость *ж.* únprodúctive¦ness. **~ый** únprodúctive; ~ый труд waste of lábour [weɪ-...]; ~ая затра́та сил waste of strength; ~ые расхо́ды waste of cápital *sg.*

непроизво́льн||ость *ж.* invóluntariness. **~ый** invóluntary; ~ое движе́ние invóluntary móve¦ment [...'mu:-], réflèx.

непроля́зн||ый *разг.* impássable; ~ая грязь impássable / thick mud.

непролета́рский nón-pròletárian [-prou-].

непромока́емый wáterproof ['wɔ:-]; ~ плащ máckintòsh, wáterproof (coat), ráincoat.

непроница́ем||ость *ж.* impènetrabílity; (*для жидкостей и газов тж.*) impèrmeabílity [-mɪə-]. **~ый** impénetrable; impérvious; (*для жидкостей и газов тж.*) impérmeable [-mɪə-]; ~ый для зву́ка sóund-proof, impérvious to sound; ~ый для воды́ impérvious / impérmeable to wáter [...'wɔ:-].

непропорциона́льн||ость *ж.* dísproportion. **~ый** dísproportionate.

непросвещённый ún¦enlíghtened, ún¦éducàted.

непросе́янн||ый únbólted; хлеб из ~ой муки́ whóle¦meal bread ['houlbred].

непрости́тельно I 1. *прил. кратк. см.* непрости́тельный; 2. *предик. безл.* it is ùnpárdonable, it is ìnexcúsable [...-zəbl].

непрости́тельн||о II *нареч.* ùnpárdonably; он ~ медли́телен he is ùnpárdonably slow [...slou]. **~ый** ùnpárdonable, únforgívable [-'gɪ-], ìnexcúsable [-zəbl]; ~ая хала́тность ùnpárdonable / ìnexcúsable negléct.

непротивле́ние *с.*: ~ злу nón-resístance to évil [-'zɪ-... 'iːv°l].

непроторённ||ый únbéaten; ~ая доро́жка únbéaten track.

непроходи́м||ость *ж.* impàssabílity. **~ый** 1. impássable; ~ый лес impénetrable fórest [...'fɔ-]; ~ый вброд únfórdable; ~ая грязь impássable / thick mud; 2. *разг.* (*кра́йний*) útter, rank; ~ый дура́к pérfect / útter fool; ~ое неве́жество rank ígnorance.

непро́чн||ость *ж.* lack of strength / solídity; (*хру́пкость*) fragílity. **~ый** not strong / sólid / dúrable; (*хру́пкий*) frágìle; (*о постро́йке*) flímsy [-zɪ]; (*ненадёжный*) precárious, ìnsecúre; ~ый мир únstáble peace; ~ое положе́ние precárious sìtuátion; ~ая постро́йка flímsily-constrúcted búilding [-zɪ- 'bɪl-]; jérry-bùilt house* [-bɪlt -s].

непро́шеный únbídden, ún¦ásked; ~ гость únbídden / sélf-invíted guest.

непрям||о́й 1. ìndiréct; ~а́я ли́ния bróken line; ~о́е деле́ние *биол.* mitósis, kàryokinésis ['kærɪə-]; 2. (*неи́скренний*) hỳpocrítical.

непутёвый *разг.* góod-for-nòthing; ~ челове́к bad lot, né'er-dò-wèll ['nɛədu:wel].

непью́щий sóber.

неработоспосо́бный disábled; ún¦áble to work.

нерабо́ч||ий nòn-wórking; ~ день óff-day, nòn-wórking day; ~ая обстано́вка not the right átmosphère for work.

нера́венство *с.* ìnequálity; социа́льное ~ sócial ìnequálity.

неравно́ *части́ца уст. разг.* (*а вдруг*) *перево́дится выраже́нием* suppóse, *или* what if, I should, you should, *etc.* (+*inf.*): ~ ты заболе́ешь suppóse you should fall ill.

неравноду́шн||ый (к) not indífferent (to); быть ~ым к кому́-л. *разг.* be attrácted by smb.

неравноме́рн||ость *ж.* ún¦éven¦ness, irrègulárity; зако́н ~ости разви́тия капиталисти́ческих стран при империали́зме law of the ún¦éven devélopment of cápitalist cóuntries in the éra of impérialism [...'kʌn-...]. **~ый** ún¦éven, irrégular.

неравнопра́в||ие *с.* ìnequálity of rights, sócial ìnequálity / dispárity. **~ный** ún¦équal in rights; not enjóying équal rights; ~ный догово́р in¦équitable tréaty.

неравносторо́нний *мат.* scálène ['skeɪ-], ún¦èquiláteral.

нера́вн||ый ún¦équal; ~ые си́лы ún¦équal fórces; ~ брак mìsallíance; mésalliance (*фр.*) [me'zælɪəns]; ~ые ша́нсы long odds.

нерад||е́ние *с.* négligence, remíssness, cáre¦lessness. **~и́вость** *ж.* = нераде́ние. **~и́вый** négligent, remíss, cáre¦less.

неразбери́ха *ж. разг.* confúsion, muddle.

неразбо́рчив||ость *ж.* 1. (*по́черка*) illègibílity; 2. (*в еде*) lack of fàstídious¦ness; 3. *неодобр.* (*в сре́дствах*) ùnscrúpulous¦ness. **~ый** 1. (*о по́черке*) illégible, úndecípherable [-'saɪ-]; 2. (*в еде*) not fàstídious / squéamish; 3. *неодобр.* (*в сре́дствах*) ùnscrúpulous.

неразвито́й úndevéloped; (*у́мственно*) (ìntelléctually) báckward.

нера́звитость *ж.* lack of devélopment; (*у́мственная*) (ìntelléctual) báckwardness.

неразга́данный ún¦guéssed, únsólved; (*о та́йне и т. п.*) úndiscóvered [-'kʌ-].

неразгово́рчив||ость *ж.* tàcitúrnity, réticence. **~ый** tácitùrn, réticent.

неразделимый, неразде́льный ìndivísible [-z-], inséparable; неразде́льное иму́щество *юр.* cómmon estáte.

неразличи́мый ìndiscérnible, ìndistínguishable.

неразложи́м||ый ìrresólvable [-'zɔ-], ìndè¦compósable [-zəbl]; ~ое це́лое *лингв.* ìndissóluble únit.

неразлу́чники *мн. зоол.* lóve-bìrds ['lʌv-].

неразлу́чный inséparable.

неразме́нный (*о деньга́х*) ùnchánge¦able [-'tʃeɪndʒ-], whole [houl].

неразреш||ённый 1. (*нерешённый*) ùnsólved; ~ённые вопро́сы únresólved / únséttled / outstánding próblems / quéstions / íssues [-'zɔlvd... 'prɔ- -stʃ-...]; 2. (*запрещённый*) illícit, prohíbited, forbídden. **~и́мый** insóluble; únsólvable; (*о зага́дке тж.*) solútion-proof.

неразруши́мый ìndestrúctible.

неразры́вн||о *нареч.*: ~ свя́зано (с *тв.*) inséparably linked (with); part and párcel (of) *идиом.* **~ость** *ж.* ìndissòlubílity. **~ый** ìndissóluble; ~ая связь тео́рии и пра́ктики ìndissóluble connéction of théory and práctice [...'θɪə-...].

неразу́м||ие *с.* ún¦réason [-z-], fóolishness, fólly. **~ность** *ж.* ùn¦réasonable¦ness [-z-]. **~ный** ùn¦réasonable [-z-], únwíse.

нераска́янный *уст.* impénitent.

нерасположе́ние *с.* (к) dislíke (for); (*несклонность*) dìsin¦clinátion (for, to).

нерасполо́женный (к) íll-dispósed (towards), únwílling (+ to *inf.*), dísin¦clíned (+ to *inf.*).

нераспоряди́тельн||ость *ж.* ìnabílity to órganìze, lack of admínistrative abílities. **~ый** ún¦áble to órganìze, lácking admínistrative abílities; ~ый челове́к bad* órganìzer.

нерассуди́тельн||ость *ж.* lack of cómmon sense; ùn¦réasonable¦ness [-z-]; want of sense. **~ый** ùn¦réasonable [-z-]; ún¦áble to réason [...-z-], lácking cómmon sense.

нерастворим||ость *ж.* insòlubílity. **~ый** insóluble.

нерасторжи́м||ый ìndissóluble, inséverable; ~ые у́зы ìndissóluble ties.

нерасторо́пный slúggish, slow [-ou]; ~ челове́к slów-coach [-ou-].

нерасчётлив||ость [-ащё-] *ж.* 1. extrávagance, wáste¦fulness ['weɪ-]; 2. (*непредусмотри́тельность*) impróvidence, lack of fóre¦sìght. **~ый** [-ащё-] 1. extrávagant, wáste¦ful ['weɪ-]; 2. (*непредусмотри́тельный*) impróvident.

нерациона́льный irrátional [-æʃ-], not rátional [...-æʃ-], únpráctical.

нерв *м.* nerve; дви́гательный ~ mótor nerve; трои́чный ~ trì¦fácial nerve; воспале́ние ~ов neurítis; име́ть больны́е ~ы have a nérvous diséase [...-'zi:z]; ◇ де́йствовать кому́-л. на ~ы get* on smb.'s nerves; желе́зные ~ы íron nerves ['aɪən...], nerves of steel.

нерва́ция *м. бот., зоол.* nervátion.

нерв||и́ровать *несов. и сов.* (кого́-л.) make* smb. nérvous, get* on smb.'s nerves. **~и́ческий** *уст.* nérvous.

не́рвничать be nérvous, feel* nérvous.

нервнобольно́й *м. скл. как прил.* neurótic; (*пацие́нт*) nérvous pátient.

не́рвн||ость *ж.* nérvous¦ness. **~ый** (*в разн. знач.*) nérvous; néural *научн.*; ~ая систе́ма the nérvous sýstem; ~ый у́зел nérve-knòt; gánglion *научн.*; ~ый центр nérve-cèntre; вы́сшая ~ая де́ятельность hígher nérvous àctívity; ~ый припа́док fit / attáck of nerves, nérvous fit; ~ое заболева́ние nérvous diséase [...-'zi:z]; ~ая дрожь thrill, nérvous trémor [...'tre-].

нерво́зн||ость *ж.* nérvous¦ness; ìrritabílity. **~ый** nérvous, híghly strung; (*раздражи́тельный*) írritable.

нервю́ра *ж. ав.* rib; ~ крыла́ wing rib.

нереа́льн||ость *ж.* ún¦reálity [-rɪ'æ-]. **~ый** ún¦réal [-'rɪəl].

нерегуля́рн||ость *ж.* irrègulárity. **~ый** irrégular.

нере́дкий not infréquent; (*обы́чный*) órdinary.

нере́дко I *прил. кратк. см.* нере́дкий.

нере́дко II *нареч.* not infréquently, óften ['ɔ:f(t)°n].

нерентáбельный ùnprófitable, ún¦remunerative.

нéрест *м. биол.* spáwning.

нерешённ||ый únséttled, úndecíded; ~ые вопрóсы únséttled / outstánding quéstions [...-stʃ-].

нереши́||мость *ж.* = нереши́тельность. **~тельность** *ж.* ìndecísion; быть в ~тельности hésitàte [-zɪ-]. **~тельный** irrésolùte [-z-], ìndecísive, úndecíded; ~тельный тон hésitàting tone [-zɪ-...].

нержавéющ||ий nón-corrósive; rùst-resísting [-'zɪ-]; ~ая сталь stáinless steel.

неритми́чн||ость *ж.* ún¦éven¦ness; ~ в рабóте ún¦éven¦ness of work. **~ый** ún¦éven, spàsmódic [-z-].

нерóбк||ий bold, not tímid, brave; ◇ он ~ого деся́тка *разг.* ≅ he is no cóward, he is not a shy man*.

нерóвн||ость *ж.* **1.** ún¦éven¦ness; (*шероховатость*) róughness ['rʌf-]; ~ости мéстности róughness / rúggedness of the cóuntry [...'kʌ-] *sg.*; áccidents of the ground; **2.** (*неравномерность*) ún¦èquálity [-iː-]. **~ый 1.** ún¦éven; (*шероховатый*) not smooth [...-ð], rough [rʌf]; ~ый пóчерк ún¦éven hánd(wrìting); ~ая мéстность rough / rúgged cóuntry [...'kʌ-]; **2.** (*неравномерный*) ún¦équal; ~ый пульс ún¦éven / irrégular pulse; ~ый темп rág(ged) time; ходи́ть ~ым шáгом walk with a jérky stride.

нерóвня *м. и ж. тк. ед.*: он ей ~ *разг.* he is not her équal.

нéрпа *ж. зоол.* seal.

нерýдн||ый: ~ые ископáемые nòn-metállic mínerals.

нерукотвóрный *поэт.* not made by húman hand, not of húman máking.

неруши́м||ый invíolable, ìndissóluble; ~ сою́з únbréakable únion [-'breɪk-...]; ~ые свя́зи ìndestrúctible ties; ~ая дрýжба нарóдов СССР invíolable fríendship of the péoples of the USSR [...'fren-...piː-...].

неря́||ха *м. и ж. разг.* slóven ['slʌ-]; (*о женщине тж.*) sláttern. **~шество** *с.* = неря́шливость. **~шливость** *ж.* ùntídiness [-'taɪ-]; slóvenliness ['slʌ-]. **~шливый 1.** (*небрежный*) négligent; (*о работе*) cáre¦less; **2.** (*неопрятный*) slóvenly ['slʌ-]; (*об одежде*) ùntídy.

нёс *ед. ч. прош. вр. см.* нести́ I.

несамостоя́тельн||ость *ж.* depéndence; (*неоригинальность*) lack of orìgináity. **~ый** not ìndepéndent; (*неоригинальный*) not oríginal.

несамохóдный not sélf-propélled.

несбы́точн||ый ún¦réalìzable [-'rɪə-]; ~ые мечты́ vain dreams; castles in the air.

несварéние *с.*: ~ желýдка *мед.* ìndigéstion [-stʃən].

несвéдущий (в *пр.*) ígnorant (of), ún¦convérsant (with).

несвéж||ий not fresh (*predic.*); (*испорченный*) stale, táinted; ~ие продýкты stale fóodstùffs.

несвоеврéменн||ость *ж.* inópportùne¦ness, ùnséasonable¦ness [-z°n-]; (*запоздалость*) tárdiness. **~ый** inópportùne, ùnséasonable [-z°n-]; (*запоздалый*) tárdy, out of time / séason [...-z°n].

несвóйственн||ый (*дт.*, для) ùn¦úsual [-'juːʒ-] (to, for); с ~ым оживлéнием with ùn¦úsual ànimátion; э́то емý ~о it is not like him.

несвя́зно I *прил. кратк. см.* несвя́зный.

несвя́зн||о II *нареч.* ìn¦cohérent¦ly; говори́ть ~ be ìn¦cohérent. **~ость** *ж.* ìn¦cohérence [-'hɪə-]. **~ый** ìn¦cohérent.

несгибáем||ость *ж.* inflèxibílity; ~ вóли the infléxible will. **~ый** (*прям. и перен.*) únbénding, infléxible.

несговóрчив||ость *ж.* intràctabílity. **~ый** intráctable, hard to deal with.

несгорáемый fíre-proof, ìn¦combústible; ~ шкаф safe, stróng-bòx.

несдéржанн||ость *ж.* lack of restráint. **~ый 1.** (*об обещании и т. п.*) únfulfílled [-ful-]; ~ое слóво bróken prómise [...-s]; **2.** (*о характере*) víolent, ún¦restráined; lácking sélf-contról [...-oul]; impétuous.

несéние *с.*: ~ обя́занностей perfórmance of dúties.

несерьёзн||ость *ж.* **1.** lack of sérious¦ness; (*необоснованность*) únfóundedness; (*легкомыслие*) líghtness, frivólity; **2.** (*незначительность*) ún¦impórtance. **~ый 1.** not sérious; (*необоснованный*) únfóunded; (*легкомысленный*) light, frívolous; **2.** (*незначительный*) ún¦impórtant, ìnsignificant.

несессéр [нэсэсэ́р] *м.* dréssing-càse [-s], tóilet-càse [-s].

несжимáемый ìn¦compréssible.

несимметри́чный àsymmétric(al).

несказáнн||о *нареч.* ùnspéakably, inéffably. **~ый** ùnspéakable, inéffable.

нескла́д||ица *ж. разг.* nónsense. **~но** *нареч.* clúmsily [-z-], áwkwardly. **~ный 1.** (*о речи*) ìn¦cohérent; not flúent; **2.** (*неизящный, мешковатый*) ùn¦gáinly, áwkward, clúmsy [-zɪ].

несклоня́ем||ость *ж. грам.* ìndeclìnabílity [-klaɪ-]. **~ый** *грам.* ìndeclínable.

нéскольк||о I *числит.* séveral, some; (*немногие*) a few; ~ человéк séveral péople [...piː-]; ~ раз séveral times; сократи́лось в ~ раз was redúced to a fráction of its fórmer size; в ~их словáх in a few words.

нéсколько II *нареч.* (*в некоторой степени*) sóme¦whàt, slíghtly; ráther ['rɑː-]; он был ~ удивлён he was slíghtly / sóme¦whàt / ráther surprísed.

нескончáемый intérminable, néver-énding, néver-céasing [-sɪŋ].

нескрóмн||ость *ж.* **1.** immódesty, lack of módesty; **2.** (*неделикатность*) indélicacy, ìndiscrétion [-'kre-]. **~ый 1.** immódest [-'mɔ-], not módest [...'mɔ-]; **2.** (*неделикатный*) indélicate, ìndiscréet; **3.** (*бесстыдный*) ímpudent.

нескрывáемый ún¦concéaled, úndis¦guísed.

неслá, неслó *ед. ч. прош. вр. см.* нести́ I.

неслóжн||ость *ж.* simplícity. **~ый** símple; not cómplicàted, not eláborate.

неслы́ханн||ый ùnhéard of [-'hɜːd...], ùnprécedented; ~ое преступлéние ùnhéard of, *или* ùnprécedented, críme.

неслы́шн||ый ináudible; ~ыми шагáми with nóise¦less steps.

несмéлый tímid.

несменя́ем||ость *ж. юр.* írremòvabílity [-muː-]. **~ый** ìrremóvable [-'muː-].

несмéтн||ый innúmerable, cóuntless, númberless, in¦cálculable; ~ое богáтство cóuntless ríches *pl.*, ìn¦cálculable wealth [...we-].

несмолкáемый céase¦less [-s-], ùncéasing [-sɪŋ], néver-céasing [-sɪŋ], néver-abáting.

несмотря́: ~ на in spite of, despíte, nòt¦with¦stánding; ~ на э́то in spite of this; ~ ни на что in spite of évery¦thing, despíte évery¦thing; ~ на всё for all that.

несмывáемый indélible, ìneffáce¦able; ~ позóр indélible disgráce.

несмышлён||ый *разг.* slów-wìtted ['slou-]. **~ыш** *м. разг.* sílly líttle chap.

неснóсный ùnbéarable [-'bɛə-], intólerable, ìnsuppórtable; ~ человéк intólerable / ìnsuppórtable pérson.

несоблюдéние *с.* nón-obsérvance [-'zɜːv-]; ìnobsérvance [-'zɜːv-].

несовершеннолéт||ие *с.* mìnórity [maɪ-]. **~ний 1.** *прил.* únder age; **2.** *м. как сущ.* mínor.

несовершéн||ный 1. impérfect, ìn¦compléte; **2.** *грам.* ìmperféctive; ~ вид ìmperféctive áspèct. **~ство** *с.* ìmperféction.

несовмести́м||ость *ж.* ín¦compàtibílity. **~ый** ìn¦compátible.

несовпадéние *с.* lack of cò¦íncidence / convérgence; fáilure to cò¦incíde / convérge.

несоглáсен *прил. кратк. см.* несоглáсный.

несоглáс||ие *с.* **1.** *тк. ед.* dífference of opínion, dissént; (*расхождение между двумя версиями, вариантами и т. п.*) discrépancy; **2.** (*разлад*) váriance, díscòrd; **3.** *тк. ед.* (*отказ*) refúsal [-z-], nón-agréement. **~ный 1.** (с *тв.*) dìssénting (with), not agrée¦ing (to, with), discórdant (with); он ~ен с э́тим he does not agrée with it; he dìsagrées with it; я ~ен I disagrée; он ~ен с вáми he does|n't agrée with you; 2. (о звуках) discórdant; ~ное пение discórdant síng|ing; 3. (с тв.; не соответствующий) ìn|consístent (with), ìn|compátible (with); 4. (на вн., + инф.): он ~ен на это he does|n't agrée to this; he can't consént to it; он ~ен пойти he does|n't agrée to go. ~овáние с. грам. nòn-agréement.

несогласóванн||ость ж. lack of agréement, nón-cò-òrdinátion, ún|confórmity. ~ый ún|cò-órdinàted, lácking cò-òrdinátion; (с тв.) not in agréement (with).

несозвýчный (дт.) díssonant (to), in|cónsonant (with, to), out of tune (with); ~ эпóхе óut-of-dáte, out of kéeping with présent-dáy life [...'prez-...].

несознáтельн||ость ж. ìrrespónsible|ness. ~ый ùn|réasonable [-z-], ìrrespónsible.

несозы́в м. nón-cònvocátion.

несоизмерим||ость ж. ín|commènsurabílity. ~ый ìn|comménsurable, ìn|comménsurate.

несократи́мый мат. ìrredúcible.

несокруши́м||ый ìndestrúctible; (непобедимый) invíncible, ùn|cónquerable [-kər-]; ~ая вóля ùn|cónquerable / àdamántine will.

несолидáрн||о нареч.: дéйствовать ~ act disjóintedly, или not in únion. ~ый disjóinted, not in únion.

несóлоно = не сóлоно см. сóлоно.

несомнéнн||о вводн. сл. ùndóubtedly [-'daut-], dóubtless ['daut-], be|yónd all quéstion [...stʃən], withóut quéstion. ~ость ж. cértitùde; (очевидность) óbvious|ness. ~ый indúbitable, ùn|quéstionable [-stʃən-]; (очевидный) óbvious, mánifèst.

несообрази́тельн||ость ж. slówness [-ou-], slów-wìttedness [-ou-]. ~ый slów(-wìtted) [-ou-].

несообрáзн||ость ж. ìn|còngrúity, absúrdity; ín|compàtibílity [-tə-]. ~ый 1. (с тв.) in|cóngruous (with), ìn|compátible (with); 2. (глупый) fóolish, absúrd.

несоответствéнный (дт.) not còrrespónding (with), in|cóngruous (with). ~ие с. discrépancy, dispárity, lack of còrrespóndence; ~ие харáктеров ín|compàtibílity of témperament [-tə-...].

несоразмéрн||ость ж. dísproportion. ~ый dispropórtionate.

несортовóй low quálity [lou...] (attr.).

несостоятельн||ость ж. 1. insólvency, fáilure; объяви́ть о ~ости decláre bánkruptcy; 2. (бедность) índigence, want; 3. (необоснованность) únfóundedness, gróundlessness; (неудовлетворительность) flímsiness [-zɪ-], únsóundness. ~ый 1. insólvent, bánkrupt; ~ый должни́к insólvent; 2. (бедный) índigent, néedy; 3 (необоснованный) únfóunded gróundless; (неудовлетворительный) flímsy [-zɪ], únsóund; (о точке зрения и т. п.) úntenable.

неспéлый ún|rípe; (зелёный) green.

неспéшный únhúrried, slow [slou], léisure|ly ['leʒə-].

несподрýчно предик. (дт.) уст. разг.: мне ~ it is in|convénient for me.

неспокóйный rést|less; (о состоянии духа) ùn|éasy [-zɪ].

неспосóбен прил. кратк. см. неспосóбный.

неспосóбн||ость ж. ìn|capácity, ìn|abílity, in|càpabílity [-keɪ-]. ~ый (к дт., на вн.) in|cápable (of); in|cómpetent (+ to inf.); (к учению) dull, slow [slou]; он неспосóбен на такýю ни́зость he is in|cápable of such báse|ness / méanness [...'beɪs-...].

несправедли́в||ость ж. injústice, únfáirness. ~ый únjúst, únfáir; быть ~ым к комý-л. do smb. an injústice.

неспростá нареч. разг. not without púrpose [...-s]; (со скрытой целью) with some hídden design [...-'zaɪn]; это ~ there is sóme|thing behínd that; there is more in it than meets the eye [...aɪ] идиом.

несрабóтанность ж. lack of téam-wòrk / cò-òperátion.

несравнéнно I прил. кратк. см. несравнéнный.

несравнéнн||о II нареч. 1. (очень хорошо) in|cómparably, mátchlessly, péerlessly; 2. (перед сравн. ст. — гораздо) far, by far; ~ лýчше far bétter. ~ый pérfect, in|cómparable, mátchless, únmátched, péerless.

несравни́м||ость ж. in|cómparable|ness, péerlessness. ~ый in|cómparable; (очень хороший) únmátched.

нестандáртный nòn-stándard; nòn-týpical амер.

нестерпи́мый ùnbéarable [-'bɛə-], insúfferable, ún|endúrable, intólerable.

нести́ I, понести́ 1. (вн.; перемещать на себе, с собой) см. носи́ть 1; 2. (вн.; терпеть) bear* [bɛə] (d.); ~ убы́тки in|cúr lósses; ~ наказáние, отвéтственность bear* the pénalty / púnishment, the respònsibílity [...'pʌ-...]; ~ потéри воен. súffer / sustáin / incúr lósses / cásualties [...-zjuə-, -ʒuə-]; понести́ большие потéри sustáin héavy lósses [... 'hevɪ...]; понести́ поражéние súffer a deféat, be deféated; 3. тк. несов. (вн.; поддерживать) cárry (d.), bear* (d.): эти колóнны несýт áрку these píllars cárry / bear an arch; 4. тк. несов. (вн.; выполнять) perfórm (d.): ~ обязанности perfórm the dúties; — ~ дежýрство be on dúty; ~ караýл stand* guard, be on guard / dúty; ~ тяжёлую слýжбу have a hard job to do; 5. тк. несов. (вн.; причинять; ср. приноси́ть) bring* (d.), cárry (d.): ~ смерть bring* death [...deθ]; cárry death; 6. безл. (тв.) разг.: от окнá, от двéри и т. п. несёт (хóлодом) there is a (cold) draught from the wíndow, from the door, etc. [...drɑːft... dɔː]; от негó, от них и т. д. несёт табакóм, вóдкой и т. п. he reeks, they reek, etc., of tobáccò, of vódka, etc.; ◇ ~ вздор разг. talk nónsense; ~ небыли́цы разг. pull the long bow [pul... bou]; егó несёт (о расстройстве желудка) разг. he has dìarrhóea [...-'rɪə]; лóшадь понеслá (без доп.) the horse bólted; кудá егó несёт, понеслó? см. носи́ть.

нести́ II, снести́ (вн.; о кладке яиц птицами) lay* (d.): кýрица снеслá яйцó the hen has laid an egg.

нести́сь I, понести́сь см. носи́ться I 1.

нести́сь II, снести́сь (класть яйца — о птицах) lay* eggs; эта кýрица хорошó несётся this hen is a good* láyer.

нестóйк||ий хим. únstáble, nòn-persístent; ~ое ОВ воен. nòn-persístent gas.

нестóящий разг. of líttle, или of no, válue; wórthless; ~ человéк góod-for-nòthing, né'er-dò-wèll ['nɛədu:wel].

нестроевóй I (о лесе) únfít for búilding púrposes [...'bɪ- -s-].

нестроев||óй II воен. 1. прил. nón-cómbatant; ~áя слýжба nón-cómbatant sérvice; 2. м. как сущ. nón-cómbatant.

нестрóйно I прил. кратк. см. нестрóйный.

нестрóйн||о II нареч. díssonantly, discórdantly; ~ петь sing* discórdantly, sing* out of tune. ~ый 1. díssonant, discórdant; (о пении тж.) out of tune; 2. (дезорганизованный) disórdered; ~ые ряды́ disórdered ranks.

несть уст.: ~ числá there is no cóunting; ~ концá there is no end to it.

несуди́мост||ь ж. юр. ábsence of prévious charge; свидéтельство о ~и certíficate of ábsence of prévious charge.

несудохóдный únnávigable, innávigable.

несурáзица ж. = несурáзность 2.

несурáзн||ость ж. разг. 1. (нескладность) áwkwardness, clúmsiness [-zɪ-]; (бестолковость) fóolishness, absúrdity; 2. (нелепость) nónsense, absúrdity. ~ый разг. 1. (неловкий) áwkward, clúmsy [-zɪ]; 2. (глупый) fóolish, absúrd.

несусвéтн||ый разг. fóolish, absúrd; ~ая чепухá sheer / ùnmítigàted nónsense.

несýшка ж. с.-х. láying hen, láyer.

несущéственн||ый ún|esséntial, ìmmatérial; это ~о that is ìmmatérial, it does not mátter.

несуществу́ющий nón-exístent.

несхо́д||ный 1. (*непохожий*) ún¦líke, díssímilar; dísparate; 2. *разг.* (*о цене*) ùn¦réasonable [-z-]. **~ство** *с.* díssìmilárity, ún¦líke¦ness, dísparate¦ness.

несчастли́в||ец *м.*, **~ица** *ж.* ùnfórtunate/lúckless/íll-fáted wretch [-'fɔːtʃ-...]. **~ый** ùnfórtunate [-'fɔːtʃ-], íll-fáted, íll-stárred, lúckless; ~ый день íll-ómen¦ed day, day of bad luck.

несча́стный 1. *прил.* (*в разн. знач.*) ùnháppy, ùnfórtunate [-'fɔːtʃ-], míserable [-z-], ùn¦lúcky; ~ слу́чай áccident; 2. *м. как сущ.* wretch, wretched man*.

несча́сть||е *с.* misfórtune [-'fɔːtʃ-]; ◇ к ~ю ùnfórtunate¦ly [-'fɔːtʃ-].

несчётный innúmerable, cóuntless.

несъедо́бный 1. (*невкусный*) ún¦éatable; ~ обе́д ún¦éatable dínner; 2. (*непригодный для еды*) inédible; ~ гриб inédible múshroom.

нет I *отрицание* 1. (*при ответе*) no; *как опровержение отрицательного предположения передаётся через* yes: он был там? — ~ (не́ был) was he there?—No (he was¦n't); вы его́ ви́дели? — ~ (не ви́дел) did you see him? — No (I didn't); он там не́ был? — ~, был he was¦n't there? — Yes, he was; 2. (*в начале реплики — с оттенком возражения, удивления*) but: ~, вы его́ не зна́ете! but you don't know him! [...nou...]; ~, почему́ вы так ду́маете? but why do you think so?; 3. (= не + *данное сказуемое — при том же подлежащем*) not; (*в безл. предложении после союза* или *тж.*) no; (*при другом подлежащем*) *передаётся через сокращённое сказуемое* + not; *или* + -n't *разг.* (*ср.* не 1): бу́дет он там и́ли ~? will he be there or not?; совсе́м ~, во́все ~ not at all, not in the least; ещё ~, ~ ещё not yet; почему́ ~? why not?; прия́тно и́ли ~, но э́то так pléasant or not / no, it is so ['plez-...]; они́ мо́гут э́то сде́лать, а он ~ they can do it, but he cánnòt, *или* can't [...kɑːnt]; он ви́дел их, а она́ ~ he saw them, but she did not, *или* didn't; она́ была́ права́, а он ~ she was right, but he was not, *или* was¦n't; ◇ ~, ~ да и *разг.* (*изредка*) once in a while [wʌns...]: он ~, ~ да и напи́шет письмо́ he does write a létter once in a while; своди́ть на ~ (*вн.*) bring* to nought / nothing (*d.*), redúce to zérò (*d.*); своди́ться на ~ come* to nought / nothing.

нет II (не́ту *разг.*; *безл. отриц. наст. время от* быть; *рд.*) 1. (*не имеется вообще*) there is no (+ *sg. subject*), there are no (+ *pl. subject*): там ~ мо́ста there is no bridge there; ~ сомне́ния there is no doubt [...daut]; здесь ~ книг there are no books here; ~ измене́ний there are no chánges [...-eɪndʒ-]; там никого́ ~ there is nó¦body there; здесь ничего́ ~ there is nothing here; — ~ ничего́ удиви́тельного (в том), что (it is) no wónder that [...'wʌ-...]; у него́, у них *и т. д.* ~ he has, they have, *etc.*, no: у неё ~ вре́мени she has no time; у нас ~ таки́х книг we have no such books, we have no books of that kind; 2. (*об определённых лицах или предметах*) is not (+*sg. subject*), are not (+*pl. subject*); *соответственно* is¦n't, are¦n't *разг.*: его́ ~ до́ма he is not at home; he is out; его́ кни́ги здесь ~ his book is not here; (э́тих) книг ~ на по́лке the books are not on the shelf*;— у него́, у них *и т. д.* ~ э́той кни́ги he has not, they have not, *etc.*, got this book; ◇ его́, их *и т. д.* бо́льше ~ (*умер, умерли*) he is, they are, *etc.*, no more; ~ как ~ still no trace, still no news [...-z]; на ~ и суда́ ~ *погов.* ≅ if there is¦n't any, we must do without; what cánnòt be cured must be endúred *идиом.*; (*ср. тж.* нет I).

нетакти́чн||ость *ж.* táctlessness. **~ый** táctless.

нетвёрдо I *прил. кратк. см.* нетвёрдый.

нетвёрд||о II *нареч.* not fírmly, not for cértain; знать ~ (*вн.*) have a cásual knówledge [...-ʒ- 'nɔ-] (of), be weak (in); ~ стоя́ть на нога́х stágger, be únstéady on one's feet [...-'ste-...]; он ~ уве́рен he is not quite sure [...ʃuə]. **~ость** *ж.* únstéadiness [-'ste-], lack of fírmness. **~ый** únstéady [-'ste-]; (*шаткий*) sháky; ~ая похо́дка stággering gait; ~ый по́черк sháky hánd(wríting); ~ая по́чва ìnsecúre ground; он нетвёрд в матема́тике he is weak in màthemátics.

нетерпели́во I *прил. кратк. см.* нетерпели́вый.

нетерпели́в||о II *нареч.* impátiently. **~ость** *ж.* impátience. **~ый** impátient.

нетерпе́ни||е *с.* impátience; в ~и, с ~ем impátiently, with impátience; ожида́ть с ~ем (*рд.*) wait impátiently (for); (*о чём-л. приятном*) look fórward (to), wait éagerly [...'iːgə-] (for).

нетерпи́м||ость *ж.* intólerance. **~ый** 1. (*о человеке*) intólerant; 2. (*о поступке*) intólerable.

нетле́нный impérishable, úndecáyed.

нетова́рищеск||ий únfríendly [-'fre-], úncómrade¦ly, dístant; ~ое отноше́ние únfríendly tréatment / áttitùde [-'fre-...].

нетопы́рь *м. зоол.* bat, nóctùle.

неторопли́в||ый léisure¦ly ['leʒ-], ùnhúrried, delíberate; (*медлительный*) slow [-ou]; ~ые движе́ния únhúrried móve¦ments [...'muː-].

нето́чн||ость *ж.* ináccuracy, ìnexáctitùde. **~ый** ináccurate, ìnexáct; ~ое выраже́ние ìnexáct / loose expréssion [...luːs...].

нетре́бовательн||ость *ж.* simple tastes [...teɪ-] *pl.* **~ый** not exácting; (*скромный*) únpreténtious, módest ['mɔ-].

нетре́зв||ый not sóber, drunk, intóxicàted; в ~ом ви́де in a drúnken state, in a state of intòxicátion.

нетро́нут||ый úntóuched [-'tʌ-]; (*о природных богатствах*) úntápped; (*перен.*) únpollúted; ~ая по́чва vírgin soil.

нетрудово́й: ~ дохо́д ún¦éarned ín¦come [-'əːnd...].

нетрудоспосо́бн||ость *ж.* disáble¦ment, ìnvalídity, ìn¦capácity for work; по́лная ~ compléte ìnvalídity; части́чная ~ pártial ìnvalídity; вре́менная ~ témporary ìnvalídity. **~ый** disábled, ínvalid [-iːd].

не́тто [нэ́-] *в знач. неизм. прил. торг.* net; вес ~ net weight.

не́ту *разг. см.* нет II.

неубеди́тельный ún¦convíncing, únpersuásive [-'sweɪ-].

неу́бранн||ый 1. ùntídy; ~ая ко́мната ùntídy room; 2. (*об урожае*) ún¦réaped; ~ хлеб ún¦réaped corn.

неуваже́ние *с.* dísrespéct, lack of respéct.

неуважи́тельно I *прил. кратк. см.* неуважи́тельный.

неуважи́тельн||о II *нареч.* dìsrespéctfully; ~ относи́ться к кому́-л. treat smb. with dísrespéct. **~ость** *ж.* 1. (*о причине и т. п.*) inádequacy; 2. = неуваже́ние. **~ый** 1. (*о причине*) inádequate; not good / válid; 2. *уст.* (*непочтительный*) disrespéctful.

неуве́ренн||ость *ж.* ùncértainty; ~ в себе́ díffidence. **~ый** 1. ùncértain; ~ый в себе́ díffident; ~ый в свои́х си́лах not sure of one's strength [...ʃuə...], not sélf-cónfident; 2. (*нерешительный*) hésitàting [-zɪ-].

неувяда́||емый, ~ющий ùnfáding; ~емая сла́ва èver¦lásting glóry.

неувя́зка *ж. разг.* discrépancy, lack of cò-òrdinátion.

неугас||а́емый, ~и́мый (*прям. и перен.*) inextínguishable; (*перен. тж.*) ùn¦quénchable; ~и́мое жела́ние ùn¦quénchable desíre [...-'zaɪə].

неуго́дный disagréeable [-'grɪə-], objéctionable.

неугомо́нный *разг.* (*неспокойный*) rést¦less; (*неутомимый*) indefátigable, áctive; ~ ребёнок fídgety child*.

неуда́ч||а *ж.* failure; (*несчастье*) misfórtune [-'fɔːtʃ-]; (*неожиданный отказ*) rebúff, revérse; потерпе́ть ~у fail, miscárry; flop *разг.*; потерпе́ть серьёзную ~у súffer a májor sét-báck; вот ~! how ùn¦lúcky! **~ливый** ùn¦lúcky. **~ник** *м.*, **~ница** *ж.* ùn¦lúcky wretch, fáilure. **~ный** únsuccéssful; (*несчастливый*) ùnfórtunate [-ʧən-]; (*о доводе, объяснении*) lame; (*неподходящий*) ùnháppy; ~ная попы́тка lame attémpt.

неудержи́мый ìrrepréssible; ~ смех ìrrepréssible láughter [...'lɑːf-].

неудо́бно I 1. *прил. кратк. см.* неудо́бный; 2. *предик. безл.* it is ìn¦convénient.

неудо́бн||о II *нареч.* ùn¦cómfortably [-'kʌ-]. **~ый** 1. ùn¦cómfortable [-'kʌ-]; (*нескладный*) áwkward; 2. (*неуместный, неподходящий*) ìn¦convénient; ~ое положе́ние áwkward posítion [...-'zɪ-].

неудобо||вари́мый ìndigéstible; (*перен.*) *ирон.* obscúre, invólved. **~поня́тный** ún¦intélligible, àbstrúse [-s]. **~произноси́мый** 1. únpronóunce¦able; 2. *шутл.* (*неприличный*) ìnexpréssible. **~чита́емый** ún¦réadable.

неудо́бство *с.* ìn¦convénience, discómfort [-'kʌ-]; чу́вствовать ~ feel* ùn¦cómfortable / ùn¦éasy [...-'kʌ- -zɪ].

неудовлетворе́ние *с.* nón-complíance; ~ чьей-л. про́сьбы, хода́тайства fáilure / refúsal to grant smb.'s requést, petítion [...-z°l... -ɑːnt...]; ~ жела́ния fáilure to sátisfy̆ *one's* desíre [...-'zaɪə]; ~ и́ска rejéction (of áction).

неудовлетворённ||ость *ж.* dìssàtisfáction, díscontént; чу́вство ~ости féeling of díssàtisfáction; ~ собо́й bé¦ing díssátisfìed with òne¦sélf. **~ый** díssátisfìed, dísconténted.

неудовлетвори́тельно I *прил. кратк. см.* неудовлетвори́тельный.

неудовлетвори́тельн||о II 1. *нареч.* únsàtisfáctorily; 2. *как сущ. с. нескл.* (*отметка*) únsàtisfáctory. **~ость** *ж.* ìnádequacy, ìnsuffíciency. **~ый** únsàtisfáctory; (*об объяснении и т. п.*) inádequate.

неудово́льствие *с.* displéasure [-'ple-].

неуё́мный (*о темпераменте, энергии*) indefátigable; (*о боли и т. п.*) incéssant.

неуже́ли *нареч.* réally? ['rɪə-], is it póssible?; ~ э́то пра́вда can it réally be true?; ~! indéed!

неужи́вчив||ость *ж.* quárrelsome dìsposítion [...-'zɪ-], únsòciabílity. **~ый** únsóciable, ún¦accómmodàting, quárrelsome.

неу́жто *нареч. разг.* = неуже́ли.

неузнава́ем||ость *ж.* ún¦rècognìzabílity [-naɪ-]; до ~ости be¦yónd rècognítion; измени́ть до ~ости (*вн.*) change out of all rècognítion [ʧeɪnʤ...] (*d.*), trànsfórm be¦yónd rècognítion (*d*). **~ый** ún¦récognìzable, irrécognìzable.

неукло́нн||ый stéadfast ['ste-], ùnflínching; (*непрерывный*) stéady ['ste-]; к ~ому исполне́нию to be stríctly éxecùted; ~ая поли́тика ùndéviàting / ùnswérving pólicy; ~ое повыше́ние жи́зненного у́ровня stéady rise in the stándard of líving [...'lɪv-]; ~ое движе́ние вперёд contínued prógrèss; ~ая реши́мость ùnflínching / stéadfast detèrminátion.

неуклю́ж||есть *ж.* clúmsiness [-zɪ-], áwkwardness. **~ий** clúmsy [-zɪ], lúmbering, áwkward.

неукосни́тельный *уст.* strict, ábsolùte.

неукреплённый *воен.* únfórtified.

неукроти́мый indómitable.

неукрощённый úntámed.

неуловим||ость *ж.* 1. elúsive¦ness; 2. (*неощутимость*) ìmpercèptibílity, súbtlety ['sʌtl-]. **~ый** 1. elúsive, dífficult to catch; он неулови́м *разг.* he is not to be caught; 2. (*еле заметный*) ìmpercéptible, subtle [sʌtl]; ~ый звук ìmpercéptible sound; ~ая ра́зница subtle / indefínable dífference.

неуме́||лость *ж.* want of skill, únskílfulness, clúmsiness [-z-]. **~лый** clúmsy [-zɪ]; (*о человеке тж.*) únskílful. **~ние** *с.* ìnabílity, únskílfulness; ~ние рабо́тать ìnabílity to work; из-за ~ния for want of skill.

неуме́ренн||ость *ж.* ímmòderátion; (*в еде и т. п.*) intémperance. **~ый** 1. (*чрезмерный*) immóderate, excéssive; ~ое употребле́ние (*рд.*) excéssive use [...-s] (of); 2. (*о человеке*) intémperate.

неуме́стн||ость *ж.* irrélevance. **~ый** míspláced, irrélevant, ìnapprópriate, out of place; здесь э́то ~о it is out of place here.

неу́мный stúpid.

неумоли́мый inéxorable; implácable; ~ ход исто́рии the inéxorable course of hístory [...kɔːs...].

неумолка́емый incéssant, ùncéasing [-sɪŋ].

неумо́лчный *поэт.* = неумолка́емый.

неумы́тый únwáshed.

неумы́шленн||ость *ж. юр.* ìnadvértency. **~ый** únprèmédità̀ted [-riː-], inadvértent, ún¦inténtional; ~ое убийство *юр.* mánslaughter.

неупла́т||а *ж.* nón-páyment; в слу́чае ~ы in case of nón-páyment [...-s...].

неупотреби́тельный not in use [...-s] (*predic.*); not cúrrent, ùn¦cómmon, ún¦úsual [-'juːʒ-].

неуравнове́шенн||ость *ж.* únbálanced state / cháracter [...'kæ-]. **~ый** únbálanced.

неурегули́рованный outstánding.

неурожа́й *м.* bad hárvest, fáilure of crops, crop fáilure, poor crop. **~ный** of bad hárvest; ~ный год year of bad hárvest; year of dearth [...dəːθ] *идиом.*

неуро́чн||ый inópportùne, ùnséasonable [-z°n-]; в ~ое вре́мя (*неудобное*) at an inópportùne time; (*не тогда, когда следует*) out of time.

неуря́дица *ж. разг.* confúsion, disórder; mess *разг.*

неуси́дчив||ость *ж.* rést¦lessness; (*отсутствие прилежания*) lack of pèrsevérance [...-'vɪə-]. **~ый** rést¦less; (*недостаточно прилежный*) not pèrsevéring.

неуслу́жливый dísoblíging.

неусоверше́нствованный ún¦impróved [-'pruː-], not impróved [...-'pruː-].

неуспева́||емость *ж.* únprofíciency, poor prógrèss. **~ющий** weak, poor; (*отстающий*) báckward; ~ющий студе́нт báckward stúdent, stúdent fáiling to fulfíl his currículum [...ful-...].

неуспе́||х *м.* fáilure, ill succéss, sét-báck. **~шный** únsuccéssful.

неуста́нный tíre¦less, ìndefátigable, ùnwéarying.

неустано́вленный únstáted, ún¦estáblished; (*не назначенный*) not fixed.

неусто́йка *ж. юр.* fórfeit [-fɪt].

неусто́йчив||ость *ж.* ìnstabílity, únstéadiness [-'ste-]. **~ый** 1. únstáble, únstéady [-'ste-]; (*колеблющийся*) flúctuàting, chánge¦able ['ʧeɪ-]; ~ая пого́да únstéady / chánge¦able wéather [...'we-]; 2. *физ., хим.* lábile ['leɪ-]; ◇ ~ое равнове́сие labílity, móbìle èquilíbrium ['mou- iː-].

неустрани́мый ìrremóvable [-'muː-], ùn¦avóidable.

неустраши́м||ость *ж.* féarlessness, ìntrepídity. **~ый** ùndáunted, féarless, intrépid.

неустро́енн||ость *ж.* disórder, únsèttled state. **~ый** ún¦arránged [-eɪn-], únséttled.

неустро́йство *с.* disórder.

неусту́пчив||ость *ж.* óbstinacy, nón-compliance. **~ый** óbstinate, ùn¦cómpromìsing, ùn¦yíelding [-'jiːld-].

неусы́пный ìndefátigable, ùn¦remítting; ~ надзо́р vígilant survéillance.

неутеши́тельный not cómforting [...'kʌ-]; (*неблагоприятный*) únfávour¦able, ìn¦auspícious.

неуте́шн||ый discónsolate, ìn¦consólable; ~ое го́ре ìn¦consólable grief [...-iːf].

неутоли́м||ый ùn¦quénchable, ún¦appéasable [-z-]; ~ая жа́жда ùn¦quénchable thirst; ~ го́лод ún¦appéasable húnger; ~ая жа́жда зна́ний ún¦appéasable / éver-grówing desíre for knówledge [...-'grou- -'zaɪə... 'nɔ-].

неутоми́м||ость *ж.* índefàtigabílity. **~ый** ùntíring, tíre¦less, ìndefátigable.

не́уч *м. пренебр.* ìgnorámus

неуча́сти||е *с.* àbsténtion; поли́тика ~я в бло́ках the pólicy of nón-alígnment [...-ə'laɪn-].

неучти́в||ость *ж.* discóurtesy [-'kəːt-], ìmpolíte¦ness, ìncivílity. **~ый** discóurteous [-'kəːt-], ìmpolíte, úncívil.

неую́тн||ость *ж.* lack of cómfort [...'kʌ-]. **~ый** cómfortless ['kʌ-], not cósy [...-zɪ].

неуязви́м||ость *ж.* invùlnerabílity. **~ый** invúlnerable.

неф *м. арх.* nave.

нефри́т I *м. мед.* nèphrítis.

нефри́т II *м. мин.* néphrite.

нефтеаппарату́ра *ж.* óil-prodùction machínery [...-'ʃiːn-].

нефтедобыва́ющ||ий: ~ая промы́шленность óil-índustry, óil-extrácting índustry.

нефтедобы́ча *ж.* oil óutpùt [...-put].

нефтеналивн||о́й: ~óе су́дно óil-tànker.

нефтено́сн||ость *ж.* oil contént. **~ый** óil-bearing [-bɛə-].

нефтеочи́стка *ж.* oil refíning.

нефтеперего́нный: ~ заво́д oil refínery [...-'faɪ-].

нефтеперераба́тывающ||ий óil-refìning; ~ая промы́шленность óil-refìning / óil-procèss¦ing índustry.

нефте||прово́д *м.* (óil-)pípe-lìne. **~проду́кт** *м.* óil-pròduct. **~про́мысел** *м.* óil-fìeld [-fiːld].

нефтепромы́шленн||ость *ж.* óil-índustry. **~ый** óil-índustry (*attr.*).

нефтехрани́лище *с.* óil-tànk, oil réservoir [...'rezəvwɑː].

нефт||ь *ж.* oil, petróleum, míneral oil; ~-сыре́ц crude oil. **~я́ник** *м.* óil-índustry wórker.

нефтян||о́й oil (*attr.*); ~ исто́чник óil-wèll, óil-sprìng; ~áя вы́шка dérrick; ~áя сква́жина óil-wèll; ~óе месторожде́ние óil-fìeld [-fiː-]; ~ дви́гатель oil éngine [...'endʒ-]; ~ фонта́н óil-gùsher; ~áя промы́шленность óil-índustry.

нехва́тка *ж. разг.* shórtage.

нехи́трый **1.** (*о человеке*) símple, ártless, guíle¦less; **2.** *разг.* (*несложный*) símple, not dífficult.

неходово́й únmárketable.

нехо́женый *разг.* úntródden.

нехозя́йственный únthrífty, nón-èconómical [-iːk-], ún¦èconómical [-iːk-].

нехоро́ший bad*.

нехорошо́ I **1.** *прил. кратк. см.* нехоро́ший; **2.** *предик. безл.* it is bad, it is wrong; ~ так поступа́ть it is wrong to act like this.

нехорошо́ II *нареч.* bád¦ly*; чу́вствовать себя́ ~ feel* únwéll.

не́хотя *нареч.* **1.** únwílling¦ly, relúctantly; де́лать что-л. ~ do smth. hálf-héartedly [...'hɑːf'hɑːt-]; **2.** (*нечаянно*) ìnadvértently.

нецелесообра́зно I *прил. кратк. см.* нецелесообра́зный.

нецелесообра́зн||о II *нареч.* to no púrpose [...-s], ìnexpédiently. **~ый** ìnexpédient, únsúitable [-'sjuːt-]; ~ая тра́та waste [weɪ-].

нецензу́рн||ый ún¦quótable; únpríntable; ~ое сло́во òbscéne word.

нечаянн||о *нареч.* àccidéntally, ìnadvértently. **~ость** *ж.* ún¦expéctedness; по ~ости *разг.* àccidéntally, ìnadvértently. **~ый** **1.** (*неожиданный*) ún¦expécted; ~ая встре́ча ún¦expécted en¦cóunter; **2.** (*случайный*) ún¦inténtion¦al, àccidéntal; ~ый вы́стрел rándom / àccidéntal shot.

не́чего [-во] **1.** *рд.* (*дт.* не́чему, *тв.* не́чем; *при предлогах отрицание отделяется*: не́ из чего *и т. п., см.* не 2) *мест.* (+*инф.*) there is nothing (+to *inf.*): там ~ чита́ть there is nothing to read there; не́чем писа́ть there is nothing to write with; тут не́чему удивля́ться there is nothing to be surprísed at; — не́чему ра́доваться there is no réason for joy [...-z°n...]; ему́, им *и т. д.* ~ де́лать, чита́ть, не́чем писа́ть *и т. п.* he has, they have, *etc.*, nothing to do, to read, nothing to write with, *etc.*; ему́, им *и т. д.* бо́льше ~ сказа́ть, доба́вить *и т. п.* he has, they have, *etc.*, no more to say, to add, *etc.*; **2.** *предик. безл.* (+*инф.*; *бесполезно*) it's no use [...-s], it's no good (+*ger.*); (*нет надобности*) there is no need (+to *inf.*): ~ разгова́ривать it's no use, *или* no good, tálking; ~ спеши́ть there is no need to húrry; — ему́ *и т. д.* ~ (+*инф.*) he, *etc.*, need not (+*inf.*): ей ~ беспоко́иться об э́том she need not be ánxious about it; — ~ и говори́ть, что it goes without sáying that; (об э́том) и ду́мать ~ it is out of the quéstion [...-stʃ-], there can be no quéstion of that; ◇ ~ де́лать! there is nothing to be done!; (*при прош. вр.*) there was nothing to be done!; ~ сказа́ть! indéed!; well, I decláre!; не́чем похва́статься there's nothing to be proud of; it's nothing to write home about *идиом.*; от ~ де́лать to while a¦wáy the time.

нечелове́ческ||ий sùperhúman; ~ие уси́лия sùperhúman éfforts.

не́чем *тв. и* **не́... чем** *тв. и пр. см.* не́чего *и* не 2.

не́чему *и* **не́... чему** *дт. см.* не́чего *и* не 2.

нечернозёмный nón-chérnozèm.

нечёсаный dishévelled, shággy.

нечести́вый *уст.* ímpious, gód¦less, profáne.

нече́стн||ость [-сн-] *ж.* dis¦hónesty [dɪs'ɔ-]. **~ый** [-сн-] dis¦hónest [dɪs'ɔ-]

не́чет *м. разг.* odd númber; чёт и ~ odd and éven.

нечётк||ий **1.** (*о работе и т. п.*) slípshòd; **2.** (*о почерке, шрифте*) illégible, dífficult; ~ое произноше́ние ìndistínct / slípshòd / deféctive pronùnciátion. **~ость** *ж.* **1.** (*о работе и т. п.*) cáre¦lessness; **2.** (*о почерке, печати*) illègibílity.

нечётный odd.

нечистокро́вный hálf-brèd ['hɑːf-].

нечистопло́тн||ость *ж.* ùntídiness [-'taɪ-], slóvenliness ['slʌ-]; (*перен.*) ùnscrúpulous¦ness. **~ый** dírty, ùntídy; (*перен.*) ùnscrúpulous.

нечистота́ *ж. тк. ед.* dírtiness.

нечисто́ты *мн.* séwage *sg.*

нечи́ст||ый **1.** ún¦cléan, dírty; **2.** (*фальсифицированный*) impúre, adúlteràted; **3.** (*нечестный*) dis¦hónour¦able [dɪs'ɔ-]; ~ое де́ло shády / suspícious affáir; ~ая со́весть guílty cónscience [...-nʃəns]; **4.** (*не совсем правильный*) cáre¦less; ~ая рабо́та cáre¦less / bad* work; ~ое произноше́ние deféctive pronùnciátion; **5.** *м. как сущ. фольк.* dévil; ◇ он на́ руку нечи́ст *разг.* he is a pílferer; he is líght-fíngered; ~ая си́ла *фольк.* the évil spírit [...'iː-..], the évil one; де́ло ~о there is foul play here.

не́чисть *ж. собир. фольк.* évil spírits ['iː-...] *pl.*; (*перен.*; *о людях*) *презр.* ríff-ràff, scum.

нечленоразде́льный ìnàrtículate.

не́что *мест. тк. им. и вн.* sóme¦thing.

нечувстви́тельный **1.** (к; *прям. и перен.*) insénsitive (to); dead [ded] (to); **2.** (*незаметный, постепенный*) insénsible.

нечу́ткий ìn¦consíderate, blunt.

нешосси́рованный únmétalled.

нешта́тный sùpernúmerary, not on the régular staff.

нешу́точн||ый *разг.* sérious, grave; де́ло ~ое it is no joke, it is not a láughing mátter [...'lɑːf-...], that is no trífling mátter.

неща́дн||о *нареч.* mércilessly. **~ый** mérciless.

нея́вк||а *ж.* fáilure to appéar, *или* to repórt; ~ в суд *юр.* defáult; (*злостная*) cóntumacy; ~ на рабо́ту ábsence from work; за ~ой ówing to nón-appéarance ['ou-...].

неядови́тый **1.** únvénomous, nón-póisonous [-z-]; **2.** *хим.* nón-tóxic.

нея́ркий (*прям. и перен.*) pale; (*смягчённый*) soft, sóftened [-f°n-], subdúed.

нея́сн||ость *ж.* vágue¦ness. **~ый** vague; смысл ре́чи был нея́сен the speech was obscúre.

ни I *союз*; ни... ни néither... nor ['naɪ-, 'niː-...]; *отрицание* не *при этом не переводится*: ни он, ни она́ не бу́дет там néither he nor she will be there; они́ не ви́дели ни его́, ни её they saw néither him nor her; ни за́ ни про́тив néither for nor agáinst; — ни тот ни друго́й néither (the one nor the other); ни та ни друга́я сторона́ (+не) néither side; он не нашёл, не ви́дел *и т. п.* ни того́ ни друго́го he found, saw, *etc.*, néither; he did not find, did not see, *etc.*, éither [...'aɪ-, 'iː-]; ◇ ни то ни сё néither one thing nor the other; (*так себе*) só-sò; ни ры́ба ни мя́со néither fish, flesh, nor good red hérring; э́то ни к селу́ ни к го́роду ≅ that is néither here nor there; ни с того́ ни с сего́ all of a súdden; without rhyme or réason [...-z°n] *идиом. разг.*; ни за что ни про что (без основания) for no réason at all; (ср. тж. ни II).

ни II *частица* **1.** (*перед сущ. в ед. числе, перед словом* один *или* единый) not a; *отрицание* не *при этом не переводится*: не упало ни одной, единой) капли not a (single) drop fell; ни шагу дальше! not a step fúrther!; ни души на улице not a soul in the street [...soul...]; — ни разу не видел его never saw him; ни слова больше! not another word!; ни один из них (+не) none of them [nʌn...]; ни один из ста, из тысячи (+не) not one in a hún-dred, in a thóusand [...-z-]; ни один, ни одна, ни одно... не (*даже один и т. д.... не*) not a; (*никакой и т. д.... не*) no: ни один человек не шевельнулся not a man stirred; ни один человек не может сделать это no man can do that; — не... ни одного, ни одной *и т. д. передаётся через отрицание при глаголе* (*см.* не 1) + a single: не мог найти ни одного примера could not find a single ínstance; не пропустил ни одной лекции did not miss a single lécture; **2.** (*перед предл. с косвен. пад. от* какой, кто, что): ни... какого, ни... какой *и т. д.* не по (...whàt¦éver); *или передаётся через отрицание при глаголе* (*см.* не 1) + any (...whàt¦éver; *ср.* никакой): ни в какой книге он не мог найти этого he could find that in no book, he could not find that in any book (whàt¦éver); не приводится ни в какой другой книге is given in no other book; не зависит ни от каких обстоятельств does not depénd on any círcumstances (whàt¦éver); — ни... кого, ни... кому *и т. д.* не nó¦body; *или передаётся через отрицание при глаголе* + anybody (*ср.* никто): он ни с кем не советовался he consúlted nó¦body, he did not consúlt anybody; он ни на кого не полагается he relíes on nó¦body, he does not relý on anybody; — ни у кого нет, не было (*рд.*) nó¦body has, had (*d.*); ни у кого из них нет (*рд.*) none of them has (*d.*); ни... чего, ни... чему *и т. д.* не nothing; *или передаётся через отрицание при глаголе* + ány¦thing (*ср.* ничто): ни в чём не сомневался dóubted nothing ['daut-...], did not doubt ány¦thing [...daut...]; всё это ни к чему (*напрасно*) it is all no good; это ни к чему не привело (*было безрезультатно*) it led to nothing; ни на что не годится is good for nothing; он это ни на что не променяет he will not exchánge it for ány¦thing [...-eɪnʤ...]; — ни за что (*даром, напрасно*) for nothing; (*ни в коем случае*) never: он получил это ни за что he got it for nothing; он ни за что не догадается he will never guess; — ни с чем (*ничего не имея*) with nothing, without ány¦thing; ни на чём не основанный gróundless; **3.**: как ни, какой ни, что ни, куда ни, где ни *и т. п. см. под соотв. наречиями и местоимениями*; ◇ ни в каком, *или* ни в коем, случае (не) on no accóunt; by no means; ни за какие деньги! not for ány¦thing!; ни за что на свете! not for the world!; ни за что на свете не стал бы делать этого would not do it for the world; ни гу-гу! *разг.* (*молчать*) not a word!; mum's the word!; don't let it go any fárther! [...-ðə]; keep it dark!; он ни гу-гу (*промолчал*) he never said a word [...sed...]; he kept mum *разг.*; (*ср. тж.* ни I).

нива *ж.* córnfield [-iːld].

нивелир *м. геод.* lével ['le-]. **~овать** *несов. и сов.* (*вн.*; *прям. и перен.*) lével ['le-] (*d.*). **~овка** *ж.* lévelling. **~овщик** *м.* léveller.

нигде *нареч.* nó¦whère; ~ не nó¦whère; *или передаётся через отрицание при глаголе* (*ср.* не 1) + ány¦whère: он ~ не мог найти их he could find them nó¦whère, he could not find them ány¦whère; — его, их *и т. д.* ~ нет he is, they are, *etc.*, nó¦whère to be found; его никто не мог ~ найти nó¦body, *или* no one, could find him ány¦whère; их нельзя найти ~ кроме этого места, *или* кроме как в этом месте *разг.* they can be found nó¦whère, *или* cánnòt be found ány¦whère, but in this place; it is impóssible to find them ány¦whère but in this place.

нигил||изм *м.* níhilism ['naɪ-]. **~ист** *м.* níhilist ['naɪ-]. **~истический** nìhilístic [naɪ-].

нигрозин *м. хим.* nígrosin(e).

нидерландский Néther¦landish.

нижайший *превосх. ст. см.* низкий 1.

ниже I *сравн. ст. прил. см.* низкий 1; ~ ростом shórter; (*ср. тж.* ниже II 2).

ниже II **1.** *сравн. ст. нареч. см.* низко II; **2.** *нареч.* lówer ['louə]; (*далее, позже — в тексте*) belów [-'lou]; этажом ~ one stórey lówer [...'louə]; спускаться ~ descénd, come* down; (*резко снизиться*) drop down; смотри ~ see belów; **3.** *как предл.* (*рд.*) belów: ~ нуля belów zéro; ~ среднего belów the áverage; ~ города, острова *и т. п.* (*по течению реки*) belów *the* town, *the* ísland, *etc.* [...'aɪl-]; ◇ ~ чьего-л. достоинства benéath smb.'s dígnity; ~ всякой критики benéath críticism.

ниже||изложенный set forth belów [...-'lou]. **~означенный** méntioned belów [...-'lou], underméntioned. **~подписавшийся** *м. как сущ.* the ùndersígned [...-'saɪ-]; я, ~подписавшийся... I, the ùndersígned... **~поименованный** named belów [...-'lou]. **~приведённый** státed / méntioned belów [...-'lou]. **~следующий** fóllowing. **~стоящий** subórdinate. **~упомянутый** méntioned belów [...-'lou], únderméntioned.

нижн||ий (*в разн. знач.*) lówer* ['louə]; ~ этаж ground floor [...flɔː]; ~ее бельё únderclòthes [-klouðz] *pl.*, únderclòthing [-klou-], únderwear [-wɛə]; ~ее течение реки lówer réaches of *the* ríver [...'rɪ-] *pl.*; Нижняя Волга the Lówer Vólga; ~яя палата Lówer Chámber / House [...'ʧeɪ- -s]; (*в Англии*) House of Cómmons.

низ *м.* bóttom.

низать (*вн.*) string* (*d.*), thread [-ed] (*d.*); ~ жемчуг string* / thread pearls [...pɜː-].

низведение *с.* bríng¦ing down.

низвергать, низвергнуть (*вн.*) precípitàte (*d.*); (*перен.*) òver¦thrów* [-'θrou] (*d.*), subvért (*d.*). **~ся**, низвергнуться **1.** dash / rush down; **2.** *страд. к* низвергать.

низвергнуть(ся) *сов. см.* низвергать(ся).

низвержение *с.* (*прям. и перен.*) óver¦throw [-ou], subvérsion; ~ самодержавия óver¦throw of autócracy.

низвести *сов. см.* низводить.

низводить, низвести (*вн.*) bring* down (*d.*); (до *роли, положения и т. п.*) redúce (*d.* to).

низин||а *ж.* low place [lou...], depréssion. **~ный**: ~ные земли lów-lỳing márshy lands.

низк||ий **1.** (*в разн. знач.*) low [lou]; ~ого роста (of) short (státure); úndersízed; ~ голос deep voice; ~ое качество bad* / poor / inférior quálity; **2.** (*подлый*) base [-s], mean, low.

низко I *прил. кратк. см.* низкий.

низко II *нареч.* **1.** low [lou]; ~ поклониться bow low; барометр стоит ~ the barómeter is low; **2.** (*подло*) báse¦ly [-s-], méanly, déspicably.

низколобый lów-browed ['lou-], with a low fórehead [...lou 'fɔrɪd].

низкопоклон||ник *м. презр.* gróveller, tóady. **~ничать** *презр.*ków-tów; (перед) cringe (to), fawn (up¦ón), gróvel ['grɔ-] (befóre, to). **~ство** *с. презр.* obséquious¦ness [-'siː-], servílity, tóadyism.

низко||пробный báse-allòy [-s-] (*attr.*), lów-stàndard ['lou-] (*attr.*); (*перен.*) base [-s]. **~рослый** úndersízed, dwárfish, shórtish. **~сортный** lów-gràde ['lou-] (*attr.*); (of) poor quálity, (of) inférior quálity.

низлагать, низложить (*вн.*) depóse (*d.*); (*лишать трона тж.*) dethróne (*d.*).

низлож||ение *с.* dèposítion [-'z-], dethróne¦ment. **~ить** *сов. см.* низлагать.

низменн||ость *ж.* **1.** *геогр.* lówland ['lou-], depréssion; **2.** *тк. ед.* (*подлость*) báse¦ness [-s-], méanness. **~ый**

1. *геогр.* lów-lỳing ['lou-]; 2. (*подлый*) low [lou], mean, base [-s], vile; ~ое побуждéние vile mótive; ~ый инстúнкт brute / brútish ínstinct.

низов||óй 1. lówer ['louə]; (*относящийся к нижнему течению реки*) from / on the lówer réaches; 2. (*периферийный*) lócal; ~áя организáция lócal òrganìzátion [...-naɪ-]; ~ рабóтник wórker of a subórdinate òrganìzátion, lócal wórker; ~áя печáть lócal press.

низóвь||е *с.* the lówer réaches of *the* ríver [...'louə...'rɪ-] *pl.*; ~я Вóлги the Lówer Vólga *sg.*

нúзость *ж.* báse¦ness [-s-], méanness; э́то ~ it is mean / déspicable.

низрúнуть *сов.* (*вн.*) precípitàte (*d.*), throw* down [θrou...] (*d.*). ~ся *сов.* dash / rush down.

нúзш||ий (*более низкий*) lówer ['louə]; (*самый низкий*) the lówest [...'lou-]; (*о сорте, качестве тж.*) inférior; ~ее образовáние prímary / èleméntary èducátion ['praɪ-...]; ~ая тóчка the lówest point.

низы́ *мн.* 1. (*в классовом обществе — эксплуатируемые классы*) lówer stráta (of) ['louə...]; ~ населéния lówer clásses; 2. *муз.* (*нижние ноты*) the bass notes [...beɪs...].

никáк I *нареч.*: ~ не (*никаким способом не*) in no way, nó¦wìse; *или передаётся через отрицание при глаголе* (*см.* не 1) + in any way; (*нисколько не*) by no means; он ~ не мог откры́ть я́щик he could not ópen the box in any way; he símply couldn't ópen the box; he could not for the life of him ópen the box *идиом.*; ~ не могу́ вспóмнить I can't for the life of me remémber [...kɑːnt...]; ~ нельзя́ it is quite impóssible.

никáк II *вводн. сл. разг.* (*кажется*) as it appéars, as it seems: он, ~, совсéм здорóв he is quite well, as it appéars / seems; ~, он пришёл! has he come, áfter all!

никак||óй (*при предлогах отрицание отделяется*: ни от какóго *и т. п. см.* ни II 2) *мест.* no (...whàt¦éver); (*без существительного*) none (whàt¦éver) [nʌn...]; *отрицание* не *в обоих случаях не переводится*: ~úе препя́тствия не могли́ останови́ть егó no óbstacles (whàt¦éver) could stop him; ~úх возражéний! no objéctions (whàt¦éver)!; ~ из них не хорóш none of them is good*; есть ли какóе-нибудь сомнéние?— Никакóго! is there any doubt [...daut]?— None (whàt¦éver)!;— не... ~óго, ~óй, ~úх *и т. д.* no... whàt¦éver (*без существит.*— none whàt¦éver; *ср. выше*); *или передаётся через отрицание при глаголе* (*см.* не 1) + any... whàt¦éver: он не имéл, *или* у негó нé было, ~úх возражéний he had no, *или* had not any, objéctions whàt¦éver; — не имéть ~óго прáва have no (mánner of) right; не имéть ~óго представлéния, поня́тия (о *пр.*) have no idéa [...aɪ'dɪə] (of); нет ~óго *и т. д.* there is no *sg.*, there are no *pl.*, ... whàt¦éver: нет ~óго сомнéния there is no doubt whàt¦éver; нет ~úх следóв there are no tráces whàt¦éver; — никтó не посылáл ~úх дéнег, не покупáл ~úх книг *и т. п.* nó¦body sent any móney [...'mʌ-], bought any books; ~ не *разг.* (*вовсе не*) not... at all: он ~ не дóктор he is not a dóctor at all; ◇ ~úм óбразом (не) by no means (*ср.* никáк I).

нúкел||евый *прил. к* нúкель; ~ блеск *мин.* níckel glance; ~евая сталь níckel-steel; в ~евой оболóчке níckel-càsed [-st]. ~úн *м.* (*сплав*) níckeline. ~úрование *с.* níckel(l)ing, níckel-plàting. ~úрóванный *прич. и прил.* níckel-plàted. ~úровáть *несов. и сов.* (*вн.*) plate with níckel (*d.*), níckel (*d.*). ~úрóвка *ж.* 1. (*действие*) níckel-plàting; 2. (*слой никеля*) cóating of níckel.

нúкель *м.* níckel.

никéм *тв. см.* никтó.

нúкнуть, понúкнуть droop.

никогдá *нареч.* never; *при отрицат. подлежащем передаётся через* ever; *отрицание* не *в обоих случаях не переводится*: он ~ нé был там he has never been there; он ~ не вúдел ничегó подóбного he has never seen ány¦thing like it; лу́чше пóздно, чем ~ bétter late than never; никтó ~ нé был там nó¦body has ever been there; — почтú ~ (+ не) hárdly ever; ◇ ~ в жúзни (+не) (*в отношении прошедшего*) never in one's life, never in one's born days; (*в отношении будущего*) never as long as *one* lives [...lɪvz].

никогó *рд., вн. см.* никтó.

никó||й *мест.*: ~им óбразом (не) by no means (*ср.* никáк I).

никому́ *дт. см.* никтó.

никотúн *м.* nìcotíne [-'tiːn]. ~овый *прил. к* никотúн.

никтó, *рд., вн.* никогó, *дт.* никому́, *тв.* никéм, *пр.* ни о ком (*при предлогах отрицание отделяется*: ни от когó *и т. п. см.* ни II 2), *мест.* nó¦body; no one (*об. с оттенком большей конкретности*); *отрицание* не *при этом не переводится*: ~ не узнáет nó¦body will know [...nou]; там никогó нé было there was nó¦body there; ~ егó не вúдел nó¦body, *или* no one, saw him; никогó нé было дóма (*из живущих там*) no one was at home; — никогó, никому́, никéм не *тж. передаётся через отрицание при глаголе* (*см.* не 1)+ anybody *или* ány¦one: он никогó не вúдел там крóме неё he saw nó¦body, *или* did not see anybody, there but her; он никому́ не говорúл he has told nó¦body; he has not told anybody / ány¦one; — здесь, там *и т. п.* никогó нет there is nó¦body, *или* is not anybody, here, there, *etc.*; ~ никогдá нé был, не вúдел *и т. п.* nó¦body has ever been, seen, *etc.*; ~ из них *и т. п.* (+ не) none of them, *etc.* [nʌn...]; ~ другóй nó¦body else; none else / other; ◇ на свéте (+не) no man alíve.

никуд||á *нареч.* nó¦whère; ~ не nó¦whère; *или передаётся через отрицание при глаголе* (*ср.* не 1) + ány¦whère: э́та дорóга ~ не ведёт this road leads nó¦whère, *или* does not lead ány¦whère; — никтó ~ не пойдёт nó¦body, *или* no one, will go ány¦whère; он никогдá ~ не поéдет he will never go ány¦whère; он не поéдет ~ крóме э́того мéста, *или* крóме как в э́то мéсто *разг.* he will go nó¦whère, *или* will not go ány¦whère, but to that place; ◇ ~ не годúтся won't do [wou-...], is no good at all; ~ не гóдный very bad, wórthless; (*непригодный*) úse¦less [-s-]; góod-for-nòthing; ~ не гóдный человéк góod-for-nòthing, né'er-dò-wèll ['nɛədu:-]. ~ы́шный *разг.*=никудá не гóдный *см.* никудá.

никчёмный *разг.* úse¦less [-s-], góod-for-nòthing; ~ человéк né'er-dò-wèll ['nɛədu:-], góod-for-nòthing.

нимáло *нареч.* not in the least, not at all; я ~ не сержу́сь I am not ángry at all.

нимб *м.* nímbus (*pl.* -bì, -buses).

нúмфа *ж. миф.* nymph.

нимфалúды *мн. зоол.* nỳmphalídae [-'lɪ-].

нимфомáния *ж. мед.* nỳmphománia.

ниóбий *м. хим.* nìóbium.

ниоткýда *нареч.* from nó¦whère; ~ не from nó¦whère; *или передаётся через отрицание при глаголе* (*ср.* не 1) + from ány¦whère: он ~ не мог вúдеть э́того he could see it from nó¦whère, he could not see it from ány¦whère; — ~ не слéдует, что it nó¦wìse fóllows that.

нипочём 1. *нареч. разг.* (*ни за что*) never, not for the world; 2. *предик.* (*дт.*): емý всё ~ it is all nothing to him; э́то емý ~ (*легко*) it is child's play to him; емý, им *и т. д.* ~ *безл.* (+ *инф.*) he thinks, they think, *etc.*, nothing (of *ger.*): емý ~ солгáть he thinks nothing of lýing.

нúппель *м. тех.* nipple.

нирвáна *ж.* nirvána [nɪə'vɑː-].

нискóлько 1. *нареч.* (*ни в какой степени*) not at all, not in the least; ~ не not at all, not in the least; *тж. передаётся через отрицание при глаголе* (*ср.* не 1) + at all; (*при сравнит. степени*) no; (*то же* + от) none [nʌn] (the... for); *в обоих этих случаях тж. передаётся через отрицание при глаголе* + any: э́то ~ не трýдно it is not at all, *или* not in the least, difficult; it is not difficult at all; ~ не подозревáл(и) их did not suspéct them at all; емý сегóдня ~ не лýчше he is no, *или* is not any, bétter to|dáy; емý от э́того ~ не лýчше, не лéгче he is none, *или* is not any, the bétter for it; — э́то ~ не помогло́ емý it helped him nothing; ~ не отличáться (от) díffer nothing (from); никтó ~ не подозревáл егó nó|body suspécted him at all; он ~ не оби́делся he was not a bit, *или* in the least, offénded; **2.** *как мест. разг.* (*никакое количество*) none at all; *или передаётся через отрицание при глаголе* (*ср.* не 1) + any; (*при существит. в рд. пад. и другом отрицании*) no... at all, *причём другое отрицание не переводится*; *или вместе с другим отрицанием передаётся через отрицание при глаголе* + any... at all: скóлько бумáги он купи́л? — ~ how much páper has he bought? — None at all; у них мнóго дéнег, а у негó ~ they have a lot of móney and he has none, *или* has|n't any, at all [...'mʌnɪ...]; у негó нé было ~ врéмени he had no, *или* hadn't any, time at all; — скóлько э́то стóило емý? — ~ how much did it cost him? — It cost him nothing.

ниспадáть *поэт.* fall*, drop.

ниспослáть *сов. см.* ниспосылáть.

ниспосылáть, ниспослáть (*вн.*) *уст.* grant [-ɑːnt] (*d.*).

ниспровергáть, ниспровéргнуть (*вн.*) subvért (*d.*), òver|thrów* [-ou] (*d.*).

ниспровéр||гнуть *сов. см.* ниспровергáть. **~жéние** *с.* óver|throw [-ou], subvérsion.

нисходи́ть *поэт.* descénd.

нисходя́щ||ий *прич. и прил.* descénding; по ~ей ли́нии in a descénding line, in the line of descént; в ~ем поря́дке in descénding órder.

ните||ви́дный, ~обрáзный thréad-like ['θred-], thréad-shàped ['θred-]; filifòrm *научн.*; ~ пульс *мед.* thréady pulse ['θre-...].

ни́тк||а *ж.* **1.** thread [θred]; вдевáть ~у в иго́лку thread *a* needle; **2.** (*ожерелье*) string; ~ жéмчуга string of pearls [...pəː-]; ◇ на живýю ~у (*перен.*) *разг.* hástily ['heɪ-], ány|-how; сшить на живýю ~у (*вн.*) tack (*d.*), baste [beɪst] (*d.*); промóкнуть до ~и *разг.* get* wet to the skin; обобрáть когó-л. до ~и *разг.* strip smb. of évery|thing, fleece smb.

нитóч||ка *ж. уменьш. от* ни́тка; ◇ ходи́ть по ~ке *разг.* be redúced to sérvìle obédience. **~ный** *прил. к* ни́тка; ~ное произвóдство spínning.

нитр||áт *м. хим.* nítràte ['naɪ-]. **~ати́н** *м. хим.* nítratine ['naɪ-].

нитри́л *м. хим.* nítril(e) ['naɪ-].

нитри́ров||ание *с. хим.* nítrìding ['naɪ-]. **~ать** *несов. и сов.* (*вн.*) *хим.* nítrìde ['naɪ-] (*d.*), nítràte ['naɪ-] (*d.*).

нитри́т *м. хим.* nítrìte ['naɪ-].

нитрификáция *ж. хим.* nìtrificátion [naɪ-].

нитрифици́ровать(ся) *хим., бот.* nítrifỳ ['naɪ-].

нитробензóл *м. хим.* nítro|benzène.

нитровáние *с. хим.* nìtrátion [naɪ-].

нитро||глицери́н *м. хим.* nítro|-glỳceríne [-'riːn]. **~ипри́т** *м. воен. хим.* nítrogen mústard (gas) ['naɪ-...]. **~клетчáтка** *ж. хим.* nítro|céllulòse [-s]. **~соединéние** *с. хим.* nítro-cómpound.

нить *ж.* **1.** (*в разн. знач.*) thread [θred]; путевóдная ~ clue; **2.** *бот., эл.* fílament; ~ накáла *эл.* glów-làmp fílament ['glou-...]; *рад.* héated / hot fílament; **3.** *хир.* súture; ◇ ~ расскáза thread of *a* stóry; проходи́ть крáсной ~ю stand* out; э́та мысль прохóдит крáсной ~ю чéрез всю кни́гу this thought runs all through the book.

нитянóй, ни́тяный cótton (*attr.*).

ниц *нареч.*: пасть ~ *уст.* pròstráte òne|sélf; kiss the ground *идиом.*

ничегó [-вó] I *рд. см.* ничтó.

ничегó [-вó] II *нареч. разг.* **1.** (*тж.* ~ себé) (*неплохо, сносно*) pássably, só-sò; **2.** *как предик. прил. неизм.* not bad; человéк он ~ he is not bad; **3.** *предик.* (*несущественно*) it does|n't mátter, never mind; all right.

ничегонедéлание *с. разг.* ídle|ness.

ничéй *мест.* nó|body's, no one's (*ср.* никтó); ничья́ земля́ no man's land.

ничéйн||ый *спорт.* drawn; игрá кóнчилась с ~ым результáтом the game énded in a draw.

ничéм *тв.*, **ничемý** *дт. см.* ничтó.

ничкóм *нареч.* prone; лежáть ~ lie* prone, lie* face dównwards [...-z]; лежáщий ~ prone.

ничтó, *рд.* ничегó, *дт.* ничемý, *тв.* ничéм, *пр.* ни о чём (*при предлогах отрицание отделяется*: ни на что *и т. п. см.* ни II 2), *мест.* **1.** nothing; *отрицание* не *при этом не переводится*: ~ не моглó помóчь nothing could (have) help(ed); э́то ~ в сравнéнии с тем it is nothing compáred with that, *или* nothing to that; — ничегó, ничемý, ничéм не *тж. передаётся через отрицание при глаголе* (*см.* не 1) + ány|thing: он ничегó не ви́дел там he saw nothing, *или* did not see ány|thing, there; — э́то ничéм не кóнчилось it came to nothing; он ничéм не отличáется (от) he díffers in no way (from); там ничегó нет there is nothing, *или* is not ány|thing, there; у негó, у них *и т. д.* ничегó нет he has, they have, *etc.*, nothing; he has|n't, they have|n't, *etc.*, got ány|thing *разг.*; никтó ничегó не знал, не нашёл *и т. п.* nó|body knew, found, *etc.*, ány|thing; э́то емý ~, ничегó it is nothing to him; емý, им *и т. д.* ничегó не стóит (+ *инф.*) he thinks, they think, *etc.*, nothing (of *ger.*); ничегó осóбенного nothing spécial [...'spe-]; в нём ничегó осóбенного нет there is nothing to him; ничегó не стóящий wórthless; э́то ничегó не знáчит it does not mean ány|thing, it means nothing; it does not make sense; (э́то) ничегó!, (э́то) ничегó не знáчит! *разг.* (*неважно*) it does not, *или* it does|n't, mátter!; ничегó! *разг.* it's nothing!; it's all right!; (*в ответ на извинение*) that's all right!, no harm done!; **2.** *как сущ. с. нескл.* (*ничтожество, нуль*) nought; ◇ ничегó подóбного *разг.* nothing of the kind!; ни во что не стáвить set* at nought.

ничтóж||ество *с.* **1.** smáll|ness, pétti-ness; **2.** (*о человеке*) nònéntity, a nó|body; *презр.* wórthless/páltry créature. **~ность** *ж.* **1.** ìnsignificance; **2.** = ничтóжество. **~ный** (*незначительный*) ìnsignificant; (*о человеке тж.*) wórthless, páltry.

ничýть *нареч. разг.* = нискóлько 1; *тж.* not a bit; *отрицание* не *при этом не переводится*: сегóдня ~ не хóлодно it is not a bit cold to|-dáy; ◇ ~ не бывáло not at all.

ничья́ *ж.* **1.** *см.* ничéй; **2.** *скл. как прил. спорт.* draw; drawn game.

ни́ша *ж.* niche; recéss; *арх.* bay.

нищáть, обнищáть grow* poor [-ou...], become* a páuper, become* impóverished.

ни́щая *ж. скл. как прил.* béggar, béggarly wóman* [...'wu-].

нищен||ка *ж. разг.* béggar-wòman* [-wu-]. **~ский** béggarly; (*перен.*) wrétched. **~ство** *с.* béggarliness; béggary. **~ствовать** **1.** (*собирать подаяние*) beg, go* bégging; **2.** (*жить в нищете*) lead* a béggarly life.

нищетá *ж.* **1.** mísery [-z-]; dèstitútion; póverty (*тж. перен.*); крáйняя ~ ábjèct póverty; **2.** *собир.* the béggars *pl.*

ни́щий I *м. скл. как прил.* béggar, méndicant.

ни́щий II *прил.* béggarly; índigent; (*о стране и т. п.*) póvertyridden.

но 1. *союз* but; (*в главном предложении после уступительного придаточного с* хотя́, как ни *и т. п.*) *не переводится*: они́ бы́ли там, но он их не ви́дел they were there, but he did not see them; они́ придýт, но тóлько, éсли он придёт they will come, but ónly if he does; э́то возмóжно, но едвá ли вероя́тно it is póssible, but hárdly próbable; не тóлько там, но (тáкже) и здесь not ónly there, but álsò here; не тóлько ви́дел их, но дáже говори́л с ни́ми not ónly saw them, but éven spoke to them; хотя́ бы́ло (и) темно́, *или* как ни темно́ бы́ло, но он всё-таки нашёл доро́гу домо́й (àl)thóugh it was dark, *или* dark as it was, he found his way home [(ɔ:l)'ðou...]; 2. *как сущ. с. нескл.* but; тут есть одно́ «но» there is a "but" in it; без вся́ких «но»!, никаки́х «но»! *разг.* but me no "buts"!; ма́ленькое «но» slight objéction.

нова́тор *м.* ínnovàtor; ~ы произво́дства indústrial ínnovàtors; ~ы се́льского хозя́йства ínnovàtors in ágricùlture. ~**ский** ínnovàtory [-veı-]. ~**ство** *с.* ínnovàting, ìnnovátion.

нове́йш||ий (*превосх. ст. от прил.* но́вый) néwest; (*последний*) látest; ~ие достиже́ния те́хники the látest téchnical achíeve¦ments [...-i:v-].

нове́лла *ж.* **1.** short stóry; **2.** *юр.* nóvel ['nɔ-].

новелли́ст *м.* shórt-stòry wríter.

но́венький **1.** *прил.* bránd-néw; **2.** *м. как сущ.* (*о школьнике*)=новичо́к 2.

новизна́ *ж.* nóvelty.

новина́ *ж.* **1.** *с.-х.* vírgin soil; **2.** *текст.* hándwòven línen befóre the first wash [...'lı-...].

нови́нка *ж.* nóvelty.

новичо́к *м.* **1.** (*в каком-л. деле*) nóvice, týrò; **2.** (*о школьнике*) new boy; (*о школьнице*) new girl [...g-],

новобра́нец *м.* recrúit [-u:t].

новобра́чн||ая *ж. скл. как прил.* bride. ~**ые** *мн. скл. как прил.* the young couple [...jʌŋ kʌ-] *sg.* ~**ый** *м. скл. как прил.* bride¦groom.

нововведе́ние *с.* ìnnovátion.

новогóдн||ий néw-year's; ~ пода́рок néw-year's gift [...g-]; ~яя ёлка néw-year's tree; (*о вечере*) néw-year's párty; ~ие поздравле́ния néw-year's wíshes; ~ бал néw-year's dance.

новогре́ческий: ~ язы́к módern Greek ['mɔ-...].

новоиспечённый *разг.* néwly-màde.

новока́ин *м. фарм.* nòvocáine [-'keın].

новока́инов||ый: ~ая блока́да *мед.* nòvocáine block.

новолу́ние *с.* new moon.

новомо́дный néw-fáshioned, módern ['mɔ-]; néw-fàngled *разг.*

новонаселённый néwly settled.

новообразова́ние *с.* **1.** new fòrmátion; **2.** *мед.* néòplasm, new growth [...-ouθ]; **3.** *лингв.* nèólogism.

новообращённый **1.** *прил.* néwly-convérted; **2.** *м. как сущ.* néòphŷte [-ou-], prósely̆te; cónvèrt.

новоприбы́вший **1.** *прил.* néwly-arríved; **2.** *м. как сущ.* néw-còmer [-kʌ-].

новорождённый **1.** *прил.* néw-bòrn; **2.** *м. как сущ.* (*ребёнок*) néw-bòrn child*; **3.** *м. как сущ.* (*празднующий день рождения*) one célebràting one's bírthday.

новосёл *м.* new séttler.

новосе́лье *с.* **1.** (*новое жилище*) new home / hàbitátion; **2.** (*празднование*) hóuse-wàrming [-s-]; справля́ть ~ ≅ give* a hóuse-wàrming; пойти́ к кому́-л. на ~ ≅ take* part in smb.'s hóuse-wàrming.

новостро́йка *ж.* **1.** (*строительство*) eréction of new works, hóuses, *etc.*; **2.** (*новое здание и т. п.*) néwly erécted búilding [...'bı-], new prójèct [...'prɔ-].

но́вост||ь *ж.* **1.** (*известие*) news [-z]; tídings *pl.*; **2.** (*новинка*) nóvelty; ◇ э́то что ещё за ~и!, вот ещё ~и! *разг.* that is sóme¦-thing new!; э́то не ~ that is no news.

новоте́льный *с.-х.* néwly-cálved [-'kɑ:vd].

новоя́вленный *ирон.* néwly / just brought to light; látter-day.

но́вшество *с.* ìnnovátion, nóvelty.

но́в||ый new; (*необычный*) nóvel ['nɔ-]; (*современный*) módern ['mɔ-]; (*недавний, последний*) fresh; ~ социа́льный строй new sócial órder; э́то де́ло для него́ ~ое it is a new job for him; вводи́ть ~ые слова́ nèólogìze, ìntrodúce new words; ◇ ~ые языки́ módern lánguages; ~ая исто́рия módern hístory; ~ но́мер журна́ла fresh íssue / númber of *a* màgazíne [...-i:n]; ~ая мо́да new fáshion; он ~ челове́к в э́том де́ле he is a new hand at it; ~ая экономи́ческая поли́тика (нэп) New Ecónomic Pólicy [...i:-...]; Но́вый год (*день нового года*) Néw-year's day; Но́вый свет the New World; Но́вый заве́т the New Téstament; что ~ого? what is the news? [...-z].

новь *ж. с.-х.* vírgin soil.

ног||а́ *ж.* (*ступня*) foot* [fut]; (*до ступни*) leg; положи́ть но́гу на́ но́гу cross one's legs; сбить кого́-л. с ног knock smb. down; knock smb. off *his* feet; наступи́ть кому́-л. на́ ~у tread* / step on smb.'s foot* [tred...]; (*перен.*) tread* on smb.'s corns / toes; ◇ деревя́нная ~ wóoden leg ['wu-...], stump, peg leg; идти́ в но́гу (с *тв.*; *прям. и перен.*) keep* step / pace (with); (*перен. тж.*) keep* abréast [...ə'brest] (with); идти́ в но́гу с жи́знью, с ве́ком keep* up / abréast with the times; идти́ не в но́гу get* out of step; со всех ног *разг.* as fast as one can, as fast as one's legs will cárry one, at top speed; протяну́ть но́ги *разг.* turn up one's toes; быть без ног (*от усталости*) *разг.* be déad-béat [...'ded-]; подня́ть всех на́ ~и raise the alárm; поста́вить кого́-л. на́ ~и set* smb. on *his* feet; (*перен. тж.*) give* smb. a start in life; стать на́ ~и (*перен.*) become* ìndepéndent; стоя́ть на свои́х ~а́х (*перен.*) be able to stand on one's own feet [...oun...]; с головы́ до ног from head to foot [...hed...]; from top to toe; вверх ~а́ми úpsìde-dówn; быть на коро́ткой ~е́ с кем-л. be in with smb.; стоя́ть одно́й ~о́й в моги́ле have one foot in the grave; ни ~о́й (*куда-л. или к кому-л.*) never cross the thréshòld (of smb.'s place); где никогда́ не ступа́ла ~ челове́ка where the foot of man has never stepped; встать с ле́вой ~и́ *разг.* get* out of bed on the wrong side; е́ле волочи́ть но́ги *разг.* be déad-béat, be hárdly able to drag one's legs alóng; не чу́вствовать под собо́й ног (*от радости*) *разг.* be besíde òne¦sélf with joy, be trànspórted with joy; к ~е́! *воен.* órder arms!

ногот́ки I *мн. см.* ного́ток.

ногот́ки II *мн. бот.* márigòld *sg.*

ного́ток *м. уменьш. от* но́готь; ◇ мужичо́к с ~ ≅ Tom Thumb.

но́готь *м.* nail; (*на руке тж.*) fínger-nail; (*большого пальца*) thúmb-nail; (*на ноге*) tóe-nail; щётка для ногте́й náil-brùsh.

ногтое́да *ж. мед.* whítlow ['wıt-].

нож *м.* (*столовый*) knife*, táble-knìfe*; (*перочинный*) pén¦knìfe*; (*складной*) clásp-knìfe*; разрезно́й ~ (*для бумаги*) páper-knìfe*; ку́хонный ~ kítchen-knìfe*; (*для мяса*) cárving-knìfe*; ◇ э́то — ~ о́стрый (*дт.*) it is death [...deθ] (to); пристава́ть к кому́-л. с ~о́м к го́рлу *разг.* péster smb., wórry the life out of smb. ['wʌ-...]; без ~а́ заре́зать (*вн.*) put* in a désperate sìtuátion (*d.*), be the rúin (of); быть на ~а́х be at dággers drawn, be at sword's points [...sɔ:dz...]; ~ в спи́ну stab in the back.

ножев||о́й *прил. к* нож; ~ това́р cútlery ['kʌ-]; ~ ма́стер cútler ['kʌ-]; ~а́я ра́на knífe-wound [-wu:-].

но́жик *м.* knife*.

но́жичек *м. уменьш. от* нож.

но́жк||а *ж.* **1.** *уменьш. от* нога́; пры́гать на одно́й ~е hop, jump on one foot [...fut]; **2.** (*мебели, утвари*) leg; (*рюмки*) stem; **3.** *бот., зоол.* stalk; (*гриба*) stem; ◇ подста́вить ~у кому́-л. trip smb. up.

но́жницы *мн.* **1.** scíssors [-zəz]; pair of scíssors *sg.*; (*большие*) shears; садо́вые ~ prúning-shears; ~ для ре́зки про́волоки *воен.* wíre-cùtter *sg.*; **2.** *эк.* discrépancy *sg.*

ножн||о́й *прил. к* нога́; ~а́я ва́нна fóot-bàth* ['fut-]; ~а́я шве́йная маши́на treadle séwing-machìne [tre-'sou- -ʃi:n].

но́жны *мн.* scábbard *sg.*, sheath* *sg.*; вложи́ть в ~ (*вн.*) sheathe (*d.*); вынима́ть из но́жен (*вн.*) únshéathe (*d.*).

ножо́вка *ж. тех.* háck-saw.

ноздрева́т||ость *ж.* pòrósity [pɔ:-], spónginess [-ʌndʒ-]. ~**ый** pórous, spóngy [-ʌndʒı]; ~ый сыр pórous cheese.

ноздря́ *ж.* nóstril.

нока́ут *м. спорт.* knóck-óut (*сокр.* К. О.). ~**и́ровать** *несов. и сов.* (*вн.*) *спорт.* knock out (*d.*).

нокда́ун *м. спорт.* knóck-dówn.
ноктю́рн *м. муз.* nócturne.
нолево́й = нулево́й.
ноль *м.* = нуль.
нома́ды *мн. уст.* nómads ['nɔ-].
номенклату́р||а *ж.* nòménclature [nou-]. **~ный** *прил. к* номенклату́ра.
но́мер *м.* 1. númber; 2. (*обуви, одежды и т. п.*) size; ~ пря́жи count; то́нкий ~ (*пряжи*) fine count; 3. (*в гостинице*) apártment, room; 4. (*газеты и т. п.*) íssue, númber; 5. (*часть концерта и т. п.*) ítèm on the prógràmme [...-ougræm], turn; эстра́дный ~ músic-hàll turn [-z-...]; 6. *воен.* númber; 7. *разг.* (*шутка*) trick; вы́кинуть ~ play a trick; ◇ э́тот ~ не пройдёт *разг.* that trick won't work here [...wount...]; you can't get a|wáy with that [...kɑːnt...]. **~но́й** 1. *прил. к* но́мер; *тж.* númbered; 2. *м. как сущ.* válet ['væ-] (*in a hotel*). **~о́к** *м.* tag; (*металлический тж.*) métal disc ['me-...]; (*ярлычок*) lábel, tícket.
номина́л *м. эк.* fáce-vàlue; по ~у at face válue.
номинал||и́зм *м. филос.* nóminalism. **~и́ст** *м.* nóminalist.
номина́льн||о *нареч.* nóminally. **~ый** nóminal; *тех.* ráted; ~ая цена́ nóminal price, face válue; ~ая сто́имость nóminal cost; ~ая нагру́зка ráted load; ~ая мо́щность ráted pówer / capácity; ~ый глава́ госуда́рства títular head of State [...hed...].
номогра́мма *ж. мат.* nómogràm, nómogràph.
номогра́фия *ж. мат.* nomógraphy.
но́ниус *м. тех.* vérnier.
нонпаре́ль *ж. полигр.* nónpareil [-rel].
нора́ *ж.* búrrow, hole.
норве́ж||ец *м.*, **~ка** *ж.*, **~ский** Nòrwégian [-dʒən]; ~ский язы́к Nòrwégian, the Nòrwégian lánguage.
норд *м. мор.* 1. (*направление*) north; 2. (*ветер*) north (wind) [...wɪ-].
норд-ве́ст *м. мор.* 1. (*направление*) nórth-wést; 2. (*ветер*) nórth-wéster.
но́рдовый *прил. к* норд; ~ ве́тер north wind [...wɪ-].
норд-о́ст *м. мор.* 1. (*направление*) nórth-éast; 2. (*ветер*) nórth-éaster.
но́рия *ж. тех.* nória, búcket chain.
но́рка I *ж. уменьш. от* нора́.
но́рк||а II *ж.* (*животное и мех*) mink. **~овый** *прил. к* но́рка II.
но́рм||а *ж.* 1. stándard, norm; ~ поведе́ния norm / stándard of beháviour; правовы́е ~ы légal règulátions; ~ы междунаро́дного пра́ва stándards of ìnternátional law [...-'næ-...]; входи́ть в ~у retúrn to nórmal; 2. (*размер чего-л.*) rate; quóta; ~ выпаде́ния оса́дков rate of àtmosphéric precìpitátions; произво́дственные ~ы prodúction quótas; дневна́я ~ (*работы*) dáily work quóta; ~ вы́работки óutpùt-stándard [-put-]; о́пытно-статисти́ческие ~ы expèriméntal statístical rates; пересма́тривать ста́рые ~ы revíse old norms; погекта́рная ~ поста́вок per héctàre delívery quóta [...-tɑː...]; сверх ~ы above the planned rate of óutpùt [...-put]; по ~е accórding to stándard; перевыполня́ть ~ы вы́работки excéed work quótas; ~ приба́вочной сто́имости *эк.* rate of súrplus válue; ~ при́были *эк.* rate of prófit; ~ дово́льствия *воен.* rátion scale ['ræ-...].
нормализа́ция *ж.* nòrmalìzátion [-laɪ-], stándardìzátion [-daɪ-].
нормализ||и́ровать, ~ова́ть *несов. и сов.* (*вн.*) nórmalìze (*d.*).
норма́ль *ж. мат.* nórmal.
норма́льно I *прил. кратк. см.* норма́льный.
норма́льн||о II *нареч.* nórmally. **~ость** *ж.* nòrmálity; (*психическая*) sánity. **~ый** nórmal; (*психически здоровый*) sane; ~ые усло́вия nórmal condítions; ~ая температу́ра nórmal témperature; ~ый уста́в módel règulátions ['mɔ-...] *pl.*
норма́нд||ец *м.*, **~ка** *ж.*, **~ский** Nórman.
нормати́в *м.* norm, stándard. **~ный** nórmative.
нормирова́н||ие *с.* rate sétting, rate fíxing; (*продуктов, товаров*) rátioning ['ræ-]; техни́ческое ~ sétting / fíxing of (próper) óutpùt rates [...'prɔ--put...]; отме́на ~ия проду́ктов dè-rátioning of food [-'ræ-...].
нормиро́ванный 1. *прич. см.* нормирова́ть; 2. *прил.*: ~ рабо́чий день fixed wórking hours [...auəz] *pl.*
нормир||ова́ть *несов. и сов.* (*вн.*) nórmalìze (*d.*), stándardìze (*d.*); (*о продуктах, товарах*) rátion ['ræ-] (*d.*). **~о́вка** *ж. разг.* = нормирова́ние.
нормиро́вщ||ик *м.*, **~ица** *ж.* ráte-sètter, ráte-fìxer.
но́ров *м.* 1. *уст.* (*обычай*) hábit, cústom; 2. (*тяжёлый характер*) óbstinacy, óbduracy; с ~ом óbstinate, caprícious; 3. (*о лошади*) réstive|ness; ло́шадь с ~ом réstive horse, jíbber, réarer. **~и́стый** *разг.* réstive, jíbbing; té(t)chy.
норови́ть (+ *инф.*) *разг.* aim (at *ger.*); strive* (+ to *inf.*).
нос *м.* 1. nose; у него́ кровь идёт и́з ~у his nose is bléeding; 2. *мор.* bow, head [hed], prow; ◇ показа́ть ~ (*дт.*) *разг.* cock a snook (at); make* a long nose (at); оста́ться с ~ом *разг.* ≅ be duped; говори́ть в ~ speak* with a twang; пове́сить ~ *разг.* ≅ be créstfàll|en, be discóuraged [...-'kʌ-]; води́ть за́ ~ кого́-л. *разг.* fool smb.; make* a fool of smb.; ткнуть кого́-л. ~ом во что-л. *разг.* thrust* smth. únder smb.'s nose; уткну́ться ~ом во что-л. ≅ be en|grossed in smth. [...-'groust...]; búry òne|sélf in smth. ['be-...]; задира́ть ~ *разг.* ≅ turn up, *или* cock, one's nose; put* on airs; сова́ть ~ во что-л. *разг.* poke / thrust* one's nose into smth., pry into smth.; сова́ть ~ не в своё де́ло *разг.* poke one's nose into, *или* meddle with, other people's affáirs [...piː-...]; не ви́деть да́льше своего́ ~а *разг.* not see* an inch befóre one's nose; из-под са́мого ~а *разг.* from únder one's very nose; пе́ред ~ом, под ~ом *разг.* únder *one's* nose; на ~у́ *разг.* near, at hand; in front of *one's* nose [...-ʌ-...]; just aróund the córner; клева́ть ~ом *разг.* nod; be drówsy [...-zɪ]; заруби́ э́то себе́ на ~у́ ≅ put that in your pipe and smoke it; бурча́ть себе́ под ~ mútter únder / belów one's breath [...-'lou... -eθ].
носа́||стый, ~тый bíg-nósed.
но́сик *м.* 1. *уменьш. от* нос 1; 2. *разг.* (*птичий клюв*) bill; 3. (*у чайника и т. п.*) spout.
носи́лки *мн.* 1. strétcher *sg.*; lítter *sg. амер.*; (*для груза*) bárrow *sg.*; 2. (*паланкин*) sedán(-chair) *sg.*
носи́льн||ый: ~ое бельё únderclòthing [-klou-], únderwear [-wεə].
носи́льщик *м.* pórter, cárrier.
носи́тель *м.* béarer ['bεə-]; (*о болезни и т. п.*) cárrier.
носи́ть, *опред.* нести́, *сов.* понести́ (*вн.*) 1. (*перемещать на себе*) cárry (*d.*); (*выдерживать большую тяжесть, тж. перен.*) bear* [bεə] (*d.*): ~ чемода́н, кни́ги, таки́е ве́щи *и т. п.* cárry *a* trunk, books, such things, *etc.*; ~ ребёнка на рука́х cárry *a* child in one's arms; ~ тако́й груз cárry / bear* such a load; 2. (*гнать — о ветре, течении и т. п.*) cárry alóng (*d.*), drive* (*d.*); *об. безл.* be cárried alóng (+*subject*), be dríven [...'drɪ-] (+*subject*): ло́дку понесло́ на ска́лы *the* boat was cárried alóng, *или* was dríven, towards the rocks; 3. *тк. неопред.* (*иметь на себе: одежду, украшения и т. п.*) wear* [wεə] (*d.*); (*иметь при себе*) cárry (*d.*); (*перен.: имя, следы и т. п.*) bear* (*d.*): ~ пальто́, шля́пу, сапоги́, ко́льца, очки́ wear* *an* óver|coat, *a* hat, boots, rings, spéctacles; ~ дли́нные во́лосы wear* one's hair long; ~ де́ньги в карма́не cárry one's móney in one's pócket [...'mʌ-...]; ~ часы́, ору́жие cárry *a* watch, arms; ~ следы́ чего́-л. bear* the marks / tráces of smth.; ◇ ~ на рука́х кого́-л. *тк. неопред.* make* much of smb.; make* a fuss óver smb.; куда́ его́, их *и т. д.* но́сит?, несёт? *разг.* where on earth is he, are they, *etc.*, góing? [...ɜːθ...].
носи́ться I, *опред.* нести́сь, *сов.* понести́сь 1. (*двигаться быстро, стремительно*) rush; *неопред. об.* rush abóut; *опред.* (*прямо, легко и быстро*) scud (alóng); (по *дт.*, вдоль,

над; *едва или почти касаясь поверхности*) skim (*d.*, alóng, óver); (*скакать*) gállop; (*летать*) fly*; (*непроизвольно двигаться по воде, по воздуху*) *неопред. об.* float, *опред. об.* drift: ми́мо несётся пото́к *a* stream rúshes past; конькобе́жец несётся по льду *the* skáter skims óver the ice, *или* skims the ice; над о́зером но́сятся ла́сточки swállows skim (óver) the lake; он но́сится по сте́пи (*на коне*) he gállops óver the steppe; над мо́рем но́сятся ста́и птиц flocks of birds fly óver the sea; в во́здухе но́сятся снежи́нки snów-flàkes float in the air; вниз по реке́ несётся лёд ice drifts down the ríver [...'rɪ-]; — нести́сь во весь опо́р ride* at full / top speed; в во́здухе но́сятся пчёлы, шмели́ *и т. п.* (*с жужжанием*) bees, búmble¦bees whirr in the air; но́сятся слу́хи (бу́дто, что) it is rúmour¦ed (that); но́сится за́пах there is a smell; несётся за́пах, звук *и т. п.* (*доносится*) *a* smell, *a* sound, *etc.*, comes; **2.** *тк. неопред.* (с *тв.*; *придавать большое значение и т. п.*) make* very / too much (of); она́ но́сится со свои́м сы́ном she fússes óver her son [...sʌn]; ~ с мы́слью chérish / nurse *a* thought, *или an* idéa [...aɪ'dɪə]; **3.** *страд. к* носи́ть.

носи́ться II (*о качестве материала*) wear* [wɛə]: э́та мате́рия бу́дет хорошо́ ~ this stuff will wear well*.

но́ска I *ж.* **1.** cárrying; béaring ['bɛə-]; (*ср.* носи́ть 1); **2.** (*об одежде, обуви и т. п.*) wéaring ['wɛə-].

но́ска II *ж.* (*яиц—о птице*) láying.

но́ский I *разг.* (*об одежде, обуви и т. п.*) strong, dúrable.

но́ск||ий II: ~ая ку́рица good láyer.

носов||о́й **1.** *прил. к* нос; ~ плато́к (pócket) hándkerchief [...-ŋk-]; **2.** *лингв.* násal [-z-]; ~ согла́сный násal cónsonant; **3.** *мор.* bow (*attr.*), fore (*attr.*); ~а́я часть ship's bows *pl.*, fóre-bòdy [-bɔ-], fore part.

носоглóт||ка *ж. анат.* nàsophárynx [neɪz-]. **~очный** *анат.* nàsophárynxal [neɪz-].

нос||óк I *м.* (*сапога, чулка*) tóe(-càp); на ~ка́х on típ-tòe; та́нец на ~ка́х tóe-dàncing.

носо́к II *м.* (*короткий чулок*) sock.

нозоло́гия *ж. мед.* nosólogy.

носоро́г *м. зоол.* rhìnóceros [raɪ-]; rhínò *разг.*

но́т||а I *ж.* note; взять ~у (*голосом*) sing* *a* note; (*на музыкальном инструменте*) play *a* note.

но́т||а II *ж. дип.* note; отклони́ть ~у rejéct *a* note.

нотариа́льн||ый nòtárial [nou-]; ~ая конто́ра nótary office ['nou-...]; ~ акт nòtárial act.

нота́риус *м.* nótary ['nou-].

нота́ци||я I *ж.* (*нравоучение*) lécture, réprimànd [-ɑːnd]; чита́ть кому́-л. ~ю réprimànd smb., lécture smb.

нота́ция II *ж.* (*система обозначений*) nòtátion [nou-].

нотифика́ция *ж. дип.* nòtificátion [nou-].

но́тка *ж.* faint note; ~ недове́рия a faint note of ìn¦credúlity.

но́тн||ый *прил. к* но́ты III; ~ое письмо́ nòtátion in músic [nou-... -z-]; ~ая бума́га músic páper; ~ая лине́йка line.

но́ты I, II *мн. см.* но́та I, II.

но́т||ы III *мн.* músic [-z-] *sg.*; игра́ть по ~ам play from músic; игра́ть без нот play without músic; ◇ как по ~ам like clóckwòrk; разыгра́ть как по ~ам do smth. with the gréatest ease [...'greɪt-...], mánage béautifully [...'bjuː-].

но́умен *м. филос.* nóumenon (*pl.* -ena).

ноч||ева́ть *несов. и сов.* pass the night, spend* the night, sleep*; оста́ться ~ stay (for) the night. **~ёвка** *ж. разг.* spénding / pássing the night; оста́ться на ~ёвку у кого́-л. stay the night with smb., sleep* at smb.'s place.

ночле́г *м.* **1.** lódging for the night; иска́ть ~а seek* lódging (for the night), seek* shélter for the night; пла́та за ~ páyment for a night's lódging; **2.** = ночёвка; останови́ться на ~ stay óver¦night.

ночле́ж||ка *ж. разг.* = ночле́жный дом *см.* ночле́жный. **~ник** *м.* dósser. **~ный:** ~ный дом dóss-house* [-s].

ночни́к *м.* níght-làmp; (*свечка*) níght-lìght.

ночно́е *с. скл. как прил.* níght-watch (*of horses at grass*); пое́хать в ~ go* for a night-wátch.

ночн||о́й *прил. к* ночь; *тж.* nightly; ~о́е вре́мя níght-tìme; ~а́я сме́на night shift; ~ сто́рож níght-wátch¦man*; ~ санато́рий áfter-wòrk sànatórium; ~ сто́лик night / bédsìde table; ~а́я руба́шка (*мужская*) níght-shìrt; (*женская*) níght-gown, níght-drèss; ~а́я фиа́лка wild órchid; ~ы́е пти́цы níght-bìrds; ~а́я ба́бочка moth; ówlet moth; ~ горшо́к (chámber-)pòt ['tʃeɪ-].

ноч||ь *ж.* night; всю ~ all night; глуха́я ~ the dead of night [...ded...]; ~ на дворе́ it is night àlréady [...ɔːl'redɪ]; в ~ под (*вн.*) on the night (of); по ~а́м by night; за́ ~ (*в одну ночь*) within a night; за́ ~ до чего́-л. a night befóre; оста́ться на́ ~ stay óver¦night, stay (for) the night; споко́йной ~и! good night!; ◇ поля́рная ~ the Pólar night; ты́сяча и одна́ ~ The Arábian Nights; Варфоломе́евская ~ Mássacre of St. Bàrthólomew; на́ ~ гля́дя *разг.* at this / that time of night.

но́чью *нареч.* at / by night; днём и ~ day and night.

но́ша *ж.* búrden; своя́ ~ не тя́нет *посл.* a búrden of one's own choice is not felt [...oun...].

но́щно *нареч.*: де́нно и ~ *разг.* day and night.

но́ющ||ий **1.** *прич. см.* ныть; **2.** *прил.*: ~ая боль ache [eɪk].

ноя́бр||ь *м.* Nоvémber; в ~е́ э́того го́да in Novémber; в ~е́ про́шлого го́да last Novémber; в ~е́ бу́дущего го́да next Novémber.

ноя́брьский *прил. к* ноя́брь; ~ день Novémber day, day in Novémber.

нрав *м.* dispositíon [-'zɪ-], témper; у него́ весёлый ~ he is of a chéerful disposítion; э́то ему́ не по ~у he does¦n't like it; it goes agáinst the grain with him *идиом.*

нра́вит||ься, понра́виться (*дт.*) please (*d.*); ему́, ей *и т. д.* ~ся he, she, *etc.*, likes; она́ стара́ется ~ ему́ she tries to please him; ~ся ли вам э́та кни́га? do you like this book?; ему́ ~ся её лицо́ he likes her face; э́то ему́ мо́жет понра́виться he may like it; вы ему́ о́чень понра́вились he likes you very much, he is gréatly táken with you [...'greɪt-...]; ему́ э́то не понра́вилось he did not like it, he dislíked it; мне он не понра́вился I dislíked him; ему́ понра́вилось ходи́ть туда́ he took a fáncy to gó¦ing there; he enjóys gó¦ing there.

нравоуче́н||ие *с.* lécture, móral àdmonítion ['mɔ-...]; чита́ть ~ия кому́-л. lécture smb.; read* smb. a lécture.

нравоучи́тельный móralìzing.

нра́вственн||ость *ж.* mórals ['mɔ-] *pl.* **~ый** móral ['mɔ-].

нра́вы *мн.* (*обычаи*) cústoms; mórals and mánners ['mɔ-...]; други́е времена́ — други́е ~ other times other ways.

ну *межд. и частица разг.* **1.** (*об. при повелит. накл. и т. п.*; *побуждение, предупреждение*) now; (*ободрение, тж. с оттенком упрёка*) come; (*вопросительно: ожидание*) well: ну, начина́йте! begin now!; ну, скоре́й! húrry up now!; ну, без глу́постей! no nónsense now!; ну, ну, не не́рвничайте! come, come, don't be nérvous!; ну? (*что скажете*) well?; ну, и что же да́льше? well, and what then / next?; ну, как насчёт э́того? well, what about it?; — ну же! now then!; ну, жи́во! now then, (be) quick!; ну, переста́ньте разгова́ривать и слу́шайте меня́! now then, stop tálking and lísten to me! [...'lɪs° n...]; **2.** (*удивление*) well; (*тж.* да ну; *удивление с оттенком недовольства и т. п.*) what; (*нетерпение*) why; (*об.* ну и; *восклицательно: что за, вот так*) what: ну, пра́во!, ну, одна́ко же! well, to be sure [...ʃuə]; ну и ну! well, well!; ну, а как же я?! well, and what about me?!; (да) ну, еужéли?! what! Réally? [...'rɪə-]; I ay!; ну, конéчно! why, of course! ...kɔːs]; ну и погóда! what wéather! ...'we-]; ну и шум! what a noise!; — у-нý! Кто бы угадáл! well, well! Who would have thought it!; ну, не гыдно ли емý? and is|n't he shámed of him|sélf?; 3. (*согласие, уступка, примирение, облегчение и т. п.*; *тж.* ну вот — *в повествовании*) well: у приходи́те, éсли (вам) угóдно vell, come if you like; ну, мóжет ыть, вы и прáвы well, perháps you re right; ну так что же? (*какое это меет значение*) well, what of it?; у, э́тому нельзя́ помóчь well, it an't be helped [...kɑːnt...]; ну, прошлó!, ну, кóнчилось! well, that's ver!; ну (вот), как я говори́л, он ришёл и увидел well, as I was sáyng, he came and saw;—ну хорошó ll right then, very well then; ну то ж, нý так well then: ну что ж, риходи́те зáвтра well then, come o|mórrow; нý так я бýду продолжáть vell then, I shall contínue; **4.**: нý ак (+ *будущ. вр.*; *опасение*) suppóse (+ were + to *inf.*): нý как ктó-нибудь увидит suppóse sóme|body vere to see; **5.** *предик.* (+*инф.*; *ачало действия*) *передаётся через личные формы глагола* start (+*ger.*): н нý кричáть he stárted yélling; **6.** *тж.* а нý) *предик. безл.* (*вн.*) *груб.*: нý его! oh, bóther him! [...-ð-...].

нугá *ж.* nóugàt ['nuːgɑː].

нýдн||ость *ж.* tédium. **~ый** tédious, tíre|some, írk|some; ~ый человéк bore; какóй он ~ый! what bore he is!

нужд||á *ж.* **1.** (*надобность*) need; испы́тывать ~ý (в *пр.*) be in need (of); негó ~ в деньгáх he is in need of móney [...'mʌ-]; he wants móney; ез ~ы́ without necéssity, néedlessly; слýчае ~ы́ in case of need [...-s...]; ет ~ы́ no need; **2.** *тк. ед.* (*бедность*) want; índigence; быть в ~é live in póverty [lɪv...]; ◇ ~ы́ нет! *разг.* never mind!

нуждáемость *ж.* néediness.

нуждá||ться 1. (в *пр.*) need (*d.*), want *d.*), require (*d.*); (*в защите, помощи*) stand* in need (of); **2.** (*находиться в бедности*) be hárd-úp. **~ющийся** néedy, índigent.

нýжно 1. *прил. кратк. см.* нýжный; **2.** *предик. безл.* (+*инф.*; *или* чтóбы; *необходимо, требуется*) it is nécessary +to *inf.*; *или* that... should); (*с доп. при инф.*) *тж. передаётся через личные формы глагола* need (*subject*+ o *pass. inf.*); (*тоже — с оттенком долженствования*) must (*subject*+*pass. inf.*); *тж. передаётся через личные формы глагола* have (*subject*+to *pass. inf.*); (*тж.* ~ бы; +*инф.*; *следует, рекомендуется*) one should (+*inf.*), one ought (+to *inf.*); (*то же — как обращение ко 2-му лицу*) you should (+*inf.*), you ought (+to *inf.*); (*с доп. при инф.*; *с тем же оттенком тж.*) should (*subject*+*pass. inf.*): ~ поéхать тудá it is nécessary to go there; ~, чтóбы кто-л. поéхал туда it is nécessary (that) smb. should go there; ~ сдéлать э́то тщáтельно it is nécessary to do it cáre|fully, it needs to be done cáre|fully; э́то ~ сдéлать it must be, *или* has to be, done; ~ быть осторóжным one / you should be, *или* ought to be, cáre|ful; ~ бы́ло (бы) сесть в автóбус (и вы не опоздáли бы) you should have táken *a* bus (and you would not have been late); э́тому ~ (бы) уделя́ть бóльше врéмени one / you should give more time to it; more time should be spent on that; — емý, им *и т. д.* ~ (+*инф.*; *соотв. указанным выше оттенкам значения*) it is nécessary for him, for them, *etc.* (+to *inf.*); he needs, they need, *etc.* (+to *inf.*); he, they, *etc.*, must (+*inf.*); he has, they have, *etc.* (+to *inf.*); he, they, *etc.*, should (+*inf.*), *или* ought (+to *inf.*): ей ~ поéхать тудá it is nécessary for her, *или* she needs, to go there; вам ~ поéхать в санатóрий (*вы в этом нуждаетесь*) you need to go to *a* sànatórium; (я сказáл, что) мне ~ идти́ (*пора уходить*) (I said that) I must go [...sed...]; мне ~ бы́ло идти́ (*пора уходить*) I had to go; вам ~ (бы) посовéтоваться с врачóм, обрати́ться к врачý you should consúlt, *или* ought to consúlt, a dóctor; емý *и т. д.* не ~ (+*инф.*; *можно не*) he, *etc.*, need not (+*inf.*); (*не следует*) he, *etc.*, should not (+ *inf.*): емý не ~ приходи́ть (éсли он не хóчет) he need not come (if he does not want to); (вам) не ~ боя́ться you need not be afráid, you should not be afráid; он знáет, что (емý) не ~ серди́ться на меня́ he knows that he should not be ángry with me [...nouz...]; — вам не ~ тудá ходи́ть you mustn't go there; ~ бы́ло ви́деть, как он обрáдовался! you should have seen how glad he was!; не ~ бы́ло говори́ть емý э́то, заставля́ть меня́ ждать *и т. п.* (*с упрёком 2-му лицу*) you should not have told him that, have kept me wáiting, *etc.*; **3.** *предик. безл.* (*рд.*, *вн.*) *разг.* = нýжен, нужнá *и т. д.* (+*им.*) *см.* нýжный; емý *и т. д.* ~ (*рд.*, *вн.*) *разг.* = емý *и т. д.* нýжен, нужнá *и т. д.* (+*им.*) *см.* нýжный: им ~ молокá they want some milk; емý ~ ты́сячу рублéй he needs / wants a thóusand roubles [...-zənd ruː-]; ◇ óчень (мне) ~! *ирон. разг.* what do I care!; (*ср. тж.* нáдо I).

нýж||ный nécessary; *кратк.* (*потребен*) *тж. передаётся через личные формы пассива глагола* need; *кратк.* (*требуется, нужно получить, видеть*) *передаётся через личные формы пассива глагола* want: э́то ~ная кни́га it is a nécessary book; сон ~ен для здорóвья sleep is nécessary to health [...he-]; э́то óчень ~но that is nécessary, indéed; that is néeded very much; всё ~ное évery|thing nécessary; всё, что ~но all that is néeded, all that is wánted; скажи́те емý, что он ~ен здесь tell him (that) he is wánted here; — э́то как раз то, что ~но! that's just the thing!; éсли *и т. п.* (э́то) ~но if, *etc.*, nécessary: их назвáния приводя́тся, éсли (э́то) ~но, где (э́то) ~но their names are given if nécessary, where nécessary; — емý, им *и т. д.* ~ен, ~нá, ~но, ~ны́ (+*им.*; *необходим и т. п.*) he needs, they need, *etc.* (*d.*); (*недостаёт, требуется, нужно получить, видеть*) he wants, they want, *etc.* (*d.*): им ~нá пóмощь they need help / assistance; для э́того вам ~но дéсять рублéй you need ten roubles for it [...ruː-...]; э́та кни́га бýдет ~нá ей сегóдня she will want this book to|dáy; что вам ~но? — Мне ~ен карандáш, ~но нéсколько листóв бумáги what do you want? — I want a péncil, I want a few sheets of páper; скажи́те емý, что он мне ~ен tell him (that) I want him; на э́то ~но 2 часá it will take two hours [...auəz]; — что емý ~но? (*чего добивается*) what is he dríving at?

нý-ка *межд.* now!, now then!, come!

нуклеи́н *м. хим.* núclein ['njuːklɪɪn].

нуклóн *м. физ.* núcleon.

нулевóй *прил. к* нуль; *мат.* zérò (*attr.*).

нул||ь *м.* nought; (*о температуре тж.*) zérò; (*цифра тж.*) cípher ['saɪ-]; (*в играх при подсчёте очков*) nil; (*в телеф. номере и т. п.*) o [ou]; своди́ть к ~ю́ (*вн.*) bring* to nought / nothing (*d.*), redúce to zérò (*d.*); своди́ться к ~ю́ come* to nought / nothing; ◇ а он — ~ внимáния *разг.* he does not care a fig, he could not care less.

нумер||áтор *м.* **1.** númeràtor; **2.** *эл.* annúnciàtor. **~áция** *ж.* **1.** nùmerátion; **2.** (*цифровое обозначение*) númbering.

нумеровáть (*вн.*) númber (*d.*); ~ страни́цы páginàte; númber *the* páges.

нумизмáт *м.* nùmism|atist. **~ика** *ж.* nùmism|átics, nùmism|atólogy. **~и́ческий** nùmism|átic.

нýнций *м.* núnciò [-ʃɪou].

нутáция *ж. астр.* nutátion.

нýтрия *ж.* **1.** (*водяная крыса*) cóypù (rat) [-puː...]; **2.** (*мех.*) nútria.

нутр||ó *с. тк. ед. разг.* ínside, intérior; ◇ э́то емý по ~ý it is to his líking; э́то емý не по ~ý it goes against the grain with him; чýвствовать что-л. всем ~óм réalìze complétely ['rɪə-...].

нутромéр *м. тех.* ínside cálipers *pl.*

ны́не *нареч.* now. **~шний** présent [-ez-]; ~шний день to¦dáy; ~шний год this year; в ~шние времена́ nów¦a¦days.

ны́нче *нареч. разг.* **1.** (*сегодня*) to¦dáy; ~ у́тром, ве́чером *и т. п.* this mórning, this évening, *или* to¦-níght, *etc.* [...'iːv-...]; **2.** (*теперь*) now; nów¦a¦days; ✧ не ~-за́втра any day now.

нырну́ть *сов. см.* ныря́ть.

нырóк *м. зоол.* póchard.

ныря́ло *с. тех.* plúnger [-ndʒə], plúnger píston.

ныря́ние *с.* díving, plúnging [-ndʒ-].

ныря́ть, нырну́ть dive.

ны́тик *м. разг. пренебр.* whímperer, whíner.

ныть 1. (*болеть*) ache [eɪk]; у него́ но́ет рука́ his arm, his hand aches; у него́ но́ет се́рдце he is sick at heart [...hɑːt]; **2.** *разг. пренебр.* (*жаловаться*) whine, whímper; compláin.

нытьё *с. разг. пренебр.* whíning, whímpering.

ньюфа́ундленд *м.* (*собака*) Newfóundland dog.

нэп *м.* (но́вая экономи́ческая поли́тика) *ист.* New Èconómic Pólicy [...iː-...].

нэ́повский *прил. к* нэп.

нюа́нс *м.* nuánce [-'ɑːns], shade. **~и́ровать** *несов. и сов. муз.* shade; put* expréssion into one's pláying.

ню́ни *мн.*: распусти́ть ~ *разг.* snível ['snɪ-], slóbber, whímper.

нюх *м.* scent; (*перен.*) flair, scent; у него́ хоро́ший ~ he has a good nose.

ню́х||альщик *м.*, **~атель** *м.*: ~ табака́ snúffer, snúff-tàker. **~ательный**: ~ательный таба́к snuff.

ню́х||ать, поню́хать (*вн.*) smell* (*d.*), smell* (at); ~ таба́к take* snuff; ✧ он э́того и не ~ал! *разг.* he hadn't éven sniffed at it.

ня́нчить (*вн.*) nurse (*d.*). **~ся** (с *тв.*; *с детьми*) (drý-)nùrse (*d.*); (*перен.*) fuss (óver).

ня́нька *ж. разг.* = ня́ня; ✧ у семи́ ня́нек дитя́ без гла́зу *посл.* ≅ too many cooks spoil the broth.

ня́ня *ж.* **1.** (drý-)nùrse; (*обращение тж.*) núrsey, núrsie, nánnie; **2.** (*в больнице*) nurse.

О

о I, об, обо *предл.* (*пр.*) **1.** (*относительно*) of; abóut (*об. с оттенком большей обстоятельности*); (*при обозначении темы, в заглавиях научных трудов и т. п.*) on; (*при обозначении героя или содержания литературного произведения и т. п.*) of: напомина́ть кому́-л. о чём-л. remínd smb. of smth.; воспомина́ние об э́том *the* remémbrance of it; его́ мне́ние о них his opínion of them; забо́титься о ком-л., о чём-л. take* care of smb., of smth.; ду́мать, разгова́ривать, чита́ть, слы́шать о ком-л., о чём-л. think*, talk, read*, hear* of / abóut smb., of / abóut smth.; беспоко́иться о чём-л. be ánxious abóut smth., wórry abóut smth. ['wʌ-...]; кни́га о жи́вописи *a* book abóut / on páinting; ле́кция о диалекти́ческом материали́зме *a* lécture on dìaléctical matérialism; «О происхожде́нии ви́дов» "On the Órigin of Spécies" [...-ʃiːz]; балла́ды о Ро́бине Гу́де bállads of Róbin Hood; расска́з о приключе́ниях stóry of advéntures; — по́мнить, вспомина́ть о ком-л., о чём-л. remémber smb., smth.; (со)жале́ть о ком-л., о чём-л. regrét smb., smth.; сожале́ние о чём-л. regrét for smth.; горева́ть о ком-л., о чём-л. grieve for / óver smb., for / óver smth. [griːv...]; **2.** (*при обозначении числа однородных частей*) with; *чаще передаётся через суффикс* -ed, *причём числительное присоединяется посредством дефиса* (-): стол о трёх но́жках *a* table with three legs, *a* thrée-légged table; ✧ па́лка о двух конца́х ≅ a twó-èdged / dóuble-èdged wéapon [...'dʌbl- 'wep-]; *тж. и др. особые случаи, не приведённые здесь, см. под теми словами, с которыми предл.* о I *образует тесные сочетания.*

о II, об, обо *предл.* (*вн.*; *при обозначении соприкосновения, столкновения и т. п.*) agáinst; (*то же — в направлении сверху*) on; up¦ón (*часто без удар.*): опира́ться о сте́ну lean* agáinst *the* wall; уда́риться ного́й о ка́мень strike* one's foot* agáinst *a* stone [...fut...]; опира́ться (рука́ми) о стол lean* on / up¦ón the table; ✧ бок о́ бок side by side; идти́ рука́ о́б руку (с *тв.*) go* hand in hand (with); об э́ту по́ру by this time.

о III *межд.* oh [ou]; о, оте́ц! oh, fáther! [...'fɑː-]; *как частица при обращении* О.

о-, об-, обо- *глагольная приставка; см. глаголы с этой приставкой.*

оа́зис *м.* òásis (*pl.* òásès [-siːz]).

об *предл. см.* о I, II.

об- *глагольная приставка* (*та же, что* о-); *см. глаголы с этой приставкой.*

о́ба *числит.* both [bouθ] (*см. тж.* обо́его); ✧ смотре́ть в ~ keep* one's eyes ópen / skínned [...aɪz...], be on one's guard; обе́ими рука́ми *разг.* (*охотно*) réadily ['red-], very wílling¦ly, with all one's heart [...hɑːt]; (*рьяно*) éagerly [-g-].

оба́биться *сов. разг.* **1.** (*о мужчине*) become* efféminate; **2.** (*о женщине*) let* òne¦sélf slide.

обагри́ть(ся) *сов. см.* обагря́ть (-ся).

обагря́ть, обагри́ть (*вн.*): ~ кро́вью stain with blood [...blʌd] (*d.*); cóver with gore ['kʌ-...] (*d.*); ~ ру́ки кро́вью, в крови́ steep one's hands in blood. **~ся,** обагри́ться be / become* stained with blood [...blʌd].

обалдева́ть, обалде́ть *разг.* go* out of one's mind, lose* one's wits [luːz...]; (*от удивления*) be stunned / struck with surpríse.

обалде́лый *разг.* dazed, stúpefied.

обалде́ть *сов. см.* обалдева́ть.

обанкро́титься *сов. см.* банкро́титься.

обая́ние *с.* charm, fàscinátion.

обая́тельн||ость *ж.* = обая́ние. **~ый** chárming, fáscinàting.

обва́л *м.* **1.** (*процесс*) fáll(ing), crúmbling; (*оседание*) cáving-in; ~ стены́ collápse of *a* wall; **2.** (*обрушившиеся глыбы и т. п.*) lánd-slìde; сне́жный ~ snów-slìde ['snou-], ávalànche [-ɑːnʃ].

обва́ливать I, обвали́ть (*вн.*) **1.** (*обрушивать*) make* fall (*d.*), crumble (*d.*); **2.** (*заваливать кругом*) heap round (*d.*).

обва́ливать II, обваля́ть (*вн.* в *пр.*) roll (*d.* in).

обва́ливаться I, обвали́ться **1.** crumble, fall*, slide*, cave in; **2.** *страд. к* обва́ливать I.

обва́ливаться II *страд. к* обва́ливать II.

обвали́ть *сов. см.* обва́ливать I. **~ся** *сов. см.* обва́ливаться I.

обваля́ть *сов. см.* обва́ливать II.

обва́ривать, обвари́ть (*вн.*) **1.** (*обдавать кипятком*) pour bóiling wáter [pɔː...'wɔː-] (óver); **2.** (*ошпаривать*) scald (*d.*); обвари́ть себе́ ру́ку scald one's hand. **~ся,** обвари́ться **1.** scald òne¦sélf; **2.** *страд. к* обва́ривать.

обвари́ть(ся) *сов. см.* обва́ривать(ся).

обвева́ть, обве́ять **1.** (*вн. тв.*; *обдавать струёй воздуха*) fan (*d.*); **2.** (*вн.*) *с.-х.* wínnow (*d.*).

обве́ивать, обве́ять = обвева́ть 2.

обвенча́ть *сов.* (*вн.*) márry (*in Church*) (*d.*). **~ся** *сов.* get* márried (*in Church*).

оберну́ть, обверте́ть *сов. см.* обвёртывать.

обвёртывать, оберну́ть, обверте́ть (*вн. тв.*) wrap up (*d.* in).

обве́с I *м. разг.* false / wrong weight [fɔːls...].

обве́с II *м.*: ~ мо́стика *мор.* bridge cloth.

обвéсить *сов. см.* обвéшивать I.
обвести́ *сов. см.* обводи́ть.
обвéтренный wéather-beaten 'weðə-]; (*потрескавшийся*) chapped.
обвéтр||ивать, обвéтрить (*вн.*) ex- óse to the wind [...wɪnd] (*d.*). -иваться, обвéтриться be / become* /eather-beaten [...'weðə-]. ~**ить(ся)** ов. *см.* обвéтривать(ся).
обветшáл||ость *ж.* decrépitùde, de- áy. ~**ый** decrépit, decáyed; (*о зда- ии тж.*) rámshackle.
обветшáть *сов. см.* ветшáть.
обвéшать *сов. см.* обвéшивать II.
обвéшивать I, обвéсить (*вн.*; *об- анывать в весе*) cheat in wéighing *l.*), give* wrong / false weight ..fɔːls...] (*i.*).
обвéшивать II, обвéшать (*вн. тв.*) *азг.* (*навешать вокруг*) hang* round *l.* with), cóver ['kʌ-] (*d.* with); ~ обрякýшками cóver / load with insel (*d.*).
обвéять *сов. см.* обвевáть *и* обвéи- ать.
обвивáть, обви́ть (*вн. тв.*) wind* ound *d.*); twine (round *d.*); entwíne *l.* with, abóut); обви́ть шéю рукáми hrow* one's arms round smb.'s eck [θrou...]; ди́кий виногрáд об- и́л террáсу wild vines twined round he verándah. ~**ся**, обви́ться **1.** (вок- ýг) wind* (round), twine òne¦sélf round); **2.** *страд. к* обвивáть.
обвинéни||е *с.* **1.** charge, àccùsátion -'zeɪ-]; ~ в преступлéнии ìmpu- átion of *a* crime; in¦crìminátion; озводи́ть на когó-л. ~ в чём-л. ccúse smb. of smth., charge smb. ith smth.; возводи́ть на когó-л. - в преступлéнии in¦críminàte smb., npúte *a* crime to smb., charge smb. ith *a* crime; lay* the fault at smb.'s oor [...dɔː] *идиом.*; взаи́мные ~я nútual recrìminátions; отклони́ть ~я epúdiàte *the* chárges; **2.** *тк. ед. юр.* *торона на суде*) the pròsecútion.
обвини́тель *м.*, ~**ница** *ж.* accúser; *op.* prósecùtor; общéственный, го- удáрственный ~ públic prósecùtor pʌ-...]. ~**ный** accúsatory[-z-]; ~ный риговóр vérdict of „guilty"; ~ное аключéние (bill of) indíctment ...-'daɪt-]; ~ная речь (Prósecùtor's) harge, indíctment; ~ные доку́менты ccúsatory dócuments.
обвини́ть *сов. см.* обвиня́ть 1.
обвиня́емый **1.** *прич. см.* обви- я́ть; **2.** *м. как сущ.* the accúsed; *юр.* eféndant.
обвиня́ть, обвини́ть **1.** (*вн.* в *пр.*) ccúse (*d.* of), charge (*d.* with), blame *l.* for); **2.** *тк. несов.* (*вн.*) *юр.* pró- ecùte (*d.*), indíct [-'daɪt] (*d.*). ~**ся** *пр.*) be charged (with), be accúsed f); *юр.* be prósecùted (for).
обвисáть, обви́снуть hang*, droop; *человеческом теле*) be / grow* ábby [...grou...]; поля́ у шля́пы об- и́сли the brim of the hat droops / sags; егó щёки обви́сли his cheeks are flábby.
обви́слый flábby, ságging.
обви́с||нуть *сов. см.* обвисáть. ~**ший** = обви́слый.
обви́ть(ся) *сов. см.* обвивáть(ся).
обводи́ть, обвести́ **1.** (когó-л. вок- рýг) lead* (smb. round); **2.** (*вн. тв.*) encírcle (*d.* with), surróund (*d.* with); **3.** (*вн.*; *о контуре*) óutlìne (*d.*); ◇ ~глазáми (*вн.*) look round (*d.*); обвести́ вокрýг пáльца (*вн.*) *разг.* wind* / twist round one's little fínger (*d.*).
обводнéние *с.* ìrrigátion, supplýing with wáter [...'wɔː-]; ~ канáла fíll- ing of *a* canál with wáter.
обводни́тельн||ый: ~ая систéма írrigàting sýstem.
обводни́ть *сов. см.* обводня́ть.
обвóдный: ~ канáл bý-pàss canál; ~ судохóдный канáл bý-pàss shíp- ping canál.
обводня́ть, обводни́ть (*вн.*) supplý with wáter [...'wɔː-] (*d.*), írrigàte (*d.*), turn the wáter (on); (*о пруде, кана- ле*) fill with wáter (*d.*).
обволáкивать, обволóчь (*вн.*) en- vélop [-'ve-] (*d.*), cóver ['kʌ-] (*d.*); ~ тумáном wrap in mist (*d.*). ~**ся**, обволóчься **1.** (*тв.*) become* cóvered /envéloped [...'kʌ-...] (with); **2.** *страд.* *к* обволáкивать.
обволóчь(ся) *сов. см.* обволáкивать (-ся).
обворовáть *сов. см.* обворóвывать.
обворóвывать, обворовáть (*вн.*) *разг.* rob (*d.*).
обворожи́тельн||ость *ж.* fàscinátion, charm. ~**ый** fáscinàting, bewítching; ~ая улы́бка bewítching smile.
обворожи́ть *сов.* (*вн.*) fáscinàte (*d.*), bewítch (*d.*), charm (*d.*).
обвязáть(ся) *сов. см.* обвя́зывать(ся).
обвя́зывать, обвязáть **1.** (*вн. тв.*) tie (round *d.*); ~ верёвкой tie *a* cord / rope (round); ~ гóлову плат- кóм tie *a* kérchief round *one's* head [...-ʧɪf...hed]; **2.** (*вн. крючком*) cró- chet round ['krouʃɪ...] (*d.*); (*обмёты- вать*) edge in cháin-stitch (*d.*); ~ платóк edge *a* hándkerchief in cháin- -stitch. ~**ся**, обвязáться **1.** (*тв.*) tie round òne¦sélf (*d.*); ~ся верёвкой tie / bind* *a* rope round one's waist; **2.** *страд. к* обвя́зывать.
обглáдывать, обглодáть (*вн.*) pick (*d.*), gnaw round (*d.*); обглодáть кость pick *a* bone.
обглóданн||ый *прич. см.* обглáды- вать; ~ая кость bare / picked bone.
обглодáть *сов. см.* обглáдывать.
обгоня́ть, обогнáть (*вн.*; *прям. и перен.*) outrún* (*d.*), outstríp (*d.*), out- dístance (*d.*); (*оставлять позади*) leave* behínd (*d.*); pass (*d.*); ~ в по- лёте *ав.* outflý* (*d.*); си́льно обо- гнáть have a long start (óver).
обгорáть, обгорéть be scorched, be burnt round.
обгорéлый burnt; (*обугленный*) charred.
обгорéть *сов. см.* обгорáть.
обгрызáть, обгры́зть (*вн.*) gnaw round (*d.*).
обгры́зть *сов. см.* обгрызáть.
обдавáть, обдáть **1.** (*вн. тв.*; *об- ливать*) pour [pɔː] (óver *d.*); ~ ки- пяткóм pour bóiling wáter [...'wɔː-] (óver); ~ гря́зью splash all óver with mud (*d.*); **2.** *безл.*: егó óбдало хóлодом he felt a wave of cold; егó óбдало тёплым вóздухом he felt a cúrrent / stream of warm air.
обдáть *сов. см.* обдавáть.
обдéлать *сов. см.* обдéлывать.
обдели́ть *сов. см.* обделя́ть.
обдéлывать, обдéлать (*вн.*) **1.** pól- ish (*d.*), fínish (*d.*); (*о коже и т. п.*) dress (*d.*); **2.**: ~ драгоцéнные кáмни set* précious stones [...'pre-...]; **3.** *разг.* (*выгодно устраивать*) fix (*d.*), mánage (*d.*), arránge [-eɪnʤ] (*d.*); ~ дéло fix / arránge an affáir; clinch a deal *амер. разг.*
обделя́ть, обдели́ть (когó-л.) do (smb.) out of *his* share, not let* (smb.) have *his* right share, share ún- fáirly (with smb.).
обдёргивать, обдёрнуть (*вн.*) *разг.* (*о платье и т. п.*) stráighten out (*d.*), put* in órder (*d.*), pull down [pul...] (*d.*). ~**ся**, обдёрнуться *разг.* **1.** pull one's dress into shape [pul...]; **2.** *карт.* play, *или* pull out, *или* prodúce, the wrong card; **3.** *страд. к* обдёргивать.
обдёрнуть(ся) *сов. см.* обдёрги- вать(ся).
обдирáла *м. разг.* fléecer.
обдирáние *с.* péeling; (*туши*) skín- ning, fláying.
обдирáть, ободрáть (*вн.*) tear* [tɛə] (*d.*), peel (*d.*); (*о туше*) skin (*d.*), flay (*d.*); (*о туше тюленя, кита тж.*) flench (*d.*); (*перен.*: *обирать, вымогать деньги*) fleece (*d.*); ~ корý с дéрева bark *a* tree; ◇ ободрáть как ли́пку *разг.* fleece (*d.*).
обди́рный (*о крупе*) peeled.
обдувáть I, обдýть (*вн.*) blow* [blou] (on, round).
обдувáть II, обдýть (*вн.*) *разг.* (*об- манывать*) cheat (*d.*), (be)fóol (*d.*), dupe (*d.*).
обдýм||анно *нареч.* delíberate¦ly, áfter cáre¦ful consìderátion. ~**анность** *ж.* deliberátion, delíberate¦ness, cáre¦- ful plánning; ~анность э́того проéкта the cáre¦ful plánning of this próject. ~**анный** **1.** *прич. см.* обдýмывать; **2.** *прил.* delíberate, wéll-consídered; хорошó ~анный план wéll-consíder- ed plan; с зарáнее ~анным намéре- нием delíberate¦ly; *юр.* of málice prepénse. ~**ать** *сов. см.* обдýмывать.
обдýмывать, обдýмать (*вн.*) con- síder [-'sɪ-] (*d.*), think* óver (*d.*); э́тот вопрóс нáдо обдýмать this quéstion must be consídered [...-sʧən...]; обдýмайте своё решéние

consíder your decísion; емý нáдо э́то обдýмать he must think it óver.

обдури́ть *сов. см.* обдуря́ть.

обдуря́ть, обдури́ть (*вн.*) *разг.* cheat (*d.*).

обдýть I, II *сов. см.* обдувáть I, II.

óбе *им.*, *вн. ж. см.* óба.

обéгать *сов. см.* обегáть I.

обегáть I, обéгать (*вн.*) 1. run* (all óver *a place*); 2. (*посещать мнóгих*) call (on many people) [...pi:-]; see* (many people); (всех) call on, *или* see*, everybody.

обегáть II, обежáть (*вн.*) 1. (*вокруг*) run* round (*d.*); 2. (*мимо*) run* past (*d.*); 3. *спорт.* outrún* (*d.*).

обéд *м.* dínner; звáный ~ dínner-pàrty; звать когó-л. к ~у ask smb. to dínner; дать, устрóить ~ в честь когó-л. give* a dínner in hónour of smb. [...'ɔnə...], èntertáin smb. to dínner; пéред ~ом befóre dínner; (*до полудня*) in the mórning; пóсле ~а áfter dínner; (*после полудня*) in the áfternóon.

обéдать, пообéдать have one's dínner, dine; ~ вне дóма dine out.

обéденн||ый *прил. к* обéд; ~ стол dínner-tàble; ~ое врéмя dínner-time; ~ перерыв dínner break [...breɪk].

обеднé||вший *прич. и прил.* impóverished. ~**ние** *с.* impóverishment; *переводится тж. формой на* -ing *от соответствующих глаголов — см.* обедня́ть *и* беднéть. ~**ть** *сов. см.* беднéть.

обедни́ть *сов. см.* обедня́ть.

обéдня *ж. рел.* mass, líturgy.

обедня́ть, обедни́ть (*вн.*) impóverish (*d.*), make* scánty (*d.*); (*перен.*; *о стиле и т. п.*) wáter down ['wɔ:-...] (*d.*).

обежáть *сов. см.* обегáть II.

обезбóливание *с. мед.* ànaesthetìzátion [-taɪ-]; ~ рóдов lábour páin-relìef [...-li:f].

обезбóлива||ть, обезбóлить (*вн.*) *мед.* anáesthetìze (*d.*); обезбóленные рóды páinless birth *sg.* ~**ющий** *мед.* ànaesthétic; ~ющее срéдство ànaesthétic.

обезбóлить *сов. см.* обезбóливать.

обезвóдить *сов. см.* обезвóживать.

обезвóживать, обезвóдить (*вн.*) dè|hýdràte [-'haɪ-] (*d.*).

обезврéдить *сов. см.* обезврéживать.

обезврéживать, обезврéдить (*вн.*) rénder hármless (*d.*).

обезглáвить *сов. см.* обезглáвливать.

обезглáвливание *с.* behéading [-'hed-], decàpitátion.

обезглáвливать, обезглáвить (*вн.*) behéad [-'hed](*d.*), decápitàte (*d.*); (*перен.*) rénder léaderless (*d.*), destróy the brain (of).

обездéнежеть *сов. разг.* be / run* short of móney [...'mʌ-].

обездóленный 1. *прич. см.* обездóливать; 2. *прил.* ùnfórtunate [-ʧən-].

обездóл||ивать, обездóлить (*вн.*) depríve of *one's* share (*d.*), treat únfáirly (*d.*). ~**ить** *сов. см.* обездóливать.

обезжи́ренный *прич. и прил.* depríved of fat, skimmed; *прил. тж.* fát|less.

обезжи́р||ивать, обезжи́рить (*вн.*) depríve of fat (*d.*), skim (*d.*), remóve fat [-'mu:v...] (from). ~**ить** *сов. см.* обезжи́ривать.

обеззарáживание *с.* dìsinféction.

обеззарá||живать, обеззарáзить (*вн.*) dìsinféct (*d.*). ~**живающий** dìsinféctant. ~**зить** *сов. см.* обеззарáживать.

обезземéлен||ие *с.* dìspossséssion of land [-'ze-...]. ~**ный** *прич. и прил.* dìspossséssed of land [-'ze-...]; *прил. тж.* lándless.

обезземéл||ивать, обезземéлить (*вн.*) dìspossséss of land [-'zes...] (*d.*). ~**ить** *сов. см.* обезземéливать.

обезлéсить *сов.* (*вн.*) defórest [-'fɔ-] (*d.*).

обезли́ч||ение *с.* 1. dè|pèrsonalìzátion [-laɪ-], depríving of ìndivìduálity; 2. (*на производстве*) elìminátion of pérsonal respònsibílity. ~**енный** 1. *прич. см.* обезли́чивать; 2. *прил. воен.* géneral púrpose [...-s] (*attr.*); pooled. ~**ивание** *с.* = обезли́чение.

обезли́ч||ивать, обезли́чить (*вн.*) 1. dè|pérsonalìze (*d.*), depríve of ìndivìduálity (*d.*); 2. (*на производстве*) do a|wáy with pérsonal respònsibílity. ~**иваться**, обезли́читься 1. lose* one's ìndivìduálity [lu:z...]; 2. *страд. к* обезли́чивать. ~**ить(ся)** *сов. см.* обезли́чивать(ся). ~**ка** *ж.* ùndefíned respònsibílity, ábsence / oblìterátion of pérsonal respònsibílity.

обезлю́девший *прич. и прил.* desérted [-'zə:-], depópulàted.

обезлю́деть *сов.* become* depópulàted; (*стать пустынным, заброшенным*) become* desérted / désolate [...-'zə:t-...].

обезлю́дить *сов.* (*вн.*) depópulàte (*d.*).

обезобрáживание *с.* disfìgurátion.

обезобрáживать, обезобрáзить (*вн.*) disfígure (*d.*).

обезобрáзить *сов.* 1. *см.* обезобрáживать; 2. *как сов. к* безобрáзить.

обезопáсить *сов.* (*вн.* от) secúre (*d.* agáinst). ~**ся** *сов.* make* òne|sélf secúre.

обезорýживание *с.* disármament.

обезорýж||ивать, обезорýжить (*вн.*; *прям. и перен.*) disárm (*d.*). ~**ить** *сов. см.* обезорýживать.

обезýметь *сов.* lose* one's sénses [lu:z...], go* mad; ~ от стрáха become* pánic-strìcken, go* mad with fear / fright.

обезья́н||а *ж.* mónkey [-mʌŋ-]; (*бесхвостая*) ape. ~**ий** *прил. к* обезья́на; *научн.* símian; (*перен.*) ápe-like. ~**ничанье** *с. разг.* áping.

обезья́нничать, собезья́нничать *разг.* ape.

обезьяноподóбный ápe-like.

обели́ск *м.* óbelisk.

обели́ть *сов. см.* обеля́ть.

обеля́ть, обели́ть (*вн.*; *оправдывать*) rè|habílitàte [ri:ə-] (*d.*), prove the ínnocence [pru:v...] (of); whíte|wàsh (*d.*) *разг.*

оберегáть, оберéчь (*вн.* от) guard (*d.* agáinst), defénd (*d.* from), protéct (*d.* from). ~**ся**, оберéчься 1. (от) guard òne|sélf (agáinst); 2. *страд. к* оберегáть.

оберéчь(ся) *сов. см.* оберегáть(ся).

обернýть(ся) *сов. см.* обёртывать(ся) *и* оборáчивать(ся).

обёртка *ж.* wrápper, énvelòpe; (*книги*) dúst-jàcket, páper-còver [-kʌ-].

обертóн *м. муз.* óver|tòne.

обёрточн||ый wrápping, pácking; ~ая бумáга wrápping páper, brown páper.

обёртывать, обернýть (*вн.*) 1. wrap up (*d.*); обернýть кни́гу put* *a* páper-còver on *a* book [...-kʌ-...]; 2. (*поворачивать*; *тж. перен.*) turn (*d.*); обернýть лицó (к) turn one's face (towards); обернýть всё в свою пóльзу turn évery|thing to one's prófit; ◇ обернýть когó-л. вокрýг пáльца *разг.* wind* / twist smb. round one's líttle fínger. ~**ся**, обернýться 1. turn; (*перен.*) turn out, take* a turn; э́то зави́сит от тогó, как обернётся дéло it depénds how things turn out; 2. (*тв.*, в *вн.*) *фольк.* (*превращаться*) turn (into); 3. *разг.* (*справляться*) mánage; 4. *страд. к* обёртывать.

обескрóв||ить *сов. см.* обескрóвливать. ~**ленный** bloodless ['blʌd-]; (*перен.*) pállid, anáemic; lífe|less. ~**ливание** *с.* dráining of blood [...blʌd]; (*перен.*) réndering lífe|less.

обескрóвливать, обескрóвить (*вн.*) drain of blood [...blʌd] (*d.*), bleed* white (*d.*); exsánguinàte (*d.*) *научн.*; (*перен.*) rénder lífe|less (*d.*).

обескурáж||ивать, обескурáжить (*вн.*) discóurage [-'kʌ-] (*d.*), dishéarten [-'hɑ:t-] (*d.*), dispírit (*d.*). ~**ить** *сов. см.* обескурáживать.

обеспáмятеть *сов.* 1. (*лишиться памяти*) lose* one's mémory [lu:z...]; 2. (*лишиться чувств*) lose* cónscious|ness [...-nʃəs-], faint, become* ùn|cónscious [...-nʃəs].

обеспéчен||ие *с.* 1. (*действие*) guàrantée|ing, secúring, ensúring [-'ʃuə-]; ~ ми́ра и безопáсности sáfe|guàrding of peace and secúrity; 2. (*гарантия*) guàrantée, guáranty; (*залог*) secúrity; 3. (*средства к жизни*) máintenance; социáльное ~ sócial máintenance; 4. (*тв*). provísion (with), províding (with); 5. *воен.* secúrity; protéction; боевóе ~ secúrity. ~**ность** *ж.* 1. (*тв.*) províding (with); ~ность завóда тóпливом províding of the fáctory with fúel [...'fju-]; 2. (*материальная*) matérial wéll-bé|ing, matérial secúrity; (*зажиточность*) pròspérity; ~ност мый the matérial wéll-bé¦ing of fámily. ~ный 1. прич. см. обеспé-ивать; 2. прил. (зажиточный) wéll-o-dó.

обеспéч||ивать, обеспéчить 1. (вн. з.; снабжать) províde (d. with); -ить потрéбность в сырьé meet* e requíre¦ments in raw matérials; (вн.; гарантировать) secúre (d.); ısúre [-'ʃuə] (d.), assúre [ə'ʃuə] (d.); -ить мир во всём мúре ensúre world ace; ~ить мúрный труд (рд.) sáfe¦-ıárd the péace¦ful lábour (of); ~ ıпéх ensúre, или pave the way for, ccéss; ~ить выполнéние (рд.) en-re the fulfílment [...ful-] (of); ~ить льнéйший подъём сéльского хо-йства secúre a fúrther rise in ágri-ılture [...-ðə...]; 3. (вн.; материаль-) províde (for); он хорошó обеспé-н he is well províded for; 4. (вн.) ен. sáfe¦guàrd (d.), protéct (d.). -ить сов. см. обеспéчивать.

обесплóдить сов. (вн.) stérilize (d.), nder bárren / stérile (d.).

обеспокóить сов. (вн.) pertúrb (d.), ıake* ánxious / ún¦éasy [...-zɪ] (d.). -ся сов. become* ánxious / ún¦éasy ..-zɪ].

обессúл||еть сов. lose* one's rength [lɪːz...]; (ослабеть) grow* eak [-ou...]; (совсем) collápse, break* own [breɪk...]. ~ивать, обессúлить н.) wéaken (d.), enféeble (d.). ~ить в. см. обессúливать.

обесслáвить сов. (вн.) defáme (d.).

обессмéртить сов. (вн.) immórtal-e (d.).

обессýдить сов. уст.: не обессýдьте on't judge too sevére¦ly, forgíve our efíciencies [-'gɪv...].

обесцвé||тить сов. см. обесцвéчи-ать. ~чивание с. dè¦còlo(u)rátion kʌ-].

обесцвéчивать, обесцвéтить (вн.) è¦cólo(u)rìze [-'kʌ-] (d.), dè¦cólo(u)r 'kʌ-] (d.), fade (d.); (перен.) make* ólour¦less / insípid [...'kʌ-...] (d.), eprive of cólour [...'kʌ-] (d.).

обесцéнение с. deprèciátion [-ʃɪ'eɪ-]; ıроизвольное) devàluátion.

обесцéн||ивать, обесцéнить (вн.) de-eciàte [-ʃɪ-] (d.), chéapen (d.). -иваться, обесцéниться 1. depré-àte [-ʃɪ-], chéapen; 2. страд. к бесцéнивать. ~ить(ся) сов. см. обес-éнивать(ся).

обесчéстить сов. см. бесчéстить.

обéт м. vow, prómise [-s]. ~ован-ный: землú ~ованная библ. the rómised Land [...-st...].

обещáние с. prómise [-s]; дать ~ дт.) (give* a) prómise (i.); сдержáть ~ keep* a prómise; вынолнить ~ re-éem a pledge / prómise; торжéст-енное ~ sólemn prómise; клятвен-ое ~ oath*.

обещ||áть несов. и сов. 1. (сов. тж. обещáть) (вн. дт.) prómise [-s] l. i.); 2. тк. несов. (без доп.) prómise; bid* fair to do; день ~áет быть хо-рóшим the day prómises well / fair.

обжáловани||е с. appéal; ~ приго-вóра юр. appéaling agáinst a séntence; без прáва ~я юр. without right of appéal.

обжáловать сов. (вн.) bear* / lodge a compláint [bɛə...] (agáinst); юр. appéal (agáinst).

обжáривать, обжáрить (вн.) fry (d.), brown off (in a frýing-pàn) (d.).

обжáрить сов. см. обжáривать.

обжéчь(ся) сов. см. обжигáть(ся).

обживáться, обжúться make* òne¦-sélf at home; grow* roots [grou...]; сов. тж. feel* at home.

óбжиг м. тех. kílning; (поливы) glázing; (глины) báking; (руды) roast, róasting.

обжигáтельн||ый тех. búrning; gláz-ing; báking; (ср. óбжиг); ~ая печь kiln.

обжигáть, обжéчь (вн.) 1. burn* (d.), scorch (d.); 2. (о кирпичах и т. п.) burn* (d.), bake (d.); ✧ обжéчь себé пáльцы burn* one's fíngers. ~ся, об-жéчься 1. burn* òne¦sélf; (перен.) burn* one's fíngers; 2. страд. к об-жигáть; ✧ обжёгшись на молокé, бýдешь дуть и нá воду посл. ≅ the burnt child dreads the fire [...dredz...]; once bítten twice shy [wʌns...].

обжирáться, обожрáться (тв.) груб. glut (d.), guzzle (d.); (без доп. тж.) òver¦éat*, górmandìze.

обжúться сов. см. обживáться.

обжóр||а м. и ж. разг. glútton. ~ливый разг. glúttonous. ~ство с. разг. glúttony.

обжýл||ивать, обжýлить (вн.) разг. cheat (d.), swindle (d.). ~ить сов. см. обжýливать.

обзаведéние с. àcquisítion [-'zɪ-].

обзавестúсь сов. см. обзаводúться.

обзаводúться, обзавестúсь (тв.) ac-quíre (d.), províde òne¦sélf (with); об-завестúсь семьёй (о мужчине) settle down in life as a márried man*; об-завестúсь хозяйством start a house / home of one's own [...haus...oun].

обзóр м. 1. súrvey; ~ сегóдняшних газéт súrvey / review of to¦dáy's néws-pàpers [...-'vjuː...]; ~ за 1961 г. 1961 in rétrospèct; 2. (в статье, докладе) review; 3. тк. ед. воен. field of view / vísion [fiːld...vjuː...]. ~ный прил. к обзóр 2; ~ная лéкция re-viéw lécture [-'vjuː...].

обзывáть, обозвáть (вн. тв.) разг. call (d. d.); он обозвáл егó дуракóм he called him a fool.

обивáть, обúть 1. (вн. с рд.) beat* (d. off); 2. (вн.; о мебели и т. п.) ùp¦hólster [-'hou-] (d.); ~ желéзом bind* with íron [...'aɪən] (d.); ✧ ~ порóги у когó-л. разг. haunt smb.'s thréshòld.

обúвка ж. 1. (действие) ùp¦hólster-ing [-'hou-]; 2. (материал) ùp¦hól-stery [-'hou-].

обúд||а ж. offénce, ínjury, wrong; (чувство) offénce, reséntment [-'ze-]; нанестú ~у (дт.) offénd (d.); гóрь-кая ~ deep mòrtificátion; затаúть ~у nurse / bear* a grudge [...bɛə...]; он на меня́ в ~е he bears me a grudge; ✧ не в ~у будь скáзано погов. no offénce meant [...ment], without of-fénce; проглотúть ~у swállow / pócket an ínsult; не дать себя́ в ~у be able to stand up for òne¦sélf.

обúдеть(ся) сов. см. обижáть (-ся).

обúдно I 1. прил. кратк. см. обúд-ный; 2. предик. безл. it is a píty [...'pɪ-]; ~, что э́то произошлó it is a píty that it should have háppen-ed; ~, что вы опоздáли it is a píty you came / were late; мне ~ I feel hurt, it hurts me; (жаль, что так слу-чилось) it is dìsappóinting to me; мне ~ э́то слы́шать it hurts / pains me to hear it.

обúдн||о II нареч. offénsive¦ly. ~ый offénsive; (досадный) véxing.

обúд||чивость ж. tóuchiness ['tʌ-], suscèptibílity (to offénce). ~чивый tóuchy ['tʌ-], suscéptible, quick to take offénce. ~чик м. offénder.

обижáть, обúдеть (когó-л.) 1. of-fénd (smb.); hurt* / wound (smb.'s) féelings [...wuːnd...] разг.: онú егó обúдели they have offénded him; they have hurt / wóunded his féelings; 2. разг. (наносить ущерб) harm (smb.), treat bád¦ly (smb.). ~ся, обúдеться take* offénce / úmbrage, be / feel* hurt; (на вн.) resént [-'z-] (d.); не обижáйтесь don't be offénded.

обúженный 1. прич. см. обижáть; 2. прил. (на вн.) béaring a grudge ['bɛə-...] (agáinst); offénded (with); он обúжен на отцá he bears / has a grudge agáinst his fáther [...bɛəz...'fɑː-]; he bears his fáther a grudge; 3.: у негó был ~ вид he looked hurt / aggríev-ed [...-iːvd]; he seemed offénded; ~ тон offénded tone.

обúлие с. abúndance, plénty.

обúльный abúndant, pléntiful; ~ урожáй rich hárvest, héavy crop ['hevɪ...]; búmper crop разг.; ~ обéд héarty dínner / meal ['hɑːtɪ...].

обинýясь: не ~ уст. stráightway; without a móment's hèsitátion [...-zɪ-].

обиня́к м. разг.: говорúть ~áми beat* abóut the bush [...buʃ]; го-ворúть без ~óв speak* pláinly, speak* in plain terms.

обирáть, обобрáть (вн.) разг. 1. pick (d.), gáther (d.); ~ я́годы pick bérries; 2. (обкрадывать) rob (d.); 3. (вымогать, отнимать) fleece (d.).

обитá||емый inhábited. ~тель м., ~тельница ж. inhábitant.

обитáть (в пр.) dwell* (in a place), inhábit (d.).

обúтель ж. уст. 1. place, abóde; 2. (монастырь) clóister.

обúть сов. см. обивáть.

обихо́д *м. тк. ед.* cústom, use [juːs]; предме́ты дома́шнего ~а hóuse¦hòld árticles / uténsils [-s-...]; árticles of doméstic utílity; повседне́вный ~ évery¦dáy práctice; пусти́ть что-л. в ~ put* / bring* smth. into (géneral) use; войти́ в ~ (*о выражении и т.п.*) become* cúrrent; э́то уже́ давно́ вошло́ в ~ it has àlréady been cúrrent for a long time [...ɔːl're-...]; вы́йти из ~а get* out of use, be no lónger in use, fall* into disúse [...-s]. ~**ный** évery¦dáy; ~ное выраже́ние collóquial expréssion; э́ти слова́ ста́ли ~ными these words have become hóuse¦hòld words [...-s-...].

обка́пать *сов. см.* обка́пывать I.

обка́пывать I, обка́пать (*вн.*) *разг.* (be)spót (*d.*), let* drops fall (on).

обка́пывать II, обкопа́ть (что-л.) *разг.* dig* round (smth.).

обка́рмливать, обкорми́ть (*вн.*) òver¦féed* (*d.*).

обката́ть *сов. см.* обка́тывать.

обка́тка *ж.* 1. (*дороги*) rólling (smooth) [...-ð]; 2. (*новой автомашины и т. п.*) rúnning in.

обка́тывать, обката́ть (*вн.*) 1. roll (*d.*); (*вн.* в *пр.*) roll (*d.* in); ~ в муке́ roll in flour (*d.*); 2. (*делать ровным*) roll (smooth) [...-ð] (*d.*); ~ доро́гу wear* *the* road smooth [wɛə...]; (*специальной машиной*) roll *the* road smooth; 3. *тех.* run* in (*d.*).

обкла́дка *ж.* (*в разн. знач.*) fácing.

обкла́дывать, обложи́ть (*вн.*) 1. put* (round); (*по краям*) edge (*d.*); (*покрывать*) cóver ['kʌ-] (*d.*); ~ клу́мбу дёрном edge *a* flówer-bèd with turf, make* a turf édging round *a* flówer-bèd; не́бо обложи́ло ту́чами the sky is óver¦cást, *или* cóvered, with clouds; 2. *безл.* (*о языке, горле*) fur (*d.*); обложи́ло язы́к the tongue is furred [...tʌŋ...]; 3. *охот.* close round (*d.*); 4. *тк. сов. воен.* invést (*d.*). ~**ся,** обложи́ться 1. (*тв.*) lay*/put* round òne¦sélf (*d.*); обложи́ться горя́чими буты́лками put* hot wáter bottles all round òne¦sélf [...'wɔː-...]; обложи́ться кни́гами be surróunded by books; 2. *страд.* к обкла́дывать.

обкле́||**ивать** = окле́ивать. ~**ить** *сов.*=окле́ить *см.* окле́ивать.

обко́м *м.* (областно́й комите́т па́ртии, профсою́за *и т. п.*) régional commíttee of the Párty, tráde-ùnion, *etc.* [...-tɪ...].

обкопа́ть *сов. см.* обка́пывать II.

обкорми́ть *сов. см.* обка́рмливать.

обкорна́ть *сов.* (*вн.*; *прям. и перен.*) *разг.* cùrtáil (*d.*); lop off (*d.*).

обкра́дывать, обокра́сть (*вн.*) rob (*d.*).

обкромса́ть *сов.* (*вн.*) *разг.* whittle down (*d.*).

обку́р||**ивать,** обкури́ть (*вн.*) 1.: ~ тру́бку séason *a* pipe [-z°n...]; break* in *a* pipe [breɪk...]; 2. (*об улье и т. п.*) smoke (*d.*); fúmigàte (*d.*). ~**и́ть** *сов. см.* обку́ривать.

обкуса́ть *сов. см.* обку́сывать.

обку́сывать, обкуса́ть (*вн.*) bite* / gnaw (round) (*d.*).

обла́ва *ж.* 1. *охот.* bàttúe [-'tuː]; 2. (*оцепление, окружение*) róund-ùp.

облага́емый táxable.

облага́ть, обложи́ть (*вн.*) asséss (*d.*); ~ штра́фом set* / impóse a fine (up¦ón), fine (*d.*); ~ нало́гом tax (*d.*); ~ доба́вочным нало́гом súrtàx (*d.*); ~ ме́стным нало́гом rate (*d.*). ~**ся** 1.: ~ся нало́гом (*подлежать обложению*) be táxable; 2. *страд.* к облага́ть.

облагоде́тельствовать *сов.* (*вн.*) *уст., разг.* show* much fávour [ʃou...] (*i.*), do much good (*i.*).

облагора́живать, облагоро́дить (*вн.*) 1. ennóble (*d.*); 2. (*улучшать породу, качество чего-л.*) impróve [-ruːv] (*d.*).

облагоро́дить *сов. см.* облагора́живать.

облада́||**ние** *с.* posséssion [-'ze-], hólding. ~**тель** *м.* posséssor [-'ze-], ówner ['ou-], hólder.

облада́ть (*тв.*; *в разн. знач.*) posséss [-'zes] (*d.*); be posséssed [...-'zest] (of); (*владеть тж.*) own [oun] (*d.*), hold* (*d.*); ~ пра́вом have / posséss *the* right; ~ хоро́шим здоро́вьем enjóy good* health [...helθ]; ~ тала́нтом have / posséss a tálent [... tæ-]; ~ да́ром (*рд.*) have / posséss a gift [...g-] (for).

о́блак||**о** *с.* (*прям. и перен.*) cloud; дождевы́е ~а́ ráin¦clouds; nímbì *научн.*; слои́стые ~а́ strátus ['streɪ-] *sg. научн.*; пе́ристые ~а́ fléecy clouds; círrì *научн.*; кучевы́е ~а́ cúmulus *sg. научн.*; дымово́е ~ *воен.* smoke cloud; покрыва́ться ~а́ми be óver¦cást; be cóvered with clouds [...'kʌ-...]; ◇ вита́ть в ~а́х be up in the clouds, go* wóolgàther¦ing [...'wul-].

обла́мывать, облома́ть, обломи́ть (*вн.*) 1. break* off [breɪk...] (*d.*); 2. *при сов.* облома́ть *разг.* break* in (*d.*). ~**ся,** облома́ться, обломи́ться 1. break* off [breɪk...]; snap; 2. *страд.* к обла́мывать.

обла́пить *сов.* (*вн.*) *разг.* hug (*d.*).

облапо́ш||**ивать,** облапо́шить (*вн.*) *разг.* swindle (*d.*). ~**ить** *сов. см.* облапо́шивать.

обласка́ть *сов.* (*вн.*) show* much kínd¦ness [ʃou...] (*i.*).

областн||**о́й** *прил.* к о́бласть 1; *тж.* províncial, région¦al; dístrict (*attr.*); ~ центр région¦al centre; ~ суд région¦al court [...kɔːt]; ~ отде́л наро́дного образова́ния províncial / région¦al depártment of èducátion; ~о́е сло́во províncial word.

о́бласт||**ь** *ж.* 1. próvince, région; dístrict; (*перен.*) field [fiː-], sphere, próvince; ~ зна́ний field of knówledge [...'nɔ-]; в ~и вне́шней поли́тики in the sphere of fóreign pólicy [...'fɔrɪn...]; во всех ~я́х жи́зни in all spheres / walks of life; 2. *анат.* tract.

обла́тка *ж.* wáfer; cápsùle.

облача́ть, облачи́ть 1. (*вн.*) *церк.* robe (*d.*), put* robes (on); 2. (кого́-л. во что-л.) *разг.* get* (smb.) up (in), arráy (smb. in). ~**ся,** облачи́ться 1. *церк.* robe, put* on robes; 2. *разг.* arráy òne¦sélf; 3. *страд.* к облача́ть.

облач||**е́ние** *с.* 1. (в *вн.*; *действие*) róbing (in), invésting (in, with); 2. (*одежда*) véstment(s) (*pl.*); sàcerdótal robes *pl.* ~**и́ть(ся)** *сов. см.* облача́ть (-ся).

о́блач||**ко** *с. уменьш. от* о́блако; *тж.* clóudlet. ~**ность** *ж.* clóudiness, nèbulósity. ~**ный** clóudy, nébulous.

обла́ять *сов.* (*вн.*) *разг.* (*о собаке*) bark (at); (*перен.*) fly* (at), rate (*d.*).

облега́||**ть,** обле́чь 1. (*вн.*; *о тучах*) cóver ['kʌ-] (*d.*); 2. (*о платье и т. п.*) fit clóse¦ly / snúgly [...-s-...]; (*вн.*) cling* (to); пла́тье пло́тно ~ет фигу́ру the dress óutlìnes the fígure, the dress is clóse-fítting [...-s-]. ~**ющий** clóse-fítting [-s-], fítted, clíng¦ing.

облегч||**а́ть,** облегчи́ть (*вн.*) 1. facílitàte (*d.*), make* éasier / éasy [...-z-'iːzɪ] (*d.*); 2. (*о труде, грузе*) líghten (*d.*); ~ вес (*рд.*; *о самолёте*) léssen the weight (of); облегчи́ть констру́кцию самолёта líghten the constrúction of *an* áircràft; 3. (*о боли*) ease (*d.*), relíeve [-'liːv] (*d.*); (*о страданиях и т. п.*) allévìàte (*d.*); *юр.* (*о наказании*) mítigàte (*d.*), commúte (*d.*). ~**е́ние** *с.* facìlitátion; éasing; (*помощь*) relíef [-iːf]; *юр.* (*о наказании*) còmmutátion; для ~е́ния ве́са (*рд.*) to léssen the weight (of); вздохну́ть с ~е́нием breathe with relíef; почу́вствовать ~е́ние be relíeved [...-'liː-]; испы́тывать чу́вство ~е́ния feel* a sense of relíef. ~**и́ть** *сов. см.* облегча́ть.

обледене́||**лый** íce-còvered [-kʌ-]. ~**ние** *с. ав.* ice fòrmátion, ícing.

обледене́ть *сов.* become* cóvered with ice [...'kʌ-...].

облеза́ть, обле́зть *разг.* 1. (*о мехе и т. п.*) grow* bare [-ou...], wear* off [wɛə...]; 2. (*о краске и т. п.*) peel off.

обле́злый *разг.* shábby, bare.

обле́зть *сов. см.* облеза́ть.

облека́ть, обле́чь (*вн.* в *вн.*) clothe [-ouð] (*d.* in); (*тж. вн. тв.*; *перен.*) invést (*d.* with), vest (*d.* with), envélop [-'ve-] (*d.* in); ~ в фо́рму чего́-л. give* the shape / form of smth. (*i.*); ~ свою́ мысль в таку́ю фо́рму, что présent one's thought in such a form that [-'ze-...], shape one's thought in such a way that; обле́чь полномо́чиями invést with authórity (*d.*) invést with full powers (*d.*); commíssion (*d.*); ~ та́йной envélop in mýstery (*d.*) ~**ся,** обле́чься (в *вн.*; *в платье*) clothe òne¦sélf [-ouð...] (in), dress òne¦sél (in); ~ся в фо́рму чего́-л. assúme the appéarance of smth.

обле́ниваться, облени́ться grow* / get* lázy [-ou...].

облени́ться *сов. см.* обле́ниваться.

облепи́ть *сов. см.* облепля́ть.

облеп||ля́ть, облепи́ть **1.** (*вн. тв.*) stick* (round *d.*); paste all óver [peɪ-...] (*d.* with); (*покрывать*) cóver ['kʌ-] (*d.* with); **2.** (*вн.*) *разг.* (*приставать*) cling* (to); де́ти ~и́ли его́ the chíldren clung to him.

облес||е́ние *с.* àffòrestátion [-ɔ-]. **~и́ть** *сов.* (*вн.*) àffórest [-ɔ-] (*d.*).

облета́ть I, облете́ть **1.** (*вн.*, вокру́г) fly* (round); облете́ть вокру́г Москвы́ fly* round Móscow; **2.** (*вн.*; *о слухах, известиях*) spread* [spred] (all óver); **3.** (*без доп.*; *о листьях*) fall*.

облета́ть II *сов.* (*вн.*) **1.** (*побывать во многих местах*) fly* (all óver); **2.** (*испытать в пробном полёте*) test (*d.*).

облете́ть *сов. см.* облета́ть I.

облеч||е́ние *с.* (*тв.*) invéstment (with); ~ вла́стью invéstment with pówer. **~ённый 1.** invésted; ~ённый вла́стью invésted with pówer; **2.** *лингв.*: ~ённое ударе́ние slurred áccent.

обле́чь I *сов. см.* облега́ть.

обле́чь II *сов. см.* облека́ть.

обле́чься *сов. см.* облека́ться.

облива́ние *с.* douche [du:ʃ], dóusing; (*выжимая губку*) spónge-down ['spʌ-].

облив||а́ть, обли́ть **1.** (*вн. тв.*) pour [pɔ:] (óver *d.*), sluice [slu:s] (óver *d.*); (*пачкать*) spill* (on *d.*); обли́ть холо́дной водо́й (*прям. и перен.*) throw* cold wáter [θrou...'wɔ:-] (on); обли́ть кни́гу черни́лами spill* ink on *a* book; **2.** (*вн.*; *глазурью и т. п.*) glaze (*d.*); ✧ ~ гря́зью, помо́ями кого́-л. fling*/ throw* mud at smb. **~а́ться,** обли́ться **1.** (*делать обливание*) sponge down [spʌ-...]; **2.** (*тв.*, *опрокидывать на себя*) pour / spill* óver òne¦sélf [pɔ:...] (*d.*); **3.** *страд. к* облива́ть; ✧ ~а́ться слеза́ми be in a flood of tears [...flʌd...], melt into tears; се́рдце кро́вью ~а́ется *one's* heart is bléeding [...hɑ:t...]; ~а́ться по́том sweat'/ perspíre profúse¦ly [swet...], be steeped in pèrspirátion.

обли́вка *ж.* (*глазурью*) glaze.

обливн||о́й: ~ы́е гонча́рные изде́лия glazed póttery *sg.*

облигацио́нный *прил. к* облига́ция.

облига́ция *ж.* bond; ~ госуда́рственного за́йма Státe(-loan) bond.

облиза́ть *сов. см.* обли́зывать. **~ся** *сов. см.* обли́зываться 1, 2.

облизну́ть *сов. см.* обли́зывать. **~ся** *сов. разг.* just miss *a* treat.

обли́зывать, облиза́ть, облизну́ть (*вн.*) lick (*d.*), lick all óver (*d.*); (*начисто*) lick clean (*d.*); ~ гу́бы (*прям. и перен.*) lick one's lips; ✧ па́льчики обли́жешь *разг.*≅ a real treat [...rɪəl...]. **~ся,** облиза́ться **1.** lick one's lips; **2.** (*о животных*) lick òne¦sélf; **3.** *тк. несов. разг.* (*предвкушая, ожидать чего-л. приятного*) lick one's lips in ànticipátion; **4.** *страд. к* обли́зывать.

о́блик *м.* **1.** look, áspèct, appéarance; приня́ть ~ (*рд.*) assúme the áspèct (of); **2.** (*характер, склад*) cast of mind; mánner; мора́льный ~ móral máke-úp ['mɔ-...].

облисполко́м *м.* (областно́й исполни́тельный комите́т) Région¦al Exécutive Commíttee [...-tɪ].

обли́ть(ся) *сов. см.* облива́ть(ся).

облицева́ть *сов. см.* облицо́вывать.

облицо́вка *ж.* revétment, fácing; (*камнем тж.*) líning, ìn¦crùstátion.

облицо́вочный fácing; ~ кирпи́ч décoràtive tile(s) (*pl.*).

облицо́вщик *м.* fácing wórker.

облицо́вывать, облицева́ть (*вн. тв.*) revét (*d.* with), face (*d.* with).

облича́ть, обличи́ть (*вн.*) **1.** (*порицать, осуждать*) convíct (*d.*); **2.** (*разоблачать*) expóse (*d.*); **3.** *тк. несов.* (*обнаруживать*) revéal (*d.*), displáy (*d.*), mánifèst (*d.*).

обличе́ние *с.* (*рд.*) **1.** àccùsátion [-'zeɪ-] (of), convíction (of); **2.** (*разоблачение*) expósure [-'pou-] (of).

обличи́тель *м.*, **~ница** *ж.* expóser; (*обвинитель*) accúser. **~ный** accúsatory [-z-]; ~ная статья́ accúsatory árticle.

обличи́ть *сов. см.* облича́ть 1, 2.

обли́чье *с.* = о́блик.

облобыза́ть *сов.* (*вн.*) *разг.* kiss (*d.*). **~ся** *сов. разг.* kiss.

обложе́ние *с.* **1.** (*о налогах*) tàxátion, ráting; **2.** *воен. уст.* invéstment.

обло́женный 1. *прич. от* обложи́ть *см.* облага́ть *и* обкла́дывать; **2.** *прил.*: ~ язы́к furred tongue [...tʌŋ].

обложи́ть I *сов. см.* облага́ть.

обложи́ть II *сов. см.* обкла́дывать. **~ся** *сов. см.* обкла́дываться.

обло́жк||а *ж.* cóver ['kʌ-]; (*отдельная*) fólder, dúst-wràpper, dúst-còver [-kʌ-]; кни́га в кра́сной ~е book with a red cóver.

облока́чиваться, облокоти́ться (на *вн.*) lean* one's élbows (on).

облокоти́ться *сов. см.* облока́чиваться.

облом||а́ть(ся) *сов. см.* обла́мывать (-ся). **~и́ть** *сов. см.* обла́мывать 1. **~и́ться** *сов. см.* обла́мываться.

обло́мовщина *ж.* oblómovshchina (*sluggishness, inertness, apathy, as of Oblomov, the Goncharoff character*).

обло́мок *м.* **1.** frágment; **2.** *мн.* débris ['debri:], wréckage *sg.*

обло́мочн||ый *геол.*: ~ые го́рные поро́ды disíntegràted rock fòrmátions.

облупи́ть *сов. см.* облу́пливать *и* лупи́ть I. **~ся** *сов. см.* облу́пливаться *и* лупи́ться.

облу́пливать, облупи́ть (*вн.*) peel (*d.*); (*о яйце*) shell (*d.*). **~ся,** облупи́ться come* off, peel, peel off, chip.

облупля́ть(ся)=облу́пливать(ся).

облуча́ть, облучи́ть (*вн.*) irrádiàte (*d.*), send* rays (on).

облуче́ние *с.* irràdiátion; радиоакти́вное ~ rádio¦áctive irràdiátion.

облучи́ть *сов. см.* облуча́ть.

облучо́к *м.* cóach¦man's seat, the box.

облы́жный *разг.* false [fɔ:ls].

облысе́ть *сов. см.* лысе́ть.

облюбова́ть *сов.* (*вн.*) choose* (*d.*), seléct (*d.*).

обма́зать(ся) *сов. см.* обма́зывать (-ся).

обма́зка *ж.* **1.** (*действие*) plástering, cóating; **2.** (*вещество*) pláster, cóating.

обма́зывать, обма́зать (*вн. тв.*) **1.** coat (*d.* with); (*замазкой*) pútty (*d.* with); **2.** (*пачкать*) besméar (*d.* with), soil (*d.* with). **~ся,** обма́заться *разг.* **1.** (*тв.*) besméar òne¦sélf (with); **2.** *страд. к* обма́зывать.

обма́кивать, обмакну́ть (*вн.* в *вн.*) dip (*d.* in).

обмакну́ть *сов. см.* обма́кивать.

обма́н *м.* fraud, decéption; ввести́ в ~ (*вн.*) decéive [-'si:v] (*d.*); ~ зре́ния óptical illúsion.

обма́нка *ж. мин.* blende; рогова́я ~ hórnblènde, ámphibòle; смоляна́я ~ pitchblènde.

обма́н||ный fráudulent; ~ным путём fráudulently. **~у́ть(ся)** *сов. см.* обма́нывать(ся).

обма́нчив||ость *ж.* delúsive¦ness. **~ый** decéptive, delúsive.

обма́нщ||ик *м.*, **~ица** *ж.* decéiver [-'si:və], cheat, fraud, tríckster; (*выдающий себя за кого-л. другого*) impóstor.

обма́нывать, обману́ть (*вн.*) decéive [-'si:v] (*d.*); cheat (*d.*); trick (*d.*); (*мошеннически*) swindle (*d.*); обману́ть чьё-л. дове́рие betráy smb.'s trust; обману́ть чьи-л. наде́жды dìsappóint smb.'s hopes; let* smb. down *идиом. разг.* **~ся,** обману́ться **1.** be decéived [...'si:vd], make* a mistáke; обману́ться в свои́х ожида́ниях be disappóinted; **2.** *страд. к* обма́нывать.

обмара́ть *сов. см.* обма́рывать.

обма́рывать, обмара́ть (*вн.*) *разг.* soil (*d.*), dírty (*d.*).

обма́тывать, обмота́ть (*вн. тв.*, *вн.* вокру́г) wind* (round *d.*): она́ обмота́ла го́лову полоте́нцем, она́ обмота́ла полоте́нце вокру́г головы́ she wound *a* tówel round her head [...hed]. **~ся,** обмота́ться **1.** (*тв.*) wrap òne¦sélf (in); ~ся ша́рфом *и т. п.* wind* *a* scarf, *etc.*, round one's neck; **2.** *страд. к* обма́тывать.

обма́хивать, обмахну́ть **1.** (*вн. тв.*; *о лице и т. п.*) fan (*d.* with); **2.** (*вн.*; *сметать, смахивать*) brush a¦wáy (*d.*); обмахну́ть пыль (с *рд.*) dust (*d.*). **~ся,** обмахну́ться (*тв.*) **1.** fan òne¦sélf (with); **2.** *страд. к* обма́хивать.

обмахну́ть(ся) *сов. см.* обма́хивать(ся).
обмеле́ние *с.* shа́llowing.
обмеле́ть *сов. см.* меле́ть.
обме́н *м.* exchа́nge [-'ʧeɪ-]; (*взаимный*) ínterchа́nge [-'ʧeɪ-]; (*торговый*) bа́rter; ~ това́рами exchа́nge of commо́dities; ~ нау́чной и техни́ческой информа́цией exchа́nge of scìentífic and téchnical ìnformа́tion; ~ мне́ниями exchа́nge of views / opínions [...vju:z...]; ~ приве́тствиями ínterchange of gréetings; ~ делега́циями (ме́жду) exchа́nge of dèlegа́tions (betwéen); ~ посла́ми *дип.* exchа́nge of àmbа́ssadors; ~ о́пытом exchа́nge / póoling / shа́ring of expérience; в ~ in exchа́nge; ~ веще́ств *биол.* metа́bolism.
обме́нивать, обмени́ть, обменя́ть 1. *при сов.* обменя́ть (*вн.* на *вн.*) exchа́nge [-'ʧeɪ-] (*d.* for); (*о товарах*) bа́rter (*d.* for); swap (*d.* for), swop (*d.* for) *разг.*; 2. *при сов.* обмени́ть (*случайно*) inadvértently exchа́nge some а́rticle (of clо́thing, *etc.*) with smb. else; он обмени́л гало́ши he has exchа́nged his galо́shes for smb. élse's. ~**ся**, обмени́ться, обменя́ться 1 *при сов.* обменя́ться (*тв.*) exchа́nge [-'ʧeɪ-] (*d.*); swap (*d.*), swop (*d.*) *разг.*; ~ся информа́цией share ìnformа́tion; обменя́ться мне́ниями exchа́nge opínions; обменя́ться взгля́дами exchа́nge looks; ~ся впечатле́ниями compа́re notes; ~ся замеча́ниями ìnterchа́nge remа́rks [-'ʧeɪ-...]; ~ся посла́ми *дип.* exchа́nge àmbа́ssadors; ~ся о́пытом exchа́nge / pool / share expérience; 2. *при сов.* обмени́ться: он обмени́лся гало́шами he has (ìnadvértently) exchа́nged his galо́shes for smb. élse's; 3. *страд.* к обме́нивать.
обмени́ть(ся) *сов. см.* обме́нивать (-ся) 2.
обме́нный *прил.* к обме́н.
обменя́ть(ся) *сов. см.* обме́нивать (-ся) 1.
обме́р I *м.* méasure¦ment ['meʒə-]
обме́р II *м. разг.* (*обман*) false méasure [fɔ:ls 'meʒə].
обмере́ть *сов. см.* обмира́ть.
обмерза́ть, обмёрзнуть be cóvered with ice [...'kʌ-...], be frósted óver.
обмёрзнуть *сов. см.* обмерза́ть.
обме́ривать I, обме́рить (*вн.*) méasure ['meʒə] (*d.*).
обме́ривать II, обме́рить (*вн.*) *разг.* (*обманывать*) cheat in méasuring [...'meʒ-] (*d.*); give* false méasure [...fɔ:ls 'me-] (*i.*).
обме́р||ить I, II *сов. см.* обме́ривать I, II. ~**я́ть**=обме́ривать I.
обмести́ *сов. см.* обмета́ть I.
обмета́ть I, обмести́ (*вн.*) sweep* off (*d.*); (*о пыли*) dust (*d.*).
обмета́ть II *сов. см.* обмётывать.
обмётывать, обмета́ть 1. (*вн.*; *обшивать*) òver¦stitch (*d.*); whip-stitch (*d.*); óver¦cást (*d.*); 2. *безл. разг.* у него́ обмета́ло гу́бы his lips are sore.
обмина́ть, обмя́ть (*вн.*) press down (*d.*); (*ногами*) trample down (*d.*).
обмира́ть, обмере́ть *разг.* faint; ~ от стра́ха, у́жаса be struck with fear, hórror; се́рдце у меня́ о́бмерло my heart sank [...hɑ:t...].
обмозгова́ть *сов. см.* обмозго́вывать.
обмозго́вывать, обмозгова́ть (*вн.*) *разг.* turn óver in one's mind (*d.*), pónder (*d.*).
обмола́чивать, обмолоти́ть (*вн.*) thrash (*d.*), thresh (*d.*).
обмо́лв||иться *сов. разг.* 1. (*ошибиться*) (make* a) slip in spéaking; 2. (*сказать*) útter cásually [...-ʒ-]; (*тв.*) méntion (*d.*); не ~ ни сло́вом о чём-л. never méntion smth.; он не ~ится об э́том ни сло́вом not a word abóut this mа́tter will pass his lips, he will never méntion it.
обмо́лвка *ж.* slip of the tongue [...tʌŋ].
обмоло́т *м. с.-х.* 1. (*действие*) thrа́shing, thréshing; 2. (*количество обмолоченного зерна*) thrа́shing yield [...ji:ld].
обмолоти́ть *сов. см.* обмола́чивать.
обмора́живать, обморо́зить (*вн.*): он обморо́зил себе́ ру́ки, у́ши *и т. п.* his hands, ears, *etc.*, are frо́st-bìtten, he has got his hands, ears, *etc.*, frо́st-bìtten. ~**ся**, обморо́зиться get* frо́st-bìtten.
обморо́женный frо́st-bìtten.
обморо́зить(ся) *сов. см.* обмора́живать(ся).
о́бморок *м.* fа́inting fit, swoon; sýncope [-pɪ] *мед.*; упа́сть в ~ faint (a¦wа́y), swoon; в глубо́ком ~е in a dead faint [...ded...].
обморо́чить *сов. см.* моро́чить.
о́бморочн||ый *прил.* к о́бморок; ~ое состоя́ние sýncope [-pɪ].
обмота́ть(ся) *сов. см.* обма́тывать (-ся).
обмо́тка *ж.* wínding; ~ кату́шек wínding of coils.
обмо́тки *мн.* (*для ног*) púttees.
обмочи́ть *сов.* (*вн.*) wet (*d.*); (*окунув в жидкость*) dip (*d.*). ~**ся** *сов.* 1. (*тв.*) wet òne¦sélf (with); 2. *разг.*: ребёнок обмочи́лся the bа́by is wet.
обмундирова́ние *с.* 1. (*действие*) clо́thing [-ouð-]; 2. (*форменная одежда*) úniform, óutfit.
обмундирова́ть *сов.* (*вн.*) fit out (*d.*). ~**ся** get* an óutfit.
обмундиро́вка *ж. разг.*=обмундирова́ние.
обмыва́ние *с.* bа́thing ['beɪ-], wа́shing.
обмыва́ть, обмы́ть (*вн.*) wash (*d.*), bathe [beɪð] (*d.*). ~**ся**, обмы́ться 1. wash, bathe [beɪð]; 2. *страд.* к обмыва́ть.
обмы́лок *м. разг.* rémnant of a cake of soap.
обмы́ть(ся) *сов. см.* обмыва́ть(ся)
обмяка́ть, обмя́кнуть *разг.* becóme* soft; (*перен.*) becóme* flа́bby
обмя́кнуть *сов. см.* обмяка́ть.
обмя́ть *сов. см.* обмина́ть.
обнагле́ть *сов. см.* нагле́ть.
обнадёживать, обнадёжить (*вн.*) give* hope (*i.*); rè¦assúre [-ə'ʃuə].
обнадёжить *сов. см.* обнадёживать.
обнаж||а́ть, обнажи́ть (*вн.*) bare (*d.*); (*открывать*; *тж. воен. о фланге и т. п.*) ùn¦cóver [-'kʌ-] (*d.*), expóse (*d.*); (*о сабле и т. п.*) únshéathe (*d.*), draw* (*d.*); (*перен.*: *обнаруживать*) lay* bare (*d.*), revéal (*d.*); ~ го́лову ùn¦cóver / bare one's head [...hed]. ~**а́ться**, обнажи́ться 1. bare / ùn¦cóver òne¦sélf [...-'kʌ-...]; (*перен.*: *обнаруживаться*) come* to light, becóme* / get* revéaled; 2. *страд.* к обнажа́ть. ~**е́ние** *с.* bа́ring, ùn¦cóvering [-'kʌ-]; (*перен.*) revéaling. ~**ённый** 1. *прич. см.* обнажа́ть; 2. *прил.* (*нагой*) nа́ked; *жив.* nude; с ~ённой голово́й bа́re-héaded [-'hed-]; ~ённая са́бля nа́ked sabre.
обнажи́ть(ся) *сов. см.* обнажа́ть(ся).
обнаро́дование *с.* prо̀mulgа́tion, pùblicа́tion [pʌ-].
обнаро́довать *сов.* (*вн.*) prо́mulgàte (*d.*), públish ['pʌ-] (*d.*).
обнару́живать, обнару́жить (*вн.*) 1. (*выказывать*) displа́y (*d.*); ~ свою́ ра́дость betrа́y one's joy; ~ тала́нт (к) show* a tа́lent [ʃou...'tæ-] (for); 2. (*находить*) discо́ver [-'kʌ-] (*d.*), find* out (*d.*); detéct (*d.*); (*раскрывать*) revéal (*d.*); *воен.*, *мор.* spot (*d.*). ~**ся**, обнару́житься 1. (*выясняться*) be revéaled; (*раскрываться*) come* to light; 2. (*отыскиваться, оказываться*) be discо́vered [...-'kʌ-]; be found; 3. *страд.* к обнару́живать.
обнару́жить(ся) *сов. см.* обнару́живать(ся).
обнести́ I, II *сов. см.* обноси́ть I, II.
обнима́||ть, обня́ть (*вн.*; *в разн. знач.*) embrа́ce (*d.*); (*заключать в объятия тж.*) take* / clasp / fold in one's arms (*d.*); put* one's arms (round) *разг.*; ~я, обня́в за та́лию (with) one's arm round *smb.'s* waist; ◇ обня́ть умо́м còmprehénd (*d.*). ~**ться**, обня́ться embrа́ce, hug one another.
обни́м||ка: в ~ку *разг.* with arms round each other.
обнища́||лый impóverished, béggared. ~**ние** *с.* impóverishment.
обнища́ть *сов. см.* нища́ть.
обно́в||а *ж. разг.* new àcquisítion [...-'zɪ-]; (*об одежде*) new dress. ~**и́ть(ся)** *сов. см.* обновля́ть(ся).
обно́в||ка *ж.*=обно́ва. ~**ле́ние** *с.* rènovа́tion; (*замена новым*) renéwal; ~ле́ние основно́го капита́ла *эк.* renéwal of fixed cа́pital.
обновлённый *прич. и прил.* rénovàted; renéwed; (*ср.* обновле́ние).

обновля́ть, обнови́ть (*вн.*) **1.** rénovàte (*d.*); (*заменять новым*) renéw (*d.*); (*освежать*) refrésh (*d.*); (*чинить*) repáir (*d.*); make* as good as new (*d.*); **2.** *разг.* (*надевать в первый раз*) use, *или* put* on, for the first time (*d.*). **~ся,** обнови́ться **1.** be / get* renéwed; (*оживляться*) revíve; **2.** *страд. к* обновля́ть.

обноси́ть I, обнести́ (*вн. тв.*) **1.** (*забором и т. п.*) en¦clóse (*d.* with); ~ стено́й wall (*d.*); ~ и́згородью fence (*d.*); ~ пери́лами rail in / off (*d.*); **2.** (*кушаньем и т. п.*) serve round (*d.* with): их обноси́ли жарки́м the roast was served round.

обноси́ть II, обнести́ (*вн.*; *не предложить кушанья*) pass óver at table (*d.*); leave* out while sérving (*d.*).

обноси́ться I *сов. разг.* be out at élbows, be short of clothes [...-ouðz].

обноси́ться II *страд. к* обноси́ть I.

обно́ски *мн. разг.* cást-óff clothes [...-ouðz].

обню́хать *сов. см.* обню́хивать.

обню́хивать, обню́хать (*вн.*) sniff (at).

обня́ть(ся) *сов. см.* обнима́ть(ся).

обо *предл. см.* о I, II.

обо- *глагольная приставка* (*та же, что* о-); *см. глаголы с этой приставкой.*

обобра́ть *сов. см.* обира́ть.

обобщ||а́ть, обобщи́ть (*вн.*) géneralìze (*d.*), súmmarìze (*d.*), crýstallìze (*d.*); ~ о́пыт géneralìze expérience. **~е́ние** *с.* gèneralìzátion [-laɪ-], géneral con¦clúsion.

обобществ||и́ть *сов. см.* обобществля́ть. **~ле́ние** *с.* sòcialìzátion [-laɪ-]; collèctivìzátion [-vaɪ-]; ~ле́ние средств произво́дства sòcialìzátion of the means of prodúction. **~лённый** *прич. и прил.* sócialìzed; colléctivìzed; ~лённый се́ктор се́льского хозя́йства colléctivìzed séctor of ágricùlture.

обобществля́ть, обобществи́ть (*вн.*) sócialìze (*d.*); colléctivìze (*d.*).

обобщи́ть *сов. см.* обобща́ть.

обовши́веть *сов. см.* вши́веть.

обогати́тельн||ый: ~ая фа́брика *горн.* cóncèntràting mill.

обогати́ть(ся) *сов. см.* обогаща́ть (-ся).

обогащ||а́ть, обогати́ть (*вн.*) **1.** (*в разн. знач.*) enrích (*d.*); обогати́ть свой о́пыт enrích one's expérience; **2.** *горн.* cóncèntràte (*d.*); ~ руду́ cóncèntràte / dress the ore. **~а́ться,** обогати́ться **1.** enrích òne¦sélf; **2.** *страд. к* обогаща́ть. **~е́ние** *с.* **1.** (*в разн. знач.*) enríchment; **2.** *горн.* còncèntrátion; ~е́ние руды́ còncèntrátion / dréssing of ores.

обогна́ть *сов. см.* обгоня́ть.

обогну́ть *сов. см.* огиба́ть.

обоготвори́ть *сов. см.* обоготворя́ть.

обоготворя́ть, обоготвори́ть (*вн.*) ídolìze (*d.*).

обогре́в *м.* héating. **~а́ние** *с.* wárming, héating. **~а́тель** *м.*: ~а́тель пере́днего стекла́ (*автомобиля*) wínd-screen defréezer [-ɪ-...].

обогрева́ть, обогре́ть (*вн.*) warm (*d.*). **~ся,** обогре́ться **1.** warm òne¦sélf; **2.** *страд. к* обогрева́ть.

обогре́ть(ся) *сов. см.* обогрева́ть(ся).

обо́д *м.* rim. **~о́к** *м.* **1.** *уменьш. от* о́бод; **2.** (*каёмка*) thin bórder, thin rim, fíllet.

ободо́чн||ый: ~ая кишка́ *анат.* cólon (*a portion of the large intestine*).

ободра́нец *м. разг.* rágamùffin, rágged féllow.

обо́дранный **1.** *прич. см.* обдира́ть; **2.** *прил.* (*рваный*) rágged.

ободра́ть *сов. см.* обдира́ть.

ободре́ние *с.* en¦cóurage¦ment [-'kʌ-], rè¦assúrance [-'ʃuə-].

ободри́тельный en¦cóuraging [-'kʌ-].

ободри́ть(ся) *сов. см.* ободря́ть (-ся).

ободря́ть, ободри́ть (*вн.*) en¦cóurage [-'kʌ-] (*d.*), héarten ['hɑːt-] (*d.*), cheer up (*d.*), rè¦assúre [-'ʃuə] (*d.*). **~ся,** ободри́ться **1.** take* heart [...hɑːt], héarten up; **2.** *страд. к* ободря́ть.

обо́его: ~ по́ла of both séxes [...bouθ...].

обоепо́лый *биол.* bì¦séxual; *бот.* monóecious [-'niːʃ-].

обожа́ние *с.* àdorátion.

обожа́тель *м.*, **~ница** *ж.* adórer; admírer *разг.*

обожа́ть (*вн.*) adóre (*d.*), wórship (*d.*).

обожда́ть *сов. разг.* wait (for a while); (*вн.*) wait (for).

обожеств||и́ть *сов. см.* обожествля́ть. **~ле́ние** *с.* ìdolìzátion [-laɪ-].

обожествля́ть, обожестви́ть (*вн.*) ídolìze (*d.*).

обожра́ться *сов. см.* обжира́ться.

обо́з *м.* **1.** string of carts; (*санный*) string of slédges; **2.** *воен.* (únit) tránspòrt; train *амер.*

обозва́ть *сов. см.* обзыва́ть.

обозли́ть *сов.* (кого́-л.) embítter (smb.), rouse the spite (of smb.). **~ся** grow* / get* ángry [grou...].

обознава́ться, обозна́ться *разг.* (mis)táke* *smb.* for smb. else; прости́те, я обозна́лся I'm sórry, I (mis-) tóok you for smb. else.

обозна́ться *сов. см.* обознава́ться.

обознач||а́ть, обозна́чить (*вн.*) **1.** désignàte [-z-] (*d.*); (*помечать*) mark (*d.*); ~ бу́квами létter (*d.*); не обозна́ченный на ка́рте únmápped, únplótted; *мор.* únchárted; **2.** *тк. несов.* (*значить*) mean* (*d.*). **~а́ться,** обозна́читься **1.** show* [ʃou], appéar; **2.** *страд. к* обознача́ть. **~е́ние** *с.* dèsignátion [-z-].

обозна́чить *сов. см.* обознача́ть 1. **~ся** *сов. см.* обознача́ться.

обо́зник *м.* = обо́зный 2.

обо́зный **1.** *прил. к* обоз; **2.** *м. как сущ. воен.* tránspòrt dríver.

обозрева́тель *м.* reviéwer [-'vjuːə].

обозрева́ть, обозре́ть (*вн.*) **1.** (*осматривать*) survéy (*d.*), view [vjuː] (*d.*), look round (*d.*); **2.** (*в печати*) reviéw [-'vjuː] (*d.*).

обозре́ние *с.* reviéw [-'vjuː].

обозре́ть *сов. см.* обозрева́ть.

обозри́мый vísible [-z-].

обо́||и *мн.* wáll-pàper *sg.*; окле́ивать ~ями (*вн.*) páper (*d.*).

обо́йма *ж.* **1.** *воен.* (*патронная*) chárger, cártridge clip; **2.** *тех.* íron ring ['aɪən...]; ~ шарикоподши́пника ball race.

обо́йный *прил. к* обо́и.

обойти́ *сов. см.* обходи́ть.

обойти́сь I, II *сов. см.* обходи́ться I, II.

обо́йщик *м.* ùp¦hólsterer [-'hou-].

обокра́сть *сов. см.* обкра́дывать.

оболга́ть *сов.* (*вн.*) slánder [-ɑːn-] (*d.*).

оболо́чка *ж.* cóver ['kʌ-], jácket, énvelòpe; *тех. тж.* cásing [-s-]; (*скорлупа*) shell; *анат.* mémbràne; ра́дужная ~ (гла́за) íris ['aɪə-]; рогова́я ~ (гла́за) córnea [-nɪə]; се́тчатая ~ (гла́за) rétina; сли́зистая ~ múcous mémbràne; ~ се́мени séed-coat.

обо́лтус *м. разг.* blóckhead [-hed], dunce.

обольсти́тель *м.*, **~ница** *ж.* sedúcer. **~ный** sedúctive.

обольсти́ть(ся) *сов. см.* обольща́ть(ся).

обольщ||а́ть, обольсти́ть (*вн.*) sedúce (*d.*). **~а́ться,** обольсти́ться (*тв.*) flátter òne¦sélf (with); (*без доп.*; *обманываться*) be / lábour únder a delúsion; ~а́ться наде́ждами chérish vain hopes; не ~а́йся наде́ждами don't be too hópe¦ful. **~е́ние** *с.* **1.** sedúction; **2.** (*обманчивое представление*) delúsion.

обомле́ть *сов. разг.* be stúpefìed; ~ от у́жаса be stúpefìed / frózen with térror.

обомше́лый móss-grown [-groun].

обоня́||ние *с.* (sense of) smell; име́ть то́нкое ~ have a fine, *или* an acúte, sense of smell; have a good nose *разг.* **~тельный** *анат.* òlfáctory.

обоня́ть (*вн.*) smell* (*d.*).

обора́чиваемость *ж. эк.* túrnòver.

обора́чивать, оборoти́ть, оберну́ть (*вн.*) turn (*d.*); оберну́ть лицо́ (к) turn one's face (towards). **~ся,** обороти́ться, оберну́ться (*в разн. знач.*) turn (round); (*о капитале*) turn óver; бы́стро ~ся swing* round; ~ся на чей-л. го́лос turn at smb.'s voice.

оборва́нец *м.* rágamùffin, rágged féllow.

обо́рванный **1.** *прич. см.* обрыва́ть; **2.** *прил.* rágged.

оборва́ть(ся) *сов. см.* обрыва́ть(ся).

обо́рвыш *м. разг.* rágamùffin.

обо́рка *ж.* frill, flounce.

оборо́н||а *ж. тк. ед.* **1.** defénce; акти́вная ~ áctive / aggréssive defénce; противота́нковая ~ ánti-tánk defénce; ánti-méchanìzed defénse [-'mek-...] *амер.*; подви́жная ~ elástic defénce;

противохимическая ~ gas defénce; долговре́менная ~ pérmanent defénces *pl.*; 2. (*позиции*) defénsive posítion [...-'zɪ-]; defénces *pl.*; заня́ть ~у take* up a defénsive posítion.

оборони́тельн||ый defénsive; ~ое сооруже́ние defénce / defénsive work; *мн. тж.* defénces; держа́ться ~ой пози́ции keep* to one's defénces; ~ райо́н defénded locálity; defénse / defénsive área [...'ɛərɪə] *амер.*

оборони́ть(ся) *сов. см.* обороня́ть (-ся).

оборо́нн||ый *прил. к* оборо́на; ~ая промы́шленность defénce índustry.

обороноспосо́бность *ж.* defénsive capácity; defénce poténtial.

оборо́нчество *с. полит.* defécism.

оборон||я́ть, оборони́ть (*вн.*) defénd (*d.*). ~я́ться, оборони́ться defénd òne¦sélf. ~я́ющийся 1. *прич. см.* обороня́ться; 2. *м. как сущ.* defénder.

оборо́т *м.* 1. rèvolútion; маши́на де́лает сто ~ов в мину́ту the machíne does a húndred rèvolútions per mínute [...-'ʃiːn... 'mɪnɪt]; 2. *фин.* túrnòver; де́нежный ~ móney túrnòver ['mʌ-...]; пуска́ть в ~ (*вн.*) put* into cìrculátion (*d.*); 3. (*обратная сторона*) back; (*листа*) the other side; на ~е on the back; смотри́ на ~е P. T. O. (please turn óver), see óver; 4. (*в языке*) turn; ~ ре́чи phrase; locútion; turn of speech; ◇ де́ло при́няло дурно́й ~ the affáir took a bad* turn; взять кого́-л. в ~ *разг.* get* at smb., take* smb. to task.

о́боротень *м. фольк.* wére¦wòlf* [-wulf].

оборо́тистый=оборо́тливый.

оборoти́ть(ся) *сов. см.* обора́чивать(ся).

оборо́тливый *разг.* resóurce¦ful [-'sɔːs-], shífty.

оборо́тн||ый 1. *эк.*: ~ капита́л círculàting cápital, wórking cápital; 2.: ~ая сторона́ revérse (side), vérsò; (*перен.*) the séamy side.

обору́дование *с.* 1. (*действие*) equípment, equípping; 2. (*предметы*) equípment, óutfit; маши́нное ~ machínery [-'ʃiː-].

обору́дов||ать *несов. и сов.* (*вн.*) equíp (*d.*); fit out (*d.*); (*перен.*) *разг.* mánage (*d.*); arránge [-eɪ-] (*d.*); хорошо́ ~анный (*о квартире и т. п.*) wéll-appóinted.

обоснова́ние *с.* 1. (*действие*) básing [-s-]; (*рд.*; *закона, положения и т. п.*) substàntiátion (of); 2. (*доводы*) básis ['beɪs-] (*pl.* -sès [-siːz]), ground(s) (*pl.*).

обосно́ван||ность *ж.* válidity. ~ный 1. *прич. см.* обосно́вывать; 2. *прил.* wéll-fóunded, (wéll-)gróunded; (*веский*) válid, sound; э́то вполне́ ~но there are good réasons for it [...-z-...], it is wéll-gróunded.

обоснова́ть(ся) *сов. см.* обосно́вывать(ся).

обосно́вывать, обоснова́ть (*вн.*) ground (*d.*), base [-s] (*d.*); substántiàte (*d.*). ~ся, обоснова́ться 1. *разг.* (*поселяться*) settle (down); 2. *страд. к* обосно́вывать.

обосо́бить(ся) *сов. см.* обособля́ть (-ся).

обособле́ние *с.* 1. (*действие*) sétting apárt, ísolàting ['aɪ-]; 2. (*состояние*) ìsolátion [aɪ-].

обосо́бленн||о *нареч.* apárt, by òne¦sélf. ~ость *ж.* ìsolátion [aɪ-]. ~ый 1. *прич. см.* обособля́ть; 2. *прил.* sólitary, detáched.

обособля́ть, обосо́бить (*вн.*) ísolàte ['aɪ-] (*d.*). ~ся, обосо́биться 1. stand* apárt, keep* alóof; 2. *страд. к* обособля́ть.

обостр||е́ние *с.* àggravátion; ~ боле́зни exàcerbátion, acúte condítion; ~ противоре́чий intènsificátion / àggravátion of àntagonisms; ~ междунаро́дного положе́ния àggravátion of the ìnternátional sìtuátion [...-'næ-...]. ~ённый 1. *прич. см.* обостря́ть; 2. *прил.* (*повышенно чувствительный*) óver¦sénsitive; acúte; sharp; ~ённый интере́с keen ínterest; 3. *прил.* (*напряжённый*) strained; ~ённые отноше́ния strained relátions. ~и́ть(ся) *сов. см.* обостря́ть (-ся).

обостр||я́ть, обостри́ть (*вн.*) 1. inténsifỳ (*d.*), shárpen (*d.*); (*доводить до крайности*) bring* to a head [...hed] (*d.*); 2. (*ухудшать*) ággravàte (*d.*); ~ отноше́ния strain the relátions. ~я́ться, обостри́ться 1. become* sharp; 2. (*становиться более изощрённым*) become* more sénsitive; 3. (*ухудшаться*) become* ággravàted / strained; положе́ние ~и́лось the sìtuátion has become ággravàted; боле́знь ~и́лась the diséase grew acúte [...-'z-...]; 4. *страд. к* обостря́ть.

обо́чина *ж.* (*дороги*) side of the road; (*тротуара*) curb.

обоюдно I *прил. кратк. см.* обою́дный.

обою́дн||о II *нареч.* mútually. ~ость *ж.* mùtuálity. ~ый mútual; по ~ому соглаше́нию by mútual consént.

обоюдо||во́гнутый cònсávò-cóncàve, bì¦cóncàve. ~вы́пуклый cònvéxò-cónvèx, bì¦cónvèx. ~о́стрый (*прям. и перен.*) dóuble-èdged ['dʌbl-]; э́то ~о́строе ору́жие this is a dóuble-èdged wéapon [...'wep-], this wéapon cuts both ways [...bouθ...].

обраба́тываемость *ж. тех.* machínability [-ʃiː-]; wòrkabílity.

обраба́тыва||ть, обрабо́тать (*вн.*) 1. work* (up) (*d.*), treat (*d.*); (*о материале тж.*) prócess (*d.*); (*на станке*) machíne [-'ʃiːn] (*d.*); 2. (*о земле*) till (*d.*), cúltivàte (*d.*); 3. (*отделывать*) dress (*d.*); (*полировать*) pólish (*d.*); 4. *разг.* (*воздействовать*) ínfluence (*d.*); *сов. тж.* persuáde [-'sw-] (*d.*). ~ющий *прич. см.* обраба́тывать; ◇ ~ющая промы́шленность mànufácturing índustry.

обрабо́т||ать *сов. см.* обраба́тывать. ~ка *ж.* 1. tréatment; (*материала тж.*) prócessing; механи́ческая ~ка machíning [-'ʃiː-], mechánical tréatment [-'kæ-...]; спо́собы ~ки (*рд.*) méthods of tréatment / wórking (of); 2. (*земли*) tíllage, cùltivátion; ◇ взять кого́-л. в ~ку *разг.* get* at smb., take* smb. to task.

обра́довать *сов. см.* ра́довать. ~ся *сов. см.* ра́доваться.

о́браз I *м.* (*мн.* ~ы) 1. shape, form; (*вид*) appéarance; 2. (*представление*) ímage; худо́жественный ~ ímage; по ~у своему́ и подо́бию in one's own ímage [...oun...], áfter one's líke¦ness; 3. (*порядок*) mode, mánner; ~ де́йствий mode / line of áction, pólicy; ~ жи́зни way / mode of life / líving [...'lɪv-]; ~ мы́слей way of thínking; views [vjuːz] *pl.*; ~ правле́ния form of góvernment [...'gʌ-]; ◇ каки́м ~ом? how?; таки́м ~ом thus, in that way; нико́им ~ом by no means; гла́вным ~ом máinly; chíefly ['ʧiːflɪ], príncipally; ра́вным ~ом équally ['iː-]; обстоя́тельство ~а де́йствия *грам.* advérbial módifìer of mánner.

о́браз II *м.* (*мн.* ~а́) (*икона*) ícòn, sácred ímage.

образ||е́ц *м.* 1. stándard, módel ['mɔ-]; páttern; прекра́сный ~ (*рд.*) béautiful píece / spécimen ['bjuːt- piːs...] (of); по ~цу́ (чего́-л.) áfter / on / up¦ón *a* módel, *или* the páttern (of smth.); сле́довать одному́ и тому́ же ~цу́ fóllow the same páttern; по одному́ ~цу́ áfter / on the same páttern; брать за ~ (*вн.*) ímitàte (*d.*), fóllow *the* exámple [...-ɑːm-] (of), do smth. (áfter); стать ~цо́м (для) become* a módel (for); он показа́л ~ (*рд.*) he set a brílliant exámple (of); 2. (*товарный*) sample, spécimen; (*материи*) páttern; ◇ нове́йшего ~ца́ of the látest páttern.

о́бразн||о *нареч.* fígurative¦ly; (*наглядно*) gráphically. ~ость *ж.* fígurative¦ness; (*живость, яркость*) pìcturésque¦ness. ~ый fígurative; (*живой, яркий*) pìcturésque; (*изобразительный*) ímage-béaring [-'bɛə-]; (*наглядный*) gráphic; ~ое выраже́ние fígure of speech; ímage-béaring expréssion; ~ое описа́ние gráphic descríption; ~ый стиль pictórial / gráphic / fígurative style.

образова́ние I *с.* fòrmátion; ~ слов wórd-búilding [-'bɪl-], word fòrmátion; ~ па́ра gènerátion / prodúction of steam.

образова́ние II *с.* (*просвещение*) èducátion; нача́льное ~ prímary / èleméntary èducátion ['praɪ-...]; сре́днее ~ sécondary èducátion; вы́сшее ~ hígher èducátion; ùnivérsity èducátion; наро́дное ~ pópular / people's èducátion

[...pi:-...]; дать ~ (*дт.*) éducàte (*d.*); получи́ть ~ be éducàted; техни́ческое ~ téchnical èducátion.

образо́ванный I *прич. см.* образо́вывать.

образо́ванный II *прил.* (wéll-)éducàted; ~ челове́к éducàted pérson, pérson / man* of èducátion.

образова́тельный èducátional; ✧ ~ ценз èducátional quàlificátion.

образова́ть(ся) *сов. см.* образо́вывать(ся).

образо́вывать, образова́ть (*вн.*) form (*d.*), make* (*d.*); make* up (*d.*); (*производить*) géneràte (*d.*); (*организовывать*) órganìze (*d.*); образова́ть прави́тельство form *a* góvernment [...'gʌ-]. ~**ся,** образова́ться **1.** form, appéar; be géneràted; **2.** *страд. к* образо́вывать; ✧ всё образу́ется *разг.* it will all come right in the end.

образу́мить *сов.* (*вн.*) *разг.* bring* to réason [...-z-] (*d.*); ~ кого́-л. bring* smb. to réason; give* smb. a drop of sense. ~**ся** *разг.* come* to (see) réason [...-z-].

образцо́в||ый módel ['mɔ-] (*attr.*); ~ое хозя́йство módel farm; ~ое произведе́ние másterpìece [-pi:s]; ~ поря́док immáculate órder.

обра́зчик *м.* spécimen, sample; (*ткани*) páttern.

обра́м||ить *сов. см.* обрамля́ть. ~**ле́ние** *с.* frame, fráming; (*перен.*) sétting.

обрамля́ть, обра́мить (*вн.*; *вставлять в раму*) set* in *a* frame (*d.*); frame (*d.*); *тк. несов.* (*перен.*) set* off (*d.*).

обраста́ть, обрасти́ (*тв.*) **1.** become* / be óver|grówn [...-oun] (with); (*покрываться*) become* / be cóvered [...'kʌ-] (with); обрасти́ гря́зью be / become* cóvered with grime; **2.** *разг.* (*накоплять*) acquíre (*d.*), accúmulàte (*d.*); обрасти́ жи́ром accúmulàte fat.

обрасти́ *сов. см.* обраста́ть.

обрати́м||ость *ж.* **1.** (*о процессе*) revèrsibílity; **2.** (*о валюте*) convèrtibílity. ~**ый 1.** (*о процессе*) revérsible; **2.** (*о валюте*) convértible.

обрати́ть *сов. см.* обраща́ть. ~**ся** *сов. см.* обраща́ться 1, 2.

обра́тно *нареч.* **1.** back; (*в обратном направлении*) báckwards [-dz]; идти́, е́хать ~ go* back; retúrn, retráce one's steps; туда́ и ~ there and back; пое́здка туда́ и ~ round trip; пое́здка в Ленингра́д и ~ round trip to Léningràd; trip to Léningràd and back; брать ~ (*вн.*) take* back (*d.*); **2.** (*наоборот*) convérse|ly, invérse|ly; ~ пропорциона́льный invérse|ly propórtional.

обра́тн||ый 1. revérse; ~ путь retúrn jóurney [...'dʒə:-], way back; ~ биле́т retúrn tícket; ~ ход revérse mótion; в ~ом направле́нии the other way; в ~ую сто́рону in the ópposite diréction [...-z-...]; ~ смысл ópposite méaning / sense; име́ть ~ую си́лу *юр.* be rètròáctive; име́ющий ~ое де́йствие rètròáctive, rètrospéctive; (*о законе тж.*) ex post fácto [...poust...]; **2.** *мат.* invérse; ~ое отноше́ние invérse rátiò; ~ая пропо́рция invérse propórtion.

обращ||а́ть, обрати́ть (*вн.*; *в разн. знач.*) turn (*d.*); (*вн.* в *вн.*) turn (*d.* into); ~ взгляд (на *вн.*) turn one's eyes [...aɪz] (on); ~ внима́ние (на *вн.*) pay* atténtion (to); nótice ['nou-] (*d.*), take* nótice (of); обрати́ть своё внима́ние (на *вн.*) turn one's atténtion (to); ~ чьё-л. внима́ние (на *вн.*) call / draw* / diréct smb.'s atténtion (to); обрати́ть на себя́ чьё-л. внима́ние attráct smb.'s atténtion; не ~ внима́ния take* no nótice, take* no heed; dísregárd, ignóre; ✧ ~ кого́-л. в бе́гство put* smb. to flight; обрати́ть в шу́тку turn into a joke (*d.*). ~**а́ться,** обрати́ться **1.** (к) applý (to); addréss (*d.*); (*заговаривать*) accóst (*d.*); ~а́ться с призы́вом к кому́-л. appéal to smb., addréss *an* appéal to smb.; ~а́ться к врачу́ take* médical advíce; ~а́ться к юри́сту take* légal advíce; **2.** (в *вн.*; *превращаться*) turn (into); **3.** *тк. несов.* (с *тв.*; *обходиться с кем-л.*) treat (*d.*); хорошо́ ~а́ться с кем-л. treat smb. kínd|ly; ду́рно ~а́ться с кем-л. treat smb. róughly / ùn|kínd|ly [...'rʌf-...]; màltréat smb., íll-tréat smb.; **4.** *тк. несов.* (с *тв.*; *пользоваться чем-л.*) handle (*d.*), mánage (*d.*); он не уме́ет ~а́ться с э́тим инструме́нтом he does|n't know how to use this instrument [...nou...]; **5.** *тк. несов.* (*без доп.*) *эк.* círculàte; ✧ ~а́ться в бе́гство take* to flight, take* to one's heels.

обраще́ни||е *с.* **1.** (к; *тж. грам.*) addréss (to); (*в письме*) sàlutátion [-lju-]; (*призыв*) appéal (to); Обраще́ние Всеми́рного Сове́та Ми́ра World Peace Cóuncil's Appéal; **2.** (в *вн.*) convérsion (to, into); ~ в ве́ру convérsion to faith; **3.** (с *тв.*; *обхождение с кем-л.*) tréatment (of); плохо́е ~ bad* / ill* tréatment, màltréatment; жесто́кое ~ с кем-л. crúelty to smb. [-uə-...], cruel tréatment of smb. [-uəl...]; **4.** (с *тв.*; *пользование*) hándling (of), use [-s] (of); неосторо́жное ~ cáre|lessness in hándling, cáre|less hándling; научи́ться ~ю learn* to use [lə:n...] (*d.*); **5.** (*рд.*; *оборот*) cìrculátion (of); пусти́ть в ~ (*вн.*) put* into cìrculátion (*d.*); ускорить ~ àccéleràte cìrculátion; сре́дства ~я *эк.* média of cìrculátion; изде́ржки ~я dìstribútion costs; **6.** (*манера держать себя*) mánner.

обревизова́ть *сов.* (*вн.*) inspéct (*d.*).

обре́з *м.* **1.** (*у книги*) edge; **2.** (*винтовка с обрезанным концом ствола*) sáwn-òff gun / rifle; ✧ в ~ *разг.* ónly just enóugh [...ɪ'nʌf]; у меня́ вре́мени в ~ I have just enóugh time; I have no time to spare.

обреза́ние *с.* cútting, páring, trímming; (*досок*) édging.

обре́зать(ся) *сов. см.* обре́зывать(ся).

обреза́ть = обре́зывать 1. ~**ся** = обре́зываться.

обре́зок *м.* scrap; *мн. тж.* ends.

обре́зывать, обре́зать (*вн.*) **1.** cut* off (*d.*); clip (*d.*), pare (*d.*); (*книгу*) bével ['be-] (*d.*); (*деревья*) trim (*d.*), prune (*d.*); (*доски*) square (*d.*); **2.** *тк. сов. разг.* (*резко прервать*) snub (*d.*), rebúff (*d.*). ~**ся,** обре́заться **1.** cut* òne|sélf; **2.** *страд. к* обре́зывать.

обрека́ть, обре́чь (*вн.*) doom (*d.*); ~ на прова́л, неуда́чу doom / condémn to fáilure (*d.*).

обременённый *прич.* (*тж. как прил.*) *см.* обременя́ть; ~ семьёй búrdened with a (large) fámily; with a fámily on his hands.

обремен||и́тельный búrden|some, ónerous. ~**и́ть** *сов. см.* обременя́ть.

обременя́ть, обремени́ть (*вн.*) búrden (*d.*).

обрести́ *сов. см.* обрета́ть.

обрета́ть, обрести́ (*вн.*) find* (*d.*).

обрета́ться *разг.* (*находиться*) abíde*, pass one's time.

обрече́ние *с.* doom.

обречённост||ь *ж.* doom, fóre|doom; чу́вство ~и féeling of doom.

обре́чь *сов. см.* обрека́ть.

обреше́тить *сов.* (*вн.*) *стр.* lath (*d.*).

обрешётка *ж. стр.* láthing.

обрисова́ть(ся) *сов. см.* обрисо́вывать(ся).

обрисо́вывать, обрисова́ть (*вн.*) óutlìne (*d.*), depíct (*d.*); delíneàte (*d.*). ~**ся,** обрисова́ться **1.** appéar (in óutlìne), take* shape; **2.** *страд. к* обрисо́вывать.

обри́ть *сов.* (*вн.*) shave* (*d.*); (*сбрить*) shave* off (*d.*). ~**ся** *сов.* shave* one's head [...hed].

обро́к *м. ист.* quít|rènt; натура́льный ~ métayage (*фр.*) ['meteɪɑ:ʒ]; де́нежный ~ quít|rènt.

оброни́ть *сов.* (*вн.*) *разг.* drop (*d.*).

обро́чный *ист.*: ~ крестья́нин péasant on quít|rènt ['pez-...].

обруба́ть, обруби́ть (*вн.*) **1.** chop off (*d.*); (*о ветвях*) lop off (*d.*); (*о хвосте*) dock (*d.*); **2.** (*подшивать*) hem (*d.*).

обруби́ть *сов. см.* обруба́ть.

обру́бок *м.* stump.

обруга́ть *сов.* (*вн.*) *разг.* call names (*d.*), curse (*d.*), scold (*d.*).

обрусе́||вший, ~**лый** Rússianìzed [-ʃən-].

обрусе́ть *сов.* become* Rússianìzed [...-ʃən-].

о́бруч *м.* hoop; наби́ть ~и на бо́чку hoop *a* cask, bind* *a* cask with hoops; ката́ть ~и trundle hoops.

обруча́льн||ый: ~ое кольцо́ wédding-ring; ~ обря́д betróthal [-ouð-].

обруча́ть, обручи́ть (*вн.*) betróth [-ouð] (*d.*). ~**ся,** обручи́ться (с *тв.*) become* en|gáged (to); exchánge rings in betróthal [-'ʧeɪ-...-ouð-] (with).

обруче́ние *с.* betróthal [-ouð-].

обручи́ть(ся) *сов. см.* обруча́ть (-ся).

обру́шивать, обру́шить (*вн.*) bring* down (*d.*); ~ ого́нь (на *вн.*) *воен.* pláster with fire (*d.*), bring* down fire (up|ón). ~**ся,** обру́шиться **1.** come* down; collápse; (на *вн.*; *перен.*; *о несчастьях, заботах*) *разг.* befáll* (*d.*), fall* (up|ón); **2.** (на *вн.*; *набрасываться*) pounce (up|ón), attáck (*d.*).

обру́шить(ся) *сов. см.* обру́шивать (-ся).

обры́в *м.* (*крутой откос*) précipice.

обрыва́ть, оборва́ть (*вн.*) **1.** tear* off [tɛə...] (*d.*); (*о верёвке, проволоке и т. п.*) break* [breɪk] (*d.*); (*о цветах, плодах*) pluck (*d.*), pick (*d.*), gáther (*d.*); **2.** (*прекращать*) cut* short (*d.*); (*заставлять замолчать*) snub (*d.*); ~ свою́ речь stop short, break* off. ~**ся,** оборва́ться **1.** (*о верёвке; о голосе*) break* [breɪk]; **2.** (*падать откуда-л.; о человеке*) lose* hold of *smth.* and fall* [lu:z...]; (*о предмете*) become* detáched and fall*; **3.** (*прекращаться*) stop súddenly; come* abrúptly to an end; разгово́р оборва́лся на полусло́ве the cònversátion was súddenly brought to an end.

обры́вистый 1. (*крутой*) precípitous, abrúpt, steep; **2.** (*прерывающийся*) abrúpt.

обры́в||ок *м.* scrap; (*песни, мелодии*) snatch; *мн.* (*перен.*) scraps; ~ки разгово́ра scraps of cònversátion; ~ки мы́слей désultory thoughts. ~**очный** scráppy.

обры́згать(ся) *сов. см.* обры́згивать(ся).

обры́згивать, обры́згать (*вн. тв.*) (be)sprínkle (*d.* with); splash (on, óver *d.*), (be)spátter (*d.* with.) ~**ся,** обры́згаться **1.** (*тв.*) besprínkle òne|sélf (with); splash up|ón òne|sélf (*d.*), bespátter òne|sélf (with); **2.** *страд. к* обры́згивать.

обры́скать *сов.* (*вн.*) *разг.* go* through (*d.*) in search of *smth.* [...sə:ʧ...]; hunt (*d.*).

обрю́зглый fat and flábby, páunchy.

обрю́зг||нуть *сов.* grow* fat and flábby [grou...]. ~**ший**=обрю́зглый.

обря́д *м.* rite, céremony. ~**ность** *ж.* (cèremónial) rites *pl.* ~**ный,** ~**овый** rítual.

обсади́ть *сов. см.* обса́живать.

обса́живать, обсади́ть (*вн. тв.*) plant round [-ɑ:nt...] (*d.* with); у́лицы, обса́женные дере́вьями streets lined with trees, trée-lìned streets.

обса́сывать, обсоса́ть (*вн.*) ≅ lick round (*d.*).

обсемен||е́ние *с.* **1.** *с.-х.* sówing ['sou-]; **2.** *бот.* gó|ing to seed, prodúcing seeds. ~**и́ть(ся)** *сов. см.* обсеменя́ть(ся).

обсеменя́ть, обсемени́ть (*вн.*) *с.-х.* sow* [sou] (*d.*). ~**ся,** обсемени́ться **1.** *бот.* go* to seed; **2.** *страд. к* обсеменя́ть.

обсервато́рия *ж.* obsérvatory [-'z-].

обсервацио́нный *прил. к* обсерва́ция.

обсерва́ция *ж.* òbsèrvátion [-z-].

обскака́ть *сов. см.* обска́кивать.

обска́кивать, обскака́ть (*вн.*) **1.** (*кругом, вокруг*) gállop round (*d.*); **2.** *тк. сов.* (*перегнать*) outgállop (*d.*).

обскура́нт *м.* òbscúrant. ~**и́зм** *м.* òbscúrantism.

обсле́дование *с.* (*рд.*) inspéction (of), in|quíry (into); (*исследование*) invèstigátion (of).

обсле́дователь *м.* inspéctor, invéstigàtor.

обсле́довать *несов. и сов.* (*вн.*) inspéct (*d.*), in|quíre (into); (*исследовать*) invéstigàte (*d.*); (*о пациенте*) exámine (*d.*).

обслу́живание *с.* sérvice; facílities *pl.*; *тех.* máintenance; ме́дико-санита́рное ~ médical sérvice / atténdance.

обслу́жива||ть, обслужи́ть (*вн.*) **1.** atténd (to), serve (*d.*); (*обеспечивать*) supplý (*d.*); (*зрелищными предприятиями, столовыми и т. п.*) cáter (for); **2.** (*о станках и т. п.*) atténd (*d.*), óperàte (*d.*). ~**ющий 1.** *прич. см.* обслу́живать; **2.** *прил.*: ~ющий персона́л sérvice staff / pèrsonnél, atténding staff / pèrsonnél; atténdants *pl.*, assístants *pl.*

обслужи́ть *сов. см.* обслу́живать.

обсоса́ть *сов. см.* обса́сывать.

обсо́хнуть *сов. см.* обсыха́ть.

обста́вить(ся) *сов. см.* обставля́ть (-ся).

обставля́ть, обста́вить **1.** (*вн. тв.*) surróund (*d.* with), encírcle (*d.* with); **2.** (*вн.*; *меблировать*) fúrnish (*d.*); ~ кварти́ру fúrnish *an* apártment; **3.** (*вн.*; *организовывать*) arránge [-eɪndʒ] (*d.*); **4.** (*вн.*) *разг.* (*обманывать*) trick (*d.*), cheat (*d.*). ~**ся,** обста́виться **1.** (*тв.*) surróund òne|sélf (with); **2.** (*устраивать меблировку*) fúrnish one's place; **3.** *страд. к* обставля́ть.

обстано́в||ка *ж. тк. ед.* **1.** (*мебель и т. п.*) fúrniture; *театр.* set; **2.** (*обстоятельства*) conditions *pl.*; (*положение; тж. воен.*) sìtuátion; междунаро́дная ~ ìnternátional sìtuátion [-'næ-...]; боева́я ~ táctical sìtuátion; в семе́йной ~ке in doméstic surróundings; в ~ке велича́йшего подъёма amídst the gréatest enthúsiàsm [...'greɪ- -zɪ-].

обстано́вочн||ый: ~ая пье́са cóstùme play / piece [...pi:s].

обстира́ть *сов. см.* обсти́рывать.

обсти́рывать, обстира́ть (*вн.*) do all the wáshing (for).

обстоя́тельн||о *нареч.* thóroughly ['θʌrə-], in détail [...'di:-]. ~**ый 1.** (*о докладе, книге и т. п.*) détailed ['di:-], cìrcumstántial, thórough ['θʌrə]; **2.** *разг.* (*о человеке*) thórough, relíable.

обстоя́тельственн||ый *грам.* advérbial; ~ое прида́точное предложе́ние advérbial clause.

обстоя́тельств||о I *с.* círcumstance: смягча́ющие вину́ ~а exténuàting círcumstances; при да́нных, таки́х ~ах únder the círcumstances; —по не зави́сящим от меня́ ~ам for réasons be|yónd my contról [...-z-...-oul]; ~а измени́лись the círcumstances are áltered, the posítion is changed [...-'zɪ-...ʧeɪ-]; ~а неблагоприя́тны the círcumstances are únfávour|able, the móment is not fávour|able; ни при каки́х ~ах únder no círcumstances, in no case [...-s]; при всех ~ах in any case; применя́ться к ~ам adápt òne|sélf to círcumstances, *или* to the sìtuátion; по семе́йным ~ам for fámily réasons [...-z°nz], ówing to fámily affáirs ['ou-...]; находи́ться в затрудни́тельных ~ах find* òne|sélf in a dífficult sìtuátion, be in dífficulties; ◇ смотря́ по ~ам it depénds; стече́ние обстоя́тельств còíncidence, con|cúrrence of círcumstances; при тако́м стече́нии обстоя́тельств in such a contíngency.

обстоя́тельство II *с. грам.* ádverb; ~ вре́мени, ме́ста, о́браза де́йствия advérbial módifìer of time, place, mánner.

обсто||я́ть: как ~я́т ва́ши дела́? how are you getting on?; всё ~и́т благополу́чно évery|thing is all right; all is well; де́ло ~и́т ина́че the case is sóme|whàt dífferent [... keɪs...]; вот так ~и́т де́ло that is the way it is; that's how mátters stand.

обстра́иваться, обстро́иться build* a house* for òne|sélf [bɪld...-s...]; го́род бы́стро обстро́ился it didn't take long to build the town; (*был восстановлен*) the town was soon ré|búilt [...-'bɪlt].

обстре́л *м.* fíring, fire; находи́ться под ~ом be únder fire; взять под ~ (*вн.*; *прям. и перен.*) cóncèntràte / centre fire (on); артиллери́йский ~ bòmbárdment, shélling.

обстре́л||ивать, обстреля́ть (*вн.*) fire (at, up|ón), centre fire (on); (*артиллерийским огнём*) shell (*d.*); (*из пулемётов*) machíne-gùn [-'ʃi:n-] (*d.*). ~**я́ть** *сов. см.* обстре́ливать.

обстрога́ть *сов.* (*вн.*) plane (*d.*); (*ножом*) whittle (*d.*).

обстро́иться *сов. см.* обстра́иваться.

обструкцион||и́зм *м.* obstrúctionism. ~**и́ст** *м.* obstrúctionist.

обструкцио́нный *прил. к* обстру́кция.

обстру́кция *ж.* obstrúction.

обстря́п||ать *сов.*: ~ де́льце *разг.* fix smth.; я э́то де́льце в два счёта ~аю I'll pólish that off in two ticks.

обступ||а́ть, обступи́ть (*вн.*) beset* (*d.*), surróund (*d.*), crowd / clúster (round). **~и́ть** *сов. см.* обступа́ть.

обсуди́ть *сов. см.* обсужда́ть.

обсужд||а́ть, обсуди́ть (*вн.*) discúss (*d.*); talk óver (*d.*) *разг.*; обсуди́ть положе́ние review the sìtuátion [-'vju:...]; тща́тельно обсуди́ть вопро́с, предложе́ние give* cáre¦ful consìderátion to *a* próblem, propósal [...'prɔ- -z-]; thrash the mátter out *идиом. разг.*; ~а́емый вопро́с quéstion / súbject únder discússion [-stʃən...]; ~ законопрое́кт debáte *a* bill.

обсужде́н||ие *с.* discússion; предложи́ть на ~ (*вн.*) bring* up, *или* propóse, for discússion (*d.*); предме́т ~ия point at íssue; (*спора*) moot point.

обсу́шивать, обсуши́ть (*вн.*) dry (*d.*). **~ся,** обсуши́ться dry òne¦sélf.

обсуши́ть(ся) *сов. см.* обсу́шивать (-ся).

обсчита́ть(ся) *сов. см.* обсчи́тывать(ся).

обсчи́тывать, обсчита́ть (*вн.*) cheat (in cóunting) (*d.*); обсчита́ть кого́-л. на 20 копе́ек óver¦chárge smb. by twénty cópècks. **~ся,** обсчита́ться make* a mistáke in cóunting; mís-cálculàte.

обсы́пать *сов. см.* обсыпа́ть.

обсыпа́ть, обсы́пать (*вн.*) strew* (*d.*), bestréw* (*d.*); ~ муко́й (*вн.*) sprinkle with flour (*d.*).

обсы́паться *сов. см.* обсыпа́ться.

обсыпа́ться, обсы́паться **1.** = осыпа́ться; **2.** *страд. к* обсыпа́ть.

обсыха́ть, обсо́хнуть dry, become* dry on the súrface.

обта́ивать, обта́ять (вокру́г) melt a¦wáy (round).

обта́чивать, обточи́ть (*вн.*) grind* (*d.*); (*на станке*) turn (*d.*).

обта́ять *сов. см.* обта́ивать.

обтека́ем||ый *тех.* stréamlìned; ~ая фо́рма stréamlìne form; придава́ть ~ую фо́рму (*дт.*) stréamlìne (*d.*).

обтека́тель *м. ав.* fáiring.

обтека́ть, обте́чь (*вн.*) flow [-ou] (round).

обтере́ть(ся) *сов. см.* обтира́ть(ся).

обтеса́ть(ся) *сов. см.* обтёсывать(ся).

обтёсывать, обтеса́ть (*вн.*; *о бревне*) square (*d.*); rough-héw ['rʌf-] (*d.*); (*перен.*; *о человеке*) *разг.* pólish (*d.*). **~ся,** обтеса́ться **1.** *разг.* (*о человеке*) acquíre (políte) mánners; **2.** *страд. к* обтёсывать.

обте́чь *сов. см.* обтека́ть.

обтира́ние *с.* **1.** (*действие*) sponge down [spʌ-...]; **2.** *разг.* (*жидкость*) lótion.

обтира́ть, обтере́ть **1.** (*вн.*; *высушивать*) wipe (*d.*), wipe dry (*d.*); **2.** (*вн. тв.*; *натирать*) rub (*d.* with). ~ся, обтере́ться **1.** dry òne¦sélf; **2.** (*делать обтирание*) sponge down [spʌ-...]; **3.** *тк. сов. разг.* (*освоиться*) acquíre a pólish.

обточи́ть *сов. см.* обта́чивать.

обто́чка *ж. тех.* túrning.

обтрёпанный 1. *прич. и прил.* frayed; **2.** *прил.* (*о человеке*) shábby.

обтрепа́ть *сов.* (*вн.*) fray (*d.*). **~ся** *сов.* **1.** become* frayed; fray; **2.** *разг.* (*о человеке*) become* shábby.

обтюр||а́тор *м. тех.* óbturàtor, seal; *воен. тж.* gás-chèck. **~а́ция** *ж.* òbturátion, séaling.

обтя́гивать, обтяну́ть (*вн.*) **1.** (*покрывать*; *мебель и т. п.*) cóver ['kʌ-] (*d.*); **2.** (*прилегать*) fit close [...-s] (to); **3.** *мор.* (*о такелаже*) bowse taut [bouz...] (*d.*), bowse down (*d.*).

обтя́жк||а *ж.* **1.**: в ~у close fítting [-s-...]; пла́тье в ~у close fítting dress; **2.** *ав.* skin, cóvering ['kʌ-].

обтяну́ть *сов. см.* обтя́гивать.

обув||а́ть, обу́ть (кого́-л.) put* on smb.'s boots / shoes for smb. [...ʃu:z...]; (*перен.*) províde with shoes, boots, *etc.* (smb.). **~а́ться,** обу́ться **1.** put* on one's boots / shoes [...ʃu:z]; **2.** *страд. к* обува́ть. **~но́й** *прил. к* о́бувь; ~но́й магази́н bóot-shòp; shóe-stòre ['ʃu:-] *амер.*; ~на́я промы́шленность shoe índustry [ʃu:...].

о́бувь *ж.* fóot-wear ['futwɛə], fóot-gear ['futgɪə]; (*ботинки*) boots *pl.*, shoes [ʃu:z] *pl.*

обу́гливание *с.* càrbonìzátion [-naɪ-].

обу́гливать, обу́глить (*вн.*) **1.** (*обжигать*) char (*d.*); **2.** (*превращать в уголь*) cárbonìze (*d.*). **~ся,** обу́глиться be / become* charred, char.

обу́глить(ся) *сов. см.* обу́гливать(ся).

обу́живать, обу́зить (*вн.*) *разг.* make* too tight (*d.*).

обу́з||а *ж. тк. ед.* búrden; быть ~ой для кого́-л. be a búrden to smb.

обузда́ть *сов. см.* обу́здывать.

обу́зд||ывать, обузда́ть (*вн.*) curb (*d.*), bridle (*d.*); (*перен. тж.*) restráin (*d.*), contról [-oul] (*d.*), keep* in check (*d.*); ~а́ть свой хара́ктер, ~а́ть себя́ restráin / contról òne¦sélf.

обу́зить *сов. см.* обу́живать.

обурева́||ть (*вн.*) posséss [-'zes] (*d.*); быть ~емым страстя́ми be posséssed by víolent pássions.

обусла́вливать(ся) = обусло́вливать(ся).

обусло́вить *сов. см.* обусло́вливать.

обусло́вленность *ж.* condìtionálity.

обусло́вл||ивать, обусло́вить (*вн.*) **1.** condítion (*d.*); stípulàte (*d.*); не ~енный догово́ром пункт a point not stípulàted by the agréement / cóntràct, a point not méntioned in the agréement / cóntràct; **2.** (*быть причиной*) cause (*d.*), call forth (*d.*); (*способствовать*) make* for (*d.*). **~иваться** (*тв.*) be condítioned (by), depénd (on).

обу́ть(ся) *сов. см.* обува́ть(ся).

о́бух *м.* **1.** butt, back; **2.** *мор.* éye-bòlt ['aɪ-]; pad; ◇ его́ как ~ом по голове́ ≅ he was thúnderstrùck; плётью ~а не перешибёшь *посл.* ≅ you cánnòt chop wood with a pén¦knìfe.

обуч||а́ть, обучи́ть (кого́-л. чему́-л.) teach* (smb. smth.); (*с практической подготовкой*) train (smb. in smth.). **~а́ться,** обучи́ться **1.** learn* [lə:n]; **2.** *страд. к* обуча́ть. **~е́ние** *с.* instrúction, tráining; всео́бщее обяза́тельное ~е́ние ùnivérsal compúlsory èducátion; совме́стное ~е́ние có-èducátion; одино́чное ~е́ние *воен.* indivídual tráining; произво́дственное ~е́ние indústrial tráining.

обучи́ть(ся) *сов. см.* обуча́ть(ся).

обуя́ть *сов.* (*вн.*) seize [si:z] (*d.*); его́ обуя́л страх he was seized with fear.

обха́живать (*вн.*) *разг.* coax (*d.*).

обхва́т *м.* the grasp / cómpass of both arms [...'kʌ-...bouθ...].

обхвати́ть *сов. см.* обхва́тывать.

обхва́тывать, обхвати́ть (*вн.*) clench (*d.*), grapple (*d.*), clasp (*d.*); (*окружать*) surróund (*d.*); (*дерево и т. п.*) ring round (*d.*).

обхо́д *м.* **1.** round; пойти́ в ~ go* round, make* the round; (*о враче, стороже, дежурном и т.п.*) make* / go* one's round(s); **2.** (*кружный путь*) róundabout way; **3.** *воен.* túrning móve¦ment [...'mu:-]; **4.** (*намеренное уклонение от исполнения чего-л.*) evásion.

обходи́тельный pléasant ['plez-], wéll-mánnered, ùrbáne.

обходи́ть, обойти́ (*вн.*) **1.** round (*d*), go* / pass (round); обойти́ фронт почётного карау́ла review the guard of hónour [-'vju:...'ɔnə]; **2.** (*посещать*) make* the round (of); (*о враче, стороже, дежурном и т. п.*) make* / go* one's round(s); **3.** (*фланг, с фланга*) turn (*d.*); **4.** (*распространяться*) spread* (all óver) [spred...] (*d.*); но́вость обошла́ весь го́род the news spread all óver the town [...-z...]; **5.** (*избегать*) avóid (*d.*), leave* out (*d.*); ~ молча́нием pass by / óver in sílence [...'saɪ-] (*d.*); обойти́ вопро́с bý-pàss / síde-stèp *a* quéstion [...-stʃən]; нельзя́ обойти́ э́тот вопро́с this quéstion cánnòt be passed óver, *или* disregárded; ~ затрудне́ние avóid *a* dífficulty; **6.** (*о законе и т. п.*) eváde (*d.*), cìrcumvént (*d.*).

обходи́ться I, обойти́сь (с кем-л.) treat (smb.); ~ с кем-л. как с ра́вным treat smb. as an equal.

обходи́ться II, обойти́сь **1.** (*стоить*) cost*; come* to: э́то вам до́рого обойдётся this will cost you a prétty pénny [...'prɪ-...]; во ско́лько э́то обойдётся? how much will it come to?; **2.** (*тв.*; *довольствоваться*) mánage (with), do (with), make*(with); **3.** (без) mánage (without), do (without); обойти́сь без посторо́нней по́мощи mánage / do without any help / assístance; **4.** (*с отрицанием*): без кри́ка не обхо́дится shóuting seems indispénsable; без учебников не обойти́сь one cánnòt do without téxt-books; ◇ обойдётся ка́к-нибудь things will settle one way or another.

обхо́дн||ый róundabout; ~ым путём in a róundabout way; ~ое движе́ние *воен.* túrning móve|ment [...'mu:-].

обхо́дчик *м.* inspéctor; путево́й ~ tráck|man*, tráckwàlker.

обхожде́ние *с. разг.* mánners *pl.*; (*с кем-л.*) tréatment.

обче́сться *сов. разг.*: раз, два и обчёлся ≅ no more than one or two.

обчи́стить(ся) *сов. см.* обчища́ть(ся).

обчища́ть, обчи́стить (*вн.*) 1. clean (*d.*); (*щёткой*) brush (*d.*); 2. *разг.* (*обкрадывать*) rob (*d.*), clean out (*d.*). ~ся, обчи́ститься 1. clean òne|sélf; (*щёткой*) brush òne|sélf; 2. *страд. к* обчища́ть.

обша́ривать, обша́рить (*вн.*) rúmmage (*d.*), ránsàck (*d.*), go* through (*d.*).

обша́рить *сов. см.* обша́ривать.

обшива́ть I, обши́ть (*вн.*) 1. (*по краю*) edge (*d.*), bórder (*d.*); 2. (*отделывать*) trim (*d.*); 3. (*о посылке, тюке и т. п.*) cóver up ['kʌ-...] (*d.*); 4. *стр.* plank (*d.*), revét (*d.*); ~ ме́дью cópper (*d.*).

обшив||а́ть II, обши́ть (*вн.*) *разг.* (*многих, всех*) make* clothes [...-ouðz] (for); она́ ~а́ет всю семью́ she does all the séwing for the fámily [...'souɪŋ...].

обши́вка *ж.* 1. édging, bórdering; 2. (*отделка*) trímming; 3. *стр.* bóarding; (*панельная*) pánelling; *тех.* shéathing; *мор.* (*деревянная*) plánking; (*стальная*) pláting; *ав.* cóvering ['kʌ-]; нару́жная ~ skín-plàting, ship's skin.

обши́рн||ость *ж.* exténsive|ness; (*перен.*) mágnitùde. ~ый vast; exténsive; spácious; ~ое простра́нство vast space; ~ое знако́мство exténsive acquáintance; númerous acquáintances *pl.*; ~ая литерату́ра volúminous líterature.

обши́ть I, II *сов. см.* обшива́ть I, II.

обшла́г *м.* cuff.

обща́ться (с *тв.*) assóciàte (with); rub shóulders [...'ʃou-] (with) *разг.*

общегородско́й tównspeople's [-zpi:p-].

общегосуда́рственный State (*attr.*); ~ фонд State fund.

общедосту́пный 1. (*в денежном отношении*) of móderate price; 2. (*открытый для всех*) públic ['pʌ-], ópen to géneral use [...-s]; 3. (*понятный*) pópular.

общежи́тие *с.* 1. hóstel; 2. *тк. ед.* (*общественная жизнь*) society, commúnity.

общезаво́дский, общезаводско́й for the whole fáctory [...houl...]; áll-fáctory (*attr.*).

общеизве́стн||о [-сн-] 1. *прил. кратк. см.* общеизве́стный; 2. *предик. безл.*: it is génerally known [...noun], évery|òne knows that [...nouz...]. ~ый [-сн-] wéll-knówn [-'noun]; ~ые фа́кты *и т. п.* génerally known facts, *etc.* [...noun...].

общенаро́дн||ый públic ['pʌ-], géneral; ~ое достоя́ние públic própertу; ~ое де́ло cómmon task of / for the entíre people [...'pi:-].

общенациона́льный nátional ['næ-].

обще́ни||е *с.* íntercourse [-kɔ:s]; ли́чное ~ pérsonal cóntàct; язы́к как сре́дство ~я lánguage as a means of íntercourse.

общеобразова́тельн||ый of géneral èducátion; ~ая шко́ла school províding géneral èducátion.

общеобяза́тельный compúlsory for all, òbligatory.

общеполити́ческий géneral polítical.

общепоня́тный pópular, còmprehénsible to all.

общепри́знанный ùnivérsally récognìzed.

общепри́нятый génerally accépted / used / adópted; convéntional.

общераспространённый in géneral use [...-s], génerally used; (*о мнении и т. п.*) wíde|ly cúrrent.

общеросси́йский Àll-Rússian [-ʃən].

общесою́зн||ый Àll-Únion (*attr.*); ~ые министе́рства Àll-Únion Mínistries; ~ого значе́ния of Àll-Únion impórtance, of cóuntry-wìde impórtance [...'kʌ-...].

обще́ственник *м.* públic-spírited pérson ['pʌ-...]; он хоро́ший ~ he is híghly públic-spírited pérson.

обще́ственно-поле́зный: ~ труд sócially úse|ful lábour [...-s-...].

обще́ственно-полити́ческий sócial and polítical.

обще́ственность *ж. собир.* commúnity; públic [pʌ-]; (*общественное мнение*) públic opínion; широ́кая ~ the géneral / broad públic [...brɔ:d...].

обще́ственно-экономи́ческ||ий sócial-èconómic [-i:k-]; ~ая форма́ция sócial-èconómic fòrmátion; ~ строй sócial-èconómic strúcture.

обще́ственн||ый públic ['pʌ-], sócial; ~ строй sócial sýstem; ~ые нау́ки sócial sciences; ~ труд sócial lábour; ~ая со́бственность públic / sócial própertу; ~ые фо́нды públic funds; ~ые зда́ния públic búildings [...'bɪl-]; ~ое бытие́ sócial bé|ing; ~ое созна́ние sócial cónscious|ness [...-nʃəs-]; ~ долг (one's) dúty to society, *или* to the commúnity; ~ые обя́занности sócial òbligátions; ~ая жизнь públic life, the life of the commúnity / society; принима́ть акти́вное уча́стие в ~ой жи́зни take* an áctive part in públic àctívities; ~ая де́ятельность públic àctívities *pl.*; ~ые организа́ции públic òrganizátions [...-naɪ-]; ~ обвини́тель públic prósecùtor; ~ое мне́ние públic opínion; ~ая рабо́та pàrticipátion in commúnity / públic affáirs; ~ое порица́ние públic réprimànd [...-ɑ:nd]; ~ое пита́ние públic cáter|ing; предприя́тия ~ого пита́ния (públic) cáter|ing estáblishments; ~ое положе́ние sócial stánding; ~ое животново́дство sócialìzed / colléctive líve-stòck bréeding / fárming; ~ое поголо́вье скота́ cómmonly-ówned cattle / líve-stòck [-ound...].

о́бществ||о *с.* 1. (*в разн. знач.*) society; первобы́тное ~ prímitive society; бескла́ссовое ~ clássless society; коммунисти́ческое ~ cómmunist society; Общество Кра́сного Креста́ и Кра́сного Полуме́сяца Red Cross and Red Créscent Society; Общество друзе́й Сове́тского Сою́за Society of Friends of the Sóvièt Únion [...frendz...]; Общество а́нгло-сове́тской дру́жбы Brítish-Sóvièt Fríendship Society [...'frend-...]; в ~е кого́-л. in smb.'s society / cómpany [...'kʌ-]; быва́ть в ~е go* out; 2. *эк.* cómpany; акционе́рное ~ jóint-stòck cómpany.

обществове́д||ение *с.* sócial science. ~ческий *прил. к* обществове́дение.

общеупотреби́тельный cúrrent; in géneral use [...-s].

общеустано́вленный génerally estáblished.

общечелове́ческий cómmon to all mànkínd; (*обычный*) órdinary, géneral.

о́бщ||ий (*не частный*) géneral; (*не личный*) cómmon; (*суммарный*) ággregate, tótal; ~ее собра́ние géneral méeting; ~ее согла́сие cómmon consént; ~ враг cómmon énemy; ~ее возмуще́ние géneral indignátion; ~ее де́ло cómmon cause; э́то на́ше ~ее де́ло it is a mátter of cómmon concérn; ~ее бла́го cómmon / géneral weal; cómmon good; ~ая жила́я пло́щадь ággregate floor space [...flɔ:...]; ~ результа́т (*в состязании и т. п.*) óver|àll shówing [...'ʃou-]; ~ знако́мый mútual acquáintance; ~ими си́лами with joint fórces; by jóining hands; ~ими уси́лиями by a joint éffort; (*рд.*) by the joint éffort (of); в ~их черта́х in géneral óutlìne; обсуди́ть в ~их черта́х discúss in broad terms [...brɔ:d...]; име́ть одну́ ~ую черту́ have one trait in cómmon; ~ая су́мма sum tótal; ~ая су́мма капиталовложе́ний ággregate invéstments *pl.*; ~ая су́мма дохо́дов (крестья́н *и т. п.*) ággregate ín|còme (of péasants, *etc.*) [...'pez-]; ~ая посевна́я пло́щадь tótal / óver|àll crop área [...'ɛərɪə]; ~ наибо́льший дели́тель *мат.* the gréatest cómmon méasure [...'greɪ-...'meʒə] (*сокр.* G.C.M.); ~ее наиме́ньшее кра́тное *мат.* the least cómmon múltiple (*сокр.* L.C.M.); в ~ей слóжности in sum, in all; àltogéther [ɔːltə'ge-]; к ~ему удивлéнию to évery¦òne's surpríse; не имéть ничегó ~его (с *тв.*; *об отношениях*) have nothing in cómmon (with); have nothing to do (with); (*о сходстве*) bear* no resémblance to one another [bɛə... -'z-...]; под ~им наркóзом únder a géneral ànaesthésia [...-zɪə]; ◇ ~ее мéсто cómmonplàce; (*банальность*) plátitùde; найти ~ язы́к find* a cómmon lánguage; в ~ем all in all; on the whole [...houl]; в ~ем вы́шло óчень глýпо all in all, it turned out very stúpidly; в ~ем я егó рабóтой довóлен on the whole I am sátisfied with his work; в ~ем и цéлом by and large.

óбщи́на *ж.* commúnity, cómmùne.

общи́нн||ый cómmunal; ~ая земля́ cómmon (land).

общипáть *сов. см.* общи́пывать.

общи́пывать, общипáть (*вн.*) pluck (*d.*).

общи́тельный sóciable; (*весёлый*) convívial, jóvial; ~ харáктер sóciable / ámiable disposítion [...-'zɪ-]; ~ человéк a good míxer.

óбщность *ж.* commúnity; the cómmon cháracter [...'kæ-]; ~ владéния commúnity of goods [...gudz], commúnity of ównership [...'ou-]; ~ интерéсов commúnity of ínterests; ~ двух форм социалисти́ческой сóбственности the cómmon cháracter of the two forms of sócialist próperty.

объедáть, объéсть 1. (*вн.*) eat* / gnaw round (*d.*); 2. (когó-л.) *разг.* be a búrden (to smb.); eat* smb. out of house and home [...-s...] *идиом.* **~ся,** объéсться *разг.* óver¦éat* (òne¦sélf), óver¦féed*; be stuffed.

объедéние *с.*: э́то (прóсто) ~ *разг.* this is delícious.

объединéние *с.* 1. (*действие*) ùnificátion; (*учреждений, организаций*) amàlgamátion, jóining up; 2. (*союз*) únion, socíety; 3. *воен.*: оперативное ~ stratégical fòrmátion / únit.

объединённ||ый *прич.* и *прил.* ùnited; (*об организациях и т. п.*) amálgamàted; Организáция Объединённых Нáций, ООН Ùnited Nátions Òrganìzátion, UNO [...-naɪ-...]; ~ое комáндование joint / únified commánd [...-ɑːnd]; ~ профсою́з amálgamàted únion; Объединённый инститýт я́дерных исслéдований Joint Ínstitùte for Núclear Reséarch [...-'səːtʃ].

объедин||и́тельный únifỳing, ùníting. **~и́ть(ся)** *сов. см.* объединя́ть(ся).

объединя́ть, объедини́ть (*вн.*) ùníte (*d.*); (*о территориях, предприятиях*) consólidàte (*d.*), amálgamàte (*d.*); ~ ресýрсы pool resóurces [...-'sɔːs-]; ~ уси́лия combíne éfforts. **~ся,** объедини́ться 1. (с *тв.*) ùníte (with); join hands (with) *разг.*; 2. *страд.* к объединя́ть.

объéдки *мн.* léavings, léftòvers.

объéзд *м.* 1. (*действие*) ríding round, gó¦ing round; 2. (*место*) detóur [-'tuə], círcuit [-kɪt].

объéздить I, II *сов. см.* объезжáть I 1, II.

объéздка *ж.* (*лошадей*) bréaking in (hórses) ['breɪk-...].

объéздчик I [-éщик] *м.* móunted kéeper / wárden.

объéздчик II [-éщик] *м.* (*лошадей*) bréaker ['breɪ-], hórse-trainer.

объезжáть I [-ежьжя́-], объéздить, объéхать 1. (*вн.*) trável óver [-æv-...] (*d.*); объéхать всю странý trável all óver the cóuntry [...'kʌ-]; 2. *при сов.* объéхать (*вн.*; вокрýг, ми́мо) go* (round); объéхать болóто make* a detóur round the marsh [...-'tuə...]; ~ войскá ride aróund the troops; inspéct the troops.

объезжáть II [-ежьжя́-], объéздить (*вн.*; *лошадей*) break* in [-eɪk...] (*d.*), train (*d.*).

объéкт *м.* 1. óbject; 2. (*промышленный, строительный и т. п.*) únit; 3. *воен.* òbjéctive.

объекти́в *м.* *опт.* óbject-glàss, òbjéctive, lens [-z].

объектив||áция *ж.*, **~изáция** *ж.* *филос.* òbjèctificátion. **~и́зм** *м.* òbjéctivism.

объекти́вн||ость *ж.* òbjèctívity. **~ый** 1. òbjéctive; ~ая и́стина òbjéctive truth [...truːθ]; ~ые причи́ны, услóвия òbjéctive réasons, condítions [...-z°nz...]; 2. (*беспристрастный*) únbíassed; ~ое отношéние únbíassed áttitùde.

объéктный: ~ падéж *грам.* objéctive case [...-s].

объём *м.* vólume; (*величина*) size; (*перен.*) extént; óбщий ~ продýкции tótal vólume of óutpùt [...-put]; ~ рабóт vólume of work. **~истый** *разг.* volúminous, búlky. **~ный** by vólume; vòlumétrical *научн.*; ~ный анáлиз *хим.* vòlumétrical análysis; ~ное кинó thrée-diménsional film; cìnerа́ma.

объéсть(ся) *сов. см.* объедáть(ся).

объéхать *сов. см.* объезжáть I.

объяв||и́ть(ся) *сов. см.* объявля́ть(-ся). **~лéние** *с.* 1. (*действие*) dèclarátion; ~лéние благодáрности annóunce¦ment of thanks; ~лéние войны́ dèclarátion of war; 2. (*извещение*) annóunce¦ment; (*вывеска*) nótice ['nou-]; (*в периодич. издании*) advértise¦ment; давáть, помещáть ~лéние put* up an advértise¦ment, ádvertise in the press; вы́весить ~лéние put* up, *или* post up, *a* nótice [...pou-...].

объявля́||ть, объяви́ть (*вн.*) decláre (*d.*), annóunce (*d.*); (*опубликовывать*) públish ['pʌ-] (*d.*); ~ войнý (*дт.*) decláre war (on); ~ осáдное положéние decláre / procláim a state of siege [...siːdʒ]; ~ благодáрность (*дт.*) expréss one's apprèciátion [...-ʃɪ-] (to), thank offícially (*d.*). **~ться,** объяви́ться 1. decláre / annóunce òne¦sélf to be; 2. *разг.* (*появляться*) turn up; 3. *безл.*: ~ется, что it is annóunced / procláimed that; 4. *страд.* к объявля́ть.

объясн||éние *с.* 1. èxplanátion; дать ~ (*дт.*) give* an èxplanátion (to), expláin (to); 2. (*причина, источник*) èxplanátion; cause; найти́ ~ дáнного явлéния find* the èxplanátion / cause of the mátter; 3. (*разговор*) talk; èxplanátion; у них произошлó ~ they had it out; ~ в любви́ dèclarátion of love [...lʌv]. **~и́мый** éxplicable, expláinable. **~и́тельный** explánatory. **~и́ть** *сов. см.* объясня́ть. **~и́ться** *сов. см.* объясня́ться 1, 3.

объясня́ть, объясни́ть (*вн. дт.*) expláin (*d.* to); (*растолковывать*) éxplicàte (*d.* to); (*вн.*; *истолковывать*) intérpret (*d.*); он не мог объясни́ть себé э́того he could not ùnderstánd it. **~ся,** объясни́ться 1. expláin (òne¦sélf); 2. *тк. несов.* (*тв.*; *корениться, иметь причиной*) be expláined (by); be accóunted for (by); э́тим объясня́ется егó поведéние this accóunts for his beháviour; 3. (с *тв.*; *переговорить*) have a talk (with); (*выяснять недоразумение*) have it out (with); ~ся в любви́ комý-л. make* smb. a dèclarátion of love [...lʌv]; 4. *тк. несов.* (*разговаривать*) speak*; ~ся на инострáнном языкé speak* a fóreign lánguage [...'fɔrɪn...]; make* òne¦sélf ùnderstóod in a fóreign lánguage [...-'stud...]; ~ся с кем-л. знáками convérse with smb. by signs [...saɪnz]; 5. *страд.* к объясня́ть.

объя́ти||е *с.* embráce; arms *pl.*; брóситься комý-л. в ~я throw* òne¦sélf, *или* fall*, into smb.'s arms [-ou...]; заключи́ть когó-л. в ~я fold smb. in one's arms, embráce smb.; ◇ с распростёртыми ~ями with ópen arms.

объя́||ть *сов.* (*вн.*) 1. (*охватить*) fill (*d.*), come* (óver), envélop [-'ve-] (*d.*); ~тый тоскóй, грýстью filled with ánguish, mélancholy [...-k-]; ~тый плáменем envéloped in flames; ýжас ~л егó he was filled with térror, he was térror-strìcken; 2. (*понять, представить*) còmprehénd (*d.*), grasp (*d.*).

обывáтель *м.* 1. the áverage man* / cítizen; the man* in the street; (*мещанин*) Phílistìne; 2. *уст.* (*постоянный житель*) résident [-z-], inhábitant. **~ница** *ж.* 1. Phílistìne; 2. *ж. к* обывáтель 2. **~ский** *прил. к* обывáтель; ~ские взгля́ды nárrow views [...vjuːz]; ~ские настроéния nárrow / Phílistìne áttitùdes / téndencies. **~щина** *ж.* Phílistinism.

обыгрáть *сов. см.* обы́грывать.

обы́грывать, обыгрáть (*вн.*) 1. beat* (*d.*); он обыгрáл егó на пять рублéй he won five roubles from / of him [...wʌn... ru:blz...]; 2. *разг.* (*испóльзовать*) use with (good) efféct (*d.*), play up (*d.*).

обыдéнный órdinary, cómmonplàce.

обыдёнщина *ж.* prósiness [-ouz-], cómmonness.

обыкновéн||ие *с.* hábit; имéть ~ дéлать что-л. be in the hábit of doing smth.; по ~ию as úsual [...'ju:ʒ-]; прóтив ~ия cóntrary to one's hábit; э́то прóтив егó ~ия it is ùn|úsual for him [...'ju:ʒ-...]. **~но** *нареч.* úsually ['ju:ʒ-]; (*как прáвило*) as a rule. **~ный** úsual ['ju:ʒ-], órdinary; (*банáльный*) cómmonplàce; ~ная истóрия cómmon tale, órdinary occúrrence; бóльше ~ного more than úsual.

óбыск *м.* search [sə:tʃ], pèrquisítion [-'zɪ-]; производи́ть, дéлать ~ (в, на *пр.*) search (*d.*). **~áть** *сов. см.* обы́скивать.

обыскáться *сов.* (*рд.*) *разг.* search / look in vain [sə:tʃ...] (for).

обы́скивать, обыскáть (*вн.*; *производи́ть óбыск*) search [sə:tʃ] (*d.*); (*о помещéнии тж.*) condúct a search (at).

обы́ч||ай *м.* cústom; *юр.* úsance [-z-], úsage [-z-]; по ~аю accórding to cústom; э́то в ~ае (у) it is the cústom (with); э́то здесь в ~ае it is the cústom here. **~но** *нареч.* úsually ['ju:ʒ-]; génerally, cómmonly; (*как прáвило*) as a rule. **~ный** úsual ['ju:ʒ-], órdinary; ~ное явлéние a úsual thing; э́то ~ное явлéние that is in the úsual run of things; в ~ное врéмя, в ~ный час at the úsual time, at the úsual hour [...auə]; ~ное прáво *юр.* cómmon law, cústomary law.

обюрократи́ться *сов. разг.* become* a búreaucràt [...-rou-].

обя́занн||ость *ж.* dúty, respònsibílity; лежáть на ~ости когó-л. be smb.'s dúty / respònsibílity; по ~ости accórding to dúty, in the way of dúty, as in dúty bound; считáть своéй ~остью consíder it one's dúty [-'sɪ-...]; исполня́ть свои́ ~ости atténd to one's dúties; исполня́ть, нести́ чьи-л. ~ости (*по слу́жбе*) act as smb.; исполня́ющий ~ости ácting; вменя́ть что-л. в ~ комý-л. make* it smb.'s dúty to do smth., impóse up|ón smb. the dúty of doing smth.; вменя́ть в ~ комý-л. (+ *инф.*) charge smb. (+ to *inf.*); всеóбщая вóинская ~ géneral mílitary sérvice. **~ый** 1. oblíged; быть ~ым что-л. сдéлать be oblíged / bound to do smth.; вы обя́заны яви́ться сюдá в 9 ч. утрá you must come here at 9 a. m. [...'eɪ 'em], it is your dúty, *или* you have, to come here at 9 a. m.; *воен.* you are to repórt here at 9 a. m.; 2.: быть ~ым комý-л. be indébted to smb. [...-'det-...]; be únder òbligátion to smb.; чу́вствовать себя́ ~ым (*дт.*) feel* òbli|gátion (toward); он вам обя́зан своéй жи́знью he owes you his life [...ouz...]; он вам óчень обя́зан he is much oblíged to you; он вам э́тим обя́зан he has you to thank for it.

обязáтельно I 1. *прил. кратк. см.* обязáтельный; 2. *предик. безл.* it is òbligatory.

обязáтельн||о II *нареч.* without fail; *тж. перевóдится через* be sure + to *inf.* [...ʃuə...]; он ~ придёт he will come without fail; he is sure to come. **~ый** 1. òbligatory; compúlsory; всеóбщее ~ое обучéние ùnivérsal compúlsory èducátion; ~ый учéбный предмéт requíred course / súbject [...kɔ:s...]; ~ое постановлéние compúlsory règulátion; одинáково ~ый для всех équal|ly bínding for all; решéния конферéнции бу́дут ~ы для всех её члéнов the decísions of the cónference will be bínding up|ón all its mémbers; ~ые постáвки òbligatory delíveries; 2. *уст.* (*любéзный*) oblíging; ~ый человéк oblíging pérson.

обязáтельственн||ый: ~ое прáво *юр.* lìabílity law.

обязáтельств||о *с.* 1. òbligátion, en|gáge|ment; commítment; долговóе ~ prómissory note; взаи́мные ~а (*по дóговору и т. п.*) mútual commítments; вы́полнить ~а meet* one's en|gáge|ments / commítments; cárry out one's òbligátions; брать на себя́ ~ ùndertáke* an en|gáge|ment; (*в соцсоревновáнии*) make* plédges; взять на себя́ ~ сдéлать что-л. pledge / commít òne|sélf to do smth., take* up|ón òne|sélf to do smth.; bind* òne|sélf to do smth.; 2. *мн.* (*заёмные докумéнты*) lìabílities.

обязáть *сов. см.* обя́зывать 2, 3. **~ся** *сов. см.* обя́зываться 1.

обя́зывать, обязáть (*вн.*) 1. *тк. несов.* bind* (*d.*); make* it in|cúmbent (up|ón); э́то меня́ ни к чемý не обя́зывает this does not commít me to ány|thing; он не сказáл ничегó, что обя́зывало бы егó he gave a nón-commíttal ánswer [...'ɑ:nsə]; э́то ко мнóгому обя́зывает it impóses a high respònsibílity; 2. (*принуждáть*) oblíge (*d.*); егó обязáли яви́ться в дéсять часóв they oblíged him to repórt at ten; 3. (*сдéлать одолжéние*) oblíge (*d.*); вы меня́ э́тим óчень обя́жете you will oblíge me gréatly [...'greɪ-], you will do me a great fávour [...greɪt...]. **~ся**, обязáться 1. (*брать обязáтельство*) pledge / commít òne|sélf; 2. *тк. несов.* (*дт.*; *станови́ться обя́занным комý-л.*) be únder an òbligátion (to); 3. *страд. к* обя́зывать.

обя́зывающий 1. *прич. см.* обя́зывать; 2. *прил.*: ни к чемý не ~ nón-commíttal.

овáл *м.* óval.

овáльный óval.

овариотоми́я *ж. мед.* òvàriótomy [ou-].

овáц||ия *ж.* ovátion; он был встрéчен бу́рной ~ией he recéived, *или* was met with, a great ovátion [...-'si:vd...greɪt...].

овдовé||вший, ~лый wídowed ['wɪ-].

овдовéть *сов.* (*о жéнщине*) become* a wídow [...'wɪ-]; (*о мужчи́не*) become* a wídower.

овевáть, овéять (*вн. тв.*) fan (*d.*); ◇ овéянный слáвой cóvered with glóry ['kʌ-...].

овёс *м.* oats *pl.*

овéч||ий *прил. к* овцá; ◇ волк в ~ьей шкýре a wolf in sheep's clóthing [...wu-...'klou-]. **~ка** *ж. уменьш. от* овцá; (*перен.*) hármless créature.

овéять *сов. см.* овевáть.

ови́н *м. с.-х.* barn (for stóring crops).

овла||девáть, овладéть (*тв.*) 1. seize [si:z] (*d.*); (*захвáтывать*) take* posséssion / hold [...-'ze-...] (of); им ~дéл у́жас he was seized with hórror; ~ собóй regáin one's sélf-contról / compósure [...-oul -'pou-], get* contról of òne|sélf [...-oul...]; старáться ~дéть собóй fight* for contról; 2. (*усвáивать*) máster (*d.*); (*наукóй, предмéтом*) become* profícient (in); ~ тéхникой máster machínery [...-'ʃi:-], máster téchnical méthods. **~дéние** *с.* 1. (*захвáт*) séizure ['si:ʒə]; 2. (*усвоéние*) mástery, mástering; ~дéние тéхникой mástering the techníque [...-i:k].

овладéть *сов. см.* овладевáть.

óвод *м.* gádflỳ.

овощевóд *м.* végetable-grower [-grouə]. **~ство** *с.* végetable-growing [-grou-].

овощевóдческ||ий végetable-growing [-grou-] (*attr.*), végetable-raising (*attr.*); ~ая бригáда végetable-raising brigáde.

овощеперерабáтывающ||ий: ~ая промы́шленность végetable presérving índustry [...-'zə:v-...].

овощесуши́льный: ~ завóд végetable-drying fáctory.

овощехрани́лище *с.* végetable stóre-house* [...-s].

óвощ||и *мн.* (*ед.* óвощ *м.*) végetables; ◇ вся́кому ~у своё врéмя *посл.* ≅ there is a time for évery|thing, évery|thing in good séason [...-z-]. **~нóй** végetable; ~нóй магази́н gréen|gròcery [-grou-].

овrág *м.* ravíne [-i:n].

овrá́жистый ravíned [-i:nd]; cut with ravínes [...-i:nz].

овся́нка I *ж.* 1. (*крупá*) óatmeal; 2. (*кáша*) óatmeal pórridge.

овся́нка II *ж.* (*пти́ца*) (yéllow) búnting.

овсянóй, овся́ный *прил. к* овёс *и* овся́нка I; *тж.* oat (*attr.*); овся́ная крупá óatmeal.

овуля́ция *ж. биол.* òvulátion.

овцá *ж.* sheep*.

овцебы́к *м. зоол.* músk-òx*.

овцево́д *м.* shéep-breeder. **~ство** *с.* shéep-breeding. **~ческий** shéep (-breeding) (*attr.*); ~ческий совхо́з State shéep-fàrm; ~ческая фе́рма shéep-fàrm.

овцема́тка *ж.* ewe.

овча́р||ка *ж.* shéep-dòg. **~ня** *ж.* shéep-fòld.

овчи́н||а *ж.* shéepskìn. **~ка** *ж.* *уменьш. от* овчи́на; ◇ ~ка вы́делки не сто́ит *погов.* ≅ the game is not worth the candle; мне не́бо с ~ку показа́лось ≅ I was frightened out of my wits. **~ный** *прил. к* овчи́на; ~ный тулу́п shéepskìn coat.

ога́рок *м.* cándle-ènd.

огиба́ть, обогну́ть (*вн.*) round (*d.*); skirt (*d.*); *мор.* double [dʌ-] (*d.*).

оглавле́ние *с.* table of contènts; contènts *pl.*

огласи́ть(ся) *сов. см.* оглаша́ть(ся).

огла́с||ка *ж.* pùblícity [pʌ-]; преда́ть ~ке (*вн.*) make* públic / known [...'pʌ- noun] (*d.*); получи́ть ~ку be given pùblícity, become* known, be made known; избега́ть ~ки avóid pùblícity.

оглаш||а́ть, огласи́ть (*вн.*) 1. procláim (*d.*); (*объявлять*) annóunce (*d.*); ~ резолю́цию annóunce *a* rèsolútion [...-zə-]; 2. *уст.* (*предавать огласке*) make* públic [...'pʌ-] (*d.*); 3. (*наполнять звуками*) fill (*d.*); пе́ние птиц огласи́ло лес the song of birds filled the fórest [...'fɔ-]. **~а́ться,** огласи́ться 1. (*тв.*) resóund [-'z-] (with); 2. *страд. к* оглаша́ть. **~е́ние** *с.* procláiming, pùblicátion [pʌ-]; (*ср.* оглаша́ть); не подлежи́т ~е́нию not to be made públic [...'pʌb-].

оглаше́нный: как ~ *разг.* like one posséssed [...-'ze-].

огло́бл||я *ж.* shaft; ◇ поверну́ть ~и *разг.* ≅ turn back.

огло́хнуть *сов. см.* гло́хнуть I.

оглуш||а́ть, оглуши́ть (*вн.*) déafen ['def-] (*d.*); (*ударом; тж. перен.*) stun (*d.*). **~и́тельный** déafening ['def-]. **~и́ть** *сов. см.* оглуша́ть *и* глуши́ть 1.

огляде́ть *сов. см.* огля́дывать. **~ся** *сов. см.* огля́дываться 2.

огля́дк||а *ж. разг.* 1. lóoking back; бежа́ть без ~и run* without túrning one's head [...hed]; show* a clean pair of heels [ʃou...] *идиом.*; 2. (*осторожность*) care, cáution; де́йствовать с ~ой be very cáre¦ful.

огля́дывать, огляде́ть, огляну́ть (*вн.*) exámine (*d.*), look óver (*d.*); огляде́ть с головы́ до ног exámine from top to toe (*d.*). **~ся,** огляде́ться, огляну́ться 1. *при сов.* огляну́ться turn (back) to look at smth., glance back / behínd; 2. *при сов.* огляде́ться look round; *тк. сов.* (*привыкнуть*) get* used / accústomed to things aróund one [...ju:st...]; ◇ не успе́л огляну́ться, как ≅ before he could say "knife".

огляну́ть *сов. см.* огля́дывать. **~ся** *сов. см.* огля́дываться 1.

огнев||о́й 1. *прил. к* ого́нь; 2. *воен.*: ~а́я заве́са cúrtain of fire, cúrtain-fire; ~а́я то́чка wéapon empláce¦ment ['wep-...].

огнеды́шащ||ий *уст.* fíre-spìtting; ~ая гора́ volcánò.

огнемёт *м. воен.* fláme-thrower [-θrouə].

о́гненный fíery.

огнеопа́сный inflámmable.

огнепокло́нни||к *м.*, **~ца** *ж.* fíre-wòrshipper. **~ческий** *прил. к* огнепокло́нник. **~ство** *с.* fíre-wòrship.

огнесто́йк||ий fíre¦proof, fíre-resísting [-'zɪ-]. **~ость** *ж.* fire resístance [...-'zɪ-].

огнестре́льн||ый: ~ое ору́жие fíre-àrm(s) (*pl.*); ~ая ра́на búllet wound ['bu- wu:-].

огнетуши́тель *м.* fíre-extìnguisher.

огнеупо́рн||ый *тех.* fíre¦proof, refráctory; ~ кирпи́ч fíre-brìck; ~ая гли́на fíre-clay.

огни́во *с.* steel (*formerly used for kindling fire*).

ого́ *межд.* ohó!

огова́ривать, оговори́ть (*вн.*) 1. (*заранее устанавливать*) stípulàte (for); make* a rèservátion [...-z-] (for); spécifỳ (*d.*); оговори́ть что-л. где-л. méntion smth. sóme¦whère; а́втор оговори́л э́то в предисло́вии the áuthor has méntioned it in the préface; 2. *разг.* (*наговаривать на кого-л.*) slánder [-ɑ:n-] (*d.*). **~ся,** оговори́ться 1. (*в речи*) (make* a) slip in spéaking; 2. (*объяснять наперёд*) make* a rèservátion [...-z-]; 3. *страд. к* огова́ривать.

огово́р *м.* slánder [-ɑ:n-].

оговори́ть(ся) *сов. см.* огова́ривать (-ся).

огово́р||ка *ж.* 1. (*условие*) rèservátion [-z-], stìpulátion; с ~кой with resérve [...-'z-]; без ~ок without resérve; 2. (*обмолвка*) slip of the tongue [...tʌŋ].

огол||е́ние *с.* núdity, dènudátion. **~ённый** 1. *прич. см.* оголя́ть; 2. *прил.* nude, náked. **~и́ть(ся)** *сов. см.* оголя́ть(ся).

оголте́лый *разг.* frántic, sháme¦-less.

оголя́ть, оголи́ть (*вн.*) bare (*d.*); (*лишать покрова*) strip (*d.*); ~ фланг *воен.* expóse *the* flank. **~ся,** оголи́ться 1. strip (òne¦sélf); дере́вья оголи́лись the trees are bare / léafless; 2. *страд. к* оголя́ть.

огонёк *м.* (small) light; блужда́ющий ~ will-o'-the-wisp; ígnis fátuus *научн.*; ◇ рабо́тать с огонько́м put* vim into one's work.

ого́нь *м.* 1. *тк. ед.* fire; 2. *тк. ед. воен.*: заградительный ~ defénsive fire; за́лповый ~ vólley fire; перекрёстный ~ cróss-fire; си́льный ~ héavy fire ['hevɪ...]; 3. (*светящаяся точка, фонарь*) light; огни́ поту́шены the lights are out; опознава́тельный ~ call sign [...saɪn]; сигна́льный ~ sígnal light; *мор.* то́повые огни́ stéaming lights; ◇ его́ глаза́ горя́т огнём his eyes are búrning [...aɪz...]; говори́ть с огнём speak* with férvour; огнём и мечо́м with fire and sword [...sɔ:d]; из огня́ да в по́лымя *погов.* ≅ out of the frýing-pàn into the fire; пройти́ ~ и во́ду (и ме́дные тру́бы) *разг.* go* through fire and wáter [...'wɔ:-], go* through thick and thin; go* through hail, wind and témpest [...wɪ-...]; (очути́ться) ме́жду двух огне́й (be) betwéen two fires; ≅ betwéen the dévil and the deep blue sea; боя́ться как огня́ fear like death [...deθ].

огора́живание *с.* en¦clósure [-'klou-], en¦clósing, féncing in.

огора́живать, огороди́ть (*вн.*) fence in (*d.*), en¦clóse (*d.*). **~ся,** огороди́ться 1. fence òne¦sélf in; 2. *страд. к* огора́живать.

огоро́д *м.* kítchen-gàrden; ◇ ка́мешек в чей-л. ~ a dig at smb.

огороди́ть(ся) *сов. см.* огора́живать(ся).

огоро́дн||ик *м.*, **~ица** *ж.* márket-gárdener; truck fármer *амер.*

огоро́дн||ичать *разг.* do márket-gárdening. **~ичество** *с.* márket-gárdening; truck fárming *амер.* **~ый** *прил. к* огоро́д; ~ое хозя́йство végetable gárden; truck farm *амер.*; ~ые культу́ры végetable crops.

огоро́ш||ить *сов.* (*вн.*) *разг.* take* abáck (*d.*), disconcért (*d.*); его́, их *и т. д.* э́то ~ило he was, they were, *etc.*, disconcérted, he was, they were, *etc.*, táken abáck.

огорч||а́ть, огорчи́ть (*вн.*) pain (*d.*), grieve [gri:v] (*d.*). **~а́ться,** огорчи́ться be pained / annóyed, grieve [gri:v]; не ~а́йтесь! cheer up! **~е́ние** *с.* grief [gri:f], chàgrín [ʃæ'gri:n]; быть в ~е́нии be grieved [...gri:vd], be in distréss. **~и́тельный** grievous [-i:v-], distréssing.

огорчи́ть(ся) *сов. см.* огорча́ть (-ся).

огра́б||ить *сов. см.* гра́бить 1. **~ле́ние** *с.* róbbery; (*поезда и т. п.*) hóld-ùp; (*со взломом*) búrglary.

огра́да *ж.* fence.

огради́ть(ся) *сов. см.* огражда́ть (-ся).

огражд||а́ть, огради́ть (*вн.* от) guard (*d.* from, agáinst), protéct (*d.* agáinst). **~а́ться,** огради́ться (от) defénd òne¦sélf (agáinst), guard òne¦sélf (from, agáinst). **~е́ние** *с.* bárrier.

ограниче́ние *с.* lìmitátion, restríction.

ограни́ченн||ость *ж.* 1. (*о средствах и т. п.*) scántiness; 2. (*о человеке, интересах*) nárrow-mínded¦ness. **~ый** 1. (*о средствах и т. п.*) límited, scánty; 2. (*о человеке*) nárrow(-mínded), híde¦bound.

огранйч||ивать, ограни́чить (*вн. тв.*) límit (*d.* to), restríct (*d.* in); ~ себя́ во всём stint òne|sélf in évery|-thing; ~ ора́тора вре́менем set* *the* spéaker a tíme-lìmit. **~иваться**, ограни́читься **1.** (*тв.*) límit òne|sélf (to); confíne òne|sélf (to); **2.** *страд. к* ограни́чивать. **~и́тельный** restríc-tive, límiting. **~ить(ся)** *сов. см.* ограни́чивать(ся).

огре́ть *сов.* (*вн.*) *разг.* deal* a blow [...-ou] (*i.*).

огре́х *м.* blémish, flaw.

огро́мн||ый enórmous, huge; (*широ́кий*) vast; ~ое жела́ние great wish [-eɪt...]; ~ые возмо́жности vast pòssibílities; ~ое большинство́ vast majórity.

огрубе́||лый coarse, hárdened. **~ть** *сов. см.* грубе́ть.

огрыза́ться, огрызну́ться (на *вн.*) *разг.* snap (at); (*о челове́ке*) snarl out.

огрызну́ться *сов. см.* огрыза́ться.

огры́зок *м. разг.* bit, end; ~ я́блока core (of *an* apple); ~ карандаша́ pén-cil stump / stub.

огу́зок *м.* rump.

огу́лом *нареч. разг.* péll-méll, in a heap.

огу́льн||о *нареч.* without grounds / proof. **~ый** gróundless, únfóunded; (*без разбо́ра*) indiscríminate, swéep-ing; blánket (*attr.*) *амер. разг.*; ~ое обвине́ние únfóunded àccusátion [...-'z-].

огуре́||ц *м.* cúcumber. **~чный** *прил. к* огуре́ц; ~чная трава́ *бот.* bórage.

о́да *ж. лит.* ode.

ода́лживать *разг.* = одолжа́ть.

одали́ска *ж.* ódalisque ['ou-].

одарённ||ость *ж.* endówments *pl.*, (nátural) gifts [...g-] *pl.* **~ый** gífted ['g-]; ~ый ребёнок gífted / excéption-al child*.

ода́ривать = одаря́ть 1.

одари́ть *сов. см.* одаря́ть.

одар||я́ть, одари́ть **1.** (*вн.*) give* présents [...-ez-] (*i.*); ~ кого́-л. чем-л. presént smb. with smth. [-'z-...]; **2.** (*вн. тв.*; *наделя́ть*) endów (*d.* with); приро́да ~и́ла его́ прекра́сными спо-со́бностями náture has endówed him with outstánding abílities ['neɪ-...].

одева́ть, оде́ть (*вн.*) **1.** dress (*d.*), clothe [-ouð] (*d.*); **2.** (*покрыва́ть*) cóv-er ['kʌ-] (*d.*); оде́тый сне́гом snów-clàd ['snou-]. **~ся**, оде́ться **1.** dress (òne|sélf); хорошо́ ~ся dress well*; ~ся во что-л. put* smth. on; дере́вья оде́лись листво́й the trees are clothed in leaves [...klou-...]; **2.** *страд. к* одева́ть.

оде́жда *ж.* **1.** clothes [-ouðz] *pl.*; gárments *pl.*; ве́рхняя ~ stréet-clòthes [-ouðz] *pl.*; произво́дственная ~ óver|àlls *pl.*; фо́рменная ~ úni-fòrm; **2.** *тех.* (*пове́рхности*) revétment.

одёжк||а *ж. уменьш. от* оде́жда; по ~е протя́гивай но́жки *погов.* ≅ cut one's coat accórding to the cloth.

одеколо́н *м.* Éau-de-Cológne ['oudə-kə'loun]; тройно́й ~ tóilet Éau-de-Cológne; цвето́чный ~ flówer-scénted Éau-de-Cológne.

одели́ть *сов. см.* оделя́ть.

оделя́ть, одели́ть (*вн. тв.*) presént [-'z-] (*d.* with); (*перен.*) endów (*d.* with).

одёргивать, одёрнуть (*вн.*) **1.** (*при-води́ть в поря́док пла́тье и т. п.*) stráighten out (*d.*); put* in órder (*d.*); **2.** *разг.* (*призыва́ть к поря́дку*) rebúff (*d.*), check (*d.*), snub (*d.*).

одеревене́лый numb; (*перен.*) àp-athétic.

одеревене́ть *сов. см.* деревене́ть.

одержа́ть *сов. см.* одёрживать.

одёрживать, одержа́ть (*вн.*) gain (*d.*); ~ верх над кем-л. gain the úp-per hand óver smb., preváil óver smb.; ~ побе́ду gain the víctory, cárry the day; ~ побе́ду (над) gain / win* a víctory (óver).

одержи́мый 1. *прил.* (*тв.*) posséssed / obséssed [-'ze-...] (by); ~ стра́хом rídden by fears; **2.** *м. как сущ.* one posséssed.

одёрнуть *сов. см.* одёргивать.

оде́тый 1. *прич. см.* одева́ть; **2.** *прил.* with one's clothes on [...klouðz...]; fúlly dressed ['fu-...].

оде́ть(ся) *сов. см.* одева́ть(ся).

одея́ло *с.* (*шерстяно́е*) blánket; (*стёганое*) quilt; (*покрыва́ло*) cóunter-pàne.

одея́ние *с.* gárment, attíre.

оди́н *числит. и мест.* **1.** (*в отли́чие от не́скольких, мно́гих, други́х и т. п.*) one *тк. sg.*; one pair (of; *при сущ. во мн. ч.*); *мн.* (*при противопоставле́нии одно́й гру́ппы друго́й*) some: ~ и́ли два, ~-два one or two; ~ из ста one in a húndred; ~ из них one of them; ~ здесь, а друго́й там one is here and the other is there; ~ (вслед) за други́м one áfter another; (*о двух*) one áfter the other; ~ биле́т one tíck-et; одни́ са́ни one sledge *sg.*; одни́ щипцы́, но́жницы one pair of tongs, of scíssors [...tɔŋz...'sɪzəz] *sg.*; ~ пинце́т one pair of twéezers; одни́ чулки́, одна́ па́ра чуло́к one pair of stóckings; одни́ бу́квы бы́ли бо́льше, чем други́е some létters were lárger than others; одни́ согласи́лись с ним, а други́е нет some agréed with him and others did not; ни ~ *см.* ни II 1; — по одному́ (*отде́льно*) one by one; (*в оди́н ряд*) in single file; они́ при-ходи́ли по одному́ и по́ двое they came by ones and twos [...tuːz]; — одно́ (*без сущ.*: *обстоя́тельство, де́ло и т. п.*) one thing; одно́ бы́ло ему́ я́сно one thing was clear to him; — ~ еди́нственный ónly one; **2.** (*тот же, одина́ковый*) the same: они́ живу́т в одно́м до́ме they live in the same house* [...lɪv...-s]; одного́ раз-ме́ра, во́зраста (с *тв.*) the same size, age (as); э́то одна́ компа́ния (*ша́йка*) it is the same gang; — ~ и тот же the same; one and the same *тк. sg.*; э́то одно́ и то же it is the same thing; ему́, для него́ э́то всё одно́ (*безли́чно*) *разг.* it is all one to him; **3.** (*без други́х*) alóne; by òne|sélf *indef.*, by mỳ|sélf *1. pers. sg.*, by hìm|sélf *3. pers. sg. и т. д.* (*ср.* сам; *об. с отте́нком самостоя́тельности*); (*без по́мощи тж.*) all by òne|sélf *indef. и т. д.*; síngle-hánded; он был совсе́м ~ he was quite alóne, *или* quite by hìm|sélf; он мо́жет сде́лать э́то ~ he can do it (all) by hìm|sélf, *или* do it alóne; he can do it síngle-hánded; **4.** (*то́лько*) ónly *adv.*; (*никто́ друго́й тж.*) alóne; (*ничего́ кро́ме тж.*) noth-ing but: он рабо́тает с одно́й молодёжью he works with young people ónly [...jʌŋ piː-...]; ~ он мо́жет сде́лать э́то he alóne, *или* ónly he, can do it; там была́ одна́ вода́ there was nothing but, *или* ónly, wáter there [...'wɔː-...]; он чита́ет одни́ на-у́чные кни́ги he reads nothing but scientífic books, *или* ónly scientífic books; в одно́м то́лько 1965 году́ in 1965 alóne; **5.** (*не́который*) *об. передаётся через неопред. арти́кль* a, an; *тж.* a cértain (*бо́лее подчёркнуто*): ему́ сказа́л об э́том ~ челове́к a (cértain) man told him abóut it; он встре́тил одного́ своего́ прия́теля he met a friend of his [...frend...]; э́то случи́лось в одно́й дере́вне на Ю́ге it háppened in a víllage in the South; — одно́ вре́мя (*когда́-то*) at one time; time was when; ◇ ~ на ~ (*о разгово́ре*) in prívate [...'praɪ-], príváte|ly ['praɪ-]; (*о борьбе́*) face to face; все до одного́ (челове́ка) all to a man, every single one; все как ~ one and all; (*единоду́шно*) ùnánimous|ly; в ~ го́лос with one voice; with one accórd; в ~ миг in a twínkling, in a mó-ment; одни́м сло́вом in a / one word; одни́м ро́счерком пера́ with a stroke of the pen; в ~ прекра́сный день one fine day; ~ раз (*одна́жды*) once [wʌns]; с одно́й стороны́... с друго́й (стороны́) on the one hand... on the other hand; ~ в по́ле не во́ин *посл.* ≅ the voice of one man is the voice of no one; one cánnòt cónquer alóne [...-kə...].

одина́ков||о *нареч.* équal|ly. **~ый** (с *тв.*) ìdéntical [aɪ-] (with); the same (as); они́ ~ого ро́ста they are of the same height [...haɪt]; в ~ой ме́ре in équal méasure [...'meʒə], équal|ly.

одина́рный single.

одинё||хонек, **~шенек** *разг.* quite alóne.

одиннадцати- (*в сложн. слова́х, не приведённых осо́бо*) of eléven [...ɪ'le-], *или* eléven- — *соотв. тому́, как даётся перево́д второ́й ча́сти сло́ва, напр.* одиннадцатидне́вный of eléven days, eléven-day [ɪ'le-] (*attr.*);

(ср. -дне́вный: of... days, -day (*attr.*); одиннадцатиме́стный with berths, seats for 11; (*о самолёте, автомашине и т. п.*) eléven-séater [ɪ'le-] (*attr.*); (ср. -ме́стный).

одиннадцатиле́тний 1. (*о сроке*) of eléven years [...ɪ'le-...]; eléven-year [ɪ'le-] (*attr.*); 2. (*о возрасте*) eléven-year-óld [ɪ'le-]; ~ ма́льчик eléven-year-óld boy, boy of eléven.

одиннадцатичасово́й 1. (*о продолжительности*) of eléven hours [...ɪ'le- auəz]; eléven-hour [ɪ'le- -auə] (*attr.*); 2.: ~ по́езд the eléven o'clóck train; the eléven o'clóck *разг.*

оди́ннадцат||ый eléventh [ɪ'le-]; ~ое ма́я, ию́ня *и т. п.* the eléventh of May, June, *etc.*; May, June, *etc.*, the eléventh; страни́ца, глава́ ~ая page, chápter eléven [...ɪ'le-]; ~ но́мер númber eléven; ему́ пошёл ~ год he is in his eléventh year; уже́ ~ час it is past ten; в ~ом часу́ past / áfter ten; полови́на ~ого half past ten [hɑːf...]; три че́тверти ~ого a quárter to eléven; одна́ ~ая one eléventh.

оди́ннадцать *числит.* eléven [ɪ'le-].

оди́нождыы *нареч.* one times; ~ пять — пять one times five is five.

одино́||кий 1. *прил.* sólitary, lóne|ly; lone *поэт.*; 2. *прил.* (*бессемейный*) single; ~кие ма́тери single /únmárried móthers [...'mʌ-]; 3. *м. как сущ.* single man*, báchelor; ко́мната для ~кого single room. ~**ко** *нареч.* lóne|ly; жить ~ко lead* a lóne|ly life; чу́вствовать себя́ ~ко feel* lóne|ly.

одино́честв||о *с.* sólitùde, lóne|liness; оста́ться, оказа́ться в ~е find* òne|sélf ísolàted, *или* in ìsolátion [...'aɪs-...aɪs-].

одино́чк||а I *м. и ж.* lone pérson; жить ~ой live alóne [lɪv...]; куста́рь-~ hóme|cràfts|man* wórking alóne; ◇ де́йствовать в ~у act alóne.

одино́чка II *ж. разг.* (*одиночная камера*) sólitary (confíne|ment) cell, óne-mán cell.

одино́чн||ый óne-mán (*attr.*), ìndivídual; ~ое заключе́ние sólitary confíne|ment; ~ полёт sólò flight; ~ ого́нь *воен.* ìndivídual fire; (*одиночными выстрелами*) single-round fíring.

одио́зный offénsive, ódious.

одича́||вший 1. *прич. см.* дича́ть; 2. *прил.* = одича́лый. ~**лый** wild, sávage. ~**ние** *с.* rúnning wild.

одича́ть *сов. см.* дича́ть.

одна́ *ж. к* оди́н.

одна́жды *нареч.* once [wʌns], one day; ~ у́тром (ве́чером, но́чью) one mórning (évening, night) [...'iːvn-...].

одна́ко (*тж.* ~ ж, ~ же) *вводн. сл. и союз* 1. (*всё же*) how|éver *adv.*; though[ðou] (*в конце предложения*);(*но*) but *conj.*; ~ он оши́бся he was mistáken, how|éver; он был там, ~ их не ви́дел he was there, but did not see them; 2. *как межд.* you don't say so!

одни́ *мн. см.* оди́н.

одно́ *с. к* оди́н.

одноа́ктн||ый óne-àct (*attr.*); ~ая пье́са óne-àct play.

одноа́томный mònatómic, mònoatómic.

однобо́к||ий óne-síded; ~ое сужде́ние óne-sided view [...vjuː].

однобо́ртный single-bréasted [-'bres-].

одновале́нтный *хим.* univalent.

одновесе́льный óne-oared.

одновре́ме́нн||о *нареч.* sìmultáneous|ly, at the same time. ~**ость** *ж.* sìmultanéity [-'nɪə-]. ~**ый** sìmultáneous, sýnchronous.

одногла́з||ка *ж. зоол.* cýclops. ~**ый** óne-éyed [-'aɪd], síngle-éyed [-'aɪd]; monócular *научн.*

одногоди́чный óne-year (*attr.*).

одного́дки = однолéтки.

одноголо́сый óne-voiced.

одного́рбый: ~ верблю́д óne-húmped / Arábian cámel [...'kæ-], drómedary ['drʌ-].

однодне́вный óne-day (*attr.*); ~ дом о́тдыха óne-day hóliday home [...-dɪ...]; ~ за́работок dáily wage, day's pay.

однодо́льный *бот.* mónocòtylédonous.

однодо́мный *бот.* monóecious [-'niːʃ-].

однозаря́дн||ый *воен.* síngle-loading; ~ое ору́жие single-loader.

однозву́чный monótonous.

однозна́чащий synónymous.

однозна́чный I *мат.* simple.

однозна́чный II = однозна́чащий.

одноимённый of the same name.

однокали́берный of the same cálibre.

однока́шник *м. разг.* schóol-fèllow.

одноквarти́рный óne-flát (*attr.*); сбо́рный ~ дом small pré|fábricàted house* [...-s].

однокла́ссн||ик *м.*, ~**ица** *ж.* cláss-màte.

одноклéточный *биол.* ùnicéllular, síngle-cèll (*attr.*).

одноковшо́вый óne-búcket (*attr.*), single-búcket (*attr.*); ~ экскава́тор óne-búcket éxcavàtor.

одноколе́йка *ж. разг.* single-tràck ráilway.

одноколе́йный single-tràck (*attr.*).

одноко́лка *ж.* gig [g-].

одноко́нный óne-hòrse (*attr.*).

однокопы́тный *зоол.* sòlidúngulate, sólid-hoofed.

однокó́рпусный *мор.* síngle-hùll (*attr.*).

однокра́тный: ~ вид *грам.* mómentary áspèct ['mou-...].

одноку́рсн||ик *м.*, ~**ица** *ж.*: он его́ ~, она́ его́ ~ица they are on the same course, *или* in the same year [...kɔːs...]; быть ~иком с кем-л. be on the same course, *или* in the same year, as smb.

однолéтки *мн.* (*ед.* однолéток *м.*) children of the same age; они́ ~ they are of the same age.

однолéтн||ий *бот.* ánnual; ~ее расте́ние ánnual; ~ие тра́вы ánnual grass crops.

одномáстный of one cólour [...'kʌ-]; of the same coat.

одномáчтовый single-màsted.

одномéстный single-séater (*attr.*); ~ самолёт single-séater áircràft / plane.

одномото́рный single-éngined [-'endʒ-].

одноно́гий óne-légged.

однообра́з||ие *с.*, ~**ность** *ж.* monótony. ~**ный** monótonous.

однопала́тн||ый ùnicámeral; ~ая систе́ма single-chámber sýstem [-'tʃeɪ-...]; ~ парла́мент óne-chámber párliament [-'tʃeɪ- -ləm-].

однопа́лубный single-dècked.

однопле́менный of the same tribe.

однополча́нин *м.* bróther-sòldier ['brʌðəsouldʒə]; (*офицер*) bróther-òfficer ['brʌ-].

однопо́лый *бот.* únisèxual.

однопо́люсный *физ.* ùnipólar.

однопу́тн||ый single-tràck (*attr.*); ~ая ли́ния *ж.-д.* single-tràck ráilway.

одноро́гий óne-hórned, ùnicórnous.

одноро́дн||ость *ж.* hòmogènéity [-'niː-], ùnifórmity. ~**ый** 1. hòmogéneous, únifòrm; 2. (*сходный*) símilar.

одноро́кий óne-ármed, óne-hánded.

односельча́н||ин *м.* cóuntry|man* ['kʌ-]. ~**ка** *ж.* cóuntry|wòman* ['kʌ- -wu-].

односка́тн||ый léan-tó; ~ая кры́ша léan-tó roof.

односло́жно *нареч.* mónosyllábically; отвеча́ть ~ ánswer in one word ['ɑːnsə...].

односло́жн||ость *ж.* mónosýllabism; (*перен.*: *сжатость*) térse|ness. ~**ый** mónosyllábic.

односпа́льн||ый: ~ая крова́ть single béd(-stead) [...-sted].

одноство́льн||ый single-bárrelled; ~ое ружьё single-bárrelled gun.

однoство́рчат||ый 1. (*о моллюске*) únivàlve; 2.: ~ая дверь pánel door ['pæ- dɔː].

односторо́нн||ий (*прям. и перен.*) óne-síded; úniláteral *офиц.*; (*перен. тж.*) óne-légged, nárrow; ~ отка́з от догово́ра úniláteral denùnciátion of *a* tréaty; ~ее воспита́ние óne-sided èducátion; ~ ум óne-sided mind; ~яя связь *тех.* óne-way commùnicátion.

одноти́пн||ость *ж.* ùnifórmity. ~**ый** of the same type / kind; ~ый кора́бль síster-shìp.

одното́мн||ик *м.* óne-vólume edítion. ~**ый** óne-vólume (*attr.*).

одноу́хий óne-éared.

однофа́зный *эл.* single-phàse (*attr.*), mónophàse.

однофами́л||ец *м.*, **~ица** *ж.* pérson béaring the same súrnàme [...'bɛə-...].

одноцве́тн||ый óne-còlour [-kʌ-] (*attr.*); **~ая** печа́ть *полигр.* mónochròme.

одноцили́ндровый òne-cýlinder (*attr.*).

одночле́н *м. мат.* monómial. **~ный** *мат.* monómial.

одношёрстный of one cólour[...'kʌ-].

одноэта́жный óne-stóreyed [-rɪd].

одноязы́чный: ~ слова́рь *лингв.* ùnilíngual díctionary; (*толковый*) defíning díctionary.

одобр||е́ние *с.* appróval [-ru:-]; заслужи́ть чьё-л. ~ meet* with smb.'s appróval. **~и́тельный** appróving [-ru:-].

одо́брить *сов. см.* одобря́ть.

одобря́ть, одо́брить (*вн.*) appróve [-u:v] (*d.*, of); не ~ dísappróve [-u:v] (*d.*, of); (*возражать*) déprecàte (*d.*).

одолева́||ть, одоле́ть (*вн.*) **1.** (*прям. и перен.*) òver¦cóme* (*d.*); òver¦pówer (*d.*); (*побеждать*) cónquer [-kə] (*d.*); его́ ~ет любопы́тство he is besét by cùriósity; **2.** *разг.* (*справляться с чем-л.*) cope (with), mánage (*d.*); он ника́к не одоле́ет э́ту кни́гу he cánnòt get through this book.

одоле́ть *сов. см.* одолева́ть.

одолж||а́ть, одолжи́ть **1.** (*вн. дт.*) lend* (*d. i.*); **2.** (*вн. тв.*) *уст.* oblíge (*d.* with). **~а́ться** (*дт.*; *быть обязанным*) be oblíged (to). **~е́ние** *с.* fávour; сде́лать **~е́ние** (*дт.*) do a fávour (*i.*); сде́лайте мне **~е́ние** do me a fávour; сде́лайте **~е́ние!** (*пожалуйста!, прошу вас!*) go ahéad! [...ə'hed], please, do!; я сочту́ э́то за **~е́ние** I shall regárd it as a fávour.

одолжи́ть *сов. см.* одолжа́ть.

одома́шнивание *с.* domèsticátion; ~ живо́тных domèsticátion of ánimals.

одонтоло́гия *ж.* òdòntólogy.

одр *м. уст.* bed, couch; на сме́ртном **~е́** on one's déath-bèd [...'deθ-].

одряхле́ть *сов. см.* дряхле́ть.

одува́нчик *м.* dándelìon.

оду́маться *сов.* change one's mind (on sécond thoughts) [ʧeɪ-... 'se-...]; think* bétter of it.

одура́чивать, одура́чить (*вн.*) *разг.* make* a fool (of), fool (*d.*).

одура́чить *сов. см.* одура́чивать *и* дура́чить.

одуре́||лый *разг.* crázy. **~ние** *с.* = о́дурь.

одуре́ть *сов. разг.* grow* stúpid [-ou...].

одурма́нивать, одурма́нить (*вн.*) stúpefỳ (*d.*). **~ся,** одурма́ниться be stúpefied.

одурма́нить *сов. см.* одурма́нивать *и* дурма́нить. **~ся** *сов. см.* одурма́ниваться.

о́дурь *ж. разг.* stúpor; со́нная ~ *бот.* déadly níghtshàde ['ded-...].

одуря́||ть = одурма́нивать. **~ющий:** **~ющий** за́пах stúpefỳing / héavy scent [...'hevɪ...].

одутлова́т||ость *ж.* púffiness. **~ый** púffy.

одухотвор||ённость *ж.* spìrituálity. **~ённый** *прич. и прил.* inspíred; *тк. прил.* (*о лице*) spíritual. **~и́ть** *сов. см.* одухотворя́ть.

одухотворя́ть, одухотвори́ть (*вн.*) spíritualìze (*d.*).

одушев||и́ть(ся) *сов. см.* одушевля́ть(ся). **~ле́ние** *с.* ànimátion. **~лённый** **1.** *прич. и прил.* ánimàted; **2.** *прил.:* **~лённый** предме́т *грам.* ánimate óbject.

одушевля́ть, одушеви́ть (*вн.*) ánimàte (*d.*). **~ся,** одушеви́ться **1.** be / become* ánimàted; **2.** *страд. к* одушевля́ть.

оды́шк||а *ж.* short breath / wind [...breθ wɪ-]; страда́ть **~ой** be shórt-wínded [...-'wɪ-]; страда́ющий **~ой** shórt-wínded.

ожереби́ться *сов. см.* жереби́ться.

ожере́лье *с.* nécklace; бриллиа́нтовое ~ díamond nécklace.

ожесточ||а́ть, ожесточи́ть (*вн.*) hárden (*d.*), embítter (*d.*). **~а́ться,** ожесточи́ться **1.** become* hárdened / embíttered; **2.** *страд. к* ожесточа́ть. **~е́ние** *с.* bítterness.

ожесточённ||ость *ж.* = ожесточе́ние. **~ый** **1.** *прич. см.* ожесточа́ть; **2.** *прил.* bítter, fierce [fɪəs], víolent; (*отчаянный*) désperate; **~ое** сопротивле́ние fierce / víolent / désperate resístance [...-'zɪ-].

ожесточи́ть(ся) *сов. см.* ожесточа́ть(ся).

оже́чь(ся) = обже́чь(ся).

ожива́льный *арх.* ògíval.

ожива́ть, ожи́ть come* to life.

ожив||и́ть(ся) *сов. см.* оживля́ть (-ся). **~ле́ние** *с.* **1.** rè¦ànimátion, revíving; enlíven¦ing, máking more líve¦ly; **2.** (*состояние*) ànimátion; с больши́м **~ле́нием** with great ànimátion / gústò [...-eɪt...]. **~лённо** *нареч.* ánimàted¦ly, with ànimátion. **~лённый** ánimàted; (*шумный*) bóisterous; **~лённая** бесе́да líve¦ly cònversátion; вести́ **~лённую** перепи́ску cárry on a líve¦ly còrrespóndence; **~лённые** у́лицы búsy streets ['bɪzɪ...].

оживля́ть, оживи́ть (*вн.*) revíve (*d.*); (*придавать бодрость*) enlíven (*d.*), vívifỳ (*d.*), revítalìze (*d.*); (*делать более ярким*) bríghten up (*d.*). **~ся,** оживи́ться **1.** become* ánimàted; **2.** *страд. к* оживля́ть.

ожида́н||ие *с.* wáiting; (*надежда на что-л.*) èxpèctátion; лихора́дочное ~ bréathless èxpèctátion ['breθ-...]; обману́ть чьи-л. **~ия** dìsappóint smb.; в **~ии** (*рд.*) pénding (*d.*); в **~ии** его́ возвраще́ния pénding his retúrn; сверх **~ия** be¦yónd èxpèctátion.

ожида́||ть (*рд.*) wait (for); (*предвидеть*) expéct (*d.*); antícipàte (*d.*); он **~ет** его́ уже́ час he has been wáiting for him for an hour [...auə]; что нас **~ет?** what is in store for us?; я не **~л** вас (ви́деть) I did not expéct (to see) you; как он и **~л** just as he (had) expécted.

ожире́ние *с.* òbésity [ou'bi:-]; (*какого-л. органа*) stèatósis [-i:ə'tou-]; ~ се́рдца ádipòse heart [-s hɑ:t].

ожире́ть *сов.* run* to fat.

ожи́ть *сов. см.* ожива́ть.

ожо́г *м.* burn; (*кипящей жидкостью, паром*) scald.

озабо́тить(ся) *сов. см.* озабо́чивать(ся).

озабо́ченн||ость *ж.* prè¦òccupátion; (*беспокойство*) ànxíety [-ŋ'z-]; (*забота*) concérn. **~ый** prè¦óccupìed; (*обеспокоенный*) ánxious, wórried ['wʌ-]; у него́ был **~ый** вид he looked prè¦óccupìed.

озабо́чивать, озабо́тить (*вн.*) give*/ cause ànxíety [...-ŋ'z-] (*i.*). **~ся,** озабо́титься (*тв.*) atténd (to), see* (to).

озагла́вить *сов. см.* озагла́вливать.

озагла́вливать, озагла́вить (*вн.*) entítle (*d.*); (*главы, разделы тж.*) head [hed] (*d.*).

озада́ченн||ость *ж.* perpléxity. **~ый** puzzled, perpléxed, táken abáck.

озада́ч||ивать, озада́чить (*вн.*) puzzle (*d.*), perpléx (*d.*), take* abáck (*d.*); **~ить** кого́-л. вопро́сом puzzle smb. with *a* quéstion [...-sʧən]. **~ить** *сов. см.* озада́чивать.

озари́ть(ся) *сов. см.* озаря́ть(ся).

озар||я́ть, озари́ть (*вн.*) light* up (*d.*); illúminàte (*d.*); illúmine (*d.*), illúme (*d.*) *поэт.*; его́, её *и т. д.* **~и́ло** (*перен.*) it dawned up¦ón him, her, *etc.*; улы́бка **~и́ла** его́ лицо́ his face lit up with a smile. **~я́ться,** озари́ться **1.** (*тв.*) light* up (with); **2.** *страд. к* озаря́ть.

озвере́||лый brútal. **~ние** *с.* brùtálity; дойти́ до **~ния** become* brútalìzed; с **~нием** brútally.

озвере́ть *сов. см.* звере́ть.

озву́ч||ивать, озву́чить (*вн.*; *о фильме*) sóund-tràck (*d.*). **~ить** *сов. см.* озву́чивать.

оздорови́тельн||ый sànitátion (*attr.*); **~ые** мероприя́тия sànitátion méasures [...'meʒ-].

оздоров||и́ть *сов. см.* оздоровля́ть. **~ле́ние** *с.* sànitátion.

оздоровля́ть, оздорови́ть (*вн.*) sánitàte (*d.*); arránge for the protéction of the health of a commúnity [-eɪn-...he-...] (*d.*); (*перен.: нормализовать*) nórmalìze (*d.*).

озелен||е́ние *с.* (*рд.*) plánting of gréenery [-ɑ:n-...] (in), plánting of trees and shrubs (in). **~и́ть** *сов. см.* озеленя́ть.

озеленя́ть, озелени́ть (*вн.*) plant trees and shrubs [-ɑ:nt...] (in).

о́земь *нареч. разг.* to the ground, down; уда́риться ~ strike* the ground, fall* to the ground.

озёрный прил. к о́зеро; ~ край ake-lànd, láke-country [-kʌ-].

о́зеро с. lake; солёное ~ salt lake.

ози́м||ые мн. скл. как прил. winter rops. ~ый wínter; ~ая культу́ра inter crop; ~ое по́ле wínter-field -fi:ld].

о́зимь ж. wínter crop.

озира́ть (вн.) view [vju:] (d.). ~ся ook back; (вокруг) look / gaze round; ~ся по сторона́м look aróund.

озли́ться разг. = обозли́ться.

озло́б||ить(ся) сов. см. озлобля́ть ся). ~ле́ние с. bítterness, ànimós-ty. ~ленный прич. и прил. embít-ered; прил. тж. reséntful [-'ze-].

озлобля́ть, озло́бить (вн.) embítter l.). ~ся, озло́биться 1. become* mbíttered; 2. страд. к озлобля́ть.

ознако́м||ить(ся) сов. см. ознаком-ля́ть(ся). ~ле́ние с. acquáintance; епосре́дственное ~ле́ние с чем-л. írst-hánd acquáintance with smth., írst-hánd view of smth. [...vju:...].

ознакомля́ть, ознако́мить (вн. с тв.) acquáint (d. with). ~ся, озна-ко́миться (с тв.) famíliarìze òne¦sélf with); ознако́миться с но́вой кни́гой ook through a new book.

ознаменова́ние с.: в ~ чего́-л. o mark the occásion of smth., on he occásion of smth.; (о прошлом обытии тж.) in commèmorátion of mth.

ознаменова́ть сов. (вн.) mark (d.); отпраздновать) célebràte (d.). ~ся ов. (тв.) be marked (by).

означа́||ть (вн.) mean* (d.), sígnifỳ d.), stand* (for); (влечь за собой) pell* (d.); что ~ют э́ти бу́квы? what do these létters stand for?

озна́ченный канц. the afóre¦said ...-sed].

озно́б м. shívering, féver, chill; у него́ ~ he is shívering.

озокери́т м. мин. ozócerìte [-ouk-], ozókerit [-ou-].

озолоти́ть сов. (вн.) 1. уст. gild -g] (d.); 2. разг. (обогатить) load with móney [...'mʌ-] (d.). ~ся be-come* gólden.

озо́н м. ózòne ['ou-]. ~а́тор м. биз. ózonìzer ['ou-]. ~и́рование с. òzonìzátion [ouzənaɪ-].

озони́ровать несов. и сов. (вн.) ózon-ize ['ou-] (d.).

озор||ни́к м., ~ни́ца ж. (о ребёнке) mís¦chievous child*; bundle of mís¦-chief разг.; (о взрослом) mís¦chievous pérson / one. ~нича́ть (о ребёнке) be náughty; (о взрослом) play rough tricks [...rʌf...]. ~но́й mís¦chievous, náughty; име́ть ~но́й вид look náugh-ty / mís¦chievous; ~ны́е глаза́ eyes full of mís¦chief [aɪz...]. ~ство́ с. mís¦chief, náughtiness.

озя́б||нуть сов. be cold, be chílly; он озя́б he is cold, he is chilly; у него́ ~ли ру́ки his hands are cold.

ой межд. o!; oh! [ou].

оказа́ни||е с. réndering; для ~я по́-мощи to rénder help / assistance; ~ пе́рвой по́мощи réndering first aid.

оказа́ть(ся) сов. см. ока́зывать (-ся).

ока́з||ия ж. 1. уст. òpportúnity; посла́ть с ~ией (вн.) take* a con-vénient òpportúnity of sénding (d.), send* by smb. (d.); 2. разг. (неожи-данное событие) óddity, ún¦expécted turn; кака́я ~! how ún¦expécted!

ока́зывать, оказа́ть (вн.) rénder (d.), show* [ʃou] (d.); ~ соде́йствие (дт.) rénder assístance (i.); ~ подде́ржку (дт.) lend* / rénder suppórt (i.); ~ по́мощь (дт.) give* help (i.), help (d.); он оказа́л мне соде́йствие в э́том предприя́тии he lent me his suppórt in this ùndertáking / énterprìse; ~ услу́гу (дт.) do / rénder a sérvice (i.); do a good turn (i.) разг.; ~ предпо-чте́ние (дт.) show* préference [ʃou...] (to); give* préference (i.); (предпо-читать) prefér (d.); ~ влия́ние (на вн.) ínfluence (d.), exért ínfluence (up¦ón, óver, on); ~ гостеприи́м-ство (дт.) show* hòspitálity (i.); ~ давле́ние (на вн.) exért préssure (up¦-ón), bring* préssure to bear [...beə] (up¦ón); (без доп.) take* efféct; ~ сопротивле́ние (дт.) show* / óffer, или put* up, resístance [...'zɪ-] (i.); оказа́ть честь (дт.) show* / do an hónour [...'ɔnə] (i.). ~ся, оказа́ться 1. (очутиться) find* òne¦sélf; 2. (обна-руживаться) turn out, be found; prove (to be) [-u:v...]; оказа́лось, что it was found, или it turned out, that; двух экземпля́ров кни́ги не оказа́-лось two cópies of the book were míssing, или were found to be míss-ing [...'kɔ-...]; трево́га оказа́лась на-пра́сной there proved to be no ground for alárm; он оказа́лся болтли́вым спу́тником he turned out a very tálkative féllow-tràveller; ока́зыва-ется, что it appéars that; как оказа́-лось as it (has) turned out.

окайми́ть сов. см. окаймля́ть.

окаймля́ть, окайми́ть (вн. тв.) bór-der (d. with), edge (d. with), fringe (d. with), hem (d. with).

ока́лина ж. тех. scale; (шлак) cín-der.

окамене́л||ость ж. (ископаемое) fós-sil. ~ый pétrified, fóssilìzed; ~ый взор fixed stare.

окамене́ть сов. см. камене́ть.

окантова́ть сов. (вн.) edge (d.), mount (d.); ~ карти́ну, фотогра́фию edge / mount / frame a picture in pásse-partóut [...'pæspɑ:'tu:].

оканто́вка ж. édging.

ока́нчивать, око́нчить (вн.) fínish (d.), end (d.); око́нчить шко́лу fínish school; око́нчить университе́т grád-uàte (from the ùnivérsity). ~ся, око́нчиться 1. fínish, end; be óver; (тв.) end (in), términàte (in); 2. страд. к ока́нчивать.

о́канье с. лингв. reténtion of ún-stréssed "o" (in Russian dialects).

ока́пи зоол. okápi [-ɑ:pɪ].

ока́пывать, окопа́ть (вн.) dig* round (d.). ~ся, окопа́ться 1. воен. dig* in; entrénch (òne¦sélf) (тж. перен.); 2. страд. к ока́пывать.

окати́ть(ся) сов. см. ока́чивать (-ся).

о́кать лингв. retáin the únstréssed "o" (in Russian dialects).

ока́чивать, окати́ть (вн.) pour [pɔ:] (óver), douse [-s] (d.), drench (d.); ока-ти́ть холо́дной водо́й pour cold wáter [...'wɔ:-] (óver); (перен.) damp (d.), discóurage [-'kʌ-] (d.). ~ся, окати́ть-ся 1. pour óver òne¦sélf [pɔ:...]; 2. страд. к ока́чивать.

ока́шивать, окоси́ть (вн.) mow* rou d [mou...] (d.).

ока́янный разг. damned, cursed.

океа́н м. о́cean ['ouʃ°n].

океанографи́ческ||ий òceanográphic [ouʃɪə-]; ~ая экспеди́ция òceano-gráphic èxpedítion.

океаногра́фия ж. òceanógraphy [ouʃɪə-].

океанологи́ческий òceanológical [ouʃɪə-].

океаноло́гия ж. òceanólogy [ouʃɪə-].

океа́нский прил. к океа́н; тж. òceánic [ouʃɪ'æ-]; ~ парохо́д ócean--lìner ['ouʃ°n-].

оки́дывать, оки́нуть: ~ взгля́дом, взо́ром (вн.) take* in at a glance (d.); glance óver (d.).

оки́нуть сов. см. оки́дывать.

о́кисел м. хим. óxìde.

окисл||е́ние с. хим. òxidátion. ~и́тель м. acídifìer, óxidìzer. ~и́тель-ный óxidìzing.

окисли́ть(ся) сов. см. окисля́ть(ся).

окисля́ть, окисли́ть (вн.) хим. óxi-dìze (d.). ~ся, окисли́ться 1. хим. óxidìze; 2. страд. к окисля́ть.

о́кись ж. хим. óxìde; ~ желе́за férric óxìde; ~ алюми́ния àlúmina, àlumínium óxìde [-lju-...]; ~ угле-ро́да cárbon mònóxìde; ~ азо́та nítric óxìde ['naɪ-...].

окклю́зия ж. хим. occlúsion.

оккульти́зм м. occúltism.

окку́льтный occúlt.

оккуп||а́нт м. òccupátionist, invád-er. ~ацио́нный прил. к оккупа́ция; ~ацио́нная а́рмия ármy of òccupá-tion, òccupátion ármy. ~а́ция ж. òccupátion.

оккупи́ровать несов. и сов. (вн.) óccupỳ (d.).

окла́д I м. 1. (размер заработной платы) (rate of) pay, (rate of) sálary; основно́й ~ воен. básic pay ['beɪs-...]; 2. (размер налога) tax.

окла́д II м. (на иконе) sétting fráme¦wòrk.

окла́дист||ый: ~ая борода́ broad and thick beard [brɔ:d...].

оклевета́ть сов. (вн.) slánder [-ɑ:n-] (d.); calúmniàte (d.), defáme (d.).

оклéивать, оклéить (*вн. тв.*) paste óver [peɪst...] (*d.* with); glue óver (*d.* with); (*покрывать*) cóver ['kʌ-] (*d.* with); оклéить кóмнату обóями páper *a* room.

оклéить *сов. см.* оклéивать.

оклéйка *ж.* pásting ['peɪst-], glúe¦ing; (*обоями*) páper¦ing.

óклик *м.* hail, call. **~áть**, оклúкнуть (*вн.*) hail (*d.*), call (to).

оклúкнуть *сов. см.* окликáть.

окнó *с.* **1.** wíndow; cáse¦ment-wìndow [-s-]; слуховóе ~ dórmer(-wíndow); без óкон wíndowless; **2.** *тех.* port; ópen¦ing; slot; **3.** *разг.* (*в расписании занятий*) gap, "wíndow".

óко *с. уст.*, *поэт.* eye [aɪ]; ◇ в мгновéние óка in the twínkling of an eye; ~ за ~ an eye for an eye; tit for tat *разг.*

ковáть *сов. см.* окóвывать.

окóвка *ж.* bínding.

окóвы *мн.* fétters; (*перен.*: *рабство тж.*) bóndage *sg.*; сбрóсить с себя́ ~ cast* off one's fétters, reléase òne¦sélf [-s...].

окóвывать, оковáть (*вн.*) bind* (*d.*); fétter (*d.*) (*тж. перен.*).

оклáчиваться *разг.* lounge abóut.

околдовáть *сов. см.* околдóвывать.

околдóвывать, околдовáть (*вн.*) bewítch (*d.*); cast* a spell (up¦ón).

околевáть, околéть (*о животных*) die.

околёсиц||а *ж. тк. ед. разг.* stuff and nónsense; нестú ~у talk nónsense, talk at rándom.

околéть *сов. см.* околевáть.

окóлиц||а *ж.* óutskìrts (of a víllage) *pl.*, edge of the víllage; за ~ей be¦yónd the óutskìrts; на ~е on the óutskìrts.

околúчност||ь *ж.*: без вся́ких ~ей *разг.* pláinly, straight.

óколо *нареч.* и *предл.* (*рд.*) **1.** (*рядом, возле*) by; (*вблизи*) near; (*вокруг*) aróund; abóut (*об. как предл.*): сидéть ~ (когó-л., чегó-л.) sit* by (smb., smth.); ~ гóрода есть óзеро there is a lake near the town; никогó нет ~ there is nó¦body aróund; в поля́х ~ деréвни in the fields abóut the víllage [...fiːldz...]; — гдé-нибудь ~ (э́того мéста) sóme¦where near / abóut the place; (*где-л. здесь*) hére¦abóut(s), sóme¦where near here; **2.** *тк. предл.* (*приблизительно*) abóut: ~ трёх дней abóut three days; ~ полýдня abóut noon; сейчáс ~ трёх (часóв) it is abóut three (o'clóck) now; пришёл ~ трёх (часóв) came (at) abóut three (o'clóck); ◇ (чтó-нибудь) ~ тогó, ~ э́того *разг.* thére¦abóuts; дéсять мéтров úли (чтó-нибудь) ~ э́того ten metres or thére¦abóuts.

околóд||ок *м.* = околóток. **~очный** = околóточный.

околопéстичный *бот.* perýgynous.

околоплóдник *м. бот.* péricàrp.

околосердéчн||ый: ~ая сýмка *анат.* pèricárdium.

околóток *м. уст.* **1.** (*окрестность*) néighbour¦hood [-hud]; **2.** (*район города*) ward, town dístrict; **3.** (*полицейский участок*) políce-stàtion [-'liːs-].

околóточный *уст.* **1.** *прил. к* околóток 3; ~ надзирáтель = околóточный 2; **2.** *м. как сущ.* políce-òfficer [-'liːs-].

околоýшн||ый *анат.* parótid; ~ая железá parótid (gland).

околоцвéтник *м. бот.* périànth ['pe-].

околпáчивать, околпáчить (*вн.*) *разг.* fool (*d.*); dupe (*d.*).

околпáчить *сов. см.* околпáчивать.

окóлыш *м.* (*фуражки*) cáp-bànd.

окóльн||ый róundabout; ~ путь róundabout way; ~ые путú dévious ways / paths; ~ым путём in a róundabout way (*тж. перен.*).

оконéчность *ж.* extrémity.

окóнн||ый *прил. к* окнó; ~ая рáма wíndow-fràme, sash; ~ое стеклó wíndow-pàne.

оконфýзить *сов.* (*вн.*) *разг.* embárrass (*d.*); cause (*d.*) to blush.

окончáни||е *с.* **1.** (*завершение*) tèrminátion, fínishing; (*университета и т. п.*) gràduátion; по ~и университéта on gráduàting at / from the ùnivérsity; по ~и шкóлы áfter fínishing school; **2.** (*конец*) end; **3.** *грам.* énding.

окончáтельн||о *нареч.* fínal¦ly, once and for all [wʌns...]. **~ый** fínal; definítive; ~ое решéние fínal decísion; ~ая отдéлка fínishing, fínish.

окóнчить(ся) *сов. см.* окáнчивать(-ся).

окóп *м. воен.* entrénchment; пулемётный ~ machíne-gùn empláce¦ment [-'ʃiːn-...]; рыть ~ы dig* trénches; окружáть ~ами (*вн.*) entrénch (*d.*). **~áть(ся)** *сов. см.* окáпывать(ся). **~ный** trench (*attr.*).

окорáчивать, окоротúть (*вн.*) *разг.* make* too short (*d.*), cùrtáil (*d.*).

окóрка *ж.* bark strípping; bárking.

окормúть *сов.* (*вн.*) **1.** óver¦féed* (*d.*); **2.** (*отравить*) póison with bad food [-z°n...] (*d.*).

окорнáть *сов.* (*вн.*) *разг.* dock (*d.*), cùrtáil (*d.*).

óкорок *м.* ham, gámmon.

окоротúть *сов. см.* окорáчивать.

окосúть *сов. см.* окáшивать.

окостеневáть, окостенéть **1.** (*превращаться в кость*) óssifỳ; **2.** (*коченеть*) become* stiff, stíffen.

окостенé||лый **1.** (*превратившийся в кость*) óssified; **2.** (*окоченевший*) numb, stiff. **~ние** *с.* **1.** òssificátion; **2.** (*окоченение*) númb¦ness, stíffness.

окостенéть *сов. см.* окостеневáть и костенéть.

окóт *м.* (*об овцах*) lámb¦ing; (*период*) lámb¦ing-tìme.

окотúться *сов. см.* котúться.

окоченé||лый stiff with cold. **~ть** *сов. см.* коченéть.

окóшко *с.* = окнó 1.

окрáина *ж.* (*города и т. п.*) óutskìrts *pl.*; (*страны*) óutlỳing dístricts *pl.*

окрáс||ить(ся) *сов. см.* окрáшивать(ся). **~ка** *ж.* **1.** (*действие*) cólour¦ing ['kʌ-]; páinting; **2.** (*цвет*) còlorátion [kʌ-]; (*перен.*) cólour¦ing, tint; защúтная ~ка *зоол.* protéctive còlorátion.

окрáшивание *с.* = окрáска 1.

окрáшивать, окрáсить (*вн.*) tíncture (*d.*); (*о поверхности*) paint (*d.*); (*пропитывать краской*) dye (*d.*); осторóжно, окрáшено! wet / fresh paint! **~ся**, окрáситься **1.** be cólоured [...'kʌ-]; turn / become* (a cértain cólour) [...'kʌ-]; нéбо окрáсилось в рóзовый цвет the sky turned pink, the sky was cólour¦ed pink; **2.** *страд. к* окрáшивать.

окрéпнуть *сов. см.* крéпнуть.

окрестúть *сов.* **1.** *см.* крестúть I 1; **2.** (*вн. тв.*) *разг.* (*дать прозвище*) níckname (*d.*). **~ся** *сов. см.* крестúться I.

окрéстн||ость *ж.* **1.** (*местность*) envírons *pl.*; **2.** *тк. ед.* (*окружающее*) envíron¦ment, néighbour¦hood [-hud]. **~ый** envíron¦ing, néighbour¦ing.

окривéть *сов. разг.* go* blind in one eye [...aɪ], lose* an eye [luːz...].

óкрик *м.* **1.** perémptory shout / cry; **2.** (*оклик*) hail, halló.

окровáвить *сов.* (*вн.*) stain with blood [...blʌd] (*d.*).

окровáвленный **1.** *прич. см.* окровáвить; **2.** *прил.* blóod-stained [-ʌd-], blóody ['blʌd-].

окроп||úть *сов. см.* окропля́ть. **~ля́ть**, окропúть (*вн.*) (be)sprínkle (*d.*).

окрóшка *ж.* okróshka (*cold kvass soup*); (*перен.*) hódge-pòdge, jumble.

óкруг *м.* région, dístrict; (*судебный и т. п.*) círcuit [-kɪt]; избирáтельный ~ eléctoral / eléction district / área [...'ɛərɪə]; воéнный ~ mílitary dístrict; (*в Англии*) commánd [-ɑːnd].

окрýг||а *ж. разг.* néighbour¦hood [-hud]; по всей ~е all through the néighbour¦hood.

округлúть(ся) *сов. см.* округля́ть(-ся).

окрýглый róunded, róundish.

округля́ть, округлúть (*вн.*; *прям. и перен.*) round off (*d.*); ~ (до) appróximàte (to). **~ся**, округлúться **1.** (*полнеть*) round; **2.** (*выражаться в круглых цифрах*) be státed in round númbers.

окруж||áть, окружúть (*вн.*; *в разн. знач.*) surróund (*d.*); en¦clóse (*d.*); (*чем-либо тж.*) ring (*d.*), hedge in (*d.*); *воен. тж.* encírcle (*d.*), round up (*d.*); пруд ~áли дерéвья trees grew all round the pond; егó ~áли мéлкие лю́ди he was surróunded by pétty-mìnded people [...pi:-]; его́ ~а́ло всео́бщее уваже́ние he was respécted by all aróund him; ~ кого́-л. внима́нием, забо́той surróund smb. with atténtion, care. ~а́ющий 1. прич. и прил. surróunding; ~а́ющая среда́ surróundings pl.; 2. мн. как сущ. one's people [...pi:-], one's assóciàtes [...-ʃɪ-]. ~е́ние с. 1. encírcle¦ment; капиталисти́ческое ~е́ние cápitalist encírcle¦ment; вы́йти из ~е́ния воен. break* out of encírcle¦ment [breɪk...]; попа́сть в ~е́ние воен. be surróunded / encírcled; 2. (среда) envíron¦ment; surróundings pl.

окруж||и́ть сов. см. окружа́ть. **~но́й** 1. прил. к о́круг; ~но́й комите́т па́ртии Dístrict Párty Commíttee [...-tɪ]; ~на́я избира́тельная коми́ссия dístrict eléctoral commíttee; ~но́й суд círcuit court [-kɪt kɔ:t]; 2.: ~на́я желе́зная доро́га círcuit ráilway.

окру́жн||ость ж. circúmference; círcle; име́ть в ~ости два киломе́тра be two kílomètres in circúmference; на пять киломе́тров в ~ости for / within a rádius of five kílomètres. **~ый** уст. (окрестный) néighbour¦ing.

окрути́ть сов. см. окру́чивать.

окрути́ться сов. разг. get* márried / hitched.

окру́чивать, окрути́ть 1. (тв.) wind* round (d.); 2. тк. сов. (кого́-л.) разг. (поженить) márry (smb.).

окрыл||и́ть(ся) сов. см. окрыля́ть (-ся). **~я́ть**, окрыли́ть (вн.) inspíre (d.); lend* wings (to); ~я́ть наде́ждой inspíre with hope (d.). **~я́ться**, окрыли́ться become* inspíred.

окры́ситься сов. (на вн.) разг. snap (at).

оксиди́рованный óxidìzed.

оксиди́ровать несов. и сов. (вн.) óxidìze (d.).

окта́ва ж. муз., лит. óctave.

окта́эдр м. мат. óctahédron.

октрои́ровать несов. и сов. (вн.) presént [-'z-] (with), grant [-ɑ:nt] (d.).

октя́бр||ь м. Òctóber; в ~е́ э́того го́да in Òctóber; в ~е́ про́шлого го́да last Òctóber; в ~е́ бу́дущего го́да next Òctóber.

октя́брьск||ий прил. к октя́брь; ~ день Òctóber day; Вели́кая Октя́брьская социалисти́ческая револю́ция The Great Òctóber Sócialist Rèvolútion [...greɪt...]; ~ие дни the Òctóber days; ~ие торжества́ the Òctóber fèstívities.

оку́клива||ние с. зоол. pùpátion. **~ться**, оку́клиться зоол. púpàte.

оку́клиться сов. см. оку́кливаться.

окули́р||овать несов. и сов. (вн.) бот. inóculàte (d.), en¦gráft (d.). **~о́вка** ж. бот. inòculátion.

окули́ст м. óculist.

окуля́р м. физ. éye¦pìece ['aɪpi:s], ócular.

окуна́ть, окуну́ть (вн.) dip (d.); plunge (d.). **~ся**, окуну́ться 1. dip; (перен.) plunge; become* (útterly) immérsed / absórbed / en¦gróssed [...-'grou-]; 2. страд. к окуна́ть.

окуну́ть(ся) сов. см. окуна́ть(ся).

о́кунь м. perch.

окупа́ть, окупи́ть (вн.) cómpènsàte (d.), repáy* (d.); ~ расхо́ды jústifỳ expénses. **~ся**, окупи́ться 1. be cómpènsàted, be repáid; pay* for it¦sélf, или its way; (перен.) pay*, be requíted; расхо́ды окупи́лись the expénses were jústified; 2. страд. к окупа́ть.

окупи́ть(ся) сов. см. окупа́ть(ся).

окургу́зить сов. (вн.) разг. dock (d.), cùrtáil (d.).

оку́риван||ие с. fùmigátion; ка́мера ~ия fùmigátion chámber [...'ʧeɪ-]; ~ се́рой sùlphurátion.

оку́ривать, окури́ть (вн.) fúmigàte (d.); ~ се́рой súlphuràte (d.).

окури́ть сов. см. оку́ривать.

оку́рок м. (о папиросе) cìgarétte-ènd, cìgarétte-bùtt; (о сигаре) cigár stub / stump; cigár-bùtt.

оку́тать(ся) сов. см. оку́тывать(ся).

оку́тывать, оку́тать (вн.) wrap up (d.); (одеялом) blánket (d.); (перен.) cloak (d.), shroud (d.). **~ся**, оку́таться 1. wrap òne¦sélf up; 2. страд. к оку́тывать.

оку́чивание с. с.-х. hílling, éarthing (up) ['ə:θ-...].

оку́чивать, оку́чить (вн.) с.-х. hill (up) (d.), earth up [ə:θ...] (d.).

оку́ч||ить сов. см. оку́чивать. **~ник** м. с.-х. híller.

ола́дья ж. oládya (kind of thick pancake); карто́фельная ~ potátò páncàke.

олеа́ндр м. òleánder.

оледене́лый (прям. и перен.) frózen.

оледене́ть сов. (застыть) freeze*; (покрыться льдом) be cóvered with ice [...'kʌ-...], ice up.

олеи́н м. хим. óleìn [-ɪɪn]. **~овый** прил. к олеи́н.

оленево́д м. réindeer-bréeder. **~ство** с. réindeer-bréeding. **~ческий** réindeer(-bréeding) (attr.); ~ческое хозя́йство réindeer farm.

оленёнок м. young deer* [jʌŋ...].

оле́н||ий прил. к оле́нь; ~ьи рога́ ántlers; ~ мох бот. réindeer moss / líchen [...'laɪkən]. **~ина** ж. vénison ['venzᵊn].

оле́нь м. deer*; (северный) réindeer*; америка́нский се́верный ~ cáribou [-bu:]; благоро́дный ~ stag, red deer*; безро́гий ~ póllard.

олеогра́фия ж. 1. тк. ед. (способ) òleógraphy; 2. (копия) óleogràph.

о́леум м. хим. óleum.

оли́ва ж. 1. (плод) ólive; 2. (дерево) ólive(-tree).

оливи́н м. мин. ólivìne, ólivin.

оли́вк||а ж. ólive. **~овый** 1. прил. к оли́вка и оли́ва; 2. (о цвете) ólive-còlour¦ed [-kʌ-], ólive-green; ~овый цвет ólive.

олига́рх м. óligàrch [-k]. **~и́ческий** òligárchic(al) [-kɪ-].

олига́рхия ж. óligàrchy [-kɪ].

олигоце́н м. геол. òlìgocène.

Оли́мп м. Olýmpus.

олимп||иа́да ж. 1. ист. olýmpiàd; 2. (игры, соревнования) Olýmpic games pl.; междунаро́дная ~ internátional Olýmpic games [-'næ-...]. **~и́ец** м. миф. Olýmpian. **~и́йский** Olýmpic; Олимпи́йские и́гры Olýmpic games, Olýmpics.

оли́фа ж. drýing oil.

олицетвор||е́ние с. 1. persònificátion; 2. (воплощение) embódiment; líving pícture ['lɪv-...]; ~ му́жества embódiment / persònificátion of cóurage [...'kʌ-], cóurage persónified. **~ённый** прич. и прил. persónified. **~и́ть** сов. см. олицетворя́ть.

олицетворя́ть, олицетвори́ть (вн.) 1. persónifỳ (d.); 2. (воплощать) embódy [-'bɔ-] (d.).

о́лов||о с. tin; сплав ~а с други́м мета́ллом péwter. **~я́нный** прил. к о́лово; ~я́нная посу́да péwter; ~я́нный ка́мень мин. cassíterite.

о́лух м. разг. blóckhead [-hed], dolt, móon¦càlf* [-ɑ:f], oaf.

ольх||а́ ж. álder(-tree). **~о́вый** прил. к ольха́; ~о́вая ро́ща álder grove.

ольша́ник м. álder thíckets pl.

ом м. эл. ohm [oum].

ома́р м. lóbster.

оме́г||а ж. Ómega; ◇ а́льфа и ~ Álpha and Ómega, begínning and end; от а́льфы до ~и from A to Z, from begínning to end.

оме́ла ж. бот. místle¦tòe.

омерзе́ние с. lóathing; внуша́ть ~ (дт.) inspíre with lóathing (d.); испы́тывать ~ (к) loathe (d.).

омерзи́тельн||о нареч. síckening¦ly. **~ый** lóathsome [-ð-], síckening.

омертве́л||ость ж. númb¦ness; мед. nècrósis. **~ый** déad(ened) ['ded-]; numb; мед. nècrótic.

омертве́ние с. = омертве́лость.

омертве́ть сов. grow* numb [grou...].

омертви́ть сов. (вн.) 1. nécrotìze (d.); 2. эк. (о капитале) immóbilìze (d.).

омле́т м. ómelette [-ml-].

омме́тр м. эл. óhmmèter ['oum-].

о́мнибус м. ómnibus.

омове́ние с. ablútion (об. pl.); ~ рук (обряд) lavábò.

омола́живать, омолоди́ть (вн.) rejúvenàte (d.). **~ся**, омолоди́ться 1. rejúvenàte, rejúvenìze, rejùvenésce; 2. страд. к омола́живать.

омоло||ди́ть(ся) сов. см. омола́живать(ся). **~же́ние** с. rejùvenátion.

омо́ним *м. лингв.* hómonym. **~и́ческий** *лингв.* hòmonýmic(al).

омочи́ть *сов.* (*вн.*) *уст.* wet (*d.*); móisten [-s°n] (*d.*).

омрач||а́ть, омрачи́ть (*вн.*) dárken (*d.*), cloud (*d.*), òver¦shádow [-'ʃæ-] (*d.*). **~а́ться**, омрачи́ться **1.** become* dárkened / clóuded; **2.** *страд. к* омрача́ть. **~и́ть(ся)** *сов. см.* омрача́ть(ся).

о́мут *м.* **1.** pool; (*перен.*) slough; толка́ть в ~ (*вн.*; *перен.*) urge on to one's destrúction (*d.*); **2.** (*водоворот*) whírlpool; ◇ в ти́хом ~е че́рти во́дятся *посл.* ≅ still wáters run deep [...'wɔː-...].

омыва́ть, омы́ть (*вн.*) **1.** wash (*d.*); омы́тый дождём ráin-wàshed; **2.** *тк. несов.* (*о морях*) wash (*d.*), surróund (*d.*).

омыле́ние *с. хим.* sapònificátion.

омы́ть *сов. см.* омыва́ть 1.

он, *рд.*, *вн.* (н)его́, *дт.* (н)ему́, *тв.* (н)им, *пр.* нём (него́ *и т. д.— после предл.*), *мест.* (*о существе мужского пола, тж. о человеке вообще*) he, *obj.* him; (*о животном — без учёта пола*) it; (*о высших животных тж.*) he, *obj.* him; she, *obj.* her, *f.*; (*о вещи, явлении и т. п.*) it; (*то же — при персонификации*) he, *obj.* him, *или* she, *obj.* her (*в зависимости от традиции и характера предмета и т. п.*; *ср.* она́ *и* оно́): ма́льчик, актёр — он boy, áctor — he; челове́к — он man* — he; бык, лев (*самец*), пету́х — он bull, líon, cock— he; слон, волк, во́рон — он élephant, wolf* [wu-], ráven — it / he; ягнёнок, за́яц, гусь, попуга́й — он lamb, hare, goose* [-s], párrot — it / she; стол, круг, успе́х — он table, circle, succéss — it; гнев, страх — он ánger, fear (*при персонификации об* Ánger, Fear) — it / he; мир (*покой*), рассве́т—он peace, dawn (Peace, Dawn) — it / she; ме́сяц (*луна*)— он moon — it / she; Еги́пет — он Égypt — it / she; кора́бль, парохо́д — он ship, stéamer — it, *об.* she; — е́сли там есть кто́-нибудь, скажи́те ему́, что́бы он вошёл if there is anybody there, tell him (*or* her), *или* them *разг.*, to come in.

она́, *рд.*, *вн.* (н)её, *дт.* н(ей), *тв.* (н)ею, (н)ей, *пр.* ней (неё *и т. д.— после предл.*), *мест.* (*о существе женского пола*) she, *obj.* her; (*о животном — без учёта пола*) it; (*о высших животных тж.*) he, *obj.* him, *m.*; she, *obj.* her; (*о вещи, явлении и т. п.*) it; (*то же — при персонификации*) he, *obj.* him, *или* she, *obj.* her (*в зависимости от традиции и характера предмета и т. п.*; *ср.* он *и* оно́): дочь, преподава́тель(ница) — она́ dáughter, téacher — she; льви́ца, ко́шка (*самка*), ку́рица — она́ líoness, cat, hen — she; лягу́шка, му́ха — она́ frog, fly — it; панте́ра — она́ pánther — it / he; ко́шка (*особь данного вида*) — она́ cat — it / she; кни́га, ли́ния, привы́чка — она́ book, line, hábit — it; любо́вь (*страсть*), смерть, война́ — она́ love [lʌv], death [deθ], war (*при персонификации об.* Love *и т. д.*) — it / he; приро́да, весна́, мо́лодость, доброта́ — она́ náture ['neɪ-], spring, youth [juːθ], kínd¦ness (Náture *и т.д.*) — it / she; луна́, земля́ — она́ moon, earth [əːθ] — it / she; Норве́гия, Гре́ция — она́ Nórway, Greece — it/ she; шху́на — она́ schóoner — it, *об.* she; соба́ка — она́ dog — it; he *или* she (*в зависимости от пола*).

она́гр *м. зоол.* ónager.

онан||и́зм *м. мед.* ónanism, màsturbátion. **~и́ровать** másturbàte. **~и́ст** *м.* másturbàtor.

онда́тра *ж.* **1.** (*животное*) òndátra [-'dæ-], músk-ràt; **2.** (*мех*) músquàsh.

ондуля́тор *м. рад.* óndulàtor.

онеме́||лый **1.** (*немой*) dumb; **2.** (*омертвелый*) numb. **~ние** *с.* **1.** (*немота*) dúmb¦ness; **2.** (*омертвение*) númb¦ness.

онеме́ть *сов. см.* неме́ть.

онеме́чи||вать, онеме́чить (*вн.*) Gérmanìze (*d.*). **~ваться**, онеме́читься **1.** become* Gérmanìzed, turn Gérman; **2.** *страд. к* онеме́чивать. **~ть (-ся)** *сов. см.* онеме́чивать(ся).

они́, *рд.*, *вн.* (н)их, *дт.* (н)им, *тв.* (н)и́ми, *пр.* них (них *и т. д.— после предл.*), *мест.* they, *obj.* them.

о́никс *м. мин.* ónyx.

онко́лог *м.* oncólogist, cáncer spécialist [...'spe-]. **~и́ческий** òncológic; cáncer (*attr.*).

онколо́гия *ж.* oncólogy.

оно́, *рд.*, *вн.* (н)его́, *дт.* (н)ему́, *тв.* (н)им, *пр.* нём (него́ *и т. д.— после предл.*), *мест.* it; (*при персонификации*) he, *obj.* him, *m.*, *или* she, *obj.* her, *f.* (*в зависимости от традиции и характера предмета и т. п.*; *ср.* он *и* она́): весло́, наме́рение — оно́ oar, inténtion — it; вре́мя, ле́то — оно́ time, súmmer (*при персонификации об.* Time, Súmmer)— it / he; со́лнце — оно́ sun — it / he; милосе́рдие — оно́ mércy (Mércy) — it / she; су́дно (*корабль*) — оно́ véssel, ship, boat — it, *об.* she; дитя́ — оно́ child* — it; he *или* she (*в зависимости от пола*); ◇ вот ~ что! (*понимаю*) oh, I see! [ou...].

онома́стика *ж. лингв.* ònomástics.

онто||гене́з *м.*, **~гени́я** *ж. биол.* òntogénesis.

онто||логи́ческий òntológical. **~ло́гия** *ж.* òntólogy.

ону́ча *ж.* onóocha (*cloth wrapped round feet in bast-shoes*).

о́ный *мест. указат. уст.* that; (*в канц. языке тж.*) the abóve-méntioned; ◇ во вре́мя о́но in those days, áges agó.

ооли́т *м. мин.* óòlíte ['ouə-].

ООН (Организа́ция Объединённых На́ций) UNO (Ùníted Nátions Òrganizátion) [...-naɪ-].

оо́спо́ра *ж. биол.* óospòre ['ouo-].

опад||а́ть, опа́сть **1.** fall* off / a¦wáy; **2.** (*об опухоли и т. п.*) sag, subsíde. **~а́ющий** *бот.* decíduous.

опаде́ние *с.* **1.** súbsidence, dimínishing; **2.**: ~ ли́стьев dè¦fòliátion.

опа́здыва||ть, опозда́ть be late; be óver¦dúe; ~ на пять мину́т be five mínutes late [...'mɪnɪ-...]; ~ с чем-л. be late with smth.; ~ к чему́-л., на что-л. be late for smth.; ~ на по́езд be late for the train; miss one's train; по́езд, самолёт *и т. п.* ~ет the train, the plane, *etc.*, is óver¦dúe.

опа́ивать, опои́ть (*вн.*) **1.** (*о лошади и т. п.*) give* too much to drink (*i.*); **2.** (*отравлять*) póison (with a drink / pótion) [-z°n...] (*d.*).

опа́л *м.* ópal.

опа́л||а *ж.* disgráce, disfávour; быть в ~е be in, *или* fall* into, disgráce / disfávour.

опалесц||е́нция *ж. физ.* òpaléscence. **~и́ровать** *несов. и сов. физ.* òpalésce.

опа́ливать, опали́ть (*вн.*) singe (*d.*); опалённый со́лнцем sún-scórched. **~ся**, опали́ться **1.** singe òne¦sélf; **2.** *страд. к* опа́ливать.

опали́ть *сов. см.* опа́ливать.

опали́ться *сов. см.* опа́ливаться.

опа́ловый ópal (*attr.*); (*похожий на опал*) ópal-like; (*с опаловым блеском*) ópaline.

опа́лубка *ж. стр.* túbbing, plánking, tímbering; cásing [-s-]; (*свода*) céntering; ~ кры́ши róof-boarding.

опа́льный disgráced, fáll¦en into disgráce / disfávour.

опа́мятоваться *уст.* = опо́мниться.

опа́ра *ж.* **1.** (*тесто*) léavened dough ['lev- dou]; **2.** (*закваска*) léaven ['lev-]; sóurdough [-dou].

опарши́веть *сов. см.* парши́веть.

опаса́ться (*рд.*) **1.** àpprehénd (*d.*), fear (*d.*); **2.** (*избегать*) avóid (*d.*).

опасе́н||ие *с.* fear; misgíving [-'gɪ-]; (*ожидание опасности*) àpprehénsion; вызыва́ть ~ия excíte àpprehénsion.

опа́ск||а *ж.*: с ~ой *разг.* with cáution, cáutious¦ly, àpprehénsive¦ly.

опа́сливый *разг.* cáutious.

опа́сно I **1.** *прил. кратк. см.* опа́сный; **2.** *предик. безл.* it is dángerous / périlous [...'deɪndʒ...].

опа́сн||о II *нареч.* périlous¦ly, dángerous¦ly ['deɪndʒ-]. **~ость** *ж.* jéopardy ['dʒepədɪ]; dánger ['deɪndʒə], péril; быть в ~ости be in dánger; вне ~ости out of dánger; safe; подверга́ться ~ости чего́-л. run* the dánger of smth.; подверга́ть ~ости (*вн.*) expóse to dánger (*d.*), endánger [-'deɪndʒə] (*d.*), jéopardize ['dʒepə-] (*d.*); с ~остью для жи́зни in péril of one's life; смерте́льная ~ость dánger of death [...deθ]; смотре́ть ~ости в глаза́ face the dánger. ~ый dángerous ['deɪnʤ-], périlous.

опа́сть *сов. см.* опада́ть.

опаха́ло *с. уст.* large fan.

опе́к||а *ж.* (*прям. и перен.*) guárdianship, wárdship; tútelage *уст.*; (*над имуществом*) trùstéeship; быть под ~ой кого́-л. be únder the wárdship / guárdianship of smb.; вы́йти из-под ~и (*перен.*) be one's own máster [...oun...]; учреди́ть ~у над кем-л. put* smb. in ward; Междунаро́дная ~ Ìnternátional Trùstéeship [-'næ-...].

опека́емый 1. *прил.* únder wárdship; **2.** *м. как сущ.* ward.

опека́ть (*вн.*) be guárdian (to), be wárden (to); have the wárdship (of); (*перен.*) watch (óver), take* care (of).

опеку́н *м.* guárdian; *юр.* (*несовершеннолетнего*) tútor; (*над имуществом*) trùstée. **~ский** tùtórial. **~ство** *с.* guárdianship, tútorship. **~ша** *ж.* guárdian, tútoress.

опёнок *м.* hóney ágaric ['hʌ-...].

о́пер||а *ж.* ópera; ◇ из друго́й ~ы, не из той ~ы *разг.* ≅ (quite) another stóry, quite a dífferent, *или* another, mátter.

операти́вн||ость *ж.* óperàtive¦ness. **~ый 1.** óperàtive; ~ое руково́дство efféctive guídance [...'gaɪ-]; **2.** *мед.* óperàtive, súrgical; ~ое вмеша́тельство súrgical ìntervéntion; **3.** *воен.* stratégical; òperátion(s) (*attr.*); ~ая сво́дка war communiqué (*фр.*) [...kə-'mjuːnɪkeɪ], súmmary of òperátions; ~ое иску́сство mínor strátegy, càmpáign táctics [-'peɪn...]; ~ый отде́л òperátion séction.

опера́тор *м.* óperàtor; *мед. тж.* súrgeon.

операцио́нн||ая *ж. скл. как прил.* óperàting-room; (*в клинике*) théatre ['θɪətə]. **~ый** *прил. к* опера́ция.

опера́ци||я *ж.* (*в разн. знач.*) òperátion; подве́ргнуться ~и, перенести́ ~ю ùndergó* *an* òperátion, go* through *an* òperátion, have an òperátion.

опереди́ть *сов. см.* опережа́ть.

опереж||а́ть, опереди́ть (*вн.*) pass ahéad [...ə'hed] (of), outstríp (*d.*); (*оставлять позади*) leave* behínd (*d.*); (*успевать раньше*) fòre¦stáll (*d.*). **~е́ние** *с.* outstrípping; рабо́та с ~е́нием гра́фика work cárried out ahéad of schédùle [...ə'hed... 'ʃe-].

опере́ние *с.* **1.** féathering ['feð-], plúmage; **2.** *ав.* èmpènnáge [ɑːŋpe'nɑːʒ]; хвостово́е ~ tail únit; èmpènnáge *амер.*

опере́т||ка *ж.* = опере́тта. **~очный** *прил. к* опере́тта.

опере́тта *ж.* músical cómedy [-zɪ-...].

опере́ться *сов. см.* опира́ться.

опери́ровать *несов. и сов.* **1.** (*вн.*) *мед.* óperàte (*on*); **2.** (*тв.*; *совершать финансовые операции*) óperàte (with), do / éxecùte òperátions (with); **3.** (*без доп.*) *воен.* (*действовать*) óperàte, act; **4.** (*тв.*; *пользоваться*) óperàte (with), use (*d.*).

опери́ться *сов. см.* оперя́ться.

о́перн||ый ópera (*attr.*); òperátic; ~ теа́тр ópera-house* [-s]; ~ певе́ц, ~ая певи́ца ópera síng¦er; ~ое иску́сство òperátic art.

оперя́ться, опери́ться become* fúlly fledged [...'fu-...]; (*перен.*; *о людях тж.*) become* ìndepéndent.

опеча́лить(ся) *сов. см.* печа́лить (-ся).

опеча́тать *сов. см.* опеча́тывать.

опеча́т||ка *ж.* mísprínt; спи́сок ~ок erráta *pl.*, còrrigénda *pl.*

опеча́тывать, опеча́тать (*вн.*) seal up (*d.*), applý the seal (to).

опе́шить *сов. разг.* be táken abáck.

опива́ться, опи́ться *разг.* drink* too much; drink* more than is good for one's health [...helθ]; drink* òne¦sélf sick.

опи́вки *мн. разг.* léavings.

о́пий *м.* = о́пиум.

опи́ливать, опили́ть (*вн.*) saw* (*d.*); (*напильником*) file (*d.*).

опили́ть *сов. см.* опи́ливать.

опи́лки *мн.* sáwdùst *sg.*; (*металлические*) fílings.

опило́вка *ж.* lópping off; (*напильником*) fíling.

опира́ться, опере́ться (на *вн.*; *прям. и перен.*) lean* (up¦ón); (*перен. тж.*) rest (up¦ón); (*руководствоваться*) be guíded (by); ~ на чью-л. ру́ку lean* on smb.'s arm; ~ на инициати́ву масс be suppórted by pópular inítiative, *или* by the inítiative of the másses.

описа́ни||е *с.* descríption; (*действий тж.*) accóunt; э́то не поддаётся ~ю it is be¦yónd descríption, it defíes, *или* báffles all, descríption.

опи́санный 1. *прич. см.* опи́сывать; **2.** *прил. мат.* círcumscrìbed; ~ у́гол círcumscrìbed ángle.

описа́||тельный descríptive. **~ть (-ся)** *сов. см.* опи́сывать(ся).

опи́ска *ж.* slip of the pen.

опи́сывать, описа́ть (*вн.*) **1.** descríbe (*d.*); (*образно, живо*) depíct (*d.*), pòrtráy (*d.*); э́то невозмо́жно описа́ть this is be¦yónd descríption, it defíes, *или* báffles all, descríption; **2.** (*делать опись*) ínventory (*d.*); *юр.* (*за долги*) distráin (*d.*); **3.** *мат.* descríbe (*d.*), círcumscrìbe (*d.*). **~ся**, описа́ться **1.** make* a slip (in wríting); **2.** *страд. к* опи́сывать.

о́пись *ж.* (*список*) ínventory, schédùle ['ʃe-; 'ske- *амер.*]; ~ иму́щества *юр.* (*за долги*) distráint.

опи́ться *сов. см.* опива́ться.

о́пиум *м.* ópium; кури́льщик ~а ópium-smòker.

опла́кать *сов. см.* опла́кивать.

опла́кивать, опла́кать (*вн.*) mourn [mɔːn] (*d.*, óver), bemóan (*d.*).

опла́т||а *ж. тк. ед.* páyment, pay; (*вознаграждение*) remùnerátion; подённая ~ pay by the day; сде́льная ~ páyment by the piece [...piːs], piece wage; ~ труда́ това́рами trúck-sỳstem. **~и́ть** *сов. см.* опла́чивать.

опла́ченн||ый *прич. см.* опла́чивать; с ~ым отве́том replý paid; откры́тка с ~ым отве́том replý-páid póstcàrd [...'pou-].

опла́чив||ать, оплати́ть (*вн.*) (*о работе и т. п.*) pay* (for); (*о рабочих и т. п.*) pay* (*d.*); (*возмещать*) repáy* (*d.*), retúrn (*d.*); ~ убы́тки pay* the dámages; ~ расхо́ды meet* the costs / expénses; foot the bill [fut...] *разг.*; ~ чек cash a check; ~аемый за счёт госуда́рства státe-páid; хорошо́ ~аемый wéll-páid.

оплева́ть *сов. см.* оплёвывать.

оплёвывать, оплева́ть (*вн.*) *разг.* cóver with spíttle ['kʌ-...] (*d.*); (*перен.*) abúse (*d.*), spit* (up¦ón), hùmíliàte (*d.*).

оплести́ *сов. см.* оплета́ть.

оплета́ть, оплести́ **1.** (*вн. тв.*) braid (*d.* with); **2.** (*вн.*) *разг.* (*обманывать*) get* round (*d.*); cheat (*d.*), swindle (*d.*).

оплеу́ха *ж. разг.* slap in the face.

оплеши́веть *сов. см.* плеши́веть.

оплодотвор||е́ние *с.* fècùndátion [fiː-], ìmprègnátion; (*о почве тж.*) fèrtilìzátion [-laɪ-]. **~и́ть(ся)** *сов. см.* оплодотворя́ть(ся).

оплодотворя́ть, оплодотвори́ть (*вн.*) fécùndàte ['fiː-] (*d.*); ímprègnàte (*d.*); (*о почве тж.*) fértilìze (*d.*); (*перен.*) en¦génder crèátive thoughts (in), en¦génder a concéption (in). **~ся**, оплодотвори́ться **1.** get* / become* imprégnate; **2.** *страд. к* оплодотворя́ть.

опломбирова́ть *сов.* (*вн.*) seal (*d.*).

опло́т *м.* stróng¦hòld, búlwark; ~ ми́ра stróng¦hòld of peace.

оплоша́ть *сов. разг.* make* a mistáke; fail.

опло́шность *ж.* ìnadvértence, négligence; сде́лать ~ take* a false step [...fɔː-...].

оплыва́ть I, оплы́ть (*вн.*; *проплыть вокруг*) swim* (round); (*на лодке, корабле и т. п.*) sail (round).

оплыва́ть II, оплы́ть **1.** (*отекать*) swell* up, become* swóllen [...-ou-]; **2.** (*о свече*) gútter.

оплы́ть I, II *сов. см.* оплыва́ть I, II.

оповести́ть *сов. см.* оповеща́ть.

оповещ||а́ть, оповести́ть (*вн.*) nótifỳ ['nou-] (*d.*). **~е́ние** *с.* nòtificátion [nou-].

опога́нить *сов.* (*вн.*) *разг.* befóul (*d.*), defíle (*d.*).

опо́ек *м.* (*кожа*) cálf-leather ['kɑːf-le-], cálf-skin ['kɑːf-].

опозда́||вший 1. *прич. см.* опа́здывать; **2.** *м. как сущ.* láte-còmer [-kʌ-]. **~ние** *с.* bé¦ing / coming late; (*задержка*) deláy, rè¦tàrdátion; без ~ния in time; с ~нием на час an hour late [...auə...]; у него́ нет ни одного́

~ния he has never been late once [...wʌns], he has never failed to come / repórt exáctly on time.

опоздáть *сов. см.* опáздывать.

опознавáтельный: ~ знак lándmàrk; *мор.* béacon; *ав.* (*на крыльях самолёта*) wing márking.

опозн||авáть, опознáть (*вн.*) ìdéntifỳ [aɪ-] (*d.*). **~áние** *с.* ìdèntificátion [aɪ-]. **~áть** *сов. см.* опознавáть.

опозóрить(ся) *сов. см.* позóрить (-ся).

опоить *сов. см.* опáивать.

опóйковый *прил. к* опóек.

ополáскивать, ополоснýть (*вн.*) rinse (*d.*), swill (*d.*).

оползáть I, оползти́ (*вн.*; *вокруг*) crawl (round).

оползáть II, оползти́ (*оседать*) slip.

óползень *м.* lándslìde, lándslìp.

оползти́ I, II *сов. см.* оползáть I, II.

ополоснýть *сов. см.* ополáскивать.

ополч||áться, ополчи́ться (на *вн.*, прóтив) take* up arms (agáinst); (*перен.*) be up in arms (agáinst). **~éнец** *м.* people's / cívil / home guárds|man* [pi:-...]. **~éние** *с.* milítia; home guard; нарóдное ~éние people's vòluntéer corps* [pi:-...kɔ:]. **~и́ться** *сов. см.* ополчáться.

опóмниться *сов.* (*прям. и перен.*) come* to one's sénses, collect òne|sélf.

опóр *м.*: во весь ~ at full / top speed.

опóр||а *ж.* (*прям. и перен.*) suppórt; *тех.* suppórt, béaring ['bɛə-]; (*моста*) pier [pɪə]; береговáя ~ (*моста*) abútment; тóчка ~ы *физ.* (*тж. перен.*) fúlcrum (*pl.* -ra); *тех. тж.* béaring ['bɛə-]; найти́ тóчку ~ы (*перен.*) gain a fóothòld [...'fut-].

опорáжнивать, опорóжни́ть (*вн.*) émpty (*d.*); (*выпивать содержимое стакана и т. п.*) toss off (at a draught) [...-ɑ:ft] (*d.*); (*о кишечнике, мочевом пузыре*) evácuàte (*d.*). **~ся,** опорóжни́ться 1. become* émpty; 2. *страд. к* опорáжнивать.

опóрки *мн.* (*ед.* опóрок *м.*) rágged fóot-wear [...'futwɛə] *sg.*

опóрный *прил. к* опóра; ~ пункт base [-s]; *воен.* strong point.

опорóжн||и́ть(ся) *сов. см.* опорáжнивать(ся). **~я́ть(ся)** = опорáжнивать(ся).

опорóс *м.* fárrow; за оди́н ~ at one fárrow.

опороси́ться *сов. см.* пороси́ться.

опорóчить *сов. см.* порóчить.

опосты́ле||ть *сов.* (*дт.*) grow* háte|ful [-ou...] (to); всё емý ~ло he is sick (to death) of évery|thing [...deθ...].

опохмели́ться *сов. см.* опохмеля́ться.

опохмел||я́ться, опохмели́ться *разг.* take* a drink "the mórning-àfter"; take* a hair of the dog that bit you *идиом.*; он хóчет ~и́ться he feels like táking a drop for his bad head [...hed].

опочи́ть *сов. уст.* 1. (*уснуть*) go* to sleep; 2. (*умереть*) pass a|wáy.

опошлéние *с.* vùlgarìzátion [-raɪ-], debásing [-s-].

опошлéть *сов. см.* пошлéть.

опóшлить(ся) *сов. см.* опошля́ть (-ся).

опошля́ть, опóшлить (*вн.*) vúlgarìze (*d.*), debáse [-s] (*d.*). **~ся,** опóшлиться 1. become* vúlgar; 2. *страд. к* опошля́ть.

опоя́сать(ся) *сов. см.* опоя́сывать (-ся).

опоя́сывать, опоя́сать (*вн.*) gird* [g-] (*d.*), begírd* [-'g-] (*d.*), girdle [g-] (*d.*); (*окружать*) surróund (*d.*), en|gírd(le) [-'g-] (*d.*). **~ся,** опоя́саться 1. (*тв.*) gird* òne|sélf [g-...] (with); 2. *страд. к* опоя́сывать.

оппозици||онéр *м.* òppositionist [-'zɪ-]. **~óнный** *прил. к* оппози́ция; *тж.* òppositional [-'zɪ-].

оппози́ция *ж.* òpposition [-'zɪ-].

оппон||éнт *м.* oppónent, crític. **~и́ровать** (*дт.*) act as oppónent (to), oppóse (*d.*).

оппортун||и́зм *м.* tíme-sèrving, óppòrtùnism. **~и́ст** *м.* tíme-sèrver, óppòrtùnist. **~исти́ческий, ~и́стский** tíme-sèrving; ópportùnist (*attr.*).

опрáв||а *ж.* sétting, móunting, cásing [-s-]; (*очков и т. п.*) rim; в ~е móunted; встáвить в ~у (*вн.*) set* (*d.*), mount (*d.*); очки́ без ~ы rím|less glásses.

оправд||áние *с.* 1. jùstificátion; 2. *юр.* acquíttal, dis|chárge; 3. (*извинение, объяснение*) excúse [-s]; э́то не ~ that is no excúse. **~áтельный:** ~áтельный приговóр vérdict of "not guílty"; ~áтельный докумéнт (cóvering) vóucher ['kʌ-...].

оправдáть(ся) *сов. см.* опрáвдывать(ся).

опрáвд||ывать, оправдáть (*вн.*) 1. jústifỳ (*d.*); wárrant (*d.*); ~ надéжды jústifỳ hopes; ~ довéрие когó-л. jústifỳ smb.'s cónfidence / trust; ~áть себя́ (*о методе и т. п.*) prove *its* válue [pru:v...]; (*окупиться*) pay* for it|sélf; ~áть себя́ на прáктике démonstràte *its* válue in práctice; ~áть расхóды pay* the expénses; 2. (*о подсудимом*) acquít (*d.*); 3. (*извинять*) excúse (*d.*). **~ываться,** оправдáться 1. jústifỳ òne|sélf; ~ываться пéред кем-л. make* excúses to smb. [...-sɪz...], set* / put* òne|sélf right with smb.; ~ываться незнáнием *юр.* plead ígnorance; 2. (*оказываться правильным, пригодным*) come* true; теóрия ~áлась the théory proved to be corréct [...'θɪə- pru:-...]; расхóды ~áлись it was worth the expénse; э́ти расчёты не ~áлись these càlculátions proved to be wrong; э́ти надéжды не ~áлись these hopes were not réalized [...'rɪə-].

опрáвить(ся) *сов. см.* оправля́ть (-ся).

опрáвка *ж. тех.* mándrel, árbor.

оправля́ть, опрáвить 1. (*поправлять*) set* right (*d.*); put* in órder (*d.*); 2. (*вставлять в оправу*) set* (*d.*), mount (*d.*). **~ся,** опрáвиться 1. (*от болезни, страха и т. п.*) recóver [-'kʌ-]; pick up *разг.*; 2. (*поправлять платье и т. п.*) put* (one's dress, *etc.*) in órder.

опрáшивать, опроси́ть (*вн.*) intérrogàte (*d.*); exámine (*d.*); ~ свидéтелей (cróss-)exámine the witnesses.

определéние *с.* 1. (*формулировка*) detèrminátion; dèfinítion; 2. *грам.* áttribùte; 3. *юр.* decísion.

определённ||о *нареч.* définite|ly; ~ знать что-л. know* smth. définite|ly [nou...], know* smth. for cértain; не могý обещáть ~ cánnòt pósitive|ly prómise [...-z- -s]. **~ый** 1. *прич. см.* определя́ть; 2. *прил.* définite; ~ый отвéт définite ánswer [...'ɑ:nsə]; ~ый зáработок fixed éarnings [...'ə:-] *pl.*; ~ый член *грам.* définite árticle; 3. *прил.* (*некоторый*) cértain; при ~ых услóвиях únder cértain condítions.

определ||и́мый définable. **~и́тель** *м. мат.* detérminant. **~и́ть(ся)** *сов. см.* определя́ть(ся).

определ||я́ть, определи́ть (*вн.*) 1. defíne (*d.*); detérmine (*d.*); ~ болéзнь díagnòse *a* diséase [...-'zi:z]; ~ расстоя́ние на глаз judge / éstimàte the dístance; 2. (*устанавливать*) detérmine (*d.*), fix (*d.*); спрос ~я́ет предложéние demánd detérmines supplý [-ɑ:nd...]; ~ дáту fix *the* date; ~и́ть дóлю, пай assígn / allót *a* share [ə'saɪn...]; 3. *уст.* (*назначать, устраивать*) appóint (*d.*), put* (*d.*); ~и́ть на слýжбу appóint (*d.*); ~и́ть мáльчика в шкóлу put* / send* *a* boy to school. **~я́ться** определи́ться 1. (*о характере*) be / become* formed; (*о положении*) take* shape; (*становиться ясным, определённым*) clárifỳ it|sélf; 2. *уст.* (*на службу*) get* a place, get* emplóyment; 3. (*определять своё местонахождение*) find* one's posítion [...-'zɪ-]; 4. *страд. к* определя́ть.

опресн||éние *с.*: ~ воды́ fréshening of wáter [...'wɔ:-], wáter-frèshening ['wɔ:-]. **~и́тель** *м. тех.* wáter-frèshener ['wɔ:-].

опресни́ть *сов. см.* опресня́ть.

опрéсноки *мн. церк.* ún|léavened bread [-'le- bred] *sg.*

опресня́ть, опресни́ть (*вн.*): ~ вóду fréshen wáter [...'wɔ:-].

опри́ч||ина *ж.* = опри́чнина. **~ник** *м. ист.* oprítchnik (*member of the oprichnina*).

опри́чнина *ж. ист.* opríchnina (*bodyguard of tsar Ivan IV*).

опрóбование *с. тех.* tésting.

опрóбовать *сов.* (*вн.*) *тех.* test (*d.*).

опровергáть, опровéргнуть (*вн.*) refúte (*d.*), dispróve [-u:v] (*d.*).

опровéргнуть *сов. см.* опровергáть.

опровержéние *с.* rèfutátion, dispróof, deníal; ~ заявлéния rèfutátion of *a* státe¦ment.

опрокидыватель *м. тех.* típper, típpler.

опрокидывать, опрокинуть (*вн.*) **1.** òver¦túrn (*d.*), típple (*d.*), topple óver (*d.*); (*перен.*; *о планах и т. п.*) frùstráte (*d.*); **2.** *воен.* òver¦rún* (*d.*). **~ся**, опрокинуться **1.** òver¦túrn; tip óver; (*о судне*) càpsíze; **2.** *страд. к* опрокидывать.

опрокинуть(ся) *сов. см.* опрокидывать(ся).

опромéтчив||ость *ж.* precípitance, ráshness. **~ый** precípitate, rash, hásty ['heɪ-], ìn¦consíderate; ~ый постýпок rash / thóughtless áction.

óпрометью *нареч.* héadlòng ['hed-]; ~ вы́бежать из кóмнаты rush héadlòng out of the room.

опрóс *м.* interrógatory, ín¦quèst; всенарóдный ~ nátional rèferéndum ['næ-...]. **~ить** *сов. см.* опрáшивать. **~ный**: ~ный лист quèstionnáire [kestɪə'neə]; (*для показаний*) interrógatory.

опростáть *сов.* (*вн.*) *разг.* émpty (*d.*), remóve the conténts [-'mu:v...] (of).

опрости́ться *сов. см.* опрощáться.

опростоволóситься *сов. разг.* make* *a* fool of òne¦sélf.

опротестовáть *сов. см.* опротестóвывать.

опротестóвывать, опротестовáть (*вн.*) **1.** (*о векселе*) protést (*d.*); **2.** *юр.* (*о решении суда*) appéal agáinst the decísion of the court [...kɔ:t].

опроти́в||еть *сов.* become* lóath¦-some / repúlsive [...-ð-...]; емý э́то ~ело he is sick of it, he is fed up with it.

опрощáться, опрости́ться take* to plain líving [...'lɪv-].

опры́ск||ать(ся) *сов. см.* опры́скивать(ся). **~иватель** *м. с.-х.* spráy (-er).

опры́скивать, опры́скать (*вн.*) (be-) sprínkle (*d.*), spray (*d.*). **~ся**, опры́скаться. **1.** sprínkle / spray òne¦-sélf; **2.** *страд. к* опры́скивать.

опря́тный neat, tídy.

оптати́вный *грам.* óptative.

оптáц||ия *ж.* optátion, óption; прáво ~ии right of optátion.

óптик *м.* optícian.

óптика *ж.* óptics.

оптимáльный óptimum (*attr.*).

оптими́||зм *м.* óptimism. **~ист** *м.* óptimist. **~исти́ческий** òptimístic, sánguine [-gwɪn].

опти́ровать *несов. и сов.* (*вн.*) choose* (*d.*), make* one's chóice (of), decíde (*d.*).

опти́ческий óptical; ~ обмáн óptical illúsion.

оптови́к *м.* whóle¦sàle déaler ['houl-...], whóle¦sàler ['houl-].

оптóв||ый whóle¦sàle ['houl-]; **~ая** торгóвля whóle¦sàle trade; ~ магази́н whóle¦sàle store; **~ые** цéны whóle¦sàle príces.

óптом *нареч.* whóle¦sàle ['houl-]; ~ и в рóзницу whóle¦sàle and ré¦tail.

опубликовá||ние *с.* pùblicátion [pʌ-]; (*о законе*) pròmulgátion. **~ть** *сов. см.* опубликóвывать *и* публиковáть.

опубликóвывать, опубликовáть (*вн.*) públish ['pʌ-] (*d.*); make* públic [...'pʌ-] (*d.*); (*о законе*) prómulgàte (*d.*).

óпус *м. муз.* ópus.

опускáть, опусти́ть (*вн.*) **1.** lówer ['louə] (*d.*); sink* (*d.*); (*о шторе и т. п.*) let* / draw* down (*d.*), pull down [pul...] (*d.*); ~ письмó post *a* létter [poust...]; опусти́ть монéту в автомáт drop *the* coin in *the* slot; ~ гóлову hang* one's head [...hed]; ~ глазá drop one's eyes [...aɪz]; look down; ~ перпендикуля́р (на *вн.*) *мат.* drop a pèrpendícular (on); **2.** (*пропускать*) omít (*d.*); **3.** (*откидывать; о воротнике и т. п.*) turn down (*d.*). **~ся**, опусти́ться **1.** sink*; (*падать*) fall*; (*сходить*) go* down; **~ся** в крéсло drop / sink* into *a* chair; **~ся** на колéни kneel*; **2.** (*морально*) degéneràte; go* to seed *идиом.*; ◇ у негó рýки опусти́лись he lost heart [...hɑ:t].

опускн||óй móvable ['mu:-]; **~áя** дверь tráp-door [-dɔ:].

опусте́||лый desérted [-'z-]. **~ть** *сов. см.* пустéть.

опусти́вшийся 1. *прич. см.* опускáться; **2.** *прил.* degráded; ~ человéк a degráded pérson; a man* who has gone to seed [...gɔn...] *идиом.*

опусти́ть(ся) *сов. см.* опускáть (-ся).

опустош||áть, опустоши́ть (*вн.*) dévastàte (*d.*), rávage (*d.*), lay* waste [...weɪ-] (*d.*). **~éние** *с.* dèvastátion, rávage. **~ённость** *ж.* (*перен.*) spíritual bánkruptcy. **~ённый** *прич. и прил.* dévastàted, wásted ['weɪ-]; *прил. тж.* (*душевно*) spíritually bánkrùpt; (*нравственно*) without móral báckbòne [...'mɔ-...]. **~и́тельный** dévastàting. **~и́ть** *сов. см.* опустошáть.

опýтать *сов. см.* опýтывать.

опýтывать, опýтать (*вн. тв.*) enmésh (*d.* in), entángle (*d.* in) (*тж. перен.*); (*обматывать*) wind* (round *d.*).

опухáть, опýхнуть swell*.

опýхнуть *сов. см.* опухáть.

óпухоль *ж.* swélling; túmour *мед.*

опушённый *прич.* (*тж. как прил.*) *см.* опуши́ть; ~ мéхом fúr-trìmmed, edged with fur.

опуши́ть *сов.* (*вн.*) **1.**: ~ мéхом edge / trim with fur (*d.*); **2.**: ~ снéгом pówder with snow [...snou] (*d.*); ~ и́неем cóver with hóar-fróst ['kʌ-...] (*d.*).

опýшка I *ж.* (*леса*) bórder / edge of *a* fórest / wood [...'fɔ- wud].

опýшка II *ж.* (*отделка*) trímming, édging.

опущéние *с.* **1.** (*пропуск*) omíssion; **2.** *мед.* prolápsus; ~ мáтки prolápsus of the úterus.

опýщенный 1. *прич. см.* опускáть; **2.** *прил.*: как в вóду ~ créstfàll¦en.

опыл||éние *с. бот.* pòllinátion. **~и́тель** *м. бот.* póllinàtor, póllinìzer. **~и́ть** *сов. см.* опыля́ть.

опыля́ть, опыли́ть (*вн.*) *бот.* póllinàte (*d.*).

óпыт *м.* **1.** expériment, test, tríal; производи́ть ~ы expérimènt, expèriméntalìze; **2.** (*практика*) expérience; житéйский ~ knówledge of life ['nɔ-...]; ~ войны́ expérience of war; боевóй ~ battle expérience; убеди́ться на ~е know* by expérience [nou...]; перенимáть чей-л. ~ adópt smb.'s méthods; передовóй ~ progréssive méthods / innovátions *pl.*

óпытно-показáтельный módel-expèriméntal ['mɔ-].

óпытн||ость *ж.* expérience; (*умение*) profíciency. **~ый 1.** (*о человеке*) expérienced; **2.** (*экспериментальный*) expèriméntal; **~ая** стáнция expériment státion.

опьянé||лый intóxicàted. **~ние** *с.* intòxicátion.

опьянéть *сов. см.* пьянéть.

опьяни́ть *сов. см.* опьяня́ть *и* пьяни́ть.

опьян||я́ть, опьяни́ть (*вн.*) intóxicàte (*d.*); make* drunk (*d.*); (*перен.*) make* dízzy (*d.*); успéх ~и́л егó succéss turned his head [...hed]. **~я́ющий** *прич. и прил.* intóxicàting; *прил. тж.* héady ['hedɪ].

опя́ть *нареч.* agáin; ~ же besídes.

опя́ть-таки *разг.* but agáin; besídes.

орáва *ж. разг.* crowd.

орáкул *м.* óracle.

орангутáнг *м.* oráng-outang [-u:t-].

орáнжевый órange.

оранжерéя *ж.* hót¦house* [-s], green¦house* [-s], consérvatory.

орáтор *м.* órator, (públic) spéaker ['pʌ-...].

оратóрия *ж. муз.* òratóriò.

орáторск||ий *прил. к* орáтор; *тж.* òratórical; **~ое** искýсство óratory.

орáторствовать òráte, harángue.

орáть *разг.* yell; ~ во всё гóрло yell / shout at the top of one's voice.

орби́та *ж.* órbit.

óрган *м.* **1.** (*в разн. знач.*) órgan; **~ы** рéчи órgans of speech; **~ы** пищеварéния digéstive órgans; ежеднéвные **~ы** печáти the dáily órgans of the press; **2.** (*об учреждении, комиссии*) body ['bɔ-], ágency ['eɪ-]; **~ы** влáсти góvernment bódies ['gʌ-...];

законода́тельный ~ législàtive bódy; исполни́тельный ~ ágency; ме́стные ~ы lócal bódies; руководя́щие ~ы diréctіng / léading bódies.

орга́н *м. муз.* órgan.

организа́тор *м.* órganìzer. **~ский** *прил. к* организа́тор; ~ский тала́нт tálent for òrganìzátion ['tæ-... -naɪ-]; ~ская де́ятельность work of òrganìzátion; òrganìzátional àctívities [-naɪ-...] *pl.*

организацио́нн||ый *прил. к* организа́ция; ~ое бюро́ òrganìzátion buréau [-naɪ- -'rou]; ~ые вы́воды práctical con|clúsions.

организа́ция *ж.* (*в разн. знач.*) òrganìzátion [-naɪ-]; Организа́ция Объединённых На́ций, ООН Ùníted Nátions Òrganìzátion, UNO; Организа́ция Варша́вского Догово́ра The Wársaw Tréaty Òrganìzátion.

органи́зм *м.* órganism.

организо́ванн||ость *ж.* òrganìzátion [-naɪ-]; (*человека*) sélf-díscipline. **~ый** 1. *прич. см.* организова́ть; 2. *прил.* órganìzed; ~ое проведе́ние се́ва effícient òrganìzátion of sówing [...-naɪ-...'sou-]; хорошо́ ~ый smóoth-rùnning [-ð-]; 3. *прил.* (*дисциплинированный*) órderly, dísciplined.

организова́ть *несов. и сов.* (*вн.*) órganìze (*d.*); ~ экску́рсию, конце́рт *и т. п.* arránge *an* excúrsion, *a* cóncert, *etc.* [ə'reɪndʒ...]. **~ся** be / become* órganìzed.

органи́ст *м.* órganist.

органи́ческ||ий òrgánic; ~ое це́лое íntegral whole [...houl]; ~ая хи́мия òrgánic chémistry [...'ke-].

орга́нный *прил. к* орга́н.

органотерапи́я *ж.* òrganothérapy, òrganothèrapéutics.

оргбюро́ *с. нескл.* (организацио́нное бюро́) òrganìzátion buréau [-naɪbjuə'rou].

оргвы́воды *мн.* = организацио́нные вы́воды *см.* организацио́нный.

о́ргия *ж.* órgy.

орграбо́та *ж.* (организацио́нная рабо́та) òrganìzátion|al work [-naɪ-...].

орда́ *ж.* horde.

о́рден I *м.* (*знак отличия*) órder; dècorátion; ~ Ле́нина Órder of Lénin; ~ Кра́сного Зна́мени Órder of the Red Bánner; ~ Оте́чественной Войны́ Órder of the Pàtriótic War; ~ Трудово́го Кра́сного Зна́мени Órder of the Red Bánner of Lábour; ~ Кра́сной Звезды́ Órder of the Red Star; ~ «Знак Почёта» the Badge of Hónour [...'ɔnə]; получи́ть ~ be décoràted with *an* órder.

о́рден II *м.* (*организация*) órder; иезуи́тский ~ órder of the Jésuits [...-z-], Socíety of Jésus [...-z-].

о́рден III *м. арх.* órder; дори́ческий ~ Dóric órder; иони́ческий ~ Ìónic órder; кори́нфский ~ Corínthian órder.

орденоно́с||ец *м.* órder-bearer [-bɛə-]. **~ный** décoràted / invésted with an órder.

о́рденск||ий *прил. к* о́рден I, II; ~ая ле́нта ríbbon.

о́рдер I *м.* (*документ*) wárrant; órder; *юр.* writ; ~ на поку́пку cóupòn ['ku:-].

о́рдер II *м.*=о́рден III.

ордина́р *м. тк. ед.* nórmal lével [...'le-].

ордина́рец *м. воен.* órderly; stríker *амер.*

ордина́рный órdinary.

ордина́та *ж. мат.* órdinate.

ордина́тор *м.* intérn.

орёл *м.* eagle; го́рный ~ móuntain eagle, eagle of the heights [...haɪts]; ◇ ~ и́ли ре́шка? heads or tails? [hedz...].

орео́л *м.* hálò.

оре́х *м.* 1. (*плод*) nut; коко́совый ~ cóco-nùt; лесно́й ~, обыкнове́нный ~ házel-nùt; муска́тный ~ nútmèg; гре́цкий ~ wálnut; 2. (*дерево*) nút-tree; (*материал*) wálnut; ◇ ему́ доста́лось на ~и *разг.* he got it hot.

оре́ховка *ж.* (*птица*) nút-cràcker.

оре́хов||ый *прил. к* оре́х; ~ое де́рево nút-tree; (*о материале*) wálnut; ~ого цве́та nút-brown; ~ое моро́женое nút-flávour|ed íce-créam; ~ое ма́сло nút-oil; ~ая скорлупа́ nút-shèll.

орехотво́рка *ж. зоол.* gáll-flỳ.

оре́ш||ек *м. уменьш. от* оре́х 1; черни́льный ~ óak-gàll, nút-gàll. **~ник** *м.* 1. nút-tree; házel; 2. (*заросль*) nút-gròve.

оригина́л *м.* 1. (*подлинник*) oríginal; 2. *разг.* (*о человеке*) eccéntric person; он большо́й ~ he is very eccéntric.

оригина́льн||ичать *разг.* try to be oríginal / ùníque [...ju:'ni:k]; have affécted mánners. **~ый** (*в разн. знач.*) oríginal.

ориент||али́ст *м.* òriéntalist. **~а́льный** òriéntal.

ориента́ц||ия *ж.* òrièntátion; потеря́ть ~ию lose* one's béarings [lu:z...'bɛə-].

ориенти́р *м.* 1. (*прибор*) óriéntàtor; 2. *воен.* réference-point.

ориенти́ровать *несов. и сов.* (*вн.*) órient (*d.*), órièntàte (*d.*). **~ся** óriéntàte òne|sélf; (на *вн.*; *перен.*) be guíded (by), take* one's cue (from), páttern one's beháviour (on); ~ся на ме́стности *воен.* find* one's béarings on the ground [...'bɛə-...].

ориентиро́вка *ж.* óriènting.

ориентиро́вочн||о *нареч.* as a guide; гру́бо ~ as a rough guide [...rʌf...]. **~ый** 1. (*служащий для ориентировки*) réference (*attr.*); 2. (*приблизительный*) appróximate.

Орио́н *м. астр.* Oríon.

орке́стр *м.* órchestra ['ɔ:k-]; (*духовой*) brass band; ~ ру́сских наро́дных инструме́нтов Rússian folk órchestra [-ʃən...]. **~а́нт** *м.*, **~а́нтка** *ж.* mémber of *an* órchestra [...'ɔ:k-].

оркестр||ова́ть *несов. и сов.* (*вн.*) órchestràte ['ɔ:k-] (*d.*). **~о́вка** *ж.* òrchèstrátion [ɔ:k-]. **~о́вый** *прил. к* орке́стр; *тж.* òrchéstral [-'ke-].

орла́н *м. зоол.* sea eagle; bald eagle *амер.*

орл||ёнок *м.* éaglet. **~и́ный** *прил. к* орёл; *тж.* áquiline; ~и́ный взгляд eagle eye [...aɪ]; ~и́ный нос áquiline nose. **~и́ца** *ж.* shé-eagle, fémàle eagle ['fi:-...].

орля́нк||а *ж.* pítch-and-tóss; игра́ть в ~у play pítch-and-tóss.

орля́та *мн. см.* орлёнок.

орна́мент *м.* décorative páttern / design [...-'zaɪn]; órnament. **~а́льный** òrnaméntal. **~а́ция** *ж.* òrnamèntátion.

орнаменти́ровать *несов. и сов.* (*вн.*) órnamènt (*d.*).

орнито́||лог *м.* òrnithólogist. **~логи́ческий** òrnithológical. **~ло́гия** *ж.* òrnithólogy.

орнитопте́р [-тэ́р] *м. ав.* òrnithópter.

оробе́ть *сов.* be / become* fríghtened, grow* tímid [-ou...].

орографи́ческий òrográphic(al).

орогра́фия *ж.* òrógraphy.

оро́сительн||ый írrigàting, írrigatory; írrigàtive; ~ая систе́ма ìrrigátion sýstem; ~ кана́л ìrrigátion canál.

ороси́ть *сов. см.* ороша́ть.

орош||а́ть, ороси́ть (*вн.*) wáter ['wɔ:-] (*d.*), írrigàte (*d.*); (*перен.*) wash (*d.*); ~ слеза́ми wash with tears (*d.*). **~е́ние** *с.* ìrrigátion; иску́сственное ~е́ние àrtifícial irrigátion; ◇ поля́ ~е́ния séwage-fàrm *sg.*

ортодокса́льн||ость *ж.* órthodòxy. **~ый** órthodòx.

ортопе́д *м.* òrthopédist [-'pi:-]. **~и́ческий** òrthopédic [-'pi:-].

ортопе́дия *ж.* órthopèdy.

ору́ди||е *с.* 1. (*прям. и перен.*) ínstrument, ímplement; tool; ~я произво́дства ímplements / ínstruments of prodúction; сельскохозя́йственные ~я àgricúltural ímplements; 2. *воен.* (*артиллерийское*) piece of órdnance [pi:s...], gun; ~я órdnance *sg.*; дальнобо́йное ~ lóng-rànge gun [-reɪ-...]; тяжёлое ~ héavy gun ['he-...]; полево́е ~ fíeld-gùn ['fi:-], fíeld-pìece ['fi:ldpi:s]; самохо́дное ~ sélf-propélled gun; морско́е ~ nával gun; зени́тное ~ ánti-áircràft gun; берегово́е ~ cóastal gun.

оруди́йный *воен.* gun (*attr.*); ~ ого́нь gun / shell fire; ~ око́п gún-entrènchment.

ору́д||овать *разг.* 1. (*тв.*) handle (*d.*); (*перен.*) run* (*d.*), boss (*d.*); он там всем ~ует he bósses the whole show [...houl ʃou]; 2. (*без доп.*) be áctive.

оружéйник *м.* gúnsmìth, ármour|-er.

оружéйный *прил.* *к* орýжие; ~ завóд small arm(s) fáctory; ~ мáстер gúnsmìth, ármour|er; Оружéйная палáта Ármoury.

оруженóсец *м.* *ист.* ármour-bearer [-bɛə-]; swórd-bearer ['sɔːdbɛə-]; (*перен.*) hénch|man*.

орýжи||е *с.* arm; wéapon ['wep-] (*тж. перен.*); *собир.* arms *pl.*, wéapons *pl.*; поднять ~ be up in arms; брáться за ~ take* up arms; положить, сложить ~ lay* down arms; холóдное ~ cold steel; огнестрéльное ~ fíre-àrm(s) (*pl.*); стрелкóвое ~ small arms *pl.*; коллектúвное ~ team wéapon; к ~ю! to arms!; ~ мáссового уничтожéния wéapons of mass annìhilátion / destrúction / extèrminátion [...ənaɪə-...].

орфографúческ||ий òrthográphic(al); ~ая ошúбка spélling mistáke; дéлать ~ие ошúбки, писáть с ~ими ошúбками mís-spéll*; ~ словáрь spélling díctionary.

орфогрáфия *ж.* òrthógraphy, spélling.

орфо||эпúческий òrthoèpic. **~эпия** *ж.* órthoèpy.

орхидéя [-дэ́я] *ж.* *бот.* órchid [-k-].

осá *ж.* wasp.

осáд||а *ж.* siege [siːdʒ]; снять ~у raise the siege; выдержать ~у stand* the siege.

осадúть I, II *сов.* *см.* осаждáть I, II.

осадúть III *сов.* *см.* осáживать.

осáдка *ж.* 1. (*о почве, стене*) sétt-ling; 2. *мор.* (*о судне*) draught [-ɑːft].

осáдки *мн.* (*атмосферные*) precìpitátion *sg.*

осáдн||ый siege [siːdʒ] (*attr.*); ~ое положéние state of siege; ввестú ~ое положéние decláre a state of siege; ~ое орýдие síege-gùn ['siːdʒ-]; ~ая артиллéрия siege àrtíllery; ~ая войнá siege wár(fàre).

осáд||ок *м.* sédiment, depósit [-zɪt]; (*перен.*) áfter-tàste [-teɪ-]; (*обида*) féeling of reséntment [...'ze-]. **~очный** 1. *хим.*, *геол.* sèdiméntary; ~очные порóды sèdiméntary rocks; 2. *метеор.* precìpitátion (*attr.*).

осаждáть I, осадúть (*вн.*) lay* siege [...siːdʒ] (to); besíege [-'siːdʒ] (*d.*), besét* (*d.*), beléaguer (*d.*) (*тж. перен.*); ~ крéпость lay* siege to *a* fórtress, besíege *a* fórtress; ~ когó-л. прóсьбами besíege / beléaguer smb. with requésts; (*надоедать тж.*) impòrtúne smb.; ~ вопрóсами ply with quéstions [...-stʃ-] (*d.*).

осаждáть II, осадúть (*вн.*) *хим.* precípitàte (*d.*).

осаждáться I 1. (*об атмосферных осадках*) fall*; 2. *хим.* fall* out; 3. *страд.* *к* осаждáть II.

осаждáться II *страд.* *к* осаждáть I.

осаждáющий 1. *прич.* *см.* осаждáть I; 2. *м.* *как сущ.* besíeger [-'siːdʒə]; beléaguerer.

осáживать, осадúть (*вн.*; *останавливать*) check (*d.*); (*о лошади*) rein in (*d.*); (*заставлять податься назад*) back (*d.*), báckstèp (*d.*); (*перен.*) *разг.* snub (*d.*).

осáн||истый pórtly. **~ка** *ж.* cárriage [-rɪdʒ], béaring ['bɛə-].

осатанéлый *разг.* rábid, posséssed [-'zest].

осатанéть *сов.* *разг.* grow* rábid [-ou...], be posséssed [...-'zest].

освáивать, освóить (*вн.*) máster (*d.*), assímilàte (*d.*); cope (with); ~ óпыт assímilàte the expérience; ~ произвóдство (*рд.*) órganìze / máster prodúction (of); ~ зáнятую территóрию *воен.* digést the cónquered térritory [...-kəd...]; ~ целúнные зéмли, целинý bring* new lands únder the plough, bring* new tracts of vírgin soil únder cùltivátion; ~ нóвые зéмли ópen up, *или* devélop, new lands [...-'ve-...]. **~ся**, освóиться 1. (*с тв.*) make* òne|sélf famíliar (with); ~ся с обстанóвкой fit òne|sélf into the sìtuátion; 2. (*без доп.*) feel* éasy / cómfortable [...'iːzɪ 'kʌm-]; 3. *страд.* *к* осваивать.

осведомúтель *м.* infórmant, intélligencer, infórmer; stag *разг.* **~ный** infórmative.

осведóм||ить(ся) *сов.* *см.* осведомлять(ся). **~лéние** *с.* ìnformátion, nòtificátion [nou-]. **~лённый** 1. *прич.* *см.* осведомлять; 2. *прил.* (*в пр.*; *знающий*) versed (in), convérsant (with).

осведомлять, освéдомить (*вн.* о *пр.*) infórm (*d.* of). **~ся**, освéдомиться (о *пр.*) 1. in|quíre (abóut), want to know [...nou] (abóut); 2. *страд.* *к* осведомлять.

освежáть, освежúть (*вн.*; *в разн. знач.*) refrésh (*d.*); ~ в пáмяти refrésh one's mémory (abóut, of). **~ся**, освежúться 1. refrésh òne|sélf; 2. *страд.* *к* освежáть.

освежевáть *сов.* *см.* свежевáть.

освежúтельн||ый refréshing; ~ые напúтки refréshing drinks, refréshers.

освежúть(ся) *сов.* *см.* освежáть (-ся).

осветúтельн||ый illúminàting; ~ снаряд illúminàting shell, star shell; ~ая бóмба candle bomb.

осветúть(ся) *сов.* *см.* освещáть (-ся).

освещ||áть, осветúть (*вн.*) light* up (*d.*), illúminàte (*d.*), illúmine (*d.*); (*перен.*: *вопрос и т. п.*) elúcidàte (*d.*), throw* light [-ou...] (up|ón); ~ённый гáзом gás|lìt; ~ённый звёздами stárlit; ~ённый лунóй móonlit; ~ённый свечáми cándle-lit; ~ённый сóлнцем sún|lìt; ~ вопрóсы deal* with quéstions [...-stʃənz], take* up quéstions.

освещáться, осветúться 1. light* up, bríghten; 2. *страд.* *к* освещáть.

освещéние *с.* (*действие и устройство*) light, líghting, illùminátion; (*перен.*) elùcidátion; (*истолкование*) intèrpretátion; гáзовое ~ gás-lìght (-ing); электрúческое ~ eléctric líght (-ing); керосúновое ~ oil / páraffin líght(ing); kérosène líght(ing) *амер.*; искýсственное ~ àrtifícial líght(ing), àrtifícial illùminátion; неправúльное ~ вопрóса wrong tréatment of *the* quéstion [...-stʃən].

освидéтельствование *с.* exàminátion.

освидéтельствовать *сов.* (*вн.*) exámine (*d.*).

освистáть *сов.* *см.* освúстывать.

освúстывать, освистáть (*вн.*) hiss (*d.*), cátcàll (*d.*); ~ актёра hiss *an* áctor off the stage, cátcàll *an* áctor.

освободúтель *м.* líberàtor. **~ный** líberatory; emàncipátion (*attr.*); ~ное движéние lìberátion / emàncipátion móve|ment [...'muː-]; ~ная войнá war of lìberátion; ~ная мúссия líberàting míssion.

освободúть(ся) *сов.* *см.* освобождáть(ся).

освобожд||áть, освободúть (*вн.*) 1. líberàte (*d.*); emáncipàte (*d.*); (*выпускать*) set* free (*d.*); reléase [-s] (*d.*); ~ арестóванного dismíss / dis|chárge *a* prísoner [...-ɪz-]; 2. (*избавлять*) free (*d.*); ~ от уплáты долгóв reléase from debts [...dets] (*d.*); 3.: ~ когó-л. от занимáемой дóлжности relíeve smb. of his post [-'liːv... poust]; освободúть от обязанностей reléase from the dúties (*d.*); 4.: ~ помещéние (*выезжать*) vacáte the prémises [...-sɪz]; clear out *разг.*; ◇ ~ённый рабóтник (*профсоюзной и т. п. организации*) fúll-tíme wórker / offícial (*in a trade-union organization, etc.*). **~áться**, освободúться 1. get* / become* free; make* òne|sélf free; 2. *страд.* *к* освобождáть. **~éние** *с.* 1. lìberátion; emàncipátion; reléase [-s]; (*о заключённом*) dis|chárge; грýппа «Освобождéние Трудá» "Emàncipátion of Lábour" group [...gruːp]; 2. (*избавление*) lìberátion, delíverance; 3. (*о помещении и т. п.*) evàcuátion.

освоéн||ие *с.* mástering, cóping, assìmilátion; ~ óпыта assímilàting of expérience; ~ нóвых мéтодов произвóдства mástering / assímilàting of new méthods of prodúction; ~ произвóдства (*рд.*) pútting into prodúction (*d.*); промышленное ~ месторождéний *и т. п.* indústrial èxploitátion of depósits, *etc.* [...-z-]; трáнспортное ~ рекú máking *a* ríver návigable [...'rɪ-...]; ~ целúнных и зáлежных земéль devélopment of vírgin and ún|used lands; ~ нóвых земéль ópen|ing up, *или* devéloping, of new lands; райóны

~ия целинных и залежных земель districts cúltivàting vírgin and ún¦úsed lands.

освóить(ся) *сов. см.* осваивать (-ся).

освятить *сов. см.* освящать.

освящать, освятить (*вн.*) sánctifỳ (*d.*), cónsecràte (*d.*).

оседание *с.* **1.** séttling, súbsidence; **2.** (*поселение*) séttle¦ment.

оседать, осесть (*в разн. знач.*) settle; (*о здании тж.*) sink*; (*о пыли, росе тж.*) accúmulàte.

оседлать *сов.* **1.** *см.* седлать; **2.:** ~ дорогу *воен. разг.* straddle, *или* get* astride, *a* road.

осéдл||ость *ж.* settled / pérmanent way of life; черта ~ости *ист.* the Jéwish pale. ~**ый** settled (*as opposed to nomadic*).

осекаться, осечься (*о ружье, револьвере и т. п.*) miss fire; (*перен.: обрывать речь*) stop short.

осёл *м.* dónkey, ass.

оселóк *м.* **1.** (*для испытания; прям. и перен.*) tóuchstòne ['tʌtʃ-]; **2.** (*точильный*) whétstòne; óil-stòne; (*для бритв*) hone.

осеменение *с. с.-х.* insèminátion; искусственное ~ àrtifícial insèminátion.

осенить *сов. см.* осенять.

осéнний *прил. к* осень; *тж.* autúmnal.

óсень *ж.* áutumn; fall *амер.*; глубокая ~ late áutumn.

óсенью *нареч.* in áutumn.

осенять, осенить (*вн.*) **1.** *поэт., уст.* (*покрывать тенью*) òver¦shádow [-'ʃæ-] (*d.*); **2.** (*о мысли, догадке*) dawn (up¦ón); его осенило, его осенила мысль it dawned up¦ón him; he had a bráin-wàve *идиом.*

осеребрить *сов.* (*вн.*) *поэт.* sílver (*d.*).

осéсть *сов. см.* оседать.

осетин *м.,* ~**ка** *ж.* Óssèt(e). ~**ский** Òssétic; ~ский язык Òssétic, the Òssétic lánguage.

осётр *м.* stúrgeon.

осетрина *ж.* (the flesh of) stúrgeon.

осéч||ка *ж.* mísfire; без ~ки sure fire [ʃuə...]; дать ~ку miss fire.

осéчься *сов. см.* осекаться.

осилить *сов.* (*вн.*) **1.** (*побороть*) òver¦pówer (*d.*); **2.** (*справиться с чем-л.*) mánage (*d.*); cope (*with*); (*овладеть, изучить*) máster (*d.*).

осин||а *ж.* asp. ~**ник** *м.* áspen grove/wood [...wud]. ~**овый** áspen; ◇ дрожать как ~овый лист tremble like an áspen leaf.

осин||ый wasp's; ~ое гнездо hórnets' nest; потревожить ~ое гнездо stir up *a* nest of hórnets; (*перен. тж.*) bring* *a* hórnets' nest about one's ears; ◇ ~ая талия wasp waist; с ~ой талией wásp-wáisted.

осиплый *разг.* húsky, hoarse.

осип||нуть *сов.* get* hoarse. ~**ший** = осиплый.

осиротéлый órphaned; (*перен.*) desérted [-'zəːt-].

осиротéть *сов.* become* an órphan; (*перен.*) be desérted [...-'zəːt-].

оскáл *м.* bared teeth *pl.*, grin.

оскáл||ивать, оскалить: ~ зубы show* / bare one's teeth [ʃou...]. ~**ить** *сов. см.* оскаливать *и* скалить. ~**иться** *сов.* grin; show* one's teeth [ʃou...].

оскальпировать *сов.* (*вн.*) scalp (*d.*).

оскандалить *сов.* (*вн.*) *разг.* discrédit (*d.*), put* in an áwkward posítion [...-'zɪ-] (*d.*). ~**ся** *сов. разг.* cut* a poor fígure.

осквер||нéние *с.* pròfanátion. ~**итель** *м.*, ~**ительница** *ж.* defíler, profáner. ~**ить** *сов. см.* осквернять.

осквернять, осквернить (*вн.*) defíle (*d.*), profáne (*d.*).

оскáбиться *сов. разг.* grin.

оскóлок *м.* splínter, frágment; shíver ['ʃɪ-] *об. pl.*; ~ снаряда shéll-splìnter.

оскóлочн||ый *воен.:* ~ая бомба fràgmentátion / pèrsonnél bomb; ~ снаряд fràgmentátion shell; ~ое действие fràgmentátion efféct.

оскóмин||а *ж.* dráwing / sóre¦ness of the mouth; набить себе ~у make* one's mouth sore; набить ~у кому-л. (*перен.*) ≅ set* smb.'s teeth on edge.

оскопить *сов. см.* оскоплять.

оскоплять, оскопить (*вн.*) emásculàte (*d.*).

оскорбитель *м.* insúlter. ~**ность** *ж.* insúlting¦ness, abúsive¦ness. ~**ный** insúlting, abúsive.

оскорб||ить(ся) *сов. см.* оскорблять(ся). ~**ление** *с.* ínsùlt; (*грубое*) óutràge; нанести ~ление (*дт.*) insúlt (*d.*); (*тяжёлое, грубое*) óutràge (*d.*); ~ление действием *юр.* assáult and báttery; ~ление словом cóntume¦ly; переносить ~ления bear* ínsùlts [bɛə...]. ~**лённый** *прич.* (*тж. как прил.*) *см.* оскорблять; ◇ ~лённая невинность óutràged ínnocence.

оскорблять, оскорбить (*вн.*) insúlt (*d.*); (*грубо*) óutràge (*d.*). ~**ся,** оскорбиться **1.** take* offénce; **2.** *страд. к* оскорблять.

оскуд||евать, оскудеть grow* scarce [-ou skɛəs]. ~**éлый** scánty. ~**éние** *с.* impóverishment.

оскудéть *сов. см.* оскудевать *и* скудеть.

ослаб||евать, ослабеть wéaken, become* / grow* weak [...-ou...]; (*о напряжении, внимании*) slácken, reláx. ~**éлый** *разг.* feeble, wéakened, enféebled.

ослабéть *сов. см.* ослабевать *и* слабеть.

ослабить *сов. см.* ослаблять.

ослаблéние *с.* wéakening; sláckening; (*о внимании, дисциплине*) rè¦làxátion; ~ напряжения sláckening of ténsion; ~ международной напряжённости rè¦làxátion of ìnternátional ténsion [...-'næ-...].

ослаблять, ослабить (*вн.*) **1.** wéaken (*d.*); **2.** (*делать менее натянутым*) lóosen [-s°n] (*d.*); (*делать менее напряжённым*) reláx (*d.*); ослабить винт lóosen *a* screw; ~ внимание, усилие, мускулы reláx one's atténtion, éfforts, muscles [...mʌslz]; ослабить международную напряжённость ease / reláx / léssen / redúce ìnternátional ténsion [...-'næ-...].

ослáбнуть = ослабеть *см.* ослабевать.

ослáвить(ся) *сов. см.* ославлять (-ся).

ославлять, ославить (*вн.*) *разг.* defáme (*d.*), decrý (*d.*), give* a bad name (*i.*). ~**ся,** ославиться *разг.* get* a bad name / rèputátion, make* òne¦sélf notórious.

ослёнок *м.* foal, young of an ass [jʌŋ...].

ослеп||ительный blínding; dázzling (*тж. перен.*). ~**ить** *сов. см.* ослеплять. ~**лéние** *с.* **1.** blínding, dázzling (*ср.* ослеплять); **2.** (*состояние*) blínd¦ness; dazzled state. ~**лённый** *прич. и прил.* blínded, dazzled (*ср.* ослеплять).

ослеплять, ослепить (*вн.*) **1.** (*лишать зрения*) blind (*d.*); **2.** (*сильным светом; тж. перен.*) dazzle (*d.*).

ослéпнуть *сов. см.* слепнуть; ~ на один глаз lose* the sight of one eye [luːz... aɪ].

ослизлый clámmy.

ослиный *прил. к* осёл; ásinìne *научн.*

ослица *ж.* shé-àss.

осложн||éние *с.* còmplicátion; ~éние после болезни áfter-effèct of *the* íllness; болезнь дала ~ения the pátient has còmplicátions áfter his íllness, the pátient is súffering from the áfter-effècts of his íllness. ~**ить** **(-ся)** *сов. см.* осложнять(ся).

осложнять, осложнить (*вн.*) cómplicàte (*d.*). ~**ся,** осложниться **1.** become* cómplicàted; болезнь осложнилась còmplicátions set in; **2.** *страд. к* осложнять.

ослушáние *с.* dìsobédience.

ослýшаться *сов.* (*рд.*) dìsobéy (*d.*).

ослыш||аться *сов.* hear* amíss, mis¦héar*, not hear* aríght. ~**ка** *ж.* mis¦héaring, mistáke.

ослята *мн. см.* ослёнок.

осмáливать, осмолить (*вн.*) pitch / tar round (*d.*), do óver with pitch / tar (*d.*); *мор.* pay* (*d.*).

осмáтривать, осмотреть (*вн.*) exámine (*d.*), survéy (*d.*), view [vjuː] (*d.*); scan (*d.*); (*о выставке и т. п.*) see* (*d.*), inspéct (*d.*); ~ город see* the sights of *the* cíty [...'sɪ-]. ~**ся,** осмотреться **1.** look about / round; (*перен. тж.*) get* one's béarings [...'bɛə-]; **2.** *страд. к* осматривать.

осмéивать, осмеять (*вн.*) rídicùle (*d.*).

осмелéть *сов. см.* смелéть.

осмéл||иваться, осмéлиться dare; он не ~ится отрицáть это he won't dare to denу́ it [...wount...]; ◇ ~юсь сказáть I make bold to say. **~иться** *сов. см.* осмéливаться.

осмея||ние *с.* móckery, derísion; подвéргнуть ~нию (*вн.*) derìde (*d.*). **~ть** *сов. см.* осмéивать.

осмоли́ть *сов. см.* осмáливать.

óсмо||с *м. физ.* ósmòse ['ɔzmous], òsmósis [ɔz-]. **~ти́ческий** *физ.* òsmótic [ɔz-].

осмóтр *м.* inspéction, súrvey, exàminátion; ~ багажá exàminátion of lúggage; тамóженный ~ cústoms exàminátion; медици́нский ~ médical inspéction / exàminátion.

осмотрéть(ся) *сов. см.* осмáтривать(ся).

осмотри́тельн||ость *ж.* cìrcumspéction, círcumspèctness, discrétion [-'kre-]; дéйствовать с ~остью act with circumspéction, be círcumspèct, show* discrétion [ʃou...]. **~ый** círcumspèct, wáry.

осмóтрщик *м.* inspéctor.

осмыслéние *с.* (*рд.*) trу́ing to ùnderstánd (*d.*), trу́ing to find the sense / púrport (of); (*понимание*) còmprehénsion (of), ùnderstánding (of).

осмы́сл||енный intélligent, sénsible; méaning¦ful; ~ отвéт intélligent/ sénsible ánswer [...'ɑːnsə]; ~ вид intélligent expréssion. **~ивать** = осмысля́ть. **~ить** *сов. см.* осмысля́ть.

осмысля́ть, осмы́слить (*вн.*) give* a méaning (*i.*); (*истолковывать*) intérpret (*d.*); (*понимать*) còmprehénd (*d.*).

оснасти́ть *сов. см.* оснащáть.

оснáстка *ж. мор.* rígging.

оснащ||áть, оснасти́ть (*вн.*) fit out (*d.*); equíp (*d.*); (*о корабле*) rig (*d.*); ~ нóвой тéхникой supplу́ with néw-tу̀pe machínery [...-'ʃiː-] (*d.*). **~éние** *с.* equípment.

оснащённ||ость *ж.* bé¦ing equípped, bé¦ing províded with equípment; equípment; техни́ческая ~ промы́шленности téchnical equípment of índustry. **~ый** *прич. и прил.* equípped; *мор.* rigged.

оснóв||а *ж.* **1.** base [-s]; básis ['beɪ-] (*pl.* básès [-siːz]); foundátion; на ~е чегó-л. on the básis of smth.; на ~е рáвенства on the básis of èquálity [...iː-]; на справедли́вой ~е on an équitable / just básis; быть, лежáть в ~е чегó-л. be the básis of smth.; лежáть в ~е отношéний ùnderlíe* the relátions; положи́ть в ~у, приня́ть за ~у (*вн.*) assúme as a básis (*d.*), take* as a prínciple (*d.*); заложи́ть ~у lay* down the foundátions; **2.** *мн.* prínciples; fùndaméntals; ~ы ленини́зма the prínciples / foundátions of Léninism; **3.** *текст.* warp; **4.** *лингв.* stem. **~áние** *с.* **1.** (*действие*) foundátion; год ~áния year of foundátion; **2.** (*фундамент*) foundátion, base [-s]; *стр. тж.* bed, bédding; (*зубца, крыла*) root; ~áние колóнны *арх.* cólumn socle; ~áние горы́ foot* of *a* móuntain [fut...]; разрýшить до ~áния (*вн.*) raze to the ground (*d.*); **3.** (*причина*) base; básis (*pl.* básès [-siːz]); grounds *pl.*, réason [-z°n]; на ~áнии (*рд.*) on the grounds (of); на э́том ~áнии on these grounds; на какóм ~áнии? on what grounds?; на том ~áнии, что on the ground that; на óбщих ~áниях on a ùnivérsal básis; на рáвных ~áниях with équal réason; лишенó вся́кого ~áния absolùte¦ly únfóunded; не без ~áния not without réason; имéть (все) ~áния (+*инф.*) have every réason (+to *inf*); have good cause (+to *inf.*); у них имéются все ~áния (+*инф.*) they have every réason (+ to *inf.*); с пóлным ~áнием with good réason; лишённый ~áния báse¦less [-s-]; нет ~áний (для) there is no ground (for + *ger.*); закóн достáточного ~áния *филос.* law of sufficient réason; **4.** *хим.* base; **5.** *мат.* base: ~áние треугóльника base of *a* tríangle; ~áние логари́фмов base of lógarithms.

основáтель *м.* fóunder. **~ница** *ж.* fóundress.

основáтельно I *прил. кратк. см.* основáтельный.

основáтельн||о II *нареч.* thórough¦ly ['θʌrə-]. **~ый 1.** (*обоснованный*) wéll-gróunded; ~ые опасéния just fear *sg.*; **2.** (*серьёзный*) sólid, sound, thórough ['θʌrə], substántial: ~ый человéк sólid man*; ~ые дóводы sound / substántial árguments; ~ое изучéние thórough stúdy [...'stʌ-]; **3.** (*прочный*) stout, sólid; **4.** *разг.* (*изрядный*) búlky.

основáть *сов. см.* оснóвывать. **~ся** *сов. см.* оснóвываться 1.

основн||óй 1. *прил.* fùndaméntal, básic ['beɪ-], cárdinal, príncipal; ~ закóн básic law; ~áя причи́на príncipal cause; ~áя мáсса (*рд.*) great bulk [greɪt...] (of); ~ы́е óтрасли промы́шленности main bránches of índustry [...'brɑː-...]; staple / básic / májor índustries; ~ы́е ви́ды продýкции príncipal / májor ítems of prodúction; ~áя часть расхóдов bulk of the expénditures; ~ капитáл *эк.* fixed cápital; ~óе значéние prímary méaning ['praɪ-...]; ~áя мысль kéynòte ['kiː-]; ~ы́е профéссии esséntial trades; ~ы́е цветá prímary cólours [...'kʌ-]; **2.** *с. как сущ.*: в ~óм on the whole [...houl]; in the main, básically ['beɪs-].

основополагáющ||ий básic ['beɪs-]; ~ие при́нципы básic príncìples.

основополóжник *м.* fóunder, inítiàtor.

оснóвывать, основáть **1.** (*вн.*) found (*d.*); **2.** (*вн.* на *пр.*; *доказывать*) base [-s] (*d.* on); э́то ни на чём не оснóвано it is únfóunded / gróundless. **~ся,** основáться **1.** (*поселяться*) settle (down); **2.** *тк. несов.* (на *пр.*; *о предположении и т. п.*) be based [...-st] (on); be fóunded (on); **3.** *страд. к* оснóвывать.

осóба *ж.* pérson; вáжная ~ impórtant pérsonage; pérson of high rank; big shot *идиом. разг.*

осóбенн||о *нареч.* **1.** (*более всего*) espécially [-'pe-]; partícularly; он ~ зáнят по вечерáм he is espécially búsy in the évenings [...'bɪzɪ... 'iːv-]; **2.** (*необычно*) ùn¦úsually [-ʒ-], more than úsual [...'juːʒ-]; он сегóдня ~ блéден he is ùn¦úsually pale to¦dáy, he is more pale than úsual to¦dáy; он сегóдня вéчером ~ вéсел he is ùn¦úsually gay to¦níght; ◇ не ~ not very; не ~ давнó not very long agó. **~ость** *ж.* pecùliárity, féature; национáльная ~ость nátional pecùliárity / féature ['næ-...]; мéстная ~ость lócal pecùliárity / féature; ◇ в ~ости espécially [-'pe-], in partícular, (more) partícularly. **~ый** (e)spécial [-'pe-], partícular; (*необычный*) pecúliar; ◇ ничегó ~ого nothing in partícular, nothing out of the way; nothing much *разг.*; nothing to write home abóut *идиом.*

особня́к *м.* prívate résidence ['praɪ- -z-]; detáched house* [...-s].

особнякóм *нареч.* by òne¦sélf; дом стоя́л ~ the house* stood by it¦sélf [...haus stud...]; жить ~ live by òne¦sélf [lɪv...]; держáться ~ keep* alóof.

осóб||о *нареч.* **1.** (*отдельно*) apárt; **2.** (*очень*) espécially [-'pe-], partícularly. **~ый 1.** (*отдельный*) spécial ['spe-]; в ~ом помещéнии in a spécial room / apártment; остáться при ~ом мнéнии resérve one's own opínion [-'zəːv... oun...]; *юр.* dissént; держáться ~ого мнéния keep* to one's own opínion; **2.** (*особенный*) partícular; (*необычный*) pecúliar: удели́ть ~ое внимáние (*дт.*) give* partícular atténtion (to); — прояви́ть ~ый интерéс к чемý-л. show* a spécial ínterest in / for smth. [ʃou...].

óсобь *ж.* ìndivídual.

осовéлый *разг.* dull, dazed, tórpid.

осовéть *сов. разг.* fall* into a tórpid / dazed state.

осоéд *м. зоол.* pern.

осозн||авáть, осознáть (*вн.*) réalìze ['rɪə-] (*d.*). **~áть** *сов. см.* осознавáть.

осóка *ж. бот.* sedge, cárex ['keɪ-].

осокóрь *м. бот.* black póplar [...'pɔ-].

осóт *м. бот.* sónchus [-ŋkəs]; pástor's léttuce *разг.*

óсп||а *ж.* small¦pòx; приви́ть ~у (*дт.*) váccinàte (*d.*); вéтряная ~

chícken-pòx; чёрная ~ smáll¦pòx; коро́вья ~ ców-pòx.

оспа́ривать, оспо́рить (*вн.*) **1.** dispúte (*d.*); call in quéstion [...-stʃən] (*d.*); ~ завеща́ние dispúte *a* will; ~ чьи-л. права́ dispúte / quéstion smb.'s rights; **2.** *тк. несов.* (*добиваться*) contе́nd (for); ~ зва́ние чемпио́на contе́nd for the chámpionship.

о́сп||енный *прил. к* о́спа; várіolar, vàriólic; várіolous *научн.*; ~енные следы́ póck-màrks. **~ина** *ж.* póck-hòle, póck-màrk.

оспоприви́ва́ние *с.* vàccinátion.

оспо́рить *сов. см.* оспа́ривать 1.

осрами́ть(ся) *сов. см.* срами́ть(ся).

ост *м. мор.* east.

оста||ва́ться, оста́ться remáin; (*задерживаться*) stay; (*быть оставленным*) be left; бага́ж оста́лся на перро́не the lúggage remáined, *или* was left, on the plátfòrm; идти́ оста́лось немно́го there is ónly a little way to go; до шести́ ~ётся не́сколько мину́т it is a few mínutes short of six [...'mɪnɪts...]; ~ три неде́ли в Москве́ remáin / stay three weeks in Móscow; ~ на́ ночь stay the night; оста́ться в живы́х survíve; come* through (alíve) *разг.*; ✧ ~ на второ́й год (*в классе*) fail to get one's remóve [...-'mu:v], stay down; be / get* left back *амер.*; побе́да оста́лась за на́ми víctory was ours; за ним оста́лось де́сять рубле́й he owes ten roubles [...ouz...ru:-]; ~ в долгу́, ~ кому́-л. до́лжным be in smb.'s debt [...det]; по́сле него́ оста́лись жена́ и де́ти he left a wife and chíldren; ~ в бары́ша́х gain; не ~ётся ничего́ друго́го, как nothing remáins, *или* nothing else is left, but; ~ётся то́лько одно́ there is nothing for it, but; э́то навсегда́ оста́нется в мое́й па́мяти it will álways remáin in my mémory [...'ɔ:lwəz...]; ~ в си́ле remáin válid; hold* good / true; (*о судебном решении, приговоре*) remáin in force; ~ при своём мне́нии remáin of the same opínion.

оста́вить *сов. см.* оставля́ть.

остав||ля́ть, оста́вить (*вн.*) **1.** leave* (*d.*); (*покидать тж.*) abándon (*d.*); оста́вить дверь откры́той leave* the door ópen [...dɔ:...]; ~ в поко́е leave* alóne (*d.*); ~ далеко́ позади́ leave* far behínd (*d.*); ~ вопро́с откры́тым leave* the quéstion ópen / ùnséttled [...-stʃən...]; не ~ вы́бора leave* no choice; **2.** (*сохранять*) retáin (*d.*), resérve [-'zə:v] (*d.*), keep* (*d.*); ~ что-л. за собо́й resérve smth. for òne¦sélf; ~ за собо́й пра́во resérve the right; ~ зако́н в си́ле leave* the law in force; **3.** (*отказываться*) give* up (*d.*); ~ наде́жду give* up hope; ✧ ~ на второ́й год в том же кла́ссе keep* down (for another year) (*d.*); ~ по́сле уро́ков (*об ученике*) keep* in áfter school (*d.*); оста́вь(те)! stop that!; не ~ ме́ста (для) leave* no room (for); не оста́вить ка́мня на ка́мне raze to the ground; ~ля́ет жела́ть лу́чшего leaves much to be desíred [...-'z-].

остальн||о́й 1. *прил.* the rest of; ~о́е вре́мя the rest of the time; **2.** *с. как сущ.* the rest; в ~о́м in other respécts; всё ~о́е évery¦thing else; **3.** *мн. как сущ.* (*о людях*) the others.

остана́вливать, останови́ть (*вн.*; *в разн. знач.*) stop (*d.*), bring* to *a* stop (*d.*); (*коня, уздой и т. п.*) rein / pull up [...pul...] (*d.*); ~ кровотече́ние из ра́ны stop *a* wound [...wu:nd]; останови́ть у́личное движе́ние bring* tráffic to a stándstill; ~ взгляд (на *пр.*) rest one's gaze (on). **~ся,** останови́ться **1.** stop, come* to a stop; stand* still; pause; (*об экипаже, автомобиле тж.*) pull up [pul...]; внеза́пно (*или* ре́зко) останови́ться stop short / dead [...ded]; никогда́ не ~ся на дости́гнутом never stop at what has been accómplished; **2.** (*в гостинице и т. п.*) put* up (at), stop (at); **3.** (на *пр.*; *в речи, докладе и т. п.*) dwell* (on); подро́бно останови́ться dwell* at length (on); останови́ться на вопро́се dwell* on *the* quéstion [...-stʃən]; **4.** *страд. к* остана́вливать; ✧ ни пе́ред чем не ~ся stop at nothing.

оста́нки *мн.* remáins, rélics.

останови́ть(ся) *сов. см.* остана́вливать(ся).

остано́в||ка *ж.* **1.** (*в пути, в работе*) stop, halt; (*задержка*) stóppage; сде́лать ~ку (в *пр.*; *проездом*) stop off (at); **2.** (*остановочный пункт*) stop, státion; коне́чная ~ términal; ~ авто́бусов bus stop / státion; ✧ ~ за чем-л.: ~ то́лько за разреше́нием now ónly permíssion is wánting; now all that is wánted is permíssion.

оста́т||ок *м.* **1.** remáinder, rest, résidue [-zɪ-]; (*о материи*) rémnant; *мн.* remáins, léavings; распрода́жа ~ков cléarance sale; **2.** *мат.* remáinder; **3.** *хим.* resíduum [-'zɪ-] (*pl.* -dua); **4.** *фин.* rest, bálance; ✧ ~ки сла́дки *погов.* ≅ the néarer the bone the swéeter the meat.

оста́точный *физ., тех.* resídual [-'zɪ-]; ~ магнети́зм resídual mágnetism.

оста́ться *сов. см.* остава́ться.

остго́тский *ист.* Òstrogóthic, East Góthic.

остго́ты *мн. ист.* Óstrogòths.

остеклене́ть *сов. см.* стеклене́ть.

остекли́ть *сов. см.* остекля́ть.

остекля́ть, остекли́ть (*вн.*) glaze (*d.*).

остео́лот [-тэ-] *м.* òsteólogist.

остеологи́ческий [-тэ-] òsteológical.

остеоло́гия [-тэ-] *ж.* òsteólogy.

остеомиэли́т [-тэ-] *м. мед.* òsteomỳelítis.

остепени́||ться *сов.* settle down, stéady down ['stedɪ...], become* staid / respéctable; он уже́ ~лся he has stéadied down [...'ste-...]; he has sown his wild oats [...soun...] *идиом.*

остервене́||лый frénzied. **~ние** *с.* frénzy; прийти́ в ~ние become* enráged.

остервене́ть *сов.* become* enráged, be frénzied.

остервени́ться = остервене́ть.

остерега́ть, остере́чь (*вн.*) warn (*d.*). **~ся,** остере́чься (*рд.*; *опасаться*) bewáre (of); (*быть осторожным*) be cáre¦ful (of), take* care (of); ~ся, что́бы не упа́сть be cáre¦ful not to fall; остерега́йтесь воро́в! bewáre of píckpòckets!

остере́чь(ся) *сов. см.* остерега́ть(ся).

ост-и́ндский East Índian.

ости́стый *бот.* awned, arístàte, béarded.

ости́т *м. мед.* òsteítis.

о́стов *м.* **1.** frame; fráme¦wòrk (*тж. перен.*); **2.** *анат.* skéleton.

осто́йчив||ость *ж. мор.* stabílity. **~ый** *мор.* stable.

остолбене́ть *сов.* be dùmb¦fóunded.

остоло́п *м. разг., бран.* blóckhead [-hed].

осторо́жн||о *нареч.* cáre¦fully, cáutious¦ly; (*остерегаясь*) guárdedly, wárily; (*аккуратно*) gíngerly; ~! look out / sharp!; watch out!; (*надпись на упаковке*) handle with care! **~ость** *ж.* care; cáution, prúdence; обраща́ться с ~остью handle with care; из ~ости out of prúdence. **~ый** cáre¦ful; cáutious; wáry; (*предусмотрительный*) prúdent; бу́дьте ~ы! be cáre¦ful!, take care!; сли́шком ~ый òver¦cáutious, too cáutious.

осточерте́||ть *сов.* (*дт.*) *разг.*: э́то ему́ ~ло he is fed up with it.

остраки́зм *м. ист.* óstracism; подве́ргнуть ~у (*вн.*) óstracìze (*d.*).

остра́стк||а *ж. разг.* wárning; для ~и as a wárning.

остригáть, остри́чь (*вн.*) cut* (*d.*); (*волосы — коротко*) crop (*d.*); bob (*d.*); (*коротко — сзади*) shingle (*d.*). **~ся,** остри́чься **1.** have one's hair cut; **2.** *страд. к* остригáть.

остриё *с.* **1.** point, spike; ~ кли́на *воен.* (*при наступлении*) spéarhead of the attack [-hed...]; **2.** (*ножа, шашки*) edge; (*перен.*) point, edge; ~ кри́тики edge of *the* críticism; ~ сати́ры edge of the sátire.

остри́ть I (*вн.*; *делать острым*) shárpen (*d.*), whet (*d.*).

остри́ть II (*говорить остроты*) make* / crack jokes; ~ на че́й-л. счёт raise a laugh at smb.'s expénse [...lɑ:f...].

остри́чь(ся) *сов. см.* остригáть(ся) *и* стри́чь(ся).

о́стро *нареч.* shárp(ly); kéenly.

о́стров *м.* ísland ['aɪl-]; isle [aɪl] *поэт.*

островéрхий peaked.

островитя́н||ин *м.*, **~ка** *ж.* íslander [ʹaɪl-].

остров||нóй ínsular; ísland [ʹaɪl-] (*attr.*). **~óк** *м.* íslet [ʹaɪlɪt]; ◇ ~óк безопáсности (*для пешеходов*) (sáfe¦-ty) ísland [...ʹaɪl-].

острóг *м. уст.* jail, gaol [ʤeɪl].

острог||á *ж.* físh-spear, harpóon; бить ~óй (*вн.*) harpóon (*d.*).

острогáть *сов.* (*вн.*) plane (*d.*), pare down / a¦wáy (*d.*).

остроглáзый *разг.* shárp-eyed [-aɪd], shárp-sìghted.

острогу́бцы *мн. тех.* cútting plíers / píncers.

остроконéчн||ый póinted; ~ая кры́ша gabled roof.

остроли́ст *м. бот.* hólly.

остронóсый shárp-nòsed.

остр||отá *ж.* **1.** *тк. ед.* shárpness, acúity; (*о зрении, слухе тж.*) kéenness; (*о положении, кризисе*) acúte¦ness; (*об ощущениях, о запахе*) púngency [-nʤ-], póignancy; потеря́ть, утрáтить ~оту́ lose* one's edge [lu:z...]; **2.** (*остроумное выражение*) wítticism, wítty remárk; (*шутка*) joke; удáчная ~ good* joke; злáя ~ sárcasm; отпускáть ~óты, сы́пать ~óтами make* (a lot of) wítty remárks, crack jokes, crack one joke áfter another.

остроугóльный acúte-àngled.

остроу́м||ие *с.* wit; блистáть ~ием sparkle with wit; претендовáть на ~ set* up for a wit; неистощи́мое ~ ìnexháustible wit. **~ный** wítty.

óстр||ый (*прям. и перен.*) sharp, acúte; (*о зрении, слухе и т. п. тж.*) keen; ~ нож sharp knife*; ~ у́гол *мат.* acúte angle; ~ая боль acúte / keen / stíng¦ing pain; ~ ум wit; ~ глаз acúte éye¦sìght [...ʹaɪ-]; ~ язычóк sharp tongue [...tʌŋ]; ~ое замечáние sharp / póinted remárk; ~ое словцó wítticism; он остёр на язы́к *разг.* he has a sharp tongue; ~ интерéс (к) keen ínterest (for); ~ое положéние crítical sìtuátion; ~ недостáток в чём-л. acúte shórtage of smth.; ~ сóус píquant sauce [-kənt...].

остря́к *м.* wit.

остуди́ть *сов. см.* остужáть *и* студи́ть.

остужáть, остуди́ть (*вн.*) cool (*d.*).

оступ||áться, оступи́ться stumble. **~и́ться** *сов. см.* оступáться.

остывáть, осты́ть get* cold; (*перен.*) cool (down); интерéс к э́тому осты́л ínterest in this has cooled (down).

осты́ть *сов. см.* остывáть.

ость *ж.* (*колоса*) awn, beard.

осуди́ть *сов. см.* осуждáть.

осужд||áть, осуди́ть (*вн.*) **1.** (*порицать*) condémn (*d.*), blame (*d.*), cénsure (*d.*); осуди́ть чьи-л. дéйствия denóunce / condémn smb.'s áctions; **2.** (*приговаривать*) condémn (*d.*); *юр.* convíct (*d.*). **~éние** *с.* **1.** (*порицание*) blame, cénsure; в егó словáх звучи́т ~éние his words mean cénsure; **2.** (*судебное*) convíction. **~ённый 1.** *прич. см.* осуждáть; **2.** *м. как сущ.* cónvict.

осу́ну||ться *сов.* get* / grow* pinched [...-ou...]; он ~лся he has a pinched face, his cheeks are súnken; ~вшееся лицó pinched face.

осуш||áть, осуши́ть (*вн.*) **1.** dry (*d.*); drain (*d.*); ~ слёзы dry *one's* tears; **2.** *разг.* (*выпивать содержимое чего-л.*) drain (*d.*); ~и́ть стакáн drain one's glass. **~éние** *с.* dráinage.

осуш||и́тельный: ~ канáл dráinage canál. **~и́ть** *сов. см.* осушáть.

осу́шка *ж.* = осушéние.

осуществ||и́мость *ж.* pràcticabílity, feasibílity [-zɪ-]. **~и́мый** práctìcable, réalìzable [ʹrɪə-], féasible [-z-]. **~и́ть(-ся)** *сов. см.* осуществля́ть(ся). **~лéние** *с.* realìzátion [rɪəlaɪ-]; (*о решении и т. п.*) ìmplementátion; (*о программе и т. п.*) èxecútion.

осуществля́ть, осуществи́ть (*вн.*) cárry out (*d.*), réalìze [ʹrɪə-] (*d.*), trànsláte into reálity [trɑ:n-...rɪʹæ-] (*d.*), bring* abóut (*d.*); (*выполнять*) fulfíl [ful-] (*d.*), accómplish (*d.*), put* into práctice (*d.*); (*о решении и т. п.*) ímplemènt (*d.*); осуществи́ть своё прáво éxercìse one's right; ~ управлéние éxercìse contról / diréction [...-roul...]; ~ решéние, постановлéние ímplemènt, *или* give* effect to, a decísion, decrée, *etc.*; ~ режи́м эконóмии práctiseècónomy [-s i:-]; осуществи́ть крутóй подъём (*рд.*) bring* abóut a rápid advánce (in). **~ся**, осуществи́ться **1.** come* true, come* to be; моё желáние осуществи́лось my wish has come true, my wish has been fulfílled [...ful-]; успéшно ~ся procéed succéssfully, make* succéssful héadway [...ʹhed-]; **2.** *страд. к* осуществля́ть.

осциллóграф *м. физ.* òscíllogràph.

осцилля́тор *м. физ.* óscillàtor.

осчастли́вить *сов.* (*вн.*) make* háppy (*d.*).

осыпáни||е *с.* fall; ~ хлебóв fall of grain; потéри зернá от ~я lósses of grain through létting crops stand too long.

осы́пать *сов. см.* осыпáть.

осыпáть, осы́пать (*вн. тв.*) strew* (*d.* with); shówer (on *d.*); (*перен.*) heap (on *d.*); ~ когó-л. удáрами shówer / rain blows up¦ón smb. [...blouz...]; ~ когó-л. насмéшками heap rídicùle on smb.; ~ когó-л. брáнью heap ínsùlts on smb.; ~ когó-л. упрёками hurl repróaches at smb.

осы́паться *сов. см.* осыпáться.

осыпáться, осы́паться (*о песке, земле*) crumble; (*о листьях, цветах*) fall* (off); (*о зерновых культурах*) shed* its grain.

óсыпь *ж. геол.* scree, tálus.

ось *ж.* **1.** áxis (*pl.* áxès [-i:z]); магни́тная ~ màgnétic áxis; земнáя ~ áxis of the equátor; **2.** (*колеса*) axle; **3.** *тех.* axle, spindle; pin.

осьминóг *м. зоол.* óctopus.

осьму́шка *ж. уст.* = восьму́шка.

осязá||емый tángible [-nʤə-], pálpable. **~ние** *с.* touch [tʌʧ]; чу́вство ~ния sense of touch. **~тельный** táctìle, táctual; (*перен.*) sénsible, tángible [-nʤə-], pálpable; ~тельный óрган táctìle órgan; ~тельные результáты sénsible / tángible resúlts [...-ʹzʌ-].

осязáть (*вн.*) feel* (*d.*).

от, ото *предл.* (*рд.*) **1.** (*в разн. знач.*) from; (*при обозначении удаления тж.*) a¦wáy from: считáть от однóго до десяти́ count from one to ten; от начáла до концá (чегó-л.) from (the) beginning to (the) end (of smth.); от гóрода до стáнции from the town to the státion; от двенáдцати до чáсу from twelve to one; он получи́л письмó от (своéй) дóчери he recéived *a* létter from his dáughter [...rɪʹsi:vd...]; они́ узнáли э́то от негó they learnt it from him [...lə:nt...]; страдáть от жары́, от болéзни súffer from the heat, from *an* íllness; засыпáть от устáлости fall* asléep from wéariness; умерéть от рáны die from *a* wound [...wu:nd]; защищáть глазá от сóлнца, себя́ от хóлода protéct one's eyes from the sun, òne¦sélf from the cold [...aɪz...]; воздéрживаться от голосовáния abstáin from vóting; отличáться от когó-л., от чегó-л. díffer from smb., from smth.; уходи́ть от когó-л., от чегó-л. go* (a¦wáy) from smb., from smth.; отня́ть три от десяти́ take* three (a¦wáy) from ten; в десяти́ киломéтрах от гóрода ten kílomètres (a¦wáy) from *the* town; далекó от гóрода far (a¦wáy) from *the* town; — имéть детéй от когó-л. have children by smb.; жеребёнок от... и... (*при обознач. отца и матери*) foal by... out of...; ожидáть чегó-л. от когó-л. expéct smth. of / from smb.; вскри́кнуть от стрáха, от рáдости cry out for fear, for joy; дрожáть от стрáха tremble with fear; устáть от чегó-л., от когó-л. be tired of smth., of smb.; умерéть от болéзни, от гóлода, от я́да die of *an* íllness, of húnger, by póison [...-z°n]; отдéлаться от когó-л., от чегó-л. get* rid of smb., of smth.; защищáть от когó-л., от чегó-л. (*вн.*) defénd from / agáinst smb., from / agáinst smth. (*d.*); свобóдный от долгóв free of debt [...det]; незави́симый от когó-л., от чегó-л. ìndepéndent of smb., of smth.; зави́сеть от когó-л., от чегó-л. depénd (up¦)ón smb., (up¦)ón smth.; от дóма ничего́ не оста́лось nothing remáined of the house* [...-s]; бли́зко от го́рода near the town; 2. (*при обозначении стороны*) of: на се́вер от го́рода to the north of the town;—нале́во, напра́во от меня́, от тебя́ *и т. д.* on my, on your, *etc.*, left, right; 3. (*при обозначении чего-л. как принадлежности, части и т. п.*) *об. передаётся через атрибутивное присоединение соответствующего существительного*; *тж.* of; (*то же — по отношению к данному определённому предмету*) of; (*то же, если подчёркивается определённость*) from; (*при указании соответствия*) to: э́то ру́чка от чемода́на it is a trúnk-hàndle, *или* the handle of *a* trunk; ру́чка от его́ чемода́на handle of / from his trunk; пу́говица от его́ пиджака́ (*оторванная*) bútton from his coat; ключ от э́той ко́мнаты key of / from / to this room [kiː...];—э́тот ключ не от э́того замка́ this key does not belóng to this lock; 4. (*при обозначении средства против чего-л.*) for: сре́дство, порошки́ от головно́й бо́ли héadàche rémedy ['hedeɪk...], héadàche pówder; ✧ вре́мя от вре́мени from time to time; день ото дня from day to day; от и́мени (*рд.*) on behálf [...-ɑːf] (of); for; от моего́, твоего́ *и т. д.* и́мени on my, your, *etc.*, behálf; от всей души́, от всего́ се́рдца with all one's heart [...hɑːt]; быть в восто́рге от чего́-л. be delíghted at / with smth.; быть без ума́ от кого́-л., от чего́-л. *см.* ум; *тж. и др. особые случаи, не приведённые здесь, см. под теми словами, с к-рыми предл.* от *образует тесные сочетания.*

ота́ва *ж. с.-х.* áftermàth, áfter-gràss, fog.

ота́пливать, отопи́ть (*вн.*) heat (*d.*).

ота́ра *ж.* flock (of sheep).

отба́вить *сов. см.* отбавля́ть.

отбав||ля́ть, отба́вить (*вн., рд.*) take* a¦wáy (*d.*); ✧ хоть ~ля́й *разг.* ≅ more than enough [...-ʌf], more than one knows what to do with [...nouz...].

отбараба́нить *сов.* (*вн.*) *разг.* rattle off (*d.*).

отбе||га́ть, отбежа́ть run* off; ~ на не́сколько шаго́в run* off a few steps; ~ в сто́рону run* asíde. **~жа́ть** *сов. см.* отбега́ть.

отбе́ливать, отбели́ть (*вн.*) bleach (*d.*); (*о металле*) blanch [-ɑːn-] (*d.*).

отбели́ть *сов. см.* отбе́ливать *и* бели́ть II.

отбе́лка *ж.* bléaching; (*о металле*) blánching [-ɑːn-].

отбива́ть, отби́ть (*вн.*) 1. (*отражать*) beat* off / back (*d.*); repúlse (*d.*), repél (*d.*): ~ ата́ку beat* off, *или* repúlse / repél, *an* attáck; — ~ мяч retúrn *a* ball; ~ уда́р párry *a* blow [...-ou]; 2. *разг.* (*отнимать*) win* óver (*d.*); (*брать обратно*) retáke* (*d.*), recápture (*d.*); отби́ть пле́нных réscue the prísoners [...-z-]; 3. (*отламывать*) break* off [-eɪk...] (*d.*); 4. *разг.* (*о вкусе, запахе*) take* a¦wáy (*d.*); remóve [-'muːv] (*d.*); 5. (*косу*) whet (*d.*); ✧ ~ такт beat* time; ~ у кого́-л. охо́ту к чему́-л. discóurage smb. from smth. [-'kʌ-...], put* smb. out of concéit with smth. [...-'siːt...]. **~ся**, отби́ться 1. (от; *защищаться*) defénd òne¦sélf (agáinst); beat* off, *или* repúlse (*d.*); ~ся от проти́вника beat* off the énemy; они́ отбива́лись от проти́вника they were trýing to beat off, *или* repúlse, the énemy; они́ отби́лись от проти́вника they have béaten off, *или* repúlsed, the énemy; 2. (*отставать*) drop / fall* behínd; (от; *отделяться*) become* séparàted (from), straggle / stray (from); отби́вшийся от свое́й ча́сти *воен.* strággler; 3. (*отламываться*) break* off [-eɪk...]; 4. *страд. к* отбива́ть; ✧ от рук отби́ться get* out of hand.

отбивн||о́й: ~а́я котле́та chop.

отбира́ть, отобра́ть (*вн.*) 1. (*отнимать*) take* a¦wáy (*d.*); 2. (*производить отбор*) choose* (*d.*), seléct (*d.*), pick out (*d.*).

отби́ть(ся) *сов. см.* отбива́ть(ся).

отбла́говестить *сов.* fínish ríng¦ing for church.

отблагодари́ть *сов.* (*вн.*) show* one's grátitùde [ʃou...] (*i.*), retúrn smb.'s kínd¦ness (*i.*).

о́тблеск *м.* refléction, gleam, sheen.

отбо́||й *м.* 1. *воен.* retréat; труби́ть ~ sound off; бить ~ (*тж. перен.*) beat* a retréat; ~ возду́шной трево́ги áll-clear sígnal, the Àll-Clear; 2. (*телефонный*) ríng¦ing off, bréaking the connéction ['breɪ-...]; дать ~ ring* off; ✧ ~ю нет *разг.* there is no getting rid of; у него́, у них *и т. д.* нет ~ю от предложе́ний he is, they are, *etc.*, stormed with óffers.

отбо́йный: ~ молото́к míner's pick / hack; air hámmer.

отбомби́ться *сов. разг.* fínish bómbing.

отбо́р *м.* seléction; есте́ственный ~ *биол.* nátural seléction. **~ный** seléct(ed), choice; picked; ~ные войска́ crack troops; ~ные семена́ seléctеd seeds; ✧ ~ные выраже́ния refíned expréssions; ~ная ру́гань vile abúse [...-s].

отбо́рочн||ый elìminátion (*attr.*), seléction (*attr.*); ~ые соревнова́ния *спорт.* elìminátion tríals.

отбоя́ри||ваться, отбоя́риться (от) *разг.* get* rid (of), escápe (*d.*); *несов, тж.* try to escápe (*d.*). **~ться** *сов. см.* отбоя́риваться.

отбра́сывать, отбро́сить (*вн.*) 1. throw* off [-ou...] (*d.*), cast* a¦wáy (*d.*); 2. *воен.* hurl back (*d.*), throw* back (*d.*); thrust* back (*d.*); 3. (*отказываться, отвергать*) give* up (*d.*); rejéct (*d.*); dismíss (*d.*), discárd (*d.*); отбро́сить мысль give* up *an* ìdéa [...aɪ'dɪə]; отбро́сить неве́рную тео́рию rejéct *an* erróneous théory [...'θɪərɪ]; ~ предрассу́дки discárd (all) préjudices; ✧ ~ тень throw* / cast* a shádow [...'ʃæ-].

отбрива́ть, отбри́ть (*вн.*) *разг.* (*резко обрывать*) rebúff (*d.*); rebúke (*d.*); tell* off (*d.*); он так его́ отбри́л! he gave him sóme¦thing for hìm¦sélf, he gave him what for.

отбри́ть *сов. см.* отбрива́ть.

отбро́сить *сов. см.* отбра́сывать.

отбро́с||ы *мн.* gárbage *sg.*, réfuse [-s] *sg.*; óffal *sg.*; waste mátter [weɪ-...] *sg.*; ~ произво́дства waste *sg.*; ведро́ для ~ов dúst-bìn; gárbage-pail *амер.*; ✧ ~ о́бщества dregs of socíety, scum of socíety *sg.*

отбуксировать *сов.* (*вн.*) tow off [tou...] (*d.*).

отбыва́ние *с.* (*наказания и т. п.*) sérving.

отбыва́ть I, отбы́ть (*вн.*) serve (*d.*); ~ наказа́ние serve one's séntence; ~ срок serve time; ~ во́инскую пови́нность *уст.* serve one's time as a sóldier [...-dʒə], serve in the ármy.

отбыва́ть II, отбы́ть (из; *уезжать*) depárt (from), leave* (*d.*); отбы́ть в Москву́ leave for Móscow.

отбы́тие *с.* (*отъезд*) depárture.

отбы́ть I, II *сов. см.* отбыва́ть I, II.

отва́га *ж.* cóurage ['kʌ-], brávery ['breɪ-], válour ['væ-].

отва́дить *сов. см.* отва́живать.

отва́живать, отва́дить (*вн.*) *разг.* ward off (*d.*); (*от дома и т. п.*) scare a¦wáy (*d.*), drive* off (*d.*).

отва́ж||иваться, отва́житься dare, vénture. **~иться** *сов. см.* отва́живаться. **~ный** courágeous [kə-], brave.

отва́л I *м.*: нае́сться до ~а *разг.* eat* one's fill; накорми́ть кого́-л. до ~а *разг.* feed* smb. to satíety.

отва́л II *м.* 1. *с.-х.* (*у плуга*) móuld-board ['mould-]; 2. *горн.* dump.

отва́ливать, отвали́ть 1. (*вн.*) pull off [pul...] (*d.*); (*о чём-л. тяжёлом*) heave* off (*d.*); 2. (*вн.*) *разг.* (*давать расщедрившись*) lávish (*d.*); (*о деньгах*) pay* out a large sum of móney [...'mʌ-]; 3. (*без доп.*) *мор.* (*отчаливать*) push off [puʃ...], put* off; cast* off. **~ся**, отвали́ться 1. fall* off; 2. *страд. к* отва́ливать 1, 2.

отвали́ть(ся) *сов. см.* отва́ливать (-ся).

отва́р *м.* broth; (*лечебный*) decóction; ри́совый, ячме́нный *и т. п.* ~ ríce-wàter [-wɔː-], bárley-wàter, *etc.* [-wɔː-].

отва́р||ивать, отвари́ть (*вн.*) 1. (*об овощах, грибах и т. п.*) boil (*d.*); 2. *тех.* (*отделять*) únwéld (*d.*). **~и́ть** *сов. см.* отва́ривать. **~но́й** boiled.

отве́дать *сов. см.* отве́дывать.

отве́дывать, отве́дать (*вн., рд.*) try (*d.*), taste [teɪ-] (*d.*).

отвезти́ *сов. см.* отвози́ть.

отверга́ть, отве́ргнуть (*вн.*) rejéct (*d.*), turn down (*d.*); (*отрекаться*) repúdiàte (*d.*); (*голосованием*) vote down (*d.*); ~ предложе́ние rejéct *an* óffer; (*голосованием*) deféat, *или* vote down, *a* mótion; давно́ отве́ргнутые ме́тоды lóng-discárded méthods.

отве́ргнуть *сов. см.* отверга́ть.

отвердева́ние *с.* hárdening.

отвердева́ть, отверде́ть hárden.

отверде́л||ость *ж.* càllósity. ~**ый** hárdened.

отверде́ние *с.* **1.** = отвердева́ние; **2.** = отверде́лость.

отверде́ть *сов. см.* отвердева́ть.

отве́ржен||ец *м.* óutcàst. ~**ный 1.** *прич. см.* отверга́ть; **2.** *прил.* óutcàst.

отверну́ть *сов. см.* отвёртывать *и* отвора́чивать II.

отверну́ться *сов. см.* отвёртываться *и* отвора́чиваться II.

отве́рстие *с.* **1.** ópen|ing; áperture; órifice; (*дыра*) hole; (*в автомате для опускания монеты*) slot; входно́е ~ ínlet ['ɪn-]; выходно́е, выпускно́е ~ óutlèt; ~ решета́, си́та mesh; **2.** *анат., зоол.* forámèn; заднепрохо́дное ~ *анат.* ánus.

отверте́ть *сов. см.* отвёртывать 1.

отверте́ться I *сов. см.* отвёртываться 1.

отверте́ться II *сов.* (от) *разг.* (*уклониться*) wriggle a|wáy (from); get* out (of); (*без доп.*) get* off; ему́ удало́сь ~ he mánaged to get off, *или* to get out of it; he mánaged to wriggle a|wáy.

отвёртка *ж.* scréw-drìver, túrn-screw.

отвёртывать, отверте́ть, отверну́ть (*вн.*) **1.** (*отвинчивать*) únscréw (*d.*); **2.** *при сов.* отверну́ть (*отгибать*) turn back (*d.*); **3.** *при сов.* отверну́ть (*открывать поворачивая*) turn on (*d.*): ~ кран (водопрово́да) turn on the wáter [...'wɔː-]. ~**ся,** отверте́ться, отверну́ться **1.** (*отвинчиваться*) come* únscréwed; **2.** *при сов.* отверну́ться (*отгибаться*) turn back; **3.** *при сов.* отверну́ться (от) turn a|wáy (from); (*перен.*: *переставать общаться*) turn a|wáy (from), turn one's back (on): все отверну́лись от него́ everybody (has) turned a|wáy from him; **4.** *страд. к* отвёртывать.

отве́с *ж.* **1.** *тех.* plumb, plúmmet; по ~у plumb, pèrpendícularly; **2.** (*склон*) vértical slope.

отве́сить *сов. см.* отве́шивать.

отве́сн||о *нареч.* plumb; (*спускаться — о скале и т. п.*) sheer. ~**ый** plumb; (*о скале и т. п.*) sheer.

отвести́ *сов. см.* отводи́ть.

отве́т *м.* ánswer ['ɑːnsə], replý, respónse; остроу́мный ~ rèpàrtée; держа́ть ~ ánswer; призва́ть кого́-л. к ~у call smb. to accóunt, make* smb. ánswerable [...'ɑːnsə-]; bring* smb. to book *идиом.*; быть в ~е за что-л. be ánswerable / respónsible for smth.; в ~ in ánswer / replý; в ~ (на *вн.*) in respónse (to).

ответв||и́ться *сов. см.* ответвля́ться. ~**ле́ние** *с.* óff|shoot; (*ветвь*) branch [-ɑːntʃ]; *эл.* tap, bránching [-ɑːn-]; ~ле́ния от национа́льного языка́ óff|shoots of the cómmon nátional lánguage [...'næ-...].

ответвля́ться, ответви́ться branch off [-ɑːntʃ...].

отве́т||ить *сов. см.* отвеча́ть 1, 2, 3. ~**ный** recíprocal, in retúrn, in ánswer [...'ɑːnsə]; ~ное чу́вство respónse; recíprocal féeling; ~ные ме́ры retáliàtory méasures [-eɪt- 'meʒ-]; ~ный визи́т (дру́жбы) retúrn vísit (of fríendship) [...-z-... 'frend-].

отве́тственн||ость *ж.* respònsibílity; *юр. тж.* amènabílity [əmiː-]; солида́рная ~ *юр.* joint respònsibílity; взять на себя́ ~ (за *вн.*) take* up|ón òne|sélf, *или* shóulder / assúme, the respònsibílity [...'ʃou-...] (for); брать на свою́ ~ (*вн.*) do on one's own respònsibílity [...oun...] (*d.*); нести́ ~ за что-л. bear* the respònsibílity for smth. [beə...]; снять ~ с кого́-л. relíeve smb. of respònsibílity [-'liːv...]; снять с себя́ ~ (за *вн.*) declíne *the* respònsibílity (for); вся ~ за после́дствия лежи́т (на *пр.*) all / full respònsibílity for the cónsequences rests (with); привлека́ть к ~ости (*вн.* за *вн.*) make* (*d.*) ánswer [...'ɑːnsə] (for), make* ánswerable [...'ɑːnsə-] (*d.* for), call to accóunt (*d.* for), bring* to book (*d.* for). ~**ый 1.** respónsible; ~ый реда́ктор éditor-in-chíef [-tʃiːf]; ~ый рабо́тник exécutive; счита́ть кого́-л. ~ым за что-л. hold* smb. respónsible for smth.; **2.** (*важный*) main; (*решающий*) crúcial; ~ая зада́ча main / prímary task [...'praɪ-...]; ~ый моме́нт crúcial point.

отве́тствовать *несов. и сов. поэт., уст.* ánswer ['ɑːnsə], replý.

отве́тчи||к *м.*, ~**ца** *ж. юр.* defèndant, respóndent.

отвеча́ть, отве́тить **1.** (на *вн.*) ánswer ['ɑːnsə] (*d.*); replý (to); (*отзываться*) respónd (to); ~ на письмо́ ánswer *a* létter; ~ на чьё-л. чу́вство retúrn smb.'s féeling; ~ за (*вместо*) кого́-л. replý for smb.; **2.** (за *вн.*) ánswer (for), be respónsible (for); ~ голово́й за что-л. stake one's life on smth.; ты мне за э́то отве́тишь голово́й you will ánswer for this with your life; ~ за себя́ ánswer for òne|sélf; **3.** (чем-л. на что-л.) retúrn (smth. for smth.); **4.** *тк. несов.* (*дт.*; *соответствовать*) meet* (*d.*), ánswer (*d.*); ~ своему́ назначе́нию ánswer the púrpose [...-s]; be up to the mark *разг.*; ~ тре́бованиям meet* the requíre|ments; be up to the requíre|ments, be up to the mark *разг.*; ◇ ~ уро́к say* / repéat one's lésson.

отве́шивать, отве́сить (*вн.*) weigh out (*d.*); ◇ ~ покло́ны make* low bows [...lou...].

отви́ливать, отвильну́ть (от) *разг.* dodge (*d.*).

отвильну́ть *сов. см.* отви́ливать.

отвинти́ть(ся) *сов. см.* отви́нчивать(ся).

отви́нчивать, отвинти́ть (*вн.*) únscréw (*d.*). ~**ся,** отвинти́ться **1.** únscréw, come* únscréwed; **2.** *страд. к* отви́нчивать.

отвиса́ть, отви́снуть hang* down, sag.

отвисе́ться *сов. разг.*: дать пла́тью *и т. п.* ~ hang* out the créases on *a* dress, *etc.* [...-sɪz...].

отви́с||лый lóose-hàng|ing [-s-]; с ~лыми уша́ми lóp-eared. ~**нуть** *сов. см.* отвиса́ть.

отвлек||а́ть, отвле́чь (*вн.*) **1.** (*о внимании и т. п.*) distráct (*d.*); dìvért (*d.*), turn off (*d.*); ~ кого́-л. от чего́-л. attráct smb. a|wáy from smth.; **2.** *филос.* àbstráct (*d.*); ségregàte (*d.*). ~**а́ться,** отвле́чься **1.** be distrácted; (от *темы и т. п.*) dìgréss (from); ~а́ться в сто́рону be wándering; **2.** (от; *представлять в абстрагированном виде*) dísen|gáge òne|sélf (from); **3.** *страд. к* отвлека́ть. ~**а́ющий 1.** *прич. см.* отвлека́ть; **2.** *прил. мед.* cóunter-attrácting; ~а́ющее сре́дство cóunter-attráction.

отвлече́н||ие *с.* **1.** àbstráction; **2.** (*от чего-л.*) distráction; для ~ия внима́ния to distráct atténtion; **3.** *мед.* cóunter-attráction.

отвлечённ||ость *ж.* àbstráctness. ~**ый 1.** *прич. см.* отвлека́ть; **2.** *прил.* ábstràct; ~ая иде́я ábstràct ìdéa [...aɪ'dɪə]; ~ое число́ *мат.* ábstràct númber; ~ая величина́ ábstràct quántity; ~ое и́мя существи́тельное *грам.* ábstract noun.

отвле́чь(ся) *сов. см.* отвлека́ть(ся).

отво́д *м.* **1.** (*о кандидате и т. п.*) objéction; *юр.* chállenge; дать ~ кому́-л. objéct to smb.'s cándidature; **2.** (*о землях*) allótting; **3.** *тех.* pípe-bènd; **4.** *эл.* tap, tápping, bend; **5.** *мор.* (*у мачты*) spréader [-edə]; ◇ для ~а глаз *разг.* ≅ as a blind / decóy.

отводи́ть, отвести́ (*вн.*) **1.** lead* (*d.*); (*в сторону*) take* / draw* asíde (*d.*); ~ войска́ наза́д withdráw* *the* troops; ~ во́ду (из) drain (*d.*); **2.** (*об ударе и т. п.*) párry (*d.*); ward off (*d.*) (*тж. перен.*); (*перен.*) remóve [-'muːv] (*d.*); ~ обвине́ние jústifý òne|sélf; **3.** (*о кандидате*) rejéct (*d.*); *юр.* (*о присяжных*) chállenge (*d.*); **4.** (*о земле, помещении*) allót (*d.*); (*землю под определённую с.-х. культуру*) set* asíde (*d.*); ◇ ~ роль assígn *a* part [ə'saɪn...]; ~ ду́шу ùnbúrden one's heart [...hɑːt]; отвести́ глаза́ look asíde; он не мог глаз отвести́ he couldn't take his eyes off [...aɪz...]; отвести́ глаза́ кому́-л. *разг.* distráct smb.'s atténtion, take* smb. in.

отво́дн||ый: ~ кана́л, ~ая кана́ва drain.

отво́док *м. бот.* láyer.

отвоева́ть I *сов. см.* отвоёвывать.

отвоев||а́ть II *сов.* **1.** (*провоевать какое-л. время*) fight*: они́ три го́да ~а́ли they have been fíghting for three years; **2.** (*кончить воевать*) fínish the war, fínish fíghting.

отвоёвывать, отвоева́ть (*вн.* у) win* (*d.* from), win* óver (*d.* from).

отвози́ть, отвезти́ (*вн.*) take* a|wáy (*d.*); drive* (*d.*); ~ куда́-л. take* / drive* to (a place) (*d.*); ~ к кому́-л. take* to smb. (*d.*); ~ обра́тно drive*/ take* back (*d.*); отвезти́ на ста́нцию drive* / take* to the státion (*d.*).

отвора́чивать I, отвороти́ть (*вн.*) turn a|wáy (*d.*), remóve [-'muːv] (*d.*); отвороти́ть ка́мень turn a|wáy, *или* remóve, *a* stone.

отвора́чивать II, отверну́ть (*вн.*) **1.** turn asíde (*d.*); (*лицо, взгляд*) avért (*d.*); **2.** (*открывать*) turn on (*d.*); отверну́ть кран turn on *a* tap; **3.** (*отвинчивать*) turn off (*d.*), únscréw (*d.*); (*слегка*) lóosen [-s°n] (*d.*).

отвора́чиваться I, отвороти́ться **1.** turn a|wáy / asíde; **2.** *страд. к* отвора́чивать I.

отвора́чиваться II, отверну́ться **1.** turn asíde; (*о человеке*) avért one's face, eyes [...aɪz]; (от кого́-л.; *перен.*) break* (with smb.), turn a|wáy (from smb.); **2.** *страд. к* отвора́чивать II.

отвори́ть(ся) *сов. см.* отворя́ть (-ся).

отворо́т *м.* lapél, flap; (*сапога*) top.

отвороти́ть(ся) *сов. см.* отвора́чивать(ся) I.

отворя́ть, отвори́ть (*вн.*) о́pen (*d.*). **~ся,** отвори́ться **1.** о́pen; **2.** *страд. к* отворя́ть.

отврати́тельн||ый disgústing, detéstable, abóminable; (*отталкивающий*) repúlsive, lóathsome [-ð-]; ~ за́пах foul / repúlsive smell; ~ая пого́да abóminable wéather [...'we-].

отврати́ть *сов. см.* отвраща́ть.

отвра́тный *разг.*=отврати́тельный.

отвраща́ть, отврати́ть (*вн.*) avért (*d.*).

отвраще́ние *с.* avérsion, repúgnance, disgúst; lóathing; внуша́ть ~ (*дт.*) disgúst (*d.*); fill with disgúst / lóathing (*d.*); пита́ть ~ (к) have an avérsion (for), loathe (*d.*).

отвыка́ть, отвы́кнуть (от) grow* out [-ou...] (of the hábit of), fall* out (of the hábit of).

отвы́кнуть *сов. см.* отвыка́ть.

отвяза́ть(ся) *сов. см.* отвя́зывать (-ся).

отвя́зывать, отвяза́ть (*вн.*) úntíe (*d.*), únfásten [-ɑːs°n] (*d.*), únbínd* (*d.*); *мор.* únbénd* (*d.*); (*животных тж.*) úntéther (*d.*). **~ся,** отвяза́ться **1.** come* úntíed, get* loose [...-s]; **2.** (от) *разг.* (*отделываться*) get* rid (of); **3.** (от; *оставлять в покое*) leave* alóne (*d.*), leave* in peace (*d.*), stop nágging (*d.*); отвяжи́сь от меня́! leave me alóne!; **4.** *страд. к* отвя́зывать.

отгада́ть *сов. см.* отга́дывать.

отга́д||ка *ж.* ánswer to, *или* solútion of, *a* riddle ['ɑːnsə...]. **~чик** *м.*, **~чица** *ж.* guésser, divíner.

отга́дывать, отгада́ть (*вн.*) guess (*d.*).

отгиба́ть, отогну́ть (*вн.*; *расправлять*) únbénd* (*d.*); (*отворачивать; о рукаве и т. п.*) turn back (*d.*). **~ся,** отогну́ться **1.** turn back; **2.** *страд. к* отгиба́ть.

отглаго́льн||ый *грам.* vérbal; ~ое существи́тельное vérbal noun.

отгла́дить *сов. см.* отгла́живать.

отгла́живать, отгла́дить (*вн.*) íron ['aɪən] (*d.*), press (*d.*).

отгнива́ть, отгни́ть rot off.

отгни́ть *сов. см.* отгнива́ть.

отгова́ривать, отговори́ть (кого́-л. от) dissuáde [-'sweɪd] (smb. from *ger.*); put* smb. off (+ *ger.*), talk (smb. out of *ger.*) *разг.* **~ся,** отговори́ться excúse òne|sélf; ~ся чем-л. plead* smth.; отговори́ться боле́знью plead* bad health [...helθ].

отговори́ть(ся) *сов. см.* отгова́ривать(ся).

отгово́р||ка *ж.* excúse [-s]; (*предлог*) prétèxt; без ~ок! по excúses!; отде́лываться ~ками try to get out of doing smth. with lame excúses.

отголо́сок *м.* (*прям. и перен.*) échò ['ekou].

отго́н *м.* **1.** *тех.* dìstillátion próducts *pl.*; **2.** (*скота*) dríving a|wáy (of cattle).

отго́нка *ж. хим.* dìstillátion.

отго́нн||ый: ~ые па́стбища dístant pástures.

отгоня́ть, отогна́ть (*вн.*) **1.** drive* a|wáy / off (*d.*); (*не пускать*) keep* off (*d.*); (*о мыслях тж.*) fight* back (*d.*); **2.** *хим.* distíll off (*d.*).

отгора́живать, отгороди́ть (*вн.*) fence off (*d.*); (*перегородкой*) pàrtítion off (*d.*). **~ся,** отгороди́ться **1.** fence òne|sélf off; (*перен.: обособляться*) shut* òne|sélf off; **2.** *страд. к* отгора́живать.

отгороди́ть(ся) *сов. см.* отгора́живать(ся).

отграни́ч||ивать, отграни́чить (*вн.*) dè|límit (*d.*). **~ить** *сов. см.* отграни́чивать.

отгреба́ть I, отгрести́ (*вн.*; *о сене и т. п.*) rake a|wáy / off (*d.*).

отгреба́ть II, отгрести́ (*без доп.*; *гребя вёслами, отплыть*) row off / a|wáy [rou...].

отгреме́ть *сов.* die down; (*умолкнуть*) become* sílent.

отгрести́ I, II *сов. см.* отгреба́ть I, II.

отгру||жа́ть, отгрузи́ть (*вн.*) dispátch (*d.*); (*водным транспортом*) ship (*d.*). **~зи́ть** *сов. см.* отгружа́ть.

отгру́зка *ж.* dispátch.

отгрыза́ть, отгры́зть (*вн.*) bite* off (*d.*), gnaw off (*d.*).

отгры́зть *сов. см.* отгрыза́ть.

отгу́л *м. разг.* cómpènsàtory leave / hóliday [-seɪ-... -dɪ].

отгу́л||ивать, отгуля́ть *разг.* **1.**: он отгуля́л свой о́тпуск his hóliday / leave is óver [...-dɪ...]; **2.** (*в счёт сверхурочной работы*) take* cómpènsàtory leave, *или* a cómpènsàtory hóliday [...-seɪ-...]; отгуля́ть два дня have two day's leave / rest.

отгуля́ть *сов. см.* отгу́ливать.

отдава́ть I, отда́ть **1.** (*вн.*; *возвращать*) retúrn (*d.*), give* back (*d.*); **2.** (*вн.*; *уступать*) give* (*d.*), give* up (*d.*); **3.** (*вн.*; *посвящать, жертвовать*) give* up (*d.*); ~ свою́ жизнь devóte one's life*; **4.** (*вн. дт.*; *при продаже*) let* (*i.*) have (*d.*); **5.** *мор.*: ~ я́корь drop the ánchor [...'æŋkə]; **6.** (*без доп.*; *об огнестрельном оружии*) kick. ◇ ~ честь (*дт.*) *воен.* salúte (*d.*); ~ после́дний долг (*дт.*) show* / pay* the last hónours, *или* one's last respécts [ʃou... 'ɔnəz...] (to); ~ до́лжное кому́-л. rénder smb. *his* due; ~ под суд (*вн.*) prósecùte (*d.*); ~ под стра́жу (*вн.*) give* into cústody (*d.*); ~ в шко́лу (*вн.*) put* / send* to school (*d.*); ~ прика́з (*дт.*) íssue *an* órder (to); give* órders (to); ~ за́муж (*вн.* за *вн.*) give* in márriage [...-rɪʤ] (*d.* to); ~ себе́ отчёт (в *пр.*) be a|wáre (of, that, how); réalize ['rɪə-] (*d.*); не ~ себе́ отчёта (в *пр.*) fail to réalize (*d.*).

отдава́ть II (*тв.*; *иметь привкус чего-л.*) taste [teɪ-] (of); sávour (of); (*иметь запах чего-л.*) smell* (of).

отдава́ться, отда́ться **1.** (*дт.*) give* òne|sélf up (to); по́лностью ~ (*дт.*; *счастью и т. п.*) surrénder òne|sélf whólly [...'houlɪ] (to); **2.** (*раздаваться*) resóund [-'z-]; revérberàte; (*в ушах*) ring*; **3.** *страд. к* отдава́ть I.

отдави́ть *сов.* (*вн.*) crush (*d.*); ~ кому́-л. но́гу *разг.* tread* on smb.'s foot* [tred... fut].

отдале́н||ие *с.* **1.** remóval [-'muː-]; (*перен.*) estránge|ment [-eɪnʤ-]; **2.** (*расстояние*) dístance; в ~ии in the dístance; в ~ии от чего́-л. remóved from smth. [-'muː-...]; держа́ть в ~ии (*вн.*) keep* at a dístance (*d.*).

отдалённ||ость *ж.* (*в разн. знач.*) remóte|ness. **~ый 1.** *прич. см.* отдаля́ть; **2.** *прил.* remóte; dístant; ~ый райо́н remóte district; ~ые уча́стки dístant / remóte plots; ~ое схо́дство dístant / remóte líke|ness; ~ые пре́дки remóte áncestors.

отдали́ть(ся) *сов. см.* отдаля́ть(ся).

отдаля́ть, отдали́ть (*вн.*) remóve [-'muːv] (*d.*); (*о сроке*) pòstpóne [pou-] (*d.*); (*перен.*: *вызывать отчуждение*) estránge [-reɪnʤ] (*d.*). **~ся,** отдали́ться **1.** (от) move a|wáy [muːv...] (from); (*перен.*) shun (*d.*); **2.** *страд. к* отдаля́ть.

отда́ние *с.*: ~ че́сти *воен.* salúting.

отда́р||ивать, отдари́ть (*вн.*) *разг.* send* gifts in retúrn [...gɪ-...] (to). **~и́ть** *сов. см.* отда́ривать.

отда́ть *сов. см.* отдава́ть I. **~ся** *сов. см.* отдава́ться.

отда́ч||а *ж.* **1.** retúrn; **2.** *воен.* recóil; kick *разг.*; **3.** *тех.* effíciency, óutpùt [-put]; **4.** *мор.*: ~ я́коря drópping of the ánchor [...'æŋkə]; ◇ ~ внаём létting; без ~и for good; взять без ~и (*вн.*) take* without the inténtion of giving back (*d.*).

отдежу́рить *сов.* **1.** (*кончить дежурство*) come* off dúty; **2.** (*некоторое время*): ~ два, три часа́ be on dúty two, three hours [...auəz].

отде́л *м.* **1.** (*в книге и т. п.*) séction; **2.** (*в учреждении*) depártment; séction; ~ спра́вок ìnformátion depártment, in|quíry óffice; ~ зака́зов órder depártment.

отде́лать(ся) *сов. см.* отде́лывать (-ся).

отделе́ние *с.* **1.** (*действие*) sèparátion; **2.** (*часть помещения*) compártment, séction; (*обособленная часть стола, шкафа и т. п.*) pígeon-hòle [-ʤɪn-]; боево́е ~ (*танка*) fíghting cab / compártment; маши́нное ~, мото́рное ~ *мор.* éngine room ['enʤ-...]; мото́рное ~ (*танка*) éngine compártment; **3.** (*филиал*) depártment, branch [-ɑːnʧ]; ~ мили́ции lócal milítia óffice; **4.** (*концерта и т. п.*) part; **5.** *воен.* séction; squad *амер.*; пулемётное ~ machíne-gùn séction / squad [-'ʃiːn-...]; стрелко́вое ~ rífle séction / squad.

отделённый **1.** *прич. см.* отделя́ть; **2.** *прил. воен.*: ~ команди́р séction / squad léader.

отдел||и́мый séparable. **~и́тель** *м. тех.* sífter; séparàtor. **~и́ть(ся)** *сов. см.* отделя́ть(ся).

отде́лка *ж.* **1.** (*действие*) fínishing, trímming; (*о платье тж.*) fínishing tóuches [...'tʌ-] *pl.* *разг.*; чистова́я ~ *тех.* smóothing; **2.** (*украшение*) fínish, dècorátion; (*о платье*) trímmings *pl.*; вну́тренняя ~ *стр.* intérior trim.

отде́лочн||ый: ~ые рабо́ты work of dècorátion *sg.*, dècorátion work / fínish *sg.*; ~ стройматериа́л dècorátion matérials *pl.*

отде́л||ывать, отде́лать **1.** (*вн.*) fínish (*d.*), trim (up) (*d.*); **2.** (*вн. тв.*) trim (*d.* with); ~ пла́тье кружева́ми trim *a* dress with lace; **3.** (*вн.*) *разг.* (*бранить*) give* a dréssing down (*i.*). **~ываться,** отде́латься *разг.* **1.** (от) get* rid (of); throw* off [-ou...] (*d.*); shake* off (*d.*); *сов. тж.* have fínished (with); ~аться от впечатле́ния shake* off *an* impréssion; **2.** (чем-л.) escápe (with smth.), get* off (with smth.); отде́латься о́бщими фра́зами от чего́-л. talk one's way out of smth.; ◇ дёшево ~аться get* off cheap; сча́стливо ~аться have a nárrow escápe; be none the worse for it [...nʌn...].

отде́льн||о *нареч.* séparate|ly; ~ стоя́щий ísolàted ['aɪs-], stánding by ìt|sélf. **~ость** *ж.*: ка́ждый в ~ости each táken séparate|ly. **~ый** séparate; *воен.* detáched; ~ая кварти́ра flat; ~ый ход prívate éntrance ['praɪ-...]; ~ая ко́мната séparate room; ~ые гра́ждане prívate cítizens; ~ые ли́ца ìndivíduals; ~ые стра́ны ìndivídual cóuntries [...'kʌ-].

отделя́ть, отдели́ть (*вн.*; *в разн. знач.*) séparàte (*d.*), detách (*d.*); (*разъединять*) disjóin (*d.*), divórce (*d.*); ~ занаве́ской cúrtain off (*d.*); ~ перегоро́дкой pàrtítion off (*d.*); э́ти две пробле́мы не мо́гут быть отделены́ одна́ от друго́й these two próblems cánnòt be divórced from each other [...'prɔ-...]; ~ це́рковь от госуда́рства dísestáblish the church; ◇ отдели́ть ове́ц от ко́злищ séparàte the sheep from the goats. **~ся,** отдели́ться **1.** séparàte; (*о предмете*) get* detáched; (*о верхнем слое*) come* off; **2.** *страд. к* отделя́ть.

отдёр||гивать, отдёрнуть (*вн.*) jerk back (*d.*), draw* back quíckly (*d.*), with|dráw* (*d.*); (*в сторону*) draw* / pull asíde [...pul...] (*d.*). **~нуть** *сов. см.* отдёргивать.

отдира́ть, отодра́ть (*вн.*) tear* off [tɛə...] (*d.*), rip off (*d.*).

отдохн||ове́ние *с. уст.* repóse. **~у́ть** *сов. см.* отдыха́ть.

отдуба́сить *сов. см.* дуба́сить 1.

отдува́ться **1.** (*тяжело дышать*) pant, blow* [-ou], puff; **2.** (за *вн.*) *разг.* (*отвечать*) be ánswerable [...'ɑːnsə-] (for); ~ за друго́го (*работать*) do another pérson's work.

отду́мать *сов. см.* отду́мывать.

отду́мывать, отду́мать *разг.* change one's mind [ʧeɪ-...].

отду́ш||ина *ж.* áir-hòle, áir-way, (áir-)vènt; (*перен.*) sáfe|ty-vàlve. **~ник** *м.* áir-hòle, áir-way.

о́тдых *м.* rest; (*передышка*) rè|-làxátion; дом ~а hóliday home [-dɪ...]; день ~а rést-day, day of rest.

отдых||а́ть, отдохну́ть rest, have / take* a rest; где вы ~а́ли в э́том году́? where did you spend your hóliday this year? [...-dɪ...]. **~а́ющий** **1.** *прич. см.* отдыха́ть; **2.** *м. как сущ.* guest (*at a holiday home*).

отдыша́ться *сов.* recóver one's breath [-'kʌ-...-eθ].

отёк *м. мед.* oedéma [iː'diːmə] (*pl.* -ata).

отека́ть, отёчь swell*, be swóllen [...-ou-], become* drópsical.

отёл *м.* cálving ['kɑːv-].

отели́ться *сов. см.* тели́ться.

оте́ль [-тэ́-] *м.* hotél.

отепл||е́ние *с.* wínter-proofing. **~и́ть** *сов. см.* отепля́ть.

отепля́ть, отепли́ть (*вн.*; *о доме, помещении*) make* wínter-proof (*d.*).

оте́ц *м.* fáther ['fɑː-]; ~ семе́йства fáther of *a* fámily; приёмный ~ fóster-fàther [-fɑː-].

оте́ческий fáther|ly ['fɑː-]; patérnal.

оте́чественн||ый nátive; home (*attr.*); Вели́кая Оте́чественная война́ the Great Pàtriótic War [...-eɪt...]; ~ая промы́шленность home índustry.

оте́чество *с.* nátive land, móther cóuntry ['mʌ- 'kʌ-], móther|lànd ['mʌ-], fáther|lànd ['fɑː-].

отёчный oedemátic [iːd-], oedématose [iː'demətəs].

отéчь *сов. см.* отека́ть.

отжа́ть I *сов. см.* отжима́ть.

отжа́ть II *сов. см.* отжина́ть.

отже́чь *сов. см.* отжига́ть.

отжива́ть, отжи́ть (*устареть*) become* óbsolète; (*о людях*) have had one's day; отжи́ть свой век (*об обычаях и т. п.*) go* out of fáshion / use [...-s]; (*о людях*) have had one's day; э́то уже́ о́тжило this is out of date.

отжива́ющий òbsoléscent; móribùnd.

отжи́вший óbsolète.

о́тжиг *м. тех.* annéaling.

отжига́ть, отже́чь (*вн.*) *тех.* annéal (*d.*).

отжима́ть, отжа́ть (*вн.*) wring* out (*d.*).

отжина́ть, отжа́ть fínish hárvesting, fínish the hárvest.

отжи́ть *сов. см.* отжива́ть.

отзвони́ть *сов.* leave* off ríng|ing, stop / fínish ríng|ing; (*перен.*) *разг.* rattle off.

о́тзвук *м.* (*прям. и перен.*) échò ['ekou]; rè|pèrcússion.

отзвуча́ть *сов.* be heard no more [...hɜːd...], sound no more, stop / cease resóunding [...-s -'zaun-].

о́тзыв *м.* **1.** (*суждение*) opínion, réference; (*официальный*) tèstimónial; (*рецензия*) review [-'vjuː]; (*читателей и т. п.*) respónse, cómmènt; дать хоро́ший ~ о ком-л. give* a good* réference to smb.; **2.** *воен.* replý.

отзы́в *м.* (*посла и т. п.*) recáll.

отзыва́ть, отозва́ть (*вн.*) **1.** (*отводить в сторону*) take* asíde / apárt (*d.*); **2.** (*посла и т. п.*) recáll (*d.*). **~ся,** отозва́ться **1.** (*отвечать*) ánswer ['ɑːnsə]; échò ['ekou]; (на *вн.*) ánswer (*d.*); **2.** (о, об; *давать отзыв*) speak* (of); ~ся с большо́й похвало́й give* high praise (to); **3.** (на *пр.*; *влиять*) tell* (up|ón, on); **4.** *тк. несов.* (*тв.*; *иметь привкус*) taste like [teɪ-...] (*d.*), taste (of); 5. *страд.* к отзывать.

отзывн||ой: ~ые грамоты *дип.* létters of recáll.

отзывчив||ость *ж.* respónsive|ness, sýmpathy. **~ый** respónsive, sỳmpathétic; ~ый человек pérson of réady sýmpathy [...'redɪ...].

отит *м. мед.* otítis.

отказ *м.* 1. refúsal [-z-], rèpùdiátion; *юр.* rejéction, nónsúit [-'sjuːt]; получить ~ be refúsed; не принимать ~а take* no deníal; ответить ~ом на просьбу denу́ *a* requést; 2.: ~ от чего-л. giving smth. up; ~ от своих прав renùnciátion of one's rights; ~ от участия (в *пр.*) nón-pàrticipátion (in); 3. *муз.* nátural; ◇ до ~а (*до предела*) to òver|flówing [...-'flou-]; to satíety; *тех.* as far as it will go; полный до ~а crám-fúll, full to capácity; работать без ~а (*о машине*) run* fáultlessly / smóothly [...-ð-].

отказать(ся) *сов. см.* отказывать (-ся).

отказывать, отказать 1. (в чём-л. кому-л.) refúse (smth. to smb.), denу́ (smth. to smb.); (*запрещать*) forbíd* (smth. to smb.); ~ в помощи (*дт.*) denу́ assístance (to); ~ в визе (*дт.*) refúse *a* vísa [...'viːzə] (to); ~ в иске nónsúit [-'sjuːt] (*d.*); 2. (что-л. кому-л.) *уст.* (*завещать*) bequéath [-ð] (smth. to smb.); ◇ ~ от дома forbíd* the house [...-s] (*i.*); ни в чём себе не ~ denу́ òne|sélf nothing; ~ себе во всём stint òne|sélf in évery|thing; ему нельзя отказать в остроумии, любезности, умении держать себя *и т. п.* there's no denу́ing that he is wítty, ámiable, wéll-mánnered, *etc.*; не откажите в любезности be so kind as. **~ся,** отказаться (от) 1. refúse (*d.*), declíne (*d.*), repúdiàte (*d.*); ~ся от своих слов retráct one's word; go* back on one's word; ~ся от своей точки зрения renóunce one's point of view [...vjuː]; ~ся от своей подписи denу́ one's sígnature; ~ся выслушать кого-л. refúse to lísten to smb. [...'lɪsⁿn...]; 2. (*лишать себя*) renóunce (*d.*); (*лишать себя чего-л., что имел прежде*) give* up (*d.*); (*от власти*) ábdicàte (*d.*); (*от права*) relínquish (*d.*); ~ся от своей доли (*в предприятии и т. п.*) relínquish one's share (in); отказаться от своих притязаний (на *вн.*) renóunce / waive, *или* write* off, one's claims (to); ~ся от должности leave*, *или* give* up, one's posítion / post [...-'zɪ- pou-], resígn one's posítion / post / óffice [-'zaɪn...], relínquish one's posítion / post, retíre; ~ся от борьбы give* up the struggle; ~ся от политики (*рд.*) abándon the pólicy (of); ~ся от попытки renóunce / abándon *an* attémpt; ~ся от своих планов abándon one's plans; ◇ ~ся от чести declíne *the* hónour [...'ɔnə]; не откажусь I won't say no [...wount...].

откалывать, отколоть (*вн.*) 1. (*отламывать*) chop off (*d.*); break* off [breɪk...] (*d.*); 2. (*приколотое*) únpín (*d.*). **~ся,** отколоться 1. break* off [-eɪk...]; отколоться от чего-л. break* a|wáy from smth.; 2. *страд. к* откалывать.

откапывание *с.* èxhùmátion, dísintérment.

откапывать, откопать (*вн.*) dig* up (*d.*); dísintér (*d.*); (*о мёртвом теле*) èxhúme (*d.*), dìsentómb [-'tuːm] (*d.*); (*перен.*) *разг.* ún|éarth [-'əːθ] (*d.*).

откармливать, откормить (*вн.*) fátten (*d.*).

откат *м. воен.* recóil.

откатить(ся) *сов. см.* откатывать (-ся).

откатка *ж.* (*в шахтах*) háulage; (*угля тж.*) trúcking.

откаточный: ~ штрек *горн.* háulage-drìft.

откатчик *м.* (*в шахтах*) háulage-man*, wheeler, drágs|man*.

откатывать, откатить (*вн.*) 1. roll a|wáy (*d.*); roll asíde (*d.*); 2. (*о руде и т. п.*) haul (*d.*), wheel (*d.*), tram (*d.*); (*об угле*) truck (*d.*). **~ся,** откатиться 1. roll a|wáy; (*об орудии*) recóil; 2. *воен. разг.* (*о войсках*) stream back, roll back; 3. *страд. к* откатывать.

откачать *сов. см.* откачивать.

откачивать, откачать (*вн.*) 1. pump out (*d.*); 2.: ~ утопленника give* àrtifícial rèspirátion to *a* drowned pérson.

откачка *ж.* púmping (out).

откачнуть *сов.* (*вн.*) swing* asíde (*d.*). **~ся** *сов.* swing* asíde.

откашл||иваться, откашляться clear one's throat. **~яться** *сов. см.* откашливаться.

откидн||ой fólding, collápsible; ~ое сиденье collápsible seat; ~ борт flap.

откидывать, откинуть (*вн.*) 1. throw* a|wáy [-ou...] (*d.*); (*назад*) throw* back (*d.*); 2. (*отгибать*) fold back (*d.*); ~ портьеру rip the cúrtain asíde. **~ся,** откинуться 1. lean* back; (*в кресле*) settle back; 2. *страд. к* откидывать.

откинуть *сов. см.* откидывать. **~ся** *сов. см.* откидываться.

откладыв||ать, отложить (*вн.*) 1. (*в сторону*) put* / set* asíde (*d.*); (*запасать*) lay* asíde / apárt (*d.*), lay* / put* by (*d.*); save (*d.*); 2. (*отсрочивать*) put* off (*d.*), pòstpóne [poust-] (*d.*), adjóurn [ə'dʒəːn] (*d.*); (*рассмотрение и т. п.*) defér (*d.*); отложить окончательное решение put* off the fínal decísion; отложить переговоры adjóurn the talks; ~ партию *шахм.* adjóurn *a* game; ~ решение suspénd one's júdge|ment; 3. *биол.* lay* (*d.*); ◇ ~ лошадей únhárness the hórses; отложить попечение *разг.* bánish all care; ~ в долгий ящик shelve (*d.*); procrástinàte (*d.*); не ~ая в долгий ящик right a|wáy, diréctly, on the spot.

отклан||иваться, откланяться take* one's leave. **~яться** *сов. см.* откланиваться.

отклеивать, отклеить (*вн.*) únstíck (*d.*). **~ся,** отклеиться 1. come* únstúck; 2. *страд. к* отклеивать.

отклеить(ся) *сов. см.* отклеивать (-ся).

отклик *м.* respónse; (*перен.: отзыв*) cómmènt; найти широкий ~ (среди) find* a broad respónse [...brɔːd...] (among); meet* with a warm respónse; вызвать живой ~ rouse a réady / keen respónse [...'redɪ...], evóke a warm respónse.

откликаться, откликнуться (на *вн.*) respónd (to); (*перен.*) commént (on); откликнуться на призыв (*рд.*) respónd to the call / súmmons (of); take* up the call.

откликнуться *сов. см.* откликаться.

отклон||ение *с.* 1. (*отход в сторону*) dèviátion; divérgence [daɪ-]; ~ от темы dìgréssion [daɪ-]; 2. (*отказ*) declíning, refúsal [-z-]; 3. *физ.* defléction; dèclinátion; érror; магнитное ~ màgnétic dèclinátion, cómpass vàriátion ['kʌm-...]; ~ стрелки the throw of point [...θrou...]; вероятное ~ próbable érror. **~ить(ся)** *сов. см.* отклонять(ся).

отклонять, отклонить (*вн.*) 1. (*в сторону*) defléct (*d.*); 2. (*о просьбе, предложении и т. п.*) declíne (*d.*); ~ поправку vote down *the* améndment. **~ся,** отклониться 1. bend* / move asíde [...muːv...]; divérge [daɪ-]; déviàte; ~ся от курса swerve from one's course [...kɔːs]; ~ся от темы get* off the point; digréss, *или* wánder a|wáy, from the súbject; 2. *страд. к* отклонять.

отклю||чать, отключить (*вн.*) *эл.* ópen (*d.*). **~ченный** 1. *прич. см.* отключать; 2. *прил. эл.* dead [ded]. **~чить** *сов. см.* отключать.

отковыр||ивать, отковырять (*вн.*) *разг.* pick off (*d.*). **~ять** *сов. см.* отковыривать.

откозырять *сов.* (*дт.*) *разг.* salúte (*d.*).

откол *м.* bréak-a|way [-eɪk-], splítting off.

отколотить *сов.* (*вн.*) *разг.* 1. (*отбить приколоченное*) knock / beat* off (*d.*); 2. (*избить*) lick (*d.*), give* a lícking (*i.*).

отколоть(ся) *сов. см.* откалывать (-ся).

откомандировать *сов. см.* откомандировывать.

откомандиро́вывать, откомандирова́ть (*вн.* куда́-л.) send* out on búsiness [...'bɪzn-] (*d.* to *a place*).

откопа́ть *сов см.* отка́пывать.

отко́рм *м.* fáttening. **~и́ть** *сов. см.* отка́рмливать. **~ленный** 1. *прич. см.* отка́рмливать; 2. *прил.* fáttened, fat; (*о человеке*) wéll-féd.

отко́с *м.* slope; упа́сть под ~ roll / fall* down a slope; ◇ пуска́ть под ~ (*вн.*) deráil (*d.*).

открепи́ть(ся) *сов. см.* открепля́ть(ся).

открепля́ть, открепи́ть (*вн.*) 1. únfásten [-s°n] (*d.*), únfíx (*d.*); 2. (*снимать с учёта*) detách (*d.*). **~ся,** открепи́ться 1. become* únfástened [...-s°nd]; 2. (*сниматься с учёта*) be detáched; 3. *страд. к* открепля́ть.

откре́щиваться (от) *разг.* refúse to have ány¦thing to do (with), disówn [-'oun] (*d.*).

открове́н||ие *с.* rèvelátion. **~ничать** (с кем-л.) *разг.* indúlge in cónfidences (with). **~но** *нареч.* fránkly; ópen¦ly; ~но говоря́ fránkly spéaking. **~ность** *ж.* fránkness. **~ный** frank; (*о человеке тж.*) outspóken; blunt; ~ное призна́ние frank conféssion; avówal.

открути́ть(ся) *сов. см.* откру́чивать(ся).

откру́чивать, открути́ть (*вн.*; *о кране и т. п.*) turn off (*d.*). **~ся,** открути́ться 1. turn off; 2. *страд. к* откру́чивать.

открыва́ть, откры́ть (*вн.*) 1. (*прям. и перен.*) ópen (*d.*); ~ дверь ópen *a* door [...dɔː]; ~ глаза́ ópen one's eyes [...aɪz]; откры́ть но́вую э́ру ópen a new éra; ~ ско́бки ópen the brackets; 2. (*делать доступным, свободным*) clear (*d.*); ~ путь clear the way; 3. (*обнажать*) ùn¦cóver [-'kʌ-] (*d.*), bare (*d.*); ~ грудь bare one's breast [...brest]; 4. (*об общественном здании, учреждении и т. п.*) ináuguràte (*d.*); ~ па́мятник ùnvéil *a* mónument; 5. (*делать открытие*) discóver [-'kʌ-] (*d.*); 6. (*о секрете, тайне и т. п.*) let* out (*d.*), revéal (*d.*); 7.: ~ заседа́ние ópen *a* sítting; ~ пре́ния ópen the debáte; ~ ого́нь *воен.* ópen fire; blaze into áction; не ~ огня́ *воен.* hold* one's fire; ~ счёт, креди́т *бух.* ópen *an* accóunt; ◇ ~ ка́рты show* one's hand / game [ʃou...]; ~ кому́-л. глаза́ на что-л. ópen smb.'s eyes to smth. [...aɪz...]; ~ ду́шу кому́-л. ópen one's heart to smb. [...hɑːt...]; ~ кран turn on *a* tap. **~ся,** откры́ться 1. (*прям. и перен.*) ópen; 2. (*обнаруживаться*) come* to light; 3. (кому́-л.) confíde (to smb.); 4. (*о ране*) ópen; 5. *страд. к* открыва́ть.

откры́лок *м. ав.* stúb-wìng.

откры́т||ие *с.* 1. (*действие*) ópen¦ing; thrówing ópen ['θrou-...]; ~ па́мятника inaugurátion / ùnvéiling of *the* memórial; день ~ия (*выставки и т. п.*) ópen¦ing day; 2. (*научное*) discóvery [-'kʌ-].

откры́тка *ж.* póst-càrd ['pou-]; (*с художественным изображением*) pícture póst-càrd.

откры́т||о I 1. *прил. кратк. см.* откры́тый; 2. *предик.* ópen, ópen¦ed: все о́кна бы́ли ~ы all the windows were ópen(¦ed).

откры́то II *нареч.* ópen¦ly, pláinly; де́йствовать ~ act ópen¦ly; говори́ть ~ speak* ópen¦ly.

откры́т||ый 1. *прич. см.* открыва́ть; 2. *прил.* (*в разн. знач.*) ópen; (*перен. тж.*) óvèrt; (*прямой, искренний тж.*) frank; (*явный тж.*) úndis¦guísed; ~ое пла́тье lów-nècked dress ['lou-...]; ~ фланг *воен.* ópen / expósed flank; ~ые разрабо́тки (*угольные и т. п.*) ópen-cút mine *sg.*; ~ грунт ópen ground; ◇ ~ое заседа́ние públic sítting ['pʌ-...]; ~ое голосова́ние ópen bállot, vote by show of hands [...ʃou...]; оста́вить вопро́с ~ым leave* the quéstion ópen [...-stʃən...]; ~ое мо́ре ópen sea; вы́йти в ~ое мо́ре put* to sea; на ~ом во́здухе in the ópen (air); под ~ым не́бом in the ópen (air); с ~ой душо́й ópen-héarted [-'hɑːt-].

откры́ть(ся) *сов. см.* открыва́ть(ся).

отку́да *нареч.* 1. (*вопрос.*) where... from; (*относит.*) from which; (*перен.*: *из чего*) whence: ~ они́ отпра́вятся? where will they start from?; ~ вы (идёте)? where are you cóming from?; ме́сто, ~ они́ происхо́дят the place from which they come; ~ я́вствует, сле́дует whence it appéars, it fóllows; — ~ вы э́то зна́ете? how do you come / háppen to know (of) it? [...nou...]; он не знал, ~ после́дует уда́р he did not know where the blow was cóming from [...blou...]; 2.: ~ ни, ~ бы ни whèréver... from [wɛər'evə...]: ~ он ни происхо́дит, ~ бы он ни происходи́л whèréver he comes, *или* may come from; ◇ ~ ни возьми́сь *разг.* ≅ quite ún¦expéctedly, súddenly.

отку́да||-либо, ~-нибудь *нареч.* from sóme¦whère or óther. **~-то** *нареч.* from sóme¦whère.

о́ткуп *м. ист.* fárming; брать на ~ (*вн.*) farm (*d.*); (*перен.*) take* compléte contról [...-oul] (of); отдава́ть на ~ (*вн.*) farm out (*d.*); (*перен.*) give* smb. compléte contról (óver).

откуп||а́ть, откупи́ть (*вн.*) buy* [baɪ] (*d.*); (*брать на откуп*) farm (*d.*). **~а́ться,** откупи́ться 1. pay* off; 2. *страд к* откупа́ть. **~и́ть(ся)** *сов. см.* откупа́ть(ся).

отку́пор||ивать, отку́порить (*вн.*) ún¦córk (*d.*). **~ить** *сов. см.* отку́поривать. **~ка** *ж.* ópen¦ing, ún¦córking.

откупщи́к *м. ист.* táx-fàrmer.

откуси́ть *сов. см.* отку́сывать.

отку́сывать, откуси́ть (*вн.*) bite* off (*d.*).

отку́шать *сов. уст.* 1. have fínished one's meal; 2.: проси́ть ~ (*вн.*) invíte to a meal (*d.*).

отлага́тельств||о *с.*: де́ло не те́рпит ~а the mátter brooks no deláy, the mátter is úrgent / préssing.

отлага́ть, отложи́ть (*вн.*) 1. = откла́дывать 2; 2. *геол.* depósit [-z-] (*d.*). **~ся,** отложи́ться 1. (от) *уст.* (*отделяться*) fall* a¦wáy (from), detách òne¦sélf (from), séparàte (from); 2. *геол.* depósit [-z-], be depósited.

отла́мывать, отлома́ть, отломи́ть (*вн.*) break* off [-eɪk...] (*d.*). **~ся,** отлома́ться, отломи́ться 1. break* off [-eɪk...]; 2. *страд. к* отла́мывать.

отлег||а́ть, отле́чь: у него́ ~ло́ от се́рдца he felt relíeved [...-'liː-].

отлежа́ть(ся) *сов. см.* отлёживать (-ся).

отлёживать, отлежа́ть: он отлежа́л но́гу, ру́ку his leg, arm has gone to sleep [...gɔn...]; he has pins and needles in his leg, arm *идиом.*

отлёживаться, отлежа́ться *разг.* rest in bed, keep* one's bed.

отлепи́ть(ся) *сов. см.* отлепля́ть (-ся).

отлепля́ть, отлепи́ть (*вн.*) *разг.* take* off (*d.*); únstíck (*d.*); (*ср.* откле́ивать). **~ся,** отлепи́ться *разг.* 1. come* únstúck, come* off; 2. *страд. к* отлепля́ть.

отлёт *м.* flýing a¦wáy; (*о самолёте тж.*) start; ◇ дом на ~е house* stánding by it¦sélf [-s...]; держа́ть что-л. на ~е hold* smth. in an outstrétched hand; быть на ~е *разг.* be about to leave.

отлета́ть, отлете́ть 1. fly* a¦wáy / off; 2. (*быть отброшенным*) be thrown off [...-oun...]; 3. *разг.* (*отрываться*) come* off.

отлете́ть *сов. см.* отлета́ть.

отле́чь *сов. см.* отлега́ть.

отли́в I *м.* (*прям. и перен.*) ebb, ébb-tìde; (*малая вода*) lów-tìde ['lou-].

отли́в II *м.* (*отблеск, оттенок цвета*) change / play of cólours [tʃeɪ-... 'kʌ-]; с золоты́м ~ом shot with gold.

отлива́ть I, отли́ть (*вн.*) 1. (*о воде и т. п.*) pour off [pɔː...] (*d.*); (*откачивать*) pump out (*d.*); 2. (*в литейном деле*) found (*d.*), cast* in mould [...mou-] (*d.*).

отлива́ть II (*тв.*; *каким-л. цветом*) be shot (*with a colour*): ~ кра́сным, зелёным *и т. п.* be shot with red, green, *etc.*

отли́в||ка *ж. тех.* 1. (*действие*) cásting, fóunding; 2. (*изделие*) cast, móulding ['mou-], íngot. **~но́й** *тех.* cast, fóunded, móulded ['mou-].

отлипа́ть, отли́пнуть come* off, come* únstúck.

отли́пнуть *сов. см.* отлипа́ть.

отли́ть *сов. см.* отлива́ть I.

отличáть, отличи́ть (*вн.*) distínguish (*d.*). **~ся,** отличи́ться **1.** *тк. несов.* (от; *быть непохожим*) díffer (from); **2.** *тк. несов.* (чем-л.; *характеризоваться*) be nótable (for); **3.** (*выдаваться, выделяться*) distínguish òne¦sélf; **4.** *разг. ирон.* (*делать что-л., вызывающее смех*) distínguish òne¦sélf; **5.** *страд. к* отличáть.

отли́ч||ие *с.* **1.** dífference, distínction; в ~ от in cóntràst to, ún¦lìke; as distínct from; знак ~ия dècorátion, médal ['me-]; **2.** (*заслуга*) mérit; distínguished sérvices *pl.*; окóнчить с ~ием (*вн.*; *о вузе и т. п.*) gráduàte with hónours [...'ɔnəz] (*d.*); **диплóм с** ~ием hónours diplóma. **~и́тельный** distínctive. **~и́ть** *сов. см.* отличáть. **~и́ться** *сов. см.* отличáться 3, 4.

отли́чн||ик *м.*, **~ица** *ж.* (*о школьнике*) éxcellent púpil, hónours púpil ['ɔnəz...]; (*о студенте*) éxcellent stúdent, hónours stúdent; ~ики произвóдства éxcellent wórkers; ~ боевóй и полити́ческой подготóвки ármy-man* with éxcellent resúlts in fíghting and polítical tráining [...-'zʌl-...].

отли́чно I **1.** *прил. кратк. см.* отли́чный; **2.** *предик. безл.* it is éxcellent; (*восклицание*) éxcellent!

отли́чн||о II **1.** *нареч.* éxcellently; pérfectly (well); ~ знать (*вн.*) know* pérfectly well [nou...] (*d.*); ~ понимáть (*вн.*) ùnderstánd* pérfectly (*d.*); ведь он ~ понимáет! he knows very well!; **2.** *как сущ. с. нескл.* (*отметка*) éxcellent; окóнчить шкóлу на ~ fínish school with éxcellent marks. **~ый 1.** (от; *отличающийся*) dífferent (from); **2.** (*превосходный*) éxcellent; pérfect; ~ое здорóвье pérfect health [...he-]; ~ое настроéние high spírits *pl.*

отлóг||ий slóping. **~ость** *ж.* slope.

отложéние *с.* **1.** depósit [-z-]; accùmulátion; **2.** *уст.* (*отделение, выход из организации*) secéssion.

отложи́ть I *сов. см.* отклáдывать.

отложи́ть II *сов. см.* отлагáть. **~ся** *сов. см.* отлагáться.

отложнóй: ~ воротни́к túrn-down cóllar.

отломáть(ся) *сов. см.* отлáмывать (-ся).

отломи́ть(ся) *сов. см.* отлáмывать (-ся).

отлупи́ть *сов. см.* лупи́ть II.

отлучáть, отлучи́ть (*вн.*; *от церкви*) èxcommúnicàte (*d.*).

отлуч||áться, отлучи́ться **1.** àbsént òne¦sélf; **2.** *страд. к* отлучáть. **~éние** *с.* (*от церкви*) éxcommùnicátion.

отлучи́ть(ся) *сов. см.* отлучáть (-ся).

отлу́чк||а *ж.* ábsence; быть в ~е be a¦wáy, be ábsent.

отлы́нивать (от) *разг.* shirk (*d.*); ~ от рабóты shirk one's work.

отмáлчиваться, отмолчáться keep* sílent; keep* mum *разг.*; (*держать про себя*) keep* smth. to òne¦sélf.

отмáтывать, отмотáть (*вн.*) wind* off (*d.*).

отмахáть *сов. см.* отмáхивать 1.

отмáхивать, отмахáть, отмахну́ть **1.** *при сов.* отмахáть (*вн.*) *разг.* (*покрывать расстояние*) cóver ['kʌ-] (*d.*); (*без доп. тж.*) leg it; он отмахáл пять киломéтров he cóvered five kílomètres; **2.** *при сов.* отмахну́ть (*вн.*) wave a¦wáy (*d.*). **~ся,** отмахну́ться **1.** (от) wave / fan off / a¦wáy (*d.*); (*перен.*: *отвергать*) wave a¦wáy / asíde (*d.*), brush asíde (*d.*); **2.** *страд. к* отмáхивать.

отмахну́ть *сов. см.* отмáхивать 2. **~ся** *сов. см.* отмáхиваться.

отмáчивать, отмочи́ть (*вн.*) soak off (*d.*).

отмежевáть(ся) *сов. см.* отмежёвывать(ся).

отмежёвывать, отмежевáть (*вн.*) mark off (*d.*), draw* a bóundary (line) (betwéen). **~ся,** отмежевáться **1.** (от; *обособляться*) dissóciàte / ísolàte òne¦sélf [...'aɪs-...] (from); refúse to acknówledge [...-'nɔ-] (*d.*); **2.** *страд. к* отмежёвывать.

óтмель *ж.* spit (*of sand*), (sánd-)bàr, (sánd-)bànk, shállow.

отмéн||а *ж.* àbolítion; (*о законе*) àbrogátion, rèvocátion; *юр.* (*о решении*) dìsàffirmátion; (*о приказании*) càncèllátion, cóuntermànd [-ɑːnd]; ~ эмбáрго the lífting of the èmbárgò; ~ чáстной сóбственности àbolítion of prívate próperty [...'praɪ-...]; ~ крепостнóго прáва the emàncipátion; ~ смéртной кáзни àbolítion of cápital púnishment [...'pʌ-]; ~ приговóра *юр.* repéal of séntence. **~и́ть** *сов. см.* отменя́ть.

отмéнный éxcellent.

отменя́ть, отмени́ть (*вн.*) abólish (*d.*); (*о законе*) ábrogàte (*d.*), repéal (*d.*), revóke (*d.*), call off (*d.*), rescínd [-'sɪ-] (*d.*); (*о приказании*) cáncel (*d.*), cóuntermànd [-ɑːnd] (*d.*); *юр.* (*о решении*) dìsaffírm (*d.*), revérse (*d.*); ~ решéние, постановлéние *и т. п.* annúl *a* decísion, decrée, *etc.*; ~ прикáз revóke *an* órder; *воен.* rescínd *an* órder; ~ приговóр repéal / rescínd *a* séntence; ~ óтпуск cáncel leave; отмени́ть забастóвку call off *a* strike.

отмерéть *сов. см.* отмирáть.

отмерзáть, отмёрзнуть: у негó отмёрзли ру́ки, у́ши his hands, ears are frózen.

отмёрзнуть *сов. см.* отмерзáть.

отмéр||ивать, отмéрить (*вн.*) méasure off ['me-...] (*d.*). **~ить** *сов. см.* отмéривать.

отмеря́ть = отмéривать.

отмести́ *сов. см.* отметáть.

отмéстк||а *ж. разг.* revénge; в ~у in revénge.

отметáть, отмести́ (*вн.*) sweep* asíde (*d.*); (*перен.*) rejéct (*d.*); give* up (*d.*).

отмéтина *ж. разг.* mark; (*на лбу у животного*) star.

отмéт||ить(ся) *сов. см.* отмечáть (-ся). **~ка** *ж.* **1.** note; **2.** *школ.* mark; *мн.* grades *амер.*; ~ка по поведéнию cónduct mark; ~ка по какóму-л. предмéту mark in / for a cértain súbject; хорóшие ~ки high marks; плохи́е ~ки low marks [lou...]; постáвить ~ку put* down *a* mark; (*дт.*) give* *a* mark (*i.*); выводи́ть óбщую ~ку (*за четверть, год и т. п.*) decíde on *an* óver-àll mark. **~чик** *м.* márker.

отмечáть, отмéтить (*вн.*) **1.** (*в разн. знач.*) mark (*d.*); (*обращать внимание тж.*) note (*d.*); (*каким-л. знаком*) mark off (*d.*); ~ пóдвиги recórd the feats (of arms); ~ пти́чкой tick off (*d.*); отмéтить годовщи́ну (*рд.*) mark / obsérve *the* ànnivérsary [...-'zəːv...] (of); **2.** (*упоминать*) méntion (*d.*); **3.** (*вычёркивать из домовой книги*) régister the depárture (of); ◇ слéдует отмéтить, что it should be nóted / obsérved that. **~ся,** отмéтиться **1.** régister (òne¦sélf), (*при отъезде*) régister one's depárture; **2.** *страд. к* отмечáть.

отмирáние *с.* dýing off; (*исчезновение*) dìsappéarance; (*атрофия*) átrophy.

отмирáть, отмерéть die off, die one's own death [...oun deθ]; (*исчезать*) dìsappéar.

отмокáть, отмóкнуть (*отсыревать*) get* wet.

отмóкнуть *сов. см.* отмокáть.

отмолоти́ть *сов.* fínish thréshing.

отмолчáться *сов. см.* отмáлчиваться.

отмор||áживать, отморóзить: ~ себé щёки get* one's cheeks fróstbìtten; у негó отморóжены ру́ки, нóги *и т. п.* he has fróstbìtten hands, feet, *etc.*; his hands, feet, *etc.*, are fróstbìtten; ~óженные щёки fróstbìtten cheeks. **~óзить** *сов. см.* отморáживать.

отмотáть *сов. см.* отмáтывать.

отмочи́ть *сов. см.* отмáчивать.

отмсти́ть = отомсти́ть.

отмщéние *с. уст.* véngeance [-ʤəns].

отмыв||áть, отмы́ть (*вн.*) **1.** wash clean (*d.*); **2.** (*смывать*) wash off / a¦wáy (*d.*). **~áться,** отмы́ться **1.** wash (òne¦sélf) clean; э́то не ~áется it will not come off; **2.** *страд. к* отмывáть.

отмыкáть, отомкну́ть (*вн.*) ún¦lóck (*d.*), únbólt (*d.*). **~ся,** отомкну́ться **1.** ún¦lóck; **2.** *страд. к* отмыкáть.

отмы́ть(ся) *сов. см.* отмывáть(ся).

отмы́чка *ж.* máster-key [-kiː], skéleton-key [-kiː].

отмякáть, отмя́кнуть grow* soft [-ou...], sóften [-fᵊn].

отмя́кнуть *сов. см.* отмякáть.

отнéкиваться *разг.* make* excúses [...-sɪz], refúse.

отнести́ *сов. см.* относи́ть.

отнести́сь *сов. см.* относи́ться 1.

отнима́ть, отня́ть (*вн.*) **1.** (*прям. и перен.*) take* a|wáy (*d.*); (*время*) take* (*d.*); (*вн.* у) take* (*d.* from); (*лишать*) beréave* (of *d.*); э́то о́тняло у него́ три часа́ it took him three hours [...auəz]; ~ у кого́-л. наде́жду beréave* smb. of hope; **2.** (*ампутировать*) ámputàte (*d.*); **3.** *разг.* (*вычитать*) subtráct (*d.*); ◇ ~ от груди́ wean (*d.*). **~ся**, отня́ться **1.** (*парализоваться*) be páralу̀sed; у него́ отняла́сь нога́ his leg is páralу̀sed, he has lost the use of his leg [...juːs...]; у него́ отня́лся язы́к he has lost (the use of) his tongue [...tʌŋ]; **2.** *страд. к* отнима́ть.

относи́тельно I *прил. кратк. см.* относи́тельный.

относи́тельно II *нареч.* **1.** rélative|ly; **2.** *как предл.* (*рд.*; *касательно*) concérning; rélative to; abóut; тепе́рь ~ э́того пла́на now, concérning this plan; она́ говори́ла мне ~ (н)его́ she spoke to me abóut him.

относи́тельн||ость *ж.* rèlatívity; тео́рия ~ости (théory of) rèlatívity [ˈθɪərɪ...]. **~ый** rélative; ~ое местоиме́ние *грам.* rélative pró|noun.

относи́ть, отнести́ **1.** (*вн.* в *вн.*, к) take* (*d.* to); ~ что-л. на ме́сто put* smth. in its place; **2.** (*вн.*; *о ветре, течении*) cárry a|wáy (*d.*); **3.** (*вн.* к; *считать, приписывать*) attríbùte (*d.* to); reláte (*d.* to); э́ти ру́кописи отно́сят к IX ве́ку these mánuscripts are belíeved to date from the IX céntury [...-ˈliː-...]; ~ на счёт чего́-л. put* down to smth. **~ся**, отнести́сь (к) **1.** (*обращаться с кем-л.*) treat (*d.*); (*считать, смотреть на что-л.*) regárd (*d.*); хорошо́ ~ся к кому́-л. treat smb. kínd|ly, be nice to smb.; пло́хо ~ся к кому́-л. treat smb. bád|ly*, be únfríendly [...-ˈfre-] (to); как вы отно́ситесь к моему́ пла́ну? what do you think of my plan?; серьёзно ~ся к свои́м обя́занностям *и т. п.* take* one's task, *etc.*, sérious|ly; ~ся со внима́нием (к) regárd with atténtion (*d.*); ~ся легко́ make* light (of); **2.** *тк. несов.* (*иметь отношение*) concérn (*d.*), have to do (with); (*к делу, о котором идёт речь*) be to the point; э́то к нему́ не отно́сится it does|n't concérn him, it has nothing to do with him; э́то сюда́ не отно́сится it has nothing to do with it; that is irrélevant; э́то к де́лу не отно́сится it's besíde the point; it's néither here nor there [...ˈnaɪ-...] *разг.*; э́то в одина́ковой ме́ре отно́сится (к) it applíes équal|ly (to); относя́щийся к béaring on [ˈbɛə-...], pertáining to; относя́щийся к де́лу rélevant; не относя́щийся к де́лу irrélevant; **3.** *тк. несов. мат.* be: три отно́сится к четырём как шесть к восьми́ three is to four as six is to eight [...fɔː...]; **4.** *тк. несов.* (*принадлежать к какой-л. эпохе*) date (from): э́то зда́ние отно́сится к XIV ве́ку this búilding dates from the XIV céntury [...ˈbɪ-...]; э́то отно́сится к тому́ вре́мени it goes / dates back to the time; **5.** *страд. к* относи́ть.

отноше́н||ие *с.* **1.** áttitùde; бе́режное ~ (к) care (of); (*к человеку*) regárd (for), consìderátion (for); небре́жное ~ к чему́-л. cáre|less tréatment of smth.; **2.** (*связь*) relátion; име́ть ~ к чему́-л. bear* a relátion to smth. [bɛə...]; have a béaring on smth. [...ˈbɛə-...], bear* on smth.; не име́ть ~ия к чему́-л. bear* no relátion to smth.; have nothing to do with smth. *разг.*; како́е э́то име́ет ~ (к)? what has it (got) to do (with)?; име́ть весьма́ отдалённое ~ к чему́-л. be very remóte|ly connécted with smth.; в э́том ~ии in this respéct; во всех ~иях in every respéct; в други́х ~иях in other respécts; во мно́гих ~иях in many respécts; по ~ию (к) with respéct (to); **3.** *мн.* relátions; быть в хоро́ших, плохи́х, дру́жеских ~иях с кем-л. be on good*, bad*, fríendly terms with smb. [...ˈfre-...]; быть в бли́зких ~иях с кем-л. be on terms of íntimacy with smb., be íntimate with smb.; **4.** *мат.* rátiò; в прямо́м, обра́тном ~ии in diréct, invérse rátiò; **5.** *канц.* (official) létter, mèmorándum.

отны́не *нареч. уст.* hénce|fòrth, hénce|fòrward, from now on.

отню́дь *нареч.* by no means, not at all.

отня́||тие *с.* **1.** táking a|wáy; **2.**: ~ руки́, ноги́ *и т. п.* àmputátion of *an* arm, *a* leg, *etc.*; ◇ ~ ребёнка от груди́ wéaning *the* child. **~ть(ся)** *сов. см.* отнима́ть(ся).

ото *предл. см.* от.

отобе́дать *сов.* **1.** (*кончить обедать*) have fínished dínner; **2.** *уст.* (*пообедать*) dine; проси́ть ~ (*вн.*) ask to dínner (*d.*).

отображ||а́ть, отобрази́ть (*вн.*) refléct (*d.*); rèpresént [-ˈzent] (*d.*). **~а́ться**, отобрази́ться **1.** refléct, òne|sélf; **2.** *страд. к* отобража́ть. **~е́ние** *с.* refléction; rèprèsèntátion [-zen-].

отобрази́ть(ся) *сов. см.* отобража́ть(ся).

отобра́ть *сов. см.* отбира́ть.

отовсю́ду *нареч.* from évery|whère, from every quárter.

отогна́ть *сов. см.* отгоня́ть.

отогну́ть(ся) *сов. см.* отгиба́ть(-ся).

отогрева́ть, отогре́ть (*вн.*) warm (*d.*). **~ся**, отогре́ться **1.** warm òne|sélf; **2.** *страд. к* отогрева́ть.

отогре́ть(ся) *сов. см.* отогрева́ть(-ся).

отодвига́ть, отодви́нуть (*вн.*) **1.** move asíde [muːv...] (*d.*); **2.** *разг.* (*о сроке*) put* off (*d.*). **~ся**, отодви́нуться **1.** move asíde [muːv...]; **~ся** наза́д draw* back; **2.** *страд. к* отодвига́ть.

отодви́нуть(ся) *сов. см.* отодвига́ть(ся).

отодра́ть I *сов. см.* отдира́ть.

отодра́ть II *сов.* (*вн.*) *разг.* give* a sound flógging (*i.*).

отож(д)еств||и́ть *сов. см.* отож(д)ествля́ть. **~ле́ние** *с.* ìdèntificátion [aɪ-].

отож(д)ествля́ть, отож(д)естви́ть (*вн.*) ìdéntifỳ [aɪ-] (*d.*).

отожжённый *прич. и прил. тех.* annéaled.

отозв||а́ние *с.* recáll. **~а́ть** *сов. см.* отзыва́ть. **~а́ться** *сов. см.* отзыва́ться 1, 2, 3.

отойти́ I, II *сов. см.* отходи́ть I, II.

отологи́ческий *мед.* òtológical.

отоло́гия *ж.* otólogy.

отомкну́ть(ся) *сов. см.* отмыка́ть(-ся).

отомсти́ть *сов. см.* мстить.

отоп||и́тельный héating; ~ сезо́н ≅ cold séason [...-zᵒn]; **~и́тельная** систе́ма héating sýstem. **~и́ть** *сов. см.* ота́пливать. **~ле́ние** *с.* héating.

отопля́ть=ота́пливать.

ора́чивать, отороч́ить (*вн.*) edge (*d.*), trim (*d.*).

ото́рванн||ость *ж.* ìsolátion [aɪ-], lóne|liness. **~ый** **1.** *прич. см.* отрыва́ть I; **2.** *прил.* (от) álienàted (from), estránged [-reɪndʒd] (from), cut off (from).

оторва́ть *сов. см.* отрыва́ть I. **~ся** *сов. см.* отрыва́ться I.

оторопе́ть *сов.* be struck dumb.

о́торопь *ж.* confúsion; его́ ~ взяла́ he was dùmb|fóunded.

отороч́ить *сов. см.* ора́чивать.

ото́рочка *ж.* édging.

отоско́п *м.* ótoscòpe [ˈoutə-].

отосла́ть *сов. см.* отсыла́ть.

отоспа́ться *сов. см.* отсыпа́ться II.

отоща́лый emáciàted.

отоща́ть *сов. см.* тоща́ть.

отпад||а́ть, отпа́сть **1.** fall* off, fall* a|wáy; (от; *перен.*) break* a|wáy [breɪk...] (from); **2.** (*утрачивать силу, смысл*) fall* a|wáy; (*миновать*) pass; вопро́с ~а́ет the quéstion no lónger aríses [...-stʃ-...]; у него́ отпа́ла охо́та к э́тому his desíre to do it has passed [...-ˈzaɪə...].

отпаде́ние *с.* fálling a|wáy; (от; *перен.*) defféction (from); bréak-a|way [ˈbreɪk-] (from).

отпа́ивать I, отпая́ть (*вн.*) únsólder [-ˈsɔ-] (*d.*).

отпа́ивать II, отпои́ть (*вн.*) **1.** (*выкармливать жидкой пищей*) fátten (*d.*); **2.** (*после отравления*) give* (milk, *etc.*) as an ántidòte for póison [...-z°n] (*i.*).

отпáиваться I, отпаяться **1.** (*отламываться*) come* off; **2.** *страд.* к отпáивать I.

отпáиваться II *страд.* к отпáивать II.

отпáривать, отпáрить (*вн.*) steam (*d.*).

отпари́ровать *сов.* (*вн.*) párry (*d.*), cóunter (*d.*).

отпáрить *сов. см.* отпáривать.

отпáрывать, отпорóть (*вн.*) rip off (*d.*). **~ся**, отпорóться **1.** come* off; **2.** *страд.* к отпáрывать.

отпáсть *сов. см.* отпадáть.

отпахáть *сов.* have fínished plóughing.

отпая́ть *сов. см.* отпáивать I. **~ся** *сов. см.* отпáиваться I.

отпевáние *с. церк.* fúneral sérvice.

отпевáть, отпéть (*вн.*) *церк.* perfórm a fúneral sérvice (óver, for).

отперéть *сов. см.* отпирáть.

отперéться I, II *сов. см.* отпирáться I, II.

óтпертый *прич. и прил.* ún|lócked.

отпé||тый **1.** *прич. см.* отпевáть; **2.** *прил. разг.* (*отъявленный*) árrant, invéterate, désperate. **~ть** *сов. см.* отпевáть.

отпечáтать *сов.* **1.** *см.* отпечáтывать; **2.** *как сов.* к печáтать. **~ся** *сов. см.* отпечáтываться.

отпечáт||ок *м.* (*прям. и перен.*) ímprint, ímprèss; ~ пáльца fínger-print; брать ~ки пáльцев take* fínger-prìnts; наклáдывать (свой) ~ leave* its mark / ímprint.

отпечáтывать, отпечáтать (*вн.*) **1.** (*заканчивать печатанием*) print (*d.*); отпечáтать весь тирáж книги print the whole edítion of the book [... houl...]; **2.** (*делать отпечаток*) imprínt (*d.*). **~ся**, отпечáтаться **1.** leave* an impréssion; **2.** *страд.* к отпечáтывать.

отпивáть, отпи́ть (*вн.*, *рд.*) take* a sip (of).

отпи́л||ивать, отпили́ть (*вн.*) saw* off (*d.*). **~и́ть** *сов. см.* отпи́ливать.

отпирáтельство *с.* dìsavówal, deníal.

отпирáть, отперéть (*вн.*) ún|lóck (*d.*); (*открывать*) ópen (*d.*).

отпирáться I, отперéться **1.** ún|lóck òne|sélf; **2.** *страд.* к отпирáть.

отпирáться II, отперéться *разг.* (*от своих слов и т. п.*) dený (*d.*).

отписáть(ся) *сов. см.* отпи́сывать (-ся).

отпи́ска *ж.* ánswer wrítten for form ónly ['ɑːnsə...].

отпи́сывать, отписáть (*вн.*) *уст.* (*завещать*) bequéath [-ð] (*d.*), leave* by will (*d.*). **~ся**, отписáться write* for form ónly.

отпи́ть *сов. см.* отпивáть.

отпи́х||ивать, отпихнýть (*вн.*) *разг.* push a|wáy / off [puʃ...] (*d.*), shove aside [ʃʌv...] (*d.*); (*перен.*) spurn (*d.*). **~иваться**, отпихнýться *разг.* push off [puʃ...]. **~нýть(ся)** *сов. см.* отпи́хивать(ся).

отплáт||а *ж.* repáyment. **~и́ть** *сов. см.* отплáчивать.

отплáчивать, отплати́ть (*дт.*) pay* back (*i.*), repáy* (*d.*), requíte (*d.*); отплати́ть комý-л. за услýгу repáy* smb. for his sérvice; ~ комý-л. той же монéтой pay* smb. in his own coin [...oun...].

отплевáться *сов. см.* отплёвываться.

отплёвывать, отплю́нуть (*вн.*) spit* out (*d.*); expéctoràte (*d.*). **~ся**, отплевáться spit* with disgúst.

отплывáть, отплы́ть sail; (*о плывущих людях, животных*) swim* off / out; (*о предметах*) float off; он отплы́л оди́н киломéтр от бéрега he swam out a kílomètre from the shore.

отплы́ти||е *с.* sáiling; готóвый к ~ю réady to sail ['redɪ...]; пéред ~ем befóre sáiling.

отплы́ть *сов. см.* отплывáть.

отплю́нуть *сов. см.* отплёвывать.

отплясáть *сов.* (*кончить плясать*) fínish dáncing.

отпля́сывать (*вн.*) *разг.* dance (*d.*); (*без доп. тж.*) shake* a leg *идиом.*; (*с увлечением*) dance with zest.

óтповедь *ж.* repróof, rebúke, rebúff.

отпои́ть I *сов. см.* отпáивать II.

отпои́ть II *сов.* (*вн.*; *кончить поить — о скоте*) fínish wátering [...'wɔː-] (*d.*).

отполз||áть, отползти́ crawl a|wáy / back. **~ти́** *сов. см.* отползáть.

отполировáть *сов. см.* полировáть.

отпóр *м.* rebúff, repúlse; дать ~ (*дт.*) repúlse (*d.*); встрéтить ~ meet* with a rebúff / repúlse; súffer a repúlse.

отпорóть(ся) *сов. см.* отпáрывать (-ся).

отпотевáть, отпотéть móisten[-s°n], become* / be moist / damp.

отпотéть *сов. см.* отпотевáть.

отпочковáться *сов. см.* отпочкóвываться.

отпочкóвываться, отпочковáться gemmáte, própagàte by gemmátion; (*перен.*) detách òne|sélf.

отправи́тель *м.*, **~ница** *ж.* sénder.

отпрáв||ить *сов. см.* отправля́ть 1. **~иться** *сов. см.* отправля́ться 1. **~ка** *ж.* sénding off, fórwarding, dispátch; (*о товарах и т. п.*) shípping; ~ка поездóв èxpedítion of trains. **~лéние** *с.* **1.** (*отсылка — о письмах, багаже и т. п.*) sénding; **2.** (*о поезде, пароходе*) depárture; **3.** (*об организме*) fúnction; **4.** (*исполнение*) éxercìse, práctice; ~лéние обя́занностей éxercìse of *one*'s dúties; ~лéние религиóзных кýльтов perfórmance of relígious rites.

отправля́ть, отпрáвить (*вн.*) **1.** send* (*d.*), fórward (*d.*), dispátch (*d.*); (*по почте*) post [poust] (*d.*), mail (*d.*); **2.** *тк. несов.* (*исполнять*) perfórm (*d.*), éxercìse (*d.*); ~ обя́занности éxercìse dúties; ~ правосýдие admínister jústice; ◇ ~ естéственные потрéбности relíeve náture [-iːv 'neɪ-]; ~ на тот свет send* to kíng|dom-còme (*d.*). **~ся**, отпрáвиться **1.** set* off / out; start; (*отбывать*) leave*; (*пойти куда-л.*) go* (to *a place*), make* (for *a place*); betáke* òne|sélf; пóезд отправля́ется в пять (часóв) the train leaves at five (o'clóck); отпрáвиться в путь set* out; отпрáвиться пóездом, пароходóм go* by train, by ship; **2.** *тк. несов.* (от; *исходить из чего-л.*) procéed (from); **3.** *страд.* к отправля́ть.

отправн||óй: ~ пункт, ~áя тóчка stárting-point.

отпрáздновать [-зн-] *сов.* **1.** *см.* прáздновать; **2.** (*кончить праздновать*) fínish célebràting.

отпрáшиваться, отпроси́ться ask for leave; *сов. тж.* get* leave.

отпроси́ться *сов. см.* отпрáшиваться.

отпры́г||ивать, отпры́гнуть (*назад*) jump / spring* / leap* back; (*в сторону*) jump / spring* / leap* aside. **~нуть** *сов. см.* отпры́гивать.

óтпрыск *м.* óff|sprìng, scíon; *бот. тж.* óff|shoot, shoot.

отпрягáть, отпря́чь (*вн.*) únhárness (*d.*); take* out of the shafts (*d.*).

отпря́нуть *сов.* recóil, start back.

отпря́чь *сов. см.* отпрягáть.

отпýг||ивать, отпугнýть (*вн.*) fríghten / scare a|wáy (*d.*). **~нýть** *сов. см.* отпýгивать.

óтпуск *м.* **1.** leave (of ábsence); (*у служащего*) hóliday [-dɪ], leave; *воен. тж.* fúrlough [-lou]; взять мéсячный ~ take* a month's hóliday [...mʌ-...]; ~ по болéзни sísk-leave; декрéтный ~ matérnity leave; ~ без сохранéния содержáния hóliday without pay; в ~е on leave; **2.** (*выдача*) íssue, delívery, dìstribútion; **3.** *тк. ед. тех.* (*о металле*) témpering.

отпускáть, отпусти́ть (*вн.*) **1.** let* go (*d.*), let* off (*d.*); (*освобождать*) set* free (*d.*), reléase [-s] (*d.*); **2.** (*давать отпуск*) give* leave (of ábsence) (*i.*); **3.** (*выдавать*) supplý (*d.*); (*в магазине*) serve (*d.*); ~ срéдства allót means; állocàte funds; ~ в креди́т sell* on crédit (*d.*); **4.** *разг.* (*отращивать*) grow* [-ou] (*d.*); ~ вóлосы grow* one's hair long; ~ бóроду grow* a beard; **5.** (*ослаблять*) slácken (*d.*); turn loose [...-s] (*d.*); ~ пóвод (лóшади) give* (*the* horse) the rein(s), *или* his head [...hed]; **6.** *уст.* (*прощать*) remít (*d.*), forgíve* [-'gɪv] (*d.*); ~ грехи́ комý-л. *церк.* absólve smb.'s sins [-'zɔlv...], remít smb.'s sins; **7.** *тех.* (*о металле*) témper (*d.*), draw* (*d.*); ✧ ~ остро́ты *разг.* crack jokes; ~ комплиме́нты *разг.* make* / pay* cómpliments.

отпускн||и́к *м.* man* on hóliday [...-dɪ]; *воен.* sérvice|man* on leave. **~о́й** 1. *прил. к* о́тпуск 1; ~о́е свиде́тельство leave of ábsence certíficate; ~ы́е де́ньги hóliday pay [-dɪ...] *sg.*; 2.: ~а́я цена́ *эк.* sélling price; 3. *м. как сущ.*= отпускни́к.

отпусти́ть *сов. см.* отпуска́ть.

отпуще́н||ие *с. уст.* remíssion, remítment; ~ грехо́в *церк.* àbsolútion; ✧ козёл ~ия *разг.* scápe|goat.

отпу́щенник *м. ист.* fréed|man*.

отраба́тывать, отрабо́тать (*вн.*) 1. (*возмещать работой*) clear by wórking (*d.*), work off (*d.*); 2. *разг.* (*какой-то срок*) work (for); отрабо́тать пять дней work for five days; 3. (*совершенствовать*) máster (by práctice) (*d.*).

отрабо́танный 1. *прич. см.* отраба́тывать; 2. *прил.*: ~ пар *тех.* spent / waste / exháust steam [...weɪ-...].

отрабо́тать I *сов. см.* отраба́тывать.

отрабо́тать II *сов.* (*кончить работу*) finish one's work.

отрабо́тка *ж.* (*долга*) wórking off, páying by work.

отрабо́точн||ый *эк.*: ~ая ре́нта lábour rent; corvée (*фр.*) ['kɔːveɪ]; ~ая систе́ма труда́ státùte lábour.

отра́в||а *ж.* póison [-z°n]; (*перен.*) bane. **~и́тель** *м.* póisoner [-z°nə]. **~и́ть(ся)** *сов. см.* отравля́ть(ся). **~ле́ние** *с.* póisoning [-z°n-]; ~ле́ние га́зом gás-póisoning [-z°n-]; ~ле́ние свинцо́м léad-póisoning ['led- -z°n-].

отравля́ть, отрави́ть (*вн.*; *прям. и перен.*) póison [-z°n] (*d.*); envénom [-'ve-] (*d.*); ~ удово́льствие spoil* / mar the pléasure [...'ple-]. **~ся,** отрави́ться 1. póison òne|sélf [-z°n...]; 2. *страд. к* отравля́ть.

отравля́ющ||ий 1. *прич. см.* отравля́ть; 2. *прил.*: ~ее вещество́ war gas.

отра́д||а *ж.* delíght, joy; (*утешение*) cómfort ['kʌ-], cònsolátion. **~ный** grátifỳing; (*утешительный*) cómforting ['kʌ-]; chéerful; ~ное явле́ние grátifỳing círcumstance.

отража́тель *м.* 1. *физ.* refléctor; 2. (*в оружии*) èjéctor [iː-]. **~ный** refléctive; ~ная печь *тех.* revérberatory / revérberàting fúrnace.

отража́ть, отрази́ть (*вн.*) 1. (*о свете и т. п.*; *тж. перен.*) refléct (*d.*); 2. (*отбивать; опровергать*) repúlse (*d.*), repél (*d.*), párry (*d.*); ~ уда́р párry *a* blow [...-ou]; ~ ата́ку repúlse / repél, *или* beat* off, *an* attáck / assáult; ~ агре́ссию repél aggréssion; ~ обвине́ние refúte *a* charge. **~ся,** отрази́ться 1. be refléсted; revérberàte; 2. (на *пр.*; *оказывать влияние*) affect (*d.*), have an effect (on); э́то хорошо́ отрази́лось на его́ здоро́вье it was good* for his health [...helθ]; 3. *страд. к* отража́ть.

отраже́н||ие *с.* 1. (*о свете и т. п.*; *тж. перен.*) refléction, revèrberátion; 2. (*о нападении и т. п.*) repúlse, párry; wárding off; ✧ тео́рия ~ия théory of refléction ['θɪərɪ...].

отражённ||ый 1. *прич. см.* отража́ть; 2. *прил.* refléсted; сия́ть ~ым све́том shine* with refléсted light.

отрази́ть(ся) *сов. см.* отража́ть (-ся).

отрапортова́ть *сов.* (*вн.*) repórt (*d.*).

отраслев||о́й *прил. к* о́трасль; ~о́е объедине́ние trade assòciátion (*of a branch of industry*).

о́трасль *ж.* (*в разн. знач.*) branch [-ɑːntʃ], field [fiːld]; ~ зна́ний sphere / depártment / field of knówledge [...'nɔ-].

отраст||а́ть, отрасти́ grow* [-ou]. **~и́** *сов. см.* отраста́ть. **~и́ть** *сов. см.* отра́щивать.

отра́щивать, отрасти́ть (*вн.*) grow* [-ou] (*d.*); ~ во́лосы grow* one's hair long; ~ бо́роду grow* *a* beard; ✧ отрасти́ть брю́хо *разг.* grow* a paunch.

отре́бье *с. тк. ед. собир. презр.* the rabble.

отрегули́ровать *сов.* (*вн.*) *тех.* adjúst [ə'dʒʌ-] (*d.*), régulàte (*d.*).

отредакти́ровать *сов. см.* редакти́ровать 1.

отре́з *м.* 1.: ли́ния ~а a line of the cut, cut; (*пробитая*) pérforàted line; (*надпись на линии отреза*) tear here [tɛə...]; pull tab to ópen [pul...]; tear strip ópener; 2. (*о материи*) length; páttern *амер.*; ~ на пла́тье dress length. **~анность** *ж.* (от) ábsence / lack of commùnicátion (with).

отре́зать *сов. см.* отреза́ть.

отреза́ть, отре́зать 1. (*вн.*; *в разн. знач.*) cut* off (*d.*); (*ножницами тж.*) snip off (*d.*); отре́зать себе́ путь к отступле́нию cut* off one's path* of retréat; (*перен.*) burn* one's boats; 2. *тк. сов. разг.* (*резко ответить*) snap out.

отрезв||е́ть *сов. см.* трезве́ть. **~и́ть (-ся)** *сов. см.* отрезвля́ть(ся). **~ле́ние** *с.* (*прям. и перен.*) sóbering.

отрезвля́ть, отрезви́ть (*вн.*; *прям. и перен.*) sóber (*d.*). **~ся,** отрезви́ться 1. sóber; become* sóber; 2. *страд. к* отрезвля́ть.

отрезно́й detáchable.

отре́з||ок *м.* 1. (*часть чего-л.*) piece [piːs]; *мат.* ségment; ~ пути́ séction / length of road; 2. *мн. ист.* otrézki (*cut-off portions of land*). **~ывать**= отреза́ть.

отрека́ться, отре́чься (от) renóunce (*d.*); dísavów (*d.*); (*не признавать своим*) repúdiàte (*d.*); ~ от своего́ предложе́ния renóunce one's own propósal [...oun -z-]; ~ от престо́ла ábdicàte.

отрекомендова́ть *сов.* (*вн.*) ìntrodúce (*d.*). **~ся** *сов.* ìntrodúce òne|sélf.

отремонти́ровать *сов.* (*вн.*) repáir (*d.*), ré|fít (*d.*); ré|condítion (*d.*).

отре́пье *с. собир.* rags *pl.*

отрече́ние *с.* (от) renùnciátion (of); ~ от престо́ла àbdicátion.

отре́чься *сов. см.* отрека́ться.

отреш||а́ть, отреши́ть *уст.*: ~ от до́лжности (*вн.*) suspénd (*d.*). **~а́ться,** отреши́ться 1. (от) renóunce (*d.*), give* up (*d.*); (*освобождаться*) get* rid (of); он не мог ~и́ться от мы́сли he could not dismíss the thought; 2. *страд. к* отреша́ть. **~е́ние** *с. уст.*: ~е́ние от до́лжности suspénsion. **~ённость** *ж.* estránge|ment [-reɪn-], alóofness. **~и́ть(ся)** *сов. см.* отреша́ть(ся).

отри́нутый *прич. и прил. уст.* rejécted.

отри́нуть *сов.* (*вн.*) *уст.* rejéct (*d.*).

отрица́ние *с.* deníal, negátion; служи́ть ~м (*рд.*) negáte (*d.*).

отрица́тельн||о *нареч.* négative|ly; отве́тить ~ ánswer in the négative ['ɑːnsə...]; ~ покача́ть голово́й shake* one's head [...hed]; относи́ться ~ (к) dísappróve [-uːv] (of); ска́зываться ~ (на) have an ádvèrse efféct (on); afféct ádvèrse|ly (*d.*). **~ый** 1. négative: ~ый отве́т négative ánswer [...'ɑːnsə]; ~ая величина́ *мат.* négative quántity; ~ый геро́й négative cháracter [...'kæ-]; ~ые ти́пы в рома́не the négative cháracters in the nóvel [...'nɔ-]; ~ое электри́чество négative èlectrícity; 2. (*плохой, неблагоприятный*) bad, únfávour|able; ~ый о́тзыв únfávour|able críticism; ~ое влия́ние bad influence.

отрица́ть (*вн.*) denу́ (*d.*), discláim (*d.*); ~ своё а́вторство discláim áuthorship; ~ вино́вность *юр.* plead not guílty.

отро́г *м.* spur.

о́троду *нареч. разг.* (*никогда, за всю жизнь*) never, as long as one lives [...lɪvz], never in one's life; never in one's born days; он ~ не вида́л ничего́ подо́бного he has never (in his born days) seen the like.

отро́дье *с. разг.* spawn, óff|spring.

отродя́сь=о́троду.

о́трок *м.* boy, lad, àdoléscent.

отро́сток *м.* 1. *бот.* shoot, sprout; 2. *анат.* appéndix; 3. *тех.* branch piece [-ɑːntʃ piːs].

о́трочес||кий àdoléscent; ~ во́зраст àdoléscence. **~тво** *с.* àdoléscence.

отруба́ть, отруби́ть (*вн.*) chop off (*d.*); ~ ве́тку у де́рева chop a branch off a tree [...brɑː-...]; ~ го́лову кому́-л. chop / cut* off smb.'s head [...hed].

о́труби *мн.* bran *sg.*

отруби́ть *сов. см.* отруба́ть.

отруга́ть *сов.* (*вн.*) *разг.* give* a scólding / ráting (*i.*).

отру́гиваться *разг.* ánswer back ['ɑːnsə...].

отры́в *м.* (*действие*) téaring off ['tɛə-...]; (*перен.*) àlienátion, ìsolátion [aɪ-]; loss of commùnicátion; без ~а от произво́дства without díscontínuing work, without drópping, *или* giving up, work; с ~ом от произво́дства work bé¦ing díscontínued; в ~е от масс out of touch with the másses [...tʌʧ...]; ~ от проти́вника *воен.* bréaking of cóntàct ['breɪk-...], bréak-a¦way ['breɪk-], dísen¦gáge¦ment; ~ от земли́ *ав.* táke-óff.

отрыва́ть I, оторва́ть (*вн.*) tear* off / a¦wáy [tɛə...] (*d.*); (*перен.*: *отвлекать*) dìvért (*d.*); (*прерывать*) ìnterrúpt (*d.*); ~ кого́-л. от де́ла, рабо́ты distúrb smb., prevént smb. from wórking, distráct smb. from work.

отрыва́ть II, отры́ть (*вн.*; *прям. и перен.*) ún¦éarth [-'ɜ:θ] (*d.*); dig* out (*d.*), éxcavàte (*d.*).

отрыва́ться I, оторва́ться 1. (*о пуговице и т. п.*) come* off, tear* off [tɛə...]; 2. *ав.* (*от земли*) take* off; 3. (от) (*переставать смотреть, заниматься*) tear* òne¦sélf a¦wáy (from); (*терять связь*) lose* touch [lu:z tʌʧ] (with); divórce òne¦sélf (from); он не мог оторва́ться от кни́ги he could not tear hìm¦sélf a¦wáy from the book; оторва́ться от наро́да draw* a¦wáy from the people [...pi:-]; оторва́ться от действи́тельности lose* touch with reálity [...rɪ'æ-], be out of touch with reálity; не отрыва́ясь (*не прекращая работы*) without stópping, *или* léaving off, work; ~ от проти́вника *воен.* break* a¦wáy, break* cóntàct, break* off; 4. *страд. к* отрыва́ть I.

отрыва́ться II *страд. к* отрыва́ть II.

отры́вист||ый jérky, abrúpt; ~ая речь curt speech.

отрывно́й téar-óff ['tɛə-] (*attr.*); ~ календа́рь téar-óff cálendar; ~ тало́н cóupon ['ku:pɔn]; ~ лист pérforàted sheet.

отры́во||к *м.* frágment; (*из текста тж.*) éxtràct, pássage. ~**чный** frágmentary, scráppy; ~чные слова́ désultory words.

отры́г||ивать, отрыгну́ть (*вн.*) belch (*d.*). ~**ну́ть** *сов. см.* отры́гивать.

отры́жка *ж.* bélch(ing), èrùctátion [i:-].

отры́ть *сов. см.* отрыва́ть II.

отря́д *м.* 1. detáchment; detáched force; передово́й ~ advánced detáchment; (*перен.*) ván¦guàrd; пионе́рский ~ Young Pìonéer detáchment [jʌŋ...]; 2. *биол.* órder.

отряди́ть *сов. см.* отряжа́ть.

отряжа́ть, отряди́ть (*вн.*) detách (*d.*), tell* off (*d.*).

отряс||а́ть, отрясти́ (*вн.*) shake* off (*d.*); ◇ ~ти́ прах от свои́х ног shake* the dust off / from one's feet. ~**ти́** *сов. см.* отряса́ть.

отряха́ть(ся)=отря́хивать(ся).

отря́хивать, отряхну́ть (*вн.*) shake* down (*d.*); ◇ отряхну́ть прах от свои́х ног shake* the dust off / from one's feet. ~**ся,** отряхну́ться shake* òne¦sélf.

отряхну́ть(ся) *сов. см.* отря́хивать(ся).

отсади́ть *сов. см.* отса́живать.

отса́живать, отсади́ть (*вн.*) 1. (*о растении*) displánt [-ɑ:nt] (*d.*); 2. (*об ученике*) seat apárt (*d.*). ~**ся,** отсе́сть 1. seat òne¦sélf apárt; 2. *страд. к* отса́живать.

отса́сывание *с.* súction, exháustion [-sʧ-], exháusting.

отса́сывать, отсоса́ть (*вн.*) draw* off (*d.*), exháust (*d.*).

отсве́||т *м.*, ~**чивание** *с.* refléction, sheen.

отсве́чивать (*тв.*) shine* (with), gleam (with), show* a refléction [ʃou...] (of).

отсебя́тина *ж. разг.* con¦cóction; *театр.* gag, ad líbbing.

отсе́в *м.* 1.= отсе́ивание; 2. (*остатки*) síftings *pl.*; chaff; 3.: ~ уча́щихся númber of stúdents who díscontínued stúdies, *или* dropped out [...'stʌdɪz...]; (*по неуспеваемости*) númber of fáilures. ~**а́ть**=отсе́ивать.

отсе́ивание *с.* sífting; (*перен.*) elìminátion, scréening.

отсе́ивать, отсе́ять (*вн.*) sift (*d.*); (*перен.*) elíminàte (*d.*), screen (*d.*). ~**ся,** отсе́яться 1. fall* out; 2. (*о студентах и т. п.*) drop out; 3. *страд. к* отсе́ивать.

отсе́к *м.* compártment.

отсека́ть, отсе́чь (*вн.*) cut* off (*d.*), chop off (*d.*), séver ['se-] (*d.*).

отсе́ле, отсе́ль *нареч. уст.* hence.

отсе́сть *сов. см.* отса́живаться.

отсече́ние *с.* cútting off, séverance; ◇ дать го́лову, ру́ку на ~ *разг.* ≅ stake one's head, hand [...hed...].

отсе́чка *ж. тех.*: ~ па́ра cút-òff.

отсе́чь *сов. см.* отсека́ть.

отсе́ять(ся) *сов. см.* отсе́ивать(ся).

отсиде́ть(ся) *сов. см.* отси́живать (-ся).

отси́живать, отсиде́ть *разг.* 1. (*вн.*; *пробыть*) stay (for); отсиде́ть в тюрьме́ serve one's time; serve *a* term of imprísonment [...-z°n-]; 2. (*вн.*; *доводить до онемения*): отсиде́ть себе́ но́гу have pins and needles in one's leg. ~**ся,** отсиде́ться *разг.* sit* out; (*избегать опасности и т. п.*) sit* snug.

отска́бливать, отскобли́ть (*вн.*) scratch off (*d.*).

отскака́ть *сов.* (*вн.*; *какое-л. расстояние*) gállop (*d.*), cóver by gálloping ['kʌ-...] (*d.*).

отска́кивать, отскочи́ть 1. (*отпрыгивать*) jump asíde / a¦wáy; 2. (*ударившись, отлетать обратно*) rebóund, recóil; bounce off; 3. (*отделяться*) break* off [breɪk...]; (*отрываться*) come* off, be torn off.

отскобли́ть *сов. см.* отска́бливать.

отскочи́ть *сов. см.* отска́кивать.

отскре||ба́ть, отскрести́ (*вн.*) scratch off (*d.*); scrape off (*d.*). ~**сти́** *сов. см.* отскреба́ть.

отсла́иваться, отслои́ться exfóliàte.

отсло||е́ние *с.* exfòliátion. ~**и́ться** *сов. см.* отсла́иваться.

отслужи́ть *сов.* 1. (*вн.*; *проработать некоторое время*) serve (*d.*); 2. (*без доп.*; *отбыть срок службы*) serve one's time; 3. (*без доп.*; *о вещах*) be worn out [...wɔ:n...]; 4. (*вн.*) *церк.* serve (*d.*), célebràte (*d.*).

отсове́товать *сов.* (*дт.* + *инф.*) dissuáde [-'sweɪd] (*d.* from *ger.*).

отсортирова́ть *сов. см.* отсортиро́вывать.

отсортиро́вывать, отсортирова́ть (*вн.*) sort out (*d.*).

отсоса́ть *сов. см.* отса́сывать.

отсо́хнуть *сов. см.* отсыха́ть.

отсро́ч||ивать, отсро́чить (*вн.*) 1. pòstpóne [poust-] (*d.*), deláy (*d.*); 2. *юр.* adjóurn [ə'ʤɜ:n] (*d.*), defér (*d.*); ~ упла́ту долго́в *и т. п.* defér, *или* put* off, páyment of debts, *etc.* [...dets]. ~**ить** *сов. см.* отсро́чивать. ~**ка** *ж.* 1. pòstpóne¦ment [poust-], deláy; réspite; дать ~ку (*дт.*) grant a deláy [-ɑ:nt...] (*i.*); получи́ть ~ку be gránted a deláy; доби́ться ме́сячной ~ки be gránted a month's grace [...mʌnθs...]; ~ка по вое́нной слу́жбе deférment; предоста́вить кому́-л. ~ку defér smb.; 2. *юр.* adjóurnment [ə'ʤɜ:-], deférment; ~ка наказа́ния réspìte, repríeve [-i:v]; deférment of púnishment [...'pʌ-].

отстава́ние *с.* lag; ликвиди́ровать ~ в рабо́те catch* up with the arréars of work.

отста||ва́ть, отста́ть 1. fall* / drop behínd, lag behínd; (*перен.*) be báckward, be behínd; (*в выполнении работы и т. п.*) be behínd¦hánd; отста́ть на киломе́тр be a kílomètre behínd; не ~ от кого́-л. keep* up with smb.; не ~ ни на шаг от кого́-л. keep* pace with smb., keep* close on smb.'s heels [...-s...]; э́тот учени́к отста́л от кла́сса this púpil is / lags behind his class; э́тот учени́к ~ёт this púpil hangs back; ~ от жи́зни lag behínd life, fail to keep pace with life; не ~ от жи́зни be / keep* abréast of life [...ə'brest...]; не ~ от вре́мени keep* pace with the times; 2. (*о часах*) be slow [...ou]; часы́ ~ю́т на де́сять мину́т the watch, *или* the clock, is ten mínutes slow [...-nɪts...]; 3. (от; *отделяться — об обоях и т. п.*) come* off; 4. (от) *разг.* (*оставлять в покое*) leave* / let* alóne (*d.*).

отста́в||ить *сов. см.* отставля́ть. ~**ка** *ж.* 1. (*увольнение*) dismíssal; 2. (*уход со службы*) rèsignátion [-z-]; пода́ть в ~ку send* in one's rèsignátion; *воен.* send* in one's pápers; вы́йти в ~ку resígn [-'zaɪn], retíre; в ~ке retíred; on the retíred list; ✧ получи́ть ~ку у кого́-л. *разг.* ≅ get* the sack from smb.

отстав||ля́ть, отста́вить (*вн.*) **1.** set*/put* asíde (*d.*); **2.** *уст.* (*смещать, увольнять*) dismíss (*d.*), dis¦chárge (*d.*); ✧ отста́вить! (*команда*) as you were! **~но́й** *уст.* retíred.

отста́ивать, отстоя́ть (*вн.*) defénd (*d.*); ádvocàte (*d.*); *сов. тж.* víndicàte (*d.*); *воен.* hold* agáinst énemy attácks (*d.*); make* a stand (for); ~ при́нцип (*рд.*) ùp¦hóld* the prínciple (of); ~ де́ло ми́ра chámpion / ùp¦hóld* / defénd the cause of peace; ~ с ору́жием в рука́х dispúte in arms (*d.*); ~ свои́ права́ assért / ùp¦hóld* one's rights; ~ своё мне́ние persíst in one's opínion; stick* to one's guns *идиом. разг.*; ~ чьи-л. интере́сы chámpion smb.'s ínterests, battle for smb.'s ínterests; отстоя́ть свобо́ду и незави́симость ùp¦hóld* (the) líberty and ìndepéndence; ~ еди́нство па́ртии ùp¦hóld* / sáfe¦guàrd the únity of the párty. **~ся,** отстоя́ться **1.** settle; **2.** *страд. к* отста́ивать.

отста́л||ость *ж.* báckwardness. **~ый** báckward, retárded.

отста́||ть *сов. см.* отстава́ть. **~ю́щий 1.** *прич. см.* отстава́ть; **2.** *прил.* báckward.

отстега́ть *сов. см.* стега́ть II.

отстёгивать, отстегну́ть (*вн.*) únfásten [-s°n] (*d.*), ún¦dó (*d.*); (*о пуговицах тж.*) únbútton (*d.*). **~ся,** отстегну́ться **1.** come* únfástened [...-s°nd], come* ún¦dóne; **2.** *страд. к* отстёгивать.

отстегну́ть(ся) *сов. см.* отстёгивать(ся).

отстира́ть(ся) *сов. см.* отсти́рывать(ся).

отсти́рывать, отстира́ть (*вн.*) wash off (*d.*). **~ся,** отстира́ться **1.** wash off, come* out (in wáshing); **2.** *страд. к* отсти́рывать.

отсто́й *м. тк. ед.* (*осадок*) sédiment.

отстоя́ть I *сов. см.* отста́ивать.

отсто||я́ть II (от; *быть на расстоянии*) be... dístant (from), be... a¦wáy (from); (*друг от друга*) be... apárt; э́тот го́род ~и́т на пять киломе́тров отсю́да this town is five kílomètres dístant / a¦wáy from here; э́ти города́ ~я́т друг от дру́га на пять киломе́тров these towns are five kílomètres apárt.

отстоя́ть III *сов.* (*простоять на ногах до конца чего-л.*) stand* (on one's feet) as long as smth. lasts.

отстоя́ться *сов. см.* отста́иваться.

отстрада́ть *сов.* súffer no more, have súffered enóugh [...ɪ'nʌf].

отстра́ивать I, отстро́ить (*вн.*) build* [bɪld] (*d.*).

отстра́ивать II, отстро́ить (*вн.* от) *рад.* tune out (*d.* from).

отстра́иваться I, отстро́иться **1.** be built [...bɪ-], be compléted; **2.** *страд. к* отстра́ивать I.

отстра́иваться II, отстро́иться (от) **1.** *рад.* tune out (from); **2.** *страд. к* отстра́ивать II.

отстране́ние *с.* **1.** púshing asíde ['pu-...]; **2.** (*увольнение*) dismíssal.

отстрани́ть(ся) *сов. см.* отстраня́ть(ся).

отстраня́ть, отстрани́ть (*вн.*) **1.** push asíde [puʃ...] (*d.*); **2.** (*от должности, обязанностей и т. п.*) remóve [-'muːv] (*d.*); (*временно*) suspénd (*d.*); (*от участия в чём-л.*) debár (*d.* from). **~ся,** отстрани́ться **1.** (от; *держаться в стороне*) move a¦wáy [muːv...] (from); keep* a¦wáy (from), keep* alóof (from); **2.** *страд. к* отстраня́ть.

отстре́ливаться fire back, retúrn the fire.

отстреля́ться *сов. воен. разг.* have fired / compléted a práctice, *или* an éxercìse.

отстрига́ть, отстри́чь (*вн.*) cut* off (*d.*).

отстри́чь *сов. см.* отстрига́ть.

отстро́ить I, II *сов. см.* отстра́ивать I, II.

отстро́иться I, II *сов. см.* отстра́иваться I, II.

отстро́йка *ж. рад.* túning out.

отстрочи́ть *сов.* **1.** (*вн.*) stitch on (*d.*); **2.** (*без доп.*; *кончить строчить*) have done stítching, have fínished stítching.

о́тступ *м.* space.

отступ||а́ть, отступи́ть **1.** step back; recéde; (*в страхе и т. п.*) recóil; **2.** *воен.* (*тж. перен.*) retréat; fall* back; ~ в беспоря́дке retréat in confúsion / disórder; отступи́ть от свое́й пози́ции abándon one's posítion [...-'zɪ-]; он не отсту́пит от свои́х пози́ций he will not move / budge from his posítion [...muːv...]; **3.** (от; *от правила и т. п.*) déviàte (from); не ~ от бу́квы зако́на not depárt from the létter of the law; **4.** (от; *от темы и т. п.*) dìgress (from). **~а́ться,** отступи́ться (от) give* up (*d.*), renóunce (*d.*). **~и́ть(ся)** *сов. см.* отступа́ть(ся). **~ле́ние** *с.* **1.** *воен.* (*тж. перен.*) retréat; **2.** (*от правил и т. п.*) dèviátion; **3.** (*от темы и т. п.*) dìgréssion [daɪ-]; лири́ческое ~ле́ние lýrical dìgréssion.

отсту́пни||к *м.*, **~ца** *ж.* apóstate; récreant [-ɪənt]. **~ческий** apóstate (*attr.*). **~чество** *с.* apóstasy; récreancy [-ɪən-].

отступн||о́е *с. скл. как прил.* smárt-mòney [-mʌ-]. **~о́й:** ~ы́е де́ньги = отступно́е.

отступя́ 1. *дееприч. см.* отступа́ть; **2.** *как нареч.* off: ~ два-три ме́тра two or three metres off.

отсу́тств||ие *с.* ábsence; (*чего-л.*) lack; за ~ием (*кого-л.*) in the ábsence (of); (*чего-л.*) for lack (of); in the defáult (of); за ~ием вре́мени, де́нег for lack of time, móney [...'mʌ-]; в моё ~ in my ábsence; находи́ться в ~ии be ábsent.

отсу́тств||овать be ábsent; *юр.* make* defáult. **~ующий 1.** *прич. см.* отсу́тствовать; **2.** *прил.*: ~ующий взгляд blank / vácant look; **3.** *как сущ. м.* àbsentée; *мн.* those ábsent.

отсчёт *м.* (*по прибору*) réading.

отсчита́ть *сов. см.* отсчи́тывать.

отсчи́тывать, отсчита́ть (*вн.*) count off (*d.*), count out (*d.*).

отсыл||а́ть, отосла́ть **1.** (*вн.*) send* a¦wáy / off (*d.*); (*обратно*) send* back (*d.*); **2.** (к; *указывать источник*) refér (to): звёздочка ~а́ет к подстро́чному примеча́нию *an* ásterisk reférs to *a* fóotnòte [...'fut-].

отсы́лка *ж.* **1.** (*посылка, отправка*) dispátch; **2.** (*ссылка на источник и т. п.*) réference.

отсы́пать *сов. см.* отсыпа́ть.

отсыпа́ть, отсы́пать (*вн., рд.*) pour out [pɔː...] (*d.*); (*отмеривать*) méasure off ['me-...] (*d.*).

отсы́паться *сов. см.* отсыпа́ться I.

отсыпа́ться I, отсы́паться **1.** pour out [pɔː...]; **2.** *страд. к* отсыпа́ть.

отсыпа́ться II, отоспа́ться sleep* off; make* up for lost sleep; have a long sleep; (*ночью*) have a good night's rest.

отсыре́лый damp.

отсыре́ть *сов. см.* сыре́ть.

отсыха́ть, отсо́хнуть dry off, wíther; (*отваливаться*) wíther and fall*.

отсю́да *нареч.* from here; (*перен.*: *из этого*) hence: далеко́ ~ far (a¦wáy) from here; уе́хать прочь ~ go* a¦wáy from here; ~ и досю́да from here (up) to here; ~ я́вствует, сле́дует hence it appéars, it fóllows.

отта́ивать, оттая́ть thaw out.

отта́лкивание *с. физ.* repúlsion.

отта́лкивать, оттолкну́ть (*вн.*) push a¦wáy [puʃ...] (*d.*); (*перен.*) spurn (*d.*); álienàte (*d.*); (*вызывать враждебное отношение*) àntágonìze (*d.*). **~ся,** оттолкну́ться **1.** push off [puʃ...]; **2.** *страд. к* отта́лкивать.

отта́лкивающий 1. *прич. см.* отта́лкивать; **2.** *прил.* repúlsive, repéllent.

отта́птывать, оттопта́ть: ~ но́ги кому́-л. trample on smb.'s feet.

оттаска́ть *сов. разг.*: ~ кого́-л. за́ волосы pull smb.'s hair [pul...], pull smb. by the hair; ~ кого́-л. за́ уши pull smb.'s ears, pull smb. by the ears.

отта́скивать, оттащи́ть (*вн.*) drag / pull a¦wáy / asíde [...pul...] (*d.*); (*назад*) drag / pull back (*d.*).

отта́чивать, отточи́ть (*вн.*) shárpen (*d.*), whet (*d.*); ~ своё мастерство́ perféct one's skill.

оттащи́ть *сов. см.* отта́скивать.

отта́ять *сов. см.* отта́ивать.

оттени́ть *сов. см.* оттеня́ть.

отте́нок *м.* (*прям. и перен.*) nuánce [-'ɑːns], shade; (*о цвете тж.*) tint, hue; (*об интонации*) infléction; ~ значе́ния shade of méaning.

оттеня́ть, оттени́ть (*вн.*) shade (*d.*); (*перен.*) set* off (*d.*).

о́ттепель *ж.* thaw; стои́т ~ it is tháwing; наступи́ла ~ a thaw has set in.

оттере́ть(ся) *сов. см.* оттира́ть(ся).

оттесни́ть *сов. см.* оттесня́ть.

оттесня́ть, оттесни́ть (*вн.*) drive* back / off / a¦wáy (*d.*); push asíde [puʃ...] (*d.*); press back (*d.*).

оттира́ть, оттере́ть (*вн.*) **1.** (*очищать*) rub off / out / down (*d.*).; **2.** (*возвращать чувствительность*) make* warm by rúbbing (*d.*).; **3.** *разг.* = оттесня́ть. **~ся,** оттере́ться **1.** rub off; **2.** *страд. к* оттира́ть.

о́ттиск *м.* **1.** impréssion; **2.** (*статья из журнала*) reprínt; отде́льный ~ reprínt.

отти́с||кивать, отти́снуть (*вн.*) **1.** *разг.* (*оттеснять*) push asíde [puʃ...] (*d.*), push to one side (*d.*); **2.** (*отпечатывать*) print (*d.*). **~нуть** *сов. см.* отти́скивать.

оттого́ *нареч.* (*об.* ~... и) that is why, *об.* that's why: ~ он и не́ был там that's why he was¦n't there; ~ что, ~..., что becáuse [-'kɔz]: э́то случи́лось ~, *или* э́то ~ случи́лось, что окно́ бы́ло откры́то it háppened becáuse the window was ópen.

оттолкну́ть(ся) *сов. см.* отта́лкивать(ся).

оттома́нка *ж.* óttoman.

оттопта́ть *сов. см.* отта́птывать.

оттопы́ренный *прич. и прил.* protrúding, búlging out; *тк. прил.* protúberant.

оттопы́ривать, оттопы́рить (*вн.*) *разг.* (*о губах*) protrúde (*d.*); (*о локтях*) stick* out (*d.*). **~ся,** оттопы́риться *разг.* bulge, stick* out.

оттопы́рить(ся) *сов. см.* оттопы́ривать(ся).

отторга́ть, отто́ргнуть (*вн.*) tear* a¦wáy [tɛə...] (*d.*).

отто́ргнуть *сов. см.* отторга́ть.

отточ́||енный 1. *прич. см.* отта́чивать; **2.** *прил.* (*о стиле*) fínished, fine. **~и́ть** *сов. см.* отта́чивать.

оттрепа́ть *сов.* (*вн.*) *разг.* give* a good / sound thráshing / sháking (*i.*); ~ кого́-л. за́ уши pull smb.'s ears [pul...].

отту́да *нареч.* from there.

оттузи́ть *сов. см.* тузи́ть.

оттушева́ть *сов. см.* оттушёвывать.

оттушёвывать, оттушева́ть (*вн.*) shade (*d.*), shade off (*d.*).

оттяга́ть *сов.* (*вн.*) *разг.* gain by a láwsuit [...-sjuːt] (*d.*).

оття́гивать, оттяну́ть (*вн.*) **1.** (*оттаскивать, отводить*) draw* off (*d.*); **2.** (*откладывать, отсрочивать*) deláy (*d.*), prò¦crástinàte (*d.*); чтобы оттяну́ть вре́мя to gain time.

оття́жка *ж.* **1.** deláy; **2.** *мор.* guý(-ròpe).

оттяну́ть *сов. см.* оття́гивать.

оту́жинать *сов.* **1.** (*кончить ужинать*) have fínished súpper; **2.** *уст.* (*поужинать*) take* / have súpper; пригласи́ть ~ (*вн.*) ask to súpper (*d.*).

отума́н||ивать, отума́нить (*вн.*) **1.** blur (*d.*); **2.** *разг.* (*голову, рассудок*) bedím (*d.*), obscúre (*d.*). **~ить** *сов. см.* отума́нивать.

отуп||е́лый *разг.* stúpefied, dulled. **~е́ние** *с.* stùpefáction, dúllness, tórpor.

отупе́ть *сов. разг.* grow*dull [-ou...], become* tórpid, sink* into tórpor.

отутю́ж||ивать, отутю́жить (*вн.*) íron ['aɪən] (*d.*). **~ить** *сов. см.* отутю́живать.

отуч||а́ть, отучи́ть (*вн.* от) break* [-eɪk] (*d.* of), wean (*d.* from). **~а́ться,** отучи́ться (от) break* òne¦sélf [-eɪk...] (of). **~и́ть** *сов. см.* отуча́ть.

отучи́ться I *сов. см.* отуча́ться.

отучи́ться II *сов. разг.* (*кончить учение*) have fínished one's léssons, fínish léarning [...'lɜː-].

отха́живать, отходи́ть (*вн.*) cure (*d.*), heal (*d.*).

отха́рк||ать *сов. см.* отха́ркивать. **~ивание** *с.* èxpèctorátion.

отха́рк||ивать, отха́ркать, отха́ркнуть (*вн.*) èxpéctoràte (*d.*). **~ивающее** *с. скл. как прил. мед.* èxpéctorant. **~нуть** *сов. см.* отха́ркивать.

отхвати́ть *сов. см.* отхва́тывать.

отхва́тывать, отхвати́ть (*вн.*) *разг.* (*отрезать*) snap off (*d.*), snip off (*d.*); (*отрубать*) chop off (*d.*).

отхлебну́ть *сов. см.* отхлёбывать.

отхлёбывать, отхлебну́ть (*вн., рд.*) take* a móuthful (of); (*немного*) take* a sip (of).

отхлеста́ть *сов.* (*вн.*) *разг.* give* a láshing (*i.*), hórse¦whip (*d.*).

отхлы́нуть *сов.* (*прям. и перен.*) rush back, flood back [flʌd...].

отхо́д *м.* **1.** (*о поезде*) depárture; (*о судне*) sáiling; **2.** *воен.* with¦dráwal, retíre¦ment, fálling back; **3.** (*отклонение*) dèviátion; (*отдаление, разрыв*) bréak(ing) ['breɪk-].

отходи́ть I, отойти́ **1.** move a¦wáy / off [muːv...]; (*о поезде и т. п.*) leave*, pull out [pul...]; depárt (*особ. как указание в расписании*); (*о пароходе*) put* out, sail; **2.** *воен.* with¦dráw*, draw* off, fall* back; **3.** (от; *отклоняться*) step asíde (from), walk a¦wáy (from); déviàte (from); (*от темы и т. п.*) dìgréss (from); (*от оригинала, обычая и т. п.*) depárt (from), dìvérge [daɪ-] (from); **4.** (от; *отставать, отваливаться*) come* off (*d.*); **5.** *уст.* (*умирать*) pass a¦wáy, breathe one's last; *несов. тж.* be dýing, be gó¦ing.

отходи́ть II, отойти́ (*успокаиваться, приходить в себя*) recóver [-'kʌ-], come* to òne¦sélf; *сов. тж.* be all right agáin.

отходи́ть III *сов. см.* отха́живать.

отхо́дн||ая *ж. скл. как прил. церк.* práyer for the dýing [prɛə...]; петь ~ую (*перен.*) búry alíve ['be-...].

отхо́дчивый éasily appéased ['iːz-...].

отхо́ды *мн. тех.* waste (matérial) [weɪ-...] *sg.*, scrap *sg.*

отхо́ж||ий: ~ про́мысел séasonal work [-z°n-...]; ~ее ме́сто *разг.* latríne [-iːn].

отцвести́ *сов. см.* отцвета́ть.

отцвета́ть, отцвести́ (*прям. и перен.*) fade; fínish blóssoming; (*о дереве тж.*) shed* its blóssoms.

отцеди́ть *сов. см.* отце́живать.

отце́живать, отцеди́ть (*вн.*) strain off (*d.*), fílter (*d.*).

отцепи́ть(ся) *сов. см.* отцепля́ть (-ся).

отце́пка *ж.ж.-д.* ún¦cóupling [-'kʌ-].

отцепля́ть, отцепи́ть (*вн.*) únhóok (*d.*); *ж.-д.* ún¦cóuple [-'kʌ-] (*d.*). **~ся,** отцепи́ться **1.** come* únhóoked; come* a¦wáy; *ж.-д.* come* ún¦cóupled [...-'kʌ-]; **2.** *разг.* leave* smb. alóne; отцепи́сь! leave me alóne!; **3.** *страд. к* отцепля́ть.

отцеуби́й||ство *с.* párricìde, pátricìde. **~ца** *м.* pátricìde.

отцо́в *прил. one's* fáther's [...'fɑː-]. **~ский** patérnal; ~ское насле́дие pátrimony. **~ство** *с.* patérnity.

отча́иваться, отча́яться (+*инф.*, в *пр.*) despáir (of): отча́яться спасти́ больно́го despáir of the pátient's life.

отча́л||ивать, отча́лить push / cast* off [puʃ...]. **~ить** *сов. см.* отча́ливать.

отча́сти *нареч.* pártly, ráther ['rɑː-].

отча́яние *с.* despáir; приводи́ть в ~ (*вн.*) drive* / redúce to despáir (*d.*); прийти́, впасть в ~ give* way, *или* give* òne¦sélf up, to despáir.

отча́янн||о *нареч.* **1.** désperate¦ly; **2.** *разг.* (*очень*) áwfully. **~ый** (*в разн. знач.*) désperate; ~ое предприя́тие désperate ùndertáking; ~ое положе́ние désperate condítion; ~ый игро́к désperate gámbler; ~ая пого́да ghást¦-ly wéather [...'we-]; ~ый дура́к *разг.* árrant fool.

отча́яться *сов. см.* отча́иваться.

отчего́ *нареч.* why; вот ~ that is why, *об.* that's why; ~ же! why not!

отчего́||-либо = почему́-либо. **~-то** = почему́-то.

отчека́н||ивать, отчека́нить (*вн.*) coin (*d.*); (*перен.: слова и т. п.*) útter distínctly (*d.*); rap out (*d.*) *разг.* **~ить** *сов. см.* отчека́нивать.

отчёркивать, отчеркну́ть (*вн.*) mark off (*d.*).

отчеркну́ть *сов. см.* отчёркивать.

отчерпну́ть *сов. см.* отчёрпывать.

отчёрпывать, отчерпну́ть (*вн., рд.*) ladle out (*d.*).

о́тчество *с.* pàtronýmic.

отчёт *м.* accóunt; дава́ть кому́-л. ~ в чём-л. give* / rénder an accóunt to smb. of smth.; repórt to smb. on smth.; дава́ть де́ньги под ~ *бух.* give* móney to be accóunted for [...'mʌ-...]; брать де́ньги под ~ *бух.* take* móney on accóunt; ◇ отдава́ть себе́ ~ (в *пр.*) be a¦wáre (of, that, how); réalize ['rɪə-] (*d.*, that); не отдава́ть себе́ ~а (в *пр.*) be ún¦a¦wáre (of, that); not réalize (*d.*, that).

отчётлив||ость *ж.* distínctness; (*понятность*) intèlligibílity. **~ый** distínct.

отчётно-вы́борн||ый: ~ое собра́ние eléction méeting, méeting held to hear repórts and eléct new offícials.

отчётн||ость *ж.* *тк. ед.* 1. (*счетоводство*) bóok-keeping; 2. (*документы*) accóunts *pl.* **~ый** 1. repórt (*attr.*); ~ый бланк repórt card; ~ый докла́д (súmmary) repórt; 2. (*о промежутке времени*) cúrrent, accóuntable; ~ый год, пери́од year, périod únder re-view [...-'vjuː]; (*текущий*) the cúrrent year, périod.

отчи́зна *ж.* nátive / móther cóuntry [...'mʌ- 'kʌ-]; fátherlànd ['fɑː-].

о́тчий *поэт.* *уст.* patérnal.

о́тчим *м.* stépfàther [-fɑː-].

отчисле́ние *с.* 1. dedúction; 2. (*ассигнование*) assígnment [ə'saɪn-]; 3. (*увольнение*) dismíssal.

отчи́слить(ся) *сов.* *см.* отчисля́ть (-ся).

отчисля́ть, отчи́слить (*вн.*) 1. dedúct (*d.*); 2. (*ассигновывать*) assígn [ə'saɪn] (*d.*), allót (*d.*); 3. (*увольнять*) dismíss (*d.*); ~ в распоряже́ние кого́-л. (detách and) place at smb.'s dispósal [...-z°l] (*d.*); ~ в запа́с *воен.* trànsfér to the resérve [...-'zəːv] (*d.*). **~ся,** отчи́слиться get* one's dischárge.

отчи́стить(ся) *сов.* *см.* отчища́ть (-ся).

отчита́ть I *сов.* *см.* отчи́тывать.

отчита́ть II *сов.* (*вн.*; *кончить читать*): ~ ле́кцию *и т. п.* *разг.* fínish lécturing, *etc.*

отчита́ться *сов.* *см.* отчи́тываться.

отчи́тывать, отчита́ть (*вн.*) rebúke (*d.*), lécture (*d.*), read* a lécture (to); отчита́ть кого́-л. give* smb. a dréssing down.

отчи́тываться, отчита́ться (в *пр.*) give* / rénder an accóunt (of), repórt (on).

отчища́ть, отчи́стить (*вн.*) clean off (*d.*); (*щёткой*) brush off (*d.*). **~ся,** отчи́ститься 1. come* off; 2. *страд.* к отчища́ть.

отчуди́ть *сов.* *см.* отчужда́ть 1.

отчужда́ем||ость *ж.* *юр.* àlienabílity. **~ый** *юр.* álienable.

отчужд||а́ть, отчуди́ть (*вн.*) 1. (*об имуществе*) álienàte (*d.*); 2. *тк.* *несов.* (*отдалять*) estránge [-eɪndʒ] (*d.*). **~е́ние** *с.* 1. *юр.* àlienátion; полоса́ ~е́ния *ж.-д.* right of way; 2. (*от общества и т. п.*) estránge¦ment [-eɪndʒ-]. **~ённый** *прич.* и *прил.* 1. (*чуждающийся*) estránged [-eɪndʒd]; 2. *юр.* álienàted.

отшаг||а́ть *сов.* (*вн.*) *разг.* walk (*d.*), trudge (*d.*), tramp (*d.*); он ~а́л де́сять киломе́тров he tramped ten kílomètres. **~ну́ть** *сов.* *разг.* step asíde.

отшатну́ться *сов.* *см.* отша́тываться.

отша́тываться, отшатну́ться (от) 1. start back (from), flinch (from), recóil (from); 2. (*отказываться от общения*) forsáke* (*d.*), renóunce (*d.*).

отшвы́р||ивать, отшвырну́ть (*вн.*) fling* a¦wáy (*d.*), throw* off [-ou...] (*d.*); (*ногой*) kick asíde (*d.*). **~ну́ть** *сов.* *см.* отшвы́ривать.

отше́льни||к *м.* hérmit, ánchorìte [-k-], reclúse [-s]. **~ческий** *прил.* к отше́льник; *тж.* ànchorétic [-k-]. **~чество** *с.* ascéticism; (*жизнь отшельника*) life of a hérmit, life of an ánchorìte [...-k-].

отши́б *м.*: на ~е *разг.* by it¦sélf; дом стоя́л на ~е the house* stood by it¦sélf [...-s stud...]; жить на ~е (*перен.*) keep* òne¦sélf to òne¦sélf.

отшиб||а́ть, отшиби́ть (*вн.*) *разг.* 1. (*отбрасывать — мяч и т. п.*) strike* / fling* back (*d.*); knock off (*d.*); 2. (*ушибать*) hurt* (*d.*); отшиби́ть себе́ но́гу hurt* one's foot, leg [...fut...]; 3. (*отламывать*) strike* off (*d.*); knock off (*d.*); (*откалывать*) break* off [-eɪk...] (*d.*); ◇ у него́, у неё *и т. д.* отши́бло па́мять he, she, *etc.*, cánnòt remémber a thing. **~и́ть** *сов.* *см.* отшиба́ть.

отши́ть *сов.* (*вн.*) *разг.* (*осадить, отстранить*) rebúff (*d.*), snub (*d.*).

отшлёпать *сов.* (*вн.*) *разг.* spank (*d.*).

отшлифова́ть *сов.* *см.* отшлифо́вывать.

отшлифо́вывать, отшлифова́ть (*вн.*) grind (*d.*); (*перен.*) pólish (*d.*).

отшпи́ливать, отшпи́лить (*вн.*) únpín (*d.*), únfásten [-s°n] (*d.*).

отшпи́лить *сов.* *см.* отшпи́ливать.

отшути́ться *сов.* *см.* отшу́чиваться.

отшу́чиваться, отшути́ться dismíss the mátter with a joke, laugh the mátter off [lɑːf...], replý with a joke.

отщепе́н||ец *м.* rénegàde, túrncoat, apóstate. **~ство** *с.* apóstasy.

отщепи́ть *сов.* *см.* отщепля́ть.

отщепля́ть, отщепи́ть (*вн.*) chip off (*d.*).

отщипну́ть *сов.* *см.* отщи́пывать.

отщи́пывать, отщипну́ть (*вн.*) pinch / nip off (*d.*).

отъеда́ть, отъе́сть (*вн.*) eat* off (*d.*). **~ся,** отъе́сться be well fed.

отъе́зд *м.* depárture.

отъезжа́||ть [-ежьжа́-], отъе́хать drive* off. **~ющий** [-ежьжа́-] 1. *прич.* *см.* отъезжа́ть; 2. *м.* *как сущ.* depárting pérson.

отъе́сть(ся) *сов.* *см.* отъеда́ть (-ся).

отъе́хать *сов.* *см.* отъезжа́ть.

отъя́вленный thórough ['θʌrə]; (*неисправимый*) invéterate; ~ негодя́й invéterate / désperate scóundrel.

отыгра́ть(ся) *сов.* *см.* оты́грывать (-ся).

оты́грывать, отыгра́ть (*вн.*) win* back (*d.*). **~ся,** отыгра́ться win* back, retríeve one's lósses [-riːv...], recóup òne¦sélf [-'kuːp...].

о́тыгрыш *м.* *тк.* *ед.* wínnings back *pl.*, retríeved lósses [-riːvd...] *pl.*, recóupment [-'kuːp-].

отымённый *лингв.* denóminative; ~ глаго́л denóminative verb.

отыска́ть(ся) *сов.* *см.* оты́скивать (-ся).

оты́скивать, отыска́ть (*вн.*) find* (*d.*); (*зверя на охоте*; *тж.* *перен.*) run* to earth [...əːθ] (*d.*); *несов.* *тж.* look for (*d.*), search [səːtʃ] (for). **~ся,** отыска́ться 1. come* up, appéar; 2. *страд.* к оты́скивать.

отэкзаменова́ть *сов.* (*вн.*) fínish exámining (*d.*).

отяготи́ть *сов.* *см.* отягоща́ть.

отягоща́ть, отяготи́ть (*вн.*) búrden (*d.*).

отягч||а́ть, отягчи́ть (*вн.*) ággravàte (*d.*); ~а́ющие вину́ обстоя́тельства ággravàting círcumstances. **~а́ющий** *прич.* *см.* отягча́ть. **~и́ть** *сов.* *см.* отягча́ть.

отяжеле́лый héavy ['he-].

отяжеле́ть *сов.* grow* héavy [-ou 'he-].

отяжели́ть *сов.* *см.* отяжеля́ть.

отяжеля́ть, отяжели́ть (*вн.*) ìn¦créase the weight [-s...] (of), make* héavier [...'he-] (*d.*).

офи́т *м.* *мин.* óphìte.

офице́р *м.* (commíssioned) ófficer, mílitary ófficer; ~ свя́зи liáison ófficer [liː'eɪzɔŋ...]; морско́й ~ nával ófficer. **~ский** *прил.* к офице́р. **~ство** *с.* *тк.* *ед.* 1. *собир.* the ófficers *pl.*; 2. (*звание*) ófficer's rank.

официа́льно I *прил.* *кратк.* *см.* официа́льный.

официа́льн||о II *нареч.* offícially. **~ый** offícial; ~ое сообще́ние offícial commùnicátion / ìnformátion; ~ые да́нные offícial dáta; ~ый визи́т dúty call, offícial vísit [...-zɪt]; с ~ым визи́том on a state vísit; быть в стране́ с ~ым визи́том be on an offícial vísit to *a* cóuntry [...'kʌ-]; ~ое торжество́ públic occásion ['pʌb-...].

официа́нт *м.* wáiter. **~ка** *ж.* wáitress.

официо́з *м.* sémi-offícial órgan. **~ный** sémi-offícial.

оформи́тель *м.* décoràtor; *театр.* stáge-painter; (*книги*) desígner [-'zaɪnə].

офо́рм||ить(ся) *сов. см.* оформля́ть (-ся). **~ле́ние** *с.* **1.** *иск.* móunting; (*внешний вид*) appéarance; (*о книге*) design [-'zaɪn]; сцени́ческое ~ле́ние stáging; худо́жественное ~ле́ние (décorative) design; **2.** (*выполнение формальностей*) official règistrátion; (*ср.* оформля́ть).

оформля́ть, офо́рмить (*вн.*) **1.** (*придавать форму*) mount (*d.*), put* into shape (*d.*), get* up (próperly) (*d.*); (*о книге*) design [-'zaɪn] (*d.*); краси́во ~ кни́гу get* *a* book up hándsome¦ly [...-ns-]; **2.** (*узаконивать*) régister officially (*d.*), make* official (*d.*); (*на работе*) put* on the staff (*d.*); ~ докуме́нт draw* up *a* dócument; офо́рмить чьи-л. докуме́нты put* smb.'s pápers in órder. **~ся,** офо́рмиться **1.** (*принимать законченную форму*) take* shape; **2.** (*узаконивать своё положение*) perfórm, *или* go* through, the nécessary formálities, get* officially régistered; (*на работе*) be put officially on the staff; **3.** *страд. к* оформля́ть.

офо́рт *м. иск.* étching.

офранцу́зить *сов.* (*вн.*) *разг.* Frénchifỳ (*d.*), Gállicìze (*d.*). **~ся** *сов. разг.* become* Frénchified, become* Gállicìzed.

офсе́т *м. полигр.* óffsèt. **~ный** *полигр.* óffsèt (*attr.*); ~ная печа́ть óffsèt printing.

офтальми́я *ж. мед.* òphthálmia.

офтальмо́лог *м.* òphthàlmólogist. **~и́ческий** òphthàlmológic(al).

офтальмоло́гия *ж.* òphthàlmólogy.

ох *межд.* oh! [ou], ah!

оха́ивать, оха́ять (*вн.*) *разг.* run* down (*d.*).

о́ханье *с. разг.* móaning.

оха́пк||а *ж.* ármful; взять в ~у (*вн.*) *разг.* take* in one's arms (*d.*).

охарактеризова́ть *сов.* (*вн.*) descríbe (*d.*).

о́хать, о́хнуть sigh, moan.

оха́ять *сов. см.* оха́ивать.

охва́т *м.* **1.** scope; **2.** (*включение*) in¦clúsion; **3.** *воен.* óutflànking; (close) envélopment [-s...]. **~и́ть** *сов. см.* охва́тывать.

охва́||тывать, охвати́ть (*вн.*) **1.** (*в разн. знач.*) envélop [-'ve-] (*d.*); пла́мя ~ти́ло весь дом the house* was envéloped in flames [...-s...]; ~ченный пла́менем envéloped in flames; забасто́вка ~ти́ла о́коло 100 ты́сяч рабо́чих the strike invólves abóut a húndred thóusand wórkers [...-zənd...]; **2.** (*о чувстве*) seize [si:z] (*d.*), grip (*d.*); (*об ощущении*) creep* (óver); ~ченный за́вистью consúmed with énvy; ~ченный у́жасом térror-strìcken; **3.** (*понимать*) còmprehénd (*d.*); **4.** (*включать*) in¦clúde (*d.*); embráce (*d.*), cóver ['kʌ-] (*d.*); ~ широ́кий круг вопро́сов embráce / cóver a wide range of quéstions [...reɪ-... -stʃənz].

охва́ченный *прич. см.* охва́тывать.

охво́стье *с. тк. ед. собир.* **1.** *с.-х.* chaff; **2.** *разг.* (*чьи-л. приспешники*) yésmen *pl.*; (*подонки*) ríff-ràff.

охлад||ева́ть, охладе́ть grow* cold [-ou...]; (к) lose* ínterest [lu:z...] (in); он ~е́л к ней he has grown cold to her [...groun...]; he loves her no lónger [...lʌvz...]. **~е́лый** *поэт.* cold, grown cold [-oun...].

охлад||е́ть *сов. см.* охладева́ть. **~и́тель** *м. тех.* cóoler, refrígeràtor. **~и́тельный** cóoling. **~и́ть(ся)** *сов. см.* охлажда́ть(ся).

охлажд||а́ть, охлади́ть (*вн.*) cool (*d.*), cool off (*d.*), chill (*d.*); (*при закалке*) quench (*d.*); (*перен.*) damp (*d.*); охлади́ть чей-л. пыл damp smb.'s árdour. **~а́ться,** охлади́ться **1.** become* cool; cool down; **2.** *страд. к* охлажда́ть. **~а́ющий 1.** *прич. см.* охлажда́ть; **2.** *прил.* (*освежающий*) cóoling; (*прохладный*) cool; **3.** *прил. тех.* cóoling; ~а́ющая жи́дкость, ~а́ющая смесь cóolant, cóoling míxture. **~е́ние** *с.* **1.** (*действие*) cóoling; **2.** (*холод, равнодушие*) cóolness.

охмеле́ть *сов.* grow* / become* típsy [-ou...].

о́хнуть *сов. см.* о́хать.

охолости́ть *сов. см.* холости́ть.

охора́шиваться *разг.* smárten òne¦self, make* òne¦self smart; preen one's féathers [...'feð-].

охо́та I *ж.* hunt, húnting; chase [-s]; (*с ружьём*) (gáme-)shooting, sport; (*на птицу*) fówling; псо́вая ~ chase [-s]; соколи́ная ~ fálconry ['fɔ:-].

охо́т||а II *ж.* **1.** (*желание*) wish, ìn¦clinátion; по свое́й ~е by one's own wish [...oun...], fóllowing one's ìn¦clinátion; **2.** *предик. безл. разг.*: ~ тебе́ занима́ться э́тим what makes you do it, what do you find in it; что ему́ за ~! what makes him do it! ◇ ~ пу́ще нево́ли *посл.* ≅ where there's a will, there's a way.

охо́титься (на *вн.*, за *тв.*) hunt (*d.*); (*с ружьём*) shoot* (*d.*); (за *тв.*; *перен.*) hunt (for).

охо́тник I *м.* húnter; (*любитель*) spórts¦man*; (*с ружьём тж.*) gun; (*ставящий капканы*) trápper; ~ за пушны́м зве́рем fúr-hùnter; ◇ морско́й ~ súbmarìne-chàser [-ri:n- -sə].

охо́тник II *м.* (*имеющий склонность к чему-л., любитель чего-л.*) lóver ['lʌ-]; быть ~ом до чего́-л. be a lóver of smth.; быть ~ом до ша́хмат be very fond of chess; есть ли ~и пойти́? is anybody wílling to go?, who will vòluntéer to go?

охо́тни||чий húnting; shóoting, spórting; ~чье ружьё shót-gùn, spórting gun; (*для дичи*) fówling-pìece [-pi:s]; ~чья соба́ка hound; ~ до́мик shóoting-bòx; ~ сезо́н húnting séason [...-z°n], shóoting séason.

охо́тн||о *нареч.* wílling¦ly; réadily ['re-], glád¦ly; он ~ сде́лает э́то he will be glad to do it; он ~ее ку́пит кни́гу he'd ráther buy *a* book [...baɪ...].

о́хра *ж.* ochre ['oukə]; кра́сная ~ raddle.

охра́н||а *ж.* **1.** (*действие*) guárding, protéction; ~ труда́ lábour protéction; ~ матери́нства и де́тства matérnity and child protéction; **2.** (*стража*) guard. **~е́ние** *с.* sáfe¦guàrding; *воен.* protéction; *мор.* screen; боево́е ~е́ние battle óutpòsts [...-pousts] *pl.*; похо́дное ~е́ние protéction on the march; ~е́ние на о́тдыхе protéction when at rest; сторожево́е ~е́ние óutpòsts *pl.*

охрани́тельн||ый: ~ые по́шлины protéctive táriffs.

охрани́ть *сов. см.* охраня́ть.

охра́н||ка *ж.* (*охра́нное отделе́ние*) *ист. разг.* Okhránka (*Secret Political Police Department in Tsarist Russia*). **~ник** *м.* **1.** wátch¦man*, guard; **2.** *ист.* okhránnik (*agent of the Secret Political Police in Tsarist Russia*).

охра́нн||ый *прил. к* охра́на 1; ~ лист, ~ая гра́мота sáfe¦guàrd; ~ое отделе́ние *ист.* Sécret Polítical Políce Depártment (*in Tsarist Russia*) [...-'li:s...].

охраня́ть, охрани́ть (*вн.* от) guard (*d.* from, agáinst); (*защищать*) protéct (*d.* from); (*вн.*; *стоять на страже чего-л.*) stand* guard (óver).

охри́плый *разг.* hoarse.

охри́п||нуть *сов.* grow* / become* hoarse [-ou...]. **~ший** hoarse.

охроме́ть *сов.* grow* lame [-ou...].

оху́лк||а *ж.*: он ~и на́ руку не поло́жит *уст. разг.* ≅ he knows what is what [...nouz...], he is no fool.

оцара́пать *сов.* (*вн.*) scratch (*d.*). **~ся** *сов.* scratch òne¦sélf; ~ся була́вкой scratch òne¦sélf on *a* pin.

оце́нивать, оцени́ть (*вн.*) fix the price (of); state the válue (of), válue (*d.*); (*признавать ценность чего-л.*) éstimàte (*d.*), appráise (*d.*), eváluàte (*d.*); оцени́ть дом state the válue of the house* [...-s]; ~ что-л. в де́сять рубле́й éstimàte / appráise smth. at ten roubles [...ru:blz]; put* smth. down at ten roubles; ~ по досто́инству appráise at its true worth (*d.*); пра́вильно оцени́ть что-л. see* something in próper perspéctive [...'prɔ-...]; ~ положе́ние asséss / appráise the sìtuátion.

оцени́ть *сов. см.* оце́нивать *и* цени́ть.

оце́н||ка *ж.* èstimátion, éstimate; (*суждение*) appráisal [-z-]; (*высокая, положительная*) apprèciátion; (*имущества*) vàluátion; получи́ть высо́кую ~ку recéive / win* a high appráisal [-'si:v...]; (*об отметке*) recéive a high mark; дать ~ку (*дт.*) asséss (*d.*); получи́ть положи́тельную ~ку (*о книге, постановке и т. п.*) be fávour¦ably recéived; получи́ть хоро́шую ~ку (*о работе*) recéive a good ráting; ~ обстанóвки *воен.* éstimate of the sìtuátion. **~очный** *прил.* к оцéнка. **~щик** *м.* váluer; appráiser *амер.*

оцепенéлый tórpid; (*от холода и т. п.*) benúmbed.

оцепенéть *сов. см.* цепенéть.

оцепи́ть *сов. см.* оцепля́ть.

оцепля́ть, оцепи́ть (*вн.*) surróund (*d.*); put* córdons (at, round), córdon off (*d.*).

оцинкóв||анный *прич. и прил.* zínc-¦cóated; ~анное желéзо gálvanìzed íron [...'aɪən]. **~áть** *сов. см.* оцинкóвывать.

оцинкóвывать, оцинковáть (*вн.*) (coat with) zinc (*d.*), gálvanìze (*d.*).

очáг *м.* **1.** (*прям. и перен.*) hearth [hɑːθ]; домáшний ~ home; **2.** (*рассадник, источник*) hótbèd, seat, bréeding ground; nídus (*pl.* nídì ['naɪdaɪ]) *научн.*; ~землетрясéния séism¦ic fócus / centre; ~ войны́ hótbèd of war; ~ агрéссии seat, *или* bréeding ground, of aggréssion; ~ сопротивлéния *воен.* centre of resístance [...-'zɪ-].

очáнка *ж. бот.* éye¦brìght ['aɪ-]; éuphrasy *научн.*

очаровáние *с.* charm, fàscinátion.

очарóванный *прич. и прил.* charmed; (*тв. тж.*) táken (with).

очаровá||тельный chárming, fáscinàting. **~ть(ся)** *сов. см.* очарóвывать(ся).

очарóвывать, очаровáть (*вн.*) charm (*d.*), fáscinàte (*d.*). **~ся,** очаровáться **1.** (*тв.*) be charmed / táken (with); **2.** *страд. к* очарóвывать.

очеви́д||ец *м.* éye-wìtness ['aɪ-]; расскáз ~ца éye-witness accóunt.

очеви́дно I **1.** *прил. кратк. см.* очеви́дный; **2.** *предик. безл.* it is óbvious / évident.

очеви́дн||о II *вводн. сл.* óbvious¦ly, appárent¦ly, mánifèst¦ly; вы, ~, дýмаете, что you appárent¦ly think that. **~ый** óbvious, évident, mánifèst, pátent.

очеловéчить *сов.* (*вн.*) make* húman (*d.*), húmanìze (*d.*).

óчень *нареч.* (*при прилагат. и наречиях*) very; (*при глаголах*) very much; gréatly [-eɪt-], vást¦ly: ~ холóдный very cold; прийти́ ~ пóздно come* very late; ~ мнóго (*с сущ. в ед. ч.*) very much; (*с сущ. во мн. ч.*) a great many [...-eɪt...]; он был ~ заинтересóван (*тв.*) he was very much ínterested (in); он ~ удивлён he is gréatly surprísed; емý э́то ~ понрáвилось he liked it very much; ~ вам благодáрен thank you very much; — не ~ not very; *или передаётся через отрицание при глаголе* (*см.* не 1) + very, very much (*ср. выше*): не ~ холóдный not very cold; не ~ довóлен not very pleased; он поёт не ~ хорошó he does¦n't sing very well; емý э́то не ~ нрáвится he does¦n't like it very much.

очерви́веть *сов. см.* черви́веть.

очередн||óй **1.** (*следующий*) next; next in turn; ~áя задáча the next task in turn, the immédiate task; ~óе звáние next hígher rank; **2.** (*обычный*) úsual [-ʒ-], recúrrent; ~ плéнум régular plénary séssion [...'pliː-...]; ~ óтпуск úsual hóliday [...-dɪ]; ◇ ~ы́е неприя́тности just the úsual kind of trouble [...trʌbl] *sg.*

очерёдность *ж.* régular succéssion, séquence ['siː-], órder of prìórity; установи́ть ~ estáblish prìórities.

óчеред||ь *ж.* **1.** turn; на ~и next (in turn); в свою́ ~ in one's turn; по ~и in turn; за ним *и т. д.* ~ (+ *инф.*) it is his, *etc.*, turn (+ to *inf.*); в пéрвую ~ in the first place / ínstance; ждать своéй ~и wait one's turn; **2.** (*ряд*) queue [kjuː]; line *амер.*; ~ за хлéбом bréad-lìne ['bred-]; стоя́ть в ~и (за *тв.*) stand* in a queue (for); stand* in line (for); queue up (for); **3.** *воен.*: пулемётная ~ burst of machíne-gùn fire [...-'ʃiːn-...]; батарéйная ~ (báttery) sálvò.

óчерк *м.* sketch, éssay; (*в газете*) féature-stòry. **~и́ст** *м.* éssayist.

очеркóвый: ~ жанр the éssay / féature-stòry type of wríting.

очерни́ть *сов. см.* черни́ть II.

очерствéлый hárdened, cállous.

очерствéть *сов. см.* черствéть II.

очерт||áние *с.* óutlìne. **~и́ть** *сов. см.* очéрчивать.

очертя́: ~ гóлову *разг.* héadlòng ['hed-].

очéрчивать, очерти́ть (*вн.*) óutlìne (*d.*).

очёс *м. тк. ед. собир.* = очёски.

очёски *мн.* (*ед.* очёсок *м.*) *текст.* cómb¦ings ['kou-], flocks; hards; льняны́е ~ flax tow [...tou] *sg.*

очини́ть *сов. см.* чини́ть II.

очи́ст||ить(ся) *сов. см.* очищáть(-ся). **~ка** *ж.* **1.** cléaning; ~ка семя́н sórting of seeds; **2.** *тех.* refíne¦ment; *хим.* pùrificátion; rèctificátion; ~ка гáза gas cléaning; ~ка стóчных вод séwage dispósal [...-z°l], pùrificátion of séwage; **3.** *воен.* (*от противника*) mópping-ùp; ◇ для ~ки сóвести *разг.* for cónscience' sake [...-nʃəns...].

очи́стки *мн.* péelings.

очи́ток *м. бот.* stóne¦cròp.

очищ||áть, очи́стить (*вн.*) **1.** clean (*d.*); (*перен.*: *освобождать*) clear (*d.*), free (*d.*); vacáte (*d.*); ~ гóрод *воен.* evácuàte *a* town; ~ дорóгу *воен.* clear the way; ~ от проти́вника *воен.* mop up (*d.*); **2.** *тех.* refíne (*d.*); *хим.* púrifỳ (*d.*); réctifỳ (*d.*); **3.** (*снимать кожицу*) peel (*d.*); **4.** *разг.* (*обкрадывать*) rob (*d.*); **5.**: ~ желýдок ópen / evácuàte the stómach [...'stʌmək], purge (the stómach); ~ кишéчник ópen / evácuàte the bówels. **~áться,** очи́ститься **1.** clear òne¦sélf; **2.** (*проясняться*) clear; **3.** *страд. к* очищáть. **~éние** *с.* = очи́стка.

очки́ *мн.* (pair of) spéctacles; (*защитные*) goggles; ходи́ть в очкáх, носи́ть ~ wear* glásses [wɛə...].

очк||ó *с.* **1.** (*на картах, костях*) pip; **2.** (*в счёте*) point; он даст емý сто ~óв вперёд *разг.* he can give him points; he is streets ahéad of him [...-'hed...]; **3.** *спорт.* point; набрáвший наибóльшее коли́чество ~óв the tóp-scòrer; занимáемое кем-л. мéсто по коли́честву ~óв smb.'s points posítion [...-'zɪ-]; **4.** (*отверстие*) hole; смотровóе ~ (*глазок*) péep¦hòle; ◇ втирáть комý-л. ~и́ *разг.* ≅ húmbùg smb., throw* dust in smb.'s eyes [-ou... aɪz].

очковтирáтельство *с. разг.* éye-¦wàsh ['aɪ-].

очкóв||ый: ~ая змея́ cóbra.

очнýться *сов.* come* to òne¦sélf, regáin cónscious¦ness [...-nʃəs-].

óчн||ый: ~ая стáвка *юр.* cònfròntátion [-ʌnt-].

очумéлый *разг.* sénse¦less, mad; gone clean off one's head [gɔn... hed].

очумé||ть *сов. разг.* go* clean off one's head [...hed], go* crázy; что ты ~л, что ли? have you gone mad? [...gɔn...].

очути́||ться *сов.* find* òne¦sélf; come*; как он здесь ~лся? how did he come to be here?

очýхаться *сов. разг.* come* to.

ошалé||лый *разг.* crázy. **~ть** *сов. см.* шалéть.

ошарáшивать, ошарáшить (*вн.*) *разг.* dùmb¦fóund (*d.*), strike* dumb (*d.*), flábbergàst (*d.*).

ошарáшить *сов. см.* ошарáшивать.

ошвартовáть *сов.* (*вн.*) *мор.* make* fast (*d.*). **~ся** *сов.* (у) *мор.* make* fast (to *или* alóng).

ошéйник *м.* cóllar; собáчий ~ dóg-còllar.

ошеломи́тельный *разг.* stúnning.

ошелом||и́ть *сов. см.* ошеломля́ть. **~ля́ть,** ошеломи́ть (*вн.*) stun (*d.*); ~ внезáпностью *воен.* útterly surpríse (*d.*). **~ля́ющий** *прич. и прил.* stúnning.

ошельмовáть *сов. см.* шельмовáть.

ошиб||áться, ошиби́ться make* mistákes, be mistáken; *сов. тж.* make* a mistáke; (*заблуждаться*) err, be (in the) wrong, be at fault; жестóко ~ be sád¦ly mistáken. **~и́ться** *сов. см.* ошибáться.

оши́бк||а *ж.* mistáke, érror; (*грубая*) blúnder; по ~е by mistáke; впадáть в ~у be mistáken.

оши́бочно I *прил. кратк. см.* оши́бочный.

оши́бочн||о II *нареч.* by mistáke; erróneous¦ly. **~ый** errόneous.

оши́кать *сов.* (*вн.*) *разг.* hiss off the stage (*d.*).

ошпа́ривать, ошпа́рить (*вн.*) scald (*d.*). **~ся**, ошпа́риться **1.** scald òne¦sélf; **2.** *страд.* к ошпа́ривать.

ошпа́рить *сов. см.* ошпа́ривать *и* шпа́рить 1. **~ся** *сов. см.* ошпа́риваться.

оштрафова́ть *сов. см.* штрафова́ть.

оштукату́рить *сов.см.* штукату́рить.

ощени́ться *сов. см.* щени́ться.

ощети́н||иваться, ощети́ниться bristle up. **~иться** *сов. см.* ощети́ниваться *и* щети́ниться.

ощипа́ть *сов. см.* ощи́пывать.

ощи́пывать, ощипа́ть (*вн.*) pluck (*d.*).

ощу́п||ать *сов. см.* ощу́пывать. **~ывать**, ощу́пать (*вн.*) feel* (*d.*).

о́щупь *ж.*: на ~ to the touch [...tʌʧ]; идти́ на ~ grope one's way.

о́щупью *нареч.* gróping(¦ly), fúmbling¦ly; by sense of touch [...tʌʧ]; иска́ть ~ (*вн.*) grope (for); пробира́ться ~ grope / feel* one's way, grope alóng.

ощути́||мый, **~тельный** **1.** percéptible, tángible [-nʤə-], pálpable; **2.** (*значительный, заметный*) appréciable.

ощути́ть *сов. см.* ощуща́ть.

ощущ||а́ть, ощути́ть (*вн.*) feel* (*d.*), sense (*d.*); *сов. тж.* become* a¦wáre (of). **~а́ться** be obsérved [...-'zəːvd]; make* ìt¦sélf felt. **~е́ние** *с.* sènsátion; зри́тельное **~е́ние** vísual sènsátion [-ʒ-...].

оягни́ться *сов. см.* ягни́ться.

П

па *с. нескл.* pas [pɑː], step.

па́ва *ж. зоол.* péahén.

павиа́н *м. зоол.* babóon; cỳno¦céphalus (*pl.* -lì) *научн.*

павили́ка *ж.* = повили́ка.

павильо́н *м.* pavílion; (*кино тж.*) film stúdiò.

павли́н *м. зоол.* péacòck, péafowl. **~ий** *прил.* к павли́н; ◇ **~ий** глаз (*бабочка*) péacòck búfterflỳ.

па́водок *м.* hígh-flood [-ʌd], high wáter [...'wɔː-], fréshet, flash flood [...flʌd].

па́вш||ий **1.** *прич. см.* па́дать 4, 6; **2.** *м. как сущ.*: ~ на по́ле би́твы killed in áction; ~ие в боя́х за ро́дину those who have died / fáll¦en for their cóuntry [...'kʌ-].

пагина́ция *ж. полигр.* pàginátion.

па́года *ж.* pagóda.

па́губа *ж.* rúin, destrúction; bane.

па́губно I *прил. кратк. см.* па́губный.

па́губн||о II *нареч.* rúinous¦ly, pèrnícious¦ly, báne¦fully; bále¦fully; ~ отража́ться (на *пр.*) have a pèrnícious efféct (on, up¦ón). **~ый** pèrnícious, báne¦ful, fátal; **~ое** влия́ние pèrnícious / báne¦ful ínfluence; **~ые** после́дствия fátal cónsequences.

па́даль *ж. тк. ед. чаще собир.* cárrion.

па́да||ть, пасть, упа́сть **1.** (*прям. и перен.*) fall*; (*быстро*) drop; (*снижаться*) sink*; (*приходить в упадок*) degénerate; (*уменьшаться*) dímìnish; ~ на́взничь fall* on one's back; **2.** *тк. несов.* (*без доп.*; *об атмосферных осадках*) fall*; снег **~ет** snow is fálling [-ou...], it is snówing [...-ou-]; **3.** *тк. несов.*: во́лосы **~ют** на лоб hair falls acróss the fórehead [...'fɔrɪd]; свет **~ет** на кни́гу light falls on *the* book; **4.** *при сов.* пасть (на *вн.*) fall* (on, to); отве́тственность за э́то **~ет** на него́ respònsibílity for this falls on him; жре́бий пал на него́ the lot fell up¦ón him; все расхо́ды **~ют** на него́ the whole cost falls on him [...houl...]; **5.** *тк. несов.* (на *вн.*) fall* (on): ударе́ние **~ет** на пе́рвый слог the áccent / stress falls on the first sýllable; **6.** *при сов.* пасть (*о скоте*) pérish, die; **7.** *тк. несов.* (*выпадать — о волосах, зубах*) fall* out, come* out; ◇ баро́метр **~ет** the barómeter is fálling / sínking; ~ ду́хом lose* cóurage [luːz 'kʌ-], lose* heart [...hɑːt]; be despóndent; ~ в о́бморок faint (a¦wáy); swoon *поэт.*; ~ от уста́лости be réady to drop [...'redɪ...]; пасть на по́ле бра́ни be killed in áction, fall* in áction.

па́дающ||ий **1.** *прич. см.* па́дать; **2.** *прил.* (*о лучах*) íncident; **~ие** звёзды *астр.* shóoting stars, fálling stars.

паде́ж *м. грам.* case [-s].

падёж *м.* (*скота*) loss of cattle, èpizóòtic, èpizóòty, múrrain.

паде́жн||ый case [-s] (*attr.*); **~ое** оконча́ние case infléxion.

паде́ни||е *с.* **1.** fall; collápse; (*снижение*) drop, sínking; ре́зкое ~ цен, спро́са slump in príces, demánd [...-ɑːnd]; ~ напряже́ния *эл.* vóltage drop; **2.** (*правительства и т. п.*) dównfàll, fall; **3.**: мора́льное ~ móral dègradátion ['mɔ-...]; **4.** *физ.* íncidence; у́гол **~я** angle of íncidence; *воен.* angle of fall.

падиша́х *м.* pádishàh ['pɑː-].

па́дкий (на *вн.*, до) having a wéakness (for), gréedy (of), fond (of); ~ на лесть suscéptible to fláttery; ~ на де́ньги ávid of móney [...'mʌ-].

па́дуб *м. бот.* ílèx ['aɪ-], hólly.

паду́чая *ж. скл. как прил. разг.* fálling síckness.

па́дчерица *ж.* stépdaughter.

па́дший *прич. и прил.* fáll¦en.

паево́й share (*attr.*); ~ взнос share.

паёк *м.* rátion ['ræ-].

паенакопле́ние *с. эк.* sháre-accùmulátion.

паж *м.* page.

паз *м. тех.* slot, groove.

па́зух||а *ж.* **1.** *разг.* bósom ['buzəm]; за **~ой**, за **~у** in one's bósom; **2.** *анат.* sínus; ло́бные **~и** fróntal sínus¦es ['frʌ-...]; **3.** *бот.* áxil.

па́инька *м. и ж. разг.* good child*.

па||й I *м.* share; вступи́тельный ~ inítial shares *pl.*; това́рищество на **~я́х** jóint-stòck cómpany [...'kʌ-].

пай II *м. и ж. нескл.* = па́инька.

па́йка *ж. тех.* sólder(ing) ['sɔ-].

пайко́вый *прил.* к паёк; *тж.* rátioned ['ræ-].

па́йщик *м.* sháre¦hòlder.

пак *м. тк. ед.* (íce-)pàck.

пакга́уз *м.* wáre¦house* [-s], stóre¦house* [-s]; (*при таможне*) bónded wáre¦house*.

паке́т *м.* **1.** páckage, párcel; (*небольшой*) pácket; **2.** (*официальное письмо*) létter; почто́вый заказно́й ~ régistered létter; ~ а́кций *эк.* share hólding; ◇ индивидуа́льный ~ (ìndivídual) field dréssing [...fiːld...], fírst-aid pácket.

пакиста́н||ец *м.*, **~ка** *ж.*, **~ский** Pàkistáni [-ɑːnɪ].

па́кля *ж.* tow [tou]; (*из рассученных верёвок*) óakum.

пакова́ть (*вн.*) pack (*d.*).

па́костить I, напа́костить *разг.* soil, dírty; (*дт.*; *причинять неприятности, вредить*) play a dírty / mean trick (on).

па́костить II, испа́костить (*вн.*; *портить*) spoil* (*d.*).

па́костный *разг.* dírty, mean, foul; (*о запахе тж.*) násty.

па́кост||ь *ж. разг.* **1.** dírty / mean trick; де́лать **~и** (*дт.*) play dírty / mean tricks (on); **2.** (*дрянь*) trash; **3.** (*непристойное выражение, слово и т. п.*) òbscénity [-'siː-].

пакт *м. полит.* pact; ~ о взаимопо́мощи mútual assístance pact; ~ о ненападе́нии nón-aggréssion pact; ~ о взаи́мной безопа́сности mútual secúrity pact; Пакт Ми́ра Peace Pact.

пал *м. мор.* bóllard; (*у шпиля*) pawl.

палади́н *м. ист.* páladin.

паланки́н *м.* pàlanquín [-'kiːn].

паланти́н *м.* pálatìne, (fur) típpet.

пала́та *ж.* **1.** (*законодательное учреждение*) chámber ['ʧeɪ-]; **2.** (*представительное учреждение*) chámber, house* [-s]; ~ лóрдов, óбщин House of Lords, Cómmons; ~ депутáтов Chámber of Députies; ~ представи́телей (*в США*) House of Rèpreséntatives [...-'zen-]; Нарóдная Палáта Индии Índian House of the People [...pi:-]; **3.**: ~ мер и весóв Board of Weights and Méasures [...'meʒ-]; Кни́жная ~ Book Chámber; торгóвая ~ Chámber of Cómmerce; **4.** (*в больнице*) ward; **5.** *мн. уст.* (*дворец*) pálace *sg.*; (*большой дом*) mánsion *sg.*; **6.** *ист.* chámber; Оружéйная ~ Ármoury; Гранови́тая ~ (*в Кремле*) Hall of Fácets [...'fæ-]; ◇ у негó умá ~ ≅ he is as wise as Sólomon.

палатализáция *ж. лингв.* pàlatalìzátion [-laɪ-].

палатализóванный *лингв.* pálatalìzed.

палатализовáть *несов. и сов.* (*вн.*) *лингв.* pálatalìze (*d.*). **~ся** *несов. и сов. лингв.* become* pálatalìzed.

палатáльн||ость *ж. лингв.* pálatal cháracter [...'kæ-]. **~ый** *лингв.* pálatal; ~ая переглассóвка pálatal mutátion.

палáтка *ж.* **1.** tent; (*большая*) màrquée [-'ki:]; в ~х *воен.* únder cánvas; **2.** (*киоск*) stall, booth [-ð].

палáтный *прил. к* палáта 4.

палáч *м.* èxecútioner, háng|man*; (*перен. тж.*) bútcher ['bu-].

палáш *м.* bróadswòrd ['brɔ:dsɔ:d].

пáлевый pále-yèllow, stráw-còlour|-ed [-kʌ-].

палёный singed, scorched.

палеоботáника *ж.* pàl(a)ebótany.

палеóграф *м.* pàl(a)eógrapher. **~и́ческий** pàl(a)eográphic.

палеогрáфия *ж.* pàl(a)eógraphy.

палеозáвр *м. палеонт.* pàlaeosáurus [peɪlɪə-].

палеозóйск||ий *геол.* pàl(a)eozó|ic; ~ая э́ра pàl(a)eozó|ic éra / périod.

палеоли́т *м. геол.* pál(a)eolith. **~и́ческий** *геол.* pàl(a)eolíthic.

палеонтó||лог *м.* pàl(a)eòntólogist. **~логи́ческий** pál(a)eòntológic(al). **~лóгия** *ж.* pàl(a)eòntólogy.

пáлец *м.* **1.** (*руки, перчатки*) fínger; (*ноги*) toe; большóй ~ (*руки*) thumb; (*ноги*) big toe; указáтельный ~ fóre|fìnger, índèx (fínger); срéдний ~ middle fínger, third fínger; безымя́нный ~ fourth fínger [fɔ:θ...]; (*на левой руке тж.*) ríng-fìnger; предохрани́тельный (рези́новый) ~ fínger-stàll; **2.** *тех.* pin, fínger, cam; ◇ ~ о ~ не удáрить *разг.* not stir / raise a fínger; емý пáльца в рот не клади́ *разг.* ≅ he is not to be tríﬂed with; смотрéть сквозь пáльцы на что-л. *разг.* look through one's fíngers at smth.; обвести́ когó-л. вокрýг пáльца turn / twist / wind* smb. round one's (little) fínger, do / trick smb.; он пáльцем никогó не трóнет ≅ he wouldn't hurt a fly; вы́сосать из пáльца (*вн.*) *разг.* make* up (*d.*), fábricàte (*d.*), con|cóct (*d.*); знать чтó-либо как свой пять пáльцев *разг.* have smth. at one's fínger-tìps / fínger-ènds; попáсть пáльцем в нéбо *разг.* ≅ be wide of the mark; get* / have / take* the wrong, sow* by the ear [sou...] *идиом.*

палимпсéст [-сэ́-] *м. лингв.* pálimpsèst.

палисáд *м.* **1.** páling, pàlisáde; **2.** *воен. ист.* stòckáde.

палисáдник *м.* **1.** front gárden [frʌ-...]; **2.** = палисáд 1.

палисáндр *м.* róse|wood [-wud]. **~овый** róse|wood [-wud] (*attr.*).

пали́тра *ж.* pálette.

пали́ть I *разг.* (*обдавать жаром, зноем*) burn*, scorch; сóлнце пали́т the sun is scórching.

пал||и́ть II *разг.* (*стрелять*) fire; ~и́! fire!

пáлица *ж. уст.* club, cúdgel.

пáлк||а *ж.* stick; (*для прогулки*) wálking-stick, cane; (*посох*) staff; ~ метлы́ bróom-stìck; бить ~ой (*вн.*) cane (*d.*); ◇ вставля́ть комý-л. ~и в колёса *разг.* put* a spoke in smb.'s wheel; из-под ~и *разг.* ≅ únder the lash; ~ о двух концáх ≅ twó-èdged / dóuble-èdged wéapon[...'dʌbl-'wep-]; э́то ~ о двух концáх ≅ it cuts both ways [...bouθ...].

паллáдий *м. хим.* palládium.

паллиати́в *м.* pálliative. **~ный** pálliative.

палóмни||к *м.*, **~ца** *ж.* pílgrim; (*в Палестину тж.*) pálmer ['pɑ:-]. **~чать** go* on (a) pílgrimage. **~ческий** *прил. к* палóмник. **~чество** *с.* pílgrimage.

пáлочка *ж.* **1.** *уменьш. от* пáлка; барабáнная ~ drúmstìck; дирижёрская ~ (condúctor's) báton [...'bæt°n]; **2.** *бакт.* bacíllus (*pl.* -lì); ~ Кóха bacíllus Kóchii; ◇ волшéбная ~ wand; ~-выручáлочка (*детская игра*) hý-spý (*children's game*).

пáлочн||ый *прил. к* пáлка; ◇ ~ая дисципли́на díscipline of the cane.

пáлтус *м.* (*рыба*) hálibut, túrbot.

пáлуб||а *ж.* deck; вéрхняя ~ úpper deck; main deck *амер.*; ни́жняя ~ lówer deck ['louə...], órlòp (deck); полётная ~ *ав.* flight deck; навéсная ~ fórecastle deck ['fouksl...]; úpper deck *амер.* **~ный** *прил. к* пáлуба.

-пáлубный (*в сложн. словах, не приведённых особо*) -décker (*attr.*); *напр.* двухпáлубное сýдно twó-déck-er.

-пáлый (*в сложн. словах, не приведённых особо*) -fíngered; *напр.* шестипáлый síx-fíngered.

пальбá *ж. разг.* fíring; пýшечная ~ cànnonáde.

пáльм||а *ж.* pálm(-tree) ['pɑ:m-]; фи́никовая ~ dáte(-pàlm) [-pɑ:m]; кокóсовая ~ cócò, cóco-tree, cóco-nùt-tree; ◇ получáть, уступáть ~у пéрвенства bear*, yield the palm [bɛə ji:ld... pɑ:m].

пальмити́нов||ый *хим.* pàlmític; ~ая кислотá pàlmític ácid.

пáльмов||ые *мн. скл. как прил. бот.* pàlmáceae [-sii:]. **~ый** *прил. к* пáльма; ~ое дéрево pálm(-tree) ['pɑ:m-]; (*как материал*) bóxwood [-wud]; ~ое мáсло pálm-oil ['pɑ:m-]; ~ая ветвь (*как символ мира*) ólive-brànch [-ɑ:ntʃ].

пальтó *с. нескл.* (óver|)coat, tóp-còat.

пальцеви́дный fínger-shàped.

пальцеобрáзный *бот.* dígitàte(d).

пáльч||атый = пальцеобрáзный. **~ик** *м. уменьш. от* пáлец 1.

паля́щ||ий **1.** *прич. см.* пали́ть I; **2.** *прил.* búrning; ~ зной párching heat; под ~им сóлнцем in the bróiling sun.

пампáсы *мн. геогр.* pámpas.

памфлéт *м.* lampóon, pámphlet. **~и́ст** *м.* pàmphletéer. **~ный** *прил. к* памфлéт.

пáмятка *ж.* **1.** léaflet / bóoklet (to commémoràte some evént); mèmorándum (*pl.* -da); **2.** (*инструкция*) instrúction, wrítten rules of beháviour *pl.*

пáмятлив||ость *ж.* reténtive mémory; reténtive|ness of mémory. **~ый** háving a reténtive mémory.

пáмятник *м.* (*в разн. знач.*) mónument; memórial (*тж. перен.*); (*надгробный камень*) tómb|stòne ['tu:m-]; (*в виде статуи*) státue [-æ-]; литератýрный ~ líterary mónument; ~и стари́ны rélics of the past, old rélics and mónuments; стáвить ~ комý-л. put* / set* up, *или* eréct, *a* mónument to smb.

пáмятн||ый **1.** mémorable; ~ день mémorable / nótable day; ~ое собы́тие mémorable evént; **2.** (*служащий для напоминания*): ~ая кни́жка mèmorándum-book, nóte|book; ~ая запи́ска *дип.* mèmorándum (*pl.* -da); ~ая доскá memórial plate / plaque [...plɑ:k].

пáмятовать: пáмятуя (о *пр.*) remémbering (*d.*), béaring in mind ['bɛə-...] (*d.*).

пáмят||ь *ж. тк. ед.* **1.** mémory; плохáя ~ poor mémory; хорóшая ~ reténtive mémory; э́то вы́пало у негó из ~и it slipped / escáped his mémory, it passed compléte|ly from his mémory; запечатлéться в чьей-л. ~и be stamped / en|gráved in one's mémory; éсли мне ~ не изменя́ет if my mémory does|n't fail me; ~ емý изменя́ет his mémory fails him; **2.** (*воспоминание*) rècolléction, remémbrance; в ~ (*рд.*) in mémory (of), in commèmorátion (of); подари́ть на ~ give* as a kéepsàke, *или* as a sóuvenir [...'su:vənɪə]; остáвить по себé дóбрую ~ leave* fond mémories of òne|sélf; остáвить по себé дурнýю

~ leave* a bad* mémory behínd; ◊ на чьей-л. ~и within smb.'s rècolléction; на ~и ны́нешнего поколе́ния within líving mémory [...'lɪv-...]; ве́чная ~ ему́ may his mémory live for ever [...lɪv...]; сохрани́ть ~ о ком-л. hold* smb. in remémbrance; люби́ть кого́-л. без ~и love smb. to distráction [lʌv...]; быть без ~и (без сознания) be ùn¦cónscious [...-nʃəs]; быть без ~и от кого́-л. разг. be óver head and ears in love with smb. [...hed...]; по ~и from mémory; по ста́рой ~и by force of hábit; приходи́ть кому́-л. на ~ come* back to one's mémory; ему́ пришло́ на ~, что he remémbered that.

Пан м. миф. Pan.

пан м. ист. 1. (польский помещик) Pólish lándowner [...-ounə]; 2. (господин) géntle¦man*; sir; ◊ ли́бо ~, ли́бо пропа́л погов. ≅ neck or nothing.

пана́ма ж. (шляпа) pànamá (hat) [-'mɑ:...].

панамерикани́зм м. pán-Américanism.

панаце́я ж. pànacéa [-'sɪə].

панба́рхат м. panne.

панде́кты [-дэ́-] мн. ист. pándècts.

пандеми́я [-дэ-] ж. мед. pàndémia.

панеги́р||ик м. pànegýric, éulogy. **~и́ст** м. pànegýrist, éulogist. **~и́ческий** pànegýrical, eulogístic.

пане́ль [-нэ́-] ж. 1. (на улице) páve¦ment, fóotway ['fut-]; 2. (на стенах) pánel ['pæ-], wáinscot. **~ный** [-нэ́-] прил. к пане́ль.

панибра́т||ский famíliar. **~ство** с. fàmiliárity.

па́ник||а ж. тк. ед. pánic, scare; наводи́ть ~у разг. raise a pánic, cause a scare; не впада́ть в ~у remáin calm [...kɑ:m], keep* présence of mind [...'prez-...]; впада́ть в ~у, поддава́ться ~е become* pánic-strìcken; быть в ~е be pánic-strìcken, be scared out of one's sénses; не поддава́ться ~е not succúmb, или not give* way, to pánic.

паникади́ло с. церк. chúrch-lùstre, chúrch-chàndelíer [-ʃændɪ'lɪə].

паникёр м. pánic-mònger [-mʌ-], scáre¦mònger [-mʌ-], alármist. **~ский** прил. к паникёр. **~ство** с. alármism.

паниро́вочн||ый: ~ые сухари́ dried and fìne¦ly ground bréad-crùmbs [...'bred-].

панихи́да ж. церк. óffice for the dead [...ded]; réquièm; ◊ гражда́нская ~ cívil fúneral / búrial rites [...'be-...] pl.

пани́ческий 1. pánic; ~ страх pánic térror; 2. разг. (поддающийся панике) pánicky.

панно́ с. нескл. pánel ['pæ-].

пано́птикум м. wáxwòrks èxhibítion / show ['wæ- eksɪ- ʃou].

панора́ма ж. 1. (в разн. знач.) pànoráma [-'rɑ:mə]; открыва́ется величественная ~ a màgnífìcent view ópens up, или is revéaled [...vju:...]; 2. (орудийная) pànorámic sight.

пансио́н м. 1. (учебное заведение) bóarding-school; 2. (гостиница) bóarding-house* [-s]; 3. (полное содержание) board and lódging; жить на по́лном ~е у кого́-л. board and lodge with smb.

пансиона́т м. hóliday hòtél [-dɪ...].

пансионе́р м., **~ка** ж. bóarder; (в гостинице тж.) guest.

па́нский прил. к пан.

панслави́зм м. ист. pán-Slávism [-'slɑ:-].

пантало́ны мн. 1. уст. (брюки) tróusers; 2. (женские) (wóman's) dráwers ['wu-...].

панте||и́зм [-тэ-] м. pánthe¦ism. **~и́ст** [-тэ-] м. pánthe¦ist. **~исти́ческий** [-тэ-] pànthe¦ístic(al).

пантео́н [-тэ-] м. pànthéon.

панте́ра ж. pánther; (самка) shé-pànther.

панто́граф м. тех. pántogràph.

пантоми́м||а ж. театр. pántomìme, dumb show [...ʃou]. **~и́ческий, ~ный** pàntomímic(al).

па́нцирн||ые мн. скл. как прил. зоол. tèstácea. **~ый** 1. зоол. tèstáceous; 2. воен. ármour-clàd, íron-clàd ['aɪən-].

па́нцирь м. 1. ист. (латы) coat of mail, ármour; 2. зоол. test.

па́па I м. разг. (отец) dad; (в детской речи тж.) dáddy; papá [-'pɑ:].

па́па II м. (глава римско-католической церкви) pope.

папа́ха ж. papákha [-'pɑ:-] (tall Caucasian hat usually of sheepskin).

па́перть ж. chúrch-pòrch, párvis.

папи́зм м. pápistry ['peɪ-].

папилько́тка ж. cúrl-pàper.

папироло́гия ж. pàpyrólogy.

папиро́са ж. cìgarétte; па́чка папиро́с páckage / pácket / pack of cìgaréttes.

папиро́сник м. разг. (продавец) cìgarétte man* / véndòr.

папиро́сница I ж. разг. (продавщица) cìgarétte girl/véndòr [...gə:l...].

папиро́сн||ица II ж. (коробка) cìgarétte-càse [-s]. **~ый** прил. к папиро́са; ~ая фа́брика cìgarétte-fáctory; ~ая бума́га tíssue-pàper.

папи́рус м. papýrus (pl. -ri). **~ный, ~овый** papýrus (attr.).

папи́ст м. pápist ['peɪ-]. **~ский** papístic(al).

па́пка ж. 1. (для бумаг) páper-càse [-s], case for dócuments [keɪs...]; 2. (картон) cárd-board, páste¦board ['peɪ-].

па́поротник м. бот. fern.

па́поротников||ые мн. скл. как прил. бот. fílicès [-i:z]. **~ый** прил. к па́поротник; тж. férny.

па́п||ский pápal; ~ престо́л St. Péter's chair. **~ство** с. pápacy ['peɪ-].

папуа́с м., **~ка** ж., **~ский** Pápuan; ~ские языки́ the Pápuan lánguages.

па́пула ж. мед. pápùle, pápula (pl. -les, -lae).

папье́-маше́ с. нескл. papier-mâché (фр.) ['pæpjeɪ'mɑ:ʃeɪ].

пар I м. 1. steam; превраща́ться в ~ evápòràte; 2. (от дыхания и т.п.) èxhalátion; от ло́шади идёт ~ the horse is stéaming; ◊ быть под ~а́ми be únder steam, be réady to start [...'redɪ...]; на всех ~а́х at full / top speed.

пар II м. с.-х. fállow; чёрный (чи́стый) ~ bare fállow; находи́ться под ~ом lie* fállow; земля́ под ~ом fállow.

па́р||а ж. 1. (в разн. знач.) pair; couple [kʌ-]; ~ сапо́г, боти́нок pair of boots, shoes [...ʃu:z]; коренна́я ~ (запряжка) pole pair, wheel pair / team; ~ сил мех. couple (of fórces), force couple; он ей не ~ he is not her équal; (хуже неё) he is not good enóugh for her [...ɪ'nʌf...]; 2. (супружеская) couple; 3. разг. (костюм) suit [sju:t]; ◊ на ~у слов разг. for a few words; два сапога́ ~ разг. ≅ they make a pair.

пара́бол||а ж. мат. parábola. **~и́ческий** мат. pàrabólic(al).

параболо́ид м. мат. parábolòid.

пара́граф м. páragràph.

пара́д м. 1. paráde; march past; воен. review [-'vju:]; физкульту́рный ~ sport's paráde; морско́й ~ nával review; возду́шный ~ air displáy; принима́ть ~ review / inspéct the troops; take* the salúte; 2. разг. (парадная одежда) gála dress ['gɑ:-...]; быть в по́лном ~е be in full dress.

паради́гма ж. грам. páradìgm [-daɪm].

пара́дн||ое с. скл. как прил. front door [-ʌnt dɔ:]. **~ость** ж. spléndour; (перен.: показная) show [ʃou], shówiness ['ʃou-], sham effíciency; wíndow-drèssing разг. **~ый** 1. прил. к пара́д 1; ~ая фо́рма full dress / úniform; 2. (главный — о входе в дом) main, front [-ʌnt]; ~ый подъе́зд main éntrance; ~ая дверь front door [...dɔ:]; ~ая ле́стница main stáircàse [...-s]; 3. (торжественный, пышный) gála ['gɑ:-]; (перен.: показной) for show [...ʃou]; ~ый спекта́кль gála perfórmance / night; ~ый вид smart appéarance; име́ть ~ый вид look smart.

парадо́кс м. páradòx.

парадокса́льн||ость ж. pàradóxicalness, pàradòxicálity. **~ый** pàradóxical.

парази́т м. 1. биол. párasìte; 2. (о человеке) párasìte, spónger ['spʌndʒə]; 3. мн. (вредители) vérmin sg. **~а́рный** pàrasític(al). **~и́зм** м. párasìtism [-saɪ-]. **~и́ровать** párasìtize [-saɪ-], live pàrasítically [lɪv...]. **~и́ческий** pàrasític. **~ный** pàrasític.

паразитоло́гия *ж.* pàrasìtólogy [-saɪ-].

парализо́в||анность *ж.* parálysis, pálsy ['pɔːlzɪ]. **~анный** *прич. и прил.* páralỳsed, pálsied ['pɔːlzɪd]; ~анная рука́ páralỳsed / pálsied arm.

парализова́ть *несов. и сов.* (*вн.*) páralỳse (*d.*), pálsy ['pɔːlzɪ] (*d.*); (*перен. тж.*) pétrifỳ (*d.*).

парали́т||ик *м.* pàralýtic. **~и́ческий** pàralýtic.

парали́ч *м.* parálysis (*pl.* -sès [-siːz]), pálsy ['pɔːlzɪ]; де́тский ~ ínfantìle parálysis; разби́тый ~о́м páralỳsed, pálsied ['pɔːlzɪd]. **~ный** pàralýtic; ~ный больно́й pàralýtic.

паралла́кс *м. астр.* párallàx.

параллелепи́пед *м. мат.* pàrallèlépipèd.

параллели́зм *м.* párallèlism.

параллелогра́мм *м. мат.* pàrallélogràm.

паралле́ль *ж.* (*в разн. знач.*) párallèl; проводи́ть ~ (ме́жду; *перен.*) draw* a párallèl (betwéen).

паралле́льно I *прил. кратк. см.* паралле́льный.

паралле́льн||о II *нареч.* in párallèls; (*наряду, одновременно*) sìmultáneous|ly, at the same time; проводи́ть одну́ ли́нию ~ друго́й draw* one line párallèl to another. **~ость** *ж.* = параллели́зм. **~ый** (*в разн. знач.*) párallèl; ~ые бру́сья *спорт.* párallèl bars.

паралоги́зм *м. филос.* parálogism.

парамагн||ети́зм *м. физ.* pàramágnetism. **~и́тный** *физ.* pàramàgnétic.

пара́метр *м. мат.* paráméter.

паранджа́ *ж.* yáshmàk, páranjà [-ɑː].

парано́ик *м. мед.* pàranóia-pátient.

парано́йя *ж. мед.* pàranóia.

парапе́т *м.* párapet.

парасо́ль *м. ав.* pàrasól.

парати́ф *м. мед.* pàratýphoid [-'taɪ-].

парафи́н *м.* páraffin. **~овый** *прил. к* парафи́н.

парафи́ровать *несов. и сов.* (*вн.*) *дип.* inítial (*d.*).

парафра́з||а *ж. лит., муз.* páraphràse. **~и́ровать** *несов. и сов.* (*вн.*) páraphràse (*d.*).

парашю́т *м.* párachùte [-ʃuːt]; ~ для сбра́сывания по́чты mail párachùte; вытяжно́й ~ auxíliary párachùte; прыжо́к с ~ом párachùte jump; прыжки́ с ~ом párachùte júmping *sg.*; на ~е, на ~ах by párachùte. **~и́зм** *м.* párachùtism [-ʃuːt-].

парашюти́ров||ание *ав.* pán|càking. **~ать** *несов. и сов. ав.* pán|càke.

парашюти́ст *м.*, **~ка** *ж.* párachùte júmper [-ʃuːt...]; párachùtist [-ʃuːt-]; *воен. тж.* páratrooper; párachùter [-ʃuːtə] *амер.*

парашю́тн||ый párachùte [-ʃuːt] (*attr.*); ~ деса́нт detáchment of párachùte troops; ~ые войска́ párachùte troops, páratroops; ~ спорт párachùte sport.

парвеню́ *м. нескл. уст.* párvenù, úpstàrt.

паре́з [-рэ́з] *м. мед.* parésis.

паре́ние *с.* sóaring.

паренхи́ма *ж. анат., бот.* parénchyma [-kɪ-].

па́рен||ый stewed; ◇ деше́вле ~ой ре́пы *разг.* ≅ dírt-chéap.

па́рень *м.* féllow, lad, chap.

пари́ *с. нескл.* bet; держа́ть ~, идти́ на ~ (с *тв.*) bet (*d.*), lay* a bet (to); ~ держу́, что *разг.* I bet that.

парижа́н||ин *м.*, **~ка** *ж.* Parísian [-z-].

пари́жск||ий Parísian [-z-]; Пари́жская комму́на *ист.* the Páris Cómmùne; ◇ ~ая зе́лень Páris green.

пари́к *м.* wig.

парикма́хер *м.* (*мужской*) bárber; (*женский*) háirdrèsser. **~ская** *ж. скл. как прил.* (*мужская*) bárber's (shop); (*женская*) háirdrèssing salóon; háirdrèsser's.

пари́ровать *несов. и сов.* (*сов. тж.* отпари́ровать) (*вн.*) párry (*d.*), cóunter (*d.*); ~ уда́р párry *a* blow [...blou].

парите́т *м.* párity. **~ный** párity (*attr.*); на ~ных нача́лах (с *тв.*) on a par (with), on an équal fóoting [...'fut-] (with).

па́р||ить 1. (*вн.*; *варить на пару*) steam (*d.*); (*варить в собств. соку*) stew (*d.*): 2. *безл.*; ~ит it is súltry.

пари́ть soar; ◇ ~ в облака́х live in the clouds [lɪv...], live in clóud-land.

па́риться 1. (*в бане*) steam (in Rússian baths) [...ʃən...]; 2. *страд. к* па́рить 1.

па́рия *м.* páriah ['pærɪə], óutcàst.

парк *м.* 1. park; ~ культу́ры и о́тдыха Park of Cúlture and Rest, rècreátion park; разбива́ть ~ lay* out *a* park; 2. (*подвижной состав*) fleet; stock; автомоби́льный ~ fleet of mótor véhicles [...'viːɪ-]; mótor pool; тра́кторный ~ fleet of tráctors; cтано́чный ~ stock of machíne-tools in òperátion [...-'ʃiːn-...]; ваго́нный ~ rólling-stòck; самолётный ~ flýing stock; 3. (*место стоянки подвижного состава*) yard; ◇ артиллери́йский ~ órdnance dépòt [...'depou]; понто́нный ~ brídging cólumn.

парке́т *м.* 1. (*пол*) párquet [-keɪ]; настила́ть ~ в ко́мнате párquet a room [-keɪ...]; 2. *тк. ед. собир.* párquetry [-kɪ-]. **~ный** párquet [-keɪ] (*attr.*); ~ный пол párquet(ed) floor [...flɔː].

Па́рки *мн. миф.* Párcae [-sɪ], the Weird Sísters [...wɪəd...], Fates.

парла́мент *м.* párliament [-ləm-]; (*не английский, тж.*) diet. **~ари́зм** *м.* pàrliaméntarianism [-lə'm-]. **~а́рий** *м.* pàrliamèntárian [-ləm-]. **~а́рный** pàrliaméntary [-lə'm-]; ~а́рный строй pàrliaméntary sýstem.

парламентёр *м. воен.* truce énvoy, béarer of *a* flag of truce ['bɛə-...].

~ский: ~ский флаг flag of truce.

парла́ментск||ий pàrliaméntary [-lə'm-]; ~ая рефо́рма pàrliaméntary refórm; ~ запро́с intèrpèllátion; ~ зако́н Act of Párliament [...-ləm-]; ~ие вы́боры Pàrliaméntary eléctions.

пармеза́н *м.* (*сыр*) Pàrmesán (cheese) [-'zæn...].

Парна́с *м.* Pàrnássus.

парна́с||ец *м. лит.* Pàrnássian. **~ский** *лит.* Pàrnássian; ~ская поэ́зия Pàrnássian póetry.

парни́к *м.* hótbèd, séed-bèd, fórcing bed / pit; в ~е́ únder glass.

парнико́в||ый hótbèd (*attr.*), hót|-house [-s] (*attr.*); ~ая ра́ма hótfràme; ~ые расте́ния hót|house plants [...-ɑːnts].

парни́шка *м. разг.* lad, boy.

парн||о́й: ~о́е молоко́ fresh milk, milk fresh from the cow; ~о́е мя́со frésh-kílled meat.

парнокопы́тные *мн. скл. как прил. зоол.* àrtiodáctyla.

па́рн||ый 1. (*составляющий пару*) twin; 2. (*расположенный парно — о листьях*) cónjugate; 3. (*о санях, дрожках и т. п.*) páir-hòrse (*attr.*); 4. *спорт.* (*производимый парой*): ~ая гре́бля double scúlling [dʌ-...].

парови́к *м.* 1. *тех.* (*котёл*) bóiler; 2. *уст. разг.* (*паровоз*) stéam-ègine [-enʤ-].

парово́з *м.* éngine ['enʤ-], stéam--ègine [-enʤ-], ráilway éngine; lócomòtive ['lou-] *амер.*; маневро́вый ~ shúnting éngine. **~ный** *прил. к* парово́з; ~ное депо́ éngine-shèd ['enʤ-], róund-house* [-s]; ~ная брига́да éngine-crew ['enʤ-]; lócomòtive crew ['lou-...] *амер.*

паровозоремо́нтный éngine-repáir ['enʤ-] (*attr.*); lócomòtive-repáir ['lou-] (*attr.*) *амер.*

паровозостро||е́ние *с.* éngine-bùilding ['enʤɪnbɪl-]. **~и́тельный**: ~и́тельный заво́д éngine-bùilding works ['enʤɪnbɪl-...]; lócomòtive works ['lou-...] *амер.*

паров||о́й I *прил. к* пар I; ~ котёл stéam-boiler; ~а́я маши́на stéam--ègine [-enʤ-]; ~а́я ме́льница steam mill; ~а́я молоти́лка steam thrésher, steam thréshing-machìne [...-ʃiːn]; ~о́е отопле́ние stéam-héating; (*центральное*) céntral héating.

паров||о́й II *с.-х.* (lýing) fállow; ~о́е по́ле fállow.

паровпускно́й: ~ кла́пан *тех.* admíssion / ín|lèt valve.

паровыпускно́й: ~ кла́пан *тех.* exháust valve.

парогенера́тор *м. тех.* stéam-géneràtor.

пароди||́йный *лит.* párody (*attr.*). **~и́ровать** *несов. и сов.* (*вн.*) párody (*d.*).

паро́дия *ж.* párody.

пароко́нный twó-hòrse (*attr.*).

пароксизм *м.* pároxỳsm, fit.

паро́ль *м.* pásswòrd, paróle, cóuntersìgn [-saɪn], wátchwòrd.

паро́м *м.* férry(-boat); (*плот*) raft; переправля́ть на ~е (*вн.*) férry (*d.*); переправля́ться на ~е férry; ~-самолёт flýing bridge. **~ный** *прил. к* паро́м; ~ная перепра́ва férrying. **~щик** *м. разг.* férry|man*.

паронепроница́емый stéam-tìght.

парообра́зный vápоrous ['veɪ-].

парообразова́ние *с. физ., тех.* vàporìzátion [veɪpəraɪ-], steam gènerátion.

пароотво́дн||ый: ~ая труба́ *тех.* exháust / stéam-escàpe pipe.

пароперегрева́тель *м. тех.* (steam) sùperhéater.

паропрово́д *м. тех.* steam pípe-lìne.

парораспредел||е́ние *с. тех.* stéam-distribútion, valve mótion. **~и́тель** *м. тех.* steam distríbutor.

паросбо́рник *м. тех.* steam colléctor, steam drum.

паросилов||о́й *тех.*: ~а́я устано́вка stéam-power plant [...ɑːnt].

парособира́тель *м.* = паросбо́рник.

парохо́д *м.* stéamer; (*небольшой*) stéam-boat; (*морской*) stéamshìp; океа́нский ~ ócean-lìner ['ouʃ°n-]; пассажи́рский ~ pássenger-shìp [-ndʒə-], líner; букси́рный ~ steam tug. **~ный** *прил. к* парохо́д; ~ное сообще́ние stéamshìp commùnicátion, stéam(er)-sèrvice; ~ное о́бщество stéamshìp cómpany [...'kʌm-]. **~ство** *с.* 1. stéam-nàvigátion; 2. (*предприятие*) stéamship-line.

па́рочка *ж. уменьш.-ласк. от* па́ра 1, 2.

парт- (*в сложн.*) Párty-.

па́рт||а *ж.* desk (at school); сиде́ть за одно́й ~ой (с *тв.*) share the same desk (with); ◇ сесть за ~у begin* to learn [...lə:n].

парт||акти́в *м.* (парти́йный акти́в) the most áctive mémbers (of the Párty òrganìzátion) [...-naɪ-] *pl.* **~биле́т** *м.* (парти́йный биле́т) Párty-mémbership card. **~бюро́** *с. нескл.* (парти́йное бюро́) Párty buréau [...-'rou]; **~взно́с** *м.* (парти́йный взнос) Párty dues *pl.* **~взыска́ние** *с.* (парти́йное взыска́ние) Párty pénalty; накла́дывать ~взыска́ние inflíct a Párty pénalty. **~групо́рг** *м.* (парти́йный организа́тор гру́ппы) Párty group órganìzer [...gruːp...]. **~гру́ппа** *ж.* (парти́йная гру́ппа) Párty group [...gruːp].

партеногене́з [-тэ-] *м. биол.* pàrthenogénesis.

парте́р [-тэ́р] *м. театр.* the pit; (*передние ряды*) the stalls *pl.*; кре́сло в ~е stall.

парти́ец *м.* mémber of the Párty.

партиза́н *м.,* **~ка** *ж.* pàrtisán [-'zæn], guer(r)ílla; кра́сный ~ Red pàrtisán. **~ский** *прил. к* партиза́н; ~ская война́ pàrtisán / guer(r)ílla wárfàre [-'zæn...]; ~ский отря́д pàrtisán / guer(r)ílla detáchment.

парти́йность *ж.* 1. (*принадлежность к партии*) Párty-mémbership; 2. (*в литературе и т. п.*) Párty spírit, Párty príncíple; ~ в филосо́фии *и т. п.* Párty spírit in philósophy, *etc.*

парти́йн||ый 1. *прил. к* па́ртия I; ~ акти́в the most áctive mémbers (of the Párty òrganìzátion) [...-naɪ-] *pl.*; ~ое руково́дство Párty léadership; ~ биле́т Párty-mémbership card; ~ая организа́ция Párty òrganìzátion; ~ая гру́ппа Párty group [...gruːp]; ~ рабо́тник Párty wórker; ~ая яче́йка Párty núcleus / cell [...-lɪəs...] (*pl.* -lei [-lɪaɪ]); ~ комите́т Párty Commíttee [...-tɪ]; ~ое бюро́ Párty buréau [...-'rou]; ~ стаж length of Párty mémbership; ~ая дисципли́на Párty díscipline; ~ое поруче́ние Párty assígnment [...ə'saɪn-]; ~ая шко́ла Párty school; ~ая конфере́нция Párty Cónference; ~ съезд Párty Cóngrèss; ~ое собра́ние Párty méeting; ~ое просвеще́ние Párty èducátion; сеть ~ого просвеще́ния Párty èducátion sýstem; ~ая учёба Párty stúdy [...'stʌ-]; ~ые взно́сы Párty dues; 2. *прил.*: ~ый подхо́д true Cómmunist appróach; ~ое отноше́ние к рабо́те true Cómmunist áttitùde to one's work; 3. *м. как сущ.* mémber of the Párty.

партикуляри́зм *м. уст.* partícularism.

партиту́р||а *ж. муз.* score; игра́ть с ~ы play from *a* score.

па́рти||я I *ж. полит.* párty; коммунисти́ческая ~ Cómmunist Párty; член ~и mémber of the Párty.

па́рти||я II *ж.* 1. (*группа, отряд*) detáchment; párty; 2. (*о товаре*) batch, lot; 3. (*в игре*) game, set; 4. *муз.* part; 5. *уст.* (*выгодный брак*) (good) match; сде́лать ~ю make* a good match.

парткабине́т *м.* Párty èducátional centre.

партко́м *м.* (парти́йный комите́т) Párty Commíttee [...-tɪ].

партконфере́нция *ж.* (парти́йная конфере́нция) Párty Cónference.

партнёр *м.,* **~ша** *ж.* pártner.

парт||о́рг *м.* (парти́йный организа́тор) Párty órganìzer. **~организа́ция** *ж.* (парти́йная организа́ция) Párty òrganìzátion [...-naɪ-]. **~просвеще́ние** *с.* (парти́йное просвеще́ние) Párty èducátion. **~рабо́тник** *м.* (парти́йный рабо́тник) Párty wórker. **~собра́ние** *с.* (парти́йное собра́ние) Párty méeting. **~съе́зд** *м.* (парти́йный съезд) Párty Cóngrèss. **~шко́ла** *ж.* (парти́йная шко́ла) Párty school.

па́рус *м.* sail; ста́вить, поднима́ть ~а́ make* / set* sail; под ~а́ми únder sail; идти́ под ~а́ми sail, go* únder sail; на всех ~а́х (*прям. и перен.*) (in) full sail, with all sails set.

паруси́н||а *ж.* cánvas; sáil-clòth, duck; (*просмолённая*) tàrpáulin. **~овый** *прил. к* паруси́на; ~овые ту́фли cánvas shoes [...ʃuːz].

па́рус||ник *м.* 1. (*судно*) sáiling véssel, sáiler; 2. (*тот, кто шьёт паруса*) sáilmàker. **~ный:** ~ное су́дно = па́русник 1; ~ный спорт sáiling (sport).

парфюме́р *м.* perfúmer. **~ия** *ж.* perfúmery. **~ный** *прил. к* парфюме́рия; ~ный магази́н perfúmer's shop; ~ная фа́брика perfúmery.

парцелля́ция *ж. эк., с.-х.* párcelling.

парч||а́ *ж.* brocáde. **~ёвый** *прил. к* парча́.

парша́ *ж.* tétter, mange [meɪ-], scab.

парши́веть, опарши́веть become* mángy [...'meɪn-].

парши́в||ый 1. (*покрытый паршой*) scábby, mángy ['meɪndʒɪ]; 2. *разг.* (*дрянной, плохой*) násty, wrétched; lóusy [-zɪ]; ◇ ~ая овца́ всё ста́до по́ртит *посл.* one black sheep will mar a whole flock [...houl...].

паря́щий *прич. и прил.* sóaring; ~ полёт sóaring flight.

пас I *межд. карт.* pass; я ~ I pass; count me out (*тж. перен.*); в таки́х дела́х я ~ *разг.* I don't touch these mátters [...tʌtʃ...], this is not in my line, count me out.

пас II *м. спорт.* pass.

па́се||ка *ж.* (*пчельник*) ápiary, bée-gàrden. **~чник** *м.* bée-keeper, bée-màster. **~чный** *прил. к* па́сека.

па́сквиль *м.* líbel, pàsquinàde; (*злобный, грубый*) làmpóon; (*краткий*) squib. **~ный** líbellous ['laɪ-].

пасквиля́нт *м.* làmpóonist.

паслёновые *мн. скл. как прил. бот.* sòlanáceae [-ʃɪiː].

па́смурн||о 1. *прил. кратк. см.* па́смурный; 2. *предик. безл.* it is clóudy, it is dull. **~ость** *ж.* 1. (*о погоде*) clóudiness; 2. (*мрачность*) bléakness, glóominess. **~ый** 1. (*о погоде, небе*) clóudy, dull; (*о небе тж.*) óver|cást; 2. (*хмурый, мрачный*) glóomy, súllen.

пасова́ть I, спасова́ть 1. *карт.* pass; 2. (пе́ред) *разг.* shirk (*d.*): не ну́жно ~ пе́ред тру́дностями one should not shirk difficulties.

пасова́ть II *спорт.* pass.

паспарту́ *с. нескл.* pásse-partóut ['pæspɑː'tuː].

па́спорт *м.* 1. páss pòrt; 2. *тех.* (*оборудования*) certíficate. **~иза́ция** *ж.* (ìntrodúcing) a pásspòrt sýstem; проводи́ть ~иза́цию ìntrodúce a pásspòrt sýstem. **~ный** *прил. к* па́спорт; ~ный стол pásspòrt óffice.

пасс *м. чаще мн.* (*движение рук гипнотизёра*) pass.

пасса́ж *м.* **1.** (*крытая галерея*) pássage; (*с магазинами*) arcáde; **2.** *муз.* pássage; ◇ како́й ~! what a thing to háppen!

пассажи́р *м.*, **~ка** *ж.* pássenger [-nʤə]; зал для ~ов wáiting-room. **~ский** *прил. к* пассажи́р; **~ский** поезд pássenger train [-nʤə...]; **~ское** движе́ние pássenger sérvice / tráffic.

пасса́т *м. геогр.* tráde-wìnd [-wɪnd]. **~ный:** ~ный ве́тер = пасса́т.

пасси́в *м. тк. ед.* **1.** *фин.* lìabílities *pl.*; **2.** *грам.* pássive voice.

пасси́вн||ость *ж.* pássive|ness, pàssívity. **~ый** (*в разн. знач.*) pássive; ~ый хара́ктер pássive / lèthárgic témperament; ~ая роль pássive role [...roul]; ~ый бала́нс *фин.* únfávour|able bálance; ◇ ~ое избира́тельное пра́во èligibílity.

па́ссия *ж. уст.* flame, pássion.

па́ста *ж.* paste [peɪst]; зубна́я ~ tóoth-pàste [-peɪst].

па́стбищ||е *с.* pásture. **~ный** pásturable.

па́ства *ж. церк.* flock.

пасте́ль [-тэ́-] *ж. жив.* **1.** pástèl, cráyon; **2.** (*рисунок*) pástèl. **~ный** [-тэ́-] **1.** pástèl (*attr.*); **2.** (*сделанный пастелью*) in cráyons, drawn in pástèl.

пастериза́ция [-тэ-] *ж.* Pàsteurìzátion [-tərаɪ-].

пастеризова́ть [-тэ-] *несов. и сов.* (*вн.*) Pásteurìze [-tə-] (*d.*).

пастерна́к [-тэ-] *м. бот.* pársnip.

пасти́ (*вн.*) graze (*d.*), pásture (*d.*); (*овец тж.*) shépherd [-pəd] (*d.*); ~ скот graze / pásture cattle, tend grázing cattle.

пастила́ *ж.* pastilá [-'lɑː] (*kind of sweet made of fruit or berries*).

пасти́сь graze, pásture, browse [-z].

па́стор *м.* mínister, pástor.

пастора́ль *ж.* **1.** *лит.* pástoral; **2.** *муз.* pàstorále [-ɑːlɪ]. **~ный** pástoral, bucólic; ~ный стиль bucólic style.

па́сторский *прил. к* па́стор.

пасту́||х *м.* hérds|man*; ców-boy *амер.*; (*овец тж.*) shépherd [-pəd]. **~шеский** **1.** *прил. к* пасту́х; ~шеский по́сох shépherd's crook [-pədz...]; **2.** = пастора́льный. **~ший** *прил. к* пасту́х. **~шка** *ж.* shépherdess [-pəd-]. **~шо́к** *м.* **1.** *уменьш. от* пасту́х; **2.** (*в буколической поэзии*) swain.

па́стырь *м.* pástor.

пасть I *сов. см.* па́дать 1, 4, 6.

пасть II *ж.* mouth* (of ánimal); jaws *pl.*

пасть III *ж. охот.* trap.

пастьба́ *ж.* pásturage.

па́сх||а *ж.* **1.** *рел.* (*христианский праздник*) Éaster; (*еврейский праздник*) the Pássòver; на ~у at Éaster-tide; **2.** *кул.* páskha (*rich mixture of sweetened curds, butter and raisins eaten at Easter*). **~а́льный** *рел.* páschal ['pɑː-]; Éaster (*attr.*); ~а́льная неде́ля Éaster week.

па́сынок *м.* stépsòn [-sʌn], stép|child*; (*перен. тж.*) páriah ['pærɪə].

пасья́нс *м. карт.* pátience; раскла́дывать ~ play pátience; play sòlitáire *амер.*

пат I *м. тк. ед. кул.* paste [peɪ-].

пат II *м. шахм.* stále|máte.

пате́нт *м.* (на *вн.*) pátent (for, of), lícence ['laɪ-] (of); держа́тель, владе́лец ~а pàtentée [peɪ-]; получи́ть ~ take* out *a* pátent; вы́дать ~ (*дт.*) grant *a* pátent [grɑːnt...] (to). **~ный** pátent; ~ный сбор pátent dues *pl.*

патенто́ванн||ый **1.** *прич. см.* патентова́ть; **2.** *прил.* pátent; ~ое сре́дство (для) pátent devíce (for); (*лекарство*) pátent médicine (for).

патентова́ть *несов. и сов.* (*вн.*) pátent (*d.*), take* out a pátent (for).

патети́ческий, патети́чный [-тэ-] pathétic.

патефо́н *м.* grámophòne. **~ный** grámophòne (*attr.*); ~ная пласти́нка grámophòne récòrd [...'re-].

пати́на *ж. археол., иск.* pátina.

пато||гене́з [-э́з] *м. мед.* pathógeny, pàthogénesis. **~ге́нный** *мед., бакт.* pàthogénic, pathógenous.

па́тока *ж.* treacle; (*очищенная*) sýrup ['sɪ-]; све́тлая ~ gólden sýrup; чёрная ~ molásses.

пато́||лог *м.* pathólogist. **~логи́ческий** pàthológic(al).

патоло́гия *ж.* pathólogy.

па́точный *прил. к* па́тока; *тж.* tréacly.

патриа́рх *м.* pátriàrch [-ɑːk].

патриарха́льн||ость *ж.* pàtriárchal cháracter [-kəl 'kæ-]. **~ый** pàtriárchal [-kəl].

патриарха́т *м. ист.* pátriàrchy [-kɪ].

патриа́ршество *с. церк.* pátriàrchate [-kɪt].

патриа́рший *прил. к* патриа́рх.

патрио́т *м.* pátriot ['pæ-]; *разг.* (*своего города, предприятия и т. п.*) enthúsiàst [-zɪ-], suppórter. **~и́зм** *м.* pátriotism ['pæ-]. **~и́ческий, ~и́чный** pàtriótic [pæ-]. **~ка** *ж. к* патрио́т.

патри́ций *м. ист.* patrícian.

патро́н I *м.* (*покровитель, хозяин и т. п.*) pátron.

патро́н II *м.* **1.** *воен.* cártridge; уче́бный ~ dúmmy cártridge; **2.** *тех.* chuck; кулачко́вый ~ jaw chuck; **3.** *эл.* lámp-sòcket, lámp-hòlder; **4.** (*выкройка, образец*) páttern.

патрона́т *м.* pátronage.

патроне́сса *ж.* pátroness ['peɪ-].

патрони́ровать (*вн.*) pátronìze (*d.*).

патро́нник *м. воен.* (cártridge-)chàmber [-ʧeɪ-].

патро́нн||ый *прил. к* патро́н II 1; ~ заво́д cártridge fáctory; ~ая ги́льза cártridge-càse [-keɪs]; ~ая ле́нта cártridge-bèlt; ~ая обо́йма chárger; cártridge clip, stríp-clìp *амер.*

патронта́ш *м. воен.* bàndolíer [-'lɪə].

па́трубок *м. тех.* branch pipe [brɑː-...]; pipe sócket.

патрули́ровать (*вн.*) *воен.* patról [-oul] (*d.*).

патру́ль *м. воен.* patról [-oul]. **~ный** *воен.* **1.** *прил.* patról [-oul] (*attr.*); **2.** *м. как сущ.* patról.

па́уз||а *ж.* pause, ínterval; *муз. тж.* rest; де́лать ~у pause.

пау́к *м.* spíder.

паукообра́зн||ые *мн. скл. как прил. зоол.* aráchnida. **~ый** spíder|like, spídery ['spaɪ-].

па́упер *м. эк.* páuper. **~иза́ция** *ж. эк.* pauperìzátion [-raɪ-]. **~и́зм** *м. эк.* páuperism.

паути́на *ж.* spíder's web, cóbwèb; web (*тж. перен.*); (*осенью в воздухе*) góssamer.

па́фос *м.* enthúsiàsm [-zɪ-], ìnspirátion; ~ созида́тельного труда́ enthúsiàsm of creátive lábour.

пах *м. анат.* groin.

па́харь *м.* plóugh|man*.

паха́||ть (*вн.*) plough (*d.*), till (*d.*); ~ под пар plough fállow land; ◇ мы ~ли ≅ we got the coach up the hill.

па́хнуть (*тв.*) smell* (of); (*неприятно тж.*) reek (of); (*отдавать чем-л.*) sávour (of); ◇ понима́ете ли вы чем э́то па́хнет? *разг.* do you réalìze what this implíes? [...'rɪə-...]; па́хнет бедо́й this means trouble [...trʌ-].

пахну́||ть *сов. чаще безл.* puff; из пе́чи ~ло ды́мом smoke was puffed out of *the* stove; ~ло ды́мом there was a puff of smoke; ~л ве́тер there was a gust of wind [...wɪ-].

пахов||о́й *анат.* ín|guinal; ~а́я гры́жа ín|guinal hérnia.

па́хот||а *ж.* tíllage, plóughing. **~ный** árable; ~ная земля́ árable land.

па́х||танье *с.* **1.** (*действие*) chúrning; **2.** (*сыворотка*) bútter-mìlk. **~тать** (*вн.*) churn (*d.*).

паху́ч||есть *ж.* ódorous|ness ['ou-]. **~ий** ódorous ['ou-].

пацие́нт *м.*, **~ка** *ж.* pátient.

пациф||и́зм *м.* pácifism, pacíficism. **~и́ст** *м.*, **~и́стка** *ж.* pácifist, pacíficist.

па́че *уст.:* тем ~ the more so, the more réason (there is) [...-z°n...]; ~ ча́яния be|yónd èxpèctátion, ún|expéctedly.

па́чк||а I *ж.* **1.** bundle; (*писем, бумаг*) batch; sheaf*; (*папирос*) pácket, pack, páckage; (*книг*) párcel; **2.** *воен.* (*пачечная обойма*) (cártridge) clip; bloc(k) clip *амер.*; заряжа́ть ~ами load in clips.

па́чка II *ж.* (*костюм балерины*) tútù ['tuːtuː].

па́чк||ать, запа́чкать, испа́чкать (*вн.*) **1.** soil (*d.*), dírty (*d.*); (*сажать* *пятна*) stain (*d.*); ~ лицó dírty / soil *one's* face; ~ рýки крóвью (*прям. и перен.*) stain one's hands with blood [...-ʌd]; **2.** *тк. несов. разг.* (*плохо рисовать*) daub (*d.*); ✧ ~ чью-л. репутáцию stain / súlly / tárnish smb.'s good name, smear smb.'s rèputátion; рýки ~ не хóчется *разг.* would not soil my hands with it. **~аться,** запáчкаться, испáчкаться **1.** soil òne¦sélf, make* òne¦sélf dírty; **2.** *страд.* к пáчкать. **~отня́** *ж. разг.* (*о плохо написанной картине*) daub. **~ýн** *м.*, **~ýнья** *ж. разг.* **1.** slóven ['slʌ-]; **2.** (*о плохом художнике*) dáuber.

пашá *м.* pashá [-ɑː].

пáшня *ж.* field [fiː-]; árable land.

паштéт *м.* pâté (*фр.*) ['pæteɪ].

пáюсн||ый: ~ая икрá pressed cáviàr(e).

пая́ль||ник *м. тех.* sóldering íron [...'aɪən]. **~ный** sóldering (*attr.*); brázing (*attr.*); ~ная лáмпа blówlàmp [-ou-]; ~ная трýбка blówpìpe [-ou-], blówtòrch [-ou-]. **~щик** *м.* tín¦man*, tín-smìth, tínker.

пая́ние *с.* sóldering; (*твёрдым припоем*) brázing.

пая́сничать *разг.* play the buffóon / clown, clown aróund.

пая́ть (*вн.*) sólder ['sɔl-] (*d.*); ~ мя́гким припóем sóftsòlder [-sɔl-] (*d.*), sweat [-et] (*d.*); ~ твёрдым припóем braze (*d.*).

пая́ц *м.* clown, jack púdding [...'pu-].

ПВО (противовоздýшная оборóна) áir-defénce, ánti-áircràft defénce; граждáнская ПВО áir-raid precáutions *pl.*

пев||éц *м.*, **~и́ца** *ж.* síng¦er. **~ýн** *м.* sóng¦ster. **~ýнья** *ж.* sóng¦stress.

певýч||есть *ж.* melódious¦ness. **~ий** melódious.

пéвч||ий **1.** *прил.* síng¦ing; ~ая пти́ца síng¦ing bird, sóng-bìrd, wárbler; **2.** *м. как сущ.* chórister ['kɔ-], chóir-boy ['kwaɪə-].

Пегáс *м. миф.* Pégasus.

пéгий skéwbàld.

педагóг *м.* teacher. **~ика** *ж.* pédagògy [-gɔ-], pèdagógics.

педагоги́ческ||ий pèdagógic(al); ~ое учи́лище pèdagógical school; prímary-school téachers' course ['praɪ-...kɔːs]; ~ инститýт pèdagógical ínstitùte; ~ая прáктика téaching práctice, stúdent téaching.

педагоги́чный pèdagógic, èducátionally / pèdagógically corréct.

педáль *ж.* pédal ['pe-]; *тех. тж.* treadle [tre-]; ~ тóрмоза bráke-pèdal [-pe-]; брать ~, нажáть ~ pédal; рабóтать ~ю treadle.

педáнт *м.* pédant ['pe-], prig; сухóй ~ Drý¦as¦dùst; drý¦as¦dùst pédant. **~и́зм** *м.* pédantry. **~и́чность** *ж.* pédantry, pùnctílious¦ness. **~и́чный** pedántic, pùnctílious.

педиáтр *м.* p(a)ediátrist. **~и́я** *ж.* p(a)ediátrics.

педикю́р *м.* chirópody [k-]. **~ша** *ж.* chirópodist [k-].

педóметр *м.* pedómeter.

пейзáж *м.* **1.** (*вид*) view [vjuː], lándscàpe; **2.** (*картина*) lándscàpe. **~и́ст** *м.*, **~и́стка** *ж.* lándscàpe páinter. **~ный** lándscàpe (*attr.*): ~ная жи́вопись lándscàpe páinting.

пек *м. тех.* pitch.

пекáрня *ж.* bákery ['beɪ-], báke¦house* [-s].

пéкарск||ий *прил.* к пéкарь; ~ие дрóжжи báker's yeast *sg.*

пéкарь *м.* báker.

пеклевáнн||ый: ~ хлеб fine rye bread [...-ed]; ~ая мукá rye flour (of the best quálity).

пéкло *с. разг.* (*жара*) scórching heat; (*перен.*) hell.

пекти́н *м.* péctin(e). **~овый** *прил.* к пекти́н; *тж.* péctic; ~овые веществá péctines.

пеларгóния *ж. бот.* pèlargónium.

пеленá *ж.* shroud; снéжная ~ snówsheet [-ou-]; ✧ у негó (слóвно) ~ (с глаз) упáла the scales fell from his eyes [...aɪz].

пеленáть, спеленáть (*вн.*) swaddle (*d.*).

пéленг *м. мор.* béaring ['bɛə-]. **~áтор** *м. мор.* course and béaring índicàtor [kɔːs... 'bɛə-...]; pelórus [-'lou-], diréction fínder. **~áция** *ж.* diréction fínding.

пеленговáть *несов. и сов.* (*сов. тж.* запеленговáть) (*вн.*) *мор.*, *ав.* take* the béaring(s) [...'bɛə-] (of); fix *one's* course (by táking béarings) [...kɔːs...].

пелён||ки *мн.* (*ед.* пелёнка *ж.*) swáddling clothes [...klou-]; ✧ с ~ок from the cradle.

пелери́на *ж.* pélerìne [-iːn], cape.

пеликáн *м. зоол.* pélican.

пельмéни *мн.* (*ед.* пельмéнь *м.*) *кул.* pelméni (*Siberian meat dumplings*).

пéмза *ж.* púmice(-stòne).

пéн||а *ж.* **1.** foam, spume; (*грязная; накипь*) scum; (*в вине, пиве*) froth, head [hed]; (*мыльная*) (sóap-)sùds *pl.*, láther ['lɑː-]; снимáть ~у (с *рд.*) remóve scum [-'muːv...] (from); с ~ой fóamy; **2.** (*на лошади*) láther; покры́тый ~ой in a láther; ✧ говори́ть, докáзывать *и т. п.* с ~ой у рта speak*, árgue, *etc.*, fúrious¦ly / pássionate¦ly.

пенáл *м.* péncil-càse [-s].

пенáт||ы *мн. миф.*, *поэт.* Pènátès [-iːz]; ✧ вернýться к свои́м ~ам ≅ retúrn to one's hearth and home [...hɑːθ...].

пенёк *м. уменьш. от* пень.

пéние *с.* síng¦ing; (*птиц*) song, pipe; (*петуха*) (cock's) crow [...-ou].

пéнистый fóamy; (*о вине*) fróthy.

пенитенциáрный [-тэ-] *юр.* pèniténtiary.

пéнить (*вн.*) froth (*d.*). **~ся** foam (*о вине, пиве и т. п.*) froth.

пеницилли́н *м. фарм.* pènicíllin(e).

пéнк||а I *ж.* (*на молоке*) skin; снимáть ~и (с *рд.*) skim (*d.*); (*перен.* cream (*d.*).

пéнка II *ж.*: морскáя ~ méerschaum [-ʃəm].

пéнков||ый: ~ая трýбка méerschaum [-ʃəm].

пéнни *с. нескл.* **1.** = пенс; **2.** (*финская монета*) pénny.

пéночка *ж.* (*птица*) chíff-chàff.

пенс *м.* (*английская монета*) pénny (*pl.* pence) (*сокр.* d); два, три ~ twó¦pence ['tʌpəns], thréepence ['θrepəns] (*сокр.* 2d, 3d).

пенсионéр *м.*, **~ка** *ж.* pénsionary, pénsioner; персонáльный ~ recípient of a spécial pénsion [...'spe-...].

пенсиóнн||ый pénsionary; ~ая кни́жка pénsion card.

пéнси||я *ж.* pénsion; персонáльная ~ spécial pénsion ['spe-...]; ~ по инвали́дности dìsabílity pénsion; ~ по стáрости óld-àge pénsion; ~ за вы́слугу лет sérvice pénsion; быть на ~и be on a pénsion; назнáчить ~ю (*дт.*) grant a pénsion [-ɑːnt...] (to), pénsion (*d.*); переходи́ть на ~ю retíre on a pénsion, be pénsioned off.

пенснé [-нэ́] *с. нескл.* pínce-nez ['pænsneɪ]; éye-glàsses ['aɪ-] *pl.*

пентáметр *м. лит.* pèntámeter. **~и́ческий** *лит.* pèntamétrical.

пентаэ́др *м. мат.* pèntahédron.

пéнтюх *м. разг.* lout.

пень *м.* stump, stub; ✧ стоя́ть как ~ *разг.* ≅ stand* like a stone image, be róoted to the ground; вали́ть чéрез ~ колóду *разг.* ≅ do ány¦how, do in a slípshòd mánner, bungle, botch.

пеньк||á *ж.* hemp. **~óвый** hémpen.

пенюáр *м.* péignoir ['peɪnwɑː].

пéн||я *ж.* fine; налагáть ~ю (на *вн.*) set* / impóse a fine (up¦ón), fine (*d.*); брать ~ю (с *рд.*) exáct a fine (from).

пеня́ть, попеня́ть (*дт.* за *вн.*) repróach (*d.* with); (на *вн.*) blame (*d.*); пеня́й на себя́ you alóne are to blame, you have ónly your¦sélf to thank for it; ✧ нéчего на зéркало ~, кóли рóжа кривá *посл.* ≅ don't lay your own faults at another pérson's door [...oun...dɔː], don't blame your own faults on others.

пéпел *м. тк. ед.* áshes *pl.*; обращáть в ~ (*вн.*) redúce to áshes (*d.*); incínerate (*d.*). **~и́ще** *с.* smóuldering rúins ['smoul-...] *pl.*; (*перен.*: *родной дом, очаг*) old home, hearth [hɑːθ].

пéпельница *ж.* ásh-tray.

пéпельно-сéрый ásh-grey.

пéпельный áshy.

пепси́н *м. физиол.* pépsin. **~овый** *физиол.* péptic.

пептóн *м. физиол.* péptòne. **~овый** *физиол.* pèptónic.

первéйший the first; *разг.* (*самый лучший*) first-ráte.

пéрвен||ец *м.* first-bòrn; (*перен.*) first|ling. **~ство** *с.* supèriórity; *спорт.* chámpionship; лúчное ~ство *спорт.* pérsonal / indivídual chámpionship; комáндное ~ство *спорт.* team chámpionship; ~ство мúра *спорт.* world's chámpionship; завоевáть ~ство (в *пр.*, по *дт.*) take* (the) first place (in); оспáривать ~ство (по *дт.*) *спорт.* compéte for the chámpionship, *или* the first place (in); ~ство по футбóлу fóotbàll chámpionship ['fut-...].

пéрвенств||овáть (над, средú) have / take* precédence / priórity [...-'sɪ-...] (of). **~ующий** 1. *прич. см.* первенствовáть; 2. *прил.* (*самый важный*) the most impórtant.

первúчн||ость *ж.* prímary náture ['praɪ-'neɪ-]; priórity; *филос.* prímacy ['praɪ-]. **~ый** 1. prímary ['praɪ-]; (*первоначальный*) inítial; ~ые порóды *геол.* prímary rocks; ~ый ток *эл.* prímary cúrrent; ~ый перúод болéзни inítial périod of íllness; матéрия первúчна, сознáние вторúчно mátter is prímary, cónscious|ness is sécondary; 2.: ~ая партúйная организáция prímary / lócal Párty òrganìzátion [...-naɪ-].

первобытнообщúнный: ~ строй prímitive commúnal sýstem.

первобы́тн||ость *ж.* prímitive|ness, prímitive state. **~ый** prímitive, prìmórdial [praɪ-]; prìméval [praɪ-]; (*древний*) prístìne; ~ый человéк prímitive man*; ~ое óбщество prímitive society.

пéрвое *с. скл. как прил.* (*первое блюдо*) first course [...kɔːs]; что на ~? what is the first course?

первоистóчник *м.* órigin, (prímary) source ['praɪ- sɔːs].

первоклáссн||ик *м.* class I boy, first class boy. **~ица** *ж.* class I girl [...gɜːl], first class girl.

первоклáссный fírst-cláss.

первокýрсн||ик *м.* fírst-year stúdent / man*, frésh|man*. **~ица** *ж.* first-year stúdent / girl [...gɜːl].

первомáйск||ий Máy-day (*attr.*); ~ая демонстрáция Máy-day dèmonstrátion.

пéрво-нáперво *нареч. разг.* first of all, first thing.

первоначáльн||о *нареч.* oríginally. **~ый** 1. prímary ['praɪ-]; 2. (*являющийся началом, источником*) oríginal, inítial; ~ая стóимость inítial cost; ~ый вклад inítial còntribútion; ~ая причúна first cause; ~ое накоплéние капитáла *эк.* prímary accùmulátion of cápital; 3. (*элементарный*) èleméntary; 4.: ~ые чúсла *мат.* prime númbers.

первоóбраз *м.* próto|tỳpe.

первообрáзный pròto|plástic.

первоснóва *ж. филос.* fùndaméntal prínciple.

первоочередн||óй first and fóre|mòst, immédiate; ~áя задáча prímary task ['praɪ-...], immédiate task.

первопечáтник *м.* first prínter.

первопечáтн||ый 1. ìn|cunábular, prínted éarly [...'ɜː-]; ~ые кнúги in|cunábula; 2. (*напечатанный впервые*) first prínted.

первопричúна *ж. филос.* oríginal / inítial cause.

первопýт||ок *м. разг.* first snow (*which makes sledging possible*) [...-ou], first slédging; по ~ку alóng *a* road just cóvered with snow [...'kʌ-...], alóng *a* road just áfter the first snów-fàll [...'snou-].

перворазря́дн||ик *м.*, **~ица** *ж.* *спорт.* (*по бегу*) fírst-cátegory rúnner; (*по футболу*) fírst-cátegory fóotbàller [...'fut-]; (*по шахматам*) fírst-cátegory chéss-player.

перворазря́дный fírst-ráte.

перво||рóдство *с. ист.*, *юр.* prìmogéniture [praɪ-]. **~рождённый** fírst-bòrn.

первосвящéнник *м. рел.* high priest [...priːst], chief priest [tʃiːf...], póntiff.

первосóртн||ость *ж.* best quálity. **~ый** 1. of the best quálity; tóp-quálity (*attr.*); 2. *разг.* (*превосходный*) fírst-cláss, fírst-ráte; A 1 ['eɪ'wʌn].

первостатéйный 1. *уст.* impórtant, of cónsequence; 2. *разг.* (*превосходный*) fírst-cláss, fírst-ráte.

первостепéнн||ый páramount; ~ой вáжности of páramount impórtance.

первоцвéт *м. бот.* prímròse.

пéрв||ый first; (*о странице газеты*) front [-ʌ-]; (*из упомянутых выше*) fórmer; (*самый ранний*) éarliest ['ɜːl-]; ~ое января́, февраля́ *и т. п.* the first of Jánuary, Fébruary, *etc.*; Jánuary, Fébruary, *etc.*, the first; странúца, главá ~ая page, chápter one; ~ нóмер númber one; ужé ~ час it is past twelve; в ~ом часý past / áfter twelve; половúна ~ого half past twelve [hɑːf...]; три чéтверти ~ого a quárter to one; ~ые плоды́ fírst-frùits [-fruːts], fírstlings; ~ этáж ground floor [...flɔː]; ~ ученúк first púpil, best púpil; быть, идтú ~ым lead*, head] hed]; он ~ замéтил, сказáл, ушёл he was the first to nótice, to say, to go [...'nou-...]; ~ая пóмощь first aid; ~ рейс (*нового паровоза, судна, самолёта*) máiden trip; *мор. тж.* máiden vóyage; ~ая речь (*в парламенте и т. п.*) máiden speech; ~ое врéмя at first; с ~ого рáза from the first; ◇ Пéрвое мáя the First of May, May Day; ~ встрéчный *разг.* the first man* *one* meets; the first cómer [...'kʌ-]; на ~ взгляд, с ~ого взгля́да at first sight; ~ым дéлом *разг.* first of all, first thing; в ~ую óчередь in the first place / ínstance; в ~ую гóлову *разг.* first and fóre|mòst; при ~ой возмóжности at one's éarliest convénience; as soon as póssible; из ~ых рук fírst-hánd; at first hand; он знáет э́то из ~ых рук he has fírst-hánd knówledge of it [...'nɔ-...]; ~ая скрúпка first vìolín; (*перен.*) first fíddle; игрáть ~ую скрúпку (*прям. и перен.*) play first fíddle; ~ шаг трýден ≅ it is the first step that counts, évery|thing is dífficult befóre it is éasy [...'iːzɪ]; не ~ой мóлодости not in one's first youth [...juːθ]; не ~ой свéжести not quite fresh; ~ блин кóмом *погов.* ≅ you must spoil befóre you spin.

пергá *ж. тк. ед.* bée-bread [-ed].

пергáмент *м.* párchment. **~ный** *прил. к* пергáмент; ~ная бумáга óil-pàper.

пере- *глагольная приставка, употребляется в разн. знач.*; *в значении повторения или совершения действия заново обычно переводится через* ré-, rè-: перечúтывать ré-réad*; *в значении распространения действия на ряд предметов один за другим обычно не переводится*: перечитáть все кнúги, газéты *и т. п.* read* all the books, néwspàpers, *etc.*; перештóпать все чулкú *и т. п.* darn all the stóckings, *etc.*

переадресовáть *сов. см.* переадресóвывать.

переадресóвывать, переадресовáть (*вн.*) ré|addréss (*d.*).

перебазúровать *сов.* (*вн.*) shift the base [...-s] (of). **~ся** *сов.* shift one's base [...-s].

перебаллотúр||овать *сов. см.* перебаллотирóвывать. **~óвка** *ж.* sécond bállot ['se-...].

перебаллотирóвывать, перебаллотúровать (*вн.*) bállot agáin / anéw (*d.*).

перебáрщивать, переборщúть *разг.* òver|dó it; come* / go* it (too) strong.

перебегáть, перебежáть 1. (*вн.*, чéрез) run* acróss, cross (at a run, *или* rúnning) (*d.*); перебежáть чéрез дорóгу run* acróss the road; перебежáть ýлицу run* acróss the street, cross the street (at a run, *или* rúnning); ~ на нóвое мéсто run* to *a* new place; 2. (к) *разг.* (*быть перебежчиком*) desért [-'zɜːt] (to); ~ к неприя́телю, ~ на стóрону неприя́теля desért to the énemy; turn tráitor.

перебежáть *сов. см.* перебегáть.

перебéж||ка *ж. воен.* bound, rush; дéлать ~ку make* a rush. **~чик** [-éщик] *м.*, **~чица** [-éщи-] *ж.* desérter (from the énemy) [-'zɜː-...]; (*перен.*) túrncoat.

перебéливать, перебелúть (*вн.*; *заново*) give* a fresh coat of whíte|wàsh (*i.*).

перебелúть I *сов. см.* перебéливать.

перебели́ть II *сов.* (*вн.*; *одно за другим*) white¦wàsh (*d.*); ~ все стéны white¦wàsh all the walls.

перебеси́||ться I *сов.* go* mad: все собáки ~лись all the dogs have gone mad [...gɔn...].

перебеси́ться II *сов. разг.* (*остепениться*) have done with one's yóuthful fóllies [...'juːθ-...]; have sown one's wild oats [...soun...] *идиом.*

перебивáть I, перебить (*вн.*) *разг.* (*перекрывать мебель и т. п.*) ré-¦ùp¦hólster [-'hou-] (*d.*).

перебивáть II, перебить (*вн.*; *прерывать*) ìnterrúpt (*d.*); ◇ перебить покýпку óffer / bid* a hígher price for *a* thing and get* it.

перебивáться I *страд. к* перебивáть I.

перебивáться II, перебиться *разг.* (*кое-как содержать себя*) get* gó¦ing, get* by; make* both ends meet [...bouθ...] *идиом.*; ◇ ~ с хлéба на квас ≅ live from hand to mouth [lɪv...].

переби́вка *ж.* (*мебели*) ré-ùp¦hólstering [-'hou-].

перебинтовáть I *сов. см.* перебинтóвывать.

перебинтовáть II *сов.* (*вн.*; *одно за другим*) dress (*d.*): ~ всех рáненых dress all the pátients' wounds [...wuː-].

перебинтóвывать, перебинтовáть (*вн.*) change the bándage / dréssing [ʧeɪ-...] (on), put* a new dréssing / bándage (on).

перебирáть I, перебрáть **1.** (*вн.*; *сортировать*) sort out (*d.*); (*о бумагах, письмах и т. п.*) look óver / through (*d.*); **2.** (*вн.*; *касаться пальцами*) fínger (*d.*); ~ стрýны run* one's fíngers óver the strings, touch the strings [tʌʧ...]; ~ чётки tell* / count one's beads; **3.** (*вн.*; *вспоминать*) recáll (*d.*); ~ в умé, пáмяти go* / turn óver in one's mind (*d.*), call to mind (*d.*); ~ в разговóре bring* up (*d.*), touch up¦ón (*d.*); **4.** (*тв.*): ~ лáпками move its paws up and down [muːv...]; ~ ногáми (*о лошади*) paw the ground.

перебирáть II, перебрáть (*вн.*) *полигр.* (*заново*) ré¦sét* (*d.*).

перебирáться I *страд. к* перебирáть I 1, 2, 3.

перебирáться II, перебрáться **1.** (*переправляться*) get* óver; (чéрез) get* (óver): он с трудóм перебрáлся he got óver with dífficulty; он перебрáлся чéрез ручéй he got óver the spring; **2.** (*переселяться*) move [muːv]: ~ на нóвую квартиру move to *a* new place (of résidence) [...-zɪ-], change one's lódgings [ʧeɪ-...].

переби́ть I, II *сов. см.* перебивáть I, II.

переби́ть III *сов.* (*вн.*) **1.** (*убить — о многих*) kill (*d.*), sláughter (*d.*), slay* (*d.*); ~ весь скот kill / sláughter all the cattle; **2.** (*сломать*) break* [breɪk] (*d.*); **3.** (*о посуде и т. п.*) break* [-eɪk] (*d.*): ~ все тарéлки break* all the plates.

переби́||ться I *сов.* (*о посуде*) break* [-eɪk]: все тарéлки ~лись all the plates are bróken.

переби́ться II *сов. см.* перебивáться II.

перебó||й *м.* **1.** (*в работе*) stóppage; (*перерыв*) ìnterrúption; (*нерегулярность*) irrègulárity; (*в моторе*) mìsfíre; **2.** *мед.* (*о пульсе*) ìntermíssion; пульс с ~ями ìntermíttent pulse.

перебол||éть *сов.* (*тв.*) have had (*d.*); (*перен.*) out¦grów* [-'ɡrou] (*d.*); ~ кóрью, воспалéнием лёгких *и т. п.* have had measles, pneumónia, *etc.* [...-zlz njuː-]; он ~éл всéми дéтскими болéзнями he has had all the ínfantìle diséases [...-'ziːz-]; они́ все ~éли кóрью they all have had measles; он ужé ~éл э́тими настроéниями he has out¦grówn áttitùdes of this kind [...'ɡroun...].

перебóрка I *ж.* (*картофеля и т. п.*) sórting out.

перебóрка II *ж. разг.* (*перегородка*) pàrtítion; (*на судне*) búlkhead [-hed].

переборóть *сов.* (*вн.*) òver¦cóme* (*d.*), subdúe (*d.*); ~ страх, отвращéние *и т. п.* òver¦cóme* one's fear, avérsion, *etc.*; ~ себя́ máster òne¦sélf.

переборщи́ть *сов. см.* перебáрщивать.

перебрáн||иваться (с *тв.*) *разг.* exchánge / bándy ángry words [-'ʧeɪ-...] (with), wrangle (with). **~и́ться** *сов.* (с *тв.*) *разг.* quárrel (with), fall* out (with).

перебрáнка *ж. разг.* wrangle, squabble.

перебрáсывать, перебрóсить **1.** (*вн.*) throw* óver [-ou...] (*d.*); (*вн.* чéрез) throw* (*d.* óver); ~ чéрез плечó fling* óver one's shóulder [...'ʃou-] (*d.*), shóulder (*d.*); **2.** (*о войсках, товарах и т. п.*) trànsfér (*d.*); ◇ ~ мост чéрез рéку throw* a bridge acróss *a* ríver [...'rɪ-].

перебрáсываться, перебрóситься **1.** (*тв.*) bándy (*d.*); перебрóситься нéсколькими словáми exchánge a few words [-'ʧeɪ-...]; **2.** (*распространяться — об эпидемии, огне и т. п.*) spread* [-ed]; забастóвка перебрóсилась (на *вн.*) the strike spread (óver); **3.** (чéрез) *разг.* (*перепрыгивать*) get* (óver), jump (óver); ~ чéрез забóр get* / jump óver *the* fence; **4.** *страд. к* перебрáсывать.

перебрáть I, II *сов. см.* перебирáть I, II.

перебрáться *сов. см.* перебирáться II.

переброди́ть *сов.* (*о пиве и т. п.*) have ferménted / rísen [...'rɪz°n].

перебросáть *сов.* (*вн.*) throw* [-ou] (*d.*), throw* one áfter another (*d.*); ~ все кáмни throw* all the stones.

перебрóс||ить(ся) *сов. см.* перебрáсывать(ся). **~ка** *ж. разг.* (*о товарах*) tránsference; (*о войсках*) tránspòrt móve¦ment(s) ['muːv-] (*pl.*).

перебуди́ть *сов.* (*вн.*) rouse (*d.*); ~ всех rouse everybody.

перебывá||ть *сов.* (у когó-л., где-л.) have called (on smb., at *a place*) у негó ~ли все друзья́ all his friend[s] have been to his place [...fre-...].

перевáл *м.* **1.** (*действие*) crόssing pássing; **2.** (*место для перехода чере[з] хребет*) pass.

перевáливать I, перевали́ть (*вн.*) load (*d.*); ~ с одногó мéста на дру[-] гóе, кудá-л. *и т. п.* load from on[e] place to another, sóme¦whère, *etc* (*d.*); сéно нáдо перевали́ть the ha[y] should be lóaded sóme¦whère else сéно нáдо перевали́ть с э́той телéг[и] на другýю the hay should be lóade[d] from this cart to another.

перевáл||ивать II, перевали́ть **1** (*вн.*; *через горный хребет и т. п*) cross (*d.*), top (*d.*); **2.** *безл.* (*дт.*) *разг* емý ~и́ло за 50 (лет) he is past óver fífty, he has turned fífty; **3** *безл. разг.*: ~и́ло зá полночь it [is] past mídnight.

перевáливаться I, перевали́тьс[я] fall* óver, roll óver; (чéрез) fall (óver), tumble (óver).

перевáливаться II *разг.* (*о поход[]ке*): ~ с бóку нá бок waddle.

перевáливаться III *страд. к* пере[-] вáливать I.

перевали́ть I, II *сов. см.* перевá[-] ливать I, II. **~ся** *сов. см.* перевá[-] ливаться I.

перевáл||ка *ж.* **1.** (*действие*) tràns[-] -shípment, tránsfer; **2.** (*перевалочны[й] пункт*) tràns-shípping point. **~очны[й]** tràns-shípping (*attr.*).

перевáривать I, перевари́ть (*вн*) **1.** (*чрезмерно*) òver¦dó (*d.*), spoil* b[y] òver¦dó¦ing (*d.*); **2.** (*заново*) cook boil agáin / anéw (*d.*).

перевáрив||ать II, перевари́ть (*вн* *о пищеварении*) digést (*d.*); (*перен* *об. в отриц. предложении*) *раз[г.]* stand* (*d.*), bear* [bɛə] (*d.*); stómac[h] [-ʌmək] (*d.*); он не ~ает лжи h[e] can't stand lies [...kɑːnt...]; он её н[е] ~ает he can't stand / bear her.

перевáриваться I, перевари́тьс[я] be òver¦dóne, be spoilt by òver¦dó[-] ing.

перевáриваться II *страд. к* пер[е-] вáривать II.

перевари́мый digéstible.

перевари́ть I, II *сов. см.* перев[á-] ривать I, II.

перевари́ться *сов. см.* перевáр[и-] ваться I.

перевезти́ *сов. см.* перевози́ть.

переверну́ть *сов. см.* перевёртыват[ь] 1. **~ся** *сов. см.* перевёртываться.

переверстáть *сов. см.* перевёрсты[-] вать.

перевёрстывать, переверстáть (*вн*) *полигр.* ré¦impóse (*d.*).

перевертéть *сов. см.* перевёртывать 2.

перевёртывать, перевернýть, перевертéть (*вн.*) 1. *при сов.* перевернýть turn óver (*d.*); *разг.* (*перелицовывать*) turn (*d.*); перевернýть бóчку дном квéрху turn *the* bárrel óver; перевернýть странúцу turn óver *a* page; перевернýть пальтó turn *a* coat; ~ наизнáнку turn ínside out (*d.*); ~ вверх дном turn úpside-dówn (*d.*); 2. *при сов.* перевертéть óver¦wind* (*d.*).

перевёртываться, перевернýться 1. turn óver; (*о корабле*) càpsize; чáшка перевернýлась the cup turned óver; ~ с бóку нá бок turn from side to side; 2. *страд. к* перевёртывать.

перевéс *м. тк. ед.* (*превосходство*) prepónderance; чúсленный ~ majórity, numérical sùperiórity; sùperior númbers *pl.*; ~ голосóв majórity of votes; на егó сторонé был ~ the odds were in his fávour.

перевéсить I, II, III *сов. см.* перевéшивать I, II, III. **~ся** *сов. см.* перевéшиваться III.

перевестú *сов. см.* переводúть.

перевестúсь I, II *сов. см.* переводúться I, II.

перевé||шивать I, перевéсить (*вн.*; *вешать на другое место*) hang* / move sóme¦whère else [...mu:v...] (*d.*); ~ с однoгó мéста на другóе, кудá-л. *и т. п.* move from one place and hang* in another, sóme¦whère, *etc.* (*d.*); картúну нýжно ~сить the pícture should be hung / moved sóme¦whère else; картúну нýжно ~сить с э́той стенú на ту the picture should be moved from this wall to that one, *или* moved from this wall and hung on that.

перевéшивать II, перевéсить (*вн.*; *взвешивать заново*) weigh agáin / anéw (*d.*).

перевéшивать III, перевéсить (*вн.*; *перетягивать*) outbálance (*d.*), òver¦bálance (*d.*), outwéigh (*d.*); (*перен.*) outwéigh (*d.*), weigh down (*d.*).

перевéшиваться I, II *страд. к* перевéшивать I, II.

перевé||шиваться III, перевéситься lean* óver; (чéрез) lean* (óver): он ~сился и крúкнул he leaned óver and shóuted; он ~сился чéрез перúла he leaned óver the bánisters / rail.

перевивáть I, перевúть (*вн.*; *заново*) weave* agáin / anéw (*d.*).

перевивáть II, перевúть (*вн. тв.*; *переплетать*) interwéave* (*d.* with), intertwíst (*d.* with), intertwíne (*d.* with).

перевивáться I *страд. к* перевивáть I.

перевивáться II, перевúться (с *тв.*) interwéave* (with), intertwíne (with).

перевидá||ть *сов.* (*вн.*) *разг.* (*испытать много чего-л.*) have seen (*d.*): мнóго ~л он на своём векý he has seen much in his life.

перевирáть, переврáть (*вн.*) *разг.* muddle (*d.*); get* muddled (*d.*); (*умышленно; о фактах*) garble (*d.*).

перевúть I, II *сов. см.* перевивáть I, II.

перевúться *сов. см.* перевивáться II.

перевóд *м.* 1. (*в другой город, учреждение и т. п.*) tránsference; 2. (*с одного языка на другой*) trànslátion [-ɑːn-]; vérsion; (*устный*) óral trànslátion; ~ с рýсского языкá на английский trànslátion from Rússian into Énglish [...-ʃən...'ɪŋ-]; 3. (*денег, долга*) remíttance; почтóвый ~ póstal (móney) órder ['pou- 'mʌ-...]; 4.: ~ часóв вперёд, назáд putting *a* clock on, back; ~ стрéлки *ж.-д.* shúnting, swítching; 5. (*в другую систему измерения и т. п.*) convérsion; ~ мер convérsion of méasures [...'meʒ-]; ✧ тóлько ~ дéнег *разг.* a mere waste of móney [...weɪ-...].

переводúть, перевестú 1. (*вн.*; *в другой город, учреждение и т. п.*) trànsfér (*d.*), move [mu:v] (*d.*); ~ на другýю рабóту trànsfér to another post [...pou-] (*d.*); 2. (*вн.* чéрез) take* (*d.* acróss); 3. (*вн.* с *рд.* на *вн.*; *на другой язык*) trànsláte [-ɑːn-] (*d.* from into); (*устно*) trànsláte órally (*d.* from to), intérpret (*d.* from to): ~ с рýсского (языкá) на английский trànsláte from Rússian into Énglish [...-ʃən...'ɪŋ-] (*d.*); 4. (*вн.*; *о деньгах и т. п.*) remít (*d.*), send* through the bank (*d.*); 5.: ~ стрéлку часóв вперёд, назáд put* *a* clock on, back; перевестú часú на (одúн) час вперёд, назáд put* *the* clock fórward, back one hour [...auə]; ~ стрéлку *ж.-д.* shunt, switch; ~ пóезд на запáсный путь shunt / switch *a* train; 6. (*вн.* в *вн.*; *в другую систему измерения и т. п.*) convért (*d.* to); ~ в метрúческую системý convért to métric sýstem (*d.*); 7. (*вн.*; *из класса в класс*) promóte (*d.*), trànsfér to a hígher class (*d.*), advánce to the next class (*d.*); ✧ ~ дух take* breath [...-eθ]; не переводя́ дыхáния without páusing for breath; перевестú взгляд (на *вн.*) shift one's gaze (to).

переводúться I, перевестúсь 1. (*в другой город, учреждение и т. п.*) be trànsférred; 2. *страд. к* переводúть.

переводúться II, перевестúсь *разг.* (*исчезать*) come* to an end; рúба в прудý не перевóдится there is álways an abúndance of fish in the pond [...'ɔːlwəz...]; у негó дéньги не перевóдятся he is álways in funds.

переводн||óй: ~áя бумáга cárbon-pàper; ~ы́е картúнки tránsfers.

перевóдн||ый: ~ая литератýра fóreign líterature in trànslátion ['fɔrɪn... -ɑːn-]; ~ая нáдпись (*на векселе*) endórse¦ment, ìndòrsátion; ~ бланк (*почтовый*) (form for) póstal órder [...'pou-...].

перевóдческий *прил. к* перевóдчик I.

перевóдчик I *м.* (*литературы*) trànslátor [-ɑːn-]; (*устный*) intérpreter.

перевóдчик II *м.* (*в автоматическом оружии*) chánge-lèver ['ʧeɪ-].

перевóз *м.* 1. (*действие*) trànspòrtátion; 2. (*место*) férry.

перевозúть, перевезтú (*вн.*) 1. trànspórt (*d.*); (*о мебели и т. п.*) remóve [-'mu:v] (*d.*); он перевёз детéй с дáчи в гóрод he took the chíldren from the cóuntry to town [...'kʌ-...]; ~ груз по желéзной дорóге, вóдным путём cárry freight by rail, by wáter [...'wɔː-]; ~ на кораблé ship (*d.*); ~ на телéге cart (*d.*); 2. (*через реку и т. п.*) take* / put* acróss (*d.*); (*вн.* чéрез) put* (*d.* acróss): он перевёз их и поéхал дáльше he took them acróss and drove on; он перевёз их чéрез рéку he put / férried them acróss *the* ríver [...'rɪ-].

перевóз||ка *ж.* convéyance, tránspòrt, trànspòrtátion; (*на лошадях*) cárting; ~ вóйск tróop-càrrying, troop trànspòrtátion; ~ки автотрáнспортом road háulage / fréightage *sg.*; речны́е ~ки cárriage on ín¦land wáterways [-rɪʤ...'wɔː-] *sg.*; морскúе ~ки sea shípping *sg.*; железнодорóжные ~ки rail fréightage *sg.*; стóимость ~ок freight chárges *pl.*

перевóзочн||ый: ~ые срéдства means of convéyance.

перевóзчик *м.* (*на пароме и т. п.*) férry¦man*; (*на лодке*) bóat¦man*.

переволновáть *сов.* (*вн.*) *разг.* alárm (*d.*), excíte (*d.*). **~ся** *сов. разг.* be distúrbed, be ánxious.

перевооруж||áть, перевооружúть (*вн.*) ré¦árm (*d.*). **~áться,** перевооружúться 1. ré¦árm; 2. *страд. к* перевооружáть. **~éние** *с.* ré¦ármament. **~úть(ся)** *сов. см.* перевооружáть(ся).

перевоплотúть(ся) *сов. см.* перевоплощáть(ся).

перевоплощ||áть, перевоплотúть (*вн.*) ré-embódy [-'bɔ-] (*d.*), rè¦ín¦càrnàte (*d.*), ré¦in¦córporàte (*d.*), ré¦shápe (*d.*). **~áться,** перевоплотúться 1. rè¦ín¦càrnàte; (*преобразовываться*) trànsfórm; 2. *страд. к* перевоплощáть. **~éние** *с.* (*придание новой формы*) ré¦in¦càrnátion; (*принятие новой формы*) trànsformátion.

переворáчивать(ся) = перевёртывать(ся).

переворóт *м.* 1. rèvolútion; óver¦tùrn; coup [ku:]; социáльный ~ sócial úp¦héaval; госудáрственный ~ rèvolútion; дворцóвый ~ pálace rèvolútion; воéнный ~ mílitary coup d'état (*фр.*) [...'ku:deɪ'tɑ:]; промы́шленный ~ *ист.* the indústrial rèvolútion; 2. *геол.* cátaclysm; 3. *ав.*: ~ чéрез крылó rólling, hálf-róll ['hɑːf-], wíng-òver.

перевоспит||áние *с.* ré-èducátion. **~áть(ся)** *сов. см.* перевоспíтывать (-ся).

перевоспíтывать, перевоспитáть (*вн.*) ré-éducàte (*d.*). **~ся,** перевоспитáться 1. ré-éducàte òne¦sélf; 2. *страд. к* перевоспíтывать.

переврáть *сов. см.* перевирáть.

перевыбирáть, перевы́брать (*вн.*) ré-eléct (*d.*).

перевы́борн||ый ré-eléctoral; ré-eléction (*attr.*); ~ая кампáния ré-eléction càmpáign [...-'peɪn]; ~ое собрáние ré-eléction méeting.

перевы́боры *мн.* eléction *sg.*

перевы́брать *сов. см.* перевыбирáть.

перевыполнéние *с.* óver¦fulfílment [-ful-]; ~ плáна на двáдцать процéнтов twénty per cent óver¦fulfílment of the plan.

перевы́полнить *сов. см.* перевыполня́ть.

перевыполня́ть, перевы́полнить (*вн.*) excéed (*d.*); ~ план на двáдцать процéнтов excéed the plan by twénty per cent; перевы́полнить нóрмы excéed the quótas.

перевязáть I, II *сов. см.* перевя́зывать I, II.

перевязáться *сов. см.* перевя́зываться I.

перевя́з||ка *ж.* bándaging; (*раны тж.*) dréssing. **~очный:** ~очный пункт dréssing státion, aid point / státion; ~очный материáл dréssing.

перевя́зывать I, перевязáть (*вн.*) 1. tie up (*d.*); (*толстой верёвкой*) cord (*d.*); 2. (*перебинтовывать*) bándage (*d.*); (*о ране тж.*) dress (*d.*); ~ рáну dress the wound [...wuːnd], change the dréssing [tʃeɪ-...]; 3. (*заново*) tie up agáin / anéw (*d.*); (*толстой верёвкой*) cord agáin / anéw (*d.*); 4. (*перебинтовывать вновь*) bándage agáin / anéw (*d.*); (*о ране тж.*) dress agáin / anéw (*d.*).

перевя́зывать II, перевязáть (*вн.*) (*заново вязать*) knit agáin / anéw (*d.*); (*отдавая в перевязку*) have knítted agáin / anéw (*d.*); перевязáть кóфту knit *the* jácket agáin / anéw; (*отдав в перевязку*) have *the* jácket knítted agáin / anéw.

перевя́зываться I, перевязáться 1. bándage òne¦sélf; (*о ране тж.*) dress one's wound [...wuːnd]; 2. (*тв.*; *обвязываться кругом*) tie *smth.* round òne¦sélf; 3. *страд. к* перевя́зывать I.

перевя́зываться II *страд. к* перевя́зывать II.

пéревяз||ь *ж.* 1. *воен.* cróssbèlt, shóulder-bèlt ['ʃou-]; (*для меча, рога*) báldric; 2. *мед.* sling; у негó рукá на ~и his arm is in a sling.

перегиб *м.* bend, twist; (*перен.*) extréme, exàggerátion [-dʒ-]; допустíть ~ в чём-л. cárry smth. to extrémes, *или* to extréme lengths; cárry smth. too far.

перегибáть, перегнýть (*вн.*) bend* (*d.*); ◇ ~ пáлку *разг.* ≅ go* too far. **~ся,** перегнýться 1. bend*; 2. (*о человеке*) lean* óver; (чéрез) lean* (óver): он перегнýлся и крíкнул he leaned óver and shóuted; он перегнýлся чéрез перíла he leaned óver the bánisters / rail; 3. *страд. к* перегибáть.

переглáдить I *сов. см.* переглáживать.

переглáдить II *сов.* (*вн.*; *одно за другим*) íron ['aɪən] (*d.*): ~ всё бельё íron the whole wash [...houl...].

переглáживать, переглáдить (*вн.*; *заново*) íron agáin / anéw ['aɪən...] (*d.*).

перегласóвка *ж. лингв.* mùtátion.

переглядé||ть *сов.* (*вн.*) *разг.* (*одно за другим*) exámine (one áfter the other); он ~л все свои вéщи he exámined all his things one áfter the other.

перегля́||дываться, переглянýться (с *тв.*) exchánge glánces [-'tʃeɪ-...] (with); они ~нýлись they exchánged glánces, they looked at one another. **~нýться** *сов. см.* перегля́дываться.

перегнáть I, II *сов. см.* перегоня́ть I, II.

перегнивáть, перегнíть rot through.

перегнíть *сов. см.* перегнивáть.

перегнóй *м.* húmus. **~ный:** ~ная пóчва húmus.

перегнýть(ся) *сов. см.* перегибáть(ся).

переговáриваться (с *тв.*) exchánge remárks / words [-'tʃeɪ-...] (with).

переговорíть I *сов.* (о *пр.*) talk óver (*d.*), discúss (*d.*); ~ по телефóну speak* óver the télephòne.

переговорíть II *сов.* (когó-л.) *разг.* talk (smb.) down.

переговóрн||ый: ~ пункт (*телефона*) trúnk-càll óffice; ~ая бýдка télephòne box; télephòne booth [...buːð] *амер.*

переговóр||ы *мн.* negòtiátions, talks; *воен.* párley *sg.*; вестí ~ (с *тв.*) negótiàte (with), cárry on negòtiátions (with), condúct, *или* cárry on, talks (with); *воен.* párley (with); для ~ов to negótiàte; ~ на высóком ýровне hígh-lével talks [-'le-...]; ~ на ýровне минíстров talks at mìnistérial lével [...'le-]; ~ о перемíрии truce talks; ~ о прекращéнии огня́ céase-fíre talks [-s-...].

перегóн I *м.* (*скота*) dríving.

перегóн II *м.* (*расстояние между станциями*) stage, span.

перегóнка *ж. хим.*, *тех.* dìstillátion; сухáя ~ dry / destrúctive dìstillátion.

перегóнный: ~ куб still.

перегоня́ть I, перегнáть (*вн.*; *опережать*) outdístance (*d.*); leave* behínd (*d.*; *тж. перен.*); (*в беге тж.*) outrún* (*d.*); (*в ходьбе тж.*) outwálk (*d.*); ◇ догнáть и перегнáть òver¦táke* and surpáss (*d.*).

перегоня́ть II, перегнáть (*вн.*) 1. drive* sóme¦whère else (*d.*): ~ с одногó мéста на другóе, кудá-л. *и т. п.* drive* from one place to another, sóme¦whère, *etc.* (*d.*): скот нýжно перегнáть the cáttle should be dríven sóme¦whère else [...'drɪ-...]; скот нýжно перегнáть с э́того пáстбища на другóе the cáttle should be dríven from this pásture to some other; — ~ самолёты férry áircràft; 2. *хим.*, *тех.* distíl (*d.*); (*сухим способом*) súblimàte (*d.*).

перегорáживать, перегородíть (*вн.*) pàrtítion off (*d.*). **~ся,** перегородíться 1. pàrtítion off; 2. *страд. к* перегорáживать.

перегор||áть, перегорéть (*об электрической лампочке*) burn* out, fuse; (*о дымогарных трубках*) burn* through; лáмпочка ~éла the bulb has burnt out, *или* has fused; прóбка ~éла the plug has fused.

перегорéть *сов. см.* перегорáть.

перегородíть(ся) *сов. см.* перегорáживать(ся).

перегорóдка *ж.* pàrtítion.

перегрéв *м.* óver¦héating. **~áние** *с. тех.* sùperhéating.

перегревáть, перегрéть (*вн.*) 1. óver¦héat (*d.*); 2. *тех.* sùperhéat (*d.*). **~ся,** перегрéться 1. óver¦héat; 2. *страд. к* перегревáть.

перегрéтый *прич. и прил.* òver¦héated; (*о паре*) sùperhéated.

перегрéть(ся) *сов. см.* перегревáть(ся).

перегружáть I, перегрузíть (*вн.*; *чересчур*) óver¦lóad (*d.*), sùrchárge (*d.*); (*перен.*: *работой*) óver¦wórk (*d.*); (*подробностями, цитатами*) òver¦búrden (*d.*).

перегружáть II, перегрузíть (*вн.*) load sóme¦whère else (*d.*); ~ с одногó мéста на другóе, кудá-л. *и т. п.* trànsfér from one place to another, sóme¦whère, *etc.* (*d.*): ýголь нáдо перегрузíть the coal should be trànsférred sóme¦whère else; ýголь нáдо перегрузíть с э́того корабля́ на другóй the coal should be trànsférred from this ship to another, *или* should be tràns-shípped.

перегружáться I, перегрузíться 1. *разг.* óver¦lóad òne¦sélf; (*перен.*: *работой*) óver¦wórk òne¦sélf; 2. *страд. к* перегружáть I.

перегружáться II, перегрузíться 1. be trànsférred sóme¦whère else; 2. *страд. к* перегружáть II.

перегрýженность *ж.* = перегрýзка I.

перегрузíть I, II *сов. см.* перегружáть I, II. **~ся** I, II *сов. см.* перегружáться I, II.

перегрýзка I *ж.* (*чересчур большая нагрузка*) óver¦load; (*перен.*: *работой*) óver¦wórk.

перегру́зка II *ж.* (*действие*) (ún¦lóading and) ré¦lóading, shífting, tránsfer, trа̀ns-shípping; ~ с ба́ржи на кора́бль trа̀ns-shipping from *the* lighter to *the* ship.

перегру́зочный shífting, trа̀ns-shípping.

перегрунтова́ть *сов. см.* перегрунто́вывать.

перегрунто́вывать, перегрунтова́ть (*вн.*) *жив.* (*заново*) prime agáin / anéw (*d.*).

перегруппир||ова́ть(ся) *сов. см.* перегруппиро́вывать(ся). **~о́вка** *ж.* ré¦gróuping [-uːp-].

перегруппиро́вывать, перегруппирова́ть (*вн.*) ré¦gróup [-uːp] (*d.*). **~ся**, перегруппирова́ться **1.** ré¦gróup [-uːp]; **2.** *страд. к* перегруппиро́вывать.

перегрыза́ть, перегры́зть (*вн.*) gnaw through (*d.*); ✧ он гото́в перегры́зть мне го́рло ≅ he's réady, *или* he would like, to bite my head off [...'re-...hed...].

перегры́зть I *сов. см.* перегрыза́ть.

перегры́зть II (*вн.*; *загрызть*) bite* to death [...deθ] (*d.*). **~ся** *сов.* (из-за) *разг.* (*о собаках*) fight* (óver); (*перен.*: *переругаться*) quárrel (óver); wrangle (on).

пе́ред, пе́редо *предл.* (*тв.*) **1.** (*при обозначении места, тж. перен.*) befóre; (*с оттенком «напротив»*) in front of [...frʌnt...]: он останови́лся ~ две́рью he stopped befóre, *или* in front of, the door [...dɔː]; стул стои́т ~ столо́м the chair stands befóre, *или* in front of, the table; он положи́л часы́ ~ черни́льницей he put his watch in front of the ínkstа̀nd; он до́лго стоя́л ~ э́той карти́ной he stood befóre the pícture for a long time [...stud...]; ~ э́тим сло́вом нет запято́й there is no cómma befóre this word; ~ на́ми больша́я зада́ча there is a great task befóre us [...greɪt...]; предста́ть ~ судо́м appéar befóre the court [...kɔːt]; — не остана́вливаться ~ тру́дностями not be stopped by dífficulties; **2.** (*при обозначении времени*) befóre: ~ обе́дом befóre dínner; ~ нача́лом заня́тий befóre the beginning of the léssons; принима́ть лека́рство ~ едо́й take* médicine befóre one's food; — ~ тем, как (+ *инф.*) befóre (+ *ger.*): ~ тем, как вы́йти из дому befóre gó¦ing out (of the house*) [...-s]; **3.** (*в отношении*) to; (*по сравнению*) (as) compáred to: он извини́лся ~ ней he apólogìzed to her; он отвеча́ет ~ зако́ном he is ánswerable to the law [...'ɑːnsə-...]; они́ ничто́ ~ ним they are nothing compáred to him.

перёд *м.* front [-ʌ-], fóre-pа̀rt.

передава́ть, переда́ть (*вн.*) **1.** pass (*d.*), give* (*d.*); переда́ть в со́бственность (*дт.*) trа̀nsfér to the posséssion [...-'zeʃ-] (of); земля́ была́ пе́редана́ крестья́нам the land was turned óver to the péasants [...'pez-]; ~ из рук в ру́ки hand (*d.*); ~ по насле́дству hand down (*d.*); ~ свой о́пыт кому́-л. pass on one's expérience to smb., share one's expérience with smb.; ~ управле́ние (*тв. дт.*) hand óver the admìnistrátion (of to); **2.** (*воспроизводить*) rè¦prodúce (*d.*); **3.** (*сообщать*) tell* (*d.*); (*о новости и т. п.*) commúnicàte (*d.*); ~ по ра́дио bróadcа̀st ['brɔːd-] (*d.*); ~ по телеви́дению télevìse (*d.*); ~ по телефо́ну tell* óver the télephòne (*d.*); ~ секре́тные све́дения pass sécret ìnformátion; ~ поруче́ние delíver *a* méssage [-'lɪ-...]; ~ приказа́ние trа̀nsmít *an* órder, pass the word; ~ благода́рность give* thanks; ~ приве́т, покло́н (*дт.*) send* one's (best) regárds (*i.*); beg to be remémbered (to); ~ серде́чный, бра́тский приве́т (*дт.*) convéy córdial, fratérnal gréetings / féelings (to); **4.** (*о черте, свойстве*) trа̀nsmít (*d.*); **5.** (*об инфекции и т. п.*) commúnicàte (*d.*); **6.** *разг.* (*давать больше, чем надо*) give* / pay* too much; переда́ть три рубля́ pay* three roubles too much [...ruː-...]; ✧ ~ де́ло в суд bring* the case befóre the law [...-s...]; переда́ть законопрое́кт в коми́ссию refér *a* bill to *a* Commíttee [...-tɪ]. **~ся**, переда́ться **1.** (*сообщаться*) be inhérited; ему́, ей *и т. д.* э́то передало́сь it was inhérited by him, her, *etc.*; he, she, *etc.*, inhérited it; влече́ние к му́зыке передало́сь ему́ от отца́ he inhérited his love for músic from his fáther [...lʌv...-zɪk...'fɑː-]; ~ся из поколе́ния в поколе́ние come* down, *или* pass, from fáther to son [...sʌn]; be passed on from one gènerátion to another; **2.** (*дт.*) *разг.* (*переходить на чью-л. сторону*) go* óver (to); **3.** *страд. к* передава́ть.

переда́точн||ый trа̀nsmíssive; trа̀nsmíssion (*attr.*); ~ пункт ìntermédiate point; **~ая** на́дпись *фин.* endórse¦ment; **~ое** число́ *тех.* gear rátiò [gɪə...].

переда́тчик *м. рад.* trа̀nsmítter; trа̀nsmítting set.

переда́ть(ся) *сов. см.* передава́ть (-ся).

переда́ч||а *ж.* **1.** (*действие*) trа̀nsmíssion; ~ иму́щества *юр.* а̀ssignátion; ~ по насле́дству *юр.* descént; ~ во владе́ние tránsfèr; **2.** (*больному в больнице и т. п.*) párcel; **3.** *тех.* géar(ing) ['gɪə-], drive, trа̀nsmíssion; баланси́рная ~ trа̀nsmíssion by rócking léver; дифференциа́льная ~ dìfferéntial gear, cómpènsàting gear; зубча́тая ~ train of gears, toothed géaring [-θt...]; реверси́вная ~ revérsing méchanism [...-kə-]; червя́чная ~ wórm-gear [-gɪə]; фрикцио́нная ~ fríction-gear(ing); коне́чная ~ end drive; ремённая ~ belt drive; **4.** (*по радио*) bróadcа̀st ['brɔːd-]; (*трансляция*) ré¦láying; вёл ~у Ивано́в your narrátor—Ivanóv; ✧ без пра́ва ~и not trа̀nsférable.

передвига́ть, передви́нуть (*вн.*) move [muːv] (*d.*), shift (*d.*); ~ с одного́ ме́ста на друго́е, куда́-л. *и т. п.* move from one place to another, sóme¦whère, *etc.* (*d.*): стол на́до передви́нуть the table should be moved sóme¦whère else; стол на́до передви́нуть из ко́мнаты в коридо́р the table should be moved from the room into the córridòr; — ме́дленно передвига́я но́ги slówly drágging one's feet ['slou-...]; ~ стре́лку часо́в вперёд, наза́д put* the hands of *a* clock on, back, put* *a* clock on, back; ~ сро́ки (*рд.*) pòstpóne [poust-] (*d.*). **~ся**, передви́нуться **1.** move [muːv], shift; **2.** *тк. несов.* (*ездить, ходить*) move; **3.** *страд. к* передвига́ть.

передвиже́ни||е *с.* móve¦ment ['muːv-]; ✧ сре́дства ~я means of convéyance.

передви́жка *ж.*: библиоте́ка-~ itínerant / móbìle líbrary [...'mou- 'laɪ-].

передвижн||о́й **1.** móvable ['muːv-]; **2.** (*не стационарный*) móbìle ['mou-], itínerant; **~а́я** библиоте́ка itínerant / móbìle líbrary [...'laɪ-]; ~ теа́тр móbìle théatre [...'θɪə-].

передви́нуть *сов. см.* передвига́ть. **~ся** *сов. см.* передвига́ться 1.

переде́л *м.* ré¦pа̀rtítion; ré¦divísion; ré¦dìstribútion; ~ ми́ра ré¦divísion of the world; ~ земли́ ré-allótment of land.

переде́лать I *сов. см.* переде́лывать.

переде́ла||ть II *сов.* (*вн.*) *разг.* (*много, всё*) do (*d.*): он ~л все дела́ he has done all he had to do.

передели́ть *сов.* (*вн.*) divíde agáin / anéw (*d.*); ré¦divíde (*d.*).

переде́лк||а *ж.* а̀lterátion; отда́ть что-л. в ~у have smth. áltered; ✧ попа́сть в ~у *разг.* ≅ get* into a fine / prétty / jólly mess [...'prɪ-...].

переде́лывать, переде́лать (*вн.*) **1.** do anéw (*d.*); (*об одежде*) álter (*d.*); (*отдавая в переделку*) have (*d.*) áltered; переде́лать пальто́ álter *the* coat; (*отдавая в переделку*) have *the* coat áltered; **2.** (*перевоспитывать*) ré-éducàte (*d.*).

передёргивать I, передёрнуть (*в картах*) sharp, cheat, swindle; (*вн.*; *перен.*: *искажать*) distórt (*d.*), mísrèpresént [-'zent] (*d.*); ~ фа́кты juggle with facts.

передёр||гивать II, передёрнуть *безл.*: его́ ~нуло от бо́ли he was convúlsed with pain.

передёргиваться, передёрнуться flinch, wince.

передержа́ть *сов. см.* переде́рживать.

передéрживать, передержáть (*вн.*) **1.** (*о кушанье*) òver¦dó (*d.*), óver¦cóok (*d.*), óver¦bóil (*d.*); **2.** *фот.* óver¦expóse (*d.*).

передéржка I *ж.* *фот.* óver-expósure [-'pou-].

передéржка II *ж.* *уст.* *разг.* (*об экзамене*) ré-exàminátion.

передёрнуть I, II *сов.* *см.* передёргивать I, II.

передёрнуться *сов.* *см.* передёргиваться.

передкóвый *воен.* **1.** *прил.* límber (*attr.*); **2.** *м.* *как сущ.* límber númber.

передненёбный *лингв.* front pálatal [-ʌnt...].

переднеязы́чный *лингв.* (*апикальный*) point (*attr.*); (*дорсальный*) blade (*attr.*).

перéдн||ий front [-ʌ-]; (*первый*) first; ~яя часть fóre-pàrt; ~ план fóre¦ground; ~ие конéчности fóre¦lègs, fóre¦feet; ~ край (оборóны) *воен.* line of defénce; main line of resístance [...-'zɪ-].

перéдник *м.* ápron; (*женский, детский тж.*) pínafòre.

перéдняя *ж.* *скл.* *как прил.* ánteroom, ántechàmber [-ʧeɪ-].

пéредо *предл.* = пéред.

передовéрить *сов.* *см.* передоверя́ть.

передоверя́ть, передовéрить (что-л. комý-л.) trànsfér the trust (of smth. to smb.); (*о договоре*) sùbcontráct (*d.* to); передовéрить комý-л. прáво *юр.* trànsfér the pówer of attórney to smb. [...ə'tə:-...].

передови́к *м.*: ~й сéльского хозя́йства fóre¦mòst people in ágricùlture [...pi:-...], frónt-rànk colléctive fármers ['frʌnt-...]; ~й произвóдства fóre¦mòst people in índustry, frónt-rànk wórkers.

передови́ца *ж.* *разг.* léading árticle, léader, èditórial.

передов||óй fóre¦mòst, héad¦mòst ['hed-], fórward; advánced (*тж.* *перен.*); (*прогрессивный*) progréssive; ~ отря́д *воен.* advánced detáchment; (*перен.*) ván¦guàrd; коммунистúческая пáртия — ~ отря́д рабóчего клáсса the Cómmunist Párty is the ván¦guàrd of the wórking-clàss; ~ы́е взгля́ды advánced views [...vju:z]; ~ы́е лю́ди progréssive-mínded people [...pi:-]; ~óе человéчество progréssive mànkínd; ~áя тéхника úp-to-dáte machínery [...-'ʃi:-]; ~ы́е позúции front (line) [-ʌnt...] *sg.*; ~ы́е предприя́тия, колхóзы fóre¦mòst énterprìses, colléctive farms; ~ы́е мéтоды трудá advánced méthods of work; ◇ ~áя статья́ léading árticle, léader, èditórial.

передóк *м.* **1.** (*у телеги и т. п.*) detáchable front [...-ʌnt]; ~ плýга plough fóre-cárriage [...-rɪʤ]; **2.** *чаще* *мн.* (*сапога*) úpper, vamp.

передóх||нуть *сов.* *разг.* die: вся скотúна ~ла all the cattle have died.

передохнýть *сов.* *разг.* take* a breath [...-eθ]; (*отдохнуть*) take* a short rest.

передрáзнивание *с.* mímicry, mímicking.

передрáзн||ивать, передразнúть (*вн.*) mímic (*d.*). ~úть *сов.* *см.* передрáзнивать.

передрáться *сов.* (с *тв.*) *разг.* fight* (with).

передрóгнуть *сов.* *разг.* be chilled.

передря́г||а *ж.* *разг.* scrape; попáсть в ~у ≅ get* into a scrape.

передýмать I *сов.* *см.* передýмывать.

передýмать II *сов.* (*вн.*) *разг.* (*обдумать многое*) do a great deal of thínking [...-eɪt...].

передýмывать, передýмать (*изменять своё решение*) change one's mind [ʧeɪ-...], think* bétter of *it*.

передушú||ть *сов.* (*вн.*) strangle (*d.*), smóther ['smʌ-] (*d.*): лисá ~ла мнóго кур the fox has killed many hens.

передышк||а *ж.* réspite, bréathing-spàce; давáть ~у (*дт.*) réspite (*d.*), grant a réspite [-ɑ:nt...] (*i.*); не давáя ни минýты ~и without a móment's réspite.

переедáть I, переéсть *разг.* **1.** (*рд.*) (*объедаться*) súrfeit [-fɪt] (on); (*без доп.*) eat* too much, óver¦éat*; **2.** (*вн.*; *съесть больше другого*) out¦éat* (*d.*).

переедáть II, переéсть (*вн.*; *о кислоте*) corróde (*d.*); (*о ржавчине*) eat* a¦wáy (*d.*).

переéзд I *м.* **1.** pássage; (*по воде*) cróssing; **2.** *ж.-д.* (lével) cróssing ['le-...]; (*на шоссе*) híghway cróssing.

переéзд II *м.* (*переселение*) remóval [-'mu:-].

переезжáть I, переéхать **1.** (*вн.*; чéрез) cross (*d.*); **2.** *тк.* *сов.* (*вн.*) *разг.* (*задавить*) run* óver (*d.*); егó переéхал пóезд he was run óver by a train.

переезжáть II, переéхать (*переселяться*) (re)móve [-'mu:v]; ~ на нóвую квартúру (re)móve to *a* new place (of résidence) [...-zɪ-], change one's lódgings [ʧeɪ-...]; ~ из Москвы́ в Ленингрáд (re)móve from Móscow to Léningràd.

переéсть I, II *сов.* *см.* переедáть I, II.

переéхать I, II *сов.* *см.* переезжáть I, II.

пережáренный *прич.* *и* *прил.* òver¦-dóne, óver¦róasted.

пережáривать, пережáрить (*вн.*; *чрезмерно*) òver¦dó (*d.*), óver¦róast (*d.*). ~ся, пережáриться **1.** be óver¦-dóne, be óver¦róasted; **2.** *страд.* *к* пережáривать.

пережáрить I *сов.* *см.* пережáривать.

пережáрить II *сов.* (*вн.*; *всё, много*) roast (*d.*), fry (*d.*); (*ср.* жáрить).

пережáриться *сов.* *см.* пережáриваться.

переждáть *сов.* *см.* пережидáть.

пережевáть *сов.* *см.* пережёвывать1.

пережёвывать, пережевáть (*вн.*) **1.** másticàte (*d.*), chew (*d.*); **2.** *тк.* *несов.* *разг.* (*повторять одно и то же*) repéat óver and óver agáin (*d.*).

пережен||úть *сов.* (*вн.*) *разг.* márry off (*d.*). ~úться *сов.* *разг.* márry: онú все ~úлись they have / are all márried.

пережéчь *сов.* *см.* пережигáть.

переживáние *с.* expérience; (*о чувстве*) féeling, emótion¦al expérience.

переживáть, пережúть (*вн.*) **1.** (*испытывать*) expérience (*d.*), go* through (*d.*); (*претерпевать*) endúre (*d.*), súffer (*d.*); тяжелó ~ что-л. feel* smth. kéenly, take* smth. to heart [...hɑ:t]; **2.** (*жить дольше*) outlíve [-'lɪv] (*d.*), outlást (*d.*), survíve (*d.*).

пережигáть, пережéчь (*вн.*) **1.** burn* through (*d.*); **2.** (*перерасходовать*) burn* more than one's quóta (of *fuel, electricity, etc.*).

пережидáть, переждáть (что-л.) wait till (smth.) is óver; переждáть дождь wait till the rain is óver, *или* has stopped.

пережитóе *с.* *скл.* *как прил.* *разг.* one's past, one's expérience.

пережúт||ок *м.* survíval; (*остаток*) rémnant, véstige; искореня́ть ~ки капитализма в сознáнии людéй root out the survívals of cápitalism from people's minds [...pi:-...].

пережúть *сов.* *см.* переживáть.

пережóг *м.* *тех.* óver¦búrning.

перезабы́ть *сов.* (*вн.*) *разг.* forgét* [-'get] (*d.*): ~ всё, что знал forgét* all one ever knew.

перезаклáд *м.* ré¦páwning.

перезаклáдывать, перезаложúть (*вн.*) pawn agáin / anéw (*d.*), ré¦páwn (*d.*), put* back into pawn (*d.*); (*о недвижимом имуществе*) mórtgage agáin / anéw ['mɔ:gɪʤ...] (*d.*).

перезаключ||áть, перезаключúть (*вн.*) renéw (*d.*); ~ договóр renéw *a* cóntràct. ~éние *с.* renéw¦al. ~úть *сов.* *см.* перезаключáть.

перезалó||г *м.* = перезаклáд. ~жúть *сов.* *см.* перезаклáдывать.

перезарядúть(ся) *сов.* *см.* перезаряжáть(ся).

перезаряжáть, перезарядúть (*вн.*) ré-chárge (*d.*); (*оружие тж.*) ré¦lóad (*d.*). ~ся, перезарядúться **1.** be / become* ré-chárged; **2.** *страд.* *к* перезаряжáть.

перезвóн *м.* ríng¦ing, chime.

перезимовáть *сов.* winter; ~ вторýю, трéтью зúму spend* a sécond, third wínter [...'se-...].

перезнакóмить *сов.* (*вн.* с *тв.*) *разг.* acquáint (*d.* with). ~ся *сов.*

c *тв.*) *разг.* get* / become* acquáinted (with).

перезрева́ть, перезре́ть get* / grow* óver¦ripe [...grou...].

перезре́||лый óver¦ripe. **~ть** *сов. см.* перезрева́ть.

перезя́бнуть *сов. разг.* get* chilled.

переигра́ть I, II *сов. см.* переигрывать I, II.

переигра́||ть III *сов.* (*вн.*; *всё, много*) play (*d.*); perfórm (*d.*); (*об артисте тж.*) act (*d.*); тру́ппа ~ла весь свой репертуа́р the cómpany has àlréady perfórmed the whole répertoire ...'kʌm-...ɔːl're-...houl 'repətwɑː].

переи́грывать I, переигра́ть (*вн.*; *заново*) play agáin / anéw (*d.*); ~ игру́ begin* the game agáin.

переи́грыв||ать II, переигра́ть (*вн.*) *театр. разг.* òver¦dó (*d.*); он ~ает he òver¦dóes it.

переизбира́ть, переизбра́ть (*вн.*) ré-eléct (*d.*).

переизбр||а́ние *с.* ré-eléction. **~а́ть** *сов. см.* переизбира́ть.

переизд||ава́ть, переизда́ть (*вн.*) ré¦públish [-'pʌ-] (*d.*), ré¦prínt (*d.*). **~а́ние** *с.* **1.** (*действие*) ré-edítion, ré¦pùblicátion [-pʌ-]; **2.** (*книга*) new edítion; (*стереотипное*) ré¦prínt. **~а́ть** *сов. см.* переиздава́ть.

переименова́||ние *с.* ré¦náming, gíving a new name. **~ть** *сов. см.* переимено́вывать.

переимено́вывать, переименова́ть (*вн.*) ré¦náme (*d.*), give* a new name (*d.*).

переи́мчив||ость *ж. разг.* ímitàtive¦ness. **~ый** *разг.* ímitàtive.

переина́ч||ивать, переина́чить (*вн.*) *разг.* módifỳ (*d.*), álter (*d.*); (*о смысле и т. п.*) mísintérpret (*d.*), distórt (*d.*). **~ить** *сов. см.* переина́чивать.

переиска́||ть *сов. разг.* search / seek* évery¦whère [sɜːʧ...]; он ~л отсю́ду he has searched évery¦whère.

перейти́ *сов. см.* переходи́ть.

перека́л *м. тех.* óver¦héating.

перекале́чить *сов.* (*вн.*) *разг.* cripple (*d.*), maim (*d.*), mútilàte (*d.*).

перека́ливать, перекали́ть (*вн.*) *тех.* over¦témper (*d.*).

перекали́ть *сов. см.* перека́ливать.

перека́лывать, переколо́ть (*вн.*; *прикреплять на другое место*) pin some¦whère else (*d.*); ~ с одного́ ме́ста на друго́е, куда́-л. *и т. п.* move from one place and pin in another, sóme¦whère, *etc.* [muːv...] (*d.*): бант на́до переколо́ть the bow should be pinned sóme¦whère else [...bou...]; бант на́до переколо́ть на друго́е ме́сто the bow should be moved from this place and pinned in another.

перека́пывать, перекопа́ть (*вн.*) dig* óver agáin (*d.*).

перека́рмливать, перекорми́ть (*вн.*) over¦féed* (*d.*); (кого́-л. чем-л.) súrfeit [-fɪt] (smb. on smth.).

перека́т *м.* (*отмель*) shoal.

перекати́-по́ле *с. тк. ед. бот.* erýngium; túmble-weed *амер.*; (*перен.*; *о человеке*) rólling stone.

перекати́ть(ся) *сов. см.* перека́тывать(ся).

перека́ты *мн.*: ~ гро́ма peals of thúnder.

перека́тывать, перекати́ть (*вн.*) **1.** roll/move sóme¦whère else [...muːv...] (*d.*); ~ с одного́ ме́ста на друго́е, куда́-л. *и т. п.* roll / move from one place to another, sóme¦whère, *etc.* (*d.*): бо́чку на́до перекати́ть the bárrel should be moved sóme¦whère else; бо́чку на́до перекати́ть отсю́да в подва́л the bárrel should be moved out of this place into *the* céllar; **2.** (*дальше какого-л. предела*) roll too far (*d.*), move too far (*d.*). **~ся,** перекати́ться **1.** roll (óver); **2.** (*слишком далеко*) roll too far; **3.** *страд. к* перека́тывать.

перекача́ть *сов. см.* перека́чивать.

перека́чивать, перекача́ть (*вн.*) pump óver (*d.*).

перека́шивать, перекоси́ть *чаще безл.*: у него́ перекоси́ло лицо́, его́ перекоси́ло his face becáme distórted; до́ску, ра́му *и т. п.* перекоси́ло the board, frame, *etc.*, has / is warped. **~ся,** перекоси́ться **1.** warp, be warped, be wrenched out of shape; **2.** (*о лице*) become* distórted.

переквалифика́ция *ж.* tráining for a new proféssion.

переквалифици́ровать *несов. и сов.* (*вн.*) train for a new proféssion (*d.*). **~ся** *несов. и сов.* **1.** train for a new proféssion; **2.** *страд. к* переквалифици́ровать.

перекида́ть *сов. см.* переки́дывать I.

перекидно́й: ~ мо́стик fóot-brìdge ['fut-], gáng¦way.

переки́дывать I, перекида́ть (*вн.*) *разг.* (*одно за другим*) throw* [θrou] (*d.*).

переки́дывать II, переки́нуть=перебра́сывать.

переки́дываться, переки́нуться *разг.*=перебра́сываться.

переки́нуть *сов. см.* переки́дывать II. **~ся** *сов. см.* переки́дываться.

перекипа́ть, перекипе́ть boil (too long).

перекипе́ть *сов. см.* перекипа́ть.

перекипяти́ть *сов.* (*вн.*) boil agáin (*d.*).

переки́снуть *сов.* sour excéssive¦ly, turn / become* too sour.

пе́рекись *ж. хим.* peróxìde, sùperóxìde; ~ водоро́да hýdrogen peróxìde ['haɪ-...]; ~ ма́рганца mànganíse peróxìde, permánganate.

перекла́дина *ж.* **1.** cróss-beam, cróss-pìece [-piːs]; (*козел*) tránsom; **2.** *спорт.* hòrizóntal bar.

перекладн||ы́е *мн. скл. как прил. ист.* stáge-hòrses, reláy-hòrses; е́хать на ~ы́х trável by póst-chaise, *или* by reláy [-æv°l... 'poustʃeɪz...].

перекла́дывать I, переложи́ть (*вн.*; *перемещать*) shift (*d.*), move [muːv] (*d.*); put* / place sóme¦whère else (*d.*); (*перен.*; *о ноше, ответственности и т. п.*) shift off (*d.*); ~ руль *мор.* put* the helm óver.

перекла́дывать II, переложи́ть (*вн. тв.*) ìnterláy* (*d.* with); ~ посу́ду соло́мой pack the cróckery in straw.

перекла́дывать III, переложи́ть (*вн.*; *заново*) ré¦sét* (*d.*): ~ пе́чку ré¦sét* *the* stove.

перекла́дывать IV, переложи́ть (*рд.*; *положить слишком много*) put* too much (*d.*): ~ со́ли, са́хара *и т. п.* put* too much salt, súgar, *etc.* [...'ʃu-].

перекла́дывать V, переложи́ть (*вн.*): ~ на му́зыку set* to músic [...-zɪk] (*d.*).

перекле́ивать I, перекле́ить (*вн.*) (*столярным клеем*) glue sóme¦whère else (*d.*); (*мучным клеем*) paste sóme¦whère else [peɪ-...] (*d.*); ~ с одного́ ме́ста на друго́е, куда́-л. *и т. п.* move from one place and glue, *или* paste, in another, sóme¦whère, *etc.* [muːv...] (*d.*).

перекле́ивать II, перекле́ить (*вн.*; *заново*) (*столярным клеем*) ré¦glúe (*d.*), glue afrésh (*d.*); (*мучным клеем*) paste anéw [peɪ-...] (*d.*).

перекле́ить I, II *сов. см.* перекле́ивать I, II.

перекле́йка I *ж.* (*действие*) glúe¦ing anéw.

перекле́йка II *ж.* (*многослойная фанера*) plý-wood [-wud].

переклика́ться call / shout to one another; (с чем-л.; *перен.*) have sóme¦thing in cómmon (with smth.).

перекли́чк||а *ж.* cáll-òver, róll-càll; ~ городо́в (*по радио*) bróadcàst exchánge of méssages betwéen towns ['brɔːd- -'ʧeɪnʤ...]; де́лать ~у call óver; явля́ться на ~у come* to róll-càll.

переключа́тель *м. тех.* switch.

переключ||а́ть, переключи́ть (*вн.*) *тех.* switch (*d.*); (*вн.* на *вн.*; *перен.*) switch (*d.* óver to): ~ ток switch the cúrrent; ~ разгово́р на другу́ю те́му switch the cònversátion óver to another súbject; ~ заво́д на произво́дство тра́кторов *и т. п.* switch the fáctory óver to the prodúction of tráctors, *etc.* **~а́ться,** переключи́ться **1.** switch; (на *вн.*; *перен.*) switch óver (to); заво́д ~и́лся на произво́дство тра́кторов *и т. п.* the fáctory switched óver to the prodúction of tráctors, *etc.*; он преподава́л францу́зский язы́к, а зате́м ~и́лся на англи́йский he taught French, then he took up téaching Énglish [...'ɪ-]; he taught French, then he went in for téaching Énglish; **2.** *страд. к* переключа́ть. **~е́ние** *с. тех.* swítching; (на *вн.*; *перен.*) swítching óver (to).

переключи́ть(ся) *сов. см.* переключа́ть(ся).

перекова́ть I, II *сов. см.* переко́вывать I, II.

переко́вка I *ж.* (*лошади*) ré¦shóe¦ing [-'ʃu:-].

переко́вка II *ж. тех.* ré¦fórging.

переко́вывать I, перекова́ть (*вн.*; *о лошади*) ré¦shóe [-'ʃu:] (*d.*).

переко́вывать II, перекова́ть **1.** (*вн.*; *заново*) ré¦fórge (*d.*), hámmer / beat* agáin / anéw (*d.*); **2.** (*вн. на вн.*) forge (out of *d.*), hámmer (out of *d.*), beat* (out of *d.*); ~ мечи́ на ора́ла *уст.* beat* the swords into plóughshàres [...sɔ:dz...].

перекола́чивать, переколоти́ть (*вн.*) nail sóme¦whère else (*d.*); ~ с одного́ ме́ста на друго́е, куда́-л. *и т. п.* take* from one place and nail in another, sóme¦whère, *etc.* (*d.*): ~ по́лку nail *the* shelf* sóme¦whère else; ~ по́лку с одно́й стены́ на другу́ю nail / move *the* shelf* from one wall to another [...mu:v...].

переколоти́ть I *сов. см.* перекола́чивать.

переколоти́ть II *сов.* (*вн.*) *разг.* (*перебить*) smash (*d.*), break* [-eɪk] (*d.*): ~ все таре́лки smash / break* all the plates.

переколо́ть I *сов. см.* перека́лывать.

переколо́ть II *сов.* (*вн.*) *разг.* (*исколоть*) prick (*d.*).

переколо́ть III *сов.* (*вн.*; *о дровах*) chop (*d.*), hew (*d.*).

перекопа́ть *сов. см.* перека́пывать.

перекорми́ть *сов. см.* перека́рмливать.

переко́ры *мн. разг.* squabble *sg.*

перекоси́ть(ся) *сов. см.* перека́шивать(ся).

перекочева́ть *сов. см.* перекочёвывать.

перекочёвывать, перекочева́ть move óver [mu:v...]; (*мигрировать*) mígràte ['maɪ-].

переко́шенн||ый **1.** *прич. см.* перека́шивать; **2.** *прил.*: ~ое лицо́ twísted / distórted / convúlsed féatures *pl.*

перекра́ивать, перекрои́ть (*вн.*) cut* agáin / anéw (*d.*); (*о карте и т. п.*) ré¦cárve (*d.*); ~ ка́рту ми́ра ré¦cárve the map of the world.

перекра́сить I *сов. см.* перекра́шивать.

перекра́сить II *сов.* (*вн.*; *всё, много*) cólour ['kʌlə] (*d.*); (*о ткани, волосах*) dye (*d.*); (*ср.* кра́сить).

перекра́ситься *сов. см.* перекра́шиваться.

перекра́шивать, перекра́сить (*вн.*) ré¦cólour [-'kʌlə] (*d.*), ré¦páint (*d.*); (*о ткани, волосах*) dye agáin / anéw (*d.*). **~ся,** перекра́ситься **1.** *разг.* become* a túrncoat; **2.** *страд.* к перекра́шивать.

перекрести́ть I *сов. см.* перекре́щивать.

перекрести́ть II *сов. см.* крести́ть II.

перекрести́ться I *сов. см.* перекре́щиваться.

перекрести́ться II *сов. см.* крести́ться II.

перекрёстн||ый cross; ~ допро́с cróss-exàminátion; ~ая ссы́лка cróss-rèference; ~ ого́нь *воен.* cróss-fíre; ~ое опыле́ние *бот.* cróss-pòllinátion; ~ сев cróss-row sówing [-rou 'sou-].

перекрёст||ок *м.* cróss-roads, cróssing; на ~ке at a cróss-roads; ◇ крича́ть на всех ~ках *разг.* ≅ shout from the hóuse-tòps [...-s-].

перекре́щивать, перекрести́ть (*вн.*; *о линиях и т. п.*) cross (*d.*). **~ся,** перекрести́ться (*о линиях и т. п.*) cross.

перекрича́ть *сов.* (*вн.*) out-vóice (*d.*); де́ти стара́лись ~ друг дру́га the children tried to shout one another down.

перекрои́ть *сов. см.* перекра́ивать.

перекро́йка *ж.* cútting out agáin.

перекрути́ть *сов. см.* перекру́чивать.

перекру́чивать, перекрути́ть (*вн.*; *о пружине и т. п.*) óver¦wínd* (*d.*).

перекрыва́ть I, перекры́ть (*вн.*; *покрывать заново*) ré-cóver [-'kʌ-] (*d.*).

перекрыва́ть II, перекры́ть (*вн.*) **1.** *разг.* (*превышать — о норме, рекорде и т. п.*) excéed (*d.*); **2.** *карт.* (*козырем*) trump (*d.*); (*старшим козырем*) óver¦trúmp (*d.*); **3.**: ~ ру́сло реки́ (*плотиной*) dam *a* ríver [...'rɪ-]; **4.** *тех.* òver¦láp (*d.*).

перекры́тие *с.* **1.** *арх.* floor [flɔ:], céiling ['si:l-], óver¦héad cóver [-'hed 'kʌ-]; **2.** *тех.* òver¦láp(ping).

перекры́ть I, II *сов. см.* перекрыва́ть I, II.

перекувырну́ть *сов.* (*вн.*) *разг.* ùpsét* (*d.*), tip óver (*d.*), topple óver (*d.*). **~ся** *сов.* tip óver; (*в воздухе*) turn a sómersault [...'sʌ-].

перекупа́ть I, перекупи́ть (*вн.*) out¦bíd* (*d.*).

перекупа́ть II *сов.* (*вн.*) bath (*d.*): ~ всех дете́й give* all the children a bath.

перекупа́ть III *сов.* (*вн.*) *разг.* (*слишком долго продержать в воде*) bathe too long [beɪð...] (*d.*). **~ся** *сов. разг.* bathe too much / long [beɪð...].

перекупи́ть *сов. см.* перекупа́ть I.

переку́пщи||к *м.*, **~ца** *ж.* sécond-hànd déaler ['se-...].

переку́р *м. разг.* smoke break [...breɪk].

перекуса́ть *сов.* (*вн.*) bite* (*d.*).

перекуси́ть *сов.* **1.** (*вн.*) cut* / bite* through (*d.*); **2.** (*без доп.*) *разг.* (*закусить*) take* a bite / snack, pick a móuthful.

перелага́ть=перекла́дывать V.

перела́мывать, переломи́ть (*вн.*) break* in two [-eɪk...] (*d.*); (*о ноге, руке и т. п.*) break* (*d.*), frácture (*d.*); (*перен.*: *преодолевать*) òver¦cóme* (*d.*) ~ себя́ máster one's self, restrái[n] one's féelings. **~ся,** переломи́тьс[я] **1.** break* in two [-eɪk...]; (*о руке, ноге и т. п.*) break*, be fráctured **2.** *страд.* к перела́мывать.

перелеза́ть, переле́зть climb óve[r] [-aɪm...], get* óver; (че́рез) clim[b] (óver), get* (óver): он переле́з [и] спры́гнул вниз he climbed / got óve[r] and jumped down; он переле́з че́ре[з] забо́р he climbed / got óver the fence.

переле́зть *сов. см.* перелеза́ть.

переле́сок *м.* copse, cóppice.

переле́сье *с.* glade.

перелёт *м.* **1.** (*птиц*) trànsmìgrátion [-zmaɪ-]; **2.** (*самолёта*) flight беспоса́дочный ~ nón-stóp flight **3.** (*пули, снаряда*) shot óver the tárget [...-gɪt]; ~! óver!

перелет||а́ть, перелете́ть **1.** fly* óve[r] (че́рез) fly* (óver): пти́ца с трудо́[м] ~е́ла the bird flew óver with dífficulty; пти́ца ~е́ла че́рез забо́[р] the bird flew óver the fence; **2.** (*на другое место*) fly* sóme¦whère els[e] ~ с одного́ ме́ста на друго́е, куда́-л. *и т. п.* fly* from one place to another, sóme¦whère, *etc.*: пти́ц[а] ~е́ла с одного́ куста́ на друго́й the bird flew from one bush to anothe[r] [...buʃ...].

перелете́ть *сов. см.* перелета́ть.

перелётн||ый: ~ая пти́ца bird [of] pássage.

переле́чь *сов.* **1.** lie* down sóme¦whère else; move [mu:v]; он переляжет he will lie down, *или* make hi[s] bed, sóme¦whère else; ~ с дива́н[а] на крова́ть move from *the* sófa t[o] *the* bed; **2.** (*лечь иначе*) change one['s] posítion [ʧeɪ-...-'zɪ-]; ~ с одно[го] бо́ка на друго́й turn from one sid[e] to the other, turn óver.

перелива́ние *с.* **1.** póuring ['pɔ:-...]; **2.** *мед.* trànsfúsion; ~ кро́ви bloo[d] trànsfúsion [-ʌd...].

перелива́ть I, перели́ть (*вн.*) pour sóme¦whère else [pɔ:...] (*d.*); [~] из одного́ стака́на в друго́й pou[r] from one glass into another; молок[о́] ну́жно перели́ть из ча́шки в стака́[н] the milk should be poured from *t[he]* cup into *a* glass; **2.** *мед.*: ~ кро[вь] trànsfúse blood [...-ʌd]; ◇ ~ [из] пусто́го в поро́жнее *погов.* ≅ bea[t] the air, mill the wind [...wɪ-].

перелива́ть II, перели́ть (*вн.*; *через край*) let* òver¦flów [...-ou] (*d.*); он перели́л молоко́ че́рез край [he] let the milk òver¦flów.

перелива́ть III, перели́ть (*вн.*; *отливать заново*) ré¦cást* (*d.*); (*вн. в вн.*) cast* (out of *d.*); ста́тую пр[и]шло́сь перели́ть the státue had to [be] ré¦cást; ~ колокола́ на пу́шки me[lt] down bells for guns.

перелива́ть IV (*о красках*) pla[y] ~ все́ми цвета́ми ра́дуги be ìridécent / òpaléscent [...ou-].

перели||ва́ться I, перели́ться flow ome¦whère else [-ou...]; ~ из од-ого́ ме́ста в друго́е, куда́-л. *и т. п.* ow from one place into another, ome¦whère, *etc.*: вода́ ~ла́сь из дно́й ко́лбы в другу́ю the wáter owed from one retórt into another ..'wɔ:-...].

перели||ва́ться II, перели́ться (*че-ез край*) òver¦flów [-ou], run* óver; ерез) flow (óver), run* (óver): вода́ ~ла́сь the wáter òver¦flówed, *или* an óver [...'wɔ:-...]; вода́ ~ла́сь ерез край сосу́да the wáter flowed / an óver the edge of the véssel; the éssel is brímming óver.

перелива́ться III *страд. к* перели-а́ть I, II, III.

перелива́ться IV (*о красках*) play; *звуках*) módulàte; ~ все́ми цве-а́ми ра́дуги be ìridéscent / òpalés-ent [...ou-].

перели́вка *ж. тех.* ré¦cásting, cást-g.

перели́вчатый (*о красках*) ìridés-nt; (*о голосе*) lílting.

перели́вы *мн.* (*красок*) tints, tínges; ay *sg.*; (*звуков*) mòdulátions.

перелиста́ть *сов. см.* перели́стывать.

перели́стывать, перелиста́ть (*вн.*) (*страницы*) turn óver (*d.*); 2. (*бег-о просматривать*) look through (*d.*).

перели́ть I, II, III *сов. см.* пере-ива́ть I, II, III.

перели́ться I, II *сов. см.* перели-а́ться I, II.

перелицева́ть *сов. см.* перелицо́-ывать.

перелицо́вка *ж.* túrning: ~ пальто́ rning of *the* coat.

перелицо́вывать, перелицева́ть (*вн.*) rn (*d.*); (*сдавая в перелицовку*) have rned (*d.*): ~ пальто́ turn *a* coat; *давая в перелицовку*) have *a* coat rned.

перелови́ть *сов.* (*вн.*) catch* (*d.*): всех птиц catch* all the birds.

перело́г *м. с.-х.* fállow, fállow land.

переложе́ние *с.* 1. *муз.* (*для других нструментов*) arránge¦ment [ə'reɪ-]; *а другую тональность*) trànsposí-on [-'zɪ-]; 2. (*на стихи*) vèrsifi-tion; 3. (*пересказ*) èxposítion [-'zɪ-].

переложи́ть I, II, III, IV, V *сов.* . перекла́дывать I, II, III, IV, V.

перело́м *м.* 1. break [breɪk], bréak-g ['breɪk-]; (*кости*) frácture; 2. (*рез-я перемена*) súdden change [... ʧeɪ-]; *болезни*) crísis [-aɪs-] (*pl.* crísès ɪsi:z]); (*поворотный пункт*) túrn-g-point; год вели́кого ~а the ar of the great change [...greɪt...]; обиться коренно́го ~а bring* abóut ùndaméntal impróve¦ment / change .-'pru:v-...].

перелома́ть *сов.* (*вн.*) break* (*d.*): перелома́л все игру́шки he has óken all his toys. **~ся** *сов. разг.* eak*, be bróken: все игру́шки реломáлись all the toys are bróken.

переломи́ть(ся) *сов. см.* перела́-мывать(ся).

перело́мный *прил. к* перело́м 2; ~ моме́нт túrning-point.

перема́зать *сов.* (*вн.*) *разг.* (*испач-кать*) soil (*d.*); (*вн. тв.*) make* dírty (*d.* with); (*краской*) bedáub (*d.* with). **~ся** *сов. разг.* soil òne¦sélf, besméar òne¦sélf.

перема́лывать, перемоло́ть (*вн.*) 1. grind* (*d.*), mill (*d.*); 2. (*заново*) grind* agáin / anéw (*d.*), mill agáin / anéw (*d.*).

перема́н||ивать, перемани́ть (*вн.*) entíce (*d.*); перемани́ть кого́-л. на свою́ сто́рону win* smb. óver. **~и́ть** *сов. см.* перема́нивать.

перема́тывание *с. текст.* ré¦wínd-ing.

перема́тывать, перемота́ть (*вн.*) 1. wind* (*d.*); (*на катушку*) reel (*d.*); 2. (*заново*) ré¦wínd* (*d.*); (*на катуш-ку*) ré-réel (*d.*).

перема́хивать, перемахну́ть *разг.* (*перескакивать*) jump óver; (че́рез) jump (óver).

перемахну́ть *сов. см.* перема́хи-вать.

перемежа́||ть (*вн.*) áltèrnàte (*d.*). **~ться** áltèrnàte; снег ~лся с гра́-дом there was intermíttent snow and hail [...snou...]. **~ющийся** 1. *прич. см.* перемежа́ться; 2. *прил.* ìnter-míttent; ~ющаяся лихора́дка *мед.* ìntermíttent féver.

перемежева́ть *сов. см.* перемежё-вывать.

перемежёвывать, перемежева́ть (*вн.*) sùrvéy agáin / anéw (*d.*), ré¦-sùrvéy (*d.*).

переме́н||а *ж.* 1. change [ʧeɪ-]; (*во взглядах, политике и т. п.*) vólte-fáce [-fɑ:s]; ре́зкая ~ súdden change; ~ обстано́вки change of situátion; ~ декора́ции change of scénery [...'si:-]; 2. *школ.* ínterval, break [-eɪk], intermíssion; recéss; боль-ша́я ~ long / noon / mídday recéss; 3. (*комплект белья*) shift. **~и́ть(ся)** *сов. см.* переменя́ть(ся).

переме́нн||ый váriable; ~ капита́л *эк.* váriable cápital; ~ая величина́ *мат.* váriable (quántity); ~ ве́тер váriable wind [...wɪ-]; ~ая о́блач-ность váriable clouds *pl.*; ~ ток *эл.* áltèrnàting cúrrent.

переме́нчив||ость *ж.* chànge¦abíli-ty [ʧeɪ-]. **~ый** chánge¦able ['ʧeɪ-]; ~ая пого́да chánge¦able wéather [...'weð-].

перемен||я́ть, перемени́ть (*вн.*) change [ʧeɪ-] (*d.*); ~и́ть тон change one's tone / note; ~и́ть пози́цию (*в споре*) shift one's ground; ~и́ть кни́гу в библиоте́ке change *a* book at *the* líbrary [...'laɪ-]. **~я́ться**, пере-мени́ться 1. change [ʧeɪ-]; он ~и́л-ся в лице́ his face changed; времена́ ~и́лись times have changed; ~и́ться к лу́чшему, ху́дшему change for the bétter, the worse; 2. *тк. сов.* (к) change (to); ~и́ться к кому́-л. change to smb., change one's áttitùde towards smb.; 3. *страд. к* переменя́ть.

перемерза́ть, перемёрзнуть *разг.* get* chilled, freeze*.

перемёрзнуть I *сов. см.* перемер-за́ть.

перемёрз||нуть II *сов.* (*о растени-ях — погибнуть от мороза*) be nipped by the frost: все цветы́ ~ли all the flówers were nipped by the frost.

переме́ривать, переме́рить (*вн.*) rè--méasure [-'meʒə] (*d.*).

переме́рить I *сов. см.* переме́ри-вать.

переме́рить II *сов.* (*вн.*; *всё, много*) try on (*d.*): ~ все пальто́ try on all the coats.

перемести́ть(ся) *сов. см.* переме-ща́ть(ся).

перемёт *м. рыб.* seine [seɪn, si:n].

перемета́ть *сов. см.* перемётывать.

переме́тить I *сов. см.* перемеча́ть.

переме́тить II *сов.* (*вн.*; *всё, много*) mark (*d.*): ~ всё бельё mark all the línen [...'lɪ-].

переметну́ться *сов. разг.*: ~ на сто́рону врага́ desért to the énemy [-'zə:t...].

перемётн||ый: ~ые сумы́, ~ые су́м-ки sáddle-bàgs; ◇ сума́ ~ая ≅ wéather¦còck ['weðə-].

перемётывать, перемета́ть (*вн.*; *за-ново*) baste agáin / anéw [beɪ-...] (*d.*).

перемеча́ть, переме́тить (*вн.*) mark agáin / anéw (*d.*); (*изменять метку*) change the mark [ʧeɪ-...] (on).

перемеша́ть(ся) *сов. см.* переме́-шивать(ся).

переме́шивать, перемеша́ть (*вн.*) 1. (*смешивать*) (ìnter)míx (*d.*), ìnter-míngle (*d.*); 2. (*перемещать*) shuffle (*d.*); ~ у́гли в пе́чке poke the fire in *a* stove; 3. *разг.* (*приводить в беспорядок*) confúse (*d.*). **~ся**, пе-ремеша́ться 1. *разг.* (*смешиваться*) get* mixed; 2. *страд. к* переме́ши-вать.

перемеща́ть, перемести́ть (*вн.*) move sóme¦whère else [mu:v...] (*d.*); (*переводить куда-л.*) trànsfér sóme¦-whère else (*d.*); ~ с одного́ ме́ста на друго́е, куда́-л. *и т. п.* move / trànsfér from one place to another, sóme¦whère, *etc.* (*d.*): ме́бель на́до перемести́ть the fúrniture should be moved sóme¦whère else; жильцо́в до́ма на́до перемести́ть the in-hábitants of the house* should be moved / trànsférred sóme¦whère else [...haus...]; ме́бель на́до перемести́ть из ко́мнаты в коридо́р the fúrniture should be moved from the room into *the* córridòr. **~ся**, переме-сти́ться 1. move [mu:v], shift; 2. *страд. к* перемеща́ть.

перемеще́ни||е *с.* 1. tránsference, shift, displáce¦ment; ~ ли́нии фро́нта shift of the front [...-ʌnt]; ~я в кабинéте министров cábinet ré¦shúffle *sg.*, mìnistérial chánges [...'ʧeɪ-]; 2. *геол.* dìslocátion, displáce¦ment; 3. *тех.* trável ['træ-].

перемещённ||ый *прич. см.* перемещáть; ~ые лица *полит.* displáced pérsons.

перемиг||иваться, перемигнýться (с *тв.*) *разг.* wink (at); (мéжду собóй) wink (at each other). **~нýться** *сов. см.* перемигиваться.

переминáться: ~ с ногú нá ногу *разг.* ≅ shift from one foot to the other [...fut...].

перемúрие *с.* ármistice, truce; заключить ~ con¦clúde *a* truce, con¦clúde / sign *an* ármistice [...saɪn...].

перемножáть, перемнóжить (*вн.*) *мат.* múltiplỳ (*d.*).

перемнóжить *сов. см.* перемножáть.

перемогáть, перемóчь (*вн.*) *разг.* òver¦cóme* (*d.*); *несов. тж.* try to òver¦cóme (*d.*). **~ся,** перемóчься *разг.* òver¦cóme* *an illness*; *несов. тж.* try to òver¦cóme *an illness.*

перемóкнуть *сов.* be / get* drenched.

перемóл *м. с.-х.* ré-grínd(ing).

перемалáчивать, перемолотúть (*вн.*) thresh / thrash agáin / anéw (*d.*).

перемóлвить *сов. разг.:* ~ слóво (с *тв.*) exchánge a word [-'ʧeɪ-...] (with); нé с кем слóва ~ there is no one to exchánge a word with. **~ся** *сов. разг.:* ~ся нéсколькими словáми (с *тв.*) exchánge a few words [-'ʧeɪ-...] (with).

перемолотúть I *сов. см.* перемалáчивать.

перемолотúть II *сов.* (*вн.*; *всё, много*) thresh (*d.*), thrash (*d.*).

перемолóть I *сов. см.* перемáлывать.

перемолóть II *сов.* (*вн.*; *всё, много*) grind* (*d.*), mill (*d.*). **~ся** *сов.* grind*, mill; ✧ перемéлется — мукá бýдет *погов.* ≅ things will come right (in the end).

перемонтúровать *сов.* (*вн.*) *тех.* mount agáin / anéw (*d.*).

переморóзить *сов.* (*вн.*) *разг.* spoil* by chílling (*d.*).

перемостúть *сов.* (*вн.*) rè¦páve (*d.*), pave agáin / anéw (*d.*).

перемотáть *сов. см.* перемáтывать.

перемóчь(ся) *сов. см.* перемогáть (-ся).

перемудрúть *сов. разг.* be too cléver by half [...'klevə...hɑːf].

перемýчиться *сов. разг.* have súffered very much.

перемывáть, перемы́ть (*вн.*) wash up agáin / anéw (*d.*); ✧ ~ кому́-л. кóсточки *разг.* ≅ pick smb. to píeces [...'piːs-].

перемы́ть I *сов. см.* перемывáть.

перемы́ть II *сов.* (*вн.*; *всё, много*) wash up (*d.*).

перемы́чка *ж.* 1. *стр.* straight arch; búlkhead [-hed]; (*плотины*) cóffer-dàm; 2. *тех.* cróssplèce [-piːs], bridge batardéau [...-'dou].

перенапрягáть, перенапря́чь (*вн.*) óver¦stráin (*d.*). **~ся,** перенапря́чься óver¦stráin òne¦sélf.

перенапряжéние *с.* óver¦stráin, óver¦exértion.

перенапря́чь(ся) *сов. см.* перенапрягáть(ся).

перенасел||éние *с.,* **~ённость** *ж.* óver¦pòpulátion. **~ённый** *прич. и прил.* óver¦pópulàted, óver¦péopled [-'piː-]; (*о жилищах*) òver¦crówded.

перенаселúть *сов. см.* перенаселя́ть.

перенаселя́ть, перенаселúть (*вн.*) óver¦pópulàte (*d.*).

перенасы́тить *сов. см.* перенасыщáть.

перенасыщáть, перенасы́тить (*вн.*) *хим.* òver¦sáturàte (*d.*).

перенасы́щенный *прич. и прил. хим.* òver¦sáturàted.

перенесéние *с.* tránsference, trànspòrtátion.

перенестú I, II *сов. см.* переносúть I, II.

перенестúсь *сов. см.* переносúться.

перенимáть, переня́ть (*вн.*) adópt (*d.*); (*подражать*) ímitàte (*d.*); переня́ть чей-л. óпыт, чьи-л. мéтоды adópt smb.'s méthods.

переномеровáть = перенумеровáть.

перенóс *м.* 1. cárrying óver, tránsfèr, trànspòrtátion; ~ огня́ *воен.* shift of fire; 2. (*части слова*) divísion into sýllables; 3. *разг.* (*знак переноса*) hýphen ['haɪ-].

переносúмый (*выносимый*) béarable ['bɛə-], endúrable.

переносúть I, перенестú (*вн.*) 1. cárry sóme¦whère else (*d.*); (*об учреждениях и т. п.*) trànsfér sóme¦whère else (*d.*); ~ с одногó мéста на другóе, кудá-л. *и т. п.* cárry / trànsfér from one place to another, sóme¦whère, *etc.* (*d.*); ~ огóнь (на *вн.*) *воен.* shift / switch / lift the fire (to); 2. (*на другую строчку*) divíde into sýllables (*d.*); 3. (*откладывать*) put* off (*d.*), pòstpóne [poust-] (*d.*); заседáние бы́ло перенесенó (на *вн.*) the méeting was adjóurned [...ə'ʤəːnd] (till).

переносúть II, перенестú (*вн.*; *терпеть — о боли и т. п.*) endúre (*d.*), bear* [bɛə] (*d.*), stand* (*d.*); (*об оскорблении, наказании и т. п.*) take* (*d.*): ~ болéзнь have an íllness; он э́того не переносúт he can't bear / stand it [...kɑːnt...].

переносúться, перенестúсь 1. be cárried; (*перен.*; *в мыслях*) be cárried a¦wáy; 2. *страд. к* переносúть I.

перенóсица *ж.* bridge of the nose.

перенóс||ка *ж. разг.* cárrying óver, cárriage [-rɪʤ], tránsference; для ~ки for cárrying púrposes [...-sɪz]. **~ный** 1. pórtable; 2. *лингв.* (*о значении*) fígurative, mètaphórical; в ~ном смы́сле in a fígurative méaning, fíguratíve¦ly.

перенóсч||ик *м.,* **~ица** *ж.* cárrier ~ слýхов, новостéй spréader of rúmours ['spre-...], télltàle, góssip.

перенóсье *с. уст.* = перенóсица.

переночевáть *сов.* spend* the night

перенумеровáть *сов.* (*вн.*) 1. númber (*d.*); ~ страни́цы (*рд.*) page (*d.*) 2. (*заново*) númber anéw / agáin (*d.*)

переня́ть *сов. см.* перенимáть.

переоборýдов||ание *с.* rè-equípment **~ать** *несов. и сов.* (*вн.*) rè-equi[p] (*d.*).

переобременúть *сов. см.* переобременя́ть.

переобременя́ть, переобременúт[ь] (*вн. тв.*) òver¦búrden (*d.* with).

переобувáть, переобýть 1. (когó-л. change smb.'s shoes [ʧeɪ-...ʃuːz]; 2 (что-л.) change (smth.); ~ сапог[и] change one's boots. **~ся,** переобýтьс[я] 1. change one's shoes, boots, *etc* [ʧeɪ-...ʃuːz...]; 2. *страд. к* переобувáть.

переобýть(ся) *сов. см.* переобувáть(ся).

переодевáние *с.* 1. changin[g] clothes ['ʧeɪ- -ouðz]; 2. (*маскировка*) dis¦guíse.

переодевáть, переодéть 1. (когó-л change smb.'s clothes [ʧeɪ-...-ouðz] онá переодéла дéвочку в бéлое плá тье she changed the girl's dress f[or] *a* white one; 2. (когó-л.; *с цель[ю] маскарада, маскировки*) dis¦guís[e] (smb.); (когó-л. *тв.*) dis¦guíse (sm[b.] as); (когó-л. в *вн.*) dis¦guíse (sm[b.] in); 3. (что-л.) *разг.* change (smth.) ~ плáтье, ю́бку *и т. п.* chang[e] one's dress, skirt, *etc.* **~ся,** пер[е]одéться 1. change (one's clothe[s]) [ʧeɪ-...-ouðz]; (в *вн.*) change (into shift (into); 2. (в *вн.*; *с целью м[а]скарада, маскировки*) dis¦guíse òne sélf (in); (*тв.*) dis¦guíse òne¦sélf (as ~ся в чьё-л. плáтье dis¦guíse òne sélf in smb.'s cóstùme; ~ся жé[н]щиной dis¦guíse òne¦sélf as a wó[m]an* [...'wu-].

переодé||тый 1. *прич. см.* перео[де]вáть 1, 2; 2. *прил.* (*тв.*; *замаскир[о]ванный*) dis¦guísed (as). **~ть(ся)** *с[ов.] см.* переодевáть(ся).

переосвидéтельствование *с. ме[д.]* ré-exàminátion.

переосвидéтельствовать *несов. сов.* (*вн.*) *мед.* ré-exámine (*d.*), su[b]jéct to a ré-exàminátion (*d.*). **~[ся]** *несов. и сов. мед.* be ré-exámined, [be] subjécted to a ré-exàminátion.

переохладúть *сов. см.* переохлаж[]дáть.

переохлажд||áть, переохладúть (*вн*[.]) sùper¦cóol (*d.*). **~éние** *с.* sùper¦cóo[l]ing.

переоцéнивать I, переоценúть (*вн*[.] *давать слишком высокую оценк[у]*) óver¦éstimàte (*d.*), óver¦ráte (*d.*); свой си́лы óver¦éstimàte / óver¦rá[te] one's strength / pówers; bite* off more than one can chew *идиом.*; трýдно переоценúть значéние э́того фáкта the impórtance of this fact can scárce¦ly be exággeràted [...-ɛəs-...].

переоцéнивать II, переоценúть (*вн.*; *снова оценивать*) ré¦válue (*d.*), ré¦appráise (*d.*).

переоценúть I, II *сов. см.* переоцéнивать I, II.

переоцéнка I *ж.* (*слишком высокая оценка*) óver¦èstimátion.

переоцéнка II *ж.* (*наново*) ré¦vàluátion, ré¦appráisal [-zəl]; ~ цéнностей ré¦appráisal of válues.

перепáд *м. тех.* óver¦fàll.

перепадá||ть, перепáсть *разг.* **1.** (*изредка выпадать*): ~ют дождú it rains now and then; **2.** *безл.* (*дт.*) come* *one's* way; емý мáло перепáло little came his way.

перепáивать, перепоúть (*вн.*) give* too much to drink (*i.*).

перепáлка *ж.* **1.** (*стрельба*) skírmish; **2.** *разг.* (*перебранка*) high words *pl.*

перепáривать, перепáрить (*вн.*) stew too much (*d.*).

перепáрить *сов. см.* перепáривать.

перепáрхивать, перепорхнýть flútter / flit (sóme¦where else); ~ с одногó мéста на другóе, кудá-л. *и т. п.* flútter / flit from one place to another, sóme¦where, *etc.*

перепáсть *сов. см.* перепадáть.

перепахáть *сов. см.* перепáхивать.

перепáхивать, перепахáть (*вн.*) *с.-х.* plough agáin / anéw / óver (*d.*).

перепáчкать *сов.* (*вн.*) soil (*d.*), make* dírty (*d.*). **~ся** *сов.* make* òne¦sélf dírty.

перепáшка *ж.* *с.-х.* plóughing agáin / anéw.

перепéв *м.* ré¦hásh.

перепекáть, перепéчь (*вн.*) óver¦báke (*d.*). **~ся**, перепéчься be óver¦báked.

пéрепел *м.* quail.

перепеленáть *сов.* (*вн.*): ~ ребёнка change *a* báby [ʧeɪ-...], change *a* báby's nápkin / díaper.

перепелúный *прил. к* пéрепел.

перепёлка *ж.* fémàle quail ['fi:-...].

перепéрчить *сов.* (*вн.*) put* too much pépper (into).

перепечáт||ать *сов. см.* перепечáтывать. **~ка** *ж.* ré¦prínt(ing); ~ка воспрещáется cópyright (resérved) [...-'zə:-].

перепечáтывать, перепечáтать (*вн.*) **1.** (*на машинке*) type (*d.*); **2.** (*заново*) ré¦prínt (*d.*); (*на машинке*) ré¦týpe (*d.*).

перепéчь I *сов. см.* перепекáть.

перепéчь II *сов.* (*вн.*; *всё, много*) bake (*d.*).

перепéчься *сов. см.* перепекáться.

перепи||вáться, перепúться *разг.* get* drunk: онú ~лúсь they got drunk.

перепúливать, перепилúть (*вн.*; *пополам*) saw* in two (*d.*).

перепилúть I *сов. см.* перепúливать.

перепилúть II *сов.* (*вн.*; *всё, много*) saw* (*d.*): ~ все дровá saw* all the fíre¦wood [...-wud].

переписáть I, II *сов. см.* перепúсывать I, II.

перепúс||ка *ж.* **1.** (*действие*) cópying; (*на машинке*) týping; **2.** (*корреспонденция*) còrrespóndence; быть в ~ке (с *тв.*) be in còrrespóndence (with); **3.** *собир.* còrrespóndence; létters *pl.* **~чик** *м.*, **~чица** *ж.* cópyist; (*на машинке*) týpist. **~ывание** *с.* cópying; (*на машинке*) týping.

перепúсывать I, переписáть (*вн.*) **1.** (*заново*) ré¦wríte* (*d.*); (*на пишущей машинке*) ré¦týpe (*d.*); ~ нáбело make* a fair cópy [...'kɔ-] (of), write* out fair (*d.*); **2.** (*списывать*) ré¦cópy [-'kɔ-] (*d.*).

перепúсывать II, переписáть (*вн.*; *составлять список*) draw* / make* a list (of); (*для статистики*) make* a cénsus (of); переписáть всех take* down, *или* régister, everybody's names.

перепúсываться I, II *страд. к* перепúсывать I, II.

перепúсываться III (с *тв.*) còrrespónd (with), be in còrrespóndence (with).

пéрепись *ж.* cénsus; всеóбщая ~ населéния géneral cénsus of the pòpulátion.

перепúть *сов. разг.* **1.** (*рд.*; *выпить слишком много*) drink* too much (of); **2.** (*вн.*; *выпить больше другого*) out¦drínk* (*d.*).

перепúться *сов. см.* перепивáться.

переплáвить I, II *сов. см.* переплавлять I, II.

переплавлять I, переплáвить (*вн.* на *вн.*) (*о руде*) smelt (*d.* into); (*о металле*) melt (*d.* into).

переплавлять II, переплáвить (*вн.*; *о лесоматериалах*; *по воде*) float (*d.*); (*на плоту*) raft (*d.*).

перепланúровáть *сов.* (*вн.*) ré-plán (*d.*).

перепланирóвка *ж.* ré-plánning.

переплáт||а *ж.* *разг.* súrplus páyment. **~úть** *сов. см.* переплáчивать.

переплáчивать, переплатúть (*вн.* *дт.*) óver¦páy* (*d.* to); (*дт.* *вн.* за *вн.*) óver¦páy* (*i. d.* for).

переплестú I, II *сов. см.* переплетáть I, II.

переплестúсь *сов. см.* переплетáться.

переплёт *м.* **1.** (*действие*) bínding; отдавáть что-л. в ~ have smth. bound; **2.** (*книги*) bínding, bóok-còver [-kʌ-]; **3.** (*оконный*) tránsom, (wíndow-)sàsh; ◇ попáсть в ~ *разг.* ≅ get* into a scrape, get* into trouble [...trʌbl].

переплетáть I, переплестú **1.** (*вн.* *тв.*) ìnterláce (*d.* with), ìnterknít (*d.* with); **2.** (*вн.*; *о книге и т. п.*) bind* (*d.*).

переплетáть II, переплестú (*вн.*; *заново*) (*о косе*) plait agáin / anéw [plæt...] (*d.*), braid agáin / anéw (*d.*).

переплет||áться, переплестúсь **1.** ìnterláce, ìnterwéave*; (*перен.*) become* / get* entángled; тéсно ~ (с *тв.*) be clóse¦ly ìnterwóven [...-s-...] (with); собы́тия ~áлись things got mixed up, all sorts of things háppened at once [...wʌns]; **2.** *страд. к* переплетáть I, II. **~éние** *с.* ìnterlácing.

переплёт||ная *ж. скл. как прил.* bínd¦ery, bóokbìnder's shop. **~ный** *прил. к* переплёт; ~ная мастерскáя = переплётная. **~чик** *м.* bóokbìnder.

переплывáть, переплы́ть swim* acróss; (*в лодке*) row / férry acróss [rou...]; (*на пароходе, корабле и т. п.*) sail acróss; (*на пароме*) férry acróss; (*вн.*, чéрез) cross (*d.*); (*вплавь*) swim* (acróss); (*в лодке*) row (acróss); (*на пароходе, корабле и т. п.*) sail (acróss); (*на пароме*) férry (acróss).

переплы́ть *сов. см.* переплывáть.

переподготáвливать, переподготóвить (*вн.*) train (anéw) (*d.*).

переподготóв||ить *сов. см.* переподготáвливать. **~ка** *ж.* addítional tráining; кýрсы по ~ке cóurses for impróving one's quàlificátion ['kɔ:-..., -rʊv-...], exténsion cóurses.

перепоúть I *сов. см.* перепáивать.

перепоúть II *сов.* (*вн.*) *разг.* (*всех, многих*) make* drunk (*d.*).

перепó||й *м.*: с ~ю, с ~я drunk as one is; (*о прошлом*) drunk as one was.

переползáть, переползтú crawl óver, creep* óver; (чéрез) crawl (óver), creep* (óver); он с трудóм перепóлз he crawled / crept óver with dífficulty; он перепóлз чéрез канáву he crawled óver *the* ditch; he crossed the ditch on hands and knees.

переползтú *сов. см.* переползáть.

переполнéние *с.* **1.** (*о трамвае, поезде*) òver¦crówding; **2.**: ~ желýдка *мед.* replétion.

перепóлнить(ся) *сов. см.* переполнять(ся).

переполнять, перепóлнить (*вн.* *тв.*) óver¦fíll (*d.* with); (*вн.*; *о помещении*) òver¦crówd (*d.*); (*перен.*; *о чувстве и т. п.*) fill (*d.*). **~ся**, перепóлниться **1.** óver¦fíll; (*через край*) óver¦brím; òver¦flów [-ou] (*тж. перен.*); (*о помещении*) be òver¦crówded; моё сéрдце перепóлнилось рáдостью my heart òver¦flówed with joy [...hɑ:t...]; **2.** *страд. к* переполнять.

переполóть *сов.* (*вн.*) weed (*d.*); (*заново*) weed agáin / anéw (*d.*).

переполó||х *м.* alárm, commótion, flúrry; поднять ~ set* up an alárm. **~шить** *сов.* (*вн.*) *разг.* alárm (*d.*), excíte (*d.*), flúrry (*d.*). **~шиться** *сов.* *разг.* get* excíted, take* alárm.

перепо́нка *ж.* mémbràne; *зоол.* web; бараба́нная ~ *анат.* éar-drùm; tу́mpanum (*pl.* -nums, -na) *научн.*

перепончатокры́л||ые *мн. скл. как прил. зоол.* hỳmenóptera [haɪ-]. ~**ый** *зоол.* hỳmenópterous [haɪ-].

перепо́нчатый mèmbráneous, mém-branous; *зоол.* webbed; wéb-footed [-fut-].

перепо́ртить *сов.* (*вн.*) spoil* (*d.*), rúin (*d.*). ~**ся** *сов. разг.* be / get* rúined / spoiled.

перепоруча́ть, перепоручи́ть (что-л. кому́-л.) turn (smth. óver to smb. else): ~ веде́ние де́ла другому́ защи́тнику turn one's case óver to another láwyer [...keɪs...].

перепоручи́ть *сов. см.* перепоруча́ть.

перепорхну́ть *сов. см.* перепа́рхивать.

перепоя́саться *сов. см.* перепоя́сываться.

перепоя́сываться, перепоя́саться gird* òne¦sélf [g-...].

перепра́ва *ж.* pássage, cróssing; (*брод*) ford; ~ че́рез ре́ку ríver cróssing ['rɪ-...]; деса́нтная ~ *воен.* férrying (acróss).

перепра́вить I, II *сов. см.* переправля́ть I, II. ~**ся** *сов. см.* переправля́ться III.

переправля́ть I, перепра́вить (*вн.*) **1.** convéy (*d.*); put* acróss (*d.*); (*на пароме*) férry (*d.*); **2.** (*о письмах, посылках и т. п.*) fórward (*d.*).

переправля́ть II, перепра́вить (*вн.*) *разг.* (*исправлять*) corréct (*d.*).

переправля́ться I, II *страд.* к переправля́ть I, II.

переправля́ться III, перепра́виться swim* acróss; (*в лодке*) row / férry acróss [rou...]; (*на пароходе, корабле и т. п.*) sail acróss; (*на пароме*) férry acróss; (че́рез) cross (*d.*); (*вплавь*) swim* (acróss); (*в лодке*) row (acróss), férry (acróss): (*на пароходе, корабле и т. п.*) sail (acróss); (*на пароме*) férry (acróss); они́ перепра́вились (*вплавь*) и вы́шли на бе́рег they swam acróss and came out on the bank; они́ перепра́вились че́рез ре́ку they crossed the ríver [...'rɪ-]; они́ перепра́вились че́рез ре́ку на паро́ме they férried acróss the ríver.

перепрева́ть, перепре́ть **1.** (*гнить*) rot; **2.** *разг.* (*слишком долго вариться*) be óver¦dóne; тушёное мя́со перепре́ло the stew is óver¦dóne.

перепре́лый (*сгнивший — о листьях и т. п.*) rótten.

перепре́ть *сов. см.* перепрева́ть.

перепро́бовать *сов.* (*вн.*) **1.** try (*d.*); **2.** (*на вкус*) taste [teɪ-] (*d.*).

перепрод||ава́ть, перепрода́ть (*вн.*) ré¦séll* (*d.*). ~**а́жа** *ж.* ré¦sále. ~**а́ть** *сов. см.* перепродава́ть.

перепроизво́дств||о *с. эк.* óver¦-prodúction; кри́зис ~а óver¦prodúction crísis (*pl.* -sès [-si:z]).

перепры́гивать, перепры́гнуть jump óver; (*вн.*, че́рез) jump (óver).

перепры́гнуть *сов. см.* перепры́гивать.

перепряга́ть, перепря́чь (*вн.*) **1.** (*заново*) ré¦hárness (*d.*); **2.** (*менять лошадей и т. п.*) change [ʧeɪ-] (*d.*).

перепря́чь *сов. см.* перепряга́ть.

перепу́г *м.*: с ~у *разг.* in one's fright. ~**анный** *прич. и прил.* fríghtened.

перепуга́ть *сов.* (*вн.*) fríghten (*d.*), give* a fright / turn (*i.*), scare (*d.*). ~**ся** *сов.* get* a fright, get* fríghtened.

перепу́тать(ся) *сов. см.* перепу́тывать(ся).

перепу́тывать, перепу́тать (*вн.*) **1.** (*приводить в беспорядок*) entángle (*d.*); **2.** *разг.* (*принимать одно за другое*) confúse (*d.*), mix up (*d.*), muddle up (*d.*). ~**ся**, перепу́таться **1.** get* entángled; **2.** get* confúsed, *или* mixed up (*ср.* перепу́тывать); **3.** *страд.* к перепу́тывать.

перепу́тье *с.* króss-roads; на ~ (*перен.*) at the cróss-roads.

перераба́тывать I, перерабо́тать **1.** (*вн.* в *вн.*) *тех.* procéss (*d.* into); ~ нефть refíne oil; **2.** (*вн.*; *переделывать*) ré¦máke* (*d.*).

перераба́тывать II, перерабо́тать (*вн.*) *разг.* (*работать дольше положенного времени*) excéed the fixed hours of work [...auəz...], work long hours.

перераба́тывающ||ий: ~ая промы́шленность prócessing índustry.

перерабо́тать I, II *сов. см.* перераба́тывать I, II.

перерабо́т||ка I *ж.* **1.** *тех.* procéssing; промы́шленность по ~ке сельскохозя́йственного сырья́ pródùce prócessing índustry; **2.** (*переделка*) ré¦-máking.

перерабо́тка II *ж.* (*сверх нормы*) óver¦tíme work.

перераспредел||е́ние *с.* ré¦dìstribú-tion. ~**и́ть** *сов. см.* перераспределя́ть.

перераспределя́ть, перераспредели́ть (*вн.*) ré¦distríbùte (*d.*).

перераста́ние *с.* **1.** óver¦grówing [-'grou-]; **2.** (во что-л.) devélopment (into).

перераста́ть, перерасти́ **1.** (*вн.*) óver¦grów* [-'grou] (*d.*); outgrów* [-'grou] (*d.*) (*тж. перен.*); **2.** (в *вн.*) devélop [-'ve-] (into), grow* [grou] (into).

перерасти́ *сов. см.* перераста́ть.

перерасхо́д *м.* **1.** óver-expénditure; **2.** *фин.* óver¦dràft. ~**овать** *несов. и сов.* (*вн.*) **1.** spend* too much (of); **2.** *фин.* óver¦dráw* (*d.*).

перерасчёт *м.* ré-còmputátion; сде́лать ~ (*рд.*) make* a fresh accóunt (of).

перерва́ть *сов. см.* перерыва́ть I. ~**ся** *сов. см.* перерыва́ться I.

перерегистра́ция *ж.* ré-règistrátion.

перерегистри́ровать *несов. и сов.* (*вн.*) ré-régister (*d.*). ~**ся** **1.** *несов. и сов.* ré-régister; **2.** *страд.* к перерегистри́ровать.

перере́зать I *сов. см.* перереза́ть.

перере́зать II *сов.* (*вн.*; *зарезать — всех, многих*) kill (*d.*).

перереза́ть, перере́зать (*вн.*) **1.** cut* (*d.*); ~ верёвку cut* *the* rope; **2.** (*преграждать путь*) cut* off (*d.*); ~ кому́-л. доро́гу cut* off, *или* ìntercépt, smb.'s course [...kɔ:s]; **3.** (*местность*) break* [-eɪk] (*d.*).

перереша́ть I, перереши́ть (*принимать другое решение*) change one's decísion [ʧeɪ-...], change one's mind.

перереша́ть II *сов.* (*вн.*; *всё, много*) solve (*d.*): ~ все зада́чи solve all the próblems [...'prɔ-].

перереши́ть *сов. см.* перереша́ть I.

перержа́веть *сов.* **1.** rust, be cóvered with rust [...'kʌ-...]; **2.** (*разломаться от ржавчины*) rust through.

перерисова́ть *сов. см.* перерисо́вывать.

перерисо́вка *ж.* со́руing.

перерисо́вывать, перерисова́ть (*вн.*; *заново*) draw* agáin / anéw (*d.*).

перероди́ть(ся) *сов. см.* перерожда́ть(ся).

перерожда́ть, перероди́ть (*вн.*) regénerâte (*d.*), make* a new man* (of). ~**ся**, переродиться **1.** regénerâte; **2.** (*вырождаться*; *тж. перен.*) degénerâte; **3.** *страд.* к перерожда́ть.

перерождён́ец *м.* degénerate.

перерожде́ние *с.* **1.** regènerátion; **2.** (*вырождение*; *тж. перен.*) degènerátion.

перерόсток *м. разг.* báckward child*, óver-âge child*.

перерубáть перерубить (*вн.*) cut* in(to) two (*d.*), chop / cut* / hew asúnder (*d.*); (*о бревне*) chop in(to) two (*d.*).

перерубить *сов. см.* перерубáть.

переруга́ть *сов.* (*вн.*) *разг.* abúse (*d.*).

переруга́ться *сов.* (с *тв.*) *разг.* quárrel (with), fall* out (with).

перерýгиваться *разг.* quárrel, squabble; ~ друг с дру́гом quárrel / squabble with one another.

переры́в *м.* interrúption; break [-eɪk], ìntermíssion; (*промежуток*) ínterval; ~ на де́сять мину́т ten mínutes' ínterval [...'mɪnɪts...]; обе́денный ~ dínner break; ле́тний ~ (*в работе, занятиях*) súmmer recéss; по́сле 8-дне́вного ~а (*в совещании*) áfter an 8-day recéss, áfter an adjóurnment of 8 days [...ə'ʤə:n-...]; сде́лать ~ на ле́тние *и т. п.* кани́кулы (*о парламенте и т. п.*) go* into súmmer, *etc.*, recéss, rise* for the súmmer, *etc.*, recéss; без ~ов without ìnterrúption / ìntermíssion; с ~ами off and on.

перерыва́ть I, перерва́ть (*вн.*) break* [-eɪk] (*d.*); tear* asúnder [tɛə...] (*d.*).

перерыва́ть II, перерь́іть (*вн.*) **1.** dig* up (*d.*); (*перен.*; *о бумагах и т. п.*) rúmmage (*d.*, in); **2.** (*заново*) dig* agáin / anéw (*d.*).

перерыва́ться I, перерва́ться **1.** break* [-eɪk]; **2.** *страд.* к перерыва́ть I.

перерыва́ться II *страд.* к перерыва́ть II.

перерь́іть *сов. см.* перерыва́ть II.

переряди́ть(ся) *сов. см.* переряжа́ть(ся).

переряжа́ть, перерядить (кого́-л.) *разг.* dis¦guíse (smb.); (кого́-л. ке́м-либо) dis¦guíse (smb. as smb.); (кого́-л. в *вн.*) dis¦guíse (smb. in). **~ся,** переряди́ться **1.** (в *вн.*) dis¦guíse òne¦sélf (in); (*тв.*) dis¦guíse òne¦sélf (as); **2.** *страд.* к переряжа́ть.

пересади́ть *сов. см.* переса́живать.

переса́дка I *ж. с.-х., мед.* trànsplàntátion [-lɑːn-]; (*о растениях тж.*) ré¦plàntátion [-ɑːn-]; (*о живой ткани тж.*) gráfting.

переса́д||ка II *ж. ж.-д.* tránsfer; change (of cárriage / train) [ʧeɪ-... -rɪʤ...]; в Ленингра́д без ~ки no change for Léningràd. **~очный** *прил.* к переса́дка; ~очный биле́т tránsfer.

переса́живать, пересади́ть (*вн.*) **1.** make* smb. change *his* seat [...ʧeɪ-...]: преподава́тель пересади́л ученико́в *the* téacher made *the* púpils change their seats; **2.** (*о растении*) trànsplánt [-ɑːnt] (*d.*); (*о живой ткани тж.*) graft (*d.*). **~ся,** пересе́сть **1.** change one's seat [ʧeɪ-...]; exchánge seats [-'ʧeɪ-...]; **2.** *ж.-д.* change cárriages / trains [...-rɪʤɪz...]; **3.** *страд.* к переса́живать.

переса́ливать, пересоли́ть (*вн.*) put* too much salt (into); (*без доп.*; *перен.*) òver¦dó it.

передава́ть, переда́ть (*вн.*) **1.** *разг.* (*об экзамене, зачёте*) ré¦táke* (*d.*); ~ экза́мен ré¦táke* one's exàminátion, go* in for a sécond exàminátion [...'se-...]; **2.** (*о картах*) deal* (round) agáin (*d.*).

переда́ть *сов. см.* передава́ть.

переседла́ть *сов.* (*вн.*; *заново*) sáddle anéw (*d.*).

пересека́||ть, пересе́чь (*вн.*) cross (*d.*), ìntersect (*d.*); (*о линиях, лучах и т. п.*) cut* (*d.*); пересе́чь у́лицу cross the street; ~ кому́-л. путь, доро́гу *и т. п.* cut* smb. off; cross smb.'s path. **~ться,** пересе́чься **1.** cross; ìntersect; **2.** *страд.* к пересека́ть. **~ющийся** *прич. и прил.* cróssing, ìntersécting; ~ющиеся ли́нии cróssing lines.

переселе́н||ец *м.* mígrant, mìgrátor [maɪ-]; (*иммигрант*) ímmigrant. **~ие** *с.* **1.** mìgrátion [maɪ-], èmigrátion, trànsmìgrátion [-maɪ-]; (*иммиграция*) ìmmigrátion; вели́кое ~ие наро́дов *ист.* the great mìgrátion of peoples [...-eɪt...piː-]; **2.** (*с квартиры на квартиру*) move [muːv]. **~ческий** *прил.* к переселе́ние 1.

пересели́ть(ся) *сов. см.* переселя́ть(-ся).

переселя́ть, пересели́ть (*вн.*) move [muːv] (*d.*); ~ на но́вую кварти́ру move to *a* new place (of résidence) [...-zɪ-] (*d.*). **~ся,** пересели́ться **1.** move [muːv], mìgráte [maɪ-], tránsmìgràte [-maɪ-]; ~ся на но́вую кварти́ру move to *a* new place (of résidence) [...-zɪ-], change one's lódgings [ʧeɪ-...]; **2.** *страд.* к переселя́ть.

пересе́сть *сов. см.* переса́живаться.

пересече́ни||е *с.* cróssing, ìntersèction; то́чка ~я point of ìntersèction.

пересечённ||ый **1.** *прич. см.* пересека́ть; **2.** *прил.*: ~ая ме́стность bróken cóuntry [...'kʌ-], rúgged cóuntry / térrain.

пересе́чь(ся) *сов. см.* пересека́ть (-ся).

пересиде́ть *сов. см.* переси́живать.

переси́живать, пересиде́ть *разг.* sit* / stay too long; óverstáy.

переси́ливать, переси́лить (*вн.*) òver¦pówer (*d.*); (*перен.*; *о боли, чувстве и т. п.*) òver¦cóme* (*d.*), máster (*d.*).

переси́лить *сов. см.* переси́ливать.

переси́нивать, пересини́ть (*вн.*) óver¦blúe (*d.*).

пересини́ть *сов. см.* переси́нивать.

переска́з *м.* **1.** (*действие*) ré¦télling, narrátion; **2.** (*изложение*) èxposítion [-'zɪ-]. **~а́ть** *сов. см.* переска́зывать.

переска́зывать, пересказа́ть (*вн.*) ré¦téll* (*d.*).

переска́кивать, перескочи́ть **1.** jump óver; (*вн.*, че́рез) jump (óver); vault (óver); (*перен.*; *при чтении*) skip (óver): он перескочи́л и побежа́л да́льше he jumped óver and ran on; он перескочи́л (че́рез) кана́ву he jumped óver *a* ditch; **2.** (с *рд.* на *вн.*, к) skip (from to): ~ с одно́й те́мы на другу́ю skip from one tópic to anóther.

перескочи́ть *сов. см.* переска́кивать.

пересласти́ть *сов.* (*вн.*) *разг.* put* too much súgar [...'ʃu-] (into).

пересла́ть *сов. см.* пересыла́ть.

пересма́тривать, пересмотре́ть (*вн.*) **1.** (*о книге, статье и т. п.*) go* óver agáin / anéw (*d.*), revíse (*d.*); **2.** (*в поисках чего-л.*) look óver (*d.*); **3.** (*с целью изменения*) revíse (*d.*); (*о приговоре*) reviéw [-'vjuː] (*d.*); (*о решении*) revíse (*d.*), reviéw (*d.*), ré¦consíder [-'sɪ-] (*d.*); ~ ста́рые но́рмы revíse old norms.

пересме́иваться (с *тв.*) *разг.* exchánge smiles [-'ʧeɪ-...] (with).

пересме́шн||ик *м.* **1.** *разг.* mócker; **2.** (*птица*) mócking-bìrd. **~ица** *ж.* к. пересме́шник 1.

пересмо́тр *м.* revísion; (*приговора*) reviéw [-'vjuː]; (*судебного дела*) ré¦tríal; (*решения*) ré¦consìderátion.

пересмотре́ть I *сов. см.* пересма́тривать.

пересмотре́ть II *сов.* (*вн.*; *повидать много чего-л.*) go* óver (*d.*), look through (*d.*), look óver (*d.*).

пересннма́ть, пересня́ть (*вн.*) **1.** (*о копии*) make* a cópy [...'kɔ-] (of); **2.** *разг.* (*о фотографии*) make* anóther phóto¦gràph (of). **~ся,** пересня́ться **1.** *разг.* have another phóto¦gràph táken; **2.** *страд.* к переснима́ть.

пересня́ть(ся) *сов. см.* переснима́ть(ся).

пересоздава́ть, пересозда́ть (*вн.*) ré-crèáte (*d.*).

пересозда́ть *сов. см.* пересоздава́ть.

пересо́л *м.* too much salt; ✧ недосо́л на столе́, а ~ на спине́ *посл.* ≅ bétter únder¦dóne than óver¦dóne. **~и́ть** *сов. см.* переса́ливать.

пересортир||ова́ть *сов.* (*вн.*) ré-assórt (*d.*). **~о́вка** *ж.* ré-assórting.

пересо́хнуть *сов. см.* пересыха́ть.

переспа́ть *сов. разг.* **1.** (*спать слишком долго*) óver¦sléep*; **2.** (*переночевать*) spend* the night.

переспева́ть, переспе́ть *разг.* óver¦rípen.

переспе́лый óver¦rípe.

переспе́ть *сов. см.* переспева́ть.

переспо́р||ить *сов.* (*вн.*) *разг.* out-árgue (*d.*); его́ не ~ишь there's no árguing with him, he must have the last word, he is álways in the right [...'ɔːlwəz...].

переспра́шивать, переспроси́ть (*вн.*) ask agáin (*d.*); (*просить повторить*) ask to repéat (*d.*).

переспроси́ть I *сов. см.* переспра́шивать.

переспроси́ть II *сов.* (*вн.*; *всех, многих*) ask (*d.*); ~ всех ученико́в ask all the púpils.

пересс́орить *сов.* (*вн.*) *разг.* cause to quárrel (*d.*); ~ ста́рых друзе́й cause old friends to quárrel [...fre-...], start a quárrel betwéen old friends. **~ся** *сов.* (с *тв.*) *разг.* quárrel / break* [...-eɪk] (with).

перестав||ля́ть, переста́ть stop; (*постепенно*) cease [-s]; переста́ть притворя́ться abándon all preténce; переста́ньте разгова́ривать! stop tálking!; не ~а́я incéssantly.

переста́вить *сов. см.* переставля́ть.

переставля́ть, переста́вить (*вн.*) move [muːv] (*d.*), shift (*d.*); trànspóse (*d.*); (*перемещать*) ré¦arránge [-'reɪ-] (*d.*); ✧ е́ле но́ги ~ be hárdly able to drag one's legs alóng.

переста́ивать(ся), перестоя́ть(ся) be left to stand too long.

перестано́вка *ж.* **1.** trànsposítion [-'zɪ-]; (*перемещение*) ré¦arránge¦ment [-'reɪ-]; **2.** *мат.* pèrmùtátion.

перестара́ться *сов. разг.* òver¦dó it.

перестáть *сов. см.* переставáть.

перестилáть, перестлáть (*вн.*) **1.**: ~ постéль make* *the* bed óver agáin; **2.** (*досками*) board (*d.*); ~ пол в кóмнате ré-flóor *a* room [-'flɔː...].

перестирáть I *сов. см.* перестíрывать.

перестирáть II *сов.* (*вн.*; *всё, много*) wash (*d.*); ~ всё бельё wash all the línen [...'lɪ-].

перестíрывать, перестирáть (*вн.*) wash agáin / anéw (*d.*).

перестлáть *сов. см.* перестилáть.

перестоя́ть(ся) *сов. см.* перестáивать(ся).

перестрадáть *сов.* súffer (a great deal) [...-eɪt...], have súffered.

перестрáивать, перестрóить (*вн.*) **1.** (*о доме и т. п.*) ré¦búild* [-'bɪld] (*d.*), ré¦constrúct (*d.*); **2.** (*реорганизовывать*) ré¦órganìze (*d.*); ~ на воéнный лад put* on a war fóoting [...'fut-] (*d.*); **3.** *воен.* ré-fórm (*d.*); **4.** *муз.* tune (*d.*), attúne (*d.*); **5.** *рад.* switch óver (*d.*). **~ся,** перестрóиться **1.** refórm; impróve one's méthods of work [-ruːv...]; **2.** *воен.* ré-fórm; **3.** (на *вн.*) *рад.* switch óver (to): ~ся на корóткую волнý switch óver to short waves; **4.** *страд. к* перестрáивать.

перестраховáть(ся) *сов. см.* перестрахóвывать(ся).

перестрахóв||ка *ж.* ré¦insúrance [-'ʃuə-]; (*перен.*) *неодобр.* óver¦cáutious¦ness. **~щик** *м.* *неодобр.* óver¦cáutious pérson.

перестрахóвывать, перестраховáть (*вн.*) ré¦insúre [-'ʃuə] (*d.*). **~ся,** перестраховáться **1.** get* ré¦insúred [...'ʃuəd]; (*перен.*) *неодобр.* play for sáfe¦ty, play safe, be óver¦cáutious (to avóid respònsibílity); **2.** *страд. к* перестрахóвывать.

перестрéл||иваться exchánge fire [-'ʧeɪ-...]. **~ка** *ж.* exchánge of fire [-'ʧeɪ-...], skírmish.

перестреля́ть I *сов.* (*вн.*; *убить*) shoot* (down) (*d.*).

перестреля́ть II *сов.* (*вн.*; *израсходовать*) use up (*d.*); ~ все патрóны use up all the cártridges.

перестрóить(ся) *сов. см.* перестрáивать(ся).

перестрóйка *ж.* **1.** (*здания*) ré¦búilding [-'bɪl-], ré¦constrúction; **2.** (*идеологическая*) ré¦òrientátion; **3.** (*реорганизация*) ré¦òrganìzátion [-naɪ-]; ~ рабóты ré¦òrganìzátion of work, ré¦formátion of procédure [...'siːʤə]; социалистíческая ~ сéльского хозя́йства sócialist ré¦òrganìzátion of ágricùlture.

перестýкива||ние *с.* (с *тв.*; *в тюрьме*) commùnicátion by rápping / tápping. **~ться** (с *тв.*) commúnicàte by rápping / tápping (with).

переступáть, переступíть **1.** step óver; (*вн.*, чéрез) óver¦stép (*d.*), step (óver); (*перен.*: *закон и т. п.*) trànsgréss (*d.*), break* [-eɪk] (*d.*); ~ порóг cross the thréshòld; ~ границы excéed the límits, go* be¦yónd the límits; **2.** *тк. несов.*: едвá ~ move step by step [muːv...], move slówly [...'slou-]; ~ с ногí нá ногу shift from one foot to the other [...fut...], shift from foot to foot, shuffle alóng.

переступíть *сов. см.* переступáть 1.

пересýды *мн. разг.* góssip *sg.*

пересýшивать, пересушíть (*вн.*) óver¦drý (*d.*). **~ся,** пересушíться **1.** óver¦drý; **2.** *страд. к* пересýшивать.

пересушíть I *сов. см.* пересýшивать.

пересушíть II сов. (*вн.*; *всё, много*) dry (*d.*).

пересушíться *сов. см.* пересýшиваться.

пересчитáть I *сов. см.* пересчíтывать.

пересчитáть II *сов.* (*вн.*; *всех, всё*) count (*d.*).

пересчíтывать, пересчитáть **1.** (*вн.*; *заново*) count agáin / anéw (*d.*); **2.** (*вн.* на *вн.*; *выражать в других величинах*) eváluàte (*d.* in).

пересылáть, переслáть (*вн.*) send* (*d.*); (*о деньгах*) remít (*d.*); (*о письме и т. п.*) fórward (*d.*); ~ по пóчте send* by post [...pou-] (*d.*).

пересы́л||ка *ж.* sénding; (*о деньгах*) remíttance; ~ товáров cárriage of goods [-rɪʤ... gudz]; стóимость ~ки (*по почте*) póstage ['pou-]; ~ бесплáтно cárriage free; (*по почте*) post free [pou-...]. **~очный** *прил. к* пересы́лка.

пересы́льный dèpòrtátion [diː-] (*attr.*); ~ пункт dèpòrtátion point (for cónvicts).

пересы́пать I, II, III *сов. см.* пересыпáть I, II, III.

пересыпáть I, пересы́пать (*вн.*) pour into another contáiner / place [pɔː...] (*d.*); ~ из одногó мéста в другóе, кудá-л. *и т. п.* pour out of one place / contáiner into another, sóme¦whère, *etc.*

пересыпáть II, пересы́пать (*вн. тв.*) **1.** pówder (*d.* with); **2.** *чаще несов. разг.* (*речь — остротами и т. п.*) ìnterspérse (*d.* with).

пересыпáть III, пересы́пать (*рд.*; *слишком много*) pour too much [pɔː...] (*d.*), put* too much (*d.*).

пересыхáть, пересóхнуть dry up; (*чересчур*) óver¦drý; (*о почве*) get* dry; ◇ у негó в гóрле пересóхло his throat is dry / parched.

перетáпливать, перетопíть (*вн.*) **1.** melt (*d.*); **2.** (*заново*) melt agáin / anéw (*d.*). **~ся,** перетопíться **1.** melt; **2.** *страд. к* перетáпливать.

перетаск||áть *сов.* (*вн.*) *разг.* **1.** cárry (a¦wáy) (*d.*); **2.** (*украсть*) steal* (*d.*): у негó ~áли все кни́ги all his books were stólen from him.

перетáскивать, перетащíть (*вн.*) (*волоча*) drag óver (*d.*); (*неся*) cárry óver (*d.*); (чéрез; *волоча*) drag (óver); (*неся*) cárry (óver).

перетасовáть *сов. см.* перетасóвывать.

перетасóвка *ж.* shuffle.

перетасóвывать, перетасовáть (*вн.*) shuffle (*d.*), ré¦shúffle (*d.*).

перетащíть *сов. см.* перетáскивать.

перетерéть I *сов. см.* перетирáть.

перетерéть II *сов.* (*вн.*; *всё, много*) wipe up (*d.*); ~ всю посýду wipe all the díshes.

перетерéться *сов. см.* перетирáться.

перетерпéть *сов.* (*вн.*) *разг.* súffer (*d.*); (*боль и т. п.*) òver¦cóme* (*d.*).

перетирáть, перетерéть (*вн.*) **1.** (*о верёвке и т. п.*) wear* out [wɛə...] (*d.*); **2.** (*растирать*) grind* (*d.*); ◇ терпéние и труд всё перетрýт *посл.* ≅ pèrsevérance wins; it's dógged does it; if at first you don't succéed, try, try, try agáin. **~ся,** перетерéться **1.** (*о верёвке и т. п.*) wear* out [wɛə...]; **2.** *страд. к* перетирáть.

перетóлки *мн. разг.* títtle-tàttle *sg.*

перетоковáть I *сов. см.* перетолкóвывать.

перетолковáть II *сов.* (с *тв.* о *пр.*) *разг.* talk (with óver), discúss (with *d.*).

перетолкóвывать, перетолковáть (*вн.*) *разг.* mísintérpret (*d.*).

перетопíть(ся) *сов. см.* перетáпливать(ся).

перетревóжить *сов.* (*вн.*) *разг.* distúrb (*d.*). **~ся** *сов. разг.* be distúrbed, become* ánxious.

перетрýсить *сов. разг.* have / get* a fright.

перетрясáть, перетрястí (*вн.*) **1.** shake* up (*d.*); **2.** (*перебирать в поисках чего-л.*) look óver (*d.*).

перетрястí *сов. см.* перетрясáть.

перетря́хивать, перетряхнýть (*вн.*) shake* up (*d.*).

перетряхнýть *сов. см.* перетря́хивать.

перéть *разг.* **1.** (*идти*) trudge; кудá ты прёшь! stand back!; **2.** (*вн.*; *нести*) haul (*d.*).

перетя́гивать I, перетянýть (*вн.*; *перевешивать*) outbálance (*d.*), òver¦bálance (*d.*), outwéigh (*d.*); перетянýть чáшу весóв turn the scale.

перетя́гивать II, перетянýть (*вн.*; *о верёвке и т. п.*) stretch agáin / anéw (*d.*).

перетя́гивать III, перетянýть (*вн.*; *перетаскивать*) pull / draw* sóme¦whère else [pul...] (*d.*); ~ с одногó мéста на другóе, кудá-л. *и т. п.* pull / draw* from one place to another, sóme¦whère, *etc.* (*d.*); ~ лóдку к бéрегу pull / draw* *the* boat to the shore; ◇ перетянýть на свою́ стóрону win* óver (*d.*), gain óver (*d.*).

перетя́гиваться, перетянýться lace òne¦sélf too tight.

перетянýть I, II, III *сов. см.* перетя́гивать I, II, III. **~ся** *сов. см.* перетя́гиваться.

переубеди́ть(ся) *сов. см.* переубежда́ть(ся).

переубежда́ть, переубеди́ть (*вн.*) make* (*d.*) change one's mind [...ʧeɪ-...]: он переубеди́л её he made her change her mind. **~ся,** переубеди́ться **1.** change one's mind [ʧeɪ-...]; **2.** *страд. к* переубежда́ть.

переу́лок *м.* bý-street; (*узкий*) lane, álley.

переусе́рдствовать *сов. разг.* òver¦dó it; be óver¦zéalous [...-'zel-].

переустро́йство *с.* ré¦constrúction; социалисти́ческое ~ о́бщества sócialist ré¦constrúction of socíety.

переуступа́ть, переуступи́ть (*вн.*) cede (*d.*), give* up (*d.*).

переуступи́ть *сов. см.* переуступа́ть.

переутом||и́ть(ся) *сов. см.* переутомля́ть(ся). **~ле́ние** *с.* óver¦strain; (*от работы тж.*) óver¦wórk. **~лённый** *прич. и прил.* óver¦strained, óver¦tíred; (*работой тж.*) óver¦wórked.

переутомля́ть, переутоми́ть (*вн.*) óver¦stráin (*d.*), óver¦tíre (*d.*); (*работой тж.*) óver¦wórk (*d.*). **~ся,** переутоми́ться **1.** óver¦stráin òne¦sélf; (*работой тж.*) óver¦wórk óne¦sélf; *сов. тж.* be run down; **2.** *страд. к* переутомля́ть.

переуче́сть *сов. см.* переучи́тывать.

переучёт *м.* **1.** (*о товарах и т. п.*) stóck-tàking, ínventory; **2.** (*перерегистрация*) règistrátion.

переу́чивать, переучи́ть **1.** (кого́-либо) teach* agáin / anéw (smb.); **2.** (что-л.) learn* agáin / anéw [lə:n...] (smth.). **~ся,** переучи́ться learn* agáin / anéw [lə:n...].

переучи́тывать, переуче́сть (*вн.*; *о товарах и т. п.*) take* stock (of).

переучи́ть(ся) *сов. см.* переу́чивать(ся).

переформирова́ть *сов. см.* переформиро́вывать.

переформиро́вывать, переформирова́ть (*вн.*) *воен.* ré-fórm (*d.*).

перефрази́ровать *несов. и сов.* (*вн.*) páraphràse (*d.*).

перефразиро́вка *ж.* páraphràse.

перехва́ливать, перехвали́ть (*вн.*) óver¦praise (*d.*).

перехвали́ть *сов. см.* перехва́ливать.

перехвати́ть I *сов. см.* перехва́тывать.

перехвати́ть II *сов. разг.* (*преувеличить*) óver¦shóot* the mark.

перехва́тчик *м. ав.* ìnterceptor.

перехва́тывать, перехвати́ть (*вн.*) **1.** (*задерживать в пути*) ìntercépt (*d.*); ~ письмо́ ìntercépt *a* létter; перехвати́ть телефо́нный разгово́р tap the wire; **2.** *разг.* (*занимать деньги на короткое время*) bórrow (*d.*); **3.** *разг.* (*поесть мимоходом*) take* a snack / bite / móuthful.

перехвора́ть *разг.*=переболе́ть.

перехитри́ть *сов.* (*вн.*) out¦wit (*d.*), òver¦réach (*d.*).

перехо́д *м.* (*в разн. знач.*) pássage, trànsítion [-ʒn]; (*из одного состояния в другое тж.*) change [ʧeɪ-]; (*действие тж.*) crо́ssing; *воен.* march; в двух ~ах от го́рода two days' march from the town; при ~е че́рез ре́ку while crо́ssing the ríver [...'rɪ-]; ~ от социали́зма к коммуни́зму trànsítion from sócialism to cómmunism; ~ коли́чества в ка́чество trànsítion from quántity to quálity; ~ от семиле́тнего на всео́бщее сре́днее, десятиле́тнее образова́ние switch-òver from 7-year èducátion to géneral sécondary, 10-year èducátion; бы́стрый ~ от тепла́ к хо́лоду rápid trànsítion from heat to cold; ~ в другу́ю ве́ру convérsion to another faith.

переходи́ть, перейти́ **1.** get* acróss; (*препятствие*) get* óver; (*вн.*, че́рез) cross (*d.*), get* (óver); ~ грани́цу cross the fróntier [...-ʌn-]; **2.** (к) pass on (to); (*без доп.*; *менять место, занятие и т. п.*) pass; ~ из уст в уста́ be passed on; ~ от слов к де́лу pass from words to deeds; перейти́ к ми́рной эконо́мике shift to a peace èconomy [...i:-]; ~ на другу́ю те́му turn to other things; ~ в ру́ки (*рд.*) pass into the hands (of); ~ к друго́му владе́льцу change hands [ʧeɪ-...]; ~ в сле́дующий класс get* one's remóve [...-'mu:v]; ~ на произво́дство мотоци́клов turn to máking mótor-cýcles; ~ на сто́рону проти́вника desért to the énemy [-'zə:t...]; (*перен.*) be a túrncoat; ~ к сле́дующему вопро́су go* on to the next quéstion / point [...-sʧən...]; **3.** (в *вн.*; *превращаться*) turn (into); их ссо́ра перешла́ в дра́ку from words they came to blows [...-ouz]; **4.:** ~ в ата́ку launch an attáck; ~ в наступле́ние take* / assúme the offénsive; ◇ ~ грани́цы óver¦stép the límits, pass all bounds; ~ из рук в ру́ки pass through many hands; change hands many times.

перехо́д||ный 1. trànsítional [-ʒnᵊl]; trànsítion [-ʒn] (*attr.*); **~ная** эпо́ха trànsítion(al) périod; ~ пери́од от капитали́зма к социали́зму trànsítion(al) périod from cápitalism to sócialism; **2.** *грам.* tránsitive ['trɑ:ns-]; ~ глаго́л tránsitive verb. **~я́щий 1.** *прич. см.* переходи́ть; **2.** *прил.* tránsitory [-z-], tránsient [-z-]; ~я́щие су́ммы *фин.* cárry-òvers; **3.** *прил.* (*о кубке и т. п.*) chállenge (*attr.*); ~я́щее зна́мя chállenge bánner; ~я́щий приз, ку́бок *спорт.* chállenge prize, cup.

пе́рец *м.* pépper; стручко́вый ~ cápsicum; (*красный*) cayénne; ◇ зада́ть пе́рцу кому́-л. *разг.* ≅ give* it smb. hot.

перецара́паться *сов.* **1.** scratch òne¦sélf (on wire, thorns, *etc.*); **2.** (*взаимно*) scratch one another, scratch each other.

перечека́н||ивать, перечека́нить (*вн.*) ré¦cóin (*d.*). **~ить** *сов. см.* перечека́нивать. **~ка** *ж.* ré¦cóinage.

пе́речень *м.* enùmerátion; (*список*) list.

перечёркивать, перечеркну́ть (*вн.*) cross (out) (*d.*); (*перен.*; *о договоре и т. п.*) cáncel (*d.*), make* null and void (*d.*).

перечеркну́ть *сов. см.* перечёркивать.

перечерти́ть *сов. см.* перече́рчивать.

перече́рчивать, перечерти́ть (*вн.*) **1.** (*заново*) draw* agáin / anéw (*d.*); **2.** (*снять копию*) cópy ['kɔ-] (*d.*).

перечеса́ть *сов. см.* перечёсывать.

пере́честь I *сов. разг.*=пересчита́ть II; мо́жно по па́льцам ~ it can be cóunted on the fíngers of one hand.

пере́честь II *сов. см.* перечи́тывать.

перечёсывать, перечеса́ть: ~ во́лосы do one's hair óver agáin.

перечини́ть I *сов.* (*вн.*; *всё, много — о белье и т. п.*) mend (*d.*), repáir (*d.*).

перечини́ть II *сов.* (*наново*) mend agáin / anéw (*d.*), repáir agáin / anéw (*d.*).

перечини́ть III *сов.* (*вн.*; *о карандашах*) shárpen (*d.*), point (*d.*).

перечисле́ние *с.* **1.** enùmerátion; **2.** *фин.* tránsfer; (*действие*) trànsférring.

перечи́слить *сов. см.* перечисля́ть.

перечисля́ть, перечи́слить (*вн.*) **1.** enúmeràte (*d.*); **2.** *фин.* trànsfér (*d.*).

перечита́ть I *сов. см.* перечи́тывать.

перечита́ть II *сов.* (*вн.*; *одно за другим*) read* (*d.*): ~ все кни́ги read* all the books.

перечи́тывать, перечита́ть, пере́честь (*вн.*) ré-réad* (*d.*).

пере́чить (*дт.*) *разг.* còntradíct (*d.*), thwart (*d.*).

пе́речница *ж.* pépper-bòx.

перечу́вствовать *сов.* (*вн.*) feel* (*d.*), expérience (*d.*).

перешáгивать, перешагну́ть step óver; (*вн.*, че́рез) óver¦stép (*d.*), step (óver); ~ поро́г cross the thréshòld.

перешагну́ть *сов. см.* переша́гивать.

переше́ек *м. геогр.* ísthmus ['ɪsməs], neck (of land).

перешёптываться whísper to one another.

перешиб||и́ть, перешиби́ть (*вн.*) *разг.* frácture (*d.*), break* [-eɪk] (*d.*). **~и́ть** *сов. см.* перешиба́ть.

перешива́ть, переши́ть (*вн.*) **1.** sew* [sou] (*d.*); пу́говицу на́до переши́ть на карма́н the bútton should be sewn to / on the pócket [...soun...]; **2.** (*переделывать*) álter (*d.*); (*сдавая в переделку*) have (*d.*) áltered; переши́ть пальто́ álter *a* coat; (*сдавая в переделку*) have *a* coat áltered; **3.** *тех.* álter (*d.*); ~ колею́ *ж.-д.* álter the gauge [...geɪʤ].

переши́вка *ж.* (*платья*) áltering, àlterátion (of clothes) [...-ouðz].

переши́ть *сов. см.* перешива́ть.

перештóпать I *сов. см.* перештóпывать.

перештóпать II *сов.* (*вн.*; *всё, много*) darn (*d.*): ~ все носкú darn all the socks.

перештóпывать, перештóпать (*вн.*) ré¦dárn (*d.*), darn óver agáin (*d.*), darn anéw (*d.*).

перещеголя́ть *сов.* (*вн.*) *разг.* out¦dó (*d.*), beat* (*d.*); go* one bétter than (*d.*).

переэкзаменовáть *сов.* (*вн.*) ré¦exámine (*d.*).

переэкзаменóвк||а *ж.* sécond exàminátion (áfter *a* fáilure) ['se-...]; держáть ~у go* in for a sécond exàminátion.

перигéй *м. астр.* périgee.

перикáрд||ий *м. анат.* pèricárdium (*pl.* -ia). **~úт** *м. мед.* pèricàrdítis.

перúла *мн.* ráil(ing) *sg.*; (*лестничные тж.*) hánd-rail *sg.*; (*у внутренней лестницы*) bánisters.

перúметр *м. мат.* perímeter.

перúна *ж.* féather-bèd ['feðə-].

перúод *м.* **1.** (*в разн. знач.*) périod; (*короткий тж.*) spell; за корóткий ~ врéмени in a short space of time; **2.** *геол.* age; леднико́вый ~ glácial épòch / périod [...-ɔk...], íce-àge.

периодизáция *ж.* divísion into périods.

периóдика *ж. собир.* pèriódicals *pl.*, pápers and màgazínes [...-'ziː-] *pl.*

периодúческ||и *нареч.* pèriódically. **~ий** (*в разн. знач.*) pèriódic(al); ~ий журнáл pèriódical, màgazíne [-'ziːn], jóurnal ['dʒəː-]; ~ое явлéние (*о явлениях природы*) recúrrent phenómenon (*pl.* -mena); э́то ~ое явлéние it cónstantly recúrs; ~ая дробь *мат.* recúrring décimal; ~ая систéма элемéнтов *хим.* pèriódic sýstem.

периодúчн||ость *ж.* pèriodícity. **~ый** pèriódic(al).

перипатéтик [-тэ́-] *м.* pèripatétic.

перипетúя *ж.* pèripetéia [-'taɪə], pèripetía; (*внезапное осложнение*) tróuble [trʌ-].

перискóп *м.* périscòpe.

перископúч||еский, **~ный** pèriscópic(al).

перистáльт||ика *ж. физиол.* pèristálsis. **~úческий** *физиол.* pèristáltic.

перистúль *м. арх.* péristỳle.

перистолúстный *бот.* féather-leaved ['feðə-], pínnate.

пéрист||ый 1. *зоол., бот.* pínnate; **2.** (*похожий на перья*) plúmòse [-s]; ~ые облакá fléecy clouds; círri *научн.*

перитонúт *м. мед.* pèritonítis.

периферúйный of / in the óutlỳing dístricts; ~ рабóтник wórker in an óutlỳing dístrict of the cóuntry [...'kʌ-].

перифер||úческий periphéral. **~úя** *ж.* **1.** períphery; **2.** *собир.* (*удалённые от центра районы*) the óutlỳing dístricts *pl.*; próvinces *pl.*

перифрáза *ж.* períphrasis (*pl.* -asès [-iːz]).

перифразúровать *несов. и сов.* (*вн.*) use a períphrasis (for).

пёрка *ж. тех.* bit; лóжечная ~ áuger bit.

перкáль *ж. текст.* cámbric múslin ['keɪm-...], percále.

перкý||ссия *ж. мед.* pèrcússion. **~тúровать** *несов. и сов.* (*вн.*) *мед.* pèrcúss (*d.*).

перл *м.* pearl [pəːl].

перламýтр *м.* móther-of-péarl ['mʌ- -'pəːl], nacre.

перламýтров||ый móther-of-péarl ['mʌ--'pəːl] (*attr.*); nácreous *книжн.*; ~ая пýговица pearl bútton [pəːl...].

пéрлинь *м. мор.* háwser [-zə].

перлóв||ый: ~ая крупá péarl-bárley ['pəːl-]; ~ суп péarl-bárley soup [...suːp].

перлюстр||áция *ж.* pèrlùstrátion; inspéction of còrrespóndence. **~úровать** *несов. и сов.* (*вн.*) práctise pèrlùstrátion [-s...] (of).

перманéнт *м. разг.* (*завивка*) pérmanent wave.

перманéнтн||ость *ж.* pérmanence. **~ый** pérmanent.

пéрмск||ий: ~ая систéма *геол.* Pérmian fòrmátion.

пернáтые *мн. скл. как прил.* birds.

пернáт||ый féathery ['feðə-], féathered ['feðəd]; ~ое цáрство birds *pl.*

пер||ó *с.* **1.** (*птичье*) féather ['feðə]; (*украшение тж.*) plume; стрáусовое ~ óstrich féather; **2.** (*писчее*) pen; ◇ взя́ться за ~ take* up the pen; владéть ~óм wield a skílful pen [wiːld...]; владéть óстрым ~óм wield a fórmidable pen; ни пýха ни ~á ≅ good luck!; э́того ~óм не описáть it is be¦yónd descríption, it defíes / báffles all descríption; прóба ~á first steps in líterature *pl.*; test of the pen.

перочúнный: ~ нож pén¦knìfe*.

перпендикуля́р *м. мат.* pèrpendícular; опускáть ~ (на *вн.*) drop a pèrpendícular (on); восстáвить ~ (к) raise a pèrpendícular (to). **~но** *нареч.* pèrpendícularly. **~ный** pèrpendícular.

перрóн *м. ж.-д.* plátfòrm. **~ный** plátfòrm (*attr.*): ~ный билéт plátfòrm tícket.

перс *м.* Pérsian [-ʃən].

персúдский Pérsian [-ʃən]; ~ язы́к Pérsian, the Pérsian lánguage; ◇ ~ порошóк *уст.* ínsect-pówder.

пéрсик *м.* **1.** (*плод*) peach; **2.** (*дерево*) peach(-tree).

пéрсиков||ый péachy; ~ое дéрево péach-tree.

персия́н||ин *м. уст.* = перс. **~ка** *ж.* Pérsian (wóman*) [-ʃən 'wu-].

персóн||а *ж.* pérson; вáжная ~ *разг.* pérsonage; big wig *идиом.*; сóбственная ~ *разг.* one's own / very self [...oun...], one's own pérson; сóбственной ~ой *как нареч.* in pérson.

персонáж *м.* cháracter ['kæ-], pérsonage.

персонáл *м. тк. ед. собир.* pèrsonnél, staff.

персонáльн||о *нареч.* pérsonally. **~ый** pérsonal; ~ая пéнсия spécial pénsion ['spe-...]; ~ый пенсионéр recípient of a spécial pénsion; ~ое приглашéние pérsonal / indivídual ìnvitátion; ~ая отвéтственность pérsonal respònsibílity.

персонификáция *ж.* pèrsònificátion.

персонифицúровать *несов. и сов.* (*вн.*) pèrsónifỳ (*d.*).

перспектúв||а *ж.* **1.** perspéctive; потéря ~ы loss of perspéctive; **2.** (*открывающийся вид*) vísta; **3.** *тк. ед. иск.* view [vjuː]; **4.** *мн.* (*виды на будущее*) próspèct(s); óutlook *sg.*; ◇ в ~е in perspéctive, in próspect. **~ный** lóng-ránge [-'reɪ-], lóng-tèrm; ~ный план lóng-tèrm plan; ~ное планúрование lóng-tèrm plánning.

перст *м. уст.* fínger; ◇ одúн как ~ ≅ quite alóne; all by òne¦sélf.

пéрстень *м.* (fínger-)rìng; (*с печатью*) séal-rìng, sígnet-rìng.

перстневúдный crícoid; ~ хрящ *анат.* crícoid.

персульфáт *м. хим.* persúlphàte.

пертурбáция *ж.* pèrtùrbátion.

перуáн||ец *м.*, **~ка** *ж.*, **~ский** Perúvian; ◇ ~ский бальзáм Perúvian balm [...bɑːm].

Перýн *м. миф.* Peróun [-uːn].

перфéкт *м. грам.* pérfect. **~úвный,** **~ный** *грам.* pérfect.

перфор||áтор *м. тех.* pérforàtor. **~áция** *ж. тех., мед.* pèrforátion. **~úровать** *несов. и сов.* (*вн.*) *тех.* pérforàte (*d.*).

перхлорáт *м. хим.* perchlórate.

пéрхоть *ж.* dándruff, dándriff, scurf.

перцéпция *ж. филос.* percéption.

перцóв||ка *ж.* pépper-bràndy. **~ый** pépper (*attr.*).

перчáтк||а *ж.* glove [-ʌv]; (*рукавица*) mitt, mítten; (*фехтовальная, шофёрская*) gáuntlet; боксёрская ~ bóxing-glòve [-ʌv]; лáйковые ~и kíd-glòves [-ʌvz]; зáмшевые ~и suède gloves (*фр.*) [sweɪd...]; в ~е, в ~ах gloved [-ʌvd]; в бéлых ~ах white-glòved [-ʌvd]; ◇ бросáть ~у throw* down the gáuntlet / glove [θrou...]; поднимáть ~у take* / pick up the gáuntlet / glove.

перчáточн||ик *м.*, **~ица** *ж.* glóver [-ʌvə]. **~ый** glove [-ʌv] (*attr.*).

перчúнка *ж.* péppercòrn.

пéрчить (*вн.*) *разг.* pépper (*d.*).

першерóн *м.* (*лошадь*) pércheròn.

перш||úть *безл. разг.*: у негó ~úт в гóрле he has a tíckling in his throat.

пёрышко *с.* plúme¦let; ◇ лёгкий как ~ féathery ['feð-], féather-líght ['feð-].

пёс *м.* dog; созвéздие Большóго Пса *астр.* Gréater Dog ['greɪtə...]; Cánis Májor; созвéздие Мáлого Пса Lésser Dog; Cánis Mínor.

пéсенка *ж.* song; (*короткая*) dítty; ◇ егó ~ спéта ≅ he is done for; his goose is cooked [...gu:s...] *идиом.*

пéсенник I *м.* (*сборник песен*) book of songs.

пéсенник II *м.* 1. (*певец*) (chórus) síng|er ['k-...]; 2. (*автор песен*) áuthor of songs.

пéсенный song (*attr.*).

песéц *м.* 1. (*животное*) pólar fox; голубóй ~ blue fox; бéлый ~ white fox; 2. (*мех*) pólar fox (fur).

пёсий *прил. к* пёс.

пёсик *м. разг.* little dog, dóggie.

пескáрь *м.* (*рыба*) gúdgeon [-ʤ°n].

пескострýйный *тех.* sánd-blást (*attr.*).

песн||ь *ж.* 1. *лит.* cántò; 2. *уст.* = пéсня; ◇ Песнь Пéсней (*в библии*) Cánticles, the Song of Songs, the Song of Sólomon.

пéсн||я *ж.* song; (*напев*) air; (*весёлая*) cárol ['kæ-]; (*с припевом*) róundeláy; нарóдная ~ folk / pópular song; ◇ э́то стáрая ~ *разг.* ≅ it is the same old stóry; э́то дóлгая ~ *разг.* ≅ that's a long stóry; тянýть всё ту же ~ю *разг.* ≅ harp on the same string.

пес||óк *м.* 1. *тк. ед.* sand; золотонóсный ~ gold sands *pl.*; auríferous grável [...'græ-]; золотóй ~ góld-dúst; 2. *мн.* sands; зыбýчие ~кú quícksànds; 3. *мед.* grável ['græ-]; ◇ сáхарный ~ gránulàted súgar [...'ʃu-]; стрóить на пескé build* on sand [bɪ-...].

песóчн||ый 1. sándy; ~ые часы́ sánd-glàss *sg.*; 2. (*о тесте*) short; ~ое печéнье shórtbread [-ed], shórtcàke.

пессими́||зм *м.* péssimism. ~**ст** *м.* péssimist. ~**стúческий**, ~**стúчный** pèssimístic.

пест *м.* pestle [-stl]; stámper.

пéстик *м.* 1. *уменьш. от* пест; 2. *бот.* pístil.

пéстиковый *бот.* pístillàte.

пéстовать (*вн.*) 1. *уст.* nurse (*d.*); 2. (*заботливо выращивать, воспитывать*) fóster (*d.*), chérish (*d.*).

пестрé||ть 1. show* / appéar párticolour|ed / mány-cólour|ed [ʃou...-kʌləd -'kʌləd]; вдалú ~ли знамёна flags showed cólour|fully in the dístance [...'kʌ-...]; 2. (*тв.*) be gay (with): ýлицы ~ли знамёнами, плакáтами the streets were gay with flags, pósters [...'pou-].

пестр||úть 1. make* gáudy / fláshy; 2. *безл.*: у негó ~úт в глазáх he is dazzled. ~**отá** *ж.* dìvérsity of cólours [daɪ-...'kʌ-]; (*перен.*) mixed cháracter [...'k-].

пёстр||ый mótley ['mɔ-], váriegàted, párticòlour|ed [-kʌləd]; (*о красках*) mótley, gay; (*об одежде*) gáy-cólour|ed [-'kʌləd]; (*перен.: разнородный*) mixed; ~ая аудитóрия mixed / mótley áudience.

песцóвый *прил. к* песéц.

песчáник *м. геол.* sándstòne; (*крупнозернистый*) grítstòne. ~**овый** *прил. к* песчáник.

песчáн||ый sándy; ~ая пóчва sándy / light soil.

песчúнка *ж.* grit, grain of sand.

петáрда *ж.* 1. *ист.* petárd; пороховáя ~ (*в снарядной трубке*) pówder péllet; 2. *ж.-д.* (*сигнальная*) tòrpédò.

петúт *м. полигр.* brevíer [-'vɪə].

петúц||ия *ж.* petítion; обращáться с ~ией (к) petítion (*d.*); (к комý-л. о чём-л.) petítion (smb. for smth.).

петлúца *ж.* 1. búttonhòle; 2. (*нашивка*) tab.

пéтл||я *ж.* 1. loop; (*перен.*) noose [-s]; 2. (*для пуговицы*) búttonhòle; (*для крючка*) eye [aɪ]; метáть ~и búttonhòle, work búttonhòles; 3. (*в вязании*) stitch; спустúть ~ю drop *a* stitch; спустúвшаяся ~ на чулкé a run in *a* stócking; 4. (*дверная, оконная*) hinge; 5. *ав.* loop; дéлать ~ю loop the loop; ◇ лезть в ~ю run* one's head into the noose [...hed...]; надéть ~ю на шéю ≅ attách / hang* a míllstòne abóut one's neck; затянýть ~ю на шéе fásten the noose aróund smb.'s neck [-s°n...].

петрификáция *ж. геол.* pètrifáction; fòssilizátion [-laɪ-].

петрóграф *м.* petrógrapher.

петрографúческий pètrográphic(al).

петрогрáфия *ж.* petrógraphy.

петролéйный: ~ эфúр petróleum éther [...'i:θə].

Петрýшка *театр.* 1. *м.* (*кукла*) Punch; 2. *ж.* (*представление*) Púnch-and-Júdy show [...ʃou].

петрýшка *ж.* (*овощ*) pársley.

петýнья *ж. бот.* petúnia.

петýх *м.* cock; róoster *амер.*; индéйский ~ túrkey-còck; ◇ вставáть с ~áми *разг.* rise* at cóck-crow [...-krou]; пустúть крáсного ~á комý-л. set* fire to smb.'s house* [...-s].

петýш||ий, ~**úный** *прил. к* петýх; ~úный бой cóck-fight(ing); ~ гребешóк *бот.* cócks-còmb [-koum].

петушúться *разг.* mount / ride* the high horse; fume.

петушóк *м.* cóckerel.

петь, спеть, пропéть 1. sing*; (*церковные напевы*) chant [ʧɑ:nt]; (*речитативом*) intóne; (*вполголоса*) hum; (*о птице тж.*) pipe; warble; (*о петухе*) crow* [-ou]; ~ вéрно, фальшúво sing* in tune, out of tune; 2. (*издавать звуки; о самоваре, чайнике и т. п.*) sing*, hiss; (*о ветре тж.*) drone; 3. (*вн.; исполнять*) sing* (*d.*); (*чью-л. партию*) sing* the part (of); 4. *тк. несов.*: ~ бáсом, сопрáно *и т. п.* have a bass, a sopránò, *etc.*, voice [...beɪs... -rɑ:-...]; ◇ ~ другýю пéсню sing* another tune; ~ слáву (*дт.*) sing* the práises (of); лáзаря ~ ≅ whine, compláin.

пехóт||а *ж. тк. ед.* ínfantry; the foot [...fut]. ~**úнец** *м.* ínfantry|man*. ~**ный** ínfantry (*attr.*).

печáлить, опечáлить (*вн.*) sádden (*d.*), grieve [-i:v] (*d.*). ~**ся**, опечáлиться be sad; grieve [-i:v]; ~ся рáньше врéмени meet* trouble hálf-wáy [...trʌ- 'hɑ:f-].

печáль *ж.* grief [gri:f], sórrow; ◇ не твоя́ ~ *разг.* ≅ it is not your concérn / búsiness [...'bɪzn-], mind your own búsiness [...oun...], it does|n't concérn you. ~**ный** 1. sad, móurnful ['mɔ:n-], wístful; 2. (*прискорбный*) gríevous ['gri:v-]; ~ные результáты ùnfórtunate / regréttable resúlts [-ʧənɪt...-'zʌ-]; ~ный конéц sad / dísmal end [...'dɪz-...].

печáтание *с.* prínting; (*на машинке*) týping.

печáтать, напечáтать (*вн.*) 1. print (*d.*); (*на машинке*) týpe(|wrìte*) (*d.*); 2. (*помещать в газете и т. п.*): ~ статьú *и т. п.* в журнáле write* árticles, *etc.*, for *a* màgazíne [...-'zi:n]. ~**ся** 1. (*печатать свои произведения*) públish ['pʌ-] (*what one has written*); (*в каком-л. журнале и т. п.*) write* for (*a* màgazíne, *etc.*) [...-'zi:n]; начáть ~ся get* into print; он мнóго печáтается he públishes much; 2. (*находиться в печати*) be at the printer's.

печáтка *ж.* sígnet.

печáтн||ик *м.* printer. ~**ый** 1. (*относящийся к печати*) prínting; ~ая машúна prínting machíne [...-'ʃi:n]; ~ый цех prínting shop; ~ый станóк príntìng-prèss; ~ое дéло tỳpógraphy [taɪ-], prínting; ~ый знак *полигр.* tỳpográphical únit [taɪ-...]; ~ый лист *полигр.* quire, printer's sheet; 2. (*напечатанный*) prínted; читáть по ~ому read* (in) print; 3.: писáть ~ыми бýквами, по ~ому write* in block létters, print; письмó ~ыми бýквами print hand; 4. (*опубликованный в печати*) públished ['pʌ-]; ~ые труды́ públished works.

печáт||ь I *ж.* (*прям. и перен.*) seal, stamp; госудáрственная ~ great / State seal [-eɪt...]; наклáдывать ~ (на *вн.*) stamp (*d.*); set* / affíx / attách *a* seal (to); отмечáть ~ью (*рд.*) háll-mark (*d.* with); носúть ~ (*рд.*) have the seal (of), bear* the stamp [bɛə...] (of); на егó лицé ~ благорóдства nóble|ness is wrítten on his face; на егó устáх ~ молчáния his lips are sealed; э́то для негó кнúга за семью ~ями it is a sealed book to him.

печáт||ь II *ж.* 1. (*пресса*) press; мéстная ~ lócal press; свобóда ~и fréedom of the press; имéть благоприя́тные óтзывы в ~и have / get* a good* press; 2. (*печатание*) print

(-ing); быть в ~и be in the press; вы́йти из ~и appéar, come* out, be públished [...'pʌ-], come* off the press; подпи́сывать к ~и (вн.) send* to the press (d.), sign / stamp "réady for printing" [saɪn... 'redɪ...] (d.); 3. (вид отпечатанного) print, type; ме́лкая ~ small print / type; кру́пная ~ large print / type; убо́ристая ~ close print / type [-s...].

печéние с. (действие) báking.

печёнка ж. líver ['lɪ-].

печёночник м. (мох) líverwòrt ['lɪ-].

печёночный hepátic.

печёный baked.

пéчен||ь ж. líver ['lɪ-]; воспалéние ~и hèpatítis, ìnflammátion of the líver.

печéнье с. кул. pástry ['peɪ-]; (сухое) bíscuit [-kɪt].

пéч||ка ж. разг.=печь I 1; ◇ танцева́ть от ~ки разг. ≅ begin* from the beginning. **~ни́к** м. stóve-sètter, stóve-man*, stóve-màker. **~нóй** прил. к печь I; ~на́я труба́ chímney; ~нóе отоплéние stove héating.

печу́рка ж. разг. small stove.

печь I ж. 1. stove; (духовая в плите и т. п.) óven ['ʌv°n]; электри́ческая ~ eléctric stove; (в автомашине) héater; желéзная ~ íron stove ['aɪən...]; ка́фельная ~ tile stove; 2. тех. fúrnace; ~ для óбжига kiln; кремацио́нная ~ incíneràtor.

печь II, испéчь 1. (вн.; в печи) bake (d.); 2. тк. несов. (обдавать сильным жаром) be hot: сóлнце печёт the sun is hot.

пéчься I, испéчься, спéчься 1. (о хлебе и т. п.) bake; 2. тк. несов. (на солнце) broil; 3. страд. к печь II 1.

пéчься II (о пр.; заботиться) take* care (of); care (of, for).

пешехóд м. pedéstrian, fóot-pàssenger ['fut- -nʤə]. **~ный** pedéstrian; ~ная тропа́ fóot-pàth* ['fut-]; ~ный мост fóot-brìdge ['fut-]; ~ное движéние pedéstrian tráffic.

пéший 1. pedéstrian; 2. воен. (не конный) foot [fut] (attr.), únmóunted.

пéшка ж. шахм. (тж. перен.) pawn.

пешкóм нареч. on foot [...fut], afóot [ə'fut]; идти́ ~ walk, go* on foot; путешéствие ~ wálking tour [...tuə], pedéstrian trávelling.

пещéр||а ж. cave, cávern ['kæ-], gróttò. **~истый** 1. (изобилующий пещерами) with many caves; 2. анат. cávernous. **~ный** прил. к пещéра; ~ный человéк археол. cáve-dwèller, cáve-man*, tróglodỳte.

пиани́но с. нескл. (úp|rìght) piánò [...'pjæ-]; игра́ть на ~ play the piánò.

пиани́ссимо нареч. муз. pìaníssimò [pjæ-].

пиани́ст м., **~ка** ж. piánist ['pjæ-].

пиа́но нареч. муз. piánò ['pjɑː-].

пианóла ж. муз. pìanóla [pjæ-].

пиа́стр м. (турецкая монета) piástre.

пивн||а́я ж. скл. как прил. ále-house* [-s], béer|house* [-s]; pub разг.; bár-room амер. **~óй** beer (attr.); ~ы́е дрóжжи bréwer's yeast sg.; ~а́я кру́жка ale / beer mug / pot.

пи́во с. тк. ед. beer; свéтлое ~ pale beer, ale; тёмное ~ dark beer, pórter. **~ва́р** м. bréwer. **~варéние** с. bréwing.

пивова́ренн||ый: ~ завóд bréwery; ~ая промы́шленность bréwing.

пи́галица ж. зоол. lápwing, péewit; (перен.) разг. púny pérson.

пигмéй м. pýgmy.

пигмéнт м. pígment. **~а́ция** ж. pìgmentátion. **~ный** pigméntal, pígmentary.

пи́голица ж.=пи́галица.

пиджа́||к м. coat. **~чный** coat (attr.); ~чная па́ра, ~чный костю́м lounge suit [...sjuːt].

пиеми́я ж. мед. pỳáemia.

пиет||éт м. píety. **~и́зм** м. píetism.

пижа́ма ж. pyjámas [-'ʤɑːməz] pl.; pajámas [-'ʤɑːməz] pl. амер.

пижóн м. разг. fop.

пик м. 1. геогр. peak; (небольшой) pínnacle; 2. как прил. неизм.: часы́ ~ rúsh-hours [-auəz].

пи́ка I ж. (оружие) lance; ист. (пехотная) pike.

пи́к||а II ж. карт. разг. spade; (см. тж. пи́ки); ◇ в ~у (дт.) разг. to spite (d.): сдéлать что-л. в ~у комý-л. do smth. to spite smb.

пикадóр м. pícadòr.

пика́нтн||ость ж. píquancy ['piːk-], sávour, zest; придава́ть ~ чемý-л. add sávour / zest to smth. **~ый** píquant ['piːk-], sávoury; (перен.; о стиле) crisp.

пика́п м. light van; píckùp (truck) амер.

пикé I с. нескл. ав.=пики́рование.

пикé II с. нескл. (ткань) piqué (фр.) ['piːkeɪ].

пикéйн||ый piqué (фр.) ['piːkeɪ] (attr.); ~ое одея́ло piqué béd-spread [...-spred].

пикéт I м. pícket, píquet, pícquet; выставля́ть ~ы place / post píckets [...pou-...]; (у, на, вокрýг и т. п.) pícket (d.).

пикéт II м. карт. piquét [-'ket].

пикети́ровать (вн.) pícket (d.).

пикéтчик м. pícket-man*.

пи́ки мн. (ед. пи́ка ж.) карт. spades; ходи́ть с пик lead* spades.

пики́рование с. ав. dive, díving, swóoping.

пики́ровать I несов. и сов. (вн.) с.-х. thin out (d.).

пики́ровать II несов. и сов. (сов. тж. спики́ровать) (без доп.) ав. dive, swoop; сов. тж. go* into a pówer dive.

пики́роваться I несов. и сов. (с тв.) exchánge cáustic remárks [-'ʧeɪ-...] (with), áltèrcàte (with).

пики́роваться II страд. к пики́ровать I.

пикирóвка I ж. с.-х. thínning.

пикирóвка II ж. ав.=пики́рование.

пикирóвка III ж. разг. (препирательство) exchánge of cáustic remárks [-'ʧeɪ-...]; àltèrcátion.

пикирóвщик м. ав. díve-bòmb|er.

пики́рующий dive (attr.); ~ бомбардирóвщик díve-bòmb|er.

пикни́к м. pícnic; устра́ивать ~ pícnic.

пи́кнуть сов. разг.: он ~ не смéет he does not dare útter a word; он и ~ не успéл ≅ befóre he knew where he was; befóre he could say knife идиом.; не ~ ни слóва not say* a word, never say* a word.

пи́ков||ый карт. of spades; ~ая да́ма queen of spades; ~ая масть spades pl.; ◇ ~ое положéние a prétty / jólly mess [...'prɪ-...]; попа́сть в ~ое положéние get* into a fine / nice mess, get* into prétty hot wáter [...'wɔː-]; оста́ться при ~ом интерéсе ≅ get* nothing for one's pains.

пикра́ты мн. хим. picrátes.

пикри́нов||ый хим. pícric; ~ая кислота́ pícric ácid.

пиктогра́фия ж. pictógraphy.

пи́кули мн. pickles.

пила́ ж. saw; ручна́я ~ hánd-saw; крýглая ~ círcular saw; лéнточная ~ bánd-saw; механи́ческая ~ (в станке) fráme-saw; столя́рная ~ búck-saw.

пила́в м. кул. piláu, piláw; pílàff ['pɪlæf].

пила́-ры́ба ж. зоол. sáw-fish.

пилёный sawed, filed; ~ лес tímber; lúmber амер.; ~ са́хар lump súgar [...'ʃu-].

пилигри́м м. pílgrim.

пили́кать разг. scrape; ~ на скри́пке scrape on a vìolín.

пили́ть (вн.) saw* (d.); (перен.) разг. nag (d.), péster (d.). **~ся** 1. saw*; 2. страд. к пили́ть.

пи́лка ж. 1. (действие) sáwing; 2. (для лобзика) frét-saw; (для ногтей) (náil-)file.

пи́ллерс м. мор. deck stánchion [...'stɑːnʃən].

пиломатериа́лы мн. sáw-tìmber sg.

пилóн м. арх. pýlon.

пилóт м. pílot. **~а́ж** м. flýing, pílot|ing; вы́сший ~а́ж aerobátics [ɛərə-], àcrobátic flýing.

пилоти́рование с. pílot|ing.

пилоти́ровать (вн.) pílot (d.).

пилóтка ж. воен. síde-càp, fóre-and-áft cap, fórage cap.

пиль межд. охот. take it!

пи́льщик м. sáwyer, wóod-cùtter ['wud-].

пилю́||ля ж. pill; (большая) bólus; (маленькая) glóbùle; píl(l)ùle; корó-

...очка для ~ль pill-bòx; ✧ проглотить ~лю swállow a pill; (*перен.*) swállow the pill; позолотить ~лю súgar / gild the pill ['ʃugə g-...]; горькая ~ bítter pill to swállow.

пиля́стр *м. арх.* pilǻster.

пина́ть, пнуть (*вн.*) *разг.* kick (*d.*).

пингви́н *м.* pénguin.

пи́ния *ж. бот.* stóne-pìne, Itálian pine.

пин||о́к *м. разг.* kick; дава́ть ~ка́ (*дт.*) kick (*d.*).

пи́нта *ж.* pint [paɪ-].

пинце́т *м.* píncers *pl.*, twéezers *pl.*

пи́нчер *м.* (*собака*) píncher.

пио́н *м.* péony.

пионе́р *м.* 1. pìonéer; быть ~ом в чём-л. (be a) pìonéer in smth.; 2. (*член пионерской организации*) Young Pìonéer [jʌŋ...]. ~**вожа́тый** *м. скл. как прил.* Young Pìonéer léader [jʌŋ...]. ~**ка** *ж. к* пионе́р. ~**отря́д** *м.* (пионе́рский отря́д) Young Pìonéer detáchment [jʌŋ...]. ~**ский** *прил. к* пионе́р 2; ~ский ла́герь Young Pìonéer camp [jʌŋ...]; ~ская организа́ция Young Pìonéer òrganizátion [...-naɪ-]; ~ское звено́ Young Pìonéer séction; ~ский отря́д Young Pìonéer detáchment; ~ская дружи́на Young Pìonéer group [...gru:p].

пипе́тка *ж.* pipétte; (*для лекарства тж.*) médicine drópper.

пир *м.* feast, bánquet; ✧ в чужо́м ~у́ похме́лье *погов.* ≅ béaring sóme|-body élse's héadàche ['bɛər-... 'hedeɪk]; ~ на весь мир, ~ горо́й súmptuous feast.

пирами́д||а *ж.* pýramid. ~**а́льный** pyrámidal; ~а́льный то́поль Lómbardy póplar [...'pɔ-].

пирамидо́н *м. фарм.* pýramidòn.

пира́т *м.* pírate ['paɪ-]. ~**ский** pìrátic(al) [paɪ-]. ~**ство** *с.* píracy ['paɪ-].

пирене́йский Pỳrenéan [-'ni:ən].

пириди́н *м. хим.* pýridìne.

пири́т *м. мин.* pyrítès [-ti:z].

пирова́ть feast, bánquet; (*шумно*) révell ['re-]; caróuse.

пиро́г *м.* pie; (*открытый с фруктами*) tart; ~ с я́блоками apple pie / túrnòver; ✧ ешь ~ с гриба́ми, а язы́к держи́ за зуба́ми *посл.* ≅ keep your breath to cool your pórridge [...breθ...].

пиро́га *ж.* pirógue [-g].

пирога́ллов||ый *хим.* pỳrogállic [paɪə-]; ~ая кислота́ pỳrogállic ácid.

пирогравю́ра *ж. иск.* pýro-gràvure.

пиро́ж||ник *м.* pástry-cook ['peɪ-]. ~**ное** *с. скл. как прил.* pástry ['peɪ-]; (*кондитерское*) fáncy cake; (*бисквитное*) spónge-càke ['spʌ-]. ~**о́к** *м.* pátty; pásty ['peɪ-]; pâté (*фр.*) ['pæteɪ].

пироксили́н *м.* pỳróxylin [paɪə-], gún-còtton. ~**овый** *прил. к* пироксили́н; *тж.* pỳroxílic [paɪə-]; ~овый по́рох pỳróxylin / pýró pówder [paɪə-...]; ~овая ша́шка slab of gún-còtton.

пиро́метр *м. физ., тех.* pỳrómeter [paɪə-]. ~**и́ческий** *физ., тех.* pỳrométric(al) [paɪə-].

пироме́трия *ж. физ.* pỳrómetry [paɪə-].

пироско́п *м. физ.* pýro|scòpe.

пироте́хн||ика *ж.* pỳro|téchnics, pỳro|téchny. ~**и́ческий** pỳro|téchnic.

пирофо́сфорный *хим.* pỳro|phòsphóric.

пирри́хий *м. лит.* pýrrhic (foot*) [...fut].

Пи́ррова: ~а побе́да Pýrrhic víctory.

пирс *м. мор.* pier [pɪə].

пиру́шка *ж. разг.* júnket, mérry-meeting; (*попойка*) caróuse.

пируэ́т *м.* pìrouétte [-ru-].

пи́ршество *с.* feast; (*весёлое, шумное*) révelry. ~**вать** feast.

писа́||ка *м. разг. презр.* scríbbler, quíll-drìver. ~**ние** *с.* 1. wríting; 2. (*книги Нового и Ветхого завета*) the Scríptures *pl.*; свяще́нное ~ние *церк.* Hóly Writ / Scrípture.

писани́на *ж. разг.* scribble.

пи́сан||ый: ~ая краса́вица pícture of béauty [...'bju:-]; говори́ть как по ~ому *разг.* speak* like a book; носи́ться с чем-л. как (дура́к) с ~ой то́рбой *разг.* ≅ make* much of smth.; fuss óver smth. like a child óver a new toy.

пи́сарский, писарско́й *прил. к* пи́сарь.

пи́сарь *м.* clerk [klɑ:k]; вое́нный ~ military clerk; морско́й ~ nával wríter.

писа́тель *м.* wríter, áuthor. ~**ница** *ж.* (lády) wríter, áuthoress. ~**ский** *прил. к* писа́тель.

писа́ть, написа́ть 1. (*вн.*) write* (*d.*); ~ кру́пно, ме́лко write* large, small; ~ разбо́рчиво, чётко write* plain, write* a good hand; ~ неразбо́рчиво, нечётко write* illégibly, write* a bad hand; ~ небре́жно, на́скоро scribble; ~ перо́м write* with a pen; ~ черни́лами write* in ink; ~ про́зой, стиха́ми write* prose, verse; ~ под дикто́вку write* to *smb.'s* dictátion; ~ дневни́к keep* a díary; ~ письмо́ write* a létter; ~ на маши́нке type; 2. *тк. несов.* (в *газетах, журналах*) write* (for); 3. (*вн. тв.*; *красками*) paint (*d.* in): ~ карти́ны, портре́ты paint píctures, pórtraits [...-rɪts]; ~ акваре́лью paint in wáter-còlours [...'wɔ:təkʌ-]; ~ ма́слом, ма́сляными кра́сками paint in oils; 4. *тк. несов.* (*быть годным для писания*): э́тот каранда́ш, перо́ хорошо́, пло́хо пи́шет it is a good*, bad* péncil, pen; ✧ не про него́, неё *и т. д.* пи́сано *разг.* (*недоступно чьему-л. пониманию*) it is Greek, *или* double Dutch, to him, her, *etc.* [...dʌbl...], it is a sealed book to him, her, *etc.*; (*не предназначено для кого-л.*) it is not inténded / meant for him, her, *etc.* [...ment...]; пиши́ пропа́ло it is as good as lost. ~**ся** 1. spell*, be spelt: как пи́шется э́то сло́во? how is this word spelt?, how do you spell this word?; 2. *страд. к* писа́ть.

писе́ц *м.* 1. *уст.* clerk [klɑ:k]; 2. *ист.* (*переписчик*) scribe.

писк *м.* peep; chirp; (*мышей тж.*) squeak; (*цыплят тж.*) cheep; (*жалобный*) whine. ~**ли́вый** squéaky.

пи́ск||нуть *сов.* give* a squeak. ~**отня́** *ж. разг.* squéaking, péeping. ~**у́н** *м.*, ~**у́нья** *ж. разг.* squéaker.

писсуа́р *м.* 1. (*раковина*) úrinal; 2. (*общественная уборная*) street úrinal.

пистоле́т *м.* pístol; автомати́ческий ~ automátic (pístol); ~-пулемёт sùbmachíne-gùn [-'ʃi:n-]. ~**ный** pístol (*attr.*).

писто́н *м.* 1. pèrcússion cap; 2. *муз.* píston. ~**ный**: ~ное ружьё pèrcússion músket.

писцо́в||ый: ~ые кни́ги *ист.* cadástres, cadásters.

писчебума́жн||ый páper (*attr.*); ~ магази́н státioner's (shop); ~ые принадле́жности státionery *sg.*, státionery supplíes.

пи́сч||ий wríting (*attr.*); ~ая бума́га wríting-pàper.

письмена́ *мн.* cháracters ['kæ-], létters.

пи́сьменно *нареч.* in wríting, in wrítten form; изложи́ть что-л. ~ put* smth. down on páper.

пи́сьменност||ь *ж.* wrítten lánguage; появле́ние ~и the appéarance of a wrítten lánguage.

пи́сьменн||ый 1. (*служащий для письма*) wríting (*attr.*); ~ стол wríting-tàble, (wríting-)dèsk; (*с выдвижными ящиками тж.*) buréau [-'rou]; ~ые принадле́жности wríting-matérials; ~ прибо́р desk set; 2. (*написанный*) wrítten; ~ая рабо́та wrítten work; (*экзаменационная, зачётная*) tést-pàper; ~о́тзыв wrítten tèstimónial; (*рекомендация*) wrítten réference; в ~ой фо́рме in wrítten form, in wríting; ~ знак létter; ✧ ~ экза́мен wrítten exàminátion.

письм||о́ *с.* 1. létter; откры́тое ~ póst-càrd ['pou-]; (*в газете*) ópen létter; заказно́е ~ régistered létter; недоста́вленное ~ dead létter [ded...]; поздрави́тельное ~ létter of congràtulátion; це́нное ~ régistered létter (with státe|ment of válue); делово́е ~ búsiness létter ['bɪznɪs...]; официа́льное ~ offícial létter; míssive; он давно́ не получа́л от неё пи́сем he has not heard from her for a long time [...hə:d...]; 2. (*умение писать*) wríting; иску́сство ~а́ art of wríting; 3. (*система графических знаков*) script; ара́бское ~ Árabic script.

письмоводи́тель *м.* clerk [klɑ:k].

письмоно́сец *м.* póst|man* ['pou-]; létter-cárrier *амер.*

пита́ние *с.* **1.** nóurishment ['nʌ-], nùtrítion; имéть трёхрáзовое ~ get* three meals a day, be fed three times a day; уси́ленное ~ hígh-calòric díet; nóurishing díet ['nʌ-...]; улýчшить ~ населéния impróve the díetary of the people [-'pru:v... pi:-]; недостáточное ~ ùndernóurishment [-'nʌ-]; искýсственное ~ àrtifícial féeding / àlimèntátion; (*младенца*) bóttle-féeding; корневóе ~ (*о растениях*) root nùtrítion; **2.** *тех.* féeding.

питáтель *м. тех.* féeder.

питáтельн||ость *ж.* nùtrítious|ness. **~ый 1.** (*о пище*) nóurishing ['nʌ-], nùtrítious; **2.** *тех.* féeding; feed (*attr.*); **3.** *биол.*: ~ая средá nútrient médium; ~ый раствóр nútrient solútion.

питáть (*вн.*) **1.** (*прям. и перен.*) feed* (*d.*); nóurish ['nʌ-] (*d.*); ~ больнóго nóurish *the* pátient; **2.** (*испытывать*) feel* (*d.*), nóurish (*d.*); ~ чýвство (*рд.*) nóurish / èntertáin a féeling (of); ~ нéжные чýвства (к) have a ténder afféction (for); ~ симпáтию (к) feel* (a) sýmpathy (for); ~ отвращéние (к) have (an) avérsion (for), loathe (*d.*); ~ надéжду chérish / nóurish *the* hope; **3.** *тех.* feed* (*d.*); ~ бой *воен.* feed* the báttle. **~ся** (*тв.*) feed* (on), live [lɪv] (on); хорошó, плóхо ~ся have good*, bad* food.

питéйн||ый *уст.*: ~ дом, ~ое заведéние públic house* ['pʌ- -s]; pub *разг.*

питекáнтроп *м. палеонт.* pìthecánthròpe.

питóм||ец *м.* fóster-chìld*, núrs(e|)ling; (*находящийся на попечении*) charge; (*воспитанник*) púpil; (*школы*) discíple, alúmnus. **~ник** *м.* núrsery; древéсный ~ник núrsery gárden; àrborétum (*pl.* -ta) *научн.*

питóн *м. зоол.* pýthon.

пить, вы́пить (*вн.*) drink* (*d.*), have (*d.*), take* (*d.*); ~ мáленькими глоткáми sip (*d.*); ~ жáдно, большúми глоткáми gulp (down) (*d.*); ~ чай, кóфе *и т. п.* drink* / take* / have tea, cóffee, *etc.* [...-fɪ]; ~ за чьё-л. здорóвье, за когó-л. drink* smb.'s health [...helθ], drink* to smb.; give* smb. a toast; ~ лечéбные вóды take* the wáters [...'wɔ:-]; ✧ ~ гóрькую, ~ мёртвую *разг.* drink* hard, soak.

пить||ё *с.* **1.** (*действие*) drínking; **2.** (*напиток*) drink, béverage. **~евóй** drínkable; ~евáя водá drínking wáter [...'wɔ:-].

пифагор||éец *м.*, **~éйский** Pỳthàgoréan [paɪθ æɡə'rɪən].

Пифагóров: ~а теорéма *мат.* Pỳthàgoréan pròposítion [paɪθ æɡə'rɪən -'z-].

пи́фия *ж. ист.* the Pýthian, pýthoness ['paɪ-].

пихáть, пихнýть (*вн.*) *разг.* **1.** push [puʃ] (*d.*); (*локтями*) élbow (*d.*); **2.** (*засовывать*) shove [ʃʌv] (*d.*). **~ся** *разг.* push [puʃ]; (*локтями*) élbow, shove [ʃʌv].

пихнýть *сов. см.* пихáть.

пи́хта *ж.* fír(-tree), sílver fir, ábiès ['æbɪi:z].

пи́хтовый fír(-tree) (*attr.*), sílver fir (*attr.*); ~ лес fír-tree fórest [...'fɔ-].

пиццикáто = пиччикáто.

пи́чкать, напи́чкать (*вн. тв.*) *разг.* stuff (*d.* with), cram (*d.* with); dose [-s] (*d.* with); ~ когó-л. лекáрствами stuff smb. with médicines.

пичýга *ж.*, **пичýжка** *ж.* *разг.* = птúца, птúчка 1.

пиччикáто *с. нескл., нареч. муз.* pìzzicátò [pɪtsɪ'kɑ:-].

пи́шущ||ий 1. *прич. см.* писáть; **2.** *прил.* wríting (*attr.*); ~ая машúнка týpe|wrìter; ✧ ~ая брáтия *разг.* áuthors *pl.*, wríters *pl.*

пи́щ||а *ж. тк. ед.* (*прям. и перен.*) food; горя́чая ~ hot food; hot meals *pl.*; ~ для умá food for thought, méntal pábùlum; духóвная ~ spíritual nóurishment / food [...'nʌ-...]; давáть ~у слýхам, подозрéниям *и т. п.* feed* rúmours, suspícions, *etc.*

пищáль *ж. ист.* (h)árquebus.

пищáть, пропищáть squeak; (*о цыплятах и т. п.*) cheep, peep.

пищеварéни||е *с.* digéstion [-stʃn]; плохóе ~ bad* / poor digéstion; расстрóйство ~я ìndigéstion [-stʃn], dỳspépsia.

пищевари́тельный digéstive; digéstion [-stʃn] (*attr.*); ~ процécc digéstion.

пищевúк *м.* fóod-ìndustry wórker.

пищевóд *м. анат.* gúllet; oesóphagus [i:-] *научн.*

пищев||óй food (*attr.*); ~ы́е продýкты fóod-stùffs; éatables; ~áя промы́шленность food índustry; ~ы́е концентрáты food cóncèntràtes.

пиэми́я *ж.* = пиеми́я.

пия́вк||а *ж.* (*прям. и перен.*) leech; медицúнские ~и mèdícinal léeches; стáвить ~и put* on, *или* applý, léeches; приставáть как ~ *разг.* stick* like a leech.

плав *м.*: на ~ý *мор.* aflóat.

плáвани||е *с.* **1.** swímming; шкóла ~я swímming school; **2.** (*судов*) nàvigátion; sáiling; (*путешествие*) vóyage; ~ под парáми steam nàvigátion; каботáжное ~ cóastwise nàvigátion / trade, cóasting; дáльнее ~ long vóyage; совершáть кругосвéтное ~ cìrcumnávigàte the globe / world; отправля́ться, уходúть в ~ put* to sea; ✧ большóму кораблю большóе ~ ≅ great ships require deep wáters [-eɪt... 'wɔ:-].

плáвательн||ый swímming; flo(a)tátion (*attr.*); nàtatórial [neɪ-]; nátatory ['neɪ-]; ~ая перепóнка (*у птиц*) web; (*у черепахи и т. п.*) flípper; ~ пузы́рь físh-sound, swímming-blàdder.

плáвать, *опред.* плыть, *сов.* поплы́ть **1.** (*о человеке и животном*) swim*; **2.** (*о предмете; облаках*) float, drift; (*о судне*) sail; (*о пароходе*) steam; **3.** (*на судне*) sail, návigàte; (*на лодке*) boat; плыть на вёслах row [rou]; плыть под парусáми sail, go* únder sail; плыть в гондóле *и т. п.* float / glide in *a* góndola, *etc.*; плыть по течéнию go* down stream; (*перен.*) go* / swim* with the stream / tide; плыть прóтив течéния go* up stream; (*перен.*) go* agáinst the stream; ~ по нéбу float acróss the sky; плыть по вóле волн drift (on the waves); ✧ всё плывёт передо мнóй évery|thing is swímming befóre my eyes [...aɪz], my head is swímming [...hed...].

плáвень *м.* (*в металлургии*) flux.

плавикóв||ый: ~ая кислотá *хим.* hỳdro|fluóric ácid; ~ шпат *мин.* flúor-spàr.

плавúль||ный *тех.* mélting; ~ тúгель mélting-pòt, crúcible ['kru:-]; ~ная печь smélting fúrnace. **~ня** *ж.* fóundry, sméltery. **~щик** *м.* fóunder, mélter.

плáвить (*вн.*) melt (*d.*); (*при высокой температуре*) fuse (*d.*). **~ся 1.** melt; (*при высокой температуре*) fuse; **2.** *страд. к* плáвить.

плáвка *ж.* **1.** (*действие*) mélting, fúsion, fúsing; **2.** (*продукт*) melt, fúsion.

плáвки *мн. спорт.* slip *sg.*

плáв||кий fúsible [-zə-]. **~кость** *ж.* fùsibílity [-zə-]. **~лéние** *с.* mélting; тóчка ~лéния mélting point.

плáвленый: ~ сыр procéssed cheese.

плавнúк *м.* (*у рыбы*) fin; (*у кита и т. п.*) flípper; спиннóй ~ dórsal fin; груднóй ~ thorácic fin; хвостовóй ~ cáudal fin; брюшнóй ~ àbdóminal fin.

плавн||óй: ~áя сеть dríft(ing)-nèt.

плáвн||ость *ж.* smóothness [-ð-]; (*о речи*) flúency, facílity. **~ый 1.** smooth [-ð-]; ~ая похóдка éasy / light step ['i:zɪ...]; ~ая речь flúent / flówing speech [...'flou-...]; **2.** *лингв.* (*о звуке*) líquid.

плавунéц *м.*: жук-~ wáter-tìger ['wɔ:- -ɡə].

плавýч||есть *ж.* buóyancy ['bɔɪ-], flo(a)tátion. **~ий** flóating; ~ий маяк líghtship, líght-vèssel; ~ий мост flóating bridge; ~ая льдúна (íce-) flòe; ~ий рыбозавóд fáctory ship; ~ий экскавáтор flóating éxcavàtor.

плагиáт *м.* plágiarism. **~ор** *м.* plágiarist. **~óрский** *прил. к* плагиáтор.

плáзма *ж. биол.* plásm(a). **~тúческий** *биол.* plàsmátic [-z-].

плазмóдий *м. биол.* plàsmódium [-z-] (*pl.* -ia).

плáкальщи||к *м.*, **~ца** *ж.* wéeper, móurner ['mɔ:-].

плака́т *м.* plácàrd ['plæ-], póster 'pou-]; учёбный ~ instrúctional wall heet. **~ный** plácàrd ['plæ-] (*attr.*), óster ['pou-] (*attr.*); ~ное перо́ stý-ò pen.

пла́кать 1. weep*, cry; го́рько ~ veep* bítterly, cry one's heart out ...hɑːt...]; ~ навзры́д sob; ~ от óря, ра́дости cry / weep* for / with órrow, joy; ~ с кем-л. mingle tears vith smb.; **2.** (о *пр.*) weep* (for), ry (for); (*оплакивать*) mourn [mɔːn] *d.*); ✧ хоть плачь! it is enóugh to nake you cry! [...ɪ'nʌf...]. **~ся**, по-пла́каться (*дт.* на *вн.*) *разг.* compláin to of); (на *вн.*) lamént (for, óver).

плакир||ова́ть *несов.* и *сов.* (*вн.*) *пех.* plate (*d.*). **~о́вка** *ж.* *тех.* plát-ing.

пла́кс||а *м.* и *ж.* *разг.* crý-bàby, véeper. **~и́вость** *ж.* téarfulness. **~и́-вый** whíning; ~и́вый ребёнок crý-bàby; ~и́вым го́лосом in a whíning oice.

плаку́н-трава́ *ж.* *бот.* wíllow-hèrb.

плаку́ч||ий wéeping; ~ая и́ва wéep-ing wíllow; ~ая берёза wéeping irch.

пламегаси́тель *м.* *воен.* (*химиче-ский*) flash extínguisher, ánti-flásh harge; (*надульник*) flash elímìnàtor, lásh-hìder.

пламене́ть *поэт.* flame, blaze; *тв.*; *перен.*) burn* (with); ~ стра́-стью burn* with pássion.

пла́менн||ость *ж.* árdour. **~ый** láming, fíery; (*перен.*) árdent, flám-ing; ~ый патриоти́зм árdent / flám-ing pátriotism [...'pæ-].

пла́м||я *с.* flame, flare; (*яркое*) blaze; вспы́хнуть ~енем burst* out, blaze out; языки́ ~ени tongues of lame [tʌ-...].

план *м.* (*в разн. знач.*) plan; (*про-ект тж.*) scheme; (*города и т. п.* *тж.*) map; (*задание*) tárget [-gɪt]; ~, рассчи́танный на мно́го лет a lóng-tèrm plan; ~ преобразова́ния при-ро́ды plan for the remáking of náture ...'neɪ-]; учёбный ~ school plan; currículum (*pl.* -la); ~ вы́пуска про-ду́кции óutpùt plan / prógràm(me) -put...]; ~ произво́дства чугуна́ на 1965 г. the 1965 píg-iron tárget -aɪən...]; ~ строи́тельства (*чертёж*) ground plan of *a* prójèct; по ~у, согла́сно ~у in confórmity / accórd-ance with the plan; выполня́ть ~ fulfíl *the* plan [ful-...]; выполня́ть ~ досро́чно compléte *the* plan ahéad of schédùle / time [...ə'hed... 'ʃe-...]; перевыполня́ть ~ óver-fulfíl *the* plan [-ful-...]; beat* / outstríp / smash the target; стро́ить ~ы plan, make* plans; наме́тить ~ draw* up *a* plan; расстра́ивать чьи-л. ~ы spoil* / ùp-sét* smb.'s plans; снима́ть ~ чего́-л. make* *a* plan of smth.; ~ огня́ *воен.* fire plan; пере́дний ~ fóre-ground; за́дний ~ báckground; на пере́днем ~е in the fóre-ground; ✧ на пе́рвом ~е first and fóre-mòst.

планёр *м.* *ав.* glíder; ~-пари́тель sóaring glíder / machíne [...-'ʃiːn].

планер||и́зм *м.* *ав.* glíding. **~и́ст** *м.* glíder-pìlot.

планёрный *прил.* к планёр.

плане́т||а *ж.* plánet ['plæ-]; боль-ши́е ~ы májor plánets; ма́лые ~ы mínor plánets; ásteroids; ~-спу́тник sécondary plánet, sátellite. **~а́рий** *м.* plànetárium (*pl.* -ria). **~ный** plán-etary; ~ная систе́ма plánet sýstem ['plæ-...].

планиме́тр *м.* *геод.* planímeter. **~и́ческий** plànimétric. **~и́я** *ж.* pla-nímetry, plane geómetry.

плани́рование I *с.* plánning.

плани́рование II *с.* *ав.* glide, glíd-ing; спира́льное ~ spíral glide.

плани́ровать I, сплани́ровать, рас-плани́ровать (*вн.*) **1.** *при сов.* спла-ни́ровать plan (*d.*); **2.** *при сов.* рас-плани́ровать (*о саде, парке и т. п.*) lay* out (*d.*).

плани́ровать II, сплани́ровать *ав.* glide (down).

планиро́вка *ж.* **1.** plánning; **2.** (*са-да, парка и т. п.*) láy-out.

планисфе́ра *ж.* *астр.* plánisphère.

пла́нка *ж.* lath*, plank.

планкто́н *м.* *биол.* plánkton.

планови́к *м.* plánner.

пла́нов||ость *ж.* devélopment / ar-ránge-ment accórding to plan [...ə-'reɪ-...], planned cháracter [...'kæ-]. **~ый** sỳstemátic, planned; ~ое хо-зя́йство planned èconomy [...iː-]; ~ая рабо́та planned work; ~ое разви́тие devélopment on planned lines; ~ое зада́ние tárget (fígure) [-gɪt...]; ~ый отде́л plánning séction.

планоме́рн||о *нареч.* (*систематиче-ски*) sỳstemátically, régularly; (*по плану*) accórding to plan; рабо́тать ~ work sỳstemátically. **~ость** *ж.* règu-lárity, sỳstemátic cháracter [...'kæ-]. **~ый** sỳstemátic, régular, planned, bálanced; ~ое разви́тие наро́дного хозя́йства bálanced devélopment of the nátional èconomy [...'næ- iː-].

планта́тор *м.* plánter [-ɑːn-]. **~ский** *прил.* к планта́тор.

планта́ция *ж.* plàntátion; таба́чная ~ tobáccò plàntátion; ча́йная ~ téa-plàntátion.

планша́йба *ж.* *тех.* fáce-plàte.

планше́т *м.* **1.** pláne-tàble; огне-во́й ~ *воен.* àrtíllery board; **2.** (*полевая сумка*) máp-càse [-s].

планше́тка *ж.* *разг.* = планше́т 2.

пласт *м.* **1.** (*прям.* и *перен.*) láyer; **2.** *геол.* strátum (*pl.* -ta), bed; ✧ лежа́ть ~о́м be on one's back.

пла́стика *ж.* **1.** (*скульптура и т.п.*) plástic art; **2.** (*ритмические дви-жения*) plástic móve-ments [...'muːv-] *pl.*

пластили́н *м.* plásticìne [-iːn].

пласти́н||а *ж.* plate. **~ка** *ж.* (*в разн. знач.*) plate; граммофо́нная, пате-фо́нная ~ка grámophòne récòrd [...'re-]; фотографи́ческая ~ка (phòto-gráphic) plate; чувстви́тель-ная ~ка sénsitive plate; ~ка для звукоза́писи recórding disk.

пластинчатожа́берные *мн.* *скл. как прил.* *зоол.* lamèllibrànchia [-kɪə].

пласти́нчатый laméllar, lámellàte.

пласти́ческ||ий (*в разн. знач.*) plás-tic; ~ая ма́сса plástic; ~ая хирурги́я plástic súrgery.

пласти́чн||ость *ж.* (*в разн. знач.*) plàstícity. **~ый** (*в разн. знач.*) plás-tic.

пластма́сса *ж.* (пласти́ческая ма́с-са) plástics *pl.*

пла́стырь *м.* **1.** pláster; прикла́ды-вать ~ (к) pláster (*d.*); **2.** *мор.* patch; подводи́ть ~ secúre *a* collísion-màt.

пла́та *ж.* *тк. ед.* pay; (*гонорар*) fee; ~ за прое́зд fare; кварти́рная ~, аре́ндная ~ rent; за́работная ~ (*ра-бочих*) wáges *pl.*; (*служащих*) pay, sálary; ~ за обуче́ние tuítion fee; входна́я ~, ~ за вход éntrance fee.

плата́н *м.* *бот.* plátan ['plæ-], pláne(-tree). **~овый** *прил.* к плата́н.

платёж *м.* páyment; прекраща́ть платежи́ suspénd / stop páyment(s); нало́женным платежо́м cash on de-lívery (*сокр.* C.O.D.).

платёжеспосо́бн||ость *ж.* sólvency. **~ый** sólvent.

платёжн||ый pay (*attr.*); ~ая си́ла де́нег púrchasing pówer of móney [-sɪŋ... 'mʌ-]; ~ день páy-day; ~ая ве́домость páy-sheet; páy-ròll *амер.*; ~ бала́нс bálance of páyment; ~ое соглаше́ние páyment agréement.

плате́льщик *м.* páyer; ~ нало́гов táxpayer.

пла́тин||а *ж.* plátinum. **~овый** *прил.* к пла́тина; брillиа́нты в ~овой опра́ве díamonds móunted in pláti-num.

плати́ть (*прям.* и *перен.*) pay*; ~ зо́лотом pay* in gold; ~ нали́ч-ными pay* in cash, pay* in réady móney [...'redɪ 'mʌ-]; ~ нату́рой pay* in kind; ~ по счёту settle *the* accóunt; ~ в рассро́чку pay* by / in instálments [...-ɔːl-]; ~ бе́шеные де́ньги (за *вн.*) pay* a fàntástic sum (for); pay* through the nose (for) *идиом.*; ~ услу́гой за услу́гу ≅ pay* back; (*дт.*) make* it up (to); ~ то́й же моне́той pay* in the same coin, requíte like for like; ~ кому́-л. взаи́мностью retúrn smb.'s love [...lʌv]; ~ дань (*дт.*) rénder tríbùte (*i.*); ~ добро́м за зло retúrn good for évil [...'iː-]. **~ся**, поплати́ться **1.** (*тв.* за *вн.*) pay* (with for); попла-ти́ться жи́знью за что-л. pay* for smth. with one's life*; **2.** *страд.* к плати́ть.

пла́тн||ый 1. (*предоставляемый за плату*) requíring páyment; **2.** (*опла-чиваемый*) paid; ~ая рабо́та paid work; 3. (*оплачивающий*) páying; ~ ученик páying púpil.

плато *с. нескл. геогр.* pláteau [-tou] (*pl. тж.* -x), táble-lànd.

платок *м.* shawl; (*на голову*) kérchief; носовой ~ (pócket) hándkerchief [...-ŋkə-].

платоническ||ий Platónic(al); ~ая любовь Platónic love [...lʌv].

платформа *ж.* 1. (*перрон*) plátfòrm; 2. (*товарный вагон*) truck; flátcàr *амер.*; 3. *полит.* (*программа*) plátfòrm.

плат||ье *с.* 1. *собир.* (*одежда вообще*) clothes [-ouðz] *pl.*, clóthing [-ou-]; готовое ~ réady-máde clothes ['redɪ-...]; шкаф для ~ья wárdròbe; верхнее ~ top clothes; 2. (*женское*) dress, gown, frock; вечернее ~ évening dress ['iːv-...]; ~-костюм twó-píece (dress) [-'piːs...]. **~яной**: ~яной шкаф wárdròbe; ~яная щётка clóthes-brùsh ['klouðz-].

плаун *м. бот.* lỳcopódium [laɪ-], clúb-móss, wólf's-claw ['wulfs-].

плафон *м. арх.* décoràted céiling [...'siː-], pláfond. **~ный** *прил. к* плафон.

плаха *ж. ист.* (èxecútioner's) block.

плац *м. ист.* paráde(-ground); учебный ~ drill ground.

плацдарм *м. воен.* brídge-head [-hed] (*тж. перен.*); (*приморский*) béach-head [-hed]; (*перен.*) spríng-board, júmping-óff ground; (*база*) base [-s]; ~ для нападения (на *вн.*) spríng-board for attáck (on).

плацента *ж. анат.* placénta (*pl.* -ae).

плацкарт||а *ж.* resérved seat tícket [-'zəː-...]; (*в спальном вагоне*) berth; билет с ~ой resérved seat; взять ~у book a resérved seat. **~ный**: ~ный вагон car with resérved / númbered seats [...-'zəː-...]; ~ное место resérved seat.

плач *м.* wéeping, crýing.

плачевн||ый lámentable, deplórable; sad; иметь ~ вид cut* a poor fígure; иметь ~ исход resúlt in fáilure [-'zʌlt...]; ~ результат deplórable resúlt; в ~ом состоянии in a sad state, in a sórry plight.

плачущий 1. *прич. см.* плакать; 2. *прил.* whíning.

плашкоут *м. мор.* hulk. **~ный**: ~ный мост *мор.* pòntóon brídge.

плашмя *нареч.* flat, flátways, flátwìse; prone; ударить саблей ~ strike* with the flat of the sword [...sɔːd]; падать ~ fall* prone.

плащ *м.* 1. cloak; 2. (*непромокаемый*) máckintòsh, wáterproof (coat) ['wɔː-...], ráincoat.

плащаница *ж. церк.* shroud of Christ [...-aɪst].

плащ-палатка *ж.* wáterproof cápe (-tènt) ['wɔː-...].

плебей *м.*, **~ский** plebéian [-'biːən].

плебисцит *м. полит.* plébiscìte. **~ный** *прил. к* плебисцит.

плебс *м. собир. уст.* mob; plebs *pl.*

плева *ж. анат.* mémbràne, film, coat; лёгочная ~ pléura; девственная ~ hýmèn.

плевательница *ж.* spittóon.

плевать, плюнуть spit*; expéctoràte; (на *вн.*; *перен.*) *разг.* spit* (up|ón); not care a straw / bit / pin / rap / hang (abóut); ему ~ на всё, он плюёт на всё he does|n't care a straw / pin / bit; ~ хотел I don't care (a fig / damn); ◇ не плюй в колодец: пригодится воды напиться *посл.* don't foul the well, you may need its wáters [...'wɔː-]; ~ в потолок ≅ sit* twíddling one's thumbs. **~ся** *разг.* spit*.

плевел *м. бот.* dárnel, cockle; weed (*тж. перен.*).

плевок *м.* 1. spit(tle); 2. (*мокрота*) spútum (*pl.* -ta).

плевр||а *ж. анат.* pléura. **~ит** *м. мед.* pléurisy.

плёв||ый *разг.* trífling; ~ое дело trífling mátter.

плед *м.* rug; (*шотландский*) plaid [plæd].

плезиозавр *м. палеонт.* plésiosáurus ['pliː-] (*pl. тж.* -rì).

плейстоцен *м. геол.* pléistocène ['pliː-].

племенной I tríbal; ~ быт tríbal life.

племенн||ой II (*породистый — о скоте*) pédigree (*attr.*); púre-strain; ~ скот pédigree cáttle, blóodstòck ['blʌd-]; ~ое животноводство púre-strain stóck-breeding.

племя I *с.* 1. tribe; 2. (*поколение*) gènerátion; новое, молодое ~ new, young gènerátion [...jʌŋ...].

племя II *с.* (*в животноводстве*) breed; на ~ for bréeding.

племянни||к *м.* néphew [-vjuː]. **~ца** *ж.* niece [niːs].

плен *м. тк. ед.* (*прям. и перен.*) càptívity; быть в ~у be in càptívity; держать кого-л. в ~у hold* smb. cáptive; попадать в ~ be táken prísoner [...'prɪz-]; брать кого-л. в ~ take* smb. prísoner.

пленарн||ый plénary ['pliː-]; ~ое заседание plénary méeting, plénary séssion.

пленение *с.* táking prísoner [...-ɪz-].

пленительн||ость *ж.* fàscinátion. **~ый** fáscinàting, chárming, cáptivàting.

пленить I *сов.* (кого-л.) *уст.* (*взять в плен*) take* smb. prísoner [...-ɪz-].

пленить II *сов. см.* пленять. **~ся** *сов. см.* пленяться.

плёнк||а *ж.* (*в разн. знач.*) film; (*тонкая*) péllicle; (*магнитная лента*) tape; записывать на ~у (*вн.*) make* a (sóund-)recórding (of), recórd (*d.*); заснять на ~у (*вн.*) phóto|gràph (*d.*); запись на ~у tápe-recórding.

пленн||ик *м.*, **~ица** *ж.* prísone[r] ['prɪz-], cáptive. **~ый** 1. *прил.* cáp[tive]; 2. *м. как сущ.* cáptive, prísone[r] ['prɪz-].

пленум *м.* plénum, plénary sèssio[n] ['pliː-...].

пленять, пленить (*вн.*) cáptivàt[e] (*d.*), fáscinàte (*d.*), charm (*d.*). **~ся** плениться (*тв.*) be cáptivàted (by) be fáscinàted (by).

плеоназм *м. лит.* pléonàsm.

плеонастический *лит.* plèonástic

плёс *м.* reach, pool (of ríver [...'rɪ-].

плесень *ж.* mould [mou-].

плеск *м. тк. ед.* splash, swash (*волн*) lápping.

плескать, плеснуть 1. (*брызгат[ь] водой*) splash; 2. (*о волнах, море*) lap. **~ся** 1. (*о волнах, море и т. п.*) lap, swash; 2. (*в воде, водой*) splash

плесневеть, заплесневеть grow* móuldy / músty [grou 'mou-...].

плеснуть *сов. см.* плескать.

плести, сплести (*вн.*; *о косе*) brai[d] (*d.*), plait [plæt] (*d.*); (*о кружеве и т. п.*) weave* (*d.*), tat (*d.*); (*о кор[-] зине, стуле и т. п.*) weave* (*d.*) wattle (*d.*); ~ сети net; ~ паутин[у] spin* *a* web; ~ венок twine *a* wreath* ~ лапти make* bast shoes / sándal[s] [...ʃuːz...]; ◇ ~ вздор talk* nónsense talk* through one's hat *идиом.*

плестись I (*тащиться*) drag òne[-] sélf alóng; toil alóng, trudge, plo[d] alóng / on; ~ в хвосте (*перен.*) lag, drag behínd; trail alóng at the back

плестись II *страд. к* плести.

плетён||ый wattled; wícker (*attr.*) ~ стул, ~ое кресло wícker chair ~ая корзинка wícker básket.

плетень *м.* 1. (wáttle-)fènce; 2. *воен.* húrdle.

плётка *ж.* lash.

плеть *ж.* lash.

плечев||ой *анат.* húmeral; ~а[я] кость húmerus.

плеченогие *мн. скл. как прил* *зоол.* bràchiópoda [-k-].

плечики *мн. разг.* (*вешалка*) clóthes-hàng|er [-ouðz-] *sg.*, cóat-hàng|er *sg.*

плечико *с.* 1. *уменьш. от* плечо 1. 2. (*у сорочки*) shóulder-stràp ['ʃou-]

плечистый bróad-shouldered [-ɔːd-ʃou-].

плеч||о *с.* 1. shóulder ['ʃou-]; ~о[м] к ~у shóulder to shóulder; пожимат[ь] ~ами shrug one's shóulders; брат[ь] на ~и (*вн.*) shóulder (*d.*); левое, пра[-] вое ~ вперёд, марш! right, left wheel! на ~! *воен.* slope arms!; 2. *анат* úpper arm; 3. *физ., тех.* arm; ~ кри[-] вошипа web / cheek of *a* crank, crank arm / web; ◇ гора с плеч свалилас[ь] a load has been táken off *one's* mind выносить на своих ~ах (*вн.*) bear* [bɛə] (*d.*), endúre (*d.*); cárry on one's broad shóulders [...brɔːd...] (*d.*) bear* the brunt; иметь голову на ~áх have a good head on one's shóulders [...hed...]; на ~áх противника воен. on top of the énemy; с плеч долой that's done, thank góod¦ness; быть не по ~ý комý-л. be be¦yónd smb.'s pówer.

плешив||еть, оплешиветь grow* / get* bald [-ou...]. **~ость** ж. báldness. **~ый** bálding.

плешина ж., **плешь** ж. bald patch / spot.

плеяда ж. Pléiad ['plaɪəd], gálaxy.

Плеяды мн. астр. Pléiadès ['plaɪədiːz].

пли межд. уст. fire!

плимутрок м. (порода кур) Plýmouth Rock ['plɪməθ...].

плинтус м. арх. plinth.

плиоцен м. геол. pl(é)iocène ['plaɪ-].

плис м. vèlvetéen. **~овый** vèlvetéen (attr.).

плиссе [-сэ́] 1. с. нескл. accórdion pleats pl.; 2. как неизм. прил. accórdion-pleated.

плиссиров||анный прич. и прил. pléated. **~áть** несов. и сов. (вн.) pleat (d.); make* accórdion pleats (in). **~ка** ж. pléating.

плита ж. 1. plate, slab, flag; (тротуара) flágstòne; могильная ~ gráve¦stòne, tómbstòne ['tuːm-]; бетонная ~ cón¦crète slab; 2. (кухонная) (kítchen-)ránge [-reɪ-]; (газовая) gás-stòve.

плитка ж. 1. (облицовочная) tile, thin slab; 2. (шоколада и т. п.) bar, brick; краски в ~х sólid wáter-còlours [...'wɔːtəkʌ-]; 3. (для разогревания) (cóoking-)rànge [-reɪ-]; электрическая ~ eléctric stove.

плитняк м. тк. ед. flágstòne.

плиточный прил. к плитка 1, 2; ~ пол tiled floor [...flɔː]; ~ чай bríck-tea.

пловец м. swímmer.

плод м. 1. (прям. и перен.) fruit [fruːt]; приносить ~ы́ yield / bear* fruit [jiːld bɛə...]; (перен.) bear* fruit; ~ многолетнего труда resúlt / fruit of many years' work / lábour [-'zʌlt...]; пожинáть ~ы́ своих трудов reap the fruits of one's lábour; пожинáть ~ы́ чужих трудов reap where one has not sown [...soun]; 2. биол. fóetus ['fiː-]; ✧ запретный ~ forbídden fruit.

плодить (вн.) prócreàte ['proukrɪ-] (d.), prodúce (d.); (перен. тж.) engénder [ɪn'dʒ-] (d.). **~ся** própagàte.

плодовит||ость ж. frúitfulness ['fruːt-], fèrtílity, fecúndity. **~ый** frúitful ['fruːt-], fértile, fécund ['fe-].

плодовод||ство с. frúit-grówing ['fruːt'grou-]. **~ческий** frúit-grówing ['fruːt'grou-] (attr.).

плодов||ый прил. к плод 1; ~ое дерево frúit-tree [-uːt-], frúiter [-uːtə]; ~ сáхар frúit-sùgar [-uːtʃu-].

плодолистик м. бот. cárpel.

плодоножка ж. бот. pédicle.

плодоносить bear* fruits [bɛə fruːts], fruit [fruːt].

плодоносный frúit(-bearing) ['fruːt-bɛə-].

плодоношение с. frúiting ['fruːt-].

плодоовощной fruit and végetables [fruːt...] (attr.).

плодород||ие с., **~ность** ж. fèrtílity, fecúndity. **~ный** fértile, fécund ['fe-]; ~ная почва rich / fértile soil.

плодосменн||ый: ~ая система с.-х. ròtátion of crops [rou-...], ròtátory sýstem [rou'teɪ-...].

плодосушилка ж. с.-х. fruit kiln [fruːt...].

плодотворн||ость ж. frúitfulness ['fruːt-]. **~ый** frúitful ['fruːt-].

пломб||а ж. 1. (зубная) stópping; стáвить ~у (в зуб) stop / fill a tooth*; 2. (на двери и т. п.) seal, lead [led], stamp.

пломбир м. íce-créam.

пломбир||овáть, запломбировáть (вн.) 1. (о зубе) stop (d.), fill (d.); 2. (о двери и т. п.) seal (d.). **~овка** ж. 1. (зуба) stópping, fílling; 2. (двери и т. п.) séaling.

плоск||ий 1. flat; (о поверхности тж.) plane; ~ая стопá мед. flát-foot [-fut]; ~ая поверхность plane súrface; ~ая грудь flat chest; 2. (о замечании, остроте и т. п.) trívial; ~ая шутка flat joke, stúpid joke.

плоскогорье с. plateau [-tou] (pl. тж. -x), táble-lànd.

плоскогрудый flát-chésted.

плоскогубцы мн. plíers.

плоскодон||ка ж. flát(-bòttomed) boat. **~ный** flát-bòttomed.

плоскопечатн||ый полигр.: ~ая машина flát-bèd (prínting) press.

плоскостопие с. мед. flát-foot [-fut].

плоскост||ь ж. 1. flátness; 2. (поверхность) plane; наклонная ~ in¦clíned plane; ~ управления, направляющая ~ ав. contról súrface [-roul...]; в той же ~и (прям. и перен.) on the same plane; 3. (плоское замечание) plátitùde, cómmonplàce remárk.

плот м. raft, float.

плотвá ж. тк. ед. (рыба) roach.

плотина ж. weir [wɪə], dam; (защитная) dike, dyke; водосливная ~ óver¦flow weir / dam [-flou...].

плотни||к м. cárpenter. **~чать** cárpenter. **~чий** прил. к плотник. **~чный:** ~чное дело cárpentry.

плотно I прил. кратк. см. плотный.

плотн||о II нареч. 1. clóse(¦ly) [-s-], tíghtly; ~ заколотить дверь board / nail up a door [...dɔː]; ~ прижимáться (к) cling* close [...-s] (to); ~ облегáть (о плáтье и т. п.) fit close; 2. разг.: ~ пообедать, ~ поесть, ~ позавтракать have a square / héarty meal [...'hɑːtɪ...]. **~ость** ж. 1. compáctness; (густота) dénsity; (массивность) solídity, strength; ~ость населения dénsity of pòpulátion; ~ость огня воен. dénsity of fire; 2. физ. dénsity. **~ый** 1. compáct, dense; (о материи) dense, close [-s], thick; ~ое население dense pòpulátion; 2. разг.: ~ый зáвтрак, обед, ужин square / héarty meal [...'hɑː-...]; 3. разг. (о человеке) thíck-sét, sólid; 4. (массивный) sólid, strong.

плотовод м. ráfter, ráfts¦man*.

плотовщик м. ráfter, ráfts¦man*.

плотоядн||ый càrnívorous; ~ое животное cárnivòre (pl. -ra).

плотский cárnal.

плот||ь ж. flesh; ✧ ~ и кровь flesh and blood [...-ʌd]; ~ от ~и, кость от кости one bone and one flesh; bone of my bone, flesh of my flesh; облекáть в ~ и кровь ín¦càrnàte, embódy in flesh [-'bɔ-...].

плохо I 1. прил. кратк. см. плохой; 2. предик. безл. that's bad*; 3. предик. безл. (дт.; о тяжёлом физическом состоянии): ему ~ he is very ill.

плохо II 1. нареч. bád(¦ly)*; ~ себя чувствовать feel* bad* / únwéll; это ~ пáхнет it smells bad*; ~ вести себя beháve ill*; ~ обращáться (с тв.) íll-úse (d.), íll-tréat (d.); ~ приспособленный íll-adápted; 2. как сущ. с. нескл. (отметка) bad mark; получить ~ (по дт.) get* a bad mark (for); ✧ одно ~ just one thing wrong, just one trouble [...trʌ-]; ~ лежáть lie* in temptátion's way [...-m't-...]; кончить ~ come* to a bad end. **~вáтый** ráther bad ['rɑː-...].

плох||ой 1. прил. (в разн. знач.) bad*; ~áя погода bad* / wrétched / násty wéather [...'weðə]; ~óе настроение poor / low spírits [...lou...] pl.; быть в ~óм настроении be in a bad* mood, be in low spírits, be out of sorts; ~óе здоровье poor health [...helθ]; больной очень плох the pátient is very bad, или is in a bad way; его делá плохи things are in a bad way with him; ~óе пищеварение bad* / poor digéstion [...-stʃn]; ~óе утешение poor cònsolátion; 2. с. как сущ.: что тут ~óго? what's wrong with that?, what's wrong about it?; ✧ с ним шутки плохи ≅ he is not one to be trifled with; he is a tough cústomer [...tʌf...] идиом.

плохонький разг. ráther bad ['rɑː-...].

плошáть, сплошáть разг. make* a mistáke; fail.

плошка ж. 1. разг. éarthen sáucer ['əːθ-...]; 2. (для иллюминации) lámpion.

площáдка ж. 1. ground; ~ для игр pláyground; теннисная ~ ténnis-court [-kɔːt]; баскетбольная и волейбольная ~ básket-bàll and vólley-bàll pitch; посáдочная ~ ав. lánding ground; строительная ~ búilding site ['bɪl-...]; 2. (*лестницы*) lánding; 3. (*вагона*) plátfòrm, the end of the córridòr.

площадн||ой: ~áя брань foul lánguage, swéaring ['swɛə-].

плóщадь *ж.* 1. área ['ɛərɪə] (*тж. мат.*); жилáя ~ dwélling space; flóorspàce ['flɔː-]; посевнáя ~ land únder crop; sown área [soun...]; посевнáя ~ под кукурýзой área sown to maize; 2. (*в городе и т. п.*) square; базáрная ~ márket square / place.

плуг *м.* plough; трáкторный ~ tráctor(-drawn) plough; двухлемéшный, трёхлемéшный ~ twó-shàre, thrée-shàre plough.

плýнжер *м. тех.* plúnger [-ndʒə].

плут *м.* cheat, swíndler, knave; *шутл.* rogue [roug].

плутáть *разг.* stray.

плутúшка *м. разг.* little rogue [...roug], mís¦chievous imp.

плýтни *мн.* (*ед.* плýтня *ж.*) *разг.* swindle *sg.*, tricks.

плутов||áтый róguish ['rougɪʃ]; ~ мáльчик róguish boy; ~ взгляд mís¦chievous / róguish look. **~áть,** сплутовáть *разг.* cheat, swindle.

плутóвка *ж.* 1. cheat, swíndler; 2. *ж. к* плутúшка.

плутов||скóй 1. knávish ['neɪ-]; ~ приём knávish trick; ~скáя улыбка mís¦chievous / róguish smile [...'rougɪʃ...]; 2. (*о стиле романа*) picarésque. **~ствó** *с.* tríckery; impósture, knávery ['neɪ-].

плутокрáт *м.* plútocràt. **~úческий** plùtocrátic. **~ия** *ж.* plùtócracy.

плывýн *м. геол.* quick ground.

плывýчий flówing ['flou-], dèliquéscent.

плыть *см.* плáвать.

плювиóметр *м. метеор.* plùvióméter.

плюгáвый *разг.* (*невзрачный*) mean, shábby; (*дрянной*) déspicable.

плюмáж *м.* (*на шляпе*) plume.

плюнуть *сов. см.* плевáть.

плюрал||úзм *м. филос.* plúralism. **~истúческий** *филос.* plùralístic.

плюс *м.* 1. plus; 2. *разг.* (*преимущество*) advántage [-'vɑː-].

плюснá *ж. анат.* mètatársus.

плю́хать(ся), плю́хнуть(ся) *разг.* flop (down); (в *вн.*) flop (into), plump (into).

плю́хнуть(ся) *сов. см.* плю́хать(ся).

плюш *м.* plush. **~евый** plush (*attr.*).

плю́шка *ж. разг.* bun.

плющ *м.* ívy.

плющúльный *тех.*: ~ станóк flátter, flátting mill.

плющить, сплющить (*вн.*) flátten (*d.*); (*о железе*) lámináte (*d.*).

пляж *м.* beach; жéнский, мужскóй ~ wómen's, men's beach ['wɪ-...].

пляс *м. тк. ед. разг.* dance; пускáться в ~ throw* òne¦sélf, *или* break*, into a dance [θrou...-eɪk...].

плясáть *разг.* dance; ◇ ~ под чью-л. дýдку dance to smb.'s tune / píping.

пля́с||ка *ж.* dance, dáncing; ◇ ~ св. Вúта St. Vítus's dance; chòréa [kɔ'rɪə] *научн.*; ~ смéрти danse macábre. **~овáя** *ж. скл. как прил.* dance tune. **~овóй** dance (*attr.*). **~ýн** *м.*, **~ýнья** *ж. разг.* dáncer; канáтный ~ýн *уст.* rópe-dàncer.

пневмáтик *м. тех.* pneumátic tire [njuː-...].

пневмáт||ика *ж.* pneumátics [njuː-]. **~úческий** pneumátic [njuː-], áir-pówered.

пневмокóкк *м. бакт.* pneumocóccus [njuː-] (*pl.* -cì).

пневмо||нúя *ж. мед.* pneumónia [njuː-]. **~тóракс** *м. мед.* pneumothóràx [nju-].

пнуть *сов. см.* пинáть.

по I *предл.* (*дт.*) 1. (*на поверхности*) on; (*вдоль*) along: идтú пó полу, по травé walk on the floor, on the grass [...flɔː...]; идтú, éхать по дорóге, тропúнке, ýлице walk, drive* alóng the road, the path*, the street;— путешéствовать по странé jóurney through *a* cóuntry ['dʒəː-... 'kʌ-]; по всемý, по всей all óver: кнúги, тетрáди *и т. п.* разлóжены по всемý столý the books, cópy-books, *etc.*, are lýing all óver the table [...'kɔ-...]; стакáны, чáшки расстáвлены по всемý столý the glásses, cups are stánding all óver the table; он путешéствовал по всей странé he has trávelled all óver the cóuntry; 2. (*посредством*) by: по пóчте by post [...poust]; по желéзной дорóге by rail / train; éхать по желéзной дорóге go* by rail / train; по вóздуху by air; — по рáдио, телефóну óver the rádiò, the télephòne; 3. (*на основании, в соответствии*) by; (*согласно*) accórding to: по приказáнию by órder; по прáву by right; по прирóде, по крóви by náture, by blood [...'neɪ-...blʌd]; по úмени by name; судúть по внéшнему вúду judge by appéarances; по Лéнину accórding to Lénin; —по происхождéнию by / in órigin; по егó вúду мóжно подýмать from his looks you might suppóse; по совéту on, *или* accórding to, the advíce; по áдресу to the addréss; по егó áдресу to his addréss; э́то по егó áдресу that is meant for him [...ment...], that is aimed at him; жить по срéдствам live within one's means [lɪv...]; по положéнию (*согласно предписанию*) accórding to the règulátions; (*согласно занимаемому положению*) in accórdance with one's posítion [...-'zɪ-]; éx offíciò ['ekso'fɪʃɪou] *офиц.*; 4. (*вследствие*) by; (*из-за*) through: по ошúбке by mistáke; по невнимáтельности, рассéянности through cáre¦lessness, ábsent-mínded¦ness; по болéзни through íllness; по чьей-л. винé through smb.'s fault; не по егó винé through no fault of his; — по обя́занности accórding to dúty; as in dúty bound *идиом.*; 5. (*об. дт. мн.*; *при обозначении времени*) in, at, on: по утрáм in the mórning; по ночáм at night; по выходны́м дням on one's free / off days; ◇ по путú (*с кем-л.*) *см.* путь; по рукáм! *см.* рукá; *тж. и др. особые случаи, не приведённые здесь, см. под теми словами, с которыми предлог* по *образует тесные сочетания.*

по II *предл.* (*дт.*, *вн.*; *в разделительном знач.*): пó два, по десятú in twos, in tens; пó двое two by two, in twos; по десятú человéк in groups of ten [...gruːps...], in tens; по пятú рублéй штýка at five roubles each [...ruː-...]; по два я́блока на человéка two apples apíece [...ə'piːs].

по III *предл.* (*вн.*) 1. (*до*) to; up to: по пóяс up to one's waist; с ию́ня по сентя́брь from June to Septémber; по 1-е сентября́ up to the first of Septémber; 2.: по сю, по ту стóрону (*рд.*) on this, on that, side (of); по прáвую, лéвую рýку *см.* рукá.

по IV *предл.* (*пр.*; *после*) on: по прибы́тии on *one's* arríval; по (своём) прибы́тии он on his arríval he; по окончáнии on the tèrminátion; по рассмотрéнии on exàminátion.

по- I *глагольная приставка, употребляется в разн. знач.*; *в значении ограниченности, краткости действия об. переводится через* a little, for a time / while, *или через формы глагола* have (a(n) + *соотв. сущ.*), *но если ограничение указано особо, то отдельно об. не переводится*: поспáть (*немного, некоторое время*) sleep* a little, for a time / while, have a sleep; подýмайте (немнóго) think* a little; подýмать нéсколько минýт think* for some mínutes [...-ɪts]; онú хорошó поплáвали they had a good* swim; *но часто по- выражает только сов. вид и тогда об. не переводится*: он посмотрéл на них (*взглянул*) he looked at them; он подýмал, что (*ему пришло в голову*) he thought that; *в таких случаях* посмотрéть, подýмать = смотрéть look, дýмать think* *и т. п.*

по- II *приставка в сравн. степенях* 1. (*немного*) *об. переводится через* a little *или* a bit (+ *comparative degree*) *или не переводится*: подлиннée, покорóче (a little / bit) lónger, shórter; 2. (*наиболее*) as... as one can (+ *positive degree*); *в нареч. тж.* in the... way one can (+ *superlative degree*): он постарáлся сдéлать э́то получше he tried to do it as well as he could, he tried to do it in the best way he could.

по- III *приставка-частица в наречиях* 1. (*подобно*) *об. переводится через* like (+ *сущ.*), *или* in a... mánner /

way; (*как*) as (+ *сущ.*): по-дру́жески like a friend [...fre-], in a friendly mánner / way [...'fre-...]; as a friend; 2. (*при обозначении языка*) in (+ *сущ.*) *или не переводится*: э́то напи́сано по-ру́сски, по-англи́йски *и т. п.* it is written in Rússian, in Énglish, *etc.* [...-ʃən... 'ɪŋg-]; он писа́л по-ру́сски he wrote in Rússian; он уме́ет писа́ть по-ру́сски he can write Rússian; он сказа́л э́то по-ру́сски he said it in Rússian [...sed...]; он говори́т по-ру́сски he speaks Rússian.

побагрове́ть *сов. см.* багрове́ть.

поба́ива||ться (*рд.*, + *инф.*) *разг.* be ráther afráid [...'rɑː-...] (of, of *ger.*); он ~ется идти́ туда́ he is ráther afráid of góing there.

поба́ливать *разг.* (*немного*) ache a little [eɪk...]; (*временами*) ache now and then, ache on and off.

побасёнка *ж. разг.* tale, stóry.

побе́г I *м.* (*бегство*) flight; (*из тюрьмы тж.*) escápe.

побе́г II *м.* (*росток*) sprout, shoot; (*от корня*) súcker; (*для посадки*) set; (*для прививки*) graft.

побе́гать *сов.* run* a little, run* for a while.

побегу́шк||и: быть у кого́-л. на ~ах run* smb.'s érrands, run* érrands for smb.; (*перен.*) be at smb.'s beck and call.

побе́д||а *ж.* víctory; (*успех*) tríumph; одержа́ть ~у gain / win* (the) víctory, score a víctory, win* the day, cárry the day; (над) gain / win* a víctory (óver).

победи́тель *м.*, **~ница** *ж.* cónqueror [-kə-]; víctor *поэт.*; *спорт.* winner; победи́тели и побеждённые víctors and vánquished.

победи́ть *сов. см.* побежда́ть.

побе́дный trìúmphal; ~ гимн trìúmphal hymn.

победоно́сный victórious, trìúmphant; víctor (*attr.*).

побежа́лост||ь *ж.*; цвет ~и *тех.* óxìde tint.

побежа́ть *сов.* **1.** *см.* бе́гать 1, бежа́ть I; **2.** (*начать бежать*) break* into a run [-eɪk...].

побежда́ть, победи́ть **1.** (*вн.*) cónquer [-kə] (*d.*), gain / win* a víctory (óver); (*наносить поражение*) deféat (*d.*); vánquish (*d.*) *поэт.*; (*перен.*: *преодолевать*) òver¦cóme* (*d.*); **2.** (*без доп.*; *об идеях, учении и т. п.*) tríumph, preváil.

побел||е́ть *сов. см.* беле́ть 1. **~и́ть** *сов. см.* бели́ть I.

побе́лка *ж.* white¦wàshing.

побере́жье *с.* sea coast, séaboard, líttoral.

побере́чь *сов.* (*вн.*) **1.** (*сохранить*) keep* (*d.*); **2.** (*отнестись бережно, заботливо*) take* care (of), look (áfter); ~ свои́ си́лы spare òne¦self. **~ся** *сов.* take* care of òne¦sélf.

побесе́довать *сов.* (с *тв.* о *пр.*) have a talk (with abóut); (*с указанием продолжительности тж.*) talk (with abóut); ~ немно́го с кем-л. о чём-л. have a (little) talk with smb. abóut smth., talk a little, *или* for a while, with smb. abóut smth.; ~ час have an hour's talk [...auəz...], talk for an hour.

побеспоко́ить *сов.* (*вн.*) trouble [trʌ-] (*d.*). **~ся** *сов.* trouble [trʌ-]; вам придётся ~ся об э́том you will have to see to it.

побира́ться *разг.* beg, live by bégging [lɪv...].

поби́ть *сов.* **1.** *см.* бить I 1; **2.** (*вн.*) (*о ливне, граде, ветре*) beat* down (*d.*), lay* (down) (*d.*); (*о морозе*) nip (*d.*); ◇ ~ реко́рд break* *a* récòrd [-eɪk... 're-]. **~ся** *сов.* break* [-eɪk].

поблагодари́ть *сов. см.* благодари́ть.

побла́жк||а *ж. разг.* indúlgence; дава́ть ~и (*дт.*) spoil* (*d.*), give* an éasy time [...'iːzɪ...] (*i.*).

побледне́ть *сов. см.* бледне́ть.

поблёклый fáded.

поблёкнуть *сов. см.* блёкнуть.

поблёскивать gleam.

побли́зости *нареч.* near at hand, hére¦about(s); ~ от near (to).

побожи́ться *сов. см.* божи́ться.

побо́и *мн.* béating *sg.* **~ще** *с.* sláughter, blóody battle ['blʌ-...].

поболта́ть *сов.* (с *тв.* о *пр.*) *разг.* have a chat (with abóut); (*с указанием продолжительности тж.*) chat (with abóut); ~ немно́го have a chat, chát(ter) a little; ~ полчаса́ have a half an hour's chat [...hɑːf ...auəz...], chát(ter) for half an hour.

побо́льше I (*сравн. ст. от прил.* большо́й) (*по размеру*) (just) a little lárger / bígger; (*по возрасту*) (just) a little ólder.

побо́льше II (*сравн. ст. от нареч.* мно́го) (just) a little more.

по-большеви́стски *нареч.* like a Bólshevik, like Bólsheviks, in true Bólshevist style.

побо́рни||к *м.*, **~ца** *ж.* ádvocate, chámpion; stándard-bearer [-bɛə-]; ~ ми́ра chámpion / stándard-bearer of peace.

поборо́ть *сов.* (*вн.*) fight* down (*d.*); òver¦cóme* (*d.*) (*тж. перен.*); ~ себя́ òver¦cóme* òne¦sélf.

побо́ры *мн. уст.* rèquisítions [-'zɪ-]; (*незаконные*) extórtion *sg.*

побо́чн||ый **1.** accéssory, colláteral; *юр.* accéssary; ~ проду́кт *эк.* bý-pròduct; ~ая рабо́та síde-lìne, bý-wòrk; ~ вопро́с síde-ìssue; **2.** *уст.* (*о детях*) nátural.

побоя́ться *сов.* (*рд.*, + *инф.*) be afráid (of, of *ger.*); (*не осмелиться*) not vénture (+ to *inf.*); (*не отважиться*) not dare (+ to *inf.*).

пobрани́ть *сов.* (*вн.*) give* a scólding (*i.*), scold a little (*d.*). **~ся** *сов.* (с *тв.*) *разг.* have a quárrel (with), have words (with).

побрата́ться *сов. см.* брата́ться.

побрати́м *м. ист.* adópted brother [...'brʌ-].

по-бра́тски *нареч.* fratérnally; (*в отношении одного человека*) like a bróther [...'brʌ-]; (*в отношении двух и более*) like bróthers; раздели́ть ~ (*вн.*) share as with a bróther (*d.*), share like bróthers (*d.*).

побре́згать *сов. см.* бре́згать.

побрести́ *сов.* wánder, start wándering.

побри́ть(ся) *сов. см.* бри́ть(ся).

броди́ть *сов.* wánder for some time.

поброса́ть *сов.* (*вн.*) **1.** throw* up [-ou...] (*d.*); **2.** (*оставить без надзора*) forsáke* (*d.*), desért [-'z-] (*d.*).

побры́згать *сов.* sprinkle a little.

побря́кать *сов. см.* побря́кивать.

побря́к||ивать, побря́кать (*тв.*) *разг.* rattle (with). **~у́шка** *ж. разг.* trínket.

побуди́тельн||ый mótive, stímulàting; ~ая причи́на mótive, incéntive.

побуди́ть *сов. см.* побужда́ть.

побу́дка *ж. воен.* revéille [-elɪ].

побужд||а́ть, побуди́ть (*вн.* к, + *инф.*) impél (*d.* to, + to *inf.*), indúce (*d.* + to *inf.*), prompt (*d.* to, + to *inf.*). **~е́ние** *с.* mótive, indúce¦ment, incéntive; по со́бственному ~е́нию of one's own accórd [...oun...].

побуре́ть *сов. см.* буре́ть.

побыва́||ть *сов.* be, visit [-z-]; он ~л во Фра́нции и Испа́нии he has been to France and Spain, he has vísited France and Spain; он ~л всю́ду he has been évery¦whère.

побы́вк||а *ж. разг.*: приезжа́ть домо́й на ~у come* home on leave, come* home for a stay.

побы́ть *сов.* stay, remáin; он по́был у меня́ ме́ньше ча́са he stayed with me less than an hour [...auə].

пова́д||иться *сов.* (+ *инф.*) *разг.* fall* into the hábit (of *ger.*), get* the hábit (of *ger.*); ◇ ~ился кувши́н по́ воду ходи́ть *погов.* the pítcher goes óften to the well [...'ɔːf(t)°n...].

пова́дка *ж.* hábit.

пова́дно: чтоб не́ было ~ (*дт.*) *разг.* (in órder) to teach (*d.*) not to do so; (*дт.* + *инф.*) (in órder) to teach (*d.*) not (+ to *inf.*).

повали́ть I *сов. см.* вали́ть I.

повали́ть II *сов.* **1.** (*начать валить*) (*о народе*) come* in flocks; (*о снеге*) begin* to fall héavily [...'hev-], begin* to fall in thick flakes; (*о дыме*) begin* to pour out in clouds [...pɔː...]; **2.** *как сов.* к вали́ть II.

повали́ться *сов. см.* вали́ться.

пова́льн||о *нареч.* without excéption; здесь все ~ больны́ гри́ппом évery¦òne here is down with the flu. **~ый** géneral; ~ый о́быск géneral / ìndiscríminate search [...sɜːtʃ]; ~ая боле́знь èpidémic diséase [...-'ziːz].

поваля́ть *сов.* (*вн.*) roll (*d.*). **~ся** *сов.* **1.** roll abóut, wállow; **2.** *разг.* (*в постели*) have a long lie (*in bed*).

по́вар *м.* cook.

пова́ренн||ый cúlinary; ~ая кни́га cóokery-book; ~ая соль (cómmon) salt, sódium clóride.

повар||ёнок *м. разг.* kítchen-boy. **~и́ха** *ж. к* по́вар. **~ско́й** *прил. к* по́вар.

по-ва́шему *нареч.* **1.** (*по вашему мнению*) in, *или* accórding to, your opínion; to your mind / thínking; **2.** (*по вашему желанию*) as you want / wish; as you would have it; он сде́лал ~ he did as you wánted / wished; ✧ пусть бу́дет, *или* будь, ~ have it your own way [...oun...].

поведа́ть *сов.* (*вн. дт.*) *уст.* tell* (*d.* to), impárt (*d.* to); ~ та́йну (*дт.*) disclóse / revéal *a* sécret (to).

поведе́ние *с.* cónduct, beháviour; дурно́е ~ bad* beháviour, mísbeháviour.

повезти́ I *сов. см.* везти́ I *и* вози́ть.

повезти́ II *сов. см.* везти́ II.

повел||ева́ть, повеле́ть **1.** *тк. несов.* (*тв.*) *уст.* commánd [-ɑːnd] (*d.*); (*управлять*) rule (*d.*, óver); **2.** (*дт.*+ *инф.*) enjóin (*i.* + to *inf.*): мой долг ~ева́ет мне сде́лать э́то my dúty enjóins me to do it. **~е́ние** *с. уст.* commánd [-ɑːnd].

повеле́ть *сов. см.* повелева́ть 2.

повели́тель *м. уст.* sóvereign [-vrɪn]. **~ница** *ж. уст.* lády, sóvereign [-vrɪn], queen. **~ный** impérative, authóritàtive; ~ный тон impérious / perémptory / high tone; ~ное наклоне́ние *грам.* impérative mood.

повенча́ть *сов. см.* венча́ть II. **~ся** *сов. см.* венча́ться II.

поверга́ть, пове́ргнуть **1.** (*вн.*) *уст.* throw* down [-ou...] (*d.*); **2.** (*вн.* в *вн.*) plunge (*d.* in); ~ кого́-л. в печа́ль plunge smb. in sórrow; ~ кого́-л. в уны́ние depréss smb. **~ся,** пове́ргнуться **1.** (в *вн.*) be plunged [...-ndʒd] (into), fall* (into); ~ся в уны́ние get* / be depréssed; **2.** *страд. к* поверга́ть.

пове́ргнуть(ся) *сов. см.* поверга́ть (-ся).

пове́ренный *м. скл. как прил.* attórney [ə'tɜː-]; ✧ ~ в дела́х chargé d'affaires (*фр.*) ['ʃɑːʒeɪdæ'fɛə].

пове́рить I *сов. см.* ве́рить.

пове́р||ить II, III *сов. см.* поверя́ть I, II. **~ка** *ж.* **1.** chécking up, chéck-úp, vèrificátion; ~ка вре́мени (*по радио*) time sígnal; **2.** (*перекличка*) róll-cáll; (*постов, караулов*) vísiting [-z-]; ✧ на ~ку in fact.

поверну́ть(ся) *сов. см.* повора́чивать(ся).

пове́рочн||ый: ~ые испыта́ния exàminátions.

повёртывать(ся) = повора́чивать (-ся).

пове́рх *предл.* (*рд.*) óver: ~ пла́тья на ней бы́ло наде́то пальто́ she wore a coat óver her dress; смотре́ть ~ очко́в look óver the top of one's spéctacles.

пове́рхностно I *прил. кратк. см.* пове́рхностный.

пове́рхностно II *нареч.* sùperfícially, perfúnctorily, in a perfúnctory mánner.

пове́рхностн||ый súrface (*attr.*); sùperfícial; shállow; (*перен. тж.*) perfúnctory; ~ая ра́на flesh wound [...wuː-]; ~ое натяже́ние súrface-tènsion; ~ая вода́ súrface-wàter [-wɔː-]; ~ое зна́ние sùperfícial knówledge [...'nɔ-]; smáttering.

пове́рхность *ж.* súrface.

по́верху *нареч.* on / alóng the súrface, on top.

пове́рье *с.* pópular belíef [...-'liːf]; sùperstítion.

поверя́ть I, пове́рить (*вн. дт.*; *доверять*) entrúst (*d.* to), trust (with *d.*); ~ кому́-л. своё го́ре confíde one's sórrow to smb.

поверя́ть II, пове́рить (*вн.*; *проверять*) check (*d.*), check up (*d.*), vérifỳ (*d.*); ~ карау́лы, посты́ *воен.* inspéct the guards, vísit the séntry posts [-z-...pou-].

пове́са *м. разг.* rake, scápe-gràce.

повесел||е́ть *сов.* become* mérry / chéerful, cheer up. **~и́ть** *сов.* (*вн.*) amúse (*d.*). **~и́ться** *сов.* enjóy ònesélf, make* mérry.

по-весе́ннему *нареч.* as in spring; со́лнце гре́ет ~ the sun is as hot as in spring.

пове́сить *сов. см.* ве́шать I. **~ся** *сов. см.* ве́шаться.

пове́сничать *разг.* lead* a rákish life [...'reɪ-...].

повествова́||ние *с.* narrátion, nárrative. **~тельный** nárrative.

повествова́ть (о *пр.*) narráte (abóut).

повести́ I *сов. см.* поводи́ть I.

повести́ II *сов. см.* вести́ 1, 2.

повести́сь *сов. разг.*: уж так повело́сь such is the cústom.

пове́стк||а *ж.* **1.** nótice ['nou-]; (*в суд*) súmmons, subpóena [-'piː-]; (*в военкомат*) cáll-úp pápers *pl.*; **2.** *воен.* (*вечерняя*) last post [...pou-]; ✧ ~ дня agénda, order of the day; на ~е дня on the agénda; in the órder of the day; включи́ть в ~у дня (*вн.*) put* on the agénda (*d.*); снять с ~и дня (*вн.*) remóve from the agénda [-'muːv...] (*d.*); приня́ть ~у дня без измене́ний adópt agénda as it stands.

по́весть *ж.* nárrative, tale, stóry.

пове́трие *с. разг.* inféction; (*перен.*) craze.

пове́шение *с.* hánging; казнь че́рез ~ hánging; приговори́ть кого́-л. к сме́ртной ка́зни че́рез ~ séntence smb. to death by hánging [...deθ...].

пове́шенный **1.** *прич. см.* ве́шать I; **2.** *м. как сущ.* the hanged man*.

пове́я||ть *сов.* **1.** begin* to blow [...ou]; (*подуть слегка*) blow* sóftly; **2.** *безл.* (*тв.*; *тж. перен.*: *вызвать чувства, воспоминания*) breathe (of); ~ло прохла́дой there came a breath of cool air [...breθ...], the air grew frésher.

повзво́дно *нареч. воен.* in / by platóons.

повздо́рить *сов. см.* вздо́рить.

повзросле́ть *сов. см.* взросле́ть.

повива́льн||ый: ~ая ба́бка *уст.* mídwìfe*.

повида́ть *сов.* (*вн.*) *разг.* see* (*d.*). **~ся** *сов. см.* вида́ться.

по-ви́димому *вводн. сл.* appárently, to all appéarance.

пови́дло *с. тк. ед.* jam.

повили́ка *ж. бот.* convólvulus, dódder.

повини́ться *сов. см.* вини́ться.

пови́нн||ость *ж.* dúty, òbligátion; трудова́я ~ *уст.* lábour conscríption; всео́бщая во́инская ~ *уст.* ùnivérsal mílitary sérvice. **~ый** **1.** *прил.* (в *пр.*) guílty (of); ни в чём не ~ый ínnocent of any crime; **2.** *ж. как сущ.*: приноси́ть ~ую, явля́ться с ~ой give* ònesélf up; (*на суде*) plead guílty; (*перен.*) acknówledge one's fault / guilt [-'nɔ-...].

повинов||а́ться *несов. и сов.* (*дт.*) obéy (*d.*). **~е́ние** *с.* obédience.

повиса́ть, пови́снуть **1.** (на *пр.*) hang* (by); **2.** (над; *склоняться*) hang* down (óver), droop (óver); ✧ пови́снуть в во́здухе hang* poised in mid air; remáin ùndecíded / ùnséttled.

пови́снуть *сов. см.* повиса́ть.

повиту́ха *ж. уст. разг.* mídwìfe*.

повлёч||ь *сов.* (*вн.*; *за собой*) entáil (*d.*); э́то ~ёт за собо́й ва́жные после́дствия this will entáil sérious cónsequences.

повлия́ть *сов. см.* влия́ть.

по́вод I *м.* occásion, cause, ground; кассацио́нный ~ *юр.* ground for cassátion; ~ к войне́ cásus bélli; по како́му ~у? in what connéction?; по како́му ~у вы об э́том вспо́мнили? what made you think of it?; дава́ть ~ (*дт.* + *инф.*) give* occásion (*i.* + to *inf.*); give* cause (for + to *inf.*); служи́ть ~ом (к) give* rise (to); по ~у (*рд.*) on the occásion (of); àpropós [-'pou] (of); без вся́кого ~а àpropós of nothing; по э́тому ~у, по ~у э́того as regárds this, àpropós of this.

по́вод II *м.* (*у лошади и т. п.*) (bridle) rein; ✧ быть на ~у́ у кого́-л. be led by smb. [...led...].

поводи́ть I, повести́ (*тв.*) move [muːv] (*d.*); повести́ бровя́ми move one's brows, lift one's éyebrow [...'aɪ-]; ~ плечо́м move one's shóulder [...'ʃou-]; ✧ он и бро́вью не повёл ≅ he did not turn a hair, he did not bat an éyelid [...'aɪ-].

поводи́ть II *сов.* (*вн.*) walk (*d.*), take* aróund (*d.*); ~ кого́-л. по теа́трам, вы́ставкам take* smb. to théatres, èxhibítions [...'θɪə- eksɪ-]; ~ лóшадь walk *a* horse.

поводы́р||ь *м.* léader, guide; слепóй с ~ëм blind man* with his guide.

повози́ть *сов.* (*вн.*) drive* (*d.*), take* for drives (*d.*). **~ся** *сов.* **1.** mess aróund; **2.**: емý пришлóсь ~ся с э́тим дéлом, с больны́м, с организáцией вы́ставки *и т. п.* he has had plénty of trouble with this affáir, with the pátient, with the òrganìzátion of the èxhibítion, *etc.* [...trʌ-... -naɪ-...eksɪ-].

повóзка *ж.* véhicle ['viː-], cárriage [-rɪʤ].

повóйник *м. уст.* povóinik (*head-dress of a Russian married woman*).

поволóк||а *ж.*: глазá с ~ой lánguishing eyes [...aɪz].

поволóчь *сов.* (*вн.*) *разг.* drag (*d.*).

поворáчивать, повернýть **1.** (*вн.*) turn (*d.*); (*круто*) swing* (*d.*); (*перен.*) change [ʧeɪ-] (*d.*), turn (*d.*); ~ кран turn *the* cock; повернýть разговóр change the tópic of *the* cònversátion; повернýть назáд, вспять колесó истóрии revérse the course of history [...kɔːs...]; **2.** (*без доп.*) turn; ~ напрáво, налéво, зá угол turn (to the) right, (to the) left, (round) *the* córner. **~ся,** повернýться **1.** turn; (*круто*) swing*; ~ся спинóй (к) turn one's back (up¦ón); ~ся кругóм turn round; *воен.* turn abóut; ~ся на я́коре *мор.* swing* at ánchor [...'æŋkə]; **2.** *страд. к* поворáчивать.

поворожи́ть *сов. см.* ворожи́ть.

поворóт *м.* túrn(ing); (*реки́*) bend, curve; (*перен.*) change [ʧeɪ-], túrning-point; вторóй ~ напрáво sécond túrn(ing) to / on the right ['se-...]; на ~е реки́, дорóги *и т. п.* at the bend of the ríver, road, *etc.* [...'rɪ-...]; крутóй ~ к лýчшему sharp turn for the bétter.

поворóтлив||ость *ж.* **1.** nímble¦ness, agílity, quíckness; **2.** *тех., мор.* manòeuvrabílity [-nuːv-], hándiness. **~ый** **1.** nimble, ágile, quick; **2.** *тех.* manóeuvrable [-'nuːv-], hándy.

поворóтный *тех.* rótary ['rou-], ròtátory [rou'teɪ-]; (*перен.*) túrning; ~ круг *ж.-д.* túrn-tàble; ~ момéнт, пункт túrning-point.

поворчáть *сов.* grumble a little.

повреди́ть I *сов. см.* вреди́ть.

повреди́ть II *сов. см.* повреждáть.

поврежд||áть, повреди́ть (*вн.*) (*о машине и т. п.*) dámage (*d.*); (*о руке, ноге и т. п.*) ínjure (*d.*), hurt* (*d.*). **~éние** *с.* dámage, ínjury; большúе, си́льные ~éния exténsive / héavy / much dámage [...'hevɪ...] *sg.*

повремени́ть *сов.* (с *тв.*) *разг.* wait a little (with).

повремéнн||ый **1.** (*об издании*) pèriódical; **2.**: ~ая оплáта pay by the hour / day / week [...auə...]; ~ая рабóта tíme-wòrk, work paid by the hour, day, week, *etc.*

повседнéвн||о *нареч.* dáily, évery¦-dáy. **~ый** dáily, évery¦dáy; ~ая рабóта dáily / évery¦dáy / dáy-to-dáy work; ~ая жизнь dáily / évery¦dáy life; ~ая забóта évery¦dáy care; ~ые нýжды dáy-to-dáy needs; ~ые обя́занности dáily dúties.

повсемéстн||о *нареч.* évery¦whère, in all pláces / parts. **~ый** géneral.

повстáн||ец *м.* rébel ['reb°l], insúrgent, ìnsurréctionist. **~ческий** insúrgent, ìnsurréctional, ìnsurréctionary; ~ческое движéние ìnsurréctional móve¦ment [...'muː-].

повстреч||áть *сов.* (*вн.*) *разг.* meet* (*d.*). **~áться** *сов.* (*дт.*, с *тв.*) *разг.* come* acróss (*d.*), meet* (*d.*); емý ~áлся знакóмый he met, *или* came acróss, an acquáintance.

повсю́ду *нареч.* évery¦whère.

повтор||éние *с.* rèpetítion; (*многократное*) rè¦iterátion. **~и́тельный** ré¦capìtulátion (*attr.*); ré¦capítulàtive; ~и́тельный курс ré¦capìtulátion course [...kɔːs]. **~и́ть(ся)** *сов. см.* повторя́ть(ся).

повтóрный repéated.

повторя́емость *ж.* rèpetítion; (*многократная*) rè¦iterátion; (*явлений, событий и т. п.*) recúrrence.

повторя́ть, повтори́ть (*вн.*) repéat (*d.*); (*многократно*) rè¦iteràte (*d.*). **~ся,** повтори́ться **1.** repéat (òne¦sélf); **2.** *страд. к* повторя́ть.

повы́сить(ся) *сов. см.* повышáть (-ся).

повышáть, повы́сить (*вн.*; *в разн. знач.*) raise (*d.*), héighten ['haɪ-] (*d.*); ~ вдвóе, втрóе, вчéтверо double, treble, quádruple [dʌ-...] (*d.*); ~ в пять, шесть *и т. д.* раз raise fíve¦-fòld, síxfòld, *etc.* (*d.*); ~ жи́зненный ýровень населéния raise the living stándard of the pòpulátion [...'lɪv-...]; ~ по слýжбе advánce (*d.*), promóte (*d.*), prefér (*d.*); ~ производи́тельность трудá raise the pròdùctívity of lábour, raise lábour pròdùctívity; ~ квалификáцию raise one's quàlificátion, impróve one's (proféssional) skill [-'pruːv...]; повы́сить отвéтственность (за *вн.*) enhánce the respònsibílity (for); ◇ ~ гóлос, тон raise one's voice. **~ся,** повы́ситься **1.** (*в разн. знач.*) rise*; ~ся по слýжбе advánce; повы́ситься в чьём-л. мнéнии rise* in smb.'s opínion; то ~ся, то понижáться (*о звуке*) soar up and down; **2.** *страд. к* повышáть.

повы́ше I (*сравн. ст. от прил.* высóкий) (just) a little hígher; (*о росте человека тж.*) (just) a little táller.

повы́ше II (*сравн. ст. от нареч.* высóкó) (just) a little hígher up.

повышéние *с.* rise; ~ зарплáты rise / ín¦crease in / of wáges [...-riːs...]; ~ жи́зненного ýровня úp¦lífting of living stándards [...'lɪv-...]; ~ производи́тельности трудá ráising the pròdùctívity of lábour; (*более высокий уровень*) hígher / inténsified pròdùctívity; ~ по слýжбе advánce¦ment, promótion, prefērment; он получи́л ~ he has been advánced / promóted; ~ квалификáции impróve¦ment of (proféssional) skill [-ruːv-...].

повы́шенн||ый **1.** *прич. см.* повышáть; **2.** *прил.* héightened ['haɪ-], hígher; ~ая чувстви́тельность héightened / àbnórmal sènsibílity; ~ интерéс héightened ínterest; ~ая температýра high témperature; ~ое настроéние excíted mood.

повязáть I *сов. см.* повя́зывать.

повязáть II *сов.* (*вн.*) knit* (a little) (*d.*); ~ немнóго knit* a little, knit* for a while.

повязáться *сов. см.* повя́зываться.

повя́зка *ж.* bándage; (*лента*) fíllet.

повя́зывать, повязáть (*вн.*) tie (*d.*); ~ гóлову платкóм cóver *one's* head with *a* kérchief ['kʌ-... hed...]. **~ся,** повязáться **1.** (*тв.*): ~ся платкóм cóver one's head with *a* kérchief ['kʌ-... hed...]; **2.** *страд. к* повя́зывать.

погадáть *сов. см.* гадáть 1.

погáнец *м. разг.* ráscal.

погáн||ить (*вн.*) *разг.* pollúte (*d.*), defíle (*d.*). **~ка** *ж.* **1.** (*гриб*) tóadstool; **2.** (*птица*) shéldràke; ~ка мáлая dúcker. **~ый** *разг.* **1.** ún¦cléan, foul; ~ое ведрó gárbage-càn, pail for réfuse [...-s]; **2.** (*о человеке*) vile.

погасáть, погáснуть go* out; *сов. тж.* be out.

погаси́ть *сов. см.* гаси́ть *и* погашáть.

погáснуть *сов.* **1.** *см.* погасáть; **2.** *как сов. к* гáснуть.

погаш||áть, погаси́ть (*вн.*) líquidàte (*d.*); (*о долге*) pay* off (*d.*), clear off (*d.*); (*о марках*) cáncel (*d.*); ~ креди́т rè¦páy* crédit. **~éние** *с.* (*долгов*) páying off, cléaring off; (*марок*) càncèllátion; ~éние креди́тов rè¦páyment of crédits.

погектáрн||ый per héctàre [...-tɑː]; ~ая нóрма постáвок per héctàre delívery quóta.

погибáть, поги́бнуть pérish; be killed; цветы́ поги́бли от морóза the flówers pérished from the frost; корáбль поги́б the ship is lost; поги́бнуть в бою́ fall*, *или* be killed, in battle; от наводнéния поги́бла ты́сяча человéк a thóusand lives have been lost in the flood [...-z-...flʌd], the flood has táken a toll of a thóusand lives.

поги́бел||ь *ж. уст.* rúin, rùinátion; ◇ согнýть в три ~и (*вн.*) get* únder one's thumb (*d.*), redúce to obédience (*d.*); согнýться в три ~и ≅ be doubled up [...dʌ-...].

поги́бельный *уст.* rúinous, disástrous [-'zɑː-], fátal.

поги́б||нуть *сов.* **1.** *см.* погибáть; **2.** *как сов. к* ги́бнуть. **~ший** **1.** *прич. см.* погибáть; **2.** *прил.* lost; **3.** *м. как сущ.*: числó ~ших déath-ròll ['deθ-].

поглáдить I *сов. см.* глáдить
поглáдить II *сов.* (*утюгом*) íron (a little, *или* for a while) ['aɪən...].
поглáживать (*вн.*) stroke (*d.*).
поглазéть *сов.* 1. *см.* глазéть; 2. (на *вн.*) *разг.* take* / have a look (at).
поглотúтель *м. хим.* absórber, absórbent.
поглотúть *сов. см.* поглощáть.
поглощáемость *ж.* absòrbabílity.
поглощ||áть, поглотúть (*вн.*) take* up (*d.*); absórb (*d.*) (*тж. перен.*); (*тк. перен.*) devóur (*d.*); ~ ромáн за ромáном devóur nóvel áfter nóvel [...'nɔ-...]; он весь ~ён своéй рабóтой he is absórbed / en¦gróssed in his work [...-'ɡroust...]; он ~ён собóй he is wrapped up in hìm¦sélf; ~ чьё-л. внимáние en¦gróss / prèóccupy smb.'s atténtion [-'ɡrous...], absórb smb. **~áющий** 1. *прич. см.* поглощáть; 2. *прил.*: ~áющее веществó absórber, absórbent. **~éние** *с.* absórption. **~ённый** 1. *прич. см.* поглощáть; 2. *прил.* (*тв.*) absórbed (in), prèóccupìed (with), en¦gróssed [-'ɡroust] (in).
поглумúться *сов. см.* глумúться.
поглупéть *сов. см.* глупéть.
поглядéть *сов.* 1. *см.* глядéть 1, 5; 2. (на *вн.*; *взглянуть*) take* / have a look (at); 3. (*некоторое время*) look for a while. **~ся** *сов.*: ~ся в зéркало look at òne¦sélf in *the* mírror.
поглядывать *разг.* 1. (на *вн.*) cast* looks (on), glance (on, up¦ón, at); (*время от времени*) look from time to time (at); 2. (за *тв.*) look (áfter), keep* an eye [...aɪ] (on).
погнáть *сов.* (*вн.*) drive* (*d.*), begin* to drive (*d.*).
погнáться *сов.* (за *тв.*) run* (áfter), start in pursúit [...-'sjuːt] (of), give* chase [...-s] (*i.*), start (áfter); (*перен.*) strive* (for).
погнúть *сов.* rot, decáy.
погнýть *сов.* (*вн.*) bend* (*d.*). **~ся** *сов.* bend*.
погнушáться *сов. см.* гнушáться.
поговáрива||ть (о *пр.*) talk (of); ~ют, что there is a rúmour that, it is rúmour¦ed that.
поговорúть I *сов. см.* говорúть 2.
поговорúть II *сов.* (с *тв.* о *пр.*) (*некоторое время*) have a talk (with abóut); (*с указанием продолжительности тж.*) talk (with abóut); ~ немнóго have a talk, talk a little, *или* for a while; ~ два часá have a two hours' talk [...auəz...], talk for two hours; ~ ещё раз have another talk.
поговóрк||а *ж.* sáying, próverb ['prɔ-], saw; bý-wòrd; войтú в ~у become* provérbial; вошéдший в ~у provérbial.
погóд||а *ж.* wéather ['weðə]; какáя бы ни былá ~, во вся́кую ~у, в любýю ~у rain or shine; мя́гкая ~ mild/ soft wéather; хорóшая ~ good* / fine wéather; плохáя ~ bad* wéather; неустóйчивая ~ únsèttled wéather; прогнóз ~ы wéather fóre¦càst; сегóдня хорóшая ~ it is fine to¦dáy.
погод||úть *сов.* (с *тв.*) *разг.* wait a little (with); ~úте; wait!, one móment!; немнóго ~я́ a little láter.
погóдки *мн.*: онú ~ there is a year's dífference between them.
погóдный yéarly.
погóжий seréne, fine.
поголóвн||о *нареч.* one and all; все ~ one and all, (all) to a man; явились все ~ they came one and all, they all came to a man. **~ый** 1. réckoned by the head [...hed]; càpitátion (*attr.*); 2. (*всеобщий*) géneral; ~ое ополчéние *ист.* lévy in mass ['le-...].
поголóвье *с. тк. ед.* líve-stòck; ~ скотá и птúцы the cattle and póultry pòpulátion [...'pou-...].
погóн *м. воен.* shóulder-stràp ['ʃou-], shóulder-pièce ['ʃouldəpiːs].
погóнный (*о мерах*) línear ['lɪnɪə]; ~ метр long / línear metre.
погóнщик *м.* dríver; (*скота*) dróver; ~ верблю́дов càmeléer; ~ мýлов mùletéer.
погóня *ж.* 1. (*действие*) pursúit [-'sjuːt], chase [-s]; ~ за призáми pót-hùnting; 2. (*группа преследующих*) pursúers *pl.*
погоня́ть (*вн.*) drive* on (*d.*); urge on (*d.*), húrry on (*d.*) (*тж. перен.*).
погорéлец *м.* one who has lost all his posséssions in *a* fire [...-'ze-...].
погорéть I *сов.* 1. (*сгореть целиком*) be burnt out; 2. (*от зноя*) burn* down; 3. *разг.* (*лишиться имущества во время пожара*) lose* all one's posséssions in *a* fire [luːz... -'ze-...].
погорéть II *сов.* (*некоторое время*) burn* (for a while).
погорячúться *сов. разг.* be hásty [...'heɪ-].
погóст *м.* gráve-yàrd.
погостúть *сов.* (у) stay (for a while) (with).
погранúчн||ик *м.* fróntier-guàrd ['frʌ-], bórder-guàrd. **~ый** fróntier ['frʌ-] (*attr.*), bórder (*attr.*); ~ая охрáна fróntier guards *pl.*; ~ый инцидéнт fróntier íncident; ~ая полосá bórderlànd, bórder; ~ая застáва fróntier post [...pou-].
погранохрáна *ж.* (погранúчная охрáна) fróntier guards ['frʌ-...] *pl.*
пóгреб *м.* céllar; (*сводчатый*) vault; заря́дный, пороховóй ~ pówder-màgazíne [-ziːn]; снаря́дный ~ *мор.* shell room.
погреб||áльный fúneral, funéreal [-rɪəl], sepúlchral, obséquial; ~áльное пéние dirge; ~ звон (fúneral) knell. **~áть,** погрестú (*вн.*) búry ['be-] (*d.*). **~éние** *с.* búrial ['be-], intérment.
погребóк *м.* (*кабачок*) wíne¦shòp.
погремýшка *ж.* rattle.
погрестú I *сов. см.* погребáть.
погрестú II *сов.* (*вёслами*) row (a little) [rou...].
погрéть *сов.* (*вн.*) warm (*d.*). **~ся** *сов.* warm òne¦sélf (for a while).
погреш||áть, погрешúть (прóтив) sin (agáinst), commít a sin (agáinst), err (agáinst). **~úть** *сов. см.* погрешáть.
погрéшность *ж.* érror, mistáke.
погрозúть *сов.*: ~ пáльцем (*дт.*) shake* / wag one's fínger [...wæɡ...] (at); ~ кулакóм (*дт.*) shake* one's fist (at).
погрóм *м.* pógrom, mássacre. **~úть** *сов.* (*вн.*) pógrom (*d.*), mássacre (*d.*). **~ный** pógrom (*attr.*). **~щик** *м.* pógrom-màker, thug.
погромыхáть *сов. см.* погромы́хивать.
погромы́хив||ать, погромыхáть *разг.* (*о громе*) rumble ìntermíttently; вдалú ~ает гром the thúnder [rumbles in the dístance, it is thúndering in the dístance.
погру||жáть, погрузúть (*вн.* в *вн.*; *в воду и т. п.*) dip (*d.* in, into), submérge (*d.* in, into); duck (*d.* into); immérse (*d.* into), plunge (*d.* in, into; *тж. перен.*). **~жáться,** погрузúться 1. (в *вн.*; *в воду и т. п.*) sink* (into), plunge (into); (*без доп.*; *о подводной лодке*) submérge, dive; (*тонуть — о корабле*) sink*, settle down; (*перен.*; *в отчаяние, размышление и т. п.*) be plunged (in), be absórbed (in), be lost / búried [...'be-] (in); ~зúться в рабóту be absórbed in one's work; ~жáться в сон subsíde into sleep; ~зúться в размышлéния be absórbed / lost / búried / plunged in thought; (внезáпно) ~зúться в темнотý be plunged in (súdden) dárkness; гóрод ~зúлся в тишинý stíllness descénded on the town; 2. *страд.* к погружáть. **~жéние** *с.* immérsion, submérsion, submérgence; (*корабля*) sínking, séttling (down); (*подводной лодки*) dive, díving.
погрузúть *сов. см.* погружáть *и* грузúть. **~ся** *сов. см.* погружáться *и* грузúться.
погрýзка *ж.* lóading; (*на суда*) shípment; *воен.* èmbàrkátion.
погрýзочн||ый lóading (*attr.*); ~ое приспособлéние lóader.
погрязáть, погря́знуть (в *пр.*) wállow (in).
погря́знуть *сов. см.* погрязáть.
погубúть *сов. см.* губúть.
погуля́ть *сов.* 1. have / take* a walk; (*с указанием времени тж.*) walk; ~ немнóго have / take* a short walk; walk a little, *или* for a while; ~ два часá have / take* a two hours' walk [...auəz...], walk for two hours; 2. (*повеселиться*) have a good / mérry time, make* mérry.
под I *м.* (*печной*) héarth(-stòne) ['hɑːθ-].
под II, подо *предл.* 1. (*тв.*— где?; *вн.*—кудá?; *тж. перен.*) únder: лежáть, сидéть ~ дéревом lie*, sit*

únder *a* tree; лечь, сесть ~ дéрево lie*, sit* únder *a* tree; я́щик стои́т ~ столóм the box stands únder *the* table; постáвь я́щик ~ стол put / stand the box únder *the* table; карти́на виси́т ~ кáртой the pícture hangs únder *the* map; повéсь карти́ну ~ кáртой, ~ кáрту hang the pícture únder the map; ~ окнóм únder *the* window; ~ комáндой únder *the* commánd [...-ɑːnd]; ~ знáменем Лéнина únder the bánner of Lénin; быть ~ ружьём be únder arms; **2.** (*тв.*; *занятый чем-л.*) óccupied by; (*вн.*; *для*) for: помещéние ~ контóрой, шкóлой *и т. п.* prémises óccupied by *an* óffice, *a* school, *etc.* [-sɪz...]; им нýжно помещéние ~ контóру, шкóлу *и т. п.* they want prémises for *an* óffice, *a* school, *etc.*; бáнка ~ варéнье jar for jam; — пóле ~ картóфелем, рóжью *и т. п.* potátò-field [-fiːld], rýe-field, *etc.* [-fiːld]; **3.** (*тв.*; *около*) in the envírons of; (*при*; *о битве, победе и т. п.*) of: ~ Москвóй, Ленингрáдом in the envírons of Móscow, Léningràd; би́тва ~ Москвóй the battle of Móscow; **4.** (*вн.*; *о времени*) towards; (*накануне*) on the eve of; (*о возрасте*) close up¦ón [-s...]: ~ вéчер, ýтро towards évening, mórning [...'iːv-...]; ~ Нóвый год, ~ Пéрвое мáя on Néw-Year's Eve, on the eve of May Day; емý ~ сóрок лет he is close up¦ón fórty; **5.** (*вн.*; *в сопровождении*) to: танцевáть, петь ~ мýзыку dance, sing* to the músic [...-zɪk]; ~ аплодисмéнты to the appláuse; ~ звýки госудáрственного ги́мна to the strains of the Nátional Ánthem [...'næ-...]; — ~ диктóвку from dictátion; **6.** (*вн.*; *наподобие*) in ìmitátion: э́то сдéлано ~ мрáмор, ~ крáсное дéрево *и т. п.* it is made in ìmitátion marble, in ìmitátion mahógany, *etc.*; ✧ пóд гору dównhíll; ~ арéстом únder arrést; отдáть ~ суд (*вн.*) prósecùte (*d.*); ~ залóг on secúrity; быть ~ вопрóсом be úndecíded / ópen; под нóсом у когó-л. únder smb.'s nose; ~ замкóм únder lock and key [...kiː]; ~ парусáми únder sail; ~ ви́дом, обли́чьем (*рд.*) únder / in the guise (of); ~ парáми únder steam, réady to start ['redɪ...]; ~ дождём in the rain; пóд руку, ~ рукóй, ~ пья́ную рýку *см.* рукá; *тж. и др. особые случаи, не приведённые здесь, см. под теми словами, с которыми предл.* под *образует тесные сочетания.*

подавáльщ||ик *м.* (*в столовой*) wáiter. **~ица** *ж.* (*в столовой*) wáitress.

подавáть, подáть **1.** (*вн. дт.*; *в разн. знач.*) give* (*d.* to, *d. i.*); ~ знак give* *the* sign [...saɪn] (to); ~ ми́лостыню give* alms [...ɑːmz] (*i.*); ~ совéт give* advíce (*i.*); ~ надéжду give* hope (*i.*); не ~ при́знаков жи́зни show* / give* no sign of life [ʃou...]; ~ пóвод (к) give* rise (to); ~ комáнду *воен.* give* *a* commánd [...-ɑːnd]; ~ комý-л. пальтó help smb. on with *his* coat; ~ рýку hold* out one's hand (to); (*тж. даме*) óffer one's hand (to); они́ пóдали друг дрýгу рýки they shook hands; не подáть руки́ with¦hóld* one's hand; ~ примéр set* an exámple [...-ɑːm-] (*i.*); **2.** (*вн.*; *ставить на стол*) serve (*d.*); ~ на стол serve the díshes, serve the table; обéд пóдан dínner is served; **3.** (*вн.*; *подводить*; *о лошади, экипаже и т. п.*) drive* up to the door [...dɔː] (*d.*); пóезд пóдали на 1-ю платфóрму the train came in at plátfòrm one; на какýю платфóрму подадýт пóезд? what plátfòrm is the train due at?, what plátfòrm will the train come in at?; **4.** (*вн.*) *спорт.* serve (*d.*): ~ мяч serve the ball; **5.** (*вн.*; *о жалобе и т. п.*): ~ заявлéние hand in *an* àpplicátion; ~ апелля́цию appéal; ~ пети́цию, прошéние submít *an* àpplicátion, fórward *a* petítion; ~ жáлобу (*дт.* на *вн.*) make* *a* compláint (to abóut); lodge *a* compláint (with abóut); ~ в суд (на *вн.*) bring* an áction (agáinst); **6.** (*вн.*) *тех.* feed* (*d.*); ✧ ~ телегрáмму (*дт.*) send* *a* télegràm (*i.*), wire (*d.*); ~ в отстáвку send* in one's rèsignátion [...zɪ-]; *воен.* send* in one's pápers; ~ гóлос give* tongue [...tʌŋ]; (за *вн.*; *на выборах*) vote (for).

подавáться, подáться **1.**: ~ вперёд, назáд, в стóрону draw* / move fórward, back, asíde [...muːv...]; **2.** *разг.* (*уступать*) give* way; yield [jiːld] (*тж. перен.*); **3.** *разг.* (*поехать, отправиться*) make* for; **4.** *страд. к* подавáть.

подави́ть *сов. см.* подавля́ть.

подави́ться *сов. см.* дави́ться 1.

подавлéние *с.* **1.** suppréssion; représsion; **2.** *воен.* neutralìzátion [-laɪ-].

подáвленность *ж.* depréssion; blues *pl. разг.*

подáвленн||ый 1. *прич. см.* подавля́ть; **2.** *прил.* depréssed, dispírited; быть в ~ом состоя́нии be depréssed; be in the blues *разг.*

подавля́||ть, подави́ть (*вн.*) **1.** (*о восстании, мятеже и т. п.*) suppréss (*d.*), représs (*d.*), quell (*d.*), put* down (*d.*); (*о чувстве*) restráin (*d.*); (*о стоне и т. п.*) stífle (*d.*), suppréss (*d.*); **2.** *воен.* (*огнём*) néutralize (*d.*); **3.** (*угнетать*) depréss (*d.*); (*величием и т. п.*) crush (*d.*); òver¦whélm (*d.*). **~ющий 1.** *прич. см.* подавля́ть; **2.** *прил.* (*превосходящий*) òver¦whélming, òver¦pówering; ~ющее большинствó òver¦whélming majórity.

подáвно *нареч. разг.* so much the more, all the more.

подáгр||а *ж.* gout; pódagra *мед.* **~ик** *м.* góuty pérson. **~и́ческий** góuty, podágric; ~и́ческий больнóй = подáгрик.

подáльше (*сравн. ст. от нареч.* далекó) (*несколько дальше*) sóme¦whàt, *или* a little, fárther on / a¦wáy [...-ðə...]; (*как можно дальше*) as far as póssible.

подари́ть *сов. см.* дари́ть.

подáрок *м.* présent [-ez-], gift [g-]; сдéлать ~ (*дт.*) make* a présent (*i.*); получи́ть в ~ (*вн.*) recéive as a présent / gift [-'siːv...] (*d.*).

подáтель *м.*, **~ница** *ж.* (*письма*) béarer ['bɛə-]; (*прошения*) petítioner.

подáтлив||ость *ж.* plìabílity, plíancy; (*тк. о человеке*) complàisance [-z-]. **~ый** plíable, plíant; (*тк. о человеке*) complàisant [-z-].

податн||óй *ист.* tax (*attr.*), dúty (*attr.*); póll-tàx páying; ~áя систéма taxátion; ~ инспéктор asséssor (of táxes).

пóдать *ж. ист.* tax, dúty, asséssment.

подáть *сов. см.* подавáть.

подáться *сов. см.* подавáться.

подáча *ж.* **1.** (*заявления и т. п.*) preséntìng [-'z-]; **2.** *тех.* feed, féeding; **3.** *спорт.* sérvice, serve; ✧ ~ гóлоса vóting.

подáчка *ж.* sop; (*денежная*) tip; грошóвая ~ páltry dole, míserable píttance ['mɪz-...].

подая́ние *с.* chárity, alms [ɑːmz], dole, hándout.

подбáвить *сов. см.* подбавля́ть.

подбавля́ть, подбáвить (*вн.*, *рд.*) add (*d.*); (*примешивая*) mix in (*d.*).

подбегáть, подбежáть (к) run* up (to), come* rúnning up (to).

подбежáть *сов. см.* подбегáть.

подберёзовик *м.* (*гриб*) brown cap bolétus.

подбивáть, подби́ть **1.** (*вн. тв.*; *делать подкладку*) line (*d.* with); ~ мéхом line with fur (*d.*), fur (*d.*); подби́тый мéхом fúr-lìned; подби́тый вáтой wádded, lined with wádding; **2.** (*вн.*; *об обуви*) ré¦sóle (*d.*); **3.** (*вн.* на *вн.*, + *инф.*) *разг.* (*подстрекать*) ínstigàte (*d.* to, + to *inf.*), incíte (*d.* to, + to *inf.*); **4.** (*вн.*) *воен.* put* out of áction (*d.*); ✧ подби́ть глаз (*дт.*) give* a black eye [...aɪ] (*i.*).

подбирáть, подобрáть (*вн.*) **1.** (*поднимать*) pick up (*d.*); ~ колóсья glean; подобрáть рáненых pick up the wóunded [...'wuː-]; **2.** (*подворачивать*) tuck up (*d.*); ~ под себя́ нóги tuck one's legs únder one; **3.** (*выбирать*) sort out (*d.*), seléct (*d.*); (*факты и т. п.*) glean (*d.*); ~ людéй seléct people [...piː-]; ~ кáдры по полити́ческим и делови́м при́знакам seléct pèrsonnél on polítical and búsiness quàlificátions [...'bɪzn-...]; ~ ключ (к) fit *a* key [...kiː] (to), try *a* key (to); ~ что-л. под цвет чегó-л. choose* smth. to match (the cólour of) smth. [...'kʌ-...]; ~ подклáдку под цвет пальтó choose* *the* líning to match (the cólour of) *the* coat.

~ся, подобра́ться 1. (к; *незаметно подходить*) steal* up (to), appróach stéalthily [...'stel-] (*d.*); 2. *страд.* к подбира́ть.

подби́ть *сов. см.* подбива́ть.

подбодри́ть *сов. см.* подбодря́ть.

подбодря́ть, подбодри́ть (*вн.*) cheer up (*d.*), en¦cóurage [-'kʌ-] (*d.*).

подбо́р *м.* 1. seléction; ~ ка́дров seléction of pèrsonnél; 2. *полигр.*: в ~ run on; ◇ как на ~ choice (*attr.*): я́блоки как на ~ choice apples.

подборо́док *м.* chin; двойно́й ~ double chin [dʌ-...].

подбоче́ни||вшись *нареч.* with arms akímbò, with one's hands on one's hips; он стоя́л ~ he stood with his hands on his hips, *или* with arms akímbò [...stud...]. ~ться *сов.* put* one's arms akímbò.

подбра́сывать, подбро́сить 1. (*вн.*; *вверх*) toss up (*d.*), throw* up [-ou...] (*d.*); ~ ребёнка (*на руках*) toss up, *или* dandle, *a* child*; 2. (*вн.* под *вн.*) throw* (*d.* únder); 3. (*вн.*; *тайком*) put* stéalthily [...'stel-] (*d.*); ~ ребёнка leave* / abándon *a* child* at *smb.'s* door [...dɔː]; 4. (*вн.*, *рд.*; *добавлять*) add (*d.*); подбро́сить дров в пе́чку put* (fíre¦)wood on / into *the* stove [...-wud...].

подбро́сить *сов. см.* подбра́сывать.

подва́л *м.* 1. (*подвальный этаж*) báse¦ment [-s-]; (*сводчатый*) vault; 2. (*погреб*) céllar; 3. (*в газете*) spécial árticle ['spe-...].

подва́ливать, подвали́ть 1. (*вн.*, *рд.*) heap up (*d.*); 2. (*вн.*, *рд.*) *разг.* (*добавлять*) add (*d.*).

подвали́ть *сов. см.* подва́ливать.

подва́льн||ый *прил.* к подва́л 1; ~ эта́ж, ~ое помеще́ние báse¦ment [-s-].

подва́хтенные *мн. скл. как прил. мор.* watch below [...-ou] *sg.*

подве́домственный (*дт.*) within the jùrisdíction (of), in charge (of).

подвезти́ I *сов. см.* подвози́ть.

подвезти́ II *сов. безл. разг.*: ему́, им *и т. д.* подвезло́ he was, they were, *etc.*, lúcky enóugh [...-ʌf], he has, they have, *etc.*, had a stroke of good luck.

подверга́ть, подве́ргнуть (*вн. дт.*) subjéct (*d.* to); (*об опасности, риске*) expóse (*d.* to); ~ сомне́нию call in quéstion [...-stʃən] (*d.*); ~ штра́фу fine (*d.*); ~ опа́сности expóse to dánger [...'deɪndʒə] (*d.*), endánger [-'deɪndʒə] (*d.*); ~ осмо́тру exámine (*d.*), subjéct to (an) exàminátion (*d.*); ~ испыта́нию put* on tríal (*d.*), put* to the test (*d.*); ~ наказа́нию inflíct *a* pénalty (up¦ón); ~ пы́тке put* to tórture (*d.*). ~ся, подве́ргнуться 1. (*дт.*) ùndergó* (*d.*); ~ся опа́сности чего́-л. run* the dánger of smth. [...'deɪndʒə...]; ~ся си́льной кри́тике be sevére¦ly críticìzed, be súbject to sevére críticism / cénsure; ~ся са́мому серьёзному изуче́нию recéive the most sérious stúdy [-'sɪːv... 'stʌ-]; 2. *страд.* к подверга́ть.

подве́р||гнуть(ся) *сов. см.* подверга́ть(ся). ~женный 1. *прич. см.* подверга́ть; 2. *прил.* (*дт.*) súbject (to), líable (to).

подверну́ть(ся) *сов. см.* подвёртывать(ся).

подвёртывать, подверну́ть (*вн.*) 1. (*подвинчивать*) screw a little (*d.*); ~ кран tíghten up *a* tap; ~ винт tíghten / take* up *a* screw; 2. (*подтыкать*) tuck in / up (*d.*); ~ одея́ло tuck in *the* blánket; 3. (*повреждать*) sprain (*d.*); подверну́ть но́гу sprain one's ankle. ~ся, подверну́ться 1. (*о платье, скатерти и т. п.*) tuck up; 2. (*о ноге*) slip; у него́ нога́ подверну́лась his foot slipped [...fut...]; 3. *разг.* (*оказаться*) turn up; подверну́лся удо́бный слу́чай an òpportúnity turned up; ~ся по́д руку come* to one's hand; он кста́ти подверну́лся he came at the right móment; 4. *страд.* к подвёртывать.

подве́с||ить *сов. см.* подве́шивать. ~ка *ж.* 1. (*действие*) háng¦ing up, suspénsion; 2. (*украшение*) péndant; 3. *тех.* suspénsion brácket / clip; háng¦er brácket. ~но́й suspénded, péndant, péndulous; suspénsion (*attr.*); ~на́я доро́га suspénsion / cable way. ~ок *м.* péndant.

подвести́ *сов. см.* подводи́ть.

подве́тренн||ый léeward; lee (*attr.*); ~ая сторона́ lee (side); ~ борт *мор.* lee side.

подве́шивать, подве́сить (*вн.*) hang* up (*d.*), suspénd (*d.*).

подвздо́шный *анат.* íliàc.

подвива́ть, подви́ть (*вн.*) curl / frizzle a little, *или* slightly (*d.*).

по́двиг *м.* éxploit, feat, great / heró¦ic deed [-eɪt...]; боево́й ~ feat of arms; трудовы́е ~и сове́тского наро́да lábour éxploits of the Sóvièt people [...piː-].

подви́гать *сов.* (*тв.*) move a little [muːv...] (*d.*).

подвига́ть, подви́нуть (*вн.*) push [puʃ] (*d.*), move [muːv] (*d.*).

подви́гаться *сов.* move (a little) [muːv...].

подвига́ться, подви́нуться move [muːv]; (*вперёд*; *тж. перен.*) advánce; (*о работе и т. п.*) progréss; ~ наза́д move / draw* back; ~ бли́же move / come* / draw* néarer.

подви́д *м. биол.* subspécìes [-ʃiːz] *sg.* *и pl.*

подви́жка *ж.*: ~ льда ice mótion.

подви́жни||к *м. церк.* ascétic, hérmit; (*перен.*) dèvotée, zéalot ['zel-], hérò; ~ нау́ки dèvotée of science. ~ческий sélfless; ~ческий труд sélfless lábour.

подвижн||о́й 1. móbìle ['mou-]; ~о́е равнове́сие *хим.* móbìle èquilíbrium; ~а́я шкала́ за́работной пла́ты slíding wage scale; 2. *тех.* trávelling; ~ блок trávelling block; 3. (*о человеке*) líve¦ly, áctive, ágìle; ~о́е лицо́ móbìle féatures *pl.*; ◇ ~ соста́в *ж.-д.* rólling-stòck; ~ы́е и́гры óutdoor games [-dɔː...].

подви́жн||ость *ж.* 1. mòbílity [mou-]; 2. (*о человеке, лице, характере*) líve¦liness. ~ый=подвижно́й 3.

подвиза́ться work, act; ~ на по́прище (*рд.*) act (as), pursúe the òccupátion (of); ~ на юриди́ческом по́прище fóllow the law; ~ на литерату́рном по́прище be an áuthor; ~ на сце́не tread* the boards [tred...].

подвинти́ть *сов. см.* подви́нчивать.

подви́нуть(ся) *сов. см.* подвига́ть(-ся).

подви́нчивать, подвинти́ть (*вн.*) screw up (*d.*), tíghten (*d.*); подвинти́ть га́йку tíghten / take* up *a* screw.

подвира́ть *разг.* fib; embróider (the truth) [...-uːθ].

подви́ть *сов. см.* подвива́ть.

подвла́стный (*дт.*) súbject (to), depéndent (on).

подво́д *м. тех.* admíssion, supplý, feed.

подво́да *ж.* cart.

подводи́ть, подвести́ 1. (*вн.* к) bring* (*d.* to); 2. (*вн.* под *вн.*; *сооружать*) place (*d.* únder); ~ фунда́мент ùnderpín (*d.*); ~ дом под кры́шу roof *the* house* [...-s]; ~ ми́ну (ùnder)mine (*d.*); 3. (*вн.*) *разг.* (*ставить в неприятное положение*) let* down (*d.*); do an ill, *или* a bad, turn (*i.*); ◇ ~ ито́ги (*дт.*; *прям. и перен.*) sum up (*d.*); ~ бала́нс (*рд.*) bálance (*d.*); ~ бро́ви péncil one's éye¦brows [...'aɪ-]; у него́ живо́т от го́лода подвело́ ≅ he is áwfully húngry.

подво́дка *ж.*=подво́д.

подво́дник *м.* súbmarìner [-riː-].

подво́дн||ый súbmarìne [-riːn]; ~ ка́бель súbmarìne cable; ~ая ло́дка súbmarìne; ~ ка́мень reef, rock; ~ые расте́ния submérged plants [...-ɑːnts]; ~ое тече́ние úndercùrrent, úndersèt.

подво́з *м.* tránspòrt; (*снабжение*) supplý. ~и́ть, подвезти́ 1. (*вн.*, *рд.*; *доставлять*) bring* (*d.*); 2. (*вн.*; *по пути — о пешеходе*) give* a lift (*i.*); предложи́ть подвезти́ óffer a lift (*i.*); проси́ть подвезти́ ask for a lift (*d.*).

подво́й *м. с.-х.* stock.

подво́рн||ый: ~ спи́сок list of hóme¦steads / fármsteads [...-stedz -stedz]; ~ая по́дать *ист.* héarth-mòney ['hɑːθmʌ-], chímney-mòney [-mʌ-]; ~ая пе́репись cénsus of hóuses.

подворотничо́к *м.* úndercòllar (*sewn under the collar of a soldier's tunic*).

подворо́тня *ж.* gáte-way.

подво́х *м. разг.* dírty trick.

подвыва́ть howl.

подвы́пивший *разг.* a bit tight, in líquor [...-kə].

подвяза́ть(ся) *сов. см.* подвя́зывать (-ся).

подвя́зка *ж.* gárter; (*мужская*) suspénder.

подвя́зывать, подвяза́ть (*вн.* к) tie up (*d.* to). **~ся,** подвяза́ться **1.** (*тв.*) tie round òne¦sélf, *или* one's waist, head, *etc.* [...hed] (*d.*); **2.** *страд.* к подвя́зывать.

подга́дить *сов.* **1.** (*без доп.*) *разг.* (*испортить*) spoil* the effect, make* a mess of smth.; **2.** (*дт.*; *сделать неприятность*) play a dírty trick (on).

подгиба́ть, подогну́ть (*вн.*) tuck in (*d.*), tuck / bend* (únder) (*d.*). **~ся,** подогну́ться **1.** bend*; **2.** *страд.* к подгиба́ть.

подгляде́ть *сов. см.* подгля́дывать.

подгля́дывать, подгляде́ть *разг.* **1.** (в *вн.*) peep (at); **2.** (за *тв.*) watch fúrtive¦ly (*d.*), spy (up¦ón).

подгнива́ть, подгни́ть get* ròtten, rot.

подгни́ть *сов. см.* подгнива́ть.

подгов||а́ривать, подговори́ть (*вн.* на *вн.*, + *инф.*) ínstigàte (*d.* to, + to *inf.*), incíte (*d.* to, + to *inf.*), put* up (*d.* to); он ~ори́л её на э́то he ínstigàted / incíted her to do this, he put her up to this; он ~ори́л её согласи́ться he ínstigàted / incíted her to give her consént.

подговори́ть *сов. см.* подгова́ривать.

подголо́сок *м.* (*о голосе*) sécond part ['se-...], suppórting voice; (*перен.*) *разг.* yés-man*.

подгоня́ть, подогна́ть **1.** (*вн.*; *торопить*) drive* on (*d.*), urge on (*d.*), húrry (*d.*); **2.** (*вн.* к; *приспособлять*) adjúst [ə'ʤʌst] (*d.* to), fit (*d.* to).

подгор||а́ть, подгоре́ть be / get* burnt. **~е́лый** a little burnt.

подгоре́ть *сов. см.* подгора́ть.

подгота́вливать, подгото́вить (*вн.* для; *в разн. знач.*) prepáre (*d.* for); make* réady [...'redɪ] (*d.* for); (*обучать*) train (*d.* for); ~ ка́дры train pèrsonnél; ~ к зиме́ (*о помещении и т. п.*) make* réady for the wínter (*d.*); подгото́вить по́чву (*перен.*) pave the way (for). **~ся,** подгото́виться **1.** (к) prepáre (for), get* réady [...'redɪ] (for); **2.** *страд.* к подгота́вливать.

подготови́тельн||ый prepáratory; ~ая рабо́та spáde-wòrk; Подготови́тельный комите́т Prepáratory Commíttee [...-tɪ].

подгото́в||ить(ся) *сов. см.* подгота́вливать(ся). **~ка** *ж.* **1.** (к) prèparátion (for); (*обучение*) tráining (for); ~ка ка́дров tráining of pèrsonnél; проходи́ть специа́льную ~ку have spécial tráining [...'spe-...]; боева́я ~ка battle tráining; cómbat instrúction / tráining *амер.*; **2.** (*запас знаний*) gróunding, schóoling; у него́ прекра́сная ~ка (в *пр.* *или* по *дт.*) he is well gróunded (in); у него́ сла́бая ~ка (в *пр.* *или* по *дт.*) he is weak (in).

подготовля́ть(ся) = подгота́вливать(ся).

подгру́ппа *ж.* súb-group [-u:p].

подгу́зник *м.* (*пелёнка*) díaper, náppy.

подгуля́ть *сов.* *разг.* **1.** (*выпить*) have a drop too much; **2.** (*быть неудачным*) be ráther / prétty bad [... 'rɑ:- 'prɪ-...], be far from good, be póorish.

поддава́ть, подда́ть (*вн.*) **1.** (*ударять снизу*) strike* (*d.*); (*ногой*) kick (*d.*); **2.** (*в игре в шашки*) give* a¦wáy (*d.*); **3.** *разг.* (*усиливать*) add (*d.*); подда́ть жа́ру add fúel to the fire / flames [...'fju-...]. **~ся,** подда́ться **1.** (*дт.*) yield [ji:-] (to), give* way (to); (*искушению, соблазну тж.*) fall* (for); не ~ся resíst [-'zɪ-] (*d.*); дверь поддала́сь the door yíelded, *или* gave way [...dɔ:...]; не легко́ поддаётся перево́ду does not lend ìt¦sélf to trànslátion [...-ɑ:n-]; не поддаю́щийся контро́лю ún¦aménable to contról [...-oul]; ~ся отча́янию give* way to despáir; не ~ся никаки́м угово́рам yield to no persuásion [...-'sweɪ-], stand* one's ground; не ~ся па́нике not succúmb, *или* not give* way, to pánic; не поддаю́щийся убежде́нию ún¦yíelding [-'ji:l-]; ~ся чьему́-л. влия́нию come* / fall* únder smb.'s ínfluence, submít to the ínfluence of smb.; ~ся искуше́нию be témpted [...-mt-], yield to (the) temptátion [...-m't-]; **2.** *страд.* к поддава́ть; ◇ не ~ся описа́нию defý / báffle descríption, be be¦yónd descríption.

поддавки́ *мн.*: игра́ть в ~ play at gíve-a¦wáy.

подда́к||ивать, подда́кнуть (*дт.*) *разг.* yes (*d.*). **~нуть** *сов. см.* подда́кивать.

по́ддан||ная *ж.*, **~ный** *м.* *скл. как прил.* súbject. **~ство** *с.* cítizenship; принима́ть ~ство be náturalìzed, become* a cítizen.

подда́ть(ся) *сов. см.* поддава́ть(ся).

поддева́ть, подде́ть **1.** (*вн.*; *надевать*) put* on únder (*d.*); wear* únder [weə...] (*d.*); **2.** (*вн.* *тв.*; *зацеплять*) hook (*d.* with); **3.** (*вн.*) *разг.* (*говорить колкости*) bait (*d.*), tease (*d.*).

поддёвка *ж.* poddyóvka (*man's long-waisted coat*).

подде́л||ать(ся) *сов. см.* подде́лывать(ся). **~ка** *ж.* **1.** (*действие*) fàlsificátion [fɔ:-]; (*документа*) fórgery; **2.** (*поддельная вещь*) ìmitátion, cóunterfeit [-fɪt], fake.

подде́лыватель *м.*, **~ница** *ж.* fálsifìer ['fɔ:-], fórger.

подде́лывать, подде́лать (*вн.*) cóunterfeit [-fɪt] (*d.*), fálsifỳ ['fɔ:-] (*d.*); duff (*d.*) *разг.*; (*о документе, подписи тж.*) forge (*d.*), fábricàte (*d.*). **~ся,** подде́латься **1.** (под *вн.*) *разг.* (*подражать*) ímitàte (*d.*); **2.** (к; *искать расположения*) in¦grátiàte òne¦sélf (with).

подде́льн||ый false [fɔ:-], cóunterfeit [-fɪt], sham, spúrious; fake (*attr.*); (*искусственный*) àrtifícial; (*о документе, подписи*) forged; ~ые драгоце́нности àrtifícial / ìmitátion jéwelry *sg.*; ~ая моне́та false / spúrious coin [fɔ:-...]; ~ бриллиа́нт sham díamond.

поддёргивать, поддёрнуть (*вн.*) *разг.* pull up [pul...] (*d.*).

поддержа́н||ие *с.* máintenance; для ~ия ми́ра и безопа́сности to maintáin peace and secúrity.

поддержа́ть *сов. см.* подде́рживать 1, 2.

подде́рж||ивать, поддержа́ть (*вн.*) **1.** (*прям. и перен.*) suppórt (*d.*); (*кандидатуру, мнение тж.*) back (up) (*d.*), sécond ['se-] (*d.*); ~ мора́льно en¦cóurage [-'kʌ-] (*d.*), cóuntenance (*d.*); ~ резолю́цию sécond *a* rèsolútion [...-z-]; поддержа́ть ата́ку bólster up *the* attáck ['bou-...]; **2.** (*не давать прекратиться*) maintáin (*d.*), keep* up (*d.*); ~ ого́нь feed* / keep* up the fire; **3.** *тк. несов.* (*сохранять, продолжать*) maintáin (*d.*), keep* up (*d.*); ~ перепи́ску keep* up, *или* maintáin, *a* còrrespóndence; ~ разгово́р keep* up *the* cònversátion; keep* the ball (of cònversátion) rólling *идиом.*; ~ отноше́ния (с *тв.*) keep* in touch [...tʌʧ] (with); ~ дру́жеские отноше́ния (с *тв.*) maintáin fríendly relátions [...'frend-...] (with); ~ те́сную связь (с *тв.*) maintáin close cóntàct [...klous...] (with); ~ дру́жбу (с *тв.*) keep* up *a* fríendship [...'frend-] (with); ~ регуля́рное сообще́ние (*о транспорте*) maintáin a régular sérvice; **4.** *тк. несов.* (*служить опорой*) bear* [bɛə] (*d.*), suppórt (*d.*). **~ка** *ж.* **1.** (*мнения, предложения и т. п.*) bácking, sécónding, suppórting; (*моральная*) en¦cóurage¦ment [-'kʌ-], cóuntenance; (*помощь*) suppórt(ing); взаи́мная ~ка mútual suppórt; получи́ть ~ку (от) get* / deríve en¦cóurage¦ment (from), recéive a pówerful bácking [-'si:v...] (from); по́льзоваться горя́чей ~кой (*рд.*) enjóy the warm suppórt (of); находи́ть горя́чую ~ку (у) meet* with warm appróval / suppórt [...-ru:v-...] (among, from); огнева́я ~ка *воен.* fire suppórt; (*при наступлении*) cóvering fire ['kʌ-...]; **2.** (*опора*) suppórt prop, stay.

поддёрнуть *сов. см.* поддёргивать.

подде́ть *сов. см.* поддева́ть.

поддо́нник *м.* sáucer (*vessel placed under flowerpot*).

поддра́зн||ивать, поддразни́ть (*вн.*) *разг.* tease (*d.*). **~и́ть** *сов. см.* поддра́знивать.

поддува́ло *с.* ásh-pìt.

поддува́ть, подду́ть **1.** blow* (from benéath) [-ou...]; **2.** *тк. несов.* (*слегка*) blow* slíghtly.

подду́ть *сов. см.* поддува́ть 1.

по-де́довски *нареч.* *разг.* as of old.

поде́йствовать *сов. см.* де́йствовать 2.

подека́дно *нареч.* every ten days.

подéл||ать *сов. разг.*: ничегó не ~аешь there is nothing to be done, it can't be helped [...kɑːnt...], you can't help it; ничегó не могý с ним ~ I can't do ány|thing with him, there is no mánaging him.

подели́ть(ся) *сов. см.* дели́ть(ся) II.

подéлк||а *ж.* **1.** (*случайная работа*) odd job; **2.** (*изделие*) árticle; ~и из слонóвой кóсти ívory árticles ['aɪ-...], árticles made of ívory.

поделóм *нареч. разг.*: ~ емý it serves him right.

подéлыва||ть: что ~ешь?, что ~ете? how are you getting on?

подёнка *ж. зоол.* ephémeròn, ephémera.

подён||но *нареч.* by the day. **~ный** dáily, by the day; ~ная оплáта pay by the day; ~ная рабóта work by the day, day lábour, tíme-wòrk. **~щик** *м.* wórk|man* hired by the day, dáy-lábour|er, tíme-wòrker. **~щина** *ж.* work paid for by the day, day lábour. **~щица** *ж.* wóman* hired by the day ['wu-...]; chár|wòman* [-wu-].

подёрг||ать *сов. см.* подёргивать 1. **~ивание** *с.* (*мускула*) twítch(ing), jerk.

подёргив||ать, подёргать **1.** (*вн.*) pull [pul] (*d.*, at); tug (at); **2.** *тк. несов.* (*тв.*) twitch (*d.*); он ~ал плечóм his shóulder twitched [...'ʃou-...]. **~аться** twitch; у негó ~ается лицó his face twítches.

подержáние *с.*: взять на ~ (*вн.*) bórrow (*d.*); дать на ~ (*вн.*) lend* (*d.*).

подéржанн||ый sécond-hánd ['se-]; ~ое плáтье sécond-hánd clóthing [...'klou-].

подержáть *сов.* (*вн.*) hold* for some time (*d.*); (*у себя*) keep* for some time (*d.*). **~ся** *сов.* **1.** (за *вн.*) hold* for some time (on); **2.** (*сохраниться*) stand*; забóр ещё подéржится the fence will stand / last for some time.

подёрну||ть *сов. безл.* cóver ['kʌ-]; рекý ~ло тóнким слóем льда the ríver was coated with thin ice [...'rɪ-...], there was a thin crust of ice on the ríver. **~ться** *сов.* (*тв.*) be cóvered [...'kʌ-] (with).

подешевéть *сов. см.* дешевéть.

поджáривать, поджáрить (*вн.*; *на сковороде*) fry (*d.*); (*на открытом огне*) roast (*d.*); (*на рашпере*) grill (*d.*); ~ хлеб toast bread [...bred]. **~ся**, поджáриться **1.** fry; roast; broil; (*ср.* поджáривать); **2.** *страд. к* поджáривать.

поджáр||истый brown, crisp. **~ить(ся)** *сов. см.* поджáривать(ся).

поджáрый *разг.* wíry, lean, sínewy.

поджáть *сов. см.* поджимáть.

поджелýдочн||ый: ~ая железá *анат.* páncreas [-rɪəs].

поджéчь *сов. см.* поджигáть.

поджигáтель *м.*, **~ница** *ж.* incéndiary; (*перен. тж.*) ínstigàtor; ~ войны́ ínstigàtor of war, wár-mònger [-mʌ-].

поджигáтельский inflámmatory.

поджигáть, поджéчь (*вн.*) set* fire (to), set* on fire (*d.*).

поджидáть (*вн.*) *разг.* wait (for); (*в засаде и т. п.*) lie* in wait (for).

поджи́лки *мн.*: у негó от стрáха ~ трясýтся *разг.* ≅ he is sháking in his shoes [...ʃuːz], he is quáking with fear.

поджимáть, поджáть: ~ гýбы purse one's mouth / lips; поджáть хвост put* the tail betwéen the legs; have one's tail betwéen one's legs (*тж. перен.*); поджáв хвост with one's tail betwéen one's legs; сидéть поджáв нóги sit* cróss-lègged.

поджóг *м.* árson.

подзаголóвок *м.* súbtitle, súbheading [-hed-].

подзадóр||ивать, подзадóрить (*вн.*) *разг.* set* on (*d.*), egg on (*d.*); (*вн.* на *вн.*) set* on (*d.* to), put* up (*d.* to), egg on (*d.* to); он ~ил егó на э́то he put him up to it, he egged him on to it; он ~ил егó пойти́ тудá he egged him on to gó(|ing) there.

подзадóрить *сов. см.* подзадóривать.

подзаты́льник *м. разг.* slap, cuff.

подзащи́тный *м. скл. как прил. юр.* clíent.

подземéлье *с.* cave; (*тюрьма*) dúngeon [-nʤən].

подзéмка *ж. разг.* (*подземная железная дорога*) tube, únderground.

подзéмн||ый únderground, sùbterránean; ~ толчóк an éarthquàke shock [...'əːθ-...]; (*слабый*) trémor ['tre-]; ~ перехóд únderground pássage; ~ая (городскáя) желéзная дорóга the únderground (ráilway); (*в Лондоне тж.*) tube; súbway *амер.*; ~ые рабóты únderground work *sg.*; ◇ ~ое цáрство the únderground kíng|-dom.

подзеркáльник *м.* píer-glàss table ['pɪə-...].

подзóл *м. с.-х.* pódsòl, pódzòl.

подзóлист||ый *с.-х.*: ~ые пóчвы pódsòl *sg.*, pódzòl *sg.*

подзóрн||ый: ~ая трубá spý|glàss, téléscòpe.

подзуди́ть *сов. см.* подзýживать.

подзýживать, подзуди́ть *разг.* = подзадóривать.

подзывáть, подозвáть (*вн.* к) call up (*d.* to); (*жестом*) béckon (*d.* to).

поди́ I *разг.* = пойди́ *см.* пойти́.

поди́ II *разг.* **1.** *вводн. сл.* (*вероятно, пожалуй*) *передаётся личн. формами* must *и* would (+ *inf.*); *тж.* I should not wónder [...'wʌ-], I dare say; ты, ~, забы́л меня́ I shouldn't wónder if you had forgótten me, I dare say you have forgótten me; он, ~, устáл, спит, забы́л he must be tired, sléeping, must have forgótten; I shouldn't wónder if he were tired, sléeping, if he had forgótten; ужé, ~, пóздно it must be getting late; **2.** *частица* (*с повелит. накл.*; *попробуй*) just try (+ to *inf.*): ~ поспóрь с ним you just try to árgue with him; ◇ вот ~ ж ты ≅ just imágine; well, who would have thought it póssible.

подиви́ться *сов.* (*дт.*, на *вн.*) márvel (at).

подирá||ть: морóз по кóже ~ет *разг.* it makes *one's* flesh creep, it gives *one* the creeps / shívers [...'ʃɪ-].

подкáлывать, подколóть (*вн.*) pin up (*d.*).

подкáпывать, подкопáть (*вн.*) ùndermíne (*d.*), sap (*d.*). **~ся**, подкопáться **1.** (под *вн.*) sap (*d.*); ùndermíne(*d.*) (*тж. перен.*); под негó не подкопáешься there is no trípping him up; **2.** *страд. к* подкáпывать.

подкараýливать, подкараýлить (*вн.*) catch* (*d.*); *несов. тж.* be on the watch (for), be in wait (for).

подкараýлить *сов. см.* подкараýливать.

подкáрмливать, подкорми́ть (*вн.*) feed* up (*d.*); (*о скоте тж.*) fódder (*d.*).

подкати́ть(ся) *сов. см.* подкáтывать (-ся).

подкáтывать, подкати́ть **1.** (*вн.* к) roll (*d.* to), drive* (*d.* to); **2.** (к; *об экипаже и т. п.*) roll up (to), drive* up (to); подкати́ть к сáмому подъéзду drive* right up to the front door [...frʌ- dɔː]; **3.** *разг.*: у негó ком подкати́л к гóрлу he felt a lump rise in his throat. **~ся**, подкати́ться **1.** roll (únder); **2.** *страд. к* подкáтывать 1.

подкáшивать, подкоси́ть (*вн.*; *о траве*) cut* (*d.*); (*перен.*: *лишать сил*): э́то несчáстье окончáтельно подкоси́ло егó this misfórtune was the last straw [...-ʧən...], he sank únder this last blow [...-ou]; упáсть как подкóшенный ≅ fall* flat, fall* as if shot. **~ся**, подкоси́ться: у негó нóги подкоси́лись his legs gave way únder him, his knees shook.

подки́||дывать, подки́нуть *разг.* = подбрáсывать. **~нуть** *сов. см.* подки́дывать.

подкисли́ть *сов. см.* подкисля́ть.

подкисля́ть, подкисли́ть (*вн.*) *хим.* acídifỳ (*d.*), acídulàte (*d.*).

подклáдк||а *ж.* líning; сдéлать ~у к пальтó line *a* coat; (*на заказ*) have *a* coat lined; на шёлковой ~е sílk-lined.

подкладн||óй: ~óе сýдно béd-pàn.

подклáдочный líning (*attr.*).

подклáдывать, подложи́ть **1.** (*вн.* под *вн.*) lay* (*d.* únder); **2.** (*вн.* под *вн.*; *о подкладке, вате и т. п.*) line (with *d.*); **3.** (*вн.*, *рд.*; *добавлять*) add (*d.*); put* some more (*d.*); подложи́ть дров add some fíre|wood [...-wud]; ◇ подложи́ть свинью комý-л. play a mean / dírty trick on / up|ón smb.

подклáсс *м. биол.* súbclass.

подклé||ивать, подклéить **1.** (*вн.* под *вн.*) glue (*d.* únder); (*мучным клеем*) paste [peɪ-] (*d.* únder); 2. (*вн.*; *чинить*) glue up (*d.*); (*мучным клеем*) paste up (*d.*). ~**ить** *сов. см.* подклéивать. ~**йка** *ж.* glúe¦ing; (*мучным клеем*) pásting ['peɪ-].

подключи́чный *анат.* sùbclávian, sùbclavícular.

подко́в||а *ж.* (hórse¦)shòe [-ʃuː]. ~**а́ть** *сов. см.* подко́вывать.

подковообра́зный hórse¦shòe-sháped [-ʃuː-]; hórse¦shòe (*attr.*).

подко́вывать, подкова́ть (*вн.*) shoe [ʃuː] (*d.*); (*вн.* в *пр.*; *перен.*) *разг.* ground (*d.* in); человéк, полити́чески подко́ванный a man* well gróunded in pólitics.

подковы́р||ивать, подковырну́ть (*вн.*) *разг.* tease (*d.*). ~**ну́ть** *сов. см.* подковы́ривать.

подко́жн||ый hỳpodérmic [haɪ-], súbcutáneous; ~ая клетча́тка hỳpodérmic tíssue; ~ое впры́скивание hỳpodérmic injéction.

подколéнный *анат.* pòplíteal [-tɪəl].

подколо́дн||ый: змея́ ~ая *разг.* snake in the grass, víper.

подколо́ть *сов. см.* подка́лывать.

подкоми́ссия *ж.* súbcommìttee [-tɪ].

подкомитéт *м.* súbcommittee [-tɪ].

подконтро́льный únder contról [...-oul].

подко́п *м.* (*в разн. знач.*) sap, ùndermíning; вести́ ~ подо что-л. ùndermíne smth., sap smth. ~**а́ть(ся)** *сов. см.* подка́пывать(ся).

подко́рм *м.* addítional fórage.

подкорми́ть *сов. см.* подка́рмливать.

подко́рмка *ж. с.-х.* féeding.

подко́с *м. стр.* strut, cross brace.

подкоси́ть(ся) *сов. см.* подка́шивать(ся).

подкра́дываться, подкра́сться (к) steal* up (to), sneak up (to).

подкра́с||ить(ся) *сов. см.* подкра́шивать(ся). ~**ка** *ж.* tint, tíncturing.

подкра́сться *сов. см.* подкра́дываться.

подкра́шивать, подкра́сить (*вн.*) tint (*d.*), tíncture (*d.*), cólour ['kʌ-] (*d.*); ~ гу́бы touch up one's lips [tʌʧ ...]. ~**ся,** подкра́ситься 1. make* up; 2. *страд. к* подкра́шивать.

подкреп||и́ть(ся) *сов. см.* подкрепля́ть(ся). ~**лéние** *с.* 1. cònfirmátion; (*о теории тж.*) corròborátion; для ~лéния свои́х слов in cònfirmátion / corròborátion of one's words, to confírm / corróboràte / back one's words; 2. (*едой, питьём*) refréshment; 3. *воен.* rè¦infórce¦ment.

подкреп||ля́ть, подкрепи́ть (*вн.*) 1. suppórt (*d.*); (*подтверждать*) confírm (*d.*); (*о теории тж.*) corróboràte (*d.*); ~и́ть слова́ дела́ми back words by deeds, suit áction to words [sjuːt...]; 2. (*едой, питьём*) refrésh (*d.*); 3. *воен.* rè¦infórce (*d.*). ~**ля́ться,** подкрепи́ться 1. (*едой, питьём*) fórtifỳ òne¦sélf, refrésh òne¦sélf; 2. *страд. к* подкрепля́ть.

подкузьми́ть *сов.* (*вн.*) *разг.* do a bad, *или* an ill, turn (*i.*); let* down (*d.*).

по́дкуп *м. тк. ед.* bríbery ['braɪ-], sùbòrnátion; graft *амер.*

подкуп||а́ть, подкупи́ть (*вн.*) bribe (*d.*), sùbórn [sʌ-] (*d.*); graft (*d.*) *амер.*; (*перен.*) win* óver (*d.*); всех ~и́ла его́ и́скренность his sincérity won all hearts [...wʌn...hɑːts], everybody was gréatly touched by his sincérity [... -eɪt- tʌ-...]. ~**и́ть** *сов. см.* подкупа́ть.

подку́пный bríbable.

подла́диться *сов. см.* подла́живаться.

подла́живаться, подла́диться (к) *разг.* 1. adápt òne¦sélf (to); húmour (*d.*); 2. (*заискивать*) make* up (to).

подла́мываться, подломи́ться (под *тв.*) break* [-eɪk] (únder).

по́дле *предл.* (*рд.*) by the side of, by *smb.*'s side; ~ стола́ стоя́л стул by the side of the table stood a chair [...stud...]; она́ сéла ~ него́ she sat down by his side.

подлеж||а́ть (*дт.*) be súbject (to), be líable (to); ~ уничтожéнию be líable / déstined to destrúction; ~ исполнéнию be to be cárried out; ~ суду́ be indíctable [...-'daɪt-]; ~ вéдению кого́-л. be within smb.'s cómpetence, be únder smb.'s authórity; ◇ не ~и́т сомнéнию it is be¦yónd (any) doubt [...daut], there is no doubt; не ~и́т оглашéнию it is not to be made públic [...'pʌ-]; вопро́сы, ~а́щие урегули́рованию próblems a¦wáiting séttle¦ment ['prɔ-...].

подлежа́щее *с. скл. как прил. грам.* súbject.

подлежа́щий *прич.* (*тж. как прил.*) (*дт.*) súbject (to), líable (to); ~ обложéнию сбо́ром, по́шлиной dútiable; ~ штра́фу líable to fine; не ~ (*дт.*) not súbject / líable (to), free / exémpt (from); не ~ оглашéнию cònfidéntial, prívate ['praɪ-]; óff-the-récòrd [-'re-] *разг.*

подлеза́ть, подлéзть (под *вн.*) creep* (únder).

подлéзть *сов. см.* подлеза́ть.

подлéсок *м.* únderbrùsh, úndergrowth [-ouθ], únderwood [-wud].

подлета́ть, подлетéть (к) fly* up (to); (*перен.: быстро подходить*) run* / rush up (to).

подлетéть *сов. см.* подлета́ть.

подлéц *м.* scóundrel, víllain [-lən], ráscal.

подлéчивать, подлечи́ть (*вн.*) *разг.* cure (*d.*). ~**ся,** подлечи́ться *разг.* ùndergó* médical tréatment.

подлечи́ть(ся) *сов. см.* подлéчивать(ся).

подлива́ть, подли́ть (*вн., рд.* в *вн.*) add (*d.* to); ◇ подли́ть ма́сла в ого́нь pour oil on the flame [pɔː...].

подли́вка *ж.* sauce, dréssing; (*мясная*) grávy.

подли́за *м. и ж. разг.* líckspìttle, tóady.

подлиза́ть(ся) *сов. см.* подли́зывать (-ся).

подли́зывать, подлиза́ть (*вн.*) lick up (*d.*). ~**ся,** подлиза́ться (к кому́-л.) *разг.* make* / suck up to smb.; lick smb.'s shoes / boots [...ʃuːz...].

по́длинник *м.* oríginal; чита́ть в ~е read* in the oríginal.

по́длинно I *прил. кратк. см.* по́длинный.

по́длинно II *нареч.* réally ['rɪə-]: э́то ~ интерéсная кни́га it is a réally ínteresting book; — он ~ наро́дный поэ́т he is a génuine póet of the people [...piːpl].

по́длинн||ость *ж.* authèntícity. ~**ый** 1. (*не поддельный*) authéntic; génuine; (*не копия*) oríginal; ~ая демокра́тия génuine demócracy; ~ое иску́сство génuine art; ~ый текст oríginal (text); ~ые докумéнты authéntic dócuments; с ~ым вéрно cértified true cópy [...'kɔ-]; его́ ~ые слова́ his own / very words [...oun...]; 2. (*истинный*) true, real [rɪəl].

подли́ть *сов. см.* подлива́ть.

по́дличать act méanly, act in a mean way.

подло́г *м.* fórgery.

подло́жечный *анат.* èpigástric.

подложи́ть *сов. см.* подкла́дывать.

подло́жн||ость *ж.* fálse¦ness ['fɔː-], spúrious¦ness. ~**ый** false [fɔː-], spúrious, cóunterfeit [-ɪt].

подloко́тник *м.* élbow-rèst.

подломи́ться *сов. см.* подла́мываться.

подлопа́точный *анат.* sùbscápular.

по́длость *ж.* méanness, báse¦ness [-s-]; (*подлый поступок тж.*) mean / lów-down áction [...'lou-...].

подлу́нный súblùnar(y).

по́длый mean, base [-s], foul.

подма́зать(ся) *сов. см.* подма́зывать(ся).

подма́зывать, подма́зать (*вн.*; *жиром*) grease (*d.*), oil (*d.*); (*перен.: подкупать*) *разг.* grease *smb.'s* palm [...pɑːm]; oil the wheels. ~**ся,** подма́заться *разг.* 1. (*подкрашиваться*) make* up, touch up one's face [tʌ-...]; 2. (к кому́-л.; *подделываться*) make* up (to), cúrry fávour (with); 3. *страд. к* подма́зывать.

подманда́тн||ый mándàted; ~ая террито́рия mándàted térritory.

подмастéрье *м.* appréntice.

подма́х||ивать, подмахну́ть (*вн.*) *разг.* sign (húrriedly) [saɪn...] (*d.*). ~**ну́ть** *сов. см.* подма́хивать.

подма́чивать, подмочи́ть (*вн.*) wet slíghtly (*d.*), damp (*d.*); (*о товарах*) dámage (*d.*).

подмéн||а *ж.* sùbstitútion (*of smth. false for smth. real*). ~**и́ть** *сов. см.* подменя́ть.

подменя́ть, подмени́ть (*вн. тв.*) súbstitùte (for *d.*).

подмерза́ть, подмёрзнуть freeze* slíghtly.

подмёрзнуть *сов. см.* подмерза́ть.

подмести́ *сов. см.* подмета́ть.

подмета́льщик *м.* swéeper; ~ у́лиц street swéeper.

подмета́ть, подмести́ (*вн.*) sweep* (*d.*); ~ ко́мнату sweep* *a* room.

подме́тить *сов. см.* подмеча́ть.

подмётк||а *ж.* sole; ◇ в ~и кому́-л. не годи́ться *разг.* ≅ not be fit to hold a candle to smb.

подмётн||ый: ~ое письмо́ *уст.* anónymous létter.

подмеча́ть, подме́тить (*вн.*) nótice ['nou-] (*d.*).

подмеша́ть *сов. см.* подме́шивать.

подме́шивать, подмеша́ть (*вн.*, *рд.* к, в *вн.*) mix (*d.* into, with).

подми́г||ивать, подмигну́ть (*дт.*) wink (at); *сов. тж.* give* a wink (at). **~ну́ть** *сов. см.* подми́гивать.

подмина́ть, подмя́ть (*вн.*) press / crush down (*d.*); подмя́ть проти́вника под себя́ get* one's oppónent únder.

подмо́г||а *ж. разг.* help, assístance; идти́ на ~у (к, *дт.*) give* / lend* a hélping hand (*i.*), lend* a hand (*i.*).

подмока́ть, подмо́кнуть get* slíghtly wet.

подмо́кнуть *сов. см.* подмока́ть.

подмора́жив||ать, подморо́зить *безл.* freeze*; ~ает it is fréezing.

подморо́женный fróst-bitten.

подморо́зить *сов. см.* подмора́живать.

подмоско́вный (sítuàted) near Móscow.

Подмоско́вье *с.* dístricts / locálities near Móscow *pl.*

подмо́стки *мн.* **1.** (*сцена*) stage *sg.*, boards; **2.** (*настил из досок*) scáffolding *sg.*, stáging *sg.*

подмо́ч||енный 1. *прич. см.* подма́чивать; **2.** *прил.* slíghtly wet; damped; (*о товарах*; *тж. перен.*: *о репутации*) *разг.* dámaged. **~и́ть** *сов. см.* подма́чивать.

подмы́в *м.* (*берега и т. п.*) ùndermíning; (*размывание*) wáshing a¦wáy.

подмыва́||ть, подмы́ть (*вн.*) **1.** wash (*d.*); **2.** (*о береге и т. п.*) ùndermíne (*d.*); (*размывать*) wash a¦wáy (*d.*); **3.** *тк. несов. безл. разг.*: его́ так и ~ет (+ *инф.*) he feels an ìrresístible lóng¦ing [...-'zɪ-...] (+ to *inf.*), he can hárdly keep hìm¦sélf (from *ger.*).

подмы́ть *сов. см.* подмыва́ть 1, 2.

подмы́ш||ки *мн.* árm-pits. **~ник** *м.* dréss-presérver [-'zɜː-].

подмя́ть *сов. см.* подмина́ть.

поднадзо́рный *м. скл. как прил.* pérson únder sùrvéillance.

поднебе́сье *с. тк. ед.* the skies *pl.*

поднево́льный 1. (*о человеке*) depéndent; **2.** (*принудительный*) forced; ~ труд forced lábour.

поднес||е́ние *с.* prèsentátion [-zə-]. **~ти́** *сов. см.* подноси́ть.

поднима́ть, подня́ть (*вн.*) **1.** (*в разн. знач.*) lift (*d.*), raise (*d.*); (*о глазах, руках тж.*) ùp¦líft (*d.*); (*что-либо тяжёлое*) heave* (*d.*): ~ ру́ку raise one's hand; ~ ру́ку на кого́-л. lift one's hand agáinst smb.; ~ бока́л (за *вн.*) raise one's glass (to); ~ пыль raise dust; — ~ ору́жие take* up arms; ~ паруса́ make* / set* sail; ~ флаг hoist *a* flag; *мор.* make* the cólours [...'kʌ-]; ~ воротни́к turn up one's cóllar; **2.** (*подбирать*) pick up (*d.*); **3.** (*повышать*) raise (*d.*); ~ дисципли́ну raise the stándard of díscipline; ~ производи́тельность труда́ raise the pròdùctívity of lábour, raise lábour pròdùctívity; ~ у́ровень жи́зни raise the stándard of líving [...'lɪv-]; ~ на бо́лее высо́кий у́ровень raise to a much hígher lével [...'le-] (*d.*); ~ прести́ж (*рд.*) enhánce the prèstíge [...-tiːʒ] (of); ~ значе́ние (*рд.*) enhánce the impórtance (of), raise the signíficance (of); ◇ ~ на́ ноги rouse (*d.*), get* up (*d.*); ~ всех на́ ноги raise a géneral alárm; ~ с посте́ли rouse (*d.*); ~ нови́ну, цели́ну plough new land, break* fresh ground [-eɪk...], ópen up vírgin lands; подня́ть из руи́н raise from the rúins (*d.*); ~ вопро́с raise *a* quéstion [...-stʃən]; ~ трево́гу raise an alárm; ~ восста́ние excíte, *или* stir up, rebéllion; подня́ть на борьбу́ stir to áction (*d.*); ~ шум, крик make* a noise, set* up a clámour; ~ го́лову hold* up one's head [...hed]; ~ кого́-л. на́ смех make* a láughing-stòck of smb. [...'lɑːf-...]; ~ нос put* on airs *идиом.*; ~ настрое́ние cheer up (*d.*); ~ на во́здух (*взрывать*) blow* up [-ou...] (*d.*); ~ пе́тли pick up stítches. **~ся,** подня́ться **1.** (*в разн. знач.*; *тж. перен.*: *восставать*) rise*: подня́ться во весь рост rise* to one's full height [...haɪt]; подняли́сь как оди́н they rose as one (man); его́ бро́ви подняли́сь his éye¦brows rose [...'aɪ-...]; ~ся на́ ноги rise* to one's feet; те́сто подняло́сь the dough has rísen [...dou...'rɪz°n]; подня́ться из руи́н rise* from the rúins; его́ настрое́ние подняло́сь his spírits rose; — у него́ подняла́сь температу́ра his témperature rose, he devéloped a témperature; подня́лся шум (в кла́ссе, ко́мнате *и т. п.*) the class, the room, *etc.*, becáme nóisy [...-zɪ]; из-за э́того подняла́сь шуми́ха it caused a sènsátion; ~ся волно́й surge; ~ся ра́но (*просыпаться*) get* up éarly [...'ɜː-]; це́ны подняли́сь príces went up; ~ся из-за горы́ come* up from behínd the móuntain; **2.** (на *вн.*; *на гору и т. п.*) climb [klaɪm] (*d.*); ascénd (*d.*); **3.** *страд. к* поднима́ть; ◇ у него́ рука́ не поднима́ется (+*инф.*) he can't bring hìm¦sélf [..kɑːnt...] (+to *inf.*).

поднови́ть *сов. см.* подновля́ть.

подновля́ть, поднови́ть (*вн.*) renéw (*d.*), rénovàte (*d.*).

подного́тн||ая *ж. скл. как прил. разг.* chérished sécrets *pl.*; знать всю ~ую (*рд.*) know* the ins and outs [nou...] (of).

подно́ж||ие *с.* **1.** (*горы*) foot [fut]; у ~ия горы́ at the foot of *a* hill / móuntain; **2.** (*памятника и т. п.*) pédestal.

подно́жка *ж.* **1.** (*экипажа, трамвая*) step, fóotboard ['fut-]; **2.** (*в борьбе, играх и т. п.*) báckheel.

подно́жн||ый: ~ корм pásture, pásturage, grass; быть на ~ом корму́ be at grass; пуска́ть на ~ корм put* to grass.

подно́с *м.* tray; (*металлический тж.*) sálver; ча́йный ~ téa-tray.

подноси́ть, поднести́ **1.** (*вн.* к) bring* (*d.* to), take* (*d.* to); **2.** (*дт. вн.*; *в подарок*) presént [-'ze-] (*d.* with); **3.** (*дт. вн.*) *разг.* (*угощать*) treat (*d.* to).

подно́счик *м.* cárrier; ~ патро́нов àmmunítion cárrier.

подноше́ни||е *с.* présent [-ez-], gift [g-]; цвето́чные ~я flóral tríbutes.

подня́тие *с.* ráising, rise, rísing; ~ фла́га hóisting *a* flag; *мор.* máking the cólours [...'kʌ-]; ~ производи́тельности труда́ ráising the pròdùctívity of lábour; голосова́ть ~м рук vote by show of hands [...ʃou...]; ~ за́навеса cúrtain-rìse.

подня́ть(ся) *сов. см.* поднима́ть(ся).

подо *предл.* = под II.

подоба́||ть (*дт.* + *инф.*) become* (*d.* + to *inf.*); befít (*d.* + to *inf.*); как ~ет as it becomes *one*; не ~ет так поступа́ть it does¦n't become *one* to beháve like that. **~ющий 1.** *прич. см.* подоба́ть; **2.** *прил.* próper ['prɔ-]; взять ~ющий тон adópt the próper tone; заня́ть ~ющее ме́сто, положе́ние óccupỳ a fítting place, posítion [...-'zɪ-]; ~ющим о́бразом própérly.

подо́бие *с.* **1.** (*сходство*) líke¦ness; **2.** *мат.* sìmilárity.

подо́бно I *прил. кратк. см.* подо́бный.

подо́бн||о II *нареч. тж. как предл.* (*дт.*) like; ~ геро́ям like héròes; ~ тому́, как just as: ~ тому́, как со́лнце освеща́ет зе́млю just as the sun lights up the earth [...ɜːθ]. **~ый** (*дт.*) **1.** like; símilar (to); (*такой*) such a / an; such; он ничего́ ~ого не ви́дел he has never seen ány¦thing like it; ~ый отве́т such an ánswer [...'ɑːnsə]; ~ое поведе́ние such beháviour; **2.** *мат.* símilar (to); ~ые треуго́льники símilar tríangles; ◇ ничего́ ~ого *разг.* nothing of the kind; и тому́ ~ое and so on, and so forth.

подобостра́ст||ие *с.* sèrvílity. **~ный** sérvile.

подобра́ть(ся) *сов. см.* подбира́ть(-ся).

подобре́ть *сов. см.* добре́ть I.

подобру́-поздоро́ву *нареч. разг.* (*вовремя*) in good time; (*пока цел*) with a whole skin [...houl...].

подо́в||ый baked in the hearth [... -hα:θ]; ~ые пироги́ pies baked in the hearth.

подогна́ть *сов. см.* подгоня́ть.

подогну́ть(ся) *сов. см.* подгиба́ть (-ся).

подогре́в *м. тех.* héating; предвари́тельный ~ pré-héating.

подогрева́тель *м. тех.* héater. **~ный** *тех.* héating (*attr.*).

подогрева́ть, подогре́ть (*вн.*) warm up (*d.*); ~ молоко́ warm up *the* milk.

подогре́ть *сов. см.* подогрева́ть.

пододвига́ть, пододви́нуть (*вн.* к) push up [puʃ...] (*d.* to), move up [mu:v...] (*d.* to). **~ся**, пододви́нуться 1. (к) move [mu:v] (to); 2. *страд.* к пододвига́ть.

пододви́нуть(ся) *сов. см.* пододвига́ть(ся).

пододея́льник *м.* blánket cóver / slip [...'kʌ-...], quilt cóver / slip.

подожд||а́ть *сов.* (*вн.*, *рд.*) wait (for); он немно́го ~а́л вас, а пото́м ушёл he wáited a little for you and then went a|wáy.

подозва́ть *сов. см.* подзыва́ть.

подозрева́емый 1. *прич. см.* подозрева́ть; 2. *прил.* suspécted; súspèct (*predic.*).

подозр||ева́ть (*вн.* в *пр.*) suspéct (*d.* of). **~е́ние** *с.* suspícion; быть под ~е́нием, быть на ~е́нии be únder suspícion; по ~е́нию on suspícion; оста́ться вне ~е́ний remáin above suspícion.

подозри́тельно I 1. *прил. кратк. см.* подозри́тельный; 2. *предик. безл.* it is suspícious.

подозри́тельн||о II *нареч.* 1. (*вызывая подозрение*) suspícious|ly; вести́ себя́ ~ beháve suspícious|ly; 2. (*с подозрением*) suspícious|ly, with suspícion; смотре́ть ~ (на *вн.*) look suspícious|ly (at), look with suspícion (at). **~ость** *ж.* suspícious|ness. **~ый** 1. (*вызывающий подозрение*) suspícious; súspèct (*predic.*); (*сомнительный*) shády; físhy *разг.*; ~ого ви́да suspícious-lóoking; 2. (*недоверчивый*) suspícious, mistrústful.

подои́ть *сов. см.* дои́ть.

подо́йник *м.* milk pail.

подойти́ *сов. см.* подходи́ть.

подоко́нник *м.* window-sìll.

подо́л *м.* hem (of *a* skirt); skirt; подня́ть ~ raise the hem of *the* skirt; по́лный ~ (*рд.*) a skirtful (of).

подо́лгу *нареч.* long; for hours, days, months, *etc.* [...auəz...mʌ-]: он, быва́ло, ~ си́живал с на́ми he used to sit with us for hours [...ju:st...]; он жил у нас ~ he lived with us for months, years [...lı-...].

подольсти́ться *сов. см.* подольща́ться.

подольща́ться, подольсти́ться (к кому́-л.) *разг.* worm òne|sélf into smb.'s fávour, *или* into smb.'s good gráces.

по-дома́шнему *нареч.* símply, without céremony; оде́т ~ (dressed) in clothes used aróund the house [...klou-...-s].

подо́нки *мн.* dregs; (*перен.* *тж.*) riff-ràff *sg.*, scum *sg.*; ~ о́бщества scum / dregs of society.

подопе́чн||ый únder wárdship; ~ая террито́рия *полит.* trust térritory.

подоплёк||а *ж.* the real state of affáirs [...rıəl...]; знать всю ~у (*рд.*) know* all [nou...] (abóut), know* the real state (of); see* behínd the scenes.

подо́пытный èxpèriméntal; ~ кро́лик (*перен.*) guínea-pig ['gını-].

подорва́ть *сов. см.* подрыва́ть II.

подорва́ться *сов.*: ~ на ми́не be blown up by *a* mine [...bloun...].

подорожа́ть *сов.* become* déarer, become* more expénsive.

подоро́жная *ж. скл. как прил. ист.* órder for (fresh) póst-hòrses, *или* for reláys [...'poust-...].

подоро́жник *м. бот.* plántain.

подоси́новик *м.* (*гриб*) órange cap bolétus.

подосла́ть *сов. см.* подсыла́ть.

подоспе́ть *сов. разг.* come* (in time), arríve (in time).

подостла́ть *сов. см.* подстила́ть.

подотде́л *м.* séction, sùbdivísion.

подоткну́ть *сов. см.* подтыка́ть.

подотчётн||ость *ж. фин.* accountabílity. **~ый** *фин.* 1. accóuntable; о́рганы, ~ые (*дт.*) órgans accóuntable (to); 2. (*о деньгах*) on accóunt; ~ая су́мма ímprèst.

подо́хнуть *сов.* 1. *см.* подыха́ть; 2. *как сов. к* до́хнуть.

подохо́дный: ~ нало́г ín|come tax.

подо́шв||а *ж.* 1. (*ноги, башмака*) sole; 2. (*горы*) foot [fut]; у ~ы горы́ at the foot of *a* hill / móuntain.

подо́швенный sole (*attr.*).

подпада́ть, подпа́сть (под *вн.*) fall* (únder); ~ под чьё-л. влия́ние fall* únder smb.'s ínfluence.

подпа́ивать, подпои́ть (*вн.*) *разг.* make* típsy / drunk (*d.*).

подпа́л||ивать, подпали́ть (*вн.*) *разг.* 1. (*слегка опалять*) singe (*d.*), scorch (*d.*); 2. (*поджигать*) put* / set* on fire (*d.*). **~и́ть** *сов. см.* подпа́ливать.

подпа́рывать, подпоро́ть (*вн.*) rip up (*d.*), únpíck (*d.*), únstítch (*d.*). **~ся**, подпоро́ться 1. rip, get* únpícked / únstítched; 2. *страд.* к подпа́рывать.

подпа́сок *м.* hérdsboy.

подпа́сть *сов. см.* подпада́ть.

подпева́ла *м. и ж. разг.* yés-man*.

подпева́ть (*дт.*) join (in síng|ing) (*d.*), join in *a* song (*d.*); (*перен.*) échò ['ekou] (*d.*).

подпере́ть *сов. см.* подпира́ть.

подпи́л||ивать, подпили́ть (*вн.*; *пилой*) saw* (*d.*); (*напильником*) file (*d.*); ~ но́жки у стола́, сту́ла *и т. п.* shórten the legs of *a* table, *a* chair, *etc.* **~и́ть** *сов. см.* подпи́ливать.

подпи́лок *м.* file.

подпира́ть, подпере́ть (*вн.*) prop up (*d.*).

подписа́||ние *с.* sígning ['saın-]. **~ть(ся)** *сов. см.* подпи́сывать(ся).

подпи́с||ка *ж.* 1. subscríption; ~ на заём subscríption to *a* loan; принима́ется ~ на газе́ты subscríptions to néwspàpers are táken / accépted; 2. (*обязательство*) en|gáge|ment; signed / wrítten prómise [saınd...-s]; дать ~ку make* a signed státe|ment; он дал в э́том ~ку he made a signed státe|ment to the efféct. **~но́й** subscríption (*attr.*); ~но́е изда́ние subscríption edítion; ~на́я цена́ the price of subscríption; ◇ ~но́й лист subscríption list. **~чик** *м.*, **~чица** *ж.* subscríber.

подпи́сывать, подписа́ть 1. (*вн.*; *ставить подпись*) sign [saın] (*d.*); 2. (*вн.* к; *добавлять к написанному*) add (*d.* to); 3. (*вн.* на *вн.*; *включать в число подписчиков*) subscríbe (*d.* for); ~ кого́-л. на газе́ту subscríbe smb. for *a* néwspàper, take* out a néwspàper subscríption for smb. **~ся**, подписа́ться 1. (*ставить подпись*) sign [saın]; 2. (под *тв.*) sign (to), put* one's name (to); (*перен.*: *соглашаться*) subscríbe (to); 3. (на *вн.*) subscríbe (for, to); ~ся на заём subscríbe for / to *a* loan; 4. *страд.* к подпи́сывать.

по́дпись *ж.* sígnature; поста́вить свою́ ~ (под *тв.*) put* one's sígnature (únder), affíx one's sígnature (to); под э́тим соглаше́нием стоя́т по́дписи (*рд.*) this agréement bears the sígnature [...bεəz...] (of); за ~ю (*рд.*) signed [saınd] (by); за ~ю и печа́тью signed and sealed.

подплыва́ть, подплы́ть (к; *вплавь*) swim* up (to), come* swímming (to); (*на судне и т. п.*) sail up (to), come* (sáiling / stéaming) up (to); (*в лодке*) row up [rou...] (to), come* (rówing) up (to); (*на пароме*) férry up (to), come* up (to).

подплы́ть *сов. см.* подплыва́ть.

подпои́ть *сов. см.* подпа́ивать.

подполз||а́ть, подползти́ 1. (к; *приближаться*) creep* up (to); 2. (под *вн.*) creep* (únder). **~ти́** *сов. см.* подполза́ть.

подполко́вник *м. воен.* lieuténant-‑cólonel [lef'tenənt'kə:nᵊl].

подпо́ль||е *с.* 1. céllar (únder the floor) [...flɔ:]; 2. sécret / únderground work / àctívity; рабо́тать в ~ do sécret / únderground work; уходи́ть в ~ go* únderground. **~ный** 1. únder the floor [...flɔ:]; 2. únderground (*attr.*), sécret; ~ная организа́ция sécret / únderground òrganìzátion

[...-naɪ-]; ~ная рабо́та sécret / únderground work / áctivity; ~ная типогра́фия únderground / sécret press. ~щик м. mémber of a sécret òrganìzátion [...-naɪ-]; one wórking illégal|ly.

подпо́р м. *тех.* head (of wáter) [hed... 'wɔː-].

подпо́р||а ж., **~ка** ж. prop, suppórt.

подпо́рн||ый: ~ая сте́нка bréast-wàll ['brest-].

подпоро́ть(ся) *сов. см.* подпа́рывать(ся).

подпору́чик м. *воен. ист.* sécond lieuténant ['se- lef'tenənt].

подпо́чва ж. súbsoil, súbstrátum (*pl.* -ta).

подпо́чвенн||ый sùbterránean [-nɪən]; ~ая вода́ únderground / súbsoil / sùbterránean wáter [...'wɔː-]; ~ слой pan.

подпоя́сать(ся) *сов. см.* подпоя́сывать(ся).

подпоя́сывать, подпоя́сать (*вн.*) belt (*d.*), girdle [g-] (*d.*). **~ся,** подпоя́саться 1. belt / girdle òne¦sélf [...g-...], put* on *a* belt / girdle; 2. *страд.* к подпоя́сывать.

подпра́вить *сов. см.* подправля́ть.

подправля́ть, подпра́вить (*вн.*) touch up [tʌʧ...] (*d.*), retóuch [-'tʌʧ] (*d.*).

подпру́га ж. (sáddle-)gìrth [-g-], bélly-bànd.

подпры́г||ивать, подпры́гнуть jump up, leap*; bob (up and down). **~нуть** *сов. см.* подпры́гивать.

подпус||ка́ть, подпусти́ть (*вн.* к) allów (*d.*) to appróach, *или* to come near (*d.*); ◇ ~ти́ть шпи́льку (*дт.*) *разг.* ≅ sting* (*d.*), get* in a dig (at). **~ти́ть** *сов. см.* подпуска́ть.

подпя́тник м. *тех.* stép-bearing [-bɛə-].

подраба́тывать, подрабо́тать (*вн.*) *разг.* 1. earn additionally [ə:n...] (*d.*); 2. (*вопрос и т. п.*) work up (*d.*).

подрабо́тать *сов. см.* подраба́тывать.

подра́внивать, подровня́ть (*вн.*) trim (*d.*).

подража́||ние с. ìmitátion. **~тель** м., **~тельница** ж. ímitàtor. **~тельный** ímitàtive.

подража́ть (*дт.*) ímitàte (*d.*).

подразде́л м. súbsection.

подраздел||е́ние с. 1. súbdivìsion; 2. *воен.* sùb-únit, small únit, élement. **~и́ть** *сов. см.* подразделя́ть.

подразделя́ть, подраздели́ть (*вн.* на *вн.*) súbdivíde (*d.* into). **~ся** 1. (на *вн.*) súbdivíde (into); 2. *страд.* к подразделя́ть.

подразни́ть *сов.* (*вн.*) tease (*d.*).

подразумева́ть (*вн.*) implý (*d.*). mean* (*d.*), ímplicàte (*d.*). **~ся** be implíed / meant / ímplicàted [...ment...].

подра́мник м. *жив.* súbfràme.

подраст||а́ть, подрасти́ grow* up [grou...]; ~а́ющее поколе́ние the rising gènerátion.

подрасти́ *сов. см.* подраста́ть.

подра́ться *сов. см.* дра́ться I 1.

подрёберный *анат.* sùbcóstal.

подре́зать *сов. см.* подреза́ть.

подреза́ть, подре́зать (*вн.*) 1. cut* (*d.*); (*о волосах, деревьях тж.*) clip (*d.*), trim (*d.*); (*о деревьях, ветвях тж.*) prune (*d.*), lop (*d.*); 2. *разг.* (*добавлять*) add (*d.*), cut* in addítion (*d.*); ◇ подре́зать кры́лья кому́-л. clip smb.'s wings.

подрема́ть *сов.* have a nap; doze; ~ немно́го have a (short) nap, take* a short sleep, doze a little, *или* for a while; ~ де́сять мину́т have a ten mínutes' nap [...'mɪnɪts...], doze for ten mínutes.

подрисова́ть *сов. см.* подрисо́вывать.

подрисо́вывать, подрисова́ть (*вн.*) (*подправлять рисунок*) touch up [tʌʧ...] (*d.*), retóuch [-'tʌʧ] (*d.*); (*добавлять к рисунку*) add (*d.*); (*о бровях и т. п.*) make* up (*d.*).

подро́бно I *прил. кратк. см.* подро́бный.

подро́бн||о II *нареч.* in détail[...'dɪː-], at (great) length [...greɪt...], mìnúte¦ly [maɪ-]; ~ее at gréater length [...-eɪ-...]; ~ рассказа́ть (о *пр.*) détail the stóry (of). **~ость** ж. détail ['dɪː-]; вдава́ться в ~ости go* into détail(s); во всех ~остях in every détail; до мельча́йших ~осте́й to the small¦est détail. **~ый** détailed ['dɪː-], mìnúte [maɪ-]; ~ое описа́ние détailed / mìnúte descríption.

подровня́ть *сов. см.* подра́внивать.

подро́сток м. júvenìle; téen-àger; (*юноша тж.*) youth* [juːθ]; (*девушка*) young girl [jʌŋ g-]; flápper *разг.*

подруба́ть I, подруби́ть (*вн.*; *топором*) hew (*d.*).

подруба́ть II, подруби́ть (*вн.*; *подшивать*) hem (*d.*).

подруби́ть I, II *сов. см.* подруба́ть I, II.

подру́га ж. (fémàle) friend ['fɪː-frend]; (*детства, игр*) pláymàte.

по-дру́жески *нареч.* in a fríendly way [...'frend-...], as a friend [...frend].

подружи́ться *сов.* (с *тв.*) make* friends [...frendz] (with).

подру́жка ж. *уменьш.-ласк. от* подру́га.

подрули́ть *сов.* (к) *ав.* táxi (to).

подрумя́нивать, подрумя́нить (*вн.*) 1. paint (*d.*); (*румянами тж.*) rouge [ruːʒ] (*d.*), touch up with rouge [tʌʧ...] (*d.*); моро́з подрумя́нил её щёки the frost brought a flush to her cheeks; 2. *кул.* make* nice and brown (*d.*). **~ся,** подрумя́ниться 1. (use) rouge [...ruːʒ]; 2. *кул.* brown.

подрумя́нить(ся) *сов. см.* подрумя́нивать(ся).

подру́чн||ый 1. *прил.* at hand; ~ материа́л ímprovìsed matérial; matérial at hand; ~ые сре́дства ímprovìsed means / matérials; ány¦thing aváilable; 2. м. *как сущ.* appréntice, assístant.

подры́в м. ínjury, détriment; ~ чьего́-л. авторите́та a blow to smb.'s prèstíge [...blou... -'tiːʒ]; ~ торго́вли détriment to trade; вести́ к ~у чего́-л. ùndermíne smth.

подрыва́ние с. *воен., тех.* blásting, blówing up ['blou-...]; dèmolítion (by explósives); ~ мосто́в dèmolítion of brídges, bridge dèmolítion.

подрыва́ть I, подры́ть (*вн.*) ùndermíne (*d.*), sap (*d.*).

подрыва́ть II, подорва́ть (*вн.*) blow* up [-ou...] (*d.*), blast (*d.*); (*перен.*) ùndermíne (*d.*), sap (*d.*); ~ здоро́вье, си́лы ùndermíne / òver¦táx *one's* health, strength [...helθ...]; ~ чей-л. авторите́т ùndermíne smb.'s authórity; ~ дове́рие кого́-л. к кому́-л. shake* smb.'s faith in smb.; ~ эконо́мику, еди́нство ùndermíne the ècónomy, the únity [...ɪː-...]; ~ вое́нную мощь ùndermíne / sap the mílitary pówer.

подрывн||и́к м. *воен.* dèmolítion man*. **~о́й** blásting; dèmolítion (*attr.*); (*перен.*) ùndermíning, sùbvérsive; ~а́я рабо́та *воен.* dèmolítion work, blásting; ~о́й заря́д blásting / dèmolítion charge; ~а́я де́ятельность sùbvérsive / ùndermíning àctívities *pl.*

подры́ть *сов. см.* подрыва́ть I.

подря́д I м. cóntràct; ~ на постро́йку cóntràct for búilding [...'bɪl-]; постро́йка по ~у búilding by cóntràct; зая́вка на ~ ténder for *a* cóntràct; взять ~ на что-л., взять что-л. с ~а contráct for smth., take* smth. by cóntràct; сдать ~ на что-л., сдать что-л. с ~а put* smth. out to cóntràct.

подря́д II *нареч.* in succéssion; rúnning; (*с оттенком неодобрения*) on end: пять часо́в ~ five hours in succéssion [...auəz...], five hours rúnning; five hours on end.

подряди́ть(ся) *сов. см.* подряжа́ть(-ся).

подрядн||ый by cóntràct; cóntràct (*attr.*); ~ые рабо́ты work by cóntràct *sg.*, cóntràct work *sg.*

подря́дчик м. contráctor.

подряжа́ть, подряди́ть (*вн.*) *разг.* hire (*d.*); ~ рабо́чих hire wórkmen. **~ся,** подряди́ться *разг.* 1. contráct; 2. *страд.* к подряжа́ть.

подря́сник м. cássock.

подсади́ть I, II *сов. см.* подса́живать I, II.

подса́живать I, подсади́ть (*вн.* на *вн.*) help (*d.* to); ~ кого́-л. на ло́шадь help smb. mount *a* horse.

подса́живать II, подсади́ть (*вн.*, *рд.*) add (*d.*); подсади́ть ещё цвето́в plant some more flówers [-ɑːnt...].

подса́живаться I, подсе́сть 1. (к) take* a seat (near), sit* down (near); 2. *страд.* к подса́живать I.

подса́живаться II *страд. к* подса́живать II.

подса́ливать, подсоли́ть (*вн.*) add some salt (to), put* some more salt (into).

подса́харить *сов.* (*вн.*) *разг.* súgar ['ʃu-] (*d.*).

подсве́т *м.* illùminátion.

подсве́чник *м.* cándle¦stìck.

подсви́стывать whistle.

подсева́ть, подсе́ять (*вн.*, *рд.*) sow* (in addítion, some more) [sou...] (*d.*).

подсе́д *м.* **1.** *лес.*, *с.-х.* úndergrowth [-ouθ]; **2.** (*у меха*) líghter hairs in dark fur.

подседе́льник *м.* girth [g-], bélly--bànd.

подсека́ть, подсе́чь (*вн.*) **1.** (*подрубать*) hew / hack (únder) (*d.*); **2.** *рыб.* hook (*d.*), strike* (*d.*).

подсе́кция *ж.* súbséction.

подсеме́йство *с.* súbfàmily.

подсе́сть *сов. см.* подса́живаться I.

подсе́чь *сов. см.* подсека́ть.

подсе́ять *сов. см.* подсева́ть.

подсиде́ть *сов. см.* подси́живать.

подси́живание *с. разг.* intrígue [-iːg] (*against a colleague, fellow worker*).

подси́живать, подсиде́ть (кого́-л.) *разг.* scheme, intrígue [...-iːg] (agáinst *a colleague, fellow worker*).

подси́н||ивать, подсини́ть (*вн.*) blue (*d.*), treat with blue (*d.*). **~и́ть** *сов.* **1.** *см.* подси́нивать; **2.** *как сов. к* сини́ть.

подска́бливать, подскобли́ть (*вн.*) scrape off (*d.*).

подсказа́ть *сов. см.* подска́зывать.

подска́зка *ж. разг.* prómpt(ing) [-mt-].

подска́зывать, подсказа́ть (*дт.*) whísper (*d. i.*); (*вн.*; *перен.*) prompt [-mt] (*d.* to); не ~! no prómpting!

подскака́ть *сов. см.* подска́кивать II.

подска́кивать I, подскочи́ть **1.** (к; *подбегать*) run* up (to), come* rúnning (to); **2.** (*подпрыгивать*) jump up; *сов. тж.* give* a jump; (*перен.*: *повышаться*) jump; температу́ра подскочи́ла the témperature jumped; це́ны подскочи́ли príces jumped / soared.

подска́кивать II, подскака́ть (к) come* gálloping up (to).

подскобли́ть *сов. см.* подска́бливать.

подскочи́ть *сов. см.* подска́кивать I.

подсласти́ть *сов. см.* подсла́щивать.

подсла́щивать, подсласти́ть (*вн.*; *прям. и перен.*) swéeten (*d.*), súgar ['ʃu-] (*d.*); подсласти́ть го́рькую пилю́лю súgar the pill ['ʃu-...].

подсле́дственный *юр.* únder invèstigátion.

подслепова́тый wéak-síghted.

подслу́ж||иваться, подслужи́ться (к) *разг.* worm òne¦sélf into the fávour (of), fawn (up¦ón), cringe (to). **~и́ться** *сов. см.* подслу́живаться.

подслу́шать *сов. см.* подслу́шивать.

подслу́шивать, подслу́шать (*вн.*) òver¦héar* (*d.*); *несов. тж.* éaves¦-dròp (*d.*).

подсма́тривать, подсмотре́ть (*вн.*) spy (*d.*).

подсме́иваться (над) laugh [lɑːf] (at), make* fun (of).

подсмотре́ть *сов. см.* подсма́тривать.

подсне́жник *м. бот.* snówdròp ['snou-].

подсоби́ть *сов.* (*дт.*) *разг.* help (*d.*), give* a hand (*i.*).

подсо́бн||ый **1.** subsídiary; ~ое предприя́тие auxíliary / subsídiary énterprìse; **2.** (*второстепенный*) sécondary; ~ая рабо́та accéssory work; ~ рабо́чий auxíliary wórker; ~ про́мысел bý-wòrk.

подсо́вывать, подсу́нуть **1.** (*вн.* под *вн.*) put* (*d.* únder), shove [ʃʌv] (*d.* únder); **2.** (*вн. дт.*) *разг.* slip (*d.* into); palm off [pɑːm...] (*d.* on / up¦ón).

подсозна́ние *с.* súbcónscious¦ness [-nʃəs-].

подсозна́тельный súbcónscious [-nʃəs].

подсоли́ть *сов. см.* подса́ливать.

подсо́лнечн||ик *м.* súnflower. **~ый** súnflower (*attr.*); ~ое ма́сло súnflower-seed oil.

подсо́лнух *м. разг.* **1.** = подсо́лнечник; **2.** (*семечки*) súnflower-seeds *pl.*

подсо́хнуть *сов. см.* подсыха́ть.

подсо́чка *ж.* (*деревьев*) tápping.

подспо́рье *с. тк. ед. разг.* help; служи́ть больши́м ~м be a great help [...-eɪt...].

подспу́дный látent, hídden.

подста́вить *сов. см.* подставля́ть.

подста́вка *ж.* suppórt, rest, foot* [fut], prop; pédestal.

подстав||ля́ть, подста́вить **1.** (*вн.* под *вн.*) put* (*d.* únder), place (*d.* únder); **2.** (*вн.* вме́сто) *мат.* súbstitùte (*d.* for); ~ два вме́сто трёх súbstitùte two for three; **3.** (*вн. дт.*; *щёку и т. п.*) hold* up (*d.* to); óffer (*d.* to); ~ но́жку (кому́-л.; *прям. и перен.*) trip smb. up; ~ другу́ю щёку turn the other cheek. **~но́й** false [fɔː-]; ~но́е лицо́ dúmmy, man* of straw, fígure-head [-hed].

подстака́нник *м.* glåss-hòlder.

подстано́вка *ж. мат.* sùbstitútion.

подста́нция *ж.* súbstátion.

подста́ть = под стать *см.* стать IV.

подстёгивать, подстегну́ть (*вн.*) whip (up) (*d.*); urge fórward (*d.*), urge (on) (*d.*) (*тж. перен.*).

подстегну́ть *сов. см.* подстёгивать.

подстерега́ть, подстере́чь (*вн.*) be on the watch (for), lie* in wait (for); *сов. тж.* catch* (*d.*); ~ моме́нт choose* *a* móment.

подстере́чь *сов. см.* подстерега́ть.

подстила́ть, подостла́ть (*вн.* под *вн.*) lay* (*d.* únder), stretch (*d.* únder).

подсти́лка *ж.* **1.** (*для спанья*) bédding; **2.** (*для скота*) lítter.

подстра́ивать, подстро́ить *разг.* **1.** (*вн.*; *муз. инструмент*) tune (up) (*d.*); **2.** (*вн. дт.*) bring* abóut by sécret plótting (*d.* to); fábricàte (*d.*), con¦cóct (*d.*), contríve (*d.*); ~ шу́тку play a trick (on, up¦ón); э́то де́ло подстро́ено this is a pút-úp job [...'put-...]; it's a fráme-úp *амер.*

подстрека́тель *м.*, **~ница** *ж.* ínstigàtor; fíre¦brànd *разг.* **~ство** *с.* instigátion, incíte¦ment, sétting-òn.

подстрек||а́ть, подстрекну́ть **1.** (*вн.* на *вн.*) incíte (*d.* to), ínstigàte (*d.* to), set* on (*d.*); **2.** (*вн.*; *возбуждать*) excíte (*d.*); ~ну́ть чьё-л. любопы́тство excíte smb.'s cùriósity. **~ну́ть** *сов. см.* подстрека́ть.

подстре́ливать, подстрели́ть (*вн.*) wound (by a shot) [wuː-...] (*d.*); (*гл. обр. о птице*) wing (*d.*).

подстрели́ть *сов. см.* подстре́ливать.

подстрига́ть, подстри́чь (*вн.*) cut* (*d.*); (*о волосах, деревьях тж.*) clip (*d.*), trim (*d.*); (*о деревьях тж.*) prune (*d.*), lop (*d.*); ~ (себе́) но́гти trim (one's) nails; ~ ребёнка cut* *the* child's hair; ко́ротко подстри́женные во́лосы (clóse¦ly) cropped hair [-s-...] *sg.* **~ся**, подстри́чься cut* one's hair; (*в парикмахерской тж.*) have a háir-cùt, have one's hair cut.

подстри́чь(ся) *сов. см.* подстрига́ть (-ся).

подстро́ить *сов. см.* подстра́ивать.

подстро́чн||ик *м.* ìnterlínear trànslátion [...-ɑːns-]. **~ый** **1.** (*о переводе и т. п.*) ìnterlínear; ~ый перево́д interlínear trànslátion [...-ɑːns-]; word for word trànslátion; **2.** (*о примечании и т. п.*) foot [fut] (*attr.*); ~ое примеча́ние fóot-nòte ['fut-].

по́дступ *м.* appróach; *воен. тж.* ávenue of appróach; бой на да́льних ~ах к го́роду fíghting on the dístant appróaches to the cíty [...'sɪ-] *sg.*; ◇ к нему́ и ~а нет he is ìnaccéssible, you can't get near him [... kɑːnt...]. **~а́ть**, подступи́ть (к) appróach (*d.*), come* up (to); (*перен.*) come* (to): войска́ ~и́ли к го́роду the troops appróached the town; слёзы ~и́ли к его́ глаза́м tears came to his eyes [...aɪz]. **~и́ть** *сов. см.* подступа́ть. **~и́ться** (к) *разг.*: к нему́ не ~и́ться you can't get near him [...kɑːnt...]; к э́тому не ~и́ться it is quite be¦yónd *one's* means.

подсуди́м||ый *м. скл. как прил.* the accúsed; defééndant; (*в суде тж.*) prísoner at the bar [-z-...]; скамья́ ~ых the dock, the bar.

подсу́дн||ость *ж.* jùrisdíction; cógnizance. **~ый** (*дт.*) únder / withín the jùrisdíction / cómpetence (of), cógnizable (to); быть ~ым (*дт.*) be únder the jùrisdíction (of), fall* withín the jùrisdíction / cómpetence (of);

не ~ый óutsíde the jùrisdícti on / cómpetence (of); ~ое лицó *a* jùst íciable.

подсу́мок *м. воен.* cártridge pouch.

подсу́нуть *сов. см.* подсóвывать.

подсу́ш||ивать, подсуши́ть (*вн.*) dry a little (*d.*). **~иваться,** подсуши́ться 1. dry; 2. *страд.* к подсу́шивать. **~и́ть(ся)** *сов. см.* подсу́шивать(ся).

подсчёт *м.* càlculátion; ~ голосóв poll, cóunting / tállying of votes.

подсчита́ть *сов. см.* подсчи́тывать.

подсчи́тывать, подсчита́ть (*вн.*) count up (*d.*), cálculàte (*d.*); ~ голоса́ poll the votes; ~ трофéи *воен.* count one's tróphies; count (up) the cáptured matérial.

подсыла́ть, подосла́ть (*вн.*) send* (*d.*).

подсы́пать *сов. см.* подсыпа́ть.

подсыпа́ть, подсы́пать (*вн., рд.*) add (*d.*), pour (in addítion) [pɔː...] (*d.*).

подсыха́ть, подсóхнуть get* dry; на у́лице подсóхло it has dried up out of doors [...dɔːz].

подта́ивать, подта́ять thaw / melt* a little.

подта́лкивать, подтолкну́ть (*вн.*) push slíghtly [puʃ...] (*d.*); (*перен.*) urge on (*d.*), ínstigàte (*d.*); ~ лóктем nudge (*d.*).

подта́пливать, подтопи́ть (*вн.*; *о печи и т. п.*) heat a little (*d.*).

подта́скивать, подтащи́ть (*вн.* к) drag up (*d.* to).

подтас||ова́ть *сов. см.* подтасóвывать. **~óвка** *ж. карт.* únfáir / trick shúffling; (*перен.*) gárbling, júggling; ~óвка фа́ктов júggling with facts.

подтасóвывать, подтасова́ть (*вн.*) *карт.* shuffle únfáirly (*d.*); (*перен.*) garble (*d.*), juggle (with); ~ фа́кты juggle with facts.

подта́чивать, подточи́ть (*вн.*) 1. (*делать острее*) shárpen (*d.*), give* an edge (to); подточи́ть каранда́ш shárpen *a* péncil (a little bit); 2. (*подгрызать*) eat* (*d.*), gnaw (*d.*); (*о воде; подмывать*) ùndermíne (*d.*); (*перен.*; *о здоровье, силах и т. п.*) ùndermíne (*d.*), sap (*d.*); река́ подточи́ла бéрег the ríver ùndermíned the bank [...'rı-...]; э́то подточи́ло егó здорóвье this ùndermíned his health / strength [...helθ...].

подтащи́ть *сов. см.* подта́скивать.

подта́ять *сов. см.* подта́ивать.

подтверди́ть(ся) *сов. см.* подтвержда́ть(ся).

подтвержд||а́ть, подтверди́ть (*вн.*) confírm (*d.*); (*о теории тж.*) corróboràte (*d.*); ~ вновь ré|affírm (*d.*); ~ получéние чегó-л. acknówledge the recéipt of smth. [-'nɔ-...-'siːt...]. **~а́ться,** подтверди́ться 1. be confírmed; (*о теории тж.*) be corróboràted, be borne out; слух не ~а́ется the rúmour was not confírmed / corróboràted; 2. *страд.* к подтвержда́ть. **~éние** *с.* cònfirmátion; (*теории тж.*) corròborátion; для ~éния своих слов in cònfirmátion / corròborátion of one's words, to confírm / corróboràte one's words; ~éние получéния чегó-л. acknówledge|ment of the recéipt of smth. [-'nɔ-...-'siːt...].

подтека́||ть, подтéчь 1. (под *вн.*) flow* [-ou] (únder), run* (únder); 2. *тк. несов.* (*протекать*) leak; ча́йник ~ет the téa-kèttle is léaking, *или* has a small leak in it.

подтéкст *м.* ìmplicátion.

подтерéть *сов. см.* подтира́ть.

подтéчь *сов. см.* подтека́ть 1.

подтира́ть, подтерéть (*вн.*) wipe (up) (*d.*).

подтолкну́ть *сов. см.* подта́лкивать.

подтопи́ть *сов. см.* подта́пливать.

подточи́ть *сов. см.* подта́чивать.

подтру́н||ивать, подтруни́ть (над) chaff (*d.*), bánter (*d.*), kid (at). **~и́ть** *сов. см.* подтру́нивать.

подтушева́ть *сов. см.* подтушёвывать.

подтушёвывать, подтушева́ть (*вн.*) shade slíghtly (*d.*).

подтыка́ть, подоткну́ть (*вн.*) *разг.* tuck in (*d.*); подоткну́ть одея́ло, простыню́ tuck *the* blánket, *the* sheet, in; подоткну́ть ю́бку tuck up one's skirt.

подтя́гивать, подтяну́ть 1. (*вн.* к) pull [pul] (*d.* to); (*кверху*) pull up (*d.* to); *мор.* haul up (*d.* to); ~ бревнó к бéрегу pull *the* log to the shore; ~ бревнó к кры́ше haul *the* log on to the roof; 2. (*вн.* к; *о войсках*) bring* up (*d.* to), move clóser up [muːv -sə...] (*d.* to); 3. (*вн.*; *затягивать потуже*) tíghten (*d.*); 4. (*дт.*; *подпевать*) join in síng|ing (with); join in *a* song (*d.*); 5. (*вн.*) *разг.* (*подгонять, заставлять улучшать работу*) pull up (*d.*); wind* up (*d.*); ~ дисципли́ну tíghten up díscipline. **~ся,** подтяну́ться 1. (*на трапеции*) pull òne|sélf up [pul...]; 2. *разг.* (*об отстающих*) catch* up with the rest; (*подбодриться*) brace òne|sélf up; 3. *страд.* к подтя́гивать.

подтя́жки *мн.* bráces, suspénders.

подтя́нутый 1. *прич. см.* подтя́гивать; 2. *прил.* (*бодрый, опрятный*) smart; ~ вид smart appéarance.

подтяну́ть(ся) *сов. см.* подтя́гивать (-ся).

поду́м||ать *сов.* 1. *см.* ду́мать; 2. (*немного*) think* a little, *или* for a while; ◇ и не ~аю! *разг.* I wouldn't think / dream of doing such a thing!; кто бы ~ал! who would have thought it! **~аться** *сов. безл.* (*дт.*) *разг.*: мне ~алось it occúrred to me, I thought.

поду́мывать (о *пр.*) think* (of, abóut).

по-дура́цки *нареч. разг.* fóolishly, like a fool.

подура́читься *сов. разг.* fool abóut.

подурнéть *сов. см.* дурнéть.

поду́ськать *сов. см.* поду́ськивать.

поду́ськивать, поду́ськать (*вн.*) *разг.* set* on (*d.*); (*перен.*) egg on (*d.*); ~ собаку на когó-л. set* a dog on smb.

поду́ть *сов. см.* дуть.

подучи́||ть *сов.* 1. (*вн.*; *об уроке и т. п.*) learn* [lɜːn] (*d.*); 2. (*вн. дт.*; *обучить*) teach* (*i. d.*): ~ ма́льчика столя́рному дéлу teach* *a* boy sóme|thing abóut cárpentry; 3. (*вн.* + *инф.*) *разг.* (*подговорить*) prompt [-mt] (*d.* + to *inf.*), egg on (*d.* + to *inf., ger.*), put* up (*d.* to): он ~л меня́ сказа́ть э́то he prómpted me to say this, he egged me on to say this, he put me up to it. **~ться** *сов.* (*дт.*) learn* [lɜːn] (*d.*).

поду́шечка *ж.* 1. *уменьш. от* поду́шка; (*для булавок*) pín|cùshion [-ku-]; 2. *мн.* (*сорт карамели*) bón-bòn *sg.*

подуши́ть *сов.* (*вн.*; *духами*) put*/ spray some pérfùme / scent (on). **~ся** *сов.* (*духами*) spray pérfùme óver òne|sélf, spray òne|sélf with pérfùme; touch *one's face, ears, etc.*, with pérfùme [tʌtʃ...], put* a touch of pérfùme on *one's face, ears, etc.*

поду́шк||а *ж.* 1. pillow; (*диванная*) cúshion ['ku-]; (*надувная*) áir-cùshion [-ku-]; ~ для штемпелéй ínk-pàd; положи́ть гóлову на ~у lay* / rest the head on *a* píllow [...hed...]; 2. *тех.* cúshion; bólster; возду́шная ~ áir-cùshion [-ku-].

поду́шн||ый: ~ая пóдать *ист.* póll-tàx, càpitátion.

подхали́м *м.* tóady, líckspittle, sýcophant. **~ничать** (пéред) *разг.* tóady (*d.*). **~ство** *с.* tóadyism, fáwning, gróvelling.

подхвати́ть *сов. см.* подхва́тывать.

подхва́т||ывать, подхвати́ть (*вн.*) 1. (*в разн. знач.*) catch* (up) (*d.*), pick up (*d.*); собака ~и́ла кость *the* dog snatched *the* bone; он ~и́л скарлати́ну *разг.* he caught scárlet féver; 2. (*присоединяться*) catch* up (*d.*); они́ ~и́ли пéсню they caught up the mélody, they joined in *a* song; ~и́ть чью-л. инициати́ву take* up smb.'s inítiative.

подхлестну́ть *сов. см.* подхлёстывать.

подхлёстывать, подхлестну́ть (*вн.*) whip (up) (*d.*); urge fórward (*d.*), urge (on) (*d.*) (*тж. перен.*); ~ лóшадь whip up *a* horse, urge (on) *a* horse.

подхóд *м.* 1. (*действие и место*) appróach; *воен.* appróach march; 2. (*умение подойти*) méthod of appróach; (*точка зрения*) point of view [...vjuː]; индивидуа́льный ~ indivídual appróach; пра́вильный ~ the right méthod of appróach; пра́вильный ~ к дéлу corréct / right appróach to the mátter; кла́ссовый ~ class appróach; маркси́стский ~ Márxist point of view; Márxist méthod of appróach.

подход||и́ть, подойти́ 1. (к; *приближаться*) come* up (to), appróach (*d.*), go* up (to); (*без доп.*; *перен.*: *наступать — о времени, событии и т. п.*) draw* near; ~ к стáнции (*о поезде*) come* in, pull in [pul...]; 2. (*дт.*; *годиться, соответствовать*) do (for); (*по размеру*) fit (*d.*); (*быть к лицу*) suit [sjuːt] (*d.*), become* (*d.*); óчень ~ go* very well (with); э́то емý не подхóдит this won't do for him [...wount...]; 3. (к; *с определённой точки зрения*) appróach (*d.*); ~ к вопрóсу appróach *a* quéstion [...-sʧən]; э́то зави́сит от тогó, как подойти́ к э́тому it depénds on what point of view one chóoses to consíder this [...vjuː... -'sɪ-...]; ◇ ~ к концý come* to an end; be néaring its end. **~я́щий** 1. *прич. см.* подходи́ть; 2. *прил.* súitable ['sjuː-]; próper ['prɔ-], apprópriate [ə'prou-]; ~я́щий момéнт right móment; ~я́щий рабóтник pérson súitable for the work, the right man* for the job *идиом. разг.*

подцепи́ть *сов. см.* подцепля́ть.

подцепля́ть, подцепи́ть (*вн.*) hook (*d.*); pick up (*d.*) (*тж. перен.*).

подчáс *нареч. разг.* sóme¦tìmes, at times.

подчелюстнóй *анат.* sùbmàxíllary.

подчёркивание *с.* ùnderlíning; (*перен.*) stress, émphasis.

подчёркивать, подчеркнýть (*вн.*) ùnderlíne (*d.*), ùnderscóre (*d.*); (*перен.*) émphasìze (*d.*), lay* stress / émphasis (on), accéntuàte (*d.*).

подчеркнýть *сов. см.* подчёркивать.

подчерни́ть *сов.* (*вн.*) black (*d.*).

подчинéни||е *с.* 1. (*действие*) submíssion, subjécting; 2. (*состояние*) subòrdinátion; subjéction, submíssion; быть в ~и (у) be subórdinate (to); попáсть в ~ (*дт.*) become* subórdinate (to); передáть что-л. в ~ (*рд.*) place smth. únder the authórity (of); 3. *лингв.* subòrdinátion.

подчинённ||ость *ж.* subòrdinátion. **~ый** 1. *прич. см.* подчиня́ть; *тж.* únder *smb.*, únder *smb.*'s commánd [...-ɑːnd]; вoйскá, ~ые генерáлу X. the troops únder Géneral X., *или* únder Géneral X.'s commánd; 2. *прил.* (*в разн. знач.*) subórdinate; ~ое госудáрство tríbutary (state); 3. *м. как сущ.* subórdinate.

подчини́ть(ся) *сов. см.* подчиня́ть (-ся).

подчиня́ть, подчини́ть (*вн. дт.*) subórdinate (*d.* to); *воен. тж.* place (*d.* únder); place (*d.*) únder the commánd [...-ɑːnd] (of); (*вн.*; *покорять*) subdúe (*d.*); подчини́ть своéй вóле (*вн.*) bend* to one's will (*d.*); подчини́ть себé (*вн.*) òver¦ríde (*d.*). **~ся,** подчини́ться 1. (*дт.*) submít (to); (*требованиям, приказу*) obéy (*d.*); ~ся судьбé surrénder to fate; 2. *страд. к* подчиня́ть.

подчи́ст||ить *сов. см.* подчищáть. **~ка** *ж.* (*соскабливание написанного*) rúbbing out; (*в документе*) erásure [ɪ'reɪʒə].

подчи́тчик *м. полигр.* cópy-hòlder ['kɔ-].

подчищáть, подчи́стить (*вн.*) 1. (*соскабливать написанное*) rub out (*d.*), erásе (*d.*); 2. *разг.* (*дочиста съедать, брать и т. п.*) mop up (*d.*).

подшéфный áided, assísted; (*дт.*) únder the pátronage (of), suppórted (by).

подшибáть, подшиби́ть (*вн.*) *разг.* knock (*d.*).

подшиби́ть *сов. см.* подшибáть.

подшивáть, подши́ть (*вн.*) 1. sew* ùnderneáth [sou...] (*d.*); (*подгибать края*) hem (*d.*); (*об обуви*) sole (*d.*); (*о подкладке*) line (*d.*); ~ подклáдку к пальтó line *a* coat; 2. (*бумаги к делу и т. п.*) file (*d.*).

подши́вка *ж.* 1. (*действие*; *о платье*) hémming; (*об обуви*) sóling; 2. (*у платья*) hem; 3. (*бумаг к делу*) fíling; 4.: ~ газéты néwspàper file.

подши́пник *м. тех.* béaring ['bɛə-]; шáриковый ~ báll-béaring; рóликовый ~ róller béaring. **~овый** *прил. к* подши́пник; ~овый сплав bábbit.

подши́ть *сов. см.* подшивáть.

подшлéмник *м. воен.* cap cómforter [...'kʌm-].

подштáнники *мн. разг.* dráwers [drɔːz].

подштóпать *сов.* (*вн.*) darn (*d.*).

подштукатýривать *сов.* (*вн.*) stúccò (*d.*), pláster (*d.*).

подшути́ть *сов. см.* подшýчивать.

подшýчивать, подшути́ть (над) bánter (*d.*), chaff (*d.*); *сов. тж.* play a trick (on, up¦ón); судьбá злo подшути́ла над ним fate (has) played a spíte¦ful trick on him.

подъедáть, подъéсть (*вн.*) *разг.* (*съедать всё*) eat* up (*d.*), fínish off (*d.*).

подъéзд *м.* porch, éntrance, dóorway ['dɔː-].

подъездн||óй: ~ путь *ж.-д.* spúr-tràck; ~áя дорóга (*к стройке и т. п.*) áccess road.

подъезжáть, подъéхать (к) drive* up (to); (*перен.*) *разг.* get* (round), get* on the right side (of); он подъéхал к подъéзду he drove up to the éntrance; мóжно ли подъéхать сюдá на автомоби́ле? can one drive a car here?; лóвко он к ней подъéхал he got round her very níce¦ly, he got on the right side of her.

подъём *м.* 1. (*поднятие*) lífting; (*флага и т. п.*) hóisting; (*о затонувших судах, самолётах и т. п.*) sálvaging; 2. (*восхождение*) ascént; 3. (*о самолёте*) climb [klaɪm]; (*о дирижабле*) ascénsion; 4. (*горы и т. п.*) slope úpgràde, rise; 5. (*рост, развитие*) ráising, devélopment; (*о промышленности, экономике и т. п.*) úpsùrge; на ~е on the rise; неуклóнный ~ нарóдного хозя́йства contínuous prógress / advánce / rise of the nátional èconomy [...'næ- ɪː-]; осуществи́ть крутóй ~ сельскохозя́йственного производства bring* abóut a rápid advánce, *или* a sharp rise, in àgricúltural prodúction; ~ животновóдства rise in líve¦stòck fárming; ~ материáльного и культýрного ýровня ráising of the matérial and cúltural lével [...'le-]; нóвый ~ трудовóй акти́вности a fresh úpsùrge of lábour àctívity; чередýющиеся ~ы и кри́зисы *эк.* áltèrnàting booms and crísès [...-siːz]; 6. (*воодушевление*) enthúsiàsm [-zɪ-]; (*оживление*) ànimátion; революциóнный ~ rèvolútionary enthúsiàsm; в обстанóвке всеóбщего ~а in an átmosphère of géneral enthúsiàsm; он говори́л с больши́м ~ом he spoke with great ànimátion [...-eɪt...]; 7. (*ноги*) ínstèp; 8. (*вставание после сна*) rísing time; *воен.* rèvéille [-'velɪ]; 9.: ~ зя́би áutumn plóughing; ~ парóв plóughing up of (the) fállow; ◇ лёгок на ~ light on one's feet, brisk; тяжёл на ~ slúggish. **~ник** *м.* lift, élevàtor, hoist. **~ный** 1. lífting; ~ный кран crane, jénny; ~ное приспособлéние lífter; ~ная маши́на lift; ~ная си́ла cárrying capácity / pówer; *ав.* lift; ~ный механи́зм hóisting / lífting gear [...gɪə]; *воен.* élevàting gear; 2.: ~ный мост dráwbrìdge, báscule-brìdge; 3. *мн. как сущ.* trávelling expénses.

подъéсть *сов. см.* подъедáть.

подъéхать *сов. см.* подъезжáть.

подъязы́чный *анат.* sùblíngual.

подыгрáть(ся) *сов. см.* поды́грывать(ся).

поды́грывать, подыгрáть (*дт.*) *разг.* 1. (*об аккомпанементе*) vamp (*d.*); 2. *театр.* play up (to); 3. (*в картах*) play into *smb.*'s hand.

поды́грываться, подыгрáться (к) *разг.* get* (round); *несов. тж.* try to get (round); не поды́грывайся ко мне don't try to get round me, it's no use your trýing to get round me [...juːs...].

подымáть *разг.* = поднимáть.

подыскáть *сов. см.* поды́скивать.

поды́скивать, подыскáть (*вн.*) seek* out (*d.*); *сов. тж.* find* (*d.*); *несов. тж.* try to find (*d.*).

подытóж||ивать, подытóжить (*вн.*) sum up (*d.*). **~ить** *сов. см.* подытóживать.

подыхáть, подóхнуть 1. (*о животных*) die, fall*; 2. *груб.* (*о людях*) peg/snuff out.

подыша́ть *сов.* breathe; ~ чи́стым вóздухом take* / get* / catch* / have a breath of fresh air [...breθ...].

подья́чий *м. скл. как прил. ист.* mínor offícial, scrívener, scribe.

поедáть, поéсть (*вн.*) eat* up (*d.*); (*о моли*) eat* (*d.*).

поеди́нок *м.* dúel; (*единоборство*) single cómbat.

поедо́м *нареч. разг.*: ~ есть (*вн.*) ≅ make* life a búrden (to); nag (at).

по́езд *м.* train; скóрый ~ fast train; курье́рский ~ expréss (train); ~ прямо́го сообще́ния through train; ~ осо́бого назначе́ния spécial train ['spe-...]; ~ на Москву́ train to Móscow; ◇ сва́дебный ~ márriage / núptial procéssion [-rɪʤ...].

пое́здить *сов.* trável about a little / bit ['træ-...], do a bit of trávelling.

пое́здк||а *ж.* jóurney ['ʤə:-]; (*экскурсия*) trip, excúrsion, óuting; (*театральная*) tour [tuə]; соверши́ть ~у (в *вн.*) go* for a trip (to); соверши́ть ~у по стране́ go* on a tour of the cóuntry [...'kʌ-].

поездн||о́й train (*attr.*); ~а́я брига́да train crew / staff.

поёмн||ый flóoded in spring ['flʌ-...]; ~ые луга́ wáter-méadows ['wɔ:-tə'me-].

пое́сть *сов.* **1.** *см.* поеда́ть; **2.** (*немного*) eat*; (*закусить*) have a meal / snack, take* some food; ~ су́пу have some soup [...su:p].

пое́хать *сов.* **1.** *см.* е́здить; **2.** (*отправиться*) set* off, depárt; (*верхом*) go* on hórse|bàck; (*на прогулку верхом*) go* for a ride; (*в экипаже*) go* for a drive; ~ на трамва́е go* by tram; ~ со сле́дующим по́ездом take* the next train; пое́хали *разг.* come alóng; let's start; ◇ ну, пое́хал! *разг.* ≅ he's off!

пожа́дничать *сов. разг.* be gréedy.

пожале́ть *сов. см.* жале́ть.

пожа́ловать *сов. см.* жа́ловать 1, 3.

пожа́ловаться *сов. см.* жа́ловаться.

пожа́луй 1. (*в самостоятельном употреблении*) perháps, very líke|ly: вы пойдёте туда́? — Пожа́луй will you go there? — Perháps, *или* Very líke|ly; **2.** *вводн. сл.* (*возможно, что* + *личн. форма*) may (+ *inf.*); (*я полагаю, что*) I think (that): ~, он придёт he may come, I think he will come; ~, она́ уе́хала she may have gone [...gɔn], I think she has gone; ~, вы пра́вы you may be right.

пожа́луйста [-лос-] *частица* **1.** (*при вежливом обращении к кому-л.*) please; да́йте мне, ~, воды́ give me some wáter, please [...'wɔ:-...]; please give me some wáter; сде́лай э́то, ~, для меня́ do it for me, please; please do it for me; **2.** (*при вежливом выражении согласия*) *обычно не переводится, но можно также сказать* cértainly!; переда́йте мне, ~, нож.— Пожа́луйста would you mind pássing me *the* knife*? — Cértainly!; **3.** (*в ответ на* «спаси́бо», «благодарю́ вас») don't méntion it; not at all; you are wélcome.

пожа́р *м.* fire; (*большой тж.*) cònflagrátion. **~ище** *с.* site of *a* fire, scorched / charred ruins; лесно́е ~ charred trée-trùnks after a fórest-fire [...'fɔ-...]. **~ник** *м.* fíre|man*. **~ный 1.** *прил.* fire (*attr.*); ~ная кома́нда fíre|brigàde; ~ный кран fíre-còck; ~ный насо́с fíre-èngine [-enʤ-]; ~ный инвента́рь fíre-fìghting tools *pl.*; **2.** *м. как сущ.* fíre|man*.

пожа́тие *с.*: ~ руки́ shake of the hand, hánd-shàke.

пожа́ть I *сов. см.* пожима́ть.

пожа́ть II *сов. см.* пожина́ть.

пожева́ть *сов.* (*вн.*) chew (*d.*), másticàte (*d.*); ~ губа́ми move one's lips [mu:v...].

пожела́н||ие *с.* wish, desíre [-'z-]; наилу́чшие ~ия best wíshes.

пожела́ть *сов. см.* жела́ть.

пожелте́лый yéllowed; turned yéllow (*после сущ.*).

пожелте́ть *сов. см.* желте́ть 1.

пожени́ть *сов.* (*вн.*) márry (*d.*). **~ся** *сов.* márry, have márried.

поже́ртвование *с.* donátion.

поже́ртвовать *сов. см.* же́ртвовать.

пожи́ва *ж. тк. ед. разг.* gain, prófit.

пожива́||ть *разг.*: как вы ~ете? how are you (getting on)?

поживи́ться *сов.* (*тв.*) *разг.* prófit (by); ~ за счёт кого́-л. enrích òne|sélf at the expénse of smb.

пожи́зненн||ый life (*attr.*), for life; lífe|lòng; ~ая пе́нсия life pénsion; ~ая ре́нта (life) annúity; ~ое заключе́ние imprísonment for life [-z-...]; ~ая ка́торга pénal sérvitùde for life.

пожило́й élderly.

пожима́ть, пожа́ть (*вн.*) press (*d.*); ~ ру́ку кому́-л. press smb.'s hand; ~ ру́ки shake* hands (with); ~ плеча́ми shrug one's shóulders [...'ʃou-]; вме́сто отве́та пожа́ть плеча́ми shrug off *the* quéstion [...-sʧən].

пожина́ть, пожа́ть (*вн.*; *прям. и перен.*) reap (*d.*); ~ плоды́ свои́х трудо́в reap the fruits of one's lábour [...fru:ts...]; ~ плоды́ чужо́го труда́ ≅ reap where one has not sown [...soun]; ~ ла́вры reap / win* láurels [...'lɔ-]; что посе́ешь, то и пожнёшь *посл.* you must reap what you have sown.

пожира́ть, пожра́ть (*вн.*) devóur (*d.*); ◇ ~ глаза́ми (*вн.*) devóur with one's eyes [...aɪz] (*d.*).

пожи́тк||и *мн. разг.* belóng|ings; (*вещи*) things; собра́ть свои́ ~ pack up; со все́ми ~ами with one's bag and bággage.

пожи́||ть *сов.* **1.** live [lɪv], stay; ~ немно́го, два го́да live for a short while, for two years; **2.** *разг.* have seen life; ◇ ~вём — уви́дим *погов.* we shall see what we shall see.

пожра́ть *сов. см.* пожира́ть.

по́з||а *ж.* pose, áttitùde, pósture; принима́ть ~у strike* an áttitùde; принима́ть ~у кого́-л., встать в ~у кого́-л. pose as smb.; э́то то́лько ~ it is a mere pose.

позаба́вить *сов.* (*вн.*) amúse a little (*d.*). **~ся** *сов.* amúse òne|sélf a little.

позабо́титься *сов. см.* забо́титься.

позабыва́ть, позабы́ть (*вн.*, о *пр.*) *разг.* forgét* [-'get] (*d.*, abóut).

позабы́ть *сов. см.* позабыва́ть.

позави́довать *сов. см.* зави́довать.

поза́втракать *сов. см.* за́втракать.

позавчера́ *нареч.* the day befóre yésterday [...-dɪ].

позади́ I *нареч.* behínd: дом стои́т ~ the house *stands behínd [...haus...]; оставля́ть (далеко́) ~ (*вн.*) leave* (far) behínd (*d.*); — всё тяжёлое оста́лось ~ all hárdships have been left behínd, hard times are past.

позади́ II *предл.* (*рд.*) behínd: ~ стола́ стои́т стул a chair stands behínd the table.

позаи́мствовать *сов. см.* заи́мствовать.

позанима́ться *сов.* do some work.

позапро́шлый befóre last; ~ год, ме́сяц the year, month befóre last [...mʌ-...].

поза́риться *сов. см.* за́риться.

позва́ть *сов. см.* звать 1, 2.

по-зве́рски *нареч.* brútally, like a beast, béstially, ferócious|ly.

позволе́ни||е *с.* permíssion, leave; проси́ть ~я ask permíssion; с ва́шего ~я with your permíssion, by your leave; ◇ э́тот (э́та *и т. п.*), с ~я сказа́ть this apólogy for, if one may call *him*, *etc.*, so; э́тот, с ~я сказа́ть, дом this apólogy for a house* [...-s]; э́тот учёный, с ~я сказа́ть this scíentist, if one may call him so.

позволи́тельн||о *нареч.*: ~ спроси́ть we may ask, it is permíssible to ask. **~ый** permíssible.

позво́лить *сов. см.* позволя́ть.

позволя́ть, позво́лить **1.** (*дт. вн.*, *дт.* + *инф.*) allów (*i. d.*, *i.* + to *inf.*); permít (*i. d.*, *i.* + to *inf.*); он позво́лил ей пойти́ туда́ he allówed / permítted her to go there; боле́знь не позво́лила мне пое́хать туда́ íllness prevénted me from gó|ing there; **2.** *пов. накл.* (*как вежливая форма обращения*) позво́ль(те) (мне) (+ *инф.*) allów me (+ to *inf.*); ◇ позво́лить себе́ (+ *инф.*; *осмеливаться*) vénture (*d.*), permít òne|sélf (+ to *inf.*); он позво́лил себе́ сде́лать замеча́ние he véntured a remárk; ~ себе́ во́льность (с *тв.*) take* líberties (with); ~ себе́ сли́шком мно́го take* líberties, presúme [-'zju:m]; ~ себе́ (*вн.*; *расход*) be able to affórd (*d.*).

позвони́ть *сов. см.* звони́ть.

позвон||о́к *м. анат.* vértebra (*pl.* -rae); ше́йные ~ки́ júgular / cérvical vértebrae; поясни́чные ~ки́ lúmbar vértebrae. **~о́чник** *м. анат.* spine, báckbòne, vértebral / spínal cólumn [...'kɔ-]. **~о́чные** *мн. скл. как прил. зоол.* vértebrates. **~о́чный** vértebral; ~о́чный столб = позвоно́чник.

по́здн||ий late; (*запоздалый тж.*) tárdy; ~ гость late guest; ~ее появ.

ле́ние tárdy appéarance; чита́ть до ~ей но́чи read* till late at night; о́сень в том году́ была́ ~яя áutumn was late that year, we had a late áutumn that year.

по́здно I 1. *прил. кратк. см.* по́здний; **2.** *предик. безл.* it is late; ~! it is too late!

по́здно II *нареч.* late; ~ но́чью late at night; ◇ лу́чше ~, чем никогда́ bétter late than néver.

поздоро́ваться *сов. см.* здоро́ваться.

поздор||ове́ть *сов. см.* здорове́ть. **~о́виться** *сов. безл. разг.*: ему́ не ~о́вится (от) he'll have to pay (for), he won't be the bétter off [... wount...] (for).

поздрави́тельн||ый con¦grátulàtory [-leɪ-], còmpliméntary; ~ая телегра́мма télegràm of con¦gràtulátion.

поздра́в||ить *сов. см.* поздравля́ть. **~ле́ние** *с.* con¦gràtulátion; дру́жеские ~ле́ния fríendly con¦grátulátions ['fren-...].

поздравля́||ть, поздра́вить (*вн.* с *тв.*) con¦grátulàte (*d.* on, up¦ón); ~ кого́-л. с днём рожде́ния con¦grátulàte smb. on his bírthday; ~ кого́-л. с Но́вым го́дом wish smb. a háppy New Year; ~ю вас с днём рожде́ния, с пра́здником *и т. п.* (I wish you) many háppy retúrns of the day.

позёвывать *разг.* yawn.

позелене́ть *сов. см.* зелене́ть 1.

позём *м. тк. ед. с.-х.* manúre.

поземе́льный land (*attr.*); ~ нало́г lánd-tàx.

позёмка *ж.* ground wind [...wɪ-].

позёр *м.* pòséur [pou'zəː].

по́зже I *сравн. ст. прил. см.* по́здний.

по́зже II 1. *сравн. ст. нареч. см.* по́здно II; **2.** *нареч.* láter; (*в дальне́йшем*) láter (on): он придёт ~ he will come láter; они́ займу́тся э́тим ~ they will attén to this láter on.

по-зи́мнему *нареч.* as in wínter; одет ~ (dressed) in wínter clothes [...klou-].

пози́ровать (*дт.*) sit* (to); (*без доп.*; *перен.*) pose; ~ для портре́та sit* for one's pórtrait [...-rɪt].

позити́в *м. фот.* pósitive [-z-].

позитив||и́зм *м. филос.* pósitivism [-zɪ-], pósitive philósophy [-z-...]. **~и́ст** *м.* pósitivist [-zɪ-].

позити́вн||ость *ж.* pòsitívity [-z-], pósitive¦ness [-z-]. **~ый** pósitive [-z-].

позитро́н *м. физ.* pósitròn [-z-].

позицио́нн||ый *прил. к* пози́ция; ~ая война́ stábilìzed / trench wárfàre ['steɪ-...].

пози́ци||я *ж.* (*в разн. знач.*) posítion [-'zɪ-]; заня́ть ~ю take* a posítion, take* one's stand; *воен.* take* up *a* posítion; занима́ть пра́вильную ~ю take* a corréct, *или* the right, stand; сбли́зить ~и bring* posítions clóser togéther [...-s- -'ge-]; стоя́ть на ~и ми́ра stand* for peace; вы́годная ~ advántage-ground [-'vɑː-]; приде́рживаться ~и adhére to the posítion; измени́ть свою́ ~ю revíse one's stand; уде́рживать, сохраня́ть свой ~и hold* one's own [...oun], stand* one's ground; выжида́тельная ~ áttitùde of wait and see, wáiting áttitùde; *воен.* posítion in réadiness [...'redɪ-]; с ~и си́лы from (a posítion of) strength; поли́тика с ~и си́лы the posítion-of-strèngth pólicy [...-'zɪ-...]; передовы́е ~и front line [frʌ-...] *sg.*; исхо́дная ~ inítial posítion; огнева́я ~ *воен.* fíring posítion.

позли́ть *сов.* (*вн.*) *разг.* tease a little (*d.*); он сде́лал э́то, что́бы ~ тебя́ he did it to tease you; он про́сто хоте́л ~ тебя́ немно́го he just wánted to tease you a little.

познава́||емость *ж.* cognòscibílity; ~ ми́ра и его́ закономе́рностей the pòssibílity of knówing the world and its laws [...'nou-...]. **~емый** cógnizable, knówable ['nou-], cognóscible; мир ~ем the world is knówable. **~тельный** cógnitive; ~тельная спосо́бность cògnítion.

позна||ва́ть, позна́ть (*вн.*) **1.** get* to know [...nou] (*d.*); *филос.* cògníze (*d.*); позна́ть самого́ себя́ know* òne¦sélf; позна́ть зако́ны приро́ды, обще́ственного разви́тия *и т. п.* get* to know, *или* learn* to àpprehénd, the laws of náture, sócial devélopment, *etc.* [...ləːn...'neɪ-...]; **2.** (*о горе, несча́стье и т. п.*) become* acquáinted (with), expérience (*d.*); ра́но позна́ть го́ре become* acquáinted with grief éarly in life [...-iːf 'əː-...]. **~ва́ться 1.:** друзья́ ~ю́тся в беде́ *погов.* ≅ a friend in need is a friend indéed [...frend...]; **2.** *страд. к* познава́ть.

познако́мить(ся) *сов. см.* знако́мить (-ся).

позна́||ние *с.* **1.** *филос.* cògnítion; тео́рия ~ния théory of knówledge ['θɪə-... 'nɔ-]; epistemólogy; **2.** *мн.* (*све́дения*) knówledge *sg.* **~ть** *сов. см.* познава́ть.

позоло́та *ж.* gílding ['gɪ-], gilt [g-].

позолоти́ть *сов. см.* золоти́ть.

позо́р *м.* shame, disgráce, ínfamy, ígnominy; быть ~ом (для) be a disgráce (to); покрыва́ть ~ом (*вн.*) disgráce (*d.*); heap ígnominy (up¦ón); вы́ставить на ~ (*вн.*) expóse to shame (*d.*); не пережи́ть ~а not survíve disgráce; с ~ом удали́ться leave* ìgnomínious¦ly.

позо́р||ить, опозо́рить (*вн.*) disgráce (*d.*); (*слова́ми и т. п.*) defáme (*d.*). **~иться,** опозо́риться disgráce òne¦sélf. **~ность** *ж.* ínfamy; (*стыд*) shame. **~ный** disgráce¦ful; (*посты́дный*) sháme¦ful; ◇ ~ный столб píllory; вы́ставить к ~ному столбу́ (*вн.*) put* in the píllory (*d.*), píllory (*d.*).

позуме́нт *м.* gallóon, braid; золото́й, серебря́ный ~ gold, sílver lace / braid.

позы́в *м.* urge; ìn¦clinátion; ~ на рво́ту ìn¦clinátion to vómiting; (féeling of) náusea [...-sɪə].

позывн||о́й: ~ сигна́л call sign [...saɪn]. **~ы́е** *мн. скл. как прил.* **1.** call sign [...saɪn] *sg.*; **2.** *мор.* ship's númber *sg.*; подня́ть ~ы́е make* the ship's númber.

поигра́ть *сов.* play (a little).

по́илка *ж.* drínking bowl / fóuntain [...boul...].

поимённ||о *нареч.* by name; вызыва́ть ~ (*вн.*) róll-càll (*d.*). **~ый** nóminal; ~ый спи́сок list of names, nóminal list / roll.

поименова́ть *сов.* (*вн.*) name (*d.*), méntion (*d.*).

по́имка *ж.* cátching, cápture; ~ на ме́сте преступле́ния cátching in the act.

поиму́щественный: ~ нало́г própery tax.

по-ино́му *нареч.* dífferently, in a dífferent way.

поинтересова́ться *сов.* (*тв.*) in¦quíre (abóut), ask for informátion (abóut).

по́иск *м. воен.* raid, trénch-raid; *мор.* sweep.

поиска́||ть *сов.* (*вн.*) look (for); он ~л кни́гу, но не нашёл he looked for *the* book but did not find it; поищи́ полу́чше, мо́жет быть найдёшь её have a bétter look, you may find it; why don't you look bétter, you might find it.

по́иск||и *мн.* search [səːtʃ] *sg.*; в ~ах (*рд.*) in search (of).

пои́стине *нареч.* indéed, in truth [...-uːθ].

поистра́ти||ть *сов.* (*вн.*) *разг.* spend* (*d.*); он все де́ньги ~л he has spent all his móney [...'mʌnɪ]. **~ться** *сов. разг.* spend* all one's móney [... 'mʌnɪ].

пои́ть, напои́ть (*вн.*) give* to drink (*i.*); (*о скоте́*) wáter ['wɔː-] (*d.*); ~ ча́ем give* some tea (*i.*); (*угоща́ть*) óffer tea (*i.*), treat to tea (*d.*).

по́йло *с.* swill, mash; (*для свине́й*) hóg-wàsh.

по́йма *ж.* flóod-lànds [-ʌd-] *pl.*; (*заливно́й луг*) wáter-meadow ['wɔː-təme-].

пойма́ть *сов. см.* лови́ть.

по́йнтер *м.* (*соба́ка*) póinter.

пойти́ *сов.* **1.** *см.* идти́ *и* ходи́ть; ребёнок пошёл the child* begán / stárted to walk; **2.** (+ *инф.*) *разг.* (*принима́ться*) begin* (+ to *inf.*); ◇ пошёл!, пошёл вон! *разг.* off with you!; begóne! [-'gɔn]; он пошёл в отца́ he takes after his father [...'fɑː-]; уж е́сли на то пошло́ as far as that goes, for that mátter; (так) не пойдёт! *разг.* that won't work [...wount...], that won't wash.

пока́ I *нареч.* for the présent [...'prez-], for the time bé¦ing: э́то мо́жно ~ так оста́вить you can leave it as it is for the présent; — ~ что *разг.* in the méanwhile; они́ ~ что э́то сде́лают they will do it in the méanwhile; ~ всё that is all, *или* that will do, for the time bé¦ing; ◇ ~! *разг.* see you soon!, býe-býe!, so long!

пока́ II *союз* **1.** (*в то время, как*) while; на́до поговори́ть с ним, ~ он там we must speak to him while he is there; **2.** (*до тех пор, пока*) until, till; звони́те, ~ не отве́тят ring till you get an ánswer [...'ɑːnsə]; она́ не мо́жет написа́ть, ~ не узна́ет а́дреса she cánnòt write until she finds out, *или* gets, the addréss.

пока́з *м.* show [ʃou], dèmonstrátion, illustrátion.

показа́ни||е *с.* **1.** (*свидетельство*) téstimony, évidence; *юр.* (*заявление*) státe¦ment, dèposítion [-'zɪ-]; (*письменное под присягой*) àffidávit [-'deɪ-]; дава́ть ~я *см.* пока́зывать 4; **2.** (*о приборе*) réading.

показа́тел||ь *м.* **1.** índèx (*pl.* índicès [-siːz]); *эк. тж.* shówing ['ʃou-]; ка́чественные и коли́чественные ~и quántitàtive and quálitàtive índicès; превы́сить ~и про́шлого го́да excéed last year's shówing; дать наилу́чшие ~и (*в работе и т. п.*) make* the best shówing; замеча́тельные ~и (*в игре, соревновании и т. п.*) spléndid shówing *sg.*; доби́ться хоро́ших ~ей (*в работе*) make* a good* shówing; (*в учёбе*) make* good* prógrèss; **2.** *мат.* èxpónent, índèx.

показа́тельн||ый **1.** (*образцовый*) módel ['mɔ-] (*attr.*); (*о процессе*) demónstrative; dèmonstrátion (*attr.*); ~ уро́к dèmonstrátion lésson, óbject-lèsson; ~ суд shów-trìal ['ʃou-]; **2.** (*характерный*) signíficant, signíficative; э́то о́чень ~о that is extréme¦ly signíficant; it tells a tale *разг.*

показа́ть *сов. см.* пока́зывать. **~ся** *сов.* **1.** *см.* пока́зываться; **2.** *см.* каза́ться 1, 2.

показн||о́й for show [...ʃou], òstèntátious; ~а́я ро́скошь òstèntátious màgníficence; ~о́е благополу́чие a show of pròspérity, a preténce that all is well.

пока́зыва||ть, показа́ть **1.** (*вн. дт.*) show* [ʃou] (*d.* to, *d. i.*); ~ кому́-л. го́род, вы́ставку *и т. п.* show* smb. round *the* town, èxhibítion, *etc.* [...eksɪ-]; показа́ть себя́ show* òne¦sélf; put* one's best foot fóre¦mòst [...fut ...] *разг.*; они́ показа́ли себя́ в труде́ they have proved their worth in lábour [...pruːvd...]; ~ хра́брость displáy cóurage [...'kʌ-]; и ви́ду не ~ show* / give* no sign [...saɪn]; **2.** (*о приборе*) show*, régister, read*; термо́метр ~ет 8° ни́же нуля́ the thermómeter shows / reads eight degrées belów zéro [...-'lou...]; часы́ ~ют 10 the clock / watch is at ten; **3.** (*на вн.; указывать*) point (at, to); **4.** (*вн.*) *юр.* (*давать показания*) téstifỳ (*d.*), give* évidence (of), (*свидетельствовать*) bear* wítness [beə...] (to); (*под присягой*) swear* [sweə] (*d.*); ◇ ~ кому́-л. на дверь show* smb. the door [...dɔː]; я вам покажу́! I'll show you! **~ться**, показа́ться **1.** show* òne¦sélf [ʃou...]; (*становиться видным*) come* in sight; (*являться*) show* up; ~ться на глаза́ кому́-л. appéar in smb.'s présence [...'prez-]; ~ться врачу́ see* *a* dóctor; **2.** *страд. к* пока́зывать.

пока́лыва||ть: у него́ ~ет в боку́ he feels an occásional pain, *или* a stitch, in his side.

покаля́кать *сов.* (с *тв.* о *пр.*) *разг.* have a chat (with abóut).

пока́мест *нареч. разг.* = пока́ I.

покара́ть *сов. см.* кара́ть.

покарау́лить *сов.* (*вн.*) watch (for), keep* (a) watch (on, óver); ~ немно́го watch for a short while.

householder

score

покати́ть I *сов.* (*вн.*) roll (*d.*).

покати́ть II *сов.* (*вн.*; *повозить*) take* for a drive (*d.*); ~ на сала́зках take* for a drive on *a* sledge (*d.*); sledge (*d.*); ~ немно́го, де́сять мину́т take* for a short drive, *или* drive* for a while, take* for a ten mínutes' drive, *или* drive* for ten mínutes [...'mɪnɪts...]. **~ся** *сов.* go* for a drive; (*с указанием времени тж.*) drive*; ~ся на сала́зках go* for a run in *a* sledge; have a drive in *a* sledge; ~ся немно́го, де́сять мину́т go* for a short drive, *или* drive* a little, *или* drive* for a while, go* for a ten mínutes' drive, *или* drive* for ten mínutes [...'mɪnɪts...].

покати́ть *сов.* **1.** *см.* ката́ть II 1; **2.** (*без доп.*) start (rólling), roll off /a¦wáy. **~ся** *сов.* **1.** *см.* ката́ться II; **2.** start rólling, roll.

пока́т||ость *ж.* **1.** slope; **2.** (*покатая поверхность*) slope, ìn¦clíne; (*горы, холма и т. п. тж.*) declívity. **~ый** slóping, slánting [-ɑːn-]; ~ая кры́ша slóping roof; ~ый лоб retréating fórehead [...'fɔrɪd].

покача́||ть (*вн.*) rock (*d.*); (*маятник, качели и т. п.*; *на качелях, гамаке и т. п.*) swing* (*d.*); ~й ребёнка rock / swing *the* child*; ◇ ~ голово́й shake* one's head [...hed]. **~ться** *сов.* rock; (*о маятнике, качелях и т. п.*; *на качелях, в гамаке и т. п.*) swing*; ма́ятник ~лся и останови́лся the péndulum swang for a while and stopped; он лю́бит ~ться на качéлях he likes swing¦ing.

пока́чива||ть (*вн., тв.*) rock (slíghtly) (*d.*). **~ться** rock; ло́дка ~лась на волна́х *the* boat was rócking on the waves; он шёл ~ясь he walked with únstéady steps [...-'stedɪ...].

покачну́||ть *сов.* (*вн.*) shake* (*d.*). **~ться** *сов.* sway; give* a lurch; он ~лся и чуть не упа́л he swayed and álmòst fell [...'ɔːlmoust...].

пока́шл||ивать have a slight cough [...kɔf]; cough (slíghtly, a little, ìntermíttently). **~ять** *сов.* cough [kɔf].

покая́н||ие *с.* conféssion; (*раскаяние*) repéntance, pénitence; *церк.* pénance; приноси́ть ~ (в *пр.*) repént (*d.*, of); ◇ отпусти́ть ду́шу на ~ *разг.* ≅ let* go in peace (*d.*). **~ный** pèniténtial.

пока́яться *сов. см.* ка́яться 2.

покварта́льно *нареч.* by the quárter, per quárter, every quárter.

поквита́||ться *сов.* (с *тв.*) *разг.* call / be quits (with); тепе́рь мы с ва́ми ~лись now we're quits; я ещё с ним ~юсь I will be / get éven with him yet.

по́кер *м. карт.* póker.

покида́ть, поки́нуть (*вн.*; *оставлять*) leave* (*d.*); (*бросать*) abándon (*d.*), desért [-'zəːt] (*d.*); forsáke* (*d.*); поки́нуть зал заседа́ния walk out.

поки́нутый **1.** *прич. см.* покида́ть; **2.** *прил.* (*одинокий*) abándoned; (*брошенный*) desérted [-'zəːt-].

поки́нуть *сов. см.* покида́ть.

поклада́||ть: трудя́ться не ~я рук *разг.* ≅ work ìndefátigably.

покла́дист||ость *ж.* complàisance [-zəns]. **~ый** complàisant [-zənt], oblíging.

покла́жа *ж. разг.* load; (*багаж*) lúggage.

поклёп *м. разг.* slánder [-ɑːn-], cálumny; взвести́ ~ (на *вн.*) slánder (*d.*), cast* aspérsions (on).

покло́н *м.* **1.** bow; сде́лать о́бщий ~ make* a géneral bow; отве́тить на чей-л. ~ retúrn smb.'s bow; **2.** (*привет*): переда́йте ему́ ~ give him my cómpliments, give him my kind regárds; ◇ идти́ на ~, идти́ с ~ом к кому́-л. go* cap in hand to smb., go* bégging to smb.

поклоне́ние *с.* wórship.

поклони́ться *сов. см.* кла́няться.

покло́нни||к *м.*, **~ца** *ж.* admírer, wórshipper.

поклоня́ться (*дт.*) wórship (*d.*).

покля́сться *сов. см.* кля́сться.

поко́вка *ж.* fórging.

поко́ит||ься **1.** (на *пр.*) rest (on, up¦ón), repóse (on, up¦ón); **2.** (*об умершем*) lie*; здесь ~ся прах (*рд.*) here lies the bódy [...'bɔ-] (of).

поко́||й I *м.* rest, peace; не знать ~я know* no rest [nou...]; не име́ть ~я have no peace; не дава́ть кому́-л. ~я give* smb. no rest, let* smb. have no peace; наруша́ть чей-л. ~ break* smb's peace; [-eɪk...], interfére with smb.'s ease and cómfort [...'kʌm-]; оста́вить кого́-л. в ~е leave* smb. alóne, *или* in peace; ◇ уйти́ на ~ retíre; на ~е retíred; ве́чный ~ etérnal peace.

поко́й II *м. уст.* (*комната*) room, chámber ['tʃeɪ-].

поко́й||ник *м.*, **~ница** *ж.* the decéased [...-'siːst]. **~ницкая** *ж. скл. как* *прил.* déad-house* ['dedhaus], mórtuary.

покóйно *нареч.* quíetly.

покóйн||ый I 1. (*тихий, спокойный*) quiet, calm [kɑːm]; 2. (*удобный*) cómfortable ['kʌm-]; ◇ ~ой нóчи good night; будь покóен! don't wórry! [...'wʌ-].

покóйный II 1. *прил.* (*умерший*) late; 2. *м. как сущ.* the decéased [...-'siːst].

поколебáть *сов. см.* колебáть.

поколéни||е *с.* gènerátion; молодóе, стáрое ~ the young, the old gènerátion [...jʌŋ...]; из ~я в ~ from gènerátion to gènerátion.

поколотúть *сов.* (*вн.*) *разг.* beat* (*d.*), give* a thráshing (*i.*).

покóнч||ить *сов.* (*вн.*, с *тв.*) fínish (with); fínish off (*d.*); be through (with), have done (with); ~ с чем-л. put* an end to smth., do a|wáy with smth.; с э́тим ~ено that is done with; ◇ ~ с собóю put* an end to one's life; ~ жизнь самоубúйством commít súicìde.

покор||éние *с.* sùbjugátion, subdúal; ~ пусты́ни táming / sùbjugátion of *a* désert [...'dez-]; ~ кóсмоса space èxplòrátion. **~úтель** *м.* súbjugàtor; ◇ ~úтель сердéц lády-killer. **~úть (-ся)** *сов. см.* покоря́ть(ся).

покормúть *сов. см.* кормúть 1, 2.

покóрно I *прил. кратк. см.* покóрный.

покóрн||о II *нареч.* (*смиренно*) húmbly; (*послушно*) submíssive|ly, obédient|ly; ◇ ~ благодарю́ *разг.* no, thank you; благодарю́ ~, вы меня́ не застáвите э́то сдéлать no, thank you, you won't get me to do that [...wount ...]. **~ость** *ж.* (*дт.*) submíssive|ness (to), obédience [o'biː-] (to). **~ый** (*дт.*) submíssive (to), obédient (to); (*смиренный*) resígned [-'zaınd] (to); ~ый судьбé resígned to one's fate; ◇ ваш ~ый слугá *уст.* your obédient sérvant; слугá ~ый ≅ it's not for me; I am not having / táking any.

покорóбить(ся) *сов. см.* корóбить (-ся).

покóрствовать (*дт.*) *уст.* be obédient / submíssive (to), submít (to).

покоря́ть, покорúть (*вн.*; *прям. и перен.*) súbjugàte (*d.*), subdúe (*d.*); ~ пусты́ни súbjugàte déserts [...'dez-]; ~ кóсмос cónquer space [-kə...]; ~ сéрдце (*рд.*) *разг.* win* the heart [...hɑːt] (of). **~ся**, покорúться (*дт.*) submít (to); (*подчиняясь необходимости*) resígn òne|sélf [-'zaın...] (to); ~ся судьбé resígn òne|sélf to one's fate.

покóс *м. с.-х.* 1. (*сенокос*) mówing ['mou-], háymàking; вторóй ~ áftermàth; 2. (*луг*) méadow(-land) ['medou-].

покосúвшийся 1. *прич. см.* покосúться 1; 2. *прил.* ríckety, crázy, rámshàckle.

покосúться *сов.* 1. (*о постройке и т. п.*) sink* to one side; 2. *см.* косúться 1.

покрáжа *ж.* 1. theft; 2. (*украденные вещи*) stólen goods [...gudz] *pl.*

покрáпывать *разг.* = накрáпывать.

покрáсить *сов. см.* крáсить 1.

покраснéть *сов. см.* краснéть 1.

покривúть *сов.* (*вн.*) bend* (*d.*); distórt (*d.*). **~ся** *сов.* become* / get* cróoked / bent / lóp-síded.

покрúкивать (на *вн.*) *разг.* shout (at); (*бранить*) réprimànd [-ɑːnd] (*d.*); (*без доп.*) call, útter cries.

покричáть *сов.* 1. shout (for some time); 2. (на *вн.*) scold (a little) (*d.*).

покрóв *м.* 1. cóver ['kʌ-]; (*на гроб*) héarse-clòth ['həːs-], pall; (*перен.*) cloak, shroud, pall; пóчвенный ~ tóp-soil; под ~ом нóчи únder (the) cóver of night; 2. *анат.* intégument.

покровúтель *м.* pátron, protéctor, spónsor. **~ница** *ж.* pátroness ['peı-], protéctress.

покровúтельственн||ый 1. protéctive; ~ тарúф *эк.* protéctive táriff; ~ые пóшлины *эк.* protéctive dúties; 2. (*о тоне, взгляде и т. п.*) còndescénding, pátronìzing; ~ тон còndescénding tone; 3. *зоол.*: ~ая окрáска protéctive cólouring [...'kʌlə-].

покровúтельство *с.* pátronage, protéction; под ~м (*рд.*) únder the pátronage / protéction (of).

покровúтельствовать (*дт.*) pátronìze (*d.*), protéct (*d.*).

покрóвный *анат.* intègumèntary.

покрóй *м.* (*платья*) cut; ◇ все на оди́н ~ all in the same style.

покрошúть *сов.* (*вн.*) crumble (*d.*); (*о хлебе*) crumb (*d.*); (*порубить*) mince (*d.*), chop (*d.*).

покруглéть *сов. см.* круглéть.

покрывáло *с.* (*шаль*) shawl; (*вуаль*) veil; (*на кровать*) béd-spread [-spred], cóverlet ['kʌ-], cóunterpàne.

покрывáть, покры́ть 1. (*вн. тв.*) cóver ['kʌ-] (*d.* with); (*усеивать*) dot (*d.* with); (*крышей*) roof (*d.*); (*краской и т. п.*) òver|láy* (*d.* with), paint (*d.* with), coat (*d.* with); ~ лáком várnish (*d.*), lácquer [-kə] (*d.*); (*японским*) japán (*d.*); ~ желéзом íron ['aıən] (*d.*); 2. (*вн.*; *оплачивать*) meet* (*d.*), pay* off (*d.*); ~ расхóды defráy expénses; 3. (*вн.*; *не выдавать*) concéal (*d.*); shield [ʃiːld] (*d.*); hush up (*d.*); 4. (*вн.*; *заглушать звук*) drown (*d.*); 5. (*вн.*; *о расстоянии*) cóver (*d.*); 6. (*вн.*) *карт.* cóver (*d.*); ◇ ~ себя́ слáвой cóver òne|sélf with glóry / fame; ~ тáйной shroud in mýstery (*d.*). **~ся**, покры́ться 1. cóver òne|sélf ['kʌ-...]; get* cóvered; ~ся кóркой crust, get* crústed óver; ~ся пéной scum; (*о вине тж.*) mantle; ~ся румя́нцем blush; ~ся ли́стьями be cóvered with leaves; 2. *страд. к* покрывáть.

покры́тие *с.* 1. (*долгов, дефицита и т. п.*) dis|chárge, páyment; ~ расхóдов defráyment / defráyal of expénses; 2. (*крышей*) róofing.

покрытосемя́нные *мн. скл. как прил. бот.* àngiospérmea [æn-].

покры́||ть *сов. см.* крыть *и* покрывáть. **~ться** *сов. см.* покрывáться. **~шка** *ж.* 1. cóver(ing) ['kʌ-]; 2. (*автомобильной шины*) tíre-còver [-kʌ-].

покря́кивать quack now and then [kwæk...].

покýда I, II *разг.* = покá I, II.

покупáтель *м.*, **~ница** *ж.* búyer ['baıə], púrchaser [-ʧəsə]; (*постоянный*) cústomer, clíent. **~ный** *эк.* púrchasing [-sıŋ]; ~ная спосóбность (*денег*) púrchasing pówer; (*населения*) púrchasing capácity; ~ная си́ла рубля́ the púrchasing pówer of the rouble [...ruː-]. **~ский** *прил. к* покупáтель.

покупáть I, купи́ть (*вн.*) buy* [baı] (*d.*), púrchase [-s] (*d.*).

покупáть II *сов.* (*вн.*) (*в море, реке и т. п.*) bathe [beıð] (*d.*); (*в ванне*) bath (*d.*).

покупáться I *страд. к* покупáть I.

покупáться II *сов.* (*в море, реке и т. п.*) have a bathe [...beıð], bathe; (*в ванне*) have / take* a bath.

покýп||ка *ж.* 1. (*действие*) búying ['baı-], púrchasing [-sıŋ]; púrchase [-ʧəs]; 2. (*приобретённый товар*) púrchase; вы́годная ~ báгgain; дéлать ~ки go* shópping. **~нóй** 1. púrchased [-st], bought; 2. = покупáтельный; ~нáя ценá púrchase price [-ʧəs...].

покýривать (*вн.*) *разг.* smoke (*d.*); ~ трýбку, папирóсу smoke *a* pipe, *a* cìgarétte.

покури́ть *сов.* have a smoke; давáй покýрим let's have a smoke.

покусáть *сов.* (*вн.*) bite* (*d.*); (*ужалить*) sting* (*d.*).

покуси́ться *сов. см.* покушáться.

покýшать *сов.* 1. (*вн.*, *рд.*) eat* (*d.*), have (*d.*), take* (*d.*); 2. (*без доп.*) eat*.

покуш||áться, покуси́ться (на *вн.*) 1. attémpt (*d.*); ~ на самоубúйство attémpt súicìde; ~ на чью-л. жизнь attémpt, *или* make* an attémpt on, the life of smb.; 2. (*посягать*) en|cróach (on, up|ón); ~ на чужýю террито́рию, на чьи-л. правá en|cróach on smb.'s térritory, on smb.'s rights. **~éние** *с.* (на *вн.*) 1. attémpt (at); ~éние на чью-л. жизнь attémpt up|ón smb.'s life; 2. (*посягательство*) en|cróachment (on, up|ón); ◇ ~éние с негóдными срéдствами fútìle attémpt.

пол I *м.* floor [flɔː]; настилáть ~ (в *пр.*) floor (*d.*).

пол II *м. биол.* sex; обóего ~а of both séxes [...bouθ...]; жéнского ~а fémàle ['fiː-]; мужскóго ~а male; ◇ прекрáсный ~ the fair (sex).

пол- (*в сложн.*) half [hɑːf]; полкилó half a kílogràm(me); полчасá half an hour [...auə]; полко́мнаты half of the room; полбуты́лки half a bottle; на полпути́ hálf-wáy ['hɑːf-].

пол||а́ *ж.* skirt, flap, lap; ◇ из-под ~ы́ on the sly, cóvertly ['kʌ-]; торгова́ть из-под ~ы́ trade illícitly.

полага́||ть (*вн.*) suppóse (*d.*), think* (*d.*); я ~ю I dare say; ~ют it is belíeved / suppósed / ùnderstóod [...-'liːvd ...-'stud]; ~ют, что он в Москве́ he is belíeved to be in Móscow; ~ют, что он уе́хал из Москвы́ he is belíeved to have left Móscow; на́до ~ *как вводн. сл.* it is to be suppósed / thought.

полага́||ться, положи́ться **1.** (на *вн.*; *рассчитывать*) relý (up¦ón); pin one's hopes (on); ~ в чём-л. на чей-л. вкус defér smth. to smb.'s taste [...teɪst]; положи́тесь на меня́ depénd up¦ón me; **2.** *тк. несов. безл.*: (не) ~ется (+ *инф.*) one is (not) suppósed (+ to *inf.*); здесь не ~ется кури́ть you are not suppósed to smoke here; так поступа́ть не ~ется one does¦n't do such things; так ~ется it is the cústom; **3.** *тк. несов. безл.* (*дт.*; *причитаться*) be due (to); ему́ э́то ~ется it is his due, he has the right to it; ка́ждому ~ется пять рубле́й évery¦òne is to have five roubles [...ruː-].

пола́дить *сов.* (с *тв.*) come* to an ùnderstánding (with); get* on (with).

пола́комиться *сов. см.* ла́комиться.

поласка́ть *сов.* (*вн.*) caréss (*d.*), fóndle (*d.*).

пола́ти *мн. уст.* poláty (*planking fixed between ceiling and stove used as sleeping place*).

по́лба *ж. бот.* spelt, Gérman wheat.

полбеды́ *ж.* half the trouble [hɑːf ...trʌ-], part of the trouble.

полбуты́лки *ж. разг.* hálf-bòttle ['hɑːf-].

полве́ка *м.* half a céntury [hɑːf...].

полго́да *м.* half a year [hɑːf...]; six months [...mʌ-] *pl.*

по́лдень *м.* noon, mídday; в ~ at noon; вре́мя до полу́дня fóre¦noon; вре́мя по́сле полу́дня áfternóon; по́сле полу́дня in the áfternóon.

полдне́вный noon (*attr.*); mídday (*attr.*).

полдоро́г||и *ж.* hálf-wáy ['hɑːf-]; останови́ться на ~е stop hálf-wáy.

по́л||е *с.* **1.** field [fiːld]; выходи́ть в ~ (*на полевые работы*) go* out into the fields; рабо́тать в ~ work in the fields; ржано́е ~ rye field; спорти́вное ~ (pláy)ground; **2.** (*фон*) ground; **3.** *чаще мн.* (*у книги и т. п.*) márgin; заме́тки на ~я́х márginal notes; **4.** *мн.* (*у шляпы*) brim *sg.*; **5.** *физ.* field; магни́тное ~ màgnétic field; ◇ ~ би́твы báttle-field [-fiːld]; ~ зре́ния field of vísion; ~ де́ятельности field / sphere of áction; оди́н в ~ не во́ин *погов.* ≅ the voice of one man is the voice of no one.

полеве́ть *сов. см.* леве́ть.

полеви́ца *ж. бот.* spear grass.

полёвка *ж. зоол.* fíeld-vòle ['fiːld-]; vóle(mouse*) [-maus].

полево́д||ство *с.* fíeld-cròp cùltivátion ['fiː-...]. **~ческий:** ~ческая брига́да fíeld(-cròp) team / brigáde.

полев||о́й (*в разн. знач.*) field [fiːld] (*attr.*); ~ы́е цветы́ field flówers; ~ы́е рабо́ты field work *sg.*; ~а́я артилле́рия field àrtíllery; ~ го́спиталь field hóspital, ámbulance; móbìle hóspital ['mou-...]; ~ шпат *мин.* féldspàr.

полего́ньку *нареч. разг.* by éasy stáges [...'iːzɪ...].

полегч||а́ть [-хч-] *сов. разг.* **1.** *см.* легча́ть; **2.** *безл.* (*дт.*): больно́му ~а́ло the pátient is / feels bétter; у него́ на душе́ ~а́ло he feels relíeved [...-'liːvd].

поле́гче [-хч-] (*сравн. ст. от прил.* лёгкий *и нареч.* легко́) **1.** (*о весе*) (sóme¦whàt) líghter; **2.** (*о трудности*) (just) a little éasier [...'iːzɪə], (just) a little less dífficult; ◇ ~! ease off a bit!; not so fast!

полежа́ть *сов.* lie*; lie* down (for a while).

полезащи́тн||ый fíeld-protécting ['fiːld-]; ~ые по́лосы shélter belts; ~ые лесны́е по́лосы fíeld-protécting fórest-bèlts [...'fɔ-]; ~ое лесонасажде́ние fíeld-protéctive àffòrestátion.

поле́зн||о **1.** *прил. кратк. см.* поле́зный; **2.** *предик. безл.* it is úse¦ful [...'juːs-]; (*для здоровья*) it is héalthy [...'hel-], it is whóle¦some [...'houl-]. **~ый** úse¦ful ['juːs-], hélpful; (*для здоровья*) héalthy ['hel-], whóle¦-some ['houl-]; ~ая кри́тика hélpful críticism; э́то оказа́лось для него́ ~ым this stood him in good stead [...stud...sted]; обще́ственно ~ый of sócial utílity; ~ая жила́я пло́щадь áctual líving space [...'lɪv-...]; ~ая нагру́зка *тех.* páying load; ◇ чем могу́ быть поле́зен? what can I do for you?

поле́зть *сов.* **1.** *см.* ла́зить; **2.** (*начать лезть*) start to climb [...-aɪm].

полемизи́ровать (с *тв.*) énter into polémics (with), árgue (agáinst).

поле́м||ика *ж. тк. ед.* cóntrovèrsy, polémic(s) (*pl.*), dispúte; газе́тная ~ néwspàper cóntrovèrsy; вступи́ть в ~ику (с *тв.*) énter into polémics (with). **~и́ст** *м.* còntrovérsialist, polémicist, polémist. **~и́ческий** còntrovérsial, polémic(al).

по-ле́нински *нареч.* like Lénin; мы должны́ рабо́тать ~ we must work as Lénin did.

полени́ться *сов.* (+ *инф.*) be too lázy (+ to *inf.*).

поле́нница *ж.* (*дров*) stack (of fíre¦-wood) [...-wud]; pile (of logs).

поле́но *с.* log, billet.

поле́сье *с.* wooded dístrict ['wu-...]; wóodlands ['wu-] *pl.*

полёт *м.* flight; ~ на да́льность dístance flight; ~ в тума́не fog flýing; высо́тный ~ áltitùde flight ['æl-...]; продолжи́тельный ~ prolónged flight; слепо́й ~, ~ по прибо́рам *ав.* blind flýing; ínstrument flýing; пики́рующий ~ díving; фигу́рный ~ àcrobátic flight; ◇ ~ мы́сли flight of thought; ~ фанта́зии flight of fáncy; вид с пти́чьего ~а bírd's-eye view [-aɪ vjuː].

полета́ть *сов.* fly* (a little, for a while).

полете́||ть *сов.* **1.** *см.* лета́ть; **2.** start to fly; fly* forth / off; самолёт ~л the plane flew off; **3.** *разг.* (*упасть*) fall*.

по-ле́тнему *нареч.* as in súmmer; оде́т ~ (dressed) in súmmer clothes [...klou-]; со́лнце гре́ет ~ the sun is as hot as in súmmer.

полечи́ть *сов.* (*вн.*) treat (*d.*); его́ на́до ~ he should be tréated, he ought to be tréated, he needs médical atténtion. **~ся** *сов.* be tréated; ему́ ну́жно ~ся he should be tréated, he ought to be tréated, he needs médical atténtion.

поле́чь *сов.* **1.** *разг.* (*лечь — обо всех, многих*) lie* down; **2.** (*быть убитым*) fall*, be killed; **3.** (*о растениях*) lie* flat, be beaten down.

по́лзать, *опред.* ползти́, *сов.* поползти́ creep*, crawl.

ползко́м *нареч.* cráwling, on all fours [...fɔːz], on hands and knees.

ползти́, поползти́ **1.** *см.* по́лзать; **2.** *разг.* (*медленно двигаться*) crawl / creep* alóng; по́езд ползёт *the* train crawls / creeps alóng; по не́бу ползли́ ту́чи clouds moved slówly acróss the sky [...muːvd 'slou-...]; тума́н ползёт mist creeps; **3.** *разг.* (*о слухах и т. п.*) spread* [-ed]; **4.** *разг.* (*о ткани*) rável out ['ræ...-], fray.

ползу́н *м. тех.* slíde-blòck, slíder.

ползу́ч||ий créeping; ~ие расте́ния créepers.

поли- (*в сложн.*) poly-.

полиа́ндрия *ж. этн.* pólyàndry.

полиартри́т *м. мед.* pòlyàrthrítis.

поли́ва *ж. тех.* glaze.

полива́ть, поли́ть (*вн. тв.*) pour [pɔː] (on / up¦ón *d.*); ~ водо́й wáter ['wɔː-] (*d.*); ~ со́усом sauce (*d.*); ~ из шла́нга hóse(-pìpe) (*d.*). **~ся,** поли́ться **1.** (*тв.*) pour on / up¦ón òne¦sélf [pɔː...] (*d.*); **2.** *страд. к* полива́ть.

поли́вка *ж.* wátering ['wɔː-]; ~ у́лиц stréet-flùshing.

поливн||о́й: ~ы́е зе́мли áreas requíring ìrrigátion ['ɛərɪəz...].

поли́вочн||ый: ~ая маши́на wátering machíne ['wɔː- -'ʃiːn].

полига́мия *ж. этн.* pòlýgamy.

полигло́т *м.* pólyglòt.

полиго́н *м. воен.* fíring ground / range [-eɪn-], órdnance yard; испыта́тельный ~ próving ground ['pruː-...]; уче́бный ~ tráining ground.

полиграф||ист *м.* pòlygráphic wórker. **~ический** pòlygráphic; ~ическая промышленность printing industry. **~ия** *ж.* pòlýgraphy.

полизáть *сов.* (*вн.*) lick (*d.*).

поликлиника *ж.* pòlyclínic.

полиморф||изм *м.* pòlymórphism. **~ический** pòlymórphic, pòlymórphous.

полимóрфный pòlymórphous.

полиневрит *м. мед.* pòlyneurítis.

полинез||иец *м.*, **~ийский** Pòlynésian [-zɪən].

полинóм *м. мат.* pólynòm.

полиня||лый fáded, discólour|ed [-'kʌ-]. **~ть** *сов. см.* линять.

полиомиелит *м. мед.* pòliomỳelítis.

полип *м.* **1.** *зоол.* pólyp ['pɔ-]; **2.** *мед.* pólypus (*pl.* -pi, -puses).

полировáльн||ый pólishing; ~ станóк pólishing machine [...-'ʃi:n]; búffing machíne; ~ая бумáга sándpàper.

полировáть, отполировáть (*вн.*) pólish (*d.*).

полирóв||ка *ж.* pólish(ing). **~очный** pólishing. **~щик** *м.* pólisher.

пóлис *м.*: страховóй ~ *фин.* insúrance pólicy [-'ʃuə-...]; (*от огня*) fíre-pòlicy.

полисемант||изм *м. лингв.* pólysèmy. **~ический** *лингв.* pòlysemántic.

полисемия *ж. лингв.* pólysèmy.

полисинтетический [-тэ-] *лингв.* pòlysynthétic.

полиспáст *м. тех.* pólyspàst.

полистный per sheet.

полит- *сокр.* политический.

политбесéда *ж.* polítical talk, talk on pólitics.

Политбюрó ЦК Polítical Bùréau of the Céntral Commíttee [...-'rou...-tɪ].

полите||изм [-тэ-] *м.* pólythè|ism. **~истический** [-тэ-] pòlythè|ístic.

поли||технизáция *ж.* ìntrodúction of pòlytéchnic èducátion; ìntrodúction of pòlytèchnizátion. **~технизм** *м.* sýstem of pòlytéchnic èducátion, pòlytéchnism. **~тéхникум** *м.* pòlytéchnic school, pòlytéchnic. **~технический** pòlytéchnic(al); ~техническое обучéние pòlytéchnical tráining; ~техническое образовáние pòlytéchnical èducátion.

политзаключённый *м. скл. как прил.* polítical prísoner [...-zə-].

политик *м.* polítical fígure, pòlitícian.

политик||а *ж.* pólitics *pl.*; pólicy; внýтренняя ~ home / intérnal pólicy; внéшняя ~ fóreign pólicy ['fɔrɪn...]; ~ мира peace pólicy; ~ невмешáтельства pólicy of nòn-ìnterférence [...-'fɪə-]; говорить о ~е talk pólitics; текущая ~ cúrrent pólitics; ~ дáльнего прицéла lóng-ránge pólicy [-'reɪnʤ...]; ~ силы pówer pólitics; pólicy from strength; big stick pólicy *разг.*; ~ нажима pólicy of "préssure".

политикáн *м.* intríguer [-ri:-], pòlitícian.

политико-воспитáтельн||ый: ~ая рабóта polítical-èducátion work.

политическ||ий polítical; ~ая борьбá polítical strúggle; ~ие прáва polítical rights; ~ дéятель polítical fígure; ~ отчёт polítical repórt; ~ая конъюнктýра polítical sìtuátion; по ~им соображéниям for polítical réasons [...'ri:z-]; ◇ ~ая экономия polítical èconomy [...i:-].

политичный pólitic.

политкаторжáнин *м.* pré-rèvolútionary polítical cónvict.

политкружóк *м.* polítical stúdy círcle [...'stʌ-...].

полит||отдéл *м.* polítical depártment / séction / divísion. **~просвещéние** *с.* polítical èducátion; систéма ~просвещéния polítical-èducátion sýstem. **~рабóтник** *м.* polítical wórker. **~рýк** *м.* polítical instrúctor.

политуправлéние *с.* Polítical Admìnistrátion / Depártment.

политýра *ж.* pólish, várnish.

политучёба *ж.* polítical èducátion.

политшкóла *ж.* polítical school.

полить *сов.* **1.** *см.* поливáть; **2.** (*начать лить*) begin* to pour [...pɔ:], come* póuring (down) [...'pɔ:-...]. **~ся** *сов.* **1.** *см.* поливáться; **2.** (*начать литься*) begin* to pour [...pɔ:].

политэконóмия *ж.* polítical èconomy [...i:-].

политэмигрáнт *м.* polítical émigré (*фр.*) ['emɪgreɪ].

полифония *ж. муз.* pólyphòny.

полихрóмия *ж.* pólychròmy.

полицеймéйстер *м. ист.* chief of cíty políce [ʧi:f...'sɪ- -'li:s].

полицéйский I *прил.* políce [-'li:s] (*attr.*); ~ учáсток *ист.* políce-stàtion.

полицéйский II *м. скл. как прил.* políce|man* [-'li:s-], políce-òfficer [-'li:s-].

полиция *ж.* políce [-'li:s]; сыскнáя ~ *уст.* críminal invèstigátion depártment.

полицмéйстер *м.* = полицеймéйстер.

поличн||ое *с. скл. как прил.*: поймáть с ~ым (*вн.*) take* / catch* réd-hánded (*d.*).

полишинéл||ь *м.* Pùnch(inéllò); ◇ секрéт ~я ≅ ópen sécret.

полиэдр *м. мат.* pòlyhédron [-'he-].

полк *м.* régiment.

пóлка I *ж.* **1.** shelf*; книжная ~ bóok|shèlf*; **2.** (*в ж.-д. вагоне*) berth; вéрхняя, нижняя ~ úpper, lówer berth [...'louə...].

пóлка II *ж.* (*огорода*) wéeding.

полкóвник *м.* cólonel ['kə:n°l].

полковóдец *м.* géneral, cáptain.

полковóй règiméntal.

поллюция *ж. физиол.* pollútion, spèrmatòrrh(ó)ea [-'ri:ə].

полмиллиóна *м.* half a míllion [hɑ:f...].

полнéйший (*абсолютный*) sheer, útter.

полн||éть, пополнéть grow* stout [-ou...], put* on weight / flesh, gain flesh. **~ить** (*вн.*; *о платье и т. п.*) make* look stout (*d.*).

пóлнó I *прил. кратк. см.* пóлный.

пóлнó II *нареч.* brím-fúll, full to the brim; слишком ~ too full.

пóлно *нареч. разг.* **1.** (*перестаньте!*): ~!, пóлноте! enóugh! [-ʌf], enóugh of this!, that will do!, don't!; ~ плáкать! stop crýing!; **2.** (*да что вы?*, *что вы говорите?*) you don't mean that.

полновéсн||ость *ж.* full weight; (*перен.*) sóundness. **~ый** having full weight; fúll-weight (*attr.*); (*перен.*) sound; ~ая монéта coin of stándard weight; ~ый аргумéнт sound árgument.

полновлáст||ие *с.* sóvereignty [-vrɪn-]. **~ный** [-сн-] sóvereign[-vrɪn]; ~ный хозяин (*рд.*) sole máster (of).

полновóдный deep.

полновóдье *с.* high wáter [...'wɔ:-].

полнозвýчный sonórous.

полнокрóв||ие *с.* pléthora. **~ный** fúll-blóoded [-'blʌ-]; (*перен. тж.*) sànguíneous; *мед.* plèthóric.

полнолýние *с.* full moon.

полнометрáжный: ~ фильм fúll-length film.

полномóч||ие *с.* authórity, pówer; plénary pówers ['pli:-...] *pl.*; *юр.* próxy; чрезвычáйные ~ия emérgency pówers; широкие ~ия wide pówers; имéть ~ия выступить от имени (*рд.*) have the authórity to speak (for); превышéние ~ий excéeding one's commíssion; передáть свои ~ия (*дт.*) resign one's commíssion [-'zaɪn...] (to); срок ~ий (*о депутате*) term of óffice; по истечéнии ~ий (*рд.*; *о законодательном органе*) on the èxpìrátion of the term of óffice (of); давáть ~ия (*дт.*) empówer (*d.*); предостáвить чрезвычáйные ~ия (*дт.*) confér emérgency pówers (on). **~ный** mìnìpotèntiary; ~ный министр Mínister Plènipoténtiary; ~ный посóл Àmbássador Plènipoténtiary; ~ный представитель plènipoténtiary.

полноправ||ие *с.* equálity of rights. **~ный** cómpetent, enjóying full rights; ~ный член full and équal mémber.

пóлностью *нареч.* compléte|ly, útterly; (*со всеми подробностями*) in full; утвердить ~ (*о бюджете и т. п.*) appróve in its entíre|ty [-ru:v...]; целикóм и ~ compléte|ly, entíre|ly.

полнот||á *ж.* **1.** (*обилие*) plénitùde; (*цельность*) compléte|ness; для ~ы картины to give a compléte pícture, to make the pícture compléte; **2.** (*тучность*) stóutness; córpulence; (*ребёнка, женщины тж.*) plúmpness; (*чрезмерная*) obésity [-i:s-]; ◇ от ~ы сéрдца, души in the fúll|ness of one's heart [...hɑ:t]; ~ влáсти ábsolùte pówer / authórity.

полноцéнн||ость *ж.* full válue. ~**ый** of full válue; (*перен.*) váluable; ~ая монéта coin of full válue; стать ~ым рабóтником become* a fúll-flédged wórker.

полнóчный *прил. к* пóлночь.

пóлночь *ж.* mídnight; в ~ at mídnight; зá ~ áfter mídnight; далекó зá ~ in the small hours [...auəz].

пóлн||ый 1. (*наполненный*) full; (*набитый*) packed; ~ до краёв brím-fúll, full to the brim; ~ая тарéлка a full plate; (чегó-л.) a pláte|ful (of smth.); **2.** (*целый, весь*) compléte, tótal; ~ое собрáние сочинéний compléte works *pl.*; ~ комплéкт a compléte set; они здесь в ~ом состáве they are here in a bódy [...'bɔ-], they are here in full strength; делегáция в ~ом состáве *the* full dèlegátion; ~ое затмéние tótal eclípse; **3.** (*абсолютный*) ábsolùte; (*совершенный*) pérfect: ~ покóй ábsolùte rest; ~ое невéжество ábsolùte ígnorance; в ~ой безопáсности in pérfect secúrity; — ~ая незави́симость compléte indepéndence, full sóvereignty [...'sɔvrɪn-]; ~ая рефóрма thórough refórm ['θʌrə...]; вы́разить ~ое одобрéние (*дт.*) expréss full appróval [...-ruːv-] (of, for); ~ое разорéние útter rúin; жить в ~ом довóльстве live in plénty [lɪv...]; в состоя́нии ~ого безýмия stark mad; **4.** (*достигающий предела, наивысший*): в ~ом расцвéте сил in the prime of (one's) life, in one's prime; на ~ом ходý at full speed; с ~ым знáнием дéла with a sound knówledge of one's work [...'nɔ-...]; **5.** (*о человеке*) stout, córpulent; (*о ребёнке, женщине тж.*) plump; (*чрезмерно*) obése [-s]; ◇ ~ая лунá full moon; жить ~ой жи́знью live a full life; у них дом — ~ая чáша ≅ they live in plénty; ~ым гóлосом outríght; в ~ой мéре fúlly ['fu-], in full méasure [...'meʒə]; идти́ ~ым хóдом (*о работе и т. п.*) be in full swing.

полны́м-полнó *нареч.* full; в кóмнате, в трамвáе *и т. п.* ~ нарóду the room, the tram, *etc.*, is full of people, *или* is crówded with people, *или* is full up [...piːpl...]; в кóмнате ~ ды́му the room is full of, *или* thick with, smoke.

пóло *с. нескл. спорт.* pólò; ◇ вóдное ~ wáter pólò ['wɔː-...].

пол-оборóта *м. нескл.* hálf-tùrn ['hɑːf-]; *воен.* hálf-fàce ['hɑːf-]; ~ налéво, напрáво *воен.* left, right in|clíne.

полови́к *м.* dóormàt ['dɔː-], flóor-clòth ['flɔː-].

полови́н||а *ж.* (*в разн. знач.*) half* [hɑːf]; ~ трéтьего half past two; в ~е ию́ля *и т. п.* in the middle of Julý, *etc.*; ~ игры́ (*в футболе*) hálf-tíme ['hɑːf-]. ~**ка** *ж.* **1.** half* [hɑːf]; **2.** (*дверная*) leaf*. ~**ный** half [hɑːf]; в ~ом размéре half: заплати́ть за что-л. в ~ом размéре pay* half price for smth.

полови́нчат||ость *ж.* hálf-wáy pólicy ['hɑːf-...]. ~**ый** úndecíded, indéfinite; hálf-and-hálf ['hɑːf-] (*attr.*).

полови́ца *ж.* floor board [flɔː...].

половичóк *м. уменьш. от* полови́к.

полово́дье *с.* flood [-ʌd], high wáter [...'wɔː-]; (*период*) flóod-tìme [-ʌd-].

полов||óй I *прил.* (*для пола*) floor [flɔː] (*attr.*); ~áя тря́пка hóuse-flánnel [-s-]; ~áя щётка broom.

полов||óй II *прил. биол.* séxual; sex (*attr.*); ~ы́е óрганы génitals, séxual órgans; ~áя зрéлость púberty; ~áя жизнь séxual life; ~áя связь séxual connéction / íntercourse [...-kɔːs]; ~óе влечéние séxual attráction; ~óе бесси́лие *мед.* ímpotence.

половóй III *м. скл. как прил. уст.* wáiter.

пóлог *м.* (béd-)cùrtains *pl.*; под ~ом нóчи *поэт.* únder (the) cóver of night [...'kʌ-...].

полóг||ий gentle, géntly slóping. ~**ость** *ж.* slope, declívity.

положéни||е *с.* **1.** (*местонахождение*) posítion [-'zɪ-], whére|abouts; locátion *амер.*; географи́ческое ~ geográphical sìtuátion; geográphical locátion *амер.*; **2.** (*расположение, поза*) pósture, áttitùde; **3.** (*состояние*) condítion, state; (*социальное, общественное и т. п.*) státus, stánding; (*перен.: ситуация*) sìtuátion; официáльное ~ offícial stánding; семéйное ~ fámily státus; социáльное ~ sócial státus; материáльное ~ fináncial posítion; wélfàre stándards *pl.*; по (занимáемому) ~ю by one's posítion; éx officìò ['ekso'fɪʃɪou] *офиц.*; при дáнном ~и дел as the case stands [...keɪs...]; при такóм ~и дел things bé|ing as they are, this bé|ing the sìtuátion / case, as things now stand / are; ~ улучшáется things are impróving [...-ruːv-]; госпóдствующее ~ dóminàting posítion; contról [-oul]; щекотли́вое ~ áwkward / embárrassing sìtuátion; нелóвкое ~ áwkward sìtuátion; воéнное ~ mártial law; осáдное ~ state of siege [...siːdʒ]; чрезвычáйное ~ state of emérgency; будь он в вáшем ~и if he were you, if he were in your place; быть в стеснённом ~и be in strained / redúced / stráitened círcumstances; be hard up *разг.*; находи́ться в отчáянном ~и be in désperate straits; на нелегáльном ~и in híding; с ~ем of high stánding; он человéк с ~ем he is a man* of high stánding; занимáть высóкое ~ в óбществе be high in the sócial scale; **4.** (*тезис*) thésis (*pl.* théses [-iːz]); prínсipal pròposítion [...-'z-]; (*договора и т. п.*) clause; provísions *pl.*; теорети́ческое ~ theorétical pròposítion; основны́е ~я теóрии марксизма fùndaméntal ténets of the Márxist théory [...'θɪə-]; **5.** (*устав*) règulátions *pl.*, státùte; ~ о вы́борах státùte of eléctions; eléction règulátions *pl.*; по ~ю accórding to the règulátions; ◇ быть в ~и *разг.* (*о женщине*) be in the fámily way, be expécting a child; быть на высотé ~я be up to the mark; хозя́ин ~я máster of the sìtuátion; ~ вещéй state of affáirs; ~ вещéй таковó, что the state of affáirs is such that; войти́ в чьё-л. ~ ùnderstánd* smb.'s posítion; выходи́ть из ~я find* a way out.

полóженный 1. *прич. см.* класть; **2.** *прил.* (*установленный*) fixed; (*полагающийся*) prescríbed, áuthorìzed; в ~ срок in the allótted. time; в ~ час at the estáblished hour [...auə].

полóжим *вводн. сл.* let us assúme; ~, что вы прáвы assúming that you are right; ~, что ужé порá let us assúme that it is time.

положи́тельно I *прил. кратк. см.* положи́тельный.

положи́тельно II *нареч.* **1.** (*утвердительно*) pósitive|ly [-z-]; он отвéтил ~ he ánswered "yes" [...'ɑːnsəd...]; (*согласился*) he agréed; (*разрешил*) he gave permíssion; отнести́сь ~ (к) take* a pósitive / fávour|able view [...-z-... vjuː] (of), look fávour|ably (up|ón), be fríendly [...'fren-] (towards), have a pósitive áttitùde (towards); **2.** (*решительно*) ábsolùte|ly: он ~ ничегó не знáет he knows ábsolùte|ly nothing [...nouz...].

положи́тельн||ый (*в разн. знач.*) pósitive [-zɪ-]; (*о характере тж.*) sedáte, staid; ~ отвéт affírmative ánswer / replý [...'ɑːnsə...]; (*благоприятный*) fávour|able replý; ~ое решéние вопрóса pósitive / fávour|able solútion of the próblem [...'prɔ-]; ~ герóй pósitive cháracter [...'kæ-]; ~ электри́ческий заря́д pósitive eléctric charge; ~ое электри́чество pósitive elèctrícity; ~ая стéпень сравнéния *грам.* pósitive degrée; ~ая филосóфия pósitivist philósophy [-zɪ-...].

положи́ть *сов. см.* класть I. ~**ся** *сов. см.* полагáться 1.

пóлоз *м.* rúnner.

полóк I *м.* (*в бане*) (swéating) shelf* (*in steam bath*) ['swet-...].

полóк II *м.* (*телега*) dray.

полóльщи||к *м.*, ~**ца** *ж.* wéeder.

поломáть *сов.* (*вн.*) *разг.* break* (down) [-eɪk...] (*d.*). ~**ся** *сов. см.* ломáться 1, 3.

полóмка *ж.* bréakage ['breɪk-].

поломóйка *ж. разг.* chár|wòman* [-wu-].

полонéз [-нэз] *м.* pòlonáise.

полони́зм *м. лингв.* Pólonism.

полосá *ж.* **1.** stripe; (*узкий кусок*) strip; (*о железе и т. п.*) band, strip; flat bar; **2.** (*от удара кнутом и т. п.*) wale, weal; **3.** (*область*) région, zone, belt; чернозёмная ~ bláck-sóil belt, bláck-earth zone [-əːθ...]; ~ воéнных дéйствий battle zone; **4.** (*пе-*

риод времени) périod; ~ хоро́шей по́годы spell of fine wéather [...'weðə]; 5. с.-х. уст. field [fi:ld]; patch; 6. полигр. type page.

полоса́тик м. зоол. rórqual.

полоса́тый striped, strípy.

поло́ск||а ж. уменьш. от полоса́ 1, 2; в ~у striped.

полоска́||ние с. 1. (действие) rinse, rínsing; (горла) gárgling; 2. (жидкость) gargle. **~тельница** ж. slóp-bàsin [-eɪs-]. **~тельный:** ~тельная ча́шка=полоска́тельница.

полоска́ть (вн.; о белье, посуде, etc.) rinse (d.), swill (d.); (о горле) gargle (d.). **~ся** 1. (плескаться в воде) paddle, dabble; (перен.; о парусе, флаге) flap, flop; 2. страд. к полоска́ть.

полосну́ть сов. (вн. тв.) разг. slash (d. with).

полосов||о́й: ~о́е желе́зо band / strap / bar íron [...'aɪən].

по́лость I ж. анат. cávity; брюшна́я ~ àbdóminal cávity; ~ рта mouth cávity.

по́лость II ж. (саней) (sledge) rug; láp-ròbe, sleigh robe амер.

полоте́нце с. tówel; ~ на ва́лике róller tówel, jáck-tówel; посу́дное ~ dísh-clòth; мохна́тое ~ bath tówel, Túrkish tówel.

полотёр м. flóor-pòlisher ['flɔ:-].

поло́тнищ||е с. width; ю́бка в два ~а twó-piécer [-'pi:sə]; ~ зна́мени воен. cólour cloth ['kʌ-...]; ~ пала́тки tent séction; shélter half* [...hɑ:f] амер.; авиасигна́льное ~ воен. ground strip / pánel [...'pæ-]; опознава́тельное ~ воен. idéntity pánel [aɪ-...].

полотн||о́ с. 1. línen ['lɪ-]; камча́тное, узо́рчатое ~ díaper-clòth; 2. (дороги) róad-bèd; железнодоро́жное ~ pérmanent way; земляно́е ~ (дороги) súbgràde; 3. тех.: ~ пилы́ web of a saw); 4. (картина художника) cánvas; ✧ бле́дный как ~ white as a sheet, pale as a ghost [...goust]. **~я́ный** línen ['lɪ-].

поло́ть (вн.) weed (d.).

полоу́мный разг. hálf-wítted ['hɑ:f-], crázy.

по́лочка ж. уменьш. от по́лка I.

полпре́д м. (полномо́чный представи́тель) (àmbássador) plènipoténtiary. **~ство** с. (полномо́чное представи́тельство) plènipoténtiary rèpresèntátion [...-zen-], émbassy.

полпути́ м. нескл.: на ~ hálf-wáy ['hɑ:f-]; останови́ться на ~ stop hálf-wáy; (перен.) hésitàte hálf-wáy [-zɪ-...]; верну́ться с ~ turn back hálf-wáy.

полсло́в||а: с. он не сказа́л ни ~ he never úttered a word; мо́жно вас на ~? may I speak to you for a mínute? [...'mɪnɪt], may I have a word with you?; поня́ть с ~, оборва́ть на ~е, останови́ться на ~е см. полусло́во.

полсо́тни ж. fífty; с ~ fífty odd.

полти́на ж.=полти́нник.

полти́нник м. разг. 1. fífty cópècks pl.; 2. (монета) fífty-cópèck piece [...pi:s].

полтор||а́ числит. one and a half [...hɑ:f], one / a(n)...and a half; ~ы́ ты́сячи one / a thóusand and a half [...-zənd...]; ~ столе́тия a céntury and a half; в ~ ра́за бо́льше (рд. или чем) half as much agáin (as); в ~ ра́за тяжеле́е (рд. или чем) half as héavy agáin [...'hevɪ...] (as); ✧ ни два ни ~ ≅ néither one, nor the other ['naɪ-...]; néither fish nor fowl.

полтора́ста числит. one / a húndred and fífty.

полу- (в сложн.) half [hɑ:f-], sémi-: полуулы́бка hálf-smíle ['hɑ:f-]; полукру́глый hálf-round ['hɑ:f-], sémicírcular; см. также слова, начинающиеся на полу-.

полуба́к м. мор. raised / tòp-gál-lant fórecastle [...'fouks°l].

полубессозна́тельный sémi-ùn|cónscious [-nʃəs].

полубо́г м. démigòd.

полуботи́нки мн. (ед. полуботи́нок м.) (Óxford) shoes [...ʃu:z]; low shoes [lou...] амер.

полува́ттный эл. hálf-wátt ['hɑ:f-] (attr.).

полувеково́й sémi-cènténnial, of half a céntury [...hɑ:f...]; ~ гнёт fífty years of oppréssion pl., half a céntury of oppréssion.

полугла́сный м. скл. как прил. лингв. sémi-vówel.

полугнило́й hálf-rótten ['hɑ:f-].

полуго́д||ие с. half year [hɑ:f...]; six months [...mʌ-] pl. **~и́чный** hálf-yéarly ['hɑ:f-], sémi-ánnual; ~и́чные ку́рсы síx-mònth(s)' cóurses [-mʌ-'kɔ:s-]. **~ова́лый** síx-mònth-óld [-mʌ-], hálf-year-óld ['hɑ:f-]. **~ово́й** hálf-yéarly ['hɑ:f-], sémi-ánnual; ~ово́й план síx-mònths plan [-mʌ-...].

полуго́лый hálf-náked ['hɑ:f-].

полугра́мотный sémi-líterate.

полу́да ж. (лужение и сплав для него) tínning.

полу́денный 1. mídday (attr.); 2. поэт. уст. (южный) sóuthern ['sʌð-].

полуди́кий (о племенах) sémi-bàr-bárian, sémi-sávage, half sávage [hɑ:f...].

полуди́ть сов. см. луди́ть.

полужёстк||ий sémi-rígid; дирижа́бль ~ой систе́мы sémi-rígid áirshìp.

полужесткокры́лые мн. скл. как прил. зоол. hemíptera.

полуживо́й half dead [hɑ:f ded]; (от страха) more dead than alíve.

полузабы́тый hálf-forgótten ['hɑ:f-].

полузащи́т||а ж. спорт. hálf-bácks ['hɑ:f-] pl. **~ник** м. спорт. hálf-báck ['hɑ:f-].

полуколониа́льн||ый sémi-colónial; ~ая страна́ sémi-colónial cóuntry [...'kʌ-].

полуколо́ния ж. sémi-colónial térritory.

полукопы́тный зоол. sùbúngùlàte [-n-].

полукро́в||ка ж. hálf-breed ['hɑ:f-], fírst-hýbrid [-'haɪ-]. **~ный** hálf-breed ['hɑ:f-] (attr.), fírst-hýbrid [-'haɪ-] (attr.).

полукру́г м. sémicìrcle. **~лый** sémicírcular, hálf-round ['hɑ:f-].

полулежа́ть reclíne.

полулитро́вый (of) half litre [...hɑ:f 'li:tə].

полума́ска ж. half mask [hɑ:f...].

полуме́ра ж. half méasure [hɑ:f 'meʒə].

полумёртвый half dead [hɑ:f ded]; (от страха) more dead than alíve.

полуме́сяц м. hálf-móon ['hɑ:f-]; (серп) créscent.

полуме́сячный fórtnìghtly.

полумра́к м. sémi-dárkness, shade.

полунаго́й hálf-náked ['hɑ:f-].

полу́ндра межд. мор. stand from únder!

полунезави́симый sémi-ìndepéndent.

полуно́чн||ик м., **~ица** ж. разг. níght-bìrd. **~ичать** разг. burn* the mídnìght oil.

полу́но́чный 1. mídnìght (attr.); 2. поэт. уст. (северный) nórthern [-ðən].

поуобнажённый hálf-náked ['hɑ:f-].

полуоборо́т м. hálf-túrn ['hɑ:f-].

полуоде́тый hálf-dréssed ['hɑ:f-], hálf-clóthed ['hɑ:f'klouðd].

полуосвещённый sémi-lít.

полуо́стров м. península. **~но́й** península.

полуот||во́ренный, ~кры́тый hálf-ópen ['hɑ:f-]; (о двери тж.) ajár.

полуофициа́льный sémi-offícial.

полупальто́ с. нескл. short coat.

полуперехо́д м. воен. half day's march [hɑ:f...].

полуподва́льный: ~ эта́ж sémi-báse|ment [-eɪs-].

полупокло́н м. slight bow.

полуприседа́ние с. спорт. half squátting [hɑ:f...].

полупроводни́к м. физ. sémi-condúctor.

полупрозра́чный sémi-trànspárent, trànslúcent [-nz-].

полупролета́р||ий м. sémi-pròlètárian [-prou-]. **~ский** sémi-pròlètárian [-prou-].

полупусты́ня ж. sémi-désert [-'dez-].

полупья́ный típsy; half drunk [hɑ:f...]; hálf-seas-óver ['hɑ:f-] (predic.) идиом. разг.

полуразде́тый=полуоде́тый.

полуразру́шенный túmble|down, dilápidàted.

полуро́та ж. воен. hálf-còmpany ['hɑ:fkʌm-].

полусве́т I м. (сумерки) twílìght ['twaɪ-].

полусве́т II м. уст. démi-mónde [-'mɔ:nd].

полусерьёзный háif-sérious; half in joke (*predic.*).

полуслóв||о *с.*: понять с ~а take* the hint, be quick in the úptàke, catch* the méaning at once [...wʌns]; оборвать когó-л. на ~е cut* smb. short; остановиться на ~е stop in the middle of *a* séntence.

полусмéрт||ь *ж.*: избить когó-л. до ~и beat* smb. within an inch of *his* life; испугаться до ~и be frightened to death [...deθ].

полусознáтельный sémi-cónscious [-nʃəs].

полу||сóн *м.* half sleep [hɑ:f...], light slúmber, sómnolence; в ~снé half sléeping. **~сóнный** half asléep [hɑ:f...] (*predic.*); dózing, sómnolent.

полустáнок *м. ж.-д.* small státion.

полустишие *с.* hémistich [-k].

полусýточный sémi-dìúrnal.

полутéнь *ж.* penúmbra.

полутóн *м.* **1.** *муз.* sémitòne; **2.** *жив.* úndertìnt, hálf-tìnt ['hɑ:f-].

полутóнка *ж. разг.* tén-hùndred-wéight lórry; tén-hùndredwéight truck *амер.*

полуторагодовáлый óne-and-a-hàlf-year-óld [-hɑ:f-].

полуторатóнка *ж. разг.* 30-hùndred-wéight (*сокр.* 30-cwt) lórry; óne-and-a-hàlf-tón truck [-hɑ:ftʌn...] *амер.*

полýторн||ый of one and a half [...hɑ:f]; в ~ом размéре half as much agáin.

полутьмá *ж.* hálf-dárk ['hɑ:f-], sémi-dárkness; (*сумерки*) twílìght ['twaɪ-].

полуфабрикáт *м.* hálf-fínished próduct ['hɑ:f- 'prɔ-]; пищевые ~ы prepáred food *sg.*

полуфеодáльный sémi-féudal; ~ строй sémi-féudal sýstem.

полуфинáл *м. спорт.* sémi-fínal.

полуфинáльн||ый sémi-fínal; ~ые игры, встрéчи *спорт.* sémi-fínals.

полуцúркульный *арх.* sémicírcular.

получáс *м.*: в течéние ~а (*с глаг. несов. вида*) for half an hour [...hɑ:f ən auə]; (*с глаг. сов. вида*) (with)in half an hour. **~овóй** (*о продолжительности*) half hour's [hɑ:f auəz]; (*о повторяемости*) half hóurly [...'auəlɪ].

получáтель *м.*, **~ница** *ж.* (*адресат*) recípient.

получ||áть, получить (*вн.*) (*в разн. знач.*) recéive [-i:v] (*d.*), get* (*d.*); (*доставать, добывать*) obtáin (*d.*); ~ить прикáз recéive *an* órder; ~ прéмию recéive *a* prize, be rewárded with *a* prémium; ~ кокс из кáменного ýгля obtáin coke from coal; ~ить интерéсные вывoды obtáin váluable con|clúsions, come* to váluable con|clúsions; ~ что-л. по подпúске take* in smth.; ~ довóльствие *воен.* draw* one's allówance; ~ить закáз secúre *an* órder; ~ замечáние be réprimànded [...-mɑ:-]; ~ оглáску become* known [...noun]; be given pùblícity [...pʌ-]; be made known; ~ признáние be récognìzed; егó заслýги ~или всемúрное признáние his mérits are ùnivérsally récognìzed; (*раньше, в своё время*) his mérits were ùnivérsally récognìzed; ~ большинствó win* a majórity; ~ить нáсморк, воспалéние лёгких, брюшнóй тиф *и т. п.* catch* / contráct a cold, pneumónia, týphoid féver, *etc.* [...nju:'mounjə 'taɪ-...]. **~áться**, получиться **1.** (*по почте*) come*, arríve; **2.** (*оказываться*) turn out, be; результáты ~ились блестящие the resúlts turned out bríl-liant [...-'zʌ-...]; вывод ~ился неожиданный the con|clúsion is ún|ex-péсted; (*раньше, в своё время*) the con|clúsion was ún|expécted; но ~ú-лось инáче but it turned out óther|-wìse; **3.** *страд. к* получáть. **~éние** *с.* recéipt [-'si:t]; для ~éния in órder to recéive [...-'si:v]; подтвердить ~é-ние (*рд.*) acknówledge the recéipt [-'nɔ-...] (of); распúска в ~éнии re-céipt; по ~éнии on recéipt, on recéiv-ing [...-'si:v-].

получúть(ся) *сов. см.* получáть(ся).

полýчка *ж. разг.* **1.** (*получаемое*) sum; **2.** (*выдача зарплаты*) pay.

полýчше (*сравн. ст. от прил.* хорóший *и нареч.* хорошó) (just) a little bétter, ráther bétter ['rɑ:-...].

полушáри||е *с.* hémisphère; ~я головнóго мóзга cérebral hémisphères; сéверное ~ nórthern hémisphère [-ðən...]; южное ~ sóuthern hémi-sphère ['sʌðən...].

полушёпотом *нареч.*: говорить ~ speak* in úndertònes.

полушéрсть *ж.* wool míxture [wul...], not all / pure wool.

полушерстян||óй hálf-wóollen ['hɑ:f-'wul-]; a míxture of wool and cótton, *etc.* [...wul...]; это ~áя ткань this is a wool míxture, this is not pure wool; это плáтье ~óе this dress is not all / pure wool.

полýшк||а *ж. уст.* a quárter-cópèck piece [...pi:s]; ◇ не иметь ни ~и be pénniless, be without a pénny.

полушýбок *м.* shéepskìn coat.

полушутя *нареч.* half in joke [hɑ:f...].

полуэскадрóн *м. воен.* hálf-squàdron ['hɑ:fskwɔ-].

полцены *ж.*: за ~ at half price [...hɑ:f...]; (*о крупной покупке*) for half its worth: он купил книгу за ~ he bought *the* book at half price; он купил дом за ~ he bought *the* house* for half its worth [...haus...].

полчасá *м.* half an hour [hɑ:f ən auə].

пóлчище *с.* (*войско*) horde; (*перен.*) mass.

пóл||ый **1.** (*пустой*) hóllow; *метал.* (*об отливке*) cored; **2.**: ~ая водá flóod-wàter ['flʌdwɔ:-].

пóлымя *с.*: из огня да в ~ *погов.* ≅ out of the frýing-pàn into the fire.

полынн||ый wórmwood [-wud] (*attr.*); ~ая вóдка ábsinth.

полынь *ж.* wórmwood [-wud], ábsinth.

полынья *ж.* polýnia [-'lɪ-] (*unfrozen patch of water in the midst of an icebound river*).

полысéть *сов.* grow* bald [-ou...].

полыхáть blaze.

пóльз||а *ж.* use [-s]; общéственная ~ públic bénefit ['pʌ-...]; (*благополучие*) públic wéll-bé|ing; для óбщей ~ы for the públic / cómmon weal; для ~ы когó-л. for smb.'s good; в ~у (*рд.*) in fávour (of), for; в егó *и т. д.* ~у in his, *etc.*, fávour; дóводы в ~у чегó-л. árguments in fávour of smth., árguments for smth.; он дал показáние в ~у подсудимого he gave évidence for the accúsed; это не говорит в егó ~у it is not to his crédit, it does not do him crédit, it does not speak well for him; говорить, решáть в чью-л. ~у speak*, decíde in smb.'s fávour; приносить ~у (*дт.*) be of use / bénefit (to); это не принеслó емý ~ы he derived no bénefit from it; извлекáть из чегó-л. ~у deríve bénefit from smth., bénefit by smth.; какáя от этого ~? what good will it do?; обращáть в свою ~у (*вн.*) turn to one's own advántage [...oun -'vɑ:n-] (*d.*); что ~ы говорить об этом? what's the use of tálking about that?

пóльзовани||е *с.* use [-s]; óбщего ~я in / for géneral use; находиться в чьём-л. ~и be in smb.'s use; прáво ~я right of úser; *юр.* úsùfrùct.

пóльзовать (*вн.*) *уст.* (*лечить*) treat (*d.*).

пóльз||оваться (*тв.*) **1.** make* use [...ju:s] (of); (*извлекать выгоду*) prófit (by); ~ слýчаем take* *an* òpportúnity; **2.** (*обладать, иметь*) enjóy (*d.*): ~ прáвами enjóy the rights; ~ плодáми (*рд.*) enjóy the fruits [...fru:ts] (of); ~ поддéржкой (*рд.*) enjóy the suppórt (of); ~ привилéгиями enjóy prívileges; ~ преимýществом enjóy *an* advántage [...-'vɑ:-]; ~ довéрием enjóy *smb.'s* cónfidence; — ~ уважéнием be held in respéct; ~ успéхом be a succéss; онá ~ется большим успéхом у мужчин she is much cóurted by men [...'kɔ:t-...]; ~ мировóй извéстностью be wórld-fámed; не ~ любóвью (у) be dislíked (by); ~ кредитом posséss crédit [-'zes...], be in crédit.

пóлька I *ж.* Pole.

пóлька II *ж.* (*танец*) pólka.

пóльский Pólish ['pou-]; ~ язык Pólish, the Pólish lánguage.

польстить *сов. см.* льстить 1, 2. **~ся** *сов. см.* льститься.

польщённый (*тв.*) fláttered (by).

полюбить *сов.* (*вн.*) come* to love [...lʌv] (*d.*), grow* fond [grou...] (of); (*влюбиться*) fall* in love (with); ◇ полюбите нас чёрненькими, а бéленькими нас всяк полюбит *посл.* ≅ take us as you find us. **~ся** *сов.*

(*дт.*) *разг.* catch* the fáncy (of); он ей полюби́лся he caught her fáncy, she took a líking to him.

полюбова́ться *сов. см.* любова́ться.

полюбо́вн||о *нареч.*: реши́ть, ко́нчить де́ло ~ come* to an ámicable / mútual agréement. **~ый** ámicable; ~ое соглаше́ние ámicable / mútual agréement / séttle|ment.

полюбопы́тствовать *сов. см.* любопы́тствовать.

по́люс *м.* (*в разн. знач.*) pole; Се́верный ~ North Pole; ~ непристу́пности pole of ìnàccèssibílity; два ~а (*перен.*) two poles. **~ный** pólar.

поля́к *м.* Pole.

поля́на *ж.* glade, cléaring.

поляриз||а́тор *м. физ.* pólarìzer ['pou-]. **~ацио́нный** *физ.* pólarìzable ['pouləraɪz-]. **~а́ция** *ж. физ.* pòlarìzátion [pouləraɪ-].

поляризова́ть *несов. и сов.* (*вн.*) *физ.* pólarìze ['pou-] (*d.*).

поляри́метр *м. физ.* pòlarímeter [pou-].

поля́рник *м.* pólar explórer; mémber of *a* pólar èxpedítion.

поля́рность *ж.* polárity.

поля́рн||ый árctic, pólar; ~ круг pólar circle; Поля́рная звезда́ the North Star; ~ая экспеди́ция èxpedítion to the pólar / árctic régions, pólar / árctic èxpedítion; ~ая ночь the pólar night.

пома́д||а *ж.* pomáde [-'mɑːd]; (*для волос тж.*) pomátum; губна́я ~ lípstìck. **~ить**, напома́дить (*вн.*; *о волосах*) pomáde [-'mɑːd] (*d.*), grease (*d.*); (*о губах*) rouge [ruːʒ] (*d.*).

пома́дка *ж. собир.* pomádka (*kind of sweets*).

пома́зан||ие *с. церк.* (*на царство*) anóintment. **~ник** *м. церк.* (*на царство*) the Lord's Anóited.

пома́зать *сов.* **1.** (*вн.*) oil (*d.*), grease (*d.*); **2.** (*вн.*) *церк.*: ~ на ца́рство anóint (*d.*); **3.** *как сов. к* ма́зать 2.

помазо́к *м.* little brush; (*для бритья*) sháving-brùsh.

помале́ньку *нареч. разг.* little by little; (*о здоровье*) só-sò.

пома́лкивать *разг.* hold* one's tongue [...tʌŋ]; keep* mum.

по-мальчи́шески *нареч.* in a bóyish way.

помани́ть *сов. см.* мани́ть 1.

пома́рка *ж.* blot; (*карандашом*) péncil mark; (*исправление*) corréction.

помаха́ть *сов.* **1.** (*немного*) wave (for a while); (ве́село) ~ руко́й give* a (chéery) wave; помаши́ ему́ руко́й wave your hand to him; **2.** *как сов. к* маха́ть.

пома́хива||ть (*тв.*) wave (*d.*); (*тросточкой и т. п.*) whisk (*d.*), swing* (*d.*); (*хвостом*) wag [wæg] (*d.*); он шёл ~я тро́сточкой he walked whisking / swing|ing his cane; соба́ка ~ет хвосто́м the dog wags his tail

поме́длить *сов.* línger.

помеле́ть *сов.* become* shállow.

помело́ *с.* broom.

поме́ньше (*сравн. ст. от прил.* ма́ленький *и нареч.* ма́ло) (*по количеству*) (just) a little less; (sóme|whàt) less; (*по размеру*) (just) a little less / smáll|er; (sóme|whàt) less/ smáll|er.

поменя́ть *сов. см.* меня́ть 2. **~ся** *сов. см.* меня́ться 2.

помера́нец *м.* **1.** (*плод*) bítter / wild órange; **2.** (*дерево*) wild órange-tree.

помера́нцев||ый *прил. к* помера́нец 1; ~ые цветы́ órange-blòssom *sg.*

помере́ть *сов. см.* помира́ть.

помере́щиться *сов. см.* мере́щиться.

помёрз||нуть *сов. разг.* be fróst-bìtten; цветы́ ~ли the flówers are fróst-bìtten.

поме́рить *сов.* (*вн.*) try on (*d.*).

поме́риться *сов. см.* ме́риться I.

поме́ркнуть *сов. см.* ме́ркнуть.

помертве́лый déadly pale ['ded-...].

помертве́ть *сов.* (*от ужаса, горя и т. п.*) grow* stiff / cold [grou...] (*with fright, grief, etc.*).

помести́тельн||ость *ж.* spácious|ness; (*вместительность*) capácious|ness. **~ый** (*просторный*) róomy, spácious; (*вместительный*) capácious.

помести́ть *сов. см.* помеща́ть. **~ся** *сов. см.* помеща́ться 2.

поме́стн||ый: ~ое дворя́нство *ист.* lánded géntry.

поме́стье *с.* estáte; (*родовое, наследственное*) pátrimony.

по́месь *ж.* **1.** cróss-breed; (*гибрид*) hýbrid ['haɪ-]; **2.** (*смесь, соединение чего-л. разнородного*) mísh-màsh.

поме́сячн||о *нареч.* by the month [...mʌ-], per month; mónthly ['mʌ-]. **~ый** mónthly ['mʌ-].

помёт *м.* **1.** dung, éxcrement; dróppings *pl.*; **2.** (*выводок*) lítter, brood; (*о поросятах*) fárrow.

поме́т||а *ж.* mark; стилисти́ческие ~ы úsage lábels ['juːz-...].

поме́т||ить *сов. см.* помеча́ть. **~ка** *ж.* mark.

поме́х||а *ж.* híndrance; (*препятствие*) óbstacle; en|cúmbrance; быть ~ой (в *пр.*) hínder (*d.*), stand* in the way (of).

помеча́ть, поме́тить (*вн. тв.*) mark (*d.* with); (*о дате*) date (*d. d.*); ~ га́лочкой mark with a tick (*d.*), tick off (*d.*); он поме́тил письмо́ 15-м дека́бря he dáted *the* létter the 15th of Decémber.

поме́ш||анный 1. *прил.* mad, crázy; (*психически больной*) insáne; (на *пр.*; *перен.*) mad (on, abóut), crázy (for); **2.** *как сущ. м.* mád|man*; *ж.* mád|wòman* [-wu-]; *мн.* the mad. **~а́тельство** *с.* mádness, craze; (*безумие*) insánity; (на *пр.*; *перен.*) craze (for).

помеш||а́ть I *сов. см.* меша́ть I; э́то не ~а́ет it won't hurt [...wount...].

помеша́ть II *сов.* (*размешать*) **1.** (*немного*) stir (a little, for a while); **2.** *как сов. к* меша́ть II 1.

помеша́ться *сов.* (*сойти с ума*) go* mad, go* crázy; (на *пр.*; *перен.*) be mad (on, abóut), be posséssed by the ìdéa [...-'ze- ...aɪ'dɪə] (of).

поме́шивать (*вн.*) stir slówly [...-ou-] (*d.*).

помещ||а́ть, помести́ть (*вн.*) **1.** place (*d.*); locáte (*d.*); (*о капитале, деньгах*) invést (*d.*); ~ объявле́ние ádvertìse, put* up *an* advértise|ment [...-s-]; ~ на пе́рвой страни́це (*о фотографии и т. п.*) féature / cárry on the front page [...frʌnt...] (*d.*); ~ статью́ insért *an* árticle; **2.** (*поселять*) lodge (*d.*), accómmodàte (*d.*). **~а́ться**, помести́ться **1.** *тк. несов.* (*находиться*) be; be housed; (*жить*) lodge, be accómmodàted / locáted; учрежде́ние ~а́ется в э́том зда́нии the óffice is in this búilding [...'bɪl-]; **2.** (*вмещаться; о людях*) find* room; (*о вещах*) go* in; (*ср. тж.* вмеща́ться); **3.** *страд. к* помеща́ть. **~е́ние** *с.* **1.** (*действие*) locátion; (*капитала*) invéstment; **2.** (*жильё*) lódging, apártment, room; (*для учреждения и т. п.*) prémises [-sɪz] *pl.*; здесь большо́е ~е́ние there is plénty of room here; обеспе́чить ~е́нием (*вн.*) províde accòmmodátion (for); ~е́ния для скота́ hóusing for líve-stòck; жилы́е ~е́ния líving accòmmodátion ['lɪv-...] *sg.*; произво́дственные ~е́ния indústrial prémises.

поме́щи||к *м.* lándowner [-ounə], lándlòrd; lánded géntle|man*, lord of the mánor [...'mæ-]. **~ца** *ж.* lánded lády, lády of the mánor [...'mæ-]. **~чий** *прил. к* поме́щик; ~чий дом mánor-house* ['mæ- -s]; ~чья уса́дьба cóuntry estáte ['kʌ-...]; уничтоже́ние ~чьего землевладе́ния àbolítion of lándlòrd próperty rights.

помидо́р *м.* tomátò [-'mɑː-].

поми́ловани||е *с.* párdon, forgíve|ness [-'gɪv-]; про́сьба о ~и appéal (for párdon).

поми́лова||ть *сов.* (*вн.*) párdon (*d.*), forgíve* [-'gɪv] (*d.*); быть ~нным obtáin mércy.

поми́луй, ~те *пов. разг.* for píty's/ góod|ness' sake! [...'pɪ-...].

поми́мо *предл.* (*рд.*) **1.** (*сверх*) besídes; (*исключая*) apárt from: там бы́ло мно́го наро́ду ~ них there were many people besídes them [...pi:-...]; ~ други́х соображе́ний (quite) apárt from other consìderátions; **2.** (*без ведома, участия* кого́-л.) without smb.'s knówledge [...'nɔ-]: э́то бы́ло сде́лано ~ него́ this was done without his knówledge.

поми́н *м. разг.*: лёгок на ~е ≅ talk of the dévil (and he is sure to appéar) [...ʃuə...]; его́ и в ~е нет ≅ there is no trace of him; об э́том и ~у не́ было there was no méntion of it, no méntion was made of it.

помин||а́ть, помяну́ть (*вн.*) **1.** méntion (*d.*), make* méntion (of); помяну́ть кого́-л. хоро́шим сло́вом *разг.* speak* well of smb.; помяни́(те) моё сло́во *разг.* mark my words; **2.** *церк.* pray (for); ◇ не ~а́й(те) меня́ ли́хом think kínd|ly of me; ~а́й, как зва́ли *разг.* ≅ and that was the last you ever saw (*of him, them, etc.*).

помѝнки *мн.* fúneral repást / feast / bánquet *sg.*

помину́тно *нареч.* every móment / mínute [...'mɪnɪt]; ~ кто́-нибудь звони́т ему́ по телефо́ну every móment / mínute sóme|body rings him up.

помира́ть, помере́ть *разг.* die; ◇ ~ со́ смеху ≅ split* / burst* one's sides with láughter [...'lɑːf-].

помири́ть *сов. см.* мири́ть. **~ся** *сов. см.* мири́ться.

по́мн||ить (*вн.*, о *пр.*) remémber (*d.*), keep* in mind (*d.*); он ~ит об э́том he remémbers it; он всё вре́мя ~ит об э́том he never forgéts it [...-g-...]; he thinks of nothing else; твёрдо ~ keep*/ bear* fírmly in mind [...bɛə...] (*d.*); ◇ не ~ себя́ (от) be besíde òne|sélf (with). **~иться 1.** (*дт.*): ему́, им *и т. д.* э́то ~ится he remémbers, they remémber, *etc.*, it; ему́, им *и т. д.* хорошо́ ~ились э́ти строки he, they, *etc.*, remémbered these lines very well; ему́, им *и т. д.* э́то до́лго ~илось he, they, *etc.*, remémbered, *или* kept remémbering, it for a long time; he, they, *etc.*, never forgót it; it stuck in his mind, their minds, *etc.*, for a long time; наско́лько ему́, им *и т. д.* ~ится as far as he, they, *etc.*, can remémber; таки́е ве́щи до́лго ~ятся one remémbers such things for a long time, one never forgéts such things [...-'gets...]; **2.** *безл. как вводн. сл. разг.*: ~ится I remémber (that); ~ится, он тебе́ тогда́ не понра́вился I remémber (that) you did not like him then; ~ится, он жил здесь когда́-то I remémber he lived here once [...lɪvd...wʌns].

помно́гу *нареч.* in plénty, in large númbers.

помножа́ть, помно́жить (*вн.* на *вн.*) múltiplỳ (*d.* by); ~ два на́ три múltiplỳ two by three; два, помно́женное на два, равня́ется четырём twice two is four [...fɔː], two twos are four; семь, помно́женное на де́сять, равня́ется семи́десяти séven tens are séventy ['se-...], séven times ten is séventy.

помно́жить *сов. см.* помножа́ть *и* мно́жить 1.

помога́ть, помо́чь **1.** (*дт.*) help (*d.*), assíst (*d.*), aid (*d.*); súccour (*d.*) *книжн.*; (*материально*) suppórt (*d.*); ~ кому́-л. подня́ться help smb. up; ~ кому́-л. сойти́, спусти́ться help smb. down; ~ кому́-л. наде́ть пальто́ help smb. on with *his* (óver|)coat; э́то де́лу не помо́жет this won't mend mátters [...wount...]; it won't do any good; **2.** (*без доп.*; *облегчать — о лекарстве и т. п.*) relíeve [-iːv-].

по-мо́ему *нареч.* **1.** (*по моему мнению*) in, *или* accórding to, my opínion; to my mind / thínking; **2.** (*по моему желанию*) as I want / wish; as I would have it; (*по моему совету*) as I advíse.

помо́||и *мн.* slops; ◇ облива́ть ~ями кого́-л. *разг.* ≅ throw* / fling* mud at smb. [-ou...].

помо́й||ка *ж. разг.* rúbbish heap; (*ящик*) dúst-bìn; gárbage-bìn. **~ный:** ~ное ведро́ slóp-pail; ~ная я́ма réfuse / rúbbish pit [-s...].

помо́л *м. тк. ед.* grínding; мука́ ме́лкого ~а fíne-ground flour; мука́ кру́пного ~а cóarse-ground flour.

помо́лв||ить *сов.*: быть ~ленным с кем-л. be en|gáged to smb.; be betróthed to smb. [...-ouðd...]. **~ка** *ж.* en|gáge|ment; betróthal [-ouð°l].

помоли́ться *сов. см.* моли́ться 1.

помоло́гия *ж.* pomólogy.

помолоде́ть *сов. см.* молоде́ть.

помолч||а́ть *сов.* (*некоторое время и т. п.*) be sílent (for a while, *etc.*); ~и́(те)! sílence! ['saɪ-], stop tálking!

помо́р *м.*, **~ка** *ж.* pomór. **~ский** *прил. к* помо́р; ~ское село́ pomór víllage.

помо́рщиться *сов.* make* a wry face.

помо́рье *с.* líttoral région, cóastal área [...'ɛərɪə].

помо́ст *м.* róstrum; èstráde [-ɑːd], plátfòrm; (*эшафот*) scáffold.

по́моч||и *мн.* **1.** léading strings; **2.** (*подтяжки*) (pair of) bráces; suspénders; ◇ быть, ходи́ть на ~а́х be in léading strings.

помочи́ть *сов.* (*вн.*) móisten slíghtly [-s°n...] (*d.*). **~ся** *сов. см.* мочи́ться.

помо́чь *сов. см.* помога́ть.

помо́щни||к [-шн-] *м.*, **~ца** [-шн-] *ж.* assístant; help, hélpmàte, hélpmeet; ~ дире́ктора assístant diréctor; ~ заве́дующего assístant mánager; ~ машини́ста éngine dríver's mate / assístant ['endʒ-...]; ~ капита́на *мор.* mate.

по́мощ||ь *ж.* help, assístance, aid; (*общественная и т. п.*) relíef [-'liːf]; оказа́ть ~ (*дт.*) give* help (*i.*), help (*d.*); rénder assístance (*i.*); приходи́ть на ~ (*дт.*) come* to the aid (of); пода́ть ру́ку ~и (*дт.*) give* / lend* a hélping hand (*i.*), lend* a hand (*i.*); на ~! help!; при ~и, с ~ью (*рд.*) with the help (of), by means (of); без посторо́нней ~и ún|assísted; síngle-hánded *разг.*; пе́рвая ~ first aid; ско́рая ~ (emérgency) first aid; автомоби́ль ско́рой ~и ámbulance car; ~ на дому́ out relíef, home vísiting sérvice [...-z-...]; техни́ческая ~ téchnical aid.

по́мпа I *ж. тех.* pump.

по́мпа II *ж. тк. ед.* (*торжественность*) pomp, state.

помпе́зн||ость *ж.* pòmpósity. **~ый** pómpous.

помпо́н *м.* pómpòn ['pɔːmpɔːn].

помрача́ть, помрачи́ть (*вн.*) (*уст*...) dárken (*d.*), obscúre (*d.*); (*о рассудке*) dull (*d.*), cloud (*d.*); помрачённый взо... clóuded eyes [...aɪz] *pl.* **~ся,** помрачи́ться **1.** grow* dark [-ou...], become obscúred; **2.** *страд. к* помрача́ть.

помрачи́ть(ся) *сов. см.* помрача́ть(-ся).

помрачне́ть *сов. см.* мрачне́ть.

помут||и́ть *сов. см.* мути́ть 2. **~и́ться** *сов. см.* мути́ться 2. **~не́ние** ... dímness. **~не́ть** *сов. см.* мутне́ть.

пому́чить *сов.* (*вн.*) make* súffer (*d.*), tòrmént (*d.*). **~ся** *сов.* **1.** (*немного и т. п.*) súffer (for a while, *etc.*); **2.** (*потрудиться*) take* some pains.

помча́ть *сов.* **1.** (*вн.*) cárry off a|wáy (*d.*); **2.** *разг.* = помча́ться. **~ся** *сов.* dart.

помыка́ть (*тв.*) *разг.* órder abóut (*d.*).

по́мысел *м.* (*мысль*) thought; (*намерение*) design [-'zaɪn].

помы́слить *сов. см.* помышля́ть.

помы́ть(ся) *сов. см.* мы́ть(ся).

помышле́ние *с.* = по́мысел.

помышля́ть, помы́слить (о *пр.*) *разг.* think* (abóut); (*мечтать*) dream* (of).

помяну́ть *сов. см.* помина́ть.

помя́тый 1. *прич. см.* помя́ть; **2.** *прил. разг.* (*о лице*) flábby, bággy.

помя́ть *сов. см.* мять. **~ся** *сов. см.* мя́ться.

понаде́яться *сов. разг.* (на что-л.) count (up|ón smth.); (на кого́-л.) rel... (on smb.).

пона́доби||ться *сов.* (*дт.*) *разг.*: ему́, им *и т. д.* э́то мо́жет ~ he, they, *etc.* may need it, *или* may have need of it, *или* may be in need of it; ему́, им *и т. д.* э́та кни́га не ~лась he, they, *etc.*, did not need this book, *или* had no need of this book, he was, they were, *etc.*, not in need of this book; е́сли ему́ э́то когда́-л. ~тся if he ever need... it, *или* has need of it, *или* is in need of it; е́сли ~тся if nécessary: е́сли ~тся, он тебе́ позвони́т if nécessary he will ring you up.

понае́хать *сов. разг.* come* in large númbers.

понапра́сну *нареч. разг.* in vain.

понаслы́шке *нареч. разг.* by héarsay.

по-настоя́щему *нареч.* (*как следует*) in the right way, próperly; (*сильно*) trúly.

понату́житься *сов. разг.* put* one's back into the job.

поначáлу *нареч.* *разг.* at first, first|ly, from the beginning.

по-на́шему *нареч.* **1.** (*по нашему мнению*) in, *или* accórding to, our opínion; to our mind / thinking

2. (*по нашему желанию*) as we want / wish; as we would have it; (*по нашему совету*) as we advíse; вышло ~ we have it our own way [...oun...]; 3. (*по нашему обычаю*) accórding to our cústom.

понево́ле *нареч.* (*по необходимости*) willy-nilly; (*против воли*) agáinst one's will.

понеде́льник *м.* Mónday ['mʌndɪ]; по ~ам on Móndays, every Mónday.

понеде́льн||о *нареч.* by the week, per week; wéekly. **~ый** wéekly.

поне́житься *сов.* take* one's ease, lùxúriàte.

понемно́||гу, ~жку *нареч.* 1. little, a little at a time; он ест ~, но ча́сто he eats little but óften [...'ɔːf-(t)ᵊn]; 2. (*постепенно*) little by little; не́бо ~ проясни́лось little by little the sky cleared.

понес||ти́ *сов. см.* нести́ I 1, 2, 6; ◇ ло́шади ~ли́ *the* hórses ran a|wáy, *the* hórses bólted. **~ти́сь** *сов.* 1. *см.* нести́сь I *и* носи́ться I 1; 2. (за *тв.*) rush off (áfter), dash off (áfter), tear* alóng [tɛə...] (áfter); он понёсся за ни́ми he rushed / dashed off áfter them, he tore alóng áfter them; 3. (*без доп.*; *о лошадях*) dash off, tear* off; ло́шади ~ли́сь *the* hórses dashed / tore / gálloped off.

по́ни *м. нескл.* póny.

понижа́ть, пони́зить (*вн.*) lówer ['louə] (*d.*); (*ослаблять, уменьшать*) redúce (*d.*); ~ це́ны lówer príces; ~ по слу́жбе demóte (*d.*); ~ го́лос lówer / drop one's voice. **~ся,** пони́зиться 1. fall* / go* down, lówer ['louə]; (*о ценах тж.*) sink*; 2. *страд. к* понижа́ть.

пони́же (*сравн. ст. от прил.* ни́зкий *и нареч.* ни́зко) (ráther, *или* a little) lówer ['rɑː-...'louə]; (*о росте человека*) (ráther, *или* a little) shórter.

пониже́ние *с.* fall, lówering ['lou-], drop; (*уменьшение, ослабление*) redúction; ~ цен fall in príces; ~ давле́ния drop in préssure; ~ у́ровня воды́ sínking / abáte|ment of the wáter-lèvel [...'wɔː- -le-]; ~ по слу́жбе demótion; ~ за́работной пла́ты wáge-cùt; игра́ть на ~ (*на бирже*) spéculàte for a fall, sell* short; bear [bɛə] *разг.*

пони́зить(ся) *сов. см.* понижа́ть(ся).

низо́вье *с.* lówer réaches ['louə...] *pl.*

по́низу *нареч.* low [lou]; alóng the ground / súrface; close to the ground [-s...]; дым сте́лется ~ smoke hangs low.

поника́ть, пони́кнуть droop; (*о растениях тж.*) wilt; ~ голово́й hang* one's head [...hed].

пони́кнуть *сов. см.* поника́ть *и* ни́кнуть.

понима́ни||е *с.* 1. ùnderstánding, còmprehénsion; э́то вы́ше моего́ ~я it is be|yónd my ùnderstánding / còmprehénsion, it is be|yónd me; 2. (*толкование, точка зрения*) concéption; sense; в маркси́стском ~и in the Márxist sense; в моём ~и as I see it.

понима́||ть, поня́ть 1. (*вн.*) ùnderstánd* (*d.*); (*постигать*) còmprehénd (*d.*); (*осознавать*) réalìze ['rɪə-] (*d.*); ~ю!, по́нял! I see!; я вас ~ю I see your point; пойми́(те) меня́ don't mísùnderstánd me; don't get me wrong *разг.*; дава́ть поня́ть (*дт.*) give* (*i.*) to ùnderstánd (*d.*); он дал я́сно поня́ть, что he made it clear that; легко́ поня́ть it will be éasily ùnderstóod [...'iːz-...]; поня́ть намёк take* *the* hint; поня́ть непра́вильно mísùnderstánd* (*d.*), mistáke* (*d.*); пора́, наконе́ц, поня́ть, что it is high time it was réalìzed that; 2. *тк. несов.* (*вн.*, в *пр.*; *знать толк*) be a good judge (of); он ~ет му́зыку, *или* в му́зыке he is a good judge of músic [...-zɪk]; он пло́хо ~ет жи́вопись he is no judge of páinting.

по-но́вому *нареч.* in a new fáshion; нача́ть жить ~ begín* a new life; turn óver a new leaf *идиом.*

поножо́вщина *ж. разг.* thróat-cùtting.

понома́рь *м.* séxton, sácristan.

поно́с *м.* dìarrh(ó)ea [-'rɪə]; крова́вый ~ blóody flux [-ʌdɪ...].

поноси́ть I (*вн.*; *оскорблять*) abúse (*d.*), defáme (*d.*), revíle (*d.*).

поноси́ть II *сов.* (*вн.*) 1. (*некоторое время и т. п.*) cárry (for a while, *etc.*) (*d.*); 2. (*о платье и т. п.*) wear* [wɛə] (*d.*); (*некоторое время и т. п.*) wear* (for a while, *etc.*) (*d.*).

поно́сн||ый *уст.* abúsive, defámatory; ~ые слова́ abúsive words.

поноше́ние *с.* abúse [-s], dèfamátion, revíling.

поно́шенный shábby, thréadbàre ['θred-], frayed; (*перен.*; *о человеке*) hággard, worn [wɔːn]; ~ костю́м shábby / thréadbàre suit [...sjuːt]; ~ вид hággard / worn look / appéarance.

понра́виться *сов. см.* нра́виться.

понтёр *м. карт.* púnter.

понти́ровать *карт.* punt.

понто́н *м.* pòntóon; pónton *амер.* **~ёр** *м.* pòntoonéer, pòntoníer. **~ный** pòntóon (*attr.*); ~ный мост pòntóon-bridge; ~ная ро́та pòntóon cómpany [...'kʌ-]; ~ное де́ло pòntóon-brìdging.

понуди́тельный impéllent, préssing.

пону́дить *сов. см.* понужда́ть.

понужд||а́ть, пону́дить (*вн.* + *инф.*) force (*d.* + to *inf.*), compél (*d.* + to *inf.*), impél (*d.* + to *inf.*). **~е́ние** *с.* compúlsion.

понук||а́ние *с. разг.* dríving on, spéeding on, úrging on. **~а́ть** (*вн.*) *разг.* drive* on (*d.*), speed* on (*d.*), urge (*d.*), urge on (*d.*).

пону́р||ить *сов.*: ~ го́лову hang* one's head [...hed]; ~ив го́лову with háng|ing head, with head lówered [...'lou-]. **~ый** dówn|càst, depréssed.

по́нчик *м.* dúmpling.

поны́не *нареч. уст.* up to the présent (time) [...'prez-...], until now, till now.

поню́хать *сов. см.* ню́хать.

поню́шка *ж.*: ~ табаку́ pinch of snuff.

поня́т||ие *с.* 1. ìdéa [aɪ'dɪə], nótion, cóncèpt; име́ть ~ о чём-л. have an ìdéa, *или* a nótion, of smth.; не име́ть (ни мале́йшего) ~ия о чём-л. have no ìdéa / nótion of smth., have not the slíghtest / fáintest / remótest ìdéa / nótion of smth.; растяжи́мое ~ loose cóncèpt [-s...]; 2. *филос.* concéption. **~ливость** *ж.* còmprehénsion. **~ливый** quick; он ~ливый (учени́к, студе́нт, ребёнок *и т. п.*) he is quick, he cátches on quíckly.

поня́тно I 1. *прил. кратк. см.* поня́тный; 2. *предик. безл.* it is clear; ~! *разг.* I see!; ~? *разг.* (you) see?; ~, что (*ясно*) it is clear that; (*естественно*) it is quite nátural that; вполне́ ~, что it is quite clear / ùnderstándable that; one can well ùnderstánd that; 3. *как вводн. сл.* (*естественно*) náturally; (*конечно*) of course [...kɔːs].

поня́тно II *нареч.* cléarly, pláinly; (*вразумительно*) fórcibly, perspícuous|ly.

поня́тн||ость *ж.* cléarness, pláinness; intèlligibílity; (*вразумительность*) pèrspicúity. **~ый** intélligible; (*ясный*) clear; э́то ~о (*ясно*) it is clear; (*естественно*) it is nátural; ◇ ~ое де́ло, ~ая вещь *как вводн. сл. разг.* quite náturally.

понято́й *м. скл. как прил.* wítness.

поня́ть *сов. см.* понима́ть 1.

пообе́дать *сов. см.* обе́дать.

пообеща́ть *сов.* (*вн. дт.*) prómise [-s] (*d. i.*).

пообжи́ться *сов. разг.* get* accústomed to one's new surróundings.

пообноси́ться *сов. разг.* be short of clothes [...klou-].

по́одаль *нареч.* at some dístance, alóof.

поодино́чке *нареч.* one at a time, one by one.

по-осе́ннему *нареч.* as in áutumn.

поосмотре́ться *сов. разг.* take* a look round, get* accústomed to one's new surróundings.

поочерёдн||о *нареч.* in turn, by turns. **~ый** by turn; у посте́ли больно́го бы́ло устано́влено ~ое дежу́рство they took it in turns to watch the sick man*.

поощр||е́ние *с.* en|cóurage|ment [-'kʌ-]; для материа́льного ~е́ния (*рд.*) to stímulàte the matérial ínterests (of). **~и́тельный** en|cóuraging [-'kʌ-]. **~и́ть** *сов. см.* поощря́ть.

поощря́ть, поощри́ть (*вн.*) en|cóurage [-'kʌ-] (*d.*); (*гл. обр. материально*) give* an incéntive (to), stímulàte the ínterest (of); (*поддерживать*) cóuntenance (*d.*).

поп *м. разг.* priest [-i:st]; ◇ како́в ~, тако́в и прихо́д *погов.* ≅ like priest, like people [...pi:-]; like máster, like man.

попада́ние *с.* (*в цель*) hit; прямо́е ~ diréct hit.

попа́дать *сов.* fall*.

попада́ть, попа́сть **1.** (в *вн.*; *в цель и т. п.*) hit* (*d.*); пу́ля попа́ла ему́ в но́гу the búllet hit / struck him in the leg [...'bu-...]; не ~ в цель miss (one's aim); **2.** (*куда-л.*) get*; (*очути́ться*) find* òne¦sélf; fetch up (at) *разг.*; попа́сть на по́езд, трамва́й *и т. п.* catch* *a* train, tram, *etc.*; письмо́ попа́ло не по а́дресу the létter came to the wrong addréss; как попа́сть на вокза́л? what is the way to the ráilway státion?; попа́сть кому́-л. в ру́ки fall* into smb.'s hands; попа́сть под суд be brought to tríal; попа́сть в плен be táken prísoner [...'prɪz-]; попа́сть в беду́ get* into trouble [...trʌbl]; come* to grief [...-i:f] *идиом.*; ~ в неприя́тное положе́ние get* into trouble; get* into a scrape; be in a nice mess; ◇ попа́сть па́льцем в не́бо ≅ be wide of the mark; get* / have / take* the wrong sow by the ear [...sou...] *идиом.*; попа́сть в са́мую то́чку ≅ hit* the (right) nail on the head [...hed], hit* the mark, strike* home; ему́ попа́ло *разг.* he caught it (hot); ему́ попадёт! *разг.* he will catch it!, he will get it hot!; как попа́ло (*небре́жно*) ány¦how; (*в беспоря́дке, па́нике*) hélter-skélter; где попа́ло ány¦whère; кому́ попа́ло to anybody; он гото́в отда́ть э́то кому́ попа́ло he is réady to give it to anybody [...'redɪ...]. **~ся,** попа́сться **1.** be caught; get*; ~ся с поли́чным be táken / caught réd-hánded; ~ся на у́дочку swállow / take* the bait; (*перен. тж.*) fall* for the bait; ~ся кому́-л. в ру́ки fall* into smb.'s hands; бо́льше не попада́йся don't let me, him, *etc.*, catch you agáin; **2.** (*дт.*; *встреча́ться*): по доро́ге ему́, ей *и т. д.* попа́лся то́лько оди́н челове́к on the way he, she, *etc.*, came acróss, *или* ran into, ónly one man*; э́та кни́га ему́ попа́лась соверше́нно случа́йно he came acróss, *или* found, this book quite by chance; на экза́мене ему́ попа́лся тру́дный биле́т at the exàminátion he drew a dífficult quéstion [...-stʃən]; ~ся кому́-л. на глаза́ meet* smb.'s eye [...aɪ]; ◇ что попадётся ány¦thing; пе́рвый попа́вшийся the first cómer [...'kʌ-], the first pérson one comes acróss; anybody.

попадья́ *ж.* priest's wife* [pri:-...].

попа́рно *нареч.* in pairs, two and / by two.

попа́сть(ся) *сов. см.* попада́ть(ся).

попа́хива||ть (*тв.*) *разг.* smell* a little (of); здесь ~ет ды́мом there is a smell of smoke here.

попеня́ть *сов. см.* пеня́ть.

поперёк *нареч. и предл.* (*рд.*) acróss: перере́зать что-л. ~ cut* smth. acróss; протяну́ть что-л. ~ stretch smth. acróss; ~ у́лицы acróss *the* street; лечь ~ посте́ли lie* acróss *the* bed; ◇ вдоль и ~ far and wide; знать что-л. вдоль и ~ know* smth. thóroughly, *или* ínside out [nou... 'θʌ-...]; know* all the ins and outs of smth.; стоя́ть у кого́-л. ~ доро́ги be in smb.'s way; стать кому́-л. ~ го́рла stick* in smb.'s throat.

попереме́нно *нареч.* in turn, by turns, àlternate¦ly.

попере́чина *ж.* cróss-beam, cróss-piece [-pi:s], cróss-bàr.

попере́чник *м.* dìámeter; пять ме́тров в ~е five metres in dìámeter; five metres acróss.

попере́чн||ый dìamétrical, trànsvérsal [-nz-], cross, cróss-cùt; ~ разре́з, ~ое сече́ние cróss-sèction; ~ая пила́ cróss-cùt saw; ~ая ба́лка tránsvèrse [-nz-], cróss-beam; ◇ (ка́ждый) встре́чный и ~ *разг.* anybody and éverybody; Tom, Dick and Hárry *идиом.*

поперхну́ться *сов.* (*тв.*) choke (óver).

попече́ни||е *с.* care; име́ть кого́-л. на ~и have smb. in charge, have smb. to take care of, have smb. to care for; быть на ~и (*рд.*) be in the charge (of).

попечи́тель *м.*, **~ница** *ж.* trùstée, guárdian. **~ство** *с.* trùstéeship, guárdianship.

попира́ть, попра́ть (*вн.*) trample (*d.*, on); (*перен. тж.*) defý (*d.*), flout (*d.*), scorn (*d.*); ~ нога́ми tread* únder foot* [tred...fut] (*d.*); ~ права́ (*рд.*) víolàte the rights (of).

попирова́ть *сов.* feast.

popи́скивать cheep.

попи́сывать (*вн.*) *разг.* write* (*d.*); do an occásional bit of wríting; *ирон.* (*о литерату́ре и т. п. тж.*) scribble (*d.*).

попи́ть *сов.* have a drink.

по́пка *м. разг.* (*попуга́й*) párrot, Pólly.

попла́вать *сов.* have / take* a swim.

поплавко́вый float-; ~ гидросамолёт flóat-plàne.

поплаво́к *м.* **1.** float; **2.** *разг.* (*рестора́н*) flóating réstaurant [...-tərɔ:ŋ], flóating bar.

попла́кать *сов.* **1.** (*не́которое вре́мя, немно́го и т. п.*) cry / weep* (for a while, a little, *etc.*), shed* a few tears; **2.** *как сов. к* пла́кать. **~ся** *сов. см.* пла́каться.

поплати́ться *сов. см.* плати́ться.

поплёвывать *разг.* spit*.

попли́н *м. текст.* póplin. **~овый** *прил. к* попли́н.

поплы́ть *сов.* **1.** *см.* пла́вать; **2.** (*о пловце́*) strike* out, start swímming.

попляса́ть *сов.* **1.** (*не́которое вре́мя, немно́го и т. п.*) dance, have a bit of dáncing; **2.** *как сов. к* пляса́ть; ◇ он у меня́ попля́шет *разг.* ≅ he will get it hot, he will catch it.

попо́вич *м.* son of *a* priest [sʌn... pri:-].

попо́вна *ж.* dáughter of *a* priest [...pri:-].

попо́зже (*сравн. ст. от нареч.* по́здно) (a little) láter.

попо́йка *ж.* drínking-bout, caróuse.

попола́м *нареч.* in two, hálf-and-hálf ['hɑ:f-]; дели́ть ~ (*вн.*) divíde into two parts (*d.*), divíde in two (*d.*), divíde in half [...hɑ:f] (*d.*), halve [hɑ:v] (*d.*).

поползнове́ние *с.* feeble ímpùlse.

поползти́ *сов. см.* ползти́.

пополне́ние *с.* **1.** replénishment; ~ боеприпа́сами replénishment of àmmunítion; ~ горю́чим, ~ то́пливом ré¦fúelling [-'fju-]; ~ библиоте́ки stócking of líbrary funds [...'laɪ-...]; **2.** *воен.* (*людьми́*) rè¦infórce¦ment, draft; ~ поте́рь rè¦pláce¦ment of cásualties [...-ʒjuəl-].

пополне́ть *сов. см.* полне́ть.

попо́лнить(ся) *сов. см.* пополня́ть(-ся).

пополня́ть, попо́лнить (*вн.*) **1.** replénish (*d.*); fill up (*d.*); (*о зна́ниях*) enrích (*d.*), wíden (*d.*), enlárge (*d.*); ~ горю́чим, ~ то́пливом ré¦fúel [-'fjuəl] (*d.*); **2.** *воен.* (*людьми́*) ré¦mán (*d.*), rè¦infórce (*d.*); (*о поте́рях*) rè¦pláce (*d.*). **~ся,** попо́лниться **1.** in¦créase [-s], be replénished; (*о зна́ниях*) wíden; **2.** *страд. к* пополня́ть.

пополоска́ть *сов.* (*вн.*; *о белье́*) rinse (out) (*d.*); (*о го́рле*) gargle (*d.*).

пополу́||дни *нареч.* in the áfternóon, post merídiem [poust...] (*сокр.* p. m. ['pi:'em]). **~ночи** *нареч.* áfter mídnìght, ánte merídiem (*сокр.* a. m. ['eɪ'em]).

попо́мн||ить *сов. разг.* (*вн.*) remémber (*d.*); я тебе́ э́то ~ю I'll repáy you, I'll get éven with you; ◇ ~и(те) моё сло́во mark my words.

попо́на *ж.* hórse-clòth.

попо́ртить *сов. разг.* = испо́ртить *см.* по́ртить.

попо́тчевать *сов. см.* по́тчевать.

поправе́ть *сов. см.* праве́ть.

поправи́мый réparable, remédiable.

попра́в||ить(ся) *сов. см.* поправля́ть(-ся). **~ка** *ж.* **1.** *тк. ед.* (*о здоро́вье*) recóvery [-'kʌ-]; у него́ де́ло идёт на ~ку he is on the way to recóvery; he is on the mend *разг.*; **2.** (*почи́нка*) repáiring, ménding; **3.** (*исправле́ние*) corréction; (*в законопрое́кте и т. п.*) améndment; вноси́ть ~ки (в *вн.*) aménd (*d.*), insért / introdúce améndments (into). **~ле́ние** *с.* corréction; (*восстановле́ние*) rèstorátion; (*перево́дится тж. фо́рмой на* -ing *от соотве́тствующих глаго́лов*; *см.* поправля́ть).

поправля́ть, попра́вить (*вн.*) **1.** (*чини́ть*) repáir (*d.*), mend (*d.*); **2.** (*об оши́бке*) corréct (*d.*); (*ора́тора, со-*

беседника и т. п.) put* / set* right (*d.*); поправить ученика correct the pupil, put* the pupil right; **3.** (*приводить в надлежащее положение*) put* / set* straight (*d.*), re¦adjust [-ə'dʒʌ-] (*d.*); ~ шляпу set* *the* hat straight; ~ причёску smooth one's hair [-ð...]; ~ подушку arrange *the* pillow [ə'reɪndʒ...]; **4.** (*улучшать, восстанавливать*) better (*d.*); (*о здоровье*) restore (*d.*); ~ денежные дела better one's position [...-'zɪ-], ease one's financial difficulties, mend one's finances; он поехал в деревню, чтобы поправить свое здоровье he went to the country for his health [...'kʌ... helθ]; дела поправить нельзя the thing cannot be mended. **~ся,** поправиться **1.** (*выздоравливать*) get* well, recover [-'kʌ-]; *сов. тж.* be well again; (*полнеть*) gain weight, put* on weight; вы хорошо поправились you look much better; (*пополнели*) you have put on flesh, you have grown plumper [...-oun...]; **2.** (*исправлять ошибку*) correct one¦self; **3.** (*о делах и т. п.*) improve [-ru:v]; **4.** *страд. к* поправлять.

поправочный correction (*attr.*); ~ коэффициент correction factor.

попрать *сов. см.* попирать.

по-прежнему *нареч.* as before; (*как обычно*) as usual [...'ju:ʒ-].

попрёк *м.* reproach.

попрек||ать, попрекнуть (*вн. тв., вн.* за *вн.*) reproach (*d.* with). **~нуть** *сов. см.* попрекать.

поприще *с.* field [fi:ld]; walk of life; литературное ~ literary pursuits [...-'sju:-] *pl.*; на этом ~ in this walk of life; вступить на дипломатическое ~ enter on *one's* diplomatic career.

по-приятельски *нареч.* as a friend [...frend], in a friendly manner [...'frend-...].

попробовать *сов. см.* пробовать.

попросить(ся) *сов. см.* просить(ся).

попросту *нареч. разг.* simply, without ceremony; ~ говоря to put it bluntly, bluntly speaking; ~ говоря, он нечестный человек to put it bluntly, he is not an honest person [...'ɔnɪst...].

попрошай||ка *м. и ж. разг.* beggar, cadger. **~ничать** *разг.* beg, cadge; go* about begging / cadging from people [...pi:pl]. **~ничество** *с. разг.* begging, cadging.

попрощаться *сов. см.* прощаться I.

попрыг||ать *сов.* jump, hop, scamper. **~ун** *м.*, **~унья** *ж. разг.* scamperer.

попрыскать *сов.* (*вн. тв.*) *разг.* sprinkle (*d.* with), spray (*d.* on).

попрятать *сов.* (*вн.*) *разг.* hide* (*d.*), conceal (*d.*). **~ся** *сов. разг.* hide* (one¦self).

попугай *м.* parrot; повторять как ~ (*вн.*) parrot (*d.*).

попугать *сов.* (*вн.*) *разг.* scare (*d.*), frighten a little (*d.*).

попудно *нареч.* by the pood.

попудрить *сов.* (*вн.*) powder (*d.*). **~ся** *сов.* powder one's face.

популяриз||атор *м.* popularizer. **~ация** *ж.* popularization [-raɪ-]. **~ировать, ~овать** *несов. и сов.* (*вн.*) popularize (*d.*).

популярн||ость *ж.* popularity; пользоваться широкой ~остью enjoy wide popularity. **~ый** popular.

попурри *с. нескл. муз.* pot-pourri ['pou'puri:].

попустительств||о *с.* connivance [-'naɪ-]; при ~е (*рд.*) with the connivance (of).

попустительствовать (*дт.*) connive (at), wink (at), shut* one's eyes [...aɪz] (to).

попусту *нареч. разг.* in vain, to no purpose [...-s].

попут||ать *сов. разг.*: чёрт ~ал it's the work of the devil.

попут||но *нареч.* in passing, on one's way; (*перен.*) incidentally; (*в то же время*) at the same time. **~ный** passing; following; ~ная машина passing car, car go¦ing *one's* way; ~ное замечание passing remark; ~ная струя *мор.* back eddy, backwash; ~ный ветер fair wind [...wɪ-]; идти ~ным ветром *мор.* sail free. **~чик** *м.*, **~чица** *ж.* fellow-traveller.

попытать *сов.*: ~ счастья try one's luck.

попытаться *сов. см.* пытаться.

попытк||а *ж.* attempt, endeavour [-'devə]; делать, предпринимать ~у make* an attempt; неудачная ~ unsuccessful attempt; отчаянная ~ desperate attempt; ~и сближения *дип.* approaches; ◇ ~ не пытка *погов.* ≅ nothing venture, nothing have.

попыхивать (*тв.*) *разг.* puff a¦way (at, *d.*): ~ трубкой puff a¦way (at) *a* pipe.

попят||иться *сов. см.* пятиться. **~ный**: идти на ~ный *разг.* go* back on / up¦on one's word.

пора *ж.* pore.

пор||а *ж.* **1.** time; летняя ~ summer time; зимняя ~ winter time; весенняя ~ spring time; осенняя ~ autumn; fall *амер.*; вечерней ~ой of an evening [...'i:v-]; **2.** *предик. безл.* it is time: ~ идти (it is) time to go; давно ~ it is high time; не ~ ли? is¦n't it time?; — вам ~ спать it is your bedtime; ◇ на первых ~ах at first; до ~ы, до времени until a certain time; for so long and no longer; for the time be¦ing; до каких пор? till what time?, till when?, how long?; с каких пор? since when?; до тех пор, пока (не) until; as long as; с этих пор since that time; (*о будущем*) hence¦forward; до сих пор (*о времени*) till now, up to now; hither¦to [-'tu:]; (*ещё, всё ещё*) still; (*о месте*) up to here; up to this point; до сей ~ы to this day; с тех пор since then on; с тех пор, как (ever) since; с давних пор long, for a long time; for ages *разг.*; в пору opportune¦ly, at the right time; в самую пору just at the right time; не в пору inopportune¦ly, at the wrong time; его приезд не в пору his arrival is inopportune.

поработа||ть *сов.* work, do some work; над этим надо ~ one will have to work at it; славно ~ли! fine work!; сегодня мы хорошо ~ли we have put in a good day's work to¦day; ~ в саду do a bit in the garden.

поработитель *м.*, **~ница** *ж.* enslaver, oppressor; (*завоеватель*) conqueror [-kə-].

поработить *сов. см.* порабощать.

порабощ||ать, поработить (*вн.*) enslave (*d.*); enthral(l) (*d.*) (*тж. перен.*). **~ение** *с.* enslave¦ment; enthralment [-ɔ:l-].

поравняться *сов.* (*с тв.*) come* along¦side (of), come* up (with).

порадеть *сов. см.* радеть.

порадовать *сов.* **1.** *как сов. к* радовать; **2.** (*вн.*) make* glad / happy for a while (*d.*). **~ся** *сов.* **1.** *как сов. к* радоваться; **2.** be glad / happy for a while.

поражать, поразить (*вн.*) **1.** (*наносить удар*) strike* (*d.*); (*неприятеля*) en¦gage (*d.*); (*попадать — о пуле*) hit* (*d.*); ~ цель *воен.* hit* the target [...-gɪt]; **2.** (*удивлять*) strike* (*d.*), startle (*d.*); (*потрясать*) stagger (*d.*); поражённый горем stricken by grief [...-i:f], grief-stricken [-i:f-]; поражённый ужасом terror-stricken, horror-stricken; **3.** *мед.* affect (*d.*), strike* (*d.*). **~ся,** поразиться **1.** be surprised / astonished / thunderstruck; **2.** *страд. к* поражать 1.

пораженец *м.* defeatist.

поражен||ие *с.* **1.** defeat; полное ~ utter defeat; наносить ~ (*дт.*) defeat (*d.*), inflict a defeat (on); терпеть ~ suffer / sustain a defeat, be defeated; не иметь ~ий *спорт.* be unbeaten, have an unbeaten record [...'re-]; **2.** *воен.* (*действие огнём*) hitting; **3.** *мед.* affection, disease [-'zi:z]; ◇ ~ в правах disfranchise¦ment.

поражённый *прич. см.* поражать.

пораженче||ский defeatist (*attr.*). **~ство** *с.* defeatism.

поразительн||ый striking, startling; (*потрясающий*) staggering; ~ое сходство (*с тв.*) striking resemblance / like¦ness [...-'ze-...] (to).

поразить(ся) *сов. см.* поражать(ся).

поразмыслить *сов.* (*о пр.*) *разг.* think* over (*d.*), give* some thought (to).

по-разному *нареч.* differently, in different ways; сообщение было встречено ~ the announce¦ment had a mixed reception.

поранить *сов.* (*вн.*) wound [wu:-] (*d.*), hurt* (*d.*). **~ся** *сов. разг.* wound one¦self [wu:-...].

пора́ньше (*сравн. ст. от нареч.* ра́но) éarlier ['ə:lɪə]; as éarly as póssible [...'ə:lɪ...].

порастáть, порасти́ (*тв.*) become* óver¦grówn [...-oun] (with); порасти́ травóй become* óver¦grówn with grass; ~ сорнякóм, бурья́ном become* óver¦grówn with weeds, go* to weeds.

порасти́ *сов. см.* порастáть.

порвáть *сов.* **1.** *см.* порывáть; **2.** *как сов. к* рвать I 1, 4. **~ся** *сов.* **1.** break* [-eɪk], be torn; **2.** *как сов. к* рвáться I 1.

поредéть *сов. см.* редéть.

порéз *м.* cut. **~ать** *сов.* (*вн.*) cut* (*d.*); он ~ал себé пáлец he cut his finger. **~аться** *сов.* cut* òne¦sélf.

порезви́ться *сов.* (*некоторое время и т. п.*) gámbol (for a while, *etc.*).

порекомендовáть *сов.* **1.** (*вн.*) rècommend (*d.*); **2.** (+ *инф.*) advíse (+ to *inf.*).

пореши́ть *сов.* (+ *инф.*) make* up one's mind (+ to *inf*).

поржáветь *сов. см.* ржáветь.

пóрист¦¦ость *ж.* pòrósity. **~ый** pórous.

порицáни¦¦е *с.* (*упрёк*) blame, repróach; *офиц.* cénsure; заслу́живать ~я be bláme¦wòrthy [...-ðɪ]; mérit cénsure; достóйный ~я rèprehénsible; вы́разить ~ (*дт.*) expréss cénsure (on); (*в парламенте*) pass a vote of cénsure (on); выноси́ть общéственное ~ (*дт.*) públicly réprimànd ['pʌ-ɑːnd] (*d.*), give* a públic réprimànd [...'pʌ-...] (to).

порицáть (*вн.* за *вн.*) blame (*d.* for), repróach (*d.* with); *офиц.* cénsure (*d.* for).

пóрка I *ж. разг.* (*наказание*) flógging, thráshing, láshing; (*розгами тж.*) bírching; (*хлыстом тж.*) whípping; (*ремнём тж.*) strápping.

пóрка II *ж.* (*о платье и т. п.*) ún¦dóing; (*о шве*) rípping, únstítching, únpícking.

порногр¦¦афи́ческий pòrnográphic. **~áфия** *ж.* pòrnógraphy.

пóровну *нареч.* équal¦ly, in équal parts / pórtions; дели́ть ~ (*вн.*) divíde into équal parts (*d.*); (*пополам тж.*) halve [hɑːv] (*d.*); получáть ~ get* équal parts / pórtions.

порóг *м.* **1.** (*прям. и перен.*) thréshòld; переступи́ть ~ (*прям. и перен.*) step óver the thréshòld; стоя́ть на ~е смéрти be on the brink / thréshòld of death [...deθ]; be at death's door [...dɔː]; ~ слы́шимости, слуховóй ~ *физиол.* thréshòld of audibílity; световóй ~ *физиол.* vísual thréshòld [-ʒju-...]; **2.** (*речной*) rápids *pl.*; ✧ обивáть ~и у когó-л. péster smb.; я егó на ~ не пущу́ I'll never let him set foot on my thréshòld [...fut...].

порóд¦¦а *ж.* **1.** (*домашних животных, растений*) race, breed, spéciès [-ʃiːz]; (*перен.*) kind, sort, type; ~ы скотá strains of cattle; той же ~ы of the same race / breed / spéciès; (*перен.*) of the same kind / sort / type; э́та ~ людéй this sort of people [...piː-]; **2.** *горн.* rock; пустáя ~ dirt; материкóвая ~ béd-róck. **~истость** *ж.* race, breed. **~истый** (*племенной — о скоте*) thóroughbrèd ['θʌrə-]; pédigree (*attr.*); (*о собаке*) púre-brèd.

породи́ть *сов. см.* порождáть.

породни́ть *сов. см.* родни́ть 2. **~ся** *сов. см.* родни́ться.

порóдн¦¦ость *ж. с.-х.* race, breed; улучшéние ~ости скотá impróve¦ment of ánimal breeds [-'pruːv-...]. **~ый** *с.-х.* pédigree (*attr.*).

порожд¦¦áть, породи́ть (*вн.*) give* birth (to), begét* [-'g-] (*d.*); (*перен. тж.*) raise (*d.*), en¦génder (*d.*), give* rise (to). **~éние** *с.* resúlt [-'zʌ-], óut¦còme [-kʌm].

порóжистый (*о реке*) full of rápids.

порóжн¦¦ий *разг.* émpty, vácant. **~я́к** *м. ж.-д.* émpties *pl.* **~якóм** *нареч. разг.* émpty, without a load.

пóрознь *нареч.* séparate¦ly, apárt.

порозовéть *сов. см.* розовéть 1.

порóй *нареч.* at times; now and then.

порóк *м.* **1.** vice; **2.** (*недостаток*) vice, deféct; flaw (*особ. в металле*); ~ рéчи deféct of speech; ~ сéрдца *мед.* heart diséase [hɑːt dɪ'ziːz].

порос¦¦ёнок *м.* súcking-pig. **~и́ться**, опороси́ться fárrow.

пóросль *ж.* vérdure [-dʒə]; shoots *pl.*

порося́та *мн. см.* поросёнок.

поросяти́на *ж.* young pork [jʌŋ...].

порóть I, вы́пороть (*вн.*; *сечь*) flog (*d.*), lash (*d.*), thrash (*d.*); (*розгами тж.*) birch (*d.*); (*хлыстом тж.*) whip (*d.*); (*ремнём тж.*) strap (*d.*); *сов. тж.* give* a flógging / thráshing / whípping, *etc.* (*i.*).

порóть II (*вн.*; *о платье и т. п.*) ún¦dó (*d.*); (*о шве*) rip (*d.*), únstítch (*d.*), únpíck (*d.*); ✧ ~ чушь, ерунду́, вздор *разг.* talk nónsense; ~ горя́чку *разг.*: чегó ты пóрешь горя́чку? what's the húrry?; нéчего ~ горя́чку there is no need to make such a bustle, there's no need for such a rush. **~ся** **1.** (*о платье и т. п.*) come* ún¦dóne; (*о шве*) rip, get* únstítched / únpícked; **2.** *страд. к* порóть II.

пóрох *м.* pówder; (*чёрный*) gúnpowder; безды́мный ~ smóke¦less pówder; ✧ пáхнет ~ом there is a smell of gúnpowder in the air; понюхать ~а smell* pówder; ~ дáром трáтить spend one's wits to no púrpose [...-s]; waste one's fire [weɪ-...]; у негó ~а не хватáет it is be¦yónd him; он ~а не вы́думает ≅ he did not invént gúnpowder.

пороховни́ца *ж.* pówder-flàsk.

порохово́й (gún)powder (*attr.*); ~ завóд gúnpowder works, pówder-mìll; ~ пóгреб pówder-màgazíne [-'ziːn].

порóч¦¦ить, опорóчить (*вн.*) **1.** defáme (*d.*), cóver with shame ['kʌ-...] (*d.*); smear (*d.*) *разг.*; **2.** (*признавать негодным*) discrédit (*d.*), dérogàte (from); ~ показáния свидéтелей discrédit *the* wítnesses' téstimony; ~ вы́воды исслéдования discrédit *the* fíndings of *the* invèstigátion. **~ность** *ж.* **1.** (*безнравственность*) deprávity, vícious¦ness; **2.** (*неправильность*) fallácious¦ness. **~ный** **1.** (*безнравственный*) vícious; depráved; wánton (*гл. обр. о женщине*); **2.** (*неправильный, ошибочный*) fáulty, fallácious; ✧ ~ный круг vícious círcle.

порóша *ж. тк. ед.* first snow [...-ou], néw-fáll¦en snow.

порши́нка *ж.* grain of pówder.

порош¦¦и́ть *безл.*: ~и́т it is snówing slíghtly [...'snou-...].

порошкообрáзный pówder-lìke, pówdery.

порошóк *м.* pówder; зубнóй ~ tóoth-powder.

порóю *нареч.* = порóй.

порт *м.* port; (*гавань*) hárbour; вóльный ~ free port; воéнный ~ nával port / dóck¦yàrd; морскóй ~ séapòrt.

Пóрта *ж. ист.* the (Sublíme / Óttoman) Porte.

портáл *м.* **1.** *арх.* pórtal; **2.** *тех.* gántry.

портáльный **1.** *арх.* pórtal (*attr.*); **2.** *тех.* gántry (*attr.*); ~ кран gántry-cràne.

портати́вн¦¦ость *ж.* pòrtabílity, pórtable¦ness. **~ый** pórtable; ~ая радиоустанóвка pórtable rádiò set; wálkie-tàlkie *разг.*

портвéйн *м.* port.

пóртер *м.* (*пиво*) pórter; (*крепкий*) stout.

пóртик *м. арх.* pórticò.

пóртить, испóртить (*вн.*) spoil* (*d.*); (*нравственно тж.*) corrúpt (*d.*); (*причинять непоправимый вред*) mar (*d.*); телефóн испóрчен the télephòne is out of órder; ~ аппети́т spoil* *one's* áppetite; dull the edge of áppetite *идиом.*; ~ удовóльствие комý-л. spoil* / mar smb.'s pléasure [...'ple-]; ~ себé нéрвы *разг.* take* on; не пóртите себé нéрвы don't wórry / fret [...'wʌ-...]; don't take it to heart [...hɑːt]; испóртить желу́док ùpsét* *the* stómach [...'stʌmək], cause ìndigéstion [...-stʃən]. **~ся**, испóртиться **1.** (*ухудшаться*) detérioràte, become* worse; (*о пище*) go* bad; (*нравственно*) become* corrúpt / demóralìzed; (*о зубах*) decáy; (*гнить*) rot; не ~ся от жары́, сы́рости *и т. п.* resíst heat, móisture, *etc.* [-'zɪst...-stʃə], be héatproof, móisture¦proof, *etc.* [...-stʃə-]; у негó пóртится настроéние he is lósing his good spírits [...'luːz-...]; **2.** *страд. к* пóртить.

портмонé [-нэ́] *с. нескл.* purse.

портн¦¦и́ха *ж.* dréssmàker. **~óвский** táilor's. **~óй** *м. скл. как прил.* táilor.

портня́ж||ить, ~ничать *разг.* be a táilor.

портови́к *м.* dócker.

порто́вый port (*attr.*); ~ го́род séapòrt; ~ рабо́чий dócker, stévedòre ['stiː-].

по́рто-фра́нко *с. нескл. эк.* free port.

портпле́д *м.* hóld-àll.

портре́т *м.* pórtrait [-rɪt], líke¦ness; ~ во весь рост fúll-lèngth pórtrait; поясно́й ~ hálf-léngth pórtrait ['hɑːf-...]; писа́ть ~ с кого́-л. paint smb.'s pórtrait; рисова́ть чей-л. ~ make* a dráwing of smb.; (*перен.*) pòrtráy smb. **~и́ст** *м.* pórtrait-páinter [-rɪt-], pórtraitist [-rɪt-]. **~ный** pórtrait [-rɪt] (*attr.*); ~ная жи́вопись pórtraiture [-rɪ-].

портсига́р *м.* (*для папирос*) cìgarétte-càse [-s]; (*для сигар*) cigár-càse [-s].

португа́л||ец *м.*, **~ка** *ж.* Pòrtuguése; *мн. собир.* the Pòrtuguése.

португа́льский Pòrtuguése; ~ язы́к Pòrtuguése, the Pòrtuguése lánguage.

портула́к *м. бот.* púrslane.

портупе́я *ж. воен.* (*поясная*) swórd-bèlt ['sɔːd-], wáist-bèlt; (*плечевая*) shóulder-bèlt ['ʃou-].

портфе́л||ь *м.* bríefcàse ['briːf- -s]; páper-càse [-s]; bag; (*тж. министерский*) pòrtfólìò; име́ть ~ мини́стра (*рд.*) be mínister (of / for); распределя́ть министе́рские ~и distríbùte the pòrtfólìòes, distríbùte cábinet posts [...pou-].

портье́ра *ж.* portière (*фр.*) ['pɔːtɪɛə], cúrtain, dóor-cùrtain ['dɔː-]; с ~ми cúrtained (*attr.*); с шёлковыми ~ми sílk-cùrtained (*attr.*).

портя́нка *ж.* fóot-clòth ['fut-].

поруби́ть *сов.* 1. (*немного*) chop / hew (a little); 2. *как сов. к* руби́ть.

пору́б||ка *ж.* fórest-offènce ['fɔ-]; illégal cútting / félling of tímber. **~щик** *м.* wóod-stéaler ['wud-].

поруга́ни||е *с.* pròfanátion, dèsecrátion; отдава́ть на ~, предава́ть ~ю (*вн.*) profáne (*d.*), désecràte (*d.*); (*святыню тж.*) víolàte the sánctity (of).

пору́ганн||ый (*осквернённый*) profáned, désecràted; ~ая честь insúlted hónour [...'ɔnə].

поруга́ть *сов.* (*вн.*) *разг.* scold (*d.*). **~ся** *сов.* (*с тв.*) *разг.* quárrel (with); (*порвать отношения*) break* (off) [-eɪk...] (with).

пору́к||а *ж.* bail; (*гарантия*) guàrantée; отпуска́ть на ~и (*вн.*) accépt /take* bail (for), hold* to bail (*d.*); брать на ~и (*вн.*) bail (*d.*), go* bail (for); кругова́я ~ mútual guàrantée.

по-ру́сски *нареч.* (*при обозначении языка*) in Rússian [...-ʃən], Rússian: э́то напи́сано ~ it is wrítten in Rússian; он писа́л ~ he wrote in Rússian; он уме́ет писа́ть ~ he can write Rússian; говори́ть ~ speak* Rússian; он сказа́л э́то ~ he said it in Rússian [...sed...]; он говори́т ~ he speaks Rússian.

поруч||а́ть, поручи́ть 1. (*дт. вн., дт.+ инф.*; *давать поручение*) charge (*d.* with, *d.* with *ger.*), commíssion (*d.* with, *d.* with *ger.*); он ~а́ет вам отве́тить на э́ти пи́сьма he entrústs you with the ánswering of these létters [...'ɑːnsə-...]; мне пору́чено (+ *инф.*) I have been instrúcted (+ to *inf.*); ~ кому́-л. каку́ю-л. рабо́ту emplóy smb. on some work; 2. (*дт. вн.*; *вверять*) entrúst (*d.* with). **~е́ние** *с.* commíssion, érrand; (*задание*) assígnment [ə'saɪn-]; (*дипломатическое*) míssion; по ~е́нию (*рд.*) on the instrúctions (of), on a commíssion (from); (*от имени*) on beháIf [-ɑːf] (of); per pròcùràtiónèm (*сокр.* p. p., per pro.) *офиц.*; дава́ть ~е́ние (*дт.* + *инф.*) charge (*d.* with *ger.*); instrúct (*d.* + to *inf.*); дава́ть ва́жное ~е́ние (*дт.*) charge with an impórtant míssion (*d.*); он дал ей э́то ~е́ние he gave her the commíssion.

пору́чик *м. ист.* lieuténant [lef'te-].

поручи́тель *м.*, **~ница** *ж.* 1. guàrantée, guàrantór; 2. *фин.* wárrantor, bail. **~ство** *с.* guàrantée; (*залог*) bail.

поручи́ть *сов. см.* поруча́ть.

поручи́ться *сов. см.* руча́ться.

по́ручни *мн.* (*ед.* по́ручень *м.*) hánd-rail *sg.*

порфи́р *м. мин.* pórphyry.

порфи́ра *ж.* purple.

порфи́рный 1. *прил. к* порфи́р; 2. (*багряный*) purple.

порфи́ровый *мин.* pòrphyrític.

порха́ть, порхну́ть flit, flútter; fly* abóut.

порхну́ть *сов. см.* порха́ть.

порцио́нный (*о блюде*) à la carte (*фр.*) [ɑːlɑː'kɑːt].

по́рци||я *ж.* pórtion; (*о кушанье*) hélping; две, три ~и мя́са meat for two, three; two, three plates of meat; две, три ~и сала́та sálad for two, three ['sæ-...]; two, three pórtions / hélpings of sálad.

по́рча *ж.* spóiling; (*вред, ущерб*) dámage.

по́рш||ень *м. тех.* píston; (*насоса*) súcker, plúnger [-n-]. **~нево́й** píston (*attr.*); súcker (*attr.*); (*ср.* по́ршень); ~нева́я маши́на recíprocàting éngine [...'endʒ-]; ~нево́е кольцо́ píston ring.

поры́в *м.* 1. (*о буре, ветре*) gust; (*о ветре тж.*) rush; 2. (*о чувстве и т.п.*) fit, tránspòrt, gust; ~ гне́ва fit of témper / pássion, gust of pássion; в ~е ра́дости in a burst of joy; in a tránspòrt of joy *поэт.*; благоро́дный ~ noble ímpùlse.

порыва́ть, порва́ть (*с тв.*) break* (off) [-eɪk...] (with); (*с принципами, учением и т. п. тж.*) desért [-'zəːt] (*d.*).

порыва́ться (+ *инф.*) try (+ to *inf.*); endéavour [-'de-] (+ to *inf.*).

поры́вист||ость *ж.* impètuósity, víolence. **~ый** 1. (*о ветре*) gústy; 2. (*о человеке*) impétuous; ~ые движе́ния jérky móve¦ments [...'muː-].

порыже́||лый rústy, grown brównish / réddish [-oun...]. **~ть** *сов. см.* рыже́ть.

поры́ться *сов.* 1. *см.* ры́ться; 2. (*в пр.*; *некоторое время, немного и т. п.*) rúmmage (for a while, a little, *etc.*) (in); ◇ ~ в па́мяти search, *или* rúmmage in, one's mémory [səːtʃ...].

по-ры́царски *нареч.* in a chívalrous mánner [...'ʃɪ-...].

поряди́ться *сов. см.* ряди́ться I.

поря́дков||ый órdinal; ~ое числи́тельное *грам.* órdinal (númber).

поря́дком *нареч. разг.* 1. (*очень, основательно*) prétty ['prɪ-], ráther ['rɑː-]; он ~ уста́л he is prétty / ráther tired; 2. (*как следует*) próperly, thóroughly ['θʌrə-]; он ничего́ ~ не сде́лал he did not do ány¦thing próperly / thóroughly.

поря́д||ок *м.* 1. (*в разн. знач.*) órder; приводи́ть в ~ (*вн.*) put* in órder (*d.*); приводи́ть себя́ в ~ tídy òne¦sélf up, set* òne¦sélf to rights; соблюда́ть ~, следи́ть за ~ком keep* órder; подде́рживать ~ maintáin órder; наводи́ть ~ (в *пр.*) ìntrodúce próper órder [...'prɔ-...] (in); навести́ ~ у себя́ в до́ме put* one's house* in órder [...haus...]; восстана́вливать ~ restóre órder; устано́вленный ~ estáblished órder; призыва́ть к ~ку (*вн.*) call to órder (*d.*); быть не в ~ке be out of órder, be fáulty; у него́ пе́чень, се́рдце *и т. п.* не в ~ке there is smth. wrong with his líver, heart, *etc.* [...'lɪvə hɑːt], he has líver, heart, *etc.*, trouble [...trʌbl]; 2. (*последовательность*) órder, séquence ['siː-]; алфави́тный ~ àlphabétic órder; по ~ку one áfter another, in succéssion; 3. (*способ*) órder; procédure [-'siːdʒə]; в ~ке контро́ля as a check; в обяза́тельном ~ке without fail: все должны́ быть там в обяза́тельном ~ке éverybody is to be there without fail; — в спе́шном ~ке quíckly; зако́нным ~ком légal¦ly; пресле́довать суде́бным ~ком (*вн.*) prósecùte (*d.*); в администрати́вном ~ке admínistrative¦ly, by admínistrative órder; сепара́тным ~ком by séparate áction; организо́ванным ~ком in an órganìzed mánner; в ~ке (*рд.*; *товарообмена, обязательных поставок и т. п.*) by way (of), únder the sýstem (of); ~ голосова́ния méthod of vóting, vóting procédure; ~ рабо́ты procédure, routíne [ruː'tiːn]; в устано́вленном ~ке in accórdance with estáblished procédure; 4. (*строй, система*) órder; существу́ющий ~ présent / exísting sýstem ['prez-...]; ста́рый ~ the áncient regime [...'eɪnreɪ'ʒiːm], the old órder; 5. *воен.* órder, arráy; похо́дный ~ march fòrmátion; battle fòrmátion; 6. *мн.* (*обы-*

чаи) úsages ['ju:z-], cústoms; ◇ ~ дня (*повестка*) agénda, órder of the day, órder of búsiness [...'bɪzn-]; стоя́ть в ~ке дня be on the agénda; в ~ке обсужде́ния as a mátter for discússion; взять сло́во к ~ку веде́ния собра́ния rise* to a point of órder; к ~ку! (*на заседании*) órder! órder!; всё в ~ке évery|thing is all right, all is well; all corréct; э́то в ~ке веще́й it is in the órder of things, it is quite nátural; it is all in the day's work *идиом.*; де́ло идёт свои́м ~ком things are táking their régular course [...kɔ:s].

поря́дочн||о *нареч.* 1. *разг.* (*много*) fair amóunt; 2. *разг.* (*хорошо*) prétty well ['prɪ-...]; 3. (*честно*) décent|ly, hónest|ly ['ɔ-]. **~ость** *ж.* décency ['di:-], hónesty ['ɔ-], próbity. **~ый** 1. (*довольно большой*) consíderable; (*о размере тж.*) sízable; 2. *разг.* (*довольно хороший*) ráther good ['rɑ:-...]; 3. (*честный*) décent, hónest ['ɔ-], respéctable; ~ый челове́к hónest man*.

поса́д *м. уст.* séttle|ment; (*пригород*) súbùrb.

посади́ть *сов. см.* сади́ть *и* сажа́ть.

поса́дк||а *ж.* 1. (*о растениях*) plánting [-ɑ:n-]; 2. (*на судно*) èmbàrkátion; (*на поезд*) bóarding; *воен.* entráinment; (*на автомашины*) *воен.* embússing; (*на самолёты*) *воен.* empláning; ~и на по́езд нет pássengers are not táken on [-ndʒəz...]; ~ на по́езд начнётся в три часа́ pássengers may board the train from three o'clóck ónwards; 3. *ав.* lánding; (*на воду*) alíghting; соверша́ть ~у, производи́ть ~у make* a lánding; 4. (*манера сидеть в седле*) seat; 5. *тех.* (*пригонка*) fit.

поса́дочн||ый 1. *с.-х.* plánting [-ɑ:n-] (*attr.*); 2. *ав.* lánding (*attr.*); alíghting (*attr.*); ~ая площа́дка lánding field [...fi:ld]; ~ое устро́йство lánding / alíghting gear [...gɪə].

посажён||ый: ~ оте́ц, ~ая мать spónsor at *a* wédding.

поса́пывать *разг.* snuffle; (*во сне*) breathe héavily [...'he-].

поса́сывать (*вн.*) *разг.* suck (at, *d.*); ~ тру́бку suck one's pipe.

поса́харить *сов. см.* са́харить.

посва́тать(ся) *сов. см.* сва́тать(ся).

посвеже́ть *сов. см.* свеже́ть.

посвети́ть *сов.* 1. (*некоторое время и т. п.*) shine* (for a while, *etc.*); 2. (кому́-л.) hold* the light (for smb.); (*осветить дорогу*) light* the way (for smb.), light* smb. (*to a place*).

посветле́ть *сов. см.* светле́ть.

по́свист *м.* whístling.

посвиста́ть, посвисте́ть *сов.* whistle.

посви́стыва||ть whistle; он шёл ~я he whistled as he walked.

по-сво́ему *нареч.* (in) one's own way [...oun...]; де́лайте, поступа́йте ~ have it your own way.

по-сво́йски *нареч. разг.* 1. = по-сво́ему; 2. (*по-родственному*) in a famíliar way.

посвяти́ть *сов. см.* посвяща́ть.

посвящ||а́ть, посвяти́ть 1. (*вн. дт.*) devóte (*d.* to); ~ себя́ devóte òne|sélf (to); ~ свою́ жизнь нау́ке devóte, *или* give* (up), one's life to scíence; 2. (*вн. дт.*; *о труде, книге и т. п.*) dédicàte (*d.* to); 3. (*вн.* в *вн.*; *в тайну и т. п.*) let* (*d.* into), inítiàte (*d.* into); ~ кого́-л. в за́говор let* smb. into the conspíracy; 4. (*вн.* в *вн.*; *в сан*) òrdáin (*d.* into), cónsecràte (*d.* into); ~ в ры́цари knight (*d.*), confér knight|hood [...-hud] (up|ón). **~а́ться** *страд. к* посвяща́ть; ~а́ется па́мяти (*рд.*) is dédicàted to the mémory (of). **~е́ние** *с.* 1. (*в книге*) dèdicátion; 2. (*в тайну*) inìtiátion; 3. (*в сан*) òrdáining, cónsecràting; (*в рыцари*) knígthing.

посе́в *м.* 1. (*действие*) sówing ['sou-]; 2. (*то, что посеяно*) crops *pl.*; пло́щадь ~ов sówing área [...'ɛərɪə], área únder grain crops; ~ы всхо́дят crops are coming up. **~на́я** *ж. скл. как прил.* sówing càmpáign ['sou-eɪn]. **~но́й** sówing ['sou-]; ~на́я пло́щадь land únder cùltivátion; ~на́я камп́ания sówing càmpáign [...-eɪn].

поседе́лый grizzled, grown grey [-oun...].

поседе́ть *сов. см.* седе́ть.

посел||е́нец *м.* séttler. **~е́ние** *с.* 1. (*действие*) séttling; 2. (*посёлок*) séttle|ment; 3.: ссы́лка на ~е́ние dè|pòrtátion.

посели́ть(ся) *сов. см.* поселя́ть(ся).

поселко́вый *прил. к* посёлок; ~ сове́т séttle|ment Sóvièt.

посёлок *м.* séttle|ment; рабо́чий ~ wórkmen's séttle|ment; (*большой, нового типа*) fáctory hóusing estáte, wórkers' town; да́чный ~ subúrban séttle|ment.

поселя́ть, посели́ть (*вн.*) 1. settle (*d.*); (*размещать*) lodge (*d.*); 2. (*вызывать, возбуждать*) inspíre (*d.*); en|génder (*d.*); ~ не́нависть en|génder hátred. **~ся,** посели́ться settle, take* up one's résidence / quárters [...'rez-...]; make* one's home.

посему́ *нареч. канц.* = поэ́тому.

посеребр||ённый sílver-pláted; (*перен.*) sílvered óver. **~и́ть** *сов. см.* серебри́ть.

посереди́не *нареч.* in the middle; half way alóng [hɑ:f...].

посере́ть *сов. см.* сере́ть 1.

посети́тель *м.,* **~ница** *ж.* vísitor [-zɪ-], cáller; (*гость*) guest; ча́стый ~ frequénter.

посети́ть *сов. см.* посеща́ть.

посе́товать *сов. см.* се́товать.

посещ||а́емость *ж.* (*лекций и т. п.*) atténdance: плоха́я, хоро́шая ~ bad*, good* atténdance. **~а́ть,** посети́ть (*вн.*) call on (*d.*); vísit [-z-] (*d.*; *тж. перен.—о несчастье и т. п.*); (*лекции и т. п.*) atténd (*d.*); ча́сто ~а́ть frequént (*d.*); resórt [-'zɔ:t] (to).

посеще́ние *с.* vísit [-z-]; vìsitátion [-zɪ-] *лит.*; (*лекций и т. п.*) atténdance.

посе́ять *сов. см.* се́ять.

посиде́лки *мн.* sít-round gáther|ing *sg.*

посиде́ть *сов.* (*некоторое время и т. п.*) sit* (for a while, *etc.*).

поси́льн||ый not be|yónd one's pówers / abílity, féasible [-z-]; она́ оказа́ла ему́ ~ую по́мощь she did what she could to help him; ~а ли ему́ э́та рабо́та? is he up to the work?, is the work within his pówers?; ~ая зада́ча task within one's pówers, féasible task.

посине́ть *сов. см.* сине́ть 1.

поскака́ть I *сов. см.* скака́ть.

поскака́ть II *сов.* (*попрыгать немного*) hop, jump.

поскользну́ться *сов.* slip.

поско́льку *союз* 1. (*насколько*) so far as, as far as: ~ ему́ изве́стно so far as he knows [...nouz]; ~ э́то каса́ется его́ so far as it concérns hìm|sélf; 2. (*так как*) so long as; since: ~ он согла́сен so long as he agrées; ~ он дово́лен, дово́льна и она́ since he is pleased, so is she; — ~ А не изменя́ется, не изменя́ется и Б as A remáins únchánged so does B [...-'ʧeɪ-...]; ◇ ~ посто́льку so far as.

поскоре́е (*сравн. ст. от нареч.* ско́ро) sóme|whàt quícker; ~! quick!, make haste! [...heɪ-].

поскупи́ться *сов. см.* скупи́ться.

послабле́ние *с.* indúlgence.

посла́н||ец *м.* méssenger [-ndʒə], énvoy; ~цы ми́ра énvoys of peace. **~ие** *с.* 1. méssage; ~ие до́брой во́ли góodwíll méssage, méssage of góodwíll; 2. *лит.* epístle. **~ник** *м.* énvoy, mínister; чрезвыча́йный ~ник и полномо́чный мини́стр énvoy extraórdinary and mínister plènipoténtiary [...ɪks-'trɔ:dnrɪ...].

по́сланный 1. *прич. см.* посыла́ть; 2. *м. как сущ.* méssenger [-ndʒə], énvoy.

посла́ть *сов. см.* посыла́ть.

по́сле I *нареч.* láter (on); áfterwards [-dz]: мы поговори́м об э́том ~ we shall speak abóut it láter on; э́то мо́жно сде́лать ~ you can do it áfterwards.

по́сле II *предл.* (*рд.*) áfter; (*с тех пор как*) since (*об. conj.*): он придёт ~ рабо́ты he will come áfter work; она́ не вида́ла его́ ~ его́ возвраще́ния she has not seen him since his retúrn, *или* since he came back; — ~ всех (*последним*) last: он пришёл, ко́нчил ~ всех he came, fínished last; — ~ всего́ áfter all; when all is said and done [...sed...].

послевое́нный póst-wár ['pou-].

после́д *м. анат.* placénta (*pl.* -tae).

последи́ть *сов.* (за *тв.*) look (áfter).

после́дки *мн.* remáinder *sg.*; léavings.

после́дн||ий 1. last; (*из упомянутых*) látter; ~ее уси́лие the last éffort; в

~ раз for the last time; в ~юю минýту at the last móment; в ~ее врéмя látei ly, of late, látterly; for some time past; за ~ее врéмя récenti ly, látei ly; до ~его врéмени until (very) récenti ly; ~ срок déadlìne ['ded-]; бороться до ~его человéка fight* to the last man; ~яя кáпля (перен.) ≅ the drop to fill the cup; the last straw; (сáмый нóвый) new, the látest; ~яя мóда the látest fáshion; ~ее слóво наýки the last word in science; ~ие извéстия látest news [...-z]; 3. (окончáтельный, бесповорóтный) last, definitive; э́то моё ~ее слóво it is my last word (on the mátter); 4. разг. (сáмый плохóй) lówest ['lou-], worst; ~ сорт the lówest grade; the worst kind; ~ее дéло разг. the worst solútion; ругáться ~ими словáми use foul lánguage; 5. м. как сущ. the last.

послéдователь м., **~ница** ж. fóllower. **~ность** ж. 1. (порядок) succéssion, séquence ['si:-]; в стрóгой ~ности in strict succéssion, in strict séquence; (логи́чность) consístency; емý не хватáет ~ности he lacks consístency. **~ный** 1. (о порядке) succéssive, consécutive; в ~ном порядке in consécutive órder; 2. (логи́чный) consístent.

послéдовать сов. см. слéдовать I 1, 3, 4.

послéдстви||е с. cónsequence, séquel; мн. тж. áfter-effécts; чревáтый ~ями fraught / prégnant with cónsequences; имéть серьёзные ~я have grave cónsequences; имéть серьёзные междунарóдные ~я have sérious internátional rè|percússions [...-'næ-...]; егó жáлоба остáлась без ~й no áction was táken on his appéal.

послéдующий fóllowing, súbsequent, postérior; (слéдующий) next; ~ член пропóрции) cónsequent.

послéдыш м. the lást-bòrn child*; (перен.) Epígonus (pl. -nì).

послезáвтра нареч. the day áfter to|mórrow.

послелóг м. лингв. póstposítion [poustpə'zɪ-].

послеобéденный áfter-dìnner (attr.); ~ óтдых áfter-dinner rest.

послеоктя́брьский áfter the Great Octóber Sócialist Rèvolútion [...-eɪt...], pòst-Octóber [pou-].

послереволюциóнный pòst-rèvolútionary [pou-].

послеродовóй póst-nátal ['pou-].

послеслóвие с. épilògue [-lɔg]; áfterwòrd.

послеудáрный лингв. áfter stress, post-tónic [pou-]: ~ глáсный, слог vówel, sýllable áfter stress, pòst-tónic vówel, sýllable.

послóвиц||а ж. próverb ['prɔ-], sáying; войти́ в ~у become* provérbial.

послуж||и́ть сов. см. служи́ть 1, 2, 5. **~нóй**: ~нóй спи́сок sérvice récòrd [...'re-]; státe|ment of sérvice амер.

послушáние с. obédience.

послýшать сов. см. слýшать 1, 2, 3. **~ся** сов. см. слýшаться.

пóслушни||к м. (в монастыре) nóvice, lay bróther [...'brʌ-]. **~ца** ж. (в монастыре) nóvice, lay sister.

послýшный obédient, dútiful.

послы́шаться сов. см. слы́шаться.

послюни́ть сов. см. слюни́ть.

посмáтривать (на вн.) look (at); ~ врéмя от врéмени look from time to time, или now and then (at).

посмéиваться chuckle, laugh (sóftly) [lɑːf...]; ~ про себя́ laugh in one's sleeve.

посмéнн||о нареч. in turn, by turns. **~ый** by turns, in shifts.

посмéртный pósthumous [-tju-].

посмéть сов. см. смéть.

посмé||шище с. láughing-stòck ['lɑːf-]; дéлать когó-л. ~шищем make* a láughing-stòck of smb., make* a fool of smb. **~я́ние** с.: отдáть на ~я́ние (вн.) make* a láughing-stòck [...'lɑːf-] (of). **~я́ться** как сов. к смея́ться.

посмотрéть сов. см. смотрéть 1, 2, 3, 4, 5. **~ся** сов. см. смотрéться.

поснимáть сов. (вн.) разг. take* off / a|wáy (d.); ~ все карти́ны take* down / a|wáy all the pictures.

посóби||е с. 1. (денéжное) grant [grɑːnt], allówance, gránt-in-áid ['grɑːnt-]; gratúity; ~ безрабóтным ún|emplóyment bénefit / pay / relíef [...-'liːf], the dole; ~ по болéзни sick bénefit; ~ по врéменной нетрудоспосóбности témporary ìn|capácity / disáble|ment allówance; назнáчить ~ (дт.) grant an allówance (to); выплáчивать ~я (дт.) pay* allówances (to); ~ многодéтным матеря́м grant / allówance to móthers of large fámilies [...'mʌ-...]; 2. (учéбник) téxt-book; спрáвочное ~ hándbook; 3. об. мн. (учéбные) tráining appliances, school supplíes.

посóбни||к м., **~ца** ж. accómplice. **~чество** с. complícity.

посóвеститься сов. см. сóвеститься.

посовéтовать(ся) сов. см. совéтовать(ся).

посодéйствовать сов. (комý-л.) assíst (smb.), help (smb.); (чемý-л.) fúrther [-ðə] (smth.), promóte (smth.), contríbùte (to smth.); make* (for smth.).

посóл м. àmbássador; чрезвычáйный ~ àmbássador extraórdinary [...ɪks'trɔːdnrɪ].

посоли́ть сов. см. соли́ть.

посоловéлый bleared, bléary.

посоловéть сов. разг. get* bléary / físhy about the eyes [...aɪz]; (от винá) become* a little típsy.

посóльский (относя́щийся к послý) àmbàssadórial; (относя́щийся к посóльству) émbassy (attr.).

посóльство с. émbassy.

по-сосéдски нареч. in a néighbour|ly way.

посóтенно нареч. by the húndred, by húndreds.

пóсох м. staff*, crook; (епископский) crózier [-ʒə].

посóх||нуть сов. (о растéниях) wíther, become* wíther|ed; все растéния ~ли all the plants have wíther|ed [...plɑːnts...].

посошóк м. 1. уменьш. от пóсох; 2. разг. one for the road.

поспáть сов. have a nap; (с указáнием врéмени тж.) sleep*: ~ немнóго, полчасá have a (short) nap, take* a short sleep, sleep* a little, или for a while; have half an hour's nap [...hɑːf...auəz...], sleep* for half an hour.

поспевáть I, поспéть (созревáть) rípen.

поспевáть II, поспéть разг. 1. (успевáть) have time; 2. (приходи́ть вóвремя) be in time; не поспéть be late; поспéть на пóезд catch* the train; не поспéть к пóезду be late for the train, miss the train; ◇ ~ за кем-л. keep* in (step) with smb., keep* pace (with) smb.

поспéть I, II сов. см. поспевáть I, II.

поспеш||и́ть сов. см. спеши́ть 1; ◇ ~и́шь, людéй насмеши́шь посл. ≅ more haste, less speed [...heɪ-...].

поспéшн||о нареч. in a húrry, húrriedly, hástily ['heɪ-]; ~ возвращáться húrry back; ~ уезжáть leave* in a húrry; ~ уходи́ть húrry a|wáy; ~ отступáть beat* a hásty retréat [...'heɪ-...]; ~ войти́ (в вн.) come* húrriedly / húrrying (in, into), húrry (in, into). **~ость** ж. húrry, haste [heɪ-]; (необдуманность) ráshness. **~ый** prompt, hásty ['heɪ-], húrried; (необдуманный) rash, thóughtless; сдéлать ~ое заключéние draw* a hásty con|clúsion.

посплéтничать сов. (с тв.) разг. (некоторое врéмя и т. п.) talk scándal (with), góssip (with).

поспóрить сов. 1. см. спóрить; 2. (некоторое врéмя, немнóго и т. п.) árgue (for a while, a little, etc.); 3. (на вн.; заключи́ть пари́) bet (d.); ~ на сто рублéй bet a húndred roubles [...ruː-].

посрам||и́ть(ся) сов. см. посрамля́ть(ся). **~лéние** с. disgráce.

посрамля́ть, посрами́ть (вн.) disgráce (d.). **~ся**, посрами́ться 1. cóver òne|sélf with shame ['kʌ-...], disgráce òne|sélf; 2. страд. к посрамля́ть.

посреди́ 1. предл. (рд.) in the míddle (of): ~ реки́, ýлицы, дворá in the middle of the ríver, the street, the yard [...'rɪ-...]; 2. как нареч. (об. при противопоставлéнии) in the middle.

посреди́не=посереди́не.

посрéдни||к м. 1. médiàtor, intermediary; (*в переговорах*) negótiàtor, gó-between; 2. (*комиссионер*) middle-man*; 3. *воен.* úmpìre. **~чать** act as a gó-between, médiàte, come* in betwéen. **~ческий** ìntermédiary [-'miːd-], médiatory ['miːd-]. **~чество** *с.* mèdiátion; при ~честве (*рд.*) through the mèdiátion (of).

посре́дственно I *прил. кратк. см.* посре́дственный.

посре́дственн||о II 1. *нареч.* só-sò; 2. *как сущ. с. нескл.* (*отметка*) fair, sàtisfáctory. **~ость** *ж.* mèdiócrity. **~ый** médiòcre; (*об отметке*) sàtisfáctory.

посре́дств||о *с.*: при ~е чего́-л. by means of smth.; through the ìnstrumèntálity of smth.; че́рез ~, при ~е кого́-л. thanks to smb.

посре́дством *предл.* (*рд.*) by means of; by the use of [...juːs...].

поссо́рить(ся) *сов. см.* ссо́рить(ся).

пост I *м.* (*в разн. знач.*) post [pou-]; быть, остава́ться на своём ~у́ be, remáin at one's post; поки́нуть свой ~ desért one's post [-'zəːt...]; занима́ть ~ hold* / fill *a* post; стоя́ть на ~у́ be at one's post; (*о милиционере*) be on one's beat; (*о регулировщике уличного движения*) be on póint-dùty; расста́вить ~ы́ státion séntries.

пост II *м.* (*воздержание от пищи*) fást(ing); наруша́ть, соблюда́ть ~ break*, keep* the fast [breɪk...]; вели́кий ~ *церк.* Lent.

поста́вить *сов.* 1. *см.* ста́вить; 2. *см.* поставля́ть.

поста́вк||а *ж.* delívery; ~ това́ров delívery of goods [...gudz]; госуда́рственные ~и State delíveries, delíveries to the State; ма́ссовые ~и bulk delíveries; взаи́мные ~и това́ров recíprocal commódity delíveries.

постав||ля́ть, поста́вить (*вн. дт.*) supplý (with *d.*). **~щи́к** *м.* supplíer, províder; cáter|er; (*обмундирования, снаряжения*) óutfitter.

постаме́нт *м.* pédestal, base [-s].

постана́вливать = постановля́ть.

постанови́ть *сов. см.* постановля́ть.

постано́вка *ж.* 1. (*сооружение*) eréction, ráising; 2. *муз.*: ~ па́льцев fínger tráining; ~ го́лоса voice tráining; 3. *театр.* stáging; prodúction; (*спектакль*) play, perfórmance; 4. (*дела, работы и т. п.*) òrganizátion [-naɪ-]; ◇ ~ вопро́са státe|ment of *a* quéstion [...-stʃən]; the way *a* quéstion is put / fórmulàted / státed.

постановле́н||ие *с.* 1. (*решение*) decísion; rèsolútion [-zə-]; выноси́ть ~ pass *a* rèsolútion, resólve [-'zɔ-]; ~ коми́ссии the commíttee's decísion [...-'mɪtɪz...]; по ~ию о́бщего собра́ния in accórdance with the rèsolútion of the géneral méeting; 2. (*указ*) decrée, enáctment.

постанов||ля́ть, постанови́ть (*вн.*) (*издавать распоряжение*) decrée (*d.*), enáct (*d.*); (*решать*) decíde (*d.*); resólve [-'zɔlv] (*d.*); пле́нум ~ля́ет the Plénum resólves; ~ большинство́м голосо́в resólve by a majórity of votes (*d.*); ~и́ли (*в протоколе*) resólved.

постано́в||очный *театр.* spèctácular; ~очная пье́са spèctácular play. **~щик** *м. театр.* prodúcer; diréctor.

постара́ться *сов. см.* стара́ться.

постаре́ть *сов. см.* старе́ть.

по-ста́рому *нареч.* 1. as befóre; 2. (*как в старые времена*) as of old.

постате́йный by páragràphs, páragràph áfter páragràph; ~ слова́рь (*в учебнике*) vocábulary.

посте́||ль *ж.* bed; ~ больно́го a sick bed; лежа́ть в ~ли be / lie* in bed; лечь в ~ get* into bed; прико́ванный к ~ли béd-rìdden. **~льный** bed (*attr.*); ~льные принадле́жности bédding *sg.*; ~льное бельё béd-clòthes [-klou-] *pl.*; ~льный режи́м confíne|ment to bed.

постепе́нн||о *нареч.* grádually, little by little. **~ость** *ж.* (*рд.*) grádualness (of); ~ость разви́тия, перехо́да *и т. п.* (от к) grádual devélopment, change, *etc.* [...tʃeɪ-] (from to). **~ый** grádual, progréssive; ~ый перехо́д grádual trànsítion [...-ʒn].

постесня́ться *сов. см.* стесня́ться I 2.

постига́ть, пости́гнуть, пости́чь (*вн.*) 1. (*понимать*) ùnderstánd* (*d.*), còmprehénd (*d.*), percéive [-'siːv] (*d.*); 2. (*о горе, несчастье и т. п.*) strike* (*d.*), òver|táke* (*d.*), befáll* (*d.*); его́ пости́гло несча́стье misfórtune òver|tóok / beféll him [-tʃən...]; его́ пости́гла зла́я судьба́ his was a sad fate; a sad fate òver|tóok him.

пости́гнуть *сов. см.* постига́ть.

постиж||е́ние *с.* ùnderstánding, còmprehénsion, còmprehénding. **~и́мый** ùnderstándable, còmprehénsible; concéivable [-'siːv-].

постила́ть, постла́ть (*вн.*) spread* [-ed] (*d.*); ~ ковёр spread* *a* cárpet; ~ посте́ль make* *the* bed.

постира́ть *сов.* 1. *разг.* = вы́стирать *см.* стира́ть II; 2. (*немного*) do some wáshing; wash (a líttle).

пости́ться fast, keep* the fast.

пости́чь *сов. см.* постига́ть.

постла́ть *сов.* 1. *см.* постила́ть; 2. *как сов. к* стлать.

по́стн||ый 1. lénten; (*перен. ханжеский*) píous, hỳpocrítical; (*скучный*) glum; ~ая еда́ lénten fare; ~ое ма́сло végetable oil; ~ое лицо́ *разг.* píous / hỳpocrítical expréssion; glum expréssion; 2. *разг.* (*не жирный*) lean; ~ое мя́со lean meat; ◇ ~ са́хар frúit-juice cándy ['fruːtdʒuːs...].

постово́й 1. *прил.* on póint-dùty; ~ милиционе́р milítia|man* on póint-dùty; 2. *м. как сущ.* man* on póint-dùty, póints|man*.

посто́й *м. уст.* bílleting; поста́вить на ~ (*вн.*) bíllet (*d.*); пла́та за billeting charge.

посто́льку *союз* in so far as, i as| múch as; ◇ ~ поско́льку so far

посторони́ться *сов. см.* сторони́ ся 1.

посторо́нн||ий 1. *прил.* (*чуж* strange [-eɪndʒ]; (*побочный*) óutsi ~ее те́ло fóreign bódy / súbstar ['fɔrɪn 'bɔ-...]; ~ие дела́ óutsi mátters; ~ие вопро́сы èxtráneous sues; без ~ей по́мощи ún|assist without óutside assístance; sing -hánded *разг.*; 2. *м. как сущ.* strán [-eɪndʒə], óutsíder; вход ~им восп щён no admíttance; ún|áuthori pérson not admítted.

посто́ялец *м. уст. разг.* lódger; *гостинице тж.*) guest.

посто́ялый *уст.*: ~ двор inn.

постоя́нная *ж. скл. как прил. ма* cónstant.

постоя́нно I *прил. кратк. см.* стоя́нный.

постоя́нн||о II *нареч.* cónstant contínually, álways ['ɔːlwəz]. ~ cónstant; (*неизменный*) inváriab pérmanent; ~ый а́дрес pérmanent dréss; ~ый посети́тель régular vi tor [...zɪ-]; проявля́ть ~ую забо displáy ùncéasing concérn [...-'siːs-. ~ая величина́ *мат.* cónstant; ~ а́рмия *воен.* régular ármy; ~ый ж тель pérmanent résident [...-z-]; ~ ток *эл.* contínuous / diréct curre ~ый капита́л *эк.* cónstant cápital.

постоя́нство *с.* cónstancy.

постоя́ть *сов.* 1. (*некоторое вре и т. п.*) stand* (for a while, *etc.*); (за *вн.*; *защитить*) stand* up (for); за себя́ stand* up for òne|sélf; 3. (*подожди, подождите*) wait a bit / tle; (*остановись, остановитесь*) st

пострада́вший 1. *прич. см.* страда́ 2, 3; 2. *м. как сущ.* víctim.

пострада́ть *сов. см.* страда́ть 2,

постранйчный páginal, by page, for every page.

постра́нствова||ть *сов.* trável [-æv do some trávelling; он мно́го своём веку́ he has done a lot of tr elling in his life.

постраща́ть *сов. см.* страща́ть.

постре́л *м. разг.* little ro [...roug], little imp; ◇ наш ~ ве поспе́л *погов.* ≅ the scamp has a f ger in every pie.

постре́ливать fire (intermíttentl shoot* now and then.

по́стриг *м.* táking of monástic vo (*о женщине тж.*) táking the veil.

пострига́ть, постри́чь (*вн.*; *в* *нахи*) make* / cónsecràte a mo [...mʌ-] (*d.*); (*в монахини*) make* cónsecràte a nun (*d.*). **~ся**, постри ся (*в монахи*) take* monástic vo (*о женщине тж.*) take* the veil.

постри́чь I *сов.* = остри́чь стричь.

постри́чь II *сов. см.* пострига́т

постри́чься I *сов.* = остри́чься *см.* стри́чься.

постри́чься II *сов. см.* постригáться.

построéние *с.* **1.** (*в разн. знач.*) constrúction; ~ социали́зма búilding of sócialism ['bɪl-...]; **2.** *воен.* paráde.

постро́ить(ся) *сов. см.* стро́ить(ся).

постро́йка *ж.* **1.** (*действие*) búilding ['bɪl-], eréction; constrúction; ~ домо́в hóuse-bùilding ['hausbɪ-]; ~ но́вых фáбрик búilding / eréction of new fáctories; **2.** (*строение*) búilding; кáменная ~ stone búilding; (*из кирпича*) brick búilding.

постро́мка *ж.* trace.

постро́чн||ый by the line; ~ая плáта páyment by the line; línage ['laɪ-].

постскри́птум *м.* póstscrìpt ['pou-] (*сокр.* P.S.).

постýкива||ть (по *дт.*) tap (on), pátter (on); он шёл, ~я пáлочкой he walked tápping with his stick.

постулáт *м. филос., мат.* póstulate.

постули́ровать *несов. и сов.* (*вн.*) póstulàte (*d.*).

поступáтельн||ый progréssive; ~ое движéние *тех.* trànslátional móve|ment [trɑ:- 'mu:v-]; (*перен.*) progréssive móve|ment; ~ ход истóрии ónward march of hístory.

поступ||áть, поступи́ть **1.** act; емý не слéдовало так ~ he should not have ácted so; как нам тепéрь ~и́ть? how shall we act now?, what shall we do now?; **2.** (с кем-л.; *обходиться*) treat (smb.); (с чем-л.; *распоряжаться*) deal* (with smth.); ~ плóхо с кем-л. treat smb. bád|ly; он не знáет, как ~и́ть с э́тими кни́гами he does|n't know what to do with these books [...nou...]; **3.** (в *вн.*; *вступать, зачисляться*) join (*d.*); (к) go* to work (for); ~ в университéт join / énter *the* ùnivérsity; ~ в шкóлу énter school, go* to school; ~ на рабóту go* to work; ~ на воéнную слýжбу join up, *или* enlíst, in the ármy; **4.** (*о посланном*) be fòrthcóming; (*о заявлении и т. п. тж.*) be recéived [...-'si:-]; come* in; ~и́ла жáлоба a compláint was recéived, *или* came in; дéло ~и́ло в суд the case was brought befóre the láw-courts [...kɛɪs... -kɔ:ts], the case was táken to court [...kɔ:t]; ◇ ~ в произвóдство go* into prodúction; ~ в продáжу be on sale, be on the márket.

поступáться, поступи́ться (*тв.*) waive (*d.*); fòrgó* (*d.*); ~ свои́ми прáвами waive one's rights.

поступи́ть *сов. см.* поступáть.

поступи́ться *сов. см.* поступáться.

поступлéни||е *с.* **1.** (*куда-л.*) éntrance, éntering; (*в партию, общество и т. п.*) jóining; **2.** (*денежное*) recéipt [-'si:t]; *бух.* éntry; ~я по бюджéту révenue *sg.*

постýп||ок *м.* áction; act, deed; безрассýдный ~ rash áction; смéлый ~ bold deed; емý не нрáвятся её ~ки he does|n't like the way she beháves, he does|n't like her behávìour.

пóступь *ж.* step; твёрдая ~ firm step.

постучá||ть *сов.* **1.** (в *вн.*) knock (at), rap (at, on); в дверь ~ли there was a knock / rap at / on the door [...dɔ:]; **2.** (*некоторое время, немного и т. п.*) knock / rap (a líttle, for a while, *etc.*). ~**ться** *сов.* (в *вн.*) knock (at), rap (at, on).

постфáктум *нареч.* post fáctum [poust...], the áfter fact.

постыди́ться *сов.* (*рд.*) *разг.* be / feel* ashámed (of).

посты́дный sháme|ful, disréputable.

посты́лый *разг.* háte|ful, repéllent.

посýда *ж.* **1.** *собир.* plates and dishes *pl.*; фарфóровая ~ chína; фаянсовая ~, гли́няная ~ éarthenwàre ['ə:-], cróckery; жестянáя ~ tínwàre; кýхонная ~ kítchen uténsils *pl.*; чáйная ~ téa-thìngs *pl.*; **2.** *разг.* (*сосуд*) véssel; ◇ би́тая ~ два вéка живёт *погов.* ≅ créaking doors hang the lóngest [...dɔ:z...].

посýдина *ж. разг.* **1.** véssel; **2.** *мор.* (*о старом судне*) old tub.

посуди́т||ь *сов.:* ~е сáми judge for your|sélf.

посýдн||ый *прил. к* посýда; ~ шкаф drésser; ~ магази́н chína-shòp; cróckery shop; ~ое полотéнце dísh-clòth.

посýл *м. разг.* prómise [-s]; не скупи́ться на ~ы make* all mánner of prómises, be lávish with prómises.

посули́ть *сов. см.* сули́ть.

посýточн||о *нареч.* by the day, for every 24 hours [...auəz]; плати́ть ~ pay* by the day. ~**ый** 24-hour [-auə] (*attr.*); by the day; ~ое дежýрство 24-hour dúty; ~ая оплáта pay by the day.

посчастли́ви||ться *сов. безл.:* емý, им *и т. д.* ~лось (+ *инф.*) he has, they have, *etc.*, the luck (+ to *inf.*); he is, they are, *etc.*, lúcky enóugh [...-ʌf] (+ to *inf.*); емý ~лось достáть э́ту кни́гу he had the luck, *или* was lúcky enóugh, to get this book, he háppened to get this book.

посчитáть (*вн.*) count (*d.*).

посчитá||ться *сов.* **1.** (с *тв.*) *разг.* be quits / éven (with); мы ещё ~емся! I shall get éven with you yet!; **2.** *см.* считáться 1.

посылáть, послáть (*вн. дт.*) send* (*d.* to); (*о письме и т. п.*) dispátch (*d.* to); (*вн.* за *тв.*) send* (*d.* for); ~ по пóчте (send* by) post [...poust] (*d.* to), mail (*d.* to); ~ воздýшные поцелýи kiss one's hand (to), blow* kísses [-ou...] (*i.*); ~ поклóн, привéт send* one's (best) regárds (*i.*), beg to be remémbered (to).

посы́л||ка *ж.* **1.** (*действие*) sénding; **2.** (*почтовая*) párcel; отправля́ть ~ку post *a* párcel [poust...]; **3.** *филос.* (*суждение*) prémise [-s]; большáя, мáлая ~ májor, mínor prémise; ◇ быть на ~ках у когó-л. run* smb.'s érrands, run* érrands for smb., be at smb.'s beck and call. ~**очный** párcel (*attr.*).

посы́льный *м. скл. как прил.* méssenger [-n-], commìssionáire [-sjə'nɛə].

посыпáть *сов. см.* посыпáть.

посыпáть, посы́пать (*вн. тв.*) strew* (*d.* with), pówder (*d.* with); ~ грáвием grável ['græ-] (*d.*); ~ пескóм sand (*d.*); ~ сáхаром súgar ['ʃu-] (*d.*); ~ сóлью salt (*d.*).

посы́па||ться *сов.* begin* to fall down, fall* down; (*перен.*) pour down [pɔ:...], rain; ~лись удáры blows rained, *или* fell thick and fast [blouz...].

посяг||áтельство *с.* (на *вн.*) en|cróachment (on, up|ón). ~**áть**, посягнýть (на *вн.*) en|cróach (on, up|ón), infrínge (on, up|ón), make* an en|cróachment (on, up|ón); ~áть на чью-л. свобóду, на чьё-л. имýщество *и т. п.* en|cróach / infrínge on smb.'s líberty, próperty, *etc.*; ~áть на чьи-л. правá infrínge up|ón smb.'s rights. ~**нýть** *сов. см.* посягáть.

пот *м.* sweat [swet], pèrspirátion; холóдный ~ cold sweat; обливáясь ~ом rúnning / drípping / wet with sweat; весь в ~ý bathed in sweat [beɪðd...]; ◇ в ~е лицá by / in the sweat of one's brow; ~ом и крóвью in blood and sweat [...blʌd...].

потайн||óй sécret; ~ ход sécret pássage; ~áя дверь sécret door [...dɔ:].

потакáние *с.* indúlgence, connívance [-'naɪ-].

потакáть (*дт.* в *пр.*) *разг.* indúlge (*d.* in); ~ ребёнку в егó шáлостях, ~ шáлостям ребёнка indúlge *a* child's capríces [...-'ri:-].

потанц||евáть *сов.* have a dance; (*некоторое время, немного и т. п.*) dance (for a while, *etc.*); давáйте ~ýем let us have a dance, let us dance.

потаскýха *ж.*, **потаскýшка** *ж. бран.* strúmpet, tróllop.

потасóвка *ж. разг.* brawl, fight, scuffle.

потáчка *ж. разг.* = потакáние.

потáш *м.* pótàsh.

потащи́ть *сов. см.* таскáть 1. ~**ся** *сов. см.* таскáться 1.

по-твóему *нареч.* **1.** (*по твоему мнению*) in, *или* accórding to, your opínion; to your mind / thínking; **2.** (*по твоему желанию*) as you want / wish; as you would have it; (*по твоему совету*) as you advíse; ◇ пусть бýдет, *или* будь, ~ have it your own way [...oun...].

потвóрство *с.* indúlgence, connívance [-'naɪ-], pándering. ~**вать** (*дт.*) connívе (at), show* indúlgence [ʃou...] (towards), pánder (to).

потёмк||и *мн.* dárkness *sg.*; в ~ах in the dark; ◇ чужáя душá — ~ the húman heart is a mýstery [...hɑ:t...].

потемне́ние *с.* dárkening; (*в глазах*) dímness.

потемне́ть *сов. см.* темне́ть I 1.

поте́ние *с.* swéating ['swet-], pèrspirátion.

потенци||а́л [-тэ-] *м.* poténtial; ра́зность ~а́лов poténtial dífference; вое́нный ~ war poténtial. **~а́льный** [-тэ-] poténtial.

потенцио́метр [-тэ-] *м. эл.* potèntiómeter.

поте́нция [-тэ́-] *ж.* poténtial, potèntiálity.

потепле́ние *с.* rise in témperature; getting wármer; наступи́ло ~ warm wéather has set in [...'weðə...], the cold snap is óver, *или* has bróken.

потепле́ть *сов. см.* тепле́ть.

потере́ть *сов.* (*вн.*) rub (*d.*).

потерпе́вший 1. *прич. см.* потерпе́ть; ~ кораблекруше́ние víctim of a shíp¦wrèck; 2. *м. как сущ.* víctim.

потерпе́ть *сов.* 1. (*проявить терпение*) be pátient, keep* one's pátience; 2. (*вн.*; *понести, испытать*) súffer (*d.*); ~ поте́ри, убы́тки súffer lósses, dámages; ~ кораблекруше́ние be shíp¦wrècked; ~ пораже́ние súffer / sustáin a deféat, be deféated; 3. (*вн.*; *допустить*) súffer (*d.*), stand* (*d.*), tóleràte (*d.*); он не поте́рпит э́того he won't stand / tóleràte that [...wount...].

потёрт||ый *разг.* 1. shábby, thréadbàre ['θred-], frayed; 2. (*утомлённый, несвежий*) wáshed-óut; ~ вид wáshed-óut look / appéarance; ~ое лицо́ worn face [wɔːn...].

поте́р||я *ж.* 1. (*утрата*) loss; (*времени, денег и т. п.*) waste [weɪ-]; ~ кро́ви loss of blood [...blʌd]; ~ зре́ния loss of sight; ~ па́мяти loss of mémory; *мед.* àmnésia [-z-]; ~ созна́ния loss of cónscious¦ness [...-nʃəs-]; ~ вре́мени waste of time; (по́лная) ~ трудоспосо́бности (tótal) dìsabílity; 2. *мн.* lósses; ~и при убо́рке урожа́я hárvesting lósses; hárvesting waste *sg.*; ~и скота́ от падежа́ líve-stòck mòrtálity *sg.*; устраня́ть ~и elíminàte, *или* cut* out, waste; ~и в людско́й си́ле и те́хнике *воен.* lósses in mánpower / men and matériel (*фр.*) [...mətɪərɪ'el]; ~и уби́тыми *воен.* fátal cásualties [...'kæʒ-]; ~и уби́тыми и ра́неными *воен.* lósses in killed and wóunded [...'wuːn-]; кру́пные, серьёзные ~и sérious lósses.

поте́рянный 1. *прич. см.* теря́ть; 2. *прил.* (*растерянный*) embárrassed, perpléxed.

потеря́ть(ся) *сов. см.* теря́ть(ся).

потесни́ть *сов. см.* тесни́ть I.

потесни́ться *сов.* (*освободить место*) make* room; (*о сидящих, стоящих и т. п.*) sit*, stand*, *etc.*, clóser (to make room for smb. or smh.) [...'klousə...].

поте́ть I, вспоте́ть 1. sweat [swet], perspíre; 2. *тк. несов.* (над) toil (at), grind* (*d.*).

поте́||ть II, запоте́ть *разг.* become* / be damp / místy, be cóvered with steam [...'kʌ-...]; о́кна ~ют the wíndows are damp / místy, *или* are cóvered with steam.

поте́ха *ж.* fun; вот ~! what fun!

поте́чь *сов.* 1. (*начать течь*) begin* to flow [...-ou]; (*о бочке, лодке и т. п.*) begin* to leak; 2. *как сов. к* течь I.

потеша́ть *разг.* = те́шить. **~ся** *разг.* 1. amúse òne¦sélf; 2. (над) laugh [lɑːf] (at); make* a láughing-stòck [...'lɑːf-] (of); make* a fool (of); (*издеваться*) mock (at).

поте́ш||ить *сов.* 1. *см.* те́шить; 2. (*вн.*; *некоторое время, немного и т. п.*) amúse / èntertáin (for a while, a líttle, *etc.*) (*d.*). **~иться** *сов. см.* те́шиться. **~ный** fúnny, amúsing; ◇ ~ный полк potéshny régiment (*regiment of boy-soldiers under Peter I*).

потира́ть (*вн.*) *разг.* rub (*d.*); ~ ру́ки rub one's hands; ~ ру́ки от ра́дости, удово́льствия rub one's hands with joy / pléasure [...'ple-].

потихо́ньку *нареч. разг.* 1. (*не спеша*) slówly [-oulɪ]; 2. (*тихо*) nóise¦lessly, sílent¦ly; (*тайком*) on the sly, sécret¦ly, by stealth [...stelθ].

потли́в||ость *ж.* dìsposítion to sweat/ perspíre [-'zɪ-... swet...]. **~ый** súbject to swéating / pèrspirátion [...'swet-...], swéaty ['swetɪ].

потни́к *м.* swéat-clòth ['swet-].

по́тн||ый swéaty ['swetɪ], damp with pèrspirátion; ~ые ру́ки clámmy hands.

по-това́рищески *нареч.* as a fríend / cómrade [...frend...]; in a fríendly way / mánner [...'frend-...]; э́то не ~ that is not bé¦ing fríendly.

потов||о́й *анат.*: ~ы́е же́лезы sùdoríferous glands.

потого́нн||ое *с. скл. как прил.* sùdorífic, dìaphrétic. **~ый** sùdorífic, dìaphorétic; ◇ ~ая систе́ма swéating sýstem ['swet-...], spéed-úp (sýstem).

пото́к *м.* 1. stream, tórrent, flow [-ou]; (*перен.: слёз и т. п. тж.*) cúrrent; го́рный ~ móuntain stream / tórrent; лить ~и слёз shed* tórrents of tears, weep* in tórrents; ~ слов flow of words; ~ руга́тельств a shówer of abúse [...-s]; людско́й ~ stream of people [...piː-]; нескончаемым ~ом in an éndless stream; 2. (*система производства*) prodúction line.

потолкова́ть *сов.* 1. (с *тв.* о *пр.*; *немного и т. п.*) talk (a líttle, *etc.*) (with abóut), have a (short) talk (with abóut); ~ де́сять мину́т have a ten mínutes' talk [...-nɪts...]; 2. *как сов. к* толкова́ть 3.

потол||о́к *м.* céiling ['siːl-]; *ав. тж.* roof; с высо́ким ~ко́м hígh-céiling¦ed [-'siːl-] (*attr.*); с ни́зким ~ко́м lów-céiling¦ed ['lou'siːl-] (*attr.*); кессо́нный ~, я́щичный ~ *тех.* cóffer-wòrk céiling; ◇ взять что-л. с ~ка́ *разг.* make* smth. up; spin* smth. out of thin air.

потолсте́ть *сов. см.* толсте́ть.

пото́м *нареч.* (*после*) áfterwards [-dz]; (*затем*) then; (*позже*) láter on.

пото́мок *м.* descéndant, óff¦spring; scíon.

пото́мственный heréditary; ~ дворяни́н *ист.* géntle¦man* by birth; ~ шахтёр, сталева́р *и т. п.* heréditary míner, steel fóunder, *etc.*

пото́мство *с.* pòstérity.

потому́ I *нареч.* (*об.* ~... и) that is why, *об.* that's why: ~ он и прие́хал неме́дленно that's why he came immédiate¦ly; — ~ что, ~ ... что becáuse [-'kɔz]: он э́то сде́лал ~, *или* ~ сде́лал э́то, что не знал he did it becáuse he did not know [...nou].

потому́ II *союз*: ~ что becáuse [-'kɔz], for, as.

потону́ть *сов. см.* тону́ть I.

пото́п *м.* délùge; ◇ всеми́рный ~ the Flood [...-ʌd], the Délùge.

потопи́ть I *сов.* (*нагреть немного топкой*) heat a líttle, *или* for a while.

потоп||и́ть II *сов. см.* топи́ть III. **~ле́ние** *с.* sínking.

потопта́||ть *сов.* (*вн.*) tread* [tred] (*d.*), trample (*d.*); скот ~л траву́ the cattle trod down, *или* trampled (down), the grass. **~ться** *как сов. к* топта́ться.

потора́пливать (*вн.*) húrry up (*d.*).

потора́пливаться make* haste [...heɪ-], húrry.

поторгова́||ться *сов.* (*некоторое время, немного и т. п.*) bárgain (for a while, a líttle, *etc.*); ты бы ~лся you should have bárgained.

поторопи́ть(ся) *сов. см.* торопи́ть (-ся).

пото́чн||ый: ~ ме́тод line prodúction; ма́ссовое ~ое произво́дство mass line prodúction; ~ая ли́ния prodúction line.

потра́ва *ж.* dámage (caused to a field, méadow, *etc.*, by grázing cattle) [...fiː- 'me-...].

потрави́ть *сов. см.* трави́ть III.

потра́тить *сов.* (*вн.*) spend* (*d.*); (*понапрасну*) waste [weɪ-] (*d.*). **~ся** *сов.* spend* móney [...'mʌ-].

потра́фить *сов. см.* потрафля́ть.

потрафля́ть, потра́фить (*дт.*) *разг.* please (*d.*); give* sàtisfáction (*i.*); ему́ тру́дно потра́фить he is hard / dífficult to please, you can never guess, *или* do ány¦thing, right for him.

потреби́тель *м.*, **~ница** *ж.* consúmer, úser. **~ный** consúmption (*attr.*); ~ная сто́имость *эк.* use válue [-s...]. **~ский** *прил. к* потреби́тель; ~ская коопера́ция consúmers' cò-óperative socíeties *pl.*; ~ское о́бщество consúmers' socíety.

потреби́ть *сов. см.* потребля́ть.

потребле́ни||е *с.* consúmption, use [-s]; предме́ты ~я óbjects of consúmption; предме́ты, това́ры широ́кого ~я consúmer(s') goods [...gudz], árticles of géneral consúmption; райо́ны ~я áreas of consúmption ['ɛərɪəz...].

потребля́ть, потреби́ть (*вн.*) consúme (*d.*), use (*d.*).

потре́бн||ость *ж.* want, necéssity, need; есте́ственная ~ phýsical necéssity [-zɪ-...]; жи́зненные ~ости vítal requíre¦ments; постоя́нно расту́щие ~ости cónstantly rísing requíre¦ments; материа́льные и культу́рные ~ости наро́да matérial and cúltural needs of the people [...pi:-]; ~ в рабо́чей си́ле lábour pówer requíre¦ments / needs *pl.*; ~ промы́шленности в сырье́ indústrial demánd for raw matérials [...-ɑ:nd...]. **~ый** nécessary, requíred; néedful; ~ое коли́чество (*рд.*) the nécessary amóunt (of).

потре́бовать *сов. см.* тре́бовать 1, 2, 4. **~ся** *сов. см.* тре́боваться.

потрево́жить *сов. см.* трево́жить I. **~ся** *сов. см.* трево́житься I.

потрёпанн||ый 1. *прич. см.* трепа́ть 3; 2. *прил.* shábby, thréadbàre [-ed-]; (*перен.*) séedy; worn [wɔ:n]; ~ая кни́га táttered book; име́ть ~ вид look séedy; look worn; ~ые диви́зии врага́ báttered énemy divísions.

потрепа́ть *сов. см.* трепа́ть 2, 3, 4. **~ся** *сов. см.* трепа́ться 1.

потре́скаться *сов. см.* тре́скаться.

потре́скивание *с.* crackle, cráckling.

потре́скивать crackle.

потро́гать *сов.* (*вн.*) touch [tʌtʃ] (*d.*); ~ па́льцем fínger (*d.*).

потрох||а́ *мн.* pluck *sg.*; жа́реные ~ háslet(s) [-z-], hárslet(s); гуси́ные ~ gíblets ['dʒɪ-]; суп из гуси́ных ~о́в gíblet soup [...su:p].

потроши́ть, вы́потрошить (*вн.*) dìsembówel (*d.*), clean (*d.*); (*о пти́це*) draw* (*d.*).

потруди́||ться *сов.* 1. take* some pains; (*не́которое вре́мя и т. п.*) work (for some time, *etc.*); он да́же не ~лся сде́лать э́то he never took the trouble / pains to do it [...trʌbl...]; 2. *пов.* (*в обраще́нии*): ~тесь сде́лать э́то be so kind as to do it; ~тесь уйти́! kínd¦ly leave the room!

потрудне́е (*сравн. ст. от прил.* тру́дный *и нареч.* тру́дно) (a little) more dífficult.

потряс||а́ть, потрясти́ 1. (*вн., тв.*) shake* (*d.*); (*ору́жием и т. п.*) brándish (*d.*); потрясти́ до основа́ния shake* to its foundátion (*d.*); ~ во́здух кри́ками rend* the air with shouts; 2. (*вн.; кра́йне удивля́ть*) amáze (*d.*), astóund (*d.*), shock (*d.*); (*волнова́ть*) shake* (*d.*); он был ~ён э́тим he was sháken by this; (*кра́йне удивлён*) he was amázed / astóunded / shocked at this. **~а́ющий** 1. *прич. см.* потряса́ть; 2. *прил.* stággering, stupéndous, treméndous; (*о фа́ктах, собы́тиях и т. п.*) stártling; ~а́ющее впечатле́ние treméndous impréssion; ~а́ющее собы́тие stággering evént, evént of út¦mòst impórtance. **~е́ние** *с.* shock; не́рвное ~е́ние (nérvous) shock.

потрясти́ I *сов. см.* потряса́ть.

потрясти́ II *сов.* 1. (*вн.; немно́го*) shake* (a little) (*d.*); 2. *как сов. к* трясти́.

потря́хивать (*тв.*) *разг.* shake* (*d.*), jolt (*d.*).

поту́ги *мн.* 1. (*во вре́мя ро́дов*) pangs of chíld-bìrth; 2. (*беспло́дные уси́лия, попы́тки*) vain attémpts.

поту́пившись *нареч.* with dówncàst eyes [...aɪz].

поту́п||ить(ся) *сов. см.* потупля́ть (-ся). **~ля́ть,** поту́пить (*вн.*): ~ля́ть взгляд, взор cast* down, *или* drop, one's eyes [...aɪz]; ~я взгляд, взор with dówncàst eyes. **~ля́ться,** поту́питься look down, cast* down one's eyes [...aɪz], drop one's eyes.

потускне́лый tárnished; (*о взгля́де*) lácklùstre.

потускне́ть *сов. см.* тускне́ть.

потусторо́нний: ~ мир the other world, the be¦yónd.

потуха́ние *с.* extínction.

потуха́ть = ту́хнуть I.

поту́хнуть *сов. см.* ту́хнуть I.

поту́хш||ий 1. *прич. см.* ту́хнуть I; 2. *прил.* extínct; ~ вулка́н extínct vòlcánò; ◇ ~ие глаза́, ~ взор dimmed eyes [...aɪz].

потучне́ть *сов. см.* тучне́ть.

потуши́ть I *сов. см.* туши́ть I.

потуши́ть II *сов.* (*вн.*) *кул.* (*не́которое вре́мя и т. п.*) stew (for a while, *etc.*) (*d.*); о́вощи на́до ~ the végetables should be stewed.

по́тчевать, попо́тчевать (*вн. тв.*) regále (*d.* with), treat (*d.* to).

потяга́ться *сов.* (с *тв.* в *пр.*) *разг.* contend (with in).

потя́гивать (*вн.*) *разг.* 1. (*понемно́гу пить*) sip (*d.*); 2. (*кури́ть*) pull [pul] (at), draw* (at); ~ папиро́су draw* at *a* cìgarétte.

потя́гиваться, потяну́ться stretch òne¦sélf.

потяну́ть *сов. см.* тяну́ть 1, 6, 7, 8, 9, 11. **~ся** *сов.* 1. *см.* тяну́ться 4, 5, 8; 2. *см.* потя́гиваться.

поу́жинать *сов. см.* у́жинать.

поумне́ть *сов. см.* умне́ть.

поуро́чн||о *нареч.* by the piece [...pi:s]. **~ый:** ~ая опла́та píece-wòrk pay ['pi:s-...].

поутру́ *нареч.* in the mórning.

поуча́ть (*вн.*) 1. *уст.* (*учи́ть*) teach* (*d.*), instrúct (*d.*); 2. (*наставля́ть*) preach (at), lécture (*d.*), give* a lécture (*i.*).

поуче́ние *с.* précèpt, lésson; (*наставле́ние*) lécture, sérmon.

поучи́тельн||ость *ж.* instrúctive¦ness. **~ый** instrúctive; didáctic.

поха́б||ность *ж.* òbscénity [-'si:-], báwdiness. **~ный** òbscéne, báwdy, indécent. **~щина** *ж.* òbscénity [-'si:-], báwdiness.

похвал||а́ *ж.* praise; отзыва́ться с ~о́й (о *пр.*) praise (*d.*), speak* fávour¦ably (of).

похва́ливать (*вн.*) *разг.* praise (*d.*); есть да ~ praise the food.

похвали́ть *сов. см.* хвали́ть. **~ся** *сов. см.* хвали́ться *и* похваля́ться.

похвальба́ *ж. разг.* brag, bóasting.

похва́льн||ый 1. (*заслу́живающий похвалы́*) práise¦wòrthy [-ðɪ], láudable, comméndable; ~ посту́пок, ~ое наме́рение práise¦wòrthy / láudable act, aim; 2. (*содержа́щий похвалу́*) práising; ~ая гра́мота hónour certíficate ['ɔnə...]; ~ лист *уст.* school tèstimónial of good cónduct and prógrèss; 3. *уст.* (*хвале́бный*) láudatory, eulogístic; ~ое сло́во éulogy, èn¦cómium.

похваля́ться, похвали́ться (*тв.*) *разг.* boast (of, abóut), brag (*d.*, of).

похва́рывать *разг.* be áiling; ча́сто ~ be óften áiling / ill [...'ɔ:f(t)°n...].

похва́стать(ся) *сов. см.* хва́стать (-ся).

похе́рить *сов.* (*вн.*) *разг.* cross out /off (*d.*), cáncel (*d.*).

похити́тель *м.* thief* [θi:f]; (*люде́й*) kídnàpper; (*же́нщины тж.*) àbdúctor.

похи́тить *сов. см.* похища́ть.

похищ||а́ть, похи́тить (*вн.*) steal* (*d.*); (*о лю́дях*) kídnàp (*d.*); (*о же́нщине тж.*) àbdúct (*d.*). **~е́ние** *с.* theft; (*люде́й*) kídnàpping; (*же́нщины тж.*) àbdúction.

похлёбка *ж. разг.* soup [su:p].

похло́пать *сов.* (*вн.*) slap (*d.*); ~ кого́-л. по плечу́ tap smb. on the shóulder [...'ʃou-].

похлопота́ть *сов. см.* хлопота́ть 2, 3.

похло́пывать (*вн.*) pat (*d.*).

похме́ль||е *с.* the mórning-áfter; háng-òver; быть с ~я have a háng-òver, have a bad / thick head [...hed].

похо́д I *м.* 1. march; *мор.* trip, cruise [kru:z]; выступа́ть в ~ take* the field [...fi:ld]; 2. (*экску́рсия*) wálking tour / trip [...tuə...]; hike; отпра́виться в двухдне́вный ~ go* on a twó-days' wálking tour / trip; ~ на лы́жах skíing trip ['ʃi:-, 'ski:-...]; 3. (на *вн.*, про́тив) càmpáign [-'peɪn] (agáinst).

похо́д II *м. разг.* (*и́злишек*) óver¦weight.

походата́йствовать *сов. см.* хода́тайствовать.

походи́ть I (на *вн.*; *быть похо́жим*) resémble [-'ze-] (*d.*), bear* resémblance [bɛə -'ze-] (to), be like (*d.*), be not ún¦líke (*d.*).

походи́ть II *сов.* (*не́которое вре́мя и т. п.*) walk (for a while, *etc.*).

похо́дка *ж.* walk, step; лёгкая ~ light step; бы́страя ~ rapid gait;

ме́дленная ~ slow gait [-ou...]; перева́ливающаяся ~ waddle.

похо́дн||ый march (*attr.*); márching; field [fi:ld] (*attr.*); route [ru:t] (*attr.*); ~ поря́док márching órder, march fòrmátion; ~ строй march fòrmátion; ~ая жизнь camp life; ~ая пе́сня márching song; ~ая коло́нна cólumn of route; ~ го́спиталь field hóspital; ~ая ку́хня móbile kitchen ['mou-...]; field kitchen; ~ая крова́ть cámp-bèd; ~ое снаряже́ние *воен.* field kit; ~ая фо́рма márching órder, field dress.

по́ходя *нареч. разг.* in an óff¦hánd mánner.

похожде́ние *с.* advénture.

похо́ж||ий resémbling [-'ze-]; alíke (*predic.*); (на *вн.*) like (*d.*); дово́льно ~ ráther like ['rɑ:-...], not ún¦líke, ~ на воск, желе́зо *и т. п.* like wax, íron, *etc.* [...wæ- 'aɪən]; wáx-like, íron-lìke, *etc.* ['wæ- 'aɪən-]; быть ~им (на *вн.*) be like (*d.*), resémble [-'ze-] (*d.*), bear* resémblance [bɛə -'ze-] (to); они́ о́чень ~и друг на дру́га they are very much alíke; they bear a great resémblance to each other [...-eɪt...]; э́то о́чень ~е (на *вн.*) it looks very much like (*d.*); э́то на него́ ~е! it's just like him!; that's him all óver!; на кого́ вы ~и! just look at your¦sélf!; what a sight!; ~е на то, что it looks as if: ~е на то, что пойдёт дождь it looks as if it is gó¦ing to rain, it looks like rain; — э́то ни на что не ~е! ≅ I've never seen ány¦thing like that; (*о поведении*) it is únhéard of [...-'hə:d...]; он не похо́ж на самого́ себя́ he is not hìm¦sélf.

по-хозя́йски *нареч.* thríftily, wíse¦ly; расхо́довать сре́дства ~ spend* funds thríftily / wíse¦ly.

похолод||а́ние *с.* fall of témperature, cold snap; наступи́ло ~ it has got cólder, there is a cold snap. **~а́ть** *сов. безл.*: ~а́ло it has got cólder.

похолоде́ть *сов. см.* холоде́ть.

похорони́ть *сов. см.* хорони́ть 1.

похоро́нн||ый fúneral; ~ое бюро́ úndertàker's óffice; ~ марш dead march [ded...]; ~ звон (fúneral) knell.

по́хороны *мн.* búrial ['be-] *sg.*, fúneral *sg.*

по-хоро́шему *нареч.* in an ámicable/ fríendly way [...'frend-...].

похороше́ть *сов. см.* хороше́ть.

похотли́в||ость *ж.* lust, léwdness, lascívious¦ness. **~ый** lústful, lewd, lascívious.

по́хоть *ж.* lust, càrnálity.

похохота́||ть *сов.* (*немного, некоторое время и т. п.*) laugh (a little, for a while, *etc.*) [lɑ:f...], have a laugh.

похра́пывать *разг.* snore (géntly / slíghtly).

похуде́ть *сов. см.* худе́ть.

поцара́пать *сов.* scratch. **~ся** *сов.* get* scratched.

поцелова́ть(ся) *сов. см.* целова́ть (-ся).

поцелу́й *м.* kiss

поча́сн||ый, почасово́й by the hour [...auə]: ~ая опла́та pay by the hour.

поча́ток *м.* **1.** *бот.* ear; ~ кукуру́зы córn-còb; **2.** *текст.* cop.

по́чв||а *ж.* soil; ground (*тж. перен.*); плодоро́дная ~ rich / fértile soil; ✧ не теря́ть ~ы под нога́ми, стоя́ть на твёрдой ~е stand* up¦ón sure ground [...ʃuə...]; ~ ускольза́ет у них из-под ног the ground is slípping from únder their feet; выбива́ть ~у из-под ног cut* the ground from únder *smb.*, *или smb.'s* feet; take* the wind out of *smb.'s* sails [...wɪnd...]; нащу́пывать, зонди́ровать ~у explóre the ground; на ~е (*рд.*) becáuse [-'kɔz] (of), ówing ['ouɪŋ] (to); подгото́вить ~у (для) pave the way (for); не име́ть под собо́й ~ы be gróundless / báse¦-less / únfóunded [...-s-...].

по́чвенный soil (*attr.*), ground (*attr.*).

почвове́д *м.* soil scíentist. **~ение** *с.* soil scíence. **~ческий** sóil-scìence (*attr.*).

почвообраба́тывающий *с.-х.* sóil--cùltivàting.

почвоуглуби́тель *м. с.-х.* súbsoil plough.

почём *нареч. разг.* (*по какой цене*) what is the price?; how much?: ~ сего́дня карто́фель, я́йца, ~ молоко́? how much are potátòes, eggs to¦dáy, how much is milk?; ✧ ~ знать? how should we know? [...nou], who can tell?

почему́ *нареч.* **1.** (*вопрос.*) why: ~ он поéхал туда́? why did he go there?; скажи́те (мне), ~ он поéхал туда́ tell me why he went there; но ~ (же)? but why?; ~ нет? why not?; ~ не поéхать туда́ за́втра? why not go there to¦mórrow?; **2.** (*относит.*) (and) so; that's why: он забы́л а́дрес, ~ (он) и не писа́л he forgót the address (and) so, *или* that's why, he did not write.

почему́-либо, почему́-нибудь *нареч.* for some réason or other [...-z°n...]: е́сли он ~ опозда́ет if he is late for some réason or other.

почему́-то *нареч.* for some réason [...-z°n].

по́черк *м.* hánd(wrìting); име́ть хоро́ший, плохо́й ~ write* a good, bad hand.

почерне́лый dárkened, dark.

почерне́ть *сов. см.* черне́ть 1.

почерп||а́ть, почерпну́ть (*вн.*) get* (*d.*), draw* (*d.*); отку́да вы ~ну́ли таки́е све́дения? where did you get this informátion?

почерпну́ть *сов. см.* почерпа́ть.

почерстве́ть *сов.* get* stale.

почеса́ть *сов. см.* чеса́ть 3. **~ся** *сов. см.* чеса́ться 1.

по́чест||ь *ж.* hónour ['ɔnə]; ока́зывать, воздава́ть ~и (*дт.*) do hónour (to), rénder hómage (to); отдава́ть после́дние ~и (*дт.*) pay* one's last respécts (to); вое́нные ~и military hónours, the hónours of war.

поче́сть *сов. см.* почита́ть II.

почёсывать (*вн.*) *разг.* scratch (*d.*).

почёт *м.* hónour ['ɔnə]; (*уважение*) respéct, estéem; быть в ~е, по́льзоваться ~ом у кого́-л. stand* high in smb.'s estéem; ✧ ~ и уваже́ние! my cómpliments! **~ный 1.** (*пользующийся почётом*) hónour¦able ['ɔnə-]; ~ный гость guest of hónour [...'ɔnə]; **2.** *офиц.* (*о президиуме, об академике и т. п.*) hónorary ['ɔnə-]; ~ный член hónorary mémber; ~ная до́лжность hónorary óffice; ~ное зва́ние hónorary títle; **3.** (*являющийся проявлением почёта*); ~ный карау́л guard of hónour; ~ное ме́сто place of hónour; ~ное положе́ние distínguished posítion [...-'zɪ-].

по́чечн||ый *анат., мед.* nèphrític; rénal; ~ая лоха́нка pélvis (of the kídney); ~ые ка́мни (gáll-)stònes.

почива́ть, почи́ть *уст.* **1.** sleep*; **2.** (*быть погребённым*) rest, take* one's rest; ✧ почи́ть на ла́врах rest on one's láurels [...'lɔ-].

почи́вший 1. *прич. см.* почива́ть; **2.** *м. как сущ.* the decéased [...-'si:st].

почи́н *м.* **1.** (*инициатива*) inítiative; по собственному ~у on one's own inítiative [...oun...]; сме́лый ~ dáring innovátion; подхвати́ть чей-л. ~ take* up smb.'s inítiative; **2.** *разг.* (*начало*) beginning; (*в торговле тж.*) hándsel; для ~а for a start, to make a beginning / start.

почини́ть *сов. см.* чини́ть I.

почи́н||ка *ж.* repáiring; (*обуви, одежды тж.*) ménding. **~очный** repáiring (*attr.*), ménding (*attr.*).

починя́ть = чини́ть I.

почи́стить(ся) *сов. см.* чи́стить(ся).

почита́й *нареч. разг.* **1.** (*почти*) álmòst ['ɔ:lmoust], nigh on; ~ уж год прошёл álmòst a year has passed; **2.** (*пожалуй, вероятно*): он, ~, всё забра́л he seems to have táken évery¦-thing.

почита́||ние *с.* **1.** (*уважение*) hónour¦ing ['ɔnə-], respéct, estéem; **2.** (*культ*) réverence, wórship. **~тель** *м.*, **~тельница** *ж.* admírer, wórshipper.

почита́ть I (*вн.*) **1.** (*уважать*) hónour ['ɔnə] (*d.*), respéct (*d.*), estéem (*d.*); **2.** (*как святыню*) revére (*d.*), hold* sácred (*d.*).

почита́||ть II, поче́сть *уст.* consíder [-'sɪ-], think*; он ~ет свои́м до́лгом сде́лать э́то he consíders / thinks it his dúty to do it.

почита́ть III *сов.* **1.** (*вн.*; *немного, некоторое время и т. п.*) read* (a líttle, for a while, *etc.*) (*d.*); **2.** *как сов. к* чита́ть.

почи́тывать (*вн.*) *разг.* read* (now and then) (*d.*).

почи́ть *сов. см.* почива́ть.

по́чк||а I *ж.* 1. *бот.* bud; (*листа ж.*) léaf-bùd; búrgeon *поэт.*; ~и на ере́вьях набу́хли the trees are in ll bud; 2. *бот.*, *зоол.* gémma (*pl.* nae); заро́дышевая ~ plúmùle.

по́ч||ка II *ж.* 1. *анат.* kídney; вос-але́ние ~ек nèphrítis; 2. *мн.* *кул.* idneys.

почкова́||ние *с. биол.* búdding, gèm-ation. **~ться** *биол.* bud, gèmmáte.

почкови́дный kídney-shàped; réni-rm ['rɛ̀-] *научн.*

по́чт||а *ж.* 1. post [pou-]; по ~е y post; посыла́ть письмо́ ~ой send* létter by post, post / mail *a* létter; оздушная ~ air mail; возду́шной ~ой by air mail; спе́шной ~ой by ecial / expréss delívery [...'spe-...]; у́тренней ~ой by the mórning post; вече́рней ~ой by the évening post ..'ɛ̀v-...]; с обра́тной ~ой by re-rn post; 2. (*корреспонденция*) mail; (*почтовое отделение*) póst-òffice 'pou-].

почтальо́н *м.* póst|man* ['pou-], tter-càrrier.

почта́мт *м.* póst-òffice ['pou-]; гла́в-ый ~ Géneral Póst-Óffice.

почте́н||ие *с.* respéct, estéem, con-derátion; déference; относи́ться с ~и-м (к), ока́зывать ~ (*дт.*) treat with spéct / distínction (*d.*); относи́ться з вся́кого ~ия (к) treat without ıy respéct (*d.*), have no respéct or); с ~ием (*подпись в письме*) re-éctfully yours, yours fáithfully; ◇ оё ~! *разг.* my cómpliments! **~ный** hónour|able ['ɔnə-]; respéctable; timable; (*о возрасте*) vénerable; *разг.* (*значительный*) consíderable.

почти́ *нареч.* álmòst ['ɔ:lmoust], early; wéll-nìgh *книжн.*; ~ невоз-о́жно álmòst impóssible, next to im-óssible, wéll-nìgh impóssible; он ~ о́нчил свою́ рабо́ту he has álmòst nished his work; ~ никаки́х пере-е́н práctically no chánges [...'ʧeı-]; ничего́ next to nóthing; ~ ниче-не оста́лось there is hárdly ány|-ing left; ~ во всём práctically / írtually in évery|thing; ~ что néar-.

почти́тельн||ость *ж.* respéct, respéct-lness, déference. **~ый** 1. respéct-l, dèferéntial; ~ый тон respéct-l / dèferéntial tone; 2. *разг.*: на ~ом асстоя́нии at a respéctful dístance; ержа́ть на ~ом расстоя́нии keep* a respéctful dístance; keep* at ms length *идиом.*

почти́ть *сов.* (*вн. тв.*) hónour ['ɔnə] by), pay* / do hómage (to by); ~ его́-л. свои́м прису́тствием hónour nb. with one's présence [...-zəns]; чью-л. па́мять встава́нием and* in hónour of smb.'s mémory, and* in mémory of smb.

почтме́йстер *м.* *уст.* póstmàster pou-].

почто́во-телегра́фный póst-and-tél-egràph ['pou-] (*attr.*).

почто́в||ый post [pou-] (*attr.*); póst-al ['pou-]; ~ые расхо́ды póstage ['pou-] *sg.*; ~ перево́д póstal (móney) órder [...'mʌ-...]; ~ я́щик létter-bòx; (*на цоколе*) píllar-bòx; ~ая бума́га létter-pàper, nóte-pàper; ~ая ка́рточка póstcàrd ['pou-]; ~ая по-сы́лка párcel sent by post; ~ая ма́р-ка (póstage) stamp; ~ое отделе́ние póst-òffice ['pou-]; ~ по́езд mail train; ~ ваго́н máil-vàn; máil-càr *амер.*; ~ парохо́д máil-boat; ~ го́-лубь cárrier-pìgeon; hóming pígeon; ~ые ло́шади póst-hòrses; е́хать на ~ых *ист.* trável by póst-chaise, *или* by reláy ['træ-...'poustʃeız,...].

почу́вствовать *сов. см.* чу́вствовать.

почу́диться *сов. см.* чу́диться.

почу́ять *сов. см.* чу́ять.

пошаба́шить *сов. см.* шаба́шить.

поша́лива||ть *разг.* 1. play pranks, be náughty; 2. (*быть не совсем здо-ровым*): у него́ се́рдце ~ет he has trouble with his heart [...trʌ-...hɑ:t], he has heart trouble; 3. (*заниматься разбоем*): здесь ~ют there are thieves abóut here [...θɛ̀-...], this place is háunted by thieves / bándits.

пошали́ть *сов.* (*немного*) gámbol (a little).

поша́рить *сов. см.* ша́рить.

пошатну́||ть *сов.* (*вн.*; *прям. и перен.*) shake* (*d.*); ~ чьи-л. убежде́-ния shake* smb.'s convíction. **~ться** *сов.* 1. stágger; shake*; (*наклониться набок — о столбе и т. п.*) lean* on one side; она́ ~лась и упа́ла she stággered and fell; 2. (*ослабеть*) be sháken; его́ здоро́вье ~лось his health is sháken [...helθ...]; его́ уве́-ренность ~лась he was sháken in his cónfidence.

поша́тыва||ть *безл.*: его́ ~ет he is réeling, he is únsteády on his legs [...-tedı...]. **~ться** stágger, reel, sway on one's feet.

пошеве́лив||ать (*вн.*, *тв.*) *разг.* stir (*d.*, with). **~аться** *разг.* stir; ~айся! get* a move on! [...mu:v...], húrry up!

пошевели́ть *сов.* (*вн.*, *тв.*) *разг.* 1. (*немного*) stir / move (a little) [...mu:v...] (*d.*); 2. *как сов. к* шевели́ть. **~ся** *сов.* 1. stir / move (a little) [...mu:v...]; 2. *как сов. к* шевели́ться.

пошевельну́ть(ся) *сов.* = пошеве-ли́ть(ся).

пошёл *ед. прош. вр. см.* пойти́.

пошехо́нец *м.* ≅ Góthamìte [-tə-], wise man* of Gótham [...'gɔtəm].

поши́б *м. тк. ед. разг.* mánner.

поши́в||ка *ж.* séwing ['sou-]. **~оч-ный** séwing ['sou-] (*attr.*); ~очная мастерска́я séwing-shòp ['sou-].

пошле́ть, опошле́ть become* (ráth-er) cómmonplàce / trívial / banál [...'rɑ:-...-'nɑ:l].

по́шлин||а *ж.* dúty; cústoms *pl.*; облага́ть ~ой (*вн.*) impóse tax (on), tax (*d.*); опла́ченный ~ой dúty-paid; покрови́тельственные ~ы protéctive dúty *sg.*; запрети́тельные ~ы pro-híbitory dúty *sg.*; ввозна́я, и́мпортная ~ ímpòrt dúty; э́кспортная ~ éx-pòrt dúty; возвра́т ~ы dráwbàck; ге́р-бовая ~ stámp-dùty; тамо́женная ~ cústoms *pl.*; суде́бные ~ы costs, légal expénses.

по́шл||ость *ж.* cómmonplàce|ness, bànálity, tríte|ness; говори́ть ~ости talk bànálities; кака́я ~! how pétty! **~ый** cómmonplàce, vúlgar; (*тривиальный*) trívial; (*банальный*) banál [-'nɑ:l]; (*затасканный*) trite. **~я́к** *м. разг.* vúlgar pérson. **~я́тина** *ж. разг.* = по́шлость.

пошто́пать *сов.* 1. (*вн.*) mend (*d.*), darn (*d.*); 2. (*некоторое время и т. п.*) do some ménding / dárning.

пошту́чн||о *нареч.* by the piece [...pɛ̀s]. **~ый** by the piece [...pɛ̀s]; ~ая опла́та pay by the piece.

пошуме́ть *сов.* (*некоторое время и т. п.*) make* some noise.

пошути́ть *сов. см.* шути́ть.

поща́д||а *ж.* mércy; без ~ы without mércy; нет ~ы, никако́й ~ы no quár-ter; проси́ть ~ы cry for mércy, ask for quárter, cry quárter; не дава́ть ~ы (*дт.*) give* no quárter (*i.*). **~и́ть** *сов. см.* щади́ть.

пощекота́ть *сов. см.* щекота́ть.

пощёлк||ивание *с.* clícking. **~ивать** (*тв.*) click (*d.*); ~ивать языко́м *разг.* click one's tongue [...tʌŋ].

пощёчин||а *ж.* box on the ear; slap in the face (*тж. перен.*); дать ~у кому́-л. slap smb. in the face; cuff / box smb.'s ears.

пощипа́ть *сов.* (*вн.*) *разг.* 1. pinch (*d.*); 2. (*о траве и т. п.*) níbble (*d.*); 3. *шутл.* (*пограбить*) rob (*d.*).

пощи́пывать (*вн.*) 1. (*о морозе*) nip (*d.*); 2. (*траву*) níbble (*d.*).

пощу́пать *сов. см.* щу́пать.

поэ́зия *ж.* póetry.

поэ́ма *ж.* póem; лири́ческая ~ lýric (póem); эпи́ческая ~ épic (póem).

поэ́т *м.* póet. **~е́сса** [-тэ́-] *ж.* póet-ess. **~изи́ровать** *несов. и сов.* (*вн.*) pòetícìze (*d.*). **~ика** *ж.* pòétics *pl.*; théory of póetry ['θıə-...]. **~и́че-ский**, **~и́чный** pòétic(al).

поэ́тому *нареч.* thére|fòre; and so: он знал, что сего́дня собра́ние, ~ он пришёл he knew there was to be a méeting to|dáy, thére|fòre, *или* and so, he came; он сего́дня дежу́рный, ~ он оста́нется здесь he is on dúty to|dáy, thére|fòre, *или* and so, he will stay here.

появ||и́ться *сов. см.* появля́ться. **~ле́ние** *с.* appéarance; (*о призраке*) àppaаrítion; пе́рвое ~ле́ние first ap-péarance / emérgence.

появ||ля́ться, появи́ться appéar, make* one's appéarance, show* one|-sélf [ʃou...]; (*неожиданно*) crop up;

(*становиться заметным*) show* up; (*на поверхности*) emérge; (*о судне на горизонте*) heave* in sight; ~и́ться (как раз) во́время appéar, *или* show* up, in the nick of time; put* in a tíme¦ly appéarance *идиом.*; ~и́ться из-за горы́ appéar from behínd *the* móuntain.

поя́р||ковый felt (*attr.*); ~ковая шля́па wool felt hat [wul...]. ~**ок** *м.* lamb's wool felt [...wul...].

по́яс *м.* 1. belt, girdle [g-]; (*кушак*) sash, wáist-bànd; за ~ом in one's belt; спаса́тельный ~ lífe¦bèlt; 2. (*талия*); кла́няться в ~ (*дт.*) bow from the waist (to); по ~ up to the waist, wáist-déep, wáist-hígh; по ~ в снегу́ wáist-déep in snow [...snou]; трава́ по ~ wáist-hígh grass; 3. (*зона*) zone: поля́рный ~ frígid zone; уме́ренный ~ témperate zone; тропи́ческий ~ tórrid zone; ◇ заткну́ть за́ ~ кого́-л. *разг.* ≅ be one too many for smb., out¦dó smb.

поясн||е́ние *с.* èxplanátion, elùcidátion. ~**и́тельный** explánatory, elúcidàtory [-deɪ-]. ~**и́ть** *сов. см.* поясня́ть.

поясни́||ца *ж.* waist; loins *pl.*, small of the back; боль в ~це pain in the small of one's back. ~**чный** lúmbar.

поясн||о́й 1. *прил. к* по́яс 1; ~ реме́нь (wáist-)bèlt; 2. (*по пояс*): ~ портре́т hálf-lèngth pórtrait ['hɑːf-rɪt]; ~а́я ва́нна híp-bàth*; 3. *прил. к* по́яс 3; ~о́е вре́мя zone time.

поясня́ть, поясни́ть (*вн. дт.*) expláin (*d.* to), elúcidàte (*d.* to); ~ приме́ром íllustràte by *an* exámple [...-'zɑː-] (*d.* to), exémplifỳ (*d.* to).

праба́б||ка *ж.*, ~**ушка** *ж.* gréat-grándmòther [-eɪt- -mʌ-].

«Пра́вда» *ж.* (*газета*) The "Právda".

пра́вд||а *ж.* 1. (*истина*) truth [-uːθ]; э́то ~ it is the truth; (*это верно*) it is true; э́то су́щая ~ that is the exáct / real truth [...rɪəl...]; в его́ слова́х мно́го ~ы there is a great deal of truth in what he says [...greɪt...sez]; в э́том нет ни сло́ва ~ы there is not a word of truth in it; 2. (*справедливость*) jústice; иска́ть ~ы seek* jústice; стоя́ть за ~у fight* for jústice; пострада́ть за ~у súffer in the cause of jústice; 3. *как вводн. сл.* true; (*хотя*) though [ðou]: ~, он не тако́й плохо́й рабо́тник true, he is not such a bad wórker; he is not such a bad wórker, though; он, ~, уже́ уе́хал true, he has àlréady left [...ɔːl'redɪ...]; ~, я с ва́ми не согла́сен, но though I do not agrée with you, still; — ~, э́то не он, а его́ брат, но э́то нева́жно it is not he but his bróther, but it does not mátter [...'brʌðə...]; ◇ ва́ша ~ you are right; ~? indéed?, réally? ['rɪə-]; по ~е сказа́ть, ~у сказа́ть to tell the truth, truth to tell; все́ми ~ами и непра́вдами ≅ by hook or by crook; что ~, то ~ *погов.* there's no denýing the truth; ~ глаза́ ко́лет *посл.* ≅ home truths are hard to swállow, *или* are úsually ùnpálatable [...'juːʒuə-...]; ~-ма́тка hóme-trùth [-truːθ].

правди́в||ость *ж.* trúthfulness [-uːθ-], úp¦rìghtness, verácity; ~ в изображе́нии жи́зни fìdélity to life. ~**ый** trúthful [-uːθ-], úp¦rìght, verácious; ~ый челове́к trúthful / úp¦rìght man*; ~ое изве́стие true tídings *pl.*; ~ый отве́т hónest / úp¦rìght ánswer ['ɔ-...'ɑːnsə].

правдоподо́б||ие *с.* vèrisimílitùde; (*вероятность*) pròbabílity, líke¦lihood [-hud], plausibílity [-zɪ-]. ~**ность** *ж.* = правдоподо́бие. ~**ный** vèrisímilar; (*вероятный*) próbable, líke¦ly.

пра́ведн||ик *м.* just / ríghteous man*. ~**ый** 1. (*благочестивый*) píous, relígious; 2. (*справедливый*) just, ríghteous: ~ый судья́ just judge.

праве́ть, поправе́ть *полит.* becóme* more consérvative.

пра́вил||о *с.* 1. rule; *мн. тж.* règulátions; соблюда́ть ~а keep* the rules / règulátions; четы́ре ~а арифме́тики the first four rules of aríthmetic [...fɔː...]; ~а вну́треннего распоря́дка в учрежде́нии, на фа́брике *и т. п.* óffice, fáctory, *etc.*, règulátions; ~а движе́ния dríving règulátions; híghway code *sg.*; 2. (*принцип*) prínciple, máxim; устано́вленное ~ stánding rule; у него́ бы́ло ~ it was a prínciple / máxim with him; взять за ~ make* it a rule; взять себе́ за ~ (+ *инф.*) make* a point (of *ger.*); челове́к без пра́вил a man* without any prínciples; ◇ как ~ as a rule; как о́бщее ~ as a géneral rule; по всем ~ам accórding to all the rules.

прави́ло *с.* 1. *тех.* revérsing rod, guíde-bàr; (*оселок*) strickle; *воен.* trávèrsing hándspike; 2. *охот.* tail, brush; 3. *уст.* (*руль*) helm, rúdder.

пра́вильно I 1. *прил. кратк. см.* пра́вильный; 2. *предик. безл.* it is corréct; (*при восклицании*) that's right!, right you are!, exáctly!, just so!; бы́ло бы ~ сказа́ть it would be true to say.

пра́вильн||о II *нареч.* 1. (*верно*) ríghtly; (*без ошибок*) corréctly; часы́ иду́т ~ the watch is right; 2. (*регулярно*) régularly. ~**ость** *ж.* 1. ríghtness; (*безошибочность*) corréctness; ~ость и́збранного пути́ corréctness of the chósen path*; 2. (*регулярность*) règulárity. ~**ый** 1. right, true; (*без ошибок*) corréct; ~ое реше́ние sound decísion; еди́нственно ~ый путь the ónly true way; при ~ом веде́нии хозя́йства given próper mánage¦ment [...'prɔ-...]; 2. (*закономерный, регулярный*) régular; ~ое соотноше́ние just propórtion; 3. *грам.* régular; 4. *мат.* (*о дроби*) próper; (*о многоугольнике*) rèctilínear, rèctilíneal; ◇ ~ые черты́ лица́ régular féatures.

прави́тель *м.*, ~**ница** *ж.* rúler.

прави́тельственн||ый gòvernmént [gʌ-]; góvernment ['gʌ-] (*attr.*); ~ учрежде́ние góvernment ìnstitútio ~ое сообще́ние góvernment / off cial communiqué (*фр.*) [...kə'mjuːn keɪ].

прави́тельство *с.* góvernment ['gʌ- Сове́тское ~ Sóvièt Góvernment.

пра́вить I (*тв.*) 1. (*руководит* góvern ['gʌ-] (*d.*), rule (*d.*, óver); (*лошадьми*) drive* (*d.*); (*рулём, а томобилем*) steer (*d.*).

пра́вить II (*вн.*) 1. (*исправлян ошибки*) corréct (*d.*); ~ корректу́р read* / corréct the proofs; 2. (*о брит ве*) set* (*d.*).

пра́вка *ж.* 1. (*исправление ошибо* corrécting; ~ корректу́ры réading corrécting of proofs; 2. (*о бритве*) sé ting.

правле́ни||е *с.* 1. góvernment ['gʌ- о́браз ~я form of góvernment; (*учреждение*) board of admìnistrátio board (of diréctors); ~ колхо́за kò khóz mánage¦ment (board); (*помещ ние*) kòlkhóz óffice; быть, состоя́ чле́ном ~я be on the board; ◇ бра ды́ ~я the reins of góvernment.

пра́вну||к *м.* gréat-grándsòn [-eɪ -sʌn]. ~**чка** *ж.* gréat-gránddaught [-eɪt-].

пра́в||о I *с.* 1. (*в разн. знач.*) righ ~ ве́то vétò; ~ го́лоса the vote, sú frage; с ~ом совеща́тельного го́ло with delíberàtive fúnctions; всео́бщ избира́тельное ~ ùnivérsal súffrag всео́бщее, ра́вное и прямо́е избир тельное ~ при та́йном голосова́ни ùnivérsal, equal and diréct súffra by sécret bállot; ~ на́ций на самоо реде́ление right of nátions to sé -detèrminátion; ~ убе́жища rights sánctuary *pl.*; ~ да́вности *юр.* pr scríptive right; ~а́ гражда́нства civ rights; пораже́ние в ~а́х disfránchise ment; лиша́ть кого́-л. ~а deprív smb. of his right; лиша́ть ~а го́ло (*вн.*) dìsfránchìse (*d.*); восстанови́т ся в ~а́х be rèhabílitàted [....rìːə- быть в ~е (+ *инф.*) have the rig (+ to *inf.*); be entítled (+ to *inf.* по ~у by right; с по́лным ~ом rígh fully; вступа́ть в свои́ ~а́ come into one's own [...oun]; (*перен.*) а sért òne¦sélf; воспо́льзоваться свои́ ~ом (на *вн.*) éxercìse one's right (to име́ть ~ (на *вн.*) have the rig (to), be entítled (to); дать кому́-л. на уча́стие в вы́ставке quálifỳ sm to take part in *an* èxhibítion [...eksɪ- 2. *мн.* (*свидетельство*) lícense ['laɪ *sg.*; води́тельские ~а́ dríver's lícens 3. *тк. ед.* (*наука*) law; изуча́ть stúdy law ['stʌ-...]; уголо́вное críminal law; гражда́нское ~ cív law; междунаро́дное ~ ìntern tional law [-'næ-...]; обы́чное ~ cóm mon law, cústomary law; ún¦writte law.

пра́во II *вводн. сл. разг.* réally rɪə-], trúly, indéed; ~, уже́ по́здно is réally late, I réally think it is te; ~, на́до идти́ I must réally go, réally think I must go.

правобере́жный sítuàted on the ght bank (of *a* ríver) [...'rɪ-]; right-ànk (*attr.*).

правове́д *м.* **1.** (*специалист по* равоведению) láwyer, júrist; **2.** *уст.* чащийся или окончивший училище равоведения) stúdent, gráduate of e School of Júrisprùdence.

правове́дение *с.* scíence of law, rísprùdence.

правове́рн||ость *ж.* órthodòxy. **~ый** *прил.* órthodòx; **2.** *м. как сущ.* true liever [...-'li:-]; *мн. собир.* true be-évers, the fáithful.

правов||о́й légal; ~ы́е учрежде́ния gal ìnstitútions; ~ы́е но́рмы légal les.

правоме́рный ríghtful, láwful.

правомо́ч||ие *с.* cómpetence. **~ный** mpetent.

правонаруш||е́ние *с.* bréaking/trans-réssion / infrínge¦ment of the law breɪk-...]; offénce. **~и́тель** *м.* róng¦dòer [-duːə]; trànsgréssor / in-ínger of the law; delínquent, of-nder; ю́ный ~и́тель júvenìle delín-uent.

правописа́ние *с.* spélling, òrthóg-phy.

правопоря́док *м.* law and órder.

правосла́в||ие *с.* órthodòxy. **~ный** *прил.*, órthodòx; ~ная це́рковь reek / Órthodòx Church; **2.** *м. как* щ. órthodòx belíever [...-'li:-]; mém-er of the Órthodòx Church.

правоспосо́бн||ость *ж. юр.* (légal) pácity. **~ый** *юр.* cápable.

правосторо́нний ríght-sìde (*attr.*).

правосу́ди||е *с.* jústice; отправля́ть admínister jústice; иска́ть ~я de-ánd jústice [-ɑːnd...].

правот||а́ *ж.* ríghtness; (*невинов*-ость) ínnocence; доказа́ть свою́ ~у́ rove one's case [pruːv... -s]; ~ де́ла ghteous¦ness of *the* cause; жизнь одтверди́ла ~у́ его́ слов life has nfírmed the corréctness of his ords.

правофланго́вый **1.** *прил.* ríght-lànk (*attr.*), ríght-wìng (*attr.*); **2.** *м.* к сущ. ríght-flànk man*.

пра́в||ый I (*по направлению*) right; ght-hànd (*attr.*); (*о борте судна*) árboard ['stɑːbəd]; (*о лошади, части* упажа *и т. п.*) off; ~ карма́н ríght-ànd pócket; ~ я́щик стола́ ríght-ànd dráwer [...drɔː]; ~ая сторона́ ght side, off side; ~ борт stárboard de; ~ая ло́шадь (*пары*) off horse; ая за́дняя нога́ (*лошади в упряж*-) the off hind leg; ◇ он его́ ~ая уки́ he is his right hand, *или* ríght-ànd man.

пра́в||ый II (*правильный, справед*-ивый) right; вы ~ы you are right; ~ое де́ло just / ríghteous cause; на́ше де́ло ~ое our cause is right, ours is the right cause.

пра́в||ый III *полит.* **1.** *прил.* ríght-wìng (*attr.*); ~ая па́ртия ríght-wìng párty, párty of the right; ~ укло́н ríght-wìng dèviátion / trend; **2.** *м. как сущ.* ríght-wìng¦er.

пра́вящ||ий *прич. и прил.* rúling; ~ие кла́ссы the rúling clásses; ~ая верху́шка rúling clique [...kli:k].

прагмати́||зм *м. филос.* prágmatism. **~ческий** *филос.* prágmátic(al).

пра́дед *м.* **1.** gréat-grándfàther [-eɪt- -fɑː-]; **2.** *мн.* áncestors, fóre¦fà-thers [-fɑː-]; на́ши ~ы our áncestors, our fóre¦fàthers.

праде́д||овский *прил. к* пра́дед. **~ушка** *м. разг.* = пра́дед 1.

пра́здн||ество [-зн-] *с.* féstival; (*тор*-*жество*) solémnity. **~ик** [-зн-] *м.* hóliday [-dɪ]; (*празднование*) a féstive occásion; э́то большо́й ~ик (для) it is a great / grand occásion [...-eɪt...] (for); по слу́чаю ~ика to célebràte the occásion; по ~икам on high days and hólidays; с ~иком! best wíshes of the séason! [...-z°n]; ◇ бу́дет и на на́шей у́лице ~ик *погов.* ≅ our day will come.

пра́здничн||о [-зн-] *нареч.* féstive¦ly; зал был ~ укра́шен the hall was fés-tive¦ly décoràted; ~ оде́тый hóliday-dréssed [-dɪ-]. **~ый** [-зн-] hóliday [-dɪ] (*attr.*), féstal, féstive; весёлое ~ое настрое́ние gay, hóliday mood; име́ть ~ый вид (*о городе и т. п.*) have a féstive / hóliday-lìke appéar-ance [...-dɪ-...]; ~ый день réd-létter day.

пра́здно [-зн-] *нареч.* ídly; сиде́ть ~ sit* ídly.

пра́зднование [-зн-] *с.* cèlebrátion.

пра́здновать [-зн-], отпра́здновать (*вн.*) célebràte (*d.*).

праздносло́вие [-зн-] *с.* idle / émp-ty talk.

пра́здность [-зн-] *ж.* **1.** (*незаня*-*тость*) ídle¦ness, ìnàctívity; **2.** (*бес*-*полезность*) úse¦lessness ['juːs-]; **3.** (*бес*-*содержательность*) ídle¦ness; ~ разго-во́ра ídle¦ness / émptiness of the còn-versátion.

праздношата́ющийся [-зн-] *м. скл. как прил.* ídler, lóunger.

пра́здн||ый [-зн-] **1.** (*бездельный*) idle; **2.** (*бесполезный*) úse¦less ['juːs-], ùnnécessary; ~ые попы́тки idle at-témpts; **3.** (*пустой*) idle; ~ разгово́р, ~ые слова́ idle / émpty talk; ~ое любопы́тство idle cùriósity.

пра́ктик *м.* práctical wórker.

пра́ктик||а *ж.* (*в разн. знач.*) prác-tice; на ~е in práctice; у врача́ больша́я ~ the dóctor has a large práctice; занима́ться медици́нской ~ой práctise médicine [-tɪs...]; про-ходи́ть ~у do práctical work; войти́ в ~у become* cústomary. **~а́нт** *м.* probátioner.

практик||ова́ть **1.** (*вн.*) práctise [-tɪs] (*d.*); **2.** (*без доп.*; *о враче*) prác-tise médicine; (*о юристе*) práctise law. **~ова́ться** **1.** (*в пр.*) práctise [-tɪs] (*d.*); **2.** *страд. к* практикова́ть 1; э́то ча́сто ~у́ется it is óften done [...'ɔːf(t)°n...].

пра́ктикум *м.* práctical work.

практ||ици́зм *м.* práctícalness. **~и́-ческий** (*в разн. знач.*) práctical; ~и́-ческая де́ятельность práctical àctív-ity; ~и́ческие заня́тия práctical tráining *sg.*; ~и́ческая медици́на applíed médicine; ~и́ческая рабо́та práctical work; ~и́ческий челове́к práctical man*. **~и́чность** *ж.* prácti-calness. **~и́чный** **1.** práctical; ~и́чный челове́к práctical man*; **2.** (*эконом*-*ный, выгодный*) effícient.

прама́терь *ж.* the oríginal móther [...'mʌðə].

пра́от||ец *м.* fóre¦fàther [-fɑː-]; от-пра́виться к ~цам *разг.* (*умереть*) be gáther¦ed to one's fáthers [...'fɑː-].

пра́порщик *м. ист.* énsign [-saɪn].

прапра́дед *м.* gréat-gréat-grándfà-ther [-eɪt- -fɑː-].

пра́сол *м. уст.* cáttle-dealer.

прах *м.* **1.** dust, earth [əːθ]; **2.** (*останки*) áshes *pl.*, remáins *pl.*; здесь поко́ится ~ here lies; мир ~у твоему́ may you rest in peace; ◇ от-ряхну́ть ~ с ног shake* the dust off / from one's feet; пойти́ ~ом *разг.* go* to rack and rúin; в ~ útterly, tótal¦ly; обрати́ть в ~ (*вн.*) redúce to dust / áshes (*d.*); разби́ть в пух и ~ (*вн.*) ≅ deféat útterly (*d.*), rout (*d.*); разнести́ в пух и ~ (*вн.*) give* a thórough ráting [...'θʌrə...] (*i.*), give* a sound scólding (*i.*).

пра́ч||ечная [-шн-] *ж. скл. как прил.* láundry; (*помещение тж.*) wásh-house* [-s]. **~ка** *ж.* láundress.

праща́ *ж.* sling.

пра́щур *м.* áncestor, fóre¦fàther [-fɑː-].

праязы́к *м. лингв.* párent / áncestor lánguage.

пре- *приставка в прилагательных, в значении высшей степени об. пере-водится через* most, *а при однослож-ных прил.—через* excéeding¦ly, very: преинтере́сный most ínteresting; пре-глубо́кий excéeding¦ly deep, very deep.

преа́мбула *ж.* preámble [-ɪ'æ-].

пребыва́ни||е *с.* stay, sójourn ['sɔ-dʒəːn]; ме́сто постоя́нного ~я pérma-nent résidence [...-zɪ-]; ~ в до́лжно-сти, ~ на посту́ ténure / périod of óffice.

пребыва́ть be; (*жить тж.*) abíde*; ~ в уны́нии be out of spírits / heart [...hɑːt]; ~ в неве́дении be in the dark.

превали́ровать (над) preváil (óver).

превзойти́ *сов. см.* превосходи́ть.

превозмога́ть, превозмо́чь (*вн.*) òver¦cóme* (*d.*).

превозмо́чь *сов. см.* превозмога́ть.

превознести́ *сов. см.* превозноси́ть.

превозноси́ть, превознести́ (*вн.*) extól (*d.*), exált (*d.*); ~ до небе́с extól / exált to the skies (*d.*).

превознеше́ние *с.* inórdinate praise, laudátion, èxàltátion.

превосходи́тельство *с.* (*титул*) éxcellency.

превосходи́ть, превзойти́ **1.** (*вн. тв., вн.* в *пр.*) excél (*d.* in); ~ кого́-л. му́жеством excél smb. in cóurage [...'kʌ-]; ~ чи́сленностью outnúmber (*d.*); **2.** (*вн.*) sùrpáss (*d.*); превзойти́ все ожида́ния excéed / sùrpáss all èxpèctátions; ✧ превзойти́ самого́ себя́ sùrpáss òne¦sélf.

превосхо́д‖ный 1. éxcellent, màgnífícent; (*совершенный*) pérfect, fírst-cláss, fírst-ráte; (*о пении, музыке и т.п.*) supérb; **2.** *уст.* = превосходя́щий; **3.** *грам.*: ~ная сте́пень supérlative degrée. **~ство** *с.* supèriórity; ~ство в во́здухе *воен.* air supèriórity; огнево́е ~ство *воен.* fire supèriórity. **~я́щий** supérior; ~я́щие си́лы *воен.* supérior fórces / númbers.

преврати́ть(ся) *сов. см.* превраща́ть(-ся).

превра́тно I *прил. кратк. см.* превра́тный.

превра́тн‖о II *нареч.* wróng¦ly; ~ понима́ть (*вн.*) mísùnderstánd* (*d.*); ~ истолко́вывать (*вн.*) mísintérpret (*d.*). **~ость** *ж.* **1.** (*ложность*) wróng¦ness, fálsity ['fɔːl-]; **2.** *чаще мн.* (*изменчивость*) vicíssitùde; chànge¦abílity [tʃeɪ-]; ~ости судьбы́ the vicíssitùdes of life, the revérses / tricks of fórtune [...-tʃən], the ups and downs. **~ый 1.** (*ложный*) wrong, false [fɔːls]; ~ое представле́ние wrong / false impréssion; **2.** (*изменчивый*) chánge¦ful ['tʃeɪ-]; ~ое сча́стье chánging / in¦cónstant luck ['tʃeɪ-...], chánging / in¦cónstant fórtune [...-tʃən]; delúsive / illúsory háppiness.

превращ‖а́ть, преврати́ть (*вн.* в *вн.*; *прям. и перен.*) turn (*d.* to, into), convért (*d.* into); trànsmúte [-nz-] (*d.* into); redúce (*d.* to, into); ~ ме́тры в киломе́тры convért metres into kílomètres; ~ в пыль redúce to pówder (*d.*); púlverize (*d.*); ~ в ка́мень turn to stone (*d.*); ~ в у́голь cárbonìze (*d.*); ~ в шу́тку turn into a joke (*d.*). **~а́ться,** преврати́ться **1.** (в *вн.*) turn (into); change [tʃeɪ-] (into, to); мину́ты преврати́лись в часы́ the mínutes passed/stretched into hours [...'mɪnɪts... auəz]; **2.** *страд. к* превраща́ть; ✧ преврати́ться в слух be / become* all ears. **~е́ние** *с.* trànsformátion, convérsion, trànsmùtátion [-z-]; redúction.

превы́сить *сов. см.* превыша́ть.

превыш‖а́ть, превы́сить (*вн.*) excéed (*d.*); превы́сить устано́вленный план на 20% top the tárget by 20 per cent [...-gɪt...]; э́то в три ра́за ~а́ет довое́нную вы́работку it is three times the pré-wár óutpùt [...-put]; ~ власть, полномо́чия *и т. п.* excéed one's authórity, *etc.*; ~ свой креди́т в ба́нке óver¦dráw* (one's accóunt).

превы́ше *нареч.*: ~ всего́ above all; ста́вить ~ всего́ place above éve-ry¦thing else.

превыше́ние *с.* excéeding, excéss; ~ вла́сти excéeding one's authórity; ~ своего́ креди́та в ба́нке óver¦dràft.

прегра́да *ж.* bar, bárrier; (*препятствие*) óbstacle; во́дная ~ wáter óbstacle / bárrier ['wɔː-...]; на их пути́ мно́го прегра́д there are many óbstacles in their path.

прегради́ть *сов. см.* прегражда́ть.

прегра‖жда́ть, прегради́ть (*вн.*) bar (*d.*), block up (*d.*); ~ди́ть путь кому́-л. bar / stop / block smb.'s way; ~ди́ть путь к чему́-л. bar / stop / block the way to smth.

пред = пе́ред.

предава́ть, преда́ть (*вн.*) **1.** (*отдавать*): ~ суду́ bring* to tríal (*d.*), hand óver to jústice (*d.*); ~ гла́сности make* known / públic [...noun 'pʌb-] (*d.*), give* pùblícity [...pʌ-] (to); ~ сме́рти put* to death [...deθ] (*d.*); ~ земле́ commít to the earth [...ɜːθ] (*d.*); ~ забве́нию búry in oblívion ['berɪ...] (*d.*); ~ огню́ commít to the flames (*d.*); ~ прокля́тию curse (*d.*); **2.** (*изменять*) betráy (*d.*). **~ся,** преда́ться **1.** (*дт.*) give* òne¦sélf up (to); ~ся гне́ву, страстя́м, отча́янию *и т. п.* give* òne¦sélf up, *или* abándon òne¦sélf, to ánger, pássions, despáir, *etc.*; ~ся поро́кам indúlge in víces; ~ся мечта́м fall* into a réverie, give* òne¦sélf up to dáy-dreams; **2.** *страд. к* предава́ть.

преда́ние I *с.* (*рассказ, легенда*) légend ['le-]; (*поверье*) tradítion.

преда́ние II *с.*: ~ суду́ bríng¦ing to tríal, hánding óver to jústice; ~ сме́рти putting to death [...deθ]; ~ земле́ commítting to the earth [...ɜːθ]; ~ забве́нию búrying in oblívion ['be-...]; ~ огню́ commítting to the flames.

пре́данн‖ость *ж.* devótion. **~ый 1.** *прич. см.* предава́ть; **2.** *прил.* devóted, sta(u)nch [-ɑː-, (-ɔː-)]; (*дт.*) devóted (to); ~ый сын devóted son [...sʌn]; ~ый друг devóted / staunch friend [...fre-]; ~ый вам (*в письме*) yours fáithfully, yours trúly.

преда́тель *м.* tráitor, betráyer; оказа́ться преда́телем turn tráitor. **~ница** *ж.* tráitress. **~ский** tréacherous ['tretʃ-], tráitorous, perfídious; (*перен.*) tréacherous; ~ский румя́нец télltàle blush. **~ство** *с.* tréachery ['tretʃ-], betráyal, pérfidy.

преда́ть(ся) *сов. см.* предава́ть(ся).

предба́нник *м.* dréssing-room (in *a* báth-house*) [...-s].

предваре́ние *с.* **1.** *уст.* (*предуведомление*) fòre¦wárning, télling befóre hànd; **2.** (*события и т. п.*) fòre¦stá[lling]; ~ равноде́нствия *астр.* prec[es]sion (of the équinòx) [...'iː-].

предвари́тельн‖о *нареч.* befóre¦hàn[d]; prelíminarily; as a prelíminary. ~[ый] prelíminary; ~ая прода́жа биле́[тов] advánce sale of tíckets; ка́сса ~[ой] прода́жи биле́тов advánce bóoki[ng]-office; ~ый экза́мен prelíminary e[x]àminátion; ~ое усло́вие prelímina[ry] príor condítion; pré¦réquisite [-zɪ...]; ~ое заключе́ние *юр.* imprísonme[nt] befóre tríal [-rɪz-...]; ~ое сле́дств[ие] *юр.* prelíminary invèstigátion / i[n]quèst; ~ые перегово́ры prelímina[ry] discússion *sg.*, pourpárlers [puə'p... leɪ]; ~ые расхо́ды prelíminary e[x]pénses; ~ая кома́нда *воен.* prepá[ra]tory commánd [...-ɑːnd]; ~ый [подо]гре́в *тех.* prè¦héating.

предвари́ть *сов. см.* предваря́ть.

предваря́ть, предвари́ть **1.** *уст.* (... о *пр.*; *извещать*) tell* befóre¦hà[nd] (*i.* abóut), (fóre¦)wárn (*d.* of); **2.** (*в. события и т. п.*) fòre¦stáll (*d.*), àntícipàte (*d.*).

предве́ст‖ие *с.* présage, fóre¦tòke[n], pórtènt, ómèn. **~ник** *м.*, **~ница** [*ж.*] fóre¦rùnner, precúrsor; hérald ['he...], hárbinger; (*тк. о неодушевлённ[ых] предметах*) présage, pórtènt; чёрн[ые] ту́чи — ~ники бу́ри dark clouds [are] the héralds of a storm; ~ники вой[ны] pórtènts of war.

предвещ‖а́ть (*вн.*) betóken (*d.*), fòre¦tóken (*d.*), fòre¦shádow [-'ʃæ-] (*d.*), pòrténd (*d.*), présage (*d.*); hérald ['h...] (*d.*); всё ~а́ло дождь évery¦thing [be]tóken¦ed rain; э́то не ~а́ет ниче[го] хоро́шего it is of ill ómèn; ~ недо[б]рое (*дт.*) bode ill (for).

предвзя́т‖ость *ж.* pré¦concéptio[n]; (*предубеждение*) préjudice, bías. ~[ый] pré¦concéived [-'siːvd], bíassed; ~[ое] мне́ние pré¦concéived opínion / [no]tion.

предви́дение *с.* fóre¦sìght, pre[vi]sion.

предви́деть (*вн.*) fòre¦sée* (*d.*), fòre¦knów* [-'nou] (*d.*). **~ся 1.** be [ex]péctéd; **2.** *страд. к* предви́деть.

предвкуси́ть *сов. см.* предвкуша́[ть].

предвкуш‖а́ть, предвкуси́ть (*в[н.]*) look fórward (to), àntícipàte (wi[th] pléasure) [...'ple-] (*d.*). **~е́ние** *с.* [àn]tìcipátion.

предводи́тель *м.*, **~ница** *ж.* (*вож[дь]*) léader; (*главарь шайки и т. п.*) rín[g]léader; ✧ ~ дворя́нства *ист.* m[ar]shal of nobílity.

предводи́тельство *с.* léadership; [под] ~м (*рд.*) únder the léadership (o[f]), únder the commánd [...-ɑːnd] (of).

предводи́тельствовать (*тв.*) lea[d] (*d.*), be the léader (of).

предвосхи́тить *сов. см.* предвосх[и]ща́ть.

предвосхи‖ща́ть, предвосхи́ти[ть] (*вн.*) àntícipàte (*d.*); предвосхи́ти[ть] ью-л. мысль àntícipàte smb.'s thought. ~ще́ние *с.* àntìcipátion.

предвы́борн||ый prè-eléction (*attr.*); ~ая кампа́ния (prè-)eléction càmpáign [...-'peın]; ~ое собра́ние (prè-)eléction méeting.

предго́рье *с.* fóot|hills ['fut-] *pl.*

предгрозов||о́й: ~а́я мо́лния the líghtning befóre a storm.

преддве́ри||е *с.* thréshòld; в ~и (*рд.*) on the thréshòld (of).

преде́л *м.* límit (*тж. мат.*); (*грани́ца*) bound; (*коне́ц*) end; в ~ах (*рд.*) within, within the límits (of); в ~ах СССР within the USSR; в ~ах го́рода, городско́й черты́ within the cíty límits [...'sı-...], within the bounds of the cíty; в ~ах досяга́емости within stríking dístance, within close range [...-s reındʒ]; за ~а́ми страны́ outsíde the cóuntry [...'kʌ-], be|yónd the bórders of the cóuntry; вы́йти за ~ы (*рд.*) óver|stép the límits (of), excéed the bounds (of); всему́ есть ~ there is a límit to évery|thing; положи́ть ~ (*дт.*) put* an end (to); в разу́мных ~ах within réasonable límits [...-z-...]; within one's reach; в ~ах го́да within a year; в ~ах мои́х зна́ний within my knówledge [...'nɔ-]; всё в ~ах мои́х сил all in my pówer; ~ жела́ний súmmit of desíres [...-'z-]; ~ про́чности *тех.* bréaking point ['breı-...].

преде́льн||ый máximum (*attr.*), út|mòst; ~ая ско́рость top / máximum speed; ~ во́зраст áge-límit; ~ срок time límit; с ~ой я́сностью with the út|mòst clárity; ~ое напряже́ние *тех.* máximum strain / stress, bréaking point ['breı-...].

предержа́щ||ий: вла́сти ~ие *уст.*, *ирон.* the pówers that be.

предзака́тный befóre súnsèt; ~ час the hour befóre súnsèt [...auə...].

предзнаменова́ние *с.* ómèn, présage, áugury.

предика́т *м. филос., грам.* prédicate.

предикати́вн||ость *ж. грам.* predìcatívity. **~ый** *грам.* predícative; ~ый член predícative.

предисло́ви||е *с.* préface, fóre|wòrd; снабжа́ть ~ем (*вн.*) fúrnish with a préface (*d.*), préface (*d.*); служи́ть ~ем (к) serve as a préface (to); ◇ без ~й ≅ don't beat abóut the bush [...buʃ].

предлага́ть, предложи́ть **1.** (*вн. дт.*; *дт.* + *инф.*) óffer (*d.* to; *i.* + to *inf.*); ~ свои́ услу́ги óffer one's assístance; come* fórward; **2.** (*вн.*; *на обсужде́ние, вы́бор*) propóse (*d.*); ~ кому́-л. вы́сказаться invíte smb. to speak; ~ тост propóse *a* toast; ~ чью-л. кандидату́ру propóse smb. for eléction; ~ кого́-л. в прези́диум propóse smb. as cándidate to the presídium [...-'zı-], propóse smb. for eléction to the presídium; ~ внима́нию bring* fórward (*d.*), call atténtion (to); ~ вопро́с кому́-л. ask smb. *a* quéstion [...-stʃən], ask *a* quéstion of smb.; ~ зада́чу (*дт.*) set* *a* próblem [...'prɔ-] (befóre); ~ но́вый план (*дт.*) suggést a new scheme / plan [-'dʒest...] (to); **3.** (*дт.* + *инф.*; *сове́товать*) suggést (that + *subject* + *личн. форма глаг.*); он предложи́л ей пойти́ туда́ he suggésted that she should go there; **4.** (*дт.* + *инф.*; *предпи́сывать*) órder (*i.* + to *inf.*); ему́ предложи́ли зако́нчить рабо́ту в неде́льный срок he was órdered to fínish his work in a week; ◇ ~ ру́ку и се́рдце (*дт.*) propóse (to); ask in márriage [...-rıdʒ] (*d.*).

предло́г I *м.* (*отгово́рка*) prétèxt, preténce; (*по́вод*) ground; под ~ом (*рд.*) únder preténce (of); on / únder the plea (of); под тем ~ом, что únder the preténce that; под разли́чными ~ами on várious prétèxts; воспо́льзоваться ~ом catch* at an excúse [...-s]; ~ для ссо́ры ground for quárrelling.

предло́г II *м. грам.* prèposítion [-'zı-].

предложе́ни||е I *с.* **1.** óffer, suggéstion [-'dʒestʃən]; (*о бра́ке*) propósal [-z-]; ~ услу́г óffer of sérvices; де́лать ~ кому́-л. make* smb. *an* óffer; (*о бра́ке тж.*) propóse to smb.; принима́ть ~ accépt *an* óffer; (*о бра́ке*) accépt *a* propósal; миролюби́вые ~я péace|ful óver|tures; **2.** (*на о́бщем собра́нии*) propósal, mótion; обсуди́ть ~ discúss *a* propósal; отклони́ть ~ rejéct, *или* turn down, *a* propósal; **3.** *эк.* supplý; ~ труда́ lábour supplý; спрос и ~ demánd and supplý [-ɑ:nd...].

предложе́ние II *с. грам.* séntence; (*часть сло́жного предложе́ния*) clause; гла́вное ~ príncipal clause; прида́точное ~ subórdinate clause; просто́е ~ símple séntence; вводно́е ~ parénthesis (*pl.* -sès [-si:z]), pàrenthétic clause; ~ с одноро́дными чле́нами contrácted séntence; сложноподчинённое ~ cómplèx séntence; сложносочинённое ~ cómpound / cò-órdinàted séntence; усло́вное ~ condítional séntence.

предложи́ть *сов. см.* предлага́ть.

предло́жн||ый *грам.* prèposítional [-'zı-]; ~ паде́ж prèposítional case [...-s]; ~ая констру́кция prèposítional constrúction.

предма́йский pre-Máy-day.

предме́стье *с.* súbùrb.

предме́т *м.* **1.** óbject; (*в торго́вле*) árticle; ~ы широ́кого потребле́ния consúmer(s') goods [...gudz], árticles of géneral consúmption; ~ы ма́ссового потребле́ния árticles of mass consúmption; ~ы ли́чного потребле́ния árticles of pérsonal consúmption; ~ы пе́рвой необходи́мости the nécessaries; **2.** (*те́ма*) súbject, tópic, theme; ~ нау́чного иссле́дования súbject of scìentífic reséarch [...-'sə:tʃ]; ~ спо́ра the point at íssue; **3.** (*в препода́вании*) súbject; **4.** *воен.*: ме́стный ~ (ground) féature; ◇ на ~ (*рд.*) for the púrpose [...-s] (of).

предме́тный: ~ уро́к óbject-lèsson; ~ указа́тель índèx (*pl.* -èxes, -ìcès [-ısi:z]); ~ сто́лик (*микроско́па*) stage.

предмо́стн||ый: ~ое укрепле́ние brídge-head [-hed]; ~ плацда́рм brídge-head.

предназн||ача́ть, предназна́чить (*вн. для*) inténd (*d.* for), déstine (*d.* for, to); (*намеча́ть*) mean* (*d.* for); (*специа́льно выделя́ть*) set* asíde (*d.* for), éarmàrk (*d.* for). **~аче́ние** *с.* dèstinátion, predèstinátion. **~а́ченный** *прич. и прил.* inténded, meant [ment], déstined. **~а́чить** *сов. см.* предназнача́ть.

преднаме́ренн||ость *ж.* premèditátion, fóre|thought. **~ый** premédìtàted, afóre|thought; ~ое искаже́ние фа́ктов delíberate distórtion of facts.

предначерта́ние *с.* óutline, plan, desígn [-'zaın]; ~ судьбы́ predèstinátion.

предначерта́ть *сов.* (*вн.*) óutlìne / plan befóre|hánd (*d.*); fóre|òrdáin (*d.*); предначе́ртанный судьбо́й predéstined.

предо *предл. поэт.* = пе́ред.

предобе́денный befóre-dínner (*attr.*).

пре́док *м.* áncestor, fóre|fàther [-fɑ:-].

предоктя́брьский pré-Octóber.

предопредел||е́ние *с.* pré|detèrminátion, predèstinátion. **~и́ть** *сов. см.* предопределя́ть.

предопределя́ть, предопредели́ть (*вн.*) pré|detérmine (*d.*); predéstine (*d.*), fóre|òrdáin (*d.*); ~ исхо́д pré|detérmine the óut|còme.

предоста́вить *сов. см.* предоставля́ть.

предоставле́ние *с.* assígnment [-aın-], allótment; (*в чьё-л. распоряже́ние*) plácing at *smb's* dispósal [...-z°l]; ~ помеще́ний àllocátion of accòmmodátion; ~ пра́ва concéssion of *a* right; ~ креди́тов àllocátion of crédits.

предоставля́ть, предоста́вить **1.** (*дт. вн., дт.* + *инф.*; *позволя́ть*) let* (*d.* + *inf.*); ему́ предоста́вили (самому́) реши́ть э́то the decísion was left to him; ~ кому́-л. сло́во let* smb. have the floor [...flɔ:], clear the floor for smb.; ~ кому́-л. вы́бор в чём-л. leave* smth. to smb.'s chóice; **2.** (*вн. дт.*; *дава́ть*) give* (*d. i.*), grant [grɑ:nt] (*d. i.*); ~ кому́-л. возмо́жность give* smb. *an* òpportúnity, give* smb. *a* chance; ~ креди́т, заём grant a loan (*i.*); ~ пра́во concéde / grant *a* right (*i.*); ~ норма́льные усло́вия allów nórmal facílities (to); ~ что-л. в чьё-л. распоряже́ние place smth. at smb.'s dispósal [...-z°l]; ~ о́тпуск grant leave (to); ◇ ~ кого́-л. самому́ себе́ leave* smb. to his own resóurces / devíces [...oun -'sɔ:-...].

предостере||гать, предостеречь (*вн.* от) warn (*d.* agáinst), cáution (*d.* agáinst), put* on one's guard (*d.* agáinst). **~жение** *с.* wárning, cáution.

предостеречь *сов. см.* предостерегать.

предосторожност||ь *ж.* precáution; из ~и out of cáution; меры ~и precáutions, precáutionary méasures [...'meʒ-]; принимать меры ~и (против) take* precáutions (agáinst).

предосудительн||ость *ж.* bláme¦wòrthiness [-ðɪ-], réprehènsibílity. **~ый** bláme¦wòrthy [-ðɪ], blámable, rèprehénsible.

предотвратить *сов. см.* предотвращать.

предотвращ||ать, предотвратить (*вн.*) avért (*d.*), stave off (*d.*), ward off (*d.*), prevént (*d.*); ~ войну avért war; ~ опасность, поражение, кризис stave off dánger, deféat, *the* crisis [...'deɪn-...]; ~ опасность войны avért the dánger of war; ~ агрессию prevént aggréssion. **~ение** *с.* avérting, stáving off, wárding off, prevénting; (*ср.* предотвращать).

предохранение *с.* protéction, prèsèrvátion [-zə:-].

предохранитель *м. тех.* sáfe¦ty lock / catch / devíce / guard; плавкий ~ sáfe¦ty fúse / cút-out. **~ный** 1. presérvative [-'zə:-]; prevéntive (*особ. от болезней*); ~ные меры precáutions, precáutionary méasures [...'meʒ-]; ~ная прививка prevéntive / protéctive inòculátion; 2. *тех.* sáfe¦ty (*attr.*); ~ный клапан sáfe¦ty-vàlve.

предохранить *сов. см.* предохранять.

предохранять, предохранить (*вн.* от) protéct (*d.* from, agáinst), presérve [-'zə:v] (*d.* from).

предпарламент *м. ист.* Prè¦párliament [-lə-].

предписа||ние *с.* diréction; diréctions *pl.*, instrúctions *pl.*; (*приказ*) órder; (*гл. обр. врача*) prescríption; ~ суда court órder [kɔ:t...]; секретное ~ sécret órder; согласно ~нию by órder. **~ть** *сов. см.* предписывать.

предписывать, предписать (*дт. вн.*; *дт.* + *инф.*) órder (*d. d.*; *d.* + to *inf.*); diréct (*d.* + to *inf.*); (*о лечении, диете и т. п.*) prescríbe (*i. d.*).

предплечье *с. анат.* fóre¦àrm.

предплужник *м. с.-х.* có(u)lter ['kou-].

предплюсна *ж. анат.* társus (*pl.* -rsì).

предполагаемый 1. *прич. см.* предполагать; 2. *прил.* suppósed, conjéctural.

предполаг||ать, предположить 1. (*вн.*; *думать*) suppóse (*d.*); (*делать догадки*) conjécture (*d.*), sùrmíse (*d.*); (*допускать*) assúme (*d.*); предположим, что это треугольник (let us) suppóse / assúme it to be a tríangle; предположим, что вы это потеряете suppóse you lose it [...lu:z...]; 2. *тк. несов.* (+ *инф.*; *намереваться*) intènd (+ to *inf.*), propóse (+ to *inf.*, + *ger.*), cóntèmplàte (+ *ger.*); что вы ~аете делать? what are you gó¦ing to do?; 3. *тк. несов.* (*вн.*; *иметь своим условием*) prè¦suppóse (*d.*). **~аться** 1. *безл.*: ~ается. что it is suppósed that; 2. *страд. к* предполагать.

предположени||е *с.* sùpposítion [-'zɪ-]; (*допущение*) assúmption; законодательное ~ dráft-bill; это послужило поводом для всякого рода ~й it has aróused all mánner of spèculátion.

предположительно I *прил. кратк. см.* предположительный.

предположительн||о II 1. *нареч.* suppósed¦ly, presúmably [-'zju:-]; 2. *как вводн. сл.* próbably; (*приблизительно*) appróximate¦ly. **~ый** hỳpo¦thétical, conjéctural, presúmable [-'zju:-].

предположить *сов. см.* предполагать 1.

предпослать *сов. см.* предпосылать.

предпоследн||ий last but one, next to last; (*в списке*) one from (the) bóttom; (*о слоге*) penúltimate; на ~ем собрании at the last méeting but one.

предпосылать, предпослать (*вн. дт.*) premíse (*d.* to); (*статье и т. п.*) préface (with *d.*); ~ докладу обзор литературы préface the lécture with a súmmary / súrvey of líterature on the súbject.

предпосылк||а *ж.* pré¦condítion, pré¦réquisite [-zɪt]; *филос.* prémise [-s]; создавать необходимые ~и (для) crèáte the nécessary pré¦réquisites (for); это является важнейшей ~ой (для) it is a májor réquisite / pré¦condítion [...-zɪt...] (for).

предпочесть *сов. см.* предпочитать.

предпоч||итать, предпочесть (*вн. дт.*; + *инф.*) prefér (*d.* to; + to *inf.*); он ~ёл бы (+ *инф.*) he would prefér (+ to *inf.*), he would ráther [...'rɑ:-] (+ *inf.*); ~ одно другому prefér one to another, fávour one óver another.

предпочтение *с.* préference; prèdiléction [pri:-]; отдавать, оказывать ~ (*дт.*) show* préference (to), give* préference (*i.*).

предпочтительно I *прил. кратк. см.* предпочтительный.

предпочтительн||о II *нареч.* 1. ráther ['rɑ:-], préferably; 2. (перед) *уст.* by préference (to). **~ый** préferable.

предпраздничн||ый hóliday [-dɪ] (*attr.*); ~ое настроение hóliday mood; ~ая торговля hóliday trade.

предприимчив||ость *ж.* énterprìse. **~ый** énterprìsing.

предприниматель *м.*, **~ница** *ж.* ówner (of *a* firm, of *a* búsiness) ['ou-... 'bɪzn-], emplóyer. **~ский** ówner's ['ou-], emplóyer's. **~ство** *с.*: свободное ~ство free énterprìse.

предприн||имать, предпринять (*вн.*) ùndertáke* (*d.*); ~ атаку launch *an* attáck / assáult; ~ сильные атаки delíver héavy attácks [-'lɪ- 'hevɪ...]; ~ наступление take* the offénsive; предпринять шаги take* steps. **~ять** *сов. см.* предпринимать.

предприятие *с.* 1. ùndertáking, énterprìse; (*деловое, промышленное тж.*) búsiness ['bɪzn-]; рискованное ~ vénture; rísky búsiness; 2. (*завод, фабрика и т. п.*) énterprìse.

предрасполагать, предрасположить (*вн.* к) pré¦dispóse (*d.* to).

предрасположение *с.* (к) pré¦dìsposítion [-'zɪ-] (to); *мед. тж.* dìáthesis (*pl.* -esès [-i:z]) (to).

предрасположенный *прич. и прил.* (к) pré¦dispósed (to).

предрасположить *сов. см.* предрасполагать.

предрассветн||ый precéding dawn; héralding dawn; ~ые сумерки false dawn [fɔ:ls...] *sg.*; ~ холод the chill of appróaching dawn.

предрассуд||ок *м.* préjudice; без ~ков without préjudices, ùnpréjudiced; закоснелый в ~ках steeped in préjudice.

предрекать, предречь (*вн.*) fòre¦téll* (*d.*), prognósticàte (*d.*).

предречь *сов. см.* предрекать.

предреш||ать, предрешить (*вн.*) decíde befóre¦hànd (*d.*); (*определять заранее*) pré¦detérmine (*d.*); ~ вопрос decíde *the* quéstion befóre¦hànd [...-s-ʧən...]; ~ исход сражения pré¦detérmine the íssue / óut¦còme of *the* báttle. **~ить** *сов. см.* предрешать.

председатель *м.* cháir¦man*; (*правления и т. п.*) cháir¦man*, président [-z-]; (*палаты общин в Англии и палаты представителей в США*) the Spéaker. **~ский** cháir¦man's; président's [-z-]; занять ~ское место take* the chair. **~ство** *с.* (*на собрании*) cháirmanship; (*в правлении и т. п.*) présidency [-zɪ-]; под ~ством (*рд.*) únder the cháirmanship (of), presíded óver [-'zaɪ-...] (by).

председательств||овать: ~ на собрании be in the chair, presíde (at / óver *a* méeting) [-'zaɪd...]. **~ующий** 1. *прич. см.* председательствовать; 2. *м. как сущ.* cháir¦man*.

предсердие *с. анат.* áuricle (*of the heart*).

предсказа||ние *с.* próphecy̆, predíction, prognòsticátion; fóre¦càst (*особ. о погоде*). **~тель** *м.*, **~тельница** *ж.* fòre¦téller, sóothsayer.

предсказать *сов. см.* предсказывать.

предсказывать, предсказать (*вн.*) fòre¦téll* (*d.*); (*научно*) predíct (*d.*), prognósticàte (*d.*); fòre¦cást (*d.*; *особ. о погоде*).

предсмертн||ый death [deθ] (*attr.*), dýing: ~ые страдания déath-àgony ['deθ-], déath-strùggle ['deθ-]; ~ое желание dýing wish.

представа́ть, предста́ть (пе́ред) appéar (befóre).

представи́тель *м.* **1.** rèpresentative [-'ze-]; spókes¦man* (for); полномо́чный ~ plènipoténtiary; ~ сове́тской обще́ственности rèpreséntative of the Sóviet públic [...'pʌ-]; **2.** (*образец*) spécimen.

представи́тельност‖ь *ж.* impósing / dígnified / impréssive appéarance; не име́ть ~и have nothing impósing / dígnified / impréssive in one's appéarance.

представи́тельный I *полит.* rèpreséntative [-'ze-].

представи́тельн‖ый II (*о внешнем виде*) impósing, dígnified, impréssive; ~ая вне́шность impósing / dígnified / impréssive appéarance; ~ челове́к dígnified / impréssive man*, man* of impósing / dígnified appéarance.

представи́тельство *с.* **1.** rèpresèntátion [-zen-]; **2.** (*учреждение*): дипломати́ческое ~ diplomátic rèpreséntatives [...-'z-] *pl.*; торго́вое ~ СССР Trade Dèlegátion of the USSR.

предста́вить *сов. см.* представля́ть 2, 4, 5, 6, 7, 9. **~ся** *сов. см.* представля́ться.

представле́ни‖е *с.* **1.** prèsèntátion [-zen-]; (*о документах тж.*) hánding-in; **2.** *театр.* perfórmance; **3.** (*понятие*) ìdéa [aɪ'dɪə], nótion; име́ть ~ (*о пр.*) have an ìdéa / nótion (abóut); он не име́ет ни мале́йшего ~я he has¦n't the slíghtest ìdéa, he has¦n't the háziest nótion; дава́ть ~ (*о пр.*) give* an ìdéa (of); име́ть я́сное ~ о положе́нии дел have a clear view of the sìtuátion [...vjuː...]; **4.** *офиц.* rèpresèntátion [-zen-]; ~я бы́ли сде́ланы rèpresèntátions were made.

представ‖ля́ть, предста́вить **1.** *тк. несов.* (*вн.*; *являться, быть*) presént [-'zent] (*d.*), óffer (*d.*); э́то не ~ля́ет тру́дности it óffers no dífficulty; э́то не ~ля́ет для меня́ интере́са it is of no ínterest to me; ~ большу́ю це́нность be of great válue [...ɡreɪt 'væ-]; **2.** (*вн.*; *предъявлять*) prodúce (*d.*): ~ доказа́тельства, соображе́ния prodúce évidence, réasons [...'riːz-]; — ~ на рассмотре́ние, утвержде́ние *и т. п.* submít for consìderátion, appróval, *etc.* [...-ruːv-] (*d.*); **3.** *тк. несов.* (*вн.*; *быть представителем*) rèpresént [-'ze-] (*d.*); **4.** (*вн. дт.*; *знакомить*) ìntrodúce (*d.* to), presént (*d.* to); **5.** (*вн.*; *чаще со словом* себе́; *воображать*) imágine (*d.*), pícture (*d.*), fáncy (*d.*), concéive [-'siːv] (*d.*); предста́вьте себе́ моё удивле́ние imágine my astónishment; вы не мо́жете себе́ предста́вить you can't imágine [...kɑːnt...]; нельзя́ предста́вить себе́, что it cánnòt be concéived that; **6.** (*вн.*) *театр.* perfórm (*d.*); **7.** (*вн.*; *изображать*) rèpresént (*d.*), embódy [-'bɔ-] (*d.*); **8.** *тк. несов.*: ~ собо́й что-л. rèpresént smth.; be smth.; Земля́ ~ля́ет собо́й сферо́ид the earth is a sphéroid [...əːθ...]; что он собо́й ~ля́ет? what kind of pérson is he?; **9.** (*вн.* к): ~ кого́-л. к награ́де, о́рдену rècommend smb., *или* put* smb. fórward, for *a* rewárd / dècorátion; ◇ ~ что-л. в лу́чшем све́те place things in the best light. **~ля́ться,** предста́виться **1.** (*возникать*) occúr, presént ìt¦sélf [-'ze-...]; (*о случае тж.*) óffer, aríse*; на́шим глаза́м предста́вилась печа́льная карти́на a pícture of dèsolátion rose befóre our eyes [...aɪz]; слу́чай ско́ро предста́вился an òpportúnity soon presénted ìt¦sélf; е́сли предста́вится (удо́бный) слу́чай should an òpportúnity aríse, if òpportúnity óffers; **2.** *безл.* (*дт.*; *казаться*) seem (to); ему́ предста́вилось, что it seemed to him that, he imágined that; **3.** (*дт.*; *знакомиться*) ìntrodúce òne¦sélf (to); **4.** *страд. к* представля́ть.

предста́тельн‖ый: ~ая железа́ *анат.* próstàte (gland).

предста́ть *сов. см.* представа́ть.

предсто‖я́ть be in próspèct, be cóming; че́рез не́сколько дней ~я́т вы́боры in a few days we are gó¦ing to have eléctions, in a few days eléctions will take place; нам ~и́т (+*сущ.*) we are faced (with); we are in (for) *разг.*; (+*глаг.*) we are (+to *inf.*): нам ~и́т путеше́ствие we are faced with a jóurney [...'ʤəː-]; ему́ ~я́т тру́дности dífficulties are in store, *или* lie* in wait, for him; нам ~и́т реши́ть вопро́с we (will) have to solve *the* próblem [...'prɔ-], we are to solve *the* próblem. **~я́щий 1.** *прич. см.* предстоя́ть; **2.** *прил.* cóming, fórth¦cóming; (*неминуемый*) impénding; at hand; ahéad [ə'hed] (*predic.*); ~я́щие вы́боры, ~я́щая конфере́нция fórth¦còming eléctions, cónference; ввиду́ ~я́щих затра́т in view of impénding expénses [...vjuː...].

предте́ча *м. и ж. уст.* (*предшественник*) fóre-rúnner, precúrsor.

предубежд‖е́ние *с.* préjudice, bías. **~ённый** *прич. и прил.* préjudiced, bíassed.

предуве́дом‖ить *сов. см.* предуведомля́ть. **~ле́ние** *с.* fòre¦wárning.

предуведомля́ть, предуве́домить (*вн.* о *пр.*) infórm befóre¦hànd (*d.* abóut), give* advánce nótice [...'nou-] (to abóut); (fòre¦)wárn (*d.* of, abóut).

предугада́ть *сов. см.* предуга́дывать.

предуга́дывать, предугада́ть (*вн.*) divíne (*d.*), fòre¦sée* (*d.*), fòre¦téll* (*d.*); ~ чьи-л. наме́рения divíne smb.'s inténtions.

предуда́рный *лингв.* pré¦tónic; ~ гла́сный, слог pré¦tónic vówel, sýllable.

предумы́шленн‖ость *ж.* premèditátion, fóre¦thought. **~ый** preméditàted, afóre¦thought; ~ое уби́йство premédìtàted múrder, múrder in the first degrée.

предупреди́тельн‖ость *ж.* cóurtesy ['kəːtsɪ]; (*внимание*) atténtion. **~ый 1.** (*о мерах и т. п.*) prevéntive, precáutionary; **2.** (*о человеке*) oblíging; (*внимательный*) atténtive; (*любезный*) cóurteous ['kəːt-].

предупреди́ть *сов. см.* предупрежда́ть.

предупре‖жда́ть, предупреди́ть **1.** (*вн.* о *пр.*; *заранее*) let* (*d.*) know befóre¦hànd [...nou...] (of, abóut); give* advánce nótice [...'nou-] (to abóut); (*извещать*) nótifỳ ['nou-] (*d.* abóut), tell* befóre¦hànd (*d.* abóut), give* nótice [...'nou-] (*i.* abóut); warn (*d.* of, abóut); ~ за ме́сяц give* a month's nótice / wárning [...mʌ-...] (to); **2.** (*вн.* о *пр.*; *предостерегать*) warn (*d.* agáinst), fòre¦wárn (*d.* of / abóut); **3.** (*вн.*; *предотвращать*) prevént (*d.*), avért (*d.*); ~ пожа́р, несча́стный слу́чай prevént fire, *an* áccident; **4.** (*вн.*; *опережать*) àntícipàte (*d.*), get* ahéad [...ə'hed] (of), fòre¦stáll (*d.*); я хоте́л сде́лать э́то для вас, но он ~ди́л меня́ I wánted to do it for you but he àntícipàted / fòre¦stálled me, *или* got ahéad of me; я хоте́л э́то сказа́ть, но он ~ди́л меня́ I was just gó¦ing to say it, but he fòre¦stálled me; I was just gó¦ing to say it, when he took the words out of my mouth *идиом.* **~жде́ние** *с.* **1.** (*извещение*) nótice ['nou-], **2.** (*предостережение*) wárning; **3.** (*предотвращение*) prevéntion; ◇ вы́говор с ~жде́нием sevére réprimànd and wárning [...-ɑːnd...].

предусма́трив‖ать, предусмотре́ть (*вн.*) fòre¦sée* (*d.*); (*о плане тж.*) envísage [-z-] (*d.*); (*обеспечивать, обусловливать*) províde (for), stípulàte (*d.*); всё бы́ло предусмо́трено évery¦thing was províded for, nothing was left to chance; зако́н не ~ает тако́го слу́чая the law makes no provísion for such a case [...keɪs]; предусмо́тренный пла́ном envísaged / stípulàted by the plan; предусмо́тренный статьёй, пу́нктом догово́ра spécified in *the* árticle, the páragràph of *the* cóntràct.

предусмотре́ть *сов. см.* предусма́тривать.

предусмотри́тельн‖ость *ж.* fóre¦sìght; (*осторожность*) prúdence. **~ый** fòre¦sée¦ing, próvident; (*осторожный*) prúdent.

предустано́вленный *уст.* pré-estáblished, pré¦detérmined.

предУ́тренний dáybreak [-breɪk] (*attr.*); at dawn (*после сущ.*), at break of day [...breɪk...] (*после сущ.*).

предчу́встви‖е *с.* preséntiment [-'ze-]; (*дурное об.*) fòre¦bóding, mis¦gíving; ~ беды́, несча́стья fòre¦-

bóding of évil [...'iːv°l]; вéрить ~ям indúlge in prèmonítions [...priː-].

предчýвствов||ать (*вн.*) have a preséntiment [...-'ze-] (of, abóut); have a fòre¦bóding (of, abóut); так он и ~ал he had a preséntiment abóut it; он ~ал, что э́то так бýдет he had a preséntiment that it would be so.

предшéственн||ик *м.*, **~ица** *ж.* prédecèssor ['priː-], fóre-rúnner, precúrsor.

предшéств||овать (*дт.*) precéde (*d.*), fòre¦gó* (*d.*), fòre-rún* (*d.*). **~ующий** 1. *прич. см.* предшéствовать; 2. *прил.* prévious, fórmer; 3. *с. как сущ.*=предыдýщее *см.* предыдýщий 2.

предъяв||ѝтель *м.* béarer ['bɛə-]; ~ иска pláintiff, cláimant; чек с уплáтой на ~ѝтеля cheque páyable to béarer. **~ѝть** *сов. см.* предъявля́ть. **~лéние** *с.* prodúcing, prèsèntátion [-ze-]; ~лéние обвинéния (в *пр.*) àccusátion [-'zeɪ-] (of), charge (of); ~лéние иска bring¦ing of a suit [...sjuːt]; ~лéние прáва assértion of a claim; по ~лéнии on prèsèntátion.

предъявля́ть, предъявѝть (*вн.*) 1. (*показывать*) show* [ʃou] (*d.*), prodúce (*d.*): ~ билéты show* / prodúce tickets; ~ докумéнты show* one's dócuments; — ~ доказáтельства show* / presént proofs [...-'zent...]; prodúce évidence; 2. (*заявлять*): ~ прáво (на *вн.*) lay* / raise claim (to); ~ трéбование (к) lay* claim (to); ~ высóкие трéбования (к) make* great / high demánds [...greɪt... -ɑːndz] (of); demánd much [-ɑːnd...] (of); ~ иск (к) bring* *a* suit [...sjuːt] (agáinst); ~ обвинéние (*дт.* в *пр.*) bring* an àccusátion [...-'zeɪ-] (agáinst of), charge (*d.* with); ~ комý-л. обвинéние в убѝйстве bring* *an* àccusátion of múrder agáinst smb., charge smb. with múrder.

предыдýщ||ий 1. *прил.* prévious: ~ год prévious year; 2. *с. как сущ.* the fòre¦gó¦ing: из ~его слéдует from the fòre¦gó¦ing fóllows.

преéмник *м.* succéssor; быть чьим-л. ~ом be smb.'s succéssor, succéed to smb.

преéмственн||ость *ж.* succéssion, còntinúity; ~ полѝтики còntinúity of pólicy. **~ый** succéssive.

преéмство *с.* succéssion.

прéжде 1. *нареч.* (*раньше*) befóre; (*сначала*) first; (*в прошлом*) fórmerly, in fórmer times; нáдо бы́ло дýмать об э́том ~ you ought to have thought abóut it befóre; он дóлжен ~ кóнчить э́то he must fínish this first; ~ он был журналѝстом fórmerly he was a jóurnalist [...'dʒəː-]; he used to be a jóurnalist [...juːst...]; ~ чем (+*инф.*) befóre (+*ger.*): он дóлжен поговорѝть с ней, ~ чем уéхать he must speak to her befóre gó¦ing; 2. *как предл.* (*рд.*) befóre: он пойдёт тудá ~ неё he will go there befóre her; ◇ ~ всегó first of all, to begin with; first and fóre¦mòst.

преждеврéменно I *прил. кратк. см.* преждеврéменный.

преждеврéменн||о II *нареч.* prèmatúre¦ly; ~ скончáться die prèmatúre¦ly, die befóre one's time. **~ость** *ж.* prèmatúrity, ùntíme¦liness. **~ый** prèmatúre, ùntíme¦ly; ~ые рóды *мед.* prèmatúre birth *sg.*

прéжн||ий prévious, fórmer; в ~ее врéмя in the old days, in fórmer times.

презентовá||ть *несов. и сов.* (*вн. дт.*) *разг. уст.* presént [-'ze-] (*d. i.*, with *d.*), give* for a présent [...'prez-] (*d. i.*), make* a présent (of to); он ~л емý кнѝгу he presénted *a* book to him, he presénted him with *a* book.

президéнт *м.* président [-zɪ-]. **~ский** prèsidéntial [-zɪ-]. **~ство** *с.* présidency [-zɪ-].

президиум *м.* presídium; Презѝдиум ЦК КПСС Presídium of the Céntral Commíttee of the C.P.S.U. [...-tɪ...]; Презѝдиум Верхóвного Совéта СССР Presídium of the Supréme Sóvièt of the USSR; почётный ~ hónour¦able presídium ['ɔ-...].

презирáть, презрéть (*вн.*) 1. *тк. несов.* despíse (*d.*), hold* in contémpt (*d.*), disdáin (*d.*); ~ когó-л. за трýсость despíse smb. for his cówardice; ~ лесть disdáin fláttery; 2. (*отвергать, пренебрегать*) disdáin (*d.*); ~ опáсность defý dánger [...'deɪn-].

презрéн||ие *с.* 1. contémpt, scorn, disdáin; 2. (*к опасности и т. п.*) defíance. **~ный** contémptible, déspicable; ◇ ~ный метáлл *разг.* fílthy lucre.

презрéть *сов. см.* презирáть 2.

презрѝтельный contémptuous, scórnful, disdáinful.

презýмпция *ж. юр.* presúmption [-'zʌ-.]

преимýщественн||о *нареч.* máinly, chíefly ['tʃiːf-]. **~ый** 1. prímary ['praɪ-]; имéть ~ое значéние be of prímary impórtance; ~ое развѝтие тяжёлой промы́шленности priórity devélopment of héavy índustry [...'hevɪ...]; 2. *юр.* prèferéntial; ~ое прáво préference; ~ое прáво на покýпку pre-émption.

преимýществ||о *с.* advántage [-'vɑː-]; (*предпочтение*) préference; отдавáть ~ (*дт.* пéред) prefér (*d.* to); получáть ~ (пéред) gain an advántage (óver); имéть ~ (пéред) have / posséss an advántage [...-'zes...] (óver); онѝ имéют то ~, что онѝ дёшевы they have the advántage of chéapness; ◇ по ~у for the most part, chíefly ['tʃiːf-].

преиспóдняя *ж. скл. как прил. уст.* néther world; néther régions *pl.*

преиспóлн||енный 1. *прич. см.* преисполня́ть; 2. *прил.* (*рд.*, *тв.*) full (of), filled (with); ~ бóдрости, мýжества full of méttle; ~ рáдостью filled with joy; ~ решѝмости fírmly resólved [...-'zɔ-]; ~ опáсности fraught with dánger [...'deɪn-]. **~ить(ся)** *сов. см.* преисполня́ть(ся).

преисполня́ть, преиспóлнить (*вн. тв.*, *рд.*) fill (*d.* with). **~ся**, преиспóлниться (*тв.*, *рд.*) be filled (with).

прейскурáнт *м.* príce-lìst; (*в ресторане*) bill of fare.

преклон||éние *с.* (пéред) àdmirátion (for), wórship (for). **~ѝть(ся)** *сов. см.* преклоня́ть(ся).

преклóнный: ~ вóзраст (extréme) old age.

преклоня́ть, преклонѝть (*вн.*): ~ колéна kneel*; ~ гóлову bow one's head [...hed]. **~ся**, преклонѝться (пéред) 1. bend* down (befóre); 2. (*чувствовать уважение, восхищение*) admíre (*d.*), wórship (*d.*).

прекослóв||ие *с. уст.* còntradíction; без ~ия without còntradíction. **~ить** (*дт.*) còntradíct (*d.*), cross (*d.*).

прекрáсно I *прил. кратк. см.* прекрáсный.

прекрáсно II *нареч.* 1. éxcellently, pérfectly well; 2. *как межд.* very well!, wónderful! ['wʌn-].

прекрáсн||ое *с. скл. как прил.* the béautiful [...'bjuːt-]. **~ый** 1. béautiful ['bjuːt-], fine; 2. (*отличный*) éxcellent, cápital; ◇ в одѝн ~ый день one fine day; в однó ~ое ýтро one fine mórning; ~ый пол the fair (sex); рáди ~ых глаз *разг.* for love [...lʌv], for the, *или* pour les, beaux yeux [...puə le bo'zjəː].

прекратѝть(ся) *сов. см.* прекращáть(ся).

прекращ||áть, прекратѝть (*вн.*) stop (*d.*), cease [-s] (*d.*), díscontínue (*d.*); (*положить конец чему-л.*) put* an end (to), make* an end (of); bring* to a stop (*d.*); (*о сношениях и т. п.*) break* off [breɪk...] (*d.*), séver ['se-] (*d.*); ~ знакóмство (с *тв.*) break* (off) (with); ~ прéния close *the* debáte; ~ разговóр break* off *the* cònversátion; ~ обсуждéние вопрóса dismíss *the* súbject; прекратѝм э́тот спор let us drop this árgument; ~ рабóту leave* off, *или* cease, work; ~ войнý put* an end to the war; прекратѝть испытáния термоя́дерного орýжия díscontínue thérmò¦núclear wéapons tests [...'wep-...]; ~ воéнные дéйствия cease hostílities; ~ огóнь *воен.* cease fire; ~ поднѝску díscontínue *the* subscríption; ~ платежѝ suspénd / stop páyment(s); ~ расслéдование drop *an* in¦quíry; ~ подáчу энéргии, гáза *и т. п.* cut* off the elèctrícity, the gas supplý. **~áться**, прекратѝться 1. end, cease [-s]; 2. *страд.* к прекращáть. **~éние** *с.* stópping, cèssátion, céasing [-s-], dìscontínuance; ~éние воéнных дéйствий cèssátion of hòstílities;

ение огня́ céase-fire [-s-]; ~е́ние стоя́ния войны́ (ме́жду) tèrminá-on of the state of war (betwéen); ~е́ние произво́дства а́томного ору́-ия stóppage / hálting of the prodúc-on of atómic wéapons [...'wep-]; е́ние платеже́й suspénsion of yments; ~е́ние пре́ний clósure the debáte ['klouʒə...]; внести́ едложе́ние о ~е́нии пре́ний move e clósure of the debáte [mu:v...].

прела́т *м.* prélate.

преле́стный chárming, delíghtful; ve¦ly ['lʌ-] *разг.*

пре́лесть *ж.* charm, fàscinátion; о ~! chárming!, lóve¦ly! ['lʌ-].

прелимина́р||ии *мн.* *дип.* prelími-ries. **~ный** *дип.* prelíminary.

прелом||и́ть(ся) *сов.* *см.* прелом-ть(ся). **~ле́ние** *с.* *физ.* refráction; *ерен.*) áspèct. **~лённый** *прич.* и *ил.* refrácted. **~ ля́емость** *ж.* re-ction, refràngibílity [-n-]. **~ля́е-ый** refráctable, refrángible [-n-].

преломл||я́ть, преломи́ть (*вн.*) *физ.* ráct (*d.*); (*перен.*) intérpret (*d.*); лучи́ refráct rays. **~я́ться,** прело-ться 1. *физ.* (*о лучах*) be refrácted; *ерен.*) be intérpreted; в созна́нии бёнка всё ~я́ется по-осо́бенному e child's mind percéives évery¦-ing in its own way [...-'si:vz... n...]; 2. *страд.* к преломля́ть. **я́ющий** 1. *прич.* *см.* преломля́ть; *прил.* (*лучи*) refráctive, refráct-g.

пре́лый rótten, fústy.

прель *ж.* rot, móuldiness ['mou-], uld [mould].

прельсти́ть(ся) *сов.* *см.* прельща́ть я).

прельща́ть, прельсти́ть (*вн.* *тв.*) en-e (*d.* with); (*очаровывать*) fásci-te (*d.*); ~ кого́-л. обеща́ниями lure b. with prómises [...-sɪz]; путеше́-ие по́ морю прельсти́ло его́ the vóyage was an entíce¦ment / at-ction to him; the thought of *the* vóyage was entícing / attráctive to n. **~ся,** прельсти́ться become* / be rácted; (*соблазняться*) become*/ témpted.

прелюбо||де́й *м.* *уст.* fórnicàtor. **де́йствовать** *уст.* fórnicàte. **~дея́-е** *с.* *уст.* adúltery, fòrnicátion.

прелю́дия *ж.* *муз.* (*тж.* *перен.*) élùde.

премиа́льн||ый 1. *прил.* к пре́мия; фонд bónus funds *pl.*; ~ая систе́ма nus sýstem; 2. *мн.* *как сущ.* bónus : получи́ть ~ые get* *a* bónus.

преми́н||уть *сов.*: не ~ (+*инф.*) t fail (+to *inf.*); он не ~ул доба́-ь he did not fail to add.

премирова́ние *с.* rewárding with *a* èmium, awárding *a* prize.

премиро́ванный 1. *прич.* *см.* пре-рова́ть; 2. *прил.* prize (*attr.*): ~ oт prize cattle; 3. *м.* *как сущ.* prize nner.

премирова́||ть *несов.* и *сов.* (*вн.*) give* / awárd a bónus / bóunty / pré-mium (*i.*), put* a prémium (on): адми-нистра́ция ~ла его́ за перевыпол-не́ние пла́на the authórities gave him *a* bónus for óver¦fulfílling the plan [...-ful-...]; его́ ~ли кни́гой he was awárded *a* book as a prize.

пре́мия *ж.* 1. bónus, prémium, bóunty, gratúity; (*награда*) prize, re-wárd; Междунаро́дная Ле́нинская пре́мия ми́ра Ìnternátional Lénin Peace Prize [-'næ-...]; 2. *эк.* prize; э́кспортная ~ éxpòrt prize; 3. *фин.* prémium; страхова́я ~ prémium, insúrance [-'ʃuə-].

прему́др||ость *ж.* wísdom [-z-]; ◇ невелика́ ~ *разг.* it does¦n't require much wísdom / knówledge [...'nɔ-]. **~ый** (very) wise; sage.

премье́р *м.* 1. prime mínister, pré-mier ['premjə]; 2. *театр.* léading áctor, léading man*, star áctor, lead.

премье́ра *ж.* *театр.* (*первое представление*) first / ópen¦ing night, pre-mière (*фр.*) ['premiɛə]; (*новая постановка*) new prodúction.

премье́р-мини́стр *м.* prime mínis-ter, prémier ['premjə].

премье́рша *ж.* *театр.* *разг.* léad-ing lády / áctress, lead.

пренебре||га́ть, пренебре́чь (*тв.*) 1. negléct (*d.*); dísregárd (*d.*); ~ свои́ми обя́занностями negléct / dísregárd one's dúties; 2. (*презирать*) scorn (*d.*), ignóre (*d.*); ~ чьим-л. мне́нием scorn / ignóre smb.'s opínion; ~ чьим-л. сове́том scorn smb.'s advíce; ~ опа́сностью scorn / ignóre dánger [...'deɪn-]; не ~ ни́какими сре́дства-ми stop at nothing, shun no means. **~же́ние** *с.* 1. (*невнимание*) negléct, dísregárd; ~же́ние свои́ми обя́занно-стями negléct / dísregárd of one's dúties; относи́ться с ~же́нием (к) set* at nought / defíance (*d.*); 2. (*презрение*) scorn, disdáin; говори́ть с ~же́нием (о *пр.*) slight (*d.*), dispárage (*d.*).

пренебрежи́тельн||ость *ж.* scorn. **~ый** slíghting, scórnful; ~ый тон slíghting tone.

пренебре́чь *сов.* *см.* пренебрега́ть.

пре́ние *с.* rótting.

пре́ни||я *мн.* debáte *sg.*, discússion *sg.*; суде́бные ~ pléadings; откры-ва́ть, прекраща́ть ~ ópen, close the debáte; прекраще́ние ~й clósure of the debáte ['klou-...].

преоблада́ние *с.* predóminance, prévalence.

преоблада́||ть preváil; (над, среди́) predóminàte (óver), preváil (óver). **~ющий** 1. *прич.* *см.* преоблада́ть; 2. *прил.* predóminant, prévalent.

преобра||жа́ть, преобрази́ть (*вн.*) change [ʧeɪ-] (*d.*), trànsfórm (*d.*), trànsfígure (*d.*). **~жа́ться,** преобра-зи́ться 1. change [ʧeɪ-]; 2. *страд.* к преобража́ть. **~же́ние** *с.* trànsfor-mátion; (*тж.* *название церк. праздника*) trànsfigurátion. **~зи́ть(ся)** *сов.* *см.* преобража́ть(ся).

преобразова́||ние *с.* 1. trànsfor-mátion; (*реформа*) refórm; (*реорганизация*) ré¦òrganìzátion [-naɪ-]; план ~ния приро́ды plan for the ré¦máking of náture [...'neɪ-]; революцио́нное ~ о́бщества rèvolútionary ré¦máking / ré¦òrganìzátion of socíe-ty; 2. *физ.*: ~ то́ка trànsformátion of cúrrent. **~тель** *м.* 1. refórmer, ré¦órganìzer; 2. *физ.*, *тех.* trànsfórm-er.

преобразова́ть *сов.* *см.* преобразо́-вывать.

преобразо́вывать, преобразова́ть (*вн.*) 1. change [ʧeɪnʤ] (*d.*), tràns-fórm (*d.*); (*реорганизовывать*) re-fórm (*d.*), ré¦órganìze (*d.*); преобра-зова́ть приро́ду trànsfórm / ré¦make* náture [...'neɪ-]; преобразова́ть дип-ломати́ческую ми́ссию в посо́льство raise a dìplomátic míssion to émbassy rank, élevàte a dìplomátic míssion into an émbassy; 2. *физ.*, *мат.* tràns-fórm (*d.*).

преодол||ева́ть, преодоле́ть (*вн.*) òver¦cóme* (*d.*); (*о чувстве тж.*) get* the bétter (of); (*о препятствии тж.*) get* óver (*d.*), sùrmóunt (*d.*); прео-доле́ть лень òver¦cóme* one's láziness [...'leɪ-]; ~ тру́дности òver¦cóme*, *или* get* óver, *the* dífficulties; пре-одоле́ть отстава́ние make* good the lag; make* up lée-way *идиом.* **~е́ние** *с.* òver¦cóming.

преодол||е́ть *сов.* *см.* преодолева́ть. **~и́мый** sùrmóuntable.

преосвяще́нный *м.* *скл.* *как прил.* *церк.* Right Réverend (*title of bish-op*).

препара́т *м.* prèparátion. **~ор** *м.* assístant (in labóratory, *etc.*), démon-stràtor.

препари́ровать *несов.* и *сов.* (*вн.*) prepáre (for èxpèriméntal púrposes) [...-sɪz] (*d.*).

препина́ни||е *с.*: зна́ки ~я *грам.* stops, pùnctuátion marks.

препира́тельство *с.* àltèrcátion, wrángling, squábbling.

препира́ться (с *тв.*) *разг.* áltèr-càte (with), wrangle (with), squabble (with).

преподава́ние *с.* téaching.

преподава́тель *м.*, **~ница** *ж.* téach-er; (*в вузе*) instrúctor. **~ский** téach-er's, téaching; ~ский соста́в the téachers and proféssors *pl.*, the téach-ing staff.

преподава́ть (*вн.* *дт.*) teach* (*d.* *i.*; *d.* to).

препода́ть *сов.* (*вн.* *дт.*; *урок, совет*) give* (*d.* *i.*).

преподнести́ *сов.* *см.* преподноси́ть.

преподно||си́ть, преподнести́ (*вн.* *дт.*) presént [-'z-] (*d.* *i.*; with *d.*), make* a présent [...-ez-] (of to): он преподнёс ей кни́гу he presénted *a* book to her, he presénted her with *a* book; — преподнести́ сюрпри́з кому́-л. give* smb. a surpríse; преподнести́ неприя́тную но́вость bring* bad* news [...-z] (*i.*), be a béarer of bad* news [...'bɛə-...]; преподнести́ что-л. кому́-л. в гото́вом ви́де (*перен.*) hand smth. to smb. on a plate / plátter. ~**ше́ние** *с.* présent [-ez-], gift [g-].

преподо́б||ие *с. церк.* Réverence. ~**ный** *церк.* saint; (*как титул священника*) Réverend.

препо́на *ж.* óbstacle, impédiment

препроводи́тельный = сопроводи́тельный.

препроводи́ть *сов.: см.* препровожда́ть.

препровожд||а́ть, препроводи́ть (*вн.*) *офиц.* fórward (*d.*), send* (*d.*), dispátch (*d.*). ~**е́ние** *с.* fórwarding; ◇ ~е́ние вре́мени pástìme; (*впусту́ю*) waste of time [weɪ...]; для ~е́ния вре́мени to pass the time.

препя́тстви||е *с.* óbstacle, impédiment, híndrance; чини́ть ~я кому́-л. put* óbstacles in smb.'s path / way; есте́ственное, иску́сственное ~ *воен.* nátural, àrtifícial óbstacle; ска́чки с ~ями stéeple¦chàse [-s] *sg.*; брать ~я *спорт.* take* óbstacles.

препя́тствовать (*дт.* в *пр.*) prevént (*d.* from), hínder ['hɪ-] (*d.* from); (*дт.*) lay* óbstacles (to); ~ торго́вле hámper trade; ~ приёму кого́-л. в организа́цию block smb.'s admíssion to *an* òrganìzátion [...-naɪ-].

прерва́ть(ся) *сов. см.* прерыва́ть (-ся).

пререка́||ние *с.* árguing, wrángling, àltèrcátion; вступи́ть с кем-л. в ~ния start an árgument with smb., énter into an árgument with smb. ~**ться** (с *тв.*) árgue (with), wrangle (with), áltèrcàte (with).

пре́рия *ж. геогр.* práirie.

прерогати́ва *ж.* prerógative.

прерыва́тель *м. тех.* interrúpter, bréaker [-eɪkə], cút-out.

прерыва́||ть, прерва́ть (*вн.*) ìnterrúpt (*d.*); (*внезапно прекращать*) break* off [-eɪk...] (*d.*); ~ разгово́р (*чужой*) ìnterrúpt *a* cònversátion; (*свой*) break* off *a* talk; нас прерва́ли we were ìnterrúpted; (*о телефонном разговоре*) we were cut off; ~ заня́тия ìnterrúpt one's stúdies [...'stʌ-]; ~ перегово́ры stop negòtiátions, suspénd talks; ~ рабо́ту на кани́кулы (*о парламенте и т. п.*) go* into recéss; прерва́ть дипломати́ческие отноше́ния break* off, *или* séver, diplomátic relátions [...'se-...]; ~ молча́ние break* *the* sílence [...'saɪ-]; ~ ток *эл.* ìnterrúpt *the* cúrrent. ~**ться,** прерва́ться 1. be ìnterrúpted; (*о голосе — от волнения и т. п.*) break* [-eɪk]; его́ го́лос прерва́лся his voice broke, there was a break in his voice; 2. *страд. к* прерыва́ть. ~**ющийся** 1. *прич. см.* прерыва́ться; 2. *прил.*: ~ющимся го́лосом with a catch in one's voice.

преры́висто I *прил. кратк. см.* преры́вистый.

преры́вист||о II *нареч.* in a bróken way; говори́ть ~ speak* in a bróken voice; дыша́ть ~ gasp. ~**ость** *ж.* bróken¦ness, ìntermíttence. ~**ый** bróken, interrúpted.

пресви́тер *м.* présbyter [-z-].

пресека́ть, пресе́чь (*вн.*) suppréss (*d.*), stop (*d.*); он сра́зу пресёк э́то he stopped it at once [...wʌns]; ~ в ко́рне nip in the bud (*d.*): пресе́чь зло в ко́рне nip the évil in the bud [...'iː-...]. ~**ся,** пресе́чься 1. stop; (*о голосе — от волнения и т. п.*) break* [-eɪk]; рабо́та пресекла́сь the work stopped; его́ го́лос пресёкся his voice broke off; 2. *страд. к* пресека́ть.

пресече́ние *с.* suppréssion.

пресе́чь(ся) *сов. см.* пресека́ть(ся).

пресле́дова||ние *с.* 1. (*погоня*) pursúit [-'sjuːt]; *мор.* chase [-s]; нача́ть ~ (кого́-л.) start in pursúit (of smb.); *мор.* give* chase (to smb.); 2. (*притеснение*) pèrsecútion, vìctimìzátion [-maɪ-]; 3. *юр.*: суде́бное ~ pròsecútion. ~**тель** *м.* pérsecùtor.

пресле́д||овать (*вн.*) 1. (*гнаться за*) pursúe (*d.*), chase [-s] (*d.*), be áfter (*d.*); (*перен.*: *мучить*) haunt (*d.*); э́та мысль ~ует меня́ this thought haunts me; 2. (*притеснять*) pérsecùte (*d.*); víctimìze (*d.*); 3. (*судебным порядком*) prósecùte (*d.*); 4. (*стремиться к чему-л.*) strive* (for), pursúe (*d.*); ~ цель pursúe one's óbject, have for an óbject; ~ со́бственные интере́сы stúdy one's own ínterests ['stʌ-...oun...], pursúe one's own ends.

пресловýтый notórious.

пресмыка́||тельство *с.* gróvelling. ~**ться** creep*, crawl; (пе́ред; *перен.*) gróvel [-ɔ-] (befóre); ~ться пе́ред кем-л. fawn on smb., gróvel / cringe befóre smb.; pròstráte òne¦sélf befóre smb. ~**ющееся** *с. скл. как прил. зоол.* réptìle.

пресново́дный fréshwàter [-wɔː-].

пре́сн||ый (*о воде*) fresh, sweet; (*о хлебе*) ún¦léavened [-'lev-]; (*о пище*) insípid, únfláyour¦ed; (*перен.*) insípid, vápid; ~ые остро́ты vápid sállies, feeble jokes.

преспоко́йно *нареч. разг.* 1. very quíetly; 2. (*как ни в чём не бывало*) imperturbably.

пресс *м.* press; винтово́й ~ flý-prèss, screw press.

пре́сса *ж.* the press (*the newspapers generally*).

пресс-атташе́ *м. нескл.* press attaché (*фр.*) [...ə'tæʃeɪ], press rèpreséntative [...-'ze-].

пресс-бюро́ *с. нескл.* press depártment.

пресс-конфере́нция *ж.* press / news cónference [...njuːz...].

прессова́ние *с.* = прессо́вка.

прессова́ть, спрессова́ть (*вн.*) press (*d.*), compréss (*d.*).

прессо́в||ка *ж.* préssing, compréssing. ~**щик** *м.* présser, press óperator.

пресс-папье́ *с. нескл.* páper-weight

преста́виться *сов. уст.* pass a¦wáy

престаре́лый áged; advánced in years.

прести́ж *м.* prèstíge [-'tiːʒ]; повыша́ть ~ (*рд.*) enhánce the prèstíge (of); поте́ря ~а loss of prèstíge / face; сохрани́ть свой ~ save one's face.

престо́л *м.* 1. throne; вступи́ть на ~ come* to the throne; mount / ascénd the throne; возводи́ть на ~ (*вн.*) enthróne (*d.*); сверга́ть с ~а (*вн.*) dethróne (*d.*); отрека́ться от ~а ábdicàte (the crown); 2. *церк.* áltar, commúnion table.

престолонасле́дие *с.* succéssion to the throne.

престо́льный 1. *ист.*: ~ го́род cápital (cíty) [...'sɪ-]; 2. *церк.*: ~ пра́здник pátron saint's day / feast.

преступ||а́ть, преступи́ть (*вн.*) trànsgréss (*d.*), tréspass (*d.*); víolàte (*d.*), break* [-eɪk] (*d.*); ~и́ть зако́н trànsgréss / víolàte / break* the law. ~**и́ть** *сов. см.* преступа́ть.

преступле́ни||е *с.* crime, offénce; *юр.* félony; госуда́рственное ~ tréason [-z°n]; полити́ческое ~ polítical crime / offénce; уголо́вное ~ críminal offénce; соверша́ть ~ commít a crime; соста́в ~я *юр.* córpus delícti; ~ по до́лжности *юр.* críminal breach of trust, málféasance [-z-].

престу́пн||ик *м.*, ~**ица** *ж.* críminal, offénder; *юр.* félon ['fe-]; госуда́рственный ~ state críminal; вое́нный ~ war críminal. ~**ость** *ж.* 1. crìminálity, críminal náture [...'neɪ-]; 2. (*наличие преступлений*) crimes *pl.*

престу́пн||ый críminal; felónious; ~ое отноше́ние к свои́м обя́занностям críminal négligence in the perfórmance of one's dúties.

пресы́тить(ся) *сов. см.* пресыща́ть (-ся).

пресыщ||а́ть, пресы́тить (*вн. тв.*) *уст.* sátiàte (*d.* with); (*особ. пищей*) súrfeit [-fɪt] (*d.* on), sate (*d.* with). ~**а́ться,** пресы́титься (*тв.*) be sátiàted (with); (*особ. пищей*) have had a súrfeit [...-fɪt] (of), be súrfeited [...-fɪtɪd] (with). ~**е́ние** *с.* satíety; (*особ. пищей*) súrfeit [-fɪt]; до ~е́ния to satíety.

пресы́щенн||ость *ж.* = пресыще́ние. ~**ый** *прич. и прил.* sátiàted (*особ. пищей*) súrfeited [-fɪt-]; sáted *прил. тж.* replète.

претвор||е́ние *с.* convérsion, trànsubstàntiátion; ~ в жизнь (*рд.*) rèalìzátion [rɪəlaɪ-] (of), cárrying into

fe (*d.*), putting into práctice (*d.*).
·йть(ся) *сов. см.* претворя́ть(ся).
претвор||я́ть, претвори́ть **1.** (*вн.* в .) *уст.* turn (*d.* into), change eɪ-] (*d.* into), convért (*d.* into); (*вн.*; *воплощать*): ~ в жизнь, · в де́ло réalìze ['rɪə-] (*d.*), cárry t (*d.*), cárry into life (*d.*), put* to práctice (*d.*); ~ в жизнь заве́ты ∂.) cárry out the behésts (of). **я́ться,** претвори́ться **1.**: ~я́ться жизнь come* true, be réalìzed .'rɪə-]; его́ мечта́ ~и́лась в жизнь s dream came true; his dream was alìzed; прое́кт ~и́лся в жизнь the ójèct was réalìzed; **2.** *страд.* к етворя́ть.
претенде́нт *м.*, **~ка** *ж.* (на *вн.*) eténder (to), cláimant (up|ón), as-rant (to); ~ы на пост президе́нта èsidéntial aspírants [prez-...].
претендова́ть (на *вн.*) preténd (to), y* claim (to); put* in a claim (on), ve a claim (on).
прете́нзи||я *ж.* **1.** claim; (*неоснова-льная*) preténsion; фина́нсовые ~и áncial claims; име́ть ~ю (на *вн.*) y* claim (to), claim (*d.*), have a im (on); **2.**: челове́к с ~ями man* preténsions, preténtious man*; он лове́к без ~й he is únpreténtious; быть в ~и на кого́-л. bear* smb. a ıdge [bεə...], have a grudge agáinst ıb.
претенцио́зн||ость *ж.* preténtious|-ss, àffèctátion. **~ый** preténtious, écted.
претерпева́ть, претерпе́ть (*вн.*) súf-(*d.*); (*подвергаться*) ùndergó* (*d.*); етерпе́ть лише́ния endúre hárd-ıps; ~ измене́ния ùndergó*/ súffer ánges [...'ʧeɪ-].
претерпе́ть *сов. см.* претерпева́ть.
прети́||ть (*дт.*) sícken (*d.*): мне ~т síckens me.
преткнове́ни||е *с.*: ка́мень ~я stúm-ng-blòck, stúmbling-stòne.
пре́тор *м. ист.* práetor. **~иа́нец** *м.*, **иа́нский** *ист.* praetórian.
ıреть, сопре́ть **1.** (*гнить*) rot; **2.** . *несов.* (*вариться*) stew.
ıреувел||иче́ние *с.* exàggerátion dʒə-], óver|státe|ment. **~и́ченный** *ıрич. см.* преувели́чивать; **2.** *прил.* ággeràted [-ædʒə-], hỳper|bólical.
преувели́чивать, преувели́чить (*вн.*) ággeràte [-ædʒə-] (*d.*), óver|state); си́льно ~ gróssly exággeràte us-...] (*d.*).
преувели́чить *сов. см.* преувели́чи-ть.
преуменьша́ть, преуме́ньши́ть (*вн.*) lerèstimàte (*d.*), únderstáte (*d.*); опа́сность, поте́ри únderéstimàte dánger, the lósses [...'deɪ-...]; ~ й заслу́ги make* light of one's vices; ~ значе́ние belíttle / ún-éstimàte the impórtance.
преуменьше́ние *с.* ùnderèstimátion; lerstáte|ment; ~ опа́сности, поте́рь ùnderèstimátion of dánger, lósses [...'deɪ-...]; ~ свои́х заслу́г máking light of one's sérvices.
преуме́ньши́ть *сов. см.* преуменьша́ть.
преуспева́||ть, преуспе́ть **1.** (в *пр.*) succéed (in), be succéssful (in), prósper (in); ~ в жи́зни get* on in life; **2.** *тк. несов.* (*без доп.*; *процветать*) flóurish ['flʌ-], thrive*, prósper. **~ющий 1.** *прич. см.* преуспева́ть; **2.** *прил.* succéssful, prósperous.
преуспе́ть *сов. см.* преуспева́ть 1.
префе́кт *м.* préfèct. **~у́ра** *ж.* préfècture ['pri:-].
префера́нс *м. карт.* préference (*card game*).
пре́фикс *м. грам.* préfix ['pri:-]. **~а́льный** *грам.* with a préfix [...'pri:-]. **~а́ция** *ж. грам.* prefíxion [pri:-].
преходя́щий tránsient [-z-].
прецеде́нт *м.* précedent; нет тако́го ~а there is no précedent for it, it is ùnprécedented.
прецессио́нн||ый: ~ое колеба́ние *астр.* wóbbling.
при *предл.* (*пр.*) **1.** attached to: он живёт при ста́нции his house* is attached to *the* stàtion [...haus...]; го́спиталь при диви́зии *a* hóspital attached to *a* divísion; — би́тва при Бородине́ *и т. п.* the battle of Borodinó, *etc*; при впаде́нии реки́ near the ríver's mouth* [...'rɪ-...]; **2.** (*в присутствии*) in the présence of [...'prez-...]: э́то на́до сде́лать при нём this must be done in his présence; — при посторо́нних, при де́тях in front of, *или* befóre, strángers, in front of, *или* befóre, *the* chíldren [...frʌnt... -eɪnʤ-...]; **3.** (*во время, в эпоху*) in the time of; (*о правительстве, власти и т. п.*) únder: при Пу́шкине in Púshkin's time [...'pu-...]; при Петре́ Пе́рвом, при Стю́артах, при царе́ únder Péter the First, únder the Stúarts, únder the tsar [...zɑ:, tsɑ:]; **4.** (*с собой*) by; (*на себе*) abóut, on; у него́ э́того при себе́ нет he has not got it by him; у него́ при себе́ все бума́ги he has got all the pápers by him; all the dócuments are in his kéeping; у него́ нет при себе́ де́нег he has no móney by / on him [...'mʌnɪ...]; **5.** (*при обозначении обстоятельств действия*) by, when (+*ger.*): при электри́честве, свеча́х, дневно́м све́те by eléctric light, by cándle|light, by dáylight; при перехо́де че́рез у́лицу when crόssing *the* street; **6.** (*при наличии*) with; (*несмотря на*) for; при таки́х зна́ниях, тала́нтах with such, *или* so much, knówledge, tálent [...'nɔ-'tæ-]; при тако́м здоро́вье with such health [...helθ]; (*о плохом состоянии здоровья*) when one's health is so poor; при всём его́ уваже́нии, любви́, пре́данности *и т. п.* он не мог for all his respéct, love, devótion, *etc.*, he couldn't [...lʌv...]; при всём том (*кроме того*) mòre|óver; (*несмотря на то*) for all that.
приба́в||ить(ся) *сов. см.* прибавля́ть(ся). **~ка** *ж.* **1.** (*действие*) addítion, augmèntátion; **2.** (*надбавка*) súpplement, ín|crease [-s]; получи́ть ~ку get* a rise. **~ле́ние** *с.* **1.** (*увеличение, дополнение*) addítion, augmèntátion; ~ле́ние семе́йства addítion to *one's* fámily; **2.** (*приложение*) súpplement.
прибавля́ть, приба́вить **1.** (*вн.*, *рд.*) add (*d.*); **2.** (*рд.*; *увеличивать*) in|créase [-s] (*d.*); ~ жа́лованья raise *the* wáges, give* a rise; ~ ша́гу quícken / hásten one's steps [...'heɪ-...]; mend* one's pace; ~ хо́ду *разг.* put* on speed; **3.**: ~ в ве́се gain weight, put* on weight. **~ся,** приба́виться **1.** in|créase [-s-]; (*о воде*) rise*, swell*; (*о луне*) wax [wæ-]; день приба́вился the days are getting lónger; **2.**: ~ся в ве́се gain weight, put* on weight; **3.** *страд.* к прибавля́ть.
приба́вочн||ый 1. addítional; **2.** *эк.*: ~ труд súrplus lábour; ~ проду́кт súrplus próducts [...'prɔ-] *pl.*; ~ая сто́имость súrplus válue.
прибалти́йский Báltic.
прибау́тка *ж. разг.* facétious sáying.
прибега́ть I, прибе́гнуть (к) resórt [-'zɔ:t] (to), have recóurse [...-'kɔ:s] (to); fall* back (up|ón); ~ к по́мощи (*рд.*) resórt to the help (of), have recóurse (to); ~ к си́ле resórt to force.
прибега́ть II, прибежа́ть come* rúnning.
прибе́гнуть *сов. см.* прибега́ть I.
прибедн||и́ться *сов. см.* прибедня́ться. **~я́ться,** прибедни́ться *разг.* (*притворяться бедным и т. п.*) preténd to be póorer / húmbler than one is, show* false módesty [ʃou fɔ:ls...]; не ~я́йтесь! enóugh of your false módesty! [ɪ'nʌf...].
прибежа́ть *сов. см.* прибега́ть II.
прибе́жище *с.* réfùge; находи́ть ~ (в *пр.*) take* réfùge (in).
приберега́ть, прибере́чь (*вн.*, *рд.*) save up (*d.*), resérve [-'zɜ:v] (*d.*).
прибере́чь *сов. см.* приберега́ть.
прибива́ть I, приби́ть (*вн.*) **1.** (*гвоздями*) nail (*d.*); **2.** (*дождём, градом*) lay* (*d.*); пыль приби́ло дождём, дождь приби́л пыль the rain laid the dust; град приби́л рожь к земле́ the hail laid the rye on the ground, *или* fláttened the rye.
прибива́ть II, приби́ть (*вн.*) *чаще безл.*: ло́дку приби́ло к бе́регу the boat was thrown on to the shore [...-oun...]; труп приби́ло к бе́регу the bódy was washed ashóre [...'bɔ-...].
прибира́ть, прибра́ть (*вн.*) *разг.* **1.** (*приводить в порядок*) put* in órder

(*d.*), clean up (*d.*); tidy (*d.*), tidy up (*d.*); ~ комнату do *a* room; ~ постель make* *a* bed; **2.** (*прятать*) put* a¦wáy (*d.*); ◇ прибрать к рукам кого-л. take* smb. in hand; прибрать к рукам что-л. appròpriàte smth., lay* one's hands on smth. **~ся**, прибраться *разг.* **1.** put* *everything* in órder, clean up *everything*; **2.** *страд.* к прибирать.

прибить I, II *сов. см.* прибивать I, II.

приближ||ать, приблизить (*вн.*) draw* néarer (*d.*), bring* néarer (*d.*); приблизить книгу к глазам bring* *the* book néarer / clóser to one's eyes [...'klousə...aɪz]; приблизить производство к источникам сырья bring* industry néarer to the sóurces of raw matérials [...'sɔː-...]; он приблизил свой приезд he arránged his arrival for an éarlier date [...ə'reɪn-...'ɜː-...], he hástened the day of his arrival [...'heɪs°nd...]; приблизить срок сдачи материала shórten the time for delivery of work. **~аться,** приблизиться **1.** (к) appróach (*d.*), draw*/ come* néarer (to); near (*d*); **2.** *тк. несов.* (*становиться похожим*) appróximàte; ~аться к истине appróximàte to the truth [.. -uːθ]; **3.** *страд.* к приближать. **~ение** *с.* **1.** appróach(ing), dráwing near; **2.** *мат.* appròximátion; степень ~ения degrée of appròximátion.

приближённ||ость *ж.* pròxímity. **~ый** **1.** *прил. мат.* appróximate, rough [rʌf]; **2.** *м. как сущ. уст.* pérson in atténdance, retáiner; *мн.* rétinue *sg.*

приблизительн||о *нареч.* appróximate¦ly, róughly ['rʌf-]. **~ость** *ж.* appróximate¦ness. **~ый** appróximate, rough [rʌf].

приблизить *сов. см.* приближать **~ся** *сов.* **1.** *см.* приближаться 1; **2.** *как сов.* к близиться.

прибо||й *м.* surf; bréakers [-eɪk-] *pl.*; грохот ~я thúndering of the bréakers.

прибор *м.* **1.** device, àpparátus, instrument; отопительный ~ héater; навигационные ~ы nàvigátion instruments; **2.** (*комплект чего-л.*) set; things *pl.*; столовый ~ cóver ['kʌ-]; чайный ~ téa-sèt, téa-sèrvice; téa-things *pl.*; письменный ~ désk-sèt; ~ для бритья sháving-sèt; каминный ~ set of fire-ìrons [...-aɪənz]; туалетный ~ tóilet-sèt; **3.** (*набор частей для изготовления*) fíttings *pl.*; оконный ~ window fíttings. **~ный** ínstrument (*attr.*); ~ная доска dáshboard, instrument pánel [...'pæ-].

приборостроение *с.* instrument-màking (industry).

прибрать(ся) *сов. см.* прибирать (-ся).

прибрежн||ый (*у моря*) cóastal, líttoral; (*по реке*) river¦side ['rɪ-] (*attr.*); ~ые острова óff-shòre íslands[...'aɪl-].

прибрести *сов. разг.* come* jógging/ trúdging (alóng).

прибывать I, прибыть arrive; (*о поезде и т. п.*) get* in.

прибыва||ть II, прибыть *разг.* (*увеличиваться*) in¦créase [-s], grow* [-ou]; (*о воде*) rise*, swell*; (*о луне*) wax [wæks]; вода ~ет the wáter is rísing [...'wɔː-...]; ◇ нашего полку прибыло our númbers have in¦créased.

прибыль *ж.* **1.** prófit(s) (*pl.*), gain; retúrn; валовая ~ gross prófit [-ous...]; чистая ~ net prófit; средняя ~ áverage prófit; извлекать ~ (из) prófit (by); приносить ~ (*о предприятии*) bring* (in) prófit; это предприятие приносит большую, малую ~ this énterprìse brings (in) great, small prófit [...greɪt...]; получать ~ (от) get* a prófit (out of), recéive a prófit [-'siːv...] (from); prófit (by); **2.** (*увеличение*) ín¦crease [-s], rise; ~ воды rise of wáter [...'wɔː-]; вода идёт на ~ the wáter is rísing / swélling; ~ населения ín¦crease of pòpulátion; **3.** *тех.* (*в отливке*) head [hed], rúnner, ríser. **~ность** *ж.* prófitable¦ness, lúcrative¦ness. **~ный** prófitable, lúcrative; ~ное предприятие prófitable énterprìse; ~ное дело, занятие prófitable affáir / búsiness / òccupátion [...'bɪzn-...].

прибыти||е *с.* arrival; по ~и on one's arrival.

прибыть I, II *сов. см.* прибывать I, II.

привал *м.* halt; делать ~ halt.

привал||ивать, привалить **1.** (*вн.*; *прислонять*) lean* (*d.*), rest (*d.*); ~ить камень к стене lean* / rest *a* stone agáinst *the* wall; **2.** (*без доп.*; *о судне*) come* / haul alóng¦síde; **3.** *разг.* (*появиться, прийти*): ~ило много народу people came in crowds [piː-...]; счастье ему ~ило fórtune smiled on him [-ʧən...].

привалить *сов. см.* приваливать.

приваривать, приварить **1.** (*вн.* к) *тех.* weld on (*d.* to); **2.** (*вн.*, *рд.*) *разг.* boil / cook some more (*d.*); приварить ещё каши cook some more pórridge.

приварить *сов. см.* приваривать.

приварка *ж. тк. ед. тех.* wélding.

приварок *м. тк. ед.* víctuals ['vɪt°lz] *pl.*

приват-доцент *м. уст.* assístant proféssor.

приватный *уст.* prívate ['praɪ-].

приведение *с.* **1.** bring¦ing; **2.** *мат.* redúction; ~ к общему знаменателю redúction to a cómmon denóminàtor; **3.** (*о фактах, данных и т. п.*) addúction, addúcing; ~ доказательств prodúction of proofs; **4.** (*в какое-л. состояние*) putti[ng] ~ в движение sétting / putting [in] mótion; ~ в порядок putting [in] órder; ◇ ~ в исполнение cárry[ing] out, putting into práctice / efféct; ~ [к] присяге admìnistrátion of oath; swé[ar]ing in ['sweə-...].

привезти *сов. см.* привозить.

приверед||ливость *ж.* fàstídiou[s]ness, squéamishness. **~ливый** [fas]tídious, squéamish. **~ник** *м.*, **~ни[ца]** *ж.* fàstídious / squéamish pérs[on]. **~ничать** *разг.* be hard to please, [be] fàstídious / squéamish.

привержен||ец *м.* adhérent; (*пос[ле]дователь*) fóllower. **~ность** *ж.* [ad]hérence [-'hɪə-]; (*преданность*) de[vo]tion, fidélity. **~ный** attáched; (*п[ре]данный*) devóted, lóyal.

привернуть *сов. см.* привёр[ты]вать II.

привертеть *сов. см.* привёртывать [I].

привёртывать I, привертеть (*вн.*) screw on (*d.* to).

привёртывать II, привернуть (*[вн.]*) turn down (*d.*).

привес||ить *сов. см.* привешива[ть]. **~ок** *м. разг.* óver¦wéight; (*пере[н.]*; *придаток*) péndant.

привести(сь) *сов. см.* привод[ить] (-ся).

привет *м.* regárd(s) (*pl.*); gréeti[ng(s)] *pl.*; передавать ~ (*дт.*) send* on[e's] (kind) regárds (*i.*); он передаёт в[ам] горячий ~ he sends you his kínde[st /] wármest regárds; не забудь переда[ть] ему мой ~ don't forgét to give h[im] my regárds [...-'get...]; передайте [...] вашей сестре remémber me to y[our] síster, kind regárds to your síster, [my] cómpliments to your síster; с ~[ом] (*в конце письма*) yours trúly; ◇ [ни] ответа ни ~а от него not a word fr[om] him. **~ливость** *ж.* àffability. **~[ли]вый** áffable, friendly ['frend-]. **~[ст]венный** salútatory; **~ственная р[ечь]** salútatory addréss, speech of wélco[me]. **~ствие** *с.* **1.** gréeting, salúte; sàlu[tá]tion; **2.** (*приветственная речь [и] т. п.*) salútatory addréss, speech [of] wélcome; послать ~ (*дт.*) send* [a] méssage of gréetings (to).

приветствовать (*вн.*) **1.** greet [(*d.*)], wélcome (*d.*), hail (*d.*); ~ от име[ни] кого-л. wélcome / greet on beh[alf] of smb. [...-'hɑːf...] (*d.*); ~ съе[зд,] конгресс greet / hail the Cóngre[ss;] ~ мероприятия, решение wélco[me] méasures, *the* decísion [...'meʒ-...]; **2.** (*о военных*) salúte (*d.*).

привешивать, привесить (*[вн.]*) hang* up (*d.*), suspénd (*d*).

прививать, привить (*вн. дт.*) **1.** *мед.* inóculàte (with *d.*); váccin[àte] (with *d.*; *особ. об оспе*); **2.** *бот.* [en]gráft (*d.* up¦ón); inóculàte (with [*d.*]); (*перен.*; *о мысли и т. п.*) implá[nt,] en¦gráft [-ɑːnt...] (*d.* in); **3.** (*о п[ри]вычке, свойстве*) ín¦cùlcàte (*d.* up[ón]); impárt (*d.* to); ~ привычку к тр[у]...

дт.) in|cùlcàte hábits of work up|ón); ~ практи́ческие на́выки дт.) impárt práctical skill (to); ~ де́тям любо́вь к труду́ cúltivàte / mplánt / fóster in chíldren a love or / of work [...lʌv...]; ~де́тям любо́вь к ро́дине infúse children with ove for / of their cóuntry / móther|-and [...'kʌ- 'mʌ-]; ~ но́вую мо́ду на вн.) estáblish a new style (for, n). ~ся, приви́ться 1. (о вакцине, еренке) take*; (перен.; о выражении) ecome* estáblished; (о взглядах и т. п.) find* fóllowers: о́спа хорошо́ ривила́сь the vàccinátion took well*; ти взгля́ды не привили́сь these iews found no fóllowers [...vjuːz...]; – э́то выраже́ние не привило́сь в у́сском языке́ this expréssion has not áken root in the Rússian lánguage ..'rʌʃən...]; мо́да привила́сь не ра́зу the style did not become pópuar at once [...wʌns]; the style did ot catch on at once разг.; 2. страд. к рививать.

приви́вк||а ж. 1. мед. inòculátion; àccinátion (особ. об оспе); сде́лать ому́-л. ~у (от, про́тив) inóculàte mb. (agáinst); 2. бот. inòculátion, ráfting, en|gráfting.

приви́вочный 1. мед. inóculàtive; . бот. gráfting, sérving as a graft; nòculátion (attr.).

привиде́ние с. ghost [goust], specre; (видение) àppaгítion; spook [-uːk] азг.

приви́де||ться сов. безл.: ему́, им т. д. ~лся сон he, they, etc., had a ream.

привилегиро́ванн||ость ж. prívieges pl.; ~ положе́ния prívileges f the posítion [...-'zɪ-]. ~ый prívieged; ~ое положе́ние prívileged osítion [...'zɪ-].

привиле́гия ж. prívilege.

привинти́ть сов. см. приви́нчивать.

приви́нчивать, привинти́ть (вн. к) crew on (d. to).

привира́ть, приврáть (вн.) разг. fib 1.).

приви́тие с. (навыков и т. п.) n|cùlcátion, cùltivátion.

приви́ть(ся) сов. см. привива́ть ся).

при́вкус м. (прям. и перен.) smack; стающийся) áfter-tàste [-teɪ]; ме́ть ~ чего́-л. smack of smth.

привлека́тельн||ость ж. attráctive|-ess. ~ый attráctive, wínning; (заанчивый) allúring, invíting; ~ая лы́бка winning smile.

привлека́||ть, привле́чь (вн.) 1. raw* (d.), attráct (d.); ~ чьё-л. ниma̋ние attráct / arrést / draw* nb.'s atténtion; ли́чность, ~ющая ниma̋ние arrésting pèrsonálity; 2. делать уча́стником) draw* in .); ~ к рабо́те enlíst (d.); enlíst e sérvices / cò-òperátion (of); ~ на зою́ сто́рону win* round (d.), win* óver (to one's side) (d.); 3.: ~ к суду́ bring* to tríal (d.), put* on tríal (d.), take* to court [... kɔːt] (d.), sue in court (d.); ли́ца, привлечённые по э́тому де́лу pérsons invólved in this case [...-s]; ~ к отве́тственности (вн. за вн.) make* (d.) ánswer [...'ɑːnsə] (for), make* ánswerable [...'ɑːnsə-] (d. for), call (d.) to accóunt (for); они́ привлекли́ его́ за э́то к отве́тственности he was made ánswerable for it; привле́чь кого́-л. к уголо́вной отве́тственности ínstitùte críminal procéedings agáinst smb.

привле́чь сов. см. привлека́ть.

привнести́ сов. см. привноси́ть.

привноси́ть, привнести́ (вн.) ìntrodúce (d.).

приво́д м. тех. (передача) drive, gear [gɪə]; ремённый ~ bélt-drive; кулачко́вый ~ cam gear / drive; цепно́й ~ cháin-drive.

приводи́ть, привести́ 1. (вн.) bring* (d.); что привело́ вас сюда́? what (has) brought you (out) here?; доро́га привела́ нас к ста́нции the road took us to the státion; 2. (вн. к) lead* (d. to), bring* (d. to); (к результату и т. п.) resúlt [-'zʌlt] (in); э́то привело́ к печа́льным после́дствиям it led to ùnfórtunate resúlts [...-'fɔːtʃ-...]; э́то к добру́ не приведёт it will not bring any good; 3. (вн. к) мат. redúce (d. to); ~ к о́бщему знамена́телю redúce to a cómmon denóminàtor (d.); 4. (вн.; о фактах, данных и т. п.) addúce (d.), cite (d.); (называть, перечислять) list (d.); ~ (уда́чную) цита́ту cite / make* a (good*) quotátion; ~ доказа́тельства prodúce proofs; ~ приме́р give* an exámple [...'zɑː-]; привести́ не́сколько приме́ров list séveral exámples; ~ что-л. в приме́р cite smth. as an exámple; 5. (вн.; в какое-л. состояние): ~ в восто́рг delíght (d.), enrápture (d.), entránce (d.); ~ в бе́шенство drive* mad (d.), throw* into a rage [-ou...] (d.); ~ в я́рость infúriàte (d.); ~ в отча́яние redúce / drive* to despáir (d.); ~ в смяте́ние throw* into confúsion / dísarráy (d.); ~ в у́жас hórrifỳ (d.); ~ в замеша́тельство, смуще́ние throw* into confúsion (d.); ~ в затрудне́ние give* dífficulty (i.), cause dífficulties (i.); ~ в изумле́ние surpríse (d.), astónish (d.); ~ кого́-л. в чу́вство bring* smb. to his sénses; bring* smb. round разг.; ~ в норма́льное состоя́ние restóre to a nórmal state (d.); ~ в соотве́тствие (с тв.) bring* into accórd (d. with); ~ в поря́док put* in órder (d.), arránge [-eɪndʒ] (d.), tídy (d.); fix (d.) разг.; ~ в беспоря́док make* ùntídy (d.), disórder (d.), disarránge [-eɪndʒ] (d.), put* into disórder (d.); воен. throw* into confúsion (d.); ~ в него́дность put* / bring* out of commíssion (d.), make* úse|less / wórthless [...-s-...] (d.); ~ в де́йствие, движе́ние set* / put* in mótion (d.), set* gó|ing (d.); ◇ ~ в исполне́ние cárry out (d.), put* into práctice / efféct (d.), cárry into efféct (d.), éxecùte (d.); ~ кого́-л. к прися́ге admínister the oath to smb., swear* smb. in [swɛə...]. ~ся, привести́сь 1. безл. (дт.; случаться) háppen, chance; ему́ привело́сь быть там he háppened / chanced to be there; ему́ привело́сь испыта́ть мно́го го́ря he has passed through many hárdships, he has ùndergóne many misfórtunes [...-gɔn... -tʃənz]; 2. страд. к приводи́ть.

приво́д||ка ж. тк. ед. полигр. règistrátion. ~но́й тех. dríving: ~но́й реме́нь dríving belt; ~но́й дви́гатель dríving mótor; — ~на́я радиоста́нция hóming rádiò / wíre|less státion.

приво́з м. bríng|ing; (из-за границы) ímpòrt, ìmpòrtátion.

привоз||и́ть, привезти́ (вн.) bring* (d.); ~ сюда́ bring* óver here (d.); ~ обра́тно bring* / fetch back (d.). ~но́й impórted.

приво́зный = привозно́й.

приво́й м. с.-х. scíon, graft.

привола́кивать, приволочи́ть, приволо́чь (вн.) разг. bring* (d.), drag (d.).

приволокну́ться сов. (за тв.) разг. flirt (with).

приволочи́ть, приволо́чь сов. см. привола́кивать.

приво́ль||е с. 1. (свобода) fréedom; 2. (простор) spácious|ness. ~ный free; ~ная жизнь free and úntrámmelled life.

приворáживать, приворожи́ть (вн.) bewítch (d.), charm (d.); чем он приворожи́л её к себе́? how did he mánage to charm her?; what is his attráction for her?

приворожи́ть сов. см. приворáживать.

привра́тн||ик м. dóor-keeper ['dɔː-], pórter. ~ица ж. dóor-keeper ['dɔː-], pórtress.

привра́ть сов. см. привира́ть.

привска́кивать, привскочи́ть start, jump up.

привскочи́ть сов. см. привска́кивать.

привстава́ть, привста́ть raise òne|sélf, stand* up.

привста́ть сов. см. привстава́ть.

приходя́щ||ий atténdant; ~ие обстоя́тельства atténdant círcumstances.

прив||ыка́ть, привы́кнуть (к+инф.) get* accústomed / used [...juːst] (to, to ger.); get* into the way (of ger.); он уже́ ~ы́к к э́тому he has àlréady got accústomed, или he is àlréady used, to this [...ɔːl're-...]; он ~ы́к исполня́ть свои́ обеща́ния he is accústomed to kéeping his prómises [...-sɪz]; ребёнок ~ы́к к бáбушке the child* has got accústomed to *his* grándmòther [...-mʌ-]; он ~ы́к к такóму тóну he is used to this sort of tone; он ~ы́к обращáться с ней как с мáленькой he has got into the way of tréating her as though she were a child [...ðou...].

привы́кнуть *сов. см.* привыкáть.

привы́чк||а *ж.* hábit; по ~е from force of hábit; вы́работать в себé ~у form *a* hábit; имéть ~у (к) be in the hábit (of), be given (to), be accústomed (to); приобрести́ ~у (+*инф.*) get* / fall* into the hábit (of *ger.*); он приобрёл э́ту ~у he has got / fáll¦en into this hábit; он приобрёл ~у кури́ть пéред сном he has got / fáll¦en into the hábit of smóking befóre gó¦ing to sleep; э́то у негó вошлó в ~у it has become / grown a hábit / cústom with him [...-oun...]; э́то не в егó ~ах it is not his hábit / cústom; ◇ ~ — вторáя натýра hábit is sécond náture [...'se- 'neɪ-].

привы́чн||ость *ж.* habítualness. ~ый habítual, úsual ['juːʒ-].

привя́занн||ость *ж.* (к) attáchment (to, for); affection (towards, for); её мать — сáмая бóльшая её ~ her gréatest affection is towards / for her móther [...'greɪt-... 'mʌ-], she is fóndest of all of her móther. ~ый 1. *прич. см.* привя́зывать; 2. *прил.* (*пре́данный*) attáched.

привязáть(ся) *сов. см.* привя́зывать (-ся).

привязнóй: ~ аэростáт cáptive ballóon, ballóon on béarings [...'bɛə-]; ~ трос (*аэростата*) ground cable.

привя́зчив||ость *ж.* 1. afféctionate náture [...'neɪ-], lóving¦ness ['lʌ-]; 2. (*придирчивость*) cáptious¦ness. ~ый 1. afféctionate, lóving ['lʌv-]; 2. (*придирчивый*) cáptious, quárrel¦some; 3. (*надоедливый*) impórtunate, annóying.

привя́зывать, привязáть (*вн.* к) 1. tie (*d.* to), bind* (*d.* to), fásten [-s°n] (*d.* to); (*о пасущемся животном*) téther (*d.* to); ~ лóшадь téther *a* horse; 2. (*внушать чувство привязанности*) attách (*d.* to); привязáть к себé ребёнка добротóй attách *a* child* to òne¦sélf by kínd¦ness. ~ся, привязáться (к) 1. become*/ get*/ be attáched (to); он óчень к ней привязáлся he becáme very (much) attáched to her; 2. *разг.* (*приставать, следовать за кем-л.*) attách òne¦sélf (to); на ýлице какáя-то собачóнка привязáлась к немý a stray dog attáched it¦sélf to him in the street; 3. *разг.* (*надоедать*) bóther (*d.*); что ты к немý привязáлся? why are you bóther¦ing him?, why don't you leave him alóne?; 4. *страд. к* привя́зывать.

при́вяз||ь *ж.* tie; (*для собаки*) leash; (*для пасущегося животного*) téther; на ~и (*о собаке*) on a leash.

пригвождáть, пригвозди́ть (*вн.* к) nail (*d.* to); nail down (*d.*); (*перен.*; *о страхе и т. п.*) pin (down) (*d.*); пригвозди́ть к мéсту pin down (*d.*), root to the spot / ground (*d.*); пригвозди́ть к позóрному столбý put* in the píllory (*d.*), píllory (*d.*).

пригвозди́ть *сов. см.* пригвождáть.

пригибáть, пригнýть (*вн.*) bend* down (*d.*), bow (*d.*). ~ся, пригнýться 1. bend* down, bow; 2. *страд. к* пригибáть.

приглáдить(ся) *сов. см.* приглáживать(ся).

приглáживать, приглáдить (*вн.*) smooth [-ð] (*d.*); (*о волосах тж.*) sleek (*d.*). ~ся, приглáдиться 1. *разг.* smooth one's hair [-ð...]; 2. *страд. к* приглáживать.

приглас||и́тельный ìnvitátion(*attr.*); ~ билéт ìnvitátion card. ~и́ть *сов. см.* приглашáть.

приглаш||áть, пригласи́ть (*вн.*) 1. invíte (*d.*), ask (*d.*); ~ на чáшку чáя invíte round for a cup of tea (*d.*); ~ на обéд invíte / ask to dínner (*d.*); ~ на пáртию в шáхматы invíte to a game of chess (*d.*); ~ гóстя сесть ask *the* guest to sit down, *или* to take a seat; ~ на тáнцы ask to a dance (*d.*); пригласи́ть когó-л. на тáнец ask smb. to dance; 2. (*врача и т. п.*) call (*d.*); 3. (*нанимать*) en¦gáge (*d.*); ~ на рабóту óffer work (*i.*); óffer a job (*i.*) *разг.* ~éние *с.* 1. ìnvitátion; (*письменное*) ìnvitátion card; по ~éнию когó-л. on smb.'s ìnvitátion; разослáть ~éния send* out ìnvitátions, *или* invitátion cards; 2. (*на работу*) en¦gáge¦ment.

приглуш||áть, приглуши́ть (*вн.*) damp down (*d.*); (*об огне тж.*) choke (*d.*); (*о звуке тж.*) muffle (*d.*), déaden ['ded-] (*d.*). ~и́ть *сов. см.* приглушáть.

приглядéть(ся) *сов. см.* пригля́дывать(ся).

пригля́дывать, приглядéть *разг.* 1. (*вн.*; *подыскивать*) choose* (*d.*); *сов. тж.* find* (*d.*); 2. (за *тв.*; *наблюдать*) look (áfter): ~ за детьми́ look áfter *the* children. ~ся, приглядéться (к) 1. get* accústomed / used [...juːst] (to): приглядéться к темнотé get* accústomed / used to the dárkness; 2. *тк. сов.* (*надоесть, приесться*): емý, ей *и т. д.* приглядéлись э́ти карти́ны he, she, *etc.*, is sick / tired of these píctures.

пригляну́ться *сов.* (комý-л.) *разг.* (*понравиться*) catch* smb.'s fáncy, catch* smb.'s eye [...aɪ].

пригнáть I, II *сов. см.* пригоня́ть I, II.

пригнýть(ся) *сов. см.* пригибáть(ся).

приговáривать I (*вн.*) *разг.* repéat (*d.*), say* agáin and agáin (*d.*), keep* sáying / repéating (*d.*).

приговáривать II, приговори́ть (*вн* к; *о преступнике*) séntence (*d.* to) condémn (*d.* to): ~ к тюрéмному заключéнию séntence to imprísonment [...-ɪz-] (*d.*); ~ к смéртной кáзни séntence / condémn to death [...deθ] (*d.*).

пригово́р *м.* (*судьи*) séntence; (*присяжных*) vérdict; (*перен.*: *осуждение*) còndèmnátion; выноси́ть ~ (*дт.*) pass séntence (on), séntence (*d.*); привести́ ~ в исполнéние éxecùte *the* séntence. ~и́ть *сов. см.* приговáривать II.

пригоди́ться *сов.* (комý-л.) prove úse¦ful [pruːv 'juːs-] (to smb.), come in hándy / úse¦ful (to smb.), be of use [...juːs] (to smb.), stand* smb. in good stead [...sted].

пригóдн||ость *ж.* fítness, súitable¦ness ['sjuːt-]. ~ый (к) fit (to, for) súitable ['sjuːt-] (to, for), good* (for) мáло ~ый of líttle use [...juːs] (for) ни к чемý не ~ый góod-for-nòthing wórthless.

пригóжий *разг.* cóme¦ly ['kʌ-].

приголýбить *сов.* (*вн.*) *поэт.* fondle (*d.*), caréss (*d.*); (*проявить заботу*) take* ténder care (of).

пригóн *м.* (*о скоте*) bríng¦ing home dríving home.

пригóнка *ж.* fítting, adjústing [ə'dʒʌ-], jóinting.

пригоня́ть I, пригнáть (*вн.*; *о скоте*) bring* home (*d.*), drive* home (*d.*).

пригоня́ть II, пригнáть (*вн.*; *прилаживать*) fit (*d.*), adjúst [ə'dʒʌ-] (*d.*) joint (*d.*).

пригор||áть, пригорéть be burnt молокó ~éло the milk is burnt. ~éлый burnt.

пригорéть *сов. см.* пригорáть.

при́город *м.* súbùrb. ~ный 1 subúrban; 2. (*местный*) lócal; ~ный поéзд lócal train; ~ное движéние *ж.-д.* lócal tráffic / sérvice.

пригóрок *м.* híllock, knoll.

при́горшня *ж.* hándful: он сы́пал зернó пóлными ~ми he scáttered the grain in hándfuls; ~ ви́шен a hándful of chérries.

пригорю́ни||ваться, пригорю́ниться *разг.* become* sad. ~ться *сов. см.* пригорю́ниваться.

приготови́тельный prepáratory.

приготóвить *сов. см.* готóвить. ~ся *сов. см.* готóвиться 1.

приготов||лéние *с.* prèparátion; без ~лéний without prèparátion; (*экспромтом*) óff-hánd, èxtémpore [-rɪ]. ~ля́ть = готóвить. ~ля́ться = готóвиться 1.

пригревáть, пригрéть (*вн.*) warm (*d.*); (*перен.*) give* shélter (to), treat kínd¦ly (*d.*); ◇ пригрéть змéю на груди́ warm / chérish a sérpent / snake in one's bósom [...'buz-].

пригрéзиться *сов. см.* грéзиться.

пригрéть *сов. см.* пригревáть.

пригрози́ть *сов.* (*дт.*) thréaten ['θre-] (*d.*).

пригу́бить *сов.* (*вн.*) take* a sip (of), taste [teɪ-] (*d.*).

прида||ва́ть, прида́ть **1.** (*вн.*) add (*d.*); *воен.* attách (*d.*), place únder *smb.'s* commánd [...-ɑːnd] (*d.*); **2.** (*рд. дт.*; *прибавлять, усиливать*): ~ си́лы give* strength (to); э́то прида́ло ему́ си́лы it gave him strength; ~ ду́ху en|cóurage [-'kʌ-] (*d.*), inspírit (*d.*); ~ бо́дрости inspírit (*d.*), héarten ['hɑːt-] (*d.*), put* heart [...hɑːt] (into); ~ сме́лости make* bold (*d.*), embólden (*d.*); **3.** (*вн. дт.*; *о свойстве, состоянии и т. п.*) impárt (*d.* to), commúnicàte (*d.* to); ~ фо́рму shape / fáshion (*d.* into); ~ жёсткость *тех.* stíffen (*d.*); ~ лоск give* a pólish (*i.*); ~ вкус add a zest (to), make* píquant [...'piːkənt] (*d.*); ~ (большо́е) значе́ние чему́-л. attách (great) impórtance to smth. [...-eɪt...], make* much of smth.; э́то ~ёт ещё бо́льшее значе́ние (*дт.*) it lends in|créasing, *или* still gréater, impórtance [...-s-...'greɪ-...] (to); он не ~ёт э́тому никако́го значе́ния he attáches no impórtance to it.

придави́ть *сов. см.* прида́вливать.

прида́вливать, придави́ть (*вн.* к) press (*d.* agáinst); (*книзу тж.*) press down (*d.* agáinst), weigh down (*d.* agáinst); ~ ка́мнем press down únder / with *a* stone (*d.*).

прида́ни||е *с.* gíving, conférring, impárting, commùnicátion; (*ср.* придава́ть); для ~я си́лы (in órder) to give strength; для ~я зако́нной си́лы (*дт.*) *юр.* for the enfórcing (of).

прида́ное *с.* **1.** dówry; (*платье, бельё*) tróusseau ['truːsou]; **2.** (*для новорождённого*) layétte [leɪ'et].

прида́то||к *м.* appéndage, ádjùnct. **~чный 1.** addítional, àccéssory; ~чное предложе́ние *грам.* subórdinate clause; **2.** *бот.* àdvéntive, àdvèntítious; ~чная по́чка àdvèntítious bud.

прида́||ть *сов. см.* придава́ть. **~ча** *ж.*: в ~чу in addítion; into the bárgain (*тк. в конце фразы*); to boot; в ~чу он получи́л ещё одну́ кни́гу he got another book in addítion.

придвига́ть, придви́нуть (*вн.*) move (up) [muːv...] (*d.*), draw* (*d.*); придви́нуть стол к стене́ move *the* table to *the* wall; придви́нуть к себе́ таре́лку move / draw* / pull *the* plate towards one [...pul...]; придви́нуть стул побли́же move / draw* / pull *the* chair néarer. **~ся,** придви́нуться **1.** move up [muːv...], draw* near; **2.** *страд.* к придвига́ть.

придви́нуть(ся) *сов. см.* придвига́ть(ся).

придво́рный 1. *прил.* court [kɔːt] (*attr.*); ~ врач court physícian [...-'zɪ-]; ~ поэ́т court póet; ~ шут court jéster; **2.** *м. как сущ.* cóurtier ['kɔː-].

приде́л *м.* (*в церкви*) chápel ['tʃæ-] (*a division of a church with its own altar*).

приде́лать *сов. см.* приде́лывать.

приде́лывать, приде́лать (*вн.* к) attách (*d.* to), fix (*d.* to); приде́лать замо́к к две́ри fit / put* *a* lock in *the* door [...dɔː].

придержа́ть *сов. см.* приде́рживать.

приде́рживать, придержа́ть (*вн.*) hold* (back) (*d.*); ◇ придержа́ть язы́к *разг.* hold* one's tongue [...tʌŋ].

приде́рживаться 1. (*рд.*) hold* (to), keep* (to); (*перен. тж.*) stick* (to), confíne òne|sélf (to); adhére (to); ~ за пери́ла hold* on to the bánisters; ~ мне́ния hold* the opínion, be of the opínion, adhére to the opínion; ~ одного́ с кем-л. мне́ния hold* with smb.; ~ пра́вила fóllow the rule; ~ стро́гих пра́вил stick* to hard and fast rules; ~ устано́вленного поря́дка keep* to the estáblished órder; ~ програ́ммы stick* to *the* prógràm(me) [...'prou-]; ~ те́мы keep*, *или* confíne òne|sélf, to *the* súbject; stick* to *the* súbject *разг.*; ~ догово́ра adhére to *the* agréement, abíde* by *the* agréement; ~ поли́тики, пози́ции adhére to *a* pólicy, posítion [...-'zɪ-]; **2.** *страд.* к приде́рживать.

приди́ра *м. и ж. разг.* cáviller, cáptious féllow, fáult-fìnder.

придир||а́ться, придра́ться (к) **1.** find* fault (with), cávil (at), carp (at); nag (at), pick (at) *разг.*; он ~а́ется к ка́ждому сло́ву he cávils at every word; **2.** *разг.* (*воспользоваться*) seize [siːz] (on, up|ón): придра́ться к слу́чаю seize up|ón *a* chance.

приди́р||ка *ж.* cávil, cáptious objéction; (ве́чные) ~ки (etérnal) fáult-fìnding *sg.*; etérnal cárping / nágging *sg.* **~чивость** *ж.* cáptious|ness. **~чивый** óver|partícular, cáptious, fáult-fìnding, cárping, nágging.

придоро́жный róadside (*attr.*), wáysìde (*attr.*).

придра́ться *сов. см.* придира́ться.

приду́мать *сов. см.* приду́мывать.

приду́м||ывать, приду́мать (*вн.*) think* (of), devíse (*d.*), invént (*d.*); он не мо́жет ~ать друго́го вы́хода he can think of no àltérnative; он ~ал, как э́то сде́лать he has found the means of doing it; ~ать отгово́рку, оправда́ние invént, *или* think* up, *an* excúse [...-s].

придурковат||ость *ж. разг.* sílliness, imbecílity. **~ый** *разг.* silly, fóolish, ímbecìle, dóltish.

при́дурь *ж.*: с ~ю *разг.* a bit crázy.

придуши́ть *сов.* (*вн.*) *разг.* strangle (*d.*), smóther ['smʌ-] (*d.*).

придыха́||ние *с. лингв.* àspirátion. **~тельный** *лингв.* **1.** *прил.* áspirate; **2.** *м. как сущ.* áspirate.

приеда́ться, прие́сться (*дт.*) *разг.* pall (on); ему́ прие́лось э́то ку́шанье he is sick of this dish, he is fed up with this dish; така́я му́зыка ему́ прие́лась this kind of músic palls on him [...-zɪk...].

прие́зд *м.* arríval, coming; с ~ом! wélcome!; glad to see you!

приезж||а́ть, прие́хать arríve, come*. **~а́ющий 1.** *прич. см.* приезжа́ть; **2.** *м. как сущ.* new cómer [...'kʌ-], (new) arríval; гости́ница для ~а́ющих hòtél.

прие́зж||ий 1. *прил.* on tour [...tuə]; ~ая тру́ппа troupe on tour [truːp...]; **2.** *м. как сущ.* new cómer [...'kʌ-], vísitor [-z-]; на куро́рте мно́го ~их there are many vísitors at the resórt [...-'zɔːt].

приём I *м.* **1.** recéiving [-'siːv-], recéption; **2.** (*гостей, посетителей и т. п.*) recéption; (*гостей тж.*) párty; часы́ ~а recéption hours [...auəz], cálling hours; (*у врача*) cònsultátion hours; раду́шный ~ héarty / córdial wélcome ['hɑːtɪ...]; на торже́ственном ~е at *a* state recéption; оказа́ть хоро́ший ~ (*дт.*) wélcome (*d.*); **3.** (*в партию, профсоюз и т. п.*) admíttance; enrólment [-oul-]; **4.** (*о лекарстве*) táking; (*доза*) dose [-s]; по́сле ~а лека́рства áfter táking the médicine; лека́рства оста́лось то́лько на два ~а there are ónly two dóses of the médicine left; ◇ в оди́н ~ at one go, at a stretch; в два, три ~а in two, three mótions / steps / stáges.

приём II *м.* (*способ*) méthod, way, mode; (*в художественном произведении*) devíce; лече́бный ~ the méthod / way / mode of tréatment; руже́йные ~ы *воен.* mánual of the rifle *sg.*

приемлем||ость *ж.* accèptabílity; (*допустимость*) admìssibílity. **~ый** accéptable; (*допустимый*) admíssible.

приёмная *ж. скл. как прил.* recéption-room; dráwing-room; (*для ожидания*) wáiting-room.

приёмник *м. рад.* wíre|less / rádiò (set); recéiver [-'siːvə].

приёмн||ый 1. recéiving [-'siːv-]; recéption (*attr.*); ~ день (*в учреждении*) recéption day; (*в частном доме*) "at home"; ~ые часы́ recéption hours [...auəz], cálling hours; (*у врача*) cònsultátion hours; **2.**: ~ая коми́ссия seléction commíttee [...-tɪ]; ~ые экза́мены éntrance exàminátions; **3.** (*об отце, сыне и т. п.*) fóster, adóptive; (*о сыне, дочери тж.*) adópted; ~ оте́ц fóster-fàther [-fɑː-]; ~ая мать fóster-mòther [-mʌ-]; ~ сын adópted son [...sʌn], fóster-sòn [-sʌn]; ◇ ~ поко́й cásualty ward [-ʒjuəl-...].

приём||очный for recéption; recéption (*attr.*); ~ пункт recéption centre.

~щик *м.* exáminer (*of goods at a factory*).

приёмыш *м.* adópted child*, fóster-child*.

прие́сться *сов. см.* приеда́ться.

прие́хать *сов. см.* приезжа́ть.

прижа́ть(ся) *сов. см.* прижима́ть (-ся).

приже́чь *сов. см.* прижига́ть.

прижива́||лка *ж.*, **~льщик** *м.* spónger [-ʌnʤə], háng|er-ón.

прижива́ть, прижи́ть (*вн.*) *разг.* begét* [-'get] (*d.*).

прижива́ться, прижи́ться **1.** get* accústomed (*to a place*), get* acclímatìzed [...-laɪ-]; **2.** (*о растениях*) take* / strike* root.

прижига́ние *с. мед.* cauterìzátion [-raɪ-], séaring.

прижига́ть, приже́чь (*вн.*) cáuterìze (*d.*), sear (*d.*).

прижи́зненный in one's life|time.

прижима́ть, прижа́ть **1.** (*вн.* к) press (*d.* to); clasp (*d.* to); ~ к груди́ clasp / press to one's breast / bósom [...brest 'buz-] (*d.*); ~ проти́вника к земле́ *воен.* keep* *the* énemy's heads down [...hedz...]; pin *the* énemy to the ground; ~ у́ши (*о лошади*) lay* its ears back; **2.** (*вн.*) *разг.* (*притеснять*) press (*d.*); ✧ прижа́ть кого́-л. к стене́ drive* smb. into a córner; прижа́тый к стене́ dríven into a córner ['drɪ-...]. **~ся,** прижа́ться **1.** (к) press òne|sélf (to); (*ласково*) snuggle up (to), cuddle up (to), nestle up (to); ~ся к стене́ hug the wall, flátten òne|sélf agáinst *the* wall; **2.** *страд. к* прижима́ть.

прижи́мистый *разг.* clóse-físted ['klous-], níggardly, stíngy [-n-].

прижи́ть *сов. см.* прижива́ть. **~ся** *сов. см.* прижива́ться.

приз *м.* prize; де́нежный ~ móney prize ['mʌ-...]; получа́ть ~ win* *a* prize; присужда́ть ~ (*дт.*) awárd *a* prize (to); переходя́щий ~ *спорт.* chállenge prize.

призаду́маться *сов. см.* призаду́мываться.

призаду́мываться, призаду́маться become* thóughtful; (*колебаться*) hésitàte [-zɪ-].

призаня́ть *сов.* (*вн., рд.*) *разг.* bórrow (*d.*).

призва́ни||е *с.* vocátion, cálling; (*предназначение*) míssion; чу́вствовать ~ (к) have a cálling (for); сле́довать своему́ ~ю fóllow one's vocátion / cálling; худо́жник по ~ю páinter by vocátion.

призва́ть *сов. см.* призыва́ть.

призе́мист||ый stócky, squat; (*о человеке тж.*) thícksét; ~ая фигу́ра stócky / squat fígure; ~ое строе́ние low / squat búilding [lou...'bɪl-].

приземл||е́ние *с. ав.* lánding, tóuch-down ['tʌʧ-]. **~и́ться** *сов. см.* приземля́ться. **~я́ться,** приземли́ться *ав.* land, touch down [tʌʧ...].

призёр *м. спорт.* príze-wìnner, príze|man*.

при́зм||а *ж.* prism; ✧ сквозь ~у (*рд.*) in the light (of).

при́зма-отража́тель *ж.* refléctíng prism.

призмати́ческий prismátic [prɪz-].

признава́ть, призна́ть (*вн.*) **1.** récognìze (*d.*); ~ прави́тельство récognìze *the* góvernment [...'gʌ-]; **2.** (*сознавать*) admít (*d.*); own [oun] (*d.*), acknówledge [-'nɔ-] (*d.*); ~ свою́ вину́, свои́ оши́бки admít / acknówledge one's guilt, one's fault / mistákes; на́до призна́ть it must be admítted; ~ вину́, ~ себя́ вино́вным *юр.* plead guílty; ~ себя́ побеждённым acknówledge deféat; own òne|sélf béaten *разг.*; throw* up the sponge [-ou... spʌ-] *спорт.*; **3.** (*вн. тв.*; *считать*) vote (*d. d.*); призна́ть необходи́мым, ну́жным consíder it nécessary [-'sɪ-...], récognìze as nécessary; ~ (не)вино́вным *юр.* bring* in a vérdict of (not) guílty; представле́ние бы́ло при́знано неуда́чным the perfórmance was vóted a fáilure; ~ недействи́тельным *юр.* núllifỳ (*d.*); ~ него́дным к вое́нной слу́жбе pronóunce únfít for áctive sérvice; **4.** (*вн.*) *разг.* (*узнавать*) know* (agáin) [nou...] (*d.*); spot (*d.*), idéntifỳ [aɪ-] (*d.*); ~ в ком-л. кого́-л. idéntifỳ smb. with smb.; он призна́л во мне ру́сского he spótted me for a Rússian [...-ʃən]; я вас сра́зу не призна́л I didn't know you first, *или* at once [...wʌns]. **~ся,** призна́ться **1.** (в *пр.*) conféss (*d.*), own [oun] (*d.*); ~ся в любви́ (*дт.*) make* a dèclarátion of love [...lʌv] (*i.*); призна́ться во всём conféss évery|thing; get* the whole thing off one's chest [...houl...], make* a clean breast of it [...brest...] *идиом.*; **2.** *страд. к* признава́ть; ✧ призна́ться (сказа́ть) to tell (you) the truth [...-u:θ]; на́до призна́ться, что the truth is that; it must be conféssed that.

при́знак *м.* sign [saɪn], ìndicátion; ~ боле́зни sýmptom; обнару́живать ~и нетерпе́ния show* signs of impátience [ʃou...]; обнару́живать ~и уста́лости show* signs / ìndicátions of fatígue [...-'ti:g]; там не́ было никаки́х ~ов жилья́ there were no ìndicátions that anybody was líving there [...'lɪ-...]; име́ются все ~и того́, что there is every ìndicátion that; не подава́ть ~ов жи́зни show* / give* no sign of life; служи́ть ~ом (*рд.*) be a sign, *или* an ìndicátion (of); вече́рняя роса́ слу́жит ~ом хоро́шей пого́ды évening dew is a sign of fine wéather ['i:v-...'weðə]; по ~у (*рд.*) on the básis [...'beɪ-] (of).

призна́ни||е *с.* **1.** acknówledge|ment [-'nɔ-], rècognítion; получи́ть ~ (*рд.*) win* the rècognítion (of); получи́ть, заслужи́ть всео́бщее ~ be génerally récognìzed; **2.** (*заявление*) conféssion, dèclarátion; по о́бщему ~ю admíttedly; чистосерде́чное ~ frank conféssion; avówal; ~ вины́ avówal of guilt; открове́нное ~ оши́бки *и т. п.* frank admíssion of érror, *etc.*; нево́льное ~ invóluntary admíssion; ~ в любви́ dèclarátion of love [...lʌv].

при́знанный *прич. и прил.* acknówledged [-'nɔ-], récognìzed; avówed; ~ факт acknówledged fact; ~ писа́тель wríter of stánding rèputátion.

призна́тельн||ость *ж.* grátitùde, thánkfulness. **~ый** gráte|ful, thánkful.

призна́ть(ся) *сов. см.* признава́ть (-ся).

призов||о́й *прил. к* приз; ~ы́е де́ньги príze-mòney [-mʌ-]; ~ суд *мор.* príze-court [-kɔ:t].

призо́р *м. разг.*: без ~а únténded, negléсted.

при́зрак *м.* spectre, ghost [goust], phántom, àpparítion; spook [-u:k] *разг.*; ~ сча́стья illúsion of háppiness; ужа́сный ~ térrible àpparítion; ✧ гоня́ться за ~ами pursúe shádows [...'ʃæ-].

при́зрачн||ость *ж.* illúsive|ness. **~ый** spéctral, phàntásm|al, shádowy, ghóst|ly ['gou-]; (*нереальный*) ún|réal [-'rɪəl], illúsory; ~ая наде́жда delúsive hope.

призрева́ть, призре́ть (*вн.*) *уст.* suppórt by chárity (*d.*).

призре́||ние *с. уст.* care, chárity; дом ~ния бе́дных póor-house* [-s], álms-house* ['ɑ:mzhaus]. **~ть** *сов. см.* призрева́ть.

призы́в *м.* **1.** call, appéal; откли́кнуться на ~ respónd to *the* call, take* up *the* call; по ~у (*рд.*) at the call (of); **2.** (*лозунг*) slógan; Первома́йские ~ы Máy-day slógans; **3.** *воен.* lévy ['le-]; call to mílitary sérvice, cáll-úp; seléction *амер.*; ✧ ле́нинский ~ the Lénin Enrólment [...-'rou-].

призыв||а́ть, призва́ть (*вн.*; *в разн. знач.*) call (*d.*); súmmon (*d.*); (*вн.* к) call (up|ón for); (*вн.* + *инф.*) call (up|ón + to *inf.*), urge (*d.* + to *inf.*); ~ на по́мощь call for help; ~ кого́-л. на по́мощь call to smb. for help, call smb. to one's assístance; ~ к поря́дку call to órder (*d.*); ~ на вое́нную слу́жбу call up (for mílitary sérvice) (*d.*), call to the cólours [...'kʌ-] (*d.*); ~ прокля́тия на чью-л. го́лову call down cúrses up|ón smb., ímprecàte smb. **~а́ться** **1.** (*на военную службу*) be called up; **2.** *страд. к* призыва́ть. **~ни́к** *м.* man* called up for mílitary sérvice; selèctée, drǎftée *амер.* **~но́й:** ~но́й во́зраст *воен.* mílitary age; ~но́й пункт recrúiting státion [-'kru:t-...]; indúcting státion *амер.*

призы́вный invócatory; (*манящий*) inviting; ~ клич call.

при́иск *м.* mine; золоты́е ~и góld-field(s) [-fi:l-].

приска́||ние *с. разг.* finding. **~ть** *сов. см.* прии́скивать.

прии́скивать, приискáть (*вн.*) *разг.* find* (*d.*); *несов. тж.* look (for).

приискóвый mine (*attr.*).

прийти́ *сов. см.* приходи́ть. **~сь** *сов. см.* приходи́ться 1, 2, 3, 4, 5.

прикáз *м.* **1.** órder; commánd [-ɑ:nd]; по ~у by órder; по ~у кого́-л. by órder of smb.; ~ по вой-скáм órder of the day; ~ о выступ-лéнии *воен.* márching órders *pl.*; боевóй ~ *воен.* báttle-òrder; отдáть ~ give* *an* órder; íssue *an* órder; полу-чи́ть ~ recéive *an* órder [-'si:v...]; ~ есть ~ órders are órders; **2.** *ист.* depártment, óffice. **~áние** *с.* órder, injúnction; bídding; отдавáть ~áние (*дт.*) give* *an* órder (*i.*). **~áть** *сов. см.* прикáзывать. **~ный 1.** *прил. к* прикáз 1; в ~ном поря́дке in the form of an órder; **2.** *прил. ист.* dèpàrtméntal [di:-]; **3.** *м. как сущ. ист.* clerk [-ɑ:k], scribe.

прикáзчик *м. уст.* **1.** (*в лавке*) shóp-assistant, sáles|man*, shóp|man*; **2.** (*в имении*) stéward, báiliff; **3.** *разг.* (*покорный слуга*) hénch|man*.

прикá||зывать, приказáть (*дт.* + *инф.*) órder (*d.* + to *inf.*), commánd [-ɑ:nd] (*d.* + to *inf.*); diréct (*d.* + to *inf.*); он ~зáл ей пойти́ тудá немéдленно he órdered / commánded her to go there at once [...wʌns]; he órdered / commánded that she should go there at once; он ~зáл очи́стить помещéние he órdered the prémises to be cleared [...-sɪz...]; ✧ ~зáть дóлго жить *разг.* ≅ depárt this life, depárt from life; ~зывайте! say the word!; что ~жете? what do you wish?, what can I do for you?; как ~жете as you choose / please; как ~жете понимáть э́то? how am I to ùnderstánd this?; and what do you mean by this?

прикáлывать, приколóть (*вн.*) **1.** (*булавкой*) pin (*d.*), fásten / attách with *a* pin ['fɑ:sᵒn...] (*d.*); **2.** (*шты-ком; добивать*) trànsfíx (*d.*), stab to death [...deθ] (*d.*), fínish off (*d.*).

прикáнчивать, прикóнчить (*вн.*; *прям. и перен.*) *разг.* fínish off (*d.*).

прикармáнивать, прикармáнить (*вн.*) *разг.* pócket (*d.*).

прикармáнить *сов. см.* прикармá-нивать.

прикáрмливать, прикорми́ть (*вн.*) *разг.* **1.** (*о голубях и т. п.*) lure (*d.*); **2.** *тк. несов.* (*о детях*) ìntrodúce a báby to mixed féeding.

прикасáться, прикоснýться (к) touch [tʌʧ] (*d.*).

прикати́ть *сов. см.* прикáтывать.

прикáтывать, прикати́ть **1.** (*вн.* к) roll (*d.* near), roll up (*d.* to); **2.** (*без доп.*) *разг.* (*приезжать*) come*, arríve.

прики́дывать, прики́нуть (*вн.*) *разг.* **1.** (*рассчитывать приблизи-тельно*) éstimàte (*d.*); **2.** (*примерять*) try on (*d.*); **3.:** ~ на весáх weigh (*d.*); **4.** (*прибавлять*) throw* in [-ou...] (*d.*), add (*d.*).

прики́дываться I, прики́нуться *разг.* preténd, feign [feɪn]; ~ больны́м preténd to be ill, feign / preténd íllness; ~ лисóй *разг.* fawn, tóady.

прики́дываться II *страд. к* при-ки́дывать.

прики́нуть *сов. см.* прики́дывать.

прики́нуться *сов. см.* прики́ды-ваться I.

приклáд I *м.* (*ружья*) butt, bútt-stòck.

приклáд II *м.* (*в портновском деле*) trímmings *pl.*

приклáдка *ж.* (*винтовки*) lévelling (of *the* rífle), posítion [-'zɪ-].

прикладн||óй applíed; ~ы́е наýки applíed sciences; ~óе искýсство ap-plíed art(s) (*pl.*).

приклáдывать, приложи́ть (*вн.*) **1.** (*присоединять*) add (*d.*); (*к письму, заявлению*) en|clóse (*d.*), join (*d.*); **2.** (*приближать вплотную*) put* (*d.*), applý (*d.*); приложи́ть часы́ к ýху put* / hold* *a* watch to one's ear; ~ рýку к козырькý put* / hold* one's hand to the peak of one's cap, salúte; ✧ ~ печáть (к) set* / affíx / attách *a* seal (to); приложи́ть рýку (к) (*принять участие*) bear* / take* a hand [bɛə...] (in); (*подписаться*) sign [saɪn] (*d.*), add one's sígnature (to). **~ся,** приложи́ться **1.** (*при стрельбе*) take* aim; **2.** (к) *разг.* (*целовать*) kiss (*d.*); **3.** *страд. к* приклáдывать.

приклéивать, приклéить (*вн.*) stick* (*d.*); (*животным клеем*) glue (*d.*); (*мучным*) paste [peɪ-] (*d.*); ~ мáр-ку attách *a* stamp. **~ся,** приклéить-ся **1.** (к) stick* (to), adhére (to), be glued / pásted [...'peɪ-] (to); **2.** *страд. к* приклéивать.

приклéить(ся) *сов. см.* приклéи-вать(ся).

приклепáть *сов. см.* приклёпывать.

приклёпка *ж.* ríveting.

приклёпывать, приклепáть (*вн.*) rív-et ['rɪ-] (*d.*).

приклони́ть: он не знáет, где ~ гóлову he does not know where to lay his head [...nou...hed].

приключáть, приключи́ть (к) con-néct up (with).

приключ||áться, приключи́ться *разг.* háppen, occúr. **~éние** *с.* advénture; искáтель ~éний advénturer; искá-тельница ~éний advénturess. **~éн-ческий** advénture (*attr.*); ~éнческий ромáн advénture nóvel [...'nɔ-].

приключи́ть *сов. см.* приключáть.

приключи́ться *сов. см.* приключáть-ся.

приковáть *сов. см.* прикóвывать.

прикóв||ывать, приковáть (*вн.*) chain (*d.*); (*перен.*) rívet ['rɪ-] (*d.*); ~ чьё-л. внимáние absórb / rívet / compél / arrést / en|gróss smb.'s atténtion [...-'grous...]; моё внимáние бы́ло ~ано (к) my atténtion was ríveted (on); страх ~áл егó к мéсту fear róoted him to the spot / ground; ~анный к постéли béd-rìdden; ~ан-ный к крéслу confíned to one's árm-chair.

прикóл *м. мор.*: на ~е laid up; стоя́ть на ~е be laid up.

приколáчивать, приколоти́ть (*вн.*) nail (*d.*), fásten with nails [-sᵒn...] (*d.*).

приколоти́ть *сов. см.* приколáчи-вать.

приколóть *сов. см.* прикáлывать.

прикомандирóванный *прич. и прил.* attáched.

прикомандировáть *сов.* (*вн.* к) at-tách (*d.* to).

прикóнчить *сов. см.* прикáнчивать.

прикопи́ть *сов.* (*вн., рд.*) *разг.* save (*d.*), save up (*d.*); ~ дéнег save some móney [...'mʌ-], put* by / asíde some móney.

прикóрм *м.* **1.** (*для рыб, птиц*) lure, bait; **2.** (*для детей*) additional food (*during the weaning period*). **~и́ть** *сов. см.* прикáрмливать 1.

прикорнýть *сов. разг.* nestle down; have / take* a nap.

прикосновéн||ие *с.* **1.** touch [tʌʧ]; при ~ии at a touch; тóчка ~ия point of cóntàct; **2.** *тк. ед. канц.* (*касательство*) concérn. **~ность** *ж.* (к) concérn (in). **~ный** (к) concérn-ed (in), invólved (in); привлéчь всех ~ных к дéлу людéй call up|ón all those concérned / invólved in the affáir.

прикоснýться *сов. см.* прикасáть-ся.

прикрá||са *ж. чаще мн. разг.* cól-our|ing ['kʌ-]; без ~с ùnvárnished, ùnadórned; изображáть без ~с (*вн.*) show* in its true cólours [ʃou... 'kʌ-] (*d.*). **~сить** *сов. см.* прикрá-шивать.

прикрáшивать, прикрáсить (*вн.*) cól-our ['kʌlə] (*d.*), embróider (*d.*), em-béllish (*d.*).

прикреп||и́тельный *прил. к* при-креплéние 2; ~ талóн règistrátion check. **~и́ть** *сов. см.* прикрепля́ть. **~лéние** *с.* **1.** fástening [-sᵒn-]; at-táchment (*тж. перен.*); ~лéние к зем-лé *ист.* attáching to the land / soil; **2.** (*регистрация*) règistrátion.

прикрепля́ть, прикрепи́ть (*вн.* к) **1.** fásten [-sᵒn] (*d.* to); attách (*d.* to; *тж. перен.*); **2.** (*регистрировать*) régister (*d.* at).

прикри́к||ивать, прикри́кнуть (на *вн.*) shout (at), raise one's voice (at). **~нуть** *сов. см.* прикри́кивать.

прикрути́ть *сов. см.* прикрýчивать.

прикрýчивать, прикрути́ть **1.** (*вн.* к; *привязывать*) tie (*d.* to), bind* (*d.* to), fásten [-s°n] (*d.* to); **2.** (*вн.*) *разг.* (*о фитиле в лампе*) turn down (*d.*).

прикрыва́ть, прикры́ть (*вн.*) **1.** (*закрывать*) cóver ['kʌ-] (*d.*), screen (*d.*); (*о двери, окне и т. п.*) close / shut* sóftly (*d.*); **2.** (*защищать*) cóver (*d.*), protéct (*d.*), shélter (*d.*), shield [ʃi:ld] (*d.*); (*от солнца тж.*) shade (*d.*); ~ глаза́ руко́й (*от солнца*) shade / shield one's eyes; with one's hand [...aɪz...], cup one's hand óver one's eyes; ~ отступле́ние *воен.* cóver *the* retréat; ~ фланг *воен.* protéct the flank; **3.** (*маскировать*) concéal (*d.*), screen (*d.*); ~ безде́йствие гро́мкими фра́зами use long words as a cóver for one's ìnactívity; **4.** *разг.* (*ликвидировать — о предприятии и т. п.*) líquidàte (*d.*), close down (*d.*), wind* up (*d.*). **~ся,** прикры́ться **1.** (*тв.*; *покрываться*) cóver (òne¦sélf) ['kʌ-...] (with); (*перен.*: *незнанием, неопытностью*) use as a cóver (*d.*), take* réfùge (in); он прикрыва́ется свои́м незна́нием he úses his ígnorance as a cóver, he takes réfùge in his ígnorance; **2.** *разг.* (*ликвидироваться — о предприятии и т. п.*) close down; be líquidàted; **3.** *страд.* к прикрыва́ть.

прикры́||тие *с.* cóver ['kʌ-]; (*конвой*) éscòrt; (*перен.*) screen, cloak; под ~тием (*рд.*) únder cóver (of), únder the shélter (of), screened (by). **~ть(ся)** *сов. см.* прикрыва́ть(ся).

прикупа́ть, прикупи́ть (*вн.*, *рд*). buy* (some more) [baɪ...] (*d.*); прикупи́ть (ещё) са́хару buy* some more súgar [...'ʃu-].

прикупи́ть *сов. см.* прикупа́ть.

прику́ривать, прикури́ть get* a light from smb.'s cigarétte; позво́льте прикури́ть will you give me a light?, let me have a light.

прикури́ть *сов. см.* прику́ривать.

прику́с *м.* bite. **~и́ть** *сов. см.* прику́сывать.

прику́ска *ж. вет.* críb-bìting.

прику́с||ывать, прикуси́ть (*вн.*) bite* (*d.*); ~и́ть (себе́) язы́к bite* one's tongue [...tʌŋ]; (*перен.*) keep* one's mouth shut, hold* one's tongue.

прила́в||ок *м.* cóunter; рабо́тник ~ка sáles¦man*; *мн. собир.* sáles¦pèople [-pi:-].

прилага́емый *прич. и прил.* accómpanying [ə'kʌ-]; (*к письму, заявлению*) en¦clósed; (*в конце текста и т. п.*) súbjoined.

прилага́тельное *с. скл. как прил. грам.*, и́мя ~ ádjective.

прилага́ть, приложи́ть (*вн.*) **1.** = прикла́дывать 1; **2.** (*применять*) applý (*d.*); ~ уси́лия make* éfforts; ~ все уси́лия exért / make* / strain every éffort; ~ стара́ния take* pains, exért òne¦sélf; приложи́ть всё стара́ние do / try one's best.

прила́дить *сов. см.* прила́живать.

прила́живать, прила́дить (*вн.* к) fit (*d.* to), adápt (*d.* to), adjúst [ə'dʒʌst] (*d.* to).

приласка́ть *сов.* (*вн.*) caréss (*d.*), fondle (*d.*), pet (*d.*); be nice (to) *разг.*; (*погладить*) stroke (*d.*). **~ся** *сов.* (к) snuggle up (to).

прилега́||ть (к) **1.** (*об одежде*) fit clóse¦ly [...-s-] (*d.*); **2.** (*примыкать*) adjóin [ə'dʒ-] (*d.*), bórder (up¦ón), skirt (*d.*), be adjácent [...ə'dʒeɪ-] (to). **~ющий 1.** (*об одежде*) clóse-fítting [-s-]; **2.** (к; *смежный*) adjóining [ə'dʒ-] (*d.*), adjácent [ə'dʒeɪ-] (to), contíguous (to).

прилежа́ние *с.* díligence, índustry; (*усердие*) assíduous¦ness; àpplicátion (to work); (*к наукам*) stúdious¦ness.

прилежа́щ||ий *мат.* adjóining [ə'dʒ-], contíguous; ~ая сторона́ adjóining side.

приле́жн||о *нареч.* díligently, indústrious¦ly; (*усердно*) assíduous¦ly, stúdious¦ly. **~ый** díligent, indústrious; (*усердный*) assíduous, stúdious.

прилепи́ть(ся) *сов. см.* прилепля́ть (-ся).

прилепля́ть, прилепи́ть (*вн.* к) stick* (*d.* to). **~ся,** прилепи́ться **1.** (к) stick* (to); **2.** *страд.* к прилепля́ть.

прилёт *м.* arríval.

прилета́ть, прилете́ть come* flýing; (*на самолёте*) arríve by air; (*перен.*) *разг.* come* / arríve in haste [...heɪ-], come* húrrying / flýing.

прилете́ть *сов. см.* прилета́ть.

приле́чь *сов.* lie* down; (*прикорнуть*) take* a nap; он прилёг на полчаса́ he lay down for half an hour [...hɑ:f ...auə].

прили́в *м.* **1.** flow [flou], flood (of tide) [-ʌd...], rísing tide; (*перен.*) surge, ínflùx, áfflùx; волна́ ~а tídal wave; ~ и отли́в ebb and flow, high and low tide [...lou...]; (*перен. тж.*) flux and ré¦flùx; ~ы и отли́вы tides; ~ го́рдости surge of pride; ~ не́жности flow / áfflùx of ténderness; ~ эне́ргии fresh surge of énergy; **2.** *мед.* con¦géstion [-stʃ-]; ~ кро́ви rush of blood [...-ʌd]; **3.** *тех.* lug, boss.

прилива́ть, прили́ть (к) flow [-ou] (to); (*о крови*) rush (to); кровь прилила́ к щека́м the blood rushed to, *или* suffúsed, *his* cheeks [...blʌd...].

прили́вн||ый tídal; ~ая полоса́ tide lands *pl.*; ~ая волна́ tídal wave.

прили́з||анный *разг.* (*о волосах*) sleek, smooth [-ð]. **~а́ть** *сов. см.* прили́зывать.

прили́зывать, прилиза́ть *разг.*: ~ во́лосы smooth / sleek one's hair [-ð...].

прилипа́ть, прили́пнуть (к) stick* (to), adhére (to).

прили́пнуть *сов. см.* прилипа́ть.

прили́пчивый *разг.* **1.** sticking, adhésive; (*перен.*; *о человеке*) bóring, bóthering; **2.** (*о болезни*) cátching.

прили́стник *м. бот.* stípùle.

прили́ть *сов. см.* прилива́ть.

прили́чи||е *с.* décency ['di:-], decórum; propríety; из ~я, для ~я for the sake of propríety; in décency; соблюда́ть ~я obsérve the rules of propríety [-'zə:v...].

прили́чно I *прил. кратк. см.* прили́чный.

прили́чн||о II *нареч.* **1.** décent¦ly, próper¦ly ['prɔ-], becóming¦ly [-'kʌ-]; (*пристойно*) décorous¦ly; **2.** (*хорошо*) quite well. **~ый 1.** décent, respéctable; próper ['prɔ-], becóming; (*подобающий*) séemly; (*пристойный*) décorous; ~ый с ви́ду preséntable [-'ze-]; **2.** (*неплохой*) décent; ~ый перево́д tólerable / pássable trànslátion [...trɑ:-].

приловчи́ться *сов. разг.* get* into the way (*of doing smth.*).

прилож||е́ние *с.* **1.** (*печати*) àpposítion [-'zɪ-], affíxing; **2.** (*приложенные документы и т. п.*) en¦clósure [-'klou-]; **3.** (*к журналу и т. п.*) appéndix; súpplement; **4.** *грам.* àppositíon; **5.** (*применение*) àpplicátion; сфе́ра ~е́ния (*рд.*) sphere of àpplicátion (of); сфе́ра ~е́ния капита́ла *эк.* cápital invéstment spheres *pl.* **~и́ть** *сов. см.* прикла́дывать *и* прилага́ть. **~и́ться** *сов. см.* прикла́дываться.

прилуни́ться *сов.* moon.

прильну́ть *сов. см.* льнуть 1.

при́ма *ж.* **1.** *муз.* tónic; **2.** (*первая струна*) first string, top string; **3.** (*первая скрипка*) first vìolín.

при́ма-балери́на *ж. театр.* príma bàllerína ['pri:- -'ri:-], first dáncer.

примадо́нна *ж. театр.* príma dónna ['pri:-...], díva ['di:-].

прима́заться *сов. см.* прима́зываться.

прима́зываться, прима́заться (к) *разг.* stick* (to), hang* on (to).

прима́нивать, примани́ть (*вн.*) *разг.* lure (*d.*), entíce (*d.*), allúre (*d.*), decóy (*d.*).

примани́ть *сов. см.* прима́нивать.

прима́нка *ж.* bait, lure, entíce¦ment.

прима́т *м. филос.* prímacy ['praɪ-], pre-éminence.

прима́ты *мн. зоол.* prìmátès [praɪ-'meɪti:z].

прима́чивать, примочи́ть (*вн.*) móisten [-s°n] (*d.*), bathe [beɪð] (*d.*), wet (*d.*).

примелька́ться *сов. разг.* become* famíliar.

примен||е́ние *с.* àpplicátion; (*употребление*) use [-s]; находи́ть ~ (*дт.*) find* a use, *или* an àpplicátion (for); получи́ть широ́кое ~ (*о методах и т. п.*) be wíde¦ly adópted; в ~е́нии (к) in àpplicátion (to); ~ к ме́стности *воен.* use of ground, àdàptátion to the ground. **~и́мость** *ж.* (*теории и т. п.*) àpplicabílity. **~и́мый** applicable, súitable ['sjuːt-]. ~ительно *нареч.* (к) confórmably (to); in confórmity (with). **~ить(ся)** *сов. см.* применять(ся).

применять, применить (*вн.*) applý (*d.*); emplóy (*d.*), use (*d.*); ~ на практике put* into práctice (*d.*). **~ся,** примениться **1.** (к) adápt òne¦sélf (to); confórm (to); ~ся к местности *воен.* adápt òne¦sélf to the ground; **2.** *страд. к* применять.

пример *м.* (*в разн. знач.*) exámple [-ɑːm-], ínstance; приводить ~ give* *an* exámple, cite *an* exámple; приводить в ~ cite as an exámple; ставить кого-л. в ~ hold* smb. up as an exámple; брать ~ с кого-л. fóllow smb.'s exámple; подавать ~ set* an exámple; личным ~ом by pérsonal exámple; для ~а *разг.* as an exámple / módel [...'mɔ-]; показать ~ (*быть первым в чём-л.*) give* *the* lead; следовать ~у fóllow suit [...sjuːt]; по ~у (*рд.*) áfter the exámple (of); in ìmitátion (of); не в ~ (*дт.*) *разг.* ún¦líke (*d.*); (+ *сравн. ст.*) far more: не в ~ остальным он очень много работает ún¦líke the others he works very hard; его рассказы были не в ~ интереснее his stóries were far more ínteresting; his stóries were more ínteresting by far; — не в ~ лучше bétter by far; не в ~ другим as an excéption; ✧ к ~у *разг.* by way of ìllustrátion.

примерзать, примёрзнуть (к) freeze* (to).

примёрзнуть *сов. см.* примерзать.

пример||ить *сов. см.* примерять. **~иться** *сов. см.* примеряться. **~ка** *ж.* (*на себя*) trýing on; (*на другого*) fítting.

примерн||о *нареч.* **1.** (*отлично*) exémplarily, éxcellently; ~ вести себя be an exámple [...-ɑːm-], beháve pérfectly (well); **2.** (*приблизительно*) appróximate¦ly, róughly ['rʌf-]. **~ый 1.** (*образцовый*) exémplary; módel ['mɔ-] (*attr.*); ~ый ученик módel púpil; **2.** (*приблизительный*) appróximate.

примерять, примерить (*вн.*; *на себя*) try on (*d.*); (*на другого*) fit (*d.*); ✧ семь раз примерь, а один — отрежь *посл.* ≅ look befóre you leap. **~ся,** примериться **1.** *разг.* aim; **2.** *страд. к* примерять.

примесь *ж.* admíxture; (*о красках*) tinge; (*о жидком*) dash; (*перен.*) touch [tʌtʃ]; с ~ю (*рд.*) with a touch (of).

примет||а *ж.* sign [saɪn], tóken; mark; ~ы distínctive marks; плохая ~ bad* ómèn / sign; ✧ иметь на ~е (*вн.*) have an eye [...aɪ] (to).

приметать *сов. см.* примётывать.

примет||ить *сов. см.* примечать. **~ливость** *ж. разг.* pówer of òbsèrvátion [...-zə:-]. **~ливый** *разг.* obsérvant [-'zə:-]. **~ный** percéptible, vísible [-z-]; (*привлекающий внимание*) conspícuous, próminent.

примётывать, приметать (*вн.*) tack (*d.*), stitch (*d.*).

примечани||е *с.* note, cómmènt; (*внизу страницы*) fóot-nòte ['fut-]; (*объяснение*) ànnotátion; снабдить ~ями (*вн.*) ánnotàte (*d.*).

примечательн||ость *ж.* nòtabílity [nou-], nóte¦wòrthiness [-ðɪ-]. **~ый** nótable, nóte¦wòrthy [-ðɪ], remárkable.

примечать, приметить (*вн.*) *разг.* nótice ['nou-] (*d.*), percéive [-'siːv] (*d.*).

примешать *сов. см.* примешивать.

примешивать, примешать (*вн., рд.*) add (*d.*), admíx (*d.*); (*в сплав*) allóy (*d.*).

приминать, примять (*вн.*) crush (*d.*); (*ногами*) trample down (*d.*), tread* down [tred...] (*d.*); (*рукой*) flátten (*d.*), make* flat (*d.*).

примиренец *м.* concíliàtor.

примирение *с.* rèconciliátion; (*интересов, взглядов*) conciliátion.

примиренче||ский concíliatory, cómpromìsing. **~ство** *с.* concíliatori¦ness, spírit of concìliátion.

примир||имый réconcìlable. **~итель** *м.*, **~ительница** *ж.* réconcìler, concíliàtor, péace-màker. **~ительный** concíliatory, pacíficatory [-keɪ-]. **~ить** *сов.* **1.** *см.* примирять; **2.** *как сов. к* мирить 2. **~иться** *сов.* **1.** *см.* примиряться; **2.** *как сов. к* мириться 2.

примирять, примирить **1.** (кого-л.) réconcìle (smb.); **2.** (что-л.) concíliàte (smth.); ~ противоречивые точки зрения réconcìle còntradíctory views [...vjuːz]; ~ противоречивые требования bálance the conflícting claims. **~ся,** примириться **1.** (с кем-л.) be réconcìled (with smb.), make* it up (with smb.); **2.** (с чем-л.) réconcìle òne¦sélf (to smth.); примириться со своим положением réconcìle òne¦sélf to *the* sìtuátion; примириться с фактом accépt the fact.

примиряюще *нареч.* in a concíliatory way.

примитив *м.* prímitive. **~ность** *ж.* prímitive¦ness. **~ный** prímitive.

примкнуть *сов. см.* примыкать 1, 2.

примолкнуть *сов. разг.* fall* sílent.

приморский séasíde (*attr.*); máritìme.

приморье *с.* líttoral; sea cóuntry [...'kʌ-].

примоститься *сов. разг.* find* room, *или* a place, for òne¦sélf.

примочить *сов. см.* примачивать.

примочк||а *ж.* wash, lótion; свинцовая ~ goulárd (wáter) [guː'lɑːd 'wɔː-]; ~ для глаз éye-lòtion ['aɪ-]; делать ~и fomént.

примула *ж.* prímula, prímròse.

примус *м.* prímus, prímus-stòve.

примчать *сов. разг.* **1.** (*вн.*) bring* in a húrry (*d.*); **2.** = примчаться. **~ся** *сов.* come* téaring alóng [...'tɛə-...].

примыкание *с.* **1.** còntigúity [-'gju-]; **2.** *грам.* adjóining [ə'dʒ-].

примыка||ть, примкнуть **1.** (к; *присоединяться*) join (*d.*), side (with); **2.** (*вн.*; *о штыке*) fix (*d.*); примкнуть штыки! fix báyonets!; **3.** *тк. несов.* (к; *быть смежным*) adjóin [ə'dʒ-] (*d.*), bórder (up¦ón, with), abút (up¦ón); ~ющие организации affíliàted òrganisátions [...-naɪ-]; **4.** *тк. несов. грам.* adjóin.

примять *сов. см.* приминать.

принадлеж||ать (*дт.*) belóng (to); (*относиться к чему-л.*) àppertáin (to); ~ к числу выдающихся писателей, художников *и т. п.* be one of the, *или* be among the, outstánding wríters, ártists, *etc.*; ~ по праву belóng by right, ríghtfully belóng; ~ащее по праву место ríghtful place; ~ к партии be a mémber of *a* párty.

принадлежност||ь *ж.* **1.** (*состояние*) belóng¦ing; ~ к партии mémbership of *a* párty; классовая ~ class affìliátion; **2.** *об. мн.* accéssories, appúrtenances; tackle *sg.*; *тех.* fíttings; (*комплект*) óutfit *sg.*, equípment *sg.*; ~и туалета árticles of tóilet; бритвенные ~и sháving-sèt *sg.*; письменные ~и wríting-matèrials; рыболовные ~и físhing-tàckle *sg.*; ✧ обратиться по ~и applý to the próper quárter [...'prɔ-...].

принале||чь *сов.* (на *вн.*) *разг.* **1.** (*навалиться*) press (on, up¦ón), recline (up¦ón); **2.** (*усердно приняться за что-л.*) applý òne¦sélf (to), ply (*d.*); он приналёг на работу he applíed hìm¦sélf to *his* work; они ~гли на вёсла they plied their oars vígorous¦ly, they pulled hard [...puld...].

принарядить(ся) *сов. см.* принаряжать(ся).

принаряжать, принарядить (*вн.*) dress up (*d.*), deck out (*d.*). **~ся,** принарядиться dress / get* òne¦sélf up, smárten òne¦sélf up.

принев||олить ...

принево||ливать, принéволить (*вн.* + *инф.*) force (*d.* + to *inf.*), make* (*d.* + *inf.*): он ~ил её сделать это he forced her to do it, he made her do it.

неволить *сов. см.* приневоливать.

принести *сов. см.* приносить.

принестись *сов. разг.* = примчаться.

принижать, принизить (*вн.*) **1.** húmble (*d.*), humíliàte (*d.*); **2.** (*умалять*) dispárage (*d.*), belíttle (*d.*), depréciàte (*d.*); ~ роль (*рд.*) mínimìze / depréciàte the role (of).

принижение *с.* dispárage¦ment, belíttling, deprèciátion.

приниженн||ость *ж.* humílity. **~ый** húmble, humíliàted; (*раболепный*) sérvìle.

принизить *сов. см.* принижать.

приникать, приникнуть (к) press òne¦sélf (agáinst), press òne¦sélf close

[...klous] (to); (*к кому-л. тж.*) nestle (agáinst, to), nestle close (to); ~ ýхом put* one's ear (to).

прини́кнуть *сов. см.* приникáть.

принимáние *с. спорт., воен.*: ~ в стóрону (*в верховой езде*) pássage.

приним||áть, приня́ть 1. (*вн.*; *в разн. знач.*) take* (*d.*); ~ лекáрство take* one's médicine; ~ вáнну have / take* a bath; ~ пи́щу take* food; порт мóжет ~ океáнские парохóды the port can handle / take* ócean-gó¦ing véssels [...'ouʃ°n-...]; ~ прися́гу take* *the* oath (of allégiance); ~ мéры take* méasures [...'meʒ-], make* arránge¦ments [...-eɪn-]; ~ мéры предосторóжности take* precáutions; ~ учáстие (в *пр.*) take* part (in), pàrtícipàte (in); pàrtáke* (in); ~ решéние decíde; (*достигать разрешения*) come* to, *или* reach, *a* decísion; они́ при́няли решéние сдéлать э́то немéдленно they decíded to do it at once [...wʌns]; они́ при́няли вáжное решéние they came to an impórtant decísion; ~ к свéдению, ~ во внимáние, ~ в расчёт take* into consìderátion / accóunt (*d.*); не ~ к свéдению, не ~ во внимáние dísregárd (*d.*); не ~ в расчёт díscóunt (*d.*); ~áя во внимáние, что táking into consìderátion / accóunt that, consídering that; ~áя что-л. во внимáние táking smth. into accóunt / consìderátion; ~ (бли́зко) к сéрдцу take* / lay* to heart [...hɑːt] (*d.*); не ~áйте э́того (бли́зко) к сéрдцу don't take it to heart; ~ чью-л. стóрону take* the part of smb., side with smb.; ~ под распи́ску sign for [saɪn...] (*d.*); ~ за прáвило make* it a rule; ~ что-л. в шýтку take* smth. as a joke; ~ что-л. всерьёз take* smth. sérious¦ly; ~ что-л. на свой счёт take* smth. as reférring to òne¦sélf; ~ на себя́ что-л. take* smth. up¦ón òne¦sélf, assúme smth.; ~ на себя́ ли́чно управлéние (*тв.*) take* pérsonal contról [...-oul] (of); ~ дóлжность accépt, *или* take* óver, *a* post [...pou-]; ~ комáндование (*тв.*) assúme / take* commánd [...-ɑːnd] (of, óver); ~ подáрок accépt *a* présent [...'prez-]; ~граждáнство be náturalìzed; он при́нял совéтское граждáнство he becáme a Sóvièt cítizen, he was gránted Sóvièt cítizenship [...'grɑː-...]; ~ христиáнство, магометáнство adópt Chrìstiánity, Mohámmedanism; ~ крещéние be bàptízed; ~ монáшество énter a mónastery, becóme* a monk [...mʌŋk]; (*о женщине*) take* the veil; э́то так при́нято it is the cústom; при́мите моё уважéние (*в письме*) yours respéctfully; **2.** (*вн.* в, на *вн.*; *включать в состав*) admít (*d.* to), accépt (*d.* for); ~ нóвых члéнов (в *вн.*) accépt new mémbers (for); ~ в пáртию admít to / into the párty (*d.*); ~ в комсомóл accépt for the Kómsòmòl (*d.*); ~ в граждáнство náturalìze (*d.*); ~ на рабóту take* on (*d.*), give* emplóyment (to); ~ в шкóлу, институ́т admít to school, to *the* ínstitùte (*d.*); **3.** (*вн.*; *соглашаться на*) accépt (*d.*); ~ предложéние accépt *an* óffer; (*о браке*) accépt *a* propósal [...-z-]; ~ вы́зов accépt *the* chállenge; take* up the gáuntlet *идиом.*; ~ бой accépt battle; ~ как дóлжное accépt as one's due (*d.*), take* as a mátter of course [...kɔːs] (*d.*); ~ резолю́цию pass / adópt / appróve / cárry *a* rèsolútion [...-ruːv... -zə-]; ~ закóн pass *a* law; ~ законопроéкт appróve *a* bill; **4.** (*вн.*; *посетителей и т. п.*) recéive [-'siːv] (*d.*); ~ гостéй recéive guests / vísitors [...-z-]; ~ у себя́ когó-л. play host to smb. [...houst...]; ~ радýшно wélcome (*d.*); он сегóдня не ~áет he does not recéive vísitors to¦dáy; (*о враче*) he does not recéive pátients to¦dáy; **5.** (*вн.*; *приобретать*) assúme (*d.*); ~ фóрму чегó-л. take* the shape of smth.; ~ вид assúme / afféct an air, put* / take* on an air; егó болéзнь приняла́ óчень серьёзный харáктер his íllness has become very grave; дéло при́няло неожи́данный оборóт the affáir took an ún¦expécted turn; ~ ожесточённый харáктер become* fierce [...fɪəs]; **6.** (*вн.* за *вн.*) take* (*d.* for): он при́нял егó за товáрища Н. he took him for Cómrade N.; за когó вы меня́ ~áете? whom do you take me for?; **7.** (*вн.* от; *брать в своё ведение*) take* óver (*d.* from); ~ делá от когó-л. take* óver sóme¦body's dúties, take* óver dúties from smb.; **8.** (*вн.* за что-л.; *считать*) assúme (*d.* to be smth.); **9.** *об. несов.* (у когó-л.— *ребёнка при родах*) delíver [-'lɪ-] (smb. *of a child*).

принимáться, приня́ться 1. (+ *инф.*; *начинать*) begín* (+ *to inf.*, + *ger.*), start (+ *ger.*); ~ петь begín* / start síng¦ing; **2.** (за *вн.*; *приступать к чему-л.*) set* (to); ~ за рабóту, дéло set* to work, get* down to work, settle to (one's) work; приня́ться за разрешéние проблéмы attáck *a* próblem [...'prɔ-]; он не знáет, как приня́ться за э́то he does¦n't know how to begín it, *или* how to set / go abóut it [...nou...]; **3.** *разг.*: ~ за когó-л. take* smb. in hand; **4.** (*без доп.*) (*о растениях*) strike* / take* root; (*о прививке*) take*; **5.** *страд. к* принимáть.

принорáвливать, принорови́ть (*вн.*) *разг.* fit (*d.*), adápt (*d*), adjúst [ə'dʒ-] (*d.*). **~ся, принорови́ться** (к) *разг.* adápt / accómmodàte òne¦sélf (to).

принорови́ть(ся) *сов. см.* принорáвливать(ся).

прино||си́ть, принести́ (*вн.*) **1.** bring* (*d.*), fetch (*d.*); ~ обрáтно bring* back (*d.*); **2.** (*давать; об урожае*) yield [jiː-] (*d.*); (*о доходе*) bring* in (*d.*); ~ (большóй) дохóд bring* in (big / good*) retúrns; ~ плоды́ yield fruit [...-uːt]; bear* fruit [bɛə...] (*тж. перен.*); ~ пóльзу be of use / bénefit [...-s...]; учéние принеслó емý пóльзу léarning was of bénefit / use to him ['ləːn-...]; э́то не принеслó емý пóльзы he deríved no bénefit from it; ◇ ~ счáстье, несчáстье bring* luck, misfórtune [...-tʃən]; ~ в жéртву sácrifìce (*d.*); ~ жéртву make* a sácrifìce; ~ благодáрность (*дт.*) expréss one's grátitùde (to): я приношý вам глубóкую благодáрность I want to expréss my deep grátitùde to you; — ~ жáлобу (на *вн.*) lodge a compláint (agáinst). **~шéние** *с.* óffering, présent [-ez-], gift [g-].

принуди́тельн||ый 1. compúlsory; forced; ~ые мéры méasures of compúlsion ['meʒ-...]; ~ые рабóты forced lábour *sg.*, hard lábour *sg.*; ~ сбор lévy ['le-]; **2.** *тех.* (*о движении, подаче и т. п.*) pósitive [-z-].

принýдить *сов. см.* принуждáть.

принужд||áть, принýдить (*вн.*) compél (*d.*), force (*d.*), constráin (*d.*), còérce (*d.*); ~ к молчáнию redúce to sílence [...'saɪ-] (*d.*). **~éние** *с.* compúlsion, constráint, còércion; по ~éнию únder compúlsion / constráint; дéлать что-л. по ~éнию do smth. únder duréss; без ~éния without any compúlsion / constráint.

принуждённ||ость *ж.* constráint; (*натянутость*) stíffness, ténsion. **~ый 1.** *прич. см.* принуждáть; **2.** *прил.* (*неестественный*) constráined, forced; ~ая улы́бка forced smile; ~ый смех forced láughter [...'lɑːf-].

принц *м.* prince. **~éсса** *ж.* princéss.

при́нцип *м.* prínciple; из ~а on prínciple; ◇ в ~е in prínciple, as a mátter of prínciple; theorétically.

принципáл *м. уст.* príncipal.

принципáт *м. ист.* príncipate.

принципиáльн||о *нареч.* **1.** (*из принципа*) on prínciple; **2.** (*по существу*) in the main, in éssence. **~ый** of prínciple; ~ый человéк man* of prínciple; ~ый вопрóс quéstion of prínciple [-stʃən...], fùndaméntal quéstion; ~ое соглáсие (на *вн.*) consént / agréement in prínciple (to); он дал ~ое соглáсие he consénted in prínciple; ~ый спор cóntrovèrsy on a point of prínciple; ~ая ли́ния line based on prínciple [...-st...]; э́тот вопрóс имéет ~ое значéние this quéstion is a mátter of prínciple; ~ое разноглáсие dífference of prínciple; поднимáть что-л. на ~ую высотý make* smth. a mátter of prínciple.

приню́хаться *сов.* (к) *разг.* (*привыкнуть к запаху*) get* used / accústomed to *the* smell [...juːst...] (of).

приня́ти||е *с.* **1.** recéption; (*пищи, лекарства и т. п.*) táking; пóсле ~я лекáрства áfter táking, *или* having táken, *the* médicine; ~ комáндования assúmption of commánd [...-ɑːnd]; ~ присяги táking *the* oath (of allégiance); 2. (*в состав, в члены*) admíssion; admíttance; ~ граждáнства nàturalìzátion [-laɪ-]; ~ совéтского граждáнства becoming a Sóvièt cítizen; 3. (*предложения и т. п.*) accéptance; (*резолюции тж.*) adóption; (*ср. тж.* принимáть).

при́нято *предик. безл.* (+ *инф.*) it is cústomary (+ to *inf.*).

при́нят||ый *прич. и прил.* accépted; adópted; (*ср.* принимáть); ~ая резолю́ция adópted rèsolútion [...-zə-]; ~ поря́док estáblished órder.

приня́ть(ся) *сов. см.* принимáть(ся).

приободри́ть(ся) *сов. см.* приободря́ть(ся).

приободря́ть, приободри́ть (*вн.*) encóurage [-'kʌ-] (*d.*), cheer up (*d.*), héarten ['hɑːt-] (*d.*). ~**ся,** приободри́ться cheer up, feel* more chéerful, recóver one's spírits [-'kʌ-...].

приобрести́ *сов. см.* приобретáть.

приобретáть, приобрести́ (*вн.*) **1.** acquíre (*d.*), gain (*d.*); ~ знáния acquíre knówledge [...'nɔ-]; приобрести́ большóй óпыт (в *пр.*) gain wide expérience (in); приобрести́ плохýю репутáцию acquíre a bad* rèputátion, fall* into dísrepúte; ~ чьё-л. расположéние win* / gain smb.'s fávour, obtáin smb.'s good gráces; ~ хорóший вид look much bétter; ~ значéние rise* in impórtance; ~ осóбое значéние acquíre espécial signíficance [...-'pe-...]; ~ всё бóльшее значéние assúme ever gréater impórtance [...'greɪtə...]; приобрести́ осóбый харáктер assúme a spécial cháracter [...'spe- 'kæ-]; **2.** (*покупать*) buy* [baɪ] (*d.*), púrchase [-s] (*d.*).

приобретéние *с.* **1.** (*действие*) àcquisítion [-'zɪ-]; (*покупка*) púrchase [-s]; **2.** (*нечто приобретённое*) àcquisítion, gain; (*покупка*) púrchase; (*выгодная покупка*) bárgain.

приобщ||áть, приобщи́ть **1.** (*вн.* к) accústom (*d.* to); приобщи́ть широ́кие мáссы к культýре give* the másses áccèss to módern cúlture; bring* cúlture within the reach of the broad másses [...brɔːd...]; **2.** (*вн.* к; *присоединять*) join (*d.* to); ~ к дéлу *канц.* file (*d.*); **3.** (*вн.*) *церк.* admínister the sácrament (to), commúnicàte (*d.*). ~**áться,** приобщи́ться **1.** (к; *присоединяться*) join (*d.*); **2.** *церк.* commúnicàte; **3.** *страд.* к приобщáть. ~**и́ть(ся)** *сов. см.* приобщáть(ся).

приодéть *сов.* (*вн.*) *разг.* dress up (*d.*), smárten up (*d.*). ~**ся** *сов. разг.* dress up, get* onesélf up.

приозёрный lake (*attr.*).

приоритéт *м.* prìórity.

приосáниться *сов.* assúme a dígnified air.

приостанáвливать, приостанови́ть (*вн.*) hold* up (*d.*), stop (*d.*); call a halt (to); check (*d.*); suspénd (*d.*); (*о приговоре и т. п.*) repríeve [-riːv] (*d.*); приостанови́ть рабóту suspénd work; приостанови́ть воéнные дéйствия halt the fíghting. ~**ся,** приостанови́ться **1.** pause; **2.** *страд.* к приостанáвливать.

приостан||ови́ть(ся) *сов. см.* приостанáвливать(ся). ~**óвка** *ж.* stópping, chéck(ing), suspénsion; (*приговора*) suspénsion, réspite, repríeve [-riːv].

приотвори́ть(ся) *сов. см.* приотворя́ть(ся).

приотворя́ть, приотвори́ть (*вн.*) ópen slíghtly, *или* a little way (*d.*), hálf-ópen ['hɑːf-] (*d.*); (*о двери тж.*) set* ajár (*d.*). ~**ся,** приотвори́ться **1.** ópen slíghtly, hálf-ópen ['hɑːf-]; **2.** *страд.* к приотворя́ть.

приоткрывáть(ся) = приотворя́ть (-ся).

приоткры́ть(ся) = приотвори́ть(ся).

приохóтить *сов.* (когó-л. к) *разг.* give* smb. a taste [...teɪst] (for). ~**ся** *сов.* (к) *разг.* take* (to), take* a líking (to).

припадáть, припáсть **1.** (к) fall* down (to), press onesélf (to); ~ к груди́ когó-л. press onesélf agáinst smb.'s breast [...brest]; ~ к чьим-л. ногáм pròstráte onesélf befóre smb.; ~ ýхом press one's ear (to); **2.** *тк. несов. разг.* (*слегка хромать*): ~ на прáвую, лéвую нóгу be lame in the right, left leg.

припáдо||к *м.* fit; (*о болезни тж.*) attáck; (*очень сильный*) pároxysm; нéрвный ~ fit / attáck of nerves, nérvous fit; ~ безýмия fit of mádness; ~ бéшенства pároxysm of rage; ~ отчáяния pároxysm of despáir. ~**чный** **1.** *прил.* èpiléptic; ~чные явлéния fits; **2.** *м. как сущ.* èpiléptic.

припáивать, припая́ть (*вн.* к) sólder ['sɔ-] (*d.* to); (*твёрдым припоем*) braze (*d.* to).

припáйка *ж.* sóldering ['sɔ-]; (*твёрдым припоем*) brázing.

припáрк||а *ж. мед.* póultice ['pou-], cátaplàsm, fòmèntátion [fou-]; класть ~и (*дт.*) póultice (*d.*), foménting (*d.*).

припасáть, припасти́ (*вн.*) lay* in store (*d.*), lay* up (*d.*), store (*d.*); (*об ответе, остроте и т. п.*) prepáre (*d.*), províde (*d.*).

припасти́ *сов. см.* припасáть.

припáсть *сов. см.* припадáть 1.

припáсы *мн.* stores, supplíes; съестны́е ~ provísions, víctuals ['vɪt°lz], comèstibles; воéнные ~ mílitary supplíes, munítions; боевы́е ~ àmmunítion *sg.*

припая́ть *сов. см.* припáивать.

припéв *м.* refráin, búrden. ~**áть** *разг.* hum, troll; ◇ жить ~áючи ≅ live in clóver [lɪv...].

припёк I *м.* súrplus (*excess in weight of loaf over the flour used*).

припёк II *м. разг.*: на ~е (*на солнце*) in the very heat of the sun; right in the sun; where the sun is hóttest.

припекá||ть *разг.* (*о солнце*) be hot; сóлнце ~ет the sun is ráther hot [...'rɑː-...].

припере́ть *сов. см.* припирáть.

припечáтать I, II *сов. см.* припечáтывать I, II.

припечáтывать I, припечáтать (*вн.*) *разг.* (*класть печать*) seal (*d.*), affíx / attách a seal (to); (*сургучом*) applý séaling-wàx [...-wæks] (to).

припечáтывать II, припечáтать (*вн.*; *дополнительно*) print in addítion (*d.*).

припирáть, припере́ть (*вн.*) *разг.* (*прижимать*) press (*d.*); (*закрывать*) shut* (*d.*); ~ чем-л. дверь put* smth. héavy agáinst the door [...'hevɪ... dɔː]; ◇ припере́ть когó-л. к стенé drive* smb. into a córner, bring* smb. to bay.

приписáть(ся) *сов. см.* припи́сывать(ся).

припи́ск||а *ж.* **1.** addítion; (*в письме*) póstscript ['poussk-] (*сокр.* P. S.); ~ к завещáнию *юр.* códicil; **2.** (*зачисление*) règistrátion; порт ~и *мор.* port of hail.

припи́сывать, приписáть **1.** (*вн.*; *прибавлять к письму и т. п.*) add (*d.*); **2.** (*вн.*; *причислять куда-л.*) attách (*d.*), régister (*d.*); **3.** (*вн. дт.*; *считать принадлежащим кому-л.*) ascríbe (*d.* to), attríbùte (*d.* to); (*относить за счёт чего-л.*) put* down (*d.* to); (*о чём-л. дурном*) impúte (*d.* to). ~**ся,** приписáться **1.** (к) get* régistered (to); **2.** *страд.* к припи́сывать.

приплáт||а *ж.* = доплáта. ~**и́ть** *сов. см.* приплáчивать.

приплáчивать, приплати́ть = доплáчивать, доплати́ть.

приплести́ *сов. см.* приплетáть.

приплести́сь *сов. разг.* come* drágging onesélf alóng.

приплетáть, приплести́ (*вн.*) *разг.* (*впутывать*) ímplicàte (*d.*), drag in (*d.*).

припло́д *м.* íssue; íncrease [-s]; давáть ~ breed*.

приплывáть, приплы́ть swim* up, come* swímming; (*о корабле и т. п.*) sail up; ~ к бéрегу reach the shore.

приплы́ть *сов. см.* приплывáть.

приплю́снутый fláttened, flat; ~ нос flat nose.

приплю́снуть *сов. см.* приплю́щивать.

приплю́щивать, приплю́снуть (*вн.*) flátten (*d.*).

припля́сыва||ть dance, hop, trip; ~ющая похóдка dáncing gait.

приподнимáть, приподня́ть (*вн.*) raise (a little, slíghtly) (*d.*), lift (a little, slíghtly) (*d.*). ~**ся,** приподня́ться **1.** raise onesélf (a little);

(*в кресле, кровати*) sit* up; ~ся на ло́кте raise òne¦sélf on one's élbow; ~ся на цы́почках stand* on tiptóe; приподня́ться на носки́ rise*, *или* come* up, on the toes; 2. *страд. к* приподнима́ть.

приподня́т||ый 1. *прич. см.* приподнима́ть; 2. *прил.* élevàted, eláted; ~ стиль élevàted style; ~ое настрое́ние eláted / élevàted mood; быть в ~ом настрое́нии be eláted.

приподня́ть(ся) *сов. см.* приподнима́ть(ся).

припо́й *м. тех.* sólder ['sɔ-]; (*твёрдый*) braze.

приполза́ть, приползти́ creep* up, crawl up; come* créeping / cráwling.

приползти́ *сов. см.* приполза́ть.

припомин||а́ть, припо́мнить (*вн.*) remémber (*d.*), rècolléct (*d.*), recáll (*d.*); наско́лько я ~а́ю as far as I remémber; я не ~а́ю э́того сло́ва I don't remémber / rècolléct this word; припо́мнил! now I remémber it!; сму́тно ~ have a házy rècolléction (of); ◇ он вам э́то припо́мнит! he will take his revénge on you some day!

припо́мнить *сов. см.* припомина́ть.

припра́в||а *ж.* séasoning [-z-], rélish, cóndiment, flávour¦ing; с ~ой (из) séasoned (with) [-z-...]; без ~ы únséasoned [-zənd].

припра́вить I, II *сов. см.* приправля́ть I, II.

припра́вка *ж. полигр.* máking réady [...'redɪ].

приправля́ть I, припра́вить (*вн. тв.*; *о еде*) séason [-z-] (*d.* with), dress (*d.* with), flávour (*d.* with); (*пряностями*) spice (*d.*).

приправля́ть II, припра́вить (*вн.*) *полигр.* make* réady [...'redɪ] (*d.*).

припры́гивать *разг.* hop, skip.

припря́тать *сов. см.* припря́тывать.

припря́тывать, припря́тать (*вн.*) *разг.* 1. (*пря́тать*) hide* (*d.*), secréte (*d.*); 2. (*приберегать*) lay* up (*d.*), store up (*d.*), put* by / asíde (*d.*).

припугну́ть *сов.* (*вн. тв.*) *разг.* intímidàte (*d.* with), scare (*d.* with).

припу́дривать, припу́дрить (*вн.*) 1. pówder (*d.*); 2. *тех.* dust (*d.*). ~ся, припу́дриться pówder òne¦sélf.

припу́дрить(ся) *сов. см.* припу́дривать(ся).

при́пуск *м. тех.* allówance, márgin.

припуска́ть I, припусти́ть (*вн.*; *при шитье*) let* out (*d.*).

припуска́ть II, припусти́ть *разг.* (*побежать быстрее*) mend / quícken one's pace; (*усилиться — о дожде*) come* down hárder.

припуска́ть III, припусти́ть (*вн.* к; *случать*) couple [kʌ-] (*d.* with).

припусти́ть I, II, III *сов. см.* припуска́ть I, II, III.

припу́т||ать *сов. см.* припу́тывать. ~ывать, припу́тать (*вн.* к) ímplicàte (*d.* in).

припуха́ть, припу́хнуть swell* (a little).

припу́х||лость *ж.* swélling, intuméscence *научн.* ~лый swóllen [-ou-], tùméscent *научн.* ~нуть *сов. см.* припуха́ть.

прираба́тыв||ать, прирабо́тать earn éxtra [ə:n...]; он ~ает 10, 20 *и т. д.* рубле́й he earns ten, twénty, *etc.*, roubles éxtra [...ru:-...].

прирабо́тать *сов. см.* прираба́тывать.

при́работок *м.* addítional / éxtra éarnings [...'ə:n-] *pl.*; большо́й ~ large addítion to one's éarnings.

прира́внивать, приравня́ть (*вн.* к) equáte (*d.* with), put* / place on the same fóoting [...'fut-] (*d.* as); give* / confér the same státus (*i.* as). ~ся, приравня́ться 1. (к) be équal (to); 2. *страд. к* прира́внивать.

приравня́ть(ся) *сов. см.* прира́внивать(ся).

прира||ста́ть, прирасти́ 1. (к) adhére (to), grow* fast [-ou...] (to); ~ к ме́сту *разг.* (*о человеке*) become* róoted to the spot / ground; 2. (*увеличиваться*) in¦créase [-s], accrúe, be on the ín¦crease [...-s]. ~сти́ *сов. см.* прираста́ть. ~ще́ние *с.* ín¦crease [-s], ín¦crement, augmèntátion.

приревнова́||ть *сов.* (*вн.*) be jéalous [...'ʤel-] (of); он ~л её he was jéalous of her; он ~л её к нему́ he was jéalous of him (becáuse of her) [...-'kɔz...].

прире́зать I, II *сов. см.* прирезáть I, II.

прирезáть I, прире́зать (*вн.*) *разг.* (*о животном*) kill (*d.*); (*о человеке*) cut* the throat (of).

прирезáть II, прире́зать (*вн.*) add (*d.*); прире́зать уча́сток земли́ *разг.* add / tack on a plot of land.

приро́д||а *ж.* 1. náture ['neɪ-]; явле́ния ~ы nátural phenómena; зако́н ~ы law of náture; 2. (*сущность, характер*) náture, cháracter ['kæ-]; по ~е, от ~ы by náture, náturally; весёлый по ~е náturally chéerful, gay by náture; он лени́в от ~ы he is lázy by náture, he is náturally lázy; э́то в ~е веще́й it is in the náture of things. ~ный 1. nátural; ~ная стихи́я the élements *pl.*; ~ные бога́тства nátural resóurces [...-'sɔ:-]; ~ные усло́вия nátural condítions; 2. (*врождённый*) inbórn, ínnáte; ~ный недоста́ток ínbórn deféct; ~ный ум ínnáte / nátive intélligence; mother wit ['mʌ-...] *идиом. разг.*

природове́д *м.* nátural históriаn, náturalist. ~ение *с.* nátural history.

прирождённый (*о способности, таланте*) ínnáte, ínbórn; (*о человеке*) born; ~ поэ́т a póet born.

приро́ст *м.* ín¦crease [-s], àccrétion; ~ населе́ния ín¦crease in / of pòpulátion.

прирубе́жный (situàted) near the fróntier [...'frʌ-]; bórder; ~ посёлок bórder hámlet [...'hæ-].

приручи́||а́ть, приручи́ть (*вн.*) tame (*d.*); (*о животных тж.*) doméstiсàte (*d.*). ~е́ние *с.*: ~е́ние живо́тных domèsticátion of ánimals. ~и́ть *сов. см.* прируча́ть.

приса́живаться, присе́сть sit* down, take* a seat; приса́живайтесь, прися́дьте take a seat.

приса́ливать, присоли́ть (*вн.*) *разг.* salt (*d.*), sprinkle with salt (*d.*), add a pinch of salt (to).

приса́сываться, присоса́ться (к) stick* (to), adhére by súction (to).

присва́ивать I, присво́ить (*вн.*; *овладевать*) appróрriàte (*d.*); ~ незако́нно misappróрriàte (*d.*); ~ себе́ честь (*рд.*) assúme the hónour [...'ɔnə] (of); ~ себе́ пра́во assúme the right.

присва́ивать II, присво́ить (*вн. дт.*) give* (*d. i.*), confér (*d.* on), awárd (*d.* to); ~ квалифика́цию give* a quàlificátion (*i.*); ~ зва́ние (*рд.*) give* / confér the rank (of); ему́ присво́или зва́ние майо́ра he was given the rank of májor; ему́ присво́или сте́пень до́ктора he was made a Dóctor, he was awárded the degrée of Dóctor, the degrée of Dóctor was conférred on him; ~ и́мя (*рд.*) name (áfter); Худо́жественному теа́тру присво́ено и́мя Макси́ма Го́рького the Art Théatre was (ré¦)námed áfter Máxim Górky [...'θɪə-...].

при́свист *м.* 1. (*свист*) whistle; 2. (*свистящий призвук*) síbilance; говори́ть с ~ом síbilàte.

присви́стнуть *сов.* give* a whistle.

присви́стывать 1. whistle; 2. (*говорить с присвистом*) síbilàte.

присвое́ние I *с.* appròpriátion; незако́нное ~ misappròpriátion; незако́нное ~ средств misappròpriátion of funds; ~ приба́вочной сто́имости the appròpriátion of súrplus válue.

присвое́ние II *с.* (*звания и т. п.*) awárding, conférment.

присво́ить I, II *сов. см.* присва́ивать I, II.

приседа́ние *с.* 1. squátting; 2. *уст.* (*реверанс*) cúrts(e)y.

приседа́ть, присе́сть 1. (*на корточки*) squat; (*от страха*) cówer; 2. *уст.* (*делать реверанс*) drop cúrts(e)ys, cúrts(e)y; *сов. тж.* drop a cúrts(e)y.

присе́ст *м.*: в оди́н ~, за оди́н ~ *разг.* at one go, at one sítting, at a stretch.

присе́сть *сов.* 1. *см.* приса́живаться; 2. *см.* приседа́ть.

при́сказка *ж. лит.* (stóry-tèller's) intròdúction; flóurish ['flʌ-], embéllishment (of *a* stóry).

прискака́ть *сов.* 1. (*на лошади*) come* gálloping, arríve at a gállop;

(*перен.*) *разг.* come* téaring alóng [...'tɛə-...]; 2. (*на одной ноге*; *тж. о животных*) hop, come* hópping.

прискóрб||ие *с.* sórrow, regrét; с душéвным ~ием with deep sórrow / regrét; к моемý ~ию to my regrét. **~ный** sórrowful, regréttable, lámentable, deplórable; ~ный факт, слýчай deplórable fact, occúrrence.

прискýчи||ть *сов.* (*дт.*) *разг.* wéary (*d.*), bore (*d.*), tire (*d.*): емý э́то ~ло he is bored with it, he is tired of it.

прислáть *сов. см.* присылáть.

прислони́ть(ся) *сов. см.* прислоня́ть(ся).

прислоня́ть, прислони́ть (*вн.* к) lean* (*d.* agáinst), rest (*d.* agáinst). **~ся,** прислони́ться 1. (к) lean* (agáinst), rest (agáinst); 2. *страд.* к прислоня́ть.

прислý||га *ж.* 1. *уст.* (*служанка*) sérvant, máid-sèrvant, maid; приходя́щая ~ chár|wòman* [-wu-]; 2. *собир. уст.* (*слуги*) doméstics *pl.*, hóuse|hòld sérvants [-s-...] *pl.*; 3. *собир. воен.* crew, (gun) detáchment(s) (*pl.*). **~живать** (*дт.*) *уст.* wait (up|ón), atténd (up|ón). **~живаться,** прислужи́ться (к) *уст.* worm òne|sélf into the fávour (of), fawn (up|ón), cringe (to.) **~жи́ться** *сов. см.* прислýживаться. **~жник** *м. уст.* sérvant; (*перен.*) fáwner, ménial, sérvitor, únderling. **~жничество** *с.* subsérvience, sèrvílity.

прислýшаться *сов. см.* прислýшиваться.

прислýшиваться, прислýшаться (к) lísten [-s°n] (to), lend* (an) ear (to), lend* one's ear (to); cock an ear (to) *разг.*; внимáтельно ~ к чьим-л. жáлобам lend* an atténtive ear to smb.'s compláints; ~ к чьемý-л. мнéнию consíder smb.'s opínion [-'sɪ-...]; ~ к гóлосу нарóда heed the voice of the people [...pi:-].

присмáтривать, присмотрéть 1. (за *тв.*) look (áfter), keep* an eye [...aɪ] (on); ~ за рабóтой súpervìse / sùperinténd the work; 2. (*вн.*; *подыскивать*) look (for); *сов. тж.* find* (*d.*). **~ся,** присмотрéться (к) 1. look clóse|ly / atténtive|ly [...-ous-...] (at); ~ся к комý-л. size smb. up; take* smb.'s méasure [...'meʒə] *идиом.*; 2. (*привыкать*) get* accústomed (to).

присмирéть *сов.* grow* quiet [-ou...].

присмóтр *м.* care, ténding, lóoking áfter; (*надзор*) sùperinténdence, sùpervísion; под ~ом когó-л. únder smb.'s care / sùpervísion.

присмотрéть(ся) *сов. см.* присмáтривать(ся).

присни́ться *сов. см.* сни́ться.

при́сные *мн. скл. как прил. разг.* assóciates; вы и вáши ~ you and your crowd.

присовокупи́ть *сов. см.* присовокупля́ть.

присовокупля́ть, присовокупи́ть (*вн.*) add (*d.*); (*приобщить*) attách (*d.*).

присоедин||éние *с.* 1. (*чего-л.*) addítion; (*кого-л.*) jóining; 2. (*территории*) ànnèxátion; jóining; 3. *эл.* connéction; 4. (*к мнению и т. п.*) adhésion, adhérence [-'hɪə-]. **~и́ть(ся)** *сов. см.* присоединя́ть(ся).

присоедин||я́ть, присоедини́ть (*вн.*) 1. join (*d.*); присоедини́ть свой гóлос к гóлосу (*рд.*) join one's voice to that (of); 2. (*прибавлять*) add (*d.*); 3. (*о территории*) annéx (*d.*); join (*d.*); 4. *эл.* connéct (*d.*), join (*d.*). **~я́ться,** присоедини́ться 1. (к) join (*d.*); (*в прогулке, поезде*) go* alóng (with); (*солидаризироваться*) assóciàte (òne|sélf) (with); ~я́ться к мнéнию когó-л. subscríbe to smb.'s opínion; ~я́ться к заявлéнию subscríbe / adhére to *a* státe|ment; ~и́ться к чьей-л. прóсьбе join in smb.'s requést; к ним ~и́лись дéти *the* children joined them; 2. *страд.* к присоединя́ть.

присоли́ть *сов. см.* присáливать.

присосáться *сов. см.* присáсываться.

присосéдиться *сов.* (к) *разг.* sit* down (next to).

присóска *ж. биол.* súcker.

присóхнуть *сов. см.* присыхáть.

приспéть *сов.* (*о времени*) come*, be ripe.

приспéшни||к *м.*, **~ца** *ж.* mýrmidon; mínion.

приспи́чи||ть *сов. безл. разг.*: емý, им *и т. д.* ~ло éхать зáвтра he, they, *etc.*, took it into his head, their heads, *etc.*, to go to|mórrow [...hed...].

приспосáбливать(ся) = приспособля́ть(ся).

приспосóбить(ся) *сов. см.* приспособля́ть(ся).

приспособлéнец *м.* tíme-sèrver.

приспособлéние *с.* 1. (*действие*) àdàptátion, accòmmodátion; ~ к кли́мату acclìmatizátion [əklaɪmətaɪ-]; 2. (*устройство*) devíce; (*механическое тж.*) contrívance [-'traɪ-], appliance; gadget *разг.*; регули́ровочное ~ adjústing gear [ə'dʒʌ- gɪə].

приспосóбленность *ж.* fítness, sùitabílity [sju:-].

приспособлéнче||ский tíme-sèrving. **~ство** *с.* tíme-sèrving.

приспособля́емость *ж.* adàptabílity, fáculty of accòmmodátion; adjùstabílity [ədʒʌ-].

приспособля́ть, приспосóбить (*вн.* к) fit (*d.* to), adápt (*d.* to), accómmodàte (*d.* to), adjúst [ə'dʒʌ-] (*d.* to). **~ся,** приспосóбиться 1. (к) adjúst / adápt òne|sélf [ə'dʒʌ-...] (to), accómodàte òne|sélf (to); 2. *страд.* к приспособля́ть.

приспускáть, приспусти́ть (*вн.*) lówer a little ['louə...] (*d.*), let* down a little (*d.*); ~ флаг lówer *the* flags / cólours to hálf-mást [...'kʌ-... 'hɑ:f-]; *мор.* hálf-mást *the* cólours; флáги бы́ли приспýщены the flags were at hálf-mást; приспýщенные флáги flags flýing at hálf-mást, flags at hálf-mást. **~ся,** приспусти́ться 1. *мор.* bear* up [bɛə...], keep* a|wáy; 2. *страд.* к приспускáть.

приспусти́ть(ся) *сов. см.* приспускáть(ся).

при́став *м. ист.* políce-òfficer [-'li:s-]; судéбный ~ báiliff; становóй ~ dístrict políce-òfficer.

приставáние *с.* (*надоедание*) wórrying ['wʌ-], péstering.

приставáть, пристáть 1. (к; *прилипать*) stick* (to), adhére (to); 2. (к; *причаливать*) put* in; come* alóng|síde (of); пристáть к бéрегу (*о лодке*) pull in to the shore [pul...]; 3. (к) *разг.* (*к экскурсии и т. п.*) join (*d.*); 4. (к *дт.* с *тв.*; *надоедать*) wórry ['wʌ-] (*d.* with), péster (*d.* with); bádger (*d.* with), impórtùne (*d.* with); ~ с совéтами press advíce (up|ón); 5. (к) *разг.* (*передаваться — о болезнях и т. п.*) commúnicàte it|sélf (to); 6. *тк. сов. безл.* (*дт.*; *чаще с отрицанием*; *приличествовать*) become* (*d.*), befít (*d.*); 7. *тк. сов.* (*дт.*) *уст.* (*быть к лицу*) become* (*d.*).

пристáвить *сов. см.* приставля́ть.

пристáвка *ж. грам.* préfix ['pri:-].

пристав||ля́ть, пристáвить (*вн.* к) 1. put* (*d.* agáinst), set* (*d.* agáinst), lean* (*d.* agáinst); set* (*d.* to); 2. (*назначать для наблюдения и т. п.*) appóint (*d.*) to look (áfter). **~нóй** ádded, attáched; ~нáя лéстница ládder.

пристáвочный *грам.* with a préfix [...'pri:-].

при́стальн||о *нареч.* fíxedly, inténtly; ~ смотрéть (на *вн.*) look fíxedly / inténtly (at); stare (at), gaze (at). **~ость** *ж.* fíxedness. **~ый** fixed, intént; ~ый взгляд stare, gaze; fixed / intént look; с ~ым внимáнием with great atténtion[...-eɪt...], inténtly.

пристáнище *с.* réfùge, háven; (*кров*) shélter; (*убежище*) asýlum.

пристанциóнный státion (*attr.*).

при́стань *ж.* lánding-stàge, (lánding) pier [...pɪə]; dock *амер.*; (*для погрузки и разгрузки*) wharf*; (*перен.*) réfùge.

пристáть *сов. см.* приставáть.

пристёгивать, пристегнýть (*вн.*) 1. fásten [-s°n] (*d.*); (*на пуговицу*) bútton up (*d.*); 2. *разг.* (*приплетать*) ímplicàte (*d.*).

пристегнýть *сов. см.* пристёгивать.

пристóйн||ость *ж.* décency ['di:-], propríety, decórum. **~ый** décent, próper ['prɔ-], décorous, becóming.

пристрáивать, пристрóить (*вн.*) 1.: ~ к здáнию, дóму *и т. п.* attách / add to *a* búilding, *a* house*, *etc.*

[...'bɪl-... -s] (*d.*); 2. *разг.* (*устраивать*) settle (*d.*), place (*d.*), fix (*d.*); 3. (*к строю*) join up (with), form up (with). **~ся**, пристро́иться 1. *разг.* get* a place, settle; 2. (к *строю*) join up (with), form up (with); *ав.* join, *или* take* up, fòrmátion (with); 3. *страд.* к пристра́ивать.

пристра́стие *с.* (к) 1. (*склонность*) líking (for), wéakness (for), prèdiléction [priː-] (for); 2. (*необъективное отношение*) pàrtiálity (to, for), bías (towards); относи́ться с ~м (к) treat with pàrtiálity (*d.*), adópt a pártial / préjudiced áttitùde (towards); ✧ допро́с с ~м *уст.* tríal by òrdéal.

пристрасти́ть *сов.* (*вн.* к) make* keen (*d.* on). **~ся** *сов.* (к) take* (to), give* òne¦sélf up (to).

пристра́стн||о [-сн-] *нареч.* with pàrtiálity, with préjudice; ~ относи́ться к кому́-л. (*хорошо*) treat smb. with pàrtiálity, adópt a pártial / préjudiced áttitùde (towards). **~ость** [-сн-] *ж.* pàrtiálity. **~ый** [-сн-] pártial; быть ~ым (к) be pártial (to).

пристра́чивать, пристрочи́ть (*вн.* к) sew* [sou] (*d.* to).

пристре́ливать I, пристрели́ть (*вн.*; *убивать*) shoot*(down) (*d*)., kill (*d.*); (*раненое, больное животное*) destróy (*d.*).

пристре́ливать II, пристреля́ть (*вн.*; *приводить к нормальному бою*) zérò (*d.*); пристреля́ть ору́дие régister *a* gun on. **~ся**, пристреля́ться 1. (по *дт.*) *воен.* régister (on); range [reɪ-] (on) (*гл. обр. по дальности*); батаре́я пристреля́лась the báttery found the range; 2. *страд.* к пристре́ливать II.

пристрели́ть *сов. см.* пристре́ливать I.

пристре́л||ка *ж. воен.* règistrátion, ránging (fire) ['reɪn-...], fire for adjústment [...ə'dʒʌ-]; вести́ ~ку régister, find* the range [...reɪ-]. **~очный** *воен.*: ~очное ору́дие ránging gun ['reɪn-...].

пристре́льный *воен.*: ~ ого́нь stráddling fire.

пристреля́ть *сов. см.* пристре́ливать II. **~ся** *сов. см.* пристре́ливаться.

пристро́ить(ся) *сов. см.* пристра́ивать(ся).

пристро́йка *ж.* ánnèx(e); exténsion; (*отдельная*) óut-house* [-s]; (*лёгкая, вроде навеса*) léan-tó.

пристрочи́ть *сов. см.* пристра́чивать.

пристру́н||ивать, пристру́нить (*вн.*) *разг.* take* in hand (*d.*). **~ить** *сов. см.* пристру́нивать.

присту́кивать, присту́кнуть (*тв.*) *разг.* tap (*d.*); ~ каблука́ми tap (with) one's heels, click one's heels.

присту́кнуть I *сов. см.* присту́кивать.

присту́кнуть II *сов.* (*вн.*) *разг.* (*убить*) kill (*d.*), club to death [...deθ] (*d.*).

при́ступ *м.* 1. *воен.* assáult, storm, rush; брать ~ом (*вн.*) take* by assáult / storm (*d.*), cárry by assáult (*d.*), storm (*d.*), rush (*d.*); 2. (*боли, гнева и т. п.*) fit, attáck; (*болезни*) bout; (*лёгкий*) touch [tʌtʃ]; ~ бо́ли pang; pároxysm (of pain); ~ маля-ри́и touch / bout of malária; ~ ревмати́зма twinge of rheumátics; ~ гне́ва fit of ánger; ~ ка́шля fit / bout of cóughing [...'kɔf-], attáck of cóughing; ✧ к нему́ ~у нет *разг.* he is inàccéssible / ùn¦appróachable.

приступ||а́ть, приступи́ть (к; *начинать*) set* abóut (*d.*), start (*d.*); (*переходя к другому занятию*) procéed (to); ~ к рабо́те begin* / start one's work, get* down to work; ~и́ть к де́лу set* to work; ~ к исполне́нию свои́х обя́занностей énter up¦ón one's dúties; ~ к исполне́нию обя́занностей (*рд.*) take* up the dúties (of); ~ к чте́нию begin* / start réading; зате́м он ~и́л к ана́лизу вещества́ he then procéeded to ánalỳse the súbstance. **~и́ть** *сов. см.* приступа́ть. **~и́ться** *сов.* (к) appróach (*d.*), accóst (*d.*); не присту́пишься, нельзя́ ~и́ться = при́ступу нет *см.* при́ступ.

присту́пок *м. разг.* step.

пристыди́ть *сов.* (*вн.*) shame (*d.*), put* to shame (*d.*), make* ashámed of *smth.* (*d.*).

пристыжённый *прич. и прил.* ashámed.

пристя́жк||а *ж.* 1. *разг.* = пристяжна́я; 2.: в ~е in tráces (óutsíde the shafts).

пристяжна́я *ж. скл. как прил.* outrúnner, tráce-hòrse.

присуди́ть *сов. см.* присужда́ть.

прису||жда́ть, присуди́ть 1. (*вн.* к) (*к тюремному заключению и т. п.*) séntence (*d.* to), condémn (*d.* to); ~ к сме́ртной ка́зни condémn to death [...deθ]; 2. (*вн. дт.*; *награждать*) award (*d. d.*), adjúdge [ə'dʒ-] (*d.* to); (*о степени*) confér (*d.* on); ему́ ~ди́ли пе́рвую пре́мию he was awárded the first prize; ему́ ~ди́ли сте́пень до́ктора a dóctorship, *или* the degrée of Dóctor, was conférred on him. **~жде́ние** *с.* (*о награде, премии*) awárding, adjùdicátion [ədʒuː-]; (*о степени*) confément.

прису́тственн||ый *уст.*: ~ое ме́сто óffice, buréau [bjuə'rou]; ~ые часы́ óffice / búsiness hours [...'bɪz- auəz]; ~ день wórking-day.

прису́тстви||е *с.* 1. présence [-z-]; в ~и кого́-л. in smb.'s présence; ва́ше ~ необходи́мо your présence / atténdance is esséntial; э́то произошло́ в моём ~и it was done in my présence, *или* in front of me [...frʌnt...]; э́то бы́ло ска́зано в моём ~и it was said in my héaring [...sed...], it was said befóre me; 2. *уст.* (*учреждение*) óffice; ✧ ~ ду́ха présence of mind.

прису́тств||овать (на *пр.*) be présent [...-ez-] (at); assíst (at); (*на лекции, торжестве и т. п.*) atténd (*d.*); на приёме ~овало мно́го госте́й the recéption was atténded by a great númber of guests [...greɪt...]. **~ующий** 1. *прич. см.* прису́тствовать; 2. *м. как сущ.* présent ['prez-]; ~ующие those présent; о ~ующих не говоря́т *погов.* ≅ présent cómpany (álways) excépted [...'kʌ- 'ɔːlwəz...].

прису́щ||ий (*дт.*) inhérent (in); с ~им ему́ ю́мором with the húmour chàracterístic of him [...kæ-...], with chàracterístic húmour; ~ие им осо́бенности their own distínctive féatures [...oun...].

присчита́ть *сов. см.* присчи́тывать.

присчи́тывать, присчита́ть (*вн.*) add on (*d.*).

присыла́ть, присла́ть (*вн.*) send* (*d.*).

присы́лка *ж.* sénding.

присы́пать *сов. см.* присыпа́ть.

присыпа́ть, присы́пать 1. (*вн., рд.*; *дополнительно*) put* (*d.*); pour some more [pɔː...] (*d.*); присы́пать (ещё) муки́ add some more flour; 2. (*вн. тв.*; *посыпать*) sprinkle (*d.* with), pówder (*d.* with), dust (*d.* with).

присы́пка *ж.* 1. (*действие*) sprínkling, pówdering, dústing; 2. (*порошок*) pówder.

присыха́ть, присо́хнуть (к) adhére (in drýing) (to), stick* (to), dry (on, to); присо́хшая грязь caked mud / dirt.

прися́г||а *ж.* oath*; *воен.* oath* of allégiance; oath* of enlístment *амер.*; приводи́ть к ~е (*вн.*) swear* in [sweə...] (*d.*), admínister the oath (to); под ~ой on oath; дава́ть показа́ния под ~ой téstifỳ únder oath; дава́ть ~у swear*; принима́ть ~у take* *the* oath; ло́жная ~ pérjury.

присяга́ть, присягну́ть (*дт.* в *пр.*) swear* [sweə] (to *d.*); (*без доп.*) take* one's oath, swear* an oath; ~ в ве́рности (*дт.*) swear* allégiance (to).

присягну́ть *сов. см.* присяга́ть.

прися́жн||ый 1. *прил. юр.*: ~ пове́ренный *уст.* bárrister; ~ заседа́тель *уст. см.* 3; 2. *прил. разг.* (*постоянный*) born: ~ расска́зчик born stóry-tèller; 3. *м. как сущ.* júror, júry¦man*; суд ~ых júry.

прита́иться *сов.* lurk, hide*; concéal òne¦sélf; keep* quíet.

прита́птывать, притопта́ть 1. (*вн.*) tread* down [tred...] (*d.*); 2. *тк. несов. разг.* (*ногами, каблуками*) tap (with) one's heels, click one's heels.

прита́скивать, притащи́ть (*вн.*) *разг.* bring* (*d.*), drag (*d.*), haul (*d.*).

притача́ть *сов. см.* прита́чивать.

прита́чивать, притача́ть (*вн.* к) stitch (*d.* to), sew* on [sou...] (*d.* to).

притащи́ть *сов. см.* прита́скивать. **~ся** *сов. разг.* drag òne¦sélf.

притво́р *м.* (*в церкви*) véstibùle.

притвори́ть *сов. см.* притворя́ть.

притвори́ться I, II *сов. см.* притворя́ться I, II.

притво́рно I *прил. кратк. см.* притво́рный.

притво́рно II *нареч.* affécteḍly, hỳpocrítically; ~ скро́мный móck-mòdest [-mɔd-].

притво́р||ный afféctеd, ìnsincére, feigned [feɪnd], sham; ~ные слёзы feigned tears; ~ное равноду́шие afféctеd / feigned / símulàted indífference. **~ство** *с.* sìmulátion, preténce, sham. **~щик** *м.*, **~щица** *ж.* **1.** preténder, sham; **2.** (*обманщик*) hýpocrite, dissémbler.

притворя́ть, притвори́ть (*вн.*) shut* (*d.*), close (*d.*).

притворя́ться I, притвори́ться **1.** (*закрываться*) shut*, close; **2.** *страд. к* притворя́ть.

притворя́||ться II, притвори́ться (*прикидываться*) preténd (to be); feign [feɪn], dissémble, símulàte, sham; ~ больны́м preténd to be ill, feign / sham íllness; ~ спя́щим preténd to be sléeping, sham sleep; ~ глухи́м preténd to be deaf [...def]; ~ мёртвым preténd to be dead [...ded], sham / feign death [...deθ]; ~ безразли́чным feign indífference; ~ удивлённым feign surpríse; не обраща́йте внима́ния, он ~ется take no nótice, he is ónly shámming [...'nou-...].

притека́ть, притéчь flow [flou].

притерéть *сов. см.* притира́ть.

притерпé||ться *сов.* (к) *разг.* get* accústomed / used [...juːst] (to); он ~лся ко всем неудо́бствам he got accústomed / used to all the ìn¦convéniences.

притёрт||ый: ~ая про́бка gróund-ìn stópper.

притесн||éние *с.* oppréssion. **~и́тель** *м.*, **~и́тельница** *ж.* oppréssor. **~и́ть** *сов. см.* притесня́ть.

притесн||я́ть, притесни́ть (*вн.*) oppréss (*d.*), keep* down (*d.*): ца́рское прави́тельство ~я́ло рабо́чих the tsárist góvernment oppréssed, *или* kept down, the wórkers [...'zɑː-, 'tsɑː-'gʌ-...].

притéчь *сов. см.* притека́ть.

притира́ть, притерéть (*вн.*) *тех.* grind* in (*d.*).

прити́скивать, прити́снуть (*вн.* к) *разг.* squeeze (*d.* agáinst).

прити́снуть *сов. см.* прити́скивать.

притиха́ть, прити́хнуть grow* quíet [-ou...], quíet down; hush; (*перен.*) sing* small, lówer one's tone ['louə...].

прити́хнуть *сов. см.* притиха́ть.

приткну́ть *сов.* (*вн.*) *разг.* stick* (*d.*). **~ся** *сов. разг.*: ему́, им *и т. д.* нéгде ~ся he, they, *etc.*, can't squeeze in ány¦whère [...kɑːnt...].

прито́к *м.* **1.** *геогр.* tríbutary; **2.** (*поступление в большом количестве*) flow [-ou], ínflùx; índraught [-drɑːft], índràft.

при́толока *ж.* líntel.

прито́м *союз* (and) besídes; ~ он ничего́ не зна́ет (and) besídes he knows nóthing [...nouz...].

прито́н *м.* den, haunt; háng¦out *амер.*; воровско́й ~ den of thieves [...θiː-]; иго́рный ~ gámbling-dèn, gámbling-hèll.

прито́пнуть *сов. см.* прито́пывать.

притопта́ть *сов. см.* прита́птывать 1.

прито́пывать, прито́пнуть stamp one's foot* [...fut]; (*каблуками*) tap with one's heels.

притора́чивать, приторочи́ть (*вн.*) strap (*d.*).

при́торн||ость *ж.* síckliness, excéssive swéetness; lúscious¦ness ['lʌʃəs-] (*тж. перен.*). **~ый** síckly, sáccharìne; lúscious ['lʌʃəs] (*тж. перен.*); ~ый человéк méaly-mouthed pérson; ~ая улы́бка súgary smile ['ʃu-...].

приторочи́ть *сов. см.* притора́чивать.

притра́гиваться, притро́нуться (к) touch [tʌʧ] (*d.*).

притро́нуться *сов. см.* притра́гиваться.

притуп||и́ть(ся) *сов. см.* притупля́ть(ся). **~лéние** *с.* blúnting; (*перен.*) dúlling, déadening ['ded-].

притупля́ть, притупи́ть (*вн.*; *о ноже и т. п.*) blunt (*d.*), dull (*d.*), take* the edge off; (*перен.*) déaden ['ded-] (*d.*), dull (*d.*). **~ся,** притупи́ться **1.** (*о ноже и т. п.*) become* blunt / dull; (*перен.*) déaden ['ded-], become* dull; **2.** *страд. к* притупля́ть.

при́тча *ж.* párable ['pæ-]; что за ~? what is that?, how strange! [...-eɪndʒ]; ◇ ~ во язы́цех ≅ the talk of the town.

притяга́тельн||ость *ж.* attráctive¦ness. **~ый** attráctive, màgnétic; ~ая си́ла màgnétic force.

притя́гивать, притяну́ть (*вн.*) attráct (*d.*), draw* (*d.*); ~ как магни́т attráct like a mágnet (*d.*); притяну́ть к суду́ *разг.* sue (*d.*); have up (*d.*); ◇ притя́нутый за́ уши, за́ во́лосы fár-fétched.

притяжа́тельн||ый *грам.* posséssive [-'ze-]; ~ое местоимéние posséssive pró¦noun.

притяжéни||е *с.* attráction; зако́н земно́го ~я attráction of grávity.

притяза́||ние *с.* preténsion, claim; имéть ~ния (на *вн.*) have claims (on). **~тельный** preténtious, exácting, éxigent.

притяну́ть *сов. см.* притя́гивать.

приуда́рить *сов. см.* приударя́ть.

приударя́ть, приуда́рить (за *тв.*) *разг.* run* (áfter), make* love [...lʌv] (to).

приукра́сить *сов. см.* приукра́шивать.

приукраша́ть = приукра́шивать.

приукра́шивать, приукра́сить (*вн.*) *разг.* décoràte (*d.*), adórn (*d.*), préttifỳ ['prɪ-] (*d.*); (*перен.*) embéllish (*d.*), embróider (*d.*); ~ действи́тельность cólour the truth ['kʌ-...truːθ].

приуменьша́ть, приумéньши́ть (*вн.*) *разг.* dimínish (*d.*), redúce (*d.*).

приумéньши́ть *сов. см.* приуменьша́ть.

приумнож||а́ть, приумно́жить (*вн.*) in¦créase [-s] (*d.*), augmént (*d.*), múltiplỳ (*d.*). **~а́ться,** приумно́житься in¦créase [-s], múltiplỳ. **~éние** *с.* ín¦crease [-s], augmèntátion, mùltiplicátion.

приумно́жить(ся) *сов. см.* приумножа́ть(ся).

приумо́лкнуть *сов. разг.* become* / fall* sílent.

приуны́ть *сов.* become* mélancholy / glóomy [...-kə-...], be in low spírits [...lou...], be créstfàll¦en.

приуро́ч||ивать, приуро́чить (*вн.* к) time (*d.* to). **~ить** *сов. см.* приуро́чивать.

приуса́дебный: ~ уча́сток (колхо́зника) pérsonal plot / hólding (of *a* colléctive fármer).

приути́хнуть *сов.* quíet down; (*о буре*) abáte; (*о ветре*) fall*; (*о разговоре*) stop, cease [-s], flag.

приуч||а́ть, приучи́ть (*вн.* к) train (*d.* to); school (*d.* to); ~ кого́-л. к дисципли́не train smb. to díscipline, ín¦cùlcàte díscipline / órder into smb.; ~ кого́-л. к поря́дку train smb. to be órderly; ~ кого́-л. ра́но встава́ть train smb. to éarly rísing [...'əːlɪ...]; ~ себя́ к терпéнию learn* to be pátient [ləːn...], school òne¦sélf to pátience. **~а́ться,** приучи́ться **1.** (к) accústom òne¦sélf (to); **2.** *страд. к* приуча́ть.

приучи́ть(ся) *сов. см.* приуча́ть(ся).

прифранти́ться *сов. разг.* dress up, smárten òne¦sélf up.

прифронтов||о́й front [frʌnt] (*attr.*), frónt-lìne ['frʌnt-] (*attr.*); ~а́я полоса́ frónt-lìne área [...'ɛərɪə].

прихва́рывать, прихворну́ть *разг.* be únwéll / ìndispósed.

прихвастну́ть *сов. разг.* boast / brag a líttle.

прихвати́ть *сов. см.* прихва́тывать.

прихва́тывать, прихвати́ть (*вн.*) *разг.* **1.** (*брать*) take* (*d.*); (*взаймы*) bórrow (*d.*); **2.** (*привязывать*) fásten [-sⁿn] (*d.*); **3.** (*повреждать морозом*) touch [tʌʧ] (*d.*); цветы́ прихвати́ло моро́зом the flówers are touched with frost.

прихворну́ть *сов. см.* прихва́рывать.

при́хвостень *м. разг.* háng¦er-ón, tóady.

прихлеба́тель *м. разг.* spónger ['spʌn-], párasìte, háng¦er-ón. **~ский** *прил. к* прихлеба́тель *и* прихлеба́тельство. **~ство** *с. разг.* spónging ['spʌn-].

прихлебну́ть *сов.* take* a sip.

прихлёбывать (*вн.*) sip (*d.*).

прихло́пнуть *сов. см.* прихло́пывать 1, 2.

прихло́пывать, прихло́пнуть **1.** (*вн.*) slam (down) (*d.*); **2.** (*вн.*; *прищемлять*) shut* (*d.*); прихло́пнуть па́лец две́рью shut* one's fínger in the door [...dɔː]; **3.** *тк. несов.* (*без доп.*) clap, slap.

прихлы́нуть *сов.* (к) *разг.* rush (to); sweep* (towards).

прихо́д I *м.* (*прибытие*) coming, arríval; ádvent; ~ к вла́сти ádvent / accéssion to pówer.

прихо́д II *м.* (*доход*) recéipts [-'siːts] *pl.*; ~ и расхо́д ín¦come and expénditure.

прихо́д III *м.* (*церковный*) párish.

приходи́ть, прийти́ (*в разн. знач.*) come*; (*прибывать*) arríve: ~ пе́рвым, вторы́м *и т. д.* (*на гонках, бегах и т. п.*) come* in first, sécond, *etc.* [...'se-]; ~ в порт arríve at the port; make* a port; ~ к вла́сти come* to pówer; ~ к убежде́нию, заключе́нию come* to *the* con¦clúsion, arríve at *a* con¦clúsion; ~ к соглаше́нию come* to *an* agréement / ùnderstánding; come* to terms; ~ к концу́ come* to an end; — прийти́ в отча́яние give* way, *или* give* òne¦sélf up, to despáir; ~ в восто́рг (от) go* into ráptures (óver), be enráptured / delíghted (with), be enthúsiàstic [...-zɪ-] (óver, abóut); ~ в у́жас be hórrified; ~ в негодова́ние become* indígnant; ~ в упа́док fall* into decáy; ~ в весёлое настрое́ние become* gay/mérry; ~ в плохо́е настрое́ние become *sad / mélancholy [...-kə-]; ~ в го́лову, ~ на ум кому́-л. occúr to smb., strike* smb.; come* into smb.'s mind, cross smb.'s mind: ему́ пришло́ в го́лову, что it occúrred to him that, it came into his mind that, it crossed his mind that; — ~ в себя́, ~ в чу́вство (*после обморока*) come* to òne¦sélf, come* to one's sénses, regáin cónscious¦ness, *или* one's sénses [...-nʃəs-...]; come* round *разг.*; ~ в но́рму settle into shape; ~ в изумле́ние be surprísed / amázed; ну вот мы и пришли́ well, here we are.

приходи́ться, прийти́сь **1.** (по *дт.*; *соответствовать*) fit (*d.*); ша́пка пришла́сь ему́, ей *и т. д.* по голове́ the hat fítted his, her, *etc.*, head quite well [...hed...]; прийти́сь кому́-л. по вку́су be to smb.'s taste [...teɪ-], suit smb.'s taste [sjuːt...]; кни́га пришла́сь ему́ по вку́су he found the book to his líking, the book was just what he wánted; **2.** (на *вн.*; *совпадать*) fall* (on); выходно́й день прихо́дится на 7 ма́я the day off falls on the 7th of May; **3.** *безл.*: ему́ пришло́сь (+ *инф.*) he had (+ to *inf.*); ему́ пришло́сь уе́хать he had to leave; ему́ прихо́дится (+ *инф.*) he has (+ to *inf.*); ему́ придётся подожда́ть he'll have to wait; прихо́дится пожале́ть об э́том it is to be regrétted; **4.** (*иметь случай, возможность*): ему́ не раз приходи́лось наблюда́ть восхо́д со́лнца he has óften watched the sún¦rìse [...'ɔːf(t)ᵊn...]; **5.** *безл. разг.* (*причитаться*): с него́ прихо́дится пять рубле́й he must pay five roubles [...ruː-]; на ка́ждого (из нас, из них) прихо́дится по рублю́ we shall, they will, get one rouble each; **6.** *тк. несов.* (*являться, доводиться*): он прихо́дится мне отцо́м, дя́дей *и т. п.* he is my fáther, uncle, *etc.* [...'fɑː-...]; он мне прихо́дится двою́родным бра́том he is a first cóusin of mine [...'kʌz-...]; он прихо́дится ей ро́дственником he is reláted to her; ◊ не прихо́дится сомнева́ться в том, что there can be no doubt that [...daut...]; ему́ ту́го прихо́дится he is hard pressed; he is having a rough / hard time [...rʌf...].

прихо́дн||ый *прил. к* прихо́д II; ~ая кни́га recéipt-book [-'siːt-]; ~ о́рдер crédit-òrder.

прихо́довать (*вн.*) *бух.* crédit (*d.*).

прихо́до-расхо́дн||ый: ~ая кни́га accóunt-book.

прихо́дск||ий paróchial [-'rouk-]; párish (*attr.*); ~ свяще́нник párson, vícar ['vɪ-]; (*младший*) cúrate; ~ая це́рковь párish church.

приходя́щ||ий 1. *прич. см.* приходи́ть; **2.** *прил.* nón-résident [-zɪ-]; ~ больно́й óut-pàtient; ~ая домрабо́тница chár¦wòman* [-wu-].

прихожа́н||ин *м.,* **~ка** *ж. церк.* paríshioner.

прихо́жая *ж. скл. как прил.* éntrance (hall), ánteroom, ántechàmber [-eɪm-].

прихора́шиваться *разг.* smárten òne¦sélf up, preen òne¦sélf, doll òne¦sélf up.

прихотли́в||ость *ж.* whìmsicálity [-zɪ-], caprícious¦ness; (*разборчивость*) fàstídious¦ness. **~ый 1.** whímsical [-zɪ-], caprícious; (*разборчивый*) fàstídious; **2.** (*затейливый*) fánciful, íntricate.

при́хоть *ж.* whim, capríce [-'riːs], whímsy [-zɪ], fáncy.

прихра́мывать limp, hobble.

прицве́тник *м. бот.* bract.

прице́л *м.* (*у стрелкового оружия*) báck-sìght; rear sight *амер.*; (*у орудия*) (gun) sight; ~ для бомбомета́ния bomb sight; опти́ческий ~ tèlescópic sight; взять на ~ (*вн.*; *прицелиться*) aim (at), point (at), take* aim / sight (at).

прице́ливаться, прице́литься take* aim / sight.

прице́литься *сов. см.* прице́ливаться.

прице́льн||ый áiming, síghting; aimed; (rear) sight (*attr.*), báck-sìght (*attr.*); ~ ого́нь aimed fire; ~ые приспособле́ния síghting devíce *sg.*; sights.

прице́ниваться, прицени́ться (к) *разг.* ask the price (of).

прицени́ться *сов. см.* прице́ниваться.

прице́п *м.* tráiler; одноо́сный, двухо́сный ~ síngle-àxle, dóuble-àxle tráiler [...'dʌbl-...]; тра́ктор с ~ом tráctor with a tráiler.

прицепи́ть(ся) *сов. см.* прицепля́ть(-ся).

прице́пка *ж.* **1.** hítching, hóoking; **2.** *разг.* (*придирка*) (pétty) objéction.

прицепля́ть, прицепи́ть (*вн.* к) **1.** hitch (*d.* to), hook (*d.* on to); (*о вагонах*) couple [kʌ-] (*d.* to); (*о паровозе*) tie on (*d.* to), make* fast (*d.* to); **2.** *разг.* (*о брошке, банте и т. п.*) pin (*d.* on to), fásten [-sᵊn] (*d.* to), tack (*d.* to), tag (*d.* on to). **~ся,** прицепи́ться **1.** (к) stick* (to), cling* (to); (*перен.*: *приставать*) *разг.* péster (*d.*); (*придираться*) nag (at), cávil (at); **2.** *страд. к* прицепля́ть.

прицепно́й: ~ ваго́н tráiler; ~ плуг tráctor-drawn plough; ~ инвента́рь *с.-х.* tráctor-drawn ímplements *pl.*

прице́пщ||ик *м.,* **~ица** *ж.* tráiler hand.

прича́л *м.* **1.** (*действие*) máking fast; **2.** (*место*) móorage [-rɪdʒ]; у ~ов (*о судне*) at her / its móorings; **3.** (*канат*) móoring line.

прича́л||ивать, прича́лить **1.** (к) moor (to); **2.** (*вн.*) moor (*d.*). **~ить** *сов. см.* прича́ливать.

прича́льн||ый: ~ кана́т móoring line; ~ая ма́чта *ав.* móoring mast; ~ая ли́ния bérthing line.

прича́стие I *с. грам.* párticiple; ~ настоя́щего вре́мени présent párticiple ['prez-...]; ~ проше́дшего вре́мени past párticiple.

прича́стие II *с. рел.* éucharist ['juːk-], the sácrament.

причасти́ть(ся) *сов. см.* причаща́ть(-ся).

прича́стность *ж.* pàrtìcipátion.

прича́стн||ый I (к) pàrtícipàting (in), concérned (in); (*к преступлению*) invólved (in); prívy ['prɪ-] (to); быть ~ым (к) pàrtícipàte (in); (*к преступлению*) be invólved (in); be prívy (to), be an àccéssary (to).

прича́стный II *грам.* pàrticípial: ~ оборо́т pàrticípial constrúction.

причаща́ть, причасти́ть (*вн.*) *рел.* give* the éucharist [...'juːk-] (*i.*). **~ся,** причасти́ться *рел.* recéive the éucharist [-'siːv... 'juːk-].

причём *союз об. не переводится; следующая личная форма глагола передаётся через pres. part.*: име́ется два сосу́да, ~ ка́ждый из них соде́ржит два ли́тра there are two véssels, each hólding two litres [...'liː-]; ~ изве́стно, что it bé¦ing known that [...noun...].

причеса́ть(ся) *сов. см.* причёсывать(ся).

причёска *ж.* (*мужская*) háircùt; (*женская*) coiffúre [kwɑːˈfjuə], hair style; háir-dó *разг.*; ему́ нра́вится её ~ he likes the way she does her hair.

причёсывать, причеса́ть (кого́-л.) do / dress smb.'s hair; (*щёткой*) brush smb.'s hair; (*гребёнкой*) comb smb.'s hair [koum...]. **~ся,** причеса́ться do / dress one's hair, comb one's hair [koum...]; (*у парикмахера*) have one's hair done.

причи́н||а *ж.* cause; (*основание*) réason [-zᵊn]; (*побуждение*) mótive: ~ и сле́дствие cause and efféct; по той и́ли ино́й ~е for some réason or other; по той просто́й ~е, что for the simple réason that; — явля́ться ~ой чего́-л. be at the bóttom of smth.; по ~е (*рд.*) becáuse [-ˈkɔz] (of), ówing [ˈou-] (to), on accóunt (of), by réason (of); по како́й ~е вы э́то сде́лали? for what réason, *или* why, have you done this?; безо вся́кой ~ы without the slightest cause; не без ~ы not without réason; уважи́тельная ~ good / válid réason, good excúse [...-s]; нет никако́й ~ы, почему́ бы вам не there is no réason why you should not.

причини́ть *сов. см.* причиня́ть.

причи́нн||ость *ж.* causálity [-ˈzæ-]. **~ый** cáusal [-z-], cáusative [-zə-]; ~ая связь cáusal relátion|ship; *филос.* causátion [-ˈzeɪ-].

причиня́ть, причини́ть (*вн.*) cause (*d.*), occásion (*d.*); ~ вред (*дт.*) harm (*d.*), do harm (to), ínjure (*d.*); ~ беспоко́йство (*дт.*) trouble [trʌ-] (*d.*), give* trouble (*i.*); (*доставлять неудобство*) put* to ìn|convénience (*d.*); ~ огорче́ние (*дт.*) give* pain (to); ~ незначи́тельный уро́н (*дт.*) do little dámage (to), cause (but) slight dámage (to).

причисле́ние *с.* (*рд.* к) **1.** réckoning (*d.* among, in); **2.** (*к ведомству*) attáching (*d.* to).

причи́слить *сов. см.* причисля́ть.

причисля́ть, причи́слить (*вн.* к) **1.** *разг.* (*прибавлять*) add (*d.* to); **2.** (*относить к числу кого-л.*) réckon (*d.* among, in), númber (*d.* among), rank (*d.* among, with); **3.** (*к ведомству и т. п.*) attách (*d.* to).

причита́ние *с.* làmèntátion.

причита́ть (над) lamént (for, óver), bewáil (*d.*), wail (óver).

причита́||ться be due; за рабо́ту ему́ ~ется сто рубле́й a / one húndred roubles are due to him for his work [...ruː-...], he is to get a / one húndred roubles for his work; с вас ~ется три рубля́ you must pay three roubles, you have three roubles to pay.

причита́ющ||ийся (*дт.*) due (to); получи́ть всё ~ееся recéive one's full due [-ˈsiːv...].

причмо́к||ивать, причмо́кнуть smack one's lips. **~нуть** *сов. см.* причмо́кивать.

причт *м. собир. церк.* clérgy of *a* párish.

причу́д||а *ж.* whim, whímsy [-zɪ], freak, capríce [-ˈriːs], fáncy; (*странность*) óddity, vagáry; с ~ами full of whims / freaks. **~ливость** *ж.* fáncifulness; whìmsicálity [-zɪ-]; (*странность*) quáintness, óddity, quéerness. **~ливый** whímsical [-zɪ-]; (*фантастический*) fàntástic; (*странный*) quaint, odd, queer.

причу́дн||ик *м.*, **~ица** *ж.* crank.

пришвартова́ть(ся) *сов.* **1.** *см.* пришварто́вывать(ся); **2.** *как сов. к* швартова́ть(ся).

пришварто́вывать, пришвартова́ть (*вн.* к) *мор.* moor (*d.* to), make* fast (*d.* to). **~ся,** пришвартова́ться (к) tie up (at), moor (to).

прише́лец *м.* néw-cómer [-ˈkʌ-], stránger [-eɪn-].

пришепётывать *разг.* lisp.

прише́стви||е *с.* ádvent; ✧ до второ́го ~я *разг.* ≅ till dóomsday [-z-].

пришиби́ть *сов.* (*вн.*) *разг.* kill (*d.*); (*перен.*: *повергнуть в угнетённое состояние*) dispírit (*d.*), depréss (*d.*).

пришибленный *прич. и прил.* crést-fàll|en, dejécted; ~ вид dejécted look.

пришив||а́ть, приши́ть (*вн.* к) sew* [sou] (*d.* on / to); приши́ть пу́говицу sew* on *a* bútton; приши́ть пу́говицу к пальто́ sew* *a* bútton on *a* coat. **~но́й** sewed on [soud...], sewn on [soun...].

приши́ть *сов. см.* пришива́ть.

пришко́льный school (*attr.*); ~ о́пытный уча́сток school èxpèriméntal plot.

при́шлый álien, strange [-eɪndʒ], fóreign [ˈfɔrɪn], néwly come / arríved.

пришпи́л||ивать, пришпи́лить (*вн.*) pin (*d.*). **~ить** *сов. см.* пришпи́ливать.

пришпо́р||ивать, пришпо́рить (*вн.*) spur (*d.*); put* / set* spurs (to). **~ить** *сов. см.* пришпо́ривать.

прищёлкивать, прищёлкнуть: ~ па́льцами snap one's fíngers; ~ кнуто́м crack one's whip; ~ языко́м click one's tongue [...tʌŋ].

прищёлкнуть *сов. см.* прищёлкивать.

прищеми́ть *сов. см.* прищемля́ть.

прищем||ля́ть, прищеми́ть (*вн.*) pinch (*d.*); ~и́ть себе́ па́лец pinch / squeeze one's fínger; ~и́ть па́лец две́рью pinch / shut* / squeeze one's fínger in the door [...dɔː].

прищепи́ть *сов. см.* прищепля́ть.

прищепля́ть, прищепи́ть (*вн.*) *бот.* graft (*d.*).

прищу́ривать, прищу́рить: ~ глаза́ = прищу́риваться. **~ся,** прищу́риться screw up one's eyes [...aɪz].

прищу́рить(ся) *сов. см.* прищу́ривать(ся).

прию́т *м.* **1.** shélter, réfùge; найти́ ~ take* / find* shélter / réfùge; take* / find* asýlum; **2.** *уст.* asýlum; де́тский ~ órphanage, órphan-asýlum; роди́льный ~ matérnity home / hóspital; lýing-ín home *амер.*

приюти́ть *сов.* (*вн.*) shélter (*d.*), give* réfùge (*i.*). **~ся** *сов.* take* shélter.

прия́знь *ж. уст.* fríendliness [ˈfrend-], góodwíll.

прия́тель *м.* friend [frend]; pal; búddy *амер.* **~ница** *ж.* (lády-)frìend [-frend], (gírl-)frìend [ˈgəːlfrend]. **~ский** fríendly [ˈfrend-], ámicable.

прия́тно I **1.** *прил. кратк. см.* прия́тный; **2.** *предик. безл.* it is pléasant [...ˈplez-]; ему́ э́то ~ he enjóys it; ему́ ~ э́то де́лать he enjóys doing it; ему́ бу́дет ~ э́то сде́лать he will be glad to do it.

прия́тн||о II *нареч.* pléasantly [ˈplez-]; agréeably [əˈgrɪə-]. **~ый** pléasant [ˈplez-], pléasing, agréeable [əˈgrɪə-], wélcome; ~ый на вид níce-lóoking, pléasant to look at, grátifỳing to the eye [...aɪ]; ~ый на вкус pálatable; ~ая но́вость wélcome news [...-z]; ~ой нару́жности of pléasing appéarance; ~ый челове́к pléasant pérson.

про *предл.* (*вн.*) **1.** (*относительно*) abóut: он говори́л ему́ про э́ту кни́гу he has spóken to him abóut this book; он слы́шал про э́то he has heard abóut it [...həːd...]; **2.** *разг.* (*для*) for: э́то не про вас this is not for you; ✧ про себя́ to òne|sélf; он поду́мал про себя́ he thought to hìm|sélf; чита́ть про себя́ read* to òne|sélf, read* sílent|ly.

про- *глагольная приставка, употребляется в разных значениях*: **1.** (*при обозначении затраченного времени*) *передаётся глаголом* spend* (+*pres. part. соотв. глагола*); *напр.* прозанима́ться, просиде́ть *и т. п.* два, три часа́, два дня *и т. п.* spend* two, three hours, two days, *etc.*, léarning, sítting, *etc.* [...auəz... ˈləːn-...]; **2.** (*с глаголами, обозначающими звучание*) *образует формы, имеющие значение совершенного вида*; *напр.* прокрича́ть, пропе́ть *и т. п.* cry, sing*, *etc.*; (*ср.* крича́ть, петь *и т. п.*).

проанализи́ровать *сов. см.* анализи́ровать.

про́б||а *ж.* **1.** (*действие*) tríal, test; (*репетиция*) trý-óut; (*испытание металла*) assáy; ~ голосо́в test of vóices; ~ сил tríal / test of strength; на ~у on tríal; ~ пера́ (*перен.*) first steps in líterature *pl.*; test of the pen; **2.** (*часть материала,* *взятая для анализа*) sample; взять ~у take* *a* sample; 3. (*относительное содержание драгоценного металла*) stándard; зо́лото 56-о́й ~ы 14-cárat gold [-'kæ-...]; зо́лото 96-о́й ~ы pure gold, 24-cárat gold; 4. (*клеймо на драгоценных металлах*) hállmárk.

пробавля́ться (*тв.*) *разг.* subsíst (on), rub alóng (with); make* do (with).

проба́лтываться, проболта́ться *разг.* blab (out); let* the cat out of the bag *идиом.*

пробаси́ть *сов.* (*вн.*) speak* / útter in a bass / deep voice [...beɪs...] (*d.*).

пробе́г *м.* run; лы́жный ~ skí-rùn ['skiː-, 'ʃiː-], ski race [skiː, ʃiː...]; ~ при поса́дке *ав.* lánding run.

пробе||га́ть, пробежа́ть 1. (*без указания места или объекта*) pass (rúnning), run* by; (*мимо*) run* by / past; (*через*) run* through; (*по*) run* alóng; он ~жа́л па́льцами по клавиату́ре he ran his fingers óver the kéyboard [...'kiː-]; 2. (*вн.*; *о расстоянии*) run* (*d.*), cóver ['kʌ-] (*d.*); 3. (*вн.*; *бегло прочитывать*) run* / look through (*d.*), skim (*d.*), scan (*d.*); ✧ дрожь ~жа́ла у него́ по те́лу he shívered víolently [...'ʃɪ-...]; тень ~жа́ла по его́ лицу́ a shádow passed óver his face [...'ʃæ-...].

пробежа́ть *сов. см.* пробега́ть.

пробежа́ться *сов.* run*; ~ по доро́жке run* alóng *a* path*.

пробе́л *м.* 1. (*оставленное место*) blank, gap; (*в рукописи*) omíssion; запо́лнить ~ы fill up the gaps / blanks; 2. (*недостаток*) flaw, defíciency; ~ в образова́нии gap in one's èducátion; восполнить ~ make* up for *a* defíciency; meet* a lack; fill a want; bridge the gap *разг.*

пробива́ть, проби́ть (*вн.*) make* / punch a hole (in); (*о пуле и т. п.*) pierce [pɪəs] (*d.*), go* (through); (*пробойником, компостером*) punch (*d.*); (*стену*) breach (*d.*); (*шину*) púncture (*d.*); ~ путь, доро́гу (*прям. и перен.*) ópen *the* way; ~ себе́ доро́гу (к) force one's way (to). **~ся**, проби́ться 1. fight* / force / make* one's way through; break* / win* / strike* through [-eɪk...]; лучи́ пробива́ются сквозь тума́н rays struggle through the fog; ~ся сквозь толпу́ make* / force / fight* / élbow one's way through *a* crowd; с трудо́м ~ся struggle through; проби́ться из окруже́ния break* out, cut* one's way back / out; 2. (*о растениях*) shoot*, show* [ʃou]; трава́ начина́ет ~ся the grass begins to shoot; 3. *страд. к* пробива́ть.

проби́вка *ж.* hóling, píercing ['pɪə-]; (*пробойником, компостером*) púnching.

пробивно́й pénetràtive.

пробира́||ть, пробра́ть (*вн.*) *разг.* 1. (*бранить*) scold (*d.*), rate (*d.*), réprimànd [-ɑːnd] (*d.*); 2. (*пронимать, прохватывать*): хо́лод ~л его́ the cold struck through him; моро́з ~л его́ до косте́й he was chilled to the márrow / bone; его́ ~ет страх he is sháken with fear; его́ ниче́м не проберёшь there's no way of getting at him.

пробира́ться, пробра́ться make* one's way, thread / pick one's way [θred...]; (*работая локтями*) élbow one's way; (*тайком*) steal* (through, past); с трудо́м ~ вперёд struggle fórward; ~ о́щупью feel* / grope one's way; ~ густы́м куста́рником work one's way through the thick búshes [...'bu-]; ~ на цы́почках típtóe one's way.

пробирка *ж.* tést-tùbe.

проби́р||ный: ~ное клеймо́ hállmárk, mark of assáy; ~ ка́мень tóuchstòne ['tʌtʃ-]; ~ная пала́та assáy óffice; ~ ма́стер = проби́рщик. **~щик** *м.* assáyer, assáy-màster.

проби́ть I *сов. см.* пробива́ть.

проби́ть II *сов. см.* бить II.

проби́ться I *сов. см.* пробива́ться.

проби́ться II *сов.* (над; *промучиться над чем-л.*) struggle (with).

про́бк||а *ж.* 1. (*материал*) cork; 2. (*для бутылок и т. п.*) cork; (*стеклянная*) stópper; (*деревянная, металлическая*) plug; (*притёртая*) gróund-ín stópper; (*перен.*: *затор*) tráffic jam, blócking; tráffic con|géstion [...-stʃən]; 3. *эл.* fuze, fuse; ✧ он глуп как ~ ≅ he is a blóckhead / dolt / númskùll [...-hed...], he is an ass. **~овый** cork (*attr.*); sùbéreous, sùbéric *научн.*; ~овый по́яс córk-jàcket, lífe|bèlt; ~овое де́рево córk-tree, córk-oak.

пробле́м||а *ж.* próblem ['prɔ-]. **~а́тика** *ж.* próblems ['prɔ-] *pl.* **~ати́ческий** pròblemátic(al). **~ати́чность** *ж.* pròblemátical cháracter [...'kæ-]. **~ати́чный** = проблемати́ческий.

про́блеск *м.* flash; (*перен. тж.*) gleam, ray; ~и созна́ния signs of cónscious|ness [saɪnz...-nʃəs-]; ~ наде́жды ray / gleam / flash of hope.

проблужда́||ть *сов.* wánder, rove, roam; он ~л два часа́ he wándered / roved / roamed for two hours [...auəz]; он ~л по́ лесу всю ночь he wándered / roved / roamed in the fórest the whole night [...'fɔ-... houl...].

про́бн||ый 1. tríal; ~ уро́к test lésson; ~ полёт tríal / test flight; ~ раство́р èxpèriméntal solútion; ~ экземпля́р spécimen cópy [...'kɔ-]; 2. (*с клеймом пробы*) hállmárked; ~ое зо́лото hállmárked gold; ✧ ~ ка́мень tóuchstòne ['tʌtʃ-]; ~ шар bàllón d'èssái [bɑː'lɔːŋde'seɪ].

про́бова||ть, попро́бовать 1. (+ *инф.*; *пытаться*) attémpt (+ to *inf.*); try (+ to *inf.*); endéavour [-'devə] (+ to *inf.*); он ~л сде́лать э́то he attémpted / tried to do it; 2. (*вн.*; *испытывать*) test (*d.*); 3. (*вн.*) (*на вкус*) taste [teɪ-] (*d.*); (*на ощупь*) fell* (*d.*).

проботе́ние *с. мед.* pèrforátion.

пробо́ина *ж.* hole, gap; (*от пули*) búllet-hòle ['bul-]; (*от снаряда*) shót-hòle.

пробо́й *м.* (*для замка*) hóldfàst; clamp, hasp.

пробо́йник *м. тех.* punch.

проболе́ть *сов.* be ill.

проболта́ть *сов.* waste time chátterìng [weɪst...].

проболта́ться I *сов. см.* проба́лтываться.

проболта́ться II *сов.* (*без дела*) *разг.* idle, loaf.

пробо́р *м.* párting; прямо́й ~ míddle párting; он но́сит во́лосы на прямо́й, косо́й ~ his hair is párted in the middle, on one side; де́лать (себе́) ~ part one's hair.

пробормота́ть *сов. см.* бормота́ть.

про́бочник *м. разг.* córk-screw.

пробра́ть *сов. см.* пробира́ть.

пробра́ться *сов. см.* пробира́ться.

проброди́||ть *сов.* wánder (áimlessly); они́ ~ли два часа́ they wándered for two hours [...auəz].

пробуди́ть(ся) *сов. см.* пробужда́ть (-ся).

пробужда́ть, пробуди́ть (*вн.*) wake* up (*d.*); a|wáke* (*d.*), (a|)wáken (*d.*), (a)róuse (*d.*) (*тж. перен.*). **~ся**, пробуди́ться wake* up, a|wáke*.

пробужде́ние *с.* a|wáken|ing, wáking up.

пробура́вить *сов. см.* пробура́вливать.

пробура́вливать, пробура́вить (*вн.*) bore (*d.*), pérforàte (*d.*), drill (*d.*).

пробурча́ть *сов. см.* бурча́ть 1.

пробы́ть *сов.* stay, remáin; он пробы́л там три дня he stayed / remáined there three days.

прова́л *м.* 1. (*падение*) dównfàll; *театр.* (*под сцену*) trap; 2. (*яма*) gap; 3. (*неудача*) fáilure; (*о спектакле тж.*) flop; обречён на ~ doomed to fail; ✧ у него́ по́лный ~ па́мяти his mémory is a compléte blank.

прова́л||ивать, провали́ть (*вн.*) *разг.*: ~и́ть на экза́мене fail in *the* exàminátion (*d.*); ~и́ть предложе́ние turn down *a* suggéstion [...-'dʒestʃ-]; ~и́ть де́ло rúin *a* búsiness [...'bɪzn-]; make* a mess of, *или* mess up, *a* búsiness; ~и́ть роль rúin one's part; ~и́ть законопрое́кт *и т. п.* kill *a* bill, *etc.*; ✧ ~ива́й! off / a|wáy with you!, make your|sélf scarce! [...skɛəs]. **~иваться**, провали́ться 1. fall* through, come* down, collápse; потоло́к ~и́лся the céiling has come down [...'siːl-...]; мост ~и́лся the bridge collápsed; 2. (*терпеть неудачу*) fail, miscárry; (*на экзамене*) fail; be ploughed, be plucked *разг.*; по́лностью ~и́ться be a compléte fáilure, fall* flat; ~и́ться с тре́ском *разг.* turn out a compléte fiáscò; 3.

разг. (*исчезать*) dìsappéar, vánish; ◇ как сквозь зéмлю ~и́лся as though the earth had ópened and swállowed *it* up [...ɜːθ...]; он готóв был сквозь зéмлю ~и́ться he wished the earth / floor would ópen benéath his feet [...flɔː...]; ~и́ться мне на э́том мéсте, éсли ≅ I'll be shot / damned if. ~и́ть(ся) *сов. см.* провáливать(ся).

провансáль *м. кул.*: капýста ~ pickled cábbage with sálad-oil [...'sæ-]; сóус ~ mayonnáise dréssing.

провáнск||ий: ~ое мáсло ólive oil ['ɔ-...], sálad-oil ['sæ-].

провáривать, проварúть (*вн.*) boil thóroughly [...'θʌrə-] (*d.*).

проварúть *сов. см.* провáривать.

провéдать *сов. см.* провéдывать.

проведéние *с.* 1. (*железной дороги и т. п.*) constrúction, búilding ['bɪl-], láying; ~ электри́чества installátion of eléctrical equípment; 2. (*осуществление*) condúcting; cárrying out, èxecútion; ~ кампáнии condúcting of *a* càmpáign [...-eɪn]; ~ наступлéния cónduct of *an* attáck; ~ в жизнь putting into práctice.

провéдывать, провéдать 1. (*вн.*; *навещать*) come* to see (*d.*), call on (*d.*); 2. *тк. сов.* (*вн.*, о *пр.*; *узнать*) find* out (*d.*), learn* [lɜːn] (*d.*).

провезти́ *сов. см.* провози́ть.

провéивать, провéять (*вн.*) wínnow (*d.*).

провентили́ровать *сов. см.* вентили́ровать.

провéр||ить *сов. см.* проверя́ть. ~ка *ж.* vèrificátion; (*контроль*) chéck-úp, contról [-oul]; (*испытание*) exàminátion; ~ка знáний exàminátion; ~ка исполнéния contról of work done, work chéck-úp; chécking on perfórmance; fóllow-úp *амер.*; ~ка счетóв áudit; ~ка нали́чия (*товаров, инвентаря*) stóck-tàking; ~ка паспортóв exàminátion of pássports; ~ка бóя (*оружия*) chécking the zéro (*of a weapon*).

провернýть *сов. см.* провёртывать.

провéрочн||ый vérifỳing, chécking; ~ая рабóта test work / páper.

провертéть *сов. см.* провёртывать 1.

провёртывать, провернýть, провертéть (*вн.*) 1. bore (*d.*), pérforàte (*d.*), pierce [pɪəs] (*d.*); 2. *при сов.* провернýть *разг.* (*быстро сделать*) cárry through (*d.*), rush through (*d.*).

проверя́ть, провéрить (*вн.*) vérifỳ (*d.*), check (*d.*); (*на практике*) test (*d.*); (*экзаменовать*) exámine (*d.*); (*о счетах*) áudit (*d.*); ~ часы́ set* *the* clock to the corréct time; ~ свои́ си́лы try one's strength; ~ фами́лии по спи́ску check óver the names with *a* list; ~ тетрáди corréct cópy-books [...'kɔ-]; ~ чью-л. рабóту check up on smb.'s work.

провести́ *сов. см.* проводи́ть II 1, 2, 3, 4, 5, 6, 7, 8, 10.

провéтривать, провéтрить (*вн.*) air (*d.*); (*о помещении тж.*) véntilàte (*d.*). ~ся, провéтриться 1. take* an áiring; be refréshed; 2. *страд. к* провéтривать.

провéтрить(ся) *сов. см.* провéтривать(ся).

провéять *сов. см.* провéивать.

провиáнт *м. тк. ед.* provísions *pl.*, víctuals ['vɪt°lz] *pl.*; снабжáть ~ом (*вн.*) provísion (*d.*), víctual ['vɪt°l] (*d.*). ~ский provísion (*attr.*); ~ские запáсы víctuals ['vɪt°lz], provísions.

провидéни||е *с.* fóre|sìght, fóre|knówledge [-'nɔ-]; дар ~я gift of fóre|sìght [gɪ-...], prophétic gift.

провидéние *с. рел.* Próvidence.

прови́деть (*вн.*) fòre|sée* (*d.*).

прови́дец *м.* seer, próphet.

провизиóнный *уст.* provísion (*attr.*).

прови́зи||я *ж. тк. ед.* provísions *pl.*, víctuals ['vɪt°lz] *pl.*; fóod-stùffs *pl.*; снабжáть ~ей (*вн.*) provísion (*d.*), víctual ['vɪt°l] (*d.*), cáter (for).

прови́зор *м.* phàrmacéutist.

провизóрный provísory [-'vaɪz-]; (*временный тж.*) témporary.

провини́||ться *сов.* (в *пр.*) commít an offénce (in), be guílty (of); (*без доп.*) be at fault; ~ пéред кем-л. do smb. wrong, wrong smb.; в чём он ~лся? what is he guílty of?, what's he done?

прови́нность *ж. разг.* fault; offénce.

провинциáл *м.* províncial. ~и́зм *м.* províncialism. ~ка *ж.* províncial.

провинциáльн||ость *ж.* provìnciálity. ~ый províncial.

прови́нци||я *ж.* próvince; жить в ~и live in the próvinces [lɪv...].

провисáть, прови́снуть *тех.* sag; бáлки прови́сли the beams have sagged.

прови́снуть *сов. см.* провисáть.

прóвод *м.* wire, lead, condúctor; воздýшный ~ áerial condúctor ['ɛə-...]; телефóнный ~ téléphòne wire; прямóй ~ diréct-line (téléphòne); гóлый ~ blank wire. ~и́мость *ж.* còndùctívity; condúctance; магни́тная ~и́мость pèrmeabílity [-mɪə-], pérmeance [-mɪəns]; удéльная ~и́мость còndùctívity.

проводи́ть I *сов. см.* провожáть.

проводи́ть II, провести́ 1. (*вн.*; *сопровождать*) take* (*d.*), lead* (*d.*); провести́ когó-л. чéрез лес take* / lead* smb. through the fórest [...'fɔ-]; ~ судá pílot ships; 2. (*вн.*; *прокладывать*) build* [bɪld] (*d.*); ~ желéзную дорóгу build* *a* ráilway; ~ электри́чество instáll eléctrical equípment; ~ водопровóд lay* on wáter (supplý) [...'wɔː-...]; ~ электри́чество, вóду в дом put* (the) èlectrícity, (the) wáter in *the* house* [...haus], instáll (the) èlectrícity, lay* on (the) wáter in *the* house*; 3. (*вн.*; *осуществлять*) condúct (*d.*); cárry out (*d.*); ~ урóк condúct *a* lésson; ~ óпыты cárry out tests; ~ кампáнию condúct, *или* cárry on, *a* càmpáign [...-eɪn]; ~ поли́тику pursúe / fóllow *a* pólicy; ~ поли́тику ми́ра pursúe a pólicy of peace; ~ рефóрмы, преобразовáния *и т. п.* cárry out refórms, *etc.*; ~ бесéду give* a talk, hold* / lead* a discússion; ~ конферéнцию hold* *a* cónference; ~ собрáние hold* *a* méeting; (*председательствовать*) presíde óver *a* méeting; ~ в жизнь put* ínto práctice (*d.*); (*о постановлении, директиве и т. п.*) ímplemènt (*d.*); ~ мысль, идéю adhére to *an* ìdéa [...aɪ'dɪə]; в своéй статьé он провóдит мысль in his árticle he adhéres to the ìdéa; 4. (*тв.* по *дт.*) run* (*d.* óver), pass (*d.* óver): ~ рукóй по волосáм run* / pass one's hand óver *one's* hair; 5. (*вн.*; *о времени*) spend* (*d.*), pass (*d.*); чтóбы провести́ врéмя to pass a|wáy the time; 6. (*вн.*; *о проекте и т. п.*) pass (*d.*); 7. (*вн.*) *бух.* book (*d.*); ~ по кни́гам book (*d.*); 8. (*вн.*; *о линии и т. п.*) draw* (*d.*); ~ чертý draw* *a* line; ~ грани́цу draw* *a* bóundary-lìne; 9. *тк. несов.* (*вн.*) *физ.* (*быть проводником*) condúct (*d.*); 10. *тк. сов.* (*вн.*; *обмануть*) cheat (*d.*), trick (*d.*), take* in (*d.*), dupe (*d.*); вы меня́ не проведёте you can't fool me [...kɑːnt...].

провóдка *ж.* 1. (*действие*) condúcting; (*электричества*) ìnstallátion; (*железной дороги*) búilding ['bɪl-], constrúction; (*водопровода*) láying on, convéying; 2. (*провода́*) wires *pl.*, wíring.

проводни́к I *м.* 1. (*сопровождающий*) guide; condúctor; 2. (*в поезде*) condúctor.

проводни́к II *м. физ.* condúctor; (*перен.*) béarer ['bɛə-], chámpion; он был ~óм нóвых идéй he chámpioned new ìdéas [...aɪ'dɪəz].

проводни́ца *ж. к* проводни́к I.

прóвод||ы *мн.* sée|ing-off *sg.*, sénd-óff *sg.*; в их ~ах учáствовали все рóдственники they were seen off by all their rélatives.

провожáтый *м. скл. как прил.* guide, condúctor.

провожáть, проводи́ть (*вн.*) accómpany [ə'kʌ-] (*d.*); (*об отъезжающем*) see* off (*d.*); ~ до углá see* as far as the córner (*d.*); ~ когó-л. домóй see* smb. home; ~ когó-л. до дверéй see* smb. to the door [...dɔː], go* with smb. to the door; ~ на пóезд see* off (on the train) (*d.*); ~ глазáми fóllow with one's eyes [...aɪz] (*d.*); ~ покóйника atténd *a* fúneral.

провóз *м.* tránspòrt, convéyance; ценá за ~ пять рублéй (the price for) cárriage (runs to) five roubles [...-rɪdʒ...ruː-].

провозгла||си́ть *сов. см.* провозглашáть. ~шáть, провозгласи́ть (*вн.*

procláim (*d.*); провозгласи́ть при́нципы enúnciàte príncíples; ~ша́ть ло́зунг advánce a slógan; ~ша́ть тост (за *вн.*) propóse the health [...helθ] (of). ~ше́ние *с.* pròclamátion; dèclarátion; ~ше́ние то́ста (за *вн.*) propósing the health [...helθ] (of).

провози́ть, провезти́ (*вн.*) trànspórt (*d.*), convéy (*d.*); ~ контраба́ндой smuggle (*d.*).

провози́ться I *сов. разг.* (*некоторое время*) spend* (some time); (*без толку*) waste a¦wáy (some time) [weɪst...]; fool aróund.

провози́ться II *страд. к* провози́ть.

провозоспосо́бность *ж.* cárrying capácity.

провока́тор *м.* (agent) provocatéur [ɑːʒɑːŋ prɔvɔkəˈtəː]; stóol-pìgeon [-pɪdʒɪn] *разг.* ~**ский** *прил. к* провока́тор.

провокацио́нный provócative.

провока́ция *ж.* pròvocátion.

про́волока *ж.* wire; колю́чая ~ barbed wire.

про́волочка *ж.* fine wire, short wire.

проволо́чка *ж. разг.* deláy, procràstinátion.

про́волочн||ый wire (*attr.*); ~ое загражде́ние wire entángle¦ment / óbstacle.

прово́рн||ость *ж.* = прово́рство. ~**ый** **1.** (*быстрый*) quick, prompt, swift; èxpedítious; **2.** (*ловкий*) ágile, adróit, déxterous, nimble.

проворова́ться *сов. см.* проворо́вываться.

проворо́вываться, проворова́ться *разг.* be caught embézzling / stéaling.

проворо́нить *сов. разг.*= прозева́ть I.

прово́рство *с.* **1.** (*быстрота*) quíckness, prómptness, swíftness; **2.** (*ловкость*) agílity, dèxtérity.

проворча́ть *сов.* (*вн.*) mútter (*d.*); grumble (*d.*).

провоци́ровать *несов. и сов.* (*сов. тж.* спровоци́ровать; *вн.*) provóke (*d.*).

провя́лить *сов. см.* вя́лить.

прогада́ть *сов. см.* прога́дывать.

прога́дывать, прогада́ть *разг.* míscálculàte.

прога́лина *ж.* glade.

проги́б *м. тех.* cáving in, ságging, fléxure [-kʃə].

прогиба́ться, прогну́ться cave in, sag.

прогла́дить I *сов. см.* прогла́живать.

прогла́дить II *сов.* (*некоторое время*) íron (for a while) [ˈaɪən...].

прогла́живать, прогла́дить (*вн.*) íron [ˈaɪən] (*d.*).

прогла́тывать, проглоти́ть (*вн.*; *прям. и перен.*) swállow (*d.*); (*жадно*) gulp down (*d.*); (*с трудом*) choke down (*d.*); проглоти́ть оби́ду, оскорбле́ние swállow / pócket *an* insùlt; ◇ то́чно арши́н проглоти́л ≅ as stiff as a póker; проглоти́ть язы́к lose* one's tongue [lu:z...tʌŋ].

проглоти́ть *сов. см.* прогла́тывать.

прогляде́ть I *сов. см.* прогля́дывать 1.

прогляде́ть II *сов.* (*вн.*; *не заметить ошибки и т. п.*) òver¦lóok (*d.*).

прогля́||дывать, прогляде́ть, прогляну́ть **1.** *при сов.* прогляде́ть (*вн.*; *просматривать книгу и т. п.*) look through (*d.*); (*бегло прочитывать*) skim (*d.*); **2.** *при сов.* прогляну́ть (*показываться*) be percéptible; peep out; со́лнце ~ну́ло the sun peeped out, the sun appéared; луна́ ~ну́ла из-за туч the moon showed / peeped through the clouds [...ʃoud...]; в его́ слова́х ~дывала иро́ния there was a touch of írony in his words [...tʌtʃ... ˈaɪərə-...]. ~**ну́ть** *сов. см.* прогля́дывать 2.

прогна́ть *сов. см.* прогоня́ть.

прогне́вать *сов.* (*вн.*) *уст.* ánger (*d.*), incénse (*d.*). ~**ся** *сов.* (на *вн.*) *уст.* become* ángry (with); не прогне́вайтесь don't be ángry.

прогневи́ть *сов. см.* гневи́ть.

прогнива́ть, прогни́ть rot through.

прогни́ть *сов. см.* прогнива́ть.

прогно́з *м.* prògnósis (*pl.* -sès [-si:z]), fóre¦càst; ~ пого́ды wéather fóre¦càst [ˈweðə...].

прогну́ться *сов. см.* прогиба́ться.

прогова́риваться, проговори́ться let* out a sécret; blab (out) *разг.*; let* the cat out of the bag *идиом.*

проговори́ть *сов.* **1.** (*вн.*; *сказать*) say* (*d.*); (*произнести*) pronóunce (*d.*), útter (*d.*); ~ сквозь зу́бы mútter (*d.*); **2.** (*провести время в разговоре*) speak*, talk; он проговори́л два часа́ he spoke / talked for two hours [...auəz]. ~**ся** *сов. см.* прогова́риваться.

проголода́ть *сов.* húnger, starve. ~**ся** *сов.* feel* / get* / grow* húngry [...grou...].

проголосова́ть *сов.* (*вн.*) vote (*d.*).

прого́н *м.* **1.** *арх.* (*лестничная клетка*) well, wéll-shàft (for *a* stáircàse) [...-keɪs]; **2.** *стр.* (*опорная балка*) púrlin; (*моста*) róad-bearer [-bɛə-], baulk; **3.** *мн. уст.* (*плата за проезд*) trávelling allówance *sg.* ~**ный** *уст.*: ~ные де́ньги allówance for trávelling expénses, trávelling allówance *sg.*

прогоня́ть, прогна́ть (*вн.*) drive* a¦wáy (*d.*); send* a¦wáy (*d.*); (*с работы*) dismíss (*d.*); fire (*d.*) *разг.*; (*выпроваживать*) send* abóut *his* búsiness [...ˈbɪzn-] (*d.*); ве́тер прогна́л ту́чи the wind drove / blew a¦wáy the clouds [...wɪ-...]; прогна́ть ску́ку drive* a¦wáy bóre¦dom; ~ с глаз доло́й bánish from one's présence [...-ez-]; прогна́ть взаше́й turn out neck and crop (*d.*) *разг.*; ◇ прогна́ть кого́-л. сквозь строй *ист.* make* smb. run the gáuntlet.

прогора́ть, прогоре́ть **1.** (*о дровах и т. п.*) burn* down; **2.** (*испортиться от огня*) burn* through; **3.** *разг.* (*разоряться*) go* bánkrùpt, be rúined.

прогоре́ть I *сов. см.* прогора́ть.

прогоре́ть II *сов.* (*в течение определённого времени*) burn*.

прого́рк||лость *ж.* ránkness, ràncídity. ~**лый** rank, ráncid. ~**нуть** *сов. см.* го́ркнуть.

прогости́ть *сов.* stay; ~ неде́лю stay for a week.

програ́мм||а *ж.* prógràm(me) [ˈprou-]; уче́бная ~ sýllabus (of instrúction); curríсulum *амер.*; ~ ска́чек ráce-càrd; ~ спорти́вных состяза́ний fíxture list; fíxtures *pl.*; театра́льная ~ pláybìll; передава́ть по ра́дио по пе́рвой, второ́й ~е bróadcàst on the first, sécond prógràm (-me) [ˈbrɔːd-...ˈse-...].

програ́ммн||ый prógràm(me)[ˈprou-] (*attr.*); ~ая му́зыка prógràm(me) músic [...-zɪk].

прогре́в *м.* wárming up.

прогрева́ть, прогре́ть (*вн.*) warm thóroughly [...ˈθʌrə-] (*d.*), heat (*d.*); (*о моторе, машине*) warm up (*d.*). ~**ся**, прогре́ться **1.** get* warmed thóroughly [...ˈθʌrə-]; (*о моторе, машине*) get* héated; **2.** *страд. к* прогрева́ть.

прогреме́ть *сов.* thúnder.

прогре́сс *м.* prógrèss. ~**и́вность** *ж.* progréssive¦ness. ~**и́вный** (*в разн. знач.*) progréssive; (*о писателях, учёных и т. п. тж.*) progréssive-mínd¦ed; ~и́вное челове́чество progréssive mànkínd / humánity; ~и́вный подохо́дный нало́г progréssive ín¦come tax; ~и́вный парали́ч *мед.* progréssive parálysis (*pl.* -sès [-si:z]).

прогресси́ровать progréss, make* prógrèss; (*о болезни*) grow* progréssive¦ly worse [-ou...].

прогре́ссия *ж. мат.* progréssion; арифмети́ческая ~ àrithmétical progréssion; геометри́ческая ~ geométrical progréssion.

прогре́ть(ся) *сов. см.* прогрева́ть (-ся).

прогрохоти́ть *сов. см.* грохоти́ть.

прогрыза́ть, прогры́зть (*вн.*) gnaw through (*d.*). ~**ся**, прогры́зться gnaw through.

прогры́зть(ся) *сов. см.* прогрыза́ть (-ся).

прогуде́ть *сов.* buzz; (*о гудке*) hoot.

прогу́л *м.* trúancy, shírking, lóafing; у него́ в э́том ме́сяце бы́ло два ~а he failed to repórt at his work twice this month (without good réason) [...mʌ-... -z-].

прогу́ливать, прогуля́ть **1.** (*не работать*) shírk work; **2.** (*вн.*; *пропус-*

кать) miss (*d.*); ~ уроки play trúant; прогулять обед miss one's dinner; **3.** *тк. несов.* (*вн.*; *водить шагом*) walk (*d.*); ~ лошадь walk *a* horse.

прогу́л||иваться, прогуля́ться **1.** (*совершать прогулку*) take* a walk / stroll; pròmenáde [-'nɑːd]; пойти́ ~я́ться go* for a walk / stroll; **2.** *тк. несов.* (*расхаживать не спеша*) stroll, sáunter; (*без цели*) ramble. **~ка** *ж.* walk, áiring; (*увеселительная*) óuting; (*непродолжительная*) stroll, sáunter; (*в экипаже, автомобиле*) drive; (*верхом*) ride; (*в лодке*) row [rou]; (*под парусами*) sail; ~ка для моцио́на cònstitútional; ~ка на лы́жах ski trip / jaunt [skiː, ʃiː...].

прогу́льщик *м.* shírker, slácker, trúant.

прогуля́ть I *сов. см.* прогу́ливать 1, 2.

прогуля́ть II *сов.* (*гулять некоторое время*) walk; stroll abóut; ~ до ве́чера walk, *или* stroll abóut, till the évening [...'iːv-]; ~ весь день spend* / pass the whole day in wálking, *или* in stróllingabóut [...houl...].

прогуля́ться *сов. см.* прогу́ливаться 1.

продава́ть, прода́ть (*вн.*) sell* (*d.*); (*перен.*: *предавать*) sell* out (*d.*); ~ о́птом sell* (by) whóle|sàle [...'houl-] (*d.*); ~ в ро́зницу sell* (by) rétail [...'riː-] (*d.*); ~ с торго́в sell* by áuction (*d.*); put* up for sale (*d.*); ~ в креди́т sell* on crédit, *или* on trust (*d.*); ~ за нали́чный расчёт sell* for cash (*d.*); ~ себе́ в убы́ток sell* at a loss (*d.*); ~ за гроши́ sell* dírt-chéap (*d.*); sell* for a song (*d.*) *идиом.* **~ся,** прода́ться **1.** be on / for sale; дёшево ~ся sell*, *или* be sold, at a low price [...lou...]; кни́га хорошо́ продаётся the book sells well*, the book is a good séller; дом продаётся the house* is on / for sale [...-s...]; **2.** (*о человеке*) sell* òne|sélf; **3.** *страд. к* продава́ть.

продаве́ц *м.* séller; (*в магазине*) sáles|man*, shóp-assìstant; véndòr.

продави́ть *сов.* (*вн.*) crush / break* through [...-eɪk...] (*d.*); squeeze /press through (*d.*).

продавщи́ца *ж.* séller; (*в магазине*) sáles|wòman* [-wu-], shóp-assìstant, shóp-gìrl [-gəːl].

прода́ж||а *ж.* sale, sélling; ~ биле́тов bóoking; опто́вая ~ whóle|sàle ['houl-]; ~ в ро́зницу rétail(-sàle) ['riː-]; ~ с торго́в públic sale ['pʌ-...], sale by áuction; идти́ в ~у be óffered for sale, be put on the márket, be put up for sale; поступи́ть в ~у be on sale, be in the márket; нет в ~е is not on sale; (*о книге*) is out of print.

прода́жн||ость *ж.* mércenariness, vènálity [viː-]. **~ый 1.** *прил. к* прода́жа; *тж.* sélling; ~ая цена́ sélling-price; **2.** (*предназначенный для продажи*) to be sold, for sale; **3.** (*подкупный*) corrúpt, mércenary, vénal; ◇ ~ая душа́ mércenary / vénal créature.

прода́лбливать, продолби́ть (*вн.*) make* a hole (in), chísel through ['tʃɪz-...] (*d.*).

прода́ть(ся) *сов. см.* продава́ть(ся).

продви||га́ть, продви́нуть (*вн.*) move, *или* push, on / fórward / fúrther [muːv puʃ...-ðə] (*d.*); (*перен.*) promóte (*d.*), fúrther (*d.*), advánce (*d.*); ~ на се́вер, на юг (*о с.-х. культурах*) extend to the north, to the south (*d.*). **~га́ться,** продви́нуться **1.** advánce (*тж. перен.*); move, *или* push, fórward / on / fúrther [muːv puʃ... -ðə]; (*настойчиво сквозь снег и т. п.*) forge ahéad [...ə'hed]; ~га́ться вперёд advánce; *воен.* gain / make* ground, make* héadway [...'hed-]; с боя́ми ~га́ться вперёд fight one's way fórward; ~га́ться скачка́ми progréss in fits and starts; **2.** *страд. к* продвига́ть. **~же́ние** *с.* **1.** (*в разн. знач.*) advánce|ment; **2.** *воен.* prógrèss, advánce.

продви́нуть(ся) *сов. см.* продвига́ть(ся).

продева́ть, проде́ть (*вн.*) pass (*d.*), put* / run* through (*d.*); ~ ни́тку в иго́лку thread *a* needle [θred...].

продежу́рить *сов.* be on dúty (for some time); ~ су́тки be on dúty for twenty-four hours [...fɔːr auəz].

продеклами́ровать *сов. см.* деклами́ровать.

проде́л||ать *сов. см.* проде́лывать. **~ка** *ж.* trick; (*шаловливая*) prank; (*дерзкая*) èscapáde; моше́нническая ~ка swindle, piece of tríckery [piːs...], fraud; dírty trick *разг.*

проде́л||ывать, проде́лать (*вн.*) **1.** (*выполнять*) do (*d.*), perfórm (*d.*); ~ана больша́я рабо́та much work has been done; **2.** (*делать*) make* (*d.*); ~ прохо́ды (*в заграждениях и т. п.*) make* gaps.

продемонстри́ровать *сов.* (*вн.*) show* [ʃou] (*d.*), displáy (*d.*); démonstràte (*d.*); ~ своё иску́сство show* / displáy one's skill.

продёргать *сов. см.* продёргивать II.

продёргивать I, продёрнуть (*вн.*) **1.** (*нитку и т. п.*) pass (*d.*), run* (*d.*); **2.** *разг.* (*в газете и т. п.*) críticìze (*d.*), give* a good dréssing-down (*i.*).

продёргивать II, продёргать (*вн.*) *с.-х.* thin (out) (*d.*), weed out (*d.*).

продержа́ть *сов.* (*вн.*; *некоторое время*) hold* (for a while) (*d.*). **~ся** *сов.* (*не сдаваться*) hold* out, stand*.

продёрнуть *сов. см.* продёргивать I.

проде́ть *сов. см.* продева́ть.

продефили́ровать *сов. см.* дефили́ровать.

продешеви́ть *сов.* (*вн.*) *разг.* sell* too cheap (*d.*), make* a bad bárgain (of).

продиктова́ть *сов. см.* диктова́ть.

продира́ть, продра́ть (*вн.*) hole (*d.*), tear* holes [tɛə...] (in); (*изнашивать*) wear* out [wɛə...] (*d.*); ◇ ~ глаза́ о́pen one's eyes [...aɪz]. **~ся,** продра́ться **1.** (*рваться*) tear*, *или* be worn, into holes [tɛə... wɔːn...]; у него́ продра́ли́сь ло́кти his coat is torn, *или* is worn, into holes at the élbows; **2.** (*пробираться сквозь что-л.*) squeeze / make* / force one's way through.

продл||ева́ть, продли́ть (*вн.*) prolóng (*d.*), extend (*d.*): ~и́ть срок де́йствия prolóng *the* term; ~и́ть срок де́йствия биле́та extend *a* tícket., **~е́ние** *с.* pròlòngátion [prou-], exténsion; ~е́ние о́тпуска exténsion of leave; ~е́ние сро́ка де́йствия exténsion / pròlòngátion of *the* term. **~и́ть** *сов. см.* продлева́ть.

продли́ться *сов.* last (for some time); (*затянуться*) draw* out.

продналог *м.* (продово́льственный нало́г) *ист.* tax in kind.

продово́льственн||ый food (*attr.*); *воен.* rátion ['ræ-] (*attr.*); ~ые това́ры fóod-stùffs; ~ая ка́рточка fóod-càrd, rátion-book ['ræ-], rátion-càrd ['ræ-]; ~ магази́н grócery (store) ['grou-...]; provísion / food store *амер.*; ~ склад food stóre|-house* [...-s]; *воен.* rátion / provísion dépòt [...'depou]; (*полевой*) rátion dump; ~ вопро́с food quéstion [...-stʃən]; ~ое снабже́ние rátion / food supplý; ~ые райо́ны fóod-prodùcing áreas [...'ɛərɪəz].

продово́льстви||е *с.* fóod-stùffs *pl.*; *воен.* *тж.* rátions ['ræ-] *pl.*; supplý of provísions; но́рма ~я rátion allówance; вы́дача ~я нату́рой rátions in kind.

продолби́ть *сов. см.* прода́лбливать.

продолгова́т||ость *ж.* óblòng shape / form ['ɔb-...]. **~ый** óblòng ['ɔb-]; ~ый мозг *анат.* mèdúlla (òblòngáta).

продолжа́тель *м.* contínuer, succéssor.

продолж||а́ть, продо́лжить (*вн.*, + *инф.*) **1.** contínue (*d.*, + *ger.*, + to *inf.*), go* on (with, + *ger.*); procéed (with); keep* on (+ *ger.*); он ~а́л свою́ рабо́ту he contínued, *или* procéeded with, his work, he went on with his work, *или* wórking; он ~а́л чита́ть he contínued reading, *или* to read; he went on réading; он ~а́л свой расска́з he went on with his stóry; ~ чьё-л. де́ло contínue the cause begún by smb.; take* up where smb. has left off; ~ тради́цию cárry on *the* tradítion; **2.** (*продлевать срок и т. п.*) prolóng (*d.*). **~а́ться,** продо́лжиться contínue, last, go* on, be in prógrèss; перегово́ры ещё **~а́ются**

negòtiátions are still in prógrèss; это не может ~áться вечно this cánnòt go on for ever; забастовка ~ается уже четвёртую неделю the strike is àlréady in its fourth week [...ɔːl're-...fɔːθ ...].

продолжéние *с.* contìnuátion; séquel; (*в пространстве*) pròlòngátion [prou-]; (*удлинение*) exténsion; ~ стены, линии exténsion of *the* wall, *the* line; тропинка была ~м аллéи the fóot-pàth* was a contìnuátion of *the* ávenue [...'fut-...]; **2.**: в ~ *предл.* (*рд.*) dúring, for, through¦óut; в ~ лета dúring the súmmer, through¦óut the súmmer; в ~ двух лет for two years; в ~ года dúring / through¦óut the year; ◇ ~ слéдует to be contínued.

продолжи́тельн||ость *ж.* dùrátion; ~ лéтнего дня the length of the súmmer-day; испытáние на ~ (*о полёте и т. п.*) endúrance test; ~ рабóчего дня wórking hours [...auəz] *pl.* **~ый** long; (*затянувшийся*) prolónged; на ~ое время for a long time.

продóлжить(ся) *сов. см.* продолжáть(ся).

продóльн||ый lòngitúdinal [-nʤ-]; léngth¦wìse; *мор.* fóre-and-áft; ~ разрéз, надрéз slit; (*на чертеже*) lòngitúdinal séction; ~ая пилá ríp-saw; ~ая ось lòngitúdinal / long áxis; ~ая перебóрка *мор.* fóre-and-áft búlkhead [...-hed].

продразвёрстка *ж. ист.* súrplus-appròpriátion sýstem.

продрáть(ся) *сов. см.* продирáть(ся).

продрóгнуть *сов. см.* дрóгнуть I.

продув||áние *с.* **1.** *мед.* insufflátion; **2.** *тех.* = продýвка. **~áтельный** blów-dówn ['blou-] (*attr.*).

продув||áть, продýть **1.** (*вн.*) blow* through [blou...] (*d.*); **2.** *тк. несов.*: ветерóк ~áет there is a cool breeze; **3.** *тех.* blow* off / through / down (*d.*); (*о цилиндре дизеля*) scávenge (*d.*). **~áться,** продýться **1.** *разг.* (*проигрывать*) lose* (héavily) [luːz 'hevɪ-]; **2.** *страд к* продувáть.

продýвка *ж. тех.* blówing off / through ['blou-...]; (*о цилиндре дизеля*) scávenging [-nʤ-].

продувнóй *разг.* cráfty, sly, róguish ['rou-].

продýвочный blów-óff ['blou-] (*attr.*); ~ насóс scávenging pump [-nʤ-...].

продýкт *м.* **1.** próduct ['prɔ-], próduce; побóчный ~ bý-pròduct [-prɔ-]; ~ы сéльского хозя́йства farm próduce *sg.*; ~ы животновóдства ánimal próducts; ~ы произвóдства fruits of prodúction [fruːts...]; **2.** *мн.* (*съестные*) provísions, víctuals ['vɪt°lz], fóod-stùffs; ~ы питáния food próducts; молóчные ~ы dáiry próduce *sg.*

продукти́вно I *прил. кратк. см.* продукти́вный.

продукти́вн||о II *нареч.* prodúctive¦ly, effíciently, with a good resúlt [...-'zʌlt]; **~ость** *ж.* pròdùctívity, effíciency; поднять ~ость животновóдства raise the pròdùctívity of ánimal húsbandry [...-z-]. **~ый** prodúctive; ~ый скот prodúctive líve¦stòck; ~ый труд prodúctive lábour; ~ый словáрь *лингв.* áctive vocábulary.

продуктóвый: ~ магазин grócery (store) ['ɡrou-...]; provísion / food store *амер.*

продуктообмéн *м.* próducts-exchànge ['prɔ- -ʧeɪ-].

продýкция *ж.* prodúction, próduce, óutpùt [-put].

продýманный **1.** *прич. см.* продýмывать; **2.** *прил.* (well) thóught-óut.

продýмать *сов. см.* продýмывать.

продýмывать, продýмать (*вн.*) think* óver (*d.*); (*до конца*) think* out (*d.*), réason out [-z°n...] (*d.*).

продý||ть *сов.* **1.** *см.* продувáть 1, 3; **2.** *безл.*: егó, их *и т. д.* ~ло ≅ he has, they have, *etc.*, caught cold by sítting / bé¦ing in the draught [...drɑːft]; **3.** (*вн.*) *разг.* (*проиграть*) lose* [luːz] (*d.*). **~ться** *сов. см.* продувáться.

продыря́вить(ся) *сов. см.* продыря́вливать(ся).

продыря́вливать, продыря́вить (*вн.*) make* a hole (in), hole (*d.*), píerce [pɪəs] (*d.*). **~ся,** продыря́виться **1.** tear* [tɛə]; (*пронашиваться*) wear* through [wɛə...]; **2.** *страд.* к продыря́вливать.

проедáть I, проéсть (*вн.*) (*о ржавчине, моли и т. п.*) eat* (*d.*); (*о кислоте*) corróde (*d.*).

проедáть II, проéсть (*вн.*) *разг.* (*тратить на питание*) spend* on food (*d.*).

проéзд *м.* pássage, thóroughfàre ['θʌrə-]; ~а нет! no thóroughfàre!

проéздить I *сов. см.* проезжáть II.

проéздить II *сов.* (*провести какое-л. время в езде*) spend* some time dríving, ríding; (*пропутешествовать*) have trávelled.

проéзд||иться *сов. разг.* (*истратиться в дороге*) spend* all one's móney in trávelling [...'mʌ-...]. **~нóй** **1.** *прил.*: ~нáя плáта fare; ~нóй билéт tícket; **2.** *мн. как сущ.* trávelling allówance *sg.* **~ом** *нареч.* in tránsit, pássing through, in the course of a jóurney [...kɔːs... 'ʤəːn-].

проезжáть I, проéхать **1.** (*вн.*; мимо, чéрез) pass (by, through); (*в экипаже и т. п.*) go* / drive* (by, past, through); (*верхом, на велосипеде*) ride* (by, past, through); **2.** (*без доп.*; *без указания места, объекта*) pass by; (*в экипаже*) drive* by; (*верхом, на велосипеде*) ride* by; **3.** (*вн.*; *покрывать расстояние*) do (*d.*), make* (*d.*); ~ 50 киломéтров в час do fífty kílomètres an hour [...auə]; проéхать за сýтки 400 киломéтров cóver four húndred kílomètres in twénty-four hours ['kʌfɔː...-fɔː...].

проезжáть II, проéздить (*вн.*; *лошадь*) éxercìse (*d.*).

проéзж||ий I *прил.*: ~ая дорóга públic road ['pʌ-...], thóroughfàre ['θʌrə-]; hórse-road, cárt-road.

проéзжий II *м. скл. как прил.* tráveller; pásser-bý.

проéкт *м.* prójèct, design [-'zaɪn], scheme; (*документа*) draft; ~ резолюции draft rèsolútion [...-zə-]. **~ивный:** ~ивная геомéтрия descríptive geómetry, projécting geómetry. **~ировние** *с.* projécting, projéction, plánning.

проект||и́ровать, запроекти́ровать, спроекти́ровать (*вн.*) **1.** (*разрабатывать проект*) projéct (*d.*), plan (*d.*), design [-'zaɪn] (*d.*); **2.** *тк. несов.* (*планировать, предполагать*) plan (*d.*). **~иро́вка** *ж.* = проекти́рование. **~иро́вочный** desígning [-'zaɪn-]. **~иро́вщик** *м.* plánner. **~ный** designed [-'zaɪnd]; ~ные мóщности designed pówer / capácity *sg.*; ~ные организáции desígning òrganizátions [-'zaɪn- -naɪ-].

проекциóнный: ~ фонáрь projéctor, mágic lántern; still projéctor *амер.*

проéкция *ж. мат.* projéction; вертикáльная ~ vértical projéction; front view [-ʌnt vjuː], èlevátion; горизонтáльная ~ hòrizóntal projéction; plan view.

проём *м. арх.* áperture; embrásure [-reɪ-]; двернóй ~ dóorway ['dɔː-]; окóнный ~ wíndow ópen¦ing.

проéсть I, II *сов. см.* проедáть I, II.

проéхать *сов. см.* проезжáть I. **~ся** *сов.* (*прокатиться на чём-л.*) take* a drive; ◇ ~ся на чей-л. счёт *разг.* show* wit at smb.'s expénse [ʃou...].

прожáр||ивать, прожáрить (*вн.*) fry / roast thóroughly [...'θʌrə-] (*d.*); ~енный бифштéкс wéll-dóne steak [...steɪk]; (*ср.* жáрить). **~иваться,** прожáриться **1.** fry / roast thóroughly [...'θʌrə-]; (*ср.* жáриться); **2.** *страд.* к прожáривать.

прожáрить(ся) *сов. см.* прожáривать(ся).

прождá||ть *сов.* (*вн.*, *рд.*) wait (for); он ~л её час he wáited for her for an hour [...auə].

прожевáть *сов. см.* прожёвывать.

прожёвывать, прожевáть (*вн.*) chew well (*d.*), másticàte well (*d.*).

прожектёр *м.* schémer. **~ство** *с.* háre-bráined plans / schemes *pl.*

прожéктор *м.* séarchlìght ['səːʧ-]; projéctor. **~ный** séarchlìght ['səːʧ-] (*attr.*).

прожéчь *сов. см.* прожигáть I.

прожжённый *разг.* (*отъявленный*) arch; ~ плут árch-rógue [-'roug], invéterate ráscal.

проживáть, прожи́ть **1.** *тк. несов.* (*жить где-л.*) live [lɪv], resíde [-'z-]; (*временно*) stay, sójourn ['sɔdʒə:n]; **2.** (*вн.*; *тратить*) spend* (*d.*); run* through (*d.*). ~**ся**, прожи́ться *разг.* spend* all one's móney [...'mʌ-].

прожигáтель *м.*: ~ жи́зни *разг.* fast líver [...'lɪ-], man* of pléasure [...'pleʒə].

прожигáть I, прожéчь (*вн.*) burn* through (*d.*); ~ дыру́ в чём-л. burn* a hole in smth.

прожигáть II (*вн.*) *разг.*: ~ жизнь lead* a díssipàted / fast life.

прожи́лка *ж.* vein.

прожи́‖тие *с.* líving ['lɪ-], líve¦-lihood [-hud]; дéньги на ~ móney for líving expénses ['mʌ-...] *sg.* ~**точный:** ~точный ми́нимум líving wage ['lɪ-...], subsístence mínimum, subsístence wage.

прожи́ть *сов.* **1.** *см.* проживáть 2; **2.** *как сов. к* жить; емý не ~ и гóда (*о больном*) he won't last / live a year [...wount...lɪv...]. ~**ся** *сов. см.* проживáться.

прожóрлив‖ость *ж.* vorácity, vorácious¦ness, glúttony. ~**ый** vorácious, glúttonous.

прожужжá‖ть *сов.* buzz, drone; (*негромко*) hum; ✧ ~ ýши комý-л. *разг.* ≅ keep* dínning *smth.* into smb.'s ears.

прóза *ж.* (*прям. и перен.*) prose; ~ жи́зни húmdrùm of life. ~**и́зм** *м.* prósaism [-zeɪɪzm].

прозáик *м.* próse-wrìter, prósaist [-zeɪɪst].

прозаи́ческ‖ий prosáic [-'zeɪɪk]; (*тк. о людях*) mátter-of-fáct; prósy [-zɪ]; ~ое произведéние prose work.

прозаи́чн‖ость *ж.* prosáicalness [-'zeɪɪk-]; (*о жизни*) dúllness, flátness, prósiness ['prouz-]; (*о литературном стиле*) mátter-of-fáctness. ~**ый** prosáic [-'zeɪɪk]; (*перен. тж.*) cómmonplàce, húmdrùm, prósy [-zɪ].

прозвáни‖е *с.* níckname; (*шутливое тж.*) sóbriquet ['soubrɪkeɪ]; по ~ю nícknamed, óther¦wìse known as [...noun...].

прозвáть *сов. см.* прозывáть.

прозвенéть *сов.* **1.** ring*, ring* out, give* a ring; **2.** *как сов. к* звенéть.

прóзвищ‖е *с.* níckname; (*шутливое тж.*) sóbriquet ['soubrɪkeɪ]; дать ~ (*дт.*) níckname (*d.*); по ~у nícknamed.

прозвони́ть *сов.* ring* out, give* a ring / peal.

прозвучáть *сов. см.* звучáть.

прозевáть I *сов. см.* зевáть 3.

прозевáть II *сов.* (*какое-л. время*) yawn.

прозéктор *м.* proséctor, disséctor. ~**ская** *ж. скл. как прил.* room for disséction.

прозели́т *м.* prósely̆te.

прозимовáть *сов. см.* зимовáть.

прозодéжда *ж.* (производственная одéжда) wórking clothes [...klouðz] *pl.*; óver¦àll(s) (*pl.*).

прозорли́в‖ость *ж.* sagácity, pèrspicácity, ínsìght. ~**ый** sagácious, pèrspicácious.

прозрáчн‖ость *ж.* trànspárence [-'pɛə-], trànspárency [-'pɛə-]; limpídity. ~**ый** trànspárent (*тж. перен.*); límpid; líquid; (*перен.* óbvious; ~ый блеск líquid lustre; ~ый намёк trànspárent allúsion / hint.

прозревáть, прозрéть recóver one's sight [-'kʌ-...]; (*перен.*) begin* to see cléarly; тýт-то он и прозрéл then his eyes were ópen¦ed [...aɪz...], he was enlíghtened.

прозрéние *с.* recóvery of sight [-'kʌ-...] (*перен.*) enlíghtenment, ínsìght.

прозрéть *сов. см.* прозревáть.

прозывáть, прозвáть (*вн тв.*) name (*d. d.*), súrnàme (*d. d.*), níckname (*d. d.*).

прозябáние *с.* végetàtive life, végetàting; vègetátion.

прозябáть végetàte.

прозя́бнуть *сов. разг.* be chilled; ~ до мóзга костéй be chilled to the márrow / bone.

проигрáть I, II *сов. см.* проигрывать I, II.

проигрáться *сов. см.* проигрываться.

прои́грыватель *м.* récòrd-pláyer ['re-].

прои́грывать I, проигрáть (*вн.*) lose* [lu:z] (*d.*); ~ в кáрты lose* at cards (*d.*); ~ судéбный процéсс lose* *a* case [...-s]; ✧ ~ в чьём-л. мнéнии, в чьих-л. глазáх sink* in smb.'s èstimátion.

прои́грывать II, проигрáть (*вн.*; *играть, исполнять*) play (*d.*); (*до конца*) play through (*d.*); (*для проверки*) play óver (*d.*); проигрáть все пласти́нки play all *the* récòrds [...'re-].

прои́грываться, проигрáться lose* all one's móney (at gámbling) [lu:z...'mʌ-...].

прóигрыш *м.* loss; он остáлся в ~е he was the lóser [...'lu:zə].

произведéни‖е *с.* **1.** work, prodúction; ~ искýсства work of art; музыкáльное ~ músical còmposítion [-zɪk- -'zɪ-]; лýчшее, образцóвое ~ másterpìece [-pi:s]; мéлкие ~я short / mínor works; ~ литератýры work of líterature, líterary prodúction; ~я Пýшкина works by ¦/ of Púshkin[...'pu-]; и́збранные ~я seléctèd works; seléction (of works) *sg.*; **2.** *мат.* próduct ['prɔ-].

произвести́ *сов. см.* производи́ть 1, 3, 4.

производи́тел‖ь I *м.* prodúcer; мéлкие, срéдние ~и small, médium prodúcers; ~ материáльных благ prodúcer of matérial válues; ✧ ~ рабóт sùperinténdent of work.

производи́тель II *м.* (*в животноводстве; самец*) sire; (*о жеребце тж.*) gétter ['ge-], stúd-hòrse; (*о быке тж.*) bull [bul].

производи́тельн‖ость *ж.* pròdùctívity; (*о выработке*) óutpùt [-put]; prodúctive¦ness; ~ трудá pròdùctívity of lábour, lábour pròdùctívity. ~**ый** prodúctive, effícient; ~ые си́лы prodúctive fórces; ~ый труд effícient lábour.

производи́ть, произвести́ **1.** (*вн.*; *делать, выполнять*) make* (*d.*); ~ ремóнт (*рд.*) repáir (*d.*), cárry out repáirs; ~ рабóту éxecùte *the* work; ~ смотр (*дт.*) hold* *a* reviéw [...-'vju:] (of), reviéw (*d.*); ~ съёмку (*рд.*; *землемерную*) make* a súrvey (of); ~ съёмку кинофи́льма shoot* *a* film; ~ учéние *воен.* drill, train; ~ шум make* a noise; ~ слéдствие hold* *an* ín¦quèst; произвести́ вы́стрел fire a shot; ~ платёж efféct páyment; ~ óпыты (над) expériment (on, with), expèriméntalize (with); ~ подсчёт make* *a* càlculátion; ~ техни́ческий осмóтр cárry out *a* téchnical inspéction; **2.** *тк. несов.* (*вн.*; *вырабатывать*) prodúce (*d.*); **3.** (*вн.*; *порождать*) give* birth (to); ~ на свет bring* into the world (*d.*); **4.** (*вн.* в *вн. мн.*) *уст.* (*возводить в чин*) promóte (*d.* to *sg.*; *d.* to the rank of *sg.*): егó произвели́ в капитáны he was promóted to the rank of cáptain; **5.** *тк. несов.* (*вн.*) *лингв.* deríve (*d.*); ✧ ~ сенсáцию make* / cause a sènsátion; ~ впечатлéние (на *вн.*) make* / prodúce an impréssion (on, up¦ón), impréss (*d.*), have an efféct (on); ~ благоприя́тное впечатлéние на когó-л. impréss smb. fávour¦ably; какóе впечатлéние он, э́то произвóдит на вас? what impréssion does he, it make on you?, how does he, it strike you?

произвóдн‖ая *ж. скл. как прил. мат.* derívative. ~**ый** *лингв., мат.* derívative.

произвóдственник *м.* prodúction wórker, one en¦gáged in prodúction.

произвóдственн‖ый *прил. к* произвóдство; *тж.* indústrial; ~ план prodúction plan; ~ые отношéния relátions of prodúction; ~ процéсс prócess of prodúction; ~ая прáктика студéнтов práctical tráining for stúdents; ~ое обучéние indústrial tráining; ~ая квалификáция proféssional skill; ~ стаж indústrial expérience / récòrd [...'re-], récòrd of work; ~ óпыт prodúction expérience; ~ое совещáние prodúction méeting, cónference on prodúction; ~ое задáние óutpùt prógràmme [-put 'prou-]; ~ая мóщность prodúcing capácity.

произвóдств‖о *с.* **1.** prodúction, mànufácture; ~ маши́н prodúction of machínes [...-'ʃi:nz]; ~ óбуви mànufácture of shoes [...ʃuːz]; машинное ~ mechánical prodúction [-'kæn-...]; средства ~а means of prodúction; ~ средств ~а prodúction of means of prodúction; ~ предметов потребления prodúction of consúmer goods [...gudz]; ~ материальных благ prodúction of matérial válues; способ ~а mode of prodúction; социалистическое ~ sócialist prodúction; машины советского ~а Sóviet-prodúced / Sóviet-máde machínes; издержки ~а the cost of prodúction *sg.*; **2.** (*выполнение, совершение*) èxecútion; ~ платежей efféсting of páyment; ~ опытов èxpèrimèntátion; ~ выстрела *воен.* fíring of a shot; **3.** (*фабрика, завод*) fáctory; works; идти на ~ go* to work at *a* fáctory; **4.** *уст.* (*повышение в чине*) promótion.

производящий **1.** *прич.* *см.* производить; **2.** *прил.* *эк.* prodúctive.

произвол *м.* týranny; árbitrary rule; ◇ оставлять, бросать на ~ судьбы (*вн.*) leave* to the mércy of fate (*d.*).

произвольно I *прил.* *кратк.* *см.* произвольный.

произвольн||о II *нареч.* **1.** (*по желанию*) at will; **2.** (*по произволу*) árbitrarily. **~ость** *ж.* árbitrariness. **~ый** árbitrary.

произнес||ение *с.* pronóuncing; útterance; (*речи*) delívery. **~ти** *сов.* *см.* произносить.

произносительн||ый *лингв.* àrtículàtory [-leɪ-]; ~ аппарат àrtículàtory àpparátus; ~ые навыки àrtículàtory hábits.

произно||сить, произнести (*вн.*) **1.** (*говорить*) pronóunce (*d.*), say* (*d.*), útter (*d.*); ~ речь delíver *a* speech [-'lɪ-...]; ~ приговор pronóunce *a* séntence; pass júdge¦ment; не произнести ни слова not útter a word; **2.** (*артикулировать*) pronóunce (*d.*), àrtículàte (*d.*). **~шение** *с.* pronùnciátion; (*артикуляция*) àrtìculátion; картавое ~шение burr.

произойти *сов.* *см.* происходить.

произрастание *с.* growth [-ouθ], grówing ['grou-]; spróuting.

произрастать, произрасти grow* [-ou], spring* up; sprout; успешно ~ thrive*.

произрасти *сов.* *см.* произрастать.

проиллюстрировать *сов.* (*вн.*) íllustràte (*d.*).

проинформировать *сов.* (*вн.*) infórm (*d.*).

происка||ть *сов.* (*вн.*) *разг.* (*в течение какого-то времени*) look (for), spend* some time lóoking (for); он весь день ~л её адрес he spent the whole day in search of her addréss [...houl...sɜːʧ...].

происки *мн.* intrígues [-'triːgz]; únderhànd plótting *sg.*; сорвать ~ поджигателей войны frùstráte / foil the schemes of the wár-mòngers [...-mʌ-].

проистекать, проистечь (из, от) resúlt [-'zʌ-] (from), spring* (from); be born (of).

проистечь *сов.* *см.* проистекать.

происходить, произойти **1.** (*случаться*) háppen, occúr; (*иметь место*) take* place; *несов.* *тж.* be gó¦ing on, go* on; что здесь происходит? what is gó¦ing on here?; там происходят странные вещи strange things háppen there [-eɪnʤ...]; there are queer gó¦ings-ón there *разг.*; крутой перелом произошёл в жизни народа a rádical change was wrought in, *или* came óver, the life of the people [...ʧeɪ-...piː-]; **2.** (*откуда-л.*) come* (from); (*из рода; от родителей*) be descénded (from), descénd (from), come* (of); **3.** (из-за, от; *по причине*) be the resúlt [...-'zʌ-] (of), spring* (from), aríse* (from).

происходящее **1.** *прич.* *см.* происходить; **2.** *с.* *как сущ.* what is gó¦ing on, *или* háppening.

происхождени||е *с.* **1.** órigin; (*место возникновения*) próvenance; ~ видов *биол.* órigin of spécies [...-ʃiːz]; **2.** (*принадлежность по рождению*) birth, párent¦age, descént, extráction; (*родословная*) líneage [-nɪɪʤ]; по ~ю by birth; социальное ~ sócial órigin.

происшестви||е *с.* íncident; (*событие*) evént; (*несчастный случай*) áccident; отдел ~й (*в газете*) lócal news [...-z]; никаких ~й не было nothing to repórt; истинное ~ true stóry.

пройдоха *м.* *и* *ж.* *разг.* old fox.

пройма *ж.* (*в платье*) árm-hòle.

пройти I, II *сов.* *см.* проходить I 1, 2, 3, 4 *и* II.

пройтись *сов.* *см.* прохаживаться.

прок *м.* *тк.* *ед.* *разг.* use [juːs], bénefit; из этого не будет ~у по (-thing) good will come of this; no one will be the bétter for it; что в этом ~у? what is the use of it?; what good is it?

прокажённый **1.** *прил.* léprous ['le-]; **2.** *м.* *как сущ.* léper ['le-].

проказа I *ж.* *тк.* *ед.* *мед.* léprosy.

проказа II *ж.* (*шалость*) mís¦chief, prank, trick.

проказ||ить, напроказить *разг.* play pranks, be up to mís¦chief. **~ливость** *ж.* pránkishness, mís¦chievous¦ness [-ʧɪv-]. **~ливый** mís¦chievous, pránkish.

проказн||ик *м.*, **~ица** *ж.* mís¦chievous / pránkish pérson; (*о ребёнке*) mís¦chievous / pránkish child*, a bundle of mís¦chief. **~ичать,** напроказничать = проказить.

прокаливать, прокалить (*вн.*) témper (*d.*), annéal (*d.*). **~ся,** прокалиться **1.** get* témpered / annéaled; **2.** *страд.* *к* прокаливать.

прокалить(ся) *сов.* *см.* прокаливать(ся).

прокалка *ж.* témpering.

прокалывать, проколоть (*вн.*) **1.** pierce [pɪəs] (*d.*); *тех.* *тж.* pérforàte (*d.*); **2.** (*колющим оружием*) run* through (*d.*).

проканителиться *сов.* *см.* канителиться.

прокапывать, прокопать (*вн.*) dig* (*d.*); прокопать канаву dig* *a* ditch.

прокараули||ть *сов.* (*вн.*; *в течение какого-то времени*) guard (*d.*), watch (*d.*); spend* *the time* guárding / wátching (*d.*): он всю ночь ~л дом he guárded / watched *the* house* all night [...haus...], he spent all night guárding / wátching *the* house*.

прокат I *м.* hire.

прокат II *м.* *тех.* **1.** (*процесс*) rólling; **2.** (*изделие*) rolled métal [...'me-].

прокатать *сов.* *см.* прокатывать. **~ся** *сов.* (*в течение какого-то времени*) drive* (*ср.* кататься I).

прокатить *сов.* **1.** (*вн.*) (*на лошади и т. п.*) give* a ride (*i.*); (*в экипаже*) take* for a drive (*d.*); **2.** (*без доп.*; *быстро проехать*) roll by; ◇ ~ на вороных *уст.* *разг.* (*забаллотировать*) bláckbàll (*d.*). **~ся** *сов.* go* for a drive, take* a drive.

прокатка *ж.* *тех.* rólling.

прокатный I (*наёмный*) let out on hire.

прокатн||ый II *тех.* rólling; ~ стан rólling-mìll; ~ое железо rolled íron [...'aɪən].

прокатчик *м.* róller.

прокатывать, прокатать (*вн.*) *тех.* roll (*d.*), spread* flat with a róller [spred...] (*d.*).

прокашля||ть *сов.* cough [kɔf]; он ~л всю ночь he was cóughing all night [...'kɔf-...]. **~ться** *сов.* clear one's throat.

прокипеть *сов.* boil.

прокипятить *сов.* (*вн.*) boil thóroughly [...'θʌrə-] (*d.*).

прокисать, прокиснуть turn sour; молоко прокисло the milk has turned (sour).

прокиснуть *сов.* *см.* прокисать.

прокладка *ж.* **1.** (*действие*) láying, constrúction; ~ кабеля cable láying; ~ дороги road búilding / constrúction [...'bɪl-...]; búilding *a* road; (*через горы, лес и т. п.*) bréaking *a* road [-eɪk-...]; **2.** *тех.* wásher, gásket, pácking, pádding.

прокладывать, проложить **1.** (*вн.*) (*о трубах и т. п.*) lay* (*d.*); (*о дороге и т. п.*) build* [bɪld] (*d.*), constrúct (*d.*); ~ туннель build* / dig* / make* *a* túnnel; ~ дорогу (*перен.*) pave the way; ~ себе дорогу work / carve one's way; (*локтями*) élbow one's way; ~ путь make* a path / road, break* a trail [-eɪk...]; (*перен.*) pave the way; ~ новые пути blaze new trails; (*перен.* *тж.*) pìonéer; **2.** (*вн.*, ме́жду) ìnterláy* (with *d.*); ~ кни́гу бе́лыми листа́ми ìnterléave *a* book; ~ копи́рку ме́жду листа́ми бума́ги insért cárbon-pàper betwéen the sheets of páper.

проклама́ция *ж.* (*листовка*) léaflet.

проклами́ровать *несов. и сов.* (*вн.*) procláim (*d.*).

прокле́||ивать, прокле́ить (*вн.*) paste [peɪ-] (*d.*), glue (*d.*); (*бумагу*) size (*d.*). **~ить** *сов. см.* прокле́ивать.

прокле́йка *ж.* (*бумаги*) sízing.

проклина́ть, прокля́сть (*вн.*) curse (*d.*), damn (*d.*); ◇ будь я про́клят, е́сли I'll be, *или* I'm, damned if; будь он про́клят! damn / curse him!

прокля́||сть *сов. см.* проклина́ть. **~тие** *с.* **1.** dàmnátion; ìmprecátion, màledíction; **2.** (*бранное слово*) curse; **3.**: ~тие! damn it!, dàmnátion! **~тый** cúrsed, damned; accúrsed; *разг.* (*противный*) confóunded; ◇ ~тый вопро́с accúrsed / damned quéstion [...-sʧən].

проковыря́ть *сов.* (*вн.*) pick / make* a hole (in).

проко́л *м.* púncture; (*тонкий*) pín-hòle.

проколо́ть *сов. см.* прока́лывать.

прокомменти́ровать *сов.* (*вн.*) cómmènt (up|ón).

прокомпости́ровать *сов. см.* компости́ровать.

проконопа́тить *сов. см.* конопа́тить.

проконспекти́ровать *сов. см.* конспекти́ровать.

проко́нсул *м. ист.* prò|cónsul.

проконсульти́ровать(ся) *сов. см.* консульти́ровать(ся).

проконтроли́ровать *сов. см.* контроли́ровать.

прокопа́ть *сов. см.* прока́пывать.

прокопте́лый *разг.* cóvered with soot ['kʌ-...], sóoty, sóot-càked.

прокопти́ть *сов.* (*вн.*) smoke (*d.*), cure in smoke (*d.*). **~ся** *сов.* get* smoked.

прoко́рм *м.* nóurishment ['nʌ-], sústenance.

прокорми́ть I *сов.* (*вн.*; *определённое время*) feed* (*d.*).

прокорми́ть II *сов.* (*вн.*; *предоставить средства к существованию*) keep* (*d.*), maintáin (*d.*), províde (for); ~ (свою́) семью́ keep* / maintáin one's fámily, províde for one's fámily. **~ся** *сов.* (*тв.*) subsíst (on), live [lɪv] (on).

прокорректи́ровать *сов. см.* корректи́ровать.

прокра́дываться, прокра́сться steal*; ~ ми́мо steal* by / past.

прокра́сться *сов. см.* прокра́дываться.

прокрич||а́ть *сов.* **1.** shout, give* a shout; **2.** (*в течение какого-то времени*) shout: он ~а́л це́лый час he was shóuting for an hour [...auə]; **3.** *разг.* (о *пр.*) trúmpet (*d.*); ~ об успе́хах trúmpet *one's* succéss.

прокру́стов: ~о ло́же Procrústean bed, the bed of Procrústes.

прокурату́ра *ж.* prócuràtor's óffice.

прокуро́р *м.* públic prócuràtor ['prʌ-...]; Генера́льный Прокуро́р СССР Géneral Prócuràtor of the ÚSSR; това́рищ ~а *ист.* assístant prócuràtor. **~ский** prócuràtor's; ~ский надзо́р the prócuràtor's sùpervísion, *или* sùpervísory pówers [...-vaɪz-...] *pl.*; the prócuràtor's óffice; уси́лить ~ский надзо́р stréngthen the prócuràtor's sùpervísory pówer; довести́ до све́дения ~ского надзо́ра infórm the prócuràtor's óffice.

прокуси́ть *сов. см.* проку́сывать.

проку́сывать, прокуси́ть (*вн.*) bite* through (*d.*).

прокути́ть *сов. см.* проку́чивать.

проку́чивать, прокути́ть **1.** go* on the spree; прокути́ть всю ночь напролёт make* a night of it; **2.** (*вн.*; *тратить на кутёж*) squánder (*d.*), díssipàte (*d.*); прокути́ть состоя́ние díssipàte *a* fórtune [...-ʧən], run* through *a* fórtune.

пролага́ть: ~ путь pave the way.

прола́за *м. и ж. разг.* dódger, (sly) old fox; э́то тако́й ~ he is up to every trick.

прола́мывать, проломи́ть (*вн.*) break* (through) [-eɪk...] (*d.*); (*о бочке, лодке тж.*) stave in (*d.*); ~ лёд break* the ice; ~ отве́рстие make* *an* ópen|ing. **~ся,** проломи́ться **1.** break* (down) [-eɪk...], give* way; пол проломи́лся the floor has bróken down, *или* has given way [...flɔː...]; **2.** *страд. к* прола́мывать.

проля́||ть *сов.* **1.** bark, give* a bark; **2.** (*в течение какого-то времени*) bark; соба́ка ~ла всю ночь the dog barked all night long; **3.** *как сов. к* ла́ять.

пролега́||ть lie*, run*; доро́га ~ла че́рез по́ле the path* lay / ran acróss *a* field [...fiːld].

пролежа́||ть *сов. разг.* (*в течение какого-то времени*) lie*; spend* *the time* lýing; (*оставаться в том же положении*) remáin; он весь день ~л he spent the whole day lýing [... houl...]; (*в постели*) he spent *the* whole day (lýing) in bed; посы́лка ~ла две неде́ли на по́чте the párcel remáined in the póst-òffice for two weeks [...'poust-...].

про́лежень *м. мед.* bédsòre.

пролеза́ть, проле́зть get* through, wriggle through; climb through [klaɪm...]; (в *вн.*; *перен.*) worm òne|sélf (into).

проле́зть *сов. см.* пролеза́ть.

проле́сок *м.* glade; vísta.

пролёт *м.* **1.** (*действие*) flight; **2.** (*лестницы*) stáir-wèll; **3.** *арх.* bay; (*моста*) span, bridge span; **4.** (*расстояние между станциями*) stage.

пролетар||иа́т *м.* pròlètáriat [prou-]; диктату́ра ~иа́та dictátor|ship of the pròlètáriat. **~иза́ция** *ж.* pròlètàrianizátion [proulɪteərɪənaɪ-].

пролета́р||ий *м.*, **~ка** *ж.* pròlètárian [prou-]; ~ии всех стран, соединя́йтесь! Wórkers of the world, ùníte! **~ский** pròlètárian [prou-]; ~ская револю́ция pròlètárian rèvolútion; ~ский интернационали́зм pròlètárian ìnternátionalism [...-'næ-].

пролет||а́ть, пролете́ть **1.** (ми́мо, че́рез) fly* (by, past, through); (*перен.*) pass rápidly; (*о времени*) fly* by; ~е́ли две неде́ли two weeks flew by; **2.** (*вн.*; *покрывать какое-л. расстояние*) cóver ['kʌ-] (*d.*).

пролете́ть *сов. см.* пролета́ть.

пролётка *ж.* dróshky, cab.

проли́в *м.* strait, sound.

пролива́ть, проли́ть (*вн.*) spill* (*d.*); ◇ ~ (свою́) кровь (за *вн.*) shed* one's blood [...blʌd] (for); ~ слёзы (по *дт.*, *пр.*, о *пр.*) shed* tears (óver); turn on the wáterwòrks [...'wɔː-] *идиом. разг.*; ~ свет (на *вн.*) shed* / throw* light [...θrou...] (on). **~ся,** проли́ться **1.** spill*; **2.** *страд. к* пролива́ть.

проливно́й: ~ дождь póuring / dríving / pélting rain ['pɔː-...]; идёт ~ дождь it is póuring (with rain).

проли́тие *с.*: ~ кро́ви blóodshèd ['blʌd-].

проли́ть(ся) *сов. см.* пролива́ть(-ся).

проло́г *м.* prólògue ['proulɔg].

проложи́ть *сов. см.* прокла́дывать.

проло́м *м.* breach, break [-eɪk], gap; (*черепа*) frácture.

проломи́ть(ся) *сов. см.* прола́мывать(ся).

пролонг||а́ция *ж. юр., фин.,* pròlòngátion [prou-]. **~и́ровать** *несов. и сов.* (*вн.*) *юр., фин.* prolóng (*d.*).

пром- *сокр.* промы́шленный.

прома́зать *сов.* **1.** (*вн. тв.*) coat (*d.* with); (*маслом*) oil (*d.*); ~ окно́ зама́зкой pútty *a* wíndow; **2.** *разг.* (*промахнуться*) miss; miss one's stroke; fail to hit.

прома́лывать, промоло́ть (*вн.*) grind* (*d.*), mill (*d.*).

промаринов||а́ть *сов.* (*вн.*) *разг.* deláy néedlessly (for so long) (*d.*); он ~а́л э́то де́ло две неде́ли he deláyed / shelved the case for two weeks [...keɪs...].

прома́сленн||ый *прич. и прил.* oiled; greased; (*выпачканный в масле*) gréasy [-zɪ]; ~ая бума́га óil-pàper.

прома́сл||ивать, прома́слить (*вн.*) oil (*d.*), treat with oil (*d.*), grease (*d.*). **~ить** *сов. см.* прома́сливать.

прома́тывать, промота́ть (*вн.*; *расточать*) squánder (*d.*), díssipàte (*d.*), waste [weɪ-] (*d.*); ~ де́ньги squánder / díssipàte / waste *one's* móney [...'mʌ-]; промота́ть состоя́ние run* through *a* fórtune [...-ʧən]; (*разориться*) rúin òne|sélf.

про́мах *м.* (*при стрельбе*) miss; (*перен.*) slip; (*грубая ошибка*) blúnder; ◇ он ма́лый не ~ *разг.* he's a bright chap; he knows what's what [...nouz...]. **~ну́ться** *сов.* (*не попасть в цель*) miss (one's aim), miss the mark, fail to hit; (*на бильярде*) míscúe; (*перен.*) miss the mark; be beside, *или* wide of, the mark.

прома́чивать, промочи́ть (*вн.*) wet thóroughly [...'θʌ-] (*d.*), drench (*d.*), soak (*d.*); промочи́ть но́ги have wet feet, get* one's feet wet; ◇ промочи́ть гло́тку *разг.* ≅ wet one's whistle.

промедле́ни||е *с.* deláy; procràstinátion; без ~я without deláy.

проме́длить *сов.* deláy, línger.

проме́ж *предл.* (*рд.*, *тв.*) *разг.* betwéen; among; ~ нас between our-sélves.

проме́жность *ж.* *анат.* pèrinéum.

промежу́т||ок *м.* ínterval, space, span; ~ вре́мени périod / space / stretch of time; spell. **~очный** intermédiate, intervéning; (*тк. о пространстве*) interstítial; ~очная ста́нция *ж.-д.* wáy-stàtion.

промелькну́||ть *сов.* **1.** flash; (*о времени*) fly* by, pass swíftly; ~ли две неде́ли two weeks flew by; ~ в голове́ (*о мысли*) flash through *one's* mind; **2.** (*появиться*): в его́ слова́х ~ла иро́ния there was a shade of írony in his words [...'aɪə-...].

проме́нивать, променя́ть (*вн.* на *вн.*) **1.** exchánge [-ʧeɪ-] (*d.* for), truck (*d.* for), bárter (*d.* for); **2.** (*предпочитать кого-л. кому-л.*) change [ʧeɪ-] (*d.* for).

променя́ть *сов.* *см.* проме́нивать.

проме́р *м.* **1.** méasure-ment ['meʒə-]; súrvey; (*глубин*) sóunding; **2.** (*ошибка при измерении*) érror in méasure-ment.

промерза́ть, промёрзнуть freeze* (right) through; be chilled.

промёрзлый frózen.

промёрзнуть *сов.* *см.* промерза́ть.

проме́р||ивать, проме́рить **1.** (*вн.*; *производить измерения*) méasure ['meʒə] (*d.*), sùrvéy (*d.*); (*глубину*) sound (*d.*); **2.** *тк.* *сов.* (*ошибиться при измерении*) make* a mistáke in méasure-ment [...'meʒə-]. **~ить** *сов.* *см.* проме́ривать. **~ный:** ~ное су́дно sùrvéying véssel.

промеря́ть = проме́ривать 1.

промеси́ть *сов.* (*вн.*) knead (well / próperly / thóroughly) [...'θʌ-] (*d.*); (*глину и т. п.*) púddle (well / própérly / thóroughly) (*d.*).

проме́шкать *сов.* *разг.* línger.

промкоопера́ция *ж.* = промысло́вая коопера́ция *см.* промысло́вый.

промо́згл||ость *ж.* dánkness. **~ый** dank; ~ая пого́да dank wéather [...'weðə].

промо́ина *ж.* èxcavátion, pool, gúlly, ravíne [-iːn].

промока́тельн||ый: ~ая бума́га blótting-pàper.

промока́ть I, промо́кнуть get* wet/ soaked; *несов.* *тж.* be sóaking; *сов.* *тж.* be sópping wet; промо́кнуть до косте́й get* drenched / wet to the skin.

промока́||ть II (*пропускать влагу*) let* wáter (through) [...'wɔː-...], be pérvious to wáter, not be wáterproof [...'wɔː-]; э́тот плащ ~ет (от дождя́) this máckintòsh lets the rain through, this máckintòsh is not ráinproof; э́та бума́га ~ет this páper absórbs ink; this páper won't take ink [...wount...].

промока́ть III, промокну́ть (*вн.*) blot (*d.*).

промока́шка *ж.* *разг.* blótter.

промо́кнуть *сов.* *см.* промока́ть I.

промокну́ть *сов.* *см.* промока́ть III.

промо́лвить *сов.* (*вн.*) say* (*d.*), útter (*d.*).

промолоти́ть *сов.* (*вн.*) thrash (*d.*), thresh (*d.*).

промоло́ть *сов.* *см.* прома́лывать.

промолча́||ть *сов.* **1.** (*в течение какого-то времени*) be / keep* sílent, say* nothing, hold* one's peace; они́ ~ли весь ве́чер they were / kept sílent all the évening [...'iːv-], they did not speak, *или* never úttered a word, all the évening; **2.** *как сов. к* молча́ть.

проморга́ть *сов.* (*вн.*) *разг.* miss (*d.*), òver-lóok (*d.*); ~ удо́бный слу́чай miss *an* òpportúnity, let* *a* chance slip (by).

промота́ть *сов.* *см.* прома́тывать.

промочи́ть *сов.* *см.* прома́чивать.

промтова́рный: ~ магази́н mànufáctured goods shop [...gudz...].

промтова́ры *мн.* (промы́шленные това́ры) mànufáctured goods [...gudz].

промфинпла́н *м.* (промы́шленно-финáнсовый план) indústrial and fìnáncial plan.

промча́ться *сов.* **1.** (ми́мо, че́рез) tear* / sweep* [tɛə...] (by, past, through); ~ стрело́й dart by, flash by; **2.** (*о времени*) go* by.

промыва́ние *с.* wáshing (out); *мед.* (*о ране*) báthing; ~ желу́дка lávage of the stómach [...'stʌmək].

промыва́ть, промы́ть (*вн.*) **1.** wash (well / próperly / thóroughly) [...'θʌ-] (*d.*): в жёсткой воде́ нельзя́ промы́ть во́лосы you can't wash your hair próperly in hard wáter [...kɑːnt ...'wɔː-]; **2.** (*о ране, глазах и т. п.*) bathe [beɪð] (*d.*).

про́мыс||ел *м.* **1.** (*занятие*) trade, búsiness ['bɪzn-]; го́рный ~ míning; куста́рный ~ doméstic craft / índustry; ры́бный ~ físhery; отхо́жий ~ séasonal work [-zə-...]; охо́тничий ~ húnting; (*с ружьём*) gáme-shooting; (*капканами*) trápping; **2.** *чаще мн.* (*предприятие*): ры́бные ~лы físhery *sg.*; го́рные ~лы mines; золоты́е ~лы góld-fìelds [-fiː-], góld-mìnes; соляны́е ~лы sált-mìnes, sált-wòrks.

про́мысл *м.* *церк.* (*провидение*) Próvidence.

промысло́в||ый: ~ая коопера́ция prodúcers' cò-òperátion; prodúcers' cò-óperative òrganìzátion [...-naɪ-]; ~ая ры́ба fóod-fìsh; ~ая пти́ца gáme-bìrd; ~ое свиде́тельство lícence ['laɪ-].

промы́ть *сов.* *см.* промыва́ть.

промыча́ть *сов.* **1.** low [lou], moo; (*один раз*) give* a low; **2.** *как сов.* *к* мыча́ть.

промы́шленник *м.* mànufácturer, indústrialist.

промы́шленн||ость *ж.* índustry; кру́пная ~ lárge-scàle índustry; тяжёлая ~ héavy índustry ['hevɪ...]; лёгкая ~ light índustry; добыва́ющая ~ extráctive índustry; обраба́тывающая ~ mànufácturing índustry; основны́е о́трасли ~ости main bránches of índustry [...-ɑːn-...]; main / básic índustries [...'beɪ-...]. **~ый** indústrial; ~ый капита́л indústrial cápital; ~ый капитали́зм indústrial cápitalism; ~ый пролетариа́т indústrial pròlètáriat [...prou-]; ~ые райо́ны indústrial régions; ~ый потенциа́л страны́ indústrial poténtial of the cóuntry [...'kʌ-]; ~ые запа́сы commércial resérves [...-'zɜːvz].

промышля́ть (*тв.*) earn one's líving [ɜːn...'lɪv-] (by).

промя́млить *сов.* *см.* мя́млить 1.

пронести́ I, II *сов.* *см.* проноси́ть I, II.

пронести́сь *сов.* *см.* проноси́ться.

пронза́ть, пронзи́ть (*вн.*) pierce [pɪəs] (*d.*), trànsfíx (*d.*); run* through (*d.*); ~ копьём spear (*d.*); ◇ ~ взгля́дом pierce with one's glance (*d.*).

пронзи́тельн||о *нареч.* shrílly, píercing-ly ['pɪə-]; strídent-ly; ~ крича́ть, визжа́ть scream, screech, útter shrill screams. **~ый** shrill, sharp, píercing ['pɪə-]; strídent; ~ый крик píercing shriek [...-iːk]; ~ый взгляд píercing look; ~ым го́лосом in a shrill voice.

пронзи́ть *сов.* *см.* пронза́ть.

пронизáть *сов.* *см.* прони́зывать.

прони́зыва||ть, пронизáть (*вн.*) pierce [pɪəs] (through) (*d.*); trànspíerce [-'pɪəs] (*d.*); (*проникать*) pénetràte (*d.*), pérmeàte [-mɪeɪt] (*d.*): ~ до косте́й (*о ветре*) search to the márrow [sɜːʧ...] (*d.*); э́та мысль ~ет всю кни́гу this ìdéa runs through the entíre book [...aɪ-'dɪə...], the whole book is pérmeàted with this ìdéa [...houl...]. **~ющий** *прич. и прил.* píercing ['pɪə-]; ~ющий хо́лод píercing cold.

проника́ть, прони́кнуть (в *вн.*) pénetràte (*d.*, into) (*тж. перен.*);

(чéрез) pénetràte (through), go* (through), pass (through); (*просачиваться*) pércolàte (through); ~ в чьи-л. намéрения fáthom smb.'s desígns [-ðəm...-'zaɪnz]. **~ся**, прони́кнуться (*тв.*) be imbúed (with), imbúe one's mind (with); ~ся сознáнием дóлга be imbúed / filled with a sense of dúty; ~ся любóвью be inspíred with love [...lʌv].

проникновéн||ие *с.* **1.** pènetrátion; **2.** = проникновéнность. **~ность** *ж.* emótion, féeling. **~ный** móving ['mu:v-], sincére, héartfèlt ['hɑ:t-].

прони́кну||тый (*тв.*) imbúed (with), inspíred (with), full (of). **~ть(ся)** *сов. см.* проникáть(ся).

понимáть, проня́ть (*вн.*) *разг.*: егó ничéм не проймёшь you can't get at him [...kɑ:nt...]; хóлод прóнял егó the cold struck through him; хóлод прóнял егó до костéй he was chilled to the márrow / bone.

проницáем||ость *ж.* pèrmeabílity [-mɪə-], pènetrabílity, pérvious¦ness; (*для света*) pèllucídity; магни́тная ~ pérmeance [-mɪəns]. **~ый** pérmeable [-mɪə-], pérvious; (*для света*) pèllúcid.

проницáтельн||ость *ж.* pèrspicácity, ínsight, acúmèn; обладáть большóй ~остью have a very keen ínsìght (into). **~ый** pèrspicácious, acúte, shrewd; astúte; ~ый взор séarching / píercing look ['sə:tʃ- 'pɪə-...]; ~ый ум pénetràting / astúte mind, shréwdness.

проноси́ть I, пронести́ (*вн.* ми́мо, чéрез) cárry (*d.* by, past, through); пронести́ чéрез векá (*вн.*) retáin through the cénturies (*d.*).

проноси́ть II, пронести́ *безл. разг.*: егó пронеслó he has had a mótion, he ópen¦ed / purged his bówels.

проноси́ть III *сов. разг.* (*в течение какого-то времени*) **1.** cárry abóut: он весь день проноси́л э́ту кни́гу he cárried the book abóut all day; **2.** wear* [wɛə]: он проноси́л э́то пальтó три гóда he wore the coat for three years.

проноси́ться, пронести́сь **1.** shoot* / sweep* past; (*пробежать тж.*) rush / scud past; **2.** (*быстро миновать*) fly* by; (*о буре и т. п.*) blow* óver [blou...]; бýря пронеслáсь the storm has blown óver [...bloun...]; **3.** (*быстро распространиться*): пронёсся слух, что there was a rúmour that, a rúmour spread (abóut) that [...spred...]; **4.** *страд.* к проноси́ть I.

проны́р||а *м. и ж. разг.* insínuating / púshful / intrúsive pérson [...'pu-...]; slý-boots *разг. идиом.* **~ливость** *ж.* púshing / indélicate ways ['pu-...] *pl.* **~ливый** púshful ['pu-].

пронюх||ать *сов. см.* пронюхивать. **~ивать**, пронюхать (*вн.*) *разг.* (*разузнавать*) smell* (*d.*), nose out (*d.*), get* wind [...wɪnd] (of).

проня́ть *сов. см.* проними́ть.

прообраз *м.* próto¦týpe.

пропагáнд||а *ж.* pròpagánda; pròpagátion; (*методов работы, достижений науки и т. п.*) pòpularizátion [-raɪ-]; срéдства ~ы pùblícity média [pʌb-...]. **~и́ровать** (*вн.*) pròpagándize (*d.*), ádvocàte (*d.*); (*о методах работы, достижениях науки и т. п*) pópularize (*d.*). **~и́ст** *м.*, **~и́стка** *ж.* pròpagándist. **~и́стский** pròpagàndístic; pròpagánda (*attr.*).

пропад||áть, пропáсть **1.** (*теряться*) be míssing; (*о вещах тж.*) be lost; **2.** (*исчезать*) dìsappéar, vánish; (*о чувствах*) die, pass; пропáсть бéз вести be míssing; пропáвший бéз вести míssing; **3.** (*погибать*) pérish, die; я пропáл! I am lost!, I am done for!, I am a lost man!, it is all óver with me!; **4.** (*проходить бесполезно*) be wásted [...'weɪ-]; ~ дáром go* for naught, go* to waste [...weɪst]; весь день пропáл у меня́ the whole day has been wásted [...houl...], I've wásted the whole day; ◇ где вы ~áли? where (on earth) have you been? [...ə:θ...]; пиши́ пропáло *разг.* it is as good as lost; ~и́ он прóпадом! *разг.* the deuce take him!

пропáж||а *ж.* loss; все ~и нашли́сь *разг.* all the lost things are found.

пропáлывать, прополóть (*вн.*) weed (*d.*).

прóпаст||ь *ж.* **1.** précipice, abýss, gulf (*тж. перен.*); непроходи́мая ~ únbrídge¦able gulf; на краю́ ~и (*перен.*) on the verge of disáster / rúin [...'zɑ:-...]; **2.** (*рд.*) *разг.* (*множество*) a world (of), a lot (of), a great deal [...-eɪt...] (of); у негó ~ дéнег he has a lot of móney [...'mʌ-].

пропáсть *сов. см.* пропадáть.

пропахáть I *сов. см.* пропáхивать.

пропах||áть II *сов.* (*некоторое время*) plough (for some time): он ~áл всё ýтро he has been plóughing the whole mórning [...houl...].

пропáхивать, пропахáть (*вн.*) plough (*d.*); (*пропашником*) cúltivàte (*d.*).

пропáхнуть *сов.* (*тв.*) become* pérmeàted with the smell [...-mɪeɪ-...] (of).

пропáш||ка *ж. с.-х.* ìntertíllage. **~ник** *м. с.-х.* cúltivàtor. **~нóй**: ~ные культýры *с.-х.* ìntertílled/ cúltivàted crops; ~нóй трáктор tráctor-cúltivàtor.

пропáщ||ий *разг.*: он ~ человéк he is a hópe¦less case [...keɪs], he's done for; э́то ~ее дéло it's a bad job, nothing will come of it.

пропедéвт||ика *ж.* pròpaedéutics [prou-]. **~и́ческий** pròpaedéutic [prou-].

пропекáть, пропéчь (*вн.*) bake thóroughly [...'θʌ-] (*d.*). **~ся**, пропéчься **1.** get* baked through; **2.** *страд.* к пропекáть.

пропéллер *м.* propéller.

пропéть *сов.* **1.** *см.* петь 1, 2, 3; **2.** (*в течение какого-то времени*) sing*: они́ пропéли всё ýтро they sang, *или* were sing¦ing, all the mórning.

пропечáтать *сов.* (*вн.*) *разг.* write* a scórching críticism (of); make* it hot (for).

пропéчь(ся) *сов. см.* пропекáть(ся).

пропивáть, пропи́ть (*вн.*) **1.** spend*/ squánder in drink (*d.*); пропи́ть вéщи sell* one's things to get money for drink [...'mʌ-...], swap one's things for drink; **2.** *разг.* rúin by drink (*d.*); пропи́ть гóлос rúin one's voice by drink.

пропи́л *м. тех.* slit, (sáw-)kèrf.

пропи́л||ивать, пропили́ть (*вн.*) saw* through (*d.*). **~и́ть** *сов. см.* пропи́ливать.

прописáть(ся) *сов. см.* прописывать(ся).

пропи́ска *ж.* vísa ['vi:zə], règistrátion; ~ пáспорта règistrátion of a pássport.

прописн||óй: ~áя бýква cápital létter; ~áя морáль cópy-book morálity ['kɔ-...]; cópy-book máxims *pl.*; ~áя и́стина cópy-book truth [...-u:θ], cómmon truth; trúism.

пропи́сывать, прописáть (*вн.*) **1.** (*о лекарстве*) prescríbe (*d.*); ~ лечéние prescríbe a tréatment; **2.** (*регистрировать*) régister (*d.*); ~ пáспорт régister / vísa a pássport [...'vi:zə...]; ~ в домовóй кни́ге régister (*d.*). **~ся**, прописáться **1.** get* régistered; **2.** *страд.* к прописывать.

прóпись *ж.* samples of wríting *pl.*

прóписью *нареч.*: писáть ~ (ци́фры) write* out (fígures) in words.

пропитáние *с. уст.* subsístence; зарабáтывать себé на ~ earn one's dáily bread [ə:n... bred], earn one's líving [...'lɪv-].

пропитáть(ся) *сов. см.* пропи́тывать(ся).

пропи́тка *ж. тех.* ìmprègnátion, steep.

пропи́тывать, пропитáть (*вн. тв.*) ímprègnàte (*d.* with), sáturàte (*d.* with); soak (*d.* in), steep (*d.* in). **~ся**, пропитáться **1.** (*тв.*) become* / get* sáturàted / ímprègnàted / soaked (with); *несов. тж.* soak (in); **2.** *страд.* к пропи́тывать.

пропи́ть *сов. см.* пропивáть.

пропи́х||ивать, пропихнýть (*вн.*) *разг.* push / shove / force / squeeze through [puʃ ʃʌv...] (*d.*). **~нýть** *сов. см.* пропи́хивать.

пропищáть *сов.* **1.** *см.* пищáть; **2.** (*издать писк*) squeal, give* a squeal.

проплáва||ть *сов.* (*в течение какого-то времени; о живом существе*) swim*, spend* *the time* swímming; (*о судне*) sail, be sáiling: он ~л цéлый час he swam for a whole hour [...houl auə], he spent an hour swímming; корáбль ~л два дня the ship sailed for two days, the ship was sáiling for two days.

проплáкать *сов.* (*в течение какого-то времени*) spend* *the time* wéeping / crýing.

проплывáть, проплы́ть 1. (ми́мо, чéрез) (*о живом существе*) swim* (by, past, through); (*о судне*) sail (by, past, through); (*о предмете*) float / drift (by, past, through); 2. (*вн.*; *покрывать расстояние*) cóver ['kʌ-] (*d.*): он проплы́л два киломéтра he (has) cóvered two kílomètres.

проплы́ть *сов. см.* проплывáть.

проповéдник *м.* 1. préacher; 2. (*теории и т. п.*) ádvocate.

проповéдовать (*вн.*) 1. preach (*d.*), sérmonìze (*d.*); 2. (*о теории и т. п.*) própagàte (*d.*), ádvocàte (*d.*).

прóповедь *ж.* 1. sérmon, préaching; hómily; 2. (*теории, взглядов и т. п.*) pròpagátion.

пропóйца *м. разг.* drúnkard.

пропoлáскивать, прополоскáть (*вн.*) rinse (*d.*), swill (*d.*); ~ гóрло gargle.

проползáть, проползти́ creep*, crawl.

проползти́ *сов. см.* проползáть.

прополка *ж. с.-х.* wéeding.

прополоскáть *сов. см.* прополáскивать.

прополóть I *сов. см.* пропáлывать.

прополó||ть II *сов.* (*некоторое время*) weed (for some time); они́ ~ли весь день they spent the whole day wéeding [...houl...].

пропорционáльно *нареч.* (*дт.*) in propórtion (to); обрáтно ~ ínvérse¦ly propórtional (to).

пропорционáльн||ость *ж.* propòrtionálity; (*соразмерность*) propórtionate¦ness, propórtion. ~**ый** propórtional; (*соразмерный*) propórtionate; ~ый чемý-л. propórtionate to smth.; систéма ~ого представи́тельства sýstem of propórtional rèpresèntátion [...-zen-]; ~ое обложéние (налóгом) propórtional tàxátion; ~ое распределéние appórtionment; срéднее ~ое *мат.* the mean propórtional; прямо ~ый чемý-л. diréctly propórtional to smth.; обрáтно ~ый чемý-л. ínvérse¦ly propórtional to smth.

пропóрция *ж.* propórtion; rátiò; арифмети́ческая ~ àrithmétical propórtion; геометри́ческая ~ geométrical propórtion.

пропотéть *сов.* 1. perspíre fréely, sweat thóroughly [swet 'θʌrə-]; 2. (*о платье и т. п.*) be soaked in sweat [...swet].

прóпуск *м.* 1. *тк. ед.* (*действие*) admíssion; 2. (*мн.* ~и) (*рд.*; *непосещение*) ábsence (from); nón-atténdance (of); 3. (*мн.* ~и) (*упущение*) omíssion; lapse; 4. (*мн.* ~и) (*пустое место*) blank, gap; 5. (*мн.* ~и *и* ~á) (*документ*) pass; (*разрешение*) pérmit; 6. (*мн.* ~á) *воен.* (*пароль*) pássword.

пропуск||áть, пропусти́ть 1. (*вн.*; *давать пройти*) let* (*d.*) go past; let* (*d.*) pass; make* way (for); let* through (*d.*); (*впускать*) let* in (*d.*), admít (*d.*); (*выпускать*) let* out (*d.*); пропусти́те егó let him pass / go; 2. (*вн.* чéрез) run* / pass (*d.* through); ~ мя́со чéрез мясорýбку mince meat; 3. (*вн.*; *не упоминать*) omít (*d.*), leave* out (*d.*); (*при чтении, переписке и т.п.*) skip (*d.*); ~áйте подрóбности omít the détails [...'di:-]; пропусти́ть стрóчку skip *a* line; 4. (*вн.*; *заседание и т. п.*) miss (*d.*); (*случай и т. п. тж.*) let* slip (*d.*); пропусти́ть лéкцию miss *a* lécture; (*намеренно*) cut* *a* lécture; 5. *тк. несов.* (*вн.*; *насквозь*) let* pass (*d.*); (*о бумаге*) drink*; ~ вóду be pérvious to wáter [...'wɔ:-], leak; не ~ вóду be impérvious to wáter, be wáterproof [...'wɔ:-]; э́та бумáга ~áет (черни́ла) this páper absórbs / drinks (ink); ◇ ~ ми́мо ушéй (*вн.*) dísregárd (*d.*), take* no heed (of), give* no ear (to); пропусти́ть стакáнчик, рю́мочку *и т. п. разг.* toss off a glass, *etc.*

пропускн||óй: ~áя бумáга blótting-pàper; ~áя спосóбность capácity; (*транспорта*) tráffic / cárrying capácity.

пропусти́ть *сов. см.* пропускáть 1, 2, 3, 4.

пропыхтéть *сов. см.* пыхтéть.

пропья́нствова||ть *сов. разг.* (*в течение какого-то времени*) drink*: он ~л цéлую недéлю he drank (hard / héavily) for a whole week [...'hev-... houl...]; for a whole week he was drínking (hard / héavily).

прорáб *м.* (производи́тель рабóт) work sùperinténdent.

прорабáтывать, прорабóтать (*вн.*) *разг.* 1. (*изучать*) stúdy ['stʌ-] (*d.*), work (at); ~ вопрóс work up *a* quéstion [...-stʃən]; 2. (*критиковать*) pick holes (in), pick to píeces [...-'pi:-] (*d.*).

прорабóт||ать I *сов.* (*в течение какого-то времени*) work; spend* *the time* wórking; он ~ал там два гóда (*в прошлом*) he worked there for two years; (*и сейчас работает*) he has been wórking there two years; он ~ал всю ночь he worked all night; he spent, *или* sat up, all night wórking.

прорабóтать II *сов. см.* прорабáтывать.

прорабóтка *ж. разг.* 1. (*изучение*) stúdying ['stʌ-], stúdy ['stʌ-]; 2. (*критика*) críticism.

прорастáние *с.* gèrminátion; spróuting; (*ср.* прорастáть).

прорастáть, прорасти́ gérminàte; (*давать ростки, побеги*) sprout, shoot*.

прорасти́ *сов. см.* прорастáть.

прóрва *ж.* (*рд.*) *груб.* (*много*) a lot (of).

прорвáть I *сов. см.* прорывáть I.

прорв||áть II *сов. безл. разг.*: егó ~áло he lost his pátience.

прорвáться *сов. см.* прорывáться.

прореди́ть *сов. см.* прорéживать.

прорéживать, прореди́ть (*вн.*) *с.-х.* thin out (*d.*).

прорéз *м.* cut.

прорéзать *сов. см.* прорезáть.

прорезáть, прорéзать (*вн.*) cut* through (*d.*); ~ дырý cut* *a* hole.

прорéзаться *сов. см.* прорезáться *и* рéзаться 1.

прорезá||ться, прорéзаться 1. (*о зубах*) cut*; erúpt; у ребёнка ~ются зýбы the child* is cútting teeth, the child* is téething; 2. *страд. к* прорезáть.

прорези́ни||вать, прорези́нить (*вн.*) rúbberìze (*d.*). ~**ть** *сов. см.* прорези́нивать.

прорéзыва||ние *с.* 1. cútting; 2. (*о зубах*) téething, dèntítion; erúption of teeth. ~**ть(ся)** = прорезáть(ся).

прóрезь *ж.* cut, ópen¦ing.

проréктор *м.* prò-réctor.

прорепети́ровать *сов. см.* репети́ровать 1.

прорéха *ж.* rent, tear [tɛə]; (*разрез*) slit; (*дыра*) hole; (*перен.*: *упущение*) lapse, gap.

прорецензи́ровать *сов. см.* рецензи́ровать.

прорж́áветь *сов.* rust through.

прорицá||ние *с.* sóothsaying, próphecy. ~**тель** *м.* sóothsayer, próphet. ~**тельница** *ж.* sóothsayer, próphetess.

прорицáть (*вн.*) próphesy̆ (*d.*), sóoth¦say* (that).

прорóк *м.* próphet; ◇ нет ~а в своём отéчестве no man is a próphet in his own cóuntry [...oun 'kʌ-].

пророни́ть *сов.* (*вн.*; *звук, слово и т. п.*) útter (*d.*), breathe (*d.*); не ~ ни слóва never útter / drop / breathe a word, not útter a word.

прорóче||ский prophétic(al), òrácular. ~**ство** *с.* próphecy, óracle.

прорóчествовать (о *пр.*) próphesy̆ (*d.*).

прорóч||ить, напрорóчить (*вн.*) próphesy̆ (*d.*), predíct (*d.*). ~**ица** *ж.* próphetess.

проруб||áть, прорубúть (*вн.*) hack / hew / cut* through (*d.*). ~**и́ть** *сов. см.* прорубáть.

прóрубь *ж.* íce-hòle.

прорýха *ж. разг.* blúnder; mistáke; ◇ и на старýху бывáет ~ *посл.* ≅ every man has a fool in his sleeve.

проры́в *м.* 1. (*в разн. знач.*) break [-eɪk]; *воен.* bréak-through [-eɪk-], breach; 2. (*в работе*) hitch; gap; пóлный ~ bréak-down [-eɪk-]; ликвиди́ровать ~ bridge *the* gaps; (*выполнить план*) catch* up with *the* plan.

прорывáть I, прорвáть (*вн.*; *в разн. знач.*) break* through [-eɪk...] (*d.*); ~ плотúну break* *the* dike; ~ блокáду run* the blòckáde; ~ фронт break* the énemy front [...frʌnt]; ~ оборóну протúвника break* through the énemy's defénces.

прорывáть II, прорыть (*вн.*) dig* through / acróss (*d.*), búrrow through / acróss (*d.*).

прорывáться, прорвáться **1.** (*лопаться*) burst* ópen; (*о нарыве*) break* [-eɪk]; **2.** (*о платье и т. п.*) tear* [tɛə]; **3.** (*о плотине*) break*; **4.** (*сквозь*) force / cut* one's way (through), burst* (through); *воен.* break* (through), pénetràte (*d.*); **5.** *страд.* к прорывáть I.

прорыть *сов. см.* прорывáть II.

прорычáть *сов. см.* рычáть.

просадúть *сов. см.* просáживать.

просáживать, просадúть (*вн.*) *разг.* squánder (*d.*), lose* [lu:z] (*d.*); просадúть состоя́ние squánder one's fórtune [...ʧən].

просáливать I, просалúть (*вн.*) grease (*d.*).

просáливать II, просолúть (*вн.*) salt (*d.*); (*о мясе*) corn (*d.*).

просалúть *сов. см.* просáливать I.

просáчивание *с.* pèrcolátion; (*наружу*) léakage, óozing; èxùdátion; (*внутрь*) sóakage; fíltering, ìnfiltrátion (*тж. перен.*).

просáчиваться, просочúться pércolàte; (*наружу*) leak, ooze; seep out; éxùdàte; (*внутрь*) soak; (*каплями*) trickle (through); fílter, ínfiltràte (*тж. перен.*); ~ в прéссу fílter into the press.

просвáтать *сов.* (*вн. дт.*; *о семье невесты*) prómise in márriage [-s... -rɪʤ] (*d.* to).

просвéрливать, просверлúть (*вн.*) bore (*d.*), pierce [pɪəs] (*d.*), drill (*d.*); pérforàte (*d.*).

просверлúть *сов. см.* просвéрливать.

просвéт *м.* **1.** clear space / gap; (*перен.*) hope; без ~а without a ray / gleam of hope; **2.** *арх.* bay, áperture, ópen¦ing.

просветúтель *м.* enlíghtener. **~ный** instrúctive, elúcidàtive. **~ский** *прил.* к просветúтель. **~ство** *с.* enlíghtenment.

просветúть I *сов. см.* просвещáть.

просветúть II *сов. см.* просвéчивать I.

просветлéние *с.* enlíghtenment; (*перен.*) lúcid ínterval / móment.

просветлéть *сов.* (*о погоде*) clear up; (*перен.*) brìghten up; (*о сознании и т. п.*) get*/ become* lúcid; ~ от рáдости light* up with joy.

просветл||úть *сов. см.* просветля́ть. **~я́ть,** просветлúть (*вн.*) clárify (*d.*).

просвéчивание *с. мед.* ràdióscopy.

просвéчивать I, просветúть (*вн.*) *мед.* exámine with X-rays (*d.*), X-ray (*d.*).

просвéчивать II **1.** (*быть прозрачным*: *о ткани и т. п.*) be trànslúcent [...-nz-]; **2.** (*быть видным через*) appéar through; be seen / vísible through [...-zɪ-...].

просвещ||áть, просветúть (*вн.*) enlíghten (*d.*). **~éнец** *м.* èducátionist. **~éние** *с.* enlíghtenment; нарóдное ~éние públic èducátion ['pʌ-...]; политúческое ~éние polítical èducátion; ◇ эпóха Просвещéния the Age of Enlíghtenment.

просвещённ||ость *ж.* cúlture, enlíghtenment. **~ый** enlíghtened, ìntelléctual; ~ый ум infórmed mind; ~ое мнéние éxpert opínion.

просвирá *ж. церк.* commúnion bread (*in the Orthodox Church*) [...bred].

просвистéть *сов.* whistle.

прóседь *ж.* streak(s) of grey (*pl.*); вóлосы с ~ю gréying hair *sg.*, hair túrning / gó¦ing grey, hair touched with grey [...tʌʧ...].

просéивание *с.* (*сквозь сито*) síftìng, bólting; (*сквозь решето*) scréening.

просéивать, просéять (*вн.*) sift (*d.*), bolt (*d.*); (*сквозь решето*) screen (*d.*).

прóсека *ж.* ópen¦ing, cútting (in *a* fórest) [...'fɔ-].

просёло||к *м.* cóuntry road ['kʌ-...], cóuntry-tràck ['kʌ-], cárt-tràck. **~чный:** ~чная дорóга = просёлок.

просéять *сов. см.* просéивать.

просигнализúровать *сов.* (*дт.* о *пр.*) give* a sígnal (to of).

просидéть I, II *сов. см.* просúживать I, II.

просúживать I, просидéть (*в течение какого-то времени*) sit*; spend* *the time* sítting; ~ часáми sit* for hours [...auəz]; просидéть ночь за кнúгой sit* up all night óver *a* book; он просидéл там цéлый день he sat there the whole day [...houl...], he spent the day sítting there; просидéть вéчер дóма stay / pass the évening at home [...'i:v-...]; просидéть ночь у постéли больнóго pass the night at *the* pátient's béd-sìde.

просúживать II, просидéть (*вн.*; *продавить*) wear* out the seat [wɛə...] (of); (*протереть*) wear* into holes by sítting (*d.*).

прóсинь *ж.* blúish tint / cólour [...'kʌ-]; ~ нéба the ázure of the sky [...'æʒə...].

просúтель *м.*, **~ница** *ж. уст.* ápplicant; súppliant; *юр.* petítioner. **~ный** pléading; ~ный взгляд pléading glance.

прос||úть, попросúть **1.** (когó-л.) ask (smb.), beg (smb.); (что-л., чегó-л., о чём-л.) ask (for smth.), beg (for smth.): он ~úл егó об э́том he asked him for it; он ~úл кнúгу he asked for *a* book; он ~úл егó о пóмощи he begged him for help; ~ врéмени на размышлéние ask for time to think *smth.* óver; ~ одолжéния (у когó-л.) ask a fávour (of smb.), ask (smb.) a fávour; ~ разрешéния ask permíssion; ~ извинéния у когó-л. beg smb.'s párdon, apólogìze to smb.; ~ совéта ask for advíce, requést advíce; ~ снисхождéния у когó-л. crave smb.'s ìndúlgence; ~ мúлостыню beg, gó* bégging; **2.** (когó-л. за когó-л.) ìntercéde (with smb. for smb.); **3.** (*вн.*; *приглашать*) invíte (*d.*); ~ к столу́ call to table (*d.*); ◇ прóсят не курúть (*объявление*) no smóking! **~úться,** попросúться ask; ~úться в óтпуск ask for leave, applý for leave; ◇ ~úться с языкá be on the tip of one's tongue [...tʌŋ]; пейзáж так и прóсится на картúну the lándscàpe cries out to be páinted.

просия́ть *сов.* **1.** (*о солнце*) bríghten (up), clear up; shine*; **2.** (от *удовольствия, счастья т. п.*) bríghten (with), light* up (with), beam (with); ~ от рáдости beam with joy.

проскакáть *сов.* (мúмо, чéрез) gállop (by, past, through).

проскáкивать, проскочúть **1.** rush by, tear* by [tɛə...]; **2.** (*пробираться*) slip; **3.** (сквозь, мéжду) fall* (through, betwéen); **4.** *разг.* (*об ошибке, описке и т. п.*) slip in, creep* in; проскочúло мнóго ошúбок many érrors have crept / slipped in.

проскáльзывать, проскользну́ть steal*, creep*, slip.

просквозú||ть: егó, их *и т. д.* ~ло he has, they have, *etc.*, caught cold (by) sítting/ bé¦ing in *a* draught [...ɑ:ft].

просклоня́ть *сов. см.* склоня́ть II.

проскользну́ть *сов. см.* проскáльзывать.

проскочúть *сов. см.* проскáкивать.

проскрипéть *сов. см.* скрипéть.

проскрипциóнный: ~ спúсок *ист.* proscríption list.

проскрúпци||я *ж. ист.* proscríption; подвергáть ~и (*вн.*) proscríbe (*d.*).

проскурня́к *м. бот.* marsh mállow.

проскучá||ть *сов.* have a dull / bóring time; он ~л весь вéчер he had a dull / bóring évening [...'i:v-].

прослáбить *сов. см.* слáбить.

прослáв||ить(ся) *сов. см.* прославля́ть(ся). **~лéние** *с.* glòrificátion [glɔ:-]; apòtheósis (*pl.* -sès [-si:z]). **~ленный** **1.** *прич. см.* прославля́ть; **2.** *прил.* fámous, célebràted, illústrious, renówned.

прославля́ть, прослáвить (*вн.*) glórifý ['glɔ:-] (*d.*), bring* fame (to), make* fámous / illústrious (*d.*). **~ся,** прослáвиться **1.** (*тв.*) become* fámous (for); **2.** *страд.* к прославля́ть.

прослáивать, прослоúть (*вн. тв.*) ìnterláy* (*d.* with), sándwich [-nwɪʤ] (*d.* with).

проследúть *сов. см.* прослéживать.

проследóвать *сов.* procéed, go* / pass in state.

прослéживать, проследи́ть **1.** (*вн.*; *выслеживать*) spy (on, up¦ón), trace (*d.*), track (*d.*); **2.** (за *тв.*) obsérve [-'zə:v] (*d.*); проследи́ть за выполнéнием чегó-л. see* smth. done; **3.** (*вн.*; *происхождение, развитие*) retráce (*d.*), trace back (*d.*).

прослези́ться *сов.* shed* a few tears.

прослои́ть *сов. см.* прослáивать.

прослóйка *ж.* **1.** streak, láyer; strátum (*pl.* -ta) (*тж. перен.*); **2.** *геол.* seam, streak.

прослужи́||ть *сов.* **1.** (*в течение какого-то времени*) work; (*о военнослужащем*) be in the sérvice; **2.** (*о вещи*) be in use [...ju:s]: э́тот нож ~л нéсколько лет this knife* has been in use for séveral years.

прослу́шать *сов.* **1.** *см.* прослу́шивать; **2.** *как сов. к* слу́шать 1, 2.

прослу́шивать, прослу́шать (*вн.*) **1.** hear* (*d.*); ~ пласти́нки lísten to grámophòne récòrds ['lɪsᵊn...'re-]; **2.** *тк. сов. разг.* (*не услышать*) miss (*d.*), not catch* (what smb. has said) [...sed].

прослы́ть *сов.* (*тв.*) pass (for), be repúted (for).

прослы́шать *сов.* (о *пр.*) *разг.* find* out (*d.*), hear* abóut (*d.*).

просмáливать, просмоли́ть (*вн.*) tar (*d.*); coat / ímprègnàte with tar (*d.*); *мор. тж.* pay* (*d.*).

просмáтривать, просмотрéть (*вн.*) (*ознакомляться*) look óver / through (*d.*); (*бегло*) glance / run* óver (*d.*).

просмоли́ть *сов. см.* просмáливать.

просмóтр *м.* súrvey; (*документов и т. п.*) exàminátion; (*фильма и т. п.*) reviéw [-'vju:]; предвари́тельный ~ pré¦viéw [-'vju:]; закры́тый ~ prívate view ['praɪ- vju:]; общéственный ~ (*пьесы*) públic héaring ['pʌ-...].

просмотрéть I *сов. см.* просмáтривать.

просмотрéть II *сов.* (*вн.*; *пропустить*) òver¦lóok (*d.*), miss (*d.*).

просну́ться *сов. см.* просыпáться II.

прóсо *с.* míllet.

просóвывать, просу́нуть (*вн.*) push through / in [puʃ...] (*d.*); (*с силой*) force through (*d.*); (*резким движением*) shove through / in [ʃʌv...] (*d.*), thrust* through / in (*d.*); (*легко*) pass through / in (*d.*). **~ся**, просу́нуться **1.** push / get* in [puʃ...]; **2.** *страд. к* просóвывать.

просоди́ческий *лит.* prosódic(al), prosódial.

просóдия *ж. лит.* prósody.

просоли́ть *сов. см.* просáливать II.

просóхнуть *сов. см.* просыхáть.

просочи́ться *сов. см.* просáчиваться.

проспáть I *сов. см.* просыпáть II.

проспáть II *сов.* (*в течение некоторого времени*) sleep*; ~ три часá sleep* for three hours [...auəz]; ~ всё у́тро sleep* a¦wáy the whole mórning [...houl...].

проспáться *сов. разг.* **1.** (*протрезвиться*) sleep* òne¦sélf sóber, sleep* off one's drúnkenness; **2.** (*выспаться*) have a good sleep.

проспéкт I *м.* (*улица*) bóulevard ['bu:lvɑ:]; ávenue.

проспéкт II *м.* (*программа*) prospéctus (of).

проспиртовáть *сов.* (*вн.*) álcohòlize (*d.*). **~ся** álcohòlize.

проспóрить *сов.* **1.** (*в течение какого-то времени*) árgue; spend* *the time* in árguing: они́ проспóрили весь вéчер they árgued all the évening [...'i:v-]; they spent the whole évening (in) árguing [...houl...]; **2.** (*вн.*) *разг.* (*проиграть*) lose* (in *a* wáger) [lu:z...] (*d.*).

проспрягáть *сов. см.* спрягáть.

просрóченный **1.** *прич. см.* просрóчивать; **2.** *прил.* óver¦dúe.

просрóч||ивать, просрóчить excéed the time límit; ~ить óтпуск óver¦-stáy one's leave; ~ить уплáту fail to pay in time; он ~ил пáспорт his pásspòrt has run out; вéксель ~ен the draft is óver¦dúe. **~ить** *сов. см.* просрóчивать. **~ка** *ж.* deláy, èxpìrátion of *a* term [-paɪə-...]; ~ка в предъявлéнии и́ска *юр.* nón-cláim.

простáвить *сов. см.* проставля́ть.

проставля́ть, простáвить (*вн.*; *фамилию и т. п.*) state (*d.*), put* / write* down (*d.*), fill in (*d.*); ~ дáту (на *пр.*) date (*d.*).

простáивать, простоя́ть **1.** (*в течение какого-то времени*) stay, stand*; spend* *the time* stánding: он простоя́л там всё у́тро, два часá he stood there the whole mórning, for two hours [...stud...houl...auəz], he spent the whole mórning, two hours stánding there; пóезд простоя́л там два дня the train stayed / stood there for two days; — полк простоя́л в э́том гóроде год the régiment had a year's gárrison dúty, *или* was quártered for a year, in this town; **2.** (*бездействовать*) stand* idle; (*о судах*) lie* idle; **3.** (*о доме и т. п.*) stand*.

простáк *м.* símpleton.

простáта *ж. анат.* próstàte, pròstátic gland.

простегáть *сов. см.* простёгивать.

простёгивать, простегáть (*вн.*) quilt (*d.*).

простéйшие *мн. скл. как прил.* *зоол.* pròtozóa [proutə'zouə].

простéнок *м.* (*между окнами*) pier [pɪə].

прóстенький *разг.* quite simple, plain, únpreténtious.

простерéть *сов. см.* простирáть I. **~ся** *сов. см.* простирáться.

простирáть I, простерéть (*вн.*) stretch (*d.*), exténd (*d.*), hold* / reach (out) (*d.*); ~ ру́ки raise, *или* hold* / reach out, one's hands.

простирá||ть II *сов.* (*вн.*; *в течение некоторого времени*) wash (*d.*); онá ~ла бельё всю ночь she washed *the* línen the whole night [...'lɪ-... houl...]; she spent the (whole) night in wáshing (*the* línen), *или* in láundering.

простирáть III *сов. см.* простíрывать.

простирáться, простерéться stretch, reach, range [reɪ-]; ~ до чегó-л. reach smth., stretch / sweep* to smth.; ~ на сто мéтров stretch for a húndred metres.

простирну́ть *сов.* (*вн.*) *разг.* give* a wash (*i.*), wash (*d.*).

прости́рывать, простирáть (*вн.*) wash (*d.*).

прости́тельн||ый párdonable, jústifìable, excúsable [-zəbl]; э́то ~о it is párdonable; емý ~о так ду́мать he is jústified in thinking so.

проституи́ровать *несов. и сов.* (*вн.*) próstitùte (*d.*). **~ся** be próstitùted.

проститу́||тка *ж.* próstitùte, stréet-wàlker. **~ция** *ж.* pròstitútion.

прости́ть *сов. см.* прощáть. **~ся** *сов. см.* прощáться I.

прóсто I **1.** *прил. кратк. см.* простóй; **2.** *предик. безл.* it is simple; (*легко*) it is éasy [...zɪ]; емý óчень ~ э́то сдéлать it costs him nothing to do it.

прóсто II *нареч. и как частица* símply; он ~ ничегó не знáет he knows nothing [...nouz...]; он ~ не мóжет э́тому повéрить he símply cánnòt belíeve it [...-'li:v...]; ~ по привы́чке from sheer / bare hábit, púrely out of hábit; ~ так for no partícular réason [...-z-]; а лáрчик ~ открывáлся ≅ the solútion / explanátion was quite simple.

простовáт||ость *ж. разг.* simplícity. **~ый** *разг.* simple(-mínded).

простоволóсый *разг. уст.* báre-héaded [-'hed-], hát¦less, wéaring no hat ['wɛə-...].

простоду́ш||ие *с.* ópen-héartedness [-'hɑ:t-], simple-héartedness [-'hɑ:t-], símple-mínded¦ness; (*безыскусственность*) ártlessness, ingénuous¦ness [ɪn'ʤe-]. **~ный** ópen-héarted [-'hɑ:t-]; símple-héarted [-'hɑ:t-], simple-mínded; (*бесхитростный*) ártless; únsophísticàted.

прост||óй I *прил.* **1.** simple; (*нетрудный, несложный*) éasy ['i:zɪ]; **2.** (*обыкновенный*) cómmon, plain, órdinary; ~ óбраз жи́зни plain líving [...'lɪ-]; ~ые манéры ártless / ún¦-affécted mánners; ~ые лю́ди cómmon / órdinary people [...pi:-]; (*без претензий*) plain / hóme¦ly / únpreténtious people; **3.** (*не составной*): ~óе предложéние *грам.* simple séntence; ~óе числó *мат.* prime númber; ~óе тéло *хим.* simple / èleméntary súbstance; élement; **4.** (*не более как, всего лишь*) mere; ~óе любопы́тство mere cùriósity; ✧ ~óе письмó nón-régistered létter; ~ы́м глáзом with the náked eye [...aɪ]; по той ~ причи́не, что for the simple réason that [...-z°n...].

просто́й II *м.* time wásted [...'weɪ-], stánding idle; (*судна, вагона*) demúrrage; пла́та за ~ (*вагонов, судов*) demúrrage.

простоква́ша *ж.* sour clótted milk.

простолюди́н *м. уст.* cómmoner, plebéian [-'bi:ən].

про́сто-на́просто *нареч.* símply.

простонаро́дье *с. уст.* the cómmon people [...pi:-].

простона́||ть *сов.* **1.** (*в течение всего времени*) groan, moan: больно́й ~л всю ночь the pátient was gróaning all night; **2.** (*издать стон*) útter a groan / moan; **3.** *как сов. к* стона́ть.

просто́р *м.* **1.** (*пространство*) spácious¦ness; space; **2.** *тк. ед.* (*свобода, раздолье*) scope, élbow-room; дава́ть ~ (*дт.*) give* scope (*i.*), give* full play, *или* full range [...reɪ-] (*i.*).

простoréч||ие *с. лингв.* pópular speech; в ~ии in cómmon párlance. **~ный** *прил. к* простoréчие.

просто́рн||о **1.** *прил. кратк. см.* просто́рный; **2.** *предик. безл.*: здесь ~ there is plénty of room here, there is ample space here. **~ый** spácious, róomy; (*об одежде*) loose [-s], wide; ~ый зал spácious hall, hall of génerous propórtions.

простосерде́ч||ие *с.* símple-héartedness [-'hɑ:t-]; (*бесхитростность*) ártlessness; (*откровенность*) fránkness. **~ный** símple-héarted [-'hɑ:t-]; (*бесхитростный*) ártless; (*откровенный*) frank.

простота́ *ж.* (*в разн. знач.*) simplícity.

простофи́ля *м. и ж. разг.* dúffer, nínny.

простоя́ть *сов. см.* проста́ивать.

простра́нн||ость *ж.* **1.** exténsive¦ness; **2.** (*многословие*) diffúse¦ness [-s-], vèrbósity, wórdiness. **~ый** **1.** (*обширный*) exténsive, vast; **2.** (*многословный*) diffúse [-s], vèrbóse [-s], wórdy.

простра́нственный spátial.

простра́нств||о *с.* space; возду́шное ~ air space; мёртвое ~ *воен.* dead angle [ded...]; безвозду́шное ~ *физ.* vácuum (*pl.* -ms, -cua); вре́дное ~ *тех.* (*в цилиндре*) cléarance; пусто́е ~ void; боя́знь ~а *мед.* àgoraphóbia.

простра́ция *ж.* pròstrátion, méntal and phýsical exháustion [...-zɪ-stʃən].

простра́чивать, прострочи́ть (*вн.*) stitch (*d.*), báck-stitch (*d.*).

простре́л *м. разг.* (*болезнь*) lùmbágò.

простре́ливать, прострели́ть (*вн.*) **1.** shoot* through (*d.*); **2.** *тк. несов. воен.* rake / sweep* with fire (*d.*). **~ся** **1.** *воен.* be expósed to fire; **2.** *страд. к* простре́ливать.

прострели́ть *сов. см.* простре́ливать **1.**

прострочи́ть *сов. см.* простра́чивать.

просту́д||а *ж.* cold, chill; схвати́ть ~у *разг.* catch* cold; take* / catch* a chill. **~и́ть(ся)** *сов. см.* простужа́ть (-ся). **~ный** catárrhal.

просту||жа́ть, простуди́ть (*вн.*) let* (*d.*) catch cold, let* (*d.*) take / catch a chill; он ~ди́л ребёнка he let *the* child* catch cold, *или* a chill; не ~ди́те ребёнка take care the child* does¦n't catch cold. **~жа́ться,** простуди́ться catch* cold, take* / catch* a chill.

просту́ж||енный *прич. и прил.*: он ~ен he has caught cold, he has táken / caught a chill. **~ивать(ся)** = простужа́ть(ся).

проступ||а́ть, проступи́ть ooze, exúde; show* through [ʃou...]; вода́ ~и́ла wáter has oozed out ['wɔ:-...]; пот ~и́л у него́ на лбу his fórehead was damp with pèrspirátion [...'fɔrɪd...]; на его́ лице́ ~и́л румя́нец the cólour rose to his cheeks [...'kʌ-...]. **~и́ть** *сов. см.* проступа́ть.

просту́пок *м.* fault; delínquency; *юр.* mísdeméanour.

просту́шка *ж. разг.* símpleton, nínny.

простыва́ть, простыть get* / grow* cold [...grou...], cool; ◇ его́ и след просты́л *разг.* ≅ the bird has flown [...floun].

просты́нн||ый: ~ое полотно́ shéeting.

простыня́ *ж.* sheet, béd-sheet.

просты́ть *сов. см.* простыва́ть.

просу́нуть(ся) *сов. см.* просо́вывать(ся).

просу́шивать, просуши́ть (*вн.*) dry (up) (*d.*), dry out (*d.*); (*не отжимая*) dríp-drý (*d.*). **~ся,** просуши́ться **1.** (get*) dry; **2.** *страд. к* просу́шивать.

просуши́ть(ся) *сов. см.* просу́шивать(ся).

просу́шка *ж.* drýing.

просуществова́ть *сов.* exíst.

просфора́ *ж.* = просвира́.

просце́ниум *м. театр.* prò¦scénium.

просчёт *м.* **1.** (*действие*) chécking; **2.** (*ошибка*) érror (in réckoning / cóunting); míscàlculátion.

просчита́ть I *сов. см.* просчи́тывать.

просчита́||ть II *сов.* (*в течение какого-то времени*) count, spend* *some time* cóunting; он ~л весь ве́чер he did accóunts the whole évening [...houl 'i:v-], he spent, *или* sat up, the whole évening cóunting.

просчита́ться *сов. см.* просчи́тываться.

просчи́тывать, просчита́ть (*вн.*) *разг.* count (*d.*). **~ся,** просчита́ться **1.** make* an érror in cóunting; go* wrong, make* a slip; **2.** (*ошибаться в предположениях*) míscálculàte; bring* one's eggs / goods / hogs to the wrong márket [...gudz...] *разг. идиом.*

про́сып *м.*: без ~у *разг.* without wáking; (*о пьянстве*) without stópping, without restráint; спать без ~у sleep* sóundly, sleep* the clock round.

просыпа́ть *сов. см.* просыпа́ть I.

просыпа́ть I, просы́пать (*вн.*) spill* (*d.*).

просыпа́ть II, проспа́ть **1.** (*не проснуться вовремя*) óver¦sleep* (òne¦sélf); **2.** (*вн.*) *разг.* (*пропускать*) miss (*d.*).

просы́паться *сов. см.* просыпа́тьсяI.

просыпа́ться I, просы́паться spill*; get* spilled; мешо́к прорва́лся, и мука́ просы́палась the bag tore / burst and some flour poured out [...pɔ:d...].

просыпа́ться II, просну́ться wake* up, a¦wáke*.

просыха́ть, просо́хнуть get* dry, dry (up).

про́сьб||а *ж.* **1.** requést; у меня́ к вам ~ I have a fávour to ask of you; ~ не шуме́ть sílence, please! ['saɪ...]; ~ о поми́ловании appéal for mércy; обраща́ться с ~ой (о *пр.*) make* a requést (for); удовлетвори́ть чью-л. ~у complý with smb.'s requést; по чьей-л. ~е at smb.'s requést; **2.** *уст.* (*прошение*) àpplicátion, petítion.

просяно́й míllet (*attr.*).

прота́лина *ж.* thawed patch.

прота́лкивать, протолкну́ть (*вн.*) push through [puʃ...] (*d.*), press through (*d.*); ◇ ~ де́ло *разг.* push *an* affáir fórward. **~ся,** протолка́ться, протолкну́ться (че́рез) force one's way (through), push / élbow / shóulder one's way [puʃ...'ʃou-...] (through).

протанцева́ть *сов.* **1.** (*вн.*) dance (*d.*); (*какой-л. танец*) perfórm a dance; **2.** (*в течение какого-то времени*) dance, spend* *the time* in dáncing: они́ протанцева́ли всю ночь they danced all night, they spent the whole night dáncing [...houl...].

прота́пливать, протопи́ть (*вн.*) heat (*d.*).

прота́птывать, протопта́ть (*вн.*) **1.** (*о тропинке и т. п.*) beat* (*d.*), wear* (by wálking) [wɛə...] (*d.*); **2.** *разг.* (*об обуви*) wear* out [wɛə...] (*d.*).

протара́нить *сов.* (*вн.*) *воен.* ram (*d.*); ~ оборо́ну break* the defénces [-eɪk...].

прота́скивать, протащи́ть (*вн.*) **1.** pull through [pul...] (*d.*); (*с усилием*) drag (*d.*); (*легко*) trail (*d.*); **2.** *разг.* (*проводить обманным путём*) júggle (*d.*), force through (*d.*).

прота́чивать, проточи́ть (*вн.*) **1.** (*о черве и т. п.*) gnaw through (*d.*), eat* through (*d.*); **2.** (*о воде*) wash (*d.*); 3. (*на токарном станке*) turn (*d.*).

протащи́ть *сов. см.* прота́скивать.

протеж||е́ [-тэ-] *нескл. м. и с.* protégé (*фр.*) ['prouteʒeɪ]; *ж.* protégée (*фр.*) ['prouteʒeɪ]. **~и́ровать** [-тэ-] (*дт.*) fávour (*d.*); pull wires [pul...] (for) *разг.*

проте́з [-тэ́з] *м.* pròsthétic applíance; (*конечностей*) àrtifícial limb; зубно́й ~ dénture; (*отдельного зуба*) àrtifícial tooth*. **~и́ровать** [-тэ-] *несов. и сов.* make* *a* pròsthétic applíance. **~ный** [тэ́-]: ~ная мастерска́я òrthòpáedic wórkshòp [ɔːθou-...].

протеи́ды [-тэ-] *мн. хим.* prótèids [-tiːɪdz].

протеи́н [-тэ-] *м. хим.* prótèin [-tiːn].

протека́||ть, проте́чь 1. *тк. несов.* (*о реке, ручье*) flow [flou], run*; 2. (*просачиваться*) leak, ooze; 3. (*пропускать воду*) be léaky; 4. (*о времени и т. п.*) elápse; (*быстро*) fly*; 5. (*о процессе и т. п.*) procéed; боле́знь ~ет норма́льно the íllness is táking its nórmal course [...kɔːs].

проте́ктор *м.* protéctor.

протектора́т *м.* protéctorate.

протекцион||и́зм *м.* 1. protéctionism; 2. *разг. неодобр.* fávour¦itism. **~и́ст** *м.* protéctionist. **~и́стский** protéctionist.

протекцио́нный protéctive.

проте́кци||я *ж.* pátronage, ínfluence; ока́зывать кому́-л. ~ю pátronize smb.; pull wires for smb. [pul...] *разг.*

проте́кший 1. *прич. см.* протека́ть 2, 3, 4; 2. *прил.* (*минувший*) past, last.

протере́ть(ся) *сов. см.* протира́ть (-ся).

протесни́ться *сов. разг.* force / élbow / shóulder / push one's way (through) [...'ʃou- puʃ...].

проте́ст *м.* 1. prótèst, remónstrance; заявля́ть ~ (про́тив) make* a prótèst (agáinst), remónstràte (agáinst); подава́ть ~ régister / énter a prótèst; кри́ки ~а óutcrìes; 2.: ~ ве́кселя prótèst of *a* prómissory note; 3. *юр.*: ~ прокуро́ра objéction of the públic prócuràtor [...'pʌ-...].

протеста́нт *м. рел.* Prótestant. **~и́зм** *м. рел.* Prótestantism. **~ский** *рел.* prótestant. **~ство** *с.* = протестанти́зм.

протестова́ть (про́тив) protést (agáinst), objéct (to, agáinst), remónstràte (agáinst); make* a prótèst (agáinst).

проте́чь *сов. см.* протека́ть 2, 3, 4, 5.

про́тив *предл.* (*рд.*) 1. (*в разн. знач.*) agáinst: боро́ться ~ чего́-л. fight* agáinst smth.; спо́рить ~ чего́-л. árgue agáinst smth.; он ~ э́того he is agáinst it; ~ тече́ния agáinst the cúrrent; ~ ве́тра agáinst the wind [...wɪ-] (*см. тж.* ве́тер); ~ све́та agáinst the light; — за и ~ for and agáinst, pro and con; име́ть что-л. ~ have smth. agáinst; (*возражать*) mind (*d.*): он ничего́ не име́ет ~ э́того he has nothing agáinst it, he does not mind; она́ ничего́ не бу́дет име́ть ~, е́сли он заку́рит, откро́ет окно́, включи́т ра́дио? will she mind if he smokes, ópens the wíndow, swítches on the rádiò?; — вы ничего́ не име́ете ~ того́, что я курю́? do you mind my smóking?; 2. (*напротив*) ópposite [-zɪt] (to); (*лицом*) fácing: де́рево ~ до́ма the tree ópposite (to) the house* [...haus]; по́лка ~ окна́ the shelf* ópposite the wíndow; он сел ~ окна́ he sat fácing the wíndow; — друг ~ дру́га face to face, fácing one anóther; vis-à-vis (*фр.*) ['viːzɑː-viː]; 3. (*вопреки*) cóntrary to: ~ его́ ожида́ний всё сошло́ хорошо́ cóntrary to his èxpèctátions all went well; 4. (*по сравнению*) to, as agáinst; де́сять ша́нсов ~ одного́, что он прие́дет сего́дня it is ten to one that he will come to¦dáy; рост проду́кции ~ про́шлого го́да the ín¦crease in óutpùt as agáinst last year [-s...-put...].

про́тивень *м.* griddle, drípping-pàn.

противи́тельный: ~ сою́з *грам.* advérsative conjúnction.

проти́виться, воспроти́виться (*дт.*) oppóse (*d.*), objéct (to, agáinst); (*сопротивляться*) resíst [-'zɪ-] (*d.*), stand* up (agáinst); set* one's face (agáinst).

проти́вник I *м. тк. ед. собир.* énemy.

проти́вн||ик II *м.*, **~ица** *ж.* 1. oppónent, àntágonist; 2. (*соперник*) ádversary.

проти́вно I 1. *прил. кратк. см.* проти́вный I, II; 2. *предик. безл.* it is dìsgústing / repúlsive / repúgnant; ~ смотре́ть (на *вн.*) it is disgústing to look (at); ему́ ~ he is disgústed, it goes agáinst him.

проти́вно II *нареч.* (*отвратительно*) in a disgústing way / mánner; он о́чень ~ кричи́т he shouts in a disgústing way / mánner, he has a disgústing way of shóuting.

проти́вно III *предл.* (*дт.*; *в противоречии*) agáinst: де́йствовать ~ указа́ниям act agáinst *the* instrúctions; он поступи́л ~ со́бственным интере́сам what he has done is agáinst his own ínterests [...oun...]; э́то ~ всему́ его́ существу́ it goes agáinst his náture [...'neɪ-].

проти́вн||ое *с. скл. как прил.*: доказа́тельство от ~ого the rule of cóntraries.

проти́вн||ый I 1. (*противоположный*) ópposite [-zɪt]; ~ ве́тер cóntrary wind [...wɪ-]; head wind [hed...] *мор.*; 2. (*враждебный*) cóntrary, ádvèrse; ~ая сторона́ the ópposite / ádvèrse párty; ◇ в ~ом слу́чае óther¦wìse.

проти́вн||ый II *разг.* (*неприятный*) násty, offénsive; (*отталкивающий*) repúlsive; ~ за́пах offénsive / násty smell; ~ челове́к ùnpléasant / repúlsive man* [-'plez-...].

противоалкого́льный témperance (*attr.*); ~ зако́н dry law; pròhibítion [proui-].

противоа́томн||ый ánti-atómic; ~ая защи́та ánti-atómic defénce.

противобо́рствовать (*дт.*) *уст.* oppóse (*d.*), fight* (agáinst), show* hòstílity / àntágonism [ʃou...] (to).

противове́с *м.* (*прям. и перен.*) cóunterbàlance, cóunterpoise; в ~ э́тому to counterbálance it.

противовозду́шн||ый ánti-áircràft; áir-defénce (*attr.*); ~ая оборо́на ánti-áircràft defénce, áir-defénce.

противога́з *м.* gás-màsk, réspiràtor. **~овый** ánti-gás; gás-defénce (*attr.*).

противоде́йств||ие *с.* òppositíon [-'zɪ-]; (*активное*) counteráction. **~овать** (*дт.*) oppóse (*d.*); (*активно*) counteráct (*d.*).

противоесте́ственный ùnnátural; (*извращённый*) pervérted.

противозако́нн||ость *ж.* ìllegálity. **~ый** ún¦láwful; *юр.* illégal; ~ый посту́пок illégal áction.

противозача́точн||ый cóntracéptive, prevéntive; ~ое сре́дство prevéntive, contracéptive.

противоипри́тный mústard-proof.

противокисло́тный ácid-proof.

противолежа́щий *мат.* ópposite [-zɪt]; ~ у́гол àltérnate angle.

противолихора́дочн||ый *мед.* ántifébrìle [-'fiː-]; ~ое сре́дство fébrifùge.

противоло́дочный *мор.* ánti-súbmarìne [-iːn].

противоми́нный *мор.* ánti-tòrpédò.

противообще́ственный ántisócial.

противопожа́рн||ый fíre-prevèntion (*attr.*); ~ые ме́ры fíre-prevèntion méasures [...'meʒ-], precáutionary méasures against fires.

противопоказа́ние *с.* 1. *юр.* còntradíctory évidence; 2. *мед.* cóntra-ìndicátion.

противопока́зан||ный *мед.* cóunter-indícative; cóntra-índicàted; э́то лека́рство ~о the use of this drug / médicine is cóntra-índicàted [...juːs...].

противопол||ага́ть = противопоставля́ть. **~оже́ние** *с.* = противопоставле́ние.

противополо́жн||ость *ж.* 1. cóntràst, òppositíon [-'zɪ-]; в ~ (*дт.*) cóntrary (to); as oppósed (to); 2. *филос.*: еди́нство ~осте́й únity of ópposites [...-zɪts]; борьба́ ~осте́й struggle / cónflict of ópposites; 3.

(*кто-л., что-л. противоположное*) ópposite, ántipòde; прямáя ~ exáct ópposite; the very àntíthesis; пóлная ~ exáct àntíthesis; ◇ •~ости схóдятся extrémes meet. **~ый 1.** (*расположенный напротив*) ópposite [-zɪt]; **2.** (*несходный*) cóntrary, oppósed; ~ое мнéние cóntrary opínion.

противопостáв||ить *сов. см.* противопоставля́ть. **~лéние** *с.* **1.** òpposítion [-'zɪ-]; **2.** (*сопоставление*) contrásting, còntrapositíon [-'zɪ-], sétting off.

противопоставля́ть, противопостáвить (*вн. дт.*) **1.** oppóse (*d.* to); **2.** (*сопоставлять*) contrást (*d.* with), set* off (*d.* agáinst).

противоправи́тельственный ánti-góvernment [-'gʌ-] (*attr.*), ántigòvernméntal [-gʌ-].

противоречи́в||ость *ж.* discrépancy, còntradíctoriness. **~ый** discrépant; còntradíctory, conflícting; ~ые слýхи discrépant rúmours; ~ые трéбования conflícting demánds / claims [...ɑːndz...].

противорéчи||е *с.* (*в разн. знач.*) còntradíction; òppositíon [-'zɪ-]; дух ~я spírit of còntradíction; defíance; cóntrariness; он сдéлал э́то из дýха ~я he did it in a spírit of defíance, he did it to defý (me, him, *etc.*); клáссовые ~я class còntradíctions; ~я капитали́зма còntradíctions of cápitalism; приходи́ть в ~ come* in cónflict; находи́ться в ~и (с *тв.*) còntradíct (*d.*), be at váriance (with); уси́ливать ~я (мéжду) ággravàte / inténsifỳ còntradíctions (betwéen); непримири́мые ~я irréconcilable còntradíctions.

противорéч||ить 1. (комý-л.) còntradíct (smb.); gain¦sáy* (smb.); ~ самомý себé còntradíct òne¦sélf; ~ друг дрýгу còntradíct one another, clash with each other; он лю́бит ~ ей he likes to còntradíct her; **2.** (чемý-л.) còntradíct (smth.), run* cóunter (to), be at váriance (with); ~ действи́тельности be at váriance with the facts; э́то предложéние ~ит скáзанному вы́ше this státe¦ment còntradícts, *или* is at váriance with, what has been said befóre [...sed...]; егó словá ~ат егó дéйствиям his áctions belíe his words; э́то ~ит моим взгля́дам this does¦n't agrée with my views [...vjuːz].

противосамолётный *воен.* ánti-áircràft.

противоснаря́дный *воен.* shéll-proof.

противостолбня́чный *мед.* ántitétanus, ántitetánic.

противостоя́ние *с. астр.* òppositíon [-'zɪ-].

противостоя́ть (*дт.*) **1.** (*сопротивляться*) resíst [-'zɪst] (*d.*), with¦stánd* (*d.*); **2.** (*противополагаться*) cóuntervail (*d.*).

противотáнков||ый ánti-tànk; ánti-méchanìzed [-kə-] *амер.*; ~ое ружьё ánti-tànk rifle; ~ая оборóна ánti-tànk defénce.

противотифóзный ántitýphoid [-'taɪ-].

противохими́ческ||ий ánti-gás; ~ая оборóна gas defénce; ~ая защи́та ánti-gás protéction.

противохолéрный ánti-chóleric [-'kɔ-].

противоцингóтный ánti-scòrbútic.

противочýмный ántiplágue [-'pleɪg] (*attr.*).

противоя́дие *с.* (прóтив) ántidòte (for).

протирáть, протерéть (*вн.*) **1.** (*об одежде и т. п.*) wear* through [wɛə...] (*d.*), wear* into holes (*d.*), fray (*d.*), rub a hole (in); **2.** (*чистить*) wipe / rub (dry) (*d.*); **3.** (*сквозь решето, сито*) rub through *a* sieve [...sɪv] (*d.*); ◇ протерéть глазá *разг.* rub one's eyes (ópen) [...aɪz...]. **~ся,** протерéться **1.** wear* through [wɛə...], wear* into holes, get* frayed; **2.** *страд.* к протирáть.

проти́скаться *сов. см.* проти́скиваться.

проти́скиваться, проти́скаться, проти́снуться force / push / shóulder / élbow one's way (through) [...puʃ 'ʃou-...], squeeze (òne¦sélf) through; ~ сквозь, чéрез толпý force / push / élbow one's way through *a* crowd.

проти́снуться *сов. см.* проти́скиваться.

проткнýть *сов. см.* протыкáть.

протоакти́ний *м. хим.* pròtoàctínium [prou-].

протогéн *м. мин.* prótogine ['prou-], prótògène ['prou-].

протодья́кон *м. церк.* árchdéacon (*of the Orthodox church*).

протоиерéй *м. церк.* árchpríest [-'priːst].

протóк *м.* **1.** chánnel; (*искусственный*) canál; **2.** *анат.* duct; слёзный ~ láchrymal duct.

протокóл *м.* repórt; récòrd of procéedings ['re-...]; (*судебный тж.*) récòrd of évidence; (*учёного общества*) procéedings *pl.*, mínutes ['mɪnɪts] *pl.*, trànsáctions [-'z-] *pl.*; (*заседания парламента*) prótocòl ['prou-]; jóurnals ['ʤəː-] *pl.*; вести́ ~ record the mínutes, take* the mínutes, ~ (д)опрóса *юр.* exàminátion récòrd; составля́ть ~ draw* up a státe¦ment of the case [...-s]; draw* up a repórt; заноси́ть в ~ (*вн.*) énter in the mínutes (*d.*).

протоколи́ровать *несов. и сов.* (*сов. тж.* запротоколи́ровать; *вн.*) mínute ['mɪnɪt] (*d.*), recórd (*d.*).

протокóльн||ый *прил.* к протокóл; ~ отдéл ètiquétte / prótocòl depártment [...'prou-...]; завéдующий ~ым отдéлом head / chief of the ètiquétte / prótocòl depártment [hed ʧiːf...].

протолкáться *сов. см.* протáлкиваться.

протолкнýть(ся) *сов. см.* протáлкивать(ся).

протóн *м. физ.* prótòn.

протопи́ть *сов. см.* протáпливать.

протоплáзма *ж. биол.* próto¦plàsm, plásm(a) [-z-].

протоптáть *сов. см.* протáптывать.

проторговáться I *сов.* (*потерпеть убытки*) lose* (in tráding) [luːz...]; (*разориться*) be rúined in trade.

проторговáться II *сов.* (*торговаться некоторое время*) bárgain.

проторённ||ый *прич. и прил.* béaten, wéll-tródden; ~ая дорóжка béaten track; blazed trail *амер.*

протори́ть *сов. см.* проторя́ть.

проторя́ть, протори́ть (*вн.*) beat* (*d.*); blaze (*d.*) *амер.*

прототи́п *м.* próto¦tỳpe.

проточи́ть *сов. см.* протáчивать.

протóчн||ый flówing ['flou-], rúnning; ~ая водá flówing / rúnning wáter [...'wɔː-]; ~ пруд pond fed by springs, rúnning-wàter pond [-wɔː-...] (*formed by a dam*).

протрáв||а *ж.* (*вещество*) mórdant; (*кислотная ванна*) pickle, dip. **~и́ть** *сов. см.* протрáвливать, протравля́ть. **~ка** *ж.*, **~ливание** *с.* píckling, dípping.

протрáв||ливать, протрави́ть (*вн.*) treat with a mórdant (*d.*); *тех.* pickle (*d.*), dip (*d.*); (*дерево*) stain (*d.*). **~ля́ть** = протрáвливать.

протрезв||éть *сов. разг.*= протрезви́ться. **~и́ть(ся)** *сов. см.* протрезвля́ть(ся).

протрезвля́ть, протрезви́ть (*вн.*) sóber (*d.*); dispél *the* intòxicátion (of). **~ся,** протрезви́ться get* sóber.

протрещáть *сов. см.* трещáть 2, 3.

протруби́ть *сов. см.* труби́ть.

протуберáнец *м. астр.* sólar próminence.

протури́ть (*вн.*) *разг.* drive* a¦wáy (*d.*), turn / chuck out (*d.*).

протухáть, протýхнуть become* foul / rótten; (*о пище*) go* bad.

протýх||нуть *сов.* **1.** *см.* протухáть; **2.** *как сов.* к тýхнуть II. **~ший** foul, rótten, pútrid; (*о пище*) bad, táinted.

протыкáть, проткнýть (*вн.*) pierce (through) [pɪəs...] (*d.*); (*насквозь*) trànsfíx (*d.*); (*шпагой*) pink (*d.*); (*мясо вертелом*) spit* (*d.*), skéwer (*d.*).

протя́||гивать, протянýть (*вн.*) **1.** (*вдоль чего-л.*) stretch (*d.*); **2.** (*выставлять, подавать*) reach out (*d.*), stretch out (*d.*), extẽnd (*d.*); (*предлагать*) óffer (*d.*), próffer (*d.*); ~ рýку (за чем-л.) hold* / stretch / reach out one's hand (for smth.); (*для пожатия*) hold* / stretch out, *или* exténd, one's hand; ~ газéту, кни́гу óffer, *или* hold* out, *a* páper, *a* book; с ~нутыми рукáми with (one's) arms outstrétched; 3. (*о звуке*) draw* (*d.*); ◊ ~нýть нóги *разг.* turn up one's toes; ~ рýку пóмощи give* / lend* a hélping hand; по одёжке ~гивай нóжки *посл.* ≅ cut the coat accórding to the cloth. **~гиваться,** протянýться 1. (*о руках*) stretch out, reach out; 2. (*о пространстве*) extént, reach, stretch; 3. *тк. сов.* (*о времени*) last, línger, draw* out; 4. *страд. к* протягивать.

протяжéни||е *с.* 1. extént, stretch; на ~и пяти́ киломéтров for a dístance of five kílomètres; на всём ~и (*рд.*) the full length (of), all (the way) alóng (*d.*); 2. (*промежуток времени*): на ~и пяти́ дней (for the space of) five days.

протяжённ||ость *ж.* extént, length. **~ый** exténsive, léngthy.

протя́жн||о *нареч.* in a dráwling mánner; говори́ть ~ drawl. **~ость** *ж.* (*речи и т. п.*) slówness ['slou-], drawl. **~ый** (*о речи и т. п.*) dráwling; ~ый стон long dráwn-out moan / wail; ~ое произношéние drawl, dráwling áccent; ~ый крик lóng-drawn cry.

протянýть *сов.* 1. *см.* протя́гивать; 2. *разг.* (*прожить*) last; он дóлго не протя́нет (*о больном*) he won't last / línger long [...wount...]; он ещё протя́нет he'll last a little lónger; 3. *как сов. к* тянýть 3. **~ся** *сов.* 1. *см.* протя́гиваться; 2. *как сов. к* тянýться 2.

проучи́ть I *сов.* (*вн.*; *наказать*) teach* / give* a good lésson (*i.*).

проучи́ть II *сов.* (*вн.*; *учить какое-то время*) stúdy ['stʌ-] (*d.*); он проучи́л урóки весь день he prepáred his léssons the whole day [...houl...]. **~ся** *сов.* stúdy ['stʌ-].

проф- *сокр.* профессионáльный; профсоюзный.

профакти́в *м.* (профсою́зный акти́в) the most áctive mémbers of *a* trade únion *pl.*

профáн *м.* ignorámus; (*неспециалист*) láy¦man*; он пóлный ~ he knows ábsolùte¦ly nothing [...nouz...]; he has no èrudítion.

профан||áция *ж.* pròfanátion. **~и́ровать** *несов. и сов.* (*вн.*) profáne (*d.*).

профбилéт *м.* (профсою́зный билéт) tráde-ùnion card.

профдвижéние *с.* (профсою́зное движéние) tráde-ùnion móve¦ment [...'mu:-].

профессионáл *м.*, **~ка** *ж.* proféssional.

профессионáльн||ый proféssional; ~ сою́з trade únion; ~ое заболевáние proféssional / òccupátional diséase [...-'zi:z]; ~ое образовáние vocátional èducátion; ~ революционéр proféssional rèvolútionary.

профéсси||я *ж.* òccupátion, proféssion, trade; какáя у негó ~? what is his òccupátion?; по ~и by proféssion, by trade; свобóдные ~и free proféssions; вы́бор ~и choice of proféssion.

профéссор *м.* proféssor. **~ский** pròfèssórial. **~ство** *с.* proféssorship.

профессýра *ж.* 1. proféssorship; 2. *собир.* proféssorate.

профилáктика *ж.* prevéntive inspéction; *мед.* pròphyláxis.

профилакти́ческ||ий prevéntive; *мед.* pròphyláctic; ~ое срéдство pròphyláctic, prevéntive; ~ая пóмощь diséase-prevèntion sérvice [-'zi:z-...].

профилактóрий *м.* dispénsary.

прóфиль *м.* 1. (*в разн. знач.*) prófile ['proufi:l]; (*вид сбоку*) síde-view [-vju:]; (*дороги, окопа, траншеи тж.*) séction; (*геогр. тж.*) the lie of the land; поперéчный ~ cróss-sèction; в ~ in prófile, hálf-fáced ['hɑ:f-]; 2. (*специфический характер*) type; ~ шкóлы type of school.

профильтровáть *сов.* (*вн.*) fílter (*d.*), pass through (*d.*).

профкóм *м.* (профсою́зный комитéт) lócal tráde-ùnion commíttee [...-tɪ].

профóрг *м.* (профсою́зный организáтор) tráde-ùnion órganìzer.

профорганизáция *ж.* (профсою́зная организáция) tráde-ùnion òrganìzátion [...-naɪ-].

профóрм||а *ж. разг.* fòrmálity; чи́стая ~ sheer / mere fòrmálity; для ~ы as a mátter of form, for form's sake, for the sake of appéarances.

профрабóт||а *ж.* (профсою́зная рабóта) tráde-ùnion work. **~ник** *м.* (профсою́зный рабóтник) tráde-ùnion wórker.

профсою́з *м.* (профессионáльный сою́з) trade únion. **~ный** tráde-ùnion (*attr.*); ~ная организáция tráde-ùnion òrganìzátion [...-naɪ-]; ~ный билéт tráde-ùnion card; ~ное движéние tráde-ùnion móve¦ment [...'mu:-]; ~ная рабóта tráde-ùnion work; ~ный рабóтник tráde-ùnion wórker.

профуполномóченный *м. скл. как прил.* (уполномóченный профсою́за) tráde-ùnion rèpreséntative [... -'ze-].

прохáживаться, пройти́сь walk alóng, walk up and down, stroll; *сов. тж.* take* a stroll; ~ по кóмнате pace up and down *the* room; ◊ пройти́сь на чей-л. счёт, по чьемý-л. áдресу have a knock / fling at smb.

прохвати́ть *сов. см.* прохвáтывать.

прохвáтывать, прохвати́ть (*вн.*) *разг.* (*о холоде*) chill (*d.*).

прохворá||ть *сов. разг.* (*в течение какого-то времени*) be ill; (*пролежать в постели*) be laid up; он ~л две недéли he was ill for two weeks, he was laid up for two weeks.

прохвóст *м. бран.* scóundrel.

прохлáд||а *ж.* the cool, cóolness; вечéрняя ~ évening fréshness / cool ['i:v-...], the cool of évening. **~ец** *м.*: рабóтать с ~цем *разг.* take* one's time; work líst¦lessly.

прохлад||и́тельный refréshing, cóoling; ~и́тельные напи́тки soft drinks. **~и́ться** *сов. см.* прохлаждáться 1.

прохлáдн||о 1. *прил. кратк. см.* прохлáдный; 2. *предик. безл.* it is fresh / cool; (*довольно холодно*) it is ráther cold [...'rɑ:-...]. **~ый** fresh; cool (*тж. перен.*); chílly.

прохлáдца *ж.* = прохлáдец.

прохлаждáться, прохлади́ться *разг.* 1. (*освежаться*) refrésh òne¦sélf; 2. *тк. несов.* (*бездельничать*) lóiter, idle (a¦wáy one's time), take* one's ease.

прохóд *м.* (*в разн. знач.*) pássage; pass; (*место*) pássage¦way; (*между рядами кресел*) gáng¦way, aisle [aɪl]; кры́тый ~ cóvered way ['kʌ-...]; ~ в заграждéниях *воен.* gap in the óbstacles; зáдний ~ *анат.* ánus; (*у рыб, птиц*) vent; слуховóй ~ *анат.* acóustic duct; ◊ мне от негó ~а нет I cánnòt get rid of him; не давáть ~а (*дт.*) pursúe (*d.*); прáво ~а right of way / pássage.

проходи́мец *м. разг., бран.* rogue [roug], ráscal.

проходи́м||ость *ж.* 1. (*дорог и т. п.*) pràcticabílity; 2. (*кишок, канала*) pèrmeabílity [-mɪə-]. **~ый** pássable, práctìcable; pérmeable [-mɪəbl].

проходи́ть I, пройти́ 1. pass; go*; (*пешком тж.*) walk; ~ ми́мо go* by / past; (*рд.*; *перен.*) dìsregárd (*d.*), òver¦lóok (*d.*); ~ торжéственным мáршем march past; ~ по мóсту cross *a* bridge; пройти́ дóлгий и слáвный путь cóver / trávèrse a long and glórious path ['kʌ-...]; дорóга прохóдит чéрез лес the road / way lies through *a* wood [...wud]; 2. (*о времени*) pass, elápse; go*, go* by; (*незаметно*) slip by; бы́стро ~ pass líghtly; не прошлó ещё и гóда a year has not yet passed / elápsed, *или* has not yet gone [...gɔn]; не прошлó пяти́ минýт, как within five mínutes [...'mɪnɪts]; срок ещё не прошёл the term has not yet expíred; 3. (*кончаться*) be óver; егó болéзнь прошлá his íllness has passed, *или* is óver; лéто скóро пройдёт súmmer will soon be óver; э́то у негó пройдёт с годáми (*о ребёнке*) he will grow out of it [...grou...]; 4. (*состояться*) go* off; (*о собрании и т. п.*) be held: спектáкль прошёл удáчно the play went off well; по всей странé прохóдят собрáния méetings are (bé¦ing) held all óver the country [...'kʌ-]; 5. *тк. несов.* (*находиться*) pass, be; туннéль прохóдит чéрез гóру the túnnel pásses through *a* móuntain; ◇ э́то не пройдёт *разг.* it won't work [...wount...].

проходи́ть II, пройти́ (*вн.*; *изуча́ть*) stúdy [-ʌdɪ] (*d.*); ~ фи́зику stúdy phýsics [...-zɪ-]; пройти́ фи́зику, геогра́фию *и т. п.* complé̀te the course of phýsics, geógraphy, *etc.* [...kɔːs...]; пройти́ курс (*обуче́ния*), go* through a course, take* a course.

проходи́ть III *сов.* (*в тече́ние како́го-то вре́мени*) walk; spend* *the time* in wálking: ~ весь день walk the whole day [...houl...], spend* the whole day (in) wálking; ~ до ве́чера walk till the évening [...'iːv-].

прохо́дка *ж. горн.* dríving, drífting, wórking.

проходн||о́й: ~ двор commúnicàting court / cóurt¦yárd [...kɔːt 'kɔːt-]; ~а́я ко́мната room gíving áccèss into another; ~а́я бу́дка éntrance-gàte óffice, contról post [-roul poust].

прохо́дческ||ий: ~ая брига́да brigáde / team of drífters.

прохо́дчик *м.* drífter.

прохожде́ние *с.* pássing, pássage; ~ слу́жбы sérvice; ~ торже́ственным ма́ршем *воен.* march past.

прохо́жий *м. скл. как прил.* pásser-bý (*pl.* pássers-bý).

прохрипе́ть *сов. см.* хрипе́ть.

процвет||а́ние *с.* pròspérity, wéll-bé¦ing, flóurishing ['flʌ-]. **~а́ть** prósper, flóurish ['flʌ-]; thrive*.

процеди́ть *сов.* 1. *см.* проце́живать; 2. *как сов. к* цеди́ть.

процеду́ра *ж.* 1. procédure [-'siːdʒə]; суде́бная ~ légal / court procéedings [...kɔːt...] *pl.*; 2. *ча́ще мн.* (*проце́сс лече́ния*) tréatment.

проце́живать, процеди́ть (*вн.*) fílter (*d.*); strain (*d.*); ~ сквозь си́то pass through *a* sieve [...sɪv] (*d.*), sieve (*d.*).

проце́нт *м.* 1. percéntage, rate (per cent); оди́н ~, два ~а *и т. д.* one, two, *etc.*, per cent; вы́полнить план на 100% accómplish / fulfíl *the* plan 100 per cent [...ful-...]; ба́нковский учётный ~ bánk-ràte; просты́е, сло́жные ~ы *мат.* símple, cómpound ínterest *sg.*; 2. (*дохо́д с капита́ла*) ínterest; под больши́е ~ы at high ínterest; ростовщи́ческий ~ exórbitant ínterest; разме́р ~а rate. **~ный** *прил. к* проце́нт; ~ные бума́ги ínterest-béaring secúrities [-'bɛə-...]; ~ная надба́вка ráted ín¦crease [...-s]; ~ный заём ínterest-béaring loan; ~ные облига́ции ínterest-béaring bonds; ~ное отноше́ние percéntage.

проце́сс *м.* 1. prócèss; ~ разви́тия devélopment; в ~е рабо́ты in the prócèss of work; произво́дственный ~ work / mànufácturing-prócèss; 2. *юр.* tríal; procéedings at law *pl.*; légal áction; cause, case [-s]; (*гражда́нский тж.*) láwsùit [-sjuːt], suit [sjuːt]; уголо́вный ~ críminal tríal; вести́ ~ (*с тв.*) be at law (with); 3. *мед.*: ~ в лёгких tubèrculósis of the lungs, áctive púlmonary tubèrculósis.

проце́ссия *ж.* procéssion; похоро́нная ~ fúneral train.

процессуа́льн||ый *юр.*: ~ые но́рмы judícial procédure [...-'siːdʒə] *sg.*, légal procédure *sg.*

процити́ровать *сов. см.* цити́ровать.

прочёркивать, прочеркну́ть (*вн.*) draw* a line (through).

прочеркну́ть *сов. см.* прочёркивать.

прочерти́ть *сов. см.* проче́рчивать.

проче́рчивать, прочерти́ть (*вн.*) draw* (*d.*).

прочеса́ть *сов. см.* прочёсывать.

проче́сть *сов. см.* чита́ть.

прочёсывать, прочеса́ть (*вн.*) *воен. разг.* comb [koum] (*d.*); ~ лес comb *a* fórest [...'fɔ-].

прочёт *м. разг.* (*просчёт*) érror (in cóunting).

про́ч||ий 1. *прил.* other; 2. *как сущ.*: и ~ее etcétera (*сокр.* etc.) [-trə], and so on; все ~ие the others; ◇ ме́жду ~им by the way; поми́мо всего́ ~его in addítion.

прочи́стить *сов. см.* прочища́ть.

прочита́ть I *сов. см.* чита́ть.

прочита́ть II *сов.* (*в тече́ние како́го-то вре́мени*) read*; spend* *the time* réading: он прочита́л всю ночь he read all night [...red...]; he spent all night réading.

про́чить (*вн.* в *вн.*) inténd (*d.* for).

прочища́ть, прочи́стить (*вн.*) clean (out) (*d.*); cleanse thóroughly [klenz 'θʌ-] (*d.*); (*о засорённой тру́бке и т. п.*) clear (*d.*).

про́чно I *прил. кратк. см.* про́чный.

про́чн||о II *нареч.* sólidly, fírmly, well. **~ость** *ж.* dùrabílity; solídity, fírmness; strength; (*о кра́ске и т. п.*) fástness; ~ость на разры́в *тех.* ténsile strength; ~ость на изги́б *тех.* bénding strength; ~ость на сдвиг, срез *тех.* shéaring strength. **~ый** dúrable; sólid, firm; strong, stróng¦ly built / constrúcted [...bɪlt...]; ~ый фунда́мент stable foundátion; ~ая мате́рия hárd-wéaring fábric [-'wɛə-...], dúrable stuff; ~ая кра́ска fast dye / cólour [...'kʌ-]; ~ая пози́ция firm / sound posítion [...'-zɪ-]; ~ая репута́ция estáblished rèputátion; ~ый и дли́тельный мир lásting and dúrable peace; ~ый сою́з stable / firm / lásting allíance; ~ые зна́ния sound knówledge [...'nɔ-] *sg.*

прочте́ни||е *с.* réading; perúsal [-z-]; по ~и (*рд.*) on réading (*d.*); áfter perúsal (of).

прочу́вствованный 1. *прич. см.* прочу́вствовать; 2. *прил.* full of emótion, héart-fèlt ['hɑːt-], déep-fèlt.

прочу́вствовать *сов.* (*вн.*) feel* déeply / acútely / kéenly (*d.*).

прочь *нареч.* a¦wáy, off: убира́ть ~ take* a¦wáy / off; уноси́ть ~ cárry a¦wáy / off; — (поди́) ~! go a¦wáy!, be off!, a¦wáy / off with you!; ~ с доро́ги! get out of the way!; make way!; ~ отсю́да! get out of here!; out with you!; ~ с глаз мои́х! get out of my sight!; ру́ки ~! hands off!; ◇ не ~ *предик.* (+ *инф.*) *разг.* have no objéction (+ to *ger.*); would not mind (+ *ger.*); он не ~ сде́лать э́то he has no objéction to doing it, he would not mind doing it; он не ~ пойти́ he does¦n't mind gó¦ing; he has nothing agáinst gó¦ing; он не ~ повесели́ться he is quite wílling to amúse hìm¦sélf, *или* to have a bit of fun; he is nothing loth to amúse hìm¦sélf [...louθ...].

проше́дш||ий 1. *прич. от* пройти́ I *см.* проходи́ть I; 2. *прил.* past; (*после́дний*) last; ~ей зимо́й last wínter; ~ее вре́мя *грам.* past tense; 3. *с. как сущ.* (*про́шлое*) the past.

проше́ние *с. уст.* àpplicátion, petítion; подава́ть ~ submít *an* àpplicátion; fórward *a* petítion.

прошепта́ть *сов. см.* шепта́ть.

проше́стви||е *с.*: по ~и (*рд.*) áfter the lapse (of), áfter the èxpìrátion [...-paɪə-] (of); по ~и пяти́ лет áfter five years had elápsed, five years láter; по ~и э́того вре́мени áfter that périod of time; по ~и сро́ка áfter the èxpìrátion of the term.

прошиб||а́ть, прошиби́ть (*вн.*) *разг.* 1. break* through [-eɪk...] (*d.*); 2.: его́ пот проши́б he broke into a sweat [...swet], he begán to sweat; его́ слеза́ проши́бла he was moved to tears [...muː-...]. **~и́ть** *сов. см.* прошиба́ть.

прошива́ть, проши́ть (*вн.*) 1. sew* [sou] (*d.*), stitch (*d.*); 2. *тех.* broach (*d.*).

проши́вка *ж.* (*на белье́, пла́тье*) insértion; кружевна́я ~ lace insértion.

прошипе́ть *сов. см.* шипе́ть 1.

проши́ть *сов. см.* прошива́ть.

прошлогóдний last year's; of last year.

про́шл||ое *с. скл. как прил.* the past; сла́вное ~ glórious past; далёкое ~ remóte past; уйти́ в (далёкое) ~ become* a thing of the past; в недалёком ~ом not long agó, in récent times. **~ый** past; (*проше́дший*) bý¦gòne [-gɔn]; (*после́дний*) last; в ~ом году́ last year; на ~ой неде́ле last week; вызыва́ть воспомина́ния ~ых лет call up old mémories; ◇ де́ло ~ое ≅ let bý¦gònes be bý¦gònes.

прошмы́гивать, прошмыгну́ть slip; steal* (past).

прошмыгну́ть *сов. см.* прошмы́гивать.

прошнурова́ть *сов. см.* прошнуро́вывать.

прошнуро́вывать, прошнурова́ть (*вн.*) string* through (*d.*), pass a string (through).

прошпаклева́ть *сов. см.* прошпаклёвывать.

прошпаклёвывать, прошпаклева́ть (*вн.*) pútty (*d.*); *мор.* caulk (*d.*).

проштра́фиться *сов. разг.* make* a slip, be at fault.

проштуди́ровать *сов. см.* штуди́ровать.

прошуме́||ть *сов.* roar past; (*перен.*) become* / get* fámous; его́ и́мя ~ло по всему́ ми́ру his name becáme fámous all óver the world.

проща́й, ~те góod-býe!; fáre¦wéll!, adiéu! [ə'dju:].

проща́льн||ый párting; fáre¦wéll (*attr.*); vàledíctory; ~ые слова́ párting words; ~ спекта́кль fáre¦wéll perfórmance.

проща́ние *с.* fáre¦wéll; (*расстава́ние*) párting; léave-tàking; на ~ at párting; (по)махать руко́й на ~ wave good-býe.

проща́ть, прости́ть (*вн.*) 1. forgíve* [-'gɪv] (*d.*), párdon (*d.*); (*о грехах*) absólve [-'zɔ-] (*d.*); прости́те меня́! excúse me!, I beg your párdon!; 2. (*о долге*) remít (*d.*); (*не взыскивать*) condóne (*d.*), òver¦lóok (*d.*).

проща́ться I, прости́ться, попроща́ться (с *тв.*) say* good-býe (to), take* (one's) leave (of), bid* adiéu [...ə'dju:] (*i.*), bid* fáre¦wéll (*i.*); они́ до́лго проща́лись they were a long time sáying good-býe to, *или* táking leave of, one another.

проща́ться II *страд. к* проща́ть.

про́ще (*сравн. ст. от прил.* просто́й *и нареч.* про́сто) símpler; pláiner; éasier ['i:z-].

прощелы́га *м. и ж. бран.* knave, rogue [roug].

проще́ни||е *с.* forgíve¦ness [-'gɪ-], párdon; (*грехов*) àbsolútion; проси́ть ~я у кого́-л. ask / beg smb.'s párdon; прошу́ ~я! (I am) sórry!

прощу́пать(ся) *сов. см.* прощу́пывать(ся).

прощу́пывать, прощу́пать (*вн.*) feel* through (*d.*), feel* (*d.*); (*перен.*) sound (*d.*). ~ся, прощу́паться 1. feel*; 2. *страд. к* прощу́пывать.

проэкзаменова́ть(ся) *сов. см.* экзаменова́ть(ся).

прояви́тель *м. фот.* devéloper.

прояв||и́ть(ся) *сов. см.* проявля́ть(-ся). ~ле́ние *с.* 1. mànifèstátion, displáy; 2. *фот.* devélopment.

прояв||ля́ть, прояви́ть (*вн.*) 1. show* [ʃou] (*d.*), displáy (*d.*), mánifèst (*d.*); revéal (*d.*), give* évidence (of); ~ му́жество show* / displáy cóurage [...'kʌ-]; ~ неудово́льствие show* / mánifèst displéasure [...-leʒə]; ~ ра́дость show* / mánifèst joy; ~ интере́с (к) show* ínterest (in, for); ~ живо́й интере́с к чему́-л. displáy a keen ínterest in smth.; ~ инициати́ву (в *пр.*) show* / displáy inítiative (in); ~ нереши́тельность hésitàte [-z-]; vácillàte; ~ нетерпе́ние show*/exhíbit signs of impátience [...saɪnz...]; ~ си́лу displáy strength; ~ такт be táctful; 2. *фот.* devélop [-'ve-] (*d.*); ✧ ~ себя́ (*без доп.*) show* one's worth; (*тв.*) prove [pru:v] (*d.*); он ~и́л себя́ на э́той рабо́те he has shown his worth in this work [...ʃoun...]; он ~и́л себя́ хоро́шим рабо́тником he proved (to be) a good* wórker. ~ля́ться, прояви́ться 1. become* appárent, show* [ʃou]; 2. *страд. к* проявля́ть.

проясне́ние *с.* cléaring (up).

проя́сн||еть *сов.* clear (up, a¦wáy); не́бо ~ело the sky has cleared.

проясн||е́ть *сов.* bríghten (up). ~и́ться *сов. см.* проясня́ться. ~я́ться, проясни́ться 1. clear; (*о лице*) bríghten (up); 2. (*о погоде*) clear (up).

пруд *м.* pond.

пруд||и́ть (*вн.*) pond (*d.*), dam (up) (*d.*); ✧ хоть пруд ~и́ (*рд.*) *разг.* there is plénty (of); де́нег у него́ — хоть пруд ~и́ he is rólling in móney [...'mʌ-].

пружи́н||а *ж.* (*прям. и перен.*) spring; гла́вная ~ máinsprìng; боева́я ~ (*в оружии*) máinsprìng; спусково́я ~ (*в оружии*) sear spring; он явля́ется гла́вной ~ой э́того де́ла he is the máinsprìng of this affáir, he is the máster spírit in the mátter; нажа́ть все ~ы *разг.* ≅ pull all the wires [pul...].

пружи́нист||ость *ж.* èlàstícity, spríng¦iness. ~ый elástic, spríngy[-ŋɪ].

пружи́н||ить, ~иться be elástic. ~ка *ж.* (*в часах*) máinsprìng; háirsprìng. ~ный spring (*attr.*); ~ный матра́ц spring máttress.

руса́к *м. разг.* (*таракан*) cóckroach.

прусса́к *м. разг.* Prússian [-ʃən].

пру́сский Prússian [-ʃən].

прут *м.* 1. (*ветка*) twig; (*хлыст*) switch; и́вовый ~ withe [wɪθ], wíthy [-ðɪ]; 2. (*палка, стержень*) rod. ~ик *м.* thin / short switch, small twig.

прутко́в||ый: ~ое желе́зо *тех.* rod íron [...'aɪən], round bar íron.

пры́галка *ж. разг.* skípping-ròpe.

пры́гание *с.* júmping, léaping; skípping (*особ. со скакалкой*).

пры́гать, пры́гнуть spring*, jump, leap*; (*быстро*) bound; (*перен.*; *от радости и т. п.*) jump (with), leap* high (with); (*веселиться*) frisk / cáper (abóut); ~ на одно́й ноге́ hop, jump on one leg; ~ с упо́ром *спорт.* vault; ~ с шесто́м *спорт.* póle-jùmp, póle-vault.

пры́гнуть *сов.* 1. *см.* пры́гать; 2. (*сделать прыжок*) take* a leap / jump.

прыгу́н *м.* júmper; hópper; léaper, skípper.

прыж||о́к *м.* jump, spring; cáper; ~ с парашю́том párachùte júmp (-ing) [-ʃu:t...]; ~ки́ в во́ду *спорт.* díving *sg.*; (*с вышки*) hígh(board) díving *sg.*; он сде́лал ~ в во́ду he made a dive, *или* he dived, into the wáter [...'wɔ:-]; (*с вышки*) he made a high dive; ~ в высоту́ *спорт.* high jump; де́лать ~ки́ cáper, cut* cápers; ~ в длину́ *спорт.* jump; ~ с упо́ром *спорт.* váult(ing); ~ с шесто́м *спорт.* póle-vault; ~ с ме́ста *спорт.* stánding jump; ~ с разбе́га *спорт.* rúnning jump.

пры́скать, пры́снуть *разг.* (*вн. тв.*; *водой и т. п.*) (be)sprínkle (*d.* with); ✧ пры́снуть со́ смеху burst* out láughing [...'lɑ:f-]. ~ся *разг.* (be-)sprínkle òne¦sélf.

пры́снуть *сов. см.* пры́скать.

прытк||ий *разг.* quick, prompt, líve¦ly, nímble. ~ость *ж. разг.* quíckness, prómptness, líve¦liness, nímble¦ness.

прыт||ь *ж. разг.* 1.: во всю ~ as fast as one can, as fast as one's legs can cárry one, at full speed; 2. (*проворство*) quíckness; vim, pep *амер.*; отку́да у него́ така́я ~? where does he get his énergy from?; от него́ не ожида́ли тако́й ~и one would never have thought he would dare do such a thing.

прыщ *м.* pímple, blotch; pústùle *мед.*; в ~а́х pímpled, pímply, blótchy. ~а́вый pímpled, pímply, blótchy.

прыщева́тый = прыща́вый.

прюне́левый prùnélla (*attr.*).

прюне́ль *ж.* prùnélla.

пря́дать = прясть II.

пряде́ние *с.* spínning; ручно́е ~ hánd-spìnning; маши́нное ~ machíne-spìnning [-'ʃi:n-].

пряди́ль||ный spínning; ~ная маши́на spínning machíne / frame [...-'ʃi:n...]; ~ная фа́брика spínning mill / fáctory. ~щик *м.*, ~щица *ж.* spínner.

прядь *ж.* 1. (*волос*) lock; 2. (*троса*) strand.

пря́жа *ж. тк. ед.* yarn, thread [θred]; шерстяна́я ~ wóollen yarn ['wu-...], wórsted ['wustɪd].

пря́жк||а *ж.* búckle, clasp; застёгивать ~у búckle, clasp; ~ для по́яса bélt-bùckle.

пря́лка *ж.* (*ручная*) dístaff; (*с колесом*) spínning-wheel.

прям||а́я *ж. скл. как прил.* straight line; *спорт.* straight; проводи́ть ~у́ю draw* a straight line; расстоя́ние по ~о́й in a straight line; as the crow flies [...krou...].

прямёхонько *нареч. разг.* straight, diréctly.

прямизна́ *ж.* stráightness.

прямико́м *нареч. разг.* acróss cóuntry [...'kʌ-].

пря́мо I *прил. кратк. см.* прямо́й.

пря́мо II *нареч.* 1. straight; держа́ться ~ hold* òne¦sélf eréct / úp¦-

right; 2. (*без пересадок, остановок; непосредственно*) straight; ~ к делу to the point; идти ~ к цели go* straight to the goal; это ~ относится к вопросу it has direct reference to the case / question [...keɪs -stʃən]; 3. (*откровенно*) frankly, open|ly, bluntly; сказать ~ say* frankly / open|ly; tell* roundly; она сказала это ему ~ в лицо she said it right to his face [...sed...]; she told him roundly; скажите ~ tell (us) right out; 4. *разг.* (*совершенно; при сущ.*) real [rɪəl]; (*при прил.*) really ['rɪə-]: он ~ герой he is a real hero; я ~ поражён I am really astonished; 5. (*как раз*) exactly; downright; ~ противоположно exactly opposite [...-zɪt]; ~ в глаз square in the eye [...aɪ]; ~ в нос full on the nose; попадать ~ в цель (*прям. и перен.*) hit* the mark, hit* the bull's eye [...bulz...]; смотреть ~ в глаза кому-л. look smb. full in the face; ◇ ~ со школьной скамьи fresh from school.

прямодуш||ие *с.* straightforwardness, single-heartedness [-'hɑː-]. **~ный** straightforward, single-hearted [-'hɑː-].

прям||ой 1. straight; (*вертикальный, выпрямившийся*) up|right, erect; идти ~ дорогой go* straight forward; ~ая линия straight line; ~ угол *мат.* right angle; ~ая кишка *анат.* rectum; 2. (*без промежуточных инстанций*) through; поезд ~ого сообщения through train; ~ым путём directly; говорить по ~ому проводу (с *тв.*) speak* direct(ly) on the telephone (to); 3. (*непосредственный*) direct; ~ые выборы direct elections; ~ налог direct tax; ~ вопрос, ответ direct question, answer [...-stʃən 'ɑːnsə]; ~ наследник direct heir [...ɛə], heir in a direct line; 4. (*о характере, человеке*) straightforward; (*откровенный*) frank; (*искренний*) sincere; 5. (*верный*) real [rɪəl]; ~ убыток sheer loss; ~ая выгода sure gain [ʃuə...]; ◇ ~ая речь direct speech; ~ое дополнение direct object; в ~ом смысле этого слова in the literal sense of the word; ~ая противоположность (*дт.*) exact opposite [...-zɪt] (to), the very antithesis (of); ~ая наводка direct laying; ~ наводкой over open sights, by direct laying; ~ пробор middle parting.

прямокрылые *мн. скл. как прил. зоол.* orthoptera.

прямолинейн||ость *ж.* straightforwardness. **~ый** rectilinear [-nɪə], rectilineal [-nɪəl]; (*перен.*) straightforward; ~ый человек straightforward person; ~ый ответ straightforward answer [...'ɑːnsə].

прямоствольный straight-boled.

прямота *ж.* straightforwardness; up|rightness, plain dealing.

прямоточный: ~ котёл *тех.* single-pass boiler.

прямоугольн||ик *м. мат.* rectangle. **~ый** right-angled; (*о четырёхугольнике*) rectangular; ~ый треугольник *мат.* right-angled triangle.

пряни||к *м.* cake; (*на патоке*) treacle-cake; медовый ~ honey-cake ['hʌ-]. **~чный** *прил. к* пряник.

прян||ость *ж.* spice. **~ый** spicy; (*о запахе*) heady ['hedɪ].

прясть I, спрясть (*вн.*) spin* (*d.*).

прясть II: ~ ушами move the ears [muːv...].

прят||ать, спрятать (*вн.*) hide* (*d.*), conceal (*d.*). **~аться**, спрятаться 1. hide*, conceal one|self; 2. *страд. к* прятать. **~ки** *мн.* (*игра*) hide-and-seek *sg.*; играть в ~ки play hide-and-seek.

пряха *ж.* spinner.

псалом *м. церк.* psalm [sɑːm].

~щик *м. церк.* (psalm-)reader ['sɑːm-].

псалтырь *ж. церк.* Psalter ['sɔːl-], psalm-book ['sɑːm-].

псарня *ж.* kennel.

псарь *м. ист.* hunts|man*.

псевдо- (*в сложн.*) pseudo-, mock-, false [fɔːls].

псевдогероический *лит.* mock-hero|ic.

псевдокласс||ицизм *м. лит.* pseudo-classicism. **~ический** *лит.* pseudo-classical.

псевдомарксистский pseudo-Marxist.

псевдонау||ка *ж.* pseudo-science. **~чный** pseudo-scientific.

псевдоним *м.* pseudonym, alias; (*литературный*) pen-name; (*артиста*) stage-name; под ~ом under the pseudonym; (*о писателе*) under the pen-name; раскрывать ~ decipher the pseudonym [-'saɪ-...].

псин||а *ж. разг.* dog's flesh; пахнуть ~ой smell* / reek of dogs.

псиный *разг.* dog (*attr.*), dog's.

псих *м. разг.* loony.

психастен||ический *мед.* psychasthenic [saɪk-]. **~ия** *ж. мед.* psychasthenia [saɪk-].

психиатр *м.* psychiatrist [saɪ'k-], psychiater [saɪ'k-]; mad-doctor *разг.* **~ический** psychiatric(al) [saɪk-]; ~ическая лечебница hospital for mental diseases [...-'ziː-]. **~ия** *ж. мед.* psychiatry [saɪ'k-].

психика *ж.* psychology [saɪ'k-], psychics ['saɪk-].

психическ||и *нареч.* mentally, psychically ['saɪk-]; ~ больной mentally diseased / deranged [...-'ziː- -'reɪn-]; (*во врачебной диагностике*) mental case [...-s]. **~ий** psychic(al) ['saɪk-], mental; ~ая болезнь mental disease [...-'ziːz]; ~ое расстройство mental derange|ment / disorder [...-'reɪn-...]; ~ая атака *воен.* psychological attack [saɪk-...].

психоанализ *м. мед.* psycho-analysis [saɪk-].

психоз *м. мед.* psychosis [saɪ'k-], mental disease [...-'ziːz]; ◇ военный ~ war hysteria.

психолог *м.* psychologist [saɪ'k-]. **~изм** *м. филос.* psychologism [saɪ'k-]. **~ический** psychologic(al) [saɪk-].

психология *ж.* psychology [saɪ'k-].

психометрический psycho|metric [saɪk-].

психомоторный psycho|motor [saɪk-].

психоневроз *м. мед.* psychoneurosis [saɪk-] (*pl.* -ses [-siːz]).

психоневрологический psycho|neurological [saɪk-].

психоневрология *ж.* psycho|neurology [saɪk-].

психоневропатолог *м.* psycho|neuropathologist [saɪk-]. **~ический** psycho|neuropathologic(al) [saɪk-].

психоневропатология *ж.* psycho|neuropathology [saɪk-].

психопат *м.* psycho|path ['saɪk-]; crank *разг.* **~ия** *ж.* psychopathy [saɪ'k-]. **~ка** *ж. к* психопат.

психопатологический psycho|pathological [saɪk-].

психопатология *ж.* psychopathology [saɪk-].

психотерапевтический *мед.* psycho|therapeutic ['saɪk-].

психотерапия *ж. мед.* psycho|therapy ['saɪk-].

психотехн||ика *ж.* psycho|technics [saɪk-]. **~ический** psycho|technical [saɪk-].

психофизика *ж.* psycho|physics [saɪkou'fɪz-].

психофизиологический psycho|physiological [saɪkoufɪz-].

психофизиология *ж.* psycho|physiology [saɪkoufɪz-].

психофизический psycho|physical [saɪkou'fɪz-].

псов||ый: ~ая охота chase [-s].

пташка *ж. разг.* little bird; birdie.

птенец *м.* nestling, fledge|ling, young|ling ['jʌŋ-]; (*перен.: воспитанник*) pupil.

птенчик *м.* nestling, fledge|ling.

птеродактиль *м. палеонт.* pterodactyl.

птиалин *м. хим.* ptyalin ['taɪə-].

птиц||а *ж.* bird; певчая ~ sing|ing bird, song-bird; (*щебетунья*) warbler; водоплавающие ~ы waterfowl ['wɔː-]; перелётная ~ bird of passage (*тж. перен.*); болотная ~ wader ['weɪ-]; хищные ~ы birds of prey; домашняя ~ *собир.* poultry ['pou-].

птицевод *м.* poultry farmer / breeder ['pou-...]; (*любитель*) bird-fancier. **~ство** *с.* poultry raising / farming ['pou-...]. **~ческий** *прил. к* птицеводство; ~ческий совхоз poultry State farm ['pou-...].

птицелов *м.* bird-snarer; fowler. **~ство** *с.* fowling.

птицефе́рма *ж.* póultry farm ['pou-...].

пти́ч||ий *прил. к* пти́ца; ávian *научн.*; póultry ['pou-] (*attr.*); ~ двор póultry-yàrd ['pou-]; ◇ ~ье молоко́ *разг.* pigeon's milk ['pɪdʒɪnz...]; с ~ьего полёта from a bírd's-eye view [...-aɪ vjuː]; вид с ~ьего полёта bírd's-eye view. ~**ка** *ж.* **1.** *уменьш. от* пти́ца; **2.** (*значок*) tick; ста́вить ~ки tick. ~**ник** *м.* (*птичий двор*) póultry-yàrd ['pou-]; fówl-rùn. ~**ница** *ж.* hén-wòman* [-wu-]; póultry-maid ['pou-].

птомаи́н *м. хим.* ptómaine ['tou-].

пуансо́н *м.*= пунсо́н.

пуа́нт *м. театр.*: стоя́ть на ~ах stand* on the tips of the toes; танцева́ть на ~ах dance on the tips of the toes.

пу́блика *ж. собир.* públic ['pʌ-]; (*в театре и т. п. тж.*) áudience.

публика́ци||я *ж.* **1.** (*действие*) pùblicátion [pʌ-]; **2.** (*объявление*) advértise¦ment [-s-]; дава́ть ~ю ádvertise.

публикова́ть, опубликова́ть (*вн.*) públish ['pʌ-] (*d.*); печа́ть публику́ет заявле́ние (*рд.*) the néwspàpers cárry *a* státe¦ment (by).

публици́ст *м.* públicist ['pʌ-]; pàmphletéer. ~**ика** *ж.* públicism ['pʌ-]. ~**и́ческий** pùblicístic [pʌ-]; ~и́ческий жанр journalístic genre [dʒəːnə-ʒɑːŋr].

публи́чн||о *нареч.* públicly ['pʌ-], in públic [...'pʌ-]; (*открыто*) ópen¦-ly. ~**ость** *ж.* pùblícity [pʌ-]. ~**ый** públic ['pʌ-]; ~ая библиоте́ка públic líbrary [...'laɪ-]; ~ая ле́кция públic lécture; ~ое пра́во públic law; ◇ ~ый дом *уст.* bróthel, house* of pròstitútion [-s...]; párlor house* *амер.*; ~ые торги́ áuction *sg.*, públic sale *sg.*

пу́гало *с.* scáre¦crow [-krou], búgbear [-bɛə]; (*перен.*) fright; он вы́рядился как ~ he has made a guy / fright of hìm¦sélf [...gaɪ...].

пу́ган||ый: ~ая воро́на (и) куста́ бои́тся *посл.* ≅ the burnt child dreads the fire [...dredz...], once bit twice shy [wʌns...].

пуга́||ть, испуга́ть **1.** (*вн.*) fríghten (*d.*), scare (*d.*); (*запугивать*) intímidàte (*d.*); **2.** (*вн. тв.*; *угрожать*) thréaten ['θret-] (*d.* with). ~**ться,** испуга́ться (*рд.*) be fríghtened / stártled (with); (*о лошади*) shy (at), take* fright (of); он всего́ ~ется he is afráid of évery¦thing; не испуга́ться тру́дностей not be dáunted by dífficulties.

пуга́ч *м.* (*игрушка*) tóy-pìstol.

пугли́в||ость *ж.* féarfulness, timídity. ~**ый** féarful, éasily fríghtened / scared ['iːz-...]; shy (*тж. о лошади*).

пугну́ть *сов.* (*вн.*) fríghten (*d.*), scare (*d.*).

пу́гов||ица *ж.* bútton; держа́ть за ~ицу (*вн.*) *разг.* búttonhòle (*d.*). ~**ичный** bútton (*attr.*); ~ичное произво́дство bútton-màking. ~**ка** *ж.* small bútton.

пуд *м.* (*16,38 кг*) pood (*36 lb. avoirdupois*).

пу́дель *м.* poodle.

пу́динг *м.* púdding ['pu-].

пудлингов||а́ние *с. тех.* púddling. ~**а́ть** *несов. и сов.* (*вн.*) *тех.* puddle (*d.*).

пу́длингов||ый *тех.*: ~ая печь púddling fúrnace; ~ое желе́зо puddle íron [...'aɪən].

пудов||о́й one pood (*attr.*); of one pood; (*перен.*) very héavy [...'hevɪ]; ~а́я ги́ря one pood weight.

-пудово́й (*в сложн. словах, не приведённых особо*) of... poods, -pood (*attr.*); *напр.* двадцатипудово́й of twénty poods, twénty-pood (*attr.*).

пу́дра *ж.* pówder; ◇ са́харная ~ cástor súgar [...'ʃu-].

пу́дреница *ж.* pówder-càse [-s].

пу́дреный pówdered.

пу́дрить, напу́дрить (*вн.*) pówder (*d.*). ~**ся,** напу́дриться **1.** pówder (òne¦sélf), pówder one's face, use pówder; **2.** *страд. к* пу́дрить.

пуза́тый *разг.* bíg-bèllied, pót-bèllied; (*тж. о самоваре, кувшине*) páunchy.

пу́зо *с. тк. ед. разг.* bélly, paunch; отрасти́ть ~ grow* a paunch [-ou...].

пузырёк *м.* **1.** (*бутылочка*) phíal, víal; **2.:** ~ во́здуха bubble; (*в стекле тж.*) bleb.

пузы́риться *разг.* (*покрываться пузырями*) bubble; èffervésce.

пузы́рник *м. бот.* sénna-pòd.

пузы́рчатый *разг.* blébby.

пузы́р||ь *м.* **1.** bubble; мы́льный ~ sóap-bùbble; пуска́ть мы́льные ~и́ blow* bubbles [blou...]; **2.** (*волдырь*) blíster; **3.** (*для плавания*) áir-blàdder; **4.** *анат.* bládder; жёлчный ~ gáll-blàdder; мочево́й ~ úrinary bládder; пла́вательный ~ (*у рыб*) (físh-)sound, swímming-blàdder; **5.** *разг.* (*малыш*) kid, kíddy; ◇ ~ со льдом íce-bàg.

пук *м.* (*овощей, цветов*) bunch; (*травы тж.*) tuft; (*соломы и т. п.*) wisp; (*прутьев*) bundle.

пулемёт *м.* machíne-gùn [-'ʃiːn-]; зени́тный ~ ánti-áircràft machíne-gùn; ручно́й ~ light machíne-gùn; станко́вый ~ (médium) machíne-gùn; héavy machíne-gùn ['hevɪ...] *амер.* ~**ный** machíne-gùn [-'ʃiːn-] (*attr.*); ~ный ого́нь machíne-gùn fire; ~ная ле́нта cártridge-bèlt. ~**чик** *м.*, ~**чица** *ж.* machíne-gùnner [-'ʃiːn-].

пулесто́йкий *воен.* búllet-proof ['bu-].

пульвериза́||тор *м.* púlverìzer, átomìzer, spráyer. ~**ция** *ж.* pùlverìzátion [-raɪ-], spráying.

пульверизи́ровать *несов. и сов.* (*вн.*) púlverìze (*d.*), spray (*d.*).

пу́лька I *ж. уменьш. от* пу́ля.

пу́лька II *ж. карт.* pool.

пу́льпа *ж. анат.* pulp.

пульс *м.* pulse; (*число ударов пульса*) pulse rate; бие́ние ~а pùlsátion; thróbbing of the pulse; неро́вный ~ ún¦éven / irrégular pulse; незаме́тный, сла́бый ~ oblíteràted pulse; её ~ был сто в мину́ту her pulse was at a húndred; ~ с перебо́ями drópped-beat pulse, ìntermíttent pulse; счита́ть ~ take* the pulse; щу́пать ~ feel* the pulse. ~**а́ция** *ж.* pùlsátion, pulse.

пульси́ровать **1.** pulse, pùlsáte, beat*, throb; **2.** *тех.* pùlsáte, pulse.

пульсо́метр *м. тех.* pùlsómeter.

пульт *м.* desk, stand; дирижёрский ~ condúctor's stand; ~ управле́ния *тех.* contról pánel [-oul 'pæ-].

пу́л||я *ж.* búllet ['bu-], prójectìle; трасси́рующая ~ trácer búllet; отлива́ть, лить ~и mould búllets [mould...]; (*перен.*) *разг.* tell* fibs.

пуля́рка *ж.* fátted fowl.

пу́ма *ж. зоол.* púma, cóugar ['kuː-].

пуни́ческ||ий *ист.* Púnic; ~ие во́йны Púnic Wars.

пункт *м.* **1.** (*в разн. знач.*) point; нача́льный, исхо́дный ~ stárting, inítial point; кульминацио́нный ~ cùlminátion; коне́чный ~ términal point / státion; населённый ~ séttle¦ment; pópulàted área [...'ɛərɪə]; *воен.* inhábited locálity / área; опо́рный ~ *воен.* strong point; наблюда́тельный ~ òbservátion post [-zə-poust]; кома́ндный ~ *воен.* commánd post [-ɑːnd...]; **2.** (*организационный центр*) státion; медици́нский ~ dispénsary; *воен.* dréssing-stàtion; aid post; перегово́рный ~ télephòne státion; (*междугородного телефона*) trúnk-càll óffice; сбо́рный ~ assémbly point / place; призывно́й ~ recrúiting státion [-'kruːt-...]; indúction cénter *амер.*; **3.** (*параграф*) páragràph, ítèm; point; (*политической программы*) plank; по ~ам páragràph áfter páragràph, ítèm áfter ítèm; отвеча́ть по ~ам ánswer point by point ['ɑːnsə...]; чита́ть по ~ам read* páragràph by páragràph; по всем ~ам at all points; at every point; **4.** *полигр.* point.

пункти́р *м.* dótted line; начерти́ть ~ом (*вн.*) dot (*d.*). ~**ный** dótted; ~ная ли́ния dótted line.

пунктуа́льно I *прил. кратк. см.* пунктуа́льный.

пунктуа́льн||о II *нареч.* púnctually, on the mínute [...'mɪnɪt]. ~**ость** *ж.* pùnctuálity. ~**ый** púnctual.

пунктуа́ция *ж. грам.* pùnctuátion.

пу́нкция *ж. мед.* púncture; (*лёгкого*) tápping; (*волдыря*) prícking.

пу́ночка *ж.* (*птица*) snów-bùnting ['snou-].

пунсо́н *м. тех.* púncheon, punch.

пунцо́вый crímson [-z°n].

пунш *м.* punch (*drink*). ~**евый** punch (*attr.*).

пуп *м.* návei; ómphalòs, ùmbílicus *анат.*; ✧ ~ земли́ the hub of the únivèrse.

пупáвка *ж. бот.*: ~ вонючая dog's fénnel; ~ полевáя corn cámomìle [...'kæ-].

пуп||ови́на *ж. анат.* ùmbilícal cord; nável-strìng. **~óк** *м.* **1.** = пуп; **2.** (*у птиц*) gízzard ['gɪ-]. **~óчный** *анат.* ùmbilícal; ~óчная гры́жа *мед.* ùmbilícal hérnia.

пупы́рышек *м. разг.* pímple, féver-blìster.

пургá *ж. тк. ед.* snów-stòrm ['snou-], blízzard.

пури́зм *м.* púrism.

пуритáн||ин *м.* Púritan. **~ство** *с.* Púritanism.

пу́рпур *м.* púrple.

пурпу́р||ный, ~овый púrple.

пуск *м.* (*рд.*; *о заводе и т. п.*) stárting (*d.*); (*о машине и т. п. тж.*) sétting in mótion (*d.*).

пускáй I *пов. см.* пускáть.

пускáй II = пусть.

пускáть, пусти́ть 1. (*вн.*) let* (*d.*), allów (*d.*); (*разрешать*) permít (*d.*); (*давать свободу*) set* free (*d.*); ~ кудá-л. let* (*d.*) go sóme¦whère, allów (*d.*) to go sóme¦whère; ~ детéй гуля́ть permít the chíldren to go, *или* let* the chíldren go, for a walk; ~ на вóлю set* free (*d.*); (*птицу*) let* out (*d.*); ~ когó-л. в óтпуск let* smb. go on leave, give* smb. leave (of ábsence); **2.** (*вн.*; *впускать*) let* in (*d.*); не ~ (*внутрь*) keep* out (*d.*); не пускáйте егó сюдá don't let him in; don't allów him to énter; keep him out; **3.** (*вн.*; *приводить в движение*) start (*d.*), put* in áction (*d.*); (*о машине тж.*) start (*d.*), set* in mótion (*d.*); (*о предприятии*) set* wórking (*d.*); ~ вóду, газ turn on wáter, gas [...'wɔ:-...]; ~ часы́ start *a* clock; ~ фейервéрк let* off fíre¦wòrks; ~ волчóк spin* *a* top; ~ фонтáн set* *the* fóuntain pláying; ~ змéя fly* *a* kite; **4.** (*вн.*, *тв.*; *бросать*) throw* [θrou] (*d.*), shy (*d.*): ~ кáмнем в когó-л. throw* *a* stone at smb., shy *a* stone at smb.; — ~ стрелу́ shoot* *an* árrow; **5.** (*вн.*) *бот.* put* forth (*d.*); ~ ростки́ shoot*, sprout; ~ кóрни take* root (*тж. перен.*); ✧ ~ в обращéние (*вн.*) put* in cìrculátion (*d.*); пусти́ть в произвóдство (*вн.*) put* in prodúction (*d.*), put* on the prodúction line (*d.*); ~ в ход что-л. start smth., set* smth. gó¦ing, give* smth. a start; launch smth.; set* smth. in train; ~ в ход все срéдства ≅ leave* no stone úntúrned; move héaven and earth [mu:v 'he-...ə:θ] *идиом.*; ~ в продáжу (*вн.*) óffer, *или* put* up, for sale (*d.*); ~ слух círculàte / spread* *a* rúmour [...spred...]; ~ лóшадь ры́сью trot *a* horse; ~ лóшадь во весь опóр give* *a* horse its head [...hed]; ~ жильцóв take* in lódgers; let* (*a* house*, *a* room, *etc.*) [...-s...]; ~ ко дну (*вн.*) send* to the bóttom (*d.*), sink* (*d.*); ~ под откóс (*вн.*) deráil (*d.*); ~ пó миру (*вн.*) béggar (*d.*); rúin útterly (*d.*); ~ козлá в огорóд *погов.* ≅ let* the wolf into the fold [...wulf...]; пусти́ть себé пу́лю в лоб blow* out one's brains [blou...]; ~ кровь комý-л. bleed* smb.; phlebótomize smb.; ~ пыль в глазá ≅ cut* a dash, show* off [ʃou...]. **~ся**, пусти́ться **1.** start, set* out; пусти́ться бежáть start, *или* set* out, rúnning; пусти́ться вдогóнку за кем-л. rush / dash áfter smb., *или* in pursúit of smb. [...-'sju:t...]; ~ся в рискóванное предприя́тие let* òne¦sélf in for a rísky ùndertáking; ~ся в подрóбности go* into détail(s) [...'di:-]; ~ся в простра́нные объяснéния énter up¦ón léngthy èxplanátions; ~ся в путь start on a jóurney [...'ʤə:-]; **2.** *страд. к* пускáть.

пусков||óй stárting; ~ перио́д завóда fáctory's stárting périod; ~áя плóщáдка láunching pad.

пустельгá *ж. зоол.* wíndhòver ['wɪndhɔ-], (cómmon) késtrel, stániel ['stæ-].

пустéть, опустéть (become*) émpty; (*становиться безлюдным*) become* desérted [...-'zə:-].

пусти́ть(ся) *сов. см.* пускáть(ся).

пу́сто *предик. безл. переводится личн. оборотом от* be émpty: в кóмнате бы́ло ~ the room was émpty; ✧ чтоб тебé ~ бы́ло! *разг.* ≅ I wish you at the bóttom of the sea!; то гу́сто, то ~ ≅ stuff to¦dáy and starve to¦mórrow.

пустовáтый *разг.* **1.** ráther émpty ['rɑ:-...]; **2.** (*о человеке*) fátuous.

пустовáть be / stand* émpty; (*о здании*) be ténantless / ún¦inhábited; (*о земле*) lie* fállow.

пустоголóвый *разг.* émpty-héaded [-'hed-]; ráttle-brained, féather-brained ['feðə-].

пустозвóн *м. разг.* idle tálker, wíndbàg. **~ство** *с. разг.* idle talk.

пуст||óй 1. émpty; (*полый*) hóllow; (*необитаемый*) ún¦inhábited, ténantless; (*покинутый*) desérted [-'zə:-]; ~áя порóда *геол.* dirt; на ~ желу́док on an émpty stómach [...'stʌmək]; **2.** (*бессодержательный — о разговоре*) idle; (*о человеке, характере и т. п.*) shállow, líght-mínded; (*легкомысленный — об образе жизни*) fútìle, frívolous; ~áя болтовня́ idle talk; **3.** (*неосновательный, напрасный*) vain, ún¦gróunded; ~ы́е мечты́ cástles in the air; ~áя отговóрка lame excúse [...-s]; ~ы́е словá mere words; ~ы́е надéжды vain hopes; ~ы́е угрóзы émpty threats [...θrets]; blúster *sg.*; ✧ перелива́ть из ~óго в порóжнее *разг.* ≅ mill the wind [...wɪ-]; с ~ы́ми рукáми *разг.* émpty-hánded; ~óе мéсто blank space; он ~óе мéсто he has nothing in him.

пустомéля *м. и ж. разг.* twáddler, wíndbàg, bábbler.

пустопорóжний *разг.* émpty, vácant.

пустослóв||ие *с. разг.* idle talk, twaddle. **~ить** *разг.* twaddle, prate.

пустотá *ж.* **1.** émptiness; void *книжн.*; (*перен.*) futílity; frívolous¦ness; **2.** *физ.* vácuum; торичéллиева ~ Tòrricéllian vácuum [-'ʧe-...].

пустотéлый hóllow; ~ кирпи́ч hóllow brick.

пустоцвéт *м. бот.* bárren / stérìle flówer (*тж. перен.*).

пу́стошь *ж.* waste land [weɪ-...], waste plot of land, waste ground.

пусты́нн||ик *м.* hérmit; ánchorèt [-kə-], ánchorìte [-kə-]. **~ый** désert ['dez-]; (*безлюдный*) ún¦inhábited; (*об улицах и т. п.*) desérted [-'z-].

пу́стынь *ж.* hérmitage.

пусты́ня *ж.* désert ['dez-], waste [weɪ-], wílderness.

пусты́рь *м.* waste / vácant land [weɪ-...], vácant lot.

пусты́шка *ж. разг.* **1.** (*соска*) sóother, báby's dúmmy; **2.** (*о человеке*) shállow pérson, émpty shell.

пусть 1. *частица передаётся посредством глаг.* let (+ *inf.*): ~ он идёт let him go; ~ онá пи́шет let her write; ~ X рáвен Y let X équal Y; но ~ они́ не ду́мают, что but let them not decéive thèm¦sélves into thínking that [...-'si:v...]; **2.** *как союз* (*хотя*) though [ðou], éven if; ~ пóздно, но я пойду́ though it is late, *или* late as it is, I inténd to go.

пустя́||к *м.* trífle; спóрить из-за ~кóв split* hairs, péttifòg; трáтить врéмя по ~кáм waste one's time on trífles [weɪ-...]; су́щий ~ a mere nóthing; ✧ ~ки́! it's nóthing!; (*вздор!*) nónsense!; fíddle¦stìcks!; (*неважно!*) never mind!; пáра ~кóв! *разг.* ≅ child's play! **~кóвый, ~чный** *разг.* trífling, trívial, fútìle.

пу́тан||ик *м. разг.* fúmbler, múddle-headed pérson [-hed-...]. **~ица** *ж.* confúsion, muddle, mess, tangle; (*неразбериха*) míshmàsh, júmble. **~ый 1.** confúsed; (*сбивающий с толку*) confúsing; tangled, muddled up; **2.** *разг.*: ~ый человéк = пу́таник.

пу́тать 1. (*вн.*; *о верёвке, нитках и т. п.*) tangle (*d.*); **2.** (*вн.*; *сбивать с толку*) confúse (*d.*); **3.** (*вн.* с *тв.*; *смешивать*) confúse (*d.* with); **4.** (*вн.*; *о лошади и т. п.*) fétter (*d.*); hobble (*d.*); **5.** (*вн.*) *разг.* (*вмешивать, вовлекать*) mix up (*d.*), ímplicàte (*d.*). **~ся 1.** (*сбиваться с толку*): ~ся в расскáзе rénder a confúsed stóry; ~ся в показáниях be ìn¦consístent in one's téstimony, còntradíct òne¦sélf in one's évidence / státe¦ment; **2.** (*о мыслях*) get* confúsed;

3. (с *тв.*) *разг.* keep* cómpany [...'kʌ-] (with), get* entángled (with).

путёвк||а *ж.* pass; подáть заявку на ~у в санатóрий applý for accòmmodátion in *a* sànatórium; ◇ ~ в жизнь a start in life.

путе||води́тель *м.* guide, guíde-book, ìtínerary. **~во́дный** guíding, léading; ~вóдная звездá guíding star, lóde¦stàr.

путев||óй trávelling, ìtinerary [aɪ-]; ~ы́е замéтки trável notes ['træ-...]; ~áя кáрта róad-màp; ~áя скóрость *ав.* ábsolùte / ground speed; ~ обхóдчик, ~ стóрож tráck¦man*, tráckwàlker; ~ кóмпас *мор.* stéering cómpass [...'kʌ-].

путéец *м. разг.* 1. (*инженер*) ráilway èngìnéer [...enʤ-]; 2. (*студент*) stúdent of the Ínstitùte of Ways and Means of Commùnicátion.

путём I *предл.* (*рд.*; *посредством*) by means of, by dint of.

путём II *нареч. разг.* próperly; он никогдá ~ не поéст he never sits down to a square meal.

путемéр *м.* (*измерительное колесо*) perámbulàtor.

путеочисти́тель *м.* tráck-clearer.

путепровóд *м.* óver¦brìdge.

путешéственн||ик *м.*, **~ица** *ж.* tráveller.

путешéстви||е *с.* 1. jóurney ['ʤɜː-]; (*по морю*) vóyage; (*увеселительное*) trip; кругосвéтное ~ tour round the world [tuə...]; 2. (*название литературного произведения*) trávels ['træ-] *pl.*; он лю́бит читáть ~я he loves réading trável books [...lʌ-...].

путешéствовать trável ['træ-]; (*по морю*) vóyage; он лю́бит ~ he is fond of trávelling.

пути́на *ж.* físhing (séason) [...'siːz-].

пу́тлище *с* stírrup strap / léather [...'le-].

пу́тн||ик *м.*, **~ица** *ж.* tráveller, wáyfàrer.

пу́тн||ый *разг.* 1. sénsible; wórth-while; 2. *с. как сущ.*: из негó ничегó ~ого не вы́йдет you'll never make a man* of him; он ни на что ~ое не годи́тся he'll never amóunt to ány¦thing, he is a né'er-do-wèll [...'nɛə-duːwel].

путч *м.* putsch [putʃ].

пу́ты *мн.* (*лошади*) hobble *sg.*; hórse-lòck *sg.*; (*перен.*) chains, fétters; trámmels.

пут||ь *м.* 1. way, track, path*; (*солнца, луны*) race; (*самолёта*) track; (*железнодорожный*) (ráilway) track; запáсный ~ *ж.-д.* síding, síde-tràck; shunt; вóдный ~ wáter-way ['wɔː-]; вóдным ~ём by wáter [...'wɔː-]; морски́е ~и́ shipping routes [...ruːts], séa-lànes; сáнный ~ slédge-road, slédge-way; ~и́ сообщéния ways of commùnicátion; ~ подвóза *воен.* line of supplý; тыловóй ~ *воен.* line of retréat; сби́ться с (вéрного) ~и́ lose* one's way [luːz...]; (*перен.*) go* astráy; для них откры́ты все ~и́ all roads are ópen to them; прóйденный ~ trávèrsed path; 2. (*путешествие*) jóurney ['ʤɜː-]; (*морем*) vóyage; пускáться в ~ start on a jóurney; находи́ться в ~и́ be on one's way, be en route [...ɑːŋ'ruːt]; в трёх днях ~и́ (от) three day's jóurney (from); по ~и́ on the way; на обрáтном ~и́ on the way back; держáть ~ (на *вн.*) head [hed] (for), make* (for); счастли́вый ~! háppy jóurney!, I wish you a good jóurney!; 3. *мн. анат.* pássage *sg.*, duct *sg.*; дыхáтельные ~и́ respíratory tract [-'paɪə-...] *sg.*; 4. (*способ*) means, way; каки́м ~ём? in what way?; by what means?; окóльным ~ём, окóльными ~я́ми in / by a róundabout way; легáльным ~ём in a légal way, légal¦ly; ми́рным ~ём ámicably, péace¦fully, in a fríendly way [...'fre-...]; он не знáет, какóй ~ избрáть he does¦n't know what course to take [...nou... kɔːs...]; найти́ ~и́ и срéдства find* ways and means; 5. (*направление деятельности, развития*) way; по лéнинскому ~и́ alóng the path blazed by Lénin; социалисти́ческий ~ разви́тия the sócialist way of devélopment; пройти́ ~ от солдáта до генерáла work one's way up from sóldier to géneral [...'souldʒə...]; станови́ться на ~ (*рд.*) take* the road (of), embárk on the path (of), set* foot on the (high) road (of) [...fut...]; идти́ по ~и́ (*рд.*) procéed alóng, *или* fóllow, the path (of); пойти́ по ~и́ ми́ра take* the road of peace; ◇ на прáвильном ~и́ on the right trail; другóго, инóго ~и́ нет there are no two ways abóut it; стоя́ть на чьём-л. ~и́ stand* in smb.'s way; отрéзать ~ (к) shut* the door [...dɔː] (on), bar the way (to); емý, ей *и т. д.* по ~и́ с вáми, с ни́ми *и т. д.* he, she, *etc.*, goes your way, their way, *etc.*

пуф *м.* 1. (*низкая табуретка*) pádded stool; 2. (*сборка, складка*) puff; 3. (*обман*) bluff.

пух *м. тк. ед.* down; (*на лице у юноши*) fuzz; ◇ ни ~а ни перá! ≅ good luck!; разряди́ться в ~ и прах *разг.* put* on all one's fínery [...'faɪ-]; разби́ть когó-л. в ~ и прах rout smb., put* smb. to rout.

пу́хл||енький *разг.* chúbby, plump. **~ый** púdgy, plump.

пу́хнуть swell*.

пухови́к *м.* féather bed ['fe-...].

пухóвка *ж.* (pówder-)pùff.

пухóвый dówny.

пучеглáз||ие *с. мед.* èxòphthálmus, èxòphthálmòs. **~ый** góggle-eyed [-aɪd], lóbster-eyed [-aɪd].

пучи́на *ж.* gulf; (*морская бездна*) the deep; (*перен.*) abýss; ~ страдáний abýss of mísery [...'mɪz-].

пу́чи||ть *разг.* 1.: ~ глазá goggle; 2. *безл.*: у негó живóт ~т he is troubled with wind [...trʌ-...wɪ-].

пу́чность *ж. физ.* ántinòde, loop.

пуч||óк *м.* 1. bundle, bunch; fáscicle; ~ лучéй *физ.* péncil (of rays); ~ цветóв bunch of flówers; ~ солóмы wisp of straw; straw wisp; сосу́дисто-волокни́стые ~ки́ *анат.* fìbro-vásculàr bundles / fascícùlì; 2. (*причёска*) bun.

пу́шечн||ый gun (*attr.*), cánnon (*attr.*); ~ая стрельбá gún-fìre; ~ метáлл, ~ая брóнза gun métal [...'me-]; ◇ ~ое мя́со cánnon-fòdder.

пуш||и́нка *ж.* bit of fluff; ~ снéга snów-flàke ['snou-]. **~и́стый** dówny, flúffy.

пу́ш||ка *ж.* gun, cánnon; зени́тная ~ ánti-áircràft gun, hígh-àngle gun; противотáнковая ~ ánti-tànk gun; ◇ стреля́ть из ~ек по воробья́м ≅ break* a búttèrflý on the wheel [-eɪk...].

пушкáрь *м. ист.* gúnner.

пушкини́ст *м.* Púshkin schólar ['pu- 'skɔ-].

пушкиновéдение *с.* Púshkin schólarship ['pu- 'skɔ-].

пушн||и́на *ж. тк. ед. собир.* furs *pl.*, fúr-skìns *pl.*; péltry; pelts *pl.* **~óй**: ~óй зверь fúr-béaring ánimal [-'bɛər-...]; *собир.* fúr-béaring ánimals *pl.*; ~óй товáр furs *pl.*; ~óй прóмысел fur trade.

пушóк *м.* 1. fluff, flue; 2. (*на плодах*) bloom.

пу́ща *ж.* dense / vírgin fórest [...'fɔ-].

пу́ще *нареч. разг.* more / worse than: он бои́тся егó ~ смéрти he fears him more than death [...deθ]; — ~ всегó most of all.

пу́щ||ий: для ~ей вáжности *разг.* for gréater show [...'greɪtə ʃou].

пчел||á *ж.* bee; рабóчая ~ wórker bee. **~и́ный** bees (*attr.*), bee (*attr.*); ~и́ный у́лей (bée-)hìve; ~и́ный рой swarm of bees; ~и́ный воск bées-wàx [-zwæks]; ~и́ная мáтка quéen (-bee).

пчеловóд *м.* bée-màster; ápiarist. **~ство** *с.* bée-keeping, ápicùlture ['eɪ-]. **~ческий** bée-keeping (*attr.*).

пчéльник *м.* bée-gárden, ápiary.

пшени́||ца *ж.* wheat; ярóвая, ози́мая ~ spring, wínter wheat. **~чный** whéaten; ~чный хлеб white bread [...bred]; (*каравай*) whéaten loaf*.

пшённ||ик *м.* míllet-pùdding [-pu-]. **~ый** míllet (*attr.*); ~ая кáша (*жидкая*) míllet gruel [...gru-]; (*густая*) míllet pórridge.

пшенó *с.* míllet.

пыж *м. охот.* wad.

пы́жик *м.* 1. (*животное*) young réindeer* [jʌŋ...]; 2. (*мех*) fur of young réindeer*.

пы́жиков||ый: ~ая шáпка déer-skìn cap.

пыжиться, напыжиться *разг.* **1.** (*важничать*) be puffed up, puff up; 2. (*стараться*) make* éfforts.

пыл *м.* árdour; в ~ý спóра in the heat / blaze of *the* árgument; в ~ý гнéва in a fit of ánger; в ~ý сражéния in the thick of *the* fight.

пылá||ть 1. flame, blaze; (*о доме и т. п.*) be abláze; (*перен.*; *о лице*) glow [glou]; с ~ющими щекáми one's cheeks fláming / glówing [...'glou-]; 2. (*тв.*) burn* (with); ~ стрáстью burn* with pássion; ~ гнéвом be in a rage, blaze (with rage); rage.

пылевидн||ый pówdered; ~ое тóпливо pówdered fuel [...fju-].

пыленепроницáемый dúst-proof.

пылесóс *м.* vácuum cléaner.

пылинка *ж.* speck of dust.

пылить, напылить raise dust, fill the air with dust. **~ся** get* / become* dústy.

пылк||ий árdent, pássionate; ~ая речь férvent speech; ~ое желáние férvent desíre [...-'z-]; ~ое воображéние férvid imàginátion. **~ость** *ж.* árdency, árdour, férvency, pássion.

пыл||ь *ж.* dust; (*водяная*) spray; ýгольная ~ cóal-dùst; (*для брикетов*) slack; быть в ~и́ be cóvered / pówdered with dust [...'kʌ-...]; сметáть ~ (*с рд.*) dust (*d.*); ◇ ~ в глазá пускáть ≅ cut* a dash, show* off [ʃou...].

пыльник I *м. бот.* ánther; без ~ов ànántherous.

пыльник II *м.* (*плащ*) dúst-coat, dúst-cloak; dúster.

пыльн||о 1. *прил. кратк. см.* пыльный; 2. *предик. безл.* it is dústy. **~ый** dústy; ~ая тряпка *разг.* dúster.

пыльцá *ж. бот.* póllen.

пырéй *м. бот.* cóuch-gràss.

пырнýть *сов.* (*вн.*) *разг.* (*штыком и т. п.*) jab (*d.*); ~ ножóм thrust* *a* knife (into); ~ рогáми butt (*d.*).

пытáть (*вн.*) **1.** (*подвергать пытке; тж. перен.*) tórture (*d.*), tòrmént (*d.*); **2.** *разг.* (*пробовать*) try (*d.*). **~ся**, попытáться **1.** attémpt, try; endéavour [-'devə] *книжн.*; 2. *страд. к* пытáть 1.

пытк||а *ж.* tórture, tórmènt; (*мýка*) ánguish; подвергáть ~е (*вн.*) put* to tórture (*d.*); put* on the rack (*d.*) *идиом.*; орýдие ~и ínstrument of tórture.

пытлив||ость *ж.* in¦quísitive¦ness [-zɪ-], séarching¦ness ['sɜːtʃ-], kéenness. **~ый** in¦quísitive [-zɪ-], séarching ['sɜːtʃ-], keen; ~ый ум in¦quísitive mind; ~ый взгляд keen / séarching look; keen / séarching eyes [...aɪz] *pl.*

пыхать blaze; (*тв.*) give* out (*d.*), put* forth (*d.*); be full (of); (*перен.*) be the pícture (of); от пéчки пышет (жáром) the stove is blázing; он, онá пышет здорóвьем he, she is a pícture of health [...helθ].

пыхтéть, пропыхтéть puff; pant; (над; *перен.*) puff (óver), pant (óver).

пышка *ж.* **1.** (*булка*) puff, dóughnùt ['dou-]; bun; **2.** *разг.* (*о человеке*) plump pérson.

пышн||ость *ж.* spléndour, màgnífícence. **~ый 1.** (*роскошный*) màgnífícent, spléndid; **2.** (*о растительности*) lùxúriant; **3.** (*о платье, волосах и т. п.*) flúffy; ~ые вóлосы flúffy / lùxúriant hair *sg.*; ~ый рукáв puffed sleeve; ◇ ~ый пирóг light pie.

пьедестáл *м.* pédestal.

пьéксы *мн.* (*ед.* пьéкса *ж.*) skíing boots ['skiː-, 'ʃiː-...].

пьéса *ж.* **1.** *театр.* play; **2.** *муз.* piece [piːs].

пьянéть, опьянéть get* / grow* típsy / inébriàted [...grou...ɪ'niː-]; get* / grow* intóxicàted (*тж. перен.*); опьянéть (от) be drunk / típsy (with); be intóxicàted (with; *тж. перен.*).

пьянить, опьянить (*вн.*) make* drunk (*d.*); intóxicàte (*d.*; *тж. перен.*).

пьяниц||а *м. и ж.* drúnkard, tóper, típpler; гóрький ~ confírmed drúnkard, sot; быть ~ей drink* hard; drink* like a fish.

пьянка *ж. разг.* drínking-bout; spree; binge; (*шумная*) caróusal [-zəl].

пьянство *с.* hard drinking. **~вать** drink* hard / deep.

пьянчý||га *м.*, **~жка** *м. разг.* sot.

пьян||ый 1. *прил.* drunk, típsy; intóxicàted (*тж. перен.*); tight *разг.*; ~ое винó héady wine ['hedɪ...]; ~ая похóдка típsy gait; ~ гóлос típsy voice; он сильно пьян he is drunk; he is very much on *разг.*; **2.** *м. как сущ.* drunk man*.

пэр *м.* peer (*member of the nobility*).

пюпитр *м.* desk, réading-dèsk, réading-stànd; нóтный ~ músic-stànd [-zɪk-].

пюрé [-рэ́] *с. нескл.* purée (*фр.*) ['pjuəreɪ]; картóфельное ~ mashed potátòes *pl.*; potátò mash; суп-~ purée, thick soup [...suːp].

пяд||ь *ж.* span; (*перен.*) inch; ◇ ни ~и not a single inch; будь он семи ~ей во лбу ≅ if he be a Sólomon.

пялить: ~ глазá (на *вн.*) *разг.* stare (at).

пяльцы *мн.* (*круглые для вышивания*) tàmbour [-buə] *sg.*; (*для кружев*) láce-fràme *sg.*

пясть *ж. анат.* mètacárpus.

пятá *ж.* **1.** heel; **2.** *тех.* abútment; ◇ ходить за кем-л. по ~м fóllow on smb.'s heels, tread* on smb.'s heels [tred...]; гнáться за кем-л. по ~м pursúe smb. clóse¦ly [...-s-]; be at / up¦on smb.'s heels; ахиллéсова ~ heel of Achíllès [...ə'kɪliːz]; до пят down to one's ánkles.

пят||áк *м. разг.* fíve-cópèck coin. **~ачóк** *м. разг.* **1.** = пятáк; **2.** (*рыло у свиньи*) snout.

пятёрк||а *ж.* **1.** *разг.* (*цифра*) five; **2.** *разг.* (*отметка*) five, éxcellent; ученик получил ~у по истóрии the púpil's mark for hístory was éxcellent, the púpil got an éxcellent for hístory; постáвить комý-л. ~у give* smb. an éxcellent; **3.** *разг.* (*пять рублей*) fíve-rouble note [-ruː-...]; **4.** *карт.* five; козырнáя ~ five of trumps; ~ червéй, пик *и т. п.* the five of hearts, spades, *etc.* [...hɑːts...].

пятерня *ж. разг.* five fíngers.

пятеро *числит.* five; для всех пятерых for all five; нас ~ there are five of us.

пяти- (*в сложн. словах, не приведённых особо*) of five, *или* fíve- — *соотв. тому, как даётся перевод второй части слова; напр.* пятиднéвный of five days, fíve-day (*attr.*); (*ср.* -днéвный: of... days, -day *attr.*); пятимéстный with berths, seats for 5; (*о самолёте, машине и т. п.*) fíve-seater (*attr.*); (*ср.* -мéстный).

пятиалтынный *м. скл. как прил. разг.* fíftéen-cópèck coin; fíftéen cópècks *pl.*

пятибóрье *с. спорт.* pèntáthlòn.

пятиглáвый fíve-dòmed.

пятигранн||ик *м. мат.* pèntahédron. **~ый** pèntahédral.

пятидесяти- (*в сложн. словах, не приведённых особо*) of fífty, *или* fífty- — *соотв. тому, как даётся перевод второй части слова; напр.* пятидесятиднéвный of fífty days, fífty-day (*attr.*); (*ср.* -днéвный: of... days, -day *attr.*); пятидесятимéстный with berths, seats for 50; (*о самолёте и т. п.*) fífty-seater (*attr.*); (*ср.* -мéстный).

пятидесятилéтие *с.* **1.** (*годовщина*) fíftieth ànnivérsary; (*день рождения*) fíftieth bírthday; **2.** (*срок в 50 лет*) fífty years *pl.*

пятидесятилéтний 1. (*о сроке*) of fífty years; fífty-year (*attr.*); ~ юбилéй fíftieth ànnivérsary; **2.** (*о возрасте*) of fífty, fífty-year-óld; ~ человéк man* of fífty, fífty-year-óld man*.

пятидесят||ый fíftieth; страница, главá ~ая page, chápter fífty; ~ нóмер númber fífty; емý (пошёл) ~ год he is in his fíftieth year; ~ые гóды (*столетия*) the fífties; в начáле ~ых годóв in the éarly fífties [...'ɜːlɪ...]; в концé ~ых годóв in the late fífties.

пятиднéвка *ж.* fíve-day week.

пятиднéвный of five days; fíve-day (*attr.*); в ~ срок in / within five days.

пятиконéчн||ый pèntágonal, fíve-pointed; ~ая звездá fíve-pointed star.

пятикрáтный five¦fòld, quíntuple.

пятилéтие *с.* **1.** (*годовщина*) fifth ànnivérsary; **2.** (*срок в 5 лет*) five years *pl.*

пятиле́т||ка *ж.* Fíve-Year Plan; ~ в четы́ре го́да complétion / fulfílment of the Fíve-Year Plan in four years [...ful- ...fɔː...]. **~ний** 1. (*о сроке*) of five years; fíve-year (*attr.*); ~ний план Fíve-Year Plan; 2. (*о возрасте*) of five; fíve-year-óld; ~ний ребёнок child* of five; fíve-year-óld child*.

пятиме́сячный 1. (*о сроке*) of five months [...mʌ-]; lásting five months; fíve-mònth [-mʌ-] (*attr.*); в ~ срок in five months (time); within five months (time); 2. (*о возрасте*) fíve-mònths-óld [-mʌ-]; ~ ребёнок fíve-mònths-óld child*.

пятинеде́льный 1. (*о сроке*) of five weeks; fíve-wéek (*attr.*); 2. (*о возрасте*) fíve-week-óld.

пятипо́лье *с. с.-х.* fíve-fìeld crop ròtátion [-fiː-...rou-].

пятирублёвка *ж. разг.* fíve-rouble note [-ruː-...].

пятисло́жный *грам.* pèntasyllábic.

пятисотле́тие *с.* 1. (*годовщина*) fíve-húndredth ànnivérsary; 2. (*срок в 500 лет*) five cénturies *pl.*

пятисо́тница *ж.* chámpion beet grówer [...'grouə] (*with yield of 500 centners per hectare*).

пятисо́т||ый fíve-húndredth; страни́ца ~ая page five húndred; ~ но́мер númber five húndred; ~ая годовщи́на fíve-húndredth ànnivérsary; ~ год the year five húndred.

пятисто́пный *лит.*: ~ стих pèntámeter; ~ ямб ìámbic pèntámeter.

пятито́нка *ж. разг.* fíve-tón lórry [-'tʌn...].

пятиты́сячный fíve-thóusandth [-z-].

пя́титься, попя́титься move báckward(s) [muːv -dz]; back; (*о лошади*) jib.

пятиуго́льн||ик *м. мат.* péntagon. ~**ый** pèntágonal, fíve-còrnered.

пятичасово́й 1. (*о продолжительности*) of five hours [...auəz]; fíve-hour [-auə] (*attr.*); 2.: ~ по́езд the five o'clóck train; the five o'clóck *разг.*

пятиэта́жный fíve-stòried [-rɪd].

пя́т||ка *ж.* heel; двойна́я ~ (*чулка*) double heel [dʌ-...]; ◇ у него́ душа́ в ~ки ушла́ ≅ his heart sank to his boots, *или* rose to his mouth [...hɑːt...]; лиза́ть кому́-л. ~ки ≅ lick smb.'s shoes / boots [...ʃuːz...]; от головы́ до ~ок ≅ from head to foot [...hed...fut]; from top to toe; удира́ть так, что ~ки сверка́ют show* a clean pair of heels [ʃou...], take* to one's heels.

пятнадцати- (*в сложн. словах, не приведённых особо*) of fíftéen, *или* fíftéen- — *соотв. тому, как даётся перевод второй части слова; напр.* пятнадцатидне́вный of fíftéen days, fíftéen-day (*attr.*); (*ср.* -дне́вный: of... days, -day *attr.*); пятнадцатиме́стный with berths, seats for 15; (*о самолёте и т. п.*) fíftéen-seater (*attr.*); (*ср.* -ме́стный).

пятнадцатиле́тний 1. (*о сроке*) of fíftéen years; fíftéen-year (*attr.*); 2. (*о возрасте*) of fíftéen, fíftéen-year-óld; ~ ма́льчик boy of fíftéen, fíftéen-year-óld boy.

пятна́дцат||ый fíftéenth; ~ое февраля́ *и т. п.* the fíftéenth of Fébruary, *etc.*; Fébruary, *etc.*, the fíftéenth; страни́ца, глава́ ~ая page, chápter fíftéen; ~ но́мер númber fíftéen; ему́ (пошёл) ~ год he is in his fíftéenth year; одна́ ~ая one fíftéenth.

пятна́дцать *числит.* fíftéen; ~ раз ~ fíftéen times fíftéen; fíftéen fíftéens.

пятна́ть 1. (*вн.*) spot (*d.*), stain (*d.*), brand (*d.*), blémish (*d.*); 2. *разг.* (*в игре в пятнашки*) put* out (*d.*).

пятна́шки *мн. разг.* (*игра*) tag *sg.*, tóuch-làst ['tʌ-] *sg.*

пятни́стый spótty; dappled, spótted, blotched; ~ оле́нь spótted deer*.

пя́тница *ж.* Fríday ['fraɪdɪ]; по ~м on Frídays, every Fríday; ◇ у него́ семь пя́тниц на неде́ле ≅ he keeps chánging his mind [...'tʃeɪ-...].

пятно́ *с.* spot (*тж. перен.*); patch; blot, stain (*тж. перен.*); (*на репутации тж.*) blémish; (*позорное*) stígma; со́лнечные пя́тна *астр.* sún-spòts; роди́мое ~ bírth-màrk; mole; в пя́тнах (*запачканный*) stained; (*о лице*) blótchy; выводи́ть пя́тна remóve, *или* take* out, stains [-'muːv...]; э́то ~ на его́ репута́ции that is a stain on his rèputátion; ◇ и на со́лнце есть пя́тна *посл.* ≅ nothing is pérfect.

пя́тнышко *с.* speck.

пято́к *м. разг.* five *pl.*; ~ яи́ц, я́блок *и т. п.* five eggs, apples, *etc.*

пя́т||ый fifth; ~ое января́, февраля́ *и т. п.* the fifth of Jánuary, Fébruary, *etc.*; Jánuary, Fébruary, *etc.*, the fifth; страни́ца, глава́ ~ая page, chápter five; ~ но́мер númber five; (*о размере*) size five; ему́ (пошёл) ~ год he is in his fifth year; ему́ ~ деся́ток пошёл he is past fórty; уже́ ~ час it is past four [...fɔː]; в ~ом часу́ past / áfter four; полови́на ~ого half past four [hɑːf...]; три че́тверти ~ого a quárter to five; одна́ ~ая one fifth; ◇ ~ая коло́нна Fifth Cólumn; расска́зывать из ~ого в деся́тое ≅ tell* *a story* in snátches.

пять *числит.* five.

пятьдеся́т *числит.* fífty; ~ оди́н *и т. д.* fífty-òne, *etc.*; ~ пе́рвый *и т. д.* fífty-fìrst, *etc.*; лет ~ (*о времени*) abóut fífty years; (*о возрасте*) abóut fífty; лет ~ тому́ наза́д abóut fífty years agó; ему́ лет ~ he is / looks abóut fífty; ему́ о́коло пяти́десяти he is abóut fífty; ему́ под ~ he is néarly fífty; ему́ (перевали́ло) за ~ he is óver fífty; he is in his fífties; челове́к лет пяти́десяти a man* of / abóut fífty; в пяти́десяти кило́метрах (от) fífty kílomètres (from).

пятьсо́т *числит.* five húndred.

пя́тью *нареч.* five times; ~ пять five times five; five fives.

Р

раб *м.* slave; (*крепостной крестьянин тж.*) serf, bónd(s)¦man*, lánd-slàve.

раба́ *ж.* slave; (*крепостная крестьянка тж.*) serf, bóndmaid, bónd¦wòman* [-wu-].

рабовлад||е́лец *м.*, **~е́лица** *ж.* sláve-hòlder, sláve-owner [-ou-]. **~е́льческий** sláve-hòlding; ~е́льческий строй sláve-owning sýstem [-ou-...]. **~е́ние** *с.* sláve-owning [-ou-].

раболе́пие *с.* = раболе́пство.

раболе́п||ный sérvile. **~ство** *с.* sèrvílity, crínging [-ndʒ-]. **~ствовать** (пе́ред) fawn (on, up¦ón), cringe (to).

рабо́т||а *ж.* 1. (*в разн. знач.*) work; (*действие тж.*) wórking; тру́дная ~ hard work; физи́ческая ~ phýsical work [-zɪ-...]; у́мственная ~ méntal work, bráin-wòrk; нау́чная ~ scìentífic work; совме́стная ~ collàborátion; обще́ственная ~ públic / sócial work ['pʌ-...]; ажу́рная ~ ópen-wòrk; (*об архитектурном орнаменте*) trácery ['treɪ-]; лепна́я ~ stúccò work, pláster work; mó(u)ldings ['mou-] *pl.*; сельскохозя́йственные ~ы àgricúltural work *sg.*; нала́живать, развёртывать ~у órganìze work; за ~ой at work; едини́ца ~ы *физ.* únit of work; обеспе́чить норма́льную ~у (*рд.*; *учреждения и т. п.*) ensúre the nórmal fúnctioning [-'ʃuə...] (of); дома́шняя ~ hóme-assignment [-aɪn-], hóme-tàsk, hóme¦wòrk; 2. (*занятие, служба*) work, job; случа́йная ~ cásual work ['kæʒ-...]; odd job(s) (*pl.*) *разг.*; постоя́нная ~ régular work; поступа́ть на ~у go* to work; иска́ть ~у look for work; look for a job *разг.*; быть без ~ы, не име́ть ~ы be out of work; 3. *мн.*: ка́торжные ~ы *уст.* pénal sérvitùde *sg.*; принуди́тельные ~ы forced lábour *sg.*; ◇ э́то его́ ~ that is his doing; взять кого́-л. в ~у take* smb. in hand.

рабо́т||ать 1. work; ~ по на́йму work for hire; ~ подённо work by the day; ~ сверхуро́чно work óver¦-tìme; ~ спустя́ рукава́ scamp one's work; усе́рдно ~ work hard, work with zeal / díligence; work tooth and nail *идиом.*; ~ за четверы́х do the work of four [...fɔː]; ~ в две, три сме́ны work in two, three shifts; ~ поноча́м work at night; burn* the mídnìght oil *идиом.*; ~ над кни́гой work on / at *a* book; ~ вёслами ply the oars; кружо́к ~ает уже́ четы́ре го́да the circle has been gó¦ing for four years; **2.** (*о машине и т. п.*) work, run*; не ~ (*быть испорченным*) not work, be out of órder; телефо́н не ~ает the télephòne does not work, *или* is out of órder; **3.** (*быть открытым — об учреждении и т. п.*) be ópen: библиоте́ка ~ает до 5 часо́в the líbrary is ópen till 5 o'clóck [...'laɪ-...]; ◊ вре́мя ~ает на нас time is on our side; кто не ~ает, тот не ест he who does not work, néither shall he eat [...'naɪ-...].

рабо́т||аться *безл.*: сего́дня хорошо́ ~ается work goes swímming¦ly / smóothly to¦dáy [...-ð-...]; ему́ не ~алось he did not feel like wórking.

рабо́тни||к *м.* (*в разн. знач.*) wórker; (*наёмный — в деревне*) fárm-hànd; ~ки у́мственного труда́ méntal / brain wórkers; ~ки физи́ческого труда́ mánual wórkers; ~ки у́мственного и физи́ческого труда́ wórkers by hand and brain; ~ки иску́сства wórkers in the field of art [...fiː-...], people of the àrtístic world [piː-...]; ~ки социалисти́ческого земледе́лия wórkers of sócialist ágricùlture; ~ки наро́дного образова́ния èducátion¦-alists; нау́чный ~ scièntífic wórker; (*в области гуманитарных наук*) schólar ['skɔ-]; отве́тственный ~ exécutive; парти́йный ~ párty wórker; квалифици́рованный ~ skilled wórker; отли́чный ~ éxcellent wórker; он еди́нственный ~ в семье́ he is the ónly bréad-wìnner in the fámily [...'bred-...]. ~ца *ж.* wórker, wóman-wòrker ['wu-]; дома́шняя ~ца (doméstic) sérvant, hóuse¦maid [-s-]; help *амер.*

рабо́тный: ~ дом *ист.* wórk¦-house* [-s].

работода́тель *м. эк.* emplóyer.

работорго́в||ец *м.* sláve-tràder, sláver. ~ля *ж.* sláve-tràde.

работоспосо́бн||ость *ж.* capácity for work, effíciency. ~ый **1.** (*могущий работать*) áble-bódied [-'bɔ-] (*об. attr.*); **2.** (*способный много работать*) hardwòrking; posséssing great capácity for work [-'zes- greɪt...].

работя́||га *м. и ж. разг.* hard wórker; plódder, slógger. ~щий indústrious.

рабо́че-крестья́нский Wórkers' and Péasants' [...'pez-]; Рабо́че-Крестья́нская Кра́сная А́рмия *ист.* the Wórkers' and Péasants' Red Ármy.

рабо́ч||ий I *м. скл. как прил.* wórker, wórk¦man*, wórking man*; lábour¦er; индустриа́льный ~ indústrial wórker; ~ от станка́ fáctory wórker; наёмный ~ hired wórker; (*в сельском хозяйстве*) hired lábour¦er; hand *амер.*; сельскохозя́йственный ~ àgricúltural wórker; подённый ~ dáy-làbour¦er; сезо́нный ~ séasonal wórker [-z°n-...]; ~-железнодоро́жник ráilway¦man*; ráilroad¦man*, ráilroader *амер.*; коллекти́в ~их the wórkers *pl.*; ~ие и слу́жащие indústrial, óffice and proféssional wórkers; (*какого-л. предприятия*) mánual and óffice wórkers.

рабо́ч||ий II *прил.* **1.** wórker's, wórking; lábour (*attr.*), work (*attr.*); ~ класс the wórking class; ~ая молодёжь wórking youth [...juːθ]; young wórkers [jʌŋ...] *pl.*; ~ее движе́ние wórking-clàss móve¦ment [...'muːv-]; ~ по́езд wórkmen's train; **2.** (*производящий работу*) work (*attr.*), wórking; ~ скот draught ánimals [drɑːft...] *pl.*; ~ая ло́шадь dráught-hòrse [drɑːft-]; ~ая пчела́ wórker bee; ~ мураве́й wórker ant; **3.** *прил. к* рабо́та 1, 2; *тж.* wórking; ~ее вре́мя wórking time; wórking hours [...auəz] *pl.*; ~ день wórking day; ~ее пла́тье wórking clothes [...klouðz] *pl.*; ~ее ме́сто wórking place, place for wórking; **4.** *тех.*: ~ее колесо́ dríving wheel; ~ объём (*цилиндра*) píston-swèpt vólume; ~ чертёж wórking dráwing; ~ ход wórking stroke; (*поршня*) dríving / explósion / ignítion stroke; ◊ ~ие ру́ки hands; ~ая си́ла mánpower, lábour pówer.

ра́бск||ий 1. slave (*attr.*); ~ труд slave lábour; slávery ['sleɪ-]; **2.** (*покорный*) sérvile, slávish ['sleɪ-]; ~ое послуша́ние, ~ое подчине́ние sérvile submíssion; ~ое подража́ние sérvile / slávish ìmitátion.

ра́бств||о *с.* sérvitùde, slávery ['sleɪ-]; bóndage; thráldom ['θrɔːl-] *книжн.*; быть в ~е (у) be held in sérvitùde (by); отме́на ~а àbolítion of slávery.

рабфа́к *м.* (рабо́чий факульте́т) wórkers' fáculty / depártment, wórkers' high school.

рабы́ня *ж.* slave, bóndmaid, bónd¦-wòman* [-wu-].

равви́н *м.* rábbì.

равели́н *м. воен. уст.* rávelin.

ра́венств||о *с.* (*в разн. знач.*) èquálity [iː-]; ~ пе́ред зако́ном èquálity befóre the law; èquálity in the eye of the law [...aɪ...] *идиом.*; знак ~а the sign of èquálity [...saɪn...], équals sign.

равне́ние *с.* dréssing, alígnment [-aɪn-].

равни́н||а *ж.* plain. ~ный *прил. к* равни́на; ~ный жи́тель pláins¦man*; ~ная ме́стность flat cóuntry [...'kʌ-].

равно́ I 1. *прил. кратк. см.* ра́вный; **2.** *предик. переводится личн. формами гл.* be *или* make*: пять плюс три ~ восьми́ five plus three is / makes eight; ◊ всё ~ (*безразлично*) it is all the same, it makes no dífference; it does not mátter; (*несмотря ни на что*) all the same; ему́ всё ~ he does not care; ему́ всё ~, пойдёт она́ и́ли нет it is all the same to him, *или* he does not care, whéther she goes or not; он всё ~ придёт he will come all the same; не всё ли ~? what does it mátter?, what's the dífference?, what dífference does it make?; всё ~, что just the same as; э́то всё ~, что отказа́ться it is equívalent to a refúsal [...-z-]; ему́ э́то не всё ~ he does care.

равно́ II *нареч.* **1.** (*одинаково*) alíke, in like mánner; он поступа́ет ~ со все́ми he treats éverybody alíke, *или* in the same mánner; **2.** *как союз* (*также*) *об.* а ~ и, ~ как (и) as well as; (*после отриц.*) nor; он ду́мает о ней, а ~ и о её де́тях he thinks of her as well as of her children; они́ от вас ничего́ не тре́буют, ~ как и от ва́шего бра́та they requíre nóthing éither of you or of your bróther [...'aɪ-...'brʌ-].

равнобе́дренный *мат.* ìsóscelès [aɪ'sɔsəliːz]; ~ треуго́льник ìsóscelès tríàngle.

равновели́к||ий ìsométric [aɪ-], èquigráphic [iː-]; *мат.* equívalent; ~ая прое́кция èquigráphic projéction; ~ие пло́щади equívalent áreas [...'ɛərɪəz]; ~ие треуго́льники equívalent tríàngles.

равнове́с||ие *с.* (*прям. и перен.*) èquilíbrium [iː-], bálance, équipoise; усто́йчивое ~ stable èquilíbrium; неусто́йчивое ~ únsteady / móbile èquilíbrium [-'ste- 'mou-...]; безразли́чное ~ indífferent èquilíbrium; полити́ческое ~ bálance of pówer; душе́вное ~ méntal èquilíbrium; теря́ть ~ (*прям. и перен.*) lose* one's bálance [luːz...]; восстана́вливать ~ restóre the èquilíbrium / bálance; э́то восстанови́ло её душе́вное ~ it helped her to recóver her èquilíbrium / bálance [...-'kʌ-...]; наруша́ть ~ (*рд.*), выводи́ть из ~ия (*вн.*) distúrb the èquilíbrium (of), ùpsét* the bálance (of); (*о человеке*) ùpsét* smb., *или* smb.'s èquanímity [...iː-]; приводи́ть в ~ (*вн.*) bálance (*d.*); сохраня́ть ~ (*прям. и перен.*) keep* one's bálance.

равноде́йствующая *ж. скл. как прил. физ., мат.* resúltant (force) [-'zʌ-...].

равноде́нств||енный *астр.* èquinóctial [iː-], èquidiúrnal [iː-]. ~ие *с. астр.* équinòx ['iː-]; то́чка ~ия èquinóctial point [i:-...]; весéннее, осéннее ~ие vérnal, autúmnal équinòx.

равноду́шие *с.* indifference; относи́ться с ~м (к) treat with indifference (*d.*), be indifferent (to, towards).

равноду́шно I *прил. кратк. см.* равноду́шный.

равноду́шн||о II *нареч.* with indifference, indifferently. **~ый** (к) indifferent (to).

равнозна́ч||ащий, ~ный equívalent, èquipóllent [i:-].

равномéрно I *прил. кратк. см.* равномéрный.

равномéрн||о II *нареч.* éven|ly; *физ., тех.* únifòrmly; ~ распределя́ть что-л. distríbùte smth. éven|ly; ~ развива́ться devélop éven|ly [-'ve-...]; ~-ускóренный *физ.* únifòrmly àccéleràted; ~-заме́дленный *физ.* únifòrmly dècéleràted [...di:-]. **~ость** *ж.* éven|ness; ùnifórmity. **~ый** éven; *физ., тех.* únifòrm; ~ое распределéние éven distribútion; ~ое разви́тие éven devélopment; ~ое движéние *физ., тех.* únifòrm mótion / velócity; ~ое ускорéние únifòrm àccèlerátion; ~ое замедлéние únifòrm dècèlerátion [...di:-].

равноотстоя́щий *мат.* équidístant ['i:-].

равнопра́в||ие *с.* èquálity (of rights) [i:-...]; пóлное ~ compléte èquálity of rights; ~ нарóдов èquálity of *the* peoples [...pi:-]. **~ный** équal in rights, posséssing / enjóying équal rights [-'zes-...]; быть ~ным posséss / enjóy équal rights [-'zes...]; ~ный договóр équitable tréaty.

равноси́льн||ый 1. equívalent, tántamount, of equal strength; 2. (*дт.*; *тождéственный*) équal (to), tántamount (to); э́то ~о катастрóфе it is equívalent / tántamount to a catástrophe [...-fi], it amóunts to a catástrophe.

равно||сторóнний *мат.* équiláteral ['i:-]; ~ треугóльник équiláteral tríàngle. **~угóльный** *мат.* èquiángular [i:-]; ~угóльный треугóльник èquiángular tríàngle.

равноускóренный *физ., тех.* únifòrmly àccéleràted.

равноцéнн||ость *ж.* equívalence. **~ый** equívalent; of équal worth / válue; ~ые товáры commódities of équal worth.

рáвн||ый (*в разн. знач.*) équal; почти́ ~ néarly équal; sùb-équal *научн.*; ~ая величинá, ~ое коли́чество équal quántity; ~ой длины́, ширины́ of équal, *или* the same, length, width / breadth [...bre-]; быть ~ым комý-л. (по *дт.*) be équal to smb. (in), équal smb. (in); относи́ться к комý-л. как к ~омy treat smb. as one's équal; у них ~ые спосóбности their abílities are équal, they are équal in abílity; емý нет ~ого he has no équal / match, it would be hard to find his match; ~ым óбразом équal|ly, as well as, líke|wìse; при прóчих ~ых услóвиях other things bé|ing équal; на ~ых основáниях on équal grounds.

равня́ть, сравня́ть 1. (*вн.*; *дéлать рáвным*) éven (*d.*); сравня́ть счёт *спорт.* éven / équalìze the score [...'i:k-...]; 2. (*вн.* с *тв.*) *разг.* (*давáть рáвную оцéнку*) équalìze (*d.* to, with), compáre (*d.* with).

равня́ться, сравня́ться 1. (с *тв.*) *разг.* (*признавáть себя́ рáвным*) compéte (with); никтó не мóжет ~ с ним nó|body can compéte with him, he is without a ríval; 2. *тк. несов.* (*дт.*; *быть рáвным*) be équal / equívalent / tántamount (to); amóunt (to); come* práctically (to); дважды три равня́ется шести́ twice three makes, *или* is (équal to), six; ~ катастрóфе be equívalent / tántamount to a catástrophe [...-fi], amóunt to a catástrophe; 3. *тк. несов.* (по *дт*): ~ по лýчшим make* the híghest one's stándard; 4. *тк. несов. воен.* dress, alígn [ə lain]; равня́йсь! dress!; 5. *страд. к* равня́ть.

рагý *с. нескл.* rágout ['ræɡu:].

рад *предик.* (что, + *инф.*, комý-л.) am, is, *etc.*, glad (that, + to *inf.*, to see smb.); он ~, они́ ~ы *и т. д.* чемý-л. he is glad, they are glad, *etc.*, becáuse of smth. [...-'kɔz...]; smth. makes him, them, *etc.*, glad; (я) ~ вас ви́деть, (я) ~ вам (I am) glad to see you; они́ ~ы гóстю they are glad to have *a* vísitor [...-z-]; ◇ ~ не ~ wílly-nílly; ~-радёшенек *разг.* pleased as Punch.

Рáда *ж. ист.* Ràdà ['rɑ:dɑ:] (*deliberative or legislative body in the ancient Ukraine*).

радáр *м.* rádàr.

радéние *с. уст.* (*забóта, усéрдие*) zeal.

радéть, порадéть (*дт.*) *уст.* (*забóтиться*) oblíge (*d.*), grátifỳ (*d.*).

рáджа *м.* rájah ['rɑ:dʒə].

рáди *предл.* (*рд.*) for the sake of; ~ когó-л. for smb.'s sake; ~ негó, них *и т. д.* for his, their, *etc.*, sake; чегó ~? what for?; шýтки ~ for fun; ◇ ~ бóга, ~ всегó святóго *разг.* for góodness' / God's sake.

радиáльный rádial.

радиáтор *м. тех.* rádiàtor.

радиáция *ж. физ.* ràdiátion; сóлнечная ~ sólar ràdiátion.

рáдиевый rádium (*attr.*).

рáди||й *м. хим.* rádium; эманáция ~я rádium èmanátion.

радикáл I *м. мат., хим.* rádical.

радикáл II *м. полит.* rádical. **~и́зм** *м. полит.* rádicalism.

радикáльн||ость *ж.* 1. *полит.* rádicalism; 2. (*лечéния, мéры*) effíciency. **~ый** 1. *полит.* rádical; 2. (*решúтельный*) rádical, drástic; ~ое лечéние rádical cure; ~ые изменéния rádical / swéeping chánges [...'tʃei-]; принимáть ~ые мéры take* drástic méasures [...'meʒ-]; ~ое срéдство drástic rémedy.

рáдио *с. нескл.* rádiò, wíre|less; (*приёмник*) rádiò set; провести́ ~ instáll *a* rádiò set; по ~ by rádiò; óver the air; передавáть по ~ (*вн.*) bróadcàst ['brɔ:d-] (*d.*); слýшать ~ lísten in ['lis°n...]; обращáться к нарóду по ~ bróadcàst to the nátion / cóuntry [...'kʌ-]; выступáть по ~ speak* / bróadcàst óver the rádiò; go* on the air; гимнáстика по ~ rádiò gymnástics *pl.*; rádiò drill.

радиоакти́вн||ость *ж. хим., физ.* rádiò-àctívity. **~ый** *хим., физ.* rádiò-áctive; ~ые изотóпы rádiò-ísotòpes [-'ai-], rádiò-áctive ísotòpes [...'ai-]; ~ый осáдок rádiò-áctive fáll-out; выпадáющие ~ые части́цы fáll-out rádiò-áctive matérials.

радио||аппарáт *м.* rádiò set. **~вещáние** *с.* bróadcàsting ['brɔ:d-]. **~вещáтельный** bróadcàsting ['brɔ:d-]; ~вещáтельная установка bróadcàsting set, trànsmítter [-z-]. **~волнá** *ж.* rádiò-wáve. **~грáмма** *ж.* rádiò|gràm; wíre|less (méssage); rádiò-télegràm. **~грáфия** *ж.* ràdiógraphy. **~зóнд** *м.* rádiò|sònde. **~инженéр** *м.* wíre|less èngineer [...endʒ-]. **~информáция** *ж.* rádiò-ìnformátion. **~комментáтор** *м.* rádiò cómmèntàtor. **~концéрт** *м.* rádiò cóncert.

радиóла *ж.* rádiò-grámophòne.

радиолокá||тор *м.* rádiò-locátor, rádàr(-sèt). **~циóнный** rádiò-locáting; rádàr (*attr.*); ~циóнная установка rádàr ìnstallátion. **~ция** *ж.* rádiò-locátion, rádàr.

радиолюби́тель *м.* wíre|less enthúsiàst [...-zi-]; wíre|less / rádiò fan *разг.*

радио||мáчта *ж.* rádiò-mást. **~мáяк** *м.* rádiò(-rànge) béacon [-rei-...]. **~мéтр** *м. тех.* ràdiómeter. **~молчáние** *с.* wíre|less sílence [...'sai-]. **~монтáж** *м.* rádiò review [...-'vju:]. **~наýшники** *мн.* éarphònes. **~оборýдование** *с.* wíre|less / rádiò equípment. **~пéленг** *м.* wíre|less (diréctional) béaring [...'bɛə-]. **~пеленгáтор** *м.* wíre|less / rádiò diréction fínder; rádiò|gòniómeter. **~пеленгáция** *ж.* rádiò hóming. **~передáтчик** *м.* (wíre|less / rádiò) trànsmítter [...-z-]. **~передáча** *ж.* trànsmíssion [-z-], bróadcàst [-ɔ:d-]; ~передáча по пéрвой, вторóй прогрáмме bróadcàsting on the first, sécond prógràm(me) [...'se- 'prouɡræm]; слýшать ~передáчу lísten in [-s°n...]. **~перехвáт** *м.* wíre|less intercéption; rádiò íntercèpt *амер.* **~полукóмпас** *м.* wíre|less / rádiò cómpass [...'kʌ-]. **~постанóвка** *ж.* rádiò show [...ʃou]. **~прибóр** *м.* wíre|less / rádiò set. **~приёмник** *м.* (wíre|less / rádiò) recéiver [...-'si:və], rádiò-recéiving set [-'si:v-...], rádiò-sèt. **~приёмный** (rádiò-)recéiving [-'si:v-]; ~приёмная стáнция recéiving státion. ~**прово́дка** *ж.* installátion of wíre|less / rádiò. ~**свя́зь** *ж.* wíre|less / rádiò commùnicátion. ~**се́ть** *ж.* wíre|less / rádiò net; rádiò|-nétwòrk. ~**сигна́л** *м.* wíre|less sígnal; ~сигна́л вре́мени wíre|less time sígnal. ~**слу́шатель** *м.* rádiò lístener [...'lɪs°nə]. ~**ста́нция** *ж.* wíre|less / rádiò státion; похо́дная ~ста́нция wíre|less ténder. ~**телегра́мма** *ж.* = радиогра́мма. ~**телегра́ф** *м.* wíre|less; rádiò|télegràph. ~**телегра́фи́я** *ж.* rádiò|telégraphy, wíre|less telégraphy; contínuous wave rádiò *амер.* ~**телефо́н** *м.* rádiò|télephòne. ~**телефони́я** *ж.* rádiò|teléphony, ràdióphony. ~**терапи́я** *ж.* *мед.* rádiò-thérapy.

радиоте́хн||ик *м.* wíre|less / rádiò mechánic [...-'kæ-]. ~**ика** *ж.* rádiò èngineéring [...endʒ-]. ~**и́ческий**: ~и́ческий институ́т ínstitùte of rádiò èngineéring [...endʒ-]; ~и́ческая промы́шленность rádiò índustry.

радиотрансляцио́нный bróadcàsting ['brɔːd-].

радио||у́зел *м.* bróadcàsting / rádiò centre ['brɔːd-...], rádiò reláy centre. ~**устано́вка** *ж.* rádiò set.

радиофи||ка́ция *ж.* ìnstallátion of wíre|less / rádiò; ~ сёл ìnstallátion of rádiò / wíre|less in víllages. ~**циро́вать** *несов. и сов.* (*вн.*) instáll rádiò (in).

радио||це́нтр *м.* wíre|less / rádiò centre, bróadcàsting centre [-ɔːd-...]. ~**частота́** *ж.* rádiò-fréquency [-'friː-].

радиро́вать *несов. и сов.* (*вн.*, о *пр.*) wíre|less (*d.*), rádiò (*d.*).

ради́ст *м.* wíre|less óperàtor, rádiò|man*, rádiò óperàtor; telégraphist *мор.*

ра́диус *м.* rádius (*pl.* -dii).

ра́довать, обра́довать (*вн.*) make* glad / háppy (*d.*), cause joy (to), gládden (*d.*); э́то его́ о́чень ра́дует it makes him glad / háppy; э́то изве́стие его́ обра́довало he was very glad to hear the news [...-z]; ~ взор, взгляд gládden the eye [...aɪ], be a pléasure to the eye [...'pleʒə...]; ~ сердца́ rejóice / gládden the hearts [...hɑːts]. ~**ся**, обра́доваться be glad / háppy; rejóice; ~ся за кого́-л. be glad for smb.'s sake; он ра́дуется, ви́дя вас сно́ва здоро́вым he is glad to see you well agáin; он ра́дуется ва́шему сча́стью he rejóices at your háppiness; ✧ душа́ ра́дуется the heart fills with joy [...hɑːt...].

ра́достн||ый glad, jóyous, jóyful; ~ крик jóyful cry; ~ое изве́стие glad / háppy news [...-z]; glad / háppy tídings *pl.*

ра́дос||ть *ж.* gládness, joy; ~ жи́зни the joy of life; не чу́вствовать себя́ от ~ти be òver|jóyed, be besíde òne|sélf with joy; пла́кать от ~ти cry / weep* for / with joy; с ~тью with joy; его́ ждала́ ~ joy was a|wáiting him; кака́я ~! what joy / delíght!; ✧ моя́ ~, ~ моя́ my dear, my dárling.

ра́дуга *ж.* ráinbow [-bou].

ра́дужн||о *нареч.* chéerfully; ~ смотре́ть на всё look on the bright side of évery|thing. ~**ый** ìridéscent, òpaléscent [ou-]; ráinbowed [-boud] (*тж. перен.*); (*перен.*) chéerful; ~ые наде́жды òptimístic èxpèctátions; у него́ ~ое настрое́ние he is in very high spírits; ✧ ~ая оболо́чка (гла́за) íris ['aɪə-]; ви́деть, представля́ть что-л. в ~ом све́те have a rádiant / glówing pícture of smth. [...'glou-...].

раду́ш||ие *с.* còrdiálity. ~**но** *нареч.* córdially; ~но принима́ть, встреча́ть кого́-л. give* smb. a córdial / héarty wélcome [...'hɑː-...]. ~**ный** córdial; ~ный приём córdial / héarty wélcome [...'hɑː-...].

раёк *м.* *театр.* *уст.* gállery; посети́тели райка́ óccupants of *the* gállery; the gods *разг.*

раж *м.* *разг.* rage, pássion; входи́ть, приходи́ть в ~ fly* into a pássion, get* into a white heat.

раз I *м.* **1.** time; на э́тот ~ for (this) once [...wʌns], this time, on this occásion; во второ́й, тре́тий *и т. д.* ~ for the sécond, third, *etc.*, time [...'se-...]; в друго́й ~ another time, some other time; ещё ~ once agáin, once more; в после́дний ~ for the last time; ~ в день once a day; ~ в год once a year; вся́кий ~ évery time, each time; вся́кий раз, когда́ whèn|éver; ~ за ~ом time áfter time; ино́й ~ sóme|tìmes; оди́н ~, как-то ~ once, one day; два ~а twice; три ~а, пять ~ *и т. д.* three, five, *etc.*, times; до друго́го ~а till another time; мно́го ~ many times; с пе́рвого ~а from the very first; ни ~у not once, never; не ~ more than once; time and agáin; ~ навсегда́ once (and) for all; **2.** (*при счёте — один*) one; ~, два, три one, two, three; э́то ~ (*при перечислении*) that is the first réason [...'riːz-]; ✧ во́т тебе ~! *разг.* that's done it!; can you beat that! *амер.*; ≅ oh, réally! [ou 'rɪə-]; как ~ just, exáctly; как ~ to the very thing; that's just the tícket *разг.*; как ~ то, что мне ну́жно just what I want, the very thing I want; ~ так..! if that's the way you will have it..!

раз II *нареч.* (*однажды*) once [wʌns], one day.

раз III *союз* since: ~ он не пойдёт, они́ оста́нутся здесь since he is not gó|ing, they will stay here; — ~ так, не́ о чем говори́ть бо́льше in that case there is no more to be said [...keɪs... sed].

разба́вить *сов. см.* разбавля́ть.

разбавля́ть, разба́вить (*вн.*) dìlúte [daɪ-] (*d.*); ~ водо́й dìlúte with wáter [...'wɔː-] (*d.*).

разбаза́рив||ание *с.* *разг.* squándering. ~**ать**, разбаза́рить (*вн.*) *разг.* squánder (*d.*).

разбаза́рить *сов. см.* разбаза́ривать.

разба́ливаться, разболе́ться *разг.* **1.** (*о человеке*) become* ill: он совсе́м разболе́лся he has become quite ill; **2.** (*об отдельном органе*) ache [eɪk]: (у меня́) рука́ разболе́лась my hand aches [...eɪks]; — (у меня́) голова́ разболе́лась I have (got) a héadàche [...'hedeɪk].

разба́лтывать I, разболта́ть (*вн.*) *разг.* (*перемешивать*) shake* up (*d.*), stir up (*d.*).

разба́лтывать II, разболта́ть (*вн.*) *разг.* (*разглашать*) blab out (*d.*), give* a|wáy(*d.*); ~ секре́т blab out, *или* give* a|wáy, *a* sécret.

разба́лтываться, разболта́ться *разг.* **1.** (*о винте, болте и т. п.*) work / get* loose [...-s]; (*о машине и т. п.*) work out of fit; **2.** (*о человеке*) get* out of hand: он совсе́м разболта́лся he has got quite out of hand; **3.** (*размешиваться от взбалтывания*) be mixed; мука́ хорошо́ разболта́лась в воде́ the flour is well mixed with wáter [...'wɔː-].

разбе́г *м.* rúnning start; пры́гать с ~у take* a rúnning jump; ныря́ть с ~у take* a rúnning dive; перескочи́ть ров с ~у take* a rúnning jump óver *a* ditch; здесь нет ме́ста для ~а there is no room to take one's run; прыжо́к с ~у rúnning jump; прыжо́к без ~а stánding jump; ~ при взлёте *ав.* táke-off run.

разбе́гаться *сов.* *разг.* scámper about.

разбе||га́ться, разбежа́ться (*в разные стороны*) scátter; ~ по места́м run* to one's pláces / posts / státions [...pousts...]; ✧ у него́ глаза́ ~жа́лись he was dazzled.

разбежа́ться *сов.* **1.** *см.* разбега́ться; **2.** (*взять разбег*) make* one's run, run* up (*before jumping, diving, etc.*); не́где ~ there is no room for a rúnning jump, dive, *etc.*

разбереди́ть *сов. см.* береди́ть.

разбива́ть, разби́ть (*вн.*) **1.** break* [-eɪk] (*d.*; *тж. перен.*); (*о машине, самолёте*) crash (*d.*), smash (*d.*); ~ окно́, ча́шку break* *the* wíndow, *the* cup; ~ вдре́безги smash to smíthereéns [...-ðə-] (*d.*); **2.** (*разделять*) divíde (*d.*), break* up / down (*d.*); ~ на сло́ги divíde, *или* break* up, into sýllables (*d.*); ~ на гру́ппы séparàte into (small) groups [...gruː-] (*d.*); **3.** (*размечать, планировать*) lay* out (*d.*), mark out (*d.*); ~ ко́лышками peg out (*d.*); **4.** (*палатку, лагерь и т. п.*) pitch (*d.*), set* up (*d.*); **5.** (*наносить поражение*) beat* (*d.*), deféat (*d.*), smash (*d.*); разби́ть на́голову crush (*d.*), rout (*d.*), deféat útterly (*d.*); ~ до́воды, утвержде́ния *и т. п.* smash árguments, assértions, *etc.*;

6. (*расшибать*) hurt* bád¦ly (*d.*), break* (*d.*), frácture (*d.*); ~ го́лову hurt* one's head bád¦ly [...hed...]; ~ че́реп frácture *the* skull; ~ кому́-л. нос в кровь draw* blood from smb.'s nose [...blʌd...], smash smb.'s nose, make* smb.'s nose bleed; 7. *полигр.* space (out) (*d.*); ◇ быть разби́тым параличо́м be páralỳsed / pálsied [...'pɔːlzɪd]. **~ся**, разби́ться 1. break* [-eɪk], get* / be bróken; (*о машине, самолёте*) crash; 2. *тк. несов.* (*о волне*) comb [koum]; 3. (*разделяться*) break* up, divíde; 4. (*получать повреждения*) hurt* / bruise òne¦sélf bád¦ly [...bruːz...]; 5. *страд.* к разбива́ть.

разби́вка *ж.* 1. (*планировка*) láying out / off; ~ ко́лышками (*обозначение*) pégging out; 2. *полигр.* spácing (out).

разбинтова́ть(ся) *сов. см.* разбинто́вывать(ся).

разбинто́вывать, разбинтова́ть (*вн.*) take* off, *или* remóve, *a* bándage [...-'muːv...] (from). **~ся**, разбинтова́ться 1. come* / get* únbándaged; рука́ разбинтова́лась *the* hand has come / got únbándaged, *the* bándage on *the* hand has come ún¦dóne; 2. *страд.* к разбинто́вывать.

разбира́тельство *с. юр.* tríal; суде́бное ~ court exàminatíon [kɔːt...].

разбир||а́ть, разобра́ть (*вн.*) 1. (*расхватывать*) take* (*d.*); (*раскупать*) buy* up [baɪ...] (*d.*); все кни́ги разобра́ли all the books are táken, the books have all been táken; 2. (*на части — о механизме и т. п.*) strip (*d.*), dísassémble (*d.*), dismántle (*d.*), take* to píeces [...'piː-] (*d.*); (*о доме, стене и т. п.*) pull down [pul...] (*d.*); 3. (*рассортировывать*) sort out (*d.*); 4. (*расследовать дело, вопрос и т. п.*) look (into), invéstigàte (*d.*); (*рассматривать*) discúss (*d.*); sort out (*d.*) *разг.*; 5. *грам.* (*по частям речи*) parse [pɑːz] (*d.*); (*по членам предложения*) ánalỳse (*d.*); 6. (*о подписи, почерке*) make* out (*d.*); *несов. тж.* try to make out (*d.*); (*о нотах*) read* (*d.*); он не мо́жет разобра́ть её по́черк he cánnòt make out her hándwrìting; он хорошо́ ~а́ет по́черки he is good / cléver at decíphering péople's hándwriting [...'kle-... -'saɪpə-...]; не разобра́ть fail to make out (*d.*); разбира́л, но не мог разобра́ть по́черк tried to make out the hándwrìting but could¦n't / failed; он не разобра́л его́ вопро́са he did not ùnderstánd his quéstion [...-stʃ-]; разобра́ть сигна́л *мор.* make* out *the* sígnal / flags; ничего́ не могу́ разобра́ть I can't make ánything out [...kɑːnt...]; I can't make head or tail of it [...hed...] *идиом.*; 7. *разг.* (*охватывать — о чувствах*) seize / fill with [siːz...]; его́ ~а́л смех he was búrsting with suppréssed láughter [...'lɑːf-]; 8. *тк. несов. разг.* (*быть разборчивым*) be fàstídious; брать не ~а́я take* ìndiscríminate¦ly. **~а́ться**, разобра́ться 1. *разг.* (*разбирать вещи*) únpáck; 2. (в *пр.*) *разг.* (*рассматривать, исследовать*) invéstigàte (*d.*), exámine (*d.*), look (into); (*достигать понимания*) ùnderstánd* (*d.*); *сов. тж.* gain an ùnderstánding (of), come* to know the partículars [...nou...] (of); 3. *страд.* к разбира́ть.

разбитно́й *разг.* bright, spríghtly; (*нахальный*) sáucy; ~ ма́лый spríghtly lad.

разби́т||ый 1. *прич. см.* разбива́ть; 2. *прил. разг.* jáded; чу́вствовать себя́ ~ым feel* jáded; ◇ очути́ться у ~ого коры́та ≅ be no bétter off than at the start.

разби́ть *сов. см.* разбива́ть. **~ся** *сов. см.* разбива́ться 1, 3, 4.

разбла́говестить *сов.* (*вн.*, о *пр.*) noise abróad [...-ɔːd] (*d.*).

разбогате́ть *сов. см.* богате́ть.

разбо́й *м.* róbbery, brígandage; морско́й ~ píracy ['paɪə-]. **~ник** *м.* róbber, brígand ['brɪ-]; морско́й ~ник séa-ròbber, pírate ['paɪə-]; ~ник с большо́й доро́ги híghway¦man*, híghway-ròbber; fóotpàd ['fut-].

разбо́йнич||ать rob, plúnder, maráud; (*перен.*) plúnder. **~еский** *прил.* к разбо́йник.

разбо́йни||чий *прил.* к разбо́йник; ~ прито́н den of róbbers; ~чья ша́йка band / gang of róbbers.

разболе́ться *сов. см.* разба́ливаться.

разболта́ть I, II *сов. см.* разба́лтывать I, II.

разболта́ться *сов. см.* разба́лтываться.

разбомби́ть *сов.* (*вн.*) destróy by bómb¦ing (*d.*).

разбо́р *м.* 1. (*анализ*) análysis (*pl.* -sès [-siːz]); 2. (*в суде*) tríal; 3. *грам.* (*по частям речи*) pársing [-zɪŋ]; (*по членам предложения*) análysis; 4. (*критическая статья*) critíque [-'tiːk]; 5. *разг.*: без ~а ìndiscríminate¦ly, promíscuous¦ly; брать без ~а (*вн.*) take* ìndiscríminate¦ly (*d.*); с ~ом discríminàting¦ly, exácting¦ly, fàstídious¦ly; ◇ прийти́ к ша́почному ~у *разг.* ≅ come* áfter the feast, arríve when the show is óver [...ʃou...].

разбо́р||ка *ж.* 1. (*писем, товаров и т. п.*) sórting out; 2. (*на части — о механизме и т. п.*) strípping, dísassémbling, dismántling, táking to píeces [...'piː-]. **~ный** *тех.* collápsible, collápsable, dismóuntable; táke-dówn; ~ный мост témporary bridge.

разбо́рчив||ость *ж.* 1. (*чёткость*) lègibílity; 2. (*требовательность*) fàstídious¦ness; (*в средствах*) scrúpulous¦ness. **~ый** 1. (*чёткий*) légible; 2. (*требовательный*) discríminàting, exácting, fàstídious; (*в средствах*) scrúpulous.

разбрани́ть *сов.* (*вн.*) *разг.* give* a sharp scólding (*i.*), beráte (*d.*). **~ся** *сов.* (с *тв.*) *разг.* quárrel (with), fall* out (with), squabble (with).

разбра́сыватель *м.* (*навоза, удобрений и т. п.*) spréader ['spre-].

разбра́сывать, разброса́ть, *разг.* разбро́сить (*вн.*) throw* abóut [-ou...] (*d.*); (*рассыпать*) scátter (*d.*), scátter abóut (*d.*), strew* abóut (*d.*); (*перен.*) scátter (*d.*); ~ наво́з spread* manúre [-ed...]; ◇ ~ де́ньги на ве́тер díssipàte / squánder / waste *one's* móney [...weɪ-...'mʌ-]. **~ся** 1. *разг.* squánder one's énergies in conflícting diréctions; не разбра́сывайся don't try to do évery¦thing at once [...wʌns]; 2. *страд.* к разбра́сывать.

разбре||да́ться, разбрести́сь dispérse; (*двигаться в беспорядке*) strággle; ~ в ра́зные сто́роны dispérse in dífferent diréctions; ~сти́сь по дома́м dispérse and go* home. **~сти́сь** *сов. см.* разбреда́ться.

разбро́д *м.* disórder.

разбро́санн||ость *ж.* (*отдалённость друг от друга*) spárse¦ness, dispérsedness; (*перен.*; *о мыслях и т. п.*) dísconnéctedness, ìn¦cohérence [-'hɪə-], scáttered náture [...'neɪ-]. **~ый** 1. *прич. см.* разбра́сывать; 2. *прил.* (*о населении*) sparse, scáttered; (*о домах и т. п.*) strággling; (*перен.*; *о мыслях и т. п.*) dísconnécted, ìn¦cohérent.

разброса́ть *сов. см.* разбра́сывать.

разбро́сить *сов. см.* разбра́сывать.

разбры́зг||ать *сов. см.* разбры́згивать. **~ивать**, разбры́згать (*вн.*) splash (*d.*); (*мелкими каплями*) spray (*d.*).

разбуди́ть *сов. см.* буди́ть.

разбуха́ние *с.* swélling.

разбуха́ть, разбу́хнуть disténd / swell* from absórbed móisture; (*перен.*) grow* excéssive¦ly / immóderate¦ly [-ou...]; кни́га разбу́хла от примеча́ний the size of the book is made excéssive¦ly large by too many fóot-nòtes ['fut-].

разбу́хнуть *сов. см.* разбуха́ть *и* бу́хнуть II.

разбушева́||ться *сов.* 1. (*о буре, шторме и т. п.*) rage, blúster; (*о море*) run* high; мо́ре ~лось the sea ran high, it was a rough sea [...rʌf...]; ~вшаяся стихи́я the ráging élements *pl.*; 2. *разг.* (*о человеке*) become* enráged, fly* into a rage.

разва́жничаться *сов. разг.* put* on airs, give* òne¦self airs.

разва́л *м.* (*распад*) dìsintegrátion, bréak-down [-eɪk-]; (*перен.*: *расстройство, разруха*) disòrganìzátion [-naɪ-].

разва́ливать, развали́ть (*вн.*; *о здании и т. п.*) pull down [pul...] (*d.*); (*перен.*; *о хозяйстве, работе и т. п.*) spoil* (*d.*), mess up (*d.*). **~ся**, развали́ться 1. tumble down; (*перен.*) go* / fall* to píeces [...'piː-]; не дать развали́ться де́лу hold* things togèther [...-'ge-]; 2. *разг.* (*сидеть развалившись*) sprawl, lounge; 3. *страд. к* разва́ливать.

разва́лин||а *ж.* (*о человеке*) wreck, rúin; он преврати́лся в ~у he is (but) a rúin of what he was.

разва́лин||ы *мн.* rúins; гру́да разва́лин a heap of rúins; расчи́стка разва́лин cléaring of débris [...'debri:]; преврати́ть в ~ (*вн.*) redúce to rúins (*d.*); лежа́ть в ~ах lie* in rúins; подня́ться из разва́лин rise* from the rúins / áshes.

развали́ть(ся) *сов. см.* разва́ливать(ся).

разва́ривать, развари́ть (*вн.*) boil soft (*d.*). ~**ся,** развари́ться 1. be boiled soft; (*чрезмерно*) be óver¦cóoked; ~ся в ка́шу be boiled to pulp; 2. *страд. к* разва́ривать.

развари́ть(ся) *сов. см.* разва́ривать(ся).

разварно́й boiled.

ра́зве *частица* 1. réally? ['rɪə-]; *в составе вопросительного и вопросительно-отрицательного предложения обычно не переводится*: он там был. — Ра́зве? he was there.— Réally?; ~ он прие́хал? has he come?; ~ он их не ви́дел? has he not seen them?; ~ ты их не зна́ешь? don't you know them? [...nou...];— ~ мо́жно, ну́жно (+*инф.*) do you think it is póssible, it is nécessary (+ to *inf.*); ~ мо́жно, ну́жно ему́ *и т. д.* (+ *инф.*) do you think he, *etc.*, should (+ *inf.*); 2. (+ *инф.*) *разг.* (*не следует ли*) perháps (+ had bétter + *inf.*); ~ пойти́ (ему́) к до́ктору perháps he had bétter go to *the* dóctor; ~ лечь (мне) спать hadn't I bétter go to bed; 3. (*если не*) un¦léss; (*за исключением*) excépt / save perháps; он непреме́нно э́то сде́лает, ~ (то́лько) заболе́ет he will cértain¦ly do it, un¦léss he falls ill; никто́ не зна́ет э́того, ~ то́лько он nó¦body knows it with the póssible excéption of hìm¦sélf [...nouz...], nó¦body knows it un¦léss he does.

развева́||ть, разве́ять (*вн.*) 1. dispérse (*d.*); ве́тер разве́ял облака́ the wind dispérsed the clouds [...wɪ-...]; 2. *тк. несов.* blow* abóut [-ou...] (*d.*); ве́тер ~ет зна́мя the bánner is flápping / stréaming in the wind. ~**ться,** разве́яться 1. dispérse; все его́ стра́хи разве́ялись all his fears dispérsed; 2. *тк. несов.* flútter, fly*; с ~ющимися знамёнами with flýing bánners / cólours [...'kʌ-], cólours flýing.

разве́дать *сов. см.* разве́дывать.

разведе́ние I *с.* (*животных*) bréeding, réaring; (*растений*) cùltivátion.

разведе́ние II *с.* (*моста*) swíng¦ing ópen, ópen¦ing.

разведённый I, II *прич. см.* разводи́ть I, II.

разведённый III 1. *прил.* (*о супругах*) divórced; 2. *как сущ. м.* divòrcée; divorcé (*фр.*) [dɪ'vɔ:seɪ]; *ж.* divorcée (*фр.*) [dɪ'vɔ:seɪ].

разве́д||ка *ж.* 1. sécret sérvice, intélligence sérvice; 2. *воен.* intélligence; (*на местности, рекогносцировка*) recónnaissance [-nɪ-]; боева́я ~ battle recónnaissance; возду́шная ~ air recónnaissance; ~ бо́ем recónnaissance in force; devéloping attáck *амер.*; звукова́я ~ sóund-rànging [-reɪndʒ-]; опти́ческая ~ flash spótting; flash ránging [...'reɪndʒ-] *амер.*; высыла́ть ~ку send* out *a* recónnaissance párty; идти́ в ~ку go* rèconnóitring; 3. *геол.* próspèct, prospécting. ~**очный** *прил. к* разве́дка; ~очное буре́ние èxplóratory drílling.

разве́дчик I *м.* 1. sécret sérvice man*; (*офицер разведки*) intélligence ófficer; 2. *воен.* scout, rèconnóitrer; 3. *геол.* prospéctor.

разве́дчик II *м. ав.* (*самолёт*) recónnaissance áeroplàne / áircràft / plane [-nɪ- 'ɛə-...], scout plane; (*дальний*) *мор.* patról plane [-oul...].

разве́дчица *ж.* 1. sécret sérvice wóman* [...'wu-]; (*офицер разведки*) intélligence wóman*; 2. *воен.* wóman* scout; 3. *ж. к* разве́дчик I 3.

разве́дывательн||ый recónnaissance [-nɪ-] (*attr.*), intélligence (*attr.*), rèconnóitring; ~ отря́д *воен.* recónnaissance detáchment; ~ отде́л, ~ое отделе́ние *воен.* intélligence séction; ~ые да́нные *воен.* intélligence dáta, recónnaissance dáta; ~ самолёт recónnaissance plane; ~ полёт recónnaissance flight; ~ая па́ртия rèconnóitring párty; *геол.* prospécting párty; ~ая экспеди́ция rèconnóitring èxpedítion; ~ая рабо́та (*войсковая*) recónnaissance work / dúty; recónnaissance dúties *pl.*; (*вневойсковая*) intélligence work; ~ые бои́ próbing attácks.

разве́д||ывать, разве́дать 1. (*вн.*, о *пр.*) find* out (*d.*, abóut); 2. (*вн.*) *воен.* rèconnóitre (*d.*), rèconnóiter (*d.*) *амер.*; 3. (*вн.*) *геол.* prospéct (*d.*); ~ месторожде́ния locáte depósits [...-z-]; ~ райо́н на нефть prospéct *a* district for oil; ~анные запа́сы (не́фти *и т. п.*) proved / known supplíes / resérves (of oil, *etc.*) [pru:vd noun...-'zə:-...].

развезти́ *сов. см.* развози́ть.

разве́ивать, разве́ять (*вн.*) scátter (*d.*), dispérse (*d.*); (*перен.*: *уничтожать, рассеивать*) dispél (*d.*); разве́ять миф discrédit / shátter the myth. ~**ся,** разве́яться (*рассеиваться*) be dispélled.

развенча́ть *сов. см.* разве́нчивать.

разве́нчивать, развенча́ть (*вн.*) dethróne (*d.*), discrówn (*d.*); debúnk (*d.*) *разг.*

разверза́ться, разве́рзнуться *уст., поэт.* yawn, gape.

разве́рзнуться *сов. см.* разверза́ться.

развёрнут||ый 1. *прич. см.* развёртывать; 2. *прил.* únfólded; (*организованный в широких масштабах*) exténsive, lárge-scále; fúll-scále; ~ое строи́тельство коммуни́зма fúll-scále constrúction of cómmunism; 3. *прил.* (*подробный*) détailed ['di:-]; принима́ть ~ую резолю́цию adópt a détailed rèsolútion [...-zə-]; ~ая програ́мма còmprehénsive prógràm(me) [...'prou-]; 4. *прил. воен.* deplóyed; ~ строй *воен.* line (fòrmátion).

разверну́ть *сов. см.* развёртывать. ~**ся** *сов. см.* развёртываться *и* развора́чиваться.

разверста́ть *сов. см.* развёрстывать.

развёрстка *ж.* appórtionment, allótment; (*налога*) asséssment.

развёрстывать, разверста́ть (*вн.*) appórtion (*d.*), allót (*d.*); (*о налоге*) asséss (*d.*).

разве́рстый *уст., поэт.* ópen, yáwning, gáping.

развёртка *ж.* 1. *мат.* devélopment, evólvent; 2. *тех.* réamer; 3. (*в телевидении и радиолокации*) scánning.

развёртывание *с.* 1. (*раскрывание— скатанного*) ún¦rólling, únwínding; (*сложенного*) únfólding; (*завёрнутого*) ún¦wrápping; 2. (*развитие*) devélopment; 3. *воен.* deplóyment.

развёртывать, разверну́ть (*вн.*) 1. (*раскрывать — скатанное*) ún¦róll (*d.*), únwínd* (*d.*); (*сложенное*) únfóld (*d.*); (*завёрнутое*) únwráp (*d.*); ~ ковёр ún¦róll *a* cárpet; ~ газе́ту únfóld *the* páper; ~ паке́т ún¦wráp *a* párcel; 2. (*проявлять*) show* [ʃou] (*d.*), displáy (*d.*); ~ свои́ си́лы show* / displáy one's strength; ~ свой тала́нт show* / displáy one's tálent [...'tæ-]; 3. (*предпринимать в широких масштабах*) devélop [-'ve-] (*d.*); ~ социалисти́ческое строи́тельство devélop sócialist constrúction; ~ социалисти́ческое соревнова́ние spread* sócialist còmpetítion / èmulátion [-ed...]; ~ торго́влю expánd trade; разверну́ть самокри́тику devélop sélf-críticism; широко́ разверну́ть рабо́ту place the work on a broad fóoting [...-ɔ:d 'fu-]; разверну́ть широ́кую програ́мму обуче́ния promóte / fórward a wide prógràm(me) of tráining [...'prougræm...]; 4. *воен.* (*в боевой порядок*) deplóy (*d.*), exténd (*d.*); 5. (*вн.* в *вн.*) *воен.* (*в более крупную единицу*) expánd (*d.* into); 6. *воен.* (*устраивать*) estáblish (*d.*), set* up (*d.*); 7. (*автомашину, самолёт*) turn (*d.*), swing* abóut / aróund (*d.*); (*корабль и т. п. тж.*) slew (abóut) (*d.*).

развёртываться, разверну́ться 1. (*раскрываться — о скатанном*) ún¦róll; (*о сложенном*) únfóld; (*о завёрнутом*) get* / become* ún¦wrápped; 2. (*проявляться*) show* òne¦sélf [ʃou...], displáy òne¦sélf; 3. (*развиваться*) spread* [-ed]; широко́ разверну́лось социалисти́ческое соревнова́ние sócialist còmpetítion / èmulátion spread wide¦ly; во всех цеха́х разверну́лось соревнова́ние èmulátion spread to all the shops; борьба́ разверну́лась (вокру́г) the struggle raged (aróund); **4.** *воен.* (*переходить в более широкий и глубокий порядок*) deplóy; **5.** (в *вн.*) *воен.* (*в более крупную единицу*) expánd (into), be expánded (into); **6.** (*делать поворот*) turn, swing* abóut / aróund; *мор. тж.* slew (abóut); **7.** *страд. к* развёртывать.

разве́с *м.* wéighing.

развесели́ть *сов.* (*вн.*) cheer up (*d.*), brighten (*d.*). **~ся** *сов.* cheer up, bríghten.

развесёлый *разг.* mérry, gléeful.

разве́систый spréading [-red-], bránchy [-ɑ:-].

разве́сить I, II, III *сов. см.* разве́шивать I, II, III.

разве́ска I *ж.* (*на весах*) wéighing.

разве́ска II *ж.* (*картин и т. п.*) háng¦ing.

развесно́й sold by weight.

развести́ I, II, III, IV *сов. см.* разводи́ть I, II, III, IV.

развести́сь I, II *сов. см.* разводи́ться I, II.

разветви́ть(ся) *сов. см.* разветвля́ть(ся).

разветвле́ние *с.* **1.** bránching [-ɑ:-], ràmificátion; (*о дороге тж.*) fórking; **2.** (*место разветвления*) branch [-ɑ:-]; (*о дороге тж.*) fork; **3.** (*ответвление*) fork; ~ не́рва *анат.* rádicle.

разветвлённ||ый **1.** *прич. см.* разветвля́ть; **2.** *прил.*: ~ая систе́ма rámified sýstem; широко́ ~ая сеть broad / fár-flúng nétwòrk [brɔ:d...].

разветвля́||ть, разветви́ть (*вн.*) branch [-ɑ:-] (*d.*); (*о дороге тж.*) fork (*d.*). **~ться,** разветви́ться branch [-ɑ:-], rámifỳ; (*о дороге тж.*) fork, divíde; доро́га ~лась the road forked / divíded.

разве́шать *сов. см.* разве́шивать III.

разве́шивать I, разве́сить (*вн.*; *на весах*) weigh out (*d.*).

разве́шивать II, разве́сить (*вн.*; *о ветвях и т. п.*) spread* [-ed] (*d.*), stretch out (*d.*); ◇ разве́сить у́ши *разг.* ≅ swállow évery¦thing one is told, let* òne¦sélf be duped / fooled.

разве́шивать III, разве́сить, разве́шать (*вн.*; *о картинах и т. п.*) hang* (*d.*).

разве́ять *сов. см.* развева́ть 1 *и* разве́ивать. **~ся** *сов. см.* развева́ться 1 *и* разве́иваться.

развива́ть I, разви́ть (*вн.*; *в разн. знач.*) devélop [-'ve-] (*d.*); ~ мускулату́ру devélop / impróve one's múscles [...-u:v... -slz]; ~ па́мять devélop one's mémory; ~ промы́шленность devélop the índustry; ~ успе́х *воен.* exploit *a* success; ~ ско́рость gáther, *или* pick up, speed; разви́ть ско́рость до 150 км в час devélop a speed of 150 km per hour (*сокр.* p. h.) [...auə]; ~ чью-л. мысль, чей-л. план *и т. п.* devélop smb.'s idéa, plan, *etc.* [...aɪ'dɪə...]; ~ тво́рческую инициати́ву stímulàte crèátive initiative; ~ культу́рные свя́зи promóte cúltural íntercourse [...-kɔ:s].

развива́ть II, разви́ть (*вн.*; *раскручивать, расплетать*) úntwist (*d.*), úntwíne (*d.*).

развива́ться I, разви́ться **1.** devélop [-'ve-]; **2.** *страд. к* развива́ть I.

развива́ться II, разви́ться **1.** (*раскручиваться*) úntwíst; (*о волосах*) come* ún¦cúrled, lose* its curls [lu:z...]; **2.** *страд. к* развива́ть II.

разви́ли||на *ж.* fork; bìfùrcátion [baɪ-] *научн.*; (*у дерева*) forked crown; fùrcátion *научн.* **~стый** forked.

развинти́ть(ся) *сов. см.* разви́нчивать(ся).

разви́нченн||ость *ж. разг.* ènèrvátion. **~ый** **1.** *прич. см.* разви́нчивать; **2.** *прил. разг.* (*о человеке*) únstrúng; **3.** *прил. разг.* (*о походке*) loose [-s], strággling.

разви́нчивать, развинти́ть (*вн.*) únscréw (*d.*). **~ся,** развинти́ться be / get* únscréwed; (*перен.*) *разг.* get* únstrúng; у него́ не́рвы развинти́лись his nerves are únstrúng, he is únnérved.

разви́тие *с.* (*в разн. знач.*) devélopment; prógrèss; ~ промы́шленности devélopment / growth of índustry [...grouθ...]; у́мственное, физи́ческое ~ méntal, phýsical devélopment [...-zɪ-...]; полити́ческое ~ polítical devélopment; диалекти́ческое ~ dialéctical devélopment; ~ на́выков devélopment of hábits; ~ успе́ха *воен.* èxploitátion of succéss; в ~ чего́-л. in devélopment / elàborátion of smth.

развито́й **1.** (*в разн. знач.*) devéloped; физи́чески ~ phýsically devéloped [-zɪ-...]; у́мственно ~ méntally devéloped; полити́чески ~ polítically devéloped; **2.** (*культурный, духовно зрелый*) wéll-devéloped; (*сообразительный, смышлёный*) intélligent.

разви́ть(ся) I, II *сов. см.* развива́ть(ся) I, II.

развлека́ть, развле́чь (*вн.*) èntertáin (*d.*), amúse (*d.*); (*отвлекать*) dìvért (*d.*). **~ся,** развле́чься **1.** have a nice / good time, amúse / dìvért òne¦sélf; **2.** (*отвлекаться*) get* / be distrácted.

развлече́ние *с.* èntertáinment; (*забава*) amúse¦ment; (*как отдых*) rè¦làxátion; (*отвлечение*) divérsion [daɪ-].

развле́чь(ся) *сов. см.* развлека́ть (-ся).

разво́д I *м.* (*расторжение брака*) divórce; они́ в ~е they are divórced; получа́ть ~ get* a divórce; дава́ть ~ кому́-л. agrée to divórce smb.; проце́сс о ~е divórce suit [...sju:t].

разво́д II *м. воен.*: ~ карау́лов (*торжественный*) tróoping the cólours [...'kʌ-]; guard móunting *амер.*; ~ часовы́х pósting the séntries ['pou-...].

разво́д III *м.*: оставля́ть на ~ (*вн.*) *разг.* keep* for bréeding (*d.*).

разводи́ть I, развести́ (*вн.*) **1.** (*куда-л.*) take* (*d.*), condúct (*d.*); ~ по дома́м take* to *their* homes (*d.*); госте́й развели́ по их ко́мнатам the guests were shown their rooms [...ʃoun...]; ~ войска́ по кварти́рам *воен.* take* *the* troops to their billets; **2.** (*в разные стороны*) part (*d.*), bring* / pull apárt [...pul...] (*d.*), séparàte (*d.*); ~ ве́тки part *the* bránches [...'brɑ:-]; ~ мост (*подъёмный*) raise *a* bridge; (*поворотный*) swing* *a* bridge ópen; ~ пилу́ set* *a* saw; **3.** (*разбавлять*) dilúte [daɪ-] (*d.*); **4.**: ~ ого́нь light* / kindle a fire; ~ костёр light* a camp fire; ~ пары́ raise steam, get* up steam; ◇ ~ рука́ми ≅ spread* one's hands [-ed...], make* a hélpless gésture.

разводи́ть II, развести́ *воен.*: ~ карау́лы mount the guards; ~ часовы́х post the séntries [poust...].

разводи́ть III, развести́ (*о супругах*) divórce (*d.*).

разводи́ть IV, развести́ (*вн.*) (*животных, птиц*) breed* (*d.*), rear (*d.*); (*растения*) cúltivàte (*d.*); (*сад, парк и т. п.*) make* (*d.*), plant [-ɑ:nt] (*d.*), lay* out (*d.*).

разводи́ться I, развести́сь **1.** (*с тв.*; *о супругах*) divórce (*d.*), be divórced (from); ~ с жено́й, му́жем divórce one's wife*, húsband [... 'hʌz-]; он разво́дится с жено́й he is getting his / a divórce; **2.** *страд. к* разводи́ть III.

разводи́ться II, развести́сь **1.** (*о животных, птицах*) breed*, múltiplỳ; **2.** *страд. к* разводи́ть IV.

разво́дка *ж.* **1.** (*действие*): ~ мо́ста (*подъёмного*) ráising of *a* bridge; (*поворотного*) swing¦ing *a* bridge ópen; ~ пилы́ saw sétting; **2.** (*для пил*) tooth sétter, saw set.

разводно́й: ~ мост dráwbrìdge; ~ (га́ечный) ключ adjústable spánner [ə'dʒʌ-...].

разво́д||ы *мн.* **1.** (*узоры*) free desígns [...-'zaɪnz]; broad páttern [-ɔ:d...] *sg.*; с ~ами with free desígns; **2.** (*пятна, потёки*) stains.

разводя́щий *м. скл. как прил. воен.* córporal of the guard.

развоева́ться *сов. разг.* blúster.

разво́з *м.* convéyance.

развози́ть, развезти́ (*вн.*) convéy (*d.*), trànspórt (*d.*); ~ това́ры delíver goods [-'lɪ- gudz].

развози́||ться *сов. разг.* start a romp; де́ти ~лись в саду́ the chíldren are rómping, *или* have stárted a romp, in the gárden.

разво́зка *ж. разг.* convéying, convéyance; (*доставка*) delívery.

разволнова́ть *сов.* (*вн.*) *разг.* excíte (*d.*), ágitàte (*d.*). **~ся** *сов.* *разг.* get* excíted / ágitàted.

развора́чивать, развороти́ть (*вн.*) **1.** make* hávoc [...'hæ-] (of), play hávoc (among, with), turn úpsìde-down (*d.*); **2.** *тк. несов.* (*автомашину, самолёт*) turn (*d.*), swing* abóut / aróund (*d.*); *мор. тж.* slew (abóut) (*d.*). **~ся,** разверну́ться **1.** *разг.* = развёртываться; **2.** (*поворачивать*) turn, swing* abóut / aróund; *мор. тж.* slew (abóut); **3.** *страд. к* развора́чивать.

разворова́ть *сов. см.* разворо́вывать.

разворо́вывать, разворова́ть (*вн.*) plúnder (*d.*), embézzle (*d.*); clean out (*d.*) *разг.*

разворо́т *м.* **1.** turn; крутой ~ *ав.* tight turn; ~ на 180° *ав.* 180° turn; **2.** *разг.* (*рост, развитие*) deplóyment, devélopment; ~ сове́тской торго́вли growth of Sóvièt trade [-ouθ...].

развороти́ть *сов. см.* развора́чивать 1.

развороши́ть *сов.* (*вн.*) turn úpsìde-down (*d.*).

развра́т *м.* léwdness, deprávity; (*распущенность*) debáuch, debáuchery; предава́ться ~у indúlge in lust / léwdness, lead* a depráved life. **~и́тель** *м.* debáucher, sedúcer. **~и́тельница** *ж.* sedúcer. **~и́ть(ся)** *сов. см.* развраща́ть(ся).

развра́тн||ик *м.,* **~ица** *ж.* dèbauchée, líbertìne, prófligate.

развра́тн||ичать lead* a depráved life, indúlge in lust / léwdness. **~ость** *ж.* deprávity, líbertinage, léwdness, prófligacy. **~ый** lewd, debáuched, prófligate.

развраща́ть, разврати́ть (*вн.*) corrúpt (*d.*), depráve (*d.*), debáuch (*d.*). **~ся,** разврати́ться **1.** grow* / become* corrúpted [-ou...], grow* / become* depráved, grow* / become* prófligate, go* to the bad; **2.** *страд. к* развраща́ть.

развращённ||ость *ж.* corrúptness, deprávity. **~ый** *прич. и прил.* corrúpted, depráved.

развью́чивать, развью́чить (*вн.*) ùnbúrden (*d.*), ún¦lóad (*d.*).

развью́чить *сов. см.* развью́чивать.

развяза́ть(ся) *сов. см.* развя́зывать(ся).

развя́з||ка *ж.* **1.** (*в романе, драме*) dénouement (*фр.*) [deɪ'nuːmɑ̃ŋ]; **2.** (*завершение*) óut¦còme, íssue; úpshòt; де́ло идёт к ~ке the affáir is coming to a head [...hed].

развя́зн||о *нареч.*: держа́ть, вести́ себя́ ~ be úndúly famíliar, be free and éasy [...-zɪ]. **~ость** *ж.* úndúe familiárity. **~ый** pert, óver-frée.

развя́зывать, развяза́ть (*вн.*) úntíe (*d.*), únbínd* (*d.*); (*узел, завязанное узлом*) úndó* (*d.*); (*привязь*) ún¦léash (*d.*); ~ кому́-л. ру́ки úntíe smb.'s hands; (*перен. тж.*) leave* smb. free to act; у него́ развя́заны ру́ки he is given full scope; ◇ ~ кому́-л. язы́к loose / lóosen¦ smb.'s tongue [luːs... tʌŋ]; ~ войну́ ún¦léash war. **~ся,** развяза́ться **1.** (*о ленте, узле и т. п.*) get* / come* ún¦dóne, get* úntíed; **2.** (*с тв.*; *кончать, отделываться*) have done (with), be through (with); ◇ у него́ язы́к развяза́лся ≅ he is tálking fréely at last.

разгада́ть *сов. см.* разга́дывать.

разга́дка *ж.* solútion, clue.

разга́дывать, разгада́ть (*вн.*) **1.** ùn¦rável [-'ræ-] (*d.*), ún¦ríddle (*d.*); ~ сны read* dreams; ~ зага́дку solve / guess *a* ríddle; **2.** (*распознавать*) guess (*d.*); разгада́ть чьи-л. наме́рения guess / discóver smb.'s inténtions [...-'kʌ-...]; разгада́ть челове́ка find* smb. out.

разга́р I *м.*: в ~е in full swing; рабо́та в по́лном ~е the work is in full swing; ле́то, сезо́н *и т. п.* в по́лном ~е súmmer, séason, *etc.*, is at its height [...-z°n... haɪt]; в ~е спо́ра at the height of *the* dispúte, in the heat of *the* dispúte; в ~е бо́я at the height of *the* fíghting; в ~е борьбы́ at the tíghtest point of the struggle.

разга́р II *м. тех.* (*ствола*) scóring, erósion.

разгиба́||ть, разогну́ть (*вн.*) únbénd* (*d.*), stráighten (*d.*); ~ спи́ну stráighten one's back; ◇ не ~я спины́ ≅ without rè¦làxátion. **~ться,** разогну́ться **1.** stráighten òne¦sélf up; **2.** *страд. к* разгиба́ть.

разгиба́ющий *прич. см.* разгиба́ть; ~ му́скул *анат.* exténsor.

разгильдя́й *м. разг.* slóven [-ʌv-]. **~ничать** *разг.* be slóvenly / slípshòd [...-ʌv-...]. **~ство** *с. разг.* slóvenliness [-ʌv-], slípshòdness.

разглаго́льствование *с. разг.* profúse talk [-s...], èxpàtiátion; vérbiage; пусто́е ~ idle talk.

разглаго́льствовать (о *пр.*) *разг.* talk profúse¦ly [...-s-] (abóut), hold* forth (on), expánd (on).

разгла́дить(ся) *сов. см.* разгла́живать(ся).

разгла́живать, разгла́дить (*вн.*) smooth out [-ð...] (*d.*); (*утюгом*) íron out ['aɪən...] (*d.*); ~ морщи́ны на лбу smooth out wrinkles on *the* fórehead [...'fɔrɪd]. **~ся,** разгла́диться **1.** smooth (down) [-ð...], get* smooth; морщи́ны на его́ лбу разгла́дились the wrinkles on his fórehead reláxed [...'fɔrɪd...]; **2.** *страд. к* разгла́живать.

разгласи́ть *сов. см.* разглаша́ть.

разглаша́ть, разгласи́ть **1.** (*вн.*; *секрет, тайну и т. п.*) dìvúlge [daɪ-] (*d.*), give* a¦wáy (*d.*); **2.** (о *пр.*) *разг.* (*объявлять*) trúmpet (*d.*).

разглаше́ние *с.* divúlging [daɪ-]; ~ вое́нной та́йны divúlgence of mílitary sécrets [daɪ-...].

разгляде́ть *сов.* (*вн.*) make* out (*d.*), discérn (*d.*), descrý (*d.*).

разгля́дывать (*вн.*) view [vjuː] (*d.*), exámine (*d.*); ~ со всех сторо́н take* an all round view.

разгне́вать *сов.* (*вн.*) ánger (*d.*), incénse (*d.*). **~ся** *сов. см.* гне́ваться.

разгова́рива||ть (с *тв.*) talk (to, with), speak* (to, with), convérse (with); дово́льно ~! stop tálking!; не хочу́ с ва́ми ~! I don't want to speak to you!; ~ с сами́м собо́й talk to òne¦sélf; не сто́ит и ~ об э́том it is not worth tálking abóut; не ~йте таки́м то́ном don't speak in such a tone; ~ по-ру́сски, по-неме́цки, по-англи́йски *и т. п.* talk / speak* Rússian, Gérman, Énglish, *etc.* [...-ʃən... 'ɪŋ-].

разгове́ться *сов. см.* разговля́ться.

разговля́ться, разгове́ться *церк.* break* one's fast [-eɪk...].

разгово́р *м.* talk, cònversátion; кру́пный ~ high words *pl.*; име́ть кру́пный ~ с кем-л. have high words with smb.; завя́зывать ~ с кем-л. énter into cònversátion with smb.; заводи́ть ~ о чём-л. bring* up smth.; перемени́ть ~ change the súbject [tʃeɪ-...]; без ли́шних ~ов without wásting time on tálking [...'weɪ-...]; и ~а не́ было (о *пр.*) there was no quéstion [...-stʃ-] (of); бы́ло мно́го ~ов (о *пр.*) there was a great deal of talk (abóut); да́льше ~ов э́то не пойдёт it will end in talk, it will not go be¦yónd the tálking stage; никаки́х ~ов! (*возражений*) no báck-tàlk!; никаки́х ~ов, де́лай, как тебе́ говоря́т I don't want to hear ány¦thing abóut it, do as you are told; дово́льно ~ов! enóugh tálking! [ɪ'nʌf...]; то́лько и ~у, что об э́том it is the talk of the day; без ~ов! and no árgument!

разговори́||ться *сов.* **1.** (с *тв.*; *вступить в разговор*) find* plénty to talk abóut (with); они́ ~лись they got into cònversátion; **2.** (*увлечься разговором*) warm to one's tópic.

разгово́рник *м.* phráse-book.

разгово́рн||ый (*о речи, стиле и т. п.*) collóquial; ~ язы́к spóken lánguage; ◇ ~ая бу́дка télephòne booth [...-ð].

разгово́рчив||ость *ж.* tálkative¦ness. **~ый** tálkative, loquácious.

разго́н *м.* **1.** (*толпы, собрания и т. п.*) dispérsal; **2.** (*разбег*) moméntum; **3.** (*расстояние*) dístance; ◇ быть в ~е *разг.* be out, be rúnning abóut.

разгоня́ть, разогна́ть (*вн.*) **1.** drive* a¦wáy (*d.*); (*о толпе и т. п.*) dispérse (*d.*); (*о демонстрации тж.*) break* up (*d.*); (*перен.*; *о скуке, сомнении и т. п.*) dispél (*d.*); **2.** (*придавать скорость*) speed* up (*d.*), race (*d.*), drive* at high speed (*d.*); 3. *полигр.* space (*d.*). ~**ся**, разогна́ться 1. gáther moméntum; *сов. тж.* gáther full speed; 2. *страд.* к разгоня́ть.

разгора́живать, разгороди́ть (*вн.*) pàrtítion off (*d.*). ~**ся**, разгороди́ться 1. pàrtítion off; 2. *страд.* к разгора́живать.

разгор||а́ться, разгоре́ться flame up, flare up; костёр ~е́лся the fire flamed up; дрова́ ~е́лись the fíre¦wood kindled [...-wud...]; ~е́лся спор an árgument flared up; ~е́лся бой a héated fight devéloped; стра́сти ~е́лись féeling ran high, pássions flared up; у неё щёки ~е́лись her cheeks flushed.

разгоре́ться *сов. см.* разгора́ться.

разгороди́ть(ся) *сов. см.* разгора́живать(ся).

разгоряч||и́ть *сов. см.* горячи́ть. ~**и́ться** *сов.* 1. (от) be flushed (with); он ~и́лся от вина́, от езды́ верхо́м he was flushed with wine, from the ride; 2. *см.* горячи́ться.

разгра́бить *сов.* (*вн.*) ránsàck (*d.*), plúnder (*d.*), píllage (*d.*).

разграбле́ние *с.* plúnder, píllage.

разгради́ть *сов. см.* разгражда́ть.

разгражд||а́ть, разгради́ть (*вн.*) *воен.* remóve *the* óbstacles [-'mu:v...] (from). ~**е́ние** *с. воен.* remóval of óbstacles [-'mu:-...], óbstacle cléaring.

разграниче́ние *с.* 1. (*различение понятий и т. п.*) dìfferentiátion, discrìminátion; 2. (*размежевание*) delìmitátion, dèmàrcátion [di:-].

разграни́чивать, разграни́чить (*вн.*) 1. (*различать понятия и т. п.*) diferéntiàte (*d.*), discrímìnàte (*d.*); 2. (*размежёвывать*) dè¦límit (*d.*), démàrcàte ['di:-] (*d.*). ~**ся**, разграни́читься 1. (*о понятиях и т. п.*) be / become* discrímìnàted; 2. (*размежёвываться*) get * dè¦límited / démàrcàted [...'di:-]; 3. *страд. к* разграни́чивать(ся).

разграни́чить(ся) *сов. см.* разграни́чивать

разграфи́ть *сов. см.* разграфля́ть.

разграфле́ние *с.* rúling.

разграфля́ть, разграфи́ть (*вн.*) rule (*in squares, columns, etc.*) (*d.*).

разгреба́ть, разгрести́ (*вн.*; *граблями*) rake (*d.*); (*лопатой, совком и т. п.*) shóvel ['ʃʌ-] (*d.*).

разгрести́ *сов. см.* разгреба́ть.

разгро́м *м.* 1. (*неприятеля*) crúshing / compléte / útter deféat, rout; 2. *разг.* (*беспорядок*) destrúction; hávoc ['hæ-]; в ко́мнате был по́лный ~ évery¦thing was turned úpsìde-down in the room.

разгроми́ть *сов. см.* громи́ть.

разгружа́ть, разгрузи́ть (*вн.*) ún¦lóad (*d.*), dis¦chárge (*d.*); (*вн.* от; *перен.*) relíeve [-i:v] (*d.* of). ~**ся**, разгрузи́ться 1. get * ún¦lóaded; (от; *перен.*) get * relíeved [...-i:vd] (of); 2. *страд. к* разгружа́ть.

разгрузи́ть(ся) *сов. см.* разгружа́ть (-ся).

разгру́з||ка *ж.* ún¦lóading; (*перен.*) relíef [-'li:f]. ~**очный** ún¦lóading (*attr.*); ~очное су́дно líghter.

разгруппирова́ть *сов. см.* разгруппиро́вывать.

разгруппиро́вывать, разгруппирова́ть (*вн.*) divíde into groups [...-u:ps] (*d.*), group [-u:p] (*d.*).

разгрыза́ть, разгры́зть (*вн.*) crack (*d.*); разгры́зть оре́х crack *a* nut.

разгры́зть *сов. см.* разгрыза́ть.

разгу́л *м.* révelry [-vl-], debáuch; (*перен.*) ráging, víolence.

разгу́ливать *разг.* stroll abóut, walk abóut.

разгу́ливаться, разгуля́ться *разг.* 1. (*кутить*) go * on the spree; *сов. тж.* be on the loose [...-s]; 2. (*не хотеть спать — о детях*) have one's sleep dríven a¦wáy, *или* díssipàted [...'drɪ-...], be wóken up; 3. (*о погоде*) clear up; пого́да разгуля́лась the wéather has cleared up [...'we- ...]; день разгуля́лся the day has turned fine; 4. (*разражаться*) break * loose [-eɪk...], rampáge, rage; непого́да разгуля́лась a storm is ráging.

разгу́льн||ый loose [-s], rákish ['reɪ-]; вести́ ~ую жизнь lead * a díssipàted life.

разгуля́ться *сов. см.* разгу́ливаться.

раздава́ть, разда́ть (*вн. дт.*) distríbùte (*d.* to, among), give * out (*d.* to), serve out (*d.* to), dispénse (*d.* among).

раздава́ться I, разда́ться (*о звуке*) be heard [...hə:d], sound, resóund [-'z-], ring * (out); разда́лся крик a cry was heard, *или* resóunded, *или* rang out; разда́лся стук (в дверь) there was a knock at the door [...dɔ:].

раздава́ться II, разда́ться 1. (*расступаться*) make* way; толпа́ разда́лась the crowd made way; 2. *разг.* (*расширяться*) expánd; 3. *разг.* (*толстеть*) put * on weight.

раздава́ться III *страд. к* раздава́ть.

раздави́ть *сов.* (*вн.*) crush (*d.*); (*о чём-л. мягком тж.*) squash (*d.*); (*о противнике тж.*) òver¦whélm (*d.*); (*переехав, убить или искалечить*) run * down (*d.*).

разда́ривать, раздари́ть (*вн. дт.*) give * a¦wáy (*d.* to).

раздари́ть *сов. см.* разда́ривать.

разда́точный distríbùting; ~пункт distríbùting centre.

разда́тчи||к *м.*, ~**ца** *ж.* distríbùtor, dispénser.

разда́ть *сов. см.* раздава́ть.

разда́ться I, II *сов. см.* раздава́ться I, II.

разда́ча *ж.* dìstribútion, dìspènsátion

раздва́ивать, раздвои́ть (*вн.*) bìséct (*d.*), divíde into two (*d.*). ~**ся**, раздвои́ться 1. bífùrcàte ['baɪ-], fork; 2. *страд. к* раздва́ивать.

раздвига́ть, раздви́нуть (*вн.*) move / slide * apárt [mu:v...] (*d.*); (*отдёргивать в разные стороны*) pull / draw * apárt [pul...] (*d.*); ~ стол extе́nd *a* table; ~ за́навес draw * *the* cúrtain. ~**ся**, раздви́нуться 1. move / slide * apárt [mu:v...]; за́навес раздви́нулся the cúrtain was drawn; толпа́ раздви́нулась the crowd made way; 2. *страд. к* раздвига́ть.

раздвижно́й exténsible; fólding; ~ стол exténsion-tàble; ~ за́навес *театр.* draw cúrtain.

раздви́нуть(ся) *сов. см.* раздвига́ть(ся).

раздвое́ние *с.* divàricátion [daɪ-], bifùrcátion [baɪ-]; ◇ ~ ли́чности split pèrsonálity.

раздво́енный 1. forked; bífùrcàted ['baɪ-]; 2. *бот.* dichótomous [-'kɔ-], fúrcàte.

раздвои́ть(ся) *сов. см.* раздва́ивать(ся).

раздева́||лка *ж. разг.*, ~**льная** *ж. скл. как прил.*, ~**льня** *ж. разг.* clóak-room.

раздева́ние *с.* úndréssing.

раздева́ть, разде́ть (*вн.*) úndréss (*d.*). ~**ся**, разде́ться úndréss, strip; (*снимать пальто*) take * off one's coat; ~ся догола́ strip (stark) náked, strip to the skin; ~ся до по́яса strip to the waist; не раздева́ясь without táking off one's clothes [...kloudz]; (*не снимая верхней одежды*) without táking off one's coat.

разде́л *м.* 1. divísion; pàrtítion; (*земли*) allótment; ~ иму́щества divísion of próperty; 2. (*в акте, книге и т. п.*) séction.

разде́лать(ся) *сов. см.* разде́лывать(ся).

разделе́ние *с.* divísion; ~ труда́ divísion of lábour; ~ на уча́стки párcelling out.

раздели́мый divísible [-z-].

раздели́тельн||ый 1. divíding, sépаràting; ~ая черта́ divíding line; 2. *филос.*, *лингв.* pártitive; ~сою́з *грам.* disjúnctive conjúnction.

раздели́ть *сов. см.* дели́ть I *и* разделя́ть. ~**ся** *сов. см.* дели́ться I *и* разделя́ться.

разде́лывать, разде́лать (*вн.*) 1. dress (*d.*); (*о туше тж.*) cut * (*d.*); (*о грядках и т. п.*) lay * out (*d.*); 2. (*красить под дерево, мрамор и т. п.*) grain (*d.*); ~ шкаф под дуб, оре́х *и т. п.* grain *the* bóokcàse in imitátion of oak, házel, *etc.* [...-keɪs...]; ◇ разде́лать кого́-л. под оре́х *разг.* make * a fine sight of smb., make * smb. smart. ~**ся**, разде́латься (с *тв.*) 1 have done (with), be through (with); (*с долгами и т. п.*) pay * off (*d.*), settle (*d.*); 2. (*расправляться*) square / settle accóunts (with); be quits / éven (with); он с ним разде́лается he will make him smart.

разде́льно *нареч.* séparate¦ly.

разде́льн||ый 1. (*отдельный*) sépa-rate; ~ое голосова́ние vote on individ-ual items; ~ое обуче́ние séparate èducátion for boys and girls [...g-]; ~ая убо́рка *с.-х.* twó-stáge hárvest-ing; 2. (*о произношении*) clear, dis-tínct.

разделя́ть, раздели́ть (*вн.*) 1. di-víde (*d.*); (*вн.* на *вн.*) divíde (*d.* in, into); (*вн.* ме́жду) divíde (*d.* betwéen, among); 2. (*разъединять*) séparàte (*d.*), part (*d.*); 3. (*о мнении, участи и т. п.*) share (*d.*); ~ мне́ние кого́-л. share smb.'s opínion; ~ взгля́ды ко-го́-л. share smb.'s views [...vjuːz]; раз-дели́ть судьбу́ кого́-л. share smb.'s fate. **~ся,** раздели́ться 1. (на *вн.*) divíde (into); отря́д раздели́лся на четы́ре гру́ппы the detáchment di-vided into four groups [...fɔː gruː-]; мне́ния раздели́лись opínions were divíded; 2. (*прекращать совместную жизнь*) séparàte, part; 3. *тк. сов.* (на *вн.*; *делиться без остатка*) divíde (by); э́то число́ разде́лится на три this númber is divísible by three [...-zɪ-...]; 4. *страд. к* разделя́ть.

раздёргивать, раздёрнуть 1. (*вн.*) *разг.* draw* / pull apárt [...pul...] (*d.*); раздёрнуть занаве́ски draw* *the* cúrtains (apárt); 2. *мор.* let* go (by the run).

раздёрнуть *сов. см.* раздёргивать.

разде́ть(ся) *сов. см.* раздева́ть(ся).

раздира́||ть, разодра́ть (*вн.*) 1. *разг.* tear* up [tɛə...] (*d.*); 2. *тк. несов.* (*душу, сердце и т. п.*) rend* (*d.*), láceràte (*d.*), tear* (*d.*); ~емый вну́тренней борьбо́й torn by intérnal strife. **~ться,** разодра́ться 1. tear* [tɛə]; 2. *страд. к* раздира́ть.

раздира́ющий 1. *прич. см.* разди-ра́ть; 2. *прил.* (*ужасный*) héart-rènd-ing ['hɑːt-], héart-breaking ['hɑːt-breɪ-]: ~ ду́шу крик héart-rènding / héart-breaking cry.

раздобре́ть *сов. см.* добре́ть II.

раздо́бриться *сов. разг.* become* génerous / kind.

раздобыва́ть, раздобы́ть (*вн.*) *разг.* procúre (*d.*), get* (*d.*); раздобы́ть де́-нег get* / raise some móney [...'mʌ-].

раздобы́ть *сов. см.* раздобыва́ть.

раздо́ль||е *с.* (*простор*) expánse; (*перен.*) fréedom, líberty; ему́ ~ he is quite free to do what he likes. **~ный:** ~ная жизнь free / éasy life [...'iːzɪ...].

раздо́р *м.* díscòrd, dissénsion; жить в ~е live in díscòrd [lɪv...]; ◇ семена́ ~а seeds of díscòrd; я́блоко ~а apple of díscòrd, bone of conténtion; се́ять ~ breed* strife.

раздоса́довать *сов.* (*вн.*) *разг.* vex (*d.*). **~ся** *сов. разг.* get* / become* vexed.

раздража́ть, раздражи́ть (*вн.*) ír-ritàte (*d.*), annóy (*d.*), put* out (*d.*); (*действовать на нервы*) get* on smb.'s nerves. **~ся,** раздражи́ться get* ír-ritàted / annóyed, chafe; ~ся из-за пустяко́в, по пустяка́м get* írritàted, *или* chafe, at a mere nothing; напра́сно он раздража́ется he shouldn't get so ùpsét; there's nothing for him to be ángry abóut.

раздража́ющ||ий 1. *прич. см.* раз-дража́ть; 2. *прил.* írritàting, írk-some; ~ее ОВ írritant.

раздраже́н||ие *с.* ìrritátion; с ~ием with ìrritátion; в ~ии in ìrritátion, in a témper.

раздражённый 1. *прич. см.* раздра-жа́ть; 2. *прил.* ángry, írritàted, exás-peràted.

раздражи́мость *ж.* ìrritabílity.

раздражи́тель *м. физиол.* írritant. **~но** *нареч.* with ìrritátion, in ìrritá-tion, in a témper, írritably. **~ность** *ж.* ìrritabílity, shórtness of témper. **~ный** írritable, short of témper, shórt-témpered, pétulant; он о́чень раздражи́телен he is very írritable.

раздражи́ть(ся) *сов. см.* раздража́ть (-ся).

раздразни́ть *сов.* (*вн.*) *разг.* 1. tease (*d.*); 2.: ~ чей-л. аппети́т excíte / whet smb.'s áppetìte.

раздроби́ть(ся) *сов. см.* раздроб-ля́ть(ся) *и* дроби́ть(ся).

раздробле́ние *с.* bréaking up ['breɪ-...], párcelling (out).

раздро́бленн||ый 1. *прич. см.* раз-дробля́ть; 2. *прил.* (*о кости*) splín-tered, shattered; 3. *прил.*: ~ое хозя́й-ство *с.-х.* scáttered èconomy [...iː-].

раздробля́ть, раздроби́ть 1. (*вн.*) break* / smash to píeces [-eɪk...'piː-] (*d.*); (*об участке земли и т. п.*) párcel (out) (*d.*); (*о кости*) splínter (*d.*), shátter (*d.*); 2. (*вн.* в *вн.*) *мат.* turn (*d.* into); ~ ме́тры в сантиме́тры turn / fráction metres into céntimètres, ex-préss metres in terms of céntimètres. **~ся,** раздроби́ться 1. break* / smash to píeces [-eɪk...'piː-]; (*о кости*) splínter, shátter; 2. *страд. к* раздроб-ля́ть.

раздува́ние *с.* 1. (*огня*) blówing ['blou-]; 2. (*преувеличение*) exàggerá-tion [-dʒə-].

раздува́ть, разду́ть (*вн.*) 1. (*об огне*) fan (*d.*); (*мехами и т. п.*) blow* [-ou] (*d.*); (*перен. тж.*) rouse (*d.*); ~ пла́мя войны́ fan the flames of war; 2. (*надувать*) blow* (out) (*d.*); ~ щёки blow* out one's cheeks; 3. *безл.*: у него́ разду́ло лицо́, щеку́ *и т. п.* his face, cheek, *etc.*, has / is swóllen [...-ou-]; 4. *разг.* (*преувеличивать*) exággeràte [-dʒə-] (*d.*); (*создавать шу-миху*) swell* (*d.*), push [puʃ] (*d.*), boost (*d.*); ~ вое́нную истери́ю whip up, *или* fan, war hystéria / psychósis [...saɪ'k-]; 5. *тк. несов. разг.* (*разве-вать*) fly* (*d.*), blow* abóut (*d.*), flútter (*d.*); ве́тер раздува́ет знамёна the cólours / bánners are flýing / fláp-ping in the wind [...'kʌ-...wɪ-]. **~ся,** разду́ться 1. be blown / puffed up [...-oun...], swell*; щека́ разду́лась the cheek has swóllen [...-ou-]; с раздува́ющимися ноздря́ми with dì-láted nóstrils [...daɪ-...]; 2. *страд. к* раздува́ть.

разду́м||ать *сов.* change one's mind [tʃeɪ-...]; think* bétter of it; он хоте́л пойти́ туда́, но ~ал he wánted to go there, but changed his mind, *или* thought bétter of it.

разду́маться *сов.* (о *пр.*) start thínking (abóut).

разду́мыв||ать 1. (о *пр.*; *размыш-лять*) méditàte (on, upón), muse (óver), pónder (on, óver), consíder [-'sɪ-] (*d.*), rúminàte (on); (*грустно, мрачно*) brood (óver); (*взвешивать*) delíberàte (*d.*); 2. (*колебаться*) hési-tàte [-zɪ-]; не ~ая without hèsitátion [...-zɪ-], without a móment's thought.

разду́мье *с.* 1. (*задумчивость*) mèd-itátion, thóughtful mood; в глубо́ком ~ deep in thought; в мра́чном ~ in glóomy refléction; 2. (*колебание*) hèsi-tátion [-zɪ-]; его́ взяло́ ~ he is in doubt [...daut].

разду́т||ый 1. *прич. см.* раздува́ть; 2. *прил.* exággeràted [-dʒə-]; (*о бюд-жете и т. п.*) infláted; ~ые шта́ты infláted staffs; ~ые сме́ты exágger-àted éstimates.

разду́ть *сов. см.* раздува́ть 1, 2, 3, 4. **~ся** *сов. см.* раздува́ться.

разева́ть, рази́нуть (*вн.*) *разг.* ópen (wide) (*d.*); ~ рот ópen one's mouth*; (*зевать, глазеть и т. п.*) gape; ра-зи́нув рот agápe, ópen-móuthed.

разжа́лобить *сов.* (*вн.*) move to píty [muːv... 'pɪ-] (*d.*), stir the píty (of); ~ до слёз move to tears (*d.*). **~ся** *сов. разг.* be moved to píty [...muːvd...'pɪ-].

разжа́лование *с. уст.* dègradátion.

разжа́лованный *уст.* 1. *прич. см.* разжа́ловать; 2. *м. как сущ. воен.* degráded ófficer.

разжа́ловать *сов.* (*вн.*) *уст.* degráde (*d.*); redúce to the ranks (*d.*); ~ в сол-да́ты degráde to the ranks.

разжа́ть(ся) *сов. см.* разжима́ть (-ся).

разжева́ть *сов. см.* разжёвывать.

разжёвывание *с.* chéwing, màsticá-tion.

разжёвывать, разжева́ть (*вн.*) chew (*d.*), mástícàte (*d.*); (*перен.*) *разг.* chew óver (*d.*); э́то мя́со тру́дно раз-жева́ть this meat is hard to chew.

разже́чь(ся) *сов. см.* разжига́ть(ся).

разжига́ть, разже́чь (*вн.*) kindle (*d.*), enkíndle (*d.*); (*перен. тж.*) rouse (*d.*): ~ дрова́, ого́нь kindle the fírewood, fire [...-wud...]; ~ не́-нависть (en)kíndle / rouse hátred; ~ любо́вь kindle the flame of love [...lʌv], kindle love into a flame; — ~ стра́сти infláme pássions, aróuse pássion; ~ национа́льную вражду́ rouse, *или* stir up, nátional hátred [...'næ-...].

разжига́ться, разже́чься 1. kindle; (*перен.*) be aróused, be (en¦)kindled; дрова́ разожгли́сь the fire¦wood kindled [...-wud...]; 2. *страд. к* разжига́ть.

разжиди́ть *сов. см.* разжижа́ть.

разжижа́ть, разжиди́ть (*вн.*) dìlúte [daɪ-] (*d.*), thin (*d.*).

разжиже́ние *с.* dìlútion [daɪ-], ràrefáction [rɛə-], thinning out.

разжима́||ть, разжа́ть (*вн.*; *кулак*) ún¦clénch (*d.*), ún¦dó (*d.*), ópen (*d.*); (*пружину и т. п.*) let* down (*d.*), reléase [-s] (*d.*); ~ ру́ки ún¦clásp one's hands; не ~я губ without ópen¦ing one's lips. **~ться,** разжа́ться 1. (*о кулаке*) ún¦clénch, ópen; (*о пружине и т. п.*) expánd, exténd; гу́бы разжа́лись the lips párted; 2. *страд. к* разжима́ть.

разжире́ть *сов. см.* жире́ть.

раззадо́ривать, раззадо́рить (*вн.*) *разг.* provóke (*d.*), excíte (*d.*). **~ся,** раззадо́риться *разг.* get* excíted, get* worked up.

раззадо́рить(ся) *сов. см.* раззадо́ривать(ся).

раззва́нивать, раззвони́ть (*вн.*, о *пр.*) *разг.* (*разглашать*) trúmpet (*d.*); он раззвони́л об э́том повсю́ду he trúmpeted it évery¦whère.

раззвони́ть *сов. см.* раззва́нивать.

раззнако́миться *сов.* (с *тв.*) *разг.* break* off one's acquáintance[breɪk...] (with), break* (with), break* off (with).

рази́нуть *сов. см.* разева́ть.

рази́ня *м. и ж. разг.* gawk.

рази́тельн||ость *ж.* stríking¦ness. **~ый** stríking; ~ый приме́р stríking exámple [...-ɑːm-]; ~ое схо́дство stríking líke¦ness.

рази́ть I, срази́ть (*вн.*; *ударять, поражать*) strike* (*d.*); *сов. тж.* strike* down (*d.*).

рази́||ть II *безл.* (*тв.*) *разг.* (*сильно пахнуть*) reek (of); от него́ ~ло вино́м he reeked of wine.

разлага́ть, разложи́ть (*вн.*) 1. (*на составные части*) *хим.* dè¦compóse (*d.*); *мат.* expánd (*d.*); *физ.* (*о силе*) resólve [-'zɔ-] (*d.*); ~ во́ду на кислоро́д и водоро́д dè¦compóse wáter into óxygen and hýdrogen [...'wɔː-... 'haɪ-]; ~ число́ на мно́жители expánd *the* número into fáctors; 2. (*деморализовать*) demóralìze (*d.*), corrúpt (*d.*); ~ а́рмию проти́вника demóralìze / corrúpt the énemy's ármy.

разлага́ться, разложи́ться 1. (*на составные части*) *хим.* dè¦compóse; *мат.* expánd; вода́ разложи́лась на кислоро́д и водоро́д wáter dè¦compósed into óxygen and hýdrogen ['wɔː-... 'haɪ-]; число́ разложи́лось на мно́жители *the* númber expánded into fáctors; 2. (*загнивать*) dè¦compóse; rot, decáy (*тж. перен.*); труп разложи́лся *the* bódy dè¦compósed [...'bɔ-...]; 3. (*деморализоваться*) get* corrúpted / demóralìzed; а́рмия врага́ разложи́лась the énemy's ármy was demóralìzed; 4. *страд. к* разлага́ть.

разлага́ющ||ий 1. *прич. см.* разлага́ть; 2. *прил.* hármful, corrúpting; ~ее влия́ние corrúpting ínfluence.

разла́д *м.* 1. (*в работе и т. п.*) disórder; 2. (*раздор*) díscòrd, dissénsion; жить в ~е live in díscòrd [lɪv...]; вноси́ть ~ sow* dissénsion [sou...].

разла́дить(ся) *сов. см.* разла́живать(ся).

разла́живать, разла́дить (*вн.*) derа́nge [-'reɪ-] (*d.*). **~ся,** разла́диться 1. (*о деле, предприятии и т. п.*) take* a bad turn, go* wrong; 2. *страд. к* разла́живать.

разла́комить *сов.* (кого́-л. чем-л.) *разг.* make* smb.'s mouth wáter [...'wɔː-] (for smth.). **~ся** *сов.* (*тв.*) *разг.* get* a taste [...teɪ-] (for).

разла́мывать, разлома́ть, разломи́ть (*вн.*) 1. *при сов.* разлома́ть break*[-eɪk] (*d.*); (*разрушать*) break* down (*d.*), pull down [pul...] (*d.*); 2. *при сов.* разломи́ть break* (*d.*). **~ся,** разлома́ться, разломи́ться 1. break* [-eɪk]; 2. *страд. к* разла́мывать.

разлеза́ться, разле́зться *разг.* rável out ['ræ-...]; его́ сапоги́ разле́злись his boots are coming to píeces [...'piː-].

разле́зться *сов. см.* разлеза́ться.

разлени́ться *сов. разг.* grow* very lázy [-ou...].

разлет||а́ться, разлете́ться 1. (*улетать*) fly* a¦wáy; (*рассеиваться*) scátter (in the air), fly* asúnder; листы́ ~е́лись по ко́мнате the páges flew abóut the room; 2. *разг.* (*разбиваться*) break* [-eɪk], shátter; (*перен.; о надеждах, мечтах и т. п.*) vánish, be lost, shátter; ~ на куски́ fly* to bits; все наде́жды ~е́лись all hope vánished, *или* was lost.

разлете́ться *сов.* 1. *см.* разлета́ться; 2. (к, в *вн.*) *разг.* (*поспешно прибежать*) dash (to *a place*, up to *a person*, into *a room*).

разле́чься *сов.* lie* down; sprawl.

разли́в *м.* 1. (*реки и т. п.*) flood [-ʌd], óver¦flow [-ou]; 2. (*вина и т. п.*) bóttling. **~а́ние** *с.* póuring out ['pɔː-...]; она́ была́ занята́ ~а́нием ча́я she was búsy póuring out tea [...'bɪzɪ...].

разлива́нн||ый: ~ое мо́ре *разг.* drink galóre.

разлива́тельн||ый: ~ая ло́жка soup ladle [suːp...].

разлива́ть, разли́ть (*вн.*) 1. (*проливать*) spill* (*d.*); 2. (*наливать*) pour out [pɔː...] (*d.*); (*по бутылкам*) bottle (*d.*); ~ чай pour out tea; ~ суп ladle out soup [...suːp]; ~ вино́ по буты́лкам bottle wine; ✧ их водо́й не разольёшь *разг.* ≅ they álways keep togéther [...'ɔːlwəz...-'ge-]; they are thick as thieves [...θiː-] *идиом.* **~ся,** разли́ться 1. spill*; 2. (*выходить из берегов*) òver¦flów [-ou]; от дожде́й река́ разлила́сь the rains caused the ríver to òver¦flów, *или* to burst its banks [...'rɪ-...]; 3. *мед.*: у него́ жёлчь разлила́сь he has a bílious attáck; 4. (*распространяться*) spread* [-ed]; 5. *страд. к* разлива́ть.

разливн||о́й: ~о́е пи́во, вино́ beer, wine on tap / draught [...drɑːft]; beer, wine from the wood [...wud].

разлинова́ть *сов. см.* разлино́вывать.

разлино́вывать, разлинова́ть (*вн.*) rule (*d.*) (*make parallel lines*).

разли́тие *с.* 1. (*рек и т. п.*) óver¦flow [-ou]; 2. *мед.*: ~ жёлчи bílious attáck.

разли́ть(ся) *сов. см.* разлива́ть(ся).

различ||а́ть, различи́ть (*вн.*) 1. (*проводить различие*) distínguish (*d.*), discérn (*d.*); 2. (*распознавать*) make* out (*d.*). **~а́ться** 1. díffer; ~а́ться длино́й, шириной *и т. п.* díffer in length, in width, *etc.*; 2. *страд. к* различа́ть. **~е́ние** *с.* distínguishing, discérning.

разли́чи||е *с.* distínction; (*несходство, разница*) dífference; де́лать ~ (ме́жду) discrímináte (betwéen), make* distínctions (betwéen); без ~я without distínction; ~ во взгля́дах dífference of opínion; ✧ зна́ки ~я bádges of rank.

различи́тельный distínctive.

различи́ть *сов. см.* различа́ть.

разли́чн||ый 1. (*неодинаковый*) dífferent; ~ по существу́ esséntially dífferent; 2. (*разнообразный*) dìvérse [daɪ-], várious; по ~ым соображе́ниям for dìvérse réasons [...'riːz-]; ~ые лю́ди all mánner of people [...piː-].

разлож||е́ние *с.* 1. (*на составные части*) dè¦còmposítion [-'zɪ-]; 2. *мат.* expánsion; 3. (*гниение*) dè¦còmposítion; (*перен.*: *упадок*) decáy; 4. (*деморализация*) demòralìzátion [-laɪ-], corrúption; мора́льное ~ móral dègradátion ['mɔ-...]. **~и́вшийся** *прич. и прил.* 1. (*загнивший*) dè¦compósed; decáyed, rótten (*тж. перен.*); 2. (*деморализованный*) demóralìzed, corrúpted.

разложи́ть *сов.* 1. *см.* раскла́дывать; 2. *см.* разлага́ть. **~ся** *сов.* 1. *см.* раскла́дываться; 2. *см.* разлага́ться.

разло́м *м.* bréaking [-eɪk-]; bréak-úp [-eɪk-]; ме́сто ~а break [-eɪk].

разлома́ть *сов. см.* разла́мывать 1. **~ся** *сов. см.* разла́мываться.

разлом||и́ть *сов.* 1. *см.* разла́мывать 2; 2. *безл. разг.*: его́ всего́ ~и́ло every bone in his bódy aches [...'bɔdɪ eɪks]. **~и́ться** *сов. см.* разла́мываться.

разлу́к||а *ж.* 1. sèparátion; жить в ~е (с *тв.*) live apárt [lɪv...] (from); 2. (*расставание*) párting; час, день ~и hour, day of párting [auə...].

разлуч||а́ть, разлучи́ть (*вн.* с *тв.*) séparàte (*d.* from), part (*d.* from), séver ['se-] (*d.* from). ~**áться,** разлучи́ться **1.** séparàte, part; **2.** *страд. к* разлуча́ть. ~**и́ть(ся)** *сов. см.* разлуча́ть(ся).

разлюби́ть *сов.* (кого́-л.) love no lónger [lʌv...] (smb.), stop lóving [...'lʌv-] (smb.), cease to love [-s...] (smb.); (что-л.) like no lónger (smth.), cease to like (smth.).

размагни́||тить(ся) *сов. см.* размагни́чивать(ся). ~**чивать,** размагни́тить (*вн.*) demágnetize (*d.*). ~**чиваться,** размагни́титься **1.** get* / become* demágnetized; (*перен.*) lose* one's fire / zest [lɪːz...]; **2.** *страд. к* размагни́чивать.

разма́зать(ся) *сов. см.* разма́зывать(ся).

размазня́ *ж.* **1.** (*каша*) gruel [gru-], thin pórridge / pap; **2.** *разг.* (*о человеке*) nincompoop.

разма́з||ывать, разма́зать (*вн.*) **1.** spread* [-ed] (*d.*); ~ грязь по всему́ лицу́ spread* the dirt all óver *one's* face; **2.** *разг.* (*о манере говорить*) pad out (*d.*), spin* out (*d.*); он ~ал свой докла́д he pádded out his repórt. ~**ываться,** разма́заться **1.** spread* [-ed], blur, smear; **2.** *страд. к* разма́зывать.

размалева́ть *сов. см.* размалёвывать.

размалёвывать, размалева́ть (*вн.*) *разг.* daub (*d.*).

разма́лывать, размоло́ть (*вн.*) grind* (*d.*). ~**ся,** размоло́ться **1.** get* ground; **2.** *страд. к* разма́лывать.

разма́тывать, размота́ть (*вн.*; *о верёвке и т. п.*) únwínd* (*d.*), ún¦cóil (*d.*); (*о катушке тж.*) ún¦réel. ~**ся,** размота́ться **1.** (*о верёвке и т. п.*) únwínd*, ún¦cóil; (*о катушке тж.*) ún¦réel; **2.** *страд. к* разма́тывать.

разма́х *м.* **1.** (*величина колебания, качания*) swing; **2.** (*сила взмаха*) sweep; со всего́ ~у with all one's might; уда́рить с ~у (*вн.*) strike* with all one's might (*d.*); **3.** (*крыльев*) wing-spread [-ed]; wíng-spàn (*тж. ав.*); **4.** (*о деятельности и т. п.*) scope, range [reɪ-]; челове́к широ́кого ~а a man* of wíde-rànging énterprise [...-reɪ-...]; ~ революцио́нного движе́ния scope / range of the rèvolútionary móve¦ment [...'muː-]; приобрета́ть всё бо́льший ~ contínually gain in scope; широ́кий ~ строи́тельства wide scope of constrúction.

разма́х||ивать (*тв.*) swing* (*d.*); (*мечом, палкой и т. п.*) brándish (*d.*); ~ивая рука́ми swíng¦ing one's arms; ~ рука́ми (*жестикулировать*) gèstículàte; saw* the air *идиом.* ~**иваться,** размахну́ться swing* one's arm / hand: он ~ну́лся и уда́рил его́ he swung his arm and struck him. ~**ну́ться** *сов. см.* разма́хиваться.

разма́чивать, размочи́ть (*вн.*) soak (*d.*), steep (*d.*). ~**ся,** размочи́ться **1.** get* soaked / steeped; **2.** *страд. к* разма́чивать.

разма́шист||о *нареч.*: писа́ть ~ write* a bold hand; ~ грести́ row with ènergétic strokes [rou...]. ~**ый:** ~ый по́черк spráwling hándwriting, bold hand; ~ые движе́ния swíng¦ing / swéeping mótions.

размежева́ние *с.* dèmàrcátion [diː-], delìmitátion.

размежева́ть(ся) *сов. см.* размежёвывать(ся).

размежёвывать, размежева́ть (*вн.*) dèlímit [diː-] (*d.*). ~**ся,** размежева́ться fix the bóundaries (between us, you, them); (*перен.*; *о функциях*) dèlímit *the* fúnctions / àctívities, *или the* spheres of áction.

размельч||а́ть, размельчи́ть (*вн.*) make* small (*d.*); (*в порошок*) púlverize (*d.*). ~**е́ние** *с.* máking small; (*в порошок*) pùlverìzátion [-raɪ-]. ~**и́ть** *сов. см.* размельча́ть.

разме́н *м.* exchánge [-'ʧeɪ-]; ~ де́нег chánging of móney ['ʧeɪ-... 'mʌ-].

разме́нивать, разменя́ть (*вн.*) change [ʧeɪ-] (*d.*). ~**ся,** разменя́ться (*тв.*) exchánge [-'ʧeɪ-] (*d.*); ~ся на ме́лочи, по мелоча́м *разг.* squánder one's gifts / tálents on trifles [...g-'tæ-...], díssipàte one's tálent(s).

разме́нн||ый: ~ая моне́та change [ʧeɪ-].

разменя́ть(ся) *сов. см.* разме́нивать(ся).

разме́р I *м.* **1.** (*величина, масштаб*) diménsions *pl.*; стол ~ом в два квадра́тных ме́тра table méasuring two square metres [...'meʒ-...]; **2.** (*об одежде, обуви*) size; э́то не мой ~ it is not my size; **3.** (*о проценте, налогах, зарплате*) rate; ~ финанси́рования vólume of fináncing; **4.** (*степень*) degrée, extént; scale; в небольшо́м ~е on a small scale; в широ́ких ~ах on a large scale; увели́читься до огро́мных ~ов in¦créase to, *или* assúme, enórmous propórtions [-s...].

разме́р II *м.* **1.** (*стиха*) metre; **2.** *муз.* méasure ['me-].

разме́ренн||ый **1.** *прич. см.* размеря́ть; **2.** *прил.* méasured ['me-]; ~ая похо́дка méasured tread [...tred], méasured steps *pl.*

разме́рить *сов. см.* размеря́ть.

размеря́ть, разме́рить (*вн.*) méasure off ['me-...] (*d.*).

размеси́ть *сов. см.* разме́шивать I.

размести́ *сов. см.* размета́ть I.

размести́ть(ся) *сов. см.* размеща́ть (-ся).

размета́ть I, размести́ (*вн.*) sweep* (abóut) (*d.*).

размета́ть II *сов.* (*вн.*) dispérse (*d.*); (*о сене и т. п.*) scátter / spread* abóut [...-ed...] (*d.*).

размета́ться *сов.* (*в постели*) toss (abóut).

разме́т||ить *сов. см.* размеча́ть. ~**ка** *ж.* márking-óut.

разме́тчик *м.* (*квалификация*) plát-er; márker-óff *амер.*

размеча́ть, разме́тить (*вн.*) mark (*d.*).

размеша́ть *сов. см.* разме́шивать II.

разме́шивать I, размеси́ть (*вн.*; *о тесте, глине и т. п.*) knead (*d.*).

разме́шивать II, размеша́ть (*вн.*) stir (*d.*).

размеща́ть, размести́ть (*вн.*) **1.** place (*d.*), put* (*d.*), accómmodàte (*d.*); (*о грузе*) stow [stou] (*d.*); (*о войсках — по квартирам*) quárter (*d.*), bíllet (*d.*); **2.** (*о капитале*) invést (*d.*), place (*d.*); ~ заём distríbute / float *a* loan. ~**ся,** размести́ться **1.** take* seats; **2.** *страд. к* размеща́ть.

размеще́ние *с.* **1.** plácing, accòmmodátion; ~ гру́за stówage ['stou-]; ~ промы́шленности в стране́ tèrritórial / geográphical distribútion of índustry in the cóuntry [...'kʌn-]; ~ предприя́тий síting of plants [...-ɑːnts]; ~ по кварти́рам (*войск*) quártering, bílleting; ~ вооружённых сил disposítion / státioning of armed fórces [-'zɪ-...]; **2.** (*о капитале*) invéstment; ~ за́йма distríbuting / flóating *a* loan.

размина́ть, размя́ть (*вн.*) **1.** (*о тесте, глине и т. п.*) knead (*d.*); (*о картофеле и т. п.*) mash (*d.*); **2.**: ~ но́ги *разг.* stretch one's legs. ~**ся,** размя́ться **1.** grow* soft by knéading [-ou...]; (*о картофеле и т. п.*) get* mashed; **2.** *разг.* stretch one's legs; **3.** *спорт.* límber up; **4.** *страд. к* размина́ть.

размини́рова||ние *с. воен.* mine cléaring. ~**ть** (*вн.*) *воен.* clear of mines (*d.*).

разми́нка *ж. спорт.* límbering-ùp, wárming-ùp.

размину́ться *сов. разг.* (*не встретиться*) miss each other; (*о письмах*) cross each other.

размнож||а́ть, размно́жить (*вн.*) múltiplỳ (*d.*); (*документ в копиях тж.*) mánifòld (*d.*), dúplicàte (*d.*); (*на ротаторе тж.*) mímeogràph (*d.*). ~**а́ться,** размно́житься **1.** *биол.* própagàte it¦sélf; (*о животных тж.*) breed*; (*о рыбах, лягушках*) spawn; ~а́ться деле́нием, почкова́нием própagàte it¦sélf by gèmmátion; **2.** *страд. к* размножа́ть. ~**е́ние** *с.* **1.** rè¦prodúction in quántity; **2.** *биол.* rè¦prodúction; pròpagátion; полово́е ~е́ние séxual rè¦prodúction; беспо́лое ~е́ние aséxual rè¦prodúction; ~е́ние деле́нием, почкова́нием rè¦prodúction by gèmmátion; о́рганы ~е́ния rè¦prodúctive órgans.

размно́жить *сов. см.* размножа́ть. ~**ся** *сов. см.* размножа́ться.

размозжи́ть *сов.*: ~ кому́-л. го́лову smash smb.'s skull; ~ себе́ го́лову smash one's skull.

размока́ть, размо́кнуть get* soaked; (*сильно*) get* só́dden; сухари́ размо́кли *the* rusks are só́dden.

размо́кнуть *сов. см.* размока́ть.

размо́л *м.* **1.** (*процесс*) grínding; **2.:** мука́ кру́пного ~a coarse flour, cóarse-ground flour; мука́ ме́лкого ~a fine flour, fíne¦ly ground flour.

размо́лвка *ж.* tiff, dìsagréement; ме́жду ни́ми ~ they have fáll¦en out.

размоло́ть(ся) *сов. см.* разма́лывать(ся).

разморáживать, разморо́зить (*вн.*) defróst (*d.*).

размори́||ть *сов.* (*вн.*) *разг.:* жара́ его́ совсе́м ~ла, его́ ~ло от жары́ he was worn out by the heat [...wɔːn ...]. **~ться** *разг.* be worn out by the heat [...wɔːn...].

разморо́зить *сов. см.* размора́живать.

размота́ть(ся) *сов. см.* разма́тывать(ся).

размо́тка *ж.* únwínding, ún¦cóiling; (*с катушки*) ún¦réeling.

размочи́ть(ся) *сов. см.* разма́чивать(ся).

размы́в *м.* wásh-óut, erósion.

размыва́ть, размы́ть (*вн.*) wash a¦wáy (*d.*); *геол.* eróde (*d.*); река́ размы́ла берега́ the ríver has washed a¦wáy its banks [...'rɪ-...].

размыка́ние *с.* **1.** bréaking [-eɪk-]; **2.** *воен.* ópen¦ing.

размы́кать *сов.* (*вн.*) *разг.* shake* off (*d.*); ~ го́ре shake* off one's grief [...-iːf].

размыка́ть, разомкну́ть (*вн.*) **1.** break* [-eɪk] (*d.*); ~ ток *эл.* break* the eléctric cúrrent, dísconnéct the cúrrent; **2.** *воен.* ópen (*d.*).

размы́слить *сов. см.* размышля́ть.

размы́ть *сов. см.* размыва́ть.

размышле́ни||е *с.* refléction, mèditátion; э́то наво́дит на ~я it makes *one* think / wónder [...'wʌ-]; по зре́лом ~и on refléction, on sécond thoughts [...'se-...]; пять мину́т на ~ five mínutes for refléction [...'mɪnɪts...]; (*об этом*) five mínutes to think it óver; быть погружённым в ~я be lost in thought / mèditátion.

размышля́ть, размы́слить (о *пр.*) refléct (on, up¦ón), méditàte (on, up¦ón), pónder (óver, on), muse (on, up¦ón); turn óver in one's mind (*d.*).

размягч||а́ть, размягчи́ть (*вн.*) sóften [-fᵒn] (*d.*), make* soft (*d.*). **~а́ться,** размягчи́ться **1.** sóften [-fᵒn], grow* soft [-ou...]; **2.** *страд.* к размягча́ть. **~е́ние** *с.* sóftening [-fᵒn-]; ~е́ние мо́зга *мед.* sóftening of the brain; ~е́ние косте́й òsteomalácia. **~и́ть(ся)** *сов. см.* размягча́ть(ся).

размяка́ть, размя́кнуть sóften [-fᵒn], grow* soft [-ou...].

размя́кнуть *сов.* **1.** *см.* размяка́ть; **2.** *как сов.* к мя́кнуть.

размя́ть(ся) *сов. см.* размина́ть (-ся).

разна́шивать, разноси́ть (*вн.*; *об обуви*) wear* in [wɛə...] (*d.*). **~ся,** разноси́ться get* cómfortable [...'kʌ-].

разне́живаться, разне́житься *разг.* (*расчувствоваться, смягчаться*) grow* soft [-ou...].

разне́житься *сов. см.* разне́живаться.

разнести́(сь) *сов. см.* разноси́ть(ся) II.

разнима́ть, разня́ть (*вн.*) **1.** (*разъединять*) disjóint (*d.*); (*на части тж.*) take* to píeces [...'piː-] (*d.*); **2.** *разг.* (*дерущихся*) part (*d.*).

ра́зниться díffer.

ра́зниц||а *ж.* dífference; (*неравенство*) dispárity; с той ~ей, что with the dífference that; ~ в том, что the dífference is that; ~ в цене́ dífference in price; огро́мная ~ a great dífference [...-eɪt...]; ~ в года́х dispárity in age.

разнобо́й *м. разг.* lack of cò-òrdinátion, díscòrd.

разнове́с *м. тк. ед. собир.* set of weights.

разнови́дность *ж.* varíety.

разновреме́нн||ый táking place, *или* háppening, at dífferent times; ~ые собы́тия evénts háppening at dífferent times.

разногла́си||е *с.* (в *пр.*) **1.** dífference (of), dìsagréement (in), díscòrd (in); ме́жду ни́ми ~я they are at váriance, they are in dìsagréement; ~ во взгля́дах dífference of opínion; устрани́ть ~я settle / resólve the dífferences [...-'zɔlv...]; smooth / íron out the dífferences [-ð 'aɪən...]; **2.** (*в показаниях, данных и т. п.*) discrépancy (betwéen).

разноголо́сица *ж. разг.* discórdance, díssonance; ~ во мне́ниях discórdance of opínion, dissént.

разноголо́сый discórdant.

ра́зное *с. скл. как прил.* (*на повестке дня и т. п.*) mìscellánea [-nɪə] *pl.*

разнокали́берный *тех., воен.* of dífferent cálibres; (*перен.*) *разг.* mixed, héterogéneous.

разнома́стный **1.** of dífferent cólour [...'kʌ-]; (*о лошадях тж.*) of dífferent coats; **2.** *карт.* of dífferent suit [...sjuːt].

разномы́сл||ие *с.* dífference of opínion(s) / mind. **~я́щий** díssident.

разнообра́з||ие *с.* varíety, dìvérsity [daɪ-]; вноси́ть ~ в жизнь relíeve the monótony of life [-'liːv...]; для ~ия just for a change [...ʧeɪ-].

разнообра́з||ить (*вн.*) dìvérsifỳ [daɪ-] (*d.*), váry (*d.*). **~ность** *ж.* varíety, dìvérsity [daɪ-]. **~ный** várious, dìvérse [daɪ-].

разноплеме́нный of dífferent ráces / tribes.

разнопо́лый *биол.* of dífferent séxes.

разноречи́в||ость *ж.* còntradíction. **~ый** còntradíctory.

разноро́дн||ость *ж.* hèterogenéity [-'niːɪ-]. **~ый** héterogéneous.

разно́с *м. разг.* **1.** cárrying; (*писем и т. п.*) delívery; **2.** (*выговор*) ráting, dréssing (down).

разноси́ть I *сов. см.* разна́шивать.

разноси́ть II, разнести́ (*вн.*) **1.** (*доставлять*) cárry (*d.*), convéy (*d.*); (*о письмах*) delíver [-'lɪ-] (*d.*); **2.** *разг.* (*распространять — о новостях и т. п.*) spread* [-ed] (*d.*); **3.** (*по книгам, на карточки*) énter (*d.*); (*по книгам тж.*) book (*d.*); **4.** *безл. разг.:* щёку разнесло́ *his* cheek is swóllen [...-ou-]; его́ разнесло́ he has got very fat; **5.** (*разрушать*) smash (*d.*); destróy (*d.*); **6.** *разг.* (*рассеивать*) scátter (*d.*), dispérse (*d.*); што́рмом разнесло́ рыба́чьи ло́дки the storm has scáttered / dispérsed the físhermen's boats; **7.** *разг.* (*бранить*) give* a ráting (*i.*), give* a good dréssing down, *или* a good wígging (*i.*).

разноси́ться I *сов. см.* разна́шиваться.

разноси́ться II, разнести́сь **1.** (*распространяться*) spread* [-ed]; **2.** (*раздаваться — о звуке*) resóund [-'zaund]; **3.** *страд.* к разноси́ть II.

разно́с||ка *ж. разг.* (*писем и т. п.*) delívery. **~ный:** ~ная кни́га delívery régister; ~ная торго́вля stréet-hawking.

разносторо́нн||ий *мат.* scálene ['skeɪ-]; (*перен.*) mány-síded, vérsatile; ~ треуго́льник scálene tríangle; ~ писа́тель vérsatile wríter; ~ее образова́ние còmprehénsive èducátion; удовлетворя́ть ~ие потре́бности give* áll-róund sàtisfáction to the requíre¦ments of the people [...piː-]. **~ость** *ж.* vèrsatílity.

ра́зность *ж.* (*в разн. знач.*) dífference; ~ у́ровней *тех.* head [hed]

разно́счик *м.* pédlar ['pe-], háwker ◇ ~ новосте́й néwsmònger [-zmʌ-]

разнохара́ктерный divérse [daɪ-] várious, dìvérsified [daɪ-].

разноцве́тный mány-còlour¦ed [-kʌ-] mótley ['mɔ-], váriegàted.

разночи́нец *м. ист.* raznochínet (*intellectual not belonging to th gentry in 19th century Russia*).

разночте́ние *с. лингв.* réading.

разноше́рст(н)ый (*о животных*) o dífferent coats; (*перен.*) *разг.* mixed ill-mátched, íll-assórted.

разноязы́чн||ый **1.** pólyglòt, of man lánguages / tongues [...tʌŋz]; ~ая тол па́ crowd spéaking divérse language [...daɪ-...]; pólyglòt crowd; **2.:** ~ слова́рь fóreign díctionary ['fɔrɪn...] díctionary of séveral lánguages.

разну́зданн||ость *ж.* **1.** (*распутст во*) lìcéntious¦ness [laɪ-]; **2.** (*произ вол*) ùn¦rúliness. **~ый** **1.** *прич. см* разну́здывать; **2.** *прил.* ùnbrídled ùn¦rúly; (*распутный*) lìcéntious [laɪ-]

разнузда́ть(ся) *сов. см.* разну́зды вать(ся).

разну́здывать, разнузда́ть (*вн.*) ùnbrídle (*d.*). **~ся,** разнузда́ться **1.** get* ùnbrídled / ún¦rúly; **2.** *страд. к* разну́здывать.

ра́зн||ый dífferent, dìvérse [daɪ-], várious; ~ого ро́да of dífferent kinds; в ~ое вре́мя at dífferent times; под ~ыми предло́гами únder dífferent / dìvérse prétèxts.

разню́хать *сов. см.* разню́хивать.

разню́хивать, разню́хать (*вн.*) *разг.* smell* abóut (*d.*), sniff (abóut) (*d.*); (*перен.*: *разузнавать*) smell* out (*d.*), nose out (*d.*).

разня́ть *сов. см.* разнима́ть.

разоби́деть *сов.* (*вн.*) *разг.* offénd gréatly [...-eɪt-] (*d.*), give* great offénce [...-eɪt...] (*i.*); put* smb.'s back up próperly *идиом.* **~ся** *сов. разг.* be gréatly offénded [...-eɪt-...], take* offénce.

разоблач||а́ть, разоблачи́ть (*вн.*) **1.** *уст., шутл.* (*раздевать*) dísróbe (*d.*), dìvést [daɪ-] (*d.*), ún¦clóthe [-ouð] (*d.*), úndréss (*d.*); **2.** (*открывать*) disclóse (*d.*); (*об обмане и т. п.*) expóse (*d.*), únmásk (*d.*), lay* bare (*d.*); (*публично обвинять*) denóunce (*d.*); ~ поджига́телей войны́ expóse / únmásk the wármòngers [...-mʌ-]; он был ~ён he was únmásked. **~а́ться,** разоблачи́ться **1.** *уст., шутл.* dísróbe, dìvést òne¦sélf [daɪ-...], úndréss (òne¦sélf); **2.** *страд. к* разоблача́ть. **~е́ние** *с.* disclósure [-'klou-]; (*обмана и т. п.*) expósure [-'pou-], únmásking; (*публичное обвинение*) denùnciátion.

разоблачи́ть(ся) *сов. см.* разоблача́ть(ся).

разобра́ть *сов. см.* разбира́ть 1, 2, 3, 4, 5, 6, 7. **~ся** *сов. см.* разбира́ться.

разобща́ть, разобщи́ть (*вн.*) **1.** séparàte (*d.*), dísùníte (*d.*); (*перен.*: *делать чуждыми*) álienàte (*d.*), estránge [-eɪnʤ] (*d.*); **2.** *тех.* dísconnéct (*d.*), ún¦cóuple [-'kʌpl] (*d.*), ún¦géar [-'gɪə] (*d.*). **~ся,** разобщи́ться **1.** *тех.* become* dísconnécted; **2.** *страд. к* разобща́ть.

разобщ||е́ние *с.* dìsconnéction; dissòciátion. **~ённо** *нареч.* apárt; де́йствовать ~ённо act apárt. **~ённость** *ж.* = разобще́ние.

разобщи́тель *м. тех.* dísconnéctor.

разобщи́ть(ся) *сов. см.* разобща́ть (-ся).

ра́зовый: ~ биле́т single tícket.

разогна́ть(ся) *сов. см.* разгоня́ть (-ся).

разогну́ть(ся) *сов. см.* разгиба́ть (-ся).

разогре́в *м.*, **~а́ние** *с.* wárming-ùp.

разогрева́ть, разогре́ть (*вн.*) warm up (*d.*). **~ся,** разогре́ться **1.** warm up, grow* warm [-ou...]; **2.** *страд. к* разогрева́ть.

разогре́тый *прич. и прил.* wármed-úp; (*о кушанье тж.*) réchauffé (*фр.*) [reɪ'ʃoufeɪ].

разогре́ть(ся) *сов. см.* разогрева́ть (-ся).

разоде́тый *прич. и прил.* dressed up.

разоде́ть *сов.* (*вн.*) dress up (*d.*). **~ся** *сов.* dress up; ✧ ~ся в пух и прах *разг.* ≅ be dressed to kill.

разодра́ть *сов. см.* раздира́ть 1. **~ся** *сов. см.* дра́ться II *и* раздира́ться.

разозли́ть *сов.* (*вн.*) make* ángry (*d.*), infúriàte (*d.*); get* smb.'s dánder up *идиом.* **~ся** *сов.* (на кого́-л.) get* ángry (with smb.); (на что-л.) get* ángry (at smth.).

разойти́сь I, II *сов. см.* расходи́ться I, II.

разо́к *м. разг.* just once [...wʌns]; ещё ~ once more; ~, друго́й once or twice.

ра́зом *нареч. разг.* at once [...wʌns]; все ~ all togéther [...-'ge-].

разо́мкнут||ый **1.** *прич. см.* размыка́ть; **2.** *прил.*: ~ строй *воен.* ópen órder; ~ым стро́ем in ópen órder.

разомкну́ть *сов. см.* размыка́ть.

разомле́ть *сов. разг.* (*от жары*) lánguish, grow* lánguid [-ou...].

разопре́ть *сов. разг.* (*о кушанье*) get* soft.

разора́ться *сов. разг.* become* ùp¦róarious, raise a hùllabalóo.

разорва́ть *сов. см.* разрыва́ть 1. **~ся** *сов. см.* разрыва́ться.

разор||е́ние *с.* **1.** (*города и т. п.*) destrúction, rávage; **2.** (*потеря состояния*) rúin. **~ённый** **1.** *прич. см.* разоря́ть; **2.** *прил.* rúined. **~и́тельность** *ж.* rúinous¦ness. **~и́тельный** rúinous, wáste¦ful ['weɪ-].

разори́ть(ся) *сов. см.* разоря́ть(ся).

разоруж||а́ть, разоружи́ть (*вн.*) disárm (*d.*); *мор.* ún¦ríg (*d.*), dismántle (*d.*). **~а́ться,** разоружи́ться **1.** disárm; *мор.* get* / become* ún¦rígged / dismántled; **2.** *страд. к* разоружа́ть. **~е́ние** *с.* disármament; конфере́нция по ~е́нию disármament cónference; всео́бщее ~е́ние ùnivérsal / géneral disármament; части́чное ~е́ние pártial disármament.

разоружи́ть(ся) *сов. см.* разоружа́ть(ся).

разоря́ть, разори́ть (*вн.*) **1.** (*разрушать*) destróy (*d.*); (*опустошать*) rávage (*d.*); **2.** (*доводить до нищеты*) rúin (*d.*), bring* to rúin (*d.*). **~ся,** разори́ться **1.** rúin òne¦sélf; **2.** *страд. к* разоря́ть.

разосла́ть *сов. см.* рассыла́ть.

разоспа́ться *сов. разг.* be fast asléep; (*спать слишком долго*) óver¦-sléep.

разостла́ть(ся) *сов. см.* расстила́ть (-ся).

разохо́титься *сов.* (+ *инф.*) *разг.* take* a líking (to *ger.*), acquíre a taste [...teɪ-] (for *ger.*); take* a líking to it.

разочарова́ние *с.* dìsappóintment, dìsillúsionment.

разочаро́ванн||о *нареч.* with dìsappóintment, dìsappóintedly. **~ый** *прич. и прил.* disappóinted, dìsillúsioned.

разочарова́ть(ся) *сов. см.* разочаро́вывать(ся).

разочаро́вывать, разочарова́ть (*вн.* в *пр.*) dìsappóint (*d.* abóut, óver). **~ся,** разочарова́ться (в ком-л.) be dìsappóinted (in smb.); (в чём-л.) be disappóinted (with smth.).

разраба́тывать, разрабо́тать (*вн.*) **1.** (*о земле*) cúltivàte (*d.*); **2.** *горн.* work (*d.*), explóit (*d.*); ~ рудни́к work *a* mine; **3.** (*о вопросе, проекте*) work out / up (*d.*); (*детально*) elábоràte (*d.*); ~ ме́тоды devíse, *или* work out, méthods; ~ пла́ны work out, *или* devélop, plans [...-'ve-...].

разрабо́тать *сов. см.* разраба́тывать.

разрабо́тка *ж.* **1.** (*участка земли*) cùltivátion; **2.** *горн.* wórking, èxploitátion; **3.** (*место добычи ископаемого*) field [fiː-]; (*карьер и т. п.*) pit; ~ гра́вия grável pit ['græ-...]; **4.** (*вопроса, проекта*) wórking out / up; (*детальная*) elàborátion.

разра́внивать, разровня́ть (*вн.*) make* éven (*d.*), lével ['le-] (*d.*).

разража́ться, разрази́ться **1.** (*о грозе, войне и т. п.*) break* out [-eɪk...], burst* out; **2.** (*тв.*) burst* (into), burst* (out) (+ *ger.*); ~ слеза́ми burst* into tears; разрази́ться бра́нью break* into abúse [...-s]; разрази́ться сме́хом burst* out láughing [...'lɑːf-].

разрази́ться *сов. см.* разража́ться.

разраста́ться, разрасти́сь grow* [-ou]; (*о растениях тж.*) spread* (out) [-ed...]; grow* thick, bush out [buʃ...]; го́род разро́сся the town has grown [...-oun]; де́рево разросло́сь the tree has spread; ро́ща разросла́сь the grove has grown thick; де́ло разросло́сь the búsiness has grown / expánded [...'bɪzn-...].

разрасти́сь *сов. см.* разраста́ться.

разреве́ться *сов. разг.* raise / start a howl.

разреди́ть(ся) *сов. см.* разрежа́ть (-ся).

разреж||а́ть, разреди́ть (*вн.*) **1.** (*о лесе, рассаде и т. п.*) thin out (*d.*), weed out (*d.*); **2.** (*о воздухе*) rárefỳ ['rɛə-] (*d.*). **~а́ться,** разреди́ться **1.** thin; **2.** (*о воздухе*) rárefỳ ['rɛə-]; **3.** *страд. к* разрежа́ть. **~ённость** *ж. физ.* (*воздуха*) ràrefáction [rɛə-], rárity ['rɛə-]. **~ённый** **1.** *прич. см.* разрежа́ть; **2.** *прил. физ.* rárefied ['rɛə-], rare.

разре́з *м.* **1.** cut; **2.** (*сечение*) séction; попере́чный ~ cróss-sèction; продо́льный ~ lòngitúdinal séction [lɔnʤ-...]; вертика́льный ~ vértical séction; ✧ ~ глаз shape of one's eyes [...aɪz]; в э́том ~е in this connéction.

разре́зать *сов. см.* разреза́ть.

разрез||áть, разрéзать (*вн.*) cut* (*d.*); (*вдоль*) slit* (*d.*); (*на доли*) séction (*d.*); разрéзать до кóсти lay* ópen to the bone (*d.*). **~нóй:** ~нóй нож páper-knife*.

разрéзывать = разрезáть.

разреш||áть, разрешúть **1.** (*вн. дт.*; *дт.+ инф.*) allów (*d.+* to *inf.*); permít (*i.+* to *inf.*): он емý ~йл э́то дéлать he allówed him to do it; он ~йл емý гулять he allówed / permítted him to go for a walk; врач ~йл емý (есть) мясо the dóctor allówed him (to eat) meat; **2.** (*вн.*; *к печати, представлению и т. п.*) áuthorize (*d.*); разрешúть кнúгу к печáти áuthorize the prínting of *the* book; **3.** (*вн.*; *о задаче, проблеме и т. п.*) solve (*d.*); **4.** (*вн.*; *о вопросе, споре, сомнении*) settle (*d.*); **5.** *тк. сов. пов. накл.* (*как вежливая форма обращения*): ~й(те) (мне) (+ *инф.*) allów me (+ to *inf.*); do you mind if I (+ *pres.*), *или* my (+ *ger.*): ~йте объявúть заседáние открытым allów me to decláre the méeting ópen; ~йте пройтú allów me to pass; ~йте закурúть do you mind if I smoke?, do you mind my smóking? **~áться,** разрешúться **1.** (*о вопросе, деле и т. п.*) be solved; **2.** (*о споре, конфликте*) be séttled; **3.** *тк. несов.* (*быть позволенным*) be allówed; здесь курúть не ~áется no smóking (is allówed) here; здесь курúть ~áется smóking (is) allówed here; **4.** *страд. к* разрешáть; ◇ ~йться от брéмени *уст.* be delívered of a child. **~éние** *с.* **1.** (*позволение*) permíssion, pérmit; с вáшего ~éния with your permíssion; *об. ирон.* by your leave; давáть ~éние (*дт.*) give* permíssion (*i.*); **2.** (*письменное*) pérmit, authorìzátion [-raɪ-]; (*свидетельство*) lícense ['laɪ-]; ~éние на въезд (*в страну*) éntry vísa / pérmit [...'viːzə...]; ~éние на вы́езд (*из страны*) éxit vísa / pérmit; **3.** (*задачи, проблемы*) solútion; **4.** (*спора, конфликта*) séttle¦ment; ◇ ~éние от брéмени *уст.* delívery. **~úмый** sólvable.

разрешúть *сов. см.* разрешáть. **~ся** *сов. см.* разрешáться 1, 2.

разрисовáть *сов. см.* разрисóвывать.

разрисóвка *ж.* páinting.

разрисóвывать, разрисовáть (*вн.*) cóver with dráwings ['krʌ-...] (*d.*), órnamènt with desígns [...-'zaɪnz] (*d.*); (*перен.*) paint (*d.*).

разровнять *сов. см.* разрáвнивать.

разрóзненн||ый 1. *прич. см.* разрóзнивать; **2.** *прил.* (*о комплекте, собрании сочинений*) odd; **3.** *прил.* (*несогласованный*) séparate, ún¦cò-órdinàted; ~ые усúлия séparate ún¦cò-órdinàted éfforts.

разрóзнивать, разрóзнить (*вн.*) break* a set [-eɪk...] (of).

разрóзнить *сов. см.* разрóзнивать.

разруб||áть, разрубúть (*вн.*) cut* (*d.*), cleave* (*d.*); ~ на чáсти cut* into píeces [...'piːs-] (*d.*); ◇ ~úть гóрдиев ýзел cut* the Górdian knot.

разрубúть *сов. см.* разрубáть.

разругáть *сов.* (*вн.*) *разг.* scold (*d.*), give* a dréssing down (*i.*). **~ся** *сов.* (*с тв.*) *разг.* have a stórmy quárrel (with), quárrel (with).

разрумянить *сов.* (*вн.*) **1.** (*покрыть румянами*) paint (*d.*), rouge [ruːʒ] (*d.*); **2.** (*вызвать румянец*) rédden (*d.*). **~ся** *сов.* **1.** (*от волнения, радости и т. п.*) blush; (*от быстрого движения и т. п.*) be flushed; (*от мороза, ветра и т. п.*) rédden; **2.** *разг.* (*натереть себе лицо румянами*) paint, rouge [ruːʒ].

разрýха *ж.* rúin, dèvastátion; эконóмическая ~ èconómic dìslocátion [iːk-...].

разруш||áть, разрýшить (*вн.*) **1.** destróy (*d.*), demólish (*d.*), wreck (*d.*); ~ до основáния rase / raze (to the ground) (*d.*); разрýшить нарóдное хозяйство wreck the nátional èconomy [...'næ- iː-]; городá, разрýшенные войнóй wár-rávaged cíties, towns [...'sɪ-...]; **2.** (*расстраивать планы, надежды и т. п.*) frùstráte (*d.*), blast (*d.*), blight (*d.*); ~ здорóвье rúin *one's* health [...he-]. **~áться,** разрýшиться **1.** go* to rúin; (*о планах и т. п.*) fail, fall* to the ground; **2.** *страд. к* разрушáть. **~éние** *с.* destrúction, dèmolítion; пóлное ~éние compléte / útter destrúction; ~éния, причинённые войнóй the rávages of war. **~úтельный** destrúctive, destróying; ◇ ~úтельная сúла врéмени wear and tear of time [wɛə... tɛə...].

разрýшить I *сов. см.* разрушáть.

разрýшить II *сов. см.* рýшить I.

разрýшиться *сов. см.* разрушáться.

разры́в *м.* **1.** break [-eɪk], gap (*тж. перен.*); rúpture; séverance; ~ кровенóсного сосýда rúpture of *a* blóod-vèssel [...-ʌd-]; мéжду нúми произошёл ~ they have bróken off their relátions, they have bróken things off; ~ дипломатúческих отношéний rúpture / bréaking-óff of dìplomátic relátions [...'breɪ-...]; ~ в облакáх rent in the clouds; ~ лúнии фрóнта gap / breach in the front line [...-ʌ-...]; **2.** (*снаряда*) burst, shell burst; explósion.

разрывáть I, разорвáть **1.** (*вн.*) tear* [tɛə] (*d.*), tear* asúnder (*d.*); ~ на кускú tear* to píeces [...'piː-] (*d.*); **2.** *безл.*: пýшку разорвáло *the* gun / cánnon has blown up [...bloun...]; **3.** (*с тв.*; *порывать*) break* [-eɪk] (with); ~ с прóшлым break* with the past; разорвáть дипломатúческие отношéния break* off, *или* séver, dìplomátic relátions [...'se-...] (with).

разрывáть II, разры́ть (*вн.*) **1.** dig* up (*d.*); **2.** *разг.* (*приводить в беспорядок*) make* a lítter (of), turn úpsìde-dówn (*d.*).

разрывá||ться, разорвáться **1.** (*о верёвке и т. п.*) break* [-eɪk] (*о платье и т. п.*) tear* [tɛə]; (*о сапогах и т. п.*) burst*; **2.** (*взрываться*) burst*, go* off, explóde; **3.** *разг. чаще с отриц.*: он не мóжет разорвáться he can't be évery¦whère at once [...kɑːnt... wʌns]; ◇ у негó сéрдце ~ется his heart is bréaking [...hɑːt...].

разрывн||óй: ~ заря́д búrsting charge; ~ снаря́д explósive shell; ~áя пýля explósive búllet [...'bu-].

разрыдáться *сов.* burst* into tears / sobs.

разры́ть *сов. см.* разрывáть II.

разрыхлéние *с.* lóosening [-s-].

разрыхлúть *сов. см.* разрыхля́ть.

разрыхля́ть, разрыхлúть (*вн.*) lóosen [-s°n] (*d.*), make* light (*d.*); (*мотыгой*) hoe (*d.*).

разря́д I *м.* (*разряжение*) dis¦chárge.

разря́д II *м.* (*класс, группа*) cátegory, rank; sort; *спорт.* class, ráting; пéрвого ~а fírst-cláss; вторóго ~а sécond-cláss ['se-].

разрядúть(ся) I, II *сов. см.* разряжáть(ся) I, II.

разря́дка *ж.* **1.** dis¦chárging; ún¦lóading; (*ср.* разряжáть II); ~ междунарóдной напряжённости rè¦làxátion of ìnternátional ténsion [...-'næ-...]; **2.** *полигр.* spácing (out); bróken ùnderlíning.

разря́дник I *м. эл.* dis¦chárger, spárk-gàp.

разря́дник II *м. спорт.* spórts¦man with an offícial ráting.

разря́дный *прил. к* разря́д I.

разряжáть I, разрядúть (*вн.*) *разг.* (*наряжать*) dress up / out (*d.*).

разряжáть II, разрядúть (*вн.*) **1.** *эл.* dis¦chárge (*d.*); **2.** (*оружие*) ún¦lóad (*d.*); **3.** *полигр.* space out (*d.*); **4.** (*ослаблять напряжённость*): разрядúть атмосфéру relíeve (the) ténsion [-iːv...], take* the strain off, clear the átmosphère.

разряжáться I, разрядúться *разг.* (*наряжаться*) dress up, deck òne¦sélf out, doll òne¦sélf up.

разряжáться II, разрядúться **1.** *эл.* run* down; (*перен.*; *о гневе и т. п.*) blow* óver [-ou...], vent / clear itsélf; **2.** *страд. к* разряжáть II.

разубедúть(ся) *сов. см.* разубеждáть(ся).

разубеждáть, разубедúть (*вн. в пр.*; *вн.+ инф.*) dissuáde [-'sweɪd] (*d.* from; *d.* from *ger.*). **~ся,** разубедúться (*в пр.*) change one's opínion [ʧeɪ-...] (about).

разувáть, разýть (когó-л.) take* off smb.'s shoes [...ʃuːz]. **~ся,** разýться **1.** take* off one's shoes [...ʃuːz]; **2.** *страд. к* разувáть.

разуверéние *с.* dissuásion [-'sweɪʒn].

разувéрить(ся) *сов. см.* разуверя́ть(ся).

разувер||я́ть, разувéрить (*вн. в пр.*) dissuáde [-'sweɪd] (*d.* from); úndecéiv

-i:v] (*d.* in). ~**я́ться,** разуве́риться (в *пр.*) lose* one's faith [lu:z...] in); он разуве́рился в свои́х друзья́х, э́той тео́рии he lost faith in his friends, in this théory [...fre-... 'θɪə-].

разузнава́ть, разузна́ть (*вн.*) find* out (*d.*); *несов. тж.* make* in¦quíries abóut).

разузна́ть *сов. см.* разузнава́ть.

разукра́сить(ся) *сов. см.* разукра́шивать(ся).

разукра́шивать, разукра́сить (*вн.*) décoràte (*d.*), adórn (*d.*), embéllish (*d.*). ~**ся,** разукра́ситься 1. décoràte one¦sélf, adórn òne¦sélf; 2. *страд. к* разукра́шивать.

разукрупн||е́ние *с.* bréaking up into smáller únits [-eɪk-...]. ~**и́ть(ся)** *сов. см.* разукрупня́ть(ся).

разукрупня́ть, разукрупни́ть (*вн.*) divíde, *или* break* up, into smáller units [...breɪk...] (*d.*). ~**ся,** разукрупни́ться break* up into smáller units [breɪk...].

ра́зум *м.* 1. réason [-z°n]; 2. (*ум, интелле́кт*) mind, intélligence; ◇ у его́ ум за ~ захо́дит *разг.* he is at his wit's end.

разуме́н||ие *с.* ùnderstánding; по моему́ ~ию to my mind / ùnderstánding.

разуме́ть (*вн.*) ùnderstánd* (*d.*); (*подразумева́ть*) mean* (*d.*). ~**ся** 1. be ùnderstóod [...-'stud]; само́ собо́й разуме́ется it goes without sáying, it stands to réason [...-z°n]; 2.: разуме́ется *как вводн. сл.* of course [...kɔ:s]; to be sure [...ʃuə].

разу́мно I *прил. кратк. см.* разу́мный; э́то (вполне́) ~ it is (quite) réasonable [...-z-], that makes sense.

разу́мн||о II *нареч.* 1. réasonably [-z-], judícious¦ly, wíse¦ly; 2. (*умно́*) cléverly, sénsibly. ~**ый** 1. réasonable [-z-], judícious, wise; 2. (*у́мный*) cléver ['kle-].

разу́ть(ся) *сов. см.* разува́ть(ся).

разутю́жить *сов.* (*вн.*) íron / flátten out ['aɪən...] (*d.*).

разуха́бистый *разг.* róllicking.

разу́чивать, разучи́ть (*вн.*) learn* (*d.*); (*к выступле́нию*) prepáre to perfórm (*d.*); ~ роль stúdy one's part ['stʌ-...].

разу́чиваться, разучи́ться 1. (+ *инф.*) ùnléarn* [-'lə:n]; forgét* [-'get] (how+to *inf.*): он разучи́лся говори́ть по-францу́зски he has forgótten how to speak French; 2. *страд. к* разу́чивать.

разучи́ть(ся) *сов. см.* разу́чивать(ся).

разъеда́ть, разъе́сть (*вн.*) *разг.* (*о ржа́вчине*) eat* a¦wáy (*d.*); (*о кислоте́; тж. перен.*) corróde (*d.*).

разъедин||е́ние *с.* 1. sèparátion; 2. *эл.* dìsconnéction, bréaking [-eɪk-]. ~**и́ть(ся)** *сов. см.* разъединя́ть(ся).

разъедин||я́ть, разъедини́ть (*вн.*) 1. séparàte (*d.*), part (*d.*), disjóin (*d.*); 2. *эл.* dísconnéct (*d.*), break* [-eɪk] (*d.*); нас ~и́ли (*по телефо́ну*) we were cut off. ~**я́ться,** разъедини́ться 1. séparàte, part; 2. *эл.* get* dìsconnécted; 3. *страд. к* разъединя́ть.

разъе́зд I *м.* (*отъе́зд*) depárture.

разъе́зд II *м. ж.-д.* státion and double track (on a síngle-tràck ráilway) [...dʌ-...], síding.

разъе́зд III *м. воен.* móunted patról [...-oul].

разъездно́й I *прил. к* разъе́зд II; ~ путь síding, síde-tràck.

разъездно́й II (*свя́занный с разъезда́ми*) trávelling; ~ аге́нт trávelling ágent.

разъе́зд||ы *мн.* (*путеше́ствия*) jóurneyings ['dʒə:-]; он всё вре́мя в ~ах he is álways trávelling abóut [...'ɔ:lwəz...].

разъезжа́||ть drive* (abóut, aróund), ride* (abóut, aróund); он постоя́нно ~ет he is álways on the move [...'ɔ:lwəz... mu:v]. ~**ться,** разъе́хаться 1. (*уезжа́ть*) depárt; го́сти разъе́хались the guests have depárted; 2. *тк. сов.* (*об экипа́жах и т. п.*) pass (one another); у́лица так узка́, что два автомоби́ля с трудо́м мо́гут разъе́хаться the street is so nárrow, that two cars can hárdly pass each other; они́ с трудо́м разъе́хались they passed each other with dífficulty; 3. *тк. сов.* (*размину́ться*) miss each other; 4. (*перестава́ть жить вме́сте*) séparàte; 5. *разг.* (*располза́ться от ве́тхости*) fall* to píeces [...'pi:s-].

разъе́сть *сов. см.* разъеда́ть.

разъе́хаться *сов. см.* разъезжа́ться.

разъярённый 1. *прич. см.* разъяри́ть; 2. *прил.* infúriàted, in a white rage.

разъяри́ть(ся) *сов. см.* разъяря́ть (-ся).

разъяря́ть, разъяри́ть (*вн.*) infúriàte (*d.*), stir to fúry (*d.*). ~**ся,** разъяри́ться 1. become* / get* fúrious; 2. *страд. к* разъяря́ть.

разъясн||е́ние *с.* èxplanátion, elùcidátion; (*о зако́не, постановле́нии*) intèrpretátion; ~ пра́вила, зада́чи elùcidátion of *the* rule, *the* próblem [...'prɔ-]; дава́ть ~е́ния (*дт.*) expláin (to). ~**и́тельный** explánatory, elúcidàtive, elúcidàtory [-deɪ-]; ~и́тельная рабо́та explánatory work.

разъясни́ться *сов. разг.* (*о пого́де*) become* clear, clear up.

разъясни́ть(ся) *сов. см.* разъясня́ть(ся).

разъясня́ть, разъясни́ть (*вн. дт.*) expláin (*d.* to), elúcidàte (*d.* to); (*о зако́не, постановле́нии*) intérpret (*d.* to); ~ кому́-л. зада́чу, значе́ние сло́ва elúcidàte *the* próblem, the méaning of the word to smb. [...'prɔ-...]. ~**ся,** разъясни́ться 1. get* clear, be cleared up; де́ло разъясни́лось the mátter was cleared up; 2. *страд. к* разъясня́ть.

разыгра́ть(ся) *сов. см.* разы́грывать(ся).

разы́грывать, разыгра́ть (*вн.*) 1. (*о пье́се, ро́ли и т. п.*) play (*d.*), perfórm (*d.*); 2. (*в лотере́ю*) raffle (*d.*); (*по жре́бию*) draw* (*d.*); 3. *разг.* (*подшу́чивать*) play a trick (on), play a práctical joke (on), pull smb.'s leg [pul...]. ~**ся,** разыгра́ться 1. (*о де́тях*) become* frólic¦some; 2. (*о пиани́сте, актёре и т. п.*) warm up; 3. (*о ве́тре, мо́ре*) rise*; (*о бу́ре*) break* [-eɪk]; (*о чу́вствах, собы́тиях и т. п.*) run* high; разыгра́лись собы́тия evénts ran high; у него́ разыгра́лась пода́гра his gout broke out, *или* made it¦sélf felt, he had an attáck of gout.

разыска́ть(ся) *сов. см.* разы́скивать(ся).

разы́скива||ть, разыска́ть (*вн.*) look (for); search [sə:tʃ] (for); *сов. тж.* find* (*d.*). ~**ться,** разыска́ться 1. turn up, be found; 2. *страд. к* разы́скивать; он ~ется властя́ми he is wánted by the authórities.

рай *м.* páradise [-s], (Gárden of) Éden; Elýsium [-z-] *поэт.*

рай- *сокр.* райо́нный.

райисполко́м *м.* (райо́нный исполни́тельный комите́т) dístrict exécutive commíttee [...-'mɪtɪ].

райко́м *м.* (райо́нный комите́т) dístrict commíttee [...-'mɪtɪ].

райо́н *м.* 1. région; (*администрати́вный*) dístrict; 2. (*ме́стность, окру́га*) área ['ɛərɪə], vicínity: в ~е N. in the N área, in the vicínity of N; — оборони́тельный ~ defénded locálity; defénse / defénsive área *амер.*; укреплённый ~ *воен.* fórtified séctor.

райони́рование *с.* divísion into dístricts.

райони́ровать *несов. и сов.* (*вн.*) dístrict (*d.*), divíde into dístricts (*d.*).

райо́нный dístrict (*attr.*), área ['ɛərɪə] (*attr.*).

ра́йск||ий pàradisíacal, héavenly ['he-]; ◇ ~ое я́блочко páradìse apple [-s...]; ~ая пти́ца bird of páradìse.

райсове́т *м.* (райо́нный сове́т) Dístrict Sóvièt (of Wórking People's Députies) [...pi:-...].

Рак *м. астр.* Crab, Cáncer; тро́пик ~а trópic of Cáncer.

рак I *м. зоол.* cráwfish, cráyfish; кра́сный как ~ red as a lóbster; ◇ показа́ть кому́-л., где ~и зиму́ют give* it hot to smb.

рак II *м. мед.* cáncer; *бот.* (*у расте́ний*) cánker.

ра́ка *церк.* shrine.

раке́т||а I *ж.* (ský-)ròcket; пуска́ть ~у let* off *a* rócket.

раке́т||а II *ж.*, ~**ка** *ж. спорт.* rácket.

раке́тный rócket(-powered), jet; ~ дви́гатель rócket / jet propúlsion.

раки́т||а *ж.* broom. ~**ник** *м.* 1. (*куста́рник*) broom; 2. (*за́росль*) broom grove.

ра́ковина *ж.* **1.** shell; ушна́я ~ hélix ['hiː-]; **2.** (*в металле*) blíster, bleb; уса́дочная ~ blówhòle ['blou-]; **3.** (*водопроводная*) sink; (*умывальная*) wásh-bowl [-oul]; **4.** (*для оркестра в парках и т. п.*) bándstand.

ра́ковый I cráwfìsh (*attr.*), cráyfìsh (*attr.*); ~ суп cráwfìsh / cráyfìsh soup [...suːp].

ра́ков||ый II *мед.* cáncerous; cáncer (*attr.*); *бот.* cánkerous; ~ая о́пухоль cáncerous túmour.

ракообра́зные *мн. скл. как прил. зоол.* crùstácea [-'teɪʃɪə].

ракообра́зный *мед.* cáncroid.

раку́рс *м. жив.* fòre|shórtening; в ~е fòre|shórtened.

раку́шка *ж.* cóckle-shèll; (*двустворчатая*) mússel.

ра́м||а *ж.* frame; око́нная ~ wíndow-fràme, sash; вставля́ть в ~у (*вн.*) frame (*d.*); вынима́ть из ~ы (*вн.*) take* out of *its* frame (*d.*); карти́на в золочёной ~е gílt-fràmed pícture ['gɪ-...]. **~ка** *ж.* frame; в ~ке framed; (*о тексте*) boxed; без ~ки únfrámed; в серебря́ной ~ке sílver-fràmed.

ра́м||ки *мн.* (*границы*) límits; держа́ться в ~ках (*рд.*) keep* within the bounds / límits (of); выходи́ть за ~ (*рд.*) excéed the límits (of); выходи́ть из ~ок те́мы déviàte from *the* theme, wánder off from *the* theme. **~очный** *прил. к* ра́мка; ~очная анте́нна *рад.* loop áerial [...'ɛə-].

ра́мпа *ж. театр.* fóotlìghts ['fut-] *pl.*

ра́на *ж.* wound [wuː-].

ранг *м.* class, rank; капита́н пе́рвого ~а *мор.* cáptain.

ранго́ут *м. мор.* (masts and) spars *pl.* **~ный**: ~ное де́рево *мор.* spar.

ра́нее = ра́ньше.

ране́ние *с.* **1.** ínjury; **2.** (*рана*) wound [wuː-].

ра́неный **1.** *прил.* ínjured; (*оружием*) wóunded ['wuː-]; **2.** *м. как сущ.* ínjured man*; cásualty ['kæʒ-]; (*оружием тж.*) wóunded man*; *мн.* (the) ínjured; cásualties; (*оружием тж.*) (the) wóunded.

ране́т *м.* (*сорт яблок*) rénnet.

ра́нец *м.* (*солдатский*) háversàck, knápsàck; (*школьный*) sátchel.

ра́нить *несов. и сов.* (*вн.*) ínjure (*d.*); (*оружием*) wound [wuː-] (*d.*); ~ в но́гу, ру́ку *и т. п.* wound in the leg, the arm, *etc.*

ра́нн||ий (*в разн. знач.*) éarly ['əː-]; ~им у́тром éarly in the mórning; ~ие о́вощи, фру́кты éarly végetables, fruit [...fruːt]; наступи́ла ~яя зима́ wínter came éarly; ~ее де́тство éarly chíld|hood [...-hud]; с ~его де́тства since / from éarly chíld|hood; с ~их лет from (one's) éarliest years [...'əː-...]; ◇ из молоды́х да ~ beginning éarly!

ра́но I *предик. безл.* it is éarly [...'əː-]; (ещё, сли́шком) ~ it is too éarly; ещё ~ обе́дать it is too éarly for dínner, it is not yet time for dínner.

ра́но II *нареч.* éarly ['əː-]; ~ у́тром éarly in the mórning; ◇ ~ и́ли по́здно some time or other, sóoner or láter, éarly or late; ~ пта́шечка запе́ла, как бы ко́шечка не съе́ла *посл.* ≅ laugh befóre bréakfast, you'll cry befóre súpper [lɑːf... 'brek-...].

рант *м.* welt; сапоги́ на ~у́ wélted boots.

рантье́ *м. нескл.* réntier ['rɔntɪeɪ], invéstor.

рань *ж. разг.* éarly / ùn|gód|ly hour ['əː-...auə]; в таку́ю ~! at such an éarly / ùn|gód|ly time / hour!

ра́ньше *нареч.* **1.** éarlier ['əː-]; как мо́жно ~ as éarly as póssible; (*скорее*) as soon as póssible; **2.** (*до какого-то момента*) befóre; ~ нас befóre us; **3.** (*прежде*) befóre, fórmerly, prévious|ly, in the past; ~ здесь помеща́лась шко́ла there was a school here fórmerly; this used to be a school [...juːst...]; **4.** (*сперва*) first, fírst|ly.

рапа́ *ж. мин., мед.* sált-wàter [-wɔː-].

рапи́ра *ж.* foil.

ра́порт *м.* repórt; отдава́ть ~ repórt; принима́ть ~ recéive / hear* *a* repórt [-'siːv...].

рапортова́ть *несов. и сов.* (*дт.* о *пр.*) repórt (to *d.*).

рапс *м. бот.* rape.

рапсо́дия *ж. муз.* rhápsody.

рарите́т *м.* rárity ['rɛə-], cùriósity.

ра́са *ж.* race.

рас||и́зм *м.* rácialism. **~и́ст** *м.* rácialist. **~и́стский** rácialist (*attr.*).

раска́иваться, раска́яться (в *пр.*) repént (*d.*, of), be remórse|ful (of); (*сожалеть*) regrét (*d.*).

раскал||ённый **1.** *прич. см.* раскаля́ть; **2.** *прил.* (*очень горячий*) scórching, búrning hot; ~ песо́к scórching sand; ~ ка́мень búrning hot stone; ~ до́красна́ réd-hót. **~и́ть(ся)** *сов. см.* раскаля́ть(ся).

раска́лывание *с.* cléavage, cléaving; (*вдоль*) splítting.

раска́лывать, расколо́ть (*вн.*) cleave* (*d.*), split* (*d.*); (*о единстве тж.*) disrúpt (*d.*); (*о дровах*) chop (*d.*); (*об орехах и т. п.*) crack (*d.*); (*о сахаре*) break* [-eɪk] (*d.*). **~ся,** расколо́ться **1.** cleave*, split*; (*об орехах*) crack; **2.** *страд. к* раска́лывать.

раскаля́ть, раскали́ть (*вн.*) make* búrning hot (*d.*), bring* to a great heat [...-eɪt...] (*d.*); ~ до́красна́ make* réd-hót (*d.*); ~ добела́ make* white-hót (*d.*). **~ся,** раскали́ться **1.** glow [-ou]; become* / get* hot; ~ся до́красна́ become* réd-hót; ~ся добела́ become* white-hót; **2.** *страд. к* раскаля́ть.

раска́пывать, раскопа́ть (*вн.*) **1.** dig* out (*d.*); (*перен.*) ún|earth [-'əːθ] (*d.*); (*находить*) grub up / ou (*d.*); **2.** *геол.* éxcavàte (*d.*).

раска́рмливать, раскорми́ть (*вн.* fat (*d.*), fátten (*d.*).

раскасси́ровать *сов.* (*вн.*) líquidàt (*d.*); *воен.* disbánd (*d.*).

раска́т *м.* roll, peal; ~ гро́ма pea of thúnder; ~ сме́ха peal of láughte [...'lɑːf-].

раската́ть *сов. см.* раска́тывать. **~с** *сов. см.* раска́тываться 1.

раска́тистый rólling; ~ уда́р гро́м rólling peal of thúnder; ~ смех róll ing / bóoming láughter [...'lɑːf-], rúm bling laugh [...lɑːf].

раскати́ться *сов.* **1.** *см.* раска́тываться 2; **2.** (*набрать скорость*) gáth er moméntum.

раска́тывать, раската́ть (*вн.*) ro (out) (*d.*); ~ те́сто roll the dough paste [...dou peɪ-]. **~ся,** раската́ться, раскати́ться **1.** *при сов.* раската́ться roll (out); **2.** *при сов.* раскати́ться roll asúnder; (*заноситься сторону*) swerve, síde|slip.

раскача́ть(ся) *сов. см.* раска́чиват (-ся).

раска́чивать, раскача́ть (*вн.*; *о ка челях и т. п.*) swing* (*d.*); *тк. сов* (*перен.*) *разг.* move [muːv] (*d.*), sti (*d.*). **~ся,** раскача́ться (*на качелях* swing*; rock òne|sélf to and fro, sway (*перен.*: *приниматься за что-л.*) *разг* bestír / move òne|sélf [...muːv...].

раска́шляться *сов.* have a fit c cóughing [...'kɔf-].

раска́яние *с.* repéntance.

раска́яться *сов. см.* ка́яться 1 раска́иваться.

расквартирова́ние *с.* quártering bílleting.

расквартирова́ть *сов. см.* расквартиро́вывать.

расквартиро́вывать, расквартирова́ть (*вн.*) quárter (*d.*), bíllet (*d.*).

расква́сить *сов. см.* расква́шиват

расква́шивать, расква́сить *разг* ~ себе́ нос get* one's nose smashe ~ нос кому́-л. draw* blood fro smb.'s nose [...blʌd...].

расквита́ться *сов.* (с *тв.*) *раз* square, *или* settle up, accóunts (with (*перен.*) get* éven (with).

раскида́ть *сов. см.* раски́дывать

раски́дистый *разг.* (*о дерев* bránchy [-ɑːn-].

раскидно́й fólding.

раски́дывать I, раскида́ть (*вн* scátter (*d.*).

раски́дывать II, раски́нуть (*вн* **1.** (*распростирать*) stretch (*d.*); (*ве ви*) spread* [-ed] (*d.*); ~ ру́ки, но́ spread* (out) one's arms, legs; (*палатку, лагерь*) pitch (*d.*), se up (*d.*); ◇ раски́нуть умо́м consid [-'sɪ-], think* óver. **~ся,** раски́нутьс **1.** *об. сов.* (*простираться*) spread out [-ed...], stretch out, stretch f a|wáy; по скло́ну горы́ раски́нулас дере́вня a village spread óver th ill; 2. (*на диване, постели*) sprawl; . *страд. к* раскидывать II.

раски́нуть *сов. см.* раски́дывать II. **~ся** *сов. см.* раски́дываться.

раскиса́ть, раски́снуть *разг.* become* limp; ~ от жары́ become* limp with the heat.

раскисл||е́ние *с. хим.* dè¦òxidìzátion -daɪ-]. **~и́тель** *м. хим.* dè¦óxidìzer.

раскисля́ть (*вн.*) *хим.* dè¦óxidize (d.).

раски́снуть *сов. см.* раскиса́ть.

раскла́д||ка *ж.* appórtionment; де́лать ~ку (*рд.*) appórtion (*d.*).

раскладно́й fólding.

раскла́дывать, разложи́ть (*вн.*) **1.** lay* out (*d.*); (*расстилать*) spread* -ed] (*d.*); **2.** (*распределять*) distríbute (*d.*), appórtion (*d.*); ◇ ~ ого́нь make* a fire; ~ костёр make* / build* fire [...bɪ-...]. **~ся,** разложи́ться . *разг.* (*распаковываться*) únpáck; . *страд. к* раскла́дывать.

раскла́ниваться, раскла́няться **1.** make* one's bow; (с *тв.*) exchánge gréetings [-'ʧeɪ-...] (with); **2.** (*распрощаться*) take* leave (of).

раскла́няться *сов. см.* раскла́ниваться.

раскле́ивать, раскле́ить (*вн.*) **1.** (*об афишах и т. п.*) stick* (*d.*), paste [peɪ-] (*d.*); **2.** (*отклеивать*) únpáste [-'peɪ-] (*d.*), ún¦glúe (*d.*). **~ся,** раскле́иться **1.** get* / become* ún¦glued; . *разг.* (*расхварываться*) be out of sorts, feel* séedy; он совсе́м раскле́ился he has gone to píeces [...gɔn...'pi:-]; . *страд. к* раскле́ивать.

раскле́ить(ся) *сов. см.* раскле́ивать(ся).

раскле́йка *ж.* (*афиш и т. п.*) sticking, pásting ['peɪ-].

расклепа́ть *сов. см.* расклёпывать.

расклёпывать, расклепа́ть (*вн.*) un¦rívet [-'rɪ-] (*d.*), ún¦clénch (*d.*); (*о скобе, цепи*) únsháckle (*d.*).

раскова́ть(ся) *сов. см.* раско́вывать (-ся).

раско́вывать, раскова́ть (*вн.*) **1.** (*о лошади*) únshóe [-'ʃu:] (*d.*); **2.** (*освобождать от оков*) únchа́in (*d.*), únfétter (*d.*); **3.** *тех.* ùpsét* (*d.*). **~ся,** расковаться **1.** (*о лошади*) cast* *a* shoe [...ʃu:]; **2.** *страд. к* раско́вывать.

расковыря́ть *сов.* (*вн.*) pick ópen (*d.*); (*о прыще и т. п.*) scratch raw (*d.*).

раско́л *м.* **1.** split, díssidence; политика ~а dissentient pólicy; углуби́ть ~ wíden the divísion / split; ~ стал бо́лее я́вным the cléavage has become more shárply defíned; **2.** *рел.* schism [sɪ-], díssidence.

расколачивать, расколоти́ть (*вн.*) **1.** unnáil (*d.*); **2.** *разг.* (*бить — о посуде*) break* [-eɪk] (*d.*); **3.** *тк. сов. разг.* (*о противнике*) beat* up (*d.*), deféat (*d.*).

расколоти́ть *сов. см.* расколачивать.

расколо́ть(ся) *сов. см.* раска́лывать (-ся).

раско́льни||к *м.* **1.** dissénter; **2.** *рел.* Raskólnik (*pl.* Raskólniki, Raskólniks), schismátic [sɪz-], dissénter. **~ческий 1.** dissentient; ~ческая та́ктика splítting táctics *pl.*; **2.** *рел.* schismátic [sɪz-], díssident.

раскопа́ть *сов. см.* раска́пывать.

раско́пки *мн.* èxcavátions.

раскорми́ть *сов. см.* раска́рмливать.

раскоря́к||а *м. и ж. разг.*: ходи́ть ~ой walk bów-lègged [...'bou-].

раско́с||ый slánting [-ɑ:n-]; ~ые глаза́ slánting eyes [...aɪz].

раскоше́л||иваться, раскоше́литься *разг.* come* down with móney [...'mʌ-], loosen one's púrse-strings [-s-...]; cough up the móney [kɔf...]. **~иться** *сов. см.* раскоше́ливаться.

раскра́дывать, раскра́сть (*вн.*) steal* (*d.*).

раскра́ивать, раскрои́ть (*вн.*; *о материи*) cut* out (*d.*); ◇ раскрои́ть кому́-л., себе́ че́реп split* smb.'s, one's skull.

раскра́сить *сов. см.* раскра́шивать.

раскра́ска *ж.* **1.** (*действие*) cólour¦ing ['kʌ-], páinting; **2.** (*расцветка*) còlo(u)rátion [kʌ-].

раскрасне́ться *сов.* grow* / get* red in the face [-ou...]; (*от мороза тж.*) rédden; (*от волнения, быстрого движения*) flush; (*от стыда, смущения*) blush.

раскра́сть *сов. см.* раскра́дывать.

раскра́шивание *с.* páinting, cólour¦ing ['kʌ-].

раскра́шивать, раскра́сить (*вн.*) paint (*d.*), cólour ['kʌ-] (*d.*).

раскрепости́ть(ся) *сов. см.* раскрепоща́ть(ся).

раскрепощ||а́ть, раскрепости́ть (*вн.*) set* free (*d.*), emáncipàte (*d.*), líberàte (*d.*). **~а́ться,** раскрепости́ться **1.** get* free / líberàted; **2.** *страд. к* раскрепоща́ть. **~е́ние** *с.* emàncipátion, liberátion; ~е́ние же́нщины emàncipátion of wómen [...'wɪmɪn].

раскрепощённый *прич. и прил.* emáncipàted, líberàted; ~ труд únsháckled lábour.

раскритикова́ть *сов.* (*вн.*) críticìze sevére¦ly (*d.*).

раскрича́ться *сов.* **1.** start shóuting, raise a cry; **2.** (на *вн.*) shout (at), béllow (at); give* hell (*i.*).

раскрои́ть *сов. см.* раскра́ивать.

раскроши́ть *сов.* (*вн.*) crumb (*d.*), crumble (*d.*). **~ся** *сов.* crumble.

раскрути́ть(ся) *сов. см.* раскру́чивать(ся).

раскру́чивать, раскрути́ть (*вн.*) úntwíst (*d.*), úntwíne (*d.*), ún¦dó (*d.*). **~ся,** раскрути́ться **1.** come* úntwísted, úntwíst; **2.** *страд. к* раскру́чивать.

раскрыва́ть, раскры́ть (*вн.*) **1.** ópen (*d.*); ~ окно́ ópen *the* wíndow; ~ зо́нтик ópen, *или* put* up, *an* ùmbrélla; **2.** (*обнажать*) expóse (*d.*); **3.** (*разоблачать, обнаруживать*) revéal (*d.*), disclóse (*d.*), lay* bare (*d.*); (*об обмане*) discóver [-'kʌ-] (*d.*); ~ за́говор revéal / discóver *a* plot; раскры́ть все обстоя́тельства де́ла throw* light on all the partículars of *a* case, *или* of *an* affáir [θrou...keɪs...]; раскры́ть и́стину lay* bare the truth; ◇ ~ ско́бки ópen the bráckets; ~ свои́ ка́рты throw* up, *или* show*, one's cards / hand [...ʃou...]. **~ся,** раскры́ться **1.** ópen; *бот.* (*о семенных коробках*) dehísce; **2.** (*обнажаться*) ùn¦cóver òne¦sélf [-'kʌ-...]; **3.** (*обнаруживаться — о преступлении, обмане*) come* out, come* to light; **4.** *страд. к* раскрыва́ть.

раскры́тие *с.* **1.** ópen¦ing; ~ ско́бок ópen¦ing of the bráckets; **2.** (*преступления и т. п.*) disclósing, expósure [-'pouʒə].

раскры́ть(ся) *сов. см.* раскрыва́ть (-ся).

раскуда́хтаться *сов. разг.* set* up a cáckling.

раскула́чивание *с.* dìspossésssion of (the) kúlaks [-'ze-...].

раскула́чивать, раскула́чить (*вн.*) dìspossésss the kúlaks [-'zes...].

раскула́чить *сов. см.* раскула́чивать.

раскуп||а́ть, раскупи́ть (*вн.*) buy* up [baɪ...] (*d.*). **~и́ть** *сов. см.* раскупа́ть.

раску́поривание *с.* (*бутылок*) ún¦córking; (*ящика*) ópen¦ing.

раску́поривать, раску́порить (*вн.*; *о бутылке*) ún¦córk (*d.*); (*о ящике и т. п.*) ópen (*d.*). **~ся,** раску́пориться **1.** ópen; (*о бутылке*) get* ún¦córked; **2.** *страд. к* раску́поривать.

раску́пор||ить(ся) *сов. см.* раску́поривать(ся). **~ка** *ж.*= раску́поривание.

раску́ривать, раскури́ть (*вн.*) light* up (*d.*); ~ папиро́су, тру́бку make* *a* cìgarétte, *a* pipe draw, puff at *a* cìgarétte, *a* pipe to make it draw. **~ся,** раскури́ться (*о папиросе и т. п.*) puff.

раскури́ть(ся) *сов. см.* раску́ривать(ся).

раскуси́ть *сов. см.* раску́сывать.

раску́сывать, раскуси́ть **1.** (*вн.*) bite* (*d.*); **2.** *тк. сов.* (что-л.; *хорошо понять*) get* to the core / heart [...hɑ:t] (of smth.); (кого́-л.; *хорошо узнать*) see* smb. through; get* smb.'s méasure [...'me-] *идиом.*; раскуси́ть, в чём де́ло get* to the core / heart of the mátter; тепе́рь я вас раскуси́л I've got to the bóttom of you now; он раскуси́л её he saw through her.

раску́тать(ся) *сов. см.* раску́тывать (-ся).

раску́тывать, раску́тать (*вн.*) ún¦wráp (*d.*). **~ся,** раску́таться **1.** ún¦wráp òne¦sélf; **2.** *страд. к* раску́тывать.

ра́сов||ый rácial; ~ая дискримина́ция rácial / race discrìminátion.

распа́д *м.* **1.** disìntegrátion, bréak-úp [-eɪk-]; (*перен.*) collápse; ~ колониа́льной систе́мы disìntegrátion of the colónial sýstem; **2.** *хим.* decáy, dissòciátion.

распада́ться, распа́сться **1.** disíntegràte, fall* to píeces [...'piː-], come* apárt / asúnder; (на *вн.*) break* down [-eɪk...] (into); (*перен.*) break* up; (*приходить в расстройство, упадок*) collápse; **2.** *хим.* dissóciàte.

распа́ивать, распая́ть (*вн.*) únsólder [-'sɔ-] (*d.*). **~ся,** распая́ться get* / come* únsóldered [...-'sɔ-].

распак||ова́ть(ся) *сов. см.* распако́вывать(ся). **~о́вка** *ж.*, **~о́вывание** *с.* únpácking.

распако́вывать, распакова́ть (*вн.*) únpáck (*d.*), ún¦dó (*d.*); (*из ящиков*) únbóx (*d.*). **~ся,** распакова́ться **1.** (*о свёртке и т. п.*) come* / get* ún¦dóne; **2.** *разг.* (*распаковывать свои вещи*) únpáck; **3.** *страд. к* распако́вывать.

распали́ть(ся) *сов. см.* распаля́ть(-ся).

распаля́ть, распали́ть (*вн.*) make* búrning hot (*d.*); (*перен.: возбуждать*) infláme (*d.*), excíte (*d.*); ~ гне́вном incénse (*d.*), infúriàte (*d.*). **~ся,** распали́ться **1.** be búrning hot; (*тв.*; *перен.*; *гневом и т. п.*) burn* (with), be incénsed (by); **2.** *страд. к* распаля́ть.

распа́ривать, распа́рить (*вн.*; *о коже и т. п.*) steam out (*d.*); (*об овощах*) stew well (*d.*). **~ся,** распа́риться **1.** (*о коже и т. п.*) steam out; (*об овощах*) be stewed well; **2.** *разг.* be stéaming; **3.** *страд. к* распа́ривать.

распа́рить(ся) *сов. см.* распа́ривать(ся).

распа́рывание *с.* rípping (off, ópen), ún¦rípping.

распа́рывать, распоро́ть (*вн.*) ún¦ríp (*d.*), rip up (*d.*); rip ópen (*d.*). **~ся,** распоро́ться **1.** rip; **2.** *страд. к* распа́рывать.

распа́сться *сов. см.* распада́ться.

распаха́ть *сов. см.* распа́хивать I.

распа́хивание *с.* (*земли*) plóughing up.

распа́хивать I, распаха́ть (*вн.*) plough up (*d.*), till (*d.*).

распа́хивать II, распахну́ть (*вн.*) throw* / fling* / thrust* ópen [θrou...] (*d.*); ~ пальто́ throw* ópen one's coat; ~ окно́ throw* / fling* *the* window ópen; ве́тер распахну́л дверь the wind blew *the* door ópen [...wɪ-...dɔː...]; широко́ распахну́ть две́ри (*дт.*; *прям. и перен.*) ópen the doors wide (to). **~ся,** распахну́ться **1.** (*широко растворяться*) fly* / swing* / sweep* ópen; **2.** (*распахивать полы своей одежды*) throw* ópen one's coat [-ou...]; **3.** *страд. к* распа́хивать II.

распахну́ть *сов. см.* распа́хивать II. **~ся** *сов. см.* распа́хиваться.

распа́шка *ж.* = распа́хивание.

распашо́нка *ж.* báby's vest.

распая́ть(ся) *сов. см.* распа́ивать (-ся).

распева́ть (*вн.*) sing* (*d.*). **~ся,** распе́ться **1.** (*входить в голос*) warm up (to síng¦ing); он ещё не распе́лся he has not warmed up yet; когда́ он распоётся, его́ не остано́вишь once he gets warmed up there is no stópping him [wʌns...]; **2.** *страд. к* распева́ть.

распека́ть, распе́чь (*вн.*) *разг.* give* a good scólding (*i.*).

распелена́ть *сов.* (*вн.*) ún¦wráp (*d.*), únswáddle (*d.*). **~ся** *сов.* get* ún¦wrápped, get* out of one's swáddling-clòthes / bâby-wràps [...-klou-...].

распере́ть *сов. см.* распира́ть.

распетуши́ться *сов. разг.* get* into a huff / páddy.

распе́ться *сов. см.* распева́ться.

распеча́т||ать(ся) *сов. см.* распеча́тывать(ся). **~ывание** *с.* **1.** (*снятие печатей*) únséaling; **2.** (*письма*) ópen¦ing.

распеча́тывать, распеча́тать (*вн.*) **1.** (*снимать печати*) únséal (*d.*), break* the seal [-eɪk...] (on), take* *the* seal (off); **2.** (*о письме*) ópen (*d.*). **~ся,** распеча́таться **1.** (*о запечатанном*) come* / get* únséaled; **2.** (*о письме*) come* / get* ópen; **3.** *страд. к* распеча́тывать.

распе́чь *сов. см.* распека́ть.

распива́ть, распи́ть (*вн.*) *разг.* drink* (*d.*); распи́ть буты́лку вина́ (с кем-л.) split* *a* bottle (with smb.).

распи́вочн||ый: ~ая прода́жа вина́, пи́ва *и т. п.* wine, beer, *etc.*, sold for consúmption on the prémises [...-sɪz].

распи́л||ивать, распили́ть (*вн.*) saw* up (*d.*), cut* up (*d.*); (*на доски*) flitch (*d.*). **~и́ть** *сов. см.* распи́ливать. **~ка** *ж.*, **~о́вка** *ж.* sáwing, cútting.

распина́ть, распя́ть (*вн.*) crúcifỳ (*d.*).

распина́ться **1.** (за кого́-л.) *разг.* lay* òne¦sélf out (for smb.'s sake), take* great pains [...eɪt...] (for smb.'s sake); **2.** *страд. к* распина́ть.

распира́ть, распере́ть (*вн.*) burst* ópen (*d.*).

расписа́н||ие *с.* tíme-tàble, schédùle ['ʃe-]; ~ поездо́в train schédùle; по ~ию accórding to the tíme-tàble, *или* to schédùle; боево́е ~ *воен.* órder of battle; *мор.* battle státions *pl.*; quárter bill *амер.*

расписа́ть(ся) *сов. см.* распи́сывать (-ся).

распи́ска I *ж.* (*стен и т. п.*) páinting.

распи́ск||а II *ж.* (*документ*) recéipt [-'siːt]; ~ в получе́нии recéipt; обра́тная ~ recéipt, vóucher; дава́ть, брать ~у в получе́нии де́нег give*, take* a recéipt for the móney recéived [...'mʌ- -'siːvd]; сдать письмо́ под ~у make* smb. sign for *a* létter [...saɪn ...]; сда́йте ему́ паке́т под ~у have him sign for the párcel.

расписно́й páinted, décoràted with desígns [...-'zaɪnz].

распи́сывать, расписа́ть (*вн.*) **1.** (*разрисовывать*) paint (*d.*); **2.** (*распределять*) assígn [-aɪn] (*d.*); ~ счета́ по кни́гам énter bills in *a* régister, énter bills in *an* accóunt-book; **3.** *разг.* (*красочно изображать*) paint / draw* a pícture (of); он так расписа́л свой успе́х, что все удиви́лись he páinted / drew such a pícture of his succéss that everybody was surprísed. **~ся,** расписа́ться **1.** (*подписываться*) sign (one's name) [saɪn...]; прочти́те э́ту бума́гу и распиши́тесь read this páper and sign (your name); **2.** (в *пр.*; *в получении чего-л.*) sign (for): распиши́тесь в получе́нии зарпла́ты sign for your sálary; **3.** *разг.* (*регистрировать брак*) régister one's márriage [...-rɪdʒ]; **4.** *разг.* (*писать много*) get* into a wríting vein; **5.** *страд. к* распи́сывать; ◇ расписа́ться в со́бственном неве́жестве, в со́бственной глу́пости téstifỳ to one's own ígnorance, one's own stupídity [...oun...].

распи́ть *сов. см.* распива́ть.

распиха́ть *сов. см.* распи́хивать.

распи́хивать, распиха́ть (*вн.*) *разг.* **1.** (*расталкивать*) push asíde / apárt / a¦wáy [puʃ...] (*d.*); **2.** (*рассовывать*) shove [ʃʌv] (*d.*); ~ по карма́нам stuff into one's póckets (*d.*).

распла́вить(ся) *сов. см.* расплавля́ть(ся).

расплавле́ние *с.*, **распла́вливание** *с.* mélting, fóunding, fúsion.

расплавля́ть, распла́вить (*вн.*) melt (down) (*d.*), found (*d.*), fuse (*d.*). **~ся** распла́виться **1.** melt; **2.** *страд.* расплавля́ть.

распла́каться *сов.* burst* into tears.

распланирова́ть *сов. см.* плани́ровать I 2.

распласта́ть(ся) *сов. см.* распла́стывать(ся).

распла́стывать, распласта́ть (*вн.*) **1.** (*делить на пласты*) split* (*d.*); **2.** *разг.* (*растягивать плашмя*) spread* [-ed] (*d.*). **~ся,** распласта́ться sprawl; (*лежать неподвижно*) lie prone / flat.

распла́т||а *ж.* páyment; (*перен.*) atóne¦ment, rètribútion; час ~ы day of réckoning. **~и́ться** *сов. см.* распла́чиваться.

распла́чиваться, расплати́ться (с *тв.*) pay* off (*d.*); (*перен.*: *отплачивать, мстить*) be quits, *или* get* éven (with); réckon (with); ~ с долга́ми *разг.* pay* off one's debts [...dets]; ~ по ста́рым счета́м, долга́м pay* off old scores, debts; (за *вн.*; *нести наказание*) pay* (for); ~ за оши́бку pay* for one's fault.

расплеска́ть(ся) *сов. см.* расплёскивать(ся).

расплёскивать, расплеска́ть (*вн.*) spill* (*d.*). **~ся,** расплеска́ться **1.** spill*; **2.** *страд. к* расплёскивать.

расплести́(сь) *сов. см.* расплета́ть (-ся).

расплета́ть, расплести́ (*вн.*) ún-twíne (*d.*), úntwíst (*d.*), únwéave* (*d.*), ún¦dó (*d.*); (*о волосах*) únpláit [-æt] (*d.*). **~ся,** расплести́сь **1.** úntwíne, úntwíst; (*о волосах*) get* / come* ún-pláited [...æt-]; **2.** *страд. к* расплета́ть.

расплоди́ть *сов.* (*вн.*; *прям. и перен.*) breed* (*d.*). **~ся** *сов.* breed*.

расплыва́||ться, расплы́ться **1.** (*растекаться*) run*; черни́ла ~ются на э́той бума́ге the ink runs on this páper; **2.** *разг.* (*полнеть*) run* to fat, grow* obése [-ou -s]; ◇ расплы́ться в улы́бку break* into a smile / grin [-eɪk...].

расплы́вчат||ость *ж.* diffúsion, dif-fúsive¦ness, dímness. **~ый** diffúse [-s], diffúsed, dim.

расплы́ться *сов. см.* расплыва́ться.

расплю́щивание *с.* flǽttening.

расплю́щи||вать, расплю́щить (*вн.*) flátten (out) (*d.*), crush flat (*d.*). **~ваться,** расплю́щиться **1.** become* / get* flat; **2.** *страд. к* расплю́щивать. **~ть(ся)** *сов. см.* расплю́щивать(ся).

распознава́||емый récognìzable, discérnible. **~ние** *с.* rècognítion, discérning, discérnment.

распознава́ть, распозна́ть (*вн.*) récognìze (*d.*), discérn (*d.*); распозна́ть боле́знь díagnòse *the* íllness.

распозна́ть *сов. см.* распознава́ть.

располаг||а́ть I **1.** (*тв.*; *иметь в своём распоряжении*) dispóse (of), have aváilable (*d.*); ~ вре́менем have time at one's dispósal [...-z°l], have time aváilable; ~а́йте мно́й, мое́й жи́знью dispóse of me, of my life; **2.** (+ *инф.*) *уст.* (*намереваться*) inténd (+ to *inf.*, + *ger.*), propóse (+ +to *inf.*, + *ger.*); он ~а́ет за́втра вы́ехать he inténds / propóses to go, *или* gó¦ing, a¦wáy to¦mórrow.

располага́ть II, расположи́ть **1.** (*вн.*; *размещать*) dispóse (*d.*), arránge [-eɪndʒ] (*d.*), place (*d.*), put* (*d.*), set* (*d.*); ~ в алфави́тном поря́дке arránge in àlphabétical órder (*d.*); он расположи́л свои́ войска́ he dispósed / státioned his troops; дом был располо́жен у реки́ the house* was sítuàted / locáted near *the* ríver [...haus... 'rɪ-]; **2.** (*вн.* к; *в чью-л. пользу*) gain (*d.*), win* óver (*d.*); расположи́ть кого́-л. к себе́ gain smb., win* smb.'s fávour; ~ кого́-л. в свою́ по́льзу win* smb.'s fávour, prè¦posséss smb. [-'zes...]; он расположи́л её в свою́ по́льзу he has ínterested her in his fávour; **3.** *тк. несов.* (к; *настраивать*) dispóse (to); ~ к размышле́нию dispóse to mèditátion; обстано́вка располага́ет к рабо́те the átmosphère is fávour¦able to work. **~ся,** расположи́ться **1.** (*устраиваться*) settle, make* òne¦sélf cómfortable [...'kʌm-]; он расположи́лся на дива́не he made hìm¦sélf cómfortable on *the* sófa; он расположи́лся писа́ть he sat / settled down to write; он реши́л здесь расположи́ться he decíded to stay here; (*на продолжительное время*) he decíded to settle down here; **2.** *страд.* к располага́ть II.

располага́ющий I *прич. см.* располага́ть I.

располага́ющ||ий II **1.** *прич. см.* располага́ть II; **2.** *прил.* prè¦posséssing [-'zes-]; ~ая вне́шность prè¦posséssing appéarance.

располза́ться, расползти́сь **1.** (*о насекомых и т. п.*) crawl (a¦wáy); **2.** *разг.* (*разрываться по швам*) rável out ['ræ-...].

расползти́сь *сов. см.* располза́ться.

располне́ть *сов. разг.* grow* stout [grou...]; (*о женщине, ребёнке тж.*) grow* plump.

расположе́н||ие *с.* **1.** (*размещение*) dìsposítion [-'zɪ-], arránge¦ment [-eɪn-]; кварти́рное ~ *воен.* bíllets *pl.*; ~ войск по кварти́рам bílleting of *the* troops; **2.** (*местоположение*) sìtuátion, locátion; *воен. тж.* posítion [-'zɪ-]; ~ уча́стка, са́да *и т. п.* sìtuátion of *a* plot, gárden, *etc.*; ~ на ме́стности *воен.* locátion on the ground; **3.:** ~ не́рвов nèrvátion; ~ слов *грам.* wórd-òrder; **4.** (*симпатия*) fávour, líking, ìn¦clinátion; по́льзоваться чьим-л. ~ием enjóy smb.'s fávour, be liked by smb.; be in smb.'s good books *идиом.*; заслужи́ть чьё-л. ~ win* smb.'s fávour, gain smb.; иска́ть чьего́-л. ~ия court smb. [kɔːt...], cúrry fávour with smb.; сниска́ть чьё-л. ~ win* smb.'s fávour; **5.** (к; *наклонность*) ìn¦clinátion (to, for); disposítion (to), propénsity (to), bías (towards); (*к музыке, искусству и т. п. тж.*) dìsposítion (for), taste [teɪ-] (for); ~ к боле́зни, полноте́ téndency to íllness, stóutness; **6.** (*настроение*) mood; ~ ду́ха mood, húmour; быть в хоро́шем ~ии ду́ха be in a good* / chéerful mood, be chéerful, be in (good) spírits; быть в плохо́м ~ии ду́ха be in a bad* húmour; у него́ нет ~ия де́лать что-л. he is¦n't in the mood to do smth.; he is in no mood for doing smth.; у него нет ~ия е́хать туда́ he is in no mood to go there.

располо́ж||енный **1.** *прич. см.* располага́ть II; **2.** *прил.* (к; *питающий чувство симпатии*) dispósed (towards, to); он ~ен ко мне, в мою́ по́льзу he is well dispósed towards me, he is dispósed in my fávour; **3.** *прил.* (к; + *инф.*; *склонный*) dispósed (to; + to *inf.*); in¦clíned (+ to *inf.*); он не ~ен к серьёзному разгово́ру he is not dispósed to a sérious talk; он не ~ен сего́дня рабо́тать he is not dispósed to work to¦dáy.

расположи́ть *сов. см.* располага́ть II 1, 2. **~ся** *сов. см.* располага́ться.

распо́р *м. тех.* thrust. **~ка** *ж. тех.* dístance bar / block / piece / rod [... piːs...]; spréader [-edə].

распоро́ть *сов.* **1.** *см.* распа́рывать; **2.** *как сов. к* поро́ть II. **~ся** *сов.* **1.** *см.* распа́рываться; **2.** *как сов. к* поро́ться.

распоряди́тель *м.*, **~ница** *ж.* mánager; (*на торжестве*) máster of céremonies. **~ность** *ж.* good mánage¦ment; отсу́тствие ~ности mismánage¦ment. **~ный** **1.** (*о человеке*) áctive, cápable; быть ~ным be a good / cápable, *или* an áctive, mánager; **2.:** ~ный о́рган admínistrative órgan.

распоряди́ться *сов. см.* распоряжа́ться 1, 3.

распоря́д||ок *м.* órder; (*обычный*) routíne [ruː'tiːn]; пра́вила вну́треннего ~ка в учрежде́нии, на фа́брике *и т. п.* óffice, fáctory, *etc.*, règulátions; ~ дня the dáily routíne; како́й у вас ~ дня? how is your day divíded?, what is your dáily routíne?

распоря||жа́ться, распоряди́ться **1.** (о *пр.*, + *инф.*; *давать приказание*) órder (*d.*, *d.* + to *inf.*); *сов. тж.* see* (that); (*устраивать*) make* arránge¦ments [...ə'reɪ-]; ~ди́ться сде́лать, принести́, убра́ть что-л. have / see* smth. done, brought, táken a¦wáy; ~ди́ться пригото́вить ко́мнату have *a* room prepáred; он ~ди́тся об упла́те вам э́той су́ммы he will see that this sum is paid to you; разреши́те ~ди́ться по своему́ усмотре́нию let me have a free hand; **2.** *тк. несов.* (*управлять, хозяйничать*) give* órders, be in commánd / charge [...-ɑːnd...], commánd; be the boss *разг.*; кто здесь ~жа́ется? who gives órders, *или* who is in commánd / charge, here?; он лю́бит ~ he likes to commánd / boss; ~ как у себя́ до́ма beháve as though the place belóngs to one [...ðou...]; **3.** (*тв.*; *располагать*) dispóse (of), deal* (with), do (with); он не зна́ет, как ~ди́ться э́тими деньга́ми he does not know how to use this móney [... nou... 'mʌ-]; ~ свое́й со́бственной судьбо́й be one's own máster [... oun...], be the árbiter / máster of one's own déstiny.

распоряже́н||ие *с.* (*приказ*) órder; instrúction, diréction; (*указ, постановление*) decrée; завеща́тельное ~ bequést; до осо́бого ~ия until fúrther nótice [...-ðə 'nou-]; ◇ быть в ~ии кого́-л. be at smb.'s dispósal / commánd [...-z°l -'mɑː-]; име́ть в своём ~ии have at one's dispósal / commánd.

распоя́саться *сов. см.* распоя́сываться.

распоя́сываться, распоя́саться ún¦gírdle [-'g-]; (*перен.*) throw* asíde all restráint [-ou...], let* òne¦sélf go.

распра́в||а *ж.* víolence, reprísal [-z°l]; кула́чная ~ fístlaw; крова́вая ~ mássacre, cárnage; жесто́кая ~ sávage reprísal; ◇ твори́ть суд и ~у admínister jústice and mete out púnishment; коро́ткая ~ short shrift; у меня́ с ним ~ коротка́ I'll deal súmmarily with him, I'll make short work of him.

распра́вить *сов. см.* расправля́ть.

распра́виться I, II *сов. см.* расправля́ться I, II.

расправля́ть, распра́вить (*вн.*) **1.** (*выпрямлять*) stráighten (*d.*); (*делать гладким*) smooth out [-ð...] (*d.*); ~ скла́дки smooth out créases [...-sɪz]; ~ кры́лья (*прям.* и *перен.*) spread* one's wings [-ed...]; **2.** (*вытягивать*) stretch (*d.*); ~ пле́чи stráighten / square one's shóulders [...'ʃou-].

расправля́ться I, распра́виться **1.** (*о складках и т. п.*) get* smoothed out [...-ðd...], fall* out; **2.** *страд. к* расправля́ть.

расправля́ться II, распра́виться (с *тв.*; *учинять расправу*) deal* (with); make* short work (of) *разг.*; ~ без суда́ take* the law into one's own hands [...oun...].

распредел||е́ние *с.* (*в разн. знач.*) dìstribútion; (*налогов*) asséssment; боево́е ~ *воен.* battle òrganizátion [...-naɪ-]. **~и́тель** *м.* distríbutor. **~и́тельный** distríbutive; ~и́тельная доска́, ~и́тельный щит *тех.* swítchboard; ~и́тельная коро́бка *эл.* pánel box ['pæ-...]. **~и́ть** *сов. см.* распределя́ть.

распределя́ть, распредели́ть (*вн.* ме́жду) distríbute (*d.* to, among), allót (*d.* to); (*о налогах*) asséss (*d.* up|-ón); ~ вре́мя régulàte / órder *one's* time; ~ часто́ты *рад.* assígn rádiò fréquencies [ə'saɪn... 'friː-].

распродава́ть, распрода́ть (*вн.*) sell* off / out (*d.*); кни́га распро́дана the book is out of print.

распрода́||жа *ж. тк. ед.* sale; (*о товарах*) cléarance sale. **~ть** *сов. см.* распродава́ть.

распростере́ть(ся) *сов. см.* распростира́ть(ся).

распростёрт||ый *прич.* и *прил.* (out)stretched; *прил. тж.* próstràte, prone; с ~ыми кры́льями with exténded wings; ◇ (встреча́ть) с ~ыми объя́тиями (recéive) with ópen arms [-'siːv...].

распростира́ть, распростере́ть (*вн.*) stretch out (*d.*); exténd (*d.*). **~ся,** распростере́ться **1.** stretch, exténd, pròstráte òne|sélf; (*перен.*; *о влиянии и т. п.*) spread* [-ed], wíden; **2.** *страд. к* распростира́ть.

распрости́ться *сов.* (с *тв.*) take* fínal leave (of); (*перен.*: *расстаться*) take* leave (of); ~ со все́ми наде́ждами say* good-býe to all hopes, bid* fáre|wéll to all hopes.

распростране́ние *с.* spréading [-ed-], diffúsion; (*об идеях, учении и т. п.*) dissèminátion; ~ слу́хов spréading of rúmours; име́ть, получа́ть большо́е ~ be práctised on a large scale [...-st...]; (*о мнении, идее и т. п.*) be wídely used / spread [...-ed]; Всесою́зное о́бщество по распростране́нию полити́ческих и нау́чных зна́ний Áll-Únion Society for the Dissèminátion of Polítical and Scientífic knówledge [...'nɔ-].

распространённ||ость *ж.* prévalence; extént to which *smth.* has spread [...spred], extént to which *smth.* has been disséminàted. **~ый 1.** *прич. см.* распространя́ть; **2.** *прил.* wíde|spread [-ed]; широко́ ~ые ви́ды расте́ний, живо́тных *и т. п.* wíde|ly-distríbuted spécìès of plants, ánimals, *etc.* [...-ʃiːz...plɑː-...]; **3.** *прил.*: ~ое предложе́ние *грам.* exténded séntence.

распространи́тель *м.*, **~ница** *ж.* spréader [-edə]. **~ный** exténded.

распространи́ть *сов. см.* распространя́ть. **~ся** *сов. см.* распространя́ться **1.**

распростран||я́ть, распространи́ть (*вн.*) spread* [-ed] (*d.*), diffúse (*d.*); (*об аромате, запахе*) give* out / off (*d.*); (*об идеях, учении и т. п.*) disséminàte (*d.*), própagàte (*d.*); (*о методах работы, опыте и т. п.*) pópularìze (*d.*); ~ де́йствие зако́на (на *вн.*) spread* the àpplicátion of the law (to); ~ све́дения spread* ìnformátion; ~и́ть меморa̍ндум (среди́) círculàte *a* mèmorándum (among); ~ кни́ги, листо́вки distríbute books, léaflets; ~ на всех exténd to éverybody (*d.*).

распространя́||ться, распространи́ться **1.** spread* [-ed]; э́то ~ется на всех this applíes to all; зако́н не ~ется (на *вн.*) the law does not affе́ct (*d.*); **2.** *тк. несов.* (о *пр.*) *разг.* (*подробно говорить*) enlárge (on), èxpátiàte (on), dìláte [daɪ-] (on); **3.** *страд. к* распространя́ть.

распроща́ться *разг.* = распрости́ться.

распры́скать *сов.* (*вн.*) *разг.* spray abóut (*d.*); (*истратить*) use up by spráying (*d.*).

ра́спря *ж.* díscòrd, strife.

распряга́ть распря́чь (*вн.*) únhárness (*d.*). **~ся,** распря́чься **1.** become* / get* únhárnessed; **2.** *страд. к* распряга́ть.

распрями́ть(ся) *сов. см.* распрямля́ть(ся).

распрямля́ть, распрями́ть (*вн.*) stráighten (*d.*), únbénd* (*d.*). **~ся,** распрями́ться **1.** stráighten òne|sélf; **2.** *страд. к* распрямля́ть.

распря́чь(ся) *сов. см.* распряга́ть (-ся).

распуга́ть *сов. см.* распу́гивать.

распу́гивать, распуга́ть (*вн.*) scare / fríghten a|wáy (*d.*).

распуска́ние *с.* **1.** (*о растениях*) blóoming, blóssoming; **2.** (*растворение*) solútion; (*растапливание*) mélting; **3.** (*вязаных изделий*) ùn|rávelling.

распуска́ть, распусти́ть (*вн.*) **1.** (*отпускать*) dismíss (*d.*); (*об организациях, войсках*) disbánd (*d.*); ~ собра́ние dismíss *a* méeting; ~ парла́мент dissólve párliament [-'zɔl... -ləm-]; ~ кома́нду *мор.* pay* off the crew; ~ на кани́кулы break* up [-eɪk...] (*d.*); **2.** (*ослаблять*) lóose [-s°n] (*d.*); (*ослаблять дисциплину*) lóosen the bonds of díscipline (of); (*деморализовать*) demóralize (*d.*); ~ по́яс lóosen the belt; он распусти́л своего́ сы́на he has spoiled his son [...sʌn]; **3.** (*развёртывать, расправлять*) let* out (*d.*); ~ знамёна spread* / ùnfúrl the cólours / bánners [-ed... 'kʌ-...]; ~ во́лосы let* one's hair down; ~ хвост (*о павлине*) spread* its tail; **4.** (*растворять в жидкости*) dissólve (*d.*); (*растапливать*) melt (*d.*); **5.** (*о вязаных изделиях*) ùn|rável [-'ræ-] (*d.*); (*о складках*) úntúck (*d.*), let* out (*d.*); **6.** *разг.* (*распространять*) set* aflóat (*d.*): ~ слух set* *a* rúmour aflóat; ◇ ~ ню́ни *разг.* snível ['snɪ-], slóbber, whímper. **~ся,** распусти́ться **1.** (*о растениях*) ópen, blóssom out; берёза ещё не распусти́лась the bírch-tree has not come out yet, *или* has not yet bróken into leaf, the birch is not yet in leaf; **2.** (*в отношении дисциплины*) become* ùndísciplined, let* òne|sélf slide; **3.** (*растворяться в жидкости*) dissólve [-'zɔlv]; (*растапливаться*) melt; **4.** (*о вязаных изделиях*) get* / become* ùn|rávelled; **5.** *страд. к* распуска́ть.

распусти́ть(ся) *сов. см.* распуска́ть (-ся).

распу́тать(ся) *сов. см.* распу́тывать(ся).

распу́тица *ж.* **1.** séason of bad roads [-z°n...]; **2.** (*плохое состояние дорог*) slush.

распу́тн||ик *м.*, **~ица** *ж.* prófligate, líbertìne.

распу́т||ничать lead* *a* dissolùte life. **~ный** díssolùte, licéntious [laɪ-], réprobàte. **~ство** *с.* líbertinism, debáuchery, díssolùte|ness, dìssipátion.

распу́тывать, распу́тать (*вн.*; *о верёвке, нитках и т. п.*) úntángle (*d.*), úntwíne (*d.*); dísentángle (*d.*), ùn|rável [-'ræ-] (*d.*) (*тж. перен.*); (*перен.*) puzzle out (*d.*). **~ся,** распу́таться (*о верёвке, нитках и т. п.*) become* / get* dísentángled / ún|dóne / úntwíned; (*перен.*) become* / get* dísentángled / clear; **2.** (с *тв.*) *разг.* rid òne|sélf (of); **3.** *страд. к* распу́тывать.

распу́тье *с.* cróss-róads *pl.*, cróss-way, párting of the ways; на ~ at the cróss-róads.

распуха́ние *с.* swélling (up / out), intuméscence *научн.*

распуха́ть, распу́хнуть (от) swell* up / out) (with).
распу́хнуть *сов. см.* распуха́ть.
распуши́ть *сов. (вн.) разг.* give* a ood scólding (*i.*); (*подвергнуть суровой критике*) bátter (*d.*).
распу́щенн||ость *ж.* 1. (*недисциплинированность*) lack of díscipline; 2. (*безнравственность*) díssolùte|ness, icéntious|ness [laɪ-]. **~ый** 1. *прич. см.* распуска́ть; ~ые во́лосы loose flówing hair [-s 'flou-...] *sg.*; 2. *прил.* (*недисциплинированный*) ùndísciplined; ~ый ребёнок spoiled child*; 3. *прил.* (*развратный*) díssolùte; fast *разг.*
распыл||е́ние *с.* dispérsion, àtomìzátion [-maɪ-]; (*сил и т. п.*) scáttering; ~ средств dìssipátion of resóurces [...-'sɔːs-]. **~и́тель** *м. тех.* spráyer, àtomìzer, púlverìzer.
распыли́ть(ся) *сов. см.* распыля́ть(-ся).
распыля́ть, распыли́ть (*вн.*) púlverìze (*d.*), dispérse (*d.*); (*о жидкости*) spray (*d.*), átomìze (*d.*); (*перен.*; *о силах и т. п.*) scátter (*d.*). **~ся,** распыли́ться 1. dispérse; (*перен.*; *о силах и т. п.*) get* scáttered; 2. *страд. к* распыля́ть.
распя́л||ивать, распя́лить (*вн.*) stretch (on *a* frame) (*d.*). **~ить** *сов. см.* распя́ливать.
распя́тие *с.* crúcifix, crùcifíxion; (*изображение тж.*) cross.
распя́ть *сов. см.* распина́ть.
расса́д||а *ж. тк. ед.* séedlings *pl.*; капу́стная ~ cábbage-sprouts *pl.*; сажа́ть ~у plant out séedlings [-ɑːnt...]
рассади́ть I, II *сов. см.* расса́живать I, II.
расса́дка *ж. с.-х.* plánting [-ɑːnt-], plàntátion.
расса́дник *м.* séed-plòt; hótbèd, bréeding-ground (*тж. перен.*); ~ заразы diséase-breeder [-'ziːz-].
рассадопоса́дочн||ый: ~ая маши́на *с.-х.* séedling plánter [...-ɑːn-].
расса́живать I, рассади́ть (*вн.*) 1. (*по местам*) seat (*d.*), óffer seats (*i.*); 2. (*отдельно*) séparàte (*d.*).
расса́живать II, рассади́ть (*о растениях*) trànsplánt [-ɑːn-] (*d.*), plant out [-ɑː-...] (*d.*).
расса́живаться I, рассе́сться 1. take* seats; 2. *разг.* (*садиться развалясь*) sprawl; 3. *страд. к* расса́живать I.
расса́живаться II *страд. к* расса́живать II.
расса́сывание *с.* (*опухоли и т. п.*) rèsolútion [-z-].
расса́сыва||ться, рассоса́ться *мед.* resólve [-'zɔlv]; о́пухоль ~ется the túmour is resólving.
рассвести́ *сов. см.* рассвета́ть.
рассве́т *м.* dawn, dáybreak [-eɪk]; на ~е at dawn, at dáybreak; пе́ред ~ом, до ~а befóre dawn, befóre dáybreak.
рассве||та́ть, рассвести́ *безл.*: ~та́ет dawn is cóming, day is bréaking [...-eɪk-]; ~ло́ it is (dáy)light; соверше́нно ~ло́ it is broad dáylìght [...-ɔːd...].
рассвирепе́ть *сов.* become* fúrious, get* into a rage.
расседла́ть *сов. см.* рассёдлывать.
рассёдлывать, расседла́ть (*вн.*) únsáddle (*d.*).
рассе́ивание *с.* dispérsion; (*перен. тж.*) dissipátion.
рассе́ивать, рассе́ять (*вн.*) 1. dispérse (*d.*); (*о мраке, страхе, сомнениях и т. п.*) dispél (*d.*), díssipàte (*d.*); ~ свет dispérse / diffráct the light; ~ опасе́ния alláy àpprehénsions; 2. (*о неприятеле, толпе и т. п.*) dispérse (*d.*), scátter (*d.*). **~ся,** рассе́яться 1. dispérse; (*о мраке, облаках*) díssipàte; (*о дыме, тумане тж.*) clear a|wáy; (*об опасениях, волнениях и т. п.*) blow* óver [blou...]; тума́н рассе́ялся the mist / fog has lífted, *или* has cleared; ~ся как дым vánish into smoke, *или* thin air, end in smoke; 2. (*о толпе и т. п.*) dispérse, scátter; 3. (*развлекаться*) dìvért / distráct òne|sélf [daɪ-...]; 4. *страд. к* рассе́ивать.
рассека́ть, рассе́чь (*вн.*) 1. cut* (*d.*), cleave* (*d.*); ~ во́ду cleave* the wáter [...'wɔː-]; 2. (*ранить*) cut* (*d.*), slash (*d.*).
расселе́ние *с.* 1. séttling (in *a* new place); 2. (*порознь*) sèparátion; séttling apárt.
рассе́лина *ж.* cleft, físsure.
рассели́ть(ся) *сов. см.* расселя́ть(-ся).
расселя́ть, рассели́ть (*вн.*) 1. settle (in *a* new place) (*d.*); 2. (*порознь*) séparàte (*d.*). **~ся,** рассели́ться 1. settle (in *a* new place); 2. (*порознь*) séparàte, settle séparate|ly; 3. *страд. к* расселя́ть.
рассерди́ть *сов.* (*вн.*) ánger (*d.*), make* ángry (*d.*). **~ся** *сов.* (на *вн.*) become* / get* / wax ángry [...wæks...] (with).
рассе́сться *сов. см.* расса́живаться I.
рассе́чь *сов. см.* рассека́ть.
рассе́яние *с.* dispérsion; ~ све́та *физ.* diffúsion of light, light diffúsion.
рассе́янн||о *нареч.* ábsently, ábsent-mínded|ly; посмотре́ть ~ (на *вн.*) look ábsently (at). **~ость** *ж.* 1. (*разбросанность*) dispérsion; 2. (*невнимательность*) ábsent-mínded|ness, distráction. **~ый** 1. *прич. см.* рассе́ивать; 2. *прил.* scáttered, díssipàted; ~ое населе́ние scáttered pòpulátion; ~ый свет *физ.* diffúsed light; 3. *прил.* (*невнимательный*) ábsent-mínded; ~ый взгляд vácant / wándering glance; 4. *прил.* (*праздный*) díssipàted; ~ый о́браз жи́зни díssipàted life.
рассе́ять(ся) *сов. см.* рассе́ивать(-ся).
расска́з *м.* 1. stóry, tale; 2. (*изложение событий*) accóunt. **~а́ть** *сов. см.* расска́зывать. **~чик** *м.*, **~чица** *ж.* (stóry-)tèller, nàrrátor. **~ывание** *с.* télling, nàrrátion.
расска́зыв||ать, рассказа́ть (*вн. дт.*) tell* (*d. i.*), nàrráte (*d. i.*), recóunt (*d. i.*); ~ своё го́ре (*дт.*) confíde one's sórrow (to); ~ да́льше go* on with one's stóry; ~ают, что the stóry goes that; ◇ ~ай кому́-нибудь друго́му *разг.*≅ tell that to the (hórse-)marínes [...-riː-]; ~ай ска́зки! tell me another one!; ты мне не ~ай! don't tell me tales!; ты мне не ~ай, я сам зна́ю you are télling me!
рассла́б||ить *сов. см.* расслабля́ть. **~ле́ние** *с.* wéakening, enféeble|ment. **~ленность** *ж.* sláckness, límpness. **~ленный** 1. *прич. см.* расслабля́ть; 2. *прил.* slack; чу́вствовать себя́ ~ленным feel* slack / limp.
расслабля́ть, рассла́бить (*вн.*) wéaken (*d.*), enféeble (*d.*); únnérve (*d.*).
расслави́ть *сов. см.* расславля́ть.
расславля́ть, рассла́вить (*вн.*) *разг.* 1. (*превозносить*) praise to the skies (*d.*); 2. (*разглашать*) cry from the hóuse|tòps [...'haus-] (*d.*).
рассла́ивать, расслои́ть (*вн.*) divíde into láyers (*d.*), strátifỳ (*d.*); (*перен.*) dìfferéntiàte (*d.*). **~ся,** расслои́ться 1. èxfóliàte; (*перен.*) become* dìfferéntiàted; 2. *страд. к* рассла́ивать.
рассле́дование *с.* invèstigátion, exàminátion; *юр.* ín|quèst, in|quíry; назнача́ть ~ (*рд.*) órder *the* ín|quèst (of); произвести́ ~ (*рд.*) hold* an in|quíry (into).
рассле́довать *несов. и сов.* (*вн.*) invéstigàte (*d.*), look (into), hold* an in|quíry (into); э́то на́до ~ this must be invéstigàted, this must be looked into.
расслое́ние *с.* èxfòliátion; (*перен.*) stràtificátion; ~ крестья́нства stràtificátion of the péasantry [...'pez-].
расслои́ть(ся) *сов. см.* рассла́ивать(-ся).
расслы́ш||ать *сов.* (*вн.*) catch* (*d.*); он ~ал то́лько два сло́ва he caught ónly two words; он не ~ал меня́, он не ~ал, что я сказа́л he didn't catch what I said [...sed].
рассма́трива||ть, рассмотре́ть (*вн.*) 1. (*о деле, вопросе и т. п.*) consíder [-'sɪ-] (*d.*), exámine (*d.*); ~ заявле́ние consíder / exámine *an* àpplicátion; ~емый пери́од the périod únder revíew [...-'vjuː]; 2. *тк. несов.* (*считать*) regárd (as), consíder (*d.*); он ~ет э́то как оскорбле́ние he regárds it as an ínsùlt; 3. *тк. несов.* (*внимательно смотреть*) (have a good) look (at), exámine (*d.*), scrútinìze (*d.*); 4. *тк. сов.* (*различить*) descrý (*d.*), discérn (*d.*), make* out (*d.*); он с трудо́м рассмотре́л па́рус вдали́ he could scárce|ly make out, *или* discérn, the sail in the dístance [...-ɛəs-...]; в

темноте́ тру́дно бы́ло рассмотре́ть его́ лицо́ it was difficult to see his face in the dárkness.

рассмеши́ть *сов.* (*вн.*) make* (*d.*) laugh [...lɑːf], set* láughing [...'lɑːf-] (*d.*).

рассмея́ться *сов.* begin* to laugh [...lɑːf], burst* out láughing [...'lɑːf-], give* a laugh.

рассмотре́н||ие *с.* exàminátion; (*проекта, предложения*) consìderátion, scrútiny; (*договора*) discússion; представля́ть на ~ (*вн.*) submít for consìderátion (*d.*); выноси́ть на ~ (*вн.*) place for consìderátion (*d.*); быть на ~ии be únder discússion; оставля́ть жа́лобу без ~ия dismíss *an* appéal, brush *an* appéal asíde; назнача́ть де́ло на ~ appóint / set* / fix *a* time for the consìderátion of *a* case [...keɪs]; передава́ть де́ло на но́вое ~ submít *a* case for ré-consìderátion.

рассмотре́ть *сов. см.* рассма́тривать 1, 4.

рассова́ть *сов. см.* рассо́вывать.

рассо́вывать, рассова́ть (*вн.*) *разг.* shove abóut [ʃʌv...] (*d.*); ~ по карма́нам stuff into one's (dífferent) póckets (*d.*).

рассо́л *м.* **1.** brine; сла́бый ~ weak brine; **2.** *кул.* pickle.

рассо́льник *м.* rassólnik (*soup with pickled cucumbers*).

рассо́рить *сов.* (*вн.*) set* at váriance [...'vɛə-] (*d.*); set* by the ears (*d.*), set* at lóggerheads [...-hedz] (*d.*) *идиом.* **~ся** *сов.* (с *тв.*) quárrel (with), fall* out (with), fall* foul (of); be at váriance [...'vɛə-] (with).

рассортирова́ть *сов. см.* рассортиро́вывать.

рассортиро́вка *ж.* sórting out; ~ угля́ scréening of coal.

рассортиро́вывать, рассортирова́ть (*вн.*) sort out (*d.*).

рассоса́ться *сов. см.* расса́сываться.

рассо́хнуться *сов. см.* рассыха́ться.

расспра́шивать, расспроси́ть (*вн.*) quéstion [-stʃ-] (*d.*); (о *пр.*) make* in¦quíries (abóut).

расспроси́ть *сов. см.* расспра́шивать.

расспро́с||ы *мн.* quéstions [-stʃ-]; надоеда́ть с ~ами péster with quéstions.

рассредото́чение *с. воен.* dispérsal.

рассредото́ч||ивать, рассредото́чить (*вн.*) *воен.* dispérse (*d.*). **~ить** *сов. см.* рассредото́чивать.

рассро́ч||ивать, рассро́чить (*вн.*) spread* (out) [-ed...] (*d.*); (*о платеже и т. п.*) arránge on the instálment sýstem [-eɪndʒ... -tɔːl-...] (*d.*); ~ить рабо́ту на неде́лю spread* the work óver a week; ~ить погаше́ние до́лга allów *smb.* to pay *the* debt by / in instálments [...det...]. **~ить** *сов. см.* рассро́чивать.

рассро́чк||а *ж. тк. ед.*: в ~у by / in instálments [...-tɔːl-]; приобрета́ть что-л. (с опла́той) в ~у buy* smth. on an instálment plan [baɪ...], buy* smth. on a deférred páyment plan; с ~ой на год on a year's instálment plan; предоста́вить ~у grant the right to buy by instálments [grɑːnt...].

ра̀сстава́ни||е *с.* párting; при ~и at párting.

расстава́ться, расста́ться (с *тв.*) part (with); (*с родиной, домом*) leave* (*d.*); расста́немся друзья́ми let us part friends [...frendz]; ~ с мы́слью put* the thought out of one's head [...hed], give* up the thought; ~ с привы́чкой break* *a* hábit [-eɪk...], give* up *a* hábit.

расста́вить *сов. см.* расставля́ть.

расставля́ть, расста́вить (*вн.*) **1.** (*размещать*) place (*d.*), arránge [-eɪndʒ] (*d.*); ~ часовы́х post séntries [poust...]; ~ се́ти set* / lay* / spread* nets [...spred...]; **2.** (*раздвигать*) move apárt [muːv...] (*d.*); ~ но́ги stand* with one's legs apárt; расста́вив но́ги feet plánted apárt [...-ɑːn-...]; **3.** (*о платье и т. п.*) let* out (*d.*).

расстана́вливать *разг.* = расставля́ть 1.

расстано́вк||а *ж.* arránge¦ment [-eɪn-]; ~ слов arránge¦ment of words; ~ ка́дров plácing of pèrsonnél; ✧ говори́ть с ~ой ≅ speak* without haste [...heɪ-], speak* in méasured tones [...'meʒ-...].

расста́ться *сов. см.* расстава́ться.

расстега́й *м. кул.* rasstegái [-ɑːɪ] (*small tart-shaped pie, without top crust*).

расстёгивать, расстегну́ть (*вн.*) ún¦dó (*d.*), únfásten [-s°n] (*d.*); (*застёгнутое на пуговицы тж.*) únbútton (*d.*); (*застёгнутое на крючки тж.*) únhóok (*d.*); (*застёгнутое на застёжки тж.*) ún¦clásp (*d.*); (*застёгнутое на пряжки тж.*) únbúckle (*d.*). **~ся,** расстегну́ться **1.** (*о чём-л. застёгнутом*) become* / get* ún¦dóne / únfástened [...-s°nd]; become* / get* únbúttoned, únbúckled, ún¦clásped, únhóoked, *etc.* (*ср.* расстёгивать); **2.** (*расстёгивать на себе*) ún¦dó / únfásten one's *coat*; únbútton, únhóok, ún¦clásp, únbúckle one's *coat* (*ср.* расстёгивать); **3.** *страд. к* расстёгивать.

расстегну́ть(ся) *сов. см.* расстёгивать(ся).

расстели́ть(ся) *разг.* = разостла́ть (-ся) *см.* расстила́ть(ся).

расстри́л *м.*: ~ льна spréading, *или* láying out, flax [-ed-...].

расстила́ть, разостла́ть (*вн.*) spread* (out) [-ed...] (*d.*), lay* (*d.*). **~ся,** разостла́ться *разг.* **1.** spread* [-ed]; **2.** *страд. к* расстила́ть.

расстоя́ни||е *с.* dístance; space; на не́котором ~и (от) at some dístance (from), at a dístance (from); на далёком ~и (от) a great way off [...-eɪt...] (from), a great dístance a¦wáy (from);
на бли́зком ~и (от) at a short dís
tance (from); на одина́ковом ~и a
the same dístance; (*о ряде предметов*
at régular íntervals; на ~и пяти́
десяти́ киломе́тров (от) at five, te
kílomètres' dístance (from); он ви́ди
на далёком ~и he can see at quite
dístance; ✧ на ~и пу́шечного вы́
стрела, челове́ческого го́лоса withi
gúnshòt, within hail; держа́ть кого́-л
на ~и keep* smb. at arm's length
держа́ться на ~и keep* one's dís
tance; держа́ться на почти́тельном ~
keep* at a respéctable dístance, keep
alóof.

расстра́ивать, расстро́ить (*вн.*)
(*приводить в беспорядок*) disórder (*d.*
distúrb (*d.*); throw* into confúsio
[-ou...] (*d.*), únsèttle (*d.*); ~ ряд
break* the ranks [-eɪk...]; **2.** (*причи
нять вред*) shátter (*d.*); ~ своё зд
ро́вье rúin one's health [...he-];
желу́док cause ìndigéstion [...-stʃ-
у него́ расстро́ены не́рвы his nerv
are sháttered; **3.** (*мешать осущест
влению*) deránge [-eɪn-] (*d.*), frùstrá
(*d.*), thwart (*d.*); ~ пла́ны ùpsét
the plans; ~ сва́дьбу break* *t*
en¦gáge¦ment; **4.** (*огорчать*) ùpsét
(*d.*), put* out (*d.*); **5.** (*о музыкально
инструменте*) put* out of tune (*d.*
úntúne (*d.*). **~ся,** расстро́иться
(*становиться нестройным, беспор
дочным*) fall* apárt; ряды́ расстро́
лись the ranks broke up; **2.** (*о пл
нах и т. п.*) fall* to the ground;
(*о музыкальном инструменте*) b
come* / get* out of tune; **4.** (о
огорчаться) feel* / be ùpsét (óve
be put out (óver); be dìsappóint
(at); **5.** *страд. к* расстра́ивать.

расстре́л *м.* **1.** (*казнь*) (mílitar
èxecútion; пригова́ривать к ~у (*вн*
séntence to be shot (*d.*); **2.** (*сильн
обстрел на коротком расстояни
shóoting down, fùsilláde [-zɪ-].

расстре́л||ивать, расстреля́ть (*вн*
1. (*казнить*) shoot* (*d.*); **2.** (*подве
гать сильному обстрелу на коротк
расстоянии*) shoot* down (*d.*), f
silláde [-zɪ-] (*d.*); (*из пулемёта*) m
chíne-gùn [-'ʃiːn-] (*d.*); **3.** (*расход
вать патроны при стрельбе*) use
(*d.*); *несов. тж.* use (*d.*). **~я́ть** *с
см.* расстре́ливать.

расстри́г||а *м. церк.* únfrócked mo
[...mʌ-]; únfrócked priest [...priː-
~а́ть, расстри́чь (*вн.*) *церк.* únfró
(*d.*).

расстри́чь *сов. см.* расстрига́ть.

расстро́енный **1.** *прич. см.* р
стра́ивать; **2.** *прил.* sad, dówncàst

расстро́ить(ся) *сов. см.* расстра́
вать(ся).

расстро́йств||о *с.* **1.** disórder; (*пл
нов и т. п.*) deránge¦ment [-eɪn
~ желу́дка stómach disórder ['stʌ
ək...], ìndigéstion [-stʃ-], dìarrh
[-'riːə]; не́рвное ~ nérvous disórd
приводи́ть в ~ (*вн.*) throw* into c

úsion / disórder [-ou...] (*d.*), disórder (*d.*); (*о планах и т. п.*) derángé [-eɪn-] (*d.*); приходи́ть в ~ (*о делах и т. п.*) be in a sad condítion; (*огорчение*): приводи́ть в ~ (*вн.*) upsét* (*d.*), put* out (*d.*); быть в ~е *разг.* feel* / be ùpsét, be put out.

расступ||а́ться, расступи́ться part; толпа́ ~и́лась, чтобы пропусти́ть ас the crowd párted to let us pass. **~и́ться** *сов. см.* расступа́ться.

рассуди́тельн||ость *ж.* réasonable-ess [ˈrɪːz-]; (*осторожность, благоразумие*) discrétion; (*расчётливость*) cálculàting náture [...ˈneɪ-]. **~ый** réasonable [-z-], sóber-mìnded; (*расчётливый*) cálculàting.

рассуд||и́ть *сов.* **1.** (*вн.*) judge (*d.*); ~и́те нас be an árbiter between us, settle our dispúte / quárrel; **2.** (*без доп.*) think*, consíder [-ˈsɪ-]; он ~и́л, что ему́ лу́чше уе́хать he decíded that he had bétter go.

рассу́д||ок *м.* **1.** réason [-z°n]; íntellèct; го́лос ~ка the voice of réason; в по́лном ~ке in full posséssion of one's fáculties [...-ˈze-...]; теря́ть ~ *разг.* lose* one's réason [luːz...]; лиши́ться ~ка go* out of one's mind; **2.** (*здравый смысл*) cómmon sense; вопреки́ ~ку cóntrary to common sense.

рассу́дочный rátional [ˈræ-].

рассужд||а́ть **1.** réason [-z°n]; **2.** (о *пр.*; *обсуждать*) discúss (*d.*); (*в споре*) árgue (abóut). **~е́ние** *с.* **1.** réasoning [-z-]; **2.** (*высказывание*) discourse [-ˈkɔːs]; без ~е́ний without arguing / árgument; **3.** *уст.* (*сочинение*) dìssertátion.

рассу́ч||ивать, рассучи́ть (*вн.*) únwíst (*d.*). **~и́ть** *сов. см.* рассу́чивать.

рассчи́танн||ый **1.** *прич. см.* рассчи́тывать; **2.** *прил.* (*умышленный*) delíberate; **3.** *прил.* (на *вн.*; *предназначенный*) inténded (for), desígned [-ˈzaɪ-] (for), meant [ment] (for); кни́га, ~ая на широ́кого чита́теля book inténded / meant for the géneral públic [...ˈpʌ-].

рассчита́ть *сов. см.* рассчи́тывать 1, 2. **~ся** *сов. см.* рассчи́тываться.

рассчи́т||ывать, рассчита́ть, расчéсть **1.** (*вн.*) (*производить подсчёт, расчёт*) cálculàte (*d.*); *тех.* (*на определённую мощность, скорость и т. п.*) rate (at); не ~а́ть свои́х сил over¦ráte one's strength; bite* off more than one can chew *идиом.*; **2.** (*вн.*; *увольнять*) dismíss (*d.*); **3.** *тк. несов.* (на *вн.*; *предполагать*) cálculàte (on, up¦ón), count (on, up¦ón), reckon (on, up¦ón); (+ *инф.*) expéct (+ to *inf.*), (*намереваться*) mean* (+ to *inf.*), expéct (+ to *inf.*): он ~ывал сде́лать э́то ве́чером he meant to do it in the évening [...ment...ˈiːv-]; он ~ывал получи́ть (*вн.*) he expécted to receive [...-ˈsiːv] (*d.*); **4.** *тк. несов.* (на *вн.*; *полагаться*) depénd (up¦ón), relý (on, up¦ón), count (on).

рассчи́тываться, рассчита́ться, расчéсться **1.** (с *тв.*) settle accóunts (with), réckon (with); (*без доп.*) settle up; **2.** (*отомстить*) get* éven (with); get* back some of one's own [...oun] *идиом. разг.*; **3.** *при сов.* рассчита́ться (*без доп.*) *воен.* tell* off; **4.** *страд. к* рассчи́тывать 1, 2.

рассыла́ть, разосла́ть (*вн.*) send* (abóut, round) (*d.*); (*о повестках, извещениях и т. п.*) distríbute (*d.*); (*о листовках, рекламе и т. п.*) círculàte (*d.*).

рассы́лка *ж.* dìstribútion.

рассы́льный *м. скл. как прил.* érrand-boy, érrand-màn*.

рассы́пать *сов. см.* рассыпа́ть.

рассыпа́ть, рассы́пать (*вн.*) spill* (*d.*); (*разбрасывать*) strew* (*d.*), scátter (*d.*).

рассы́паться *сов. см.* рассыпа́ться.

рассыпа́ться, рассы́паться **1.** spill*, scátter; **2.** (*разбегаться*) scátter, scámper off; **3.** (*разваливаться*) go* to píeces [...ˈpiː-]; (*о хлебе и т. п.*) crumble; ~ в пыль crumble to dust; ◇ ~ в похвала́х, комплиме́нтах (*дт.*) shówer práises, cómpliments (on); ~ в извине́ниях be profúse in one's apólogies [...-ˈfjuːs...]; ~ ме́лким бе́сом пе́ред кем-л. *разг.* ≅ fawn up¦ón smb., suck up to smb.

рассыпн||о́й **1.** (*о товаре*) loose [-s]; ~ы́е папиро́сы loose cìgaréttes; **2.**: ~ строй *воен. уст.* loose órder.

рассы́пчат||ый fríable; (*о тесте*) short, crúmbly; ~ое пече́нье shórtbread [-ed].

рассыха́ться, рассо́хнуться (*от жары*) crack (with heat).

раста́лкивать, растолка́ть (*вн.*) *разг.* **1.** push asúnder / a¦wáy [puʃ...] (*d.*); **2.** (*спящего*) shake* (in órder to a¦wáken) (*d.*), shake* out of slúmber (*d.*).

раста́пливать I, растопи́ть (*вн.*; *о печи и т. п.*) light* (*d.*), kindle (*d.*).

раста́пливать II, растопи́ть (*расплавлять — о масле, воске и т. п.*) melt (*d.*); (*о снеге*) thaw (*d.*).

раста́пливаться I, растопи́ться **1.** (*о печи и т. п.*) burn*; **2.** *страд. к* раста́пливать I.

раста́пливаться II, растопи́ться **1.** (*расплавляться*) melt; **2.** *страд. к* раста́пливать II.

раста́птывать, растопта́ть (*вн.*) trample (*d.*), stamp (on), crush (*d.*).

растаска́ть *сов. см.* раста́скивать 1.

раста́скивать, растаска́ть, растащи́ть (*вн.*) *разг.* **1.** pilfer (*d.*); **2.** *при сов.* растащи́ть (*в разные стороны*) drag / pull asúnder [...pul...] (*d.*).

раста́чивать, расточи́ть (*вн.*) *тех.* cut* / chísel (out) [...-ɪz-...] (*d.*); ~ отве́рстие cut* / chísel (out) *a* slot.

растащи́ть *сов. см.* раста́скивать.

растая́ть *сов. см.* та́ять 1, 2, 4.

раство́р I *м.* (*проём*) ópen¦ing; ~ две́ри dóorway [ˈdɔː-]; ~ ци́ркуля spread of *a* pair of cómpasses [-ed... ˈkʌ-].

раство́р II *м. хим.* solútion; кре́пкий, сла́бый ~ strong, weak solútion; известко́вый ~ mórtar, whíte-lìme; цеме́нтный ~ cemént solútion / mórtar; гли́няный ~ clay mórtar; строи́тельный ~ gróut(ing). **~е́ние** *с.* (dis)solútion. **~и́мость** *ж. хим.* (dis)sòlubílity. **~и́мый** *хим.* (dis)sóluble. **~и́тель** *м. хим.* (dis)sólvent [-ˈzɔl-], véhicle [ˈviːɪkl].

раствори́ть(ся) I, II *сов. см.* растворя́ть(ся) I, II.

растворя́ть I, раствори́ть (*вн.*; *раскрывать*) ópen (*d.*).

растворя́ть II, раствори́ть (*вн.*) dissólve [-ˈzɔlv] (*d.*).

растворя́ться I, раствори́ться **1.** (*раскрываться*) ópen; **2.** *страд. к* растворя́ть I.

растворя́ться II, раствори́ться **1.** *хим.* dissólve [-ˈzɔlv]; **2.** *страд. к* растворя́ть II.

растека́ться растéчься spread* (abóut) [-ed...]; (*о чернилах*) run*.

расте́ние *с.* plant [-ɑːnt]; одноле́тнее ~ ánnual; многоле́тнее ~ perénnial; двухле́тнее ~ bìénnial; водяно́е ~ wáter plant [ˈwɔː-...]; aquátic plant *научн.*; вью́щееся ~ clímber [ˈklaɪmə]; ползу́чее ~ créeper; сте́лющееся ~ tráiler.

растениево́д *м.* plánt-grower [-ɑːnt-ou-], plánt-breeder [-ɑːnt-]. **~ство** *с.* plánt-growing [-ɑːnt- -ou-].

растере́ть(ся) *сов. см.* растира́ть(-ся).

растерза́||ть *сов.* (*вн.*) tear* to píeces [tɛə...ˈpiː-] (*d.*); во́лки ~ли овцу́ the wolves tore *the* sheep* to píeces [...wu-...].

расте́рянн||ость *ж.* confúsion, embárrassment, perpléxity. **~ый** **1.** *прич. см.* растеря́ть; **2.** *прил.* confúsed, embárrassed, perpléxed.

растеря́ть *сов.* (*вн.*) lose* [luːz] (*d.*). **~ся** *сов.* **1.** (*пропасть*) get* lost; **2.** (*утратить спокойствие*) lose* one's head [...hed]; ~ся от неожи́данности be táken abáck.

расте́чься *сов. см.* растека́ться.

расти́ **1.** grow* [-ou]; (*о детях*) grow* up; **2.** (*увеличиваться*) in¦créase [-s]; растёт и кре́пнет ла́герь демокра́тии и социали́зма the camp of demócracy and sócialism is gáining in strength and scope; расту́щее недово́льство móunting resentment [...-ˈze-]; **3.** (*совершенствоваться*) advánce; писа́тель растёт с ка́ждым свои́м произведе́нием *the* wríter matúres / grows with every work he prodúces.

растира́ние *с.* **1.** gŕinding; **2.** *мед.* mássage [-ɑːʒ].

растира́ть, растере́ть (*вн.*) **1.** (*превращать в порошок, пыль*) grind* (*d.*); ~ в порошо́к grind* to pówder (*d.*); tríturàte (*d.*) *научн.*; **2.** (*разма-*

зывать) spread* [-ed] (*d.*); он растёр грязь по лицу́ he spread the dirt all óver his face; **3.** (*делать массаж*) rub (*d.*), mássàge [-ɑːʒ] (*d.*). **~ся,** растере́ться **1.** (*превращаться в порошок, пыль*) become* pówdered; becòme* tríturàted *научн.*; **2.** (*делать обтирание*) rub òne¦sélf brískly; **3.** *страд. к* растира́ть.

расти́тельн||ость *ж.* **1.** vègetátion, vérdure [-ʤə]; лишённый ~ости bleak, bárren; **2.** (*на лице*) hair. **~ый** végetable; ~ое ма́сло végetable oil; ~ый мир, ~ое ца́рство the végetable kíng¦dom; ~ый органи́зм végetable órganism; ~ая пи́ща végetable díet; ✧ ~ая жизнь végetable life.

расти́ть 1. (кого́-л.) raise (smb.), bring* up (smb.); забо́тливо ~ ка́дры train / rear pèrsonnél with much care; **2.** (что-л.) grow* [-ou] (smth.), cúltivàte (smth.); ~ бо́роду, во́лосы grow* a beard, one's hair.

растл||ева́ть, растли́ть (*вн.*) sedúce (*d.*), rávish (*d.*); (*перен.*) corrúpt (*d.*), depráve (*d.*). **~е́ние** *с.* sedúction; ~е́ние нра́вов corrúption. **~е́нный** corrúpt. **~и́ть** *сов. см.* растлева́ть.

растолка́ть *сов. см.* раста́лкивать.

растолкова́ть *сов. см.* растолко́вывать.

растолко́вывать, растолкова́ть (что-л. кому́-л.) expláin (smth. to smb.), make* smb. see smth., make* smb. ùnderstánd smth.

растоло́чь *сов. см.* толо́чь.

растолсте́ть *сов.* grow* stout [-ou...], put* on flesh / weight.

растопи́ть(ся) I, II *сов. см.* раста́пливать(ся) I, II.

расто́пк||а *ж.* **1.** (*действие*) lighting, kíndling; на ~у for kíndling; **2.** *собир. разг.* (*материал для разжигания*) kíndling (wood) [...wud].

растопта́ть *сов. см.* раста́птывать.

растопы́р||ивать, растопы́рить (*вн.*) *разг.* spread* wide [-ed...] (*d.*). **~ить** *сов. см.* растопы́ривать.

расторга́ть, расто́ргнуть (*вн.*) cáncel (*d.*), dissólve [-'zɔ-] (*d.*), annúl (*d.*), ábrogàte (*d.*); ~ брак dissólve *a* márriage [...-rɪʤ]; ~ соглаше́ние, контра́кт annúl / cáncel *an* agréement, *a* cóntràct; ~ догово́р ábrogàte / dissólve *a* tréaty / convéntion.

расто́ргнуть *сов. см.* расторга́ть.

расторже́ние *с.* dissolútion, càncellátion, annúlment, àbrogátion; ~ бра́ка dìssolútion of márriage [...-rɪʤ].

расторо́пн||ость *ж.* quíckness, prómptness, effíciency. **~ый** quick, prompt, effícient; ~ый ма́лый prompt / effícient féllow.

расточ||а́ть, расточи́ть (*вн.*) **1.** (*безрассудно тратить*) díssipàte (*d.*), squánder (*d.*), waste [weɪ-] (*d.*); ~ де́ньги squánder móney [...'mʌnɪ]; ~ наро́дное достоя́ние squánder the nátional próperty [...'næ-...]; ~ вре́мя waste / squánder time; **2.** *тк. несов.* (*щедро давать*) lávish (*d.*), shówer (*d.*); ~ похвалы́, улы́бки (*дт.*) lávish / shówer práises, smiles (on, up¦ón). **~е́ние** *с.* (*безрассудная трата*) dìssipátion, squándering.

расточи́тель *м.*, **~ница** *ж.* squánderer, spéndthrift, wáster ['weɪ-]. **~ность** *ж.* extrávagance, wáste¦fulness ['weɪ-], dìssipátion. **~ный** extrávagant, wáste¦ful ['weɪ-]; spéndthrift (*attr.*).

расточи́ть I *сов. см.* расточа́ть 1.

расточи́ть II *сов. см.* раста́чивать.

расто́чка *ж. тех.* cútting / chísèlling out.

растрави́ть *сов. см.* растравля́ть.

растравля́ть, растрави́ть (*вн.*; *о ране и т. п.*) írritàte (*d.*); (*перен.*) embítter (*d.*), ággravàte (*d.*); ~ ра́ну (*перен.*) rub salt on the wound [...wuːn]; ~ го́ре èxácerbàte *one's* grief [...griːf].

растранжи́рить *сов. см.* транжи́рить.

растра́т||а *ж.* **1.** spénding; (*потеря*) waste [weɪ-]; **2.** (*чужих денег и т. п.*) embézzle¦ment, pèculátion. **~ить** *сов. см.* растра́чивать. **~чик** *м.*, **~чица** *ж.* embézzler, péculàtor.

растра́чивать, растра́тить (*вн.*) **1.** (*расходовать*) spend* (*d.*); (*безрассудно*) díssipàte (*d.*), waste [weɪ-] (*d.*); squánder (*d.*); (*перен.*) rúin (*d.*); растра́тить своё состоя́ние run* through, *или* squánder, one's fórtune [...-ʧən]; растра́тить здоро́вье rúin one's health [...he-]; ~ всё вре́мя frítter a¦wáy one's time; **2.** (*незаконно расходовать*) embézzle (*d.*), péculàte (*d.*).

растрево́жить *сов.* (*вн.*) alárm (*d.*); ~ мураве́йник stir up *an* ánt-hìll. **~ся** *сов.* take* alárm, get* ánxious.

растрезво́нить *сов. см.* трезво́нить 2.

растрёпа *м. и ж. разг.* shóck-head [-hed]; slóven ['slʌ-].

растрёпанн||ый *прич. и прил.* (*о волосах*) dishévelled, tousled [-z-]; (*о книге, одежде*) táttered; ✧ быть в ~ых чу́вствах *разг.* be confúsed, be troubled [...trʌ-].

растрепа́ть *сов.* (*вн.*) **1.** tousle [-zl] (*d.*); ~ во́лосы кому́-л. tousle / dìsarránge smb.'s hair [...-eɪnʤ...]; **2.** (*о книге и т. п.*) tátter (*d.*). **~ся** *сов.* **1.** (*о волосах*) get* / be dishévelled; **2.** (*о книге и т. п.*) get* / be táttered.

растре́скаться *сов.* crack; (*о коже*) chap; ~ от жары́ crack with heat.

растро́ганный *прич. и прил.* moved [muːvd], touched [tʌʧt].

растро́гать *сов.* (*вн.*) move [muːv] (*d.*), touch [tʌʧ] (*d.*); ~ кого́-л. до слёз move smb. to tears. **~ся** *сов.* be (déeply) moved / touched [...muːtʌ-].

растру́б *м.* (*трубы*) sócket, bell, bell mouth*; (*духового инструмента*) bell; с ~ом béll-shàped, belled; труба́ с ~ом sócket-pìpe; соедине́ни ~ом béll-and-spígot joint [-'spɪ-...]

раструби́ть *сов.* (*о пр.*) *разг.* trúmpet (*d.*).

растряс||ти́ *сов.* **1.** (*вн.*; *о сен* *и т. п.*) strew* (*d.*); **2.** *безл.* (*в экипаже* jolt abóut; его́, их *и т. д.* ~ло́ h was, they were, *etc.*, jólted abóut **3.** (*вн.*) *разг.* (*растратить*) squánde (*d.*).

растуш||ева́ть *сов. см.* растушёвы вать. **~ёвка** *ж. жив.* **1.** (*действие* sháding; **2.** (*палочка для тушёвки* stump.

растушёвывать, растушева́ть (*вн.* shade (*d.*).

растя́гивать, растяну́ть (*вн.*) **1** (*вытягивать*) stretch (*d.*); **2.** (*повреж дать*) strain (*d.*); sprain (*d.*); растя ну́ть себе́ му́скул, свя́зку strain / pul *a* muscle, *a* téndon [...pul...mʌsl... **3.** (*о докладе, повести и т. п.*) dra out (*d.*); **4.**: ~ слова́ drawl; ✧ ~ удо во́льствие prolóng *a* pléasure [...'ple- **~ся,** растяну́ться **1.** stretch, léngth en out; **2.** *разг.* (*ложиться*) stretc òne¦sélf, sprawl; **3.** *тк. сов.* (*упаст* go* sprawling; méasure one's lengt ['me-...] *идиом.*; **4.** *страд. к* растя́г вать.

растяж||е́ние *с.* ténsion; ~ сухож лий strained muscles [...mʌslz] *p* **~и́мость** *ж.* tènsílity, ténsìle strengt (*в длину*) extènsibílity; (*в ширин* expànsibílity. **~и́мый** ténsìle; e ténsible; expánsible; ✧ ~и́мое п ня́тие loose concépt [luːs...].

растя́жка *ж.* **1.** strétching, exté sion, léngthening out; **2.** *тех.*: про́в лочная ~ ténsion wire.

растя́н||утость *ж.* **1.** (*расска* *и т. п.*) prolíxity, lóng-wíndedne [-'wɪ-]; **2.** *воен.*: ~ коммуника́ц exténsion / léngthening, *или* strétc ing out, of the lines of commùnic tions; ~ ли́нии фро́нта wide frónta [...'frʌ-]. **~утый 1.** *прич. и при* stretched; **2.** *прил.* (*о рассказе и т.* lóng-wínded [-'wɪ-], prólix [-ou **~у́ть(ся)** *сов. см.* растя́гивать(с

растя́па *м. и ж. разг.* múddl blúnderhead [-hed], dúnderhe [-hed].

расфасова́ть *сов. см.* расфасо́ вать.

расфасо́вка *ж.* pácking; ~ пищ вых това́ров pácking of food commó ties.

расфасо́вывать, расфасова́ть (*в* do up, *или* pack, in párcels (*d.*)

расформиров||а́ние *с. воен.* disbá ment. **~а́ть** *сов. см.* расформиро́ вать.

расформиро́вывать, расформи ва́ть (*вн.*) *воен.* disbánd (*d.*), bre up [-eɪk...] (*d.*), dìsembódy [-'bɔ-] (

расфран||ти́ться *сов. разг.* d up. **~чённый** *прич. и прил.* p óver¦dréssed; dressed up to the n *идиом.*

расха́живать walk / strut abóut; ~ по ко́мнате pace the floor [...flɔː]; ~ взад и вперёд walk up and down, walk to and fro.

расхва́л||ивать, расхвали́ть (*вн.*) lávish / shówer praise (on, up|ón). **~и́ть** *сов. см.* расхва́ливать.

расхва́рываться, расхвора́ться *разг.* fall* ill; он не на шу́тку расхвора́лся he has fáll|en sérious|ly ill.

расхва́статься *сов. разг.* brag a|wáy, brag / boast wíld|ly, give* free course to bóasting / brágging [... kɔːs...].

расхвата́ть *сов. см.* расхва́тывать.

расхва́тывать, расхвата́ть (*вн.*) *разг.* **1.** (*быстро разбирать*) snatch a|wáy (*d.*); **2.** (*раскупать*) buy* up [baɪ...] (*d.*).

расхвора́ться *сов. см.* расхва́рываться.

расхити́тель *м.* plúnderer.

расхи́тить *сов. см.* расхища́ть.

расхищ||а́ть, расхи́тить (*вн.*) plúnder (*d.*). **~е́ние** *с.* plúnder.

расхлеба́ть *сов. см.* расхлёбывать.

расхлёбыв||ать, расхлеба́ть (*вн.*) *разг.* disentángle (*d.*); ◇ завари́л ка́шу, тепе́рь сам и ~ай ≅ you have got into a mess, now get out of it your|sélf; you have made your bed, now lie on it; э́той ка́ши не расхлеба́ть ≅ there is no dísentángling this tangle.

расхля́банн||ость *ж.* sláckness; (*недисциплинированность*) lack of díscipline, láxity. **~ый** lax, loose [-s]; ~ая похо́дка slack way of wálking, slóuching (walk).

расхо́д *м.* **1.** expénse, expénditure; *мн.* (*издержки*) expénses; expénditure *sg.*, óutlay *sg.*; ~ электри́чества expénditure of (eléctric) cúrrent; ~ы произво́дства wórking expénses; де́ньги на карма́нные ~ы pócket-mòney [-mʌnɪ] *sg.*; покры́тие ~ов cléaring / béaring of chárges [...'bɛə-...]; канцеля́рские ~ы óffice óutlay / expénditure *sg.*; накладны́е ~ы óver|head expénses [-'hed...]; доро́жные ~ы trávelling expénses; брать на себя́ ~ы bear* the expénses [bɛə...]; нести́ все ~ы bear* the whole of the cost / expénses [...houl...]; уча́ствовать в ~ах share the expénses / cost; вводи́ть в ~ (*вн.*) put* to expénse (*d.*); **2.** *бух.* expénditure, óutlay; прихо́д и ~ ín|come and expénditure; записывать в ~ (*вн.*) énter as expénditure (*d.*); списа́ть в ~ (*вн.*) write* off (*d.*).

расход||и́ться I, разойти́сь **1.** go* a|wáy; (*в разные стороны*) dispérse; (*о толпе, собрании и т. п.*) break* up [-eɪk...]; (*о двух-трёх людях*) part, séparàte; (*перен.*) drift apárt; *мор.* pass (clear of each other); ту́чи разошли́сь the clouds have dispérsed, *или* have drífted apárt; **2.** (*о линиях и т. п.*) dìvérge [daɪ-], branch off [-ɑːntʃ...]; (*о дорогах тж.*) fork; (*о лучах*) rádiàte; **3.** (*разъединяться*): у пальто́ по́лы расхо́дятся the coat does not lap óver; полови́цы разошли́сь the flóor-boards becáme disjóinted [...'flɔː-...]; на́ши пути́ разошли́сь our ways have párted; **4.** (*с тв.*; *расставаться*) part (from); (*разводиться*) get* divórced (from); они́ разошли́сь друзья́ми they párted friends [...fre-]; он разошёлся со свое́й жено́й he got divórced from his wife*; **5.** (*с тв. в пр.*) díffer (from in); ~ во мне́нии díffer in opínion (from), dìsagrée (with); мне́ния расхо́дятся opínions váry / díffer; его́ слова́ никогда́ не расхо́дятся с де́лом his words and deeds are never at váriance; ~ в ко́рне (*с тв.*) díffer fùndaméntally (from); **6.** (*растворяться*) dissólve [-'zɔlv]; (*растапливаться — о масле и т. п.*) melt; **7.** (*распродаваться*) be sold out; (*о книге тж.*) be out of print; (*растрачиваться*) be spent: кни́га разошла́сь the book is sold out, *или* is out of print; все де́ньги разошли́сь all the móney is spent [...'mʌ-...].

расходи́ться II, разойти́сь *разг.* (*разбушеваться*) fly* into a témper, lose* one's sélf-contról [luːz ...-oul], let* òne|sélf go.

расхо́д||ный *прил. к* расхо́д; ~ная кни́га hóuse|keeping book [-s-...]. **~ование** *с.* expénse, expénditure. **~овать,** израсхо́довать (*вн.*) spend* (*d.*). **~оваться 1.** *разг.* spend*; **2.** *страд. к* расхо́довать.

расхожде́ние *с.* dìvérgence [daɪ-], discrépancy; ~ во мне́ниях dífference / cléavage / dìvérgence of opínion; ~ во взгля́дах dìvérgence in views [...vjuːz].

расхола́живать, расхолоди́ть (кого́-л.) damp smb.'s árdour.

расхолоди́ть *сов. см.* расхола́живать.

расхоте́||ть *сов.* (+ *инф.*) *разг.* not want any more (+ to *inf.*); он ~л спать he does|n't want to sleep any more. **~ться** *безл. разг.*: ему́, им *и т. д.* ~лось he does not, they do not, *etc.*, want any more: ему́ ~лось спать he does|n't want to sleep any more.

расхохота́ться *сов. разг.* burst* out láughing [...'lɑːf-]; (*громко*) roar with láughter [...'lɑːf-].

расхрабри́ться *сов.* (+ *инф.*) *разг.* take* heart [...hɑːt] (+ to *inf.*); screw up enóugh cóurage [...ɪ'nʌf 'kʌ-] (+ to *inf.*).

расцара́пать(ся) *сов. см.* расцара́пывать(ся).

расцара́пывать, расцара́пать (*вн.*) scratch all óver (*d.*). **~ся,** расцара́паться scratch òne|sélf.

расцвести́ *сов. см.* расцвета́ть.

расцве́т *м.* bloom, blóssoming; (*перен.*) flóurishing [-ʌr-], flówering, héyday; бу́рный ~ víolent / stórmy growth [...-ouθ], astóunding growth; ~ промы́шленности flóurishing / pròspérity of índustry; ~ литерату́ры, культу́ры *и т. п.* gólden age of líterature, cúlture, *etc.*; ~ иску́сства the flówering of art; в ~е сил in the prime of (one's) life, in one's prime / héyday.

расцвета́ть, расцвести́ bloom, blóssom (out); (*перен.*) flóurish [-ʌr-], prósper; не дать чему́-л. расцвести́ (*перен.*) nip smth. in the bud.

расцвети́ть *сов. см.* расцве́чивать.

расцве́тка *ж. разг.* cólours ['kʌ-] *pl.*, còlourátion [kʌ-], cólour|ing ['kʌ-]; прия́тная, я́ркая ~ мате́рии pléasant, bright cólours of the matérial ['plez-...] *pl.*

расцве́чивать, расцвети́ть (*вн.*) *разг.* paint in gay cólours [...'kʌ-] (*d.*); ~ фла́гами *мор.* dress (*d.*).

расцелова́||ть *сов.* (*вн.*) kiss (*d.*), cóver with kisses ['kʌ-...] (*d.*). **~ться** *сов.* kiss each other; они́ кре́пко ~лись they kissed each other héartily [... 'hɑː-].

расце́нива||ть, расцени́ть (*вн.*) **1.** éstimàte (*d.*), válue (*d.*), asséss (*d.*); **2.** (*квалифицировать, считать*) quálifỳ (*d.*), consíder [-'sɪ-] (*d.*), regárd (*d.*); как вы ~ете его́ выступле́ние what do you make / think of his speech?

расцени́ть *сов. см.* расце́нивать.

расце́н||ка *ж.* **1.** (*действие*) vàluátion; **2.** (*цена*) price; (*ставка*) rate. **~очный** price (*attr.*); rate (*attr.*); ~очно-конфли́ктная коми́ссия rates and dispútes commíssion.

расцеп||и́ть(ся) *сов. см.* расцепля́ть (-ся). **~ле́ние** *с.* únhóoking, ún|línking; (*автоматическое*) trípping.

расцепля́ть, расцепи́ть (*вн.*) únhóok (*d.*), ún|línk (*d.*); (*о вагонах*) ún|cóuple [-'kʌ-] (*d.*); (*автоматически*) trip (*d.*). **~ся,** расцепи́ться **1.** get* / come* únhóoked / ún|línked; (*о вагонах*) get* / come* ún|cóupled [... -'kʌ-]; **2.** *страд. к* расцепля́ть.

расча́лка *ж. тех.* brace, wíre-bràce, brácing wire.

расчеса́ть(ся) *сов. см.* расчёсывать (-ся).

расчёска *ж. разг.* (*гребёнка*) comb [koum].

расче́сть *сов. см.* рассчи́тывать 1, 2. **~ся** *сов. см.* рассчи́тываться 1.

расчёсыв||ание *с.* **1.** (*волос*) cómbing ['kou-]; (*льна, шерсти*) cárding; **2.** (*расцарапывание*) scrátching. **~ать,** расчеса́ть (*вн.*) **1.** (*о волосах*) comb [koum] (*d.*); (*о льне, шерсти*) card (*d.*); ~ать во́лосы на пробо́р part one's hair; **2.** (*расцарапывать*) scratch raw (*d.*). **~аться,** расчеса́ться **1.** *разг.* (*расчёсывать волосы*) comb one's hair [koum...]; **2.** *разг.* (*расцарапываться*) scratch òne|sélf; **3.** *страд. к* расчёсывать.

расчёт I *м.* **1.** càlculátion, còmputátion; (*приблизительный*) éstimate;

~ врéмени tíming; из ~а 2% годовы́х at two per cent per ánnum; из ~а по пять рублéй на человéка at a rate of five roubles per head [...ruː-... hed]; пéнсия исчисляéтся из ~а (*рд.*) the pénsion is réckoned on the básis [...'beɪ-] (of); принимáть в ~ (*вн.*) take* into consìderátion / accóunt (*d.*); не принимáть в ~ (*вн.*, *рд.*) leave* out of accóunt (*d.*); не принимáемый в ~ négligible; нет ~а дéлать э́то it is not worth while; по егó ~у accórding to him; э́то не входи́ло в егó ~ы he had not réckoned with that; it was more than he had bárgained for; в ~е на (*вн.*) cálculàting (on); обману́ться в свои́х ~ах míscálculàte, be out in one's réckoning; 2. *тех.* càlculátion; ~ паровóго котлá càlculátion of *a* bóiler; 3. (с *тв.*; *уплата*) séttling (with); производи́ть ~ settle (with); ~ы не закóнчены the accóunt is not closed; быть в ~е (с *тв.*) be quits / éven (with); за нали́чный ~ for cash (páyment); по безнали́чному ~у by wrítten órder; 4. (*увольнение*): давáть ~ (*дт.*) dis¦chárge (*d.*), dismíss (*d.*); fire (*d.*)*разг.*; брать ~ leave* one's work / job.

расчёт II *м. воен.* team, crew, detáchment; ору́дийный ~ gun detáchment / crew; gun squad *амер.*; пулемётный ~ machíne-gùn team [-'ʃiː-...].

расчётлив||о *нареч.* 1. (*осмотрительно*) prúdently; 2. (*экономно*) èconómically [iː-], spáring¦ly; жить ~ live èconómically / spáring¦ly [lɪv...]. **~ость** *ж.* (*бережливость*) èccónomy [iː-]. **~ый** 1. (*осмотрительный, осторожный*) prúdent, cálculàting; 2. (*бережливый*) èconómical [iː-].

расчётн||ый 1.: ~ая таблúца càlculátion table; ~ая вéдомость páy-ròll, páy-sheet; ~ая кни́жка páy-book; ~ балáнс bálance of páyments; 2. *тех.* ráted, cálculàted, desígned [-'zaɪnd]; desígn [-'zaɪn] (*attr.*); ~ая мóщность ráted pówer.

расчи́ст||ить(ся) *сов. см.* расчищáть (-ся). **~ка** *ж.* cléaring.

расчихáться *сов.* sneeze repéatedly.

расчищáть, расчи́стить (*вн.*) clear (*d.*). **~ся,** расчи́ститься 1. (*о небе и т. п.*) clear; 2. *страд. к* расчищáть.

расчленéние *с.* 1. dismémberment; 2. *воен.* bréaking up [-eɪk-...]; bréakdown [-eɪk-] *амер.*

расчленённый 1. *прич. см.* расчленя́ть; 2. *прил.*: ~ строй *воен.* ópen fòrmátion.

расчлени́ть(ся) *сов. см.* расчленя́ть (-ся).

расчленя́ть, расчлени́ть (*вн.*) 1. dismémber (*d.*); 2. *воен.* break* up [-eɪk ...] (*d.*), ópen out (*d.*); break* down (*d.*) *амер.*; ~ в глубину́ distríbute in depth (*d.*). **~ся,** расчлени́ться 1. become* / get* dismémbered; 2. *воен.* break* up [-eɪk...], ópen out; 3. *страд. к* расчленя́ть.

расчу́вствоваться *сов. разг.* be déeply moved / touched [...muː- tʌ-].

расшали́ться *сов.* get* náughty, start pláying pranks.

расшáркаться *сов. см.* расшáркиваться.

расшáркиваться, расшáркаться shuffle, scrape one's feet; (пéред; *перен.*) bow and scrape (befóre).

расшáт||анность *ж.* shákiness ['ʃeɪ-]; ~ нéрвов shàttered nerves *pl.* **~анный** 1. *прич. см.* расшáтывать; 2. (*о здоровье, нервах*) shàttered. **~áть(ся)** *сов. см.* расшáтывать(ся).

расшáтывать, расшатáть (*вн.*) shake* loose [...-s] (*d.*); (*о мебели*) make* ríckety (*d.*); (*перен.*; *о дисциплине*) lóosen [-s-] (*d.*); (*перен.*; *о здоровье, нервах*) shátter (*d.*), impáir (*d.*). **~ся,** расшатáться 1. get* loose [...-s]; (*о мебели*) get* / become* ríckety; (*перен.*; *о дисциплине*) become* loose; (*перен.*; *о здоровье, нервах*) get* / become* shàttered / impáired; 2. *страд. к* расшáтывать.

расшвы́р||ивать, расшвыря́ть (*вн.*) *разг.* throw* right and left [-ou...] (*d.*), throw* abóut (*d.*). **~я́ть** *сов. см.* расшвы́ривать.

расшевели́ть *сов.* (*вн.*) *разг.* move [muːv] (*d.*), stir (*d.*); (*перен.*) shake* up (*d.*), stir up (*d.*), rouse (*d.*).

расшибáть, расшиби́ть (*вн.*) 1. (*ушибать*) hurt* (*d.*); 2. *разг.* (*разбивать*) break* to píeces [-eɪk...'piː-] (*d.*), smash to bits (*d.*). **~ся,** расшиби́ться hurt* òne¦sélf; ◇ расшиби́ться в лепёшку *разг.* lay* òne¦sélf out.

расшиби́ть(ся) *сов. см.* расшибáть (-ся).

расшивáть, расши́ть (*вн.*) 1. (*украшать вышивкой*) embróider (*d.*); 2. (*распарывать, делить на части*) ún¦dó (*d.*), únpíck (*d.*).

расширéние *с.* 1. bróadening [-ɔːd-]; (*о торговле, промышленности и т. п.*) expánsion; ~ посевны́х площадéй expánsion of the área / ácreage únder crop [...'ɛərɪə 'eɪkərɪdʒ...]; ~ междунарóдных контáктов expánsion of ìnternátional cóntàcts [...-'næ-...]; 2. *физ.* expánsion; 3. *мед.* dilátion [daɪ-], disténsion; ~ сéрдца dilátion / dìlàtátion of the heart [...daɪleɪ-...hɑːt].

расширéнн||ый 1. *прич. см.* расширя́ть; глазá, ~ые от у́жаса eyes dilàted with térror [aɪz daɪ-...]; 2. *прил.* (*более полный по составу, содержанию*) bróadened [-ɔːd-]; ~ плéнум bróadened assémbly; ~ое заседáние enlárged séssion; ~ая прогрáмма bróadened / còmprehénsive prógràm(me) [...'prou-]; ~ое воспроизвóдство *эк.* rè¦prodúction on a large scale; exténded rè¦prodúction; ~ое толковáние broad intèrpretátion [-ɔːd...].

расшири́тель *м.* dilátor [daɪ-].

расшир||ить(ся) *сов. см.* расширя́ть (-ся). **~я́емость** *ж.* expànsibílity; dilàtabílity [daɪleɪ-].

расширя́ть, расши́рить (*вн.*) enlárge (*d.*), wíden (*d.*); expánd (*d.*); ~ кругозóр ópen *the* mind, bróaden *the* óutlook [-ɔːd-...]; ~ чей-л. кругозóр expánd smb.'s horízon; ~ сфéру влия́ния exténd the sphere of ínfluence. **~ся,** расши́риться 1. wíden, bróaden ['brɔː-], gain in breadth [...-edθ]; 2. *физ.* diláte [daɪ-]; 3. *страд. к* расширя́ть.

расши́тый 1. *прич. см.* расшивáть; 2. *прил.* (*украшенный вышивкой*) embróidered.

расши́ть *сов. см.* расшивáть.

расшифровáть *сов. см.* расшифрóвывать.

расшифрóвка *ж.* decíphering [-'saɪ-].

расшифрóвывать, расшифровáть (*вн.*) decípher [-'saɪ-] (*d.*); (*перен.*) intérpret (*d.*).

расшнуровáть *сов. см.* расшнурóвывать.

расшнурóвывать, расшнуровáть (*вн.*) ún¦láce (*d.*).

расшумéться *сов. разг.* get* nóisy [...-zɪ].

расщéдриться *сов.* become* génerous; show* a bit of gènerósity [ʃou...].

расщéлина *ж.* cleft, crévice.

расщеп||и́ть(ся) *сов. см.* расщепля́ть (-ся). **~лéние** *с.* 1. splítting, splíntering; 2. *физ., хим.* bréaking up [-eɪk-...]; ~лéние ядрá núclear físsion; ~лéние áтома splítting (of) the átom [...'æ-]; atómic físsion.

расщепля́ть, расщепи́ть (*вн.*) 1. split* (*d.*), splínter (*d.*), rive* (*d.*); 2. *физ., хим.* break* up [-eɪk...] (*d.*). **~ся,** расщепи́ться 1. split*, splínter; 2. *страд. к* расщепля́ть.

расщепля́ющийся 1. *прич. см.* расщепля́ться; 2. *прил. физ.* físsionable.

ратификациóнн||ый: ~ые грáмоты *дип.* ínstruments of ràtificátion.

ратифи||кáция *ж. дип.* ràtificátion. **~ци́ровать** *несов. и сов.* (*вн.*) *дип.* rátifỳ (*d.*).

рáтн||ик *м. уст.* wárrior, sóldier [-dʒə]. **~ый** *уст.* mílitary; war (*attr.*); ~ый пóдвиг feat of arms.

рáтовать *уст.* (за *вн.*) fight* (for); (прóтив) decláim (agáinst).

рáтуша *ж.* town hall.

рать *ж. уст., поэт.* host [hou-], arrá[y].

рáунд *м. спорт.* round.

рáут *м. уст.* rout; large évening párty [...'iːv-...], recéption.

рафинáд *м.* lump súgar [...'ʃu-]. **~ный** *прил. к* рафинáд; ~ный зав[óд] refínery [-'faɪ-].

рафини́рованный 1. *прич. см.* рафини́ровать; 2. *прил.* (*утончённый*) fine, refíned; ~ вкус refíned tas[te] [...teɪ-].

рафини́ровать *несов. и сов.* (*вн.*) refíne (*d.*).

рахáт-луку́м *м.* ráhat lakóum ['rɑː- -'kuːm], Túrkish delíght.

рахи́т *м. мед.* ràchítis [-'kaɪ-], ríckets. **~ик** *м.* súfferer from ríckets / ràchítis [...-'kaɪ-]. **~и́чный** *мед.* rachític [-'kɪ-], ríckety.

рацио́н *м.* (*паёк*) rátion ['ræ-], allówance.

рационализа́тор *м.* ràtionalízer [ræ-]. **~ский** ràtionalìzátion [ræ- -laɪ-] (*attr.*), for rátionalìzing the prócess of work; ~ское предложе́ние ràtionalìzátion propósal [...-z-]; ~ское движе́ние ràtionalìzátion móve¦ment [...'mu:v-].

рационал||иза́ция *ж.* ràtionalìzátion [ræ- -laɪ-]. **~изи́ровать** *несов. и сов.* (*вн.*) rátionalìze (*d.*); stréamlìne (*d.*) *амер. неол.*

рационал||и́зм *м. филос.* rátionalism ['ræ-]. **~и́ст** *м.* rátionalist ['ræ-]. **~исти́ческий** ràtionalístic ['ræ-].

рациона́льн||о *нареч.* rátionally ['ræ-]; наибо́лее ~ испо́льзовать (*вн.*) make* the most effícient use [...ju:s] (of). **~ость** *ж.* ràtionálity [ræ-]. **~ый** rátional ['ræ-]; ~ая организа́ция труда́ rátional òrganìzátion of lábour [...-naɪ-...]; ~ые чи́сла *мат.* rátional quántities.

ра́ция *ж.* pórtable wíre¦less / rádiò set.

ра́чий cráyfìsh (*attr.*), cráwfìsh (*attr.*); ✧ ра́чьи глаза́ goggle eyes [...aɪz].

рачи́тельн||ость *ж. уст.* zéalous¦ness ['ze-]. **~ый** *уст.* zéalous ['ze-].

ра́шкуль *м. жив.* chárcoal-pèncil.

ра́шпер *м.* grídiron [-daɪən].

ра́шпиль *м. тех.* rasp.

рвану́ть *сов. разг.* **1.** (*вн.*) jerk (*d.*); **2.** (*без доп.*; *стараясь вырваться*) give* a jerk (to get free); ло́шади рвану́ли с ме́ста the hórses stárted with a jerk. **~ся** *сов. разг.* rush, dash, dart.

рва́н||ый torn; lácerated; ~ые башмаки́ torn / bróken shoes [...ʃu:z]; ~ые паруса́ torn sails; ~ая ра́на *мед.* lácerated wound [...wu:-], làcerátion.

рвань *ж. тк. ед.* **1.** rags *pl.*; **2.** *бран.* (*негодный человек, мерзавец*) scóundrel, scamp; *собир.* rabble, ríff-ràff.

рвать I (*вн.*) **1.** (*на части*) tear* [tɛə] (*d.*), rend* (*d.*); ~ пи́сьма в кло́чки tear* létters to píeces [...'pi:-]; ~ на себе́ оде́жду rend* one's gárments; **2.** (*собирать*) pick (*d.*); ~ цветы́ pick / pluck flówers; **3.** (*выдёргивать*) pull out [pul...] (*d.*); ~ зу́бы extráct teeth, pull out teeth; ~ из рук у кого́-л. snatch out of smb.'s hands (*d.*); ~ с ко́рнем ùp¦róot (*d.*), ún¦róot (*d.*); **4.** (*прекращать, ликвидировать*) break* [breɪk] (*d.*); ~ отноше́ния с кем-л. break* off, *или* séver, relátions with smb. [...'sevə...]; ✧ ~ и мета́ть ≅ be in a rage; ~ на себе́ во́лосы tear* one's hair; его́ рвут на ча́сти he is bé¦ing torn to píeces.

рвать II, вы́рвать *безл.* vómit, throw* up [-ou...].

рва́ться I **1.** (*разрываться*) break* [-eɪk], burst*; (*о платье и т. п.*) tear* [tɛə]; ~ от одного́ прикоснове́ния tear* at a touch [...tʌtʃ]; **2.** (*взрываться*) burst*; снаря́ды рву́тся shells are búrsting; ✧ где то́нко, там и рвётся *посл.* ≅ the chain is no stronger than its wéakest link.

рва́ться II (+ *инф.*; *стремиться*) long (+ to *inf.*), be dýing (+ to *inf.*); (*с рд.*; *с привязи и т. п.*) strain (at); ~ на свобо́ду long, *или* be dýing, to be free; ~ в дра́ку be spóiling for a fight; ~ в бой strain to be in áction.

рвач *м. разг.* sélf-séeker, grábber.

рва́че||ский *разг.* sélf-séeking, grábbing. **~ство** *с. разг.* sélf-séeking, grábbing.

рве́ние *с.* zeal, férvour, árdour.

рво́т||а *ж.* vómiting, rétching. **~ное** *с. скл. как прил.* emétic. **~ный** vómitive, emétic; ~ный ко́рень ìpecàcuánha [-'ænə]; ~ное сре́дство emétic.

рдеть glow [-ou].

ре *с. неск. муз.* D [di:]; re; ре-дие́з D sharp.

реабилит||а́ция *ж.* réhabìlitátion ['ri:-]. **~и́ровать** *несов. и сов.* (*вн.*) rèhabílitàte [ri:-] (*d.*); быть по́лностью ~и́рованным be fúlly exónerated [...'fu-...]. **~и́роваться** **1.** *несов. и сов.* prove òne¦sélf in the right [pru:v...]; **2.** *страд. к* реабилити́ровать.

реаге́нт *м. хим.* rè¦ágent.

реаги́ровать (на *вн.*) rè¦áct (up¦ón); (*перен.*) respónd (to).

реакти́в *м. хим.* rè¦ágent.

реакти́вн||ый rè¦áctive; ~ двйгатель ímpùlse duct éngine [...'endʒ-], jet éngine; ~ые дви́гатели (*как система*) jet / rè¦áction propúlsion *sg.*; ~ая ми́на mórtar rócket; ~ая турби́на rè¦áction túrbine; ~ самолёт jet plane; jét-propélled áircràft; ~ое ору́жие rócket wéapon [...'wep-]; ~ снаря́д rócket míssile.

реа́ктор *м.* rèáctor; я́дерный ~ núclear reáctor.

реакционе́р *м.* rè¦áctionary.

реакцио́нн||ость *ж.* rè¦áctionary cháracter [...'kæ-]; ~ взгля́дов rè¦áctionary cháracter of the views [...vju:z]. **~ый** rè¦áctionary.

реа́кция I *ж.* rè¦áction.

реа́кция II *ж. полит.* rè¦áction.

реа́л I *м.* (*испанская монета*) réal ['ri:əl].

реа́л II *м. полигр.* compósing frame.

реализа́ция *ж.* **1.** realìzátion [rɪəl-aɪ-]; **2.** (*продажа*) sale.

реали́зм *м. иск.* réalism ['rɪə-]; социалисти́ческий ~ sócialist réalism.

реализова́ть *несов. и сов.* (*вн.*) **1.** réalìze ['rɪə-] (*d.*); **2.** (*продавать*) sell* (*d.*); ~ це́нные бума́ги réalìze secúrities.

реали́ст *м.* réalist ['rɪə-]. **~и́ческий** realístic(al) [rɪə-]; ~и́ческое направле́ние в иску́сстве realístic trend in art.

реа́льн||ость *ж.* reálity [rɪ'æ-]. **~ый** **1.** (*действительный*) real [rɪəl]; **2.** (*осуществимый*) prácticable, wórkable; ~ый план prácticable / wórkable plan; **3.** (*соответствующий действительному положению дел*) práctical; ~ая поли́тика práctical pólitics *pl.*; ~ая за́работная пла́та real wáges *pl.*; ✧ ~ое учи́лище *уст.* téchnical high school.

ребёнок *м.* child*; ínfant; грудно́й ~ bǻby, child* in arms; беспризо́рный ~ neglécted child*; он уже́ не ~ he is no lónger a child*.

рёберный cóstal.

ребо́рд||а *ж. ж.-д.* flange; колесо́ с ~ой flanged wheel.

ребро́ *с.* **1.** *анат., тех.* rib; коро́ткие рёбра short ribs; охлажда́ющее ~ *тех.* cóoling rib; **2.** (*край*) edge, verge; ~ ата́ки *ав.* léading edge; ~ обтека́ния *ав.* tráiling edge; ста́вить ~м (*вн.*) set* / place édge¦wìse (*d.*); ✧ ста́вить вопро́с ~м put* *a* quéstion póint-blánk [...-stʃ-...].

ре́бус *м.* rébus.

ребя́та *мн.* **1.** chíldren; **2.** (*о взрослых*) lads, boys.

ребяти́шки *мн. разг.* chíldren; (*в семье тж.*) the chicks.

ребя́че||ский chíld¦ish, ínfantìle. **~ство** *с.* chíld¦ishness; э́то ~ство this is ínfantìle.

ребя́читься beháve like a child*, be chíld¦ish.

рёв *м.* **1.** (*тж. перен. о ветре, море и т. п.*) roar; (*зверей тж.*) béllow, howl; **2.** *разг.* (*громкий плач*) howl; подня́ть стра́шный ~ raise / start a dísmal howl [...'dɪz-...].

рева́нш *м.* revénge; *спорт.* retúrn match.

реванши́ст *м.* revánchist, revénge-seeker. **~ский** revánchist; ~ские настрое́ния revánchist séntiments.

реввоенсове́т *м.* (Революцио́нный вое́нный сове́т) *ист.* Rèvolútionary War Cóuncil.

реве́нный rhúbàrb (*attr.*); ~ порошо́к grégory-powder.

реве́нь *м. бот.* rhúbàrb.

ревера́нс *м.* cúrts(e)y; де́лать ~ make* / drop a cúrts(e)y, cúrts(e)y.

ревербера́ция *ж. тех.* revèrberátion.

реверси́вный *тех.* (*о машине*) revérsible; (*о приводе*) revérsing.

реве́||ть **1.** (*тж. перен. о ветре, море и т. п.*) roar; (*о зверях тж.*) béllow, howl; бу́ря ~ла the storm was ráging; **2.** *разг.* (*плакать*) howl; ✧ ревмя́ ~ howl.

ревизион||и́зм *м. полит.* revísionism. **~и́ст** *м.* revísionist.

ревизио́нн||ый revísory [-'vaɪz-]; ~ая коми́ссия inspéction commíttee [...-tɪ]; áuditing commíssion.

ревизия *ж.* **1.** (*обследование*) inspéction; **2.** (*пересмотр*) revísion, revísing.

ревизовать *несов. и сов.* **1.** (*сов. тж.* обревизовать) (*вн.*) inspéct (*d.*); **2.** (*пересматривать*) revíse (*d.*).

ревизор *м.* inspéctor.

ревм||атизм *м. мед.* rhéumatism; rheumátics *pl. разг.*; суставной ~ rheumátic féver. **~атик** *м.* rheumátic. **~атический** rheumátic.

ревнив||ец *м. разг.* jéalous man* ['ʤe-...]. **~ица** *ж. разг.* jéalous wóman* ['ʤe- 'wu-]. **~ый** jéalous ['ʤe-].

ревнитель *м.*, **~ница** *ж. уст.* adhérent, zéalot ['ze-].

ревновать (*вн.*) be jéalous [...'ʤe-] (of).

ревностный zéalous ['ze-], árdent, éarnest ['ə:-], férvent.

ревность *ж.* **1.** jéalousy ['ʤe-]; **2.** *уст.* (*усердие*) zeal, férvency.

револьвер *м.* revólver, (revólver) pístol; шестизарядный ~ síx-shóoter. **~ный 1.** revólver (*attr.*); **2.** *тех.* cápstan (*attr.*); ~ный станок cápstan / túrret lathe [...leɪð]; ~ная головка *тех.* cápstan head [...hed].

революционер *м.*, **~ка** *ж.* rèvolútionary; ~ в искусстве, литературе *и т. п.* rèvolútionary in art, líterature, *etc.*

революционизировать *несов. и сов.* (*вн.*) rèvolútionìze (*d.*). **~ся 1.** *несов. и сов.* get* rèvolútionìzed; **2.** *страд. к* революционизировать.

революционно *нареч.* in a rèvolútionary way; ~ настроенный rèvolútionary-mínded, rèvolútionary-dispósed; ~ настроенные массы rèvolútionary másses.

революционно-демократический rèvolútionary-dèmocrátic.

революционн||ость *ж.* rèvolútionary cháracter [...'kæ-]. **~ый** rèvolútionary; ~ое движение rèvolútionary móve|ment [...'mu:-]; ~ый подъём rise of the rèvolútionary móve|ment, the rèvolútionary rise.

революция *ж.* rèvolútion; Великая Октябрьская социалистическая ~ the Great Octóber Sócialist Rèvolútion [...-eɪt...]; пролетарская ~ pròlètárian rèvolútion [prou-...]; ~ в технике rèvolútion in tèchníque [...-'ni:k]; культурная ~ cúltural rèvolútion.

ревтрибунал *м.* (революционный трибунал) Rèvolútionary Tribúnal.

ревун *м. зоол.* hówler.

регалии *мн.* (*ед.* регалия *ж.*) regália.

регенеративн||ый *тех.* regéneràtive; ~ая печь regéneràtive fúrnace.

регенера||тор *м. тех.* regéneràtor. **~ция** *ж. тех.* regènerátion.

регент *м.* **1.** régent; **2.** (*дирижёр церковного хора*) precéntor. **~ство** *с.* régency ['ri:-].

региональный régional; ~ пакт régional pact.

регистр *м.* (*в разн. знач.*) régister.

регистр||атор *м.*, **~аторша** *ж.* règistrár, régistering clerk [...klɑ:k].

регистр||атура *ж.* régistry. **~ационный** règistrátion (*attr.*). **~ация** *ж.* règistrátion.

регистрировать *несов. и сов.* (*сов. тж.* зарегистрировать) (*вн.*) régister (*d.*), recórd (*d.*); регистрирующий прибор recórding ínstrument / devíce, recórder. **~ся** *несов. и сов.* **1.** (*сов. тж.* зарегистрироваться) régister (òne|sélf); **2.** *страд. к* регистрировать.

регламент *м.* **1.** règulátions *pl.*; **2.** (*на заседании*) tíme-lìmit; устанавливать ~ fix a tíme-lìmit; придерживаться ~а stick* to the tíme-lìmit, keep* within the tíme-lìmit. **~ация** *ж.* règulátion.

регламентировать *несов. и сов.* (*вн.*) régulàte (*d.*).

реглан *м.* ráglan ['ræ-].

регресс *м.* régrèss, rètrogradátion. **~ивный** regréssive. **~ировать** regréss, rétrogrèss.

регулирование *с.* règulátion, adjústment [ə'ʤʌ-], adjústing [ə'ʤʌ-]; ~ уличного движения tráffic contról [...-oul].

регулировать *несов. и сов.* régulàte (*d.*), adjúst [ə'ʤʌ-] (*d.*).

регулир||овка *ж. разг.* = регулирование. **~овочный** règulátion (*attr.*). **~овщик** *м.*, **~овщица** *ж.* tráffic-contròller [-oulə].

регулы *мн. мед. уст.* ménsès [-i:z]; mènstruátion *sg.*

регулярн||ость *ж.* règulárity. **~ый** régular; вести ~ый образ жизни keep* régular hours [...auəz]; ~ые войска régular troops; the régulars *разг.*

регулятор *м. тех.* régulàtor; (*паровой машины*) góvernor ['gʌ-]; ~ тока cúrrent régulàtor.

редактирование *с.* éditing.

редактировать, отредактировать (*вн.*) **1.** (*подвергать редакции*) édit (*d.*); **2.** *тк. несов.* (*формулировать*) word (*d.*); **3.** *тк. несов.* (*руководить изданием*) édit (*d.*).

редактор *м.* éditor; главный ~, ответственный ~ éditor-in-chíef [-i:f]; ~ отдела (*газеты и т. п.*) súb-éditor. **~ский** èditórial.

редакционн||ый èditórial; ~ая коллегия èditórial board.

редакци||я *ж.* **1.** (*коллектив редакторов*) èditórial staff; (*помещение*) èditórial óffice; **2.** (*редактирование*) éditorship; под ~ей (*рд.*) édited (by); **3.** (*обработанный текст*) wórding; первоначальная ~ first / oríginal wórding.

редан *м.* **1.** *ав.* step; **2.** *воен. уст.* redán.

реде||ть, поредеть (*тж. о лесе*) thin; thin out, get* thin; ~ющие волосы thínning hair *sg.*; ◇ поредевшие силы depléted fórces.

редис *м. тк. ед.* gárden rádish. **~ка** *ж.* gárden rádish.

редк||ий 1. (*негустой*) thin, sparse; ~ие зубы wíde|ly spaced teeth; ~ие деревья thín|ly grówing trees [...-ou-...]; **2.** (*о ткани — неплотный*) flímsy [-zɪ]; **3.** (*редко встречающийся*) rare; (*необычайный*) ùn|cómmon; ~ая книга rare book; ~ой красоты of ùn|cómmon béauty [...'bju:-]; **4.** (*случайный*) occásional.

редко I *прил. кратк. см.* редкий.

редко II *нареч.* **1.** (*не густо*) fár-betwéen; дома стояли очень ~ the hóuses stood fár-betwéen [...stud...]; **2.** (*не часто*) séldom, ráre|ly; очень ~ very séldom; once in a blue moon [wʌns...] *идиом. разг.*; ◇ ~, да метко *погов.* séldom but to the point.

редколесье *с.* sparse growth of trees [...grouθ...].

редколлегия *ж.* (редакционная коллегия) èditórial board.

редконаселённый thín|ly / spárse|ly pópulàted.

редкостный = редкий 3.

редкост||ь *ж.* **1.** rárity ['rɛə-]; **2.** (*редкостная вещь*) rárity, cùriósity, cúriò; художественные ~и árticles of vìrtú [...-'tu:]; ◇ на ~ добрый, жадный *и т. п.* of rare kínd|ness, gréediness, *etc.*

редуктор *м. тех.* redúction gear [...gɪə].

редукционный *тех.* redúcing; ~ клапан redúcing valve, redúcer.

редукция *ж.* (*в разн. знач.*) redúction.

редут *м. воен. ист.* redóubt [-aut].

редуцированный 1. *прич. см.* редуцировать; **2.** *прил. лингв.* redúced.

редуцировать *несов. и сов.* (*вн.*; *в разн. знач.*) redúce (*d.*). **~ся** *несов. и сов.* redúce.

редьк||а *ж.* (black) rádish; ◇ надоело это ему хуже горькой ~и ≅ he is sick and tired of it, he is bored to death with it [...deθ...].

реестр *м.* list, roll, régister.

режим *м.* **1.** règíme [reɪ'ʒi:m]; ~ экономии pólicy of èconomy [...i:-]; санаторный, школьный ~ sànatórium, school règíme / routíne [...ru:'ti:n]; **2.** *полит.* règíme; **3.** *мед.* régimèn; ~ питания díet; **4.** *тех.* condítions *pl.*; rate; температурный ~ condítions of témperature, témperature rate.

режиссёр *м.* prodúcer; помощник ~а assístant prodúcer, stage mánager. **~ский** *прил. к* режиссёр.

режиссировать (*вн.*) prodúce (*d.*), stage (*d.*).

режущий 1. *прич. см.* резать; **2.** *прил.* (*острый, резкий*) cútting, sharp.

резак *м.* (*нож*) chópping-knìfe*, cútter; (*мясника*) póle-àxe.

ре́зальн||ый: ~ая маши́на cútting-machine [-ʃiːn].

ре́зать, заре́зать, сре́зать **1.** *тк. несов.* (*вн.*) cut* (*d.*); (*ломтями*) slice (*d.*); **2.** *тк. несов.* (*вн.*) *разг.* (*оперировать*) óperàte (*d.*); **3.** *тк. несов.* (*об острых предметах*) cut*; нож не ре́жет the knife* does not cut; **4.** *при сов.* заре́зать (*вн.*) kill (*d.*); (*ножом*) sláughter (*d.*), knife (*d.*); ~ кур kill hens; волк заре́зал овцу́ *the* wolf* killed *a* sheep* [...wulf...]; **5.** *тк. несов.* (по *дт.*; *по дереву, металлу и т. п.*) carve (on), en¦gráve (on); **6.** *тк. несов.* (*вн.*; *причинять боль*): верёвка ре́жет па́льцы *the* string cuts *the* fíngers; ~ под мы́шками bind*, *или* be tight, únder the arms; у него́ ре́жет в желу́дке he has gríping pains in the stómach [...-ʌm-ək]; **7.** *тк. несов.* (*вн.*; *вызывать неприятное ощущение*): ~ глаза́ írritàte *the* eyes [...aɪz]; ~ слух grate on / up¦ón *the* ears; **8.** *при сов.* сре́зать (*вн.*) *разг.* (*на экзамене и т. п.*) pluck (*d.*); **9.** *тк. несов. мор.*: ~ корму́ pass close astérn [...klous...]; ~ нос pass close ahéad [...ə'hed]; ◇ ~ пра́вду в глаза́ *разг.* speak* the truth bóld¦ly [...-uːθ...]. **~ся,** проре́заться **1.** (*о зубах*): у него́ ре́жутся зу́бы he is cútting his teeth, he is téething; **2.** *тк. несов. разг.* (*играть с азартом*) play; **3.** *страд. к* ре́зать 1, 4, 5.

резви́ться sport, gámbol, frisk, romp.

ре́зв||ость *ж.* **1.** spórtive¦ness, pláyfulness; **2.** *спорт.* (*о лошади*) speed; показа́ть хоро́шую ~ show* a good* time [ʃou...]. **~ый 1.** spórtive, frísky; **2.** *спорт.* (*о лошади*) fast.

резеда́ *ж.* mìgnonétte [mɪnjə-].

резе́кция *ж. мед.* ré¦séction.

резе́рв *м.* resérve(s) [-'zəːv(z)] (*pl.*); трудовы́е ~ы lábour resérves; име́ть в ~е (*вн.*) have in resérve (*d.*); ~ гла́вного кома́ндования *воен.* Géneral Héadquárters resérve [...'hed-...]; перевести́ в ~ (*вн.*; *о военно-морских судах и т. п.*) place in resérve (*d.*).

резерва́ция *ж.* rèservátion [-zə-].

резерви́ровать *несов. и сов.* (*вн.*) resérve [-'zəːv] (*d.*).

резе́рвный resérve [-'zəːv] (*attr.*).

резервуа́р *м.* réservoir [-zəvwɑː], véssel.

резе́ц *м.* **1.** *тех.* cútter; (*гравёра, скульптора*) chísel ['tʃɪz°l]; **2.** (*зуб*) incísor [-zə], cútting tooth*.

резиде́нт *ж.* résident [-zɪ-].

резиде́нция *ж.* résidence [-zɪ-].

рези́н||а *ж.* (índia-)rúbber. **~ка** *ж.* **1.** (*тесьма*) elástic; **2.** (*для стирания*) eráser, índia-rúbber. **~овый** rúbber (*attr.*); ~овые гало́ши rúbber galóshes / óver¦shòes [...-ʃuːz], rúbbers; ~овый сапо́г rúbber boot; gum boot *разг.*; ~овая промы́шленность rúbber índustry.

ре́зка *ж.* cútting.

ре́зк||ий sharp, harsh; (*о письме, дипломатической ноте и т. п.*) stróngly-wórded; ~ ве́тер sharp / bíting / cútting wind [...wɪ-]; ~ие слова́ sharp words; ~ хара́ктер sharp / short témper; ~ие черты́ лица́ sharp féatures; ~ челове́к harsh pérson; ~ое измене́ние пого́ды sharp change in the wéather [...tʃeɪ-... 'we-]; ~ перехо́д от жары́ к хо́лоду sharp change from heat to cold; ~ое измене́ние поли́тики switch in pólicy; ~ое повыше́ние цен sharp rise in príces; ~ие мане́ры abrúpt / short mánners; ~ го́лос shrill voice; ~ свет gláring light; ~ за́пах strong smell; ~ отве́т sharp ánswer [...'ɑːnsə]; ~ие тона́ (*красок*) vívid / gárish cólours [...'gɛə-'kʌ-]; ~ тон sharp / rough tone [...rʌf...]; ~ая кри́тика sevére críticism.

ре́зк||о *нареч.* shárply; (*внезапно; отрывисто*) abrúptly; ~ отража́ться (на *пр.*) bear* hárdly [bɛə...] (on); ~ отрица́тельный dìstínctly négative; ~ повы́сить вы́работку achíeve a steep rise in óutpùt [-iːv... -put]. **~ость** *ж.* **1.** shárpness; (*отрывистость*) abrúptness; **2.** (*резкое слово, выражение*) sharp words *pl.*; наговори́ть ~осте́й use sharp words; они́ наговори́ли друг дру́гу ~осте́й they used sharp words to each other.

резн||о́й carved, frétted; ~а́я рабо́та *арх.* frétwòrk.

резня́ *ж.* sláughter, bútchery ['bu-], cárnage.

резолю́ц||ия *ж.* rèsolútion [-zə-]; предлага́ть ~ию move *a* rèsolútion [muːv...]; выноси́ть, принима́ть ~ию pass / adópt / appróve / cárry *a* rèsolútion [...-uːv...]; накла́дывать ~ию write* brief instrúctions (on *an* àpplicátion, repórt, *etc.*) [...-iːf...].

резо́н *м. разг.* réason [-z°n].

резона́||нс *м.* résonance ['rez-]; (*перен.*) échò ['ekou], respónse; дава́ть ~ (*перен.*) have rè¦percússions. **~тор** *м. физ.* résonàtor ['rez-].

резонёр *м.* árguer, réasoner [-z-], philósophìzer. **~ствовать** árgue, réason [-z°n], philósophìze.

резони́р||овать resóund [-'zaund]. **~ующий 1.** *прич. см.* резони́ровать; **2.** *прил.* résonant [-z-].

резо́нный réasonable [-z-].

резорци́н *м. хим.* rèsórcin [-'zɔː-].

результа́т *м.* resúlt [-'zʌ-], óut¦còme; ~ы обсле́дования fíndings; явля́ться ~ом (*рд.*) aríse* (from), grow* [-ou] (out of); дава́ть ~ы yield resúlts [jiː-...]; доби́ться хоро́ших ~ов get* good* resúlts; (*в учёбе*) make* good* prógrèss; ◇ в ~е as a resúlt; в ~е проте́ста со стороны́ кого́-л. fóllowing *a* prótèst on the part of smb.

ре́зчик *м.* (*по металлу, дереву*) en¦gráver; ~ чека́нов díe-sìnker.

резь *ж.* cólic; gripes *pl.*

резьба́ *ж.* **1.** cárving, frétwòrk; **2.** *тех.* (*нарезка*) thréad(ing) [-ed-].

резюм||е́ *с. нескл.* súmmary, résumé (*фр.*) ['rezjumeɪ]. **~и́ровать** *несов. и сов.* (*вн.*) sum up (*d.*), súmmarìze (*d.*), rè¦capítulàte (*d.*).

рей *м. мор.* yard.

рейд I *м. мор.* road, róadstead [-ed]; roads *pl.*

рейд II *м. воен.* raid.

ре́йдер *м. воен.* ráider.

ре́йка *ж.* **1.** lath*; зубча́тая ~ rack; **2.** *геод.*: землеме́рная ~ survéyor's pole / rod.

рейнве́йн *м.* (*вино*) Rhíne-wìne, hock.

рейс *м.* trip, run; *мор. тж.* vóyage, pássage; пе́рвый ~ (*нового поезда, судна, самолёта*) máiden trip; *мор. тж.* máiden vóyage; очередно́й ~ régular cruise [...kruːz].

рейсфе́дер *м.* **1.** (*чертёжный инструмент*) dráwing-pèn; rúling-pèn; **2.** (*для карандаша*) péncil-hòlder.

рейсши́на *ж.* T-square ['tiː-], dráwing rule.

рейту́зы *мн.* bréeches ['brɪ-]; ríding-breeches [-brɪ-]; pàntalóons.

рейхс||ка́нцлер *м.* Reichschánсellor [raɪks'tʃɑːn-]. **~та́г** *м.* Réichstàg ['raɪkstɑːg].

рек||а́ *ж.* ríver ['rɪ-], stream; вверх по ~е́ úp-stréam, up the ríver; вниз по ~е́ dówn-stréam, down the ríver; ~ ста́ла the ríver is íce-bound; располо́женный вдоль ~и́ ríver¦sìde ['rɪ-] (*attr.*); ◇ ли́ться ~о́й flow in rívers [-ou...].

ре́квием *м.* réquièm ['re-].

реквизи́ровать *несов. и сов.* (*вн.*) rèquisítion [-'zɪ-] (*d.*); (*для военных надобностей*) còmmandéer (*d.*).

реквизи́т *м. театр.* própertíes *pl.*; props *pl. разг.*

реквизи́ция *ж.* rèquisítion [-'zɪ-].

рекла́м||а *ж.* **1.** advértise¦ment [-s-]; **2.** (*как мероприятие*) pùblícity [pʌ-]. **~и́ровать** *несов. и сов.* (*вн.*) ádvertìse (*d.*); boost (*d.*) *разг.*; públicìze ['pʌ-] (*d.*) *амер.*; ~и́ровать свой това́р push one's wares [puʃ...]. **~ный** pùblícity [pʌ-] (*attr.*).

рекогносци́р||овать *несов. и сов.* (*вн.*) *воен.* rèconnóitre (*d.*). **~о́вка** *ж. воен.* recónnaissance (of the ground) [-nɪs-...], rèconnóitring; производи́ть ~о́вку rèconnóitre, scout. **~о́вочный** rèconnóitring; recónnaissance [-nɪs-] (*attr.*). **~о́вщик** *м.* rèconnóitrer.

рекоменд||а́тельный *прил. к* рекоменда́ция; ~а́тельное письмо́ létter of rècommèndátion; credéntials *pl.*; ~ о́тзыв rècommèndátion; ~ спи́сок книг list of rècomménded books. **~а́ция** *ж.* rècommèndátion; (*выдаваемая лицу*) (cháracter) réference ['kæ-...]. **~ова́ть** *несов. и сов.* (*сов. тж.* порекомендова́ть) **1.** (*вн.*) rècommend (*d.*); э́то его́ пло́хо ~у́ет that speaks bád¦ly for him; э́то его́ хорошо́ ~у́ет that speaks in (his) fávour; 2. (+ *инф.*) advíse (+ to *inf.*), rècommе́nd (+ to *inf.*); он ~у́ет мне сде́лать э́то he advíses / rècomménds me to do it. **~ова́ться** 1. *несов. и сов.* (*при знакомстве*) ìntrodúce òne¦sélf; 2. *страд.* к рекомендова́ть; тако́й спо́соб не ~у́ется this méthod is not advísable / rècomménded; в тако́м слу́чае ~у́ется сле́дующее in this case the fóllowing is rècomménded [...keɪs...].

реконве́рсия *ж. эк.* ré¦convérsion.

реконструи́ровать *несов. и сов.* (*вн.*) ré¦constrúct (*d.*).

реконструкти́вный ré¦constrúctive, ré¦constrúcting; ré¦constrúction (*attr.*); ~ пери́од péríod of ré¦constrúction.

реконстру́кция *ж.* ré¦constrúction.

реко́рд *м.* récòrd ['re-]; поби́ть ~ break* / cut* / beat* *a* récòrd [-eɪk...]; устана́вливать ~ estáblish, *или* set* up, *a* récòrd; поби́ть свой со́бственный ~ beat* one's own récòrd [...oun...].

рекорди́ст *м.*, **~ка** *ж.* chámpion.

реко́рдн||ый récòrd ['re-] (*attr.*); ~ая ско́рость récòrd speed; дости́гнуть ~ой ци́фры reach a récòrd fígure.

рекордсме́н *м.*, **~ка** *ж.* récòrd-hólder ['re-].

ре́крут *м. ист.* recrúit [-ru:t]. **~и́ровать** *несов. и сов.* (*вн.*) *ист.* recrúit [-ru:t] (*d.*). **~ский** *прил.* к ре́крут; ~ский набо́р recrúiting [-ru:t-]; recrúitment [-ru:t-].

ректифи||ка́ция *ж. тех.* rèctificátion. **~ци́ровать** *несов. и сов.* (*вн.*) *тех.* réctifỳ (*d.*).

ре́ктор *м.* réctor, head of *a* ùnivérsity [hed...]; (*английского университета*) cháncellor.

реле́ [рэ-] *с. нескл. тех.* reláy.

религио́зн||ость *ж.* relígious¦ness, relìgiósity; (*набожность*) píety. **~ый** relígious; (*набожный*) píous; ~ые во́йны *ист.* relígious wars; ~ый обря́д relígious rite / céremony.

рели́гия *ж.* relígion.

рели́квия *ж.* rélic.

рели́кт *м.* rélic. **~овый** rélic (*attr.*).

релье́ф *м.* relíef [-i:f] (*shape*). **~но** *нареч.* in relíef [...-i:f], bóld¦ly. **~ность** *ж.* relíef [-i:f]. **~ный** relíef [-i:f] (*attr.*), raised, bold; ~ная рабо́та embóssed work.

рельс *м.* rail; *мн.* rails, métals ['me-]; сходи́ть с ~ов be deráiled, run* off the rails. **~овый** rail (*attr.*); ~овый путь ráil-tràck, ráilway; ~овая сеть ráilway net.

рельсопрока́тный ráil-ròlling; ~ заво́д rail mill.

релятиви́зм *м. филос.* rèlatívity.

рема́рка *ж. театр.* stage diréction.

ремённ||ый belt (*attr.*); ~ая переда́ча *тех.* bélt-drìve; с ~ым приво́дом bélt-driven [-rɪ-].

рем||е́нь *м.* strap, thong; (*пояс*) belt; поясно́й ~ *воен.* (wáist-)bèlt; ружéйный ~ rifle sling; доро́жные ~ни́ straps.

реме́сленн||ик *с.* àrtisán [-'zæn], hándicràfts¦man*. **~ичество** *с.* wórkmanship; *пренебр.* háck-wòrk. **~ый** hándicràft (*attr.*); indústrial; (*перен.*: *нетворческий*) mèdiòcre; ~ое учи́лище indústrial / trade / vocátional school.

ремесл||о́ *с.* 1. trade, hándicràft; вы́учиться ~у́ learn* *a* trade [lə:n...]; 2. (*профессия*) proféssion.

ремешо́к *м.* small strap; thong; (*для часов*) wríst¦let.

реми́з *м. карт.* fine; поста́вить ~ pay* a fine.

ремилитариза́ция *ж.* ré¦militàrìzátion [-raɪ-].

реминисце́нция *ж.* rèminíscence.

ремо́нт I *м.* repáir(s) (*pl.*); máintenance *амер.*; капита́льный ~ thórough / cápital repáirs ['θʌrə...] *pl.*; теку́щий ~ órdinary / routíne / cúrrent repáirs [...ru:'ti:n...] *pl.*; профилакти́ческий ~ prevéntive máintenance; быть в ~е be únder repáir; нужда́ться в ~е be in need / want of repáir.

ремо́нт II *м. воен.* (*пополнение лошадьми*) rè¦móunt sérvice.

ремонтёр *м. воен.* rè¦móunt ófficer.

ремонти́ровать I *несов. и сов.* (*сов. тж.* отремонти́ровать) (*вн.*) repáir (*d.*), ré¦fit (*d.*); ré¦condítion (*d.*).

ремонти́ровать II *несов. и сов.* (*вн.*) *воен.* (*пополнять лошадьми*) rè¦móunt (*d.*).

ремо́нтн||ый I repáir (*attr.*); ~ая мастерска́я repáir shop; ~ рабо́чий repáirer, repáir¦man*.

ремо́нтн||ый II *воен.* rè¦móunt (*attr.*); ~ая ло́шадь rè¦móunt.

ренега́т *м.*, **~ка** *ж.* rénegàde. **~ство** *с.* desértion [-'zə:-]; apóstasy.

Ренесса́нс *м.* the Renáissance, Renáscence.

ренкло́д *м.* (*сорт слив*) gréengáge.

реноме́ [-мэ́] *с. нескл.* rèputátion.

рено́нс *м. карт.* revóke.

ре́нта *ж. эк.* rent; rente [rɑ:ŋt]; ежего́дная ~ annúity; земе́льная ~ gróund-rènt; натура́льная ~ rent in kind; госуда́рственная ~ góvernment secúrities ['gʌ-...] *pl.*

рента́бельн||ость *ж. эк.* prófitable¦-ness. **~ый** *эк.* nón-defícient, páying; ~ое предприя́тие páying concérn.

рентге́н *м.* Róentgen, Röntgen ['rɔntjən].

рентгениз||а́ция *ж.* X-ráying ['eks-]. **~и́ровать** *несов. и сов.* (*вн.*) X-ráy ['eks-] (*d.*).

рентге́новск||ий: ~ кабине́т X-ráy room ['eks-...]; ~ институ́т X-ráy / Róentgen / Röntgen Ínstitùte [...'rɔntjən...]; ~ие лучи́ X-ráys, Röntgen / Róentgen rays.

рентгено||гра́мма *ж.* X-ráy phóto¦-gràph ['eks-...], rádio¦gràph, rönt-génogràm [rɔnt'ge-], röntgénogràph [rɔnt'ge-]. **~графи́ческий** rádio¦-gráphic(al). **~гра́фия** *ж.* ràdiógraphy, röntgenógraphy [rɔntgə-].

рентгено́||лог *м.* ràdiólogist, röntgenólogist [rɔntgə-]. **~ло́гия** *ж.* röntgenólogy [rɔntgə-]; институ́т ~ло́гии Ínstitùte of röntgenólogy.

рентгеноскопи́я *ж.* röntgenóscopy [rɔntgə-].

рентгенотерапи́я *ж.* X-ráy thérapy ['eks-...], röntgenothérapy [rɔntgə-].

Реомю́р *м.* Réaumùr ['reɪə-]; 30° по ~у 30 degrées Réaumùr.

реорганиз||ацио́нный *прил.* к реорганиза́ция; ~ пери́од périod of réòrganìzátion [-naɪ-], réòrganìzátion périod. **~а́ция** *ж.* réòrganìzátion [-naɪ-]. **~ова́ть** *несов. и сов.* (*вн.*) réórganìze (*d.*).

реоста́т *м. эл.* rhéostàt.

ре́па *ж.* túrnip.

репар||ацио́нный rèparátion (*attr.*). **~а́ция** *ж.* rèparátion.

репатриа́нт *м.*, **~ка** *ж.* rè¦pátriate [-'pæ-].

репатриа́ция *ж.* rè¦pàtriátion [-pæ-].

репатрии́ров||анный 1. *прич. см.* репатрии́ровать; 2. *м. как сущ.* rè¦pátriate [-'pæ-]. **~ать** *несов. и сов.* (*вн.*) rè¦pátriàte [-'pæ-] (*d.*).

репе́йник *м.* búrdòck.

репе́р *м.* 1. *геод.* bénch-màrk; 2. (*для стрельбы*) règistrátion mark; règistrátion point *амер.*

репертуа́р *м. театр.* répertoire [-twɑ:], répertory. **~ный** répertoire [-twɑ:] (*attr.*).

репети́ровать, прорепети́ровать (*вн.*) 1. *театр.* rehéarse [-'hə:s] (*d.*); 2. *тк. несов.* (*ученика*) coach (*d.*).

репети́тор *м.* coach.

репетицио́нный rehéarsal [-'hə:-] (*attr.*).

репети́ци||я *ж.* 1. rehéarsal [-'hə:-]; генера́льная ~ dress rehéarsal [...-'hə:s-]; 2.: часы́ с ~ей repéater *sg.*

ре́плик||а *ж.* 1. *театр.* cue; подава́ть ~и give* the cue; 2. (*замечание*) remárk; (*возражение*) retórt, rejóinder.

реполо́в *м. зоол.* línnet.

репорта́ж *м.* repórting.

репортёр *м.* repórter.

репресса́лии *мн.* (*ед.* репресса́лия *ж.*) *полит.* reprísals [-z-], sánctions.

репресси́вный represśive.

репресси́ровать *несов. и сов.* (*вн.*) subjéct to represśion (*d.*).

репре́ссия *ж.* represśion.

репроду́ктор *м. рад.* lóud-spéaker.

репроду́кция *ж.* rè¦prodúction.

репс *м. текст.* rep(p), reps, córded matérial.

репти́лия *ж. зоол.* réptìle.

репута́ци||я *ж.* rèputátion; по́льзоваться хоро́шей, дурно́й ~ей have a good*, bad* rèputátion / name; спасти́ свою́ ~ю save one's face; дорожи́ть свое́й ~ей hold* dear, *или* válue, one's rèputátion.

ре́пчатый: ~ лук ónions ['ʌ-] *pl.*

ресни́||ца *ж.* éye¦làsh ['aɪ-]. **~чки** *мн. биол.* cília. **~чный** *биол.* cíliary.

респекта́бельн||ость *ж.* respèctabílity. **~ый** respéctable.

респира́тор *м.* réspiràtor.

респу́блика *ж.* repúblic [-'pʌ-]; Сове́тская Социалисти́ческая ~ Sóvièt Sócialist Repúblic; сою́зная ~ únion repúblic; автоно́мная ~ autónomous repúblic; Наро́дная ~ People's Repúblic [piː-...].

республика́н||ец *м.*, **~ка** *ж.* repúblican [-'pʌ-]. **~ский** repúblican [-'pʌ-]. **~ство** *с.* repúblicanism [-'pʌ-].

рессо́р||а *ж.* spring; на ~ах on springs. **~ный** spring (*attr.*).

реставр||а́тор *м.* restórer. **~а́ция** *ж.* rèstorátion. **~и́ровать** *несов. и сов.* (*вн.*) restóre (*d.*).

рестора́||н *м.* réstaurant [-tərɔːŋ]. **~тор** *м. уст.* rèstauratéur [restorɑː-'tɜː], réstaurant-kéeper [-tərɔːŋ-].

ресу́рс *м.* resóurce [-ɔːs]; людски́е ~ы mán-power resóurces.

рети́в||о *нареч.* zéalous¦ly ['ze-], with zeal / árdour. **~ость** *ж.* zeal, árdour. **~ый** zéalous ['ze-], árdent.

рети́на *ж. анат.* rétina (*pl.* -nas, -nae).

ретирова́ться *несов. и сов.* retréat, retíre, with¦dráw*.

рето́рта *ж. хим., тех.* retórt.

ретрансля́ция *ж. радио* ré¦láying, ré¦trànsmíssion.

ретрогра́д *м.*, **~ка** *ж. уст.* rè¦áctionary, rétrogràde pérson. **~ный** *уст.* rétrogràde.

ретроспекти́вный rètrospéctive; ~ взгляд на что-л. rètrospéctive / báckward look at / on smth.

ретуш||ёр *м.* ré¦tóucher [-'tʌ-]. **~и́рование** *с.* ré¦tóuching [-'tʌ-]. **~и́ровать** *несов. и сов.* (*вн.*) ré¦tóuch [-'tʌʧ] (*d.*).

ре́тушь *ж.* ré¦tóuch [-'tʌʧ].

рефера́т *м.* páper, éssay, synópsis.

рефере́ндум *м. полит.* rèferéndum.

рефер||е́нт *м.* réader, reviéwer [-'vjuːə]. **~и́ровать** *несов. и сов.* (*вн.*) read* (*d.*), reviéw [-'vjuː] (*d.*).

рефле́кс *м.* réflèx; усло́вный ~ condítioned réflèx; безусло́вный ~ ún¦condítioned réflèx.

рефле́ксия *ж.* refléxion.

рефлексо́||лог *м.* rèflèxólogist [riː-]. **~логи́ческий** rèflèxológical [riː-]. **~ло́гия** *ж.* rèflèxólogy [riː-].

рефлекти́вный = рефлекто́рный.

рефле́ктор *м.* refléctor.

рефлекто́рный *физиол.* réflèx (*attr.*).

рефо́рм||а *ж.* refórm; де́нежная ~ cúrrency refórm; агра́рная ~ land refórm; производи́ть ~у (*рд.*) refórm (*d.*). **~а́тор** *м.* refórmer. **~а́торский** refórmatory, refórmative.

реформа́ция *ж. ист.* Rèformátion.

реформи́зм *м. полит.* refórmism.

реформи́ровать *несов. и сов.* (*вн.*) refórm (*d.*).

реформи́ст *м. полит.* refórmist. **~ский** *полит.* refórmist (*attr.*).

рефракто́метр *м. физ.* rèfràctómeter [riː-].

рефра́к||тор *м. физ., астр.* refráctor. **~ция** *ж. физ., астр.* refráction.

рефре́н *м. лит.* refráin, búrden.

рефрижера́тор *м. тех.* refrígeràtor.

рехну́ться *сов. разг.* go* / be off one's head [...hed], go* / be mad.

реценз||е́нт *м.* reviéwer [-'vjuːə]. **~и́ровать**, прорецензи́ровать (*вн.*) críticìze (*d.*), reviéw [-'vjuː] (*d.*); ~и́ровать кни́гу reviéw *a* book; ~и́руемая кни́га the book únder reviéw.

реце́нзия *ж.* reviéw [-'vjuː]; *театр.* nótice ['nou-].

реце́пт *м.* récipe [-pɪ]; (*докторский тж.*) prescríption.

рецепти́вный recéptive; ~ слова́рь recéptive vocábulary.

рециди́в *м.* relápse. **~и́зм** *м. юр.* recídivism. **~и́ст** *м.*, **~и́стка** *ж. юр.* recídivist.

речев||о́й vócal; speech (*attr.*); ~ аппара́т vócal órgans *pl.*, órgans of speech *pl.*; ~ы́е на́выки speech hábits; ~о́е мышле́ние thínking-in-wórds.

речи́стый vóluble, tálkative.

речитати́в *м. муз.* rècitatíve [-iːv].

ре́чка *ж.* ríver ['rɪ-], rívulet.

речни́к *м.* ríver tránspòrt wórker ['rɪ-...].

речн||о́й ríver ['rɪ-] (*attr.*), flúvial, ríverìne; ~о́е судохо́дство ríver nàvigátion, ríverìne tráffic; ~ песо́к ríver sand; ~о́е сообще́ние flúvial commùnicátion; ◊ ~ трамва́й ríver bus.

реч||ь *ж.* **1.** (*способность*) speech; дар ~и gift / fáculty of speech [g-...], pówer of spéaking; **2.** (*характер произношения*) enùnciátion; отчётливая ~ dístinct / clear enùnciátion; **3.** (*рассуждение, беседа*) díscourse [-kɔːs]; о чём ~? what are you tálking abóut?; what is the quéstion? [...-sʧən]; об э́том не́ было и ~и it was not éven méntioned, there was no quéstion of that; ~ идёт о том the quéstion is; об э́том не мо́жет быть и ~и it is out of the quéstion; заводи́ть ~ (о *пр.*) lead* the cònversátion (towards); ~ зашла́ (о *пр.*) the talk / cònversátion turned (to); **4.** (*выступление*) speech, orátion; (*обращение*) addréss; торже́ственная ~ orátion; засто́льная ~ dínner speech, áfter-dìnner speech; приве́тственная ~ salútatory addréss, speech of wélcome; вступи́тельная ~ ópen¦ing addréss / speech; обличи́тельная ~ díatrìbe; защити́тельная ~ speech for the defénce; **5.** *грам.* speech; пряма́я ~ diréct speech; ко́свенная ~ ìndiréct speech; oblíque orátion / nàrrátion / speech [-iːk...]; ча́сти ~и parts of speech.

реш||а́ть, реши́ть **1.** (+ *инф.*; *принимать решение*) decíde (+ to *inf.*, on, for *ger.*), detérmine (+ to *inf.*, on *ger.*), resólve [-'zɔlv] (+ to *inf.*), make* up one's mind (+ to *inf.*); *сов. тж.* be detérmined (+ to *inf.*); он ~и́л е́хать he decíded / detérmined, *или* made up his mind, to go; судья́ ~и́л де́ло в его́ по́льзу the judge decíded the case in his fávour [...-s...]; зна́чит, ~ено́ that's séttled then; **2.** (*вн.*; *о задаче, вопросе и т. п.*) solve (*d.*); э́то ~а́ет де́ло, вопро́с that séttles the mátter, quéstion [...-sʧ-]; ~ зада́чу work out *a* próblem [...'prɔ-]; *сов. тж.* solve *a* próblem; (*перен.*) work on *a* task; *сов. тж.* achíeve / accómplish *a* task [-iːv...]; cope with *a* task; э́то не ~а́ет вопро́са it does not decíde / séttle the quéstion; ~ у́часть бо́я decíde the óut¦come of *the* battle; ~и́ть судьбу́ (*рд.*) decíde / seal the fate (of). **~а́ться**, реши́ться **1.** (на *вн.*, + *инф.*) make* up one's mind (+ to *inf.*), decíde (+ to *inf.*, on, for *ger.*), detérmine (+ to *inf.*, on *ger.*), resólve [-'zɔlv] (+ to *inf.*), bring* òne¦sélf (+ to *inf.*); *тк. сов.* be detérmined (+ to *inf.*, that); (*осмелиться*) vénture (*d.*, + to *inf.*); не ~а́ться на что-л. not dare* (to) do smth.; **2.** *страд.* к реша́ть; ◊ ~а́лась судьба́ наро́да the fate of the cóuntry was at stake [...'kʌ-...].

реша́ющ||ий **1.** *прич. см.* реша́ть; **2.** *прил.* decísive; ~ го́лос decíding / cásting vote; он име́ет, ему́ принадлежи́т ~ го́лос he has the decíding vote, the decísion rests with him; ~ фа́ктор detérminant; ~ая побе́да decísive víctory; ~ уча́сток (*рд.*) key séctor [kiː...] (of); яви́ться ~им фа́ктором be a decísive fáctor; tip the bálance/scale, turn the scale *идиом.*

реше́ние *с.* **1.** decísion, detèrminátion; (*суда*) júdg(e¦)ment, decrée; (*присяжных*) vérdict; зао́чное ~ júdg(e¦)ment by defáult; принима́ть ~ decíde, make* up one's mind, make* / take* *a* decísion; выноси́ть ~ (*о суде*) delíver *a* júdg(e¦)ment [-'lɪ-...]; (*о собрании*) pass *a* rèsolútion [...-zə-]; отмени́ть ~ revóke *a* decísion; (*о судебном решении*) revóke / quash *a* séntence; **2.** (*разрешение задачи, вопроса и т. п.*) solútion; (*ответ*) ánswer ['ɑːnsə]; **3.** (*заключение*) con¦clúsion.

решётк||а *ж.* gráting, láttice; (*у камина*) fénder, fíre¦guàrd; (*ограды*) ráiling, grille; (*лёгкая деревянная*) tréllis; колоснико́вая ~ fíre-gràte; с желе́зной ~ой íron-bàrred ['aɪən-]; ◊ посади́ть за ~у *разг.* (*в тюрьму*) put* into príson [...'prɪz-]; за ~ой *разг.* (*в тюрьме*) in príson, behínd bars.

решето́ *с.* sieve [sɪv]; протира́ть сквозь ~ (*вн.*) sift (*d.*); ◊ че́рпать во́ду ~м draw* wáter in a sieve [...'wɔː-...]; голова́, как ~ head like a sieve [hed...].

решётчат||ый, **реше́тчатый** láttice (*attr.*), látticed; (*о лёгком деревянном* *сооружении*) tréllised; ~ая констру́кция láttice-wòrk; ~ая фе́рма *тех.* láttice truss; ~ая кость *анат.* éthmoid bone.

реши́мост||ь *ж.* rèsolútion [-zə-], résolùte|ness [-zə-]; по́лный ~и firm, detérmined, (fúlly) resólved ['fulɪ-'zɔlvd].

реши́тельн||о *нареч.* 1. (*смело, твёрдо*) résolùte|ly [-zə-]; 2. (*категорически*) decíded|ly, pósitive|ly [-z-]; он ~ отрица́л э́то he deníed it pósitive|ly / flát|ly / emphátically; он ~ про́тив э́того he is vígorous|ly oppósed to it; 3. (*абсолютно*) ábsolùte|ly; он ~ ничего́ не де́лает he does ábsolùte|ly nothing; э́то ему́ ~ всё равно́ it is all / quite the same to him. **~ость** *ж.* rèsolútion [-zə-], résolùte|ness [-zə-]. **~ый** 1. (*решающий*) decísive; crítical; ~ая борьба́ decísive struggle; ~ая побе́да swéeping víctory; предприня́ть ~ое наступле́ние launch an áll-óut attáck / offénsive; ~ый моме́нт crítical móment; 2. (*категорический, резкий*) résolùte [-zə-], firm; áll-óut *разг.*; ~ые ме́ры drástic méasures [...'me-]; ~ый отпо́р résolùte rebúff; 3. (*твёрдый*) firm; ~ая похо́дка firm step; ~ый тон decísive tone; ~ым о́бразом decísive|ly; ~ый вид decíded air; 4. (*о характере человека*) résolùte, decíded, detérmined; ~ый челове́к man* of decísion.

реши́ть(ся) *сов. см.* реша́ть(ся).

ре́шка *ж. разг.* tail; орёл и́ли ~? heads or tails? [hedz...].

реэваку||а́ция *ж.* ré-evàcuátion. **~и́ровать** *несов. и сов.* (*вн.*) ré-evácuàte (*d.*).

ре́ять 1. (*парить*) soar, hóver ['hɔ-, 'hʌ-], sail; облака́ ре́ют в вышине́ clouds hóver high above; 2. (*развеваться*) flútter.

ржа *ж. разг.*= ржа́вчина.

ржа́в||еть, поржа́веть rust. **~ость** *ж.* rústiness. **~чина** *ж.* rust; изъе́денный ~чиной éaten a|wáy with rust. **~ый** rústy.

ржа́ние *с.* neigh.

ржа́нка *ж. зоол.* plóver ['plʌ-]; ~ глу́пая dótterel.

ржан||о́й rye (*attr.*); ~а́я мука́ rýe-flour; ~ хлеб rýe-bread [-ed].

ржать 1. neigh; 2. *груб.* (*смеяться*) give* a néighing / coarse laugh [...lɑːf].

ри́га *ж.* thréshing barn.

ригор||и́зм *м.* rígorism. **~исти́ческий** rìgoríst(ic).

ридикю́ль *м.* réticùle.

ри́з||а *ж. церк.* 1. (*облачение священника*) chásuble [-z-]; 2. (*на иконах*) ríza ['riːzə] (*metal mounting of an icon*). **~ница** *ж. церк.* sácristy, véstry.

рикоше́т *м.* rícochèt [-ʃet], rebóund; ~ом (*прям. и перен.*) on / at he rebóund. **~и́ровать** rícochèt [-ʃet].

ри́кша *м.* rícksha(w), jinrícksha.

ри́м||лянин *м.*, **~лянка** *ж.* Róman. **~ский** Róman; ~ский па́па the Pope; ◇ ~ские ци́фры Róman númerals; ~ское пра́во Róman law; ~ская свеча́ Róman candle.

ринг *м. спорт.* ring.

ри́нуться *сов.* rush, dash, dart, make* a run / rush.

рис *м.* rice; (*на корню, в шелухе*) páddy.

риск *м.* risk; с ~ом для жи́зни at the risk of one's life*; никако́го ~а quite safe; пойти́ на ~ run* risks, take* chánces; ◇ ~ — благоро́дное де́ло *погов.*≅ nothing vénture, nothing have; на свой страх и ~ at one's own péril [...oun...], on one's own respònsibílity. **~ну́ть** *сов. см.* рискова́ть.

риско́ванность *ж.* rískiness.

риско́ванн||ый rísky, vénture|some, spéculative; ~ое предприя́тие vénture; rísky búsiness [...'bɪzn-]; ~ая игра́ rísky game, gamble.

рискова́ть, рискну́ть 1. (*тв.*,+ *инф.*) risk (*d.*); run* / take* the risk (of); ~ деньга́ми risk / stake *one's* móney [...'mʌ-]; ~ голово́й risk one's neck; ~ жи́знью risk / impéril / stake one's life*; ниче́м не ~ run* no risk; не хоте́ть ниче́м ~ take* no risks / chánces; 2. *тк. сов.* (+ *инф.*; *осмелиться, отважиться*) vénture (+ to *inf.*); 3. (*без доп.*) run* risks, take* chánces; мы не мо́жем ~ we can't take any chánces [...kɑːnt...].

рисова́ль||ный dráwing; ~ная бума́га dráwing-pàper. **~щик** *м.*, **~щица** *ж.* gráphic ártist.

рисова́н||ие *с.* dráwing; учи́ться ~ию stúdy dráwing ['stʌ-...].

рисова́ть, нарисова́ть (*вн.*) 1. draw* (*d.*); (*перен.*: *представлять себе*) pícture (*d.*); ~ с нату́ры draw* / paint from náture / life [...'neɪ-...]; ~ карандашо́м, перо́м draw* with *a* péncil, *a* pen; ~ акваре́лью paint in wáter-còlours [...'wɔːtəkʌ-]; 2. (*описывать*) depíct (*d.*); ~ что-л. в я́рких, мра́чных кра́сках paint smth. in bright, dark cólours [...'kʌ-]. **~ся** 1. (*виднеться*) be sìlhouétted [...-lu-]; (*перен.*: *представляться*): жизнь рису́ется ему́ he píctures his life; 2. *разг.* (*красоваться*) pose, show* off [ʃou...]; 3. *страд. к* рисова́ть.

рисо́вка *ж. разг.* pósing, shówing off ['ʃou-...].

ри́сов||ый rice (*attr.*); ~ суп ríce-soup [-suːp]; ~ая ка́ша rice pórridge; ~ая бума́га rice páper.

рису́н||ок *м.* dráwing; (*в книге*) pícture; (*узор*) design [-'zaɪn], trácery ['treɪ-]; как пока́зано на ~ке 1, 2 *и т. п.* as shown in fígure 1, 2, *etc.* [...ʃoun...]; ~ та́нца páttern of *a* dance.

ритм *м.* rhythm; чу́вство ~а sense of rhythm.

ри́тм||ика *ж.* rhýthmic(s). **~и́ческий** rhýthmic(al). **~и́чность** *ж.* rhythm; доби́ться ~и́чности в рабо́те achíeve a rhýthmical pace of work [-iːv...]. **~и́чный** rhýthmic(al); ~и́чная рабо́та smooth fúnctioning [-ð...], rhýthmical work.

ри́тор *м.* rhètorícian.

рито́р||ика *ж.* rhétoric. **~и́ческий** rhetórical; ~и́ческий вопро́с rhetórical quéstion [...-stʃən].

риту||а́л *м.* rítual. **~а́льный** rítual.

риф I *м.* (*подводная скала*) reef; кора́лловый ~ córal reef ['kɔ-...].

риф II *м. мор.* reef; брать ~ы reef; отдава́ть ~ы let* / shake* out the reefs.

рифлён||ый *тех.* chéquered, córrugàted; ~ое желе́зо chéquered íron [...'aɪən], córrugàted íron.

ри́фм||а *ж.* rhyme; мужска́я ~ síngle / male / másculine rhyme; же́нская ~ double / fémàle / féminine rhyme [dʌbl 'fiː-...]; бога́тая, бе́дная ~ strong, weak rhyme. **~о́ванный** *прич. и прил.* rhymed. **~ова́ть** 1. (*вн.*) rhyme (*d.*); 2. (*вн. с тв.*) rhyme (*d.* to, with). **~ова́ться** 1. rhyme; 2. *страд. к* рифмова́ть.

рифмоплёт *м. разг.* rhýmer, rhýmester ['raɪmstə].

рици́нов||ый: ~ое ма́сло *фарм.* cástor oil.

РККА *ж.* (Рабо́че-Крестья́нская Кра́сная А́рмия) *ист.* Wórkers' and Péasants' Red Ármy [...'pez-...].

РКП(б) *ж.* [Росси́йская Коммунисти́ческая па́ртия (большевико́в)] *ист.* Rússian Cómmunist Párty (Bólsheviks) [-ʃən...].

ро́ба *ж.* óver|àlls *pl.*

ро́ббер *м. карт.* rúbber.

робе́||ть be tímid; funk *разг.*; (*перед*) quail (befóre, at); не ~й!, не ~йте! cóurage! ['kʌ-], don't be scared!

ро́бк||ий shy, tímid; (*застенчивый*) báshful; он не ~ого деся́тка he is no cóward / cráven.

ро́бость *ж.* shýness, timídity.

ро́бот *м.* róbòt.

ров *м.* ditch; крепостно́й ~ moat, fosse; противота́нковый ~ (ánti-)tànk ditch.

рове́сни||к *м.*, **~ца** *ж.*: они́ ~ки, ~цы they are (of) the same age; быть чьим-л. ~ком be (of) the same age.

ро́вн||о *нареч.* 1. (*одинаково*) équal|ly; 2. (*точно*) sharp, exáctly; ~ де́сять рубле́й ten roubles exáctly [...ruː-...]; ~ (в) два, три *и т. д.* часа́ sharp at two, three, *etc.*, o'clóck; (at) two, three, *etc.*, o'clóck sharp; on the stroke of two, three, *etc.*; 3. *разг.* (*совершенно, совсем*) ábsolùte|ly; ~ ничего́ не понима́ть, не знать *и т.п.* ùnderstánd*, know*, *etc.*, ábsolùte|ly nothing [...nou...]; 4. (*равномерно*) régularly, éven¦ly; сéрдце би́лось ~ the heart beat régularly [...hɑːt...]. ~**ый** 1. (*гладкий*) flat, éven; ~ая доро́га éven / lével road [...'le-...]; ~ая пове́рхность plane súrface; 2. (*равномерный, уравновешенный*) éven, équal, équable; ~ый хара́ктер éven / équable / équal témper; ~ый кли́мат équable clímate [...'klaɪ-]; ~ый шаг éven step; ~ый го́лос smooth voice [-ð...]; ◊ ~ый счёт éven accóunt; для ~ого счёта to make it éven; ~ым счётом ничего́ just nothing; ~ый вес éven weight.

ро́вн||я́ *м. и ж.* équal; он тебе́ не ~ he is not your équal, he is no match for you.

ровня́ть, сровня́ть (*вн.*) make* éven (*d.*), lével off [le-...] (*d.*); ~ что-л. катка́ми roll smth. smooth [...-ð]. ~**ся** *страд. к* ровня́ть.

рог *м.* 1. horn; (*олений*) ántler; 2. (*музыкальный инструмент*) bugle, horn; (*охотничий*) húnting-hòrn, húnts¦man's bugle; труби́ть в ~ blow* the horn [blou...]; ◊ наста́вить ~а́ (*дт.*) *разг.* cúckold (*d.*); ~ изоби́лия horn of plénty, còrnucópia; согну́ть в бара́ний ~ (*вн.*) ≅ make* (*d.*) knuckle únder / down; брать быка́ за ~а́ go* straight to the heart of the mátter [...hɑːt...]; take* the bull by the horns [...bul...] *идиом.* ~**а́стый** lárge-hórned.

рога́т||ина *ж.* bóar-spear. ~**ка** *ж.* 1. (*на дороге*) túrnpìke; *воен.* knífe-rèst; chevál-de-fríse [ʃə'vældə'friːz] (*pl.* chevaux-de-fríse [ʃə'vou-]); (*перен.: препятствие*) óbstacle; 2. (*для стрельбы*) (boy's) cátapùlt; стреля́ть из ~ки cátapùlt.

рога́тый hórned; ~ скот (hórned) cattle; кру́пный ~ скот cattle, neat cattle; ме́лкий ~ скот small cattle; sheep and goats *pl.*

рога́ч *м.* 1. (*олень*) stag; 2. (*жук*) stág-beetle.

рогови́ца *ж. анат.* córnea [-nɪə].

рогов||о́й hórny; córneous *научн.*; ~а́я гребёнка horn comb [...koum]; ~ы́е очки́ hórn-rìmmed spéctacles; ◊ ~а́я оболо́чка гла́за córnea [-nɪə].

рого́жа *ж.* bast mat / mátting.

рогоно́сец *м. разг.* cúckold.

род *м.* 1. fámily, kin; э́то у них в ~у́ this runs in their fámily; 2. (*происхождение*) birth, órigin, stock; (*поколение*) gènerátion; он хоро́шего ~а he comes of good* stock; из ~а в ~ from gènerátion to gènerátion; 3. *биол.* génus (*pl.* génera); 4. (*сорт, вид*) sort, kind; (*жанр*) genre [ʒɑːŋr]; вся́кого ~а of all kinds; all kind of; вся́кого ~а това́ры all kind of goods [...gudz]; ~ во́йск (fíghting) arm, arm of the sérvice; 5. *грам.* génder; ◊ в не́котором ~е to some degrée / extént; в своём ~е in his, its, *etc.*, way; продолжа́ть в том же ~е contínue in the same vein; что́-то в э́том ~е sóme¦thing of this sort, sóme¦thing to that efféct; ему́ во́семь, де́вять *и т. д.* лет о́т ~у he is eight, nine, *etc.*, years old, *или* of age; ему́ на ~у́ напи́сано (+ *инф.*) it was prèordáined that he should (+ *inf.*); he was prè-òrdáined (+ to *inf.*); без ~у, без пле́мени without kith or kin; челове́ческий ~ mànkínd, húman kind / race.

рода́нист||ый *хим.*: ~ая кислота́ thìocỳánic / sùlphocỳánic ácid; ~ ка́лий potássium sùlphocỳanàte.

ро́дий *м. хим.* rhódium.

роди́льн||ица *ж.* = роже́ница. ~**ый:** ~ый дом matérnity home / hóspital, lýing-ín home / hóspital; ~ая горя́чка pùérperal féver; ~ое отделе́ние (*в больнице, родильном доме*) delívery room.

роди́мчик *м. разг.* convúlsions *pl.*

роди́м||ый *разг.* = родно́й 2, 3; ◊ ~ое пятно́ bírth-màrk, mole.

ро́дин||а *ж.* nátive land, móther cóuntry ['mʌ- 'kʌ-]; home, hóme¦lànd, móther¦lànd ['mʌ-]; Социалисти́ческая Ро́дина Sócialist Móther¦lànd; защи́та ~ы defénce of one's móther¦-lànd; тоска́ по ~е hóme-sìckness; nòstálgia; любо́вь к ~е love for one's nátive land, *или* móther cóuntry [lʌv...], love of cóuntry.

ро́динка *ж.* bírth-màrk, mole.

роди́ны *мн.* chíld¦bìrth *sg.*

роди́те||ли *мн.* párents. ~**ль** *м.* fáther ['fɑː-]. ~**льница** *ж.* móther ['mʌ-].

роди́тельный: ~ паде́ж *грам.* génitive / posséssive case [...-'zes- keɪs].

роди́тельский patérnal, paréntal, párents'; ~ комите́т (*в школе*) párents' commíttee [...-tɪ].

роди́ть *несов. и сов.* (*вн.*) 1. give* birth (to); (*перен.*) give* rise (to); 2. (*о земле*) bear* [bɛə] (*d.*); (*ср. тж.* рожда́ть). ~**ся** *несов. и сов.* 1. be born; (*перен.*) come* into bé¦ing, aríse*; 2. (*произрастать*) thrive*; пшени́ца роди́лась хорошо́ there is a good* whéat-cròp this year; (*ср. тж.* рожда́ться); ◊ ~ся учёным, худо́жником *и т. п.* be a born scíentist, ártist, *etc.*

ро́дич *м.* = ро́дственник.

родни́к *м.* spring (*water welling up from the earth*). ~**о́вый** spring (*attr.*); ~о́вая вода́ spring wáter [...'wɔː-].

родни́ть, породни́ть, сродни́ть (*вн.*) 1. *при сов.* сродни́ть bring* near / togéther [...-'ge-] (*d.*); 2. *при сов.* породни́ть make* reláted (*d.*); 3. *тк. несов.* (*сближать, делать сходным*) make* reláted / símilar (*d.*). ~**ся,** породни́ться (с *тв.*) become* reláted (with).

родничо́к I *м. уменьш. от* родни́к.

родничо́к II *м. анат.* fòntanél(le).

родн||о́й 1. own [oun]; они́ ~ы́е бра́тья, сёстры they are bróthers, sisters [...'brʌ-...]; э́то его́ ~ дя́дя, брат *и т. п.* it is his own uncle, bróther, *etc.*; 2. (*отечественный*) nátive; ~а́я страна́, земля́ nátive land; ~ го́род nátive town; ~ дом nátive home; 3. (*в обращении*) (my) dear, (my) dárling; 4. *мн. как сущ.* (*родственники*) rélatives, relátions, kínsfòlk [-z-]; мои́ ~ы́е my people [...piː-]; ◊ ~ язы́к móther tongue ['mʌ- tʌŋ]; vernácular *научн.*

родня́ *ж. тк. ед.* 1. *собир.* rélatives *pl.*, relátions *pl.*, kínsfòlk [-z-] *pl.*; бли́зкая ~ near relátions; да́льняя ~ dístant rélatives / relátions, remóte kínsfòlk; 2. (*родственник*) rélative, relátion; он мне ~ he is my rélative / relátion, he is a rélative of mine.

родови́т||ость *ж.* blood [blʌd]; high / good birth. ~**ый** wéll-bórn, hígh-bòrn, of blood [...blʌd].

родов||о́й I 1. (*наследственный*) àncéstral, pàtrimónial; ~о́е име́ние, иму́щество *и т. п.* pátrimony; ~а́я месть fámily feud; 2. *этн.* tríbal; ~ строй tríbal sýstem; 3. *биол.* genéric; ~ы́е и видовы́е назва́ния расте́ний genéric and specífic names of plants [...-ɑːnts]; 4. *грам.* génder (*attr.*); ~ы́е оконча́ния génder infléxions.

родов||о́й II *мед.*: ~ы́е поту́ги lábour of chíld¦bìrth *sg.*, birth throes.

рододе́ндрон *м.* [-дэ́-] *бот.* rhòdodéndron [rou-].

ро́дом *нареч.* by órigin, by birth; он ~ францу́з, не́мец *и т. п.* he is a Frénch¦man*, a Gérman, *etc.*, by órigin / birth; он ~ из Москвы́, Ленингра́да *и т. п.* he was born in Móscow, Léningràd, *etc.*

родонача́льник *м.* áncestor, fóre¦-fàther [-fɑː-]; (*перен.*) fáther ['fɑː-].

родосло́вн||ая *ж. скл. как прил.* gèneálogy [-nɪ'æ-], pédigree. ~**ый** gèneálógical [-nɪə-]; ~ое де́рево gèneálógical tree, fámily tree; ~ая кни́га fámily régister; (*лошадей, породистого скота*) stúd-book.

ро́дственн||ик *м.*, ~**ица** *ж.* relátion, rélative; *м. тж.* kíns¦man* [-z-]; *ж. тж.* kíns¦wòman* [-zwu-]; *мн.* kíndred *sg.*, kínsfòlk [-z-]; бли́зкий ~ near relátion; да́льний ~ dístant relátion; ближа́йшие ~ики the next of kin.

ро́дственн||ость *ж.* 1. (*сходство*) líke¦ness; 2. (*об отношениях*) héartiness ['hɑː-]. ~**ый** 1. (*основанный на родстве*) kíndred, reláted; cóngener [-ndʒ-], còngenéric [-ndʒ-] *книжн.*; ~ые свя́зи ties of relátionship / blood [...-ʌd]; 2. (*близкий по происхождению или содержанию*) kíndred, allíed; ~ые наро́ды kíndred nátions; ~ые языки́ cógnàte lánguages; ~ые нау́ки allíed / kíndred / reláted scíences; 3. (*свойственный родственникам*) famíliar, íntimate.

родств||о́ *с.* relátionship, kíndred, kínship; (*перен.*) allíance; propínquity; кро́вное ~ blood relátionship [-ʌd...], cònsànguínity; быть в ~е́ (с *тв.*) be reláted (to); свя́занный у́зами ~а́ (с *тв.*) reláted in kínship (with).

ро́ды *мн.* chíld¦bìrth *sg.*, lýing-in *sg.*, chíld¦bèd *sg.*, delívery *sg.*, accóuchement [ə'ku:ʃmɑ:ŋ] *sg.*; лёгкие ~ éasy birth / delívery ['i:zɪ...] *sg.*; преждевре́менные ~ prèmatúre birth *sg.*; у неё бы́ли тру́дные ~ it was a dífficult birth / delívery; she had a very bad time *разг.*

рое́ние *с.* (*о пчёлах*) swárming.

ро́ж||а I *ж. разг.* úgly mug ['ʌ-...]; стро́ить ~и (*дт.*) make* fáces (at).

ро́жа II *ж. мед.* èrysípelas.

рожа́ть (*вн.*) *разг.* give* birth (to), bear* [bɛə] (*d.*).

рожд||а́емость *ж.* bírth-ràte. **~а́ть,** роди́ть (*вн.*) give* birth (to); (*перен.*) give* rise (to); она́ родила́ сы́на, дочь she gave birth to a son, a dáughter [...sʌn...]; роди́ть кому́-л. сы́на, дочь bear* smb. a son, a dáughter [bɛə...], presént smb. with a son, a dáughter [-'zent...]; ◇ жела́ние роди́т мысль the wish is fáther to the thought [...'fɑ:-...]; в чём мать родила́ *разг.* as náked as his, her móther bore him, her [...'mʌ-...]. **~а́ться,** роди́ться **1.** be born; роди́ться слепы́м, глухи́м *и т. п.* be born blind, deaf, *etc.* [...def]; у него́ роди́лся сын, родила́сь дочь a son, a dáughter has been born to him [...sʌn...], his wife has presénted him with a son, a dáughter [...-'ze-...]; **2.** (*появля́ться, возника́ть — о мы́сли*) occúr, come*; (*о подозре́нии, сомне́нии и т. п.*) aríse*; spring* up; **3.** (*выраста́ть, произраста́ть*) thrive*, flóurish ['flʌ-]; овёс и пшени́ца роди́лись хорошо́ в э́том году́ oats and wheat are thríving this year. **~е́ние** *с.* **1.** (*прям. и перен.*) birth; (*ро́ды*) delívery; день ~е́ния bírthday; ме́сто ~е́ния bírth-plàce; слепо́й, глухо́й *и т. п.* от ~е́ния born blind, deaf, *etc.* [...def], blind, deaf, *etc.*, from birth; стати́стика ~е́ний birth statístics; **2.** (*день рожде́ния*) bírthday.

рожде́ственск||ий *рел.* Chrístmas [-sm-] (*attr.*); ~ соче́льник Chrístmas Eve; ~ая ёлка Chrístmas-tree [-sm-]; ~ие кани́кулы Chrístmas hólidays [...-dɪz]; ◇ ~ дед Sánta Claus [...-z], Fáther Chrístmas ['fɑ:-...].

рождество́ *с. рел.* Chrístmas [-sm-], *сокр.* Xmas ['krɪsməs].

роже́ни́ца *ж.* (*рожа́ющая*) wóman* in chíld¦bìrth ['wu-...]; (*роди́вшая*) wóman* récent¦ly confíned.

ро́жист||ый *мед.* èrysipélatous; ~ое воспале́ние èrysípelas.

рож||о́к *м.* **1.** small horn, hórnlet; **2.** (*музыка́льный инструме́нт*) horn, clárion ['klæ-]; *воен.* bugle; францу́зский ~ French horn; **3.** (*для кормле́ния*) féeding-bòttle; корми́ть с ~ка́ (*вн.*) bring* up on the bottle (*d.*), bring* up by hand (*d.*); **4.** (*для надева́ния обу́ви*) shóe-hòrn ['ʃu:-]; **5.:** га́зовый ~ gás-bùrner, gás-bràcket; **6.:** слухово́й ~ éar-trùmpet.

рожо́н *м.*: лезть на ~ *разг.* ≅ ask for trouble [...trʌbl], kick agáinst the pricks.

рожь *ж.* rye; ози́мая, яровая ~ wínter, spring rye.

ро́з||а *ж.* **1.** (*цвето́к*) rose; ча́йная ~ téa-ròse; нет ~ы без шипо́в *погов.* no rose without a thorn; **2.** (*куст*) róse(-tree), róse-bùsh [-buʃ]; **3.** *арх.* rósàce ['rouzeɪs], rose wíndow. **~а́н** *м. разг.* = ро́за 1, 2.

роза́рий *м.* ròsárium [rou'z-], rósary ['rouz-].

ро́звальни *мн.* rózvalni (*low wide sledge*).

ро́зг||а *ж.* birch (rod); нака́зывать ~ами (*вн.*) birch (*d.*).

розе́тка *ж.* rosétte [-'zet].

розмари́н *м.* róse¦mary.

ро́зни||ца *ж.* ré¦tail; в ~цу by ré¦tail; о́птом и в ~цу whóle¦sàle and ré¦tail ['houl-...]. **~чный** ré¦tail (*attr.*); ~чный магази́н ré¦tail shop; ré¦tail store *амер.*; ~чная торго́вля ré¦tail trade; ~чный торго́вец rè¦táiler, ré¦tail-dealer; ~чные това́ры ré¦tail goods [...gudz]; ~чная цена́ ré¦tail price.

ро́зно *нареч.* (*вро́зь*) apárt, séparate¦ly.

рознь *ж.* dífference; ◇ се́ять ~ (ме́жду) sow* (seeds of) díscòrd / dissénsion [sou...] (betwéen, amóng); челове́к челове́ку ~ ≅ there are no two people alíke [...pi:-...], people díffer.

розова́то-бе́лый pínky-whíte.

розова́тый pínkish, whíty-pìnk.

розове́ть, порозове́ть **1.** (*станови́ться ро́зовым*) turn pink; **2.** *тк. несов.* (*видне́ться*) show* pink [ʃou...].

розовощёкий pínk-chéeked, rósy-chéeked [-zɪ-].

ро́зов||ый **1.** (*о цве́те*) pink, róse-còlour¦ed [-kʌ-]; rósy [-zɪ]; ви́деть всё в ~ом цве́те see* through róse-còlour¦ed spéctacles; **2.** *прил. к* ро́за; ~ куст róse-bùsh [-buʃ]; ~ое ма́сло áttar (of róses); ◇ ~ое де́рево rósе¦-wood [-wud].

розоцве́тные *мн. скл. как прил. бот.* Rosáceae [-'zeɪsɪi:].

ро́зыгрыш *м.* **1.** (*лотере́и, за́йма*) dráwing; **2.** *спорт.* (*ничья́*) draw, drawn game; **3.** *спорт.*: ~ ку́бка cup tóurnament [...'tuən-].

ро́зыск *м.* search [sə:tʃ]; Уголо́вный ~ Críminal Invèstigátion Depártment.

ро́йться swarm; (*перен.*; *о мы́слях*) crowd.

рой *м.* swarm.

рок *м.* fate; злой ~ ill fate.

рокир||ова́ть(ся) *несов. и сов. шахм.* castle. **~о́вка** *ж. шахм.* cástling.

рокова́й fátal.

рококо́ *с. нескл. арх., иск.* rocóco.

ро́кот *м.* roar, low rumble [lou...], múrmur; ~ волн roar of the waves. **~а́ть** roar; múrmur.

ро́лик *м. тех.* **1.** (*колёсико*) róller; **2.** (*для прово́дов*) (pórcelain) cleat [-slɪn...]; **3.** *мн.*: коньки́ на ~ах róller skates.

рол||ь *ж.* role; *театр. тж.* part; (*текст ро́ли*) lines *pl.*; ~ без слов wálking-ón part; игра́ть ~ Га́млета play / act Hámlet [...'hæ-], take* the part of Hámlet; игра́ть ~ хозя́йки, сове́тчика *и т. п.* play hóstess, advíser, *etc.* [...'hou-...]; игра́ть гла́вную ~ play the léading part; (*перен.*) play first fiddle; распределя́ть ~и cast* roles / parts; ◇ э́то сыгра́ло свою́ ~ it has played its part; игра́ть глу́пую ~ act a sílly part; э́то не игра́ет ~и it is of no impórtance, it does not sígnifỳ.

ром *м.* rum.

рома́н *м.* **1.** nóvel ['nɔ-]; (*герои́ческий*) románce; бытово́й ~ nóvel of évery¦dáy life; **2.** *разг.* (*любо́вные отноше́ния*) love affáir [lʌv...]; (*любо́вная исто́рия*) románce.

романиз||а́ция *ж. ист.* Ròmanìzátion [roumənaɪ-]. **~и́ровать** *несов. и сов.* (*вн.*) Rómanìze ['rou-] (*d.*). **~и́роваться** *несов. и сов.* become*/ get* Rómanìzed [...'rou-].

романи́ст I *м.* (*а́втор*) nóvelist.

романи́ст II *м.* (*фило́лог*) Rómanist, spécialist in Románce philólogy ['spe-...], Románce philólogist.

романи́стика *ж.* Románce philólogy.

романи́ческ||ий romántic; ~ое приключе́ние romántic advénture.

рома́нс *м.* song, románce.

рома́нск||ий Románce, Románic; ~ие языки́ Románce / Románic lánguages; ~ая филоло́гия Románce philólogy; ~ стиль *арх.* Ròmanésque [rou-].

романти́зм *м.* románticism.

рома́н||тик *м.* romántic, románticist. **~тика** *ж.* románce. **~ти́ческий** romántic. **~ти́чность** *ж.* románticism, romántic quálity. **~ти́чный** = романти́ческий.

рома́шк||а *ж.* cámomìle; (*кру́пная полева́я*) óx-eye dáisy [-aɪ -zɪ]. **~овый** cámomìle (*attr.*).

ромб *м.* rhómb(us) (*pl.* -bes), díamond; в ви́де ~а díamond-shàped. **~и́ческий** rhómbic.

ромбови́дный díamond-shàped.

ромбо́ид *м. мат.* rhómboid. **~а́льный** *мат.* rhòmbóidal.

ро́мовый *прил. к* ром.

ро́ндо *с. нескл. муз.* róndò.

рондо́ *с. нескл.* **1.** *лит.* róndeau ['rɔndou], róndel; **2.:** перо́ ~ J-pèn ['dʒeɪ-], soft nib.

роня́||ть, урони́ть (*вн.*) **1.** drop (*d.*), let* fall (*d.*); **2.** *тк. несов.* (*о ли́стьях*) shed* (*d.*); (*об опере́нии*) moult [mou-] (*d.*); **3.** (*дискредити́ровать*) ínjure (*d.*); э́то ~ет его́ в обще́ственном мне́нии it ínjures him in the eyes of the públic [...aɪz... 'pʌ-].

ро́пот *м.* (*в разн. знач.*) múrmur, grumble.

ропта́ть múrmur, grumble; (на *вн.*) grumble (at, abóut).

рос||а́ *ж.* dew; у́тренняя ~ éarly-dew ['ɜː-]; вече́рняя ~ níght-dew; появля́ется ~ the dew is fálling; то́чка ~ы́ *метеор.* déw-point. **~и́нка** *ж.* déw-dròp; ◇ у него́ ма́ковой ~и́нки во рту не́ было *разг.* ≅ he has not had a mórsel of food. **~и́стый** déw¦y.

роско́ш||ествовать, ~нича́ть lùxúriàte; live on the fat of the land [lɪv...] *идиом.* **~но** *нареч.* lùxúrious¦ly, súmptuous¦ly; жить ~но live lùxúrious¦ly / súmptuous¦ly [lɪv...]; live like a lord *идиом.* **~ный** lùxúrious, súmptuous; (*о растительности*) lùxúriant; (*великолепный*) spléndid.

ро́скошь *ж.* lúxury [-kʃə-]; (*великолепие*) spléndour.

ро́слый tall, stálwart ['stɔː-], strápping.

ро́сный: ~ ла́дан bénzòin [-zou-], bénjamin.

росома́ха *ж. зоол.* glútton; (*американская*) wólverène ['wul-].

ро́спись *ж.* páinting; ~ стен wáll-painting(s) (*pl.*); múral(s) (*pl.*).

ро́спуск *м.* (*учащихся*) bréaking up [-eɪk-...]; (*слушателей, собрания и т. п.*) dismíssal; (*общества, парламента*) dìssolútion; *воен.* (*расформирование*) disbándment.

росси́йский Rússian [-ʃən].

ро́ссказни *мн. разг.* old wives' tale *sg.*, cóck-and-búll stóry [-'bul...] *sg.*, yarn *sg.*; э́то всё ~ it is an old wives' tale.

ро́ссыпь *ж. горн.* depósit [-zɪt], mine, field [fiː-]; золота́я ~ góld-mìne, góld-fìeld [-fiː-]; алма́зная ~ díamond-fìeld [-fiː-].

рост I *м.* growth [-ouθ]; (*перен. тж.*) ín¦crease [-s], rise, devélopment, úpgrowth [-ouθ]; культу́рный ~ cúltural advánce; ~ посевно́й пло́щади expánsion of área únder crops [...'ɛərɪə...]; ~ благосостоя́ния наро́да в СССР rise in the líving-stándards of the Sóvièt people [...'lɪv-...piː-]; ~ поголо́вья скота́ ín¦crease of líve-stòck; ~ тяжёлой инду́стрии growth / devélopment of héavy industry [...'he-...]; ~ произво́дства expánsion of prodúction, rise in prodúction; ◇ боле́знь ~а gròwing pains ['grou-...] *pl.*; дава́ть де́ньги в ~ *уст.* lend* móney on interest [...'mʌ-...]; на ~ (*о платье и т. п.*) to allów for growth.

рост II *м.* (*вышина*) height [haɪt], státure; быть ~ом с кого́-л. be of smb.'s height; высо́кого ~а tall, of large státure; ма́лого, ни́зкого ~а short, of small státure; по ~у accórding to height; в ~ челове́ка as tall as a man, of man's height; встать во весь ~ stand* úp¦ríght; растяну́ться во весь ~ (*упасть*) go* spráwling; méasure one's length ['me-...] *идиом.*; портре́т во весь ~ fúll-léngth pórtrait [...-rɪt]; пе́ред ни́ми во весь ~ вста́ла пробле́ма the próblem faced them in all its mágnitùde [...'prɔ-...]; ~ом 175 сантиме́тров 175 céntimètres in height; он ~ом не вы́шел *разг.* he is ány¦thing but tall, he is no gíant.

ро́стбиф *м. кул.* roast beef.

ростовщи́||к *м.* úsurer ['juːʒ-]; móney-lènder ['mʌ-]. **~ческий** ùsúrious [juː'z-]. **~чество** *с.* úsury ['juːʒ-].

рост||о́к *м.* sprout, shoot (*тж. перен.*); пуска́ть ~ки́ sprout, shoot*.

ростра́льн||ый róstral; ~ая коло́нна róstral cólumn.

ро́стры *мн. мор.* booms.

ро́счерк *м.* flóurish ['flʌ-]; ◇ одни́м ~ом пера́ with a stroke of the pen.

idея́нка *ж. бот.* súndew.

рот *м.* (*тж. перен.: едок*) mouth*; по́лость рта óral cávity; дыша́ть ртом breathe through the mouth; говори́ть с наби́тым ртом talk with one's mouth full; у него́ шесть ртов в семье́ *разг.* he has six mouths to feed in his fámily; ◇ рази́нув ~ *разг.* agápe, ópen-móuthed; оста́ться с рази́нутым ртом (*от удивления*) stand* agápe; зажа́ть кому́-л. ~ *разг.* stop smb.'s mouth; не брать в ~ (*рд.*) not touch [...tʌtʃ] (*d.*): он вина́ в ~ не берёт he never tóuches wine; — не открыва́ть рта never ópen one's lips / mouth; хлопо́т по́лон ~ *разг.* ≅ have one's hands full; зева́ть во весь ~ give* long yawns, yawn one's head off [...hed...].

ро́та *ж. воен.* cómpany ['kʌ-]; ~ свя́зи sígnal cómpany; commùnicátions cómpany *амер.*; миномётная ~ mórtar cómpany; сапёрная ~ field (èngínéer) cómpany [fiː- endʒ-...]; стрелко́вая ~ rifle cómpany; шта́бная ~ héadquárter(s) cómpany ['hed-...].

рота́тор *м. тех.* rotátor; *полигр.* rótary press ['rou-...].

ротацио́нн||ый: ~ая маши́на *полигр.* rótary press ['rou-...].

рота́ция *ж. полигр.* rótary press ['rou-...].

ро́тмистр *м. воен. ист.* cáptain (of cávalry).

ро́тный *воен.* **1.** *прил.* cómpany ['kʌ-] (*attr.*); **2.** *м. как сущ.* cómpany commánder [...-ɑːn-].

ротозе́й *м. разг.* gawk, gúllible pérson. **~ничать** *разг.* gape (abóut), loaf. **~ство** *с.* thóughtlessness, gùllibílity.

рото́нда *ж.* **1.** *арх.* rotúnda; **2.** (*одежда*) (lády's) cloak.

ротоно́гие *мн. скл. как прил. зоол.* stòmatópoda [stou-].

ро́тор *м. тех.* rótor.

ро́хля *м. и ж. разг.* dawdle, dáwdler.

ро́ща *ж.* grove.

роял||и́зм *м. полит.* róyalism. **~и́ст** *м. полит.* róyalist. **~и́стский** *полит.* róyalist, royalístic.

роя́л||ь *м.* piánò ['pjæ-], grand piánò; (*концертный*) cóncert grand; игра́ть на ~е play the piánò; у ~я at the piánò.

РТС (ремо́нтно-техни́ческая ста́нция) RMS (repáir and máintenance státion).

рту́тн||ый mèrcúrial; ~ое лече́ние *мед.* mèrcùrializátion, tréatment with mércury; ~ое отравле́ние *мед.* mèrcúrialism, mércury póisoning [...-z-]; ~ая мазь *фарм.* mèrcúrial óintment; ~ баро́метр cómmon / mèrcúrial barómeter; ~ столб mércury (cólumn).

ртуть *ж.* mércury, quícksìlver.

руба́ка *м. разг.* fine swórds¦man* [...'sɔː-].

руба́нок *м. тех.* plane.

руба́ха *ж.* shirt.

руба́ха-па́рень *м. разг.* plain / straightfórward féllow.

руба́шк||а *ж.* **1.** (*мужская*) shirt; (*женская*) chemíse [ʃɪ'miːz]; ночна́я ~ (*мужская*) níght-shirt; (*женская, детская*) níght-gown, níght-drèss; ни́жняя ~ úndershìrt; в бе́лой ~е in *a* white shirt; **2.** *тех.* jácket; **3.** *карт.* back; ◇ своя́ ~ бли́же к те́лу *посл.* ≅ self comes first, chárity begins at home; роди́ться в ~е ≅ be born with a sílver spoon in one's mouth.

рубе́ж *м.* **1.** bóundary, bórder(-lìne); за ~о́м (*за границей*) abróad [-ɔːd]; **2.** *воен.* line; ~ ата́ки assáult posítion [...-'zɪ-]; оборони́тельный ~ defénsive line; ◇ брать но́вые ~и́ make* fresh gains / advánces.

рубе́ц I *м.* **1.** (*шов*) hem, seam; **2.** (*шрам*) scar, cícatrice; (*от удара кнутом*) weal, wale.

рубе́ц II *м.* **1.** *анат.* paunch; **2.** *кул.* tripe; chítterlings *pl.*

руби́дий *м. хим.* rubídium.

Рубико́н *м.*: перейти́ ~ cross / pass the Rúbicon.

руби́льник *м. эл.* knífe-swìtch.

руби́н *м. мин.* rúby. **~овый** **1.** rúby (*attr.*); **2.** (*о цвете*) rúby(-còlour¦ed) [-kʌ-].

руби́ть (*вн.*) **1.** (*о деревьях*) fell (*d.*); **2.** (*о дровах*) hew (*d.*), hack (*d.*), chop (*d.*); **3.** (*о капусте, мясе и т. п.*) mince (*d.*), chop (up) (*d.*); **4.** (*саблей*) cut* (*d.*), sabre (*d.*), slash (*d.*); ◇ лес ру́бят — ще́пки летя́т *посл.* ≅ you cánnòt make an ómelette without bréaking eggs [...'ɔmlɪt...-eɪk-...]. **~ся** fight* with swords / sabres [...sɔːdz...].

ру́бище *с. тк. ед.* rags *pl.*, tátters *pl.*; в ~ in (rags and) tátters.

ру́бка I *ж.* **1.** (*деревьев*) félling; **2.** (*дров*) héwing, chópping; **3.** (*мяса, капусты и т. п.*) míncing, chópping.

ру́бка II *ж. мор.* déck¦house* [-s], déck-cábin; рулева́я ~ whéel-house* [-s]; боева́я ~ cónning-tower; штурма́нская ~ chart house* [...-s].

рублёв||ка *ж. разг.* óne-rouble note [-ruː-...]. **~ый** óne-rouble [-ruː-] (*attr.*).

-рублёвый (*в сложн. словах, не приведённых особо*) of... roubles [...ruː-]; -rouble [-ruː-] (*attr.*); *напр.* двадцатирублёвый of twénty roubles, twénty-rouble (*attr.*).

рýблен||ый 1. minced, chopped; ~ое мясо hash / minced meat; ~ые котлéты rissòles ['riː-]; **2.** (*бревенчатый*) log (*attr.*).

рубл||ь *м.* rouble [ruː-]; ценá пять ~éй the price is five roubles; золотóй ~ gold rouble; ◇ копéйка ~ бережёт *посл.* ≅ take care of the pence and the pounds will take care of thèm|sélves.

рýбрик||а *ж.* **1.** (*заголовок*) rúbric, héading ['he-]; под ~ой únder the héading; **2.** (*графа*) cólumn.

рубцевáться (*о ране*) cícatrìze.

рýбчатый (*о материи*) ribbed.

рýбчик *м.* **1.** *уменьш. от* рубéц I; **2.** (*на материи*) rib.

рýгань *ж.* abúse [-s], bad lánguage, swéaring ['swɛə-].

ругáтель||ный abúsive. **~ски** *нареч.*: ~ски ругáть (*вн.*) *разг.* scold víolently (*d.*). **~ство** *с.* curse, oath*, swéar-wòrd ['swɛə-].

ругáть, вы́ругать (*вн.*) scold (*d.*), rail (at), abúse (*d.*); (*порицать, критиковать*) críticìze (*d.*). **~ся,** вы́ругаться **1.** swear* [swɛə], curse, use bad lánguage, call names; ~ся как извóзчик ≅ swear* like a tróoper; **2.** *тк. несов.* (*между собой*) abúse each other, *или* one anóther, swear* at each other; они́ постоя́нно ругáются they are álways abúsing each other [...'ɔːlwəz...].

ругнýться *сов.* swear* [swɛə].

руд||á *ж.* ore; серéбряная, золотáя, магни́тная, мáрганцевая, мéдная ~ sílver, gold, màgnétic, mànganése, cópper ore; желéзная ~ íron-òre ['aɪən-], íron-stòne ['aɪən-]; обогащáть ~ý dress ore; промывáть ~ý jig ore.

рудимéнт *м.* rúdiment. **~áрный** rùdiméntary.

рудни́||к *м.* mine, pit. **~óвый, ~чный** mine (*attr.*); ~чный газ fíre-dàmp; ~чная стóйка pit prop.

рýдн||ый ore (*attr.*); ~ое месторождéние ore depósit [...-zɪt]; ~ая жи́ла lode; ~ бассéйн míning básin [...'beɪsⁿn].

рудокóп *м.* míner.

рудонóсный óre-bearing [-bɛə-].

рудоподъёмник *м.* ore lift.

ружéйн||ый gun (*attr.*), rifle (*attr.*); ~ мáстер gúnsmìth, ármour|er; ~ вы́стрел rífle-shòt; ~ая гранáта rífle-grenàde.

ружь||ё *с.* gun, hánd-gùn; дробовóе ~ shót-gùn; охóтничье ~ fówling-pìece [-piːs]; spórting gun; двуствóльное ~ dóuble-bàrrelled gun / piece ['dʌbl-...piːs]; противотáнковое ~ ánti-tànk rifle; стреля́ть из ~я́ fire *a* gun; ◇ под ~ём únder arms; в ~! to arms!

руи́на *ж. чаще мн.* rúin.

рук||á *ж.* **1.** (*кисть*) hand; (*от кисти до плеча*) arm; умéлые рýки skílful hands; брать нá руки (*вн.*) take* in one's arms (*d.*); держáть на ~áх (*вн.*) hold* in one's arms (*d.*); носи́ть на ~áх (*вн.*) cárry in one's arms (*d.*); (*перен.*) make* much (of), make* a fuss (óver); брать когó-л. пóд руку take* smb.'s arm; идти́ пóд руку с кем-л. walk árm-in-árm with smb., walk with smb. on one's arm; брáться зá руки join hands, take* each other's hand, link (hands); вести́ зá руку (*вн.*) lead* by the hand (*d.*); из рук в рýки from hand to hand; махáть ~óй wave one's hand; переписывать от ~и́ (*вн.*) cópy by hand ['kɔ-...] (*d.*); подавáть рýку (*дт.*) hold* out one's hand (to); óffer one's hand (to) (*тж. даме*); пожимáть рýку (*дт.*), здорóваться зá руку (с *тв.*) shake* hands (with); протя́гивать рýку (*дт.*) stretch out, *или* extend, one's hand (to); ~ óб руку hand in hand (*тж. перен.*); рýки вверх! hands up!; трóгать ~áми (*вн.*) touch [tʌtʃ] (*d.*); ~áми не трóгать! please do not touch!; **2.** (*почерк*) hand; э́то не егó ~ it is not his wríting; ◇ взять в свои́ рýки (что-л.) take* in hand (*d.*), take* into one's own hands [...oun...] (*d.*); (когó-л.) keep* a thóroughly strict hand óver smb. [...'θʌrə-...]; брать себя́ в рýки pull one|sélf together [pul...-'ge-], contról one|sélf [-oul...]; попáсться в рýки комý-л. fall* into smb.'s hands; прибрáть к ~áм (когó-л.) take* smb. in hand; (что-л.) appróprìàte smth.; быть без чегó-л. как без рук feel* hélpless without smth.; держáть в своих ~áх (*вн.*) have in one's hands (*d.*), have únder one's thumb (*d.*); быть в чьих-л. ~áх be in smb.'s hands; быть в хорóших ~áх be in good hands; быть прáвой ~óй когó-л. be smb.'s right hand; быть свя́занным по ~áм и ногáм be bound hand and foot [...fut]; в сóбственные рýки (*надпись на конверте и т. п.*) pérsonal; вали́ться из рук: у негó всё из рук вáлится (*от неловкости*) he is very áwkward / clúmsy [...-zɪ]; his fíngers are all thumbs *идиом.*; (*от бессилия, нежелания что-л. сделать*) he has not the heart to do ány|thing [...hɑːt...]; греть, нагрéть рýки ≅ line one's coat; выдавáть нá руки (*вн.*) hand out (*d.*); давáть вóлю ~áм *разг.* bring* one's fists into play; давáть рýку на отсечéние swear* [swɛə]; из пéрвых, вторы́х рук at first, sécond hand [...'se-...]; знать что-л. из вéрных рук know* smth. from good* authórity [nou...]; игрáть в четы́ре ~и́ (с *тв.*) play duéts (with); из рук вон плóхо *разг.* thóroughly bad; имéть на ~áх (*вн.*; *на попечении*) have on one's hands (*d.*); имéть золоты́е рýки be máster of one's craft, have a cléver pair of hands [...'kle-...]; как ~óй сня́ло it vánished as if by mágic; емý и кни́ги в рýки *разг.* ≅ he knows best [...nouz...]; ломáть рýки wring* one's hands; мáстер на все рýки Jack of all trades; махнýть ~óй (на *вн.*) give* up as lost / hópe|less (*d.*); give* up as a bad job (*d.*) *разг.*; наби́ть рýку (на *пр.*) become* a práctised hand [...-st...] (at); наложи́ть на себя́ рýки lay* hands on òne|sélf, take* one's own life*; э́то емý нá руку that is pláying into his hands; that serves his púrpose [...-s]; он нá руку нечи́ст he is a pílferer; на скóрую рýку óff-hánd; у негó ~ не дрóгнет сдéлать э́то he will not hésitàte / scruple to do it [...-zɪ-...]; не поднимáется ~ (+*инф.*) one can't bring òne|sélf [...kɑːnt...] (+ to *inf.*); у негó рýки опускáются he is lósing heart [...'luːzɪŋ...]; передавáть дéло *и т. п.* в чьи-л. рýки put* *the* mátter, *etc.*, into smb.'s hands; переходи́ть в другие рýки change hands [tʃeɪ-...]; подáть рýку пóмощи (*дт.*) lend* / give* a hélping hand (*i.*); подня́ть рýку (на *вн.*) raise one's hand (agáinst); по прáвую, лéвую рýку at the right, left hand; по ~áм! *разг.* a bárgain!, 'tis a bárgain!, done!; удáрить по ~áм (*прийти к соглашению*) strike* hands, strike* a bárgain; под ~óй (near) at hand, within éasy reach of one's hand [...'iːzɪ...]; под ~áми réady to hand ['re-...]; под пья́ную рýку únder the ínfluence of drink; приложи́ть рýку (к) (*принять участие*) bear* / take* a hand [bɛə...] (in); (*подписаться*) sign [saɪn] (*d.*); положá рýку нá сердце with one's hand up|ón one's heart; потирáть рýки (от) rub one's hands (with); предлагáть рýку комý-л. óffer smb. *one's* hand; проси́ть, домогáться ~и́ (*рд.*) be a súitor for the hand [...'sjuː-...] (of); разводи́ть ~áми lift one's hands (in dismáy); развязáть рýки комý-л. úntíe smb.'s hands, give* smb. full scope; ~ рýку мóет (you) roll my log and I'll roll yours; рýки прочь! hands off!; (отсю́да) ~óй подáть it is but a step from here, *или* a stone's throw from here [...θrou...]; сидéть сложá рýки sit* / be idle, sit* / be in ídle|ness; сон в рýку the dream has come true; с рук долóй off *one's* hands; сбыть с рук (*вн.*) get* off one's hands (*d.*); сойти́ с рук: э́то емý не сойдёт с рук he won't get a|wáy with it [...wount...]; умы́ть рýки wash one's hands; у негó рýки чéшутся (+*инф.*) his fíngers itch (+to *inf.*); что пóд руку попадётся ány|thing *one* can lay hands on / up|ón; шить на ~áх sew* by hand [sou...].

рукáв *м.* **1.** (*одежды*) sleeve; **2.** (*реки*) branch [-ɑː-], arm; **3.** *тех.* hose;

пожа́рный ~ fíre-hòse; ✧ де́лать что-л. спустя́ ~а́ *разг.* do smth. négligently, *или* in a slípshòd mánner.

рукави́ца *ж.* mítten; (*шофёрская, для фехтования и т. п.*) gáuntlet; ✧ держа́ть в ежо́вых ~х (*вн.*); ≅ rule with an íron rod [...'aɪən...] (*d.*).

рука́вчик *м.* 1. short sleeve; 2. (*манжета*) cuff.

руководи́тель *м.* léader; (*инструктор*) instrúctor; кла́ссный ~ class mánager.

руководи́ть (*тв.*) 1. lead* (*d.*), guide (*d.*); 2. (*управлять*) diréct (*d.*). **~ся** (*тв.*) fóllow (*d.*).

руково́дство *с.* 1. guídance ['gaɪ-], léadership; операти́вное ~ óperative mánage¦ment; под (непосре́дственным) ~м (*рд.*) únder the (diréct) léadership / guídance (of); квалифици́рованное ~ cómpetent diréction; осуществля́ть повседне́вное ~ (*тв.*) give* dáy-by-dáy advíce and léadership (to); 2. *собир.* léaders *pl.*; góverning bódy ['gʌ- 'bɔ-]; парти́йное ~ párty léaders; 3. (*то, чем следует руководствоваться*) guíding príncíple; ~ к де́йствию guide to áction; 4. (*книга*) hándbook, guide, mánual.

руково́дствоваться (*тв.*) fóllow (*d.*); ~ указа́ниями fóllow diréctions; ~ о́пытом be guíded by expérience; ~ соображе́ниями be ínfluenced / ruled by considerátions.

руководя́щ||ий *прич. и прил.* léading; ~ая роль па́ртии the léading role of the Párty; ~ая иде́я léading ìdéa [...aɪ'dɪə]; ~ая си́ла guíding force; ~ая нить dóminàting ìdéa; ~ая статья́ (*в газете*) léading árticle, léader, èditórial; ~ие о́рганы authórities.

рукоде́лие *с.* néedle¦wòrk, fáncy-wòrk.

рукоде́льни||ца *ж.* néedle¦wòman* [-wu-]; она́ иску́сная ~ she is cléver with her needle [...'kle-...]. **~чать** do néedle¦wòrk, do fáncy-wòrk.

рукокры́лые *мн. скл. как прил. зоол.* cheiróptera [kaɪə-].

рукомо́йник *м.* wásh-hànd-stànd, wásh-stànd.

рукопа́шн||ая *ж. скл. как прил.* hánd-to-hànd fíght(ing), mán-to-màn fíght(ing). **~ый**: ~ый бой hánd-to-hànd fíght(ing) / cómbat.

рукопи́сный mánuscript; ~ шрифт cúrsive, itálics.

ру́копись *ж.* mánuscript.

рукоплеск||а́ние *с. чаще мн.* appláuse, cláp(ping). **~а́ть** (*дт.*) appláud (to), clap (to).

рукопожа́т||ие *с.* hándshàke, hándclàsp; обме́ниваться ~иями (с *тв.*) shake* hands (with).

рукоя́||тка *ж.* handle, grip; (*ножа тж.*) haft; (*топора*) helve; (*молотка*) shaft; (*оружия*) hilt; (*рычаг*) léver; ~ затво́ра óperàting léver; по ~тку up to the hilt.

рула́да *ж. муз.* rouláde [ruː'lɑːd], run.

рулев||о́й 1. *прил.* rúdder (*attr.*); stéering; ~а́я маши́на stéering éngine [...'endʒ-]; ~о́е устро́йство stéering gear [...gɪə]; ~о́е колесо́ stéering wheel; 2. *м. как сущ.* hélms¦man*, man* at the wheel; quárter-màster *амер.*

руле́т *м. кул.*: мясно́й ~ cóllared beef, béef-ròll, meat loaf*.

руле́тк||а *ж.* 1. *тех.* tápe-measure [-me-], tápe-lìne; 2. (*игра*) roulétte [ru-]; игра́ть в ~у play roulétte.

рули́ть *ав.* táxi.

руло́н *м.* rouléau [ruː'lou] (*pl.* -eaus, -eaux [-ouz]).

рул||ь *м.* (*у судна*) rúdder; helm (*тж. перен.*); (*у автомашины*) (stéering-) wheel; (*велосипеда*) hándle-bàrs *pl.*; слу́шаться ~я́ ánswer the helm ['ɑːnsə...]; ~ поворо́та *ав.* rúdder-bàr; горизонта́льный ~ (*подводной лодки*) hòrizóntal rúdder, hýdrò¦plàne; ~ высоты́ *ав.* élevàtor; пра́вить ~ём, сиде́ть за ~ём, быть на ~е́, стоя́ть на ~е́ steer; стать за ~ take* the helm; ✧ без ~я́ и без ветри́л ≅ without a stéers¦man*, úndirécted.

румб *м. мор.* (cómpass) point['kʌ-...].

ру́мпель *м. мор.* tíller, helm.

румы́н *м.*, **~ка** *ж.*, **~ский** Rumánian; ~ский язы́к Rumánian, the Rumánian lánguage.

румя́на *мн.* rouge [ruːʒ] *sg.*

румя́н||ец *м.* (high) cólour [...'kʌ-]; (*от волнения, стыда и т. п.*) blush, glow [-ou]; залива́ться ~цем blush all óver.

румя́н||ить, нарумя́нить (*вн.*) rouge [ruːʒ] (*d.*), paint red (*d.*). **~иться**, нарумя́ниться rouge [ruːʒ], use rouge, paint one's face. **~ый** rósy [-zɪ], rúbicund, rúddy.

руни́ческий *лингв.* rúnic.

руно́ *с. уст., поэт.* fleece, wool [wul]; золото́е ~ *миф.* the gólden fleece.

ру́ны *мн. лингв.* runes.

ру́пия *ж.* (*денежная единица*) rùpée [ruː-].

ру́пор *м.* spéaking-trùmpet, mégaphòne; (*перен.*) móuthpìece [-piːs].

руса́к *м.* (*заяц*) hare.

руса́л||ка *ж.* mérmaid, wáter-nýmph ['wɔː-]. **~очий** mérmaid's.

руси́зм *м. лингв.* Rússism.

руси́ст *м.* spécialist in Rússian philólogy ['spe-...-ʃən...].

русифи||ка́тор *м. ист.* Rússifìer. **~ка́ция** *ж. ист.* Rùssificátion. **~ци́ровать** *несов. и сов.* (*вн.*) *ист.* Rússifỳ (*d.*), Rússianìze [-ʃə-] (*d.*).

ру́сло *с.* ríver-bèd ['rɪ-]; chánnel (*тж. перен.*); измени́ть ~ реки́ change the course of the ríver [tʃeɪ-...kɔːs... 'rɪ-].

русоволо́сый líght-háired.

ру́сская I *ж. скл. как прил.* Rússian wóman* [-ʃən 'wu-].

ру́сская II *ж. скл. как прил.* (*пляска*) Rússkàyà ['ruːskɑːjɑː] (*a Russian folk dance*).

ру́сск||ий 1. *прил.* Rússian [-ʃən]; ~ язы́к Rússian, the Rússian lánguage; говори́ть по-~и *см.* по-ру́сски; 2. *м. как сущ.* Rússian.

ру́сско- Rússian [-ʃən]: ~-англи́йский Rússian-Énglish [-ɪŋ-].

ру́сый light brown.

руте́ний [-тэ́-] *м. хим.* ruthénium.

рути́л *м. мин.* rútile [-tɪl].

рути́на *ж.* routíne [ruː'tiːn].

рутинёр *м.*, **~ка** *ж.* consérvative / rígid pérson. **~ский** *прил. к* рутинёр. **~ство** *с.* routínism [ruː'tiː-].

рути́нный routíne [ruː'tiːn] (*attr.*).

ру́хлядь *ж. собир.* lúmber, junk; (*о негодной мебели*) rámshàckle fúrniture.

ру́хну||ть *сов.* crash down, tumble down, collápse; (*перен.*) be destróyed, fall* to the ground; все его́ пла́ны ~ли all his plans were destróyed, *или* have fáll¦en to the ground.

руча́тельство *с.* guáranty, wárrant(y); с ~м guàrantéed, wárranted; часы́ с ~м на два го́да watch guàrantéed for two years, *или* with a twó-year guàrantée.

руча́||ться, поручи́ться (за что-л.) wárrant (smth.), guàrantée (smth.); cértifỳ (smth.); (за кого́-л.) ánswer ['ɑːnsə] (for smb.), (a)vóuch (for smb.); я ~юсь за э́то голово́й I'll ánswer / vouch for it with my life, I'll stake my life on it; ~юсь за то, что I guàrantée that; ~юсь, что сде́лаю э́то I assúre you, *или* I prómise, I will do it [...ə'ʃuə... -s...]; ~юсь, что вам э́того не сде́лать I defý you to do it; ~юсь тебе́, что I'll wárrant you that.

ручеёк *м.* tíny brook, stréamlet.

руче́й *м.* brook, stream; ✧ лить слёзы ручьём, в три ручья́ shed* floods of tears [...flʌdz...].

ру́чка *ж.* 1. *уменьш. от* рука́ 1; 2. (*рукоятка*) handle; (*круглая*) knob; (*кресла, дивана*) arm; (*корзины*) grip; ~ две́ри dóor-hàndle ['dɔː-]; (*круглая*) dóor-knòb ['dɔː-]; 3. (*для пера*) pénhòlder; автомати́ческая ~ fóuntain-pèn.

ручни́к *м. тех.* bench hámmer.

ручн||о́й I 1. hand (*attr.*), arm (*attr.*); ~ы́е часы́ wríst-wàtch *sg.*; ~ бага́ж hand / pérsonal / small lúggage; ~ чемода́н hánd-bàg; ~ы́е кандалы́ hándcùffs; mánacles; 2. (*производимый руками*) mánual; ~а́я рабо́та hándwòrk; ~ труд mánual lábour; уро́к ~о́го труда́ mánual tráining class; 3. (*для приведения в действие руками*) hánd-; ~ы́е тиски́ hánd-vìce *sg.*; ~а́я пила́ hánd-saw.

ручно́й II (*приручённый*) tame.

ру́шить I, разру́шить (*вн.*) pull down [pul...] (*d.*).

ру́шить II (*вн.*; *о зерне*) husk (*d.*).

ру́шиться *несов. и сов.* fall* in; (*перен.*) fall* to the ground.

ры́б||а *ж.* fish; уди́ть ~у fish, angle; ✧ ни ~ ни мя́со néither one thing nor the other ['naɪ-...]; néither fish, flesh, nor good red hérring *идиом.*; би́ться как ~ об лёд ≅ struggle désperate¦ly.

рыба́к *м.* físher¦man*; ✧ ~ ~а́ ви́дит издалека́ *посл.* ≅ birds of a féather flock togéther [...'fe-... -'ge-].

рыба́лк||а *ж. разг.* físhing; поéхать на ~у go* físhing.

рыба́||цкий, ~чий físhing, físher¦man's; píscatory *научн.*; ~чья ло́дка físhing-boat. **~чить** fish. **~чка** *ж.* **1.** físher¦wòman* [-wu-]; **2.** (*жена рыбака*) físher¦man's wife*.

рыбёшка *ж. разг.* small fry.

ры́бий fish (*attr.*); píscine [-si:n] *зоол.*; (*перен.*) cóld-blóoded [-'blʌ-]; ~ клей ísinglàss ['aɪzɪŋg-], físh-glue; ~ жир cód-lìver oil [-lɪ-...]; ✧ ры́бьи глаза́ códlike glance.

ры́бн||ый 1. fish (*attr.*); ~ садо́к físh-pònd; ~ суп fish soup [...su:p]; ~ ры́нок físh-màrket; ~ая торго́вля fish trade; ~ая промы́шленность físhing índustry; ~ая ло́вля físhing; ~ про́мысел físhery; ~ые консе́рвы tinned / canned fish *sg.*; **2.** (*богатый рыбой*): ~ая река́ a good ríver for físhing [...'rɪ-...].

рыбово́д *м.* físh-breeder; píscicùlturist *научн.* **~ство** *с.* físh-breeding; píscicùlture *научн.* **~ческий** físh-breeding; píscicùltural *научн.*

рыбозаво́д *м.* físh-fàctory; плаву́чий ~ físh-fàctory ship.

рыбоконсе́рвный: ~ заво́д fish cánnery.

рыболо́в *м.* físher, físher¦man*; (*с удочкой*) ángler.

рыболове́цк||ий físhing; ~ колхо́з colléctive físhery; ~ая арте́ль físhing àrtél.

рыболо́в||ный físhing; píscatory, pìscatórial *научн.*; ~ные принадле́жности físhing-tàckle *sg.*; ~ная снасть físhing-tàckle; ~ное су́дно físhing-boat. **~ство** *с.* físhing; соглаше́ние о ~стве (*в чужих водах*) físhery agréement.

рыбопромы́шленность *ж.* físhing índustry.

рыбопромы́шленный: ~ райо́н físhing / físhery dístrict.

рыботорго́в||ец *м. уст.* físhmònger [-mʌ-]. **~ка** *ж. уст.* fish¦wife*.

Ры́бы *мн. астр.* the Fish(es), Píscès [-si:z].

рыв||о́к *м.* **1.** jerk; ~ка́ми by jerks, jérkily; **2.** *спорт.* dash.

рыга́ть, рыгну́ть belch.

рыгну́ть *сов. см.* рыга́ть.

рыда́ни||е *с.* sóbbing; разрази́ться ~ями burst* out sóbbing.

рыда́ть sob.

рыдва́н *м.* large coach.

рыжеборо́дый réd-béarded.

рыжева́тый réddish, rúst-còlour¦ed [-kʌ-], fáwn-còlour¦ed [-kʌ-].

рыжеволо́сый réd-háired.

рыже́ть, порыже́ть turn réddish.

ры́жий 1. *прил.* red, réd-háired, gínger (*attr.*); (*о лошади*) chéstnùt[-sn-]; (*о белке*) red; **2.** *м. как сущ.* (*в цирке*) círcus clown.

ры́жик *м.* (*гриб*) sáffron milk cap.

рыка́ть roar.

ры́ло *с.* **1.** (*у свиньи*) snout; **2.** *груб.* (*лицо*) mug.

ры́льце *с.* **1.** *уменьш. от* ры́ло; **2.** *бот.* stígma.

рым *м. мор.* ring.

ры́нда I *м. ист.* rýnda (*bodyguard of the tzars of Russia in 14th—17th centuries*).

ры́нда II *ж. мор.* ship's bell.

ры́н||ок *м.* **1.** márket(-plàce); **2.** *эк.* márket; ~ сбы́та commódity márket; борьба́ империалисти́ческих стран за ~ки struggle of the impérialist cóuntries for márkets [...'kʌ-...]. **~очный** márket (*attr.*); ~очная торго́вля márketing; по ~очной цене́ at the márket price; по цене́ вы́ше ~очной above márket price.

рыса́к *м.* trótter.

ры́сий lynx (*attr.*).

рыси́ст||ый: ~ая ло́шадь trótter; ~ые испыта́ния trótting ráces.

ры́скать 1. rove, roam; scour abóut; ~ по бе́регу, ле́су *и т. п.* scour the coast, woods, *etc.* [...wudz]; **2.** *мор.* gripe, yaw.

рысц||а́ *ж.* jóg-trót. **~о́й** *нареч.*: е́хать ~о́й go* at a jóg-trót.

рысь I *ж.* (*животное*) lynx; америка́нская ~ bóbcàt.

рыс||ь II *ж.* (*аллюр*) trot; бы́страя ~ fast trot; на ~я́х at a trot; кру́пная ~ round trot.

ры́сью *нареч.* at a trot; пусти́ть ло́шадь ~ trot *a* horse; бежа́ть, идти́ ~ trot.

ры́твина *ж.* rut, groove.

рыть (*вн.*) dig* (*d.*); (*под землёй*) mine (*d.*); (*нору*) búrrow (*d.*); (*копытом — о лошади*) paw (*d.*); (*рылом — о свинье*) nuzzle (*d.*), root up (*d.*); ✧ самому́ себе́ я́му ~ ≅ build* a fire únder òne¦sélf [bɪld...].

рытьё *с.* dígging; (*под землёй тж.*) míning; ~ коло́дцев wéll-sìnking.

ры́ться, поры́ться (в *пр.*) dig* (in); (*в архивах и т. п.*) búrrow (*d.*); (*в вещах*) rúmmage (*d.*), ránsàck (*d.*).

рыхли́ть (*вн.*) lóosen [-s-] (*d.*), make* light / fríable (*d.*).

ры́хл||ость *ж.* frìabílity. **~ый** fríable; crúmb¦(l)y; (*о земле*) loose [-s], light, méllow.

ры́цар||ский knìghtly, chívalrous ['ʃɪ-]; ~ турни́р tóurnament ['tuə-]; ~ поеди́нок joust, just; ✧ ~ рома́н tale of chívalry [...'ʃɪ-]. **~ство** *с.* knìghthood [-hud], chívalry ['ʃɪ-].

ры́царь *м.* knight; стра́нствующий ~ knight érrant; ✧ ~ печа́льного о́браза knight of the rúe¦ful cóuntenance; ~ без стра́ха и упрёка a knight without fear and without repróach.

рыча́г *м.* léver; (*перен.*) key fáctor [ki:...]; ~ управле́ния contról léver [-oul...]; спусково́й ~ sear; ~ поворо́та stéering léver; переводно́й ~ (*стре́лки*) *ж.-д.* swítch-lèver.

рыча́||ние *с.* growl, snarl. **~ть,** прорыча́ть growl, snarl.

рья́н||о *нареч.* with zeal, zéalous¦ly ['ze-]. **~ость** *ж.* zeal. **~ый** zéalous ['ze-].

рюкза́к *м.* rúcksàck ['ruk-], knápsàck.

рю́м||ка *ж.* wíne-glàss. **~очка** *ж.* liquéur-glàss [-'kjuə-].

рюш *м.* ruche [ru:ʃ].

рябина I *ж.* **1.** (*дерево*) móuntain ash, rówan-tree; **2.** (*ягода*) áshberry, rówan.

ряби́на II *ж. разг.* (*от оспы*) pit, pock; лицо́ с ~ми póck-màrked face.

ряби́н||овка *ж.* áshberry brándy. **~овый** *прил. к* ряби́на I.

ряб||и́ть, зарябить **1.** *тк. несов.* (*вн.*; *воду и т. п.*) rípple (*d.*); **2.** *безл.*: у него́ ~и́т в глаза́х he is dazzled.

ряб||ова́тый speckled. **~о́й 1.** (*от оспы*) pítted, pocked, póck-màrked; **2.** (*с пятнами*) speckled.

ря́бчик *м.* házel-grouse [-s], házel-hèn.

рябь *ж. тк. ед.* **1.** (*на воде*) rípple(s) (*pl.*); **2.** (*в глазах*) dázzling.

ря́вкать, ря́вкнуть (на *вн.*) *разг.* béllow (at), roar (at).

ря́вкнуть *сов. см.* ря́вкать.

ряд *м.* **1.** row [rou]; line; ~ за ~ом, за ~ом ~ row up¦ón row; ~ автомаши́н line of véhicles [...'vi:ɪ-]; **2.** *театр.* row; пе́рвый ~ front row [-ʌ-...]; после́дний ~ back row; **3.** *воен.* (*в строю*) file, rank; непо́лный ~ blind file; ~ы́ вздвой! form fours! [...fɔ:z]; **4.** (*серия*) séries [-i:z] *sg. и pl.*; a númber; це́лый ~ a séries, a númber; мы мо́жем привести́ це́лый ~ приме́ров we can give a númber of exámples [...-ɑ:-]; **5.** (*лавки, магазины*) row of stalls; ры́бный ~ row of fish stalls; ✧ в ~а́х а́рмии in the ranks of the ármy; в пе́рвых ~а́х in the first ranks; из ~а вон выходя́щий óutstànding, extraórdinary [ɪks-'trɔ:dnrɪ], ùn¦úsual [-ʒu-], out of the cómmon (run); стоя́ть в ~у́ (*рд.*), стоя́ть в одно́м ~у́ (с *тв.*) rank (with).

ряди́ться I, поряди́ться (с *тв.*) *разг.* (*уславливаться о цене, условиях*) bárgain (with); make* a deal (with).

ряди́ться II, наряди́ться **1.** dress òne¦sélf up; **2.** *тк. несов.* (*маскироваться*) dis¦guíse òne¦sélf.

рядко́м *разг.* = ря́дом.

рядово́й I **1.** *прил.* órdinary, cómmon; **2.** *прил. воен.*: ~ соста́в rank and file; **3.** *м. как сущ. воен.* prívate (sóldier) ['praɪ- 'souldʒə], man*.

рядов||о́й II *с.-х.*: ~а́я се́ялка drill (séeder); ~ посе́в sówing in drills ['sou-...], drill sówing.

ря́дом *нареч.* **1.** (*один после другого*) near, next to; (*с кем-л. тж.*) side by side, beside; by (*smb.'s side*); сидеть ~ sit* side by side; сидеть ~ с кем-л. sit* next to smb.; сесть ~ с кем-л. sit* down by smb., *или* by smb.'s side; **2.** (*поблизости*) next (to), next door [...dɔː]; это совсем ~ it is quite near, it is close by [...klous...]; он живёт ~ he lives next door [...lɪ-...], he lives close by; ✧ сплошь да ~ quite often [...'ɔːf(t)ᵊn].

ряженый *м. скл. как прил.* múmmer, másker.

ряса *ж.* cássock.

ряска I *ж. уменьш. от* ряса.

ряска II *ж. бот.* dúckweed.

С

с I, со *предл.* (*тв.*) with; (*и*) and; он приехал с детьми he came with *the* children; с пером в руке with *a* pen in one's hand; чай с молоком tea with milk; с улыбкой with a smile; с интересом with interest; с удовольствием with pléasure [...'ple-]; со смехом with a laugh [...lɑːf], with láughter [...lɑːf-]; с песнями и смехом with song and láughter; книга с картинками pícture-book; повидать отца с матерью see* one's father and móther [...'fɑː-... 'mʌ-]; брат с сестрой ушли brother and sister went a¦wáy ['brʌ-...]; мы с тобой, мы с вами you and I; ✧ с работой всё хорошо the work's gó¦ing on all right; что с тобой? what is the mátter with you?; у него нехорошо с лёгкими he has got lung trouble [...trʌbl]; с годами, с возрастом это пройдёт it will pass with the years, with age; проснуться с зарёй a¦wáke* with the dawn; с каждым днём every day; с последним поездом by the last train; с курьером by córier / méssenger [...'kurɪə -ndʒə]; спешить с отъездом be in a húrry to leave; *другие особые случаи по возможности приведены под теми словами, с которыми предл.* с *образует тесные сочетания.*

с II, со *предл.* (*рд.*) **1.** (*в разн. знач.*) from; (*прочь тж.*) off: упасть с крыши fall* from *a* roof; сбросить со стола throw* off / from *the* table [θrou...]; сойти с балкона come* down from *a* bálcony; снять кольцо с пальца take* *a* ring off / from one's finger; приехать с Кавказа come* from the Cáucasus; рыба с Волги fish from the Vólga; вернуться с работы retúrn from work; съехать с дачи, с квартиры move from *a* cóuntry-house*, from *a* flat [muːv... 'kʌ- -haus...]; — уйти с поста leave* one's post [...poust]; писать портрет с кого-л. paint smb.'s picture; брать пример с кого-л. fóllow smb.'s exámple [...-ɑːmpl]; с радости, с горя with / for joy, grief [...-iːf]; с досады, со злости with vèxátion, with ánger; со стыда for / with shame; **2.** (*о времени: от*) from; (*начиная с такого-то времени — о прошлом*) since; (*о будущем*) beginning from; (*о годах, месяцах*) in; (*о днях*) on; (*о часах*) at: с сентября по декабрь from Septémber to Decémber; с трёх до пяти from three to five; он не видел её с прошлого года he has not seen her since last year; он будет работать там с января, пятницы, трёх часов he will start wórking there beginning from Jánuary, Fríday, three o'clóck [... 'fraɪdɪ...]; он начнёт работать там с января, с пятницы, с трёх часов he will start wórking there in Jánuary, on Fríday, at three o'clóck; ✧ с первого взгляда at first sight; с головы до ног from head to foot [...hed... fut]; с начала до конца from beginning to end; со сна half a¦wáke [hɑːf...]; взять с бою take* by storm; писать с большой буквы write* with *a* cápital létter; с минуты на минуту every minute [...'mɪnɪt]; с чьего-л. разрешения, с чьего-л. позволения with smb.'s permíssion; с вашего согласия with your consént; с виду in appéarance; устать с дороги be tired áfter *a* jóurney [...'dʒəː-]; с меня довольно I have had enóugh [...ɪ'nʌf]; *другие особые случаи по возможности приведены под теми словами, с которыми предл.* с *образует тесные сочетания.*

с III, со *предл.* (*вн.*) the size of; (*с оттенком приблизительности*) abóut: с булавочную головку the size of a pin's head [...hed]; с вас ростом abóut your size; с лошадь величиной the size of a horse; туда будет с километр it is abóut a kílomètre from here.

сабельный sabre (*attr.*).

сабля *ж.* sabre; sáber *амер.*

сабо *мн. нескл.* sábòt ['sæbou].

саботаж *м.* sábotàge [-tɑːʒ]. **~ник** *м.*, **~ница** *ж.* sàbotéur [-'tɔː], wrécker. **~ничать** *разг.* práctise sábotàge [-s -tɑːʒ].

саботировать *несов. и сов.* (*вн.*) sábotàge [-tɑːʒ] (*d.*).

сабур *м. фарм.* áloes.

саван *м.* shroud, cérement ['sɪə-].

саванна *ж.* savánna(h).

саврасый (*о лошади*) gréyish.

сага *ж.* sága ['sɑː-].

сагитировать *сов. см.* агитировать 2.

саго *с. нескл.* ságò. **~вый** ságò (*attr.*); **~вая** пальма ságò palm [...pɑːm].

сад *м.* gárden; фруктовый ~ órchàrd; городской ~ the gárdens *pl.*; ✧ ботанический ~ botánical gárdens *pl.*; зоологический ~ zò¦ológical gárdens *pl.*; zoo *разг.*; детский ~ kíndergàrten ['kɪ-].

сад||изм *м.* sádism. **~ист** *м.* sádist. **~истский** sadístic.

садить, посадить (*вн.*) *разг.* (*о растениях*) plant [-ɑːnt] (*d.*).

садиться I, сесть **1.** sit* down; (*переходя из лежачего положения*) sit* up: ~ завтракать, обедать *и т. п.* sit* down to bréakfast, dínner, *etc.* [...'brek-...]; он сел на стул, в кресло he sat down on *a* chair, in *an* ármchair; он сел в постели he sat up in bed;— он сел в ванну he got into *the* bath; сади(те)сь! won't you sit down [wount...], take a seat; сядь(те)! sit down!; **2.** (на *поезд, пароход и т. п.*) take* (*d.*), board (*d.*); (*попадать, делать посадку*) get* in(to); он сел на поезд в Москве he took the train in Móscow; ему надо сесть на этот трамвай he must take this tram; пора ~ time to get in / abóard; он не мог сесть в поезд, в трамвай he could not get into the train, into the tram; ~ на лошадь mount *a* horse; сади(те)сь! (*в автомобиль, экипаж*) get in!; **3.** (*о самолёте, дирижабле и т. п.*) land, alíght; (*опускаться — о птице*) alíght, perch; (*о мухе, комаре и т. п.*) alíght, settle; **4.** (*о пыли*) settle; (*о тумане*) fall*; **5.** (*заходить — о солнце, луне*) set*; ✧ сесть в лужу, в калошу get* into a mess / fix.

садиться II, сесть **1.** (*о ткани*) shrink*; **2.** (*о строении*) settle.

садни||ть *безл. разг.* burn*, smart; у него ~т в горле his throat smarts.

садовн||ик *м.*, **~ица** *ж.* gárdener.

садовод *м.* gárdener; hòrticúlturist *научн.* **~ство** *с.* **1.** gárdening; hòrticúlture *научн.*; **2.** (*хозяйство, заведение*) gárdening estáblishment. **~ческий** gárdening (*attr.*); hòrticúltural *научн.*

садово-парков||ый: ~ая архитектура lándscàpe árchitècture.

садов||ый 1. gárden (*attr.*); **2.** (*противоп. дикорастущий*) cúltivàted; ~ые цветы cúltivàted flówers; ~ая малина cúltivàted ráspberry [...'rɑːzb-].

садок *м.* **1.** (*живорыбный*) stew, físh-pònd ; (*для разведения рыбы*) núrse-pònd; **2.:** кроличий ~ (rábbit-) wàrren.

саж||а *ж.* soot [sut]; smóke-blàck; в ~е sóoty ['su-].

сажалка *ж. с.-х.* plánter [-ɑːntə], plánting machíne [-ɑːnt- -'ʃiːn].

сажать, посадить (*вн.*) **1.** seat (*d.*); (*предлагать сесть*) give* / óffer a seat (*i.*); ~ на суда embárk (*d.*); ~ в тюрьму put* into prison [...'prɪz-] (*d.*), imprison [-'prɪz-] (*d.*); jail (*d.*) *амер.*; ~ под арест put* únder arrést (*d.*); ~ ку́рицу на я́йца set* *a* hen on eggs; ~ пти́цу в клётку cage *a* bird; ~ соба́ку на цепь chain *a* dog; **2.**: ~ хлеб в печь put* *the* bread into *the* óven [...bred... 'ʌ-]; **3.** (*о растениях*) plant [-ɑːnt] (*d.*); (*в горшки*) pot (*d.*); ◇ ~ на хлеб и на́ воду put* up¦ón bread and wáter [...'wɔː-] (*d.*).

са́женец *м.* *с.-х.* séedling; (*молодое растение*) sápling, young plant [jʌŋ -ɑːnt].

саже́нн||ый: ~ого ро́ста of tówering státure.

са́жень *ж.* (*2,134 м*) ságène ['sɑː-ʒen]; морска́я ~ (*1,83 м*) fáthom [-ð-]; ◇ коса́я ~ в плеча́х *разг.* ≅ broad as a bárrel·[brɔːd...].

саза́н *м.* sazán (*a fresh-water fish belonging to the carp family*).

саи́б *м.* Sáhib ['sɑːɪb].

са́йка *ж.* roll (*bread*).

сак *м.* *уст.* **1.** bag; **2.** (*женское пальто*) sácque(-coat).

саквоя́ж *м.* trávelling-bàg, hánd-bàg.

са́кля *ж.* sáklia (*dwelling of Caucasian peoples*).

сакрамента́льный sàcraméntal.

саксо́н||ец *м.*, ~ка *ж.*, ~ский Sáxon; ~ский язы́к *ист.* Sáxon, the Sáxon lánguage; ~ский фарфо́р Saxe / Drésden chína [...-zd-...].

саксофо́н *м.* sáxophòne.

сала́зк||и *мн.* **1.** hand sled(ge) *sg.*, tobóggan *sg.*; ката́ться на ~ах tobóggan; **2.** *тех.* slide *sg.*, slide / slíding block *sg.*

сала́ка *ж.* (*рыба*) sprat.

салама́ндра *ж.* *зоол.* sálamànder.

сала́т *м.* **1.** (*растение*) léttuce [-tɪs]; **2.** (*кушанье*) sálad ['sæ-]. ~**ник** *м.* sálad-dìsh ['sæ-], sálad bowl ['sæ-boul]. ~**ный** (*о цвете*) ápple-green.

са́линг *м.* *мор.* cróss-trees *pl.*

са́лить (*вн.*) **1.** grease (*d.*); **2.** = пятна́ть 2.

сали́цилка *ж.* *разг.* sàlícylàte.

сали́цилов||ый *хим.*: ~ая кислота́ sàlicýlic ácid; ~ натр sàlícylàte.

сали́ческий *ист.* Sálic; ~ зако́н the Sálic law.

са́лки *мн.* = пятна́шки.

са́ло *с.* **1.** fat; (*нутряное*) súet ['sjuɪt]; (*топлёное свиное*) lard; (*топлёное для свечей*) tállow; **2.** (*тонкий лёд*) sludge.

сало́л *м.* *фарм.* sálol [-æ-].

сало́н *м.* sálòn ['sælɔ̃ːŋ]; (*в гостинице, на пароходе*) salóon.

сало́н-ваго́н *м.* salóon(-càr), salóon--càrriage [-rɪdʒ], lóunge-càr.

сало́нн||ый: ~ разгово́р small talk; ~ые мане́ры society mánners.

сало́п *м.* *уст.* wómen's coat ['wɪ-...].

салото́пенный tállow-mèlting.

салфе́т||ка *ж.* (táble-)nàpkin, sèrviétte. ~очный nápkin (*attr.*); ~очное полотно́ díaper-clòth, dámask ['dæ-].

сальварса́н *м.* *фарм.* sálvarsan.

са́льдо *с.* *нескл.* *бух.* bálance.

са́льник *м.* **1.** *анат.* epíplòon; **2.** *тех.* stúffing-bòx, gland.

са́льность *ж.* (*непристойность*) òbscéne¦ness, òbscénity [-'siː-], báwdiness.

са́льн||ый **1.** (*сделанный из сала*) tállow (*attr.*); ~ая свеча́ tállow candle; **2.** *анат.* sebáceous [-ʃəs]; ~ая железа́ sebáceous gland; **3.** (*запачканный салом*) gréasy [-zɪ]; ~ое пятно́ gréasy spot; **4.** (*непристойный*) òbscéne, báwdy.

са́льто-морта́ле *с.* *нескл.* sómersault ['sʌ-], sómerset ['sʌ-], súmmersault.

салю́т *м.* salúte; произвести́ ~ двадцатью́ артиллери́йскими за́лпами fire a salúte of twénty sálvòes. ~**ова́ть** *несов. и сов.* (*дт.*) salúte (*d.*).

сам, *ж.* сама́, *с.* само́, *мн.* са́ми, *мест.* *переводится соответственно лицу, числу и роду*: *1. sg.* mỳ¦sélf; *pl.* our¦sélves; *2. sg.* your¦sélf; thỳ¦sélf [ð-] *поэт.* *уст.*; *pl.* your¦sélves; *3. sg. m.* hìm¦sélf, *f.* hèr¦sélf, *n.* ìt¦sélf; *pl.* thèm¦sélves; он ~ э́то сде́лал he did it by hìm¦sélf; ◇ я ~ себе́ хозя́ин I am my own máster [...oun...]; э́то говори́т ~о́ за себя́ it tells its own tale, it speaks for ìt¦sélf; ~о́ по себе́ э́то не име́ет значе́ния in ìt¦sélf it is of no impórtance; ~ по себе́ by hìm¦sélf; (она́) ~а́ винова́та she has ónly hèr¦sélf to blame, it's her (own) fault.

сама́ *ж.* *см.* сам.

сама́н *м.* adóbe [-bɪ]. ~**ный:** ~ный кирпи́ч adóbe.

са́мбо *с.* *нескл.* sámbo-wréstling (*samooborona bez oruzhia — self-defence without arms*).

самбу́к *м.* *бот.* élder, sàmbúcus.

сам-дру́г **1.** (*о людях*) with one other; two (togéther) [...-'ge-]; not alóne but accómpanied by another pérson [...ə'kʌ-...]; **2.** (*об урожае*) double [dʌ-], twice as much.

саме́ц *м.* male; (*при названии животного тж.*) he-; (*оленя, антилопы, зайца, кролика*) buck; (*лисы, волка*) dog; (*птиц*) cock.

са́мка *ж.* fémàle ['fiː-]; (*при названии животного тж.*) she-; (*слона, носорога, кита, тюленя*) cow; (*оленя, зайца, кролика*) doe; (*птиц*) hen; ~ леопа́рда shé-léopard [-'lep-], léopardess ['lep-].

само́ *с.* *см.* сам.

самоана́лиз *м.* sélf-exàminátion, ìntrospéction.

самобичева́ние *с.* sélf-flàgèllátion, sélf-tórture.

самобы́тн||ость *ж.* originálity. ~**ый** oríginal, distínctive.

самова́р *м.* sámovàr; ста́вить, разжига́ть ~ heat / set* *the* sámovàr.

самовла́ст||ие *с.* *уст.* autócracy; ábsolùte rule. ~**ный** (*облечённый единоличной, неограниченной властью*) ábsolùte; (*деспотический*) dèspótic; ~ный прави́тель ábsolùte / dèspótic rúler.

самовлюблённ||ость *ж.* sélf-àdmirátion. ~**ый** sélf-enámour¦ed, concéited [-'siːtɪd].

самовнуше́ние *с.* áuto-suggéstion [-'dʒestʃ-].

самовозгора́||ние *с.* spòntáneous ignítion / combústion [...-stʃən]. ~**ющийся** spòntáneous¦ly igníting.

самово́лие *с.* lícence ['laɪ-].

самово́льн||ичать *разг.* act wílfully. ~**ый** **1.** (*своенравный*) sélf-wílled, wílful; **2.** (*без разрешения*) ùnwárranted; ~ая отлу́чка ùnwárranted ábsence; *воен.* ábsence without leave.

самовоспита́ние *с.* sélf-èducátion.

самовоспламене́ние *с.* = самовозгора́ние.

самовосхвале́ние *с.* sélf-glòrificátion, sélf-práise.

самого́н *м.* hóme-brew.

самодви́жущийся sélf-propélled.

самоде́йствующий sélf-ácting.

самоде́льный hóme-máde.

самодержа́в||ие *с.* autócracy; ца́рское ~ the tsárist autócracy [...'zɑː-, 'tsɑː-...]. ~**ный** autocrátic.

самоде́ржец *м.* áutocràt.

самоде́ятельн||ость *ж.* **1.** ìndepéndent áction, spòntáneous àctívity; **2.** (*художественная*) ámateur tálent àctívities [-təː 'tæ-...] *pl.*, ámateur perfórmances *pl.*; ве́чер ~ости ámateur (évening) cóncert [...'iːv-...], ámateurs' évening. ~**ый** **1.** ámateur [-təː] (*attr.*); ~ая тру́ппа ámateur troupe [...truːp]; **2.** *эк.* (*имеющий самостоятельный заработок*) gáinfully emplóyed; ~ое населе́ние gáinfully emplóyed pòpulátion.

самодисципли́на *ж.* sélf-díscipline.

самодовле́ющий sélf-suffícing, sélf--contáined.

самодово́ль||но *нареч.* complácent¦ly; smúg¦ly *разг.* ~**ный** sélf-sátisfìed, complácent; smug *разг.*; ~ная улы́бка complácent / sélf-sátisfìed smile. ~**ство** *с.* sélf-sàtisfáction, complácency [-eɪs-]; smúgness *разг.*

самоду́р *м.* pétty týrant, wílful and stúpid pérson. ~**ство** *с.* pétty týranny, stúpid wílfulness.

самозабве́н||ие *с.* sélf-oblívion, forgétfulness of self [-'ge-...]. ~**ный** sélfless.

самозаготóвка *ж* láying-ín one's own stores [...oun...].

самозажига́||ние *с.* sélf-ignítion. ~**ющийся** sélf-igníting.

самозака́лка *ж.* *тех.* sélf-hárdening.

самозапи́сывающий sélf-recórding.

самозарожде́ние *с.* *биол.* sélf-gènerátion, spòntáneous gènerátion.

самозаря́дн||ый sélf-lóading; áuto-loading *амер.*; ~ая винто́вка sélf--lóading rífle.

самозащи́т||а *ж.* sélf-defénce; в положе́нии ~ы *юр.* in sélf-defénce.

самозва́н||ец *м.*, ~ка *ж.* impóstor, preténder; Дми́трий Самозва́нец the False Deméṭrius [...fɔːls...]. ~**ный** false [fɔːls], sélf-stýled. ~ство с. impósture.

самоиндукция ж. физ. sélf-indúction.

самоистребление с. sélf-destrúction.

самоистязание с. sélf-tórture.

самокат м. 1. воен. bícycle ['baɪ-], pédal cycle ['pe-...], púsh-cýcle ['puʃ-]; cycle разг.; 2. (игрушка) scóoter. ~чик м. воен. bícyclist ['baɪ-], cýclist ['saɪ-].

самоконтроль м. sélf-contról [-oul].

самокритика ж. sélf-críticism; критика и ~ — действенное оружие в борьбе за коммунизм críticism and sélf-críticism are a pówerful wéapon in the struggle for Cómmunism [...'we-...].

самокритичный sélf-crítical.

самолёт м. áircràft, áeroplàne ['ɛə-]; áirplàne, plane; ~ связи lìáison plane [liː'eɪzɔ̃ːŋ...]; бомбардировочный ~ bómb|ing áircràft, bómb|er; bòmbárdment (áir)plàne амер.; разведывательный ~ recónnaissance áircràft [-nɪsəns...], scout plane; санитарный ~ áerial ámbulance ['ɛə-...]; ámbulance plane; транспортный ~ tránspòrt áircràft / plane; учебный ~ tráining plane; ~-торпедоносец tòrpédò bómber / plane.

самолётовождение с. = аэронавигация.

самолёто-вылет м. sórtie (of áircràft).

самолётостроение с. áircràft constrúction.

самолёт-снаряд м. flýing bomb, míssìle plane; róbòt bomb, buzz bomb разг.

самолично||о нареч. разг. òne|sélf; (сделать что-л.) by òne|sélf; он ~ видел это he saw it hìm|sélf. ~ый разг. pérsonal.

само||любивый proud. ~любие с. sélf-respéct, sélf-estéem, pride; ложное ~любие false pride [fɔːls...]; щадить чьё-л. ~любие spare smb.'s sélf-respéct / sélf-estéem / vánity.

самомнение с. (sélf-)concéit [-'siːt], sélf-impórtance; с большим ~м sélf-concéited [-'siːt-].

самонаблюдение с. психол. ìntrospéction.

самонадеянн||ость ж. sélf-suffícienсy, presúmption [-'zʌ-]. ~ый sélf-sufficient, presúmptuous [-'zʌ-], presúming [-'z-].

самообвинение с. sélf-còndèmnátion.

самообладание с. sélf-contról [-oul], sélf-posséssion [-'ze-], sélf-commánd [-ɑːnd], sélf-mástery; (спокойствие) compósure [-'pou-]; терять ~ lose* one's sélf-contról [luːz...].

самообличение с. sélf-àccusátion [-'zeɪ-].

самообложение с. sélf-tàxátion.

самообман м. sélf-decéption, sélf-delúsion.

самообогащение с. sélf-enríchment.

самообожание с. sélf-àdorátion.

самообольщение с. delúsions abóut òne|sélf pl., sélf-delúsion.

самооборона ж. sélf-defénce.

самообразование с. sélf-èducátion.

самообслуживание с. sélf-sérvice.

самоограничение с. sélf-restríction, sélf-restráint.

самоокупа||емость ж. sélf-rè|páyment. ~ющийся rè|páying, páying back, páying its way.

самооплодотворение с. биол. sélf-fèrtilìzátion [-laɪ-], autógamy.

самооправдание с. sélf-jùstificátion.

самоопредел||ение с. полит. sélf-detèrminátion; право наций на ~ the right of nátions to sélf-detèrminátion. ~иться сов. см. самоопределяться.

самоопределяться, самоопределиться cónstitùte òne|sélf.

самоопрокидывающийся sélf-típping.

самоопыление с. бот. sélf-fèrtilìzátion [-laɪ-].

самоосуждение с. sélf-còndèmnátion.

самоотвержение с. = самоотверженность.

самоотверженн||ость ж. sélflessness. ~ый sélfless; ~ый труд sélfless lábour.

самоотвод м. refúsal to accépt (an óffice, one's nòminátion) [-z°l...], rejéction (of an óffice, of one's nòminátion).

самоотравление с. мед. áuto-intòxicátion.

самоотречение с. renùnciátion, sélf-denial; (sélf-)àbnegátion.

самоохрана ж. sélf-protéction.

самооценка ж. sélf-appráisal [-z°l].

самоочевидный sélf-évident.

самописка ж. разг. fóuntain-pèn.

самопишущ||ий régistering, (sélf-)recórding; ◇ ~ее перо fóuntain-pèn.

самопожертвование с. sélf-sácrifice.

самопознание с. филос. sélf-knówledge [-'nɔ-].

самопомощь ж. sélf-hélp, mútual help.

самопроизвольн||ость ж. spòntanéity [-'niːɪ-]. ~ый spòntáneous.

самопрялка ж. spínning-wheel.

самопуск м. тех. sélf-stárter.

саморазгружающ||ийся sélf-ún|lóading; ~ автомобиль dúmp-trùck; ~ вагон hópper(-càr); ~аяся баржа hópper(-bàrge).

саморазоблачение с. sélf-expósure [-'pou-].

саморегистрирующий sélf-régistering.

саморегулирующий sélf-régulàting.

самореклама ж. sélf-advértise|ment [-s-].

самород||ный nátive; (о металлах тж.) vírgin. ~ок м. горн. nátive / vírgin métal [...'me-], nátive ore; (перен.) a pérson of nátural gifts [...gɪ-]; ~ок золота núgget (of gold).

самосад м. hóme-grown tobáccò [-groun...].

самосадочн||ый: ~ая соль láke-sàlt.

самосвал м. dump truck, típ-ùp lórry.

самосовершенствование с. sélf-perféction.

самосознание с. (sélf-)cónscious|ness [-nʃəs-]; классовое ~ пролетариата cláss-cónscious|ness of the pròlètáriat [...-nʃəs-...prou-].

самосохранен||ие с. sélf-prèservátion [-zə-]; инстинкт, чувство ~ия ínstinct of sélf-prèservátion.

самостоятельн||о нареч. (независимо) ìndepéndently; (без посторонней помощи) without assístance, on one's own [...oun]; работать ~ work without assístance, work on one's own. ~ость ж. ìndepéndence, sélf-depéndence, sélf-depéndency. ~ый ìndepéndent, sélf-depéndent; ~ое исследование ìndepéndent / oríginal reséarch [...-'səːtʃ].

самострел I м. ист. árbalèst, cróss-bow [-bou].

самострел II м. (человек, умышленно ранивший себя) man* with a sélf-inflícted wound [...wuː-].

самострельный sélf-fíring.

самосуд м. mob law; lýnching.

самотёк м. drift; тех. grávity feed; пустить на ~ (вн.) negléct (d.), let* take its course [...kɔːs] (d.); ◇ политика ~а a pólicy of láissez-fáire [...'leɪseɪ'fɛə].

самотёком нареч. 1. тех. by grávity; 2. (стихийно, неорганизованно) in a háp|házard / ún|órganìzed mánner; предоставлять делу идти ~ let* things drift, leave* things to thèm|sélves.

самотормо||жение с. sélf-bráking. ~зящийся sélf-bráking, sélf-cátching, sélf-stópping.

самоубий||ство с. súicìde, sélf-múrder; félò-dè-sé (pl. félònès-dè-sé [-niːz-]) юр.; кончать ~ством commít súicìde. ~ца м. и ж. súicìde, sélf-múrderer; félò-dè-sé (pl. félònès-dè-sé [-niːz-]) юр.

самоуважение с. sélf-estéem.

самоуверенн||о нареч. with sélf-cónfidence, with sélf-assúrance [...-'ʃuə-]. ~ость ж. sélf-cónfidence, sélf-assúrance [-'ʃuə-]. ~ый sélf-cónfident, sélf-opíniònàted.

самоуглублённый sélf-absórbed.

самоуни||жение с., ~чижение с. sélf-abáse|ment [-s-], sélf-humìliátion, sélf-dispárage|ment.

самоуничтожение с. sélf-destrúction, sélf-annìhilátion [-naɪə-].

самоуплотн||ение с. 1. тех. sélf-pácking; 2. (жилищное) vóluntary gíving up of a part of one's dwélling space. ~иться сов. см. самоуплотняться.

самоуплотняться, самоуплотниться give* up vóluntarily a part of one's dwélling space.

самоуправлени||е с. sélf-góvernment [-'gʌ-]; органы ~я sélf-góvernment ìnstitútions; органы местного ~я ìnstitútions of lócal góvernment [...'gʌ-].

самоуправляющийся sélf-góverning [-'gʌ-].

самоупра́в||ный árbitrary. **~ство** *с.* árbitrariness.

самоусоверше́нствование *с.* = самосоверше́нствование.

самоуспоко́енность *ж.* complácency [-eɪs-].

самоустрани́ться *сов. см.* самоустраня́ться.

самоустраня́ться, самоустрани́ться keep* alóof; *несов. тж.* try to keep alóof; (от; *удаляться*) with¦dráw* (from).

самоучи́тель *м.* sélf-instrúction mánual, téach-your¦sélf book.

самоу́чк||а *м. и ж.* sélf-táught / sélf-educàted pérson. **~ой** *нареч.*: вы́учиться чему́-л. ~ой learn* smth. without a téacher [lə:n...], teach* òne¦sélf smth.

самохва́льство *с. разг.* sélf-advértise¦ment [-s-], bóasting.

самохо́дн||ый sélf-propélled; ~ комба́йн sélf-propélled cómbine; ~ая артилле́рия *воен.* sélf-propélled àrtillery; ~ая устано́вка *воен.* sélf-propélled móunting.

самоцве́т *м.* sémi-précious stone [-'pre-...].

самоце́ль *ж.* end in ìt¦sélf.

самочи́нный árbitrary; (*незаконный*) illégal.

самочу́вствие *с.*: у него́ хоро́шее, плохо́е ~ he feels well*, bad* / ill*; ~ больно́го улу́чшилось, уху́дшилось the pátient feels / is bétter, worse; как ва́ше ~? how do you feel?

сам-пя́т *разг.* **1.** (*о людях*) with four others [...fɔ:...]; **2.** (*об урожае*) five fold.

сам-сём *разг.* **1.** (*о людях*) with six others; 2. (*об урожае*) séven fold['se-...].

сам-трете́й *разг.* **1.** (*о людях*) with two others; 2. (*об урожае*) three times as much.

саму́м *м.* simóom.

самура́й *м.* Sámurai [-muraɪ].

самши́т *м. бот.* bóx(-tree).

са́м||ый *мест.* **1.** (*в точности, как раз*) the very; *во многих случаях не переводится*: в ~ом це́нтре in the very centre; в ~ом нача́ле, конце́ at the very beginning, end; с ~ого ни́за from the very bóttom; ~ая су́щность the very éssence; в ~ом проце́ссе рабо́ты in the prócess of the work ìt¦sélf; — до ~ого ве́чера until night; до ~ой ста́нции right up to the státion; all the way to the státion; о́коло ~ой апте́ки just next to the chémist's [...'ke-]; до ~ого до́ма all the way home; **2.** (*с указат. местоимениями*): тот же ~ (что, кото́рый), тако́й же ~ (как) the same (as); тот ~ (кото́рый) (just) the (who, which), (exáctly) the (who, which); э́тот же ~ the same; в, на том же ~ом ме́сте, где in the same place where; **в то же ~ое вре́мя, когда́** just when; э́то тот ~ челове́к, кото́рый э́то сде́лал it is the very man* who did it; э́то тот ~ челове́к, кото́рый нам ну́жен that / he is the very man* we want; **3.** *как частица* (*наиболее*) most *или передаётся простой формой superl.*: ~ интере́сный the most ínteresting; ~ тру́дный, дли́нный, ста́рый the most dífficult, the lóngest, the óldest; ◇ в ~ом де́ле indéed; в ~ом де́ле? indéed?, réally? ['rɪə-]; на ~ом де́ле áctually; сейча́с ~ое вре́мя now is as good a time as any.

сан *м.* dígnity; (*духовный*) órder, cloth; быть посвящённым в духо́вный ~ take* (hóly) órders; лиша́ть духо́вного ~а (*вн.*) disfróck (*d.*), únfróck (*d.*); из уваже́ния к его́ ~у out of respéct for his cloth.

санато́рий *м.* sànatórium (*pl.* -ria).

санато́рно-куро́ртн||ый: обеспе́чить ~ым лече́нием (*вн.*) províde facílities in sànatória and health resórts [...helθ -'zɔ:ts] (for).

санато́рный sànatórium (*attr.*); ~ режи́м sànatórium regíme / routíne [...reɪ'ʒi:m ru:'ti:n].

сангви́на *ж. жив.* sánguine.

сангви́н||ик *м.* sánguine pérson. **~и́ческий** sánguine.

санда́л *м. бот.* sándal-wood tree [-wud...].

санда́лии *мн.* (*ед.* санда́лия *ж.*) sándals.

санда́лов||ый sándal (*attr.*); ~ое де́рево sándal-wood tree [-wud...].

са́ндвич *м.* sándwich.

са́н||и *мн.* sledge *sg.*, sleigh *sg.*; е́хать на, в ~я́х drive* in *a* sledge / sleigh.

санита́р *м.* hóspital atténdant; *воен.* médical órderly; corps man* [kɔ:...] *амер.*; (*носильщик*) strétcher-bearer [-bɛə-], lítter-bearer [-bɛə-]. **~ия** *ж.* sànitátion. **~ка** *ж.* nurse. **~ный** sánitary; médical; ~ный врач sánitary inspéctor; ~ный по́езд hóspital train; ~ный самолёт áerial ámbulance ['ɛə-...], ámbulance plane; ~ный надзо́р médical inspéction / sérvice, sánitary inspéction; ~ная су́мка fírst-aid bag; ~ная часть médical únit.

са́нки *мн. разг.* **1.** = са́ни; **2.** = сала́зки 1.

санкциони́ровать *несов. и сов.* (*вн.*) sánction (*d.*).

са́нкци||я *ж.* **1.** (*утверждение*) appróval [-ru:-]; (*правительства*) sánction; дава́ть ~ю (на *вн.*) give* one's sánction (to), appróve [-ru:v] (*d.*); **2.** *об. мн.* (*мероприятие против стороны, нарушившей соглашение и т. п.*) (púnitive) sánctions; применя́ть ~и applý / use sánctions.

санкюло́т *м. ист.* sànscùlótte[sɑ:ŋk-].

са́нный sledge (*attr.*), sleigh (*attr.*); ~ путь sléighing, sléigh-road.

санови́тый = сано́вный.

сано́вник *м. уст.* dígnitary, high offícial.

сано́вный státe¦ly.

са́ночки *мн. уменьш. от* са́нки; ◇ лю́бишь ката́ться, люби́ и ~ вози́ть *посл.* ≅ áfter the feast comes the réckoning.

санскри́т *м.* Sánscrit, the Sánscrit lánguage. **~о́лог** *м.* Sánscritist. **~ский** Sánscrit; ~ский язы́к Sánscrit, the Sánscrit lánguage.

сантигра́мм *м.* céntigràmme [-græm].

санти́м *м.* céntime ['sɑ:nti:m].

сентимента́льничать, сентимента́льный, сантиме́нты = сентимента́льничать, сентимента́льный, сентиме́нты.

сантиме́тр *м.* **1.** céntimètre; **2.** (*лента с делениями*) tápe-measure [-me-]; (*линейка*) tápe-lìne.

сантони́н *м. фарм.* sántonin.

сап *м. вет., мед.* glánders *pl.*

са́п||а *ж. воен.* sap; ◇ ти́хой ~ой on the sly.

сапёр *м. воен.* field èngineer [fi:endʒ-], sápper, pìonéer; cómbat èngineer *амер.* **~ный** fíeld-èngineer ['fi:ldendʒ-] (*attr.*), cómbat-ènginéer [-endʒ-] (*attr.*); ~ная ро́та fíeld(-ènginéer) cómpany [...'kʌ-].

сапно́й *вет.* glánderous.

сапо́г *м.* (high) boot; (*с отворотами*) tóp-boot; (*выше колена*) jáckboot; в ~а́х bóoted; ко́жа для сапо́г shóe-leather ['ʃu:le-]; ◇ под ~о́м (*рд.*) únder the heel (of); два ~а́ па́ра *разг.* ≅ they make a pair.

сапо́жн||ик *м.* shóe¦màker ['ʃu:-], bóot-màker; ◇ ~ без сапо́г *погов.* the shóe¦màker's wife is the worst shod. **~ичать** be a shóe¦màker [...'ʃu:-]. **~ый** shoe [ʃu:] (*attr.*); ~ая щётка shóe-brùsh ['ʃu:-]; ~ый крем, ~ая ва́кса blácking, shóe-pòlish ['ʃu:-]; ~ое ремесло́ shóe¦màking ['ʃu:-].

сапропе́левый sàpropélic.

сапфи́р *м.* sápphìre ['sæf-]. **~ный, ~овый** *прил. к* сапфи́р.

сапфи́ческ||ий *лит.* Sápphic ['sæf-]; ~ая строфа́ Sápphic stánza.

сараба́нда *ж. муз.* sárabànd.

сара́й *м.* shed; (*перен.*: *неуютное помещение*) barn; ~ для дров wóod-shèd ['wud-]; ~ для се́на háy-lòft; каре́тный ~ cóach-house* [-s].

саранча́ *ж.* lócust.

сарафа́н *м.* **1.** (*национальная женская одежда*) sàrafán; **2.** (*летнее платье*) sún-fròck.

сараци́н *м. ист.* Sáracen.

сарде́лька *ж.* small sáusage, Páris sáusage.

сарди́н||а *ж.*, **~ка** *ж.* pílchard, sàrdíne [-'di:n]; ~ы в ма́сле (tinned) sàrdínes.

сардони́кс *м. мин.* sárdonyx.

сардони́ческий sàrdónic.

са́ржа *ж. текст.* serge.

сарк||а́зм *м.* sárcàsm. **~асти́ческий** sàrcástic.

сарко́ма *ж. мед.* sàrcóma (*pl.* -ata).

саркофа́г *м.* sàrcóphagus (*pl.* -agì).

сарпи́нка *ж. текст.* prínted cálicò.

сары́ч *м. зоол.* búzzard.

сатан||á *м. тк. ед.* Sátan. **~и́нский** satánic.

сателли́т *м. астр.* (*тж. перен.*) sátellite.

сати́н *м.* sàtéen [sæ-]. **~е́т** *м.* sàtinét(te).

сатини́ровать *несов. и сов.* (*вн.*) sátin (*d.*).

сати́новый sàtéen [sæ-] (*attr.*).

сати́р *м. миф.* sátyr ['sæ-].

сати́р||а *ж.* sátire. **~ик** *м.* sátirist. **~и́ческий** sàtíric(al).

сатра́п *м. ист.* sátrap ['sæ-].

Сату́рн *м. миф., астр.* Sáturn ['sæ-].

сатурна́лии *мн. ист.* Sàturnália.

сафья́н *м.* Morócсò. **~овый** Morócсò (*attr.*).

са́хар *м.* súgar ['ʃu-]; тростнико́вый ~ cáne-sùgar [-ʃu-]; свеклови́чный ~ beet súgar; моло́чный ~ *хим.* milk súgar, láctòse [-s].

сахари́н *м. хим.* sáccharin [-kə-].

са́хар||истый sáccharìne [-kə-]. **~ить,** поса́харить (*вн.*) *разг.* súgar ['ʃu-] (*d.*). **~ница** *ж.* súgar-bàsin ['ʃugəbeɪs-].

са́харн||ый *прил. к* са́хар; sáccharìne [-kə-] *научн.*; ~ песо́к gránulàted súgar [...'ʃu-]; ~ая пу́дра cástor súgar; ~ая голова́ súgar-loaf* ['ʃu-]; ~ тростни́к súgar-càne ['ʃu-]; ~ая свёкла súgar-beet, white beet; ~ая глазу́рь ícing; ~ая промы́шленность súgar índustry; ~ая кислота́ *хим.* sacchàric ácid [-'kɑ:-...]; ~ заво́д súgar-refìnery ['ʃugərɪfaɪ-]; ~ая боле́знь *мед.* dìabétès [-i:z].

сахароваре́ние *с.* súgar refíning ['ʃu-...].

сахаро́за *ж. хим.* sáccharòse [-kərous].

сахарозаво́дчик *м.* ówner of *a* súgar-refìnery ['ounə... 'ʃugərɪfaɪ-], súgar mànufácturer ['ʃu-...].

сачо́к *м.* net; ~ для ры́бы lánding-nèt; ~ для ба́бочек bútterflỳ-nèt.

саше́ *с. нескл.* sáchet ['sæʃeɪ].

сба́в||ить *сов. см.* сбавля́ть. **~ка** *ж. разг.* = ски́дка.

сбавля́ть, сба́вить (*вн.* с *рд.*) take* off (*d.* from); ~ с цены́ redúce / abáte *the* price; ~ в ве́се (*о челове́ке*) lose* flesh [lu:z...]; ✧ сба́вить спе́си кому́-л. *разг.* ≅ take* smb. down a peg or two; ~ тон change one's note [tʃeɪ-...]; sing* small *идиом.*

сбаланси́ровать *сов. см.* баланси́ровать 2.

сбе́га||ть *сов.* run*; (за *тв.*) run* (for); ~й за до́ктором run for *a* dóctor; ~й в магази́н run to *the* shop.

сбега́ть, сбежа́ть 1. (с *рд.*; *спуска́ться све́рху*) run* down (from above); ~ с горы́ run* down *a* hill; он бы́стро сбежа́л с ле́стницы he ran quíckly dównstáirs; 2. (от; *убега́ть*) run* a|wáy (from); соба́ка сбежа́ла от хозя́ина the dog ran a|wáy from its máster; ✧ кра́ска сбежа́ла с его́ лица́ the cólour vánished / fled from his cheeks [...'kʌ-...]. **~ся,** сбежа́ться come* rúnning; gáther, colléct; сбежа́лся наро́д people gáthered aróund [pi:-...], people colléсted.

сбежа́ть(ся) *сов. см.* сбега́ть(ся).

сберега́тельн||ый: ~ая ка́сса sávings-bànk; ~ая кни́жка sávings-bànk book.

сберега́ть, сбере́чь (*вн.*) 1. (*сохраня́ть*) save (*d.*), presérve [-'zə:v] (*d.*); (*предохраня́ть*) protéct (*d.*); сбере́чь вре́мя save time; сбере́чь пальто́ от мо́ли protéct *the* coat from moth; 2. (*копи́ть*) save (*d.*), lay* up (*d.*), put* asíde (*d.*).

сбереже́н||ие *с.* 1. èсóпоmу [i:-]; ~ сил *воен.* èсóпоmу of fórces; ~ ору́жия *воен.* care / úpkeep of wéapons [...'we-]; 2. *мн.* sávings, èсónomies; ме́лкие ~ия pétty èсónomies.

сбере́чь *сов. см.* сберега́ть *и* бере́чь.

сбер||ка́сса *ж.* = сберега́тельная ка́сса *см.* сберега́тельный. **~кни́жка** *ж.* = сберега́тельная кни́жка *см.* сберега́тельный.

сбива́ть, сбить (*вн.*) 1. (*уда́ром*) bring* / knock down (*d.*); (*я́блоки с де́рева и т. п.*) cause (*d.*) to fall, shake* down (*d.*); ~ кого́-л. с ног knock smb. down, knock smb. off *his* feet; ~ самолёт bring* / shoot* down *a* plane; down *a* plane *разг.*; сбить пти́цу (*уда́ром, вы́стрелом*) drop *a* bird; 2. (*пу́тать*) put* out (*d.*); он счита́л, а вы его́ сби́ли he was cóunting and you put him out; ~ с та́кта put* / throw* out of time [...θrou...] (*d.*); 3. (*скола́чивать*) knock togéther [...-'ge-] (*d.*); сбить я́щик из досо́к knock togéther *a* box out of planks; 4. (*о ма́сле*) churn (*d.*); (*о сли́вках, я́йцах*) whisk (*d.*), beat* up (*d.*), whip (*d.*); 5. (*стаптывать*): ~ каблуки́ tread* / wear* shoes down at the heels [tred weə ʃu:z...]; ✧ ~ це́ну beat* down the price; ~ кого́-л. с то́лку bewílder / confúse smb. [-'wɪ-...]; muddle smb.; ~ спесь с кого́-л. ≅ take* smb. down a peg or two; сбить с пути́ и́стины lead* astráy (*d.*). **~ся,** сби́ться 1.: ~ с пути́, с доро́ги lose* one's way [lu:z...]; go* astráy (*тж. перен.*); ~ся с та́кта get* out of time; ~ся с то́на go* off the key [...ki:]; ~ся с ноги́ lose* the step, fall* out of step; ~ся в показа́ниях be in|consístent in one's téstimony, còntradíct òne|sélf in one's évidence / státe|ment; 2. (*на сто́рону*): шля́па сби́лась на́бок the hat is a|wrý, *или* all on one side; у него́ га́лстук сби́лся на́ сторону his néck-tìe / tie is all on one side; 3. (*об о́буви*) wear* down at the heels [weə...]; 4. *разг.*: ~ся в ку́чу, ~ся толпо́й bunch; 5. *страд. к* сбива́ть; ✧ сби́ться с ног *разг.* be run off one's legs.

сби́вчив||ость *ж.* in|consístency. **~ый** confúsing, confúsed, in|consístent.

сби́тый 1. *прич. см.* сбива́ть; 2. *прил.* (*сто́птанный*) down at the heels; 3. *прил.* (*о сли́вках и т. п.*) whisked.

сби́ть(ся) *сов. см.* сбива́ть(ся).

сближ||а́ть, сбли́зить (*вн.*) draw* / bring* togéther [...-'ge-] (*d.*). **~а́ться,** сбли́зиться 1. (*приближа́ться*) draw* togéther [...-'ge-]; *воен.* appróach; на́ши то́чки зре́ния сбли́зились our points of view have drawn néarer [...vju:...]; we are beginning to ùnderstánd each other's point of view; 2. (с *тв.*; *станови́ться друзья́ми*) become* good* / close friends [...klous fre-] (with). **~е́ние** *с.* 1. ràppróchement [-ʃmɑ:ŋ]; *воен.* appróach; 2. (*дру́жба*) íntimacy.

сбли́зить(ся) *сов. см.* сближа́ть (-ся).

сбо́ку *нареч.* (*со стороны́*) from one side; (*на одно́й стороне́*) on one side; (*ря́дом*) at the side; смотре́ть ~ look from one side, take* a side view [...vju:]; вид ~ síde-view; смотре́ть на кого́-л. ~ look at smb. side|ways, look askánce at smb.; look at smb. from the córner of one's eye [...aɪ]; класть кни́гу ~ put* *the* book at the side; ~ есть пятно́ there is a spot on one side; коло́нна освещена́ ~ the cólumn is lighted from one side; обойти́ что-л. ~ pass round smth.

сболта́ть *сов. см.* болта́ть I 1.

сболтну́ть *сов.* (что-л.) *разг.* just háppen to say smth., say smth. sílly.

сбор *м.* 1. colléction; ~ урожа́я hárvest; ~ виногра́да víntage; ~ ча́я tea pícking; ~ нало́гов colléction / ráising of táxes; ~ све́дений colléction of informátion, gáining ìnformátion; ~ по́дписей colléction of sígnatures; 2. (*со́бранные де́ньги*) tákings *pl.*; по́лный ~ *театр.* full house* [...-s]; хоро́шие ~ы *театр.* good* box óffice *sg.*; де́лать хоро́шие ~ы *театр.* play to full hóuses; get* good* bóx-óffice retúrns; 3. (*нало́г*) tax, dúty; dues *pl.*; тамо́женный ~ cústom-house dúty [-s...]; порто́вый ~ hárbour dues *pl.*; ге́рбовый ~ stámp-dùty; 4. (*встре́ча*) assémblage, gáther|ing; быть в ~е be assémbled, be in séssion; все в ~е all are assémbled; 5. *воен.* assémbly, múster; ла́герный ~ ánnual camp; пункт ~а assémbly place / point / post [...poust]; 6. *мн.* (*приготовле́ния*) prèparátions.

сбо́рище *с. разг.* assémblage, médley ['me-]; mob.

сбо́рка *ж. тех.* assémbling, assémblage; секцио́нная ~ prè|fàbricátion.

сбо́рк||и *мн.* (*на пла́тье и т. п.*) gáthers; в ~ах, со ~ами with gáthers.

сбо́рник *м.* colléction; ~ расска́зов, стате́й colléсted stóries, árticles *pl.*

сбо́рн||ый *прил.* 1. (*из отде́льных часте́й*) collápsible [-sə-]; ~ые дома́ prè|fábricàted hóuses; ~ые констру́кции prè|fábricàted élements; 2. (*из разноро́дных часте́й*) combíned; ~ая кома́нда *спорт.* combíned team; 3. (*явля́ющийся ме́стом сбо́ра*) assémbly (*attr.*), rállying; ~ пункт assémbly point / place; 4. *ж. как сущ.* combíned team; (*страны*) the nátional team.

сбóрочный assémbly (*attr.*); ~ конвéйер assémbly belt / line; ~ цех assémbly shop, assémbling depártment.

сбóрщик *м.* 1. colléctor; ~ налóгов táx-collèctor, táx-gàtherer; 2. *тех.* fítter, assémbler, éngine fítter ['endʒ-...].

сбрáсывать, сбрóсить (*вн.*) 1. (*бросать вниз*) throw* down [-ou...] (*d.*), drop (*d.*); конь сбрóсил седокá the horse threw its ríder; ~ снег с крыши throw* the snow off the roof[...snou...]; ~ бóмбы drop bombs; ~ в кýчу pile (*d.*), heap (*d.*); ~ на парашюте párachùte [-ʃuːt] (*d.*), drop by párachùte (*d.*); 2. (*свергать*) throw* off (*d.*); 3. (*о коже; листьях*) shed* (*d.*); 4. *разг.* (*снимать одежду, обувь и т. п.*) throw* off (*d.*); он сбрóсил (с себя) ботинки he kicked off his shoes [...ʃuːz]; ~ мáску (*прям. и перен.*) throw* off, *или* discárd, the mask / disguíse; ◇ ~ со счетóв leave* out of one's réckoning (*d.*).

сбривáть, сбрить (*вн.*) shave off (*d.*).

сбрить *сов. см.* сбривáть.

сброд *м. тк. ед. собир. разг.* the rabble, ríff-ràff, rágtàg and bób-tail.

сброс *м. геол.* fault, break [-eɪk].

сбрóсить *сов. см.* сбрáсывать.

сброшюровáть *сов. см.* брошюровáть.

сбрýя *ж.* hárness.

сбывáть, сбыть (*вн.*) 1. (*продавать*) márket (*d.*), sell* (off) (*d.*); 2. (*отделываться*) dispóse (of), get* rid (of), rid* onesélf (of); (*о товаре*) dump (*d.*), push off [puʃ...] (*d.*); ~ с рук get* off one's hands (*d.*); 3. (*навязывать*) palm off [pɑːm...] (*d.*).

сбывáться I, сбыться come* true, be réalized [...'rɪə-].

сбывáться II *страд. к* сбывáть.

сбыт *м. тк. ед. эк.* sale, márket; имéть хорóший ~ meet* a réady sale [...'re-...]; имéть ~ (для) have a márket (for); легкó находить себé ~ commánd a réady márket [-ɑːnd...]; sell* well*; рынок ~а márket.

сбытовóй *прил. к* сбыт.

сбыть *сов. см.* сбывáть.

сбыться *сов. см.* сбывáться I.

свáдебный wédding (*attr.*); núptial *книжн.*; ~ подáрок wédding présent [...'prez-].

свáдьб||а *ж.* wédding; день ~ы wédding-day; быть на ~е be présent at *a* wédding [...-ez-...]; справлять ~у célebràte one's wédding.

свáйн||ый pile (*attr.*); ~ые пострóйки píle-dwèllings, láke-dwèllings; ~ мост píle-brìdge.

свáливать, свалить (*вн.*) 1. knock down / óver (*d.*), dump (*d.*); ~ в кýчу pile up (*d.*); ~ дровá в кýчу heap *the* fírewood [...-wud]; болéзнь свалила егó the íllness forced him to take to his bed; he is ill in bed; 2. *разг.* (*свергать*) òverthrów* [-ou] (*d.*); ◇ свалить винý (на *вн.*) shift the blame (on). ~ся, свалиться 1. fall* down; 2. *разг.* (*заболевать*) be ill in bed; (*от слабости*) collápse; ◇ свалиться как снег нá голову ≅ come* like a bolt from the blue.

свалить *сов. см.* свáливать *и* валить II. ~ся *сов. см.* свáливаться.

свáлк||а *ж.* 1. dump; выбрáсывать на ~у (*вн.*) dump (*d.*); 2. *разг.* (*драка*) scuffle, scramble; óбщая ~ mêlée (*фр.*) ['meleɪ].

свáлочн||ый: ~ое мéсто = свáлка 1.

свалять *сов. см.* валять II.

свáривать, сварить (*вн.*) *тех.* weld (*d.*). ~ся, свариться *тех.* 1. weld; 2. *страд. к* свáривать.

сварить(ся) *сов.* 1. *см.* варить(ся); 2. *см.* свáривать(ся).

свáрка *ж. тех.* wéld(ing); автогéнная ~ autógenous wélding.

сварлив||ость *ж.* quárrelsomeness, péevishness, shréwishness. ~ый quárrelsome, péevish, shréwish, cantánkerous; ~ая жéнщина shrew.

сварнóй *тех.* wélded; ~ шов wélded joint, weld.

свáрочн||ый *тех.* wélding; ~ое желéзо wrought íron [...'aɪən].

свáрщик *м.* wélder.

свáстика *ж.* swástika, fýlfòt.

сват *м.* 1. mátch-màker; 2. *разг.* (*отец зятя*) fáther of the són-in-law ['fɑː-... 'sʌn-]; (*отец невестки*) fáther of the dáughter-in-law.

свáт||ать, посвáтать, сосвáтать 1. (когó-л. комý-л., за когó-л.) propóse smb. to smb. as a wife*, húsband [...-z-]; 2. *при сов.* посвáтать (*вн.*; *просить согласия на брак*) ask in márriage [...-rɪdʒ] (*d.*). ~аться, посвáтаться (к; за *вн.*) woo (*d.*), ask / seek* in márriage [...-rɪdʒ] (*d.*). ~овствó *с.* mátch-màking.

свáтья *ж.* (*мать зятя*) móther of the són-in-law ['mʌ-... 'sʌn-]; (*мать невестки*) móther of the dáughter-in-law.

свáха *ж.* mátch-màker.

свáя *ж.* pile; на ~х on piles.

свéдать (*вн.*) *уст.* learn* [lɜːn] (*d.*), get* to know [...nou] (*d.*).

свéдени||е *с.* 1. *об. мн.* (*известие*) informátion *sg.*, intélligence *sg.*; (*данные*) informátion; по полýченным ~ям accórding to informátion recéived [...-'siː-]; по моим ~ям to my knówledge [...'nɔ-]; отчётные ~я retúrns; 2. *мн.* (*знания*) knówledge *sg.*; ◇ принимáть что-л. к ~ю take* smth. into considerátion; доводить что-л. до ~я когó-л. bring* smth. to smb.'s nótice [...'nou-], infórm smb. of smth.

сведéние *с.* 1. redúction; ~ (личных) счётов с кем-л. squáring of accóunts with smb.; 2. *мед.* contráction, cramp.

свéдущий (в *пр.*) versed (in), expérienced (in).

свежевáть, освежевáть (*вн.*) skin (*d.*), dress (*d.*).

свежевыбеленный néwly whítewàshed.

свежезаморóженный chilled.

свеже||испечённый néwly-bàked; (*перен.*) *разг.* raw. ~морóженый = свежезаморóженный. ~просóльный frésh-sàlted, néwly píckled; ~просóльное мясо frésh-sàlted meat; ~просóльные огурцы frésh-sàlted cúcumbers.

свéжесть *ж.* (*в разн. знач.*) fréshness; (*прохлада тж.*) cóolness, críspness.

свежé||ть, посвежéть 1. become* cóol(er); (*о ветре*) fréshen (up); *мор.* come* (on) to blow [...blou]; на ýлице ~ет it is becoming cóol(er) óutside; вéтер ~ет the wind is becoming cóoler [...wɪ-...]; 2. (*о человеке*) fréshen up.

свéж||ий 1. (*в разн. знач.*) fresh; ~ая рыба, ~ие яйца *и т. п.* fresh fish, eggs, *etc.*; ~ цвет лицá fresh compléxion; со ~ими силами with renéwed strength; ~ вéтер fresh wind [...wɪ-]; *мор.* fresh breeze; ~ вóздух fresh / cool / crisp air; 2. (*недавний*) látest; ~ие нóвости látest news [...-z] *sg.*; ~ая рáна fresh wound [...wuː-]; ◇ ~ó в пáмяти fresh in *one's* mind / mémory.

свезти I, II *сов. см.* свозить I, II.

свёкла *ж. тк. ед.* beet, béetroot; кормовáя ~ mángel(-wúrzel); столóвая ~ red beet; сáхарная ~ súgar-beet ['ʃu-], white beet.

свеклови||ца *ж.* súgar-beet ['ʃu-]. ~чный *прил. к* свекловица.

свекловóд||ство *с.* (súgar-)beet ráising ['ʃu-...]. ~ческий (súgar-)béet-raising ['ʃu-] (*attr.*).

свеклосáхарный súgar-beet ['ʃu-] (*attr.*), béet-sùgar [-ʃu-] (*attr.*): ~ завóд béet-sùgar fáctory.

свеклосовхóз *м.* State béetroot farm.

свеклоубóрочн||ый béet-hàrvesting; ~ая машина beet hárvester, béetroot púller [...'pu-]; ~ комбáйн béet-hàrvesting cómbine.

свекóльн||ик *м.* 1. (*ботва*) beet tops *pl.*; 2. (*суп*) béetroot soup [...suːp]. ~ый béet(root) (*attr.*).

свёкор *м.* fáther-in-law ['fɑː-] (*pl.* fáthers-) (*husband's father*).

свекрóвь *ж.* móther-in-law ['mʌ-] (*pl.* móthers-) (*husband's mother*).

свеликодýшничать *сов. см.* великодýшничать.

свергáть, свéргнуть (*вн.*) throw* down [-ou...] (*d.*), òverthrów* [-ou] (*d.*); свéргнуть цáрское правительство òverthrów* the tsárist góvernment [...'zɑː-, 'tsɑː- 'gʌ-]; ~ с престóла dethróne (*d.*). ~ся, свéргнуться 1. *уст.* precípitàte onesélf; 2. *страд. к* свергáть.

свéргнуть(ся) *сов. см.* свергáть(ся).

свержéние *с.* óverthrow [-ou]; ~ цáрского правительства óverthrow of the tsárist góvernment [...'zɑː-, 'tsɑː-'gʌ-]; ~ с престóла dethróne¦ment.

свéр||ить *сов. см.* сверя́ть. **~иться** *сов. см.* сверя́ться. **~ка** *ж.* (*копии с подлинником*) còllátion.

сверк||áние *с.* spárkling, twínkling, lámbency; (*яркое*) glitter; (*ослепительное*) glare. **~áть** sparkle, twinkle; (*ярко*) glitter; (*ослепительно*) glare; мóлния ~áет lightning is fláshing. **~нýть** *сов.* flash; ~нýла мóлния there was a flash of lightning; он ~нýл глазáми his eyes flashed (fire) [...aɪz...].

сверли́льный bóring, dríllíng; ~ станóк bóring / drilling machíne [...-'ʃiːn], bóring mill.

сверли́ть (*вн.*) bore (*d.*), drill (*d.*), pérforàte (*d.*).

сверл||ó *с.* bórer, drill, pérforàtor, áuger ['ɔːgə]. **~óвщик** *м.* dríller, bórer. **~я́щий** 1. *прич. см.* сверли́ть; 2. *прил.* (*о боли и т. п.*) gnáwing.

свернýть(ся) *сов. см.* свёртывать (-ся).

сверстáть *сов. см.* свёрстывать *и* верстáть.

свéрстн||ик *м.*, **~ица** *ж.*: мы с ним ~ики we are the same age; он мой ~, онá моя́ ~ица he, she is my age.

свёрстывать, сверстáть (*вн.*) *полигр.* impóse (*d.*).

свёрток *м.* páckage, párcel, bundle; ~ бумáг bundle of pápers.

свёртываемость *ж.* cò¦àgulabílity.

свёртывание *с.* 1. (*трубкой*) rólling up; 2. (*сокращение*) cùrtáilment; ~ произвóдства cùrtáilment of prodúction; 3. (*о сливках, молоке*) túrning, sétting; (*о крови*) cò¦àgulátion.

свёртывать, свернýть 1. (*вн.*) roll up (*d.*); ~ ковёр roll up *the* cárpet; ~ папирóсу roll *a* cigarétte; ~ парусá furl sails; 2. (*вн.*; *сокращать*) cùrtáil (*d.*); ~ произвóдство cùrtáil prodúction; 3. (*без доп.*; *поворачивать*) turn; ~ в стóрону turn asíde; ~ напрáво, налéво turn to the right, left; ~ с дорóги turn off *the* road; ◇ свернýть шéю комý-л. wring* smb.'s neck; свернýть комý-л. гóлову *разг.* screw smb.'s head off [...hed...]. **~ся,** свернýться 1. curl up, roll up; (*о змее*) coil up; ~ся клубкóм, клубóчком roll òne¦sélf up into a ball; ~ся в колóнну *воен.* break* into cólumn [-eɪk...]; 2. (*о молоке, сливках*) curdle; (*о крови*) cò¦águlàte; 3. *страд. к* свёртывать 1, 2.

сверх *предл.* (*рд.*) 1. (*на чём-л., на что-л.*) óver; ~ скáтерти лежи́т клеёнка there is a piece of óil-clòth óver the táble-clòth [...piːs...]; 2. (*помимо*) besídes; (*превосходя*) above; (*вне*) be¦yónd; ~ (всякого) ожидáния be¦yónd (all) èxpèctátion; ~ прогрáммы in addítion to the prógràmme [...-ou-]; ~ сил be¦yónd one's strength; ~ плáна in excéss of the plan, óver and above the plan; ~ зарплáты on top of wáges; ~ тогó mòre¦óver; ~ всегó to crown all.

сверхдальнобóйный *воен.* sùper-ránge [-'reɪ-] (*attr.*).

сверхзвуков||óй *физ.* sùpersónic; **~áя** скóрость sùpersónic speed.

сверхкомплéктный sùpernúmerary.

сверхмóщн||ый sùper-pówer (*attr.*); ~ая гидростáнция hígh-pówer hýdrò-eléctric státion; ~ экскавáтор hígh-pówer éxcavàtor.

сверхни́зк||ий very/éxtra low [...lou]; ~ие температýры very low témperatures.

сверхплáнов||ый óver and above the plan; ~ая продýкция prodúction above the plan, abóve-plàn prodúction.

сверхпри́быль *ж. эк.* súperpròfit.

сверхскоростнóй súper-fást.

сверхсмéтный éxtra-búdget (*attr.*).

сверхсрочнослýжащий *м. скл. как прил. воен.* ré-en¦gáged man*.

сверхсрóчн||ый *воен.* ré-en¦gáged, ré-enlísted; ~ая слýжба sérvice on ré-en¦gáge¦ment.

свéрху *нареч. и предл.* (*с верхней стороны, с высоты*) from above; (*считая сверху*) from (the) top; (*наверху*) on top: вид ~ view from above [vjuː...]; свет пáдает ~ the light falls from above; пя́тая строкá ~ the fifth line from the top; трéтий этáж ~ the third stórey from the top; ~ дóнизу from top to bóttom; положи́те кни́гу ~ place / put* the book on top; — смотрéть на когó-л. ~ вниз look down on smb.; ~ всегó on top of évery¦thing.

сверхурóчн||ый 1. *прил.* óver¦time (*attr.*); ~ая рабóта óver¦time work; 2. *мн. как сущ.* óver¦time móney [...'mʌ-] *sg.*

сверхчеловé||к *м.* súper¦màn*, óver¦-màn*. **~ческий** sùperhúman.

сверхчýвственный prèter¦sénsual.

сверхчувстви́тельный sùpersénsitive.

сверхштáтный sùpernúmerary.

сверхъестéственный sùpernátural, prèter¦nátural.

сверчóк *м.* cricket; ◇ всяк ~ знай свой шестóк *посл.* ≅ the cóbbler should stick to his last.

свершáть, сверши́ть = совершáть, соверши́ть.

сверш||áться, сверши́ться be done, be in prógrèss; (*о надеждах, мечтах и т. п.*) come* true; ~и́лось! the inévitable (has) occúrred! **~éние** *с.* achíeve¦ment. **~и́ть(ся)** *сов. см.* свершáть(ся).

сверя́ть, свéрить (*вн.* с *тв.*; *копию с подлинником*) còlláte (*d.* with). **~ся,** свéриться *разг.* check.

свес *м.* óver¦hàng; ~ кормы́ *мор.* cóunter.

свéсить(ся) *сов. см.* свéшивать(ся).

свести́ *сов. см.* своди́ть I. **~сь** *сов. см.* своди́ться.

свет I *м.* light; дневнóй ~ dáylìght; сóлнечный ~ sún¦light, súnshìne; при ~е (*рд.*) by the light (of); при ~е свечи́ by the light of *a* candle, by cándle¦light; при электри́ческом ~е by eléctric light; при ~е луны́ by móonlìght; ~ и тéни *жив.* lights and darks; ◇ в ~е (*рд.*) in the light (of): в ~е маркси́стской теóрии in the light of Márxist théory [...'θɪə-]; в ~е нóвых откры́тий in the light of new discóveries [...-'kʌ-]; в и́стинном ~е in its true light; — бросáть ~ (на *вн.*) throw* light [-ou...] (on); проливáть ~ (на *вн.*) shed* light (on); загорáживать ~ комý-л. stand* in smb.'s light; представля́ть что-л. в вы́годном ~е show* smth. to the best advántage [ʃou... -'vɑː-], place smth. in a good light; чуть ~ at dáybreak [...-eɪk], at first light; ни ~, ни заря́ befóre dawn; что ты встал ни ~, ни заря́? why did you get up, *или* what got you up, at this ùn¦éarthly hour? [...-'əːθ- auə]; он ~а не взви́дел *разг.* évery¦thing went dark befóre him, évery¦thing swam befóre his eyes [...aɪz]; ~ очéй *поэт.* light of one's eyes.

свет II *м.* 1. (*земля, мир*) world; Стáрый, Нóвый ~ the Old, the New World; чáсти ~а *геогр.* parts of the world; весь ~ the whole world [...houl...]; по всемý ~у all óver the world; объéхать вокрýг ~а go* round the world; путешéствие вокрýг ~а trip round the world; стрáны ~а the cárdinal points; 2. (*общество*) world, society; вы́сший ~ society, high life; знать ~ know* the world [nou...]; выезжáть в ~ go* out; ◇ появля́ться на ~ (*рождаться*) be born; производи́ть на ~ (*вн.*) bring* into the world (*d.*); выпускáть в ~ (*вн.*; *издавать*) públish ['pʌ-] (*d.*); покидáть ~ quit the world; тот ~ the next / other world; он на том ~е, егó нет на ~е he has left / depárted this life; такóв ~ such is the world; that is the way of the world; so the world goes; ни за что на ~е not for the world; ничтó на ~е no pówer on earth [...əːθ]; бóльше всегó на ~е above all / évery¦thing; ~ не кли́ном сошёлся ≅ the world is large enóugh [...ɪ'nʌf]; ругáться на чём ~ стои́т ≅ swear* like a bàrgée [swɛə...]; конéц ~а dóomsday [-z-]; the end of the world; край ~а world's end.

свет||áть *безл.*: ~áет, начинáет ~ it is dáwning, day is bréaking [...-eɪk-].

свети́л||о *с.* (*прям. и перен.*) lúminary; небéсные ~а héavenly bódies ['he- 'bɔ-].

свети́льник *м.* lamp.

свети́льный: ~ газ líghting-gàs.

свети́||ть 1. (*излучать свет*) shine*: лунá, сóлнце свéтит the moon, the sun shines, *или* is shíning; на нéбе ~ли звёзды in the sky the stars were shíning; 2. (*дт.*) give* some light (*i.*). **~ться** shine*: на нéбе ~лись звёзды the stars were shíning in the sky; егó глазá ~лись от рáдости his eyes shone with joy [...aɪz ʃɔn...]; — в окнé ~лся огонёк there was a light in the window.

светлéть, посветлéть brighten; (*о небе*) clear up.

свéтло *прил. кратк. см.* свéтлый.

светлó I *предик. безл.* it is light; на дворé ~ it is dáylight; на дворé совсéм ~ it is broad dáylight [...ɔːd...]; мне ~ there's light enóugh for me [...ɪ'nʌf...]; когдá стáло ~ (*рассвело*) when it becáme light.

светлó II *нареч.* brightly.

свéтло- (*в сложн.*) light: ~-голубóй, ~-сéрый light blue, light grey.

светлоглáзый bright-éyed [-'aɪd].

свéтлость *ж.* **1.** lightness, brightness; **2.:** вáша, егó *и т. д.* ~ Your, His, *etc.*, Highness.

свéтл||ый light; ~ая кóмната light room; ~ое плáтье light-còlour|ed dress [-kʌləd...]; ~ день bright day; ~ шрифт *полигр.* lightfàce; ◇ ~ая головá, ~ ум lúcid mind, lúcid / clear íntellèct, bright spírit; ~ая пáмять емý (*об умершем*) may his mémory live long [...lɪv...]; ~ой пáмяти in fond / respéctful mémory; ~ая лíчность ≅ pure soul [...soul]; ~ое бýдущее bright / rádiant fúture.

светля||к *м.*, **~чóк** *м. зоол.* glów--wòrm [-ou-]; (*летающий*) fíre-flu.

светобоя́знь *ж. мед.* phòto|phóbia.

светов||óй light (*attr.*); ~ сигнáл light signal; ~áя волнá light wave; ~áя реклáма illúminàted signs [...saɪnz] *pl.*; ~ эффéкт lúminous efféct.

светогрáмма *ж. воен.* flash(ed) / vísual méssage [...'vɪz-...].

светозáрный bright.

светолечéбница *ж.* hélio|thérapy ínstitùte; phòto|therápic / phòto|thèrapéutic ínstitùte.

светолечéние *с. мед.* hélio|thérapy; phòto|thérapy.

светолюбúвый *бот.* light-requíring.

светомаскирóвка *ж.* bláck-out.

светонепроницáемый light-proof.

свéтопись *ж. уст.* photógraphy.

светопреставлéние *с. церк.* the end of the world, dóomsday [-z-].

светосигнализáция *ж. воен.* vísual telégraphy ['vɪz-...].

светосúла *ж. опт.* illùminátion.

светотéнь *ж.* (*в живописи*) chiàroscúrò [kɪ-]; tréatment of light and shade (*in painting*).

светотéхника *ж.* lighting èngineéring [...endʒ-]; lighting téchnics *pl.*

светофúльтр *м. физ.* hélio|fílter, light filter.

светофóр *м.* (*на шоссейной дороге*) light signal; tráffic lights *pl.*; (*на железной дороге*) signal lights *pl.*

свéточ *м. уст.* lamp; (*перен.*) light, lúminary.

светочувствúтельн||ость *ж.* phòto|sènsitívity; (*плёнки тж.*) speed. **~ый** sénsitive to light; ~ая бумáга, пластúнка sénsitìzed páper, plate.

свéтск||ий 1. (*не церковный*) sécular, témporal, wórldly; ~ая власть témporal pówer; ~ое образовáние sécular èducátion; **2.:** ~ая жéнщина wóman* of the world ['wu-...], wóman* of fáshion; ~ человéк man* abóut town, man* of fáshion, man* of the world; ~ разговóр políte cònversátion; ~ое óбщество socíety. **~ость** *ж. уст.* good mánners *pl.*; good bréeding.

светя́щ||ийся 1. *прич. см.* светúться; **2.** *прил.* lúminous, lùminéscent [lu-], fluoréscent; (*фосфоресцирующий*) phòsphoréscent; ~аяся крáска lúminous paint.

свеч||á *ж.* **1.** candle; (*зажжённая тж.*) light; (*тонкая*) táper; зажигáть, тушúть ~ý light*, put* out, *a* candle; **2.** (*единица измерения силы света*) cándle-power; лáмпочка в трúдцать ~éй bulb of thírty cándle-power; **3.** *мед.* suppósitory [-zɪ-]; **4.** *авт.*: зажигáтельная ~ spárk-plùg; ◇ игрá не стóит свеч the game is not worth the candle; жечь ~ý с двух концóв burn* the candle at both ends [...bouθ...].

свечéние *с.* lùminéscence [lu-], fluoréscence; phòsphoréscence.

свéчка *ж.* = свечá 1, 3.

свечнóй candle (*attr.*); ~ завóд cándle-wòrks; ~ огáрок cándle-ènd.

свéшать *сов. см.* вéшать II.

свéшивать, свéсить (*вн.*) let* down (*d.*), lówer ['louə] (*d.*); свéсить верёвку let* *the* rope down, lówer *the* rope; сидéть, свéсив нóги sit* with one's legs dángling. **~ся,** свéситься (*перегибаться*) lean* óver; (*склоняться; о ветвях и т. п.*) hang* óver, óver|-háng*.

свивáльник *м.* swáddling-bànds *pl.*, swáddling-clòthes [-klouðz] *pl.*

свивáть, свить (*вн.*) **1.** wind* (*d.*), twist (*d.*), twine (*d.*); ~ верёвку twist / twine *a* rope; свить венóк make* *a* wreath*; weave* *a* gárland; свить гнездó build* *a* nest [bɪld...]; **2.** *тк. несов.* (*о ребёнке*) swaddle (*d.*). **~ся,** свúться **1.** coil, roll up; **2.** *страд. к* свивáть.

свидáни||е *с.* méeting; (*заранее условленное*) appóintment, réndezvous ['rɔndɪvuː]; date *разг.*; назначáть ~ (на *вн.*) make* an appóintment (for); приходúть, не приходúть на ~ keep*, break* *an* appóintment / date [...-eɪk...]; ◇ до ~я! góod-býe!; до скóрого ~я! see you soon!

свидéте||ль *м.*, **~льница** *ж.* wítness (*тж. юр.*); (*очевидец*) éye-witness ['aɪ-]; ~ обвинéния wítness for the pròsecútion; ~ защúты wítness for the defénce; безмóлвный ~ mute wítness; призывáть, брать когó-л. в ~ли call smb. to wítness; быть ~лем (*рд.*) be a wítness (of), wítness (*d.*); вызывáть в кáчестве ~ля (*вн.*) *юр.* subpóena as a wítness [-'piː-...] (*d.*).

свидéтельский wítness (*attr.*).

свидéтельство *с.* **1.** (*показание*) évidence; я́ркое ~ (*рд.*) stríking illustrátion (of); **2.** (*удостоверение*) certíficate; (*разрешение*) lícense ['laɪ-]; ~ о рождéнии, метрúческое ~ bírth--certificate; медицúнское ~ certíficate of health [...he-]; ~ о брáке certíficate of márriage [...-rɪdʒ]; márriage lines *pl.*

свидéтельств||овать (о *пр.*; *служить уликой, доказательством*) wítness (*d.*); téstifỳ (to); (прóтив) téstifỳ (agáinst); ~ующий о чём-л. indícative of smth.

свúдеться *сов.* (с *тв.*) *разг.* meet* (*d.*).

свилевáтый (*о дереве*) knótty, knággy.

свинáрка *ж.* píg-tènder.

свинáрник *м.* pígstỳ.

свинéц *м.* lead [led].

свинúна *ж.* pork.

свúнка I *ж. уменьш. от* свинья́ **1**; ◇ морскáя ~ gúinea-pig ['gɪnɪ-].

свúнка II *ж. мед.* mumps *pl.*

свиновóдство *с.* píg-breeding, swíne--breeding; hóg-breeding.

свиновóдческий píg-breeding (*attr.*), swíne-breeding (*attr.*); hóg-breeding (*attr.*).

свин||óй *прил. к* свинья́ 1; ~óе мя́со pork; ~óе сáло lard; ~áя котлéта pork chop; ~áя кóжа píg-skìn; ~óе ры́ло snout.

свиномáтка *ж. с.-х.* sow.

свинопáс *м.* swíne-hèrd.

свинофéрма *ж.* píg-breeding farm.

свúн||ский *разг.* swínish ['swaɪ-]. **~ство** *с. разг.* swínishness ['swaɪ-], swínish trick ['swaɪ-...].

свинтúть I, II *сов. см.* свúнчивать I, II.

свинцовоплавúльный: ~ завóд léad--wòrks ['led-].

свинцóв||ый léaden ['le-]; lead [led] (*attr.*); (*свинцового цвета*) léaden-còlour|ed ['ledᵊnkʌ-], plúmbeous; ~ые облакá léaden clouds; ~ая рудá léad-òre ['led-]; ~ая трубá léaden pipe; ~ое отравлéние léad-poisoning ['ledpɔɪz-], sáturnism, plúmbism; ~ блеск *мин.* galéna; ~ые белúла white lead *sg.*, cérùse ['sɪəruːs] *sg.*; ~ая примóчка Goulárd (wáter) [gu'lɑːd 'wɔː-].

свúнчивать I, свинтúть (*вн.*) screw togéther [...-'ge-] (*d.*).

свúнчивать II, свинтúть **1.** (*вн.*; *отвинчивать*) únscréw (*d.*); **2.:** ~ резьбý strip the thread [...θred].

свинь||я́ *ж.* **1.** pig, swine*; hog; (*самка*) sow; (*боров*) boar; **2.** *разг.* (*о человеке*) swine*; ◇ подложúть ~ю́ комý-л. ≅ play a dírty / mean trick on / up|ón smb.

свирéль *ж.* pipe, réed(-pipe).

свирепéть grow* fúrious [-ou...].

свирéп||ость *ж.* fierce|ness ['fɪəs-], ferócity. **~ствовать** rage. **~ый** fierce [fɪəs], ferócious; trúculent ['trʌ-]; (*об эпидемии и т. п.*) víolent.

свисáть, свúснуть hang* down, droop, dangle; (*о растениях, волосах тж.*) trail; (*о полях шляпы*) slouch.

сви́снуть *сов. см.* свиса́ть.

свист *м.* whistle, sing¦ing; (*птиц тж.*) píping; (*пуль*) whine.

свиста́ть, свисте́ть whistle, sing; (*о птицах тж.*) pipe; (*о пулях*) whine; свисте́ть в свисто́к blow* *a* whistle [blou...]; ~ на обе́д *мор.* pipe (to) dinner; ◇ ищи́ свищи́ *разг.* you can whistle for it.

сви́стнуть [-сн-] *сов.* **1.** whistle, give* a whistle; **2.** (*вн.*) *разг.* (*украсть*) sneak (*d.*), snoop (*d.*).

свисто́к *м.* whistle.

свистопля́ска *ж. разг.* dévil's sábbath.

свист||у́лька *ж. разг.* pénny / tin whistle. **~у́н** *м.*, **~у́нья** *ж.* whístler. **~я́щий 1.** *прич. см.* свисте́ть; **2.** *прил. лингв.* síbilant.

сви́та *ж.* **1.** suite [swi:t], rétinue; **2.** *геол.* suite.

сви́тер [-тэр] *м.* swéater ['swe-].

сви́ток *м.* roll, scroll.

свить *сов. см.* вить *и* свива́ть 1. **~ся** *сов. см.* свива́ться.

свихну́ться *сов. разг.* **1.** (*помешаться*) go* off one's head [...hed]; **2.** (*сбиться с правильного пути*) go* wrong, go* astráy.

свищ *м.* **1.** *мед.* fístula; **2.** (*в металле*) hóneycòmb ['hʌnɪkoum]; **3.** (*в дереве*) knot hole.

свобо́д||а *ж.* fréedom, líberty; демократи́ческие ~ы dèmocrátic líberties; ~ сло́ва fréedom of speech; ~ печа́ти fréedom of the press; ~ собра́ний fréedom of assémbly; ~ со́вести líberty of cónscience [...-nʃəns], relígious líberty; ~ во́ли free will; ~ торго́вли free trade; выпуска́ть на ~у (*вн.*) set* free (*d.*), set* at líberty (*d.*); предоставля́ть по́лную ~у (*дт.*) give* free rein (to); предоставля́ть кому́-л. по́лную свобо́ду де́йствий give* smb. a free hand, *или* carte blanche [...'kɑ:t 'blɑ:nʃ]; на ~е at large; (*на досуге*) at léisure [...'le-]; престу́пник ещё на ~е the críminal is still at large.

свобо́дно I *прил. кратк. см.* свобо́дный.

свобо́дн||о II *нареч.* **1.** (*без принуждения*) fréely; (*с лёгкостью*) éasily ['i:z-]; (*непринуждённо*) with ease; он ~ мо́жет доста́ть э́ту кни́гу в любо́м магази́не he can éasily get this book in any shop; говори́ть, чита́ть ~ speak*, read* flúently; **2.** (*просторно, широко — о платье*) loose [-s], lóose¦ly [-s-]. **~ый 1.** free; ~ая торго́вля free trade; ~ый до́ступ free áccèss; ~ые мане́ры éasy mánners ['i:zɪ...]; ~ый от недоста́тков free from deféсts; **2.** (*не занятый*) vácant; (*о человеке*) free; путь свобо́ден the way is clear; **3.** (*об одежде*) loose [-s]; lóose-fìtting [-s-]; **4.** (*лишний, которым можно располагать*) spare; ~ые полчаса́ spare half hour [...hɑ:f auə] *sg.*; ~ое вре́мя free time, léisure ['leʒə]; ~ые часы́ off / free / léisure hours; в ~ые мину́ты, в ~ое вре́мя in one's spare time; at odd móments; ~ые де́ньги spare cash *sg.*; **5.** *хим.* free, ún¦combíned; ◇ ~ая профе́ссия free proféssion; челове́к ~ой профе́ссии proféssional man*.

свободо||люби́вый fréedom-lòving [-lʌ-]; ~люби́вые наро́ды fréedom-lòving nátions; ~люби́вые ре́чи líberal spéeches. **~лю́бие** *с.* love of fréedom [lʌv...].

свободомы́сл||ие *с.* frée-thínking. **~ящий 1.** *прил.* frée-thínking; **2.** *м. как сущ.* frée-thínker.

свод I *м.* arch, vault; небе́сный ~ fírmament; the vault / cánopy / dome of héaven [...'he-] *поэт.*

свод II *м.* (*собрание документов, материалов и т. п.*) code; ~ зако́нов code of laws.

своди́ть I, свести́ **1.** (*вн. с рд.*) take* (*d.* down); ~ с горы́ take* / condúct down *the* hill (*d.*); ~ с ле́стницы take* dównstáirs (*d.*); **2.** (*вн.*; *соединять*) bring* / throw* togéther [...-ou -'ge-] (*d.*); судьба́ свела́ нас fate brought / threw us togéther; **3.** (*вн.* к, на) redúce (*d.* to), bring* (*d.* to); ~ на нет, ~ к нулю́ bring* to naught / nothing (*d.*), redúce to zérò (*d.*); свести́ к шу́тке turn into a joke (*d.*); свести́ разгово́р на что-л. lead* *the* cònversátion to smth.; **4.** (*вн.*; *удалять*) remóve [-u:v] (*d.*); **5.** (*вн.*; *о судороге*): у него́ свело́ но́гу he has (a) cramp in the leg; ◇ ~ концы́ с конца́ми *разг.* make* both ends meet [...bouθ...]; ~ с ума́ (*вн.*) drive* mad (*d.*); ~ счёты с кем-л. settle a score with smb.; square accóunts with smb.; ~ дру́жбу, знако́мство (с *тв.*) make* friends [...fre-] (with); глаз не ~ с кого́-л. not take* / tear* one's eyes off smb. [...tɛə... aɪz...]; свести́ в моги́лу (*вн.*) send* to the grave (*d.*); го́ре свело́ его́ в моги́лу he died of grief [...gri:f]; ты меня́ в моги́лу сведёшь you'll be the death of me [...deθ...].

своди́ть II *сов.* (*вн.*; *куда-л.*) take* (*d.*): он своди́л дете́й в кино́ he took the children to the cínema.

своди́ться, свести́сь **1.** (к) come* (to); э́то сво́дится к тому́ же са́мому it comes to the same (thing); ~ к нулю́, ~ на нет come* to naught / nothing; **2.** (*о переводной картинке*) come* off: карти́нка хорошо́, неуда́чно свела́сь the tránsfer picture came off well, bád¦ly; **3.** *страд. к* своди́ть I.

сво́дка *ж.* **1.** súmmary; compéndium; операти́вная ~ war communiqué (*фр.*) [...kəm'ju:nɪkeɪ], súmmary of òperátions; ~ пого́ды wéather fóre¦càst ['we-...]; (*за определённый период*) wéather repórt; **2.** *полигр.* revíse.

сво́дни||к *м.* procúrer, pánder, pimp. **~ца** *ж. к* сво́дник; *тж.* procúress. **~чать** pánder, pimp. **~чество** *с.* pròcurátion, pándering, pímping.

сво́дн||ый 1. súmmary; ~ая табли́ца súmmary table; ~ая афи́ша combíned pláy-bìll; ~ батальо́н cómposite battálion [-zɪt -'tæ-]; **2.**: ~ые бра́тья stép-bròthers [-brʌ-]; ~ые сёстры stép-sìsters.

сво́дня *ж. разг.* = сво́дница.

сво́дчатый arched, váulted.

своё *мест. с.* **1.** *см.* свой; **2.** (*в знач. сущ.*) one's own [...oun]; стоя́ть на ~м hold* one's own, hold* / stand* one's ground; настоя́ть на ~м insíst on, *или* get*, one's own way; получи́ть ~ *разг.* (*о чём-л. неприятном*) get* one's desérts [...-'zə:-]; (*о выгоде*) get* one's own back.

своевла́стный dèspótic.

своево́лие *с.* sélf-will, wílfulness.

своево́льн||ичать *разг.* be sélf-wílled, be wílful. **~ый** sélf-wílled, wílful.

своевре́менно I *прил. кратк. см.* своевре́менный.

своевре́менн||о II *нареч.* in (good) time, in próper time [...'prɔ-...], ópportùne¦ly. **~ость** *ж.* tíme¦liness, ópportùne¦ness. **~ый** tíme¦ly, ópportùne; (*приуроченный*) wéll-tímed; э́то о́чень ~о it is very tíme¦ly; приня́ть ~ые ме́ры take* tíme¦ly méasures [...'meʒ-].

своекоры́ст||ие *с.* sélf-ínterest. **~ный** sélf-ínterested, sélf-séeking.

своеко́штный *уст.* páying.

своенра́в||ие *с.*, **~ность** *ж.* wílfulness, wáywardness; (*своеволие*) sélf-will; (*капризность*) caprícious¦ness. **~ный** wílful, wáyward; (*своевольный*) sélf-wílled; (*капризный*) caprícious.

своеобра́з||ие *с.*, **~ность** *ж.* orìginálity; pecùliárity. **~ный** oríginal, distínctive; (*особенный*) pecúliar.

свози́ть I, свезти́ (*вн.*) **1.** (*в одно место*) bring* togéther [...-'ge-] (*d.*); **2.** (*вниз*) take* / bring* down (*d.*); ~ с горы́ take* / bring* down *the* hill (*d.*).

свози́ть II, свезти́ (*вн.*; *куда-л.*) take* (*d.*); свози́ ребя́т в Москву́ take the children to Móscow; его́ свезли́ в больни́цу he was táken to (a) hóspital.

свой 1. *мест. переводится соответственно лицу, числу и роду обладающего, как* мой my, наш our, твой thy [ðaɪ] *поэт. уст., об.* your, ваш your; его́ (*о человеке*) his, её (*о человеке*) her; его́, её (*о животных, неодушевл. предметах*) its, *тж.* his, her (*ср.* он, она́, оно́); их their; *неопред. лица* one's; (*собственный*) my own [...oun], our own *и т. д.*: я потеря́л (свою́) шля́пу I have lost my hat; он признаёт свои́ недоста́тки he acknówledges his faults [...-'nɔ-...]; сле́дует признава́ть свои́ недоста́тки one should acknówledge one's faults; объясне́ние э́то по са́мой свое́й су́щности непра́вильно this èxplanátion is wrong in its very éssence; моя́ рабо́та в са́мом своём нача́ле прекрати́лась my work had to be stopped at its very óutsèt; он зна́ет своё де́ло he knows his búsiness [...nouz... 'bɪzn-]; он живёт в своём до́ме he lives in his own house [...lɪvz...-s];— своего́ произво́дства hóme-máde; **2.** *мн.* (*в знач. сущ.*): пойти́ к свои́м go* to see one's people [...piː-]; ✧ здесь все свои́ no strángers here [...-eɪn-...]; свои́ войска́ fríendly troops ['fre-...]; они́ бы́ли отре́заны от свои́х *воен.* they were cut off from their own fórces; он сам не ~ he is not hìm¦sélf; в своё вре́мя in its, my, his, *etc.*, time; (*когда-то*) at one time; (*своевременно*) in due course / time [...kɔːs...]; умере́ть свое́й сме́ртью die a nátural death [...deθ]; он не в своём уме́ he is not right in the head [...hed]; на свои́х на двои́х ≅ on Shanks' mare / póny; ~ своему́ понево́ле брат ≅ blood is thícker than wáter [-ʌd...'wɔː-]; он там ~ челове́к he is quite at home there; кри́кнуть не свои́м го́лосом give* / útter a frénzied scream / shriek [...-iːk].

сво́йственник *м.* relátion / rélative by márriage [...-rɪʤ]; он мне, мой ~ he is my relátion / rélative by márriage.

сво́йственн||ый (*дт.*) pecúliar (to); э́то ему́ ~о that's his way / náture [...'neɪ-]; ✧ челове́ку ~о ошиба́ться to err is húman.

сво́йство *с.* **1.** (*предметов*) próperty; (*человека*) vírtue; **2.** *мн.* chàracterístics [kæ-].

свойств||о́ *с.* relátion¦ship by márriage [...-rɪʤ]; affínity; в ~е́ (с *тв.*) reláted by márriage (to).

свола́кивать, своло́чь (*вн.*) *разг.* drag (*d.*).

сво́лочь *ж. бран.* **1.** *тк. ед. собир.* (*сброд*) ríff-ràff; **2.** (*ругательство*) (dírty) scum, swine.

своло́чь *сов. см.* свола́кивать.

сво́ра *ж.* **1.** (*ремень для собак*) leash; slip(s) (*pl.*); **2.** *собир.* (*о собаках*) pack; (*перен.*) gang.

свора́чивать, свороти́ть *разг.* **1.** (*вн.*) displáce (*d.*), remóve [-uːv] (*d.*); он с трудо́м свороти́л ка́мень he displáced / remóved the stone with dífficulty; **2.** (*без доп.*; *поворачивать*) turn; swing*; ~ напра́во, нале́во turn to the right, to the left; ~ с доро́ги swing* off the road; **3.** *тк. несов.*= свёртывать.

сворова́ть *сов.* (*вн.*) *разг.* steal* (*d.*), pílfer (*d.*).

свороти́ть *сов. см.* свора́чивать 1, 2.

своя́ *ж. см.* свой.

своя́||к *м.* bróther-in-law ['brʌ-] (*pl.* bróthers-) (*husband of wife's sister*). **~ченица** *ж.* síster-in-law (*pl.* sísters-) (*wife's sister*).

свыка́ться, сві́кнуться (с *тв.*) get* used [...juːst] (to), accústom / habítuàte òne¦sélf (to).

сві́кнуться *сов. см.* свыка́ться.

свысока́ *нареч.* in a háughty mánner; смотре́ть на кого́-л. ~ look down on / up¦ón smb.; обраща́ться с кем-л. ~ look down on / up¦ón smb.; còndescénd to smb.

свы́ше I *нареч.* (*сверху*) from above; (*с небес*) from héaven [...'he-].

свы́ше II *предл.* (*рд.*; *более*) óver; (*вне, сверх*) be¦yónd: ~ тридцати́ челове́к óver thírty men; ~ 60% úpwards of 60% [-dz...]; э́то ~ его́ сил it is be¦yónd his strength / pówer.

свя́занный 1. *прич. см.* свя́зывать; **2.** *прил.* (*не свободный — о движении*) constráined; (*о речи*) hálting; **3.** *хим.* combíned.

связа́ть I *сов. см.* свя́зывать *и* вяза́ть 1, 2.

связа́ться *сов. см.* свя́зываться.

связи́ст *м. воен.* sígnaller, sígnal man*.

свя́зк||а *ж.* **1.** sheaf*; bunch; ~ бума́г sheaf* of pápers; ~ ключе́й bunch of keys [...kiːz]; **2.** *анат.* chord [k-], cópula, lígament; голосовы́е ~и vócal chords; **3.** *лингв.* cópula; глагол-~ línk-vèrb.

связно́й 1. *прил.* liáison [liː'eɪzɔ̃ːŋ] (*attr.*); **2.** *м. как сущ. воен.* méssenger [-nʤə], órderly, rúnner.

свя́зн||ость *ж.* connéctedness, còhérency [kou'hɪə-], còhérence [kou'hɪə-]. **~ый** connécted, còhérent [kou-]; ~ый расска́з connécted nárrative.

свя́зочный *анат.* ligaméntous.

свя́зу́ющий 1. *прич. см.* свя́зывать; **2.** *прил.* bínding.

свя́зывание *с.* týing / bínding togéther [...-'ge-].

свя́з||ывать, связа́ть (*вн.*) tie togéther [...-'ge-] (*d.*); bind* (*d.*; *тж. перен.*); (*вн.* с *тв.*; *по ассоциации идей*) connéct (*d.* with); ~ концы́ верёвки tie togéther the ends of *the* rope; ~ в у́зел bundle (up) (*d.*); make* a bundle (of); связа́ть кому́-л. ру́ки (*прям. и перен.*) tie smb.'s hands; ~ по рука́м и нога́м (*прям. и перен.*) tie / bind* hand and foot [...fut] (*d.*); ~ обеща́нием bind* by prómise [...-s] (*d.*); ~ свою́ судьбу́ (с *тв.*) throw* / cast* in one's lot [-ou...] (with); (*о народе, стране*) link one's déstiny (with); быть ~анным с кем-л. be connécted with smb.; быть ~анным с чем-л. be bound up with smth.; (*влечь за собой*) entáil smth., invólve smth.; те́сно ~анный (с *тв.*) clóse¦ly assóciàted [-slɪ...] (with); ~ тео́рию с пра́ктикой link théory with práctice [...'θɪə-...]; э́тот вопро́с те́сно ~ан с други́ми this próblem is bound up with others [...'prɔ-...]; э́то ~ано с больши́ми расхо́дами this will entáil great expénse [...greɪt...]. **~ываться,** связа́ться (с *тв.*) **1.** (*устанавливать общение*) commúnicàte (with); ~ываться по телефо́ну, по ра́дио get* in touch (by télephòne, rádiò) [...tʌʧ...] (with); тесне́е связа́ться с ма́ссами get* into clóser cóntàct with the másses [...'klousə...]; **2.** (*входить в какие-л. отношения*) have to do (with); не ~ывайся с ним *разг.* don't have ány¦thing to do with him.

связ||ь *ж.* **1.** tie, bond; (*по ассоциации идей*) connéction; стоя́ть в те́сной ~и (с *тв.*) be clóse¦ly connécted [...-s-...] (with); логи́ческая ~ lógical connéction; причи́нная ~ cáusal relátion¦ship [-zəl...]; *филос.* causátion [-'zeɪ-]; **2.** (*общение*) connéction, relátion; устана́вливать дру́жеские ~и (с *тв.*) estáblish fríendly relátions [...'fre-...] (with); установи́ть те́сную ~ (с *тв.*) estáblish close links [...-s...] (with); теря́ть ~ (с *тв.*) lose* touch [luːz tʌʧ] (with); кро́вная ~ па́ртии с наро́дом ìndissóluble connéction of the Párty with the people [...piː-]; **3.** *тк. ед.* (*железнодорожная, телеграфная и т. п.*) commùnicátion; слу́жба ~и commùnicátion sérvice; **4.** *тех.* tie; cóupling ['kʌ-]; **5.** *воен.* intercommùnicátion; sígnals *pl.*; (*взаимодействия*) liáison [liː'eɪzɔ̃ːŋ]; слу́жба ~и sígnal sérvice; commùnicátion sérvice *амер.*; **6.** (*любовная*) liáison; вступи́ть в ~ form a connéction; **7.** *мн.* connéctions; с хоро́шими ~ями wéll-connécted; ✧ в ~и с чем-л. in connéction with smth.; in view of smth. [...vjuː...]; in the light of smth.; в ~и́ с э́тим, в э́той ~и́ in this connéction.

святе́йшество *с.*: ва́ше, его́ ~ Your, His Hóliness.

святи́лище *с.* sánctuary.

свя́тки *мн.* Chrístmas-tìde [-ɪsm-] *sg.*, yúle-tide *sg.*

свя́то I *прил. кратк. см.* свято́й 1.

свя́то II *нареч.* píous¦ly; ~ чтить (*вн.*) hold* sácred (*d.*); ~ чтить чью-л. па́мять píous¦ly revére smb.'s mémory.

свят||о́й 1. *прил.* hóly; (*перед именем*) saint [sənt]; (*священный*) sácred; ~ долг sácred dúty; ~ дух *церк.* the Hóly Spírit / Ghost [...goust]; для него́ нет ничего́ ~о́го nothing is sácred to / with him; **2.** *м. как сущ.* saint; ✧ ~а́я святы́х hóly of hólies, sánctum; ~а́я (неде́ля) Éaster-wèek; на ~о́й (неде́ле) at Éaster.

свя́тость *ж.* hóliness ['hou-], sánctity.

святота́тство *с.* sácrilege. **~вать** commít sácrilege.

свя́точный Chrístmas [-sm-] (*attr.*); ~ расска́з Chrístmas stóry / tale.

свято́ша *м. и ж.* hýpocrite, sànctimónious pérson.

свя́тцы *мн. церк.* (church) cálendar *sg.*

святы́ня *ж.* sácred / hóly thing.

свяще́нн||ик *м.* priest [priː-]; clérgy¦man*. **~ический** príest¦ly ['priː-], sàcerdótal, ecclèsiástical [-liːz-].

священноде́йств||ие *с.* relígious rite; (*перен.*) sólemn céremony. **~овать** do smth. with solémnity / pomp.

свяще́н||ный sácred; ~ное писа́ние *рел.* Hóly Writ, Scrípture; Свяще́нный сою́з *ист.* The Hóly Allíance; ~ долг sácred dúty. **~ство** *с.* príesthood ['pri:sthud].

сгиб *м.* **1.** bend; **2.** *анат.* fléxion. **~áтель** *м. анат.* fléxor.

сгибáть, согнýть (*вн.*) bend* (*d.*); crook (*d.*), curve (*d.*); (*складывать*) fold (*d.*); ~ колéни bend* one's knees. **~ся,** согнýться bend* (down); bow (down); (*склоняться*) stoop; ~ся под тя́жестью чегó-л. bend* / sag únder the weight of smth.

сги́нуть *сов. разг.* dìsappéar, vánish; сгинь! begóne! [-'gɔn], get thee gone! [...gɔn].

сглáдить(ся) *сов. см.* сглáживать (-ся).

сглáживать, сглáдить (*вн.*) smooth out [-ð...] (*d.*); (*перен.*; *о противоречиях и т. п.*) smooth óver / a¦wáy (*d.*). **~ся,** сглáдиться **1.** smooth down [-ð...]; get* / become* smooth; **2.** *страд. к* сглáживать.

сглáзить *сов.* (*вн.*) *разг.* òver¦lóok (*d.*), bewítch (with the évil eye) [...'i:v°l aɪ] (*d.*), put* off (by too much praise) (*d.*); чтóбы не ~! ≅ touch wood! [tʌʧ wud].

сглупи́ть *сов. разг.* do a fóolish thing.

сгнивáть, сгнить rot.

сгнить *сов. см.* сгнивáть *и* гнить.

сгнои́ть *сов. см.* гнои́ть.

сговáриваться, сговори́ться (с *тв.*) arránge things [-eɪnʤ...] (with), come* to an arránge¦ment / agréement [...-eɪnʤ-...] (with); (с *тв.* + *инф.*) make* an appóintment (with + to *inf.*); с ним трýдно сговори́ться it is dífficult to arránge things with him; он сговори́лся с ней встрéтиться на стáнции he arránged to meet her at the státion.

сгóвор *м.* **1.** agréement; cómpàct; deal *разг.*; (*тáйный*) collúsion, collúsive¦ness; по ~у in agréement; **2.** *уст. разг.* (*помолвка*) betróthal [-ouð-].

сговори́ться *сов. см.* сговáриваться.

сговóрчив||ость *ж.* complíancy, tràctabílity. **~ый** complíant, tráctable, compláisant [-zənt].

сгоня́ть, согнáть (*вн.*) **1.** (*с места*) drive* a¦wáy (*d.*); **2.** (*в одно место*) drive* togéther [...-'ge-] (*d.*); ✧ ~ со дворá *разг.* turn out of the house [...-s] (*d.*).

сгорáни||е *с.* combústion [-sʧən]; дви́гатель внýтреннего ~я *тех.* intérnal combústion éngine [...'enʤ-].

сгорáть, сгорéть **1.** be burnt down; burn* down / out; дом сгорéл the house* was burnt down [...-s...]; свечá сгорéла the candle burned out / down; ~ дотлá be burnt / redúced to áshes; **2.** *разг.* (*расходоваться при горении*) be consúmed, be used up; зá зиму (у нас) сгорéло пять кубомéтров дров we burned, *или* used up, five cúbic metres of wood this winter [...wud...]; **3.** (от) burn* (with); ~ от стыдá, желáния burn* with hame, desíre [...-'zaɪə].

сгóрб||ить(ся) *сов. см.* гóрбить(ся). **~ленный** cróoked, bent, hunched.

сгорéть *сов. см.* сгорáть.

сгорячá *нареч. разг.* (*вспылив*) in a fit of témper, in the heat of the móment; (*необдуманно*) ráshly.

сготóвить *сов.* (*вн.*) *разг.* cook (*d.*), make* (*d.*).

сгребáть, сгрести́ (*вн.*; *граблями*) rake up / togéther [...-'ge-] (*d.*); (*лопатой*) shóvel up / in ['ʃʌ-...] (*d.*).

сгрести́ *сов. см.* сгребáть.

сгруди́ться *сов. разг.* crowd, bunch.

сгружáть, сгрузи́ть (*вн.*) ún¦lóad (*d.*).

сгрузи́ть *сов. см.* сгружáть.

сгруппировáть(ся) *сов. см.* группировáть(ся).

сгрустнýться *сов. разг.* = взгрустнýться.

сгрызáть, сгрызть (*вн.*) chew (up) (*d.*).

сгрызть *сов. см.* сгрызáть.

сгуби́ть *сов.* (*вн.*) *разг.* rúin (*d.*): ~ себя́ rúin òne¦sélf; ~ свою́ мóлодость waste one's youth [weɪ- ...ju:θ].

сгусти́ть(ся) *сов. см.* сгущáть(ся).

сгýсток *м.* clot; ~ крóви clot of blood [...blʌd].

сгущáемость *ж.* condènsabílity.

сгущ||áть, сгусти́ть (*вн.*) thícken (*d.*); (*конденсировать*) condénse (*d.*); ~ крáски (*перен.*) exággeràte [-ʤə-]; lay* it on thick *разг. идиом.* **~áться,** сгусти́ться (*в разн. знач.*) thícken; (*о крови*) clot; (*конденсироваться*) condénse; ~áющиеся сýмерки clósing dusk *sg.* glóaming.

сгущ||éние *с.* thíckening; (*крови*) clótting; (*конденсация*) còndènsátion. **~ённый** *прич.* (*тж. как прил.*) *см.* сгущáть; ~ённое молокó condénsed milk, eváporàted' milk.

сдáбривать, сдóбрить (*вн.*) flávour (*d.*); (*о тесте*) make* rich (*d.*); (*пряностями*) spice (*d.*); сдóбренный (*тв.*; *перен.*) lárded (with).

сдавáть I, сдать (*вн.*) **1.** (*передавать*) pass (*d.*); (*о телеграммах, письмах и т. п.*) hand in (*d.*); (*возвращать*) retúrn (*d.*), turn in (*d.*); ~ делá turn óver one's dúties; ~ вéщи в багáж régister one's lúggage, have one's lúggage régistered; ~ багáж на хранéние leave* one's lúggage in the clóak-room, depósit / leave* one's lúggage [-zɪt...]; ~ внаём let* (*d.*), let* out (*d.*), hire out (*d.*); (*о квартире и т. п.*) let* (*d.*), rent (*d.*); ~ в арéнду lease [-s] (*d.*), grant on lease [-ɑ:nt...] (*d.*), rent (*d.*); **2.** (*о крепости, городе и т. п.*) surrénder (*d.*), yield [ji:-] (*d.*); **3.** *карт.* deal* (round) (*d.*): komý ~? whose deal is it?; **4.:** он сдал ей три рубля́ he gave her three roubles change [...ru:- ʧeɪ-]; ✧ ~ экзáмен take* *an* exàminátion; (*успешно*) pass *an* exàminátion; он всегдá сдаёт экзáмены на отли́чно he álways recéives excellent marks at *the* exàminátions [...'ɔ:lwəz -i:vz...]; ~ нóрмы pass the (stándard) tests.

сдавáть II, сдать (*без доп.*; *ослабевать*) be wéakened, be in a redúced state; он óчень сдал пóсле болéзни he looks much worse áfter his íllness; (*постарел*) he looks years ólder áfter his íllness; сéрдце сдáло the heart gave out [...hɑ:t...].

сдавáться I, сдáться (*дт.*) **1.** surrénder (to), yield [ji:-] (to); ~ в плен yield òne¦sélf prísoner [...-ɪz-]; ~ на ми́лость победи́теля surrénder at discrétion [...-re-]; **2.** *страд. к* сдавáть I.

сдавáться II, сдáться *безл. разг.*: мне, емý *и т. д.* сдаётся it seems to me, to him, *etc.*

сдави́ть *сов. см.* сдáвливать.

сдáвленный **1.** *прич. см.* сдáвливать; **2.** *прил.* constráined; ~ гóлос constráined voice.

сдáвливать, сдави́ть (*вн.*) squeeze (*d.*): он сдави́л мне рýку he squeezed my hand.

сдать I, II *сов. см.* сдавáть I, II.

сдáться I, II *сов. см.* сдавáться I, II.

сдáч||а *ж.* **1.** (*о крепости, городе и т. п.*) surrénder; **2.:** ~ в багáж régistering of lúggage; ~ багажá на хранéние depósiting / léaving one's lúggage [-zɪ-...]; ~ внаём létting (out), híring out; (*о квартире и т. п.*) létting, rénting; ~ в арéнду lease [-s]; **3.** *карт.* deal; вáша ~ your deal, it is for you to deal; **4.** (*излишек денег при оплате*) change [ʧeɪ-]; пять рублéй ~и five roubles change [...ru:-...]; давáть ~и дéсять рублéй (*дт.*) give* ten roubles change (*i.*); получи́ть ~и дéсять рублéй get* ten roubles change; ✧ давáть ~и (*дт.*) *разг.* hit* back (*d.*).

сдвáивание *с.* dóubling ['dʌb-].

сдвáивать, сдвои́ть (*вн.*) double [dʌ-] (*d.*).

сдвиг *м.* **1.** displáce¦ment; (*перен.*) change for the bétter [ʧeɪ-...], prógrèss; (*в работе, учёбе и т. п.*) impróve¦ment [-ru:-]; **2.** *геол.* displáce¦ment, fault; **3.** *тех.* shear.

сдвигáть, сдви́нуть (*вн.*) **1.** (*с места*) move [mu:v] (*d.*): он не мог сдви́нуть стол (с мéста) he could not move the table;— егó с мéста не сдви́нешь he won't budge [...wount...], you can't get him to budge [...kɑ:nt...]; сдви́нуть с мéста (*о вопросе, деле и т. п.*) *разг.* set* afóot [...ə'fut] (*d.*); сдви́нуть дéло с мёртвой тóчки get* things móving [...'mu:v-]; ~ шля́пу на зaты́лок push one's hat back [puʃ...]; **2.** (*соединять*) push togéther [...-'ge-] (*d.*); он сдви́нул два столá he pushed two tables togéther; ✧ сдви́нуть брóви knit* one's brows. **~ся,** сдви́нуться **1.** move [mu:v], budge; он не сдви́нулся с мéста he never budged; вопрóс не сдви́нулся с мéста no héadway was made in the mátter [...'hed-...]; дéло сдви́нулось с мéста things begán to move; **2.** (*вместе*) come* / draw* togéther [...-'ge-]; **3.** *страд. к* сдвигáть.

сдви́нуть(ся) *сов. см.* сдвига́ть(ся).

сдвои́ть *сов. см.* сдва́ивать.

сде́лать(ся) *сов. см.* де́лать(ся).

сде́лк||а *ж.* (*при купле-продаже*) trànsáction [-'z-], deal, bárgain; (*соглашение*) agréement; гря́зная ~ shády trànsáction / deal; входи́ть в ~у с кем-л. strike* a bárgain with smb.; заключа́ть (торго́вую) ~у con¦clúde a bárgain; arránge a deal [-eɪndʒ...]; ✧ ~ с со́вестью a bárgain with one's cónscience [...-nʃəns].

сде́ль||но *нареч.* by the job. **~ный** by the job; job (*attr.*); ~ная опла́та piéce wage [piːs...], páyment by the piece; ~ная рабо́та piéce-wòrk ['piːs-]; ~ная опла́та труда́ píece-ràte sýstem ['piːs-...]. **~щик** *м.* píece-wòrker ['piːs-]. **~щина** *ж.* píece-wòrk ['piːs-].

сдёргивать, сдёрнуть (*вн.*) pull off [pul...] (*d.*): сдёрнуть ска́терть со стола́ pull the cloth off *the* table; они́ сдёрнули с него́ ша́пку they pulled off his hat.

сде́ржанн||о *нареч.* with restráint, with discrétion [...-re-]; with resérve [...-'zəːv]. **~ость** *ж.* restráint, resérve [-'zəːv]; (*в речах*) discrétion [-re-], resérve; проявля́ть ~ость show* restráint [ʃou...]. **~ый 1.** *прич. см.* сде́рживать; **2.** *прил.* restráined, resérved [-'zəː-]; (*в речах*) discréet, resérved; вне́шне ~ый óutwardly restráined; ~ый отве́т, тон, смех restráined ánswer, tone, laugh [...'ɑːnsə... lɑːf].

сдержа́ть(ся) *сов. см.* сде́рживать (-ся).

сде́рживать, сдержа́ть (*вн.*) **1.** hold* in (*d.*), keep* back (*d.*), restráin (*d.*); (*о неприятеле и т. п.*) hold* in check (*d.*), contáin (*d.*); (*об агрессии*) detér (*d.*); (*о лошадях и т. п.*) hold* (back) (*d.*); (*перен.*; *о чувствах*) keep* in (*d.*); (*о слезах, рыданиях и т. п.*) représs (*d.*), restráin (*d.*), check (*d.*); сдержа́ть смех suppréss a laugh [...lɑːf]; сде́рживающий фа́ктор detérrent; **2.** *тк. сов.*: сдержа́ть своё сло́во, обеща́ние keep* one's word, prómise [...-s]; be as good as one's word *идиом.* **~ся,** сдержа́ться contról òne¦sélf [-oul...]; *сов. тж.* check òne¦sélf; он едва́ сдержа́лся, он не мог сдержа́ться he could not contról hìm¦sélf, he could hárdly contáin hìm¦sélf.

сдёрнуть *сов. см.* сдёргивать.

сдира́ть, содра́ть (*вн.*) **1.** strip (*d.*), strip off (*d.*); scratch off (*d.*); ~ ко́жу (с *рд.*) skin (*d.*), strip the skin off (*d.*); ~ кору́ с берёзы bark *a* birch; ~ ко́жу с живо́тного flay / skin *an* ánimal; **2.** *тк. сов. разг.*: содра́ть втри́дорога с кого́-л. make* smb. pay through the nose; он содра́л с меня́ сто рубле́й he rushed me a húndred roubles [...ruː-].

сдо́ба *ж. собир.* fáncy bread [...-ed].

сдо́бн||ый rich; ~ая бу́лка bun; ~ое те́сто fáncy/short pástry [...'peɪ-].

сдо́брить *сов. см.* сда́бривать.

сдоброва́ть *разг.*: ему́ не ~ it will turn out bád¦ly for him, he will have to pay for it.

сдо́хнуть (*о скоте*) die; *груб.* croak.

сдре́йфить *сов. см.* дре́йфить.

сдружи́ться *сов.* (с *тв.*) become* friends [...fre-] (with).

сдува́ть, сдуть, сду́нуть (*вн.*) **1.** blow* a¦wáy / off [-ou...] (*d.*); **2.** *при сов.* сдуть *разг.* (*списывать*) crib (*d.*).

сду́нуть *сов. см.* сдува́ть 1.

сду́ру *нареч. разг.* out of fóolishness, fóolishly.

сдуть *сов. см.* сдува́ть.

сё *мест.*: то да сё, ни то ни сё, ни с того́ ни с сего́, о том о сём *см.* тот.

сеа́нс *м.* séance (*фр.*) ['seɪɑːns]; (*представление*) perfórmance; (*портретиста*) sítting; пе́рвый, второ́й ~ (*в кино*) first, sécond house* [...'se- -s]; first, sécond show / perfórmance [...ʃou...].

СЕАТО SEATO [sɪ'eɪtou, 'siːtou] South East Ásia Tréaty Òrganìzátion [...'eɪʃə... -naɪ-].

себе́ *дт., пр. см.* себя́.

себе (*без удар.*) *частица разг. не переводится*: а он ~ спит and he just goes on sléeping; а он ~ молчи́т and he just keeps silent (as if nothing had háppened); and he says / útters never / not a word [...sez...]; ✧ ничего́ ~ not so bad.

себесто́имост||ь *ж. эк.* (prime) cost, cost price; продава́ть по ~и sell* at par, sell* **at** cost price.

себя́ *рд., вн.* (*дт., пр.* себе́, *тв.* собо́й, собо́ю) *мест. переводится соответственно лицу, числу и роду*: *1. sg.* mỳ¦sélf; *pl.* our¦sélves; *2. sg.* your¦sélf; thỳ¦sélf [ð-] *поэт., уст.*; *pl.* your¦sélves; *3. sg. m.* hìm¦sélf, *f.* hèr¦sélf, *n.* ìt¦sélf; *pl.* thèm¦sélves; ✧ мне ка́к-то не по себе́ I don't feel quite mỳ¦sélf.

себялю́б||ец *м.* égoìst, sélf-lóver [-'lʌ-]. **~ивый** sélfish, ègoístical, sélf-lóving [-'lʌ-]. **~ие** *с.* sélf-lóve [-'lʌv].

сев *м.* sówing ['sou-].

се́вер *м.* north; на ~, к ~у (от) to the north (of), nórth(wards) [-dz] (of); *мор. тж.* to the nórthward (of); на ~е in the north; идти́, е́хать на ~ go* north. **~нее** *нареч.* (*рд.*) to the north (of), nórthward (of); fúrther north [-ðə...] (than). **~ный** north, northern* [-ðən]; ~ный ве́тер north; nórthern / nórtherly wind [...-ðəlɪ wɪ-]; ~ный жи́тель nórtherner [-ðə-]; Се́верный по́люс North Pole; ~ный оле́нь réindeer*; ~ное сия́ние nórthern lights *pl.*; Auróra Bòreális [...-rɪ'eɪ-] *научн.*

се́веро-восто́||к *м.* nórth-éast. **~чный** nórth-éast, nórth-éastern; (*о ветре тж.*) nórth-éasterly.

се́веро-за́пад *м.* nórth-wést. **~ный** nórth-wést, nórth-wéstern; (*о ветре тж.*) nórth-wésterly.

северя́нин *м.* nórtherner [-ðə-].

севооборо́т *м. с.-х.* rotátion / àltеrnátion of crops; crop rotátion / àlternátion; shift of crops.

се́врский [сэ-]: ~ фарфо́р Sèvres (*фр.*) [seɪvr].

севрю́га *ж.* sevrúga (*kind of sturgeon*).

севрю́жий *прил. к* севрю́га.

сегме́нт *м. мат., биол.* ségment. **~а́ция** *ж. биол.* sègmentátion.

сего́дня [-во́-] *нареч.* to¦dáy; ~ у́тром this mórning; ~ ве́чером this évening [...'iːv-], to¦níght; ✧ ~ гу́сто, а за́втра пу́сто ≅ feast to¦dáy and fast to¦mórrow; не ~-за́втра any day now; на ~ (*в настоящее время*) to date; на ~ дово́льно that'll do for to¦dáy. **~шний** [-во́-] to¦dáy's; на ~шний день to¦dáy, at présent [...'prez-].

сегрега́ция *ж.* sègregátion.

седа́лищ||е *с. анат.* seat. **~ный** *анат.* sciátic; ~ная кость sciátic bone; ~ный нерв sciátic nerve; воспале́ние ~ного не́рва *мед.* sciática.

седе́льный *прил. к* седло́; ~ ма́стер sáddler.

седе́||ть, поседе́ть go* / grow* / turn grey [...grou...]; (*о волосах тж.*) be touched with grey [...tʌ-...]. **~ющий 1.** *прич. см.* седе́ть; **2.** *прил.* grizzled.

седина́ *ж.* grey hair.

седла́ть, оседла́ть (*вн.*) saddle (*d.*).

седло́ *с.* saddle.

седоборо́дый gréy-béarded.

седова́тый gréyish, grízzly.

седовла́сый gréy-héaded [-'he-], gréy-háired.

седо́й grey.

седо́к *м.* (*всадник*) hórse¦man*, ríder; (*в экипаже*) fare.

седьм||о́й séventh ['se-]; ~о́е ма́я, ию́ня *и т. п.* the séventh of May, June, *etc.*; May, June, *etc.*, the séventh; страни́ца, глава́ ~а́я page, chápter séven [...'se-]; ~ но́мер númber séven; ему́ пошёл ~ год he is in his séventh year; ему́ ~ деся́ток пошёл he is past síxty; уже́ ~ час (it is) past six; в ~о́м часу́ past / áfter six; полови́на ~о́го half past six [hɑːf...]; три че́тверти ~о́го a quárter to séven; одна́ ~а́я one séventh; ✧ на ~о́м не́бе *разг.* in the séventh héaven [...'he-].

сеза́м I *м. бот.* sésame [-mɪ].

сеза́м II *м.*: ~, откро́йся! ópen sésame! [...-mɪ].

сезо́н *м.* séason [-zᵊn]; мёртвый ~ the dead / off / dull séason [...ded...]. **~ник** *м. разг.* séason-wòrker [-zᵊn-]. **~ность** *ж.* séasonal prévalence [-zə-...]. **~ный** séasonal [-zə-]; ~ный рабо́чий séason-wòrker [-zᵊn-]; ~ный биле́т séason-tìcket [-zᵊn-]; cómmutátion tícket *амер.*

сей, *ж.* сия́, *с.* сие́, *мн.* сии́, *мест.* this, *pl.* these: на ~ раз for this once [...wʌns]; this time; — до сих пор (*о месте*) up to here, up to this point; (*о времени*) up to now, till now, hither¦tó; (*ещё, всё ещё*) still; по ~ день, по сию пóру up till now; сегó гóда of this, *или* the présent, year [...'prez-...]; сегó мéсяца inst. *сокр.*: 5-го сегó мéсяца on the 5th inst.; что сиé знáчит what is the méaning of this; данó сиé this, *или* the présent, is given; сим удостоверяется this is to cértify; при сём прилагáется hére¦with please find; за сим слéдует here fóllows; под сим кáмнем покóится here lies; сию минýту (*тóлько что*) this very mínute [...'mɪnɪt]; (*сейчáс*) ínstantly, at once; (*подождите*) just a móment!; ◇ от сих и до сих ≅ within a límited range [...reɪ-], never be¦yónd a définite scope.

сейм *м.* Seim (*representative assembly in Poland*).

сéйн||**а** *ж.* (*рыболовная сеть*) seine. **~ер** *м.* (*рыболовное судно*) séiner.

сейсми́ческий séismic ['saɪz-].

сейсмогрáмма *ж.* séismogràm ['saɪz-].

сейсмóграф *м.* séismogràph ['saɪz-]. **~и́ческий** seismográphic [saɪz-].

сейсмогрáфия *ж.* seismógraphy [saɪz-].

сейсмологи́ческий seismológical [saɪz-].

сейсмолóгия *ж.* seismólogy [saɪz-].

сейсмóметр *м.* seismómeter [saɪz-].

сейф [сэ-] *м.* safe.

сейчáс *нареч.* **1.** (*теперь*) now; (*в дáнный момéнт*) just / right now; где он ~ живёт? where is he líving now? [...'lɪ-...]; сдéлайте это ~ do it immédiate¦ly / now; тóлько ~ just, just now; он тóлько ~ ушёл he has just gone a¦wáy [...gɔn...], he has ónly just left; **2.** (*óчень скóро*) présently [-z-], soon; (*немéдленно*) at once [...wʌns]; он ~ придёт he'll be here présently / soon; ~ же пóсле immédiate¦ly áfter; ~! in a mínute! [...'mɪnɪt]; (*идý*) cóming!

сéканс [сэ́-] *м. мат.* sécant.

секáтор *м.* sécateur (*фр.*) ['sekətə:]; prúning-shears *pl.*

секвéстр *м.* **1.** *юр.* sèquèstrátion [si:-]; наклáдывать ~ (на *вн.*) sequéstràte (*d.*), sequéster (*d.*); **2.** *мед.* sequéstrum. **~овáть** *несов. и сов.* (*вн.*) sequéstràte (*d.*), sequéster (*d.*).

секи́ра *ж.* póle-àxe.

секрéт I *м.* **1.** sécret; по ~у sécret¦ly, cònfidéntially, in cónfidence; под бóльшим ~ом in strict cónfidence, as a great sécret [...-eɪt...]; держáть что-л. в ~е keep* smth. a sécret; вы́дать, разболтáть ~ betráy *a* sécret; let* the cat out of the bag *идиом.*; не составля́ть ~а be géneral knówledge [...'nɔ-]; ни для когó не ~, что it is no sécret that, it is an ópen sécret that; ~ успéха зави́сит (от) sécret of succéss lies (with); **2.** *воен.* lístening post ['lɪsᵊn- pou-]; ◇ ~ полишинéля ópen sécret.

секрéт II *м. физиол.* secrétion.

секретариáт *м.* sècretáriate.

секретáр||**ский** sècretárial, sécretary's. **~ство** *с.* sécretaryship, sècretáriate. **~ствовать** be a sécretary.

секрет||**áрша** *ж.*, **~áрь** *м.* (*рд.*) sécretary (of, to); ли́чный ~áрь pérsonal / prívate sécretary [...'praɪ-...]; учёный ~áрь scièntífic sécretary; непремéнный ~áрь pérmanent sécretary; генерáльный ~áрь sécretary géneral; Госудáрственный ~áрь (*в США*) Sécretary of State.

секретéр *м.* sècretáire, èscritóire [eskri:'twɑ:].

секрети́н *м. физиол.* secrétin [-ri:-].

секрéтничать *разг.* be secrétive, keep* *things* sécret.

секрéтн||**о** *нареч.* sécret¦ly, cóvertly ['kʌ-], in sécret; весьмá ~ with great sécrecy [...-eɪt 'si:-]; (*нáдпись на докумéнтах и т. п.*) stríctly cònfidéntial, top sécret. **~ость** *ж.* sécrecy ['si:-]. **~ый** sécret; (*о докумéнтах и т. п. тж.*) cònfidéntial; ~ый прикáз sécret órder; ~ый замóк còmbinátion lock.

секретóрный *физиол.* secrétory [-ri:-].

секрéция *ж. физиол.* secrétion; внýтренняя ~ intérnal secrétion.

сéкста [сэ́-] *ж. муз.* sixth.

секстáн(т) *м. тех., мат.* séxtant.

секстéт [сэкстэ́т] *м. муз.* sèxtét(te), sèstét.

сексуáльн||**ость** *ж.* sèxuálity. **~ый** séxual.

сéкт||**а** *ж.* sect. **~áнт** *м.* sèctárian, séctary. **~áнтский** sèctárian. **~áнтство** *с.* sèctárianism.

сéктор *м.* séctor; социалисти́ческий ~ хозя́йства sócialist séctor of the èconomy [...i:-]; госудáрственный ~ нарóдного хозя́йства stàte-owned séctor of nátional èconomy [-ound...'næ-...]; ~ оборóны *воен.* séctor of defénce.

секуляриз||**áция** *ж.* sécularìzátion [-raɪ'z-]. **~и́ровать** *несов. и сов.* (*вн.*) sécularìze (*d.*).

секýнд||**а** *ж.* sécond (*sixtieth part of a minute*) ['se-]; подожди́ ~у wait a móment; сию ~у just a móment / mínute [...-nɪt].

секундáнт *м.* sécond (*in a duel*) ['se-]; быть чьим-л. ~ом be smb.'s sécond.

секýндн||**ый** *прил. к* секýнда; ~ая стрéлка sécond hand ['se-...].

секундомéр *м.* stóp-wàtch.

секýщая *ж. скл. как прил. мат.* sécant.

секциóнный séctional.

сéкция *ж.* séction.

селёд||**ка** *ж.* = сельдь. **~очница** *ж.* hérring-dìsh. **~очный** hérring (*attr.*).

селезён||**ка** *ж. анат.* spleen; воспалéние ~ки *мед.* splenítis. **~очный** *анат.* splénic [-i:n-], splenétic.

сéлезень *м.* drake.

селекционéр *м.* seléctionist.

селекциóнный *с.-х.* seléction (*attr.*), seléctive.

селéкция *ж. с.-х.* seléction.

селéн *м. хим.* selénium.

селéние *с.* víllage, hámlet ['hæ-].

селéнистый *хим.* sèlenític(al).

селени́т *м. мин.* sélenìte.

селéновый *хим.* selénic, selénian.

селеногрáфия *ж. астр.* sèlenógraphy.

сели́тр||**а** *ж. хим.* sáltpètre, nítre; кáлиева ~ potássium nítràte [...'naɪ-]; нáтриева ~ sódium nítràte. **~яный** sáltpètrious; nitre (*attr.*); ~яный завóд sáltpètre-wòrks, nitre works.

сели́ть = поселя́ть 1.

сели́ться settle, take* up one's résidence [...'rez-].

сел||**ó** *с.* víllage; ◇ ни к ~ý ни к гóроду ≅ for no réason at all [...-zᵊn...]; quite / just out of the blue.

сельдерéй *м.* célery.

сельд||**ь** *ж.* hérring; копчёная ~ red hérring, blóater; ◇ как ~и в бóчке ≅ like sàrdínes [...-'di:nz]. **~янóй** hérring (*attr.*).

сельпó *с. нескл.* víllage géneral stores *pl.*

сéльск||**ий** rúral; ~ая мéстность cóuntry-sìde ['kʌ-]; ~ая жизнь cóuntry life ['kʌ-...]; ~ое хозя́йство ágricùlture, fárming, rúral èconomy [...i:-]; ~ учи́тель víllage téacher; ~ жи́тель cóuntry¦man* ['kʌ-], víllager; *мн. собир.* cóuntryfòlk ['kʌ-], cóuntrypèople ['kʌ- -pi:-]; ~ое населéние rúral pòpulátion; ~ая молодёжь víllage youth [...ju:θ]; young cóuntryfòlk [jʌŋ...].

сельскохозя́йственный àgricúltural; ~ рабóчий àgricúltural wórker; (*батрáк*) fárm-hànd.

сельсовéт *м.* (сéльский совéт) víllage Sóvièt.

сéльтерск||**ий:** ~ая водá séltzer (wáter) [-tsə 'wɔ:-].

селяни́н *м. уст., поэт.* péasant ['pez-], víllager.

семáнт||**ика** *ж.* **1.** semántics; **2.** *лингв.* (*значéние слóва*) méaning (of *a* word). **~и́ческий** *лингв.* semántic; ~и́ческое развитие semántic devélopment.

семасио||**логи́ческий** *лингв.* semàsiológical. **~лóгия** *ж.* semàsiólogy.

семафóр *м. ж.-д., мор.* sémaphòre.

сёмга *ж.* sálmon ['sæm-].

семéйн||**ый** **1.** doméstic; family (*attr.*); ~ая жизнь doméstic / fámily life; ~ое счáстье fámily háppiness; ~ круг fámily círcle; ~ые отношéния fámily relátions; ~ совéт doméstic / fámily cóuncil; ~ вéчер fámily párty; ~ые свя́зи fámily ties; ~ая враждá fámily feud; ~ое положéние fámily státus; márital state; по ~ым обстоя́тельствам for doméstic réasons [...-zᵊnz]; в ~ой обстанóвке in doméstic surróundings; **2.** (*имéющий семью*) fámily (*attr.*); ~ человéк fámily man*; быть ~ым have a fámily; be head of a fámily [...hed...].

семéйственн||**ость** *ж.* (*в ведéнии дел, в рабóте*) népotism. **~ый** doméstic; fámily (*attr.*); ~ый человéк domésticàted man*.

семéйство *с.* fámily.
семенá *мн. см.* сéмя 1.
семенúть mince.
семеннúк *м.* 1. *биол.* tésticle; 2. *бот.* péricàrp; ~ú трав grass seeds; ~úй овощных культýр végetable seeds.
семенн||óй 1. seed (*attr.*); ~áя ссýда seed loan; ~ фонд séed-fùnd; ~óе хозя́йство séed-fàrm; засыпать ~ые фóнды lay* in seed stocks; 2. *биол.* séminal ['si:-], spèrmátic; ~áя нить spèrmatozóòn [-'zouɔn] (*pl.* -zoa [-'zouə]).
семеновóд||ство *с. с.-х.* séed-grówing [-ou-], séed-fárming. **~ческий** *с.-х.* séed-grówing [-ou-] (*attr.*).
семенонóсный *бот.* sèminíferous.
семерúчный sèpténary [-'ti:-].
семёрка *ж.* 1. *разг.* (*цифра*) séven ['se-]; 2. *карт.* séven; козырна́я ~ the séven of trumps; ~ червéй, пик *и т. п.* the séven of hearts, spades, *etc.* [...hɑ:ts...].
семернóй sévenfòld, séptuple.
сéмеро *числит.* séven ['se-]; для всех семерых for all séven; нас ~ there are séven of us; ◇ ~ одногó не ждут *посл.* ≅ for one that is míssing there's no spóiling a wédding.
семéстр *м.* term, seméster. **~óвый** términal; seméster (*attr.*).
сéмечк||о *с. уменьш. от* сéмя; ~и (подсóлнуха) sún-flower seeds.
семи- (*в сложн. словах, не приведённых особо*) of séven [...'se-], *или* séven- — *соотв. тому, как даётся перевод второй части слова*; *напр.* семиднéвный of séven days, séven-day (*attr.*) (*ср.* -днéвный: of... days, -day *attr.*); семимéстный with berths, seats for 7; (*об автобусе и т. п.*) séven-seater ['se-] (*attr.*) (*ср.* -мéстный).
семидесяти- (*в сложн. словах, не приведённых особо*) of séventy, *или* séventy- — *соотв. тому, как даётся перевод второй части слова*; *напр.* семидесятиднéвный of séventy days, séventy-day (*attr.*) (*ср.* -днéвный: of... days, -day *attr.*); семидесятимéстный with berths, seats for 70; (*об автобусе и т. п.*) séventy-seater (*attr.*) (*ср.* -мéстный).
семидесятилéт||ие *с.* 1. (*годовщина*) séventieth ànnivérsary; (*день рождения*) séventieth bírthday; 2. (*срок в 70 лет*) séventy years *pl.* **~ний** 1. (*о сроке*) of séventy years; séventy-year (*attr.*); 2. (*о возрасте*) of séventy; séventy-year-óld; ~ний человéк man* of séventy; séventy-year-óld man*.
семидеся́т||ый séventieth; странúца ~ая page séventy; ~ нóмер númber séventy; емý (пошёл) ~ год he is in his séventieth year; ~ые гóды (*столетия*) the séventies; в начáле ~ых годóв in the éarly séventies [...'ɜ:-...]; в концé ~ых годóв in the late séventies.
семикрáтн||ый sévenfòld, séptuple; в ~ом размéре sévenfòld.
семилéтие *с.* 1. (*годовщина*) séventh ànnivérsary ['se-...]; 2. (*срок в 7 лет*) séven years ['se-...] *pl.*
семилéт||ка *ж.* 1. séven-year school ['se-...]; 2. *разг.* (*о ребёнке*) séven-year-óld child* ['se-...], child* of séven [...'se-]; 3. (*план развития*) Séven-Year Plan. **~ний** 1. (*о сроке*) of séven years [...'se-...], séven-year ['se-] (*attr.*); sèpténnial *научн.*; 2. (*о возрасте*) of séven; séven-year-óld ['se-]; ~ний ребёнок child* of séven; séven-year-óld child*.
семимúльн||ый: двúгаться ~ыми шагáми advánce with séven-league / gìgánt|ic / rápid strides [...'se- -li:g...].
семинáр *м.*, **~ий** *м.* sèminár.
семинарúст *м.* sèminárian, séminarist.
семинáр||ия *ж.* séminary; духóвная ~ theológical séminary. **~ский** 1. *прил.* к семинáр; 2. *прил.* к семинáрия.
семисóт||ый séven-húndredth ['se-]; странúца ~ая page séven húndred [...'se-...]; ~ нóмер númber séven húndred; ~ая годовщúна séven-húndredth ànnivérsary; ~ год the year séven húndred.
семистóпный: ~ ямб *лит.* ìámbic hèptámeter.
семúт *м.* sémìte ['si:-]. **~úческий** semític. **~ский** = семитúческий.
семитысячный séven-thóusandth ['se- -zə-].
семиугóльн||ик *м. мат.* héptagon, séptàngle. **~ый** hèptágonal, sèptángular.
семичасовóй 1. (*о продолжительности*) of séven hours [...'se- auəz]; séven-hour ['se- -auə] (*attr.*); 2.: ~ пóезд the séven o'clóck train; the séven o'clóck *разг.*
семнадцати- (*в сложн. словах, не приведённых особо*) of séventéen, *или* séventéen- — *соотв. тому, как даётся перевод второй части слова*; *напр.* семнадцатиднéвный of séventéen days, séventéen-day (*attr.*) (*ср.*-днéвный: of... days, -day *attr.*); семнадцатимéстный with berths, seats for 17; (*об автобусе и т. п.*) séventéen-seater (*attr.*) (*ср.* -мéстный).
семнадцатилéтний 1. (*о сроке*) of séventéen years; séventéen-year (*attr.*); 2. (*о возрасте*) of séventéen; séventéen-year-óld; ~ юноша boy of séventéen; séventéen-year-óld boy.
семнáдцат||ый séventéenth; ~ое января́, февраля́ *и т. п.* the séventéenth of Jánuary, Fébruary, *etc.*; Jánuary, Fébruary, *etc.*,the séventéenth; странúца, главá ~ая page, chápter séventéen; ~ нóмер númber séventéen; емý пошёл ~ год he is in his séventéenth year; однá ~ая one séventéenth.
семнáдцать *числит.* séventéen; раз ~ séventéen times séventéen; séventéen séventéens.
сем||ь *числит.* séven ['se-]; ◇ ~ бед — одúн отвéт *посл.* ≅ as well be hang|ed for a sheep as for a lamb; in for a pénny, in for a pound; óver shoes, óver boots [...ʃu:z...]; у ~ú ня́нек дитя́ без глáзу *посл.* ≅ too many cooks spoil the broth; ~ раз отмéрь, одúн раз отрéжь *погов.* ≅ look befóre you leap.
сéмь||десят *числит.* séventy; ~ одúн *и т. д.* séventy-òne, *etc.*; ~ пéрвый *и т. д.* séventy-first, *etc.*; лет ~ (*о времени*) abóut séventy years; (*о возрасте*) abóut séventy; лет ~ томý назáд abóut séventy years agó; емý лет ~ he is / looks abóut séventy; емý óколо семúдесяти he is abóut séventy; емý под ~ he is néarly séventy; емý (перевалúло) за ~ he is óver séventy; человéк лет семúдесяти a man* of abóut séventy; в семúдесяти киломéтрах (от) séventy kílomètres (from). **~сóт** *числит.* séven húndred ['se-...].
сéмью *нареч.* séven times ['se-...]; ~ семь séven times séven; séven sévens.
семь||я́ *ж.* fámily; ~ нарóдов commúnity of nátions; брáтская ~ совéтских нарóдов fratérnal fámily of Sóvièt nátions; из хорóшей ~ú of good* stock; ◇ в ~é не без урóда *посл.* ≅ it is a small flock that has not a black sheep.
семьянúн *м.* fámily man*.
сéмя *с.* 1. *бот.* (*тж. перен.*) seed; пойтú в семенá go* / run* to seed; семенá раздóра seeds of díscòrd; 2. *биол.* sémen, sperm.
семя||дóля *ж. бот.* séed-lóbe, còtylédon. **~излия́ние** *с. физиол.* ejàculátion. **~пóчка** *ж. бот.* séed-bùd.
сенáт *м.* sénate. **~ор** *м.* sénator. **~орский** sènatórial. **~ский** *прил.* к сенáт.
сенбернáр [сэ-] *м.* (*собака*) St. Bérnard (dog).
сéни *мн.* pássage *sg.*
сенн||úк *м.* háy-máttress. **~óй** hay (*attr.*); ~óй рынок háy-màrket; ~áя лихорáдка *мед.* hay féver.
сéн||о *с.* hay; ворошúть ~ ted the hay; склáдывать ~ в стогá cock hay; охáпка ~а a bottle of hay; стог ~а háyrìck, háystàck.
сеновáл *м.* mow [mou], háylòft.
сеноворошúлка *ж. с.-х.* hay spréader [...-re-], hay tédder.
сенокóс *м.* háy-mowing [-mou-], háymàking, háying. **~úлка** *ж. с.-х.* mówing-machíne ['mou- -'ʃi:n]. **~ный** háying.
сеноубóр||ка *ж.* hay hárvesting, háymàking. **~очный**: ~очная машúна háymàking machíne [...-'ʃi:n].
сенсациóнн||ый sènsátional; ~ое событие sènsátion, sènsátional / stártling evént.
сенсáци||я *ж.* sènsátion; вызывáть ~ю cause *a* sènsátion, cause / make* a big stir.
сенсимон||úзм [сэ-] *м.* Sáint-Sìmonism [-saɪ-]. **~úст** [сэ-] *м.* Sáint-Sìmonist [-saɪ-].

сенсуал||и́зм [сэ-] *м. филос.* sènsátionalism, sénsualism. **~и́ст** [сэ-] *м.* sènsátionalist, sénsualist.

сенсуа́льный [сэ-] *филос.* sènsátional, sénsual.

сентенцио́зный [сэнтэ-] sènténtious.

сенте́нция [сэнтэ́-] *ж.* máxim.

сентиментали́зм [сэ-] *м.* sèntiméntalism.

сентимента́льн||ичать [сэ-] *разг.* be sèntiméntal, sèntiméntalize. **~ость** [сэ-] *ж.* sèntimèntálity; без ~остей without sèntimèntálity. **~ый** [сэ-] sèntiméntal.

сентиме́нты *мн. разг.* sèntimèntálity, sèntiméntalism; разводи́ть ~ о чём-л., по по́воду чего́-л. sèntiméntalize óver / abóut smth.

сентя́бр||ь *м.* Septémber; в ~е́ э́того го́да in Septémber; в ~е́ про́шлого го́да last Septémber; в ~е́ бу́дущего го́да next Septémber.

сентя́брьский *прил. к* сентя́брь; ~ день Septémber day, day in Septémber.

сень *ж. поэт.* cánopy; под ~ю (*рд.*) únder the cánopy (of); (*перен.*) únder the protéction (of).

сеньо́р *м.* séignior ['si:njə], seignéur [seɪ'njə:].

сепарат||и́зм *м. полит.* séparatism. **~и́ст** *м.*, **~и́стка** *ж. полит.* séparatist. **~и́стский** *полит.* séparative.

сепара́тный séparate; ~ мир séparate peace; ~ ми́рный догово́р séparate peace tréaty.

сепара́тор *м. с.-х., тех.* séparàtor.

се́пия [сэ́-] *ж.* (*краска*) sépia.

се́псис [сэ́-] *м. мед.* sèpticáemia, sépsis.

септе́т [сэптэ́т] *м. муз.* sèptét(te).

се́птима [сэ́-] *ж. муз.* séventh ['se-].

септи́ческий [сэ-] *мед.* séptic.

се́ра *ж. хим.* súlphur; brímstòne; (*ушная*) éar-wàx [-wæks], cerúmèn.

сера́ль *м.* sèrágliò [-'rɑ:l-].

серафи́м *м. рел.* séraph ['se-] (*pl.* -phim, -phs).

серб *м.* Serb, Sérbian.

сербскохорва́тский Sérbo-Cròátian; ~ язы́к Sérbo-Cròátian, the Sérbo-Cròátian lánguage.

се́рбский Sérbian.

серва́нт *м.* side|board.

серви́з *м.* sérvice, set; столо́вый ~ dínner sérvice / set; ча́йный ~ tea sérvice / set.

сервир||ова́ть *несов. и сов.* (*вн.*) serve (*d.*); ~ стол lay* the táble. **~о́вка** *ж.* láy-out, sét-óut.

серде́чник I *м. тех.* core.

серде́чник II *м. разг.* (*о враче*) heart spécialist [hɑ:t 'spe-].

серде́чник III *м. бот.*: ~ лугово́й cúckoo-flower ['ku-].

серде́чно-сосу́дист||ый: ~ые заболева́ния càrdiovásсular diséases [...-'zi:z-].

серде́чн||ость *ж.* warmth / ténderness of féeling, còrdiálity. **~ый** 1. heart [hɑ:t] (*attr.*); cárdiàc; *научн.*; ~ое лека́рство cárdiàc; ~ый припа́док heart attáck; ~ая боле́знь heart diséase [...-'zi:z]; специали́ст по ~ым боле́зням heart spécialist [...'spe-]; ~ая мы́шца heart múscle [...mʌsl]; 2. (*искренний*) ténder, lóving ['lʌv-]; córdial; ~ый челове́к wárm-héarted pérson [-'hɑ:t-...]; ~ая благода́рность sincére / héartfèlt grátitùde [...'hɑ:t-...]; córdial / héarty thanks [...'hɑ:tɪ...] *pl.*; (*ср.* благода́рность 1 *и* 2); оказа́ть ~ый приём (*дт.*) extènd a córdial / warm recéption (to).

серди́т||ый 1. (на кого́-л.) ángry (with smb.), cross (with smb.); (на что-л.) ángry (at / abóut smth.); 2. *разг.* (*о горчице, хрене*) strong; ◇ дёшево и ~о cheap but good; a good báргain.

серди́ть (*вн.*) make* ángry (*d.*), ánger (*d.*). **~ся** (на кого́-л.) be ángry (with smb.), be cross (with smb.); (на что-л.) be ángry (at / abóut smth.); не серди́тесь на меня́ don't be ángry / cross with me.

сердобо́лие *с.* ténder-héartedness [-'hɑ:-], compássion.

сердобо́льный ténder-héarted [-'hɑ:-], compássionate.

сердоли́к *м. мин.* còrnélian, sard. **~овый** *прил. к* сердоли́к.

се́рдц||е [-рц-] *с.* (*в разн. знач.*) heart [hɑ:t]; до́брое, мя́гкое ~ kind heart, ténder heart; золото́е ~ heart of gold; у него́ ~а нет he has no heart; прижима́ть кого́-л. к ~у press / hold* smb. to one's heart / bósom [...'buz-]; у него́ ~ упа́ло, за́мерло his heart sank; с замира́нием ~а with a sínking / pálpitàting heart; у него́ ~ за́мерло от ра́дости his heart mélted with joy; у него́ ~ разрыва́ется his heart is bréaking [...'breɪ-]; у него́ тяжело́ на ~ his heart is héavy [...'he-], he is sick at heart; у него́ ~ кро́вью облива́ется his heart is bléeding; принима́ть что-л. (бли́зко) к ~у take* / lay* smth. to heart; предлага́ть кому́-л. ру́ку и ~ óffer smb. one's hand and heart; с тяжёлым ~ем with a héavy heart; с лёгким ~ем with a light heart; от всего́ ~а from the bóttom of one's heart, whóle-héartedly ['houl-'hɑ:t-]; иду́щий от ~а héartfèlt ['hɑ:t-]; всем ~ем with all one's heart, with one's whole heart [...houl...]; скрепя́ ~ relúctantly, grúdgingly; чу́ет его́ ~ беду́ his mind mis|gíves him [...-'g-...]; с ~ем véxedly, téstily; в ~а́х *разг.* in a témper, in a fit of témper; у него́ не лежи́т ~ (к) he has no líking (for); по́ ~у *разг.* to one's líking; от чи́стого ~а in all sincérity; у него́ отлегло́ от ~а he felt relíeved [...-'li:vd]; с глаз доло́й — из ~а вон *погов.* out of sight, out of mind.

сердцебие́ние [-рц-] *с.* pàlpitátion; *мед.* tàchycárdia [-kɪ-].

сердцеве́д [-рц-] *м.* réader / intérpreter of the húman heart, *или* of húman náture [...hɑ:t...'neɪ-].

сердцеви́дный [-рц-] héart-shàped ['hɑ:t-]; *бот.* córdàte.

сердцеви́на [-рц-] *ж.* (*прям. и перен.*) core, pith, heart [hɑ:t].

сердцее́д [-рц-] *м. разг.* lády-kìller.

серебре́ние *с.* sílvering.

сере́бреник *м.* (*монета*) sílver coin, piece sílver [pi:s...].

серебри́ст||ость *ж.* sílveriness. **~ый** sílvery; sílver (*attr.*); ~ый звук sílver(y) sound; ~ый то́поль *бот.* sílver póplar [...'pɔ-].

серебри́ть, посеребри́ть (*вн.*) sílver (*d.*). **~ся** 1. sílver, become* sílvery; 2. *страд. к* серебри́ть.

серебро́ *с.* 1. sílver; суса́льное ~ sílver-leaf; 2. *собир.* (*серебряные вещи, деньги*) sílver; столо́вое ~ sílver (plate). **~но́сный** *горн.* àrgentíferous.

сере́бряник *м.* (*серебряных дел мастер*) sílversmìth.

сере́брян||ый sílver; ~ая посу́да *собир.* sílver (plate); ~ые изде́лия sílver goods [...gudz]; sílverwàre *sg.*; в ~ой опра́ве sílver-móunted; ~ блеск *мин.* sílver glance.

середи́н||а *ж.* (*в разн. знач.*) míddle, midst; золота́я ~ the gólden mean; в (са́мой) ~е in the (very) míddle; в ~е ле́та in the míddle / height of súmmer [...haɪt...]; ~ы не мо́жет быть there is no míddle / ìntermédiate cóurse [...kɔ:s]. **~ный** míddle, mean, céntral.

серёдка *ж. разг.* = середи́на.

середня́||к *м.* míddle péasant [...'pez-]. **~цкий** *прил. к* середня́к.

серёжка *ж.* 1. *бот.* cátkin; améntum; 2. *разг.* = серьга́.

серена́да *ж.* sèrenáde.

се́реньк||ий *уменьш., ласк.* grey; (*перен. тж.*) dull; ~ денёк múrky day; ~ая жизнь dull life.

сере́||ть, посере́ть 1. (*становиться серым*) grow* / turn grey [-ou...], grey; 2. *тк. несов.* (*виднеться*) show* grey [ʃou...]; что-то ~ет вдали́ smth. shows grey in the dístance, smth. grey can be seen in the dístance.

сержа́нт *м. воен.* sérgeant ['sɑ:dʒənt]; ста́рший ~ sénior sérgeant; мла́дший ~ június sérgeant.

сери́йн||ый sérial; ~ое произво́дство sérial prodúction.

се́ристый *хим.* sùlphúreous.

се́рия *ж.* sérìès [-ri:z] *sg. и pl.*; кинофи́льм в не́скольких ~х sérial (film); ~ вы́стрелов *воен.* sérial.

сермя́га *ж.* 1. (*сукно*) coarse héavy cloth [...'he-...]; 2. (*кафтан*) coarse héavy cáftan.

се́рна *ж. зоол.* chámois ['ʃæmwɑ:].

серни́ст||ый *хим.* sùlphúreous, súlphury; ~ на́трий sùlphúreous sódium; ~ мета́лл súlphìde; ~ая ртуть súlphìde of mércury.

сернова́тистый *хим.* thìosùlphúric.

сернокисл||ый *хим.*: ~ая соль súlphàte.

се́рн||ый sùlphúric, súlphurous, súlphury; ~ая кислота́ sùlphúric ácid; ~ цвет *хим.* flówers of súlphur *pl.*

серова́тый gréyish.

сероводоро́д *м.* *хим.* súlphurètted hýdrogen [...'haɪ-], hýdrogen súlphìde.

сероглá́зый gréy-eyed [-aɪd].

серо́зный *физиол.* sérous.

се́рость *ж.* **1.** grey cólour [...'kʌ-]; **2.** (*бесцветность*) dúllness; **3.** (*необразованность*) ígnorance.

серотерапи́я [сэ-] *ж.* *мед.* sèrothérapy.

сероуглеро́д *м.* *хим.* bì|súlphìde of cárbon.

серп *м.* sickle, réaping-hook; ~ и мо́лот hámmer and sickle; ~ луны́ créscent [-eznt]; sickle moon *поэт.*

серпанти́н *м.* páper stréamer.

серпенти́н *м.* *мин.* sérpentìne.

серпови́дный créscent(-shàped) [-eznt-]; fálcàte.

серсо́ [сэ-] *с.* *нескл.* **1.** (*игра*) hóoplà [-lɑː]; **2.** (*кольцо*) ring.

сертифика́т *м.* certíficate.

се́рум [сэ́-] *м.* *мед.* sérum (*pl.* -ms, séra).

се́р||ый grey; (*перен.*: *бесцветный, неинтересный*) dull; (*перен.*: *необразованный*) *уст.* ígnorant; ~ в я́блоках (*о лошади*) dápple-gréy; ~ое вещество́ (мо́зга) grey mátter; ~ая жизнь dull life, drab / húmdrùm exístence.

серьга́ *ж.* **1.** éar-rìng; **2.** *тех.* link; **3.** *мор.* slip rope.

серьёзно I *прил.* *кратк.* *см.* серьёзный.

серьёзн||о II *нареч.* sérious|ly, éarnest|ly ['əːn-], in éarnest [...'əːn-]; ~? réally? ['rɪə-]; я говорю́ ~ I am in éarnest, I mean it; относи́ться ~ к чему́-л. be in éarnest abóut smth. **~ость** *ж.* sérious|ness, éarnestness ['əːn-]; (*важность*) grávity; со всей ~остью in all sérious|ness. **~ый** sérious, éarnest ['əːn-]; (*важный*) grave; счита́ть положе́ние, вопро́с о́чень ~ым take* a grave view of the mátter [...vjuː...].

сессио́нный séssional.

се́ссия *ж.* séssion; sítting; (*судебная*) term; выездна́я ~ суда́ assizes *pl.*; ~ Верхо́вного Сове́та СССР séssion of the Sùpréme Sóvièt of the USSR.

сесте́рция [сэстэ́-] *ж.* *ист.* séstèrce.

сестра́ *ж.* síster; двою́родная ~ (first) cóusin [...'kʌz-]; медици́нская ~ (sick-)núrse; (*с квалификацией фельдшерицы*) trained (hóspital) nurse; ✧ ~ милосе́рдия síster of chárity.

се́стр||ин *прил.* síster's. **~и́ца** *ж.*, **~и́чка** *ж.* *уменьш.*, *ласк.* *от* сестра́.

сесть I, II *сов.* *см.* сади́ться I, II.

се́тка *ж.* **1.** net, nétting; (*очень мелкая*) gauze; (*для вещей в вагоне*) rack; (*для ловли бабочек*) bútterflỳ-nèt, swéep-nèt; про́волочная ~ wíre-nèt; **2.** (*географическая*) gráticùle; (*квадратная на карте*) grid; **3.** (*радио*) grid; **4.** (*тарифная и т. п.*) scale.

се́тование *с.* làmèntátion, compláint.

се́товать, посе́товать (на *вн.*) laмént (*d.*), compláin (of); (о *пр.*) lamént (for, óver), compláin (of).

се́точный **1.** net (*attr.*); **2.** *рад.* grid (*attr.*).

се́ттер [сэ́тэр] *м.* sétter.

сетча́тка *ж.* *анат.* rétina.

сетчатокры́лые *мн.* *скл.* *как прил.* *зоол.* neuróptera.

се́тчат||ый: ~ая оболо́чка гла́за *анат.* rétina.

сет||ь *ж.* **1.** net; *мн.* (*перен.*) net *sg.*, méshes, toils; рыболо́вная ~ físh-nèt; плавна́я ~ dríft-nèt; be caught in *a* net; попа́сть в ~и fall* into *a* net; расставля́ть ~и set*/ lay* / spread* nets [...-ed...]; **2.** (*железных дорог и т. п.*) nétwòrk; торго́вая ~ tráding nétwòrk.

се́ча *ж.* *уст.* battle.

сече́ние *с.* séction; золото́е ~ *иск.* gólden séction; ✧ ке́сарево ~ Caesárean birth / òperátion [-'zɛərɪən...].

се́чка I *ж.* (*нож*) chópping-knìfe*, cléaver.

се́чка II *ж.* (*рубленая солома*) chopped straw, chaff.

Сечь *ж.*: Запоро́жская ~ *ист.* Zaporózhskaya Sech.

сечь, вы́сечь (*вн.*) **1.** (*розгами*) flog (*d.*); (*кнутом*) whip (*d.*); **2.** *тк.* *несов.* (*рубить*) cut* / slash to píeces [...'piːs-] (*d.*). **~ся** (*о волосах*) split*; (*о шёлке*) cut*.

се́ялка *ж.* *с.-х.* séeding-machíne [-'ʃiːn]; рядова́я ~ seed drill, séeder.

се́янец *м.* *с.-х.* séedling; лук ~ séedling-ònion [-ʌn-].

се́ятель *м.* sówer ['souə]; (*перен.*) dissémìnàtor.

се́ять, посе́ять (*вн.*) sow* [sou] (*d.*); (*рядами*) drill (*d.*); (*перен.*: *терять*) *разг.* lose* [luːz] (*d.*); ✧ ~ вражду́ (ме́жду) crèáte hòstílity (betwéen, amóng); ~ па́нику (среди́) sow* pánic (amóng); ~ раздо́р sow* (the seeds of) dissénsion; что посе́ешь, то и пожнёшь *посл.* ≅ you must reap what you have sown [...soun]; as you sow, you shall mow [...mou].

се́яться (*о мелком дожде*) drizzle.

сжа́литься *сов.* (над) take* píty / compássion [...'pɪ-...] (on, up|ón).

сжа́рить *сов.* (*вн.*) roast (*d.*), fry (*d.*).

сжа́т||ие *с.* **1.** préssing, préssure; (*рукой*) grasp, grip; **2.** (*жидкости, газа*) compréssion. **~ость** *ж.* **1.** (*жидкости, газа*) compréssion; **2.** (*краткость*) concíse|ness [-'saɪs].

сжа́т||ый I **1.** *прич.* *см.* сжима́ть; **2.** *прил.* condénsed, compréssed; (*краткий*) concíse [-s]; ~ во́здух compréssed air; ~ стиль compréssed style; в ~ой фо́рме in a condénsed form.

сжа́тый II *прич.* *см.* жать II.

сжать I *сов.* *см.* сжима́ть.

сжать II *сов.* *см.* жать II.

сжа́ться *сов.* *см.* сжима́ться.

сжечь *сов.* *см.* жечь 1 *и* сжига́ть.

сжива́ть, сжить (*вн.*) *разг.*: ~ со све́та be the death [...deθ] (of), wórry to death ['wʌ-...] (*d.*), hound to death (*d.*).

сжива́ться, сжи́ться (с *тв.*) *разг.* get* used / accústomed [...juːst...] (to).

сжига́ть, сжечь (*вн.*) burn* (down, out) (*d.*); (*в крематории*) cremáte (*d.*); ~ дотла́ incínerate (*d.*), burn* to áshes (*d.*); ✧ сжечь свой корабли́ burn* one's boats.

сжиж||а́ть (*вн.*) *хим.* líquefỳ (*d.*). **~е́ние** *с.* *хим.* lìquátion [laɪ-], lìquefáction.

сжима́емость *ж.* condènsabílity, comprèssibílity.

сжима́ть, сжать (*вн.*) squeeze (*d.*); (*жидкость, газ тж.*) compréss (*d.*); ~ гу́бы compréss one's lips, press one's lips togéther [...-'ge-]; ~ зу́бы, ру́ки, кулаки́ clench one's teeth, hands, fists; ~ ру́ку в кула́к make* a fist; ball / double one's hand into a fist [...dʌbl...]; ~ ру́ку кому́-л. wring* / squeeze smb.'s hand; ~ в объя́тиях hug (*d.*); сжать стальны́м кольцо́м grip in a steel vice (*d.*); ~ кольцо́ окруже́ния (вокру́г) *воен.* tíghten the ring (round). **~ся**, сжа́ться **1.** shrink*, contráct; (*о жидкости, газе*) compréss; (*о губах*) contráct; (*о зубах, руках и т. п.*) clench; его́ се́рдце сжа́лось (от) his heart was wrung [...hɑːt...] (with); **2.** *страд.* к сжима́ть.

сжить *сов.* *см.* сжива́ть.

сжи́ться *сов.* *см.* сжива́ться.

сза́ди I *нареч.* (*с задней стороны*) from behínd; (*позади*) behínd; (*считая с конца*) from the end / tail; вид ~ view from behínd [vjuː...], back / rear view; он шёл ~ he was wálking behínd; толка́ть, напира́ть ~ push, press from behínd [puʃ...].

сза́ди II *предл.* (*рд.*) behínd: ~ до́ма behínd *the* house* [...-s].

сзыва́ть, созва́ть (*вн.*) call (*d.*); (*гостей*) gáther (*d.*).

си *с.* *нескл.* *муз.* B [biː]; si [siː]; си-бемо́ль B flat.

сиа́мский Sìamése; ~ язы́к Sìamése, the Sìamése lánguage.

сибари́т *м.*, **~ка** *ж.* Sýbarìte. **~ский** sỳbarític. **~ство** *с.* sỳbarítism, sỳbarític life. **~ствовать** lead* the life of a Sýbarìte.

сибиля́нт *м.* *лингв.* síbilant.

сиби́рск||ий Sìbérian [saɪ-]; ~ая я́зва *мед.* ánthràx; ~ая ко́шка Pérsian cat.

сибир||я́к *м.*, **~я́чка** *ж.* Sìbérian [saɪ-].

Сиви́лла *ж.* *миф.* Síbyl.

си́вка *м.* *и* *ж.* *разг.* grey (horse).

сиву́||ха *ж.* *разг.* raw brándy. **~шный** fúsel [-z-] (*attr.*); ~шное ма́сло fúsel oil.

си́вый grey.

сиг *м.* (*рыба*) sig (*fish of the salmon species*).

сига́р||а *ж.* cigár. **~е́та** *ж.*, **~е́тка** *ж.* (áll-tobáccò) cìgarétte. **~ный** cigár (*attr.*).

сигарообра́зный cigár-sháped.

сигна́л *м.* sígnal; (*голосом, звуками*) call; светово́й ~ light sígnal; передава́ть ~ами sígnal; дымово́й ~ smoke sígnal; ~ бе́дствия sígnal of distréss; distréss sígnal; SOS call / sígnal; пожа́рный ~ fíre-alàrm; дава́ть ~ give* *the* sígnal; ~ к возвраще́нию *воен.* recáll; ~ к отступле́нию *воен.* retréat; ~ возду́шной трево́ги áir-raid alárm / sígnal; ~ на трубе́ *воен.* trúmpet-càll; ~ на рожке́, го́рне *воен.* búgle-càll.

сигнализ||а́тор *м. тех.* sígnalling àpparátus. **~а́ция** *ж.* sígnalling. **~и́ровать** *несов. и сов.* (*дт.* о *пр.*; *давать сигналы*) sígnal (to *d.*); *несов. тж.* give* sígnals (to of); *сов. тж.* give* a sígnal (to of); (*перен. тж.*) warn (*d.* agáinst).

сигнали́ст *м. воен.* búgler.

сигна́лить = сигнализи́ровать.

сигна́ль||ный sígnal; ~ная ла́мпа *воен.* sígnal lamp; ~ флаг, флажо́к sígnal flag; ~ фона́рь sígnal lántern; ~ная бу́дка sígnal-bòx, sígnal cábin; ~ ого́нь sígnal light. **~щик** *м.* sígnal-man*, sígnaller.

сигнату́р||а *ж.*, **~ка** *ж.* **1.** *фарм.* lábel, tícket; **2.** *полигр.* sígnature.

сиде́лка *ж.* (sick-)núrse.

сиде́ни||е *с.* sítting; он уста́л от до́лгого ~я he is tired from sítting so long.

сиде́нье *с.* seat; ~ сту́ла cháir-bóttom.

сидери́т *м. мин.* síderite ['saɪ-].

сиде́ть 1. sit*; (*о птицах*) be perched; ~ в кре́сле sit* in *an* árm-chair; ~ за столо́м sit* at *the* table; ~ поджа́в но́ги sit* cróss-lègged; оста́ться ~ stay / remáin séated; ~ верхо́м на ло́шади be on hórse|bàck; ~ верхо́м (на *стуле и т. п.*) sit* astríde (on); ~ на ко́рточках squat; ~ на насе́сте roost, perch; ~ и разгова́ривать be sítting (there) tálking; де́лать что-л. си́дя be doing smth. in a sítting posítion [...-'zɪ-]; **2.** (*находиться, пребывать в каком-л. состоянии*) be; ~ в тюрьме́ be imprísoned [...-ɪz-], serve a term of imprísonment [...-ɪz-]; do time *разг.*; ~ под аре́стом be únder arrést; ~ по ноча́м sit* up; ~ без де́нег be without móney [...'mʌ-]; ~ без де́ла have nothing to do; (*ничего не делая*) do nothing; **3.** (*о судне*): ~ глубоко́ be deep in the wáter [...'wɔː-]; draw* much wáter; ~ неглубоко́ draw* little wáter; **4.** (на *пр.*; *о платье*) fit (*d.*), sit* (on); хорошо́ ~ fit well* (*d.*), sit* well* (on); пло́хо ~ not fit (*d.*), sit* bád|ly* (on); ◇ ~ на яйца́х brood, sit* (on eggs); си́днем ~ not stir from *a place*. **~ся** *безл.*: ему́, им *и т. д.* не сиди́тся до́ма *разг.* he hates, they hate, *etc.*, stáying at home; ему́ не сиди́тся на ме́сте *разг.* he can't stay long in one place [...kɑːnt...]; he can't keep still.

сидр *м.* cíder.

сидя́ч||ий 1. sítting; sédentary [-dn-]; в ~ем положе́нии, в ~ей по́зе in sítting / sédentary pósture; ~ о́браз жи́зни sédentary life; **2.** *бот., зоол.* séssìle.

сие́ *с. см.* сей.

сие́на *ж.* (*краска*) siénna; жжёная ~ burnt siénna.

сиени́т *м. мин.* sýenìte.

сизиги́йн||ый *астр.*: ~ая амплиту́да spring range [...reɪ-]; ~ прили́в spring tide.

сизиги́я *м. астр.* sýzygy.

сизи́фов: ~ труд Sìsyphéan toil [-'fiːən...].

сизокры́лый gréy-winged.

си́зый dóve-còlour|ed ['dʌvkʌ-], warm grey, blúish.

сий *мн. см.* сей.

сиккати́в *м. тех.* síccative.

сикомо́р *м. бот.* sýcamòre.

си́л||а *ж.* **1.** strength, force; по́лный сил full of strength / énergy; изо всех сил with all one's strength / might; бежа́ть изо всех сил run* as fast / quíckly as one can; крича́ть изо всех сил cry at the top of one's voice; ~ой by force; ~ой ору́жия by force of arms, at the point of the báyonet / sword [...sɔːd]; брать ~ой take* by force; ходи́ть че́рез ~у be hárdly able to walk; есть че́рез ~у force òne|sélf to eat; э́то сверх сил, свы́ше сил, не по ~ам it is be|yónd *one's* pówer(s); (*вне чьей-л. компетенции*) it is óutsíde *one's* cómpetence; (*непереносимо*) *one* can endúre it no lónger; приложи́ть все ~ы do évery|thing in one's pówer; испы́тывать чьи-л. ~ы test smb.'s strength; вы́биться из сил strain òne|sélf to the út|mòst, become* exháusted; набира́ться сил gáther strength; быть ещё в ~ах be still vígorous enóugh [...-ʌf]; не в ~ах (+ *инф.*) ún|áble (+ to *inf.*); о́бщими ~ами with combíned fórces / éffort; без примене́ния ~ы without the use of force [...juːs...]; с по́мощью гру́бой ~ы by brute force; ~ во́ли wíll-power; ~ ду́ха, хара́ктера strength of mind, fórtitùde; ~ привы́чки force of hábit; в ~у привы́чки by force of hábit, from sheer force of hábit; собира́ться с ~ами colléct one's strength, gáther òne|sélf up; **2.** *тех., физ.* pówer, force; уда́рная ~ stríking pówer; лошади́ная ~ hórse-power (*сокр.* HP, h. p.); ~ тя́ги tráctive force; ~ сцепле́ния còhésive force [kou-...], còhésion [kou-]; ~ тя́жести grávity; ~ тяготе́ния attráction, grávity; ~ сопротивле́ния resístance [-'zɪ-]; подъёмная ~ cárrying capácity / pówer; *ав.* lift; ~ зву́ка sound inténsity; ~ ве́тра strength of wind [...wɪ-]; ~ то́ка strength of the cúrrent; **3.** *мн. воен.* force *sg.*; вооружённые ~ы armed fórces; во́енно-возду́шные ~ы air fórce(s); морски́е ~ы nával fórces; сухопу́тные ~ы land fórces; гла́вные ~ы main bódy [...'bɔ-] *sg.*; накопле́ние сил *воен.* búild-úp ['bɪld-] *неол.*; **4.** *юр.*: ~ зако́на valídity / strength of the law; входи́ть, вступа́ть в ~у come* into force / efféct; обра́тная ~ зако́на rètròáctive efféct of the law; име́ющий ~у válid; остава́ться в ~е remáin válid, hold* good / true; (*о судебном решении, приговоре*) remáin in force; оставля́ть в ~е (*вн.*; *о решении, приговоре*) confírm (*d.*); утра́тить ~у lose* valídity [luːz...], become* inválid; **5.**: в ~у (*рд.*) becáuse of [bɪ'kɔz...], on accóunt of, ówing to ['ou-...], by vírtue (of); в ~у э́того on that ground, accórding|ly; в ~у обстоя́тельств ówing to the force of círcumstances ['ou-...]; в ~у зако́на, декре́та *и т. п.* on the strength of the law, decrée, *etc.*; in vírtue of the law, decrée, *etc.*; ◇ он в большо́й ~е he has great crédit [...-eɪt...], he is very pówerful; жива́я ~ mánpower; рабо́чая ~ lábour, mánpower; hands *pl.*

сила́ч *м.* áthlète.

silикáт *м. мин.* sílicate.

си́литься *разг.* try, make* éfforts.

сили́ций *м. хим.* silícium.

силко́м *нареч. разг.* by (main) force.

силлаби́ческий *лит.* syllábic.

силлоги́зм *м. филос.* sýllogism.

силов||о́й: ~а́я устано́вка pówer-plànt [-ɑːnt]; ~а́я ста́нция pówer-stàtion, pówer-house* [-s]; ~о́е по́ле *физ.* field of force [fiː-...]; ~а́я ли́ния *физ.* line of force.

си́лой *нареч.* by (main) force.

сило́к *м.* noose [-s], snare.

силоме́р *м.* dỳnamómeter [daɪ-].

сило́н *м. текст.* sílon.

си́лос *м. с.-х.* sílò; (*корм*) sílage ['saɪ-]. **~ный** sílò (*attr.*); ~ная я́ма, ба́шня sílò; ~ная транше́я sílò trench. **~ова́ние** *с.* sílò|ing. **~ова́ть** *несов. и сов.* (*вн.*) sílò (*d.*), ensíle (*d.*).

силосо||ре́зка *ж. с.-х.* sílò-cùtter. **~убо́рочный** *с.-х.*: ~убо́рочный комба́йн énsilage hárvester.

силури́йск||ий *геол.* Silúrian [saɪ-]; ~ая форма́ция Silúrian fòrmátion.

силуэ́т *м.* sìlhouétte [-lu-].

си́льно I *прил. кратк. см.* си́льный.

си́льно II *нареч.* stróng|ly; víolently, héavily ['hev-], gréatly [-eɪt-]; (*очень*) bád|ly, vást|ly; быть ~ привя́занным (к) be stróng|ly attáched (to); ~ де́йствовать (*о яде*) act víolently; ~ уда́рить strike* with force; ~ би́ться (*о сердце*) beat* high, pound; ~ занемо́чь be dángerous|ly ill [...'deɪnʤ-...]; ~ нужда́ться (в чём-л.) be in great / extréme need / want [...greɪt...] (of smth.), need / want smth. bád|ly; ~ пострада́ть súffer héavily; ~ чу́вствовать feel* kéenly /

déeply; ~ пить drink* hard / héavily; ~ потéть perspíre fréely; ~ прозя́бнуть be chilled to the márrow; ◇ ~ ска́зано that's gó|ing too far.

сильнодéйствующий (*о яде*) vírulent; (*о средстве, лекарстве*) drástic.

си́льн||ый **1.** (*в разн. знач.*) strong; (*о моторе и т. п.*) pówerful; (*о жаре*) fierce [fɪəs]; (*о зрении и т. п.*) keen; (*о желании, чувстве*) inténse; (*о гневе*) víolent, tówering; (*о влиянии, аргументе*) pótent; (*о речи, пьесе и т. п.*) pówerful, impréssive; (*об ударе, морозе*) hard; (*о дожде, буре, ударе, огне, атаке*) héavy ['he-]; ~ за́пах strong smell; ~ая страсть víolent pássion; ~ая во́ля strong will; **2.** (*в пр.; сведущий*) good (at): силён в матема́тике good at màthemátics.

сильф *м.*, ~**и́да** *ж. миф.* sylph.

симбио́з *м. биол.* sỳmbiósis.

си́мвол *м.* sýmbol. ~**иза́ция** *ж.* sỳmbolìzátion [-laɪ-]. ~**изи́ровать** *несов. и сов.* (*вн.*) sýmbolìze (*d.*). ~**и́зм** *м.* sýmbolism.

симво́л||ика *ж.* symbólics. ~**и́ст** *м.* sýmbolist. ~**и́стский** sýmbolist. ~**и́ческий** symbólic(al); (*относящийся к символизму*) sỳmbolístic(al). ~**и́чность** *ж.* symbólicalness. ~**и́чный** symbólic(al).

симметри́ч||еский symmétric(al). ~**ность** *ж.* sýmmetry. ~**ный** symmétric(al).

симметри́я *ж.* sýmmetry.

симони́я *ж. ист.* símony.

симпатизи́ровать (*дт.*) be in sýmpathy (with), sýmpathìze (with); не ~ be out of sýmpathy (with).

симпати́ческ||ий sỳmpathétic; ~ая нéрвная систéма sỳmpathétic sýstem; ~ие черни́ла invísible ink [-'vɪz-...] *sg.*

симпати́чн||ость *ж.* lík(e|)able|ness. ~**ый** lík(e|)able, táking, attráctive.

симпа́ти||я *ж.* (к) líking (for), sýmpathy (with, for); чу́вствовать ~ю к кому́-л. feel* drawn to smb.; пита́ть ~и (к) chérish kínd|ly féelings (for); завоева́ть чьи-л. ~и win* the sýmpathy of smb.

симпо́зиум *м.* sympósium [-zjəm] (*pl.* -sia [-zjə]).

симпто́м *м.* sýmptom. ~**а́тика** *ж. мед.* sýmptoms *pl.* ~**ати́ческий** sỳmptomátic. ~**ати́чность** *ж.* sỳmptomátic cháracter [...'kæ-]. ~**ати́чный** = симптомати́ческий.

симул||и́ровать *несов. и сов.* (*вн.*) símulàte (*d.*), feign [feɪn] (*d.*), sham (*d.*); ~ негодова́ние símulàte indignátion; ~ безу́мие feign mádness; ~ боле́знь feign síckness; malínger; ~ равноду́шие feign / sham indífference. ~**я́нт** *м.*, ~**я́нтка** *ж.* símulàtor; (*болезни*) malíngerer. ~**я́ция** *ж.* sìmulátion.

~**симфони́ческ||ий** symphónic; ~ оркéстр sýmphony órchestra [...'ɔːk-]; ~ая му́зыка symphónic músic [...-zɪk]; ~конце́рт sýmphony cóncert.

симфо́ния *ж.* sýmphony.

синаго́га *ж.* sýnagògue.

синдетико́н *м.* séccotìne [-iːn].

синдикал||и́зм *м.* sýndicalism. ~**и́ст** *м.* sýndicalist. ~**и́стский** sýndical, sýndicalist, sỳndicalístic.

синдика́т *м.* sýndicate.

синдици́ров||анный *прич. и прил.* sýndicàted. ~**ать** *несов. и сов.* (*вн.*) sýndicàte (*d.*).

синдро́м *м. мед.* sýndròme.

синева́ *ж.* (dark) blue cólour [...'kʌ-]; the blue; ~ небéс the blue of the sky.

синева́тый blúish.

синегла́зый blúe-eyed [-aɪd].

синедрио́н *м. ист.* (*тж. перен.*) sánhedrim [-nɪ-].

сине́кдоха *ж. лит.* synécdoche [-kɪ].

синеку́ра *ж.* sínecure ['saɪ-].

синера́ма *ж.* Cìneráma [-ɑːmə].

синеро́д *м. хим.* cỳánogen. ~**истый**, ~**ный** cỳánic; ~ная кислота́ cỳánic ácid.

сине́||ть, посине́ть **1.** (*становиться синим*) turn / grow* / become* blue [...-ou...]; **2.** *тк. несов.* (*виднеться*) show* blue [ʃou...]; вдали́ ~ет мо́ре the sea shows (deep) blue in the dístance, the (deep) blue sea is seen in the dístance.

си́ний dark blue; ◇ ~ чуло́к blúe-stòcking.

сини́льн||ый: ~ая кислота́ *хим.* hýdrò|cỳánic / prússic ácid.

сини́ть (*вн.*) blue (*d.*).

сини́ца *ж.* tómtít, blue tít|mouse* [...-s].

синкли́т *м. шутл.* sénate, cóuncil.

синко́п||а *ж. муз.* sýncope [-pɪ]. ~**и́ческий** *муз.* syncópic.

синкрет||и́зм *м. филос.* sýncretism. ~**и́ческий** syncrétic.

сино́д *м.* sýnod ['sɪ-]. ~**а́льный** sýnodal. ~**ский** synódic.

сино́||лог *м.* sinólogist. ~**ло́гия** *ж.* sinólogy.

сино́ним *м. лингв.* sýnonym; бли́зкие ~ы close sýnonyms [-ous...].

синони́м||ика *ж. лингв.* synónymy, synonýmics. ~**и́ческий**, ~**и́чный** *лингв.* synónymous, sỳnonýmic; ~и́чный чему́-л. synónymous to / with smth. ~**и́я** *ж. лингв.* synónymy, sỳnonýmity.

сино́пт||ик *м.* wéather fòre|cáster ['we-...]. ~**и́ческий** synóptical.

синта́гма *ж. лингв.* syntágma.

си́нтакс||ис *м.* sýntàx. ~**и́ческий** syntáctic(al).

си́нтез [-тэ] *м.* sýnthesis (*pl.* -thesès [-iːz]); термоя́дерный ~ núclear fúsion. ~**и́ровать** [-тэ-] *несов. и сов.* (*вн.*) sýnthesìze (*d.*).

синтети́ч||еский [-тэ-] synthétic(al). ~**ность** [-тэ-] *ж.* synthétical cháracter [...'kæ-].

си́нус *м.* **1.** *мат.* sine; **2.** *анат.* sínus.

синусо́ид||а *ж. мат.* sínusoid ['saɪ-]. ~**а́льный** *мат.* sìnusóidal [saɪ-].

синхрониз||а́тор *м. тех.* sýnchronìzer. ~**а́ция** *ж.* sỳnchronìzátion [-naɪ-]. ~**и́ровать** *несов. и сов.* (*вн.*) sýnchronìze (*d.*).

синхрон||и́зм *м.* sýnchronism. ~**исти́ческий**, ~**и́ческий** sỳnchronístic(al). ~**и́я** *ж.* sýnchronism.

синхро́нный sýnchronous.

синхротро́н *м. физ.* sýnchrotròn [-ŋ-].

синхрофазотро́н *м. физ.* sýnchrophásotròn [-ŋkro'feɪz-].

синхроциклотро́н *м. физ.* sýnchrocýclotròn [-ŋ-].

синь *ж.* = синева́.

си́нька *ж.* **1.** (*для подсинивания*) blue; blúe|ing *амер.*; **2.** (*светописная копия*) blue print.

синьо́р *м.* sígnor ['siːnjɔː] (*pl.* -ri [-riː]).

синьо́ра *ж.* sìgnóra [siː'njɔː-] (*pl.* -re [-reɪ]).

синю́ха *ж. мед.* cỳanósis.

синя́к *м.* bruise [-uːz]; ~ под гла́зом bláck-éye [-'aɪ]; избива́ть до ~о́в (*вн.*) beat* black and blue (*d.*); ~и́ под глаза́ми shádows únder the eyes ['ʃæ-...aɪz]; black círcles round the eyes.

сион||и́зм *м.* Zíonism. ~**и́ст** *м.*, ~**и́стка** *ж.* Zíonist. ~**и́стский** Zíonist (*attr.*), Zìonístic.

сипа́й *м. ист.* sépoy.

си́плый húsky, hoarse.

си́пнуть become* húsky / hoarse.

сирéна *ж.* (*в разн. знач.*) síren.

сирéневый lílac.

сирéнь *ж.* lílac.

сир||и́ец *м.*, ~**и́йка** *ж.*, ~**и́йский** Sýrian.

Си́риус *м. астр.* Sírius, Dog Star.

сиро́кко *м. нескл.* siróccò.

сиро́п *м.* sýrup ['sɪ-], sírup ['sɪ-]; вода́ с ~ом sýrup and wáter [...'wɔː-].

сирот||а́ *м. и ж.* órphan; оста́ться ~о́й become* an órphan.

сиротли́в||о *нареч.* lóne|ly; чу́вствовать себя́ ~ feel* lóne|ly. ~**ый** lóne|ly; lone *поэт.*

сиро́т||ский *прил. к* сирота́; ~ дом *уст.* órphanage; ◇ ~ская зима́ *разг.* ópen wínter. ~**ство** *с.* órphanhood [-hud], órphanage.

си́рый *уст.* órphaned, lóne|ly, desérted [-'zɔː-].

систе́м||а *ж.* (*в разн. знач.*) sýstem; избира́тельная ~ eléctoral sýstem; не́рвная ~ nérvous sýstem; ~ счисле́ния scale of notátion; со́лнечная ~ sólar sýstem; стать ~ой, войти́ в ~у *разг.* become* the rule.

систематиз||а́ция *ж.* sýstematìzátion [-taɪ-]. ~**и́ровать** *несов. и сов.* (*вн.*) sýstematìze (*d.*).

система́т||ика *ж.* **1.** sýstematìzátion [-taɪ-]; занима́ться ~икой чего́-л. sýstematìze smth.; **2.** (*растений, животных*) taxónomy. ~**и́чески** *нареч.* sỳstemátically, methódically. ~**и́ческий** sỳstemátic, methódical. ~**и́чность** *ж.* sỳstemátic cháracter [...'kæ-]. ~**и́чный** sỳstemátic.

систéрна *ж. мор.* = цистéрна.

сúстола *ж. мед.* sýstole [-lɪ].

сит||ец *м.* cótton (print); cálicò (print); chintz [-ts] (*преим. мебельный*); обúтый ~цем ùp¦hólstered in chintz [-'hou-...].

ситечко *с. уменьш. от* сúто; чáйное ~ téa-strainer; ~ в кофéйнике pércolàtor.

сúтник I *м. разг.* sítnik (*white bread made of sifted flour*).

сúтник II *м. бот.* rush.

сúтный: ~ хлеб = сúтник I.

сúто *м.* sieve [sɪv]; bólter (*преим. для муки*).

ситуáция *ж.* sìtuátion.

сúтцевый *прил. к* сúтец.

ситце||набивнóй, ~печáтный *текст.*: ~набивнáя, ~печáтная фáбрика print works.

сифилидó||лог *м. мед.* sỳphilólogist. **~лóгия** *ж. мед.* sỳphilólogy.

сúфил||ис *м. мед.* sýphilis. **~úтик** *м.* sỳphilític. **~итúческий** sỳphilític.

сифóн *м.* síphon ['saɪ-].

сия *ж. см.* сей.

сияние *с.* rádiance; (*ореол*) áureòle, auréola [-'rɪə-]; сéверное ~ nórthern lights [-ðən...] *pl.*; Auróra Bòreális [...-rɪ'eɪ-] *научн.*

сия||ть shine*, beam; сóлнце ~ет the sun shines; ~ от востóрга beam with delíght; егó лицó ~ет рáдостью his face is rádiant with joy. **~ющий** *прич. и прил.* shíning, béaming.

скабиóза *ж. бот.* scábious.

скабрёзн||ость *ж.* obscénity [-'siː-]. **~ый** obscéne, báwdy.

сказ *м.* tale; ◇ вот тебé и весь ~ *разг.* that's the long and the short of it.

сказáние *с.* stóry, légend ['le-].

сказáть *сов. см.* говорúть 1; ◇ так ~ so to say / speak; лéгче ~, чем сдéлать éasier said than done ['iːz-sed...]; легкó ~ it is éasy to say [...'iːzɪ...]; трýдно ~ there is no sáying / télling; и нáдо ~ and it must be said; как вам ~ how shall I put it?; скáзано — сдéлано *разг.* no sóoner said than done; прáвду ~ to tell / say the truth [...-uːθ], truth to tell / say; нéчего ~! well, to be sure [...ʃuə].

сказáться *сов. см.* скáзываться.

сказúтель *м.*, **~ница** *ж.* nàrrátor (of folk tales).

скáз||ка *ж.* tale, story; волшéбная ~ fáirytàle; нарóдные ~ки pópular tales; расскáзывать ~ки tell* stóries/ tales; это ~ки! *разг.* don't tell me tales! **~очник** *м.* tále-tèller, stóry-tèller. **~очный** fáirytàle (*attr.*); (*перен.*) fàntástic, impróbable; со ~очной быстротóй with / at an in¦crédible speed; ~очная странá fáirylànd.

сказýемое *с. скл. как прил. грам.* prédicate.

скáз||ываться, сказáться 1. (на, в *пр.*) tell* (on, up¦ón); отрицáтельно ~áться на чём-л. advérse¦ly affect smth.; болéзнь сúльно ~áлась на нём his íllness told on him gréatly [...-eɪt-]; в этом ~áлась егó хорóшая подготóвка that is the resúlt of his good* tráining [...-'zʌ-...]; óба эти фáктора ~áлись both these fáctors cóunted [bouθ...]; 2. (*тв.*; *сообщать о себе*) repórt òne¦sélf; ~áться больнúм repórt òne¦sélf sick.

скакáлка *ж.* (*игрушка*) skípping-ròpe.

скак||áть, поскакáть 1. skip, jump, cáper; (*на одной ноге*) hop; (*о зайце*) lope; 2. (*на коне*) gállop; *сов. тж.* set* off at a gállop; ~ во весь дух gállop at full speed. **~овóй** race (*attr.*), rácing; ~овáя лóшадь ráce¦hòrse, rácer; ~овáя дорóжка ráce¦course [-kɔːs]; ~овóй круг rácing track. **~ýн** *м.* 1. skípper, júmper; 2. (*конь*) fast horse; rúnner.

скал||á *ж.* rock; отвéсная ~ cliff. **~úстый** rócky.

скáлить, оскáлить: ~ зýбы grin; show* one's teeth [ʃou...]; *тк. несов.* (*перен.*) *разг.* laugh [lɑːf], grin.

скáлка *ж.* (*для теста*) rólling-pìn; (*для белья*) béater.

скáлывать I, сколóть (*вн.*; *сбивать*) split* off (*d.*), chop off (*d.*).

скáлывать II, сколóть (*вн.*; *прикалывать*) pin togéther [...-'ge-] (*d.*).

скальд *м. ист.* skald.

скалькúровать *сов. см.* калькúровать.

скалькулúровать *сов. см.* калькулúровать.

скальп *м.* scalp.

скáльпель *м. хир.* scálpel.

скальпúровать *несов. и сов.* (*сов. тж.* оскальпúровать) (*вн.*) scalp (*d.*).

скам||éечка *ж.* small bench; ~ для ног fóotstool ['fut-]. **~éйка** *ж.* bench; садóвая ~éйка gárden bench.

скамь||я́ *ж.* bench; ~ подсудúмых dock; на ~é подсудúмых in the dock; сидéть на ~é подсудúмых be in the dock; посадúть на ~ю подсудúмых (*вн.*) put* in the dock (*d.*); ◇ со шкóльной ~ú ≅ since *one's* schóol-days.

скандáл *м.* scándal; какóй ~! what a disgráce! **~изúровать** *несов. и сов.* (*вн.*) scándalize (*d.*). **~úст** *м.*, **~úстка** *ж.* quárreler; (*драчун*) bráwler.

скандáлить, наскандáлить brawl, make* a row.

скандáльн||ость *ж.* scándalous¦ness. **~ый** scándalous.

скáндий *м. хим.* scándium.

скандинáв *м.*, **~ец** *м.*, **~ка** *ж.*, **~ский** Scàndinávian.

сканд||úровать *несов. и сов.* (*вн.*) scan (*d.*). **~овáть** = скандúровать.

скáпливать, скопúть (*вн.*; *о товарах*) store (up) (*d.*); (*о деньгах*) save (*d.*); скопúть состояние amáss a fórtune [...-tʃən]. **~ся,** скопúться 1. (*о товарах*) accúmulàte, pile up; (*о людях*) gáther, crowd; 2. *страд. к* скáпливать.

скарабéй *м.* scárab ['skæ-].

скарб *м. тк. ед. разг.* goods and cháttels [gudz...] *pl.*; со всем ~ом (with) bag and bággage.

скáред *м. разг.* stíngy pérson [-n-...], níggard. **~ничать** *разг.* be stíngy / níggardly [...-n-...]; skin a flea / flint *идиом.* **~ность** *ж.* stínginess [-n-], níggardliness. **~ный** stíngy [-n-], níggardly.

скарификáтор *м. с.-х.* scárifìer.

скарлатúн||а *ж. мед.* scárlet féver, scàrlatína [-'tiː-]. **~ный** *мед.* scàrlatínal [-'tiː-], scarlatínous [-'tiː-]; ~ный больнóй scárlet-fèver pátient; ~ное отделéние scàrlatína ward, séction for scárlet-fèver pátients. **~óзный** = скарлатúнный.

скáрмливать, скормúть (*вн. дт.*) feed* (*d.* to).

скат I *м.* (*склон*) slope, descént; ~ крыши pitch / slope of *a* roof.

скат II *м. зоол.* ray, skate; электрúческий ~ eléctric ray; иглúстый ~ thórn-bàck.

скатáть *сов. см.* скáтывать I. **~ся** *сов. см.* скáтываться I.

скáтерть *ж.* táble-clòth; ◇ ~ю дорóга *разг.* ≅ good ríddance; nó¦body is kéeping him, you, *etc.*

скатúть *сов. см.* скáтывать II. **~ся** *сов. см.* скáтываться II.

скáтка *ж. воен.* rolled gréatcoat [...-eɪt-], roll.

скáтывать I, скатáть (*вн.*) 1. (*сворачивать*) roll (up) (*d.*); ~ пáрус furl *a* sail; 2. *школ. разг.* (*тайком списывать*) crib (*d.*).

скáтывать II, скатúть (*вн.*) roll down (*d.*); ~ с горы slide* / roll dówn-híll (*d.*).

скáтываться I, скатáться 1. get* / be rolled up; 2. *страд. к* скáтывать I.

скáтываться II, скатúться 1. roll down; (*перен.*) slide; slip; 2. *страд. к* скáтывать II.

скáут *м.* scout.

скафáндр *м.* díving-drèss, díving-sùit [-sjuːt].

скáчка *ж. тк. ед.* gállop(ing); бéшеная ~ fúrious / víolent gállop(ing).

скáчки *мн.* hórse-ràce *sg.*; ráce-meeting *sg.*, the ráces; (*без препятствий*) flat ráce(s); ~ с препятствиями óbstacle-ràce *sg.*; (*по пересечённой местности*) stéeple¦chàse [-s] *sg.*

скачкообрáзный spasmódic [-z-]; (*неравномерный*) ún¦éven.

скач||óк *м.* jump, bound, leap; кáчественный ~ *филос.* quálitàtive leap; сдéлать быстрый ~ make* a rápid leap; ~кáми by leaps; (*неравномерно*) by fits and starts.

скáшивать I, скосúть (*вн.*; *срезать траву*) mow* (down) [mou...] (*d.*).

скáшивать II, скосúть (*вн.*; *глаза*) squint (*d.*).

скáшивать III, скосúть (*вн.*; *ребро, край*) bével ['be-] (*d.*); (*при земляных работах*) slope (*d.*).

скважс||ина *ж.* chink, slit; буровáя ~ bóre¦hòle, bóring well; замóчная

~ kéyhòle ['ki:-]. ~истость ж. pòrósity, pórous¦ness. ~истый pórous.

сквер м. públic gárden ['pʌ-...].

скве́рно нареч. bád¦ly; ~ па́хнуть smell* bad*; ~ чу́вствовать себя́ feel* bad* / póorly; пальто́ ~ сиди́т на нём разг. the coat does not fit him, the coat sits bád¦ly on him; его́ дела́ иду́т ~ his affáirs are gó¦ing bád¦ly; поступа́ть ~ по отноше́нию к кому́-л. treat smb. bád¦ly.

сквернсло́в м. ríbald ['rɪ-], fóul-móuthed man*. ~ие с. ríbaldry, foul lánguage. ~ить use foul / bad lánguage.

скве́рный bad*, násty.

сквита́ться сов. (с тв.) разг. be quits / éven (with).

сквоз||и́ть 1. безл. (о сквозном ветре): здесь ~и́т there is a draught here [...drɑ:ft...]; 2. (проникать, просвечивать; тж. перен.) be seen through; свет ~и́т че́рез занаве́ску light shines, или is seen, through the blind; в его́ мане́рах ~и́т не́которая самонаде́янность there is a hint of presúmption in his mánner [...-'zʌ-...]; 3. разг. (о материи) be trànspárent; (об изношенной) be thréadbàre [...-ed-]. ~но́й through; ~но́й прохо́д through pássage; ~но́й ве́тер = сквозня́к. ~ня́к м. draught [drɑ:ft].

сквозь предл. (вн.) through: ~ тума́н through the fog; ~ дыру́ through a hole; говори́ть ~ зу́бы speak* through clenched teeth; ◇ как ~ зе́млю провали́лся ≅ dìsappéared without léaving a trace; vánished into thin air идиом.; он был гото́в ~ зе́млю провали́ться (от стыда́) ≅ he was réady to sink through the earth (for shame) [...'re-...ə:θ...].

сквор||е́ц м. stárling. ~е́чник [-шн-] м., ~е́чница [-шн-] ж., ~е́чня [-шн-] ж. small wóoden box for stárlings [...'wud-...].

скеле́т м. skéleton.

ске́п||сис м. scépsis ['ske-]. ~тик м. scéptic ['ske-]. ~тици́зм м. scépticism ['ske-]. ~ти́ческий scéptic(al) ['ske-].

ске́рцо с. нескл. муз. schérzò ['skεə-tsou].

ске́тинг-ри́нг м. skáting-rìnk.

скетч м. sketch.

ски́дк||а ж. rébàte ['ri:-], dedúction, redúction, abáte¦ment; allówance (тж. перен.); де́лать ~у (дт.) give* a redúction (i.); (на вн.; перен.) make* allówance(s) (for); со ~ой with a rébàte / redúction / abáte¦ment; at cut rates; со ~ой в 10% at a díscount of 10%.

ски́дывать, ски́нуть (вн.) 1. throw* down / off [-ou...] (d.); 2. разг. (об одежде и т. п.) take* off (d.); 3. разг. (уступать в цене) knock off (d.).

ски́ния ж. библ. tábèrnàcle [-næ-]; (перен.) sánctuary.

ски́нуть сов. см. ски́дывать.

ски́петр м. sceptre.

скипида́р м. túrpentìne; о́чищенный ~ oil / spírit of túrpentìne. ~ный túrpentìne (attr.).

скирд м., ~а́ ж. stack, rick. ~ова́ть, заскирдова́ть (вн.) rick (d.), stack (d.).

скиса́ть, ски́снуть turn / go* sour. sour.

ски́снуть сов. см. скиса́ть.

скит м. уст. small and seclúded mónastery.

скит||а́лец м. wánderer. ~а́льческий wándering. ~а́ние с. wándering. ~а́ться wánder; stray; ~а́ться по бе́лу све́ту разг. knock abóut the world.

скиф м., ~ский ист. Scýthian [-ð-].

склад I м. 1. stóre¦house* [-s]; воен. dépòt ['depou]; това́рный ~ wáre¦house* [-s]; тамо́женный ~ bónd-ed wáre¦house*; ~ боеприпа́сов àmmunítion dépòt / dump; 2. (запас) store; (большое количество) a lot of.

склад II м. (характер) cònstitútion; ~ ума́ cast / turn of mind; лю́ди осо́бого ~а a people of a partícular stamp / quálity / mèntálity [pi:-...], people of a spécial mould [...'spe- mou-]; ◇ ни ~у ни ла́ду разг. néither rhyme nor réason ['naɪ-... -z°n].

скла́дк||а ж. fold; plait [plæt], crease [-s]; (на платье тж.) pleat, tuck; (морщина) wrinkle; попере́чная ~ cross tuck; де́лать ~и на пла́тье make* pleats in a dress; в ~у pléated; пла́тье в ~ах pléated skirt; ~ на брю́ках tróuser crease; ~ земно́й коры́ fold; ~ ме́стности áccident of the ground.

скла́дно нареч. разг. well*; говори́ть ~ speak* well*.

складно́й fólding; collápsible; ~ стул fólding chair; ~ бино́кль collápsible ópera-glàss(es) (pl.).

скла́дн||ость ж. hármony, còhérence [kou'hɪə-]. ~ый 1. well órdered; 2. разг. (о фигуре) wéll-knít, wéll-máde, well set up; 3. (о речи, рассказе) wéll-róunded, neat.

скла́дочн||ый: ~ое помеще́ние = склад I 1; ~ое ме́сто разг. lúmber-room.

складск||о́й wáre¦house [-s] (attr.); ~и́е помеще́ния stórage facílities.

скла́дчат||ый геол. plicáte [plaɪ-], plicáted; ~ые го́ры fólded móuntains / hills.

скла́дчин||а ж. clúbbing, póoling; устра́ивать ~у club; pool one's móney / resóurces [...'mʌ- -'sɔ:s-]; де́лать что-л. в ~у club togéther to do smth. [...-'ge-...]; купи́ть что-л. в ~у club togéther to buy smth. [...baɪ...].

склад||ы́ мн. уст. sýllables; чита́ть по ~а́м spell* out.

скла́дывать I, сложи́ть (вн.) 1. put* / lay* (togéther) [...-'ge-] (d.); (в кучу) pile (d.), heap (d.); ~ ве́щи пе́ред отъе́здом pack up; 2. мат. add (up) (d.), sum up (d.); ~ два и четы́ре add two to four [...fɔ:]; 3. (составлять что-л.) make* (d.); (о песне, былине и т. п.) make* up (d.), compóse (d.); 4. (сгибать) fold (up) (d.); ~ вдво́е fold in two (d.); ~ газе́ту fold up a néwspàper; ◇ сложа́ ру́ки with fólded arms; сиде́ть сложа́ ру́ки разг. sit* / be idle, sit* by; не сиде́ть сложа́ ру́ки be up and doing; ~ ору́жие lay* down one's arms; сложи́ть го́лову (за вн.) give* up / a¦wáy, или lay* down, one's life* (for).

скла́дывать II, сложи́ть (снимать) take* off (d.), put* up (d.).

скла́дываться I, сложи́ться 1. (с тв.; устраивать складчину) club (togéther, with) [...-'ge-...], pool (with); pool one's móney / resóurces [...'mʌ- -'sɔ:s-]; 2. (образовываться) form, turn out; take* shape; (об обстановке) aríse*; обстоя́тельства сложи́лись благоприя́тно the círcumstances are fávour¦able; у него́ сложи́лось твёрдое убежде́ние a strong convíction grew up in him; у него́ сложи́лось мне́ние he formed the opínion; хара́ктер его́ ещё не сложи́лся his cháracter has not yet formed [...'kæ-...]; истори́чески сложи́вшиеся свя́зи históricallу estáblished ties; 3. страд. к скла́дыватьI.

скла́дываться II страд. к скла́дывать II.

скле́ивать, скле́ить (вн.) glue togéther [...-'ge-] (d.); paste togéther [peɪ-...] (d.); stick* togéther (d.). ~ся, скле́иться 1. stick* togéther [...-'ge-]; 2. страд. к скле́ивать.

скле́ить(ся) сов. см. скле́ивать(ся).

скле́йка ж. glúing / pásting togéther [...'peɪ- -'ge-].

склеп м. (búrial) vault ['be-...], crypt.

склепа́ть сов. см. склёпывать.

склёпка ж. ríveting ['rɪ-].

склёпывать, склепа́ть (вн.) rívet ['rɪ-] (d.).

склеро́з м. мед. sclerósis [-lɪə-].

склеро́ма ж. мед. scleróma.

склеро́тика ж. анат. sclèrótic [-lɪə-].

склероти́ческий мед. sclérous.

скли́кать сов. см. склика́ть.

склика́ть, скли́кать (вн.) разг. call togéther [...-'ge-] (d.).

склока ж. squabble.

склон м. slope; отло́гий ~ gentle slope; ◇ на ~е лет, дней in one's declíning years, in the évening of life [...'i:v-...].

склоне́ни||е с. 1. астр. dèclinátion; ~ ко́мпаса váriátion of the cómpass [...'kʌ-]; круг ~я свети́ла hour círcle of a celéstial bódy [auə... 'bɔ-]; 2. грам. declénsion, dèclinátion; 3. мат. in¦clinátion.

склони́ть сов. см. склоня́ть I. ~ся сов. см. склоня́ться I.

скло́нн||ость ж. (к) in¦clinátion (to, for); dìsposítion [-'zɪ-] (to); (способность) bent (for), turn (for); ~ к полноте́ in¦clinátion / téndency to córpulence; ~ к языка́м gift for lánguages [gɪft...]; ~ к заболева́нию suscèptibílity to íllness; прирождённая ~ (к) cònstitútional bías (towards); пита́ть ~ к кому́-л. be well / kínd¦ly dispósed towards smb. **~ый** (к) in¦clíned (to), dispósed (to), given (to); ~ый к полноте́ in¦clíned to córpulence; ~ый к заболева́нию suscéptible to íllness; он скло́нен ду́мать he is prone to think.

склоня́емость *ж. лингв.* declìnabílity [-laɪ-].

склоня́емый I *прич. см.* склоня́ть I.

склоня́емый II **1.** *прич. см.* склоня́ть II; **2.** *прил. грам.* declínable.

склоня́ть I, склони́ть (*вн.*) **1.** (*наклонять*) in¦clíne (*d.*), bend* (*d.*), bow (*d.*); склони́ть го́лову на грудь droop / bend* one's head on one's breast [...hed... bre-]; ~ боевы́е знамёна dip one's battle stándards; **2.** (*уговаривать*) in¦clíne (*d.*); *несов. тж.* try to persuáde, *или* to win óver [...-'sweɪd...] (*d.*); *сов. тж.* persuáde (*d.*), win* óver (*d.*); ◇ склони́ть ча́шу весо́в в чью-л. по́льзу tilt the bálance to smb.'s advántage, *или* in smb.'s fávour [...-'vɑː-...].

склоня́ть II, просклоня́ть (*вн.*) *грам.* declíne (*d.*).

склоня́ться I, склони́ться **1.** (*наклоняться*) in¦clíne, bend*; ~ над колыбе́лью bend* óver *the* cradle; де́рево склони́лось под тя́жестью плодо́в the tree is bent down by the weight of the fruit [...fruːt]; **2.** (к; *решаться*) in¦clíne (to), be in¦clíned (to); (*поддаваться уговорам*) yield [jiːld] (to); **3.** (*о солнце*) declíne; **4.** *страд. к* склоня́ть I.

склоня́ться II *грам.* be declíned.

скло́чни||к *м.*, **~ца** *ж. разг.* squábbler, tróuble-màker ['trʌbl-].

скля́н||ка *ж.* **1.** phíal; bottle; **2.** *об. мн. мор.* bells; *ист.* wátch-glàss; про́било шесть ~ок six bells went.

скоба́ *ж. тех.* crámp(-ìron) [-aɪən], crámpon, staple; *мор.* shackle; ~ я́коря ánchor ring ['æŋkə...]; я́корная ~ (це́пи) ánchor shackle.

ско́бель *м.* sháving-knìfe*, dráwing-knìfe*; spóke-shàve.

ско́бк||а *ж.* **1.** *уменьш. от* скоба́; **2.** (*знак препинания, тж. мат.*) brácket; квадра́тные ~и square bráckets; кру́глые ~и (round) bráckets, paréntheses [-siːz]; фигу́рные ~и bráces; в ~и, в ~ах in bráckets.

скобли́ть (*вн.*) **1.** scrape (*d.*); **2.** *тех.* plane (*d.*); **3.** (*в хирургии*) scárifỳ ['skɛə-] (*d.*).

скобян||о́й: ~ това́р, ~ы́е изде́лия hárdwàre *sg.*

ско́ванн||ость *ж.* constráint. **~ый** **1.** *прич. см.* ско́вывать; ~ый льда́ми íce-bound; ~ый моро́зом fróst-bound; **2.** *прил.* (*о движениях*) constráined.

скова́ть *сов. см.* ско́вывать.

сковорода́ *ж.* **1.** frýing-pàn; **2.** *тех.* pan.

ско́вородень *м. тех.* dóve¦tail [-ʌv-]; соедине́ние в ~ dóve¦tail joint.

сковоро́дка *ж. разг.* = сковорода́ 1.

ско́выва||ть, скова́ть (*вн.*) **1.** (*выковывать*) forge (*d.*), hámmer out (*d.*); **2.** (*соединять путём ковки; тж. перен.*) forge / weld togéther [...-'ge-] (*d.*); **3.** (*заковывать*) chain (*d.*); (*перен.*: *лишать свободы*) fétter (*d.*), bind* (*d.*); её молча́ние ~ет меня́ her sílence binds me [...'saɪ-...]; **4.** *воен.* hold* (*d.*), fix (*d.*); ~ проти́вника páralỳse the énemy; скова́ть огнём pin (down) by fire (*d.*); **5.** (*покрывать льдом*) lock (*d.*); моро́з, лёд скова́л ре́ку the ríver is frózen óver [...'rɪ-...], the ríver is íce-bound.

скола́чивать, сколоти́ть (*вн.*) *разг.* knock togéther [...-'ge-] (*d.*); (*перен.*: *организовывать*) knock togéther (*d.*), knit* togéther (*d.*); ~ я́щик из до́сок knock up *a* box; ~ гру́ппу knock togéther *a* group [...uːp]; ◇ сколоти́ть состоя́ние lay* up a purse, scrape togéther / up a fórtune [...-tʃən].

ско́лок *м. разг.* (*подобие*) cópy ['kɔ-].

сколопе́ндра *ж. зоол.* scòlopéndra.

сколоти́ть *сов. см.* скола́чивать.

сколо́ть I, II *сов. см.* ска́лывать I, II.

скольже́ние *с.* slíding, slip; ~ зву́ка *муз., лингв.* glide; ~ винта́ propéller slip; ~ на крыло́ *ав.* síde-slìp; ~ на хвост *ав.* tail slide.

скользи́ть slip, slide*; (*пробегать*) float, glide.

ско́льз||кий slíppery; (*перен. тж.*) dángerous ['deɪndʒ-]; ◇ говори́ть на ~кую те́му be on slíppery ground. **~ну́ть** *сов.* slip, slide*. **~я́щий** **1.** *прич. см.* скользи́ть; **2.** *прил.* (*не фиксированный*) slíding; ~я́щая шкала́ slíding-scàle; ~я́щий у́зел slíp-knòt.

ско́лько **1.** (*о количестве и числе*) (*с сущ. в ед. ч.*) how much; (*с сущ. во мн. ч.*) how mány: ~ э́то сто́ит? how much does it cost?; ~ у вас книг? how mány books have you?; — сто́лько (же) ~ (*с сущ. в ед. ч.*) as much as; (*с сущ. во мн. ч.*) as mány as; **2.** *как нареч.*: не сто́лько... ~ not so much... as: он не сто́лько уста́л, ~ го́лоден he is not so much tired, as húngry; ◇ ~ душе́ уго́дно to one's heart's contént [...hɑːts...]; ~ лет, ~ зим *разг.* it's áges since we met.

ско́лько-нибудь *нареч. разг.* ány (amóunt); есть у вас ~ вре́мени? have you ány time?

скома́ндовать *сов.* give* out an órder, órder, commánd [-ɑːnd].

скомбини́ровать *сов. см.* комбини́ровать.

ско́мкать *сов. см.* ко́мкать.

скоморо́х *м.* bùffóon, mérry ándrew, móuntebànk.

скоморо́ш||ество *с.* bùffóonery. **~ничать** play the bùffóon.

скомпили́ровать *сов. см.* компили́ровать.

скомпонова́ть *сов. см.* компонова́ть.

скомпромети́ровать *сов. см.* компромети́ровать.

сконструи́ровать *сов.* (*вн.*) constrúct (*d.*); (*спроектировать*) design [-'zaɪn] (*d.*).

сконфу́||женный *прич. и прил.* abáshed, confóunded, dìsconcérted. **~зить(ся)** *сов. см.* конфу́зить(ся).

сконцентри́ровать *сов. см.* концентри́ровать.

сконча́ться *сов.* pass a¦wáy, decéase [-s].

скопе́ц *м.* **1.** éunuch [-k]; **2.** (*сектант*) skópets; *мн.* skóptsi (*sect practising castration*).

скопидо́м *м. разг.* hóarder, míser. **~ство** *с. разг.* thrift, thríftiness; míser¦liness.

скопи́ровать *сов. см.* копи́ровать.

скопи́ть I *сов. см.* ска́пливать.

скопи́ть II = оскопля́ть.

скопи́ться *сов. см.* ска́пливаться.

ско́пище *с.* gáther¦ing, crowd.

скопл||е́ние *с.* accùmulátion; (*народа*) gáther¦ing, crowd; звёздные ~е́ния *астр.* stár-clùsters. **~я́ть(ся)** = ска́пливать(ся).

ско́пом *нареч. разг.* in a heap / crowd.

скорбе́ть (о *пр.*) grieve [-iːv] (abóut, óver), mourn [mɔːn] (*d.*, for, óver).

ско́рбный sórrowful, móurnful ['mɔːn-], dóle¦ful.

скорбу́т *м. мед.* scúrvy.

скорбь *ж.* sórrow, grief [-iːf]; мирова́я ~ *ист. лит.* Wéltschmèrz ['velt-ʃmerts].

скоре́||е, **~й** **1.** *сравн. ст. см. прил.* ско́рый *и нареч.* ско́ро; **2.** *нареч.* (*лучше, предпочтительнее*) ráther ['rɑː-], sóoner; (*вернее*) ráther; он ~ умрёт, чем сда́стся he will sóoner die than surrénder; ◇ ~ всего́ most líke¦ly / próbably.

скорлуп||а́ *ж.* shell; ~ оре́ха nút-shèll; ~ яйца́ égg-shèll; очища́ть от ~ы́ (*вн.*) shell (*d.*); ◇ замыка́ться в свою́ ~у́ draw* / retréat into one's shell.

скорми́ть *сов. см.* ска́рмливать.

скорня́жный: ~ това́р fúrriery; furs *pl.*; ~ про́мысел fúrriery, the fur trade.

скорня́к *м.* fúrrier, fúr-drèsser.

ско́ро *нареч.* **1.** (*быстро*) quíckly, fast: он шёл ~ he walked quíckly / fast; — как мо́жно скоре́е as soon as póssible; (*быстрее*) as quíckly / spéedily as póssible; **2.** (*вскоре*) soon: он ~ придёт he will come soon; ~ весна́ spring will soon be here; — прийти́ не ~ be a long time (in) cóming.

скороговорк||а *ж.* **1.** pátter; говори́ть ~ой pátter; **2.** (*труднопроизносимое сочетание слов*) tóngue-twìster ['tʌŋ-].

скоро́мн||ый fat; meat (*attr.*); ~ые дни meat days.

скоропали́тельный *разг.* hásty ['heɪ-], rash.

скоропеча́тный: ~ стано́к éngine-press ['enʤ-].

ско́ропись *ж.* cúrsive (wrîting).

скороподъёмность *ж. ав.* rate of climb [...klaɪm].

скоропо́ртящи||йся: ~еся това́ры, проду́кты périshables, périshable goods [...gudz].

скоропости́жн||ый: ~ая смерть súdden death [...deθ].

скоропреходя́щий tránsitory, fùgácious.

скороспе́л||ый (*прям. и перен.*) precócious; (*о плодах тж.*) éarly ['ə:-], fást-rìpen|ing; ~ое реше́ние prèmatúre decísion.

скоростно́й velócity (*attr.*), hígh-speed; rápid; ~ самолёт hígh-spéed áircràft/(áir-)plàne; ~ ме́тод строи́тельства hígh-spéed méthod of constrúction; ~ бег на конька́х spéed-skàting.

скорострéльн||ость *ж.* rate of fire. ~ый rápid-fìring, quick-fìring.

ско́рость *ж.* speed; rate; *физ., мех.* velócity; максима́льная ~ top speed; переме́нная ~ váriable speed; развива́ть, набира́ть ~ gáther, *или* pick up, speed; дозво́ленная ~ (езды́) spéed-lìmit; со ~ю сто киломе́тров в час at a speed of one húndred kilomètres per hour [...auə]; ~ све́та velócity of light; ~ движе́ния rate of móve|ment [...'mu:v-]; ~ враще́ния speed of rotátion; нача́льная ~ inítial velócity; ~ подъёма *ав.* rate of climb [...klaɪm]; крити́ческая ~ *ав.* stálling speed; возду́шная ~ *ав.* air speed; путева́я ~ *ав.* ábsolùte / ground speed; перейти́ на другу́ю ~ change gear [ʧeɪ- gɪə]; большо́й, ма́лой ~ю *ж.-д.* by fast, slow train [...slou...].

скоросшива́тель *м.* fólder.

скорота́ть *сов. см.* корота́ть.

скороте́чн||ый 1. tránsient [-zɪ-]; 2. *мед.* fúlminant; ~ая чахо́тка *разг.* gálloping consúmption.

скорохо́д *м. ист.* fóot|man* ['fut-].

скорпио́н *м.* scórpion.

ско́рчить *сов. см.* ко́рчить 1, 2. ~ся *сов. см.* ко́рчиться.

ско́р||ый 1. (*быстрый*) quick, fast; (*о человеке*) quick; ~ шаг quick step; ~ полёт fast flýing; ~ое выздоровле́ние rápid / spéedy recóvery [...-'kʌ-]; 2. (*близкий по времени*) near, fòrth|cóming; в ~ом бу́дущем in the near fúture; ~ прие́зд impénding arríval; в ~ом вре́мени before long; ◇ ~ по́езд fast train; ~ая по́мощь first aid; на ~ую ру́ку óff-hánd; до ~ого свида́ния! see you soon!

скос *м.* slant [-ɑ:nt]; chámfer.

скоси́ть I *сов. см.* коси́ть I *и* ска́шивать I.

скоси́ть II *сов. см.* коси́ть II *и* ска́шивать II.

скоси́ть III *сов. см.* ска́шивать III.

скости́ть *сов.* (*вн.*) *разг.* (*о долге*) strike* off (*d.*); (*о цене*) knock off (*d.*).

скот *м.* 1. *собир.* cattle; líve-stòck; моло́чный ~ dáiry-càttle; мясно́й ~ beef cattle; племенно́й ~ blóodstòck [-ʌd-], pédigree cattle; 2. *бран.* brute, beast. ~и́на *ж.* 1. *собир. разг.* = скот 1; 2. *бран.* brute, beast. ~ник *м.*, ~ница *ж.* cáttle-fàrm wórker; cáttle-yàrd wórker. ~ный: ~ный двор cáttle-yàrd.

скотобо́йня *ж.* sláughter-house* [-s].

скотово́д *м.* cáttle-breeder. ~ство *с.* cáttle-breeding, cáttle-raising, cáttle-rearing. ~ческий cáttle-breeding (*attr.*).

скотоло́жство *с.* bèstiálity.

скотопрого́нный: ~ двор stóck-yàrd.

скотопромы́шленн||ик *м. уст.* dróver, cáttle-dealer. ~ость *ж. уст.* dróving, cáttle-tràde. ~ый *уст.* cáttle-tràding (*attr.*).

ско́т||ский brútal, brútish, béstial. ~ство *с.* bèstiálity.

скра́дывать (*вн.*) concéal (*d.*).

скрап *м. метал.* scrap.

скра́сить *сов. см.* скра́шивать.

скра́шивать, скра́сить (*вн.*): ~ жизнь bríghten up *one's* life, add charm to life; ~ недоста́тки smooth *the* defécts [-ð...].

скребко́вый: ~ конве́йер scráper convéyor.

скребни́ца *ж.* (*для лошадей*) cúrry-còmb [-koum], hórse-còmb [-koum].

скребо́к *м.* scráper; (*для дорог*) róad-scràper; (*для красок*) páint-scràper.

скре́жет *м.* gnáshing / grítting of teeth. ~а́ть grit the teeth; ~а́ть зуба́ми grind* / gnash / grit one's teeth.

скре́п||а *ж.* 1. *тех.* tie, clamp; 2. (*вторая подпись*) cóunter-sìgnature, authènticátion; за ~ой секретаря́ cóuntersigned / authénticàted by the sécretary [-saɪnd...].

скре́пер *м. тех.* scráper; ~-волоку́ша drag / slip scráper.

скрепи́ть *сов. см.* скрепля́ть.

скре́п||ка *ж.* clip, (páper-)fàstener [-fɑ:sᵊnə]. ~ле́ние *с.* 1. fástening [-sᵊn-], stréngthening; 2. *тех.* = скре́па 1; 3. (*подписи*) cóunter-sìgnature, authènticátion.

скрепля́ть, скрепи́ть (*вн.*) 1. fásten (togéther) ['fɑ:sᵊn -'ge-] (*d.*), stréngthen (*d.*); ~ була́вкой pin (togéther) (*d.*), fásten with a pin (*d.*); 2. *тех.* tie (*d.*), clamp (*d.*); (*болтами*) bolt (*d.*); (*извёсткой*) mórtar (*d.*); 3. (*подписью*) cóuntersìgn [-saɪn] (*d.*); rátifỳ (*d.*), authénticàte (*d.*); ◇ скрепя́ се́рдце relúctantly, grúdging|ly; скреплённый кро́вью (*о дружбе и т. п.*) sealed with blood [...blʌd].

скрести́ (*вн.*) scrape (*d.*); (*когтями, ногтями*) scratch (*d.*), claw (*d.*). ~сь scratch.

скрести́ть(ся) *сов. см.* скре́щивать (-ся).

скреще́ни||е *с.* (*в разн. знач.*) cróssing; тео́рия ~я *лингв.* the cróssing théory [...'θɪə-].

скре́щивание *с.* 1. cróssing; 2. *биол.* cross, cróssing, ínterbréeding.

скре́щивать, скрести́ть (*вн.*) 1. cross (*d.*); скрести́ть мечи́, шпа́ги (*с тв.*) cross / méasure swords [...'me- sɔ:dz] (with); скрести́ть но́ги cross one's legs; 2. *биол.* cross (*d.*), ínterbréed* (*d.*). ~ся, скрести́ться 1. cross; 2. *биол.* cross, ínterbréed*; 3. *страд. к* скре́щивать.

скриви́ть *сов.* (*вн.*) bend* (*d.*); distórt (*d.*). ~ся *сов.* 1. (*становиться кривым*) become* / get* cróoked / bent; 2. *разг.* (*сделать гримасу*) make* a wry face.

скрижа́ль *ж.* table.

скрип *м.* (*двери, телеги*) squeak, creak; (*пера*) squeak; (*сапог*) creak; (*песка, снега и т. п. под ногами*) crunch.

скрипа́ч *м.*, ~ка *ж.* víolinist; (*уличный*) fíddler.

скрипе́ние *с.* = скрип.

скрипе́ть, проскрипе́ть (*о двери, колёсах, экипаже*) squeak, creak; (*о пере*) squeak; (*о сапогах*) creak; (*о песке, снеге и т. п. под ногами*) crunch; ~ зуба́ми grit one's teeth.

скрипи́чный vìolín (*attr.*); ~ ма́стер vìolín-màker; ~ ключ *муз.* treble clef, G clef [ʤi:...].

скри́пк||а *ж.* vìolín; fiddle *разг.*; игра́ть на ~е play the vìolín.

скри́п||нуть *сов.* (*о двери*) squeak, creak. ~у́чий *разг.* (*о двери, телеге*) squéaking, squéaky, créaking; (*о пере*) scrátchy; (*о сапогах*) créaky; (*о песке, снеге и т. п.*) crúnching; (*о голосе*) ráspíng.

скрои́ть *сов. см.* крои́ть.

скро́мни||к *м. разг.* módest man* ['mɔ-...]. ~ца *ж. разг.* módest wóman* ['mɔ- 'wu-].

скро́мнич||ать *разг.* put* on a módest air [...'mɔ-...]; belíttle òne|sélf; не ~айте! come, come!, now, now!, don't be so módest!

скро́мн||ость *ж.* módesty; ло́жная ~ false módesty [fɔ:ls...]. ~ый módest ['mɔ-]; (*о питании*) frúgal; (*без претензий*) ún|assúming, unpreténtious; сли́шком ~ый òver-módest [-'mɔ-]; ~ый наря́д simple attíre; ~ый обе́д frúgal dínner; по моему́ ~ому мне́нию in my humble opínion; ~ый за́работок módest éarnings [...'ə:n-] *pl.*

скрупулёзн||ость *ж.* scrúpulous|ness, scrùpulósity. ~ый scrúpulous.

скрути́ть *сов. см.* скру́чивать.

скру́чивать, скрути́ть (*вн.*) 1. (*о верёвке, нитке и т. п.*) twist (*d.*); (*о папиросе*) roll (*d.*); 2. (*связывать*) bind* (*d.*), tie up (*d.*); ~ ру́ки кому́-л. pínion smb.'s arms, pínion smb.

скрыва́ть, скрыть (*вн.*) 1. (*прятать*) hide* (*d.*), concéal (*d.*); ~ престу́пника hide* / concéal *a* críminal; 2. (*утаивать, не обнаруживать*) hide* (*d.*), dissémble (*d.*), keep* back (*d.*); (*о чувствах тж.*) keep* to òne|sélf d.), cóver ['kʌ-] (d.); ~ что-л. от кого-л. keep* smth. from smb.; ~ свой гнев hide* / dissémble one's ánger; он засмеялся, чтобы скрыть своё беспокойство he laughed to cóver his anxiety [...lɑːft... -ŋ'z-]; не ~ того, что make* no sécret of the fact that; он не скрывает от себя he fúlly appréciàtes / réalìzes [...'fu-... 'rɪə-]; ~ смерть сына от матери concéal the son's death from his móther [...sʌnz deθ... 'mʌ-]; ~ своё имя concéal one's name; скрытый от взора hídden from view [...vjuː]. ~ся, скрыться (от) 1. (прятаться) hide* (òne¦sélf) (from); несов. тж. skulk, lie* in híding; партизаны скрываются в горах the guerríllas hide in the móuntains; ему удалось скрыться в толпе he mánaged to lose hìm¦sélf in the crowd [...luːz...]; ~ся от кого-л. (перен.) concéal one's féelings from smb.; солнце скрылось за тучами the sun was hídden behínd the clouds; здесь что-то скрывается there is smth. behínd that; 2. (удаляться, избегать) escápe (d.), steal* a¦wáy (from), hide* (from), avóid (d.); ~ся от кредиторов avóid one's créditors; скрыться от кредиторов escápe from one's créditors, give* one's créditors the slip; ~ся от любопытства elúde cùriósity; скрыться незаметно slip a¦wáy / off; ~ся из вида pass out of sight, dìsappéar.

скрытн||ичать разг. be resérved / réticent [...'zɜː-...]. **~ость** ж. resérved cháracter [-'zɜː- 'kæ-], réticence; sécrecy ['siː-], secrétive¦ness. **~ый** resérved [-'zɜː-], réticent, secrétive; быть ~ым be resérved / réticent / secrétive.

скрыт||ый 1. прич. см. скрывать; 2. прил. sécret; физ. látent; ~ая радость sécret joy; ~ мотив ùltérior mótive; ~ая теплота физ. látent heat; ~ое состояние látency ['leɪ-].

скрыть(ся) сов. см. скрывать(ся).

скрюч||ивать, скрючить (вн.) разг. crook (d.); double up [dʌ-...] (d.); его ~ило от боли he is doubled up with pain. **~иваться, скрючиться** разг. huddle òne¦sélf up. **~ить** сов. см. скрючивать и крючить. **~иться** сов. см. скрючиваться и крючиться.

скряга м. и ж. разг. níggard, míser; skínflint, fláy-flint.

скряжнич||ать разг. be níggardly. **~ество** с. разг. míser¦liness.

скудеть, оскудеть grow* scánty [-ou...].

скуд||ный scánty, poor, slénder; (об урожае, обеде тж.) meagre; (о знаниях, освещении тж.) small, scant; (о почве) bare, bárren, meagre; ~ные сведения, сообщения scant informátion sg., scánty repórts. **~ость** ж. scárcity ['skeə-]; (бедность) póverty.

скудоум||ие с. feeble mind, póverty of íntellèct. **~ный** féeble-mínded, dull.

скук||а ж. bóre¦dom, tédium; от ~и of bóre¦dom; наводить, нагонять ~у (на вн.) bore (d.); какая ~! what a bore!

скула ж. chéek-bòne. **~стый** with high / próminent chéek-bònes.

скулить разг. whine; (хныкать тж.) whímper.

скулов||ой анат. málar; ~ая кость málar (bone).

скульптор м. scúlptor.

скульптур||а ж. scúlpture. **~ный** scúlptural; (перен. тж.) stàtuésque.

скумбрия ж. máckerel [-kr-], scómber.

скунс м. (животное и мех) skunk.

скупать, скупить (вн.) buy* up [baɪ...] (d.); (с целью повысить цену) córner (d.).

скупердяй м. разг. míser, skínflint.

скупец м. míser, níggard, skínflint.

скупить сов. см. скупать.

скуп||иться, поскупиться be stíngy [...-n-], be spáring; (на вн.) scant (d.), stint (d.); skimp (in); grudge (d.); он не ~ится на похвалы he does not stint his praise; ~ на слова be spáring of words.

скупка ж. (рд.) búying up ['baɪ-...] (of); (с целью повышения цены) córner (in).

скупо нареч. stíngily [-n-], spáring¦ly; ~ отмеривать, отпускать (вн.) dole out (d.).

скуп||оватый close with one's móney [-s...'mʌ-]. **~ой** 1. прил. stíngy [-n-], níggardly, míser¦ly; ~ой на слова, похвалы cháry of words, praise; 2. м. как сущ. míser, níggard.

скупость ж. stínginess [-n-], níggardliness, míser¦liness.

скупщик м. búyer-úp ['baɪə-]; ~ краденого fence.

скупщина ж. Skúpshtinà [-ɑː].

скутер м. спорт. scóoter.

скуф||ейка ж., **~ья** ж. calótte, skúll-càp.

скуча||ть 1. be bored, have a tédious time; 2. (по пр., дт.) miss (d.). **~ющий** прич. и прил. bored; ~ющий взгляд vácant look.

скученн||о нареч. dénse¦ly; in dénsity, in congéstion [...-n'dʒestʃ-]. **~ость** ж. (населения) dénsity, congéstion [-n'dʒestʃ-], òver¦pòpulátion. **~ый** (о населении) dense, congésted [-n'dʒe-].

скуч||иваться, скучиться разг. huddle togéther [...'ge-], flock, clúster. **~иться** сов. см. скучиваться.

скучно I 1. прил. кратк. см. скучный; 2. предик. безл. it is dull / tédious / bóring; мне ~ I am bored; ему ~ до смерти he is bored to death [...deθ]; he is bored stiff разг.

скучно II нареч. bóring¦ly, tédious¦ly.

скучноватый dúllish; sóme¦whàt bóring / tédious, ráther tédious ['rɑː-...].

скучный 1. (наводящий скуку) dull, bóring, tédious, tíre¦some; 2. (испытывающий скуку) bored; (грустный) sad.

скушать сов. (вн.) eat* (d.), have (d.), take* (d.).

слабеть, ослабеть wéaken, grow* wéak(er) / feeble [-ou...]; (о ветре, буре и т. п.) slack off, slácken.

слабин||а ж. мор. slack; выбрать ~у pull in the slack [pul...].

слабительное с. скл. как прил. мед. purge, púrgative, láxative.

слаб||ить, прослабить безл.: его ~ит he has dìarrhóea [...-'rɪə].

слабо нареч. 1. fáintly, féebly; wéakly; он чувствует себя ~ he feels weak; he is féeling póorly; 2. (плохо) bád(ly)*, póorly.

слабоват||о нареч. разг. (плоховато) ráther bád¦ly ['rɑː-...]. **~ый** разг. (плоховатый) ráther bad ['rɑː-...].

слабовол||ие с. weak will. **~льный** weak of will; ~льный человек wéakling.

слабогрудый wéak-chèsted.

слабонервный nérvous.

слаборазвит||ый: ~ые страны únder-devéloped cóuntries [...'kʌ-].

слабосил||ие с. wéakness, féeble¦ness, debílity. **~льный** weak, feeble.

слабост||ь ж. 1. wéakness, féeble¦ness, debílity; мед. àsthénia; в минуту ~и in a weak móment; приступ ~и fit of wéakness; чувствовать ~ feel* low / póorly [...lou...]; по ~и здоровья on account of poor health [...he-]; 2. (к; склонность) wéakness (for); питать ~ к кому-л. have a soft córner / spot in one's heart for smb. [...hɑːt...]; 3. (недостаток) weak point / side; (характера) fóible.

слабоум||ие с. ìmbecílity, wéak-mínded¦ness, wéak-headedness [-he-]; старческое ~ dótage ['dou-]. **~ный** ímbecile, wéak-mínded, wéak-headed [-he-].

слабохарактерн||ость ж. lack of cháracter [...'kæ-], flábbiness. **~ый** flábby, wéak-wílled, cháracterless ['kæ-].

слаб||ый 1. (в разн. знач.) weak; (о звуке, свете) faint; (хилый) feeble; (не тугой, не плотный) loose [-s], slack; ~ ребёнок weak / feeble child*; ~ голос weak / small voice; ~ые глаза weak eyes [...aɪz]; ~ое здоровье weak / délicate / poor health [...he-]; ~ое пиво weak / thin / small beer; ~ая надежда faint / slénder hope; ~ое развитие poor devélopment; ~ая попытка feeble attémpt; ~ узел loose knot; ~ глагол грам. weak verb; 2. разг. (плохой) poor; ~ оратор poor spéaker; ~ ученик bad* / báckward púpil; ~ контакт poor cóntàct; ~ое оправдание, ~ая отговорка lame excúse [...-s]; ~ аргумент weak / lame árgùment; ◇ ~ пол wéaker sex; ~ое место, ~ая сторона weak point / place / side; находить ~ое место разг. ≅ find* the joint in the ármour.

слав||а ж. тк. ед. 1. glóry; (известность) fame; всемирная ~ wórld-wìde fame; во ~у (рд.) to the glóry (of); дости́гнуть ~ы achíeve / win* fame [-iːv...]; его́ ~ греми́т по всему́ све́ту the world rings with his fame; ~ геро́ям! glóry to *the* héròes!; 2. (*репутация*) fame, name; rèputátion; до́брая ~ good fame; дурна́я ~ ill fame; dísrepúte; приобрести́ дурну́ю ~у fall* into dísrepúte, become* notórious; ◇ на ~у *разг.* wónderfully well ['wʌ-...], éxcellent.

слави́ст *м.* spécialist in the hístory, philólogy, *etc.*, of the Slavs ['spe-...-ɑːvz], Slavónic histórian, philólogist, *etc.* **~ика** *ж.* Slav philólogy, hístory, *etc.* [-ɑːv...].

сла́вить (*вн.*) glórifỳ ['glɔː-] (*d.*), célebràte (*d.*); (*восхвалять*) sing* the práises (of); (кого́-л. *тж.*) sing* smb.'s práises. **~ся** (*тв.*) be fámous (for), be famed (for); (*пользоваться репутацией*) have a rèputátion (for).

сла́вно I 1. *прил. кратк. см.* сла́вный; 2. *предик. безл.* it is nice.

сла́вн||о II *нареч. разг.* (*хорошо*) fámous¦ly, well. **~ый** 1. glórious, fámous, renówned; 2. *разг.* (*хороший*) nice; ~ый ма́лый nice féllow / chap.

славосло́в||ие *с.* glòrificátion [glɔː-]. **~ить** (*вн.*) glórifỳ ['glɔː-] (*d.*), éulogìze (*d.*), hymn (*d.*).

славяни́зм *м. лингв.* Slávism [-ɑː-].

славяни́н *м.*, **славя́нка** *ж.* Slav [-ɑːv].

славянове́д *м.* = слави́ст. **~ение** *с.* = слави́стика.

славянофи́л *м.* Slávophil(e) ['slɑː-].

славянофи́ль||ский Slávophìl(e) ['slɑː-] (*attr.*). **~ство** *с.* Slávophilism ['slɑː-].

славянофо́б *м.* Slávophòbe ['slɑː-].

славя́н||ский Slav [slɑːv]. **~ство** *с.* Slávdom ['slɑː-].

слага́емое *с. скл. как прил. мат.* (*тж. перен.*) ítèm.

слага́ть I, сложи́ть (*вн.*; *сочинять*) compóse (*d.*); ~ стихи́ make* vérses; про него́ сложи́ли пе́сню a song was made abóut him.

слага́ть II, сложи́ть (*вн.* с *рд.*) put* / lay* down (*d.* from); (*перен.*) lay* down (*d.*); ~ с себя́ обя́занности resígn [-'zaɪn]; ~ с себя́ вся́кую отве́тственность lay* down, *или* declíne, all the respònsibílity; ~ наказа́ние, взыска́ние remít *a* púnishment [...'pʌ-].

слага́ться I, сложи́ться 1. (из; *составляться*) be made up (of); 2. *страд.* к слага́ть I.

слага́ться II *страд.* к слага́ть II.

слад *м.*: с ним ~у нет *разг.* he is ùnmánage¦able, he is out of hand.

сла́деньк||ий swéetish; (*перен.*) súgared ['ʃu-], hóneyed ['hʌnɪd]; **~ая** улы́бка súgary / máwkish smile.

сла́дить *сов. разг.* 1. *см.* сла́живать; 2. (с *тв.*) cope (with), mánage (*d.*), bring* round (*d.*); он не мо́жет ~ с э́тим де́лом he can't mánage, *или* cope with, this affáir [...kɑːnt...].

сла́дк||ий sweet; (*перен. тж.*) hóneyed ['hʌnɪd], hónied ['hʌ-]; **~ое** вино́ sweet wine; ~ го́лос sweet voice; ~ сон sweet sleep; спать ~им сном be fast asléep, be in a sweet sleep; ~ое мя́со *кул.* swéetbread [-ed].

сла́дко I 1. *прил. кратк. см.* сла́дкий; 2. *предик. безл.* (+ *инф.*) it is sweet (+to *inf.*).

сла́дко II *нареч.* swéetly.

сладкова́тый swéetish.

сла́дкое *с. скл. как прил.* 1. (*десерт*) dessért [-'zəːt]; 2. = сла́сти.

сладкое́жка *м. и ж.* = сластёна.

сладкозву́чный sweet, mèllífluent, mèllífluous.

сладкоречи́вый smóoth-tòngued [-ðtʌŋd], smóoth-spòken [-ð-]; (*льстивый, лицемерный*) méaly-móuthed.

сла́достный sweet, delíghtful.

сладостра́ст||ие *с.* volúptuous¦ness. **~ник** *м.* [-сн-] volúptuary. **~ный** [-сн-] volúptuous.

сла́дость *ж.* swéetness; (*наслаждение*) delíghts *pl.*

сла́ж||енный 1. *прич. см.* сла́живать; 2. *прил.* hàrmónious, (well) cò-órdinàted, (well) órganìzed; **~енная** рабо́та well cò-órdinàted work. **~ивать**, сла́дить (*вн.*) *разг.* arránge [-eɪndʒ] (*d.*).

сла́зить *сов. разг.* go*; ~ за чем-л. go* and fetch smth.

сла́лом *м. спорт.* slálom ['slɑː-].

сла́н||ец *м. мин.* shale, schist [ʃ-], slate; гли́нистые ~цы àrgilláceous schists [-ʃəs..]; нефтено́сные ~цы óil-shàles. **~цевый** schístòse ['ʃɪstous], schístous ['ʃɪ-], sláty; ~цевый пласт schist [ʃ-].

сластёна *м. и ж. разг.* sweet tooth.

сла́сти *мн.* sweet stuff *sg.*, sweets, swéetmeats; cándy *sg. амер.*

сластолю́б||ец *м.* volúptuary. **~и́вый** volúptuous. **~ие** *с.* volúptuous¦ness.

слать (*вн.*) send* (*d.*).

слаща́в||о *нареч.* all súgar and hóney [...'ʃu-... 'hʌ-]; ~ улыба́ться give* a súgary smile [...'ʃu-...]. **~ость** *ж.* súgariness ['ʃu-]. **~ый** súgary ['ʃu-], síckly-swéet.

сла́ще *сравн. ст. см. прил.* сла́дкий.

сле́ва *нареч.* (от) to / at / from / on the left (of); ве́тер ду́ет ~ the wind is blówing from the left [...wɪ-... 'blou-...]; ~ был лес there was a fórest on the left (side) [...'fɔ-...]; ~ от него́ to / at / on the left of him; ~ напра́во from left to right.

слегка́ *нареч.* (*немного*) sóme¦whàt; (*незначительно*) slíghtly, géntly; он ~ уста́л he is sóme¦whàt tired; ~ удиви́ться be sóme¦whàt surprísed; ~ тро́нуть (*вн.*) touch géntly [tʌtʃ...] (*d.*).

след *м.* track; (*человека тж.*) fóotprìnt ['fut-], fóotstèp ['fut-]; (*перен.*) trace, sign [saɪn], véstige; све́жие ~ы́ fresh tracks / fóotprìnts; навести́ кого́-л. на ~ (*рд.*) put* smb. on the trail (of); напа́сть на ~ (*рд.*) find*, *или* come* up¦ón, the tracks (of); (*перен.*) get* on the tracks / trail (of); идти́ по ~а́м (*рд.*) fóllow / tread* in the tracks [...-ed...] (of); идти́ по горя́чим ~а́м (*прям. и перен.*) be hot on the trail; возвраща́ться по свои́м ~а́м retráce one's path / tracks; (*о человеке тж.*) retráce one's steps; сбива́ть со ~а (*вн.*) put* off the tracks (*d.*); (*о животном тж.*) put* off the scent (*d.*); потеря́ть ~ (*рд.*) lose* track [luːz] (of); замета́ть свои́ ~ы́ cóver up one's tracks ['kʌ-...]; запу́тывать ~ы́ foul the trail; не оста́лось и ~а́ not a trace remáins; со ~а́ми слёз на глаза́х with tráces of tears in one's eyes [...aɪz]; ~ы́ труда́ signs of lábour; со ~а́ми о́спы на лице́ ро́ск-marked.

следи́ть I (за *тв.*) 1. watch (*d.*); (*исподтишка*) spy (on, up¦ón), shádow ['ʃæ-] (*d.*); (*перен.*) fóllow (*d.*); (*быть в курсе дела*) have / keep* an eye [...aɪ] (on); ~ за чьи́ми-л. мы́слями fóllow the thread of smb.'s thoughts [...θred...]; внима́тельно ~ watch clóse¦ly [...-s-] (*d.*); бди́тельно ~ keep* vígilant watch (on, óver); он сли́шком бы́стро говори́т, о́чень тру́дно ~ за ним he speaks too fast, it is very dífficult to fóllow him; ~ за це́лью *воен.* fóllow the tárget [...-gɪt]; ~ глаза́ми за кем-л. fóllow smb. with one's eyes; ~ за поли́тикой keep* up with pólitics; 2. (*присматривать*) look (áfter); ~ за детьми́ look áfter chíldren; ~ за чьим-л. здоро́вьем watch óver smb.'s health [...he-]; ~ за выполне́нием чего́-л. see* to smth.; ~ за тем, что́бы see* to it that; зо́рко ~ за кем-л. keep* one's eye on smb.; ◇ ~ за собо́й look áfter òne¦sélf.

следи́ть II, наследи́ть (*оставлять следы*) leave* tráces / fóot-màrks / fóotprìnts [...'fut-'fut-]; (*на полу*) leave* fóotprints all óver the floor [...flɔː], mark the floor.

сле́довани||е *с.* móve¦ment ['muː-]; по́езд да́льнего ~я long dístance train; на всём пути́ ~я through¦óut the entíre jóurney [...'dʒəː-]; по пути́ ~я во́йск alóng / on the line of march.

сле́дователь *м.* inspéctor, invéstigàtor; (*производящий допрос*) intérrogàtor.

сле́довательно *союз* cónsequently, thére¦fòre, hence.

сле́д||овать I, после́довать 1. (за *тв.*; *идти следом*) fóllow (*d.*), go* (áfter); ~ за кем-л. по пята́м fóllow smb. clóse(¦ly) [...-s-], fóllow hard on smb.'s heels; за ним ~овал he was fóllowed by; 2. (за *тв.*; *быть следующим*) fóllow (*d.*), come* next (to); ле́то ~ует за весно́й súmmer fóllows spring; 3. (*дт.*; *поступать подобно кому-л.*) fóllow (*d.*), take* (áfter); во всём ~ отцу́ take* áfter one's fáther in évery¦thing [...'fɑː-...];

fóllow in one's fáther's fóotstèps [...'fut-]; 4. (*дт.*; *поступать согласно чему-л.*) fóllow (*d.*); ~ мóде, обы́чаям *и т. п.* fóllow the fáshion, cústoms, *etc.*; ~ чьему́-л. приме́ру fóllow smb.'s exámple [...ɑːm-]; ~ пра́вилам confórm to the rules; 5. *тк. несов.* (в *вн.*, до; *отправляться куда-л.*; *о поезде, пароходе и т. п.*) be bound (for); пóезд ~ует до Москвы́ the train is bound for Móscow; 6. *тк. несов.* (*быть следствием*) fóllow; из э́того ~ует, что it fóllows / resúlts from this that [...-'zʌlts...]; как ~ует из ска́занного as appéars from the above.

сле́д||овать II *безл.* 1.: ему́ ~ует сде́лать э́то неме́дленно he ought to do it at once [...wʌns]; ~ует пóмнить it should be remémbered; не ~ует ду́мать it should not be suppósed ~ует обрати́ть внима́ние note shall / should be táken; э́того ~овало ожида́ть it was to be expécted; кому́; ~ует to the próper pérson [...'prɔ-...]; куда́ ~ует in / to the próper quárter / place; обраща́ться куда́ ~ует applý to / in the próper quárter; 2. (*дт.* с *рд.*; *причитаться*): ему́ ~ует с вас сто рублéй you must pay, *или* you owe, him one húndred roubles [...ou... ruː-]; скóлько с негó ~ует? what must he pay?; ✧ как ~ует *разг.* well, própérly; ему́ заплати́ли как ~ует he got his desérts [...dɪ'z-]; отдохни́те как ~ует have a good rest; отколоти́ть когó-л. как ~ует give* smb. a sound béating.

сле́дом *нареч.* (за *тв.*) immédiate¦ly (áfter); идти́ ~ за кем-л. fóllow smb. clóse(¦ly) [...-s-], fóllow hard on smb.'s heels; ходи́ть ~ за кем-л. dog smb.'s steps; войти́ ~ come* next.

следопы́т *м.* páthfìnder.

сле́дственно *уст.* = сле́довательно.

сле́дственн||ый *юр.* invèstigátion (*attr.*), invéstigàtory [-geɪ-]; ~ материа́л évidence; ~ая коми́ссия commíttee of in¦quíry [-tɪ...]; ~ые óрганы invèstigátion ágencies / bódies [...'eɪdʒ- 'bɔ-].

сле́дствие I *с.* cónsequence; (*логическое*) coróllary; причи́на и ~ cause and efféct.

сле́дстви||е II *с. тк. ед. юр.* invèstigátion; ín¦quèst; предвари́тельное ~ prelíminary invèstigátion; суде́бное ~ judícial invèstigátion, ín¦quèst; находи́ться под ~ем be únder exàminátion; производи́ть ~ hold* an invèstigátion / ín¦quèst; закóнчить ~ по дéлу (*рд.*) compléte the invèstigátion of *a* case [...-s] (of), fínish invéstigàting *the* case (of); óрганы ~я invèstigátion bódies [...'bɔ-].

сле́дуем||ый 1. *прил.* (*дт.*) due (to); ~ые ему́ дéньги móney due to him ['mʌ-...]; 2. *с. как сущ. one's* due; отдава́ть ка́ждому ~ое give* each his due.

сле́дующ||ее *с. скл. как прил.* the fóllowing. **~ий** 1. *прич. см.* сле́довать; ~ие оди́н за други́м succéssive; 2. *прил.* next, fóllowing; на ~ий день the next day; в ~ий раз next time; ~им óбразом in the fóllowing way; ~ий по ка́честву, поря́дку, разме́ру next in quálity, órder, size; ~ий! (*при вызове*) next, please!

слежа́ться *сов. см.* слёживаться.

слёживаться, слежа́ться be / become* caked / compréssed; (*портиться*) detérioràte in store.

сле́жк||а *ж.* shádowing; устана́вливать ~у за кем-л. have smb. shádowed.

слеза́ *ж.* tear; в ~х in tears; доводи́ть когó-л. до слёз make* smb. cry; разрази́ться, зали́ться ~ми burst* into tears; пла́кать гóрькими ~ми cry bítterly; смея́ться сквозь слёзы smile through tears; laugh with one eye and weep* with the other [lɑːf... aɪ...] *идиом.*; смея́ться до слёз laugh until one cries; красне́ть до слёз blush till the tears come into one's eyes; до слёз бóльно, оби́дно *и т. п.* enóugh to make anybody cry [ɪ'nʌf...]; ~ми гóрю не помóжешь tears are no help in sórrow; ✧ крокоди́ловы слёзы *ирон.* crócodìle tears.

слеза́ть, слезть (с *рд.*) 1. come* / get* down (from); (*с лошади*) dismóunt (*d.*), alíght (from); 2. *разг.* (*выходить из трамвая, поезда и т. п.*) get* out (of), get* off (*d.*), alíght (from); 3. *разг.* (*о краске, коже*) peel / come* off (*d.*).

слез||и́ться wáter ['wɔː-]; глаза́ ~я́тся the eyes are wátering [...aɪz...].

~ли́вость *ж.* téarfulness. **~ли́вый** (*плаксивый*) téarful, láchrymòse [-s].

слезни́к *м. арх.* drípstòne.

слёзн||о *нареч. разг.* téarfully, with tears in one's eyes [...aɪz]. **~ый** 1. *анат.* láchrymal; ~ый протóк láchrymal duct; ~ая железа́ láchrymal gland; 2. *разг.* (*жалобный*) humble; ~ая прóсьба humble requést; ~ое письмó humble létter.

слезо||течéние *с. мед.* epíphora. **~точи́вый** 1. (*слезящийся*) rúnning; ~точи́вые глаза́ rúnning eyes [...aɪz]; 2. (*вызывающий слёзы*) tear-, láchrymatory: ~точи́вый газ téar-gás.

слезть *сов. см.* слеза́ть.

слезя́щийся *прич. и прил.* (*о глазах*) rúnning.

слепéнь *м.* gád-flỳ, hórse-flỳ, breeze.

слепéц *м.* blind man*; (*о мальчике*) blind boy.

слеп||и́ть I (*вн.*; *мешать видеть*) blind (*d.*); (*блеском*) dazzle (*d.*); снег ~и́т глаза́ the snow is dázzling / blínding [...snou...].

слепи́ть II *сов. см.* лепи́ть 2.

слепи́ть III *сов. см.* слепля́ть.

слепи́ться *сов. см.* слепля́ться.

слепля́ть, слепи́ть (*вн.*) stick* togéther [...-'ge-] (*d.*). **~ся**, слепи́ться stick*.

слéпнуть, ослéпнуть become* / get* blind, lose* one's sight [luːz...].

слéпо I *прил. кратк. см.* слепóй.

слéпо II *нареч.* 1. (*не рассуждая*) blínd¦ly, blínd¦fòld; ~ слéдовать (*дт.*) fóllow blínd¦fòld (*d.*); 2. (*неясно*) blínd¦ly.

слеп||óй 1. *прил.* (*в разн. знач.*) blind; почти́ ~ púrblìnd; совершéнно ~ stóne-blìnd; ~ на оди́н глаз blind in one eye [...aɪ]; 2. *как сущ. м.* blind man*; (*о мальчике*) blind boy; *ж.* blind wóman* [...'wu-]; (*о девочке*) blind girl [...g-]; *мн. собир.* the blind; ✧ ~áя кишка́ blind gut, cáecum; ~ полёт blind flýing; ~ мéтод (*машинописи*) touch sýstem [tʌtʃ...]; ~áя ку́рица ≅ blind mole, blind as a mole; ~óе подража́ние blind ìmitátion.

слéпок *м.* mould [mou-], cópy ['kɔ-].

слепорождённый 1. *прил.* born blind; 2. *м. как сущ.* man* born blind.

слепота́ *ж.* blínd¦ness.

слепы́ш *м. зоол.* móle-ràt.

слеса́рн||ичать *разг.* (*о профессионале*) work in métal [...'me-], be a métal wórker; (*о любителе*) do métal work. **~ый** métal wórker's ['me-...]; ~ое дéло métal work; ~ый молотóк fítter's hámmer.

слеса́рня *ж. разг.* métal wórkshòp ['me-...].

слéсарь *м.* métal cráfts¦man* / wórker ['me-...]; (*специалист по замкам*) lócksmith; ~-монта́жник fítter.

слёт *м.* (*о птицах*) flight; (*перен.*) gáther¦ing, méeting; ~ демократи́ческой молодёжи rálly of dèmocrátic youth [...juːθ].

слета́ть I *сов. разг.* fly* there and back; (*перен.*: *сбегать и т. п.*) be there and back (agáin) in no time.

слет||а́ть II, слетéть 1. (*вниз*) fly* down; *разг.* (*падать*) fall* down; воробéй ~éл с кры́ши the spárrow flew down from *the* roof; бума́ги ~éли со столá the papers fell off *the* table; ма́льчик ~éл с лóшади the boy fell off *the* horse; 2. (*улетать*) fly* a¦wáy; бáбочка ~éла с цветка́ the bútterflỳ flew a¦wáy from *the* flówer.

слета́ться, слетéться fly* togéther [...-'ge-].

слетéть *сов. см.* слета́ть II. **~ся** *сов. см.* слета́ться.

слечь *сов.* (*в постель*) take* to one's bed.

сли́ва *ж.* 1. (*плод*) plum; 2. (*дерево*) plúm-tree.

слива́ть, слить (*вн.*; *выливать*) pour out [pɔː...] (*d.*); (*отливать*) pour off (*d.*); (*вместе*) pour togéther [...-'ge-] (*d.*); (*перен.*: *объединять*) fuse (*d.*); (*о словах, буквах*) slur (*d.*); слить две шкóлы в одну́ fuse two schools (into one). **~ся**, сли́ться (*о реках и т. п.*) flow togéther [-ou -'ge-], ìnterflów [-'flou]; (*перен.*; *об организациях*) merge, amálgamàte; (*о красках, звуках*; *тж. перен.*) blend, merge; **~ся**

воеди́но merge / combíne (all togéther); ~ся с тума́ном fade into mist; ~ся с фо́ном melt into the báckground.

сли́вк||и *мн.* cream *sg.*; ко́фе со ~ами cóffee with cream [-fɪ...]; снима́ть ~ с молока́ cream / skim *the* milk, take* the cream off; снима́ть ~ (с *рд.*; *перен.*) skim the cream (off); пастеризо́ванные ~ Pásteurized cream [-tə-...]; сби́тые ~ whipped cream; ✧ ~ о́бщества cream of socíety.

сли́вов||ый plum (*attr.*); ~ое де́рево plúm-tree.

сли́вочн||ик *м.* (*посуда*) créam-pòt, créam-jùg. **~ый** cream (*attr.*); créamy; ~ое ма́сло bútter; ~ый сыр cream cheese; ~ое моро́женое ice-créam.

сливя́нка *ж.* slivyánka, plum brándy.

слиза́ть *сов. см.* сли́зывать.

сли́зень *м.* = слизня́к 1.

сли́зист||ый múcous, mùciláginous, slímy; ~ая оболо́чка *анат.* múcous mémbràne.

слизну́ть *сов. см.* сли́зывать.

слизня́к *м.* **1.** *зоол.* slug; **2.** *разг.* slúggard.

сли́зывать, слиза́ть, слизну́ть (*вн.*) lick off / a¦wáy (*d.*).

слизь *ж.* múcus, múcilage; slime.

слиня́ть *сов. разг.* (*о красках*) fade.

слип *м. мор.* slíp(way).

слип||а́ться, сли́пнуться stick* togéther [...-'ge-]; листы́ кни́ги сли́пли́сь the páges of the book stuck togéther; у него́ глаза́ ~а́ются he can hárdly keep his eyes ópen [...aɪz...].

сли́пнуться *сов. см.* слипа́ться.

сли́тн||о *нареч.* (*вместе*) togéther [-'ge-]. **~ый:** ~ое написа́ние э́тих слов ча́сто встреча́ется these words are óften wrítten in one [...'ɔːf(t)°n...].

сли́т||ок *м.* íngot; (*золота, серебра тж.*) bar; зо́лото, серебро́ в ~ках gold, sílver in búllion [...'bu-].

сли́ть(ся) *сов. см.* слива́ть(ся).

слич||а́ть, сличи́ть (*вн.* с *тв.*) còlláte (*d.* with); ~ что-л. с оригина́лом còlláte smth. with the oríginal; ~ по́черк compáre the hándwrìting. **~е́ние** *с.* còllátion. **~и́ть** *сов. см.* слича́ть.

сли́шком *нареч.* too; э́то уж ~ it is too much, it is the límit; э́то ~ до́рого it is too expénsive; ~ ма́ло, мно́го (*с сущ. в ед. ч.*) too líttle, much; (*с сущ. во мн. ч.*) too few, many; ~ ма́ло, ~ мно́го воды́ too líttle, too much wáter [...'wɔː-]; ~ ма́ло, ~ мно́го люде́й too few, too many péople [...piː-]; э́то ~ мно́го that's too much, that's more than enóugh [...ɪ'nʌf]; он ~ э́то лю́бит he is óver¦fónd of this; ~ больша́я до́за óver¦dòse [-s]; он не ~ умён *ирон.* he is no génius.

слия́ние *с.* **1.** (*рек и т. п.*) cónfluence, júnction; (*красок; тж. перен.*) blénding, mérging; (*организаций*) amàlgamátion; mérger; ~ ба́нковского капита́ла с промы́шленным капита́лом the mérging of bank cápital and indústrial cápital; **2.** (*место слияния*) cónfluence.

слоб||ода́ *ж.,* **~о́дка** *ж. ист.* a large víllage or séttle¦ment (*often inhabited by free, non-serf peasants*).

слобожа́н||ин *м.,* **~ка** *ж.* inhábitant / dwéller of *a* séttle¦ment (*ср.* слобода́).

слова́к *м.* Slóvàk, Slovákian [-'væ-].

слова́рник *м. разг.* lèxicógrapher.

слова́рн||ый **1.** *прил. к* слова́рь 2; léxical *научн.*; ~ соста́в языка́ vocábulary; ~ ми́нимум mínimum vocábulary; **2.** *прил. к* слова́рь 1; *тж.* lèxicográphic; ~ая рабо́та lèxicográphic work.

слова́р||ь *м.* **1.** (*общий или специальный*) díctionary; (*глоссарий*) glóssary; (*к определённому тексту*) vocábulary; состави́тель ~е́й lèxicógrapher; **2.** *тк. ед.* (*запас слов*) vocábulary.

слова́||цкий Slóvàk, Slovákian [-'væ-]; ~ язы́к Slóvàk, the Slóvàk lánguage. **~чка** *ж.* Slóvàk, Slovákian [-'væ-].

слове́н||ец *м.,* **~ка** *ж.* Slóvène ['slou-]. **~ский** Slòvénian [slou-]; ~ский язы́к Slòvénian, the Slòvénian lánguage.

слове́сн||ик *м.* (*филолог*) philólogist; (*студент*) stúdent of philólogy; (*преподаватель*) téacher of líterature. **~ость** *ж.* **1.** líterature; у́стная ~ость fólk-lòre; **2.** *уст.* philólogy. **~ый** **1.** (*устный*) vérbal, óral, wórdy; ~ая война́ war of words; **2.** *уст.* philológical; ~ые нау́ки philólogy *sg.*; ~ый факульте́т, ~ое отделе́ние philológical fáculty / depártment.

слове́чко *с. уменьш. от* сло́во; ✧ замо́лвить ~ за кого́-л. put* in a word for smb., say* / drop a good / kind word for smb.

слови́ть *сов.* (*вн.*) *разг.* catch* (*d.*); (*схватить*) grip (*d.*), grasp (*d.*).

сло́вник *м.* glóssary.

сло́вно *союз* **1.** (*будто*) as if; ~ он знал as if he knew; **2.** *разг.* (*как, подобно*) like; он поёт ~ солове́й he sings like a níghtingàle.

сло́в||о *с.* **1.** (*в разн. знач.*) word; ла́сковое ~, ла́сковые ~а́ endéaring words; оскорби́тельное ~ insúlting word; ~ утеше́ния word of cònsolátion; сдержа́ть ~ keep* one's word; be as good as one's word; челове́к ~а a man* of his word; наруша́ть ~ break* one's word [-eɪk...], go* back up¦ón / from one's word; брать свои́ ~а́ наза́д retráct, *или* take* back, one's words; eat* one's words *идиом.*; я заста́влю его́ взять свои́ ~а́ наза́д I shall make him take back his words; I shall force him to eat his words *идиом.*; ве́рить на́ ~ кому́-л. в чём-л. take* smb.'s word for smth.; че́стное ~ word of hónour [...'ɔ-]; че́стное ~! hónest¦ly! ['ɔn-]; hónour bright! (*в детской речи*); дава́ть (че́стное) ~ (*дт.*) give* / pledge one's word (of hónour) (*i.*); взве́шивать ~а́ weigh one's words; дар ~а a gift of words [g-...]; tálent for spéaking ['tæ-...]; ни ~а not a word, not a sýllable; он не произнёс ни ~а he didn't say / útter a word, he never said / úttered a word [...sed...]; мне ну́жно сказа́ть вам два ~а I want a word with you; помяни́те моё ~ mark my words; в по́лном смы́сле ~а in the true sense of the word; одни́, пусты́е ~а́ mere words; он не находи́л слов (*от возмущения и т. п.*) words failed him; ~ в ~ word for word; одни́м ~ом in a / one word; in short; други́ми ~а́ми in other words; свои́ми ~а́ми in one's own words [...oun...]; на ~а́х by word of mouth, in words; и ~ом и де́лом by word and deed; игра́ слов play on words; pun; к ~у by the way, by the by(e); реша́ющее ~ принадлежи́т ему́ it is for him to decíde; he has the fínal say *разг.*; сказа́ть своё ве́ское ~ útter one's wéighty word / opínion; неосторо́жно бро́шенное ~ cáre¦lessly spóken word; после́днее ~ остаётся (за *тв.*) the fínal word rests (with); по его́ ~а́м accórding to him; слов нет *разг.* it goes without sáying; нет слов, что́бы описа́ть one can't find the lánguage, *или* there are no words, to descríbe [...kɑːnt ...]; ~ за́ сло́во *разг.* líttle by líttle; one word led to anóther; рома́нс на ~а́ Пу́шкина póem by Púshkin set to músic [...'pu-...-z-]; **2.** (*речь на собрании*) speech, addréss; проси́ть ~а ask for the floor [...flɔː]; дава́ть ~ (*дт.*) give* the floor (*i.*); ask (*d.*) to speak; брать ~ take* the floor; ~ принадлежи́т ему́ he has the floor; пе́рвое ~ принадлежи́т ему́ I call up¦ón him to ópen the debáte / discússion; заключи́тельное ~ con¦clúding remárks *pl.*; надгро́бное ~ fúneral orátion; ✧ «Сло́во о полку́ И́гореве» "The Song of Ígor's Càmpáign" [...-'peɪn].

словоизверже́ние *с.* tórrent / flow of words [...flou...].

словоизмене́ние *с. грам.* wórd-chàngíng [-ʧeɪn-].

словоли́тня *ж.* létter fóundry.

сло́вом *вводн. сл.* in short.

словообразова́||ние *с. лингв.* wórd-bùilding [-bɪl-]. **~тельный** *лингв.* wórd-bùilding [-bɪl-] (*attr.*); ~тельный су́ффикс wórd-bùilding / dèrivátional súffix.

словоохо́тлив||ость *ж.* tálkative¦ness, loquácity, loquácious¦ness. **~ый** tálkative, loquácious, gárrulous.

словопре́ние *с. разг.* lògómachy [-kɪ].

слово||произво́дный = словообразова́тельный. **~произво́дство** *с. лингв.* dèrivátion. **~сочета́ние** *с. лингв.* wórd-còmbinàtion, phrase; усто́йчивое ~сочета́ние set expréssion; свобо́дное ~сочета́ние free còmbinátion of words. **~творчество** *с.* crèátion of words. **~толкование** *с.* intèrpretátion of *a* word. **~употребление** *с.* use of words [juːs...]; (*о данном слове*) use of the word.

словц||о́ *с.*: для красного ~а́ for the sake of rhetóric, *или* of a witty remárk; for effect.

слог I *м. лингв.* sýllable; последний ~ the last sýllable; предпоследний ~ the last sýllable but one, the penúltimate sýllable.

слог II *м. тк. ед.* (*стиль*) style.

слогов||о́й *лингв.* **1.** syllábic; ~а́я азбука sýllabary; **2.** (*образующий слог*) sýllable-búilding [-'bɪ-].

слогообразующий = слоговой 2.

слоён||ый puff (*attr.*); fláky; ~ пирог púff-pàstry [-peɪ-]; ~ое тесто puff / fláky paste [...peɪ-].

сложени||е *с.* **1.** (*действие*) ádding; compósing; ~ сил *физ.* còmposítion of fórces [-'zɪ-...]; **2.** *тк. ед. мат.* addítion; **3.** (*тела*) cònstitútion, build [bɪld]; крепкого ~я of strong / square / stúrdy build, stúrdily-búilt [-'bɪlt].

сложённый formed, built [bɪlt]; хорошо ~ of fine physíque [...-'ziːk], well formed / built.

сложить I, II *сов. см.* складывать I, II, слагать I, II *и* класть II.

сложиться *сов. см.* складываться I *и* слагаться I.

сло́жно I **1.** *прил. кратк. см.* сложный 1; **2.** *предик. безл.* it is cómplicàted, it is a cómplicàted thing.

сло́жно II *нареч.* in a cómplicàted mánner.

сложно||подчинённый *грам.*: ~подчинённое предложение cómplèx séntence. **~сочинённый** *грам.*: ~сочинённое предложение cómpound / cò-órdinàted séntence.

сло́жност||ь *ж.* còmplicátion, cómplicacy, compléxity; ✧ в общей ~и in sum, in all.

сложноцветные *мн. скл. как прил. бот.* còmpósitae [-zɪ-].

сло́жн||ый **1.** (*трудный*) cómplicàted, cómplèx; (*запутанный*) íntricate; (*о сюжете и т. п.*) invólved; ~ вопрос cómplicàted quéstion [...-stʃən]; knótty próblem [...'prɔ-]; **2.** (*составной*) cómpound; ~ое слово *лингв.* cómpound word; ~ое предложение *грам.* (*сложноподчинённое*) cómplèx séntence; (*сложносочинённое*) cómpound séntence; ~ое число *мат.* cómplèx númber; ~ые проценты *мат.* cómpound interest *sg.*

слоист||ый fláky, fóliàted; lamèllar; *мин.* schistòse ['ʃɪstous], schístous ['ʃɪ-]; ~ые облака stráti ['streɪ-].

слой *м.* láyer; *геол.* (*тж. перен.*) strátum (*pl.* -ta); (*краски*) cóat(ing); нанести тонкий ~ (*рд.* на *вн.*) applý a thin film / láyer (of to); ✧ широкие слои населения várious stráta of society, wide séctions of the pòpulátion; все слои населения all séctions of the pòpulátion / people [...piː-].

слойка *ж.* puff.

слом *м.* púlling down ['pul-...]; на ~ for púlling down, for scrap; пойти на ~ be scrapped. **~а́ть(ся)** *сов. см.* ломать(ся) 1. **~ить** *сов.* (*вн.*) break* [-eɪk] (*d.*); crush (*d.*); ~ить чьё-л. упорство subdúe / crush smb.'s óbstinacy; ✧ ~я голову *разг.* like mad, at bréaknèck speed [...-eɪk-...]. **~иться** *сов.* break* [-eɪk].

слон *м.* **1.** élephant; **2.** *шахм.* bíshop; ✧ делать из мухи ~а́ *разг.* make* móuntains out of móle-hills. **~ёнок** *м.* élephant calf* [..kɑːf]. **~иха** *ж.*ców-élephant, élephant cow, shé-élephant. **~о́вость** *ж. мед.* èlephàntíasis. **~о́вый** èlephántìne; ~овая кость ívory ['aɪ-]; (*краска*) ívory black; ~овая болезнь *см.* слоновость.

слоня́та *мн. см.* слонёнок.

слоняться *разг.* loaf, lóiter abóut; ~ без дела loaf / lóiter one's time a|wáy.

сло́пать *сов. см.* лопать.

слуга́ *м.* **1.** sérvant; депутат — ~ народа the députy is a sérvant of the people / públic [...piː- 'pʌ-]; верные слуги (*в отрицат. смысле*) fáithful sérvitors; **2.** *уст.* man*, (mán|)sèrvant.

служа́ка *ж. разг.* càmpáigner [-'peɪnə]; старый ~ old càmpáigner.

служа́нка *ж. уст.* sérvant, máidsèrvant, hóuse|maid [-s-].

слу́жащий I *прич. см.* служить; (для; для того, чтобы + *инф.*) used (for; for *ger.*, + to *inf.*).

слу́жащ||ий II *м. скл. как прил.* èmployée; óffice *or* proféssional wórker; sálaried pérson; государственный ~ óffice èmployée; (*в Англии*) cívil sérvant; вольнонаёмный, гражданский ~ (*в военном учреждении*) civílian èmployée; рабочие и ~ие indústrial, óffice and proféssional wórkers.

слу́жб||а *ж.* **1.** sérvice, work; действительная ~ *воен.* sérvice with the cólours [...'kʌ-], áctive sérvice; состоять на действительной ~е be on the áctive list; быть на военной ~е serve in the (armed) fórces; искать ~у look for work, *или* for a job; быть без ~ы be out of work; идти на ~у go* to work; принимать кого-л. на ~у take* smb. into sérvice; быть на ~е у кого-л. be in smb.'s sérvice; поставить что-л. на ~у (*дт.*) place smth. in / at the sérvice (of); по делам ~ы on offícial dúty; караульная ~ guard dúty; строевая ~ *воен.* sérvice with the troops; **2.** (*специальная область работы, учреждение*): ~ пути *ж.-д.* track máintenance; ~ движения *ж.-д.* tráffic mánage|ment; ~ связи *воен.* sígnal sérvice; communicátion sérvice *амер.*; **3.** *церк.* sérvice; ✧ сослужить кому-л. ~у stand* smb. in good stead [...sted]; не в ~у, а в дружбу *разг.* ≅ for fríendship's sake [...'frend-...], as a fávour.

слу́жбы *мн. уст.* (*подсобные помещения*) óut-buildings [-bɪl-].

служе́бн||ый **1.** *прил. к* служба; *тж.* offícial; ~ые обязанности offícial dúties / fúnctions; ~ые часы, ~ое время óffice hours [...auəz] *pl.*; **2.** (*вспомогательный*) auxíliary; ~ое слово *лингв.* fórm-wòrd, línk-wòrd.

служ||е́ние *с.* sérvice; ~ народу sérvice of / to the people [...piː-]; ~ делу социализма devótion to the cause of sócialism. **~ивый** *м. скл. как прил. уст.* sóldier [-dʒə]. **~илый** *ист.*: ~илые люди, ~илое сословие mílitary class (*in ancient Russia*). **~итель** *м.* **1.** *уст.* sérvant, atténdant; больничный ~итель hóspital atténdant; **2.** vótary ['vou-]; ~итель науки, искусства vótary of scíence, of art; ✧ ~итель культа mínister of relígion.

служи́ть, послужить **1.** (*дт.*) serve (*d.*); ~ кому-л. верой и правдой serve smb. fáithfully; ~ цели serve a púrpose [...-s]; ~ делу революции serve the cause of the rèvolútion; ~ искусству, науке devóte òne|sélf, *или* be devóted, to the sérvice of art, scíence; **2.** (кем-л. *и без доп.*; *состоять на службе*) serve (as smb.), work (as smb.); act (as smb.); ~ во флоте serve in the Návy; ~ в армии serve in the Ármy; ~ секретарём be, *или* work as, a sécretary; **3.** (чем-л.; *быть, являться*) be (smth.), serve (as smth.); ~ примером (*дт.*, для) be an exámple [...-ɑːm-] (for); (*рд.*) exémplifỳ (*d.*); ~ признаком (*рд.*) serve as a sign, *или* an ìndicátion [...saɪn...] (of), be a sign (of); ~ доказательством (*рд.*) serve as proof / évidence (of); это послужило причиной неудачи that is what caused the fáilure; that was the réason for the fáilure [...-zᵊn...]; **4.** *тк. несов.* (для *или* чем-л.; *иметь своим назначением*) be used (for); serve / do (for); эта комната служит ему для занятий, эта комната служит ему кабинетом this room serves him for a stúdy [...'stʌ-]; **5.** (*без доп.*; *быть полезным*) be in use [...juːs], do one's dúty; это пальто служит ему два года he has had this coat for two years; this coat has done dúty for two years; эти сапоги хорошо послужили these boots have stood a good deal of wear [...stud ...wɛə]; эта машина ещё послужит this machíne is still fit for use [...-'ʃiːn...]; **6.** *тк. несов.* (*вн.*) *церк.* serve (*d.*); offíciàte (*d.*); ~ обедню serve / célebràte the mass; **7.** *тк. несов.* (*без доп.*; *о собаке*) sit* up and beg; stand* on hind legs; ✧ ~ и нашим и вашим ≅ run* with the hare and hunt with the hounds; чем могу ~? what can I do for you?

слу́жка *м. церк.* láy-bróther [-'brʌ-].

слука́вить *сов.* play a cúnning trick.

слупи́ть *сов. см.* лупи́ть III.

слух *м.* 1. ear, héaring; о́рган ~а ear; то́нкий, о́стрый ~ keen ear; плохо́й ~ dull héaring; хоро́ший ~ good* ear; име́ть хоро́ший музыка́льный ~ have a good* ear for músic [...-zɪk]; абсолю́тный ~ pérfect / ábsolùte ear; игра́ть, петь по ~у, на ~ play, sing* by ear; лишённый (музыка́льного) ~а tóne-deaf [-def]; 2. (*молва*) rúmour, héarsay; по ~ам it is said / rúmour¦ed [...sed...], they / people say [...pi:-...], from héarsay; пусти́ть ~ set* a rúmour abróad / aflóat [...-ɔ:d...]; есть ~, что there is some talk that; хо́дят ~и it is rúmour¦ed, rúmours are aflóat / abróad; до него́ дошли́ ~и rúmours reached him; ◇ он весь обрати́лся в ~ he is all ears; ни ~у ни ду́ху (о *пр.*) nothing has been heard [...hə:d] (of), there is no news [...-z] (of); ~ом земля́ по́лнится *посл.* news flies quickly; не вся́кому ~у верь ≅ belíeve ónly half of what you hear [-'li:v... hɑ:f...].

слуха́ч *м. воен.* lístener [-s°nə].

слухов||о́й áuditory, acóustic [-u:s-]; ~ нерв *анат.* acóustic / áuditory nerve; ~ прохо́д *анат.* acóustic duct; ~а́я тру́бка éar-trùmpet; ◇ ~óе окно́ dórmer(-wíndow).

слу́ча||й *м.* 1. case [-s]; в подо́бном ~е in such a case, in a case like that; возмо́жный ~ póssible case; в (тако́м) ~е in (that) case; в ~е чего́-л. in case of smth., in the evént of smth.; на ~ (*рд.*) in case (of); в ~е, е́сли if by chance; на ~ сме́рти in case of death [...deθ]; во вся́ком ~е in any case, ány¦how, ány¦way, at any rate; на вся́кий ~ *см.* вся́кий; в не́которых ~ях in cértain cáses; в отде́льных ~ях sóme¦times; для да́нного ~я for the présent ínstance [...'prez-...]; на сей ~ in this case; по ~ю чего́-л. on the occásion of smth.; on accóunt of smth.; ни в ко́ем ~е on no accóunt, by no means; в проти́вном ~е óther¦wìse; в лу́чшем, ху́дшем ~е at the best, worst; в ~е необходи́мости in case of need; в ~е кра́йней необходи́мости in a spécial emérgency [...'spe-...]; 2. (*возможность*) occásion, chance; òpportúnity; воспо́льзоваться удо́бным ~ем seize *an* òpportúnity [si:z...], prófit by *the* occásion; упусти́ть удо́бный ~ miss *the* òpportúnity, lose* *the* chance [lu:z...]; э́то предста́вит удо́бный ~ (для) it will províde an éxcellent occásion (for); при ~е on occásion, when òpportúnity óffers; при вся́ком удо́бном ~е whèn¦éver an òpportúnity presénts it¦sélf [...-'ze-...]; ждать удо́бного ~я bide* one's time; 3. (*происшествие*) evént, íncident; occúrrence; обы́чный ~ évery¦-dáy occúrrence; стра́нный ~ strange occúrrence [-eɪnʤ...]; несча́стный ~ áccident; с ним произошёл несча́стный ~ he met with an áccident; 4. (*случайность*) chance; по счастли́вому ~ю by a lúcky chance; ◇ купи́ть по ~ю (*вн.*) buy* by chance [baɪ...] (*d.*), buy* sécond-hánd [...'se-] (*d.*).

случа́йн||о 1. *нареч.* by chance, by áccident; àccidéntally; ~ встре́титься (с *тв.*) háppen (up¦ón); он ~ встре́тился с ней he háppened up¦ón her, he háppened to meet her; он ~ был там he háppened to be there; 2. *как вводн. сл.* by any chance; вы, ~, не ви́дели това́рища X? do you háppen to have seen cómrade X?; вы, ~, не зна́ете его́? do you háppen to know him? [...nou...]; ◇ не ~ it is no mere chance, it is no còíncidence. **~ость** *ж.* 1. chance; по счастли́вой ~ости by a lúcky chance, by a háppy áccident, by sheer luck; по несча́стной ~ости as ill luck would have it; зави́сеть от ~осте́й be góverned by the rule of chance [...'gʌ-...]; огражда́ть себя́ от ~осте́й put* òne¦sélf be¦yónd the reach of chance; 2. (*случайный характер*) fòrtúity [-'tjuɪ-], fòrtúitous¦ness [-'tjuɪ-]; ~ость встре́чи fòrtúity of *a* méeting, cásual / àccidéntal / chance náture of *a* méeting ['kæʒ-...'neɪ-...]; ~ость оши́бки àccidéntal náture of *a* mistáke, *или* an érror. **~ый** 1. (*непредвиденный*) àccidéntal, cásual ['kæʒ-], fòrtúitous [-'tjuɪ-]; ~ая встре́ча chance méeting; ~ое обстоя́тельство àccidéntal / cásual círcumstance; ~ый престу́пник *юр.* chance offénder; ~ое уби́йство *юр.* hómicìde by mísadvénture; 2. (*непостоянный, от случая к случаю*) chance (*attr.*); (*побочный*) ìncidéntal; ~ый за́работок odd jobs *pl.*; ~ые расхо́ды ìncidéntal expénses.

случа́ть, случи́ть (*вн.* с *тв.*; *о животных*) couple [kʌ-] (*d.* with), pair (*d.* with).

случ||а́ться I, случи́ться 1. (*без доп.*) háppen, come* to pass, come* abóut; (с *тв.*) háppen (to); (*встречаться*) occúr (to); (*о несчастном случае и т. п.*) befáll* (*d.*); ~и́лось, что it háppened that, it came to pass that; что ~и́лось? what has háppened?; what's up?; что́-нибудь ~и́лось? is ány¦thing the mátter?; как бу́дто ничего́ не ~и́лось as if nothing had háppened; что́ бы ни ~и́лось whàt¦éver háppens, come what may; э́то ~а́ется с ним ре́дко he's not óften like this [...'ɔ:f(t)°n...]; не дать чему́-л. случи́ться сно́ва prevént smth. háppening agáin; с ним ~и́лось несча́стье he has had a misfórtune [...-ʧən]; 2. *безл.* (*дт.*) *переводится личными формами глаг.* háppen; ему́ ~а́лось встреча́ться с ней he used to meet her sóme¦times [...ju:st...].

случ||а́ться II, случи́ться 1. (с *тв.*; *о животных*) cóver ['kʌ-] (*d.*), couple [kʌ]- (with), pair (with); 2. *страд.* к случа́ть. **~и́ть** *сов. см.* случа́ть.

случи́ться I *сов. см.* случа́ться I.

случи́ться II *сов. см.* случа́ться II.

слу́ч||ка *ж.* cóupling ['kʌ-], páiring. **~но́й** for cóvering [...'kʌ-], for páiring.

слу́шани||е *с.* 1. audítion; (*певца, пианиста и т. п.*) héaring; (*лекции, курса наук*) atténding; 2. *юр.*: ~ де́ла héaring of *the* case [...-s]; де́ло назна́чено к ~ю на 10-е ма́я the case will be brought befóre the court, *или* will come on, *или* will come up for tríal, on the 10th of May [...kɔ:t...].

слу́шатель *м.*, **~ница** *ж.* 1. héarer, lístener [-s°nə]; 2. (*студент*) stúdent; 3. *мн. собир.* áudience *sg.*, áuditory *sg.*

слу́ш||ать, послу́шать (*вн.*) 1. lísten [-s°n] (to); (*певца, пианиста и т.п.*) hear* (*d.*); ~ с напряжённым внима́нием lísten inténtly (to); ~ ра́дио lísten in; ~айте после́дние изве́стия! stand by for the news! [...-z]; 2. (*лекции и т. п.*) atténd (*d.*); 3. (*слушаться*) lísten (to), obéy (*d.*); 4. *тк. несов. юр.* hear* (*d.*); ◇ ~аю! (*по телефону*) húlló!; (*ответ на просьбу*) at your sérvice; very well, very good; (*ответ на распоряжение*) yes, sir!; вы ~аете? (*по телефону*) are you there?; ~ай(те)!, послу́шай(те)! look here! **~аться**, послу́шаться (*вн.*) 1. (*повиноваться*) obéy (*d.*); (*поступать согласно чьим-л. советам*) lísten [-s°n] (to); ~аться чьего́-л. сове́та fóllow / take* smb.'s advíce; ребёнок никого́ не ~ается the child* heeds nó¦body; ~аться руля́ *мор.* ánswer the helm ['ɑ:nsə...]; 2. *страд.* к слу́шать 1, 2, 4; де́ло ~ается за́втра the case will be brought befóre the court, *или* will come on, *или* will come up for tríal, to¦mórrow [...keɪs... kɔ:t...].

слыть (*тв.*, за *вн.*) have a rèputátion (for); be said / repúted [...sed...] (+ to *inf.*), pass (for); он слывёт учёным челове́ком, за учёного челове́ка he is said / repúted to be very léarned [...'lə:-], he has a rèputátion for léarning [...'lə:-].

слы́ханный: слы́хано ли (э́то) де́ло? have you ever heard of such a thing? [...hə:d...], was such a thing ever heard?

слыха́||ть (*тк. прошедшее*; *вн.*, о *пр.*, про) hear* (*d.*, abóut, of); ~ли вы об э́том? have you heard abóut it? [...hə:d...]; о нём давно́ ничего́ не ~ *разг.* nothing has been heard of him, *или* he has not been heard of, for a long time.

слы́ш||ать, услы́шать 1. (*вн.*) hear* (*d.*); он ~ал плач ребёнка he heard *a* child* crýing [...hə:d...]; здесь нас никто́ не (у)слы́шит there is nó¦body here to hear us; 2. (о *тв.*) hear* (of); бо́льше о нём не ~али he was no more heard of; 3. *тк. несов.* (*без доп.*; *обладать слухом*) hear*; не ~ (*быть глуховатым*) be hard of héaring.

~аться, послы́шаться be heard [...hə:d]: за стено́й ~алось пе́ние sing¦ing was heard in the next room; — ему́ послы́шалось (*показалось*) he thought he heard.

слы́шим||ость *ж.* audibílity; хоро́шая, плоха́я ~ good*, poor audibílity. **~ый** áudible.

слы́шно I **1.** *прил. кратк. см.* слы́шный; **2.** *предик. безл.* (*можно слышать*) one can hear: ~, как он чита́ет one can hear him read; бы́ло ~, как она́ пе́ла one could hear her sing; бы́ло ~, как па́дали ка́пли дождя́ one could hear the ráindròps fálling; ему́, им *и т. д.* ~ he, they, *etc.*, can hear; **3.** *предик. безл. разг. уст.* (*говорят*) they say, it is said [...sed], it is rúmour¦ed; ~, он прие́хал he has arríved, they say; ◇ что ~? what's the news? [...-z]; any news?; ~ как му́ха пролети́т ≅ you might have heard a pin drop [...hə:d...].

слы́шн||о II *нареч.* áudibly. **~ый** áudible.

слюд||а́ *ж.* míca. **~яно́й** *прил. к* слюда́.

слюн||а́ *ж. тк. ед.* salíva; отделе́ние ~ы́ sàlivátion.

слю́ни *мн.* slóbber *sg.*; пуска́ть ~ slóbber, dríbble; у него́ ~ теку́т his mouth* is wátering [...'wɔ:-].

слюни́ть, послюни́ть (*вн.*) wet with salíva (*d.*).

слю́н||ки *мн.*: у него́ ~ теку́т his mouth* is wátering [...'wɔ:-]; от э́того ~ теку́т it makes one's mouth* wáter [...'wɔ:-]. **~ный** *анат.* sálivary; ~ная железа́ sálivary gland.

слюноотделе́ние *с. физиол.* sàlivátion.

слюнотече́ние *с.* sìalorrhéa [-'ri:ə].

слюня́вый *разг.* slóbbery, dríbbling, drível(l)ing.

сляб *м. тех.* slab.

сля́бинг *м. тех.* slábbing.

сля́котный *разг.* (*о дороге*) slúshy; (*о погоде*) ráiny (and snówy) [...-ouɪ].

сля́коть *ж.* slush, mire.

сма́з||ать *сов. см.* сма́зывать. **~ка** *ж.* **1.** (*действие*) (*жиром*) gréasing; (*маслом*) óiling; (*машины*) lùbricátion; ~ка лыж ski wáxing [ʃi: 'wæ-]; **2.** (*вещество*) grease [-s], lúbricant, lúbricàtor.

смазли́в||ый *разг.* cóme¦ly ['kʌ-]; cute *амер.*; ~ое ли́чико prétty (little) face ['prɪ-...].

смазн||о́й: ~ы́е сапоги́ blacked boots.

сма́зочн||ый lúbricàting; ~ое ма́сло lúbricàting oil; ~ материа́л lúbricant; ~ая кана́вка *тех.* lúbricàting groove; ~ое приспособле́ние lúbricàting arránge¦ment [...-eɪn-], lúbricàtor.

сма́зч||ик *м.,* **~ица** *ж.* gréaser, lúbricàtor.

сма́зывание *с.* **1.** sméaring; gréasing; **2.** (*смягчение*) slúrring; ~ вопро́са slúrring óver of *a* quéstion [...-stʃən]; ~ противоре́чий slúrring óver of còntradíctions.

сма́зывать, сма́зать (*вн.*) **1.** (*жиром*) smear (*d.*), grease (*d.*); (*маслом*) oil (*d.*); (*о машине*) lúbricàte (*d.*); (*о коже*) dub (*d.*); ~ йо́дом paint with íodìne [...-di:n] (*d.*); **2.** *разг.* (*давать взятку*) lúbricàte (*d.*), grease smb.'s palm [...pɑ:m], grease the wheels (of); **3.** (*смягчать, делать неопределённым*) slur (óver); сма́зать вопро́с slur óver *a* quéstion [...-stʃən].

смак *м. тк. ед. разг.* rélish, sávour; со ~ом with rélish, with gústò. **~ова́ть** (*вн.*; *прям. и перен.*) *разг.* sávour (*d.*), rélish (*d.*).

сма́лец *м.* lard.

смалоду́шествовать *сов. см.* малоду́шествовать.

сма́льта *ж.* smalt.

сма́н||ивать, смани́ть (*вн.*) entíce (*d.*), lure (*d.*). **~и́ть** *сов. см.* сма́нивать.

смара́гд *м. мин.* smáràgd ['smæ-], émerald. **~овый** *прил. к* смара́гд.

смастери́ть *сов. см.* мастери́ть.

сма́тывать, смота́ть (*вн.*) wind* (*d.*), reel (*d.*); ~ в клубо́к wind* into a ball (*d.*); ◇ ~ у́дочки *разг.* ≅ make* off, take* to one's heels.

сма́хивать I, смахну́ть **1.** (*вн.*) whisk (a¦wáy, off) (*d.*), flap (a¦wáy, off) (*d.*), brush (off) (*d.*), flick a¦wáy (*d.*); ~ пыль (с *рд.*) dust (*d.*), brush the dust off (*d.*); смахну́ть слезу́ brush a¦wáy a tear.

сма́хивать II (на *вн.*) *разг.* (*быть похожим*) look like (*d.*), resémble [-'ze-] (*d.*), smack (of).

смахну́ть *сов. см.* сма́хивать I.

сма́чива||ние *с.* móistening [-s°n-], wétting. **~ть,** смочи́ть (*вн.*) móisten [-s°n] (*d.*), wet (*d.*).

сма́чн||о *нареч. разг.* with rélish. **~ый** *разг.* sávoury ['seɪvə-].

смежа́ть, смежи́ть: ~ глаза́ shut* / close one's eyes [...aɪz].

смежи́ть *сов. см.* смежа́ть.

сме́жн||ость *ж.* còntigúity [-'gjuɪ-]; ассоциа́ция по ~ости *психол.* assòciátion by còntigúity. **~ый** adjácent [ə'dʒeɪ-]; (с *тв.*) contíguous (to); ~ый у́гол *мат.* adjácent angle; ~ые госуда́рства adjóining states; ~ое предприя́тие *эк.* cò-óperàting plant / énterprìse [...-ɑ:-...].

смека́л||истый *разг.* sharp, kéen-wìtted. **~ка** *ж.* móther wit ['mʌ-...], shárpness, kéenness of wit.

смек||а́ть, смекну́ть see*, réalìze ['rɪə-]; (*вн.*) *разг.* grasp the méaning (of); ~ну́ть, в чём де́ло get* it, see* the point of it. **~ну́ть** *сов. см.* смека́ть.

смеле́ть, осмеле́ть grow* bólder [-ou...].

сме́ло I *прил. кратк. см.* сме́лый.

сме́ло II *нареч.* bóldly; (*храбро*) bráve¦ly, féarlessly; говори́ть ~ speak* bóldly / fréely; я могу́ ~ сказа́ть I may say with cónfidence, I can sáfe¦ly say; ~! (pluck up your) cóurage! [...'kʌ-].

сме́лость *ж.* bóldness, cóurage ['kʌ-]; audácity; брать на себя́ ~ (+ *инф.*) make* bold (+ to *inf.*), take* the líberty (of *ger.*); ◇ ~ города́ берёт *посл.* ≅ cóurage òver¦cómes all óbstacles.

сме́лый bold, courágeous, dáring, audácious.

смельча́к *м. разг.* bold spírit; dáre-dèvil.

сме́н||а *ж.* **1.** (*действие*) chánging ['tʃeɪn-], change [tʃeɪ-]; (*замена*) replace¦ment; (*лошадей*) reláy; *воен.* (*о людях*) relíef [-'li:f]; ~ впечатле́ний change of impréssions; на ~у кому́-л. to replace smb.; ~ дня и но́чи àlternátion of day and night; ~ карау́ла relíef of the guard; ~ руково́дства change of léadership; **2.** (*на заводе и т. п.*) shift; (*в школе и т. п.*) séssion; у́тренняя, дневна́я, вече́рняя ~ mórning, day, night shift; рабо́тать в две, три ~ы work in two, three shifts; **3.** (*молодое поколение*) young / rísing gènerátion [jʌŋ...]; succéssors *pl.*; молодёжь — на́ша ~ the young are our succéssors; **4.:** ~ белья́ change of línen [...'lɪ-]; ◇ идти́ на ~у кому́-л. come* up to take smb.'s place.

смени́ть *сов. см.* сменя́ть I. **~ся** *сов. см.* сменя́ться.

сме́нн||ый **1.** *тех.* change [tʃeɪ-] (*attr.*); ~ое колесо́ spare wheel; **2.** (*связанный со сменной работой*) shift (*attr.*); ~ деся́тник shift fóre¦man*; ~ инжене́р shift èngineer [...endʒ-]; ~ая рабо́та shift lábour; ~ая вырабо́тка per-shift perfórmance; ~ая систе́ма reláy sýstem.

сме́нщик *м.* relíef [-'li:f].

сменя́ем||ость *ж.* remòvabílity [-mu:-]. **~ый** **1.** *прич. см.* сменя́ть I; **2.** *прил.* remóvable [-'mu:-]; ~ые ча́сти *тех.* remóvable parts.

сменя́ть I, смени́ть (*вн.*) **1.** (*заменив другим*) change [tʃeɪ-] (*d.*), sùpersède (*d.*); (*работника*) replace (*d.*); *воен.* relíeve [-'li:v] (*d.*); смени́ть лошаде́й change hórses; смени́ть карау́л relíeve *the* guard; ~ мото́р(ы) change *the* éngine(s) [...'endʒ-]; смени́ть ши́ны на автомоби́ле change *the* tyres of *a* car; ~ котлы́ на су́дне ré-bóiler *a* ship; **2.** (*замещать*) replace (*d.*), take* *smb.'s* place; вы сме́ните его́ на вре́мя you will replace him for a time, you will take his place for a time; ◇ смени́ть гнев на ми́лость ≅ let* mércy séason jústice [...-z°n...].

сменя́ть II *сов.* (*вн.*) *разг.* (*променять*) exchánge [-'tʃeɪ-] (*d.*).

сменя́ться, смени́ться **1.** (*по очереди*) take* turns; **2.** (*тв.*) change [tʃeɪ-] (into), give* place (to); испу́г смени́лся ра́достью fright changed into, *или* gave place to, joy; дневно́й зной смени́лся прохла́дой the day's heat gave way, *или* yíelded, to cóolness [...'ji:l-...]; **3.** *страд. к* сменя́ть I.

смерзáться, смёрзнуться freeze* together [...-'ge-]; be fused into frózen mass; régelàte *научн.*

смёрзнуться *сов. см.* смерзáться.

смéрить *сов.* (*вн.*) méasure ['meʒə] (*d.*); ◇ ~ взглядом méasure with one's eye [...aɪ] (*d.*), look up and down (*d.*), eye from head to foot [...hed... fut] (*d.*), eye all óver (*d.*).

смеркá||ться, смéркнуться *безл.*: ~ется it is getting dark, night is dráwing on, twílìght has fáll¦en ['twaɪ-...].

смéркнуться *сов. см.* смеркáться.

смертéльно I *прил. кратк. см.* смертéльный.

смертéльн||о II *нареч.* mórtally; ~ рáненный mórtally wóunded [...'wuː-]; ~ ненавидеть когó-л. hate smb. mórtally, have a déadly hátred for smb. [...'ded-...]; ~ скучáть be bored to death [...deθ]; ~ устáть be dead tired [...ded...], be tired to death; ~ устáлый *разг.* dóg-tíred, déad-béat ['ded-]. **~ость** *ж.* fátal náture [...'neɪ-]. **~ый** mórtal, déadly ['ded-]; (*о ране*) fátal; ~ый враг déadly énemy; ~ый яд déadly póison [...-z-]; ~ая враждá déath-feud ['deθ-]; ~ый бой ìnternécìne battle [-'niː-...].

смéртник *м.* prísoner séntenced to death ['prɪz-... deθ], condémned man*.

смéртн||ость *ж.* mòrtálity, déath-ràte ['deθ-]; дéтская ~ость ínfant / ínfantìle mòrtálity; таблица ~ости mòrtálity table. **~ый 1.** *прил.* mórtal; человéк смéртен man* is mórtal; **2.** *прил.* (*относящийся к смерти*) death [deθ] (*attr.*); ~ый час déath-hour ['deθauə]; ~ое лóже déath-bèd; ~ый приговóр séntence of death; (*перен.*) déath-wàrrant ['deθ-]; ~ая казнь cápital púnishment [...'pʌ-], death pénalty; **3.** *м. как сущ.* mórtal.

смертонóсн||ый mórtal, fátal, déath-dealing ['deθ-]; (*о яде, газе и т. п.*) léthal ['liː-]; ~ое орýжие léthal wéapon [...'we-]; ~ удáр mórtal blow [...-ou].

смерт||ь I *ж.* death [deθ]; decéase [-s] (*особ. юр.*); естéственная, насильственная ~ nátural, víolent death; граждáнская ~ cívil death; голóдная ~ death from stàrvátion; умерéть голóдной ~ью starve to death, die of stàrvátion / húnger; он ýмер ~ью герóя he died the death of a héro; свидéтельство о ~и death certíficate; спасáть от ~и save from death; ◇ лáгерь ~и death / èxtèrminátion camp; в когтях ~и ≅ in the jaws of death; быть мéжду жизнью и ~ью be between life and death; быть при ~и be dýing, be on the verge of death; на волосóк от ~и within a hair's breadth of death [...bre-...]; дó ~и *разг.* to death; надоедáть дó ~и (*дт.*) péster to death (*d.*); напугáть когó-л. дó ~и fríghten smb. to death; до сáмой ~и to / till one's dýing day; двум ~ям не бывáть, однóй не миновáть ≅ a man can die but once [...wʌns].

смерть II *нареч. разг.* (*очень*): (емý) ~ как хóчется (+ *инф.*) he is dýing (for); емý ~ как хóчется курить he is dýing for a smoke.

смерч *м.* (*на море*) wáter-spout ['wɔː-]; (*в пустыне*) sánd-stòrm.

смеситель *м. тех.* míxer.

смесить *сов. см.* месить.

смести *сов. см.* сметáть I.

сместить(ся) *сов. см.* смещáть(ся).

смесь *ж.* míxture; (*мешанина*) médley ['me-].

смéт||а *ж.* éstimate; составлять ~у éstimàte; draw* / make* up *an* éstimate; превышáть ~у excéed *the* éstimate.

сметáна *ж.* sour cream.

сметáть I, смести (*вн.*) sweep* off / a¦wáy (*d.*); ~ в кýчу sweep* into a heap (*d.*); ~ пыль с чегó-л. dust smth.; ◇ смести с лицá земли sweep* out of existence (*d.*).

сметáть II *сов. см.* метáть II *и* смётывать.

смётка *ж. разг.* shárpness, gúmption.

смéтлив||ость *ж.* shárpness, kéen-wìttedness, gúmption. **~ый** sharp, kéen-wìtted.

смéтн||ый éstimate (*attr.*); ~ые ассигновáния búdget allówances; ~ые предположéния éstimàted expénditure *sg.*

смётывать, сметáть (*вн.*) baste [beɪst] (*d.*), tack (together) [...-'ge-] (*d.*).

сметь, посмéть dare*, make* bold / free; смéю сказáть I make bold to say, I dare say; не смéйте дéлать этого don't dare to do it; как вы смéете! how dare you!

смех *м.* láughter ['lɑːf-], laugh [lɑːf]; взрыв ~а óutbùrst / roar of láughter; заразительный ~ cátching / inféctious láughter; подавить ~ suppréss one's láughter; разразиться ~ом burst* out láughing [...'lɑːf-]; ~ душил егó his láughter was chóking him; егó разбирáет ~ he can't help láughing [...kɑːnt...]; ◇ емý не до ~а he is past láughter, he is in no mood for láughter; поднимáть когó-л. нá ~ make* fun of smb.; отдéлаться от чегó-л. ~ом laugh / jest smth. a¦wáy/ off; ~а рáди in jest, for sheer fun; ~ да и тóлько *разг.* ≅ it's enóugh to make a cat laugh [...ɪ'nʌf...]; it just makes you laugh.

смехотвóрн||ость *ж.* láughable¦ness ['lɑːf-], ridículous¦ness; (*нелепость*) absúrdity. **~ый** láughable ['lɑːf-], ridículous.

смéшанн||ый 1. *прич. см.* смéшивать; **2.** *прил.* (*в разн. знач.*) mixed; (*разнородный*) cómpound; (*о породе*) hýbrid ['haɪ-]; ~ лес mixed fórest / wood [...'fɔ- wud] (*ср.* лес); ~ое числó *мат.* mixed númber; ~ая комиссия mixed / joint commíssion; ~ая компáния *эк.* joint cómpany [...'kʌ-]; ~ое чýвство грýсти и рáдости féelings of mixed sórrow and joy *pl.*

смеш||áть *сов.* **1.** *см.* смéшивать; **2.** *как сов. к* мешáть II 2; ◇ ~ когó-л. с грязью besmírch / súlly smb.'s name. **~áться** *сов. см.* смéшиваться. **~éние** *с.* confúsion; (*оттенков, красок*) blénd(ing), mérging; ~éние понятий confúsion of ìdéas [...aɪ'dɪəz]; ~éние языкóв confúsion of tongues / lánguages [...tʌŋz...], bábel; ~éние порóд cross betwéen breeds.

смéшивание *с.* míxing.

смéшивать, смешáть (*вн.*) **1.** mix (*d.*), mix up (*d.*); ~ крáски blend / merge cólours [...'kʌləz]; **2.** (*приводить в беспорядок*) lump together [...-'ge-] (*d.*); **3.** (*перепутывать*) confúse (*d.*). **~ся,** смешáться **1.** mix; (*о красках*) (ínter)blénd; смешáться с толпóй mix up in the crowd, merge with the crowd; **2.** *тк. сов.* (*смутиться*) become* / be confúsed; **3.** *страд. к* смéшивать.

смеш||ить (*вн.*) make* (*d.*) laugh [...lɑːf]. **~ливость** *ж.* rìsibílity [-zɪ-]. **~ливый** rísible [-z-], much given to láughter [...'lɑːf-], éasily amúsed ['iːz-...].

смешнó I **1.** *прил. кратк. см.* смешнóй; **2.** *предик. безл.* it is ridículous, it makes one laugh [...lɑːf]; ~ смотрéть на них it makes one laugh to look at them; емý ~ it makes him laugh; ~ сказáть it is ridículous; вам ~? you find / think it fúnny?; как ~! how fúnny!; это прóсто ~! it's símply ridículous / absúrd!

смешнó II *нареч.* in a fúnny mánner / way, cómically.

смешн||óй (*смехотворный*) ridículous, lúdicrous; (*забавный*) fúnny, droll; я нахожý это ~ым с вáшей стороны I find it very lúdicrous of you; в этом нет ничегó ~óго there is nothing to laugh at [...lɑːf...]; как он смешóн! how absúrd he is!; выставлять когó-л. в ~óм виде make* a láughing-stòck of smb. [...'lɑːf-...], expóse smb. to rídicùle; ◇ до ~óго to the point of absúrdity.

смешóк *м. разг.* chuckle, short laugh [...lɑːf], giggle [g-].

смещ||áть, сместить (*вн.*) **1.** displáce (*d.*), remóve [-'muːv] (*d.*); **2.** (*с должности*) remóve (*d.*). **~áться,** сместиться **1.** shift; (*вертикально*) heave*; **2.** *страд. к* смещáть. **~éние** *с.* **1.** displáce¦ment, remóval [-'muː-]; *опт.* párallàx; **2.** *геол.* heave, ùp¦héaval, dìslocátion; **3.** *рад.* bías.

смеяться **1.** laugh [lɑːf]; (*тихо*) chuckle; грóмко ~ laugh lóudly; принуждённо ~ give* a forced laugh; ~ исподтишкá, ~ в кулáк laugh to òne¦sélf; laugh in one's sleeve *идиом.*; ~ шýтке laugh at *a* joke; ~ до слёз laugh until one cries; **2.** (над) laugh (at), mock (at), make* fun (of); ◇ хорошо́ смеётся тот, кто смеётся после́дним he laughs best who laughs last.

сми́ловаться *сов.* (над) *уст.* have / take* píty / compássion / mércy [...'pɪ-...] (on).

сми́лостивиться *сов.* = сми́ловаться.

смире́н||ие *с.* húmble¦ness, humílity, méekness; (*покорность судьбе*) rèsignátion [-zɪ-]. **~ник** *м.*, **~ница** *ж.* humble / meek pérson. **~но** *нареч.* húmbly, with humílity, méekly. **~ность** *ж.* humílity. **~ный** humble, meek; submíssive.

смири́тельн||ый: **~ая** руба́шка strait wáistcoat / jácket.

смири́ть(ся) *сов. см.* смиря́ть(ся).

сми́рн||о **1.** *нареч.* quíetly; вести́ себя́ ~ be very quíet; сиде́ть ~ sit* still; **2.**: ~! atténtion! **~ый** quíet; (*кроткий*) mild.

смиря́ть, смири́ть (*вн.*) subdúe (*d.*); (*страсти и т. п.*) restráin (*d.*), subdúe (*d.*); (*гордость и т. п.*) humble (*d.*), abáse [-s] (*d.*). **~ся,** смири́ться submít; resígn òne¦sélf [-'zaɪn...].

смо́ква *ж.* **1.** (*плод*) fig; **2.** (*дерево*) = смоко́вница.

смо́кинг *м.* dínner-jàcket.

смоко́вница *ж.* *бот.* fíg-tree.

смол||а́ *ж.* résin [-z-]; (*жидкая*) pitch, tar; (*твёрдая*) rósin [-z-]; го́рная ~ míneral pitch. **~ёный** résined [-z-]; tarred, pitched; (*ср.* смола́); **~ёный** трос tarred rope. **~и́стый** résinous [-zɪ-], rèsináceous [-zɪ'neɪʃəs]. **~и́ть** (*вн.*) résin [-z-] (*d.*); tar (*d.*), pitch (*d.*); (*ср.* смола́).

смолка́ть, смо́лкнуть (*о человеке*) grow* sílent [-ou...], fall* into sílence [...'saɪ-], fall* sílent; (*о звуке, шуме*) cease [-s].

смо́лкнуть *сов. см.* смолка́ть.

смолова́рня *ж.*=смолоку́рня.

смо́лоду *нареч. разг.* in one's youth [...juːθ], ever since youth.

смолоку́р *м.* tár-sprayer. **~е́ние** *с.* extráction of tar. **~енный**: **~енный** заво́д tár-wòrks. **~ня** *ж.* tár-wòrks.

смолоти́ть *сов. см.* молоти́ть.

смоло́ть *сов. см.* моло́ть.

смолча́ть *сов. разг.* hold* one's tongue / peace [...tʌŋ...].

смоль *ж.*: чёрный как ~ jét-bláck.

смо́льный = смоли́стый.

смолян||о́й *прил. к* смола́; **~о́е** ма́сло résin oil [-z-...]; ~ ка́мень pítchstòne; **~а́я** обма́нка *мин.* pítchblènde.

смонти́ровать *сов. см.* монти́ровать.

сморгну́||ть *сов.* (*вн.*) *разг.* (*слезу и т. п.*) wink off (*d.*); remóve by wínking [-'muːv...] (*d.*); ◇ не **~в** гла́зом ≅ at a móment's nótice [...'nou-]; without bátting an éye¦lid ['aɪ-] *амер.*

смор||и́ть *сов.* (*вн.*): жара́ **~и́ла** его́ the heat broke him; сон **~и́л** его́ he was òver¦cóme by sleep.

сморка́ть, вы́сморкать: ~ нос blow* one's nose [-ou...]. **~ся,** вы́сморкаться blow* one's nose [-ou...].

сморо́дин||а *ж.* **1.** *тк. ед. собир.* cúrrants *pl.*; кра́сная, бе́лая, чёрная ~ red, white, black cúrrants; **2.** (*об отдельной ягоде*) cúrrant; **3.** (*куст*) cúrrant (shrub); кусты́ **~ы** cúrrants, cúrrant shrubs.

сморо́динный *прил. к* сморо́дина.

сморо́зить *сов.* (*вн.*) *разг.* blurt out (*d.*).

сморчо́к *м.* (*гриб*) mòrél [mɔ-]; (*перен.*) *разг.* (*о человеке*) shrimp.

смо́рщ||енный **1.** *прич. см.* смо́рщить; **2.** *прил.* wrinkled. **~ить** *сов. см.* мо́рщить 2. **~иться** *сов. см.* мо́рщиться 2, 3.

смота́ть *сов. см.* сма́тывать.

смотр *м.* review [-'vjuː]; производи́ть ~ (*дт.*) review (*d.*), hold* a review (of).

смотр||е́ть, посмотре́ть **1.** (*без доп.*) look; (на *вн.*) look (at); ~ при́стально (на *вн.*) look fíxedly / inténtly (at), stare (at), gaze (at); ~ в окно́ look out of *the* window; ~ вперёд (*перен.*) look ahéad [...ə'hed]; ~ вслед (*дт.*) fóllow with one's eyes [...aɪz] (*d.*); сиде́ть и ~ sit* lóoking / gázing; **2.** (*вн.*; *о книге, журнале и т. п.*) look through (*d.*); **3.** (*вн.*; *о кинофильме, пьесе и т. п.*) see* (*d.*); (*о скачках, состязании*; *тж. о телевизионной передаче*) watch (*d.*); **4.** (*вн.*; *производить осмотр, смотр*) (*о больном*) exámine (*d.*); (*о войсках*) review [-'vjuː] (*d.*); **5.** (за *тв.*) *разг.* (*присматривать*) look (áfter); ~ за поря́дком keep* órder; ~ за рабо́тами sùperinténd work; **6.** *тк. несов.* (на кого́-л.) *разг.* (*брать с кого-л. пример*) fóllow smb.'s exámple [...-ɑːm-], ímitàte (smb.); ~ на кого́-л., что-л. как на образе́ц look up¦ón smb., smth., *или* regárd smb., smth., as an exámple; **7.** *тк. несов.* (*виднеться*) peep out: из-за туч **~е́ло** со́лнце the sun peeped out from behind the clouds; **8.** *тк. несов.* (на, в *вн.*; *быть обращённым*) look (into, on, óver): о́кна смо́трят в сад the windows look into *the* gárden; **9.** *тк. несов.* (*тв.*; *иметь вид*) look like (*d.*): он смо́трит победи́телем he looks trìúmphant; ◇ **~и́(те)!** (*берегись*) look out!, take care!; **~и́(те),** не де́лай(те) э́того take care not to do that; (ты) **~и́** (у меня́)! you dare!; **~и́,** он тебя́ обма́нет take care, he will decéive you [...-'siːv...]; **~и́** как бы ху́же не́ было mind smth. worse does¦n't háppen; bewáre lest worse befáll; **~я́** по обстоя́тельствам, **~я́** как, **~я́** когда́ it depénds; как вы на э́то смо́трите? what do you think of it?; он смо́трит на э́то бо́лее мра́чно he takes a glóomier view of it [...vjuː...]; ~ с трево́гой, беспоко́йством на что-л. view smth. with great concérn [...greɪt...]; ~ сквозь па́льцы на что-л. *разг.* look through one's fíngers at smth., wink at smth.; ~ в глаза́, в лицо́ опа́сности, сме́рти look dánger, death in the face [...'deɪndeθ...]; ~ в о́ба *разг.* keep* one's eyes ópen, be on one's guard.

смотре́ться, посмотре́ться **1.** look at òne¦sélf; ~ в зе́ркало look at òne¦sélf in the mírror; **2.** *страд. к* смотре́ть; *переводится действит. оборотом*: пье́са смо́трится с удово́льствием the play is very interesting / amúsing.

смотри́ны *мн. уст.* ≅ bríde-show [-ʃou] *sg.*

смотри́тель *м.*, **~ница** *ж.* *уст.* súpervìsor [-zə], inspéctor; станцио́нный ~ póstmàster ['pou-]; тюре́мный ~ wárder, kéeper.

смотров||о́й **1.** *воен.* review [-'vjuː] (*attr.*); **2.**: **~а́я** щель òbservátion slot / slit [-zə-...], vísion slot / slit; **~о́е** окно́ inspéction window.

смочи́ть *сов. см.* сма́чивать.

смочь *сов. см.* мочь I.

смоше́нничать *сов. см.* моше́нничать.

смрад *м.* stink, stench. **~ный** stínking.

смугле́ть become* / grow* dárk-compléxioned [...-ou...].

смуглова́тый sóme¦whàt dark.

смугли́цый dark.

сму́гл||ость *ж.* dárkness. **~ый** dárk-compléxioned. **~я́нка** *ж. разг.* dark girl [...gəːl], dark wóman* [...'wu-].

сму́т||а *ж.* *уст.* distúrbance, sedítion; се́ять **~у** sow* / spread* dís-còrd [sou spred...].

смути́ть(ся) *сов. см.* смуща́ть(ся).

сму́тн||о *нареч.* vágue¦ly ['veɪg-], dím¦ly. **~ый** (*неопределённый*) vague [veɪg]; (*неясный*) dim: **~ое** представле́ние dim / vague ìdéa [...aɪ'dɪə]; **~ые** воспомина́ния dim mémories; **~ое** вре́мя *ист.* troubled times [trʌ-...] *pl.*

смутья́н *м.*, **~ка** *ж. разг.* tróuble-màker ['trʌ-], sedítionary.

сму́шк||а *ж.* àstrakhán. **~овый** àstrakhán (*attr.*).

смущ||а́ть, смути́ть (*вн.*) **1.** (*приводить в замешательство, смущение*) confúse (*d.*), put* out of cóuntenance (*d.*), embárrass (*d.*); **2.** (*вызывать волнение, смятение*) distúrb (*d.*), trouble [trʌbl] (*d.*); stir up (*d.*); ~ (душе́вный) поко́й distúrb the peace (of mind). **~а́ться,** смути́ться be confúsed, be embárrassed, be put out of cóuntenance. **~е́ние** *с.* confúsion, embárrassment; к вели́кому моему́ **~е́нию** to my great confúsion [...-eɪt...]; красне́ть от **~е́ния** blush. **~ённый** *прич. и прил.* confúsed; (*растерявшийся*) embárrassed.

смыва́ть, смыть (*вн.*) **1.** wash off (*d.*); (*перен.*: *искупать что-л.* *тж.*) whíte¦wàsh (*d.*); **2.** (*сносить водой, течением*) wash a¦wáy / down (*d.*); ~ волно́й с су́дна wash óver¦board (*d.*). **~ся,** смы́ться **1.** (*при мытье*) wash / come* off; **2.** *разг.* (*убегать*) dìsappéar, vánish, slip a¦wáy; **3.** *страд. к* смыва́ть.

смыка́ть, сомкну́ть (*вн.*; *в разн. знач.*) close (*d.*); сомкну́ть глаза́ close one's eyes [...aɪz]; не ~ глаз not sleep* a wink, not get* a wink of sleep; сомкну́ть ряды́ *воен.* close the / one's ranks. **~ся,** сомкну́ться (*в разн. знач.*) close (up); (*вокруг*) close down (up¦ón); close in (on); у него́ глаза́ смыка́ются от уста́лости he is so tired he cánnòt keep his eyes ópen [...aɪz...].

смысл *м.* (*в разн. знач.*) sense; (*значение тж.*) méaning; (*цель тж.*) púrport; прямо́й, перено́сный ~ líteral, mètaphórical / fígurative sense; здра́вый ~ cómmon sense; име́ть ~ make* sense; не име́ть (никако́го) ~а make* no sense (at all); (*быть бесполезным*) be of no use / aváil [...juːs...]; нет никако́го ~а (+ *инф.*) there is no point (in *ger.*), it is no good (+ *ger.*); в э́том нет ~а there's no sense / méaning / point in it; ~ жи́зни méaning / púrport of life; ~ зако́на méaning of the law; в изве́стном ~е in a sense; в том ~е, что in the sense, that; понима́ть в дурно́м ~е (*вн.*) take* in the wrong spírit (*d.*); нет ~а туда́ идти́ there is no point in gó¦ing there; (*не стоит*) it is not worth gó¦ing there; ◇ в широ́ком ~е in the broad sense [...brɔːd...]; в по́лном ~е э́того сло́ва *разг.* in the true / full sense of the word; в лу́чшем ~е э́того сло́ва in the fínest sense of the word; весь ~ в том, что the whole point is, that [...houl...]; весь ~ э́тих собы́тий the full implicátion of these evénts; в ~е (*рд.*; *в отношении*) as regárds (to).

смы́слить (в *пр.*) *разг.* **1.** be able to réason [...-z°n]; **2.** *уст.* ùnderstánd*(*d.*).

смыслов||о́й *прил.* к смысл; semántic *научн.*; ~ы́е отте́нки shades of méaning.

смы́ть(ся) *сов. см.* смыва́ть(ся).

смы́чка *ж.* (*союз*) únion; ~ ме́жду го́родом и дере́вней únion betwéen town and cóuntry [...'kʌ-], línking of town and cóuntry.

смычко́в||ый bow [bou] (*attr.*); ~ые инструме́нты *муз.* bow ínstruments

смы́чный *м. скл. как прил. лингв.* òcclúsive; stop (*attr.*).

смычо́к *м.* bow [bou], fíddle¦stìck.

смышлёный cléver ['kle-], bright.

смягч||а́ть [-хч-], смягчи́ть (*вн.*) **1.** sóften [-f°n] (*d.*); (*успокаивать*) móllifỳ (*d.*); (*ослаблять*) alláy (*d.*), alléviàte (*d.*), assuáge [ə'sweɪʤ] (*d.*), mítigàte (*d.*); (*свет, краски*) tone down (*d.*); (*строгость*) relax (*d.*); ~ гнев móllifỳ *one's* ánger; ~ кого́-л. móllifỳ smb.; ~ вину́ èxténuàte smb.'s guilt; ~ наказа́ние, пригово́р mítigàte *a* púnishment, *a* séntence [...'pʌ-...]; ~ боль alléviàte pain; ~ уда́р cúshion the blow ['ku-...-ou]; ~ впечатле́ние play down the imprèssion; ~ душе́вную скорбь mitigàte / assuáge grief [...-iːf]; ~ напряже́ние (*международное*) ease ténsion; ниче́м не ~ённый without any mìtigátion; **2.** *лингв.* (*о звуке*) pálatalìze (*d.*). **~а́ться** [-хч-], смягчи́ться **1.** sóften [-f°n], become* soft, grow* sófter [-ou...], reláx; (*о человеке*) relént, móllifỳ; (*о боли*) ease off; (*о погоде*) grow* mild; **2.** *страд. к* смягча́ть. **~а́ющий** [-хч-] **1.** *прич. см.* смягча́ть; ~а́ющие вину́ обстоя́тельства èxténuàting círcumstances; **2.** *прил.* emóllient. **~е́ние** [-хч-] *с.* **1.** sóftening [-f°n-]; (*гнева, боли*) mòllificátion; (*вины*) èxtènuátion; (*приговора*) mìtigátion; **2.** *лингв.* (*звука*) pàlatalizátion [-laɪ-]. **~и́ть(ся)** [-хч-] *сов. см.* смягча́ть(ся).

смяте́ние *с.* **1.** (*состояние смущения, замешательства*) confúsion, dìsarráy; **2.** (*паника, растерянность*) commótion, pèrtùrbátion; приводи́ть в ~ (*вн.*) pertúrb (*d.*).

смять *сов.* (*вн.*) **1.** (*о бумаге, материи и т. п.*) rumple (*d.*), crumple (*d.*); (*о платье*) crush (*d.*); (*о траве*) trample (up¦ón); **2.** *воен.* crush (*d.*), òver¦rún* (*d.*); (*ср.* мять). **~ся** *сов.* get* / become* creased, crumple.

снабди́ть *сов. см.* снабжа́ть.

снабж||а́ть, снабди́ть (*вн. тв.*) supplý (*d.* with), fúrnish (*d.* with), províde (*d.* with); ~ продово́льствием víctual ['vɪt°l] (*d.*); ~ кни́гу предисло́вием supplý *a* book with *a* préface. **~е́нец** *м.* províder. **~е́ние** *с.* supplý, províšion; вое́нное ~е́ние war supplíes *pl.*

сна́добье *с. разг.* drug.

сна́йпер *м.* snípеr; (*звание*) shárp-shooter.

снару́жи *нареч.* on the óutsíde; (*с наружной стороны*) from the óutsíde.

снаря́д *м.* **1.** prójectìle; (*артиллерийский тж.*) shell; оско́лочно-фуга́сный ~ hígh-explósive shell; ~ со слезоточи́вым га́зом téar-gás shell; управля́емый ~ guided míssìle; одноступе́нчатый реакти́вный ~ óne-stáge míssìle; **2.** (*механическое приспособление*) contrívance [-'traɪ-], gear [gɪə]; дноуглуби́тельный ~ drédging machíne [...-'ʃiːn]; **3.** *спорт.* (*гимнастический*) àpparátus.

снаряди́ть(ся) *сов. см.* снаряжа́ть (-ся).

снаря́дн||ый 1. shell (*attr.*), projéctìle; ~ по́греб *мор.* shéll-room; **2.** *спорт.*: ~ая гимна́стика gymnástics on àpparátus.

снаряж||а́ть, снаряди́ть (*вн.*) equíp (*d.*), fit out / up (*d.*). **~а́ться,** снаряди́ться **1.** (для чего́-л.) equíp òne¦sélf (for smth.), get* réady [...'re-] (for smth.); **2.** *страд. к* снаряжа́ть. **~е́ние** *с.* equipment, óutfit; ли́чное ~е́ние accóutrement [ə'kuːtə-]; ко́нское ~е́ние hárness.

снасть *ж.* **1.** *собир.* (*приборы, инструменты*) tackle; рыболо́вная ~ físhing-tàckle; **2.** *чаще мн. мор.* rope; rígging.

снача́ла *нареч.* **1.** (*сперва*) fírst¦ly, at first; from / at the beginning; **2.** (*снова*) all óver agáin.

сна́шиваться, сноси́ться *разг.* wear* out [wɛə...].

снег *м.* snow [-ou]; та́лый ~ slush, mélting snow; ~ идёт it is snówing [...'snou-], it snows; ~ па́дает snow is fálling; покры́тый ~ом cóvered with snow ['kʌ-...], snów-còvered ['snoukʌ-], snów-clàd ['snou-]; (*о горах*) snów-càpped ['snou-], snów-tòpped ['snou-]; ◇ как ~ на́ голову ≅ like a bolt from the blue.

снеги́рь *м.* búllfìnch ['bul-].

снегов||о́й snow [snou] (*attr.*); ~ покро́в cóver of snow ['kʌ-...], snow cóver; ~а́я ли́ния snów-line; ~а́я вода́ snów-wàter ['snouwɔː-].

снего||задержа́ние *с.* snow reténtion [snou...]. **~защи́тный:** ~защи́тный щит snów-fènce ['snou-], snów-screen ['snou-]. **~очисти́тель** *м.* snów-plóugh ['snou-].

снегопа́д *м.* snów-fàll ['snou-].

снегосту́пы *мн. спорт.* snów-shòes ['snouʃuːz].

снего||та́ялка *ж.* snow mélter [snou ...]. **~убо́рочный** snów-remóval ['snou-rɪ'muːv-] (*attr.*).

снегу́р||ка *ж.*, **~очка** *ж. фольк.* Snów-Máiden ['snou-].

снеда́||ть (*вн.*) consúme (*d.*), gnaw (*d.*); его́ ~ет раска́яние remórse gnaws his heart [...hɑːt]; **~емый** раска́янием consúmed by remórse.

снедь *ж. тк. ед. уст.* food; éatables *pl.*

снежи́нка *ж.* snów-flàke ['snou-].

сне́жн||ый snówy [-ouɪ]; snow [snou] (*attr.*); ~ покро́в cóver of snow ['kʌ-...], snow cóver; ~ сугро́б snów-drìft [-ou-]; ~ обва́л snów-slìp [-ou-]; ávalànche [-lɑːnʃ]; на доро́гах ~ые зано́сы the roads are snów-blòcked [...'snou-]; ~ая зима́ snówy winter; ~ая ба́ба ≅ snow man*.

снеж||о́к *м.* **1.** *тк. ед.* light snow [...snou]; **2.** (*комочек*) snówbàll ['snou-]; игра́ть в ~ки́ play snow bàlls, pelt each other with snówbàlls, snówbàll.

снести́ I *сов.* (*вн. дт.*, к; *отнести*) take* (*d.* to), cárry (*d.* to).

снести́ II *сов. см.* нести́ II.

снести́ III, IV, V *сов. см.* сноси́ть I, II, III.

снести́сь I *сов. см.* нести́сь II.

снести́сь II *сов. см.* сноси́ться

снето́к *м.* (*рыба*) Européan smelt [-'pɪən...], spárling.

снижа́ть, сни́зить (*вн.*) **1.** bring down (*d.*), lówer ['louə] (*d.*); **2.** (*уменьшать*) redúce (*d.*); (*о ценах тж.*) bring down (*d.*), lówer (*d.*), cut* (*d.*), abát (*d.*); ~ себесто́имость проду́кции cut* *the* prodúction costs; ~ тре́б вания redúce one's demánds [...-'mɑː-]; 3. (*по службе*) degráde (*d.*), redúce in appóintment (*d.*); ✧ ~ тон lówer one's tone, sing* small; ~ стиль use an inférior style. **~ся, сни́зиться 1.** descénd, go* / come* down; (*о самолёте тж.*) lose* height [luːz haɪt]; **2.** (*уменьшаться*) be redúced; (*о ценах, уровне воды тж.*) sink*, fall*, abáte.

сниже́ни||е *с.* **1.** lówering ['lou-]; (*о качестве*) detèriorátion; ~ себестóимости продýкции cútting of prodúction costs; ~ ýровня произвóдства drop in prodúction; ~ зáработной плáты wage cut; ~ ýровня жи́зни declíne in líving stándards [...'lɪv-...]; ~ цен redúction of príces, price cut; послéдовательное ~ цен sỳstemátic redúction of príces; поли́тика ~я цен pólicy of price redúction; **2.** (*по службе*) redúction; ~ в чи́не *воен.* redúction in rank; **3.** *ав.*: идти́ на ~ (*о самолёте*) rèdúce height / áltitùde [...haɪt 'æl-], fly* lówer [...'lou-].

сни́зить(ся) *сов. см.* снижáть(ся).

снизойти́ *сов. см.* снисходи́ть.

сни́зу *нареч. и предл.* **1.** (*с нижней стороны*) from belów [...-'lou]; (*считая снизу*) from (the) bóttom; (*внизу*) belów; посмотрéть ~ look from belów; вид ~ view from belów [vjuː...]; колóнна освещенá ~ the cólumn is líghted from belów; пятая строкá ~ (страни́цы) the fifth line from (the) bóttom (of the page); ~ вверх úpwards [-dz]; посмотрéть на когó-л. ~ look up at smb.; **2.** (*по почину масс*) on the inítiative of the másses; кри́тика ~ críticism from belów; ✧ ~ дóверху from top to bóttom.

снимáть, снять (*вн.*) **1.** (*в разн. знач.*) take* (a|wáy) (*d.*); (*об одежде, обуви и т.п.*) take* off (*d.*); (*об одежде тж.*) lay* off (*d.*); (*сверху*) take* down (*d.*); ~ шля́пу take* off / remóve one's hat [...-'muːv...]; (*для приветствия тж.*) lift one's hat; не ~ шля́пу keep* / leave* one's hat on; ~ сли́вки с молокá cream / skim *the* milk, take* off the cream; ~ сли́вки (*перен.*) skim off the cream; ~ нагáр со свечи́ snuff *a* candle; ~ урожáй gáther in, *или* reap, the hárvest; ~ богáтый урожáй gáther in, *или* reap, an abúndant hárvest; ~ мáску (с *рд.*) únmásk (*d.*); (*с себя*) take* off one's mask; ~ с крючкá take* off *a* hook (*d.*); ~ дверь с пéтель take* *a* door from its hínges [...dʒː...]; ~ с рабóты dismíss (*d.*); ~ пьéсу (*с репертуара*) take* off *a* play; ~ корáбль с мéли get* *a* ship off, ré|flóat *a* ship; set* *a* ship aflóat; ~ осáду raise the siege [...siːdʒ]; ~ войскá с фрóнта with|dráw* troops from the front [...frʌ-]; ~ запрещéние remóve *a* ban, lift *a* ban; ~ с учёта strike* / cross off the régister (*d.*); ~ с себя́ (*вн.*; *отводить*) dìvért òne|-sélf (of); ~ с себя́ отвéтственность declíne all respònsibílity; ~ с когó-л. отвéтственность relíeve smb. of respònsibílity [-'liːv...]; ~ взыскáние remít *a* púnishment [...'pʌ-]; ~ с повéстки дня remóve from the agénda (*d.*); ~ своё предложéние with|dráw* one's mótion; ~ с когó-л. показáния take* smb.'s évidence; ~ показáния (*рд.*; *счётчика, прибора*) read* (*d.*); ~ кóпию с чегó-л. make* a cópy of smth. [...'kɔ-...], cópy smth.; ~ мéрку с когó-л. take* smb.'s méasure [...'me-]; **2.** *фот.* phóto|gràph (*d.*), take* a phóto|gràph (of); ~ фильм shoot* *a* film; ~ план make* / take* *a* plan; **3.** (*нанимать — о квартире и т. п.*) rent (*d.*), take* (*d.*); ~ в арéнду lease [-s] (*d.*), take* on lease (*d.*); **4.** *карт.*: ~ колóду cut* the cards; ✧ как рукóй сня́ло *разг.* *it* vánished as if by mágic. **~ся,** сня́ться **1.**: ~ся с учёта be struck / crossed off the régister; ~ся с я́коря weigh ánchor [...'æŋkə]; (*перен.*) get* únder way; ~ся с мéли get* aflóat agáin; **2.** *фот.* have one's phóto|gràph táken; **3.** *страд. к* снимáть.

сни́мок *м.* phóto(|gràph); рентгéновский ~ rádio|gràph, röntgéno-gràph [rəːn-], röntgénogràm [rəːn-].

снисќать *сов.* (*вн.*) gain (*d.*), get* (*d.*); ~ слáву win* fame; ~ уважéние win* respéct.

снисходи́тельн||ость *ж.* **1.** còndescénsion, còndescénding mánner; **2.** (*терпимость*) indúlgence, lénience; проявля́ть ~ (к) be indúlgent (to). **~ый 1.** còndescénding; **2.** (*терпимый*) indúlgent, lénient.

снисхо||ди́ть, снизойти́ (к) còndescénd (to); ~ к чьей-л. прóсьбе deign to concéde smb.'s requést [deɪn...]. **~жде́ние** *с.* còndescénsion, indúlgence; проявля́ть, имéть ~ждéние (к) make* allówance (for); заслýживает ~ждéния *юр. уст.* rècomménded for mércy.

сни́||ться, присни́ться dream*; емý ~лось, что he dreamt that [...dremt...]; емý ~лся сон he had a dream; емý ~лся роднóй дом he dreamt abóut home; емý э́то дáже и не ~лось he had néver éven dreamt of that.

сноб *м.* snob. **~и́зм** *м.* snóbbery.

снóва *нареч.* anéw, afrésh, (óver) agáin; (*с глаг. тж.*) ré-, rè-; начинáть ~ begin* óver agáin; он ~ с нáми he is agáin with us; ~ рассказывать (*вн.*) ré-téll* (*d.*); ~ наби́ть трýбку ré|fíll *one's* pipe; ~ заговори́ть speak* agáin; ~ сесть resúme one's seat [-'zjuːm...].

сновáль||ный *текст.* wárping; ~ная маши́на wárping machíne [...-'ʃiːn]. **~щик** *м.*, **~щица** *ж.* wárper.

сновáть I (*двигаться взад и вперёд*) scúrry.

сновáть II (*вн.*) *текст.* warp (*d.*).

сновидéние *с.* dream.

сногсшибáтельный *разг.* stúnning.

сноп *м.* **1.** sheaf*; **2.**: ~ лучéй shaft of light; ~ пуль *воен.* cone of búllets [...'bu-].

сноповязáлка *ж.* *с.-х.* (sélf-)bínder, shéafer.

сноро́вистый *разг.* déxt(e)rous, nímble, quíck-fíngered.

сноро́вк||а *ж.* *разг.* skill, knack; имéть ~у в чём-л. be skilled in smth., have a knack for smth.

снос I *м.* **1.** púlling down ['pul-]; demólishing; **2.** drift; ~ воздýшной волнóй wind drift / defléction [wɪ-...]; ~ течéнием drift.

снос II *м.* *разг.* (*изнашивание*) wear [wɛə]; ~у, ~а нет you can't wear *it* out [...kɑːnt...].

сноси́ть I, снести́ (*вн.*) **1.** (*сверху вниз*) fetch down (*d.*); (*по лестнице тж.*) take* dównstáirs (*d.*); **2.** (*срывать*) (*о ветре, буре и т. п.*) blow* off [-ou...] (*d.*); (*о воде*) cárry a|wáy (*d.*); бýря снеслá кры́шу the storm blew off the roof; мост был снесён наводнéнием the bridge was swept a|wáy by the flood [...-ʌd]; **3.** (*разрушать*) demólish (*d.*), take* down (*d.*), pull down [pul...] (*d.*); ~ здáние tear* down *a* búilding [tɛə... 'bɪl-]; **4.** (*в картах*) discárd (*d.*); ✧ снести́ гóлову комý-л. cut* / slice off smb.'s head [...hed], strike* smb.'s head off.

сноси́ть II, снести́ (*вн.*; *в одно место*) bring* togéther [...-'ge-] (*d.*), pile up (*d.*).

сноси́ть III, снести́ (*вн.*; *терпеть, выдерживать*) endúre (*d.*), bear* [bɛə] (*d.*), súffer (*d.*); (*мириться*) put* up (with).

сноси́ть IV: емý не ~ головы́ it will cost him his head [...hed], he will pay déarly for that.

сноси́ться I, снести́сь (с *тв.*; *входить в сношения*) commúnicàte (with); ~ друг с дрýгом, мéжду собóй (ìnter)commúnicàte.

сноси́ться II, III *страд. к* сноси́ть I, II.

сноси́ться IV *сов. см.* снáшиваться.

снóска *ж.* (*внизу страницы*) fóot-nòte ['fut-], note.

снóсн||о *нареч.* tólerably; só-sò, prétty well ['prɪ-...] *разг.* **~ый** suppórtable, tólerable; (*неплохой*) fáirly good.

снотвóрн||ый (*усыпляющий*) sòporífic [sou-]; sómnolent; (*перен.*: *скучный*) tédious; ~ое срéдство sòporífic.

снохá *ж.* dáughter-in-law (*pl.* dáughters-).

сношéни||е *с. чаще мн.* íntercourse [-kɔːs] *sg.*; déalings; дрýжеские ~я fríendly íntercourse ['fre-...]; **дипло-**

матические ~я diplomátic relátions; прерывать ~я с кем-л. break* off with smb. [-eɪk...], séver relátions with smb. ['se-...].

сня́тие *с.* táking down; ~ урожа́я (*злаков*) gáther¦ing in, réaping; (*фруктов*) gáther¦ing; ~ с рабо́ты dismíssal; ~ оса́ды ráising of *a* siege [...siːdʒ]; ~ запреще́ния remóval / lífting of *a* ban [-'muːv-...]; ~ взыска́ния remíssion of púnishment [...'pʌ-]; ~ с учёта remóval from the régister; ~ с себя́ отве́тственности declíning all respònsibílity.

сня́т||о́й: ~о́е молоко́ skim milk.

снять(ся) *сов. см.* снима́ть(ся).

со = с.

соа́втор *м.* cò-áuthor; *мн. тж.* joint áuthors; (*технического проекта*) cò-desígner [-'zaɪnə]. **~ство** *с.* cò-áuthorship; (*в техническом проекте*) cò-desígnership [-'zaɪnə-].

соба́||ка *ж.* dog; дворо́вая ~ wátch-dòg; охо́тничья ~ gun dog; (*гончая*) hound; ~-ище́йка sléuth-hound, blóod-hound ['blʌd-], políce-dòg [-'liːs-]; морска́я ~ *зоол.* séa-dòg, dóg-fìsh; ◇ ~ на се́не a dog in the mánger [...'meɪndʒə]; уста́ть как ~ be dóg-tíred; он на э́том ~ку съел *разг.* ≅ he has it at his fíngertìps; he knows it inside out [...nouz...]; вот где ~ зары́та that is the gist of the affáir; ~ке соба́чья смерть *погов.* ≅ a cur's death for a cur [...deθ...]. **~чий** *прил. к* соба́ка; cánine ['keɪ-] *научн.*; ~чья конура́ kénnel; dóg-hòle (*тж. перен.*); ◇ ~чья жизнь dog's life; ~чий хо́лод béast¦ly cold.

соба́чка I *ж.* little dog, dóggie, láp-dòg.

соба́чка II *ж. тех.* trígger.

собезья́нничать *сов. см.* обезья́нничать.

собесе́д||ник *м.* ìnterlócutor; он интере́сный, ску́чный ~ he is good*, bad* cómpany [...'kʌ-]. **~ница** *ж.* ìnterlócutress, ìnterlócutrix. **~ова́ние** *с.* ínterview [-vjuː].

собира́тель *м.*, **~ница** *ж.* gáther¦er, colléctor; ~ книг bóok-collèctor; ~ наро́дных пе́сен colléctor of fólk-sòngs.

собира́тельн||ый *грам.* colléctive; ~ое существи́тельное colléctive noun.

собира́ть, собра́ть (*вн.*) **1.** gáther (togéther) [...-'ge-] (*d.*), colléct (*d.*); ~ я́годы, цветы́ gáther / pick bérries, flówers; ~ ка́мешки pick up pébbles; ~ грибы́ gáther múshrooms; ~ свои́ ве́щи colléct one's belóng¦ings; ~ тра́вы gáther herbs; (*ботанизировать*) bótanize; ~ де́ньги colléct móney [...'mʌ-]; ~ войска́ assémble troops; ~ хоро́ший урожа́й gáther in, *или* reap, a good* hárvest; ~ све́дения colléct ìnformátion; **2.** (*созывать совет, парламент и т. п.*) convóke (*d.*); **3.** (*прибор, машину и т. п.*) assémble (*d.*); **4.** (*снаряжать в путь и т. п.*) equíp (*d.*), fit out / up (*d.*); **5.** *разг.*: ~ на стол lay* the table; ~ со стола́ clear the table; **6.** (*делать сборки*) gáther (*d.*), make* gáthers (in); ◇ ~ после́дние си́лы gáther one's last strength; ~ мне́ния, голоса́ colléct opínions, votes; собра́ть большинство́ голосо́в colléct a majórity; ~ кво́рум múster a quórum; собра́ть мы́сли colléct one's thoughts; ~ всё своё му́жество pluck up one's heart / cóurage / spírit [...hɑːt 'kʌ-...], múster up one's cóurage. **~ся,** собра́ться **1.** gáther (togéther) [...-'ge-], assémble; собра́ться всем вме́сте (*после долгой разлуки*) get* togéther [...-'ge-]; hold* a ré¦únion; мы соберёмся за́втра we shall meet to¦mórrow; собрало́сь мно́го наро́ду many people gáther¦ed [...piː-...]; собрала́сь хоро́шая колле́кция a good* colléction has been amássed; **2.** (+ *инф.*; *намереваться*) inténd (+ to *inf.*), be abóut (+ to *inf.*); make* up one's mind (+ to *inf.*); он собира́ется е́хать в Москву́ he inténds to go to Móscow; ~ся в путь prepáre, *или* make* all réady, for a jóurney [...'re-... 'dʒəː-]; наконе́ц-то он собра́лся сде́лать э́то at last he made up his mind to do it; то́лько собра́ться (+ *инф.*) be just in the act (of *ger.*); он и не собира́лся (+ *инф.*) he was¦n't gó¦-ing (+ to *inf.*), he had no inténtion (of *ger.*); **3.** *страд. к* собира́ть; ◇ собра́ться с ду́хом take* heart [...hɑːt], pluck up one's cóurage / heart / spírit [...'kʌ-...], brace òne¦-sélf, screw up enóugh cóurage [...ɪ'nʌf ...]; ~ся с си́лами súmmon one's strength, brace òne¦sélf, nerve òne¦-sélf; ~ся с мы́слями colléct one's thoughts.

соблагоизво́лить *сов.* (+ *инф.*) *уст.*, *ирон.* deign [deɪn] (+to *inf.*); ~ дать отве́т deign to give an ánswer [...'ɑːnsə].

собла́зн *м.* tèmptátion; вводи́ть в ~ (*вн.*) tempt (*d.*).

соблазни́тель *м.* **1.** témpter; **2.** (*обольститель*) sedúcer. **~ница** *ж.* témptress. **~ность** *ж.* sedúctive¦ness; allúre¦ment. **~ный** **1.** sedúctive, sedúcing; **2.** (*заманчивый*) témpting, allúring, suggéstive [-'dʒe-].

соблазни́ть(ся) *сов. см.* соблазня́ть (-ся).

соблазня́ть, соблазни́ть **1.** (*вн.* + *инф.*) entíce (*d.* + to *inf.*), allúre (*d.* + to *inf.*), tempt (*d.* + to *inf.*); **2.** (*вн.*; *обольщать*) sedúce (*d.*). **~ся,** соблазни́ться be témpted / sedúced / entíced.

соблюд||а́ть, соблюсти́ (*вн.*; *о законе, обычае и т. п.*) obsérve [-'zəːv] (*d.*); (*о правилах тж.*) keep* (*d.*); стро́го ~ устано́вленный поря́док keep* stríctly to the estáblished órder; заста́вить кого́-л. ~ дие́ту keep* smb. to *a* díet; ~ сро́ки keep* t[o] the schédùle [...'ʃe-]. **~е́ние** *с.* (*за[кона], обычая*) obsérvance [-'zəːv-] (*порядка*) máintenance.

соблюсти́ *сов. см.* соблюда́ть блюсти́.

соболе́знов||ание *с.* condólenc[e] [-'dou-]; выража́ть кому́-л. своё ~ condóle with smb., presént one'[s] condólences to smb. [-'zent...]. **~ат[ь]** (*дт.*) condóle (with).

собо́лий sable (*attr.*); ~ мех sa[-]ble(s) (*pl.*).

соболи́н||ый: ~ые бро́ви sable brows

со́боль *м.* sable.

собо́р *м.* **1.** (*церковь*) cathédral **2.** *ист.* cóuncil, sýnod ['sɪ-]; вселе́н[-]ский ~ òecuménical cóuncil [iːk-...] **~ный** *прил. к* собо́р.

собо́ю *тв. см.* себя́; ◇ само́ [~] (разуме́ется) it goes without sáying it stands to réason [...-z°n]; сам[,] сама́, само́ ~ by hìm¦sélf, hèr¦sélf it¦sélf (*ср.* он, она́, оно́); оно́ дви[-]жется само́ ~ it moves by ìt¦sél[f] [...muːvz...]; он хоро́ш ~ he [is] góod-lóoking / hándsome [...-ns-].

собра́ние *с.* **1.** méeting, gáther¦ing о́бщее ~ géneral méeting; вы́борно[е] ~ eléction méeting; ~ правле́ни[я] Board méeting, méeting of the Boar[d] of diréctors; многолю́дное ~ crówd[-]ed gáther¦ing; **2.** (*государственны[й] орган*) assémbly; законода́тельное ~ Législàtive Assémbly; Учреди́тель[-]ное ~ Constítuent Assémbly; На[-]циона́льное ~ Фра́нции French Ná[-]tional Assémbly [...'næ-...]; Всеки[-]та́йское ~ наро́дных представи́теле[й] Chínése Nátional People's Cóngrès[s] [...piː-...]; **3.** (*коллекция*) colléction **4.** (*произведений*): ~ сочине́ний col[-]lécted works *pl.*; по́лное ~ сочине́[-]ний compléte works *pl.*; ~ зако́но[в] *юр.* colléction of laws / státùtes.

собра́т *м.* féllow; (*по професси[и]*) bróther [-ʌðə]; ~ по ору́жию bróther[-]-in-àrms ['brʌ-] (*pl.* bróthers-).

собра́ть(ся) *сов. см.* собира́ть(ся).

со́бственн||ик *м.* ówner ['ou-], pr[o-]príetor; земе́льный ~ lándowne[r] [-ounə]. **~ический** propríetary, ówn[-]er(ship) (*attr.*).

со́бственно **1.** *частица* (*в собстве[н]ном смысле*) próper ['prɔ-]: ~ ге[о]ме́трия geómetry próper; ~ го́ро[д] the cíty próper [...'sɪ-...]; **2.** *ка[к] вводн. сл., тж.* ~ говоря́ as a mátt[er] of fact, stríctly / próperly spéaking э́то, ~, не совсе́м так stríctly próperly spéaking it is not qui[te] like that; э́тим, ~, и объясня́етс[я] this, in fact, expláins.

собственнору́чн||о *нареч.* wi[th] one's own hand [...oun...]. **~ый** aut[o-]gráphic; ~ая по́дпись sign mánua[l] [saɪn...], áutogràph; ~ое письм[о] hólogràph (létter).

со́бственн||ость *ж.* própertу; об[-]ще́ственная ~ sócial própertу; co

:иалисти́ческая ~ sócialist próperty; 'осуда́рственная ~ State próperty; и́чная ~ pérsonal próperty; ча́ст-:ая ~ prívate próperty ['praɪ-...]; :емéльная ~ (próperty in) land; бщая ~ cómmon / joint próperty; :тать ~остью наро́да pass into the ɔossession of the people [...-'ze-..pɪː-]. **~ый** own [oun]; в ~ые ɔу́ки in smb.'s own hands; (*надпись на конверте и т. п.*) pérsonal; чу́в-:ство ~ого досто́инства próper pride 'prɔ-...], sélf-respéct, dígnity; ~ая ɔы́года *one's* own prófit; ~ой пер-:о́ной *как нареч.* in pérson; и́мя ~ое *грам.* próper name / noun; в ~ом смы́сле in the true sense.

собуты́льник *м. разг.* boon com-ра́nion [...-'pæ-].

собы́ти||е *с.* evént; теку́щие ~я :úrrent evénts; после́дние ~я látest levélopments; ~я развива́ются evénts are móving [...'muː-]; э́то бы́ло боль-шим ~ем it was a great evént [...-eɪt...].

сова́ *ж.* owl; бе́лая ~ snówy owl ['snouɪ...]; уша́стая ~ lóng-éared owl, hórned owl.

сова́ть, су́нуть (*вн.*) poke (*d.*), thrust* (*d.*), shove [ʃʌv] (*d.*), slip (*d.*); ~ что-л. в карма́н thrust* / slip / tuck smth. into one's pócket; ~ ру́ки в карма́ны thrust* one's hands into one's póckets; ◇ ~ свой нос poke one's nose, pry. **~ся,** су́-нуться (в *вн.*) *разг.* butt (in), poke one's nose (into); ~ся с сове́тами butt in, *или* be óver-réady with, advíce [...-'re-...].

совёнок *м.* ówlet.

соверша́ть, соверши́ть (*вн.*) **1.** ac-cómplish (*d.*), perfórm (*d.*); (*о преступлении и т. п.*) commít (*d.*), pér-petràte (*d.*); ~ по́двиг accómplish a feat, perfórm a feat of válour; ~ кругосве́тное путеше́ствие go* round the world; ~ пое́здку go* for a trip; ~ пое́здку по стране́ go* on a tour of the cóuntry [...tuə...'kʌ-]; ~ оши́бку make* a mistáke; (*грубую*) commít / pérpetràte a blúnder; **2.** (*заключать*); ~ сде́лку make* / strike* a bárgain. **~ся,** соверши́ться **1.** *уст.* (*происходить*) háppen; **2.** *поэт.* (*кончаться*) be perfórmed / accóm-plished; **3.** *страд. к* соверша́ть.

соверше́ние *с.* accómplishment, ful-fílment [ful-]; (*о преступлении и т.п.*) pèrpetrátion.

соверше́нно *нареч.* ábsolùte¦ly, quite, tótal¦ly, útterly; (*в совершенстве*) pérfectly; ~ незнако́мый челове́к tótal / pérfect stránger [...'streɪ-]; ~ го́лый quite / stark náked; ~ не-доста́точный àltogéther / útterly in-ádequate [-'ge-...]; ~ ве́рно quite so, quite right, quite true; вы ~ пра́вы you are pérfectly / quite right.

совершенноле́т||ие *с.* majórity, full age; достига́ть ~ия come* of age, attáin one's majórity. **~ний** ádùlt ['æ-], of the full légal age; быть ~ним be of age.

соверше́нн||ый I **1.** (*превосходный*) pérfect; **2.** (*несомненный, полный*) ábsolùte; ~ая пра́вда ábsolùte / exáct / precíse truth [...-'saɪs -uːθ]; ~ дура́к pérfect ídiot, dównright fool; ~ое разоре́ние tótal rúin.

соверше́нный II: ~ вид *грам.* perféctive áspèct.

соверше́нств||о *с.* perféction; верх ~а the peak / pink of perféction; достига́ть ~а attáin / achíeve per-féction [...-iːv...]; доводи́ть до ~а (*вн.*) bring* to perféction (*d.*); в ~е pérfectly, to perféction. **~ование** *с.* perféction.

соверше́нствовать, усоверше́нство-вать (*вн.*) perféct (*d.*), impróve [-uːv] (*d.*); ~ свой тала́нт cúltivàte one's tálent [...'tæ-]. **~ся,** усоверше́нст-воваться **1.** (в *пр.*) perféct òne¦sélf (in); **2.** *страд. к* соверше́нствовать.

соверши́ть(ся) *сов. см.* соверша́ть (-ся).

со́веститься, посо́веститься (*рд.*, + *инф.*) be ashámed (of, of *ger.*).

со́вестлив||ость *ж.* cònsciéntious¦-ness [-ʃɪ'en-]. **~ый** cònsciéntious [-ʃɪ'en-].

со́вестно *предик. безл.*: ему́ ~ за неё he is ashámed of her; ему́ ~ сде́лать э́то he would be ashámed to do it; как вам не ~! have you no shame?, you ought to be ashámed of your¦sélf!

со́вест||ь *ж.* cónscience [-ʃəns]; чи́-стая ~ good / clear cónscience; не-чи́стая ~ guílty cónscience; име́ть что-л. на (свое́й) ~и have smth. on one's cónscience; по чи́стой ~и with a clear cónscience; для очи́стки, успокое́ния ~и for cónscience' sake; to clear one's cónscience; поступа́ть про́тив ~и act agáinst one's cón-science; поступа́ть по ~и act accórd-ing to one's cónscience, fóllow the dictátes of one's cónscience; усып-ля́ть ~ lull the cónscience; без за-зре́ния ~и remórse¦lessly, without a twinge of cónscience; чу́вствовать угрызе́ния ~и be cónscience-strìcken [...-ʃəns-]; по ~и говоря́ hónest¦ly (spéaking) ['ɔnɪst-...].

сове́т I *м.* (*орган государственного управления в СССР*) Sóvièt; Верхо́в-ный Сове́т СССР Sùpréme Sóvièt of the USSR; Сове́т Сою́за Sóvièt of the Union; Сове́т Национа́льно-стей Sóvièt of Nàtionálities [...næ-]; Сове́т депута́тов трудя́щихся Só-vièt of Wórking People's Députies [...piː-...]; областно́й ~ régional Só-vièt; краево́й ~ Sóvièt of *a* térritory; райо́нный ~ dístrict Sóvièt; город-ско́й ~ town Sóvièt; се́льский ~ víllage Sóvièt; Съезд Сове́тов Cón-gress of Sóvièts; Сове́т рабо́чих, крестья́нских и красноарме́йских де-путатов *ист.* Sóvièt of Wórkers', Péasants' and Red Ármymen's Dép-uties [...'pez-...].

сове́т II *м.* (*административный или общественный орган*) cóuncil; Сове́т Мини́стров Cóuncil of Mínis-ters; Сове́т Безопа́сности Secúrity Cóuncil; Сове́т Экономи́ческой Взаи-мопо́мощи the Cóuncil for Mútual Èconómic Aid [...iːk-...].

сове́т III *м.* (*наставление*) advíce, cóunsel; (*юриста*) opínion; по его́ ~у accórding to his advíce, on his advíce; он дал мне хоро́ший ~ he gave me a piece of good advíce [...piːs...]; он дал мне мно́го ~ов he gave me many píeces of advíce; сле́довать чьему́-л. ~у fóllow / take* smb.'s advíce; послу́шайтесь моего́ ~а take my advíce.

сове́т IV *м.* (*совещание*) cóuncil; вое́нный ~ cóuncil of war; семе́й-ный ~ doméstic / fámily cóuncil; держа́ть ~ (с *тв.*) take* cóunsel (with).

сове́тник *м.* **1.** advíser, cóunsellor; техни́ческий ~ téchnical advíser; **2.** (*чин, должность*) cóuncillor; ~ посо́льства cóunsellor of *the* Émbassy.

сове́товать, посове́товать (*дт. вн.*; *дт.* + *инф.*) advíse (*d. d.*; *d.* + to *inf.*); cóunsel (*i. d.*). **~ся,** посове́-товаться **1.** (с *тв.*; *спрашивать совета*) consúlt (*d.*); seek* advíce / cóunsel (from), ask advíce (of); talk things óver (with) *разг.*; **2.** (*между собой*) take* cóunsel.

сове́тск||ий Sóvièt (*attr.*); Сове́т-ский Сою́з the Sóvièt Únion; ~ая власть Sóvièt pówer, Sóvièt góvern-ment [...'gʌ-]; ~ строй Sóvièt sýstem; ~ое госуда́рство Sóvièt State.

сове́тч||ик *м.*, **~ица** *ж.* advíser, cóunsellor.

совеща́||ние *с.* (*заседание*) cónfer-ence, méeting; (*обсуждение*) delìberá-tion, cònsultátion, debáte; произ-во́дственное ~ prodúction méeting; cónference on prodúction. **~тельный** consúltative, delíberàtive; ~тельный го́лос delíberàtive vote; ~тельный о́рган delíberàtive / consúltative bódy [...'bɔ-].

совеща́ться **1.** (о *пр.*) delíberàte (on), consúlt (on, about), hold* a cònsultátion (on); **2.** (с *тв.*) confér (with), take* cóunsel (with).

Совинформбюро́ *с.* (Сове́тское ин-формацио́нное бюро́) *ист.* Sóvièt Ìnformátion Buréau [...-'rou].

сови́ный owl's, ówlish.

совлада́ть *сов.* (с *тв.*) *разг.* con-tról [-oul] (*d.*); (*одолеть кого-л.*) get* the bétter (of); ~ с собо́й contról òne¦sélf.

совладе́||лец *м.* joint ówner / pro-príetor [...'ounə...]. **~ние** *с.* joint ównership / próperty [...'oun-...].

совмести́м||ость *ж.* compàtibílity. **~ый** (с *тв.*) compátible (with).

совмести́тель *м.* plúralist; hólder of more than one óffice. **~ство** *с.* plúralism; hólding of more than one óffice; по ~ству plùralístically; рабо́тать по ~ству = совмести́тельствовать.

совмести́тельствовать plúralìze; hold* more than one óffice.

совмести́ть(ся) *сов. см.* совмеща́ть(ся).

совме́стн||о *нареч.* in cómmon, jóintly; (*решать, обсуждать*) in cónference; владе́ть ~ (*тв.*) share (*d.*), posséss jóintly [-'zes...] (*d.*). **~ый** joint, combíned: ~ое владе́ние joint ównership [...'ou-]; ~ое заявле́ние joint státe¦ment / dèclarátion; ~ое заседа́ние joint sítting; — ~ые де́йствия joint / concérted áction *sg.*; *воен.* combíned òperátions; в тече́ние их ~ой жи́зни dúring their life togéther [...-'ge-]; ~ая рабо́та téam-wòrk; ~ое обуче́ние có-èducátion.

совмещ||а́ть, совмести́ть **1.** (*вн.* с *тв.*) combíne (*d.* with); ~ рабо́ту с учёбой combíne work with stúdy [...'stʌdɪ]; ~ поле́зное с прия́тным combíne búsiness with pléasure [...'bɪzn-... 'pleʒə]; **2.** (*вн.*) *тех.* bring* in line (*d.*); **3.** = совмести́тельствовать; ~ рабо́ту машини́стки и секретаря́ work as týpist and sécretary [...'taɪ-...]. **~а́ться,** совмести́ться **1.** combíne, be combíned; **2.** *мат., тех.* (*совпадать при наложении*) be mátched, match. **~е́ние** *с.* **1.** còmbinátion; **2.**: ~е́ние не́скольких должносте́й hólding of more than one óffice / appóintment; **3.** *мат., тех.* (*совпадение при наложении*) mátching; ~е́ние стре́лок mátching the póinters; систе́ма ~е́ния стре́лок fóllow-the-póinter sýstem.

Совнарко́м *м.* (Сове́т Наро́дных Комисса́ров) *ист.* Cóuncil of Péople's Còmmissárs [...pi:-...].

Совнархо́з *м.* (Сове́т наро́дного хозя́йства) Cóuncil of Nátional Ècónomy [...'næ- i:-], Èconómic Cóuncil [i:-...].

сово́к *м.* scoop; (*для сора*) dúst-pàn.

совокуп||и́ться *сов. см.* совокупля́ться. **~ле́ние** *с.* còpulátion.

совокупля́ться, совокупи́ться cópulàte.

совоку́пн||о *нареч.* jóintly, in cómmon. **~ость** *ж.* tòtálity [tou-], the ággregate; the sum tótal; ~ость пробле́м the whole cómplèx of próblems [...houl... 'prɔ-]; в ~ости in tótal, in the ággregate; по ~ости ули́к on the strength of all the évidence; по ~ости дохо́дов on the básis of *one's* tótal in¦come. **~ый** joint, combíned, ággregate; ~ые уси́лия combíned éfforts.

совпад||а́ть, совпа́сть (с *тв.*) cò¦incíde (with); concúr [-n-] (with); не ~ dìsagrée (with); свиде́тельские показа́ния не ~а́ют the évidence is conflícting. **~е́ние** *с.* cò¦íncidence.

совпа́сть *сов. см.* совпада́ть.

соврати́тель *м.,* **~ница** *ж.* sedúcer.

соврати́ть(ся) *сов. см.* совраща́ть (-ся).

совра́ть *сов. см.* врать.

совращ||а́ть, соврати́ть (*вн.*) sedúce (*d.*), pervért (*d.*); ~ с пути́ (и́стинного) lead* astráy (*d.*). **~а́ться,** соврати́ться go* astráy. **~е́ние** *с.* sedúcing, sedúction.

совреме́нн||ик *м.,* **~ица** *ж.* contémporary. **~ость** *ж.* **1.** (*одновременность*) contèmporanéity [-'ni:ɪtɪ]; **2.** (*современная эпоха*) the présent [... 'prez-]. **~ый** contémporary; (*соответствующий эпохе*) módern ['mɔ-]; úp-to-dáte; ~ая литерату́ра contémporary / módern líterature; ~ое положе́ние présent sìtuátion ['prez-...]; быть ~ым be on módern lines.

совсе́м *нареч.* quite, entíre¦ly, tóta¦ly; он ~ молодо́й he is quite a young man* [...jʌŋ...]; ~ не то nóthing of the kind; он ~ разорён he is entíre¦ly rúined; ~ не not in the least; мне э́то ~ не нра́вится I don't like it a bit; он меня́ ~ не зна́ет he does¦n't know me at all [...nou...]; он э́того ~ не ожида́л he never expécted that; ~ нет not at all; ~ слепо́й stóne-blínd; ~ глухо́й stóne-déaf [-'def]; ~ сумасше́дший stark mad; он ~ не горд he is by no means proud; уйти́, уе́хать ~ (*навсегда*) leave* for good.

совхо́з *м.* State farm, sóvkhòz. **~ный** State farm (*attr.*), sóvkhòz (*attr.*).

согбе́нный *уст.* bent, stóoping.

согла́с||ие *с.* **1.** consént, assént; дава́ть своё ~ give* one's consént; с о́бщего ~ия by cómmon consént; взаи́мное ~ mútual consént; по обою́дному ~ию, с обою́дного ~ия in consént; by mútual consént / agréement; молча́ние — знак ~ия sílence gives consént ['saɪ-...]; **2.** (*взаимопонимание, дружба*) accórd; cóncòrd; hármony; жить в ~ии live in hármony / cóncòrd [lɪv...]; ◇ в (по́лном) ~ии (с *тв.*) in (full) accórd (with), in (compléte) agréement (with). **~и́тельный** concíliatory. **~и́ться** *сов. см.* соглаша́ться.

согла́сно 1. *нареч.* in accórd, in hármony; жить ~ live in hármony / cóncòrd [lɪv...]; петь ~ sing* in pérfect hármony; **2.** *как предл.* (*дт.*) accórding to; ~ конститу́ции únder the cònstitútion; cònstitútionally; ~ междунаро́дному пра́ву únder ìnternátional law [...-'næ-...]; ~ мо́де accórding to fáshion, áfter the fáshion; **3.** *как предл.*: ~ с (*тв.*) in accórdance with; ~ с реше́нием комите́та in accórdance with the decísion of the commíttee [...-tɪ].

согла́сность *ж.* **1.** (*мнений, показаний и т. п.*) con¦córdance; **2.** (*пения и т. п.*) hármony.

согла́сн||ый I 1. (на *вн.*) agréeable [ə'grɪə-] (to); быть ~ым agrée (to) consént (to); (*быть готовым*) be réady [...'re-] (for); be wílling (+ to *inf.*); **2.** (с *тв.*) con¦córdant (with); быть ~ым agrée (with smb., to smth.) он с ва́ми не согла́сен he does¦n't agrée with you, he is not of your opínion, he does¦n't hold with your view [...vju:]; все ~ы с э́тим évery¦òne agrées to this; **3.** (*гармоничный*) hàrmónious, con¦córdant.

согла́сный II *лингв.* **1.** *прил.* cònsonánt(al); cónsonant; **2.** *м. как сущ.* cónsonant.

согласова́ние *с.* **1.** con¦córdance, agréement; **2.** *грам.* cóncòrd, agréement; граммати́ческое ~ grammátical agréement; ~ времён séquence of ténses ['si:-...].

согласо́ванн||о *нареч.* in cóncòrd. **~ость** *ж.* cò-òrdinátion. **~ый 1.** *прич. см.* согласо́вывать; **2.** *прил.* cò-órdinàted, (pré¦)concérted; ~ый текст (*договора и т. п.*) agréed text.

согласова́ть(ся) *сов. см.* согласо́вывать(ся).

согласо́вывать, согласова́ть (*вн.* с *тв.*) **1.** cò-órdinàte (*d.* with); ~ что-л. с кем-л. submít smth. to smb.'s appróval [...-ru:-]; come* to an agréement with smb. about smth.; **2.** *грам.* make* (*d.*) agrée (with). **~ся,** согласова́ться **1.** (с *тв.*; *сообразоваться, соответствовать*) confórm (to); **2.** *грам.* agrée (with); **3.** *страд.* к согласо́вывать.

соглаша́тель *м. полит.* concíliàtor. **~ский** *полит.* concíliàting; ~ский подхо́д (к) cómpromìsing áttitùde / appróach (to). **~ство** *с. полит.* concìliátion, cómpromìse; поли́тика ~ства the pólicy of cómpromìse.

соглаша́ться, согласи́ться **1.** (на что-л.) consént (to smth.), agrée (to smth.), assént (to smth.); **2.** (с чем-л.; *с мнением*) agrée (with smth.), concúr [-n-] (with smth.); (с кем-л.) agrée (with smb.); (*уступать*) concéde (to smb.); (*без доп.*; *между собой*) agrée; согласи́тесь, что you must admít that; все согласи́лись с ора́тором évery¦òne agréed / concúrred with the spéaker; не ~ dìsagrée, dissént.

соглаше́н||ие *с.* **1.** agréement, ùnderstánding; приходи́ть к ~ию, достига́ть ~ия come* to an agréement / ùnderstánding, reach an agréement; come* to terms; по взаи́мному ~ию by mútual agréement / consént; по ~ию с кем-л. in agréement with smb.; **2.** (*договор*) agréement, cóvenant ['kʌ-]; заключа́ть ~ (с *тв.*) énter into an agréement (with); cóvenant (with).

соглядата́й *м. уст.* spy.

согна́ть *сов. см.* сгоня́ть.

согну́ть *сов. см.* гнуть 1 *и* сгиба́ть. **~ся** *сов. см.* гну́ться *и* сгиба́ться.

сограждани́н *м.* féllow cítizen.

согрева́ние *с.* wárming.

согрева́ть, согре́ть (*вн.*) warm (*d.*), heat (*d.*): согре́ть ру́ки warm *one's* hands; согре́ть во́ду heat the wáter [...'wɔː-]. **~ся,** согре́ться **1.** warm (òne¦sélf), grow* / get* warm [-ou...]; **2.** *страд. к* согрева́ть.

согрева́ющий: ~ компре́сс cómprèss.

согре́ть(ся) *сов. см.* согрева́ть(ся).

согреш||е́ние *с. уст.* sin, tréspass, trànsgréssion. **~и́ть** *сов.* (про́тив) *уст.* sin (agáinst), tréspass (agáinst), trànsgréss (*d.*).

со́да *ж. хим.* sóda; (*питьевая*) báking / cóoking sóda; (*стиральная*) wáshing sóda.

соде́йстви||е *с.* assístance, help; good óffices *pl.*; при ~и кого́-л. with smb.'s assístance / help; ока́зывать ~ кому́-л. rénder smb. assístance.

соде́йствовать *несов. и сов.* (*сов. тж.* посоде́йствовать) (кому́-л.) assíst (smb.), help (smb.); (чему́-л.) fúrther [-ðə] (smth.), promóte (smth.), contríbùte (to smth.); make* (for smth.); (*чему-л. дурному*) abét (smth.); ~ разви́тию промы́шленности fúrther the devélopment of índustry; ~ успе́ху кого́-л. contríbùte to smb.'s succéss; ~ осуществле́нию чего́-л. facílitàte the èxecútion of smth.

содержа́н||ие *с.* **1.** máintenance, kéeping, úpkeep; расхо́ды по ~ию máintenance costs, rúnning costs; ~ под аре́стом cústody; **2.** (*иждивение*): быть на ~ии у кого́-л. be kept / suppórted by smb.; **3.** (*заработная плата*) pay, sálary; (*рабочих*) wáges *pl.*; окла́д ~ия rate of pay / sálary; без сохране́ния ~ия (*об отпуске*) without pay; **4.** (*содержимое*) contént; ~ кислоро́да в во́здухе contént of óxygen in the air; **5.** (*сущность*) mátter, súbstance; фо́рма и ~ form and contént; культу́ра национа́льная по фо́рме, социалисти́ческая по ~ию cúlture nátional in form, and sócialist in contént [...'næ-...]; ~ письма́ *и т. п.* conténts of *a* létter, *etc.*, *pl.*; ~ кни́ги conténts *pl.*; (*тема*) súbject-màtter of *a* book; кра́ткое ~ súmmary, ábstràct; ~ всей его́ жи́зни the bé-àll and énd-àll of his life; **6.** (*оглавление*) conténts *pl.*

содержа́нка *ж. уст.* kept wóman* [...'wu-].

содержа́тель *м. уст.* (*гостиницы и т. п.*) lándlòrd. **~ница** *ж.* (*гостиницы и т. п.*) lándlàdy.

содержа́тельн||ость *ж.* píthiness. **~ый** píthy; (*о книге, речи и т. п.*) ínteresting.

содержа́ть (*вн.*) **1.** keep* (*d.*), maintáin (*d.*), suppórt (*d.*); ~ семью́ suppórt / keep* *a* fámily; ~ а́рмию maintáin *an* ármy; **2.** (*вмещать, заключать в себе*) contáin (*d.*); руда́ соде́ржит мно́го желе́за the ore contáins much íron [...'aɪən], the ore is rich in íron; буты́лка соде́ржит литр the bóttle holds a litre [...'liːtə]; статья́ соде́ржит мно́го поле́зных све́дений the árticle contáins much úse¦ful ìnformátion [...'juːs-...]; **3.** (*держать*) keep* (*d.*); ~ в поря́дке keep* in órder (*d.*); ~ в чистоте́ keep* clean (*d.*); ~ в испра́вности keep* in (wórking) órder (*d.*); ~ под аре́стом keep* únder arrést (*d.*); ~ в тюрьме́ keep* in príson [...-ɪz-] (*d.*). **~ся 1.** (в *пр.*; *находиться*) contáin (+ *subject*), *причём подлежащее при русск. глаг. передаётся через прямое доп.* (*d.*): в э́той руде́ соде́ржится мно́го желе́за this ore contáins much íron [...'aɪən]; в э́той кни́ге соде́ржится мно́го поле́зных све́дений this book contáins much úse¦ful ìnformátion [...'juːs-...]; — в буты́лке соде́ржится два ли́тра the bóttle holds two litres [...'liː-]; (*ср.* быть, находи́ться, име́ться); **2.** *страд. к* содержа́ть.

содержи́мое *с. скл. как прил.* conténts *pl.*

со́дов||ый sóda (*attr.*): ~ая вода́ sóda (wáter) [...'wɔː-].

содокла́д *м.* (*о лекции*) có-lécture; (*об отчёте*) có-repórt. **~чик** *м.* có-lécturer; có-repórter; (*ср.* содокла́д).

содо́м *м.* úp¦roar, row.

содра́ть *сов.* **1.** *см.* сдира́ть; **2.** *как сов. к* драть 3.

содрога́ние *с.* shúdder; приводи́ть кого́-л. в ~ make* smb.'s flesh creep.

содрог||а́ться, содрогну́ться shúdder. **~ну́ться** *сов. см.* содрога́ться.

содру́жеств||о *с.* cóncòrd; рабо́тать в те́сном ~е с кем-л. work in close cò-òperátion / collàborátion with smb. [...-s...]; ~ социалисти́ческих на́ций cóncòrd / cò-òperátion of sócialist nátions; ~ нау́ки и произво́дства cò-òperátion / collàborátion of scíence and indústrial prodúction; ◇ Брита́нское ~ на́ций Brítish Cómmonwealth of Nátions [...-we-...].

со́евый sóy-bean (*attr.*).

соедине́н||ие *с.* **1.** (*действие*) jóining, júnction; (*сочетание*) còmbinátion; ме́сто ~ия júnction, joint; **2.** *хим., мат.* còmbinátion; **3.** *воен.* fòrmátion; общевойсково́е ~ fòrmátion; large únit *амер.*

соединённ||ый *прич. и прил.* ùníted; *прил. тж.* joint; ~ыми уси́лиями by joint éfforts.

соедини́тельн||ый connécting; ~ая ткань *анат.* connéctive / conjúnctive tíssue; ~ сою́з *грам.* cópulative; ~ая части́ца *грам.* connéctive.

соедини́ть(ся) *сов. см.* соединя́ть (-ся).

соединя́ть, соедини́ть (*вн.*) **1.** join (*d.*), ùníte (*d.*); **2.** (*о средствах связи или путях сообщения*) connéct (*d.*); (*по телефону*) put* through (*d.*); **3.** *хим.* combíne (*d.*). **~ся,** соедини́ться **1.** ùníte; Пролета́рии всех стран, соединя́йтесь! Wórkers of the world, ùníte!; **2.** *хим.* combíne; **3.** *страд. к* соединя́ть.

сожале́н||ие *с.* **1.** regrét, vexátion; к его́ ~ию to his regrét; вы́разить ~ expréss regrét; чу́вство ~ия a féeling of regrét; **2.** (к; *жалость*) píty ['pɪ-] (for); из ~ия (к) out of píty (for); возбужда́ть ~ в ком-л. inspíre smb.'s píty; ◇ к ~ию ùnfórtunate¦ly [-tʃnɪt-]; к ~ию, у меня́ нет книг ùnfórtunate¦ly I have no books.

сожале́||ть 1. (о чём-л.) regrét (smth.); deplóre (smth.); он ~ет, что не поду́мал об э́том ра́ньше he wíshes he had thought of it befóre; **2.** (о ком-л.) píty ['pɪ-] (smb.), be sórry (for smb.).

сожже́н||ие *с.* búrning, consúming; (*кремация*) cremátion; предава́ть ~ию (*вн.*) commít to the flames (*d.*).

сожи́тель *м.* **1.** (*по комнате*) róom-màte; **2.** (*любовник*) lóver ['lʌ-]. **~ница** *ж.* **1.** (*по комнате*) róom-màte *f.*; **2.** (*любовница*) cóncubìne. **~ство** *с.* **1.** (*совместная жизнь*) life / líving togéther [...'lɪv- -'ge-]; **2.** (*связь*) cò¦hàbitátion. **~ствовать 1.** (*жить совместно*) keep* house togéther [...-s -'ge-]; **2.** (*находиться в связи*) cò¦hábit.

сожра́ть *сов. см.* жрать.

созва́ниваться, созвони́ться (с *тв.*) *разг.* get* in touch óver the télephòne [...tʌtʃ...] (with), call up (*d.*).

созва́ть *сов. см.* созыва́ть *и* сзыва́ть.

созве́здие *с.* cònstellátion.

созвони́ться *сов. см.* созва́ниваться.

созву́ч||ие *с.* accórd, cónsonance. **~ный** (*дт.*) cónsonant (with, to), in kéeping / hármony (with); ~ный эпо́хе in kéeping / tune with the times.

создава́ть, созда́ть (*вн.*; *в разн. знач.*) crèáte (*d.*); (*об учении, теории*) found (*d.*), oríginàte (*d.*); (*об организации и т. п.*) set* up (*d.*), estáblish (*d.*); ~ роль *театр.* crèáte *a* part; ~ иллю́зию crèáte / fóster *an* illúsion; ~ настрое́ние crèáte *the* mood; ~ усло́вия для рабо́ты crèáte condítions for work; ~ мо́щную промы́шленность crèáte a pówerful / vígorous índustry; ~ архитекту́рные анса́мбли crèáte àrchitéctural ensémbles [...ɑːkɪ- ɑːn'sɑːmblz]; ~ впечатле́ние make* an impréssion; он не со́здан для э́того he is not made for it. **~ся,** созда́ться **1.** be crèáted; (*возникать*) aríse*, spring* up; создало́сь о́строе положе́ние a crítical sìtuátion aróse; у него́ создало́сь впечатле́ние, что he gained /

gáthered the impréssion that; 2. *страд.* к создавáть.

создáние *с.* 1. (*действие*) crèátion, máking; 2. (*произведение*) crèátion, work; 3. (*существо*) créature.

создáтель *м.*, **~ница** *ж.* crèátor; (*учения, теории*) fóunder, oríginàtor.

создáть(ся) *сов. см.* создавáть(ся) *и* созидáть(ся).

созерцáние *с.* còntèmplátion.

созерцáтель *м.*, **~ница** *ж.* cóntèmplàtor. **~ный** cóntèmplàtive, méditàtive.

созерцáть (*вн.*) cóntèmplàte (*d.*).

созидáние *с.* crèátion.

созидáтель *м.* crèátor. **~ный** crèátive, constrúctive; мúрный ~ный труд péace¦ful constrúctive lábour.

созидáть, создáть (*вн.*) crèáte (*d.*). **~ся**, создáться be crèáted.

сознавáть, сознáть (*вн.*) 1. (*понимать*) be cónscious [...-nʃəs] (of), réalìze ['rɪə-] (*d.*); ясно ~ (*опасность и т. п.*) be alíve (to), be fúlly a¦wáre [...'fu-...] (of); он не сознаёт, что дéлает he does not réalìze what he is doing; 2. (*признавать*) récognìze (*d.*), acknówledge [-'nɔ-] (*d.*); ~ свою винý acknówledge one's guilt; ~ свой долг récognìze one's dúty. **~ся**, сознáться 1. (в *пр.*) conféss (*d.*); нельзя не сознáться, нáдо сознáться it must be conféssed; подсудúмый сознáлся the accúsed pléaded guílty; 2. *страд.* к сознавáть.

сознáни||е *с.* 1. cónscious¦ness [-nʃəs-]; клáссовое ~ cláss-cónscious¦ness [-nʃəs-]; развивáть клáссовое ~ масс devélop the cláss-cónscious¦ness of the másses [-'ve-...]; ~ дóлга sense of dúty; с ~ем своегó превосхóдства with cónscious supèriórity [...-ʃəs...]; 2. (*признание*) conféssion; ◇ терять ~ lose* cónscious¦ness [lu:z...]; faint; swoon; приходúть в ~ recóver / regáin cónscious¦ness [-'kʌ-...]; быть, лежáть без ~я be, lie* ún¦cónscious [...-nʃəs]; быть в ~и be cónscious.

сознáтельн||о *нареч.* 1. cónscious¦ly [-nʃəs-]; (*добросовестно*) cònsciéntious¦ly [kɔnʃɪ-]; ~ относúться к своúм обязанностям be mínd¦ful of one's dúties; 2. (*с умыслом*) delíberate¦ly. **~ость** *ж.* 1. cónscious¦ness [-nʃəs-], cònsciéntious¦ness [kɔnʃɪ-]; клáссовая ~ость cláss-cónscious¦ness [-nʃəs-]; высóкая политúческая ~ость high polítical cónscious¦ness / intélligence; 2. (*намеренность, обдуманность*) delíberate¦ness. **~ый** 1. cónscious [-nʃəs]; (*добросовестный*) cònsciéntious [kɔnʃɪ-]; ~ый рабóчий cláss-cónscious wórker [-nʃəs...]; человéк — существó ~ое man* is a cónscious bé¦ing; ~ое отношéние к трудý cònsciéntious áttitùde towards / to lábour / work; 2. (*намеренный, обдуманный*) delíberate; ~ый постýпок delíberate act.

сознáть(ся) *сов. см.* сознавáть(ся).

созревáние *с.* rípen¦ing; половóе ~ pubéscence.

созревáть, созрéть rípen, matúre; план созрéл the plan has matúred.

созрéвший 1. *прич. см.* созревáть; 2. *прил.* ripe, matúre.

созрéть *сов. см.* созревáть *и* зреть I.

созы́в *м.* cònvocátion; ~ заседáния cálling of *a* méeting; пéрвая сéссия четвёртого ~а first séssion of the fourth cònvocátion [...fɔ:θ...].

созывáть, созвáть (*вн.*) call (togéther) [...-'ge-] (*d.*), súmmon (*d.*); (*о Верховном Совете и т. п.*) convóke (*d.*), convéne (*d.*); (*о митинге*) call (*d.*); (*о гостях*) invíte (*d.*); ~ Совéт Безопáсности súmmon the Secúrity Cóuncil.

соизволéние *с. уст.* assént, àpprobátion.

соизвóлить *сов. см.* соизволять.

соизволять, соизвóлить (+*инф.*) *уст., ирон.* deign [deɪn] (+to *inf.*), be pleased (+ to *inf.*).

соиздáтель *м.* cò-públisher [-'pʌ-].

соизмерúм||ость *ж.* commènsurabílity. **~ый** (с *тв.*) comménsurable (with).

соискá||ние *с.* còmpetítion. **~тель** *м.* (*рд.*) compétitor (for).

сóйка *ж. зоол.* jay.

сойтú *сов. см.* сходúть I. **~сь** *сов. см.* сходúться.

сок *м.* juice [dʒu:s]; (*растений тж.*) sap; берёзовый ~ birch sap / wine; фруктóвые ~и fruit júices [-u:t...]; желýдочный ~ *физиол.* gástric juice; ◇ в пóлном ~ý in the prime of life; вари́ться в сóбственном ~ý *разг.* stew in one's own juice [...oun...].

сóкол *м.* fálcon ['fɔ:-]; гóрдые ~ы (*перен.; о лётчиках*) dáring hawks / éagles; ◇ гол как сокóл *разг.* ≅ as poor as Job, as poor as a church mouse* [...-s].

сокóлик *м.* ≅ my dear, my dárling.

соколúн||ый *прил.* к сóкол; ~ая охóта fálconry ['fɔ:-].

сокóльничий *м. скл. как прил. ист.* fálconer ['fɔ:-].

сокоотжимáлка *ж.* júicer ['dʒu:sə].

сократúм||ость *ж.* 1. *мат.* redùctibílity; 2. *физиол.* còntràctílity. **~ый** 1. *мат.* redúctible; 2. *физиол.* contráctive, contráctile.

сократúть(ся) *сов. см.* сокращáть(-ся).

сокращ||áть, сократúть (*вн.*) 1. (*делать короче*) shórten (*d.*), cùrtáil (*d.*); (*о слове*) abbréviàte (*d.*); (*о книге и т. п.*) abrídge (*d.*); 2. (*уменьшать*) redúce (*d.*), cut* (down) (*d.*), cùrtáil (*d.*), retrénch (*d.*); сократúть вдвóе, напóловину cut* by half [...hɑ:f] (*d.*); ~ расхóды cut* down expénses, cùrtáil / retrénch expénses; ~ штат redúce the estáblishment, cut* down the staff; ~ произвóдство чегó-л. cùrtáil (the) prodúction of smth.; 3. *разг.* (*увольнять*) dismíss (*d.*), dis¦chárge (*d.*); lay* off (*d.*), give* the sack (*i.*) *разг.*; 4. *мат.* cáncel (*d.*), abbréviàte by càncèllátion (*d.*). **~áться**, сократúться 1. (*становиться короче*) shórten, grow* short [-ou...]; дни сократúлись *the* days have grown shórter; 2. (*уменьшаться в объёме, величине*) redúce, declíne; 3. *мат.* (на *вн.*) be cáncelled (by); дробь $^4/_8$ ~áется на 2 the fráction $^4/_8$ can be cáncelled by 2; 4. *физиол.* contráct; мы́шца ~áется the muscle contrácts [...mʌsl...]; 5. *тк. сов. разг.* (*ограничить себя*) cut* down (on expénses), tíghten the púrse-strìngs; придётся сократúться we'll have to cut down, we'll have to tíghten the púrse-strìngs; 6. *страд.* к сокращáть.

сокращéни||е *с.* 1. (*укорочение*) shórtening; ~ рабóчего дня shórtening of the wórking day; с ~ями (*о печатном труде*) abrídged; 2. (*уменьшение*) cútting down; cùrtáilment, redúction, cút-bàck; ~ вооружённых сил и вооружéний redúction in / of armed fórces and ármaments; ~ штáтов staff redúction, cútting down (of) the staff; увóлить по ~ю штáтов dismíss on grounds of redúndancy; ~ расхóдов *a* cut in expénditure; ~ врéмени èconomy / redúction of time [i:-...]; 3. (*слóва*) abbrèviátion; 4. *мат.* càncèllátion; 5. *физиол.* contráction; ~ сéрдца sýstole [-lɪ].

сокращённ||о *нареч.* (*суммарно*) bríefly [-i:f-]; (*употребляя сокращения*) in abbréviàted form. **~ый** 1. *прич. см.* сокращáть; 2. *прил.* (*краткий*) brief [-i:f]; ~ый курс (*какой-л. науки*) short course [...kɔ:s]; 3. *лингв.* (*о слове*) contrácted; (*в виде аббревиатуры*) abbréviàted; ~ое предложéние contrácted séntence.

сокровéнн||ость *ж.* sécrecy ['si:-]. **~ый** sécret; concéaled; (*о чувствах, мыслях и т. п. тж.*) ínner¦mòst, ín¦mòst.

сокрóвищ||е *с.* tréasure ['tre-]; ◇ ни за какúе ~а not for the world. **~ница** *ж.* tréasure-house* ['tre- -s], depósitory [-zɪ-]; (*перен. тж.*) tréasury ['tre-], stóre¦house* [-s]; ~ница знаний depósitory of léarning [...'lə:n-]; ~ница искýсства, литератýры tréasure-house* of art, líterature.

сокруш||áть, сокрушúть (*вн.*) 1. smash (*d.*), shátter (*d.*); ~ надéжды shátter / rúin hopes; ~ неприятеля òver¦whélm / rout the énemy; 2. (*печалить*) distréss (*d.*). **~áться** 1. be distréssed; (о *пр.*) grieve [-i:v] (for, óver); 2. *страд.* к сокрушáть. **~éние** *с.* 1. smáshing, destrúction; 2. (*печаль, раскаяние*) contrítion, grief [-i:f]; с ~éнием with contrítion.

сокруш||úтельный shàttering; ~ удáр shàttering / crúshing / knóck-óut blow [...-ou]; наносúть ~ удáр (*дт.*)

deal * / strike* a crúshing blow (to). ~и́ть *сов. см.* сокруша́ть.

скры́т||ие *с.* concéalment; (*о краденом*) recéiving [-'si:-]. **~ый** concéaled, sécret.

сокры́ть *сов.* (*вн.*) *уст.* hide* (*d.*), concéal (*d.*). **~ся** *сов. уст.* hide* (òne|sélf), concéal òne|sélf.

солга́ть *сов. см.* лгать.

солда́т *м.* sóldier ['souldʒə]; служи́ть в ~ах *уст.* be a sóldier, sóldier; ~ы и офице́ры men and óffícers; ófficers and men, ófficers and other ranks; ве́рный ~ революции fáithful sóldier of the Rèvolútion. **~ик** *м.* 1. *уменьш. от* солда́т; 2. (*игрушка*) tin / toy sóldier [...'souldʒə]. **~ка** *ж.* sóldier's wife* ['souldʒəz...]. **~ский** sóldier's ['souldʒəz]. **~чина** *ж. ист.* 1. (*рекрутский набор*) conscríption; 2. (*солдатская служба*) sóldiering ['souldʒərɪŋ].

солдафо́н *м. разг.* màrtinét.

солева́р *м.* sált-wòrker. **~енный, ~ный:** ~енный заво́д sált-wòrks. **~ня** *ж.* sáltèrn, sált-wòrks.

соле́ние *с.* sálting; (*заготовление впрок*) pícklіng.

солено́ид *м. эл.* sólenoid ['sou-].

солён||ость *ж.* salínity, sáltness. **~ый** salt; sálty, sálted; ~ая вода́ salt wáter [...'wɔ:-]; ~ая ры́ба salt fish; ~ый огуре́ц pickled cúcumber; ~ое мя́со corned beef.

соле́нье *с. об. мн.* salt / pickled provísions *pl.*, pickles *pl.*

солепромы́шленность *ж.* salt índustry.

солеци́зм *м. лингв.* sólecism.

солидариз||а́ция *ж.* máking cómmon cause. **~и́роваться** *несов. и сов.* (с *тв.*) hold* (with), ìdéntify òne|sélf [aɪ-...] (with), make* cómmon cause (with); ~и́роваться с чьим-л. мне́нием share smb.'s opínion, expréss one's sòlidárity with smb.

солида́рн||о *нареч.* jóintly. **~ость** *ж.* sòlidárity; кла́ссовая ~ость class sòlidárity; междунаро́дная ~ость трудя́щихся ìnternátional sòlidárity of the wórking people [-'næ-...pi:-]; из ~ости (с *тв.*) in sýmpathy (with). **~ый** (с *тв.*) sólidary (with); ~ое обяза́тельство *юр.* sólidary òbligátion.

соли́дн||ость *ж.* 1. solídity; 2. (*степенность, серьёзность*) reliabílity. **~ый** 1. sólid, strong; ~ая постро́йка stúrdy búilding [...'bɪ-]; ~ые зна́ния profóund knówledge [...'nɔ-] *sg.*; 2. (*надёжный, серьёзный*) reliable, sedáte; ~ый челове́к reliable man*; ~ый журна́л réputable màgazíne [...'zi:n]; 3. (*значительный, большой*) consíderable; ~ая су́мма consíderable / sízable sum.

солипси́зм *м. филос.* sólipsism.

соли́ст *м.*, **~ка** *ж.* sólò|ist.

солите́р [-тэ́р] *м. мин.* sòlitáire.

солитёр *м. зоол.* tápe-wòrm.

соли́ть, посоли́ть (*вн.*) 1. salt (*d.*); 2. (*заготовлять впрок*) pickle (*d.*); (*о мясе тж.*) corn (*d.*).

со́лка *ж.* 1. sálting; 2. (*заготовление впрок*) pícklіng; (*о мясе тж.*) córning.

со́лнечн||ый sun (*attr.*); sólar *научн.*; (*с ярким солнечным светом*) súnny; ~ свет sún|lìght, súnshìne; ~ луч súnbeam; ~ день súnny day; ~ое затме́ние sólar eclípse; ~ая систе́ма sólar sýstem; ~ые пя́тна *астр.* sún-spòts; окно́ выхо́дит на ~ую сто́рону the wíndow is on the súnny side; ✧ ~ая ва́нна sún-bàth*; ~ уда́р *мед.* súnstròke; ~ые часы́ sún-dìal *sg.*; ~ое сплете́ние *анат.* sólar pléxus.

со́лнц||е [со́н-] *с.* sun; ло́жное ~ *астр.* mock sun; pàrhélion; на (я́рком) ~ (*под его лучами*) in the (bright) sun; гре́ться на ~ bask in the sun, sun òne|sélf; по ~у (*при помощи солнца*) by the sun; (*о направлении*) with the sun, clóckwìse; про́тив ~а agáinst the sun; (*о направлении тж.*) cóunter-clóckwìse; ~ взошло́, зашло́ the sun has rísen, has set [...'rɪz-...]; ✧ го́рное ~ àrtifícial sún|lìght; до ~а befóre dawn.

солнцепёк [сон-] *м.*: на ~е in the blázing sun, right in the sun.

солнцестоя́ние [сон-] *с. астр.* sólstice.

со́ло *с. нескл. муз.* sólò.

солов||е́й *м.* níghtingàle; ✧ ~ья́ ба́снями не ко́рмят *погов.* ≅ fine words bútter no pársnips.

соло́вый (*о масти лошадей*) light bay.

соловьи́ный *прил. к* солове́й.

со́лод *м.* malt.

солодко́вый: ~ ко́рень *фарм.* líquorice [-kərɪs].

солодо́венный: ~ заво́д mált-house* [-s].

соложе́ние *с. тех.* máltage.

соло́м||а *ж.* straw; (*для крыши*) thatch, haulm; цвета ~ы stráw-còlour|ed [-kʌləd]. **~енный** straw (*attr.*); ~енная шля́па stráw-hàt; ~енная кры́ша thatch; ✧ ~енная вдова́ *разг.* grass wídow [...'wɪ-]. **~инка** *ж.* straw; ✧ хвата́ться за ~инку catch* / clutch at a straw.

соломоре́зка *ж. с.-х.* cháff-cùtter.

солони́на *ж.* salt / corned beef; (salt) junk *мор.*

соло́нка *ж.* sált-cèllar.

со́лоно *предик. безл.*: ему́ ~ пришло́сь *разг.* ≅ he got it hot; уйти́ не ~ хлеба́вши ≅ get* nothing for one's pains. **~ва́тый** sáltish.

солонча́к *м.* salíne, sált-màrsh. **~о́вый** *прил. к* солонча́к.

соль I *ж.* salt; (*перен.*) gist; пова́ренная ~ (cómmon) salt, sódium chlóride; столо́вая ~ táble-sàlt; ка́менная ~ róck-sàlt; морска́я ~ séa-sàlt; ню́хательная ~ smélling salts *pl.*; вот в чём ~ that's the point; ✧ ~ земли́ the salt of the earth [...ə:θ].

соль II *с. нескл. муз.* G [dʒi:], sol; ~-дие́з G sharp; ~-бемо́ль G flat; ключ ~ treble clef, G clef.

со́льн||ый *муз.* sólò (*attr.*); ~ но́мер, ~ая па́ртия sólò.

сольфе́джио *с. нескл. муз.* sòlféggiò [-dʒɪou], sòl-fá [-'fɑ:]; петь ~ sòl-fá.

солян||о́й salt (*attr.*); ~ы́е ко́пи sált-mìnes; ~о́е о́зеро sált-làke.

соля́н||ый: ~ая кислота́ hýdro|chlóric ácid.

соля́рий *м.* solárium (*pl.* -ria).

сом *м.* (*рыба*) shéat-fìsh.

сомати́ческий somátic(al).

со́мкнут||ый 1. *прич. см.* смыка́ть; 2. *прил.*: ~ строй *воен.* close órder [-s...]; ~ым стро́ем in close órder.

сомкну́ть(ся) *сов. см.* смыка́ть(ся).

сомна́мбул||а *ж.* sléep-wàlker; sòmnámbulist. **~и́зм** *м.* sléep-wàlking, sòmnámbulism. **~и́ческий** sòmnàmbulístic.

сомнева́||ться (в *пр.*) doubt [daut] (*d.*), have one's doubts (as to); не ~ в чём-л. make* no doubt of smth.; мо́жете не ~ (в *пр.*) you may trust (*d.*), you may relý (up|ón), you need not wórry [...'wʌ-] (abóut); мо́жно не ~, что there need be no doubt that; ~ в чьей-л. че́стности quéstion smb.'s hónesty [...-stʃ-... 'ɔn-]; ~юсь в его́ и́скренности I doubt his sincérity.

сомне́н||ие *с.* doubt [daut]; ~ в чём-л. doubt as to smth., doubt abóut / of smth.; в э́том нет ~ия there is no doubt abóut that; нет ~ия в том, что there can be no doubt that; разреша́ть ~ия put* an end to doubt; без ~ия, вне ~ия without / be|yónd doubt, ùndóubtedly [-'daut-]; подверга́ть что-л. ~ию call smth. in quéstion [...-stʃən], cast* doubt on smth.; устрани́ть ~ия remóve all doubts [-'mu:v...]; не подлежа́ть ~ию be be|yónd (any) doubt; его́ взя́ло ~ he begán to doubt / hésitàte [...-zɪ-]; что́бы не остава́лось ~ий lest there be any doubt.

сомни́тельн||о 1. *прил. кратк. см.* сомни́тельный; 2. *предик. безл.* it is dóubtful [...'daut-]. **~ость** *ж.* dóubtfulness ['daut-]. **~ый** 1. dóubtful ['daut-], quéstionable [-stʃən-]; ~ый комплиме́нт equívocal cómpliment; ~ое преиму́щество quéstionable advántage [...'vɑ:-]; еще́ бо́лее ~ым явля́ется то, что it is still more árguable that; 2. (*не внушающий доверия, подозрительный*) dúbious; (*о репутации тж.*) shády; ~ой че́стности of dúbious hónesty [...'ɔn-]; ~ые дела́ sharp práctice *sg.*

сомно́житель *м. мат.* fáctor.

сон *м.* 1. (*состояние*) sleep; slúmber (*тж. перен.*); во сне in one's sleep; сквозь ~ in one's sleep; со сна half a|wáke [hɑ:f...]; послеобе́-

денный ~ áfternóon nap; крéпкий ~ sound sleep; неспокóйный ~ troubled slúmber [trʌ-...]; вéчный ~, непробýдный ~ the etérnal sleep; спать сном прáведника sleep* the sleep of the just; на ~ грядýщий befóre (gó¦ing to) bed, befóre bédtime; егó клóнит ко сну he is sléepy; не однý ночь провёл он без сна he has not slept for many a night; 2. (*сновидение*) dream; вúдеть ~ dream*, have a dream; вúдеть во сне (*вн.*, что) dream* (abóut, that) (*ср. тж.* вúдеть); как во сне as if dréaming; емý э́то и во сне не снúлось he never dreamt of it [...dre-...].

сонаслéдни||к *м.* có¦héir [-'ɛə]; *юр.* có¦párcener. **~ца** *ж.* có¦héiress [-'ɛə-]; *юр.* có¦párcener.

сонáт||а *ж.* *муз.* sonáta [-'nɑ:-]. **~úна** *ж.* *муз.* sònatína [-ˈi:nə].

сонéт *м.* *лит.* sónnet.

сонлúв||ость *ж.* sléepiness, drówsiness [-zɪ-]; sómnolence, sómnolency *научн.* **~ый** sléepy, drówsy [-zɪ], slúmberous; sómnolent *научн.*

сонм *м.* *уст.* assémbly, crowd.

сóнмище *с.* = сонм.

сóнник *м.* dréam-book.

сóнн||ый 1. sléepy, drówsy [-zɪ], slúmberous; **~ое** состоя́ние sléepy / drówsy state; **~ая** болéзнь *мед.* sléeping-sìckness; **~ая** артéрия *анат.* carótid (ártery); 2. (*снотворный*) sléeping, sòmníferous; **~ые** кáпли sléeping-dráught [-'drɑ:ft] *sg.*, ópiate *sg.*; ◇ **~ое** цáрство the kíng¦dom of sleep; the land of Nod *идиом.*

сонóрный *лингв.* sonórous.

сóня *м.* и *ж.* *зоол.* dór¦mouse* [-s]; (*перен.*; *о человеке*) sléepyhead [-hed], drówsy-head [-zɪhed].

соображ||áть, сообразúть 1. (*вн.*; *размышлять*), consíder [-'sɪ-] (*d.*), pónder (*d.*, óver), think* out (*d.*); (*взвешивать*) weigh (*d.*), weigh the pros and cons (of); 2. (*понимать*) ùnderstánd*; хорошó ~ grasp quíckly; плóхо ~ be slow to grasp [...slou...]. **~éние** *с.* 1. consìderátion; принимáть в **~éние** take* into consìderátion; 2. (*понимание*) ùnderstánding; 3. (*причина, мысль*) consìderátion, réason [-z°n]; по финáнсовым **~éниям** for fináncial réasons; по семéйным **~éниям** for fámily réasons; вы́сказать своú **~éния** make* one's òbservátions [...-z-], expréss one's view [...vju:]; у негó своú **~éния** he has réasons of his own [...oun].

сообразúтельн||ость *ж.* quick wits *pl.*, quíckness of wit. **~ый** quick-witted, sharp, bright.

сообразúть *сов. см.* соображáть.

сообрáзно I *прил. кратк. см.* сообрáзный.

сообрáзно II *нареч.*: ~ с (*тв.*) in confórmity / complíance (with).

сообрáзн||ость *ж.* confórmity. **~ый** (с *тв.*) confórmable (to); ни с чем не **~ый** quite out of place; э́то ни с чем не **~о** this is no good at all, it makes no sense at all.

сообразовáть *несов.* и *сов.* (*вн.* с *тв.*) confórm (*d.* to): ~ расхóды с дохóдами confórm expénditure to ín¦come. **~ся** *несов.* и *сов.* (с *тв.*) confórm (to); **~ся** с обстоя́тельствами confórm to círcumstances.

сообщá *нареч.* togéther [-'ge-], (con)jóintly; дéйствовать ~ (с *тв.*) make* cómmon cause (with).

сообщ||áть, сообщúть 1. (*дт.* о *пр.*, *вн.*) repórt (to *d.*); let* (*d.*) know [...nou] (of), commúnicàte (to *d.*), impárt (to *d.*); *офиц.* infórm (*d.* of); ~ извéстие convéy / impárt / break* news [...-eɪk -z] (to); как **~áют** as it is repórted; он отказáлся сообщúть подрóбности he refúsed to give any détails [...'di:-]; 2. (*вн. дт.*; *придавать*) impárt (*d.* to). **~áться** 1. (*иметь связь, соединение*) be commúnicàted, commúnicàte; **~áющиеся** сосýды commúnicàting véssels; 2. (с *тв.*; *находиться в общении*) be in commùnicátion (with), commúnicàte (with); 3. *страд.* к сообщáть; как **~áлось** as it was repórted / annóunced. **~éние** *с.* 1. (*известие*) repórt, ìnformátion, commùnicátion; официáльное **~éние** offícial commùnicátion / ìnformátion; по **~éниям** печáти accórding to press repórts, accórding to the press; сдéлать **~éние** (*на научной конференции и т. п.*) read* a commùnicátion, make* a repórt; 2. (*связь*) commùnicátion; путú **~éния** means of commùnicátion; телегрáфное **~éние** tèlegráphic commùnicátion; железнодорóжное **~éние** ráilway commùnicátion/ sérvice; воздýшное **~éние** áerial commùnicátion ['ɛə-...]; установúть регуля́рное воздýшное **~éние** estáblish a régular air sérvice; прямóе **~éние** through sérvice.

сообществ||о *с.* assòciátion; ◇ в **~е** (с *тв.*) togéther [-'ge-] (with), in cò-òperátion (with).

сообщúть *сов. см.* сообщáть.

соóбщн||ик *м.*, **~ица** *ж.* accómplice, conféderate; *юр.* accéssory. **~ичество** *с.* complícity.

соорудúть *сов. см.* сооружáть.

сооруж||áть, соорудúть (*вн.*) build* [bɪld] (*d.*), eréct (*d.*); **~áемый** únder constrúction. **~éние** *с.* 1. (*действие*) búilding ['bɪld-], eréction; 2. (*здание*) strúcture, constrúction, eréction; воéнные **~éния** mílitary ìnstallátions; оборонúтельные **~éния** *воен.* defénsive works, defénces; долговрéменное **~éние** *воен.* pérmanent work; головнóе **~éние** héadwòrk ['hed-].

соотвéтственн||о 1. *нареч.* accórding¦ly, còrrespónding¦ly, confórmably; 2. *предл.* (*дт.*) accórding to, in accórdance / confórmity / complíance with; ~ указáниям in confórmity with instrúctions. **~ый** (*дт.*) còrrespónding (to), confórmable (to).

соотвéтств||ие *с.* accórdance, confórmity, complíance, còrrespóndence; в **~ии** с чем-л. in accórdance / confórmity / complíance with smth.; приводúть в ~ (*вн.* с *тв.*) bring* to confórmity (*d.* with), bring* in còrrespóndence (*d.* with), bring* into line (*d.* with). **~овать** (*дт.*) còrrespónd (to, with), confórm (to); be in kéeping / line (with); **~овать** дéйствительности còrrespónd to the facts, be true; **~овать** обстанóвке meet*/ fit the sìtuátion; **~овать** цéли ánswer the púrpose ['ɑ:nsə...-s]; **~овать** трéбованиям meet* / sátisfỳ the requíre¦ments; не **~овать** (*требованиям и т. п.*) fall* short (of). **~ующий** 1. *прич. см.* соотвéтствовать; 2. *прил.* (*дт.*) còrrespónding (to); confórmable (to); не **~ующий** образцý úntrúe to type; 3. *прил.* (*пригодный для данного случая*) próper ['prɔ-], apprópriate, súitable ['sju:t-]; поступáть **~ующим** óбразом act accórding¦ly.

соотвéтчик *м.* *юр.* có-respòndent.

соотéчественн||ик *м.* compátriot [-'pæ-], cóuntry¦man* ['kʌntrɪ-]. **~ица** *ж.* compátriot [-'pæ-], cóuntry¦wòman* ['kʌntrɪwu-].

соотнестú *сов. см.* соотносúть.

соотносúтельный còrrélative.

соотносúть, соотнестú (*вн.* с *тв.*) córrelàte (*d.* with), bring* into còrrelátion (*d.* with); (*сравнивать*) compáre (*d.* to, with).

соотношéние *с.* còrrelátion; (*количественное отношение, пропорция*) rátiò; ~ сил còrrelátion of fórces; (*перен. тж.*) the alígnment of fórces; устанáвливать прáвильное ~ (мéжду) bring* into próper còrrelátion [...'prɔ-...] (*d.*).

сопéние *с.* (quíet) púffing.

сопéрни||к *м.*, **~ца** *ж.* rível; не имéть **~ков** be ùn¦ríval¦led, have / find* no match, be without a ríval.

сопéрни||чать (с *тв.* в *пр.*) compéte (with in), ríval (*d.* in), vie (with in). **~чество** *с.* rívalry ['raɪ-].

сопéть puff (quíetly).

сóпка *ж.* 1. (*холм, возвышенность*) knoll, hill, mound; 2. (*вулкан*) vòlcánò.

соплемéнн||ик *м.* *уст.* tríbes¦man*. **~ый** *уст.* tríbal.

сóпли *мн.* *груб.* snível ['snɪ-] *sg.*

сопли́вый *груб.* snótty.

соплó *с.* *тех.* nozzle.

соплóдие *с.* *бот.* colléctive fruit [...fru:t].

соподчин||éние *с.* *грам.* cò-òrdinátion. **~ённый** *грам.* cò-órdinàtive, cò-órdinàting.

сопоставúмый cómparable.

сопостáв||ить *сов. см.* сопоставля́ть. **~лéние** *с.* compárison, cònfròntátion [-frʌ-].

сопоставля́ть, сопостáвить (*вн.* с

тв.) compáre (*d.* to, with), confrónt [-ʌnt] (*d.* with).

сопрано *с. нескл. муз.* sopránò [-rɑː-]; (*о певице тж.*) soprànist [-rɑː-].

сопредельный (с *тв.*) contíguous (to).

сопреть *сов. см.* преть 1.

соприкасаться, соприкоснуться (с *тв.*) be contíguous (to); (*прилегать*) adjóin [ə'dʒ-] (*d.*); (*перен.*) come* into cóntàct (with).

соприкосновен||ие *с.* còntigúity [-'gju-]; *воен.* (*тж. перен.*) cóntàct; иметь ~ с кем-л. come* into cóntàct with smb. **~ность** *ж.* còntigúity [-'gju-]. **~ный** (с *тв.*) contíguous (to).

соприкоснуться *сов. см.* соприкасаться.

сопричастн||ость *ж.* complícity, pàrtìcipátion. **~ый** (cò-)pàrtícipant, ímplicàted.

сопроводительн||ый accómpanying [ə'kʌ-]; ~ое письмо cóvering létter ['kʌ-...].

сопровожд||ать (*вн.*) accómpany [ə'kʌ-] (*d.*); (*провожать тж.*) attend (*d.*); (*для безопасности, почёта*) escórt (*d.*), convóy (*d.*); ~ающее судно éscòrt. **~аться** (*тв.*) be accómpanied [...ə'kʌ-] (by). **~ение** *с.* accómpaniment [ə'kʌ-]; éscòrt, cónvoy; (*ср.* сопровождать); в ~ении (*рд.*) accómpanied [ə'kʌ-] (by; *тж. муз.*); escórted (by).

сопротивл||ение *с. тк. ед.* resístance [-'zɪ-]; *тех. тж.* strength; ~ воздуха air resístance; ~ материалов *тех.* strength / resístance of matérials; ~ среды *физ.* resístance of médium; удельное ~ *тех.*, *эл.* specífic resístance; ~ власти *юр.* resístance to authórity; ~ противника *воен.* énemy òpposítion [...-'zɪ-]; оказывать ~ (*дт.*) show* / óffer, *или* put* up, resístance [ʃou...] (*i.*); не оказывать ~ения (*дт.*) óffer / make* no resístance (to); встречать ~ meet* with resístance / òpposítion; сломить чьё-л. ~ break* / crush smb.'s resístance, break* down smb.'s òpposítion; ◇ идти по линии наименьшего ~ения take* / fóllow the line of least resístance; движение ~ения resístance móve|ment [...'muː-].

сопротивляемость *ж.* resìstibílity [-zɪ-]; *эл.* rèsistívity [riːz-].

сопротивляться (*дт.*) resíst [-'zɪ-] (*d.*), oppóse (*d.*); не ~ (*дт.*) óffer / make* no resístance [...-'zɪ-] (to); ~ болезни resíst diséase [...-'ziːz]; ~ противнику *воен.* stand* up to the énemy.

сопряжённ||ый 1. (с *тв.*) atténded (by); это сопряжено с большими затруднениями that will entáil great dífficulties [...-eɪt...]; **2.** *мат.*, *физ.*, *тех.* cónjugate; ~ые углы cónjugate angles.

сопутств||овать (*дт.*) accómpany [ə'kʌ-] (*d.*), atténd (*d.*). **~ующий** *прич. и прил.* accómpanying [ə'kʌ-]; *прил. тж.* atténdant, con|cómitant; ~ующее обстоятельство atténdant / con|cómitant círcumstance, con|cómitant.

сор *м.* lítter; swéepings *pl.*; ◇ выносить ~ из избы *погов.* ≅ foul one's nest; wash one's dírty línen in públic [...'lɪ-...'pʌb-].

соразмер||ить *сов. см.* соразмерять. **~но** *нареч.*: ~ с (*тв.*) in propórtion (to, with). **~ность** *ж.* propòrtionálity. **~ный** propórtionate, comménsurate; (*пропорциональный*) bálanced.

соразмерять, соразмерить (*вн.*) propórtion (*d.*), hármonìze (*d.*).

соратник *м.* compánion-in-àrms [-'pæ-] (*pl.* compánions-); bróther-in-àrms ['brʌ-] (*pl.* bróthers-); (*товарищ по борьбе*) cómrade(-in-àrms) (*pl.* cómrades-).

сорванец *м.* mádcàp, romp; (*о девочке*) tómboy, hóyden.

сорвать *сов. см.* срывать I. **~ся** *сов. см.* срываться I.

сорвиголова *м. разг.* **1.** mádcàp, romp; (*о девочке*) tómboy, hóyden; **2.** (*смельчак*) dáre-dèvil.

сорганизовать *сов.* (*вн.*) órganìze (*d.*). **~ся** *сов.* be / become* órganìzed.

сорго *с. нескл. бот.* sórghum [-gəm], sórg(h)ò [-gou].

соревнова||ние *с.* còmpetítion, èmulátion; (*спортивное*) cóntèst; (*по отдельному виду спорта*) evént; социалистическое ~ sócialist còmpetítion / èmulátion; вызывать на ~ (*вн.*) chállenge to còmpetítion / èmulátion (*d.*); отборочные ~ния elìminátion mátches; предварительные ~ния prelíminary rounds; ~ по атлетике, борьбе cóntèst in àthlétics, wréstling; ~ на кубок cup còmpetítion. **~ться** (с *тв.* в *пр.*) compéte (with in), émulàte (*d.* in).

соревнующийся 1. *прич. см.* соревноваться; **2.** *м. как сущ.* conténder.

соринка *ж.* mote; speck (of dust).

сорить, насорить (*вн.*, *тв.*) lítter (*d.*); ◇ ~ деньгами squánder móney [...'mʌ-].

сорн||ый 1. *прил. к* сор; **2.**: ~ая трава, ~ое растение weed; ~ая трава *собир.* weeds *pl.*

сорняк *м.* weed.

сородич *м.* kíns|man* [-nz-].

сорок *числит.* fórty; ~ один *и т. д.* fórty-òne, *etc.*; ~ первый *и т. д.* fórty-fìrst, *etc.*; лет ~ (*о времени*) abóut fórty years; (*о возрасте*) abóut fórty; лет ~ тому назад abóut fórty years agó; ему лет ~ he is / looks abóut fórty; ему около ~а he is abóut fórty; ему под ~ he is néarly fórty; ему (перевалило) за ~ he is óver fórty, he is in his fórties; человек лет ~а a man* of / abóut fórty; в ~а километрах (от) fórty kílomètres (from).

сорока *ж.* mágpìe; трещать как ~ *разг.* chátter like a mágpìe.

сорока- (*в сложн. словах, не приведённых особо*) of fórty, *или* fórty- — *соотв. тому, как даётся перевод второй части слова*; *напр.* сорокадневный of fórty days, fórty-day (*attr.*) (*ср.* -дневный: of ... days, -day *attr.*); сорокаместный of berths, seats for 40; (*об автобусе и т. п.*) fórty-seater (*attr.*) (*ср.* -местный).

сорокалет||ие *с.* **1.** (*годовщина*) fórtieth ànnivérsary; (*день рождения*) fórtieth bírthday; **2.** (*срок в 40 лет*) fórty years *pl.* **~ний 1.** (*о сроке*) of fórty years; fórty-year (*attr.*); **2.** (*о возрасте*) of fórty; fórty-year-óld; ~ний человек man* of fórty; fórty-year-óld man*.

сороков||ой fórtieth; страница, глава ~ая page, chápter fórty; ~ номер númber fórty; ему (пошёл) ~ год he is in his fórtieth year; ~ые годы (*столетия*) the fórties; в начале ~ых годов in the éarly fórties [...'əː-...]; в конце ~ых годов in the late fórties.

сороконожка *ж. зоол.* céntipède.

сорокопут *м. зоол.* shrike.

сорочк||а *ж.* **1.** (*мужская*) shirt; (*женская*) chemíse [ʃə'miːz]; ночная ~ (*мужская*) níght-shìrt; (*женская*) níght-gown, níght-drèss; **2.** *анат.* caul; ◇ родиться в ~е ≅ be born with a sílver spoon in one's mouth.

сорт *м.* sort; (*разновидность*) kind, varíety; (*качество*) quálity, grade; (*о табаке*) brand; (*о хлопке*) growth [-ouθ]; высший ~ híghest / best quálity / grade; первый, второй ~, первого, второго ~а fírst-ráte, sécond-ráte [...'se-]; такого ~а люди *разг.* that kind of people [...piː-].

сортамент *м. тех.* assórtment.

сортимент *м.* = сортамент.

сортир||овать (*вн.*) assórt (*d.*), sort (*d.*), grade (*d.*); (*по величине*) size (*d.*); (*по цвету, величине тж.*) match (*d.*). **~овка** *ж.* **1.** (*действие*) assórtment, sórting, gráding; sizing; mátching; (*ср.* сортировать); **2.** *тех.*, *с.-х.* (*машина*) séparàtor, sórter. **~овочная** *ж. скл. как прил. ж.-д.* (*станция*) márshalling / sórting yard. **~овочный** sórting; ~овочная станция márshalling / sórting yard. **~овщик** *м.*, **~овщица** *ж.* sórter.

сортный of high quálity; ~ товар goods of high quálity [gudz...] *pl.*, quálity goods *pl.*

сортов||ой: ~ое железо prófiled / séction / shaped íron [-oufiːld...'aɪən]; ~ое зерно grain of good* / high quálity.

соса||ние *с.* súcking, súction. **~тельный** súcking.

сосать (*вн.*) suck (*d.*); ~ грудь suck; be a súckling.

сосватать *сов. см.* сватать 1.

сосед *м.*, **~ка** *ж.* néighbour; ~ слева, справа néighbour on the left, right. **~ний** néighbour¦ing; néighbour (*attr.*); (*ближайший, смежный*) next, adjácent [ə'ʤeɪ-], near by; ~няя кóмната next / adjácent room; ~ние стрáны néighbour cóuntries [...'kʌ-]. **~ский** *прил.* к сосéд; (*добрососедский тж.*) néighbour¦ly; néighbour¦-ship (*attr.*); ~ские отношéния néighbour¦ly relátions. **~ство** *с.* néighbour¦hood [-hud], vicínity; по ~ству in the néighbour¦hood; по ~ству с чем-л. in the vicínity of smth.

сосúска *ж.* sáusage ['sɔs-].

сóска *ж.* sóother, báby's dúmmy.

соскáбливать, соскоблúть (*вн.*) scrape off (*d.*).

соскáкивать, соскочúть **1.** (*спрыгивать*) jump off / down, spring* down; ~ с кровáти jump out of bed; ~ нá пол jump (down) to the floor [...flɔː]; ~ с лóшади jump off one's hórse; **2.** (*отделяться*) come* off; соскочúть с пéтель (*о двери и т. п.*) come* off *its* hínges.

соскáльзывание *с.* slide.

соскáльзывать, соскользнýть slide* down / off; glide down; (*падать*) slip (off); ~ с чегó-л. slide* off smth.

соскоблúть *сов. см.* соскáбливать.

соскользнýть *сов. см.* соскáльзывать.

соскочúть *сов. см.* соскáкивать.

соскребáть, соскрестú (*вн.*) scrape off (*d.*), rasp off / a¦wáy (*d.*).

соскрестú *сов. см.* соскребáть.

соскýчиться *сов.* (о *пр.*, по *дт.*) miss (*d.*); ~ по дéтям miss *one's* chíldren; ~ в ожидáнии когó-л. wéary for smb. to come.

сослагáтельн||ый *грам.*: ~ое наклонéние subjúnctive mood.

сослáть *сов. см.* ссылáть.

сослáться *сов. см.* ссылáться I.

сóслепа, сóслепу *нареч. разг.* ówing to poor sight ['ou-...].

сослóв||ие *с.* estáte; трéтье ~ third estáte; дворя́нское ~ the nobílity; (*о среднем дворянстве*) the géntry; духóвное ~ the clérgy; купéческое ~ the mérchants *pl.*; мещáнское ~ the pétty bourgeoisíe [...buəʒwɑː'ziː]; крестья́нское ~ the péasantry [...'pez-]. **~ный** class (*attr.*); ~ный предрассýдок class préjudice; ~ное представúтельство class rèpresèntátion [...-ze-]; ~ная монáрхия límited mónarchy [...-kɪ].

сослужúв||ец *м.*, **~ица** *ж.* cólleague [-liːg]; (*об учителе тж.*) féllow-téacher; (*о служащем тж.*) féllow-èmployée, féllow-clérk [-'klɑːk].

сослужúть *сов.*: ~ слýжбу комý-л. (*оказать услугу*) stand* smb. in good stead [...sted]; (*оказаться полезным*) be of use [...juːs].

сосн||á *ж.* píne(-tree). **~óвый** pine (*attr.*); (*из сосны*) píne¦wood [-wud] (*attr.*); deal; ~óвая рóща pine grove; ~óвая смолá pine tar; ~óвый бор pine fórest [...'fɔ-], pínery ['paɪ-]; ~óвые дровá píne¦wood *sg.*; ~óвая доскá déal-board.

соснýть *сов. разг.* take* / have a nap; ~ немнóго take* / have a short nap.

сосня́к *м. разг.* pine fórest [...'fɔ-], pínery ['paɪ-].

сосóк *м. анат.* nípple, teat.

сосредотóч||ение *с.* còncèntrátion. **~енно** *нареч.* with còncèntrátion. **~енность** *ж.* còncèntrátion. **~енный** cóncèntràted; ~енное внимáние rapt atténtion; ~енный взгляд fixed look; ~енная нагрýзка *тех.* point load; ~енный огóнь *воен.* cóncèntràted fire.

сосредотóч||ивать, сосредотóчить (*вн.*) cóncèntràte (*d.*); (*о внимании, взгляде тж.*) fix (*d.*), fócus (*d.*). **~иваться,** сосредотóчиться **1.** (на *пр.*) cóncèntràte (on, up¦ón); **2.** (*о силах, войсках и т. п.*) be cóncèntràted; **3.** *страд.* к сосредотóчивать. **~ить(ся)** *сов. см.* сосредотóчивать(ся).

состáв *м.* **1.** còmposítion [-'zɪ-]; (*структура*) strúcture; социáльный ~ sócial strúcture; химúческий ~ (*совокупность частей*) chémical còmposítion ['ke-...]; (*само соединение*) chémical cómpound; входúть в ~ (*рд.*) form / be (a) part (of); be an òrgánic part (of); **2.** (*о коллективе людей*) staff; (*конференции, делегации*) còmposítion, mémbership; профéссорский ~ the pròfèssórial staff; ли́чный ~ pèrsonnél; ~ исполнúтелей *театр.* cast; налúчный ~ aváilable pèrsonnél / staff; *воен.* efféctives *pl.*; офицéрский ~ ófficers *pl.*; (*штатный*) cómplement of ófficers; рядовóй и сержáнтский ~ cómplement of men, other ranks *pl.*; в пóлном ~е with its full cómplement; in / at full strength; заседáние в пóлном ~е full séssion; делегáция в пóлном ~е full dèlegátion; чúсленный ~ numérical strength; комúссия в ~е пятú человéк commíttee (consísting) of five (men, people) [-tɪ...piː-]; входúть в ~ (*рд.*) be a mémber (of); *воен.* be allótted (to); входúть в ~ делегáции become* a mémber of *the* dèlegátion; **3.** *ж.-д.* (*о поезде*) train; подвижнóй ~ rólling-stòck; ◇ ~ преступлéния *юр.* córpus delícti.

составúтель *м.*, **~ница** *ж.* compíler; (*автор*) wríter, áuthor; (*о женщине тж.*) áuthoress.

состáвить(ся) *сов. см.* составля́ть(-ся).

составлéние *с.* còmposítion [-'zɪ-]; (*словаря, учебника тж.*) compíling; (*плана и т. п.*) wórking out, dráwing up; ~ таблúцы tàbulátion; ~ пóезда máking up *a* train.

состав||ля́ть, состáвить (*вн.*) **1.** (*собирать, ставить*) put* togéther [...'ge-] (*d.*), make* up (*d.*); состáвить два столá put* two tables togéther состáвить кнúги вмéсте put* *the* books togéther; ~ винтóвки в кóзлы *воен.* stack / pile arms; ~ пóезд make* up *a* train; **2.** (*быть автором*) compóse (*d.*), compíle (*d.*); ~ словáрь compíle *a* díctionary; **3.** (*о деловом письме, документе и т. п.*) draw* up (*d.*); ~ план make*, *или* work out, *или* draw* up, *a* plan, fórmulàte *a* plan; ~ проéкт draw* up *a* draft; ~ протокóл draw* *the* récòrd [...'re-], draw* up the státe¦ment of *the* case [...s]; ~ спúсок make* *a* list; хорошó состáвленный well* dráfted; **4.** (*образовывать*) cónstitùte (*d.*), form (*d.*), make* (*d.*), make* up (*d.*); ~ предложéние form / constrúct *a* séntence; ~ уравнéние work out *an* equátion; ~ таблúцу make* / draw* up *a* table; ~ себé мнéние form *an* opínion; ~ себé мнéние о ком-л. size smb. up; **5.** (*представлять, являться*) be; ~ затруднéние presént a dífficulty [-'zent...]; сдéлать э́то не ~ля́ет большóго трудá it won't be very dífficult to do it [...wount...]; э́то ~ля́ет исключéние из óбщего прáвила this is an excéption to the géneral rule; **6.** (*равняться, давать в результате*) form (*d.*), make* (*d.*), make* up (*d.*); ~ в срéднем áverage (*d.*); капиталовложéния ~ля́ют миллиóн рублéй the invéstments tótal a míllion roubles [...ruː-]; расхóды ~ля́ют 80% бюджéта expénditure accóunts for, *или* makes up, 80% of the búdget; ◇ состáвить комý-л. компáнию keep* smb. cómpany [...'kʌ-]. **~ля́ться,** состáвиться **1.** (*образовываться*) form; состáвилось óбщество a cómpany was formed [...'kʌ-...]; состáвилась компáния a párty was got togéther [...-'ge-]; состáвился капитáл a cápital was formed; **2.** *страд.* к составля́ть. **~нóй 1.** (*составляющий*) compónent, constítutive; ~нáя часть compónent, constítuent; compónent / constítuent part; **2.** (*составленный*) cómpound, cómposite [-zɪt]; ~нóе колесó cómpound wheel; ~нóе сказýемое *лингв.* gróup-wòrd prédicate ['gruːp-...].

состáрить(ся) *сов. см.* стáрить(ся).

состоя́ни||е I *с.* state; (*положение тж.*) státus, condítion; газообрáзное ~ gáseous condítion [-zɪ-...]; в хорóшем ~и in a good* state, in good* condítion; в плохóм ~и in a bad* state, in bad* condítion; придтú в негóдное ~ be out of condítion; в безнадёжном ~и (*о больном*) in a hópe¦less condítion, past cure; морáльное ~ mòrále [-ɑːl]; нормáльное ~ nórmal state, nórmalcy; ~ здорóвья state of health [...helθ]; в ~и войны́ in a state of war; быть, находúться в ~и войны́ (с *тв.*) be at war (with); ◇ быть в ~и (+ *инф.*) be able (+ to *inf.*); be in a posítion [...-'zɪ] (+ to *inf.*); он в

~и, не в ~и купи́ть э́то he can, cánnòt affórd it; быть не в ~и (+ *инф.*) be ún¦áble (+ to *inf.*).

состоя́ние II *с.* (*капитал, имущество*) fórtune [-ʧən]; получи́ть ~ come* into *a* fórtune; соста́вить ~ make* *a* fórtune.

состоя́тельность I *ж.* **1.** (*платёжеспособность*) sólvency; **2.** (*денежное благосостояние*) wéalthiness ['we-]; (*достаток*) cómpetence, cómpetency.

состоя́тельность II *ж.* (*обоснованность*) jùstifìabílity; (*аргумента, претензии*) strength.

состоя́тельный I **1.** (*платёжеспособный*) sólvent; **2.** (*с достатком*) wéll-to-dó, wéll-óff; ~ челове́к wéll-to-dó man*, man* of súbstance/ próperty.

состоя́тельный II (*обоснованный*) wéll-gróunded; sólid; не вполне́ ~ аргуме́нт (ráther) lame árgument ['rɑː-...].

состо||я́ть **1.** (*находиться, быть*) be; ~ подпи́счиком be a subscríber; ~ чле́ном нау́чного о́бщества be a mémber of *a* scientífic socíety; ~ при ком-л. be attáched to smb.; ~ на слу́жбе be in the sérvice; ~ в до́лжности (*рд.*) óccupỳ the post [...poust] (of); ~ на вооруже́нии (*рд.*) have been adópted (by, in); **2.** (в чём-л.; *заключаться*) consíst (in smth.), be (smth.); ра́зница ~и́т в том the dífference is; его́ обя́занности ~я́т в сле́дующем his dúties in¦clúde the fóllowing, his dúties are as fóllows; пра́вило ~и́т в том, что the rule is to the efféct that; значе́ние э́того собы́тия ~и́т в том, что the signíficance of this evént lies in the fact that; **3.** (из; *быть составленным, иметь в своём составе*) consíst (of); be made (of), in¦clúde (*d.*); вода́ ~и́т из водоро́да и кислоро́да wáter consísts of hýdrogen and óxygen ['wɔː-...'haɪ-..]; кварти́ра ~и́т из трёх ко́мнат the flat consísts of three rooms.

состоя́||ться *сов.* take* place; спекта́кль не ~лся the perfórmance did not take place; изда́ние не ~лось the edítion was néver prínted; сде́лка ~лась the deal went through.

состра́гивать, сострога́ть (*вн.*) plane off / a¦wáy (*d.*).

сострада́||ние *с.* compássion; относи́ться с ~нием (к) have / take* compássion (on, up¦ón), compássionàte (*d.*); испы́тывать ~ (к) feel* (for). **~тельный** compássionate.

сострада́ть (*дт.*) compássionàte (*d.*).

сострига́ть. состри́чь (*вн.*) shear* / clip off (*d.*).

состри́ть *сов.* make* a wítty remárk; (*сказать каламбур*) make* a pun.

состри́чь *сов. см.* сострига́ть.

сострога́ть *сов. см.* сostра́гивать.

состро́ить *сов.* (*вн.*): ~ грима́су, ро́жу *разг.* make* *a* face.

состря́пать *сов. см.* стря́пать.

состяза́||ние *с.* cóntèst, còmpetítion; (*между командами тж.*) match; *юр.* cóntrovèrsy; ~ в бе́ге fóot-ràce ['fut-]; ~ в пла́вании swímming cóntèst / còmpetítion; ~ по атле́тике àthlétics match; ~ по баскетбо́лу básket-bàll match. **~тельный** *юр.* (*о процессе*) còntrovérsial.

состяза́ться (с *тв.* в *пр.*) compéte (with in), contend (with for); ~ в пла́вании, бе́ге take* part in a swímming cóntèst, in a race; ~ в остроу́мии compéte in wit.

сосу́д *м.* (*в разн. знач.*) véssel. **~истый** *биол., анат.* váscular.

сосу́лька *ж.* ícicle ['aɪ-].

сосу́н *м.*, **~о́к** *м.* súckling, súcker.

сосуществов||а́ние *с.* có-exístence; ми́рное ~ госуда́рств незави́симо от их социа́льного стро́я péace¦ful có-exístence of States irrespéctive / regárdless of their sócial sýstems. **~а́ть** có-exíst.

сосу́щий **1.** *прич. см.* соса́ть; **2.** *прил. зоол.* sùctórial.

сосцеви́дный mámmifòrm, màmmíllifòrm.

сосчита́ть *сов.* **1.** *см.* сосчи́тывать; **2.** *как сов. к* счита́ть 1. **~ся** *сов. см.* сосчи́тываться.

сосчи́тывать, сосчита́ть (*вн.*) count (*d.*), cálculàte (*d.*). **~ся,** сосчита́ться **1.** *тк. сов.* (с *тв.*; *прям. и перен.*) *разг.* square accóunts (with); (*перен. тж.*) get* éven (with); **2.** *страд. к* сосчи́тывать.

со́тая *ж. скл. как прил.* húndredth.

сотвор||е́ние *с.* crèátion, máking; от ~е́ния ми́ра since the crèátion of the world. **~и́ть** *сов. см.* твори́ть 1.

сотво́рчество *с.* cò-áuthorship.

со́тенн||ая *ж. скл. как прил. разг.* húndred-rouble note [-ruː-...]. **~ый** (*сторублёвый*) worth a húndred roubles [...ruː-].

сотка́ть *сов. см.* ткать.

со́т||ник *м. ист.* sótnik (*lieutenant of cossacks*). **~ня** *ж.* **1.** a húndred; **2.** *разг.* (*сто рублей*) a húndred roubles [...ruː-] *pl.*; **3.** *ист.* sótnia (*cossack squadron*).

сотова́рищ *м.* assóciate, pártner.

сотови́дный hóneycòmb ['hʌnɪkoum] (*attr.*).

со́тов||ый hóneycòmb ['hʌnɪkoum] (*attr.*); ~ мёд cómb-hòney ['koumhʌ-], fresh hóney in the comb [...'hʌ-... koum]; ~ая кату́шка *рад.* hóneycòmb coil.

сотрапе́зник *м. уст.* táble-compànion [-pæ-].

сотру́дни||к *м.*, **~ца** *ж.* **1.** (*помощник в работе*) collàboràtor; **2.** (*учреждения и т. п.*) èmployée, wórker; нау́чный ~ scièntífic wórker; ~ газе́ты, журна́ла contríbutor; ~ посо́льства émbassy offícial.

сотру́дни||чать **1.** (с *тв.*) colláboràte (with), cò-óperàte (with); **2.** (*писать для газеты и т. п.*) contríbute (to *a* néwspàper, *etc.*); (*быть сотрудником редакции*) work on *a* néwspàper, *etc.* **~чество** *с.* **1.** collàborátion; в те́сном ~честве (с *тв.*) in close collàborátion / cò-òperátion [...-s...] (with); отка́з от ~чества refúsal to cò-óperàte [-z°l...], nón-cò-òperátion; **2.** (*в газете и т. п.*) còntribútion.

сотряс||а́ть, сотрясти́ (*вн.*) shake* (*d.*); ~ во́здух rend* the air. **~а́ться,** сотрясти́сь **1.** shake*, tremble; ~а́ться от рыда́ний be sháken with sobs; **2.** *страд. к* сотряса́ть. **~е́ние** *с.* sháking, con¦cússion; ~е́ние мо́зга con¦cússion of the brain. **~ти́(сь)** *сов. см.* сотряса́ть(ся).

со́т||ы *мн.* hóneycòmb ['hʌnɪkoum] *sg.*; мёд в ~ах fresh hóney in the comb [...'hʌ-... koum], cómb-hòney ['koumhʌ-].

со́т||ый húndredth; ~ая страни́ца page one húndred; ~ но́мер númber one húndred; ~ая годовщи́на húndredth ànnivérsary; ~ год the year one húndred; (одна́) ~ая óne-húndredth.

соумы́шленн||ик *м.*, **~ица** *ж.* accómplice.

со́ус *м.* sauce; (*мясной*) grávy; (*к салату и т. п.*) dréssing; ◇ под ра́зными ~ами served up with dífferent dréssings. **~ник** *м.* sáuce-boat, grávy-boat.

соуча́ст||вовать (в *пр.*) pàrtícipàte (in), take* part (in). **~ие** *с.* pàrticipátion; (*в преступлении и т. п.*) complícity. **~ник** *м.*, **~ница** *ж.* pàrtícipàtor; (*в преступлении и т. п.*) accómplice; *юр.* accéssary (to).

соучен||и́к *м.*, **~и́ца** *ж.* schóolmàte; schóolfèllow.

софа́ *ж.* sófa.

соф||и́зм *м.* sóphism. **~и́ст** *м.* sóphist. **~и́стика** *ж.* sóphistry. **~исти́ческий** sophístic(al).

соха́ *м.* wóoden plough ['wu-...].

соха́тый **1.** *прил.* with / having spréading ántlers [...'spred-...]; **2.** *м. как сущ.* elk.

со́хнуть dry, get* / grow* dry [...grou...]; (*о языке, губах и т. п.*) be parched; (*перен.*) *разг.* pine (a¦wáy), waste a¦wáy [weɪ-...].

сохран||е́ние *с.* prèservátion [-zə-], cònservátion; (*права*) rèservátion [-zə-]; зако́н ~е́ния эне́ргии the law / príncíple of cònservátion of énergy; брать на ~ (*вн.*) take* into one's charge (*d.*); дава́ть на ~ кому́-л. (*вн.*) give* into smb.'s charge (*d.*). **~и́ть(ся)** *сов. см.* сохраня́ть(ся).

сохра́нн||о *нареч.* safe¦ly. **~ость** *ж.* safe¦ty, safe kéeping; быть в ~ости be intáct; посы́лка пришла́ в ~ости the párcel arríved safe¦ly / intáct. **~ый** safe; ~ое ме́сто safe place.

сохран||я́ть, сохрани́ть (*вн.*) **1.** (*беречь*) keep* (*d.*), presérve [-'zəːv] (*d.*), retáin (*d.*); (*о мире, порядке*) maintáin (*d*); ~ секре́т keep* a sécret; ~ проду́кты presérve fóod-stùffs;

~ить на па́мять keep* as a sóuvenir [...'suːvənɪə] (d.); 2. (удерживать, не терять) keep* (d.); ~ за собой resérve / keep* for òne¦sélf [-'zəːv...] (d.); ~ить здоро́вье до ста́рости presérve one's health to old age [...he-...]; enjóy a green old age идиом.; ~ хладнокро́вие keep* cool, keep* one's head [...hed]; ~ прису́тствие ду́ха keep* one's présence of mind [...-ez-...]; ◇ ~й бог! God forbíd! **~я́ться,** сохрани́ться 1. remáin; (о человеке) be well presérved [...-'zəːvd]; он хорошо́ ~и́лся he is well presérved; э́то ~и́лось я́сно в мое́й па́мяти it has remáined cléarly in my mémory; 2. страд. к сохраня́ть.

соц- сокр. социа́льный, социалисти́ческий.

соцве́тие с. бот. flóscùle, racéme.

соцдогово́р м. (догово́р на социалисти́ческое соревнова́ние) sócialist èmulátion agréement.

социа́л-демокра́т м. Sócial Démocràt. **~и́ческий** sócial-dèmocrátic. **~ия** ж. Sócial Demócracy.

социал||иза́ция ж. sòcializátion [-laɪ-]. **~изи́ровать** несов. и сов. (вн.) sócialìze (d.).

социал||и́зм м. sócialism; нау́чный ~ scìentífic sócialism; построе́ние ~и́зма búilding up of sócialism ['bɪ-...]. **~и́ст** м. sócialist.

социалисти́ческ||ий sócialist; ~ое госуда́рство sócialist State; ~ое строи́тельство sócialist constrúction; ~ая систе́ма хозя́йства sócialist sýstem of ècónomy [...iː-]; культу́ра, национа́льная по фо́рме, ~ая по содержа́нию cúlture nátional in form, and sócialist in cóntènt [...'næ-...]; ~ая дере́вня sócialist cóuntry-síde [...'kʌ-]; ~ое соревнова́ние sócialist còmpetítion / èmulátion.

социали́ст-революционе́р м. ист. Sócialist-Rèvolútionary.

социа́льно-бытов||о́й: ~ы́е усло́вия sócial condítions, life condítions.

социа́льн||ый (в разн. знач.) sócial; ~ое страхова́ние sócial insúrance [...-'ʃuə-]; ~ое обеспе́чение sócial máintenance; ~ая гигие́на sócial hýgiene [...-dʒiːn]; ~ая опа́сность sócial dánger [...'deɪ-]; ~ое положе́ние sócial státus; ~ое происхожде́ние sócial órigin.

социо́||лог м. sòciólogist. **~логи́ческий** sòciológical. **~ло́гия** ж. sòciólogy.

соцсоревнова́ние с. (социалисти́ческое соревнова́ние) sócialist còmpetítion / èmulátion; вызыва́ть на ~ (вн.) chállenge to sócialist còmpetítion / èmulátion (d.).

соцстра́х м. (социа́льное страхова́ние) sócial insúrance [...-'ʃuə-].

соче́льник м. церк. (рождественский) Chrístmas Eve [-sməs...]; (крещенский) eve of the Epíphany, Twélfth-nìght.

сочета́||ние с. (в разн. знач.) còmbinátion; в ~нии (с тв.) in còmbinátion (with), in conjúnction (with), cóupled [kʌ-] (with); ~ тео́рии с пра́ктикой únity / cóncòrd of théory and práctice [...'θɪə-...]. **~тельный** cómbinàtive; ~тельный рефле́кс cómbinàtive réflèx.

сочета́||ть несов. и сов. (вн. с тв.) 1. combíne (d. with); ~ тео́рию с пра́ктикой bring* into cóncòrd théory with práctice [...'θɪə-...]; ~ в себе́ combíne; 2.: ~ бра́ком уст. márry / wed (d. to). **~ться** несов. и сов. 1. (с тв. и без доп.) combíne, go* (with); в нём ~ются два ва́жных ка́чества he combínes two impórtant quálities; 2. тк. несов. (с тв.; гармонировать) hármonìze (with), go* (with); (о красках тж.) match (d.); одно́ не ~ется с други́м one does not go with the other; 3. (с тв.): ~ться бра́ком уст. contráct márriage [...-rɪdʒ] (with); 4. страд. к сочета́ть.

сочине́н||ие с. 1. (действие) compósing, máking; 2. (литературное произведение) work, wríting; (музыкальное) còmposítion [-'zɪ-]; и́збранные ~ия seléctеd works, seléctions; по́лное собра́ние ~ий Пу́шкина the compléte works of Púshkin [...'pu-] pl.; 3. (школьное) còmposítion, páper; 4. грам. cò-òrdinátion.

сочини́тель м. 1. уст. wríter, áuthor; 2. разг. (выдумщик) stóry-tèller, invéntor.

сочини́тельный грам. cò-órdinàtive, cò-órdinàting.

сочини́тельство с. 1. уст. wríting; 2. разг. (выдумывание) invénting.

сочини́ть сов. см. сочиня́ть.

сочиня́ть, сочини́ть 1. (вн.) уст. (о писателе) write* (d.); (о композиторе) compóse (d.); ~ стихи́ write* vérses; 2. (вн.) разг. (выдумывать) invént (d.), make* up (d.); (без доп.) tell* stóries.

сочи́ться ooze (out), exúde, trickle; ~ кро́вью bleed*, run* blood [...-ʌd].

сочле́н м. féllow mémber.

сочлене́ние с. анат., тех. àrticulátion, joint.

сочлени́ть сов. см. сочленя́ть.

сочленя́ть, сочлени́ть (вн.) join (d.).

со́чн||ость ж. júiciness ['dʒuːs-], sáppiness, súcculence. **~ый** 1. júicy ['dʒuːsɪ], sáppy, súcculent; ~ое я́блоко júicy apple; 2. (о растительности; о красках и т. п.) rich; ~ая трава́ rich / lush / súcculent grass; ~ый стиль rich style.

сочу́вственн||о нареч. with sýmpathy, sỳmpathétically; отнести́сь ~ к кому́-л. be kind to smb. **~ость** ж. sýmpathy. **~ый** sỳmpathétic.

сочу́встви||е с. (к) sýmpathy (with); выража́ть своё ~ (к) expréss sýmpathy (with); из ~я out of sýmpathy; иска́ть ~я seek* smb.'s sýmpathy; не встреча́ть ~я meet* with no sýmpathy.

сочу́вств||овать (дт.) sýmpathìze (with), feel* (for); он ~ует ва́шему го́рю he sýmpathizes with you in your sórrow; он ~ует ва́шим иде́ям he is in sýmpathy with your ìdéas [...aɪ'dɪəz].

сочу́вствующий 1. прич. см. сочу́вствовать; 2. прил. sỳmpathétic; 3. м. как сущ. sýmpathìzer.

со́шка ж.: ме́лкая ~ разг. small fry.

сошни́к м. 1. с.-х. plóughshàre; 2. (лафета) trail spade.

сощу́ривать, сощу́рить: ~ глаза́ screw up one's eyes [...aɪz]. **~ся,** сощу́риться screw up one's eyes [...aɪz].

сощу́рить(ся) сов. см. сощу́ривать(ся).

сою́з I м. 1. (единение) únion, allíance; ~ рабо́чего кла́сса и трудя́щихся масс крестья́нства the allíance / únion betwéen the wórking class and the wórking péasant másses [...'pez-...]; в ~е (с тв.) in allíance / únion (with); вступи́ть в ~ (с тв.) énter into allíance (with); 2. (объединение нескольких государств в одно целое) Únion; Сове́тский Сою́з the Sóvièt Únion; 3. (организация) únion, league [liːg]; Всесою́зный Ле́нинский Коммунисти́ческий Сою́з Молодёжи Léninist Young Cómmunist League of the Sóvièt Únion [...jʌŋ...]; профессиона́льный ~ trade únion; lábour únion; «Сою́з борьбы́ за освобожде́ние рабо́чего кла́сса» ист. «League of Strúggle for the Emàncipátion of the Wórking Class»; 4. (соглашение) allíance, agréement; заключа́ть ~ (с тв.) con¦clúde an allíance (with); вое́нный ~ mílitary allíance; торго́вый ~ trade agréement; Свяще́нный ~ ист. the Hóly Allíance.

сою́з II м. грам. conjúnction.

сою́зка ж. (в обуви) vamp.

сою́зн||ик м., **~ица** ж. allý. **~ический** allíed, ínter-allíed.

сою́зно-республика́нский Únion-Repúblic [-'pʌ-] (attr.).

сою́зн||ый 1. allíed; únion (attr.); ~ые держа́вы allíed pówers; 2. (относящийся к СССР) Únion (attr.), of the Únion; ~ая респу́блика Únion repúblic [...-'pʌ-]; ~ое гражда́нство cítizenship of the (Sóvièt) Únion.

Сою́з Сове́тских Социалисти́ческих Респу́блик The Únion of Sóvièt Sócialist Repúblics [...-'pʌ-].

со́я ж. тк. ед. sóy-bean.

спад м. slump; (жары, воды) abáte¦ment; ~ делово́й акти́вности recéssion in trade.

спада́ть, спасть 1. (с рд.) fall* down (from); 2. (без доп.; о воде, жаре и т. п.) abáte.

спазм *м.*, **~а** *ж.* spasm. **~ати́ческий** spàsmódic [-z-].

спа́ивать I, споить (*вн.*; *вином*) accústom to (hard) drinking (*d.*); *сов. тж.* make* a drúnkard (of).

спа́ивать II, спая́ть (*вн.*) sólder ['sɔ-] (*d.*); (*твёрдым припоем*) braze (*d.*); (*перен.*) ùníte (*d.*), knit* togéther [...-'ge-] (*d.*), weld (*d.*).

спай *м. тех.* joint. **~ка** *ж.* **1.** *тех.* sólder ['sɔ-], sóldering ['sɔ-]; (*твёрдым припоем*) brázing; (*перен.*) cohésion; тесная ~ка close cohésion [-s...], únion and friendship [...'fre-]; **2.** *мед.* cómmissure.

спали́ть *сов.* (*вн.*) burn* (*d.*), scorch (*d.*).

спа́льн||ый sléeping; ~ вагон sléeping-càr; ~ое ме́сто berth; ~ мешо́к sléeping-bàg; ~ые принадле́жности bédding *sg.*

спа́льня *ж.* béd-room.

спаньё *с. разг.* sléep(ing).

спарде́к [-дэ́к] *м. мор.* spár-dèck, shélter deck; súperstrùcture deck *амер.*

спа́ренн||ый coupled [kʌ-], twin; ~ая езда́ *ж.-д.* dóuble-mànning ['dʌ-]; ~ая устано́вка *воен.* twin mount.

спа́ржа *ж.* aspáragus.

спа́ривание *с.* cóupling ['kʌ-], páiring.

спа́ривать, спа́рить (*вн.*) couple [kʌ-] (*d.*), pair (*d.*). **~ся,** спа́риться **1.** couple [kʌ-]; (*о животных*) mate, cópulàte; **2.** *страд. к* спа́ривать.

спа́рить(ся) *сов. см.* спа́ривать(ся).

спартакиа́да *ж. спорт.* Games *pl.*

спарта́н||ец *м.*, **~ка** *ж.*, **~ский** Spártan; ~ское воспита́ние Spártan èducátion.

спа́рхивать, спорхну́ть fly*/flútter a|wáy.

спа́рывать, споро́ть (*вн.*) rip off (*d.*).

спаса́||ние *с.* réscuing, lífe-sàving. **~тельный** réscue (*attr.*), lífe-sàving; ~тельная экспеди́ция réscue èxpedítion / párty; ~тельный по́яс lífe-bèlt; ~тельный круг ríng-buoy [-bɔɪ]; ~тельная ло́дка lífe-boat.

спас||а́ть, спасти́ (*вн.*) save (*d.*); (*от опасности*) réscue (*d.*); (*имущество — от пожара и т. п.*) sálvage (*d.*); ~ утопа́ющего réscue *a* drówning man*; ~ жизнь (*дт.*) save the life* (of); ◇ ~ти́ положе́ние save the sìtuátion, redéem the position [...-'zɪ-]; save the day *идиом.* **~а́ться,** спасти́сь **1.** save òne|sélf, escápe; он едва́ спа́сся he had a nárrow escápe; ~а́ться бе́гством flee*, escápe, run* a|wáy; **2.** *страд. к* спаса́ть. **~е́ние** *с.* **1.** (*действие*) réscuing, sáving; **2.** (*результат*) réscue; escápe; (*перен.*) sàlvátion, repríeve [-ri:v]; э́то на́ше еди́нственное ~е́ние that is our ónly sàlvátion.

спаси́бо 1. *частица* thanks; (*благодарю вас*) thank you; **2.** *как сущ. с.* thanks *pl.*; a thank you *разг.*; большо́е ~ many thanks; (*очень вам благодарен*) thank you very much (indéed); **3.** *предик. безл.*: ~ ему́, что помо́г, сказа́л *и т. п.* we must thank him for hélping, sáying, *etc.*; ◇ и на том ~ ≅ it's sóme|thing at least; за ~ (*делать, работать*) for nothing.

спаси́тель *м.* **1.** réscuer, sáviour; **2.** *церк.* Our Sáviour. **~ный** sálutary [-lju-]; ~ное сре́дство sáving rémedy.

спасова́ть *сов. см.* пасова́ть I.

спасти́(сь) *сов. см.* спаса́ть(ся).

спасти́ческий *мед.* spástic, spásmous [-z-].

спасть *сов. см.* спада́ть.

спать sleep*, be asléep; slúmber; ложи́ться ~ go* to bed; turn in *разг.*; пора́ (идти́) ~ it is time to go to bed; укла́дывать ~ (*вн.*) put* to bed (*d.*); не ложи́ться ~ sit* up; хоте́ть ~ want to sleep, feel* sléepy; ~ по́сле обе́да have a nap áfter dínner; кре́пко ~ sleep* sóundly, be fast asléep; ~ чу́тко be a light sléeper; ~ под откры́тым не́бом sleep* in the ópen; ◇ он спит как уби́тый ≅ he is dead asléep [...ded...]; he sleeps like a log; ~ сном пра́ведника sleep* the sleep of the just; ~ и ви́деть (*вн.*) dream* (of). **~ся** *безл.*: ему́ не спи́тся he cánnòt sleep; хорошо́ спи́тся под у́тро sleep is sound toward the mórning.

спа́янн||ость *ж.* cohésion, únity. **~ый 1.** *прич. см.* спа́ивать II; **2.** *прил.* ùníted; кре́пко ~ый коллекти́в wéll-knít colléctive.

спая́ть *сов. см.* спа́ивать II.

спева́ться, спе́ться **1.** rehéarse (*a chórus, a part, a song, etc.*) [-'hə:s ...'kɔ:-...]; **2.** *тк. сов.* (*перен.*) *разг.* come* to terms.

спе́вка *ж.* chórus práctice / rehéarsal ['kɔ:-... -'hə:s-].

спека́ться, спе́чься **1.** (*о крови*) cò|águlàte, curdle; **2.** (*об угле*) cake.

спека́ющийся: ~ ка́менный у́голь cáking coal.

спекта́кль *м.* play, perfórmance; дневно́й ~ matinée (*фр.*) ['mætɪneɪ].

спектр *м. физ.* spéctrum (*pl.* -ra).

спектра́льный *физ.* spéctral; ~ ана́лиз spéctral / spéctrum análysis.

спектро́граф *м. физ.* spéctrogràph.

спектро́метр *м.* spèctrómeter.

спектроме́трия *ж.* spèctrómetry.

спектроско́п *м.* spéctroscòpe. **~и́я** *ж.* spèctróscopy.

спекули́рование *с.* spéculàting, spèculátion.

спекули́ровать 1. (*тв.*; *заниматься спекуляцией*) spéculàte (in); **2.** (на *пр.*; *использовать*) pròfitéer (by); ~ на ра́знице в це́нах gamble on the rise and fall of príces.

спекул||я́нт *м.*, **~я́нтка** *ж.* spéculàtor, pròfitéer. **~яти́вный** (*в разн. знач.*) spéculative. **~я́ция** *ж.* spèculátion, pròfitéering, jóbbery.

спелена́ть *сов. см.* пелена́ть.

спе́л||ость *ж.* rípe|ness. **~ый** ripe.

сперва́ *нареч.* at first, fírst|ly.

спервонача́л||а, ~у *нареч. разг.* = сперва́.

спе́реди *нареч. и предл.* (*с передней стороны*) at / from the front [...-ʌnt]; (*впереди*) in front; вид ~ front view [...vju:]; смотре́ть ~ look at the front, take* a front view; он стоя́л ~ he stood in front [...stud...].

спере́ть I *сов. см.* спира́ть.

спере́ть II *сов.* (*вн.*) *разг.* filch (*d.*), pílfer (*d.*), swipe (*d.*).

спе́рма *ж. биол.* sperm. **~тозо́ид** *м. биол.* spèrmatozó|òn (*pl.* -zóa [-'zouə]).

спермаце́т *м. фарм.* spèrmacéti.

спёртый close [-s], stúffy, stífling; ~ во́здух close air.

спеси́в||ец *м.* árrogant / concéited / háughty / lófty pérson [...-'si:t-...]. **~ость** *ж.* árrogance, concéit [-'si:t], háughtiness, lóftiness. **~ый** árrogant, concéited [-'si:t], háughty, lófty.

спесь *ж.* árrogance, háughtiness, lóftiness; ◇ сбива́ть ~ с кого́-л. take* smb. down a peg or two.

спеть I (*созревать*) rípen.

спеть II *сов. см.* петь 1, 2, 3.

спе́ться *сов. см.* спева́ться.

спех *м. разг.*: э́то не к ~у there's no húrry.

спец *м. разг.* = специали́ст.

специализ||а́ция *ж.* spècializátion [speʃəlaɪ-]. **~и́рованный** *прич. и прил.* spécializèd ['spe-].

специализи́роваться *несов. и сов.* (в *пр.*, по *дт.*) spécialize ['spe-] (in).

специали́ст *м.* (по *дт.*, в *пр.*) spécialist ['spe-] (in), éxpèrt (in); в э́той о́бласти он кру́пный ~ he is a great authórity in this field [...-eɪt ...fi:-].

специа́льно I *прил. кратк. см.* специа́льный.

специа́льно II *нареч.* spécially ['spe-], espécially [-'pe-]; э́то ~ для вас сде́лано it is done spécially for you.

специа́льн||ость *ж.* spèciálity [spe-]; (*профессия*) proféssion; приобрести́ ~ acquíre *a* proféssion; learn* *a* trade [lə:n...] *разг.* **~ый** spécial ['spe-], espécial [-'pe-]; со ~ой це́лью with the expréss púrpose [...-s].

специ́фика *ж.* specífic cháracter [...'kæ-], spècifícity.

специфика́ция *ж.* spècificátion.

специфици́ровать *несов. и сов.* (*вн.*) spécify (*d.*).

специфи́ческий specífic.

спе́ция *ж. чаще мн.* spice.

спецо́вка *ж. разг.* = спецоде́жда.

спецоде́жда *ж.* óver|àlls *pl.*, protéctive óuter gárments *pl.*

спецподгото́вка *ж.* (специа́льная подгото́вка) spécial tráining ['spe-...].

спечь *сов.* (*вн.*) bake (*d.*).

спе́чься I *сов. см.* пе́чься I 1.

спе́чься II *сов. см.* спека́ться.

спе́ш||ивать, спе́шить (*вн.*) dismóunt (*d.*). **~иваться,** спе́шиться dismóunt. **~ить** *сов. см.* спе́шивать.

спеш||и́ть, поспеши́ть **1.** húrry, make* haste [...heɪst], hásten ['heɪsᵊn]; ~ вперёд húrry on, push on [puʃ...]; ~ к кому́-л. на по́мощь hásten to smb.'s help; ~ на по́езд be in a húrry to catch *the* train; не ~а́ léisure|ly ['leʒ-]; де́лать не ~а́ not be in a húrry; take* one's time; он ве́чно ~и́т he is álways in a húrry [...'ɔːlwəz...]; не ~и́те уходи́ть don't be in a húrry to leave; **2.** *тк. несов.* (*о часах*) be fast; его́ часы́ ~а́т на де́сять мину́т his watch is ten mínutes fast [...'mɪnɪts...].

спе́шиться *сов. см.* спе́шиваться.

спе́шк||а *ж.* húrry, haste [heɪst]; в ~е in a húrry.

спе́шно I *прил. кратк. см.* спе́шный.

спе́шн||о II *нареч.* in haste [...heɪst], hástily ['heɪ-]. **~ость** *ж.* húrry, haste [heɪst]. **~ый** úrgent, préssing; ~ое де́ло úrgent mátter; ~ый зака́з préssing / rush órder; ~ое письмо́ spécial / expréss létter ['spe-...]; ~ая по́чта spécial / expréss delívery; в ~ом поря́дке quíckly.

спива́ться, спи́ться become* an invéterate drúnkard.

спидо́метр *м.* speed cóunter, speedómeter.

спи́кер *м.* spéaker.

спики́ровать *сов. ав.* dive, swoop; go* into a pówer dive.

спи́ливать, спили́ть (*вн.*) saw* down / off / a|wáy (*d.*).

спили́ть *сов. см.* спи́ливать.

спин||а́ *ж.* back; ~ к ~е́ back to back; па́дать на́ ~у fall* on one's back; пла́вать на ~е́ swim* on one's back; за чьей-л. ~о́й (*прям. и перен.*) behínd smb.'s back; согну́ть спи́ну stoop; гнуть спи́ну (пе́ред; *перен.*) cringe (to), kówtów (to); выгиба́ть спи́ну (*о кошке*) arch *its* back; ве́тер нам в спи́ну the wind is at our back [...wɪ-...].

спи́нк||а *ж.* **1.** *уменьш. от* спина́; **2.** (*у мебели*) back; с прямо́й ~ой stráight-bàcked.

спи́ннинг *м. спорт.* spínning.

спинно́й spínal; ~ хребе́т spínal cólumn, báck-bòne spine; ~ мозг spínal cord / márrow; ~ плавни́к dórsal fin.

спинномозгов||о́й *анат.* spínal; ~а́я жи́дкость spínal flúid.

спира́ль *ж.* spíral; ~ю, по спира́ли in a spíral. **~ный** spíral; ~ная пружи́на volúte spring.

спира́нт *м. лингв.* spírant.

спира́ть, спере́ть *безл.*: у него́ дыха́нье спёрло it took his breath a|wáy [...breθ...].

спири́т *м.* spíritist, spíritualist. **~и́зм** *м.* spíritism, spíritualism. **~и́ческий** spìritístic, spìritualístic; ~и́ческий сеа́нс (spìritualístic) séance (*фр.*) [...'seɪɑːns].

спиритуал||и́зм *м.* spíritualism. **~и́ст** *м.* spíritualist. **~исти́ческий** spìritualístic.

спиро́метр *м.* spìrómeter [spaɪə-].

спирохе́та *ж. бакт.* spìrocháete [spaɪərə'kiː-].

спирт *м.* álcohòl, spírit(s) (*pl.*); древе́сный ~ wood álcohòl [wud...], methýl(ic) álcohòl; нашаты́рный ~ líquid ammónia; денатури́рованный ~ dè|nátured álcohòl [-'neɪ-...]. **~но́й 1.** àlcohólic; ~ны́е напи́тки (àlcohólic) líquor [...-kə] *sg.*, àlcohólic drinks; **2.** *с. как сущ.* àlcohólic drinks *pl.*, spírits *pl.* **~о́вка** *ж.* spírit-làmp. **~ово́й** spírit (*attr.*).

спиртоме́р *м. тех.* àlcohòlómeter.

списа́ть(ся) *сов. см.* спи́сывать(ся).

спи́сок *м.* **1.** list; соста́вить ~ make* *a* list; ~ избира́телей vóters list; ~ опеча́ток erráta *pl.*; именно́й ~ nóminal list, roll; ~ ли́чного соста́ва *воен.* múster-ròll; ~ уби́тых и ра́неных cásualty list [-ʒju-...]; ~ поги́бших déath-ròll ['deθ-], list of deaths; ~ уби́тых на войне́ roll of hónour [...'ɔnə]; **2.** *офиц.*: трудово́й ~ sérvice récòrd [...'re-].

спи́сывать, списа́ть **1.** (*вн. с рд.*; *копировать*) cópy ['kɔ-] (*d.* from); **2.** (*вн. у рд.*) cópy off (*d.* from); crib (*d.* from) *разг.*; **3.** (*вн.*; *со счёта*) write* off (*d.*); **4.**: ~ с корабля́ (*вн.*) draft out of the ship (*d.*). **~ся,** списа́ться **1.** (*с тв.*) exchánge létters [-'tʃeɪ-...] (with); (*уславливаться*) séttle by létter (with); **2.** *страд. к* спи́сывать.

спито́й *разг.*: ~ чай weak tea; ~ ко́фе weak cóffee [...-fɪ].

спи́ться *сов. см.* спива́ться.

спи́хивать, спихну́ть (*вн.*) *разг.* (*в сторону*) push / shove asíde [puʃ ʃʌv...] (*d.*); (*вниз*) push down (*d.*).

спихну́ть *сов. см.* спи́хивать.

спи́ца *ж.* **1.** (*для вязания*) knítting needle; **2.** (*колеса*) spoke; ◇ после́дняя ~ в колесни́це ≅ a tíny cog in the machíne [...-'ʃiːn]; пя́тая ~ в колесни́це fifth wheel of a coach.

спич *м.* speech, públic addréss ['pʌ-...]; произноси́ть ~ make* / delíver a speech [...-'lɪ-...].

спи́ч||ечница *ж.* mátch-bòx. **~ечный** match (*attr.*); ~ечная коро́бка mátch-bòx. **~ка** *ж.* match; худо́й как ~ка *разг.* ≅ as lean as a rake.

сплав I *м.* (*о лесе*) float.

сплав II *м. тех.* álloy; (*сплавленная масса*) fúsion.

спла́вить I, II *сов. см.* сплавля́ть I, II.

спла́вка *ж. тех.* mélting, fúsion.

сплавля́ть I, спла́вить (*вн.*; *о лесе*) float (*d.*), raft (*d.*); (*перен.*) *разг.* (*отделываться*) get* rid (of); ~ лес плота́ми raft tímber.

сплавля́ть II, спла́вить (*вн.*; *о металлах*) allóy (*d.*), melt (*d.*), fuse (*d.*).

сплавно́й flóatable.

спла́вщик I *м.* (*леса*) ráfts|man*, ráfter, wóod-floater ['wud-].

спла́вщик II *м.* (*металлов*) mélter.

сплани́ровать I *сов. см.* плани́ровать I 1.

сплани́ровать II *сов. см.* плани́ровать II.

спла́чивать, сплоти́ть (*вн.*) join (*d.*), raft (*d.*); (*перен.*) ùníte (*d.*), rálly (*d.*); ~ ряды́ close ranks; **~ся,** сплоти́ться **1.** ùníte, rálly; ещё тесне́е сплоти́ться (вокру́г) rálly / ùníte éven more clósely [...-s-] (round); **2.** *страд. к* спла́чивать.

сплёвывать, сплю́нуть (*вн.*) spit* out (*d.*); (*без доп.*) spit*.

сплести́ *сов. см.* сплета́ть *и* плести́. **~сь** *сов. см.* сплета́ться.

сплета́ть, сплести́ (*вн.*) ìnterláce (*d.*), weave* (*d.*), plait [-æt] (*d.*); сплести́ корзи́ну weave* *a* básket; сплести́ вено́к make* *a* wreath*. **~ся,** сплести́сь **1.** ìnterláce; **2.** *страд. к* сплета́ть.

сплете́ние *с.* **1.** ìnterláce|ment; ~ обстоя́тельств còmbinátion of círcumstances, còmplicátions *pl.*; ~ лжи tíssue of lies; **2.** *анат.* pléxus (*pl.* -xes); со́лнечное ~ sólar pléxus.

сплётни||к *м.*, **~ца** *ж.* góssip, tále|-tèller, tále-bearer [-bɛə-]; (*злостный*) scándal-mònger [-mʌ-].

сплётничать, насплётничать góssip, títtle-tàttle, tell* tales; (*злостно*) talk scándal.

сплётня *ж.* góssip, títtle-tàttle; (*злостная*) piece of scándal [piːs...]; *мн.* scándal *sg.*

сплеча́ *нареч.* straight from shóulder [...'ʃou-]; (*перен. тж.*) bluntly.

сплин *м. уст.* spleen.

сплоти́ть(ся) *сов. см.* спла́чивать(ся).

сплохова́ть *сов. разг.* blúnder, make* a slip / mistáke.

сплоче́ние *с.* rállying, únity.

сплочённ||ость *ж.* sòlidárity, únity, cohésion; ~ наро́дных масс вокру́г своего́ прави́тельства the sòlidárity of the másses in their suppórt of the Góvernment [...'gʌ-]. **~ый 1.** *прич. см.* спла́чивать; **2.** *прил.* sérried, sólidary, sólid; ~ая па́ртия ùníted párty; ~ые ряды́ sérried ranks.

сплоша́ть *сов. см.* плоша́ть.

сплошн||о́й contínuous, entíre; (*о породе, массе*) sólid, compáct; ~а́я коллективиза́ция áll-róund / compléte / 100% collèctivizátion [...-vaɪ-]; ~а́я ма́сса sólid mass; ~ лёд sólid ice; íce-field [-fiː-]; ~ лес dense fórest [...'fɔ-]; страна́ ~ гра́мотности a cóuntry of ùnivérsal líteracy [...'kʌ-...]; ◇ ~ вздор *разг.* sheer nónsense; ~óe удовóльствие *разг.* sheer joy.

сплошь *нареч.* (*целиком, всецело*) complétely, entírely; (*всюду*) évery¦whère; (*без исключения, только*) nothing but; ~ однú цветы́, кáмни *и т. п.* flówers, stones, *etc.*, évery¦whère; a mass of flówers, stones, *etc.*; nothing but flówers, stones, *etc.*; егó лицó бы́ло ~ покры́то морщúнами his face was cóvered (all óver) with wrinkles [...'kʌ-...]; ◇ ~ да ря́дом quite óften [...'ɔːf(t)°n].

сплутовáть *сов. см.* плутовáть.

сплыть *сов.*: был (былá, бы́ло) да сплыл (сплылá, сплы́ло) *разг.* ≅ it just came and went, it's all gone [...gɔn], it is no more.

сплю́нуть *сов. см.* сплёвывать.

сплю́снутый *разг.* = сплющенный.

сплю́щ||енный *прич. и прил.* flát-tened out. **~ивание** *с.* fláttening.

сплю́щивать, сплю́щить (*вн.*) flát-ten (*d.*). **~ся,** сплю́щиться **1.** become* flat; **2.** *страд. к* сплю́щивать.

сплю́щить *сов. см.* сплю́щивать *и* плю́щить. **~ся** *сов. см.* сплю́щиваться.

сплясáть *сов.* (*вн.*) dance (*d.*).

сподви́жн||ик *м.*, **~ица** *ж.* assóciate; (*в борьбе за что-л.*) féllow-fíghter, féllow-chámpion.

сподóбиться *сов.* (*рд.*,+*инф.*) *уст.*, *разг.* be considered wórthy [...-'sɪ- -ðɪ] (of, of *ger.*), be hónoured [...'ɔnəd] (with).

сподру́чный *разг.* hándy.

спозарáнку *нареч. разг.* in good time, very éarly [...'ɜː-].

споúть *сов. см.* спáивать I.

спокóйно I *прил. кратк. см.* спокóйный.

спокóйно II *нареч.* quíetly, cálmly ['kɑːm-]; чу́вствовать себя́ ~ be éasy in one's mind [...'iːzɪ...]; день для негó прошёл ~ (*о больном*) he had a cómfortable day [...'kʌm-...].

спокóй||ный 1. quíet, calm [kɑːm], tránquil; (*мирный, безмятежный*) plácid, seréne; ~ное мóре calm / tránquil sea; со ~ной сóвестью with a clear cónscience [...-ʃəns]; ~ гóлос calm voice; ~ное настроéние calm / éasy mood [...'iːzɪ...]; ~ная увéренность calm cónfidence; ~ больнóй quíet pátient; ~ное рассуждéние calm réasoning [...-zə-]; ~нóй нóчи! good night!; бу́дьте ~ны! don't wórry! [...'wʌ-]; **2.** (*уравновешенный*) éasy-tèmpered ['iːzɪ-]; (*сдержанный*) compósed; **3.** (*удобный*) éasy; ~ное крéсло éasy chair. **~ствие** *с.* **1.** calm [kɑːm], cálmness ['kɑːm-]; quíet, trànquíllity; óбщественное ~ствие públic trànquíllity / quíet ['pʌ-...]; охраня́ть óбщественное ~ствие presérve law and órder [-'zəːv...]; сохраня́ть ~ствие и поря́док remáin calm and órderly; **2.** (*самообладание*) compósure [-'pou-]; душéвное ~ствие peace of mind; невозмути́мое ~ствие ún¦rúffled calm.

спокóн: ~ вéку, ~ векóв *разг.* from time ìmmemórial.

сполáскивать, сполосну́ть (*вн.*) rinse (out) (*d.*).

сползáние *с.* slípping down.

сползáть, сползти́ slip / work down.

сползти́ *сов. см.* сползáть.

сполнá *нареч.* compléte¦ly, in full; дéньги полу́чены ~ (*надпись на счёте*) recéived in full [-'siː-...]; выплáчивать ~ (*вн.*) pay* in full (*d.*).

сполосну́ть *сов. см.* сполáскивать.

сполóх *м.* **1.** (*вспышка молнии, света*) flash of líghtning; **2.** *чаще мн.* (*северное сияние*) nórthern* lights [-ðən...] *pl.*

спондеи́ческий [-дэ-] *лит.* spòndáic.

спондéй [-дэ́й] *м. лит.* spóndee.

спонтáнный spòntáneous.

спор *м.* árgument, àrgumèntátion, cóntrovèrsy; горя́чий ~ héated árgument, héated / hot discússion; учёный ~ (sciéntific) debáte, àrgumèntátion; бесполéзный ~ úse¦less árgument ['juːs-...], mere árguing; затевáть ~ start *an* árgument; вступáть в ~ get* into árgument; ◇ ~у нет it goes without sáying, it stands to réason [...-z°n].

спóра *ж. биол.* spore.

спорадúческий sporádic(al).

спорáнгий *м. бот.* sporángium.

спóрить, поспóрить **1.** (*о пр.*, прóтив *рд.*) árgue (abóut, agáinst), dispúte (abóut, agáinst), have an árgument (abóut, agáinst); (*с тв.*) árgue (with), dispúte (with); ~ о словáх quibble óver words; **2.** (*без доп.*; *дискутировать*) debáte, discúss; **3.** (*с тв. о пр.*) *разг.* (*держать пари*) bet (on), wáger (*d.*); ◇ о вку́сах не спóрят tastes díffer [teɪ-...].

спори́т||ься (*удаваться*) succéed; (*о работе*) go* on swímming¦ly; дéло не ~ся there is a hitch sóme¦whère; у негó всё ~ся évery¦thing he does turns out well.

спóрн||ость *ж.* debátable¦ness. **~ый** quéstionable [-stʃən-], dispútable, debátable, moot; íssue (*attr.*); at íssue; ~ый вопрóс íssue, moot point; vexed quéstion [...-stʃən]; ~ый пункт còntrovérsial / árguable point.

спóровый *бот.* cryptógamous, crỳptogámic.

спороли́стик *м.* = спорофи́лл.

спорóть *сов. см.* спáрывать.

спорофи́лл *м. бот.* spórophyl ['spou-].

спорт *м.* sport; гребнóй ~ rówing ['rou-]; лóдочный ~ bóating; вóдный ~ aquátics *pl.*, aquátic sports *pl.*; лы́жный ~ skíing ['skiː-, 'ʃiː-]; пáрусный ~ sáiling (sport); занимáться ~ом go* in for sport, indúlge in sport.

спорти́вн||ый spórting, àthlétic; ~ые и́гры sports (and games); ~ая плóщáдка sports ground, pláying-field [-fiː-]; ~ инвентáрь sports equípment; sports goods [...gudz] *pl.*; ~ые состязáния sports, spórting còmpetítions; ~ зал gymnásium [-z-] (*pl.* -siums, -sia); gým-hàll *разг.*; ~ стадиóн sports stádium (*pl.* -dia); ~ое óбщество sports socíety; ~ая бáза sports centre; ◇ из ~ого интерéса just for the fun of it, just for fun; out of spórting ínterest.

спортсмéн *м.* spórts¦man*. **~ка** *ж.* spórts¦wòman* [-wu-]. **~ский** spórtsmanlike.

спорхну́ть *сов. см.* спáрхивать.

спóрщ||ик *м.*, **~ица** *ж. разг.* debáter, squábbler; (*крикливый*) wrángler; лóвкий ~ skílful debáter.

спóрый quick; (*успешный*) prófitable.

спорыня́ *ж. бот.* érgot, spur.

спóсоб *м.* way, mode; (*метод*) méthod; таки́м ~ом in this way; други́м ~ом in a dífferent way; ~ выражéния mánner of expréssing òne¦sélf; «~ употреблéния» (*надпись*) "diréctions for use" [...juːs] *pl.*; механи́ческим ~ом mechánically [-'kæ-]; каки́м бы то ни́ бы́ло ~ом by hook or by crook; испрóбовать все ~ы try / test évery póssible means.

спосóбн||ость *ж. чаще мн.* (к) abílity (for), áptitùde (for), fáculty (of, for); capácity (for); ~ к му́зыке áptitùde / tálent for músic [...'tæ-... -zɪk]; человéк с больши́ми ~остями pérson of great abílities [...-eɪt...]; у́мственные ~ости méntal / ìntelléctual fáculties; ◇ покупáтельная ~ (*денег*) púrchasing pówer [-tʃəs-...]; (*населения*) púrchasing capácity. **~ый 1.** (*одарённый*) able; cléver ['kle-]; (к) gífted ['gɪ-] (for), cléver (at); ~ый к му́зыке gífted for músic [...-zɪk]; **2.** (на *вн.*) cápable (of); он спосóбен на всё he is cápable of ány¦thing; **3.:** водá ~а превращáться в пар wáter can be convérted into steam ['wɔː-...].

спосóбствовать 1. (*чему-л.*) promóte (smth.); fúrther [-ðə] (smth.), fávour (smth.); be condúcive (to); ~ развити́ю промы́шленности fávour the devélopment of índustry; ~ чьему-л. счáстью contríbute to, *или* make* for, smb.'s háppiness; **2.** (*кому-л. в чём-л.*) assíst (smb. in smth.).

споткну́ться *сов. см.* спотыкáться.

спотыкáние *с.* stúmbling.

спотыкá||ться, споткну́ться (о *вн.*) stúmble (óver): идти́ ~ясь stúmble / stágger alóng.

спохвати́ться *сов. см.* спохвáтываться.

спохвáтываться, спохвати́ться *разг.* rècolléct / think* súddenly.

спрáва *нареч.* (от) to the right (of); ~ от негó to his right, on his right; ~ от трибу́ны to the right of the tríbùne.

справедли́в||ость *ж.* 1. jústice; (*беспристрастие*) équity, fáirness; добиваться ~ости struggle / fight* for jústice; добиться ~ости obtáin jústice; по ~ости (говоря) in jústice, in (all) fáirness, by rights; jústifiably; ~ тре́бует, что́бы э́то бы́ло сде́лано jústice demánds that it be done [...-ɑːndz...]; ~ тре́бует призна́ть, что it should be said in all fáirness that [...sed...]; ~ судьи́ fáirness / impàrtiálity of *a* judge; 2. (*правильность*) truth [-uːθ]; corréctness; ✧ отдава́ть ~ (*дт.*) rénder / do* jústice (to). **~ый** 1. (*в разн. знач.*) just; ~ый пригово́р just séntence; ~ый судья́ impártial / fair judge; ~ая война́ just war; ~ые тре́бования just demánds [...-ɑːn-]; быть ~ым (к) be just / fair (to); 2. (*правильный*) true, corréct; э́то осо́бенно ~о (для) this is espécially true [...-'pe-...] (of).

спра́вить *сов. см.* справля́ть.

спра́виться I, II *сов. см.* справля́ться I, II.

спра́вк||а *ж.* 1. ìnformátion, réference; наводи́ть ~и in¦quíre; (о *пр.*) make* in¦quíries (abóut); обраща́ться за ~ой (к; в *вн.*) apply for ìnformátion (to); 2. (*документ*) certíficate; ~ о состоя́нии здоро́вья health certíficate [he-...]; ~ с ме́ста рабо́ты réference.

справля́ть, спра́вить (*вн.*) *разг.* (*праздновать*) célebràte (*d.*); ~ день рожде́ния célebràte one's bírthday; ~ сва́дьбу célebràte one's wédding.

справля́ться I, спра́виться (о *пр.*; *осведомляться*) ask (abóut); ~ в словаре́ look up (*a* word) in *a* díctionary, consúlt *a* díctionary.

справля́ться II, спра́виться (с *тв.*) 1. (*быть в состоянии выполнить*) cope (with); ~ с рабо́той mánage / handle one's job well; hold* down a job *разг.*; спра́виться со свое́й зада́чей cope with one's task; он не спра́вится с э́тим де́лом he won't be able to cope with it [...wount...]; он не спра́вился со свое́й зада́чей he was not équal to the task at hand; 2. (*побороть*) mánage (*d.*); *сов. тж.* get* the bétter (of); с ним нелегко́ спра́виться he is dífficult to mánage.

справля́ться III *страд. к* справля́ть.

спра́вочн||ик *м.* réference book; карма́нный ~ pócket réference book, vádemécum ['veɪdɪ-]; железнодоро́жный ~ ráilway guide. **~ый** 1. in¦quíry (*attr.*); ~ое бюро́ in¦quíry óffice; 2.: ~ое изда́ние, ~ая кни́га réference book.

спра́шивать, спроси́ть 1. (кого́-л. о чём-л.; что-л. у кого́-л.) ask (smb. abóut smth.); (*узнавать тж.*) in¦quíre (of smb. abóut, áfter, for smth.); (*требовать*) demánd [-ɑːnd] (smth. of, from smb.); ~ о чьём-л. здоро́вье ask / in¦quíre áfter smb.'s health [...he-]; ~ себя́ wónder ['wʌ-]; 2. (*вн.*; *желать видеть*) ask (for), want (to see) (*d.*); desíre to speak [-'zaɪə...] (to); 3. (с *рд.*) *разг.* (*требовать ответственности*) make* respónsible (*d.*); с вас бу́дут ~ за э́то you will be respónsible for that; ✧ ~ сли́шком высо́кую це́ну ask an exórbitant price.

спра́шива||ться, спроси́ться 1. (у *рд.*) ask (smb.'s) permíssion; 2. *тк. несов. безл.*: ~ется the quéstion is / arises [...-sʧən...].

спрессова́ть *сов. см.* прессова́ть.

спринт *м. спорт.* sprint. **~ер** *м. спорт.* sprínter.

спринцев||а́ние *с.* sýringing [-ndʒ-]. **~а́ть** (*вн.*) sýringe (*d.*).

спринцо́вка *ж.* sýringe.

спрова́дить *сов. см.* спрова́живать.

спрова́живать, спрова́дить (*вн.*) *разг.* show* out [ʃou...] (*d.*), send* on *his* way (*d.*); (*отделываться*) get* rid (of).

спровоци́ровать *сов.* (*вн.*) provóke (*d.*).

спроекти́ровать *сов. см.* проекти́ровать 1.

спрос *м. тк. ед.* 1. *эк.* demánd [-ɑːnd]; (на *вн.*) demánd (for), run (on); вну́тренний ~ home demánd; ~ и предложе́ние demánd and supplý; по́льзоваться больши́м ~ом be in pópular demánd, be much in demánd; на това́р есть ~ there is a great demánd for the goods [...-eɪt... gudz]; э́то в большо́м ~е it is in great requést, it is génerally sought áfter; 2.: без ~а, без ~у *разг.* withóut permíssion; уходи́ть без ~а leave* withóut permíssion.

спроси́ть *сов. см.* спра́шивать. **~ся** *сов. см.* спра́шиваться 1.

спросо́нок *нареч. разг.* hálf-a¦wáke ['hɑːf-].

спроста́ *нареч.* 1. ártlessly, with an ópen heart [...hɑːt]; 2. (*без умысла*) withóut refléction.

спрут *м. зоол.* óctopus.

спры́г||ивать, спры́гнуть (с *рд.*) jump / spring* off / down (from). **~нуть** *сов. см.* спры́гивать.

спры́скивание *с.* sprínkling.

спры́с||кивать, спры́снуть (*вн.*) 1. sprínkle (*d.*); 2. *разг.* (*выпивать по случаю чего-л.*) wet (*d.*), célebràte (*d.*); wet the bárgain. **~нуть** *сов. см.* спры́скивать.

спряга́ть, проспряга́ть (*вн.*) *грам.* cónjugàte (*d.*). **~ся** *грам.* be cónjugàted.

спряже́ние *с. грам.* cònjugátion.

спрясть *сов. см.* прясть I.

спря́тать(ся) *сов. см.* пря́тать(ся).

спу́г||ивать, спугну́ть (*вн.*) fríghten off / a¦wáy (*d.*), scare off / a¦wáy (*d.*). **~ну́ть** *сов. см.* спу́гивать.

спуд *м.*: держа́ть что-л. под ~ом *разг.* ≅ hide* smth.; (*не использовать*) keep* smth. back; вы́тащить из-под ~а (*вн.*) *разг.* bring* into the light of day (*d.*).

спуск *м.* 1. (*действие*) lówering ['lou-], háuling down; (*с высоты*) descént; (*корабля на воду*) láunch (-ing); (*шлюпки*) lówering; 2. (*откос*) slope; круто́й ~ steep slope; отло́гий ~ éasy slope ['iːzɪ...]; 3. (*в оружии*) sear; detént *амер.*; 4. *полигр.* (*формы*) impositíon [-'zɪ-]; ✧ не дава́ть кому́-либо ~у *разг.* ≅ give* smb. no quárter.

спуска́ть, спусти́ть (*вн.*) 1. (*опускать*) let* / get* down (*d.*), lówer ['louə] (*d.*), down (*d.*); (*о занавеске и т. п.*) pull / draw* down [pul...] (*d.*); ~ флаг lówer *a* flag; *мор.* haul down the énsign [...-saɪn]; (*как знак капитуляции*) strike* (the cólours) [...'kʌləz]; 2. (*на воду — о корабле*) launch (*d.*); (*о шлюпке*) lówer (*d.*); 3.: ~ с при́вязи ún¦léash (*d.*); ~ с це́пи ún¦cháin (*d.*), let* loose [...-s] (*d.*); 4. (*выпускать — о воде, воздухе*) let* out (*d.*); (*о воде тж.*) drain (*d.*); ~ во́ду из пруда́ drain *a* pond; ~ во́ду в убо́рной flush the bowl [...boul]; 5. (*дт.*) *разг.* (*прощать*) párdon (*d.*); она́ ему́ э́того не спу́стит she will make him pay for that; 6. *разг.* (*растрачивать*) squánder (*d.*), díssipàte (*d.*); ~ в ка́рты gamble a¦wáy (*d.*); 7. *полигр.* (*о печатной форме*) impóse (*d.*); ✧ ~ куро́к pull the trígger; спусти́ть пе́тлю drop *a* stitch; ~ с ле́стницы *разг.* kick dównstáirs (*d.*); спустя́ рукава́ *разг.* in a slípshòd mánner, líst¦lessly; не ~ глаз (с *рд.*) not take* one's eyes off [...aɪz...] (*d.*); (*любоваться*) not tear* one's eyes off [...tɛə...] (*d.*), keep* one's eyes glued (on); (*не выпускать из виду*) not lose* sight [...luːz...] (of). **~ся,** спусти́ться 1. go* / come* down; (*более торжественно*) descénd; (*перен.*; *о ночи*) fall*; ~ся по ступе́ням go* / come* down the steps; (*более торжественно*) descénd the steps; ~ся по ле́стнице go* / come* dównstáirs; 2. (*вниз по реке*) go* with the stream, go* down stream; 3. *страд. к* спуска́ть.

спускн||о́й *тех.* drain (*attr.*); ~ кран dráin-còck; ~а́я труба́ dráin-pipe.

спусково́й trígger (*attr.*), sear (*attr.*); ~ крючо́к (*в оружии*) trígger; ~ механи́зм trígger mèchanism [...-kə-]; ~ рыча́г sear.

спусти́ть(ся) *сов. см.* спуска́ть(ся).

спустя́ *предл.* (*вн.*) áfter; láter (*после сущ.*): ~ неде́лю, не́сколько дней áfter a week, a few days; a week, a few days láter; немно́го ~ not long áfter.

спу́т||анно *нареч.* confúsing¦ly, in a confúsed way. **~ать** *сов.* 1. *см.* спу́тывать; 2. *как сов. к* пу́тать 1, 2, 3, 4. **~аться** *сов.* 1. *см.* спу́тываться; 2. *как сов. к* пу́таться.

спу́тник *м.* 1. compánion [-'pæ-]; (*по путешествию тж.*) féllow-trável(l)er; (*в названиях справочных изда-*

:ий) Guide; (*перен.*: *сопутствующее обстоятельство*) con¦cómitant; 2. *астр.* sátellìte; ~ земли́ earth sátellìte [ɜ:θ...]; иску́сственный ~ Земли́ artifícial sátellìte; Spútnik ['spu-].

спу́тывать, спу́тать (*вн.*) 1. (*о нитках, волосах и т. п.*) entángle (*d.*), mat (*d.*); 2. (*сбивать с толку*) confúse (*d.*); ~ чьи-л. ка́рты (*перен.*) ≅ spoil* / rúin smb.'s game; спу́тать чьи-л. расчёты ùpsét* smb.'s càlculátions; 3. (*надевать путы*): ~ ло́шадь hobble *a* horse. **~ся,** спу́таться 1. (*о нитках, волосах и т. п.*) become* entángled; 2. *страд.* к спу́тывать.

спья́на, спья́ну *нареч. разг.* in a state of drúnken¦ness.

спя́тить *сов. разг.* go* bálmy [...'bɑ:-].

спя́чка *ж.* (*у животных*) hìbernátion [haɪ-]; (*перен.*) sómnolency, sómnolence.

спя́щ||ий *прич. см.* спать; притворя́ться ~им feign sleep [feɪn...]; ◇ ~ая краса́вица sléeping béauty [...'bju:-].

сраба́тываться I, срабо́таться (с *тв.*; *о совместной работе*) achíeve hármony in work [ə'ʧi:v...] (with).

сраба́тываться II, срабо́таться (*изнашиваться*) wear* [wɛə].

срабо́танность I *ж.* (*согласованность в работе*) hármony in work.

срабо́танность II *ж.* (*изношенность*) wear [wɛə].

срабо́таться I, II *сов. см.* сраба́тываться I, II.

сравне́ни||е *с.* 1. compárison; по ~ю (с *тв.*) in compárison (with); вне ~я be¦yónd compárison; не поддава́ться ~ю be be¦yónd compárison; увели́читься на 200% по ~ю с про́шлым го́дом in¦créase 200 per cent agáinst last year [-s...]; 2. (*фигура речи*) símile [-lɪ]; 3.: сте́пени ~я *грам.* degrees of compárison.

сра́внивать I, сравни́ть (*вн.* с *тв.*; *сопоставлять*) compáre (*d.* to, with).

сра́внивать II, сравня́ть (*делать одинаковым*) équal (*d.* with); сравня́ть счёт *спорт.* équalize, *или* éven up, the score ['i:-...].

сра́внивать III, сровня́ть (*вн.*; *делать ровным*) lével ['le-] (*d.*); ◇ сровня́ть с землёй raze to the ground (*d.*).

сравни́тельно *нареч.* compárative¦ly, in / by compárison.

сравни́тельно-истори́ческий: ~ ме́тод в языкозна́нии *и т. п.* the compárative-histórical méthod in linguístics, *etc.*

сравни́тельн||ый compárative; ~ая грамма́тика compárative grámmar; ~ая сте́пень *грам.* compárative (degrée).

сравни́ть *сов. см.* сра́внивать I.

сравни́ться *сов.* (с *тв.* в *пр.*) touch [tʌʧ] (*d.* in), come* up (with in); никто́ не мо́жет с ним ~ he has no équal; there is no one to touch him.

сравня́ть *сов. см.* равня́ть *и* сра́внивать II.

сравня́ться *сов. см.* равня́ться 1.

сража́ть, срази́ть (*вн.*) 1. *уст.* slay* (*d.*), strike* down (*d.*); (*о болезни*) smite* (*d.*); 2. (*поражать*) strike* (*d.*), òver¦whélm (*d.*). **~ся,** срази́ться 1. (с *тв.*; *вести бой*) fight* (*d.*); *сов.* *тж.* join battle (with); 2. (в *вн.*) *шутл.* (*играть с азартом*) play (*d.*); *несов.* *тж.* have a game (of); ~ся в ша́хматы play chess.

сраже́ни||е *с.* battle; вы́игрывать ~ win* *a* battle; прои́грывать ~ lose* *a* battle [lu:z...]; дава́ть ~ give* battle; по́ле ~я báttle-fìeld [-fi:-], field of áction [fi:-...]; генера́льное ~ decísive battle; ~ при Бородине́ the battle of Borodinó.

срази́ть *сов. см.* сража́ть *и* рази́ть I. **~ся** *сов. см.* сража́ться.

сра́зу *нареч.* 1. (*одновременно*) at once [...wʌns]; 2. (*в тот же момент*) right a¦wáy; straight a¦wáy *разг.*; (*не подумав*) straight off, out of hand.

срам *м.* shame; ~! for shame!

срами́ть, осрами́ть (*вн.*) shame (*d.*), put* to shame (*d.*). **~ся,** осрами́ться cóver òne¦sélf with shame ['kʌ-...], bring* shame up¦ón òne¦sélf.

срамн||и́к *м.*, **~и́ца** *ж. разг.* sháme¦less pérson. **~о́й** *разг.* sháme¦less.

сраст||а́ние *с.* àccrétion; (*костей*) knítting; (*кровеносных сосудов, волокон*) inòsculátion. **~а́ться,** срасти́сь accréte; (*о костях*) knit*; (*о волокнах, кровеносных сосудах*) inósculàte; сло́манная кость хорошо́ сросла́сь the bróken bone (has) knítted well*.

сраст||и́сь *сов. см.* сраста́ться. **~и́ть** *сов. см.* сра́щивать.

сраще́ние *с.* únion; непра́вильное ~ ко́сти vícious únion of *a* bone.

сра́щивание *с.* (*деревянных частей*) jóint-màking, jóinting; (*тросов, проводов*) splícing; (*перен.*) ìnterlócking, fúsing; (*организаций и т. п.* *тж.*) còaléscence.

сра́щивать, срасти́ть (*вн.*) 1. join (*d.*), joint (*d.*); (*перен.*) ìntertwíne (*d.*), ìntertwíst (*d.*); 2. (*о костях*) knit* (*d.*); (*о волокнах, кровеносных сосудах*) inósculàte (*d.*); 3. *тех.* (*о проводах, тросах*) splice (*d.*).

сре́бреник *м.* = серебре́нник.

сребри́стый *поэт.* = серебри́стый.

сребро||любúвый *уст.* móney-lóving ['mʌ- -'lʌv-], gréedy of / for móney [...'mʌ-]. **~лю́бие** *с.* *уст.* greed of / for móney [...'mʌ-].

сребро́носный (*о песке, руде*) àrgentíferous.

сред||а́ I *ж.* 1. (*окружение*) surróundings *pl.*; окружа́ющая ~ surróundings; социа́льная ~ sócial envíron¦ment; в на́шей ~е́ in our midst, amídst us; подня́ться вы́ше свое́й ~ы́ rise* above one's envíron¦ment; 2. *физ.* médium (*pl.* -ia, -ums); преломля́ющая ~ refrácting médium.

среда́ II *ж.* (*день недели*) Wédnesday ['wenzdɪ]; по ~м on Wédnesdays, every Wédnesday.

среди́ *предл.* (*рд.*) 1. (*в числе*) among, amongst; amídst (*чаще о чужой, враждебной среде*); ~ его́ книг among his books; ~ друзе́й among friends [...frendz]; ~ враго́в amídst énemies; ~ нас, вас, них among us, you, them; in our, your, their midst; 2. (*посредине, внутри*) in the middle: ~ у́лицы in the middle of the street; ~ ко́мнаты in the middle of the room; — ~ но́чи in the middle of the night; (*поздней ночью*) in the dead of night [...ded...]; ◇ ~ бе́ла дня in broad dáylìght [...brɔ:d...].

средиземномо́рский Mèditerránean.

среди́н||а *ж.* = середи́на. **~ный** middle; Среди́нная Импе́рия (Кита́й) *ист.* Middle King¦dom.

сре́дне *нареч. разг.* (*так себе*) míddling, só-sò.

среднеазиа́тский Céntral Àsiátic [...-ʃɪ'æ-], Céntral Ásian [...'eɪʃən].

среднеангли́йский *лингв.* Middle Énglish [...'ɪŋg-].

средневек||о́вый mèdiéval. **~о́вье** *с.* the Middle Ages *pl.*

среднегодов||о́й áverage ánnual; ~а́я температу́ра áverage ánnual témperature.

среднекали́берный *воен.* médium (-cálibre).

среднеме́сячн||ый áverage mónthly [...'mʌ-]; ~ая вы́работка áverage mónthly óutpùt [...-put].

среднене́бный = среднеязы́чный.

среднесу́точн||ый áverage dáily; ~ая добы́ча *горн.* stock.

среднеязы́чный *лингв.* front [-ʌnt], médiò-língual.

сре́дн||ий 1. *прил.* middle; ~ эта́ж middle stórey; ~ее у́хо *анат.* middle ear; ~ рост médium height [...haɪt]; ~ техни́ческий персона́л médium-lèvel téchnical pèrsonnél [-le-...]; ~их лет míddle-áged; ~ член *мат.* mean (*of a ratio*); держа́ться ~его ку́рса fóllow a middle course [...kɔ:s], fóllow a míddle-of-the-road pólicy; 2. *прил.* (*в среднем*) áverage, mean; ~яя вы́работка áverage óutpùt [...-put]; ~яя величина́, ци́фра *и т. п.* mean quántity, númber, *etc.*; ~ее арифмети́ческое *мат.* àrithmétical mean; ~ее пропорциона́льное *мат.* the mean propórtional; 3. *с. как сущ.* áverage; ни́же ~его below the áverage [-'lou...]; вы́ше ~его above the áverage; в ~ем on / up¦ón the áverage, at an áverage; составля́ть в ~ем 10% áverage 10 per cent; 4. *прил. разг.* (*посредственный*) míddling, áverage; ~ие спосо́бности áverage abílities; удово́льствие из

~их ≅ nothing to write home abóut; 5. *прил. грам.*: ~ род néuter (génder); ~ залóг middle voice; ✧ ~ пáлец middle fínger, third fínger; ~ие векá the Middle Ages; ~яя истóрия Hístory of the Middle Ages; ~яя шкóла sécondary school; high school *амер.*; ~ее образовáние sécondary èducátion; ~ американец *и т. п.* áverage Américan, *etc.*

средостéние *с. анат.* mèdiàstínum; (*перен.*) pàrtítion.

средотóчие *с. тк. ед.* fócus.

срéдств||о *с.* **1.** (*в разн. знач.*) means *sg. u pl.*; ~а произвóдства means of prodúction; ~а передвижéния, перевóзочные ~а means of convéyance; ~а сообщéния means of commùnicátion; ~а к существовáнию means of subsístence; líve¦lihood [-hud] *sg.*; ~а общéния commúnicative means; язы́к — ~ общéния людéй lánguage is a means of commùnicátion betwéen people [...piː-]; ~а обращéния *эк.* means of cìrculátion; пускáть в ход все ~а ≅ leave* no stone ún¦túrned, move héaven and earth [muːv 'he-...əːθ]; мéстные ~а lócal resóurces [...-'sɔːs-]; огневóе ~ *воен.* fire wéapon [...'we-]; **2.** (*лекарство*) rémedy; лечéбное ~ rémedy; предохранúтельное ~ presérvative [-'zəː-]; радикáльное ~ drástic rémedy; **3.** *мн.* (*материальный достаток*) means: жить по ~ам live within one's means [lɪv...]; жить не по ~ам live be¦yónd one's means; человéк со ~ами man* of means; — мне э́то не по ~ам I can't affórd it [...kɑːnt...].

средь = средú.

срез *м.* cut (in / off); (*для микроскопического анализа*) mìcroscópic séction [maɪ-...].

срéзать *сов. см.* срезáть *и* рéзать 8.

срезáть, срéзать (*вн.*) **1.** cut* off (*d.*); **2.**: срéзать на экзáмене *разг.* pluck (at *an* exàminátion) (*d.*).

срéзаться *сов. см.* срезáться.

срезáться, срéзаться **1.** *разг.* (*на экзамене и т. п.*) fail; be plucked; **2.** *страд. к* срезáть.

срéзывать(ся) = срезáть(ся).

срис||овáть *сов. см.* срисóвывать. ~óвка *ж.* cópying.

срисóвывать, срисовáть (*вн.*) cópy ['kɔ-] (*d.*).

сробéть *сов. разг.* get* fríghtened, funk.

сровня́ть *сов. см.* срáвнивать III *и* ровня́ть.

сроднú *нареч.* akín; in relátionship; быть ~ комý-л. be reláted to smb.

сроднúть *сов. см.* роднúть 1. ~ся *сов.* (с *тв.*) become* íntimate (with); (*с коллективом и т. п.*) become* íntimate¦ly linked (with); (*свыкнуться*) get* accústomed (to).

срóд||ный (*дт.*, с *тв.*) akín (to), reláted (to). ~ствó *с.* (с *тв.*) affínity (with, betwéen).

срóду *нареч. разг.*: ~ не never in one's life.

срок *м.* **1.** (*определённый момент времени*) date; (*о векселе, платеже и т. п.*) term; крáйний ~ the last term / date; к услóвленному ~у, в укáзанный ~ by the time fixed, by a spécified date; to time; выполня́ть план до ~а fulfíl the plan ahéad of time [ful-...ə'hed...]; ~ арéнды term of lease [...-s]; ~ платежá date / term of páyment; ~ дáвности prescríption, term of lìmitátion; к ~у, в ~ in time; **2.** (*промежуток времени*) péríod: на ~ for a péríod; — в кратчáйший ~ in the shórtest time, with the shórtest póssible deláy; ~ обучéния term of stúdy [...'stʌ-]; ~ воéнной слýжбы cáll-úp períod; ~ дéйствия договóра períod of valídity of *a* tréaty; ~ полномóчий term of óffice; избирáть ~ом на три гóда eléct for a term of three years; ~ом до двух, трёх *и т. п.* мéсяцев within two, three, *etc.*, months [...mʌ-]; э́тот вéксель ~ом на трúдцать дней this bill runs thírty days; по истечéнии ~а when the time expíres, at the èxpirátion of the períod [...-paɪə-...]; за корóткий ~ in a short / brief space of time [...briːf...]; ✧ дáй(те) ~ *разг.* wait a bit, have pátience; keep your shirt on *идиом.*

срóсшийся **1.** *прич. см.* срастáться; **2.** *прил. бот.* accréte.

срóчно I *прил. кратк. см.* срóчный.

срóчн||о II *нареч.* (*быстро*) quíckly; (*спешно*) úrgently. ~ость *ж.* úrgency; *разг.* (*спешка*) húrry. ~ый **1.** (*спешный*) préssing, úrgent; ~ый закáз préssing / rush órder; ~ое дéло úrgent mátter; в ~ом поря́дке quíckly; ~ая телегрáмма úrgent / expréss télegràm; **2.** (*производимый в определённый срок*) at a fixed date; ~ый платёж páyment delívered at a fixed date [...-'lɪ-...]; ~ое донесéние *воен.* pèriódic / routíne repórt [...ruː-'tiːn...].

сруб *м.* **1.** félling; продавáть лес на ~ sell* wood for félling / tímber [...wud...]; **2.** (*избы, колодца и т. п.*) fráme(¦wòrk).

сруб||áть, срубúть (*вн.*) fell (*d.*). ~úть *сов. см.* срубáть.

срыв *м.* derángeˌment [-'reɪ-], frùstrátion; (*неудача*) fáilure; ~ рабóты deránge¦ment of work, stóppage; ~ плáна wrécking / frùstrátion of *the* plan; ~ переговóров bréak--down in / of the talks [-eɪk-...].

срывáть I, сорвáть **1.** (*вн.*) tear* a¦wáy [tɛə...] (*d.*), tear* down (*d.*), tear* off (*d.*); (*о цветке*) pick (*d.*), pluck (*d.*); ~ мáску с когó-л. (*перен.*) únmásk smb., tear* the mask off smb.; **2.** (*вн.* на *пр.*; *гнев, злобу и т. п.*) vent (*d.* up¦ón); ~ раздражéние на ком-л. vent one's spleen up¦ón smb.; ~ своё (дурнóе) настроéние на ком-л. work off one's bad témper on smb.; **3.** (*вн.*) *разг.* (*портить губить*) wreck (*d.*), spoil* (*d.*), frùstráte (*d.*), bring* to nought (*d.*); ~ рабóту derángе / hámper the work [-'reɪ-...]; ~ план rúin / frùstrát *a* plan; ~ плáны (*враждебные и т. п.*) deféat / foil the plans; ~ переговóры wreck the talks; сорвáть забастóвку break* / wreck *a* strike [-eɪk...]; ✧ сорвáть банк break* the bank.

срывáть II, срыть (*вн.*) lével to the ground ['le-...] (*d.*), raze (to the ground) (*d.*).

срывáться I, сорвáться **1.** (*с цепи*) break* loose [-eɪk -s], break* a¦wáy get* a¦wáy; (*с петель*) get* ùnhínged; **2.** (*падать откуда-нибудь*) fall*; рабóчий сорвáлся с лесóв *the* wórk¦man* fell from *the* scáffolding; **3.** (*заканчиваться неудачей*) fall* to the ground, fall* through, fail, miscárry; **4.** *страд. к* срывáть I; ✧ сорвáться с языкá escápe *one's* lips; у негó э́то с языкá сорвалóсь he let it slip; сорвáться с мéста dart off a¦wáy.

срывáться II *страд. к* срывáть II.

сры́гивать, срыгнýть (*вн.*) *разг.* belch.

срыгнýть *сов. см.* сры́гивать.

сры́тие *с.* lévelling to the ground, rázing (to the ground).

срыть *сов. см.* срывáть II.

сря́ду *нареч. разг.* rúnning: три дня ~ three days rúnning.

ссáдина *ж.* scratch; abrásion.

ссадúть I, II *сов. см.* ссáживать I, II.

ссáживать I, ссадúть (*вн.*; *содрать кожу, расцарапать*) scratch (*d.*); abráde (*d.*), èxcóriàte (*d.*).

ссáживать II, ссадúть (*вн.*) **1.** (*помогать сойти*) assíst in alíghting (*d.*); ссадúть ребёнка (*со стола и т. п.*) help *a* child* down; **2.** (*с поезда и т. п.*): ~ пассажúра drop *a* pássenger [...-n-].

сседáться, ссéсться *разг.* shrink*, be made to shrink (by cóoling, tháwing, *etc.*).

ссек *м.* hind shank.

ссéсться *сов. см.* сседáться.

ссóр||а *ж.* quárrel; начинáть ~у start a quárrel; быть в ~е с кем-л. be at odds with smb., be on bad terms with smb.; искáть ~ы с кем-л. be spóiling for a fight with smb.

ссóрить, поссóрить (*вн.* с *тв.*) embróil (*d.* with). ~ся, поссóриться (с *тв.*) quárrel (with), fall* out (with).

ссóхнуться *сов. см.* ссыхáться.

ссýд||а *ж.* loan, advánce-mòney [-mʌ-]; ~ с процéнтами, процéнтная ~ (*о выданной*) ínterest-béaring loan [-'bɛə-...]; (*о полученной*) loan on ínterest; беспроцéнтная ~ (*о выданной*) loan béaring no ínterest [...'bɛə-...]; (*о полученной*) ínterest-free loan; давáть ~у комý-л. accómmodàte smb. with a loan, grant a loan to smb. [-ɑːnt...]; брать ~у take* a loan (from), bórrow (from). **~и́ть** *сов. см.* ссужáть. **~ный** loan (*attr.*); ~ный банк lóan-bànk.

ссýдо-сберегáтельн||ый: ~ая кácса sávings-bànk.

ссужáть, ссуди́ть (*вн. тв.*; *дт. вн.*) lend* (*i. d.*); loan (*i. d.*).

ссутýлить(ся) *сов. см.* сутýлить(ся).

ссýчивать, ссучи́ть (*вн*; *о нитке*) spin* (*d.*); (*о шёлке*) throw* [-ou] (*d.*).

ссучи́ть *сов. см.* ссýчивать.

ссылáть, сослáть (*вн.*) éxìle (*d.*), bánish (*d.*); trànspórt (*d.*), depórt (*d.*).

ссылáться I, сослáться (на *вн.*) **1.** refér (to), allúde (to); (*цитируя*) cite (*d.*), quote (*d.*); (*призывая в свидетели*) call to wítness (*d.*); **2.** (*оправдываться*) plead (*d.*), allége [ə'ledʒ] (*d.*); ~ на болéзнь allége / plead íllness; ~ на головнýю боль plead a héadàche [...'hedeɪk].

ссылáться II *страд. к* ссылáть.

ссы́лк||а I *ж.* éxìle, bánishment; trànspòrtátion, dèpòrtátion [diː-]; в ~е in éxìle.

ссы́лка II *ж.* (*указание*) réference.

ссы́лочный réference (*attr.*).

ссыльнопоселéнец *м. ист.* dèpòrtée [diː-] (*convict allowed to live at liberty in a restricted area*).

ссы́льный *м. скл. как прил.* éxìle, cónvict.

ссыпáние *с.* póuring ['pɔː-].

ссы́пать *сов. см.* ссыпáть.

ссыпáть, ссы́пать (*вн.*) pour [pɔː] (*d.*).

ссы́п||ка *ж.* póuring ['pɔː-]. **~нóй:** ~нóй пункт gráin-colléctìng státion.

ссыхáться, ссóхнуться shrink*; (*коробиться*) shrível ['ʃrɪ-].

стабилиз||áтор *м. тех.* stábilìzer ['steɪ-]; вертикáльный ~ *ав.* fin; горизонтáльный ~ *ав.* hòrizóntal stábilìzer, táil-plàne. **~áция** *ж.* stàbilìzátion [steɪbɪlaɪ-]. **~и́ровать** *несов. и сов.* (*вн.*) stábilìze ['steɪ-] (*d.*). **~и́роваться** *несов. и сов.* **1.** become* stable; **2.** *страд. к* стабилизи́ровать.

стабилизовáть(ся) = стабилизи́ровать(ся).

стаби́льн||ость *ж.* stabílity. **~ый** stable; ~ый учéбник stándard téxt-book.

стáвень *м.* = стáвня.

стáвить, постáвить (*вн.*) **1.** put* (*d.*), place (*d.*), set* (*d.*); ~ в ряд put* in a row (*d.*); ~ цветы́ в вóду set* *the* flówers in wáter [...'wɔː-]; ~ кувши́н на стол stand* *the* jug on the table; ~ нóгу на зéмлю plant one's foot* on the earth [-ɑːnt... fut...əːθ]; ~ пáмятник (*дт.*) eréct, *или* put* up, *a* mónument (to); ~ телефóн have *a* télephòne instálled; **2.** (*о компрессе, горчичнике и т. п.*) applý (*d.*), put* on (*d.*); ~ бáнки applý cúpping-glàsses; ~ комý-л. термóметр take* smb.'s témperature; **3.** (*о пьесе и т. п.*) stage (*d.*), prodúce (*d.*); **4.** (*вн.* на *вн.*; *в игре*) stake (*d.* on); (*вн.* прóтив) bet (*d.* to); он стáвит двáдцать рублéй he stakes twénty roubles [...ruː-]; он стáвит двáдцать рублéй прóтив пяти́ he'll bet, *или* is wílling to bet, twénty roubles to five; ~ всё на кáрту (*перен.*) stake one's all; ~ на лóшадь back *a* horse; **5.** (*выдвигать*) raise (*d.*), put* (*d.*); ~ проблéму raise *a* próblem [...'prɔ-]; ~ вопрóс raise *a* quéstion [...-stʃ-]; ~ пéред кем-л. вопрóс (о *пр.*) bring* smb.'s atténtion to the quéstion (of); ~ вопрóс ребрóм put* *a* quéstion póint-blánk; ~ на голосовáние put* to the vote (*d.*); ~ вопрóс на обсуждéние bring* up *a* quéstion for discússion; ~ услóвия make* terms, lay* down condítions / terms; **6.** (*считать, полагать*): ~ за прáвило make* it a rule; ~ цéлью make* it one's aim, set* òne¦sélf *smth.* as an óbject; высокó ~ когó-л. think* híghly of smb.; ни в грош, ни во что не ~ когó-л. *разг.* not care / give* a pin for smb., not care a brass fárthing for smb., make* no accóunt for smb.; **7.** (*дело, работу*; *устраивать*) órganìze (*d.*); ◇ ~ гóлос комý-л. train smb.'s voice; ~ часы́ set* *the* clock; ~ пóдпись appénd one's sígnature; ~ комý-л. препя́тствия place / put* óbstacles in smb.'s way; ~ когó-либо в безвы́ходное положéние drive* smb. into a córner; ~ в тупи́к nónplús (*d.*); ~ когó-л. в нелóвкое положéние put* smb. in an áwkward posítion [...-'zɪ-]; ~ в необходи́мость compél (*d.*); ~ в извéстность let* (*d.*) know [...nou], infórm (*d.*); ~ что-л. в винý комý-л. blame smb. for smth., accúse smb. of smth.; когó-л. в примéр hold* smb. up as an exámple [...-ɑːm-]; ~ что-л. комý-л. в упрёк reproach smb. with smth.; ~ часовóго *воен.* post a séntry [poust...]; ~ на постóй bíllet (*d.*); ~ когó-л. на колéни force smb. to his knees; ~ в ýгол (*в виде наказания*) stand* in the córner (*d.*); ~ тéсто make* dough [...dou]; ~ диáгноз (*дт.*) díagnòse (*d.*); ~ рекóрд set* up, *или* estáblish, *a* récòrd [...'re-]; ~ тóчки над «и» dot one's "i's" and cross one's "t's"; ~ на мéсто когó-л. put* smb. in his place.

стáвк||а I *ж.* **1.** (*тарифа, налога и т. п.*) rate; ~ зáработной плáты rate of wáges; тари́фная ~ rate of táriff; ~ процéнта rate of ínterest; **2.** (*в игре*) stake; ◇ э́то послéдняя ~ ≅ it is the last throw of the die [...θrou...]; дéлать ~у на что-л., на когó-л. count on smth., on smb.; (на что-л. *тж.*) stake on smth.

стáвка II *ж. воен.*: ~ главнокомáндующего Géneral Héadquárters [...'hed-].

стáвленник *м.* hénch¦man*, protégé (*фр.*) ['prouteʒeɪ], pláce¦man*.

стáвня *ж.* shútter.

стадиáльн||ый phásic ['feɪzɪk]; by stáges; ~ое разви́тие phásic devélopment; devélopment by stáges.

стади́йный = стадиáльный.

стадиóн *м. спорт.* stádium (*pl.* -dia).

стáдия *ж.* stage; первоначáльная ~ inítial stage; по ~м by / in stáges.

стáдн||ость *ж.* herd / grègárious ínstinct. **~ый** grègárious; ~ый инсти́нкт = стáдность.

стáдо *с.* herd; (*овец, коз*) flock.

стаж *м.* **1.** length of sérvice; парти́йный ~ length of Párty mémbership; с боевы́м ~ем with a récòrd of áctive sérvice [...'re-...]; **2.**: испытáтельный ~ probátion, probátionary períod; проходи́ть ~ work on probátion.

стажёр *м.*, **~ка** *ж.* probátioner.

стажи́ровать work on probátion.

стáивать, стáять melt (a¦wáy).

стáйер *м. спорт.* stáyer.

стакáн *м.* glass.

стаккáто *нареч. муз.* staccátò [-'kɑː-].

сталагми́т *м. мин.* stálagmìte.

сталакти́т *м. мин.* stálactìte.

сталевáр *м.* steel fóunder.

сталелитéй||ный: ~ завóд steel mill / fóundry / works. **~щик** *м.* steel fóunder.

сталеплави́льн||ый: ~ая печь steel fúrnace.

сталепрокáтный: ~ стан, ~ завóд stéel-ròlling mill.

стáлкивать, столкнýть (*вн.*) **1.** push off / a¦wáy [puʃ...] (*d.*); ~ лóдку в вóду push *the* boat into the wáter [...'wɔː-]; столкнýть с мéста push off (*d.*); **2.** *разг.* (*вместе*) bring* togéther [...-'ge-] (*d.*); обстоя́тельства снóва столкнýли их círcumstances brought them togéther.

стáлкиваться, столкнýться (с *тв.*) **1.** collíde (with), come* into collísion (with); (*перен.*: *неожиданно встречаться*) run* (into); (*перен.*: *вступать в противоречие, конфликт*) *разг.* clash (with), conflíct (with); автомоби́ли столкнýлись the cars collíded; мы вчерá случáйно столкнýлись we ran into each other yésterday [...-dɪ]; вам не раз придётся ~ с э́тим явлéнием you will come acróss this phenómenon more than once [...wʌns], you will quite óften en¦cóunter this kind of thing [...'ɔːf(t°)n...]; интерéсы их столкнýлись their ínterests clashed; **2.** *страд. к* стáлкивать.

сталь *ж.* steel; нержавéющая ~ stáinless steel; закаля́ть ~ témper / hárden steel. **~нóй** steel (*attr.*); (*перен.*) íron ['aɪən]: ~нóй цвет stéel-blue; ~нáя вóля íron will;

~ные нервы nerves of steel, íron nerves.

стаме́ска *ж. тех.* chísel ['ʧɪz-].

стан I *м.* (*фигура*) fígure, státure; то́нкий ~ slénder waist.

стан II *м.* (*лагерь*) camp; полево́й ~ fíeld-càmp ['fiː-]; ◇ переходи́ть в ~ врага́ go* óver to the énemy.

стан III *м. тех.* mill; прока́тный ~ rólling-mìll; трубопрока́тный ~ tube mill; листопрока́тный ~ plate mill.

станда́рт *м.* stándard. **~иза́ция** *ж.* stàndardizátion [-daɪ-]. **~изи́ровать, ~изова́ть** *несов. и сов.* (*вн.*) stándardìze (*d.*). **~ный** stándard; ~ные дома́ prè¦fábricàted hóuses.

стани́на *ж. тех.* bed (plate); бокова́я ~ side (plate), cheek; ~ лафе́та cheek, *или* side plate, of gún-càrriage [...-rɪʤ].

станио́ль *м. тех.* tin foil.

стани́‖ца *ж.* **1.** stanítsa (*large Cossack village*); **2.** *уст.* (*стая птиц*) flock. **~чный** stanítsa (*attr.*).

станко́в‖ый **1.** *иск.*: ~ая жи́вопись éasel páinting ['iːz-...]; **2.** *воен.*: ~ пулемёт (médium) machíne-gùn [...-'ʃiːn-]; héavy machíne-gùn ['he-...] *амер.*

станкострое́ние *с.* machíne-tool constrúction [-'ʃiːn-...].

станкострои́тельн‖ый machíne-tool [-'ʃiːn-] (*attr.*); ~ая промы́шленность machíne-tool industry.

станови́ться I, стать **1.** (*вставать, занимать место*) stand*, take* one's stand; ~ на коле́ни kneel*; ~ на цы́почки stand* on típ-tòe; ~ на стул get* up¦ón *a* chair; ~ в о́чередь stand* in a queue / line [...kjuː...], queue (up); ~ на учёт get* régistered; ~ в по́зу strike* an áttitùde; ~ на чью-л. сто́рону take* smb.'s side, side with smb., stand* up for smb.; **2.** (*располагаться*): ~ ла́герем camp, en¦cámp; ~ на я́корь ánchor ['æŋkə], come* to ánchor; **3.** *тк. сов.* (*остановиться*) stop; часы́ ста́ли the watch has stopped; река́ ста́ла the ríver is frózen óver [...'rɪ-...], the ríver is íce-bound; ◇ за чем де́ло ста́ло? what's hólding mátters, *или* the affáir, up?; what's the hitch?; за ним де́ло не ста́нет he has no objéction.

станови́ться II, стать **1.** (*тв.*; *делаться*) become*, get*, grow* [-ou]; стать учи́телем become* a téacher; стано́вится хо́лодно it is getting cold; стано́вится темно́ it is grówing dark [...-ou-...]; мне стано́вится жа́рко, хо́лодно I'm féeling hot, cold; всем ста́ло ску́чно everybody was / felt bored; ~ подозри́тельным become* suspícious; больно́му стано́вится всё ху́же the pátient is getting worse and worse; ~ же́ртвой кого́-л., чего́-либо fall* a víctim / prey to smb., to smth.; **2.** *тк. сов. безл.*: его́ не ста́ло he has passed a¦wáy, he is no more; ◇ во что бы то ни ста́ло at any price, at all costs; ста́ло быть *вводн. сл. разг.* (*итак*) so, thus [ð-]; (*следовательно*) thére¦fòre, cónsequently; it fóllows that.

становле́ни‖е *с. филос.* fòrmátion; в проце́ссе ~я in the máking.

станово́й I: ~ при́став *ист.* dístrict políce-ófficer [...-'liːs-].

станово́й II: ~ хребе́т (*перен.*) báckbòne, main suppórt.

стано́к *м.* **1.** *тех.* machíne-tool [-'ʃiːn-], machíne [-'ʃiːn]; тка́цкий ~ (wéaving-)loom; столя́рный ~ jóiner's bench; печа́тный ~ príntíng-prèss; тока́рный ~ lathe [leɪð]; револьве́рный ~ túrret lathe; фре́зерный ~ mílling machíne; строга́льный ~ pláning machíne; **2.** *воен.* (*оружия*) móunt(ing); прице́льный ~ áiming rest; ~ лафе́та bódy of gún-càrriage ['bɔ-... -rɪʤ].

стано́чни‖к *м.*, **~ца** *ж.* machíne-óperàtor [-'ʃiːn-].

ста́нсы *мн. лит.* stánzas.

станцио́нный státion (*attr.*); ~ зал wáiting-room.

ста́нци‖я *ж.* (*в разн. знач.*) státion; узлова́я ~ *ж.-д.* (ráilway) júnction; коне́чная ~ términal (státion); términus (*pl.* -nuses, -nì); това́рная ~ *ж.-д.* góods-stàtion ['gudz-]; сортиро́вочная ~ *см.* сортиро́вочный; промежу́точная ~ *ж.-д.* way státion; ~ снабже́ния *воен.* ráilhead [-hed]; нача́льник ~и státion-màster; электри́ческая ~ eléctric státion; pówer plant [...-ɑːnt]; гидроэлектри́ческая ~ hýdrò-eléctric pówer státion; о́пытная ~ *с.-х.* expériment státion; телефо́нная ~ téléphòne exchánge [...-'ʧeɪ-].

ста́пел‖ь *м. мор.* búilding slip / berth ['bɪ-...]; stocks *pl.*; на ~е on the ways.

ста́пливать, стопи́ть (*вн.*) fuse (*d.*); melt (*d.*).

ста́птывать, стопта́ть (*вн.*) wear* down at the heels [wɛə...]. **~ся,** стопта́ться **1.** (*об обуви*) be down at heel; **2.** *страд. к* ста́птывать.

стара́ни‖е *с.* endéavour [-'de-], éffort; (*усердие*) díligence; прилага́ть все ~я (+ *инф.*) make* / exért / strain every éffort (+ to *inf.*), do one's út¦mòst (+ to *inf.*); do one's best (+ to *inf.*) *разг.*

стара́тель *м.* (*на золотых приисках*) (gold) prospéctor, góld-dìgger.

стара́тельн‖о *нареч. разг.* with àpplicátion, with àssidúity, stúdious¦ly, assíduous¦ly; (*с усердием*) with díligence, díligently, zéalous¦ly ['ze-]. **~ость** *ж.* àpplicátion; àssidúity; (*усердие*) díligence, páinstàking¦ness [-nz-]. **~ый** assíduous; (*усердный*) díligent, páinstàking [-nz-].

стара́ться, постара́ться endéavour [-'de-]; (*пытаться*) try; seek*; ~ изо всех сил *разг.* ≅ do one's útmòst [...-mou-]; try / do one's best; ~ впусту́ю waste one's éfforts [weɪst...]; ≅ mill the wind [...wɪ-] *идиом.*, beat* the air *идиом.*; постара́йтесь (+ *инф.*) see if you can (+ *inf.*); ~ вы́играть вре́мя try to gain time, *или* témporìze; play for time *идиом. разг.*

старе́йшина *м.* élder.

старе́ние *с.* áging.

старе́ть, постаре́ть grow* old [-ou...], age; advánce in age / years; постаре́ть на де́сять лет put* on ten years.

ста́рец *м.* old man*, áged man*; élder.

стари́к *м.* old man*. **~а́шка** *м.* (líttle) old féllow. **~о́вский** sénìle ['siː-].

стари́н‖а́ I *ж. тк. ед.* **1.** (*о времени*) ólden times *pl.*; àntíquity; (*о стиле*) áncientry ['eɪn-]; в ~у́ in ólden times, fórmerly; in the ólden days; **2.** (*старинные вещи*) àntíquities *pl.*, àntíque(s) [-iːk(s)] (*pl.*); люби́тель ~ы́ lóver of the àntíque ['lʌ-...].

старина́ II *м. разг.* (*обращение*) old man / boy / chap / féllow.

стари́нк‖а *ж.*: по ~е in / áfter the old way / fáshion / mánner.

стари́нн‖ый (*древний*) áncient ['eɪn-], àntíque [-iːk], áge-òld; (*давнишний*) old; (*старомодный*) óld-fáshioned; ~ за́мок áncient castle; ~ая ме́бель àntíque fúrniture; ~ друг old friend [...frend]; ~ обы́чай áge-òld / tíme-hònoured cústom [-ɔnəd...]; ~ ме́тод old méthod.

ста́ри‖ть, соста́рить (*вн.*) make* old (*d.*), make* (*d.*) look old, age (*d.*); э́та шля́па ~т её this hat makes her look ólder (than she is); го́ре соста́рило его́ преждевре́менно sórrow has aged him prèmatúre¦ly. **~ться,** соста́риться get* / grow* old [...-ou...], age.

стар‖ичо́к *м.* líttle old man*. **~ова́тый** óldish.

старове́р *м.* (*старообрядец*) óld-believer [-liː-].

староде́вний áncient ['eɪn-].

старожи́л *м.* old résident [...-zɪ-]; óld-tímer *амер.*

старомо́дн‖ость *ж.* óutmóded¦ness, óld-fáshionedness. **~ый** óutmóded, óld-fáshioned, out of fáshion; ~ый челове́к óld-fáshioned pérson.

старообра́зный óld-lóoking.

старообря́дец *м.* óld-believer [-liː-].

старопеча́тн‖ый *ист.*: ~ые кни́ги books públished in Rússia befóre the 18th céntury [...'pʌ-... -ʃə...].

старорежи́мный of the old règíme [...reɪ'ʒiːm].

старосве́тский *уст.* óld-fáshioned, óut-of-dáte; óld-tìme (*attr.*), óld-wòrld (*attr.*).

старославя́нский *лингв.* Old Slav [...slɑːv], Old Slávic; ~ язы́к The Old Slav / Slávic lánguage.

ста́роста *м.* **1.** *ист.* (*сельский*) stárosta, víllage élder / héad¦man* [...'hed-]; **2.** (*группы, курса и т. п.*) mónitor.

ста́рост||ь *ж.* old age; на ~и лет, под ~ in one's old age; умере́ть в глубо́кой ~и die at a great / ripe age [...greɪt...]; дожи́ть до глубо́кой ~и live to a vénerable age [lɪv...], live to be very old.

старт *м.* start; дава́ть ~ start; на ~! *спорт.* on your marks!

ста́ртер I *м. тех.* stárter.

ста́ртер II *м. спорт.* stárter.

стартова́ть *несов. и сов.* start.

ста́ртовый stárting.

стару́||ха *ж.* old wóman* [...'wu-]. **~шечий** óld-wómanish [-'wu-]; of an old wóman [...'wu-]; ánile ['eɪn-]. **~шка** *ж.* (little) old lády, old wóman* [...'wu-], old dame.

ста́рческий sénile ['siː-].

старшекла́ссник *м.* sénior púpil.

старшеку́рсник *м.* sénior stúdent.

ста́рш||ий **1.** *прил.* (*по годам*) élder; (*из всех*) óldest, éldest, sénior; ~ брат élder bróther [...'brʌ-]; ~ сын éldest son [...sʌn]; в ~их кла́ссах (*школы*) in the sénior clásses, in the úpper grades; **2.** *прил.* (*по положению*) sénior; ~ врач head physícian [hed -'zɪ-]; **3.** *м. как сущ.* chief [tʃiːf]; *воен.* (*начальник*) man* in charge; кто здесь ~? who is in charge here?; **4.** *мн. как сущ.* (*взрослые*) élders; уважа́ть ~их respéct one's élders.

старшина́ *м.* **1.** fóre¦man*; **2.** *воен.* sérgeant-májor ['sɑːdʒənt-]; máster sérgeant [...'sɑːdʒənt] *амер.*; *мор.* pétty ófficer; ◇ ~ дипломати́ческого ко́рпуса dean / dóyen of the dìplomátic corps [...'dwaɪɛ̃ːŋ... kɔː].

старшинств||о́ *с.* sèniórity; по ~у́ by sèniórity, by right of sèniórity.

ста́р||ый **1.** *прил.* (*в разн. знач.*) old; Ста́рый свет the Old World; ~ стиль old style (*Julian calendar*); по ~ой па́мяти ≅ for old times' sake; (*по привычке*) by force of hábit; ~ друг лу́чше но́вых двух *посл.* an old friend is worth two new ones [...frend...]; **2.** *прил.* (*древний*) áncient ['eɪn-]; **3.** *с. как сущ.* past; принима́ться за ~ое fall* back into one's old ways; кто ~ое помя́нет, тому́ глаз вон *посл.* ≅ let bý¦gònes be bý¦gònes [...gɔ-...]; **4.** *мн. как сущ.* (*старики*) the old; ~ые и ма́лые the young and the old [...jʌŋ...]; ◇ ~ая де́ва old maid, spínster.

старьё *с. тк. ед. собир. разг.* old things / clothes [...klou-] *pl.*, old stuff; old junk *амер.*

старьёвщ||ик *м.* óld-clòthes man* [-klou-...]; júnk¦man* *амер.* **~ица** *ж.* óld-clòthes wóman* [-klou- 'wu-].

ста́скивать, стащи́ть (*вн.*) drag / pull off / down [...pul...] (*d.*).

стасова́ть *сов. см.* тасова́ть.

ста́тика *ж.* státics.

стати́ст *м. театр.* súper, éxtra.

стати́ст||ик *м.* stàtistícian. **~ика** *ж.* statístics *pl.*; ~ика рожда́емости и сме́ртности vítal statístics. **~и́ческий** statístic(al); ~и́ческие да́нные statístic dáta; Центра́льное ~и́ческое управле́ние Céntral Statístical Board.

стати́стка *ж. театр.* súper, éxtra.

стати́ч||еский státic(al). **~ность** *ж.* státical cháracter [...'kæ-].

ста́тн||ость *ж.* státe¦liness. **~ый** státe¦ly.

ста́тор *м. эл.* státor.

статс-да́ма *ж. ист.* lády-in-wáiting.

ста́тский: ~ сове́тник *ист.* cóuncillor of State (*rank in civil service in tsarist Russia*).

статс-секрета́рь *м.* **1.** Sécretary of State; **2.** *ист.* hígh-rànking court offícial [...kɔːt...].

ста́тус *м. юр.* státus.

ста́тус-кво́ *м. нескл.* státus quo.

стату́т *м. юр.* státùte.

статуэ́тка *ж.* stàtuétte, fígurìne [-riːn].

ста́туя *ж.* státue.

ста||ть I *сов.* (+ *инф.*; *начать*) begin* (+ to *inf.*); come* (+ to *pass. inf.*); он ~л чита́ть, писа́ть he begán to read, to write; вопро́с ~л рассма́триваться the quéstion came to be consídered [...-stʃən...-'sɪ-]; он ~л заду́мываться he fell to bróoding / móping; он ~л пить he took to drink; ◇ я бы не ~л тебя́ беспоко́ить, е́сли бы не I wouldn't have distúrbed you but for.

стать II, III *сов. см.* станови́ться I, II.

стат||ь IV *ж. разг.*: с како́й ~и why should I, he, we, *etc.*: с како́й ~и он бу́дет э́то де́лать? why should he do it?; быть под ~ (*дт.*) be a match (for); она́ ему́ под ~ she is a match for him, they are well matched; ему́ не под ~ так себя́ вести́ it does not become him to beháve like this.

ста́ться *чаще безл.* become*; (*приключиться*) háppen: что с ним ста́лось? what has become of him?; мо́жет ~, что it may háppen that; (вполне́) мо́жет ~ it is (quite) póssible / próbable.

статья́ *ж.* **1.** árticle; передова́я ~ léading árticle, léader, èditórial; **2.** (*счёта*) ítèm; (*документа*) clause; прихо́дная ~ crédit ítèm; **3.** (*особенность фигуры, тела; чаще о животных*) point; ◇ э́то осо́бая ~ that is another mátter.

стафилоко́кк *м. бакт.* stàphylocóccus (*pl.* -cócci).

стациона́р *м.* hóspital. **~ный** **1.** (*не изменяющийся*) státionary; **2.**: ~ный больно́й ín-pàtient, hóspital pátient.

стационе́р *м. мор.* státion ship.

стача́ть *сов. см.* тача́ть.

ста́чечн||ик *м.* stríker. **~ый** strike (*attr.*); ~ый комите́т strike commíttee [...-tɪ].

ста́чивать, сточи́ть (*вн.*) grind* off (*d.*). **~ся,** сточи́ться **1.** grind* off; **2.** *страд. к* ста́чивать.

ста́чк||а I *ж.* (*забастовка*) strike; всео́бщая ~ géneral strike; полити́ческая ~ polítical strike; экономи́ческая ~ èconómic strike [iːk-...]; устра́ивать ~у strike*, go* on strike, come* out; руководи́ть ~ой condúct a strike; свобо́да ста́чек fréedom to strike; разгоня́ть ~у disrúpt a strike; ~ распространи́лась (на *вн.*), ~ охвати́ла (*вн.*) the strike móve¦ment has spread [...'muː-... spred] (to/óver).

ста́чк||а II *ж. разг.* (*сговор*): войти́ в ~у (с *тв.*) come* to terms (with).

стащи́ть *сов.* **1.** *см.* ста́скивать; **2.** (*вн.*) *разг.* (*украсть*) filch (*d.*); swipe (*d.*) *амер.*

ста́я *ж.* (*о птицах*) flock, flight; (*о рыбах*) run, school, shoal; (*о собаках, волках*) pack.

стая́ть *сов. см.* ста́ивать.

ствол *м.* **1.** (*дерева*) trunk, stem, bole; **2.** (*оружия*) bárrel; (*орудийный тж.*) gun tube. **~ово́й** *м. скл. как прил. горн.* háng¦er-ón (*pl.* háng¦ers-) (*miner*).

створ *м.* range [reɪ-], alígnment [ə'laɪn-]; приводи́ть в ~ bring* in range.

ство́рка *ж.* leaf*, fold.

створо́жить *сов.* (*вн.*) curdle (*d.*). **~ся** *сов.* curdle.

ство́рчатый fólding.

стеари́н *м.* stéarin ['stɪə-]; steáric ácid [stɪ'æ-...]. **~овый** stéarin ['stɪə-] (*attr.*): ~овый заво́д stéarin works; ~овая свеча́ stéarin candle.

сте́бель *м.* stem, stalk. **~ный** *бот.* caulèscent.

стебе́льчатый: ~ шов féather stitch ['fe-...].

стёган||ый quílted; (*подбитый ватой*) wádded; ~ое одея́ло quilt.

стега́ть I, вы́стегать (*вн.*; *об одеяле и т. п.*) quilt (*d.*).

стега́ть II, отстега́ть, стегну́ть (*вн.*; *хлестать*) whip (*d.*), lash (*d.*).

стегну́ть *сов. см.* стега́ть II.

стежо́к *м.* stitch.

стезя́ *ж.* path*, way.

стек [стэк] *м.* ríding-cròp.

стека́ть, стечь flow (down) [-ou...], stream down; (*каплями, струйками*) trickle down. **~ся,** сте́чься (*о потоках*) flow togéther [-ou-'ge-]; (*о людях*) gáther, throng.

стеклене́ть, остеклене́ть (*о глазах*) become* glássy / dull.

стекло́ *с.* glass; *собир.* the glass; glásswàre; око́нное ~ (wíndow-)pàne; (*стекло для окон*) wíndow-glàss; зерка́льное ~ pláte-glàss; зелёное ~ gréen-glàss; ла́мповое ~ lámp-chìmney; увеличи́тельное ~ mágnifỳing glass / lens [...-nz], mágnifìer; часово́е

~ wátch-glàss, wátch-crýstal; стёкла (*очков*) lénses, glásses; перéднее ~ (*автомобиля*) wínd-screen ['wɪ-]. **~вúдный** 1. glássy; 2. *анат.* hýaline, hýaloid; ~вúдное тéло hýaloid (mémbràne).

стеклодýв *м.* gláss-blower [-ouə].

стеклоплавúльный: ~ завóд gláss-foundry, gláss-wòrks.

стекля́нн||ый glass (*attr.*); ~ая дверь glass door [...dɔː]; ~ые издéлия, ~ товáр gláss-wàre, gláss-wòrk; ~ая бумáга gláss-pàper.

стекля́рус *м. собир.* bugles *pl.*

стекóль||ный glass (*attr.*); vítreous; ~ завóд gláss-wòrks, gláss-fáctory; ~ная промы́шленность glass índustry. **~щик** *м.* glázier, gláss-cùtter.

стелúть(ся) = стлáть(ся).

стеллáж *м.* shelves *pl.*

стéлька *ж.* ínsòle, ínner sole, sock; ✧ пьян как ~ *разг.* ≅ drunk as a cóbbler.

стéльная: ~ корóва cow with calf.

стемнéть *сов. см.* темнéть II.

стен||á *ж.* wall; капитáльная ~ main wall; гóлые стéны bare walls; обносúть ~óй (*вн.*) wall in (*d.*); жить ~ в стéну с кем-л. be close néighbours with smb. [...klous...]; ✧ приперéть когó-л. к ~é ≅ drive* smb. into a córner, bring* smb. to bay; быть припёртым к ~é be drίven into a córner [...'drɪ-...], be at bay; в четырёх ~áх within four walls [...fɔː...]; в ~áх университéта within the précincts of the ùnivérsity [...'priː-...]; у стен Москвы́ at the walls of Móscow; лезть нá ~у ≅ be besíde one's self; у стен есть ýши walls have ears.

стенá||ние *с. уст.* gróan(ing), móan (-ing). **~ть** *уст.* groan, moan.

стенгазéта *ж.* (стеннáя газéта) wall néwspàper.

стенд [стэ-] *м.* stand.

стéнка *ж.* 1. wall; гимнастúческая ~ wáll-bàrs *pl.*, ríb-stàlls *pl.*; 2. (*сосуда и т. п.*) side, wall; 3. *мор.* séa-wàll.

стенн||óй wall (*attr.*), múral; ~áя жúвопись múral páinting; ~áя газéта wall néwspàper; ~ы́е часы́ clock *sg.*; ~ шкаф wáll-cùpboard [-kʌbəd], búilt-ín cúpboard ['bɪlt- 'kʌbəd].

стенобúтный *ист.* báttering; ~ тарáн báttering-ràm.

стенográмм||а *ж.* shórt¦hànd récòrd / repórt [...'re-...], vèrbátim repórt [-'beɪ-...]; расшифровáть ~у read* shórt¦hànd back.

стенóграф *м.* stènógrapher. **~úровать** *несов. и сов.* (*вн.*) take* down (in) shórt¦hànd (*d.*). **~úст** *м.*, **~úстка** *ж.* stènógrapher, stènógraphist. **~úческий** stènográphic(al); shórt¦hànd (*attr.*).

стенográфи||я *ж.* stènógraphy, shórt¦hànd; пóльзоваться ~ей use shórt¦hànd.

стенóз *м. мед.* stenósis.

стенокардúя *ж. мед.* stènocárdia.

стéнопись *ж. тк. ед.* múral páinting.

стéньга *ж. мор.* tópmàst.

степéнн||о *нареч.* gráve¦ly; выступáть ~ advánce with méasured steps [...'me-...]. **~ость** *ж.* stáidness, sedáte¦ness. **~ый** staid, sedáte.

стéпен||ь *ж.* 1. degrée, extént; в дóлжной ~и to the right degrée, suffíciently; не в мáлой ~и to (a) no(t) in¦consíderable degrée; to no small degrée; в ещё бóльшей ~и to an éven gréater degrée [...-eɪtə...]; до послéдней ~и to the last degrée / extént; до нéкоторой, до извéстной ~и to some extént, to a cértain extént / degrée; до какóй ~и? to what extént?; до такóй ~и to such an extént, to such a degrée; до такóй ~и совершéнства to such a degrée of perféction; 2. *грам.*: ~и сравнéния degrées of compárison; положúтельная, сравнúтельная, превосхóдная ~ pósitive, compárative, supérlative degrée [-zɪ-...]; 3. *мат.* pówer; возводúть во вторýю, трéтью ~ raise to the sécond, third pówer [...'se-...]; 4. (*учёная*) degrée; ~ дóктора dóctorate, dóctor's degrée; ~ кандидáта наýк cándidate's degrée; присуждáть учёную ~ (*дт.*) confér a degrée (on); award / grant a degrée [...-ɑːnt...] (*i.*); ✧ пéрвой, вторóй ~и (*об ордене*) First, Sécond Class.

степнóй *прил. к* степь.

степь *ж.* steppe [step].

стервя́тник *м. зоол.* cárrion vúlture / búzzard; cárrion-éagle.

стерео||грáфия *ж.* stèreógraphy. **~дальномéр** *м. воен.* stèreoscópic ránge-fìnder [...'reɪ-].

стереокинó *с. нескл.* 1. stèreoscópic cínema; 2. (*кинотеатр*) stèreoscópic cínema théatre [...'θɪə-].

стерео||метрúческий stèreométric (-al). **~мéтрия** *ж.* stèreómetry, sólid geómetry.

стереоскóп *м.* stéreoscòpe. **~úческий** stèreoscópic; ~úческий фильм stèreoscópic / thrée-diménsion film.

стереотúп *м. полигр.* stéreotỳpe. **~úровать** *несов. и сов.* (*вн.*) *полигр.* stéreotỳpe (*d.*). **~úя** *ж. полигр.* stéreotỳpe. **~ный** *полигр.* (*тж. перен.*) stéreotỳpe (*attr.*); (*тк. перен.*) stéreotỳped; ~ное издáние stéreotỳpe edítion; ~ная фрáза stock phrase.

стереотрубá *ж. воен.* stèreoscópic téléscòpe; báttery commánder's téléscòpe [...-ɑːn-...] *амер.*

стереофонúческий stèreophónic.

стереохúмия *ж.* stèreochémistry [-'ke-].

стерéть *сов. см.* стирáть I. **~ся** *сов. см.* стирáться I.

стерéчь (*вн.*) 1. (*охранять, караулить*) guard (*d.*), watch (óver); 2. (*подстерегать*) watch (for).

стéрж||ень *м.* 1. *тех.* (*тж. перен.*) pívot ['pɪ-]; 2. *мед.* (*нарыва*) core. **~невóй** (*прям. и перен.*) pívotal; ~невáя антéнна áerial rod ['ɛə-...]

стерилиз||áтор *м.* stérilizer, stérilizing machíne [...-'ʃiːn]. **~áция** *ж.* stèrilizátion [-laɪ-]. **~овáть** *несов. и сов.* (*вн.*) stérilize (*d.*).

стерúльн||ость *ж.* stèrílity. **~ый** stérile.

стéрлинг *м.* stérling; фунт ~ов pound stérling. **~овый** stérling (*attr.*); ~овая зóна *эк.* stérling área [...'ɛərɪə].

стéрлядь *ж.* stérlet.

стерля́жий stérlet (*attr.*).

стерня́ *ж.* stubble.

стерпéть *сов.* (*вн.*) bear* [bɛə] (*d.*), endúre (*d.*).

стёртый *прич. и прил.* effáced, oblíteràted.

стеснéни||е *с.* 1. constráint; ~ в срéдствах stráitened círcumstances *pl.*; причиня́ть ~я cause constráint; ~ в грудú dífficulty in bréathing; 2. (*неловкость*) ùn¦éasiness [-zɪ-]; без ~я without céremony; пожáлуйста, без ~й! don't stand on céremony.

стеснённ||ый 1. *прич. см.* стесня́ть. 2. *прил.* stráitened; быть в ~ых обстоя́тельствах, быть ~ым в дéньгах be in stráitened / redúced / stráined círcumstances; be hard up *разг.*

стеснúтельн||ость *ж.* 1. (*застенчивость*) shýness, díffidence; излúшняя ~ néedless, *или* ùn¦cálled for, shýness / délicacy; 2. (*неудобство*) in¦convénience. **~ый** 1. (*застенчивый*) shy, díffident; 2. (*неудобный*) ìn¦convénient.

стеснúть *сов. см.* стесня́ть 1 *и* теснúть II. **~ся** *сов. см.* стесня́ться II.

стесня́ть, стеснúть (*вн.*) 1. (*затруднять, ограничивать*) put* / lay* restráint (on), hinder ['hɪ-] (*d.*), hámper (*d.*); ~ движéния hinder móve¦ments [...'muː-]; ваш приéзд не стеснúт нас your coming will not hámper us in any way; 2. *тк. несов.* (*смущать*) embárrass (*d.*).

стесня́ться I, постесня́ться 1. *тк. несов.* (*смущаться*) feel* shy; (когó-л.) feel* shy (befóre smb.); (чегó-л.) be ashámed (of smth.); не стесня́йтесь don't stand on céremony!; 2. (+*инф.*) be ashámed (+ to *inf.*); он стесня́ется сказáть вам he is ashámed to tell you; не ~ в выражéниях not be fàstídious in one's choice of words / expréssions; be frée-spóken, be frée-tóngued [...-'tʌŋ-].

стесня́ться II, стеснúться 1. (*сдвигаться*) crowd (togéther) [...-'ge-]; (*ограничивать себя*) restríct òne¦sélf; все стеснúлись у двéри all crówded at the door [...dɔː]; нáдо стеснúться на нéкоторое врéмя we'll have to put up with bé¦ing crówded for a time; 2. *страд. к* стесня́ть.

стетоско́п [стэ-] *м. мед.* stéthoscòpe.

стече́ни||е *с.* cónfluence; ~ наро́да cóncourse [-kɔːs]; ✧ ~ обстоя́тельств còíncidence; con¦cúrrence of círcumstances; при тако́м ~и обстоя́тельств in such a contíngency.

сте́чь(ся) *сов. см.* стека́ть(ся).

сти́брить *сов. (вн.) разг.* pinch (*d.*).

стилево́й *прил. к* стиль 1.

стиле́т *м.* stilétto, stýlet.

стилиза́||тор *м.* stýlist ['staɪ-]. **~ция** *ж.* stỳlizátion [staɪ-].

стилизо́ванный *прич. и прил.* stýlìzed ['staɪ-].

стил||изова́ть *несов. и сов. (вн.)* stýlìze ['staɪ-] (*d.*). **~и́ст** *м.* máster of (líterary) style. **~и́стика** *ж.* **1.** the scíence of style; **2.** (*писателя, произведения*) style.

стилисти́ческий stỳlístic [staɪ-]; ~ приём stỳlístic device.

стиль *м.* **1.** style; возвы́шенный ~ élevàted style, grand style; **2.** (*о календаре*): но́вый ~ new style (*Gregorian calendar*); ста́рый ~ old style (*Julian calendar*). **~ный** stýlish ['staɪ-]; быть ~ным be stýlish; ~ная ме́бель périod fúrniture.

сти́мул *м.* stímulus (*pl.* -li), incéntive. **~и́рование** *с.* stìmulátion. **~и́ровать** *несов. и сов. (вн.)* stímulàte (*d.*).

стимуля́тор *м. биол.* stímulant, stímulàtor.

стипендиа́т *м.* gránt-aided stúdent / ùndergráduate [-ɑːnt-...].

стипе́ндия *ж.* (stúdent) allówance, grant [-ɑːnt], schólarship.

стира́льн||ый wáshing; ~ая маши́на wáshing machíne [...-'ʃiːn]; ~ порошо́к wáshing sóda.

стира́ть I, стере́ть (*вн.*) **1.** wipe (off) (*d.*); clean (*d.*); (*о написанном*) erase (*d.*), blot out (*d.*), rub out (*d.*); ~ пыль dust; ~ пот с лица́ mop the sweat from one's brow [...swet...], mop one's face; **2.** (*о ссадине*) rub sore (*d.*); ✧ стере́ть с лица́ земли́ raze (to the ground) (*d.*), wipe out (*d.*), effáce (*d.*); (кого́-л.) wipe off the earth [...ɜːθ] (smb.); стере́ть в порошо́к grind* to dust (*d.*).

стира́ть II, вы́стирать (*вн.*) wash (*d.*), láunder (*d.*).

стира́ться I, стере́ться **1.** (*исчезать*) be oblíterated / effáced; (*о ворсе и т. п.*) rub a¦wáy; на́дпись стёрлась от вре́мени the inscríption has become oblíterated by age; стере́ться в па́мяти drop out of mémory; **2.** *страд. к* стира́ть I.

стира́||ться II **1.** wash; э́та матéрия хорошо́ ~ется this matérial wáshes well*; **2.** *страд. к* стира́ть II.

сти́рк||а *ж.* wash(ing), láundering; отдава́ть в ~у (*вн.*) send* to be láundered / washed (*d.*); (*в прачечную*) send* to the láundry (*d.*).

сти́с||кивать, сти́снуть (*вн.*) squeeze (*d.*); ~ в объя́тиях hug (*d.*); ~ зу́бы clench one's teeth. **~нуть** *сов. см.* сти́скивать.

стих I *м. лит.* **1.** verse; (*строчка стихотворения тж.*) line; бе́лый ~ blank verse; во́льный ~ free verse; разме́р ~а́ metre; владе́ть ~о́м write* good verse; **2.** *мн.* vérses; póetry *sg.*; писа́ть ~и́ write* póetry.

стих II *м. нескл. разг.* (*настроение*) mood; на него́ ~ нашёл ≅ he is, he was in a queer mood.

стиха́ть, сти́хнуть calm down [kɑːm...], subsíde, quíet down; (*о раскатах грома и т. п.*) die down; (*о стихии тж.*) abáte; (*о ветре тж.*) fall*.

стихи́йн||о *нареч.* (*самопроизвольно*) spòntáneous¦ly. **~ость** *ж.* spòntanéity [-'niːɪ-]. **~ый** èleméntal; (*самопроизвольный*) spòntáneous; ~ое бе́дствие nátural calámity; ~ая си́ла èleméntal / prìmórdial force [...praɪ-...]; ~ое движе́ние spòntáneous móve¦ment [...'muːv-].

стихи́||я *ж.* élement; покори́ть ~ю subdúe the élements; ✧ быть в свое́й ~и be in one's élement.

сти́хнуть *сов. см.* стиха́ть.

стихове́дение *с.* prósody.

стихоплёт *м. разг.* rhýmer, rhýmester ['raɪmstə]; vérsifier.

стихосложе́ние *с.* vèrsificátion; (*как наука*) prósody.

стихо||творе́ние *с.* póem; (*короткое*) rhyme. **~творе́ц** *м. уст.* póet. **~тво́рный** wrítten / expréssed in verse; ~тво́рный разме́р metre; ~тво́рная речь póetry.

стишо́к *м. разг.* rhyme, rime, verse.

стлать [сл-] (*вн.*) spread* [-ed] (*d.*); ~ ска́терть lay* the cloth; ~ посте́ль make* *the* bed. **~ся** [сл-] **1.** spread* [-ed]; (*о тумане и т. п.*) float, drift; ~ся по земле́ (*о растениях*) creep*; дым сте́лется по́низу the smoke hangs low [...lou]; **2.** *страд. к* стлать.

сто *числит.* húndred.

сто- (*в сложн. словах, не приведённых особо*) of a húndred *или* húndred- — *соотв. тому, как даётся перевод второй части слова; напр.* стодне́вный of a húndred days, húndred-day (*attr.*) (*ср.* -дне́вный; of... days, -day *attr.*); стоме́стный with berths, seats for 100; (*об автобусе и т. п.*) húndred-séater (*attr.*) (*ср.* -ме́стный).

стог *м.* stack; ~ се́на háystàck, háyrìck.

стогова́ние *с.*: ~ се́на háy-stàcking.

стогомета́тель *м. с.-х.* háy-stàcker.

стогра́дусный céntigràde; ~ термо́метр céntigràde thermómeter.

сто́ик *м.* stóic ['stouɪk].

сто́имость *ж.* cost; *эк.* válue; менова́я ~ *эк.* exchánge válue [-'ʧeɪ-...]; приба́вочная ~ *эк.* súrplus válue; потреби́тельная ~ *эк.* use válue [-s...]; ~ произво́дства cost of prodúction; ~ рабо́чей си́лы cost of lábour; номина́льная ~ fáce-vàlue; ~ электроэне́ргии elèctrícity chárges *pl.*; ~ перево́зки cárriage [-rɪʤ]; о́бщей ~ю в сто рубле́й to a tótal válue of a húndred roubles [...ruː-].

сто́и||ть **1.** (*о денежной стоимости; тж. перен.*) cost*; ничего́ не ~ cost* nothing; (*перен.*) be wórthless, be no good; э́то ~ло ему́ большо́го труда́, больши́х уси́лий this cost him much trouble, much éffort [...trʌ-...]; он ~т семеры́х *разг.* ≅ he is worth a dózen / húndred such [...'dʌ-...]; **2.** (*заслуживать*) desérve [-'zɜːv]; он ~т э́той же́ртвы he is worth this sácrifice; **3.** *безл.* be worth; ~т прочесть э́то it is (well) worth réading; ✧ не ~т (благода́рности) don't méntion it; не ~т того́ it is not worth while; ему́ ~т то́лько (+ *инф.*) he has ónly (+ to *inf.*), he needs ónly (+ *inf.*); ему́ ничего́ не ~т оби́деть челове́ка he thinks nothing of húrting a man's / pérson's féelings; ~т то́лько заколеба́ться, и вы пропа́ли once you hésitàte you are lost [wʌns...-zɪ-...].

стоици́зм *м.* stóicism ['stouɪ-].

стои́ческий stóic ['stouɪk]; (*перен.*) stóic(al) ['stouɪ-].

сто́йбище *с. этн.* camp of nómads [...'nɔmədz].

сто́йк||а *ж.* **1.** (*в буфете и т. п.*) bar, cóunter; **2.** *тех.* post [pou-], pole; (*подпорка*) úp¦right, stánchion [-ɑːn-]; **3.** *охот.* set; де́лать ~у point, come* to a point; **4.** *спорт.* hánd-stànd.

сто́йк||ий **1.** stéadfast [-ed-], stéady ['ste-], staunch, stanch [-ɑːnʧ], stable; ~ боре́ц за де́ло ми́ра staunch chámpion of, *или* fíghter for, peace; **2.** *хим., физ.* stable; (*об отравляющих веществах*) persístent; ~ газ stable gas; ~ое равнове́сие stable èquilíbrium [...iː-]. **~ость** *ж.* **1.** stéadfastness [-ed-], stáunchness, stable¦ness; прояви́ть ~ость displáy fórtitùde / detèrminátion; **2.** *хим.* stabílity.

сто́йло *с.* stall. **~вый:** ~вое содержа́ние скота́ indoor máintenance of cattle [-dɔː...]; ~во-ла́герное содержа́ние скота́ stáll-càmp sýstem of maintáining cattle.

стойми́я *нареч.* úp¦ríght.

сток *м.* **1.** (*действие*) flow [-ou], flówing [-ou-], dráinage; **2.** (*место или устройство*) drain, chánnel, gútter; (*сточная труба*) séwer.

сто́кер *м. тех.* stóker.

стокра́т *нареч. уст.* a húndred times, húndredfòld. **~ный** húndredfòld, céntuple.

стол *м.* **1.** table; пи́сьменный ~ wríting-tàble, desk; (*с выдвижными ящиками тж.*) buréau [-'rou]; за ~о́м at table; сади́ться за ~ sit* down to table; накрыва́ть (на) ~ lay* the table; убира́ть со ~а́ clear the table; 2. (*о питании*) board; (*кухня*) cóoking, cuisíne [kwɪ'zi:n]; ~ и квартúра board and lódging; домáшний ~ plain cóoking; диетúческий ~ ínvalìd díetary / cóokery [-li:d...]; 3. (*отдел в учреждении*) depártment, séction; ~ закáзов órder depártment; áдресный ~ addréss buréau; лúчный ~ pèrsonnél óffice.

столб *м.* post [poust], pole, píllar; (*воды, воздуха и т. п.*) cólumn; верстовóй ~ ≅ míle¦stòne; километрóвый ~ (*на ж.-д. и т. п.*) kílomètre post; телегрáфный ~ télegràph-pòle; télegràph-pòst [-poust]; пограничный ~ frόntier post ['frʌ-...]; позвонóчный ~ *анат.* spine, báckbòne, spínal / vértebral cólumn; ◇ позóрный ~ píllory; стáвить к позóрному ~ý (*вн.*) put* in the píllory (*d.*), píllory (*d.*).

столбéц *м.* cólumn; газéтный ~ néwspàper cólumn.

стóлбик *м.* 1. *уменьш. от* столб; ~ ртýти mércury (cólumn); 2. *бот.* style.

столбня́к *м. мед.* tétanus; (*перен.*) stúpor; на негó ~ нашёл he is stunned.

столбов||óй: ~áя дорóга high road.

столéт||ие *с.* 1. céntury; 2. (*годовщина*) cèntènary [-'ti:-], cènténnial. ~**ний** cèntènary [-'ti:-], cènténnial, cèntenárian.

столéтник *м. бот.* agáve [-vɪ].

столú||ца *ж.* cápital, metrópolis. ~**чный** cápital (*attr.*), mètropólitan; ~чный гóрод cápital (cíty) [...'sɪ-]; ~чный жúтель mètropólitan.

столк||новéние *с.* collísion; (*перен. тж.*) clash: ~ поездóв collísion of trains; ~ интерéсов clash of ínterests; collísion; приходúть в ~ come* into collísion; — вооружённое ~ armed cónflict; (*стычка*) skírmish, pássage of arms. ~**нýть(ся)** *сов. см.* стáлкивать(ся).

столковáться *сов.* (с *тв.* о *пр.*) *разг.* come* to an agréement (with abóut).

столовáться board; mess; ~ у когó-л. board with smb.

столóв||ая *ж. скл. как прил.* 1. (*о комнате*) dínìng-room; (*в учебном заведении и т. п.*) dínìng-hàll; (*в армии, флоте*) méss(-room); 2. (*заведение*) dínìng-room(s) (*pl.*). ~**ый** table (*attr.*); ~ая лóжка táble-spoon; ~ое винó table wine; ~ая соль táble-sàlt; ~ый прибóр cóver ['kʌ-]; ~ое серебрó *собир.* sílver (plate); ~ое бельё táble-lìnen [-lɪ-]; ◇ ~ая горá *геогр.* mésa ['meɪsə].

столоначáльник *м. ист.* chief of a depártment [ʧi:f...] (*in tsarist Russia*).

столóчь *сов.* (*вн.*) pound (*d.*), grind* (*d.*); ~ сáхар с корúцей pound súgar togéther with cínnamon [...'ʃu-'ge-...].

столп *м. уст.* píllar; ~ы́ óбщества píllars of socíety; ~ы́ наýки píllars of scíence.

столпúться *сов.* crowd.

столпотворéние *с.*: вавилóнское ~ bábel.

столь *нареч.* so: ~ мáло (*с сущ. в ед. ч.*) so líttle; (*с сущ. во мн. ч.*) so few; ~ мнóго (*с сущ. в ед. ч.*) so much; (*с сущ. во мн. ч.*) so many; ~ вáжный вопрóс so impórtant a quéstion [...-sʧən]; — э́то не ~ вáжно this is of no partícular impórtance.

стóлько 1. (*о количестве и числе*) (*с сущ. в ед. ч.*) so much; (*с сущ. во мн. ч.*) so many; (*вопросительно — так много*) that much?; that many?; ~ врéмени so much time; ~ книг so many books; — ~ (же) скóлько as much as; as many as; ещё ~ же as much agáin; as many again; ~-то so much; so many; 2. *как нареч.*: не ~ ... скóлько not so much... as; ráther than ['rɑ:-...] (*с обратной последовательностью*); он не ~ устáл, скóлько гóлоден he is húngry ráther than tired.

стóльный *уст.* = столúчный.

столя́р *м.* jóiner. ~**ничать** (*о профессионале*) be a jóiner; (*о любителе*) do a jóiner's work. ~**ный** jóiner's; ~ная мастерскáя jóiner's shop; ~ное ремеслó, ~ное дéло jóinery, jóiner's work; ~ный станóк jóiner's bench; ~ный клей jóiner's glue.

стоматúт *м. мед.* stòmatítis.

стомато||лóгия *ж.* stòmatólogy. ~**скóп** *м.* stomátoscòpe.

стон *м.* moan, groan.

стонáть moan, groan; (*перен.*: *страдать*) súffer, lánguish.

стоп stop.

стоп||á I *ж.* 1. (*нога*) foot* [fut]; направля́ть свои ~ы́ diréct / bend* one's steps; идтú по чьим-л. ~áм fóllow in smb.'s fóotstèps [...'fut-]; идтú по ~áм отцá fóllow in one's fáther's fóotstèps [...'fɑ:-...]; 2. *лит.* foot*; метрúческая ~ métric foot*; тонúческая ~ tónic foot*.

стопá II *ж.* (*бумаги*) ream.

стопúть *сов. см.* стáпливать.

стóпка *ж.* 1. (*кучка*) pile; (*монет*) rouléau [ru:'lou] (*pl.* -leaus, -leaux [-louz]); 2. (*стаканчик*) cup, small glass.

стоп-крáн *м. ж.-д.* stópcòck.

стóпор *м.* 1. *тех.* stop; 2. *мор.* stópper. ~**ить** (*вн.*) stop (*d.*). ~**ный** *тех.* stop (*attr.*); (*запирающий*) lócking; *мор.* stópper (*attr.*); ~ный клáпан stop valve; ~ный ýзел *мор.* stópper knot.

стопроцéнтный húndred per cent (*attr.*).

стоптáть(ся) *сов. см.* стáптывать (-ся).

сторговáться *сов. см.* торговáться 1.

сторúцей *нареч.*: воздáть ~ (*дт.*) retúrn a húndredfòld (to); окупúться ~ be repáid a húndredfòld, be repáid with ínterest, be génerous¦ly repáid.

стóрож *м.* wátch(¦man*), guard; ночнóй ~ níght-wàtch¦man*; леснóй ~ fórest wárden ['fɔ-...]; церкóвный ~ séxton; тюрéмный ~ wárder.

сторожев||óй watch (*attr.*); ~áя бýдка wátch-bòx, séntry-bòx; ~ пёс wátchdòg; ~áя вы́шка wátch-tower; ~óе охранéние *воен.* óutpòsts [-pous-] *pl.*; ~ пост séntry post [...pou-]; ~ корáбль patról-shìp [-oul-], patról-vèssel [-oul-].

сторож||úть (*вн.*) guard (*d.*), keep* watch (óver), watch (*d.*), be on the watch; ~ дом guard / watch the house* [...-s]; он ~úт кáждое её движéние he fóllows every móve¦ment she makes, *или* her every móve¦ment [...'mu:-...]. ~**úха** *ж. разг.* 1. (*жена сторожа*) wátch¦man's wife*; 2. (*женщина-сторож*) wátch¦wòman* [-wu-].

сторóжка *ж.* lodge.

сторон||á *ж.* 1. (*в разн. знач.*) side: с прáвой, лéвой ~ы́ on the right, left side; по ту стóрону, на той ~é рекú, ýлицы acróss the ríver, the street [...'rɪ-...]; прáвая, лицевáя ~ матéрии the right side of the matérial; лéвая ~ матéрии the wrong side of the matérial; лицевáя ~ дóма façáde [-'sɑ:d], front [-ʌnt]; обрáтная ~ медáли the revérse of the médal [...'me-]; с внýтренней ~ы́ on the ínside; ни с той, ни с другóй ~ы́ on néither side [...'naɪ-...]; с какóй ~ы́ вéтер? from what quárter is the wind blówing? [...wɪ- 'blou-]; вéтер дýет с востóчной ~ы́ the wind blows from the East [...-ouz...]; откла́дывать в стóрону (*вн.*) put* asíde (*d.*); в стóрону *театр.* asíde; в ~é asíde; остáвив в ~é láying asíde; отводúть когó-л. в стóрону take* smb. asíde, *или* on one side; отскочúть в стóрону jump asíde; идтú в рáзные стóроны go* in dífferent diréctions, go* dífferent ways; сворáчивать в стóрону turn asíde; уклоня́ться в стóрону déviàte; проходúть ~óй (*о туче и т. п.*) pass by; он мой рóдственник со ~ы́ (моегó) отцá he is my rélative on my fáther's side [...'fɑ:-...]; 2. (*в споре, процессе и т. п.*) párty; *юр.* side; брать чью-л. стóрону, становúться на чью-л. стóрону take* smb.'s part / side, side with smb.; перейтú на чью-л. стóрону come* óver to smb.'s side; он на нáшей ~é he is on our side, he sides with us; Высóкие Договáривающиеся Стóроны *дип.* the High Contrácting Párties; заинтересóванная ~ ínterested párty; 3. (*страна*) land, place; роднáя ~ nátive land, bírth-plàce; чужáя ~ fóreign country ['fɔrɪn 'kʌ-]; 4. (*точка зрения*) áspèct; slant [-ɑːnt]; рассмáтривать вопрóс со всех сторóн consíder *a* quéstion in all its áspècts [-'sɪ-... -stʃən ...]; подойтú к вопрóсу с другóй ~ы́ look at the mátter the other way round; ✧ с чьей-л. ~ы́ on the part of smb.; с моéй ~ы́ for my part; я со своéй ~ы́ поддéрживаю предложéние for my part I suppórt the mótion; с э́той ~ы́ он спокóен he is at ease on that score, he fears nothing from that quárter; с однóй ~ы́... с другóй ~ы́ on the one hand... on the other hand; э́то хорошó, дýрно с егó ~ы́ it is good, wrong of him; смотрéть со ~ы́ take* a detáched view [...vjuː]; истолкóвывать что-л. в хорóшую, дурнýю стóрону take* smth. in a good, bad sense; разли́чные стóроны жи́зни várious áspècts of life; имéть свои́ хорóшие стóроны have one's points; шýтки в стóрону jóking asíde; держáться в ~é keep* / stand* alóof; егó дéло ~ it does¦n't concérn him; узнавáть что-л. ~óй know* smth. by héarsay [nou...]; искáть на ~é (*вн.*) seek* élse¦whére (*d.*).

сторони́ться, посторони́ться **1.** stand* / step asíde; **2.** *тк. несов.* (*рд.*; *чуждáться*) avóid (*d.*), shun (*d.*).

сторóнний *уст.* strange [-eɪn-], fóreign ['fɔrɪn]; ~ наблюдáтель detáched ón-looker.

сторóнни||к *м.*, **~ца** *ж.* suppórter, adhérent, ádvocate; (*привéрженец*) pàrtisán [-'zæn], hénch¦man*; ~ки ми́ра defénders / suppórters of peace.

стóртинг *м.* (*парлáмент в Норвéгии*) stórt(h)ing.

сторублёвка *ж. разг.* húndred-rouble note [-ruː-...].

стосковáться *сов.* (о, по *пр.*) *разг.* pine (for).

стоýст||ый: ~ая молвá ≅ the húndred-mouthed góddess *идиом.*

сточи́ть(ся) *сов. см.* стáчивать(ся).

стóчн||ый: ~ая трубá séwer; ~ые вóды séwage *sg.*

стошни́||ть *сов. безл.*: егó ~ло he vómited, he was sick.

стóя 1. *дееприч. см.* стоя́ть 1; **2.** *нареч.* (*стóймя*) úp¦right: укрепи́ть столб, бáлку ~ set* / fix *a* pole, *a* beam úp¦right.

стоя́к *м.* post [pou-], stánchion [-ɑːnʃ-]; дымовóй ~ stack, chímney; гáзовый ~ gás-pìpe.

стоя́н||ие *с.* stánding. **~ка** *ж.* **1.** (*останóвка*) stand, stop; (*судóв*) móoring; (*автомоби́лей*) párking; ~ка запрещенá! no párking!; **2.** (*мéсто*) stand; (*судóв*) móorage [-rɪdʒ]; *воен.* (*войсковóй чáсти*) státion, post [poust], stópping place; (*автомоби́лей*) párking área / lot [...'ɛərɪə...]; ~ка таксú táxi-stànd; я́корная ~ка ánchorage ['æŋk-].

сто||я́ть 1. stand*; ~ на ногáх (*прям. и перен.*) stand* on one's feet; прóчно, твёрдо ~ на ногáх (*перен.*) be fírmly estáblished; ~ на колéнях kneel*; ~ на цы́почках stand* on típ-tóe; ~ на четверéньках be on all fours [...fɔːz]; ~ и разговáривать, кури́ть stand* tálking, smóking; стой! (*остановúсь*) stop!; **2.** (*находи́ться*) be; (*о вóйсках и сýдах*) lie*; (*быть расположенным*) be sítuàted: тарéлка ~и́т в шкафý the plate is in the cúpboard [...'kʌbəd]; дом ~и́т на бéрегý реки́ the house* is sítuàted on the bank of *the* ríver [...haus... 'rɪ-]; ~ на постý be at one's post [...poust]; — ~ на часáх stand* guard; ~ на стрáже be on guard; ~ на стрáже ми́ра stand* on guard of peace; ~ на вáхте keep* watch, be on watch; ~ у руля́ be at the helm; ~ на я́коре be ánchored [...'æŋk-], lie* / ride* at ánchor [...'æŋkə]; ~ у причáла *мор.* lie* alóng¦síde; be docked *амер.*; ~ в óчереди stand* in a queue / line [...kjuː...]; ~ на чьём-л. пути́ be in smb.'s way; (*перен. тж.*) stand* in smb.'s light; егó и́мя ~и́т ря́дом с именáми... his name ranks side by side with the names of..., his name ranks with those of...; **3.** (*быть*) be: ~ на повéстке дня be on the agénda; цéны ~я́т высóкие príces are high; сóлнце ~и́т высокó на нéбе the sun is high in the sky; ~и́т морóз there is a frost; — ~и́т хорóшая погóда the wéather keeps fine [...'we-...]; ~ на ýровне трéбований дня come* up to the requíre¦ments of the day; **4.** (*быть неподви́жным*) stop; (*о непротóчной водé*) be stágnant; пóезд ~и́т дéсять минýт the train stops ten mínutes [...-nɪts]; **5.** (*находи́ться в бездéйствии, о маши́не, завóде и т. п.*) be at, *или* come* to, a stándstìll; часы́ ~я́т the watch, the clock has stopped; рабóта ~и́т the work has come to a stop; **6.** *уст.* (*жить*) stay, live [lɪv]; ~ в гости́нице stay / live at / in *a* hòtél; ~ (на квартúре) *воен.* be bílleted; ~ лáгерем be en¦cámped; **7.** (за когó-л.; *защищáть*) stand* up (for smb.); (за что-л.) be (for smth.); он ~и́т за то, чтóбы попытáться ещё раз he is for trýing once agáin [...wʌns...]; ~ горóй за когó-л. ≅ defénd smb. with might and main, stand* by smb. through thick and thin; ~ за дéло ми́ра stand* for the cause of peace; **8.** (на *пр.*; *настáивать*) stand* on / up¦ón; ~ на своём (мнéнии) hold* one's own [...oun], hold* / stand* one's ground; ✧ ~ нáсмерть stand* to the last man; die in the last ditch *идиом. разг.*; ~ над душóй у когó-л. *разг.* péster / hárass / plague smb., wórry the life out of smb. ['wʌ-...]; он ~и́т пéред вы́бором, пéред ним ~и́т вы́бор he is fáced with the choice; задáчи, ~я́щие пéред нáми the tasks cònfrónting us [...-ʌnt-...]; ~ у влáсти hold* pówer, be in pówer, be in óffice; ~ во главé (*рд.*) be at the head [...hed] (of), head (*d.*).

стоя́ч||ий 1. stánding, stánd-ùp; ~ее положéние stánding pósture; в ~ем положéнии (*о человéке, живóтном*) stánding; ~ая лáмпа table / desk lamp; ~ воротни́к, воротничóк high / stánd-ùp cóllar; **2.** (*неподви́жный*) stágnant; ~ая водá stágnant wáter [...'wɔː-]; ~ие вóлны *физ.* státionary waves.

стóящ||ий 1. *прич. см.* стóить; **2.** *прил. разг.* worth doing (*predic.*); э́то дéло ~ее it is worth (*one's*) while; ~ая вещь it's a thing worth doing.

страви́ть *сов. см.* стрáвливать.

стрáвливать, страви́ть (*вн.*) **1.** set* on to fight (*d.*); страви́ть одногó с другúм play off one agáinst anóther; **2.** (*дéлать потрáву*) rúin / spoil* (by allówing cattle to graze) (*d.*).

страдá *ж.* hard work dúring hárvest-tìme; (*перен.*) toil, drúdgery.

страдáл||ец *м.*, **~ица** *ж.* súfferer.

страдáльческий: ~ вид the air of a mártyr, an air of long súffering.

страдáние *с.* súffering.

страдáтельный: ~ залóг *грам.* pássive voice.

страдá||ть, пострадáть **1.** *тк. несов.* (от; *тв.*; *мýчиться, болéть*) súffer (from); ~ от разлýки с кем-л. pine / long for smb., miss smb.; ~ невралги́ей súffer from neurálgia; **2.** (от; *терпéть ущéрб, урóн*) súffer (from); урожáй пострадáл от зáсухи the crops súffered from drought [...draut]; они́ пострадáли от наводнéния they were víctims of *the* flood [...-ʌd]; дом пострадáл от пожáра the house* was dámaged by fire [...-s...]; **3.** (за *вн.*) súffer (for); ~ за прáвду súffer in the cause of jústice; пострадáть за дéло, идéи *и т. п.* súffer for *a* cause; **4.** *тк. несов.* (*быть плохи́м*) be poor: у негó ~ет орфогрáфия his spélling is poor.

стрáдн||ый: ~ая порá, ~ое врéмя búsy séason ['bɪzɪ -z°n].

страж *м.* guard, guárds¦man*.

стрáж||а *ж.* guard, watch; пограни́чная ~ *уст.* fróntier guard(s) ['frʌ-...] (*pl.*); стоя́ть на ~е be on the watch; ✧ быть, стоя́ть на ~е ми́ра stand* on guard of peace; быть на ~е чьих-л. интерéсов watch óver smb.'s ínterests; брать под ~у (*вн.*) take* into cústody (*d.*); содержáться под ~ей be únder arrést; освободи́ть из-под ~и (*вн.*) reléase from cústody [-s...] (*d.*).

стран||á *ж.* (*в разн. знач.*) cóuntry ['kʌ-]; (*госудáрство тж.*) land; по всей ~é all óver the cóuntry; Странá Совéтов the Land of the Sóvièts; стрáны нарóдной демокрáтии cóuntries of People's Demócracy [...piː-

...], People's Demócracies; ◇ четы́ре ~ы́ све́та the four cárdinal points [...fɔ:...].

стран||и́ца *ж.* page; нумера́ция ~и́ц pàginátion; на ~и́цах газе́т in the news páges [...-z...], in the cólumns of the press; вписа́ть я́ркую ~и́цу (в *вн.*) write* a vívid page (in), contríbute a vívid page (to).

стра́нн||ик *м.*, **~ица** *ж.* wánderer. **~ический** wándering, wánderer's.

стра́нно I 1. *прил. кратк. см.* стра́нный; 2. *предик. безл.* it is strange [...-eɪnʤ]; как ~, что what a fúnny thing that, how fúnny / strange it is that; как ни ~ strange as it may seem.

стра́нн||о II *нареч.* in a strange way [...-eɪn-...], stránge|ly [-eɪn-]. **~ость** *ж.* 1. *тк. ед.* stránge|ness [-eɪn-]; 2. (*стра́нная мане́ра*) sìngulárity, óddity; челове́к со ~остями queer man*, odd man*, óddity. **~ый** strange [-eɪnʤ], queer, odd, fúnny; rum *разг.*; э́то ка́жется ~ым it seems strange; ~ая мане́ра strange mánner; ~ый челове́к strange / queer man*, odd man*, óddity; ~ое де́ло queer thing / búsiness [...'bɪzn-]; (*как вводн. сл.*) strange to say, stránge|ly enóugh [-eɪn- ɪ'nʌf].

стра́нств||ие *с.*, **~ование** *с.* wándering; trávelling.

стра́нствовать wánder, trável ['træ-].

стра́нствующий 1. *прич. см.* стра́нствовать; 2. *прил.*: ~ актёр strólling pláyer; ~ музыка́нт wándering musícian [...-'zɪ-]; ~ ры́царь knight-errant.

стра́стно [-сн-] *нареч.* pássionate|ly, with pássion.

страстн||о́й [-сн-] *церк.* 1. *прил.*: ~ четве́рг Hóly Thúrsday [...'θə:zdɪ]; ~а́я пя́тница Good Fríday [...'fraɪdɪ]; ~а́я неде́ля Hóly Week; 2. *ж. как сущ.* = страстна́я неде́ля *см.* 1.

стра́стн||ость [-сн-] *ж.* pássion; ~ нату́ры, хара́ктера pássionate témperament. **~ый** [-сн-] pássionate, impássioned; (*о жела́нии тж.*) árdent, férvent.

страсть I *ж.* (к; *си́льное чу́вство*) pássion (for); быть охва́ченным ~ю seethe with pássion; пролика́ться ~ю к кому́-л. love smb. pássionate|ly [lʌv...].

страсть II *ж. разг.* (*страх, у́жас*) hórror.

страсть III *нареч. разг.* (*о́чень*) áwfully, fríghtfully; ему́ ~ как хо́чется пойти́ туда́ he is símply dýing / lóng|ing to go there.

стратаге́ма *ж.* strátagem.

страте́г *м.* stràtegist. **~и́ческий** stratégic(al) [-'ti:-]. **~ия** *ж.* (grand) strátegy; (*нау́ка тж.*) stratégics [-'ti:-].

стратифика́ция *ж. физ.* stràtificátion.

страто||ста́т *м. ав.* stràtosphéric ballóon [streɪ-...]. **~сфе́ра** *ж. метеор.* strátosphère ['streɪ-]. **~сфе́рный** stràtosphéric [streɪ-].

стра́ус *м.* óstrich. **~овый** *прил. к* стра́ус; ~овые пе́рья óstrich féathers [...'fe-].

страх I *м.* 1. fear, fright; ~ пе́ред неизве́стностью fear of the ún|known [...-'noun]; ~ сме́рти fear / dread of death [...-ed... deθ]; смерте́льный ~ mórtal fear; быть в ~е be afráid; охва́ченный ~ом gripped / seized by fear [...si:-...]; из ~а for fear, out of fear; дрожа́ть от ~а quake with fear; 2. (*отве́тственность*) risk, respònsibílity; на свой ~ at one's risk, on one's own respònsibílity [...oun...]; ◇ под ~ом сме́рти on pain of death; держа́ть в ~е (*вн.*) keep* in awe / fear (*d.*); у ~а глаза́ велики́ *погов.* ≅ fear takes móle|hìlls for móuntains.

страх II *нареч. разг.* (*о́чень*) térribly; ему́ ~ как хо́чется пойти́ туда́ he is símply dýing / lóng|ing to go there.

страхка́сса *ж.* (страхова́я ка́сса) insúrance óffice [-'ʃuə-...].

страхова́||ние *с.* insúrance [-'ʃuə-]; социа́льное ~ sócial insúrance; ~ от несча́стных слу́чаев insúrance agáinst áccidents; ~ от огня́ fíre-insùrance [-ʃuə-]; ~ жи́зни life insúrance; ~ дома́шнего иму́щества doméstic próperty insúrance; госуда́рственное ~ State insúrance. **~тель** *м.* insúrant [-'ʃuə-].

страхова́ть (*вн.* от) insúre [-'ʃuə] (*d.* agáinst); ~ жизнь insúre life. **~ся** 1. insúre òne|sélf [-'ʃuə...]; 2. *страд. к* страхова́ть.

страх||о́вка *ж.* insúrance [-'ʃuə-]. **~ово́й** insúrance [-'ʃuə-] (*attr.*); ~ова́я ка́сса insúrance óffice; ~ово́й по́лис insúrance-pòlicy; (*от огня́*) fíre-pòlicy. **~о́вщик** *м.* insúrer [-'ʃuə-].

страши́лище *с. разг.* fright, scáre|crow [-ou].

страши́ть (*вн.*) fríght(en) (*d.*), awe (*d.*); э́та мысль страши́т его́ the thought / idéa fríghtens him [...aɪ'dɪə ...]. **~ся** (*рд.*) be afráid (of).

стра́шно I 1. *прил. кратк. см.* стра́шный; 2. *предик. безл.* it is térrible; ~ поду́мать, что... it is térrible to think that...; здесь ~ остава́ться одному́ it is térrifỳing to remáin alóne here; ему́ ~ he is térrifìed / afráid.

стра́шн||о II *нареч.* térribly, áwfully; fríghtfully; он ~ испуга́лся he got a térrible fright. **~ый** térrible, fríghtful, féarful, dréadful [-ed-]; ~ая боле́знь dréadful diséase [...-'zi:z]; ~ый расска́з dréadful stóry; ~ый моро́з térrible frost; ~ая жара́ tórrid heat; ~ый на́сморк fríghtful cold; ◇ Стра́шный суд Dóomsday [-z-], Day of Júdg(e|)ment, the Last Júdg(e|)ment.

страща́ть, пострраща́ть (*вн.*) *разг.* fríghten (*d.*), scare (*d.*).

стре́жень *м.* deep stream.

стрекоза́ *ж.* drágon-flỳ ['dræ-].

стрекот||а́ние *с.* chírring. **~а́ть** chirr.

стрел||а́ *ж.* 1. árrow; (*перен. тж.*) shaft; пуска́ть ~у́ shoot* *an* árrow; стре́лы сати́ры shafts of sátire; он промча́лся ~о́й he flew like an árrow from the bow [...bou]; 2. *бот.* shaft; 3. *тех.*: подъёмная ~, грузова́я ~ dérrick; ~ проги́ба sag; ~ грузоподъёмного кра́на jib; ~ экскава́тора boom.

Стреле́ц *м. астр.*: созве́здие Стрельца́ Sàgittárius, the Árcher.

стреле́ц *м. ист.* strelets (*soldier in regular army in Russia of 16-17 cent.*).

стре́лка *ж.* 1. póinter; (*часо́в тж.*) hand; (*на чертеже́ и т. п.*) árrow; магни́тная ~ ко́мпаса cómpass needle ['kʌm-...]; 2. *ж.-д.* ráilway point; switch; ◇ рогова́я ~ (*копы́та*) (hórny) frog.

стрелко́в||ый rifle (*attr.*), ínfantry (*attr.*); shóoting (*attr.*); ~ полк ínfantry / rifle régiment; ~ кружо́к shóoting círcle / club.

стрелови́дный árrow-shàped, ságittàte; ~ шов *анат.* ságittàte súture.

стрело́к *м.* shot; (*солда́т*) rífle|man*; *ав.* gúnner; отли́чный ~ éxpèrt shot / rífle|man*; иску́сный ~ márks|man*.

стре́лочник *м. ж.-д.* swítch|man*, póints|man*.

стрельба́ *ж.* shóot(ing); fíring; (*из ору́дий*) gún-fìre; руже́йная ~ smáll-àrms fire; ~ из пулемёта machíne-gùn fire [-'ʃi:n-...]; уче́бная ~ (fíring) práctice; ~ на пораже́ние fire for efféct.

стре́льбище *с.* shóoting-ground, shóoting-rànge [-reɪ-].

стрельну́ть *сов.* fire a shot.

стре́льчатый *арх.* láncet (*attr.*).

стре́лян||ый: ~ая ги́льза fired cártridge, émpty case [...-s]; ◇ ~ воробе́й *разг.* ≅ old bird, dówny bird, old stáger.

стреля́||ть, вы́стрелить 1. (в *вн.*; по *дт.*) shoot* (at), fire (at); ~ из винто́вки, пистоле́та *и т. п.* fire a rífle, pístol, *etc.*; 2. *тк. несов.* (*вн.*; *убива́ть охо́тясь*) shoot* (*d.*); 3. *тк. несов. безл.* (*о бо́ли*) shoot*; у него́ ~ет в у́хе he has a shóoting pain in his ear; ◇ ~ глаза́ми make* eyes [...aɪz] (at), give* the glad eye (*i.*); ~ из пу́шек по воробья́м ≅ break* a bútterflỳ on the wheel [-eɪk ...], crush a fly with a stéam-ròller. **~ться** 1. (с *тв.*; *дра́ться на дуэ́ли*) fight* a dúel (with); 2. (*ко́нчать жизнь самоуби́йством*) commít súicìde; 3. *страд. к* стреля́ть 2.

стремгла́в *нареч.* héadlòng ['hed-].

стре́мечко *с.* 1. *уменьш. от* стре́мя; 2. *анат.* stírrup (bone).

стреми́тельн||ость *ж.* swiftness, impètuósity, dash. **~ый** swift, héadlòng ['hed-]; impétuous; ~ым на́тиском *воен.* with a swift thrust; ~ое (про)движе́ние swift móve|ment [...'mu:v-].

стрем||и́ться 1. *уст.* (*быстро двигаться*) speed, rush; 2. (к; *добиваться*) seek* (*d.*, + to *inf.*), aim (at), aspíre (to), strive* (for); (*страстно желать*) long (for), crave (for); ~ к побе́де strive* for víctory. **~ле́ние** *с.* (к) àspirátion (for); stríving (for); (*страстное желание*) yéarning ['jə:n-] (for), urge (towards).

стремни́на *ж. поэт.* (*реки*) rápid, chute [ʃu:t].

стре́мя *с.* stírrup.

стремя́нка *ж.* stép-làdder; steps *pl.*; pair of steps.

стремя́нный *м. скл. как прил. ист.* groom.

стрено́жить *сов. см.* трено́жить.

стрептоко́кк *м. бакт.* strèptòcóccus [-tou-] (*pl.* -ci). **~овый:** ~овая анги́на strèptòcóccic àngína [-tou- æn-].

стрептомици́н *м. фарм.* stréptomýcin [-maısın].

стреха́ *ж.* eaves *pl.*

стрига́льн||ый *текст.*: ~ая маши́на clóth-shearing machíne [...-'ʃi:n].

стригу́н *м.*, **стригуно́к** *м.* yéarling (foal).

стригу́щий *прич. см.* стричь; ◇ ~ лиша́й *мед.* ríng-wòrm.

стриж *м.* (*птица*) mártlet; берегово́й ~ sánd-màrtin; ка́менный ~ stóne-màrtin, swift.

стри́ж||еный (*о человеке*) shórt-haired; (*об овце*) shorn; (*о дереве*) clipped; (*о волосах*) short; ~еная гри́ва hog mane. **~ка** *ж.* (*волос*) háir-cùtting; (*овец*) shéaring; (*деревьев, шерсти*) clípping; маши́нка для ~ки clípper.

стрихни́н *м. мед.* strýchnìn(e) [-kni:n], strýchnia.

стричь, остри́чь (*вн.*; *волосы*) cut* (*d.*), clip (*d.*); (*ногти*) cut* (*d.*); (*овец*) shear* (*d.*), clip (*d.*); ~ кого́-л. cut* smb.'s hair; ◇ ~ всех под одну́ гребёнку ≅ impóse a dead lével on évery|òne [...ded 'le-...]; (try to) make* évery|òne fit into the same páttern, make* évery|òne alíke. **~ся**, остри́чься cut* one's hair; (*у парикмахера*) have one's hair cut.

стробоско́п *м. физ.* stróbo|scòpe.

строга́льный: ~ стано́к pláning machíne [...-'ʃi:n]; ~ резе́ц pláning cútter.

строга́льщик *м.* pláner.

строга́ть (*вн.*) plane (*d.*), shave* (*d.*).

стро́г||ий 1. strict; (*суровый*) sevére; ~ учи́тель strict téacher; ~ взгляд sevére look; ~ тон sevére tone of voice; ~ кри́тик sevére crític; ~ая дисципли́на strict díscipline; 2. (*определённый, точный*) strict; ~ поря́док strict órder; ~ прика́з strict órders *pl.*; ~ое пра́вило strict rule; ~ая эконо́мия rígid èconomy [...i:-]; ~ая дие́та strict díet; в ~ом смы́сле сло́ва in the strict sense of the word; 3. (*суровый, не допускающий возражений*) sevére; ~ вы́говор sevére réprimànd [...-ɑ:nd]; ~ пригово́р sevére séntence; ~ие ме́ры strong méasures [...'me-]; принима́ть ~ие ме́ры take* strong méasures; ~ зако́н stríngent law [-ındʒ-...]; 4. (*о поведении, жизни*) strict, austére; ~ие нра́вы strict mórals [...'mɔ-]; в ~ом уедине́нии in strict seclúsion; ◇ ~ие черты́ лица́ régular féatures; ~ стиль sevére style; под ~им секре́том in strict cónfidence.

стро́го *нареч.* stríctly; (*сурово*) sevére|ly; ~ говоря́ stríctly spéaking; ~ запреща́ется it is stríctly forbídden.

стро́го-на́строго *нареч. разг.* very stríctly.

стро́гость *ж.* 1. stríctness; sevérity; stríngency [-ndʒ-]; austérity; (*ср.* стро́гий); 2. *мн.* (*строгие меры*) strong méasures [...'meʒ-].

строев||о́й I: ~ офице́р cómbatant ófficer; ófficer with troops; ~ уста́в drill règulátions *pl.*, drill mánual; ~а́я подгото́вка drill, paráde drill; ~а́я ло́шадь troop horse, tróoper; (*офицерская*) chárger; ~ шаг cèremónial step.

строево́й II: ~ лес tímber.

строе́ние *с.* 1. (*структура*) strúcture; *биол.* téxture; (*камня*) grit; 2. (*постройка*) búilding ['bıl-], constrúction.

стро́ител||ь *м.* búilder ['bı-]; ~и но́вой жи́зни búilders of a new life.

стро́ительн||ый búilding ['bıl-] (*attr.*); constrúction (*attr.*); ~ые материа́лы búilding matérials; ~ му́сор búilding-rèfúse ['bıl- -s]; ~ рабо́чий búilder ['bıl-]; ~ сезо́н búilding séason [...-z°n]; ~ая конто́ра búilding óffice; ~ая площа́дка búilding / constrúction site; ~ая брига́да constrúction gang; ~ая те́хника constrúction(al) èngineéring [...endʒ-].

стро́ительство *с.* (*процесс*) búilding ['bıl-], constrúction; (*объект*) (constrúction) próject [...'prɔ-]; доро́жное ~ road búilding; ~ социали́зма búilding of sócialism; культу́рное, хозя́йственное ~ cúltural, èconómic constrúction [...i:k-...].

стро́ить, постро́ить (*вн.*) 1. build* [bıld] (*d.*); constrúct (*d.*); ~ социали́зм build* (up) sócialism; ~ пла́ны plan, make* plans; 2.: ~ фра́зу, предложе́ние constrúct *a* séntence; ~ треуго́льник constrúct *a* tríangle; ~ у́гол plot *an* ángle; 3. *воен.* form (up) (*d.*), draw* up (*d.*); ~ в коло́нну form in cólumn (*d.*); ◇ ~ возду́шные за́мки build* castles in the air; ~ ко́зни máchinàte [-k-]. **~ся**, постро́иться 1. (*строить себе*) build* *a house, etc.*, for one|sélf [bıld... -s...]; 2. *воен.* draw* up; form, assúme fòrmátion; стро́йся! form!; 3. *страд. к* стро́ить.

строй I *м.* 1. *тк. ед.* (*система*) sýstem, órder; госуда́рственный ~ State sýstem; règíme [reı'ʒi:m]; сове́тский социалисти́ческий ~ Sóvièt sócialist sýstem; республика́нский ~ repúblican órder [-'pʌ-...]; обще́ственный ~ sócial sýstem; колхо́зный ~ colléctive-fàrm sýstem; 2.: граммати́ческий ~ языка́ grammátical sýstem of *the* lánguage; 3. *муз.* pitch; (*перен.: слаженность, гармония*) hármony.

стро́||й II *м. воен.* fòrmátion; ко́нный ~ móunted fòrmátion; в ко́нном ~ю móunted; пе́ший ~ dísmóunted fòrmátion; в пе́шем ~ю dísmóunted; развёрнутый ~ line; со́мкнутый ~ close órder [-s...]; разо́мкнутый ~ ópen órder; ~ фро́нта *мор.* line abréast [...-est]; ~ пе́ленга *мор.* line of béaring [...'bɛə-]; ~ кильва́тера *мор.* line ahéad [...ə'hed]; cólumn *амер.*; полётный ~ flýing fòrmátion; ◇ вводи́ть в ~ (*вн.*) put* into sérvice (*d.*), put* into òperátion (*d.*), place into sérvice / commíssion (*d.*); выводи́ть из ~я (*вн.*) put* out of áction / òperátion (*d.*); остава́ться в ~ю remáin at dúty; вступа́ть в ~ (*о предприятии*) be put in òperátion, come* into sérvice, be commíssioned.

стро́йк||а *ж.* búilding ['bıl-], constrúction; рабо́тать на ~е work on a búilding / constrúction job.

стро́йн||ость *ж.* 1. (*о человеческой фигуре, здании*) shápe|liness, just propórtion; 2. (*о звуках*) hármony. **~ый** 1. (*о человеке, фигуре*) slénder; (*о здании*) wéll-propórtioned; (*о докладе, речи и т. п.*) wéll-composéd; (*о системе и т. п.*) hàrmónious; в ~ом поря́дке in an órderly mánner; 2. (*о звуках*) hàrmónious.

строк||а́ *ж.* line; начина́ть с но́вой ~и́ make* a new páragràph; кра́сная ~ indénted line; ◇ чита́ть ме́жду строк read* betwéen the lines.

стро́нций *м. хим.* stróntium.

строп *м. тех.*, *мор.* sling; (*у парашюта*) shroud (line).

стропи́ло *с.* ráfter, truss.

стропти́в||ость *ж.* óbstinacy, refráctoriness. **~ый** óbstinate, refráctory.

строфа́ *ж.* stánza; stróphe [-oufı].

строфа́нт *м. фарм.* strophánthus.

строчи́ть, настрочи́ть (*вн.*) 1. (*шить*) stitch (*d.*); 2. *разг.* (*писать*) scribble (*d.*), write* (*d.*).

стро́чка I *ж.* (*шов*) stitch.

стро́чка II *ж.* = строка́.

строчн||о́й: ~а́я бу́ква small létter.

струбци́н||а *ж.*, **~ка** *ж. тех.* scréw-clàmp; crámp(-ìron) [-aıən].

струг *м.* 1. *тех.* plane; 2. (*ладья*) boat.

стру́жка *ж.* sháving; *собир.* shávings *pl.*, chips *pl.*

струи́ться run*, stream.

структу́р||а *ж.* strúcture; ~ наро́дного хозя́йства nátional èconomy páttern ['næ- i:-...]; организацио́нная ~ fráme¦wòrk of òrganìzátion [...-naɪ-]. **~али́зм** *м. лингв.* strúcturalism, strúctural scíence. **~ный** strúctural.

струна́ *ж.* string; натя́гивать стру́ны string*; перебира́ть стру́ны а́рфы *и т. п.* run* one's fíngers óver the strings of *a* harp, *etc.*; touch the strings of *a* harp, *etc.* [tʌtʃ...]; ◇ сла́бая ~ weak point / side, the sénsitive chord [...k-]; (*ср.* стру́нка).

стру́нк||а *ж. уменьш. от* струна́; ◇ вытя́гиваться в ~у stand* at atténtion; заставля́ть кого́-л. ходи́ть по ~е redúce smb. to sérvile obédience; чувстви́тельная ~ the right chord [...k-]; задева́ть сла́бую ~у *разг.* ≅ touch the right chord [tʌtʃ...].

стру́нн||ый: ~ инструме́нт stringed ínstrument; ~ые инструме́нты the strings; ~ орке́стр string órchestra [...-kɪ-].

струп *м.* scab.

стру́сить *сов. см.* тру́сить.

стручко́в||ый lègúminous; ~ые расте́ния lègúminous plants [...-ɑ:n-]; ~ пе́рец cápsicum; (*красный*) cayénne.

стручо́к *м.* pod.

стру||я́ *ж.* jet, spurt, spirt; stream; бить ~ёй spurt; ~ све́жего во́здуха cúrrent of fresh air; ~ све́та stream / ray of light; ~ па́ра steam jet; ~ от возду́шного винта́ (propéller) slip-stream; ◇ внести́ живу́ю ~ю (в *вн.*) infúse a new / fresh spírit (into).

стря́п||ать, состря́пать (*вн.*) cook (*d.*); (*перен.*) con¦cóct (*d.*), cook up; состря́пать обвине́ние про́тив кого́-либо framesmb. up. **~ня́** *ж. разг.* cóoking, con¦cóction. **~у́ха** *ж. разг.* cook.

стря́пчий *м. скл. как прил. ист.* scrívener; attórney [-'tɜ:-].

стряс||ти́сь *сов. разг.* (над, с *тв.*) befáll* (*d.*); с ним ~ла́сь беда́ a misfórtune befél him [...-tʃən...].

стря́хивать, стряхну́ть (*вн.*) shake* off (*d.*).

стряхну́ть *сов. см.* стря́хивать.

студени́стый jélly-like.

студе́нт *м.*, **~ка** *ж.* stúdent; ~-ме́дик médical stúdent; ~-юри́ст law stúdent; ~ истори́ческого факульте́та hístory stúdent.

студе́нче||ский *прил. к* студе́нт; ~ коллекти́в stúdent bódy [...'bɔ-]. **~ство** *с.* **1.** *собир.* the stúdents *pl.*; **2.** (*пребывание в высшем учебном заведении*) stúdent days; в го́ды моего́ ~ства in my time as a stúdent, in my cóllege / stúdent days.

студёный *разг.* very cold.

сту́день *м. кул.* gálantine [-ti:n]; (*мясной тж.*) méat-jélly.

студи́ть, остуди́ть (*вн.*) cool (*d.*).

сту́дия *ж.* stúdiò; wórkshòp *разг.*; театра́льная ~ dramátic stúdiò; о́перная ~ òperátic stúdiò.

сту́жа *ж. тк. ед.* cold, hard frost.

стук *м.* **1.** knock; (*тихий*) tap; (*шум*) noise; ~ в дверь knock / tap at the door [...dɔ:]; ~ копы́т tramp of hórses, *или* of *a* hórse's feet; ~ колёс rumble of wheels; **2.:** ~, ~! tap, tap!

сту́к||ать, сту́кнуть **1.** knock; *сов. тж.* give* a knock / tap / rap; ~нуть кулако́м по́ столу bang one's fist on the table, pound the table; ~нуть в дверь knock / tap at the door [...dɔ:]; **2.** (*вн.*) *разг.* (*ударять*) strike* (*d.*), hit* (*d.*); **3.** *тк. сов. разг.* (*о годах — исполниться*): ему́ ~нуло 40 лет he is past 40. **~аться,** сту́кнуться (о, обо *вн.*) knock (agáinst), bump (agáinst); ~нуться голово́й (обо что-л.) bang / bump one's head (agáinst smth.) [...hed...]. **~нуть(ся)** *сов. см.* сту́кать(ся).

стул *м.* **1.** chair; мя́гкий ~ pádded chair; складно́й ~ fólding chair; предлага́ть ~ óffer a chair; **2.** *мед.* stool; ◇ сиде́ть, оста́ться ме́жду двух сту́льев fall* betwéen two stools.

стульча́к *м.* tóilet seat.

сту́п||а *ж.* mórtar; ◇ толо́чь во́ду в ~е ≅ beat* the air.

ступ||а́ть, ступи́ть **1.** step; *сов. тж.* take* / make* a step; ступи́ть шаг, два шага́ take* / make* one step, two steps; ступи́ть че́рез поро́г cross the thréshòld; ступи́ть на зе́млю, бе́рег set* foot on land, *или* the shore [...fut...]; где никогда́ не ~а́ла нога́ челове́ка where the foot of man néver stepped / trod; **2.** *пов.:* ~а́й(те) сюда́ come here; ~а́й(те) туда́ go there; ~а́й(те) за ним fóllow him; ~а́й(те) (отсю́да)! get (awáy)!, be off!; on your way now!

ступе́нчатый stepped.

ступе́нь *ж.* **1.** (*лестницы*) step, fóotstèp ['fut-]; **2.** (*степень*) stage; на высо́кой ступе́ни at a high stage. **~ка** *ж.* step; (*стремянки*) rung (of *a* ládder); поднима́ться по ~кам go* up the steps; спуска́ться по ~кам go* down the steps.

ступи́ть *сов. см.* ступа́ть.

ступи́ца *ж.* nave, hub.

сту́пка *ж.* = сту́па.

ступня́ *ж.* foot* [fut].

стуч||а́ть knock; (*шуметь*) make* a noise; (*о зубах*) chátter; ~ в дверь knock at the door [...dɔ:]; ~ кулако́м по́ столу bang one's fist on the table; дождь ~и́т в окно́ the rain is béating agáinst the window; ~и́т в виска́х blood hámmers in the temples [blʌd...]. **~а́ться** knock; ~а́ться в дверь knock at the door [...dɔ:].

стушева́ться *сов.см.*стушёвываться.

стушёвываться, стушева́ться effáce òne¦sélf; retíre to the báckground, keep* in the báckground.

стыд *м.* shame; к его́ ~у́ to his shame; не име́ть ни ~а́, ни со́вести be dead to shame and have no cónscience [...ded... -nʃəns]; потеря́ть ~ lose* all sense of shame [lu:z...], be lost to shame; отбро́сить ~ throw* off all shame [-ou...]; сгора́ть от ~а́ burn* with shame; ~ и позо́р ≅ a sin and a shame; ~ и срам! (for) shame!

стыди́ть (*вн.*) shame (*d.*), put* to shame (*d.*). **~ся** (*рд.*) be ashámed (of); стыди́(те)сь! you ought to be ashámed (of your¦sélf)!, for shame!

стыдли́в||о *нареч.* díffidently; (*застенчиво*) báshfully, shýly. **~ость** *ж.* díffidence, módesty; (*застенчивость*) báshfulness, shýness. **~ый** díffident, módest; (*застенчивый*) báshful, shy.

сты́дн||о *предик. безл.* it is a shame; ~ отстава́ть it makes one (feel) ashámed to lagb ehínd; ему́ ~ he is ashámed; ему́ ~ за неё he is ashámed of her; как ~!, как вам не ~! you ought to be ashámed (of your¦sélf)!; for shame! **~ый** sháme¦ful.

стык *м.* joint; júnction (*тж. воен.*); ~ доро́г road júnction.

сты́н||уть get* cool; (*холодеть*) get* cold; ◇ кровь ~ет (в жи́лах) it chills one's blood [...blʌd], one's blood fréezes (in one's veins).

стыть = сты́нуть.

сты́чка *ж.* skírmish; *воен. тж.* affáir, en¦cóunter; (*перен.*) bíckering, quárrel.

стю́ард *м.* stéward.

стюарде́сса *ж.* stéwardess.

стяг *м.* bánner.

стя́гивать, стяну́ть (*вн.*) **1.** tíghten (*d.*); (*верёвкой*) tie up (*d.*); **2.** (*о войсках*) gáther (*d.*); draw* up (*d.*); ~ си́лы draw* up fórces; **3.** (*стаскивать*) pull off / a¦wáy [pul...] (*d.*). **~ся,** стяну́ться **1.** tíghten; **2.** (*о войсках*) gáther; draw*; **3.** *страд. к* стя́гивать.

стяж||а́тель *м.* grábber; (*в отношении денег*) móney-grùbber ['mʌ-]. **~а́тельство** *с.* móney-grùbbing ['mʌ-]. **~а́ть** *несов. и сов.* (*вн.*) obtáin (*d.*), get* (*d.*); ~а́ть сла́ву, изве́стность win* fame; catch* the líme¦light *идиом.*

стяну́ть *сов.* **1.** *см.* стя́гивать; **2.** (*вн.*) *разг.* (*украсть*) filch (*d.*); swipe (*d.*). **~ся** *сов. см.* стя́гиваться.

су *с. нескл.* (*франц. монета в пять сантимов*) sou [su:].

суба́ренд||а *ж. эк.* súblease [-s]. **~а́тор** *м.* súblèssée, súbténant [-'te-].

субаркти́ческий sùbárctic.

суббо́т||а *ж.* Sáturday ['sætədɪ]; по ~ам on Sáturdays, every Sáturday; вели́кая ~ *церк.* Hóly Sáturday. **~ний** *прил. к* суббо́та. **~ник** *м.* subbótnik (*labour freely given to the State on days off or overtime*).

субдомина́нта *ж. муз.* súbdóminant.

сублим||а́т *м. хим.* súblimate. **~а́ция** *ж. хим.* sùblimátion. **~и́ровать** *несов. и сов.* (*вн.*) *хим.* súblimàte (*d.*), sublíme (*d.*).

субнорма́ль *ж. мат.* súbnórmal.

субордина́ция *ж.* subòrdinátion.

субре́тка *ж. театр.* soubrétte [suː-].

субсиди́ровать *несов. и сов.* (*вн.*) súbsidìze (*d.*).

субси́дия *ж.* súbsidy, gránt-in-áid ['grɑː-], bóunty.

субстантиви́ровать (*вн.*) *лингв.* substántivìse (*d.*).

субста́нция *ж. филос.* súbstance.

субстра́т *м. филос., биол.* súbstrátum (*pl.* -ta).

субстратосфе́ра *ж.* sùbstrátosphère [-reɪ-].

субти́льн||ость *ж.* slénderness, fráilty. **~ый** slénder, frail.

субти́тр *м. кин.* súb-title.

субтро́п||ики *мн.* súbtrópics. **~и́ческий** súbtrópical.

субъе́кт *м.* **1.** *филос., грам.* súbject; **2.** *разг.* (*о человеке*) féllow. **~иви́зм** *м. филос.* sùbjéctivism. **~иви́ст** *м.* sùbjéctivist. **~и́вность** *ж.* sùbjèctívity. **~и́вный** sùbjéctive; **~и́вный** идеали́зм *филос.* sùbjéctive ìdéalism [...aɪ'dɪə-], sùbjéctivism.

сувени́р *м.* sóuvenir ['suːvənɪə].

сувере́н *м. ист.* sóvereign ['sɔvrɪn]. **~ите́т** *м.* sóvereignty ['sɔvrɪn-]; отказа́ться от ~ите́та surrénder one's sóvereignty. **~ный** sóvereign ['sɔvrɪn].

суво́ровец *м.* Suvórovets (*pupil of a Suvorov military college*).

сугли́нистый lóamy.

сугли́нок *м.* loam, lóamy soil.

сугро́б *м.* snów-drìft [-ou-].

сугу́б||о *нареч.* espécially [-'pe-], partícularly; э́то моё ~ ли́чное мне́ние this is my púre¦ly pérsonal opínion. **~ый** espécial [-'pe-], partícular.

суд *м.* **1.** (*учрежде́ние*) láw-court [-kɔːt], court [kɔːt], Court of Law / Jústice; Верхо́вный Суд СССР Sùpréme Court of the USSR; наро́дный ~ People's Court [piː-...]; вое́нный ~ court mártial [kɔːt...]; вое́нно-полево́й ~ drúm-head court mártial [-hed...]; на ~е́ in court; опра́вдан по ~у́ found not guílty; вызыва́ть в ~ (*вн.*) súmmons (*d.*), cite (*d.*), subpóena [-'piːnə] (*d.*); подава́ть в ~ take* it into court; подава́ть в ~ на кого́-л. bring* an áction against smb.; се́ссия ~а́ Court séssion; заседа́ние ~а́ sítting of the Court; зал ~а́ cóurt-room ['kɔːt-]; быть под ~о́м be únder tríal; отдава́ть под ~, предава́ть ~у́ (*вн.*) prósecùte (*d.*); добива́ться чего́-л. ~о́м take* smth. to court; трете́йский ~ court of àrbitrátion; **2.** (*правосу́дие*) jústice; иска́ть ~а́ seek* jústice; **3.** (*сужде́ние*) júdg(e¦)ment; ~ пото́мства the vérdict of pòstérity; **4.** (*разбо́р де́ла*) tríal; в день ~а́ on the day of the tríal; ◇ ~ че́сти court of hónour [...'ɔnə]; пока́ ~ да де́ло befóre the vérdict is in.

суда́к *м.* (*ры́ба*) pike perch, zánder.

суда́рыня *ж. уст.* mádam ['mæ-], ma'am.

су́дарь *м. уст.* sir.

суда́чить (*о пр.*) *разг.* góssip (abóut), títtle-tàttle (abóut).

суде́бник *м. ист.* code of law.

суде́бн||ый judícial; légal, forénsic; ~ое сле́дствие exàminátion, invèstigátion, in¦quíry; ~ое разбира́тельство láw-suit [-sjuːt]; ~ые изде́ржки costs; ~ым поря́дком in légal form; ~ая медици́на forénsic médicine; ~ое красноре́чие láwyer's éloquence; ~ое заседа́ние sítting of the court [...kɔːt], court sítting; ~ сле́дователь invéstigàtor; ~ исполни́тель ófficer of the court; ~ при́став *уст.* báiliff; ~ая оши́бка miscárriage of jústice [-rɪdʒ...].

суде́йский **1.** *прил.* judícial; **2.** *м. как сущ. уст. разг.* mágistrate.

суде́йство *с. спорт.* júdging; (*в футбо́ле, бо́ксе*) rèferée¦ing; (*в те́ннисе*) úmpiring.

судёнышко *с. разг.* little ship / craft.

суд||и́лище *с. уст.* = суд 1, 4. **~и́мость** *ж.* convíctions *pl.*; не име́ть ~и́мости have no prévious convíctions.

суди́||ть **1.** (*вн.*) try (*d.*); **2.** (*вн.*) *спорт.* rèferée (*d.*), úmpìre (*d.*); **3.** (*о пр.*; *де́лать заключе́ние*) judge (*d.*); ~ по чему́-л. judge by smth.; ~ по вне́шнему ви́ду judge by appéarances; ~ по дела́м, а не по слова́м judge by deeds and not by words; су́дя по всему́ to all appéarances, júdging from appéarances; е́сли ~ по его́ слова́м to judge from his words; е́сли мо́жно ~ по э́тому if it is ány¦thing to go by; наско́лько он мо́жет ~ to the best of his júdg(e¦)ment; ~те о мое́й ра́дости judge of my delíght; **4.** *уст., поэт.* (*предназнача́ть, предопределя́ть*) predéstine (*d.*), pré¦detérmine (*d.*); ему́ суждено́ бы́ло стать (кем-л.) he was fáted to be / becóme (smb.); it was fáted that he becáme (smb.). **~ться** **1.** (*с тв.*) be at law (with); **2.** *страд. к* суди́ть 1, 2.

су́дно I *с. мор.* véssel, craft; гребно́е ~ rówing boat ['rou-...]; па́русное ~ sáiling véssel; парово́е ~ steam véssel; вое́нное ~ *уст.* man-of-wár (*pl.* men-), wárship; грузово́е ~ freight ship / boat; госпита́льное ~ hóspital ship; китобо́йное ~ whále-boat, whále¦shìp, wháler; рыболо́вное ~ físhing-boat; кабота́жное ~ cóasting véssel; наливно́е ~ tánker; нефтеналивно́е ~ óil-tànker; уче́бное ~ tráining ship; ~ водоизмеще́нием в 2 000 тонн ship with a displáce¦ment of 2,000 tons [...tʌnz]; 2000-tónner [-'tʌ-]; речны́е суда́ ríver boats ['rɪ-...]; морски́е, океа́нские суда́ séa-gò¦ing / ócean-gò¦ing ships [...'ouʃ°n-...]; взойти́ на ~ go* on board *a* ship.

су́дно II *с.* (*для больно́го*) béd-pàn.

судове́рфь *ж.* shíp¦yàrd.

судовладе́лец *м.* shíp-owner [-ou-].

судоводи́тель *м.* návigàtor, shíp-hándler.

судов||о́й ship's; ship (*attr.*); ~а́я кома́нда ship's crew; ~о́е свиде́тельство ship's certíficate of régistry.

судоговоре́ние *с. юр.* pléadings *pl.*

судо́к *м.* **1.** (*столо́вый прибо́р*) crúet-stànd ['kru-]; cástors *pl.*; **2.** *мн.* (*для переноски пищи*) dínner-pàn *sg.*, lúnch-pail *sg.*

судомо́йка I *ж.* kítchen-maid, scúllery maid, scúllion.

судомо́йка II *ж.* (*помеще́ние*) scúllery.

судоподъём *м. тех.* shíp-ráising. **~ник** *м. тех.* ship élevàtor.

судопроизво́дство *с. юр.* légal procédure [...-'siːdʒə]; légal procéedings *pl.*

судоремо́нт *м.* shíp-repair. **~ный** shíp-repair (*attr.*), shíp-repairing; ~ная верфь shíp-repair(ing) yard; ~ные рабо́ты shíp-repair work *sg.*

су́дорог||а *ж.* cramp, convúlsion; вызыва́ть ~у cramp, convúlse.

су́дорожный convúlsive.

судостро||е́ние *с.* shíp-bùilding [-bɪl-]. **~и́тель** *м.* shíp-bùilder [-bɪl-], shípwrìght. **~и́тельный** shíp-bùilding [-bɪl-] (*attr.*); ~и́тельный заво́д shíp-bùilding yard; ~и́тельная верфь shíp¦yàrd.

судоустро́йство *с.* judícial sýstem.

судохо́д||ность *ж.* návigable¦ness, nàvigabílity. **~ный** návigable; ~ная река́ návigable ríver [...'rɪ-]; ~ный кана́л shípping canál. **~ство** *с.* nàvigátion.

судьб||а́ *ж.* fate; fórtune [-tʃən]; (*уде́л*) déstiny; су́дьбы наро́дов the fórtunes of nátions; реша́ть ~у́ ми́ра decíde the fate of peace; ◇ каки́ми ~а́ми? *разг.* well, I never!; fáncy méeting you!; благодари́ть ~у́ thank one's lúcky stars; соедини́ть свою́ ~у́ (*с тв.*) link one's déstiny / life (with); распоряжа́ться со́бственной ~о́й be the árbiter of one's own déstiny [...oun...], take* one's déstiny into one's own hands; во́лею ~ы́, су́деб as fate (has) willed it; игру́шка ~ы́ pláything of déstiny; искуша́ть ~у́ tempt fate; не ~ ему́ (+ *инф.*) he has no luck (+ to *inf.*), he is not fáted (+ to *inf.*).

судьби́на *ж. поэт.* = судьба́.

судья́ *м.* **1.** judge; мирово́й ~ Jústice of the Peace; трете́йский ~ árbitràtor; наро́дный ~ People's Judge [piː-...]; он вам не ~ who is he to judge you?; он плохо́й ~ в э́том де́ле he cánnòt judge of the case [...keɪs], he is no authórity on this quéstion [...-stʃən]; 2. *спорт.* rèferée, úmpìre.

суеве́р *м.* sùperstítious pérson. **~ие** *с.* sùperstítion. **~ный** sùperstítious.

суесло́вие *с. уст.* idle talk.

сует||а́ *ж.* 1. fuss, bustle; 2. (*тщеславность*) vánity; ◇ ~ суе́т vánity of vánities. **~и́ться** fuss, bustle. **~ли́вость** *ж.* fússiness. **~ли́вый** fússy, fídgety, bústling; ~ли́вый челове́к fússy pérson.

су́етн||ость *ж.* vánity. **~ый** vain.

суетня́ *ж. разг.* = суета́ 1.

сужде́ние *с.* júdg(e¦)ment; (*мнение*) opínion.

суждённый *прич. см.* суди́ть 4.

су́женая *ж. скл. как прил.* (*невеста*) prómised bride / wife* [-st...].

суже́ние *с.* nárrowing, contráction.

су́женый *м. скл. как прил.* (*жених*) prómised húsband [-st 'hʌz-].

су́живать, су́зить (*вн.*) nárrow (*d.*). **~ся**, су́зиться 1. nárrow, get* / grow* nárrow [...ɡrou...]; (*к концу*) táper; 2. *страд.* к су́живать.

су́зить(ся) *сов. см.* су́живать(ся).

сук *м.* bough.

су́ка *ж.* bitch.

сукно́ *с.* cloth, bróadclòth [-ɔːd-]; ◇ класть под ~ (*вн.*) shelve (*d.*), pígeon-hòle [-dʒɪn-] (*d.*). **~ва́л** *м.* fúller ['fu-]. **~ва́льня** *ж.* fúllery ['fu-], fúlling mill ['ful-...].

сукова́тый bránchy ['brɑː-], with many boughs.

суко́н||ка *ж.* piece of cloth [piːs...]. **~ный** cloth (*attr.*); ◇ **~ный** язы́к clúmsy / áwkward style [-zɪ...].

су́кровица *ж.* íchòr ['aɪkɔː].

сулем||а́ *ж. хим.* (corrósive) súblimate. **~о́вый** *хим.* súblimate (*attr.*).

сули́ть, посули́ть (*вн.*) prómise [-s] (*d.*); ◇ ~ золоты́е го́ры ≅ prómise wónders [-s 'wʌ-].

султа́н I *м.* súltan.

султа́н II *м.* (*на шляпе*) plume.

султана́т *м.* súltanate.

султа́нша *ж.* sùltána [-'tɑː-], súltaness.

сульф||а́т *м. хим.* súlphàte; ~ аммо́ния ammónium súlphàte. **~и́д** *м. хим.* súlphìde. **~и́т** *м. хим.* súlphìte.

сульфокислота́ *ж. хим.* súlpho-àcid.

сум||а́ *ж.* bag, pouch; переметная ~ sáddle-bàg; ◇ ходи́ть с ~о́й *разг.* beg one's bread [...bred]; пусти́ть с ~о́й (*вн.*) rúin (*d.*); ~ перемётная wéather¦còck ['we-].

сумасбро́д *м.*, **~ка** *ж.* mádcàp.

сумасбро́д||ничать beháve wíldly / extrávagantly / whímsically [...-zɪ-]. **~ный** extrávagant; (*о плане и т. п.*) wild. **~ство** *с.* wild / extrávagant beháviour.

сумасше́дш||ий 1. *прил.* mad; ~ая ско́рость mad speed; ~ие це́ны exórbitant príces; э́то бу́дет сто́ить ~их де́нег it will cost an enórmous sum; 2. *как сущ. м.* mád¦ man*, lúnatic; *ж.* mád¦wòman* [-wu-], lúnatic; бу́йный ~ víolent / ráving lúnatic.

сумасше́стви||е *с.* mádness; бу́йное ~ ráving mádness; доводи́ть до ~я (*вн.*) drive* / send* mad (*d.*).

сумато́ха *ж.* bustle, túrmoil.

сумато́ш||ливый, **~ный** bústling.

сумбу́р *м.* confúsion; (*путаница*) muddle. **~ность** *ж.* confúsion. **~ный** confúsed.

су́меречный twílight ['twaɪ-] (*attr.*), dusk; crepúscular (*тж. зоол.*).

су́мерк||и *мн.* twílight ['twaɪ-] *sg.*, (*вечерние*) glóaming *sg.*; в ~ах in the twílight; спуска́ются ~ dusk is falling.

су́мерничать *разг.* take* one's rest, *или* sit*, in the glóaming.

суме́||ть *сов.* (+ *инф.*) be able (+ to *inf.*); mánage (+ to *inf.*); succéed (in *ger.*); он не ~ет э́того сде́лать he will not be able to do it; он ~л его́ убеди́ть he succéeded in persuáding him [...-'sweɪ-...]; не ~ю сказа́ть I can't say / tell [...kɑːnt...].

су́мка *ж.* 1. bag; ~ для поку́пок shópping bag; патро́нная ~ *воен.* cártridge-pouch; полева́я ~ *воен.* map case [...-s]; 2. *биол.* pouch.

су́мм||а *ж.* sum; о́бщая ~ sum tótal; в ~е (*рд.*) amóunting (to). **~а́рный** súmmary; tótal. **~и́рование** *с.* súmming up, sùmmátion.

сумми́ровать (*вн.*) sum up (*d.*), súmmarìze (*d.*).

су́мочка *ж.* 1. small bag; 2. (*дамская*) hándbàg; fáncy-bág; би́серная ~ béaded bag.

су́мрак *м.* dusk, twílight ['twaɪ-].

су́мрачн||ость *ж.* gloom, dúskiness. **~ый** glóomy.

су́мчат||ые *мн. скл. как прил.* *зоол.* màrsúpials. **~ый** 1. *зоол.* màrsúpial; 2. *бот.*: ~ые грибы́ àscomỳcétès [-maɪ'siːtiːz].

сумя́тица *ж.* = сумато́ха.

сунду́к *м.* trunk, box, chest.

су́нн||а *ж.* Súnna(h) ['su-]. **~и́т** *м.* súnnite ['su-].

су́нуть(ся) *сов. см.* сова́ть(ся).

суп *м.* soup [suːp].

суперарби́тр *м.* chief úmpire [tʃiːf...].

супергетероди́н *м. рад.* súperhéterodỳne.

супероблóжка *ж.* jácket, wrápper, dúst-còver [-kʌ-].

суперфосфа́т *м. хим.* sùperphósphàte.

су́песок *м.* sándy soil; sándy loam.

супесча́ный sándy.

супина́тор *м.* ínstèp / arch suppórter.

су́пн||ик *м.*, **~ица** *ж.* turéen.

супов||о́й soup [suːp] (*attr.*); ~а́я ло́жка (soup) ladle; ~а́я ми́ска turéen.

супо́нь *ж.* háme-stràp.

супоро́сая: ~ свинья́ sow with young [...jʌŋ], sow in fárrow.

суппо́рт *м. тех.* suppórt.

супру́||г *м.* húsband [-z-]. **~га** *ж.* wife*. **~жеский** màtrimónial, cónjugal. **~жество** *с.* mátrimony, cònjugálity.

сургу́ч *м.* séaling-wàx [-wæ-]. **~ный** séaling-wàx [-wæ-] (*attr.*).

сурди́нк||а *ж. муз.* mute, sòrdíne [-'diːn]; ◇ под ~у *разг.* on the sly.

суре́п||ица *ж.*, **~ка** *ж. бот.* cólza.

су́рик *м. хим.* (*свинцовый*) mínium, red lead [...led].

суро́во I *прил. кратк. см.* суро́вый I.

суро́в||о II *нареч.* sevére¦ly, stérnly; обраща́ться с кем-л. ~ be sevére with smb., treat smb. in a strict / sevére way. **~ость** *ж.* sevérity, stérnness; rígour.

суро́в||ый I sevére, stern; (*о зиме, погоде и т. п.*) sevére, in¦clément [-'kle-]; (*о климате*) rígorous, in¦clément; ~ая дисципли́на sevére / stern díscipline; ~ взгляд sevére / stern look; ~ое обраще́ние sevére tréatment; ~ пригово́р sevére séntence; ~ое наказа́ние sevére púnishment [...'pʌ-]; ~ зако́н, ~ые ме́ры drástic law, méasures [...'me-]; ~ое испыта́ние stern test, sevére tríal; ~ые го́ды войны́ stern / grim years of war; пройти́ ~ую жи́зненную шко́лу go* through a hard school of expérience.

суро́в||ый II (*небелёный*) ún¦bléached, brown; ~ое полотно́ brown Hólland.

суро́к *м.* mármot; ◇ спать как ~ ≅ sleep* like a top / log.

суррога́т *м.* súbstitùte.

сурьма́ *ж. хим.* ántimony, stíbium.

суса́льн||ый 1.: ~ое зо́лото tínsel, gold leaf; ~ое серебро́ tínsel, sílver leaf; 2. (*слащавый*) súgary ['ʃu-].

су́слик *м.* súslik, gópher ['ɡou-], spérmophìle.

су́сло *с.*: виногра́дное ~ must.

суста́в *м.* joint, àrticulátion; неподви́жность ~ов *мед.* ánchỳlósis [-kaɪ'lou-]. **~но́й** àrtículate; ~но́й ревмати́зм *мед.* rhéumatism; (*острый*) rheumátic féver.

сута́на *ж.* soutáne [suː'tɑːn].

сутенёр *м.* souteneúr [suːtə'nəː].

су́тки *мн.* twénty-four hours [-fɔː auəz]; рабо́та шла кру́глые ~ work went on round the clock.

су́толока *ж.* commótion, húrly-búrly.

су́точн||ые *мн. скл. как прил.* dáily allówance *sg.* **~ый** twénty-four-hóurs' [-fɔː'auəz]; dáily.

суту́л||ить, ссуту́лить (*вн.*) stoop (*d.*). **~иться**, ссуту́литься stoop. **~ова́тость** *ж.* stoop. **~ова́тый**, **~ый** róund-shouldered [-ʃou-], stóoping.

сут||ь I *ж. тк. ед.* éssence; ~ де́ла the éssence of the mátter, the main point; ~ вопро́са, пробле́мы the crux / kérnel / heart of the próblem [...hɑːt... 'prɔ-]; вся ~ в том, что the whole point is that [...houl...]; по ~и де́ла as a mátter of fact, in point of fact; дойти́ до ~и come* to the point, touch the ground [tʌtʃ...].

суть II *3 л. мн. ч. наст. вр. от* быть.

сутя́||га *м. и ж.* litígious pérson / féllow. **~жнический** litígious. **~жничество** *с.* litígious|ness, malícious lìtigátion.

суфле́ *с. нескл. кул.* soufflé (*фр.*) ['suːfleɪ].

суфлёр *м. театр.* prómpter. **~ский** *прил. к* суфлёр; ~ская бу́дка prómpt-bòx.

суфли́ровать (*дт.*) prompt (*d.*).

суфражи́стка *ж.* sùffragétte.

су́ффикс *м. грам.* súffix.

суха́рница *ж.* bíscuit dish [-kɪt...]; bíscuit jar / bárrel (*об. закрытая*).

суха́р||ь *м.* dried crust; (*сладкий*) rusk; (*перен.*; *о человеке*) dríed-úp man*; a dry old stick *идиом. разг.*; панирóвочные ~и́ dried bréad-crùmbs [...'bred-].

су́хо I **1.** *прил. кратк. см.* сухо́й; **2.** *предик. безл.* it is dry; на у́лице ~ it is dry out of doors [...dɔːz].

су́хо II *нареч.* drily; (*холодно, безучастно*) cóld|ly; при́няли его́ ~ he was received ráther cóld|ly [...-'siː-'rɑː-...]; ~ возрази́ть retórt stiffly.

сухова́тый drýish.

сухове́й *м.* árid / dry wind [...wɪ-].

суходо́л *м.* dry / wáterless válley [...'wɔː-...].

сухожи́лие *с. анат.* téndon, sínew.

сух||о́й (*в разн. знач.*) dry; (*засушливый тж.*) árid; ~ кли́мат dry clímate [...'klaɪ-]; ~óе де́рево dry wood [...wud]; (*не растущее*) dead tree [ded...]; ~ ка́шель dry cough [...kɔf]; ~ приём cold recéption; ~ челове́к dried-úp man*; ~ пе́речень фа́ктов bare lísting of facts; ~а́я игла́ *иск.* drý-point; ~ пар dry steam; ~ элеме́нт *эл.* dry pile; ~а́я перего́нка dry / destrúctive dìstillátion; ~ док drý-dòck; ~и́е су́чья déad-wood ['dedwud] *sg.*; ~и́е фру́кты dried fruit [...fruːt] *sg.*; ~óе молоко́ dried milk; ◇ ~и́м путём (*по суше*) by / óver land; вы́йти ~и́м из воды́ *разг.* ≅ come* out únscáthed [...'skeɪ-], fall* on one's feet; на нём ~ ни́тки не́ было he had not a dry stitch on.

сухопа́рник *м. тех.* steam dome.

сухопа́рый *разг.* lean.

сухопу́тн||ый land (*attr.*); (*о путешествии*) by land; ~ые войска́ land fórces; ~ая война́ land wárfàre.

сухору́кий óne-ármed, óne-hánded.

сухосто́й *м. тк. ед. собир.* déad-wood ['dedwud], dead stánding trees [ded...] *pl.*

су́хость *ж.* (*в разн. знач.*) drýness; (*засушливость тж.*) àrídity.

сухо́тка *ж.*: ~ спинно́го мо́зга *мед.* (dórsal) tábès [...-biːz], lócal atáxy.

сухоща́в||ость *ж.* léanness, méagre|ness. **~ый** lean, méagre.

сучён||ый twisted; ~ая нить twísted thread [...-ed].

сучи́ть (*вн.*) spin* (*d.*); twist (*d.*); (*о шёлке тж.*) throw* [-ou] (*d.*).

сучкова́тый (*о доске, палке*) knótty; (*о дереве*) snággy, gnarled, gnárly.

суч||о́к *м.* twig; (*в древесине*) knot; ◇ без ~ка́, без задо́ринки *разг.* ≅ without a hitch.

су́ш||а *ж. тк. ед.* (dry) land; на ~е и на мо́ре by / on land and sea.

су́ше *сравн. ст. см. прил.* сухо́й *и нареч.* су́хо II.

суше́ние *с.* **1.** (*действие*) drýing; **2.** *разг.* (*сушёные фрукты*) dried fruit [...fruːt].

сушени́ца *ж. бот.* cúdweed.

суш||ёный dry, dried; ~ёные фру́кты dried fruit [...fruːt] *sg.* **~и́лка** *ж. с.-х.* drýing àpparátus, drýer, drýing-room. **~и́льный** *тех.* drýing. **~и́льня** *ж.* drýing room. **~и́льщик** *м.* drýer.

суши́ть, вы́сушить (*вн.*) dry (*d.*); ~ бельё air / dry *the* línen [...'lɪ-]; ~ се́но dry *the* hay. **~ся**, вы́сушиться **1.** dry, get* dried; **2.** *страд. к* суши́ть.

су́шка *ж.* **1.** (*действие*) drýing; **2.** (*печенье*) sóoshka (*small ring-shaped cracker*).

сушь *ж.* drýness.

суще́ственн||ость *ж.* impórtance. **~ый** esséntial, matérial; (*значительный*) consíderable; (*важный*) impórtant, substántial; (*жизненный*) vítal; ~ое замеча́ние remárk very much to the point; ~ая попра́вка impórtant améndment; ~ое значе́ние vítal impórtance; ~ых измене́ний не произошло́ no matérial change (in the sìtuátion) [...tʃeɪ-...].

существи́тельное *с. скл. как прил. грам.*, и́мя ~ noun, súbstantive.

существ||о́ *с.* **1.** bé|ing; (*создание*) créature; **2.** *тк. ед.* (*сущность*) éssence; по ~у́ in éssence, esséntially; по ~у́ (*рд.*; *резолюции и т. п.*) on the súbstance (of); не по ~у́ beside the point; рассмотре́ть предложе́ние по ~у́ exámine the propósal on its mérits [...-z-...]; говори́ть, отвеча́ть по ~у́ speak*, ánswer to the point [...'ɑːnsə...].

существова́н||ие *с.* exístence; (*жизнь*) life; зараба́тывать сре́дства к ~ию earn one's líving [əːn... 'lɪ-]; подде́рживать ~ keep* bódy and soul togéther [...'bɔ-... soul -'ge-].

существ||ова́ть exíst, be; э́тот зако́н ~у́ет давно́ it is an old law; ~у́ет мне́ние, что there is / exísts an opínion that; ~у́ют лю́ди, кото́рые there are people who [...piː-...].

су́щ||ий real [rɪəl]; (*явный*) dównríght; ~ая пра́вда real / exáct truth [...-uːθ]; ~ вздор dównrìght nónsense; ~ее наказа́ние a véritable pest.

су́щност||ь *ж.* éssence, main point; кла́ссовая ~ class náture [...'neɪ-]; ~ де́ла the point of the mátter; в ~и, по свое́й ~и vírtually; at the bóttom, in the main; в ~и (говоря́) as a mátter of fact, práctically spéaking.

сфабрикова́ть *сов. см.* фабрикова́ть 2.

сфа́гнум *м. бот.* sphágnum (*pl.* -na), bóg-mòss.

сфальши́вить *сов. см.* фальши́вить 2.

сфантази́ровать *сов. см.* фантази́ровать 2.

сфе́р||а *ж.* (*в разн. знач.*) sphere; (*область тж.*) realm [relm]; небе́сная ~ *астр.* celéstial sphere; ~ влия́ния *полит.* sphere of ínfluence; вы́сшие ~ы the hígher / úpper sphéres; — в вы́сших ~ах in the léading society; быть в свое́й ~е be on one's own ground [...oun...]; be in one's élement; э́то вне его́ ~ы it is out of his sphere / line.

сфери́ческ||ий sphérical; ~ая геоме́трия sphérics *pl.*, sphérical geómetry.

сфери́чность *ж.* sphericity.

сферо́ид *м. мат.* sphéroid. **~а́льный** *мат.* sphèróidal.

сферо́метр *м. физ.* sphèrómeter [sfɪə-].

сфигмо́граф *м. мед.* sphýgmogràph.

сфинкс *м.* sphinx.

сфи́нктер [-тэ-] *м. анат.* sphíncter.

сформирова́ть(ся) *сов. см.* формирова́ть(ся).

сформова́ть *сов. см.* формова́ть.

сформули́ровать *сов.* (*вн.*) fórmulàte (*d.*).

сфотографи́ровать(ся) *сов. см.* фотографи́ровать(ся).

сфугова́ть *сов. см.* фугова́ть.

схапать *сов. см.* ха́пать 1.

схвати́ть *сов.* **1.** *см.* хвата́ть I; **2.** *см.* схва́тывать.

схвати́ться *сов.* **1.** *см.* хвата́ться; **2.** *см.* схва́тываться.

схва́тк||а *ж.* (*стычка*) skírmish; mêlée (*фр.*) ['meleɪ]; close fight [-s...], close en|gáge|ment; рукопа́шная ~ hánd-to-hànd fight, mán-to-màn fight; возду́шная ~ dógfight (in the air); в смерте́льной ~е (с *тв.*) locked in mórtal cómbat (with).

схва́тки *мн.* (*о приступе боли*) fit *sg.*

схва́тывать, схвати́ть (*вн.*; *в разн. знач.*) grip (*d.*), grab (*d.*), catch* (*d.*); схвати́ть беглеца́ catch* *the* fúgitive; схвати́ть на́сморк *разг.* catch* cold (in the head) [...hed]; ~ смысл catch* the méaning.

схва́т||ываться, схвати́ться **1.** (за *вн.*) seize [siːz] (*d.*); ~и́ться за́ руки join hands; **2.** (с *тв.*; *вступать в* борьбу) grapple (with); (драться) come* to blows [...-ouz] (with), skírmish (with); ~иться с неприятелем close with the énemy.

схéма ж. díagràm, sketch, sét-úp; scheme; ~ провóдки wire díagràm; ~ радиоаппарáта hóok-ùp.

схематизи́ровать несов. и сов. (вн.) schématìze ['skiː-] (d.).

схемат||и́зм м. skétchiness. **~и́ческий** dìagrammátic(al), schemátic. **~и́чность** ж. skétchy cháracter [...'kæ-], skétchiness. **~и́чный** schemátic, óutlined.

схи́зм||а ж. церк. schism [sɪ-]. **~áтик** м. церк. schismátic [sɪz-]. **~ати́ческий** церк. schismátic [sɪz-].

схи́ма ж. церк. schéma (monastic habit).

схитри́ть сов. см. хитри́ть.

схлы́нуть сов. (о воде) rush back; (перен.; о толпе) break* up [-eɪk...]; (о чувстве) subsíde, let* up.

сход м. уст. (собрание) gáther|ing.

сходи́ть I, сойти́ 1. (спускаться) go* / come* down; (более торжественно) descénd; (слезать) get* off; (с трамвая и т. п.) alíght; ~ с лéстницы go* dównstáirs, come* down; ~ с корабля́ land; 2.: ~ с дорóги leave* the road; (сторониться) get* out of the way, stand* / step asíde; ~ с рéльсов be deráiled, run* off the rails; 3. (о коже, краске, грязи и т. п.) come* off; крáска сошлá со стены́ the paint came off the wall; 4. (миновать) pass (by); всё сошлó благополу́чно évery|thing went off all right; сойдёт! that will do!; 5. (за вн.) be táken (for); ✧ ~ со сцéны leave* the stage, go* off; (перен.) quit the stage; retíre from the stage; снег сошёл the snow has dìsappéared / mélted [...snou...]; не сходя́ с мéста on the spot; э́то сошлó емý с рук he got a|wáy with it; ~ в моги́лу sink* into the grave; ~ на нéт come* to naught; ~ с умá go* mad, go* off one's head [...hed]; ~ с умá (от) go* crázy (with); вы с умá сошли́! are you out of your sénses?

сходи́ть II сов. go*; (за тв.) (go* and) fetch (d.); ~ посмотрéть go* and see; ~ за кем-л. go* and fetch smb.

сходи́ться, сойти́сь 1. (с тв.) meet* (d.); мы сошли́сь у двéри we met at the door [...dɔː]; дорóги здесь схóдятся the roads meet here; пóяс не схóдится the belt won't buckle [...wount...]; 2. (собираться) gáther, come* togéther [...-'ge-]; 3. (с тв.; сближаться) become* íntimate (with); (вступать в связь) take* up (with); 4. (с тв. в, на пр.; соглашаться) agrée (with in, abóut); мы сошли́сь с ни́ми на том, что we have agréed with them that; они́ не сошли́сь харáктерами they did not suit one another [...sjuːt...]; не сойти́сь в ценé not agrée abóut the price; 5. (совпадать) cò|incíde, tálly (with); все показáния схóдятся all the évidence fits / tállies; счёт не схóдится the fígures don't tálly / bálance, the accóunts won't come right.

схóдка ж. уст. méeting, gáther|ing.

схóдни мн. (ед. схóдня ж.) мор. gáng|way sg., gáng-board sg., gáng-plànk sg.

схóд||ный 1. (похожий) símilar; ~ная чертá sìmilárity; 2. разг. (подходящий; о цене и т. п.) súitable ['sjuːt-]; по ~ной ценé at a súitable price. **~ство** с. líke|ness, resémblance [-'ze-]; фами́льное ~ство fámily líke|ness; улови́ть ~ство catch* a líke|ness.

схóж||есть ж. sìmilárity, líke|ness. **~ий** símilar, like.

схолáст м., **схолáстик** м. scholástic.

схолáст||ика ж. scholásticism. **~и́ческий** scholástic.

схорони́ть(ся) сов. см. хорони́ть (-ся).

сцáпать сов. (вн.) разг. catch* hold (of), lay* hold (of).

сцарáпать сов. (вн.) scratch off / a|wáy (d.).

сцеди́ть сов. см. сцéживать.

сцéживать, сцеди́ть (вн.) decánt (d.).

сцéн||а ж. 1. (в театре; тж. перен.) stage; boards pl.; стáвить на ~е (вн.) stage (d.); put* on the stage (d.); prodúce (d.); всю жизнь он провёл на ~е he has been on the stage all his life; 2. (часть действия; эпизод в литературном произведении; происшествие) scene; 3. разг. (крупный разговор, ссора) scene; устрáивать ~у make* a scene.

сценáрий м. scenáriò [-'nɑː-]; (для кино тж.) (screen) script; (по дт.; по литературному произведению) screen vérsion / àdàptátion (of).

сценари́ст м. scenáriò / script wríter [-'nɑː-...].

сцени́ческ||ий 1. stage (attr.), scénic ['siː-]; ~ шёпот stage whísper; ~ая ремáрка stage diréction; ~ое воплощéние stage impèrsonátion; 2. = сцени́чный.

сцени́чн||ость ж. theátrical efféctive|ness [θɪ'æ-...]. **~ый** théatre ['θɪə-] (attr.); э́та пьéса не ~а this play does not stage well, или is not good théatre.

сцепи́ть(ся) сов. см. сцепля́ть(ся).

сцéп||ка ж. ж.-д. cóupling ['kʌ-]; автомати́ческая ~ automátic cóupling. **~лéние** с. 1. физ. cohésion; adhésion; 2. ж.-д. cóupling ['kʌ-]; (механизм) clutch; ✧ ~лéние обстоя́тельств разг. séries of evénts [-riːz...].

сцепля́ть, сцепи́ть (вн.) couple [kʌ-] (d.). **~ся**, сцепи́ться 1. ж.-д. be coupled [...kʌ-]; 2. (с тв.) разг. (ссориться) grapple (with); 3. страд. к **сцепля́ть**.

сцéпщик м. cóupler ['kʌ-].

счастли́вец [-сл-] м. lúcky man*; какóй он ~! how lúcky he is!

счастли́в||чик [-сл-] м. = счастли́вец. **~ый** [-сл-] 1. háppy; 2. (удачный) fórtunate [-ʧnɪt], lúcky; ~ый слу́чай lúcky chance; ✧ ~ого пути́ háppy jóurney [...'ʤəː-]; bon voyáge [bɔːŋ vɑː'jɑːʒ]; ~ого плáвания háppy sáiling; ~о отдéлаться ≅ have a nárrow escápe, be none the worse for it [...nʌn...]; ~о оставáться! good luck!

счáсть||е с. 1. háppiness; 2. (удача) luck, good fórtune [...-ʧən], a piece of good fórtune / luck [...piːs...]; к ~ю fórtunate|ly [-ʧnɪt-], lúckily; по ~ю as luck would have it; пожелáть ~я wish good luck; воéнное ~ fórtunes of war pl.; имéть ~ (+ инф.) be lúcky / fórtunate enóugh [...ʧnɪt ɪ'nʌf] (+ to inf.), have the good fórtune (+ to inf.); на нáше ~ lúckily for us, to our good fórtune, fórtunate|ly, lúckily; дать ру́ку на ~ give* one's hand for luck; вáше ~, что вы не опоздáли you are lúcky not to be late.

счесть сов. см. считáть. **~ся** сов. (с тв.) square accóunts (with); (перен. тж.) get* éven (with).

счёт м. 1. càlculátion; вести́ стрóгий ~ keep* strict accóunt; по егó ~у accórding to his réckoning; 2. бух. accóunt; текýщий ~ accóunt cúrrent (сокр. a / c); лицевóй ~ pérsonal accóunt; на ~ когó-л. on smb.'s accóunt; в ~ чегó-л. on accóunt of smth.; открывáть ~ ópen an accóunt; 3. (за товар, за работу) bill, accóunt; плати́ть по ~у settle the accóunt; 4. спорт. score; ~ очкóв score; со ~ом 3 : 0 with a score of 3 goals to nil; 5. муз. tact, time; ~ нá два, нá три two, three time; bínary, térnary méasure ['baɪ-... 'me-]; ✧ на ~ on accóunt; за ~ (рд.) at the expénse (of); (благодаря чему-либо) by, ówing to ['ou-...]; на э́тот ~ мóжете быть спокóйны you may be éasy on that score [...'iːzɪ...]; в конéчном ~е in the end; на свой ~ at one's own expénse [...oun...]; приня́ть что-л. на свой ~ take* smth. as reférring to òne|sélf; быть у когó-л. на хорóшем счетý stand* well with smb.; быть на хорóшем, дурнóм счетý be in good, bad repúte; ли́чные ~ы prívate réckonings ['praɪ-...]; стáрые ~ы old scores; своди́ть ~ы с кем-л. settle a score with smb., square accóunts with smb.; своди́ть стáрые ~ы pay* off old scores; в два ~а разг. at one stroke, in a trice / jíffy; кру́глым ~ом in round númbers; без ~у cóuntless; ~у нет (с сущ. в ед. ч.) very much; (с сущ. во мн. ч.) very many; не в ~ not cóunted; он не в ~ he does|n't count; пя́тый, шестóй по ~у the fifth, the sixth in succéssion; не знать ~а деньгáм have more móney than one can count [...'mʌ-...]; имéть на своём боевóм счетý *воен.* have to one's crédit, have accóunted for; потерять ~ (*дт.*) lose* count [lu:z...] (of). **~ный** accóunt (*attr.*); ~ная книга accóunt-book; ~ная линéйка slíde-rùle; ~ная машина cálculàtor; cálculàting machíne [...-'ʃi:n]; ~ный рабóтник accóuntant.

счетовóд *м.* accóuntant, lédger clerk [...klɑ:k]. **~ный** bóok-keeping (*attr.*). **~ство** *с.* bóok-keeping.

счётчик I *м. тех.* cóunter; (*электрический, газовый*) méter; ~ оборóтов rèvolútion cóunter, speedómeter, speed cóunter.

счётчик II *м.* (*лицо, производящее подсчёт голосов*) téller.

счёты *мн.* ábacus *sg.* (*pl.* -ci), cálculàting / cóunting frame *sg.*

счислéни||е *с.* **1.** nùmerátion; систéма ~я scale of notátion; **2.** *мор.*: ~ пути dead réckoning [ded...].

счистить(ся) *сов. см.* счищáть(ся).

считá||ть, счесть **1.** (*вн.*) count (*d.*); (*вычислять*) compúte (*d.*); ~ в умé (*без доп.*) do méntal aríthmetic; (*о школьнике*) do sums in one's head [...hed]; ~ по пáльцам count on one's fíngers (*d.*); не ~я not cóunting (*d.*); ~я в том числé in¦clúding; **2.** (*вн. тв.*; *вн.* за *вн.*) consíder [-'sɪ-] (*d. d.*), think* (*d. d.*): он ~ет егó чéстным человéком, за чéстного человéка he consíders / thinks him an hónest man* [...'ɔn-...]; — егó ~ют ýмным человéком he is repúted to be a man* of sense; он ~ет, что he holds that; ~ своим дóлгом (+*инф.*) consíder it to be one's dúty (+ to *inf.*), consíder òne¦sélf in dúty bound (+ to *inf.*); он ~ет своим дóлгом сказáть he consíders / deems it his dúty to tell; он ~ет необходимым сдéлать это he consíders it nécessary to do this; ~ себя consíder / believe òne¦sélf (to be) [... -'li:v...].

считá||ться, посчитáться **1.** (с *тв.*) consíder [-'sɪ-] (*d.*), take* into consìderátion (*d.*), réckon (with); не ~ ни с чем act regárdless of évery¦thing; не хотéть ~ с действительностью refúse to face reálities [...rɪ'æ-]; с ним нéчего ~ he may sáfe¦ly be ignóred; с ним ~ются his opínion is táken into consìderátion; с этим нáдо ~ one must take it into consìderátion / accóunt; **2.** *тк. несов.* (кем-л.; *слыть*) be consídered / repúted (smb.); он ~ется хорóшим специалистом he is consídered / repúted a good* spécialist [...'spe-]; ~ется, что it is consídered that, they say that; **3.** *страд. к* считáть; ◇ это не ~ется *разг.* that does not count.

счищá||ть, счистить (*вн.*) clear a¦wáy (*d.*); (*щёткой*) brush off (*d.*); ~ снег clear the snow a¦wáy [... snou...]; ~ шелухý с чегó-л. peel smth. **~ться,** счиститься **1.** come* off; грязь не ~ется the dirt won't come off [...wount...]; **2.** *страд. к* счищáть.

сшибáть, сшибить (*вн.*) knock down (*d.*); ~ с ног knock down (*d.*). **~ся,** сшибиться **1.** collíde; **2.** *страд. к* сшибáть.

сшибить(ся) *сов. см.* сшибáть(ся).

сшивá||ние *с.* séwing togéther ['sou--'ge-]. **~ть,** сшить (*вн.*) sew* togéther [sou -'ge-] (*d.*); *мед.* súture (*d.*).

сшить *сов. см.* шить 1 *и* сшивáть.

съедáть, съесть (*вн.*) eat* (*d.*), eat* up (*d.*).

съедóбн||ый **1.** (*достаточно вкусный*) éatable; **2.** (*годный в пищу*) édible; ~ые грибы édible múshrooms.

съёживаться, съёжиться shrível ['ʃrɪ-], shrink*.

съёжиться *сов. см.* съёживаться.

съезд *м.* **1.** (*собрание*) cóngrèss; cónference, convéntion; Съезд Совéтов Cóngrèss of Sóvièts; ~ пáртии Párty Cóngrèss; делегáт ~а délegate to *a* cóngrèss / cónference; **2.** (*прибытие*) arríval.

съéздить *сов.* go*; ~ зá город go* to the cóuntry [...'kʌ-], go* out of town; ~ ненадóлго (в *вн.*; к *дт.*; *в другой город и т. п.*) go* for a short time (to), make* a short trip (to); емý нáдо ~ по дéлу he has to go on búsiness [... 'bɪzn-].

съéздовский cóngrèss (*attr.*).

съезжáть, съéхать **1.** (*сверху*) go* down, come* down; (*соскальзывать*) slide* / slíther down; съéхать нáбок be on one side; **2.** (*с квартиры*) move [mu:v]. **~ся,** съéхаться **1.** (с *тв.*; *встречаться*) meet*(*d.*); **2.** (*собираться вместе*) assémble, come* togéther [...'ge-].

съём *м.*: ~ стáли steel óutpùt [...-put].

съёмк||а *ж.* **1.** súrvey; топографическая ~ tòpográphical súrvey; глазомéрная ~ field skétching [fi:-...]; производить ~у (*рд.*) make* a súrvey (of); **2.**: ~ фильма shóoting *a* film; **3.** *мор.*: ~ с якоря wéighing ánchor [...'æŋkə].

съёмный demóuntable, remóvable [-'mu:v-]; ~ óбод *тех.* demóuntable / remóvable rim.

съёмщик *м.* **1.** (*плана*) sùrvéyor; **2.** (*наниматель*) ténant ['te-].

съестн||óе *с. скл. как прил.* édibles *pl.* **~óй:** ~ые припáсы éatables, édibles, víctuals ['vɪt°lz].

съесть *сов. см.* съедáть *и* есть I 1; ◇ собáку ~ (на *пр.*) *разг.* have at one's fínger-ènds (*d.*); be past máster (of, in).

съéхать(ся) *сов. см.* съезжáть(ся).

съехидничать *сов. см.* ехидничать.

съязвить *сов. см.* язвить.

сы́воротка *ж.* **1.** (*молочная*) whey; (*пахтанье*) búttermìlk; **2.** *мед.* sérum.

сыгрáть *сов. см.* игрáть 1; ~ вничью draw*; ◇ ~ шýтку с кем-л. play a trick on smb., play a práctical joke up¦ón smb.

сыгрáться *сов.* (*об актёрах и т. п.*) achíeve a good ensémble [ə'tʃi:v... ɑ:n'sɑ:mbl].

сы́змала *нареч. разг.* from, *или* ever since, one's chíld¦hood [...-hud], from a child, since one was a child*.

сы́змалу = сы́змала.

сы́знова *нареч. разг.* anéw, afrésh; начинáть ~ make* a fresh start.

сын *м.* son [sʌn]; ~ своегó нарóда son of the péople [...pi:-]; ~ своегó врéмени child of his time; он ~ своегó врéмени he is as the times have made him.

сыни́шка *м.* (little) son [...sʌn]; (*в обращении*) sónny ['sʌ-].

сынóвн||ий fílial; ~ долг fílial dúty; ~яя любóвь fílial love [... lʌv].

сынóк *м.* son [sʌn]; (*в обращении к маленьким*) sónny ['sʌ-].

сы́пать (*вн.*) pour [pɔ:] (*d.*), strew* (*d.*); ◇ ~ словáми, острóтами *и т. п.* spout words, jokes, *etc.*; ~ деньгáми squánder móney [...'mʌ-]. **~ся** **1.** fall*; (*о сыпучем*) pour [pɔ:], run* out; штукатýрка сы́плется the pláster flakes off; **2.** (*о звуках, словах и т. п.*) rain, pour; ~ся грáдом rain down; удáры сы́пались грáдом blows fell thick and fast [blou:...]; **3.** (*о ткани — разрушаться*) fray out.

сыпнóй: ~ тиф *мед.* týphus ['taɪ-], spótted féver.

сыпня́к *м. разг.* týphus ['taɪ-], spótted féver.

сыпýч||ий: ~ песóк quícksànd; ~ие телá dry súbstances; мéры ~их тел dry méasures [...'me-].

сыпь *ж.* rash, erúption; показáлась ~ the rash broke out.

сыр *м.* cheese; зелёный ~ sápsagò cheese; швейцáрский ~ Swiss cheese; gruyère (*фр.*) ['gru:jɛə]; ◇ как ~ в мáсле катáться *разг.* live on the fat of the land [lɪv...], live in clóver.

сыр-бóр *м. разг.*: вот откýда ~ загорéлся ≅ that was the begínning of the strife, that was the spark that set the fórest on fire [...'fɔ-...].

сырéть, отсырéть grow* / become* damp [-ou...].

сырéц *м.*: шёлк-~ raw silk; кирпич-~ raw brick; adóbe [-bɪ].

сы́рн||ик *м.* cóttage-cheese / curds pán¦càke. **~ый** cheese (*attr.*).

сы́ро **1.** *прил. кратк. см.* сырóй; **2.** *предик. безл.* it is damp.

сыровáр *м.* chéese-màker. **~éние** *с.* chéese-màking. **~ня** *ж.* cheese dáiry.

сыровáтый **1.** (*влажный*) dámpish; **2.** (*недоваренный, недожаренный и* *т. п.*) hálf-cóoked ['hɑːf-], hálf-dóne ['hɑːf-]; (*о хлебе и т. п.*) hálf-báked ['hɑːf-].

сыроéжка *ж.* (*гриб*) rússùla.

сыр||óй 1. (*влажный*) damp; (*о хлебе и т. п.*) sódden; ~óе дéрево, ~ы́е дровá damp wood [...wud] *sg.*; ~áя погóда damp wéather [...'we-]; ~óе лéто wet súmmer; **2.** (*неварёный, некипячёный*) raw, ún¦cóoked; ~óе мя́со raw meat; ~óе молокó / ún¦-bóiled milk; пить сырýю вóду drink* únbóiled wáter [...'wɔː-]; **3.** (*необработанный*) raw; ~ материáл raw matérial; **4.** (*незрелый*) green.

сыромя́тн||ый raw; ~ая кóжа raw hide / léather [...'le-].

сы́рость *ж.* dampness.

сырьё *с. тк. ед. тех.* raw matérial / stuff; *собир.* raw matérials *pl.*

сырьев||óй *эк.*: ~áя бáза, ~ы́е ресýрсы source of raw matérials [sɔːs...] *sg.*

сыскáть *сов.* (*вн.*) *разг.* find* (*d.*). **~ся** *сов. разг.* be found.

сыскн||óй: ~áя полúция *ист.* críminal invèstigátion depártment.

сы́тно I *прил. кратк. см.* сы́тный.

сы́тн||о II *нареч.* well*; ~ пообéдать have a substántial / good* dínner. **~ый** (*об обеде и т. п.*) substántial, cópious, fílling; (*о пище*) nóurishing ['nʌ-].

сы́тость *ж.* satíety, sàtiátion, replétion.

сы́тый sátisfied, replête; он сыт he has had his fill; he is full up *разг.*

сыч *м. зоол.* brown owl, bárn-owl, scréech-owl; little owl.

сычý||г *м. анат.* àbomásum, rénnet bag. **~жный:** ~жный фермéнт rénnet.

сы́щик *м.* detéctive; police spy [-'liːs...]; (*переодетый*) pláin-clòthes man* [-ouðz...].

сэконóмить *сов. см.* эконóмить 1, 2.

сэр *м.* sir.

сюдá *нареч.* here; идúте ~ come here; (*указание дороги*) come this way; пожáлуйста, ~ (step) this way, please.

сюжéт *м.* súbject; (*тема*) tópic; (*фабула*) plot.

сюжéтный *прил. к* сюжéт; (*о литературном произведении*) with a plot.

сюзерéн [-зэрэ́н] *м. ист.* súzerain ['suː-]. **~ный** [-зэрэ́-] *прил. к* сюзерéн.

сюúта *ж. муз.* suite [swiːt].

сюрпрúз *м.* surprise.

сюрпрúзом *нареч.* by surprise.

сюрреал||úзм *м. иск.* surréalism [-'riːə-]. **~úст** *м.* surréalist [-'riːə-].

сюртýк *м.* fróck-coat.

сюсю́канье *с.* lisping.

сюсю́кать lisp.

сяк *нареч. разг.*: и так и ~ this way, that way and every way; то так то ~ sóme¦tìmes one way, sóme¦tìmes the other; now like this, now like that.

сям *нареч.*: и там и ~ here and there; here, there and évery¦whère; ни там ни ~ néither here nor there ['naɪ-...], nó¦whère at all.

Т

та *ж. см.* тот.

табáк *м.* tobáccò; (*растение тж.*) tobáccò-plànt [-ɑːnt]; ню́хать ~ take* snuff.

табакéрка *ж.* snúff-bòx.

табаковóд *м.* tobáccò-grówer [-'grouə], tobáccò-plánter [-ɑːn-]. **~ство** *с.* tobáccò-cùltivátion, tobáccò-grówing [-'grou-]. **~ческий** *прил. к* табаковóдство.

табáнить *спорт., мор.* back wáter [...'wɔː-].

табáчн||ик *м.*, **~ица** *ж.* tobáccò-wórker. **~ый 1.** tobáccò (*attr.*); ~ый лист tobáccò leaf*; ~ый кисéт tobáccò-pouch; ~ая фáбрика tobáccò fáctory; **2.:** ~ый цвет snúff-còlour [-kʌ-]: шерсть ~ого цвéта snúff-còlour¦ed wool [...wul].

тáбель *м.* **1.** (*список*) table; ~ о рáнгах *ист.* table of ranks; **2.** (*для контроля явки на работу; доска*) tíme-board; (*номер*) númber; **3.** (*школьный*) school jóurnal [...'dʒəː-]. **~ный:** ~ная доскá tíme-board; ~ная систéма tíme-board sýstem. **~щик** *м.*, **~щица** *ж.* time¦keeper.

тáбес *м. мед.* (dórsal) tábès [...-iːz].

таблéтка *ж.* táblet ['tæ-].

таблú||ца *ж.* table; (*рисунков, чертежей*) plate; ~ умножéния mùltiplicátion table; ~цы логарúфмов tables of lógarithms; ~ вы́игрышей príze-list; ~ рóзыгрыша *спорт.* (scóre-)tàble; возглавля́ть ~цу рóзыгрыша be at the top of the table; пéрвый в ~це at the top of the table, **tóp**-scòrer; послéдний в ~це at the bóttom of the table, bóttom team; послéдние местá в ~це the bóttom of the table *sg.* **~чный** tábular.

табльдóт *м.* table d'hôte (*фр.*) ['tɑːbl'dout].

тáбор *м.* camp; цыгáнский ~ Gípsy camp; расположúться ~ом en¦cámp. **~ный 1.** *прил. к* тáбор; **2.** (*цыганский*) Gípsy (*attr.*); ~ные пéсни Gípsy songs.

табý *с. нескл.* tabóo; наклáдывать ~ (на *вн.*) tabóo (*d.*).

табýн *м.* herd of hórses. **~ный** herd (*attr.*). **~щик** *м.* hórse-hèrd.

табурéт *м.*, **~ка** *ж.* stool.

тавéрна *ж.* távern ['tæ-].

тáволга *ж. бот.* méadow-sweet ['med-].

таврёный bránded; ~ скот bránded cattle.

таврó *с.* brand; наклáдывать ~ (на *вн.*) brand (*d.*).

таврóв||ый *тех.* T- [tiː-]; ~ая бáлка T-beam ['tiː-], tée-beam.

тавто||логúческий tautológical. **~лóгия** *ж.* tautólogy.

тагáн *м.* trívet ['trɪ-].

таджúк *м.*, **~ский** Tàjík [tɑː-'dʒɪk]; ~ский язы́к Tàjík, the Tàjík lánguage.

таджúчка *ж.* Tàjík wóman* [tɑː-'dʒɪk 'wu-].

таёжн||ик *м.* táiga dwéller ['taɪ-...]. **~ый** táiga ['taɪ-] (*attr.*).

таз I *м.* (*посуда*) básin ['beɪ-]; (*для умывания*) wásh-bàsin [-beɪ-], wásh-hànd-básin [-'beɪ-]; (*для варенья*) pan.

таз II *м. анат.* pélvis.

тазобéдренн||ый *анат.* hip (*attr.*); cóxal *научн.*; ~ая кость híp-bòne.

тáзов||ый *анат.* pélvic; ~ые кóсти pélvic bones.

таúнственн||ость *ж.* mýstery; к чемý такáя ~? why such mýstery? **~ый 1.** mystérious; (*загадочный*) ènigmátic; **2.** (*секретный*) sécret.

таúнство *с.* sácrament.

таúть (*вн.*) hide* (*d.*), concéal (*d.*); ~ злóбу прóтив когó-л. bear* smb. málice [bɛə...], bear* smb. a grudge; hárbour / have a grudge agáinst smb.; ◇ ~ в себé (*вн.*; *заключать*) hárbour (*d.*), be fraught (with); ~ в себé угрóзу войны́ be fraught with the threat of war [...θret...]; нéчего грехá ~ it must be conféssed / owned [...ound]; I, you must conféss / own [...oun]; (*нам надо признаться тж.*) let us conféss, we may as well conféss. **~ся 1.** be hídden / concéaled; **2.** (*прятаться*) hide* / concéal òne¦sélf; **3.** (*скрывать* что-л. от когó-л.) concéal smth. from smb., keep* smth. back from smb.; не таúсь от меня́ don't concéal ány¦thing from me, don't keep ány¦thing back from me.

тайгá *ж.* táiga ['taɪ-] (*dense forests between tundra and steppe*).

тайкóм *нареч.* sécret¦ly, in sécret, sùrreptítious¦ly, by stealth [...-elθ]; on the quíet, on the sly *разг.*; уйтú ~ steal* a¦wáy / out; ~ от когó-л. without smb.'s knówledge [...'nɔ-], ún¦knówn to smb. [-'noun...]; (*в плохом смысле*) behind smb.'s back.

тайм *м. спорт.* time.

та́йн||а *ж.* (*то, что непонятно*) mýstery; (*то, что скрывается*) sécret; (*секретность*) sécrecy ['si:-]; выдава́ть ~у betráy / revéal, *или* let* out, *a* sécret; быть посвящённым в ~у be in the sécret; сохраня́ть ~у keep* *a* sécret; держа́ть что-л. в ~е keep* smth. sécret, *или* in sécrecy; в ~е от кого́-л. without smb.'s knówledge [...'nɔ-], ún|knówn to smb. [-'noun...]; доверя́ть свои́ ~ы кому́-л. take* smb. into one's cónfidence, let* smb. into one's sécrets; посвяща́ть кого́-л. в ~у let* smb. into *a* sécret; госуда́рственная ~ State sécret; служе́бная ~ offícial sécrecy / sécret; де́лать из чего́-л. ~у make* a mýstery of smth.; под покро́вом ~ы únder a veil of sécrecy; узна́ть ~у learn* *a* sécret [lə:n...]; (*неожиданно*) light* up|ón *a* sécret; не ~, что it is no sécret that.

тайни́к *м.* híding-plàce; (*тайный склад*) cache [kæʃ]; ◇ в ~а́х се́рдца, души́ in the ín|mòst recésses of *one's* heart [...hɑ:t], in *one's* heart of hearts.

та́йно *нареч.* sécret|ly, in sécret; (*за чьей-л. спиной, скрытно*) in an únderhànd way.

тайнобра́чн||ые *мн. скл. как прил. бот.* crỳptogámia [-'gæ-]. **~ый** *бот.* crỳptogámic [-tou-], cryptógamous; ~ое расте́ние crýptogàm.

та́йнопись *ж.* cryptógraphy.

та́йн||ый sécret; (*скрытый*) cóvert ['kʌ-], veiled; (*конспиративный*) clàndéstine; ~ое свида́ние sécret méeting; ~ брак sécret / clàndéstine márriage [...-rɪdʒ]; ~ое жела́ние sécret wish; ~ая мечта́ ún|avówed / sécret dream; ~ая наде́жда lúrking / sécret hope; ~ая типогра́фия clàndéstine / únderground / sécret press; ~ое голосова́ние (sécret) bállot; ◇ ~ сове́т Prívy Cóuncil ['prɪ-...].

тайфу́н *м.* tỳphóon [taɪ-].

так *нареч.* **1.** (*в разн. знач.*) so; (*таким образом тж.*) thus [ð-], like this, this way: ~ стра́шно so térrible; ~ необходи́мо so nécessary; ~ ва́жно so impórtant; сде́лайте ~, что́бы do it so that; вся неде́ля ~ прошла́ the whole week passed so / thus [...houl...]; сде́лайте ~! do it like this!; — де́ло обстои́т ~ this is how mátters stand; он говори́л ~, как бу́дто he spoke as though [...ðou]; он ~ говори́л, что he spoke in such a way that; я ~ и сказа́л ему́, что I told him in so many words that; пусть ~ оста́нется let it remáin as it is; ~ вы́йти нельзя́ you cánnòt go out this way; он отвеча́л ~ he ánswered thus, *или* as fóllows [...'ɑ:nsəd...], this is the ánswer he gave [...'ɑ:nsə...]; здесь что́-то не ~ there is smth. wrong here; ~ ли я говорю́, де́лаю *и т. п.*? am I right?, am I doing right?, *etc.*; то́чно ~ in exáctly the same way; и́менно ~ just so; вот ~! that's the way!, that's right!; ~, как э́то бы́ло how it was, the way it was; ~ же (как) just as; the same way as; бу́дьте ~ добры́ (+ *повелит.*) please (+ *imperat.*); (+ *инф.*) would you be so kind (as + to *inf.*); ~ ли? is that so?; ~ ли э́то? is that (réally) the case? [...'rɪə-... -s], is that so?; не ~ ли? is|n't that so?; ~ и есть so it is; ~ что́бы (+ *инф.*) so as (+ to *inf.*); ~ что́бы не (+ *инф.*) so as not (+ to *inf.*); ~ что so that; ~ и не never: он ~ и не пришёл, не сде́лал, не сказа́л *и т. п.* he never came, did it, said, *etc.* [...sed], he did not (didn't) come, do it, say, *etc.*, áfter all; я ~ и не узна́л I never found out, *или* learnt [...lə:nt]; **2.** (*в таком случае, тогда*) then; (*итак*) so: ты не пойдёшь, ~ я пойду́ if you don't go, then I shall; не тут, ~ там if (it is) not here, then (it is) there; ~ (*итак*) он прие́хал! so he has come!; ~ вы его́ зна́ете! so you know him! [...nou...]; ~ вот где so that is where; ~ та́к и скажи́те then say so; **3.:** ~ как *союз* as, since: он не мо́жет переда́ть ей кни́гу, ~ как она́ уже́ уе́хала he can't give her the book as / since she has alréady left [...kɑ:nt ...ɔ:l'redɪ...]; ◇ ~ или ина́че in any evént, in any case; (*в том и другом случае*) in éither evént [...'aɪ-...], one way or another; ~ и ~ this way and that, éither way ['aɪðə...]; a ~ as it is; ~ ему́ и на́до (it) serves him right; ~ называ́емый só-cálled; ~ сказа́ть so to speak / say; как ~? how is that?, how do you mean?; ~ наприме́р thus, for exámple [...-ɑ:m-]; и ~ и сяк, и ~ и э́так this way and that, this way, that way and every way; и ~ да́лее and so on / forth; и т. д. etc.; ~ и быть all right, very well; so be it; right you are, right oh [...ou] *разг.*; ~ себе́ só-sò, míddling; кни́жка э́та ~ себе́ this book is not up to much; и ~ (*и без того уже*) as it is; как бы не ~! oh yes, indéed!, oh, of course! [...kɔ:s]; е́сли ~ if that's the case; ~-то та́к, но that's true, but; он э́то ~ (то́лько) сказа́л, сде́лал he said it, did it, for no spécial réason, *или* for no réason in partícular [...'spe-zᵊn...]; ~ бы...! (*взять бы да и...*) would|n't I just...!; ~ он э́то и сде́лает! (*не сделает*) he'll do it, forsóoth!, you áctually think he'll do it!; ~ и зна́й(те) get this straight; now ùnderstánd me (*в начале предложения*).

такела́ж *м. мор.* rígging; бегу́чий ~ rúnning rígging; стоя́чий ~ stánding rígging. **~ник** *м. мор., ав.* rígger; *стр.* scáffolder, scáffold wórker.

та́кже *нареч.* álsò ['ɔ:l-] as well, too (*в конце предложения*); (*в отриц. предложениях*) éither ['aɪ-] (*ставится в конце*); он ~ пое́дет he will álsò go, he will go as well, he will go too; he, too, will go; он ~ не пое́дет he will not go éither; — а ~ и as well as.

-таки *частица разг.* áfter all; он-~ пришёл he has come áfter all; опя́ть-~ agáin; та́к-~ réally ['rɪə-].

тако́в, *ж.* такова́, *с.* таково́, *мн.* таковы́, *мест.* such; все они́ ~ы they are all like that, they are all the same; он не ~, как вы ду́мали he is not what you thought (he was); кто он ~? who is he?; ~ы́ фа́кты such are the facts; (*вот всё, что известно*) so much for the facts; ◇ и был ~ *разг.* and off he went; and that was the last we, *etc.*, saw of him.

таков||о́й *мест.* such; *канц.* (*вышеозначенный*) the same; е́сли ~ы́е име́ются if any; ~о́е бы́ло полу́чено 20-го э́того ме́сяца the same was recéived on the 20th inst. [...-'si:vd...]; ◇ как ~ as such.

тако́вский *разг.*: не ~ он челове́к he is not that sort (of pérson).

так||о́й *мест.* **1.** such; (*перед прил.*) so; such *разг.*; ~ челове́к such a man*, a man* such as that, a man* like that / him; ~и́е кни́ги such books (as these), books such as these, books of this kind; ~а́я интере́сная кни́га so ínteresting a book; such an ínteresting book *разг.*; ~и́е интере́сные кни́ги such ínteresting books; books so ínteresting; ~и́е глубо́кие мы́сли thoughts so profóund; ~и́е хоро́шенькие котя́та such prétty kíttens [...'prɪ-...]; ~ же the same; ~ же как the same as; э́то соверше́нно ~а́я же кни́га it is the very, *или* exáctly the, same book; вы всё ~ же you are álways the same [...'ɔ:lwəz...], you have|n't changed [...tʃeɪ-]; э́то ~о́е удово́льствие! it is such a pléasure! [...-eʒə]; ~, како́й есть such as *he* is; он ~ у́мный he is so cléver! [...'kle-]; he is such a cléver man*! *разг.*; он не ~ уж великоду́шный he is not so very génerous; ~ же большо́й, как as big as; ~о́го же разме́ра, как of the same size as; то́чно ~ just like this; **2.** *разг.* (*известного рода*) a sort of, that sort of, like this / that: э́то ~а́я огра́да it is a sort of guard; ~и́е цветы́ that sort of flówers, flówers like these; — он не ~ (челове́к) he is not the sort (of man*); я никогда́ не ожида́л э́того от ~о́го челове́ка, как он I never expécted it of a man* like him; ◇ в ~о́м слу́чае in that case [...-s], if that is so; ~и́м о́бразом thus, in that way; до ~ сте́пени so, to such an extént, to such a degrée; кто ~? who is it?; кто ~и́е? who are they?; кто вы ~? who are you?; что ~о́е? (*что случилось*) what's the mátter?.

(*при переспрашивании*) what's that?, what did *you* say?; что ж э́то ~óe? what is this?; что ж тут ~óго? what is there so wónderful abóut it? [...'wʌ-...]; и всё ~óe *разг.* and so on.

такóй-сякóй *мест. разг.* só-and-sò [-ən-].

такóй-то *мест.* **1.** (*вместо имени и т. п.*) só-and-sò; (*в документе*) such pérson; **2.** (*перед сущ.*) súch-and-sùch; в ~ час at súch-and-sùch an hour [...auə].

тáкс||а I *ж.* (*на цены*) státutory price; táriff; продавáть по ~е (*вн.*) sell* at the státutory price (*d.*); ~ плáты за проéзд táriff of fares.

тáкса II *ж.* (*собака*) dáchshùnd ['dækshund].

таксá||тор *м.* **1.** asséssor of státutory príces; (*оценщик*) váluer; **2.** (*лесной*) fórest váluer ['fɔ-...]. **~ция** *ж.* **1.** asséssment of státutory príces; (*оценка*) vàluátion; **2.** (*лесная*) fórest vàluátion ['fɔ-...], vàluátion súrvey.

таксú *с. нескл.* táxi; грузовóе ~ táxi-lòrry; шофёр ~ táxi-drìver, táxi-man*.

таксúровать *несов. и сов.* (*вн.*) fix / assess the státutory price (of).

таксирóв||ка *ж.* asséssment of státutory príces. **~щик** *м.* = таксáтор 1.

таксóметр *м.* táximèter.

таксомотóр *м.* táxi. **~ный** táxi (*attr.*).

такт I *м.* (*в разн. знач.*) time; *муз. тж.* méasure ['me-]; (*в нотах*) bar; двудóльный ~ cómmon time; трёхдóльный ~ triple / three time [trɪ-...]; разделúть нóты на ~ы divíde músic into bars [...-zɪk...]; в ~ (*петь и т. п.*) in time; отбивáть ~ beat* time; сбúться с ~а get* out of time.

такт II *м.* (*о поведении*) tact; человéк с ~ом a man* of tact, táctful man*; соблюдáть ~, держáть себя́ с ~ом be táctful; отсýтствие ~а táctlessness.

тáк-таки *частица* réally ['rɪə-].

тáктик *м.* tàctícian.

тáктика *ж. воен.* táctics *sg.* *или* *pl.*; (*перен.*) táctics *pl.*

тактúческ||ий táctical; ~ая задáча táctical scheme; ~ое заня́тие táctical éxercise.

тактúчн||о *нареч.* táctfully, with tact. **~ость** *ж.* tact; ~ость егó слов, поведéния his táctful words, beháviour. **~ый** táctful; ~ый человéк táctful man*, man* of tact; трéбующий ~ого подхóда (*о вопросе и т. п.*) délicate, tícklish; быть ~ым be táctful, have tact.

тáктов||ый *прил. к* такт I; ~ая чертá bar.

талáнт *м.* **1.** (к) tálent ['tæ-] (for), gift [gɪ-] (for); у негó большóй ~ he is very gífted [...'gɪ-]; у негó мнóго ~ов *разг.* he has many abílities, he can do all sorts of things; покáзывать свой ~ы *разг.* displáy one's tálents; **2.** (*талантливый человек*) man* of tálent, gífted pérson, great tálent [-eɪt...].

талáнтлив||о *нареч.* ábly; (*прекрасно*) fíne-ly. **~ость** *ж.* tálent ['tæ-]; (*чего-л. тж.*) gíftedness ['gɪ-], gífted náture ['gɪ- 'neɪ-]; прирóдная ~ость nátural tálent, nátural endówments / gifts [...gɪ-] *pl.* **~ый** gífted ['gɪ-], tálented; (*искусный тж.*) cléver ['kle-]; ~ое произведéние a work of great tálent [...-eɪt 'tæ-]; ~ая натýра gífted, *или* ríchly endówed, náture [...'neɪ-]; э́то ~ая натýра he, she is a pérson of mánifòld gifts [...gɪ-].

тáлер *м.* (*монета*) tháler ['tɑːlə].

тáли *мн. мор., тех.* tackle (gear) [...gɪə] *sg.*

талисмáн *м.* tálisman [-z-], charm.

тáли||я *ж.* waist; тóнкая ~ slénder waist; осúная ~ *разг.* wasp waist; в ~ю (*о платье*) fítting at / in the waist; обня́ть когó-л. за ~ю put* one's arm round smb.'s waist.

тáллий *м. хим.* thállium.

талмýд *м. рел.* Tálmud. **~úст** *м.* Tálmudist; (*перен.*: *схоласт*) pédant ['pe-], dòctrináire. **~úстский** Tàlmudístic; (*перен.*: *начётнический*) pedántic; dòctrináire (*attr.*). **~úческий** Tàlmúdic(al) [-'mu-]; (*перен.*: *начётнический*) pedántic; (dòctrináire (*attr.*).

талóн *м.* cóupòn ['kuː-]; (*отдельный тж.*) check.

тáлреп *м. мор.* (*тросовый*) lán-yàrd; (*винтовой*) túrn-bùckle, tíghtening screw.

тáл||ый tháwing; mélting; pártly mélted (*especially on top or below surface*); ~ снег mélted snow [...snou]; (*на улице, дороге*) slush; ~ая земля́ thawed ground / soil; ◊ ~ая водá thawed / mélted snow.

тáльвег *м. геогр.* thálweg ['tɑːlveɪk].

тальк *м. мин.* talc; *фарм. тж.* talc / tálcum pówder. **~овый** *мин.* tálcòse [-s], tálcous; talc (*attr.*); ~овый слáнец stéatìte ['stɪə-], sóap-stòne.

тáльма *ж. уст.* tálma.

тальнúк *м. бот.* purple / rose wíllow.

там **1.** *нареч.* there: он нашёл их ~ he found them there; ~ бы́ло мнóго нарóду there were many people there [...piː-...]; пóсле шестú часóв ~ никогó не бывáет there is nó-body there áfter six o'clóck; то ~ то сям now here, now there; — ~ и сям here, there, and évery-whère, here and there; ни ~ ни сям nó-whère at all, néither here nor there ['naɪ-...]; ~ же in the same place; (*при ссылках в печати*) íbid ['aɪ-]; ~, где where; **2.** *как частица разг. с оттенком сомнения, пренебрежения; не переводится*: вся́кие ~ глýпости говорúт he is tálking all sorts of nónsense; что бы ~ ни бы́ло ≅ ány-way, at any rate; ◊ какóе ~ (*ничего подобного*) nothing of the sort; чегó ~! (*не стесняйтесь*) go on!, go ahéad! [...ə'hed]; ~ вúдно бýдет ≅ we'll see when the time comes.

тамадá *м.* tóast-máster.

тамарúнд *м. бот.* támarind.

тамарúск *м. бот.* támarisk.

тáмбур I *м.* **1.** *арх.* támbour [-buə]; **2.** (*пристройка у входных дверей*) lóbby; **3.** *ж.-д.* plátfòrm (*of a ráilway carriage*).

тáмбур II *м.* (*вышивание*) cháin-stitch; вышивáть ~ом (*вн.*) embróider in cháin-stitch (*d.*).

тамбýр III *м.* **1.** *уст.* (*барабан*) támbour [-buə]; **2.** (*музыкальный инструмент*) tàmbóura [tʌm'buːərə].

тамбурúн *м.* **1.** tàmbouríne [-iːn]; **2.** (*барабан с удлинённым корпусом*) támbourin [-burɪn].

тамбурмажóр *м. воен. уст.* drúm-májor.

тáмбурный: ~ шов cháin-stitch.

тамóженник *м. разг.* cústoms offícial.

тамóженн||ый cústom(s) (*attr.*); ~ тарúф cústoms-tàriff; ~ осмóтр cústoms exàminátion; ~ надсмóтрщик cústom-house ófficer [-haus...]; ~ые пóшлины cústoms, cústoms dúties; cústoms dúty *sg.*

тамóжня *ж.* cústom-house* [-s].

тáмошн||ий *разг.* of that place, of those pláces; (*местный*) lócal; ~ие жúтели the inhábitants there, the inhábitants of that place; the lócal inhábitants.

тамплиéр [-э́р] *м. ист.* (Knight) Témplar; *мн.* (*орден*) Knights Témplars.

тампóн *м. мед.* támpon; wad (of cótton wool, of gauze) [...wul...] *разг.*; вставúть ~ в рáну támpon *a* wound [...wuːnd], plug *a* wound with *a* támpon, *или* wad (of cótton, of gauze).

тампонáж *м. горн.* támping.

тампон||áция *ж. мед.* tàmponáde. **~úровать** *несов. и сов.* (*вн.*) *мед.* támpon (*d.*); plug with a támpon, *или* wad (of cótton, of gauze).

тамтáм *м. муз.* tómtòm.

тáнген||с *м. мат.* tángent [-n-]. **~циáльный** *мат.* tàngéntial [-n-'dʒe-].

тáнго *с. нескл.* tángò.

тáндем *м.* (*в разн. знач.*) tándem.

тáн||ец *м.* dance; *мн.* (*танцевальный вечер*) dance *sg.*; учúтель ~цев dáncing-màster; урóки ~цев dáncing léssons; вéчер с ~цами dance, dáncing-pàrty; сегóдня бýдут ~цы there will be dáncing to-night; пойтú на ~цы go* to a dance.

танúн *м.* tánnin.

танк *м.* tank.

тáнкер *м. мор.* tánker.

танкéтка *ж.* tànkétte.

танкéтки I *мн. см.* танкéтка.

танкéтки II *мн.* (*ед.* танкéтка *ж.*) (*дамские туфли*) wédge-héeled shoes [...ʃu:z].

танкист *м.* tánk¦man*; tánker *амер.*; офицéр-~ tánk-òfficer.

тáнков||**ый** tank (*attr.*); ármour¦ed; ~ая часть tank únit; ~ая дивизия ármour¦ed divísion; ~ батальóн tank battálion [...-'tæ-]; ~ая атáка tank attáck.

танкостроéние *с.* tánk-bùilding índustry [-bɪld-...].

Тантáл *м. миф.* Tántalus; мýки ~а the tórmènts of Tántalus.

тантáл *м. хим.* tántalum.

танталит *м. мин.* tántalìte.

тантьéма *ж. эк.* bónus.

танцевáльн||**ый** dáncing, dance (*attr.*); ~ое искýсство art of dáncing; ~ вéчер (a) dance, dáncing-pàrty; ~ая мýзыка dance músic [...-zɪk]; ~ая площáдка dance pavílion.

танцевáть (*вн.*) dance (*d.*).

танц||**клáсс** *м. уст.* school of dáncing; dáncing-clàsses *pl.* ~**мéйстер** *м. уст.* dáncing-màster.

танц||**óвщик** *м.*, ~**óвщица** *ж.* dáncer. ~**óр** *м.* dáncer. ~**ýлька** *ж. разг.* dance, hop.

тапёр *м.*, ~**ша** *ж.* piánist ['pjæ-] (*at a dance*).

тапиóка *ж.* tàpióca.

тапир *м. зоол.* tápir ['teɪ-].

тáпочки *мн.* (*ед.* тáпочка *ж.*) slíppers; (*спортивные*) sports shoes [...ʃu:z]; (*на резине*) plímsolls.

тáра *ж. тк. ед.* **1.** (*упаковка*) páckage, pácking; **2.** *торг.* (*вес упаковки*) tare.

тарабáнить *разг.* clátter.

тарабáр||**ский**: ~ язы́к = тарабáрщина. ~**щина** *ж.* gíbberish ['gɪ-]; э́то ~щина для меня́ it is Greek to me.

таракáн *м.* cóckroach; (*чёрный тж.*) bláck-béetle. ~**ий** cóckroach (*attr.*).

тарáн *м.* **1.** *воен.* ram; **2.** *ист.* báttering-ràm; **3.** *тех.*: гидравли́ческий ~ hỳdráulic ram [haɪ-...]. ~**ить** (*вн.*) ram (*d.*).

тарантáс *м.* tàràntáss [tɑ:rɑ:n'tɑ:s] (*springless carriage*).

тарантéлла [-тэ́-] *ж.* tàrantélla.

тарáнтул *м. зоол.* tarántula.

тарáнь *ж.* (*рыба*) séa-roach.

тарарáм *м. тк. ед. разг.* hùllabalóo, row; устрáивать ~ make* a hùllabalóo / row; kick up a hùllabalóo / row.

тарарáх||**ать**, тарарáхнуть (*вн.*) *разг.* bang (*d.*); (*без доп.*; *о пушке и т. п.*) crash, thúnder. ~**нуть** *сов. см.* тарарáхать.

таратáйка *ж. разг.* càbriolét [kæbrɪə'leɪ], gig [gɪg]; (*тележка*) twó-whéeled cart.

таратóр||**ить** *разг.* chátter, rattle on. ~**ка** *м. и ж. разг.* chátterbòx, bábbler.

тарахтéть *разг.* rattle, rumble.

тарáщить, вы́таращить *разг.*: ~ глазá (на *вн.*) stare (at); goggle (at).

тарéлк||**а** *ж.* **1.** plate; глубóкая ~ sóup-plàte ['su:p-]; мéлкая ~ (*большая*) dínner-plàte; (*небольшая*) bréad-plàte ['bred-]; пóлная ~ чегó-л. a pláte¦ful of smth.; **2.** *мн. муз.* cýmbals; **3.** *ж.-д.*: ~ бýфера búffer disk; ◇ быть не в своéй ~е *разг.* be ùpsét, be not quite òne¦sélf.

тари́ф *м.* táriff; запрети́тельный ~ *эк.* prohíbitive táriff. ~**икáция** *ж.* táriffing. ~**ици́ровать** *несов. и сов.* (*вн.*) táriff (*d.*). ~**ный** táriff (*attr.*); ~ная сéтка táriff scale.

тартáние *с. горн.* (*нефти*) báiling.

тáртар *м. миф.* Tártarus.

тартарары́ *мн. нескл.*: провали́ться емý, им *и т. д.* в ~ *разг.* confóund / damn him, them, *etc.*; провали́ться в ~ (*о себе*) I'll be damned.

тарти́нка *ж.* slice of bread and bútter [...-ed...].

тáры-бáры *мн. разг.* títtle-tàttle *sg.*; и пошли́ ~ and all the tongues begán to wag [...tʌŋz...wæg].

таскáть, *опред.* тащи́ть, *сов.* потащи́ть (*вн.*) **1.** (*носить*) cárry (*d.*); (*волочить*) drag (*d.*); (*тянуть*) pull [pul] (*d.*); (*что-л. тяжёлое*) lug (*d.*); (*за собой*) pull / drag alóng (*d.*); кудá он тáщит э́ти кни́ги? where is he cárrying/táking these books?; две лóшади тащи́ли сáни two hórses were púlling / drágging the sledge; ~ вóду fetch wáter [...'wɔ:-]; ~ всю́ду с собóй drag all óver the place (*d.*); он éле нóги таскáет *разг.* he can hárdly drag hìm¦sélf alóng; **2.** *тк. неопред. разг.* (*об одежде*) wear* [wɛə] (*d.*); **3.** *тк. несов. разг.* (*воровать*) steal* (*d.*), pílfer (*d.*), filch (*d.*); **4.** *тк. неопред. разг.*: ~ когó-л. зá волосы *разг.* pull smb.'s hair, pull smb. by the hair. ~**ся**, *опред.* тащи́ться, *сов.* потащи́ться **1.** (*в разн. знач.*) drag / trail alóng; подóл плáтья тащи́лся пó полу the skirt trailed on the floor [...flɔ:]; éле тащи́ться drag òne¦sélf alóng with dífficulty; он éле тáщится he can hárdly walk, *или* drag hìm¦sélf alóng; ~ся за кем-л. *разг.* trail áfter smb.; **2.** *тк. неопред.* (*бродить*) gad abóut; (*слоняться*) hang* abóut.

тасовáть, стасовáть (*вн.*) shuffle (*d.*); ~ кáрты shuffle the cards.

тасóвка *ж.* shuffle, shúffling.

ТАСС *м.* (Телегрáфное агéнтство Совéтского Сою́за) TASS (Télegràph Ágency of the Sóvièt Únion) [...'eɪʤ-...].

татáр||**ин** *м.*, ~**ка** *ж.* Tátar ['tɑ:-].

татáрник *м.*: ~ полевóй *бот.* thistle.

татáрский Tátar ['tɑ:-]; ~ язы́к Tátar, the Tátar lánguage.

татуи́ровать (*вн.*) tattóo (*d.*). ~**ся** **1.** have òne¦sélf tattóoed; (*самому*) tattóo òne¦sélf; **2.** *страд. к* татуи́ровать.

татуирóвка *ж.* **1.** (*действие*) tattóo¦ing; **2.** (*узоры*) tattóo.

тафтá *ж. текст.* táffeta.

тахикарди́я *ж. мед.* tàchycárdia [-kɪ-].

тахи́метр *м. геод.* tàchýmeter [-'kɪ-].

тахóметр *м. тех.* tàchómeter [-'kɔ-].

тахтá *ж.* óttoman.

тачáнка *ж.*: пулемётная ~ machíne-gùn cart [-'ʃi:n-...].

тачáть, стачáть (*вн.*) stitch (*d.*).

тáчк||**а** *ж.* whéelbàrrow; везти́ на ~е (*вн.*) wheel in *a* bárrow (*d.*).

тащи́ть *см.* таскáть 1, 3. ~**ся** *см.* таскáться 1.

тáяние *с.* tháw(ing).

тáять, растáять **1.** melt; (*о снеге, льде тж.*) thaw; тáет *безл.* it is tháwing, a thaw has set in; **2.** (*исчезать*) melt a¦wáy, wane, dwindle; егó си́лы тáют his strength is dwíndling, *или* is on the wane; звýки тáют sounds fade a¦wáy; **3.** *тк. несов.* (*чахнуть*) waste a¦wáy [weɪ-...]; (от *горя, тоски*) pine / lánguish (with); **4.** (от; *умиляться*) melt (with).

тварь *ж.* créature; *собир.* créatures *pl.*

твердéть hárden, become* hard.

тверд||**и́ть** (*вн.*) **1.** say* / repéat óver and óver agáin (*d.*), rè¦íteràte (*d.*); ~ комý-л. tell* smb. óver and óver agáin (*d.*); об э́том ~я́т все everybody repéats it, everybody says (it is) so [...sez...], it is cómmon talk; **2.**: ~ наизýсть learn* by heart [lə:n... hɑ:t] (*d.*), mémorìze (*d.*).

твéрдо I *прил. кратк. см.* твёрдый.

твёрдо II *нареч.* fírmly, firm; ~ вы́учить (*вн.*) learn* thóroughly [lə:n 'θʌ-] (*d.*); ~ держáться stand* firm / fast; ~ запóмнить (*вн.*) remémber well (*d.*); он ~ запóмнил её словá he remémbered her words well, her words remáined fixed in his mémory; ~ реши́ть (+*инф.*) detérmine (+to *inf.*, on *ger.*), resólve [-'zɔ-] (up¦ón *ger.*); он ~ реши́л уéхать he is detérmined to go, *или* on gó¦ing, he is resólved up¦ón gó¦ing; ~ стоя́ть на ногáх be stéady on one's legs [...'ste-...]; ~ стоя́ть на своём stand* one's ground (fírmly), hold* one's own [...oun], be firm.

твердовáтый hárdish; sóme¦whàt / ráther hard [...'rɑ:-...].

твердокáменный stéadfast ['sted-], staunch, ùnflínching, ùn¦wáver¦ing.

твердолóбый **1.** thick-héaded [-'hed-], chúckle-héaded [-'hed-], thíck-skúlled, dúll-wítted; **2.** (*упорно консервативный*) díe-hàrd (*attr.*).

твёрд||**ость** *ж.* hárdness; solídity; (*перен.*) fírmness, stéadfastness ['sted-]; (*ср.* твёрдый); ~ дýха strength of mind. ~**ый** (*не мягкий*) hard; (*не жидкий*) sólid; (*крепкий*) firm, strong; (*перен.*: *непоколебимый*) firm; (*стойкий*) stéadfast ['sted-]; (*установленный*) stable; ~ая пшени́ца hard wheat; ~ый грунт firm soil; *с.-х.* stiff soil; ~ый переплёт stiff bínding; ~ый соглáсный *лингв.* hard cónsonant; ~ое тéло *физ.* sólid; он остáлся твёрд he remáined únsháken / firm / stéadfast; ~ый дýхом человéк a stéadfast / ùnflínching man*; ~ое намéрение ùn¦wáver¦ing / stéady / fixed púrpose [...'ste-...-s]; ~ое решéние firm decísion; ~ое убеждéние strong / firm convíction; ~ая увéренность firm belíef [...-i:f]; ~ые знáния sound knówledge [...'nɔ-] *sg.*; стать ~ой ногóй где-л. secúre a firm fóoting sóme¦whère [...'fut-...]; ~ые цéны fixed / stable príces; ~ое задáние spécified / définite task; он не твёрд в хи́мии *разг.* he is not strong in chémistry [...'ke-]; ◇ ~ый знак hard sign [...saɪn], the Rússian létter "ъ" [...-ʃən...]; в здрáвом умé и ~ой пáмяти of sound mind and mémory.

тверды́ня *ж.* stróng¦hòld.

твоё *с. см.* твой.

твой 1. *мест.* (*при сущ.*) your; (*без сущ.*) yours; (*при сущ.*) thy [ð-], (*без сущ. и перед сущ., начинающимся с гласной или с* h *немого*) thine [ð-] *поэт., уст.* (*тж. при обращении к природе, мифологическим существам и т. п.*); э́то ~ карандáш this is your péncil; э́то твоё this is yours; **2.** *мн.* (*в знач. сущ.*) your people [...pi:-]; как поживáют твои́? how are your people?; how is everybody at home?; ◇ мне твоегó не нýжно I don't want ány¦thing of yours; он знáет бóльше твоегó *разг.* he knows more than you do [...nouz...]; что ~ (*словно, как настоящий*) *разг.* just like.

творéние *с.* **1.** (*действие*) crèátion; **2.** (*существо*) créature, bé¦ing; **3.** (*художественное произведение*) work.

твор‖éц *м.* crèátor; máker; (*автор*) áuthor; ~ истóрии máker of history; ~цы́ нóвой жи́зни crèátors / makers of a new life.

твори́ло *с. тех.* líme-pìt.

твори́тельный: ~ падéж *грам.* instruméntal (case) [...keɪs].

твори́ть I, сотвори́ть (*вн.*; *создавать*) crèáte (*d.*); (*делать*) do (*d.*), make* (*d.*); ~ чудесá work wónders [...'wʌ-]; ~ суд *уст.* admínister jústice.

твори́ть II (*вн.*) knead (*d.*); ~ и́звесть *тех.* slake lime.

твори́ться I **1.** háppen, go* on; что здесь твори́тся? what is háppening, *или* what is gó¦ing on, here?; **2.** *страд. к* твори́ть I.

твори́ться II *страд. к* твори́ть II.

твóрóг *м.* curds *pl.*, cóttage cheese.

творóж‖истый cò¦águlàted, curdled. ~**ник** *м.* curd pán¦càke, cóttage-cheese pán¦càke. ~**ный** curd (*attr.*); ~ная мáсса curds *pl.*; ~ный сырóк piece of swéetened and pressed cóttage cheese [pi:s...].

твóрческ‖ий crèátive; ~ая си́ла crèátive pówer; crèátive¦ness; ~ие си́лы crèátive fórces; ~ая инициати́ва масс the crèátive inítiative of the másses; ~ марксúзм crèátive Márxism.

твóрчеств‖о *с. тк. ед.* **1.** (*действие*) crèátion; (*деятельность*) crèátive work; рáдость ~а the joy of crèátion; наýчное ~ scientífic work; нарóдное ~ péople's art [pi:-...], the crèátive work of the people; **2.** (*совокупность созданного*) work; (*литературные произведения*) works *pl.*

твоя́ *ж. см.* твой.

те *мн. см.* тот.

т. е. *сокр.* (= тó есть) i. e. (= that is *от латинск.* id est).

теáтр *м.* (*в разн. знач.*) théatre ['θɪə-]; (*здание тж.*) pláy-house* [-s]; (*драматические произведения тж.*) dramátic works *pl.*; пойти́ в ~ go* to the théatre; быть в ~е be at the théatre; ~ был пóлон the house* was full [...haus...]; óперный ~ ópera-house* [-s]; ~ и киó stage and screen; ◇ ~ воéнных дéйствий the théatre of war / òperátions; анатоми́ческий ~ disséсting-room.

театрáл *м.* théatre-gòer ['θɪə-], pláy-gòer; théatre fan ['θɪə-...] *разг.*

театрализовáть *несов. и сов.* (*вн.*) drámatìze (*d.*).

театрáлка *ж. к* театрáл.

театрáльн‖ость *ж.* theàtricálity [θɪæ-]. ~**ый** théatre ['θɪə-] (*attr.*); theátrical [θɪ'æ-]; (*перен.: неестественный*) theátrical, stágy, mèlodramátic; ~ое представлéние theátrical perfórmance; ~ое искýсство theátrical art; ~ый зал auditórium; ~ый билéт théatre-ticket ['θɪə-]; ~ая кáсса bóx-òffice; ~ая шкóла theátrical school; ~ый жест theátrical / mèlodramátic gésture.

театровéдение *с.* théatre scíence ['θɪə-...], scíence of the théatre.

тебé *дт. см.* ты.

тебя́ *рд., вн. см.* ты.

тевтóнский *ист.* Teutónic.

тевтóны *мн. ист.* the Téutons.

тéзис [тэ́-] *м.* thésis (*pl.* thésès [-si:z]).

тёзка *м. и ж.* náme¦sàke; он мне ~ he is my náme¦sàke.

теи́зм [тэ-] *м. филос.* théism ['θi:ɪ-].

теи́ст [тэ-] *м.* théist ['θi:ɪ-].

тейлори́зм [тэй-] *м. эк.* Táylor sýstem.

теки́нский Túrkomàn; ~ ковёр Túrkomàn cárpet.

текст *м.* text; (*к музыке*) words *pl.*

тексти́ль *м. тк. ед. собир.* téxtìle fábrics *pl.* ~**ный** téxtìle (*attr.*). ~**щик** *м.*, ~**щица** *ж.* téxtìle-wòrker.

текстовóй text (*attr.*), téxtual.

текстолóгия *ж.* téxtual críticism.

текстуáльный téxtual.

тектóн‖ика *ж. геол.* tèctónics. ~**и́ческий** tèctónic.

текýч‖есть *ж.* **1.** *физ.* fluídity; **2.** (*непостоянство*) flùctuátion, ìnstabílity; ~ рабóчей си́лы flùctuátion of lábour / mánpower. ~**ий 1.** *физ.* flúid; **2.** (*непостоянный*) flúctuàting, únstáble.

текýщ‖ий 1. *прич. см.* течь I; **2.** *прил.* (*настоящий*) cúrrent; (*сегодняшний*) présent-dáy ['prez-]; в ~ем годý, мéсяце in the cúrrent year, month [...mʌ-]; 12-го числá ~его мéсяца the twelfth ínstant, the 12th inst.; ~ момéнт the présent sìtuátion [...'prez-...]; ~ие делá cúrrent affáirs; (*на повестке дня*) cúrrent búsiness [...'bɪzn-] *sg.*; ~ие задáчи présent-dáy próblems [...'prɔ-]; ~ая поли́тика cúrrent pólitics *pl.*; ~ие собы́тия cúrrent evénts; ~ ремóнт órdinary / routíne / cúrrent repáirs [...-'ti:n...] *pl.*; ◇ ~ счёт accóunt cúrrent.

телеавтомáтика *ж.* tèleautomátics.

телеви́‖дение *с.* télevísion; TV ['ti:'vi:] *разг.*; цветнóе ~ cólour télevísion ['kʌ-...]; передавáть, покáзывать по ~дению (*вн.*) show* on télevísion [ʃou...] (*d.*); show* on TV (*d.*), télevìse (*d.*). ~**зиóнный** télevísion (*attr.*); ~зиóнная передáча télecást, télevísion bróadcàst [...-ɔ:d-]. ~**зор** *м.* télevísion set; TV set ['ti:'vi:...] *разг.*; по ~зору on télevísion. ~**зорный** *прил. к* телеви́зор.

телéга *ж.* cart, wággon ['wæ-].

телегрáмм‖а *ж.* télegràm; wire *разг.*; (*каблограмма*) cable; вызывáть когó-л. ~ой wire / télegràph for smb.

телегрáмма-мóлния *ж.* líghtning-càble, expréss-tèlegràm.

телегрáф *м.* **1.** télegràph; беспровóлочный ~ wíre¦less telégraphy, wíre¦less; по ~у by télegràph; by wire *разг.*; (*по кабелю*) by cable; вызывáть когó-л. по ~у wire / télegràph for smb.; cable for smb. *амер.*; **2.** (*учреждение*) télegràph óffice. ~**и́ровать** *несов. и сов.* télegràph, wire; (*по кабелю*) cable; ~и́руйте мне wire me, send me a wire / cable. ~**и́ст** *м.*, ~**и́стка** *ж.* telégraphist; telégrapher *амер.* ~**и́я** *ж.* telégraphy. ~**ный** tèlegráphic; télegràph (*attr.*); ~ный столб télegràph-pòle, télegràph-pòst [-poust]; ~ный áдрес tèlegráphic addréss; ~ная лéнта télegràph tape; ~ный стиль tèlegráphic style; ~ное сообщéние tèlegráphic méssage.

телéжка *ж.* **1.** small cart; (*ручная*) hánd-càrt; **2.** *тех.* truck, bógie [-gɪ].

телезри́тель *м.* (téle)víewer [-'vju:ə], TV víewer ['ti:'vi: 'vju:ə].

телеизмерéние *с.* telémetry.

телемеханизáция *ж.* ìntrodúction of remóte contról [...-oul].

телемехáника *ж.* tèlemechánics [-'kæ-] *pl.*, remóte contról [...-oul].

телёнок *м.* calf* [kɑ:f]; (*бычок*) bull calf* [bul...].

телеобъекти́в *м. фот.* tèlescópic lens [...-nz], tèlephótò¦léns [-nz].

телео||логи́ческий *филос.* tèleológic. **~ло́гия** *ж.* tèleólogy.

телепа́тия *ж.* telépathy.

телепереда́ча *ж.* tránsmíssion by télevísion; програ́мма телепереда́ч télevísion / TV prógràm(me) [...'ti:'vi: 'prou-].

телеприёмник *м.* télevísion set.

телеско́п *м.* **1.** télescòpe; **2.** *зоол.* télescòpe-fìsh. **~и́ческий** tèlescópic. **~и́я** *ж.* teléscopy. **~ный** télescòpe (*attr.*).

теле́сн||ый córporal; (*материальный*) còrpóreal [-rɪəl]; **~ые** поврежде́ния phýsical / bódily ínjuries [-zɪ-...]; **~ое** наказа́ние córporal púnishment [...'pʌ-]; **~ого** цве́та flésh-còlour¦ed [-kʌ-].

телета́йп *м.* téletỳpe.

телеуправле́ние *с.* (телемехани́ческое управле́ние) tèlemechánical contról [-'kæ- -oul], remóte contról; ~ электроста́нциями tèlemechánical / remóte contról of eléctric pówer státions.

телеуправля́емый óperàted by remóte contról [...-oul].

телефо́н *м.* télephòne; phone *разг.*; междугоро́дный ~ trúnk-lìne; полево́й ~ *воен.* pórtable télephòne set; говори́ть по ~у speak* on the télephòne / phone; позвони́ть кому́-л. по ~у télephòne / phone (to) smb., ring* smb. up; вы́звать к ~у (*вн.*) call to the télephòne / phone (*d.*); вы́зов по ~у télephòne call; вы́зов по междугоро́дному ~у trúnk-càll; сообщи́ть что-л. по ~у télephòne smth.; подойти́ к ~у ánswer the télephòne / phone ['ɑːnsə...]; я у ~а (*ответ на вызов*) ≅ húlló; у вас есть дома́шний ~? are you on the, *или* have you a, télephòne at home?

телефо́н-автома́т *м.* automátic télephòne; díal télephòne; (*общественный*) públic télephòne ['pʌ-...]; (*будка*) télephòne box, públic cáll-bòx; télephòne booth [...-ð] *амер.*

телефониза́ция *ж.* instálling of télephònes; ~ сёл instálling of télephònes in víllages.

телефон||и́ровать (*дт.*) télephòne (*d.*); phone (*d.*) *разг.* **~и́ст** *м.* teléphòne óperàtor, teléphonist. **~и́стка** *ж.* teléphonist, télephòne girl [...g-]. **~и́я** *ж.* teléphony.

телефо́нн||ый télephòne (*attr.*), tèlephónic; **~ая** ста́нция télephòne exchánge [...-'ʧeɪ-]; **~ая** тру́бка (télephòne) recéiver [...-'si:-]; **~ая** бу́дка télephòne box, públic cáll-bòx ['pʌ-...]; télephòne booth [...-ð] *амер.*; **~ая** кни́га télephòne diréctory; ~ разгово́р télephòne cònversátion.

телефоногра́мма *ж.* télephòne méssage, télephòned / phoned télegràm.

телефотоаппара́т *м.* lóng-rànge cámera [-reɪ-...].

телефотогра́фия *ж.* tèlephotógraphy.

Теле́ц *м.* *астр.* Táurus, Bull [bul].

теле́ц *м.* *уст.* calf* [kɑːf]; ◇ золото́й ~ gólden calf.

телеце́нтр *м.* télevísion centre.

тели́ться, отели́ться calve [kɑːv]; (*об оленях*) fawn.

тёлка *ж.* héifer ['hefə].

теллу́р *м.* *хим.* tèllúrium.

теллу́рий *м.* *астр.* tèllúrion.

те́л||о *с.* (*в разн. знач.*) bódy ['bɔ-]; твёрдое ~ *физ.* sólid; жи́дкое ~ *физ.* líquid; геометри́ческое ~ sólid; небе́сное ~ héavenly bódy ['hev-...]; дрожа́ть всем ~ом tremble all óver; ◇ в ~е stout, plump; спасть с ~а grow* thin / lean [grou...]; быть пре́данным душо́й и ~ом be devóted bódy and soul [...soul]; держа́ть в чёрном ~е (*вн.*) íll-tréat (*d.*), màltréat (*d.*); иноро́дное, посторо́ннее ~ fóreign bódy / súbstance ['fɔrɪn...].

телогре́йка *ж.* pádded jácket, quílted jácket.

телодвиже́ни||е *с.* móve¦ment / mótion (of the bódy) ['mu:v-... 'bɔ-]; (*жест*) gésture; гимнасти́ческие ~я gymnástic éxercises.

телосложе́ние *с.* *тк.* *ед.* build [bɪld], frame; (*фигура*) fígure.

телохрани́тель *м.* *уст.* bódy-guàrd ['bɔ-].

телу́шка *ж.* héifer ['hefə].

те́льн||ый *разг.*: ~ цвет flesh cólour [...'kʌ-]; **~ого** цве́та flésh-còlour¦ed [-kʌ-].

тельня́шка *ж.* *разг.* (sáilor's) stríped vest.

те́льце *с.* **1.** líttle bódy [...'bɔ-]; **2.** *биол.* córpùscle [-sl].

теля́та *мн.* *см.* телёнок.

теля́тин||а *ж.* veal; жарко́е из ~ы roast veal.

теля́тник I *м.* (*хлев*) cálf-house* ['kɑːfhaus], cálf-shèd ['kɑːf-].

телятн||ик II *м.*, **~ица** *ж.* cálf-hèrd ['kɑːf-].

теля́||чий **1.** *прил.* к телёнок; **2.** *прил.* к теля́тина; **~чьи** котле́ты veal cútlets [...'kʌ-]; **~чьи** но́жки calves' feet [kɑːvz...]; из **~чьих** но́жек *кул.* cálves-foot ['kɑːvzfut] (*attr.*); ◇ ~ восто́рг *разг.* fóolish enthúsiàsm [...-zɪ-], fóolish ráptures *pl.*; прийти́ в ~ восто́рг get* fóolishly enthùsiástic [...-zɪ-]; **~чьи** не́жности *разг.* slóppy sèntimèntálity *sg.*, máudlin endéarments.

тем I *тв.* *ед.*, *дт.* *мн.* *см.* тот.

тем II **1.** *союз* the: чем бо́льше, ~ лу́чше the more, the bétter; **2.** *нареч.* so much the: ~ лу́чше so much the bétter; ~ ху́же so much the worse; — ~ бо́лее, что the more so, as; espécially as [-'pe-...]; ◇ ~ не ме́нее nèver¦the¦léss, none the less [nʌn...].

те́м||а I *ж.* súbject, theme; (*разговора, статьи тж.*) tópic; *муз.* theme; отклоня́ться от ~ы wánder / déviàte from the súbject; digréss; ~ с вариа́циями *муз.* theme and vàriátions.

те́ма II *ж.* *лингв.* theme, base [-s].

тема́тика *ж.* *тк.* *ед.* súbjects *pl.*, themes *pl.*

темати́ческий I **1.** súbject (*attr.*); ~ план (lóng-tèrm) plan of súbjects / themes; **2.** *муз.* themátic.

темати́ческий II *лингв.* themátic.

тембр [тэ-] *м.* timbre [tɛ̃:mbr]; мя́гкий ~ méllow tímbre; ре́зкий ~ harsh tímbre.

теменн||о́й *анат.* sincípital; **~а́я** кость paríetal bone.

те́мень *ж.* *разг.* dárkness; кака́я там ~! how dark it is there!; там така́я ~! it's so dark there!

те́ми *тв.* *мн.* *см.* тот.

темля́к *м.* *воен.* swórd-knòt ['sɔːd-].

темне́||ть I, потемне́ть **1.** grow* / get* / become* dark [-ou...]; (*о цвете*) dárken; кра́ски потемне́ли the cólours have dárkened [...'kʌ-...]; не́бо ~ет the skies are dárkening; у него́ потемне́ло в глаза́х évery¦thing went dark befóre his eyes [...aɪz]; **2.** *тк.* *несов.* (*виднеться*) *переводится глаголом* appéar, *или оборотом* be vísible [...-zɪ-] *с прил.* dark *после сущ.*; (*о больших предметах*) loom; вдали́ что́-то ~ет smth. dark can be seen, *или* is vísible, in the dístance.

темне́||ть II, стемне́ть *безл.*: ~ет it is gétting dark.

темне́ться = темне́ть I 2.

темни́ца *ж.* *уст.* dúngeon [-nʤən].

темно́ **1.** *прил.* *кратк.* *см.* тёмный; **2.** *предик.* *безл.* it is dark; ~ в глаза́х évery¦thing seems dark befóre *one's* eyes [...aɪz]; ◇ ~, хоть глаз вы́коли *разг.* ≅ it is pítch-dárk.

темно- (*в сложн.*) dark(-).

темнова́тый dárkish, ráther dark ['rɑː-...].

темно||воло́сый dárk-haired. **~ко́жий** dárk-skínned, swárthy [-ðɪ].

тёмно-кра́сный dárk-rèd.

тёмно-си́ний dárk-blue, déep-blue; (*о материи, ленте и т. п.*) návy-blue; ~ костю́м návy-blue suit [...sjuːt].

темнот||а́ *ж.* **1.** (*мрак*) dark, dárkness; в ~е́ in the dark; прийти́ домо́й до ~ы́ come* home befóre dark; кака́я здесь ~! how dark it is here!; здесь така́я ~! it's so dark here!; **2.** (*невежество*) ígnorance, intelléctual dárkness; **3.** (*неясность*) obscúrity.

тёмн||ый **1.** dark; (*о цвете тж.*) deep; (*о коже тж.*) swárthy [-ðɪ]; **~ая** ночь dark night; **~ая** вода́ *мед.* àmaurósis; **2.** (*неясный*) obscúre, dark; (*смутный*) vague [veɪg]; **~ое** ме́сто в те́ксте obscúre pássage in the text; **3.** (*мрачный*) glóomy, sombre; **4.** (*вызывающий подозрение, сомнительный*) suspícious, shády; físhy *разг.*; (*нечестный*) wícked; **~ое** де́ло suspícious / físhy / shády búsiness [...'bɪzn-]; **~ая** ли́чность suspícious / equívocal cháracter [...'kæ-]; **~ые** слу́хи dark rúmours; **~ое** про́шлое shádowy past; **5.** (*невежественный*) ígnorant, beníghted; ◇ ~ое пятно́ (*что-л. невыя́сненное*) obscúre place; (*что-л. позорящее*) dark stain, blémish; темна́ вода́ во о́блацех ≅ the mátter is wrapped in mýstery, *или* is ùnfáthomable [...-ð-].

темны́м-темно́ *нареч. разг.* pítch-dárk.

темп [тэ-] *м.* rate, speed, pace; *муз.* time; témpò (*тж. перен.*); ~ ро́ста rate of growth [...-ouθ]; в уско́ренном ~е brískly, rápidly; at a brisk / rápid pace, with héightened speed [...'haɪ-...]; ме́дленным ~ом in slow time [...-ou...], slówly ['slou-]; бе́шеный ~ fúrious / bréaknèck speed / pace [...'breɪk-...]; ускоря́ть ~ àccéleràte; замедля́ть ~ slácken (speed, *или one's* pace); не снижа́ть ~ов keep* up, *или* maintáin one's / the pace; ~ наступле́ния, ~ продвиже́ния *воен.* pace of the advánce, rate of prógrèss.

те́мпер||а [тэ́-] *ж.* **1.** (*краска*) distémper; карти́на, пи́санная ~ой pícture páinted in distémper; **2.** *нескл.* (*картина*) témpera.

темпера́мент *м.* témperament. **~ный** spírited; (*легко возбудимый*) excítable; э́то бы́ло ~ное исполне́ние the perfórmance was full of témperament / life / spírit; it was a spírited / vígorous perfórmance.

температу́р||а *ж.* témperature; ~ кипе́ния bóiling-point; ~ замерза́ния fréezing-point; высо́кая ~ high témperature; ни́зкая ~ low témperature [lou...]; паде́ние ~ы fall of témperature; повыше́ние ~ы rise of témperature; повы́шенная ~ raised témperature; у него́ повы́шенная ~ he has a raised témperature; he has a témperature *разг.*; норма́льная ~ nórmal témperature; у него́ нет ~ы *разг.* he has¦n't a témperature; ко́мнатная ~ room témperature; ме́рить ~у take* *the* témperature. **~ить** *разг.* have a témperature; он по вечера́м ~ит his témperature goes up in the évening [...'iːv-]. **~ный** *прил. к* температу́ра.

темпер||а́ция [тэ-] *ж. муз.* témperament. **~и́рованный** [тэ-] *прич. и прил. муз.* témpered. **~и́ровать** [тэ-] *несов. и сов.* (*вн.*) *муз.* témper (*d.*).

темь *ж. разг.* dark.

те́мя *с. анат.* síncipùt; (*макушка*) crown, top of the head [...hed].

тена́кль *м. полигр.* tenáculum (*pl.* -la).

тенденцио́зность [тэндэ-] *ж.* tendéntious¦ness; (*предвзятость*) bías(s)ed náture [...'neɪ-].

тенденцио́зный [тэндэ-] tendéntious; (*предвзятый*) bías(s)ed; ~ рома́н tendéntious nóvel [...'nɔ-].

тенде́нци||я [тэндэ́-] *ж.* **1.** téndency; (*в неодобрит. смысле*) obtrúsive púrpose [...-s]; основна́я ~ básic téndency ['beɪ-...]; **2.** (к; *склонность*) téndency (towards, to); проявля́ть ~ю (к) exhíbit a téndency (to), tend (to); у а́втора ~ к преувеличе́нию the wríter has a téndency to exággeràte, *или* towards exàggerátion [...-ʤə-...-ʤə-].

те́ндер [тэ́ндэр] *м.* **1.** *ж.-д.* ténder; **2.** *мор.* (*парусное судно*) cútter.

тенев||о́й shády; ~ы́е места́ на карти́не darks / shádows of *a* pícture [...'ʃæ-...]; ~а́я сторона́ shády side; (*перен.*) séamy / dark side.

тенелюби́вый *бот.* shade-requíring, sháde-demánding [-ɑːnd-].

тенёта *мн.* snare *sg.*; попа́сть в ~ be caught in a snare.

тени́ст||ость *ж.* shádiness ['ʃeɪ-]. **~ый** shády.

те́ннис [тэ́нис] *м.* (lawn) ténnis; насто́льный ~ table ténnis; игра́ть в ~ play ténnis. **~и́ст** *м.*, **~и́стка** [тэни-] *ж.* ténnis-player. **~ка** [тэ́ни-] *ж.* ténnis shirt. **~ный** [тэ́ни-] ténnis (*attr.*); ~ный корт, ~ная площа́дка ténnis-court [-kɔːt]; ~ная раке́тка (ténnis-)ràcket; ~ный мяч ténnis-bàll.

те́нор *м.* ténor ['te-]; петь ~ом have a ténor (voice). **~о́вый** ténor ['te-] (*attr.*). **~о́к** *м. разг.* gentle ténor voice [...'te-...].

тент [тэ-] *м. мор.* áwning.

тен||ь *ж.* **1.** shade; *жив. тж.* shádow ['ʃæ-]; свет и ~ light and shade; the lights and darks *pl.*; сиде́ть в ~и́ sit* in the shade; сиде́ть в ~и́ (*рд.*), под ~ью (*рд.*) sit* únder the shade (of); иска́ть ~и look for a shády place, look for the shade; ночны́е ~и shádows / shades of night; держа́ться в ~и́ remáin in the shádow, keep* in the báckground, effáce / òblíteràte òne¦sélf; **2.** (*человека, предмета*) shádow; кита́йские ~и *театр.* galánty show [...ʃou] *sg.*; ~и ложа́тся shádows fall; дава́ть длинную ~ cast* a long shádow; **3.** (*призрак*) shádow, àppàrítion, phántom; (*дух умершего*) ghost [goust]; ца́рство ~е́й realm of shádows [relm...]; бле́ден как ~ pale as a ghost; **4.** (*малейшая доля*) véstige, párticle, átom ['æ-]; ни ~и пра́вды not a párticle / véstige of truth [...-uːθ]; ни ~и сомне́ния not a shádow, *или* not an átom, of doubt [...daut]; ◇ броса́ть ~ на кого́-л. cast* aspérsions on smb.; от него́ оста́лась одна́ ~ he is the shádow of his fórmer self; боя́ться со́бственной ~и be afráid of one's own shádow [...oun...]; ~и про́шлого shades of the past.

теого́ния [тэ-] *ж.* theógony.

теодице́я [тэ-] *ж. филос.* theódicy.

теодоли́т *м. геод.* theódolìte; универса́льный ~ tránsit [-z-].

теократи́ческий [тэ-] *ист.* theocrátic.

теокра́тия [тэ-] *ж. ист.* theócracy.

теологи́ческий [тэ-] theológical.

теоло́гия [тэ-] *ж.* theólogy.

теоре́м||а *ж. мат.* théorem ['θɪə-]; доказа́ть ~у prove *a* théorem [-uːv...].

теоретизи́ровать théorìze ['θɪə-].

теоре́тик *м.* théorist ['θɪə-].

теорети́че||ски *нареч.* in théory [...'θɪə-], theorétically. **~ский** theorétical.

теорети́чн||ость *ж.* theorétical / spéculative náture [...'neɪ-]. **~ый** ábstràct, àbstrúse [-s].

теóрия *ж.* théory ['θɪə-]; ~ и пра́ктика théory and práctice; маркси́стско-ле́нинская ~ Márxist-Léninist théory; ~ социалисти́ческой револю́ции théory of sócialist rèvolútion; ~ кла́ссовой борьбы́ théory of class struggle; ~ относи́тельности (théory of) rèlatívity; ~ вероя́тности théory of chánces; *мат.* cálculus of pròbabílity; ~ информа́ции informátion théory.

теосо́фия *ж.* theósophy.

тепе́решн||ий *разг.* présent ['prez-]; в ~ее вре́мя at the présent time, nów¦a¦days; ~ие лю́ди présent-dáy people ['prez- piː-], people of to¦dáy.

тепе́рь *нареч.* now; (*в настоящее время*) at présent [...'prez-]; (*в наше время*) nów¦a¦days, to¦dáy; ~, когда́ now that; э́то на́до сде́лать ~ же it must be done at once [...wʌns].

тёпленьк||ий tépid, lúke¦wàrm; *ласк. разг.* nice (and) warm; чуть ~ with the chill off; вы́дался ~ денёк *разг.* the day was mild; ◇ ~ое месте́чко = тёплое месте́чко *см.* тёплый.

тепле́ть, потепле́ть grow* / get* warm [-ou...].

те́пли||ться (*прям. и перен.*) glímmer, gleam; в нём ещё ~тся наде́жда he still has a glímmer / gleam of hope; he still has a faint hope.

тепли́||ца *ж.* hót¦house* [-s], gréen¦house* [-s], consérvatory. **~чный** hót¦house [-s] (*attr.*); ~чное расте́ние hót¦house plant [...-ɑːnt]; ~чное огоро́дничество hót¦house márket-gàrdening.

тепл||о́ *с.* **1.** (*тепловая энергия*) heat; **2.** (*тёплое состояние чего-л.*) warmth; 16 гра́дусов ~а́ síxtéen degrées above zérò (C.), 16° C; пе́чка не даёт никако́го ~а́ the stove gives out no warmth; держа́ть в ~е́ (*вн.*) keep* warm (*d.*).

тепло́ II **1.** *прил. кратк. см.* тёплый; **2.** *предик. безл.*: сего́дня ~ it is warm / mild to¦dáy; ему́, им *и т. д.* ~ he is, they are, *etc.*, warm; ~ на со́лнышке it is warm in the sun; в ко́мнате ~ the room is warm, it is warm in the room.

тепло́ III *нареч.* wármly; (*перен. тж.*) córdially; одева́ться ~ dress wármly; ~ встре́тить кого́-л. give* smb. a córdial / héarty wélcome [...'hɑːtɪ...], wélcome smb.; ~ встре́тить сообще́ние *и т. п.* wélcome the news, *etc.* [...-z].

тепловáтый wármish, tépid, lúke¦-wàrm.

тепловóз *м.* díesel lócomòtive ['di:z- 'lou-]. **~ный** *прил.* к тепловóз; ~ная тя́га díesel-eléctric tráction ['di:z-...].

тепловозостроéние *с.* díesel lócomòtive búlding ['di:z- 'lou-'bɪld-].

теплов||óй thérmal; heat (*attr.*); ~ двигатель héat-èngine [-endʒ-], thérmò-mòtor; ~ эффéкт *физ.* càlorífic efféct, heat efficiency; ~áя энéргия thérmal énergy; ~ балáнс *физ.* thérmal / heat bálance; ~ луч heat ray; ~áя изоля́ция *тех.* thérmal ìnsulátion; ~óе расширéние *физ.* thérmal expánsion; ~ удáр *мед.* heat stroke; thèrmò¦plégia *научн.*; ~áя электростáнция thérmò¦eléctric pówer státion.

теплоёмкость *ж. физ.* thérmal heat capácity; удéльная ~ specífic heat.

теплокрóвн||ые *мн. скл. как прил. зоол.* wárm-blooded ánimals [-blʌ-...]. **~ый** *зоол.* wárm-blooded [-blʌ-].

теплолюби́в||ый héat-lòving [-lʌv-]; ~ые растéния héat-lòving plants [...-ɑ:nts].

тепломéр *м. физ.* càlorímeter.

теплонепроницáемый héat-proof.

теплообмéн *м.* heat exchánge [...-'ʧeɪ-].

теплоотдáча *ж. физ.* heat irràdiátion, heat emíssion.

теплопередáча *ж. физ.* heat tránsfer / trànsmíssion [...-nz-].

теплопровóд *м.* héating main.

теплопровóдн||ость *ж. физ.* heat condùctibílity / condùctívity. **~ый** *физ.* héat-condúcting.

теплопрозрáчн||ость *ж. физ.* dìathérmancy. **~ый** *физ.* dìathérmic.

теплосéть *ж.* (теплофикациóнная сеть) héating sýstem.

теплосиловóй: ~ агрегáт díesel géneràtor ['di:z-...].

теплоснабжéние *с.* heat supplý.

теплостóйкий héatproof, héat-resístant [-'zɪ-].

теплот||á *ж.* **1.** (*тёплое состояние чего-л.*) warmth; (*перен.*: *сердечность*) warmth, còrdiálity; (*нежность*) afféction; ~ вóздуха warmth of the air; душéвная ~wárm-héartedness[-'hɑ:t-]; говори́ть о ком-л. с ~óй speak* wármly / córdially of smb.; (*с нежностью*) speak* afféctionate¦ly of smb.; **2.** *физ.* (*тепловая энергия*) heat; едини́ца ~ы́ cálorie; thérmal únit.

теплотвóрный *физ.* càlorífic, héat-prodúcing.

теплотéхник *м.* heat èngineér [...endʒ-].

теплотéхника *ж.* heat èngineéring [...endʒ-].

теплофикáция *ж. тех.* ìntrodúction of dístrict héating plants, *или* of a dístrict héating sýstem [...plɑ:nts...].

теплохóд *м.* mótor ship / véssel.

теплоцентрáль *ж.* dístrict héating plant [...-ɑ:nt].

теплоэлектростáнция *ж.* = тепловáя электростáнция *см.* тепловóй.

теплоэлектроцентрáль *ж.* heat and pówer plant [...-ɑ:nt].

теплоэнергéтика *ж.* héat-power èngìnéering [...endʒ-].

теплу́шка *ж.* **1.** (*тёплое помещение*) (héated) shélter; **2.** *ж.-д.* (héated) goods van [...gudz...].

тёпл||ый warm; (*о погоде тж.*) mild; (*перен.*: *сердечный*) warm, córdial, kínd¦ly; (*нежный, ласковый*) afféctionate; ~ые крáски warm cólours [...'kʌ-]; ~ приём héarty / córdial wélcome ['hɑ:tɪ...]; ~ые словá kínd¦ly / warm words; (*сочувственные*) sỳmpathétic words; ◇ ~ое местéчко *разг.* soft / éasy / cúshy job [...'i:zɪ 'ku-...]; ~ая компáния jólly cómpany [...'kʌ-]; (*о жуликах и т. п.*) ráscally crew.

теплы́нь *ж. разг.* warm wéather [...'we-]; сегóдня ~ it is warm to¦-dáy.

тепля́к *м. стр.* óver¦àll hóusing.

терапéвт *м.* thèrapéutist. **~и́ческий** thèrapéutic.

терапи́я *ж.* thèrapéutics *pl.*

терато||логи́ческий [тэ-] *биол.* tèratológical. **~лóгия** [тэ-] *ж. биол.* tèratólogy.

тéрбий *м. хим.* térbium.

теребить (*вн.*) **1.** (*дёргать*) pull [pul] (at, abóut), pluck (at), pick (at); (*трогать*) fínger (*d.*); (*перен.*) *разг.* wórry ['wʌ-] (*d.*), bóther (*d.*), péster (*d.*); ~ вóлосы tousle the hair [-zl...]; **2.** *с.-х.*: ~ лён pull flax.

тереблéние *с. с.-х.*: ~ льна fláx-pùlling [-pul-].

тéрем *м. ист.* (*комната*) (tówer-) room, (tówer-)chàmber [-ʧeɪ-]; (*дом*) tówer.

терéть (*вн.*) **1.** rub (*d.*); ~ глазá, ~ себé лицó rub one's eyes, one's face [...aɪz...]; **2.** (*очищая, делать блестящим*) pólish (*d.*); **3.** (*причинять боль — об обуви и т. п.*) rub sore (*d.*), chafe (*d.*), abráde (*d.*); **4.** (*измельчать*) grate (*d.*); (*растирать*) grind* (*d.*). **~ся** **1.** rub òne¦sélf; ~ся обо что-л. rub agáinst smth.; ~ся óколо когó-л. (*перен.*) *разг.* hang* abóut smb.; ~ся среди́ когó-л., мéжду кем-л. *разг.* mix with smb., hóbnòb with smb.; **2.** *страд.* к терéть.

терзáн||ие *с.* tórmènt, ágony; ◇ миллиóн ~ий a thóusand tórmènts [...-zə-...].

терзáть (*вн.*) **1.** tear* to píeces [tɛə...'pi:-] (*d.*); (*теребить*) pull abóut [pul...] (*d.*); **2.** (*мучить*) tòrmént (*d.*), tórture (*d.*); rack (*d.*); (*гнести*) prey (up¦ón). **~ся** **1.** tòrmént òne¦-sélf, súffer tórmènts, be in tórmènt / tórture; ~ся угрызéниями сóвести súffer (the) pangs of remórse; **2.** *страд.* к терзáть.

тёрк||а *ж.* gráter; натерéть на ~е (*вн.*) grate (*d.*).

термидóр *м. ист.* Thérmidòr. **~иáнец** *м.*, **~иáнский** *ист.* Thèrmidórian.

тéрмин *м.* term.

термино||логи́ческий tèrminológical. **~лóгия** *ж.* tèrminólogy.

терми́т I *м. хим.* thérmìte, thérmit.

терми́т II *м. зоол.* térmìte, white ant.

терми́ческ||ий *физ.*, *тех.* thérmal, thérmic; ~ая обрабóтка thérmal / heat tréatment.

термобатарéя *ж. эл.* thérmò¦eléctric pìle, thérmò¦bàttery, thérmò¦pìle.

термóграф [тэ-] *м. физ.*, *тех.* thérmogràph.

термодинáм||ика *ж. физ.* thérmò¦-dy̆námics [-daɪ-]. **~и́ческий** *физ.* thérmò¦dy̆námic [-daɪ-].

термоизоляциóнн||ый thérmò-ínsulàting; ~ строи́тельный материáл thérmò-ínsulàting búilding matérials [...'bɪ-...] *pl.*; ~ые пли́ты thérmò-ínsulàting slabs.

термоизоля́ция *ж. физ.*, *тех.* thérmò-ìnsulátion.

термолáмпа *ж. тех.* thérmal lamp.

термóметр *м.* thermómeter; ~ Цéльсия, Реомю́ра, Фаренгéйта céntigràde, Réaumur, Fáhrenheit thermómeter [...'reɪəmjuə 'færənhaɪt...]; меди́цинский ~ clínical thermómeter; постáвить ~ больнóму ≅ take* a pátient's témperature.

термометри́ческий *физ.* thèrmomét-ric(al).

термообрабóтка *ж.* = терми́ческая обрабóтка *см.* терми́ческий.

термопáра *ж. физ.* thérmò¦couple [-kʌ-], thérmò¦pair.

терморегуля́тор *м. физ.* thèrmorégulàtor.

терморегуля́ция *ж. физиол.* heat règulátion.

тéрмос [тэ́-] *м.* thérmòs, vácuum flask.

термоскóп [тэ-] *м. физ.* thérmoscòpe.

термостáт [тэ-] *м. физ.*, *тех.* thérmostàt.

термотерапи́я [тэ-] *ж. мед.* thèrmothérapy.

термохи́мия *ж.* thèrmochémistry [-'ke-].

термоэлектри́че||ский 'thérmo-eléctric(al). **~ство** *с.* thérmo-elèctrícity.

термоэлемéнт *м. физ.* thèrmoélement, thérmò¦couple [-kʌ-].

термоя́дерн||ый [тэ-] thérmo-núclear; ~ая фи́зика thérmò-núclear phýsics [...-zɪ-] *pl.*; ~ая энéргия thérmò-núclear énergy; ~ое орýжие thérmo-núclear wéapon [...'wep-].

тéрмы [тэ-] *мн. ист.* thérmae.

тёрн *м.* (*дерево и ягода*) sloe; (*кустарник тж.*) bláckthòrn.

тéрнии *мн.* thorns, príckles.

терни́стый thórny, príckly; ◇ ~ путь thórny path.

терно́в||ник *м. бот.* bláckthòrn, sloe. **~ый** bláckthòrn (*attr.*), sloe (*attr.*); (*колючий*) thórny, príckly; ~ая я́года sloe; ◇ ~ый вене́ц crown of thorns.

терпели́во I *прил. кратк. см.* терпели́вый.

терпели́в||о II *нареч.* pátiently, with pátience. **~ость** *ж.* pátience; (*выносливость*) endúrance; (*снисходительность*) fòrbéarance [-'bɛə-]. **~ый** pátient.

терпе́н||ие *с.* **1.** pátience; (*выносливость*) endúrance; (*снисходительность*) fòrbéarance [-'bɛə-]; выводи́ть кого́-л. из ~ия try smb.'s pátience, exásperàte smb.; он меня́ выво́дит из ~ия I have no pátience with him; вы́йти из ~ия lose* pátience [lu:z...]; его́ ~ ло́пнуло he lost all pátience, his pátience gave way; у меня́ не хвати́ло ~ия I hadn't the pátience; my pátience gave out; запасти́сь, вооружи́ться ~ием be pátient, have pátience, arm òne¦sélf with pátience; проявля́ть ~ show* pátience [ʃou...]; **2.** (*упорство*) pátience, pèrsevérance [-'vɪərəns]; ◇ перепо́лнить ча́шу чьего́-л. ~ия exásperàte smb.; ~ и труд всё перетру́т *посл.* ≅ pèrsevérance wins; it's dógged does it *разг.*; if you don't succéed at first, try, try, try agáin *разг.*

терпенти́н *м. хим.* túrpentìne. **~ный, ~овый** *прил. к* терпенти́н; ~овое ма́сло oil of túrpentìne.

терпе́ть **1.** (*вн.*; *испытывать*) súffer (*d.*), endúre (*d.*), ùndergó* (*d.*); ~ боль súffer pain; ~ хо́лод endúre cold; ~ нужду́ súffer privátions [...praɪ-], ùndergó* hárdships; ~ круше́ние (*прям. и перен.*) be wrecked; **2.** (*вн.*; *безропотно переносить*) stand* (*d.*), bear* [bɛə] (*d.*), súffer (*d*), endúre (*d.*); (*без доп.*) bear* it, put* up with it; он не мо́жет бо́льше ~ тако́й бо́ли he cánnòt bear / stand such pain any lónger; бы́ло о́чень хо́лодно, но им пришло́сь ~ it was very cold, but they had to put up with it; **3.** (*без доп.*; *запастись терпением*) have pátience; **4.** (*вн.*; *допускать, мириться*) tóleràte (*d.*), endúre (*d.*), suppórt (*d.*); как мо́жно ~ таку́ю на́глость? how can such ínsolence be tóleràted/ borne?; он не те́рпит шу́ток he cánnòt take a joke; э́то не те́рпит отлага́тельства the mátter is úrgent / préssing, the mátter brooks no deláy, *или* permíts of no deláy; ◇ не ~ (*рд.*) not bear* / stand* / endúre (*d.*); он их ~ не мо́жет he can't bear them [...kɑ:nt...]; ~ э́того не могу́ I can't stand it, I hate it; ~ не могу́, когда́ меня́ прерыва́ют I hate bé¦ing interrúpted; вре́мя те́рпит there is no húrry, there's plénty of time; вре́мя не те́рпит time présses, there's no time to be lost, time is getting short; де́ло не те́рпит the mátter is préssing, it is an úrgent mátter. **~ся** *безл.*: ему́, им *и т. д.* не те́рпится (+ *инф.*) he is, they are, *etc.*, impátient / éager [...'i:gə] (+ to *inf.*).

терпи́мо I *прил. кратк. см.* терпи́мый; э́то ещё ~ it is béarable / endúrable [...'bɛə-...].

терпи́м||о II *нареч.* **1.** (*относиться к людям и т. п.*) tólerantly; **2.** (*сносно*) tólerably. **~ость** *ж.* tólerance; (*снисходительность*) indúlgence; ~ость к чужи́м мне́ниям tólerance of other people's views [...pi:- vju:z]; ◇ дом ~ости *уст.* bróthel. **~ый** **1.** (*о человеке*) tólerant; (*снисходительный*) indúlgent, fòrbéaring [-'bɛə-]; **2.** (*о явлениях и т. п.*) tólerable, béarable ['bɛə-], endúrable.

те́рпк||ий astríngent [-nʤ-]; ~ое вино́ harsh / astríngent wine. **~ость** *ж.* astríngency [-nʤ-], acérbity.

Терпсихо́ра *ж. миф.* Tèrpsíchore [-kərɪ].

терпу́г *м. тех.* rasp.

террако́т||а [тэ-] *ж.* térracótta. **~овый** [тэ-] térracótta (*attr.*); ~ового цве́та térracótta.

терра́рий [тэ-] *м.*, **терра́риум** [тэ-] *м.* terrárium.

терра́са *ж.* (*в разн. знач.*) térrace; сад располо́жен ~ми the gárden is térraced.

террико́н *м. горн.* waste heap [weɪ-...].

территориа́льн||ый tèrritórial; ~ая а́рмия tèrritórial ármy; ~ые во́ды tèrritórial wáters [...'wɔ:-].

террито́рия *ж.* térritory.

терро́р [тэ-] *м.* térror. **~изи́ровать** [тэ-] *несов. и сов.* (*вн.*) térrorìze (*d.*). **~и́зм** [тэ-] *м.* térrorism. **~изова́ть** [тэ-] = терроризи́ровать.

террори́ст [тэ-] *м.* térrorist. **~и́ческий** [тэ-] térrorist (*attr.*); ~и́ческий акт act of térrorism. **~ка** [тэ-] *ж. к* террори́ст.

тёртый **1.** *прич. см.* тере́ть; **2.** *прил.* (*о красках*) ground; **3.** *прил.* (*об овощах, фруктах*) gráted; ◇ ~ кала́ч ≅ old stáger / hand.

терце́т [тэ-] *м.* **1.** *муз.* tèrzéttò [tə:'tsetou]; **2.** *лит.* tércet.

терци́на [тэ-] *ж. лит.* térzà rímà ['tertsɑ: 'ri:mɑ:].

те́рция [тэ́-] *ж.* **1.** *муз.* (*третья ступень*) médiant; (*интервал*) third; больша́я ~ májor third; ма́лая ~ mínor third; **2.** *мат.*, *астр.* third; **3.** *полигр.* great prímer [-eɪt...].

терье́р [тэ-] *м.* (*порода собак*) térrier.

теря́||ть, потеря́ть (*вн.*, *в пр. и без доп.*; *в разн. знач.*) lose* [lu:z] (*d.*); (*о листьях, рогах*) shed* (*d.*); ~ кого́-л. и́з виду lose* sight of smb.; не ~ и́з виду (*вн.*) keep* in sight (*d.*); (*помнить*) bear* in mind [bɛə...] (*d.*); не ~ и́з виду, что not lose* sight of the fact that; ~ я́сность lose* clárity; ~ в чьём-л. мне́нии, в чьи́х-либо глаза́х sink* in smb.'s èstimátion; не ~ му́жества not lose* heart [...hɑ:t], pluck up heart; ~ авторите́т lose* prèstíge [...-'ti:ʒ]; ~ вре́мя на что-л. waste time on smth. [weɪ-...]; нельзя́ бы́ло ~ ни мину́ты there was not (was¦n't) a móment to be lost; ~ на чём-л. (*терпеть ущерб*) lose* on / by smth.; я не ~ю наде́жды I don't lose hope, I am not únhópe¦ful; ~ терпе́ние lose* pátience; он от э́того ничего́ не ~ет he lóses nothing by it; вы ничего́ не потеря́ли you have missed nothing; ~ по́чву под нога́ми have / feel* the ground slípping a¦wáy from únder one's feet; ~ созна́ние lose* cónscious¦ness [...-nʃəs-], become* ùn¦cónscious [..-nʃəs]; ~ си́лу become* inválid, lose* its force; ~ си́лу за да́вностью *юр.* be lost by limitátion; ~ подко́ву (*о лошади*) throw* / cast* *a* shoe [-ou...ʃu:]; ◇ ~ го́лову lose* one's head [...hed]; не ~ головы́ keep* one's head. **~ться**, потеря́ться **1.** be lost; (*особ. о вещах*) get* lost; (*исчезать*) dìsappéar; **2.** (*терять самообладание*) lose* one's présence of mind [lu:z... -z-...]; (*смущаться*) become* flústered; ~юсь, ума́ не приложу́ I am at my wit's end, I am útterly at a loss; **3.** *страд. к* теря́ть; ◇ ~ться в дога́дках be lost in conjéctures.

тёс *м. собир.* boards *pl.* (*for roofing, etc.*).

теса́к *м. воен.* ≅ bróadswòrd [-ɔ:dsɔ:d]; *мор.* cútlass ['kʌ-].

теса́ть (*вн.*) cut* (*d.*), hew (*d.*); (*обтёсывать*) trim (*d.*); ◇ ему́ хоть кол на голове́ теши́ ≅ he is píg-héaded [...-'hed-], he's as stúbborn as a mule.

тесём||ка *ж.* (*плетёная*) braid; (*тканая; для связывания*) tape; (*шнур*) lace. **~очный** braid (*attr.*); tape (*attr.*); (*ср.* тесёмка).

теси́на *ж.* board.

тесло́ *с.* (*плотника*) adze.

тесни́на *ж.* gorge, pass, ravíne [-'vi:n]; *воен.* défile ['di:-].

тесни́ть I, потесни́ть (*вн.*) press (*d.*), crowd (*d.*); ~ проти́вника press the énemy.

тесни́ть II, стесни́ть (*сжимать*) squeeze (*d.*); (*об одежде тж.*) be too tight; мне тесни́т грудь I feel / have a tíghtness in my chest.

тесни́ться **1.** (*толпиться*) crowd; be hérded; (*небольшими группами*) clúster; (*толкать друг друга*) jostle each other; **2.** (*ютиться, жаться*) be squeezed; (*сидеть тесно*) sit* close [...-s].

те́сно I **1.** *прил. кратк. см.* те́сный; **2.** *предик. безл.*: здесь ~ it is crówded here; в ваго́не бы́ло о́чень ~ the cárriage was packed, *или* very crówded [...-rɪʤ...]; нам ~ в на́шей кварти́ре we are cramped in our flat, our flat is too small for us; нам ~ так сиде́ть we are sitting too close / tight [... klous...], there is no room for us all to sit here; мне ~ под мышками the árm-hòles are too tight.

тéсно II *нареч.* nárrowly; tight (*реже* tíghtly); clóse|ly [-slɪ]; (*перен.: близко*) clóse|ly, íntimate|ly; (*ср.* тéсный); идтѝ ~ в ряд march shóulder to shóulder [...'ʃou-...]; ~ сидéть sit* packed tight; sit* squashed up *разг.*

теснова́тый ráther small ['rɑ:-...]; ráther nárrow; ráther tight; (*ср.* тéсный).

теснот||á *ж.* 1. smáll|ness; nárrowness; tíghtness; clóse|ness [-s-]; (*ср.* тéсный); 2. (*недостаток места, толкотня*) cram, crush; какáя ~! what a cram!, how crówded it is here!; жить в ~é live cooped / penned up togéther [lɪv...-'ge-], be òver|crówded; в ~é, да не в обѝде *погов.* ≅ the more the mérrier.

тéсн||ый 1. (*о пространстве*) cramped; (*об улице, проходе и т. п.*) nárrow; (*о помещении*) small; (*о платье, обуви*) tight; быть ~ым be too tight; 2. (*сплочённый*) close [-s], compáct; (*крепко соединённый*) tight; (*перен.*) close, íntimate; идтѝ ~ым стрóем march shóulder to shóulder [...'ʃou-...], go* in close órder; ~ ряд книг clóse|ly packed, *или* clóse-pàcked, row of books [-s-...'klousrou...]; ~ые объя́тия tight embráce *sg.*; ~ая дрýжба close/íntimate fríendship [...'fre-]; в ~ом кругý in an íntimate círcle; находѝться в ~ой завѝсимости от чегó-л. stand* in close relátion to smth.; ~ая связь close connéction.

тесóвый board (*attr.*), plank (*attr.*).

тест *м. психол.* test.

тéсто *с.* 1. (*для хлеба*) dough [dou]; (*для пирогов и т. п.*) pástry ['peɪ-]; сдóбное ~ fáncy / short pástry; слоёное ~ fláky / puff pástry, puff paste [...peɪ-]; ~ для блинóв bátter; замесѝть ~ make* dough / pástry; месѝть ~ knead dough; 2. (*тестообразная масса*) paste. ~**месѝлка** *ж.* knéader.

тестообрáзн||ый dóughy ['douɪ], pásty ['peɪ-]; ~ая мáсса paste [peɪst]; ~ое состоя́ние pástiness ['peɪ-], paste.

тесть *м.* fáther-in-law ['fɑ:-] (*pl.* fáthers-) (*wife's father*).

тесьмá *ж. тк. ед.* braid *и т. д.* (*см.* тесёмка).

тетанѝя [тэ-] *ж. мед.* tétany.

тётенька *ж. разг.* áunty ['ɑ:ntɪ].

тéтерев *м.* héath-còck, bláck-còck, black grouse / game [...-s...].

тетёрка *ж.* gréy-hèn.

тетéря *ж. разг.*: глухáя ~ ≅ deaf féllow [def...]; сóнная ~ sléepyhead [-hed].

тетивá *ж.* 1. (*лука*) bów-strìng ['bou-]; 2. *стр.* (*у лестницы*) string-board, stríng|er.

тётка *ж.* 1. aunt [ɑ:nt]; 2. *разг.* (*в обращении*) móther ['mʌ-], ma [mɑ:], lády (*as term of address to elderly woman*).

тетрагóн [тэ-] *м. мат.* tétragon. ~**áльный** [тэ-] *мат.* tètrágonal.

тетрáдка *ж.*, **тетрáдь** *ж.* 1. wríting-book; (*школьная*) éxercìse book; (*школьная, для переписывания*) cópy-book ['kɔ-]; черновáя тетрáдь rough nóte-book [rʌf...]; тетрáдь для рисовáния dráwing-book, skétch-book; нóтная тетрáдь músic book [-zɪk...]; тетрáдь пѝсчей бумáги pácket of nóte-pàper; 2. (*отдельный выпуск произведения*) part.

тетралóгия [тэ-] *ж. лит.* tètrálogy.

тетрáэдр [тэ-] *м. мат.* tétrahédron [-'he-].

тётушка *ж.* aunt [ɑ:nt]; *ласк.* áunty ['ɑ:ntɪ].

тётя *ж.* 1. aunt [ɑ:nt] (*в соединении с именем пишется с прописной буквы*); 2. (*в обращении*) áunty ['ɑ:ntɪ]; 3. *шутл.* wóman* ['wu-], dame; 4. (*о незнакомой женщине — в детском употреблении*) lády.

тéфтели *мн. кул.* (small) méat-bàlls.

тех *рд., вн., пр. мн. см.* тот.

тех- *сокр.* технѝческий.

техмѝнимум *м.* (технѝческий мѝнимум) (requíred) mínimum of téchnical knówledge [...'nɔ-]; сдать ~ take* one's exàminátion in the requíred mínimum of téchnical knówledge.

тéхник *м.* tèchnícian; зубнóй ~ déntal mechánic [...-'kæ-].

тéхник||а *ж.* 1. tèchníques [-'ni:k] *pl.*; téchnics *pl.*, tèchníque; ~ безопáсности sáfe|ty ènginéering [...endʒ-], sáfe|ty arránge|ments [...-eɪndʒ-] *pl.*; на бáзе вы́сшей ~и on the básis of hígher tèchníques [...'beɪ-...]; наýка и ~ science and èngìnéering; 2. (*приёмы исполнения*) tèchníque; овладéть ~ой máster the tèchníque; 3. (*оборудование, вооружение*) (téchnical) equípment; (*машины*) machínery [-'ʃi:-]; боевáя ~ mílitary equípment; wéapons and equípment ['wep-...] *pl.*

тéхникум *м.* téchnical school.

техницѝзм *м.* téchnicism.

технѝческ||ий téchnical; ~ тéрмин téchnical term; ~ое образовáние téchnical èducátion; ~ прогрéсс tèchnológical prógrèss; ~ие культýры *с.-х.* téchnical / indústrial crops; ~ие наýки téchnical sciences.

технó||лог *м.* tèchnólogist. ~**логѝческий** tèchnológical. ~**лóгия** *ж.* tèchnólogy.

техрéд *м.* (технѝческий редáктор) téchnical éditor.

течéни||е *с.* 1. flow [-ou]; (*о времени, событиях и т. п.*) course [kɔ:s], плáвное ~ рéчи éven flow of speech; ~ дел course of affáirs; 2. (*ток, струя*) cúrrent, stream; морскóе ~ (sea) cúrrent; бы́строе ~ rápid / swift cúrrent; сѝльное ~ strong cúrrent; тёплое ~ warm cúrrent; воздýшное ~ air cúrrent; постоя́нное ~ *мор.* cúrrent; вниз по ~ю dówn-stréam; плыть по ~ю go* with the stream; плыть, идтѝ прóтив ~я go* against the stream; 3. (*направление в науке, искусстве, политике*) cúrrent, trend, téndency; ◇ в ~ *предл.* (*рд.*) dúring; в ~ дня dúring the day; в ~ всегó дня the whole day long [...houl...]; в ~ недéли in the course of a week, withín a week; с ~ем врéмени in time, in due course, evéntually.

тéчка *ж. тк. ед. биол.* heat (*of animals*).

теч||ь I *гл.* 1. flow [-ou], run*; (*двигаться плавно*) glide; (*о звуках, мыслях*) flow; (*о толпе*) pour forth / down [pɔ:...]; (*о времени*) pass; рекá ~ёт the ríver flows [...'rɪ-...]; у негó кровь ~ёт ѝз носу his nose is bléeding; у негó слю́нки текýт his mouth wáters [...'wɔ:-]; у негó ѝз носу ~ёт his nose is rúnning, he has a rúnning nose; с негó ~ёт пот he is bathed in pèrspirátion / sweat [...beɪ-...swet], he is perspíring / swéating at every pore [...'swet-...]; у негó слёзы теклѝ the tears streamed / ran down his cheeks; врéмя ~ёт бы́стро time flies, time slips by; дни мéдленно текýт the days pass slówly by [...'slou-...]; (*томительно*) the days drag on, *или* crawl by; 2. (*иметь течь*) leak, be léaky.

течь II *ж.* leak; дать ~ spring* a leak.

тёша *ж.* = тёшка.

тéшить, потéшить (*вн.*; *развлекать*) amúse (*d.*), èntertáin (*d.*); (*угождать*) please (*d.*), grátifỳ (*d.*); ~ взор be|guíle the eye [...aɪ]. ~**ся**, потéшиться 1. (*тв.*; *развлекаться*) amúse / enjóy òne|sélf (with); 2. (*над*) make* fun (of); ◇ чем бы дитя́ не тéшилось, лишь бы не плáкало ≅ ány|thing for a quiet life; мѝлые браня́тся — тóлько тéшатся ≅ lóvers' tiffs are hármless ['lʌ-...], love's not compléte without a quárrel [lʌv-...].

тёшка *ж.* téshka (*smoked belly of sturgeon, etc.*).

тёща *ж.* móther-in-law ['mʌ-] (*pl.* móthers-) (*wife's mother*).

тиáра *ж.* tiára [-'ɑ:-].

тибéт||ец *м.*, ~**ский** Tibétan [-'be-].

тѝгель *м. тех.* crúcible. ~**ный** crúcible (*attr.*); ~ная сталь crúcible steel.

тигр *м.* tíger [-gə]. ~**ёнок** *м.* tíger cub [-gə...]. ~**ѝца** *ж.* tígress. ~**óвый** tíger [-gə] (*attr.*); (*полосатый*) stríped; ~óвая шкýра tíger-skìn [-gə-].

тик I *м. мед.* tic.

тик II *м.* (*ткань*) tick, tícking (*material*).

тик III *м. бот.* teak.

тѝкание *с. разг.* tick, tícking (*of clock*).

тѝкать *разг.* tick.

ти́ккер *м. рад.* tícker.

ти́ковый I *прил. к* тик II.

ти́ков||ый II *прил. к* тик III; ~ое де́рево teak (tree).

ти́льда *ж. полигр.* tilde [-dɪ].

тимиа́н *м. бот.* thyme [t-].

тимо́л *м. хим.* thýmòl.

тимофе́евка *ж. бот.* tímothy (-gràss).

тимпа́н *м.* **1.** *муз.* tímbrel; **2.** *арх.* týmpanum (*pl.* -nums, -na).

тимья́н *м.* = тимиа́н.

ти́н||а *ж. тк. ед.* slime, mud, ooze; mire (*тж. перен.*). **~истый** slímy, múddy, óozy, míry.

тинкту́ра *ж. фарм.* tíncture; ~ йо́да tíncture of íodine [...-diːn]; ~ о́пия láudanum ['lɔːdnəm].

тиоко́л *м. фарм.* thíocol.

тип *м.* **1.** (*в разн. знач.*) type; (*моде́ль*) módel ['mɔ-], páttern; (*разнови́дность*) spécìes [-ʃiːz]; ~ корабля́ class of ship; **2.** *разг.* féllow; (*стра́нный челове́к*) cháracter ['kæ-], strange /queer féllow [-eɪndʒ...], queer bird.

типиз||а́ция *ж.* tỳpificátion. **~и́ровать** *несов. и сов.* (*вн.*) týpifỳ (*d.*).

типи́ческий týpical, chàracterístic [kæ-].

типи́чн||ость *ж.* týpicalness, týpical náture [...'neɪ-]. **~ый** týpical, chàracterístic [kæ-]; ~ая фигу́ра type.

типов||о́й type (*attr.*); módel ['mɔ-] (*attr.*), stándard (*attr.*); ~ догово́р módel agréement; ~а́я моде́ль stándard módel; ~о́е проекти́рование домо́в house plánning on a mass scale [-s...].

типо́граф *м.* **1.** (*рабо́тник*) prínter; **2.** (*маши́на*) tỳpógraph [taɪ-].

типогра́ф||ия *ж.* príntìng-house* [-s], príntìng-wòrks, press; посла́ть ру́копись в ~ию send* an MS (*a mánuscript*) to the press; 1-я Образцо́вая типогра́фия (*назва́ние*) The First Módel Press [...'mɔ-...]. **~ский** tỳpográphical [taɪ-]; ~ское иску́сство tỳpógraphy [taɪ-]. **~щик** *м. уст.* prínter.

типолитогра́фия *ж.* tỳpolithógraphy [taɪ-].

типо||логи́ческий tỳpológical [taɪ-]. **~ло́гия** *ж.* tỳpólogy [taɪ-].

типу́н *м.* (*боле́знь птиц*) pip (*bird disease*); ✧ ~ тебе́ на язы́к! ≅ a plague on you for sáying such things! [...pleɪg...].

тир *м.* (*откры́тый*) shóoting-rànge [-eɪndʒ]; (*закры́тый*) shóoting-gàllery.

тира́да *ж.* tìráde [taɪ-].

тира́ж *м.* **1.** (*за́йма и т. п.*) dráwing; вы́йти в ~ be drawn; (*перен.*: *отслужи́ть*) have served one's time; (*станови́ться устаре́лым*) become* sùperánnuàted; э́та облига́ция вы́шла в ~ this bond has been drawn; **2.** *полигр.* (*о периоди́ческом изда́нии*) cìrculátion; (*о кни́ге*) edítion (*of so many copies*).

тира́н *м.* týrant. **~ить** (*вн.*) týrannìze (óver); (*му́чить*) tòrmént (*d.*). **~и́ческий** tyránnical; (*жесто́кий*) cruel [kruəl]. **~и́я** *ж.* týranny. **~ство** *с.* týranny; (*жесто́кий посту́пок*) crúelty ['kruə-]. **~ствовать** (над) *разг.* týrannìze (óver), be a týrant (to).

тире́ [-pэ́] *с. нескл.* dash.

тиро́лец *м.*, **тиро́льский** Tỳrolése.

тирс *м. миф.* thýrsus (*pl.* -sì).

тис *м. бот.* yéw(-tree).

ти́скальщик *м. полигр.* préss|man*.

ти́скать, ти́снуть (*вн.*) **1.** *тк. несов. разг.* squeeze (*d.*), press (*d.*); **2.** *полигр.* pull [pul] (*d.*).

тиск||и́ *мн. тех.* vice *sg.*; зажа́ть в ~ (*вн.*) grip in a vice (*d.*); в ~а́х чего́-л. (*перен.*) in the grip / clútches of smth.

тисн||е́ние *с.* stámping. **~ёный** stamped.

ти́снуть *сов. см.* ти́скать 2.

тита́н I *м. миф.* (*тж. перен.*) Títan.

тита́н II *м. хим.* tìtánium [taɪ-].

тита́н III *м.* (*кипяти́льник*) bóiler.

тита́нистый *хим.* tìtaníferous [taɪ-].

титани́ческий tìtánic [taɪ-].

тита́новый *хим.* tìtánic [taɪ-].

ти́тло *с. лингв.* title of abbrèviátion (*in Old Slavic*).

титр *м.* **1.** *хим.* títre; **2.** *кин.* cáption.

титрова́ние *с.* tìtrátion [taɪ-].

титрова́ть *несов. и сов.* (*вн.*) títràte ['taɪ-] (*d.*).

ти́тул *м.* (*в разн. знач.*) title.

титуло́ванный *прич. и прил.* títled.

титулова́ть *несов. и сов.* (*вн.*) style (*d.*), entítle (*d.*).

ти́тульный *полигр.* title (*attr.*); ~ лист títle-pàge.

титуля́рный: ~ сове́тник *ист.* títular cóunsellor (*lowest civil rank in tsarist Russia*).

тиф *м.* týphus ['taɪ-]; брюшно́й ~ týphoid/èntéric féver ['taɪ-...], týphoid; сыпно́й ~ týphus, spótted féver; возвра́тный ~ relápsing féver.

ти́фдрук *м. полигр.* mézzòtint ['medzou-].

тифо́зн||ый **1.** *прил.* týphus ['taɪ-] (*attr.*); týphoid ['taɪ-]; ~ая лихора́дка týphoid féver; ~ больно́й týphus pátient; **2.** *м. как сущ.* týphus pátient.

ти́х||ий **1.** (*не гро́мкий*) quíet; low [lou] (*особ. о го́лосе*); (*бесшу́мный*) sílent; (*безмо́лвный*) still; (*мя́гкий, не́жный*) soft, gentle; (*сла́бый*) faint; ~ое журча́ние ручья́ gentle múrmur of a brook; ~ие шаги́ nóise|less steps; light fóotfàll [...'fut-] *sg.*; ~ лес, бе́рег sílent fórest, shore [...'fɔ-...]; ~ая ночь still / seréne night; ~ стон low / faint moan; говори́ть ~им го́лосом speak* in a low voice, speak* in hushed / low tones; **2.** (*споко́йный*) calm [kɑːm], quíet; (*ми́рный*) péace|ful; ~ая грусть gentle mélancholy [...-kə-]; ~ая пого́да calm wéather [...'we-]; ~ ребёнок quíet child*; ~ нрав gentle / plácid dìsposítion [...-'zɪ-]; ~ая жизнь péace|ful / quíet life; ~ая вода́ still wáter [...'wɔː-]; **3.** (*ме́дленный*) slow [-ou]; (*неторопли́вый*) únhúrried; ~им ша́гом slówly ['slou-], with a slow step; ~ ход slow speed; ~ая торго́вля slack trade; ✧ в ~ом о́муте че́рти во́дятся *посл.* ≅ still wáters run deep.

ти́хо I **1.** *прил. кратк. см.* ти́хий; **2.** *предик. безл.* (*о пого́де*) it is calm [...kɑːm], there is not a breath of air [...-eθ...]; (*нет шу́ма*) it is quíet, there is not a sound to be heard [...həːd]; ста́ло ~ it becáme quíet, the noise died a|wáy; на душе́ у него́, у них *и т. д.* ста́ло ~ he, they, *etc.*, regáined his, their, *etc.*, peace of mind; his, their, *etc.*, mind / heart has been set at rest [...hɑːt...]; в до́ме бы́ло ~ the house* was quíet [...haus...].

ти́хо II *нареч.* **1.** (*негро́мко*) quíetly, sóftly, géntly; fáintly; sílent|ly; (*ср.* ти́хий 1); ~ говори́ть speak* in a low voice [...lou...], speak* in low / hushed tones; ~ стуча́ть в дверь knock géntly, tap at the door [...dɔː]; **2.** (*споко́йно*) quíetly; cálmly ['kɑːm-]; péace|fully; (*ср.* ти́хий 2); де́ти веду́т себя́ ~ the children are not making any noise, the children are beháving quíetly; сиде́ть ~ sit* still; жить ~ live quíetly / péace|fully [lɪv...]; **3.** (*ме́дленно*) slówly [-ou-]; дела́ иду́т ~ things are slack; **4.** *разг.*: ~! (*осторо́жно!*) géntly!, cáre|ful!.

тихомо́лком *нареч. разг.* quíetly, without a word; (*незаме́тно, укра́дкой*) on the quíet.

тихо́нько *нареч. разг.* **1.** (*негро́мко*) quíetly, sóftly, géntly; **2.** (*ме́дленно*) slówly [-ou-]; **3.** (*потихо́ньку, тайко́м*) on the sly.

тихо́н||я *м. и ж. разг.* meek créature / pérson; góody-góody pérson *ирон.*; прики́дываться, смотре́ть ~ей ≅ look as if bútter would not melt in one's mouth *идиом.*

тихоокеа́нский Pacífic.

тихохо́д *м. зоол.* sloth [-ouθ].

тихохо́дный slow [-ou]; lów-speed ['lou-] (*attr.*).

тихо́хонько *нареч. разг.* very quíetly.

ти́ше **1.** *сравн. ст. см. прил.* ти́хий *и нареч.* ти́хо II; **2.**: ~! hush!, (be) quíet!; (*молча́ть!*) sílence! ['saɪ-]; (*осторо́жнее!*) cáre|ful!, géntly!; ✧ ~ воды́, ни́же травы́ *погов.* ≅ meek and mild, meek as a lamb.

тишин||а́ *ж.* quíet, sílence ['saɪ-]; (*споко́йствие*) calm [kɑːm], peace; соблюда́ть ~у́ make* no noise, keep* quíet; водвори́ть ~у́ impóse / estáblish sílence; наруша́ть ~у́ distúrb / break* the sílence [...-eɪk...]; в ~е́ in (the) silence; ~ и спокойствие peace and quiet.

тиш||ь *ж.* = тишина; в ~й in (the) silence [...'saɪ-]; quietly; в ночной ~й in the silence of the night; ◇ ~ да гладь *разг.* peace and harmony.

тканев||ый tissue (*attr.*); ~ая терапия tissue therapy.

тканый woven.

ткан||ь *ж.* **1.** *текст.* cloth, fabric, material, textile; шёлковая ~ silk (cloth); шёлковые ~и silks; шерстяная ~ woollen cloth ['wul-...]; вязаная ~ knitted fabric; **2.** *биол.* tissue; **3.** *тк. ед.* (*существо, основа*) substance; ~ событий tissue of events.

тканьё *с.* **1.** (*действие*) weaving; **2.** *собир.* (*ткани*) cloth; woven fabrics *pl.*

ткать, соткать (*вн.*) weave* (*d.*); ~ паутину spin* a web.

тацк||ий weaving, weaver's; ~ станок loom; ~ челнок shuttle; ~ое дело weaving.

ткацко-прядильный textile (*attr.*).

ткач *м.* weaver. **~ество** *с.* weaving. **~иха** *ж.* к ткач.

ткнуть *сов. см.* тыкать I. **~ся** *сов. см.* тыкаться.

тлен||ие *с.* **1.** (*гниение*) decay, putrefaction, de¦composition [-'zɪ-]; **2.** (*горение без пламени*) smouldering ['smou-]. **~ность** *ж.* perishability, perishable¦ness. **~ный** perishable.

тлетворн||ость *ж.* noxious¦ness, perniсious¦ness. **~ый** noxious, pernicious; (*порождённый тлением*) putrid; ◇ ~ая пропаганда войны pernicious war propaganda.

тлеть **1.** (*гнить*) rot, decay, putrefy; (*разрушаться и рассыпаться*) moulder ['moul-]; **2.** (*гореть без пламени; тж. перен.; о чувстве*) smoulder ['smoul-]; в его сердце ещё тлеет надежда he still has a glimmer of hope. **~ся** *разг.* smoulder ['smoul-].

тля *ж. зоол.* plant-louse* [-ɑːntlaus]; aphis ['eɪ-] (*pl.* -ides [-diːz]) *научн.*

тмин *м.* **1.** (*растение*) caraway; **2.** *собир.* (*семена*) caraway-seeds *pl.* **~-ный** caraway (*attr.*).

то I *с.* **1.** *мест. см.* тот; то, что what, the fact that, that which; он узнал то, что ему надо he learned what he wanted to know [...lɜːnd ...nou]; **2.** *как сущ.*: то был, была, было that was; то были those were; то были трудные годы those were difficult years; ◇ то есть (*сокр.* т. е.) that is (*сокр.* i. e.), that is to say; то бишь that is to say; (да) и то and even (then): у меня остался один карандаш, да и то плохой I have one pencil left, and even then it is a bad* one; — (а) не то or else, other¦wise: приезжай вовремя, (а) не то уеду без тебя come in time, or else, *или* other¦wise, I shall go without you; — то-то же now you understand; то-то и оно ≅ that's what it is; то ли (ещё) будет! what will it / things be like then?; то и дело perpetually, incessantly; *часто переводится глаг.* keep* on (+ *ger.*): то и дело раздаются звонки the bell keeps on ring¦ing.

то II *союз* (*в таком случае*) then; *часто не переводится*: если вы не пойдёте, то я пойду if you don't go, (then) I shall; раз так, то я не пойду if so, then I shall not go.

то III *союз*: то..., то now..., now; some¦times..., some¦times; first..., then; at one moment..., at another; то тут, то там now here, now there; не то... не то (either)... or ['aɪ-...]; half... half [hɑːf...]: не то по неопытности, не то по небрежности (either) through inexperience or through care¦lessness; не то снег, не то дождь half snow, half rain [...snou...]; — то ли... то ли whether... or.

-то *частица* just, precise¦ly [-s-], exactly: в том-то и дело that is just it; этого-то я и хотел that is precise¦ly what I wanted.

тобою *тв. см.* ты.

товар *м.* goods [gudz] *pl.*, wares *pl.*; (*предмет торговли*) article; *эк.* commodity; ходкий ~ marketable / salable goods *pl.*; popular articles *pl.*; партия ~а a consignment (of goods) [...-'saɪn-...]; продовольственные ~ы foodstuffs; промышленные ~ы manufactured goods; ◇ показать ~ лицом *разг.* ≅ show* smth. to good effect, *или* to advantage [ʃou...-'vɑː-].

товарищ *м.* **1.** comrade; (*друг*) friend [fre-]; (*спутник*) companion [-'pæ-]; (*коллега*) colleague [-liːg]; ~ по работе fellow worker; (*в устах рабочего*) mate; ~ по несчастью fellow-sufferer, companion in distress, fellow victim (*pl.* fellow victims); школьный ~ schoolfriend [-fre-], schoolfellow; ~ детства friend of *one's* child¦hood [...-hud]; ~ по классу class-mate; ~ по оружию companion-in-arms [-'pæ-] (*pl.* companions-); ~ по плаванию (*на корабле*) shipmate; **2.** (*обращение; тж. перед фамилией*) Comrade; **3.** (*помощник, заместитель*) assistant, under-; ~ министра deputy / assistant minister; (*в Англии*) under-secretary; ~ председателя vice-chair¦man*, vice-president [-z-].

товарищеск||ий comrade¦ly; (*дружеский*) friendly ['frend-]; un¦official; ~ая встреча un¦official match; с ~им приветом (*в конце письма*) ≅ yours fraternally; ~ поступок friendly act; ~ие отношения comrade¦ly relations; ◇ ~ суд comrades' court [...kɔːt].

товариществ||о I *с.* (*товарищеские отношения*) comrade¦ship; чувство ~а feeling of solidarity / fellowship.

товарищество II *с.* (*объединение*) association; (*компания*) company ['kʌ-]; ~ на паях joint-stock company; ~ по совместной обработке земли agricultural association.

товарка *ж. уст. разг.* friend [fre-].

товарно-денежн||ый: ~ые отношения commodity-money relations [-'mʌ-...].

товарн||ость *ж. эк.* ratio of commodity out¦put to the total out¦put [...-put...], marketability, marketable value; высокая ~ high marketability, high marketable surplus (-es) (*pl.*); высокая ~ колхозного производства the production of a high marketable surplus by the collective farms. **~ый** **1.** goods [gudz] (*attr.*), commodity (*attr.*); ~ый знак trade mark; ~ый склад ware¦house* [-s]; ~ая биржа commodity exchange [...-'tʃeɪ-]; ~ый голод goods famine; **2.** *эк.* commodity (*attr.*); goods (*attr.*); ~ая продукция commodity out¦put [...-put]; ~ое производство commodity production; при ~ом производстве under the commodity production system; ~ое хозяйство commodity economy [...iː-]; ~ое обращение commodity circulation; ~ые излишки marketable surpluses; ~ая сельскохозяйственная продукция marketable agricultural produce; **3.** *ж.-д.*: ~ый поезд goods train; freight train *амер.*; ~ый вагон goods wagon [...'wæ-]; freight car *амер.*; ~ая станция goods station / yard; freight yard *амер.*

товаровед *м.* **1.** (*специалист по товароведению*) expert in the science of commodities; **2.** (*работник*) goods manager [gudz...].

товароведение *с.* science of commodities.

товаро||обмен *м. эк.* barter. **~оборот** *м. эк.* commodity circulation. **~отправитель** *м.* forwarder of goods [...gudz], consignor [-'saɪnə].

товаро-пассажирский: ~ поезд mixed goods-and-passenger train [...'gudz- -ndʒə...].

товаро||получатель *м.* recipient of goods [...gudz], consignee [-saɪ'niː]. **~производитель** *м. эк.* commodity producer.

тога *ж. ист.* toga.

тогда *нареч.* **1.** (*в разн. знач.*) then; (*в то время тж.*) at that time; ~-то и нужно было это сделать it was then that it should have been done; ~-то и нужно будет это сделать it is then that it must be done, that will be the time to do it; ~ же at the same time; когда..., ~ when... (тогда *не переводится*): когда он отказался, ~ я решил действовать when he refused I decided to act, it was when he refused that I decided to act; что ~? *разг.* what of it?; **2.**: ~ как *союз* where¦as, while.

тогдашн||ий *разг.* of that time, of those times / days; ~ее время those times / days *pl.*

того *рд. см.* тот.

тождественн||ость *ж.* identity [aɪ-], same¦ness; ~ точек зрения identity of outlook. **~ый** identical [aɪ-], (one and) the same; ~ый чему́-л. idéntical with smth.

то́ждество *с.* idéntity [aɪ-] (*sameness*); представля́ть собо́й ~ be idéntical [...aɪ-].

то́же *нареч.* álsò ['ɔːl-], as well, too: он ~ пойдёт he is álsò góing, he is góing as well, *или* too; вы его́ зна́ете? Я ~ do you know him? So do I, *или* I do, too [...nou...]; я там был, мой брат ~ I was there, and my bróther was there álsò, *или* so was my bróther [...'brʌ-...]; я бу́ду там, мой брат ~ I shall be there, and my bróther will álsò be there, *или* so will my bróther; вы ви́дели э́то? Они́ ~ did you see it? They did too, *или* so did they; — ~ не not... éither [...'aɪ-]: он ~ не зна́ет he does not know éither; его́ там ~ не́ было he was not there éither; — я не шучу́.— Я ~ не шу́чу I am not jóking.— Néither/nor am I [...'naɪ-...]; у меня́ ~ нет néither have I; я ~ не бу́ду néither shall I; ◇ ~ хоро́ш! *you're* a nice one, to be sure [...ʃuə].

тоже́ственный=тожде́ственный.

то́жество *с.*=то́ждество.

ток I *м.* (*течение*; *тж. эл.*) cúrrent; ~ во́здуха air cúrrent; ~ высо́кого напряже́ния hígh-ténsion cúrrent; ~ высо́кой частоты́ hígh-fréquency cúrrent [-'friː-...]; включи́ть, вы́ключить ~ switch on, switch off the cúrrent.

ток II *м.* (*головной убор*) toque [touk].

ток III *м. охот.* (birds') máting-plàce.

ток IV *м.* (*площадка для молотьбы*) thréshing-floor [-flɔː].

тока́й *м.*, **~ское вино́** Tòkáy [tou-].

тока́рн||ый túrning; ~ая мастерска́я túrnery (*workshop*); ~ стано́к lathe [leɪð]; ~ цех túrning shop, túrnery; ~ая стру́жка *собир.* túrnings *pl.*

то́карь *м.* túrner, lathe óperàtor [leɪð...]; ~ по де́реву wood túrner [wud...].

токка́та *ж. муз.* toccáta [-'kɑː-].

токов||а́ние *с.* (birds') máting-càll. **~а́ть** útter *its* máting-càll.

токоприёмник *м. эл.* (*складной*) pántogràph; дугово́й ~ bow [bou].

токсико́з *м. мед.* tòxicósis [-'kou-].

токсиколо́гия *ж.* tòxicólogy.

токси́н *м. мед.* tóxin.

токси́ческий *мед.* tóxic.

тол *м. хим.* (*тринитротолуол*) tólìte.

то́левый *стр.* of róofing/tarred felt.

толи́ка *ж.*: ма́лая ~ (*с сущ. в ед. ч.*) a little; (*с сущ. во мн. ч.*) a few.

толк *м.* 1. (*смысл*) sense; (*польза*) use [juːs]; с ~ом (*со смыслом*) intélligently, sénsibly, with sense; (*с результатом*) succéssfully; бе́з ~у (*бестолково*) sénselessly, irrátionally; (*напрасно*) to no púrpose [...-s], for nothing; что ~у? what is the use?; говори́ть бе́з ~у talk nónsense; сбить с ~у (*вн.*) confúse (*d.*), muddle (*d.*), bewílder [-'wɪ-] (*d.*); доби́ться ~у attáin one's óbject; от него́ ~у не добьёшься you can't get any sense out of him [...kɑːnt...]; не вы́йдет ~у (из) nothing will come (of); 2. *уст.* (*направление*) trend; (*религиозный*) dóctrine; ◇ взять в ~ (*вн.*) ùnderstánd* (*d.*), see* (*d.*); понима́ть, знать ~ в чём-л. be a good judge of smth.

толк||а́ть, толкну́ть 1. (*вн.*) push [puʃ] (*d.*); shove [ʃʌv] (*d.*) *разг.*; (*нечаянно*) jog (*d.*); *сов. тж.* give* a push/shove (*i.*); ~ ло́ктем кого́-л. nudge smb.; (*нечаянно*) jog smb.'s élbow; 2. (*вн.*; *двигать вперёд*) push on (*d.*); ~ ядро́ *спорт.* put* the shot; 3. (кого́-л. на что-л.; *побуждать*) incíte (*d.* to), ínstigàte (*d.* to); ~ кого́-л. на преступле́ние ínstigàte/drive* smb. to crime. **~а́ться**, толкну́ться 1. *тк. несов.* (*толкать друг друга*) push one another, *или* each other [puʃ...], jostle; не ~а́йтесь don't push; ~а́ться локтя́ми élbow (one another); 2. (куда́-л., к кому́-л.) *разг.* knock at smb.'s door [...dɔː]; (*пытаться увидеть кого-л.*) try to get at smb.; 3. *тк. несов. разг.* (*слоняться*) loaf/lounge abóut.

толка́ч *м.* 1. *тех.* stamp; 2. *ж.-д.* púsher ['pu-]; 3. *разг.* (*о человеке*) púsher, gó-gétter [-'ge-].

то́лк||и *мн.* (*слухи*) talk *sg.*, rúmours; (*сплетни*) góssip *sg.*; иду́т ~ о том, что people say that [piː-...], it is said that [...sed...], there is a rúmour, *или* are rúmours, that, it is rúmoured that; вы́звать мно́го ~ов give* rise to a lot of talk; станови́ться предме́том ~ов become* food for góssip; положи́ть коне́ц ~ам put* a stop to idle talk.

толкну́ть *сов. см.* толка́ть. **~ся** *сов. см.* толка́ться 2.

толкова́||ние *с.* 1. intèrpretátion; (*действие тж.*) intérpreting; (*тк. о поступке, о чьих-л. словах*) constrúction; дать непра́вильное ~ чего́-л., чему́-л. give* a wrong intèrpretátion of smth.; put* a wrong constrúction on smth.; 2. (*объяснительный текст*) cómmentary. **~тель** *м.* intérpreter; (*комментатор*) cómmèntàtor. **~тельница** *ж.* intérpretress; (*комментатор*) cómmèntàtor.

толкова́ть 1. (*вн.*) intérpret (*d.*); ~ зако́н intérpret the law; ~ нея́сные места́ intérpret àbstrúse pássages [...-s...]; ~ всё в дурну́ю сто́рону put* an ill constrúction on éverything, see* éverything in the worst light; э́тот посту́пок мо́жно ~ и так и ина́че this áction may be intérpreted in many ways; ло́жно ~ mìsintérpret (*d.*), mìsconstrúe (*d.*); 2. *разг.* (*вн. дт.*; *объяснять*) expláin (*d.* to); ско́лько ему́ ни толку́й, он ничего́ не понима́ет you can go on expláining till tomórrow without máking him ùnderstánd; it's a waste of time to try to expláin things to him [...weɪst...]; 3. (с *тв.* о *пр.*; *разговаривать*) talk (with abóut); (*обсуждать*) discúss (with *d.*); что тут мно́го ~ it's no use tálking abóut it, *или* discússing it [...juːs...]; ◇ он всё своё толку́ет he keeps on hárping on the same string; толку́ют, бу́дто people/they say that [piː-...].

толко́вый 1. (*понятный*) intélligible, clear; 2. (*о человеке*) sénsible, intélligent; он ~ челове́к he has a head on his shóulders [...hed ...'ʃou-]; 3.: ~ слова́рь defíning díctionary.

то́лком *нареч. разг.* (*ясно*) pláinly, cléarly; (*серьёзно*) sériously, éarnestly ['əːn-]; скажи́ ~ say pláinly, tell me pláinly.

толкотня́ *ж. разг.* crush, squash; там така́я ~ it is so dénsely crówded there, there is such a dense crowd there.

толку́ч||ий: ~ ры́нок *разг.* sécond-hand márket ['se-...]. **~ка** *ж. разг.* 1.= толкотня́; 2.= толку́чий ры́нок *см.* толку́чий.

толма́ч *м. уст.* intérpreter.

толокно́ *с.* oat flour.

толокня́нка *ж. бот.* béarberry ['bɛə-].

толоко́нный *прил.* к толокно́; ◇ ~ лоб blóckhead [-hed], dúnderhead [-hed].

толо́чь, растоло́чь (*вн.*) pound (*d.*); ◇ ~ во́ду в сту́пе ≅ beat* the air, mill the wind [...wɪnd]. **~ся** 1. *разг.* (*слоняться*) hang* abóut; (*шляться*) gad abóut; 2. *страд.* к толо́чь.

толпа́ *ж.* crowd; (*большая тж.*) throng; (*перен.*: *множество*) múltitùde, crowd.

толпи́ться crowd; (*о большой толпе*) throng; (*собираться группами*) clúster.

толпо́й *нареч.* in a bódy [...'bɔ-]; дви́гаться ~ flock.

то́лстенький *разг.* plump, stóutish; ~ ребёнок chúbby báby.

толст||е́ть, потолсте́ть grow* fat/stout [-ou...], put* on flesh. **~и́ть** (*вн.*) *разг.* make* (*d.*) look fát(ter).

толстова́тый stóutish, plúmpish, ráther stout/plump ['rɑː-...].

толсто́вец *м.* Tólstoyan.

толсто́вка I *ж.* к толсто́вец.

толсто́вка II *ж.* (*блуза*) tòlstóvka (*man's long belted blouse*).

толсто́вство *с.* Tólstoyism, the téachings of Tólstoy *pl.*

толстогу́бый thick-lípped.

толстоко́ж||ие *мн. скл. как прил. зоол.* pàchydérmata [-kɪ-] *научн.*; páchydèrms [-kɪ-] *разг.* **~ий** 1. *зоол.* pàchydérmatous [-kɪ-]; ~ее живо́тное páchydèrm [-kɪ-]; 2. (*о фруктах и т. п.*) thick-skinned; (*перен.*; *о че-*

ловеке) thick-skínned; *(неотзывчивый)* ùnféeling, cáse-hárdened ['keɪs-].

толсто||мо́рдый *груб.* búll-fáced ['bul-], fát-fáced. **~но́гий** thíck-légged. **~пу́зый** *груб.* pót-béllied.

толстосу́м *м. уст. разг.* móney-bàgs ['mʌ-] *pl.*

толсту́||ха *ж. разг.* stout/fat wóman* [...'wu-]; *(о девочке)* stout/fat girl [...gə:l]. **~шка** *ж. разг.* fátty; plump wóman* [...'wu-]; *(о девочке)* fátty; plump girl [...gə:l].

то́лст||ый **1.** thick; *(о материи тж.)* héavy ['he-]; ~ слой чего́-л. thick láyer of smth.; ~ая па́лка thick/stout stick; ~ая кишка́ *анат.* large intéstine; ~ое сукно́ héavy/stout cloth; ~ ковёр héavy/thick cárpet; **2.** *(о человеке)* stout, fat, córpulent; *(о губах, пальцах и т. п.)* thick; ~ые щёки fat cheeks; ◇ ~ журна́л *(ежемесячник)* literary monthly [...'mʌ-].

толстя́к *м.* stout/fat/córpulent man*; *(о юноше, мальчике)* fat boy.

толуо́л *м. хим.* tóluène, tóluòl.

толч||е́ние *с.* póunding, crúshing. **~ёный** póunded, crushed; *(дроблёный)* ground; ~ёный минда́ль ground álmonds [...'ɑːm-] *pl.*

толчея́ *ж. разг.* crowd, crush.

толч||о́к *м.* push [puʃ]; *(при езде)* jolt, bump, jerk; *(при землетрясении)* shock, (earth) trémor [ɜ:θ 'tre-]; *(перен.: побуждение)* incíte|ment, stímulus *(pl.* -lì); дава́ть ~ чему́-л stímulàte smth., give* ímpetus to smth., start smth. off; дать мо́щный ~ чему́-л. give*/be a pówerful incéntive to smth., be a pówerful spur to smth.; э́то послужи́ло для него́ ~ко́м (к) this was an incíte|ment to him (to), this spurred/stímulàted him (to).

то́лща *ж.* thíckness; *(перен.)* the thick.

то́лще *сравн. ст. прил. см.* то́лстый.

толщина́ *ж.* **1.** thíckness; **2.** *(человека)* stóutness, córpulence.

толь *м. стр.* róofing/tarred felt.

то́лько **1.** *нареч. (в разн. знач.)* ónly, mére|ly; *(единственно)* sóle|ly; он ~ хоте́л узна́ть he ónly/mére|ly wánted to know [...nou]; ~ вчера́ я с ним ви́делся I saw him ónly yésterday [...-dɪ]; вы ви́дите ~ ...all you can see is...; ~ случа́йно ónly by chance, not... excépt by chance; э́то могло́ произойти́ ~ случа́йно it could not háppen, *или* have háppened, excépt by chance; ~ потому́, что just/ónly becáuse [...-'kɔz]; ~ в после́днюю мину́ту not till the last móment; ~ по́здно ве́чером it was not until late in the évening [...'iːv-]; сейча́с ~ два часа́ it is ónly two o'clóck now; ~ попро́буй э́то сде́лать you just try to do it; каки́х ~ книг он не чита́л! what books has he not read! [...red]; где ~ он не быва́л! where has he not been!; ~ за 1959-й год in 1959 alóne; поду́май (-те) ~, ты ~ поду́май just think; **2.** *как союз* ónly but: он согла́сен, ~ име́йте в виду́, что he agrées, ónly/but bear in mind that [...bɛə...]; ◇ е́сли ~ if ónly; ~ что just, just now; ~? is that all?; ~ бы if ónly; ~ бы не заболе́ть if ónly I do not fall ill, as long as I don't fall ill, I hope I don't fall ill; лишь ~, как ~ as soon as; лишь ~ он вошёл as soon as he came in, no sóoner had he come in that; ~ он вошёл just as he came in; отку́да ~, кто ~, заче́м ~ where, who, why on earth [...ɜ:θ]; ~ его́ и ви́дели! and that was the last *they* saw of him!; ~-~ ónly just, báre|ly; мы ~-~ поспева́ли за ним it was as much as we could do to keep pace with him; не ~..., но и not ónly... but álsò [...'ɔ:l-]: он не ~ приле́жен, но и спосо́бен he is not ónly páinstàking but álsò cléver [...-nz-...'kle-]; — пье́са не ~ не серьёзна, но и не интере́сна the play is not ónly not sérious, it is not éven ínteresting; far from bé|ing sérious, the play is not éven ínteresting; ~ когда́ я узна́ю, услы́шу *и т. д.* not until I know, hear, *etc.*

том *м.* vólume.

томага́вк *м.* tómahawk.

томаси́рование *с. тех.* Thómas prócèss ['tɔ-...].

тома́т *м. (помидор)* tomátò [-'mɑ:-]; *(паста)* tomátò paste [...peɪst]; **~ный** tomátò [-'mɑ:-] *(attr.)*; ~ный сок tomátò juice [...dʒu:s]; ~ный со́ус tomátò sauce.

то́мик *м.* small vólume.

томи́тельн||о **1.** *прил. кратк. см.* томи́тельный; **2.** *предик. безл.* it is wéari|some. **~ость** *ж.* ánguish, páinfulness; ~ость ожида́ния wéari|ness of wáiting; *(неизвестность)* ágony of suspénse. **~ый** *(об ожидании и т. п.)* wéari|some, tédious; *(тяжкий)* trýing; *(мучительный)* ágonizing, páinful; ~ая жара́ trýing/oppréssive heat; ~ая жа́жда ùnbéarable thirst [-'bɛə-...]; ~ое ожида́ние wéari|some wait; *(неизвестность)* ágonizing suspénse; ~ая тоска́ mórtal ánguish; ~ая ску́ка deadly bóre|dom ['ded-...].

том||и́ть *(вн.)* **1.** wéary *(d.)*, tire *(d.)*, wear* out [wɛə...] *(d.)*; *(мучить)* tòrmént *(d.)*, tórture *(d.)*; ~ кого́-л. в тюрьме́ let smb. lánguish in príson [...-ɪz-]; ~ кого́-л. го́лодом и жа́ждой make* smb. súffer húnger and thirst, tòrmént smb. with húnger and thirst; ~ кого́-л. неизве́стностью keep* smb. in suspénse; ~ кого́-л. расспро́сами wéary smb., *или* tire smb. out, with quéstions [...-stʃənz]; его́ ~и́т жара́ he is exháusted/oppréssed by the heat; его́ ~и́т жа́жда he is parched with thirst; **2.** *тех.* cemént *(d.)*; **3.** *кул.* stew *(d.)*. **~и́ться** **1.** *(тв.)* pine (for); *(без доп.)* lánguish; ~и́ться ожида́нием be in an ágony of suspénse; ~и́ться жа́ждой be parched with thirst, pant/pine for a drink; ~и́ться жа́ждой чего́-л. *(перен.)* thirst for smth.; ~и́ться в плену́, в тюрьме́ *и т. п.* lánguish in càptívity, in príson, *etc.* [...'prɪz-]; ~и́ться тоско́й pine a|wáy; ~и́ться по чему́-л. pine for smth.; **2.** *страд. к* томи́ть. **~ле́ние** *с.* **1.** lánguor [-gə]; испы́тывать ~ле́ние lánguish; **2.** *тех.* cèmèntátion [si:-]. **~лёный** **1.** *кул.* stewed; **2.** *тех.*: ~лёная сталь cemént(ed) steel.

то́мн||ость *ж.* lánguor [-gə]. **~ый** lánguid, lánguorous [-gə-].

томпа́к *м. тех.* tómbàc; *(поддельное золото)* pínchbèck. **~овый** *тех.* tómbàc *(attr.)*; pínchbèck *(attr.)*.

тому́ *дт. см.* тот.

тон *м. (в разн. знач.)* tone *(о голосе часто pl.)*; ~ом вы́ше *муз.* one tone hígher; *(перен.)* in more excíted tones; ~ом ни́же *муз.* one tone lówer [...'louə]; *(перен.)* in cálmer tones [...'kɑ:mə...], in a cálmer tone of voice; попа́сть в ~ hit* (on) the right tone; повели́тельным ~ом in a high/perémptory/impérious tone; не говори́те таки́м ~ом don't use, *или* talk in, that tone of voice; перемени́ть ~ change one's tone [tʃeɪ-...]; сба́вить ~ change one's note, sing* another song/tune, sing* small; повы́сить ~ raise one's voice; све́тлые ~á light cólours [...'kʌ-]; ◇ хоро́ший, дурно́й ~ good, bad form; задава́ть ~ set* the fáshion.

тона́льность *ж. муз.* key [ki:]; ~ до мажо́р key of C májor [...si:...].

то́ненький thin; *(о фигуре и т. п.)* slénder, slim; ~ го́лос thin little voice; ~ стебелёк slénder little stalk.

тонзу́ра *ж.* tónsure [-ʃə].

тонизи́ровать *несов. и сов.* **(вн.)** *физиол.* tone up *(d.)*.

то́ника *ж. муз.* tónic, kéy-nòte ['ki:-].

тонина́ *ж.* thínness.

тони́ческий I *лит., муз.* tónic.

тони́ческий II *физиол., мед.* tónic.

то́нк||ий **1.** thin; *(не грубый)* fine, délicate; *(изящный — о фигуре и т. п.)* slénder, slim; ~ слой thin láyer; ~ лист бума́ги thin sheet of páper; ~ая пыль fine dust; ~ шёлк fine/délicate silk; ~ие ни́тки thin/fine thread [...-ed] *sg.*; ~ое бельё fine línen [...'lɪ-]; ~ие тка́ни délicate/fíne-spún fábrics; ~ие па́льцы slénder/délicate fíngers; ~ая фигу́ра slim/slénder fígure; ~ие но́ги *(изящные)* slim/slénder legs; *(худые)* thin/skínny legs; ~ие черты́ лица́ délicate/refíned féatures; ~ го́лос thin voice; ~ие кишки́ *анат.* small intéstines; **2.** *(утончённый)* délicate, subtle [sʌtl]; (*изящный*) dáinty; ~ зáпах délicate / subtle pérfùme; ~ ум subtle íntellèct; ~ вкус délicate taste [...teɪ-]; ~ая лесть subtle fláttery; ~ намёк délicate / gentle hint; очень ~ вопрóс a point of great nícety [...-eɪt 'naɪ-], a nice quéstion [...-stʃ-]; ~ оттéнок subtle shade; ~ое разли́чие subtle / délicate / fine / nice distínction / dífference; ~ýжин délicate / dáinty / élegant súpper; ~ая рабóта délicate work; (*о рукоделии и т. п.*) dáinty work; **3.** (*о слухе, зрении и т. п.*) keen; ~ слух keen ear; **4.** (*хорошо разбирающийся в чём-л.*) subtle; ~ знатóк cònnoisséur [kɔnɪ'sɜː]; ~ кри́тик subtle / discríminàting crític; ~ худóжник subtle ártist; ~ наблюдáтель keen obsérver [...-'zɜː-]; **5.** (*хитрый*) subtle, shrewd, astúte; ~ поли́тик astúte pòlitícian; ✧ э́то сли́шком ~о that is too subtle; где ~о, там и рвётся *посл.* ≅ the chain is no strónger than its wéakest link.

тóнко I *прил. кратк. см.* тóнкий.

тóнко II *нареч.* **1.** thín|ly; ~ очи́ненный карандáш fine péncil-point; ~ нарéзанные лóмтики хлéба thín|ly sliced bread [...-ed] *sg.*, thin slíces of bread; **2.** (*утончённо*) súbtly ['sʌtlɪ]; ~ разбирáться в чём-л. have a subtle / délicate percéption of smth. [...sʌtl...].

тонко||волокни́стый fíne-fìbre (*attr.*). ~**зерни́стый** *геол.* fíne-gráined. ~**кóжий** thín-skínned. ~**рýнный** fíne-fléeced. ~**стéнный** thín-wálled.

тóнкост||ь *ж.* **1.** thínness; (*ткани, ниток и т. п.*) fíne|ness; (*вкуса, запаха и т. п.*) délicacy; (*фигуры*) sléndernesss, slímness; (*перен.*) súbtlety ['sʌtltɪ]; ~ умá súbtlety of mind; **2.** (*мелкая подробность*) fine point, nícety ['naɪ-], piece of súbtlety [piːs...]; до ~ей to a nícety; знать какóе-л. дéло до ~ей know* smth. in all its mìnútest détails [nou...maɪ'diː-]; вдавáться в ~и súbtilìze ['sʌtɪ-]; split* hairs *ирон.*

тонкосукóнн||ый: ~ые ткáни fine cloths; ~ая фáбрика fíne-clòths fáctory; ~ комбинáт large fíne-clòths mill.

тонкотрýбный smáll-tùbe (*attr.*).

тонкошёрстн||ый, тонкошёрстый fíne-wóol(l)ed [-'wuld]; ~ое сукнó fine wóollen cloth [...'wul-...].

тóнна *ж.* ton [tʌn]; метри́ческая ~ métric ton; англи́йская ~ ton; реги́стровая ~ régister ton.

тоннáж *м.* tónnage ['tʌn-]; ~ морски́х и речны́х судóв maríne and ín|land-wàterway tónnage [-iːn...-wɔː-...].

туннéль [-нэ́-] *м.* = туннéль.

тóнный *разг., ирон.* grand, fine.

-тóнный (*в сложн. словах, не приведённых особо*) -ton [-tʌn]; *напр.* двадцатитóнный twénty-tòn.

тóнус *м. физиол., мед.* tone; ✧ жи́зненный ~ vìtálity [vaɪ-], vígour.

тонýть I, потонýть (*идти ко дну*) sink*; (*о судне тж.*) go* down.

тонýть II, утонýть (*гибнуть; о человеке, животном*) drown; (*перен.*) be lost; ~ в снегý, в подýшках sink* in the snow, píllows [...snou...]; ~ в делáх *разг.* be lost in one's work, be óver head and ears in work [...hed...]; мысль тóнет в ненýжных подрóбностях the ìdéa is lost, *или* dìsappéars, in a mass of ùnnécessary détails [...aɪ'dɪə...'diː-].

тонфи́льм *м.* sound film; *рад.* recórding; запи́санный на ~ recórded.

тóньше *сравн. ст. см. прил.* тóнкий *и нареч.* тóнко II.

тóня *ж. рыб.* **1.** (*место, предприятие*) físhery; **2.** (*закидка сетей*) haul.

топáз *м. мин.* tópàz; ды́мчатый ~ smóky quartz / tópàz [...ts...].

топáзовый *прил. к* топáз.

тóпа||ть, тóпнуть **1.** (*тв.*) stamp (*d.*); ~ ногáми stamp one's foot / feet [...fut...]; он шёл по ýлице, тяжелó ~я ногáми he went trámping down the street; **2.** *тк. несов.* (*без доп.*) *разг.* (*ходить*) tramp, go*, walk.

топи́ть I (*вн.*) **1.** (*о печи и т. п.*) fire (*d.*); **2.** (*отапливать*) heat (*d.*).

топи́ть II (*вн.; плавить*) melt (*d.*); (*о сале и т. п.*) melt down (*d.*); rénder (*d.*); ✧ ~ молокó bake milk.

топи́ть III, потопи́ть (*вн.*) sink* (*d.*); потопи́ть сýдно sink* a ship.

топи́ть IV, утопи́ть (*вн.*) (*о человеке, животном*) drown (*d.*); (*перен.: губить*) rúin (*d.*); ✧ ~ гóре в винé drown one's sórrows in drink.

топи́ться I **1.** (*о печи*) burn*; **2.** *страд. к* топи́ть I.

топи́ться II **1.** (*плавиться*) melt; **2.** *страд. к* топи́ть II.

топи́ться III, утопи́ться (*в реке и т. п.*) drown òne|sélf.

тóпка I *ж.* **1.** (*действие*) héating; **2.** (*часть печи, котла*) fíre-chàmber [-tʃeɪ-], fúrnace; *ж.-д.* fíre-bòx.

тóпка II *ж.* (*жиров и т. п.*) mélting.

тóпк||ий bóggy, swámpy, márshy. ~**ость** *ж.* swámpiness, márshiness.

топлён||ый: ~ое молокó baked milk; ~ое мáсло mélted bútter; ~ое сáло mélted / réndered fat.

тóпливн||ый *прил. к* тóпливо; ~ая промы́шленность fúel índustry ['fju-...]; ~ые ресýрсы fúel resóurces [...-'sɔːs-].

тóпливо *с. тк. ед.* fúel ['fju-]; (*дрова и т. п.*) fíring; жи́дкое ~ (fúel) oil; ди́зельное ~ díesel oil ['diːz-...].

тóпнуть *сов. см.* тóпать 1.

топóграф *м.* topógrapher. ~**и́ческий** tòpográphic; ~и́ческая анатóмия tòpográphical anátomy; ~и́ческая съёмка tòpográphical súrvey.

топогрáфия *ж.* topógraphy.

тóполевый póplar ['pɔ-] (*attr.*).

тополóгия *ж. мат.* topólogy.

тóполь *м.* póplar ['pɔ-]; бéлый ~ white / sílver póplar, abéle.

топóр *м.* axe; плóтничий ~ bench axe. ~**ик** *м.* hátchet. ~**и́ще** *с.* áxe-hàndle, axe helve.

топóрн||ый clúmsy [-zɪ], coarse; (*тк. о человеке*) ùn|cóuth [-'kuːθ]; ~ая рабóта clúmsy work.

топóрщить (*вн.*) *разг.* bristle (*d.*). ~**ся** *разг.* (*щетиниться*) bristle; (*надуваться, расширяться*) puff up / out; (*о материи*) púcker.

тóпот *м.* fóotfàll ['fut-], tread [tred]; (*тяжёлый*) tramp; ~ шагóв trámping; торопли́вый ~ шагóв hásty fóotfàll ['heɪ-...]; (*лёгкий*) pátter of feet; кóнский ~ thud / clátter of hórses' hoofs.

топотáть *разг.* stamp; (*о торопливых лёгких шагах*) pátter; кóни топóчут по мостовóй hórses clátter down the street.

тóпочн||ый fúrnace (*attr.*); ~ свод fúrnace arch; ~ые гáзы fúrnace gáses.

тóпсель *м. мор.* (fóre-and-àft) tópsail [...'tɔpsᵒl].

топтáть (*вн.*) **1.** trample down (*d.*); **2.** (*грязнить*) make* dírty (with one's feet) (*d.*); ~ пол грязны́ми башмакáми dírty the floor with one's múddy boots [...flɔː...]; **3.:** ~ гли́ну knead clay. ~**ся** stamp; ~ся на мéсте (*прям. и перен.*) mark time; (*перен. тж.*) make* no héadway [...'hed-]; ~ся без дéла hang* abóut, dawdle, lounge abóut.

Топты́гин *м. шутл.* (*медведь*) Brúin.

топчáн *м.* (*койка*) tréstle-bèd.

топь *ж.* swamp, marsh.

тóрб||а *ж.* bag; ✧ носи́ться с чем-л. как (дурáк) с пи́саной ~ой *разг.* ≅ fuss óver smth. like a child óver a new toy, be like a child with a new toy.

торг *м.* **1.** (*действие*) haggle, hággling, bárgaining; (*перен. тж.*) wrangle; ~ дли́лся óчень дóлго this hággling/wrangle went on for a long time; **2.** *уст.* (*базар*) márket; **3.** *мн.* áuction *sg.*; продавáть с ~óв (*вн.*) sell* by áuction (*d.*).

торгáш *м.* (pétty) trádes|man* / shópkeeper; (*перен.: мелочный человек*) mércenarily-mínded féllow / créature, húckster.

торгáше||ский shópkeeper's, mércenary, húckstering. ~**ство** *с.* pétty tráding / shópkeeping; (*перен.*) mércenariness, mércantilism [-taɪ-].

торг||овáть **1.** (*тв.*) deal* (in); (чем-л.) trade (in smth.); (с кем-л.) trade (with smb.); (*продавать*) sell* (*d.*); (*без доп.; быть купцом*) be en|gáged in cómmerce; ~ óптом be a whóle|sàle déaler [...'houl-...], sell* by whóle|sàle; ~ в рóзницу be a rétail déaler [...'riː-...], sell* by rétail; **2.:** магази́н ~ýет до восьми́ часо́в ве́чера the shop is о́pen till eight p. m. [...'pi:'em]; магази́н сего́дня не ~у́ет the shop is closed to¦dáy; 3. (вн.) разг. (прицениваться) bárgain for smth.

торгова́ться, сторгова́ться 1. (с тв.; прям. и перен.) bárgain (with), haggle (with); (перен. тж.) wrangle (with); 2. тк. несов. (без доп.) разг. (спорить) árgue; ~ из-за чего́-л. árgue abóut smth., wrangle óver/ abóut smth.

торго́в||ец м. mérchant, déaler; (купец) tráder; (лавочник) trádes¦man*; кру́пный ~ mérchant, whóle¦sàle mérchant ['houl-...]; ме́лкий ~ pétty tráder; у́личный ~ bárrow-boy, háwker. **~ка** ж. (рыночная) márket-wòman* [-wu-]; **~ка** я́блоками ápple-wòman* [-wu-].

торго́вл||я ж. trade, cómmerce; госуда́рственная ~ State trade; менова́я ~ bárter; опто́вая ~ whóle¦sàle trade ['houl-...]; ро́зничная ~ rétail trade ['ri:-...]; ча́стная ~ prívate trade ['praɪ-...]; кооперати́вная ~ cò-óperative trade; вести́ ~ю trade.

торго́во-промы́шленный commércial and indústrial.

торго́в||ый прил. к торго́вля; тж. commércial; ~ капита́л trade cápital; ~ бала́нс bálance of trade; ~ая поли́тика commércial pólicy; ~ые перегово́ры trade negòtiátions / talks; ~ые отноше́ния trade relátions; ~ догово́р trade / commércial agréement; ~ порт commércial port; ~ флот mérchant návy; (совокупность торговых судов) mércantìle maríne [...-i:n]; ~ое су́дно mérchant ship / véssel; ~ представи́тель trade / commércial rèpreséntative [...-'ze-]; ~ая то́чка shop; ~ая сеть shops pl.; ~ая монопо́лия trade monópoly; ~ое пра́во commércial law; ~ го́род márket town; ~ дом firm.

торгпре́д м. (торго́вый представи́тель) trade rèpreséntative of the USSR [...-'ze-...]. **~ство** с. (торго́вое представи́тельство) Trade Dèlegátion of the USSR.

торгу́ющ||ий прич. и прил. tráding; прил. тж. trade (attr.); ~ие организа́ции trade / tráding òrganizátions [...-naɪ-].

тореадо́р м. tóreadòr.

торе́ц м. 1. (бревна и т. п.) bútt-ènd; 2. (для мощения) wóoden páving-blòck ['wu-...]; 3. тк. ед. разг. (мостовая) wood páve¦ment [wud...].

торже́ственн||о нареч. sólemnly; ~ отпра́здновать (вн.) célebràte (d.), hold* a rálly / méeting in cèlebrátion (of). **~ость** ж. solémnity. **~ый** sólemn; cèremónial; (праздничный) féstive; gála ['gɑ:-] (attr.); ~ый день féstival, réd-létter day; ~ый день (рд.) great day [-eɪt...] (of); ~ое откры́тие (рд.) inaugurátion (of); ~ое откры́тие па́мятника ùnvéiling of a memórial; ~ое собра́ние grand / great rálly / méeting; ~ый тон sólemn tones pl.; ~ая кля́тва sólemn vow; ~ый слу́чай state occásion; ~ая встре́ча cèremónial recéption, grand wélcome; ~ый въезд cèremónial éntry.

торжеств||о́ с. 1. (празднество) féstival, fête [feɪt]; ~а́ cèlebrátions, fèstívities; Октя́брьские ~а́ Octóber cèlebrátions; 2. тк. ед. (победа) tríumph; ~ сове́тского стро́я tríumph of the Sóvièt sýstem; ~ справедли́вости tríumph of jústice; 3. тк. ед. (радость успеха) èxùltátion, tríumph; сказа́ть что-л. с ~о́м say* smth. trìúmphantly.

торжеств||ова́ть 1. (вн.; праздновать) célebràte (d.); ~ побе́ду célebràte víctory; 2. (над; быть победителем) tríumph (óver), be trìúmphant (óver); (в личных отношениях) exúlt (óver); crow [-ou] (óver) разг. **~у́ющий** 1. прич. см. торжествова́ть; 2. прил. (победный) trìúmphant, exúltant; ~у́ющий взгляд exúltant air; ~у́ющий тон exúltant tones pl.

то́ри м. нескл. полит. (о члене консервативной партии) Tóry; (о консервативной партии) the Tóries pl.; па́ртия ~ the Tóry párty.

то́рий м. хим. thórium.

торкре́т м. тех.: ~-бето́н gúnìte ['gʌ-]. **~и́ровать** несов. и сов. тех. gúnìte ['gʌ-].

торма́шк||и мн.: вверх ~, вверх ~ами head óver heels [hed...]; (перен.: в полном беспорядке) úpsìde-dówn, tópsy-túrvy; всё пошло́ вверх ~ами évery¦thing was turned úpsìde-dówn, évery¦thing went tópsy-túrvy.

торможе́ние с. 1. тех. bráking; 2. физиол.: ~ рефле́ксов ìnhibítion of réflèx¦es.

то́рмоз м. brake; (в пр.; перен.) óbstacle (in), híndrance (to), drag (on); возду́шный ~ áir-bràke; автомати́ческий ~ (поездной) contínuous brake; ~ отка́та воен. búffer, recóil brake; стать ~ом (в пр.; в развитии и т. п.) become* a drag (on), become* a híndrance, или an óbstacle, или an impédiment (to). **~и́ть** (вн.) тех. applý the brake (to), brake (d.); (перен.) hámper (d.), hínder ['hɪ-] (d.), impéde (d.), be a drag (on), be an óbstacle (to), be an óbstacle in the way (of); ~и́ть рефле́ксы inhíbit réflèx¦es. **~но́й** тех. brake (attr.); ~но́й башма́к bráke-shòe [-ʃu:]; ~но́й конду́ктор brákes¦man*; ~на́я площа́дка bráke-plátfòrm.

тормоши́ть (вн.) разг. 1. pull [pul] (at, abóut); ~ ребёнка wórry a bába ['wʌ-...], pull a bába abóut, give* a bába no peace; 2. (беспокоить) bóther (d.), péster (d.). **~ся** разг. bustle abóut.

то́рн||ый éven, smooth [-ð]; пойти́ по ~ой доро́ге (перен.) fóllow the béaten track.

торова́т||ость ж. разг. lìberálity, gènerósity. **~ый** разг. líberal, génerous.

тороп||и́ть, потороп́ить (вн.) húrry (d.), hásten ['heɪsⁿn] (d.); (приближать наступление чего-л.) precípitàte (d.); ~ кого́-л. (с тв.) húrry smb. (for, + to inf.): он торо́пит меня́ с оконча́нием рабо́ты he is húrrying me to fínish my work; он торо́пит меня́ с отве́том he is húrrying / préssing me for an ánswer [...'ɑ:nsə]. **~и́ться**, потороп́иться húrry, be in a húrry, hásten ['heɪsⁿn]; ~и́ться на рабо́ту, в теа́тр húrry to work, to the théatre [...'θɪə-]; ~и́ться к по́езду húrry to catch a train; он (о́чень) торо́пится he is in a (great) húrry [...greɪt...]; он торо́пится ко́нчить рабо́ту he is in a húrry to fínish the / his work; вам на́до ~и́ться you must make haste [...heɪst], you must húrry up; ~и́тесь! make haste!, húrry (up)!, (be) quick!; потороп́итесь! get a move on! [...mu:v...], look alíve!; buck up! школ.; не ~и́тесь don't húrry!, take your time!; не ~и́тесь зако́нчить свою́ рабо́ту don't rush through your work; куда́ вы торо́питесь? where are you gó¦ing in such a húrry?, where are you húrrying?; не ~я́сь léisure¦ly ['leʒ-], delíberate¦ly, without haste.

торопли́в||о нареч. húrriedly, hástily ['heɪ-]; (двигаться и т. п.) in haste [...heɪ-]. **~ость** ж. haste [heɪ-], húrry. **~ый** hásty ['heɪ-], húrried; ~ый челове́к man* (who is álways) in a húrry [...'ɔ:lwəz...]; ~ые шаги́ hásty steps.

торо́с м. (íce-)húmmock. **~истый** húmmocked, húmmocky; ~истый лёд húmmock ice; ~истые ледяны́е поля́ húmmocked / húmmocky íce¦fìelds [...-fi:l-]. **~и́ться** (о льде) form into húmmocks.

тороше́ние с. húmmocking.

торпе́да ж. tòrpédò.

торпеди́ров||ание с. воен. мор. tòrpédò¦ing. **~ать** несов. и сов. (вн.) воен. мор. tòrpédò (d.).

торпе́дн||ый воен. мор. tòrpédò (attr.); ~ аппара́т tòrpédò-túbe; ~ая ата́ка tòrpédò attáck; ~ ка́тер mótor tòrpédò boat.

торпедоно́сец м. мор. ав. tòrpédò bómb¦er / plane.

торс м. trunk; иск. tórsò.

торт м. cake.

торф м. peat.

торфо||добыва́ние с., **~добы́ча** ж. peat extráction / èxploitátion.

торфокомпо́ст м. с.-х. peat cómpòst.

торфоперегно́йн||ый: ~ые горшо́чки péat-còmpòst pots.

торфоразрабо́тки мн. péatery sg., péat-bòg sg.

торфя́н||ик м. 1. (болото) péat-bòg; 2. (работник торфяной промышленности) peat wórker. **~и́стый** péaty. **~о́й** peat (attr.); ~о́е боло́то péat-bòg; ~áя промы́шленность peat índustry; ~ы́е разрабо́тки péatery *sg*., péat-bòg *sg*.; ~óй брикéт péat-blòck; ~óй мох *бот*. péat-móss; ~áя подсти́лка *с.-х*. peat lítter.

торцо́в||ый: ~ая мостова́я wood páve¦ment [wud...].

торча́ть *разг*. **1.** (*высовываться*) jut out, protrúde; (*вверх*) stick* up; (*наружу*) stick* out; (*стоять*) stand*; (*виднеться*) be seen; (*о волосах*) stand* on end, bristle; **2.** (*постоянно находиться*) stick*; ~ пéред глаза́ми álways be befóre one's eyes ['ɔːlwəz... aɪz]; ~ где-л. цéлый день stick*, *или* hang* abóut, sóme¦whère for a whole day [...houl...]; ~ до́ма цéлыми дня́ми stick* at home for days on end.

торчко́м, торчмя́ *нареч. разг*. on end, erect, úp¦right.

торшéр *м*. stándard lamp.

тоск||á *ж*. **1.** mélancholy [-kə-], depréssion; (*томление*) yéarning ['jəːn-]; (*мучительная*) ánguish; у негó ~ на сéрдце he is sick at heart [...hɑːt], he feels deprеssed, his heart is héavy [...'hevɪ]; предсмéртная ~ ágony; невыноси́мая ~ тесни́т грудь ùnbéarable ánguish opprésses *the* heart [-'bɛə-...]; ~ любви́ pangs of love [...lʌv] *pl*.; **2.** (*скука*) ennuí [ɑ̃ː'nwiː], wéari¦ness, tédium; ~ берёт *разг*. it makes *one* sick, it is síckening; наводи́ть (стра́шную) ~ý на когó-л. bore smb. (to death, to tears) [...deθ...]; там такáя ~ it is so dréary/dull there; э́та кни́га — однá ~ *разг*. this book bores you to death, this book is a fríghtful bore; **3.** (по *дт*., *пр*.; *стремление*) lóng¦ing (for), yéarning (for); (*печаль*) grief [-iːf] (for); испы́тывать ~ý по кóм-л. miss smb., long / pine for smb.; ~ по рóдине hóme-sìckness, nòstálgia.

тоскли́во I **1.** *прил. кратк. см*. тоскли́вый; **2.** *предик. безл*.: емý ~ he feels míserable / depréssed [...-zə-...]; (*скучно*) he is bored.

тоскли́в||о II *нареч*. dréarily; (*грустно*) sád¦ly; (*скучно*) dúlly; глядéть ~ look wístfully. **~ость** *ж*. dréariness; (*грусть*) sádness, mélancholy [-kə-]; (*о взгляде, глазах*) wístfulness. **~ый** dréary; (*грустный*) sad, mélancholy [-kə-]; (*скучный*) dull; ~ое настроéние depréssed mood, low spírits [lou...] *pl*.; ~ая жизнь dréary life; ~ые глазá sad / wístful eyes [...aɪz]; ~ая погóда dréary / dull wéather [...'we-].

тоск||овáть **1.** (*грустить*) be sad / mélancholy [...-kə-]; он там ~ýет he is / feels míserable there [...-zə-...], he is frétting there; **2.** (*скучать*) be bored; **3.** (по *дт*., *пр*.) long (for), pine (for), miss (*d*.); (*горевать*) grieve [-iːv] (for); он óчень ~ýет по дрýгу he mísses his friend very much [...fre-...]; ~ по рóдине be hóme¦sick.

тост *м*. toast; (*за чьё-л. здоровье*) health [he-]; провозглашáть, предлагáть ~ (за *вн*.) toast (*d*.), drink* (to); предлагáть ~ за чьё-л. здорóвье drink* to the health of smb., drink* smb.'s health.

тот, *ж*. та, *с*. то, *мн*. те, *мест*. **1.** that, *pl*. those: дáйте мне ~ карандáш give me that péncil; где те кни́ги? where are those books?; — ~ и́ли другóй éither ['aɪ-]; и ~ и другóй both [bouθ]; ни ~ ни другóй néither ['naɪ-]; ~ же the same; не ~, так другóй if not one, then the other; он тепéрь не ~ he is a dífferent man* now, he is not the same man*; в ту же минýту at that very móment; с тогó врéмени, с тех пор since that time, since then; **2.** (*другой, не этот*) the other: на той сторонé, на том берегý on the other side; он остáвил э́то на той кварти́ре he left it at the other flat; **3.** (*такой, какой нужен*) the right: э́то ~ карандáш? is that the right péncil?; — то сáмое *как сущ*. the very thing; не то *как сущ*. the wrong thing / one, not that one; не совсéм то not quite the right / same thing; не ~ the wrong: он взял не ту кни́гу he took the wrong book; э́то не ~ пóезд it is the wrong train; (*ср. тж*. сáмый 2); **4.** (*в сочетании с относит. местоимением*) the: э́то употребля́ется в том слýчае, котóрый был опи́сан вы́ше it is used in the case descríbed above [...keɪs...]; примéр дан в тех предложéниях, котóрые мы ви́дели на предыдýщей страни́це the exámple is given in the séntences which we saw on the precéding page [...-ɑːm-...]; — ~, кто говори́т, дýмает *и т. д.* he who says, thinks, *etc*. [...sez...]; ◇ до тогó..., что (*до такой степени*) so that; (*так долго, что*) till; дéло в том, что the fact is that; по мéре тогó, как as; in propórtion to; пóсле тогó, как áfter; пéред тем, как befóre; мéжду тем, как whère¦ás; с тем, чтóбы (+ *инф*.) in órder (+ to *inf*.); with a view [...vjuː] (to *ger*.); несмотря́ на тó, что in spite of the fact that; вмéсте с тем at the same time; крóме тогó besídes; тем сáмым thère¦bý; тем врéменем, мéжду тем méan¦while; со всем тем nòt¦with¦stánding all this; тем не мéнее nèver¦the¦léss; как бы то ни́ было be that as it may, how¦éver that may be; и томý подóбное and so on; and so forth; к томý же mòre¦óver, besídes; in addítion; томý назáд agó; мнóго лет томý назáд many years agó; томý (бýдет) три гóда, как it is three years since, it is three years agó that; и без тогó as it is; (да) и то сказáть and indéed; не то, чтóбы not exáctly; it is not that: он не то, чтóбы был глуп, но лени́в he was not exáctly stúpid, but lázy; it was not that he was stúpid, but he was lázy; не то, чтóбы мне нé было интерéсно, но я прóсто устáл it is not that I am not ínterested, but I am símply tired; — ни с тогó ни с сегó all of a súdden; without rhyme or réason [...-z°n]; for no réason at all; ни то ни сё néither fish, flesh, nor good red hérring; (*так себе*) só-sò; то да сё one thing and another; поговори́ть о том, о сём talk abóut one thing and another.

тотализáтор *м*. tótalizàtor ['toutəlaɪ-].

тоталитáрный tòtàlitárian [tou-].

totáльный tótal.

тотéм [-тэ́м] *м*. tótem.

тотеми́зм [-тэ-] *м*. tótem¦ism.

тó-то *частица разг*. **1.** (*как*) how: ~ он удиви́тся how surprísed he will be!, won't he be surprísed? [wount...]; **2.** (*вот видите*) àhá! [-ɑː], there you are!, what did I tell you!

тóтчас *нареч*. immédiate¦ly, at once [...wʌns], ínstantly.

точёный **1.** (*острый*) shárpened; **2.** (*резцом*) chíselled [-z-]; (*на токарном станке*) turned; (*перен*.; *о чертах лица*) chíselled; (*о пальцах*) táper¦ing; (*о фигуре, ногах и т. п.*) fíne¦ly-móulded [-'moul-].

точ||и́лка *ж. разг*. steel, knífe-shàrpener. **~и́ло** *с*. (*камень*) whét-stòne; (*станок*) gríndstòne.

точи́льн||ый: ~ брусóк, кáмень óilstòne, whétstòne; ~ ремéнь strop; ~ станóк grínd¦stòne; ~ая мастерскáя gríndery ['graɪ-].

точи́льщик *м*. grínder; (*ножей*) knífe-grìnder.

точи́ть I, наточи́ть (*вн*.) **1.** (*делать острым*) shárpen (*d*.); (*о ноже, топоре и т. п. тж*.) grind* (*d*.); (*на точильном камне*) whet (*d*.); (*о бритве*) strop (*d*.); ~ карандáш shárpen a péncil; **2.** *тк. несов*. (*на токарном станке*) turn (*d*.); ◇ ~ зýбы на когó-л. ≅ have a grudge against smb.; ~ меч whet one's sword [...sɔːd].

точи́ть II (*вн*.; *прогрызать*) eat* a¦wáy (*d*.), gnaw (a¦wáy) (*d*.); (*о ржавчине и т. п.*) corróde (*d*.); (*перен*.: *терзать*) gnaw (*d*.), prey (up¦-ón), wear* out [weə...] (*d*.); водá тóчит кáмень cónstant drópping wears a¦wáy the stone.

точи́ть III (*вн*.) *уст*. (*источать*) secréte (*d*.); ~ смолý secréte résin [...-zɪn]; ~ слёзы shed* tears.

точи́ться I, II *страд. к* точи́ть I, II.

точи́ться III *уст*. ooze.

тóчк||а I *ж*. **1.** (*в разн. знач*.) point; (*пятнышко*) dot, spot; ~ пересечéния point of intersection; ~ кипéния bóiling-point; ~ замерзáния fréezing-point; исхóдная ~ stárting-point; ~ опóры *физ*. fúlcrum (*pl*. -ra); *тех. тж*. béaring ['bɛə-]; (*перен*.) fóoting ['fut-]; мёртвая ~ *тех*. dead point [ded...], dead centre; (*пе-*

рен.) dead stop; на мёртвой ~е at a stop / stándstill; дойти́ до мёртвой ~и come* to a stop / stándstill, come* to a full stop; сдви́нуть с мёртвой ~и (*вн.*) set* gó¦ing (*d.*), put* in mótion (*d.*); ~ наво́дки *воен.* áiming point; ~ прице́ливания *воен.* áiming mark, point of aim; огнева́я ~ *воен.* wéapon emplácе¦ment ['we-...]; торго́вая ~ shop; ка́ждая ~ земно́го ша́ра every spot on the globe; **2.** *грам.* full stop; ~ с запято́й sémicólon; **3.** *муз.* dot; четвертна́я па́уза с ~ой a dótted crótchet rest; ✧ ~ зре́ния point of view [...vjuː], stándpoint; попа́сть в ~у hit* the nail, strike* home, hit* the mark; дойти́ до ~и be at the end of one's téther/resóurces [...-'sɔː-]; ~ соприкоснове́ния point of cóntàct; (*перен.*) cómmon méeting-ground; поста́вить ~у (*кончить*) fínish; в (са́мую) ~у *разг.* to a T [...tiː]; exáctly, precíse¦ly [-'saɪs-]; ста́вить ~и над «и» dot one's "i's" and cross one's "t's"; ~! (*конец*) (that's) enóugh! [...ɪ'nʌf], that'll do!

то́чка II *ж.* *тех.* **1.** (*острение*) shárpening; (*на точильном камне*) whétting; (*бритвы*) strópping, hóning; **2.** (*на токарном станке*) túrning.

то́чно I *прил. кратк. см.* то́чный.

то́чно II *нареч.* exáctly, precíse¦ly [-'saɪs-]; (*пунктуально*) púnctually; (*действительно*) indéed, réally ['rɪə-]; ~ в пять часо́в at five (o'clóck) precíse¦ly / sharp; он пришёл ~ в пять часо́в he came púnctually at five; ~ определи́ть что-л. defíne smth. exáctly; ~ переводи́ть trànsláte áccurate¦ly / corréctly [trɑːns-...]; ~ так just so, exáctly, precíse¦ly; ~ так же (как) just as; ~ тако́й just / exáctly / precíse¦ly the same; так ~! yes!

то́чно III *союз* (*как будто*) as though [...ðou], as if; (*как*) like *prep.*: ~ он чита́ть не уме́ет as though / if he cánnòt read; он ~ поме́шанный he is like a mád¦man*; зелёные глаза́, ~ у ко́шки green eyes like a cat's [...aɪz...].

то́чн||ость *ж.* exáctness, precísion; (*верность*) áccuracy; (*пунктуальность*) pùnctuálity; ~ перево́да fáithfulness / fidélity / áccuracy of *a* trànslátion [...trɑːns-]; в ~ости exáctly, precíse¦ly [-'saɪs-]; (*пунктуально*) púnctually; (*верно*) áccurate¦ly; (*буквально*) to the létter; с ~остью часово́го механи́зма like clóckwòrk; с ~остью до 0,1 to within.1 (*читается* point one). **~ый** exáct, precíse [-s]; (*верный*) áccurate; (*пунктуальный*) púnctual; ~ый перево́д exáct / áccurate / fáithful trànslátion [...trɑːns-]; ~ое вре́мя exáct time; ~ый челове́к púnctual man*; ~ые нау́ки exáct scíences; ~ые прибо́ры precísion instruments; ~ый расчёт nice càlculátion; ~ый расчёт вре́мени áccurate tíming; что́бы быть ~ым to be precíse.

то́чь-в-то́чь *разг.* exáctly; (*точная копия*) the exáct cópy of [...'kɔ-...]; (*слово в слово*) word for word.

тошн||и́ть *безл.*: его́, их *и т. д.* ~и́т he feels, they feel, *etc.*, sick; его́ ~и́т от э́того it makes him sick, it síckens / disgústs / náuseàtes him [...-sɪeɪts...]; от э́того ~и́т it is síckening / disgústing; it is enóugh to make one sick [...ɪ'nʌf...].

то́шно *предик. безл.*: ему́, им *и т. д.* ~ he feels, they feel, *etc.*, sick; (*перен.*) he feels, they feel, *etc.*, míserable / wrétched [...'mɪz-...]; ~ смотре́ть (на *вн.*) it is síckening to see (*d.*), it makes one sick to see (*d.*); *тж.* *переводится* is síckening / disgústing to see: на его́ безде́лье ~ смотре́ть his ídle¦ness is síckening / disgústing to see.

тошно||та́ *ж.* síckness, náusea [-sɪə]; испы́тывать ~ту́ feel* sick; вызыва́ть ~ту́ у кого́-л. make* smb. sick, náuseàte smb. [-sɪeɪt...], turn smb.'s stómach [...'stʌmək]; ему́ э́то надое́ло до ~ты́ *разг.* he is sick to death of it [...deθ...]. **~тво́рный** (*прям. и перен.*) síckening, náuseàting [-sɪeɪt-]; (*перен. тж.*) lóath¦some.

то́шный **1.** (*докучный*) tíre¦some, tédious; **2.** (*отвратительный*) náuseous.

тоща́ть, отоща́ть *разг.* get* / grow* / become* emáciàted / thin [...grou...]; (*чахнуть*) waste a¦wáy [weɪst...].

то́щ||ий **1.** emáciàted; scrággy, skínny *разг.*; ~ая фигу́ра emáciàted / meagre / gaunt frame; ~ее лицо́ gaunt face; **2.** *разг.* (*пустой*) émpty; на ~ желу́док on an émpty stómach [...'stʌmək]; **3.** (*скудный*) poor; ~ее мя́со lean meat; ~ая по́чва meagre / poor soil; ~ у́голь hard coal; ~ сыр dry cheese, skím-milk cheese.

тпру *межд.* wo!; ✧ ни ~ ни ну! *разг.* ≅ he won't budge [...wount...].

трав||а́ *ж.* grass; со́рная ~ weed; морска́я ~ séa-weed, gráss-wràck; лека́рственные, целе́бные тра́вы (mèdícinal) herbs; паху́чие тра́вы herbs; лежа́ть на ~е́ lie* on the grass; ✧ хоть ~ не расти́ *разг.* ≅ he does¦n't, I don't, *etc.*, care a straw / rap / hang abóut ány¦thing else; he snaps his, I snap my, *etc.*, fíngers at évery¦thing else; ~ ~о́й, как ~ it's ábsolùte¦ly táste¦less [...'teɪ-], it tastes like grass [...teɪ-...].

тра́верз *м.* *мор.* beam; на ~е on the beam, bróadsìde on ['brɔːd-...], abéam.

тра́верс *м.* **1.** *воен.* trávèrse; ты́льный ~ parádòs; **2.** *стр.* trávèrse, cróss-beam, cróss-àrm.

трави́нк||а *ж.* blade (*of grass*); ни ~и not a blade of grass.

трави́ть I (*вн.*; *на охоте*) hunt (*d.*); (*перен.*: *преследовать*) pérsecùte (*d.*), bádger (*d.*), bait (*d.*); (*мучить*) tòrmént (*d.*); ~ соба́ками set* dogs (on).

трави́ть II (*вн.*) **1.** (*истреблять*) póison [-z°n] (*d.*); ~ крыс, тарака́нов *и т. п.* kill / extérminàte / destróy rats, black beetles, *etc.*; **2.** *тех.* (*о металлах*) etch (*d.*).

трави́ть III, потрави́ть (*вн.*; *делать потраву*) trample down (*d.*), spoil* (*d.*), dámage (*d.*) (*grass, crops, etc.*).

трави́ть IV (*вн.*) *мор.* pay* out (*d.*), slácken out (*d.*), slack a¦wáy (*d.*), ease out (*d.*); (*о якорной цепи*) veer (*d.*); бы́стро ~ slack a¦wáy róundly.

трави́ться I *страд.* к трави́ть I.

трави́ться II **1.** *разг.* (*о человеке*) póison òne¦sélf [-z°n...]; **2.** *страд.* к трави́ть II.

трави́ться III, IV *страд.* к трави́ть III, IV.

тра́вка *ж.* *уменьш.* от трава́.

травле́ние *с.* (*о металлах*) étching.

тра́вля *ж.* *охот.* húnting; (*перен.*: *преследование*) pèrsecútion, báiting, bádgering.

тра́вма *ж.* *мед.* tráuma; психи́ческая ~ shock. **~ти́зм** *м.* *мед.* tráumatism; произво́дственный ~ти́зм òccupátional ínjuries *pl.* **~ти́ческий** *мед.* traumátic. **~толо́гия** *ж.* traumatólogy, traumátic súrgery.

травми́ровать *несов. и сов.* (*вн.*) tráumatìze (*d.*).

траво||по́лье *с.* grássland ágricùlture. **~по́льный**: ~по́льная систе́ма земледе́лия grássland ágricùlture; ~по́льный севооборо́т grássland crop rotátion. **~се́яние** *с.* fóddergràss cùltivátion. **~сто́й** *м.* *с.-х.* hérbage.

травоя́дн||ый *зоол.* hèrbívorous; ~ое живо́тное hèrbívorous ánimal; hèrbívore (*pl.* -ra).

травя́н||и́стый **1.** grássy; hèrbáceous [-ʃəs] *научн.*; **2.** *разг.* (*о вкусе*) táste¦less ['teɪ-], insípid. **~о́й** grássy, hèrbáceous [-ʃəs]; grass (*attr.*); ~о́й за́пах grássy smell; ~о́й цвет grass green; ~ы́е уго́дья grásslànds; ~ы́е расте́ния grásses, herbs; ~о́й покро́в grass, hérbage; ~ы́е дере́вья *бот.* gráss-trees; xánthorrhóea [-'riːə] *научн.*

трагака́нт *м.*, **трага́нт** *м.* *хим.* trágacànth.

траг||е́дия *ж.* trágedy. **~и́зм** *м.* trágedy; ~и́зм положе́ния the trágedy of the sìtuátion.

тра́гик *м.* **1.** (*об актёре*) tragédian, trágic áctor; **2.** (*об авторе*) tragédian.

траги||коме́дия *ж.* trágicómedy. **~коми́ческий** trágicómic.

траги́ческ||и *нареч.* trágically; ~ относи́ться к чему́-л. see* smth. in a trágic light; око́нчиться ~ end in (a) trágedy, have a trágic end.

~ий (*в разн. знач.*) trágic; (*тк. в смысле ужасный*) trágical; ~ий стиль trágic style; ~ий актёр trágic áctor, tragédian; ~ая актриса trágic áctress, tragèdiénne [trəʒedɪ'en]; ~ое зрéлище trágic / trágical sight; принять ~ий оборóт take* a trágic turn, become* trágic.

трагично I *прил. кратк. см.* трагичный.

трагичн||о II *нареч.*=трагически. **~ость** *ж.* trágedy, trágic náture / cháracter [...'neɪ-'kæ-], trágicalness. **~ый** trágic(al).

традициóнн||ость *ж.* tradítional náture / cháracter [...'neɪ- 'kæ-]. **~ый** tradítional; ~ый обряд tradítional céremony; ~ый обычай tradítion; ~ый велопробéг tradítional cycle race.

традици||я *ж.* tradítion; по ~и by tradítion.

траектóрия *ж.* trájectory; крутáя ~ high trájectory; curved trájectory *амер.*; отлóгая ~ flat trájectory.

трак *м. тех.* track link / shoe [...ʃuː].

тракт *м.* high road, híghway; (*маршрут*) route [ruːt]; почтóвый ~ *уст.* post road [poust...]; желýдочно-кишéчный ~ *анат.* àliméntary canál.

трактáт *м.* **1.** (*научное сочинение*) tréatise; **2.** (*международный договор*) tréaty.

трактир *м.* távern ['tæ-]; (*постоялый двор*) inn; (*ресторан*) éating-house* [-s]. **~щик** *м.*, **~щица** *ж.* távern-keeper ['tæ-]; ínnkeeper; éating-house kéeper [-s...].

трактовáть 1. (о *пр.*; *обсуждать*) treat (of), discúss (*d.*); **2.** (*вн.*; *давать толкование чему-л.*) intérpret (*d.*). **~ся 1.** *безл.* be tréated, be discússed; о чём трактýется в этой книге? what is the súbject of this book?; **2.** *страд. к* трактовáть 2.

трактóвка *ж.* **1.** tréatment; **2.** (*толкование*) intèrpretátion.

трáктор *м.* tráctor; ~ на колёсном ходý, колёсный ~ wheeled tráctor; ~ на гýсеничном ходý, гýсеничный ~ cáterpillar tráctor; ~ óбщего назначéния ùnivérsal tráctor, géneral púrpose tráctor [...-s...].

тракторизáция *ж.* the supplý of ágricùlture with tráctors, introdúction of tráctors (into ágricùlture).

трактори́ст *м.*, **~ка** *ж.* tráctor óperàtor.

трáкторн||ый tráctor (*attr.*); ~ая тяга tráctor tráction; на ~ой тяге tráctor-drawn.

трактор||ремóнтный tráctor-repáiring. **~сбóрочный** tráctor-assémbly (*attr.*).

тракторостро||éние *с.* tráctor constrúction. **~ительный:** ~ительный завóд tráctor works.

трал *м.* **1.** (*рыболовный*) trawl; **2.** *воен.* (míne-)sweep. **~ение** *с.* **1.** (*рыболовное*) tráwling; **2.** *воен.* míne-sweeping. **~ер** *м.* tráwler. **~ить 1.** *рыб.* trawl; **2.** (*вн.*) *воен.* sweep* (*d.*). **~овый 1.** *рыб.* tráwling; **2.** *воен.* míne-sweeping (*attr.*); ~овое вооружéние míne-sweeping equípment; ~овый флот míne-sweeping fleet.

трáльщик *м.* **1.** *мор.* tráwler; **2.** *воен.* míne-sweeper.

трамб||овáть (*вн.*) ram (*d.*); (*легко ударяя*) tamp (*d.*). **~óвка** *ж.* **1.** (*действие*) rámming; **2.** (*орудие*) rámmer, beetle.

трам||вáй *м.* **1.** (*линия*) tram, trámway; street ráilway *амер.*; **2.** (*вагон*) tram, trám-càr; stréet-càr *амер.*; éхать в ~вáе go* by tram; сесть на ~ get* on *the* tram, take* *the* tram; выйти из ~вáя get* out of *the* tram, alíght from *the* tram; попáсть под ~ be run óver by *a* tram; речнóй ~ ríver tram ['rɪ-...].

трамвáйн||ый tram (*attr.*); ~ билéт trám-ticket; ~ парк tram dépòt [...'depou]; stréet-càr yard *амер.*; ~ вагóн trám-càr; stréet-càr *амер.*; ~ кондýктор tram condúctor; ~ая останóвка tram stop; ~ая сеть trám (-way); ~ые рéльсы trám-lìnes.

трамвáйщик *м.* tram wórker.

трампли́н *м. спорт.* spríng-board; (*лыжный*) ski jump [ʃiː...]; (*перен.*) júmping-òff place / ground.

транжи́р||а *м. и ж. разг.* spéndthrìft, pródigal. **~ить**, растранжи́рить (*вн.*) *разг.* squánder (*d.*), waste [weɪ-] (*d.*).

транзи́т *м.* tránsit; перевози́ть ~ом (*вн.*) convéy as tránsit goods [...gudz] (*d.*); проходи́ть ~ом, перевози́ться ~ом pass as tránsit goods. **~ный** *прил. к* транзи́т; ~ный товáр tránsit goods [...gudz] *pl.*; ~ная торгóвля tránsit trade; ~ная тáкса tránsit dues *pl.*; ~ная ви́за tránsit vísa [...'viːzə]; ~ный пассажи́р tránsit pássenger [...-ndʒə].

транс *м.* trance; впадáть в ~ fall* into a trance.

транс||альпи́йский tránsálpìne [-nz-]. **~аркти́ческий** tránsárctic [-nz-]. **~атланти́ческий** tránsatlántic [-nz-].

трансгрéссия *ж. геол.* trànsgréssion.

транскриби́ровать *несов. и сов.* (*вн.*) trànscríbe (*d.*).

транскри́пция *ж.* trànscríption.

трансли́ровать *несов. и сов.* (*вн.*) *рад.* trànsmít [-nz-] (*d.*), bróadcàst ['brɔːd-] (*d.*); (*через усилительную установку*) reláy (*d.*).

транслитерáция *ж. лингв.* trànsliterátion [-nz-].

трансляциóнн||ый *рад.* trànsmíssion [-nz-] (*attr.*), bróadcàsting ['brɔːd-]; reláying; (*ср.* трансли́ровать); ~ая сеть reláying sýstem; ~ ýзел reláying státion.

трансля́ция *ж.* trànsmíssion [-nz-], bróadcàst ['brɔːd-]; (*через усилительную установку*) reláy.

трансмиссиóнный *тех.* trànsmíssion [-nz-] (*attr.*).

трансми́ссия *ж. тех.* trànsmíssion [-nz-].

трансокеáнский tránsòceánic [-zouʃɪ'æ-].

транспарáнт *м.* **1.** (*ткань с изображениями в раме*) trànspárency [-'pεə-] (*pícture*); **2.** (*для письма*) únderlìnes *pl.*

транспирáция *ж. бот.*, *мед.* trànspirátion.

транспози́ция *ж.* trànsposítion [-'zɪ-].

транспони́р||овать *несов. и сов.* (*вн.*) *муз.* trànspóse (*d.*). **~óвка** *ж. муз.* trànsposítion [-'zɪ-].

трáнспорт *м.* **1.** tránspòrt; (*перевозка тж.*) trànspòrtátion; вóдный ~ wáter tránspòrt ['wɔː-...]; железнодорóжный ~ ráil(way) tránspòrt; воздýшный ~ air tránspòrt; морскóй ~ sea tránspòrt; гужевóй ~ cártage, cárting; автогужевóй ~ road tránspòrt; автомоби́льный ~ mótor tránspòrt; городскóй ~ úrban tránspòrt; ~ грýзов goods tráffic [gudz...]; **2.** (*партия грузов и т. п.*) consígnment [-'saɪn-]; **3.** *воен.* (*обоз*) tránspòrt, train; артиллери́йский ~ train of àrtíllery; **4.** *мор.* (*судно*) tránspòrt, supplý ship; (*войсковой*) troop tránspòrt, tróopship, tróop-càrrier.

транспóрт *м. бух.* (*перенос на другую страницу*) cárrying fórward.

транспортáбельный trànspórtable.

транспортёр *м.* convéyer; *воен.* cárrier.

транспорти́р *м. тех.* protráctor.

транспорти́ровать I *несов. и сов.* (*вн.*; *перевозить*) trànspórt (*d.*), convéy (*d.*).

транспорти́ровать II (*вн.*) *бух.* (*переносить на другую страницу*) cárry fórward (*d.*).

транспортирóвка *ж.* tránspòrt, trànspòrtátion.

трáнспортн||ик *м.*, **~ица** *ж.* tránspòrt wórker. **~ый** *прил. к* трáнспорт; ~ое сýдно tránspòrt (ship), supplý ship; (*войсковое*) tróop tránspòrt, tróopship, tróop-càrrier; ~ый самолёт tránspòrt plane; *воен. тж.* tróop-càrrier; ~ые срéдства means of tránspòrt.

транссиби́рск||ий Tràns-Sibérian [-nzsaɪ'bɪə-]; ~ая магистрáль the Tràns-Sibérian Ráilway.

трансфéрт *м. фин.* tránsfer. **~ный** *фин.* tránsfer (*attr.*).

трансформáтор *м. эл.* trànsfórmer.

трансформáция *ж.* trànsformátion.

трансформи́зм *м. биол.* trànsfórmism.

трансформи́ровать *несов. и сов.* (*вн.*) trànsfórm (*d.*), convért (*d.*). **~ся** *несов. и сов.* **1.** be / become* trànsfórmed / áltered; **2.** *страд. к* трансформи́ровать.

трансфýзия *ж. мед.* trànsfúsion.

трансцендентáльный *филос.* trànscèndéntal.

трансцендéнтны||й 1. *филос.* trànscéndent; 2. *мат.* trànscèndéntal; ~е чúсла trànscéndents.

траншéйн||ый *воен.*, *с.-х.* trench (*attr.*); ~ое земледéлие trench ágricùlture; ~ сúлос trench sílò.

траншéя *ж. воен.* trench.

трап *м.* 1. *мор.* ládder, ship's ládder; забóртный ~ accòmmodátion ládder; сходнóй ~ compánion ládder [-'pæ-...]; 2. *тех.* trap.

тра́пез||а *ж.* meal; сидéть за ~ой sit* at table; делúть ~у (с *тв.*) share a meal (with). **~ная** *ж. скл. как прил.* reféctory.

трапециевúдный trapézifòrm[-'pi:-].

трапéция *ж.* 1. *мат.* trapézium; 2. *спорт.* trapéze.

трáсс||а *ж.* 1. (*направление*) line, diréction; воздýшная ~ air route [...ru:t], áirway; ~ канáла canál track; 2. *разг.* (*дорога*) route; éхать по нóвой ~е take*, *или* go* by, *a* new route; 3. (*план местности*) plan, draught [drɑ:ft]; (*чертёж*) sketch.

трасс||áнт *м. фин.* dráwer. **~áт** *м. фин.* drawée.

трассúр||овать *несов. и сов.* mark out, trace. **~ующий** *воен.* trácer (*attr.*); ~ующая пýля trácer búllet [...'bul-]; ~ующий снаря́д trácer shell.

трáта *ж.* expénditure; дéнежная ~ expénse; пустáя ~ чегó-л. waste of smth. [weɪ-...].

трáтить, истрáтить (*вн.*) spend* (*d.*), expénd (*d.*); (*понапрасну*) waste [weɪ-] (*d.*); не ~ мнóго слов not waste words. **~ся**, истрáтиться 1. spend* móney [...'mʌnɪ]; 2. *страд.* к трáтить.

трáтта *ж. фин.* bill of exchánge [...-'ʧeɪ-].

трáулер *м.* = трáлер.

трáур *м.* móurning ['mɔ:-]; глубóкий ~ deep móurning; облéчься в ~ go* into móurning; носúть ~ по ком-л. be in móurning for smb.

трáурница *ж.* (*бабочка*) móurning-cloak ['mɔ:-] (*butterfly*).

трáурн||ый 1. móurning ['mɔ:-] (*attr.*); (*погребальный*) fúneral; ~ое шéствие fúneral procéssion; ~ марш fúneral / dead march [...ded...]; ~ая повя́зка crape band; 2. (*скорбный*) móurnful ['mɔ:-], sórrowful; ~ вид funéreal appéarance [-'nɪərɪəl...].

трафарéт *м.* (*модель, шаблон*) sténcil; (*перен.*) convéntional / stéreotỳped / cómmonplàce páttern; (*литературный*) cliché (*фр.*) ['kli:ʃeɪ], stéreotỳped / háckneyed phrase [...-nɪd...]; раскрáшивать, распúсывать по ~у (*вн.*) sténcil (*d.*); по ~у (*перен.*) convéntionally, accórding to a convéntional / stéreotỳped / cómmonplàce páttern.

трафарéтн||ость *ж.* convèntionálity, bànálity, convéntional / stéreotỳped / cómmonplàce náture/cháracter [...'neɪ- 'kæ-]; (*литературного выражения и т. п.*) tríte|ness. **~ый** *тех.* sténcilled; (*перен.*) convéntional, stéreotỳped, cómmonplàce, banál [-ɑ:l]; (*обычный, типичный*) of the convéntional type; (*о литературном выражении и т. п.*) trite, stéreotỳped, háckneyed [-nɪd]; ~ая улы́бка stéreotỳped / convéntional smile.

трах 1. *межд.* bang!; 2. *предик.*: он ~ кулакóм пó столу he banged his fist on the table.

трахéит *м. мед.* tràcheítis [treɪ-kɪ'aɪ-].

трахéйный *анат.* trachéal [-'ki:-əl].

трахеотомúя *ж. мед.* tràcheótomy [-kɪ-].

трахéя *ж. анат.* trachéa [-'ki:ə], wíndpìpe ['wɪ-].

трахúт *м. геол.* tráchỳte ['treɪk-].

трáхнуть *сов. разг.* crash, bang; ~ когó-л. по головé bang smb. on the head [...hed]; ~ кулакóм пó столу bang one's fist on the table, bring* one's fist down on the table.

трахóма *ж. мед.* trachóma [-'kou-].

трéб||а *ж. церк.* relígious rite / cérеmony. **~ник** *м. церк.* práyer-book ['prɛə-].

трéбован||ие *с.* 1. demánd [-ɑ:nd]; (*просьба*) requést; (*претензия*) claim; (*потребность*) requíre|ment; по ~ию когó-л. at smb.'s requést, at the ínstance of smb., by smb.'s órder; настоя́тельное ~ úrgent requést; по ~ию судá by órder of the court [...kɔ:t]; удовлетворúть чьи-л. ~ия complý with, *или* sátisfỳ, smb.'s demánds; выдвигáть ~ия make* demánds, put* in claims; отказáться от своегó ~ия give* up one's claim, abándon / surrénder / relínquish one's claim; соглашáться на чьи-л. ~ия agrée to smb.'s demánds; отвечáть ~иям meet* the requíre|ments; вы́полнить ~ия чегó-л. fulfíl the requíre|ments of smth. [ful-...]; предъявля́ть к комý-л. большúе ~ия make* great / high demánds of smb. [...greɪt...], demánd much of smb.; остановка по ~ию stop by requést; ~ врéмени demánds of the times *pl.*; 2. *мн.* (*запросы*) àspirátions, wants, desíres [-'zaɪəz]; 3. (*документ*) órder, rèquisítion [-'zɪ-]; ~ на дровá órder for wood [...wud]; ~ на перевóзку *воен.* trànsportátion requést.

трéбовательн||ость *ж.* exácting|ness; излúшняя ~ ùn|réasonable demánds / preténtions [-zə- -ɑ:ndz...] *pl.* **~ый** exácting, éxigent; (*разборчивый*) partícular, fàstídious.

трéб||овать, потрéбовать 1. (*рд.* от) demánd [-ɑ:nd] (*d.* of, from); ~ тóчности от рабóтников expéct / demánd áccuracy of / from the staff; ~ объяснéния у когó-л. demánd an èxplanátion of / from smb., insíst on an èxplanátion from smb.; 2. (*рд.*; *нуждаться*) need (*d.*), requíre (*d.*), call (for); э́то ~ует специáльных знáний it requíres / demánds, *или* calls for, spécial knówledge [...'spe- 'nɔ-]; больнóй ~ует покóя the pátient needs / requíres repóse; э́то ~ует мнóго врéмени it takes a long time; 3. *тк. несов.* (*рд.* от; *ожидать*) expéct (*d.* from); 4. (*вн.*; *вызывать*) súmmons (*d.*); (*звать*) call (*d.*); ~ когó-л. домóй call smb. home; ~ когó-л. в суд súmmons smb. **~оваться**, потрéбоваться 1. need, requíre; (*о количестве чего-л.*) take*; на э́то ~уется мнóго врéмени it requíres / takes much time, much time is requíred / néeded for it; завóду ~уются рабóчие wórkers are wánted / requíred for the fáctory, the fáctory requíres wórkers; от слýжащих ~уется аккурáтная рабóта cáre|ful work is requíred / demánded of èmployées [...-'mɑ:-...], èmployées are requíred to be cáre|ful in their work; ~уется кóмната (*объявление*) room wánted; что и ~овалось доказáть which was to be proved / shown [...pru:vd ʃoun]; *мат.* Q. E. D. (quod éràt dèmònstrándum) [...'eræt...]; 2. *страд.* к трéбовать.

требухá *ж. тк. ед.* éntrails *pl.*; (*как пища*) óffal; (*перен.: хлам*) *разг.* tripe, rúbbish.

тревóг||а *ж.* 1. (*беспокойство*) alárm, ànxíety, ùn|éasiness [-zɪ-]; быть в ~е be alármed / ánxious / ùn|éasy / pertúrbed [...-'i:zɪ...]; вызывáть ~у aróuse / cause alárm / ànxíety; выражáть ~у expréss / mánifèst one's alárm / ànxíety; 2. (*сигнал*) alárm, alért; подня́ть ~у give* the alárm, raise an alárm; бить ~у give* / sound the alárm; пожáрная ~ fíre-alàrm; боевáя ~ battle alárm; воздýшная ~ alért, áir-raid wárning; áircràft wárning *амер.*; химúческая ~ gas alért; gás-alàrm *амер.*; лóжная ~ false alárm [fɔ:ls...].

тревóжить I, потревóжить (*вн.*; *беспокоить, нарушать покой*) distúrb (*d.*); ~ протúвника hárass the énemy ['hæ-...].

тревóж||ить II, встревóжить (*вн.*; *волновать*) wórry ['wʌ-] (*d.*), trouble [trʌ-] (*d.*), hárass ['hæ-] (*d.*); (*не сильно*) make* ùn|éasy [...-zɪ] (*d.*); егó ~ат вся́кие слýхи he is wórried / troubled / hárassed by all sorts of rúmours; егó молчáние ~ит их his sílence alárms them [...'saɪ-...].

тревóж||иться I, потревóжиться 1. wórry òne|sélf ['wʌ-...]; (*затруднять себя*) trouble òne|sélf [trʌ-...]; bóther òne|sélf *разг.*; напрáсно вы ~ились you should not have troubled / bóther|ed; 2. *страд.* к тревóжить I.

тревóжиться II, встревóжиться (о *пр.*; *беспокоиться*) be ánxious / ùn|éasy / wórried [...-zɪ 'wʌ-] (abóut); *сов. тж.* become* ánxious (abóut); (*без доп.*) take* alárm.

тревóжн||ость *ж.* ànxíety, ùn¦éasiness [-zɪ-]. **~ый 1.** (*полный тревоги, волнения*) ánxious, ùn¦éasy [-zɪ], troubled [trʌ-], pertúrbed, wórried ['wʌ-]; ~ый гóлос ánxious voice; ~ый взгляд ánxious / wórried look; **2.** (*сопровождающийся тревогой*) distúrbed, ùn¦éasy, troubled; ~ая ночь distúrbed night; **3.** (*вызывающий тревогу*) distúrbing, disquíeting; (*о сильной тревоге*) alárming; ~ое извéстие alárming news [...-z]; **4.** (*предупреждающий*) alárm (*attr.*); ~ый сигнáл alárm signal.

треволнéние *с. разг.* trouble [trʌ-], àgitátion.

тред-юниóн [трэ-] *м.* trade únion. **~úзм** [трэ-] *м.* tràde-únionism. **~úст** [трэ-] *м.* tràde-únionist. **~úстский** tràde-únionist (*attr.*).

трéзвенник *м. разг.* teetótaller [-'tou-], (tótal) abstáiner.

трезвéть, отрезвéть sóber; *сов. тж.* become* / grow* sóber [...grou...].

трéзво *нареч.* sóber¦ly; (*перен.*: *разумно*) sénsibly; ~ смотрéть на вéщи take* a sóber view of things [...vjuː...], view / regárd things in a sóber / sénsible light.

трезвóн *м.* **1.** sound / ríng¦ing of bells; bells *pl.*; peal; (*звонки*) ring¦ing; **2.** *разг.* (*толки*) góssip, talk.

трезвóнить, растрезвóнить **1.** *тк. несов.* (*о колоколах*) peal, ring*; **2.** (*о пр.*) *разг.* (*разносить слухи*) spread* (abróad) [-ed -ɔːd] (*d.*), noise abróad (*d.*); ~ по всемý гóроду spread* all óver the town (*d.*).

трéзвость *ж.* sóber¦ness; (*воздержанность*) témperance; (*состояние непьяного человека*) sobríety; ~ умá sóber¦ness of mind.

трезвýчие *с. муз.* tríad.

трéзв||ый (*в разн. знач.*) sóber; (*непьющий тж.*) ábstinent; человéк ~ого умá sóber-mìnded man*; имéть ~ взгляд на вéщи take* a sóber / sénsible view of things [...vjuː...]; ~ человéк sóber man*; (*разумный*) sénsible man*; ◇ что у ~ого на умé, то у пьяного на языкé *погов.* what the sóber man* thinks, the drúnkard revéals; drink lóosens the tongue [...-s°nz...tʌŋ].

трезýбец *м.* trídent.

трек [-рэ-] *м. спорт.* track.

трел||ь *ж. муз.* shake; (*в пении*) trill; (*птицы*) warble; ~и соловья warble / wárbling of the níghtingàle *sg.*; пускáть ~и trill; warble.

трельяж *м.* **1.** (*решётка*) tréllis; **2.** (*зеркало*) thrée-léaved mírror.

трéмоло [-рэ́-] *с. нескл. муз.* trémolò.

трен [-рэ-] *м. уст.* (*шлейф*) train (*of dress*).

трéнер *м. спорт.* tráiner, coach. **~ский** *прил. к* трéнер.

трéнзель *м.* snaffle.

трéние *с.* **1.** fríction, rúbbing; **2.** *мн.* (*споры, столкновения*) fríction *sg.*; cláshes, cónflicts.

тренирóванный *прич. и прил.* trained.

тренировáть, натренировáть (*вн.*) train (*d.*). **~ся,** натренировáться train (òne¦sélf), be in tráining.

тренирóвк||а *ж.* tráining; *спорт. тж.* cóaching; проходящий ~у trainée.

тренирóвочный tráining (*attr.*), práctice (*attr.*).

тренóга *ж.* trípòd; пулемётная ~ machíne-gùn trípòd [-'ʃiːn-...].

тренóжить, стренóжить (*вн.*) hobble (*d.*).

тренóжник *м.* trípòd.

трéнькать *разг.* strum.

трепáк *м.* (*танец*) trepák [-ɑːk] (*lively dance*).

трепáло *с.* swingle, scútcher (*implement*).

трепáль||ный: ~ная машина scútching-machìne [-ʃiːn]. **~щик** *м.*, **~щица** *ж.* scútcher.

трепáн *м. мед.* trepán. **~áция** *ж. мед.* trèpanátion; ~áция чéрепа trèpanátion of the skull.

трепáнг *м. зоол.* trepáng.

трепáние *с.* (*льна и т. п.*) scútching.

трепанировать *несов. и сов.* (*вн.*) *мед.* trepán (*d.*).

трёпаный *разг.* **1.** (*о книге и т. п.*) torn, táttered; **2.** (*непричёсанный*) dishévelled.

трепáть, потрепáть (*вн.*) **1.** *тк. несов.* (*о льне и т. п.*) scutch (*d.*), swingle (*d.*); **2.** (*тормошить, приводить в беспорядок*) pull abóut [pul...] (*d.*); (*о ветре*) blow* abóut [-ou...] (*d.*), flútter (*d.*); (*волосы*) tousle [-zl] (*d.*); ~ когó-л. за вóлосы pull smb.'s hair; **3.** *разг.* (*об одежде, обуви и т. п.*) wear* out [wɛə...] (*d.*); (*о книге и т. п.*) fray (*d.*), tear* [tɛə] (*d.*); **4.** (*похлопывать*) pat (*d.*); ~ когó-л. по плечý pat smb.'s shóulder [...'ʃou-]; ◇ егó трéплет лихорáдка he is féver¦ish, he is shívering with féver; ~ нéрвы wear* out smb.'s nerves, get* on smb.'s nerves; ~ языкóм *разг.* twaddle, prattle. **~ся,** потрепáться *разг.* **1.** (*изнашиваться*) get* worn out [...wɔːn...]; **2.** *тк. несов. разг.* (*болтать*) twaddle, prattle; (*говорить глупости*) talk nónsense / rúbbish; **3.** *страд. к* трепáть.

трепáч *м. разг.* twáddler, práttler.

трéпет *м.* trémbling, quívering; (*от страха, волнения*) trèpidátion; с ~ом with trèpidátion; страх и ~ fear and trémbling / trèpidátion; привести когó-л. в ~ make* smb. tremble; (*взволновать*) ágitàte smb.; привести когó-л. в рáдостный ~ make* smb. tremble with joy; ~ счáстья thrill of joy; ~ ýжаса thrill of hórror. **~áние** *с.* **1.** trémbling, quívering; (*от страха, волнения*) trèpidátion; **2.** (*пламени*) flícker(ing).

трепетáть 1. (*дрожать*) tremble; (*колыхаться*) quíver ['kwɪ-]; (*о пламени*) flícker; (*испытывать волнение*) thrill, tremble; ~ за когó-л. tremble for smb.; ~ при мысли (о *пр.*) tremble at the thought (of); ~ от рáдости thrill / pálpitàte with delíght; ~ от ýжаса tremble / thrill with hórror; крылья бáбочки трепéщут the bútterflỳ's wings quíver; **2.** (*биться*) flútter, pálpitàte.

трéпетн||о *нареч.*: сéрдце ~ бьётся the heart pálpitàtes [...hɑːt...]; the heart goes pít-a-pát *разг.* **~ый 1.** (*робкий*) tímid, fríghtened; **2.** (*дрожащий*) trémbling, pálpitàting; (*колеблющийся*) quívering; ~ое ожидáние ánxious èxpèctátion; **3.** (*о свете*) flíckering.

трёпк||а *ж.* **1.** (*о льне и т. п.*) scútching; **2.** *разг.* (*нагоняй*) dréssing-dówn; (*гл. обр. ребёнку*) scólding; (*побои*) thráshing; задáть ~у комý-л. give* smb. a dréssing-dówn, give* it (hot) to smb., scold smb.; give* smb. a (sound) thráshing; ◇ ~ нéрвов nérvous strain, strain on the nerves.

трепыхáться *разг.* flútter, quíver ['kwɪ-].

треск *м.* crash, crack, noise; (*хруст*) crackle; (*перен.*: *шумиха*) *разг.* fuss; ~ ружéйных выстрелов crackle of gún-fìre; ~ ломáющихся сýчьев snápping of twigs; ~ огня cráckling of a fire; ◇ с ~ом (*выгнать и т. п.*) ≅ ìgnomínious¦ly.

трескá *ж. тк. ед.* cod; вяленая ~ dried cod, stóckfish.

трéскать (*вн.*) *груб.* guzzle (*d.*), gobble (*d.*).

трéскаться, потрéскаться crack; (*о коже, руках и т. п.*) chap.

тресковый cod (*attr.*); ~ жир cód-lìver oil [-lɪ-...].

трескотня *ж.* cráckling; (*кузнечиков и т. п.*) chírping; (*перен.*: *болтовня*) *разг.* jábber, twaddle, gabble, bléther; ~ ружéйных выстрелов crackle / cráckling of gún-fìre; ~ пулемётов rattle of machíne-gùns [...-'ʃiːn-].

трескýч||ий 1.: ~ морóз ríng¦ing frost, hard frost; на дворé ~ морóз it is fréezing hard; it is fréezing cold *разг.*; **2.** (*высокопарный*): ~ие фрáзы pómpous / hígh-flown / bòmbástic words [...-floun...].

трéснуть *сов.* **1.** crack; (*лопнуть*) burst*; **2.** *разг.* (*тв.* по *дт.*; *вн.* по *дт.*; *ударить*) hit* (*d.* on); ~ когó-л. по головé hit* smb. on the head [...hed]; **3.** *см.* трещáть 4; ◇ хоть трéсни *груб.* ≅ for the life of me; не могý добиться от негó отвéта, хоть трéсни I can't for the life of me get him to ánswer [...kɑːnt... 'ɑːnsə]; не могý найти, хоть трéсни I can't for the life of me find it. **~ся** (*тв.* об *вн.*) *разг.* knock (*d.* agáinst), bang (*d.*

agáinst); ~ся лбом об стол bang / knock one's head agáinst the table [...hed...].

трест *м. эк.* trust. **~и́рование** *с. эк.* (*развитие трестов*) devélopment / formátion of trusts; (*образование треста*) òrganìzátion of *a* trust [-naɪ-...]; ~и́рование промышленности òrganìzátion of índustry into trusts. **~и́ровать** *несов. и сов.* (*вн.*) *эк.* combíne / órganìze into a trust, *или* into trusts (*d.*).

третéйск||ий: ~ суд court of àrbitrátion [kɔːt...]; ~ое решéние àrbitrátion; ~ судья́ árbitràtor, árbiter.

трéт||ий third; ~ье мáя, ию́ня *и т. п.* the third of May, June, *etc.*; May, June, *etc.*, the third; страни́ца, глава́ ~ья page, chápter three; ~ нóмер númber three; емý (пошёл) ~ год he is in his third year; ужé ~ час it is past two; в ~ьем часý past / áfter two; полови́на ~ьего half past two [hɑːf...]; три чéтверти ~ьего a quárter to three; ~ье лицó third pérson; говори́ть в ~ьем лицé speak* in the third pérson; ~ье сослóвие *ист.* third estáte; ~ьего дня the day befóre yésterday [...-dɪ]; ~ья часть, одна́ ~ь(я) one third; ◇ из ~ьих рук ìndiréctly.

трети́ровать (*вн.*) slight (*d.*).

трети́чный *геол., мед.* tértiary.

трет||ь *ж.* a / one third; две ~и two thirds.

трéтье *с. скл. как прил.* (*третье блюдо, десерт*) third course [...kɔːs]; sweets *pl.*; (*фрукты и т. п.*) dessért [-'zɜːt].

третьеклáссн||ик *м.* class III boy, thírd-clàss boy. **~ица** *ж.* class III girl [...g-], thírd-clàss girl.

третье||очереднóй of thírd-ráte impórtance. **~сóртный** thírd-ráte, inférior, médiòcre. **~степéнный 1.** (*несущественный*) ìnsigníficant; **2.** (*посредственный*) médiòcre, thírd-ráte.

треугóлка *ж.* cocked hat.

треугóльн||ик *м.* tríàngle. **~ый** thrée-córnered; *мат.* trìángular.

трéфовый *карт.* of clubs; ~ корóль the king of clubs.

трéфы *мн.* (*ед.* трéфа *ж.*) *карт.* clubs; ходи́ть с треф lead* clubs.

трёх- (*в сложн. словах, не приведённых особо*) of three *или* thrée- — *соотв. тому, как даётся перевод второй части слова*; *напр.* трёхднéвный of three days, thrée-day (*attr.*) (*ср.* -днéвный: of... days, -day *attr.*); трёхмéстный with berths, seats for 3; (*о машине и т. п.*) thrée-séater (*attr.*) (*ср.* -мéстный).

трёхáктный thrée-àct (*attr.*).

трёхвалéнтный *хим.* trìvàlent [traɪ-].

трёхвёрстка *ж.* (*карта*) map on the scale of three versts to an inch.

трёхгоди́чный thrée-year (*attr.*); trìénnial *книжн.*

трёхгодовáлый thrée-year (*attr.*); thrée-year-óld; ~ ребёнок thrée-year-óld child*, child* of three (years).

трёхголóс(н)ый *муз.* thrée-pàrt (*attr.*).

трёхгрáнный 1. thrée-édged; *мат.* trìhédral [traɪ-]; ~ клинóк thrée-édged blade; **2.** *бот.* (*о стебле*) triquétrous.

трёхднéвн||ый thrée-day (*attr.*); of three days; в ~ срок in / within three days; ~ая лихорáдка tértian águe.

трёхдюймóвый thrée-ìnch (*attr.*).

трёхзнáчный thrée-dígit (*attr.*), thrée-fígure (*attr.*).

трёхколёсный thrée-whéeled; ~ велосипéд trícycle ['traɪ-]; ~ мотоци́кл mótor trícycle.

трёхкóмнатный thrée-róom (*attr.*).

трёхкрáтный = троекрáтный.

трёхлемéшный: ~ плуг thrée-shàre plough.

трёхлéтие *с.* **1.** (*годовщина*) third ànnivérsary; **2.** (*срок в 3 года*) (períod of) three years; trìénnial périod *книжн.*

трёхлéтн||ий 1. (*о сроке*) of three years; thrée-year (*attr.*); trìénnial *книжн.*; **2.** (*о возрасте*) of three; thrée-year-óld; ~ ребёнок child* of three (years); thrée-year-óld child*; **3.** *бот.* trìénnial; ~ее растéние trìénnial.

трёхли́стный 1. thrée-léaved; **2.** *бот.* trìfóliate [traɪ-].

трёхмáчтов||ый thrée-másted; ~ое сýдно thrée-máster.

трёхмéрный thrée-diménsional.

трёхмéстный thrée-séater (*attr.*).

трёхмéсячный 1. (*о сроке*) of three months [...mʌ-]; thrée-mònth [-mʌ-] (*attr.*); **2.** (*о возрасте*) thrée-mònths-óld [-mʌ-]; ~ ребёнок thrée-mònths-óld báby, báby of three months.

трёхмотóрный (*о самолёте*) thrée-éngined [-'endʒ-].

трёхнедéльный 1. (*о сроке*) of three weeks; thrée-wéek (*attr.*); **2.** (*о возрасте*) thrée-weeks-óld; ~ ребёнок thrée-weeks-óld báby, báby of three weeks.

трёхнóгий thrée-légged.

трёхорудийн||ый thrée-gún (*attr.*); ~ая бáшня triple túrret [trɪ-...].

трёхоснóвный *хим.* trìbásic [traɪ-'beɪ-].

трёхóсн||ый trìáxial; ~ая автомаши́на síx-whéel mótor véhicle [...'viːɪ-], síx-whéeler.

трёхпáлубн||ый thrée-décker (*attr.*); ~ое сýдно thrée-décker.

трёхпáлый thrée-fíngered; tridáctyl(ous) [traɪ-] *научн.*

трёхпóл||е *с. с.-х.* thrée-fìeld sýstem [-fiː-...]. **~ный** *с.-х.* thrée-fìeld [-fiː-] (*attr.*); ~ная систéма thrée-fìeld sýstem; ~ное хозя́йство thrée-fìeld sýstem of ágricùlture.

трёхпроцéнтный thrée-per-cént (*attr.*).

трёхрáзов||ый: ~ое питáние three meals a day *pl.*

трёхрублёвка *ж. разг.* thrée-rouble note [-ruː-...].

трёхслóжн||ый *грам.* trísyllábic ['traɪ-]; ~ое слóво trisýllable ['traɪ-].

трёхслóйн||ый thrée-láyered; (*о фанере*) thrée-plỳ; ~ая фанéра thrée-plỳ.

трёхсмéнн||ый thrée-shìft (*attr.*); ~ая рабóта thrée-shìft work.

трёхсотлéт||ие *с.* three húndred years *pl.*; (*годовщина*) tèrcèntēnary [-'tiː-]; прáздновать ~ чегó-л. célebràte the tèrcèntēnary of smth. **~ний 1.** (*о сроке в триста лет*) of three húndred years; **2.** (*о годовщине*) tèrcènténnial; ~ний юбилéй tèrcèntēnary [-'tiː-].

трёхсóт||ый thrée-húndredth; страни́ца ~ая page three húndred; ~ нóмер númber three húndred; ~ая годовщи́на thrée-húndredth ànnivérsary; ~ год the year three húndred.

трёхствóлка *ж. разг.* thrée-bárrel(led gun).

трёхствóльный 1. (*об оружии*) thrée-bárrelled; **2.** *бот.* thrée-stémmed.

трёхствóрчатый thrée-léaved; ~ шкаф thrée-léaved wárdròbe.

трёхстóпный *лит.* of three feet; ~ стих verse of three feet; ~ ямб ìámbic trímeter.

трёхсторóнний 1. thrée-sìded; *мат.* tríláteral ['traɪ-]; **2.** (*с участием трёх сторон*) tríláteral; (*о договоре и т. п.*) trípártìte ['traɪ-].

трёхстрýнный *муз.* thrée-stringed.

трёхтóмник *м.* edítion in three vólumes, thrée-vòlume edítion.

трёхтóнка *ж. разг.* thrée-tón lórry [-'tʌn...].

трёхфáзный *эл.* thrée-phàse (*attr.*); ~ ток thrée-phàse cúrrent.

трёхходов||óй 1. *тех.* thrée-way (*attr.*), thrée-pàss (*attr.*); ~ кран thrée-way stópcòck; ~ клáпан thrée-way valve; **2.** *шахм.*: ~áя задáча thrée-móve próblem [-'muːv 'prɔ-].

трёхцвéтный thrée-cólour¦ed [-kʌ-], of three cólours [...'kʌ-]; (*о флаге и т. п.*) trícolour(¦ed) ['traɪkʌ-]; (*о фотографии, печати*) trìchromátic [traɪ-].

трёхчасов||óй 1. (*о продолжительности*) of three hours [...auəz]; thrée-hour [-auə] (*attr.*); **2.:** ~ пóезд the thrée-o'clóck train; the three o'clóck *разг.*

трёхчлéн *м. мат.* trìnómial [traɪ-]. **~ный** *мат.* trìnómial [traɪ-]; ~ное уравнéние trìnómial equátion.

трёхъязы́чный trilíngual ['traɪ-]; (*о словаре и т. п. тж.*) tríglòt.

трёхэтáжный thrée-stóreyed [-rɪd].

трёшка *ж.*, **трёшница** *ж. разг.* three roubles [...ruː-] *pl.*; (*бумажка*) thrée-rouble note [-ruː-...].

трещ||áть, трéснуть, протрещáть **1.** *тк. несов.* crack; (*о дровах при* *сгорании*) crackle; (*о мебели*) creak; **2.** *при сов.* протрещáть (*о кузнечиках и т. п.*) chirp; **3.** *при сов.* протрещáть *разг.* (*болтать*) chátter, jábber; **4.** *при сов.* трéснуть *разг.* (*находиться накануне краха*) be on the point of collápse; ◇ у меня́ головá ~и́т (*от боли*) I have a splitting héadàche [...'hedeɪk], my head is réady to burst [...hed... 're-...]; ~ по всем швам ≅ go* to píeces [...'piːs-], crumble up; ~áт морóзы there is a hard / ríng¦ing frost.

трéщин||а *ж.* crack, split; (*на земле*) cleft, físsure; (*на коже*) chap; (*перен.*; *в отношениях*) breach; (*начало разлада*) a little rift within the lute; покры́тый ~ами cracked; (*о коже и т. п.*) chapped; дать ~у crack, split*; дрýжба далá ~у the fríendship is shówing signs of díscòrd [...'fren-... 'ʃou- saɪnz...], there are signs of a breach in the fríendship.

трещóтка *ж.* **1.** (*у сторожа*; *детская*) rattle; (*перен.*; *о человеке*) *разг.* chátterbòx, rattle; **2.** *тех.* rátchet (-drill).

три *числит.* three.

триáда *ж.* tríad.

триангуля́ция *ж. мат.*, *геод.* trìangulátion.

триáс *м. геол.* trías. **~овый** *геол.* trìássic.

трибрáхий *м. лит.* tríbràch ['trɪbræk].

трибýн *м.* tríbùne.

трибýн||а *ж.* **1.** plátfòrm, róstrum (*pl.* -ra); (*перен.*) tríbùne; подня́ться на ~у mount the plátfòrm / róstrum; **2.** (*на стадионе и т. п.*) stand (*for spectators*).

трибунáл *м.* tribúnal.

тривиáльн||ость *ж.* trìviálity, bànálity; tríte¦ness; (*ср.* тривиáльный). **~ый** trívial, banál [-ɑːl], cómmonplàce; (*о выражении и т. п.*) trite, háckneyed [-nɪd].

триглúф *м. арх.* tríglyph.

тригонометри́ческ||ий trìgonométric(al); ~ие фýнкции trìgonométrical fúnctions.

тригономéтрия *ж.* trìgonómetry; прямолинéйная ~ plane trìgonómetry; сфери́ческая ~ sphérical trìgonómetry.

три́девять: за ~ земéль *разг.* (at) the other end of the world, miles and miles a¦wáy.

тридцати- (*в сложн. словах, не привёденных особо*) of thírty, *или* thírty- — *соотв. тому, как даётся перевод второй части слова*; *напр.* тридцатиднéвный of thírty days, thírty-day (*attr.*) (*ср.* -днéвный: of... days, -day *attr.*); тридцатимéстный with berths, seats for 30; (*о самолёте и т. п.*) thírty-séater (*attr.*) (*ср.* -мéстный).

тридцатилéтие *с.* **1.** (*годовщина*) thírtieth ànnivérsary; (*день рождения*) thírtieth bírthday; **2.** (*срок в 30 лет*) thírty years *pl.*

тридцатилéтний **1.** (*о сроке*) of thírty years; thírty-year (*attr.*); ~ юбилéй thírtieth ànnivérsary; **2.** (*о возрасте*) of thírty; thírty-year-óld; ~ человéк man* of thírty; thírty-year-óld man*.

тридцáтка *ж. разг.* thírty roubles [...ruː-] *pl.*

тридцáт||ый thírtieth; ~ое январá, мáрта *и т. п.* the thírtieth of Jánuary, March, *etc.*; Jánuary, March, *etc.*, the thírtieth; страни́ца, главá ~ая page, chápter thírty; ~ нóмер númber thírty; емý (пошёл) ~ год he is in his thírtieth year; ~ые гóды (*столетия*) the thírties; в начáле ~ых годóв in the éarly thírties [...'əːlɪ...]; в концé ~ых годóв in the late thírties; однá ~ая one thírtieth.

три́дцат||ь *числит.* thírty; ~ оди́н *и т. д.* thírty-òne, *etc.*; ~ пéрвый *и т. д.* thírty-fìrst, *etc.*; лет ~ (*о времени*) abóut thírty years; (*о возрасте*) abóut thírty; лет ~ томý назáд abóut thírty years agó; емý лет ~ he is / looks abóut thírty; емý óколо ~и́ he is abóut thírty; емý под ~ he is néarly thírty; емý (перевали́ло) за ~ he is óver thírty, he is in his thírties; человéк лет ~и́ a man* of / abóut thírty; в ~и́ киломéтрах (от) thírty kílomètres (from).

три́дцатью *нареч.* thírty times; ~ три́дцать thírty times thírty, thírty thírties.

триеди́ный tríùne.

триéр *м. с.-х.* scréening machíne [...-'ʃiːn], séparàtor, sífter.

три́жды *нареч.* three times; thrice *уст.*, *поэт.*; ~ четы́ре three times four [...fɔː], three fours; ◇ ~ прóклятый thríce-cùrsed.

три́зн||а *ж. ист.* fúneral feast; совершáть ~у (по *дт.*; *перен.*: *скорбеть о чём-л.*) mourn [mɔːn] (for).

трикó *с. нескл.* **1.** (*ткань*) tricòt ['trɪkou] (*woollen cloth*); **2.** (*одежда*) tights *pl.*; (*телесного цвета*) fléshings *pl.*, flésh-tìghts *pl.*; (*бельё*) stóckinèt únderclòthing [...-klou-]; (*дамские панталоны*) (stóckinèt) knickers *pl.*

трикотáж *м.* **1.** (*ткань*) stóckinèt, knítted fábric; **2.** *собир.* (*изделия*) knítted wear [...wɛə]; knítted gárments *pl.* **~ный** stóckinèt (*attr.*), knítted; ~ные издéлия knítted wear [...wɛə] *sg.*, knítted gárments; ~ная фáбрика knítted-goods fáctory [-gudz...].

трикtрáк *м.* (*игра*) bàckgámmon.

трили́стник *м. бот.* tréfoil, shám¦ròck.

триллиóн *м.* bíllion; tríllion *амер.*

трилóгия *ж. лит.* trílogy.

тримéстр *м.* (*в вузах и т. п.*) term.

тримéтр *м. лит.* trímeter.

три́ммер *м. ав.* trímming tab.

тринадцати- (*в сложн. словах, не привёденных особо*) of thírtéen, *или* thírtéen- — *соотв. тому, как даётся перевод второй части слова*; *напр.* тринадцатиднéвный of thírtéen days, thírtéen-day (*attr.*) (*ср.*-днéвный: of ... days, -day *attr.*); тринадцатимéстный with berths, seats for 13; (*об автобусе и т. п.*) thírtéen-séater (*attr.*) (*ср.* -мéстный).

тринадцатилéтний **1.** (*о сроке*) of thírtéen years; thírtéen-year (*attr.*); **2.** (*о возрасте*) of thírtéen; thírtéen-year-óld; ~ мáльчик boy of thírtéen; thírtéen-year-óld boy.

тринáдцат||ый thírtéenth; ~ое мáя, ию́ня *и т. п.* the thírtéenth of May, June, *etc.*; May, June, *etc.*, the thírtéenth; страни́ца, главá ~ая page, chápter thírtéen; ~ нóмер númber thírtéen; емý (пошёл) ~ год he is in his thírtéenth year; однá ~ая one thírtéenth.

тринáдцать *числит.* thírtéen; ~ раз ~ thírtéen times thírtéen, thírtéen thírtéens.

тринитротолуóл *м. воен. хим.* trìnítrò¦tóluène [traɪ-] (*сокр.* TNT); tríton *амер.*

тринóм *м. мат.* trìnómial [traɪ-].

три́о *с. нескл. муз.* tríò [-iːou]; фортепья́нное ~ piánofòrte tríò ['pjæ-tɪ...]; стрýнное ~ string tríò.

триолéт *м. лит.* tríolèt.

триóль *ж. муз.* tríplet ['trɪ-].

триплáн *м. ав.* tríplàne ['traɪ-].

три́ппер *м. мед.* gònorrhóea [-'rɪə].

три́птих *м. иск.* tríptych [-k].

тририéма *ж. ист.* tríréme ['traɪ-].

три́сель *м. мор.* trýsail ['traɪsəl].

три́ста *числит.* three húndred.

три́тий *м. физ.*, *хим.* trítium.

Тритóн *м. миф.* Tríton.

тритóн *м. зоол.* tríton.

триумви́р *м. ист.* trìúmvir (*pl.* -s, -virì[-vɪriː]). **~áт** *м. ист.* trìúmvirate.

триýмф *м.* tríumph; с ~ом in tríumph, trìúmphantly; (*с блестящим успехом*) with sígnal succéss. **~áльный** trìúmphal; ~áльный въезд trìúmphal éntry; ~áльная áрка trìúmphal arch. **~áтор** *м.* tríumpher; (*победитель*) víctor.

трифтóнг *м. лингв.* tríphthòng.

трихи́на *ж. зоол.* trichína [-'k-].

трихинóз *м. мед* trìchinósis [-k-].

трихотоми́я *ж.* trichótomy [-'k-].

троакáр *м. хир.* trócàr.

трóгательно I **1.** *прил. кратк. см.* трóгательный; **2.** *предик. безл.* it is tóuching [...'tʌ-]; ~ смотрéть it is tóuching / afféсting to see.

трóгательн||о II *нареч.* tóuching¦ly ['tʌ-], móving¦ly ['muːv-]; in a tóuching way / mánner [...'tʌ-...]; pathétically; (*ср. тж.* трóгательный). **~ость** *ж.* tóuching / móving / afféсting náture ['tʌ- 'muːv-... 'neɪ-]; páthòs ['peɪ-]. **~ый** tóuching ['tʌ-]; (*волну-*

ющий) móving [ˈmuːv-], afféсting; (*жалкий*) pathétic.

трóгать, трóнуть (*вн.*) **1.** (*прикасаться*) touch [tʌʧ] (*d.*); **2.** (*беспокоить*) distúrb (*d.*), trouble [trʌ-] (*d.*); не тронь егó leave him alóne; **3.** (*волновать, умилять*) touch (*d.*), move [muːv] (*d.*), affect (*d.*); э́то егó не трóгает it does not touch / move him, it leaves him cold; ~ до слёз move to tears (*d.*); ◊ трóгай! go ahéad! [...əˈhed]. **~ся**, трóнуться **1.** (в *вн.*; *направляться*) start (for), be off (for); (*без доп.*; *сдвигаться с места*) make* a move [...muːv]; ~ся в путь set* out, start on a jóurney [...ˈdʒəː-]; пóезд трóнулся the train stárted off, the train was off; автомоби́ль трóнулся the car stárted, the car was off; он не трóнулся с мéста he did not budge; лёд трóнулся the ice (on the ríver) has bróken [...ˈrɪ-...]; **2.** (*умиляться*) be moved / touched / affécted [...tʌ-...]; **3.** *страд.* к трóгать 1, 3.

троглоди́т *м.* tróglodỳte.

трóе *числит.* three; для всех троих for all thrée; нас ~ there are three of us.

троекрáтн||о *нареч.* three times. **~ый** thríce-repéated; ~ое трéбование thríce-repéated súmmons.

трóица *ж.* **1.** *рел.* Trínity; (*праздник*) Whítsun, Whitsúnday [-dɪ]; **2.** *разг.* (*трое*) tríò [ˈtriːou] (*group of three persons*).

трóйк||а *ж.* **1.** *разг.* (*цифра*) three; **2.** (*отметка*) three (*out of five*); учени́к получи́л ~у по истóрии the púpil got / recéived three for history [...-ˈsiːvd...]; **3.** *карт.* three; козырнáя ~ three of trumps; ~ червéй, пик *и т. п.* the three of hearts, spades, *etc.* [...hɑːts...]; **4.** (*лошадей*) tróika (*three horses harnessed abreast*), cárriage-and-three [-rɪdʒ-]; **5.** *разг.* (*полный мужской костюм*) man's suit (*with a waistcoat*) [...sjuːt].

тройни́к *м.* *тех.* tee, Síamèse connéction.

тройни́чный *анат.* trìgéminal [traɪ-], trìfácial [traɪ-]; ~ нерв trìgéminus [traɪ-], trìfácial.

тройн||óй thréefòld, triple [trɪ-]; ~óе прáвило *мат.* the rule of three; в ~óм размéре thréefòld, treble; ~ толщины́ of triple thíckness; ~ ряд triple row [...rou]; ~ канáт thrée-plỳ rope.

трóйня *ж.* tríplets [ˈtrɪ-] *pl.*

трóйственн||ость *ж.* triplicity. **~ый** triple [trɪ-]; Трóйственный сою́з *ист.* Triple Allíance; Трóйственное соглáсие *ист.* Triple Enténte [...ɑːnˈtɑːnt].

трок *м.* (*подпруга*) súrcingle.

троллéйбус *м.* trólley bus. **~ный** trólley-bùs (*attr.*); ~ная ли́ния trólley-bùs route [...ruːt]; ~ный парк trólley-bùs dépòt [...ˈdepou].

тромб *м.* *мед.* clot of blood [...-ʌd]. **~óз** *м.* *мед.* thròmbósis.

тромбóн *м.* *муз.* tròmbóne. **~и́ст** *м.* tròmbónist [-ˈbou-].

тромбофлеби́т *м.* *мед.* thròmbophlebítis.

трон *м.* throne. **~ный** throne (*attr.*); ~ный зал thróne-room; ~ная речь King's speech.

трóну||ть *сов.* **1.** *см.* трóгать; **2.** (*вн.*; *о морозе, сырости и т. п.— портить*) touch [tʌʧ] (*d.*); морóз ~л ли́стья, морóзом ~ло ли́стья the frost has touched / nipped the leaves; ли́стья ~ты морóзом the leaves are touched with frost; the leaves have been nipped by the frost *разг.* **~ться** *сов.* **1.** *см.* трóгаться; **2.** *разг.* (*помешаться*) be touched [...tʌ-]; он немнóго ~лся he is a little touched; he has a screw loose [...luːs], he is not all there *разг.*; **3.** *разг.* (*испортиться*) go* bad.

троп *м.* *лит.* trope.

тропá *ж.* (*прям. и перен.*) path*.

трóпик *м.* *геогр.* **1.** trópic; ~ Рáка trópic of Cáncer; ~ Козерóга trópic of Cápricòrn; **2.** *мн.* (*страны*) the trópics.

тропи́нк||а *ж.* path*, track; идти́ ~ой, по ~е fóllow *the* path*.

тропи́ческ||ий trópical; ~ кли́мат trópical clímate [...ˈklaɪ-]; ~ пóяс tórrid zone; ~ая расти́тельность trópical vègetátion; ~ая лихорáдка jungle féver.

тропосфéра *ж.* *метеор.* trópospherè.

трос *м.* rope, line; прóволочный ~ wire rope / háwser [...-zə]; стальнóй ~ wire háwser / rope, steel rope / cable.

трости́нка *ж.* thin reed.

тростни́к *м.* reed; (*с губчатым стволом*) rush; сáхарный ~ súgar-càne [ˈʃu-]. **~óвый** reed (*attr.*), rush (*attr.*); ~óвый сáхар cáne-súgar [-ˈʃu-]; ~óвые зáросли reeds.

трóсточка *ж.*, **трость** *ж.* cane, wálking-stìck.

троти́л *м.* *воен. хим.* trótyl, trìnítro|tóluòl [traɪ- -oul] (*сокр.* TNT).

тротуáр *м.* páve|ment; síde-wàlk *амер.*

трофéй *м.* **1.** tróphy [ˈtrou-]; **2.** *мн.* *воен.* cáptured matérial *sg.*; spoils of war. **~ный** tróphy [ˈtrou-] (*attr.*), cáptured; ~ная вы́ставка èxhibítion of war tróphies, *или* of cáptured equípment [eksɪ-...]; ~ная пу́шка cáptured gun.

трофи́ческ||ий *анат.* tróphic; ~ие нéрвы tróphic nerves.

трохеи́ческий *лит.* trocháic [-ˈkeɪɪk].

трохéй *м.* *лит.* tróchee [-ouk-].

троцк||и́зм *м.* Trótskyism. **~и́ст** *м.* Trótskyìte. **~и́стский** Trótskyist.

троюродн||ый: ~ брат, ~ая сестрá sécond cóusin [ˈse- ˈkʌz-].

троя́||кий thréefòld, triple [trɪ-]; ~ смысл thréefòld méaning; ~ким óбразом in three ways. **~ко** *нареч.* in three (dífferent) ways, in a thréefòld mánner.

троя́нский *ист.* Trójan.

труб||á *ж.* **1.** pipe; (*печная*) chímney; (*паровозная, пароходная*) fúnnel, smóke-stàck; подзóрная ~ télescòpe; аэродинами́ческая ~ wind túnnel [wɪ-...]; фабри́чная ~ fáctory chímney; ~ паровóго отоплéния stéam-heat pipe; **2.** *муз.* trúmpet; (*рожок*) horn; игрáть на ~é blow* the trúmpet, the horn [blou..]; (*в оркестре*) play the trúmpet; ~ оргáна órgan-pìpe; ◊ вы́лететь в ~ý *разг.* go* smash; пройти́ огóнь, вóду и мéдные трýбы ≅ go* through many tríals and trìbulátions, go* through all the troubles únder the sun [...trʌ-...].

трубаду́р *м.* *ист. лит.* tróubadour [ˈtruːbəduə].

трубáч *м.* trúmpeter; (*в оркестре*) trúmpet-player.

труб||и́ть, протруби́ть **1.** (в *вн.*) blow* [blou] (*d.*); ~ в трубу́ trúmpet; blow* / sound the trúmpet; ~ в рог blow* the horn; **2.** (*звучать*) blare; трýбы ~я́т trúmpets sound / blare; **3.** (о *пр.*) *разг.* (*разглашать*) trúmpet (*d.*), procláim (*d.*), cry from the hóuse-tòps [...ˈhaus-] (*d.*); протруби́ть все у́ши кому́-л. чем-л. din smth. into smb.'s ears; ◊ ~ сбор sound the róll-càll.

тру́бк||а *ж.* **1.** tube; дренáжная ~ dráin-pìpe; *мед.* drain; сифóнная ~ sýphon [ˈsaɪ-]; паяльная ~ blów-pìpe [ˈblou-], blówtòrch [ˈblou-]; электрóннолучевáя ~ (*в телевизоре*) cáthòde-ray tube; TV tube [ˈtiːˈviː...] *разг.*; ~ снаря́да *воен.* fuse; удáрная ~ *воен.* pèrcússion tube; pèrcússion prímer *амер.*; вытяжнáя ~ *воен.* fríction tube; fríction prímer *амер.*; **2.** (*свёрток*) roll, scroll; сверну́ть бумáгу ~ой roll up (the) páper; **3.** (*телефонная*) (télephòne) recéiver [...-ˈsiː-]; повéсить ~у hang* up the recéiver; **4.** (*курительная*) (tobáccò-pìpe; ◊ вы́курить ~у ми́ра smoke the pipe of peace.

тру́бный trúmpet (*attr.*); ~ звук blare, bláring sound; ~ сигнáл trúmpet-càll.

-тру́бный (*в сложн. словах, не приведённых особо*) -tube (*attr.*); -fúnnelled; -stack (*attr.*); *напр.* двухтру́бный (*о судне*) twó-fúnnelled; twó-stàck (*attr.*).

труболитéйный túbe-càsting; ~ завóд túbe-càsting plant [...ɑːnt].

трубонарезнóй *тех.* pípe-threading [-ed-].

трубопровóд *м.* cónduit, píping, túbing; (*для передачи нефти на расстояние*) pípe|line.

трубопрокáтный túbe-ròlling; ~ стан tube mill; ~ завóд túbe rólling mill, tube works.

трубочи́ст *м.* chímney-sweep; чёрный как ~ black as a sweep.

трýбочн||ый pipe (*attr.*); ~ табáк smóking-tobáccò, pipe tobáccò; ~ая глúна pípe|clay.

трýбчатый túbular; ~ котёл túbular bóiler; ~ вал túbular shaft.

трувéр *м. ист. лит.* trouvère (*фр.*) [truː'vɛə].

труд *м.* 1. *тк. ед.* lábour, work; жить своúм ~óм live by one's own lábour [lɪv... oun...]; ýмственный ~ ménial / brain work; физúческий ~ mánual lábour; твóрческий, созидáтельный ~ crèátive, constrúctive lábour; производúтельный ~ prodúctive work / lábour; производúтельность ~á pròdùctívity of lábour, lábour pròdùctívity; разделéние ~á divísion of lábour; охрáна ~á lábour protéction; конкрéтный ~ cón|crète lábour / work; абстрáктный ~ ábstràct lábour / work; овеществлённый ~ matérialized lábour; предмéт ~á óbject of *one's* lábour / work; срéдства ~á means of lábour / work; 2. (*забóты, хлопóты, усúлия*) trouble [trʌ-]; (*трýдность*) dífficulty; положúть на что-л. мнóго ~á spend* / expénd much trouble on smth.; взять на себя ~, дать себé ~ (+ *инф.*) take* the trouble (of *ger.*, + to *inf.*); напрáсный ~ wásted / lost lábour ['weɪ-...]; не стóит ~á it is not worth the trouble, it is not worth tróubling / bóther|ing abóut; емý стóило большóго ~á it cost him much lábour, it took him much trouble; вы не знáете, какúх ~óв мне э́то стóит you don't know what úp|híll work it is, *или* what a job I have [...nou...]; слúшком мнóго ~á (it is) too much trouble; с ~óм with dífficulty, hárdly; он с ~óм её понимáет he ùnderstánds her with dífficulty, he has dífficulty / trouble in ùnderstánding her, he hárdly ùnderstánds her; с ~óм поднятьcя struggle up; с ~óм поднятьcя нá ноги struggle to one's feet; идтú с ~óм drag òne|sélf alóng, go* alóng with dífficulty; без ~á without (any) dífficulty, without any trouble, without éffort; без большóго ~á without much trouble, with hárdly any trouble; без ~á сдéлать что-л. have no trouble in doing smth.; 3. (*нáучное сочинéние*) (scientífic) work; ~ы наýчного óбщества trànsáctions of *a* scientífic society [-n'zæk-...]; ✧ отдыхáть пóсле ~óв прáведных ≅ rest áfter one's lábours; без ~á не вы́тащишь и ры́бки из прудá *посл.* ≅ no pains, no gains.

труд||úться work; (*тяжелó*) toil, lábour; fag *разг.*; ~ над чем-л. work / toil / lábour at smth.; ✧ не ~úтесь! (please) don't trouble / bóther [...trʌ-...].

трýдно I 1. *прил. кратк. см.* трýдный; 2. *предик. безл.* it is dífficult / hard; ~ повéрить э́тому it is dífficult / hard to belíeve it [...-'liːv...]; емý ~ поня́ть it is dífficult / hard for him to ùnderstánd, he finds it dífficult / hard to ùnderstánd.

трýдно II *нареч.* with dífficulty; емý ~ прихóдится he has a hard life, he is having a hard time of it. **~вáто** 1. *прил. кратк. см.* трудновáтый; 2. *предик. безл.* it is not éasy [...'iːzɪ], it is fáirly / ráther / sóme|whàt dífficult / hard [...'rɑː-...]. **~вáтый** fáirly / ráther dífficult [...'rɑː-...].

трудновоспитýемый dífficult (to bring up); ~ ребёнок dífficult child*.

труднодостýпный álmòst ìnàccéssible ['ɔːlmoust...]; ~ райóн álmòst ìnàccéssible région, région (which is) dífficult of áccèss.

труднопреодолúмый álmòst insúperable / ìnsurmóuntable ['ɔːlmoust...].

труднопроизносúмый dífficult to pronóunce.

труднопроходúм||ый dífficult; álmòst impássable / impénetrable ['ɔːlmoust...]; ~ая мéстность dífficult, *или* álmòst impássable, région; région (which is) dífficult to trávèrse.

трýдн||ость *ж.* dífficulty; (*препятствие*) óbstacle; (*затруднение*) trouble [trʌ-]; представля́ть нéкоторые ~ости be a mátter of some dífficulty; не представля́ть ~ости óffer no dífficulty. **~ый** dífficult, hard; (*требующий большого напряжения*) árduous; ~ый вопрóс dífficult próblem [...'prɔ-]; ~ая задáча dífficult / árduous task; ~ый ребёнок dífficult / ùnmánage|able child*; ~ое врéмя hard time(s) (*pl.*); в ~ую минýту in *one's* (hour of) need [...auə...]; ~ое положéние dífficult / páinful sìtuátion, predícament; tícklish sìtuátion *разг.*

трудов||óй (*в разн. знач.*) wórking; lábour (*attr.*); ~ кóдекс Lábour Code; ~ нарóд wórking-pèople [-piː-]; ~óе населéние wórking / lábour|ing pòpulátion; ~óе крестья́нство wórking / tóiling péasantry [...'pez-]; ~áя интеллигéнция wórking intèlligéntsia; ~áя жизнь life of work, áctive / indústrious life; ~ день day's work; пóсле ~óго дня áfter one's day's work; ~áя дисциплúна lábour díscipline; ~áя кнúжка wórk-book (*sérvice record*); ~áя повúнность lábour conscríption; ~áя колóния lábour séttle|ment; ~ договóр lábour cóntràct; ~ы́е дéньги hárd-éarned móney [-'ɔːnd 'mʌ-] *sg.*; ~ дохóд earned ín|come [ɔːnd...]; ~ы́е резéрвы lábour reserves [...-'zɔː-]; ~ы́е ресýрсы *эк.* mánpower *sg.*; ~ы́е пóдвиги совéтского нарóда the feats of lábour of the Sóviet people [...piː-]; ~áя теóрия стóимости *эк.* lábour théory of válue [...'θɪə-...].

трудодéнь *м.* wórk-day (*unit of work on collective farms*).

трудоёмк||ий lábour-consúming. **~ость** *ж.* lábour-consúming character / náture [...'kæ- 'neɪ-].

трудо||любúвый indústrious, díligent; (*много работающий*) hárd-wòrking; (*старательный*) assíduous. **~любие** *с.* índustry, díligence.

трудоспосóбн||ость *ж.* abílity to work, capácity for work; поразúтельная ~ márvellous capácity for work. **~ый** áble-bódied [-'bɔ-], cápable of wórking, able to work.

трудотерапúя *ж. мед.* work thérapy.

трудя́щ||ийся I *прич. и прил.* wórking; ~иеся мáссы wórking másses.

трудя́щийся II *м. скл. как прил.* wórker; *мн.* wórkers, work people [...piː-], wórking-pèople [-piː-].

трýжен||ик *м.*, **~ица** *ж.* tóiler. **~ический** *прил. к* трýженик.

труúзм *м.* = трюúзм.

трунúть (над) *разг.* tease (*d.*), chaff (*d.*), quiz (*d.*), make* fun (of).

труп *м.* dead bódy [ded 'bɔ-]; (*гл. обр. человека*) corpse; (*крупного живóтного*) cárcass; как у ~а, похóжий на ~ cadáverous; ✧ тóлько чéрез мой ~! *разг.* ónly óver my dead bódy. **~ный:** ~ный зáпах pútrid smell, smell of pùtrefáction; ~ное разложéние pùtrefáction (of *a* corpse); ~ный яд ptómaine ['toumeɪn]; отравлéние ~ным я́дом ptómaine póisoning [...-zə-].

трýппа *ж.* cómpany ['kʌm-] (*of actors*).

трус *м.* cóward; жáлкий ~ míserable / ábjèct cóward [-zə-...]; cráven; пóдлый ~ dástard, dástardly cóward; ✧ ~а прáздновать *разг.* ≅ show* the white féather [ʃou...'fe-], get* / have cold feet.

трýсики *мн.* (*для спорта*) shorts; (*купальные*) trunks, slips, báthing dráwers.

трýсить, стрýсить (пéред, *рд.*) be afráid (of), fear (*d.*), dread [-ed] (*d.*); (*без доп.; испытывать страх*) be fríghtened; funk *разг.*; *сов. тж.* get* cold feet; ~ пéред опáсностью shrink* in the face of dánger [...'deɪn-].

трусúть I (*вн.*) *разг.* shake* (*d.*); (*разбрасывать*) scátter (*d.*).

трусúть II *разг.* (*бежать рысцой*) trot; ~ мéлкой рысцóй go* trótting alóng.

трусú||ха *ж. разг.* cóward, cówardly wóman*, girl [...'wu- gəːl]. **~шка** *м. и ж. разг.* little cóward.

труслúв||о *нареч.* in a cówardly mánner / fáshion; (*робко*) àpprehénsive|ly. **~ый** cówardly; (*робкий*) fáint-héarted [-'hɑːt-], tímid; (*боязливый*) àpprehénsive.

трусовáтый fáint-héarted [-'hɑːt-], tímorous, pùsillánimous; он трусовáт he is a bit of a cóward.

трýсость *ж.* cówardice; (*поступка*) cówardliness; вы́казать ~ betráy cówardice; show* the white féather [ʃou...'fe-] *идиом.*

трусц||á *ж.*: бежáть ~óй *разг.* go* at a jóg-tròt.

трусы́ *мн.* = тру́сики.

трут *м.* tínder; (*высушенный трутник*) ámadou [-du:].

тру́тень *м.* (*прям. и перен.*) drone.

тру́тник *м. бот.* tínder-fùngus [-ŋg-] (*pl.* -ses, fúngì).

трутови́к *м. бот.* pólypòre, polýporus (*pl.* -rì); trée-fùngus [-ŋg-] (*pl.* -ses, -gì) *разг.*

трух||а́ *ж. тк. ед.* dust (of rótten wood) [...wud]; (*измельчившееся сено*) háy-dùst; (*перен.*) trash; преврати́ться в ~у́ móulder a|wáy ['mou-...].

трухля́вый *разг.* móuldering ['mou-]; (*гнилой*) rótten.

трущо́ба *ж.* 1. *об. мн.* slum; 2. (*захолустье*): провинциа́льная ~ províncial hole, gódforsàken / óut-of--the-wáy place; 3. (*заросли*) thícket; 4. *разг.* (*притон*) thieves' den [θi:-...].

трын-трава́ *разг.*: емý всё ~ it is all one, *или* all the same, to him, he does|n't care two straws abóut ány|thing.

трюи́зм *м.* trúism, plátitùde, bànálity.

трюк *м.* (*в разн. знач.*) trick; sléight-of-hánd ['slaɪt-]; stunt *разг.*; (*неожиданный*) feat; акробати́ческий ~ àcrobátic feat. **~а́ческий**: ~а́ческий приём stunt. **~а́чество** *с. разг.* stúnting.

трюм *м. мор.* hold.

трюмо́ *с. нескл.* 1. (*зеркало*) chevál--glàss [ʃə'væl-], píer-glàss ['pɪə-]; 2. *арх.* pier [pɪə].

трю́фель *м.* 1. (*гриб*) truffle; 2. (*конфета*) chócolate truffle.

тряпи́чн||ик *м.* rág|man*, rág-pìcker. **~ица** *ж.* rág|wòman* [-wu-], rág-pìcker. **~ый** 1. rag (*attr.*); ~ая бума́га rágpàper; ~ая ку́кла rág--dòll [-dɔl]; 2. *уст. разг.* (*слабовольный*) spíne|less, weak of will.

тря́пк||а *ж.* 1. rag; (*пыльная*) dúster; (*половая*) hóuse-flànnel [-s-]; 2. *мн. разг.* (*о нарядах*) clothes [klou-]; fínery ['faɪ-] *sg.*; 3. (*о человеке*) mílksòp, báckbòne|less / spíne|less créature; быть ~ой have no báckbòne / grit, be feeble / spíne|less / báckbòne|less.

тряпьё *с. собир.* (*тряпки, лохмотья*) rags *pl.*

тряси́на *ж.* quag, quágmìre.

тря́ск||а *ж.* sháking, jólting; доро́жная ~ утоми́ла его́ the jólty jóurney tired / fatígued him [...'dʒə:-...-'ti:gd...]. **~ий** 1. (*об экипаже*) jólty; 2. (*о дороге*) búmpy.

трясогу́зка *ж. зоол.* wágtail ['wæg-].

тряс||ти́ (*вн., тв.*) 1. shake* (*d.*); ~ я́блоню shake* an ápple-tree; ~ голово́й shake* one's head [...hed]; (*о лошади*) toss its head; ~ гри́вой toss its mane; ~ кому́-л. ру́ку shake* smb.'s hand; 2. *безл.*: его́ ~ёт от хо́лода he is shívering with cold; его́ ~ёт от стра́ха he is trémbling with fear; в экипа́же *и т. п.* ~ёт the cárriage, *etc.*, jolts [...-rɪdʒ...]; 3. (*без доп.*) *разг.* (*быть тряским*) jolt. **~ти́сь** 1. shake*; ~ти́сь от сме́ха shake* with láughter [...'lɑ:f-]; 2. (*дрожать*) tremble, shíver ['ʃɪ-]; ~ти́сь от хо́лода shíver with cold; ~ти́сь от стра́ха quake / tremble with fear; ~ти́сь в лихора́дке shíver with féver; он весь ~ётся he is trémbling all óver; he is all of a tremble *разг.*; 3. *разг.* (*ехать на чём-л. тряском*) be jólted, jog; 4. (над) tremble (óver); ~ти́сь над ка́ждой копе́йкой grudge every pénny.

тряхну́ть *сов.* shake*; ~ голово́й shake* one's head [...hed]; ◇ ~ старино́й *разг.* ≅ do as one used to as a young man*, wóman* [...ju:st...jʌŋ...'wu-]; ~ мошно́й *разг.* scátter móney bróadcàst [...'mʌ- 'brɔ:d-].

тсс *межд.* hush!, sh!

туале́т *м.* 1. (*одежда*) dress; (*роскошный тж.*) tóilet; (*наряд*) attíre; вече́рний ~ évening dress ['i:vn-...]; 2. (*одевание*) tóilet, dréssing; занима́ться ~ом dress; соверша́ть ~ *уст.* make* one's tóilet; 3. (*стол*) dréssing--tàble, tóilet-tàble; 4. (*уборная*) lávatory, w. c.; públic convénience ['pʌ-...] *офиц.*; да́мский ~ Ládies *sg.*; мужско́й ~ Géntle|men *sg.* **~ный** *прил.* к туале́т; ~ное мы́ло tóilet soap; ~ная бума́га lávatory páper; ~ные принадле́жности tóilet-sèt *sg.*, tóilet árticles / réquisites [...-zɪts].

ту́ба *ж. муз.* túba.

туберкулёз *м. мед.* tubèrculósis; ~ лёгких púlmonary tubèrculósis, (púlmonary) consúmption. **~ный** 1. *прил.* tubércular; ~ный проце́сс tubércular prócess; ~ный больно́й tubércular pátient; (*лёгочный*) consúmptive (pátient); ~ный санато́рий sànatórium for consúmptives; 2. *м. как сущ.* tubércular pátient; (*лёгочный*) consúmptive.

туберкули́н *м. фарм.* tùberculine.

тубер́оза *ж. бот.* túberòse.

туви́н||ец *м.*, **~ка** *ж.*, **~ский** Touvínian; ~ский язы́к Touvínian, the Touvínian lánguage.

ту́го I 1. *прил. кратк. см.* туго́й; 2. *предик. безл. разг.* (*трудно, плохо*): емý прихо́дится ~ he is in straits / dífficulties; нам пришло́сь ~ we had a bad time of it; с деньга́ми у него́ ~ he is hard put to it for móney [...'mʌ-]; he is in fináncial straits.

ту́го II *нареч.* 1. (*плотно, крепко*) tíght(ly); ~ наби́ть мешо́к pack a sack tight, cram a sack; ~ натяну́ть stretch tight; *мор.* stretch taut; 2. (*с трудом*) with dífficulty; (*медленно*) slówly [-ou-]; ~ подвига́ться вперёд make* slow prógrèss [...slou...].

тугоду́м *м.* slówcoach ['slou-], slów-wítted pérson ['slou-...].

туг||о́й (*в разн. знач.*) tight; *мор.* taut; ~ у́зел tight knot; ~ воротничо́к tight cóllar; ~а́я пружи́на tight spring; ◇ ~ на́ ухо *разг.* hard of héaring; ~ на распла́ту *разг.* clóse-físted [-ous-], stíngy [-n-].

тугопла́вкий *тех.* refráctory.

тугоу́здый hárd-móuthed.

тугоу́хий hard of héaring.

ту́грик *м.* (*денежная единица Монгольской Народной Республики*) túgrik.

туда́ *нареч.* there; (*указание дороги*) that way; ~ и обра́тно there and back; биле́т ~ и обра́тно retúrn tícket; постоя́нная ходьба́ ~ и обра́тно cónstant coming and gó|ing; ~ и сюда́ here and there, híther and thíther; не ~ (*не куда нужно*) in the wrong diréction, to the wrong place; (*как восклицание*) not there, not that way; ◇ ~ емý и доро́га ≅ (it) serves him right; ни ~ ни сюда́ *разг.* néither one way nor the other ['naɪ-...]; и он ~ же! and he fóllows suit [...sju:t].

туда́-сюда́ *нареч. разг.* 1. (*в разные стороны*) híther and thíther; 2. (*сносно, годится*) it will do, it is pássable, it will pass múster.

ту́ер *м. мор.* cháin-tùg, tug.

ту́же *сравн. ст. от прил.* туго́й *и нареч.* ту́го.

тужи́ть (о, по *пр.*) *разг.* grieve [-i:v] (for).

ту́житься *разг.* exért òne|sélf.

тужу́рка *ж.* (man's) dóuble-bréasted jácket [...'dʌbl'brestɪd...].

туз I *м.* 1. *карт.* ace; черво́нный, пи́ковый *и т. п.* ~ the ace of hearts, spades, *etc.* [...hɑ:ts...]; пойти́ с ~а́ lead* an ace; 2. *разг.* (*влиятельный человек*) bígwìg, big pot; big shot *амер.*

туз II *м. мор.* (twó-oar) dínghy [...-gɪ].

тузе́м||ец *м.*, **~ка** *ж.* nátive, índigène. **~ный** nátive, indígenous; ~ный обы́чай nátive cústom; ~ное населе́ние nátive pòpulátion; àborígines [-ni:z] *pl.*

тузи́ть, оттузи́ть (*вн.*) *разг.* pómmel (*d.*), thrash (*d.*); (*кулаками*) punch (*d.*).

ту́ки *мн. с.-х.* míneral fértilìzers.

тукосме́си *мн.* (ту́ковые сме́си) *с.-х.* fértilìzer míxtures.

тук-ту́к *разг.* rát-tát.

ту́ллий *м. хим.* thúlium.

ту́ловище *с.* trunk, bódy ['bɔ-]; (*статуи*) tórsò.

тулу́п *м.* shéepskìn (coat).

тулья́ *ж.* (*шляпы*) crown (of a hat).

туляреми́я *ж. мед.* rábbit-fèver.

тума́к *м. разг.* cuff, punch; дать кому́-л. ~а́ cuff / punch smb.

тума́н *м.* (*прям. и перен.*) mist; (*густой*) fog; (*дымка*) haze; на дворе́, на у́лице ~ it is misty / fóggy, there is a fog; сего́дня густо́й ~ there is a thick mist / fog to|dáy; ~ рассе́ялся the mist / fog has lífted, *или* has cleared a¦wáy; поднимáется ~ a mist is rísing; быть как в ~е be in a fog, be befógged; ~ в глазáх a mist befóre one's eyes [...aɪz]; ви́деть что-л. слóвно в ~е see* smth. through a mist; напусти́ть ~у разг. obscúre smth., (be)fóg smth.; у негó ~ в головé his mind is in a haze, he is in a fog; бýдущее в ~е the fúture is shróuded / wrapped in mýstery.

тумáнить (вн.; о взоре, рассудке) dim (d.), obscúre (d.). **~ся** 1. becоme* / grow* místy / házy [...grou...], become* envéloped in mist; (затемняться) dárken; 2. (омрачаться) grow* glóomy, dárken; 3. (о глазах) dim; (о голове, сознании) be in a fog, be befógged.

тумáнно I 1. прил. кратк. см. тумáнный; 2. предик. безл. (о погоде): сегóдня ~ it is misty / fóggy to¦dáy (ср. тумáн).

тумáнн||о II нареч. (неясно) házily ['heɪ-], obscúre¦ly, vágue¦ly ['veɪ-]. **~ость** ж. 1. тк. ед. (скопление тумана) mist; (сильная) fog; 2. астр. nébula (pl. -lae); 3. (неясность) háziness ['heɪ-], obscúrity, vágue¦ness ['veɪ-]. **~ый** 1. místy; fóggy; fog (attr.); házy; (ср. тумáн); ~ая погóда fóggy wéather [...'we-]; ~ая даль házy dístance; 2. (неясный) házy, obscúre, vague [veɪg]; ~ые объяснéния vague / confúsed èxplanátions; ~ая речь obscúre speech; ~ый смысл házy méaning; в ~ых выражéниях in nébulous / vague terms; 3. (тусклый — о взоре) lácklùstre, lústre¦-less; ◇ ~ые карти́ны dissólving views [-'zɔːl- vjuːz].

тýмба ж. 1. (уличная) stone; (деревянная) post [poust]; 2. (подножие) pédestal; 3.= тýмбочка; 4. разг., шутл. (о человеке) lump, lúmpish / ùnwíeldy féllow [...-'wiːl-...].

тýмбочка ж. (шкафчик) níght-tàble.

тунг м. бот. túng-tree.

тýнгов||ый tung (attr.); ~ое мáсло túng-oil.

тунгýс м., **~ка** ж., **~ский** Tùngús [tʌn'guz].

тýндра ж. túndra.

тýндровый прил. к тýндра.

тунéц м. зоол. túnny.

тунея́д||ец м. spónger [-ʌn-], párasìte; (бездельник) ídler. **~ство** с. spónging [-ʌn-], párasìtism [-saɪ-]. **~ствовать** sponge [-ʌ-], live as a párasite [lɪv...]; (бездельничать) idle.

тунúка ж. túnic.

туннéль [-нэ́-] м. túnnel; (для пешеходов) súbway.

тупéй м. уст. toupée [tuː-].

тупéть (о ноже и т. п.) grow* / become* blunt [grou...]; (перен.: глупеть) get* / grow* stúpid / dull; (об уме, памяти; тж. о боли) grow* dull.

тупи́к м. blind álley; ж.-д. (déad-end) síding ['ded-...]; (перен.: безвыходное положение) blind álley, impásse [æm'pɑːs], cúl-de-sác ['kuldə-], déadlòck ['ded-]; в ~é in a blind álley, at a déadlòck; зайти́ в ~ (о переговорах и т. п.) reach a déadlòck, be at a déadlòck; найти́ вы́ход из ~á (try to) end the déadlòck, find* a way out of the impásse; вы́йти из ~á end / òver¦cóme the déadlòck; ◇ постáвить когó-л. в ~ nónplús smb.; стать в ~ be nónplússed.

тупи́ть (вн.) blunt (d.). **~ся** grow* blunt [-ou...].

тупи́ца м. и ж. dúllard, blóckhead [-hed], dolt; dunce (особ. о школьнике).

тýпо нареч. dúlly, stúpidly; (с тупым видом) with a stúpid air. **~вáтый** (о человеке) dúllish, ráther stúpid ['rɑː-...].

тупоголóвый: ~ человéк númskùll, blóckhead [-hed], dúnderhead [-hed].

тупóй 1. (о ноже, карандаше и т. п.) blunt; (о форме) obtúse [-s]; ~ ýгол мат. obtúse angle; 2. (о боли, чувстве) dull; 3. (бессмысленный) vácant, stúpid, méaning¦less; ~ взгляд méaning¦less look; 4. (о человеке) dull, obtúse, stúpid, slów-wìtted ['slou-]; (ограниченный) nárrow(-mínded); ~ человéк dúllard; ~ учени́к dunce; ~ ум dull / slow brain [...slou...], dull / slow wits pl.

тупо||конéчный obtúse [-s]. **~нóсый** blúnt-nòsed.

тýпость ж. 1. (ножа и т. п.) blúntness; 2. (непонятливость, несообразительность) dúllness, stupídity; 3. (бессмысленность) vácancy ['veɪ-]; 4. мед.: ~ звýка (при выслушивании) dúllness.

тупоугóльный мат. obtúse-àngled [-s-].

тупоýм||ие с. stupídity, dúllness, obtúse¦ness [-s-]. **~ный** stúpid, dull, obtúse [-s]; (ограниченный) nárrow(-mínded); ~ный человéк dúllard.

тур I м. 1. (танца) turn; 2. (часть состязания; тж. перен.) round.

тур II м. воен. уст. gábion.

тур III м. зоол. áuròchs.

турá ж. шахм. rook, castle.

турбáза ж. (тури́стская бáза) tóurist centre / base ['tuə-... -s]; молодёжная ~ youth hóstel [juːθ...].

турби́н||а ж. тех. túrbine. **~ный** túrbine (attr.); ~ная устанóвка túrbine-plànt [-ɑːnt].

турбобýр м. тех. túrbodrìll.

турбогенерáтор м. тех. túrbò¦-génerator. **~ный** túrbò¦gènerator (attr.); ~ный завóд túrbò¦gènerator works.

турбонасóс м. túrbine pump.

турбореакти́вный тех. túrbò-jèt (attr.).

турбостроéние с. túrbine constrúction.

турéль [-рэ́-] ж. воен. ring mount, (machíne-)gùn ring [-'ʃiːn-...].

турéцкий Túrkish; ~ язы́к Túrkish, the Túrkish lánguage; ◇ ~ барабáн bass / big / double drum [...dʌ-...].

тури́зм м. tóurism ['tuə-]; (пешеходный) híking; гóрный ~ mountainéering; вóдный ~ bóating; (морской) crúising ['kruːz-].

тýрий прил. к тур III; ~ рог áuròchs horn.

тури́ст м. tóurist ['tuə-]; (пешеходный) híker. **~и́ческий** = тури́стский. **~ка** ж. к тури́ст. **~ский** tóurist's ['tuə-], tráveller's; trávelling (особ. о костюме и т. п.); ~ская бáза tóurist centre / base [...-s]; ~ский похóд hike, wálking-tour [-tuə]; ~ский лáгерь tóurist camp.

туркмéн м., **~ка** ж., **~ский** Túrkmen; ~ский язы́к Túrkmen, the Túrkmen lánguage.

тýрман м. зоол. túmbler(-pìgeon) [-dʒən].

турнé [-нэ́] с. нескл. tour [tuə]; отпрáвиться в ~ go* on a tour; совершúть ~ (по дт.) tour (d.).

турнéпс [-нэ́-] м. с.-х. swede.

турни́к м. спорт.=перекладúна 2.

турникéт м. 1. túrnstìle; 2. мед. tóurniquèt ['tuənɪkeɪ].

турни́р м. tóurnament ['tuən-]; шáхматный ~ chess tóurnament.

турнýть сов. (вн.) разг. chuck out (d.).

турню́р м. tóurnure ['tuə-], bustle.

тýрок м. Turk.

турýсы: ~ на колёсах разг. nónsense, twaddle.

турухтáн м. зоол. ruff.

турчáнка ж. к тýрок.

тýскл||о нареч. (без блеска) dímly ['dɪ-]; (очень бледно) wánly ['wɔ-]; глазá глядя́т ~ eyes are lústre¦less [aɪz...]. **~ость** ж. (света, блеска) dúllness, dímness, wánness ['wɔ-]; (стиля и т. п.) cólour¦lessness ['kʌ-], dréariness. **~ый** dim, dull, díngy; (о лучах — очень бледный) wan [wɔn]; (о глазах) lácklùstre, lústre¦less; (о металле и т. п.) tárnished; (перен.) dull, dréary; ~ый свет dim / wan light; ~ые óкна dim / dull window-pànes; ~ый стиль cólour¦less / insípid / tame / life¦less style ['kʌ-...]; ~ая жизнь dull / dréary / cólour¦less life.

тускн||éть, потускнéть grow* dim [-ou...], dull, lose* its lustre [luːz...]; (бледнеть) pale; взгляд ~éет eyes grow dim [aɪz...]; слáва егó ~éет his glóry is wáning, или on the wane; всё э́то ~éет пéред all this pales befóre, или by the side of; серебрó ~éет sílver tárnishes.

тут нареч. 1. (о месте) here; ~ же on the spot; кто ~? who's there?; 2. (о времени) here, now; ~ же there and then; ◇ не ~-то бы́ло far from it, nothing of the sort; (он, они́) ~ как ~ разг. there he is, there they are; а я ~ при чём? what have I got to do with it?

ту́товник *м.* **1.** (*дерево*) múlberry (tree); **2.** (*участок*) múlberry grove.

ту́тов||ый múlberry (*attr.*); ~ое де́рево múlberry (tree); ~ая я́года múlberry; ~ шелкопря́д sílkwòrm.

туф *м. геол.* túfa.

ту́фель *м.* = ту́фля.

ту́фл||я *ж.* shoe [ʃu:]; дома́шние ~и slippers; закры́тые ~и láce-úp shoes; лакиро́ванные ~и pátent-léather shoes [-'leðə...]; ба́льные ~и dáncing-slìppers; (*мужские*) pumps.

ту́хл||ость *ж.* róttenness. **~ый** rótten, bad*; ~ое яйцо́ bad* / rótten egg; ~ая ры́ба bad* / rótten fish; ~ое мя́со táinted meat; ~ый за́пах músty smell. **~я́тина** *ж. разг.* móuldy / rótten stuff ['mou-...].

ту́хнуть I, потýхнуть (*гаснуть*) go* out, die out; *сов. тж.* be out.

ту́хнуть II (*портиться*) go* bad, become* rótten.

ту́ч||а *ж.* **1.** (black) cloud; (*грозовая; тж. перен.: что-л. угрожающее*) stórm-cloud; дождевы́е ~и ráinclouds; снеговы́е ~и snówclouds ['snou-]; покры́ться ~ами be óver|cást / cóvered with clouds [...'kʌ-...], be clóuded; ~и собрали́сь, нави́сли над кем-л. the clouds are gáther|ing above smb.; **2.** (*масса, множество*) swarm, host [houst], cloud; ~ пы́ли cloud of dust; ~ мух swarm of flies; ◇ смотре́ть ~ей lour, lówer; ходи́ть как ~ go* abóut with black looks, *или* with a lóuring / lówering face.

ту́чка *ж.* clóudlet.

тучне́ть, потучне́ть **1.** grow* stout / fat [grou...], put* on flesh; **2.** (*о земле*) become* fértile.

ту́чн||ость *ж.* **1.** fátness; (*о человеке тж.*) obésity [-'bi:-], córpulence, stóutness; **2.** (*о почве*) ríchness, fèrtílity. **~ый 1.** fat; (*о человеке тж.*) obése [-s], stout, córpulent; **2.** (*о земле*) rich, fértile; **3.** (*о лугах*) súcculent.

туш *м. муз.* flóurish ['flʌ-]; сыгра́ть ~ play a flóurish; разда́лся ~ a flóurish was sóunded.

ту́ша *ж.* cárcass; (*перен.; о тучном человеке*) hulk, bulk.

туше́ *с. нескл. муз.* touch [tʌtʃ].

тушева́ть (*вн.*) shade (*d.*).

тушёвка *ж.* sháding.

туше́ние I *с.* (*огня*) extínguishing, putting out.

туше́ние II *с. кул.* stéwing.

тушён||ый stewed; ~ое мя́со (*блюдо*) stew; ~ые о́вощи stewed végetables.

туши́ть I, потуши́ть (*вн.*) **1.** (*гасить*) put* out (*d.*); ~ свечу́ blow* out *a* candle [blou..]; ~ газ turn off the gas; ~ электри́чество switch / turn off, *или* put* out, the light; ~ пожа́р extínguish, *или* put* out, *a* fire; ~ свет put* out the light; **2.** (*возбуждение и т. п.*) quell (*d.*), suppréss (*d.*), put* down (*d.*), stífle (*d.*).

туши́ть II (*вн.*) *кул.* stew (*d.*), braise (*d.*).

тушка́нчик *м. зоол.* jèrbóa [-'bouə].

тушь *ж.* Índian ink.

ту́я *ж. бот.* thúja ['θju:jə].

тща́тельн||ость *ж.* cáre|fulness, thóroughness ['θʌrə-]; (*внимание*) care; де́лать что-л. с большо́й ~остью do smth. with great care [....greɪt...], do smth. very cáre|fully / thóroughly [...'θʌrə-]; ~ рабо́ты thóroughness of the work. **~ый** cáre|ful, thórough ['θʌrə]; (*старательный*) páinstàking [-nz-]; ~ая рабо́та cáre|ful / áccurate work.

тщеду́ш||ие *с.* féeble|ness, fráilty, debílity. **~ный** feeble, frail, weak; púny (*особ. о ребёнке*); ~ный стари́к frail old man*; ~ный челове́к wéakling.

тщесла́в||ие *с.* vánity, vainglóry, concéit [-'si:t]. **~ный** vain, vainglórious, concéited [-'si:t-].

тщета́ *ж. уст.* vánity.

тще́тн||о *нареч.* váinly, in vain. **~ость** *ж.* futílity, váin|ness, úse|-lessness ['ju:s-]. **~ый** vain, fútile; (*безрезультатный тж.*) ún|aváiling; ~ые уси́лия fútile / ún|aváiling éfforts; ~ые наде́жды vain hopes; ~ая попы́тка fútile / vain endéavour / attémpt [...-'de-...].

тщи́ться (+*инф.*) *уст.* endéavour [-'devə] (+ to *inf.*).

ты, *рд., вн.* тебя́, *дт., пр.* тебе́, *тв.* тобо́й, тобо́ю, *мест.* you; thou [ðau], *obj.* thee [ði:] *поэт. уст.* (*тж. при обращении к природе, мифологическим существам и т. п.*): э́то ты it is you; мы с тобо́й (*я и ты*) you and I; быть «на ты» с кем-л., говори́ть «ты» кому́-л. thée-and-thóu smb. ['ði:- -'ðau...]; be on famíliar / infórmal terms with smb.

ты́кать I, ткнуть *разг.* **1.** (*тв.* в *вн., вн.* в *вн.*) poke (*d.* into); (*сильно*) jab (*d.* at, into); (*вонзать*) stick* (*d.* into); (*чем-л. острым*) prod (with *d.*); ~ па́лкой во что-л. prod smth. with *a* stick; ~ па́льцем во что-л. poke / stick* / shove one's fínger into smth. [...ʃʌv...]; ~ була́вки во что-л. stick* pins into smth.; **2.** (*вн.* в *вн.*; *ударять*) hit* (*d.* on); ◇ ~ па́льцем в кого́-л., на кого́-л. poke one's fínger at smb.; ткнуть кого́-л. но́сом (в *вн.*) *груб.* poke smb.'s nose (into).

ты́кать II (*вн.*) *разг.* (*называть «на ты»*) thée-and-thóu ['ði:- -'ðau] (*d.*); treat with fàmiliárity (*d.*).

ты́каться, ткну́ться *разг.* **1.** (в *вн.*; *в двери и т. п.*) knock (agáinst); **2.** (*суетливо метаться*) bustle / fuss abóut; он всю́ду ты́чется he is bústling / fússing about all óver the place.

ты́ква *ж.* púmpkin.

ты́квенн||ые *мн. скл. как прил. бот.* cucùrbitáceae [-sɪi:]. **~ый** púmpkin (*attr.*); ~ое се́мя púmpkin seed.

тыквообра́зный púmpkin-shàped, góurd-shàped ['guəd-].

тыл *м. воен.* rear; (*вся страна в противоположность фронту*) home front [...frʌnt]; служи́ть в ~у́ serve on the home front; ~ы́ rear òrganìzátions [...-naɪ-]; по ~а́м проти́вника in the énemy('s) rear; напа́сть с ~а take* in the rear; вы́йти в ~ проти́вника gain the rear of the énemy; обеспе́чить свой ~ secúre one's rear; в ~у́ у кого́-л. at the rear of, *или* in rear of, smb. **~ово́й** *воен.* rear (*attr.*); (*находящийся в тылу*) in the rear; ~овы́е учрежде́ния admínistrative installátions.

ты́льн||ый: ~ая пове́рхность руки́ back of the hand.

тын *м.* páling; *воен.* stòckáde.

ты́сяч||а **1.** *числит.* a thóusand [...-z-]; пять ты́сяч five thóusand; в ~у раз бо́льший a thóusand times gréater [...'greɪ-]; он ~у раз прав he is ábsolùte|ly right; ~ семьсо́т, восемьсо́т *и т. д.* со́рок шесто́й год séventéen, éightéen, *etc.*, húndred and fórty-sìx; séventéen, éightéen, *etc.*, fórty-sìx; ~ семьсо́т рубле́й one thóusand séven húndred roubles [...'se-...ru:-]; **2.** *ж. как сущ.* a thóusand; ~и люде́й thóusands of people [...pi:-]; ~у извине́ний a thóusand apólogies; оди́н на ~у one in a thóusand.

тысячекра́тный thóusandfòld [-zənd-].

тысячеле́т||ие *с.* **1.** a thóusand years [...-zənd...] *pl.*; millénnium; **2.** (*годовщина*) thóusandth ànnivérsary [-zə-...]. **~ний** millénnial; thóusand-year [-zə-] (*attr.*); ~няя годовщи́на thóusandth ànnivérsary [-zə-...].

тысячели́стник *м. бот.* mílfoil.

ты́сячн||ый **1.** thóusandth [-zə-], millésimal; ~ая до́ля one thóusandth; **2.** (*из нескольких тысяч*) of many thóusands [...-zə-]; ~ая толпа́ a crowd of many thóusands, a crowd rúnning into thóusands.

тычи́нка *ж. бот.* stámèn.

тычо́к *м. стр.* héader ['he-].

тьма I *ж. тк. ед.* (*мрак; тж. перен.*) dark, dárkness; кроме́шная ~ pitch dárkness; ночна́я ~ the dárkness / gloom / obscúrity of night; ◇ сквозь тьму веко́в from remóte àntíquity.

тьма II *ж.* (*рд.*) *разг.* (*множество*) thóusands [-zə-] (of) *pl.*, a múltitùde (of), a host [...houst] (of); ~ наро́ду thóusands of people [...pi:-]; ◇ ~-тьму́щая cóuntless múltitùdes *pl.*, an enórmous númber.

тьфу *межд. разг.* pah!; ~, про́пасть! bòther|átion!, confóund it!

тюбете́йка *ж.* (embróidered) skúll-càp.

тю́бик *м.* tube; ~ зубно́й па́сты tube of tóoth-pàste [...-peɪst].

тю́бинг *м. тех.* tube, túbing.

тюк *м.* páckage; (*товара*) bale.

тю́лев||ый tulle [tjuːl] (*attr.*), of tulle; ~ое пла́тье tulle dress; ~ая ткань (*для занавесок*) cúrtain lace; ~ые занаве́ски lace cúrtains.

тюле́нев||ые *мн. скл. как прил. зоол.* seals; phócidae ['fou-] *научн.* ~**ый** séalskin (*attr.*).

тюле́ний seal (*attr.*); ~ про́мысел séal-fishery, séaling; ~ жир séal-oil.

тюле́нь *м.* **1.** seal; **2.** *разг.* (*неуклюжий человек*) lout.

тюль *м.* tulle [tjuːl]; (*для занавесок*) cúrtain lace.

тю́лька *ж.* (*рыба*) sárdèlle.

тюльпа́н *м.* túlip. ~**ный** túlip (*attr.*); ~ное де́рево túlip-tree.

тюрба́н *м.* túrban.

тюре́м||ный *прил. к* тюрьма́; ~ная ка́мера príson cell [-ɪz-...]; ~ное заключе́ние imprísonment [-ɪz-]; два го́да ~ного заключе́ния two years' imprísonment. ~**щик** *м.* wárder; jáiler, gáoler ['dʒeɪ-] (*тж. перен.*). ~**щица** *ж.* wárdress.

тю́рки *мн.* Turks.

тю́рко-тата́рский Túrk-Tàtar [-tɑː-], Túrkic-Tàtar [-tɑː-].

тю́ркск||ий Túrkic; ~ие языки́ Túrkic lánguages.

тюрьм||а́ *ж.* príson [-ɪz-]; jail, gaol [dʒeɪl]; заключа́ть в ~у́ (*вн.*) put* into príson (*d.*), imprísоn [-ɪz-] (*d.*), jail (*d.*), in¦cárceràte (*d.*); бро́сить в ~у́ (*вн.*) fling* into príson (*d.*); вы́пустить из ~ы́ (*вн.*) reléase (from príson) [-s...] (*d.*); убежа́ть из ~ы́ break* out of príson [-eɪk...], escápe from príson; сиде́ть в ~е́ be in príson.

тю́ря *ж.* túria (*soup of bread and water*).

тю́тельк||а *ж.*: ~ в ~у *разг.* to a T [...tiː], to a tittle / hair.

тюф||я́к *м.* **1.** máttress; соло́менный ~ stráw-bèd, straw máttress; волосяно́й ~ hórse¦hair máttress; **2.** *разг.* (*о человеке*) lump. ~**я́чный** máttress (*attr.*).

тя́вк||анье *с. разг.* yélping, yápping. ~**ать** yelp, yap. ~**нуть** *сов.* give* a yelp.

тяг *м.*: дать ~у *разг.* take* to one's heels.

тя́г||а *ж.* **1.** *тк. ед.* (*в трубе и т. п.*) draught [-ɑːft]; иску́сственная ~ indúced draught; в трубе́ нет ~и the chímney does not draw; **2.** *тк. ед. тех.* (*тянущая сила*) tráction; си́ла ~и tráctive force; ко́нная ~ horse tráction; на ко́нной ~е hórse-drawn; парова́я ~ steam tráction; механи́ческая ~ mechánical tráction [-'kæ-...]; электри́ческая ~ eléctric tráction; **3.** *тех.* (*приспособление*) (contról-)ròd [-oul-]; **4.** *тк. ед.* (к; *влечение*) thirst (for), cráving (for); (*склонность*) propénsity (to, for), bent (for), ìn¦clinátion (to, for); (*вкус*, taste [teɪ-] (for); ~ к зна́ниям thirst / cráving for knówledge [...'nɔ-], hánkering áfter knówledge; ~ к учёбе éagerness / ànxíety to stúdy ['iːgə-... 'stʌ-]; ~ к чте́нию bent / taste for réading; ~ в колхо́зы flow to, *или* gràvitátion towards, the colléctive farms [flou...]; ~ на ро́дину yéarning for home ['jəːn-...].

тяга́ться (с *тв.*) **1.** *уст.* (*судиться*) bring* a suit [...sjuːt] (agáinst), lítigàte (with); **2.** *разг.* (*меряться силами*) méasure swords ['me- sɔːdz] (with), méasure one's strength (with), vie (with), émulàte (*d.*), méasure òne¦-sélf (agáinst); тру́дно с ним ~ it is hard to vie with him, there's no compéting with him.

тяга́ч *м.* tráctor; prime móver [...'muː-] *амер.*

тя́гло *с.* **1.** *ист.* tax; (*по́дать*) ímpòst [-poust]; **2.** *тк. ед. собир.*: живо́е ~ draught ánimals [-ɑːft...] *pl.*

тя́гловый **1.** *ист.* taxed; **2.** (*о скоте*) draught [-ɑːft] (*attr.*).

тяго́в||ый *тех.* tráctive; tráction (*attr.*); ~ое уси́лие tráctive éffort.

тя́гостн||ый páinful, distréssing; (*обременительный*) búrden¦some, ónerous; ~ое впечатле́ние páinful impréssion; ~ое зре́лище distréssing / páinful sight; ему́ ~о he is grieved / pained [...-iːvd...].

тя́гость *ж.*: быть кому́-л. в ~ be a búrden on smb., be búrdensome / írksome to smb., weigh (héavy) up¦ón smb. [...'hevɪ...].

тягота́ *ж. чаще мн.* búrden, weight.

тяготе́н||ие *с.* **1.** *физ.* grávity, gràvitátion; зако́н всеми́рного ~ия the law of gràvitátion; земно́е ~ grávity; **2.** (к; *влечение*) ìn¦clinátion (to, for), bent (for), (*вкус*) taste [teɪ-] (for).

тяготе́||ть **1.** (к) *физ.* grávitàte (towards); **2.** (к; *иметь влечение*) have a propénsity / bent (for), be drawn (towards), be stróng¦ly attrácted (by); (*стремиться*) grávitàte (towards); **3.** (над; на *пр.*; *о проклятии, роке и т. п.*) hang* (óver), weigh (up¦ón); над ним ~ет стра́шное обвине́ние he lies únder a térrible àccusátion [...-'zeɪ-], a térrible àccusátion hangs óver him, *или* his head [...hed].

тягот||и́ть (*вн.*; *обременять*) be a búrden (on); (*удручать*) oppréss (*d.*); меня́ ~и́т его́ дру́жба his fríendship irks me [...'fren-...], his fríendship is búrdensome / írksome to me; э́то ~и́т его́ со́весть it lies héavy on his cónscience [...'he-...-nʃəns]; одино́чество его́ ~и́т his lóne¦liness opprésses / deprésses him. ~**и́ться** (*тв.*) feel* sóme¦thing as a búrden; он э́тим не ~и́тся he does¦n't find it hard / dífficult; он ~и́лся прису́тствием э́того челове́ка the présence of that man* was a búrden, *или* was búrden¦some / trýing, to him [...'prez-...].

тягу́ч||есть *ж.* (*о жидкости*) viscósity; (*о металлах*) màlleabílity [-lɪə-], dùctílity. ~**ий** **1.** (*о жидкости*) víscid, víscous; sýrupy *разг.*; (*о металлах*) málleable [-lɪə-], dúctile; **2.** (*о песне и т. п.*) slow [-ou], léisured ['leʒ-], léisure¦ly ['leʒ-].

тягча́йш||ий *превосх. ст. прил. см.* тя́жкий; ~ее преступле́ние very grave crime.

тя́жб||а *ж.* **1.** *уст.* (*судебное дело*) suit [sjuːt], láwsùit [-sjuːt]; вести́ ~у bring* a suit, lítigàte; **2.** *разг.* (*состязание, спор*) còmpetítion.

тя́жебн||ый: ~ое де́ло=тя́жба 1.

тяжеле́ть **1.** grow* héavy [-ou 'he-]; (*прибавлять в весе*) put* on weight; (*толстеть*) grow* stout; **2.** (*о глазах, веках*) become* héavy with sleep.

тяжели́ть (*вн.*) make* héavy [...'he-] (*d.*).

тяжело́ I **1.** *прил. кратк. см.* тяжёлый; **2.** *предик. безл.*: ему́, им *и т. д.* ~ he feels, they feel, *etc.*, míserable / wrétched / ùnháppy [...'mɪz-...]; ему́ ~ (+ *инф.*) it is páinful / hard for him (+ to *inf.*); ему́ ~ идти́ в го́ру it is hard for him to go úp¦híll; ему́ ~ ду́мать об э́том it is páinful for him to think abóut it; ему́ ~ расста́ться с ва́ми it is hard for him to part with you; ~ э́то переноси́ть it is hard to bear it [...bɛə...]; ~ ви́деть, слы́шать *и т. п.* it is páinful to see, hear, *etc.*; ~ э́то ви́деть it is a páinful / distréssing sight; у него́ ~ на душе́ his heart is héavy [...hɑːt... 'he-].

тяжело́ II *нареч.* **1.** (*о весе*) héavily ['he-]; **2.** (*серьёзно*) sérious¦ly, gráve¦-ly; (*опасно*) dángerous¦ly ['deɪndʒ-]; ~ бо́лен sérious¦ly ill; ~ ра́нен sérious¦ly / dángerous¦ly wóunded [...'wuː-]; sérious¦ly ínjured; (*ср.* ра́неный); **3.** (*трудно*) with dífficulty; ~ писа́ть (*о стиле*) have a héavy style [...'he-...], write* in a héavy style; ~ вздыха́ть sigh héavily; ~ вздохну́ть heave* a deep sigh.

тяжёлоатле́т *м. спорт.* héavy áthlète ['he-...] (*weight lifter or wrestler*).

тяжелова́тый héavyish ['he-], ráther héavy ['rɑː- 'he-]; (*перен.*) hárdish, ráther hard.

тяжелове́с *м. спорт.* héavy-weight ['he-].

тяжелове́сн||ость *ж.* héaviness ['he-]; (*перен. тж.*) pónderous¦ness, ùnwíeldiness [-'wiː-]; (*об остроте и т. п.*) clúmsiness [-zɪ-]. ~**ый** héavy ['he-]; (*с тяжёлым грузом*) héavily-lóaded ['he-]; (*перен.*) héavy, pónderous, ùnwíeldy [-'wiː-]; (*об остроте и т. п.*) clúmsy [-zɪ]; ~ый соста́в héavy fréight train; ~ый стиль pedéstrian style.

тяжело||во́з *м.* **1.** héavy dráught-hòrse ['he- 'drɑːft-]; **2.** (*грузовик*) héavy lórry. ~**ду́м** *м. разг.* slów-wítted pérson [-ou-...], slów-coach [-ou-].

тяжелора́неный 1. *прил.* sérious¦ly wóunded [...'wu:-]; 2. *м. как сущ.* sérious¦ly wóunded man*.

тяжёл||ый 1. héavy ['he-]; ~ груз héavy load; боре́ц ~ого ве́са *спорт.* héavy-weight ['he-]; 2. (*суровый*) héavy, sevére; ~ое наказа́ние sevére púnishment [...'pʌ-]; ~ая ка́ра héavy / sevére pénalty; ~ые испыта́ния войны́ the òrdéal(s) of war; ~ уда́р héavy blow [...-ou]; 3. (*трудный, утомительный*) hard, dífficult; ~ая рабо́та hard work / toil; ~ые рабо́ты labórious work *sg.*, labórious tasks; ~ая зада́ча dífficult próblem [...'prɔ-]; ~ые ро́ды dífficult confíne¦ment *sg.*; ~ое уси́лие strénuous éffort; ~ое дыха́ние héavy bréathing; в ~ых усло́виях únder trýing condítions; 4. (*серьёзный*) sérious, grave; ~ая боле́знь sérious / páinful íllness; ~ое состоя́ние grave condítion; больно́й в ~ом состоя́нии the pátient's condítion is very sérious; the pátient is very bad *разг.*; ~ое преступле́ние grave crime; ~ая отве́тственность héavy respònsibílity; 5. (*мучительный*) páinful; (*горестный*) hard; ~ые мы́сли páinful / glóomy thoughts; ~ая обя́занность páinful dúty; ~ое впечатле́ние páinful / grim impréssion; ~ые времена́ hard times; *a* time of stress *sg.*; ~ое зре́лище páinful / distréssing sight; ~ое чу́вство héartàche ['hɑ:teɪk]; misgívings [-'gɪ-] *pl.*; с ~ым чу́вством with a héavy heart [...hɑ:t]; 6. (*о человеке, характере*) dífficult; у него́ ~ хара́ктер he is a dífficult man*; he is hard to get on with; 7. (*о стиле и т. п.*) pónderous, héavy; (*затруднительный для понимания*) túrbid; ✧ ~ая промы́шленность héavy índustry; ~ое машинострое́ние héavy èngineéring [...endʒ-], héavy èngineéring índustry; ~ая артилле́рия héavy àrtíllery; ~ за́пах oppréssive / héavy smell; ~ во́здух close air [-s...]; в ко́мнате ~ во́здух the room is stúffy / close; ~ая пи́ща héavy / ìndigéstible food; ~ день ùn¦lúcky day; быть ~ым на подъём *разг.* ≅ be hard to move [...mu:v], be slúggish.

тя́жест||ь *ж.* 1. (*вес*) weight; (*тяжёлый вес*) héaviness ['he-]; подня́тие ~и *спорт.* wéight-lìfting; 2. *физ.* grávity; центр ~и centre of grávity; 3. (*груз*) load, weight; 4. (*серьёзность, значительность*) héaviness, weight; (*трудность*) dífficulty; (*бремя*) búrden; ~ забо́т weight of cares; ~ ули́к weight of évidence; вы́носи́ть на свои́х плеча́х всю ~ чего́-л. bear* the brunt of smth. [bɛə...]; вся ~ лежи́т на the whole weight / búrden falls on [...houl...]; ✧ ложи́ться ~ью lie* héavy [...'he-], weigh héavily [...'he-], weigh up¦ón.

тя́жк||ий 1. héavy ['he-]; 2. (*серьёзный*) grave, térrible; ~ая боле́знь dángerous íllness ['deɪndʒ-...]; ~ уда́р térrible blow [...-ou]; ~ое преступле́ние grave / héinous crime; 3. (*мучительный*) distréssing, páinful; (*о страданиях*) excrúciàting; ✧ пусти́ться во все ~ие *разг.* ≅ cast* prúdence to the winds [...wɪn-].

тя́жущийся *м. скл. как прил.* lítigant.

тян||у́ть, потяну́ть 1. (*вн.*) pull [pul] (*d.*), draw* (*d.*); (*о паровозе и т. п.*) haul (*d.*); (*волочить*) drag (*d.*); (*о чём-л. тяжёлом*) haul (*d.*); (*о кабеле и т. п.*) lay* (*d.*); ~ на букси́ре tow [tou] (*d.*); have in tow (*d.*; *тж. перен.*); ~ кого́-л. за рука́в pull smb.'s sleeve, pull smb. by the sleeve, tug at smb.'s sleeve; ~ кого́-л. за во́лосы pull smb. by the hair, pull smb.'s hair; ~ жре́бий draw* lots; ~ в ра́зные сто́роны tug várious ways; 2. *тк. несов.* (*вн.*; *о проволоке*) draw* (*d.*); 3. *тк. несов.* (*вн.*; *медленно произносить*) drawl (*d.*), drag out (*d.*); ~ слова́ drawl; ~ но́ту sustáin *a* note; ~ пе́сню, мело́дию sing* a slow song, mélody [...slou...]; ~ всё ту же пе́сню (*перен.*) harp on the same string; 4. *тк. несов.* (*вн.*; *с тв.*; *медлить*) drag out (*d.*), deláy (*d.*), protráct (*d.*), procrástinàte (*d.*); ~ с отве́том deláy one's ánswer [...'ɑ:nsə]; не ~и́! quick!; húrry up!; 5. *тк. несов.* (*вн.*) *разг.* (*звать, приглашать*) make* (*d.*) go, force / compél (*d.*) to go; никто́ его́ си́лой не ~у́л no one made him go, no one forced him to go; 6. (*без доп.*; *весить*) weigh; 7. (*без доп.*; *обладать тягой — о трубе и т. п.*) draw*; 8. *безл.* (*тв.*; *о струе воздуха, о запахе и т. п.*): тя́нет хо́лодом от о́кон the cold (air) is cóming from the wíndows, there is a cold draught from the wíndows [...drɑ:ft...]; 9. (*вн.*; *вбирать, всасывать*) draw* up (*d.*); ~ в себя́ во́здух inhále, *или* draw* in, the air; ~ че́рез соло́минку suck through a straw (*d.*); ~ во́дку *разг.* swill vódka; 10. *тк. несов.* (*вн.* из, с *рд.*; *вымогать*) squeeze (*d.* out of); (*о деньгах и т. п.*) extórt (*d.* from); 11. *безл.* (*влечь*): его́ тя́нет (к, + *инф.*) he longs (for, + to *inf.*), he has a lóng¦ing (for); he wíshes (+ to *inf.*); его́ тя́нет в теа́тр he is lóng¦ing to go to the théatre [...'θɪətə], he has a lóng¦ing for the théatre; его́ тя́нет отсю́да he longs / wants to get a¦wáy from here; его́ тя́нет ко сну he is sléepy; его́ тя́нет к рабо́те he is lóng¦ing to work; его́ тя́нет домо́й he longs to go home, he yearns / longs for home [...jə:nz...]. **~у́ться**, потяну́ться 1. *тк. несов.* (*о резине, проволоке и т. п.*) stretch; 2. *тк. несов.* (*простираться*) stretch, exténd; равни́на тя́нется на сто киломе́тров the plain strétches for a húndred kílomètres; вдали́ тя́нутся го́ры there is a móuntain range in the dístance [...reɪndʒ...], a range of móuntains is seen in the dístance; ~у́ться вдоль чего́-л. skirt smth.; 3. *тк. несов.* (*длиться*) drag on; (*о времени*) crawl, wear* on [wɛə...], hang* héavy [...'he-]; боле́знь тя́нется уже́ два ме́сяца the íllness has been drágging on for two months [...mʌ-]; бесе́да до́лго ~у́лась the cònversátion lásted a long time; дни тя́нутся однообра́зно the days wear / drag on monótonous¦ly; 4. (*потягиваться*) stretch òne¦sélf; 5. (к; за *тв.*) reach (for), reach out (for), stretch one's hand (for); ребёнок ~у́лся к ма́тери the báby reached out for its móther [...'mʌ-]; цвето́к тя́нется к со́лнцу the flówer turns towards the sun; 6. *тк. несов.* (к; *стремиться*) reach (for); (*к славе и т. п.*) strive* (áfter); 7. *тк. несов.* (за *тв.*; *стремиться сравняться*) try to équal (*d.*), try to keep step (with); (*подражать*) ímitàte (*d.*); 8. (*без доп.*; *двигаться*) move one áfter the other [mu:v...], fóllow each other; (*медленно*) move slówly [...'slou-]; (*о тучах, дыме и т. п.*) drift.

тяну́чка *ж.* (soft) tóffee [...-fɪ].

тя́пка *ж.* chópper.

тяп-ля́п *разг.* ány¦how, in a slípshòd way.

тя́пнуть *сов.* (*вн.*) *разг.* 1. (*ударить*) hit* (*d.*); (*топором*) chop (at); (*укусить*) bite* (*d.*); ~ кого́-л. по руке́ hit* smb.'s hand, hit* smb. on the hand; 2. (*схватить*) grab (*d.*), snatch (*d.*).

тя́тя *м. разг.* dad; (*в детской речи тж.*) dáddy.

У

у *предл.* (*рд.*) 1. (*возле*) by: сиде́ть у окна́ sit* by *the* window; поста́вить у две́ри stand* by *the* door [...dɔ:]; — у изголо́вья by / at *one's* béd-sìde; у подно́жья горы́ at the foot of *the* móuntain [...fut...]; он стоя́л у са́мой две́ри he stood close to the door [...stud -s...]; 2. (*при, вместе и т. п.*) with: жить у свои́х роди́телей live with one's párents [lɪv...]; останови́ться у свои́х прия́телей stay with one's friends [...frendz]; — у себя́ at one's (own) place [...oun...]; (*дома*) at home; у нас with us; (*в доме*) at our place;

(*в стране*) in our cóuntry [...'kʌ-]; 3. (*при обозначении принадлежности*) of: нóжка у стýла the leg of *the* chair; 4.: у меня́, у тебя́ *и т. д.* (*я имею и т. п.*) I, you, *etc.*, have; у негó красúвые глазá he has béautiful eyes [...'bjuː- aɪz]; (*ср.* быть); у меня́ нет *см.* нет II; ◇ у влáсти in pówer, in óffice; не у дел *разг.* out of it; *тж. и др. особые случаи, не приведённые здесь, см. под теми словами, с которыми предл.* у *образует тесные сочетания.*

убáв||ить(ся) *сов. см.* убавля́ть(-ся). **~лéние** *с.* dimínishing, décrease [-s]; (*укорачивание*) shórtening; ~лéние в вéсе lósing weight ['luːz-...].

убав||ля́ть, убáвить (*вн., рд.*) dimínish (*d.*); léssen (*d.*); (*о скорости, темпе*) redúce (*d.*); (*укорачивать*) shórten (*d.*); (*суживать*) nárrow (*d.*); ~ цéну lówer / redúce the price ['louə...]; он ~ля́ет себé гóды he makes him|sélf (out) yóunger than he is [...'jʌŋgə...]; ~ в вéсе lose* weight [luːz...]; убáвить шáгу slow down [slou...]; нельзя́ ни убáвить, ни прибáвить ни слóва one cánnòt change a single word [...tʃeɪ-...]. **~ля́ться**, убáвиться 1. dimínish; dècréase [-s]; дни убáвились the days have become shórter; воды́ в рекé убáвилось the wáter / wáter-lèvel has fáll|en in the river [...'wɔː- 'wɔːtəle-... 'rɪ-]; 2. *страд. к* убавля́ть.

убаю́кать *сов.* 1. *см.* убаю́кивать; 2. *как сов. к* баю́кать.

убаю́кив||ание *с.* lúll(ing). **~ать**, убаю́кать (*вн.*; *прям. и перен.*) lull (*d.*).

убегá||ть, убежáть 1. run* a|wáy, make* off; 2. (*спасаясь бегством*) escápe; 3. *разг.* (*о кипящей жидкости*) boil óver; молокó ~ет the milk is bóiling óver.

убеди́тельн||ость *ж.* convíncing|-ness, persuásive|ness [-'sweɪs-], cógency. **~ый** 1. convíncing, persuásive [-'sweɪs-]; ~ый примéр convíncing exámple [...ɪg'zɑːm-]; ~ый дóвод cógent árgùment, con|clúsive proof; э́то ~о it is convíncing; быть ~ым cárry convíction; 2. (*настоятельный*) éarnest ['əː-]: ~ая прóсьба éarnest requést.

убеди́ть(ся) *сов. см.* убеждáть(-ся).

убежáть *сов. см.* убегáть.

убеждáть, убеди́ть 1. (*вн.* в *пр.*; *доказывать*) convínce (*d.* of); *несов. тж.* try to convínce (*d.* of); убеди́ть когó-л. в правотé свои́х слов convínce smb. of the truth of one's words / státe|ment [...uːθ...]; 2. (*вн.* + *инф.*; *уговаривать*) persuáde [-'sweɪd] (*d.*+ to *inf.*); *несов. тж.* try to persuáde (*d.* +to *inf.*); *сов. тж.* preváil (on, up|ón + to *inf.*); убеди́ть когó-л. приня́ть учáстие в чём-л. persuáde smb. to take part in smth. **~ся**, убеди́ться 1. (в *пр.*; что) make* sure / cértain [...ʃuə...] (of; that), be convínced (of), sátisfỳ òne|sélf (that); 2. *страд. к* убеждáть.

убеждéни||е *с.* 1. (*действие*) persuásion [-'sweɪ-]; все ~я бы́ли напрáсны all persuásion was ún|aváiling; путём ~я by means of persuásion; 2. (*мнение*) belíef [-'liːf], persuásion, convíction; полити́ческие ~я polítical convíctions; дéйствовать по ~ю act accórding to one's convíctions; нýжно дéйствовать по ~ю one must have the cóurage of one's convíctions [...'kʌ-...]; меня́ть свои́ ~я take* a dífferent view of things [...vjuː...].

убеждённ||о *нареч.* with convíction. **~ость** *ж.* convíction, persuásion ['-sweɪ-]. **~ый** *прич. и прил.* convínced, confírmed, persuáded [-'sweɪ-]; (в *пр.*) convínced (of), persuáded (of), sure [ʃuə] (of); ~ый сторóнник staunch suppórter.

убéжищ||е *с.* 1. réfùge, asýlum; (*место, обеспечивающее неприкосновенность*) sánctuary; искáть ~а seek* réfùge / asýlum; предостáвить ~ grant asýlum [-ɑːnt...]; найти́ ~ (в *пр.*) take* réfùge (in); прáво ~а rights of sánctuary *pl.*; нарушáть прáво ~а víolàte / break* the sánctuary [...-eɪk...]; тáйное ~ place of concéalment; híde-out *разг.*; 2. *воен.* (*укрытие*) shélter; (*подземное*) dúg-out.

убелённый: ~ седи́нами, сединóй grey with age.

уберегáть, уберéчь (*вн.* от) sáfe|guàrd (*d.* agáinst), guard (*d.* agáinst); (*предостерегать*) keep* (*d.* from), presérve [-'zəːv] (*d.* from); уберéчь ребёнка от простýды keep* *the* child* from, *или* guard *the* child* agáinst, cátching cold. **~ся**, уберéчься (от) guard òne|sélf (agáinst), protéct òne|sélf (from, agáinst).

уберéчь *сов.* 1. *см.* уберегáть; 2. *как сов. к* берéчь 2. **~ся** *сов. см.* уберегáться.

убивáть, уби́ть (*вн.*) kill (*d.*); (*предумышленно*) múrder (*d.*); (*при помощи наёмных убийц*) assássinàte (*d.*); slay* (*гл. обр. поэт.*); ◇ ~ врéмя kill (the) time; ~ мóлодость waste one's youth [weɪ-...juːθ]; хоть убéй, не знáю *разг.* I could|n't tell you to save my life; не могý сдéлать э́то, хоть убéй! *разг.* I can't do it for the life of me! [...kɑːnt...]. **~ся**, уби́ться 1. *разг.* (*ушибаться*) hurt* òne|sélf; 2. *тк. несов.* (о *пр.*; *горевать*) waste a|wáy with grief [weɪ-...-iːf] (óver); 3. *страд. к* убивáть.

уби́йственн||ый kílling; (*ужасный*) múrderous; ~ взгляд dévastàting / múrderous glance; ~ кли́мат múrderous / pèstiléntial clímate [...'klaɪ-]; ~ая жарá térrible / appálling heat.

уби́й||ство *с.* múrder; (*при помощи наёмных убийц*) assàssinátion; непредумы́шленное ~ *юр.* mánslaughter. **~ца** *м. и ж.* kíller; (*совершивший предумышленное убийство*) múrderer; *ж.* múrderess; наёмный ~ца hired assássin.

убирáть, убрáть (*вн.*) 1. take* a|wáy (*d.*); remóve [-'muːv] (*d.*); ~ с дорóги (*прям. и перен.*) put* out of the way (*d.*); ~ со столá clear the table; ~ декорáции *театр.* strike* the set; ~ парусá furl the sails, take* in the sails, strike* sail; ~ я́корь stow the ánchor [stou...'æŋkə]; 2. (*прятать куда-л.*) put* (a|wáy) (*d.*); (*в склад*) store (*d.*); 3. (*об урожае*) hárvest (*d.*), gáther in (*d.*); 4. (*приводить в порядок*) tídy (*d.*); ~ кóмнату do, *или* tídy up, a room; ~ постéль make* *the* bed; 5. (*украшать*) décoràte (*d.*), adórn (*d.*). **~ся**, убрáться *разг.* 1. (*приводить в порядок*) tídy up, clean* up; 2. (*удаляться*) clear off; beat* it; убирáйся! a|wáy with you!, be off!, get a|wáy!; убирáйся подобрý-поздорóву go while the gó|ing is good; 3. *страд. к* убирáть.

уби́т||ый 1. *прич. см.* убивáть; 2. *прил.* depréssed, crushed; ~ гóрем bróken-héarted [-'hɑːt-]; с ~ым ви́дом lóoking crushed; 3. *м. как сущ.* dead man* [ded...]; *мн.* the dead; неприя́тель потеря́л 100 000 ~ыми the énemy lost 100 000 killed; ◇ спать как ~ *разг.* sleep* like a log / top.

уби́ть *сов. см.* убивáть. **~ся** *сов. см.* убивáться 1.

ублажáть, ублажи́ть (*вн.*) *разг. ирон.* húmour (*d.*); (*баловать*) indúlge (*d.*); (*доставлять удовольствие*) grátifỳ (*d.*).

ублажи́ть *сов. см.* ублажáть.

ублю́док *м. разг.* cur, móngrel ['mʌ-].

убóг||ий 1. *прил.* wrétched; (*о жилище и т. п.*) squálid, míserable [-zə-]; 2. *м. как сущ.* (*бедняк*) béggar; (*калека*) crípple. **~ость** *ж.* wrétchedness; (*о жилище и т. п.*) squálor.

убóжество *с.* 1. wrétchedness; squálor; ~ идéй póverty of ìdéas [...aɪ'dɪəz]; 2. *уст.* (*увечье*) infírmity.

убóй *м. тк. ед.* sláughter; откáрмливать, корми́ть на ~ (*вн.*; *о скоте*) fátten (*d.*); корми́ть как на ~ (*вн.*) *разг.* stuff with food (*d.*), stuff to búrsting, *или* to the búrsting point (*d.*).

убóйн||ость *ж. воен.* destrúctive / kílling pówer. **~ый** 1. *с.-х.* (inténded) for sláughter; ~ый скот cattle to be sláughtered, cattle for sláughter; 2. *воен.*: ~ая си́ла destrúctive / kílling pówer.

убóр *м. уст.* attíre, dress; ◇ головнóй ~ héad-drèss ['hed-], hat; héadgear ['hedgɪə] *разг.*

убóрист||о *нареч.* clóse|ly [-s-]; писáть ~ write* in a small hand. **~ый** close [-s].

убо́рк||а *ж.* **1.** *с.-х.* hárvesting, gáther¦ing in; ~ хло́пка cótton-picking; **2.** (*помещения и т. п.*) tídy¦ing up, cléaning, putting in órder, doing up; сде́лать ~у в ко́мнате do, *или* tídy up, *a* room.

убо́рная *ж. скл. как прил.* **1.** *театр.* (áctor's) dréssing-room; **2.** (*клозет*) lávatory, w. c.; públic convénience ['pʌ-...] *офиц.*; да́мская ~ Ládies *sg.*; мужска́я ~ Géntle¦men *sg.*

убо́рочн||ый *с.-х.* hárvesting; ~ая маши́на hárvester; ~ая кампа́ния hárvesting càmpáign [...-'peɪn].

убо́рщица *ж.* (*в учреждении*) óffice-cleaner; (*в гостинице*) maid.

убра́нство *с.* dècorátion; attíre *поэт.*; (*меблировка*) fúrniture; (*обстановка*) appóintments *pl.*

убра́ть(ся) *сов. см.* убира́ть(ся).

убыва́ние *с.* (*уменьшение*) dìminútion, décrease [-s]; (*о воде*) súbsidence, sínking, fálling; (*о луне*) wáning.

убыва́ть, убы́ть **1.** dimínish, dècréase [-s]; (*о луне*) wane, be on the wane; (*о воде*) become* lówer [...'louə], subsíde, sink*; **2.** *офиц.* (*уезжать*) leave*; ~ в о́тпуск go* on leave; ~ в командиро́вку go* a¦wáy on búsiness [...'bɪzn-].

у́быль *ж. тк. ед.* **1.** dìminútion, décrease [-s]; (*о воде*) súbsidence; **2.** *воен.* (*потери*) lósses *pl.*; ◇ идти́ на ~ subsíde, fall*, recéde; go* down.

убы́т||ок *м.* loss; чи́стый ~ dead loss [ded...]; прямо́й ~ sheer loss; взы́скивать ~ки claim dámages; возмеща́ть ~ки recóver lósses [-'kʌ-...]; нести́, терпе́ть ~ки in¦cúr lósses; определя́ть ~ки asséss dámages; компенси́ровать ~ки pay* dámages; с ~ком, в ~ at a loss; быть в ~ке lose* [lu:z]; be out of pócket *разг.*

убы́точно I *прил. кратк. см.* убы́точный.

убы́точн||о II *нареч.* at a loss. ~**ость** *ж.* ùnprófitable¦ness. ~**ый** (*приносящий убыток*) ùnprófitable; (*невыгодный*) dìsàdvàntágeous [-vɑ:-].

убы́ть *сов. см.* убыва́ть.

уважа́емый 1. *прич. см.* уважа́ть; **2.** *прил.* respécted; (*в обращении, в письме*) dear.

уваж||а́ть (*вн.*) respéct (*d.*), estéem (*d.*), have respéct (for), hold* in respéct (*d.*); глубоко́ ~ hold* in high respéct (*d.*); ~ себя́ have sélf-respéct. ~**е́ние** *с.* respéct, estéem; по́льзоваться (глубо́ким) ~е́нием be held in (high) respéct; по́льзоваться о́бщим ~е́нием enjóy ùnivérsal estéem; пита́ть ~е́ние к кому́-л. respéct / estéem smb.; пита́ть глубо́кое ~е́ние к кому́-л. have a profóund respéct for smb.; внуша́ть ~е́ние commánd respéct [-ɑ:nd...]; из ~е́ния (к) out of respéct / regárd (to), in déference (to); при всём его́ ~е́нии к ней in spite of all his respéct for her, despíte his great respéct for her [...greɪt...]; относи́ться с ~е́нием (к) treat with respéct (*d.*), be respéctful (to); относи́ться без ~е́ния (к) have no respéct (for); be dìsrespéctful (to); досто́йный ~е́ния wórthy of respéct [-ðɪ...]; он досто́ин ~е́ния he is wórthy of respéct, he desérves respéct [...-'zə:vz...].

уважи́тельн||ость *ж.* **1.** (*основательность причины и т. п.*) valídity; **2.** (*почтительность*) respéctfulness. ~**ый 1.** (*о причине и т. п.*) válid, good*; он отсу́тствовал по ~ым причи́нам he was ábsent for válid / good* réasons [...'ri:z-]; **2.** (*почтительный*) respéctful, dèferéntial.

ува́жить *сов.* **1.** (кого́-л.) *разг.* húmour (smb.), stúdy ['stʌ-] (smb.); **2.** (что-л.) complý (with smth.); ~ про́сьбу complý with *a* requést.

у́вален *м. разг.* lout, búmpkin.

ува́ливаться *мор.*: ~ под ве́тер fall* off to léeward, cárry lee helm.

ува́риваться, увари́ться **1.** *разг.* (*доходить до готовности*) be thóroughly cooked [...'θʌrəlɪ...], be quite réady [...'redɪ]; **2.** (*уменьшаться в объёме*) boil a¦wáy.

увари́ться *сов. см.* ува́риваться.

уведоми́тельн||ый: ~ое письмо́, сообще́ние létter of advíce; nótice ['nou-].

уве́домить *сов. см.* уведомля́ть.

уведомле́ние *с.* ìnformátion; nòtificátion [nou-] *офиц.*

уведомля́ть, уве́домить (*вн.*) infórm (*d.*); nótifỳ ['nou-] (*d.*) *офиц.*

увезти́ *сов. см.* увози́ть.

увекове́чен||ие *с.* immòrtalìzátion [-laɪ-]; (*системы, порядка и т. п.*) perpètuátion; для ~ия па́мяти (*рд.*) to perpétuàte the mémory (of).

увекове́ч||ивать, увекове́чить (*вн.*) immórtalìze (*d.*); (*о системе, порядке и т. п.*) perpétuàte (*d.*). ~**ить** *сов. см.* увекове́чивать.

увеличе́ние *с.* **1.** ín¦crease [-s]; (*прирост*) augmèntátion; (*расширение*) exténsion, expánsion; ~ посевно́й пло́щади exténsion of land únder crops; ~ оборо́та ín¦crease in túrnòver; ~ чи́сленного соста́ва ín¦crease in mánpower; **2.** (*при помощи оптического прибора*) màgnificátion; *фот.* enlárge¦ment.

увели́чивать, увели́чить (*вн.*) **1.** in¦créase [-s] (*d.*); (*расширять*) enlárge (*d.*), extend (*d.*); (*повышать*) augmént (*d.*); ~ дохо́ды in¦créase prófits; ~ произво́дство (*рд.*) in¦créase / extend (the) óutpùt [...-put] (of), in¦créase prodúction (of); **2.** (*оптическим стеклом*) mágnifỳ (*d.*); *фот.* enlárge (*d.*); ~ портре́т enlárge *a* pórtrait [...-rɪt]. ~**ся,** увели́читься **1.** in¦créase [-s]; (*возрастать*) rise*; **2.** *страд. к* увели́чивать.

увеличи́тельн||ый 1. mágnifỳing; ~ое стекло́ mágnifỳing lens / glass [...-nz...], mágnifìer; ~ аппара́т *фот.* enlárger; **2.** *лингв.*: ~ су́ффикс augméntative súffix.

увели́чить(ся) *сов. см.* увели́чивать (-ся).

увенч||а́ние *с.* crówning. ~**а́ть(ся)** *сов. см.* уве́нчивать(ся).

уве́нч||ивать, увенча́ть (*вн. тв.*) crown (*d.* with); ~а́ть лавро́вым венко́м crown / wreathe with láurels [...'lɔ-] (*d.*). ~**иваться,** увенча́ться **1.** be / get* crowned; ~а́ться успе́хом be crowned with succéss; **2.** *страд. к* уве́нчивать.

увере́ние *с.* assúrance [ə'ʃuə-]; (*торжественное заверение*) pròtèstátion [prou-].

уве́ренн||о *нареч.* cónfidently, with cónfidence; ~ смотре́ть вперёд look ahéad with cónfidence [...ə'hed...]; face the fúture with cónfidence; говори́ть, отвеча́ть ~ speak*, ánswer with cónfidence [...'ɑ:nsə...]. ~**ость** *ж.* (в *пр.*) cónfidence (in); cértitùde (in); с ~остью with cónfidence; with cértainty; мо́жно с ~остью сказа́ть one can say with cértainty; it is safe to say; в по́лной ~ости, что in the firm belíef that [...-'li:f...]; ~ость в себе́ sélf-relíance; ~ость в за́втрашнем дне cónfidence in the fúture; ~ость в успе́хе assúrance of succéss [ə'ʃuə-...], cónfidence of succéss. ~**ый 1.** (*о человеке*) assúred [ə'ʃuəd], sure [ʃuə], cónfident, pósitive [-z-], cértain; быть ~ым be sure / pósitive; быть твёрдо ~ым be fúlly cónfident [...'fu-...], be fírmly convínced; ~ый в себе́ sure of òne¦sélf, sélf-relíant; **2.** (*о движениях, голосе, тоне*) cónfident, sure; ~ый го́лос cónfident / stéady voice [...'ste-...]; ~ый шаг cónfident step; ~ая рука́ sure hand; ◇ бу́дьте уве́рены! *разг.* you may be sure!, you may relý on it!

уве́рить(ся) *сов. см.* уверя́ть(ся).

уверну́ться *сов. см.* увёртываться.

уве́ровать *сов.* (в *вн.*) come* to belíeve [...-'li:v] (in).

увёртка *ж.* súbterfùge, dodge, evásion, shift.

увёртлив||ость *ж.* evásive¦ness, shíftiness. ~**ый** evásive, shífty, dódgy.

увёртываться, уверну́ться (от) dodge (*d.*); eváde (*d.*); уверну́ться от уда́ра eváde / dodge *a* blow [...blou]; уверну́ться от прямо́го отве́та avóid máking / gíving a diréct ánswer [...'ɑ:nsə].

увертю́ра *ж. муз.* óver¦tùre.

уверя́ть, уве́рить (*вн.* в *пр.*) assúre [ə'ʃuə] (*d.* of); make* (*d.*) belíeve [...-'li:v] (that); (*убеждать*) convínce (*d.* of), persuáde [-'sweɪd] (*d.* of); *несов. тж.* try to convínce (*d.* of), try to persuáde (*d.* of); уверя́ю вас, что I assúre you that; он хо́чет нас уве́рить he would have us belíeve. ~**ся**, увериться (в *пр.*) be convínced (of); увериться в невинóвности когó-л. become* convínced of smb.'s ínnocence.

увеселéние *с.* amúse|ment, èntertáinment, dìvérsion [daɪ-].

увеселительн||ый pléasure ['ple-] (*attr.*); èntertáinment (*attr.*); ~ая поéздка pléasure-trìp ['ple-]; (*на автомобиле и т. п.*) pléasure-rìde ['ple-], jaunt.

увеселить *сов. см.* увеселять.

увеселять, увеселить (*вн.*) amúse (*d.*), èntertáin (*d.*), dìvért (*d.*).

увéсистый wéighty; (*об ударе и т. п.*) héavy ['he-].

увести *сов. см.* уводить.

увéч||ить (*вн.*) maim (*d.*), mútilàte (*d.*). **~ный** *уст.* **1.** *прил.* maimed, mútilàted; disábled; **2.** *м. как сущ.* cripple.

увéчье *с.* mùtilátion.

увéшать *сов. см.* увéшивать.

увéшивать, увéшать (*вн. тв.*) hang* (*d.* with).

увещ||áние *с.* èxhòrtátion, àdmonítion, admónishment. **~áть, ~евáть** (*вн.*) exhórt (*d.*), admónish (*d.*), remónstràte (with).

увивáть, увить (*вн. тв.*) twine (round *d.*).

увивáться (за *тв.*) *разг.* dangle (áfter).

увидáть *сов.* (*вн.*) *разг.* see* (*d.*). **~ся** *сов. разг.* see* each other.

увидеть *сов. см.* видеть. **~ся** *сов. см.* видеться 1.

увиливать, увильнуть (от) *разг.* shirk (*d.*), elúde (*d.*), evάde (*d.*); *несов. тж.* try to get out (*of doing smth.*).

увильнуть *сов. см.* увиливать.

увить *сов. см.* увивáть.

увлажн||éние *с.* móistening [-s°n-], dámping, wétting. **~ить(ся)** *сов. см.* увлажнять(ся).

увлажнять, увлажнить (*вн.*) móisten [-s°n] (*d.*), damp (*d.*), wet (*d.*). **~ся,** увлажниться **1.** become* moist / damp / wet; **2.** *страд. к* увлажнять.

увлекáтельн||ость *ж.* fàscinátion. **~ый** fáscinàting, absórbing, cáptivàting.

увлекáть, увлéчь (*вн.*) **1.** cárry alóng (*d.*); (*перен.*) cárry a|wáy (*d.*); ~ читáтеля cárry one's réader with one; **2.** (*восхищать*) fáscinàte (*d.*), cáptivàte (*d.*); enthráll (*d.*); **3.** (*пленять, соблазнять*) allúre (*d.*), entíce a|wáy (*d.*). **~ся,** увлéчься **1.** be cárried a|wáy; (чем-л.) take* a great ínterest [...greɪt...] (in smth.); be keen (on smth.), go* mad (on smth.) *разг.*; (кем-л.) take* a fáncy (to smb.); легкó ~ся be éasily cárried a|wáy [...'iːz-...]; ~ся тéннисом, шáхматами *и т. п.* be keen on ténnis, chess, *etc.*; **2.** (кем-л.; *влюбляться*) be enámour|ed (of smb.); fall* (for smb.); **3.** *страд. к* увлекáть.

увлекáющийся 1. *прич. см.* увлекáться; **2.** *прил.* éasily cárried a|wáy ['iːz-...]; **3.** *прил.* (*влюбчивый*) of an ámorous dìsposítion [...-'zɪ-].

увлечéние *с.* **1.** (*пыл, воодушевление*) enthúsiàsm [-zɪ-], ànimátion; говорить с ~м speak* with enthúsiàsm / ànimátion; **2** (чем-л.) pássion (for smth.); ~ теáтром pássion for the théatre [...'θɪətə]; ~ футбóлом enthúsiàsm for, *или* kéenness on, fóotbàll [...'fut-]; **3.** (кем-л.; *любовь*) love [lʌv] (for smb.); **4.** (*предмет любви*) flame; егó стáрое ~ an old flame of his.

увлечённо *нареч.* with enthúsiàsm [-zɪ-], with ànimátion.

увлéчь(ся) *сов. см.* увлекáть(ся).

увóд *м.* **1.** with|dráwal; ~ войск with|dráwal of troops; **2.** (*похищение*) theft.

уводить, увести (*вн.*) **1.** take* a|wáy (*d.*), lead* a|wáy (*d.*); walk off (*d.*); (*о войсках*) with|dráw* (*d.*); **2.** (*похищать*) steal* (*d.*).

увóз *м. разг.* (*похищение*) àbdúction; (*кража*) stéaling.

увозить, увезти (*вн.*) **1.** drive* / take* a|wáy (*d.*); **2.** (*похищать*) kídnàp (*d.*), àbdúct (*d.*); (*красть*) steal* (*d.*).

уволáкивать, уволóчь (*вн.*) *разг.* **1.** drag a|wáy (*d.*); волк уволóк овцý *a* wolf* cárried off *a* sheep* [...wulf...]; **2.** (*красть*) steal* (*d.*); ◇ éле нóги уволóчь have a nárrow escápe, have a háirbreadth escápe [...-bredθ...].

увóлить(ся) *сов. см.* увольнять(ся).

уволóчь *сов. см.* уволáкивать.

увольнéн||ие *с.* reléase [-s], dis|chárge, dismíssal; (*по старости*) sùperànnuátion; ~ от дóлжности *уст.* dis|chárge / dismíssal from óffice; ~ в отстáвку retíring; *воен.* dis|chárge; (*с пенсией*) pénsioning off; ~ в запáс *воен.* tránsfer to the resérve [...-'zəːv]; ~ в óтпуск gíving a hóliday [...-lədɪ]; *воен.* gránting leave of ábsence [-ɑːnt-...]; представлять к ~ию state for dismíssal; предупреждéние об ~ии nótice ['nou-]; он получил предупреждéние об ~ии he got, *или* was given, nótice.

увольнительн||ый: ~ое свидéтельство dis|chárge-tìcket; ~ая записка *воен.* pass.

увольнять, увóлить **1.** (*вн.*) dis|chárge (*d.*), dismíss (*d.*); fire (*d.*), give* the sack (*i.*) *разг.*; (*по старости*) sùperánnuàte (*d.*); ~ с рабóты dis|chárge / dismíss from óffice (*d.*); ~ по сокращéнию штáтов dis|chárge on grounds of redúndancy; ~ в запáс *воен.* trànsfér to the resérve [...-'zəːv] (*d.*); ~ в отстáвку retíre (*d.*); *воен.* place on the retíred list (*d.*); (*с пенсией, по возрасту*) pénsion off (*d.*); ~ в óтпуск give* a hóliday [...-lədɪ] (*i.*); *воен.* grant leave of ábsence, *или* a fúrlough [-ɑːnt...-lou] (*i.*); **2.** *тк. сов.* (*вн.* от; *освободить*) spare (*i. d.*); увóльте меня от необходимости (+*инф.*) spare me the necéssity (of *ger.*). **~ся,** увóлиться **1.** leave* the sérvice; *воен.* get* one's dis|chárge; (*в отставку*) retíre; **2.** *страд. к* увольнять.

уворовáть *сов.* (*вн.*) *разг.* steal* (*d.*).

уврачевáть *сов.* (*вн.*) heal (*d.*).

увулярный *лингв.* **1.** *прил.* úvular; ~ соглáсный úvular cónsonant; **2.** *м. как сущ.* úvular.

увы *межд.* alás!

увяд||áние *с.* (*о цветах*) fáding, wíther|ing; (*о человеке*) wásting a|wáy ['weɪ-...]. **~áть,** увянуть (*о цветах*) fade, wíther, droop; (*о человеке*) waste a|wáy [weɪ-...].

увядший *прич. и прил.* wíthered.

увязáть I *сов. см.* увязывать.

увязáть II, увязнуть (в *пр.*) stick* (in); (*перен.*) get* tied up (in); машина увязла в грязи the car (got) stuck in the mud; пó уши увязнуть в долгáх *разг.* be up to the neck in debt [...det].

увязáться *сов. см.* увязываться.

увязка *ж.* **1.** (*багажа и т. п.*) róping, báling; **2.** (*согласованность*) cò-òrdinátion.

увязнуть *сов. см.* увязáть II.

увязывать, увязáть (*вн.*) **1.** tie up (*d.*), pack up (*d.*); (*ремнями*) strap (*d.*); **2.** (*вн.* с *тв.*; *согласовывать*) cò-órdinàte (*d.* with), link (*d.* with). **~ся,** увязáться *разг.* **1.** pack; **2.** (за кем-л.; *пойти*) tag (áfter, alóng with smb.), insíst on accómpanying [...ə'kʌ-] (smb.); (*следовать по пятам*) dog smb.'s fóotstèps [...'fut-]; **3.** *страд. к* увязывать.

увянуть *сов. см.* увядáть.

угадáть *сов. см.* угáдывать.

угáдчик *м. разг. см.* отгáдчик.

угáдывать, угадáть (*вн.*) guess (*d.*); (*разгадывать*) divíne (*d.*); вы угадáли! you have guessed right!

угáр I *м. тк. ед.* **1.** cárbon mònóxìde; пáхнет ~ом there is a smell of chárcoal fumes; the air is full of fumes; **2.** (*о состоянии человека*) cárbon mònóxìde póisoning [...-z°n-]; (*перен.: опьянение, упоение*) intòxicátion; у негó ~ he has been póisoned by (chárcoal) fumes [...'pɔɪz-...]; he is súffering from cárbon mònóxìde póisoning; в ~е страстéй in the heat of pássion.

угáр II *м. тех.* waste [weɪ-]; ~ метáлла waste of métal [...'me-]; машина для ~ов *текст.* waste cárding machíne [...-'ʃiːn].

угáрно *предик. безл.*: здесь ~ there is a smell of (chárcoal) fumes here.

угáрный: ~ газ *хим.* cárbon mònóxìde.

угас||áние *с.* extínction; (*перен.*) dýing (a|wáy). **~áть,** угáснуть go* out, become* extínct; (*перен.: слабеть; умирать*) die a|wáy; костёр угаса́ет the fire is dýing down; си́лы угаса́ют *one's* strength is fáiling.

уга́снуть *сов. см.* угаса́ть.

углево́д *м. хим.* cárbò|hýdràte [-'haɪ-].

углеводоро́д *м. хим.* hýdro|cárbon.

угледобы́ча *ж. эк.* coal extráction; coal óutpùt [...-put].

угледроби́лка *ж. тех.* coal bréaker [...'breɪ-], coal crúsher.

углекислота́ *ж. хим.* càrbónic ácid (gas), cárbon dìóxìde.

углеки́слый *хим.*: ~ газ càrbónic ácid (gas); ~ на́трий sódium cárbonate; ~ минера́льный исто́чник càrbonáceous míneral spring [-ʃəs...].

углеко́п *м.* (cóal-)miner, cóllier.

углепромы́шленн||ость *ж.* cóal-mìning, coal índustry. **~ый** cóal-mìning (*attr.*).

углеро́д *м. хим.* cárbon. **~истый** *хим.* càrbonáceous [-ʃəs]; ~истый ка́льций *и т. п.* càrbonáceous cálcium, *etc.*; cálcium, *etc.*, cárbìde; ~истое соедине́ние cárbìde.

углесо́с *м. горн.* coal pump.

углова́т||ость *ж.* àngulárity. **~ый** ángular; (*нело́вкий, неуклю́жий тж.*) áwkward.

углово́й 1. (*о до́ме и т. п.*) córner (*attr.*); 2. *мат., физ.* ángular.

угломе́р *м.* 1. *тех.* gòniómeter, ázimuth disk; 2. *воен.* defléction. **~ный** *тех.* gòniométrical.

углуби́ть(ся) *сов. см.* углубля́ть (-ся).

углубл||е́ние *с.* 1. déepening; для ~е́ния свои́х зна́ний in órder to extén one's knówledge [...'nɔ-]; 2. (*впа́дина*) hóllow; depréssion; 3. *мор.* (*оса́дка су́дна*) draught [-ɑːft]. **~ённый** 1. *прич. см.* углубля́ть; 2. *прил.* (*основа́тельный*) deep, profóund; ~ённое изуче́ние литерату́ры deep / thórough stúdy of líterature [...'θʌrə 'stʌ-...]; 3. *прил.* (в *вн.*) deep (in), absórbed (in); ~ённый в воспомина́ния deep / absórbed in one's mémories.

углубля́ть, углуби́ть (*вн.*) déepen (*d.*), make* déeper (*d.*); (*перен.*) extén (*d.*): углуби́ть кана́ву déepen *the* ditch, make* *the* ditch déeper; ~ свои́ зна́ния extén one's knówledge [...'nɔ-]; — ~ противоре́чия inténsifỳ còntradíctions. **~ся**, углуби́ться 1. déepen, become* déeper; (*перен.*) become* more profóund; противоре́чия углуби́лись the còntradíctions were / becáme inténsified; 2. (в *вн.*) go* deep (into); (*в поро́ду и т. п.*) cut* (into); (*перен. тж.*) delve déeply (into); углуби́ться в лес go* deep into the fórest [...'fɔ-]; ~ся в кни́гу, в предме́т be deep / absórbed in *a* book, in *a* súbject; 3. *страд.* к углубля́ть.

угляд||е́ть *сов.* (за *тв.*) *разг.* look áfter (*d.*); take* próper care [...'prɔ-...] (of); не ~ fail to take próper care (of); за всем не ~и́шь ≅ one can't see to, *или* think of, évery|thing [...kɑːnt...], one can't atténd to évery|thing.

угна́ть *сов. см.* угоня́ть.

угна́ться *сов.* (за *тв.*) keep* pace (with); (*перен.*) *разг.* keep* up (with); за ним не ~ you can't keep up with him [...kɑːnt...], there is no kéeping up with him.

угнезди́ться *сов. разг.* nestle.

угнета́тель *м.*, **~ница** *ж.* oppréssor. **~ский** oppréssive.

угнет||а́ть (*вн.*) (*в разн. знач.*) oppréss (*d.*); (*удруча́ть*) depréss (*d.*), dispírit (*d.*); поме́щики ~а́ли крестья́н the lándlòrds oppréssed the péasants [...'pez-]; чу́вство неизве́стности ~а́ло его́ *a* sense of ùncértainty oppréssed him; he was oppréssed by *a* sense of ùncértainty. **~а́ющий** 1. *прич. см.* угнета́ть; 2. *прил.* oppréssive. **~е́ние** *с.* oppréssion; (*удручённость*) depréssion. **~ённость** *ж.* depréssion. **~ённый** *прич. и прил.* oppréssed; (*удручённый*) depréssed; ~ённое состоя́ние depréssion; быть в ~ённом состоя́нии be in low spírits [...lou...]; be in, *или* have a fit of, the blues *разг.*

угова́рив||ать, уговори́ть (*вн.* + *инф.*) persuáde [-'sweɪd] (*d.* + to *inf.*); talk (*d.* into *ger.*); (*склоня́ть, побужда́ть*) indúce (*d.* + to *inf.*); (*насто́йчиво*) urge (*d.* + to *inf.*); *несов. тж.* try to persuáde (*d.* + to *inf.*); не ~айте меня́ don't try to persuáde me. **~аться**, уговори́ться (с *тв.* + *инф.*) arránge [-eɪndʒ] (with + to *inf.*), agrée (with + to *inf.*); он уговори́лся с ней о встре́че he arránged to meet her; они́ уговори́лись встре́титься в библиоте́ке they arránged / agréed to meet at the líbrary [...'laɪ-]; уговори́ться о цене́ agrée abóut the price.

угово́р *м.* 1. persuásion [-'sweɪ-]; не поддава́ться никаки́м ~ам yield to no persuásion [jiːld...], stand* one's ground; 2. (*соглаше́ние*) agréement, cómpàct; ùnderstánding; с ~ом on condítion; по предвари́тельному ~у accórding to a pré|arránged plan [...-eɪndʒd...]; ✧ ~ доро́же де́нег *посл.* ≅ a prómise is a prómise [...-mɪs...].

уговори́ть(ся) *сов. см.* угова́ривать(ся).

уго́д||а *ж.*: в ~у (*дт.*) to please (*d.*).

угоди́ть I *сов. см.* угожда́ть.

угоди́ть II *сов. разг.* 1. (в *вн.*) (*очути́ться*) fall* (into), get* (into); (*удари́ться*) bang (agáinst); ~ в я́му fall* / get* into *a* hole; ~ голово́й в дверь bang one's head agáinst *the* door [...hed... dɔː]; 2. (*дт.* в *вн.*) hit* (*d.* in): ~ кому́-л. пря́мо в глаз hit* smb. slap in the eye [...aɪ].

уго́длив||ость *ж.* obséquious|ness [-'siː-]. **~ый** obséquious [-'siː-].

уго́дничать (пе́ред) *разг.* be obséquious [...-'siː-] (towards); fawn (up|ón), cringe (to).

уго́дничество *с.* sèrvílity.

уго́дно I *предик.*: как вам ~ as you choose, as you please; please your|sélf; что вам ~? what can I do for you?; ~ ли вам (+*инф.*) would you like (+ to *inf.*); не ~ ли вам вы́пить молока́? would you like to have some milk?; не ~ ли вам молока́? will you have some milk?; ✧ ско́лько душе́ ~ *разг.* to one's heart's contént [...hɑːts...]; пить ско́лько душе́ ~ drink* one's fill.

уго́дно II *части́ца* (*с мест. или нареч. в знач.* «*любо́й*»): кто ~ ány|body; что ~ ány|thing; де́лайте всё, что (вам) ~ (you may) do whàt(|éver) you like; как ~ ány|how; како́й ~ any; задава́йте каки́е ~ вопро́сы ask any quéstions you like [...-stʃ-...]; куда́ ~, где ~ ány|whère; ско́лько ~ *разг.* as much as one wants, any amóunt.

уго́дный (*дт.*) wélcome (to).

уго́дь||е *с.*: лесны́е ~я fórests ['fɔ-]; полевы́е ~я árable land ['æ-...] *sg.*

угожда́ть, угоди́ть (*дт. или* на *вн.*) please (*d.*); oblíge (*d.*); (*с отте́нком ле́сти*) play up (to); ему́, *или* на него́, не угоди́шь, ему́ тру́дно угоди́ть he is hard to please, there is no pléasing him; на всех не угоди́шь you can't sátisfỳ everybody [...kɑːnt...]; ~ и на́шим и ва́шим ≅ run* with the hare and hunt with the hounds.

у́гол *м.* 1. córner; на углу́ at the córner; в углу́ in the córner; за угло́м, из-за угла́ round the córner; поста́вить ребёнка в ~ put* *the* child* in(to) the córner, make* *the* child* stand in the córner; 2. *мат., физ.* angle; под угло́м в 60° at an angle of 60°; под прямы́м угло́м at right angles; поворо́т под прямы́м угло́м ríght-àngle turn; ~ зре́ния *физ.* vísual angle [-zjuəl...]; (*перен.*) point of view [...vjuː]; под э́тим угло́м зре́ния from this point of view, from this stándpoint; 3. (*прию́т, приста́нище*) home; име́ть свой ~ have a home of one's own [...oun]; 4. (*часть ко́мнаты*) part of *a* room, córner; ✧ из-за угла́ ùnderhándedly; on the sly; behínd *smb.'s* back; загна́ть в ~ (*вн.*) drive* into *a* córner (*d.*); сре́зать ~ cut* off *a* córner; за́гнутые углы́ (*в кни́ге*) dóg-eared páges.

уголёк *м.* 1. *уменьш. от* у́голь; 2. small piece of coal [...piːs...].

уголо́в||ный 1. *прил.* críminal; pénal; ~ проце́сс críminal áction; ~ное де́ло críminal case [...-s]; ~ ко́декс críminal code; ~ное преступле́ние críminal offénce; ~ суд críminal / pénal court [...kɔːt]; ~ное пра́во críminal law; ~ное пресле́дование pròsecútion; ~ные зако́ны pénal laws; ~ ро́зыск Críminal Invèstigátion Depártment; ~ престу́пник críminal; 2. *м. как сущ.* críminal. **~щина** *ж. тк. ед. разг.* críminal act.

уголо́к *м. уменьш. от* у́гол; ую́тный ~ cósy nook [-zɪ...]; ◇ кра́сный ~ rècreátion and réading room.

у́голь *м.* coal; ка́менный ~ coal; древе́сный ~ chárcoal; бу́рый ~ brown coal; превраща́ть в ~ (*вн.*) cárbonìze (*d.*); пыла́ющие у́гли live coals; погру́зка у́гля cóaling; ◇ бе́лый ~ white coal; голубо́й ~ wínd-power ['wɪ-]; как на у́гольях *разг.* on hot coals.

уго́льник *м. тех.* 1. set square; 2. (*стальной профиль*) angle bar.

у́гольн||ый coal (*attr.*); ~ая промы́шленность coal industry; ~ пласт cóal-bèd, cóal-seam; ~ая я́ма cóal-bùnker; ~ бассе́йн coal básin [...'beɪs-]; cóal-fìeld(s) [-fi:-] (*pl.*); ~ая кислота́ *хим.* càrbónic ácid.

уго́льный *разг.* (*о комнате и т. п.*) córner (*attr.*).

у́гольщик I *м.* 1. (*рабочий*) cóal-mìner; (*грузчик*) coal pácker, coal héaver; 2. (*торговец древесным углем*) chárcoal-dealer.

у́гольщик II *м.* (*судно*) cóalshìp, cóllier.

угомон||и́ть *сов.* (*вн.*) *разг.* calm [kɑ:m] (*d.*). ~**и́ться** *сов. разг.* calm down [kɑ:m...], become* / get* quíet; де́ти наконе́ц ~и́лись at last *the* chíldren settled down, *или* becáme quíet.

уго́н *м.* 1. dríving a¦wáy; 2. (*похищение*) stéaling.

угоня́ть, угна́ть (*вн.*) *разг.* 1. drive* a¦wáy (*d.*); ~ скот в по́ле drive* the cattle out to graze / pásture; 2. (*похищать*) steal* (*d.*); угна́ть ло́шадь со двора́ steal* *a* horse out of the stable; угна́ть автомоби́ль steal* *a* car.

угора́зди||ть *сов. разг. чаще безл. переводится личн. оборотами*: его́ ~ло попа́сть под автомоби́ль he sóme¦how mánaged to get run óver by *a* car; как э́то вас ~ло прийти́ сюда́? what on earth made you come here? [...ə:θ...].

угор||а́ть, угоре́ть be póisoned by chárcoal fumes [...'pɔɪz-...], get* cárbon mònóxìde póisoning [...'pɔɪz-]; ◇ ~е́л ты, он *и т. д.*, что ли? *разг.* are you, he *etc.*, out of your, his, *etc.*, mind / wits?

угоре́лый *разг.*: он ме́чется как ~ he is rúnning abóut like a mád¦man*, *или* like one posséssed [...-'zest].

угоре́ть *сов. см.* угора́ть.

у́горь I *м.* (*на коже*) bláckhead [-hed].

у́горь II *м.* (*рыба*) eel, grig; морско́й ~ cónger (eel), séa-éel; ◇ живо́й как ~ as líve¦ly as a grig; ≅ as líve¦ly as a crícket.

угости́ть(ся) *сов. см.* угоща́ть(ся).

угото́ванный *уст.* prepáred, made réady [...'re-].

угото́вить *сов.* (*вн.*) *уст.* prepáre (*d.*).

угоща́ть, угости́ть (*вн.*) èntertáin (to; at *офиц.*); treat (to); («*ставить угощение*») stand* a treat (*i.*) *разг.* ~**ся**, угости́ться *разг.* 1. (*тв.*) treat òne¦sélf (to); regále (òne¦sélf) (on) *уст., шутл.*; 2. *страд. к* угоща́ть.

угоще́ние *с.* 1. (чем-л.; *действие*) èntertáinment (with smth.), tréating (to smth.); regáling (with smth.); (кого́-л.) èntertáinment (of smb.); 2. (*то, чем угощают*) food; (*лёгкое*) refréshments *pl.*

угрева́тый pímpled, pímply.

угро́бить *сов.* (*вн.*) *груб.* kill (*d.*); (*перен.*) rúin (*d.*), wreck (*d.*).

угрожа́емый thréatened ['θret-], ménaced; ~ райо́н *воен.* thréatened área [...'ɛərɪə].

угрож||а́ть (*дт. тв.*) thréaten ['θret-] (*d.* with), ménace (*d.* with); ему́ ~а́ет смерте́льная опа́сность mórtal dánger thréatens him [...'deɪn-...], he is thréatened by mórtal dánger; ему́ ничто́ не ~а́ет he is in no dánger.

угрожа́ющ||е *нареч.* thréatening¦ly ['θret-], ménacing¦ly. ~**ий** *прич. и прил.* thréatening ['θret-], ménacing; ~ее положе́ние precárious sìtuátion; ~ая катастро́фа ímminent disáster [...-'zɑ:-].

угро́з||а *ж.* threat [θret], ménace; ~ войны́ (*заявление, предупреждение*) threat of war; (*грозящая опасность*) ménace of war; под ~ой чего́-л. únder the threat of smth.; ста́вить под ~у (*вн.*) thréaten ['θret-] (*d.*), impéril (*d.*), jéopardìze ['dʒepə-] (*d.*).

угро́зыск *м.* (уголо́вный ро́зыск) Críminal Invèstigátion Depártment.

у́гро-фи́нск||ий *лингв.* Úgro-Fínn¦ish; ~ие языки́ Úgro-Fínnish lánguages.

угрызе́ни||е *с.*: ~я со́вести remórse *sg.*; чу́вствовать ~я со́вести be cónscience-strìcken [...-ʃəns-], súffer the pangs of remórse.

угрю́м||ость *ж.* súllen¦ness, glóominess, moróse¦ness [-s-]. ~**ый** súllen, glóomy, moróse [-s].

уда́в *м. зоол.* bóa ['bouə], bóa constríctor.

уда||ва́ться, уда́ться 1. (*завершаться успешно*) turn out well, work well, be a succéss; о́пыт сра́зу уда́лся the expériment was an immédiate succéss; э́то не всегда́ ~ётся it does not álways work [...'ɔ:lwəz...]; 2. *безл.* (*дт.+ инф.*) succéed (+ *subject* in *ger.*), mánage (+ *subject* + to *inf.*): ему́ ~ло́сь найти́ э́то he succéeded in fínding it, he mánaged to find it; — ему́ не ~ло́сь найти́ э́того he failed to find it.

удави́ть *сов.* (*вн.*) strangle (*d.*). ~**ся** (*повеситься*) hang òne¦sélf.

уда́в||ка *ж.* (*узел*) rúnning knot, slíp-knòt, tímber-hìtch. ~**ле́ние** *с.* strángling; смерть от ~ле́ния death from stràngulátion [deθ...].

удале́ние *с.* 1. móving off / a¦wáy ['mu:-...]; 2. (*кого-л.*) sénding a¦wáy; 3. (*устранение*) remóval [-'mu:-]; (*в хирургии*) àblátion; ~ зу́ба extráction of *a* tooth*.

удалённ||ость *ж.* remóte¦ness. ~**ый** 1. *прич. см.* удаля́ть; 2. *прил.* remóte.

удале́ц *м. разг.* dáring / bold féllow; dáre-dèvil.

удали́ть(ся) *сов. см.* удаля́ть(ся).

удало́й dáring, bold.

у́даль *ж.*, ~**ство́** *с.* dáring, bóld¦ness.

удаля́ть, удали́ть (*вн.*) 1. move off / a¦wáy [mu:v...] (*d.*); 2. (*заставлять уйти*) make* (*d.*) leave, send* a¦wáy (*d.*); ~ из за́ла заседа́ния remóve from the hall [-'mu:v...] (*d.*); 3. (*устранять*) remóve (*d.*); (*в хирургии*) àbláte (*d.*); ~ во́лосы remóve hair; ~ зуб extráct *a* tooth*; 4. (*увольнять*) dismíss (*d.*). ~**ся**, удали́ться 1. (от) move off / a¦wáy [mu:v...] (from); ~ся от бе́рега move off / a¦wáy from the shore; ~ся от те́мы wánder from the súbject; ~ся от дел, ~ся на поко́й retíre from affáirs; ~ся от о́бщества with¦dráw* / retíre from, *или* shun, socíety; 2. (*уходить*) take* òne¦sélf off, retíre, with¦dráw*; поспе́шно удали́ться retréat hástily [...'heɪ-], beat* a hásty retréat [...'heɪ-...]; 3. *страд. к* удаля́ть.

уда́р *м.* 1. (*в разн. знач.*) blow [-ou]; stroke; *воен. тж.* thrust; (*острым оружием*) stab; (*плетью*) lash, slash; (*ногой, копытом*) kick; (*кулаком*) punch, cuff; свобо́дный ~ (*в футболе*) free kick; одни́м ~ом at one blow / stroke; смерте́льный, рокова́й ~ déath-blow ['deθblou]; бо́мбовый ~ *воен.* bómb¦ing attáck; ~ с во́здуха *воен.* air stroke; ~ в штыки́ *воен.* bàyonet assáult; гла́вный ~ *воен.* main blow / attáck; наноси́ть ~ (*дт.*) strike* / deal* / delíver a blow [...-'lɪvə...] (*i.*); отби́ть ~ párry *a* blow; возврати́ть ~, нанести́ отве́тный ~ (*дт.*) strike* back (*d.*); 2. (*звук*) stroke; ~ гро́ма thúnder-clàp, crash of thúnder; 3. (*кровоизлияние в мозг*) stroke, àpopléctic stroke / séizure [...'si:ʒə]; со́лнечный ~ súnstròke; ◇ ста́вить под ~ (*вн.*) jéopardìze (*d.*); ~ в спи́ну stab in the back; ~ попа́л в цель the blow went home; э́то для него́ тяжёлый ~ it is a hard / sad blow to him, he's hard hit; ~ы пу́льса béat(ing) / stroke of the pulse *sg.*; быть в ~е *разг.* be at one's best, be in good form; одни́м ~ом двух за́йцев уби́ть *погов.* ≅ kill two birds with one stone.

ударе́ние *с.* 1. áccent, stress; (*перен. тж.*) émphasis; экспирато́рное ~ expíratory áccent [-'paɪə-...]; музыка́льное, тони́ческое ~ músical stress [-zɪ-...]; логи́ческое ~ lógical stress; о́строе ~ acúte áccent / stress;

тупо́е ~ grave áccent / stress; облегчённое ~ slurred áccent; де́лать ~ (на *пр.*) àccént (*d.*); stress (*d.*), lay* stress (on; *тж. перен.*); (*перен. тж.*) émphasìze (*d.*), àccéntuàte (*d.*); 2. (*знак*) stress.

уда́ренный 1. *прич. см.* ударя́ть; 2. *прил. лингв.* accénted; (*о силовом ударении об.*) stressed.

уда́рить(ся) *сов. см.* ударя́ть(ся).

уда́рник I *м.* shock wórker, udárnik.

уда́рник II *м. муз.* drúmmer.

уда́рник III *м.* (*в оружии*) stríker; fíring pin; (*во взрывателе снаряда*) péllet, plúnger [-n-]; дистанцио́нный ~ time plúnger, líghting péllet.

уда́рни||ца *ж. к* уда́рник I. **~чество** *с.* shock work; shóck-wòrker móve|ment [...'mu:-].

уда́рно *нареч.*: рабо́тать ~ perfórm shock work, work fast and well.

уда́рн||ый I 1. (*передовой по работе*) shock (*attr.*); ~ая брига́да shock brigáde; ~ые те́мпы àccéleràted témpò *sg.*; 2. (*срочный, важный*): ~ое зада́ние úrgent task; в ~ом поря́дке with the gréatest póssible speed [...'greɪ-...].

уда́рн||ый II 1. (*в технике*) pèrcússive; pèrcússion (*attr.*): ~ бур pèrcússion bórer; ~ая тру́бка pèrcússion tube; pèrcússion prímer *амер.*; ~ое де́йствие (*снаряда*) pèrcússion áction; ~ взрыва́тель ímpàct détonàting fuse [...'di:-...]; ~ ка́псюль pèrcússion cap; 2. *муз.*: ~ые инструме́нты púlsatìle / pèrcússion ínstruments; 3. *воен.* (*о войсках*) shock (*attr.*); ~ые ча́сти shock troops.

ударя́ть, уда́рить (*вн.*; *в разн. знач.*) strike* (*d.*), hit* (*d.*); (*холодным оружием*) stab (*d.*); (*плетью*) lash (*d.*), slash (*d.*); (*ногой, копытом*) kick (*d.*); (*кулаком*) punch (*d.*); ~ па́лкой strike* with *a* stick (*d.*); уда́рить себя́ по́ лбу strike* one's fórehead [...'fɔrɪd]; уда́рить по физионо́мии give* a slap in the face (*i.*); ~ по́ столу *и т. п.* strike* one's hand on the table, *etc.*, bring* one's fist down on the table, *etc.*, bang on the table, *etc.*; гром уда́рил the thúnder struck; мо́лния уда́рила (в *вн.*) the líghtning struck (*d.*); уда́рить в ко́локол strike* the bell; уда́рить в наба́т sound / give* the alárm; (*перен.*) raise an alárm; уда́рить в бараба́н beat* / play the drum; уда́рить во фланг *воен.* strike* at / into the flank; уда́рить в штыки́ *воен.* assáult with the báyonet; ◇ уда́рить кого́-л. по карма́ну *разг.* cost* smb. a prétty pénny [...'prɪ-...]; уда́рить по интере́сам (*рд.*) hit* at the ínterests (of); уда́рить по недоста́ткам strike* at the weak points; ~ по рука́м (*прийти к соглашению*) strike* hands, strike* a bárgain; ~ в го́лову rush to the head [...hed]; (*о вине и т. п.*) go* to, *или* get* into, the head; па́лец о па́лец не уда́рить *разг.* not stir / raise a fínger. **~ся**, уда́риться 1. (о *вн.*) hit* (*d.*), strike* (agáinst); уда́риться голово́й о дверь strike* one's head agáinst *the* door [...hed...dɔ:]; ло́дка уда́рилась о скалу́ the boat struck (agáinst) *a* rock; 2. (в *вн.*) *разг.* (*пристраститься*) addíct òne|sélf (to); ◇ ~ся в кра́йность run* to an extréme; ~ся из одно́й кра́йности в другу́ю run* from one extréme to another.

уда́ться *сов. см.* удава́ться.

уда́ч||а *ж.* good luck; (*успех*) succéss; stroke / piece of luck [...pi:s...], good fórtune [...-ʧən]; жела́ть ~и (*дт.*) wish good luck (*i.*); ему́ всегда́ ~ he is álways lúcky [...'ɔ:lwəz...], he álways has luck; ~и и неуда́чи ups and downs. **~ливость** *ж.* luck. **~ливый** lúcky; succéssful. **~ник** *м. разг.* lúcky man*. **~но** *нареч.* 1. (*успешно*) succéssfully; ~но вы́ступить (*в состязании и т. п.*) make* a good shówing [...'ʃou-]; 2. (*хорошо*) well*; вы́шло ~но, что it was fórtunate that [...-ʧə-...]. **~ный** 1. (*успешный*) succéssful; ~ная попы́тка succéssful attémpt; 2. (*хороший*) good*; (*о цитате, обороте и т. п.*) apt; felícitous; (*о фразе, стихе и т. п.*) well turned; ~ный перево́д good* / felícitous trànslátion [...trɑ:ns-]; ~ное выраже́ние apt / felícitous expréssion; ~ный вы́бор háppy choice; э́то бы́ло ~но that was fórtunate [...-ʧnɪt].

удва́ивать, удво́ить (*вн.*) double [dʌbl] (*d.*), redóuble [-'dʌbl] (*d.*); *лингв.* (*о слоге и т. п.*) redúplicàte (*d.*); удво́ить свои́ уси́лия redóuble one's éfforts. **~ся**, удво́иться 1. double [dʌbl], redóuble [-'dʌbl]; *лингв.* (*о слоге и т. п.*) redúplicàte; 2. *страд. к* удва́ивать.

удвое́ние, *с.* dóubling ['dʌ-], redóubling [-dʌ-]; *лингв.* (*слога и т. п.*) redùplicátion.

удво́енн||ый 1. *прич. и прил.* doubled [dʌ-], redóubled [-'dʌ-]; 2. *прил. лингв.* (*о слоге и т. п.*) redúplicàted; (*о буквах*) double [dʌ-]; ~ое «с» double "s".

удво́ить(ся) *сов. см.* удва́ивать(ся).

уде́л *м.* 1. (*участь*) lot, déstiny; 2. *ист.* áp(p)anage; ìndepéndent prìncipálity (*in mediaeval Russia*).

удели́ть *сов. см.* уделя́ть.

уде́льн||ый I *физ.* specífic; ~ вес specífic weight / grávity; (*перен.*) share, propórtion; ~ая теплота́ specífic heat; ~ое сопротивле́ние specífic resístance [...-'zɪ-]; ~ объём specífic vólume.

уде́льный II *ист.*: ~ пери́од périod of ìndepéndent prìncipálities (*in mediaeval Russia*); ~ князь ìndepéndent prince (*in mediaeval Russia*).

удел||я́ть, удели́ть (*вн.*) spare (*d.*), give* (*d.*); ~и́те мне пять мину́т spare me five mínutes [...'mɪnɪts]; ~ чему́-л. вре́мя find* time for smth.; на́до ~и́ть э́тому внима́ние it should be given consìderátion; ~и́ть из бюдже́та часть на что-л. appróprìate búdget funds for smth.

у́держ *м.*: без ~у *разг.* ùn|contróllably [-oul-], ún|restráinedly, without restráint; смея́ться без ~у laugh without bé|ing able to stop [lɑ:f...], laugh ùn|contróllably; не знать ~у know* no restráint [nou...].

удержа́ние *с.* 1. (*сохранение*) kéeping; reténtion; 2. (*вычет из чего-л.*) dedúction.

удержа́ть(ся) *сов. см.* уде́рживать(ся).

уде́рживать, удержа́ть 1. (*вн.*; *не выпускать, сохранять*) retáin (*d.*); hold* (*d.*); not let* (*d.*) go; удержа́ть в рука́х hold* (*d.*), keep* fast (*d.*); ~ в па́мяти bear* / keep* in mind [bɛə...] (*d.*), retáin in one's mémory (*d.*); удержа́ть свои́ пози́ции hold* one's posítions [...-'zɪ-], hold* one's own [...oun]; плоти́на не удержа́ла воды́ the dam could not with|stánd the préssure of the wáter [...'wɔ:-], the dam gave way; 2. (*вн.* от; *не давать сделать*) hold* back (*d.* from), keep* (*d.* from); ~ кого́-л. от риско́ванного ша́га keep* smb. from táking a risk; 3. (*вн.*; *подавлять*) suppréss (*d.*); ~ рыда́ния suppréss sobs; он не мог удержа́ть слёзы he could|n't help crýing; 4. (*вн.*; *вычитать*) dedúct (*d.*); keep* back (*d.*); удержа́ть сто́имость чего́-л. из чьей-л. зарпла́ты stop the válue of smth. out of smb.'s wáges. **~ся**, удержа́ться 1. (*устоять*) hold* one's ground, hold* out; неприя́тель стара́лся удержа́ться на реке́ the énemy tried to hold out on the ríver [...'rɪ-]; удержа́ться на нога́х keep* one's feet; удержа́ться в седле́ keep* in the saddle; 2. (*оставаться*) keep*; 3. (от) keep* (from), refráin (from); удержа́ться от собла́зна resíst the tèmptátion [-'zɪ-...]; ~ся от куре́ния keep* / refráin from smóking; он не мог удержа́ться от сме́ха he could|n't help láughing [...'lɑ:f-], he could|n't refráin from láughing; нельзя́ удержа́ться (от) one cánnòt help (+*ger.*).

удесятер||ённый ténfòld; décuple [-kju-]. **~и́ть(ся)** *сов. см.* удесятеря́ть(ся).

удесятеря́ть, удесятери́ть (*вн.*) in|créase ténfòld [-s...] (*d.*); décuple [-kju-] (*d.*). **~ся**, удесятери́ться 1. in|créase ténfòld [-s...], be / become* in|créased ténfòld; décuple [-kju-]. 2. *страд. к* удесятеря́ть.

удешев||и́ть(ся) *сов. см.* удешевля́ть(ся). **~ле́ние** *с.* redúction of príces.

удешевля́ть, удешеви́ть (*вн.*) redúce the price (*of*). **~ся**, удешеви́ться 1. become* chéaper, chéapen; 2. *страд. к* удешевля́ть.

удиви́тельно I **1.** *прил. кратк. см.* удиви́тельный; **2.** *предик. безл.* it is astónishing; (*странно*) it is fúnny / strange [...-eɪndʒ]; не ~, что по wónder that [...'wʌ-...]; и не ~! no wónder!, and small wónder!

удиви́тельно II *нареч.* **1.** wónderfully ['wʌ-]; astónishing¦ly; **2.** (*очень*) very, extréme¦ly; **3.** (*чудесно*) ádmirably, márvellous¦ly.

удиви́тельн||ый 1. astónishing, surprísing, stríking, amázing; ничего́ ~ого по wónder [...'wʌ-]; (it is) small wónder; что ~ого? what is there (so) strange in that? [...-eɪndʒ...]; **2.** (*чудесный, замечательный*) wónderful ['wʌ-], wóndrous ['wʌ-], márvellous.

удиви́ть(ся) *сов. см.* удивля́ть(ся).

удивле́ни||е *с.* astónishment, surpríse, wónder ['wʌ-], amáze¦ment; к моему́ вели́кому ~ю to my great surpríse [...-eɪt...]; рази́нуть рот от ~я *разг.* be ópen-móuthed with astónishment / surpríse; ◇ на ~ (всему́ све́ту) *разг.* to évery¦òne's surpríse.

удивлённ||ый *прич. и прил.* astónished, surprísed, amázed; смотре́ть ~ыми глаза́ми look in wíde-eyed astónishment [...-aɪd...].

удивля́ть, удиви́ть (*вн.*) astónish (*d.*), surpríse (*d.*), amáze (*d.*). **~ся,** удиви́ться (*дт.*) wónder ['wʌ-] (at), be astónished / surprísed / amázed (at); мо́жно ли ~ся по́сле э́того can it be wóndered then.

удила́ *мн.* bit *sg.*; мундшту́чные ~ cúrb-bit *sg.*; тре́нзельные ~ snáffle-bìt *sg.*; закуси́ть ~ (*прям. и перен.*) take* the bit betwéen one's teeth.

уди́лище *с.* físhing-ròd, rod.

уди́льщ||ик *м.*, **~ица** *ж.* ángler.

удира́ть, удра́ть *разг.* make* off, run* a¦wáy, take* to one's heels, bolt.

уди́ть (*вн.*) angle (*d.*), fish (*d.*).

удлине́ние *с.* léngthening, máking lónger; ~ сро́ка prò¦lòngátion; ~ рабо́чего дня ín¦crease of wórking hours [-s...auəz].

удлинённый 1. *прич. см.* удлиня́ть; **2.** *прил.* (*продолговатый*) óblòng; (*вытянутый в длину*) élongàted ['iː-].

удлини́ть(ся) *сов. см.* удлиня́ть(ся).

удлиня́ть, удлини́ть (*вн.*) léngthen (*d.*), make* lónger (*d.*); (*о сроке*) prolóng (*d.*); (*вытягивать*) élongàte ['iː-] (*d.*); ~ черту́ prolóng *a* line. **~ся,** удлини́ться **1.** léngthen, becóme* lónger; (*о сроке*) becóme* prolóng¦ed; (*вытягиваться*) becóme* élongàted [...'iː-]; **2.** *страд. к* удлиня́ть.

удму́рт *м.*, **~ка** *ж.*, **~ский** Udmúrt; ~ский язы́к Udmúrt, the Udmúrt lánguage.

удо́бно I **1.** *прил. кратк. см.* удо́бный; **2.** *предик. безл.* (*дт.*) *переводится личными формами глаг.* feel*/ be cómfortable [...'kʌ-], be at one's ease: ему́ удо́бно he feels / is cómfortable, he is at his ease; **3.** *предик. безл.* (*дт.* + *инф.*; *подходит*) it is convénient (for + to *inf.*); it suits [...sjuːts] (me, him, *etc.* + to *inf.*); ему́ ~ нача́ть рабо́ту сего́дня it is convénient for him to begin the work to¦dáy; е́сли ему́ э́то ~ if (it is) convénient for him; **4.** *предик. безл.* (*прилично*) it is próper [...'prɔ-]; ~ ли прийти́ так по́здно? is it próper to come so late?

удо́бн||о II *нареч.* cómfortably ['kʌ-]. **~ый 1.** cómfortable ['kʌ-]; (*для пользования*) hándy; (*уютный*) cósy [-zɪ]; ~ое кре́сло cómfortable / cósy chair; **2.** (*подходящий*) convénient; ópportùne; ~ое сообще́ние convénient means of tránspòrt *pl.*; ~ый моме́нт convénient / ópportùne móment; ~ый слу́чай òpportúnity.

удобовари́м||ость *ж.* digèstibílity. **~ый** digéstible.

удобо||исполни́мый éasy to cárry out ['iːzɪ...]; féasible [-z-]. **~поня́тный** còmprehénsible, intélligible. **~произноси́мый** pronóunce¦able. **~чита́емый** (*о почерке, шрифте*) légible; (*о книге и т. п.*) réadable.

удобре́ние *с. с.-х.* **1.** (*действие*) fèrtilizátion [-laɪ-]; (*унавоживание*) manúring; (*известью*) líming; (*гипсом*) gýpsuming; **2.** (*вещество*) fértilìzer; есте́ственное, иску́сственное ~ nátural, àrtifícial fértilizer.

удо́брить *сов. см.* удобря́ть.

удобря́ть, удо́брить (*вн.*) fértilìze (*d.*); (*унавоживать*) manúre (*d.*), dung (*d.*); (*известью*) lime (*d.*); (*гипсом*) gýpsum (*d.*).

удо́бств||о *с.* **1.** *тк. ед.* cómfort ['kʌ-]; с ~ом with cómfort; **2.** (*устройство*) convénience; кварти́ра со все́ми ~ами flat with every convénience.

удовлетворе́ни||е *с.* sàtisfáction, gràtificátion; с больши́м ~ем with great sàtisfáction [...-eɪt...]; дава́ть кому́-л. ~ give* sàtisfáction to smb.; тре́бовать ~я у кого́-л. demánd sàtisfáction from smb. [-ɑːnd...]; получи́ть по́лное ~ be fúlly / compléte¦ly sátisfied [...'fu-...], obtáin compléte sàtisfáction; находи́ть ~ (в *пр.*) find* sàtisfáction (in).

удовлетворённ||о *нареч.* with sàtisfáction. **~ость** *ж.* sàtisfáction, conténtment. **~ый 1.** *прич. см.* удовлетворя́ть; **2.** *прил.* contént (*predic.*), conténted.

удовлетвори́тельн||о 1. *нареч.* sàtisfáctorily; **2.** *как сущ. с. нескл.* (*отметка*) sàtisfáctory, fair. **~ость** *ж.* sàtisfáctoriness. **~ый** sàtisfáctory.

удовлетвори́ть(ся) *сов. см.* удовлетворя́ть(ся).

удовлетворя́ть, удовлетвори́ть **1.** (*вн.*) sátisfỳ (*d.*), contént (*d.*); complý (with); ~ потре́бности sátisfỳ the requíre¦ments; ~ про́сьбу complý with *a* requést; ~ чьи-л. жела́ния meet* smb.'s wíshes; ~ аппети́т sátisfỳ / appéase / assuáge one's áppetite [...ə'sweɪdʒ...]; **2.** (*вн. тв.*) *офиц.* (*снабжать*) supplý (*d.* with); (*о провизии*) víctual ['vɪtᵊl] (*d.* with); (*об инвентаре*) stock (*d.* with); **3.** (*дт.*; *соответствовать*) ánswer ['ɑːnsə] (*d.*), meet* (*d.*); ~ тре́бованиям ánswer / meet* the demánds / requíre¦ments [...-ɑːndz...]. **~ся,** удовлетвори́ться **1.** (*тв.*) contént òne¦sélf (with); **2.** *страд. к* удовлетворя́ть.

удово́льств||ие *с.* **1.** *тк. ед.* (*чувство*) pléasure ['ple-]: испы́тывать ~ от чего́-л. feel* / expérience pléasure in smth.; находи́ть ~ в чём-л. find* / take* (a) pléasure in smth.; доставля́ть ~ (*дт.*) give* pléasure (*i.*); просия́ть от ~ия brighten with pléasure; с (велича́йшим) ~ием with (the gréatest) pléasure [...'greɪ-...];— к о́бщему ~ию to everybody's delíght; **2.** (*развлечение*) amúse¦ment; ◇ жить в своё ~ enjóy one's life.

удово́льствоваться *сов. см.* дово́льствоваться 1.

удо́д *м.* (*птица*) hóopoe [-puː].

удо́||й *м.* **1.** yield of milk [jiːld...]; **2.** (*доение*) mílking; молоко́ у́треннего ~я mórning milk.

удо́йлив||ый *с.-х.* yíelding / gíving much milk ['jiːl-...]; ~ скот cattle gíving much milk; ~ая коро́ва good* mílker, good* milch cow.

удо́йн||ость *ж.* mílking capácity; mílking quálities *pl.* **~ый** = удо́йливый.

удорож||а́ние *с.* rise in príce(s); ~ строи́тельства rise in the cost of constrúction / búilding [...'bɪ-]. **~а́ть,** удорожи́ть (*вн.*) raise the price (of). **~а́ться,** удорожи́ться **1.** rise* in price; **2.** *страд. к* удорожа́ть.

удорожи́ть(ся) *сов. см.* удорожа́ть(ся).

удоста́ивать, удосто́ить **1.** (*вн. тв.*) fávour (*d.* with), hónour ['ɔ-] (*d.* with); vouchsáfe (*i. d.*); deign [deɪn] (+ to *inf.*); он не удосто́ил её отве́том he vouchsáfed her no ánswer [...'ɑːnsə], he did not deign to ánswer her; **2.** (*вн. рд.*; *степени*) confér (on *d.*); (*награды и т. п.*) awárd (to *d.*). **~ся,** удосто́иться **1.** (*рд.*) be hónoured [...'ɔnəd] (with); (*награды*) be awárded (*d.*); **2.** *страд. к* удоста́ивать.

удостовере́ние *с.* **1.** (*действие*) cèrtificátion; àttèstátion; в ~ (*рд.*) in wítness (of); **2.** (*документ*) certíficate; выдава́ть ~ (*дт.*) give* *a* certíficate (*i.*); ~ ли́чности idéntity/ idèntificátion card [aɪ- aɪ-...].

удостове́рить(ся) *сов. см.* удостоверя́ть(ся).

удостоверя́ть, удостове́рить (*вн.*) cértifỳ (*d.*); attést (*d.*); ~ по́дпись wítness *a* sígnature; ~ ли́чность кого́-л. idéntifỳ smb. [aɪ-...], prove smb.'s identity [pru:v...aı-]. ~ся, удостовериться 1. (в пр.) ascertáin (d.), make* sure [...ʃuə] (of); make* cértain (that); удостовериться в истинности, правильности показания be convinced of the corréctness of *the* téstimony; 2. *страд.* к удостоверять.

удостоить(ся) *сов. см.* удостаивать(ся).

удосуж||иваться, удосужиться (+ *инф.*) *разг.* find* time (for *ger.*); get* aróund (to *ger.*). **~иться** *сов. см.* удосуживаться.

удочер||ить *сов. см.* удочерять. **~ять,** удочерить (*вн.*) adópt (*d.*).

удочк||а *ж.* físhing-ròd, rod; закинуть ~у cast* *the* line; (*перен.*) drop a hint; попасться на ~у swállow / take* the bait; (*перен. тж.*) fall* for the bait; поймать на ~у (*вн.*) catch* out (*d.*).

удрать *сов. см.* удирать.

удружить *сов.* (*дт.*) *разг.* do a good turn (*i.*); *ирон.* do an ill turn (*i.*).

удруч||ать, удручить (*вн.*) depréss (*d.*), dispírit (*d.*), aggríeve [-i:v] (*d.*); make* despóndent (*d.*); это меня ~áет it is a weight on my mind. **~áющий 1.** *прич. см.* удручать; **2.** *прил.* páinful, oppréssive.

удручённ||ость *ж.* depréssion, despóndency. **~ый** *прич. и прил.* depréssed; *прил. тж.* despóndent; wóebegòne [-gɔn]; ~ое состояние depréssion; ~ый человек depréssed / despóndent pérson.

удручить *сов. см.* удручать.

удуш||ать, удушить (*вн.*) súffocàte (*d.*), smóther ['smʌ-] (*d.*), stifle (*d.*); (*газом*) àsphýxiàte (*d.*). **~ающий 1.** *прич. см.* удушать; **2.** *прил.* = удушливый; ◇ ~ающее отравляющее вещество àsphýxiàtor, àsphýxiant, súffocant. **~ение** *с.* sùffocátion, smótherˈing ['smʌ-]; (*газом*) àsphỳxiátion. **~ить** *сов. см.* удушать.

удушлив||ость *ж.*: ~ атмосферы stúffiness of the air. **~ый** súffocàting, chóking; stífling; ~ая атмосфера stífling átmosphère; ~ый газ àsphýxiàting gas.

удуш||е *с.* ásthma [-sm-], àsphýxia; припадок ~я àsthmátic fit [-sm-...].

уединен||ие *с.* sólitùde; seclúsion, retíreˈment; жить в ~ии live in sólitùde / retíreˈment / seclúsion [lıv...].

уединённ||о *нареч.* sólitarily, in sólitùde; жить ~ live in sólitùde [lıv...]. **~ость** *ж.* seclúsion, sólitariness. **~ый 1.** *прич. см.* уединять; **2.** *прил.* seclúded, sólitary; (*одинокий*) lónеˈly, retíred; ~ое место lóneˈly / retíred / seclúded place.

уединить(ся) *сов. см.* уединять(ся).

уединять, уединить (*вн.*) seclúde (*d.*). **~ся,** уединиться (от) seclúde òneˈsélf (from), retíre (from).

уезд *м. ист.* dístrict. **~ный** *ист.* dístrict (*attr.*); ~ный город chief town of *a* dístrict [ʧi:f...].

уезжать, уехать (из в *вн.*) leave* (*d.* for), go* (aˈwáy) (from to), depárt (from to); *сов. тж.* have left (*d.* for); (*без доп.*) be aˈwáy; ~ отсюда, оттуда leave* here, there.

уехать *сов. см.* уезжать.

уж I *м. зоол.* gráss-snàke.

уж II 1. *нареч.*=уже; **2.** *частица* (*ведь, наверное*) *переводится личными формами* be sure [...ʃuə]; (*в самом деле; об.* уж и) réally ['rıə-]; уж он всё узнает he is sure to find out éveryˈthing; уж он всё это сделает he is sure to do it all; уж я не знаю I réally don't know [...nou].

ужаленный *прич. см.* жалить.

ужалить *сов. см.* жалить.

ужариваться, ужариться **1.** (*о мясе и т. п.*) be thóroughly róasted [...'θʌ-...], be quite réady [...'re-]; **2.** (*уменьшаться в весе, объёме*) roast aˈwáy; be róasted up.

ужариться *сов. см.* ужариваться.

ужас *м.* **1.** *тк. ед.* (*чувство страха*) térror, hórror; приводить, повергать в ~ (*вн.*) fríghten (*d.*), térrifỳ (*d.*); внушать ~ (*дт.*) hórrifỳ (*d.*), inspíre with awe (*d.*); объятый ~ом térror-strùck, térror-strìcken, hórror-strùck, hórror-strìcken; содрогаться от ~а shúdder with hórror; приходить в ~ (от), быть в ~е (от) be hórrifìed (by); какой ~! how térrible / hórrible!; к его ~у to his hórror; **2.** *чаще мн.* (*предмет страха*) hórror; ~ы войны the hórrors of war; **3.** (*трагичность, безвыходность*): почувствовать весь ~ своего положения feel* how térrible / hópeˈless one's posítion is [...-'zı-...], réalìze what a térrible / hópeˈless posítion one is in ['rıə-...]; **4.** *как нареч. разг.* térribly, hórribly; áwfully; ~ как térribly, hórribly; ~ как холодно it is térribly cold.

ужас||ать, ужаснуть (*вн.*) térrifỳ (*d.*), hórrifỳ (*d.*), awe (*d.*). **~аться,** ужаснуться be térrified / hórrifìed. **~áющий 1.** *прич. см.* ужасать; **2.** *прил.* (*вызывающий ужас*) horrífic; **3.** *прил. разг.* (*отвратительный*) térrible, hórrible; ~ающая погода áwful / béastˈly / ghástˈly wéather [...'we-].

ужасно I 1. *прил. кратк. см.* ужасный; **2.** *предик. безл.* it is térrible / hórrible.

ужасно II *нареч.* **1.** térribly, hórribly; **2.** *разг.* (*очень, чрезвычайно*) áwfully, fríghtfully; я ~ рад вас видеть (I am) áwfully glad to see you.

ужаснуть(ся) *сов. см.* ужасать(ся).

ужасн||ый (*в разн. знач.*) térrible, hórrible; ~ вид áwful / ghástˈly sight; ~ое несчастье térrible misfórtune [...-ʧən]; ~ые мучения térrible tórtures; он умер в ~ых мучениях he died in térrible pain; ~ ветер térrible wind [...wı-]; ~ая погода térrible / násty wéather [...'we-].

уже *сравн. ст. см. прил.* узкий *и нареч.* узко II.

уже *нареч.* àlréady [ɔ:l're-]; (*в настоящее время*) by this time, by now; (*теперь*) now; (*в отрицании*) no lónger; ~ двенадцать часов it is àlréady twelve o'clóck; он ~ кончил работу he has àlréady fínished his work; ~ давно (*с глаголом в сов. виде*) long since, long agó; это давно ~ забыто it has long since been forgótten, it was forgótten long agó; (*с глаголом в несов. виде*) for a long time; он давно ~ ходит в школу he has been góˈing to school for a long time now; его ~ нет там he is no lónger there; он ~ не ребёнок he is no lónger a child*; он ~ взрослый he is grówn-úp now; ~ не раз more than once; его ~ нет (в живых) he is no more; ◇ это ~ хорошо, это ~ что-то ányˈway that's sómeˈthing.

ужели, ужель *нареч. уст.*=неужели.

ужение *с.* físhing, ángling.

уживаться, ужиться (с *тв.*) get* on (with); get* along togéther [...-'ge-] (with); они не ужились they couldˈn't get on.

уживчив||ость *ж.* éasy dìsposítion ['i:zı -'zı-]. **~ый** éasy to live with ['i:zı... lıv...], éasy to get on with.

ужимка *ж. чаще мн.* grimáce.

ужин *м.* súpper; за ~ом at súpper; после ~а áfter súpper. **~ать,** поужинать take* / have súpper.

ужиться *сов. см.* уживаться.

узаконен||ие *с.* **1.** (*действие*) lègalìzátion [li:gəlaı-], legìtimátion, legìtimìzátion [-maı-]; **2.** *уст.* (*закон*) státùte, law; сборник ~ий colléction of státùtes.

узакон||ивать, узаконить (*вн.*) légalize ['li:-] (*d.*), legítimàte (*d.*), legítimatìze (*d.*). **~ить** *сов. см.* узаконивать. **~ять** = узаконивать.

узбек *м.,* **~ский** Ùzbék [uz-]; **~ский** язык Ùzbék, the Ùzbék lánguage.

узбечка *ж. к* узбек.

узд||а *ж.* (*прям. и перен.*) brídle; curb (*об. перен.*); держать в ~е (*вн.*) keep* in check (*d.*), hold* in leash (*d.*).

уздечка *ж.* **1.** brídle; мундштучная ~ curb; трензельная ~ snaffle, bridóon; **2.** *анат.* fráenum (*pl.* -na).

уздцы́: держать лошадь под ~ hold* *the* horse by the brídle.

узел I *м.* **1.** (*на верёвке; тж. перен.*) knot; *мор. тж.* bend, hitch; завязывать ~ tie / make* a knot; завязывать что-л. узлом knot smth.; развязывать ~ únˈdó *a* knot; ~ противоречий knot of còntradíctions; **2.:** ~ дорог road júnction; железнодорожный ~ (ráilway) júnction; ~ связи *воен.* sígnal óffice / céntre; ~ обороны, ~ сопротивления *воен.*

centre of resístance [...-'zɪ-]; ~ коммуникáций *воен.* commùnicátions hub; **3.** (*свёрток*) bundle, pack; **4.** *анат.*: нéрвный ~ nérve-knòt, gánglion; **5.** *бот.* node; **6.** *тех.* group [-u:p], assémbly.

ýзел II *м. мор.* (*мера скорости*) knot.

узелóк *м.* **1.** small knot; nódùle *научн.*; **2.** (*свёрток*) small párcel / bundle.

ýзк||ий (*прям. и перен.*) nárrow; (*об одежде, обуви*) tight; ~ая колея́ *ж.-д.* nárrow gauge [...geɪdʒ]; ~ие взгля́ды nárrow views [...vju:z]; ~ человéк nárrow(-mínded) man*; ~ глáсный *лингв.* nárrow vówel; ~ая специáльность partícular spèciálity [...spe-]; ◇ в ~ом смы́сле слóва in the nárrow sense of the word; ~ое мéсто weak point, bóttle|nèck.

ýзко I *прил. кратк. см.* ýзкий.

ýзко II *нареч.* nárrowly; tightly; (*ср.* ýзкий).

узковáтый ráther / sóme|whàt nárrow ['rɑ:-...], nárrowish; (*о платье, обуви*) ráther / sóme|whàt tight.

узкогóрлый nárrow-nécked.

узкогрýдый nárrow-chésted.

узкоколéй||ка *ж. ж.-д. разг.* nárrow-gauge ráilway [-geɪdʒ...]. **~ный** *ж.-д.* nárrow-gauge [-geɪdʒ] (*attr.*); ~ная желéзная дорóга nárrow-gauge line.

узколи́стный *бот.* nárrow-leaved, with nárrow leaves; àngùstifóliate *научн.*

узколóбый nárrow-mínded.

узкоря́дный: ~ посéв close sówing [-s 'sou-].

узкоспециáльный híghly spécialìzed [...'spe-].

узловáтый knótty; nódòse ['noudous], nódulòse [-s], nódulous *научн.*

узлов||óй **1.** (*главный*) main; ~ы́е пýнкты the main / fócal points; ~ вопрóс the main quéstion [...-stʃən]; **2.:** ~áя стáнция *ж.-д.* (ráilway) júnction; **3.** *бот.* nódal.

узнавáть, узнáть (*вн.*) **1.** (*признавать*) know* (agáin) [nou...] (*d.*), récognìze (*d.*); он узнáл её по гóлосу he knew her by her voice; **2.** (*о новостях и т. п.*) learn* [lə:n] (*d.*), get* to know (*d.*); он узнáл мнóго нóвого he learned much that was new (to him); **3.** (*справляться*) find* out (*d.*); узнáйте по телефóну, когдá начáло спектáкля find out by télephòne when the play begins, télephòne and find out when the play begins; **4.** (*знакомиться*) know* (*d.*); тепéрь он её лýчше узнáл he knows her bétter now.

узнáть *сов. см.* узнавáть.

узнáться *сов. разг.* be discóvered [...-'kʌ-], be known [...noun].

ýзн||ик *м.*, **~ица** *ж.* prísoner [-z-].

узóр *м.* páttern, design [-'zaɪn], fígure, trácery ['treɪ-]. **~ный, ~чáтый** fígured, pátterned.

ýзость *ж.* (*прям. и перен.*) nárrowness; (*об одежде, обуви*) tíghtness; (*ограниченность*) nárrow-míndedness.

узрéть *сов. см.* зреть II.

узурп||áтор *м.* ùsúrper [ju:'z-]. **~áция** *ж.* ùsùrpátion [ju:z-]. **~и́ровать** *несов. и сов.* (*вн.*) ùsúrp [ju:'z-] (*d.*).

ýзус *м. юр.* úsage ['ju:z-].

ýзы *мн.* (*прям. и перен.*) bonds, ties; ~ дрýжбы bonds / ties of fríendship [...'fre-].

уйгýр *м.*, **~ка** *ж.* Uígur ['wi:guə]. **~ский** Uígur ['wi:guə], Uigúrian [wɪ'guərɪən], Uigúric [wɪ'guərɪk]; ~ский язы́к Uígur, the Uígur lánguage.

ýйма *ж. тк. ед.* (*рд.*) *разг.* lots (of) *pl.*, heaps (of) *pl.*; a treméndous lot (of).

уйти́ *сов. см.* уходи́ть 1, 2, 4, 5.

укáз *м.* **1.** decrée, édict ['i:-]; ùkáse; **2.** *предик.* (*дт.*) *разг.*: ты емý не ~ you can't lay down the law for him [...kɑ:nt...], you are no authórity for him.

указáни||е *с.* **1.** (*действие*) ìndicátion; **2.** (*инструкция*) instrúctions *pl.*; diréctions *pl.*; давáть ~я give* instrúctions.

укáзанный *прич. и прил.* státed, méntioned.

указáтель *м.* **1.** (*в книге; цен*) índèx (*pl.* -xes, índicès [-si:z]); алфави́тный ~ àlphabétical índèx; библиографи́ческий ~ bìbliógraphy; **2.** (*справочная книга*): железнодорóжный ~ ráilway-guìde; ~ абонéнтов телефóнной сéти télephòne diréctory; **3.** (*прибор, стрелка*) índicàtor, póinter; índèx; ~ (воздýшной) скóрости *ав.* air speed índicàtor. **~ный** índicàting, indicàtory [-keɪ-]; ~ная стрéлка póinter, índèx (*pl.* -xes, índicès [-si:z]); ~ное местоимéние *грам.* demónstrative pró|noun; ◇ ~ный пáлец fóre|-fìnger, índèx (fínger).

указáть *сов. см.* укáзывать.

укáзк||а *ж.* **1.** póinter; **2.** *разг.* (*указание, распоряжение*) órders *pl.*; по чьей-л. ~е on smb.'s órders.

укáзч||ик *м.*, **~ица** *ж.* *разг.*: он ей не ~ he can't give her órders [...kɑ:nt...], she won't take órders from him [...wount...].

укáзывать, указáть **1.** (*вн.*) show* [ʃou] (*d.*); índicàte (*d.*); ~ дорóгу show* the way; указáть литератýру по э́тому вопрóсу point out *the* books déaling with this quéstion [...-stʃən]; ~ тóчную дáту name the exáct date; указáть своЮ профéссию (*в анкете и т. п.*) índicàte one's proféssion; ~ путь к чемý-л. point the way to smth.; **2.** (на *вн.*) point (to, at); (*перен.*) point out (*d.*); стрéлка укáзывает на юг the needle points to the south; ~ на недостáтки point out *the* defécts; **3.** (*без доп.; инструктировать*) point out, expláin; указáть, как вы́полнить рабóту point out, *или* expláin, how to do the work; ◇ указáть комý-л. на дверь show* smb. the door [...dɔ:].

укараýлить *сов.* (*вн.*) *разг.* watch (*d.*), guard (*d.*), mánage to watch / guard (*d.*); не ~ fail to watch (*d.*); let* (*d.*) go / escápe.

укатáть *сов. см.* укáтывать I. **~ся** *сов. см.* укáтываться I.

укати́ть *сов. см.* укáтывать II.

укати́ться *сов. см.* укáтываться II.

укáтка *ж.* rólling.

укáтывать I, укатáть (*вн.*) roll (*d.*); ~ дорóгу drive* *a* road smooth / hard [...-ð...]; (*катком*) roll *a* road.

укáтывать II, укати́ть **1.** (*вн.; о шаре, мяче*) roll a|wáy (*d.*); **2.** (*без доп.*) *разг.* (*уезжать*) leave*, drive* off.

укáтываться I, укатáться **1.** (*о дороге и т. п.*) get* / become* smooth [...-ð]; **2.** *страд. к* укáтывать I.

укáтываться II, укати́ться **1.** roll a|wáy; **2.** *страд. к* укáтывать II 1.

укачáть *сов. см.* укáчивать.

укáчивать, укачáть (*вн.*) **1.** (*усыплять*) rock to sleep (*d.*); **2.** *безл.* (*на море*) cause séa-sìckness; (*при езде в автомобиле, поезде*) make* sick (*d.*); егó укачáло (*на море*) he is (séa-)sìck; (*в машине и т. п.*) the mótion (of the bus, of the car, *etc.*) made him sick.

укипáть, укипéть *разг.* boil down / a|wáy.

укипéть *сов. см.* укипáть.

уклáд *м.*: ~ жи́зни ténor of life ['te-...]; общéственно-экономи́ческий ~ the sócial and èconómic strúcture [...i:k-...].

уклáд||ка *ж.* **1.** (*в груду*) píling; (*в штабеля*) stácking; (*вещей*) pácking; (*груза*) stówage ['stou-]; **2.** (*рельс, шпал*) láying; **3.** *уст.* (*ящик, сундук*) (little) chest / box. **~чик** *м.*, **~чица** *ж.* **1.** pácker; **2.** (*рельсов, шпал и т. п.*) láyer.

уклáдывать, уложи́ть (*вн.*) **1.** lay* (*d.*); уложи́ть в постéль put* to bed (*d.*); **2.** (*упаковывать*) pack up (*d.*); **3.** (*о грузе, дровах и т. п.*) stow [stou] (*d.*); (*в груду*) pile (*d.*); (*штабелями*) stack (*d.*); **4.** (*о рельсах, шпалах и т. п.*) lay* (*d.*); ◇ уложи́ть на мéсте kill on the spot (*d.*).

уклáдыв||аться I, уложи́ться **1.** pack (up), be pácking (up), be pácking one's things; **2.** (в *вн.*, в *пр.*; *умещаться*) go* (in, into); не всё ~ается в э́тот сундýк not évery|thing will go into the trunk; **3.:** э́то не ~ается в головé it is hard to belíeve / grasp it [...-'li:v...], this is hard to take in; **4.** (в *вн.*; *в определённые пределы*) keep* (within), confíne òne|sélf (to); мóжет ли он уложи́ться в дéсять минýт? can he mánage in ten mínutes? [...'mɪnɪts]; **5.** *страд. к* уклáдывать.

укла́дываться II, улéчься lie* down; ~ в постéль go* to bed.

улéйка *ж. зоол.* bleak.

укло́н *м.* 1. ìn|clinátion; (*от отвесной линии*) rake; (*дороги*) slope, declívity; *ж.-д.* grádient; идти́ под ~ go* dównhíll; 2. (*тенденция*) bías; шко́ла с техни́ческим ~ом school with a téchnical bías; 3. *полит.* dèviátion; лéвый, прáвый ~ léft-wìng, ríght-wìng dèviátion. **~éние** *с.* dèviátion; (*перен.*; *от обязанностей, долга и т. п.*) evásion; (*от темы и т. п.*) digréssion [daɪ-]. **~и́ться** *сов. см.* уклоня́ться.

укло́нчив||о *нареч.* evásive|ly. **~ость** *ж.* evásive|ness. **~ый** evásive.

уклоня́ться, уклони́ться (от) déviàte (from); (*избегать*) avóid (*d.*); shun (*d.*); (*от удара и т. п.*; *тж. перен.*; *от обязанностей, долга и т. п.*) eváde (*d.*), elúde (*d.*); (*от темы*) digréss (from), wánder a|wáy (from); ~ от встрéчи с кем-л. avóid méeting smb.; ~ от отвéта eváde *a* quéstion [...-stʃən], párry *a* quéstion; ~ от удáра dodge *a* blow [...blou]; ~ от бóя *воен.* avóid áction; ~ от отвéтственности dodge the respònsibílity.

уклю́чина *ж.* rówlock ['rɔlək].

укоко́шить *сов.* (*вн.*) *разг.* kill (*d.*); bump off (*d.*).

уко́л *м.* 1. prick; 2. (*подкожное впрыскивание*) injéction.

уколо́ть *сов.* (*вн.*) prick (*d.*); (*перен.*) pique [pi:k] (*d.*), sting* (*d.*); ~ рýку игóлкой prick one's hand with *a* needle; ~ когó-л. замечáнием touch smb.'s pride with one's words [tʌtʃ...]. **~ся** *сов.* prick òne|sélf.

укомплектова́ние *с.* máking up of the staff.

укомплекто́ванн||ость *ж.* full strength. **~ый** *прич. и прил.* recrúited [-ru:t-], manned, staffed; *прил. тж.* compléte; (*о личном составе тж.*) with a compléte staff; быть ~ым be at full strength.

укомплектова́ть *сов. см.* комплектовáть *и* укомплектóвывать. **~ся** *сов. см.* укомплектóвываться.

укомплекто́вывать, укомплектовáть (*вн.*) compléte (*d.*); (*личным составом*) make* up the staff (of), recrúit [-ru:t] (*d.*), man (*d.*). **~ся,** укомплектовáться 1. become* compléte; (*личным составом*) get* / have all the vácancies filled [...'veɪ-...]; 2. *страд. к* укомплектóвывать.

уко́р *м.* reprόach; ~ы сóвести pangs / pricks / twínges of cónscience [...-nʃəns]; remórse *sg.*

укора́чивать, укороти́ть (*вн.*) shórten (*d.*). **~ся,** укороти́ться 1. shórten; 2. *страд. к* укорáчивать.

укорен||éние *с.* táking / stríking root. **~и́вшийся** 1. *прич. см.* укореня́ться; 2. *прил.* déep-róoted, in|gráined. **~и́ть(ся)** *сов. см.* укореня́ть(ся).

укореня́ть, укорени́ть (*вн.*) implánt [-ɑ:nt] (*d.*). **~ся,** укорени́ться 1. (*прям. и перен.*) take* / strike* root; 2. *страд. к* укореня́ть.

укори́зн||а *ж.* repróach. **~енный** repróachful.

укори́ть *сов. см.* укоря́ть.

укороти́ть(ся) *сов. см.* укорáчивать(ся).

укоря́ть, укори́ть (*вн. в пр.*) repróach (*d.* with).

уко́с *м. с.-х.* hay hárvest.

уко́сина *ж. тех.* strut, brace; (*крона*) crone beam.

укра́дкой *нареч.* by stealth [...ste-], stéalthily ['ste-], fúrtive|ly.

украи́н||ец *м.*, **~ка** *ж.*, **~ский** Ùkráinian; ~ский язы́к Ùkráinian, the Ùkráinian lánguage.

укра́сить(ся) *сов. см.* украшáть (-ся).

укра́сть *сов. см.* красть.

украша́тельство *с.* embéllishment.

украш||а́ть, укрáсить (*вн.*) adórn (*d.*), béautifỳ ['bju:-] (*d.*), décoràte (*d.*), órnamènt (*d.*); ~ флáгами décoràte with flags (*d.*); ~ цветáми décoràte with flówers (*d.*); beflówer (*d.*). **~а́ться,** укрáситься 1. adórn òne|sélf; 2. *страд. к* украшáть. **~éние** *с.* 1. (*действие*) adórning, dècorátion, òrnamèntátion; 2. (*предмет*) adórnment, dècorátion, órnament; лепнóе ~éние stúcco móulding [...'mou-].

укреп||и́ть(ся) *сов. см.* укрепля́ть (-ся). **~лéние** *с.* 1. (*действие*) stréngthening; (*власти, положения*) consòlidátion; *воен.* fórtifỳing; ~лéние совéтского рубля́ stréngthening of the Sóvièt rouble [...ru:-]; 2. *воен.* fòrtificátion work; береговóе ~лéние cóastal fòrtificátion; долговрéменное ~лéние pérmanent work; лóжное ~лéние dúmmy work; полевóе ~лéние field work [fi:-...]; предмóстное ~лéние brídge-head [-hed].

укреп||ля́ть, укрепи́ть (*вн.*) 1. (*в разн. знач.*) stréngthen (*d.*); (*о власти, положении и т. п.*) consólidàte (*d.*); *воен.* fórtifỳ (*d.*); укрепи́ть квалифици́рованными кáдрами rè|infórce / replénish with skilled pèrsonnél (*d.*); укрепи́ть экономи́ческую мощь enhánce the èconómic might [...i:k-...]; укрепи́ть еди́нство (*рд.*) consólidàte the únity (of); 2. (*прикреплять*) fix (*d.*). **~ля́ться,** укрепи́ться 1. become* strónger; (*о власти и т. п.*) consólidàte; *воен.* fórtifỳ one's posítion [...-'zɪ-]; нéрвы у негó ~и́лись his nerves becáme stróng|er; 2. *страд. к* укрепля́ть. **~ля́ющее** *с. скл. как прил. мед.* tónic; róborant ['rou-].

укро́мн||ый seclúded; (*уютный*) cómfortable ['kʌ-], cósy [-zɪ]; ~ое местéчко, ~ уголóк nook.

укро́п *м.* fénnel, dill; морскóй ~ sámphire.

укроти́тель *м.*, **~ница** *ж.* támer; ~ змей snáke-chàrmer.

укроти́ть(ся) *сов. см.* укрощáть (-ся).

укрощ||а́ть, укроти́ть (*вн.*; *прям. и перен.*) tame (*d.*), (*подчинять*) subdúe (*d.*); (*заставлять повиноваться*) curb (*d.*). **~а́ться,** укроти́ться 1. become* tame; (*о гневе, ярости и т. п.*) calm (down) [kɑ:m...]; 2. *страд. к* укрощáть. **~éние** *с.* (*прям. и перен.*) táming; (*перен. тж.*) cúrbing.

укрупн||éние *с.* enlárge|ment, exténsion; (*объединение*) consòlidátion; ~ колхóзов amàlgamátion of colléctive farms (into bigger únits). **~и́ть(ся)** *сов. см.* укрупня́ть(ся).

укрупня́ть, укрупни́ть (*вн.*) enlárge (*d.*), exténd (*d.*); (*предприятие и т. п.*) consólidàte (*d.*); (*объединять*) amálgamàte (*d.*). **~ся,** укрупни́ться 1. become* / get* consólidàted; 2. *страд. к* укрупня́ть.

укрыва́ние *с.* concéalment, hárbour|ing; (*о краденом*) recéiving (of stólen goods) [-'si:v-...gudz].

укрыва́тель *м.*, **~ница** *ж. юр.* concéaler; ~ крáденого recéiver [-'si:və]; fence *разг.* **~ство** *с.* concéalment, hárbour|ing; (*краденого*) recéiving [-'si:v-].

укрыва́ть, укры́ть (*вн.*) 1. (*укутывать*) cóver ['kʌ-] (*d.*); ~ одеялом cóver with *a* blánket (*d.*); 2. (*прятать, защищать*) shélter (*d.*); (*преступника*) concéal (*d.*), hárbour (*d.*); (*о краденом*) recéive [-'si:v] (*d.*). **~ся,** укры́ться 1. (*укутываться*) cóver / wrap òne|sélf ['kʌ-...]; 2. (*прятаться*) seek* shélter; *сов. тж.* find* / take* shélter / cóver; (*от неприятеля*) take* cóver; 3. (*оставаться незамеченным*) escápe; от негó ничтó не укрóется nothing escápes him; 4. *страд. к* укрывáть.

укры́ти||е *с. воен.* cóver ['kʌ-], shélter; ~ от огня́ cóver (from fire); ~ от наблюдéния cóver / concéalment from view [...vju:]; в ~и únder cóver.

укры́тый 1. *прич. см.* укрывáть; 2. *прил. воен.* shéltered, cóvered ['kʌ-]; ~ ход сообщéния cóvered commùnicátion; ~ пóдступ cóvered appróach.

укры́ть(ся) *сов. см.* укрывáть(ся).

у́ксус *м.* vínegar; древéсный ~ wood vínegar [wud...]; туалéтный ~ tóilet vínegar. **~ница** *ж.* vínegar-crùet [-kru-].

уксуснокисл||ый *хим.* ácetous; ~ая соль ácetate.

у́ксусн||ый ácetous, acétic [ə'si:-]; ~ая эссéнция éssence of vínegar, vínegar éssence; ~ая кислотá acétic ácid.

уку́пор||ивать, укýпорить (*вн.*) 1. cork up (*d.*); гермети́чески ~ seal (*d.*); 2. (*упаковывать*) pack (up) (*d.*). **~ить** *сов. см.* укýпоривать.

уку́порка *ж.* **1.** (*закупоривание*) córking; герметическая ~ séaling; **2.** (*упаковка*) pácking.

уку́с *м.* bite; (*насекомого*) sting. **~и́ть** *сов.* (*вн.*) bite* (*d.*); (*о насекомом*) sting* (*d.*); ✧ какая муха его ~ила? ≅ what possésed him? [...-'ze-...], what took hold of him?

уку́тать(ся) *сов. см.* уку́тывать(ся).

уку́тывание *с.* wrápping.

уку́тывать, уку́тать (*вн.*) wrap up (*d.*), muffle (up) (*d.*). **~ся,** уку́таться **1.** wrap òne¦sélf up; **2.** *страд.* к уку́тывать.

ула́вливать, улови́ть (*вн.*; *в разн. знач.*) catch* (*d.*); уловить взгляд catch* the eye [...aɪ]; ~ схо́дство catch* *a* líke¦ness; ~ смысл catch* the méaning; уловить моме́нт *разг.* catch* *a* móment.

ула́дить(ся) *сов. см.* ула́живать (-ся).

ула́живать, ула́дить (*вн.*) settle (*d.*), arránge [-eɪndʒ] (*d.*); fix up (*d.*) *разг.*; (*примирять*) réconcile (*d.*); (*о ссоре тж.*) make* up (*d.*), patch up (*d.*); ~ де́ло settle *an* affáir; ~ спо́рный вопро́с settle *a* còntrovérsial / moot quéstion [...-stʃən]. **~ся,** ула́диться **1.** get* settled, be in a fair way; **2.** *страд.* к ула́живать.

ула́мывать, уломать (*вн.*+*инф.*) *разг.* try to prevail (up¦ón + to *inf.*); *сов. тж.* prevail (up¦ón+to *inf.*); talk (*d.* into *ger.*).

ула́н *м. воен. уст.* úhlàn ['uːlɑːn]. **~ский** *воен. уст.* úhlàn ['uːlɑːn] (*attr.*).

улежа́ть *сов. разг.* remáin lýing.

у́лей *м.* (bée)hìve; сажать пчёл в ~ hive *the* bees.

улепетну́ть *сов. см.* улепётывать.

улепётывать, улепетну́ть *разг.* bolt; take* to one's heels; show* a clean pair of heels [ʃou...] *идиом.*

улет||а́ть, улете́ть fly* (a¦wáy); (*перен.*: *миновать*) pass; самолёт ~ёл на сéвер the plane flew a¦wáy to the North; бума́жка ~е́ла со стола́ the páper flúttered off the table.

улете́ть *сов. см.* улетать.

улету́чиваться, улету́читься eváporàte, vólatilìze; (*перен.*: *исчезать*) *разг.* vánish (into thin air).

улету́читься *сов. см.* улету́чиваться.

уле́чься *сов.* **1.** *см.* укла́дываться II; **2.** (*о пыли и т. п.*) settle; (*перен.*: *успокоиться*) calm down [kɑːm...], subsíde; волне́ние улегло́сь the exíte¦ment abáted; стра́сти со вре́менем уля́гутся the pássions will calm / die down in time.

улизну́ть *сов. разг.* slip a¦wáy.

ули́к||а *ж.* évidence; прямы́е, ко́свенные ~и diréct, cìrcumstántial évidence *sg.*

ули́тка *ж.* **1.** *зоол.* snail, hélix ['hiː-] (*pl.* -icès [-siːz]); **2.** *анат.* cóchlea [-lɪə] (*pl.* -leae [-lɪiː]).

у́лиц||а *ж.* street; на ~е in the street; (*вне дома*) out of doors [...dɔːz]; óutside; он живёт на ~е Го́рького в до́ме но́мер 10 he lives at númber 10 Górky Street [...lɪ-...]; ✧ бу́дет и на на́шей ~е пра́здник *погов.* ≅ our day will come; очути́ться на ~е find* òne¦sélf in the street; get* / have the key of the street [... kiː...] *идиом.*

улич||а́ть, уличи́ть (*вн.*) convíct (*d.*); (*изобличать*) expóse (*d.*); ~ кого́-л. во лжи catch* smb. in a lie, catch* smb. lýing, expóse smb. as a líar. **~е́ние** *с.* convíction. **~и́ть** *сов. см.* уличать.

у́личн||ый street (*attr.*); ~ое движе́ние street tráffic; ~ бой street fíghting; ~ мальчи́шка street árab [...'æ-], gúttersnìpe, múd¦làrk; ~ торго́вец street vénder; háwker.

уло́в *м.* catch, take.

улов||и́мый **1.** *прич. см.* ула́вливать; **2.** *прил.* percéptible; (*слухом*) áudible; едва́ ~ шёпот álmòst ináudible whísper ['ɔːlmoust...], very soft whísper. **~и́ть** *сов. см.* ула́вливать.

уло́вка *ж.* ruse, trick, súbterfùge; прибега́ть к ра́зным ~м resórt to dífferent devíces / tricks [-'zɔːt...].

уложе́ние *с. юр.* code.

уложи́ть *сов. см.* укла́дывать. **~ся** *сов. см.* укла́дываться I 1, 2, 4.

улома́ть *сов. см.* ула́мывать.

у́лочка *ж. разг.* bý-street.

улуч||а́ть, улучи́ть (*вн.*) find* (*d.*), seize [siːz] (*d.*), catch* (*d.*); ~и́ мину́тку try to find a mínute [...'mɪnɪt], spare a mínute; ~и́ть моме́нт catch* *a* móment. **~и́ть** *сов. см.* улуча́ть.

улучш||а́ть, улу́чшить (*вн.*) impróve [-ruːv] (*d.*), make* bétter (*d.*), amélioràte (*d.*); (*поправлять*) aménd (*d.*); (*о породе скота*) grade up (*d.*); *спорт.* (*о рекорде, времени*) bétter (*d.*). **~а́ться,** улу́чшиться **1.** impróve [-ruːv], amélioràte; take* a turn for the bétter; его́ здоро́вье улу́чшилось his health has impróved [...he-...]; пого́да улу́чшилась the wéather has impróved [...'we-...]; **2.** *страд.* к улучша́ть. **~е́ние** *с.* impróve¦ment [-ruːv-], amèliorátion.

улу́чшить(ся) *сов. см.* улучша́ть (-ся).

улыб||а́ться, улыбну́ться **1.** smile; ~ счастли́вой, гру́стной улы́бкой smile a háppy, a sad smile; не ~а́ясь únsmilíng¦ly, without a smile; ~а́ясь одни́ми глаза́ми with smíling eyes [...aɪz]; ~ну́ться на проща́ние smile fáre¦wéll; ~ сквозь слёзы smile through one's tears; **2.** (*дт.*) smile (at, on); жизнь, судьба́ ему́ ~а́лась life, fórtune smiled up¦ón him [... -tʃən...]; **3.** *тк. несов.* (*дт.*) *разг.* (*нравиться*): ему́ э́то не ~а́ется he does not like the ìdéa [...aɪ'dɪə]; ему́ не ~а́лась перспекти́ва (*рд.*) he didn't rélish the próspèct (of).

улы́б||ка *ж.* smile; с дово́льной ~кой на лице́ (with) a pleased smile up¦ón one's face; с хи́трой ~кой with a cúnning smile; чуть заме́тная ~ a scárce¦ly percéptible smile [... 'skɛəs-...]; a ghost of a smile [... goust...] *идиом.* **~ну́ться** *сов. см.* улыба́ться 1, 2. **~чивый** *разг.* smíling, (álways) with a smile ['ɔːlwəz...].

ультим||ати́вный ùltimátum (*attr.*). **~а́тум** *м.* ùltimátum.

ультразву́к *м.* súpersound. **~ово́й** sùpersónic.

ультракоро́тк||ий *физ.*, *рад.* últra-shórt; very high fréquency [...'friː-] (*attr.*); ~ие во́лны últra-shórt waves.

ультрамари́н *м.* ùltramaríne [-'riːn]. **~овый** ùltramaríne [-'riːn] (*attr.*).

ультрамикроско́п *м. физ.* ùltramícroscòpe [-'maɪ-].

ультрафиолéтов||ый *физ.* últra-víolet; ~ые лучи́ últra-víolet rays.

улюлю́к||анье *с. охот.* hallóo¦ing; (*перен.*) *разг.* hóoting. **~ать** *охот.* hallóo; (*перен.*) *разг.* hoot.

ум *м.* mind; brains *pl. разг.*; (*разум*) wit, íntellèct; челове́к большо́го ума́ man* of great íntellèct [... greɪt...]; very cléver man* [...'kle-...]; ✧ в своём, в здра́вом уме́ in one's sénses, in one's right mind; не в своём уме́ not right in the head [...hed], out of one's sénses; сходи́ть с ума́ go* mad, go* off one's head; вы с ума́ сошли́! are you out of your sénses?; своди́ть с ума́ (*вн.*) drive* mad (*d.*); ума́ не приложу́, ум за ра́зум захо́дит *разг.* I am at a loss, I am at my wit's end; ско́лько голо́в— сто́лько умо́в *погов.* many men, many minds; ум хорошо́, а два лу́чше *посл.* two heads are bétter than one; ≅ four eyes see more than two [fɔːr aɪz...]; у него́ друго́е на уме́ *разг.* he has sóme¦thing at / in the back of his mind, he's thínking of sóme¦thing else; у него́ то́лько развлече́ния на уме́ he thinks of nothing but pléasure [...'ple-]; бра́ться за ум *разг.* come* to one's sénses, become* / grow* réasonable [...-ou 'riːz-]; ему́ пришло́ на ум it occúrred to him; э́то не его́ ума́ де́ло *разг.* it is be¦yónd his ùnderstánding; э́то у него́ из ума́ нейдёт *разг.* he cánnòt get it out of his head / mind; счёт в уме́ méntal aríthmetic; счита́ть в уме́ do méntal aríthmetic; 1, 2 *и т. д.* в уме́ (*при сложении и умножении*) cárry one, two, *etc.*; себе́ на уме́ *разг.* cráfty; быть без ума́ от кого́-л. *разг.* dote up¦ón smb.; без ума́ от чего́-л. out of one's mind about smth.; у него́ что на уме́, то и на языке́ *разг.* ≅ he wears his heart on his sleeve [...wɛəz... hɑːt...]; научи́ться уму́-ра́зуму learn* sense [lɜːn...].

умал||е́ние *с.* belíttling, dèrogátion, deprèciátion. **~и́ть(ся)** *сов. см.* умаля́ть(ся).

умалишённ||ый **1.** *прил.* mad, lúnatic; **2.** *м. как сущ.* mád¦man*, lúnatic; дом ~ых lúnatic asýlum; mád¦house* [-s] *разг.*

умáлчив||ание *с.* pássing óver in sílence [...'saɪ-]. **~ать,** умолчáть (о *пр.*) pass óver in sílence [...'saɪ-] (*d.*); hold* back (*d.*); hush up (*d.*).

умалять, умалить (*вн.*) belíttle (*d.*), detráct (from), depréciàte (*d.*); ~ чьи-л. заслýги belíttle smb.'s sérvices; detráct from smb.'s mérit. **~ся,** умалиться **1.** dimínish; **2.** *страд.* *к* умалять.

умáсливать, умáслить (*вн.*) *разг.* coax (*d.*); cajóle (*d.*).

умáслить *сов.* *см.* умáсливать.

умáять *сов.* (*вн.*) *разг.* tire out (*d.*). **~ся** *сов.* *разг.* get* tired; be fagged out.

ýмбра *ж.* (*краска*) úmber.

умéлец *м.* skilled cráfts¦man*.

умéл||о *нареч.* skílfully; ~ испóльзовать возмóжности make* the best use of the òpportúnities [...-s...]. **~ый** able, skílful; ~ое руковóдство cápable guídance, effícient / cápable mánage¦ment.

умéние *с.* abílity, skill; ~ дéлать что-л. knack of smth.

уменьшáемое *с.* *скл.* *как* *прил.* *мат.* mínuènd.

уменьш||áть, умéньшить (*вн.*) dimínish (*d.*), dècréase [diː'kriːs] (*d.*), léssen (*d.*); (*о цене и т. п.*) redúce (*d.*); (*о боли и т. п.*) abáte (*d.*); (*о расходах*) cut* down (*d.*); (*о вине*) èxténuàte (*d.*); ~ скóрость redúce the speed, slow down [slou...]. **~áться,** умéньшиться **1.** dimínish, dècréase [diː'kriːs]; (*о ценах*) léssen, be redúced; (*о боли*) abáte; (*о расходах*) be cut down; (*о скорости*) slow down [slou...]; **2.** *страд.* *к* уменьшáть. **~éние** *с.* dìminútion, décrease ['diː-kriːs], léssening; (*цен и т. п.*) redúction; (*боли и т. п.*) abáte¦ment; (*вины*) èxtènuátion; ~éние скóрости dècèlerátion [diː-].

уменьшительн||ый **1.** dimínishing; **2.** *грам.* dimínutive; ~ое и́мя dimínutive; **3.:** ~ое и́мя (*об имени собственном*) pet name.

умéньшить(ся) *сов.* *см.* уменьшáть(ся).

умéренн||ость *ж.* mòderátion, móderate¦ness; témperance; (*скромность*) frùgálity; ~ клúмата the témperate¦ness of the clímate [...'klaɪ-], the témperate clímate; ~ взглядов móderate¦ness of views [...vjuːz]. **~ый** móderate; témperate; (*скромный*) frúgal; ~ый клúмат témperate clímate [...'klaɪ-]; ~ые взгляды móderate views [...vjuːz].

умерéть *сов.* *см.* умирáть.

умéрить(ся) *сов.* *см.* умерять(ся).

умертви́ть *сов.* *см.* умерщвлять.

умéрший **1.** *прич.* *см.* умирáть; **2.** *м.* *как* *сущ.* the dead [...ded]; the depárted, the decéased [...-'siːst], the defúnct.

умерщвлéние *с.* kílling; ~ нéрва *мед.* destrúction of *the* nerve; ◇ ~ плóти mòrtificátion of the flesh.

умерщвлять, умертви́ть (*вн.*) kill (*d.*); do a¦wáy with (*d.*); (*о нерве и т. п.*) destróy (*d.*); ◇ ~ плоть mórtifỳ one's flesh.

умерять, умéрить (*вн.*) móderàte (*d.*); (*смягчать*) abáte (*d.*); ~ пыл restráin *one's* árdour; ~ аппетúт móderàte, *или* keep* down, one's áppetìte; tíghten one's belt *идиом.*; умéрить трéбования lówer one's demánds ['louə... -ɑːndz]. **~ся,** умéриться **1.** become* móderate / témperate; **2.** *страд.* *к* умерять.

умести́ть(ся) *сов.* *см.* умещáть(ся).

умéстно I **1.** *прил.* *кратк.* *см.* умéстный; **2.** *предик.* *безл.* it is apprópriate, it is not out of place; ~ замéтить, что it is apprópriate, *или* not out of place, to méntion here that; бы́ло бы ~ сдéлать э́то сейчáс it would be a good thing to do it now.

умéстн||о II *нареч.* apprópriate¦ly, áptly, in place; ópportùne¦ly. **~ость** *ж.* apprópriate¦ness, áptness; ópportùne¦ness; (*своевременность*) tíme¦liness. **~ый** apprópriate, in its place; ópportùne; (*своевременный*) tíme¦ly, wéll-tímed; э́тот расскáз здесь вполнé умéстен this stóry is quite apprópriate / súitable here [...'sjuːt-...]; э́то ~ое замечáние this remárk is to the point, this is quite a tíme¦ly / apt remárk; э́то ~ый вопрóс this quéstion is to the point [...-stʃən...]; он зáдал вполнé ~ый вопрóс his quéstion is quite apprópriate, he has asked a very apt quéstion.

умé||ть (+*инф.*) be able (+ to *inf.*), know* [nou] (how+to *inf.*); can (+ *inf.*); be good (at *ger.*), be a good hand (at *ger.*); не ~ not know* (how + to *inf.*); он ~ет читáть, писáть *и т. п.* he can read, write, *etc.*; он сдéлает э́то как ~ет he'll do it as best he can, *или* to the best of his abílity; он не ~ет притворяться he is ún¦áble to dissémble; он не ~ет дéлать э́того he does¦n't know how to do it.

умещáть, умести́ть (*вн.*) find* room (for); make* (*d.*) go in, put* in (*d.*); он не мóжет умести́ть все вéщи в э́тот чемодáн he can't find room for all the things in the súitcàse / trunk [...kɑːnt...'sjuːtkeɪs...]. **~ся,** умести́ться **1.** find* / have room / place; все вéщи умести́лись в чемодáне there was room for all the things in the súitcàse / trunk [...'sjuːtkeɪs...]; все гóсти умести́лись за столóм there was room for all the guests arόund the table; **2.** *страд.* *к* умещáть.

умéючи *нареч.* *разг.* skílfully, with skill.

умил||éние *с.* ténder emótion. **~ённый** *прич.* *и* *прил.* touched [tʌ-], moved [muːvd].

умил||и́тельный tóuching ['tʌ-], móving ['muːv-], afféctìng; pathétic; ~и́тельное зрéлище tóuching sight. **~и́ть(ся)** *сов.* *см.* умилять(ся).

уми́лостивить *сов.* (*вн.*) propítiàte (*d.*).

уми́льн||ость *ж.* swéetness; (*трогательность*) tóuching¦ness ['tʌ-]. **~ый** **1.** sweet; (*трогательный*) tóuching ['tʌ-]; ~ый гóлос sweet voice; **2.** *разг.* (*угодливый*) compláisant [-zənt], offícious.

умилять, умили́ть (*вн.*) touch [tʌtʃ] (*d.*), move [muːv] (*d.*). **~ся,** умили́ться be touched / moved [...tʌ-muː-].

уминáть, умять (*вн.*) **1.** (*разминать*) knead (*d.*), work up well (*d.*); **2.** (*приминать ногами*) tread* down / in [-ed...] (*d.*); **3.** *разг.* (*есть*) eat* héartily [...'hɑːt-] (*d.*). **~ся,** умяться **1.** be well knéaded, be well worked up; **2.** *страд.* *к* уминáть.

умирáние *с.* dýing.

умирáть, умерéть die; pass a¦wáy; depárt *офиц.*; *сов.* *тж.* be dead [...ded]; (*о чувствах и т. п.*) die (a¦wáy / down / off); (от; *от болезни, старости и т. п.*) die (of); (за *вн.*) die (for); он ýмер he is dead; he is gone [...gɔn]; ~ естéственной, наси́льственной смéртью die a nátural, a víolent death [...deθ]; не умерéть (*уцелеть*) come* through; умерéть смéртью герóя die the death of a hérò; умерéть скоропости́жно die súddenly; умерéть на своём постý die at one's post [...poust]; ~ с гóлоду die of stàrvátion / húnger, starve to death; ◇ ~ сó смеху die of láughing [...'lɑːf-]; ~ от скýки be bored to death.

умирáющий **1.** *прич.* *и* *прил.* dýing; *прил.* *тж.* móribùnd; **2.** *м.* *как* *сущ.* dýing man*.

умиротвор||éние *с.* pàcificátion; полúтика ~éния pólicy of appéase¦ment. **~и́тель** *м.*, **~и́тельница** *ж.* péace¦màker; pácifier. **~и́ть(ся)** *сов.* *см.* умиротворять(ся).

умиротворять, умиротвори́ть (*вн.*) pácifỳ (*d.*); (*успокаивать*) appéase (*d.*). **~ся,** умиротвори́ться **1.** become* appéased; **2.** *страд.* *к* умиротворять.

умлáут *м.* *лингв.* úmlaut ['umlaut], mutátion.

умнéе *сравн.* *ст.* *см.* *прил.* ýмный *и* *нареч.* ýмно II; *тж.* wíser; быть ~ have more sense; я дýмал, (что) он ~ I thought he had more sense.

умнéть, поумнéть grow* wíser [-ou...].

ýмник *м.* cléver man* ['kle-...]; (*о ребёнке*) cléver / good boy.

ýмница **1.** *ж.* cléver / good girl ['kle-... gəːl]; **2.** *м.* *и* *ж.* very cléver man*, wóman*, child* [...'wu-...]; man*, wóman* of sense; clear head [...hed].

ýмничать *разг.* philósophìze; show* off one's intélligence [ʃou...]; (*муд-*

рить) súbtilìze ['sʌtɪ-], be óver-sùbtle [...-sʌtl]; split* hair *идиом.*

у́мно I **1.** *прил. кратк. см.* у́мный; **2.** *предик. безл.* it is wise.

у́мно II *нареч.* cléverly, wíse¦ly; (*разумно*) sénsibly; говори́ть ~ talk sénsibly / cléverly; поступа́ть ~ act wíse¦ly.

умнож||а́ть, умно́жить (*вн.*) **1.** (*увеличивать*) in¦créase [-s] (*d.*), múltiplỳ (*d.*); (*повышать*) augmént (*d.*); ~ дохо́ды in¦créase / múltiplỳ *the* ín¦come; умно́жить си́лы in¦créase / múltiplỳ *the* strength; умно́жить уси́лия inténsifỳ one's éfforts; ~ зна́ния in¦créase / enrích one's knówledge [...'nɔ-]; ~ сла́ву enhánce the glóry; **2.** *мат.* múltiplỳ (*d.*); ~ на 2, 3 *и т. д.* múltiplỳ by 2, 3, *etc.* (*d.*). **~а́ться,** умно́житься **1.** in¦créase [-s]; **2.** *страд.* умножа́ть. **~е́ние** *с.* **1.** in¦crease [-s], augmèntátion; **2.** *мат.* mùltiplicátion; табли́ца ~е́ния mùltiplicátion table.

умно́жить *сов. см.* умножа́ть *и* мно́жить. **~ся** *сов. см.* умножа́ться.

у́мный cléver ['kle-], intélligent; (*разумный*) sénsible; ~ челове́к cléver man*, man* of sense.

умозаключ||а́ть, умозаключи́ть (*вн.*) con¦clúde (*d.*), dedúce (*d.*). **~е́ние** *с.* con¦clúsion, dedúction; де́лать ~е́ние draw* *the* con¦clúsion, con¦clúde. **~и́ть** *сов. см.* умозаключа́ть.

умозре́ние *с. филос.* spèculátion.

умозри́тельн||ость *ж. филос.* spéculative¦ness. **~ый** *филос.* spéculative.

умоисступле́н||ие *с.* delírium; в ~ии in delírium, beside òne¦sélf.

умоли́ть *сов.* (*вн.* + *инф.*) move [mu:v] (*d.*+to *inf.*) (*ср.* умоля́ть).

у́молк *м.*: без ~у ùncéasing¦ly [-'si:s-], incéssantly; говори́ть без ~у talk without a stop.

умолка́ть, умо́лкнуть (*о человеке*) fall*/ become* sílent, lapse into sílence [...'saɪ-]; (*о звуке, шуме*) stop; он умо́лк he fell sílent; го́лос внеза́пно умо́лк the voice súddenly stopped; гром умо́лк the thúnder stopped.

умо́лкнуть *сов. см.* умолка́ть.

умоло́т *м. тк. ед. с.-х.* yield (of grain) [ji:ld...].

умолч||а́ние *с.* **1.** pássing óver in sílence [...'saɪ-]; omíssion, fáilure to méntion; **2.** *лит.* prè¦terítion. **~а́ть** *сов. см.* ума́лчивать.

умоля́ть (*вн.*+*инф.*) entréat (*d.*+ to *inf.*), implóre (*d.*+to *inf.*); (*о пр.*) súpplicàte (for); (*ср.* умоли́ть).

умоля́ющий **1.** *прич. см.* умоля́ть; **2.** *прил.* pléading, súppliant, súpplicatory; ~ взгляд, го́лос pléading look, voice.

умонастрое́ние *с.* frame of mind.

умопомеша́тельство *с.* méntal deránge¦ment [...-'reɪ-], insánity.

умопомрач||е́ние *с. уст.* (témporary) insánity; ◇ до ~е́ния to a state of mádness. **~и́тельный** *разг.* prodígious; э́то ~и́тельно it is astóunding / magníficent.

умо́ра *ж. нескл. предик. разг.*: э́то (про́сто) ~ it's enóugh to make one split one's sides (with láughter) [...ɪ'nʌf... 'lɑ:f-]; вот ~-то! it's símply kílling!

умори́тельно I **1.** *прил. кратк. см.* умори́тельный; **2.** *предик. безл. разг.* it is extréme¦ly fúnny, it makes one rock with láughter [...'lɑ:f-]; it's símply kílling.

умори́тельн||о II *нареч. разг.* in an extréme¦ly fúnny way / mánner; вы́глядеть ~ look extréme¦ly fúnny. **~ый** *разг.* láughable ['lɑ:f-], extréme¦ly fúnny; kílling.

умори́ть *сов.* (*вн.*) *разг.* **1.** kill (*d.*); (*голодом*) starve to death [...deθ] (*d.*); (*перен.*) be the death (of); **2.** (*утомить*) exháust (*d.*), tire out (*d.*); ◇ ~ кого́-л. со́ смеху *разг.* make* smb. die of láughing [...'lɑ:f-]. **~ся** *сов. разг.* be quite exháusted, be dead tired [...ded...].

у́мственн||ый méntal, ìntelléctual; ~ые спосо́бности méntal / ìntelléctual fáculties; ~ труд, ~ая рабо́та méntal work, bráinwòrk; рабо́тник ~ого труда́ méntal wórker; за́нятые ~ым трудо́м en¦gáged in ìntelléctual pursúits [...-'sju:ts]; ~о отста́лый méntally defícient, báckward; ~о отста́лый ребёнок méntally retárded / hándicàpped child*; ◇ ~ бага́ж méntal óutfit; store of knówledge [...'nɔ-]; èrudítion.

у́мствов||ание *с. разг.* réasoning [-z-], philósophìzing; sophìsticátion. **~ать** *разг.* réason [-z°n], philósophìze.

умудрённый *прич. см.* умудря́ть; ~ о́пытом grown wise with expérience [-oun...].

умудр||и́ть(ся) *сов. см.* умудря́ть (-ся). **~я́ть,** умудри́ть (*вн.*) make* wíse(r) (*d.*); teach* (*d.*). **~я́ться,** умудри́ться (+ *инф.*) *разг.* **1.** contríve (+ to *inf.*), mánage (+to *inf.*); да́же здесь он ~и́лся сде́лать оши́бку he contríved to make a mistáke éven here; **2.** *страд. к* умудря́ть.

умфо́рмер *м. эл.* cómmutàtor.

умча́ть *сов.* (*вн.*) whirl a¦wáy (*d.*). **~ся** *сов.* dash / whirl a¦wáy; (*перен.*; *о времени*) fly* past.

умыва́льн||ая *ж. скл. как прил.* wásh-hroom. **~ик** *м.* wásh-stànd, wásh-ing-stànd, wásh-hànd-stànd. **~ый** wash-h (*attr.*); ~ый прибо́р wáshing-sèt; ~ый таз wásh-bàsin [-beɪs-], wáshànd-bàsin [-beɪs-].

умыва́н||ие *с.* wáshing, wash; для ~ия for wáshing.

умыва́ть, умы́ть (*вн.*) wash (*d.*); ◇ ~ ру́ки wash one's hands of *it*. **~ся,** умы́ться wash (òne¦sélf).

умык||а́ние *с.* àbdúction. **~а́ть** (*вн.*) àbdúct (*d.*).

у́мыс||ел *м.* desígn [-'zaɪn], inténtion; с ~лом desígnedly [-'zaɪn-], inténtionally, delíberate¦ly; of set púrpose [...-s]; без ~ла úndesígnedly [-'zaɪn-], ún¦inténtionally; злой ~ évil/malícious intént ['i:-...]; со злым ~лом with malícious intént; *юр.* of málice prepénse.

умы́слить *сов. см.* умышля́ть.

умы́ть(ся) *сов. см.* умыва́ть(ся).

умы́шленн||ость *ж.* desígnedness [-'zaɪn-], premèditátion. **~ый** **1.** *прич. см.* умышля́ть; **2.** *прил.* desígned [-'zaɪnd], inténtional, delíberate; ~ое уби́йство múrder (in the first degrée).

умышля́ть, умы́слить *уст.* **1.** (+ *инф.*) desígn [-'zaɪn] (+ to *inf.*), inténd (+ to *inf.*); **2.** (*вн.* на *вн.*) plot (*d.* agáinst).

умягч||а́ть [-хч-], умягчи́ть (*вн.*) sóften [-f°n] (*d.*), make* sóft(er) (*d.*); móllifỳ (*d.*). **~и́ть** [-хч-] *сов. см.* умягча́ть.

умя́ть(ся) *сов. см.*umина́ть(ся).

унава́жив||ание = унаво́живание. **~ать** = унаво́живать.

унаво́жив||ание *с. с.-х.* manúring, dúng¦ing. **~ать,** унаво́зить (*вн.*) manúre (*d.*), dung (*d.*).

унаво́зить *сов. см.* унаво́живать.

унасле́довать *сов.* (*вн.*) inhérit (*d.*).

унди́на *ж.* úndìne [-di:n], wáter nymph ['wɔ:-...].

унести́(сь) *сов. см.* уноси́ть(ся).

униа́т *м.,* **~ка** *ж. ист.* Úniàt(e).

универма́г *м.* (универса́льный магази́н) depártment / géneral store(s) (*pl.*).

универсали́зм *м. филос.* ùnivérsalism.

универса́льн||ость *ж.* ùnivèrsálity. **~ый** ùnivérsal; (*о приспособлении, станке тж.*) géneral-púrpose [-s] (*attr.*); ~ое образова́ние mány-sided / líberal èducátion; ~ое сре́дство ùnivérsal rémedy, pànacéa [-'sɪə]; ~ый магази́н = универма́г.

университе́т *м.* ùnivérsity; око́нчивший ~ ùnivérsity gráduate. **~ский** ùnivérsity (*attr.*); ~ское образова́ние ùnivérsity èducátion; получи́вший ~ское образова́ние ùnivérsity gráduate.

униж||а́ть, уни́зить (*вн.*) humble (*d.*), hùmíliàte (*d.*), abáse [-s] (*d.*); belíttle (*d.*); ~ себя́ abáse òne¦sélf. **~а́ться,** уни́зиться **1.** abáse òne¦sélf [-s...]; gróvel [-ɔv-]; (до) stoop (to); уни́зиться до лжи stoop to a lie; уни́зиться до про́сьбы о чём-л. (stoop to) beg for smth.; **2.** *страд. к* унижа́ть. **~е́ние** *с.* hùmìliátion, abáse¦ment [-s-]; cóme-dówn *разг.*; дойти́ до тако́го ~е́ния humíliàte òne¦sélf to such an extént; терпе́ть ~е́ния stand* /bear* hùmìliátion [...bɛə...]; подверга́ться ~е́ниям súffer indígnity.

унижённость *ж.* humílity, húmble¦ness.

униженн||ый 1. *прич. см.* унижать; **2.** *прил.* humble; ~ая просьба humble request.

униженный humble, oppressed.

унизать *сов. см.* унизывать.

унизительн||ость *ж.* humiliation. **~ый** humiliating, degrading; это ~о it is humiliating.

унизить(ся) *сов. см.* унижать(ся).

унизывать, унизать (*вн. тв.*) cover ['kʌ-] (*d.* with); (*усеивать*) stud (*d.* with); ~ платье жемчугом stud *the* dress with pearls [...pəː-].

уникальный unique [-'niːk].

уникум *м.* unique [-'niːk].

унима||ть, унять (*вн.*) **1.** quiet (*d.*), calm [kɑːm] (*d.*), soothe (*d.*); (*подавлять чувство и т. п.*) repress (*d.*); унять ребёнка calm / quiet / soothe *the* child*; **2.** *разг.* (*прекращать*) stop (*d.*); ~ кровотечение (из раны) stop *a* wound [...wuː-]. **~ться,** уняться **1.** grow* quiet [-ou...], quiet down; он не ~ется there's no stopping / calming /quietening him [...'kɑːm-...]; **2.** *разг.* (*прекращаться*) abate; (*о кровотечении*) stop; **3.** *страд. к* унимать.

униполярный *физ.* unipolar.

унисон *м. муз., физ.* unison; в ~ (*прям. и перен.*) in unison.

унитаз *м.* lavatory pan, w. c. pan ['wɔːtə 'klɔzɪt...].

унитарный unitary.

унификация *ж.* unification.

унифицировать *несов. и сов.* (*вн.*) unify (*d.*).

уничижение *с. уст.* humiliation, humility.

уничижительный *лингв.* pejorative ['piː-]; deprecatory.

уничтож||ать, уничтожить (*вн.*) **1.** (*разрушать*) destroy (*d.*); (*избавляться*) do a|way (with); (*полностью*) annihilate [ə'naɪə-] (*d.*), obliterate (*d.*); wipe / blot out (*d.*); (*перен.*) crush (*d.*); огонь всё уничтожил the fire has destroyed every|thing; ~ противника annihilate the enemy; ~ зло exterminate the evil [...'iː-]; **2.** (*упразднять*) abolish (*d.*), do a|way (with); ~ рабство abolish slavery [...'sleɪ-]. **~ающий 1.** *прич. см.* уничтожать; **2.** *прил.* destructive; ~ающий взгляд killing glance, scathing look ['skeɪ-...]; ~ающая критика destructive / annihilating criticism [...ə'naɪə-...]; ~ающий аргумент crushing argument. **~ение** *с.* **1.** destruction; annihilation [ənaɪə-]; **2.** (*упразднение*) abolishment, abolition.

уничтожить *сов. см.* уничтожать.

уния *ж.* union.

уносить, унести (*вн.*) take* a|way (*d.*), carry (a|way) (*d.*); (*похищать*) *разг.* carry off (*d.*); ~ с собой take* (a|way) with one (*d.*); воображение унесло его далеко his fancy carried him a|way, he was carried a|way by his fancy. **~ся,** унестись **1.** speed* a|way; pass a|way; его мысли унеслись в прошлое his thoughts travelled /went back to the past, his thoughts carried / took him back to the past; **2.** *страд. к* уносить.

унтер *м. уст. разг.* = унтер-офицер.

унтер-офицер *м. воен. уст.* non-commissioned officer.

унты *мн.* (*ед.* унт *м. и* унта *ж.*) flying boots.

унция *ж.* ounce (*сокр.* oz).

унывать lose* heart [luːz hɑːt], be cast down, be dejected.

уныл||о *нареч.* despondently, dole|fully, dejectedly. **~ость** *ж.* despondency, dejection. **~ый** sad, cheerless, dole|ful, dismal [-z-]; (*павший духом*) despondent, crestfall|en, downcast; ~ая песня sad / cheerless song; ~ый голос sad voice; ~ые мысли sad / cheerless thoughts; ~ый вид downcast appearance / air.

уныние *с.* despondency, dejection; low spirits [lou...] *pl.*; наводить ~ (на *вн.*) depress (*d.*); впасть в ~ lose* heart [luːz hɑːt], be cast down, be dejected.

унять(ся) *сов. см.* унимать(ся).

упавш||ий 1. *прич. см.* падать; **2.** *прил.* (*о голосе, тоне*) cheerless, disappointed; ~им голосом in a cheerless / disappointed voice / tone.

упад *м.*: до ~у till one falls / drops, till one is quite exhausted; смеяться до ~у split* one's sides with laughter [...'lɑːf-], rock with laughter; танцевать до ~у dance till one drops.

упад||ок *м. тк. ед.* **1.** decline, decay; (*в литературе, искусстве и т. п. тж.*) decadence; приходить в ~ fall* into decay; в состоянии ~ка on the decline; **2.**: ~ сил collapse, break-down ['breɪk-]; ~ духа despondency; low spirits [lou...] *pl.*

упадочниче||ский decadent. **~ство** *с.* decadence.

упадочн||ый depressive; (*о литературе, искусстве*) decadent; ~ое настроение low spirits [lou...] *pl.*; ~ое состояние depression.

упаковать(ся) *сов. см.* упаковывать(ся).

упаковк||а *ж.* **1.** (*действие*) packing; (*завёртывание*) wrapping; **2.** (*материал*) wrapping, wrapper, packing, package; цена без ~и packing not in|cluded.

упаковочный (for) packing; ~ материал packing material.

упаковщ||ик *м.*, **~ица** *ж.* packer.

упаковывать, упаковать (*вн.*) pack (up) (*d.*); ~ товар pack up *the* goods [...gudz]; упаковать вещи в чемодан pack (up) things in *a* trunk / suitcase [...'sjuːtkeɪs]. **~ся,** упаковаться **1.** pack (up), do one's packing; **2.** (*о вещах — вмещаться*) go* in; **3.** *страд. к* упаковывать.

упаривать, упарить (*вн.*) *тех.* steam (*d.*); soften by steam [-fᵊn...] (*d.*). **~ся,** упариться **1.** *разг.* be in, *или* get* into, a sweat [...swet]; **2.** *страд. к* упаривать.

упарить(ся) *сов. см.* упаривать(ся).

упасть *сов. см.* падать 1.

упекать, упечь (*вн.*) *разг.*: ~ под суд bring* to trial (*d.*), put* on trial (*d.*); ~ в тюрьму send* to prison [...-ɪz-] (*d.*).

упереть *сов. см.* упирать 1, 2. **~ся** *сов. см.* упираться 1, 2.

упечь *сов. см.* упекать.

упиваться, упиться **1.** get* drunk; **2.** (*тв.*; *наслаждаться*) revel ['re-] (in); be drunk (with); (*созерцанием тж.*) feast one's eyes [...aɪz] (up|on).

упирать, упереть **1.** (*вн.* в *вн.*) rest (*d.* against), set* (*d.* against); ~ шест в стену rest *a* pole against *the* wall; ~ руку в бок place / put* one's hand on one's hip; **2.** (*вн.*) *разг.* (*красть*) pilfer (*d.*), filch (*d.*); **3.** *тк. несов.* (на *вн.*) *разг.* (*настоятельно указывать, подчёркивать*) lay* stress (on). **~ся,** упереться **1.** (*тв.* в *вн.*) rest (*d.* against), set* (*d.* against); ~ся локтем в стену set* one's elbow against *the* wall; ~ся ногами в землю take* a firm stand; упереться глазами в кого-л. *разг.* stare at smb.; **2.** (*упрямиться*) jib; **3.** *тк. несов.* (в *вн.*; *встречать препятствие*) rest (on), turn (on); весь вопрос упирается в недостаток времени the whole question rests / turns on time shortage [...houl -ʃtən...].

уписать I, II *сов. см.* уписывать I, II.

уписаться *сов. см.* уписываться.

уписывать I, уписать (*вн.*) write* in (*d.*).

уписывать II, уписать (*вн.*) *разг.* (*есть*) eat* with gusto (*d.*).

уписываться, уписаться **1.** (*умещаться на странице и т. п.*) get* in; **2.** *страд. к* уписывать I.

упитанн||ость *ж.* fatness; скот средней ~ости cattle of average fatness. **~ый** well-fed, fattened; (*о человеке*) well-nourished [-'nʌ-]; (*полный*) plump.

упиться *сов. см.* упиваться.

уплат||а *ж. тк. ед.* payment, paying; ~ по векселю dis|charge of *a* bill; ~ долга dis|charge of *a* debt [...det]; произвести ~у pay*; в счёт ~ы, в ~у on account; остаётся к ~е is due. **~ить** *сов. см.* уплачивать.

уплачивать, уплатить (*вн.*) pay* (*d.*); ~ долг pay* / dis|charge *a* debt [...det]; ~ по счёту pay* *a* bill, settle one's account; ~ по векселю pay*/meet* *a* bill.

уплести *сов. см.* уплетать.

уплетать, уплести *разг.* = уписывать II.

уплотнение *с.* **1.** condensation; **2.**: ~ рабочего дня efficient planning of the working day; **3.** *мед.* infiltration.

уплотнить(ся) *сов. см.* уплотнять (-ся).

уплотня́ть, уплотни́ть (*вн.*) **1.** condénse (*d.*), thícken (*d.*); *тех.* pack (*d.*); **2.:** ~ рабо́чий день plan the wórking day effíciently; **3.** (*о квартире*) redúce the per pérson líving space [...'lɪ-...] (of). **~ся,** уплотни́ться **1.** give* up a part of one's accòmmodátion to smb. else; **2.** *страд. к* уплотня́ть.

уплыва́ть, уплы́ть (*о пловце*) swim* a|wáy; (*о корабле*) steam / sail a|wáy; (*о вещах*) float a|wáy; (*перен.*) *разг.* (*о деньгах*) be spent quíckly; (*проходить незаметно*) pass / slip a|wáy, elápse.

уплы́ть *сов. см.* уплыва́ть.

упов||а́ние *с. уст.* hope; возлага́ть ~а́ния (на *вн.*) set* great hopes [...-eɪt...] (on). **~а́ть** (на *вн.*) *уст.* set* hopes (on).

уподо́бить(ся) *сов. см.* уподобля́ть(ся).

уподобле́ние *с.* **1.** líken|ing; **2.** *лингв.* assìmilátion.

уподобля́ть, уподо́бить (*вн. дт.*) **1.** líken (*d.* to); **2.** *лингв.* assímilàte (*d.* to, with). **~ся,** уподо́биться (*дт.*) **1.** become* like (*d.*), become* símilar (to); **2.** *лингв.* assímilàte (to, with); **3.** *страд. к* уподобля́ть.

упое́ни||е *с.* rápture, écstasy; быть в ~и be in ráptures / écstasies; ~ успе́хом flush of succéss.

упоённый intóxicàted; ~ успе́хом intóxicàted with succéss.

упои́тельный rávishing, entráncing.

поко́й *м.*: за ~ for the repóse (of the soul); ◇ нача́ть за здра́вие, а ко́нчить за ~ a chéerful / háppy begínning and sad énding.

уполза́ть, уползти́ creep* / crawl a|wáy.

уползти́ *сов. см.* уполза́ть.

уполнома́чивать=уполномо́чивать.

уполномо́ченный 1. *прич. см.* уполномо́чивать; **2.** *м. как сущ.* commíssioner; áuthorìzed ágent; (*представитель*) rèpreséntative [-'ze-].

уполномо́чивать, уполномо́чить (*вн.* + *инф.*) áuthorìze (*d.* + to *inf.*), empówer (*d.*+to *inf.*); depúte (*d.* + to *inf.*).

уполномо́чи||е *с.*: по ~ю up|ón authorìzátion [...-raɪ-].

уполномо́чить *сов. см.* уполномо́чивать.

упомина́ни||е *с.* méntion, méntioning; пи́сьменное ~ о чём-л. récòrd of smth. ['re-...]; при ~и (*рд.*) at the méntion (of).

упомина́ть, упомяну́ть (*вн.*, о *пр.*) méntion (*d.*); refér (to); ~ вскользь, случа́йно méntion in pássing (*d.*), make* cásual méntion [...-ʒjuəl...] (of).

упо́мнить *сов.* (*вн.*) *разг.* remémber (*d.*).

упомяну́ть *сов. см.* упомина́ть.

упо́р *м.* rest; *тех.* stop, lug; боево́й ~ (*в оружии*) lócking lug; ◇ де́лать (основно́й) ~ на что-л., на чём-л. lay* (spécial) stress / émphasis on smth. [...'spe-...], émphasìze smth.; стреля́ть в ~ fire póint-blánk; смотре́ть в ~ на кого́-л. look stéadily at smb. [...'sted-...], stare at smb.

упо́р||ный 1. (*настойчивый, стойкий*) persístent; (*упрямый*) stúbborn, pèrtinácious; ~ челове́к persístent pérson; ~ная борьба́, ~ное сопротивле́ние stúbborn struggle, resístance [...-'zɪ-]; ~ные уси́лия tenácious éfforts; ~ные бои́ stúbborn fíghting *sg.*; **2.** *тех.*: ~ подши́пник thrust béaring [...'bɛə-]; *мор.* thrust block. **~ство** *с.* (*настойчивость*) persístence, ùn|yíelding|ness [-'ji:l-]; (*упрямство*) óbstinacy, stúbbornness, pèrtinácity.

упо́рствовать (в *пр.*) persíst (in); (*без доп.*) be stúbborn / óbstinate.

упорхну́ть *сов.* fly* / flit a|wáy.

упоря́дочение *с.* régulàting; pútting in (good) órder.

упоря́дочить *сов.* (*вн.*) régulàte (*d.*); put* in (good) órder (*d.*). **~ся** *сов.* come* right.

употреби́тельн||ость *ж.* use [ju:s]; úsualness [-ʒu-]; (*частота*) fréquency ['fri:-]. **~ый** cómmon, génerally used; ~ые выраже́ния expréssions in cómmon use [...ju:s].

употреб||и́ть *сов. см.* употребля́ть. **~ле́ние** *с.* use [ju:s], úsage ['ju:z-]; (*применение*) àpplicátion; выходи́ть из ~ле́ния get*/go* out of use, be no lónger in use, fall* into disúse [...-'ju:s]; (*о слове, выражении и т. п.*) become* óbsolète; вы́шедший из ~ле́ния out of use; вводи́ть в ~ле́ние (*вн.*) bring* into use (*d.*), put* in use (*d.*); в широ́ком ~ле́нии wíde|ly used, in wíde|spread use [...-spred...]; бы́вший в ~ле́нии used; непра́вильное ~ле́ние (*рд.*) misúse [-'ju:s] (of); пе́ред ~ле́нием взба́лтывать to be well sháken befóre úsing; (*этикетка*) shake the bottle!; спо́соб ~ле́ния (*надпись*) diréctions for use *pl.*; для вну́треннего ~ле́ния (*о лекарстве*) for intérnal use.

употреб||ля́ть, употреби́ть (*вн.*) use (*d.*), make* use [...-s] (of); (*о лекарствах и т. п.*) take* (*d.*), applý (*d.*); ~ спиртны́е напи́тки take* àlcohólic / strong drinks; он не ~ля́ет спиртны́х напи́тков he does|n't drink; he is a teetótaller [...-'tou-]; ~и́ть два, три часа́ на что-л. spend* two, three hours on smth. [...auəz...]; ~и́ть во зло abúse (*d.*); ~и́ть все уси́лия exért / make* every éffort; do one's best *разг.*; leave* no stone untúrned *идиом.*; ~и́ть в де́ло make* use (of); ~и́ть наси́лие use víolence; ~и́ть власть éxercìse / emplóy one's authórity; ~ с по́льзой bénefit (from, by), prófit (from, by). **~ля́ться 1.** be used, be in use [...-s]; широко́ ~ля́ться be in wíde / cómmon úsage [...'ju:z-], be in wide use, be wíde|ly used; не ~ля́ться be out of use; **2.** *страд. к* употребля́ть.

упра́в||а *ж.* **1.** *тк. ед. разг.* jústice; иска́ть ~ы seek* jústice; найти́ ~у find* jústice; на него́ нет ~ы there is no kéeping him in check; **2.** *ист.* board; городска́я ~ town cóuncil.

управдо́м *м.* (управля́ющий до́мом) hóuse-mànager [-s-].

управи́тель *м. уст.* stéward; (*имения тж.*) estáte mánager.

упра́виться *сов. см.* управля́ться.

управле́ние *с.* **1.** mánage|ment; (*государством*) góvernment ['gʌ-]; **2.** *тех.*, *воен.* contról [-oul], diréction; (*автомобилем*) dríving; ~ на расстоя́нии remóte contról; двойно́е ~ *ав.* dúal contról; ~ бо́ем contról of òperátions; ~ огнём *воен.* fire contról; ~ рулём stéering; теря́ть ~ (*о самолёте*) lose* contról off [lu:z...]; **3.** (*учреждение*) óffice, admìnistrátion; diréctorate; board; (*отдел*) depártment; ~ дела́ми mánaging depártment; **4.** *грам.* góvernment; **5.** (*дирижирование*) condúcting.

управле́нческ||ий admínistrative; mánage|ment (*attr.*); ~ие расхо́ды mánage|ment expénses; ~ персона́л (*на предприятии и т. п.*) mànagérial staff.

управля́емый 1. *прич. см.* управля́ть; **2.** *прил. ав.* dírigible; ~ аэроста́т dírigible; ~ снаря́д guíded míssile; ~ косми́ческий кора́бль a pìloted spáce|ship, *или* space véhicle [...'vi:ɪ-].

управля́ть (*тв.*) **1.** (*руководить*) góvern ['gʌ-] (*d.*); (*страной тж.*) rule (*d.*, óver); (*предприятием, производством и т. п.*) contról [-oul] (*d.*); (*делами*) mánage (*d.*); **2.** (*машиной*) óperàte (*d.*), run* (*d.*); (*автомобилем*) drive* (*d.*); (*рулём*) steer (*d.*); **3.** *грам.* góvern (*d.*); **4.** (*оркестром*) condúct (*d.*). **~ся,** упра́виться **1.** (с *тв.*) *разг.* mánage (*d.*); **2.** *страд. к* управля́ть.

управля́ющий 1. *прич. см.* управля́ть; **2.** *м. как сущ.* mánager; (*имением и т. п.*) stéward; ~ дела́ми búsiness-mànager ['bɪzn-].

упражне́ние *с.* (*в разн. знач.*) éxercìse.

упражня́ть (*вн.*) éxercìse (*d.*). **~ся** (в *пр.*) práctise [-s] (*d.*); ~ся в пе́нии práctise síng|ing; ~ся в англи́йском, неме́цком *и т. п.* языке́ práctise one's Énglish, Gérman, *etc.* [...'ɪŋ-...]; ~ся на роя́ле práctise the piánò [...'pjæ-].

упраздн||е́ние *с.* àbolítion; abólishment. **~и́ть** *сов. см.* упраздня́ть.

упраздня́ть, упраздни́ть (*вн.*) abólish (*d.*), do a|wáy (with).

упра́шивать, упроси́ть (*вн.*) entréat (*d.*), beg (*d.*); beséech* (*d.*); *сов. тж.* preváil (up|ón).

упрева́ть, упре́ть be well stewed.

упреди́ть *сов. см.* упрежда́ть.

упрежд||а́ть, упреди́ть (*вн.*) *уст., воен.* fòre¦stáll (*d.*); ~ проти́вника fòre¦stáll the énemy. **~е́ние** *с. уст.* fòre¦stálling.

упрёк *м.* repróach, repróof; rebúke; с ~ом repróachfully, repróving¦ly [-u:v-]; осыпа́ть кого́-л. ~ами hurl repróaches at smb., cast* repróaches up¦ón smb.; ◇ ста́вить в ~ кому́-л. что-л. repróach smb. with smth., blame smb. for smth.; не в ~ кому́-л. not to blame smb.

упрек||а́ть, упрекну́ть (*вн.* в *пр.*) repróach (*d.* with), ùpbráid (*d.* with, for); ~ себя́ repróach òne¦sélf. **~ну́ть** *сов. см.* упрека́ть.

упре́ть *сов.* 1. *см.* упрева́ть; 2. *как сов. к* преть 2.

упроси́ть *сов. см.* упра́шивать.

упрости́ть(ся) *сов. см.* упроща́ть(ся).

упро́чение *с.* stréngthening, consòlidátion; ~ еди́нства ceménting of únity.

упро́чи||вать, упро́чить (*вн.*) stréngthen (*d.*), consólidàte (*d.*); он ~л своё положе́ние he has consólidàted / impróved his posítion [...-u:vd...-'zɪ-]. **~ваться,** упро́читься 1. stréngthen, gain strength, become* consólidàted; 2. *страд. к* упро́чивать. **~ть(ся)** *сов. см.* упро́чивать(ся).

упроща́ть, упрости́ть (*вн.*) 1. símplifỳ (*d.*); ~ зада́чу símplifỳ *a* próblem [...'prɔ-]; ~ орфогра́фию símplifỳ spélling; 2. (*обеднять*) òver¦-símplifỳ (*d.*); ~ смысл собы́тий òver¦-símplifỳ the signíficance of evénts; ~ идею произведе́ния òver¦símplifỳ the ìdéa of *the* book [...aɪ'dɪə...]. **~ся,** упрости́ться 1. get* símplified; 2. *страд. к* упроща́ть.

упроще́нец *м. разг.* vúlgarìzer.

упроще́н||ие *с.* sìmplificátion. **~ство** *с.,* **~чество** *с.* vùlgarìzátion [-raɪ-], vúlgar sìmplificátion, óver¦sìmplificátion.

упру́г||ий elástic, resílient [-'zɪ-]. **~ость** *ж.* èlàstícity, resíliency [-'zɪ-].

упря́жка *ж.* 1. team; 2. (*упряжь*) hárness, gear [gɪə].

упряжн||о́й draught [-ɑ:ft] (*attr.*); ~а́я ло́шадь dráught-hòrse [-ɑ:ft-], cárriage-hòrse [-rɪdʒ-].

у́пряжь *ж. тк. ед.* hárness, gear [gɪə].

упря́мец *м. разг.* píghead [-hed]; óbstinate / stúbborn pérson.

упря́миться, заупря́миться be óbstinate; (*настаивать на своём*) persíst.

упря́мица *ж. к* упря́мец.

упря́мство *с.* óbstinacy, stúbbornness. **~вать** (в *пр.*) persíst (in).

упря́м||ый óbstinate, stúbborn; refráctory; opíniònàted; фа́кты — ~ая вещь facts are stúbborn things, you can't get a¦wáy from facts [...kɑ:nt ...], you can't fight facts.

упря́тать(ся) *сов. см.* упря́тывать (-ся).

упря́тывать, упря́тать (*вн.*) *разг.* hide* (*d.*); (*убирать*) take* / put* a¦wáy (*d.*); упря́тать в тюрьму́ send* to príson [...'prɪz-] (*d.*). **~ся,** упря́таться 1. *разг.* hide*; 2. *страд. к* упря́тывать.

упуска́ть, упусти́ть (*вн.*) 1. let* (*d.*) escápe; let* (*d.*) go / slip; упусти́ть коне́ц верёвки let* the end of *the* rope slip; 2. (*прозёвывать, терять*) miss (*d.*); (*не замечать*) òver¦lóok (*d.*); ~ слу́чай miss *the* òpportúnity; lose* *the* chance [lu:z...]; ◇ ~ что-л. из ви́ду lose* sight of smth.; not bear* smth. in mind [...bɛə...], forgét* smth. [-'get...]; not take* smth. into accóunt / consìderátion.

упусти́ть *сов. см.* упуска́ть.

упуще́ни||е *с.* omíssion; (*халатность*) negléct, dèrelíction; ~я по слу́жбе negléct of one's dúties *sg.*, dèrelíction of dúty *sg.*; непрости́тельное ~ ùnpárdonable / ìnexcúsable omíssion [...-zəbl...].

упы́рь *м.* vámpìre.

ура́ 1. *межд.* hurráh!, hurráy!; 2. *как сущ. с. нескл.* hurráh; громово́е ~ thúnderous hurráh.

уравне́ние *с.* 1. (*действие*) èqualìzátion [i:kwəlaɪ-]; ~ в права́х èqualìzátion of rights; 2. *мат.* equátion; ~ с двумя́ неизве́стными equátion with two ún¦knówn quántities [... -'noun...]; ~ пе́рвой сте́пени simple equátion; квадра́тное ~ quadrátic (equátion).

ура́внивать I, уравня́ть (*вн.*) équalìze ['i:-] (*d.*); lével ['le-] (*d.*); ~ в права́х équalìze in rights (*d.*), give* équal rights (*i.*).

ура́внивать II, уровня́ть (*вн.*) éven (*d.*), smooth [-ð] (*d.*); ~ доро́гу éven / smooth *the* road; make* *the* road smooth / éven.

ура́вниваться I, уравня́ться 1. get* / become* équal; be équalìzed [...'i:-]; ~ в права́х recéive équal rights [-'si:v...]; 2. *страд. к* ура́внивать I.

ура́вниваться II *страд. к* ура́внивать II.

уравни́ловка *ж. разг.* wáge-lévelling [-'lev-].

уравни́тельный équalìzing ['i:-], lévelling ['lev-].

уравнове́сить(ся) *сов. см.* уравнове́шивать(ся).

уравнове́шенн||ость *ж.* (*о характере*) stéadiness ['ste-], éven témper. **~ый** 1. *прич. см.* уравнове́шивать; 2. *прил.* (*о характере, человеке*) stéady ['ste-], éven-témpered.

уравнове́шивание *с.* bálancing, èquilibrátion [i:kwɪlaɪ-], cóunterpoising.

уравнове́шивать, уравнове́сить (*вн.*) bálance (*d.*), cóunterpoise (*d.*); (*перен.*) counterbálance (*d.*), cóuntervail (*d.*); ~ ча́шки весо́в bálance the scale(s); ~ си́лы проти́вников équalìze the strength of the oppónents, *или* oppósing sides ['i:-...]. **~ся,** уравнове́ситься 1. become* / get* bálanced; (*перен.*) become* / get* équal; 2. *страд. к* уравнове́шивать.

уравня́ть *сов. см.* ура́внивать I. **~ся** *сов. см.* ура́вниваться I.

урага́н *м.* húrricane, tòrnádò; ~ войны́ the túrmoil of war. **~ный** húrricane (*attr.*); ~ный ого́нь *воен.* a húrricane of fire.

уразуме́ть *сов.* (*вн.*) còmprehénd (*d.*), make* out (*d.*).

Ура́н *м. астр.* Úranus.

ура́н *м. хим.* ùránium.

уранини́т *м. мин.* ùrán¦nìte [ju:-].

урани́т *м. мин.* úranìte; pítch-blènde.

ура́нов||ый ùránic; úranous; ~ая руда́ ùránic ore; ~ реа́ктор *физ.* uránium pile.

ураногра́фия *ж. астр.* ùranógraphy.

ураноплáстика *ж. мед.* úranoplàstics.

ураноско́п *м. астр.* úranoscòpe.

урбан||иза́ция *ж.* ùrbanìzátion [-naɪ-]. **~и́зм** *м.* úrbanism. **~и́ст** *м.,* **~и́стка** *ж.* úrbanist.

урва́ть *сов. см.* урыва́ть.

урду́ *м. нескл.* (*язык*) Ùrdú [ə:'du:].

урегули́ров||ание *с.* régulàting, règulátion, règularìzátion [-raɪ-]; (*о вопросе и т. п.*) séttle¦ment, séttling; ми́рное ~ междунаро́дных пробле́м péace¦ful séttle¦ment / adjústment of world próblems [...ə'dʒʌ-... 'prɔ-]; ~ дипломати́ческим путём dìplomátic adjústment. **~ать** *сов.* (*вн.*) régulàte (*d.*); (*о вопросе и т. п.*) settle (*d.*); (*об отношениях и т. п.*) adjúst [ə'dʒʌ-] (*d.*).

уре́зать *сов. см.* уре́зывать.

уреза́ть = уре́зывать.

урезо́нивать, урезо́нить (*вн.*) bring* to réason [...-zᵊn] (*d.*); make* (*d.*) see réason; *несов. тж.* réason (with).

урезо́нить *сов. см.* урезо́нивать.

уре́зывать, уре́зать (*вн.*) 1. cut* off (*d.*); 2. (*уменьшать, сокращать*) cut* down (*d.*), redúce (*d.*); (*о программе и т. п.*) cùrtáil (*d.*); (*скупиться*) skimp (in); ~ расхо́ды redúce *one's* expénditure; ~ чьи-л. права́ cùrtáil smb.'s rights.

урем||и́ческий *мед.* ùráemic. **~и́я** *ж. мед.* ùráemia.

уре́тр||а *ж. анат.* ùréthra [-i:θ-]. **~и́т** *м. мед.* ùrethrítis.

уретроско́п *м. мед.* ùréthroscòpe [-i:θ-].

уретрото́мия *ж. мед.* ùrethrótomy.

ури́на *ж. мед.* úrine.

у́рна *ж.* urn.

уробили́н *м. биол.* ùrobílin [-'baɪ-].

у́ров||ень *м.* 1. lével ['le-]; ~ воды́ wáter-lèvel ['wɔ:təle-]; над ~нем мо́ря above séa-lèvel [...-le-]; ни́же ~ня мо́ря belów séa-lèvel [-'lou...]; 2. (*экономики, культуры и т. п.*) stándard; жи́зненный ~ líving stándard ['lɪv-...]; stándard of life / líving;

высо́кий ~ зна́ний high stándard of knówledge [...'nɔ-]; ~ дохо́да ín¦come-lèvel [-le-]; в ~ с ве́ком kéeping pace with the age; abréast (with) the times [-est...]; на высо́ком иде́йном ~не at a high ideológical lével [...aɪdɪə-...]; наивы́сший довое́нный ~ the pré-wár peak; 3. (*прибор*) lével (gauge) [...geɪdʒ]; боково́й ~ *воен.* èlevátion lével; попере́чный ~ *воен.* cross lével; ◇ совеща́ние на высо́ком ~не hígh-lével cónference [-'le-...], cónference at a high lével.

уровня́ть *сов. см.* ура́внивать II.

уро́д *м.* **1.** freak (of náture) [...'neɪ-]; (*чудовище*) mónster; mònstrósity; нра́вственный ~ mórally depráved pérson; **2.** (*некрасивый человек*) úgly pérson ['ʌ-...], fright; ◇ в семье́ не без ~а *посл.* ≅ it is a small flock that has not a black sheep.

уро́дина *м. и ж. разг.* = уро́д 2.

уроди́||ть *сов.* (*вн.*) bear* [bɛə] (*d.*). **~ться** *сов.* **1.** (*о злаках, плодах*): пшени́ца ~лась в э́том году́ there is a good wheat crop this year, the wheat crop is good this year; **2.** (в *вн.*) *разг.* (*о человеке*) take* (áfter); в кого́ он ~лся? who(m) does he take áfter?

уро́длив||ость *ж.* **1.** defórmity; **2.** (*некрасивость*) úgliness ['ʌ-]. **~ый** **1.** defórmed, mís¦shápen; (*ненормальный*) àbnórmal; ~ое воспита́ние wrong / ìn¦corréct úpbring¦ing; **2.** (*некрасивый*) úgly ['ʌ-].

уро́д||овать, изуро́довать (*вн.*) **1.** (*делать некрасивым*) disfígure (*d.*); make* (*d.*) look úgly [...'ʌ-]; make* (*d.*) look a fright *разг.*; ~ себя́ (*тв.*) spoil* one's appéarance (by); э́та причёска ~ует её this way of doing her hair makes her look úgly, *или* makes her look a fright; **2.** (*калечить*) disfígure (*d.*); mútilàte (*d.*); maim (*d.*), críple (*d.*; *тж. перен.*); о́спа ~ует лицо́ smállpòx disfígures the face; у него́ изуро́довано всё те́ло he is maimed / mútilàted / crippled; ра́бский труд ~ует люде́й slave lábour is útterly demóralìzing. **~ский** úgly ['ʌ-]. **~ство** *с.* **1.** defórmity; (*ненормальность*) àbnòrmálity; ~ство воспита́ния in¦corréctness of úpbring¦ing; **2.** (*некрасивость*) úgliness ['ʌ-].

урожа́й *м.* **1.** hárvest, yield [jiːl-], crop; ~ э́того го́да this year's hárvest / yield; ~ на корню́ crop on the root; òn-the-róot hárvest / yield; бога́тый, хоро́ший ~ rich / héavy hárvest / crop [...'he-...]; собира́ть ~ gáther in, *или* reap, the hárvest; убра́ть ~ (*в амбары, склады и т. п.*) gárner the crop; добива́ться реко́рдных урожа́ев achíeve récòrd hárvests [-iːv 're-...]; обеспе́чить высо́кие и усто́йчивые урожа́и secúre high and consístent hárvests; **2.** (*изобилие*) good / abúndant crop; búmper crop. **~ность** *ж.* frúitfulness ['fruːt-], pròdùctívity, crop capácity; высо́кая ~ность good* crop capácity; подня́тие ~ности поле́й in¦créasing the crop capácity of the fields [-s-...fiː-]; повыше́ние ~ности сельскохозя́йственных культу́р ráising of crop yields [...jiːl-]. **~ный** *прил. к* урожа́й; ~ный год good year for the crops, prodúctive year, búmper-cròp year; ~ные сорта́ hígh-yíelding / fécund varíeties [-'jiː-'fe-...].

урождённая (*перед девичьей фамилией*) née (*фр.*) [neɪ], born.

урожéн||ец *м.*, **~ка** *ж.* (*рд.*) nátive (of); он ~ Москвы́ he is Móscow born.

уро́к *м.* **1.** (*прям. и перен.*) lésson; дава́ть, проводи́ть ~ give* / condúct *a* lésson; брать ~и англи́йского языка́ take* Énglish léssons [...'ɪŋ-...], take* léssons in Énglish; э́то бу́дет тебе́ ~ом let that be a lésson to you; **2.** (*задание*) home work; task; lésson; де́лать ~и do one's léssons; отвеча́ть ~ say* / repéat one's lésson.

уро́лог *м.* ùr(in)ólogist. **~и́ческий** *мед.* ùr(in)ológical.

уроло́гия *ж. мед.* ùr(in)ólogy.

уро́н *м. тк. ед.* lósses *pl.*; нести́ большо́й ~ súffer great lósses [...-eɪt...].

урони́ть *сов. см.* роня́ть 1, 3.

уротропи́н *м. фарм.* urótropin(e).

уро́чн||ый **1.** *уст.* (*определённый*) fixed; в ~ час at a fixed time; at the úsual hour [...'juːʒ- auə]; **2.** (*полагающийся, установленный*) task (*attr.*); ~ая рабо́та sét-tàsk.

урча́ние *с.* grúmbling, rúmbling; ~ в желу́дке *разг.* cóllywòbbles *pl.*

урча́ть grumble, rumble.

урыва́ть, урва́ть (*вн.*) snatch (*d.*); урва́ть полчаса́ для о́тдыха snatch hálf-an-hóur's rest [...'hɑːfən'auəz...].

уры́вками *нареч. разг.* in / by snátches, by fits and starts; рабо́тать ~ work in snátches, *или* by fits and starts.

урю́к *м. тк. ед. собир.* dried ápricòt(s) [...'eɪ-] (*pl.*).

уря́дник *м. ист.* **1.** víllage políce¦-man* [...-'liːs-]; **2.** (*в казачьих войсках*) Cóssàck sérgeant [...'sɑːdʒənt].

ус *м.* **1.** (*человека*) moustáche [məs-'tɑːʃ]; **2.** (*животного*) whísker; **3.** (*насекомого*) féeler, ànténna (*pl.* -ae); **4.** (*растения*) téndril; (*злака*) awn; ◇ кито́вый ус whále¦bòne, baléen; мота́ть что-л. себе́ на ус *разг.* obsérve smth. sílent¦ly [-'zəːv...]; take* good note of smth.; и в ус (себе́) не дуть *разг.* not care a straw, *или* a rap; по уса́м текло́, а в рот не попа́ло *погов.* ≅ there's many a slip 'twixt cup and lip.

уса́дебный *прил. к* уса́дьба.

усади́ть I, II *сов. см.* уса́живать I, II.

уса́дка *ж. тех.* shrínkage; ~ бето́на slump.

уса́дьба *ж.* **1.** fármstead [-sted]; **2.** *ист.* (*помещика*) cóuntry-séat ['kʌ-], cóuntry estáte ['kʌ-...].

уса́живать I, усади́ть **1.** (*вн.*) seat (*d.*); (*заставлять сесть*) make* (*d.*) sit down; (*просить сесть*) ask (*d.*) to sit down; **2.** (*вн.* за *вн.*) set* (*d.* to); усади́ть кого́-л. за рабо́ту set* smb. down to work; усади́ть кого́-л. за шитьё, рисова́ние *и т. п.* set* smb. to séwing, dráwing, *etc.* [...'sou-...]; усади́ть кого́-л. за кни́гу set* smb. to read / stúdy [...'stʌ-], make* smb. sit down and read / stúdy.

уса́живать II, усади́ть (*вн. тв.*; *растениями, цветами*) plant [-ɑːnt] (*d.* with).

уса́живаться, усе́сться **1.** (*садиться*) take* a seat, take* seats, seat òne¦-sélf; (*находить место*) find* a seat, find* seats, find* room; ~ сно́ва take* one's seat agáin, sit* down agáin; **2.** (за *вн.*; *приниматься, начинать*) set* (to); ~ за рабо́ту set* / settle to work; ~ за кни́гу settle down to réading, applý òne¦sélf to stúdy [...'stʌ-].

уса́тый **1.** (*о человеке*) with a long moustáche [...məs'tɑːʃ]; moustáched [məs'tɑːʃt]; **2.** (*о животном*) whiskered.

уса́ч *м.* **1.** *разг.* man* with a long moustáche [...məs'tɑːʃ]; **2.** (*рыба*) bárbel; **3.** (*жук*) cápricòrn beetle.

усва́ивать, усво́ить (*вн.*) **1.** (*запоминать, заучивать*) máster (*d.*); learn* [ləːn] (*d.*); (*об обычае, манере*) adópt (*d.*); ~ привы́чку get* into *the* hábit; хорошо́ усво́ить уро́к learn* *a* lésson well*; (*перен.*) learn* a good lésson; **2.** *мед., физ., хим.* assímilàte (*d.*).

усвое́ни||е *с.* **1.** (*овладение*) mástering, léarning ['ləː-]; (*обычая и т. п.*) adóption; предме́т тру́дный для ~я súbject dífficult to learn / máster [...ləːn...]; **2.** (*пищи и т. п.*) assìmilátion.

усво́ить *сов. см.* усва́ивать.

усвоя́емость *ж.* **1.** cómprehènsibílity; **2.** *мед., физ., хим.* assìmilabílity.

усе́ивать, усе́ять (*вн. тв.*) dot (*d.* with), strew* (*d.* with); (*разбрасывать*) lítter (*d.* with); (*усыпать*) pépper (*d.* with); не́бо усе́яно звёздами the sky is stúdded with stars.

усе́рдие *с.* zeal; (*прилежание*) díligence; àssidúity; рабо́тать с ~м work with zeal / díligence; ◇ ~ не по ра́зуму ≅ more zeal than sense.

усе́рдный zéalous ['ze-]; (*прилежный, старательный*) díligent; assíduous.

усе́рдствовать be zéalous [...'ze-].

усе́сться *сов. см.* уса́живаться.

усечённ||ый **1.** *мат.* trúncàted; ~ ко́нус trúncàted cone; ~ая пирами́да trúncàted pýramid; 2.: ~ая ри́фма *лит.* impérfect rhyme.

усе́ять *сов. см.* усе́ивать.

усид||е́ть *сов.* keep* one's place / seat; (*остаться сидеть*) remáin sítting; тру́дно бы́ло ~ на ме́сте it was hard to keep one's place / seat; он не ~и́т мину́тки he can't keep still [...kɑːnt ...]; едва́ ~е́л от бо́ли could hárdly bear / stand the pain [...bɛə...].

уси́дчив||ость *ж.* àssidúity; pèrsevérance [-'vɪə-]. **~ый** assíduous.

у́сик *м.* 1. *мн.* little / short moustáche(s) [...məs'tɑːʃ-]; 2. (*рыбы*) bárbel; 3. (*насекомого*) féeler, ànténna (*pl.* -ae); 4. (*растения*) téndril; (*злака*) awn; (*клубники, земляники*) rúnner.

усиле́ние *с.* rè|infórce|ment; (*о боли и т. п.*) àggravátion; (*о звуке, ветре*) intènsificátion; *эл., рад.* àmplificátion.

уси́ленн||ый 1. *прич. см.* уси́ливать; 2. *прил.*: ~ое пита́ние hígh-calóric díet, nóurishing díet ['nʌ-...]; ~ые заня́тия strénuous work *sg.*; ~ое наблюде́ние doubled watch [dʌ-...]; ~ые про́сьбы éarnest / úrgent requésts ['əːn-...].

уси́ливать, уси́лить (*вн.*) stréngthen (*d.*), rè|infórce (*d.*); (*делать более интенсивным*) inténsifỳ (*d.*); (*о звуке, токе*) ámplifỳ (*d.*); ~ наблюде́ние (за *тв.*) double *the* watch [dʌ-...] (for, óver); ~ пита́ние in|crease nóurishment [-s 'nʌ-]; ~ го́лод, жа́жду in|créase smb.'s húnger, thirst; ~ междунаро́дную напряжённость héighten / inténsifỳ internátional ténsion['haɪ-... -'næ-...]. **~ся,** уси́литься 1. become* strónger, inténsifỳ; gain strength; (*о шуме, звуках и т. п.*) swell*; grow* lóuder [-ou...]; (*о чувстве*) déepen; (*об общественном движении и т. п.*) gáther mòméntum; ве́тер уси́лился the wind becáme strónger [...wɪ-...]; эпиде́мия уси́ливается the èpidémic is gáining ground; 2. *страд. к* уси́ливать.

уси́ли||е *с.* éffort; о́бщими ~ями by cómmon éffort(s); прилага́ть ~я make* éfforts; прилага́ть все ~я make* / exért every éffort, spare no éffort; напра́вить все ~я (на *вн.*) bend* every éffort (to); все их ~я оказа́лись тще́тными all their éfforts were ún|aváiling; велича́йшие ~я sùpréme éffort *sg.*; сде́лать ~ над собо́й force òne|sélf.

усили́тель *м.* 1. *фот.* inténsifìer; 2. *рад.* ámplifìer.

уси́лить(ся) *сов. см.* уси́ливать(ся).

ускака́||ть *сов.* 1. skip a|wáy / off; за́яц ~л the hare bóunded a|wáy / off; 2. (*на коне*) gállop off / a|wáy.

ускольз||а́ть, ускользну́ть slip off / a|wáy; (*уходить тайком*) steal* (a|wáy); ~ от кого́-л., от чего́-л. escápe smb., smth.; give* smb. the slip; ~ от чьего́-л. внима́ния escápe smb.'s atténtion / nótice [...'nou-]; э́то ~ну́ло от моего́ внима́ния it escáped my nótice / atténtion, I òver|lóoked it. **~ну́ть** *сов. см.* ускольза́ть.

ускоре́ние *с.* àccèlerátion; (*строительства и т. п.*) spéeding-úp; ~ си́лы тя́жести àccèlerátion of grávity.

уско́ренн||ый 1. *прич. см.* ускоря́ть; 2. *прил.* spéeded up; ~ вы́пуск враче́й àccèleràted tráining of dóctors; план был вы́полнен ~ыми те́мпами fulfílment of the plan was spéeded up [ful-...].

ускори́тель *м. тех.* àccéleràtor; *хим.* àccélerant. **~ный** àccéleràting, àccéleràtive.

уско́рить(ся) *сов. см.* ускоря́ть (-ся).

ускоря́ть, уско́рить (*вн.*) hásten ['heɪsᵊn] (*d.*), quícken (*d.*); (*о переговорах и т. п.*) éxpedìte (*d.*); *тех. тж.* àccélerate (*d.*); (*о выполнении*) speed up (*d.*); (*о событиях*) precípitàte (*d.*); ~ шаг mend* / speed one's pace, quícken one's steps; ~ ход gáther speed, pick up speed, in|créase the speed [-s...]; ~ выполне́ние пла́на speed up the fulfílment of *the* plan [...ful-...]; ~ чью-л. смерть hásten smb.'s death [...deθ], serve to precípitàte smb.'s death. **~ся,** уско́риться 1. quícken; *тех. тж.* accéleràte; ход по́езда уско́рился the speed of the train in|créased [...-st], the train picked up speed; де́ло от э́того не уско́рилось mátters were not brought to a point / fínish any quícker; 2. *страд. к* ускоря́ть.

усла́вливаться = усло́вливаться.

усла́д||а *ж. поэт.* delíght, pléasure ['ple-], dèlèctátion [diː-]. **~и́ть(ся)** *сов. см.* услажда́ть(ся).

услажда́ть, услади́ть (*вн.*) *поэт.* delíght (*d.*); ~ зре́ние charm / rejóice the sight; ~ свой взор (*тв.*) feast one's eyes [...aɪz] (on, up|ón); ~ чей-л. слух пе́нием charm smb.'s ear by síng|ing. **~ся,** услади́ться *поэт.* 1. (*тв.*) delíght (in), rejóice (in); 2. *страд. к* услажда́ть.

усла́ть *сов. см.* усыла́ть.

уследи́ть *сов.* (за *тв.*) keep* an eye [...aɪ] (on); (*за мыслью, за аргументацией*) fóllow (*d.*); не ~ за ребёнком fail to keep an eye on *the* child*.

усло́ви||е *с.* 1. condítion; (*соглашения и т. п.*) term; (*как пункт договора*) clause; непреме́нное, обяза́тельное ~ indispénsable condítion; (condítion) sine qua non [...'saɪnɪkweɪnɔn]; необходи́мые ~я the réquisite / nécessary condítions [...-zɪt...]; ~я догово́ра terms of *the* tréaty; ста́вить ~ем (*вн.*, что́бы) stípulàte (for, that); ста́вить ~я make* terms, lay* down condítions / terms; каки́е ва́ши ~я? what are your terms?; с ~ем, что, при ~и, что on condítion that, províded, províding; я э́то сде́лаю при ~и, что мне помо́гут I will do it províded I get help; 2. *мн.* (*обстоятельства, обстановка*) condítions; при да́нных, благоприя́тных ~ях únder exísting, fávour|able condítions; ни при каки́х ~ях únder no círcumstances; при про́чих ра́вных ~ях other things bé|ing équal; ~я труда́ condítions of work; бытовы́е ~я, ~я жи́зни condítions of life, líving condítions ['lɪv-...]; жили́щные ~я hóusing condítions; предоста́вить все необходи́мые ~я (для) offer all nécessary facílities (for); 3. *уст.* (*договор*) cóntràct, agréement; заключи́ть ~ énter into *a* cóntràct; ◇ ~я зада́чи condítions of *a* próblem [...'prɔ-].

усло́виться *сов. см.* усло́вливаться.

усло́вленн||ый 1. *прич. см.* усло́вливаться; 2. *прил.* agréed, fixed; ~ая встре́ча appóintment.

усло́вливаться, усло́виться (с *тв.* о *пр.*, с *тв.* + *инф.*) arránge [-eɪndʒ] (with *d.*, with + to *inf.*); agrée (with on, with + to *inf.*); (*договариваться*) settle (with *d.*, with + to *inf.*); ~ встре́титься arránge to meet; ~ о встре́че arránge a méeting; они́ усло́вились бо́льше об э́том не говори́ть they agréed not to speak about it any more; ~ о дне settle the day, fix the date, agrée on the day; ну́жно оконча́тельно усло́виться we must get it settled.

усло́вно I *прил. кратк. см.* усло́вный.

усло́вн||о II *нареч.* on / únder condítion, condítionally; ~ осуди́ть кого́-л. *юр.* put* smb. on probátion. **~ость** *ж.* 1. condìtionálity; 2. (*общепринятый порядок*) convéntion, convèntionálity. **~ый** 1. (*с условием*) condítional; ~ое согла́сие condítional consént; ~ый пригово́р *юр.* suspénded séntence; 2. (*принятый*) convéntional; ~ый знак convéntional sign [...saɪn]; ~ый а́дрес agréed addréss; ~ый сигна́л pré|arránged sígnal [-ə'reɪn-...]; 3. (*относительный*) rélative; всё э́то о́чень ~о all this is very rélative; 4. *грам.* condítional; ~ое наклоне́ние condítional mood; ~ое предложе́ние condítional clause; ~ый сою́з condítional conjúnction; ◇ ~ый рефле́кс condítioned réflèx.

усложне́ние *с.* còmplicátion.

усложнённ||ость *ж.* cómplicàted|ness. **~ый** *прич. и прил.* cómplicàted.

усложни́ть(ся) *сов. см.* усложня́ть(ся).

усложня́ть, усложни́ть (*вн.*) cómplicàte (*d.*). **~ся,** усложни́ться 1. (*тв.*) get* / become* cómplicàted (by); 2. *страд. к* усложня́ть.

услу́||га *ж.* 1. sérvice; good turn *разг.*; до́брые ~и *дип.* good óffices;

плоха́я ~ ill turn; ínjury; ока́зывать кому́-л. ~у do / rénder smb. a sérvice; do smb. a good turn *разг.*; ока́зывать кому́-л. плоху́ю ~у do smb. an ill turn; ~ за ~у one good turn desérves another [...-'zɜ:vz...]; roll my log and I will roll yours *идиом.*; плати́ть ~ой за ~у pay* back; предлага́ть свои́ ~и come* fórward, óffer one's assístance; к ва́шим ~ам at your sérvice; моя́ ко́мната к ва́шим ~ам my room is at your dispósal [...-z°l]; 2. *мн.* (*обслуживание*) atténdance *sg.*; ко́мната с ~ами room with atténdance; коммуна́льные ~и públic utílities ['pʌ-...].

услуже́ни||е *с. уст.* sérvice; в ~и у кого́-л. in smb.'s sérvice; поступи́ть в ~ к кому́-л. take* sérvice with smb.

услу́ж||ивать, услужи́ть (*дт.*) do / rénder a sérvice (*i.*); do a good turn (*i.*) *разг.*; (*угождать*) oblíge (*d.*). **~и́ть** *сов. см.* услу́живать.

услу́жлив||о *нареч.* hélpfully, oblíging|ly. **~ость** *ж.* hélpfulness, oblíging|ness, compláisance [-zəns]. **~ый** oblíging, compláisant [-zənt]; ✧ ~ый дура́к опа́снее врага́ *погов.* ≅ God delíver me from fools [...-'lɪ-...].

услыха́ть *сов.* = услы́шать.

услы́шать *сов. см.* слы́шать 1, 2.

усма́тривать, усмотре́ть 1. (*вн.* в *пр.*) percéive [-'si:v] (*d.* in); (*об обмане, ошибке и т. п.*) discóver [-'kʌ-] (*d.* in); усмотре́ть оби́ду в предложе́нии feel* slíghted / offénded by *the* suggéstion [...-'dʒestʃn]; 2. *тк. сов.* (за *тв.*) look (áfter); atténd (to); за всем не усмо́тришь ≅ one can't be in two pláces at once [...kɑ:nt...wʌns].

усмеха́ться, усмехну́ться smile (iꞏrónically) [...aɪə-], grin; ирони́чески, го́рько ~ smile iꞏrónically, bítterly; кри́во ~ smile wrýly / cróokedly.

усмехну́ться *сов. см.* усмеха́ться.

усме́шка *ж.* (iꞏrónical) smile [aɪə-...], grin.

усмир||е́ние *с.* (*о мятеже и т. п.*) suppréssion, pútting down. **~и́тель** *м.* (*мятежа и т. п.*) suppréssor. **~и́ть** *сов. см.* усмиря́ть.

усмиря́ть, усмири́ть (*вн.*) pácifỳ (*d.*), quíet (*d.*); (*о мятеже и т. п.*) suppréss (*d.*), put* down (*d.*).

усмотре́н||ие *с.* discrétion [-re-], júdg(e|)ment; представля́ть, передава́ть на чьё-л. ~ (*вн.*) leave* to smb.'s discrétion / júdg(e|)ment (*d.*), leave* to smb. (*d.*); на ~ кого́-л. at smb.'s discrétion; де́йствовать, поступа́ть по со́бственному ~ию use one's own discrétion / júdg(e|)ment [...oun...].

усмотре́ть *сов. см.* усма́тривать.

уснасти́ть *сов. см.* уснаща́ть.

уснаща́ть, уснасти́ть (*вн. тв.*) gárnish (*d.* with); (*о речи, стиле тж.*) lard (*d.* with); ~ цита́тами lard with quotátions (*d.*).

усну́ть *сов.* 1. fall* asléep, go* to sleep; 2. (*о рыбе*) die; ✧ ~ наве́ки, *или* ве́чным сном sleep* the sleep that knows no bréaking [...nouz...'breɪ-].

усо́бица *ж. ист.* intéstine war.

усоверше́нствова||ние *с.* impróve|ment [-ru:v-]; ку́рсы ~ния advánced córses [...'kɔ:-]; институ́т ~ния (учителе́й, враче́й) advánced tráining ínstitùte (for téachers, dóctors). **~нный** *прич. и прил.* impróved [-ru:vd], perfécted. **~ть(ся)** *сов. см.* соверше́нствовать(ся).

усо́вестить *сов. см.* усо́вещивать.

усо́вещивать, усо́вестить (*вн.*) exhórt (*d.*), appéal to the cónscience [...-nʃəns] (of).

усомни́ться *сов.* (в *пр.*) doubt [daut] (*d.*), feel* a doubt (abóut); ~ в пра́вильности показа́ний doubt *the* évidence; ~ в дру́ге doubt *a* friend [...fre-].

усо́пший 1. *прил.* decéased [-'si:st]; 2. *м. как сущ.* the decéased.

усо́хнуть *сов. см.* усыха́ть.

успева́емость *ж.* (*об учащихся*) prógrèss, advánce|ment; хоро́шая ~ good* prógrèss, good* resúlts [...-'zʌ-] *pl.*; ни́зкая ~ poor prógrèss, poor resúlts *pl.*; повы́сить ~ в шко́ле impróve school resúlts [-u:v...].

успева́ть, успе́ть 1. have time; он успе́л ко́нчить he had time to fínish; не успе́л он отве́тить befóre he had time to ánswer [...'ɑ:nsə]; успе́ть к обе́ду *разг.* be in time for dínner; ему́ уже́ не успе́ть на по́езд he cánnòt be in time for the train; не успе́ешь огляну́ться, как я э́то ко́нчу I shall fínish it in no time; 2. (в *пр.*; *достигать успеха*) be succéssful (in); 3. *тк. несов.* (в *пр.*; *в науках*) get* on (in), make* prógrèss (in), advánce (in); не ~ *школ.* lag behínd; ~ по матема́тике get* on in màthemátics.

успева́ющий 1. *прич. см.* успева́ть; 2. *м. как сущ.* púpil máking nórmal prógrèss.

успе́ется *безл. разг.* there is still time, don't be in a húrry.

успе́ние *с. церк.* Assúmption.

успе́ть *сов. см.* успева́ть 1, 2.

успе́х *м.* succéss; (good) luck *разг.*; *мн. школ.* prógrèss *sg.*; жела́ю вам ~a! I wish you every succéss!; good luck to you! *разг.*; как ва́ши ~и? how are you gétting on?; де́лать ~и (в *пр.*) make* prógrèss (in), advánce (in); он де́лает больши́е ~и he is máking great / good* prógrèss [...greɪt...]; доби́ться кру́пных ~ов score big succésses; име́ть ~ make* a succéss; э́та пье́са име́ла большо́й ~ the play was a great succéss; the play was a great hit *идиом.*; по́льзоваться ~ом be a succéss, be succéssful, succéed; не име́ть ~a be / prove a fáilure [...pru:v...], fail; ✧ с ~ом with succéss; véry well; пластма́сса с ~ом заменя́ет други́е материа́лы plástics are a good súbstitùte for mány other matérials; с тем же ~ом équal|ly well; с тем же ~ом мо́жно бы́ло сде́лать быстре́е it could have been done quícker and just as well; он с тем же ~ом мог бы и не де́лать э́того he might just as well not have done it.

успе́шно I *прил. кратк. см.* успе́шный.

успе́шн||о II *нареч.* succéssfully; идти́ ~ (*о делах*) be gó|ing on well; get* on well; *школ.* make* great / good* prógrèss [...-eɪt...]. **~ость** *ж.* succéss, succéssfulness. **~ый** succéssful.

успока́ив||ать, успоко́ить (*вн.*) calm [kɑ:m] (*d.*), quíet (*d.*); soothe (*d.*); (*смягчать — о горе, боли*) assuáge [ə'sweɪdʒ] (*d.*); (*о гневе и т. п.*) appéase (*d.*); (*убеждать не тревожиться*) rè|assúre [-ə'ʃuə] (*d.*); set* at rest / ease (*d.*), set* *smb.'s* mind at rest; ~ ребёнка quíeten / soothe *the* child*; ~ свою́ со́весть soothe / salve one's cónscience [...-nʃəns]. **~аться,** успоко́иться 1. calm / quíet / settle down [kɑ:m...]; успоко́йтесь! compóse your|sélf!, make your mind éasy! [...'i:zɪ]; не ~аться на дости́гнутом never rest contént with what has been achíeved [...-i:vd], álways strive* fórward ['ɔ:lwəz...]; never rest on one's láurels [...'lɔ-] *идиом.*; он не успоко́ится, пока́ не he will never know rest until [...nou...]; 2. *страд.* к успока́ивать. **~ающий** 1. *прич. см.* успока́ивать; 2. *прил.*: ~ающее сре́дство sédative, cálmative ['kɑ:m-]; 3. *с. как сущ.* sédative, cálmative.

успоко||е́ние *с.* 1. (*действие*) cálming ['kɑ:m-], quíeting, sóothing; для ~е́ния со́вести to soothe / salve one's cónscience [...-nʃəns]; for cónscience' sake; 2. (*состояние*) calm [kɑ:m], quíet. **~и́тельный** cálming ['kɑ:m-], quíeting, sóothing; ~и́тельные изве́стия rè|assúring news [-ə'ʃuə- -z] *sg.*

успоко́ить(ся) *сов. см.* успока́ивать(ся).

уста́ *мн. поэт.* mouth* *sg.*, lips; ✧ из уст в ~ by word of mouth; на ~х у всех on éverybody's lips; твоими бы ~ми да мёд пить *погов.* ≅ it is too good to be true; if ónly you were right!

уста́в *м.* règulátions *pl.*, státùtes *pl.*; chárter; *воен.* règulátions *pl.*; mánual; ~ па́ртии Párty Rules *pl.*; ~ сельскохозя́йственной арте́ли règulátions of *a* colléctive farm; ~ ООН UNO Chárter; Chárter of the Ùnited Nátions; боево́й ~ tráining règulátions; field mánual [fi:-...] *амер.*; полево́й ~ *воен.* Field Sérvice Règulátions; строево́й ~ *воен.* drill règ-ulátions / mánual.

устава́ть, уста́ть (от) get* tired (with); *сов. тж.* be tired (of).

уста́вить(ся) *сов. см.* уставля́ть (-ся).

уставля́ть, уста́вить **1.** (*вн. тв.*) set* (*d.* with), cóver ['kʌ-] (*d.* with): ~ стол буты́лками set* *the* table with bottles; **2.** (*вн.*; *размещать*) place (*d.*), put* (*d.*); уста́вить все кни́ги на по́лку put* all the books on *the* shelf*; **3.** *тк. сов.*: уста́вить глаза́ (на *вн.*) *разг.* stare (at), fix one's eyes [...aɪz] (on). **~ся,** уста́-виться **1.** (*размещаться*) find*/ have room / place; **2.** *тк. сов.* (на *вн.*) *разг.* stare (at), fix one's eyes [...aɪz] (on); **3.** *страд. к* уставля́ть 1.

уста́л||ость *ж.* tíred¦ness, wéariness; fatígue [-'ti:g] *поэт.*; ~ мета́лла *тех.* métal fatígue ['me-...]. **~ый** tired, wéary; fatígued [-'ti:gd] *поэт.*; ~ый вид tired appéarance; он вы́глядит ~ым he looks tired, *или* worn out [...wɔ:n...]; ~ым го́лосом in a tired voice; ~ой похо́дкой with wéary steps.

у́стал||ь *ж.* = уста́лость; не знать ~и *разг.* be never tired; без ~и *разг.* tíre¦lessly, ùnwéarying¦ly, ùntíring¦-ly; (*беспрерывно*) ùncéasing¦ly [-sɪŋ-].

устана́вливать, установи́ть (*вн.*) **1.** (*помещать*) place (*d.*); *тех.* mount (*d.*), instáll (*d.*); (*о приборе*) set* (*d.*); ~ в ряд range [reɪ-] (*d.*); ~ радио-приёмник, телефо́н *и т. п.* instáll *a* rádiò set, *a* télephòne, *etc.*; **2.** (*налаживать*) estáblish (*d.*); ~ дипломати́ческие отноше́ния estáblish diplomátic relátions; ~ связь (с *тв.*) *воен.* estáblish commùnicátion (with), estáblish a connéction (with), get* in touch [...tʌtʃ] (with); ~ контро́ль (над) ínstitùte contról [...-oul] (óver); ~ поря́док estáblish, *или* set* up, órder; ~ соприкоснове́ние (с *тв.*) *воен.* estáblish cóntàct (with), obtáin touch (with); **3.** (*определять*) detérmine (*d.*), fix (*d.*); (*выяснять*) àscertáin (*d.*); ~ вре́мя, це́ну fix the time, the price; установи́ть чью-л. вино́вность estáblish smb.'s guilt; ~ фа́кты estáblish facts; он установи́л, что здесь име́ются месторожде́ния не́фти he àscertáined that there were oil depósits here [...-'pɔz-...]; экспеди́ция установи́ла во́зраст го́рных поро́д the èxpedítion estáblished the age of the rocks. **~ся,** установи́ться **1.** (*о взглядах и т. п.*) be séttled; (*наступать, водворяться*) set* in; его́ взгля́ды не установи́лись his ìdéas are únséttled [...aɪ'dɪəz...]; установи́лась зима́ winter has set in; установи́лась тёплая пого́да warm wéather has set in [...'we-...]; пого́да установи́лась the wéather has become settled; **2.** *страд. к* устана́вливать.

установи́ть(ся) *сов. см.* устана́вливать(ся).

устано́вк||а *ж.* **1.** (*действие*) pútting, plácing, arránge¦ment [-eɪn-]; *тех.* móunting, ìnstallátion; (*о приборе*) sétting; **2.** *тех.* (*устройство*) plant [-ɑ:nt]; силова́я ~ pówer-plànt [-ɑ:nt]; холоди́льная ~ refrígeràting / cóoling plant; коте́льная ~ bóiler installátion; **3.** (*цель, ориентация*) aim, púrpose [-s]; име́ть ~у (на *вн.*) aim (at); **4.** (*директива*) diréctions *pl.*; line(s) (*pl.*).

установле́ние *с.* **1.** estáblishment; **2.** (*констатирование*) àscertáinment; ~ фа́кта estáblishment/àscertáinment of *the* fact; ~ отцо́вства affìliátion.

устано́вленн||ый *прич. и прил.* estáblished, fixed; (*правилами, уставом и т. п.*) prescríbed; ~ поря́док, факт estáblished órder, fact; ~ час fixed hour [...auə]; в ~ом поря́дке in accórdance with estáblished órder / procédure(s) [...-'si:dʒə(z)]; по ~ой фо́рме in accórdance with, *или* accórding to, *a* set form; ~ая ско́рость règulátion speed; ~ого разме́ра of stándard / règulátion size.

устано́вочный *тех.* adjústing [ə'dʒʌ-].

устано́вщик *м.* fítter.

устарева́ть, устаре́ть become*/ grow* ántiquàted, *или* out of date [...grou...]; (*о слове, выражении; о машинах, оборудовании*) become*/ grow* óbsolète; (*о взглядах, идеологии*) become* / grow* óld(-fáshioned) / ántiquàted.

устаре́л||ость *ж.* óbsolète¦ness, òbsoléscence. **~ый** ántiquàted, out of date, outdáted; (*о слове, выражении; о машинах, оборудовании*) óbsolète; (*о взглядах, идеологии*) óld(-fáshioned), ántiquàted; ~ая мо́да ántiquàted / óbsolète fáshion.

устаре́ть *сов. см.* устарева́ть.

уста́ть *сов. см.* устава́ть.

устерега́ть, устере́чь (*вн.* от) *разг.* presérve [-'zə:v] (*d.* from), guard (*d.* from).

устере́чь *сов. см.* устерега́ть.

устила́ть, устла́ть (*вн. тв.*) cóver ['kʌ-] (*d.* with); (*о дороге и т. п.*) pave (*d.* with); ~ камня́ми stone (*d.*); ~ ковро́м cárpet (*d.*).

устла́ть *сов. см.* устила́ть.

у́стн||о *нареч.* órally, vérbally, by word of mouth. **~ый** óral, vérbal; ~ая речь speech; spóken lánguage; ~ое сообще́ние vérbal commùnicátion; ~ое соглаше́ние vérbal agréement / cóntràct; ◇ ~ая слове́сность fólk-lòre.

усто́и *мн.* foundátions; básis ['beɪ-] *sg.* (*pl.* básès ['beɪsi:z]); нра́вственные ~ móral prínciples ['mɔ-...].

усто́й I *м. тех.* (*моста*) abútment, bánkseat.

усто́й II *м. разг.* (*сливки*) cream.

усто́йчив||ость *ж.* stéadiness ['sted-], fírmness, stabílity. **~ый** stéady ['stedɪ], firm, stable; (*о порядке, погоде*) settled; (*о судне*) stéadfast ['sted-], stéady; ~ые це́ны firm / stable príces; ~ое равнове́сие stable èquilíbrium [...i:-]; ~ая пого́да settled wéather [...'we-]; ~ые урожа́и stable hárvest / crops; ~ая валю́та stable cúrrency.

устоя́ть *сов.* **1.** (*на ногах*) keep* one's bálance; (*перен.*) stand* one's ground; не ~ lose* (one's) ground [lu:z...]; **2.** (про́тив; *о соблазне, искушении и т. п.*) resíst [-'zɪ-] (*d.*), with¦stánd* (*d.*), stand* up (agáinst); ~ пе́ред искуше́нием resíst *the* tèmptátion.

устоя́ться *сов.* (*о вине, воде и т. п.*; *тж. перен.*) settle; (*о молоке*) cream.

устра́ив||ать, устро́ить (*вн.*) **1.** (*организовывать*) arránge [-eɪndʒ] (*d.*), órganìze (*d.*); (*создавать*) estáblish (*d.*); устро́ить шко́лу estáblish *a* school; ~ так, что́бы do so as to, arránge so that; ~ пикни́к make* up *a* pícnic; устро́ить приём в честь кого́-л. give* / hold* a recéption in hónour of smb. [...'ɔnə...]; ~ бал give* *a* ball; **2.**: ~ кому́-л. сце́ну make* a scene; ~ сканда́л make* a row; **3.** (*приводить в порядок*) settle (*d.*), put* in órder (*d.*); ~ свои́ дела́ put* one's affáirs in órder, settle one's affáirs; ~ свою́ жизнь régulàte one's life; **4.** (*помещать, определять*) place (*d.*), fix up (*d.*), set* up (*d.*); устро́ить больно́го в больни́цу get* *a* sick man*, *или a* pátient, in(to) hóspital; устро́ить ребёнка в шко́лу place *the* child* in school, get* *the* child* into school; **5.** *безл.* (*подходить*) suit [sju:t] (*d.*); (*о времени тж.*) be convénient (to, for); ~ает ли э́то вас? does it suit you?; (*о времени тж.*) is it convénient to you? **~аться,** устро́иться **1.** settle; ~аться на рабо́ту find* a sìtuátion; get* a job *разг.*; он хо́чет устро́иться в Москве́ he wants to settle in Móscow; (*на работу*) he wants to find a situátion in Móscow; he wants to get a job in Móscow *разг.*; ~аться в но́вой кварти́ре settle, *или* estáblish òne¦sélf, in *a* new flat; ~аться поудо́бнее make* òne¦sélf cómfortable [...'kʌm-]; **2.** (*налаживаться*) come* right; всё устро́илось things have come right, évery¦thing has turned out all right; **3.** *страд. к* устра́ивать.

устран||е́ние *с.* (*в разн. знач.*) remóval [-'mu:v-]; (*уничтожение*) elìminátion; ~ от до́лжности remóval from óffice; ~ недоста́тков elìminátion of deféсts. **~и́ть(ся)** *сов. см.* устраня́ть(ся).

устраня́ть, устрани́ть (*вн.*; *в разн. знач.*) remóve [-'mu:v] (*d.*); (*уничтожать*) elímináte (*d.*); ~ от до́лжности remóve from óffice (*d.*); ~ препя́тствия remóve / óbviàte óbstacles; ~ преграды remóve, *или* break* down, bárriers [...breɪk...]; ~ ошибки, недостатки elíminàte érrors, deféсts; ~ трудности, затруднения óbviàte dífficulties; устранить разногласия compóse / elíminàte dífferences; устранить угрозу войны lift / elíminàte / remóve the threat of war [...θret...]. ~ся, устраниться 1. (от) keep* (from); ~ся от дел retíre; 2. *страд.* к устранять.

устраш||áть, устрашить (*вн.*) fríghten (*d.*), scare (*d.*). **~áться**, устрашиться 1. (*рд.*) be fríghtened (at), fear (*d.*); ~иться опасности, затруднений take* fright at, *или* be detérred by, dánger, dífficulties [...'deɪn-...]; 2. *страд.* к устрашать. **~éние** с. fríghtening, fríghtfulness; для ~ения (*рд.*) to fríghten (*d.*), to scare (*d.*). **~ить(ся)** *сов. см.* устрашать(ся).

устрем||ить(ся) *сов. см.* устремлять(ся). **~лéние** с. 1. (*желание, намерение*) àspirátion; 2. (*порыв*) rush.

устремлять, устремить (*вн.*) rush (*d.*); (*внимание, взгляд*) turn (*d.*), diréct (*d.*), fix (*d.*). **~ся**, устремиться rush; (на *вн.*; *сверху*) swoop down (on, up|ón); (*о взгляде*) be turned (to).

ýстри||ца *ж.* óyster. **~чный** óyster (*attr.*).

устроитель *м.*, **~ница** *ж.* órganìzer.

устрóить(ся) *сов. см.* устраивать (-ся).

устрóйств||о с. 1. (*действие*) arránge|ment [-eɪn-]; òrganìzátion [-naɪ-]; для ~а своих дел to settle one's affáirs; он занят ~ом квартиры he is búsy putting his apártment in órder [...'bɪzɪ...]; 2. (*оборудование*) equípment; (*механизм*) méchanism [-kə-]; (*приспособление*) arránge|ment; 3. (*строй*) strúcture; (*система*) sýstem; государственное ~ State sýstem; общественное ~ sócial órder; 4. (*расположение*) arránge|ment, láy-óut; удобное ~ квартиры good* láy-óut of *the* flat; ◊ запоминающее ~ mémory.

устýп *м.* 1. (*в стене, скале*) ledge; *арх.* projéction; 2. *воен.* échelòn ['eʃ-].

уступ||áть, уступить 1. (*дт. вн.*) let* (*d.*) have (*d.*); (*о территории*) cede (to *d.*); ~ите это ему let him have it; ~ кому-л. дорогу make* way for smb.; 2. (*дт.*; *силе и т. п.*) yield [ji:ld] (to); (*без доп.*; *соглашаться*) give* in, give* way; concéde; ~ насилию, давлению *и т. п.* yield to force, préssure, *etc.*; give* way befóre préssure; ~ требованиям времени yield to the times; 3. (*дт.* в *пр.*) be inférior (to in), yield (to in): он никому не уступит в этом отношении he is inférior / sécond to none in this respéct [...'se-...nʌn...], he yields to one in this respéct; 4. (*вн.*; *снижать цену*) bate (*d.*), abáte (*d.*), take* off (*d.*); (*без доп.*) come* down; он не уступит ни копейки he won't take a fárthing less [...wount...-ð-...]; 5. (*дт. вн.* за *вн.*; *продавать*) let* (*d.*) have (*d.* for): он уступил мне плащ за пять рублей he let me have the ráincoat for five roubles [...ru:-].

уступительный *грам.* concéssive.

уступить *сов. см.* уступать.

устýпк||а *ж.* 1. concéssion; идти на ~и cómpromìse; (*дт.*) make* concéssions (to); взаимные ~и mútual concéssions; 2. *тк. ед.* (*в цене*) abáte|ment.

уступообрáзный ledged.

устýпчатый ledged, stepped.

устýпчив||ость *ж.* plìabílity, plíancy, compliance; (*сговорчивость*) tràctabílity. **~ый** yíelding ['ji:l-], plíable, plíant, complíant; (*сговорчивый*) tráctable.

устыдить *сов.* (*вн.*) shame (*d.*), put* to shame (*d.*). **~ся** *сов.* (*рд.*) be ashámed (of).

ýстье с. 1. (*реки*) mouth*, óutfàll, íssue; (*покрываемое приливом*) éstuary; 2. (*отверстие*) órifice, mouth*.

ýстьице с. *бот.* stóma (*pl.* -ata).

усугýб||ить(ся) *сов. см.* усугублять(ся). **~лéние** с. redóubling [-'dʌ-]; (*ухудшение*) àggravátion.

усугублять, усугубить (*вн.*) redóuble [-'dʌ-] (*d.*); (*ухудшать*) ággravàte (*d.*); ~ вину ággravàte *a* fault. **~ся**, усугубиться be redóubled [...-'dʌ-]; (*ухудшаться*) be ággravàted.

усýшка *ж. тк. ед. торг.* loss (through / in drýing); shrínkage.

усы *мн. см.* ус 1, 2.

усылáть, услать (*вн.*) send* a|wáy (*d.*).

усынов||ить *сов. см.* усыновлять. **~лéние** с. adóption. **~лённый** *прич. и прил.* adópted.

усыновлять, усыновить (*вн.*) adópt (*d.*).

усыпáльница *ж.* tomb [tu:m], búrial-vault ['be-].

усыпать *сов. см.* усыпáть.

усыпáть, усыпать (*вн. тв.*) strew* (*d.* with), bestréw* (*d.* with); небо усыпано звёздами the sky is stúdded with stars.

усыпительн||ый drówsy [-zɪ] (*тж. перен.*); sòporífic [sou-]; ~ое средство sléeping-draught [-dra:ft], sòporífic [sou-].

усып||ить *сов. см.* усыплять. **~лéние** с. lúlling to sleep; (*гипнотизирование*) hýpnotism.

усыпля||ть, усыпить (*вн.*) lull to sleep (*d.*); (*пением, чтением и т. п.*) sing*, read*, *etc.*, to sleep (*d.*); (*гипнозом*) hýpnotìze (*d.*), put* into hypnótic sleep / trance (*d.*); (*перен.*; *о подозрении и т. п.*) lull (*d.*); ~ бдительность lull / blunt *smb.*'s vígilance. **~ющий** 1. *прич. см.* усыплять; 2. *прил.* = усыпительный.

усыхáть, усóхнуть dry in.

ýськать *разг.* = натравливать.

утáивать, утаить (*вн.*) 1. (*скрывать*) concéal (*d.*); (*умалчивать*) keep* to òne|sélf (*d.*), keep* a sécret (*d.*); 2. (*присваивать*) steal* (*d.*).

утаить *сов. см.* утаивать.

утаиться *сов. разг.* hide*.

утáйк||а *ж.* concéalment; без ~и (*откровенно*) ùn|resérvedly [-'zə:-], fránkly.

утáпливать, утопить (*вн.*) *тех.* cóuntersìnk* (*d.*).

утáптывать, утоптать (*вн.*) trample down (*d.*), pound (*d.*): ~ траву trample down grass; — ~ снег stamp on snow [...-ou].

утáскивать, утащить (*вн.*) *разг.* 1. cárry off (*d.*), make* a|wáy (with); (*перен.*: *уводить с собой*) lead* a|wáy (*d.*); он утащил его на концерт he dragged him off to *a* cóncert; 2. (*красть*) steal* (*d.*).

утащить *сов. см.* утаскивать.

ýтварь *ж. собир.* uténsils *pl.*; церковная ~ chúrch-plàte.

утверд||ительно *нареч.* affírmative|ly, in the affírmative; ~ кивнуть головой nod assént; отвечать ~ ánswer in the affírmative ['a:nsə...]. **~ительный** affírmative; ~ительный ответ affírmative ánswer / replý [...'a:nsə...]. **~ить** *сов. см.* утверждать 2, 3. **~иться** *сов. см.* утверждаться.

утверждá||ть, утвердить 1. *тк. несов.* (*вн.*) affírm (*d.*), maintáin (*d.*), assért (*d.*); (*в споре*) contend (that); (*без оснований*) allége [-edʒ] (*d.*); (*торжественно объявлять*) assèveràte (*d.*); ~, что assért that, insíst that; он ~ет, что он не виновен he assérts / insísts that he is ínnocent; 2. (*вн.*; *санкционировать*) appróve [-ru:v] (*d.*), confírm (*d.*), sánction (*d.*); (*о договоре, пакте*) rátifỳ (*d.*), confírm (*d.*); (*о завещании*) prove [-u:v] (*d.*); 3. (*вн.*; *укреплять*) stréngthen (*d.*), consólidàte (*d.*); (*вн.* в *пр.*; *в намерении, во мнении*) confírm (*d.* in). **~ться**, утвердиться 1. stréngthen òne|sélf, become* consólidàted; (*укрепиться, обосноваться*) gain a fóothòld [...'fut-]; (*о системе, строе и т. п.*) become* fírmly estáblished; 2. (в *пр.*; *убеждаться*) become* fírmly convínced (of); 3. *страд.* к утверждать.

утверждéние с. 1. (*мысль, положение*) assértion, státe|ment, àffirmátion; (*торжественное*) assèverátion; (*голословное*) àllegátion; противоположное, обратное ~ cóntrary assértion; 2. (*санкционирование*) appróval [-u:v-]; (*договора, пакта*) ràtificátion, cònfirmátion; (*завещания*) próbate [-oub-]; 3. (*укрепление*) stréngthening, consòlidátion.

утек||áть, утечь flow a|wáy [-ou...], run* a|wáy; (*о газе*) escápe; (*перен.*)

pass, go* by; ◇ мно́го воды́ ~ло́ с тех пор much wáter has flowed únder the brídge(s) since that time [...'wɔ:-...].

утёнок *м.* dúckling.

утеп||ле́ние *с.* wárming; (*рд.*; *о жилом помещении*) máking hábitable in wínter (*d.*). **~лённый 1.** *прич. см.* утепля́ть; **2.** *прил.* warm; (*о жилом помещении*) made hábitable in wínter; ~лённый гара́ж héated gáràge [...ɑ:ʒ], gáràge with héating. **~ли́ть** *сов. см.* утепля́ть.

утепля́ть, утепли́ть (*вн.*) warm (*d.*); (*о жилом помещении*) make* hábitable in wínter (*d.*).

утере́ть(ся) *сов. см.* утира́ть(ся).

утерпе́||ть *сов.* restráin òne¦sélf; (*с отрицанием об.*) keep* (from *ger.*), help (+ *ger.*): тру́дно ~ it is hard to restráin òne¦sélf; он не ~л, чтобы не сказа́ть he could¦n't keep from sáying, he could¦n't help sáying.

утёря *ж.* loss.

утеря́ть *сов.* (*вн.*) lose* [lu:z] (*d.*); (*о праве, уважении и т. п.*) fórfeit [-fɪt] (*d.*).

утёс *м.* rock; (*береговой*) cliff. **~и́стый** rócky; (*о береге*) steep, precípitous.

уте́ха *ж.* **1.** (*радость*) joy, delíght; (*удовольствие*) pléasure ['ple-]; **2.** (*утешение*) cómfort ['kʌ-], cònsolátion.

уте́чка *ж. тк. ед.* **1.** (*жидкости*) léakage; (*газа*) escápe; *тех.* loss; *торг.* úllage; **2.** *эк.* loss; ~ капита́ла flówing off of cápital ['flou-...].

уте́чь *сов. см.* утека́ть.

утеш||а́ть, уте́шить (*вн.*) cómfort ['kʌ-] (*d.*), consóle (*d.*); ~ себя́ consóle òne¦sélf. **~а́ться,** уте́шиться **1.** consóle òne¦sélf; **2.** *тк. несов.* (*тв.*) take* cómfort [...'kʌ-] (in), seek* cònsolátion (in), be cómforted / consóled [...'kʌm-...] (by). **~е́ние** *с.* cómfort ['kʌ-], cònsolátion; иска́ть ~е́ния в чём-л. seek* cònsolátion in smth.; находи́ть ~е́ние в чём-л. find* cómfort / cònsolátion in smth.; ◇ сла́бое ~е́ние poor cònsolátion.

утеши́тель *м.*, **~ница** *ж.* cómforter ['kʌ-], consóler. **~ный** consólatory, consóling, cómforting ['kʌ-]; э́то ~но that's a cómfort [...'kʌ-].

уте́шить *сов. см.* утеша́ть. **~ся** *сов. см.* утеша́ться 1.

утилиз||а́ция *ж.* ùtilìzátion [-laɪ-]. **~и́ровать** *несов. и сов.* (*вн.*) útilìze (*d.*).

утилит||ари́зм *м. филос.* ùtilitárianism. **~а́рность** *ж.* utílity. **~а́рный** ùtilitárian.

ути́ль *м.*, **~сырьё** *с. тк. ед. собир.* ùtílity réfuse [...-s], scrap.

ути́ный *прил. к* у́тка I.

утира́ть, утере́ть (*вн.*) wipe (*d.*); (*осушать*) dry (*d.*); ~ пот с лица́ wipe sweat from one's face [...swet...]; ~ себе́ нос wipe one's nose; ◇ утере́ть кому́-л. нос *разг.* ≅ get* the bétter of smb. **~ся,** утере́ться **1.** wipe òne¦sélf, dry òne¦sélf; **2.** *страд. к* утира́ть.

утиха́ть, ути́хнуть (*о шуме*) cease [-s], fade, die a¦wáy; (*успокаиваться*) become* calm [...kɑ:m], calm, quíet(en) down; (*о буре, возбуждении, боли*) abáte, subsíde; (*о ветре*) fall*.

ути́хнуть *сов. см.* утиха́ть.

утихоми́ривать, утихоми́рить (*вн.*) *разг.* calm [kɑ:m] (*d.*), pácifỳ (*d.*), placáte (*d.*). **~ся,** утихоми́риться *разг.* become* quíet; (*остепеняться*) stéady up / down ['ste-...], settle down; *сов. тж.* have sown one's wild oats [...soun...] *идиом.*

утихоми́рить(ся) *сов. см.* утихоми́ривать(ся).

у́тка I *ж.* duck; ди́кая ~ wild duck; mállard (*гл. обр. о селезне*).

у́тк||а II *ж.* (*ложный слух*) cànárd; газе́тная ~ cànárd; (*рассчитанная на то, чтобы испугать*) néwspàper scare; пусти́ть ~у start / spread* a false repórt, *или* false rúmours [...spred...fɔ:ls...].

у́тка III *ж. мор.* cleat.

уткну́ть *сов.* (*вн.*) *разг.* búry ['be-] (*d.*), hide* (*d.*); ~ нос в кни́гу búry òne¦sélf in *a* book; ~ лицо́ в воротни́к búry one's face in one's cóllar. **~ся** *сов.* (в *вн.*) *разг.* **1.** búry òne¦sélf ['be-...] (in), hide* (one's face) (in); ~ся в у́гол hide* (one's face) in *a* córner; ~ся голово́й в поду́шку búry one's head in one's píllow [...hed...]; ~ся но́сом в кни́гу búry òne¦sélf in *a* book; **2.** (*наткнуться*) come* to rest (up¦ón, agáinst), be stopped (by).

утконо́с *м. зоол.* dúck-bìll, plátypus.

утле́гарь *м. мор.* jíb-bóom.

у́тлый frágìle, frail.

уто́к *м. тк. ед. собир. текст.* weft, woof.

утол||е́ние *с.* (*жажды*) sláking, quénching; (*голода*) sátisfỳing; (*боли*) lúlling, sóothing, allévià̀ting; для ~е́ния го́лода to sátisfỳ one's húnger. **~и́ть** *сов. см.* утоля́ть.

утол||сти́ть(ся) *сов. см.* утолща́ть (-ся). **~ща́ть,** утолсти́ть (*вн.*) thícken (*d.*), make* thícker (*d.*). **~ща́ться,** утолсти́ться **1.** thícken, become* thícker; **2.** *страд. к* утолща́ть. **~ще́ние** *с.* **1.** (*действие*) thíckening; **2.** (*выпуклость*) bulge.

утоля́ть, утоли́ть (*вн.*; *о жажде*) slake (*d.*), quench (*d.*); (*о голоде*) sátisfỳ (*d.*), appéase (*d.*); (*о боли*) lull (*d.*), soothe (*d.*), allévià̀te (*d.*).

утоми́тельно I **1.** *прил. кратк. см.* утоми́тельный; **2.** *предик. безл.* it is (very) tíre¦some / wéari¦some.

утоми́тельн||о II *нареч.* tíre¦some¦ly, wéari¦some¦ly. **~ость** *ж.* tíre¦some¦ness, wéari¦some¦ness. **~ый** tíre¦some, tíring, wéaring, wéari¦some; fatíguing [-'ti:g-]; ~ая рабо́та hard / exháusting work.

утом||и́ть(ся) *сов. см.* утомля́ть (-ся). **~ле́ние** *с.* tíred¦ness, wéariness, lássitùde; fatígue [-'ti:g]; кра́йнее ~ле́ние exháustion [-stʃən]. **~лённый** *прич. и прил.* tired.

утомля́емость *ж.* fàtiguabílity; у него́ бы́страя ~ he gets éasily tired [...'i:z-...].

утомля́ть, утоми́ть (*вн.*) tire (*d.*), wéary (*d.*); fatígue [-'ti:g] (*d.*); ~ себе́ глаза́ tire one's eyes [...aɪz]. **~ся,** утоми́ться **1.** get* tired / fatígued [...-'ti:gd], tire / wéary òne¦sélf, fatígue òne¦sélf; **2.** *страд. к* утомля́ть.

утону́ть *сов. см.* утопа́ть 1 *и* тону́ть II.

утонч||а́ть, утончи́ть (*вн.*) thin (*d.*), make* thínner (*d.*); (*перен.*) refíne (*d.*). **~а́ться,** утончи́ться **1.** become* / get* thin; (*перен.*) become* refíned; **2.** *страд. к* утонча́ть.

утончённ||ость *ж.* refíne¦ment; finésse. **~ый 1.** *прич. см.* утонча́ть; **2.** *прил.* refíned, subtle [sʌtl], éxquisite [-zɪt]; ~ый вкус refíned taste [...teɪst]; ~ая жесто́кость refíne¦ment of crúelty [...-uəl-]; ~ое удово́льствие éxquisite pléasure [...'ple-].

утончи́ть(ся) *сов. см.* утонча́ть (-ся).

утопа́||ть, утону́ть **1.** = тону́ть II; **2.** *тк. несов.* (в *пр.*) roll (in): ~ в ро́скоши roll in lúxury [...'lʌkʃ-]; ~ в бога́тстве roll / wállow in móney [...'mʌ-]; — ~ в зе́лени be búried in vérdure [...'be-... 'və:dʒə]. **~ющий 1.** *прич. см.* утопа́ть; **2.** *м. как сущ.* drówning man*.

утоп||и́зм *м.* Útopism. **~и́ст** *м.* Ùtópian, Útopist.

утопи́ть *сов.* **1.** *см.* топи́ть IV; **2.** *см.*ута́пливать.

утопи́ться *сов. см.* топи́ться III.

утопи́ческий Ùtópian.

уто́пия *ж.* Ùtópia.

уто́пленн||ик *м.* drowned man*. **~ица** *ж.* drowned wóman* [...'wu-].

утопта́ть *сов. см.* ута́птывать.

уто́р *м. тех.* notch; нареза́ть ~ы notch.

уточн||е́ние *с.* more precíse / áccurate dèfinítion [...-'saɪs...]; spècificátion; внести́ ~е́ния (в *вн.*) give* a more precíse dèfinítion (to), ìntrodúce clárity (into). **~и́ть(ся)** *сов. см.* уточня́ть(ся).

уто́чный *текст.* woof (*attr.*), weft (*attr.*).

уточня́ть, уточни́ть (*вн.*) spécifỳ (*d.*), make* more exáct / precíse / áccurate [...-'saɪs...] (*d.*), defíne more exáctly / precíse¦ly / áccurate¦ly [...-'saɪs-...] (*d.*); уточни́ть пу́нкты догово́ра detérmine / spécifỳ each point of *the* cóntràct; уточни́ть све́дения get* / obtáin more specífic infòrmátion, make* the infòrmátion more exáct / precíse / áccurate. **~ся,** уточни́ться **1.**

become* / be defíned more exáctly / precíse¦ly / áccurate¦ly [...-'saɪs-...]; 2. *страд.* к уточня́ть.

утра́ивать, утро́ить (*вн.*) treble [tre-] (*d.*). **~ся,** **утро́иться** **1.** treble [tre-]; 2. *страд.* к утра́ивать.

утрамб||ова́ть *сов.* **1.** *см.* утрамбо́вывать; 2. *как сов.* к трамбова́ть. **~ова́ться** *сов. см.* утрамбо́вываться. **~о́вка** *ж.* rámming.

утрамбо́вывать, утрамбова́ть (*вн.*) ram (*d.*). **~ся,** утрамбова́ться **1.** become* éven; 2. *страд.* к утрамбо́вывать.

утра́т||а *ж.* loss; понести́ ~у súffer a loss; понести́ тяжёлую ~у súffer a sevére / térrible beréave¦ment; ~ трудоспосо́бности dìsabílity.

утра́тить(ся) *сов. см.* утра́чивать (-ся).

утра́чивать, утра́тить (*вн.*) lose* [lu:z] (*d.*); ~ права́ fórfeit one's rights [-fɪt...]. **~ся,** утра́титься **1.** be lost, be gone [...gɔn]; 2. *страд.* к утра́чивать.

у́тренн||ий mórning (*attr.*); ~ее вре́мя mórning; ~ за́втрак bréakfast [-ek-]; ~яя заря́ dawn, dáybreak [-eɪk].

у́тренник I *м.* (*спектакль*) mórning perfórmance; matinée (*фр.*) ['mætɪneɪ].

у́тренник II *м.* (*мороз*) mórning frost.

у́треня *ж. церк.* mátins *pl.*

утри́р||овать *несов. и сов.* (*вн.*) exággeràte [-dʒə-] (*d.*). **~о́вка** *ж.* exàggerátion [-dʒə-].

у́тр||о *с.* mórning; morn *поэт.*; в де́вять часо́в ~а́ at nine o'clóck in the mórning; под ~ towards mórning; (*на рассвете*) at dawn, at dáybreak [...-eɪk]; по ~а́м in the mórning(s); спать до́лго по ~а́м sleep* late in the mórnings; на (сле́дующее) ~ next mórning, in the mórning; ✧ в одно́ прекра́сное ~ one fine mórning; ~ ве́чера мудрене́е *посл.* ≅ fresh for the mórrow; take cóunsel with your píllow; sleep on it; с до́брым ~ом!, до́брое ~! good mórning!; ~ жи́зни the mórning of life.

утро́б||а *ж.* womb [wu:m]; (*о животе*) bélly; ✧ ненасы́тная ~ *бран., шутл.* glútton. **~ный** úterìne; ~ный плод fóetus ['fi:-].

утрое́ние *с.* trébling ['tre-].

утро́енный **1.** *прич. см.* утра́ивать; 2. *прил.* thréefòld, triple [trɪ-].

утро́ить(ся) *сов. см.* утра́ивать (-ся).

у́тром *нареч.* in the mórning; сего́дня ~ this mórning; за́втра ~ to¦mórrow mórning; вчера́ ~ yésterday mórning [-dɪ...]; ра́нним ~ éarly in the mórning ['ə:lɪ...]; одна́жды ~ one mórning.

утру||ди́ть *сов. см.* утружда́ть. **~жда́ть,** утруди́ть (*вн.*) trouble [trʌ-] (*d.*); bóther (*d.*). **~жда́ться** trouble òne¦sélf [trʌ-...], take* trouble, give* òne¦sélf trouble.

утру́ска *ж. тк. ед. торг.* spíllage

утряса́ть, утрясти́ (*вн.*) **1.** shake* down (*d.*); 2. *разг.* (*улаживать*) settle (*d.*). **~ся,** утрясти́сь **1.** get* in (by sháking); 2. *разг.* (*улаживаться*) settle; 3. *страд.* к утряса́ть.

утрясти́(сь) *сов. см.* утряса́ть(ся).

утучн||и́ть(ся) *сов. см.* утучня́ть (-ся). **~я́ть,** утучни́ть (*вн.*) *уст.* fátten (*d.*). **~я́ться,** утучни́ться *уст.* **1.** fátten; 2. *страд.* к утучня́ть.

уты́кать *сов. см.* утыка́ть.

утыка́ть, уты́кать (*вн. тв.*) set* (*d.* with).

утю́г *м.* (flat) íron [...'aɪən], smóothing-iron [-aɪən]; портно́вский ~ góose [-s] (*pl.* gòoses); электри́ческий ~ eléctric íron.

утю́||жить, вы́утюжить (*вн.*) press (*d.*), íron ['aɪən] (*d.*); *сов. тж.* íron out (*d.*). **~жка** *ж.* préssing, íroning ['aɪən-].

утяжели́ть *сов.* (*вн.*) in¦créase the weight [-s...] (of); ~ констру́кцию in¦créase the dead load of *a* constrúction [...ded...].

уф *межд.* ugh! [u:h].

ух *межд.* bang!, ugh! [u:h], ouch! [autʃ].

уха́ *ж. тк. ед.* físh-soup [-su:p].

уха́б *м.*: ~ы pits and bumps (*on an uneven road*). **~истый** búmpy.

ухажёр *м. разг.* bóy-friend [-frend].

уха́живание *с.* **1.** (*за больным, за ребёнком*) núrsing; (*за больным тж.*) ténding; 2. (*за женщиной*) cóurting ['kɔ:t-], lóve-màking ['lʌv-]; addrésses *pl.*, atténtions *pl.*

уха́живать (за *тв.*) **1.** (*за больным, за ребёнком*) nurse (*d.*); (*за больным тж.*) tend (*d.*); (*за животными, растениями*) look (áfter); (*прислуживать*) wait (on); ~ за цвета́ми look áfter *the* flówers; 2. (*за женщиной*) court [kɔ:t] (*d.*), make* love [...lʌv] (to), pay* one's addrésses (to), pay*/ make* court (to).

у́хар||ский *разг.* dáshing. **~ство** *с. разг.* dáshing beháviour.

у́харь *м. разг.* dáshing féllow.

у́хать, у́хнуть *разг.* **1.** (*издавать громкий звук*) échò [-k-]; где́-то у́хнул снаря́д sóme¦where a shell explóded with a crash; 2. *тк. сов.* (*вн.*) *разг.* (*израсходовать*) lose* at one stroke [lu:z...] (*d.*); 3. *тк. сов. разг.* (*пропасть*) go* down, be lost.

ухва́т *м.* óven prongs ['ʌvᵊn ...] *pl.*

ухват||и́ть *сов.* (*вн.*; *прям. и перен.*) catch* (*d.*), lay* hold (of), grasp (*d.*). **~и́ться** *сов.* (за *вн.*) catch*/ lay* hold (of), grasp (*d.*); (*перен.*) catch* (at), snatch (at), grasp (at); ~и́ться за пери́ла grip / grasp / seize the (hánd-) rail [...si:z...]; ~и́ться за слу́чай seize *an* òpportúnity; ~и́ться за предложе́ние, за мысль jump at *an* óffer, at *the* idéa [...aɪ'dɪə]; он ~и́лся за мою́ мысль he snatched / grasped / caught at my idéa.

ухва́тка *ж. разг.* way, mánner.

ухитр||и́ться *сов. см.* ухитря́ться. **~я́ться,** ухитри́ться (+ *инф.*) *разг.* contríve (+ to *inf.*).

ухищре́ни||е *с.* contrívance [-'traɪ-], shift, devíce; прибега́ть к ра́зным ~ям resórt, *или* have recóurse, to várious tricks [-'zɔ:t... -'kɔ:s...].

ухищря́ться contríve, shift.

ухло́пать *сов. см.* ухло́пывать.

ухло́п||ывать, ухло́пать (*вн.*) *разг.* **1.** (*убивать*) kill (*d.*), múrder (*d.*); 2. (*тратить*) squánder (*d.*), waste [weɪ-] (*d.*); он ~ал на э́то це́лый день he wásted *a* whole day on it [...houl...].

ухмы́лка *ж. разг.* = усме́шка.

ухмыльну́ться *сов. см.* ухмыля́ться.

ухмыля́ться, ухмыльну́ться *разг.* smirk, grin.

у́хнуть *сов. см.* у́хать.

у́хо *с.* ear; нару́жное ~ áuricle; сре́днее ~ míddle ear; воспале́ние у́ха inflammátion of the ear; otítis *научн.*; говори́ть кому́-л. на́ ~ speak* in smb.'s ear; ✧ быть туги́м на́ ~ be hard of héaring; держа́ть ~ востро́ *погов.* ≅ be on one's guard; навостри́ть у́ши prick up one's ears; дать в ~, по́ уху кому́-л. *груб.* give* smb. a box on the ear; в одно́ ~ вошло́, в друго́е вы́шло in at one ear and out at the other; слу́шать кра́ем у́ха listen with half an ear ['lɪsᵊn... hɑ:f...]; он и у́хом не ведёт he does¦n't care a rap; затыка́ть у́ши close / stop one's ears; у́ши вя́нут (от) it makes one sick to hear (*d.*); прокрича́ть, прожужжа́ть у́ши кому́-л. din into smb.'s ears; влюби́ться по́ уши (в *вн.*) be óver head and ears in love [...hed... lʌv] (with); пропуска́ть ми́мо уше́й (*вн.*) *разг.* give* no ear (to), take* no heed (of); он уша́м свои́м не ве́рил he could not belíeve his ears [...-i:v...].

уховёртка *м. зоол.* éarwìg.

ухо́д I *м.* gó¦ing a¦wáy / out / off; léaving, depárture; (*с должности*) rèsignátion [rez-], retíring; (*с конференции и т. п.*) with¦dráwal (from); пе́ред са́мым ~ом just befóre léaving.

ухо́д II *м.* (за *тв.*; *ухаживание, заботы*) care (of); в э́том санато́рии хоро́ший ~ за больны́ми the pátients are táken good* care of in this sànatórium; техни́ческий ~ за маши́нами máintenance of machínes, éngines [...-'ʃi:nz 'endʒ-]; э́то расте́ние нужда́ется в ~е this plant needs care [...ɑ:nt...]; ~ за маши́ной (*автомобилем*) sérvicing / máintenance / care of *a* car.

уходи́ть, уйти́ **1.** leave*; go* a¦wáy / off; depárt; ~ с рабо́ты leave* work; ~ в отста́вку resígn [-'zaɪn], retíre; ~ с поста́ leave* one's post [...poust]; resígn one's posítion [...-'zɪ-]; ~ со сце́ны leave* / quit the stage, retíre from the stage; ухо́дит, ухо́дят (*театральная ремарка*) éxit, éxeùnt; часы́ ушли́ вперёд the watch is fast; кора́бль ухо́дит в мо́ре the ship is putting out to sea; ~ в во́здух *ав.* take* the air; **2.** (*проходить, миновать*) pass, elápse; мо́лодость ухо́дит youth is soon óver [juːθ...], youth is slípping a|wáy; вре́мя ещё не ушло́ there is still time; **3.** *тк. несов.* (*простираться*) stretch; доро́га ухо́дит вдаль the road recédes into the dístance; **4.** (от *наказания, расплаты и т. п.*) escápe (*d.*); от э́того не уйдёшь you can't get a|wáy from it [...kɑːnt...]; уйти́ от пресле́дования *воен.* outstríp one's pursúer; **5.** (*расходоваться*) be spent; все си́лы ухо́дят на э́то *one's* whole énergy is spent on it [...houl...], it takes all *one's* énergy; на подгото́вку ухо́дит мно́го вре́мени the prèparátions take much time; ◇ с ним далеко́ не уйдёшь you won't go very far with him [...wount...]; уйти́ ни с чем go* a|wáy émpty-hánded, *или* having achíeved nothing [...ə'ʧiːvd...]; ~ в себя́ draw* / retíre / shrink* into òne|sélf; уйти́ в про́шлое become* a thing of the past.

уходи́ться *сов. разг.* (*устать*) be tired out.

ухудш||а́ть, уху́дшить (*вн.*) make* worse (*d.*), wórsen (*d.*), detérioràte (*d.*). **~а́ться,** уху́дшиться **1.** become* / grow* worse [...grou...], detérioràte, take* a turn for the worse; его́ здоро́вье уху́дшилось his health has become worse [...helθ...]; отноше́ния уху́дшились the relátions have become worse; ка́чество уху́дшилось the quálity has detérioràted; **2.** *страд. к* ухудша́ть. **~е́ние** *с.* (*болезни, состояния*) wórsening, change for the worse [ʧeɪ-...], detèriorátion; ~е́ние отноше́ний detèriorátion of relátions; fálling off in relátions; ~е́ние ка́чества detèriorátion.

уху́дшенный 1. *прич. см.* ухудша́ть; **2.** *прил.* inférior, detérioràted.

уху́дшить(ся) *сов. см.* ухудша́ть (-ся).

уцеле́||ть *сов.* (*остаться нетронутым*) be left whole [...houl], remáin whole; (*остаться неповреждённым*) come* off únhúrt; (*остаться в живых*) survíve; (при; *сохраниться тж.*) be spared (by); дом ~л при пожа́ре the house* was spared by the fire [...haus...], the house* survíved the fire.

уценённый *прич. и прил. торг.* márked-down.

уцени́ть *сов.* (*вн.*) *торг.* mark down (*d.*).

уцепи́ться *сов.* (за *вн.*) catch* / lay* hold (of), seize [siːz] (on); grasp (at; *тж. перен.*); ~ за предложе́ние *разг.* catch* / jump at *a* propósal, *или* at *an* óffer [...-zᵊl...].

уча́ст||вовать (в *пр.*) **1.** (*принимать участие*) take* part (in), pàrtícipàte (in), be (in); (*сотрудничать*) collábоràte (in); ~ в голосова́нии, в вы́борах take* part in vóting, in the eléction; ~ в спекта́кле take* part in *a* play; ~ в за́говоре be in *the* plot; **2.** (*иметь долю*) have a share / hand (in); ~ на ра́вных права́х share alíke; ~ в расхо́дах share in expénses / expénditure. **~вующий 1.** *прич. см.* уча́ствовать; **2.** *м. как сущ.* pàrtícipant, pàrtícipàtor.

уча́ст||ие *с. тк. ед.* **1.** (*совместная деятельность*) pàrtìcipátion; (*сотрудничество*) collàborátion; привлека́ть кого́-л. к ~ию в чём-л. get* smb. to take part in smth., enlíst smb., *или* smb.'s help; (*заинтересовывать*) ínterest smb. in smth.; не допуска́ть кого́-л. к ~ию в чём-л. debár smb. from pàrtìcipátion in smth.; принима́ть ~ в чём-л. take* part in smth., pàrtícipàte in smth.; take* a hand in smth. *разг.*; принима́ть ~ в рабо́те contríbute one's share to the work; де́ятельное ~ áctive pàrtìcipátion; при ~ии кого́-л. with the pàrtìcipátion of smb., with the assístance of smb.; **2.** (*обладание долей, паем в чём-л.*) share, sháring; **3.** (*сочувствие*) sýmpathy, ínterest, concérn; с живе́йшим ~ием with the gréatest sýmpathy / ínterest [...-eɪt-...]; принима́ть (большо́е) ~ в ком-л. take* great ínterest in smb. [...-eɪt...].

участи́ть(ся) *сов. см.* учаща́ть(ся).

участко́вый dístrict (*attr.*); ~ надзира́тель *ист.* divísional inspéctor (of políce) [...-'liːs].

уча́стлив||ый sỳmpathétic, compássionate; прояви́ть ~ое отноше́ние (к) be compássionate (towards), have sýmpathy (for).

уча́стник *м.* pàrtícipant, pàrtícipàtor; (*в пае*) shárer; (*преступления*) accómplice; (*состязания*) compétitor; (*в игре*) pártner; (*съезда*) mémber; он ~ гражда́нской войны́ he took part in the cívil war; ~ экспеди́ции mémber of *an* èxpedítion; он ~ за́говора he is, *или* was, a párty to *the* plot, he takes, *или* took, part in *the* plot.

уча́ст||ок *м.* **1.** (*земли*) lot, plot; (*небольшой*) strip, párcel; дроби́ть, дели́ть на ~ки (*вн.*) párcel out (*d.*); **2.** (*часть поверхности*) part, séction; (*дороги, реки́*) séction, length; (*перен.: сфера деятельности*) séction; поражённые ~ки ко́жи affécted parts of the skin; ~ зараже́ния *воен.* contáminàted área / ground [...'ɛərɪə...]; ~ фро́нта séctor of the front [...-ʌnt]; ~ рабо́ты allótted work; **3.** (*административный*) dístrict; избира́тельный ~ eléctoral / eléction dístrict / área, constítuency; (*помещение*) pólling place / státion, eléction centre; **4.** *ист.* (*полицейский*) políce-office [-iːs-], políce-státion [-iːs-].

у́част||ь *ж.* lot, fate; раздели́ть ~ кого́-л. share smb.'s fate; (*добровольно*) throw* in one's lot with smb. [-ou...]; подчиня́ться свое́й ~и submít to one's fate; избежа́ть о́бщей ~и escápe the cómmon lot; их пости́гнет та же ~ they will súffer the same fate.

учаща́ть, участи́ть (*вн.*) make* more fréquent (*d.*), in|créase the fréquency [-s... 'friː-] (of). **~ся,** участи́ться become* more fréquent.

учащённый 1. *прич. см.* учаща́ть; **2.** *прил.* quick, quíckened; ~ пульс quick / quíckened pulse.

уча́щ||ийся 1. *прич.* (*тж. как прил.*) *см.* учи́ться; ~аяся молодёжь stúdents *pl.*; **2.** *как сущ. м.* stúdent; (*школьник*) schóolboy, púpil; *ж.* stúdent; (*школьница*) schóolgìrl [-gəːl], púpil; *мн. собир.* the stúdents; (*школьники*) the púpils.

учёб||а *ж.* stúdies ['stʌ-] *pl.*; (*подготовка*) tráining; за ~ой at one's stúdies; зако́нчить ~у compléte one's stúdies.

уче́бник *м.* téxt-book; (*руководство*) mánual; (*начальный*) prímer; ~ хи́мии, фи́зики *и т. п.* course / mánual of chémistry, phýsics, *etc.* [kɔːs..., 'ke- -zɪ-].

уче́бно-воспита́тельный téaching and èducátional.

уче́бн||ый èducátional; (*школьный*) school (*attr.*); ~ год àcadémic year; (*в школе*) schóol-year; ~ое вре́мя schóol-hours [-auəz] *pl.*; ~ые заня́тия stúdies ['stʌ-]; ~ план currículum (*pl.* -la); ~ предме́т súbject; ~ое заведе́ние èducátional ìnstitútion; ~ые посо́бия tráining applíances; school supplíes; ~ батальо́н *воен.* tráining battálion [...-'tæ-]; ~ое су́дно tráining ship; ~ое пла́вание tráining vóyage; ~ое по́ле *воен.* éxercise ground; ~ая стрельба́ (fíring) práctice.

уче́н||ие *с.* **1.** stúdies ['stʌ-] *pl.*, léarning ['ləː-]; (*ремеслу*) appréntice|ship; го́ды ~ия schóol-years; вре́мя ~ия clásses *pl.*; быть в ~ии be an appréntice; ко́нчить ~ fínish one's stúdies; (*ремеслу*) fínish one's appréntice|ship; **2.** (*преподавание*) téaching; **3.** *воен.* éxercìse; строево́е ~ drill; такти́ческое ~ táctical éxercìse; **4.** (*философское, политическое и т. п.*) téaching, dóctrine; ~ Ле́нина the téaching of Lénin.

учен||и́к *м.*, **~и́ца** *ж.* **1.** (*в школе*) púpil; (*в ремесле*) appréntice; léarner ['ləː-]; **2.** (*последователь*) dísciple. **~и́ческий** *прил. к* учени́к; (*перен.: незрелый, несамостоятельный*) raw, crude, únskílled. **~и́чество** *с. тк. ед.* púpil(l)age; (*ремеслу*) appréntice|ship.

учён||ость *ж.* léarning ['ləː-], èrudítion; мни́мая ~ scíolism. **~ый 1.** *прил.* (*о человеке*) léarned ['ləː-], érudite; **2.** *прил.* (*относящийся к науке*) scientífic; ~ый сове́т àcadémic council; ~ое óбщество scientífic society; ~ая стéпень àcadémic degrée; 3. *прил.* (*дрессированный*) trained, perfórming; 4. *м. как сущ.* scíentist; léarned pérson; schólar ['skɔ-].

учéсть *сов. см.* учи́тывать.

учёт *м. тк. ед.* 1. càlculátion; accóunting; (*товаров*) stóck-tàking; вести́ ~ (*рд.*) take* stock (of); не поддавáться ~у be be¦yónd all càlculátion; с дóлжным ~ом (*рд.*; *фактов, условий и т. п.*) with due regárd (for); закры́то на ~ closed for stóck-tàking; 2. (*регистрация*) règistrátion; брать на ~ (*вн.*) régister (*d.*); станови́ться на ~ be régistered; снимáть с ~а (*вн.*) strike* / cross off the régister (*d.*); снимáться с ~а be struck / crossed off the régister; 3. *фин.* (*векселей*) díscount, discóunting.

учетвер||ённый 1. *прич. см.* учетверя́ть; 2. *прил.* quádruple, quàdrúplicate. **~и́ть(ся)** *сов. см.* учетверя́ть(ся).

учетверя́ть, учетвери́ть (*вн.*) quádruple (*d.*), quàdrúplicàte (*d.*). **~ся**, учетвери́ться 1. become* / be quádrupled; 2. *страд. к* учетверя́ть.

учётн||ый 1. *прил. к* учёт 1, 2; ~ стол règistrátion board / depártment; ~ бланк, лист(óк), ~ая кáрточка règistrátion form; ~ая вéдомость tálly sheet; 2. *фин.* díscount (*attr.*); ~ процéнт díscount; ~ банк díscount bank.

учётч||ик *м.*, **~ица** *ж.* accóunting clerk [...klɑːk].

учи́лище *с.* school, cóllege; воéнное ~ mílitary school / acádemy; Нахи́мовское ~ Nakhímov Nával Cóllege; Суворóвское ~ Suvórov Mílitary Cóllege.

учини́ть *сов. см.* учиня́ть.

учиня́ть, учини́ть (*вн.*) *разг.* make* (*d.*), commít (*d.*); ~ скандáл kick up a row; ~ пáкость комý-л. play a dírty / mean trick on smb.; ~ распрáву inflíct reprísals [...-zᵊlz].

учи́тель *м.* (*в разн. знач.*) téacher; tútor (*особ. домашний*); шкóльный ~ schóol-teacher, schóolmàster; schóolmàn* *амер.*; ~ англи́йского языкá Énglish teacher ['ɪŋ-...]; ~ математики màthemátics téacher; ~ пéния síng¦ing-màster; ~ тáнцев dáncing-màster. **~ница** *ж.* téacher; шкóльная ~ница schóolmistress. **~ская** *ж. скл. как прил.* téachers' room, stáff-room. **~ский** *прил. к* учи́тель; ~ский институ́т téachers' cóllege; ~ский съезд téachers' cónference. **~ство** *с. тк. ед.* 1. *собир.* téachers *pl.*; 2. (*деятельность*) dúties of a téacher *pl.*

учи́тельствовать be a téacher.

учи́тывать, учéсть (*вн.*) 1. (*принимать во внимание*) take* into accóunt / consìderátion (*d.*); take* accóunt (of), allów (for); учи́тывая táking into accóunt / consìderátion (*d.*); учи́тывая пожелáния (*рд.*) táking into accóunt, *или* in respónse to, *или* héeding, the wíshes (of); не ~ leave* out of accóunt (*d.*); не учéсть fail to take into accóunt (*d.*); 2. (*вести учёт, брать на учёт*) take* stock (of); 3. *фин.* (*о векселе*) discóunt (*d.*).

учи́ть 1. (*вн.*) teach* (*d.*), instrúct (*d.*); ~ когó-л. чемý-л. teach* smb. smth.; 2. (*с союзом* что; *развивать теорию*) teach* (that); 3. (*вн.*; *изучать, усваивать*) learn* [lɜːn] (*d.*), stúdy ['stʌ-] (*d.*); ~ наизу́сть learn* by heart / rote [...hɑːt...] (*d.*); ~ роль learn* *the* role / part; 4. *воен.* drill (*d.*). **~ся** 1. (*дт.*) learn* [lɜːn] (*d.*), stúdy ['stʌ-] (*d.*); ~ся читáть learn* to read; ~ся англи́йскому языку́ learn* / stúdy Énglish [...'ɪŋ-]; ~ся портнóвскому дéлу learn* táiloring; (*быть учеником у портного*) be apprénticed to *a* táilor; хорошó ~ся stúdy well*, do well* at school, at the Ùnivérsity, *etc.*; 2. (в *пр.*) stúdy (at); (у когó-л.) learn* (from smb.); (*ремеслу*) be an appréntice (to smb.); ~ся в университéте stúdy at *the* Ùnivérsity, attёnd *the* Ùnivérsity, be a stúdent; ~ся в шкóле go* to school; ◊ ~ся на сóбственных оши́бках prófit / learn* by one's own mistákes [...oun...]; век живи́ — век учи́сь *погов.* ≅ live and learn [lɪv...].

учреди́тель *м.* fóunder, cónstitùtor. **~ница** *ж.* fóundress. **~ный** constítutive, constítuent; ~ное собрáние Constítuent Assémbly.

учреди́ть *сов. см.* учреждáть.

учрежд||áть, учреди́ть (*вн.*) found (*d.*), estáblish (*d.*), set* up (*d.*); (*об ордене, медали*) ínstitùte (*d.*); ~ коми́ссию estáblish *a* commíssion; ~ прéмии ínstitùte prízes. **~éние** *с.* 1. (*действие*) fóunding, estáblishment, sétting up; 2. (*заведение*) ìnstitútion, estáblishment; госудáрственные ~éния State ìnstitútions; культу́рные и общéственные ~éния cúltural and públic-sérvice ìnstitútions [...'pʌ-..]; ~éния по охрáне здорóвья мáтери и ребёнка móther-and-chíld health ìnstitútions ['mʌ- helθ...].

учти́в||ость *ж.* civílity, cóurtesy ['kɜːt-]. **~ый** cívil, cóurteous ['kɜːt-]; (*внимательный*) consíderate.

учу́ять *сов.* (*вн.*) smell* (*d.*).

ушáнка *ж.* cap with éar-flàps.

ушáстый *разг.* bíg-éared.

ушáт *м.* tub; ◊ вы́лить ~ холóдной воды́ (на *вн.*) throw* a cold douche [-ou...duːʃ] (up¦ón).

у́ши *мн. см.* у́хо.

уши́б *м.* ínjury; (*место ушиба*) bruise [-uːz]; *мед.* contúsion. **~áть**, ушиби́ть (*вн.*) hurt* (*d.*); (*до синяка*) bruise [-uːz] (*d.*); *мед.* contúse (*d.*). **~áться**, ушиби́ться hurt* òne¦sélf. **~и́ть(ся)** *сов. см.* ушибáть(ся).

ушивáть, уши́ть (*вн.*) take* in (*d.*).

уши́ть *сов. см.* ушивáть.

у́шкó I *с. уменьш. от* у́хо; ◊ у негó у́шки на макýшке ≅ he is on his guard.

ушкó II *с.* 1. (*у иглы и т. п.*) eye [aɪ]; 2. (*сапога*) tab, tag.

ушн||úк *м. разг.* (*о враче*) éar-spècialist [-spe-]. **~óй** *прил. к* у́хо; áural *научн.*; ~áя железá áural gland; ~áя рáковина cóchlea (*pl.* -leae); ~áя сéра éar-wàx [-wæks]; ~óе зéркало ótoscòpe ['ou-]; ~óй врач = ушни́к; ~áя боль éar-àche [-eɪk].

ущéлье *с.* gorge, ravíne [-iːn]; cányon.

ущем||и́ть *сов. см.* ущемля́ть. **~лéние** *с.* pínch(ing), jámming; (*перен.*: *оскорбление*) wóunding ['wuː-]; (*перен.*: *ограничение*) infrínge¦ment; ~лéние гры́жи *мед.* stràngulátion / in¦càrcerátion of hérnia; ~лéние чьегó-л. самолю́бия wóunding smb.'s pride / sélf-estéem; ~лéние чьих-л. интерéсов, прав infrínge¦ment of smb.'s ínterests, rights.

ущемля́ть, ущеми́ть (*вн.*) pinch (*d.*), jam (*d.*); (*перен.*: *оскорблять*) wound the pride [wuːnd...] (of); (*перен.*: *уменьшать, ограничивать*) infrínge (up¦ón); ~ чьи-л. интерéсы, правá infrínge up¦ón smb.'s ínterests, rights.

ущéрб *м. тк. ед.* 1. (*убыток*) dámage; loss; détriment; (*вред*) préjudice; наноси́ть ~ (*дт.*) cause / do dámage (to), dámage (*d.*); понести́ ~ súffer dámage; в ~ комý-л. to the préjudice of smb., in préjudice of smb.; to smb.'s détriment; в ~ чемý-л. to the détriment of smth.; в ~ здрáвому смы́слу to the détriment of cómmon sense; без ~а (для) without préjudice (to); ~ был невели́к the dámage was not great [...eɪt]; 2.: на ~е (*о луне*) on the wane; (*о славе и т. п.*) on the declíne.

ущипну́ть *сов.* (*вн.*) pinch (*d.*), tweak (*d.*).

ую́т *м.* cósiness ['kouz-]; (*комфорт*) cómfort ['kʌ-]. **~но** *нареч.* cósily ['kouz-], cómfortably ['kʌ-]; чу́вствовать себя́ ~но feel* cósy [...-zɪ]. **~ность** *ж.* cómfortable¦ness ['kʌ-], cósiness ['kouz-]. **~ный** (*о месте*) cómfortable ['kʌ-], cósy [-zɪ]; *разг.* (*приятный*) agréeable [-rɪə-]; ~ная кóмната cómfortable / cósy room.

уязви́м||ость *ж.* vùlnerabílity. **~ый** vúlnerable; легкó ~ый ópen to ínjury, críticism, *etc.*; ~ый с вóздуха *воен.* vúlnerable to air attáck.

уязв||и́ть *сов. см.* уязвля́ть. **~лéние** *с.* stíng¦ing, wóunding ['wuː-].

уязв||ля́ть, уязви́ть (*вн.*) sting* (*d.*), wound [wuː-] (*d.*); ~и́ть чьё-л. самолю́бие hurt* smb.'s pride; ~и́ть сáмое больнóе мéсто touch / cut* to the quick [tʌtʃ...].

уясни́ть *сов. см.* уясня́ть.

уясня́ть, уясни́ть (*вн.*) (*тж.* ~ себé) size up (*d.*), make* out (*d.*), ùnderstánd* (*d.*); ~ себé положéние size up *the* sìtuátion.

Ф

фа *с. нескл. муз.* F [ef]; fa [fɑː]; ключ фа bass clef [beɪs...]; F clef.

фабзавко́м *м.* (фабри́чно-заводско́й комите́т) fáctory (tráde-ùnion) commíttee [...-tɪ].

фабко́м *м.* (фабри́чный комите́т)= фабзавко́м.

фаблио́, фабльо́ *с. нескл. лит.* fábliau ['fæblɪou].

фа́брика *ж.* fáctory, mill; суко́нная ~ cloth fáctory; бума́жная ~ páper-mìll; краси́льная ~ dýe-house* [-s], dýe-wòrks; пряди́льная ~ spínning-mìll, spínning-fàctory; тка́цкая ~ wéaving-mìll.

фа́брика-ку́хня *ж.*(lárge-scàle) méchanìzed cantéen [...-kə-...].

фабрика́нт *м.* mànufácturer, míll-owner [-ou-], fáctory ówner [...'ou-].

фабрика́т *м.* fínished / mànufáctured próduct [...'prɔ-].

фабрика́ция *ж.* (*прям. и перен.*) fàbricátion.

фабрикова́ть, сфабрикова́ть (*вн.*) **1.** *тк. несов.* (*изготовлять*) mànufácture (*d.*); (*производить*) prodúce (*d.*); **2.** (*измышлять, подделывать*) fábricàte (*d.*); forge (*d.*); сфабрико́ванные обвине́ния frámed-ùp / trúmped-ùp chárges.

фа́брить, нафа́брить (*вн.*) *уст.* dye (*d.*); ~ усы́ use moustáche-dýe [...-ɑːʃ-].

фабри́чно-заводск||о́й fáctory-and-wórks (*attr.*); ~óе обуче́ние fáctory-and-wórkshòp tráining; шко́ла ~óго обуче́ния fáctory-and-wórkshòp school; fáctory appréntice|ship school.

фабри́чн||ый I **1.** *прил. к* фа́брика; (*промышленный*) indústrial, mànufácturing; ~ рабо́чий fáctory wórker; ~ые цеха́ fáctory depártments; ~ая труба́ fáctory chímney; ~ое произво́дство mànufácturing; ~ое законода́тельство fáctory lègislátion; ~ го́род mànufácturing town; ~ая ма́рка trade mark; **2.** (*некустарный*) fáctory-máde.

фабри́чный II *м. скл. как прил. уст.* fáctory wórker.

фа́була *ж. лит.* plot, stóry.

фавн *м. миф.* faun.

фаво́р *м. тк. ед.*: быть в ~е у кого́-л. *разг.* be in smb.'s good gráces; не в ~е out of fávour. **~и́т** *м.* fávour|ite; mínion. **~ити́зм** *м.* fávour|itism. **~и́тка** *ж. к* фавори́т.

фаго́т *м. муз.* bassóon. **~и́ст** *м.* bassóonist.

фаготерапи́я *ж. мед.* phàgothérapy.

фагоци́т *м. физиол.* phágocỳte.

фа́з||а *ж.* (*в разн. знач.*) phase; (*период*) périod; ~ы луны́ *астр.* pháses of the moon; у́гол сдви́га фаз *тех.* phase angle.

фаза́н *м.* phéasant ['fez-]. **~ий** *прил. к* фаза́н.

фа́зис *м.* phase.

фа́зн||ый *физ., тех.* phase (*attr.*); ~ компенса́тор phase módifier; ~ая ско́рость phase velócity; ~ая обмо́тка phase wínding.

фа́зов||ый: ~ое напряже́ние *эл.* phase vóltage.

фазо́метр *м. физ., тех.* phase méter, phàsómeter [feɪ'zɔ-].

фазотро́н *м. физ.* sýnchro-cýclo|tròn.

фай *м. текст.* poult-de-sóie [puːdə-'swɑː].

файдеши́н [-дэ-] *м. текст.* faille de Chine ['faɪdɪ'ʃɪn].

фа́кел *м.* torch.

фа́кель||ный *прил. к* фа́кел; ~ное ше́ствие tórch-lìght procéssion. **~щик** *м.* tórch-bearer [-bɛə-].

faки́р *м.* fákir [-kɪə].

факси́миле *с. нескл.* fàcsímile [-lɪ].

факт *м.* fact; (*случай*) case [-s]; общеизве́стный ~ notórious fact; достове́рный ~ estáblished fact; cértainty; соверши́вшийся ~ fait accomplí [fetɑːkɔːŋ'pliː]; accómplished fact; поста́вить пе́ред соверши́вшимся ~ом (*вн.*) confrónt with a fait accomplí [-'frʌ-...] (*d.*); стоя́ть пе́ред ~ом be faced with the fact; име́ют ме́сто ~ы facts / cáses are on récòrd [...'re-]; приводи́ть ~ы méntion facts; привести́ ~ point to a fact; показа́ть на ~ах show* proofs [ʃou...]; оби́льный ~ами rich in facts; счита́ться с ~ом face the fact; ~ы говоря́т о том, что the facts show that; ◇ э́то ~! it's a fact!; ~, что (*верно, действительно*) it is a fact that; ~ тот, что (*дело в том, что*) the fact is that; го́лые ~ы bare / náked facts; ~ы — упря́мая вещь facts are stúbborn things; you can't fight facts [...kɑːnt...]; you can't get a|wáy from facts; ~ остаётся ~ом the fact remáins.

факти́ческ||и *нареч.* práctically; áctually; (*в сущности*) in fact, vírtually, to all inténts and púrposes [..-sɪz]. **~ий** áctual; real [rɪəl]; (*основанный на фактах*) fáctual; (*действительный*) vírtual; ~ое доказа́тельство áctual proof; ~ое положе́ние де́ла the áctual state of affáirs; ~ая сторона́ the facts *pl.*; ~ий материа́л, ~ие да́нные the facts; ~ие хозя́ева vírtual másters; ~ий руководи́тель the vírtual mánager.

фа́ктор *м.* fáctor; вре́менные, преходя́щие ~ы tránsitory / tránsient fáctors [...-z-...]; постоя́нно де́йствующие ~ы pérmanent fáctors.

факто́рия *ж.* tráding státion.

факто́тум *м.* fàctótum.

факту́ра *ж.* **1.** *торг.* ínvoice, bill; **2.** *муз., жив.* téxture, mánner of èxecútion.

факультати́вный fácultàtive, óptional; ~ уче́бный предме́т óptional súbject, eléctive course [...kɔːs].

факульте́т *м.* fáculty, depártment; медици́нский ~ médical fáculty / depártment; юриди́ческий ~ fáculty / depártment of law; исто́рико-филологи́ческий ~ históricał and phìlológical fáculty / depártment; быть на юриди́ческом ~е be a stúdent of the fáculty of law. **~ский** *прил. к* факульте́т.

фал *м. мор.* hályard, hálliard.

фала́нга *ж.* (*в разн. знач.*) phálànx; (*анат. тж.*) phálànge.

фаланстéр [-тэ́р] *м.* phálanstery.

фа́лда *ж.* tail, skirt (*of coat*).

фа́линь *м. мор.* páinter (*rope attached to the bow of boat*).

фалли́ческий phállic.

фалло́пиев: ~а труба́ *анат.* Fallópian tube.

фа́ллос *м.*, **фа́ллус** *м.* phállus (*pl.* -llì).

фалре́п *м. мор.* mán-ròpe, síde-ròpe.

фальсифик||а́т *м.* fálsificátion ['fɔːl-], cóunterfeit [-fɪt]. **~а́тор** *м.* fálsifier ['fɔːl-], adúlteràtor. **~а́ция** *ж.* **1.** (*действие*) fálsificátion ['fɔːl-], adùlterátion; fórgery; **2.** (*подделанная вещь, фальсифицированный продукт*) fálsificátion, cóunterfeit [-fɪt].

фальсифици́рованн||ый *прич. и прил.* cóunterfeited [-fɪtɪd], forged; adúlteràted; ~ое ма́сло adúlteràted bútter.

фальсифици́ровать *несов. и сов.* (*вн.*) fálsifỳ ['fɔːl-] (*d.*), adúlteràte (*d.*).

фальц *м. тех.* **1.** (*выемка*) rábbet, rébàte ['riː-], groove; **2.** (*сгиб*) fold.

фальцева́льн||ый: ~ая маши́на *полигр.* fólder, fólding machíne [...-'ʃiːn].

фальцева́ть (*вн.*) *тех.* **1.** (*делать выемки*) rábbet (*d.*), rebáte (*d.*), groove (*d.*); **2.** (*сгибать*) fold (*d.*).

фальце́т *м. муз.* fàlséttò [fɔːl-].

фальцо́вка *ж.* fólding.

фальцо́в||очный *прил. к* фальцо́вка. **~щик** *м.*, **~щица** *ж.* fólder.

фальшбо́рт *м. мор.* búlwark ['bul-].

фальши́в||ить, сфальши́вить **1.** *тк. несов.* (*быть неискренним*) dissémble, be a hýpocrite; be false [...fɔːls]; **2.** (*в пении*) sing* out of tune; (*в игре на муз. инструменте*) play out of tune. **~ка** *ж. разг.* forged / fake dócument, fraud.

фальшивомоне́тчик *м.* cóunterfeiter [-fɪtə]; cóiner (of false móney) [...fɔ:ls 'mʌ-].

фальши́в||ый false [fɔ:ls]; (*поддельный*) spúrious; (*о документах*) forged; (*искусственный, ненастоящий*) àrtifícial; ìmitátion (*attr.*); (*неискренний*) ìnsincére; **~ые** во́лосы false hair *sg.*; **~ые** зу́бы false teeth; **~ая** моне́та false / spúrious coin; **~ая** но́та *муз.* false note; **~ые** драгоце́нности pínchbèck *sg.*, paste jéwelry [peɪ-...] *sg.*; ~ челове́к ìnsincére man*; **~ая** улы́бка ìnsincére / affécted smile.

фальшки́ль *м. мор.* false keel [fɔ:ls...].

фальшь *ж. тк. ед.* fálsity ['fɔ:l-]; (*лицемерие*) hypócrisy, fálse¦ness ['fɔ:l-]; (*неискренность*) ìnsincérity.

фами́лия *ж.* (súr)nàme, fámily name; как его́ ~? what is his (súr-) nàme?; де́вичья ~ máiden name.

фами́льн||ый fámily (*attr.*); **~ое** схо́дство fámily líke¦ness; **~ые** драгоце́нности fámily jéwels.

фамилья́рничать (с *тв.*) *разг.* take* líberties (with).

фамилья́рно *нареч.* úncèremónious¦ly, without céremony.

фамилья́рн||ость *ж.* líberties *pl.*, úncèremónious¦ness; не допуска́ть **~остей** с кем-л. ≅ keep* smb. at arms' length, *или* at a dístance. **~ый** úncèremónious, famíliar; **~ый** тон famíliar / úncèremónious mánner; **~ое** обраще́ние úncèremónious beháviour / tréatment.

фанабе́рия *ж. разг.* árrogance, snóbbishness.

фанати́зм *м.* fanáticism.

фана́тик *м.* fanátic.

фанати́ч||еский fanátical. **~ка** *ж.* к фана́тик. **~ность** *ж.* fanáticism. **~ный** fanátic(al).

фанда́нго *с. нескл.* (*танец*) fàndángò.

фане́р||а *ж.* (*полированная однослойная*) venéer; (*клеёная*) plý¦wood [-wud]; покрыва́ть **~ой** (*вн.*) venéer (*d.*). **~ный** *прил.* к фане́ра; **~ная** перегоро́дка plý¦wood pàrtítion [-wud...]; **~ный** лист sheet of plý¦wood.

фанза́ I *ж.* (*ткань*) fóulard ['fu:lɑ:d].

фанза́ II *ж.* (*китайский крестьянский дом*) fànzá.

фант *м.* fórfeit [-fɪt]; игра́ть в **~ы** play fórfeits.

фантазёр *м.*, **~ка** *ж.* dréamer, vísionary.

фантази́ровать, сфантази́ровать 1. *тк. несов.* dream*; let* one's imàginátion run a¦wáy with one *разг.*; 2. *разг.* (*выдумывать*) fib.

фанта́зия *ж.* 1. fántasy, fáncy; (*воображение тж.*) imàginátion; бога́тая ~ rich imàginátion; у него́ бога́тая ~ he is very imáginative; 2. (*мечта*) fáncy; пуста́я ~ idle fáncy; 3. *разг.* (*причуда, прихоть*) fáncy, whim; ему́ пришла́ в го́лову ~ (+ *инф.*) he took it into his head [...hed] (+ to *inf.*); 4. *муз.* fàntásia [-'tɑ:zɪə]; 5. (*выдумка, ложь*) fib.

фантасмагори́ческий phàntàsmagóric [-zm-].

фантасмаго́рия *ж.* phàntàsmagória [-zm-].

фанта́ст *м.* fántàst, vísionary. **~ика** *ж.* 1. fántasy, fábulous¦ness; на гра́ни **~ики** álmòst ún¦réal ['ɔ:lmoust -'rɪəl]; 2. *собир. разг.* (*литература*) románce, romántic fíction; нау́чная **~ика** science fíction. **~и́ческий** fàntástic(al); (*невероятный тж.*) fábulous. **~и́чность** *ж.* ìrreálity [-rɪ'æ-]; fàntástic náture [...'neɪ-], fábulous¦ness. **~и́чный** fábulous.

фанто́м *м.* phántom.

фанфа́ра *ж. муз.* 1. fánfàre; 2. (*труба*) trúmpet, bugle.

фанфаро́н *м.* brággart. **~а́да** *ж.* fànfàronáde [-'nɑ:d], brággery. **~ить** *разг.* brag, boast. **~ство** *с.* brágging.

фа́ра *ж.* (*на автомобиле, паровозе*) héad-light ['hed-].

фара́да *ж. эл.* fárad ['fæ-].

фарадиза́ция *ж. мед.* fàradizátion.

фарао́н I *м. ист.* Pháraoh [-rou].

фарао́н II *м. карт.* fáro.

фарва́тер [-тэр] *м. мор.* fáirway; (nàvigáting) chánnel; плыть, быть в **~е** (*рд.*) (*перен.*) go* alóng (with), fóllow lead (of).

Фаренге́йт *м.*: термо́метр **~а** Fáhrenheit thermómeter [-haɪt...]; 50°, 60° *и т. д.* по **~у** 50, 60, *etc.*, degrées Fáhrenheit.

фаринги́т *м. мед.* phàryngítis [-n-].

фарисе́й *м. ист.* (*тж. перен.*) Phárisee. **~ский** Phàrisáical [-'seɪɪk-], hỳpocrítical. **~ство** *с.* Phárisàism [-seɪɪ-].

фармако́лог *м.* phàrmacólogist. **~и́ческий** phàrmacológical.

фармаколо́гия *ж.* phàrmacólogy.

фармакопе́я *ж.* phàrmacopóeia [-'pi:ə].

фармаце́вт *м.* phàrmacéutist, apóthecary. **~ика** *ж.* phàrmacéutics. **~и́ческий** phàrmacéutical.

фармаци́я *ж.* phármacy.

фарс *м.* (*прям. и перен.*) farce.

фа́ртук *м.* ápron.

фарфо́р *м. тк. ед.* 1. (*материал*) chína, pórcelain [-slɪn]; 2. *собир.* (*изделия*) chína(wàre).

фарфо́ров||ый chína; pórcelain [-slɪn] (*attr.*); **~ая** гли́на chína / pórcelain clay, káolin; ~ серви́з chína set; ~ заво́д pórcelain / cerámic works.

фарш *м.* stúffing; (*мясной*) fórce-meat; (*для колбас*) sáusage-meat ['sɔ-].

фарширо́ванный *прич. и прил.* stuffed.

фарширова́ть (*вн.*) stuff (*d.*).

фас *м.*: прямо́й ~ (*окопа, хода сообщения*) leg.

фаса́д *м.* façáde [-'sɑ:d], front [-ʌ-]; **~ы** магази́нов shop fronts.

фасе́т *м.* fácet ['fæ-]. **~очный** *прил.* к фасе́т.

фа́ска *ж. тех.* flat.

фасова́ть (*вн.*; *о товарах*) pack up (*d.*).

фасо́в||ка *ж.* pácking. **~очный** pácking; **~очный** цех pácking depártment. **~щик** *м.* pácker.

фасо́левый *прил.* к фасо́ль.

фасо́ль *ж. тк. ед.* 1. (*растение*) háricòt [-kou]; háricòt / French / kídney bean; 2. *собир.* háricòt / French / kídney beans *pl.*

фасо́н *м.* fáshion, style; (*платья тж.*) cut; на друго́й ~ in a dífferent fáshion; снять ~ take* *a* páttern, cópy *a* dress ['kɔ-...].

фасо́нистый *разг.* módish ['mou-], stýlish ['staɪ-].

фасо́нн||ый *тех.* shaped; form (*attr.*); ~ резе́ц form cútter; **~ое** литьё shaped cástings *pl.*; **~ая** сталь shaped steel, steel shape; ~ кирпи́ч shaped brick.

фат *м.* fop.

фата́ *ж.* brídal veil.

фатали́зм *м.* fátalism ['feɪ-].

фатали́ст *м.* fátalist ['feɪ-]. **~и́ческий** fàtalístic [feɪ-].

фата́льн||ость *ж.* fatálity. **~ый** fátal.

фа́та-морга́на *ж.* fáta mòrgána ['fɑ:- -'gɑ:-].

фатова́т||ость *ж.* fóppishness. **~ый** fóppish.

фатовско́й dándified; ~ вид dándified air.

фатовство́ *с.* fóppery.

фа́тум *м. тк. ед.* fate.

фа́уна *ж.* fáuna.

фаце́т *м.*= фасе́т.

фаце́ции *мн. лит.* facétiae.

фашиз||а́ция *ж.* fascìstizátion [fəʃɪs-]; ìmposítion of fáscist méthods [-'z-...] (on). **~и́ровать** *несов. и сов.* (*вн.*) impóse fáscist méthods (on); fascístìze [fə'ʃɪs-] (*d.*).

фаши́зм *м.* fáscism ['fæʃɪzm].

фаши́н||а *ж.* fàscíne [-'si:n]. **~ный** *прил.* к фаши́на; **~ная** да́мба fàscíne dam [-'si:n...].

фаши́ст *м.*, **~ка** *ж.* fáscist. **~ский** fáscist (*attr.*).

фаэто́н *м.* (*экипаж*) pháeton ['feɪtᵊn].

фая́нс *м. тк. ед.* 1. (*материал*) faíence [faɪ'ɑ:ns], póttery; 2. *собир.* (*изделия*) glazed éarthenwàre [...'ə:θ-]; faíence, délft-wàre.

фая́нсов||ый *прил.* к фая́нс; **~ая** таре́лка éarthenwàre plate ['ə:θ-...]; ~ заво́д faíence fáctory [faɪ'ɑ:ns...].

февра́л||ь *м.* Fébruary; в **~е́** э́того го́да in Fébruary; в **~е́** про́шлого го́да last Fébruary; в **~е́** бу́дущего го́да next Fébruary.

февра́льский *прил. к* февра́ль; ~ день Fébruary day, day in Fébruary; ✧ Февра́льская револю́ция Fébruary Rèvolútion.

федерал||и́зм *м.* féderalism. **~и́ст** *м.* féderalist. **~и́стский** fèderalístic.

федера́льн||ый féderal; на ~ых нача́лах on féderal príncìple.

федерати́вн||ый féderàtive; féderal; ~ое госуда́рство féderal State.

федера́ция *ж.* fèderátion; Росси́йская Федера́ция the Rússian Fèderátion [...-ʃən...]; Всеми́рная ~ демократи́ческой молодёжи the World Fèderátion of Dèmocrátic Youth [...juːθ]; Междунаро́дная демократи́ческая ~ же́нщин the Wómen's Ìnternátional Dèmocrátic Fèderátion [...'wɪmɪnz -'næ-...]; Всеми́рная ~ профсою́зов World Fèderátion of Trade Únions.

феери́ческ||ий, феери́чн||ый mágical, enchánting [-ɑːn-], bewítching; ~ое зре́лище enchánting sight.

фее́рия *ж.* fáiry-scène, fáiry-play; (*перен.*) spéctacle.

фейерве́рк *м.* fíre|wòrk(s) (*pl.*).

фека́льный *физиол.* fáecal.

фелла́х *м.* féllah (*pl.* fèllahéen, féllahs).

фелу́ка *ж.*=фелю́га.

фельдма́ршал *м.* Fíeld-Márschal ['fiːld-].

фельдма́ршальский *прил. к* фельдма́ршал; ~ жезл Fíeld-Márshal's báton ['fiːld- 'bæ-].

фельдфе́бель *м. ист.* sérgeant májor ['sɑːdʒ-...]. **~ский** *прил. к* фельдфе́бель.

фе́льдшер *м.*, **~и́ца** *ж.* súrgeon's / dóctor's assístant. **~ский** *прил. к* фе́льдшер.

фельдъе́герск||ий *прил. к* фельдъе́герь; ~ая связь commùnicátion by State méssenger [...-n-].

фельдъе́герь *м.* cóurier ['kurɪə]; State méssenger [...-n-].

фельето́н *м.* néwspàper / tópical sátìre. **~и́ст** *м.*, **~и́стка** *ж.* néwspàper / tópical sátirist. **~ный** *прил. к* фельето́н; ~ный стиль light líterary style.

фелю́га *ж. мор.* fèlúcca.

Феми́да *ж. миф.* Thémis.

фемин||и́зм *м.* féminism. **~и́ст** *м.*, **~и́стка** *ж.* féminist. **~и́стский** fèminístic.

фён *м. метеор.* foehn [fəːn].

фенацети́н *м. фарм.* phenácetin.

фе́никс *м. миф.* Phóenix ['fiː-].

фени́л *м. хим.* phényl.

фено́л *м. хим.* phénòl. **~овый** *прил. к* фено́л.

феноло́гия *ж. биол.* phenólogy.

фено́мен *м.* phenómenon (*pl.* -ena). **~али́зм** *м.* phenómenalism. **~а́льный** phenómenal.

феноменоло́гия *ж. филос.* phenòmenólogy.

фео́д *м. ист.* feud, fief [fiːf].

феода́л *м. ист.* féudal lord. **~иза́ция** *ж.* feudalìzátion [-laɪ-]. **~и́зм** *м.* féudalism.

феода́льно-крепостни́ческий: ~ гнёт the yoke of sérfdom and féudal oppréssion.

феода́льн||ый féudal; ~ая раздро́бленность féudal divísion.

ферзь *м. шахм.* queen.

фе́рма I *ж. с.-х.* farm; моло́чная ~ dáiry(-fàrm); ~ кру́пного рога́того скота́ cáttle-breeding farm.

фе́рма II *ж. стр.* gírder ['gəː-]; truss; хвостова́я ~ *ав.* tail boom; строи́тельная ~ truss.

ферма́та *ж. муз.* fèrmátà [fe'mɑːtɑː].

ферме́нт *м. биол., хим.* férmènt; énzỳme. **~а́ция** *ж. биол., хим.* fèrmèntátion. **~и́ровать** *биол., хим.* fèrmént.

фе́рмер *м.* fármer. **~ский** *прил. к* фе́рмер; ~ский дом fárm-house* [-s]. **~ство** *с.* 1. (*заня́тие*) fárming; 2. *собир.* the fármers *pl.* **~ша** *ж.* fármer's wife*.

фермуа́р *м. уст.* 1. (*застёжка*) clasp; 2. (*ожере́лье*) nécklace.

ферромарга́нец *м.* fèrrománganèse.

ферросили́ций *м.* fèrrosílicon.

ферроспла́в *м.* férroálloy.

феррохро́м *м.* fèrrochrómium.

ферт *м. разг.* fop; ✧ смотре́ть ~ом be fóppish-looking.

фе́ска *ж.* fez.

фестива́ль *м.* féstival; fête [feɪt]; Междунаро́дный ~ молодёжи The World Youth Féstival [...juːθ...].

фесто́н *м.* 1. (*зу́бчик*) scállops ['skɔ-] *pl.*; 2. *стр.* (*гирля́нда*) fèstóon. **~ча́тый** scálloped ['skɔ-].

фети́ш *м.* fétish.

фетиш||изи́ровать (*вн.*) make* a fétish (of). **~и́зм** *м.* fétishism. **~и́ст** *м.* fétishist.

фетр *м.* felt. **~овый** *прил. к* фетр; ~овая шля́па felt hat.

фефёла *ж. разг.* gawk.

фехтова́льн||ый féncing; ~ое иску́сство the art of féncing; ~ая ма́ска féncing mask.

фехтова́льщик *м.* féncer, máster of féncing.

фехтова́ни||е *с.* féncing; учи́тель ~я féncing máster.

фехтова́ть fence.

фешене́бельн||ость [-нэ́-] *ж.* fáshionable|ness. **~ый** [-нэ́-] fáshionable.

фе́я *ж. миф.* fáiry.

фи *межд.* fie!

фиа́кр *м.* fiácre [fɪ'ɑːkə].

фиа́л *м. поэт.* phíalè; víal.

фиа́лка *ж.* víolet; альпи́йская ~ cýclamen.

фиа́лков||ые *мн. скл. как прил. бот.* víola. **~ый** violáceous [-ʃəs]; ✧ ~ый ко́рень órris-root.

фиа́ско *с. нескл.* fiáscò; потерпе́ть ~ come* to grief [...-iːf].

фи́бра I *ж. анат., бот.* fibre; ✧ всеми ~ми души́ heart and soul [hɑːt. .soul].

фи́бра II *ж.* (*прессо́ванная ги́бкая и про́чная бума́жная ма́сса*) fibre.

фибри́н *м. физиол.* fíbrin ['faɪ-].

фи́бровый fibre (*attr.*); ~ чемода́н fibre súit-case [...'sjuːtkeɪs].

фибро́зный *анат., бот.* fíbrous.

фибро́ма *ж. мед.* fìbróma [faɪ-] (*pl.* -mata).

фи́га *ж.* 1. (*плод*) fig; 2. (*де́рево*) fíg-tree; 3. *разг.* = ку́киш.

фигаро́ *с. нескл.* bólerò (*woman's jacket*).

фигля́р *м.* móuntebànk. **~ить, ~ничать** *разг.* bùffóon. **~ство** *с. разг.* móuntebànkery, bùffóonery.

фи́гов||ый fig (*attr.*); ~ое де́рево fíg-tree; ✧ ~ листо́к fíg-leaf*.

фигу́р||а *ж.* 1. (*в разн. знач.*) fígure; у него́ хоро́шая ~ he has a fine / wéll-devéloped fígure; геометри́ческая ~ geométrical fígure; воскова́я ~ wax fígure [wæks...]; ритори́ческая ~ fígure of speech; ~ в та́нцах step; ~ вы́сшего пилота́жа *ав.* flight manóeuvre [...-'nuːvə]; áerial stunt ['ɛə-...] *разг.*; 2. *карт.* pícture-càrd, fáce-càrd; cóurt-càrd ['kɔːt-]; *шахм.* chéss-màn*, piece [piːs]; ✧ кру́пная ~ outstánding fígure; типи́чная ~ týpical fígure; представля́ть собо́й жа́лкую ~у cut* a poor / sórry fígure.

фигура́льн||о *нареч.* fígurative|ly, trópically. **~ость** *ж.* fígurative sense. **~ый** fígurative, mètaphórical, trópical; ~ое выраже́ние fígurative expréssion; trope.

фигура́нт *м. театр.* súper, éxtra; (*в бале́те*) fígurant. **~ка** *ж. театр.* fìguránte [-ɑːnt].

фигури́ровать fígure (as).

фигури́ст *м.*, **~ка** *ж. спорт.* fígure skáter.

фигу́рка *ж.* 1. *уменьш. от* фигу́ра 1; 2. (*статуэ́тка*) státuètte, fígurìne [-iːn]; (*фарфо́ровая*) pórcelain-fìgure [-slɪn-].

фигу́рн||ый fígured; ~ая ско́бка brace; ~ая резьба́ fígured cárving; ~ое ката́ние (на конька́х) fígure skáting; ~ые коньки́ fígure skates; ~ полёт *ав.* àcrobátic flight; *мн.* áerobátics ['ɛərə-].

фи́дер *м. тех.* féeder.

фи́жмы *мн.* fárthingàle [-ðɪŋ-] *sg.*

физиатри́я *ж. мед.* phỳsiátrics [-zɪ-].

фи́зик *м.* phýsicist [-zɪ-].

фи́зика *ж.* phýsics [-zɪ-].

фи́зико-математи́ческий phýsical and màthemátical [-zɪk-...], phýsico-màthemátical [-zɪk-].

физиогно́мика *ж.* phỳsiógnomy [-zɪ'ɔn-].

физиокра́т *м. эк.* phýsiocràt [-zɪ-]. **~и́ческий** *эк.* phỳsiocrátic [-zɪ-].

физио́лог *м.* phỳsiólogist [-zɪ-]. **~и́ческий** phỳsiológical [-zɪ-]; ~и́ческий раство́р phỳsiológical / salt solútion.

физиоло́гия *ж.* phỳsiólogy [-zɪ-].

физиономи́ст *м.* phỳsiógnomist [-zɪ-'ɔn-].

физионо́мия *ж.* phỳsiógnomy [-zɪ-'ɔn-].

физиотерапевти́ческий phýsical-thèrapy [-zɪ-] (*attr.*); ~ кабине́т phýsical-thèrapy room.

физиотерапи́я *ж. мед.* phỳsiothèrapéutics [-zɪ-], phýsical thérapy [-zɪ-...].

физи́ческ||ий 1. phýsical [-zɪ-]; ~ая си́ла phýsical strength; ~ая культу́ра phýsical cúlture; ~ие упражне́ния phýsical éxercìses; ~ труд mánual lábour, phýsical lábour; рабо́тник ~ого труда́ mánual wórker; ~ое лицо́ *юр.* phýsical pérson; **2.** *прил. к* фи́зика; *тж.* phýsical; ~ кабине́т phýsics láboratory [-zɪ-...]; ~ая хи́мия phýsical chémistry [...'ke-].

физкульту́р||а *ж.* (физи́ческая культу́ра) phýsical cúlture [-zɪ-...]. **~ник** *м.*, **~ница** *ж.* áthlète, gýmnàst. **~ный** *прил.* к физкульту́ра; *тж.* sports (*attr.*); ~ный пара́д sports paráde.

фикса́ж *м.* **1.** *фот.* fíxing ágent; **2.** = фикса́ти́в.

фиксати́в *м. жив.* fíxative.

фикса́тор *м. тех.* pawl; stop; latch, hólder.

фиксатуа́р *м.* fíxature.

фикса́ция *ж.* **1.** (*закрепле́ние; установле́ние*) fixátion; **2.** *фот.* fíxing.

фикси́ровать, зафикси́ровать (*вн.*) fix (*d.*); (*устана́вливать тж.*) settle (*d.*), state (*d.*); ~ дни заседа́ний fix / state the days of the méetings, fix cónference dates; ◇ ~ внима́ние (на *пр.*) fix *the* atténtion (on, up|ón).

фикти́вн||ость *ж.* fictítious náture [...'neɪ-]. **~ый** fictítious; fake, sham; ~ый капита́л *эк.* fictítious cápital.

фи́кус *м. бот.* fícus.

фи́кция *ж.* fíction.

филантро́п *м.* philánthropist. **~и́ческий** phìlanthrópic(al). **~ия** *ж.* philánthropy. **~ка** *ж. к* филантро́п.

филармони́ческий *муз.* phìlhàrmónic [-lɑː-].

филармо́ния *ж.* Phìlhàrmónic Socíety [-lɑː-...].

филатели́ст [-тэ-] *м.* philátelist, stamp colléctor. **~и́ческий** [-тэ-] phìlatélic; ~и́ческое о́бщество Phìlatélic Socíety.

филатели́я [-тэ-] *ж.* philátely.

филе́ I *с. нескл. кул.* sírloin, fíllet; ры́бное ~ fílleted / boned fish.

филе́ II *с. нескл.* (*вы́шивка*) dráwn-thread work [-θred...].

филе́й = филе́ I.

филе́йн||ый I *прил. к* филе́ I; ~ая часть loin.

филе́йн||ый II *прил. к* филе́ II; ~ая игла́ needle for dráwn-thread work [...-θred...].

филёнка *ж.* pánel ['pæ-].

филёр *м.* (*сы́щик*) políce spy [-'liːs...]; detéctive.

филиа́л *м.* branch (óffice) [-ɑːntʃ...]; subsídiary; ~ институ́та branch of *the* ínstitùte.

филиа́льн||ый: ~ое отделе́ние branch (óffice) [-ɑːntʃ...].

филигра́нн||ый (*прям. и перен.*) fíligree (*attr.*); ~ая рабо́та fíligree work.

филигра́нь *ж.* **1.** (*ювели́рное изде́лие*) fíligree; **2.** (*водяно́й знак*) wáter-màrk ['wɔː-].

фи́лин *м.* éagle-ówl.

фили́ппика *ж.* (*речь*) philíppic.

фили́стер *м.* Phílistìne. **~ский** Phílistìne. **~ство** *с.* phílistinism.

филлоксе́ра *ж. зоол.* phỳllòxéra.

филогене́з *м. биол.* phỳlogénesis [faɪ-].

филогенети́ческий *биол.* phỳlogenétic [faɪ-].

филоге́ния *ж.* phỳlógeny [faɪ-].

филоде́ндрон [-дэ́-] *м. бот.* phìlodéndron.

фило́лог *м.* philólogist. **~и́ческий** phìlológical; ~и́ческий факульте́т phìlológical fáculty / depártment.

филоло́гия *ж.* philólogy.

фило́соф *м.* philósopher.

филосо́ф||ия *ж.* philósophy. **~ски** *нареч.* phìlosóphically. **~ский** phìlosóphical; маркси́стский ~ский материали́зм Márxist phìlosóphical matérialism; ◇ ~ский ка́мень philósophers' stone.

филосо́фствование *с.* philósophìzing.

филосо́фствовать philósophìze; be phìlosóphical.

фильдеко́с [-дэ-] *м. текст.* Lisle thread [laɪl θred]. **~овый** [-дэ-] *текст.* Lísle-thread ['laɪl θred] (*attr.*).

фильдепе́рс [-дэ-] *м. текст.* Pérsian thread [-ʃən θred]. **~овый** [-дэ-] *текст.* Pérsian-thread [-ʃənθred] (*attr.*).

филье́ра *ж. тех.* draw plate.

фи́лькин: ~а гра́мота *разг.* ≅ úse|less scrap of páper [-s-...].

фильм *м.* (*в разн. знач.*) film; немо́й ~ sílent film; звуково́й ~ sóund-film; tálkie *разг.*; цветно́й ~ cólour film ['kʌ-...], tèchnicólour film [-'kʌ-...]; полнометра́жный ~ fúll-léngth film; короткометра́жный ~ a short; документа́льный ~ a dòcuméntary; хроника́льный ~ néws-reel [-z-]; снима́ть ~ film, make* *a* film; выпуска́ть ~ (на экра́н) reléase *a* film [-s...].

фильмоско́п *м.* film viéwing devíce [...'vjuː-...].

фильтр *м.* fílter; *рад.* sífter; светово́й ~ light fílter.

фильтр||а́т *м.* fíltrate. **~а́ция** *ж.* filtrátion.

фильтров||а́льный fílter (*attr.*); ~а́льная бума́га fílter páper. **~а́ние** *с.* fíltering.

фильтрова́ть (*вн.*) fílter (*d.*).

фимиа́м *м.* íncènse; ◇ кури́ть ~ (*дт.*) *разг.* burn* íncènse (to), praise to the skies (*d.*).

фина́л *м.* **1.** finále [-'nɑːlɪ]; (*развя́зка пье́сы*) dénoument (*фр.*) [deɪ'nuːmɑːŋ]; **2.** *спорт.* (*после́дняя встре́ча*) fínal.

фина́льн||ый fínal; ~ акко́рд fínal chord [...kɔːd]; ~ расчёт *эк.* fínal séttle|ment; ~ая встре́ча *спорт.* fínal; ~ые спорти́вные соревнова́ния sports fínals.

финанс||и́рование *с.* fináncing. **~и́ровать** *несов. и сов.* (*вн.*) fináncе (*d.*). **~и́ст** *м.* fináncier.

фина́нсов||ый fináncial; ~ год físcal year; ~ отде́л fináncе depártment; ~ инспе́ктор révenue inspéctor; ~ая систе́ма fináncial sýstem, sýstem of fináncе; ~ капита́л fináncial cápital; ~ая олига́рхия fináncial óligàrchy [...-kɪ]; ~ая дисципли́на fináncial díscipline.

фина́нсы *мн.* **1.** fináncеs; **2.** *разг.* (*де́ньги*) móney ['mʌnɪ] *sg.*; (*дене́жные обстоя́тельства*) fináncial posítion [...-'zɪ-] *sg.*

фи́ник *м.* date.

финики́||ец *м.*, **~йский** *ист.* Phoenícian [fiː-].

фи́ников||ый *прил. к* фи́ник; ~ая па́льма date, dáte-pàlm [-pɑːm].

фининспе́ктор *м.* (фина́нсовый инспе́ктор) révenue inspéctor.

фини́фть *ж. уст.* enámel [ɪ'næ-].

фи́ниш *м. спорт.* fínish; (*в ска́чках*) wínning post [...poust]; прийти́ к ~у fínish; прийти́ к ~у пе́рвым fínish first.

финиши́ровать fínish.

фи́нишн||ый fínishing; рвать ~ую ле́нточку break* / breast *a* fínishing tape [breɪk brest...].

фи́нка I *ж. к* финн.

фи́нка II *ж. разг.* (*нож*) Fínnish dágger.

финн *м.* Finn.

финно́з *м. вет.* méasles [-zlz] *pl.* **~ный** *вет.* méasly [-zlɪ]; ~ное мя́со méasly flesh / meat (únfít for food).

фи́нский Fínnish; ~ язы́к Fínnish, the Fínnish lánguage; ◇ ~ нож Fínnish dágger.

финти́ть *разг.* shuffle.

финтифлю́шка *ж. разг.* bàgatélle.

фиоле́товый víolet; ~ цвет víolet (cólour) [...'kʌlə].

фио́рд *м. геогр.* fiord [fjɔːd], fjord.

фиориту́ра *ж. муз.* grace.

фи́рм||а *ж.* firm; ◇ под ~ой (*рд.*) *разг.* únder the sign [...saɪn] (of); únder / in the guise (of). **~енный** *прил. к* фи́рма.

фирн *м. геол.* névé (*фр.*) ['neveɪ].

фисгармо́ния *ж. муз.* harmónium.

фиск *м. уст.* fisc, fisk.

фиска́л *м. разг.* sneak, tále-bearer [-bɛə-]. **~ить** *разг.* sneak, tell* / bear* tales [...bɛə...].

фиска́льн||ый *уст.* físcal; ~ое пра́во físcal law.

фиста́шка *ж.* 1. (*плод*) pistáchiò [-'tɑːʃɪou]; 2. (*дерево*) pistáchiò-tree [-'tɑːʃɪou-].

фиста́шков||ый pistáchiò [-'tɑːʃɪou] (*attr.*); ~ое де́рево pistáchiò-tree [-'tɑːʃɪou-]; ~ого цве́та pistáchiò-còlour¦ed [-'tɑːʃɪoukʌləd].

фи́стул||а́ *ж.* 1. *мед.* fístula; 2. *муз.* fàlséttò [fɔːl-]; петь ~о́й sing* in fàlséttò.

фити́ль *м.* 1. (*свечи, лампы*) wick; 2. (*для воспламенения зарядов*) slów-màtch ['slou-].

фити́н *м. фарм.* phýtin ['faɪ-].

фито||биоло́гия *ж.* phỳtobìólogy [faɪ-]. **~геогра́фия** *ж.* phỳtogeógraphy [faɪ-]. **~патоло́гия** *ж.* phỳtopathólogy [faɪ-]. **~хи́мия** *ж.* phỳtochémistry [faɪtə'ke-].

фитю́лька *ж. разг.* átomy; (*о человеке тж.*) whípper-snàpper.

фи́шка *ж.* (*в игре*) cóunter, fish, chip.

флаг *м.* flag; *мор.* énsìgn [-saɪn]; госуда́рственный ~ nátional flag ['ræ-...]; подня́ть ~ hoist *a* flag; *мор.* make* the cólours [...'kʌ-]; спусти́ть ~ lówer / strike* *a* flag ['louə...]; приспусти́ть ~ (*в знак траура*) fly the flag / cólours at hálf-mást [...'hɑːf-]; *мор.* hálf-mást the cólours ['hɑːf-...]; парламентёрский ~ flag of truce; укра́сить ~ами (*вн.*) adórn with flags (*d.*); ◇ под ~ом (*рд.*) únder the flag (of); (*перен.*) in the name (of); únder the slógan (of); (*прикрываясь*) únder the guise (of).

фла́гдук *м. мор.* búnting.

флаг-капита́н *м.* flág-cáptain.

фла́гман *м. мор.* 1. flág-òfficer; 2. (*корабль*) flágshìp. **~ский**: ~ский кора́бль flágshìp.

флаг-офице́р *м.* flág-òfficer.

флагшто́к *м.* flágstàff.

фла́жный flag (*attr.*); ~ сигна́л flag hoist.

флажо́к *м.* flag; сигна́льный ~ sígnal flag.

флажоле́т *м. муз.* flàgeolét [-ʤo-].

флако́н *м.* bottle; ~ духо́в bottle of pérfùme / scent; ~ для духо́в scent bottle.

флама́нд||ец *м.*, **~ка** *ж.* Fléming [-em-]. **~ский** Flémish; ~ский язы́к Flémish, the Flémish lánguage.

флами́нго *м. нескл. зоол.* flamíngò.

фланг *м. воен.* flank, wing; атакова́ть кого́-л. во ~, с ~а take* smb. on the flank; охва́т ~а outflánking; прикры́тие ~а flank cóver [...'kʌ-].

фланго́в||ый *прил. к* фланг; ~ая ата́ка flánk(ing) attáck; ~ое движе́ние flánking march / móve¦ment [...'muːv-]; ~ ого́нь flánking fire.

флане́лев||ый *прил. к* флане́ль; ~ая шерсть flánnel-wool [-wul]; wool for flánnels [wul...].

флане́ль *ж.* flánnel.

флане́р *м. уст. разг.* flâneur (*фр.*) [flɑː'nəː]; ídler, stróller.

фла́нец *м. тех.* flange.

фланировать *уст. разг.* sáunter, stroll.

фланк *м. воен.* flank.

фланки́ров||ание *с. воен.* flánking. **~ать** *несов. и сов.* (*вн.*) flank (*d.*).

фла́тов||ый: ~ая бума́га flat páper.

флеби́т *м. мед.* phlebítis.

фле́гма *ж.* 1. *мед. уст.* phlegm [-em]; 2. (*невозмутимость*) phlegm, cóolness, ápathy; 3. *разг.* (*о человеке*) phlègmátic pérson.

флегма́тик *м.* phlègmátic pérson.

флегмати́чный phlègmátic.

флегмо́на *ж. мед.* phlégmòn.

фле́йт||а *ж.* flute; игра́ть на ~е play the flute. **~и́ст** *м.*, **~и́стка** *ж.* flútist.

фле́ксия *ж. лингв.* infléxion; ~ осно́вы, вну́тренняя ~ intérnal infléxion.

фле́ксор *м. анат.* fléxor (muscle) [...mʌsl].

флексу́ра *ж. геол.* fléxure.

флекти́вн||ый *лингв.* inflécted; ~ое оконча́ние infléction; ~ые языки́ inflécted lánguages.

флёр *м.* crape; crêpe (*фр.*) [kreɪp]; (*перен.*) veil.

флёрдора́нж *м.* órange blóssoms *pl.*

флибустье́р *м. ист.* fílibùster.

фли́гель *м.* wing; (*отдельно стоящий*) óutbùilding [-bɪl-].

фли́гель-адъюта́нт *м. воен.* áide-de-cámp to the King / Émperor ['eɪdde-'kɑːŋ...].

флинтгла́с *м. тех.* flínt-gláss.

флирт *м.* flìrtátion; неви́нный ~ mild flìrtátion.

флиртова́ть (с *тв.*) flirt (with).

флокс *м. бот.* phlox.

фло́ра *ж.* flóra.

флоренти́ец *м.* Flórentìne.

флоренти́йский Flórentìne.

флори́н *м.* (*монета*) flórin.

флот *м.* fleet; вое́нно-морско́й ~ návy; а́рмия и ~ ármy and návy; морско́й ~ maríne [-iːn]; речно́й ~ ín¦land wáter tránspòrt [...'wɔː-...]; возду́шный ~ air force, air fleet; вое́нно-возду́шный ~ air force; гражда́нский ~, торго́вый ~ mércantìle maríne; mérchant fleet; служи́ть во, на ~е serve in the Návy.

флота́ция *ж. горн.* flotátion.

флоти́лия *ж.* flotílla, small fleet; речна́я ~ ríver flotílla ['rɪ-...].

флотово́дец *м.* Nával Commánder [...ɑːn-].

фло́тский 1. *прил.* nával; 2. *м. как сущ. разг.* sáilor.

флуктуа́ция *ж. физ.* flùctuátion.

флуоресце́нция *ж. физ.* fluoréscence.

флуоресци́р||овать fluorésce. **~ующий** fluoréscent.

флюга́рка *ж. мор.* arms *pl.*

флю́гер *м.* wéathercòck ['weðə-], wéather-vàne ['weðə-].

флюи́д *м.* flúid.

флюктуа́ция *ж.* = флуктуа́ция.

флюс I *м. мед.* swóllen cheek [-ou-...].

флюс II *м. тех.* flux.

фля́га *ж.*, **фля́жка** *ж.* flask; *воен.* wáter bottle ['wɔː-...].

фля́нец *м.* = фла́нец.

фо́бия *ж. мед.* phóbia.

фойе́ *с. нескл.* fóyer ['fɔɪeɪ]; crúsh-room *разг.*

фок *м. мор.* fóre¦sail.

фока́льн||ый *физ.* fócal; ~ое расстоя́ние fócal dístance / length; ~ая пове́рхность fócal súrfàce.

фок-ма́чта *ж. мор.* fóre¦màst.

фок-ре́й *м. мор.* fóre-yàrd.

фокстерье́р [-тэ-] *м.* fóx-tèrrier.

фокстро́т *м.* fóxtròt. **~ный** *прил. к* фокстро́т.

фо́кус I *м. физ., мед.* (*тж. перен.*: *средоточие*) fócus; не в ~е out of fócus; ~ землетрясе́ния fócus of *an* éarthquàke [...'əːθ-].

фо́кус II *м.* 1. (*трюк*) (cónjuring) trick ['kʌn-...]; ка́рточный ~ jùggling with cards, card trick; пока́зывать ~ы juggle; cónjure ['kʌn-], do cónjuring tricks; 2. *разг.* (*каприз*) whim, freak; trick; без ~ов! none of your tricks! [nʌn...]; ◇ в э́том весь ~ that's the whole point [...houl...]. **~ник** *м.* cónjurer ['kʌn-]; júggler. **~ничанье** *с. разг.* 1. júgglery; légerdemáin; 2. (*кривляние*) caprices [-'riːsɪz] *pl.*, fínical ways *pl.* **~ничать** *разг.* 1. juggle; 2. (*капризничать*) be caprícious / fínical.

фо́кусн||ый *физ.* fócal; ~ое расстоя́ние fócal dístance / length.

фолиа́нт *м.* vólume.

фолли́кул *м. анат.* fóllicle. **~я́рный** follícular.

фо́льга *ж.* foil; золота́я ~ gold foil.

фолькло́р *м.* fólk-lòre. **~и́ст** *м.* spécialist in fólk-lòre ['spe-...]. **~ный** *прил. к* фолькло́р.

фон *м.* báckground; на ~е agáinst *a* báckground; выделя́ться на ~е stand* out agáinst *a* báckground; служи́ть ~ом чему́-л., для чего́-л. serve as a báckground for smth.; по све́тлому ~у on a light gróundwòrk; agáinst a light báckground.

фона́рик *м. уменьш. от* фона́рь 1; кита́йский ~ Chínése lántern ['ʧaɪ-...]; электри́ческий карма́нный ~ eléctric torch, (pócket) flásh-light; (pócket) flash *разг.*

фона́рный lántern (*attr.*), lamp (*attr.*); ~ столб lámppòst [-poust].

фона́рщик *м.* lámplighter.

фона́рь *м.* 1. lántern; lamp; (*на паровозе, на судне, на берегу*) light, lamp; у́личный ~ street lamp; пота́йно́й ~ dark lántern; проекцио́нный, волше́бный ~ mágic lántern; электри́ческий ~ (*карманный, ручной*) eléctric torch, (pócket) flásh-light; (pócket) flash *разг.*; 2. *арх.* (*в крыше*) lántern (light); clérestory ['klɪəs-]; (*остеклённый выступ в здании*) bay (wíndow); 3. *разг.* (*синяк*) black eye [...aɪ]; подста́вить ~ кому́-либо give* smb. a black eye.

фонд *м.* 1. (*денежный*; *тж. перен.*) fund; (*запас*) stock; запасно́й ~ (*денег*) resérve fund [-'zə:v...]; ~ за́работной пла́ты wage fund; основны́е ~ы промы́шленности básic funds of índustry ['beɪs-...]; дире́кторский ~ the diréctor's fund; земе́льный ~ страны́ the lands of *a* cóuntry [...'kʌ-] *pl.*, the stock of land of *a* cóuntry; жили́щный ~ hóusing resóurces [...-'sɔ:s-] *pl.*; золото́й ~ gold fund, fund / stock of gold; (*перен.*) cápital, most váluable posséssion [...-'ze-]; ~ по́мощи relíef fund [-'li:f...]; вноси́ть, передава́ть в ~ (*вн.*) contríbute to *the* fund (*d.*); 2. *мн.* (*ценные бумаги*) funds, stocks.

фо́ндов||ый *прил. к* фонд; ~ая би́ржа stock exchánge [...-'tʃeɪ-].

фоне́ма [-нэ́-] *ж. лингв.* phónème ['fou-]. **~ти́ческий** [-нэ-] *лингв.* phonémic [-'ni:-].

фоне́т||ика [-нэ́-] *ж.* phonétics. **~и́ст** [-нэ-] *м.*, **~и́стка** [-нэ-] *ж.* phònetícian [fou-]. **~и́ческий** [-нэ-] phonétic; ~и́ческая транскри́пция phonétic trànscríption.

фони́ческий phónic ['fou-].

фоногра́мма *ж.* phóno|gràm.

фоно́граф *м.* phóno|gràph. **~и́ческий** *прил. к* фоно́граф.

фоноло́гия *ж. лингв.* phonólogy.

фоно́метр *м. физ.* phonómeter.

фонта́н *м.* fóuntain; нефтяно́й ~ óil-gùsher; ◇ ~ красноре́чия fount of éloquence. **~и́ровать** *тех.* gush, spring* forth.

фо́р||а *ж. тк. ед.* (*в игре*) odds (gíven); дать ~у кому́-л. give* smb. odds; give* smb. a start.

фордеви́нд [-дэ-] *м. мор.* stern wind [...wɪ-]; идти́ на ~ run* (stráight) befóre the wind; поворо́т че́рез ~ wéaring ['wɛə-].

форе́йтор *м. уст.* postílion, póst-boy ['poust-].

форе́ль *ж.* trout (*pl. без изменения*).

фо́рзац *м. полигр.* flý-leaf*.

фо́ринт *м.* (*денежная единица Венгрии*) fórint.

фо́рм||а *ж.* 1. form; (*внешнее очертание*) shape; в ~е ша́ра in the form of a globe; báll-shàped; в пи́сьменной ~е in wrítten form; in wríting; в оконча́тельной ~е in the / its fínal shape; ~ правле́ния form of góvernment [...'gʌ-]; 2. *филос.*, *грам.* form; ~ и содержа́ние form and cóntent; глаго́льная ~ vérbal form; граммати́ческие ~ы grammátical forms; 3. *тех.* (*для отливки*) mould [mou-]; 4. (*одежда*) úniform; *воен. тж.* règiméntals *pl.*; похо́дная ~ márching órder, field dress [fi:-...]; пара́дная ~ full dress (úniform); в ~е úniformed, in úniform; надева́ть ~у wear*, *или* put* on, úniform [wɛə...]; по́лная ~ *разг.* full dress; оде́тый не по ~е impróperly dressed; 5. *канц.* form; по ~е in due form; 6. *полигр.* form(e); ◇ быть в ~е *разг.* be in good form, be / feel* fit; быть не в ~е be out of form.

формали́зм *м.* fórmalism.

формали́н *м. фарм.* fórmalin. **~о-вый** *прил. к* формали́н.

формали́ст *м.* fórmalist.

формали́стика *ж. разг.* = формали́зм.

формалисти́ческ||ий fòrmalístic; ~ие извраще́ния в иску́сстве fòrmalístic distórtions in art.

формали́стка *ж. к* формали́ст.

формальдеги́д *м. хим.* fòrmáldehỳde.

форма́льн||о *нареч.* nóminally, fórmally. **~ость** *ж.* fòrmálity; пуста́я ~ость mere fòrmálity. **~ый** (*в разн. знач.*) fórmal; ~ая ло́гика fórmal lógic; ~ое отноше́ние (к де́лу) fórmal áttitùde, lack of ínterest; ~ый отка́з fórmal deníal; ~ое согла́сие fórmal agréement; ~ый ме́тод fòrmalístic méthod.

форма́т *м.* size. **~ный** *прил. к* форма́т.

форма́ция *ж. полит.*, *геол.* fòrmátion; обще́ственно-экономи́ческая ~ sócial and èconómic strúcture [...i:k-...]; дево́нская, мелова́я, пе́рмская, трети́чная ~ Dèvónian, Cretáceous, Pérmian, Tértiary fòrmátion.

фо́рменка *ж. мор. разг.* duck júmper.

фо́рменн||ый 1. *прил. к* фо́рма 4; ~ая оде́жда úniform; ~ая фура́жка úniform cap; 2. *разг.* (*сущий*) régular, dównrìght; ~ плут régular scamp / cheat / knave; ~ дура́к dównrìght fool.

формирова́ние *с.* 1. (*действие*) fórming; ~ кабине́та fórming of *a* cábinet; 2. *воен.* fòrmátion, ráising.

формирова́ть, сформирова́ть (*вн.*; *в разн. знач.*) form (*d.*); (*придавать форму тж.*) mould [mould] (*d.*); (*о войсках тж.*) raise (*d.*); ~ прави́тельство form *a* góvernment [...'gʌ-]; ~ по́езд, соста́в márshal *a* train; ~ хара́ктер mould, *или* build* up, the cháracter [...bɪld...'kæ-]. **~ся**, сформирова́ться 1. shape; devélop into [-'ve-...]; 2. *страд. к* формирова́ть.

формова́ть, сформова́ть (*вн.*) *тех.* mould [mould] (*d.*), cast* (*d.*).

формо́в||ка *ж. тех.* móulding ['mould-], cásting. **~очный** *тех.* móulding ['mould-], cásting. **~щик** *м.* móulder ['mou-].

формообразова́тельный fórmative.

фо́рмул||а *ж.* fórmula (*pl.* -las, -lae); вы́разить в ~е (*вн.*) expréss by a fórmula (*d.*), fórmulàte (*d.*).

формули́р||овать *несов. и сов.* (*сов. тж.* сформули́ровать) (*вн.*) fórmulàte (*d.*); ~ свои́ тре́бования fórmulàte one's demánds [...-ɑ:ndz], settle one's requíre|ments in définite terms; предложе́ния сформули́рованы в то́чных выраже́ниях the propósals are couched / phrased in precíse terms [...-z-...-'saɪs...]. **~о́вка** *ж.* 1. (*действие*) fórmulàting, fòrmulátion; 2. (*формула*) fórmula (*pl.* -las, -lae), wórding; дать ~о́вку fórmulàte; то́чная ~о́вка exáct wórding; но́вая ~о́вка fresh wórding.

формуля́р *м.* 1. *уст.* (*послужной список*) sérvice list; 2. (*библиотечная карточка*) tícket, card; 3. (*машины и т. п.*) book. **~ный** *прил. к* формуля́р; ~ный спи́сок offícial list.

форпи́к *м. мор.* fóre|peak.

форпо́ст *м.* advánced post [-'vɑ:nst poust], óutpòst [-poust]. **~ный** *прил. к* форпо́ст.

форс *м. разг.* swágger ['swæ-].

форси́рование *с.* 1. fórcing; (*ускорение*) spéeding up; 2. *воен.*: ~ реки́ forced cróssing.

форси́рованный *прич. и прил.* forced; ~ марш *воен.* forced march.

форси́ровать *несов. и сов.* (*вн.*) 1. force (*d.*); (*ускорять*) speed up (*d.*); 2. *воен.*: ~ ре́ку́ force a cróssing (óver *a* ríver) [...'rɪ-].

форси́ть *разг.* swágger ['swæ-].

форс-мажо́р *м.* force majéur [...mæ-'ʒə:r].

фор-сте́ньга *ж. мор.* fóre-tòp-màst.

форсу́нка *ж. тех.* spráyer; oil (fúel) búrner [...'fjuəl...].

форт *м. воен.* fort.

фо́рте [-тэ] *нареч. муз.* fórte [-tɪ].

фо́ртель *м. разг.* trick, stunt; вы́кинуть ~ spring* a surpríse.

фортепья́нн||ый [-тэ-] piánò ['pjæ-] (*attr.*); ~ аккомпанеме́нт accómpaniment on the piánò [-'kʌm-...], piánò accómpaniment; исполня́ть ~ую па́ртию play the piánò part.

фортепья́но [-тэ-] *с. нескл. муз.* piánò ['pjæ-]; (*пианино*) úp|ríght piánò; игра́ть на ~ play the piánò.

форти́ссимо *нареч. муз.* fòrtíssimò.

фортифика́||тор *м. воен.* fórtifier. **~цио́нный** *прил. к* фортифика́ция; ~цио́нное иску́сство (art of) fòrtificátion; ~цио́нное сооруже́ние fòrtificátion (work). **~ция** *ж. воен.* fòrtificátion; долговре́менная ~ция pérmanent fòrtificátion; полева́я ~ция field fòrtificátion [fi:-...].

фо́рточка *ж.* fórtochka (*small hinged window-pane used for ventilation*), cáse|ment(-wìndow) ['keɪs-].

форту́на *ж. тк. ед. уст.* fórtune [-tʃən].

фо́рум *м.* fórum.

форшла́г *м. муз.* gráce-nòte.

форшма́к *м. кул.* fórshmak (*dish made of mashed potatoes and hashed meat or herring*).

форште́вень *м. мор.* stem.

фосге́н *м. хим.* phósgène [-z-].

фосфа́т *м. хим.* phósphàte.
фо́сфор *м. хим.* phósphorus.
фосфоресц||е́нция *ж. физ.* phòsphoréscence. **~и́ровать** *физ.* phòsphorésce. **~и́рующий** *физ.* phòsphoréscent.
фо́сфорист||ый *хим.* phósphorous; ~ ангидри́д phósphorous ànhýdrìde [...-'haɪ-]; **~ая** бро́нза phósphorus bronze.
фосфори́т *м. мин.* phósphorìte.
фосфори́ческий phòsphóric.
фосфорноки́слый: ~ ка́льций *хим.* cálcium phósphàte.
фо́сфорн||ый *хим.* phòsphóric; phósphorus (*attr.*); **~ые** спи́чки phòsphóric mátches; **~ая** бо́мба phósphorus bomb.
фот *м. физ.* (*единица освещённости*) phot.
фо́то *с. нескл. разг.* (*снимок*) phótò.
фотоаппара́т *м.* cámera.
фотоателье́ [-тэ-] *с. нескл.* stúdiò; photógrapher's (stúdiò).
фотобума́га *ж.* phòto¦gráphic páper.
фотовы́ставка *ж.* phóto-èxhibítion [-eksɪ-].
фотогени́чный phòto¦génic.
фотогравю́ра *ж. полигр.* phòto¦gravúre, phótoglyph [ˈfou-].
фотограммéтрия *ж.* phòto¦grámmetry; phòto¦gráphic súrvey.
фото́граф *м.* photógrapher.
фотографи́рование *с.* phóto¦gràphing.
фотографи́ровать, сфотографи́ровать (*вн.*) phóto¦gràph (*d.*); take* a phóto¦gràph (of). **~ся**, сфотографи́роваться **1.** be phóto¦gràphed; have one's phótò táken *разг.*; **2.** *страд. к* фотографи́ровать.
фотографи́ческ||и *нареч.* phòto¦gráphically; ~ то́чный phòto¦gráphically exáct. **~ий** phòto¦gráphic; **~ая** пласти́нка (phòto¦gráphic) plate; **~ий** аппара́т cámera; **~ий** сни́мок phóto¦gràph.
фотогра́фи||я *ж.* **1.** (*получение изображения*) photógraphy; занима́ться **~ей** take* up photógraphy; go* in for photógraphy; он занима́ется тепе́рь **~ей** he has táken up photógraphy; он хо́чет заня́ться **~ей** he wants to take up, *или* to go in for, photógraphy; цветна́я ~ colour photógraphy [ˈkʌ-...]; **2.** (*снимок*) phóto¦gràph; **3.** (*учреждение*) photógrapher's (stúdiò).
фотодонесе́ние *с. воен.* recónnaissance / intélligence phóto¦gràph [-nɪs-...].
фотоза́пись *ж.* phòto¦gráphic récòrd [...ˈre-].
фотока́рточка *ж.* phóto¦gràph.
фотоко́пия *ж.* phòto¦gráphic cópy [...ˈkɔ-].
фотокорреспонде́нт *м.* = фоторепортёр.
фото́лиз *м. физ., хим.* phòtólysis [fou-].
фотолитогра́фия *ж. полигр.* phòto¦lithógraphy.
фотолюби́тель *м.* ámatèur photógrapher [-tə:...].
фото́метр *м. физ.* photómeter; líght-mèter. **~и́ческий** phòto¦métric(al); **~и́ческий** аппара́т phòto¦métrical àpparátus.
фотомéтрия *ж. физ.* photómetry.
фотомеха́н||ика *ж.* phòto¦mechánics [-ˈkæ-]. **~и́ческий** phòto¦mechánical [-ˈkæ-].
фотомонта́ж *м.* phòto¦mòntáge [-ˈtɑ:ʒ].
фото́н *м. физ.* phótòn.
фотообъекти́в *м.* lens [-nz].
фотопла́н *м.* phóto¦màp.
фотоплёнка *ж.* (phòto¦gráphic) film.
фоторазве́дка *ж. воен.* phòto¦gráphic recónnaissance [...-nɪs-].
фоторепорта́ж *м.* pícture stóry; phótò-repórt.
фоторепортёр *м.* (néwspàper *или* màgazíne) photógrapher [...-ˈzi:n...]. **~ский** *прил. к* фоторепортёр.
фотоси́нтез [-тэз] *м. бот., биол.* phòto¦sýnthesis.
фотосни́мок *м.* phóto¦gràph.
фотоста́т *м.* phóto¦stàt.
фотосфе́ра *ж. астр.* phóto¦sphère.
фотосъёмка *ж.* photógraphy.
фототелегра́мма *ж.* phòtotélegram.
фототелегра́ф *м.* phòto¦télegràph.
фототерапи́я *ж. мед.* phòto¦thérapy.
фототипи́ческ||ий *полигр.* phòto¦týpe (*attr.*); **~ое** изда́ние phòto¦týpe edítion.
фототи́пия *ж. полигр.* phòto¦týpe.
фото||хими́ческий phòto¦chémical [-ˈke-]. **~хи́мия** *ж.* phòto¦chémistry [-ˈke-].
фотохро́мия *ж.* phóto¦chròmy.
фотохро́ника *ж.* pictórial review [...-ˈvju:].
фотоцинкогра́фия *ж. полигр.* phòto¦zincógraphy.
фотоэлектри́че||ский *тех.* phòto¦eléctric. **~ство** *с.* phòto¦elèctrícity.
фотоэлектро́н *м. физ.* phòto¦eléctròn.
фотоэлеме́нт *м. эл.* phòto¦eléctric cell, phóto-céll; phóto¦pile.
фрагме́нт *м.* frágment. **~а́рность** *ж.* frágmentariness. **~а́рный** frágmentary.
фра́з||а *ж.* phrase; *грам. тж.* séntence; ходя́чая ~ stock phrase; пусты́е **~ы** mere words / phráses; краси́вые **~ы** flúid phráses; о́бщие **~ы** géneral phráses.
фразеол||оги́ческий *лингв.* phràseológical [-eɪz-]; ~ слова́рь phràseológical díctionary. **~о́гия** *ж.* **1.** *лингв.* phràseólogy [-eɪz-]; **2.** (*пустословие*) mere vérbiage.
фразёр *м.*, **~ка** *ж.* phráse-mònger [-mʌ-], phráser. **~ство** *с.* mere vérbiage; phrásê-mòngering [-mʌ-].
фрази́р||овать (*вн.*) *муз.* obsérve phrásing [-ˈzə:v...] (of), phrase (*d.*). **~о́вка** *ж. муз.* òbservátion of phrásing [-zə-...].
фра́зов||ый *лингв.* phrase (*attr.*); **~ое** ударе́ние phrase áccent.
фрак *м.* dréss-coat, táil-coat; swállow-tail(s) (*pl.*), évening dress [ˈi:v-...].
фраки́йский Thrácian.
фрактýра I *ж. мед.* frácture.
фрактýра II *ж. тк. ед.* (*шрифт*) Gérman type.
фракционе́р *м. полит.* fáctionary, fáctionist.
фракциони́ров||ание *с. хим.* fráctionàting. **~ать** (*вн.*) *хим.* fráctionàte (*d.*).
фракцио́нность *ж. полит.* fáctionalism, fáctious¦ness.
фракцио́нн||ый I *полит.* fáctional, fáctious; **~ая** борьба́ struggle betwéen fáctions, fáctional cónflict.
фракцио́нн||ый II *хим.* fráctionàting, fráctional, fráctionary; **~ая** ко́лба fráctionàting flask; **~ая** перего́нка fráctional distillátion.
фра́кция I *ж. полит.* fáction.
фра́кция II *ж. хим.* fráction.
фраму́га *ж. стр.* tránsom; fixed frame.
франк *м.* (*денежная единица и монета*) franc.
фра́нки *мн. ист.* Franks.
франки́р||овать *несов. и сов.* (*вн.*; *о письме и т. п.*) pré¦páy* (*d.*), pay* the póstage [...ˈpou-] (of). **~о́вка** *ж.* pré¦páyment.
франкмасо́н *м.* = масо́н. **~ский** = масо́нский. **~ство** *с.* = масо́нство.
фра́нко- *торг.* free; **~-су́дно** free on board (*сокр.* F.O.B.).
франт *м.* dándy.
франтирёр *м.* frànc-tiréur [frɑ:ŋtɪəˈrə:r].
франт||и́ть *разг.* play the dándy. **~и́ха** *ж. разг.* fáshionable / smart wóman* [...ˈwu-].
франтов||а́тый *разг.* dándyish. **~ско́й** smart. **~ство́** *с.* smártness, dándyism.
францу́женка *ж.* Frénch¦wòman* [-wu-].
францу́з *м.* Frénch¦man*; *мн. собир.* the French. **~ский** French; **~ский** язы́к French, the French lánguage.
фрахт *м. торг.* freight.
фрахтова́ть (*вн.*) *торг.* freight (*d.*); (*о судне*) chárter (*d.*).
фра́чный *прил. к* фрак.
фрега́т *м.* **1.** *мор.* frígate; **2.** *зоол.* frígate(-bìrd).
фре́з||а *ж.*, **~ер** *м. тех.* cútter, mill, mílling cútter.
фре́зер||ный *тех.* mílling; ~ стано́к mílling machíne [...-ˈʃi:n]. **~ова́ние** *с. тех.* mílling. **~ова́ть** (*вн.*) *тех.* cut* (*d.*), mill (*d.*). **~о́вка** *ж. тех.* mílling. **~о́вщик** *м.*, **~о́вщица** *ж.* mílling-machíne óperàtor [-ˈʃi:n...].
фре́йлина [фрэ́-] *ж.* maid of hónour [...ˈɔnə].
френези́я *ж. мед.* phrénesis.
френологи́ческий phrènológical.

френоло́гия *ж.* phrenólogy.

френч *м.* sérvice jácket, field jácket [fiː-...].

фре́ск||а *ж. иск.* frésco. **~овый** frésco (*attr.*); ~овая живопись frésco.

фриво́льн||ость *ж.* frivólity. **~ый** frívolous.

фриги́йский Phrýgian; ◇ ~ колпа́к Phrýgian cap.

фриз *м. стр.* frieze [friːz].

фрикаде́лька [-дэ́-] *ж. кул.* quenélle [kə-].

фрикасе́ [-сэ́] *с. нескл. кул.* fricassée.

фрикати́вный *лингв.* fricative; ~ звук frícative (sound).

фрикцио́н *м. тех.* fríction clutch; бортово́й ~ (*у танка*) side clutch. **~ный** *тех.* fríction (*attr.*), fríctional; ~ная му́фта fríction cóupling / clutch / cone [...'kʌp-...].

фритре́дер [-рэ́дэр] *м. эк.* frée-tráder. **~ство** [-рэ́дэр-] *с. эк.* frée-tráde sýstem.

фро́нда *ж. ист* Fronde; (*перен.*) (sélfish) òpposítion [...-'zɪ-].

фрондёр *м.* fròndéur [frɔːŋ'dəː], málcontènt. **~ский** cáptious. **~ство** *с.* (sélfish) òpposítion [...-'zɪ-].

фронди́ровать *уст.* find* fault.

фронт *м.* (*в разн. знач.*) front [frʌnt]; (*передовые позиции*) báttle-frònt [-frʌnt]; широ́кий ~ wide / exténded front; находи́ться на ~е be at the front; отпра́виться на ~ go* to the front; идеологи́ческий ~ ìdeológical front [aɪ-...]; еди́ный ~ ùníted front; культу́рный ~ cúltural front; наро́дный ~ Pópular Front; ~ ми́ра the Peace Front; ~ ми́ра и демокра́тии the Front of Peace and Demócracy; хозя́йственный ~ èconómic front [iːk-...]; борьба́ на два ~а fight on two fronts; переме́на ~а change of front [ʧeɪ-...]; промени́ть ~ change front; протяже́ние по ~у *воен.* fróntage ['frʌn-]; ◇ стать во ~ stand* at atténtion.

фронта́льн||ый fróntal ['frʌ-]; ~ое наступле́ние fróntal / diréct attáck; ~ уда́р fróntal attáck.

фронтиспи́с *м. полигр., стр.* fróntispìece ['frʌntɪspiːs].

фронтови́к *м.* frónt-lìne sóldier ['frʌnt- 'souldʒə].

фронтов||о́й front [frʌnt] (*attr.*); ~а́я часть frónt(-lìne) únit ['frʌnt-...]; ~ това́рищ frónt-lìne cómrade / pal; (*о солдате тж.*) bróther-sóldier ['brʌðə'souldʒə]; (*об офицере тж.*) bróther-ófficer ['brʌ-].

фронто́н *м. стр.* pédiment. **~ный** *прил. к* фронто́н.

фрукт *м.* **1.** fruit [-uːt]; **2.** *разг.* (*о человеке*): что э́то за ~? what kind of a féllow is this?, who is this?; ну и ~! a nice féllow indéed! **~о́вый** *прил. к* фрукт 1; ~о́вый нож fruit knife* [-uːt...]; ~о́вое де́рево fruit tree; ~о́вый сок fruit juice [...ʤuːs]; ~о́вая вода́ fruit drink; ~о́вый сад órchard.

фрукто́за *ж. хим.* frùctóse [-s].

фта́лев||ый *хим.* phthálic ['θæ-]; ~ая кислота́ phthálic ácid.

фтизиатри́я *ж. мед.* phthìsiólogy [θɪz-].

фтор *м. хим.* flúorìne [-iːn].

фтористоводоро́дн||ый *хим.* flùorhýdric [-'haɪ-]; ~ая кислота́ flùorhýdric ácid.

фто́ристый *хим.* fluóric; ~ ка́лий potássium flúorìde; ~ ма́гний màgnésium flúoride [-zɪəm...].

фу *межд.* (*выражение отвращения*) fie!, faugh!, ugh!

фу́га *ж. муз.* fugue [fjuːg].

фуга́нок *м. тех.* jóinter plane; bench plane.

фуга́с *м. воен.* fougásse [fuː'gæs], field charge [fiː-...], lándmìne. **~ка** *ж. разг.* dèmolítion bomb. **~ный** *прил. к* фуга́с; ~ный снаря́д mine shell; ~ное де́йствие mine efféct; ~ная бо́мба hígh-explósive / dèmolítion bomb.

фугова́ть, сфугова́ть (*вн.*) *тех.* joint (*d.*).

фуже́р *м.* tall wine glass.

фузилёр *м. воен. уст.* fùsilíer [-zɪ'lɪə].

фу́к||ать, фу́кнуть (*вн.*; *в шашках*) huff (*d.*). **~нуть** *сов. см.* фу́кать.

фукси́н *м.* (*краска*) fúchsine ['fuksɪn].

фу́ксия *ж. бот.* fúchsia ['fjuːʃə].

фу́кус *м. бот.* fúcus (*pl.* -cì).

фульгури́т *м. геол.* fúlgurìte.

фуля́р *м. текст.* fóulàrd ['fuːlɑːd]. **~овый** *прил. к* фуля́р; ~овый плато́к fóulàrd (kérchief) ['fuːlɑːd...].

фумига́ция *ж.* = оку́ривание.

фунда́мент *м.* (*прям. и перен.*) foundátion, gróundwòrk; постро́ить ~ build* the foundátion [bɪld...]; заложи́ть ~ lay* the foundátion; маши́нный ~ éngine séating ['enʤ-...]; коте́льный ~ bóiler séat(ing).

фундамента́льн||ость *ж.* fùndaméntal náture / cháracter [...'neɪ- 'kæ-], solídity. **~ый** fùndaméntal; sólid, substántial; ~ое зда́ние sólid búilding [...'bɪl-]; ~ая библиоте́ка main líbrary [...'laɪ-]; ~ые зна́ния thórough knówledge ['θʌrə 'nɔl-] *sg.*; ~ый труд básic work ['beɪ-...]; ~ое иссле́дование fùndaméntal invèstigátion.

фунда́ментн||ый: ~ая плита́ bed plate.

фунди́рованн||ый *эк.* fúnded, consólidàted; ~ые за́ймы fúnded loans; ~ дохо́д fúnded ín|come.

фуникулёр *м.* funícular (ráilway).

функциона́льн||ый fúnctional; *мед. тж.* dỳnámic [daɪ-]; ~ая зави́симость *мат.* fúnctional depéndence; ~ое заболева́ние *мед.* dỳnámic diséase [...-'ziːz].

функциони́ров||ание *с.* fúnctioning. **~ать** fúnction, fúnctionàte.

фу́нкци||я *ж.* (*в разн. знач.*) fúnction; я́вная ~ *мат.* explícit fúnction; нея́вная ~ *мат.* implícit fúnction; обра́тная ~ *мат.* invérse fúnction; произво́дная ~ *мат.* derívéd fúnction; выполня́ть чьи-л. ~и perfórm the dúties of smb.

фунт *м.* **1.** *уст.* (*мера веса*) pound; **2.**: ~ (сте́рлингов) pound (stérling); биле́т, ассигна́ция в пять фу́нтов fíve-pound note; ◇ не ~ изю́му *разг.* ≅ it's not a trifle; it's not to be sneezed at.

фу́нтик *м. разг.* (*мешочек*) páper-còne, pácket.

фу́ра *ж.* wággon ['wæ-].

фура́ж *м. тк. ед.* fórage, fódder; зерново́й ~ grain / hard fórage.

фуражи́р *м.* fórager. **~овать** fórage.

фуражиро́вка *ж.* fóraging.

фура́жка *ж.* (péak-)càp; *воен.* sérvice cap.

фура́жн||ый fórage (*attr.*), fódder (*attr.*); ~ое зерно́ fódder grain.

фурго́н *м.* van.

фу́рия *ж. миф.* fúry; (*перен.: злая женщина*) fúry, virágò.

фурниту́ра *ж.* accéssories *pl.*

фуро́р *м.* furóre [-rɪ]; произвести́ ~ *разг.* crèáte a furóre.

фуру́нкул *м. мед.* fúrùncle.

фурункулёз *м. мед.* furùnculósis.

фурьери́зм *м. ист.* Fóurierism ['fu-].

фут *м.* foot* [fut]; длино́ю в два ~а two feet long.

футбо́л *м.* fóotbàll ['fut-], sóccer. **~и́ст** *м.* fóotbàll-pláyer ['fut-], sóccer-pláyer, fóotbàller.

футбо́лка *ж. разг.* sports shirt, fóotbàll-jérsey ['fut- -zɪ].

футбо́льн||ый *прил. к* футбо́л; ~ мяч fóotbàll ['fut-]; ~ая кома́нда fóotbàll team.

футерова́ть [-тэ-] (*вн.*) *тех.* line (with refráctory bricks) (*d.*).

футеро́вка [-тэ-] *ж. тех.* (bríck-)lìning, líning (with refráctory bricks).

футля́р *м.* case [-s]; (*маленький тж.*) ètuí [e'twiː]; ~ для инструме́нтов ínstrument-càse [-s]; ◇ челове́к в ~е pérson who keeps him|sélf in cótton-wool [...-wul].

фу́товый óne-fóot [-'fut] (*attr.*).

футури́зм *м. иск.* fúturism.

футури́ст *м. иск.* fúturist. **~и́ческий** fùturístic.

футшто́к *м. мор.* tíde-gauge [-geɪʤ].

фуфа́йка *ж.* jérsey [-zɪ], swéater ['swe-].

фы́рканье *с.* snórting, sniffing.

фы́рк||ать, фы́ркнуть **1.** snort, sniff; презри́тельно ~нуть sniff scórnfully; **2.** *разг.* (*смеяться*) chuckle. **~нуть** *сов. см.* фы́ркать.

фюзеля́ж *м. ав.* fúselage [-zɪ-], hull. **~ный** *прил. к* фюзеля́ж.

Х

хабане́ра *ж.* hàbànérà [(h)ɑːbɑː'neɪrɑː].

хавро́нья *ж. разг.* sow.

хаджи́ *м. нескл.* (*мусульманин, побывавший в Мекке*) Hádji, Hájji.

ха́жива||ть: он, они́ *и т. д.* ча́сто туда́ ~ли he, they, *etc.*, used to go there óften [...juːst... 'ɔːf(t)°n]; he, they, *etc.*, would go there óften.

хака́с *м.*, **~ка** *ж.*, **~ский** Khàkáss [kɑː'kɑːs]; ~ский язы́к Khàkáss, the Khàkáss lánguage.

ха́ки *прил. неизм. и с. нескл.* kháki ['kɑː-].

хала́т *м.* **1.** (*домашний*) dréssing-gown; купа́льный ~ báth-ròbe; **2.** (*восточный*) òriéntal robe; **3.** (*рабочий*) óver¦àlls *pl.*; до́кторский ~ dóctor's smock; (*хирурга*) óperàting / súrgical coat; маскиро́вочный ~ *воен.* cámouflàge cloak [-muflɑːʒ...].

хала́тн||ость *ж.* cáre¦lessness, négligence; престу́пная ~ críminal négligence. **~ый** cáre¦less; ~ое отноше́ние к свои́м обя́занностям, рабо́те negléct of one's dúties, work.

халва́ *ж.* khàlvá [kɑːl'vɑː] (*paste of nuts, sugar and oil*).

хали́ф *м. ист.* cáliph. **~а́т** *м. ист.* cáliphàte.

халту́р||а *ж. тк. ед. разг.* (*плохая, небрежная работа*) háck-wòrk, pót-boiler. **~ить** *разг.* be a pót-boiler, make* the pot boil. **~ный:** ~ная рабо́та *разг.* háck-wòrk, pót-boiler. **~щик** *м. разг.* pót-boiler.

халцедо́н *м.мин.* chàlcédony [kæl-].

хам *м. разг.* cad, boor.

хамелео́н *м. зоол.* (*тж. перен.*) chaméleon [kə-], túrncoat.

хамса́ *ж.* khamsá [-'sɑː] (*small fish, common in the Black Sea*).

ха́м||ский *разг.* cáddish. **~ство** *с. разг.* cáddishness.

хан *м.* khan [kɑːn]; ~ Баты́й Batý-khàn [-kɑːn].

хандра́ *ж.* spleen; the blues *pl.*; на него́ напа́ла ~ *разг.* he has a fit of spleen, he is in the blues.

хандри́ть, захандри́ть have a fit of spleen, be in the blues.

ханжа́ *м. и ж.* bígot ['bɪ-], cánting hýpocrite.

ха́нже||ский bígoted, sànctimónious. **~ство́** *с.* bígotry, sánctimony, hypócrisy.

ханжи́ть play the hýpocrite.

ха́н||ский *прил. к* хан. **~ство** *с.* khánàte ['kɑː-].

ха́ос *м.* cháòs ['keɪ-].

хао́с *м. разг.* mess.

хаоти́ч||еский chàótic [keɪ-]. **~ность** *ж.* chàótic state [keɪ-...], state of cháòs [...'keɪ-]. **~ный** = хаоти́ческий.

ха́пать, сха́пать, ха́пнуть (*вн.*) *груб.* **1.** *при сов.* сха́пать (*хватать*) grab (*d.*), seize [siːz] (*d.*); **2.** *при сов.* ха́пнуть (*о деньгах*) grab (*d.*).

ха́пнуть *сов. см.* ха́пать 2.

харaки́ри *с. нескл.* hára-kíri ['hæ-].

хара́ктер *м.* **1.** dìsposítion [-'zɪ-], témper, cháracter ['kæ-]; дурно́й ~ bad* témper; угрю́мый ~ súllen disposítion; тяжёлый ~ dífficult náture [...'neɪ-]; си́льный ~ strong cháracter; прямота́ ~а straightfórwardness; име́ть твёрдый, си́льный ~ have a strong cháracter; челове́к с ~ом, си́льный ~ stróng-wílled pérson; **2.** (*свойство*) náture; ~ по́чвы náture of the soil; ~ ме́стности náture / chàracterístics of the locálity [...kæ-...]; *воен.* náture of the ground; cháracter of *the* térrain *амер.*; ✧ вы́держать ~ be / stand* firm; э́то не в ва́шем ~е that is¦n't your way / náture.

характериз||ова́ть *несов. и сов.* (*сов. тж.* охарактеризова́ть) (*вн.*) **1.** define (*d.*); (*описывать*) describe (*d.*); докла́дчик пра́вильно ~ова́л положе́ние the spéaker defíned the sìtuátion corréctly; **2.** (*быть характерным*) cháracterìze ['kæ-] (*d.*); э́тот посту́пок ~у́ет его́ this áction cháracterìzes him.

характеризова́ться (*тв.*) be cháracterìzed (by).

характери́стик||а *ж.* **1.** chàracterístic [kæ-]; (*отзыв*) cháracter ['kæ-]; (*отзыв о человеке*) tèstimónial, réference; для его́ ~и to show what he is like [...ʃou...], to give an ìdéa of his pèrsonálity [...aɪ'dɪə...]; дать кому́-л. ~у give* smb. a tèstimónial; **2.** *мат.* chàracterístic [kæ-], índèx of lógarithm.

характе́рно I **1.** *прил. кратк. см.* характе́рный; **2.** *предик. безл.*: ~, что it is chàracterístic that [...kæ-...]; для него́ ~ it is chàracterístic of him.

характе́рн||о II *нареч.* chàracterístically [kæ-]. **~ый 1.** (*типичный*) týpical; ~ое лицо́ týpical face; вот ~ый приме́р there is an ìllustrátion in point; **2.** (*отличительный*) chàracterístic [kæ-]; (*своеобразный*) distínctive; ~ая черта́ chàracterístic féature; **3.** *театр.* (*о роли, танце*) cháracter ['kæ-] (*attr.*); ~ый та́нец cháracter dance; ~ый актёр cháracter áctor.

ха́риус *м.* (*рыба*) gráyling, úmber.

ха́рканье *с.* èxpèctorátion; ~ кро́вью èxpèctorátion of blood [...blʌd], blóod-spìtting ['blʌd-].

ха́рк||ать, ха́ркнуть spit*; (*тв.*) èxpéctoràte (*d.*), spit* (*d.*); ~ кро́вью spit* blood [...blʌd]. **~нуть** *сов. см.* ха́ркать.

ха́ртия *ж.* chárter; конституцио́нная ~ cònstitútional chárter; Вели́кая ~ во́льностей *ист.* the Great Chárter [...greɪt...], the Mágna C(h)árta; Наро́дная ~ (*чартистов*) *ист.* the Péople's Chárter [...piː-...].

харч *м.* = харчи́.

харче́вня *ж. уст.* éating-house* [-s], cóok-shòp.

харчи́ *мн. разг.* grub *sg.*

харчи́ться *разг.* get* one's grub, be grubbed.

ха́ря *ж. груб.* muzzle; (úgly) mug ['ʌ-...].

ха́та *ж.* hut; ✧ моя́ ~ с кра́ю (,ничего́ не зна́ю) *погов.* ≅ that is nothing to do with me, it is no búsiness / concérn of mine [...'bɪzn-...].

ха́ять (*вн.*) *разг.* find* fault (with); pick on (*d.*).

хвал||а́ *ж.* praise; воздава́ть ~у́ (*дт.*) praise (*d.*).

хвале́бн||о *нареч.* in praise; ~ отзыва́ться (о *пр.*) praise (*d.*). **~ый** láudatory, eulogístic; ~ая песнь song of praise; ~ая речь pànegýric, èn¦cómium.

хвалёный much praised; váunted *ирон.*

хвали́ть, похвали́ть (*вн.* за *вн.*) comménd (*d.* for); (*вн.*; *восхвалять*) praise (*d.*); ✧ хоро́ший това́р сам себя́ хва́лит ≅ good wine needs no bush [...buʃ]; вся́кий купе́ц свой това́р хва́лит ≅ every cook práises his own broth [...oun...]. **~ся**, похвали́ться (*тв.*) boast (of), swágger ['swæ-] (abóut).

хва́ст||ать(ся), похва́стать(ся) (*тв.*) brag (of, abóut), boast (of); не ~ая́сь without bóasting.

хвастли́в||ость *ж.* bóastfulness, vàinglórious¦ness. **~ый** bóastful, vàinglórious.

хвастовство́ *с.* bóasting, brágging, vàinglóry.

хваст||у́н *м.*, **~у́нья** *ж.* bóaster, brággart, shów-òff ['ʃou-].

хват *м. разг.* dáshing féllow.

хвата́ть I, схвати́ть (*вн.*) snatch (*d.*), seize [siːz] (*d.*), catch* hold (of), grasp (*d.*); grab (*d.*); (*зубами*) snap (at); ~ кого́-л. за́ руку seize / grasp smb. by the hand; ✧ ~ что-л. на лету́ be very quick at smth.; ~ за́ душу tug at *one's* héart-strìngs [...'hɑːt-].

хват||а́ть II, хвати́ть *безл.* suffíce, be suffícient / enóugh [...ɪ'nʌf]; last out; э́того хва́тит this will suffíce, this will be suffícient / enóugh; у него́ ~и́ло му́жества (+ *инф.*) he had the cóurage [...'kʌ-] (+ to *inf.*); емý ~йло врéмени (+ *инф.*) he had time enóugh (+ to *inf.*), he had the time (+ to *inf.*); э́того должнó ~йть нá зиму this must last the wínter; э́того емý хвáтит на мéсяц it will last him a month [...mʌnθ]; дéла хвáтит на цéлый день enóugh work to last the whole day [...houl...]; и дóма дéла хвáтит there is plénty to do at home, too; мне хвáтит that's enóugh for me, that will do for me; не ~ not be enóugh; не ~áет врéмени (для, + *инф.*) there is¦n't enóugh time (for, + to *inf.*); у негó не ~áет врéмени he is hard pressed for time; (для, + *инф.*) he has not time enóugh (for, + to *inf.*); емý, им *и т. д.* не ~áет (*рд.*) he is, they are, *etc.*, short (of); у негó, у них *и т. д.* не ~áет дéнег he is, they are, *etc.*, short of móney [...'mʌ-]; he is, they are, *etc.*, pressed for móney; ✧ хвáтит! (*довольно!*) that will do!; (*перестань-те!*) enóugh of that!, enóugh!; с меня́ хвáтит! (*мне надоело*) I have had enóugh!; на сегóдня хвáтит! that'll do for to¦dáy!; э́того ещё не ~áло *разг.* that's a bit too thick, that's the límit, that would be the last straw.

хватáться, схвати́ться (за *вн.*) snatch (at), grip (*d.*), pluck (at), catch* (at); (*перен.*: *браться за какое-л. дело*) take* up (*d.*); ✧ ~ за солóминку catch* at a straw.

хвати́ть I *сов. см.* хватáть II.

хвати́||ть II *сов.* (*вн.*) *разг.* (*ударить*) whack (*d.*), bang (*d.*); ✧ ~ чéрез край ≅ go* too far; егó ~л удáр he had an àpopléctic stroke; ~ ли́шнего take* / have a drop too much.

хвати́||ться *сов.* (*рд.*) *разг.* miss (*d.*); nótice the ábsence ['nou-...] (of): ~ когó-л. miss smb., nótice the ábsence of smb.; егó ~лись he was missed; — я сли́шком пóздно ~лся but I thought of it too late.

хвáтка *ж.* **1.** grasp, grip, clutch; **2.** (*у животных*) bite; ✧ мёртвая ~ mórtal / death grip [...deθ...].

хвóйные *мн. скл. как прил. бот.* cónifers ['kou-].

хвóйн||ый cònííferous [kou-]; ~ лес cònííferous fórest / wood [...'fɔ- wud] (*ср.* лес); ~ое дéрево cónifer ['kou-]; ~ая древеси́на sóftwood [-wud].

хворáть *разг.* be ill / áiling.

хвóрост *м. собир.* **1.** brúshwood [-wud]; **2.** (*печенье*) (pástry) straws ['peɪ-...] *pl.*

хворости́на *ж.* (long) switch, (long) dry branch [...brɑ:-].

хвóрость *ж.* = хворь.

хвóрый *разг.* áiling, sick.

хворь *ж. разг.* áilment, íllness.

хвост *м.* **1.** tail; (*павлина тж.*) train; (*лисицы*) brush; (*кролика, оленя*) scut; ~ комéты tail / train of *a* cómet [...'kɔ-]; обрéзанный ~ docked tail, bóbtail; бить ~óм lash / swish / whisk the tail; поджáть ~ (*прям. и перен.*) have one's tail betwéen one's legs; поджáв ~ (*прям. и перен.*) with the tail betwéen the legs; виля́ть ~óм (*о собаке*) wag *the* tail [wæg...]; (*перен.*) cringe; **2.** (*концевая часть*) end, tail; (*о процессии*) táil-ènd; **3.** *разг.* (*очередь*) line, queue [kju:]; стоя́ть в ~é за чем-л. stand* in *a* queue for smth., queue up for smth.; **4.** *разг.* (*несданный экзамен*) arréars *pl.*; ✧ плести́сь в ~é lag / drag behínd, be at the táil-ènd.

хвостáтый tailed; cáudàte *научн.*

хвости́зм *м. полит.* khvostísm (*following in the tail of events*).

хвóстик *м. уменьш. от* хвост 1; ✧ с ~ом *разг.* and (a little) more; емý пятьдеся́т лет с ~ом he is on the shády side of fífty.

хвости́ст *м. полит.* khvostíst (*one who follows in the tail of events*).

хвостов||óй: ~ мóлот *тех.* tilt hámmer; ~óе колесó *ав.* tail wheel; ~óе оперéние *ав.* tail únit; èmpènnáge [ɑ:ŋpe'nɑ:ʒ] *амер.*; ~áя вéна *анат.* cáudal vein.

хвощ *м. бот.* hórse-tail, máre's tail.

хвоя́ *ж. тк. ед. бот.* needle(s) (*pl.*) (*of a conifer*).

хемотропи́зм *м. бот.* chemótropism [kə-].

хéрес *м.* (*вино*) shérry.

херуви́м *м. церк.* (*тж. перен.*) chérub ['ʧe-].

хиáзм *м. лингв.* chiásmus [kaɪ'æz-].

хибáрка *ж.* shánty, hóvel ['hɔ-].

хи́жина *ж.* cábin, hut, shack.

хи́лость *ж.* síckliness; púniness.

хи́лус *м. физиол.* chyle [k-].

хи́лый síckly; púny; (*о растениях*) úndergrówn [-oun].

химéр||а *ж. миф.* (*тж. перен.*) chiméra [k-]. **~и́ческий** chimérical [k-], fánciful. **~и́чность** *ж.* fáncifulness. **~и́чный** = химери́ческий.

хими́зм *м. научн.* chémism ['ke-].

хи́мик *м.* chémist ['ke-].

химикáлии, химикáты *мн.* chémicals ['ke-].

хими́ческ||ий chémical ['ke-]; *воен. тж.* gas (*attr.*); ~ анáлиз chémical análysis; ~ элемéнт (chémical) élement; ~ое соединéние chémical cómpound; ~ карандáш indélible / ink péncil; ~ая лаборатóрия chémical láboratory; ~ая проМы́шленность chémical índustry; ~ая чи́стка (*одежды*) chémical cléaning, drý-cléaning; ~ая войнá chémical / gas wárfàre; ~ая тревóга *воен.* gás-alért; gás-alárm *амер.*; ~ снаря́д gás-shèll; ~ое нападéние gas attáck; ~ие срéдства борьбы́ с сорнякáми chémical means of cómbating weeds; ~ие срéдства защи́ты растéний chémical weed and pest killers.

хи́мия *ж.* chémistry ['ke-]; органи́ческая ~ òrgánic chémistry; неоргани́ческая ~ ìnorgánic chémistry; физи́ческая ~ phýsical chémistry [-zɪ-...].

хи́мус *м. физиол.* chyme [k-].

хи́на *ж.* cinchóna [-'kounə], quiníne [-'ni:n].

хи́нди *м. нескл.* Híndí ['hɪn'di:].

хини́н *м.* quiníne [-'ni:n].

хи́н||ный cinchóna [-'kounə] (*attr.*); ~ное дéрево cinchóna (tree); ~ная кóрка cinchóna (bark), Perúvian bark; ~ная настóйка cinchóna decóction.

хирéть, захирéть grow* síckly [-ou...]; (*перен.*: *приходить в упадок*) fall* into decáy.

хиромáнт *м.* chìromántist [kaɪərо-], chíromàncer ['kaɪərо-], pálmist ['pɑ:m-]. **~ия** *ж.* chíromàncy ['kaɪəro-], pálmistry ['pɑ:m-].

хиру́рг *м.* súrgeon. **~и́ческий** súrgical. **~и́я** *ж.* súrgery.

хити́н *м. биол.* chítin ['kaɪ-].

хитóн *м.* túnic.

хитрéц *м.* a sly / cúnning one; slý¦boots *шутл.*

хитрец||á *ж.*, **хитри́нка** *ж. разг.* finésse [-'nes], cúnning; с ~óй, не без ~ы́ not without cúnning / finésse; он с ~óй he is not without cúnning, he is a deep one.

хитри́ть, схитри́ть **1.** (*лукавить*) use cúnning, be cúnning / cráfty; **2.** (с кем-л.) dodge (smb.).

хитрó *прил. кратк. см.* хи́трый.

хитрó *нареч.* **1.** (*лукаво*) slý¦ly, cúnning¦ly; **2.** (*не просто*) íntricate¦ly, with cúnning; **3.** (*ловко*) adróitly.

хитросплетéние *c.* ártful desígn [...-'zaɪn], strátagem.

хи́трост||ь *ж.* **1.** cúnning, slý¦ness; (*коварство*) guile, craft; **2.** (*уловка, хитрый приём*) ruse; воéнная ~ war ruse, strátagem; взять ~ью mánage by ruse, effect by strátagem; пусти́ться на ~и resórt to cúnning [-'zɔ:t...]; **3.** (*трудность, сложность*) íntricacy; àbstrúse¦ness [-ru:s-]; ✧ не великá ~ (+ *инф.*) does¦n't take many brains (+ to *inf.*), does¦n't take much (+ to *inf.*), éasy enóugh ['i:zɪ ɪ'nʌf] (+ to *inf.*).

хитроу́м||ие *c.* finésse [-'nes], ártfulness. **~ный 1.** cúnning; (*коварный*) cráfty, ártful; wíly; **2.** (*трудный, сложный*) = хи́трый 2.

хи́тр||ый 1. (*лукавый*) sly, cúnning; (*коварный*) ártful; **2.** (*не простой, трудный*) íntricate, invólved; э́то не ~о that's símple; э́то дéло не ~ое ≅ it is very símple; a child could do it.

хихи́к||анье *c. разг.* gíggling ['gɪ-], títtering, snígger. **~ать,** хихи́кнуть *разг.* gíggle [gɪ-], títter, chúckle, snígger. **~нуть** *сов. см.* хихи́кать.

хищéние *c.* rápìne, plúnder; (*растрата*) embézzle¦ment; mísappròpriátion, dèfàlcátion [di:-].

хи́щн||ик *м.* (*о звере*) beast of prey; (*о птице*) bird of prey; (*перен.*; *о* *человеке*) plúnderer, spóiler. ~**ица** *ж.* (*о женщине*) vamp.

хи́щническ||и *нареч.* prédatorily, rapácious|ly. ~**ий** rapácious, prédatory; ~ие инсти́нкты prédatory ínstincts.

хи́щничество *с.* rapácious|ness, prédatoriness.

хи́щн||ость *ж.* rapácity. ~**ый** 1. prédatory, ràptórial; ~ые живо́тные prédatory ánimals, beasts of prey; ~ые пти́цы birds of prey; 2. (*о человеке*) rapácious, grásping.

хлад *м. уст., поэт.* = хо́лод.

хладаге́нт *м. тех.* refrígerant; crýogèn.

хладнокро́в||ие *с.* cóolness, èquanímity [ɪ-], compósure [-'pou-], présence of mind [-z-...]; сохрани́ть ~ keep* cool, keep* one's head [...hed]. ~**но** *нареч.* cóolly; in cold blood [...blʌd]. ~**ный** cool, compósed.

хладноло́мк||ий *тех.* cóld-shórt, cóld-bríttle. ~**ость** *ж. тех.* cold bríttle|ness / shórtness.

хладобо́йня *ж.* sláughter-house* (with refrígeràtors) [-haus...].

хлам *м. тк. ед. собир.* rúbbish, trash; (*рухлядь*) lúmber.

хлами́да *ж.* 1. *ист.* chlámys [-æ-]; 2. *разг.* long loose gárment [...lu:s...].

хлеб *м.* 1. *тк. ед.* bread [-ed]; чёрный ~ brown bread, rýe-bread [-ed]; бе́лый ~ white bread, wheat bread; дома́шний ~ hóme-máde bread; пеклева́нный ~ whóle|meal bread [ʹhoul-...]; чёрствый ~ stale bread; сажа́ть ~ (в пе́чку) put* *the* bread into the óven [...'ʌv°n]; све́жий ~ frésh-bàked / néwly-bàked bread; ~ с ма́слом bread and bútter; 2. (*мн.* ~ы) (*каравай*) loaf*; 3. (*мн.* ~а́) (*в поле*) corn; (*зерно*) grain; ссы́пка ~а delívery of grain to gránaries; э́кспорт ~а grain éxpòrt; ~ на корню́ stánding corn; яровы́е ~а́ spring crops; ози́мые ~а́ wínter crops; 4. *разг.* (*средства к существованию*) líving ['lɪv-]; means of subsístence *pl.*, dáily bread; зараба́тывать себе́ на ~ make* one's bread, earn one's líving [ə:n...]; ◇ быть у кого́-л. на ~а́х eat* smb.'s salt; жить на чужи́х ~а́х ≅ be *a* depéndant, live at smb. élse's expénse [lɪv...]; лиши́ть кого́-л. куска́ ~а depríve smb. of *a* líve|lihood [...-hud]; да́ром ~ есть take* smth. for nóthing; отби́ть у кого́-л. ~ take* the bread out of smb.'s mouth; перебива́ться с ~а на квас ≅ live from hand to mouth; ~ да соль! good áppetite!; э́то наш ~ it's our bread and bútter.

хлеба́ть (*вн.*) *разг.* gulp (*d.*), eat* (*d.*); (*чай и т. п.*) drink* (nóisily) [...zɪ-] (*d.*); ◇ уйти́ не со́лоно хлеба́вши ≅ get* nothing for one's pains.

хле́бец *м.* small loaf* (of bread) [...bred].

хле́бник *м. уст.* báker.

хле́бница *ж.* (*корзинка*) bréad-basket ['bred-]; (*блюдо*) bréad-plàte ['bred-].

хлебну́ть *сов. разг.* take* / swállow a móuthful; ◇ ~ ли́шнего take* / have a drop too much; ~ го́ря have seen / known much sórrow [...noun...].

хле́бн||ый 1. *прил. к* хлеб 1; ~ магази́н báker's (shop); ~ая ка́рточка bréad-tìcket [-ed-]; 2. *прил. к* хлеб 3; ~ые зла́ки céreals [-rɪəlz], bread grains [bred...]; ~ая страна́ gráin-raising cóuntry [...'kʌ-], gráin-prodùcing cóuntry; (*житница*) gránary; ~ ры́нок grain márket; ~ая торго́вля grain trade, córn-tràde; ~ э́кспорт grain éxpòrt; ~ая би́ржа córn-exchànge [-ʧeɪ-]; ~ торго́вец grain / corn mérchant; 3. (*доходный, прибыльный*) lúcrative; ~ое ме́сто lúcrative job; ◇ ~ое де́рево bréad-tree [-ed-]; ~ое вино́ *уст.* vódka; ~ые расте́ния, зла́ки céreals.

хлебозаво́д *м.* mechánical bákery [-'kæ- 'beɪ-], bréad-bàking plant ['bred- plɑ:-].

хлебозагото́вка *ж.* gráin-colléction, córn-stòring; (*ср.* загото́вка 1).

хлебопа́шество *с.* ágricùlture, tíllage; занима́ться ~м till the soil; be a fármer; fóllow the plough *поэт.*

хлебопа́шец *м.* plóugh|man*.

хлебо||пёк *м. уст.* báker. ~**пека́рня** *ж.* bákery ['beɪ-], báke-house* [-s], báker's shop. ~**пече́ние** *с.* báking of bread [...-ed]. ~**поста́вка** *ж.* grain delívery.

хлеборо́б *м.* córn-grower [-grouə].

хлеборо́дный prodúcing grain / corn, fértile in grain / corn.

хлебосо́л *м.*, ~**ка** *ж.* hóspitable pérson; он был большо́й ~ he kept an ópen house [...-s].

хлебосо́ль||ный hóspitable. ~**ство** *с.* hòspitálity.

хлеботорго́в||ец *м.* córn-mèrchant. ~**ля** *ж.* córn-tràde.

хлебоубо́рка *ж.* hárvest(ing).

хле́б-со́ль *ж. разг.* bread and salt [-ed...]; (*гостеприимство*) hòspitálity; встреча́ть кого́-л. хле́бом-со́лью presént smb. with an óffering of bread and salt [-'z-...].

хлев *м.* (*для крупного скота*) cáttle-shèd, ców-house* [-s]; (*для овец*) shéep-còt(e); свино́й ~ (*прям. и перен.*) pígstỳ.

хлеста́ть 1. (*вн.*) lash (*d.*); (*прутом*) switch (*d.*); (*хлыстом*) whip (*d.*); 2. (*в вн.; ударять*) beat* (agáinst), lash (agáinst); дождь хле́щет в окно́ the rain is béating agáinst *the* wíndow-pànes; дождь хле́щет нам в лицо́ the rain is béating in our fáces; 3. (*без доп.*) *разг.* (*литься*) gush: кровь хле́щет из ра́ны blood is gúshing from *the* wound [blʌd... wu:nd]; дождь так и хле́щет it is ráining very héavily [...'he-], it is póuring [...'pɔ:-]; 4. (*вн.*) *разг.* (*пить*) swill (*d.*).

хлёстк||ий bíting, trénchant, scáthing ['skeɪ-]; ~ое замеча́ние bíting remárk; ~ие слова́ scáthing terms.

хлестну́ть *сов.* (*вн.*) lash (*d.*), give* a lash (*i.*); (*прутом*) switch (*d.*).

хлоп *межд.* bang!

хло́пать, хло́пнуть 1. flap; ~ в ладо́ши clap one's hands; ~ кры́льями flap the wings; ~ кого́-л. по спине́ slap / clap smb. on the back; ~ по плечу́ tap on the shóulder [...'ʃou-]; 2.: ~ две́рью bang / slam *the* door [...dɔ:]; ~ бичо́м, кнуто́м crack / smack *a* whip; хло́пнуть кни́гой по́ столу slam *the* book on *the* table; ◇ ~ глаза́ми, ~ уша́ми look blank, ùnderstánd* nothing. ~**ся**, хло́пнуться flop down.

хло́пец *м. разг.* boy.

хлопково́д *м.* cótton-grower [-grouə]. ~**ство** *с.* cótton-growing [-grou-].

хлопково́дческий *прил. к* хлопково́дство; ~ совхо́з cótton-growing State farm [-grou-...].

хло́пков||ый cótton (*attr.*); ~ая промы́шленность cótton índustry; ~ое ма́сло cótton-seed oil; ~ое се́мя cótton-seed; ~ые планта́ции cótton-plàntátions.

хлопкозагот||ови́тельный cótton-colléсting. ~**о́вка** *ж.* cótton-colléction, cótton-stòring.

хлопкоочисти́тельн||ый cótton-cleaning; ~ заво́д cótton-cleaning plant [...-ɑ:nt]; ~ая маши́на cótton-gin.

хлопкопряд||е́ние *с.* cótton-spìnning. ~**и́льный** cótton-spìnning; ~и́льная фа́брика cótton-spìnning fáctory.

хлопкоро́б *м.* cótton-grower [-grouə].

хлопкосе́ющий cótton-growing [-grou-]; ~ райо́н cótton-growing région / dístrict.

хлопкоубо́р||ка *ж.* cótton-hàrvesting. ~**очный**: ~очная маши́на cótton-pìcking machíne [...-'ʃi:n].

хло́пнуть(ся) *сов. см.* хло́пать (-ся).

хло́пок *м.* cótton; ~-сыре́ц raw cótton, cótton-wool [-wul].

хлопо́к *м.* clap.

хлопот||а́ть, похлопота́ть 1. *тк. несов.* (*быть в хлопотах*) bustle abóut; (*беспокоиться*) (take*) trouble [...trʌbl]; не хлопочи́те don't tróuble; 2. (*о пр.*) solícit (*d.*), petítion (for); ~ о ме́сте try for a place / job; solícit a place, *или* an óffice; petítion for a place; 3. (*за вн.*) ìntercéde (for), plead (for); ~ за кого́-л. take* up smb.'s case [...-s]. ~**ли́вость** *ж.* 1. (*дела и т. п.*) tróuble|some|ness ['trʌbl-]; 2. (*свойство характера*) fússiness. ~**ли́вый** 1. (*о деле*) tróuble|some ['trʌbl-]; 2. (*о человеке*) bústling, fússy.

хло́потный = хлопотли́вый 1.

хлопот||у́н *м. разг.* bústler. ~**у́нья** *ж. к* хлопоту́н; *шутл. тж.* **a hen with one chicken** *идиом.*

хло́поты *мн.* **1.** (*беспокойство*) trouble [trʌbl] *sg.*; (*заботы*) cares; несмотря́ на все его́ ~ in spite of all the trouble he has táken; наде́лать кому́-л. хлопо́т give* smb. (a lot of) trouble; не сто́ит хлопо́т it is not worth the trouble; **2.** (*суетня*) bustle *sg.*, fuss *sg*; ✧ у него́ хлопо́т по́лон рот ≅ his hands are full.

хлопу́шка *ж.* **1.** (*для мух*) flápper; **2.** (*детская игрушка*) póp-gùn; **3.** (*праздничная, с сюрпризом*) Chrístmas crácker [-sməs...].

хлопча́тник *м. бот.* cótton(-plànt) [-ɑnt].

хлопчатобума́жн||ый cótton (*attr.*); ~ая ткань cótton fábric; ~ая промы́шленность cótton índustry.

хлопча́т||ый *уст.* cótton (*attr.*); ~ая бума́га cótton(-thread) [-ed].

хлопьеви́дный fláky.

хло́пья *мн.* **1.** (*снега и т. п.*) flakes; (*шерсти*) flocks; ~ми in flakes; in flocks; **2.**: кукуру́зные ~ corn flakes.

хлор *м. хим.* chlórine [-ɔːriːn].

хлора́л *м. фарм.* chlóral. **~гидра́т** *м. мед.* chlóral hýdràte [...'haɪ-].

хлори́ров||ание *с.* chlòrinátion [klɔː-]. **~ать** *несов. и сов.* (*вн.*) chlórinàte ['klɔː-] (*d.*).

хлористоводоро́дн||ый *хим.* hýdro¦chlóric; ~ая кислота́ hýdro¦chlóric ácid.

хло́рист||ый *хим.* chlóride ['klɔː-], chlórous; ~ на́трий sódium chlóride; ~ ка́льций cálcium chlóride; ~ ма́рганец mànganése chlóride; ~ая кислота́ chlórous ácid.

хлори́т *м. мин.* peach.

хло́рн||ый *хим.* chlóric ['klɔː-]; ~ая кислота́ chlóric ácid; ~ая и́звесть chlóride of lime ['klɔː-...], bléaching pówder.

хлоро́з *м.* **1.** *мед.* chlorósis, green síckness; **2.** *бот.* chlorósis.

хлорофи́лл *м. бот.* chlórophyll.

хлорофо́рм *м. хим.* chlórofòrm; опера́ция под ~ом òperátion únder chlórofòrm. **~и́ровать** *несов. и сов.* (*вн.*) *мед.* chlórofòrm (*d.*), treat with chlórofòrm (*d.*).

хлорпикри́н *м. хим.* chlóropìcrin.

хлы́ну||ть *сов.* (*о жидкости*) gush out, spout; кровь ~ла из ра́ны blood gushed from the wound [blʌd... wuːnd]; слёзы ~ли у неё из глаз tears gushed from her eyes [...aɪz]; ~л дождь the rain came down in tórrents.

хлыст I *м.* (*прут*) whip, switch.

хлыст II *м.* (*сектант*) Khlyst (*member of a sect*).

хлысто́вство *с.* Khlystóvstvo (*a sect*).

хлыщ *м. разг. презр.* fop, cóxcòmb [-koum].

хлю́пать squelch; ~ по грязи́ squelch through *the* mud.

хлю́пик *м. разг.* nínny, mílksòp.

хляб||ь *ж.* abýss; ✧ ~и морски́е troughs of the sea [trɔfs...]; ~и небе́сные разве́рзлись it is póuring [...'pɔː-], it is ráining in tórrents.

хля́стик *м.* (*у одежды*) strap.

хм *межд.* hem!, h'm!, hum!

хмелево́д *м.* hóp-grower [-grouə]. **~ство** *с.* hóp-growing [-grou-].

хмелёк *м. разг.*: быть под хмелько́м be típsy, be lit up; он немно́го под хмелько́м he is a bit tight, he is a bit lit up.

хмеле́ть grow* / become* típsy [-ou...].

хмель *м. тк. ед.* **1.** (*растение*) hop; **2.** (*семена*) hops *pl.*; **3.** *разг.* (*опьянение*) drúnkenness, intòxicátion; во хмелю́ in a state of intòxicátion / drúnkenness.

хмельн||о́е *с. скл. как прил.* intóxicàting líquor [...-kə]; он ~о́го в рот не берёт he never tóuches spírits [...'tʌ-...]. **~о́й** **1.** (*опьяняющий*) intóxicàting, héady ['he-]; **2.** (*опьяневший*) intóxicàted, líght-héaded [-'hed-].

хму́рить, нахму́рить: ~ лоб frown; ~ бро́ви knit* one's brows. **~ся,** нахму́риться **1.** (*о человеке*) frown; **2.** (*о погоде, небе*) gloom, lówer, lour, be óver¦cást.

хму́рый **1.** glóomy, súllen; **2.** (*о погоде, небе*) glóomy, lówering, lóuring.

хна *ж.* (*краска*) hénna.

хны́канье *с. разг.* whímpering, snívelling; (*перен.*) compláining.

хны́кать *разг.* whímper, snível ['snɪ-]; (*перен.*) compláin.

хо́бот *м.* **1.** *зоол.* trunk, probóscis; **2.** *воен.*: ~ лафе́та trail of *a* gún-càrriage [...-rɪdʒ].

хобото́к *м.* (*у насекомого*) probóscis.

ход *м.* **1.** *тк. ед.* (*движение*) mótion, run; (*скорость*) speed; (*перен.*: *развитие, течение*) course [kɔːs]; ~ по́ршня píston stroke; ~ кла́пана valve stroke; ти́хий ~ slow speed [-ou...]; за́дний ~ bácking, revérse; báckward mótion; дать за́дний ~ back the éngine [...'endʒ-]; по́лный ~ full speed; ма́лый ~ slow speed; сре́дний ~ hálf-speed ['hɑːf-]; свобо́дный ~ free wheeling; (*об автомашине*) cóasting; холосто́й ~ ídling; замедля́ть ~ slow down, redúce speed; пусти́ть в ~ (*вн.*) start (*d.*), set* gó¦ing (*d.*), give* a start (*i.*), set* in train (*d.*); (*о деле, предприятии тж.*) get* únder way (*d.*), get* stárted (*d.*); пусти́ть в ~ маши́ну start *an* éngine; пусти́ть в ~ фа́брику start *a* fáctory, put* *a* fáctory in òperátion; на ~у́ (*в движении*) in mótion; (*о предприятии*) in wórking / rúnning órder; есть на ~у́ snatch a meal / bite; засну́ть на ~у́ fall* asléep on one's feet, *или* stánding up; по ~у часово́й стре́лки clóckwìse; ~ собы́тий course / march of evénts; trend of devélopments; при тако́м ~е собы́тий with the présent course of evénts [...'prez-...]; в ~е перегово́ров in the course of negòtiátions; ~ мы́слей train of thought; ~ боле́зни prógrèss of the íllness / diséase [...-'ziːz]; ~ боя́ course of áction; ~ социалисти́ческого соревнова́ния, строи́тельства *и т. п.* prógrèss of sócialist èmulátion, constrúction, *etc.*; **2.** (*мн.* ~ы́; *вход*) éntrance, éntry; (*проход*) pássage; ~ со двора́ éntry by the yard; потайно́й ~ sécret pássage; ~ сообще́ния *воен.* commùnicátion trench; **3.** (*мн.* хо́ды́; *в игре*) *шахм.* move [muːv]; *карт.* lead, turn; ваш ~ (*в шахматах*) it is your move; (*в картах*) it is your lead; чей ~? (*в шахматах*) whose move is it?; (*в картах*) who leads?; ~ конём *шахм.* move of the knight; ✧ знать все ~ы́ и вы́ходы *разг.* know* all the ins and outs [nou...], be pérfectly at home; ло́вкий ~ cléver move ['kle-...]; быть в ~у́ be in vogue [...voug], be cúrrent, be pópular, be in great requést [...greɪt...]; э́тот това́р в большо́м ~у́ this árticle is in great demánd [...-ɑːnd], these goods are in great requést [...gudz...]; пусти́ть в ~ все сре́дства use all póssible means; leave* no stone úntúrned *идиом.*; move héaven and earth [...'he-...əːθ] *идиом.*; пусти́ть в ~ аргуме́нт put* fórward *an* árgument; дать ~ де́лу set* an affáir gó¦ing; дела́ иду́т по́лным ~ом affáirs / things are in full swing; ему́ не даю́т ~а they won't give him a chance [...wount...]; не дава́ть ~а (чему́-л.) nónsúit [-'sjuːt] (smth.); с ~у *разг.* with a rush.

хода́тай *м.* **1.** *юр. уст.* (*тж.* ~ по дела́м) ágent, solícitor; **2.** (*заступник*) ìntercéssor. **~ство** *с.* **1.** (*просьба*) àpplicátion, solìcitátion, petítion; **2.** (*заступничество*) ìntercéssion.

хода́тайствовать, походатайствовать (о *пр.*, за *вн.*) solícit (for), petítion (for), send* in an àpplicátion (for), applý (for); ~ пе́ред су́дьями solícit the júdges; ~ за кого́-л. ìntercéde for smb.

ходи́ть, *опред.* идти́, *сов.* пойти́ **1.** (*в разн. знач.*) go*; (*пешком тж.*) walk; он хо́дит на рабо́ту по э́той у́лице he goes to his work along this street; он шёл по э́той у́лице he was gó¦ing along this street; ~ взад и вперёд walk to and fro, *или* up and down; ~ по́д руку walk árm-in-árm; ~ по траве́ walk on the grass; ~ больши́ми шага́ми (по *дт.*) pace (*d.*); ~ тяжело́ ступа́я (по *дт.*) tramp (on); ~ на лы́жах ski [ʃiː]; ~ в разве́дку *воен.* go* on recónnaissance [...-nɪs-]; ~ на охо́ту go* shóoting; ту́чи хо́дят по́ небу stórm-clouds are drífting óver the sky; **2.** *тк. неопред.* (в *пр.*; *носить*) wear* [wɛə] (*d.*): ~ в шу́бе wear* *a* wínter coat; ~ в очка́х wear* glásses; **3.** (в, на *вн.*; *посещать*) go* (to), atténd (*d.*); (к *кому-л.*) vísit [-z-] (*d.*), go* to see (*d.*): ~ в теа́тр go* to the théatre [...'θɪə-]; ~ в шко́лу go* to school; (*учиться в школе*) atténd school; ~ на ле́кции atténd léctures; он хо́дит к ним ка́ждый день he vísits them every day, he goes to see them every day; — ~ по магази́нам go* shópping; **4.** (*о поездах, пароходах и т. п.*) run*: поезда́ хо́дят во всех направле́ниях trains run in all diréctions; — ~ под паруса́ми sail; поезда́ сего́дня не хо́дят there are no trains to¦dáy, there is no train sérvice to¦dáy; (*ср.* идти́); **5.** (*о часах*) go*: часы́ не хо́дят the watch does not go; **6.** (*в игре*) lead*, play; *шахм.* move [muːv]; ~ с да́мы (*в картах*) play *a* queen; ~ с ко́зыря lead* *a* trump; вам ~ (it is) your lead; ~ королём (*в картах*) play *a* king; (*в шахматах*) move the king; **7.** *тк. неопред.* (за *тв.*; *ухаживать*) tend (*d.*), take* care (of); (*за больным и т. п. тж.*) nurse (*d.*); ~ за ло́шадью groom *a* horse; **8.** *тк. неопред.* (*о деньгах*) go*, pass; э́ти де́ньги хо́дят всю́ду this cúrrency pásses ány¦whère; ◇ хо́дит слух it is rúmour¦ed; слу́хи хо́дят rúmours are aflóat, there are rúmours; ~ го́голем *разг.* strut; ~ вокру́г да о́коло *разг.* ≅ beat* abóut the bush [...buʃ]; по́ миру ~ (*просить милостыню*) beg, be a béggar, live by bégging [lɪv...].

хо́дк||ий 1. (*о товаре*) sálable, márketable; **~ая** кни́га bést-sèller; **2.** (*о судне*) light, fast.

ходов||о́й 1. *прил. к* ход 1; ~ винт áctuàting screw; ~ коне́ц (*снасти*) rúnning end; **~ы́е** ча́сти (*машины, мотора и т. п.*) the wórking parts; **~ы́е** ка́чества (*автомашины*) road perfórmance *sg.*; **2.** (*обычный*) of the cúrrent / úsual type [...'juːʒ-...]; **~ы́е** това́ры pópular goods [...gudz].

ходо́к *м.* **1.** wálker; быть хоро́шим **~о́м** be a good* walker, walk fast; **2.** *уст.* (*ходатай от крестьян*) (fóot-)mèssenger ['fut- -ndʒə].

ходу́л||и *мн.* stilts; ходи́ть на **~ях** walk on stilts.

ходу́льный (*о стиле, выражении*) stílted.

ходу́н *м.*: **~о́м** ходи́ть *разг.* (*шататься*) shake*, tremble, rock.

ходьб||а́ *ж.* wálking, pácing; полчаса́ **~ы́** half an hour's walk [hɑːf... auəz...].

ходя́ч||ий 1. wálking; ~ больно́й wálking pátient; ámbulant case [...-s]; **2.** (*распространённый*) cúrrent; **~ая** и́стина trúism; **~ее** мне́ние cúrrent / cómmon opínion; **~ая** фра́за cátch-phràse; ◇ **~ая** энциклопе́дия *разг.* wálking èncyclopáedia [...-saɪ-].

хожде́ни||е *с.* **1.** (*ходьба*) wálking, pácing; **2.** (*о деньгах*) cìrculátion; име́ть ~ pass; be in use [...-s]; ◇ по о́бразу пе́шего **~я** on Shanks's mare.

хоза́ры *ист.* Khazár(s), Chazár(s) [k-].

хозрасчёт *м.* (хозя́йственный расчёт) nón-fináncing by the State; на **~е** not finánced by the State, sélf-suppórting; òperátion on a prófitable básis [...'beɪ-]; быть на **~е** run* on a sélf-suppórting básis; перевести́ на ~ (*вн.*) put* on a sélf-suppórting básis (*d.*).

хозя́||ин *м.* **1.** máster; boss *разг.*; (*владелец*) ówner ['ou-], propríetor; (*по отношению к гостю*) host [houst]; (*по отношению к жильцу*) lándlòrd; ~ до́ма máster of the house* [...-s]; ~ гости́ницы ínnkeeper, lándlòrd, host; он хоро́ший ~ he is thrífty and indústrious, he is a good* mánager; **~ева** по́ля *спорт.* the home pláyers; **2.** *разг.* (*муж*) man*; **3.** *биол.* host; ◇ ~ положе́ния máster of the sìtuátion; како́в ~, тако́в и слуга́ like máster like man; я сам себе́ ~ I am my own máster [...oun...]; **~ева** свое́й страны́ másters of their own cóuntry [...'kʌn-]; **~ева** свое́й судьбы́ másters of their own lives.

хозя́йка *ж.* **1.** místress; (*владелица*) ówner ['ou-], propríetress; (*по отношению к гостю*) hóstess ['hou-]; (*по отношению к жильцу*) lándlàdy; ~ до́ма místress of the house* [...-s]; дома́шняя ~ house¦wìfe* [-s-]; хоро́шая ~ good* hóuse¦wìfe*; **2.** *разг.* (*жена*) wife*, míssis, míssus.

хозя́йничать 1. (*вести хозяйство*) keep* house [...-s], mánage a hóuse¦-hòld [...-s-]; **2.** (*распоряжаться*) boss it, play the máster, lord it; ~ в чужо́й стране́ éxercìse one's sway óver a fóreign cóuntry [...'fɔrɪn 'kʌ-]; throw* one's weight abóut in sóme¦body élse's cóuntry [-ou...].

хозя́йск||ий *прил. к* хозя́ин 1; **~им** гла́зом with a thrífty máster's eye [...aɪ]; прояви́ть **~ую** забо́ту (о *пр.*) take* a propríetary ínterest (in); ◇ э́то де́ло **~ое** *разг.* it is for the máster to decíde.

хозя́йственник *м.* búsiness / indústrial / èconómic exécutive ['bɪzn-... iːk-...].

хозя́йственн||ость *ж.* thrift, èconómy [iː-]. **~ый 1.** èconómic [iː-]; **~ый** о́рган èconómic òrganizátion [...-naɪ-]; **~ый** год èconómic year; **~ый** расчёт = хозрасчёт; **~ые** ка́дры exécutive pèrsonnél *sg.*; **2.** (*о человеке*) thrífty, èconómical [iː-], práctical.

хозя́йств||о *с.* **1.** *тк. ед.* èconómy [iː-]; пла́новое ~ plánned èconómy; мирово́е ~ world èconómy; наро́дное ~ nátional èconómy; се́льское ~ ágricùlture, fárming; rúral èconómy; лесно́е ~ fórestry; ры́бное ~ fish índustry; зерново́е ~ grain grówing [...'grou-]; тра́нспортное ~ tránspòrt; городско́е ~ mùnícipal / cíty èconomy [...'sɪ-...]; дома́шнее ~ hóuse¦keeping [-s-]; занима́ться (дома́шним) **~ом** keep* house [...-s], look áfter the house, be óccupied with one's hóuse¦hòld [...-s-]; обзавести́сь (дома́шним) **~ом** acquíre hóuse¦-hòld effécts; быть за́нятым по **~у** be búsy about the house [...'bɪzɪ...]; **2.** *с.-х.* farm; кру́пное ~ lárge-scàle farm; коллекти́вное ~ colléctive farm; единоли́чное ~ indivídual farm; ли́чное ~ колхо́зника colléctive fármer's prívate prodúction [...'praɪ-...].

хозя́йствовани||е *с.* mánage¦ment; ме́тоды **~я** méthods of mánage¦ment.

хозя́йчик *м.* pétty propríetor, small ówner [...'ounə].

хозя́юшка *ж. разг.* (kind) hóstess [...'hou-].

хоккеи́ст *м.* hóckey pláyer.

хокке́й *м. спорт.* hóckey; ру́сский ~ Rússian hóckey [-ʃən...]; ~ с ша́йбой ice hóckey. **~ный** *спорт.* hóckey (*attr.*); **~ный** мяч hóckey-bàll; **~ная** кома́нда hóckey team; **~ная** клю́шка hóckey stick.

хо́леный (*о руках, о человеке*) well cáred-fór; wéll-gróomed, sleek; (*о животном*) sleek.

холе́ра *ж. мед.* (Àsiátic, èpidémic, malígnant) chólera [eɪʃɪ'æ-... 'kɔ-].

холе́рик *м.* chóleric ['kɔ-].

холери́на *ж. мед.* chólerìne ['kɔ-].

холери́ческий chóleric ['kɔ-].

холе́рн||ый *прил. к* холе́ра; *тж.* chòleráic [kɔlə'reɪɪk]; **~ая** эпиде́мия èpidémic of chólera [...'kɔ-].

холецисти́т *м. мед.* chòlecystítis [kɔ-].

хо́лить (*вн.*) tend (*d.*), chérish (*d.*).

хо́лка *ж.* wíthers *pl.*

холл *м.* hall.

холм *м.* hill; (*небольшой*) knoll, híllock; моги́льный ~ (grave) mound; túmulus (*pl.* -li). **~ик** *м.* híllock, knoll. **~и́стый** hílly.

хо́лод *м.* cold; (*холодность*) cóld¦ness; пять гра́дусов **~а** five degrées belów zérò [...-'lou...]; **~а́** cold wéather [...'we-] *sg.*

холоде́ть, похолоде́ть grow* cold [-ou...]; ~ от у́жаса grow* cold with térror.

холоде́ц *м. кул.* (*из мяса*) jéllied meat; (*из рыбы*) jéllied fish.

холоди́льн||ик *м.* **1.** refrígeràtor; (*шкаф тж.*) fridge; (*для вина*) wine-cooler; (*склад*) cold store; ваго́н-~ íce-càr; су́дно-~ refrígeràtor ship; **2.** *тех.* (*конденсатор паровой машины*) condénser. **~ый** refrígeràtory [-reɪ-]; **~ая** устано́вка refrígeràting plant [...-ɑːnt]; **~ое** де́ло refrìgerátion; **~ое** обору́дование refrígeràting equípment.

холоди́ть (*вн.*) cool (*d.*).

хо́лодно I **1.** *прил. кратк. см.* холо́дный; **2.** *предик. безл.* it is cold;

сегодня ~ it is cold to¦dáy; емý ~ he is cold.

хóлодно II *нареч.* (*прям. и перен.*) cóld¦ly; ~ встрéтить когó-л. recéive smb. cóld¦ly [-'si:v...], give* smb. a cold recéption; give* smb. the cold shóulder [...'ʃou-] *идиом.*; ~ отнестúсь к комý-л. treat smb. cóld¦ly.

холодновáтый chílly.

холóдное *с. скл. как прил. кул.* (*из мяса*) jéllied meat; (*из рыбы*) jéllied fish.

холоднокáтаный *тех.* cóld-ròlled; ~ лист cóld-ròlled sheet.

холоднокрóвные *мн. скл. как прил. зоол.* cóld-blóoded [-'blʌ-].

хóлодность *ж.* cóld¦ness.

холоднотя́нутый *тех.* cóld-drawn.

холóдн||ый 1. (*прям. и перен.*) cold, cool; ~ое блюдо cold dish / plate; ~ая водá cold wáter [...'wɔ:-]; облúть ~ой водóй (*вн.*; *прям. и перен.*) throw* cold wáter [-ou...] (on); постáвить в ~ое мéсто (*вн.*) put* in a cool / cold place (*d.*); ~ пóяс *геогр.* cold zone; ~ая погóда cold wéather [...'we-]; ~ая клёпка *тех.* cold ríveting; ~ая прокáтка *тех.* cold rólling; ~ приём cold recéption; оказáть комý-л. ~ приём recéive smb. cóld¦ly [-i:v...], give* smb. a cold recéption; give* smb. the cold shóulder [...'ʃou-] *идиом.*; ~ взгляд cold glance; 2. *разг.* (*об одежде и т. п.*) light, thin; ✧ ~ое орýжие síde-àrms *pl.*; ~ая войнá cold war.

холод||óк *м.* (*прям. и перен.*) chill; ýтренний ~ chílly mórning air; относúться с ~кóм к чемý-л. lack enthúsiàsm for smth. [...-zɪ-...].

холодостóйк||ий cóld-resístant [-'zɪ-]; ~ие сортá зерновы́х культýр cóld-resístant varíeties of céreals [...-rɪəlz].

холóп *м. ист.* serf, bónd¦man*; (*перен.*) gróveller. **~ка** *ж. ист.* bóndmaid, bónd¦wòman* [-wu-]. **~ский** *прил. к* холóп; (*перен.*) sérvìle, slávish ['sleɪ-]. **~ство** *с.* slávishness ['sleɪ-]; (*перен. тж.*) sèrvílity. **~ствовать** (пéред) cringe (to).

холостéцкий = холостя́цкий.

холостúть, охолостúть (*вн.*) *с.-х.* càstráte (*d.*), emásculàte (*d.*); (*жеребца*) geld [g-] (*d.*).

холост||óй 1. únmárried, single; ~ человéк únmárried / single man*; ~áя жизнь únmárried / single life; 2. *тех.* idle, dúmmy; ~ ход ídling; 3. *воен.* blank; blánk-fìre (*attr.*); ~ патрóн blank cártridge; ~ вы́стрел blank shot; ~ заря́д blánk-fìre charge.

холостя́||к *м.* báchelor; стáрый ~ old báchelor. **~цкий** *прил. к* холостя́к.

холощéние *с. с.-х.* càstrátion, emàsculátion; (*жеребцов*) gélding ['ge-].

холощёный *с.-х.* càstráted, emásculàted; (*о жеребце*) gélded ['ge-].

холст *м.* 1. cánvas, línen ['lɪ-], flax, cloth; (*грубый тж.*) sáckclòth, sácking; небелёный ~ únbléached línen; 2. *жив.* cánvas.

холстúна *ж. тк. ед.* (piece of) únbléached línen [pi:s... 'lɪ-].

холýй *м. презр.* tóady, gróveller.

холщóвый *прил. к* холст 1.

хóл||я *ж.* cómfort ['kʌ-], lóving care ['lʌ-...]; жить в ~е live in clóver [lɪv...]; держáть в ~е (*вн.*) tend cáre¦fully (*d.*).

хомýт *м.* 1. (horse's) cóllar; (*перен.*) yoke; надéть ~ (на *вн.*) put* *a* cóllar (on); (*перен.*) put* a yoke (on), yoke (*d.*); 2. *тех.* yoke, férrùle.

хомя́к *м. зоол.* hámster.

хор *м.* chórus ['k-]; (*церковный*) chóir ['kwaɪə]; ~ом in chórus; всем ~ом, все ~ом (*перен.*) all togéther [...-'ge-].

хорáл *м. муз.* chòrál(e) [kɔ'rɑ:l(ɪ)].

хорвáт *м.*, **~ка** *ж.* Cróàt. **~ский** Cròátian.

хóрда *ж. мат.* chord [k-]; ~ дугú span.

хорeúческ||ий *лит.* trocháic [-'keɪɪk]; ~ие стихú trocháic vérses.

хорéй *м. лит.* tróchee ['trouki:].

хорёк *м.* póle¦càt.

хорео||графúческий chòreográphic [kɔ-]. **~грáфия** *ж.* chòreógraphy [kɔ-].

хорéя *ж. мед.* chòréa [kɔ'rɪə].

хорúст *м.* chórister ['k-], mémber of *a* chórus [...'kɔ:-]. **~ка** *ж.* chórister ['k-], chórus-gìrl ['k- -gə:l].

хориáмб *м. лит.* chóriàmb ['kɔ-], chòriámbus [kɔ-].

хормéйстер *м. театр.* léader of *a* chórus [...'kɔ:-]; chóir-màster ['kwaɪə-mɑ:stə].

хоровóд *м.* round dance; водúть ~ sing* and dance in a ring. **~иться** (с *тв.*) *разг.* fuss (abóut), waste (one's) time [weɪ-...] (óver); нéчего с э́тим ~иться no use fússing abóut it [...ju:s...].

хоровóдн||ый: ~ые пéсни síng¦ing and dáncing in a ring *sg.*; ~ые пля́ски round dánces.

хоров||óй *прил. к* хор; *тж.* chóral ['k-]; ~ кружóк síng¦ing círcle, chórus ['k-]; ~ы́е пáртии chóral parts; ~áя декламáция rècitátion in chórus.

хорóмы *мн. уст.* mánsion *sg.*

хоронúть, схоронúть, похоронúть (*вн.*) 1. búry ['berɪ] (*d.*); intér (*d.*); 2. *при сов.* схоронúть *уст. разг.* (*прятать*) hide* (*d.*), concéal (*d.*), lay* a¦wáy (*d.*); ✧ ~ концы́ remóve the tráces [-'mu:v...], cóver up one's tracks ['kʌ-...]. **~ся**, схоронúться 1. *уст.* (*прятаться*) hide* / concéal òne¦sélf; 2. *страд. к* хоронúть.

хорохóриться *разг.* swágger ['swæ-].

хорóш I *прил. кратк. см.* хорóший.

хорóш II *предик.* (*впору*): ботúнки емý ~и the shoes fit him [...ʃu:z...].

хорóшеньк||ий prétty ['prɪ-], nice; ✧ ~ая истóрия! *разг.* a nice hów-d'ye-dó!, a prétty kettle of fish.

хорошéнько *нареч. разг.* (*как следует*) thóroughly ['θʌrəlɪ], próperly; ✧ ~ eró! *разг.* give it to him!, let him have it!

хорошéть, похорошéть grow* préttier [-ou 'prɪ-], grow* bétter-lóoking.

хорóш||ий 1. good*; ~ая погóда good* / fine wéather [...'we-]; ~его кáчества hígh-quálity (*attr.*), góod-quálity (*attr.*); э́то дéло ~ее that's a good thing; 2. (*красивый*) béautiful ['bju:-]; (*о мужчине чаще*) hándsome [-ns-]; онá ~á (собóй) she is góod-lóoking / béautiful; 3. *с. как сущ.*: что ~его? what news? [...-z]; всегó ~его góod-býe; ничегó ~его из э́того не полýчится по good will come of it; ✧ мы с ним óчень хорошú we are on very good terms with him; ты тóже хорóш! *ирон.* you are a nice one, to be sure! [...ʃuə]; ~á истóрия!, ~ее дéло! *ирон.* a nice hów-d'ye-dó!, a prétty kettle of fish [...'prɪ-...]; покá всё ~ó so far so good; ~ó то, что ~ó кончáется all's well that ends well.

хорошó I 1. *прил. кратк. см.* хорóший; 2. *предик. безл.* it is nice, it is pléasant [...'plez-]; здесь ~ гуля́ть it is nice to walk here, it is a nice place for wálking; ~, ~! all right, all right!; óчень ~! very well!; вот ~! that's fine / good!; бы́ло бы ~ it would be a good thing; емý ~ he feels nice, he is cómfortable here [...'kʌm-...]; с вáшей сторoны́ ~, что вы пришлú it is nice of you to come; ~ вам говорúть it is all very well for you to say.

хорошó II 1. *нареч.* well*; ~ пáхнуть smell* nice / good*; вы ~ сдéлаете, éсли придёте you would do well to come; ~ отзывáться о ком-л., о чём-л. speak* well* / híghly of smb., of smth.; ~ учúться do well in one's stúdies [...'stʌ-]; всё пойдёт ~ évery¦thing will turn out well; évery¦thing will go well; ~ скáзано well said [...sed]; 2. *как сущ. с. нескл.* (*отметка*) good; 3. *в знач. утвердит. частицы* (*согласен*) very well!, all right!, agréed!

хорýгвь *ж. церк.* gónfalon.

хорýнжий *м. ист.* córnet (*junior officer in the Cossack cavalry*).

хóры *мн. арх.* gállery *sg.*

хорь *м.* = хорёк. **~кóвый** *прил. к* хорёк.

хотéние *с. разг.* desíre [-'zaɪə].

хотéть, захотéть (*вн.*, *рд.*, + *инф.*) want (*d.*, + to *inf.*); like (*d.*, + to *inf.*); ~ чáю want tea; он óчень хóчет её вúдеть he wants to see her very much; он хóчет, чтóбы онá пришлá he wants her to come; ~ спать want to sleep, feel* sléepy; как хотúте! just as you like!; он дéлает, что хóчет he does what he likes; что вы э́тим хотúте сказáть? what do you mean by that?; хотéл бы я знать, кто э́то был

I wónder who it was [...'wʌ-...]; он тóлько хотéл идтй к вам he was just abóut to go and see you; хотéл бы я посмотрéть I should like to see; он не хóчет мне зла he means no harm to me; он не хотéл обйдеть её he didn't mean to hurt her; ◇ хóчешь не хóчешь *разг.* willy-nilly, like it or not.

хотéться, захотéться *безл. переводится личными формами* want, like; емý хóчется поговорйть с вáми he wants to speak to you; емý совсéм не хóчется говорйть об э́том he has not the slightest wish to speak abóut it; емý хотéлось бы he would like; емý хóчется пить, есть he is thírsty, húngry; мне бóльше ничегó не хóчется (*в ответ на угощение*) no more for me (thank you); не так, как хотéлось бы not as one would like it to be.

хоть *союз* **1.** (*даже*; *если хотите*): ~ сейчáс at once if you like [...wʌns...]; **2.** (*по крайней мере*): éсли не для негó, то ~ для егó товáрища if not for him, at least for his friend [...fre-]; для э́той рабóты емý нýжно ~ два дня he ought to have at least two days for that work; **3.** = хотя́ 1; ~ и пóздно, он всё же придёт late as it is he is sure to come [...ʃuə...]; **4.**: ~ бы I wish; ~ бы он поскорéй пришёл! if ónly he would come!; ◇ ~ убéй, не знáю *разг.* I could¦n't tell you to save my life; не могý сдéлать э́то, ~ убéй! *разг.* I can't do it for the life of me! [...kɑːnt...]; ~ кудá good all round; он пáрень ~ кудá he is a cápital féllow; мóкрый, ~ вы́жми wríng¦ing wet; емý ~ бы что he does not care, he is none the worse for it [...nʌn...]; it's like wáter off a duck's back with him [...'wɔː-...] *идиом.*

хотя́ *союз* **1.** though [ðou], àlthóugh [ɔːl'ðou]; он придёт, ~ емý и нéкогда búsy as he is, he's sure to come ['bɪzɪ...ʃuə...]; **2.**: ~ бы éven if: он кóнчит рабóту, ~ бы емý пришлóсь просидéть ночь he will fínish the work, éven if he has to sit up all night; — ~ бы на день if ónly for a day; ◇ ~ бы и так éven if it were so.

хохлáтый crésted, túfted.

хохóл *м.* (*у птиц*) crest; (*у людей*) tóp¦knòt, tuft of hair.

хохолóк *м. уменьш. от* хохóл; (*у птиц тж.*) cop.

хóхот *м.* (loud) láughter [...'lɑːf-]; гомерйческий ~ Hòméric láughter [hou-...]; взрыв ~а burst of láughter.

хохотáть laugh (loud / bóisterous¦ly) [lɑːf...]; shout with láughter [...'lɑːf-]; ◇ ~ до упáду split* one's sides with láughter; ~ во всё гóрло roar with láughter.

хохотýн *м. разг.* mérry féllow.

хохотýнья *ж. разг.* mérry wóman* [...'wu-], mérry girl [...gəːl].

хохотýшка *ж.* = хохотýнья.

храбрéц *м.* brave / courágeous man*, brave spírit.

храбрйться (*притворяться храбрым*) pretend to be brave, pretend not to be afráid; (*подбадривать себя*) súmmon up cóurage [...'kʌ-].

хрáброст||ь *ж.* brávery ['breɪ-]; (*отвага*) cóurage ['kʌ-], válour; набрáться ~и múster, *или* pluck up, one's cóurage.

хрáбрый brave; (*отважный*) váliant ['væ-], gállant; ◇ ~ во хмелю́ *шутл.* pót-vàliant [-væ-].

храм *м.* temple; ◇ ~ наýки temple of science.

храмóвник *м. ист.* Knight Témplar (*pl.* Knights Témplars).

хранéн||ие *с.* kéeping, cústody; (*о товарах*) stóring, stórage ['stɔː-]; отдáть, сдать на ~ (*вн.*) depósit [-zɪt] (*d.*); плáта за ~ stórage fee; сдать багáж на ~ leave* one's lúggage in the clóak-room / chéck-room; кáмера ~ия (багажá) clóak-room, chéck-room.

хранйлище *с.* depósitory [-zɪ-], dépòt ['depou], stóre¦house* [-s], repósitory [-zɪ-].

хранйтель *м.*, **~ница** *ж.* kéeper, cùstódian; (*музея, библиотеки*) curátor.

хранйть (*вн.*) **1.** (*в разн. знач.*) keep* (*d.*); ~ дéньги в сберегáтельной кáссе keep* one's móney in *a* sávings-bànk [...'mʌ-...]; ~ в пáмяти keep* / retáin in one's mémory (*d.*); ~ в чистотé presérve in púrity [-'zəːv...] (*d.*); ~ что-л. в тáйне keep* smth. in sécret, keep* smth. a sécret; ~ тáйну keep* *a* sécret; ~ молчáние keep* sílence [...'saɪ-]; ~ (архйвные) делá have cústody of récòrds [...'re-]; ~ боевы́е традйции keep* up battle tradítions; **2.** (*оберегать*) save (*d.*), guard (*d.*). **~ся 1.** be kept; дéньги хранятся в сберегáтельной кáссе móney is kept in the sávings-bànk ['mʌ-...]; **2.** *страд. к* хранйть.

храп *м.* **1.** snore, snóring; **2.** (*лошади*) snórt(ing).

храпéть 1. snore; **2.** (*о лошади*) snort.

храповйк *м. тех.* rátchet.

храпов||óй rátchet (*attr.*); ~óе колесó rátchet-wheel; ~ механйзм rátchet-gear [-gɪə].

хребéт *м.* **1.** *анат.* spine, spínal cólumn; (*перен.*) báckbòne; **2.** (*горная цепь*) móuntain ridge / range [...reɪ-].

хрен *м.* hórse-ràdish; ◇ стáрый ~ *груб.* old grúmbler; old fógy; ~ рéдьки не слáще *погов.* ≅ betwéen two évils 'tis not worth chóosing [...'iːv-...].

хрестомáтия *ж.* réader, réading-book.

хризантéма [-тэ́-] *ж.* chrysánthemum.

хризолйт *м. мин.* chrýsolite.

хрип *м.* **1.** wheeze; предсмéртный ~ déath-ràttle ['deθ-]; **2.** *мн. мед.* (*в лёгких*) crèpitátion *sg.*

хрипéть, прохрипéть **1.** wheeze; **2.** (*говорить хрипло*) speak* hóarse¦ly.

хрйп||лый hoarse, ráucous; húsky; говорйть ~лым гóлосом speak* hóarse¦ly, speak* in a hoarse voice. **~нуть** become* / get* hoarse.

хрипот||á *ж.* hóarse¦ness; кричáть до ~ы́ shout òne¦sélf hoarse; (*о ребёнке*) cry òne¦sélf hoarse.

христи||анйн *м.*, **~áнка** *ж.*, **~áнский** Chrístian. **~áнство** *с.* Chrìstiánity; обращáть в ~áнство (*вн.*) convért to Chrìstiánity (*d.*).

Христóс *м.* Christ [kraɪst].

хром I *м. хим.* chrómium, chrome.

хром II *м.* (*кожа*) bóx-càlf [-kɑːf].

хроматйзм *м.* **1.** *муз.* chromátic scale; **2.** *физ.* chrómatism.

хроматйческ||ий *физ., муз.* chromátic: ~ая аберрáция chromátic àberrátion; ~ая гáмма chromátic scale.

хромá||ть limp; (*перен.*) be poor, leave* much to be desíred [...-'zaɪəd], be far from pérfect, not be up to stándard; ~ на прáвую нóгу be lame in the right leg; ~ на óбе ногй (*перен.*) be lame in both legs [...bouθ...]; у негó ~ет орфогрáфия his spélling is poor, his spélling leaves much to be desíred.

хромирóв||ание *с. тех.* chrómium-plàting. **~ать** *несов. и сов.* (*вн.*) *тех.* plate / coat with chrómium (*d.*), chróme-plàte (*d.*).

хрóмист||ый *хим.* chrómic ['krou-]; chrome (*attr.*); ~ железня́к chrome íron ore [...aɪən...].

хромовокйслый *хим.*: ~ кáлий potássium chrómate [...'krou-].

хрóмов||ый I *хим.* chrome (*attr.*), chrómic ['krou-]; ~ая кислотá chrómic ácid; ~ая сталь chrome steel; ~ые квасцы́ chrome álum [...'æ-].

хрóмовый II (*о коже*) bóx-càlf [-kɑːf] (*attr.*).

хром||óй 1. *прил.* lame, límping; он хром на прáвую, лéвую нóгу he is lame in his right, left leg; ~áя ногá *разг.* lame leg; **2.** *как сущ. м.* lame man*; (*о мальчике*) lame boy; *ж.* lame wóman* [...'wu-]; (*о девочке*) lame girl [...gəːl]; *мн. собир.* the lame.

хромолитогрáфия *ж. полигр.* **1.** (*процесс*) chrómo¦lithógraphy; **2.** (*оттиск*) chrómo¦líthogràph, chrómò.

хромонóгий lame, límping.

хромонóжка *ж. разг.* (*о девочке*) lame girl [...gəːl]; (*о женщине*) lame wóman* [...'wu-].

хромосóма *ж. биол.* chrómosòme ['krou-].

хромосфéра *ж. астр.* chrómo¦sphère.

хромотá *ж.* láme¦ness, límping.

хромотйпия *ж. полигр.* chrómo¦type.

хромофотогра́фия *ж.* **1.** (*процесс*) chròmo¦photógraphy; **2.** (*изображение*) chròmo¦phóto¦gràph.

хро́ник *м. мед.* chrónic ínvalìd [...-li:d].

хро́ника *ж.* **1.** (*летопись*) chrónicle; **2.** (*сведения из текущей жизни*) chrónicle; (*газетная, радио*) news ítèms [-z...] *pl.*; (*в кино*) néwsreel [-z-]; ~ происше́ствий chrónicle of evénts.

хроника́льный *прил. к* хро́ника; ~ фильм néwsreel [-z-], tópical film.

хроникёр *м.* chrónicler, repórter.

хрони́ческ||ий chrónic; ~ое заболева́ние chrónic diséase [...-'zi:z].

хроно́граф *м. тех.* chrónogràph.

хроно́лог *м.* chronólogist. **~и́ческий** chrònológical.

хроноло́гия *ж.* chronólogy.

хроно́метр *м.* chronómeter. **~а́ж** *м.* tíme¦keeping, tíming; tíme-stùdy [-stʌ-]. **~ажи́ст** *м.* tíme¦keeper. **~и́ровать** *несов. и сов.* (*вн.*) time (*d.*). **~и́ческий** chrònométric.

хроноско́п *м. тех.* chrónoscòpe.

хру́пк||ий frágile, frail; (*ломкий*) bríttle; (*перен.*) délicate; ~ое здоро́вье délicate health [...helθ]. **~ость** *ж.* fragílity, fráilness, fráilty; (*ломкость*) bríttle¦ness; (*о металлах*) shórtness, bríttle¦ness; (*перен.*: *нежность*) délicacy; (*болезненность*) délicate health [...helθ].

хруст *м.* crunch; (*потрескивание*) crackle.

хруста́лик *м. анат.* crýstallìne lens [...-nz].

хруста́ль *м. тк. ед.* **1.** (*сорт стекла*) cut glass, crýstal; **2.** *собир.* (*посуда*) cút-glàss ware; **3.** (*горный*) (rock) crýstal. **~ный** crýstal; cút-glàss (*attr.*); ~ная посу́да cút-glàss ware.

хрусте́ть, хру́стнуть crunch; (*потрескивать*) crackle; ~ на зуба́х crunch on the teeth.

хру́стнуть *сов. см.* хрусте́ть.

хрущ *м. зоол.* cóckchàfer.

хрыч *м. бран.*: ста́рый ~ old grúmbler. **~о́вка** *ж. бран.*: ста́рая ~о́вка old hag, hárridan.

хрю́канье *с.* grúnt(ing).

хрю́кать, хрю́кнуть grunt.

хрю́кнуть *сов. см.* хрю́кать.

хрю́шка *ж. разг.* pig, swine.

хрящ I *м. анат.* cártilage, gristle.

хрящ II *м. тк. ед. геол.* grável ['græ-].

хрящев||а́тый, ~о́й càrtiláginous, grístly.

хрящепёрый *зоол.* seláchian [-'leɪk-].

ху́денький *разг.* slénder, slim.

худе́ть, похуде́ть lose* flesh [lu:z...], grow* thin [-ou...].

ху́д||о I *с. тк. ед.* harm, évil ['i:v°l]; он никому́ ~а не де́лает he does no harm to anybody; ◇ нет ~а без добра́ ≅ every cloud has a sílver líning.

ху́до II *прил. кратк. см.* худо́й I.

ху́до III **1.** *прил. кратк. см.* худо́й II; **2.** *предик. безл.*: ему́ ~ he does not feel well, he feels queer, he is únwéll; ему́ сде́лалось ~ he felt únwéll.

ху́до IV *нареч.* ill*, bád¦ly*; ~ отзыва́ться (о *пр.*) speak* ill* (of); он не ~ пи́шет he does not write bád¦ly; ему́ ~ пришло́сь he had a bad / hard time.

худоба́ *ж.* léanness, thínness.

худо́жественн||о *нареч.* àrtístically. **~ость** *ж.* high àrtístic válue; ~ость отде́лки àrtístic fínish. **~ый** àrtístic; ~ое воспита́ние àrtístic èducátion; ~ое исполне́ние àrtístic perfórmance; ~ое чте́ние rècitátion; ~ое произведе́ние work of art; ~ая литерату́ра bélles-léttres ['bel'letr], fíction; ~ый фильм féature film; ~ая самоде́ятельность àmatéur art àctívities [-'tə:..] *pl*; *театр.* àmatéur theátricals [...θɪ'æ-] *pl.*; ~ая вы́шивка fáncy / décorative néedle¦wòrk; ◇ Худо́жественный теа́тр Art Théatre [...'θɪətə].

худо́жеств||о *с.* **1.** Art; Акаде́мия Худо́жеств Acádemy of Arts; **2.** *разг.* (*проделка*) trick; э́то всё его́ ~а this is some of his work, this is his doing.

худо́жн||ик *м.*, **~ица** *ж.* ártist; (*живописец тж.*) páinter; ~ сло́ва líterary ártist; ~-копи́ист cópyist páinter.

худо́й I (*худощавый*) lean, thin; (*тощий*) skínny; (*исхудавший*) emáciàted.

худ||о́й II **1.** (*плохой*) bad*; в ~о́м смы́сле in a bad sense; ~а́я сла́ва ill fame; **2.** (*изношенный*) worn out [wɔ:n...]; (*рваный*) torn; (*дырявый*) hóley; сапоги́ ~ы́е the boots are torn, there are holes in the boots; ◇ на ~ коне́ц *разг.* if the worst comes to the worst; at (the) worst; не говоря́ ~о́го сло́ва *разг.* without any wárning; ~ мир лу́чше до́брой ссо́ры bétter a bad peace than a good quárrel.

худосо́ч||ие *с.* càchéxy [-'ke-]. **~ный** cachéctic [-'ke-].

худоща́в||ость *ж.* léanness, thínness. **~ый** lean, spare.

ху́дш||ий **1.** (*сравн. и превосх. ст. от* плохо́й *и* худо́й) worse; the worst; ещё ~ still worse; в ~ем слу́чае at worst, if the worst comes to the worst; **2.** *с. как сущ.*: переме́на к ~ему change for the worse [ʧeɪ-...]; измени́ться к ~ему (*о состоянии, положении*) take* a turn for the worse; са́мое ~ее the worst thing.

ху́же I **1.** (*сравн. ст. от прил.* плохо́й *и* худо́й) worse; пого́да сего́дня ~, чем вчера́ the wéather to¦dáy is worse than yésterday [...'we-...-dɪ]; **2.** *предик. безл.* it is worse; больно́му сего́дня ~ the pátient is worse to¦dáy; ему́ от э́того не ~ he is none the worse for it [...nʌn...]; тем ~ so much the worse; ~ всего́ worst of all; ~ всего́, что the worst of it is that; да́льше бы́ло ещё ~ worse was to come.

ху́же II (*сравн. ст. от нареч.* пло́хо *и* ху́до) worse; станови́ться всё ~ go* from bad to worse.

хула́ *ж.* abúse, revíling.

хулига́н *м.* **1.** hóoligan, rúffian; **2.** *разг.* (*шалун*) rówdy(-dówdy). **~ить** behávе like a hóoligan; make* a row. **~ский** *прил. к* хулига́н. **~ство** *с.* hóoliganism, rúffianly beháviour.

хули́тель *м.* one who abúses / revíles.

хули́ть (*вн.*) abúse (*d.*), revíle (*d.*).

ху́нта *ж.* júnta.

хурма́ *ж.* pèrsímmon.

ху́тор *м.* khútor (*separated farm*); fárm(-stead) [-ed]. **~ско́й** *прил. к* ху́тор.

хутор́янин *м.* fármer.

Ц

ца́пать, ца́пнуть (*вн.*) *разг.* **1.** (*хватать*) snatch (*d.*), seize [si:z] (*d.*); **2.** (*царапать*) scratch (*d.*). **~ся** *разг.* scratch; (*перен.*: *ссориться*) bícker.

ца́пля *ж.* héron ['he-].

ца́пнуть *сов. см.* ца́пать.

ца́пфа *ж.* **1.** *тех.* pin, jóurnal ['ʤə:-]; ~ о́си axle jóurnal; **2.** *воен.* (*в орудии*) trúnnion.

цара́пать, цара́пнуть (*вн.*) **1.** scratch (*d.*); **2.** *тк. несов. разг.* (*плохо писать*) scratch (*d.*), scribble (*d.*). **~ся** scratch.

цара́п||ина *ж.* scratch; (*ссадина*) abrásion. **~нуть** *сов. см.* цара́пать 1.

царе́в||ич *м.* tsárevitch ['tsɑ:-, 'zɑ:-], czárevitch ['zɑ:-] (*son of a tsar*); Ива́н-~ Tsárevitch Iván (*in Russian fairy-tales*). **~на** *ж.* tsàrévna [tsɑ:-, zɑ:-], czàrévna [zɑ:-] (*daughter of a tsar*).

царедво́рец *м. уст.* cóurtier ['kɔ:t-].

царёк *м.* prínce¦ling; kíng¦let, kíng¦ling.

цареуби́й||ственный règicídal. **~ство** *с.* régicìde. **~ца** *м. и ж.* régicìde.

цари́зм *м.* tsárism ['tsɑ:-, 'zɑ:-], czárism ['zɑ:-].

цари́||ть (*прям. и перен.*) reign [reɪn]; ~л мрак dárkness reigned.

цари́ца *ж.* tsarína [tsɑ:'ri:-, zɑ:'ri:-], czàrína [zɑ:'ri:-] (*wife of a tsar; émpress of Russia*).

ца́рск||ий 1. tsar's [tsɑːz, zɑːz], czar's [zɑːz]; (*перен.*) róyal; ~ ти́тул the title of a tsar; ~ие по́чести régal / róyal hónours [...'ɔn-]; 2. (*относящийся к монархии*) tsárist ['tsɑː-, 'zɑː-], czárist ['zɑː-]; ~ое прави́тельство tsárist góvernment [...'gʌ-]; ~ая Росси́я tsárist Rússia [...-ʃə]; ✧ ~ая во́дка áqua régia ['æ-...]; ~ие врата́ hóly gates.

ца́рственн||ый king¦ly, régal; ~ взгляд régal look; ~ая оса́нка régal / king¦ly cárriage / béaring [...-rɪʤ 'bɛə-].

ца́рство *с.* 1. (*царствование*) reign [reɪn]; 2. (*государство; тж. перен.: область, сфера*) king¦dom, realm [relm]; расти́тельное ~ the végetable king¦dom; живо́тное ~ the ánimal king¦dom; ✧ ~ грёз dréam-wòrld, dréam-lànd; же́нское ~, ба́бье ~ pétticoat góvernment / rule [...'gʌ-...]; тёмное ~ land of dárkness.

ца́рствование *с.* reign [reɪn]; в ~ Петра́ Пе́рвого in / dúring the reign of Péter the First.

ца́рствовать (*прям. и перен.*) reign [reɪn].

цар||ь *м.* tsar [tsɑː, zɑː], czar [zɑː], tzar [zɑː, tsɑː]; ~ звере́й king of beasts; ~ небе́сный Héavenly Fáther ['he- 'fɑː-]; ~ царе́й King of kings; ✧ при ~е Горо́хе ≅ in the year dot; ~ и бог God Àlmíghty [...ɔːl-], the Àlmíghty; он без ~я́ в голове́, у него́ нет ~я́ в голове́ *разг.* he is dull / stúpid / ún¦intélligent.

ца́ца *ж. разг.* swell; ишь ~ кака́я! he, she thinks hìm¦sélf, hèr¦sélf a swell; he, she has a swelled head [...hed].

цвести́ 1. (*прям. и перен.*) flówer, bloom, blóssom, be in blóssom / flówer; blow* [-ou] *поэт.*; ро́зы цвету́т the róses are flówering / blóssoming / blóoming, the róses are in flówer / blóssom / bloom; ли́пы, я́блони цвету́т the limes, ápple-trees are in blóssom; она́ цветёт (*о девушке*) she is blóoming, she is in the full bloom of youth [...juːθ]; 2. (*покрываться плесенью*) grow* móuldy [-ou 'mou-]; 3. (*о воде*) become* óver¦grówn [...-oun].

цвет I *м.* (*окраска*) cólour ['kʌ-]; кра́сный ~ red (cólour); основны́е ~á *физ.* prímary cólours ['praɪ-...]; дополни́тельные ~á *физ.* còmpleméntary cólours; ~ лица́ compléxion.

цвет II *м.* 1. *тк. ед.* (*расцвет*) flówer, prime; в по́лном ~у́ in blóssom; in full bloom; 2. *тк. ед.* (*лучшая часть*) flówer, pick; ~ а́рмии the flówer / pick of the ármy; 3. *собир.*: ~ я́блони apple blóssom; ли́повый ~ líme-blòssom; (*лекарство*) dried líme-blòssoms *pl.* (*used as febrifuge*); ✧ во ~е лет in the prime of life.

цвете́ние *с. бот.* flówering, flòréscence.

цве́тик *м. поэт.* flówer, flóweret.

цвети́стый (*прям. и перен.*) flówery, flórid; ~ слог flórid style.

цветко́в||ый *бот.* flówering; ~ые расте́ния flówering plants [...-ɑːnts].

цветни́к *м.* flower gárden; pàrtérre [-'tɛə]; (*клумба*) flówerbèd.

цветн||о́й cólour¦ed ['kʌ-]; cólour ['kʌ-] (*attr.*); ~а́я мате́рия cólour¦ed stuff; ~о́е стекло́ cólour¦ed / stained glass; ~а́я фотогра́фия (*снимок*) cólour phóto¦gràph; ~ фильм cólour film ['kʌ-...]; ✧ ~ы́е мета́ллы nòn-férrous métals [...'me-]; ~а́я металлу́ргия nòn-férrous métallùrgy; ~а́я капу́ста cáuliflower ['kɔ-].

цветово́д *м.* flòricúlturist. **~ство** *с.* flóricùlture. **~ческий** flòricúltural.

цветов||о́й *прил. к* цвет 1; ~а́я слепота́ *мед.* cólour-blìndness ['kʌ-].

цвет||о́к *м.* (*мн. об.* цветы́) flówer; (*цвет на дереве*) blóssom; живы́е ~ы́ fresh / nátural flówers; (*срезанные*) cut flówers; полевы́е ~ы́ field flówers [fiːld...]; ко́мнатные ~ы́ window-plànts [-ɑːnts], índoor-plànts [-dɔːplɑː-]; иску́сственные ~ы́ àrtifícial flówers; ~ в петли́це búttonhòle.

цвето||ло́же *с. бот.* recéptacle. **~но́жка** *ж. бот.* pedúncle, pédicle. **~но́сный** *бот.* flòríferous. **~расположе́ние** *с. бот.* ìnfloréscence.

цвето́ч||ек *м.* (little) flówer; flóweret; ✧ э́то (всё) ~ки, а я́годки впереди́ *погов.* ≅ the worst is still to come; this is nothing compáred with what is to come. **~ник** *м.* flórist. **~ница** *ж.* flówer-girl [-g-], flówer-wòman* [-wu-]. **~ный** *прил. к* цвето́к; ~ный горшо́к flówerpòt; ~ный покро́в *бот.* périànth; ~ный щито́к *бот.* córymb; ~ная вы́ставка flówer-show [-ʃou]; ~ный магази́н flórist's, flówer-shòp; ~ный чай flówer / rose tea.

цвету́щ||ий 1. *прич. и прил.* (*о растениях*) blóoming, blóssoming; flówering; 2. *прил.* (*о человеке*) very héalthy [...'hel-], blóoming, in one's prime; у него́ ~ вид he looks fine / blóoming; he is a pícture of health [...helθ]; ~ая де́вушка girl in the full bloom of youth [gəːl ...juːθ].

цветы́ *мн. см.* цвето́к.

це́вка *ж.* 1. *текст.* bóbbin; 2. *тех.* teat.

цевни́ца *ж. поэт.* pipe, reed, flute.

цевьё *с.*: ~ ло́жи *воен.* fóre-ènd of rifle stock; fóre¦stòck.

цеди́лка *ж. разг.* stráiner, filter.

цеди́ть (*вн.*) strain (*d.*); (*фильтровать тж.*) filter (*d.*); ✧ ~ слова́, ~ сквозь зу́бы speak* through / with set teeth.

це́дра *ж. тк. ед.* dried fruit peel [...fruːt...]; лимо́нная ~ dried lémon peel [...'le-...].

це́зий *м. хим.* cáesium [-zɪəm].

цезу́р||а *ж. лит.* caesúra [-'zjuə-]. **~ный** *лит.* caesúral [-'zjuə-].

цейло́нский Ceylón [sɪ'lɔn] (*attr.*), of Ceylón; ~ чай, ко́фе Ceylón tea, cóffee [...-fɪ].

цейтно́т *м. шахм.* time trouble [...trʌ-]; попа́сть в ~ excéed one's time.

цейхга́уз [-ейха́-] *м. воен.* stóre-room.

целе́бн||ость *ж.* cúrative / héaling própertíes *pl.*; (*трав тж.*) mèdícinal náture [...'neɪ-]; (*воздуха, климата*) salúbrity. **~ый** mèdícinal; (*о климате, воздухе*) salúbrious; héalthy ['hel-]; ~ое сре́дство mèdícinal / héalth-gíving rémedy [...'helθ-...]; ~ая трава́ mèdícinal herb, simple.

целев||о́й for spécial púrpose [...'spe- -s]; ~а́я устано́вка aim, púrpose.

целенапра́вленн||ость *ж.* síngle¦ness of púrpose [...-s], síngle-míndedness. **~ый** síngle-mínded, púrpose¦ful [-s-].

целесообра́зн||ость *ж.* expédiency [-'piː-], advìsabílity [-z-]. **~ый** expédient, advísable [-z-]; ~ый посту́пок expédient áction.

целеуказа́ние *с. воен.* tárget dèsignátion [-gɪt dez-].

целеустремлённ||ость *ж.* púrpose¦fulness [-s-], cléarness of púrpose [...-s]. **~ый** púrpose¦ful [-s-], clear of púrpose [...-s].

целиба́т *м.* célibacy.

це́лик *м. воен.* sight.

цели́к *м. горн.* píllar.

целико́м *нареч.* (*в целом виде*) (as a) whole [...houl]; (*полностью*) whólly ['hou-]; он ~ отда́лся нау́ке he entíre¦ly devóted hìm¦sélf to scíence; весь дом ~ the whole house* [...-s]; взять что-л. ~ из lift / take* smth. bódily from; ✧ ~ и по́лностью compléte¦ly, entíre¦ly.

целин||а́ *ж.* new / vírgin soil; подня́тая ~ néwly-plóughed vírgin soil, vírgin soil ùptúrned; по ~е́ acróss cóuntry [...'kʌ-].

цели́нн||ый: ~ые зе́мли vírgin land *sg.*, land that was never befóre put to plough *sg.*; ~ые и за́лежные зе́мли vírgin and lóng-fàllow lands.

цели́тельн||ость *ж.* héaling náture [...'neɪ-], cúrative¦ness; cúrative / héaling própertíes *pl.* **~ый** héaling, cúrative.

це́лить(ся) (в *вн.*; *прям. и перен.*) aim (at); (*перен. тж.*) drive* (at); ~ из винто́вки, ружья́, пистоле́та *и т. п.* aim / lével *a* rifle, *a* gun, *a* pistol, *etc.* [...'le-...] (at).

целко́вый *м. скл. как прил. разг.* one rouble [...ruː-].

целлофа́н *м.* céllophàne.

целлуло́за *ж.*=целлюло́за.

целлуло́ид *м.* cèlluloid. **~ный** *прил. к* целлуло́ид.

целлюло́за *ж.* céllulòse [-s].

целлюло́зно-бума́жн||ый pulp and páper (*attr.*); ~ая промы́шленность pulp and páper índustry; ~ комбина́т pulp and páper mill.

целлюло́зн||ый céllulòse [-s] (*attr.*); ~ая промы́шленность céllulòse índustry.

целова́ть, поцелова́ть (*вн.*) kiss (*d.*); *сов. тж.* give* a kiss (*i.*); ~ кого́-л. в гу́бы kiss smb.'s lips, kiss smb. on the mouth; ~ кого́-л. в щёку kiss smb.'s cheek; поцелова́ть в о́бе щеки́ kiss on both cheeks [...bouθ...] (*d.*). ~**ся**, поцелова́ться kiss.

це́лое *с. скл. как прил.* **1.** the whole [...houl]; ~ и ча́сти the whole and the parts; архитекту́рное ~ àrchitéctural ensémble [...ɑːŋ'sɑːmbl]; **2.** *мат.* ínteger.

целому́дренн||ость *ж.* chástity. ~**ый** chaste [ʧeɪst].

целому́дрие *с.* chástity.

це́лостн||ость [-сн-] *ж.* intégrity; территориа́льная ~ tèrritórial intégrity. ~**ый** [-сн-] íntegral.

це́лост||ь *ж.* sáfe|ty; в ~и intáct, safe; сохрани́ть в ~и (*вн.*) keep* intáct (*d.*), presérve [-'zəːv] (*d.*); сохрани́ться в ~и remáin / survíve intáct; в ~и и сохра́нности safe and intáct.

це́л||ый **1.** (*неповреждённый, сохранный*) intáct, safe; ча́шка ~а́ the cup is ún|bróken; цел и невреди́м safe and sound; все ли ~ы? is everybody safe?; уходи́, пока́ цел! *разг.* get a|wáy while you are safe!; **2.** (*полный, весь целиком*) whole [houl], entíre; ~ го́род a whole cíty [...'sɪ-]; ~ая дю́жина a round dózen [...'dʌ-]; ~ день all day long; ~ час a whole hour [...auə]; ~ыми дня́ми for days togéther, *или* on end [...-'ge-...]; по ~ым неде́лям for weeks on end; прошло́ ~ых де́сять дней (с *рд.*) it is a full ten days (since); ~ых пятна́дцать лет for fíftéen long years; ~ые чи́сла *мат.* whole númbers; ◇ в ~ом as a whole; (*в общем*) on the whole; интере́сы госуда́рства в ~ом the ínterests of the State at large; в о́бщем и ~ом (up|)ón the whole, táken / viewed as a whole [...vjuːd...]; ~ ряд вопро́сов quite a númber of quéstions [...-sʧ-]; э́то вы́звало ~ую бу́рю it caused / aróused a pérfect témpest, *или* a real storm [...rɪəl...].

цель *ж.* **1.** aim, goal, óbject, end, púrpose [-s]; *воен.* òbjéctive; я́сная ~ clear aim; я́сность це́ли cléarness of púrpose; с ~ю (*рд.*,+*инф.*), with / for the púrpose (of *ger.*), with the óbject (of *ger.*); (*умышленно*) púrpose|ly [-s-], on púrpose; в це́лях (*рд.*) with a view [...vjuː] (+to *inf.*); с еди́нственной ~ю (*рд.*, + *инф.*) with / for the sole / síngle púrpose (of *ger.*); с како́й ~ю? for what púrpose?; с э́той ~ю with that end in view; име́ть ~ю (*вн.*, + *инф.*) have for an óbject (*d.*, + to *inf.*); пресле́довать ~ pursúe one's óbject / aim, have for an óbject; ста́вить себе́ ~ю (*вн.*, + *инф.*) set* òne|sélf as an óbject (*d.*); служи́ть це́ли serve the púrpose; дости́чь це́ли achíeve / gain / attáin one's óbject / end [ə'ʧiːv...]; secúre one's óbject; не име́ющий це́ли púrpose|less [-s-]; не достига́ющий це́ли ìneffèctual; отвеча́ть це́ли ánswer the púrpose ['ɑːnsə...]; задава́ться ~ю (+ *инф.*) aim (at *ger.*); в свои́х ли́чных це́лях to suit one's own ends [...sjuːt... oun...]; **2.** (*мишень*) tárget [-gɪt], mark; попа́сть в ~ (*прям. и перен.*) hit* the mark; hit* the bull's eye [...bulz aɪ]; не попа́сть в ~ (*прям. и перен.*) miss the mark; ми́мо це́ли wide of the mark; уда́р попа́л в ~ (*прям. и перен.*) the blow went home [...-ou...]; ~ бомбомета́ния *воен.* bómb|ing tárget; назе́мная ~ *воен.* ground tárget; подвижна́я ~ *воен.* móving tárget [muːv-...]; самолёты вы́шли на ~ the áircràft arríved óver the tárget.

цельнометалли́ческий *тех.* áll-métal [-'me-]; ~ дирижа́бль áll-métal áirshìp; ~ ваго́н áll-métal car.

цельносва́рный áll-métal [-'me-], áll-wélded.

цельнотя́нут||ый *тех.* sólid-drawn, wéldless; ~ая труба́ wéldless pipe.

це́льн||ый **1.** whole [houl]; (*из одного куска*) únbróken; of a / one piece [...piːs]; (*перен.*) íntegral; **2.** (*неразбавленный*) whole, úndilúted [-daɪ-]; ~ое молоко́ whole / únskímmed milk; ~ое вино́ pure / úndilúted wine; **3.** (*о человеке, натуре и т. п.*) whóle-héarted ['houl'hɑːt-].

Це́льси||й *м.* Célsius; термо́метр ~я céntigràde thermómeter; де́сять гра́дусов ~я ten degrées céntigràde.

цеме́нт *м.* cemént. ~**а́ция** *ж. тех.* cèmèntátion [siː-].

цементи́р||овать *несов. и сов.* (*вн.*) cemént (*d.*); (*о стали тж.*) cáse-hàrden [-s-] (*d.*); ~ованная сталь cáse-hàrdened / ceménted steel.

цеме́нтн||ый cemént (*attr.*); ~ раство́р cemént solútion / mórtar; ~ая промы́шленность cemént índustry; ~ заво́д cemént works.

цен||а́ *ж.* price; (*перен. тж.*) worth; (*стоимость*) cost; ры́ночная ~ márket price; твёрдые це́ны fíxed / stable príces; кра́йняя (*низшая*) ~ the lówest price [...'lou-...]; фабри́чная ~ prime cost; ~о́й (в *вн.*) at the price (of); cósting (*d.*); по высо́кой ~е́ at a high price; па́дать в ~е́ go* down (in price); поднима́ться в ~е́ go* up (in price); повыше́ние цен, рост цен rise in príces; пониже́ние цен fall in príces; сниже́ние цен príce-cùtting; после́довательное сниже́ние цен sỳstemátic redúction of príces; колеба́ние цен ìnstabílity of príces; взви́нчивать це́ны infláte príces; rig the márket *идиом.*; ◇ знать себе́ це́ну know* one's own válue [nou... oun...]; have a high opínion of òne|sélf; мы зна́ем им це́ну we know their worth; ~о́ю чего́-л. at the cost / price of smth.; любо́й ~о́й at any price / cost; ~о́й жи́зни at the cost / expénse of one's life*; кака́я э́тому ~? what is it worth?; э́тому ~ы́ нет it is be|yónd / above price; э́то в ~е́ *разг.* one has to pay a good price for it.

ценз *м.* quàlificátion, right; избира́тельный ~ eléctoral quàlificátion; образова́тельный ~ èducátional quàlificátion; иму́щественный ~ próperty quàlificátion. ~**овый** *прил. к* ценз.

це́нзор *м.* cénsor.

цензу́р||а *ж.* cénsorship; дозво́лено ~ой passed by the cénsor; lícensed ['laɪ-]. ~**ный** cènsórial.

цени́тель *м.*, ~**ница** *ж.* judge, cònnoisséur [kɔnɪ'səː]; ~ иску́сств cònnoisséur of art.

цени́ть, оцени́ть (*вн.*; *прям. и перен.*) válue (*d.*), éstimàte (*d.*); (*придавать цену*) appréciàte (*d.*); ~ в сто рубле́й válue / éstimàte at a húndred roubles [...ruː-] (*d.*); ни́зко ~ set* líttle (store) (by); высоко́ ~ set* much (store) (by); (*о человеке*) think* much / híghly (of); высоко́ ~ чьи-л. заслу́ги пе́ред ро́диной pay* high tríbùte to the sérvices smb. réndered to *his* cóuntry [...'kʌ-]; высоко́ ~ себя́ think* much of òne|sélf, have a high opínion of òne|sélf; think* no small beer of òne|sélf *идиом.*; ~ сли́шком высоко́ óver|ráte (*d.*), óver|éstimàte (*d.*); ~ кого́-л. по заслу́гам válue smb. accórding to *his* mérits; его́ не це́нят he is not appréciàted; он це́нит то, что для него́ де́лают he appréciàtes what is done for him; цени́(те)! guess how much! ~**ся** **1.** (*иметь цену*) be válued / éstimàted; ~ся в сто рубле́й be válued / éstimàted at one húndred roubles [...ruː-]; **2.** *страд. к* цени́ть; ◇ э́то це́нится на вес зо́лота it is worth its weight in gold.

це́нник *м.* príce-list.

це́нностн||ый *эк.* válue (*attr.*); в ~ом выраже́нии on the válue básis.

це́нн||ость *ж.* **1.** *тк. ед.* (*в разн. знач.*) válue; э́то представля́ет большу́ю ~ it is of great válue [...greɪt...]; материа́льные и духо́вные ~ости matérial and spíritual válues; **2.** *мн.* váluables. ~**ый** (*в разн. знач.*) váluable; ~ый пода́рок váluable présent [...'prez-]; ~ое предложе́ние a váluable suggéstion [...-'ʤesʧən]; ◇ ~ая посы́лка régistered párcel (with státe|ment of válue); ~ые бума́ги secúrities.

ценообразова́ние *с. эк.* price fòrmátion, prícing.

цент *м.* (*монета*) cent.

цента́вр *м.* = кента́вр.

центигра́мм *м.* = сантигра́мм.

центиме́тр *м.* = сантиме́тр.

центифо́лия *ж. бот.* cábbage rose.

це́нтнер *м.* (*100 кг*) métric / double céntner [...dʌbl...].

центр *м.* (*в разн. знач.*) centre; ~ тя́жести centre of grávity; ~ враще́ния centre of rotátion; ~ величины́ *мор.* centre of buóyancy [...'bɔɪ-]; ~ торго́вли centre of trade; культу́рный ~ cúltural centre; в ~е страны́, го́рода in the centre / heart of cóuntry, town [...hɑːt...'kʌ-...]; ~ притяже́ния для кого́-л. centre of attráction for smb.; в ~е внима́ния in the centre of atténtion; быть в ~е внима́ния be the fócus of atténtion; be in the spót¦light *идиом.*; поста́вить что-л. в ~ внима́ния make* smth. a centre of atténtion, fócus atténtion on smth.; не́рвные ~ы *анат.* nérve-cèntres.

центра́л *м. ист.* céntral príson [...-ɪz-] (*for transported convicts*).

централиза́ция *ж.* cèntralìzátion [-laɪ-].

централи́зм *м. полит.* céntralism; демократи́ческий ~ dèmocrátic céntralism.

централизова́ть *несов. и сов.* (*вн.*) céntralìze (*d.*). ~**ся** *несов. и сов.* **1.** céntralìze, get* céntralìzed; **2.** *страд. к* централизова́ть.

центра́льн||ый (*в разн. знач.*) céntral; (*столичный тж.*) mètropólitan; ~ комите́т céntral commíttee [...-tɪ]; ~ые газе́ты néwspàpers públished in the cápital [...'pʌ-...]; (*в СССР тж.*) Móscow néwspàpers; ~ая не́рвная систе́ма céntral nérvous sýstem; ~ое отопле́ние céntral héating; с ~ым отопле́нием céntral-héated; ~ у́гол *мат.* céntral angle; ~ая телефо́нная ста́нция (céntral) télephòne exchánge [...-'ʧeɪ-]; ~ нападáющий *спорт.* céntre-fòrward.

центри́зм *м. полит.* céntrism.

центри́ровать *несов. и сов.* (*вн.*) *тех.* centre (*d.*).

центри́ст *м. полит.* céntrist.

центрифу́га *ж. тех.* céntrifùge.

центробе́жн||ый *тех.* cèntrífugal; ~ая си́ла cèntrífugal force.

центрова́ть *несов. и сов.* (*вн.*) *тех.* centre (*d.*); cénter (*d.*) *амер.*

центро́вка *ж. тех.* céntering.

центростреми́тельн||ый *тех.* cèntrípetal; ~ая си́ла cèntrípetal force.

центурио́н *м. ист.* cèntúrion.

цеоли́т *м. мин.* zéolite.

цеп *м. с.-х.* flail.

цепене́ть, оцепене́ть grow* tórpid [-ou...]; become* rígid, freeze*; ~ от стра́ха freeze* with fear.

це́пк||ий (*прям. и перен.*) tenácious; prehénsile *научн.*; ~ие ко́гти strong claws; ~ ум tenácious mind; ~ая па́мять tenácious mémory. ~**ость** *ж.* (*прям. и перен.*) tenácity; prè¦hènsílity *научн.*

цепля́ться (за *вн.*) catch* (on); (*хвататься*) clutch (at); cling* (to; *тж. перен.*).

цепн||о́й (*в разн. знач.*) chain (*attr.*); ~ пёс wátchdòg, hóuse-dòg [-s-]; ~ мост chain bridge; ~а́я реа́кция *физ.* chain rè¦áction; ~а́я переда́ча *тех.* cháin-drive; ~о́е пра́вило *мат.* chain rule.

цепо́чка *ж.* **1.** chain; ~ для часо́в wátch-chain; **2.** (*ряд, шеренга*) file; ~ бойцо́в file of sóldiers [...-ʤəz].

цеппели́н *м. уст. ав.* Zéppelin.

цеп||ь *ж.* **1.** (*прям. и перен.*) chain; *мн.* (*перен.*) chains, bonds, fétters; зако́ванный в ~и shackled; посади́ть на ~ (*вн.*) chain (up) (*d.*); спусти́ть с ~и (*вн.*) únchàin (*d.*), let* loose [...-s] (*d.*); сорва́ться с ~и break* loose [breɪk...]; он как с ~и сорва́лся *разг.* ≅ he is ráving; **2.**: го́рная ~ chain / range of móuntains [...reɪ-...], móuntain chain, móuntain range [...reɪ-]; **3.** *эл.* eléctric círcuit [...-kɪt]; **4.** *воен.* line; стрелко́вая ~ line of skírmishers, skírmish line, exténded line; ~ сторожевы́х посто́в line of óutpòsts [...-pou-]; огнева́я ~ ignítter train, pówder train.

це́пью *нареч.* in line.

це́рбер *м. миф.* (*тж. перен.*) Cérberus.

церебра́льный **1.** *анат.* cérebral; **2.** *лингв.*: ~ согла́сный cérebral cónsonant.

церемони||а́л *м.* cèremónial. ~**а́льный** cèremónial; ~а́льный марш paráde march; ~а́льное ше́ствие paráde.

церемонийме́йстер *м. уст.* Máster of Céremonies.

церемо́ниться stand* up¦ón céremony; не ~ с кем-л. not stand* up¦ón céremony with smb.; не церемо́нься! make your¦sélf at home!

церемо́н||ия *ж.* céremony; ~ подписа́ния догово́ра sígning céremony ['saɪn-...]; без ~ий without céremony, infórmally; без дальне́йших ~ий without any fúrther fòrmálities [...-ðə...].

церемо́нн||ость *ж.* cèremónious¦ness. ~**ый** **1.** cèremónious; **2.** (*жеманный*) óver-níce, fínicking.

Цере́ра *ж. миф.* Cérès [-riːz].

це́рий *м. хим.* cérium.

церко́вник *м.* **1.** chúrch-gòer; **2.** (*служитель культа*) chúrch¦man*, clérgy¦man*.

церковноприхо́дск||ий párish (*attr.*); ~ая шко́ла párish school.

церковнославя́нский church Slavónic; ~ язы́к church Slavónic lánguage.

церковнослужи́тель *м.* clérgy¦man*, priest [-iːst].

церко́вн||ый *прил. к* це́рковь; ~ прихо́д párish; ~ ста́роста chúrchwárden; ~ сто́рож séxton; ~ая слу́жба chúrch-sèrvice; ~ые суды́ *ист.* spirítual courts [...kɔːts]; ~ое пра́во *юр.* church law; ◇ бе́ден как ~ая кры́са *погов.* poor as a church mouse [...-s].

це́рковь *ж.* church.

цертепа́ртия *ж. мор.* chárter-pàrty.

цесаре́вич *м. ист.* Cèsarévitch (*Crown Prince in tsarist Russia*).

цеса́рка *ж. зоол.* guínea-fowl ['gɪnɪ-].

цех *м.* **1.** (*на заводе*) shop; depártment; нача́льник ~а shop sùperinténdent; прока́тный ~ rólling shop; лите́йный ~ cásting / fóunding shop; сбо́рочный ~ assémbly shop / depártment; **2.** *ист.* guild [gɪld], còrporátion. ~**ово́й** *прил. к* цех.

цеце́ *ж. нескл. зоол.* tsétse [-sɪ].

циа́н *м. хим.* cýánogen. ~**иза́ция** *ж. хим.* cỳànizátion.

цианистоводоро́дный *хим.* hýdrò¦cỳánic.

циа́нист||ый *хим.* cỳánic; ~ ка́лий cýanìde of potássium, potássium cýanìde; ~ая кислота́ cỳánic ácid; ~ая ртуть cýanìde of mércury.

циа́новый *хим.* cỳánic.

циано́з *м. мед.* cỳanósis.

ци́бик *м. уст.* tzíbik, téa-chèst (*weighing from 40 to 80 Russian pounds*).

цивилиза́тор *м.* cívilìzer. ~**ский** cívilìzing.

цивилиза́ция *ж.* cìvilìzátion [-laɪ-].

цивилизо́ванный cívilized.

цивилизова́ть *несов. и сов.* (*вн.*) cívilìze (*d.*). ~**ся** *несов. и сов.* **1.** become* / get* cívilized; **2.** *страд. к* цивилизова́ть.

циви́льный *уст.* cívil; ◇ ~ лист cívil list.

цигéйк||а *ж.* (*мех*) béaver lamb. ~**овый** béaver lamb (*attr.*).

цика́да *ж.* cicáda, cicála [-'kɑː-], cigála [-'gɑː-].

цикл *м.* (*в разн. знач.*) cycle; произво́дственный ~ prodúction cycle; ~ ле́кций, конце́ртов a sèrìes of léctures, cóncerts [...-riːz...].

цикламе́н *м. бот.* cýclamen.

цикли́ч||еский cýclic, cýclical; ~ кри́зис recúrring crísis (*pl.* -sès [-siːz]). ~**ность** *ж.* (cýclic) recúrrence. ~**ный** cýclic, cýclical; ~ная организа́ция произво́дства sỳnchronìzátion of prodúction [-naɪ-...].

циклово́й **1.** *прил. к* цикл; **2.** = цикли́чный.

цикло́ид||а *ж. мат.* cýcloid ['saɪ-]. ~**а́льный** *мат.* cỳclóidal [saɪ-].

цикло́н *м. метеор.* cýclòne ['saɪ-]. ~**и́ческий** *метеор.* cỳclónic [saɪ-].

цикло́п *м. миф.* Cýclòp(s). ~**и́ческий** *миф.* Cỳclopéan [saɪklo'piːən], Cỳclópian [saɪ-].

циклотро́н *м. физ.* cýclo¦trón.

цико́рий *м. тк. ед.* chícory, súccory.

цили́ндр *м.* **1.** *мат., тех.* cýlinder; *тех. тж.* drum; **2.** (*шляпа*) tóp-hát; (high) silk hat. ~**и́ческий** cylíndrical; ~и́ческая шестерня́ spur gear [...gɪə]. ~**овый** cýlinder (*attr.*), drum (*attr.*).

цимбали́ст *м.* cýmbalist.

цимба́лы *мн. муз.* cýmbals.

цинг||á *ж. мед.* scúrvy; болéть ~óй have the scúrvy.

цинróтн||ый scòrbútic; ~ больнóй scòrbútic; ~ая травá scúrvy-gràss.

цинерáрия *ж. бот.* cìnerária.

цинúзм *м.* cýnicism.

цúник *м.* cýnic.

цинúч||еский cýnical. **~ность** *ж.* cýnicism. **~ный** cýnical.

цинк *м.* zinc. **~овáние** *с.* zìncificátion [-ŋk-]. **~овáть** (*вн.*) zíncifỳ [-ŋk-] (*d.*).

цúнков||ый zinc (*attr.*); ~ые крáски zinc paints / cólours [...'kʌ-]; ~ая рудá zinc ore; ~ая обмáнка *мин.* zínc-blènde; ~ые белúла zinc white *sg.*; ~ купорóс zinc vítriol, white vítriol.

цинкогрáфия *ж. полигр.* **1.** *тк. ед.* (*способ*) zincógraphy; **2.** (*предприятие*) zincógrapher's shop.

цúнния *ж. бот.* zínnia.

цинóвка *ж.* mat.

цирк *м.* círcus. **~áч** *м. разг.* círcus áctor; ácrobàt. **~áческий** *прил.* к циркáч.

цирков||óй *прил.* к цирк; ~ наéздник círcus ríder; equéstrian; ~áя наéздница hórse|wòman* [-wu-]; círcus ríder; ~óе представлéние círcus perfórmance.

цирκóн *м. мин.* zírcòn.

цирκóний *м. хим.* zìrcónium.

циркулúровать círculàte.

цúркуль *м.* (pair of) cómpasses [...'kʌ-]; делúтельный ~ divíders *pl.*; рычáжный ~ beam cómpasses *pl.*; нóжка цúркуля cómpass leg ['kʌ-...]. **~ный** *прил.* к цúркуль.

циркулáр *м.* círcular.

циркулáрн||ый I círcular; ~ое письмó círcular létter.

циркулáрн||ый II (*имеющий форму окружности*) círcular; ~ая пилá círcular saw.

циркуляциóнный círculàting.

циркулáция *ж.* cìrculátion; *мор.* gỳrátion [dʒaɪə-]; ~ крóви cìrculátion of blood [...blʌd]; ~ дéнег cìrculátion of móney [...'mʌ-].

циррóз *м. мед.* cirrhósis [sɪ'rous-].

цирюль||ник *м. уст.* bárber. **~ня** *ж. уст.* bárber's shop.

цистéрна *ж.* cístern; tank; (*для поливки*) wáter-càrt ['wɔː-]; вагóн-~ tánk-càr.

цистúт *м. мед.* cystítis.

цитадéль [-дэ́-] *ж.* cítadel; (*перен. тж.*) stróng|hòld; ~ мúра и социалúзма stróng|hòld of peace and sócialism.

цитáт||а *ж.* quotátion, citátion; приводúть ~ы cite, quote. **~ный** quotátion (*attr.*); ~ный материáл quotátions *pl.*

цитвáрн||ый wórmwood [-wud] (*attr.*); ~ое сéмя wórmseed, sàntónica.

цитúров||ание *с.* quóting, cíting. **~ать**, процитúровать (*вн.*) quote (*d.*), cite (*d.*). **~аться** *страд.* к цитúровать.

цитолóгия *ж. биол.* cỳtólogy [saɪ-].

цúтра *ж. муз.* zíther(n) ['zɪθə(n)].

цúтрус *м.* cítrus.

цúтрусовые *мн. скл. как прил. бот.* cítric plants [...-ɑːnts].

циферблáт *м.* díal(-plàte); (*часов тж.*) face; часовóй ~ clock díal, clóck-fàce.

цúфр||а *ж.* fígure; (*арабская тж.*) cípher ['saɪ-]; контрóльные ~ы plánned / schédùled fígures [...'ʃe-...].

~овóй *прил.* к цúфра; ~вые дáнные fígures.

цúцеро *с. нескл. полигр.* píca.

ЦК *м.* (Центрáльный Комитéт) the Céntral Commíttee [...-tɪ]; ЦК КПСС Céntral Commíttee of the CPSU.

цóканье *с.* clátter.

цóка||ть I, цóкнуть click; подкóвы ~ют по мостовóй there is a clátter of hoofs in the street.

цóк||ать II *лингв.* have the "ts" pronùnciátion (*pronounce "ts" in place of "ʧ" in dialects of Northern Russia*); ~ающий гóвор, диалéкт ts-díalèct.

цóкнуть *сов. см.* цóкать I.

цóколь *м. стр.* socle [sɔ-]. **~ный** *прил.* к цóколь; ~ный этáж ground floor [...flɔː].

цýгом *нареч.* tándem; éхать ~ drive* tándem; запрягáть ~ hárness tándem, hárness one behínd the óther.

цукáт *м.* cándied fruit [...fruːt], cándied peel. **~ный** *прил.* к цукáт.

цыгáн *м.*, **~ка** *ж.*, **~ский** Gípsy; ~ский язы́к Gípsy, the Gípsy lánguage; Rómany, Rómani.

цы́кать, цы́кнуть (на *вн.*) *разг.* hush (*d.*), sílence ['saɪ-] (*d.*); (*без доп.*) tùt-tút.

цы́кнуть *сов. см.* цы́кать.

цыплёнок *м.* chícken; chick, poult [poult]; ◊ цыплят по óсени считáют *погов.* ≅ don't count your chíckens befóre they are hátched.

цыплá||та *мн. см.* цыплёнок. **~чий** chícken (*attr.*).

цы́почк||и: на ~ах (on) típtóe; ходúть на ~ах típtóe.

цып-цы́п *межд.* chúck-chúck.

Ч

чабáн *м.* shépherd ['ʃepəd]. **~ский** *прил.* к чабáн.

чабёр *м. бот.* sávory ['seɪ-].

чабрéц *м. бот.* thyme.

чáвка||нье *с.* chámping. **~ть** champ.

чад *м. тк. ед.* (*угар*) fumes *pl.*; (*дым*) smoke; ◊ он как в ~ý he is dazed / bemúsed, he looks as if he has been drugged.

чадúть, начадúть smoke.

чáд||ный: здесь óчень ~но the place is full of fumes / smoke.

чáд||о *с. уст.* child*, óffspring; ◊ со всéми ~ами и домочáдцами ≅ with all one's goods and cháttels [...gudz...], with the whole hóuse|hòld [...houl -s-].

чадо||любúвый *уст.* phìloprògénitive [-prou-]. **~лю́бие** *с. уст.* phìloprògénitive|ness [-prou-].

чадр||á *ж.* yáshmàk; сбрóсить ~ý take* off the yáshmàk; (*перен.*) becóme* emáncipàted.

чаёвничать *разг.* sit* long óver one's tea, have a cósy tea [...-zɪ...].

чаевóд *м.* téa-grower [-grouə]. **~ческий** téa-growing [-grou-].

чаевы́е *мн. скл. как прил. уст.* tip *sg.*, gratúity *sg.*

чаёк *м. уменьш. от* чай I 1.

чаепúтие *с. разг.* téa-drìnking.

чаеубóрочн||ый *с.-х.* téa-hàrvesting; ~ая машúна téa-hàrvester.

чаинка *ж.* téa-leaf*.

чай I *м.* **1.** (*растение и напиток*) tea; китáйский ~ Chína tea; цветóчный ~ flówer / rose tea; кирпúчный ~ bríck-tea; tile tea; цейлóнский ~ Ceylón tea [sɪ'lɔn...]; крéпкий, слáбый ~ strong, weak tea; чáшка чáя cup of tea; **2.** (*чаепитие*) tea; послеобéденный ~ fíve-o'clóck tea; **3.** (*угощение*) téa-pàrty; устрóить ~ arránge / give* a téa-pàrty [-eɪndʒ...]; пригласúть на чáшку чáя (*вн.*) ask to tea (*d.*); ◊ дать на ~ (*дт.*) *уст.* tip (*d.*), give* a tip (*i.*).

чай II *вводн. сл. уст. разг.* (*вероятно*) methínks; máybè; он, ~, проголодáлся, устáл he must be húngry, tíred.

чáйка *ж.* (séa-)gùll, méw(-gùll); крылó тúпа «чáйка» *ав.* gúllwing, cranked wing.

чáй||ная *ж. скл. как прил.* téa-room(s) (*pl.*). **~ник** *м.* (*для заварки чая*) téa-pòt; (*для кипятка*) téa-kèttle. **~ница** *ж.* (téa-)càddy; (*небольшая металлическая*) cánister.

чáйн||ый (*в разн. знач.*) tea (*attr.*); ~ая лóжка téa-spoon; ~ сервúз téa-sèt, téa-sèrvice; ~ поднóс téa-tray; ~ стол téa-tàble; ~ая скáтерть téa-clòth; ~ая плантáция téa-plàntátion; ◊ ~ая рóза téa-ròse; чéрез час по ~ой лóжке *погов.* ≅ in dríblets [...'drɪ-], in mìnúte dóses [...maɪ-'sɪz]; very slówly [...'slou-].

чак *м. мор.* chock; fúrring.
чакóна *ж. муз.* chacónne [ʃ-].
чáлить (*вн.*) *мор.* moor (*d.*).
чáлка *ж. мор., ав.* tíe-ròpe.
чалмá *ж.* túrban.
чáлый (*о масти*) roan; ~ конь roan.
чан *м.* vat, tub; (*пивоваренный*) tun; бродúльный ~ ferménting vat; дубúльный ~ tán-vàt.
чáра *ж. уст.* cup, góblet ['gɔ-].
чардáш *м.* czárdàs ['ʧɑːdɑːʃ] (*Hungarian dance*).
чáрка *ж.* cup; ~ вóдки glass of vódka.
чарльстóн *м.* (*танец*) Chárleston.
чаровáть (*вн.*) charm (*d.*); (*обольщать*) bewítch (*d.*).
чаровнúца *ж.* chármer.
чародéй *м.* magícian, sórcerer. **~ка** *ж.* sórceress; (*обольстительница*) enchántress [-ɑːnt-], chármer. **~ство** *с.* mágic, sórcery.
чáрочка *ж. уменьш. от* чáрка.
чáртер *м. мор.* chárter.
чарт||úзм *м. ист.* chártism; **~úст** *м. ист.* chártist. **~úстский** *ист.* chártist; ~úстское движéние chártist móve|ment [...'muːv-].
чарýющий *прич. и прил.* bewítching, enchánting [-ɑːnt-], fáscinàting.
чáры *мн.* sórcery *sg.*, wítchcràft *sg.*; (*перен.: очарование*) charms; fàscinátion *sg.*; злые ~ évil spell [iːv°l...] *sg.*, dévilment *sg.*
час *м.* **1.** (*отрезок времени*) hour [auə]; полторá ~á an hour and a half [...hɑːf]; чéрез ~ in an hour; э́то потрéбует ~а врéмени it will take an hour; с ~ abóut an hour; éхать со скóростью сто киломéтров в ~ trável at a speed of one húndred kílomètres an hour ['træ-...]; ~áми for hours; **2.** (*время по часам*): двенáдцать ~óв twelve o'clóck; в двенáдцать ~óв at twelve o'clóck; двенáдцать ~óв дня noon; двенáдцать ~óв нóчи mídnìght; ~ дня one (o'clóck) in the áfternóon; 1 p. m. [...'piː'em] *офиц.*; ~ нóчи one (o'clóck) in the mórning; 1 a. m. [...'eɪ'em] *офиц.*; в ~ нóчи at one (o'clóck) in the mórning; at 1 a. m. *офиц.*; в три ~á утрá at three (o'clóck) in the mórning; at 3 a. m. *офиц.*; (в) шесть ~óв вéчера (at) six (o'clóck) in the áfternóon; (at) 6 p. m. *офиц.*; котóрый ~? what is the time?, what time is it?, what o'clóck is it? **3.** (*время, посвящённое чему-л.*) time; *мн. тж.* hours; ~ обéда dínner-tìme; ~ óтдыха rést-tìme, time of rest; приёмные ~ы́ recéption hours; (*у врача*) cònsultátion hours; свобóдные ~ы́ léisure hours ['leʒə...]; служéбные ~ы́ óffice hours; ◇ академúческий ~ téaching / school périod (*45 minutes in the Soviet Union*); стоя́ть на ~áх stand* séntry, keep* watch; ~ óт ~у не лéгче! *разг.* ≅ things are getting worse and worse; one thing on top of another; в дóбрый ~! good luck!; не в дóбрый ~ in an évil hour [...'iːv°l...], at an ùn|lúcky móment; не ровён ~ who knows what may háppen [...nouz...]; one can never be too sure [...ʃuə]; бúтый ~ a whole hour [...houl...], a good hour; ~-другóй for an hour or two; мёртвый ~ rést-hour [-auə]; растú не по дням, а по ~áм *разг.* grow* befóre *one's* eyes [-ou... aɪz]; с ~у на ~ every móment.
чáсик *м.* = часóк.
часóвня *ж.* chápel ['ʧæ-].
часов||óй I *прил.* clock (*attr.*), watch (*attr.*); ~ механúзм clóck-wòrk; ~áя пружúна máinsprìng; ~áя стрéлка hóur-hànd ['auə-]; двúгаться по ~ стрéлке move clóckwìse [muːv...]; двúгаться прóтив ~ стрéлки move cóunter clóckwìse; ~ магазúн wátch-màker's (shop); ~ы́х дел мáстер *уст.* wátch-màker.
часов||óй II *прил. к* час 1; (*продолжительностью в 1 час тж.*) hóur-lòng ['auə-]; ~áя бесéда an hour's talk [...auəz...]; ~áя оплáта páyment by the hour.
часов||óй III *м. скл. как прил.* séntry; séntinel (*тж. перен.*); постáвить ~óго post a séntry [poust...]; сменя́ть ~óго relíeve a séntry [-'liːv...].
-часовóй (*в сложн. словах, не приведённых особо*) **1.** (*о продолжительности*) of... hours [...auəz]; -hour (*attr.*); *напр.* двухчасовóй of two hours; twó-hour [-auə] (*attr.*); **2.** (*о поезде и т. п.*) the... o'clóck (*attr.*): семичасовóй пóезд the séven o'clóck train [...'se-...]; the séven o'clóck *разг.*
часовщúк *м.* wátch-màker.
часóк *м. разг.* an hour or so [...auə...]; уйтú на ~ leave* for an hour or so.
чáсом *нареч. разг.* sóme|times, at times, now and then.
часослóв *м. церк.* práyer-book ['prɛə-], bréviary.
частéнько *нареч. разг.* quite fréquent|ly; fáir|y óften [...'ɔːf(t)°n].
частú||ца *ж.* **1.** fráction, (little) part; заря́жённые ~цы *физ.* hígh-ènergy párticles; **2.** *грам.* párticle. **~чка** *ж. уменьш. от* частúца 1.
частúчн||ый pártial; ~ое затмéние *астр.* pártial eclípse.
чáстник *м. разг.* pétty prívate tráder [...'praɪ-...]; (*о кустаре*) prívate cráfts|man*.
частновладéльческий *эк.* prívate|ly owned ['praɪ- ou-]; ~ капитáл prívate|ly owned cápital.
чáстное *с. скл. как прил. мат.* quótient.
частнокапиталистúческий prívate cápitalist ['praɪ-...].
частнособственническ||ий prívate-ównership ['praɪ- -ounə-] (*attr.*); prívate-owner ['praɪ- -ounə] (*attr.*); ~ие пережúтки survívals of prívate-ównership ìdeólogy / mèntálity [... aɪdɪ'ɔ-...]; ~ая психолóгия prívate-owner psỳchólogy [...saɪ'k-].
чáстност||ь *ж.* détail ['diː-]; ◇ в ~и specífically, in partícular.
чáстн||ый *прил.* **1.** prívate ['praɪ-]; ~ капитáл prívate / nón-státe cápital; ~ая сóбственность prívate próperty; ~ое предприя́тие prívate|ly owned énterprise ['praɪ- ou-...]; ~ое лицó prívate pérson; ~ые урóки prívate léssons; э́то егó ~ое дéло it is his prívate affáir; it's his own búsiness [...oun 'bɪzn-] *разг.*; ~ым óбразом prívate|ly ['praɪ-], ún|offícially; **2.** (*отдельный, особый*) partícular; ~ слýчай partícular case [...-s]; **3.** *с. как сущ.* the partícular; заключéние от óбщего к ~ому con|clúding from the géneral to the partícular.
чáсто *нареч.* **1.** óften ['ɔːf(t)°n], fréquent|ly; ~ вúдеться, встречáться с кем-л. meet* smb. fréquent|ly; see* a lot of smb. *разг.*; **2.** (*густо, плотно*) close [-s], thíck(ly); дерéвья посáжены ~ the trees are plánted close to one another [...'plɑː-...].
частокóл *м.* páling, féncing, pàlisáde; обнестú ~ом (*вн.*) pale (*d.*).
частотá *ж.* fréquency ['friː-].
частóтн||ость *ж.* fréquency (of occúrrence) ['friː-...]. **~ый** fréquency ['friː-] (*attr.*).
частýшечный *прил. к* частýшка.
частýшка *ж.* chastóoshka (*two-line or four-line folk verse, usually humorous and topical, sung in a lively manner*).
чáст||ый **1.** fréquent; ~ые посещéния fréquent vísits [...-z-]; **2.** (*густой*) close [-s], thick; ~ лес thick wood [...wud]; ~ грéбень (fine) tóoth-còmb [...-koum]; **3.** (*быстро следующий один за другим*) quick, fast; ~ пульс quick pulse; ~ огóнь *воен.* quick / rápid fire.
част||ь *ж.* **1.** part; (*доля*) share, pórtion; (*с сущ. рд. мн.; некоторые*) some (of); бóльшая ~ the gréater / most part [...'greɪ-...]; (*с сущ. рд. мн. тж.*) most (of); bulk (of); мéньшая ~ the lésser part; трéтья ~ a third (part); ~и тéла parts of the bódy [...'bɔ-]; ~и свéта *геогр.* parts of the world; ~и рéчи *грам.* parts of speech; составнáя ~ constítuent / compónent part; compónent, constítuent; ромáн в трёх ~я́х nóvel in three parts ['nɔ-...]; по ~я́м in parts; платúть по ~я́м pay* by instálments [...-'stɔːl-]; разобрáть на ~и (*вн.*) take* to píeces [...'piː-] (*d.*); запасны́е ~и spare parts; spares; ~и машúн parts / píeces of a machíne [...-'ʃiːn]; неотъéмлемая ~ чегó-л. íntegral part of smth., part and párcel of smth.; **2.** (*отдел*) depártment; учéбная ~ téaching depártment; **3.**

воен. únit; вóинская ~ mílitary únit; кáдровая ~ régular únit; запáсная ~ dépòt (únit) ['depou...]; tráining únit; 4. *ист.* (*отделение полиции*) políce-stàtion [-'li:s-]; ◊ бóльшей ~ью, по бóльшей ~и for the most part, móstǀly; э́то не по моéй ~и *разг.* it is not in my line; он знатóк по э́той ~и he knows all there is to know abóut it [...nouz...]; he is an éxpèrt at / in this; материáльная ~ matèriel (*фр.*) [mətɪərɪ'el], equípment.

чáстью *нареч.* pártly; part; э́то сдéлано ~ из дéрева, ~ из желéза this is made part of wood, part of íron [...wud... 'aɪən].

час||ы́ I *мн.* (*настольные, стенные*) clock *sg.*; (*карманные, ручные*) watch *sg.*; (*ручные тж.*) wríst-wàtch *sg.*; ~ с буди́льником alárm-clòck *sg.*; песóчные ~ sánd-glàss *sg.*; сóлнечные ~ sún-dìal *sg.*; постáвить ~ set* *a* watch, *a* clock; завести́ ~ wind* *a* watch, *a* clock; ~ спешáт the watch, clock is fast; ~ отстаю́т the watch, clock is slow [...-ou]; по мои́м ~áм двенáдцать it is twelve (o'clóck) by my watch; ~ бьют дéсять the clock is stríking ten; провéрить ~ (по *дт.*) see* if *one's* watch, clock is right (by); ◊ как ~ (*работать и т. п.*) like clóck-wòrk.

часы́ II *мн. см.* час.

чáхлый 1. (*о растительности*) stúnted; 2. (*о человеке*) weak, síckly, púny, ùnhéalthy-looking [-'hel-].

чáхнуть, зачáхнуть 1. (*о растениях*) wíther; 2. (*о людях*) pine.

чахóт||ка *ж. разг.* consúmption; скоротéчная ~ gálloping consúmption. ~**очный** *разг.* 1. *прил.* consúmptive; ~очный румя́нец héctic flush / cólour [...'kʌlə]; 2. *м. как сущ.* consúmptive (pátient).

чáш||а *ж.* cup, bowl [boul]; (*церковная*) chálice; ◊ ~ весóв scale; у них дом — пóлная ~ they live in plénty [...lɪv...]; испи́ть ~у до дна drink*/drain the cup to the dregs; ~ егó терпéния переполнилáсь his pátience is exháusted.

чашели́стик *м. бот.* sépal.

чáшечка *ж.* 1. small cup; 2. *бот.* cályx (*pl.* -xès [-ksi:z], cálycès ['keɪlɪsi:z]); 3. = чáшка 3.

чáшк||а *ж.* 1. cup; (*как мера*) cúpful; вы́пить ~у чáю drink*/take* a cup of tea; 2. (*весов*) scale, pan; 3. *анат.*: колéнная ~ knée-càp, knée-pàn; patélla, scútum *научн.*

чáща *ж.* thícket; ~ лéса thícket; heart / thick of the fórest [hɑ:t...'fɔ-]; depths of the fórest *pl.*

чáще I (*сравн. ст. от прил.* чáстый) more óften [...'ɔ:f(t)°n].

чáще II (*сравн. ст. от нареч.* чáсто) more óften / fréquentǀly [...'ɔ:f(t)°n ...]; (*более густо*) clóser [-sə], more thíckly.

чащóба *ж.* = **чáща.**

чáяни||е *с.* èxpèctátion, hope; *мн. тж.* àspirátions; ◊ сверх ~я, пáче ~я beǀyónd èxpèctátion, únǀexpéctedly.

чáять (*рд.*, + *инф.*) *уст.* expéct (*d.*, + to *inf.*), hope (for); ◊ души́ не ~ в ком-л. *разг.* dote upǀón smb.

чвáн||иться *разг.* swágger ['swæ-], boast. ~**ли́вость** *ж.* swággering ['swæ-], presúmption [-'z-]. ~**ли́вый** swággering ['swæ-], sélf-concéited [-'si:t-], preténtious. ~**ный** presúmptuous [-'z-], sélf-concéited [-'si:t-]. ~**ство** *с.* swágger ['swæ-], sélf-concéit [-'si:t].

чегó [-вó] *рд. см.* что I.

чей *мест.* whose: ~ э́то нож? whose knife* is it?; чья э́то кни́га? whose book is it?; человéк, чью кни́гу вы взя́ли,— студéнт нáшего институ́та the man* whose book you have táken is a stúdent of our Ínstitùte.

чéй-либо, чéй-нибудь *мест.* sómeǀbody's, sómeǀòne's.

чек *м.* 1. cheque, check; плати́ть по ~у meet* *a* cheque; вы́писать ~ draw* *a* cheque; получи́ть дéньги по ~у cash *a* check; погаси́ть ~ cash *a* cheque; ~ на предъяви́теля béarer-chéque ['bɛə-]; просрóченный ~ óverǀdúe cheque; 2. (*из кассы*) check.

чекá *ж.* (*у колеса*) línchpìn.

чекáн||ить (*вн.*) 1. mint (*d.*), coin (*d.*); ~ монéту mint coins, coin móney [...'mʌ-]; ~ медáли strike* médals [...'me-]; 2. *тех.* chase [-s] (*d.*); (*швы*) caulk (*d.*); ◊ ~ словá rap out the words. ~**ка** *ж.* 1. cóinage; ~ка монéты cóinage; прáво ~ки монéты míntage; 2. *тех.* chásing [-s-]; (*о швах*) cáulking. ~**ный** chased [-st]; (*перен.*) méasured ['meʒ-]; ~ный шаг firm, méasured tread [...tred]; ~ный óбраз chíselled ímage [-z-...]. ~**очный:** ~очный пресс díe-prèss. ~**щик** *м.* cháser [-sə]; cáulker.

чéков||ый *прил. к* чек 1; ~ая кни́жка chéque-book.

чёлка *ж.* fringe; bang (of hair); fóreǀlòck.

чёлн *м.* dúg-out, canóe [-'nu:]; bark *поэт.*

челнóк I *м.* (*лодка*) dúg-out, canóe [-'nu:]; плыть в ~é canóe.

челнóк II *м.* (*ткацкий, швейной машины*) shuttle.

челнóчный shuttle (*attr.*); ~ перелёт *ав.* shuttle raid.

челó *с. тк. ед. уст., поэт.* brow; ◊ бить ~м комý-л. ask smb. húmbly.

челоби́т||ная *ж. скл. как прил. ист.* petítion. ~**чик** *м. ист.* petítioner.

человéк *м.* man*; pérson; обыкновéнный ~ órdinary / áverage man*; выдаю́щийся ~ éminent pérson; óпытный ~ man* of expérience; учёный ~ érudìte pérson; госудáрственный ~ státesǀman*; деловóй ~ búsinessǀman* ['bɪzn-]; (*дельный, практичный*) búsiness-like / práctical pérson ['bɪzn-...]; молодóй ~ young man* [jʌŋ...]; нас бы́ло дéсять ~ we were ten; пять ~ детéй five children; по пяти́ рублéй на ~a five roubles per head, *или* apíece [...ru:-... hed ə'pi:s]; все до одногó ~a to a man; ~ устáл, бóлен, зáнят *и т. п.*, а егó беспокóят, спрáшивают *и т. п.* can't you, he, they, *etc.*, see the man* is tired, ill, búsy, *etc.*, and leave him alóne! [kɑ:nt... 'bɪzɪ...].

человéко-дéнь *м. эк.* mán-day.

человеко||люби́вый phìlanthrópic. ~**лю́бие** *с.* philánthropy, love of mànkínd [lʌv...].

человеконенави́стни||к *м.* mán-hàter, háter of mànkínd, mísanthròpe [-z-]. ~**ческий** mìsanthrópic [-z-], inhúman. ~**чество** *с.* hátred of mànkínd, misánthropy [-'zæ-].

человекообрáзн||ый ànthropomórphous; ánthropoid; ~ая обезья́на ánthropoid ape.

человéко-чáс *м. эк.* mán-hour [-auə].

человéчек *м.* little féllow.

человéческ||ий 1. húman; ~ рáзум the húman mind; ~ая прирóда húman náture [...'neɪ-]; ~ род the húman race; 2. (*человечный, гуманный*) humáne; ~ое обращéние humáne / kind tréatment.

человéч||ество *с.* humánity, mànkínd. ~**ий** húman. ~**ность** *ж.* humáneǀness, humánity. ~**ный** humáne.

челюстн||óй màxíllary; ~áя кость jáw-bòne; màxílla (*pl.*-ae) *научн.*

чéлюст||ь *ж.* jaw; màxílla (*pl.* -ae) *научн.*; вéрхняя ~ úpper jaw; ни́жняя ~ lówer jaw ['louə...]; (*млекопитающих и рыб*) mándible; выступáющая (вперёд) ~ prógnathous jaw; вставны́е ~и déntures.

чéлядь *ж. тк. ед. собир. уст.* sérvants *pl.*, ménials *pl.*

чем I *тв.*, **чём** *пр. см.* что I; ◊ уйти́ ни с чем get* nothing for one's pains.

чем II *союз* 1. (*после сравн. ст.*) than: э́та кни́га лу́чше, ~ та this book is bétter than that one; в э́том годý посевнáя плóщадь бóльше, ~ в прóшлом this year the área únder crops is lárger than it was last year [...'ɛərɪə...]; 2. (*перед сравн. ст.*): чем..., тем the... the; ~ бóльше, тем лу́чше the more the bétter; ~ дáльше (*о времени*) as time goes on; (*о расстоянии*) as you move on, *или* go* fúrther [...mu:v... -ðə]; 3. (+*инф.*; *вместо того, чтобы*) instead of [-'sted...] (+*ger.*) *причём глаг. в личн. форме переводится через* had bétter + *inf.*; ~ говори́ть, ты пойди́ тудá сам you'd bétter go there yourǀsélf instead of tálking about it; ~ писáть, вы бы рáньше спроси́ли you'd bétter ask first and write áfterwards [...-dz].

чем III *частица*: чем свет at dáybreak [...-eɪk].

чемери́ца *ж. бот.* héllebòre.

чемода́н *м.* trunk; (*небольшой*) súitcàse ['sjuːtkeɪs]; уложи́ть ~ pack a súitcàse / pòrtmánteau [...-tou].

чемпио́н *м.* chámpion; títle-hòlder; ~ ми́ра chámpion of the world; ~ по ша́хматам, бо́ксу *и т. п.* chess, bóxing, *etc.*, chámpion. ~**а́т** *м.* chámpionship (tóurnament) [...'tuə-]. ~**ский** *прил. к* чемпио́н. ~**ство** *с.* (*звание чемпиона*) chámpionship.

чему́ *дт. см.* что I.

чепе́ц *м.* cap.

чепра́к *м.* shábràck ['ʃæ-].

чепух||**а́** *ж. тк. ед. разг.* nónsense, rot, rúbbish; болта́ть, городи́ть ~у́ talk nónsense / rúbbish; talk rot; э́то ~ this is nónsense / rúbbish. ~**о́вый** *разг.* trífling; э́то ~о́вое де́ло it is a trífling búsiness [...'bɪzn-].

че́пчик *м.* cap.

червеобра́зный vèrmícular; ~ отро́сток *анат.* vèrmícular appéndix (*pl.* -icès [-iːz]).

че́рви I *мн. см.* червь.

че́рви II *мн.* = че́рвы.

черви́в||**еть**, очерви́веть become* wórmy. ~**ый** wórm-eaten, wórmy.

черво́нец *м. уст.* 1. tchervónetz (*ten-rouble banknote*); 2. (*золотая монета*) gold piece / coin [...piːs...].

черво́нн||**ый** I *карт.* of hearts [...hɑːts]; ~ вале́т, ~ая да́ма, ~ая деся́тка *и т. п.* knave of hearts, queen of hearts, ten of hearts, *etc.*

черво́нн||**ый** II: ~ое зо́лото pure gold.

червото́чина *ж.* wórm-hòle.

че́рв||**ы** *мн.* (*ед.* че́рва *ж.*) (*в картах*) hearts [hɑːts]; ходи́ть с ~е́й lead* a heart.

червь *м.* worm; шелкови́чный ~ sílkwòrm.

червя́к *м.* worm.

червя́чн||**ый** *тех.* worm (*attr.*); ~ая переда́ча wórm-gear [-gɪə]; ~ое колесо́ wórm-wheel.

червяч||**о́к** *м. уменьш. от* червя́к; ✧ замори́ть ~ка́ have a snack, take* a bite, pick a móuthful.

черда́к *м.* gárret.

черда́чн||**ый** *прил. к* черда́к; ~ое помеще́ние gárret.

черёд *м. разг.* turn; тепе́рь твой ~ it is your turn now; ✧ идти́ свои́м чередо́м take* its nórmal course [...kɔːs].

черед||**а́** I *ж. уст., поэт.* train, séquence ['siː-]; длинно́й ~о́й in a long train.

череда́ II *ж. бот.* márigòld.

чередова́ние *с.* àltèrnátion, ínterchánge [-eɪnʤ]; ~ зву́ков *лингв.* sound ínterchánge; ~ гла́сных *лингв.* vówel gradátion; ~ согла́сных *лингв.* ínterchánge of cónsonants.

чередова́ть (*вн.* с *тв.*) áltèrnàte (*d.* with). ~**ся** áltèrnàte; (*делать что-л. по очереди*) take* turns.

че́рез *предл.* (*вн.*) 1. (*поверх препятствия*) óver; (*поперёк*) acróss: пры́гнуть ~ барье́р jump óver *the* hurdle; перейти́ ~ доро́гу walk acróss *the* road; ступи́ть ~ поро́г step acróss the thréshòld; 2. (*сквозь*) through: пройти́ ~ лес walk through *the* fórest [...'fɔ-]; ~ окно́ through *the* window; пройти́ ~ испыта́ния go* through many tríals; 3. (*о пунктах следования*) via; е́хать в Ки́ев ~ Москву́ go* to Kíèv via Móscow [...'kiːev...]; 4. (*по прошествии*) in; ~ два часа́ in two hours [...auəz]; ~ не́сколько часо́в in a few hours' time; ~ год in a year; (*в прошлом*) a year láter; ~ не́которое вре́мя áfter a while; приходи́ть ~ день come* every other / sécond day [...'se-...]; ~ час по ло́жке a spóonful an hour; 5. (*посредством*) through; by way of; ~ кого́-л. through smb.; ✧ ~ пень коло́ду *разг.* ány|how; *другие особые случаи, не приведённые здесь, см. под теми словами, с которыми предл.* че́рез *образует тесные сочетания.*

черёмуха *ж.* 1. (*дерево*) bírd-chèrry tree; 2. (*ягода*) bírd-chèrry.

черено́к *м.* 1. *бот.* cútting, graft; 2. (*ручка*) handle, haft, heft.

че́реп *м.* skull; cránium (*pl.* -nia) *научн.*; (*эмблема смерти*) death's head [deθs hed]; ~ и ко́сти skull and cróss-bònes.

черепа́х||**а** *ж.* 1. tórtoise [-təs]; (*морская*) turtle; 2. *тк. ед.* (*материал*) tórtoise-shèll [-təs-]. ~**овый** *прил. к* черепа́ха; ~овый гре́бень tórtoise-shèll comb [...koum].

черепа́||**ший** *прил. к* черепа́ха 1; ✧ ~шьим ша́гом ≅ at a snail's pace.

черепи́ц||**а** *ж. собир.* tile, tíling; кры́тый ~ей tiled.

черепи́чн||**ый** tiled; tile (*attr.*); ~ая кры́ша tiled roof, tíling; ~ заво́д tile fáctory.

черепн||**о́й** *анат.* cránial; ~а́я коро́бка cránium (*pl.* -nia).

черепо́к *м.* crock.

чересполо́сица *ж.* ópen-fìeld sýstem [-fiːld...].

чересседе́льник *м.* saddle girth [...g-].

чересчу́р *нареч.* too; ~ холо́дный too cold; ~ мно́го much too much; ~ ма́ло too little; ✧ э́то уже́ ~! that's too much!, that's gó|ing too far!, that's a bit / little too thick.

чере́шневый *прил. к* чере́шня.

чере́шня *ж.* 1. *тк. ед. собир.* (sweet) chérries *pl.*; 2. (*об отдельной ягоде*) (sweet) chérry; 3. (*дерево*) chérry-tree.

черешо́к *м. разг.* = черено́к.

чёркать (*вн.*) *разг.* (*вычёркивать*) cross out (*d.*), cross off (*d.*).

черке́с *м.* Circássian.

черке́ска *ж.* (*одежда*) Circássian coat (*long-waisted outer garment*).

черке́сский Circássian; ~ язы́к Circássian, the Circássian lánguage.

черке́шенка *ж.* Circássian wóman* [...'wu-]; (*о девочке*) Circássian girl [...gəːl].

черкну́ть *сов.* (*вн.*) *разг.* (*написать*) write* (*d.*), scribble (*d.*); ~ не́сколько слов (*дт.*) drop a line (*i.*).

чернёный niéllòed.

черне́||**ть**, почерне́ть 1. (*становиться чёрным*) turn/become*/grow* black [...-ou...]; blácken; 2. *тк. несов.* (*виднеться*) show* black [ʃou...]; вдали́ ~л лес the fórest showed black in the dístance [...'fɔ-...]; что́-то ~ло вдали́ smth. black loomed in the dístance, there was a black spot in the dístance. ~**ться** = черне́ть 2.

черни́ка *ж. тк. ед.* 1. *собир.* bílberries *pl.*; 2. (*об отдельной ягоде*) bílberry; 3. (*куст*) bílberry-bùsh [-buʃ].

черни́ла *мн.* ink *sg.*; копирова́льные ~ cópying ink; несмыва́емые ~ indélible ink; ✧ не успе́ли ещё вы́сохнуть ~, как the ink had hárdly dried when.

черни́льн||**ица** *ж.* ínk-pòt, ínk-wèll; (*прибор*) ínkstànd. ~**ый** ink (*attr.*); ~ое пятно́ ínk-stain; ~ый каранда́ш cópying / indélible péncil; ~ый оре́шек óak-gàll, nút-gàll; ✧ ~ая душа́ péttifògger, búreaucràt ['bjuəro-].

черни́ть I, начерни́ть (*вн.*) blácken (*d.*).

черни́ть II, очерни́ть (*вн.*; *клеветать*) slánder ['slɑː-] (*d.*); cast* slurs (up|ón); *сов. тж.* cast* a slur (up|ón); ~ чью-л. репута́цию soil smb.'s rèputátion.

черни́чный bílberry (*attr.*).

черно||**бо́родый** bláck-bearded. ~**бро́вый** dárk-browed.

черно-бу́р||**ый** dárk-brown; ~ая лиса́ sílver-fox.

чернова́т||**ый** bláckish; с ~ым отли́вом shot with black.

чернови́к *м.* 1. (*черновой набросок*) rough cópy [rʌf 'kɔ-]; 2. (*черновая тетрадь*) rough nóte|book.

чернови́й rough [rʌf]; (*предварительный*) draft (*attr.*).

черно||**воло́сый** bláck-haired. ~**гла́зый** bláck-eyed [-aɪd].

черноголо́вка *ж. зоол.* bláckcàp.

черного́р||**ец** *м.*, ~**ский** Mòntenégrin [-'niː-].

черногри́вый bláck-màned.

чернозём *м.* chérnozèm, black earth [...əːθ]. ~**ный** chérnozèm (*attr.*), black earth [...əːθ] (*attr.*); ~ная полоса́ chérnozèm zone, black earth zone / belt.

чернокни́жник *м. уст.* magícian.

черно||**ко́жий** 1. *прил.* black; 2. *м. как сущ.* black; cólour|ed man* ['kʌ-...] *амер.* ~**ку́дрый** with black curls.

черноле́сье *с.* decíduous woods [...wu-] *pl.*

черномáзый *разг.* swárthy [-ðɪ].

черномóрец *м.* sáilor of the Black Sea Fleet.

черномóрск||ий Black Sea (*attr.*); ~ое побережье Black Sea coast; Черномóрский флот Black Sea Fleet.

черноóкий *поэт.* bláck-eyed [-aɪd], dárk-eyed [-aɪd].

чернорабóчий *м. скл. как прил.* únskilled wórk¦man* / wórker.

чернорубáшечник *м.* bláck-shìrt.

чернослúв *м. тк. ед. собир.* prunes *pl.*

черносóтен||ец *м. ист.* one of the Black Húndreds, Bláck-Húndreder. **~ный** *ист.* Bláck-Húndred (*attr.*).

чернотá *ж.* bláckness.

чернотáл *м. бот.* báy-leaf wíllow.

черно||ýсый with a black moustáche [...məs'tɑːʃ], bláck-moustáched [-məs'tɑːʃt]. **~шёрстый** bláck-fùrred.

чёрн||ый *прил.* **1.** (*прям. и перен.*) black; ~ хлеб brown / black bread [...bred], rýe-bread [-ed]; ~ как смоль jét-bláck; ~ как ýголь cóal-bláck; ~ метáлл *тех.* férrous métal [...'me-]; ~ая металлýргия férrous métal índustry; ~ые пáры *с.-х.* fállow land *sg.*; ~ая неблагодáрность black in¦grátitùde; ~ая зáвисть black énvy; ~ая меланхóлия deep mélancholy [...-kə-]; ~ые мы́сли dark / glóomy thoughts; ~ое дéло crime, black deed; **2.** (*не главный, подсобный*) back (*attr.*); ~ двор báck¦yàrd; ~ая лéстница báckstairs *pl.*; ~ ход back éntrance; **3.** *с. как сущ.* black; ходúть в ~ом wear* black [wɛə...], be dressed in black; **4.** *мн. как сущ. шахм.* Black *sg.*; ◇ ~ым по бéлому in black and white; ~ая рабóта únskílled lábour; ~ое дéрево ébony; ~ тóполь black póplar [...'pɔ-]; ~ая бúржа illégal exchánge [...-'ʧeɪ-]; ~ ры́нок black márket; держáть когó-л. в ~ом тéле íll-tréat / màltréat smb. [...mæl-...]; вúдеть всё в ~ом свéте see* évery¦thing in the worst light; на ~ день for a rámy day; берéчь, откладывать на ~ день províde agáinst, *или* lay* up for, a ráiny day; ~ая сóтня the Black Húndred; ~ое духовéнство the régular clérgy; мéжду нúми пробежáла ~ая кóшка ≅ there is a cóolness betwéen them, they have fáll¦en out óver sóme¦thing.

черны́м-чернó *нареч.* pítch-dárk.

чернь I *ж. уст.* rabble, mob.

чернь II *ж.* (*чернёное серебро*) niéllò.

черпáк *м.* scoop; (*землечерпалки*) búcket.

черпáлка *ж. разг.* scoop.

чéрп||ать (*вн.*) draw* (*d.*); (*ковшом*) ladle (out) (*d.*); (*ложкой*) spoon (up / out) (*d.*); (*перен.*) draw* (*d.*); ~ вóду draw* wáter [...'wɔː-]; ~ свéдения draw* informátion; ~ знáния get* knówledge [...'nɔ-]; ~ сúлы (из) deríve (one's) strength (from). **~нýть** *сов.* (*вн.*) scoop up (*d.*).

черствéть I, зачерствéть get* stale.

черствéть II, очерствéть (*о человеке*) become* hárdened / cállous.

чёрств||ость *ж.* **1.** stále¦ness; **2.** (*о характере*) hárd-héartedness [-'hɑːt-ɪd-], cállous¦ness. **~ый 1.** stale; ~ый хлеб dry / stale bread [...bred]; **2.** (*о человеке*) hárd-héarted [-'hɑːt-], cállous.

чёрт *м.* dévil, deuce; ◇ идú к ~у! go to the dévil!; ~ возьмú!, ~ поберú! deuce take it!; ~ знáет что! what the díckens / dévil!; какóго ~а! what the deuce / blázes!: какóго ~а он там дéлает! what the deuce / blázes is he doing there!; — на кой ~ why the hell?; не поня́ть ни чертá not ùnderstánd a thing; сам ~ не разберёт, сам ~ нóгу слóмит ≅ there is no máking head or tail of it [...hed ...]; ~а с два! like hell!; чем ~ не шýтит ≅ don't be too sure [...ʃuə]; you never can tell; у ~а на кулúчках at the world's end, in the back of be¦yónd; не так стрáшен ~, как егó малю́ют *посл.* the dévil is not so térrible as he is páinted; (*не так плох*) the dévil is not so black as he is páinted.

черт||á *ж.* **1.** (*линия*) line; провестú ~ý draw* a line; проводúть ~ý (мéжду) (*перен.*) draw* a distínction (betwéen); **2.** (*граница, предел*) bóundary, précinct ['priː-]; ~ гóрода cíty / town bóundaries ['sɪ-...] *pl.*; в ~é гóрода within the précincts of a town; пограничная ~ bóundary; ~ осéдлости *ист.* the Jéwish pale; **3.** (*свойство, особенность*) trait [treɪ]; (*характера тж.*) streak; отличúтельная ~ distínguishing féature; э́то фамúльная, семéйная ~ it is a fámily trait; it runs in the fámily *идиом.*; ◇ ~ы лицá féatures; в óбщих ~áх róughly ['rʌf-], in (géneral) óutlìne, in a géneral way.

чертёж *м.* draught [drɑːft]; draft *амер.*; (*набросок*) sketch; рабóчие чертежú wórking dráwings. **~ная** *ж. скл. как прил.* dráwing óffice; dráughting room ['drɑːft-...]; dráfting room *амер.* **~ник** *м.* dráughts¦man* ['drɑːft-]; dráfts¦man* *амер.* **~ница** *ж.* dráughts¦wòman* ['drɑːftswu-]; dráfts¦wòman* [-wu-] *амер.* **~ный** dráwing (*attr.*); ~ное перó dráwing-pèn; ~ная иглá dráwing-point; ~ная доскá dráwing-board; ~ная линéйка rúler; ~ные кýрсы cóurses of dráughtsmanship ['kɔːs-... 'drɑːft-].

чертёнок *м.* imp.

чёртик *м.*: до ~ов *разг.* till one is sick.

чертúть, начертúть (*вн.*) draw* (*d.*); ~ план draw* a plan; ~ кáрту make* a map.

чёртов *прил.* the dévil's own [...oun]; damned; ~ пáлец *мин.* thúnderstòne, thúnderbòlt; bélemnìte *научн.*; ◇ ~а дю́жина báker's dózen [...'dʌ-].

чертóвка *ж. бран.* shé-dévil; (*ведьма*) hag, witch.

чертóвск||и *нареч. разг.* dévilishly, déucedly; он ~ спешúт he is in a dévilish/deuced/infernal húrry; он ~ гóлоден he is áwfully húngry, he is símply stárving; ~ далекó a hell of a way, a confóunded long way. **~ий** *разг.* dévilish, deuced; ~ая рабóта deuced hard work; ~ая хúтрость dévilish cúnning.

чертовщúна *ж. разг.* dévilry; что за ~? what sort of dévilry is this?

чертóг *м. поэт.* (*помещение*) hall, chámber ['ʧeɪ-]; (*дворец*) pálace.

чертополóх *м. бот.* thistle.

чёрточка *ж. разг.* **1.** *уменьш. от* чертá 1, 3; **2.** (*дефис*) dash.

чертыхáться, чертыхнýться *разг.* swear* [swɛə].

чертыхнýться *сов. см.* чертыхáться.

черчéние *с.* dráwing; техни́ческое ~ mechánical dráwing [-'kæ-...].

чесáлка *ж. текст.* cómbing-machìne ['kou- -ʃiːn]; (*для льна*) flax comb [...koum], hackle.

чесáльн||ый *текст.* cárding; cómbing ['koum-]; háckling; ~ая машúна = чесáлка.

чесáльщ||ик *м.*, **~ица** *ж. текст.* cómber ['koumə], cárder.

чесáние *с. текст.* cómbing ['koum-], cárding; háckling.

чёсаный *текст.* combed [koumd], cárded.

чесáть, почесáть (*вн.*) **1.** *тк. несов.* (*о волосах*) comb [koum] (*d.*); **2.** *тк. несов. текст.* comb (*d.*), card (*d.*); **3.** (*о руке, носе и т. п.*) scratch (*d.*): он почесáл себé рýку he scratched his hand; ◇ язы́к ~ wag one's tongue [wæg...tʌŋ].

чесáться, почесáться **1.** scratch òne¦sélf; **2.** *тк. несов.* (*об ощущении*) itch; у негó чéшется нос his nose ítches; ◇ у негó рýки чéшутся э́то сдéлать he is ítching to do it; у негó рýки чéшутся взять э́ту кнúгу his fíngers are ítching to take that book, *или* for that book; у негó язы́к чéшется сказáть э́то his tongue ítches to say it [...tʌŋ...].

чеснóк *м.* gárlic.

чеснóчн||ый *прил.* к чеснóк; ~ая голóвка a gárlic.

чесóт||ка *ж.* itch, scab; (*у животных*) mange [meɪnʤ]. **~очный** scábby; mángy ['meɪnʤɪ]; ~очный клещ ítch-mìte.

чéствование *с.* (*рд.*) feast / cèlebrátion in hónour [...'ɔnə] (of) (*ср.* чéствовать).

чéствовать (*вн.*) make* a feast in hónour [...'ɔnə] (of); ~ когó-л. по слýчаю возвращéния célebràte the retúrn of smb.; ~ когó-л. по слýчаю годовщúны célebràte smb.'s ànnivérsary.

чéстер [-тэр] *м.* (*сыр*) Chéshire cheese.

честить (*вн.*) *разг.* abúse (*d.*).

честно I *прил. кратк. см.* честный.

честно II *нареч.* hónest¦ly ['ɔn-]; (*справедливо*) fair, fáirly; (*прямо, откровенно*) fránkly; он ~ ответил, что he ánswered hónest¦ly / fránkly that [...'ɑːnsəd 'ɔn-...]; действовать, поступать ~ по отношению к кому-л. act fáirly by smb.; play fair by smb. *идиом.*

честн||ой: вся ~ая компания *разг.* the whole lot of them [...houl...].

честн||ость *ж.* hónesty ['ɔn-], intégrity, úp¦rightness; ~ в делах straight déaling. **~ый** hónest ['ɔn-], hónest-mínded ['ɔn-], úp¦right; (*справедливый*) fair; ~ый человек hónest pérson / man*; ~ые люди people of intégrity [piː-...], hónest-mínded people; ~ое имя a good name; это не ~о that is not hónest; (*несправедливо*) that is not fair; ◇ дать ~ое слово give*/pledge one's word of hónour [...'ɔnə]; ~ое слово! up¦ón my word!, up¦ón my hónour!; hónest¦ly! ['ɔn-], hónour bright! *разг.*

честолюб||ец *м.* àmbítious man*, man* of great àmbítion [...greɪt...]. **~ивый** àmbítious. **~ие** *с.* àmbítion; неудовлетворённое ~ие, обманутое ~ие thwárted àmbítion.

чест||ь *ж.* hónour ['ɔnə]; дело ~и mátter of hónour; человек ~и man* of hónour; его ~ задета his hónour is at stake; считаю за ~ I consíder it an hónour [...-'sɪ-...]; он у них в ~й *разг.* they make much of him; на его долю выпала ~ (+ *инф.*) the hónour fell on / to him (+ to *inf.*); he had the hónour (+ to *inf.*); оказать кому-л. ~ do smb. the hónour (of); он делает ~ своей школе he is an hónour to his school; поддержать ~ (*рд.*) ùp¦hóld* the hónour (of); это делает ему ~ that does him crédit; к его ~и надо сказать to his crédit be it said [...sed]; отдавать ~ (*дт.*) *воен.* salúte (*d.*); отдание ~и *воен.* salúting, salúte; имею ~ I have the hónour; не имею ~и знать вас I have not the hónour of knówing you [...'nou-...]; ◇ с ~ью выйти из положения come* out of *a* sìtuátion with crédit; come* off with flýing cólours [...'kʌ-] *идиом.*; с ~ью выполнить что-л. accómplish smth. with crédit; с ~ью выполнить свой долг (перед) hónour¦ably dis¦chárge one's dúty ['ɔnə-...] (to); в ~ кого-л., чего-л. in hónour of smb., of smth.; ~ и место *разг.* you are very wélcome; have a seat!; пора и ~ знать *разг.* one ought not to abúse (*smb.'s* hòspitálity, kínd¦ness, *etc.*); ~ ~ью in a próper fáshion [...'prɔ-...].

чесуча *ж. текст.* tússòre (silk).

чесучовый tússòre(-silk) (*attr.*).

чёт *м.* éven númber; ~ и нечет odd and éven.

чета *ж.* couple [kʌ-], pair; супружеская ~ márried couple; ◇ он тебе не ~ (*не пара*) he is no match for you; (*не идёт в сравнение*) there is no compáring you two.

четверг *м.* Thúrsday ['θəːzdɪ]; по ~ам on Thúrsdays, every Thúrsday.

четвереньк||и *мн.*: на ~ах on all fours [...fɔːz]; стать на ~ go* down on one's hands and knees.

четверик *м. уст.* (*мера*) tchètverík.

четвёрка *ж.* **1.** (*цифра*) four [fɔː]; **2.** *карт.* four; ~ червей, пик *и т. п.* the four of hearts, spades, *etc.* [...hɑːts...]; **3.** (*лошадей*) fóur-in-hánd ['fɔː-]; team of four hórses; **4.** (*отметка*) four (*out of five*); **5.** *спорт.* (*лодка*) a four; **6.** *воен. ав.* flight of four áircràft.

четверной fóurfòld ['fɔː-].

четверня *ж.* = четвёрка 3.

четверо *числит.* four [fɔː]; для всех четверых for all four; их ~ there are four of them.

четвероног||ие *мн. скл. как прил. зоол.* quádrupèd. **~ий** *зоол.* fóur-fóoted ['fɔː'fut-], fóur-légged ['fɔː-]; quàdrúpedal *научн.*

четверорукие *мн. скл. как прил. зоол.* fóur-hánded ['fɔː-]; quàdrúmana *научн.*

четверостишие *с. лит.* quátrain.

четвертак *м. уст. разг.* twénty five cópècks *pl.*

четвертинка *ж. разг.* small bottle (*holding 0.25 litre of vodka, etc.*).

четвертичн||ый *геол.* Quatérnary; ~ая система Quatérnary sýstem.

четвертн||ой: ~ билет *уст. разг.* twénty-five rouble note [...ruːbl...]; ~ая нота *муз.* one / a fourth [...fɔːθ].

четвертов||ание *с. ист.* quártering. **~ать** *несов. и сов.* (*вн.*) *ист.* quárter (*d.*).

четвертушка *ж. разг.* a quárter.

четвёрт||ый fourth [fɔːθ]; ~ое января, февраля *и т. п.* the fourth of Jánuary, Fébruary, *etc.*; Jánuary, Fébruary, *etc.*, the fourth; страница, глава ~ая page, chápter four [...fɔː]; ~ номер númber four; ему (пошёл) ~ год he is in his fourth year; ему ~ десяток пошёл he is past thírty; уже ~ час it is past three; в ~ом часу past / áfter three; половина ~ого half past three [hɑːf...]; три четверти ~ого a quárter to four; одна ~ая one fourth.

четверт||ь *ж.* **1.** a quárter, a fourth [...fɔːθ]; *муз.* (one) fourth; ~ года three months [...mʌ-] *pl.*; ~ века a quárter of a céntury; ~ часа a quárter of an hour [...auə]; ~ второго a quárter past one; без ~и час a quárter to one; купить за ~ цены (*вн.*) get* for quárter the price (*d.*), get* for a quárter of the price (*d.*); ~ листа *полигр.* quártò; **2.** (*часть учебного года*) term.

чётки *мн. церк.* rósary ['rouz-] *sg.*; beads.

чётк||ий clear; cléar-cùt; (*о почерке тж.*) légible; (*точный*) áccurate; (*об исполнении*) effícient; ~ почерк clear / légible hánd¦wrìting; ~ие директивы clear / precíse diréctions [...-s...]; ~ое исполнение задания effícient perfórmance of *a* task. **~ость** *ж.* cléarness; (*почерка тж.*) lègibílity; (*точность*) áccuracy.

чётн||ый éven; ~ое число éven númber.

четыре *числит.* four [fɔː]; ◇ на все ~ стороны wher¦éver one chóoses ['wɛər-...].

четырежды *нареч.* four times [fɔː...]; ~ четыре four times four, four fours.

четыреста *числит.* four húndred [fɔː...].

четырёх- (*в сложн. словах, не приведённых особо*) of four [...fɔː], *или* fóur- — *соотв. тому, как даётся перевод второй части слова, напр.* четырёхдневный of four days, fóur-day ['fɔː-] (*attr.*); (*ср.* -дневный: of... days, -day *attr.*); четырёхместный with berths, seats for 4; (*о самолёте и т. п.*) fóur-séater ['fɔː-] (*attr.*); (*ср.* -местный).

четырёхвесельный fóur-oar ['fɔː-] (*attr.*).

четырёхгодичный fóur-year ['fɔː-] (*attr.*).

четырёхголосный *муз.* fóur-pàrt ['fɔː-] (*attr.*).

четырёх||гранник *м. мат.* tétrahédron. **~гранный** *мат.* tétrahédral.

четырёхклассный fóur-year ['fɔː-] (*attr.*).

четырёхколёсный fóur-wheel(ed).

четырёхкратный fóurfòld ['fɔː-].

четырёхлет||ие *с.* **1.** (*годовщина*) fourth ànnivérsary [fɔːθ...]; **2.** (*срок в 4 года*) four years [fɔː...] *pl.* **~ний 1.** (*о сроке*) of four years [...fɔː...]; fóur-year ['fɔː-] (*attr.*); **2.** (*о возрасте*) of four; fóur-year-óld ['fɔː-]; ~ний ребёнок child* of four (years); fóur-year-óld child*.

четырёхмесячный 1. (*о сроке*) of four months [...fɔː mʌ-]; fóur-mònth ['fɔːmʌ-] (*attr.*); **2.** (*о возрасте*) fóur-mònths óld ['fɔːmʌ-]; ~ ребёнок fóur-mònths-óld báby.

четырёхмоторный fóur-éngined ['fɔː-'endʒ-].

четырёхнедельный 1. (*о сроке*) of four weeks [...fɔː...]; fóur-wéek ['fɔː-] (*attr.*); **2.** (*о возрасте*) fóur-week-óld ['fɔː-].

четырёхпроцентный four percént [fɔː...] (*attr.*).

четырёхрядный *с.-х.* fóur-row ['fɔː-rou] (*attr.*); ~ культиватор fóur-row cúltivàtor.

четырёхсложный *лингв.* fóur-sýllable ['fɔː-] (*attr.*); tétrasyllábic *научн.*

четырёхсотлетний of four húndred years [...fɔː...]; ~ юбилей quátercèntenary [-'tiː-].

четырёхсо́т||ый fóur-húndredth['fɔː-]; страни́ца ~ая page four húndred [...fɔː...]; ~ но́мер númber four húndred; ~ая годовщи́на fóur-húndredth ànnivérsary; ~ год the year four húndred.

четырёх||сто́пный *лит.* tètrámeter (*attr.*); ~ ямб ìámbic tètrámeter. **~-сторо́нний** 1. *мат.* quàdriláteral; 2. (*о договоре и т. п.*) quàdripártìte. **~-стру́нный** fóur-strìng¦ed ['fɔː-].

четырёхуго́льн||ик *м.* quàdrángle; (*квадрат*) square. **~ый** quàdrángular.

четырёхчасово́й 1. (*о продолжительности*) of four hours [...fɔːrauəz]; fóur-hour ['fɔːrauə] (*attr.*); 2.: ~ по́езд the four o'clóck train; the four o'clóck *разг.*

четырёхэта́жный fóur-stóreyed ['fɔː-'stɔːrɪd].

четырнадцати- (*в сложн. словах, не приведённых особо*) of fóurtéen [...'fɔː-], *или* fóurtéen- — *соотв. тому, как даётся перевод второй части слова, напр.* четырнадцатидне́вный of fóurtéen days, fóurtéen-day ['fɔː-] (*attr.*); (*ср.* -дне́вный: of... days, -day *attr.*); четырнадцатиме́стный with berths, seats for 14; (*о самолёте и т. п.*) fóurtéen-séater (*attr.*); (*ср.* -ме́стный).

четырнадцатиле́тний 1. (*о сроке*) of fóurtéen years [...'fɔː-...]; fóurtéen-year ['fɔː-] (*attr.*); 2. (*о возрасте*) of fóurtéen; fóurtéen-year-óld ['fɔː-]; ~ ма́льчик boy of fóurtéen; fóurtéen-year-óld boy.

четы́рнадцат||ый fóurtéenth ['fɔː-]; ~ое ма́я, ию́ня *и т. п.* the fóurtéenth of May, June, *etc.*; May, June, *etc.*, the fóurtéenth; страни́ца, глава́ ~ая page, chápter fóurtéen [...'fɔː-]; ~ но́мер númber fóurtéen; ему́ (пошёл) ~ год he is in his fóurtéenth year; одна́ ~ая one fóurtéenth.

четы́рнадцать *числит.* fóurtéen ['fɔː-]; ~ раз ~ fóurtéen times fóurtéen; fóurtéen fóurtéens.

чех *м.* Czech [ʧek].

чехарда́ *ж.* léap-fròg; (*перен.*) réshúffle.

чехо́л *м.* (*футляр*) case [-s]; (*для мебели и т. п.*) cóver ['kʌ-]; бе́лый холщо́вый ~ slíp-còver of white Hólland [-kʌ-...].

чехослова́цкий Czéchò-Slóvàk ['ʧek-].

чечеви́ца *ж.* 1. *бот.* léntil; 2. *физ.* lens [-nz].

чечеви́чн||ый *прил. к* чечеви́ца 1; ◇ ~ая похлёбка mess of póttage; прода́ться за ~ую похлёбку sell* one's bírthrìght for a mess of póttage.

чечётк||а *ж.* 1. (*птица*) línnet; 2. (*танец*) tchetchótka (*a tap-dance*); танцева́ть ~у táp-dànce.

че́ш||ка *ж.* Czech wóman* [ʧek 'wu-]. **~ский** Czech [ʧek]; ~ский язы́к Czech, the Czech lánguage.

чешу́й||ка *ж.* (físh-)scàle. **~чатый** scály.

чешу||я́ *ж. тк. ед.* scales *pl.*; сбро́сить ~ю́ shed* the / its scales, scale; снима́ть ~ю́ (с *рд.*) scale (*d.*).

чи́бис *м.* lápwìng, pé(e)wit.

чиж *м.* sískin. **~ик** *м.* 1. = чиж; 2. (*игра*) típ-càt.

чил||и́ец *м.*, **~и́йка** *ж.* Chílean. **~и́йский** Chílean, Chíle ['ʧɪlɪ] (*attr.*); ◇ ~и́йская сели́тра Chíle sáltpètre.

чили́кать, чили́кнуть = чири́кать, чири́кнуть.

чин *м.* rank, grade; име́ть высо́кий ~ have a high rank; повыше́ние в ~е promótion; быть в ~а́х have rísen to the hígher ranks [...'rɪzᵊn...], have attáined the hígher ranks; ◇ ~ ~ом *разг.* in good órder, próperly; без ~о́в without céremony.

чина́р *м.*, **~а** *ж. бот.* plane (tree).

чини́ть I, почини́ть (*вн.*; *исправлять*) repáir (*d.*); (*о белье, платье и т. п.*) mend (*d.*); ~ ко́е-ка́к tínker (*d.*).

чини́ть II, очини́ть (*вн.*; *заострять*) point (*d.*), shárpen (*d.*).

чини́ть III (*вн.*; *создавать*) cause (*d.*), put* in the way (*d.*); ~ препя́тствия кому́-л. put* óbstacles in smb.'s way; ~ суд и распра́ву admínister jústice and inflíct púnishment [...'pʌ-].

чи́нн||ость *ж.* sedáte¦ness; (*приличие*) decórum. **~ый** sedáte; (*приличный*) décorous; (*церемонный*) cèremónious.

чино́вни||к *м.* offícial; fúnctionary; (*бюрократ*) búreaucràt [-rok-]. **~ческий** *прил. к* чино́вник; (*бюрократический*) bùreaucrátic [-ro'k-]; réd-tàpe (*attr.*). **~чество** *с. собир.* offícialdom; the offícials *pl.* **~чий** *прил. к* чино́вник.

чино́вный *уст.* of high rank / grade.

чино||почита́ние *с. уст.* respéct for rank; (*подобострастие*) sèrvílity. **~произво́дство** *с. уст.* promótion in rank.

чину́ша *м. презр.* réd-tàpist.

чи́рей *м. разг.* boil, fúrùncle.

чири́к||анье *с.* chírp(ing), twíttering. **~ать** chirp, twítter. **~нуть** *сов.* give* a chirp; гро́мко ~нуть give* a loud chirp.

чи́рк||ать, чи́ркнуть (*тв.*): ~ спи́чкой strike* a match. **~нуть** *сов. см.* чи́ркать.

чиро́к *м. зоол.* teal.

чи́сленн||ость *ж.* númber(s) (*pl.*); quántity; (*о войсках*) strength; ~остью в сто челове́к one húndred in númber; one húndred strong; увеличе́ние ~ости (*рд.*) ín¦crease in the númber [-s...] (of); о́бщая ~ а́рмии óver-áll strength of *the* ármy. **~ый** númeral, numérical; ~ое превосхо́дство numérical supèriórity; ~ый соста́в (numérical) strength.

числи́тель *м. мат.* númeràtor.

числи́тельное *с. скл. как прил. грам.*, и́мя ~ númeral; коли́чественное ~ cárdinal (númber); поря́дковое ~ órdinal (númber).

чи́слить (*вн.*) count (*d.*), réckon (*d.*); ~ кого́-л. больны́м put* smb. on the síck-lìst. **~ся** be réckoned; ~ся в спи́ске be on the list; ~ся больны́м be on the síck-lìst; ~ся в о́тпуске be on leave; э́та кни́га чи́слится за ним this book is down in his name; переста́ть ~ся take* one's name off the books; ~ся среди́ be among, be one of; (*о нескольких, многих*) be some of.

числ||о́ *с.* 1. (*в разн. знач.*) númber; *мат. тж.* quántity; це́лое ~ whole númber [houl...]; дро́бное ~ fráctional númber; имено́ванное ~ cón¦crète númber; отвлечённое ~ ábstràct númber; просто́е ~ prime númber; чётное ~ éven númber; нечётное ~ odd númber; мни́мое ~ imáginary quántity; кра́тное ~ múltiple quántity; переда́точное ~ *тех.* gear rátiò [gɪə...]; неизве́стное ~ ún¦knówn quántity [-'noun...]; еди́нственное ~ *грам.* síngular (númber); мно́жественное ~ *грам.* plúral (númber); 2. (*дата*) date; како́е сего́дня ~? what is the date (to¦dáy)?, what date is it to¦dáy?; сего́дня 5-е ~ to¦dáy is the fifth; помеча́ть ~о́м (*вн.*) date (*d.*); поме́тить за́дним ~о́м (*вн.*) ántedáte (*d.*); без ~а́ without date, úndáted; dáte¦less; в пе́рвых чи́слах ию́ня éarly in June ['əː-...], in the first days of June; ◇ без ~а́ without númber, in (great) númbers [...-eɪt...]; оди́н из их ~а́ one of their númber, one of them; в том ~е́ in¦clúding; сре́дним ~о́м on an áverage; в большо́м, небольшо́м ~е́ in great, small númbers; по ~у́ чле́нов by the númber of mémbers; ~о́м in númber; ~о́м в два́дцать челове́к twénty in númber; превосходи́ть ~о́м (*вн.*) excéed in númber (*d.*); outnúmber (*d.*).

числово́й numérical.

чисти́лище *с. рел.* púrgatory.

чи́стильщик *м.*: ~ сапо́г shóe¦blàck ['ʃuː-], bóotblàck.

чи́стить, почи́стить (*вн.*) 1. clean (*d.*); (*отчищать, промывать тж.*) scour (*d.*); (*щёткой*) brush (*d.*); (*скрести*) scrub (*d.*); (*драгой*) dredge (*d.*); (*полировать*) fúrbish (*d.*); ~ (себе́) сапоги́, башмаки́ clean (one's) boots, shoes [...ʃuːz]; (*ваксой*) black (one's) boots, shoes; ~ (себе́) зу́бы clean / brush one's teeth; ~ пла́тье (*щёткой*) brush clothes [...klou-]; (*химически*) drý-cléan clothes; ~ металли́ческие изде́лия scour métal [...'me-]; ~ посу́ду scrub / scour díshes; ~ кана́л dredge *a* canál; ~ ло́шадь rub down *a* horse; ~ тру́бы sweep* chímneys; 2. (*о фруктах, овощах*) peel (*d.*); (*об орехах*) shell (*d.*); (*о ры-*

бе) scale (*d.*). **~ся,** почи́ститься **1.** clean òne¦sélf, brush òne¦sélf; (*ср.* чи́стить); **2.** *страд. к* чи́стить.

чи́стк||а *ж.* **1.** cléaning; (*уборка*) cléan-úp; отда́ть что-л. в ~у have smth. cleaned, send* smth. to the cléaner's; **2.** *полит.* purge; cómbing-out ['koum-].

чи́сто I **1.** *прил. кратк. см.* чи́стый; **2.** *предик. безл.* it is clean; здесь ~ it is clean here.

чи́сто II *нареч.* **1.** cléanly; (*аккуратно, точно*) néatly; **2.** (*исключительно*) púre¦ly.

чистови́к *м. разг.* fair / clean cópy [...'kɔ-].

чистов||о́й clean, fair; ~а́я тетра́дь éxercise book for fair cópies [...'kɔ-]; ~ экземпля́р clean / fair cópy; ~а́я обрабо́тка (чего́-л.) fínishing (of smth.).

чистога́н *м. разг.* cash, réady móney ['redɪ 'mʌ-]; заплати́ть ~ом pay* cash down.

чистокро́вн||ый púre-blooded [-blʌd-], thóroughbrèd ['θʌrə-]; ~ая ло́шадь thóroughbrèd horse.

чистописа́ние *с.* callígraphy; pénmanship.

чистопло́тн||ость *ж.* cléanliness ['klen-]. **~ый** clean; cléanly ['klen-].

чистоплю́йство *с. разг.* òver¦fastídious¦ness.

чистопоро́дный of pure breed; thóroughbrèd ['θʌrə-]; ~ скот thóroughbrèd cattle.

чистосерде́чие *с.* = чистосерде́чность.

чистосерде́чн||ость *ж.* cándour, fránkness. **~ый** cándid, frank, ópen-hearted [-'hɑːt-]; ~ое призна́ние frank / ópen-héarted conféssion.

чистосо́ртн||ый: ~ые семена́ seléсted seeds.

чистот||а́ *ж.* **1.** (*отсутствие грязи*) cléanness; ~ ко́мнаты cléanness of *the* room; **2.** (*опрятность*) néatness; (*чистоплотность*) cléanliness ['klen-]; **3.** (*отсутствие примеси*) púrity; ~ воды́ púrity of wáter [...'wɔː-]; ~ во́здуха cléarness/clárity/púrity of the air; **4.** (*намерений, побуждений и т. п.*) púrity; ◇ говори́ на ~у́ speak out.

чистоте́л *м. бот.* gréater célandìne ['greɪ-...].

чи́ст||ый 1. clean; ~ воротни́к clean cóllar; ~ые ру́ки clean hands; ~ая страни́ца clean / blank page; **2.** (*опрятный*) neat, tídy; **3.** (*без примеси*) pure; (*неразбавленный тж.*) straight, neat; ~ое зо́лото pure gold; ~ое серебро́ pure sílver; бриллиа́нт ~ой воды́ díamond of the first wáter [...'wɔː-]; ~ая вода́ pure wáter; ~ во́здух clear / pure air; ~ спирт pure álcohòl; neat spírits *pl. разг.*; **4.** (*о голосе, произношении*) clear; **5.** (*о доходе, прибыли, весе*) net, clear; ~ вес net weight; ~ дохо́д, ~ая при́быль net prófit; ~ бары́ш *разг.* clear prófit; име́ть сто рубле́й ~ого бары́ша́ make* a clear húndred roubles [...ruː-], clear húndred roubles; **6.** (*честный, безупречный, беспорочный*) pure; **7.** (*сущий*) mere, pure; (*о невежестве, озорстве и т. п.*) sheer; ~ слу́чай mere / pure chance; ~ое совпаде́ние mere / pure coíncidence; из ~ого сострада́ния from pure compássion; ~ое недоразуме́ние pure misùnderstánding; ~ вздор sheer / dównrìght nónsense; ~ая пра́вда simple truth [...truːθ]; ~ое безу́мие sheer mádness; **8.** (*неисписанный*) blank; ◇ принима́ть что-л. за ~ую моне́ту ≅ take* smth. at its face válue, take* smth. in all good faith; ~ое по́ле ópen cóuntry [...'kʌ-]; вы́йти ~ым clear òne¦sélf; ~ая рабо́та neat job.

чита́льный: ~ зал = чита́льня.

чита́льня *ж.* réading-hàll, réading-room.

чита́тель *м.*, **~ница** *ж.* réader; благоскло́нный ~ *уст.* gentle réader; любе́зный ~ cóurteous réader ['kəːt-...]. **~ский** *прил. к* чита́тель; ~ская конфере́нция réaders' cónference.

чита́ть, проче́сть, прочита́ть (*вн.*) **1.** read* (*d.*); ~ вслух read* alóud; ~ про себя́ read* sílent¦ly, read* to òne¦sélf; ~ по склада́м spell* (*d.*); бы́стро ~ кни́ги be a quick réader; **2.:** ~ ле́кции give*/delíver léctures [...-'lɪ-...]; lécture; ~ докла́д read* a páper; ◇ ~ чьи-л. мы́сли read* smb.'s thoughts; ~ стихи́ recíte póetry; ~ ка́рту read* *a* map; máp-read* *неол.*

чита́ться 1. read*; кни́га легко́ чита́ется this book reads easily [...'iːz-]; **2.** *страд. к* чита́ть; ◇ ему́ что́-то не чита́ется he does not feel like réading.

чи́тка *ж.* **1.** réading; **2.** *театр.* (first) réading.

чиха́||нье *с.* snéezing; stèrnutátion *научн.*; ◇ на вся́кое ~ не наздра́вствуешься ≅ you can't please évery¦òne [...kɑːnt...]. **~тельный** snéezing; sternútative, sternútatory *научн.*; ~тельный газ *воен. хим.* snéezing gas.

чих||а́ть, чихну́ть sneeze. **~ну́ть** *сов. см.* чиха́ть.

чичеро́не [-нэ] *м. нескл.* ciceróne [tʃɪtʃə'rounɪ], guide.

чи́ще *сравн. ст. от прил.* чи́стый 1, 2, 4 *и нареч.* чи́сто II, 1.

член *м.* **1.** (*в разн. знач.*) mémber; (*конечность тж.*) limb; (*учёного общества, учреждения тж.*) féllow; *мат. тж.* term; ~ коммунисти́ческой па́ртии mémber of the Commúnist Párty; ~ профсою́за mémber of *a* trade únion; ~ парла́мента mémber of párliament [...-ləm-] (*сокр.* M. P.); почётный ~ hónorary mémber ['ɔ-...]; быть ~ом комите́та *и т. п.* be on the commíttee, *etc.* [...-tɪ]; ~ уравне́ния *мат.* mémber / term of *an* equátion; ~ пропо́рции *мат.* term of *a* propórtion; propórtional; кра́йний ~ (пропо́рции) extréme; сре́дний ~ (пропо́рции) mean; ~ предложе́ния *грам.* part of the séntence; **2.** *грам.* árticle; определённый ~ définite árticle; неопределённый ~ indéfinite árticle; ◇ ~-корреспонде́нт Assóciate Mémber.

члене́ние *с.* àrticulátion.

чле́ник *м. анат.* ségment.

членистоно́гие *мн. скл. как прил. зоол.* àrthrópoda.

член||и́ть (*вн.*) àrtículàte (*d.*), divíde into parts (*d.*). **~и́ться** be àrtículàted, be divíded into parts.

членовреди́тельство *с.* mùtilátion, máiming.

членоразде́льн||ость *ж.* àrtículate¦ness. **~ый** àrtículate; ~ая речь àrtículate speech.

чле́н||ский mémbership (*attr.*); ~ биле́т mémbership card; ~ взнос mémbership dues *pl.* **~ство** *с.* mémbership.

чмо́к||ать, чмо́кнуть *разг.* **1.** (*губами*) smack one's lips; **2.** (*вн.*; *целовать*) give* smácking kísses (*i.*); *сов. тж.* give* a smácking kiss (*i.*). **~нуть** *сов. см.* чмо́кать.

чо́глок *м.* (*птица*) hóbby.

чо́к||аться, чо́кнуться (с *тв.*) touch / clink glásses [tʌtʃ...] (with). **~нуться** *сов. см.* чо́каться.

чо́порн||о *нареч.* stíffly, prímly ['prɪm-]; stánd-óffishly [-'ɔː-]; ~ держа́ться be prim / stánd-óffish [...-'ɔː-]. **~ость** *ж.* stíffness, prímness. **~ый** stiff, prim, stánd-óffish [-'ɔː-].

чрева́тый (*тв.*) fraught (with); ~ серьёзными после́дствиями fraught with sérious cónsequences; ~ собы́тиями fraught with evénts.

чре́во *с. уст.* maw; (*матери*) womb [wuːm]. **~веща́ние** *с.* vèntríloquy. **~веща́тель** *м.*, **~веща́тельница** *ж.* vèntríloquist. **~уго́дие** *с.* glúttony. **~уго́дник** *м.*, **~уго́дница** *ж.* glútton. **~уго́дничать** glúttonìze.

чреда́ *ж. уст., поэт.* succéssion.

чрез = че́рез.

чрезвыча́йно *нареч.* extraórdinarily [ɪks'trɔːdnrɪlɪ]; (*крайне*) extréme¦ly, útterly; ~ интере́сно extréme¦ly ínteresting.

чрезвыча́йн||ый extraórdinary [ɪks'trɔːdnrɪ]; (*крайний*) extréme; ~ представи́тель àmbássador extraórdinary; ~ и полномо́чный посо́л Àmbássador Extraórdinary and Plènipoténtiary; ~ые полномо́чия extraórdinary pówers; (*в особых случаях*) emérgency pówers; ~ое собра́ние extraórdinary méeting; ~ые ме́ры extraórdinary méasures [...'meʒ-]; ~ое положе́ние state of emérgency; ~ декре́т decrée extraórdinary.

чрезме́рн||ость *ж.* excéssive¦ness. **~ый** excéssive; ~ое употребле́ние óver-úse [-'juːs].

чте́ни||е *с.* **1.** réading; бе́глое ~ cúrsory réading; провести́ пе́рвое, второ́е *и т. д.* ~ законопрое́кта (*в парла́менте*) give* *the* bill its first, sécond, *etc.*, réading [...'se-...]; **2.:** ~ ле́кций lécturing; во вре́мя ~я ле́кций dúring the léctures; ◇ ~ мы́слей thóught-reading; ~ стихо́в rècitátion; ~ ка́рт(ы) máp-reading.

чтец *м.* èlocútionist [-'kjuːʃn-], recíter.

чтить (*вн.*) hónour ['ɔnə] (*d.*), revére (*d.*); ~ чью-л. па́мять revére smb.'s mémory; ~ па́мять поги́бших геро́ев hónour / revére the mémory of fáll¦en héròes, *или* of the fáll¦en.

что I, *рд.* чего́, *дт.* чему́, *вн.* что, *тв.* чем, *пр.* чём, *мест.* **1.** (*в разн. знач.*) what: ~ э́то (тако́е)? what is this?; ~ зна́чит э́то сло́во? what does this word mean?; он не зна́ет, ~ э́то зна́чит he does not know what this means [...nou...]; ~ (вы сказа́ли)? what did you say?; ~ сто́ит э́та кни́га? what does this book cost?; ~ е́сли он не придёт? and if he does not come?; ~ де́лать? what is to be done?; для чего́ э́то употребля́ется, слу́жит? what is that used for?; ~ он, она́ *и т. д.* из себя́ представля́ет? what is he, she, *etc.*, like?; **2.** (*и это, а это*) which: он пришёл по́здно, что́ не бы́ло обы́чно he came late, which was not úsual [...'juːʒuəl]; **3.** (*который, -ая и т. д.*) that; *как дополнение часто опускается* (*об. разг.*): (та) кни́га, ~ на столе́ the book that is on the table; (та) кни́га, ~ он дал ей the book that he gave her; the book he gave her; э́то всё, ~ там напи́сано that is all that is written there; всё, ~ он знал all he knew; тот са́мый..., ~ the same... that; э́то та са́мая кни́га, ~ он дал ей this is the very book that he gave her; — тот, ~, та, ~ *и т. п.* that which: да́йте ему́ не э́то письмо́, а то, ~ она́ принесла́ вчера́ do not give him this létter, but the one she brought yésterday [...-dɪ]; — то, ~ what: он по́мнит то, ~ она́ сказа́ла he remémbers what she said [...sed]; э́то не то́, ~ он ду́мал it is not what he thought; э́то не то́, чего́ он ожида́л it is not what he expécted; **4.** (*что-нибудь*) ány¦thing: е́сли что́(-нибудь) случи́тся if ány¦thing háppens; **5.:** ~ ... ~ (*одно... другое*) this... that: ~ оста́вил, ~ взял с собо́й this he left, that he took with him; **6.:** ~ за, ~... за *разг.* (*при вопросе: какой*) what; (*какого рода и т. п.*) what kind / sort of; (*при восклицании*) what (+ a, an, *если данное слово может употребляться с неопред. артиклем*): ~ за кни́ги там?, ~ там за кни́ги? what are those books óver there?; ~ э́то за де́рево? what kind of tree is it?; ~ за шум! what a noise!; ~ за мысль! what an ìdéa! [...aɪ'dɪə]; ◇ ~ до: ~ до него́, он согла́сен as to / for him, he agrées; ~ ему́ *и т. д.* до э́того what does he, *etc.*, care for / abóut it; what does it mátter to him, *etc.*; — ~ ж(е) *разг.* (*ладно*) why (not): ~ ж, он сде́лает э́то сам why, he will do it hìm¦sélf; — ну и ~ ж(е)? well, what of that?; ~ ж(е) из э́того? what of it?; ~ ли *разг.* perháps: оста́вить э́то здесь, ~ ли? perháps leave it here; leave* it here, eh?; — ~ ни (*при сущ.*) every: ~ ни день, пого́да меня́ется the wéather chánges every day [...'we- 'ʧeɪn-...]; — ~... ни (*при глаголе*) whàt¦éver: ~ он ни ска́жет, интере́сно whàt¦éver he says is ínteresting [...sez...]; ~ бы ни случи́лось whàt¦éver háppens; — ~ по́льзы, ~ то́лку *разг.* what is the use [...juːs]; не ~ ино́е как nothing other than, nothing less than, nothing short of; хоть бы ~ (*дт.*; *безразлично*) nothing (to); (*ничего не стоит*) make* nothing of (+ *subject*); (*дт.*; + *инф.*) think* nothing (+ *subject*; of *ger.*): э́то ему́ хоть бы ~ that is nothing to him; he makes nothing of that; ему́ хоть бы ~ пройти́ два́дцать киломе́тров he thinks nothing of wálking twénty kílomètres; — чего́ бы не what: чего́ бы он не дал за э́то! what wouldn't he give for that!; — чего́ то́лько не what... not: чего́ то́лько он не ви́дел! what has¦n't he seen!, the things he has seen!, there's précious little he has¦n't seen! [...'pre-...]; — чего́ там (+ *инф.*) *разг.* what's the use (of *ger.*): чего́ там разгова́ривать what is the use of tálking; — в чём де́ло?, ~ случи́лось? what is the mátter?; ~ с ва́ми? what is the mátter with you?; чего́ до́брого *разг.* may... for all I know: он чего́ до́брого опозда́ет he may be late for all I know; ~ вы! you don't say so!; — с чего́ бы э́то вдруг what's the cause?, now, why?; ~ и говори́ть it goes without sáying; не понима́ть, ~ к чему́ not know* what is what; знать, ~ к чему́ know* the how and why of things; уйти́ ни с чем go* a¦wáy émpty-hánded; при чём я тут? what have I to do with it?; он оста́лся ни при чём he has got nothing for his pains; чего́ сто́ит! *разг.* counts for a lot: одно́ назва́ние чего́ сто́ит! the name alóne counts for a lot!

что II *союз* that; *часто не переводится* (*об. разг.*): он сказа́л, ~ она́ придёт he said (that) she would come [...sed...]; э́то так про́сто, ~ ка́ждый поймёт it is so simple that anybody can ùnderstánd it; э́то тако́е тру́дное сло́во, ~ он не мо́жет его́ запо́мнить it is such a dífficult word that he cánnòt remémber it; — то, ~ (the fact) that: то, ~ он э́то сде́лал, их удиви́ло (the fact) that he did it surprísed them; он узна́л о том, ~ она́ уе́хала he learnt that she had left [...lɜːnt...]; они́ узна́ли, ду́мали, вообража́ли, предполага́ли *и т. п.*, ~ он у́мный челове́к they knew, thought, imágined, suppósed, *etc.*, him to be a cléver man* [...'kle-...]; они́ ожида́ли, ~ он придёт they expécted him to come; потому́... ~ *см.* потому́ I.

что III *нареч.* (*почему*) why: ~ он молчи́т? why is he sílent?

что́бы, чтоб **1.** *союз* (+ *личн. формы глагола*; *в разн. знач.*) that (+ should + *inf.* + *subjunctive* I *уст.*, *амер.*); (*при обозначении цели — с оттенком возможности*) (so) that (+ may + *inf.*); in órder that (+ may + *inf.*; *ср. ниже*): необходи́мо, ~ они́ име́ли э́то it is nécessary that they should have it; they must have it; невозмо́жно, ~ он сказа́л э́то it is impóssible that he should have said that [...sed...]; he could not póssibly have said that; они́ предложи́ли, ~ он прочёл письмо́ they suggésted that he should read, *или* that he read, the létter [...sə'ʤe-...]; он говори́л гро́мко, ~ все они́ слы́шали его́ слова́ he spoke loud (so) that all of them might hear his words; — он хоте́л, сказа́л (им), приказа́л (им), попроси́л (их) *и т. п.*, ~ они́ сде́лали э́то he wánted, told, órdered, asked, *etc.*, them to do it; — ~... не that... not (+ may + *inf.*); lest (+ should + *inf.*): ~ он не забы́л that he may not forgét [...-'get]; lest he should forgét; — на том, о том *и т. п.*, ~ = что́бы: он наста́ивает на том, ~ они́ бы́ли приглашены́ he insísts that they should be invíted; he insísts on their bé¦ing invíted; — так, ~ so that (+ may + *inf.*); — для того́, ~ in órder that (+ may + *inf.*); **2.** *как частица* (+ *инф.*) in órder (+ to *inf.*) *или не переводится*; (so) that (+ may + *inf.* — *с повторением подлежащего главного предложения*); in órder that (+ may + *inf.* — *с таким же повторением*; *ср. выше*): он встал в шесть (часо́в), ~ быть там во́время he got up at six (o'clóck) (in órder) to be there in time, *или* (so) that he might be, *или* in órder that he might be, there in time; — ~ не (in órder) not (+ to *inf.*); (so) that... not (+ may + *inf.*; *ср. выше*); in órder that... not (+ may + *inf.*; *ср. выше*); lest (+ should + *inf.*; *ср. выше*): он встал в шесть, ~ не опозда́ть he got up at six (in órder) not to be late, *или* (so) that, *или* in órder that, he might not be late, *или* lest he should be late; — на том, о том *и т. п.*, ~ on, of, *etc.* (+ *ger.*): он наста́ивает на том, ~ (им) пойти́ туда́ he insísts on (their) gó¦ing there; — без того́, ~ не without (+ *ger.*): он не мо́жет написа́ть ни стро́чки без того́, ~ не сде́лать оши́бки he can't write a line without máking a mistáke [...kɑːnt...].

что́-либо, что́-нибудь *мест.* (*в вопросе*) ány¦thing; (*в утверждении*) sóme¦thing: зна́ет ли он что́-либо, что́-нибудь об э́том? does he know ány¦thing abóut it? [...nou...]; он вам что́-нибудь ска́жет he will tell you sóme¦thing; что́-либо подо́бное ány¦thing of this kind; ждать два часа́ с че́м-нибудь wait (for) two hours and more [...auəz...], wait (for) óver two hours.

что́-то 1. *мест.* sóme¦thing; тут ~ не так sóme¦thing is wrong here; 2. *как нареч.* (*как-то*) sóme¦how; мне ~ нездоро́вится I don't feel very well, sóme¦how; 3. *как нареч.* (*с оттенком сомнения*) it looks as if; ты ~ врёшь it looks as if you are lýing; ~ не по́мню I don't think I remémber, I can't remémber / recáll [...kɑːnt...].

чу *межд.* hark!

чуб *м.* fóre¦lòck.

чуба́рый (*о масти*) dappled, mottled.

чубу́к *м.* chibóuk [ʃɪ'buːk], chibóuque [ʃɪ'buːk].

чува́ш *м.* Chùvásh [ʧuː'vɑːʃ]. **~ка** *ж.* Chùvásh wóman* [ʧuː'vɑːʃ 'wu-]. **~ский** Chùvásh [ʧuː'vɑːʃ]; ~ский язы́к Chùvásh, the Chùvásh lánguage.

чу́вственн||ость *ж.* sènsuálity. **~ый** sénsual.

чувстви́тельн||ость *ж.* 1. (*ощутимость*) sénsible¦ness, percèptibílity; 2. (*восприимчивость*) sénsitive¦ness; (*тж. о радиоприёмнике*) sènsitívity; (*о плёнке*) speed; 3. (*сентиментальность*) sèntimèntálity. **~ый** 1. (*ощутимый, заметный*) sénsible, percéptible, felt; (*болезненный*) páinful; ~ая ра́зница sénsible dífference; ~ая утра́та páinful / déeply-félt loss; ~ый уда́р télling blow [...-ou]; 2. (*восприимчивый*) sénsitive (*тж. о радиоприёмнике*); ténder; (к чему́-л.) suscéptible (to smth.); ~ый челове́к sénsitive man*; ~ое ме́сто ténder spot; 3. (*сентиментальный*) sèntiméntal.

чу́вство *с.* (*в разн. знач.*) sense; (*ощущение, эмоция тж.*) féeling; пять чувств the five sénses; о́рганы чувств órgans of sense; ~ отве́тственности sense of respònsibílity; ~ ме́ры sense of propórtion; ~ ю́мора sense of húmour; ~ до́лга sense of dúty; ~ че́сти sense of hónour [...'ɔnə]; ~ удово́льствия sense / féeling of sàtisfáction; ~ бо́ли sense / féeling of pain; ~ безопа́сности féeling of sáfe¦ty; ~ жа́лости féeling of píty [...'pɪ-]; ~ го́рдости féeling of pride; ~ прекра́сного féeling for the béautiful [...'bjuː-], sense of béauty [...'bjuː-]; ~ но́вого sense of the new; ~ раздраже́ния féeling of irritátion; ~ хо́лода sènsátion of cold; ✧ прийти́ в ~ come* to one's sénses, come* to òne¦sélf; come* to *разг.*; привести́ кого́-л. в ~ bring* smb. to *his* sénses; bring* smb. round *разг.*; без чувств insénsible, ùn¦cónscious [-nʃəs]; лиши́ться чувств, упа́сть без чувств fall* insénsible, faint (a¦wáy); swoon *поэт.*; обма́н чувств illúsion, delúsion.

чу́вствование *с.* sènsátion.

чу́вствова||ть, почу́вствовать (*вн.*) 1. feel* (*d.*); have a sènsátion (of); ~ го́лод, жа́жду, уста́лость feel* / be húngry, thírsty, tíred; ~ себя́ больны́м feel* / be únwéll / ill; ~ себя́ лу́чше, ху́же feel* bétter, worse; ~ себя́ оби́женным feel* hurt; ~ жа́лость, ра́дость feel* píty, joy [...'pɪ-...]; ~ свою́ вину́ feel* one's guilt; он ~л, как красне́ет he felt hìm¦sélf rédden; 2. (*понимать, сознавать*) sense (*d.*); ✧ дава́ть себя́ ~ make* it¦sélf felt; ра́на даёт себя́ ~ the wound is máking ìt¦sélf felt [...wuːnd...]; дава́ть кому́-л. почу́вствовать make* smb. feel. **~ться** be felt; чу́вствуется све́жесть there is a chill in the air.

чугу́н *м.* 1. *тк. ед.* cast íron [...'aɪən]; ~ в чу́шках, ~ в болва́нках píg-iron[-aɪən]; ко́вкий ~ málleable cast íron [-lɪəbl...]; се́рый ~ grey íron; лите́йный ~ fóundry íron; зерка́льный ~ spécular cast íron, spíegeleisen ['spiːgəlaɪzən]; 2. (*горшок*) cást-ìron kettle / pot [-aɪən...]. **~ка** *ж. уст. разг.* ráilway. **~ный** cást-ìron [-aɪən] (*attr.*).

чугунолите́йный: ~ заво́д (cást-) ìron fóundry [-aɪən...].

чуда́к *м.* crank, eccéntric (man*); óddity; queer fish *разг.*; како́й он ~! what a fúnny man* he is! **~ова́тый** *разг.* sóme¦whàt eccéntric.

чуда́ч||ество *с.* cránkiness, extrávagance, èccèntrícity. **~ка** *ж.* óddity, eccéntric wóman* [...'wu-]; кака́я она́ ~ка! what a fúnny wóman* she is!

чуде́сн||ый 1. wónderful ['wʌ-], miráculous; ~ое избавле́ние miráculous escápe; 2. (*прекрасный*) lóve¦ly ['lʌ-], béautiful ['bjuː-], márvellous; у него́ ~ вид he looks spléndid.

чуди́ть *разг.* beháve in a queer way; (*оригинальничать*) try to be oríginal.

чу́диться, почу́диться (*дт.*) *разг.*: ему́ чу́дится he seems to see, hear, *etc.*; it seems to him that; ему́ чу́дится стук he seems to hear, *или* it seems to him that he hears, a knock; вам э́то то́лько почу́дилось it was ónly your imàginátion.

чу́дище *с.* mónster.

чу́дно I 1. *прил. кратк. см.* чу́дный; 2. *предик. безл.* it is béautiful [...'bjuː-].

чу́дно II *нареч.* wónderfully ['wʌ-]; béautifully ['bjuː-].

чудно́ I 1. *прил. кратк. см.* чудно́й; 2. *предик. безл.* it is odd / strange [...streɪ-].

чудн||о́ II *нареч. разг.* óddly, stránge¦ly ['streɪ-]. **~о́й** *разг.* (*странный*) odd, strange [streɪ-], queer; (*смешной*) fúnny.

чу́дный 1. wónderful ['wʌ-], márvellous; 2. (*прекрасный*) béautiful ['bjuː-], lóve¦ly ['lʌ-].

чу́д||о *с.* míracle; (*перен. тж.*) wónder ['wʌ-], márvel; ~, что он спа́сся it is a wónder (that) he escáped; ~ иску́сства míracle of art; ~ ума́ pródigy of íntellèct; ~ красоты́, доброде́тели páragon of béauty, vírtue [...'bjuː-...]; страна́ ~е́с wónder¦lànd ['wʌ-]; каки́м-то ~ом by some míracle, miráculous¦ly; ✧ ~ как (*хорош и т. п.*) véry, extréme¦ly; не ~, что no wónder, that.

чудо́вищ||е *с.* mónster. **~ность** *ж.* mònstrósity, enórmity. **~ный** mónstrous; ~ные разме́ры mónstrous size *sg.*; ~ное преступле́ние enórmity, mónstrous / appálling / shócking crime.

чудоде́й *м. разг.* míracle wórker. **~ственный** wónder-wòrking ['wʌ-], miráculous.

чу́дом *нареч.* miráculous¦ly; он ~ спа́сся he was saved by a míracle.

чудотво́р||ец *м.* míracle man*, wónder-wòrker ['wʌ-], tháumatùrge. **~ный** wónder-wòrking ['wʌ-].

чужа́к *м. разг.* stránger ['streɪn-], álien.

чужби́на *ж.* fóreign / strange land ['fɔrɪn streɪ-...].

чужда́ться (*рд.*) avóid (*d.*), shun (*d.*), keep* a¦wáy (from).

чу́жд||ый 1. (*дт.*, для) álien (to); э́то мне ~о it is álien to me; ~ элеме́нт álien élement; ~ая идеоло́гия álien idéology [...aɪ-]; 2. (чего́-л.) stránger ['streɪn-] (to smth.); он чужд интри́г he is a stránger to schéming.

чужезе́м||ец *м.*, **~ка** *ж.* stránger ['streɪn-], álien. **~ный** strange [streɪ-], álien, outlándish; ~ное и́го fóreign yoke ['fɔrɪn...], álien enslávé¦ment.

чужестра́н||ец *м.*, **~ка** *ж.* = чужезе́мец, чужезе́мка.

чуж||о́й I *прил.* 1. (*принадлежащий другим*) smb. élse's, another's; на ~ счёт at smb. élse's expénse, at the expénse of another: э́то ~а́я кни́га it is smb. élse's book, that book is not mine; назва́ться ~и́м и́менем bórrow a name; под ~и́м и́менем únder an assúmed name; 2. (*посторонний*) strange [streɪ-], fóreign ['fɔrɪn]; álien; в ~и́е ру́ки into strange hands; ~и́е края́ fóreign lands; ✧ ~и́ми рука́ми жар загреба́ть ≅ make* a cát's-paw of other people [...piːpl]; в ~ монасты́рь со свои́м уста́вом не хо́дят *посл.* ≅ do in Rome as Rome does, *или* as the Rómans do.

чужо́й II *м. скл. как прил.* stránger ['streɪn-], fóreigner ['fɔrɪnə].

чуко́тский Chukót.

чу́кча *м.* Chúkchi man*; *ж.* Chúkchi wóman* [...'wu-]; *мн.* Chúkchi.

чукча́нка *ж.* Chúkchi wóman * [...'wu-].

чула́н *м.* (*для вещей*) stóre-room, bóx-room, lúmber-room; (*для провизии*) lárder, pántry.

чул||о́к *м.* stócking; ажу́рные ~ки́ ópen-wòrk stóckings; ~ки́ с неспуска́ющейся пе́тлей nón-rún stóckings; шерстяны́е ~ки́ wóollen stóckings ['wul-...]; шёлковые ~ки́ silk stóckings; в чёрных ~ка́х bláck-stòcking¦ed; ◇ си́ний ~ blúe¦stòcking.

чуло́чн||ик *м.*, **~ица** *ж.* stócking-màker.

чуло́чно-носо́чн||ый: ~ые изде́лия hósiery ['houʒ-] *sg.*

чуло́чный *прил. к* чуло́к.

чум *м.* tent (of skins *or* bark).

чума́ *ж. тк. ед.* plague [pleɪg], black death [...deθ]; ~ рога́того скота́ rínderpèst, cáttle-plàgue [-pleɪg]; бубо́нная ~ bubónic plague; лёгочная ~ pneumónic plague [njuː-...].

чума́зый *разг.* dírty-fàced, smúdgy.

чума́к *м. уст.* tchoomák (*Ukrainian ox-cart driver*).

чуми́чка *ж. разг.* (*замарашка*) slut.

чумно́й 1. pèstiléntial; 2. (*заражённый чумой*) plágue-strìcken ['pleɪg-].

чур *межд. разг.* mind you; (*в игре*) fain(s), fen(s); ~ молча́ть! keep mum about it!; mum's the word!

чура́ться (*рд.*) *разг.* shun (*d.*), avóid (*d.*), stand* apárt (from).

чурба́н *м.* block; (*перен.*) blóckhead [-hed].

чу́рка *ж.* chock.

чу́тк||ий sénsitive; (*о слухе*) keen; (*перен.*) délicate, táctful; ~ сон light sleep; ~ая соба́ка quick-éared / shárp-éared dog; ~ое отноше́ние к лю́дям sénsitive / táctful áttitùde towards people [...piː-]; ~ подхо́д táctful / délicate appróach. **~о** *нареч.* kéenly; (*перен.*) táctfully; ~о прислу́шиваться lísten kéenly ['lɪsᵊn...]; ~о спать sleep* light. **~ость** *ж.* sénsitive¦ness; (*слуха*) kéenness; (*перен.*) délicacy, táctfulness.

чу́точ||ка *ж. разг.*: ни ~ки not a bit, not in the least. **~ку** *нареч. разг.* a little, a wee bit, just a bit.

чуть *нареч.* 1. (*едва*) hárdly; (*немного*) slíghtly; (*с трудом*) just; он ~ ды́шит he can hárdly breathe; отсю́да ~ ви́дно it can be hárdly seen from here; ~-~ *a little; slíghtly; ~ не néarly, álmòst ['ɔːlmoust]: он ~ не упа́л he néarly fell; он ~ не разби́л ча́шку he very néarly broke the cup; — ~ ли не néarly, álmòst; ~ заме́тная улы́бка a faint smile; a ghost of a smile [...goust...] *идиом.*; 2.: ~ то́лько as soon as: ~ то́лько он вошёл as soon as he came in; ◇ ~ свет at dáybreak [...-eɪk], at first light; ~ что at every trifle.

чутьё *с.* (*у животных*) scent; (*перен.*) flair; худо́жественное ~ àrtístic flair; языково́е ~ linguístic féeling, féeling for lánguage.

чу́чело *с.* 1. (*животного*) stuffed ánimal; (*птицы*) stuffed bird; 2. (*пугало*) scáre¦crow [-krou]; соло́менное ~ man* of straw; ◇ ~ горо́ховое scáre¦crow.

чу́шка *ж.* (*в разн. знач.*) pig.

чушь *ж. тк. ед. разг.* nónsense; fíddle¦sticks *pl.*; говори́ть ~, нести́ ~ talk rot, talk through one's hat.

чу́ять, почу́ять (*вн.*) smell* (*d.*), scent (*d.*); (*перен.*) feel* (*d.*), ùnderstánd* (*d.*); чу́ет его́ се́рдце, что he has a féeling / preséntiment that [...-'ze-...].

чьё *с. см.* чей.

чьи *мн. см.* чей.

чья *ж. см.* чей.

Ш

ша́баш *м. рел.* sábbath (day); ◇ ~ ведьм wítches' sábbath.

шаба́ш *предик. разг.* no more of it, that'll do; ~! *мор.* ship oars!, way enóugh! [...ɪ'nʌf]. **~ить,** пошаба́шить *разг.* leave* off (work), knock off (work).

ша́бер *м. тех.* scráper.

шабло́н *м.* témplet, páttern; (*для рисунка*) sténcil; (*форма*) mould [mould]; (*литейный, шишечный*) strickle; (*перен.*) cliché (*фр.*) ['kliːʃeɪ]; (*избитая мысль и т. п.*) cómmonplàce; рабо́тать по ~у work ún¦ím-áginative¦ly. **~ность** *ж.* bànálity, tríte¦ness, cómmonplàce¦ness. **~ный** *тех.* páttern (*attr.*), témplet (*attr.*); (*перен.*) banál [-ɑːl]; háckneyed [-nɪd], ún¦oríginal, trite; ~ное произведе́ние stéreotỳped / banál work; ~ный отве́т stéreotỳped ánswer [...'ɑːnsə]; ~ная фра́за trite expréssion; э́то ~но this is banál / ún¦oríginal; ~ный подхо́д (к *делу и т. п.*) a routíne appróach [...ruː'tiːn...] (to).

ша́вка *ж. разг.* háiry móngrel [...'mʌ-].

шаг *м.* (*прям. и перен.*) step; (*большой*) stride; (*походка*) pace; *мн.* (*звук шагов*) tread [tred] *sg.*, fóotstèps ['fut-]; ро́вный ~ éven stride; твёрдым ~ом with résolùte step [...zə-...]; приба́вить ~у, уско́рить ~ mend / quícken one's pace; идти́ ти́хим ~ом walk slówly [...'slou-]; walk with a slow step [...slou...]; идти́ бы́стрым ~ом walk quíckly, walk with a rápid step; ~ за ~ом step by step; ни ~у да́льше not a step fúrther [...-ðə]; напра́вить свой ~и́ diréct / bend* one's steps; больши́ми ~а́ми with long strides; гига́нтские ~и́ *спорт.* gíant('s) stride *sg.*; ~ винта́ *тех.* screw pitch; бе́глый ~ dóuble-quíck time ['dʌbl-...]; бе́глым ~ом at the double [...dʌbl]; ◇ не отступа́ть ни на ~ not go* back, *или* not retréat, a step; в двух ~а́х a few steps a¦wáy; near by; он живёт в двух ~а́х it is but a step to his house [...-s]; не отходи́ть ни на ~ от кого́-л. not move / stir a step from smb.'s side [...muːv...]; не отпуска́ть кого́-л. ни на ~ (от) not let* smb. stray one step (from); not let* smb. stir a step from one's side; на ка́ждом ~у́ at every step/ turn; сде́лать пе́рвый ~ (*к примирению и т. п.*) take* the first step; сде́лать реши́тельный ~ take* a decísive step; диплома́тический ~ diplomátic step / move; démarche (*фр.*) [deɪ'mɑːʃ]; ло́жный ~ false step [fɔːls...]; ло́вкий ~ cléver move ['kle-...]; пе́рвые ~и́ the first steps; э́то яви́лось но́вым ~ом it has marked a new step; э́то ~ вперёд по сравне́нию (с *тв.*) it is an advánce (óver).

шага́ть (*ступать*) step; (*ходить*) walk; (*большими шагами*) stride; (*мерными шагами*) pace; ~ че́рез что-л. step óver smth.; step acróss smth.; бо́дро ~ walk with vígorous strides; ~ по доро́ге take* / fóllow the road; ~ в но́гу (с *тв.*) march in step (with).

шаги́стика *ж.* paráding.

шагну́ть *сов.* (*сделать шаг*) take* / make* a step; бы́стро ~ (вперёд) take* a quick / swift step / stride (fórward); ◇ далеко́ ~ make* great prógrèss [...greɪt...].

ша́гом *нареч.* at a walk, at a wálking pace; (*медленно*) slówly ['slou-], at a slow pace [...slou...]; е́хать ~ go* slówly, go* at a slow pace; ~ марш! quick march!

шагоме́р *м.* pedómeter, passómeter.

шагре́нев||ый shàgréen (*attr.*); ~ая ко́жа shàgréen léather [...'leðə].

шагре́нь *ж.* shàgréen.

шажко́м *нареч.* slówly ['slou-], at a slow pace [...slou...].

шаж||о́к *м.* small / short step; ме́лкими ~ка́ми with small steps.

ша́йба *ж.* **1.** *тех.* wásher; **2.** *спорт.* (*в хоккее*) puck.

ша́йка I *ж.* (*банда*) gang; ~ воро́в, разбо́йников band / gang of thieves, róbbers [...θi:vz...].

ша́йка II *ж.* (*для воды*) small wásh-tùb.

шайта́н *м.* shaitán [ʃaɪ'tɑ:n].

шака́л *м. зоол.* jáckàl [-kɔ:l].

шала́нда *ж.* scow; саморазгружа́ющаяся ~ hópper (barge).

шала́ш *м.* hut.

шале́ *с. нескл.* chálet ['ʃæleɪ].

шале́ть, ошале́ть lose* one's head [lu:z... hed], go* crázy / mad.

шал||и́ть play pranks; (*баловаться; о детях*) be náughty; (*резвиться*) romp; не ~и́! don't be náughty!; ✧ здесь ~я́т (*грабят*) *разг.* the place is not safe; ~и́шь! (*как бы не так*) *разг.* none of your tricks! [nʌn...], you won't catch me! [...wount...].

шаловли́в||ость *ж.* pláyfulness. **~ый** pláyful, frólic¦some.

шалопа́й *м. разг.* góod-for-nòthing, lóafer, scápe¦gràce. **~ничать** *разг.* loaf / lóiter abóut.

ша́лость *ж.* prank.

шалу́н *м.* pláyful / frólic¦some féllow; (*о ребёнке*) náughty / mís¦chievous boy. **~и́шка** *м. ласк. разг.* little imp.

шалу́нья *ж.* pláyful/frólic¦some girl [...gɑ:l]; (*о ребёнке*) náughty / mís¦chievous girl.

шалфе́й *м. бот.* sage.

ша́лый *разг.* mad, crázy.

шаль *ж.* shawl; ✧ воротни́к ~ю shawl / súrplice cóllar.

шальн||о́й crázy, mad; ✧ ~а́я пу́ля stray búllet [...'bulɪt].

шама́н *м.* shа́man ['ʃɑ:-]. **~ить** be a shа́man [...'ʃɑ:-], práctise shа́manism [-tɪs'ʃɑ:-]. **~ский** *прил. к* шама́н *и* шама́нство. **~ство** *с.* shа́manism ['ʃɑ:-].

ша́мканье *с.* múmbling.

ша́мкать mumble.

шамо́т *м. тех.* chamótte [ʃ-]; fire clay.

шампа́нское *с. скл. как прил.* chàmpágne [ʃæm'peɪn]; fizz *разг.*

шампиньо́н *м.* (*гриб*) ágaric ['æg-], field múshroom [fi:ld...].

шампу́н||ь *м.* shàmpóo; мыть (себе́) го́лову ~ем shàmpóo one's head [...hed].

шанкр *м. мед.* chancre ['ʃæŋkə].

шанс *м.* chance; име́ть мно́го ~ов have a good/fair chance; име́ть бо́льше ~ов stand* a bétter chance; име́ть все ~ы на успе́х have every próspèct of succéss, stand* to win; име́ть ма́ло ~ов на успе́х have / stand* little chance of succéss; у него́ нет никаки́х ~ов на вы́игрыш ≅ he is quite out of the rúnning; ни мале́йшего ~а not the ghost of a chance [... goust...].

шансоне́тка *ж.* **1.** (*песня*) (músic-hàll) song [-zɪk-...]; **2.** *уст.* (*певица*) músic-hàll síng¦er.

шанта́ж *м.* bláckmail. **~и́ровать** (*вн.*) bláckmail (*d.*). **~и́ст** *м.*, **~и́стка** *ж.* bláckmailer.

шанта́н *м.* = кафешанта́н.

шантрапа́ *ж. тк. ед. собир. груб.* ríff-ràff.

ша́нцевый *воен.*: ~ инструме́нт entrénching tool.

ша́пк||а *ж.* **1.** cap; мехова́я ~ fúr-càp; без ~и cáp¦less; **2.** (*заголовок крупным шрифтом, общий для нескольких статей в газете*) bánner héadline(s) [...'hed-] (*pl.*); ✧ ~ воло́с shock, head of hair [hed...]; ~-невиди́мка (*в сказке*) Fòrtunátus's cap; получи́ть по ~е *разг.* get* it hot; дать по ~е *разг.* deal* a blow [...-ou]; на во́ре ~ гори́т *погов.* ≅ an ùn¦éasy cónscience betráys ìt¦sélf [...-'i:zɪ -ʃəns...]; the cap fits; ~ами закида́ть ≅ win* an éasy víctory [...'i:zɪ...]; win* by sheer númbers.

шапокля́к *м. разг.* ópera-hàt.

ша́почка *ж.* little cap; ✧ Кра́сная ~ (*в сказке*) Little Red Ríding Hood [...hud].

ша́почн||ик *м.* hátter. **~ый** *прил. к* ша́пка; ✧ прийти́ к ~ому разбо́ру ≅ come* when the show is óver [...ʃou...], come* áfter the feast; ~ое знако́мство bówing / nódding acquáintance.

шар *м.* ball; sphere *научн.*; земно́й ~ the (terréstrial) globe; возду́шный ~ ballóon; выпуска́ть ~ reléase a ballóon [-s...]; избира́тельный ~ bállot; билья́рдный ~ bílliard-bàll; ✧ про́бный ~ bàllón d'èssái [bɑ:'lɔ:ŋ de'se]; хоть ~о́м покати́ ≅ (quite) émpty.

шараба́н *м.* char-à-banc (*фр.*) ['ʃærəbæŋ], chа́riot ['tʃæ-].

шара́да *ж.* charáde [ʃə'rɑ:d].

шара́хаться, шара́хнуться *разг.* dash asíde; (*о лошади*) shy.

шара́хнуться *сов. см.* шара́хаться.

шарж *м.* càrtóon, grotésque, cáricatúre; дру́жеский ~ fríendly jest ['fren-...].

шарж́ировать **1.** (*вн.*) cáricatúre (*d.*); **2.** (*без доп.; впадать в шарж*) òver¦áct, òver¦dó.

ша́рик *м.* small ball, bead; glóbùle *научн.*; ~ для подши́пников ball for béarings [...'beə-]; кра́сные, бе́лые кровяны́е ~и *физиол.* red, white blood córpùscles [...blʌd -pʌslz]; ✧ у него́ ~ов не хвата́ет *разг.* he is not all there.

ша́риков||ый: ~ подши́пник = шарикоподши́пник; ~ая ру́чка báll(-point) pen.

шарикоподши́пник *м. тех.* báll-bearing [-beə-].

ша́рить, поша́рить (в *пр.*) fumble (in, abóut), rúmmage (in, abóut); поша́рить в карма́не feel* in one's pócket.

ша́рканье *с.* shúffling, shuffle.

ша́рка||ть, ша́ркнуть (*тв.*) shuffle (*d.*); ~ нога́ми scrape / shuffle one's feet; ~ ту́флями shuffle (abóut) in one's slíppers; уйти́, ~я нога́ми shuffle a¦wáy; ✧ ша́ркнуть но́жкой *уст.* scrape (one's feet).

ша́ркнуть *сов. см.* ша́ркать.

шарлата́н *м.* chárlatan ['ʃ-], móuntebànk, quack [-æk]. **~ить** *разг.* beháve like a chárlatan, *или* like a quack [...'ʃ-...-æk]. **~ский** *прил. к* шарлата́н; *тж.* fráudulent. **~ство** *с.* chárlatanism ['ʃ-], chárlatanry ['ʃ-], quáckery [-æk-].

шарло́тка *ж. кул.* Chárlotte ['ʃɑ:lət].

шарм *м.* charm.

шарма́н||ка *ж.* stréet-òrgan, bárrel-òrgan; игра́ть на ~ке grind* a stréet-òrgan / bárrel-òrgan. **~щик** *м.* órgan-grìnder.

шарни́р *м. тех.* hinge, jóint(-pìn); на ~ах on hínges; hinged; универса́льный ~ gímbal joint ['gɪm-...]; ✧ быть как на ~ах ≅ fídget.

шарова́ры *мн.* sharováry (*wide trousers*).

шарови́дн||ость *ж.* sphéricity. **~ый** glóbe-shàped, sphéric(al).

шарово́й ball (*attr.*), globe (*attr.*), glóbular; ~ сегме́нт *мат.* sphérical ségment; ~ кла́пан *тех.* ball cock; ~ шарни́р *тех.* ball and sócket joint.

шарообра́зн||ость *ж.* sphéricity. **~ый** báll-shàped, sphéric(al).

шарф *м.* scarf; вя́заный ~ cómforter ['kʌm-], múffler.

шасси́ *с. нескл.* (*автомобиля*) chа́ssis ['ʃæsɪ] (*pl.* chа́ssis ['ʃæsɪz]); (*самолёта*) úndercàrriage [-rɪdʒ].

шата́ние *с.* **1.** (*качание*) swáying, réeling; (*перен.: колебание*) hèsitátion [-zɪ-]; vàccilátion; **2.** *разг.* (*ходьба без цели*) róaming, lóafing.

шата́ть (*вн.*) sway (*d.*), rock (*d.*); (*трясти*) shake* (*d.*). **~ся** **1.** (*о гвозде, гайке, зубе*) be / get* loose [...lu:s]; (*о столе, стуле и т. п.*) be únstéady [...-'stedɪ]; (*нетвёрдо держаться на ногах*) reel, stágger; вы́йти, шата́ясь stágger out; **2.** *разг.* (*слоняться*) lounge abóut, roam, loaf; ~ся без де́ла idle abóut; ~ся по све́ту knock abóut the world.

шате́н [-тэ́н] *м.*, **~ка** [-тэ́-] *ж.* brówn-haired pérson.

шатёр *м.* màrquée; (*навес*) tent.

ша́тия *ж. груб.* gang; вся ~ the whole gang [...houl...].

ша́тк||ий **1.** únstéady [-'stedɪ]; sháky; (*о мебели*) ríckety; **2.** (*переменчивый, ненадёжный*) precárious, wáver¦ing; (*слабый*) weak; (*неустойчивый*) únstéady; ~ое положе́ние precárious / sháky posítion [...-'zɪ-]; ✧ ни ~о ни ва́лко *погов.* ≅ míddling, só-sò. **~ость** *ж.* **1.** (*неустойчивость*) únstéadiness [-'stedɪ-]; **2.** (*переменчивость, ненадёжность*) precárious¦ness.

шату́н *м.* *тех.* connécting-ròd; гла́вный ~ máster rod.

ша́фер *м.* best man*.

шафра́н *м.* *бот.* sáffron. **~ный**, **~овый** *прил.* к шафра́н.

шах I *м.* (*титул*) shah.

шах II *м.* *шахм.* check; ~ королю́ check to the king; ~ и мат chéckmáte; под ~ом in check.

шахи́ня *ж.* wife* of a shah.

шахмати́ст *м.*, **~ка** *ж.* chéss-player.

ша́хматн||ый chess (*attr.*); ~ая игра́ (game of) chess; ~ турни́р chess tóurnament [...'tuən-]; ~ая доска́ chéss-board; ~ая па́ртия game of chess; в ~ом поря́дке in chéss-board órder; in stággered rows [...rouz]; ~ые фигу́ры chéss-mèn; ~ дебю́т chess ópen|ing.

ша́хматы *мн.* **1.** chess *sg.*; игра́ть в ~ play chess; **2.** (*фигуры*) chéss-mèn.

шахова́ть (*вн.*) *шахм.* check (*d.*), give* check (*i.*), put* in check (*d.*).

ша́хта *ж.* mine, pit; каменноуго́льная ~ coal pit; вентиляцио́нная ~ véntilàting shaft, trúnk(way).

шахтёр *м.* míner; день ~а Míner's Day. **~ский** míner's.

ша́хтный *прил.* к ша́хта.

ша́шечн||ица *ж.* dráught-board ['drɑːft-], chécker-board. **~ый:** ~ая доска́ dráught-board ['drɑːft-], chécker-board.

ша́шка I *ж.* (*сабля*) sabre, sword [sɔːd].

ша́шк||а II *ж.* **1.** (*в игре*) draught [drɑːft]; **2.** *мн.* (*игра*) draughts, chéckers; игра́ть в ~и play draughts, play chéckers.

ша́шка III *ж.*: дымова́я ~ smóke-bòx, smóke-pòt; подрывна́я ~ blásting cártridge; пироксили́новая ~ slab of gún-còtton.

шашлы́к *м.* *кул.* shashlík (*pieces of mutton roasted on a spit*).

шашлы́чная *ж.* *скл.* *как* *прил.* Caucásian réstaurant [-'keɪzɪən -tərɔːŋ].

ша́шни *мн.* *разг.* **1.** tricks, pranks; **2.** (*любовные*) intrígues [-'triːgz], sécret amóurs [...ə'muəz].

шва́бр||а *ж.* mop, swab; чи́стить ~ой (*вн.*) mop (*d.*), swab (*d.*).

шваль *ж.* *тк.* *ед.* *собир.* ríff-ràff.

шва́льня *ж.* *уст.* táilor's shop.

швартóв *м.* *мор.* móoring line/rope; (*для тяги*) warp; (*стальной*) móoring wire; отда́ть ~ы! cast off!

швартова́ть (*вн.*) *мор.* moor (*d.*). **~ся** *мор.* **1.** make* fast; berth; **2.** *страд.* к швартова́ть.

швед *м.*, **~ка** *ж.* Swede. **~ский** Swédish ['swiː-]; ~ский язы́к Swédish, the Swédish lánguage.

шве́йн||ик *м.* wórker of the séwing índustry [...'sou-...]. **~ый** séwing ['sou-]; ~ая маши́на séwing-machíne [-'ʃiːn]; ~ая игла́ séwing needle; ~ая мастерска́я séwing wórkshòp; ~ая фа́брика clothes fáctory [klouðz...]; ~ая промы́шленность clóthing índustry ['klouð-...].

швейца́р *м.* hall pórter, dóor-keeper ['dɔː-].

швейца́р||ец *м.*, **~ка** *ж.* Swiss.

швейца́рская *ж.* *скл.* *как* *прил.* (*комната*) pórter's lodge.

швейца́рский I (*относящийся к Швейцарии*) Swiss.

швейца́рский II *прил.* к швейца́р.

шве́ллер *м.* *тех.* chánnel.

швея́ *ж.* séamstress ['sem-].

швóрень *м.*= шквóрень.

швырко́в||ый: ~ые дрова́ fíre-wood cut into 10—12-inch logs [-wud...].

швырну́ть *сов.* *см.* швыря́ть.

швыро́к *м.* *разг.*=швырко́вые дрова́ *см.* швырко́вый.

швыря́ние *с.* húrling, tóssing.

швыря́||ть, швырну́ть (*вн.*, *тв.*) *разг.* fling* (*d.*), hurl (*d.*), toss (*d.*); ~ ка́мни throw* / hurl stones [-ou...]; шлю́пку ~ло (волна́ми) the boat was tossed abóut (by the seas); ◇ ~ де́ньги, ~ деньга́ми squánder móney [...'mʌ-]. **~ться** (*тв.*) *разг.* fling* (*d.*), throw* [-ou] (*d.*), hurl (*d.*); ~ться друг в дру́га fling* / throw* / hurl at one another (*d.*).

шевели́ть, шевельну́ть (*вн.*, *тв.*) stir (*d.*), move [muːv] (*d.*); ~ губа́ми move one's lips; ~ руко́й, ного́й stir a hand, a foot* [...fut]; ◇ ~ се́но turn / ted hay; он па́льцем не шевельнёт he won't stir a fínger [... wount...]; ~ мозга́ми *разг.* use one's brains/wits. **~ся**, шевельну́ться stir, move [muːv]; сиде́ть не шевеля́сь sit* without stírring; ◇ он не шевельну́лся he never stirred, he did not éven budge; шевели́сь! look líve|ly!

шевельну́ть(ся) *сов.* *см.* шевели́ть(ся).

шевелю́ра *ж.* háir-stỳle, chèvelúre [ʃev'luːə], head of hair [hed...].

шевио́т *м.* chéviot. **~овый** chéviot (*attr.*).

шевро́ *с.* *нескл.* kid. **~вый** kid (*attr.*); ~вые боти́нки kid shoes [...ʃuːz].

шевро́н *м.* *воен.* chévron ['ʃe-].

шеде́вр [-дэ́-] *м.* másterpìece [-piːs], chéf-d'óeuvre ['ʃeɪ'dəːvr].

шезло́нг *м.* chaise longue [ʃeɪz 'lɔːŋ].

ше́йка *ж.* **1.** *уменьш.* от ше́я; **2.** (*узкая часть чего-л.*) neck; ~ ва́ла *тех.* shaft jóurnal [...'dʒəːnᵊl]; ~ ре́льса web; ~ ма́тки *анат.* cérvix of the úterus; **3.** (*у раков*) cráwfish tail.

ше́йн||ый neck (*attr.*); júgular ['dʒʌ-] *научн.*; ~ плато́к néckerchief; ~ая цепо́чка néck-chain; ~ позвоно́к *анат.* júgular/cérvical vértebra (*pl.* -rae).

шейх *м.* sheikh.

шекспирове́дение *с.* Shákespeare schólarship

шёл *ед.* *м.* *прош.* *вр.* *см.* идти́.

ше́лест *м.* rustle, rústling.

шелесте́ть rustle.

шёлк *м.* *тк.* *ед.* (*ткань*) silk (stuff); (*нитки*) silk (thread) [...-ed]; ~-сыре́ц ráw-sìlk, floss; иску́сственный ~ àrtifícial silk, ráyòn; кручёный ~ twísted silk; на шелку́ sílk-lìned, lined with silk; вы́шивка ~ом embróidery in silk; ◇ в долгу́ как в шелку́ ≅ óver head and ears in debt [...hed... det].

шелкови́нка *ж.* silk thread [...-ed].

шелкови́ст||ый sílky; ~ые во́лосы sílky hair *sg.*

шелкови́ца *ж.* *бот.* múlberry(-tree).

шелкови́чный: ~ червь sílkwòrm; ~ ко́кон silk còcóon [...kɔ-].

шелково́д *м.* sílkwòrm breeder; **~ство** *с.* sílkwòrm bréeding; séri(ci)cùlture *научн.* **~ческий** *прил.* к шелково́дство.

шёлков||ый silk (*attr.*); ~ая ткань silk fábric; ~ое пла́тье silk dress; ~ая мате́рия silk stuff; ~ые чулки́ silk stóckings; ◇ он стал как ~ *разг.* ≅ he has become as meek/mild as a lamb, he has grown as supple as a glove [...-oun... -ʌv].

шелкопря́д *м.* *зоол.* bómbyx.

шёлкопряд||е́ние *с.* sílk-spìnning. **~и́льный** sílk-spìnning; ~и́льная фа́брика sílk-mìll.

шёлкотка́цк||ий sílk-weaving; ~ая фа́брика sílk-weaving mill; ~ стано́к sílk-weaving loom.

шелла́к *м.* (*смола*) shèllác.

шелопа́й *м.*= шалопа́й.

шелох||ну́ть *сов.* (*вн.*) stir (*d.*). **~ну́ться** *сов.* stir, move [muːv]; стоя́ть — не ~ну́ться stand* stóck-stíll; листо́к не ~нётся not a leaf is stírring.

шелуди́вый *разг.* mángy ['meɪn-], scábby.

шелуха́ *ж.* *тк.* *ед.* (*зерна*) husk; husks *pl.*; (*фруктов и овощей*) peel; (*бобовых растений*) pod; карто́фельная ~ potátò péelings *pl.*

шелуше́ние *с.* *мед.* péeling.

шелуши́ть (*вн.*) shell (*d.*); (*о горохе, бобах*) hull (*d.*). **~ся** **1.** peel / come*/scale off; **2.** *страд.* к шелуши́ть.

ше́льма *м.* *и* *ж.* *разг.* rogue [roug], rascal.

шельмова́ние *с.* *ист.* públic dishónour ['pʌ- dɪs'ɔ-]; (*перен.*) dèfamátion.

шельмова́ть, ошельмова́ть (*вн.*) *ист.* expóse to públic dishónour [...'pʌ- dɪs'ɔ-] (*d.*); (*перен.*) defáme (*d.*).

шемя́кин: ~ суд ≅ únjúst tríal.

ше́нкель *м.* leg.

шепеля́в||ить lisp. **~ость** *ж.* líspíng. **~ый** lísping; ~ое произноше́ние lisp.

ше́пинг *м.* *тех.* sháping machíne [...-'ʃiːn].

шепну́ть *сов.* *см.* шепта́ть.

шёпот *м.* whísper.

шёпотом *нареч.* in a whísper, únder one's breath [...-eθ].

шептала́ *ж. тк. ед. собир.* dried péaches and ápricòts [...'eɪ-] *pl.*

шепта́ть, шепну́ть, прошепта́ть (*вн.*) whísper (*d.*); ~ кому́-л. на́ ухо whísper in smb.'s ear. **~ся** whísper.

шепту́н *м. разг.* **1.** whísperer, sneak; **2.** (*сплетник*) téll-tàle, infórmer.

шербе́т *м.* shérbet.

шере́нг||а *ж.* rank; ~ами in ranks; в две ~и in two ranks.

шери́ф *м.* shériff.

шерохова́т||ость *ж.* (*прям. и перен.*) róughness ['rʌf-]. **~ый** (*прям. и перен.*) rough [rʌf]; rúgged; (*неровный*) ún|éven; ~ый стиль ún|éven style.

шерсти́нка *ж.* strand of wool [...wul].

шерсти́||стый wóolly ['wu-], fléecy. **~ть** (*о шерстяной одежде*) írritàte (the skin).

шерстопряд||е́ние *с.* wóol-spìnning ['wul-]. **~и́льный** wóol-spìnning ['wul-]; ~и́льная фа́брика wóol-spìnning mill.

шерстотка́чество *с.* wóol-weaving ['wul-].

шерсточеса́льн||ый wóol-càrding ['wul-]; ~ая маши́на cárding machíne [...-'ʃiːn].

шерст||ь *ж.* **1.** (*на животных*) hair; **2.** (*волос, состриженный с животных*) wool [wul]; чёсаная ка́рдная ~ cárded wool; cárdings *pl.*; **3.** (*пряжа*) wórsted ['wus-]; **4.** (*шерстяная материя*) wóollen stuff ['wul...]; ◇ гла́дить кого́-л. по ~и flátter smb., grátifỳ smb.; гла́дить кого́-л. про́тив ~и stroke smb. the wrong way, rub smb. up the wrong way.

шерстян||о́й wóollen ['wul-]; ~а́я мате́рия wóollen stuff; ~ы́е ве́щи (*носильные*) wóollens; ~о́е одея́ло wóollen blánket; ~а́я промы́шленность wool índustry [wul...].

шерхе́бель *м.* jáck-plàne.

шерша́веть become* rough [...rʌf], róughen ['rʌf-].

шерша́вый rough [rʌf].

ше́ршень *м. зоол.* hórnet.

шест *м.* pole; (*барочный*) bárge-pòle; (*лодочный*) púnt-pòle.

ше́ствие *с.* procéssion, train; погреба́льное ~ fúneral procéssion/train.

ше́ствовать march; ва́жно ~ stalk (alóng).

шестерёнка *ж. тех.* géar-wheel ['gɪə-].

шестёрк||а *ж.* **1.** (*цифра*) six; **2.** *карт.* six; ~ черве́й, пик *и т. п.* the six of hearts, spades, *etc.* [...hɑːts...]; **3.** (*лодка*) síx-oar; **4.** (*лошадей*) six-in-hánd; е́хать на ~е лошаде́й drive* in a cóach-and-six; пра́вить ~ой лошаде́й drive* six-in-hánd; **5.** *воен. ав.* flight of six áircràft.

шестерно́й síxfòld, séxtuple.

шестерня́ *ж. тех.* gear [gɪə], pínion; веду́щая ~ drive gear; кони́ческая ~ bével gear / pínion ['be-...]; mitre gear; цилиндри́ческая ~ spur gear.

ше́стеро *числит.* six; для всех шестеры́х for all six; их ~ they are six, there are six of them.

шести- (*в сложн. словах, не приведённых особо*) of six, *или* six- — *соотв. тому, как даётся перевод второй части слова, напр.* шестидне́вный of six days, síx-day (*attr.*) (*ср.* -дне́вный: of... days, -day *attr.*); шестиме́стный with berths, seats for 6; (*о самолёте, автомашине и т. п.*) síx-séater (*attr.*) (*ср.* -ме́стный).

шестигра́нн||ик *м. мат.* héxahédron [-'he-]. **~ый** *мат.* héxahédral [-'he-].

шестидесяти- (*в сложн. словах, не приведённых особо*) of síxty, *или* síxty- — *соотв. тому, как даётся перевод второй части слова, напр.* шестидесятидне́вный of síxty days, síxty-day (*attr.*) (*ср.* -дне́вный: of ... days, -day *attr.*); шестидесятиме́стный with berths, seats for 60; (*об автобусе и т. п.*) síxty-séater (*attr.*) (*ср.* -ме́стный).

шестидесятиле́тний **1.** (*о сроке*) of síxty years; síxty-year (*attr.*); ~ юбиле́й síxtieth ànnivérsary; **2.** (*о возрасте*) of síxty; síxty-year-óld; ~ челове́к man* of síxty; síxty-year-óld man*.

шестидеся́т||ый síxtieth; страни́ца ~ая page síxty; ~ но́мер númber síxty; ему́ (пошёл) ~ год he is in his síxtieth year; ~ые го́ды (*столетия*) the síxties; в нача́ле ~ых годо́в in the éarly síxties [...'əːlɪ...]; в конце́ ~ых годо́в in the late síxties.

шестидне́вка *ж.* six days *pl.*, síx-day week.

шестикра́тный síxfòld.

шестиле́тие *с.* **1.** (*годовщина*) sixth ànnivérsary; **2.** (*срок в 6 лет*) six years *pl.*, périod of six years.

шестиле́тний **1.** (*о сроке*) of six years; síx-year (*attr.*); sèxénnial *научн.*; **2.** (*о возрасте*) of six; síx-year-óld; ~ ребёнок a child* of six; síx-year-óld child*.

шестиме́сячный **1.** (*о сроке*) of six months [...mʌ-]; síx-mònth [-mʌ-] (*attr.*); **2.** (*о возрасте*) síx-mònth-óld [-mʌ-]; ~ ребёнок síx-mònth-óld báby.

шестинеде́льный **1.** (*о сроке*) of six weeks; síx-wéek (*attr.*); **2.** (*о возрасте*) síx-week-óld.

шестипа́лый síx-fíngered.

шестипо́ль||е *с. с.-х.* síx-fìeld crop rotátion [-fiːld...]. **~ный** *с.-х.*: ~ный севооборо́т = шестипо́лье.

шестисотле́тие *с.* síx-húndredth ànnivérsary, sèxcènténary [-'tiː-].

шестисо́т||ый síx-húndredth; страни́ца ~ая page six húndred; ~ но́мер númber six húndred; ~ая годовщи́на síx-húndredth ànnivérsary; ~ год the year six húndred.

шестисто́пный *лит.* síx-foot [-fut] (*attr.*); ~ ямб ìámbic hèxámeter.

шестиуго́льн||ик *м. мат.* héxagon, séxàngle. **~ый** hèxágonal.

шестичасово́й **1.** (*о продолжительности*) of six hours [...auəz]; síx-hour [-auə] (*attr.*); **2.**: ~ по́езд the six o'clóck train; the six o'clóck *разг.*

шестнадцати- (*в сложн. словах, не приведённых особо*) of síxtéen, *или* síxtéen- — *соотв. тому, как даётся перевод второй части слова, напр.* шестнадцатидне́вный of síxtéen days, síxtéen-day (*attr.*) (*ср.* -дне́вный: of... days, -day *attr.*); шестнадцатиме́стный with berths, seats for 16; (*об автобусе и т. п.*) síxtéen-séater (*attr.*) (*ср.* -ме́стный).

шестнадцатиле́тний **1.** (*о сроке*) of síxtéen years; síxtéen-year (*attr.*), **2.** (*о возрасте*) of síxtéen, síxtéen-year-óld; ~ ма́льчик boy of síxtéen, síxtéen-year-óld boy.

шестна́дцат||ый síxtéenth; ~ое января́, февраля́ *и т. п.* the síxtéenth of Jánuary, Fébruary, *etc.*; Jánuary, Fébruary, *etc.*, the síxtéenth; страни́ца, глава́ ~ая page, chápter síxtéen; ~ но́мер númber síxtéen; ему́ (пошёл) ~ год he is in his síxtéenth year; одна́ ~ая óne-síxtéenth.

шестна́дцать *числит.* síxtéen; ~ раз ~ síxtéen times síxtéen; síxtéen síxtéens.

шест||о́й sixth; ~о́е января́, февраля́ *и т. п.* the sixth of Jánuary, Fébruary, *etc.*; Jánuary, Fébruary, *etc.*, the sixth; страни́ца, глава́ ~а́я page, chápter six; ~ но́мер númber six; ему́ (пошёл) ~ год he is in his sixth year; ему́ ~ деся́ток пошёл he is past fífty; уже́ ~ час it is past five; в ~о́м часу́ past / áfter five; полови́на ~о́го half past five [hɑːf...]; три че́тверти ~о́го a quárter to six; одна́ ~а́я one sixth.

шесто́к *м.* **1.** (*в печи*) hearth [hɑːθ]; **2.** (*насест*) perch.

шесть *числит.* six.

шестьдеся́т *числит.* síxty; ~ оди́н *и т. д.* síxty-òne, *etc.*; ~ пе́рвый *и т. д.* síxty-fírst, *etc.*; лет ~ (*о времени*) abóut síxty years; (*о возрасте*) abóut síxty; лет ~ тому́ наза́д abóut síxty years agó; ему́ лет ~ he is / looks abóut síxty; ему́ о́коло шести́десяти he is abóut síxty; ему́ под ~ he is néarly síxty; ему́ (перевали́ло) за ~ he is óver síxty, he is in his síxties; челове́к лет шести́десяти a man* of / abóut síxty; в шести́десяти киломе́трах (от) síxty kílomètres (from).

шестьсо́т *числит.* six húndred.

ше́стью *нареч.* six times; ~ шесть six times six.

шеф *м* **1.** (*руководитель*) chief [-iːf]; **2.** (*учреждение, принявшее* *шефство*) pátron; **3.** (*главный повар*) chef [ʃef]. **~ство** *с.* pátronage; ~ство над чем-л. pátronage of smth.; взять ~ство (над) look áfter (*d.*), ùndertáke* to help (*d.*); take* únder one's pátronage (*d.*).

шéфствовать (над) be pátron (of), have the pátronage (of), look áfter (*d.*).

шéя *ж.* neck; ◇ бросáться на шéю комý-л. fall*, *или* throw* òne¦sélf, on smb.'s neck [...θrou...], throw* one's arms round smb.'s neck; получи́ть по шée get* it in the neck; вы́гнать, вы́толкать когó-л. в шéю throw* /chuck smb. out; сломáть, свернýть себé шéю break* one's neck [breɪk...]; сидéть у когó-л. на шée be a búrden to smb., be on smb.'s hands; по шéю up to the neck.

ши́бкий *разг.* quick, fast.

ши́бко *нареч. разг.* **1.** smártly, quíckly; **2.** (*очень*) hard, much; ~ удáрить когó-л. give* smb. a hard knock; ~ люби́ть что-л. be míghty fond of smth.; он ~ скучáет he is very lóne¦ly.

ши́ворот *м. разг.* cóllar; взять когó-л. за ~ seize smb. by the scruff of the neck [siːz...]; take* smb. by the cóllar.

ши́ворот-навы́ворот *нареч. разг.* tópsytúrvy; дéлать ~ ≅ do things tópsytúrvy; put* the cart befóre the horse *идиом.*

шизофрéн‖ик *м. мед.* schìzophrénic. **~и́я** *ж. мед.* schizophrénia.

шии́т *м.* Shíah [ˈʃiːə], Shíite [ˈʃiː-].

шик *м.* stýlishness [ˈstaɪ-], smártness; с ~ом stýlishly [ˈstaɪ-], in style, smart; рáди ~а for swank.

ши́канье *с.* híssing, cátcàlling.

шикáрн‖о *нареч.* smártly. **~ый** **1.** chic [ʃiːk], smart; имéть ~ый вид look very chic / smart / stýlish; **2.** *разг.* (*отличный*) fine, spléndid, grand.

ши́кать, ши́кнуть (на *вн.*) hiss (at).

ши́кнуть *сов. см.* ши́кать.

ши́ллинг *м.* shílling.

ши́л‖о *с.* awl; ◇ ~а в мешкé не утаи́шь *погов.* ≅ múrder will out.

шимпанзé [-зэ́] *м. нескл. зоол.* chìmpanzée.

ши́на *ж.* **1.** (*колеса*) tyre, tire; пневмати́ческая ~ pneumátic tyre; **2.** *мед.* splint; **3.** *эл.* bus bar.

шинéль *ж.* gréatcòat [-eɪt-]; óver¦coat *амер.*

шинкáрка *ж. уст.* místress of a távern / pót-house* [...ˈtæ- -s].

шинкáрь *м. уст.* távern / pót-house kéeper [ˈtæ- -s...].

шинкóванн‖ый *прич. и прил. кул.* shrédded; ~ая капýста shrédded cábbage.

шинковáть (*вн.*) chop (*d.*), shred*(*d.*).

шинóк *м. уст.* távern [ˈtæ-], pót-house* [-s].

шинши́лла *ж.* (*животное и мех*) chinchílla.

шиньóн *м.* chígnon [ˈʃiːnjɔːŋ].

шип *м.* **1.** *бот.* thorn; без ~óв without thorns; **2.** *тех.* ténon [ˈte-], pin; *стр.* coak; **3.** (*подковы, каблука*) calk.

шипéние *с.* híssing; spítting; sízzling; fízzing; spúttering; (*ср.* шипéть).

шипéть, прошипéть **1.** hiss; **2.** *тк. несов.* (*о кошке*) spit*; (*о змее, гусе*) hiss; **3.** *тк. несов.* (*о масле на сковороде*) sizzle; (*о напитках*) fizz; (*о сырых дровах*) spútter.

шипóвник *м. бот.* swéetbrìer, églantìne.

шипýчий spárkling, fízzing.

шипýчка *ж. разг.* pop (*effervescent drink*).

шипя́щий **1.** *прич. и прил.* híssing; **2.** *м. как сущ. лингв.* híssing sound, síbilant.

ши́ре (*сравн. ст. от прил.* ширóкий *и нареч.* ширóкó) bróader [ˈbrɔː-], wíder; ~ развернýть самокри́тику únfóld / devélop sélf-críticism on a bróader scale [...-ˈve-...].

ширин‖á *ж.* width, breadth [-edθ]; ~ дорóги width of the road; ~óй в дéсять мéтров ten metres wide; дéсять мéтров в ~ý ten metres wide / broad [...-ɔːd]; в пáлец ~óй the breadth of a fínger; в ~ý in breadth / width; ~ хóда (*колёс*) tread [-ed].

ши́риться (*распространяться*) wíden; spread* [-ed].

ши́рм‖а *ж.* screen; створчáтая, складнáя ~ fólding screen; служи́ть ~ой serve as a screen; (*перен.*) serve as a cloak / cóver [...ˈkʌ-].

ширóк‖ий wide; (*обширный, тж. перен.*) broad [-ɔːd]; ~ая дверь wide door [...dɔː]; ~ая дорóга wide road; ~ая рекá wide ríver [...ˈrɪ-]; ~ое сукнó wide cloth; ~ая юбка wide skirt; ~ие поля́ (*у шляпы*) wide brim *sg.*; ~ простóр broad lands *pl.*; ~ая колея́ *ж.-д.* broad gauge [...geɪdʒ]; ~ экрáн broad screen; ~ое обобщéние swéeping gèneralìzátion [...-laɪ-]; ~ кругозóр broad óutlook; в ~ом смы́сле in the broad sense; ~ая пýблика the géneral públic [...ˈpʌ-]; ~ие мáссы the broad / vast másses; ~ие общéственные круги́ broad séctions of the públic; пóльзоваться ~ой поддéржкой (*рд.*) enjóy wíde¦spread suppórt [...-spred...] (of); ~ие плáны exténsive plans; ~ое строи́тельство wíde-scàle constrúction / devélopment; в ~ом масштáбе, в ~их размéрах on a large scale; ~ое внедрéние достижéний наýки *и т. п.* wíde¦spread adóption of scìentífic adváncеs, *etc.*; товáры ~ого потреблéния consúmers' goods [...gudz]; ~ое наступлéние fúll-scàle offénsive; ◇ жить на ~ую нóгу live in (grand) style [lɪv...], live in ópulence; ~ая натýра génerous náture [...ˈneɪ-].

ширóкó I *прил. кратк. см.* ширóкий.

ширóкó II *нареч.* wide, wíde¦ly; (*перен. тж.*) bróadly [-ɔːd-]; двéри бы́ли ~ откры́ты the doors stood wide ópen [...dɔːz stud...]; ~ раскры́ть глазá ópen one's eyes wide [...aɪz...]; с ~ раскры́тыми глазáми with wíde-òpen eyes; ~ улыбáться smile bróadly; ◇ жить ~ live in grand style [lɪv...], live grándly; live in ópulence; смотрéть ~ на вéщи take* a broad view of things [...-ɔːd vjuː...], be bróad-mínded [...-ɔːd-]; ~ толковáть (*вн.*) intérpret lóose¦ly [...ˈluːs-] (*d.*), stretch the méaning (of); ~ развернýть рабóту place the work on a wide fóoting [...ˈfut-]; ~ развернýлось строи́тельство constrúction has been devéloped on a large scale [...-ˈve-...].

широковещá‖ние *с. рад.* bróadcàsting [-ɔːd-]. **~тельный** **1.** *рад.* bróadcàsting [-ɔːd-]; ~тельная стáнция bróadcàsting státion; **2.** (*о рекламе и т. п.*) allúring, wide.

широкогрýдый bróad-chèsted [-ɔːd-].

ширококолéйн‖ый *ж.-д.* bróad-gauge [-ɔːdgeɪdʒ] (*attr.*); ~ая желéзная дорóга bróad-gauge line.

ширококóстный bíg-bòned.

ширококры́лый lárge-wíng¦ed.

широко‖ли́ственный, ~ли́стый bróad-leaved [-ɔːd-].

широкоплéчий bróad-shóuldered [-ɔːdˈʃou-].

широкопóлый (*о шляпе*) wíde-brìmmed; (*об одежде*) fúll-skìrted.

широкоэкрáнный wíde-screen (*attr.*); ~ фильм wíde-screen film.

широт‖á *ж.* **1.** width; breadth [-edθ] (*тж. перен.*); ~ взгля́дов breadth of views [...vjuːz]; ~ умá breadth of mind; **2.** *геогр.* látitùde; на тридцáтом грáдусе сéверной ~ы́ in látitùde 30° (thírty degrées) North; ни́зкие, высóкие широ́ты low, high látitùdes [lou...].

ширпотрéб *м. разг.* consúmers' goods [...gudz] *pl.*, mass consúmption (goods).

ширь *ж.* wide ópen space; (wide) expánse; во всю ~ to its full extént; развернýться во всю ~ únfóld to the full.

ши́то-кры́то *нареч. разг.* quíetly, on the sly; всё ~ it was all done on the sly.

ши́тый *прич. и прил.* embróidered; ~ шёлком *и т. п.* embróidered in silk, *etc.*

шить, сшить **1.** (*вн.*) sew* [sou] (*d.*); ~ на маши́не sew* on *a* machíne [...-ˈʃiːn]; ~ себé что-л. (*у портного, портнихи*) have / get* smth. made; **2.** *тк. несов.* (*тв.*; *вышивать*) embróider (with, in); ~ шёлком embróider in silk; ~ серебрóм, зóлотом embróider in sílver, gold.

шитьё *с.* **1.** séwing [ˈsou-]; néedle¦wòrk; **2.** (*вышивание*) embróidering; **3.** (*вышивка*) embróidery.

ши́фер *м. мин.* slate; (*для кровли*) róofing slàte; крыть ~ом (*вн.*) slate (*d.*). **~ный** slate (*attr.*).

шифо́н *м. текст.* chíffòn ['ʃɪfɔn]. **~овый** chíffòn ['ʃɪfɔn] (*attr.*).

шифонье́рка *ж.* chìffoníer [ʃɪ-].

шифр *м.* **1.** (*условное письмо*) cípher ['saɪ-]; ~ом in cípher; ключ ~а key to *a* cípher [kiː...]; **2.** (*библиотечный*) préss-màrk.

шифрова́льщик *м.* cípher clerk ['saɪ- klɑːk].

шифро́ванн||ый *прич.* и *прил.* cíphered ['saɪ-], wrítten in cípher [... 'saɪ-]; *прил. тж.* cípher (*attr.*); ~ая телегра́мма cípher télegràm / méssage.

шифр||ова́ть (*вн.*) cípher ['saɪ-] (*d.*). **~о́вка** *ж.* cíphering ['saɪ-].

ши́хта *ж. тех.* charge.

шиш *м. груб.* fig; fíco; показа́ть ~ (*дт.*) ≅ pull a long nose [pul...] (at); ◇ у него́ ни ~а́ нет he has¦n't got a thing.

шиша́к *м. ист.* (*шлем*) spiked hélmet.

ши́шк||а *ж.* **1.** *бот.* cone; **2.** (*от ушиба*) bump; (*опухоль, нарост*) lump; knob; он весь в ~ах he is all bumps; **3.** *тех.* (*линейная*) (mould) core [mou-...], kérnel; **4.** *разг.* (*важная персона*) big wig / bug; ◇ на бе́дного Мака́ра все ~и ва́лятся *погов.* ≅ an ún¦lúcky man would be drowned in a téa-cùp.

шишко||ва́тый knóbby. **~ви́дный** cóne-shàped. **~но́сный** *бот.* cònífеrous [kou-]; ~но́сные расте́ния cónifers ['kou-].

шкала́ *ж.* scale; ~ термо́метра scale of *a* thermómeter; ~ зарпла́ты scale of wáges.

шка́лик *м. уст. разг.* small glass, nóggin.

шка́нцы *мн. мор. уст.* quárter-dèck *sg.*

шкап *м.*=шкаф.

шкато́рина *ж. мор.*: ве́рхняя ~ head (of sail) [hed...]; ни́жняя ~ foot* (of sail) [fut...]; пере́дняя ~ luff (of sail); за́дняя ~ leach (of sail).

шкату́лка *ж.* box, case [-s]; cásket.

шкаф *м.* cúpboard ['kʌbəd]; (*посудный*) drésser; платяно́й ~ wárdròbe; кни́жный ~ bóokcàse [-s]; несгора́емый ~ safe; stróng-bòx; стенно́й ~ búilt-ín clóset ['bɪl- -ɔz-].

шквал *м.* squall; (*вихревой*; *тж. перен.*) tòrnádò.

шква́листый squálly.

шква́рки *мн. кул.* crácklings.

шкво́рень *м. тех.* pintle, cóupling-bòlt ['kʌ-].

шкив *м. тех.* púlley ['pu-]; (*блока*) sheave; веду́щий ~ dríving púlley; ремённый ~ belt púlley.

шки́пер *м.* bárge-skìpper.

шко́л||а *ж.* (*в разн. знач.*) school; (*о здании тж.*) schóol¦house* [-s]; нача́льная ~ èleméntary / prímary school [...'praɪ-...]; сре́дняя ~, ~-десятиле́тка sécondary school; high school, tén-year school (*from the age of 7—17*); непо́лная сре́дняя ~ shórtened sécondary school; ~-восьмиле́тка éight-year school; вы́сшая ~ hígher school, ùnivérsity; беспла́тная ~ free school; ~ рабо́чей молодёжи school for wórking youth [...juːθ]; ~ взро́слых school for ádùlts [...'æ-]; вече́рняя ~ éveníng-school ['iːv-], níght-school; ~ рисова́ния dráwing school; ~ верхово́й езды́ ríding school; ходи́ть в ~у go* to, *или* attend, school; отда́ть в ~у (*вн.*) put* / send* to school (*d.*); око́нчить ~у fínish school; романти́ческая, класси́ческая *и т. п.* ~ (*в литературе*) the romántic, clássical, *etc.*, school; венециа́нская, англи́йская *и т. п.* ~ (*в искусстве*) the Venétian, the Brítish, *etc.*, school; суро́вая ~ жи́зни the hard / stern school of life; пройти́ суро́вую жи́зненную ~у pass through the hard / stern school of life; челове́к ста́рой ~ы a man* of the old school; пройти́ хоро́шую ~у get* sỳstemátic tráining, be well trained; (*перен.*) gain wísdom by expérience [...'wɪzdəm...].

шко́лить (*вн.*) *разг.* school (*d.*); (*держать строго, муштровать*) díscipline (*d.*).

шко́льн||ик *м.* schóolboy. **~ица** *ж.* schóolgirl [-gəːl].

шко́льническ||ий schóolboy (*attr.*); ~ие проде́лки schóolboy pranks.

шко́льничество *с.* (*ребячество*) schóolboy's tricks *pl.*

шко́льн||ый school (*attr.*); scholástic *книжн.*; ~ учи́тель schóol-teacher, schóolmàster; schóol¦man* *амер.*; ~ рабо́тник school wórker, téacher; ~ое образова́ние school èducátion; ~ сове́т schóol-board; ~ые го́ды school years, schóol-days; ~ое зда́ние schóol¦house* [-s]; ~ уче́бно-о́пытный уча́сток school expèriméntal plot; ~ това́рищ schóolfèllow, schóol-friend [-frend]; ребёнок ~ого во́зраста child* of school age; ~ жарго́н schóolboy slang.

школя́р *м. уст.*=шко́льник.

шкот *м. мор.* sheet; ма́рса-~ tópsail sheet ['tɔpsᵊl...]; выбира́ть ~ haul a sheet; sheet.

шку́р||а *ж.* skin, hide; (*с шерстью*) fell; сдира́ть ~у (с *рд.*) flay (*d.*), skin (*d.*); ◇ драть ~у с кого́-л. *разг.* drive* smb. hard, explóit smb.; дрожа́ть за свою́ ~у be afráid of getting òne¦sélf into tróuble [...trʌ-]; спаса́ть свою́ ~у save one's own skin [...oun...], save one's bácon / skin; испыта́ть что-л. на со́бственной ~е have felt smth. on one's own back; know* what smth. feels like [nou ...]; дели́ть ~у неуби́того медве́дя *погов.* ≅ sell* the béarskin befóre one has caught the bear [...'bɛə...bɛə]; быть в чьей-л. ~е be in smb.'s skin; я не хоте́л бы быть в его́ ~е I would not like to be in his skin / shoes [...ʃuːz]; волк в ове́чьей ~е wolf* in sheep's clóthing [wulf... 'klou-]; с одного́ вола́ двух шкур не деру́т *погов.* you can't flay the same ox twice [...kɑːnt...].

шку́рка *ж.* **1.** (*о мехе*) skin, fell; **2.** (*наждачная бумага*) gláss-pàper; **3.** *разг.* (*кожица*) rind.

шку́рн||ик *м.*, **~ица** *ж. презр.* sélf-séeker. **~ический** *презр.* sélf-céntred. **~ичество** *с. презр.* sélf-séeking, sélf-ínterest. **~ый** *презр.* sélfish; ~ый вопро́с quéstion of sélf-ínterest [-stʃən...].

шла *ед. ж. прош. вр. см.* идти́.

шлагба́ум *м.* túrnpike, bárrier.

шлак *м.* slag; dross. **~овый** *прил. к* шлак.

шлакоснима́тель *м. тех.* dámping bar.

шланг *м.* hose; пожа́рный ~ fíre-hòse.

шле́йка *ж.* **1.** *уменьш от* шлея́; **2.** (*широкая лямка*) bréast-bànd ['brest-].

шлейф *м.* train.

шлем *м.* **1.** hélmet, héad-pìece ['hed-piːs]; стально́й ~ steel hélmet; тропи́ческий ~ trópical hélmet, tópee; водола́зный ~ díving-hélmet, díver's hélmet; **2.** *карт.* slam; большо́й, ма́лый ~ grand, little slam.

шлём *мн. наст. вр. см.* слать.

шле́мник *м. бот.* skúll-càp.

шлёпанцы *мн. разг.* béd¦room-slìppers.

шлёпать, шлёпнуть **1.** (*вн.*) slap (*d.*), spank (*d.*); smack (*d.*); *сов. тж.* give* a smack (*i.*); **2.** *тк. несов.*: ~ ту́флями drag one's slíppers; ~ по воде́, гря́зи splash through the wáter, the mud [...'wɔː-...]. **~ся,** шлёпнуться *разг.* tumble, fall* down.

шлёпнуть *сов. см.* шлёпать 1. **~ся** *сов. см.* шлёпаться.

шлеп||о́к *м. разг.* slap, smack; надава́ть ~ко́в (*дт.*) slap (*d.*), smack (*d.*).

шлёт *ед. наст. вр. см.* слать.

шлёте *мн. наст. вр. см.* слать.

шлёшь *ед. наст. вр. см.* слать.

шлея́ *ж.* bréeching, bréech-bànd.

шли *мн. прош. вр. см.* идти́.

шлиф *м. тех.* ground end / edge.

шлифова́льный gŕinding; (*полирующий*) pólishing; ~ стано́к gŕinding machíne [...-'ʃiːn], grínder; ~ диск, круг gŕinding wheel.

шлифова́ние *с.* gŕinding; (*полировка*) pólishing; (*напильником*) fíling.

шлифова́ть (*вн.*) grind* (*d.*); (*полировать*; *тж. перен.*) pólish (*d.*); (*напильником*) file (*d.*).

шлифо́в||ка *ж.* gŕinding; (*полировка*; *тж. перен.*) pólishing. **~щик** *м.* grínder; (*полировщик*) pólisher.

шли́хта *ж. тех.* size.

шлихтова́ть (*вн.*) *тех.* size (*d.*).

шли́ца *ж. тех.* spline.
шло *ед. с. прош. вр. см.* идти́.
шлю *ед. наст. вр. см.* слать.
шлюз *м.* sluice [slu:s]; lock; откры́ть, закры́ть ~ы ópen, shut*/ close the locks; пропусти́ть че́рез ~ (*вн.*) lock through (*d.*); воро́та ~а lóck-gáte *sg.*, slúice-gáte ['slu:s-] *sg.*; ка́мера ~а lock chámber [...'ʧeɪ-]; судохо́дный ~ shípping lock.
шлюзова́ние *с.* **1.** (*реки́*) lócking; **2.** (*судов*) lócking through.
шлюзова́ть *несов. и сов.* (*вн.*) **1.** (*о реке*) lock (*d.*); **2.** (*о судах*) lock through (*d.*).
шлюзово́й *прил. к* шлюз.
шлюп *м. мор.* sloop.
шлюпба́лка *ж. мор.* (boat) dávit.
шлю́пка *ж.* (ship's) boat; гребна́я ~ púlling boat ['pul-...]; па́русная ~ sáiling boat; спаса́тельная ~ life-boat.
шлю́почн||ый *прил. к* шлю́пка; ~ые го́нки rówing ráces ['rou-...].
шлют *мн. наст. вр. см.* слать.
шля́п||а *ж.* **1.** hat; (*да́мская тж.*) bónnet; наде́ть ~у put* on one's hat; снять ~у take* off one's hat; надви́нуть ~у на глаза́ pull one's hat óver one's eyes [pul...aɪz]; ходи́ть в ~е wear* a hat [wɛə...]; он был в ~е he wore a hat, he had a hat on; без ~ы hát|less; **2.** *разг.* (*о челове́ке*) hélpless / únpráctical pérson; ◇ де́ло в ~е it's in the bag, it's a sure thing [...ʃuə...]; **~ка** *ж.* **1.** *уменьш. от* шля́па 1; да́мская ~ка lády's hat, bónnet; **2.** (*гвоздя́*) head [hed]; (*гриба́*) cap. **~ница** *ж.* (*моди́стка*) míl-liner. **~ный** *прил. к* шля́па 1; ~ный магази́н (*мужски́х шляп*) hátter's; (*да́мских шляп*) mílliner's, míllinery estáblishment.
шля́ться *разг.* gad (abóut); ~ без де́ла loaf abóut.
шлях *м.* road.
шляхе́т||ский *прил. к* шля́хта. **~ство** *с.* = шля́хта.
шля́хт||а *ж. ист.* (Pólish) géntry ['pou-...]. **~ич** *м. ист.* (Pólish) géntle|man* ['pou-...].
шмели́ный *прил. к* шмель.
шмель *м.* búmble-bee.
шмуцти́тул *м. полигр.* hálf-title ['hɑ:f-], bástard-title.
шмыг *предик. разг.*: а он ~ в дверь and off he went / slipped through the door [...dɔ:].
шмы́гать, шмыгну́ть *разг.* slip, dart; *несов. тж.* run* abóut, run* to and fro; ◇ ~ но́сом sniff.
шмыгну́ть *сов. см.* шмы́гать.
шни́цель *м. кул.* schnítzel (*fillet of pork or veal*).
шнур *м.* **1.** cord; запа́льный ~ fuse; бикфо́рдов ~ Bíckford's fuse, sáfe|ty fuse; **2.** (*про́вод*) flex.
шнурова́ть (*вн.*) lace up (*d.*). **~ся** **1.** lace òne|sélf up; **2.** *страд. к* шнурова́ть.
шнуро́вка *ж.* lácing.
шнур||о́к *м.* lace; ~ки́ для боти́нок shóe-làces ['ʃu:-].
шныря́ть *разг.* poke abóut; ~ повсю́ду poke one's nose into évery|-thing.
шов *м.* **1.** seam; (*в выши́вании*) stitch; (*хирурги́ческий*) stitch; sú-ture; без шва séamless; ко́стный ~ *анат.* cómmissure; накла́дывать швы *мед.* put* in (the) stítches; снима́ть швы *мед.* take* out (the) stítches; **2.** *стр., тех.* joint, júnction; сварно́й ~ weld; wélded joint; ◇ ру́ки по швам! atténtion! hands in line with the seam of the tróusers!; треща́ть по всем швам fall to píeces [...'pi:-], burst* at the seams, be gó|ing to píeces.
шовин||и́зм *м.* cháuvinism ['ʃou-], jíngo|ism. **~и́ст** *м.* cháuvinist ['ʃou-], jíngò, jíngo|ist. **~исти́ческий** chau-vinístic [ʃou-], jíngo|ist.
шок *м. мед.* shock.
шоки́ровать (*вн.*) shock (*d.*), scán-dalìze (*d.*).
шокола́д *м.* chócolate; ~ в пли́т-ках chócolate in bars. **~ный** chóco-late (*attr.*); ~ная фа́брика chócolate fáctory.
шо́мпол *м. воен.* rám|ròd, cléaning rod.
шо́рн||ик *м.* hárness-màker; sáddler, sáddle-màker. **~ый:** ~ый магази́н, ~ая мастерска́я sáddler's, sáddle-màker's; hárness-màker's.
шо́рох *м.* rustle.
шо́ры *мн.* blínkers; blínders *амер.*
шоссе́ [-сэ́] *с. нескл.* híghway; macádam road [-'kæ-...]; гудрони́рованное ~ tár-bound road, tármàc road; автомоби́льное ~ mótor road.
шоссе́йн||ый [-сэ́-] *прил. к* шоссе́; ~ая доро́га màcádam road [-'kæ-...].
шосси́ровать *несов. и сов.* (*вн.*) métal ['me-] (*d.*).
шотла́ндец *м.* Scótch|man*, Scot; Scóts|man* *шотл.*
шотла́ндка I [-нк-] *ж.* Scótch|-wòman* [-wu-]; Scóts|wòman* [-wu-] *шотл.*
шотла́ндка II [-нк-] *ж.* (*клетча́тая ткань*) tártan, plaid [plæd].
шотла́ндский [-нск-] Scóttish, Scotch.
шофёр *м.* chaufféur [ʃou'fə:], (mó-tor-càr) dríver; ~ такси́ táxi-càb dríver, táxi-drìver, táxi-man*. **~ский** *прил. к* шофёр; ~ское свиде́тельство dríver's pérmit / lícence [...'laɪ-].
шпа́г||а *ж.* sword [sɔ:d], rápier; обнажи́ть ~у draw* the sword; скрести́ть ~и (с кем-л.) cross / méasure swords [...'meʒə...] (with smb.).
шпага́т *м.* string, cord, (bínder-) twìne.
шпа́жник *м. бот.* flag, swórd-lìly ['sɔ:dlɪ-].
шпаклева́ть (*вн.*) pútty (*d.*); *мор.* caulk (*d.*).
шпаклёвка *ж.* **1.** (*де́йствие*) pút-tying; **2.** (*вещество́*) pútty; **3.** *мор.* (*инструме́нт*) spaddle.
шпа́ла *ж. ж.-д.* sléeper; tie *амер.*
шпале́р||а *ж.* **1.** (*для расте́ний*) tréllis, espálier [-'pæ-]; **2.** *мн.* (*ряды́ дере́вьев, кусто́в*) lines; **3.** *мн. уст.* (*обо́и*) wáll-pàper *sg.*; **4.** *воен.*: выстра́ивать ~ами (*вн.*) line up (*d.*); стоя́ть ~ами be / stand* lined up.
шпана́ *ж. тк. ед. чаще собир. груб.* ríff-ràff, rabble.
шпанго́ут *м. мор.* frame.
шпа́ндырь *м.* shóe|maker's stírrup ['ʃu:-...].
шпа́нка *ж.* **1.** (*ви́шня*) black chér-ry; **2.** (*овца́*) merínò sheep* [-'ri:-...]; **3.** = шпа́нская му́шка *см.* шпа́нский.
шпа́нск||ий: ~ая му́шка (*насеко́мое*) Spánish fly; (*пла́стырь*) càn-tháridès [kæn'θærɪdi:z] *pl.*; ~ая ви́шня black chérry.
шпарга́лка *ж. разг.* crib.
шпа́рить, ошпа́рить *разг.* **1.** (*вн.*; *кипятко́м*) scald (*d.*); **2.** *тк. несов.* (*без доп.*; *де́лать, говори́ть и т. п. без остано́вки*) fire a|wáy.
шпат I *м. мин.* spar; полево́й ~ féldspàr; плавико́вый ~ flúòr-spàr; алма́зный ~ corúndum; бу́рый ~ bóracìte ['bou-], brown spar.
шпат II *м. вет.* spávin.
шпа́тель *м. тех.* pálette-knìfe*.
шпа́ци||я *ж.* **1.** *полигр.* space; разби́ть на ~и (*вн.*) space (*d.*); **2.** *мор.* fráme-spàcing.
шпенёк *м. тех.* pin, peg; (*пря́жки*) prong.
шпига́т *м. мор.* scúpper; dráin-hòle.
шпигова́ть, нашпигова́ть (*вн.*) lard (*d.*).
шпик I *м.* (*са́ло*) sálted pork fat.
шпик II *м. разг.* (*сы́щик*) sleuth.
шпиль *м.* **1.** (*остриё*) spire, steeple; **2.** *мор.* cápstan.
шпи́льк||а *ж.* **1.** (*для воло́с*) háir-pìn; **2.** (*гвоздь*) tack; **3.** *тех.* stud, brad; ◇ подпуска́ть ~и (*дт.*) have a dig (at).
шпина́т *м. бот.* spínach ['spɪn-ɪʤ]. **~ный** *прил. к* шпина́т.
шпингале́т *м.* (*задви́жка*) úp|right bolt.
шпи́ндель [-дэ-] *м. тех.* spindle.
шпине́ль [-нэ́-] *м. мин.* spínel ['spɪ-].
шпио́н *м.* spy. **~а́ж** *м.* èspionáge [-'nɑ:ʒ].
шпио́н||ить spy; (за *тв.*) spy (on). **~ка** *ж. к* шпио́н. **~ский** èspionáge [-'nɑ:ʒ] (*attr.*); ~ская организа́ция èspionáge òrganìzátion / ring [...-naɪ-...]. **~ство** *с.* = шпиона́ж.
шпиц I *м.* (*остриё*) spire, steeple.
шпиц II *м.* (*поро́да соба́к*) spítz (-dòg), Pòmeránian.
шпицру́тен *м. ист.* rod.
шпон *м.*, **~а** *ж. полигр.* lead [led]; на ~ах léaded ['led-].
шпо́нка *ж. тех.* key [ki:], dówel.
шпор *м. мор.* heel (of *a* mast).

шпо́р||а *ж.* spur; дать ~ы (*дт.*) spur (*d.*). **~ить** (*вн.*) spur (*d.*).

шприц *м.* sýringe.

шпро́ты *мн.* sprats.

шпу́льк||а *ж. тех.* spool, bóbbin; нама́тывать на ~у (*вн.*) spool (*d.*).

шпунт *м. тех.* groove, rábbet.

шпунтова́н||ие *с. тех.* gróoving; станóк для ~ия gróoving lathe [...leɪð].

шпунтова́ть (*вн.*) groove (*d.*).

шпур *м.* bóre-hòle.

шпыня́ть *разг.* (*вн.*) nag (*d.*).

шрам *м.* scar.

шрапне́ль *ж. воен.* shrápnel (shell). **~ный** *прил. к* шрапне́ль; ~ный огóнь shrápnel fire; ~ная пу́ля shrápnel ball.

шрифт *м.* print, type; ме́лкий, кру́пный ~ small, large print; жи́рный ~ thick/bold type; bold face *амер.*; курси́вный ~ itálic type, itálics; готи́ческий ~ Góthic type; прямóй ~ Róman type; ме́лким, кру́пным, жи́рным *и т. п.* ~ом in small, large, thick, *etc.*, print.

шрифтовóй *прил. к* шрифт.

штаб *м. воен.* staff, héadquárters (staff) ['hed-...]; в ~ to héadquárters; в ~е at héadquárters; генера́льный ~ (*вооружённых сил*) Armed Fórces Staff; (*сухопутных войск*) Géneral Staff; войсковóй ~ héadquárter(s) staff; морскóй ~ nával staff; офице́р ~a staff ófficer.

шта́бель *м.* stack, pile.

штаб-кварти́ра *ж. воен.* héadquárters ['hed-] *pl.*

штабнóй *воен.* **1.** *прил.* staff (*attr.*); ~ офице́р staff ófficer; **2.** *м. как сущ.* staff ófficer.

штаб-офице́р *м. воен. ист.* fíeld-·òfficer ['fi:ld-].

штабс-капита́н *м. воен. ист.* ≅ júnior cáptain, cáptain 2nd grade.

штаг *м. мор.* stay; ~-блок stáy-·blòck.

шталме́йстер *м. ист.* équerry, Máster of the Horse.

штамп *м.* **1.** *тех.* punch; **2.** *канц.* stamp; **3.** (*шаблон*) cliché (*фр.*) ['kli:ʃeɪ]; (*о выражении тж.*) stock phrase.

штампова́льный *тех.* púnching; ~ пресс púnching-prèss.

штампова́ние *с. тех.* púnching.

штампо́ванный **1.** *прич. и прил.* stamped; **2.** *прил.* (*трафаретный*) trite, háckneyed [-nɪd], cut and dried.

штампова́ть (*вн.*) **1.** stamp (*d.*); (*перен.*) turn out mechánically [...-'kæ-] (*d.*); **2.** *тех.* punch (*d.*).

штампо́вка *ж.* **1.** stámping; **2.** *тех.* púnching.

штампо́вщ||ик *м.*, **~ица** *ж.* púncher; stámper.

шта́нга *ж.* bar; *спорт.* weight; (*ворóт*) cróss-bàr.

штангенци́ркуль *м.* slíding/ vérnier cállipers *pl.*

штанги́ст *м.* wéight-lìfter.

штанда́рт *м. уст.* stándard.

штани́на *ж. разг.* leg (*part of a garment*).

штаны́ *мн. разг.* tróusers, bréeches ['brɪ-].

шта́пель *м.* staple. **~ный** staple (*attr.*); ~ное волокнó staple fibre; ~ное полотнó staple fábric.

штат I *м.* **1.** (*административно-·территориальная единица*) state; **2.** *мн. ист.*: Генера́льные ~ы States Géneral.

штат II *м.* (*постоянный состав сотрудников*) staff, estáblishment; быть в ~е be on the staff / estáblishment; сокраще́ние ~ов redúction of the staff; зачисля́ть, включа́ть когó-л. в ~ take* smb. on the staff.

штати́в *м.* suppórt, foot* [fut], trípòd.

шта́тн||ый régular; on the staff / estáblishment; ~ая дóлжность régular appóintment; ~ рабóтник mémber of the staff, pérmanent èmployée; ~ преподава́тель téacher on the staff; ~ соста́в régular / áuthorìzed estáblishment; cómplement; ~ые изли́шества sùpérfluous pèrsonnél *sg.*, excéss staff *sg.*

шта́тск||ий **1.** *прил.* cívil; ~ое пла́тье cìvílian clothes [...klou-] *pl.*, múfti; (a suit of) cívvies [...sju:t...] *разг.*; **2.** *с. как сущ.*= ~ое пла́тье; генера́л, офице́р *и т. п.* в ~ом a géneral, an ófficer, *etc.*, in múfti / cívvies; **3.** *м. как сущ.* cìvílian.

шта́ты I *мн. см.* штат I.

шта́ты II *мн. см.* штат II; (*личного состава*) estáblishment *sg.*; tables of òrganìzátion [...-naɪ-] *амер.*; ~ воéнного вре́мени war estáblishment; ~ ми́рного вре́мени peace estáblishment.

ште́вень [штэ́-] *м. мор.* (*форштевень*) stem; (*ахтерштевень*) stérn-·pòst [-poust]; *мн.* stem and stérn-·pòst.

ште́йгер [штэ́-] *м.* head míner [hed...].

штемпелева́ть, заштемпелева́ть (*вн.*) stamp (*d.*).

ште́мпел||ь [штэ́-] *м.* stamp; почтóвый ~ póstmàrk ['poust-]; письмó со ~ем «Москва́» létter with a Móscow póstmàrk.

ште́мпельн||ый *прил. к* ште́мпель; ~ая поду́шка pad.

ште́псель [штэ́-] *м. эл.* plug. **~ный** [штэ́-] *прил. к* ште́псель; ~ная ви́лка eléctric plug.

штибле́ты *мн.* boots.

штива́ть (*вн.*) *мор.* stow [stou] (*d.*).

шти́вка *ж. мор.* stówing [-ou-].

штилев||óй *прил. к* штиль; экватори́альные ~ы́е пóлосы *мор.* the dóldrums [...'dɔ:-].

штиль *м. мор.* calm [kɑ:m]; мёртвый ~ dead calm [ded...].

штифт *м. тех.* (jóint-)pin, sprig.

шти́хель *м.* búrin, gráver.

шток *м.* **1.** *тех.* rod; ~ пóршня píston-ròd; **2.** *мор.* (*якоря*) stock (*of an anchor*).

штокрóза *ж. бот.* hóllyhòck.

штóльня *ж. горн.* gállery, drift, ádit.

штóп||альный dárning; ~альная иглá dárning needle. **~ание** *с.* dárning. **~аный** darned.

штóп||ать,囲штóпать (*вн.*) darn (*d.*). **~ка** *ж. тк. ед.* **1.** (*действие*) dárning; **2.** (*нитки*) dárning thread [... θred].

штóпор *м.* **1.** córkscrew; **2.** *ав.* spin; входи́ть в ~ go* / get* into a spin.

штóпор||ить *ав.* spin. **~ом** *нареч. ав.* in a spin.

штóр||а *ж.* blind; спусти́ть ~ы draw* the blinds.

шторм *м. мор.* (strong) gale; жестóкий ~ storm; си́льный ~ héavy gale ['hevɪ...], whole gale [houl...]; попа́сть в си́льный ~ run* into héavy wéather [...'weðə].

штормова́ть *мор.* ride* / wéather a storm [...'weðə...].

штормовóй *прил. к* шторм; ~ сигна́л cóast-wàrning, stórm-còne; ~ си́лы (*о ветре*) of gale fórce.

штормтра́п *м. мор.* Jácob's ládder.

штоф I *м. уст.* (*мера жидкости*) shtoff (*about 1.2 litres*).

штоф II *м.* (*материя*) dámask ['dæ-].

штóфн||ый dámask ['dæ-] (*attr.*); ~ые обóи dámask wáll-pàper *sg.*; ~ая ме́бель dámask-ùp¦hólstered fúrniture [-'houl-...], fúrniture ùp¦hólstered in dámask [...-'houl-...].

штраф *м.* fine, pénalty; заплати́ть ~ pay* a fine. **~нóй** pénal; ~нóй журна́л *уст.* pénal book; ~на́я плóщадка *спорт.* pénalty área [...'ɛərɪə]; ~нóй уда́р *спорт.* pénalty kick.

штрафова́ть, оштрафова́ть (*вн.*) fine (*d.*).

штрейкбре́хер *м.* stríke-breaker [-breɪ-], blácklèg; scab *разг.* **~ский** *прил. к* штрейкбре́хер. **~ство** *с.* blácklègging.

штрек *м. горн.* drift.

штри́пка *ж.* fóotstràp ['fut-].

штрих *м.* stroke, touch [tʌtʃ]; (*мн.*; *на карте*) hàchúres [ɑ:'ʃuəz]; (*перен.*) trait [treɪ], féature; характе́рный ~ chàracterístic trait [kæ-...].

штрихова́ть, заштрихова́ть (*вн.*) shade (*d.*), hatch (*d.*).

штрихóвка *ж.* sháding, hátching.

штриховóй *прил. к* штрих; ~ рису́нок line dráwing.

штуди́ровать, проштуди́ровать (*вн.*) stúdy ['stʌ-] (*d.*).

шту́к||а *ж.* **1.** piece [pi:s]; штук де́сять about ten píeces; не́сколько штук я́блок séveral apples; ~ полотна́ piece of línen [...'lɪ-]; **2.** *разг.* (*вещь*) thing; что э́то за ~? what sort of thing is this?; 3. *разг.* (*выходка*) trick; сыгра́ть ~у с кем-л. play smb. a trick; э́то его́ ~и that is his doing; ◇ вот так ~! that's a nice thing!; в то́м-то и ~! that is just the point!

штукату́р *м.* plásterer.

штукату́р||ить, оштукату́рить (*вн.*) pláster (*d.*), párget (*d.*). **~ка** *ж. тк. ед.* **1.** pláster; **2.** (*действие*) plástering. **~ный** *прил.* к штукату́рка; ~ная рабо́та pláster work, plástering.

штукова́ть (*вн.*) mend (*d.*).

штуко́вка *ж.* ménding.

штурва́л *м. мор.* stéering contról [...-oul]; stéering-wheel; *ав.* contról cólumn; стоя́ть у ~а be / stand* at the wheel / helm, be at the contróls.

штурва́льн||ый: ~ое колесо́ stéering-wheel.

штурм *м.* assáult, storm; брать ~ом (*вн.*) take* / cápture by storm (*d.*).

шту́рман *м. мор., ав.* návigàtor, nàvigátion ófficer; (*на речном теплоходе*) mate. **~ский** návigàtor's, návigàting; nàvigátion (*attr.*); ~ское де́ло nàvigátion.

штурмова́ть (*вн.*) **1.** storm (*d.*), assáult (*d.*); **2.** *разг.* (*беспорядочно осаждать*) rush (*d.*); **3.** (*упорно овладевать*) cónquer (*d.*).

штурмови́к *м. ав.* lów-flỳing attáck áircràft ['lou-...], "stormovík"; attáck plane *амер.*

штурмо́в||ка *ж. воен. ав.* lów-flỳing attáck ['lou-...]. **~о́й** *воен.* assáult (*attr.*); ~а́я авиа́ция assáult áircràft; ~а́я ата́ка *ав.* lów-flỳing attáck ['lou-...]; ~а́я гру́ппа assáult group [...gru:p]; ~о́й отря́д assáult detáchment; ~а́я ле́стница *уст.* scáling-làdder.

штурмовщи́на *ж. разг.* rush work.

штуртро́с *м. мор.* stéering rope; (*цепной*) stéering chain, rúdder chain.

штуф *м. мин.* ore.

шту́цер *м.* (*ружьё*) cárbìne.

штуч||ка *ж. уменьш. от* шту́ка. **~ный** piece [pi:s] (*attr.*); ~ная рабо́та píece-wòrk ['pi:s-]; ~ный това́р píece-goods ['pi:sgudz] *pl.*; ~ная прода́жа sale by the piece; ~ная опла́та páyment by the piece.

штык *м.* **1.** *воен.* báyonet; клинко́вый ~ swórd-bayonet ['sɔ:d-]; броса́ться в ~и́ charge with the báyonet; встре́тить в ~и́ (*вн.*; *перен.*) give* a hóstile recéption (to); **2.** *мор.* (*узел*) bend.

штыков||о́й *прил. к* штык; ~а́я ата́ка báyonet attáck / charge, assáult with the báyonet; ~ бой báyonet fight.

штырь *м. тех.* píntle.

шу́ба *ж.* fúr-coat.

шубе́йка *ж.* wínter jácket.

шубёнка *ж. разг.* shábby fúr-coat.

шуга́ *ж. тк. ед. собир.* sludge.

шу́лер *м.* cheat, shárper, cárd-shàrper. **~ский** *прил.* к шу́лер. **~ство** *с.* foul play; sharp práctice.

шум *м.* noise; múrmur, sound; húbbùb, úp|roar; подня́ть ~ make* a noise; (*перен.*) raise, *или* set* up, a clámour [...'klæ-]; прекрати́те ~! stop this noise!; ~ ве́тра, волн noise / sound of the wind, the waves [...wind...]; ~ бо́я roar of báttle; ~ ле́са múrmur of the fórest [...'fɔ-]; ~ ли́стьев rustle of leaves; ~ в уша́х búzzing in the ears; ~ в се́рдце cárdiac múrmur; под ~ дождя́ to the accómpaniment of the rain [...ə'kʌ-...]; with the sound of rain in the báckground; ◇ наде́лать ~у, подня́ть большо́й ~ make* a rácket, kick up a row; cause a sènsátion; без ~а without a fuss, without any fánfàres; мно́го ~а из ничего́ much adó abóut nothing [...ə'du:...]; а́дский ~ hell of a noise; ~ и гам húe-and-crý; húbbùb.

шум||е́ть **1.** make* a noise; be nóisy [...-zɪ]; де́ти ~я́т the chíldren are máking a lot of noise; the chíldren are nóisy; ве́тер ~и́т the wind is hówling / móaning [...wɪ-...]; *one* can hear the noise of the wind; мо́ре ~и́т *one* can hear the noise of the sea; **2.** *разг.* (*скандалить, браниться*) kick up a row; **3.** (*суетиться, делать шум по поводу чего-л.*) make* a fuss; **4.** (*излишне много говорить о чём-л.*) make* a song, talk a lot. **~и́ха** *ж. разг.* sènsátion, rácket, bállyhóo.

шумли́в||ость *ж.* nóisiness [-zɪ-], bóisterous|ness. **~ый** nóisy [-zɪ], bóisterous.

шу́мн||ый nóisy [-zɪ]; loud; tùmúltuous; ~ые города́ nóisy / bústling towns; ~ успе́х sènsátional / treméndous succéss; ~ое приве́тствие accláim.

шумо́вка *ж.* skímmer.

шумов||о́й: ~ орке́стр jazz band; ~ы́е эффе́кты *театр.* sound efféects.

шумо́к *м. разг.*: под ~ on the sly; únder cóver [...'kʌ-].

шумопеленга́тор *м. мор.* hýdro|phòne.

шунт *м. эл.* shunt.

шу́рин *м.* bróther-in-law ['brʌ-] (*pl.* bróthers-) (*brother of the wife*).

шурова́ть *тех.* poke, stoke.

шуру́п *м. тех.* screw.

шурф *м. горн.* èxcavátion, dígging.

шурфова́ние *с.* èxcavátion, dígging.

шурфова́ть (*вн.*) éxcavàte (*d.*), dig (*d.*).

шурша́ние *с.* rústling.

шурш||а́ть, зашурша́ть rustle; ли́стья ~а́т под нога́ми the leaves rustle únderfoot.

шу́стрый *разг.* bright, smart.

шут *м.* fool; jéster; *ист. тж.* man* of mótley [...'mɔ-]; быть ~о́м wear* the mótley [wɛə...]; ◇ ~ горо́ховый *разг.* clown, bùffóon, tómfóol; ~ его́ зна́ет! *разг.* deuce knows! [...nouz].

шут||и́ть, пошути́ть **1.** joke; jest; ~ над кем-л. make* fun of smb.; люби́ть ~ be fond of *a* joke; **2.** (*говорить не всерьёз*) be in jest; be fúnny *разг.*; (*дурачиться*) fool; он не шу́тит he is sérious, he is in no jóking mood; **3.** (*с тв.*; *несерьёзно относиться*) trifle (with), play (with); э́тим не ~и́ don't trifle with this; ◇ ~ с огнём play with fire. **~и́ха** *ж.* **1.** *уст.* (fíre|)cràcker; **2.** *ист.* fémàle jéster ['fi:-...].

шу́тк||а *ж.* **1.** joke; jest; зла́я ~ spíte|ful / malícious joke; в ~у in jest; не обижа́ться на ~у not take* offénce at *a* joke, not take* it sérious|ly; э́то не ~и it is no joke, it is not a láughing mátter [...'la:f-...]; ему́ не до шу́ток he is in no láughing mood; отде́лываться ~ами от чего́-л. laugh / jest smth. a|wáy [la:f...]; **2.** (*шалость*) trick; (*проказа*) prank; сыгра́ть ~у с кем-л. play a trick on smb.; га́дкие ~и dírty / shábby tricks; **3.** *театр.* jest farce; ◇ ~и в сто́рону, кро́ме шу́ток jóking apárt; ~ сказа́ть it's not so éasy [...'i:zɪ], it's no joke; ~ ли э́то сде́лать that is not so éasily done [...'i:z-...]; ~ ли потеря́ть сто́лько вре́мени it is no láughing mátter to lose all that time [...lu:z...]; с ним ~и пло́хи he is not one to be trífled with; he is an ill man* to quárrel with; he is a dángerous / násty cústomer [...'deɪndʒ-...] *идиом.*; он не на ~у рассерди́лся he is dównright ángry; не ~ no trífle, no láughing mátter [...'la:f-...].

шут||ли́вый wítty, húmorous, pláyful; jócular, facétious; flíppant. **~ни́к** *м.*, **~ни́ца** *ж.* wag [wæg]; jóker, jéster.

шутовск||о́й *прил. к* шут; ~ колпа́к fool's cap; ~ наря́д mótley ['mɔ-]; ~а́я вы́ходка bùffóonery.

шутовство́ *с.* bùffóonery.

шу́точн||ый **1.** (*комический*) cómic, facétious; ~ая поэ́ма cómic vérses *pl.*; **2.** (*пустяковый*) trífling; э́то де́ло не ~ое it is no joke, it is not a láughing mátter [...'la:f-...], that is no trífling mátter.

шутя́ **1.** *деепр*ич. *см.* шути́ть; **2.** *нареч.* in jest, for fun; jóking|ly; facétious|ly; не ~ sérious|ly, in éarnest [...'ə:-]; in all sérious|ness; **3.** *нареч.* (*очень легко*) éasily ['i:z-]; э́то мо́жно сде́лать ~ you could do it in your sleep.

шушу́ка||нье *с.* whíspering. **~ться** whísper.

шхе́ры *мн. геогр.* skérries.

шху́на *ж. мор.* schóoner; ~-бриг schóoner-brig; ма́рсельная ~ tópsail schóoner.

ш-ш *межд.* hush!

Щ

щаве́лев||ый 1. *прил.* к щаве́ль; **2.** *хим.* òxálic; ~ая кислота́ òxálic ácid; соль ~ой кислоты́ óxalàte.

щаве́ль *м.* sórrel.

щади́ть, пощади́ть (*вн.*) spare (*d.*); не щадя́ себя́ regárdless of one's own féelings, health, *etc.* [...oun... helθ], whóle-héartedly ['houl'hɑːt-]; ~ чью-л. жизнь spare smb.'s life; ~ чьи-л. чу́вства spare smb.'s féelings; ~ чьё-л. самолю́бие spare smb.'s sélf-estéem / sélf-respéct / vánity.

щебёнка *ж.*, **щёбень** *м.* road métal [...'me-]; кирпи́чный щёбень, кли́нкерный щёбень bróken brick; мости́ть щёбнем (*вн.*) métal (*d.*).

щёбет *м.*, **~а́ние** *с.* twítter, chirp.

щебета́ть twítter, chirp; (*перен.*: *говорить быстро, без умолку*) chátter.

щеглёнок *м.* **1.** (*птенец*) young góldfinch [jʌŋ...]; **2.** *уменьш. от* щего́л.

щего́л *м.* góldfinch.

щеголева́т||ость *ж.* dándyism, fóppery. **~ый** dándyish, fóppish, dándified, óver¦dréssed; ~ый молодо́й челове́к dándified young man* [...jʌŋ...].

щеголи́ха *ж.* wóman* of fáshion ['wu-...].

щёголь *м.* dándy, fop.

щегольну́ть *сов. см.* щеголя́ть 2.

щеголь||ско́й fóppish, dándified; dándy (*attr.*); ~ вид air of dándy. **~ство́** *с.* fóppery, dándyism.

щеголя́ть, щегольну́ть **1.** *тк. несов.* be a fop, be a dándy; cut* a dash; (в *пр.*) sport (*d.*): ~ в но́вом костю́ме sport *a* new suit [...sjuːt]; **2.** (*тв.*) *разг.* flaunt (*d.*), paráde (*d.*), show* off [ʃou...] (*d.*); make* a show / paráde (of).

ще́др||ость *ж.* gènerósity, lìberálity. **~о́ты** *мн.* bóunties. **~ый** génerous, líberal; ~ой руко́й with an ópen hand, ópen-hándedly, lávishly, únstinting¦ly; ~ые дары́ génerous / lávish gifts [...g-]; ~ый на обеща́ния lávish with prómises [...-sɪz].

щек||а́ *ж.* cheek; впа́лые щёки súnken cheeks; уда́рить кого́-л. по ~е́ give* smb. a slap in the face; подста́вить щёку turn the cheek; поцелова́ть в о́бе ~и́ kiss on both cheeks [...bouθ ...]; ◇ упи́сывать за о́бе ~и́ (*вн.*) *разг.* ≅ eat* héartily [...'hɑːt-] (*d.*).

щеко́лда *ж.* (*дверная*) latch.

щекота́ние *с.* tíckling.

щекота́ть, пощекота́ть **1.** (*вн.*; *прям. и перен.*) tickle (*d.*); ~ чьё-л. самолю́бие tickle smb.'s vánity; **2.** *безл.*: у меня́ в го́рле, в носу́ щеко́чет I have a tíckling sènsátion in my throat, nose; my throat, nose tickles.

щеко́тк||а *ж.* tíckling; боя́ться ~и be tícklish.

щекотли́в||ость *ж.* *разг.* (*прям. и перен.*) tícklishness; (*перен. тж.*) délicacy; ~ положе́ния délicacy of the sìtuátion. **~ый** (*прям. и перен.*) tícklish; (*перен. тж.*) délicate; ~ый вопро́с tícklish point.

щеко́тно *предик. безл.* (*дт.*) it tickles; ему́ ~ it tickles him.

щели́нный *лингв.* frícative; ~ звук frícative sound.

щели́стый *разг.* chínky, full of chinks.

щёлк *м.* *разг.* crack; (*пальцами*) fíllip, snap of the fíngers.

щёлк||а *ж.* chink (*a narrow opening*); смотре́ть в ~у look through a chink.

щёлканье *с.* **1.** (*языком, замком, щеколдой*) clícking; (*пробки*) póp-ping; ~ па́льцами snápping one's fíngers; ~ зуба́ми cháttering of teeth; **2.** (*щелчок*) fílliping; **3.** (*орехов и т. п.*) crácking; **4.** (*пение птиц*) trílling; (*о соловье*) jug.

щёлк||ать, щёлкнуть **1.** (*тв.*; *языком, замком, щеколдой*) click (*d.*); (*кнутом*) crack (*d.*), smack (*d.*); (*пробкой*) pop (*d.*); ~ бичо́м crack *the* whip; ~ па́льцами snap one's fíngers; ~ каблука́ми click one's heels; у него́ ~ают зу́бы his teeth are cháttering; **2.** (*вн.*; *давать щелчок*) flick (*d.*), fíllip (*d.*); ~нуть кого́-л. по́ носу give* smb. a flick / fíllip on the nose; **3.** *тк. несов.* (*вн.*; *об орехах и т. п.*) crack (*d.*); **4.** *тк. несов.* (*без доп.*; *о птицах*) trill; (*о соловье*) jug.

щёлкнуть *сов. см.* щёлкать 1, 2.

щелкопёр *м.* *уст.* scríbbler, pén-pùsher [-pu-].

щелку́нчик *м.* (*в сказках*) nút-cràcker.

щёлок *м.* álkalìne solútion.

щелочно́й *хим.* álkalìne; ~ раство́р álkalìne solútion.

щёлочность *ж.* *хим.* àlkalínity.

щёлочь *ж.* *хим.* álkalì.

щелчо́к *м.* flick, fíllip; (*звук*) click; (*перен.*) slight; дать ~ (*дт.*) give* a fíllip (*i.*); дать ~ по́ носу (*дт.*) give* a flick / fíllip on the nose (*i.*).

щель *ж.* **1.** chink; (*трещина*) crack; (*на земле тж.*) chap; (*разрез*) slit, slot; голосова́я ~ *анат.* glóttis; **2.** *воен.* (*узкая траншея*) slit trench; смотрова́я ~ òbservátion / vísion slit / slot [-zə-...].

щем||и́ть *безл.*: у меня́ се́рдце, грудь ~и́т my heart aches [...hɑːt eɪks]; ~я́щий ду́шу напе́в pláintive / mélancholy tune [...-k-...].

щени́ться, ощени́ться whelp, cub; (*тк. о собаках*) pup.

щено́к *м.* (*мн. тж.* щеня́та; *прям. и перен.*) púppy; (*у диких животных*) cub, whelp.

щепа́ *ж.* *тк. ед.* *собир.* chips *pl.*; (*для растопки*) kíndling(s) (*pl.*).

щепа́ть (*вн.*) chip (*d.*), splínter (*d.*).

щепети́льн||ость *ж.* pùnctílious¦-ness; (*добросовестность*) (óver¦)-scrùpulósity; не проявля́ть осо́бой ~ости в отноше́нии чего́-л. not to be óver¦scrúpulous abóut/in smth., not to make* too many scruples about smth. **~ый 1.** pùnctílious; (*добросовестный*) (óver¦)scrúpulous; **2.** (*о деле, вопросе*) délicate.

ще́пк||а *ж.* chip, slíver ['slɪ-]; ◇ худо́й как ~ thin as a lath; лес ру́бят — ~и летя́т *погов.* ≅ you cánnòt make an ómelet(te) without bréaking eggs [...'ɔmlɪt... 'breɪ-...].

щепо́тка *ж.*, **щепо́ть** *ж.* pinch; ~ со́ли pinch of salt; ~ табаку́ pinch of snuff.

щерба́тый 1. (*о лице*) póck-màrked; (*о посуде*) chipped; **2.** *разг.* (*беззубый*) gáp-toothed [-θt].

щерби́на *ж.* cut, chipped place/ spot.

щети́н||а *ж.* *тк. ед.* bristle. **~истый** brístly, brístling; setáceous [-ʃəs].

щети́ниться, ощети́ниться (*прям. и перен.*) bristle (up).

щетинообра́зный setáceous [-ʃəs], sétifòrm.

щётк||а *ж.* **1.** brush; зубна́я ~ tóoth-brùsh; ~ для воло́с háirbrùsh; ~ для ногте́й náil-brùsh; платяна́я ~ clóthes-brùsh ['klou-]; полова́я ~ broom; почи́стить ~ой (*вн.*) brush (*d.*); **2.** (*над копытом лошади*) fét¦-lòck; **3.** *эл.* brush.

щёточн||ик *м.* brúsh-màker; (*продавец*) brúsh-sèller. **~ый** *прил. к* щётка 1; ~ое произво́дство brush fáctory.

щёчный *анат.* cheek (*attr.*).

щи *мн.* shchi (*cabbage soup*) *sg.*; све́жие, лени́вые щи cábbage soup [...suːp] *sg.*; щи из ки́слой капу́сты sáuerkraut soup ['sauəkraut...] *sg.*; зелёные щи sórrel soup *sg.*

щи́колка *ж.*, **щи́колотка** *ж.* ankle.

щипа́ть, щипну́ть (*вн.*) **1.** pinch (*d.*), nip (*d.*), tweak (*d.*); **2.** *тк. несов.* (*о морозе, горчице и т. п.*) bite* (*d.*); **3.** *тк. несов.* (*о пеньке, льне и т. п.*) shred* (*d.*); **4.** *тк. несов.* (*о траве*) nibble (*d.*); (*о листьях, побегах*) browse [-z] (on). **~ся** *разг.* pinch; (*щипать друг друга*) pinch each other.

щипко́в||ый *муз.* pìzzicátò [pɪtsɪ-'kɑːtou] (*attr.*); ~ые инструме́нты pìzzicátò músical ínstruments [...-zɪ-...].

щипко́м *нареч. муз.* pìzzicátò [pɪtsɪ'kɑ:tou].

щипну́ть *сов. см.* щипа́ть 1.

щипо́к *м.* nip, pinch, tweak.

щипцы́ *мн.* (pair of) tongs; (*клещи*) píncers; ~ для оре́хов nútcràckers; ~ для зави́вки cúrling-ìrons [-aɪənz]; ками́нные ~ fíre-ìrons [-aɪənz], fíre-tòngs; ~ для са́хара súgar-tòngs ['ʃugə-]; хирурги́ческие ~ fórcèps.

щи́пчики *мн.* (pair of) twéezers.

щит *м.* 1. shield [ʃi:ld]; (*круглый*) búckler; 2. *тех.* (*шлюза*) slúice-gáte ['slu:s-]; (*от снежных заносов*) snów-screen ['snou-], snów-fènce ['snou-]; ~ управле́ния contról pánel [-roul 'pæ-]; распредели́тельный ~ swítchboard; оруди́йный ~ gun shield; 3. *зоол.* (*у черепахи и т. п.*) tórtoise-shèll [-təs-]; scútum; ◇ поднима́ть на ~ (*вн.*) laud to the skies (*d.*), make* a hérò (of), make* much (of).

щитови́дн||ый *анат.* thýroid ['θaɪ-]; ~ая железа́ thýroid gland; ~ хрящ thýroid cártilage.

щито́к *м.* 1. *уменьш. от* щит; 2. (*у насекомых*) córselet, thóràx; 3. *бот.* (*соцветие*) cyme, córymb.

щитоно́сец *м. ист.* ármour-bearer [-bɛə-].

щитообра́зный shield-shàped ['ʃi:ld-]; scútifòrm.

щу́ка *ж.* pike; (*морская*) ling.

щуп *м. тех.* probe.

щу́пальце *с. зоол.* téntacle, pálpus (*pl.* -pì); (*членистое*) ànténna (*pl.* -ae).

щу́пать, пощу́пать (*вн.*) feel* (*d.*), touch [tʌtʃ] (*d.*); ~ пульс feel* the pulse.

щу́плый púny, úndersízed.

щур *м.* (*птица*) píne-finch.

щу́рить: ~ глаза́ screw up one's eyes [...aɪz]. **~ся** (*о человеке*) screw up one's eyes [...aɪz]; (*на солнце*) squint; (*о глазах*) nárrow.

щу́чий *прил. к* щу́ка; ◇ по щу́чьему веле́нию ≅ by a wave of the wand.

Э

эбе́нов||ый ébony (*attr.*); ~ое де́рево ébony; ~ого цве́та ébony.

эбони́т *м.* ébonite. **~овый** ébonìte (*attr.*).

эбуллиоско́п *м. хим.* ebúllioscòpe. **~и́я** *ж. хим.* ebùllióscopy.

эвакуацио́нный *прил. к* эвакуа́ция; ~ пункт evàcuátion centre, cásualty-cléaring státion ['kæʒ-...].

эвакуа́ция *ж.* evàcuátion.

эвакуи́рованный 1. *прич. см.* эвакуи́ровать; 2. *м. как сущ.* evàcuée.

эвакуи́ровать *несов. и сов.* (*вн.*) evácuàte (*d.*). **~ся** *несов. и сов.* 1. evácuàte; 2. *страд. к* эвакуи́ровать.

эвдио́метр *м. физ.* eudiómeter.

эве́н *м.*, **~ка** *ж.* Evén.

эве́нк *м.*, **~и́йка** *ж.*, **~и́йский** Evénk; ~и́йский язы́к Evénk, the Evénk lánguage.

эве́нский Evén; ~ язы́к the Evén lánguage.

эвентуа́льный evéntual.

эвкали́пт *м. бот.* eucalýptus. **~овый** *прил. к* эвкали́пт; ~овое ма́сло eucalýptus oil.

эвольве́нта *ж. мат.* evólvent.

эволю́та *ж. мат.* évolùte ['i:v-].

эволюцион||и́зм *м.* èvolútionism [i:v-]. **~и́ровать** *несов. и сов.* evólve. **~и́ст** *м.* èvolútionist [i:v-].

эволюцио́нн||ый èvolútional [i:v-], èvolútionary [i:v-]; ~ая тео́рия théory of èvolútion ['θɪə-...i:v-], dóctrine of devélopment.

эволю́ция *ж.* èvolútion [i:v-].

эвристи́ческий heurístic; ~ ме́тод heurístic méthod.

эвфеми́||зм *м. лингв.* éuphemism, **~сти́ческий** *лингв.* euphemístic.

эвфони́ческий *лит.* euphónic.

эвфони́я *ж. лит.* éuphony.

эвфу||и́зм *м. лит.* éuphuism. **~исти́ческий** *лит.* euphuístic.

эги́д||а *ж.* áegis; под ~ой únder the áegis.

эго||и́зм *м.* sélfishness, égòism. **~и́ст** *м.* égòist.

эгоисти́ч||еский sélfish, ègòístic(al). **~ность** *ж.* sélfishness, égòism. **~ный** sélfish, ègòístical.

эгои́стка *ж. к* эгои́ст.

эготи́зм *м.* égotism.

эгоцентр||и́зм *м.* ègocéntrism. **~и́ческий** ègocéntric(al).

эгре́т [-рэ́т] *м.*, **~ка** [-рэ́-] *ж.* ég-rèt-plùme, áigrètte.

э́дак = э́так.

Э́дда *ж. лит.* Édda; Ста́ршая ~ Ólder / Pòétic Édda; Мла́дшая ~ Yóunger / Prose Édda ['jʌŋə...].

эдельве́йс [-дэ-] *м. бот.* édelweiss ['eɪdlwaɪs].

эде́м [эдэ́м] *м. библ.* (*тж. перен.*) Éden.

эди́кт *м. ист.* édict ['i:-].

эже́ктор *м. тех.* ejéctor.

эзо́пов(ский) Aesópian; ~ язы́к the lánguage of Aesòp.

эзотери́ческий [-тэ-] èsotéric.

эй *межд.* hallóo!, I say!, look here!; *мор.* ahóy!

эква́тор *м. геогр.* equátor [ɪ'kweɪtə].

экваториа́л *м. астр.* èquatórial.

экваториа́льный *геогр.* èquatórial.

эквивале́нт *м.* equívalent. **~ность** *ж.* equívalence. **~ный** equívalent; ~ная сто́имость equívalent válue.

эквилибри́ст *м.* rópe-wàlker, èquílibrist [i:-]. **~ика** *ж.* rópe-wàlking.

эквипотенциа́льн||ый [-тэ-] *физ.* èquipoténtial [i:k-]; ~ая пове́рхность èquipoténtial súrface.

экзальт||а́ция *ж.* èxàltátion. **~иро́ванный** in a state of èxàltátion; ècstátic.

экза́мен *м.* exàminátion; exám *разг.*; (*перен.*: *испытание*) test; держа́ть ~ go* in for *an* exàminátion, take* *an* exàminátion; вы́держать ~ pass *an* exàminátion; провали́ться на ~е fail at *an* exàminátion; be plucked *разг.*; вступи́тельный ~, приёмный ~ éntrance exàminátion; выпускно́й ~ fínal(s) (*pl.*); (*школьный тж.*) schóol-léaving exàminátion; переводны́е ~ы énd-of-yéar exàminátions; ~ на аттеста́т зре́лости exàminátion for the schóol-léaving certíficate. **~а́тор** *м.* exáminer.

экзаменацио́нн||ый *прил. к* экза́мен; ~ая се́ссия exàminátion périod; ~ая коми́ссия exámining board.

экзаменова́ть, проэкзаменова́ть (*вн.*) exámine (*d.*). **~ся,** проэкзаменова́ться 1. go* in for *an* exàminátion, take* *an* exàminátion; 2. *страд. к* экзаменова́ть.

экзамену́ющийся 1. *прич. см.* экзаменова́ться; 2. *м. как сущ.* exàminée.

экзеку́ция *ж. уст.* 1. (*телесное наказание*) flógging; 2. (*карательная экспедиция*) púnitive èxpedítion.

экзе́ма [-зэ́-] *ж. мед.* éczema. **~то́зный** [-зэ-] *мед.* èczématous.

экземпля́р [-зэ-] *м.* 1. cópy ['kɔ-]; в двух ~ах in dúplicate; в трёх ~ах in tríplicate; 2. (*образец*) spécimen; ре́дкий ~ расте́ния *и т. п.* rare spécimen of *a* plant, *etc.* [...-ɑ:nt].

экзоге́нный *геол.* èxógenous.

экзотери́ческий [-тэ-] èxotéric.

экзотерми́ческ||ий *физ.* èxothérmal; ~ие реа́кции èxothérmal rè|áctions.

экзо́т||ика *ж. тк. ед.* èxótic cháracter [...'kæ-]. **~и́ческий** èxótic.

экиво́к *м.* équivòque, quibble.

э́кий *разг.* what (a); э́кое сча́стье! what luck!

экипа́ж I *м.* (*коляска*) cárriage [-rɪdʒ].

экипа́ж II *м.* (*личный состав*) crew; *мор.* ófficers and crew *pl.*; ~ самолёта crew of *an* áircràft; фло́тский ~ nával dépòt [...'depou].

экипирова́ть *несов. и сов.* (*вн.*) equíp (*d.*). **~ся** *несов. и сов.* 1. equíp òne|sélf; 2. *страд. к* экипирова́ть.

экипиро́вка *ж.* 1. (*действие*) equípping; 2. (*снаряжение, обмундирование*) equípment.

э́ккер *м. тех.* cróss-stàff.

эклампси́я *ж. мед.* éclampsy.

эклекти́зм *м.* ècléctìcism.

экле́кт||ик *м.* ècléctic. ~**ика** *ж.* ècléctìcism. ~**и́ческий**, ~**и́чный** ècléctic.

эклипт||ика *ж. астр.* eclíptic; накло́н ~ики oblíquity of the eclíptic. ~**и́ческий** *астр.* eclíptic.

экло́га *ж. лит.* éclògue.

экологи́ческий *биол.* òecológical [i:k-].

эколо́гия *ж.* òecólogy [i:'kɔ-].

эконо́м *м. уст.* 1. hóuse¦keeper [-s-], stéward; 2. (*специалист*) ècónomist [i:-].

экономайзер [-зэр] *м. тех.* ècónomìzer [i:-].

экономи́зм *м.* ècónomism [i:-].

эконо́мика *ж.* 1. èconómics [i:k-]; 2. (*хозяйственный строй*) èconómic strúcture [i:k-...].

экономи́ст *м.*, ~**ка** *ж.* ècónomist [i:-]. ~**-планови́к** *м.* èconómic plánner [i:k-...]. ~**-стати́стик** *м.* stàtistícian.

эконо́мить, сэконо́мить 1. (*вн.*) ècónomìze [i:-] (*d.*); (*расходовать бережно*) use spáring¦ly (*d.*); húsband [-z-] (*d.*); ~ де́ньги save móney [...'mʌ-]; ~ то́пливо save fúel [...'fju-]; ~ свои́ си́лы spare one's strength; 2. (на *пр.*) save (on), ècónomìze (on); ~ на материа́лах save on matérials; 3. *тк. несов.* (*без доп.*) cut* down expénses.

экономи́ческ||ий èconómic [i:k-]; ~ая поли́тика èconómic pólicy; ~ая геогра́фия èconómic geógraphy; ~ райо́н èconómic région.

экономи́чн||ость *ж.* ècónomy [i:-]. ~**ый** èconómical [i:k-]; ~ый спо́соб изготовле́ния чего́-л. èconómical méthod of mànufácturing smth.

эконо́ми||я *ж.* 1. (*в разн. знач.*) ècónomy [i:-]; для ~и вре́мени, де́нег *и т. п.* to save time, móney, *etc.* [...'mʌ-]; соблюда́ть ~ю ècónomìze [i:-], save; борьба́ за ~ю ècónomy drive; э́то даст ~ю (в *пр.*) this will efféct a sáving (of); полити́ческая ~ polítical ècónomy; 2. *уст.* (*имение*) estáte.

эконо́мка *ж.* hóuse¦keeper [-s-].

эконо́мн||ичать *разг.* ècónomìze [i:-], be èconómical [...i:k-]. ~**ость** *ж.* ècónomy [i:-]; (*хозяйственность*) thrift. ~**ый** èconómical [i:-]; (*хозяйственный*) thrífty.

экра́н *м.* (*в разн. знач.*) screen; вы́пустить на ~ (*о фильме*) rè¦léase *a* film [-s...]; защи́тный ~ реа́ктора protéctive screen of a reáctor. ~**иза́ция** *ж.* fílming, scréening.

экранизи́ровать *несов. и сов.* (*вн.*) film (*d.*); ~ рома́н film *a* nóvel [...'nɔ-], make* *a* screen vérsion of *a* nóvel.

экрани́рование *с.* scréening; *эл., рад.* shíelding ['ʃi:-].

экрани́ровать *несов. и сов.* (*вн.*) screen (*d.*); *эл., рад.* shield [ʃi:-] (*d.*).

экс- (*бывший*) ex-; экс-чемпио́н èx-chámpion; экс-мини́стр èx-mínister.

эксгума́ция *ж.* èx¦hùmátion.

экскава́тор *м. тех.* éxcavàtor, pówer shóvel [...'ʃʌ-]; шага́ющий ~ wálking éxcavàtor. ~**ный** *прил. к* экскава́тор.

экскава́ция *ж. тех.* èxcavátion.

экскреме́нты *мн.* éxcrement *sg.*, fáecès [-si:z].

экскре́||ты *мн. физиол.* èxcréta. ~**ция** *ж. физиол.* èxcrétion.

экску́рс *м.* èxcúrsus, dìgréssion [daɪ-].

экскурса́нт *м.*, ~**ка** *ж.* excúrsionist.

экскурсио́нн||ый excúrsion (*attr.*); ~ая ба́за excúrsion centre; ~ое бюро́ excúrsion óffice.

экску́рс||ия *ж.* 1. (*коллективная поездка и т. п.*) excúrsion, trip; (*прогулка*) óuting; соверши́ть ~ию по го́роду make* a tour of the cíty [...tuə...'sɪ-]; 2. (*группа людей*) excúrsion párty, párty of excúrsionists.

экскурсово́д *м.* excúrsion guide.

экслибрис *м.* èx-líbris [-'laɪ-], bóok-plàte.

экспанси́вн||ость *ж.* effúsive¦ness. ~**ый** effúsive; ~ая нату́ра expánsive náture [...'neɪ-].

экспансион||и́зм *м.* expánsionism. ~**и́ст** *м.* expánsionist.

экспансиони́стск||ий expánsion (*attr.*); of expánsion; ~ая поли́тика pólicy of expánsion.

экспа́нсия *ж.* expánsion.

экспатриа́ция *ж.* èxpàtriátion [-pæ-].

экспатрии́ровать *несов. и сов.* (*вн.*) èxpátriàte [-'pæ-] (*d.*). ~**ся** *несов. и сов.* 1. èxpátriàte [-'pæ-]; 2. *страд. к* экспатрии́ровать.

экспеди́||ровать *несов. и сов.* (*вн.*) dispátch (*d.*), éxpedìte (*d.*). ~**тор** *м.* fíling clerk [...klɑ:k]; (*грузов*) fórwarding ágent, fórwarder.

эспедицио́нн||ый èxpedítionary; ~ ко́рпус *воен.* èxpedítionary corps [...kɔ:]; ~ые войска́ èxpedítionary force *sg.*, èxpedítionary fórces.

экспеди́ция *ж.* 1. èxpedítion; нау́чная ~ scìentífic èxpedítion, reséarch èxpedítion [-'sə:ʧ...]; спаса́тельная ~ réscue párty; 2. (*учреждение для рассылки*) dispátch óffice.

экспериме́нт *м.* expériment; результа́ты ~а èxpèriméntal resúlts [...-'zʌ-]. ~**а́льный** èxpèriméntal. ~**а́тор** *м.* expérimènter, èxpèriméntalist.

эксперименти́ров||ание *с.* èxpèrimèntátion. ~**ать** (над, с *тв.*) expérimènt (on, with).

экспе́рт *м.* éxpèrt. ~**и́за** *ж.* 1. exàminátion; производи́ть ~и́зу make* an exàminátion; проходи́ть ~и́зу ùndergó* an exàminátion (by éxpèrts); результа́т ~и́зы resúlts of exàminátion [-'zʌ-...] *pl.*; 2. (*комиссия экспертов*) commíssion of éxpèrts; заключе́ние ~и́зы opínion / decísion of *a* commíssion of éxpèrts. ~**ный** *прил. к* экспе́рт; ~ная коми́ссия commíssion of éxpèrts.

экспирато́рн||ый *лингв.* expíratory [-'paɪə-]; breath [-eθ] (*attr.*); force (*attr.*); ~ое ударе́ние breath / force stress.

экспира́ция *ж. лингв.* èxpirátion.

эксплнта́ция *ж. биол.* èxplantátion.

экспли́ка́ция *ж.* èxplicátion.

эксплози́вный *лингв.* plósive; stop (*attr.*); ~ звук plósive (sound)

эксплуата́тор *м.* explóiter. ~**ский** *прил. к* эксплуата́тор; ~ские кла́ссы the explóiter clásses.

эксплуатацио́нн||ый òperátion (*attr.*); òperátional; ~ые расхо́ды òperátion expénses.

эксплуата́ц||ия *ж.* 1. èxploitátion; 2. (*предприятия, железной дороги, механизмов и т. п.*) èxploitátion, explóiting; òperátion, rúnning; (*здания и т. п.*) máintenance; сдать, ввести́ в ~ию (*вн.*) put* into òperátion (*d.*), turn óver for òperátion (*d.*); ввод в ~ию pútting into òperátion, commíssioning.

эксплуати́ровать (*вн.*) 1. explóit (*d.*); ~ труд explóit lábour; 2. (*о предприятии и т. п.*) explóit (*d.*); óperàte (*d.*), run* (*d.*); (*разрабатывать*) work (*d.*); ~ ша́хту explóit a mine.

экспозе́ [-зэ́] *с. нескл. уст.* exposé (*фр.*) [eks'pouzeɪ].

экспози́ция *ж.* (*в разн. знач.*) èxposítion [-'zɪ-]; *фот. тж.* expósure [-'pouʒə].

экспона́т *м.* exhíbit; ~ы the displáys; the exhíbit *sg.*

экспоне́нт *м.* 1. (*на выставке*) exhíbitor; 2. *мат.* èxpónent; (*показатель*) índèx (*pl.* -es [-ksɪz] *и* índicès ['ɪndɪsi:z]).

экспони́ровать *несов. и сов.* (*вн.*) 1. (*на выставке*) exhíbit (*d.*); 2. *фот.* expóse (*d.*).

э́кспорт *м. тк. ед.* éxpòrt.

экспортёр *м.* èxpórter.

экспорти́ров||ание *с.* èxpòrtátion. ~**ать** *несов. и сов.* (*вн.*) èxpórt (*d.*).

э́кспортн||ый éxpòrt (*attr.*); ~ая торго́вля éxpòrt trade.

экспре́сс *м.* expréss.

экспресси́вный expréssive.

экспрессион||и́зм *м. иск.* expréssionism. ~**и́ст** *м. иск.* expréssionist

экспрессионисти́ческий *иск.* exprèssionístic.

экспре́ссия *ж.* expréssion.

экспре́ссн||ый expréss (*attr.*); ~ая пассажи́рская ли́ния expréss pássenger line [.../-nʤə...].

экспро́мт *м.* imprómptù. ~**ом** *нареч.* imprómptù, èxtémpore [-rɪ]; óff-hánd; спеть что-л. ~ом sing* smth. èxtémpore; сказа́ть ~ом èxtémporìze.

экспропри||а́тор *м.* èxprópriàtor. **~а́ция** *ж.* èxpròpriátion.

экспроприи́ровать *несов. и сов.* (*вн.*) èxprópriàte (*d.*), dispossess [-'zes] (*d.*).

экста́з *м.* écstasy; приводи́ть в ~ (*вн.*) throw* / drive* into écstasies [θrou...] (*d.*); впасть в ~ go* into écstasies.

экстенси́вн||ость [-тэ-] *ж.* exténsive¦ness. **~ый** [-тэ-] exténsive; ~ое хозя́йство exténsive ágricùlture.

экстéрн [-тэ́-] *м.* (*в высшем учебном заведении*) èxtérnal stúdent (*student allowed to take examinations without regularly attending lectures*); сдава́ть экза́мены ~ом pass exàminátions without atténding léctures. **~а́т** [-тэ-] *м.* (*в высшем учебном заведении*) èxtérnal-stúdies depártment [-'stʌ-...] (*department for students taking examinations without attending lectures*).

экстерриториа́льн||ость *ж. дип.* éxtèrritòriálity; пра́во ~ости éxtèrritórial right. **~ый** *дип.* éxtèrritórial.

экстерьéр [-тэ-] *м.* èxtérior.

экстравага́нтн||ость *ж.* èccèntrícity, extrávagance. **~ый** eccéntric, extrávagant.

экстраги́рование *с. хим., тех., мед.* extrácting.

экстраги́ровать *несов. и сов.* (*вн.*) *хим., тех., мед.* extráct (*d.*).

экстра́кт *м.* (*в разн. знач.*) éxtràct.

экстракти́вн||ый *хим.* extráctive; ~ые вещества́ extráctive súbstances.

экстра́к||тор *м. тех.* extráctor. **~ция** *ж. хим., тех., мед.* extráction.

экстраордина́рный extraórdinary [ɪks'trɔːdnrɪ].

экстраполи́рование *с.*, **экстраполя́ция** *ж. мат.* èxtrapolátion.

экстрем||и́зм *м.* extrémism [-'triː-]. **~и́ст** *м.* extrémist [-'triː-].

э́кстренн||о *нареч.* úrgently. **~ость** *ж.* úrgency; spécial cháracter ['spe-'kæ-]. **~ый 1.** (*чрезвычайный*) spécial ['spe-], extraórdinary [ɪks'trɔːdnrɪ]; ~ый по́езд spécial train; ~ый вы́пуск spécial edítion; ~ое заседа́ние spécial méeting; **2.** (*срочный*) úrgent.

эксуда́т *м. мед.* èxùdátion.

эксце́нтрик I *м. тех.* cam; (*в паровой машине*) eccéntric.

эксце́нтрик II *м.* (*клоун*) clown.

эксце́нтриковый *тех.* eccéntric; ~ диск eccéntric disk.

эксцентрицитéт *м. тех.* èccèntrícity.

эксцентри́ческий eccéntric.

эксцентри́чн||ость *ж.* èccèntrícity. **~ый** eccéntric.

эксце́сс *м.* excéss.

эласти́чн||ость *ж.* èlàstícity. **~ый** elástic.

элева́тор *м. с.-х., тех.* élevàtor.

элега́нтн||ость *ж.* élegance. **~ый** élegant, smart.

элеги́ческий *лит.* èlegíac; (*перен.*) sèntiméntal.

эле́гия *ж. лит., муз.* élegy.

электриза́ция *ж. физ., мед.* elèctrìzátion [-raɪ-].

электризова́ть *несов. и сов.* (*вн.*) **1.** *физ.* eléctrifỳ (*d.*); **2.** *мед.* eléctrìze (*d.*). **~ся** *несов. и сов.* **1.** *физ.* eléctrifỳ, become* eléctric; **2.** *страд. к* электризова́ть.

эле́ктрик *м. разг.* elèctrícian; инженéр-~ eléctrical èngineer [...endʒ-]; тéхник-~ elèctrícian.

электри́к *прил. неизм.* (*цвет*) eléctric blue.

электрифи||ка́ция *ж.* elèctrificátion. **~ци́ровать** *несов. и сов.* (*вн.*) eléctrifỳ (*d.*).

электри́ческ||ий eléctric(al); ~ ток eléctric cúrrent; ~ая батарéя (eléctric) báttery; ~ая ла́мпочка eléctric bulb; ~ звоно́к eléctric bell; ~ое освещéние eléctric líghting; ~ свет eléctric light; ~ая желéзная доро́га eléctric ráilway; ~ая ста́нция (eléctric) pówer státion; ~ая маши́на eléctrical machíne [...-'ʃiːn]; ~ у́горь *зоол.* eléctric eel.

электри́честв||о *с.* elèctrícity; (*освещение тж.*) eléctric light; положи́тельное ~ pósitive elèctrícity ['pɔz-...]; отрица́тельное ~ négative elèctrícity; зажéчь, потуши́ть ~ *разг.* turn on, turn off the light; посрéдством ~a eléctrically, by means of elèctrícity.

электри́чка *ж. разг.* eléctric ráilway; (*о поезде*) (eléctric) train.

электро- (*в сложн.*) eléctrò-.

электроаку́ст||ика *ж.* eléctrò-acóustics [-ə'kuːs-]. **~и́ческий** eléctrò-acóustic [-ə'kuːs-]; ~и́ческие прибо́ры eléctrò-acóustic àpparátus *sg.*

электроаппарату́ра *ж.* eléctrical equípment.

электрово́з *м.* eléctric lócomòtive [...'lou-].

электро́д *м. физ.* eléctròde.

электродви́||гатель *м. тех.* eléctric mótor. **~жущий** *физ.* eléctrò¦mòtive; ~жущая си́ла eléctrò¦mòtive force.

электродина́м||ика *ж. физ.* eléctrò¦-dỳnámics [-daɪ-]. **~и́ческий** *физ.* eléctrò¦dỳnámic [-daɪ-].

электродинамо́метр *м. физ.* eléctrò¦dỳnamómeter [-daɪ-].

электро́дный *прил. к* электро́д; ~ потенциа́л eléctròde poténtial.

электродоéние *с.* eléctric mílking.

электродои́льн||ый: ~ая маши́на eléctric mílking machíne [...-'ʃiːn].

электроёмкость *ж. физ.* eléctrò-capácity.

электрозапа́л *м. тех.* eléctric fuse / prímer.

электрока́р *м. тех.* eléctric (trólley-)càr.

электрокардио||гра́мма *ж. мед.* eléctrò¦cárdiogràm. **~гра́фия** *ж. мед.* eléctrò¦càrdiógraphy.

электролечéбница *ж. мед.* elèctropáthic estáblishment.

электролечéние *с. мед.* elèctrópathy.

электро́лиз *м. физ.* elèctrólysis.

электроли́т *м. физ.* eléctrolỳte. **~и́ческий** *физ.* elèctrolýtic.

электро||магнети́зм *м. физ.* eléctrò¦-mágnetism. **~магни́т** *м. физ.* eléctrò¦-mágnet. **~магни́тный** *физ.* eléctrò¦-màgnétic; ~магни́тное по́ле eléctrò¦-màgnétic field [...fiːld]; ~магни́тные во́лны eléctrò¦màgnétic waves.

электромаши́на *ж.* eléctric machíne [...-'ʃiːn].

электрометаллу́ргия *ж.* eléctric métallùrgy.

электро́метр *м. физ.* elèctrómeter.

электро||меха́ник *м.* elèctrícian. **~меха́ника** *ж.* eléctrò¦mechánics [-'kæ-].

электромолотьба́ *ж.* eléctric thréshing.

электромонтёр *м.* elèctrícian.

электромото́р *м. тех.* eléctrò¦mótor. **~ный** *тех.* eléctrò¦mòtive.

электро́н *м. физ.* eléctròn.

электронагрева́тельн||ый: ~ые прибо́ры eléctrical héating applíances.

электро́ника *ж.* elèctrónics.

электро́нн||ый *физ.* elèctrónic; ~ая теóрия elèctrónic théory [...'θɪə-]; ~ая фи́зика elèctrónic phýsics [...-z-]; ~ая ла́мпа elèctrónic lamp; ~ые вычисли́тельные маши́ны elèctrónic compúters; ~ые счётно-реша́ющие и управля́ющие устро́йства compúters and contról sýstems [...-oul...].

электрооборýдование *с.* eléctrical equípment.

электроотрица́тельный *физ.* eléctrò¦négative.

электропа́хота *ж.* eléctric plóughing.

электропереда́ча *ж. тех.* eléctrò-trànsmíssion [-nz-].

электроплу́г *м.* eléctric plough.

электропо́езд *м.* eléctric train.

электроположи́тельный *физ.* eléctrò¦pósitive [-zə-].

электроприбо́р *м.* eléctric applíance.

электропрово́д||ка *ж.* wíring. **~ность** *ж. физ.* eléctrò¦còndùctívity. **~ный** *физ.* eléctrò¦condúctive.

электропромы́шленность *ж.* eléctric(al) índustry.

электросва́р||ка *ж. тех.* eléctric wélding. **~щик** *м.* eléctric wélder.

электросéть *ж.* wíring / eléctric sýstem.

электросилов||о́й: ~а́я ста́нция eléctric pówer státion.

электроско́п *м. физ.* eléctroscòpe.

электроста́ль *ж. тех.* eléctric steel.

электроста́нция *ж.* eléctric pówer státion.

электроста́т||ика *ж. физ.* eléctrò¦státics. **~и́ческий** *физ.* eléctrò¦státic.

электротерапи́я *ж. мед.* eléctrò¦thérapy, eléctrò¦thèrapéutics.

электроте́хн||ик *м.* elèctrícian. **~ика** *ж.* eléctrical èngineéring [..endʒ-]. **~и́ческий** elèctrotéchnical.

электротя́га *ж. тех.* eléctric tráction.

электрофизиоло́гия *ж.* eléctrò¦phỳsiólogy [-zɪ-].

электрофо́р *м. тех.* eléctrophòre, elèctróphorus.

электро||хими́ческий eléctrò¦chémical [-'ke-]. **~хи́мия** *ж.* eléctrò¦chémistry [-'ke-]. **~эне́ргия** *ж.* eléctrical énergy.

элеме́нт *м.* (*в разн. знач.*) élement; *эл.* cell; ~ы матема́тики the élements of màthemátics; периоди́ческая систе́ма ~ов the pèriódic sýstem of élements; гальвани́ческий ~ *эл.* gàlvánic pile; прогресси́вные ~ы о́бщества progréssive mémbers of socíety; престу́пный ~ críminal élement.

элемента́рн||ость *ж.* èleméntariness. **~ый** èleméntary; ~ые зна́ния élements, rúdiments; ~ая че́стность cómmon hónesty [...'ɔn-].

элеро́н *м. ав.* áilerón [-rɔːŋ].

элефантиа́з(ис) *м. мед.* èlephàntíasis.

эли́зия *ж. лингв.* elísion.

элекси́р *м.* elíxir; ◇ жи́зненный ~ elíxir of life.

элимин||а́ция *ж.*, **~и́рование** *с.* eliminátion. **~и́ровать** *несов. и сов.* (*вн.*) elíminàte (*d.*).

э́ллин *м. ист.* Héllène.

э́ллинг *м.* 1. *мор.* cóvered slip ['kʌ...], cóvered-ín berth ['kʌ-...]; 2. *ав.*: ~ дирижа́бля áirshìp shed.

эллин||и́зм *м.* Héllenism. **~исти́ческий** Hèllenístic.

э́ллинский Hèllénic [-'liː-].

э́ллипс(ис) *м. мат., лингв.* ellípsis.

эллипсо́ид *м. мат.* ellípsoid.

эллипти́ческий ellíptic(al).

эль *м.* (*пиво*) ale.

эльза́с||ец *м.*, **~ка** *ж.*, **~ский** Àlsátian.

эльф *м. миф.* elf*.

элю́вий *м. геол.* elúvium.

эма́лев||ый enámel [ɪ'næ-] (*attr.*), enámelled; ~ые кра́ски enámel *sg.*

эмалирова́ние *с. тех.* enámelling.

эмалиро́ванн||ый *прич. и прил.* enámelled; бе́лый ~, си́ний ~ *и т. п.* whíte-enámelled, blúe-enámelled, *etc.*; ~ая кастрю́ля enámel sáuce¦pàn [ɪ'næ-...].

эмалирова́ть (*вн.*) enámel [ɪ'næ-] (*d.*).

эмалиро́вка *ж.* enámel [ɪ'næ-], enámelling.

эмалиро́вочный enámelling.

эма́ль *ж.* enámel [ɪ'næ-]; покрыва́ть ~ю (*вн.*) enámel (*d.*); зубна́я ~ *анат.* enámel.

эмана́ция *ж. физ., хим.* èmanátion; ~ ра́дия rádium èmanátion.

эмансипа́ция *ж.* emàncipátion.

эмансипи́ровать *несов. и сов.* (*вн.*) emáncipàte (*d.*). **~ся** *несов. и сов.* 1. become* / get* emáncipàted; 2. *страд. к* эмансипи́ровать.

эмба́рго *с. нескл. эк.* embárgò; наложи́ть ~ (на *вн.*) put* / place an embárgò (on).

эмбле́ма *ж.* émblem. **~ти́ческий** èmblemátic(al).

эмболи́я *ж. мед.* émbolism.

эмбриогене́з [-нэз] *м. биол.* èmbryogénesis.

эмбрио́лог *м.* èmbryólogist. **~и́ческий** èmbryológical.

эмбриоло́гия *ж.* èmbryólogy.

эмбрио́н *м. биол.* émbryò. **~а́льный** *биол.* èmbryónic; в ~а́льном состоя́нии in émbryò.

эмбриотоми́я *ж. мед.* èmbryótomy.

эмигра́нт *м.* émigrant; émigré (*фр.*) ['emɪgreɪ]; éxìle. **~ка** *ж.* émigrant; émigrée (*фр.*) ['emɪgreɪ]; éxìle. **~ский** *прил. к* эмигра́нт.

эмигр||ацио́нный émigràtory [-greɪ-]. **~а́ция** *ж.* 1. èmigrátion; 2. *собир.* émigrants *pl.*; émigrés (*фр.*) ['emɪgreɪz] *pl.*; 3. (*пребывание в другой стране*): жить в ~а́ции live as an émigrant [lɪv...].

эмигри́ровать *несов. и сов.* émigràte.

эми́р *м.* emír [e'mɪə].

эмисса́р *м.* émissary.

эмиссио́нный *эк.* emíssive; ~ банк bank of íssue.

эми́ссия *ж. эк.* emíssion.

эмоциона́льный emótional.

эмо́ция *ж.* emótion.

эмпире́||и *мн.* èmpỳréan [-'rɪən]; ◇ вита́ть в ~ях have one's head in the clouds [...hed...].

эмпири́зм *м. филос.* èmpíricism.

эмпи́рик *м.* èmpíric, èmpíricist.

эмпириокритици́зм *м. филос.* èmpíriò¦críticism.

эмпири́ческий èmpíric(al).

э́му *м. нескл. зоол.* émù.

эму́льсия *ж. хим.* emúlsion.

эмфа́за *ж. лингв.* émphasis.

эмфати́ческий *лингв.* emphátic.

эмфизе́ма [-зэ́-] *ж. мед.* èmphyséma.

энгармони́ческий *муз.* ènhàrmónic.

эндеми́ческий *мед., биол.* èndémic.

эндога́мия *ж. этн.* èndógamy.

эндоге́нный èndógenous.

эндоде́рма [-дэ́-] *ж. биол.* éndodèrm.

эндокарди́т *м. мед.* èndòcàrdítis [-dou-].

эндокри́нн||ый *биол.*: ~ые же́лезы éndocrìne glands.

эндокриноло́гия *ж. физиол.* èndòcrinólogy [-dou-].

эндоте́лий [-тэ́-] *м. биол.* èndothélium.

эндотерми́ческ||ий *хим.* èndothérmic; ~ие реа́кции èndothérmic rè¦áctions.

э́ндшпиль *м. шахм.* énd-gàme.

энерге́тик *м.* spécialist in ènergétics ['spe-...], pówer spécialist.

энерге́тика *ж.* ènergétics.

энергети́ческ||ий pówer (*attr.*); ~ое хозя́йство pówer èconomy [...iː-]; ~ая ба́за (eléctric) pówer base [...-s].

энерги́чн||ый ènergétic; ~ челове́к ènergétic pérson; ~ые ме́ры drástic méasures [...'meʒ-].

эне́рги||я *ж.* (*в разн. знач.*) énergy; потенциа́льная ~ poténtial énergy; кинети́ческая ~ kìnétic énergy [kaɪ...]; теплова́я ~ thérmal énergy; зако́н сохране́ния и превраще́ния ~и cònservátion of énergy; жи́зненная ~ vítal énergy; затра́та ~и *тех.* énergy loss.

энергоёмк||ий: ~ие произво́дства pówer-consúming índustries.

энергосисте́мы *мн.* pówer grids.

энкли́т||ика *ж. лингв.* en¦clític. **~и́ческий** *лингв.* en¦clític.

э́нн||ый únspécified; n ['en] (*attr.*); ~ое число́ any númber, n númber; в ~ой сте́пени to the nth degrée / pówer [...'enθ...].

э́нский N ['en], a cértain; ~ полк a cértain régiment; ~ заво́д a cértain fáctory.

энтеле́хия [-тэ-] *ж. филос.* entélechy [-kɪ].

энтери́т [-тэ-] *м. мед.* ènterítis.

энтомо́лог *м.* èntomólogist. **~и́ческий** èntomológical.

энтомоло́гия *ж.* èntomólogy.

энтропи́я *ж. физ., мед.* éntropy.

энтузи||а́зм *м.* enthúsiàsm [-zɪ-]; проявля́ть ~ show* enthúsiàsm [ʃou...], be enthùsiástic [...-zɪ-]; рабо́тать с ~а́змом work with gústò. **~а́ст** *м.*, **~а́стка** *ж.* enthúsiàst [-zɪ-].

энцефали́т *м. мед.* èncèphalítis.

энци́клика *ж.* èn¦cýclic.

энциклопеди́зм *м.* èncỳclopáedic léarning [-saɪ- 'lɜːn-].

энциклопеди́ст *м.* 1. *ист.* èncỳclopáedist [-saɪ-]; 2. (*широко образованный человек*) érudìte.

энциклопеди́ческ||ий èncỳclopáedic [-saɪ-]; ~ слова́рь èncỳclopáedia [-saɪ-]; ~ие зна́ния èncỳclopáedic knówledge [...'nɔ-] *sg.*

энциклопе́дия *ж.* èncỳclopáedia [-saɪ-].

Эол *м. миф.* Áeolus.

эоли́т *м. археол.* éolìth. **~и́ческий** *археол.* èolíthic.

эо́лов: ~а а́рфа *миф.* Aeólian harp.

эоце́н *м. геол.* éocène.

эпенте́за [-тэ́-] *ж. лингв.* èpénthesis.

эпиго́н *м.* Epígonus (*pl.* -nì), ímitàtor. **~ский** ímitàtive. **~ство** *с.* feeble ìmitátion.

эпигра́мм||а *ж. лит.* épigràm; сочиня́ть ~ы на кого́-л. èpigrámmatìze about smb. **~ати́ческий** *лит.* èpigrammátic.

эпи́граф *м.* épigràph.

эпидемио́лог *м.* èpidèmiólogist.

эпидемио||логи́ческий *мед.* èpidèmiológical. **~ло́гия** *ж.* èpidèmiólogy.

эпидеми́ческ||ий èpidémic; ~ая боле́знь èpidémic.

эпиде́мия *ж.* èpidémic.

эпиде́рма [-дэ́-] *ж.*, **эпиде́рмис** [-дэ́-] *м. биол.* èpidérmis.

эпидиаско́п *м.* èpidíascòpe.

эпизо́д *м.* épisòde. **~и́ческий** èpisódic(al); ~и́ческий персона́ж *лит.* incidéntal cháracter [...'kæ-].

эпизооти́ческий *вет.* èpizòótic.

эпизоо́тия *ж. вет.* èpizòótic.

э́пика *ж. лит.* épics.

эпику́р||е́ец *м.*, **~е́йский** èpicuréan [-'ri:ən]. **~е́йство** *с.* èpicuréanism [-'ri:ən-].

эпиле́п||сия *ж. мед.* épilèpsy. **~тик** *м. мед.* èpiléptic. **~ти́ческий** *мед.* èpiléptic.

эпило́г *м. лит.* èpilógue.

эпистоля́рный *лит.* epístolary.

эпита́фия *ж.* épitàph.

эпителиа́льный [-тэ́-] *анат.* èpithélial.

эпите́лий [-тэ́-] *м. анат.* èpithélium.

эпи́тет *м. лит.* épithèt.

эпифи́т *м. бот.* épiphỳte.

эпице́нтр *м.* èpicéntre.

эпици́кл *м. мат.* épicỳcle. **~и́ческий** *мат., тех.* èpicýclic [-'saɪ-]; ~и́ческая переда́ча èpicýclic.

эпи́ческий *лит.* épic.

эполе́т *м. воен.* épaulèt(te).

эпопе́я *ж. лит.* époree.

э́пос *м. лит.* épòs ['e-].

эпо́ха *ж.* épòch [-k]; age; éra; геологи́ческая ~ geológical épòch; ~ феодали́зма age of féudalism; герои́ческая ~ heróic éra.

эпоха́льный épòchal ['i:pɔk-], épòch-màking ['i:pɔk-].

э́ра *ж.* éra; в 575 году́ на́шей э́ры A. D. 575 ['eɪ'di:...]; в 575 году́ до на́шей э́ры 575 B. C. [...'bi:'si:].

э́рбий *м. хим.* érbium.

эрг *м. физ.* erg, érgòn.

эрготи́зм *м. мед.* érgotism.

эре́кция *ж. физиол.* eréction.

Эри́нии *мн. миф.* Erínyès [-i:z].

эри́стика *ж.* èrístic.

эрите́ма [-тэ́-] *ж. мед.* èrythéma.

эритроци́ты *мн.* (*ед.* эритроци́т *м.*) *физиол.* red córpùscles [..'kɔ:pʌslz]; erýthrocỳtes.

эрмита́ж *м.* Hérmitage.

эроди́ровать *геол.* eróde.

эрози́вный erósive.

эро́зия *ж.* (*в разн. знач.*) erósion; ~ почв soil erósion.

Э́рос *м.*, **Эро́т** *м. миф.* Éròs ['e-].

эроти́зм *м.* èróticism.

эро́т||ика *ж.* sènsuálity. **~и́ческий, ~и́чный** erótic; sénsual.

эротома́н *м.* eròtomániàc [ɪrou-]. **~ия** *ж. мед.* eròtománia [ɪrou-].

эруди́рованный érudìte.

эруди́т *м.* érudìte.

эруди́ци||я *ж.* èrudítion; э́то напи́сано с большо́й ~ей this shows much èrudítion / léarning [...ʃouz...'lə:-]; он челове́к с большо́й ~ей he is a man* of great èrudítion / léarning [...greɪt...].

эрцге́рцог *м. ист.* árchdúke.

эсе́р [эсэ́р] *м. ист.* sócialist-rèvolútionary. **~овский** [эсэ́-] *ист.* sócialist-rèvolútionary.

эска́др||а *ж. мор.* squádron ['skwɔ-]. **~енный** *прил. к* эска́дра; ~енный миноно́сец (tòrpédò-boat) destróyer.

эскадри́лья *ж. ав.* (air)squádron [...'skwɔ-]; бомбардиро́вочная ~ bómber squádron; ~ истреби́телей fíghter squádron.

эскадро́н *м. воен.* (cávalry) squádron [...'skwɔ-]; (cávalry) troop *амер.*; разве́дывательный ~ recónnaissance squádron [-nɪs-...]. **~ный** *воен.* squádron ['skwɔ-] (*attr.*).

эскала́тор *м.* éscalàtor, móving stáircàse / stáirway ['mu:v- -s...].

эска́рп *м. воен.* scarp.

эскváйр *м.* esquíre.

эски́з *м.* **1.** *жив.* sketch; stúdy ['stʌ-]; càrtóon; **2.** (*чертёж*) draft, óutlìne. **~ный** *прил. к* эски́з; ~ный прое́кт draft.

эскимо́ *с. нескл.* chóc-ìce.

эскимо́с *м.* Éskimò. **~ка** *ж.* Éskimò wóman* [...'wu-]. **~ский** Éskimò.

эско́рт *м.* éscòrt. **~и́ровать** (*вн.*) escórt (*d.*). **~ный** éscòrt (*attr.*).

эскула́п *м. уст., шутл.* Aesculápius.

эсми́нец *м.* (эска́дренный миноно́сец) *мор.* (tòrpédò-boat) destróyer (*сокр.* T. B. D.).

эспадро́н *м.* cútting-swòrd [-sɔ:d], báckswòrd [-sɔ:d], spadróon.

эспаньо́лка *ж.* impérial.

эсперанти́ст *м.* Èsperántist.

эспера́нто *с. нескл.* Èsperántò.

эспланáда *ж.* èsplanáde.

эссе́ *с. нескл. лит.* éssay.

эссе́нция *ж.* éssence.

эстака́да *ж.* (*для причала*) pier [pɪə]; (*временный мост*) tréstle(wòrk) bridge.

эста́мп *м. иск.* print, plate.

эстафе́т||а *ж. спорт.* reláy-ràce; переда́ть ~у (*дт.*) hand / pass on the báton [...'bæ-] (to). **~ный** *прил. к* эстафе́та; ~ный бег reláy-ràce.

эсте́т [-тэ́т] *м.* áesthète. **~и́зм** [-тэ-] *м.* aesthéticism. **~ика** [-тэ́-] *ж.* aesthétics. **~и́ческий** [-тэ-], **~и́чный** [-тэ-] aesthétic(al). **~ство** [-тэ́-] *с.* aesthéticism.

эсто́н||ец *м.*, **~ка** *ж.*, **~ский** Èstónian; ~ский язы́к Èstónian, the Èstónian lánguage.

эстраго́н *м. бот.* tárragon; у́ксус- ~ tárragon vínegar.

эстра́д||а *ж.* **1.** (*площадка*) stage, plátfòrm; **2.** (*вид искусства*) varíety art; арти́ст, арти́стка ~ы varíety áctor, áctress. **~ный** varíety (*attr.*), váudeville ['voudəvɪl] (*attr.*); ~ный арти́ст varíety áctor; ~ная арти́стка varíety áctress.

эстуа́рий *м. геогр.* éstuary.

э́та *ж. см.* э́тот.

эта́ж *м.* floor [flɔ:], stórey; пе́рвый ~ ground floor; второ́й ~ first floor; тре́тий ~ sécond floor ['se-...]; дом в пять ~е́й fíve-stòrey house* [...-s], house* of five stóreys; он живёт на тре́тьем ~е́ he lives on the sécond floor [...lɪvz...]; ко́мнаты в ве́рхнем ~е́ the tóp-floor rooms [...-flɔ:...].

этаже́рка *ж.* (*для книг*) bóok-stànd; (*для безделушек*) whát-nòt.

-эта́жный (*в сложн. словах, не приведённых особо*) -stórey(ed) [-rɪd]; *напр.* двадцатиэта́жный twénty-stòrey(ed).

э́так *разг.* **1.** *нареч.* so, in this mánner, thus [ðʌs]; и так и ~ this way and that; **2.** *как вводн. сл.*: киломе́тров ~ 20 some 20 kílomètres.

э́так||ий *разг.* such, like this; (*такой*) what (a); по́сле ~ой неуда́чи áfter such a fáilure; ~ дура́к! what a fool!; ~ая неуда́ча! what bad luck!

этало́н *м.* stándard; ~ ме́тра *физ.* stándard metre.

эта́н *м. хим.* ethâne.

эта́п *м.* **1.** (*стадия*) stage; **2.** *ист.* hálting place (for trànspórted cónvicts); **3.** *воен.* hálting place; ◇ отпра́вить по ~у (*вн.*) trànspórt (*d.*), depórt (*d.*). **~ный** **1.** *воен.* líne-of-commùnicátion (*attr.*); ~ная слу́жба líne-of-commùnicátion sérvice; **2.** *ист.*: посла́ть ~ным поря́дком (*вн.*) trànspórt (*d.*).

э́ти *мн. см.* э́тот.

э́тика *ж.* éthics.

этике́т *м.* ètiquétte; соблюда́ть ~ obsérve ètiquétte [-'zə:v...].

этике́тк||а *ж.* lábel; накле́ивать ~у (на *вн.*) attách *a* lábel (to).

эти́л *м. хим.* éthyl.

этиле́н *м. хим.* éthylène.

эти́ловый *прил. к* эти́л; ~ алкого́ль, ~ спирт éthyl álcohòl; ~ эфи́р ethýlic éther [...'i:θə].

этимо́лог *м.* ètymólogist, ètymóloger.

этимологизи́ровать ètymólogìze.

этимологи́ческий *лингв.* ètymológical; ~ слова́рь ètymológical díctionary.

этимоло́гия *ж.* ètymólogy.

этиологи́ческий *мед.* aetiológical.

этиоло́гия *ж. мед.* aetiólogy.

эти́ческий, эти́чный éthic(al).

этни́ческий éthnic.

этно́граф *м.* èthnógrapher. **~и́ческий** èthnográphic(al).

этногра́фия *ж.* èthnógraphy.

э́то *мест.* **1.** *им., вн. см.* э́тот; **2.** (*этот предмет, вещь, явление и т. п.*) that; (*о предмете и т. п., находящемся в непосредственной близости*) this; (*при ответе на вопрос тж.*) it; (*без определённого указания*) it; (*как повторение подлежащего*) *не переводится*: ~ моя́ кни́га that / this is my book; ~ това́рищ Петро́в that / this is cómrade Petróv; ~ не он that is not he; ~ хорошо́ that is good*; я ~ ви́жу I can see that; об ~м abóut that; после ~го áfter that; с э́тим with that; для ~го for that; от ~го becáuse of that [-'kɔz...]; что ~? what is that?; реши́ть э́ту зада́чу — ~ са́мое гла́вное the most impórtant thing is to solve this próblem [...'prɔ-]; кто ~? — Э́то его́ сестра́ who is that? — That / it is his sister; ~ был он it was he; рабо́та — ~ для него́ са́мое гла́вное work is the most impórtant thing for him; work comes first with him; де́ти — ~ больша́я ра́дость children are a great joy [...greɪt...]; при всём ~м in spite of all this, for all this; ◇ что ~ он не идёт? why does|n't he come?; что ~ с ва́ми? what is the mátter with you?; как ~ мо́жно? how can *you*?

э́тот, *ж.* э́та, *с.* э́то, *мн.* э́ти, *мест.* this, *pl.* these; возьми́те э́ту кни́гу, а я возьму́ ту take this book and I shall take the other one (*ср.* э́то 2).

этру́с||ки *мн. ист.* Etrúscans. **~ский** *ист.* Etrúscan; ~ский язы́к Etrúscan, the Etrúscan lánguage.

этю́д *м.* **1.** *лит., иск.* stúdy ['stʌ-], sketch; **2.** *муз., шахм.* etúde [eɪ'tjuːd], éxercìse. **~ный** *прил. к* этю́д.

эфемери́да *ж.* **1.** *мн. астр.* ephémeris *sg.*; **2.** *зоол.* ephémera.

эфеме́рн||ость ephèmerálity. **~ый** ephémeral.

эфе́с *м.* swórd-hìlt ['sɔːd-].

эфио́п *м.*, **~ка** *ж.*, **~ский** Èthiópian [iːθ-].

эфи́р *м.* **1.** éther ['iːθə]; передава́ть в ~ (*вн.*) bróadcàst ['brɔːd-] (*d.*); **2.** *хим.* éther; превраща́ть в ~ (*вн.*) ethérifỳ (*d.*); образова́ние ~а ethèrificátion. **~ность** *ж.* ethèreálity [-rɪ'æ-]. **~ный 1.** *хим.* éther ['iːθə] (*attr.*), ethéric; ~ные масла́ esséntial / vólatìle oils; **2.** (*лёгкий, возду́шный*) ethéreal [-rɪəl].

эфироно́с *м.* éther-bearing plant ['iːθəbɛə- -ɑːnt]. **~ный** éther-bearing ['iːθəbɛə-]; ~ные расте́ния éther-bearing plants [...-ɑːnts].

эффе́кт *м.* **1.** *тк. ед.* effèct; рассчи́танный на ~ done for efféct; cálculàted to prodúce an efféct; **2.** *мн. театр.* efféсts; светові́е ~ы lìghting efféсts.

эффекти́вн||ость *ж.* efféctive|ness, effíciency; éfficacy, èfficácious|ness; повы́сить ~ (*рд.*) in|créase the efféctive|ness [-s...] (of). **~ый** efféctive, èfficácious; ~ый ме́тод efféctive méthod; ~ая мо́щность *тех.* efféctive pówer.

эффе́ктный spèctácular, efféctive, shówy ['ʃouɪ].

эффузи́вн||ый *геол.* effúsive; ~ые поро́ды effúsive rocks.

эффу́зия *ж. физ.* effúsion.

эх *межд.* eh, ekh; oh, what a...; эх, ты well, you are a...

эхиноко́кк *м. биол.* echìnocóccus [ɪkaɪ-].

э́хо *с. тк. ед.* échò ['ekou].

эхоло́т *м. мор.* échò sóunding àpparátus ['ekou...], échò sóunder; sónic depth fínder *амер.*

эшафо́т *м.* scáffold.

эшело́н *м.* **1.** *воен.* line, wave, échelòn ['eʃəlɔn]; боево́й ~ attáck échelòn; **2.** *ж.-д.* train; (*во́инский по́езд*) troop train; ~ угля́ *и т. п.* tráinload of coal, *etc.*

эшелони́рование *с. воен.* dìstribútion in depth; échelònment ['eʃə-] *амер.*

эшелони́ровать *несов. и сов.* (*вн.*) *воен.* distribùte in depth (*d.*); ~ по высоте́ (*сни́зу*) step up; (*све́рху*) step down.

Ю

юа́нь *м.* (*кита́йская де́нежная едини́ца*) yùán [juː'ɑːn].

юбиле́й *м.* ànnivérsary; júbilee; двадцатиле́тний ~ twéntieth ànnivérsary; двадцатипятиле́тний ~ twénty-fifth ànnivérsary, sílver júbilee; столе́тний ~ cènténnial; пра́здновать, справля́ть ~ célebràte *an* ànnivérsary. **~ный** *прил. к* юбиле́й; ~ные торжества́ ànnivérsary / júbilee cèlebrátions.

юбиля́р *м.*, **~ша** *ж.* héro of *an* ànnivérsary, héro of the day, héro of the évening [...'iːv-].

ю́бка *ж.* skirt; ни́жняя ~ pétticoat, ~ в скла́дку pléated skirt.

ю́бочка *уменьш. от* ю́бка.

ю́бочный *прил. к* ю́бка.

ювели́р *м.* jéweller. **~ный** jéwelry (*attr.*); (*перен.*) fine, mìnúte [maɪ-], íntricate; ~ный магази́н jéweller's; ~ное иску́сство, де́ло jéweller's art; ~ные изде́лия jéwelry.

юг *м.* south; на юг south; е́хать на юг go* south; (*на Кавка́з, в Крым на о́тдых*) go* to the South; на ю́ге in the South; (обращённый) на юг, к ю́гу (turned) sóuthward(s) [...-d(z)]; держа́ть курс на юг head for the south [hed...].

юго-восто́||к *м.* sóuth-éast. **~чный** sóuth-éast (*attr.*); ~чный ве́тер sóuthéaster.

юго-за́пад *м.* sóuth-wést. **~ный** sóuth-wést (*attr.*); ~ный ве́тер sóuthwéster ['sau'we-].

югосла́в *м.* Yúgò|sláv ['juːgou'slɑːv]. **~ский** *с.* Yúgò|slávian ['juː- -ɑːv-].

юдо́ль *ж. поэт. уст.* vale; земна́я ~ the vale of life.

юдофо́б *м.* ànti-Sémìte [-'siː-]. **~ство** *с.* ànti-Sémitism [-'siː-].

южа́н||ин *м.*, **~ка** *ж.* sóutherner ['sʌð-].

южне́е *нареч.* (*рд.*) to the south (of), sóuthward (of); fúrther south [-ðə...] (than).

ю́жн||ый south (*attr.*), sóuthern* ['sʌð-]; ~ бе́рег south coast; ~ ве́тер south (wind) [...wɪ-], sóuther; на 40° ~ой широты́ *геогр.* in látitùde 40° (fórty degrées) South; Ю́жный по́люс *геогр.* South Pole; ~ое полуша́рие the Sóuthern Hémisphère; са́мый ~ the sóuthern|mòst [...'sʌð-].

ю́кка *ж. бот.* yúcca.

юла́ *ж.* **1.** (*игру́шка*) whírligig [-gɪg], top, húmming-tòp; **2.** *тк. ед. разг.* (*непосе́да*) fídget.

юлиа́нский: ~ календа́рь Július cálendar.

юли́ть *разг.* **1.** (*суети́ться*) bustle, fuss (abóut); **2.** (пе́ред; *лебези́ть*) fawn (on, up|ón), cringe (to).

ю́мор *м.* húmour; чу́вство ~а sense of húmour.

юморе́ска *ж. муз.* hùmorésque.

юмори́ст *м.* húmo(u)r|ist. **~ика** *ж.* hùmour|ístics.

юмористи́ческий húmorous, cómic; ~ журна́л cómic páper / màgazíne [...-'ziːn].

ю́нга *м. мор.* (ship's) boy.

Юне́ско *с.* (Организа́ция Объединённых На́ций по вопро́сам просвеще́ния, нау́ки и культу́ры) Ùnésko, UNESKO (Ùníted Nátions Èducátional, Scìentífic and Cúltural Òrganìzátion) [...-naɪ-].

юне́ц *м.* youth* [juːθ].

ю́нкер *м.* **1.** *воен. ист.* cadét; **2.** (*поме́щик в Пру́ссии*) júnker ['juŋkə]; пру́сский ~ Prússian júnker [-ʃən...].

ю́нкерск||ий *прил. к* ю́нкер; ~ое учи́лище mílitary school.

юнна́т *м.* (ю́ный натурали́ст) young náturalist [jʌŋ...].

Юно́на *ж. миф.* Júnò.

ю́ность *ж.* youth [juːθ].

ю́ноша *м.* youth* [juːθ].

ю́коше||ский yóuthful ['juːθ-]; ~ пыл yóuthful árdour / enthúsiàsm [...-zɪ-]. **~ство** *с.* **1.** *собир.* young people [jʌŋ piːpl] *pl.*; **2.** (*пора́, вре́мя*) youth [juːθ].

ю́ны||й yóuthful ['juːθ-]; с ~х лет from youth [...juːθ]; ~ пионе́р young pìonéer [jʌŋ...]; ~ натурали́ст young náturalist [jʌŋ...]; ~ мичу́ринец young Michúrinìte.

Юпи́тер *м. астр., миф.* Júpiter.

юр *м.*: на юру́ (*на прохо́де*) in the way; (*на откры́том ме́сте*) in an expósed / ópen place.

Юра́ *ж.* **1.** *геогр.* the Júra Móuntains *pl.*; **2.** *геол.* Jurássic périod; the Júra; ве́рхняя (бе́лая) ~ White Júra.

юриди́чески *нареч.* légal|ly.

юриди́ческ||ий jùrídical; légal; jùrístic(al); ~ факульте́т fáculty / depártment of law; ~ие нау́ки = юриспруде́нция; ~ое лицо́ jurídical pérson; ~ая консульта́ция légal advíce / cònsultátion óffice.

юрисди́кци||я *ж.* jùrisdíction; облада́ть ~ей have jùrisdíction óver; подлежа́ть чьей-л. ~и be únder the jùrisdíction of smb.

юриско́нсульт *м.* júriscònsùlt, légal advíser, júrist.

юриспруде́нция *ж.* júrisprùdence, (scíence of) law.

юри́ст *м.* láwyer; (*о студенте*) stúdent of law; профе́ссия ~а légal proféssion.

ю́ркий brisk, nímble.

юркну́ть *сов.* whisk; flit; ~ в толпу́ plunge into the crowd.

ю́ркость *ж.* brískness, nímble¦ness; líve¦liness, quíckness.

юро́д||ивый 1. *прил.* fóolish, crácked; 2. *м. как сущ.* yuródivy, God's fool. ~**ство** *с.* beháving like a yuródivy.

юро́дствовать 1. (*быть юродивым*) lead* the life of a yuródivy (*см.* юро́дивый 2); 2. (*валять дурака*) play the fool.

ю́рск||ий *геол.* Jurássic; ~ая форма́ция Jurássic fòrmátion.

ю́рта *ж.* yurt [juət], yúrta ['juətə].

Ю́рьев: ~ день St George's day; ◇ вот тебе́, ба́бушка, и ~ день! *погов.* ≅ here's a fine how d'ye do.

юсти́ция *ж.* jústice.

ют *м. мор.* quárter-dèck.

юти́ться huddle; (*о людях*) huddle togéther [...-'ge-], take* shélter.

юфть *ж.* yuft; Rússian léather [-ʃən 'le-].

Я

я 1. *рд., вн.* меня́, *дт., пр.* мне, *тв.* мной, мно́ю, *мест.* I, *obj.* me: я ви́дел его́ I saw him; э́то я it is I; it's me *разг.*; отпусти́те меня́ let me go; да́йте мне э́то give that to me; идёмте со мной come with me; он говори́л обо мне he spoke abóut me; мне хо́лодно I am cold, I feel cold; мне э́то изве́стно I am a¦wáre of it; у меня́ э́то есть I have (got) it; у меня́ э́того нет I have not got it; я сам э́то сде́лаю I will do it mỳ¦sélf; я, нижеподписа́вшийся, свиде́тельствую, что I, the ùndersígned, téstifỳ that [...-'saɪnd...]; для меня́ for me; — э́то меня́ не каса́ется it is no búsiness of mine [...'bɪzn-...], it is none of my búsiness [...nʌn...]; ни мой това́рищ, ни я néither my cómrade nor I ['naɪ-...]; 2. *с. как сущ. нескл.* the I, the égò [...'e-]; моё друго́е я my álter égò, my other self; ◇ я не я бу́ду, е́сли... if I don't... my name's not...

я́бед||а 1. *ж. уст.* (*клевета, донос*) slánder [-ɑːn-]; snéaking *школ.*; 2. *м. и ж. разг.* = я́бедник, я́бедница. ~**ник** *м.*, ~**ница** *ж. разг.* télltàle; sneak *школ.*

я́бедничать, ная́бедничать (на *вн.*) *разг.* tell* tales (abóut), peach (agáinst, on, up¦ón).

я́блок||о *с.* apple; глазно́е ~ *анат.* éye¦bàll ['aɪ-]; ◇ Ада́мово ~ Adam's apple ['æd-...]; ло́шадь се́рая в ~ах dápple-gréy (horse); ~ раздо́ра apple of díscòrd, bone of conténtion; ~у не́где упа́сть it's símply crammed; ~ от я́блони недалеко́ па́дает *погов.* ≅ like fáther like son [...'fɑː-...sʌn].

я́блон||евый *прил. к* я́блоня; ~евая ве́тка ápple-tree branch [...-ɑː-]. ~**ный** apple (*attr.*); ~ный цвет apple blóssom.

я́блоня *ж.* ápple-tree.

я́блоч||ко *с. уменьш. от* я́блоко. ~**ный** *прил. к* я́блоко; ~ный пиро́г ápple-pìe; ~ный сок apple juice [...dʒuːs]; ~ное варе́нье apple jam.

яви́ть *сов. см.* явля́ть.

яви́ться *сов. см.* явля́ться.

я́вк||а *ж.* 1. (*в суд и т. п.*) appéarance, présence [-z-], atténdance; ~ обяза́тельна (*на собрание и т. п.*) atténdance compúlsory; ва́ша ~ обяза́тельна your présence is òbligatory; 2. (*явочная квартира*) sécret addréss; знать ~у know* *the* sécret addréss [nou...]; дать кому́-л. ~у give* smb. the sécret addréss.

явле́н||ие *с.* 1. appéarance, phenómenon (*pl.* -na); (*событие, случай*) occúrrence; ~ приро́ды nátural phenómenon; стра́нное ~ strange fact / thing [-eɪndʒ...]; обы́чное ~ évery¦dáy occúrrence; ~ия обще́ственной жи́зни sócial phenómena; боле́зненные ~ия в жи́зни mórbid féatures in life; 2. *театр.* scene.

явля́ть, яви́ть show* [ʃou]; be; лицо́ её явля́ло следы́ замеча́тельной красоты́ her face showed tráces of surpássing béauty [...'bjuː-]; яви́ть собо́й приме́р (*рд.*) be an exámple [...-ɑːm-] (of).

явля́ться, яви́ться 1. appéar, presént òne¦sélf [-'z-...]; *офиц.* repórt; (*на место тж.*) régister (at *a* place); (*прибывать*) arríve; ~ на рабо́ту repórt for work; ~ в суд appéar befóre *the* court [...kɔːt]; ~ в ука́занное вре́мя presént òne¦sélf at the appóinted / fixed time; repórt at the appóinted / fixed time; ~ кста́ти arríve at the right móment; presént òne¦sélf very ópportùne¦ly; ~ с пови́нной (*в суд*) give* òne¦sélf up; (*перен.*) acknówledge one's fault / guilt [ək'nɔ-...]; как то́лько я́вится подходя́щий слу́чай as soon as òpportúnity offers; у него́ яви́лась мысль an idéa occúrred to him [... aɪ'dɪə...], it occúrred to him; 2. (*быть, представлять собой*) be; ~ авторите́том в чём-л. be an authórity on smth.; э́то яви́лось причи́ной его́ сме́рти that was the cause of his death [...deθ]; э́то яви́лось серьёзным препя́тствием it rèpresénted a sérious óbstacle [...-'ze-...]; он явля́ется дире́ктором he is the diréctor.

я́вно I 1. *прил. кратк. см.* я́вный; 2. *предик. безл.* it is évident / mánifèst.

я́вно II *нареч.* évidently, óbvious¦ly, mánifèst¦ly, pátent¦ly.

явнобра́чн||ые *мн. скл. как прил. бот.* phánerogàms. ~**ый** *бот.* phànerógamous.

я́вн||ый 1. évident, óbvious; ~ое неудово́льствие évident / óbvious displéasure [...-eʒə]; 2. (*совершенно очевидный*) mánifèst, pátent; ~ вздор dównrìght / sheer nónsense; ~ая ложь dównrìght / báre¦fàced lie.

я́вор *м. бот.* sýcamòre (maple).

я́вочн||ый: ~ая кварти́ра sécret addréss; ~ым поря́дком without prelíminary permíssion.

я́вственный clear; (*о звуке, голосе*) distínct.

я́вств||овать appéar, fóllow; be clear / óbvious; из э́того ~ует, что hence it appéars that, hence it is clear / óbvious that.

явь *ж. тк. ед.* reálity [rɪ'æ-].

ягдта́ш *м. охот.* gáme-bag, fówling bag.

я́гель *м. бот.* Íce¦land moss.

ягнёнок *м.* lamb; кро́ткий как ~ lámb¦like; as meek as a lamb.

ягни́ться, оягни́ться lamb, yean.

ягня́та *мн. см.* ягнёнок.

ягня́тник *м. зоол.* lámmergeyer [-gaɪə].

я́год||а *ж.* bérry; собира́ть ~ы gáther bérries; дава́ть ~ы (*о растении*) come* into bérry, bérry; ◇ ви́нная ~ fig; на́шего, одного́ по́ля ~ *разг.* ≅ one of our kind.

я́годица *ж. анат.* bùttock.

я́годник *м.* bérry-field [-fiːld]; bérry plàntátion.

я́годный *прил. к* я́года; ~ сок frúit-jùice ['fruːtdʒuːs].

ягуа́р *м. зоол.* jáguàr ['dʒægwɑː].

яд *м.* póison [-z°n]; (*ядовитое вещество*) tòxic; (*змеиный и т. п.*; *тж. перен.*) vénom ['ve-]; приня́ть яд take* póison; медленно дéйствующий яд slow póison [slou...]; яд егó речéй the vénom of his spéeches / words.

я́дерн||ый núclear; ~ая фи́зика núclear phýsics [...-zɪ-]; ~ые процéссы núclear prócèsses; ~ая радиáция núclear ràdiátion; ~ реáктор núclear reáctor; ~ое орýжие núclear wéapons [...'wep-] *pl.*; ~ое горю́чее núclear fúel [...'fju-]; договóр о запрещéнии ~ых испытáний test ban tréaty.

ядови́то I *прил. кратк. см.* ядови́тый.

ядови́т||о II *нареч.* (*язви́тельно*) vénomous¦ly, malícious¦ly. **~ость** *ж.* póisonous¦ness [-zə-]; tòxícity; (*змеи и т. п.*; *тж. перен.*) vénomous¦ness. **~ый** póisonous [-zə-]; tóxic; (*о змее и т. п.*; *тж. перен.*) vénomous; ~ое веществó póisonous súbstance; ~ый газ póison / tóxic gas [-z°n...]; ~ая змея́ vénomous snake; ~ый язы́к *разг.* vénomous / bíting tongue [... tʌŋ].

ядохимикáты *мн.* chémical wéed-kìllers and pést-kìllers ['ke-...].

ядрёный *разг.* (*о человеке*) vígorous, héalthy ['hel-]; (*о воздухе*) brácing; (*о яблоке*) súcculent, júicy ['ʤuːsɪ].

я́дрица *ж.* ún¦gróund búckwheat.

ядрó *с.* **1.** (*прям. и перен.*) kérnel; (*клетки и т. п.*) núcleus [-lɪəs] (*pl.* -leì); (*основная группа*) main bódy [...'bɔ-]; ~ орéха kérnel of *a* nut; áтомное ~ *физ.* atómic núcleus; **2.** *спорт.* shot; толкáть ~ put* *the* shot; **3.** *воен. ист.* (round) shot, ball; пýшечное ~ cánnon-bàll.

я́зва *ж.* úlcer, sore; (*перен.*) sore, évil ['iː-], pest; моровáя ~ plague [pleɪg]; ~ желýдка stómach úlcer ['stʌmək...].

я́звенный úlcerous.

язви́тельн||ость *ж.* caustícity, mórdancy. **~ый** cáustic, bíting, mórdant; ~ое замечáние cáustic remárk.

язви́ть, съязви́ть bite*, sting*; (*тв.*) taunt (with).

язы́к I *м.* **1.** *анат.* (*тж. перен.*) tongue [tʌŋ]; облóженный ~ *мед.* cóated / furred tongue; воспалéние ~á *мед.* glòssítis; показáть ~ (*дт.*; *врачу и т. п.*) show* one's tongue (to *a doctor, etc.*) [ʃou...]; (комý-л.; *из озорства*) put* out one's tongue (at smb.); óстрый ~ sharp tongue; злой ~ wicked / bítter / vénomous tongue; **2.** (*кушанье*) tongue; копчёный ~ smoked tongue; **3.** (*колокола*) clápper, tongue of *a* bell; **4.** *воен. разг.* (*пленный*) ìdèntificátion prísoner [aɪ-'prɪz-]; добы́ть ~á cápture, *или* bring* in, *an* ìdèntificátion prísoner; ◇ вы́сунув ~ with one's tongue háng¦ing out; as fast as one's legs will cárry one; у негó отня́лся ~ his tongue failed him; ~ до Кúева доведёт *погов.* ≅ you can get ány¦whère if you know how to use your tongue [...nou...]; a cléver tongue will take you ány¦whère [...'kle-...]; у негó хорошó ~ подвéшен *разг.* he has a réady tongue [...'re-...]; держáть ~ за зубáми, прикуси́ть ~ keep* a still tongue in one's head [...hed], hold* one's tongue; придержáть ~ hold* one's tongue; развязáть ~ lóosen the tongue [-s-...]; тянýть, дёргать когó-л. за ~ make* smb. say smth.; у негó ~ не повернётся сказáть э́то he won't have the heart to say it [...wount... hɑːt...]; у негó ~ чéшется сказáть э́то he is ítching to say it; э́то слóво вéртится у меня́ на ~é *разг.* the word is on the tip of my tongue; у негó дли́нный ~ he has a long tongue; чесáть ~ wag one's tongue [wæg...]; у негó что на умé, то и на ~е ≅ he wears his heart on his sleeve [...wɛəz...]; ~и́ плáмени tongues of flame.

язы́к II *м.* (*речь*) lánguage, tongue [tʌŋ]; рýсский ~ the Rússian lánguage [...-ʃən...]; национáльный ~ nátional lánguage ['næ-...]; родовы́е ~и́ clan lánguages; племенны́е ~и́ tríbal lánguages; óбщий ~ cómmon lánguage; роднóй ~ móther tongue ['mʌ-...]; vernácular *научн.*; живóй ~ líving lánguage ['lɪv-...]; мёртвый ~ dead lánguage [ded...]; обихóдный ~ évery¦dáy lánguage; разговóрный ~ collóquial / famíliar speech; spóken lánguage; литератýрный ~ líterary lánguage; инострáнный ~ fóreign lánguage ['fɔrɪn...]; нóвые ~и́ módern lánguages ['mɔ-...]; владéть каки́м-л. ~óм know* *a* lánguage [nou ...]; говори́ть ~óм (*рд.*) use the lánguage (of); ◇ найти́ óбщий ~ (с *тв.*) find* cómmon lánguage (with); get* a wórking agréement.

языковéд *м.* línguist. **~ение** *с.* = языкознáние. **~ческий** linguístical.

языков||óй *лингв.* linguístic; ~áя структýра linguístic strúcture; ~óе родствó linguístic affínity; ~áя самостоя́тельность linguístic indepéndence; материáльная ~áя оболóчка matérial linguístic intégument.

языкóвый **1.** *анат.* língual; tongue [tʌŋ] (*attr.*); **2.** (*сделанный из языка — о колбасе и т. п.*) tongue (*attr.*).

языкознáние *с.* linguístics; scíence of lánguage; сравни́тельное ~ compárative philólogy.

язы́чес||кий héathen [-ð-], págan. **~тво** *с.* héathenism [-ð-], págan¦ism.

язычкóвый **1.** *анат.* úvular; **2.** *муз.* réeded; ~ инструмéнт reed ínstrument.

язы́чник *м.* héathen [-ð-], págan.

язы́чн||ый *прил. к* язы́к I 1; ~ые мы́шцы the múscles of the tongue [...mʌslz... tʌŋ].

язычóк *м.* **1.** *уменьш. от* язы́к I 1; ~ плáмени tongue of flame [tʌŋ...]; **2.** *анат.* úvula (*pl.* -ae); **3.** *муз.* reed.

язь *м.* (*рыба*) ide.

яи́чко *с.* **1.** (small) egg; **2.** *анат.* téstícle.

яи́чник *м.* *анат.* óvary ['ouv-]; воспалéние ~а òvarítis [ouv-].

яи́чница *ж.* ómelet(te) ['ɔmlɪt]; ~-глазýнья fried eggs *pl.*; ~-болтýнья scrambled eggs *pl.*

яи́чн||ый egg (*attr.*); ~ желтóк yolk (of egg); ~ белóк white (of egg), égg-white; ~ая скорлупá égg-shèll; ~ порошóк dry / dried eggs *pl.*; egg pówder; pówdered eggs *pl.*

яйлá *ж.* *тк. ед.* móuntain pásture (in the Crìméa) [...kraɪ'mɪə].

яйце||ви́дный égg-shàped, óvifòrm ['ouv-], óvoid ['ouv-] *научн.*; ~ лист *бот.* óvate leaf* ['ou-...]. **~вóд** *м.* *анат.* óvidùct ['ou-]. **~клáд** *м.* *зоол.* óvipòsitor ['ouvɪpɔz-]. **~кладýщий** *зоол.* óvipòsitor ['ouvɪpɔz-] (*attr.*), òvíparous [ou'vɪpərəs]. **~клéтка** *ж.* *биол.* óvùle ['ou-]. **~рóдный** *зоол.* òvíparous [ou-].

яйц||ó *с.* egg; *биол.* óvum (*pl.* óva); ~ всмя́тку sóft-bóiled / líghtly-bóiled egg; свари́ть ~ всмя́тку boil *an* egg líghtly; ~ в мешóчек wéll-bóiled egg; ~ вкрутýю, крутóе ~ hárd-bóiled egg; свари́ть ~ вкрутýю boil *an* egg hard; я́йца из-под кýрицы néw-laid eggs; ◇ э́то вы́еденного ~á не стóит it is not worth a fárthing [...-ðɪŋ]; я́йца кýрицу не ýчат ≅ don't teach your grándmòther to suck eggs [...-mʌðə...].

як *м.* *зоол.* yak.

якоби́н||ец *м.* *ист.* Jácobin. **~ский** *ист.* Jàcobínic.

я́кобы *частица* as if, as though [...ðou]; suppósed¦ly; он ~ всё пóнял he says he has ùnderstóod évery¦thing [...sez...-'stud...]; он приéхал к нам ~ для тогó, чтóбы рабóтать he came to us with the alléged púrpose of wórking [...-pəs...], he came to us suppósed¦ly to work.

я́корн||ый ánchor ['æŋkə] (*attr.*); ~ая стоя́нка ánchorage ['æŋk-]; ~ая цепь ánchor chain, (chain) cable.

я́кор||ь *м.* *мор.*, *тех.* ánchor ['æŋkə]; *эл.* ármature; мёртвый ~ móoring ánchor; станови́ться на ~ ánchor; come* to ánchor; брóсить ~ cast* / drop ánchor; стоя́ть на ~е be ánchored, lie* / ride* at ánchor; снимáться с ~я weigh ánchor; (*перен.*) get* únder way; ◇ ~ спасéния ánchorage ['æŋkə-], sheet ánchor.

якýт *м.*, **~ка** *ж.*, **~ский** Yàkút [jɑː'kuːt]; ~ский язы́к Yàkút, the Yàkút lánguage.

якшáться (с *тв.*) *разг.* hób-nòb (with), keep* cómpany [...'kʌm-] (with), rub élbows (with).

я́лик *м.* *мор.* skiff, whérry.

я́личник *м.* whérry-màn*.

я́лов||ость *ж.* *с.-х.* bárrenness, drýness. **~ый** *с.-х.* bárren, dry; ~ая корóва dry cow

я́ма *ж.* pit; hole (*тж. перен.*); вы́рыть я́му dig* *a* hole; му́сорная ~, помо́йная ~ dúst-heap; réfuse pit [-s...]; выгребна́я ~ césspool; у́гольная ~ coal búnker; ◇ возду́шная ~ áir-pòcket; рыть кому́-л. я́му ≅ make* / prepáre a pítfàll for smb.; не рой другому́ я́мы, сам в неё попадёшь *посл.* ≅ he that mís¦chief hátches, mís¦chief cátches; mind you don't fall into your own trap [...oun...].

ямáйский Jamáica (*attr.*); ~ ром Jamáica rum.

ямб *м. лит.* ìámbus; двусто́пный ~ ìámbic díméter; четырёхсто́пный ~ ìámbic tètrámeter; шестисто́пный ~ ìámbic hèxámeter; восьмисто́пный ~ ìámbic òctámeter. **~и́ческий** *лит.* ìámbic.

я́мка *ж. уменьш. от* я́ма.

я́мочка *ж.* (*на щеке*) dímple.

ямщи́к *м. уст.* cóach¦man*.

янва́рский *прил. к* янва́рь; ~ день Jánuary day, day in Jánuary.

янва́р||ь *м.* Jánuary; в ~é э́того го́да in Jánuary; в ~é про́шлого го́да last Jánuary; в ~é бу́дущего го́да next Jánuary.

я́нки *м. нескл.* Yánkee [-kɪ].

янта́рный 1. ámber (*attr.*); 2. (*о цвете*) ámber-còlour¦ed [-kʌ-].

янта́рь *м.* ámber; чёрный ~ black ámber.

Я́нус *м. миф.* Jánus.

янычáр *м. ист.* jánizary.

япо́нец *м.* Jàpanése; *мн. собир.* the Jàpanése.

япо́нка I *ж.* Jàpanése (wóman*) [...'wu-].

япо́нка II *ж.* (*о крое*) cap sleeve.

япо́нск||ий Jàpanése; ~ язы́к Jàpanése, the Jàpanése lánguage; ~ лак black japán; ~ая борьба́ jiù-jítsù [dʒjuː'dʒɪtsuː].

яр *м.* 1. (*крутой берег*) steep bank; 2. (*овраг*) ravíne [-iːn].

яра́нга *ж.* yaránga [-ɑːŋgə] (*skin tent*).

ярд *м.* (*мера длины*) yard.

яре́мн||ый: ~ая ве́на *анат.* júgular vein.

я́рк||ий bright; (*о пламени тж.*) blázing; (*кричащий — о цвете и т. п.*) gáudy; (*перен.*) stríking; (*блестящий*) brílliant; (*живой*) vívid, lível¦y; ~ свет bright light; ~ цвет bright cólour [...'kʌ-]; ~ приме́р stríking exámple / ínstance [...-ɑːmpl...]; (*в отрицат. смысле*) gláring exámple; ~ тала́нт brílliant tálent [...'tæ-]; ~ое описа́ние vívid descríption; ~ое свиде́тельство (*рд.*) gráphic évidence (of); нарисова́ть ~ую карти́ну paint a gráphic / vívid pícture.

я́рко I *прил. кратк. см.* я́ркий.

я́рко II *нареч.* bríghtly; (*перен.*) stríking¦ly; (*блестяще*) brílliantly; (*живо*) vívidly; ~ освещённый brílliantly / bríghtly lit; ~ вы́раженный pronóunced; ~ раскра́шенный gáily cólour¦ed [...'kʌ-].

я́рко-бе́лый dázzling white.

я́рко-зелёный bright green.

я́ркость *ж.* bríghtness; (*перен.*: *блеск*) brílliance; (*живость*) vívidness.

ярлы́к *м.*, **ярлычо́к** *м.* lábel; tag.

я́рмар||ка *ж.* fair. **~очный** *прил. к* я́рмарка.

ярмо́ *с.* (*прям. и перен.*) yoke; сбро́сить с себя́ ~ shake* / throw* off the yoke [...θrou...].

я́ро *нареч.* with férvour.

яровиза́ция *ж. с.-х.* yàrovizátion; ~ семя́н yàrovizátion of seed.

яровизи́ровать *несов. и сов.* (*вн.*) yárovìze (*d.*).

яров||о́й *с.-х.* 1. *прил.* spring (*attr.*); ~ы́е хлеба́ spring crop *sg.*; ~ клин spring crop área [...'ɛərɪə]; 2. *мн. как сущ.* spring crops.

я́ростн||ый fúrious, víolent, fierce [fɪəs]; ~ая ата́ка fierce assáult / attáck.

я́рост||ь *ж.* fúry, rage; бе́шеная ~ frénzy, scárlet fúry; привести́ в ~ (*вн.*) infúriàte (*d.*); прийти́ в ~ becóme* fúrious; fly* into a rage; вне себя́ от ~и trànspórted with rage, besíde òne¦sélf with rage.

я́рус *м.* 1. *театр.* círcle; tier [tɪə]; пе́рвый ~ first círcle; 2. *геол.* (*слой*) láyer.

я́рый (*рьяный*) árdent; (*неистовый*) víolent.

ярь-медя́нка *ж. хим.* vérdigris.

я́сельный *прил. к* я́сли II.

я́сеневый *бот.* áshen.

я́сень *м. бот.* ásh-tree.

я́сли I *мн.* (*для скота*) crib *sg.*; mánger ['meɪndʒə] *sg.*, trough [trɔf] *sg.*

я́сли II *мн.* (*детские*) crèche (*фр.*) [kreɪʃ] *sg.*, day núrsery *sg.*

я́сно I 1. *прил. кратк. см.* я́сный; 2. *предик. безл.* (*о погоде*) it is fine; (*понятно*) it is clear; ◇ ~ как (бо́жий) день it is as clear as day / nóonday.

я́сно II *нареч.* cléarly, clear; (*отчётливо*) dístínctly; ~ вы́раженный cléarly expréssed; ко́ротко и ~ terse and clear; ~ говори́ть speak* cléarly / distínctly; ~ выража́ться expréss òne¦sélf cléarly; make* òne¦sélf clear; ~ представля́ть себе́ обстано́вку take* a clear view of the sìtuátion [...vjuː...].

ясновид||ение *с.* clairvóyance. **~ец** *м.* clairvóyant. **~ящий** clairvóyant.

я́сность *ж.* cléarness; (*о стиле, языке тж.*) lùcídity; ~ мы́сли lùcídity of mind; ~ це́ли clárity of aim; внести́ ~ make* things clear, put* things right.

я́сн||ый clear; (*о стиле, языке тж.*) lúcid; (*отчётливый тж.*) distínct; (*светлый, безоблачный*) seréne; ~ое не́бо clear / seréne sky; име́ть ~ое представле́ние о чём-л. have a clear ìdéa of smth. [...aɪ'dɪə...]; сде́лать соверше́нно ~ым для кого́-л. make* it pérfectly clear to smb.; ~ая улы́бка seréne smile; ~ая поли́тика cohérent pólicy; ◇ гром средь ~ого не́ба a bolt from the blue.

я́ства *мн. уст.* víands.

я́стреб *м.* hawk; ~-перепеля́тник spárrow-hawk; ~-тетеревя́тник góshawk ['gɔːshɔːk]; ◇ променя́ть куку́шку на ~а *погов.* ≅ give* a lark to catch a kite.

ястреби́н||ый *прил. к* я́стреб; accípitral *научн.*; ~ая охо́та fálconry; с ~ым взгля́дом háwk-eyed [-aɪd].

ястребо́к *м.* 1. *уменьш. от* я́стреб; 2. *воен. разг.* fíghter; pursúit plane [-'sjuːt...].

ятага́н *м.* yátaghan.

ять: знать что-л. на ять *разг.* know* smth. to a T [nou...'tiː].

я́хонт *м. уст.* rúby; sápphìre. **~овый** *уст.* rúby (*attr.*); sápphìre (*attr.*).

я́хта *ж.* yacht [jɔt].

я́хтенный *прил. к* я́хта.

яхт-клу́б *м. спорт.* yácht-clùb ['jɔt-].

яхтсме́н *м.* yáchts¦man* ['jɔt-].

яче́йка *ж.* (*в разн. знач.*) cell; *воен.* rífle-pìt; fóxhòle *амер.*

ячме́нн||ый bárley (*attr.*); ~ отва́р bárley-wàter [-wɔː-]; ~ са́хар bárley súgar [...'ʃu-]; ~ое зерно́ bárley¦còrn.

ячме́нь I *м.* (*растение*) bárley.

ячме́нь II *м.* (*на глазу*) sty.

ячнев||ый: ~ая крупа́ fíne-ground bárley.

я́шма *ж. мин.* jásper.

я́шмовый jásper (*attr.*).

я́щер *м. зоол.* pàngólin [-'gou-].

я́щерица *ж.* lízard ['lɪ-].

я́щик *м.* 1. box; case [-s]; (*ларь*) chest; му́сорный ~ dústbin; почто́вый ~ létter-bòx; (*на цоколе*) píllar-bòx; заря́дный ~ *воен.* àmmunítion-wágon [-'wæ-]; cáisson *амер.*; 2. (*выдвижной*) drawer [drɔː]; ◇ откла́дывать в до́лгий ~ (*вн.*) shelve (*d.*); put* off (*d.*).

я́щур *м. вет.* fóot-and-mouth diséase ['fut- -'ziːz]; barbs *pl.*

СПИСОК ГЕОГРАФИЧЕСКИХ НАЗВАНИЙ

Абака́н *г.* Abakán [-'kɑ:n].

Абиджа́н *г.* Àbidján [æbɪ'dʒɑ:n].

Абу́-Да́би *г.* Àbú Dhábi [æ'bu:'ðæbi:].

Абха́зская АССР the Àbkházian Autónomous Sóvièt Sócialist Repúblic [...ɑ:b'kɑ:-...-'pʌ-].

Австрали́йский Сою́з the Cómmonwealth of Austrália [...-welθ...].

Австра́лия Austrália.

А́встрия Áustria.

Адди́с-Абе́ба *г.* Áddis Ábaba [...'ɑ:b-].

А́ден *г.* Áden.

Аджа́рская АССР the Adjár Autónomous Sóvièt Sócialist Repúblic [...-'pʌ-].

Адмиралте́йства о-ва́ the Ádmiralty Íslands [...'aɪl-].

Адриати́ческое мо́ре the Adriátic Sea.

Адыге́йская автоно́мная о́бласть the Adigei Autónomous Région [...'ɑ:-...].

Азербайджа́нская Сове́тская Социалисти́ческая Респу́блика the Àzèrbaiján Sóvièt Sócialist Repúblic [...ɑ:zə:-baɪ'dʒɑ:n...-'pʌ-]; **Азербайджа́н** Àzèrbaiján [ɑ:zə:baɪ'dʒɑ:n].

А́зия Ásia ['eɪʃə].

Азо́вское мо́ре the Sea of Azòv, the Sea of Azòf [...'ɑ:zɔv].

Азо́рские о-ва́ the Azóres.

А́ккра *г.* Accrá [ə'krɑ:].

Ала́ндские о-ва́ the Åland Islands [...'oulɑ:nd 'aɪl-].

Алба́ния Àlbánia; **Наро́дная Социалисти́ческая Респу́блика Алба́ния** the People's Sócialist Repúblic of Àlbánia.

Александри́я *г.* Àlexándria [-g'zɑ:n-].

Алеу́тские о-ва́ the Aléutian Íslands [...'aɪl-].

Алжи́р 1. (*страна*) Àlgéria; **2.** (*город*) Àlgíers [-'dʒɪəz].

Аллега́нские го́ры the Allegheny Mountains.

Алма́-Ата́ *г.* Álmà-Áta ['ɑ:lmɑ:'ɑ:tə].

Алта́й the Àltái [...æl'taɪ].

Алта́йский край Àltái Térritory [æl'taɪ...].

А́льпы the Alps.

Аля́ска Aláska.

Амазо́нка *р.* the Ámazon.

Аме́рика América.

Амма́н *г.* Ammán [ə'mɑ:n].

Амстерда́м *г.* Ámsterdám.

Амударья́ *р.* the Àmú Dàryá [...ɑ:'mu:dɑ:r'jɑ:].

Аму́р *р.* Amúr [...ə'mu:ə].

Ангара́ *р.* the Àngàrá [...ɑ:ŋgɑ:'rɑ:].

А́нглия Éngland ['ɪŋg-].

Анго́ла Àngóla.

Андама́нские о-ва́ the Ándamàn Íslands [...'aɪl-].

Андо́рра Àndórra [-'dɔ-].

А́нды the Ándès [...-di:z].

Анкара́ *г.* Ánkara.

Антаркти́да the Àntárctic Cóntinent, Àntárctica.

Анта́рктика the Àntárctic Régions.

Антве́рпен *г.* Ántwèrp.

Анти́льские о-ва́ the Àntíllès [...-li:z].

Апенни́нские го́ры, Апенни́ны the Ápennìnes.

А́пиа *г.* Àpíà [ɑ:'pi:ɑ:].

Аппала́чские го́ры the Appaláchian Móuntains [...-'leɪtʃ-...].

Ара́бская Респу́блика Еги́пет the Árab Repúblic of Égypt [...'æ -'pʌ-...].

Арави́йское мо́ре the Arábian Sea.

Ара́вия *п-ов* Arábia.

Ара́льское мо́ре the Áral Sea [...'ɑ:-...].

Аргенти́на Àrgentína [-'ti:nə].

А́рктика the Árctic.

Армя́нская Сове́тская Социалисти́ческая Респу́блика the Àrménian Sóvièt Sócialist Repúblic [...-'pʌ-]; **Арме́ния** Àrménia.

Арха́нгельск *г.* Àrkhángèlsk [ɑ:'kɑ:n-gelsk].

А́страхань *г.* Àstràkhán [-rɑ:'kæn].

Асунсьо́н *г.* Asùnción [əsunsɪ'oun].

Атланти́ческий океа́н the Àtlántic (Ócean) [...'ouʃ°n].

Атла́сские го́ры the Átlas Móuntains [...'æt-...].

Афганиста́н Àfghánistàn.

Афи́ны *г.* Áthens [-nz].

А́фрика África.

Ашхаба́д *г.* Àshkhàbád [ɑ:ʃkɑ:'bɑ:d].

Баб-эль-Манде́бский проли́в Báb-èl-Mándèb.

Бага́мские о-ва́ the Baháma Íslands [...-'hɑ:- 'aɪl-], the Bahámas [...-'hɑ:-].

Багда́д *г.* Bág(h)dàd.

Ба́зель *г.* Básel ['bɑ:z-], Basle [bɑ:l].

Байка́л *оз.* Lake Baikál [...baɪ'kɑ:l].

Баку́ *г.* Bàkú [bɑ:'ku:].

Балеа́рские о-ва́ the Bàleáric Íslands [...bælɪ'æ- 'aɪl-].

Балка́нские го́ры the Bálkan Móuntains, the Bálkans.

Балка́нский п-ов the Bálkan Península.

Балти́йское мо́ре the Báltic Sea.

Балтимо́р *г.* Báltimòre.

Балха́ш *оз.* Bàlkhásh [bɑ:l'kɑ:ʃ].

Бамако́ *г.* Bàmàkó [bɑ:mɑ:'kou].

Банги́ *г.* Bàngúi [bɑ:ŋ'gi:].

Бангко́к *г.* Bàngkók.

Бангладе́ш Bàngladésh [bɑ:ŋlə-].

Банджу́л *г.* Banjúl.

Банду́нг *г.* Bándung ['bɑ:nduŋ].

Барба́дос Bàrbádòs [-douz].

Ба́ренцево мо́ре the Bárènts Sea [...'bɑ:-...].

Барнау́л *г.* Bàrnàúl [-nɑ:'u:l].

Барсело́на *г.* Bàrselóna.

Бату́ми *г.* Bàtúmi [bɑ:'tu:mɪ].

Ба́ффинов зали́в Báffin Bay.

Бахре́йн Bahráin [bə'reɪn].

Башки́рская АССР the Bàshkír Autónomous Sóvièt Sócialist Repúblic [...bɑ:ʃ'kɪə...-'pʌ-].

Бейру́т *г.* Beirút [-'ru:t], Beyróuth [-'ru:t].

Белгра́д *г.* Bèlgráde.

Бели́з *г.* Bèlíze [be'li:z].

Бе́лое мо́ре the White Sea.

Белору́сская Сове́тская Социалисти́ческая Респу́блика the Byèlorússian Sóvièt Sócialist Repúblic [...-ʃən...-'pʌ-]; **Белору́ссия** Byèlorússia [-ʃə].

Бе́лфаст *г.* Bélfàst.

Бе́льгия Bélgium.

Бена́рес *г.* Benáres [-'nɑ:rɪz].

Бенга́зи *г.* Bèngási [ben'gɑ:zɪ].

Бенга́льский зали́в the Bay of Bèngál [...-'gɔ:l].

Бе́рег Слоно́вой Ко́сти Ívory Coast ['aɪv-...].

Бе́рингово мо́ре the Béring Sea [...'be-...].

Бе́рингов проли́в the Béring Straits [...'be-...].

Берли́н *г.* Bèrlín.

Берму́дские о-ва́ the Bèrmúda Íslands [...'aɪl-], the Bèrmúdas.

Берн *г.* Berne.

Би́рма Búrma (h).

Би́рмингем *г.* Bírmingham [-mɪŋəm].

Биробиджа́н *г.* Bìrobidzhán [-'dʒɑ:n].

Биса́у *г.* Bissáu [bɪ'sau].

Биска́йский зали́в the Bay of Bíscay.

Богота́ *г.* Bògotá [bougo'tɑ:].

Болга́рия Bùlgária; **Наро́дная Респу́блика Болга́рия** the People's Repúblic of Bùlgária [...pi:- -'pʌ-...].
Боли́вия Bolívia.
Бомбе́й *г.* Bòmbáy.
Бонн *г.* Bonn [bɔn].
Борне́о *о-в* Bórneò; *см.* Калимантáн.
Бородино́ Bòròdinó [-'nɔ:].
Бо́стон *г.* Bóston.
Босфо́р the Bósporus.
Ботни́ческий зали́в the Gulf of Bóthnia.
Ботсва́на Bòtswána [...-'swa:nə].
Браззави́ль *г.* Brázzaville [-vɪl].
Брази́лия **1.** (*страна*) Brazíl; **2.** *г.* Brasília [-'zɪlɪə].
Бра́йтон *г.* Bríghton.
Братисла́ва *г.* Brátislàvà ['bra:tɪsla:va:].
Братск *г.* Bratsk [-a:-].
Брест *г.* Brest.
Брета́нь Bríttany.
Бри́джтаун *г.* Brídge¦town.
Бри́столь *г.* Brístol.
Брита́нские о-ва́ the Brítish Ísles [...aɪlz].
Брно *г.* Brno.
Брю́гге *г.* Bruges [bru:ʒ].
Брюссе́ль *г.* Brússels ['brʌsᵊlz].
Буг *р.* the Bug [...bu:g].
Будапе́шт *г.* Búdapést ['bjudə'pest].
Бужумбу́ра *г.* Bùjumbúra [bu:dʒəm'burə].
Була́нь *г.* Boulógne [bu'loun].
Буру́нди Burúndi.
Буря́тская АССР the Buryát Autónomous Sóvièt Sócialist Repúblic [...bu'rja:t...'pʌ-].
Бута́н Bhután [bu'ta:n].
Бухаре́ст *г.* Búcharèst ['bju:kə-].
Буэ́нос-А́йрес *г.* Búenos Áires ['bwenəs'aɪərɪz].

Вадýц *г.* Váduz ['va:duts].
Вальпараи́со *г.* Vàlparáisò [-zou].
Ванку́вер *г.* Vàncóuver [-n'ku:-].
Варша́ва *г.* Wársaw.
Ватика́н Vátican City State [...'sɪ-...].
Вашинго́н *г.* Wáshing¦ton.
Везу́вий Vesúvius [-'su:-].
Великобрита́ния Great Brítain [greɪt...].
Ве́ллингтон *г.* Wélling¦ton.
Ве́на *г.* Viénna.
Ве́нгрия Húngary; **Венге́рская Наро́дная Респу́блика** the Hùngárian People's Repúblic [... pi:- -'pʌ-].
Венесуэ́ла Vènèzuéla [-'zweɪlə].
Вене́ция *г.* Vénice.
Верса́ль *г.* Vèrsáilles [veə'saɪ].
Ве́рхнее о́зеро Lake Sùpérior.
Ве́рхняя Во́льта Upper Vólta.
Вест-И́ндия the West Índies.
Викто́рия *г.* Victória [-ou-].
Ви́льнюс *г.* Vílnius [-nɪus].
Ви́ндхук *г.* Wíndhoek ['vɪnthuk].
Ви́ннипег *г.* Wínnipèg.
Ви́сла *р.* the Vístula.
Виши́ *г.* Víshy ['vi:ʃi:].

Владивосто́к *г.* Vlàdivòstók [vla:dɪvɔs'tɔ:k].
Во́лга *р.* the Vólga.
Волгогра́д *г.* Vòlgográd [-a:d].
Во́лго-Донско́й судохо́дный кана́л и́мени В. И. Ле́нина the V. I. Lénin Vólga-Dón Nàvigátion Canál.
Во́лхов *р.* the Vólkhov [...-kof].
Вы́борг *г.* Víbòrg ['vi:bɔrk].
Вьентья́н *г.* Vièntiáne [vjæŋ'tja:n].
Вьетна́м Vìètnám [vjet'na:m]; **Социалисти́ческая Респу́блика Вьетна́м** the Sócialist Repúblic of Vìètnám [...-'pʌ-...].

Гаа́га *г.* the Hague [...heɪg].
Габо́н Gàbón [ga:'bɔ:ŋ], Gabóon.
Габоро́не *г.* Gaboróne.
Гава́йи *о-в* Hàwáii [ha:'waɪi:].
Гава́йские о-ва́ the Hàwáiian Íslands [...ha:'waɪən 'aɪl-].
Гава́на *г.* Havána [-'væ-].
Гавр *г.* Havre [ha:vr].
Га́йти Háiti.
Гайа́на Guyána [gaɪ'ænə].
Гала́пагос the Gàlápàgos Íslands [...ga:'la:pa:gəs 'aɪl-].
Га́мбия Gámbia.
Га́мбург *г.* Hámbùrg.
Га́на Ghána ['ga:nə].
Ганг *р.* the Gángès [...-ndʒi:z].
Гваделу́па Guàdelóupe [gwa:dɪ'lu:p].
Гватема́ла Guàtemála [gwætɪ'ma:-].
Гвиа́на Guiána [gɪ'a:-].
Гвине́я Guínea ['gɪnɪ].
Гвине́я-Биса́у Guínea-Bissáu ['gɪnɪ-].
Гданьск *г.* Gdansk.
Гебри́дские о-ва́ the Hébridès [...-di:z].
Гент *г.* Ghent.
Ге́нуя *г.* Génoa ['dʒe-].
Герма́нская Демократи́ческая Респу́блика the Gérman Dèmocrátic Repúblic [...'pʌ-].
Гибралта́р Gibráltar.
Гибралта́рский проли́в the Straits of Gibráltar.
Гимала́и, Гимала́йские го́ры the Hìmaláya(s).
Гиндуку́ш the Híndù-Kúsh [...-du:'ku:ʃ].
Гла́зго *г.* Glásgow ['gla:s-].
Го́а Góa.
Го́би the Góbi [...'goubɪ].
Голла́ндия Hólland; *см.* Нидерла́нды.
Голубы́е го́ры the Blue Móuntains.
Гольфстри́м the Gulf Stream.
Гондура́с Hòndúras.
Гонко́нг Hong Kong; *см.* Сянга́н.
Гонолу́лу *г.* Hònolúlù.
Горн (Мыс) Cape Horn.
Го́рно-Алта́йская автоно́мная о́бласть the Górno-Altái Autónomous Région [...-æl'taɪ...].
Го́рно-Бадахша́нская автоно́мная о́бласть the Górno-Bàdakhshán Autónomous Région [...-ba:da:k'ʃa:n...].
Го́рький *г.* Górkỳ [-ki:].
Грена́да Grenáda.
Гренла́ндия *о-в* Gréenland.
Гре́ция Greece.
Гри́нвич *г.* Gréenwich ['grɪnɪdʒ].
Гро́зный *г.* Grózny.
Грузи́нская Сове́тская Социалисти́ческая Респу́блика the Geórgian Sóvièt Sócialist Repúblic [...'dʒɔ:-...-'pʌ-]; **Гру́зия** Geórgia ['dʒɔ:-].
Гудзо́н *р.* the Húdson.
Гудзо́нов зали́в Húdson Bay.
Гулль *г.* Hull.
Гуро́н *оз.* (Lake) Húron.

Дагеста́нская АССР the Dàghèstán Autónomous Sóvièt Sócialist Repúblic [...da:ges'ta:n...-'pʌ-].
Дака́р *г.* Dàkár [da:'ka:].
Да́кка *г.* Dácca.
Дама́ск *г.* Damáscus.
Да́ния Dénmark.
Дардане́ллы, Дардане́лльский проли́в the Dàrdanélles [...-'nelz].
Дар-эс-Сала́м *г.* Dar es Saláam ['da:ressə'la:m].
Де́ли *г.* Délhi [-lɪ].
Детро́йт *г.* Detróit.
Джака́рта *г.* Djakárta, Jakárta.
Джокьяка́рта *г.* Jògjakárta, Djòkjakárta.
Джомолу́нгма Chómo-lúngma ['tʃoumo'luŋma:].
Джо́рджтаун *г.* Geórge¦town ['dʒɔ:-].
Днепр *р.* the Dníeper [...'dni:pə].
Днепропетро́вск *г.* Dnièpropètróvsk.
Днестр *р.* the Dníester [...'dni:stə].
Доминика́нская Респу́блика the Domínican Repúblic [...-'pʌ-].
Дон *р.* the Don.
Донба́сс (Доне́цкий у́гольный бассе́йн) the Dònbás (Dónèts cóal-fields [...-fi:-], the Dónèts Básin [...'beɪ-]).
Доне́ц *р.* the Dónèts.
До́ха *г.* Dóha.
Дре́зден *г.* Drésdèn [-z-].
Ду́блин *г.* Dúblin ['dʌ-].
Дувр *г.* Dóver.
Дуна́й *р.* the Dánùbe.
Душанбе́ *г.* Dyùshámbe [dju:'ʃa:mbə].
Дюнке́рк *г.* Dùnkírk.

Евре́йская автоно́мная о́бласть the Jéwish Autónomous Région.
Евро́па Éurope.
Евфра́т *р.* the Euphrátès [...-ti:z].
Еги́пет Égypt.
Е́лгава *г.* Jélgàvà [-ga:va:].
Енисе́й *р.* the Yènisél [...jenɪ'seɪ].
Ерева́н *г.* Yèrèván [jere'va:n].

Жёлтое мо́ре the Yéllow Sea.
Жене́ва *г.* Genéva.

Заи́р Zaíre [zə'i:rə].
Замбе́зи *р.* the Zàmbézi [...-'bi:zɪ].
За́мбия Zámbia.
За́падная Двина́ *р.* the Západnaya Dviná [...'za:- -a:].
За́падное Само́а Wéstern Samóa.
Зела́ндия *о-в* Zéaland.

Зелёного Мы́са о-ва́ Cape Verde Islands [...vǝ:d 'aɪl].
Земля́ Фра́нца Ио́сифа Franz Jósèf Land [-ɑ:nts -zef...].
Зунд *пролив* the Sound.

Иерусали́м *г.* Jerúsalem.
Иже́вск *г.* Ízhevsk.
Изми́р *г.* Izmír [-'mi:r].
Изра́иль Ísràel ['ɪzreɪǝl].
Инд *р.* the Índus.
Инди́йский океа́н the Índian Ocean [...'ouʃ°n].
И́ндия Índia.
Индокита́й *п-ов* Índò-Chína.
Индоне́зия Índonésia [-'ni:zjǝ].
Индоста́н *п-ов* Hìndustán [-ɑ:n].
Иони́ческое мо́ре the Iónian Sea.
Иорда́н *р.* the Jórdan.
Иорда́ния Jórdan.
Ира́к Iráq [-ɑ:k].
Ира́н Irán [-ɑ:n].
Ирла́ндия Íreland ['aɪǝ-].
Иртыш *р.* the Irtísh.
Исламаба́д *г.* Islámabàd [ɪs'lɑ:mǝ-bɑ:d].
Исла́ндия Íceland.
Испа́ния Spain.
Исфаха́н *г.* Ìsfàhán [-ɑ:n], Ìspàhán [-ɑ:n].
Ита́лия Ítaly.

Йе́мен (the) Yémen [...'jem-]; **Йеме́нская Ара́бская Респу́блика** Yémen Árab Repúblic [...'æ- -'pʌ-].
Йокога́ма *г.* Yòkoháma [joukǝ'hɑ:mǝ].
Йоха́ннесбург *г.* Jòhánnesbùrg [dʒou-].
Йошка́р-Ола́ *г.* Yoshkár-Olá [-ɑ:].

Кабарди́но-Балка́рская АССР the Kàbàrdíno-Bàlkárian Autónomous Sóvièt Sócialist Repúblic [...-'di:nobɑ:l-...-'pʌ-].
Кабу́л *г.* Kabúl [-'bu:l].
Кавка́з the Cáucasus.
Ка́дис *г.* Cádiz ['keɪ-].
Каза́нь *г.* Kàzán [kɑ:'zɑ:n].
Каза́хская Сове́тская Социалисти́ческая Респу́блика the Kàzákh Sóvièt Sócialist Repúblic [...kɑ:-...-'pʌ-]; **Казахста́н** Kàzàkhstán [kɑ:zɑ:k'stɑ:n].
Казбе́к Kàzbék [kɑ:-].
Каи́р *г.* Cáirò ['kaɪǝ-].
Кале́ *г.* Cálais [-leɪ].
Калиманта́н *о-в* Kàlimántàn [kɑ:lɪ-'mɑ:ntɑ:n].
Калинингра́д *г.* Kàlìningrád [kʌli:-nɪn'grɑ:d].
Калмы́цкая АССР the Kálmyk Autónomous Sóvièt Sócialist Repúblic [...-'pʌ-].
Кальку́тта *г.* Càlcútta.
Ка́ма *р.* the Káma [...'kɑ:mǝ].
Камеру́н Càmeróun [kæm'ru:n], Cámeroon ['kæmǝ-].
Кампа́ла *г.* Kàmpálà [kɑ:m'pɑ:lɑ:].
Кампу́чия Campúshea [-'pu:ʃɪǝ].
Камча́тка *п-ов* Kàmchátka.
Кана́да Cánada.
Кана́рские о-ва́ the Canáry Íslands [...'aɪl-].

Ка́нберра *г.* Cánberra.
Каракалпа́кская АССР the Kàràkàlpák Autónomous Sóvièt Sócialist Repúblic [...kɑ:rɑ:kɑ:l'pɑ:k...'pʌ-].
Кара́кас *г.* Carácas [-'rɑ:kǝs].
Караку́мы the Kàrà-Kúm [...kɑ:rɑ:-'ku:m].
Карача́ево-Черке́сская автоно́мная о́бласть the Kàràchái-Chèrkéss Autónomous Région [...kɑ:rɑ:'tʃaɪ-...].
Кара́чи *г.* Karáchi [kǝ'rɑ:tʃɪ].
Ка́рдифф *г.* Cárdiff.
Каре́льская АССР the Karélian Autónomous Sóvièt Sócialist Repúblic [...-'pʌ-].
Кари́бское мо́ре the Cáribbeìan Sea.
Кароли́нские о-ва́ the Cárolìne Íslands [...'aɪl-].
Карпа́тские го́ры, Карпа́ты the Càrpáthian Móuntains [...-'peɪ-...], the Càrpáthians [...-'peɪ-].
Ка́рское мо́ре the Kárà Sea [...'kɑ:rɑ:...].
Каспи́йское мо́ре the Cáspian Sea.
Ка́тар Qátàr ['kɔtɔ:].
Катманду́ *г.* Kàtmàndú [kɑ:tmɑ:n'du:].
Каттега́т *пролив* the Kàttegát.
Ка́унас *г.* Káunàs ['kaunɑ:s].
Квебе́к *г.* Quebéc.
Кви́нсленд Quéensìland [-nz-].
Ке́йптаун *г.* Cape Town, Cápeìtown.
Кёльн *г.* Cológne [-'loun].
Ке́мбридж *г.* Cámbridge ['keɪm-].
Ке́ния Kénya.
Ке́сон-Си́ти *г.* Quézòn Cíty ['keɪsɔ:n-'sɪ-].
Кига́ли *г.* Kigáli [-'gɑ:-].
Ки́ев *г.* Kíèv ['ki:ev].
Килиманджа́ро Kìlimanjárò [-'dʒɑ:-].
Киль *г.* Kiel [ki:l].
Ки́нгстон *г.* Kíngston [-ŋz-].
Кинша́са *г.* Kinshásà [-'ʃɑ:sɑ:].
Кио́то *г.* Kiótò.
Кипр *о-в* Cýprus.
Кирги́зская Сове́тская Социалисти́ческая Респу́блика the Kirghíz Sóvièt Sócialist Repúblic [...kɪr'gi:z...-'pʌ-]; **Кирги́зия** Kirghízia [kɪr'gi:-].
Кита́й Chína; **Кита́йская Наро́дная Респу́блика** Chinése People's Repúblic ['tʃaɪ- pi:- -'pʌ-].
Ки́то *г.* Quítò ['ki:tou].
Кишинёв *г.* Kìshinév [-'njɔ:f].
Кла́йпеда *г.* Kláipèda ['klaɪpedǝ].
Клонда́йк *р.* the Klóndìke.
Ко́вентри *г.* Cóventry.
Коло́мбо *г.* Colómbò.
Колу́мбия Colómbia.
Ко́льский п-ов the Kólà Península [...'kɔ:lɑ:...].
Ко́ми АССР the Kómi Autónomous Sóvièt Sócialist Repúblic [...-'pʌ-].
Комсомо́льск *г.* Kòmsòmólsk.
Ко́накри *г.* Cónakry.
Ко́нго 1. Cóngò; **Наро́дная Респу́блика Ко́нго** People's Repúblic of Cóngò [pi:- -'pʌ-...]; **2.** (*река*) the Cóngò.
Копенга́ген *г.* Còpenhágen [koupn-'heɪgǝn].

Кордилье́ры the Còrdilléras [...-'ljɛǝ-].
Коре́я Koréa [-'rɪǝ]; **Коре́йская Наро́дно-Демократи́ческая Респу́блика** the Koréan People's Democrátic Repúblic [...'rɪǝn pi:-...-'pʌ-].
Ко́рсика *о-в* Córsica.
Ко́ста-Ри́ка Cósta Ríca [...'ri:-].
Краснода́р *г.* Kràsnodár [krɑ:-].
Краснода́рский край Kràsnodár Térritory [krɑ:-...].
Кра́сное мо́ре the Red Sea.
Красноя́рск *г.* Kràsnoìyársk [krɑ:sno-].
Красноя́рский край Kràsnoìyársk Térritory [krɑ:...].
Крит *о-в* Crête.
Кроншта́дт *г.* Kronstádt [-'ʃtɑ:t].
Крым the Crìméa [...kraɪ'mɪǝ].
Куа́ла-Лу́мпур *г.* Kuála Lúmpur ['kwɑ:lǝ 'lumpuǝ].
Ку́ба Cúba.
Куба́нь *р.* the Kubán [...ku'bɑ:n].
Куве́йт Kuwáit.
Кузба́сс (Кузне́цкий у́гольный бассе́йн) the Kuzbás [...kuz-] (Kuznétsk cóal-fields [kuz- -fi:-], the Kuznétsk Básin [...'beɪ-]).
Ку́йбышев *г.* Kúibyshev ['kuɪbɪ-].
Кури́льские о-ва́ the Kùríl Íslands [...ku:'ri:l 'aɪl-].
Кызылку́м the Kízil-Kúm [...'kɪzɪl-'ku:m].

Лабрадо́р *п-ов* Lábradòr.
Ла́гос *г.* Lágòs.
Ла́дожское о́зеро Lake Ládòga [...'lɑ:-].
Ла-Ма́нш the Énglish Chánnel [...'ɪŋg-...].
Ла́нкашир Láncashire [-ʃɪǝ], Láncaster.
Лао́с Láòs ['lɑ:ous].
Ла-Па́с *г.* La Paz [lɑ:'pɑ:s].
Ла-Пла́та *р.* La Pláta [lɑ:'plɑ:tǝ], the Plate.
Ла́птевых мо́ре the Láptèv Sea.
Латви́йская Сове́тская Социалисти́ческая Респу́блика the Látvian Sóvièt Sócialist Repúblic [...-'pʌ-]; **Ла́твия** Látvia.
Ле́йпциг *г.* Léipzig ['laɪ-].
Ле́на *р.* the Léna [...'leɪ-].
Ленингра́д *г.* Léningràd [-ɑ:d].
Лесо́то Lèsótho [-'sɔtǝ].
Либе́рия Lìbéria [laɪ-].
Либреви́ль *г.* Lìbrevílle [li:brǝ'vi:l].
Лива́н the Lébanon.
Ли́верпул *г.* Líverpool.
Ли́вия Líbia, Líbya.
Ливо́рно *г.* Léghórn.
Ли́ма *г.* Líma ['li:mǝ].
Лио́н *г.* Lýons [-nz].
Лисабо́н *г.* Lísbon ['lɪz-].
Лито́вская Сове́тская Социалисти́ческая Респу́блика the Lìthùánian Sóvièt Sócialist Repùblic [...-'pʌ-]; **Литва́** Lìthùánia.
Ли́хтенштейн Líechtenstein ['lɪktǝn-ʃtaɪn].
Ломе́ *г.* Lòmé [lɔ:'meɪ].
Ло́ндон *г.* Lóndon ['lʌn-].

Лос-А́нджелес *г.* Los Ángelès [...'ændʒɪli:z].
Лофоте́нские о-ва́ the Lòfóten Íslands [...'aɪl-].
Луа́нда *г.* Lùánda.
Луа́ра *р.* the Loire [...lwɑ:].
Луса́ка *г.* Lùsáka [lu:'sɑ:kə].
Львов *г.* Lvov.
Льеж *г.* Liége [lɪ'eɪʒ].
Люксембу́рг Lúxembùrg.

Маври́кий Maurítius [-'rɪʃəs].
Маврита́ния Mauritánia.
Магелла́нов проли́в the Straits of Magéllan [...-'ge-].
Магнитого́рск *г.* Màgnìtogórsk [mɑ:gni:-].
Мадагаска́р Màdagáscar.
Маде́йра *о-в* Madéira [-'dɪərə].
Мадра́с *г.* Madrás [-ɑ:s].
Мадри́д *г.* Madríd.
Майо́рка *о-в* Majórca.
Мала́бо *г.* Malábo.
Мала́ви Màláwi [mɑ:'lɑ:wɪ].
Мала́йзия Maláysia [-'leɪʒə].
Мала́ккский проли́в the Straits of Malácca.
Ма́лая Азия Asia Mínor ['eɪʃə...].
Ма́ле *г.* Mále ['mɑ:leɪ].
Мали́ Máli ['mɑ:-].
Мальди́вы the Màldíves.
Ма́льта Málta.
Мана́гуа *г.* Mànáguà [mɑ:'nɑ:gwɑ:].
Мана́ма *г.* Manáma [mə'næmə].
Мани́ла *г.* Maníla [-'nɪ-].
Ма́нчестер *г.* Mánchester.
Мариа́нские о-ва́ the Màriánàs Íslands [...mɑ:rɪ'ɑ:nɑ:s 'aɪl-].
Мари́йская АССР the Mári Autónomous Sóvièt Sócialist Repúblic [...'mɑ:rɪ...-'pʌ-].
Марки́зские о-ва́ the Màrquésàs Íslands [...-'keɪsæs 'aɪl-].
Маро́кко Mòróccò [mə-].
Марсе́ль *г.* Màrséilles [-'seɪlz].
Марти́ника Màrtiníque [-'ni:k].
Марша́лловы о-ва́ the Márshall Íslands [...'aɪl-].
Ма́ссеру *г.* Máserù [-zəru:].
Маска́т *г.* Músqàt ['mʌskæt].
Махачкала́ *г.* Màkhách-Kàlá [mɑ:'kɑ:tʃkɑ:'lɑ:].
Мбаба́не *г.* Mbàbáne [mbɑ:'bɑ:n].
Меди́на *г.* Mèdína [-'di:-].
Ме́кка *г.* Mécca.
Ме́ксика Méxicò.
Мексика́нский зали́в the Gulf of Méxicò.
Мелане́зия Mèlanésia [-zɪə].
Ме́льбурн *г.* Mélbourne [-bən].
Мено́рка *о-в* Menórcà [-kɑ:].
Мёртвое мо́ре the Dead Sea [...ded...].
Ме́хико *г.* Méxicò City [...'sɪ-].
Мила́н *г.* Milán.
Минск *г.* Minsk.
Миссиси́пи *р.* the Mìssissíppi.
Миссу́ри *р.* the Missóuri [...-'suə-].
Мичига́н *оз.* Lake Míchigan [...-ʃ-].
Могади́шо *г.* Mògadíscìò [mɔgə'dɪʃɪou].
Мозамби́к Mòzambíque [mouzəm-'bi:k].
Молда́вская Сове́тская Социалисти́ческая Респу́блика the Mòldávian Sóvièt Sócialist Repúblic [...-'pʌ-]; **Молда́вия** Mòldávia.
Молу́ккские о-ва́ the Molúcca Íslands [...'aɪl-], the Molúccas.
Мона́ко Mónacò.
Монбла́н Mont Blanc [mɔ:m'blɑ:ŋ].
Монго́лия Mòngólia; **Монго́льская Наро́дная Респу́блика** the Mòngólian People's Repúblic [...pi:- -'pʌ-].
Монреа́ль *г.* Mòntreál [-rɪ'ɔ:l].
Монро́вия *г.* Monróvia.
Монтевиде́о *г.* Mòntevidéò [-'deɪou].
Мо́нте-Ка́рло Mónte Cárlo [-tɪ...].
Мордо́вская АССР the Mòrdóvian Autónomous Sóvièt Sócialist Repúblic [...-'pʌ-].
Москва́ *г.* Móscow.
Москва́ *р.* the Moskvá [...-ɑ:].
Мра́морное мо́ре the Sea of Mármora.
Му́рманск *г.* Múrmànsk ['mu:rmɑ:nsk].
Мыс До́брой Наде́жды the Cape of Good Hope.
Мыс Кана́верал Cape Canáveral.
Мю́нхен *г.* Múnich ['mju:nɪk].

Нагаса́ки *г.* Nàgàsáki [nɑ:gɑ:'sɑ:-].
Наго́рно-Караба́хская автоно́мная о́бласть the Nagórno-Kàràbákh Autónomous Région [...-kɑ:rɑ:'bɑ:k...].
Найро́би *г.* Nairóbi [naɪ'roubɪ].
На́льчик *г.* Nálchik ['nɑ:-].
Нами́бия Namíbìa [nə'mɪbi:ə].
Нанки́н *г.* Nànkín(g).
На́рвик *г.* Nárvik.
Наро́дная Демократи́ческая Респу́блика Йе́мен People's Dèmocrátic Repúblic of Yémen [pi:-...-'pʌ-...'jem-].
Нау́ру Nàúrù [nɑ:'u:ru:].
Нахичева́нская АССР the Nàkhichèván Autónomous Sóvièt Sócialist Repúblic [...-ɑ:n...-'pʌ-].
Нахичева́нь *г.* Nàkhichèván [-ɑ:n].
Нджаме́на *г.* N'Djaména.
Неа́поль *г.* Naples.
Нева́ *р.* the Néva [...'neɪ-].
Не́ман *р.* the Níemen [...'ni:-].
Непа́л Nepál [nɪ'pɔ:l].
Ниага́ра *р.* the Nìágara.
Ниаме́й *г.* Nìaméy [njɑ:'meɪ].
Ни́гер **1.** (*республика*) Níger; **2.** (*река*) the Níger.
Ниге́рия Nigéria [naɪ-].
Нидерла́нды (Голла́ндия) the Nétherlands (Hólland).
Никара́гуа Nìcarágua [-'rɑ:-].
Никоси́я *г.* Nicosía [-'si:ə].
Нил *р.* the Nile.
Ни́цца *г.* Nice [ni:s].
Но́вая Гвине́я New Guínea [...'gɪnɪ].
Но́вая Зела́ндия New Zéaland.
Но́вая Земля́ Nóvàyà Zèmlyá ['nɔ:vɑ:jɑ: zem'ljɑ:].
Новоросси́йск *г.* Nòvoròssíisk.
Новосиби́рск *г.* Nòvosibírsk [-'bi:rsk].
Но́вые Гебри́ды *о-ва* the New Hébridès [...-di:z].
Но́вый Орлеа́н *г.* New Órleans [...-lɪənz].
Но́вый Ю́жный Уэ́льс New South Wales [...-z].
Норве́гия Nórway.
Норма́ндия Nórmandy.
Нуакшо́т *г.* Nouakchótt [nwɑ:k'ʃɔ:t].
Нукуало́фа *г.* Nùkualófa [nu:kuə'lɔ:fə].
Нуку́с *г.* Nukús [-'ku:s].
Нью-Йо́рк *г.* New York.
Ньюфаундле́нд *о-в* Newfoundlánd.
Ню́рнберг *г.* Núrembèrg ['njuərəmbə:g].

Объединённые Ара́бские Эмира́ты Ùníted Árab Èmirates [...'æ- e'mɪə-].
Обь *р.* the Ob.
О́гненная Земля́ *о-в* Térra del Fùégò [...-'eɪgou].
О́дер *р.* the Óder.
Оде́сса г. Òdéssa [ou-].
Ока́ *р.* the Oká [...o'kɑ:].
Океа́ния Òceánia [ouʃɪ-].
О́ксфорд *г.* Óxford.
О́льстер Úlster.
Ома́н Omán [o'mɑ:n].
Оне́жское о́зеро LakeÒnéga [...ou-].
Онта́рио *оз.* Lake Òntáriò.
Ора́нжевая река́ the Órange River [...'rɪ-].
Орино́ко *р.* the Orinócò.
Оркне́йские о-ва́ the Órkney Íslands [...'aɪl-].
Оса́ка *г.* Òsáka [ou'sɑ:-].
О́сло *г.* Óslò ['ɔz-].
Отта́ва *г.* Óttawa.
Охо́тское мо́ре the Sea of Òkhótsk [...ou-].

Па-де-Кале́ the Straits of Dóver.
Пакиста́н Pàkistán [pɑ:kɪs'tɑ:n].
Палести́на Pálestìne.
Пами́р the Pamírs [...pə'mɪəz].
Пана́ма Pànamá [-'mɑ:].
Пана́мский кана́л the Pànamá Canál [...-'mɑ:...].
Па́пуа Pápua ['pæpjuə].
Парагва́й Páraguay [-gwaɪ].
Пари́ж *г.* Páris.
Пеки́н *г.* Pèkín(g) [pi:'kɪn].
Пе́нза *г.* Pénza.
Перси́дский зали́в the Pérsian Gulf [...-ʃən...].
Перу́ Perú [-'ru:].
Петрозаво́дск *г.* Pètrozàvódsk [-zɑ:'vou-].
Печо́ра *р.* the Pechóra.
Пире́й *г.* Pìráeus ['paɪ'ri:əs].
Пирене́и the Pỳrenées [...-'ni:z].
Пли́мут *г.* Plýmouth ['plɪməθ].
Пномпе́нь *г.* Pnómpénh, Pnóm-Pénh ['pnɔm'penj].
Полине́зия Pòlynésia [-zɪə].
По́льша Póland; **По́льская Наро́дная Респу́блика** the Pólish People's Repúblic [...'pou- pi:- -'pʌ-].
Порт-Луи́ *г.* Port Louis ['pɔ:t'lu:ɪ(s)].
По́рто-Но́во *г.* Pórto Nóvò ['pour-...].

Порт-о-Пре́нс *г.* Pòrt-au-Prínce [pɔ:rtou'præŋs].
Порт-оф-Спе́йн *г.* Pòrt-of-Spáin.
Порт-Са́йд *г.* Port Said [-'saɪd].
По́ртсмут *г.* Pórtsmouth [-məθ].
Португа́лия Pórtugal.
Потсда́м Pótsdàm.
Пра́га *г.* Prague [prɑ:g, preɪg].
Пра́я *г.* Práia ['praɪə].
Прето́рия *г.* Pretória [-'tou-].
Примо́рский край Primórski Térritory.
Пуэ́рто-Ри́ко Puértò Ricò ['pwɜ:tou-'ri:kou].
Пхенья́н *г.* Pyóngyáng ['pjɔ:ŋ'jɑ:ŋ].

Раба́т *г.* Rabát [rə'bɑ:t].
Равалпи́нди *г.* Ràwalpíndì [rɑ:vəl-'pɪndi:].
Рангу́н *г.* Ràngóon.
Ре́йкьявик *г.* Réykjavìk [-kjəvi:k].
Реймс *г.* Reims [ri:mz].
Рейн *р.* the Rhine.
Ри́га *г.* Ríga ['ri:-].
Ри́жский зали́в the Gulf of Ríga [...'ri:-].
Рим *г.* Rome.
Ри́о-де-Жане́йро *г.* Rìo de Janéirò [' ri:oudədʒə'nɪərou].
Ро́дос *о-в* Rhodes [roudz].
Ро́на *р.* the Rhone.
Росси́йская Сове́тская Федерати́вная Социалисти́ческая Респу́блика the Rússian Sóvièt Féderàtive Sócialist Repúblic [...-ʃən... -'pʌ-].
Росси́я Rússia [-ʃə].
Ро́ттердам *г.* Rótterdàm.
РСФСР (Росси́йская Сове́тская Федерати́вная Социалисти́ческая Респу́блика) the RSFSR (the Rússian Sóvièt Féderàtive Sócialist Repúblic [...-ʃən... -'pʌ-]).
Руа́нда Rwánda [ru:'ɑ:ndə].
Румы́ния R(o)umánia [ru:-]; **Социалисти́ческая Респу́блика Румы́ния** Sócialist Repúblic of R(o)umánia [...-'pʌ..].
Рур *р.* the Ruhr [...ru:r].

Сайго́н *г.* Saigón [saɪ-]; *см.* Хошимин.
Сало́ники *г.* Salónika.
Сальвадо́р El Sàlvadór.
Само́а *о-ва* Samóa.
Сана́ *г.* Sàn'á Sànáa [sɔn'æ].
Сан-Мари́но San Màríno [sɑ:n mɑ:-'ri:no].
Сан-Сальвадо́р *г.* San Sálvadòr.
Са́нто-Доми́нго *г.* Sánto-Domíngò.
Сантья́го *г.* Sàntiágò [-'ɑ:g-].
Сан-Франци́ско *г.* San Franciscò.
Сан-Хосе́ *г.* San José [sænho'zeɪ].
Сан-Хуа́н *г.* San Juan [sɑ:n hwɑ:n].
Сара́нск *г.* Sàránsk [sɑ:'rɑ:-].
Сарди́ния *о-в* Sàrdínia.
Сау́довская Ара́вия Sàúdi Arábia [sɑ:'u:-...].
Са́утгемптон *г.* Southámpton.
Сахали́н *о-в* Sàkhalín [-'li:n].
Саха́ра the Sahára [...-'hɑ:-].
Сва́зиленд Swáziland ['swɑ:-].
Свердло́вск *г.* Svèrdlóvsk.
Свято́го Лавре́нтия (река́) the Saint Láwrence.
Свято́й Еле́ны (о́стров) Saint Heléna [...ɪ'li:-].
Сева́н *оз.* Sèváng [sje'vɑ:ŋ].
Севасто́поль *г.* Sèvàstópòl [-vɑ:s-].
Се́верная Аме́рика North América.
Се́верная Двина́ *р.* the Sévernayà Dviná [-jɑ: -ɑ:].
Се́верная Земля́ *о-в* Sévernayà Zèmlyá [-jɑ: zem'ljɑ:].
Се́верное мо́ре the North Sea.
Се́верный Ледови́тый океа́н the Arctic Ócean [...'ouʃ°n].
Се́веро-Осети́нская АССР the North Ossétian Autónomous Sóvièt Sócialist Repúblic [...-'pʌ-].
Се́на *р.* the Seine [... seɪn].
Сенега́л 1. (*государство*) Sènegál [-'gɔ:l]; **2.** (*река*) the Sènegál.
Сент-Джо́рджес *г.* Saint Geórge's [...'dʒɔ:-].
Сеу́л *г.* Seoul [soul].
Сиби́рь Sibéria [saɪ'bɪərɪə].
Си́дней *г.* Sýdney.
Сингапу́р Singapóre.
Си́рия Sýria ['sɪ-].
Сици́лия *о-в* Sícily.
Сиэ́тл *г.* Seáttle [sɪ'ætl].
Скагерра́к *пролив* the Skágerràck.
Скали́стые го́ры the Rócky Móuntains, the Róckies.
Скандина́вский п-ов Scàndinávia.
Слова́кия Slovákia [slo'vɑ:kɪə].
Соединённое Короле́вство Великобрита́нии и Се́верной Ирла́ндии Ùnited Kíngdom of Great Brítain and Nórthern Íreland [...greɪt...-ð- 'aɪə].
Соединённые Шта́ты Аме́рики the Ùnited States of América.
Соломо́новы о-ва́ the Sólomon Íslands [...'aɪl-], the Sólomons.
Со́лсбери *г.* Sálisbury ['sɔ:lzbərɪ].
Сомали́ Somáli(a) [so'mɑ:-].
Софи́я *г.* Sófia.
Со́чи *г.* Sóchi ['sɔ:-].
Сою́з Сове́тских Социалисти́ческих Респу́блик the Ùnion of Sóvièt Sócialist Repúblics [...-'pʌ-].
Средизе́мное мо́ре the Mèditerránean (Sea).
СССР (Сою́з Сове́тских Социалисти́ческих Респу́блик) the USSR (the Ùnion of Sóvièt Sócialist Repúblics [...-'pʌ-]).
Ста́врополь *г.* Stávropol ['stɑ:-].
Ставропо́льский край Stávropol Térritory ['stɑ:-...].
Стамбу́л *г.* Istànbúl [-'bu:l].
Стокго́льм *г.* Stóckhòlm [-houm].
Стра́сбург *г.* Strásb(o)urg [-z-].
Стра́тфорд-он-Э́йвон *г.* Strátford-on-Ávon.
Су́ва *г.* Súva ['su:-].
Суда́н the Sùdán [...su:-].
Су́кре *г.* Súcre ['su:krə].
Сулаве́си *о-в* Sùlàwési [su:lɑ:'weɪsɪ].
Сума́тра *о-в* Sùmátra [su:'mɑ:-].
Суху́ми *г.* Sùkhúmi [su'ku-].
Суэ́цкий кана́л the Súez Canál [...'su:ɪz...].
США (Соединённые Шта́ты Аме́рики) the USA (the Ùnited States of América).
Сыктывка́р *г.* Sìktivkár [sɪktɪf'kɑ:].
Сырдарья́ *р.* the Syr Dàriá [...dɑ:r'jɑ:].
Сье́рра-Лео́не Siérra Leóne.
Сянга́н Siángán ['sjɑ:ŋ'gɑ:n].

Таджи́кская Сове́тская Социалисти́ческая Респу́блика the Tàjík Sóvièt Sócialist Repúblic [...tɑ:-...-'pʌ-]; **Таджикиста́н** Tàjìkistán [tɑ:- -'stɑ:n].
Таила́нд Tháilànd ['tɑ:ɪ-].
Таи́ти *о-в* Tàhíti [tɑ:'hi:-].
Тайва́нь *о-в* Táiwán ['taɪ'wɑ:n].
Таймы́р *п-ов* Taimír [taɪ'mɪr].
Та́ллин *г.* Tállinn ['tɑ:-].
Тананари́ве *г.* Tànànàríve [tɑ:nɑ:nɑ:-'ri:v].
Танганьи́ка *оз.* Tànganyíka [-'nji:-].
Танже́р *г.* Tàngíer [-'dʒɪə].
Танза́ния Tànzániả [tæn'zɑ:njɑ:].
Тасма́ния *о-в* Tàsmánia [-z-].
Тата́рская АССР the Tatár Autónomous Sóvièt Sócialist Repúblic [...-'pʌ-].
Ташке́нт *г.* Tàshként.
Тбили́си *г.* Tbilísi.
Тегера́н *г.* Teh(e)rán [tɪə'rɑ:n].
Тегусига́льпа *г.* Tegùcigálpà [təgu:sɪ-'gɑ:lpɑ:].
Тель-Ави́в *г.* Tél Avív ['telɑ:'vi:v].
Те́мза *р.* the Thames [...temz].
Тибе́т Tibét, Thibét.
Тибр *р.* the Tíber.
Тигр *р.* the Tígris [...'taɪ-].
Тира́на *г.* Tiránà [-'rɑ:nɑ:].
Тиро́ль Tyról [-'roul].
Тирре́нское мо́ре Tyrrhénian Sea.
Ти́хий океа́н the Pacífic (Ócean) [...'ouʃ°n].
То́го Tógò.
То́кио *г.* Tókyò.
То́нга Tónga.
Торо́нто *г.* Toróntò.
Торре́сов проли́в the Tórres Straits.
Тринида́д и Тоба́го Trínidàd and Tobágò.
Три́поли *г.* Trípoli.
Тро́нхейм *г.* Tróndheim [-nheɪm].
Туви́нская АССР the Túva Autónomous Sóvièt Sócialist Repúblic [...-'pʌ-].
Туло́н *г.* Toulón [tu:'lɔ:ŋ].
Туни́с 1. (*страна*) Tùnísia [tju:-]; **2.** (*город*) Túnis ['tju:-].
Туркме́нская Сове́тская Социалисти́ческая Респу́блика the Tùrkmén Sóvièt Sócialist Repúblic [...-'pʌ-]; **Туркмениста́н** Tùrkmènistán [-'stɑ:n].
Ту́рция Túrkey.
Тхи́мпху *г.* Thímphù, Thímbù.
Тянь-Ша́нь Tien Shan [...ʃɑ:n].

Уагаду́гу *г.* Ouàgadóugou [wɑ:gə'du:-gu:].
Уа́йт *о-в* the Isle of Wight [...aɪl...].
Уга́нда Ùgánda [ju:-].
Удму́ртская АССР the Udmúrt Autónomous Sóvièt Sócialist Repúblic [...-'pʌ-].

Узбе́кская Сове́тская Социалисти́ческая Респу́блика the Uzbék Sóvièt Sócialist Repúblic [...-'pʌ-]; **Узбекиста́н** Uzbèkistán [-'stɑ:n].
Украи́нская Сове́тская Социалисти́ческая Респу́блика the Ukráinian Sóvièt Sócialist Repúblic [...ju:-...-'pʌ-]; **Украи́на** the Ukráine [...ju:'kreɪn].
Ула́н-Ба́тор *г.* Ulhán-Bátor [-ɑ:n-'bɑ:-].
Ула́н-Удэ́ *г.* Ulhán-Udé [-ɑ:n-].
Улья́новск *г.* Uliánovsk [-ɑ:-].
Ура́л the Urals.
Уругва́й Uruguay ['urugwaɪ].
Уфа́ *г.* Ufa.
Уэ́льс Wales.

Фаре́рские о-ва́ the Fáeròes Íslands [...'fɛərouz 'aɪl-].
Федерати́вная Респу́блика Герма́нии the Gérman Féderal Repúblic [...-'pʌ-].
Фи́джи Fiji [fi:'dʒi:].
Филаде́льфия *г.* Philadélphia.
Филиппи́ны the Phílippìnes [...-pi:nz].
Финля́ндия Fínland ['fɪn-].
Фи́нский зали́в the Gulf of Fínland [...'fɪn-].
Фолкле́ндские о-ва́ the Fálkland Íslands [...'aɪl-].
Фра́нция France.
Фри́таун *г.* Fréetown.
Фру́нзе *г.* Frúnzè ['fru:nze].
Фудзия́ма Fújiyámà ['fu:dʒɪ'jɑ:mɑ:].

Хаба́ровск *г.* Khàbárovsk [kɑ:-].
Хаба́ровский край Khàbárovsk Térritory [kɑ:-...].
Ха́йфа *г.* Háifà ['haɪfɑ:].
Хака́сская автоно́мная о́бласть the Khàkáss Autónomous Région [...kɑ:-'kɑ:s...].
Ханой *г.* Hànói.
Харби́н *г.* Hárbin.
Харту́м *г.* Khàrt(ó)um [-'tu:m].
Ха́рьков *г.* Khárkov.
Хе́льсинки *г.* Hélsinki.
Хиби́ны the Khibíni Móuntains.
Хиро́сима *г.* Hiróshimà [hɪ'rɔ:ʃɪmɑ:].
Хошими́н *г.* Ho Chi Minh [-tʃi:-].
Хуанхэ́ *р.* the Hwang Ho [...'hwæŋ-'hou].

Центра́льная Аме́рика Céntral América.
Центральноафрика́нская Респу́блика Céntral African Repúblic [...-'pʌ-].
Цуси́ма *о-ва* Tsúshima ['tsuʃɪ-].
Цю́рих *г.* Zúrich ['zjuərɪk].

Чад Chad.
Чебокса́ры *г.* Chèboksári.
Челя́бинск *г.* Chèliábinsk.
Чёрное мо́ре the Black Sea.
Чехослова́кия Czéchò¦slòvákia ['tʃekouslou'vækɪə]; **Чехослова́цкая Социалисти́ческая Респу́блика** the Czéchò¦slóvàk Sócialist Repúblic ['tʃe-...-'pʌ-].
Чече́но-Ингу́шская АССР the Chèchéno-Ingúsh Autónomous Sóvièt Sócialist Repúblic [...tʃje'tʃenɪŋ'guʃ...-'pʌ-].
Чика́го *г.* Chicágò [ʃɪ'kɑ:-].
Чи́ли Chíle ['tʃɪlɪ].
Чомолу́нгма *см.* **Джомолу́нгма.**
Чува́шская АССР the Chùvásh Autónomous Sóvièt Sócialist Repúblic [...tʃu:'vɑ:ʃ... -'pʌ-].
Чудско́е о́зеро Lake Chúdskoye [...'tʃu:d-].
Чуко́тский п-ов Chukót(ski) Península.
Чуко́тское мо́ре the Chúckchee Sea.

Шанха́й *г.* Shànghái [ʃæŋ'haɪ].
Швейца́рия Switzerland.
Шве́ция Swéden.
Шербу́р *г.* Chérbourg ['ʃə:buəg].
Шетле́ндские о-ва́ the Shétland Íslands [...'ʃe- 'aɪl-], the Shétlands.
Ше́ффилд *г.* Shéffield [-fi:ld].
Шотла́ндия Scót¦land.
Шпицбе́рген *о-в* Spítsbèrgen.
Шри-Ла́нка Sri Lánka [ˌsrɪ'læŋkə].
Эвере́ст Éverèst; *см.* **Джомолу́нгма.**
Эге́йское мо́ре the Aegéan (Sea) [...i:'dʒi:ən...].
Э́динбург *г.* Édinburgh [-bərə].
Экваториа́льная Гвине́я Equatórial Guínea [...'gɪnɪ].
Эквадо́р Écuadór [ekwə-].
Э́льба 1. *о-в* Élba; 2. *р.* the Elbe [...elb].
Эльбру́с Élbrùs [-ru:s].
Эль-Куве́йт *г.* (Al) Kuwáit.
Э́ри *оз.* Lake Érie [...'ɪərɪ].
Эр-Рия́д *г.* Riyádh [rɪ'jɑ:d].
Эсто́нская Сове́тская Социалисти́ческая Респу́блика the Estónian Sóvièt Sócialist Repúblic [...-'pʌ-]; **Эсто́ния** Estónia.
Э́тна Étna.
Эфио́пия Ethiópia [i:-].

Юго-Осети́нская автоно́мная о́бласть the South Ossétian Autónomous Région.
Югосла́вия Yùgòslávia [ju:gou'slɑ:-]; **Социалисти́ческая Федерати́вная Респу́блика Югосла́вия** Sócialist Féderal Repúblic of Yùgòslávia [...-'pʌ-...].
Ю́жная Аме́рика South América.
Ю́жная Коре́я South Koréa [...-'rɪə].
(Ю́жная) Роде́зия Sóuthern Rhodésia ['sʌð-...].
Ю́жно-Африка́нская Респу́блика Repúblic of South África [-'pʌ-...].
Юко́н *р.* the Yúkòn [...'ju:-].
Ютла́ндия *п-ов* Jútland ['dʒʌ-].

Я́ва *о-в* Jáva ['dʒɑ:-].
Яку́тск *г.* Jàkútsk [jɑ:'kutsk].
Яку́тская АССР the Jàkútsk Autónomous Sóvièt Sócialist Repúblic [...jɑ:-'kutsk... -'pʌ-].
Я́лта *г.* Yáltà ['jɑ:ltɑ:].
Яма́йка Jamáica.
Янцзы́ *р.* Yángtze ['jæŋtsɪ].
Япо́ния Japán.
Япо́нское мо́ре the Sea of Japán.
Яу́нде *г.* Yàoundé [jɑ:u:n'deɪ].

проф. А. И. СМИРНИЦКИЙ

О ЧТЕНИИ (ПРОИЗНОШЕНИИ) АНГЛИЙСКИХ СЛОВ

Несмотря на то, что для английского языка в общем характерно очень значительное расхождение между произношением и правописанием, большинство английских слов читается все же в соответствии с определенными (хотя и довольно сложными) *правилами* чтения букв и буквенных сочетаний. Ряд таких правил приводится ниже (стр. 733 и след.).

Важнейшим условием для правильного чтения английских слов является знание места *ударения*. Поэтому многие английские слова даются в словаре со знаками ударения, хотя в английской орфографии (как и в русской) ударение обычно не отмечается (см. стр. 732).

В известных случаях для правильного чтения английских слов необходимо знать их *деление на составные части*. В таких случаях составные части слова, если они не отделяются друг от друга дефисом (черточкой) в английской орфографии, разделяются в словаре пунктирной чертой (см. стр. 733).

Произношение тех английских слов, которые читаются полностью по приводимым здесь правилам, в словаре особо не обозначается (если не считать применения знаков ударения и пунктирной разделительной черты).

Кроме того, в словаре вообще не указывается произношение наиболее употребительных слов (местоимений, наречий, предлогов, вспомогательных глаголов и т. п.), которые предполагаются хорошо известными каждому, хотя бы немного знающему английский язык. Список этих слов дан в приложении к правилам чтения (стр. 740).

Произношение слов, не входящих в упомянутый список, если оно не соответствует приводимым правилам чтения, обозначается в словаре посредством знаков *Международной фонетической транскрипции* (см. ниже). При этом нужно заметить следующее:

1) фонетическая транскрипция (там, где она необходима) дается в квадратных скобках [ ] после тех слов, к которым она относится: choir [ˈkwaɪə]; love [lʌv];

2) нередко обозначается произношение только части слова, что отмечается соответствующим употреблением дефиса (черточки): house [-s], **wh**ole [h-]. При таком частичном транскрибировании всегда подразумевается, что в остальном данное слово читается по правилам (так, house = [haus] — потому что по общим правилам начальное h = [h], ou = [au], а конечное e является немым; whole = [houl], так как o в ударном слоге перед одной согласной + немое e читается [ou], а l обычно = [l]);

3) если транскрибируемое слово приводится в сочетании с другим или другими, то его транскрипция обычно дается после всего словосочетания: **live** out [lɪv...]. При этом, посредством многоточия (...) указывается, к какой части словосочетания относится данная транскрипция: **live** be¦yónd one's means [lɪv...]; made to **méasure** [...ˈme-]; **méasure** a pérson with one's **eye** [ˈme-... aɪ].

ЗНАКИ МЕЖДУНАРОДНОЙ ФОНЕТИЧЕСКОЙ ТРАНСКРИПЦИИ, ПРИМЕНЯЕМЫЕ В СЛОВАРЕ

1) Знаки для гласных

а) Простые

Совпадающие с латинскими буквами

[e] = e *в* pen, get
[o] = o *в* November
[u] = oo *в* book, u *в* put

Особые

[æ] = a *в* man, cat
[ə] = e *в* finger, a *в* about
[ɪ] = i *в* pin, bit
[ɔ] = o *в* dog, box
[ʌ] = u *в* run, cut

б) Составные

С [ɪ, u, ə]

[aɪ] = i *в* time, bite; = I
[eɪ] = ai *в* rain, ay *в* day
[ɔɪ] = oi *в* boil, oy *в* boy
[au] = ow *в* now, ou *в* loud

Со знаком [ː], обозначающим долготу

[ɑː] = a *в* park, farm
[əː] = e *в* verb, i *в* girl
[iː] = ee *в* see, ea *в* meat
[ɔː] = aw *в* law, o *в* port

[ou] = oa *в* boat, o *в* go
[εə] = ai *в* chair, a *в* care
[ɪə] = ee *в* beer, ea *в* hear
[uə] = oo *в* poor

[uː] = oo *в* moon, food

О знаке [°] см. ниже.

2) Знаки для согласных (включая полугласные)

а) Простые

Совпадающие с латинскими буквами

[b] = b *в* but, be
[d] = d *в* do, did
[f] = f *в* full, fish
[g] = g *в* go, give
[h] = h *в* how, hear
[j] = y *в* you, yes
[k] = k *в* kind, keep
[l] = l *в* look, tale, old
[m] = m *в* most, me
[n] = n *в* now, new
[p] = p *в* put, pit
[r] = r *в* run, read
[s] = s *в* so, see
[t] = t *в* top, tea
[v] = v *в* voice, very
[w] = w *в* was, we
[z] = z *в* zone, lazy

Особые

[ŋ] = ng *в* long, sing, n *в* thank, think
[θ] = th *в* thank, both
[ð] = th *в* that, then
[ʃ] = sh *в* show, she
[ʒ] = s *в* pleasure, vision, g *в* bourgeoisie (приблиз. = русск. ж)

б) Составные

Особые

[ʧ] = ch *в* chair, teach
[ʤ] = j *в* just, joy,
dg *в* bridge

3) Знак ударения [ʹ]

Знак ударения [ʹ] помещается в транскрипции *перед* ударным слогом: fever [ʹfiːvə], enough [ɪʹnʌf], November [noʹvembə].

4) Знак [°]

Помимо знаков Международной фонетической транскрипции, приведенных выше, в определенных случаях применяется *знак* [°].

[°] обозначает особо слабый вариант звука [ə], имеющий тенденцию исчезать в беглой речи; так ocean [ʹouʃ°n] в беглой речи обыкновенно = [ʹouʃn], но при более тщательном произношении может быть [ʹouʃən]. Если безударный слог изображается в орфографии с гласной буквой i, то знак [°] обозначает соответствующий исчезающий вариант звука [ɪ]: evil [ʹiːv°l] = [ʹiːvl] или, при тщательном произношении, [ʹiːvɪl], с безударным гласным типа [ɪ].

ЧТЕНИЕ БЕЗ ТРАНСКРИПЦИИ

УДАРЕНИЕ

В словаре употребляются *два знака* ударения [́ и ̀], которые ставятся *над* гласными буквами выделяемых слогов; так, напр., слово constitution (имеющее главное ударение на -tu- и второстепенное на con-) дается в словаре как cònstitútion (без транскрипции, так как оно читается по правилам: [kɔnstɪʹtjuːʃ°n]).

Знак ́ обозначает *главное* ударение: cíty [ʹsɪtɪ], efféct [ɪʹfekt]; ср. также приведенный выше пример cònstitútion [kɔnstɪʹtjuːʃ°n].

Если слог, имеющий главное ударение, содержит одно из постоянных (устойчивых) сочетаний гласных букв — ae, ai, au, ay, ea, ee, ei, eu, ey, oa, oi, oo, ou, oy, — то знак главного ударения (́) ставится над *первой* буквой данного сочетания: dáily [ʹdeɪlɪ], méeting [ʹmiːtɪŋ], pronóunce [prəʹnauns].

Знак ̀ обозначает *второстепенное*, подчиненное ударение различной силы, но, во всяком случае, заметно менее сильное, чем главное ударение. Этим знаком в словаре отмечаются те гласные, которые, не имея главного ударения, все же произносятся почти так же *ясно*, как в слогах с главным ударением: cóncàve ['kɔnkeɪv] (или ['kɔn,keɪv]), órganìze ['ɔːgənaɪz], cònstitútion [kɔnstɪ'tjuːʃ°n]. Во многих случаях (напр. в órganìze) второстепенное ударение близко к безударности, но при изложении правил чтения слоги даже с таким *слабым* второстепенным ударением следует считать, хотя бы более или менее условно, ударными слогами.

Ударение (главное) *не* обозначается:

а) в *односложных* словах: pen, day; в том числе — в односложных словах, которые в написании представляются двухсложными ввиду наличия в них *немого* е: make [meɪk], times [taɪmz], named [neɪmd] (о немом е см. стр. 735);

б) в тех *двухсложных* словах, в которых безударный конечный слог изображается в орфографии посредством -le (-led, -les), -re (-red, -res) — с немым е — или посредством -r, -rs: cable ['keɪbl] (cabled ['keɪbld], -bles [-blz] — со слоговым [l]), acre ['eɪkə] (acres ['eɪkəz]), fire ['faɪə] (fired ['faɪəd], fires ['faɪəz]), flour ['flauə], ours ['auəz];

в) во всех словах, произношение которых предполагается *известным:* above [ə'bʌv], having ['hævɪŋ], many ['menɪ].

Второстепенное ударение не отмечается в тех случаях, когда соответствующий гласный звук изображается в орфографии через какое-либо *постоянное сочетание* гласных (ae, ai, au, ay, ea, ee, ei, eu, ey, oa, oi, oo, ou, oy) или через одно из *постоянных сочетаний* гласных с w (aw, ew, ow): Européan [juərə'piːən] (с второстепенным ударением на Eu-), prónoun ['prounaun] (с второстепенным ударением на -noun), sómehow ['sʌmhau] (с второстепенным ударением на -how). В известных случаях, однако, гласные, обозначенные такими сочетаниями, являются *безударными*. Важнейшие из таких случаев отмечены в «правилах чтения» соответствующих сочетаний.

В словах, сопровождаемых пометой (*фр.*), ударение не ставится. Знаки ударения в таких словах являются французскими орфографическими знаками, принятыми и в английском написании соответствующих слов, напр.: **ве́чер... 2.** (*собрание*) soirée (*фр.*) ['swɑːreɪ]; **неве́ста** *ж.* fiancée (*фр.*) [fɪ'ɑːnseɪ].

ДЕЛЕНИЕ СЛОВА НА СОСТАВНЫЕ ЧАСТИ

Пунктирная черта (¦) помещается в словаре между различными составными частями слова (между частями сложного слова, пишущегося слитно; между основной частью и суффиксом и т. п.) в тех случаях, когда такое деление слова дает возможность подвести его чтение под общие правила.

Буква, стоящая непосредственно *перед* чертой (¦), должна рассматриваться, с точки зрения правил чтения, как *конечная*, а та буква, которая стоит непосредственно *после* черты, как *начальная* lóne¦ly ['lounlɪ] (lóne — основная часть, -ly — суффикс; е в lóne- *немое*, как вообще *конечное* е, не обозначающее ударного звука: ср. alóne [ə'loun]; следовательно о в lóne- читается [ou], т. к. по общему правилу *ударное* o = [ou] перед одной согласной + немое е; ср. alóne); a¦wáke [ə'weɪk] (а- — приставка, -wáke — основная часть слова; w в -wáke читается как *начальное* w перед гласной: ср. wake [weɪk]; оно *не* должно рассматриваться в слове a¦wáke как элемент постоянного сочетания aw, так как а и w в этом слове принадлежат разным его составным частям; ср. áwful ['ɔːf°l], где aw [ɔː] — постоянное сочетание).

Дефис (-), который в английской орфографии применяется довольно часто, играет для чтения ту же роль, что и пунктирная черта: stóne-mason ['stounmeɪs°n] (ср. отдельное слово stone [stoun]).

Как те слова, которые в словаре разделяются на части *пунктирной чертой*, так и те, которые пишутся с *дефисом*, по отношению к *ударению* должны рассматриваться как *цельные*. Так, напр., -y в lóne¦ly обозначает такой же *безударный* звук, как -y в shórtly ['ʃɔːtlɪ], в котором суффикс -ly не отделяется в словаре пунктирной чертой (т. е. отделение суффикса -ly в lóne¦ly *не* должно давать повода читать букву у в нем так же, как в sky [skaɪ] и т. п.); ср. также ský-scràper ['skaɪskreɪpə]: у читается здесь, как в отдельном слове sky, не только потому, что за ним следует дефис, — чем его положение приравнивается к *конечному*, — но и потому, что оно обозначает *ударный* гласный звук, как это указано знаком ударения на нем.

ПРАВИЛА ЧТЕНИЯ БУКВ И БУКВЕННЫХ СОЧЕТАНИЙ

Гласные, их сочетания друг с другом и с w

Отдельные гласные и их постоянные сочетания, а также их постоянные сочетания с w приводятся в алфавитном порядке.

Следующие *сочетания* гласных друг с другом и с w считаются *постоянными*, т. е. рассматриваются как особые *единицы*:

—	ae	ai	—	au	aw	ay
ea	ee	ei	—	eu	ew	ey
oa	—	oi	oo	ou	ow	oy

Прочие сочетания гласных букв (напр. ao, oe, ie) следует рассматривать как свободные соединения, в которых каждая буква читается сама по себе — по правилам чтения отдельных букв.

a

Под ударением

(главным или второстепенным)

a = [eɪ] 1) в *конечном* положении или *перед гласной*: a [eɪ], báobàb ['beɪəbæb]; также Ptòlemá¦ic [tɔlɪ'meɪɪk]; (об ae, ai, au, ay см. ниже);

2) *перед одной согласной* (*не* r, w, x) или *одной согласной* (*не* l, r, w, x) + l, r, *если* далее непосредственно *следует* —

e *немое* (см. ниже): make [meɪk], able ['eɪbl], acre ['eɪkə];

a, e, o, u, y *конечного* слога, *не* имеющего немого e после согласной: fátal ['feɪt°l], páper ['peɪpə], lábour ['leɪbə], àpparátus [æpə'reɪtəs], návy ['neɪvɪ]; ápron ['eɪprən], ábly ['eɪblɪ]; также áqua-fórtis ['eɪkwə'fɔːtɪs] (но pálace ['pælɪs], т. к. после c есть немое e);

e, i + *гласная*: mìscelláneous [mɪsə'leɪnɪəs]; rádiàte ['reɪdɪeɪt], státion ['steɪʃ°n];

окончание -able(s), ing(s), -is или -ive(s): cápable ['keɪpəbl], máking ['meɪkɪŋ], básis ['beɪsɪs], nátive ['neɪtɪv];

a = [ɛə] *перед одним* r *при тех же условиях*, при которых перед другими согласными a = [eɪ] (т. е., если далее следует немое e и т. п., см. выше, 2): care [kɛə]; párents ['pɛərənts], váry ['vɛərɪ]; várious ['vɛərɪəs]; dáring ['dɛərɪŋ];

a = [ɑː] 1) *перед конечным* -r, *перед* r + другая *согласная*, а также *перед конечными* -rr(s), -rrh(s) и *перед* rr + *окончание* -ed, -er(s), -est или -ing(s): car [kɑː]; part [pɑːt], ármour ['ɑːmə]; barred [bɑːd], catárrh [kə'tɑː]; также stárr|y ['stɑːrɪ] (*но* márry ['mærɪ] и т. п.); *см. также* a = [ɔː], 1;

2) *перед конечным* -h или h + *согласная*: bah [bɑː]; Fáhren|heit ['fɑːrənhaɪt];

3) см. Примечание ниже;

a = [ɔː] 1) в сочетаниях qua, wa, wha *при тех же условиях*, при которых вне этих сочетаний a = [ɑː] (см. выше): quárter ['kwɔːtə], war [wɔː], wharf [wɔːf];

2) *перед* ld, lk, lt, а также *перед конечным* -ll(s) и *перед* ll + *окончание* -ed, -er(s), -est или -ing(s): bald [bɔːld], tálkative ['tɔːkətɪv], álternàte ['ɔːltəneɪt]; fall [fɔːl], cálling ['kɔːlɪŋ], tállest ['tɔːlɪst];

a = [æ] *перед согласными в прочих случаях* (не указанных выше; см. также Примечание ниже): cat [kæt], battle ['bætl], axle ['æksl], stándard ['stændəd], pálace ['pælɪs]; cátalògue ['kætəlɔg], fábulous ['fæbjuləs], tácit ['tæsɪt] (ср. a = [eɪ], 2); — páradòx ['pærədɔks] (ср. a = [ɛə]); — márry ['mærɪ], árrow ['ærou] (ср. a = [ɑː], 1); — gálvanism ['gælvənɪzm], gállop ['gæləp] (ср. a = [ɔː]; 2); *но* —

a = [ɔ] в сочетаниях qua, wa, wha в тех же положениях, в которых вне этих сочетаний a = [æ] (см. выше): quálity ['kwɔlɪtɪ], watch [wɔʧ], what [wɔt]; wárrior ['wɔrɪə]; — (об aw см. ниже).

Без ударения

(как главного, так и второстепенного)

a = [ə] *в большинстве безударных слогов*: fórmula ['fɔːmjulə], cómparable ['kɔmpərəbl], agó [ə'gou]; *но* обычно —

a = [ɪ] *перед одной согласной* + *конечное* -e(s), напр. в -ace(s), -age(s), -ate(s): pálace ['pælɪs], lánguages ['læŋgwɪdʒɪz], pálate ['pælɪt] (однако в тех же словах возможно и [ə]: pálaces ['pæləsɪz] и т. п.); *кроме того* обычно —

a = [°] в *конечных* -al(s), -am(s), -an(s) *после согласной* (*не* r, w) или *после* ci [ʃ], ti [ʃ] (см.): fátal ['feɪt°l], sócial ['souʃ°l], pártial ['pɑːʃ°l], mádam ['mæd°m], physícian [fɪ'zɪʃ°n]; — *но* -man(s) = [-mən(z)]: Nórman ['nɔːmən]; *после* r или w обычно [ə]: óral ['ɔːrəl], nárwal ['nɑːwəl] (также после гласной: médial ['miːdɪəl]).

Сочетания: a + *гласная* или w

ae = [iː]: áegis ['iːdʒɪs], fórmulae ['fɔːmjuliː]; *но* —
ae = [ɪə] *перед* r: hetáera [he'tɪərə];
ai, ay = [eɪ]: main [meɪn], pláyer ['pleɪə]; *но* —
ai, ay = [ɛə] *перед* r: fair [fɛə], fáiry ['fɛərɪ]; *кроме того* —
ai = [ɪ] в *безударном конечном* -ain(s): móuntain ['mauntɪn];
au, aw = [ɔː]: áuthor ['ɔːθə], austére [ɔːs'tɪə], law [lɔː];
ay *см.* ai.

Примечание. Во многих словах a = [ɑː] перед nce (ncing), sk, sp, st, а в ряде слов также перед ff, ft, ph, ss, th: dance [dɑːns], ask [ɑːsk], grasp [grɑːsp], past [pɑːst]; staff [stɑːf], áfter ['ɑːftə], télegràph ['telɪgrɑːf], pass [pɑːs], path [pɑːθ]. Но поскольку в таких словах, наряду с [ɑː], значительное распространение имеет [æ] (особенно в Америке), указание на произношение [ɑː] в словаре не делается; напр., при ask не дается транскрипции [ɑː], т. к. произношение [æsk] не исключается.

e

Под ударением

(главным или второстепенным)

e = [iː] при тех же условиях, при которых a = [eɪ], т. е. —

1) в *конечном* положении или *перед гласной* (o): he [hiː]; péony ['piːənɪ], néòn ['niːɔn]; также ré-láy ['riː-'leɪ]; — (об ea, ee, ei, eu, ey см. ниже);

2) *перед одной согласной* (*не* r, w, x) или *одной согласной* (*не* l, r, w, x) + l, r, *если* далее непосредственно следует —

e *немое* (см. ниже): theme [θiːm]; metre ['miːtə];

a, e, o, u, y *конечного* слога, *не* имеющего немого e после согласной: légal ['liːg°l], féver ['fiːvə], démon ['diːm°n], génus ['dʒiːnəs];

e, i + *гласная*; hòmogéneous [hɔmə'dʒiːnɪəs]; médial ['miːdɪəl], héliogràph ['hiːlɪəgrɑːf, -æf];

окончание -able(s), -ing(s), -is или -ive(s): compléting [kəm'pliːtɪŋ], thésis ['θiːsɪs], complétive [kəm'pliːtɪv];

e = [ɪə] *перед одним* r *при тех же условиях*, при которых перед другими согласными e = [iː] (т. е., если далее следует немое e и т. п., см. выше, 2): here [hɪə]; zérò ['zɪərou]; matérial [mə'tɪərɪəl]; interféring [ɪntə'fɪərɪŋ];

e = [əː] *перед конечным* -r, *перед* r + другая *согласная*, а также *перед конечным* -rr(s), -rrh(s) и *перед* rr + *окончание* -ed, -er(s), -est или -ing(s): prefér [prɪ'fəː], verb [vəːb], nérvous ['nəːvəs]; err [əː], reférred [rɪ'fəːd], reférring [rɪ'fəːrɪŋ] (*но* mérry ['merɪ] и т. п.);
e = [e] *перед согласными в прочих случаях* (не указанных выше): let [let], settle ['setl], néxus ['neksəs], bétter ['betə], sénate ['senɪt], mémory ['memərɪ], dévil ['dev°l] (ср. e = [iː], 2); — genéric [dʒɪ'nerɪk], mèritórious [merɪ'tɔːrɪəs] (ср. e = [ɪə]); — mérry ['merɪ], érrant ['erənt] (ср. e = [əː]); — (об ew см. ниже)

Без ударения

(как главного, так и второстепенного)

e = [ɪ] *в большинстве безударных слогов*: geómetry [dʒɪ'ɔmɪtrɪ], prefér [prɪ'fəː], respéct [rɪ'spekt], expéct [ɪks'pekt]; *но* обычно —
e = [ə] 1) *перед* r: ferócious [fə'rouʃəs], génerally ['dʒenərəlɪ]; bétter ['betə]; fíngers ['fɪŋgəz];
2) *внутри* слова (т. е. *не* в начальном положении) *перед* l, m, n + *согласная* (также перед ll и т. д.): cònstellátion [kɔnstə'leɪʃ°n], nóvelty ['nɔvəltɪ], ábsence ['æbsəns], stúdent ['stjuːdənt]; также в *конечных* -el(s), -em(s), -en(s) *после гласной*, w или r: vówel ['vauəl]; máckerel ['mækərəl];
e = [°] в *конечных* -el(s), -em(s), -en(s) *после согласной* (*не* r, w) или *после* ci [ʃ], ti [ʃ] (см.): wéasel ['wiːz°l], whíten ['waɪt°n];

Немое e

e является *немым* 1) в *конечном* положении, *если* в слове есть еще какая-либо *гласная*: make [meɪk], toe [tou], lie [laɪ]; также stóne-màson ['stounmeɪs°n], lóne|ly ['lounlɪ];
2) перед *конечным* -d при том же условии: baked [beɪkt], played [pleɪd], tied [taɪd], cared [kɛəd]; *но* в -ded, -ted e читается: ádded ['ædɪd], wánted ['wɔntɪd];
3) перед *конечным* -s при том же условии: stones [stounz], cakes [keɪks], lies [laɪz], cíties ['sɪtɪz]; также *перед* 's: wife's [waɪfs]; *но* в -ces, -ches, -ges, -jes, -ses, -shes, -xes, -zes, а также в -ce's и т. п., e читается: fáces ['feɪsɪz], wátches ['wɔtʃɪz], cáges ['keɪdʒɪz], hórses ['hɔːsɪz], díshes ['dɪʃɪz], bóxes ['bɔksɪz], fréezes ['friːzɪz]; также prínce's ['prɪnsɪz] и т. п. (перед -ss e всегда читается: góodness ['gudnɪs]).

Сочетания: e + *гласная* или w

ea, ee = [iː]: eat [iːt], meet [miːt], payée [peɪ'iː]; *но* —
ea, ee = [ɪə] *перед* r: ear [ɪə], deer [dɪə], snéering ['snɪərɪŋ];
ei, ey = [eɪ]: eight [eɪt], héinous ['heɪnəs], convéy [kən'veɪ];
eu, ew = [juː]: néuter ['njuːtə], new [njuː], sínew ['sɪnjuː]; *но* —
eu, ew = [juə] *перед* r: néural ['njuərəl]; *кроме того* —
eu, ew = [uː] *после* ch, j, l, r, rh, y: chew [tʃuː], jéwel ['dʒuːəl], flew [fluː], screw [skruː], rhéumatism ['ruːmətɪzm], yew [juː]; *и* —
eu, ew = [uə] между теми же согласными и r: pléurisy ['pluərɪsɪ];
ey см. ei; *но кроме того* —
ey = [ɪ] в *безударном конце* слова: dónkey(s) ['dɔŋkɪ(z)].

i

Под ударением

(главным или второстепенным)

i = [aɪ] 1) в *конечном* положении или *перед гласной*: pi [paɪ], I [aɪ]; lie [laɪ], díamond ['daɪəmənd];
2) *перед одной согласной* (*не* r и *не* x) или *одной согласной* (*не* l, r, x) + l, r, *если* далее непосредственно следует —
e *немое* (см. выше): life [laɪf], idle ['aɪdl], fíbre ['faɪbə]; также lífe-boat ['laɪfbout], lífe|less ['laɪflɪs];
a, e, o, u, y *конечного* слога, *не* имеющего немого e после согласной: fínal ['faɪn°l], ítèm ['aɪtem], wríter ['raɪtə], ídol ['aɪd°l], Títus ['taɪtəs], ívy ['aɪvɪ]; fíbrous ['faɪbrəs], tígress ['taɪgrɪs] (*но* tríbùne ['trɪbjuːn], т. к. после n есть немое e);
окончание -able(s), -ing(s), -is или -ive(s): advísable [əd'vaɪzəbl], wríting ['raɪtɪŋ], crísis ['kraɪsɪs], decísive [dɪ'saɪsɪv];
3) *перед* gh: high [haɪ], fíghter ['faɪtə];
4) *перед конечными* -ld(s), -nd(s) и перед ld, nd + *окончание* -ed, -er(s), -est или -ing(s): mild [maɪld], find [faɪnd], mínded ['maɪndɪd], míldest ['maɪldɪst], wínding ['waɪndɪŋ];
i = [aɪə] *перед одним* r *при тех же условиях*, при которых перед другими согласными i = [aɪ] (т. е., если далее следует немое e и т. п.): fire ['faɪə]; míry ['maɪərɪ]; aspíring [əs'paɪərɪŋ];
i = [əː] в тех же положениях, в которых e = [əː], т. е. *перед конечным* -r, перед r + другая *согласная*, а также *перед конечными* -rr(s), -rrh(s) и *перед* rr + *окончание* -ed, -er(s), -est или -ing(s): stir [stəː], dírty ['dəːtɪ]; whirr [wəː], chirred [tʃəːd], stírring ['stəːrɪŋ]; *также* fír-néedle ['fəː'niːdl], fírr|y ['fəːrɪ] (*но* mírror ['mɪrə] и т. п., см. ниже);
i = [ɪ] *перед согласными в прочих случаях* (не указанных выше): sit [sɪt], bítter ['bɪtə], middle ['mɪdl], tímorous ['tɪmərəs], tríbùne ['trɪbjuːn], límit ['lɪmɪt], merídian [mə'rɪdɪən], vísion ['vɪʒ°n] (ср. i = [aɪ]); — míracle ['mɪrəkl] (ср. i = [aɪə]); — mírror ['mɪrə], stírrup ['stɪrəp] (ср. i = [əː]).

Без ударения

(как главного, так и второстепенного)

i = [ı] *в большинстве безударных слогов*: divíde [dı'vaıd], mílitary ['mılıtərı], itálics [ı'tælıks]; *но*—
i = [ə] *перед* r *не* в начальном слоге: ádmiral ['ædmərəl] (*но* virídity [vı'rıdıtı], т. к. i, стоящее перед r, находится в начальном слоге); *кроме того* обычно—
i = [°] в *конечном* -il(s): péncil ['pens°l], púpil ['pjuːp°l]; *однако после* r гласный звук регулярно *сохраняется*: péril ['perıl], nóstrils ['nɔstrılz] (или [-əlz]).

Об i в сочетаниях ci, gi, si, ti, xi *перед гласными в безударных* слогах см. также под соответствующими согласными.

O

Под ударением

(главным или второстепенным)

o = [ou] при тех же условиях, при которых a = [eı], e = [iː], т. е.—

1) в *конечном* положении или *перед гласной* (e): go [gou]; toe [tou], póetry ['pouıtrı], pòétical [pou'etık°l]; также só-cálled ['sou'kɔːld], nóbody ['noubədı] (об oa, oi, oo, ou, oy см. ниже);

2) *перед одной согласной* (*не* r, w, x) или *одной согласной* (*не* l, r, w, x) + l, r, *если* далее непосредственно следует—

e *немое* (см. стр. 735): home [houm]; noble ['noubl], ogre ['ougə];

a, e, o, u, y *конечного* слога, *не* имеющего немого e после согласной: óval ['ouv°l], ópen ['oup°n], mótor ['moutə], ópus ['oupəs], póny ['pounı]; nóbly ['noublı], cóbra ['koubrə]; также óver-éstimàte ['ouvər'estımeıt], óver-séa ['ouvə'siː] (*но* nódule ['nɔdjuːl], т. к. после l есть немое e);

e, i + *гласная*: erróneous [ı'rounjəs], Napòleónic [nəpoulı'ɔnık]; sódium ['soudıəm], mótion ['mouʃ°n];

окончание -able(s), -ing(s), -is или -ive(s): nótable ['noutəbl], gróping ['groupıŋ], dìagnósis [daıəg'nousıs], mótive ['moutıv];

3) *перед* ld, lk, lt, а также *перед конечным* -ll(s) и *перед* ll + *окончание* -ed, -er(s), -est или -ing(s): bold [bould], yolk [jouk], cóltish ['koultıʃ]; roll [roul], stróller ['stroulə];

o = [ɔː] 1) *перед одним* r *при тех же условиях*, при которых перед большинством других согласных o = [ou] (т. е. если далее следует e немое и т. п., *см.* выше, 2): more [mɔː]; glóry ['glɔːrı]; glórious ['glɔːrıəs], èditórial [edı'tɔːrıəl]; bóring ['bɔːrıŋ];

2) *перед конечным* -r, *перед* r + другая *согласная*, а также *перед конечным* -rr(s), -rrh(s) и *перед* rr + *окончание* -ed, -er(s), -est или -ing(s): nor [nɔː], port [pɔːt], stórmy ['stɔːmı]; abhórred [əb'hɔːd], abhórring [əb'hɔːrıŋ]; *но*—

o = [əː] *в сочетании* wor + *согласная*: work [wəːk], wórship ['wəːʃıp];

o = [ɔ] *перед согласными в прочих случаях* (не указанных выше): stop [stɔp], bond [bɔnd], bottle ['bɔtl], dóctor ['dɔktə], ópera ['ɔpərə], óxen ['ɔks°n], nódùle ['nɔdjuːl], àstronómic [æstrə'nɔmık] (ср. o = [ou], 2); — fóllow ['fɔlou] (ср. o = [ou], 3); — óracle ['ɔrəkl], majórity [mə'dʒɔrıtı] (ср. o = [ɔː], 1); — sórry ['sɔrı], bórrow ['bɔrou] (ср. o = [ɔː], 2); — (об ow см. ниже).

Без ударения

(как главного, так и второстепенного)

o = [ə] *в большинстве безударных слогов*: contáin [kən'teın], oppréss [ə'pres], oríginal [ə'rıdʒın°l], cólony ['kɔlənı], fáctor ['fæktə], ídiom ['ıdıəm]; *но* обычно—

o = [°] в *конечных* -ol(s), -om(s), -on(s) *после согласной* (*не* r, w), а также в *безударных* конечных -geon(s), -gion(s), -sion(s), -tion(s), -xion(s) (см.): ídol ['aıd°l], séldom ['seld°m], párdon ['pɑːd°n]; súrgeon ['səːdʒ°n], région ['riːdʒ°n], vísion ['vıʒ°n], mótion ['mouʃ°n], compléxion [kəm'plekʃ°n] (*но* ídiom ['ıdıəm], ápron ['eıprən] и т. п.).

Примечание. Во многих словах при более отчетливом произношении безударное o = [o] в положении *перед одной согласной* + *гласная* ударного слога: Novémber [no'vembə]. Однако, так как различие между [o] и [ə] не очень значительно и (более небрежное) произношение с [ə] большею частью не будет искажать слова, в словаре это различие обычно не принимается во внимание, если нет надобности по каким-либо другим причинам дать транскрипцию.

Сочетания: o + *гласная* или w

oa = [ou]: boat [bout], cócoa ['koukou]; *но*—
oa = [ɔː] *перед* r: oar [ɔː], hóary ['hɔːrı];
oi, oy = [ɔı]: boil [bɔıl]; boy [bɔı], jóyous ['dʒɔıəs];
oo = [uː]: moon [muːn], salóon [sə'luːn]; *но*—
oo = [uə] *перед* r: poor [puə]; *кроме того*—
oo = [u] *перед* k: book [buk];
ou, ow = [au]: round [raund], town [taun], pówer ['pauə]; *но*—
ou, ow = [auə] *перед* r: our [auə], dówry ['dauərı]; *кроме того*—
ou = [ɔː] *перед* ght: thought [θɔːt];

ou = [ə] в *безударных конечных* -our(s), -ous: lábour ['leɪbə], várious ['vɛərɪəs], nérvous ['nəːvəs];
ow = [ou] в *конечном* положении, *если главное* ударение падает на *другой* слог, а также перед *окончаниями* -ed, -er(s), -est, -ing(s), -s при *том же* условии: wíndow ['wɪndou], fóllower ['fɔlouə], bórrowing ['bɔrouɪŋ], fúrrows ['fʌrouz] (*но* allów [ə'lau], bówer ['bauə] и т. п.— с ow под главным ударением);
oy см. oi.

u

Под ударением

(главным или второстепенным)

u = [juː] 1) в *конечном* положении или *перед гласной*: gnu [njuː]; dúalism ['djuːəlɪzm], due [djuː]; также cúe¦ist ['kjuːɪst];
2) *перед одной согласной* (*не* r, w, x) или *одной согласной* (*не* l, r, w, x) + l, r, *если* далее непосредственно следует *гласная*: mute [mjuːt], stúdent ['stjuːdənt], dúty ['djuːtɪ], fúture ['fjuːtʃə], músic ['mjuːzɪk], púpil ['pjuːp°l], mútiny ['mjuːtɪnɪ], redúplicàte [rɪ'djuːplɪkeɪt]; *но*—
u = [uː] *после* ch, j, l, r, rh, sh, y *при тех же условиях* (см. выше, 1, 2): júnior ['dʒuːnɪə], lunar ['luːnə], rúin ['ruːɪn], yule [juːl];
u = [juə] *перед одним* r + *гласная*: pure [pjuə], fúrious ['fjuərɪəs]; *но*—
u = [uə] *между* ch, j, l, r, rh, sh, y и *одним* r + *гласная* (ср. выше u = [uː]): júry ['dʒuərɪ], plúral ['pluərəl], rúral ['ruərəl];
u = [əː] в тех же положениях, в которых e = [əː], i = [əː], т. е. *перед конечным* r, *перед* r + другая *согласная*, а также *перед конечными* -rr(s), -rrh(s) и *перед* rr + *окончание* -ed, -er(s), -est или -ing(s): fur [fəː], occúr [ə'kəː], cúrling ['kəːlɪŋ], búrden ['bəːd°n]; burr [bəː], occúrred [ə'kəːd], occúrring [ə'kəːrɪŋ] (*но* fúrrow ['fʌrou] и т. п.);
u = [ʌ] *перед согласными в прочих случаях* (не указанных выше): cut [kʌt], bútter ['bʌtə], búcket ['bʌkɪt], bubble ['bʌbl], cúnning ['kʌnɪŋ] (ср. u = [juː]); — rúbber ['rʌbə] (ср. u = [uː]); — cúrrent ['kʌrənt], fúrrow ['fʌrou] (ср. u = [juə] и u = [əː]).

Без ударения

(как главного, так и второстепенного)

u = [ju] *перед гласной* или *перед одной согласной* + *гласная*: contínuous [kən'tɪnjuəs], mútual ['mjuːtjuəl]; régular ['regjulə], òccupátion [ɔkju'peɪʃ°n]; *но в конечном* слоге *перед немым* e (т. е. в сочетании ue) и при отчетливом произношении изображает звукосочетание, более близкое к ударному [juː]: contínue [kən'tɪnjuː]; в словаре знак второстепенного ударения для указания на чтение [juː] в таких случаях, обычно, не применяется (поскольку наряду с этим произношением большею частью вполне допустимо и [ju]);
u = [u] 1) *после* ch, j, l, r, rh, sh, y *при тех же условиях*, при которых u = [ju] (см. выше): préjudice ['predʒudɪs], Fébruary ['februərɪ]; в *конечном* слоге *перед немым* e буква u в данном случае может обозначать звук, более близкий к [uː] (ср. выше относительно u = [ju] и [juː]);
2) в *окончании* -ful(s): hándful ['hændful]; но как суффикс *прилагательных* это окончание может произноситься и менее ясно, как [-fəl, -f°l]: áwful ['ɔːful, 'ɔːfəl, 'ɔːf°l];
u = [ə] 1) *перед группой согласных* или *перед конечной согласной*: íllustràte ['ɪləstreɪt], fáculty ['fækəltɪ], sódium ['soudɪəm], òctópus [ɔk'toupəs];
2) в ur обычно *также и перед гласной*: fígure ['fɪgə], cénsure ['senʃə], úsurer ['juʒərə], préssure ['preʃə], féatures ['fiːtʃəz] (ср. о сочетаниях sur, ssur, tur под соответствующими согласными); см. также gu, ngu, qu.

y

Под ударением и без ударения

y = [aɪ, aɪə, əː, ɪ, ə] соответственно *при тех же условиях*, при которых i = [aɪ, aɪə, əː, ɪ, ə] (см. выше): sky [skaɪ]; cỳánic [saɪ'ænɪk]; — type [taɪp], cycle ['saɪkl]; phýlum ['faɪləm], hýdra ['haɪdrə], cýpress ['saɪprɪs]; rhýming ['raɪmɪŋ], lýsis ['laɪsɪs]; Wyld [waɪld]; — týrant ['taɪərənt]; — myrtle ['məːtl], myrrh [məː]; — nymph [nɪmf], sýnonym ['sɪnənɪm], sýringe ['sɪrɪndʒ]; — synthétic [sɪn'θetɪk], análysis [ə'nælɪsɪs], bóldly ['bouldlɪ]; — sátyr ['sætə]; *но*—
y = [j] в *начальном* положении *перед гласной*: yard [jɑːd], yes [jes], yolk [jouk], yule [juːl]; также cóurt¦yárd ['kɔːt'jɑːd], be¦yónd [bɪ'jɔnd].

Согласные, их сочетания друг с другом и с гласными

Двойные согласные (напр. ss) даются *вместе с простыми* (напр. s), а затем в алфавитном порядке приводятся определенные *сочетания* данных согласных с другими и с гласными.

B, bb = [b]: báobàb ['beɪəbæb], rúbber ['rʌbə]; *но*—
b *немое* в *конечном* -mb(s) и в mb + *окончание* -ed: lamb [læm], bombed [bɔmd]; также bómb¦er ['bɔmə] (*но* lúmber ['lʌmbə], так как здесь разделения на части нет).

C, cc = [k]: cat [kæt], crócus ['kroukəs], cúbic ['kjuːbɪk], accóunt [ə'kaunt]; *но*—
c = [s] *перед* ae, e, i, y: Cáesar ['siːzə], centre ['sentə], ice [aɪs], circle ['səːkl], ícy ['aɪsɪ]; и *соответственно этому*—
cc = [ks] *перед* ae, e, i, y: áccent ['æksənt], áccident ['æksɪdənt] и т. п. (ср. также sc);
ch = [tʃ]: church [tʃəːtʃ], béechen ['biːtʃ°n]; *но*—
ch = [k] 1) *перед согласной*: chrónicle ['krɔnɪkl], ìchthyólogy [ɪkθɪ'ɔlədʒɪ];

2) *после* s: school [skuːl]; —
см. также tch;
ci = [ʃ] внутри слова *перед безударной гласной* (но *не* перед немым e): sócial ['souʃ°l], áncient ['eɪnʃənt], grácious ['greɪʃəs] (*но* pólicies ['pɔlɪsɪz], т. к. e немое);
ck = [k]: back [bæk], dócker ['dɔkə];
cqu = [kw]: acquíre [ə'kwaɪə].

D, dd = [d]: deed [diːd], rúdder ['rʌdə]; *но* —
d = [t] в *окончании* -ed (с немым e) *после* c, ch, f, k, p, ph, *после* s = [s] (см.) и *после* sh, ss, x: faced [feɪst], sniffed [snɪft], looked [lukt], hoped [houpt], stopped [stɔpt], elápsed [ɪ'læpst], wished [wɪʃt], pressed [prest], vexed [vekst];
dg = [dʒ] *перед* e, i, y: edge [edʒ], bridging ['brɪdʒɪŋ].

F, ff = [f]: fífty ['fɪftɪ], roof [ruːf], effect [ɪ'fekt].

G, gg = [g]: grog [grɔg], agó [ə'gou], bígger ['bɪgə]; *но* —
g = [dʒ] *перед* e, i, y: gem [dʒem], gíant ['dʒaɪənt], gýps(um) ['dʒɪps(əm)], philólogy [fɪ'lɔlədʒɪ] (тогда как gg = [g] также и перед этими гласными: bígger ['bɪgə], píggish ['pɪgɪʃ], fóggy ['fɔgɪ]); *кроме того* —
g *немое* в *начальном* gn-: gnat [næt], gnu [njuː]; ср. также ng, ngu, ngue(s);
geon, gion = [dʒ°n] или [dʒən] в *безударном* положении: súrgeon ['səːdʒ°n]; région ['riːdʒ°n], régional ['riːdʒən°l];
geous, gious = [dʒəs] в *безударном конечном* положении: outrágeous [aut'reɪdʒəs], contágious [kən'teɪdʒəs];
gh = [g] в *начальном* положении: ghérkin ['gəːkɪn]; *но* —
gh *немое внутри* слова и в *конечном* положении: eight [eɪt], thought [θɔːt], hígher ['haɪə], high [haɪ];
gion см. geon;
gious см. geous;
gu = [g] в *начальном* положении *перед гласной*: guard [gɑːd], guest [gest]; см. также ngu, ngue(s).

H = [h] *перед гласной*: how [hau], beháve [bɪ'heɪv];
h *немое* в *конечном* положении, *перед согласной*, а также *после* x: bah [bɑː], Fáhrenheit ['fɑːrənhaɪt]; exháust [ɪg'zɔːst]; см. также ch, gh, kh, ph, rh (rrh), sh, tch, th, wh.

J = [dʒ]: joy [dʒɔɪ], préjudice ['predʒudɪs].

K, kk = [k]: kind [kaɪnd], make [meɪk], Fókker ['fɔkə]; *но* —
k *немое* в *начальном* kn-: knee [niː], knight [naɪt];
kh = [k]: khan [kæn, kɑːn]; — см. также ck.

L, ll = [l]: like [laɪk], meal [miːl], róller ['roulə]; *но* —
l *немое* в alk, olk: talk [tɔːk], yolk [jouk].

M, mm = [m]: may [meɪ], home [houm], hámmer ['hæmə].

N, nn = [n]: noon [nuːn], dínner ['dɪnə]; *но* —
n *немое* в *конечном* -mn(s) и в mn + *окончание* -ed: áutumn ['ɔːtəm], condémned [kən'demd]; также condémn¦ing [kən'demɪŋ]; *кроме того* —
n = [ŋ] *перед* k, q, x, а также перед c = [k] (но обычно *не* в приставках con-, en-, in-, un-): ink [ɪŋk], bánquet ['bæŋkwɪt], lynx [lɪŋks], uncle ['ʌŋkl] (*но* con¦clúde [kən'kluːd], en¦clóse [ɪn'klouz], in¦quíre [ɪn'kwaɪə], ún¦kínd ['ʌn'kaɪnd]; произношение [n] в таких случаях указывается в словаре пунктирной чертой после приставки);
ng = [ŋg]: single ['sɪŋgl], ángry ['æŋgrɪ], fínger ['fɪŋgə], lóngest ['lɔŋgɪst]; *но* —
ng = [ŋ] в *конечном* положении, в *конечных* -ngs, -ngth и *перед окончанием* -ed: long [lɔŋ], songs [sɔŋz], strength [streŋθ], belónged [bɪ'lɔŋd]; также síng¦er ['sɪŋə], lóng¦ing ['lɔŋɪŋ], lóng-síghted ['lɔŋ'saɪtɪd];
nge(s) = [ndʒ(ɪz)] в *конечном* положении: singe [sɪndʒ], hínges ['hɪndʒɪz];
ngu = [ŋgw] *перед гласной*: lánguage ['læŋgwɪdʒ]; *но* —
ngue(s) = [ŋ(z)] в *конечном* положении: tongue -ngues [tʌŋ, -ŋz].

P, pp = [p]: pipe [paɪp], pépper ['pepə];
ph = [f]: phósphorus ['fɔsfərəs].
Q употребляется обычно только в сочетании —
qu = [kw]: quick [kwɪk], requíre [rɪ'kwaɪə]; *но* —
qu = [k] *перед немым* e: mosque [mɔsk]; —
см. также cqu.

R, rr = [r] только *перед звучащей* (т. е. *не* немой) *гласной*: red [red], cry [kraɪ], héaring ['hɪərɪŋ], cárry ['kærɪ], árrow ['ærou]; также *перед* (звучащей) *гласной следующего слова*, если перед ним не делается паузы: far a¦wáy [fɑːr ə'weɪ]; а следовательно и в таких случаях, как: stárr¦y ['stɑːrɪ];
r, rr *немые* в *конечном* положении и *перед согласной*, а также *перед немым* e (т. е. перед конечными -e, -ed, -es): car [kɑː], port [pɔːt], err [əː], errs [əːz]; more [mɔː], inférred [ɪn'fəːd], cares [kɛəz]; также cáre¦less ['kɛəlɪs]; *но* —
r = [ə] *между согласной* и *немым* e: acre ['eɪkə], centre ['sentə], fíbred ['faɪbəd];
rh, rrh = [r] в *том же* положении, в котором r, rr = [r]: rhyme [raɪm], Pýrrhic ['pɪrɪk];
rrh *немое* в *тех же* условиях, в которых r и rr также являются *немыми*: catárrh [kə'tɑː] (rh в таких условиях не встречается).

S, ss = [s]: sense [sens], speak [spiːk], básis ['beɪsɪs], áctress ['æktrɪs], dréssing ['dresɪŋ]; *но* —
s = [z] 1) *между гласной и конечным* -e, -ed, -er(s), -es или -ing(s): rise [raɪz], used, [juːzd], gréaser ['griːzə], tróusers ['trauzəz], hóuses ['hauzɪz], chóosing ['tʃuːzɪŋ];
2) в *конечном* -sm(s): sóphism ['sɔfɪzm], prisms [prɪzmz];

3) в большинстве случаев в *окончаниях множ. числа* сущ. (*pl.* -s, -es), *притяжат. падежа* (*poss.*'s) и *3-го лица единств. числа* настоящ. врем. (*pres. 3. sg.* -s, -es): cabs [kæbz], swítches ['swɪtʃɪz], deeds [diːdz], áges ['eɪdʒɪz], sighs [saɪz], mills [mɪlz], bars [bɑːz], cares [kɛəz], hórses ['hɔːsɪz], díshes ['dɪʃɪz], leaves [liːvz], cows [kauz], bees [biːz], days [deɪz]; — hórse's ['hɔːsɪz], cow's [kauz], dog's [dɔgz]; — téaches ['tiːtʃɪz], hears [hɪəz], sees [siːz] и т. п.; — *в указанных формах* s = [s] *обычно только после* c, ch = [k], f(e), k(e), kh(e), p(e), ph(e), que, t(e), th (т. е. после букв и сочетаний, обозначающих *глухие* согласные звуки, но *не* свистящие и *не* шипящие): cýnics, -ic's ['sɪnɪks], roofs [ruːfs], wife's [waɪfs], docks [dɔks], cakes [keɪks], lips [lɪps], pipes [paɪps], tríumphs ['traɪəmfs], mosques [mɔsks], cats [kæts], dates [deɪts], myths [mɪθs]; *кроме того* —
s = [ɪz] в *окончании притяжат. падежа* (*poss.* 's) после ch = [tʃ], s, sh, x, z: wench's ['wentʃɪz], fish's ['fɪʃɪz] и т. п.; —
sc = [s] *перед* e, i, y: scene [siːn], scíence ['saɪəns], Scýlla ['sɪlə] (ср. screen [skriːn] и т. п.); —
sch см. ch = [k], 2;
sh = [ʃ]: short [ʃɔːt], dish [dɪʃ], rúshing ['rʌʃɪŋ];
sion = [ʒ°n, ʒən] в *безударном* положении *после гласной*: vísion ['vɪʒ°n], provísional [prə'vɪʒən°l];
sion = [ʃ°n, ʃən] в *безударном* положении *после согласной*: ténsion ['tenʃ°n];
ssion = [ʃ°n, ʃən] в *безударном* положении: pássion ['pæʃ°n], pássionate ['pæʃənɪt];
stl = [sl]: whistle ['wɪsl];
sur = [ʒə(r)] в *безударном* положении *между гласными*: méasure ['meʒə], úsurer ['juːʒərə];
sur = [ʃə(r)] в *безударном* положении *между согласной и гласной*: cénsure ['senʃə], cénsurable ['senʃərəbl];
ssur = [ʃə(r)] в *безударном* положении *перед гласной*: préssure ['preʃə].

T, tt = [t]: treat [triːt], turn [təːn], bétter ['betə]; *но* —
t *немое* в stl: whistle ['wɪsl] (ср. béast¦ly ['biːstlɪ]);
tch = [tʃ]: catch [kætʃ], wátching ['wɔtʃɪŋ];
th = [θ]: thin [θɪn], three [θriː], length [leŋθ], áuthor ['ɔːθə], pathétic [pə'θetɪk]; *но* —
th = [ð] *между гласной и конечным* -e, -ed, -er(s), -es или -ing(s): seethe [siːð], breathed [briːðd], híther ['hɪðə], breathes [briːðz], smóothing ['smuːðɪŋ];
ti = [ʃ] внутри слова *перед безударной гласной*, но *не* после s (и *не* перед немым e): pártial ['pɑːʃ°l], pátient ['peɪʃənt], státion ['steɪʃ°n], séction ['sekʃ°n]; *но* celéstial [sɪ'lestɪəl] (или [-stjəl]), т. к. ti находится после s (ср. также cóunties ['kauntɪz], где e немое);
tur = [tʃə(r)] (или [tjuə(r)]) в *безударном* положении *перед гласной*: féature ['fiːtʃə], nátural ['nætʃər°l], vénturing ['ventʃərɪŋ], céntury ['sentʃərɪ].

V, vv = [v]: vívid ['vɪvɪd], drive [draɪv], flívver ['flɪvə].

W = [w]: want [wɔnt], wish [wɪʃ], a¦wáke [ə'weɪk], súbway ['sʌbweɪ]; *но* —
w *немое* в начальном сочетании wr: write [raɪt]; также a¦wrý [ə'raɪ]; *кроме того* —
w с предшествующими *гласными* a, e, o образует постоянные сочетания (aw, ew, ow), о которых см. под соответствующими гласными;
wh = [w]: which [wɪtʃ], when [wen].

X = [ks]: box [bɔks]; expréss [ɪks'pres], táxi ['tæksɪ], éxercise ['eksəsaɪz]; *но* —
x = [gz] *перед ударной гласной*, а также *перед* (немым) h + *ударная* гласная: exért [ɪg'zəːt], exèmplificátion [ɪgzemplɪfɪ'keɪʃ°n]; exháust [ɪg'zɔːst] (*но* èx¦húme [eks'hjuːm]);
x = [z] в *начальном* положении: xýlo¦phòne ['zaɪləfoun];
xc = [ks] перед e, i, y: excépt [ɪk'sept], excíte [ɪk'saɪt];
xion = [kʃ°n, kʃən] в *безударном* положении: compléxion [kəm'plekʃ°n], compléxioned [kəm'plekʃənd];
xious = [kʃəs] в *безударном* положении: ánxious ['æŋkʃəs] (ср. о чтении ou в безударном -ous).

Z, zz = [z]: zone [zoun], zígzàg ['zɪgzæg], búzzing ['bʌzɪŋ].

СПИСОК СЛОВ, ЧИТАЮЩИХСЯ С ОТСТУПЛЕНИЯМИ ОТ ИЗЛОЖЕННЫХ ПРАВИЛ, НО ПРИВОДИМЫХ В СЛОВАРЕ БЕЗ ТРАНСКРИПЦИИ

Слова, входящие в этот список, даются в словаре *без* знаков ударения—независимо от числа слогов. *Но* когда то или иное из этих слов входит в состав *сложного*, на нем может быть знак ударения—*по общим правилам*: ср. any, *но* ány¦òne, ány¦thing.

Многие из слов этого списка встречаются в виде составных частей различных сложных слов. *Если* при этом такое слово *отделено* от другой части сложного (пунктирной чертой или дефисом), то данное слово *в составе сложного читается так же, как и отдельно*; так, any- в ány¦òne, ány¦thing и т. п. имеет то же произношение, что и отдельное слово any (т. е. [ˈenɪ]).

above [əˈbʌv]; **also** [ˈɔːlsou]; **among** [əˈmʌŋ]; **amongst** [əˈmʌŋst]; **another** [əˈnʌ-]; **any** [ˈe-]; **anybody** [ˈenɪbɔdɪ]; **are** [ɑː], *без удар.* [ə]; **as** [æz], *без удар.* [əz];
become(s), becoming [-ˈkʌ-]; **begin(s),** beginning [-ˈg-];
come(s), coming [ˈkʌ]; **could** [kud], *без удар.* [kəd];
do [duː], *без удар.* [du, də]; doing [ˈduː-]; **does** [dʌz], *без удар.* [dəz]; **done** [dʌn]; **don't** [dou-];
ever [ˈe-]; **every** [ˈevrɪ]; **everybody** [ˈevrɪbɔdɪ];
full [ful];
get(s), getting [ˈg-]; **give(s),** giving, given [ˈgɪ-]; **good** [gud];
have [hæv], *без удар.* [(h)əv]; having [ˈhæ-]; **hers** [-z]; **his** [-z];
into [ˈɪntu, -tə] (ср. to); **is** [ɪz];
many [ˈme-]; **most** [mou-];
never [ˈne-]; **nothing** [ˈnʌ-];
of [ɔv], *без удар.* [əv]; **off** [ɔːf]; **one** [wʌn]; one's, ones [wʌnz]; **other('s),** others(') [ˈʌ-]; **ours** [-z];
put(s), putting [ˈpu-];
shall [ʃæl], *без удар.* [ʃ°l]; **should** [ʃud], *без удар.* [ʃəd]; **some** [sʌm], *без удар.* [səm];
than [ðæn], *без удар.* [ðən]; **that** [ðæt], *без удар.* [ðət] (*относит. местоим., союз*); **the** [ðiː], *без удар.* [ðɪ] *перед гласной*, [ðə] *перед согласной*; **their(s)** [ðɛə(z)]; **them** [ðem], *без удар.* [ðəm]; **then** [ðen]; **there** [ðɛə(r)], *без удар.* [ðə(r)] *в* there is / are / was / were / came *и т. п.*; **these** [ð-]; **they** [ð-]; **this** [ð-]; **those** [ð-]; **through** [-uː]; **to** [tuː], *без удар.* [tu] *перед гласной*, [tə] *перед согласной*; **toward(s)** [təˈwɔːd(z), tɔːd(z)]; **two** [tuː];
very [ˈve-];
was [wɔz], *без удар.* [wəz]; **were** [wɛə(r), wəː(r)], *без удар.* [wə(r)]; **where** [wɛə(r)]; **who(m)** [huː(m)]; **whose** [huːz]; **with** [-ð]; **within** [-ˈð-]; **without** [-ð-];
would [wud], *без удар.* [wəd];
you [juː], *без удар.* [ju, jə]; **your** [jɔː(r)], [juə(r)], *без удар.* [jə(r)]; **yours** [jɔːz, juəz].

П р и м е ч а н и е. Неопределенный артикль читается по правилам: **a** [eɪ], **an** [æn]; *обычно без ударения*—[ə], [ən].

проф. А. И. СМИРНИЦКИЙ

КРАТКИЕ СВЕДЕНИЯ ПО АНГЛИЙСКОЙ ГРАММАТИКЕ

I. СУЩЕСТВИТЕЛЬНЫЕ (NOUNS)

Sg.= *Singular*, единственное число
Pl.= *Plural*, множественное число

C.= *Common case*, общий падеж
P.= *Possessive case*, притяжательный падеж

Таблица 1

	Образцы основные:	с орфографическими особенностями: На -s, -x, -z, -ch [tʃ], -sh или на -o:	На -y после согласной:
	boy «мальчик» cat «кошка» horse «лошадь»	fox «лиса»	báby «ребёнок»
Sg.	*C.* boy cat horse *P.* boy's cat's hórse's	fox fox's	báby báby's
Pl.	*C.* boys cats hórses *P.* boys' cats' hórses'	fóxes fóxes'	bábies bábies'

Примечания: 1. О произношении конечных -'s и -s см. стр. 738; о произношении конечных -e's и -es см. стр. 735 и 738. Конечный апостроф (' в boys', cats' и т. п.) никакого звукового значения не имеет.

2. Притяжательный падеж (*possessive case*) у всех существительных образуется по общему правилу. Этот падеж, однако, употребителен преимущественно у существительных, обозначающих *одушевленные* существа (людей, животных), у названий *времен года, месяцев и дней*, у слов sun «солнце», moon «луна», earth [əːθ] «земля» (планета), world «мир», life «жизнь», náture ['neɪ-] «природа», ócean ['ouʃ°n] «океан», cóuntry ['kʌ-] «страна», town «город», ship «корабль» и т. п., а также вообще при *персонификации* (Dúty's call «призыв долга»); кроме того — у слов, обозначающих *длительность* и *расстояние* (a day's work «работа (одного) дня»). В прочих случаях вместо притяжательного падежа обычно употребляется сочетание «of + *общий падеж* (*common case*)». Этим сочетанием притяжательный падеж нередко может заменяться и у существительных, указанных выше: the boy's hand «рука мальчика» — the hand of the boy. Ставится *притяжательный падеж перед* определяемым существительным, тогда как сочетание «of + *общий падеж*» — *после* определяемого существительного (ср. приведенные примеры).

3. Множественное число (*plural*) у некоторых существительных образуется не по общим правилам; см. список слов на стр. 752. Латинские, греческие и т. п. формы множественного числа, употребляемые в английском языке, указаны при соответствующих словах в самом словаре.

4. У слов, оканчивающихся в общем падеже ед. числа на -ch, читаемое как [k], множественное число образуется прибавлением -s: patriarch ['peɪtrɪɑːk] — *pl.* patriarchs(').

II. АРТИКЛИ (ЧЛЕНЫ, ARTICLES)

Определенный артикль (*definite article*): **the**; грамматически не изменяется the boy, the boy's; the boys, the boys' (ср. табл. 1; о произношении см. стр. 740).

Неопределенный артикль (*indefinite article*): **a** или **an**; по падежам не изменяется; обе формы имеют значение *единственного* числа; при этом:

a употребляется перед *согласными* (за исключ. немого h-), перед y- с последующей гласной, перед eu-, ew-, перед u-, когда эта буква читается как [juː, ju] или [juə], и перед словом one; например: a boy, a horse; a year; a eucalýptus, a ewe; a únit; such a one;

an — перед *гласными* (за исключ. указанных выше случаев), перед *немым* h- и нередко вообще перед h- в начале *безударного слога*; например: an act, an umbrélla; an hour [...auə]; a(n) histórian.

Артикли *предшествуют* другим определениям данного существительного: the most impórtant quéstion [...-stʃ-], «самый важный вопрос»; a very cold day «очень холодный день». *Но* **the** ставится *после* all «весь», both «оба», half «половина, пол-», а *неопределенный* артикль — *после* what «какой», such «такой», many «многий, не один» и *после* прилагательных, которым предшествует as, so «так, такой», too «слишком» или how «как, насколько», а также *после* half «половина, пол-» и обычно *после* quite «совсем» и ráther «довольно», например: all the boys «все (те) мальчики», half the mórning «пол-утра»; what a day! «какой день!», too impórtant a quéstion «слишком важный вопрос».

III. ПРИЛАГАТЕЛЬНЫЕ (ADJECTIVES)

Posit.= *Positive degree,* положительная степень
Comp.= *Comparative degree,* сравнительная степень
Superl.= *Superlative degree,* превосходная степень

По числам и падежам прилагательные в английском языке не изменяются.

Таблица 2

Прилагательные в положительной степени односложные, а также те двухсложные, которые имеют ударение на конце или оканчиваются на -y, -ow, -some, -er, на -re или -le после согласной.

Образцы

основные:	с орфографическими особенностями: На одну согласную (не -w, -x) после одной ударной гласной:		На **-e** или **-ee**:	На **-y** после согласной:
short «короткий» nárrow «узкий»	big «большой» hot «горячий»		able «способный»	háppy «счастливый»
Posit. short nárrow	big	hot	able	háppy
Comp. shórter nárrower *Superl.* shórtest nárrowest	bígger bíggest	hótter hóttest	ábler áblest	háppier háppiest

Прочие прилагательные.
Образец: impórtant «важный»

Posit. impórtant; *Comp.* more impórtant; *Superl.* most impórtant

Примечания: 1. Прилагательные shy «застенчивый» и sly «хитрый» пишутся с y во всех степенях сравнения: shýer, shýest; slýer, slýest (но в Америке обычно по общему правилу: shíer, shíest; slíer, slíest).

2. Сравнительная и превосходная степени (*comparative, superlative*) у некоторых прилагательных образуются не по общим правилам; см. список слов на стр. 752.

IV. ОБРАЗОВАНИЕ НАРЕЧИЙ (ADVERBS) ОТ ПРИЛАГАТЕЛЬНЫХ (ADJECTIVES)

Таблица 3

	Различные прилагательные. Образцы — основные:		с орфографическими особенностями: На **-y** после согласной в безударном слоге или на **-ay**:		На **-ue**:	Прил. на -le после согласной
	jóyful «радостный»	dry «сухой»	háppy «счастливый»	gay «весёлый»	due «должный»	Образец: able «способный»
Adjective	jóyful	dry	háppy	gay	due	able
Adverb	jóyfully	drýly	háppily	gáily	dúly	ábly

Примечания: 1. Сравнительная и превосходная степени наречий, образованных от прилагательных по общим правилам, обычно образуются посредством more и most, соответственно: *posit.* jóyfully; *comp.* more jóyfully; *superl.* most jóyfully.

2. От многих, в особенности от наиболее употребительных, прилагательных наречия образуются не по общим правилам. В частности, многие наречия *совпадают* по форме с соответствующими *прилагательными*; например: прил. long «длинный, долгий» (*comp.* lónger; *superl.* lóngest)—наречие long «долго» (*comp.* lónger; *superl.* lóngest). У таких наречий сравнительная и превосходная степени обычно образуются так же, как у соответствующих *прилагательных* (ср. приведенный пример). Отклонения от общих правил образования наречий по возможности учтены в самом словаре. Случаи неправильного образования степеней сравнения наречий приведены в списке слов на стр. 752.

V. ОБРАЗОВАНИЕ СУЩЕСТВИТЕЛЬНЫХ (NOUNS) ОТ ПРИЛАГАТЕЛЬНЫХ (ADJECTIVES) ПОСРЕДСТВОМ СУФФИКСА -ness «-ость»

Таблица 4

Образцы			
основные:			с орфографическими особенностями:
	jóyful «радостный» dry «сухой»		На -y после согласной в безударном слоге stícky «липкий»
Adjective	jóyful	dry	stícky
Noun	jóyfulness	drýness	stíckiness

VI. МЕСТОИМЕНИЯ (PRONOUNS)

Sg. = *Singular*, единственное число

Pl. = *Plural*, множественное число

Nom. = *Nominative case*, именительный падеж

Obj. = *Objective case*, объектный падеж

Attr. = *Attributive form*, атрибутивная форма (т. наз. *conjoint form*)

Abs. = *Absolute form*, самостоятельная форма (употребляемая без существительного)

О произношении форм, читающихся не по общим правилам, см. стр. 740.

Таблица 5

I «я»; **thou** *уст., поэт.* «ты»; **he** «он»; **she** «она»; **it** «оно (он, она)»; **we** «мы»; **you** «вы (ты)»; **they** «они»; **who** «кто»									
	Sg.					*Pl.*	*(Pl. Sg.)*	*Pl.*	
Nom.	I	thou	he	she	it	we	you	they	who
Obj.	me	thee	him	her	it	us	you	them	whom

Таблица 6

my «мой»; thy *уст.*, *поэт.* «твой»; his «его»; her «её»; its «его (её)»; our «наш»; your «ваш (твой)»; their «их»; whose «чей, которого»									
Attr.	my	thy	his	her	its	our	your	their	whose
Abs.	mine	thine	his	hers	its	ours	yours	theirs	whose

Примечание. По числам и падежам эти местоимения не изменяются.

Таблица 7

Местоимения со значениями «себя (-ся)» и «сам (сама *и т. д.*)»	òne:sélf	one	Соответствующие личные местоимения
	mỳ:sélf thỳ:sélf *уст.*, *поэт.* your:sélf hìm:sélf hèr:sélf ìt:sélf	I thou you *sg.* he she it	
	our:sélves your:sélves thèm:sélves	we you *pl.* they	

Примечание. Местоимение òne:sélf (как и соответствующее ему one, ср. ниже) является *неопределенно-личным*; ср.: (one can) see òne:sélf in a mirror «(можно) видеть себя в зеркале». При подлежащем, выраженном другим местоимением (*не* one) или существительным, употребляется то местоимение на -self (-selves), которое соответствует лицу, роду и числу данного подлежащего; например: she saw hèr:sélf in the mirror «она увидела себя в зеркале»; the boys made this thèm:sélves «мальчики сделали это сами».

Таблица 8

this «этот»; that «тот»			
	Sg.	this	that
	Pl.	these	those

Примечание. По падежам эти местоимения не изменяются.

Прочие местоимения

one — неопределенно-личное местоимение
sóme:body «кто-либо, кто-то»
anybody «кто-либо, всякий»
everybody «всякий»
nó:body «никто»
sóme:one «кто-либо, кто-то» и др. на -one

образуют *притяжательный падеж как существительные:* one's; sóme:body's; nó:body's; и т. п.

one как заменитель существительного имеет *множественное число* ones: *sg.* the big one «большой» — *pl.* the big ones «большие».

other «другой» с неопределенным артиклем пишется слитно: another; если относится к человеку и при этом употребляется само как существительное, может иметь *притяжательный падеж*, образуемый как у существительных: other's (another's); например: the other's face «лицо другого (человека)»; но: the other man's face «лицо другого человека». При употреблении в качестве существительного имеет *множественное число* others; например: and others «и другие»; но: and other things «и другие вещи».

Остальные местоимения, за исключением указанных здесь и в табл. 5 и 8, ни по числам, ни по падежам не изменяются.

VII. ГЛАГОЛЫ (VERBS)

А. Простые формы (*положительные — affirmative*)

Inf. = *Infinitive*, инфинитив *Imp.* = *Imperative*, повелительное наклонение (2-е лицо) *Pr.* = *Present*, настоящее время (изъявительное наклонение) *Past*, прошедшее время (изъявительное наклонение) (*1.*, *3.*) *Sg.* = (*first*, *third person*) *singular* (первое, третье лицо) единственного числа *Pl.* = *Plural*, множественное число (все лица)	неперфектные формы общего вида действительного залога

Pc. I = *Participle I (one)*, причастие первое (т. наз. причастие настоящего времени, *present participle:* неперфектная форма действительного залога)

Pc. II = *Participle II (two)*, причастие второе (или причастие прошедшего времени, *past participle;* страдательный залог)

Ger. = *Gerund*, герундий (неперфектная форма действительного залога).

Таблица 9

Правильные глаголы

	Образцы								
	основные:			с орфографическими особенностями:					
							На -e		
	play «играть» look «смотреть» end «кончать(ся)»			На **-s**, **-z** **-x**, **-ch** [tʃ], **-sh** или на **-o**: mix «смешивать»	На **-y** после согласной: try «пробовать»	На 1 согласную (*не* w, x) после 1 ударной гласной: dip «окунать»	после согласной или **u**: use «употреблять»	на **-ie**: tie «завязывать»	на **-ee**, **-oe**, **-ye**: dye «красить»
Inf. *Imp.* *Pr. 1. sg.* » *pl.*	play	look	end	mix	try	dip	use	tie	dye
Pr. 3. sg.	plays	looks	ends	míxes	tries	dips	úses	ties	dyes
Past sg. » *pl.* *Pc. II*	played	looked	énded	mixed	tried	dipped	used	tied	dyed
Pc. I *Ger.*	pláying	lóoking	énding	míxing	trýing	dípping	úsing	týing	dýeing

Примечания: 1. По правилам орфографии, принятой в Англии, согласная l удваивается в конце основы перед -ed и -ing не только после *ударной* гласной, но также и после *безударной*; например: trável [-æv-] «путешествовать» — trávelled, trávelling (так же, как compél «принуждать» — compélled, compélling, т. е. по типу dip — dipped, dípping). По правилам американской орфографии l после безударной гласной *не* удваивается: tráveled, tráveling (в отличие от compélled, compélling).

2. В глаголах на **-c**, как pícnic «участвовать в пикнике», перед -ed и -ing вставляется k: pícnicked, pícnicking.

3. О произношении конечного -s см. стр. 738, конечного -es — стр. 735 и стр. 738. О произношении конечного -ed см. стр. 735 и 738.

4. Список неправильных глаголов приведен на стр. 752 и сл. Глаголы в этом списке даются в формах *инфинитива* (*inf.*), *прошедшего времени* (*past sg.*, *pl.*) и *причастия второго* (*pc. II*). Формы повелительного накло-

нения (*imp.*) и формы на -ing (*pc. I*, *ger.*) вообще не приводятся, так как эти формы у всех глаголов образуются по общим правилам; прочие же простые формы даются лишь в тех исключительных случаях, когда они образуются не по общим правилам. Таким образом отсутствие этих форм в списке является указанием на правильность их образования.

5. Вопросительные, отрицательные и усилительные личные формы являются *составными* (см. Б стр. 747 и табл. 11). Отрицательные формы инфинитива, причастий и герундия образуются с частицей **not** «не», которая ставится *перед* глаголом: not to play, not played, not pláying (об инфинитивной частице to см. примечание 2 к табл. 11).

Таблица 10

Вспомогательные и недостаточные модальные глаголы

be «быть» (для образования форм длительного вида—*continuous*—и страдательного залога—*passive*; также как глагол-связка);

have «иметь» (для образования перфектных форм—*perfect*);

do «делать» (для образования вопросительных, отрицательных и усилительных неперфектных форм изъявительного наклонения общего вида действительного залога—*interrogative, negative, emphatic, indicative indefinite active*—и отрицательных и усилительных форм повелительного наклонения—*imperative*);

shall «должен», **will** «хочет» (для образования форм будущего времени—*future*; should, would—для образования форм условного наклонения—*conditional*; should—также предположительного наклонения—*suppositional*; ср. примеч. 1 к табл. 11);
may «могу»; **can** «могу»; **must** «должен»; **ought** «должен (бы)»

Inf.	be	have	do	—		—	—	—	—
Imp.	be	have	do						
Pr. 1. sg.	am	have	do						
» *pl.*	are	have	do						
Pr. 3. sg.	is	has	does	shall	will	may	can	must	ought
Past sg.	was	had	did	should	would	might	could		
» *pl.*	were	had	did						
Pc. II	been		done	—		—	—	—	—
Pc. I	béing	having	doing						
Ger.	béing	having	doing						

Примечания: 1. Многие из этих форм читаются не по общим правилам, см. стр. 740.

2. Вопросительные формы (*interrogative*): глагол ставится перед подлежащим; например: am I?; are you?; were they?; have you?; do you?; shall I? и т. п. (I «я»; you «вы, ты»; they «они»); ср. примечание 5.

3. Отрицательные формы (*negative*) образуются с частицей **not** «не», которая ставится *после* глагола в *личной* форме; например: I am not; they were not; you have not; you do not; I shall not; с формой can пишется слитно: I cánnòt (но I could not и т. д.). Та же частица ставится *перед инфинитивом, причастиями и герундием*: not to be, not béing; not to have, not having (т. е. так же, как у полнозначных глаголов; ср. примечание 5 к табл. 9; об инфинитивной частице to см. примечание 2 к таблице 11).— Отрицательная форма повелительного наклонения образуется (так же, как у полнозначных глаголов, см. табл. 11) с глаголом **do**+not: do not be.

4. Усилительные формы (*emphatic*) отличаются от обычных *ударением* на глаголе в личной форме (на письме обозначается *курсивом*): I *was*; I *shall* be. Усилительная форма повелительного наклонения (так же, как у полнозначных глаголов, см. табл. 11) образуется с глаголом do: do be! «*будь(те)!*».

5. Вопросительные, отрицательные и усилительные формы глагола **do** в качестве полнозначного, со значением «делать, совершать», образуются так же, как и у других полнозначных глаголов. У глагола **have** в качестве полнозначного эти же формы образуются,— в зависимости от его значения и от стиля речи,— либо так же, как и у других полнозначных глаголов, либо так же, как при его употреблении в качестве вспомогательного глагола.

6. Сокращенные личные формы (*разг.*):

am: I'm (not) = I am (not); are¦n't I? [ɑnt...], ain't I? = am I not?;
are: 're; are¦n't = are not;
is: 's; is¦n't = is not;
was: was¦n't = was not;
were: were¦n't = were not;
have: 've; have¦n't = have not;
has: 's; has¦n't = has not;

had: 'd; hadn't = had not;
do: don't [dount] = do not;
does: does¦n't = does not;
did: didn't = did not;
shall: shan't [ʃɑːnt] = shall not;
should: shouldn't = should not;
will: 'll; won't [wount] = will not;
would: 'd; wouldn't = would not;
may: mayn't = may not;
might: mightn't = might not;
can: can't [kɑːnt] = cánnòt;
could: couldn't = could not;
must: mustn't = must not;
ought: oughtn't = ought not.

Старые формы 2-го лица единственного числа

С местоимением 2-го лица ед. числа **thou** *уст.*, *поэт.* «ты» употребляются особые формы — с окончанием -(e)st: *pr.* (thou) pláyest, tiest; *past* (thou) pláyedst, tiedst (от play, tie) и т. п.; *pr.* hast, dost [dʌst] или dóest ['duːist], máyest, canst; *past* hadst, didst, mightst, couldst (от have, do, may, can); shouldst, wouldst (от shall, will); — с окончанием -t: *pr.* art, shalt, wilt (от be, shall, will) — от глагола be в прошедшем времени (*past*): wast (или wert).

Б. Составные формы

В составных формах главный глагол употребляется:

1) в *инфинитиве* (*infinitive*) в неперфектной форме общего вида действительного залога (*indefinite active*):

а) после **do** (does, did; вопросительные, отрицательные и усилительные формы — *interrogative, negative, emphatic* — настоящего и прошедшего неперфектных времен общего вида изъявительного наклонения действительного залога — *present, past, indefinite indicative active*; отрицательные и усилительные формы повелительного наклонения — *imperative* — того же вида и того же залога, также соответствующие формы сослагательного наклонения — *subjunctive*; (см. табл. 11); например: **do** they play? «играют ли они?»; **did** they do? «(с)делали ли они?»; **do** not do it! «не делай(те) этого!»;

б) после **shall, will** (будущее время — *future* — в неперфектной форме общего вида изъявительного наклонения действительного залога — *indefinite indicative active*; после should, would — условное наклонение — *conditional* — в неперфектной форме того же вида и того же залога; после should — предположительное наклонение — *suppositional* — того же вида и залога); например: I **shall** play «я буду играть»; he **will** do it «он сделает это»; they **would** do it «они (с)делали бы это»;

2) в *причастии первом* (т. наз. прич. настоящего времени — *participle I, present participle*) — в неперфектной форме действительного залога (*indefinite active*):

после **be** (am, is, are, was, were, been; все формы длительного вида действительного залога — *continuous active*); например: I **am** pláy**ing** «я играю»; he **was** do**ing** it «он делал это»;

3) в *причастии втором* (прич. прошедшего времени — *participle II, past participle*):

а) после **have** (has, had, having; все перфектные формы общего вида действительного залога — (*common perfect active*); например: I **have** play**ed** «я играл, сыграл»; he **has** don**e** it «он сделал это»;

б) после **be** (am, is, are, was, were, bé¦ing, been; все формы страдательного залога — *passive*); например: it **is** play**ed** «это играется»; it **is** don**e** «это сделано»; it **was** don**e** «это было сделано, делалось»; it is **bé¦ing** don**e** «это делается».

Составные формы у всех глаголов образуются по общим правилам. При этом, однако, нужно заметить следующее:

1. Глагол **be** не имеет форм с do (does, did) — за исключением форм повелительного наклонения (*neg.* do not be, *emph.* do be!); ср. примеч. 2—4 к табл. 10.

2. Глагол **have** в качестве полнозначного глагола может иметь формы с do, но он нередко употребляется в соответствующих случаях также без do; как глагол вспомогательный, он форм с do не имеет; ср. примеч. 2—5 к табл. 10.

3. Глаголы **dare** и **need** (см. список неправильных глаголов, стр. 752) наряду с формами с do имеют и соответствующие формы без do, причем употребление тех или других определяется значением этих глаголов в данных словосочетаниях.

4. Все недостаточные глаголы (shall, will, may и др.) составных форм не имеют (поскольку у них нет инфинитива и причастий).

Примеры составных форм глаголов **be** и **have**:

Future indef. indic. active:	shall be, shall have; will be, will have;
Present perfect » »:	have been, have had; has been, has had;
Past perfect » »:	had been, had had;
Future perfect » »:	shall have been, shall have had; will have been, will have had;
Present continuous » »:	am bé¦ing, am having; is bé¦ing, is having; are bé¦ing, are having;
Present indef. indic. passive:	—, is had, are had;
Future » » » :	—, will be had.

Таблица 11

Сводная таблица спряжения правильного глагола

Образец: call «звать, называть *и т. п.*»			*Подлежащее*	Active			
				(Common) Indefinite	*Perfect*	*Continuous*	*Perfect Continuous*
Infinitive				(to) call	(to) have called	(to) be cálling	(to) have been cálling
Indicative	*Present*	*Affirm.* (*unemph.*) *Sg.* 1. 3. *Pl.* 1.2. 3.	I he, *etc.* we, you they	call calls call	have called has called have called	am cálling is cálling are cálling	have been cálling has been cálling have been cálling
		Interrog. 1. sg.		do I call?	have I called?	am I cálling?	have I been cálling?
		Neg. 1. sg.	I	do not call	have not called	am not cálling	have not been cálling
		Emph. 1. sg. (*affirm.*)	I	do call *см. табл. 12.*	*have* called	*am* cálling	*have* been cálling
					см. примечания 2—4 к табл. 10.		
	Past	*Affirm.* (*unemph.*) *sg.* *Pl.* 1.2. 3.	I, he, *etc.* we, you they	called	had called	was cálling were cálling	had been cálling
		Interrog. 1. sg.		did I call?	had I called?	was I cálling?	had I been cálling?
		Neg. 1. sg.	I	did not call	had not called	was not cálling	had not been cálling
		Emph. 1. sg. (*affirm.*)	I	did call	*had* called	*was* cálling	*had* been cálling
	Future	*Sg.* 1. 3.	I he, *etc.*	shall call will call	shall have called will have called	shall be cálling will be cálling	shall have been cálling will have been cálling
		Pl. 1. 2. 3.	we you they	shall call will call will call	shall have called will have called will have called	shall be cálling will be cálling will be cálling	shall have been cálling will have been cálling will have been cálling
Imperative		*Affirm.* (*unemph.*)		call			
		Negative		do not call			
		Emphatic (*affirm.*)		do call			

Продолжение табл. 11

Образец: call «звать, называть *и т.п.*»		Подлежащее	Active			
			(Common) *Indefinite*	*Perfect*	*Continuous*	*Perfect Continuous*
Infinitive			(to) call	(to) have called	(to) be cálling	(to) have been cálling
Subjunctive I (т. наз. *Pr.*)	*Affirm.*	I, he, *etc.* we, you they	call		be cálling	
	Negative	I, he, *etc.* we, you they	do not call		be not cálling	
Subjunctive II (т. наз. *Past*)	*Affirm.*	I, he, *etc.* we, you they	c a l l e d	had called	were cálling	had been cálling
	Negative	I, he, *etc.* we, you they	did not call	had not called	were not cálling	had not been cálling
Conditional	*Sg.* 1. 3. *Pl.* 1. 2. 3.	I he, *etc.* we you they	should call would call should call would call would call	should have called would have called should have called would have called would have called	should be cálling would be cálling should be cálling would be cálling would be cálling	should have been cálling would have been cálling should have been cálling would have been cálling would have been cálling
Suppositional		I, he, *etc.* we, you they	should call		should be cálling	
Participle I			cálling	having called		having been cálling
Gerund			cálling	having called		having been cálling

Продолжение табл. 11

Образец: call «звать, называть *и т. п.*»			Подлежащее	Passive (Common) *Indefinite*	*Perfect*	*Continuous*	(*Perf. Cont.* не употр.)
Indicative	*Present*	*Sg.* 1. 3. *Pl.* 1.2. 3.	I he, *etc.* we, you they	am called is called are called	have been called has been called have been called	am béing called is béing called are béing called	
	Past	*Sg.* 1. 3. *Pl.* 1.2. 3.	I, he, *etc.* we, you they	was called were called	had been called	was béing called were béing called	
	Future	*Sg.* 1. 3. *Pl.* 1. 2. 3.	I he, *etc.* we you they	shall be called will be called shall be called will be called will be called	shall have been called will have been called shall have been called will have been called will have been called		
Imperative	*Affirm.* (*unemph.*)			be called			
	Negative			do not be called			
	Emphatic (*affirm.*)			do be called			
Subjunctive I (т. наз. *Present*)			I, he, *etc.* we, you they	be called			
Subjunctive II (т. наз. *Past*)			I, he, *etc.* we, you they	were called	had been called		
Conditional		*Sg.* 1. 3. *Pl.* 1. 2. 3.	I he, *etc.* we you they	should be called would be called should be called would be called would be called	should have been called would have been called should have been called would have been called would have been called		
Suppositional			I, he, *etc.* we, you they	should be called			
Participle I (т. наз. *Present*)				béing called	having been called		
Participle II, *или Past Part.*				called			
Gerund				béing called	having been called		

Примечания: 1. Неправильные глаголы спрягаются в общем по той же схеме, что и правильные, но отличаются от последних образованием отдельных *простых* форм (ср. примеч. 4 к табл. 9). В частности, у многих неправильных глаголов *причастие II* (прич. прошедшего времени—*participle II*, или *past participle*) отличается по форме от простого *прошедшего времени* общего вида действительного залога (*past indefinite active*), тогда как у правильных глаголов обе эти формы одинаковы (оканчиваются на -ed); ср.: правильные глаголы call, play—*past indef.* и *participle II* (*past pc.*) call**ed**, play**ed**;—неправильные глаголы take («брать»), see («видеть»)—*past indef.* **took, saw,** но *participle II* (*past pc.*) **táken, seen.** В таблице форма простого *прошедшего времени* общего вида действ. залога—*past indefinite active*—выделена разрядкой (c a l l e d); так же выделена и совпадающая с ней форма *сослагательного наклонения II*—*subjunctive II*; во всех остальных случаях форма на -ed (called) является *причастием II*—*participle II* (*past pc.*). Таким образом, например, форме (I, he, *etc.*, we, you, they) c a l l e d от глагола call, данного в таблице, будут соответствовать: у *неправильных* глаголов take и see—формы (I, he, *etc.* ...) **took, saw,** тогда как формам (I, he, *etc.* ...) had called, having called, were called и т. п. от глагола call—формы (I, he, *etc.* ...) had **táken,** had **seen;** having **táken,** having **seen;** were **táken;** were **seen** и т. п.

2. Инфинитив (*infinitive*), когда он не является частью составной формы глагола, в большинстве случаев употребляется с частицей **to** перед ним; например: he wants to call, «он хочет (по)звать, назвать *и т. п.*»; it is nécessary to call «необходимо (по)звать, назвать *и т. п.*»; to be or not to be «быть или не быть». В известных случаях, однако, инфинитив *употребляется без* to также и тогда, когда он не является частью составной формы. Важнейшие из этих случаев следующие:

а) сочетания с *недостаточными* глаголами **may, can, must; shall, will** (но *не* ought!); например: you may call «вы можете (по)звать *и т. п.*», he must call «он должен (по)звать *и т. п.*» (но: he ought **to** call);

б) сочетания с глаголами **let*** «пускать *и т. п.*», **make*** в знач. «заставлять», **bid*** «велеть» в формах *действительного* залога и **dare** (not) в знач. «сметь»; например: he made them call «он заставил их (по)звать *и т. п.*»;

в) сочетания с глаголами **see*** «видеть», **hear*** «слышать», **nótice** ['nou-] «замечать» и некоторыми другими, обозначающими восприятие (по-русски инфинитив в этих случаях передается обычно через «как + *личная* форма соответствующего глагола»); например: he heard them call [...hə:d...] «он слышал, как они звали *и т. п.*»,—как и в предыдущем случае, инфинитив употребляется *без* to лишь при формах *действительного* залога указанных глаголов;

г) сочетания с **had bétter** «лучше бы, следовало бы»: he had bétter call «ему лучше бы, *или* следовало бы, позвать *и т. п.*»;

д) сочетания с **why not** «почему не»: why not call...? «почему не (по)звать, не назвать..? *и т. п.*».

В самом словаре употребление инфинитива с to указывается сокращением (+to *inf.*), а употребление инфинитива *без* to—сокращением (+*inf.*); ср. стр. 10.

3. Формы 2-го лица единственного числа совпадают с формами того же лица *множественного* числа, поскольку подлежащим при тех и других является местоимение **you** «вы, (ты)», имеющее значение как множественного, так и единственного числа. Относительно старых особых форм 2-го лица ед. числа, употребляемых с местоимением **thou**, см. стр. 747.

4. Обычная вопросительная форма 2-го лица (*ед.*, *мн.*) будущего времени образуется с **shall:** shall you call? «позовёте ли вы, будете ли вы звать? *и т. п.* (позовёшь ли ты? *и т. п.*)». Вопросительная форма 2-го лица будущего времени с **will** имеет оттенок вопроса о *желании*, *согласии* и т. п.: will you call? «не позовёте ли вы? (не позовёшь ли ты? *и т. п.*)», т. е. «не хотите ли вы (не хочешь ли ты) позвать? *и т. п.*». В прочих случаях употребление **shall** вместо **will** придает оттенок долженствования, необходимости принуждения (shall—«должен»); **will** в 1-м лице выражает волю, желание, намерение (will—«хочу»).

5. Предположительное наклонение (*suppositional*) обычно рассматривается либо как вариант условного (*conditional*), либо как свободное сочетание **should** с инфинитивом. Однако имеются достаточные основания выделять его в качестве особого наклонения, отличного и от условного наклонения и от тех свободных сочетаний should с инфинитивом, в которых should имеет свое самостоятельное значение «должен (бы)». Глагол в предположительном наклонении обозначает предполагаемое, предлагаемое или требуемое действие, цель другого действия и т. п. и обычно употребляется после союзов **if** «если», **unléss** «если не», **that** «что (бы)», **lest** «чтобы не»; например: if he should call «если (случится, что) он позовёт (назовёт) *и т. п.*»; it is nécessary that he should call «необходимо, чтобы он позвал *и т. п.*». Союз **if** может опускаться; тогда should ставится перед подлежащим: should he call = if he should call.

Таблица 12

Вопросительные, отрицательные и усилительные формы (interrogative, negative, emphatic) настоящего и прошедшего времени (*present*, *past*), образуемые с глаголом **do**

Образец: call «звать, называть»				*Interrogative*		*Negative*	*Emphatic*
Indicative	*Present Indefinite*	*Sg.*	*1.*	do I call?	I	do not call	do call
			3.	does he, *etc.* call?	he, *etc.*	does not call	does call
		Pl.	*1.2.* *3.*	do { we, you / they } call?	we, you / they	do not call	do call
	Past Indef.	*Sg.*	*1.3.*	did { I, he, *etc.* / we, you / they } call?	I, he, *etc.* / we, you / they	did not call	did call
		Pl.	*1.2.* *3.*				

СПИСОК ВАЖНЕЙШИХ СЛОВ, ИЗМЕНЯЮЩИХСЯ НЕ ПО ОБЩИМ ПРАВИЛАМ

(в словаре даны со звездочкой:*)

I. СУЩЕСТВИТЕЛЬНЫЕ:

образование *множественного* числа (формы *мн.* числа приведены *после двоеточия*; ср. примечание к табл. 1).

bath «ва́нна»: baths [-ðz].

bróther [ˈbrʌ-] «брат (*член братства*)»: bréthren [ˈbreðrɪn] *уст.*;—*в прочих случаях* («брат—*родственник, товарищ и т. п.*»)—*по общим правилам*: bróthers.

calf [kɑːf] «телёнок»: calves [kɑːvz].

child «дитя́»: chíldren.

corps [kɔː] «ко́рпус» *воен.*: corps [kɔːz].

deer «оле́нь»: deer.

elf «эльф»: elves.

foot [fut] «нога́; фут»: feet.

goose [guːs] «гусь»: geese.

half [hɑːf] «полови́на»: halves [hɑːvz].

house [-s] «дом»: hóuses [-zɪz].

knife «нож»: knives.

lath «дра́нка»: laths [-ðz].

leaf «лист»: leaves.

life «жизнь»: lives.

loaf «бу́лка, карава́й»: loaves.

louse [-s] «вошь»: lice.

man «мужчи́на, челове́к»: men.

mouse [-s] «мышь»: mice.

mouth «рот»: mouths [-ðz].

oath «кля́тва»: oaths [-ðz].

ox «вол, бык»: óxen.

path «тропа́»: paths [-ðz].

scarf «шарф»: scarves / scarfs.

sheaf «сноп»: sheaves.

sheath «футля́р»: sheaths [-ðz].

sheep «овца́»: sheep.

shelf «по́лка»: shelves.

staff «жезл *и т. п.*»: staffs; staves *уст.*; «но́тная лине́йка»: staves.

swine «свинья́»: swine.

thief [θiːf] «вор»: thieves [θiːvz].

tooth «зуб»: teeth.

wharf «прича́л»: wharves / wharfs.

wife «жена́»: wives.

wolf [wu-] «волк»: wolves [wu-].

wóman [ˈwu-] «же́нщина»: wómen [ˈwɪmɪn].

wreath «вено́к»: wreaths [-ðz].

youth [juːθ] «ю́ноша»: youths [juːðz].

II. ПРИЛАГАТЕЛЬНЫЕ И НАРЕЧИЯ:

образование *сравнительной* и *превосходной* степеней (формы этих степеней приведены в данном порядке *после двоеточия*).

bad «плохо́й»: worse; worst.

éastern «восто́чный»: more éastern; éastern¦mòst.

élder «ста́рший»: *superl.* éldest.

évil [ˈiː-] «дурно́й»: worse; worst.

far «далёкий» *и* **far** «далеко́»: fárther / fúrther [-ðə -ðə]; fárthest / fúrthest [-ð- -ð-] (*в перен. знач. тк.* fúrther).

good «хоро́ший»: bétter; best.

hind, hínder «за́дний»: *superl.* hínd¦mòst.

ill «дурно́й; больно́й» и **ill** «пло́хо»: worse; worst.

ínner «вну́тренний»: *superl.* ín¦mòst / ínner¦mòst.

little «ма́лый»: less (*об. при отвлеч. сущ.*), lésser (*об. при конкретн. сущ.*); least;—*при значении* ма́ленький *в качестве сравнит. и превосх. степ. к* little *употребляются соотв. степени от* **small:** smáller; smállest.

little «ма́ло» *sg.*: less; least.

lówer [ˈlouə] «ни́жний»: *superl.* lówer¦mòst.

many «мно́го» *pl.*: more; most.

much «мно́го»: *sg.*: more; most.

nórthern [-ð-] «се́верный»: more nórthern; nórthern¦mòst [-ð-].

óuter «вне́шний»: *superl.* óut¦mòst / óuter¦mòst.

rear «за́дний»: *superl.* réar¦mòst.

sóuthern [ˈsʌð-] «ю́жный»: more sóuthern; sóuthern¦mòst [-ð-].

top «ве́рхний»: *superl.* tóp¦mòst.

úpper «ве́рхний»: *superl.* úpper¦mòst / úp¦mòst.

útter «кра́йний»: *superl.* út¦mòst / útter¦mòst.

well «хорошо́»: bétter; best.

wéstern «за́падный»: more wéstern; wéstern¦mòst.

III. ГЛАГОЛЫ:

образование *прошедшего* времени (изъявит. накл. общего вида действит. залога) и *причастия II* (причастия прош. вр.;—эти формы приведены в данном порядке *после двоеточия*; отклонения от общих правил в образовании прочих форм отмечены особо; ср. примечание 4 к табл. 9).

abíde «пребыва́ть; твёрдо держа́ться (*чего-л.*) *и т. п.*»: abóde / abíded; abóde / abíded;—*при значении* «пребыва́ть, жить» *об. употребляются формы* abóde.

aríse «возника́ть; *поэт.* восстава́ть»: aróse; arísen [-ɪz-].

awáke «буди́ть; просыпа́ться»: awóke; awáked *и, реже,* awóke.

be «быть»: *см. табл. 10.*

bear [bɛə] «носи́ть; роди́ть»: bore; borne *и* born; *последняя форма* (born) *употребляется в* be born «роди́ться» (was born «роди́лся», were born «родили́сь» *и т. д.*) *и самостоятельно в значении* «рождён(ный), роди́вшийся», *если с этим причастием не связывается сочетание* by + *существительное или местоимение*: born 1900 «рождён (-ный), роди́вшийся в 1900 г.» (*но:* borne by her «рождённый е́ю»).

beat «бить»: beat; béaten.

become «станови́ться, де́латься»: becáme; become.

befáll «случа́ться»: beféll; befáll¦en.

begét [-ˈg-] «порожда́ть»: begót; begótten.

begin «начина́ть»: begán; begún.

begírd [-ˈg-] *уст.* «опоя́сывать»: begírt [-ˈg-]; begírt [-ˈg-].

behóld «зреть (*видеть*)»: behéld; behéld.

bend «сгиба́ться»: bent; bent.

beréave «лиша́ть»: beréft / beréaved; beréft / beréaved.

beséech «упра́шивать»: besóught; besóught.

besét «осаждáть»: besét; besét.
bespít «заплёвывать»: bespát; bespát.
bestríde «садиться *или* сидéть верхóм *и т. п.*»: bestróde; bestrídden.
betáke (òne¦sélf) «приниматься; отправляться»: betóok; betáken.
bid «велéть»: bad(e) / bid; bíd(den); — «предлагáть (*цену*)»: bid; bid.
bind «свя́зывать»: bound; bound.
bite «кусáть»: bit; bít(ten).
bleed «кровоточи́ть»: bled; bled.
blow [-ou] «дуть» и **blow** [-ou] «цвести́»: blew; blown [-oun].
break [-eɪk] «ломáть»: broke; bróken.
breed «вырáщивать»: bred; bred.
bring «приноси́ть»: brought; brought.
build [bɪld] «стрóить»: built [bɪlt]; built [bɪlt].
burn «жечь; горéть»: burnt; burnt.
burst «разражáться, взрывáть(ся)»: burst; burst.
buy [baɪ] «покупáть»: bought; bought.
can *pr.* «могý»: *см. табл. 10.*
cast «кидáть; лить (*металл*)»: cast; cast.
catch «лови́ть»: caught; caught.
chide «брани́ть»: chid; chíd(den).
choose «выбирáть»: chose; chóse¦n.
cleave I «рассекáть(ся)»: clove / cleft; clóven / cleft.
cleave II «оставáться вéрным»: clave / cleaved; cleaved.
cling «(с)цепля́ться; льнуть»: clung; clung.
clothe [-ouð] «одевáть»: clothed [-ou-]; clothed [-ou-]; — clad; clad *уст. книжн.*
come «приходи́ть»: came; come.
cost «стóить»: cost; cost.
creep «ползти́»: crept; crept.
crow [-ou] «петь (*о петухе*)»: crowed [-oud] *и* crew; crowed [-oud].
cut «рéзать»: cut; cut.
dare «сметь» (*pr. 3. sg.* dares *и* dare; *вопросит. и отрицат. формы* dare I?, dare he?, dare not *и т. д.*; *но также и по общим правилам*): *past* durst / dared; — *в значении* «бросáть вы́зов» *глагол* dare *является правильным.*
deal «имéть дéло, обходи́ться *и т. п.*»: dealt [de-]; dealt [de-].
dig «копáть»: dug; dug.
do «дéлать» (*pr. 3. sg.* does): did; done; *ср. табл. 10 и примечания 5 и 6 к этой таблице.*
draw «тащи́ть, тянýть; рисовáть»: drew; drawn.
dream «грéзить»: dreamt [-e-] *и* dreamed; dreamt [-e-] *и* dreamed.
drink «пить»: drank; drunk.
drive «гнать; éхать»: drove; dríven [-ɪv-].
dwell «обитáть; задéрживаться (*на чём-л.*)»: dwelt; dwelt.
eat «есть»: ate [et, eɪt]; éaten.
fall «пáдать»: fell; fáll¦en.
feed «корми́ть»: fed; fed.
feel «чýвствовать»: felt; felt.
fight «сражáться»: fought; fought.
find «находи́ть»: found; found.
flee «бежáть (*прочь*), избегáть»: fled; fled.
fling «бросáть»: flung; flung.
fly «летáть»: flew; flown [-oun].
forbéar [-ɛə] «воздéрживаться»: forbóre; forbórne.
forbíd «запрещáть»: forbád(e) [-æd]; forbídden.
forgét [-'g-] «забывáть»: forgót; forgótten.
forgíve [-'gɪv] «прощáть»: forgáve; forgíven [-'gɪv°n].
forsáke «покидáть»: forsóok; forsáken.
freeze «замерзáть, заморáживать»: froze; frózen.
get «получáть, достигáть; дéлаться *и т. п.*»: got; got (gótten *амер.*).
gild [gɪ-] «золоти́ть»: gílded / gilt ['gɪ- gɪ-]; gílded / gilt ['gɪ- gɪ-].
gird [g-] *поэт.* «опоя́сывать»: gírded / girt ['g- g-]; gírded / girt ['g- g-].
give «давáть»: gave; given.
go «идти́, уходи́ть»: went; gone [gɔn].
grave «гравировáть»: graved; graved / gráven.
grind «молóть; точи́ть»: ground; ground.
grow [-ou] «расти́»: grew; grown [-oun].
hang «висéть; вéшать»: hung; hung; — *при значении* «вéшать (*казнить*)»: hanged; hanged.
have «имéть» (*pr. 3. sg.* has): had; had; *ср. табл. 10 и примечания 5 и 6 к этой таблице.*
hear «слы́шать»: heard [hə:d]; heard [hə:d].
heave «подымáть(ся)»: heaved / hove; heaved / hove.
hide «пря́тать»: hid; híd(den).
hit «ударя́ть; попадáть»: hit; hit.
hold «держáть»: held; held.
hurt «причиня́ть вред, боль»: hurt; hurt.
ìnterwéave «воткáть»: ìnterwóve; ìnterwóven.
keep «храни́ть»: kept; kept.
kneel «станови́ться на колéни, стоя́ть на колéнях»: knelt; knelt.
knit «вязáть»: knít(ted); knít(ted).
know [nou] «знать»: knew; known [noun].
lade «грузи́ть»: láded; láded / láden.
lay «класть»: laid; laid.
lead «вести́»: led; led.
lean «опирáться, прислоня́ться»: leant [le-] *и* leaned; leant [le-] *и* leaned.
leap «пры́гать»: leapt [le-] *и* leaped; leapt [le-] *и* leaped.
learn [lə:n] «учи́ть (*что-л.*)»: learnt / learned [lə:- lə:-]; learnt / learned [lə:- lə:-].
leave «оставля́ть»: left; left.
lend «одолжáть»: lent; lent.
let «пускáть»: let; let.
lie «лежáть»: lay; lain.
light «освещáть»: lit; lit.
lose [lu:z] «теря́ть»: lost; lost.
make «дéлать»: made; made.
may *pr.* «могý»: *см. табл. 10.*
mean «знáчить; подразумевáть»: meant [me-]; meant [me-].
meet «встречáть»: met; met.
mis¦gíve «внушáть опасéния»: mis¦gáve; mis¦gíven.
mis¦héar «ослы́шаться»: mis¦héard [-ə:d]; mis¦héard [-ə:d].
misláy «класть не на мéсто»: misláid; misláid.
misléad «вводи́ть в заблуждéние»: misléd; misléd.
mís-spéll «писáть с орфографи́ческими оши́бками»: mís-spélt; mís-spélt.
mistáke «непрáвильно понимáть»: mistóok; mistáken.
mow [mou] «коси́ть (*траву и т. п.*)»: mowed [moud]; mown [moun].
must *pr.* «дóлжен»: *см. табл. 10.*
need «имéть нáдобность (*что-л. сделать*), быть обя́занным» (*вопросит. и отрицат. формы* need I?, need he?, need not *и т. п.*): *формы прошедшего времени и причастия II* (néeded) *неупотребительны*; вмéсто did not need to go «не нýжно бы́ло идти́» *и т. п. об.* need not have gone *и т. п.*; — *в значении* «нуждáться, имéть нáдобность (*в чём-л.*)» *глагол* need *является правильным.*
ought *pr.* «дóлжен (бы)»: *см. табл. 10.*
pàrtáke «принимáть учáстие»: pàrtóok; pàrtáken.
pay «плати́ть»: paid; paid.
put «класть, стáвить»: put; put.
read «читáть»: read [red]; read [red].
ré¦búild [-'bɪld] «перестрáивать»: ré¦búilt [-'bɪlt]; ré¦búilt [-'bɪlt] — *так же, как* build [bɪld] «стрóить»; *подобным же образом и другие глаголы с приставкой* **ré-** *изменяются так же, как соответствующие глаголы без приставки.*
rend *уст., поэт.* «раздирáть»: rent; rent.
rid «избавля́ть»: ríd(ded); ríd(ded).
ride «éхать (*верхом и т. п.*)»: rode; rídden.
ring «звони́ть»: rang; rung.
rise «поднимáться»: rose; rísen ['rɪz-].
rive «расщепля́ть»: rived; ríven ['rɪv-].
run «бéгать»: ran; run.
saw «пили́ть»: sawed; sawn / sawed.
say «говори́ть, сказáть» (*pr. 3. sg.* says [sez]): said [sed]; said [sed].
see «ви́деть»: saw; seen.
seek «искáть»: sought; sought.
sell «продавáть»: sold; sold.
send «посылáть»: sent; sent.
set «устанáвливать *и т. п.*»: set; set.
sew [sou] «шить»; sewed [soud]; sewn /sewed [soun soud].
shake «трясти́»: shook; sháken.
shall *pr.* «дóлжен»: *см. табл. 10.*
shave «бри́ть(ся)»: shaved; shaved *и, об. как прил.*, sháven.
shear «стричь, срезáть»: sheared *и уст.* shore; shorn.
shed «проливáть; сбрáсывать»: shed; shed.

shine «свети́ть(ся), сия́ть»: shone [ʃɔn]; shone [ʃɔn].
shoe [ʃuː] «обува́ть; подко́вывать»: shod; shod.
shoot «стреля́ть; дава́ть побе́ги»: shot; shot.
show [ʃou] «пока́зывать»: showed [ʃoud]; shown [ʃoun].
shred «кромса́ть; располза́ться (*на части*)»: shréd(ded); shréd(ded);— *краткие формы уст.*
shrink «сокраща́ть(ся); отступа́ть»: shrank; shrunk.
shrive *уст.* «испове́довать»: shrove / shrived; shríven [-ɪv-] *и* shrived.
shut «закрыва́ть»: shut; shut.
sing «петь»: sang; sung.
sink «опуска́ться»: sank; sunk.
sit «сиде́ть»: sat; sat.
slay «убива́ть»: slew; slain.
sleep «спать»: slept; slept.
slide «скользи́ть»: slid; slid.
sling «швыря́ть; подве́шивать»: slung; slung.
slink «идти́ кра́дучись»: slunk; slunk.
slit «раздира́ть(ся), разреза́ть (*вдоль*)»: slit; slit.
smell «па́хнуть, ню́хать»: smelt; smelt.
smite «ударя́ть»: smote; smítten.
sow [sou] «се́ять»: sowed [soud]; sowed / sown [soud soun].
speak «говори́ть»: spoke; spóken.
speed «ускоря́ть»: sped; sped.
spell «составля́ть (*слово*) из букв»: spelt / spelled; spelt / spelled.
spend «тра́тить»: spent; spent.
spill «разлива́ть(ся), рассыпа́ть(ся)»: spilt / spilled; spilt / spilled.
spin «крути́ть(ся); прясть»: spun; spun.
spit «плева́ть»: spat; spat.
split «расщепля́ть(ся)»: split; split.
spoil «по́ртить»: spoilt / spoiled; spoilt / spoiled.
spread [-ed] «распространя́ть(ся)»: spread [-ed]; spread [-ed].
spring «вска́кивать; возника́ть *и т. п.*»: sprang; sprung.
stand «стоя́ть»: stood [-ud]; stood [-ud].
steal «кра́сть(ся)»: stole; stólen.
stick «коло́ть, втыка́ть» *и* **stick** «прикле́ивать(ся) *и т. п.*»: stuck; stuck.
sting «жа́лить»: stung; stung.
stink «воня́ть»: stank / stunk; stunk.
strew «разбра́сывать; устила́ть *и т. п.*»: strewed; strewn / strewed.
stride «шага́ть (*большими шагами*), переша́гивать»: strode; stríd(den).
strike «ударя́ть(ся)»: struck; struck.
string «натя́гивать; нани́зывать»: strung; strung.
strive «стара́ться; боро́ться»: strove; stríven [-ɪv-].
swear [-ɛə] «кля́сться»: swore; sworn [-ɔːn].
sweep «мести́; мча́ться»: swept; swept.
swell «вздува́ться»: swelled; swóllen [-ou-].
swim «пла́вать»: swam [-æm]; swum.
swing «кача́ть(ся), разма́хивать»: swung; swung.
take «брать»: took; táken.
teach «учи́ть»: taught; taught.
tear [tɛə] «рвать»: tore; torn.
tell «расска́зывать, сказа́ть»: told; told.
think «ду́мать»: thought; thought.
thrive «процвета́ть»: throve; thríven [-ɪv-].
throw [-ou] «броса́ть»: threw; thrown [-oun].
thrust «сова́ть, толка́ть»: thrust; thrust.
tread [-ed] «ступа́ть»: trod; tródden.
ún¦bénd «разгиба́ть(ся) *и т. п.*»: ún¦bént; ún¦bént—*так же, как* bend «сгиба́ть(ся) *и т. п.*»; *подобным же образом и другие глаголы с приставкой* **un-** *изменяются так же, как соответствующие глаголы без приставки.*
ùnderstánd «понима́ть»: ùnderstóod [-ud]; ùnderstóod [-ud].
ùndertáke «предпринима́ть»: ùndertóok; ùndertáken.
ùpsét «опроки́дывать(ся), расстра́ивать»: ùpsét; ùpsét.
wake «просыпа́ться; буди́ть»: woke / waked; waked / wóken.
wear [wɛə] «носи́ть(ся) (*об одежде и т. п.*)»: wore; worn [wɔːn].
weave «ткать»: wove; wóven.
weep «пла́кать»: wept; wept.
will *pr.* «хочу́»: *см. табл. 10.*
win «выи́грывать, добива́ться»: won [wʌn]; won [wʌn].
wind «крути́ть(ся), обвива́ть(ся) *и т. п.*»: wound; wound.
with¦dráw «брать наза́д; удаля́ться»: with¦dréw; with¦dráwn.
with¦hóld «не дава́ть, уде́рживать»: with¦héld; with¦héld.
with¦stánd «противи́ться»: with¦stóod [-ud]; with¦stóod [-ud].
work «обраба́тывать»: wrought; wrought (*редко*: worked; worked); — *при значении* «рабо́тать *и т. п.*»: worked; worked (*уст.* wrought; wrought; *при переносных значениях употребляются и те и другие формы*).
wring «скру́чивать, жать»: wrung; wrung.
write «писа́ть»: wrote; wrítten.

A. I. SMIRNITSKY, Professor

THE RUSSIAN SOUND-SYSTEM AND THE RUSSIAN ALPHABET

THE VOWELS

In Russian phonetics the Russian vowel-sounds are denoted by phonetic signs based on the letters of the Russian alphabet.

Square brackets are employed throughout this article to show that the letters in question do not appear as letters in the alphabet or as part of a written word, but are used simply to symbolize the s o u n d s of the language. Thus:

[и, и̯, э, ы̯, ы, ɐ, а, о, у]

The vowels [и, ы, а, у] occur in both stressed and unstressed syllables; the vowels [э, о] (except in studied elocution) appear in standard Russian only as stressed vowels, while [и̯, ы̯, ɐ] are always unstressed.

The vowels [ы̯, ы] occur only **after** hard **consonants.**

The Russian vowel-sounds are denoted in spelling by the letters а, е, ё, и, о, у, ы, э, ю, я.

All these letters are therefore usually called vowel-letters or simply vowels, though the letters **е, ё, ю, я** often represent their respective vowel-sounds in combination with the sound [й], which properly belongs to the consonant-system.

The letters **е, ё, ю, я** and **и,** which, when they occur immediately after consonants, indicate the softness of the latter, are often called **soft vowels** and so distinguished from the **hard vowels э, о, у, а** and **ы.**

THE CONSONANTS

The Russian consonant-system comprises the following sounds:

Hard—[б, п; в, ф; д, т; з, с; ц;—ж, ш;—г, к;—х;—м; н; л; р]

Soft—[бь, пь; вь, фь; дь, ть; зь, сь;—жжь, щ; ч;—гь, кь; й; хь;—мь; нь; ль; рь]

These consonant-sounds (both hard and soft) are further divided into several classes according to the organs of speech used to form the separate consonants and the mode of using these organs. The consonants [б, бь, п, пь, м, мь], for instance, are classed together as **bilabial** consonants (or **lip**-consonants proper), as all of them are made by the action of both lips; but [м, мь] at the same time belong, together with [н, нь], to the class of **nasals,** which are pronounced with the **nose passage open,** though otherwise the separate nasal consonants may be quite different, as [м, мь] and [н, нь], the former being bilabial, while the latter are **dental,** that is, produced by bringing the **point of the tongue against the upper teeth.**

The various classes of the Russian consonants are shown in the table given below, page 756.

The Russian consonants are represented by the letters б, в, г, д, ж, з, й, к, л, м, н, п, р, с, т, ф, х, ц, ч, ш, щ.

These letters are called consonant-letters, or simply consonants, with the exception of **й,** which is known as a semi-vowel. It should also be remembered that the sound [й] is often denoted by means of the letters **е, ё, ю, я.**

Apart from **й, ч, щ,** which always represent **soft** sounds, the **soft** consonant-sounds are denoted by the same letters as are used for the corresponding **hard** sounds. The softness of a consonant is usually indicated either by the following vowel-letter **(е, ё, ю, я** or **и)** or by the **soft sign ь.**

The letters **б, в, г, д, ж, з** usually denoting **voiced** consonants, under certain conditions represent the corresponding **voiceless** consonants. And, on the other hand, the letters that are generally used as symbols for **voiceless consonants,** as **к, п, с, т,** may, though less often, denote the corresponding **voiced** sounds.

The Russian Consonant System			Lip Consonants				Tongue Consonants					
			Bilabial (the lower lip against the upper lip)		**Labio-dent.** (the lower lip against the upper teeth)		**Dental** (the point or blade against the upper teeth)		**Post-dent.** (the point and blade against the gums)		**Palatal** (the middle or back against the palate)	
			hard	soft	hard	soft	hard	soft	hard	soft	hard	soft
Oral Consonants (the nose passage closed)	**Stop Consonants** (the mouth passage completely closed)	voiced	[б]	[бь]			[д]	[дь]			[г]	[гь]
		voiceless	[п]	[пь]			[т]	[ть]			[к]	[кь]
	Compound Consonants (stop + open)	voiceless					[ц]		[ч]			
	Open Consonants (the mouth passage narrowed)	voiced			[в]	[вь]	[з]	[зь]	[ж]	[жжь]		[й]
		voiceless			[ф]	[фь]	[с]	[сь]	[ш]	[щ]	[х]	[хь]
	Side Consonants (air passes along the sides of tongue)	voiced					[л]	[ль]				
	Trill Consonants (the tongue vibrates)	voiced							[р]	[рь]		
	Nasal Consonants (the nose passage open)	voiced	[м]	[мь]			[н]	[нь]				

Note the following: 1. [ц] and [ч] are **compound** consonants: in beginning to pronounce these consonants the tongue stops the air-stream completely, but then moves slightly back leaving a narrow passage. The consonant [ц] is therefore similar to [тс] and [ч] to [тшь].

2. [жжь] differs from [ж] not only in softness but also in **length** thus, for ex., уезжáть [-жжь-]; so also [щ] from [ш] (unless [щ] is pronounced as [шьч]): as in щука [щ:]; счастье [щ:], etc.

3. [й] is known as a semi-vowel. At the end of a word and before a consonant or unstressed vowel it is often pronounced like the vowel [и], but it never forms a separate syllable. Before a stressed vowel, and after a consonant in general, [й] is a voiced **consonant** corresponding to the voiceless [хь], and on the whole the function of [й] in Russian is that of a consonant.

4. [гь, кь, хь] only occur before [э, и] (both spelled **е**), and before [и]. In all the other positions only the **hard** [г, к, х] are found (except for ткёт [ткьот] weaves); but there are no such combinations as [гы, кы, хы] in Russian words (except in some borrowings), the combinations [ги, ки, хи] occurring instead.

THE SPECIAL SIGNS

ь and ъ

The signs **ь** and **ъ** are used only after consonants, but not after all of them; neither of these signs is used, in native Russian words, after **г, к, х, й** and **ц**; in addition, the sign **ъ** is never used after **ж, л, м, п, р, ф, ш, щ**, while after **н** it mainly occurs in words of Latin origin.

The sign **ь** is called **the soft sign**, as it is generally used to indicate the softness of consonants; but it is also used as a **separation sign**—to show that the following vowel-letter denotes a combination of the sound [й] with the corresponding vowel-sound, for ex., дьяк [д'йак], пья́нство [п'йанство]. In some cases the use of **ь** is merely traditional.

The sign **ъ** is used in modern Russian spelling **only as a separation sign.**

THE ALPHABET

	Letters		Names of Letters		Letters		Names of Letters
	Printed	Written			Printed	Written	
1	А а	*А а*	[а]	17	Р р	*Р р*	[эр]
2	Б б	*Б б*	[бэ]	18	С с	*С с*	[эс]
3	В в	*В в*	[вэ]	19	Т т	*Т т*	[тэ]
4	Г г	*Г г*	[гэ]	20	У у	*У у*	[у]
5	Д д	*Д д д*	[дэ]	21	Ф ф	*Ф ф*	[эф]
6	Е е Ё ё	*Е е, Ё ё*	[йэ] [йо]	22	Х х	*Х х*	[ха]
7	Ж ж	*Ж ж*	[жэ]	23	Ц ц	*Ц ц*	[цэ]
8	З з	*З з з*	[зэ]	24	Ч ч	*Ч ч*	[чэ]
9	И и	*И и*	[и]	25	Ш ш	*Ш ш*	[ша]
10	Й й	*Й й*	"и" краткое	26	Щ щ	*Щ щ*	[щa]
11	К к	*К к*	[ка]	27	ъ	*Ъ ъ*	отделительный знак
12	Л л	*Л л*	[эл]	28	ы	*Ы ы*	[ы]
13	М м	*М м*	[эм]	29	ь	*Ь ь*	мягкий знак
14	Н н	*Н н*	[эн]	30	Э э	*Э э*	[э]
15	О о	*О о*	[о]	31	Ю ю	*Ю ю*	[йу]
16	П п	*П п*	[пэ]	32	Я я	*Я я*	[йа]

Note: 1. The letter **Ё, ё**, as regards its alphabetical place, is usually considered equal to Е, е.

2. The letters **ъ, ы, ь** never occur at the beginning of a word, and no capital forms of these letters are therefore given. Compare the remarks on the Vowels and on the Special Signs in this chapter.

3. The letter **Э, э** is also called "э" оборотное, that is, "the inverted э".

NOTES ON RUSSIAN GRAMMAR

Summary Tables

Nom.= *Nominative case*, именительный падеж
Gen.= *Genitive case*, родительный падеж
Dat.= *Dative case*, дательный падеж
Acc.= *Accusative case*, винительный падеж
Inst.= *Instrumental case*, творительный падеж
Prep.= *Prepositional case*, предложный падеж

NOUNS

Masculine Gender

Type I. **-ов, -ев** in the genitive plural

a) **Nouns Ending in a Hard Consonant** (*except* **the Open Ones**)

1

	Singular	Plural		
Nom.	заво́д	заво́ды	-и[1]	
Gen.	заво́да	заво́дов	-ев[2]	
Dat.	заво́ду	заво́дам		
Acc.	заво́д / (*anim.* **-а**)	заво́ды / (*anim.* **-ов**)	-и[1] / (-ев[2])	
Inst.	заво́дом -ем[2]	заво́дами		
Prep.	заво́де	заво́дах		

[1]**-и** (*instead of* -ы) — *after* **г, к, х**: ло́зунги.
[2]**-ев, -ем** (*instead of* -ов, -ом *respectively*)—*after* **ц** *when the stress is on the stem*: **ме́сяцев, -ем.**

b) **Nouns Ending in -й**

2

	Singular	Plural
Nom.	трамва́й	трамва́и
Gen.	трамва́я	трамва́ев[1]
Dat.	трамва́ю	трамва́ям
Acc.	трамва́й / (*anim.* -я)	трамва́и / (*anim.* -ев)
Inst.	трамва́ем	трамва́ями
Prep.	трамва́е -и[2]	трамва́ях

[1]*Stressed* -ев = **-ёв: боёв.**
[2]**-и** (*instead of* -е *in the prep. sg.*)—*after an* **и**: (*о*) **пролета́рии.**

Note:

бе́рег, год, лес, мост, пол, сад, у́гол, шкаф—*Prep. sg.* (*after the prepositions* **в, на**) *ends in* **-у́**: на берегу́, *etc.*
бе́рег, ве́чер, глаз, го́лос, го́род, дом, по́езд, цвет—*Nom., Acc. pl. ends in* **-а́**: берега́, вечера́, глаза́; голоса́, *etc.*
глаз, раз, солда́т, челове́к—*Gen. pl. has no ending*: из глаз, пять раз, *etc.*
брат, стул—*plural*: *Nom.* бра́тья, сту́лья; *Gen.* **-ьев**; *Dat.* **-ьям**; *Acc.* бра́тьев, сту́лья; *Inst.* **-ьями**; *Prep.* **-ьях.**
сын—*plural*: *Nom.* сыновья́; *Gen., Acc.* сынове́й; *Dat.* **-овья́м**; *Inst.* **-овья́ми**; *Prep.* **-овья́х.**
англича́нин, крестья́нин (*and similarly most nouns ending in* **-а́нин, -я́нин**)—*plural*: *Nom.* англича́не, крестья́не; *Gen.* англича́н, крестья́н; *Dat.* англича́нам, крестья́нам, *etc.*, *without* -ин.
Masculine nouns ending in **-а, -я,** *as* **мужчи́на, судья́,** *change like feminine nouns with the same endings* (*see Table 4*).

Type II. **-ей** in the genitive plural

a) **Nouns Ending in -ь**

3

	Singular	Plural
Nom.	автомоби́ль	автомоби́ли
Gen.	автомоби́ля	автомоби́лей
Dat.	автомоби́лю	автомоби́лям
Acc.	автомоби́ль / (*anim.* **-я**)	автомоби́ли / (*anim.* -ей)
Inst.	автомоби́лем[1]	автомоби́лями
Prep.	автомоби́ле	автомоби́лях

[1]*Stressed* **-ем = -ём: вождём.**

b) **Nouns Ending in -ж, -ш, -ч, -щ**

	Singular	Plural
Nom.	эта́ж	этажи́
Gen.	этажа́	этаже́й
Dat.	этажу́	этажа́м
Acc.	эта́ж (*anim.* -а́)	этажи́ (*anim.* -е́й)
Inst.	этажо́м -ем[1]	этажа́ми
Prep.	этаже́	этажа́х

[1]-ем (*instead of* -ом)—*when the stress is on the stem:* това́рищем.

Note:

день (*Nom., Acc.*)—*the* -е- *is dropped in other forms: Gen.* дня, *etc.*
учи́тель—*Nom. pl. ordinarily* учителя́.

Feminine Gender

Type I. **No ending** in the genitive plural; **-у, -ю** in the accusative singular; **-ой, -ей** in the instrumental singular

a) **Nouns Ending in -а**

4

	Singular	Plural
Nom.	страна́	стра́ны -и[1]
Gen.	страны́ -и[1]	стран
Dat.	стране́	стра́нам
Acc.	страну́ (*anim. the same ending*)	стра́ны -и[1] (*anim. no ending*)
Inst.	страно́й -ей[2]	стра́нами
Prep.	стране́	стра́нах

[1]-и (*instead of* -ы)—*after* г, к, х; ж, ш, ч, щ: фа́брики; зада́чи.
[2]-ей (*instead of* -ой)—*after* ж, ш, ч, щ *and* ц, *when the stress is on the stem:* зада́чей, рабо́тницей.

b) **Nouns Ending in -я Preceded by a Consonant**

	Singular	Plural
Nom.	земля́	зе́мли
Gen.	земли́	земе́ль—[1]
Dat.	земле́	зе́млям
Acc.	зе́млю (*anim. the same ending*)	зе́мли—[2] (*anim.* -ь)
Inst.	землёй	зе́млями
Prep.	земле́	зе́млях

[1]*No* -ь *after* -ен *with an unstressed inserted* е: чита́лен (*nom. sg.* чита́льня).

c) **Nouns Ending in -ия**

5

	Singular	Plural
Nom.	ста́нция	ста́нции
Gen.	ста́нции	ста́нций
Dat.	ста́нции	ста́нциям
Acc.	ста́нцию	ста́нции (*anim.* -й)
Inst.	ста́нцией	ста́нциями
Prep.	ста́нции	ста́нциях

The -й *of the gen. pl. is not an ending, but the last sound of the* **stem,** *as* -ия = ийа: *when the ending (the vowel) is dropped in the gen. pl. the* й *is restored in spelling.*

Note:

семья́, статья́—*Gen. pl.* семе́й, стате́й (*other forms according to Table 4, b*).

Type II. **-ей** in the genitive plural; accusative singular similar to nominative; **-ью** in the instrumental singular

Nouns Ending in -ь

6

	Singular	Plural
Nom.	часть	ча́сти
Gen.	ча́сти	часте́й
Dat.	ча́сти	частя́м -ам*
Acc.	часть (*anim. the same ending*)	ча́сти (*anim.* -ей)
Inst.	ча́стью	частя́ми -ами*
Prep.	ча́сти	частя́х -ах*

*-ам, -ами, -ах (*instead of* -ям, -ями, -ях)—*after* ж, ш, ч, щ: веща́м, веща́ми, веща́х.

Note:

дочь, мать (*Nom., Acc.*)—*all other forms with* -ер- *added to the stem: Gen.* до́чери, ма́тери, *etc.*

Neuter Gender

Type I. No ending in the genitive plural

a) Nouns Ending in -о or -е Preceded by ж, ш, ч, щ, ц

7

	Singular	Plural
Nom.	ме́сто -е*	места́
Gen.	ме́ста	мест
Dat.	ме́сту	места́м
Acc.	ме́сто -е*	места́
Inst.	ме́стом -ем*	места́ми
Prep.	ме́сте	места́х

*-е, -ем (*instead of* -о, -ом)—*after* ж, ш, ч, щ, *and* ц, *when the stress is on the stem*: жили́ще, жили́щем; полоте́нце, полоте́нцем.

b) **Nouns Ending in -ие**

8

	Singular	Plural
Nom.	собра́ние	собра́ния
Gen.	собра́ния	собра́ний
Dat.	собра́нию	собра́ниям
Acc.	собра́ние	собра́ния
Inst.	собра́нием	собра́ниями
Prep.	собра́нии	собра́ниях

The -й of the genitive plural is not an ending, but the last sound of the stem: compare Note to Table 5.

Note:

плечо́—*plural*: *Nom.*, *Acc.* плё́чи.
коле́но—*plural*: *Nom.*, *Acc.* коле́ни; *Dat.* -ям; *Inst.* -ями; *Prep.* -ях.
у́хо—*plural*: *Nom.*, *Acc.* у́ши; *Gen.* уше́й; *Dat.* уша́м, *etc.*
перо́—*plural*: *Nom.*, *Acc.* пе́рья; *Gen.* пе́рьев; *Dat.* пе́рьям, *etc.*

Type II. -ей in the genitive plural

Nouns Ending in -ле, -ре

9

	Singular	Plural
Nom.	мо́ре	моря́
Gen.	мо́ря	море́й
Dat.	мо́рю	моря́м
Acc.	мо́ре	моря́
Inst.	мо́рем	моря́ми
Prep.	мо́ре	моря́х

Type III. -ен- added to the stem, except in the nominative and accusative singular

Nouns Ending in -мя

10

	Singular	Plural
Nom.	и́мя	имена́
Gen.	и́мени	имён
Dat.	и́мени	имена́м
Acc.	и́мя	имена́
Inst.	и́менем	имена́ми
Prep.	и́мени	имена́х

Surnames (фамилии) Ending in -ов, -ев, -ин

11

	Singular		Plural
	Masculine	*Feminine*	*Both genders*
Nom.	Ивано́в	Ивано́ва	Ивано́вы
Gen.	Ивано́ва	Ивано́вой	Ивано́вых
Dat.	Ивано́ву	Ивано́вой	Ивано́вым
Acc.	Ивано́ва	Ивано́ву	Ивано́вых
Inst.	Ивано́вым	Ивано́вой	Ивано́выми
Prep.	Ивано́ве	Ивано́вой	Ивано́вых

ADJECTIVES

a) Adjectives Ending in -ой, -ый, or -ий (the latter preceded by г, к, х; ж, ш, ч, щ)

12

	Singular						Plural	
	Masculine		*Feminine*		*Neuter*		*All genders*	
Nom.	**но́вый**	{ -ой[1] / -ий[2]	**но́вая**		**но́вое**	-ее[4]	**но́вые**	-ие[3]
Gen.	**но́вого**	-его[4]	**но́вой**	-ей[4]	**но́вого**	-его[4]	**но́вых**	-их[3]
Dat.	**но́вому**	-ему[4]	**но́вой**	-ей[4]	**но́вому**	-ему[4]	**но́вым**	-им[3]
Acc.	=*Nom.* or *Gen.*		**но́вую**		**но́вое**	-ее[4]	=*Nom.* or *Gen.*	
Inst.	**но́вым**	-им[3]	**но́вой**	-ей[4]	**но́вым**	-им[3]	**но́выми**	-ими[3]
Prep.	**но́вом**	-ем[4]	**но́вой**	-ей[4]	**но́вом**	-ем[4]	**но́вых**	-их[3]

Note:
1. **-о́й**—*when the* ***stress*** *is on the* ***ending:*** **молодо́й, друго́й, большо́й.**
2. **-ий** (*instead of* -ый)—*after* **г, к, х; ж, ш, ч, щ,** *when the* ***stress*** *is on the* ***stem***: **сове́тский; хоро́ший.**
3. **-ие, -их, -им, -ими** (*instead of* -ые, -ых, -ым, -ыми, *respectively*)—*after* **г, к, х; ж, ш, ч, щ; други́е, -и́х. -и́м. -и́ми; сове́тские, -их, -им, -ими; больши́е, -и́х, -и́м, -и́ми; хоро́шие, -их, -им, -ими,** *etc.*
4. **-ее, -его, -ему, -ем, -ей** (*instead of* -ое, -ого, -ому, -ом, -ой, *respectively*)—*after* **ж, ш, ч, щ,** *when the* ***stress*** *is on the* ***stem:*** **хоро́шее, -его, -ему, -ем,** *etc.*

b) Adjectives Ending in -ний

13

	Singular			Plural
	Masculine	*Feminine*	*Neuter*	*All genders*
Nom.	**си́ний**	**си́няя**	**си́нее**	**си́ние**
Gen.	**си́него**	**си́ней**	**си́него**	**си́них**
Dat.	**си́нему**	**си́ней**	**си́нему**	**си́ним**
Acc.	=*Nom.* or *Gen.*	**си́нюю**	**си́нее**	=*Nom.* or *Gen.*
Inst.	**си́ним**	**си́ней**	**си́ним**	**си́ними**
Prep.	**си́нем**	**си́ней**	**си́нем**	**си́них**

PRONOUNS

Interrogative

14

	Animate	*Inanimate*
Nom.	**кто**	**что**
Gen.	**кого́**	**чего́**
Dat.	**кому́**	**чему́**
Acc.	**кого́**	**что**
Inst.	**кем**	**чем**
Prep.	**ком**	**чём**

Interrogative-Possessive

15

	Singular			Plural
	Masculine	*Feminine*	*Neuter*	*All genders*
Nom.	**чей**	**чья**	**чьё**	**чьи**
Gen.	**чьего́**	**чьей**	**чьего́**	**чьих**
Dat.	**чьему́**	**чьей**	**чьему́**	**чьим**
Acc.	=*Nom.* or *Gen.*	**чью**	**чьё**	=*Nom.* or *Gen.*
Inst.	**чьим**	**чьей**	**чьим**	**чьи́ми**
Prep.	**чьём**	**чьей**	**чьём**	**чьих**

како́й, кото́рый *are declined as adjectives* (*see Table 12*).

Personal: 1st and 2nd Person

16

	Singular		Plural	
	1st. p.	*2nd p.*	*1st p.*	*2nd p.*
Nom.	**я**	**ты**	**мы**	**вы**
Gen.	**меня́**	**тебя́**	**нас**	**вас**
Dat.	**мне**	**тебе́**	**нам**	**вам**
Acc.	**меня́**	**тебя́**	**нас**	**вас**
Inst.	**мной**	**тобо́й**	**на́ми**	**ва́ми**
Prep.	**мне**	**тебе́**	**нас**	**вас**

Possessive

17

	Singular			Plural
	Masculine	*Feminine*	*Neuter*	*All genders*
Nom.	мой	моя́	моё	мой
Gen.	моего́	мое́й	моего́	мои́х
Dat.	моему́	мое́й	моему́	мои́м
Acc.	=*Nom. or Gen.*	мою́	моё	=*Nom. or Gen.*
Inst.	мои́м	мое́й	мои́м	мои́ми
Prep.	моём	мое́й	моём	мои́х

	Singular			Plural
	Masculine	*Feminine*	*Neuter*	*All genders*
Nom.	наш	на́ша	на́ше	на́ши
Gen.	на́шего	на́шей	на́шего	на́ших
Dat.	на́шему	на́шей	на́шему	на́шим
Acc.	=*Nom. or Gen.*	на́шу	на́ше	=*Nom. or Gen.*
Inst.	на́шим	на́шей	на́шим	на́шими
Prep.	на́шем	на́шей	на́шем	на́ших

твой, свой *change like* **мой; ваш** *like* **наш.**

Personal: 3rd Person

18

	Singular						Plural	
	Masculine		*Feminine*		*Neuter*		*All genders*	
		After prep.		*After prep.*		*After prep.*		*After prep.*
Nom.	он		она́		оно́		они́	
Gen.	его́	него́	её	неё	его́	него́	их	них
Dat.	ему́	нему́	ей	ней	ему́	нему́	им	ним
Acc.	его́	него́	её	неё	его́	него́	их	них
Inst.	им	ним	е́ю	не́ю, ней	им	ним	и́ми	ни́ми
Prep.		нём		ней		нём		них

Demonstrative

19

	Singular			Plural
	Masculine	*Feminine*	*Neuter*	*All genders*
Nom.	э́тот	э́та	э́то	э́ти
Gen.	э́того	э́той	э́того	э́тих
Dat.	э́тому	э́той	э́тому	э́тим
Acc.	=*Nom. or Gen.*	э́ту	э́то	=*Nom. or Gen.*
Inst.	э́тим	э́той	э́тим	э́тим
Prep.	э́том	э́той	э́той	э́тих

	Singular			Plural
	Masculine	*Feminine*	*Neuter*	*All genders*
Nom.	тот	та	то	те
Gen.	того́	той	того́	тех
Dat.	тому́	той	тому́	тем
Acc.	=*Nom. or Gen.*	ту	то	=*Nom. or Gen.*
Inst.	тем	той	тем	те́ми
Prep.	том	той	том	тех

Generalizing

20

	Singular			Plural
	Masculine	*Feminine*	*Neuter*	*All genders*
Nom.	весь	вся	всё	все
Gen.	всего́	всей	всего́	всех
Dat.	всему́	всей	всему́	всем
Acc.	=*Nom. or Gen.*	всю	всё	=*Nom. or Gen.*
Inst.	всем	всей	всем	все́ми
Prep.	всём	всей	всём	всех

NUMBERS

a) один

21

	Singular			Plural*
	Masculine	*Feminine*	*Neuter*	*All genders*
Nom.	оди́н	одна́	одно́	одни́
Gen.	одного́	одно́й	одного́	одни́х
Dat.	одному́	одно́й	одному́	одни́м
Acc.	=*Nom. or Gen.*	одну́	одно́	=*Nom. or Gen.*
Inst.	одни́м	одно́й	одни́м	одни́ми
Prep.	одно́м	одно́й	одно́м	одни́х

b) два, три and четы́ре

22

	Masculine Neuter	*Feminine*	*All genders*	
Nom.	два	две	три	четы́ре
Gen.	двух		трёх	четырёх
Dat.	двум		трём	четырём
Acc.	=*Nom. or Gen.*		=*Nom. or Gen.*	=*Nom. or Gen.*
Inst.	двумя́		тремя́	четырьмя́
Prep.	двух		трёх	четырёх

c) From пять to три́дцать

23

	All genders	
Nom.	пять	во́семь
Gen.	пяти́	восьми́
Dat.	пяти́	восьми́
Acc.	пять	во́семь
Inst.	пятью́	восемью́
Prep.	пяти́	восьми́

d) со́рок, девяно́сто, сто

24

	All genders		
Nom. and Acc.	со́рок	девяно́сто	сто
Other cases	сорока́	девяно́ста	ста

e) From пятьдеся́т to во́семьдесят

25

	All genders	
Nom. and Acc.	пятьдеся́т	во́семьдесят
Instrumental	пятью́десятью	восемью́десятью
Other cases	пяти́десяти	восьми́десяти

f) From две́сти to девятьсо́т**

26

	All genders			
Nom.	две́сти	три́ста	четы́реста	пятьсо́т
Gen.	двухсо́т	трёхсо́т	четырёхсо́т	пятисо́т
Dat.	двумста́м	трёмста́м	четырёмста́м	пятиста́м
Acc.	две́сти	три́ста	четы́реста	пятьсо́т
Inst.	двумяста́ми	тремяста́ми	четырьмяста́ми	пятьюста́ми
Prep.	двухста́х	трёхста́х	четырёхста́х	пятиста́х

PREPOSITIONS

27

Genitive		*Dative*	*Accusative*	*Instrumental*	*Prepositional*
без	напро́тив	к (ко)	в (во)	за	в (во)
вме́сто	о́коло	по *according to, along*	за	ме́жду	на
вокру́г	от		на	над	о (об, обо)
для	по́сле		по	пе́ред	при
до	посреди́		под	под	
из	про́тив		сквозь	с (со)	
из-за	с (со)		че́рез		
из-под	среди́				
кро́ме	у				

---

* *The plural* одни́ *is used:*
1) *with nouns that have no singular*: одни́ я́сли.
2) *when* оди́н *means alone*: Он был оди́н. Они́ бы́ли одни́.
3) *when* оди́н *is opposed to* друго́й: Оди́н ушёл, друго́й — нет. Одни́ ушли́, други́е — нет.

** *The -е- in* восемьсо́т *is replaced by* ь *in the same cases* (*Gen., Dat., Prep.*) *as in the simple number* во́семь (*see Table 23*).

VERBS

a) Verbs Ending in -ить (*Perfective*) Preceded by a Consonant

28

	Perfective		*Imperfective*	
Inf.	испра́вить		исправля́ть[1]	-а́ть[4]
Present			я исправля́ю	-а́ю[4]
			ты исправля́ешь	-а́ешь[4]
			он исправля́ет (*See note 1.*)	-а́ет[4]
			мы исправля́ем	-а́ем[4]
			вы исправля́ете	-а́ете[4]
			они́ исправля́ют	-а́ют[4]
Past	я испра́вил, -а		я исправля́л, -а	-а́л[4]
	ты испра́вил, -а		ты исправля́л, -а	"
	он испра́вил		он исправля́л	"
	она́ испра́вила		она́ исправля́ла	-а́ла[4]
	оно́ испра́вило		оно́ исправля́ло (*See note 1.*)	-а́ло[3]
	мы испра́вили		мы исправля́ли	-а́ли[4]
	вы испра́вили		вы исправля́ли	"
	они́ испра́вили		они́ исправля́ли	"
Future	я испра́влю[1]	-у[2]	я бу́ду } исправля́ть	-а́ть[4]
	ты испра́вишь		ты бу́дешь	
	он испра́вит		он бу́дет	
	мы испра́вим		мы бу́дем	
	вы испра́вите		вы бу́дете	
	они́ испра́вят	-ат[3]	они́ бу́дут	
Imperative	*Sg.* испра́вь	-и́[5]	*Sg.* исправля́й[1]	-а́й[4]
	Pl. испра́вьте	-и́те	*Pl.* исправля́йте	-а́йте[4]

Notes: 1. *Consonant changes*: I. б — бл, п — пл, в — вл, ф — фл, м — мл;
II. д — жд (*imperf.*) — *ж* (*1st pers. sg. perf. future*), з — ж, т — щ, ст — щ, с — ш.
2. -у (*instead of* -ю) — *after* ж, ш, ч, щ: я изучу́; посещу́.
3. -ат (*instead of* -ят) — *after* ж, ч, ш, щ: они́ изу́чат.
4. -а́ть, -а́ю, -а́ешь, *etc.*, -а́л, -а́ла, *etc.*, -а́й, -а́йте (*instead of* -ять, -я́ю, *etc.*, *respectively*) — *after* жд, ж, ш, ч, щ: побежда́ть, я побежда́ю, *etc.*; изуча́ть, я изуча́ю, *etc.*
5. -и́, -и́те (*instead of* -ь, -ьте) — *when the* ***stress*** *in the* ***1st*** *pers. sg. of the perf. future is on the* ***ending***: изучу́, изучи́, изучи́те.

b) Verbs Ending in -ить (*Perfective*) Preceded by a Vowel

29

	Perfective	*Imperfective*
Infinitive	удво́ить	удва́ивать
Present		я удва́иваю
		ты удва́иваешь
		. . . .
		они́ удва́ивают
Past	я удво́ил, -а, *etc.*	я удва́ивал, -а, *etc.*
Future	я удво́ю	я бу́ду } удва́ивать
	ты удво́ишь	ты бу́дешь
	. . . .	. . . .
	они́ удво́ят	они́ бу́дут
Imperative	*Sg.* удво́й	удва́ивай
	Pl. удво́йте	удва́ивайте

c) Verbs Ending in -ать (*Perfective*)

30

	Perfective	*Imperfective*
Infinitive	зарабо́тать	зараба́тывать
Present		я зараба́тываю
		ты зараба́тываешь
		. . . .
		они́ зараба́тывают

Past	я зарабо́тал, -а, *etc.*	я зараба́тывал, -а, *etc.*
Future	я зарабо́таю ты зарабо́таешь . . . . они́ зарабо́тают	я бу́ду ты бу́дешь . . . . они́ бу́дут } зараба́тывать
Imperative	*Sg.* зарабо́тай *Pl.* зарабо́тайте	зараба́тывай зараба́тывайте

d) (1) Verbs Ending in -еть (*Perfective*)

31

	Perfective	*Imperfective*
Infinitive	овладе́ть	овладева́ть
Present		я овладева́ю ты овладева́ешь . . . . они́ овладева́ют
Past	я овладе́л, -а, *etc.*	я овладева́л, -а, *etc.*
Future	я овладе́ю ты овладе́ешь . . . . они́ овладе́ют	я бу́ду ты бу́дешь . . . . они́ бу́дут } овладева́ть
Imperative	*Sg.* овладе́й *Pl.* овладе́йте	овладева́й овладева́йте

(2) Verbs Ending in -ыть (*Perfective*)

32

	Perfective	*Imperfective*
Infinitive	откры́ть	открыва́ть
Present		я открыва́ю ты открыва́ешь . . . . они́ открыва́ют
Past	я откры́л, -а, *etc.*	я открыва́л, -а, *etc.*
Future	я откро́ю ты откро́ешь . . . . они́ откро́ют	я бу́ду ты бу́дешь . . . . они́ бу́дут } открыва́ть
Imperative	*Sg.* откро́й *Pl.* откро́йте	открыва́й открыва́йте

e) Verbs with the Perfective Aspect Formed by Prefixation

33

	1st Conjugation		*2nd Conjugation*	
	Imperfective	*Perfective*	*Imperfective*	*Perfective*
Infinitive	де́лать	сде́лать	стро́ить	постро́ить
Present	я де́лаю ты де́лаешь . . . . они́ де́лают		я стро́ю ты стро́ишь . . . . они́ стро́ят	
Past	я де́лал, *etc.*	я сде́лал, *etc.*	я стро́ил, *etc.*	я постро́ил, *etc.*
Future	я бу́ду ты бу́дешь . . . . . они́ бу́дут } де́лать	я сде́лаю ты сде́лаешь . . . . они́ сде́лают	я бу́ду ты бу́дешь . . . . они́ бу́дут } стро́ить	я постро́ю ты постро́ишь . . . . они́ постро́ят
Imperative	*Sg.* де́лай *Pl.* де́лайте	сде́лай сде́лайте	строй стро́йте	постро́й постро́йте

f) Conjugation of Verbs Ending in -ся

34 *Infinitive (Imperfective)*: **учи́ться**

	Present	*Past*	*Future*
Imperfective	я учу́сь	я учи́лся, -ась	я бу́ду учи́ться
	ты у́чишься	ты учи́лся, -ась	ты бу́дешь учи́ться
	он у́чится	он учи́лся	он бу́дет учи́ться
		она́ учи́лась	
		оно́ учи́лось	
	мы у́чимся	мы учи́лись	мы бу́дем учи́ться
	вы у́читесь	вы учи́лись	вы бу́дете учи́ться
	они́ у́чатся	они́ учи́лись	они́ бу́дут учи́ться

Imperative *Sg.* учи́сь
Pl. учи́тесь

РУССКО-АНГЛИЙСКИЙ СЛОВАРЬ

Редакция германских языков

Ведущий редактор *Н. П. Григорьева*
Редактор *Л. П. Попова*
Переплет художника *В. Я. Шапошникова*
Художественный редактор *Л. А. Бабаджанян*
Технический редактор *Е. А. Сиротинская*
Корректоры: *Н. И. Уткина, С. И. Фролкин*

Подписано в печать 22/VIII 1977 г.
Формат издания 84×108$^{1}/_{16}$. Бумага книжно-журнальная № 2.
Печатных листов 48 (80,64). Учетно-издательских листов 127,81.
Тираж 20 000 экз. Заказ № 747.
Цена словаря в переплете 5 р. 80 к.

Издательство «Русский язык»
103009, Москва, К-9, Пушкинская ул., 23.

Ордена Трудового Красного Знамени
Ленинградская типография № 2 имени Евгении Соколовой
Союзполиграфпрома при Государственном комитете Совета Министров СССР
по делам издательств, полиграфии и книжной торговли.
198052, Ленинград, Л-52, Измайловский проспект, 29.